U0878801

中国共青团年鉴

2004

共青团中央 编

中国青年出版社

（京）新登字083号

图书在版编目（CIP）数据

中国共青团年鉴（2004）/共青团中央编．—北京：中国青年出版社，2005
ISBN 7-5006-6244-0

Ⅰ．中…　Ⅱ．共…　Ⅲ．中国共产主义青年团-年鉴-2004　Ⅳ．D29-54

中国版本图书馆CIP数据核字（2005）第041620号

*

中国青年出版社 出版 发行
社址：北京东四12条21号　邮政编码：100708
网址：www．cyp．com．cn
编辑部电话：（010）64034349　营销中心电话：（010）64065904
北京中科印刷有限公司印刷　新华书店经销

*

787×1092　1/16　79印张　24插页　1820千字
2005年6月北京第1版　2005年6月北京第1次印刷
定价：220.00元
本图书如有任何印装质量问题，请与印务中心质检部联系调换
联系电话：（010）84047104

《中国共青团年鉴》（2004）

编委会主任： 周　强

编委会副主任： 赵　勇　胡　伟　杨　岳　尔肯江·吐拉洪　王　晓　张晓兰

编委会委员： 卢雍政　白　希　吕福春　朱学庆　刘可为　关成华　江广平　李学谦　李晓军　陆　晓　陈　伟　陈　靖　高　洪　陶　宏　彭　波　倪邦文　徐绍川　安桂武　胡尹庐　辛志光　于振国　王雪峰　唐显凯　张景岩

编辑说明

一、《中国共青团年鉴》是全面反映中国共青团工作情况和组织发展情况的大型工具书。其宗旨是为社会各界提供中国共青团的有关资料，为各级团组织开展工作提供理论政策指导、工作经验和有关信息。

二、本年鉴共分9个部分：

1. 特载部分，收录了党和国家领导人关于共青团工作和青年工作的重要讲话和指示。

2. 团中央书记处领导讲话部分，收录了团中央书记处领导同志的有关讲话。

3. 重要文件部分，收录了团中央以及与其他相关单位联合下发的重要文件。

4. 重点工作概述部分，记录了团中央开展的重点工作和重点活动。

5. 命名及表彰部分，收录了团中央单独表彰及与其他相关部门联合表彰的先进集体和先进个人。

6. 组织概况部分，记录了共青团组织概况和其他全国性青年组织的概况。

7. 事业发展部分，记录了团中央直属单位的概况和开展的主要工作情况。

8. 省级团委工作简介部分，记录了各省级团委开展的主要工作情况。

9. 附录部分，为共青团工作的大事记。

三、《中国共青团年鉴》记录的只是共青团工作的概况，为了解和研究共青团工作提供一个基本的线索，对于大量的具体工作特别是各地团组织开展的具体工作，因为篇幅原因未能详尽收录。

四、本年鉴由团中央机关各部门、各直属单位，各省级团委和各有关青年组织提供材料。团中央办公厅负责材料整理和编辑工作。

《中国共青团年鉴》涉及面广，资料收集工作繁杂，工作中难免会有差错和疏漏，不当之处，敬请批评指正。

2005年5月

∧ 2004年5月10日，中共中央总书记、国家主席胡锦涛在全国加强和改进未成年人思想道德建设工作会议上发表重要讲话

∧ 2004 年 5 月 31 日，中共中央总书记、国家主席胡锦涛到中国科技馆与孩子们一起庆祝“六一”儿童节

∧ 2004年5月12日，中共中央总书记、国家主席胡锦涛会见参加“中罗青年联欢节”的中罗两国青年代表

∧ 2004年10月14日，中共中央总书记、国家主席胡锦涛、俄罗斯总统普京在北京人民大会堂会见参加“中俄青年友好会见活动”的中俄两国青年代表

∧ 2004 年 9 月 21 日，中共中央政治局常委、全国人大常委会委员长吴邦国会见第十二次"长城计划"友好交流访华团

∧ 2004 年 9 月 28 日，中共中央政治局常委、国务院总理温家宝会见来华参加“首届中国—东盟青年事务部长会议”的东盟各国青年事务部长

∧ 2004 年 1 月 4 日，中共中央政治局委员、全国人大常委会副委员长王兆国接见第十四届“中国十大杰出青年”

∧ 2004年4月30日，中共中央政治局委员、全国人大常委会副委员长王兆国出席纪念五四运动85周年“青春”主题晚会

∧ 2004年5月8日，中共中央政治局委员、全国人大常委会副委员长王兆国出席第八届"中国青年五四奖章"颁奖座谈会

∧ 2004年7月28日，中共中央政治局委员、全国人大常委会副委员长王兆国出席全国青年文明号10周年表彰大会并讲话

∧ 2004年8月18日，中共中央政治局委员、全国人大常委会副委员长王兆国为大学生志愿服务西部计划第二批志愿者送行

∧ 2004年8月21日，中共中央政治局委员、全国人大常委会副委员长王兆国为首届中国青少年科技创新奖获得者颁奖

∧ 2004年10月12日，中共中央政治局委员、全国人大常委会副委员长王兆国接见第九届全国十佳少先队员，第五届全国十佳少先队辅导员，第四届全国十佳少先队志愿辅导员和“星星火炬奖章”获得者

∧ 2004 年 12 月 16 日，中共中央政治局委员、全国人大常委会副委员长王兆国出席共青团十五届三中全会并讲话

∧ 2004年12月21日，中共中央政治局委员、全国人大常委会副委员长王兆国接见全国青联留学人员联谊会理事和参加“2004海外学人回国创业周”的部分代表

∧ 2004年12月14日，中共中央政治局委员、国务院副总理回良玉出席第九届中国杰出青年农民颁奖典礼

∧ 2004年6月9日，周强同志出席全国青联和亚欧基金会合作举办的首届亚欧青年水文明之旅暨保护母亲河国际论坛开幕式并讲话

∨ 2004年6月26日，周强同志到湖南省衡阳市青少年宫就未成年人思想道德教育阵地建设进行调研

∧ 2004 年 6 月 29 日，周强同志在宁夏吴忠市利通区看望参加志愿服务西部计划的大学生志愿者

∨ 2004 年 7 月 5 日，周强同志考察辽宁省沈阳市铁西区凌空街道青年中心

∧ 2004 年 8 月 21 日，周强同志与邓小平同志亲属一起参加首届中国青少年科技创新奖颁奖典礼

∨ 2004 年 8 月 18 日，赵勇同志为参加“大学生志愿服务西部计划”的第二批志愿者送行

∧ 2004 年 10 月 9 日，赵勇同志参加"青年文化行动"的系列活动 ——"青春中华"首届中国青少年读书周活动

∨ 2004 年 11 月 23 日，赵勇同志率全国青联港澳访问团考察香港青年协会荃湾青年中心

∧ 2004 年 4 月 2 日，胡伟同志考察江苏省苏州工业园区高等职业技术学院

∨ 2004 年 6 月 1 日，胡伟同志率〞手拉手〞少儿艺术团赴香港慰问马嘉烈麟趾红十字会学校的学生

∧ 2004 年 2 月 26 日，杨岳同志参加高校共青团服务大学生就业创业工作会议

∨ 2004 年 6 月 8 日，杨岳同志在广西南宁市新竹街道青年中心进行调研

∧ 2004 年 4 月 14 日，尔肯江 · 吐拉洪同志与四川省成都市参加环保行动的青年志愿者在一起

∨ 2004 年 5 月 13 日，尔肯江 · 吐拉洪同志在福建省泉州市共青团全国乡村青年文化建设现场经验交流会上和与会代表在一起

∧ 2004 年 4 月 29 日，王晓同志到黑龙江省哈尔滨青年就业服务中心进行调研

∨ 2004 年 9 月 10 日，王晓同志在青年企业家宁夏经贸考察活动期间，为中国青年企业家宁夏沙湖培训基地揭牌

< 2004年10月25日，张晓兰同志到江苏省常州市蓝天实验学校进行调研

V 2004年11月10日，张晓兰同志到浙江省杭州市新舟小学就少先队“雏鹰争章”活动进行调研

∧ 2004 年 1 月 5 日，全国青联志愿者艺术团赴广东省东莞市慰问进城务工青年

∨ 2004 年 3 月 1 日，全国促进农村青年转移就业工作会议在江苏省南京市召开

∧ 2004 年 3 月 20 日，全国青少年网络文明行动日社区活动在北京双榆树中心小学举行

∨ 2004 年 3 月 30 日，共青团全国人才工作会议在四川省成都市召开

∧ 2004年4月1日，"全国城市少年儿童与进城务工就业农民子女手拉手活动"启动仪式在北京打工子弟学校举行

∨ 2004年4月6日，"青年企业家东北行——黑龙江经贸考察活动"在黑龙江省哈尔滨市、大庆市举行

< 2004年5月4日，“继承五四传统，弘扬民族精神”18岁成人宣誓仪式在中华世纪坛举行

V 2004年6月1日，“民族精神代代传”歌曲展示活动在长城举行

∧ 2004 年 6 月 5 日，内地与香港少年儿童“手拉手”文艺汇演在港引起强烈反响

∨ 2004 年 8 月 7 日，“青春中华”—— 首届中国青年文化周开幕式在广东省深圳市举行

∧ 2004 年 8 月 16 日，全国保护母亲河行动领导小组会议暨中国保护母亲河行动顾问团成立仪式在北京举行

∨ 2004 年 8 月 24 日，首届“中非青年联欢节”在北京人民大会堂举行开幕式

∧ 2004 年 8 月 24 日，中国青年民营企业家西部行——企业合作项目签约仪式在新疆乌鲁木齐市举行

∨ 2004 年 9 月，“爱心助成长”志愿服务计划启动

∧ 2004年9月29日，在北京召开首届中国—东盟青年事务部长会议

∨ 2004年9月30日，数千名首都青少年在天安门广场举行建国55周年大型庆祝活动

∧ 2004 年 10 月 8 日，“中国青年志愿者医疗扶贫万里长征”活动出征仪式在江西于都县举行

∨ 2004 年 10 月 10 日，首届中国青年学习成才奖和全国优秀青年学习组织评选活动颁奖典礼在山东省济南市举行

∧ 2004 年 10 月 17 日，“青春中华”—— 首届中国青年服装时尚周活动在浙江省宁波市举行

∨ 2004 年 10 月 23 日，中国泰达生物论坛在天津举行

∧ 2004 年 11 月 6 日，海峡两岸暨港澳地区青年在海南参加“青春中华”——首届中国青年欢乐节活动，共植同根树

∨ 2004 年 11 月 8 日，由团中央控股的海南金棕榈投资有限公司暨中国青年企业家活动基地揭牌仪式在海南省三亚市举行

∧ 2004年11月22日，首届“中国青年创业奖”颁奖座谈会在北京人民大会堂举行

∨ 2004年11月29日，为了明天——预防青少年违法犯罪工程启动仪式在北京人民大会堂举行

∧ 2004 年 12 月 15 日，共青团系统先进工作者和先进基层团组织表彰仪式在北京举行

∨ 2004 年 12 月 18 日，"2004 年度中国少年儿童海尔科技奖" 颁奖仪式在北京举行

目　　录

第一部分　特载

第二部分　团中央书记处领导讲话

周强同志讲话

赵勇同志讲话

胡伟同志讲话

杨岳同志讲话

尔肯江·吐拉洪同志讲话

王晓同志讲话

张晓兰同志讲话

第三部分 重要文件

七、青农

八、学校

九、少工委

第四部分　重点工作概述

第五部分　命名及表彰

第六部分　组织概况

第七部分　事业发展

第八部分　省级团委工作简介

第一部分

特　　载

在会见罗马尼亚青年代表团时的讲话(要点)

2004年5月12日

胡锦涛

5月12日下午,中共中央总书记、国家主席胡锦涛在人民大会堂会见了来华参加“中罗青年联欢节”的罗马尼亚青年代表团主要成员并即席发表重要讲话。

胡锦涛祝贺“中罗青年联欢节”的成功举办。他说,中罗两国有着良好的关系。在两国即将迎来建交55周年之际,两国青年欢聚一堂,共叙友情,共同纪念这一喜庆的日子,对中罗友好事业的长期稳定发展将起到积极的推动作用。

胡锦涛指出,发展中罗传统友谊,加强互利合作,符合两国人民的共同心愿和根本利益。中罗两国青年都肩负着建设祖国,继承和发展中罗友好合作关系的崇高历史使命。希望两国青年加强交流,相互学习,相互帮助,携手前进,为国家发展、民族振兴、社会进步,为构筑新世纪中罗全面友好合作关系做出积极贡献。

全党全社会共同关心未成年人成长 培养社会主义事业建设者和接班人

——在北京市考察少年儿童工作时的讲话(要点)

2004年5月31日

胡锦涛

在“六一”国际儿童节到来之际,中共中央总书记、国家主席胡锦涛来到少年儿童中间,与孩子们一起庆祝节日。他代表党中央,向全国广大少年儿童致以节日的祝贺和亲切的问候,祝全国小朋友们身体健康、学习进步、生活幸福。

在中国科技馆,胡锦涛对少先队员说,你们今天是国家的小主人,明天将成为国家的建设者。希望你们从小树立远大理想,培养优良品德、学习文化知识、锻炼强健体魄,努力成长为对祖国、对人民、对社会的有用之才。他勉励同学们努力学习科学知识,树立科学精神,培育创新意识,为长大以后建设祖国做好充分准备。

在北京市少年宫，胡锦涛说，同学们利用课余时间参加一些有益的课外活动，有利于陶冶情操，培养广泛的兴趣爱好；有利于开阔视野，扩大知识面；有利于掌握一些实际技能，增强动手能力。他希望同学们充分利用这样的机会，多开动脑筋，多学点本领，多长点才干，为今后的成长进步打好基础。

在同少先队员和少年儿童工作者代表就加强和改进未成年人思想道德建设进行座谈时，胡锦涛指出，中国特色社会主义事业要靠今天的未成年人去继承，中华民族的美好未来要靠今天的未成年人去创造。未成年人的素质如何，决定着中华民族的未来发展和前途命运。教育培养未成年人，不仅要大力提高他们的科学文化素质和体能健康素质，更要大力提高他们的思想道德素质。

胡锦涛强调，全党全社会都要按照中央的要求，高度重视和热情关心未成年人的健康成长，特别要大力加强和改进未成年人思想道德建设。要充分发挥学校、家庭、社区的作用和共青团、少先队、妇联、工会等组织的优势，增强工作合力，提高整体效果，形成全党全社会共同关心未成年人思想道德建设的良好局面。要努力营造有利的舆论环境、文化环境和法制环境，形成尊重未成年人、爱护未成年人、关心未成年人、帮助未成年人的良好社会氛围。要大力弘扬求真务实、与时俱进精神，加强调查研究，认真总结经验，努力探索和把握做好新形势下未成年思想道德建设工作的规律，把加强和改进未成年人思想道德建设的各项要求真正落到实处。

致中非青年联欢节的贺信

2004 年 8 月 22 日

胡锦涛

值此中非青年联欢节举办之际，我代表中国政府和中国人民，并以我个人的名义，向联欢节表示热烈的祝贺！向远道而来的各位非洲青年朋友表示诚挚的欢迎！

中国和非洲虽然远隔千山万水，但中非人民的友谊源远流长。中国和非洲国家相互理解、相互支持，是长期彼此信赖的伙伴。中国作为世界上最大的发展中国家，非洲作为发展中国家最集中的大陆，我们之间的共同利益和共同关切日益增多。中非双方已经确立发展长期稳定、平等互利、全面合作的新型伙伴关系，中非友好合作进入了全面发展的新阶段。

青年是世界的未来，中非青年友好是中非友好的未来。中国政府一贯高度重视中非青年友好交流。中非青年友好交流的积极开展，为中非关系发展注入了青春活力。以发扬传统友谊、共创美好未来为主题的中非青年联欢节，对于新世纪中非深化全面合作、促进共同发展，具有积极的促进作用。希望中非青年朋友们相互学习、加深了解、增进友谊，为推动中非友好合作关系的深入发展，为维护世界和平、促进共同发展做出更大贡献。

祝中非青年联欢节取得圆满成功。祝非洲青年朋友们在中国过得愉快！

在会见俄罗斯百名青年访华团时的讲话(要点)

2004年10月14日

胡锦涛

10月14日下午6时30分,中共中央总书记、国家主席胡锦涛在北京人民大会堂亲切会见俄罗斯百名青年访华团成员并发表重要讲话。

胡锦涛说,“看到你们朝气蓬勃、昂扬向上,看到中俄两国青年融洽相处、真情交流,我由衷地感到高兴。”

他说:“我清楚地记得,在青少年时代,我们曾满怀激情地阅读过贵国的小说《钢铁是怎样炼成的》、《卓娅和舒拉的故事》,演唱过贵国的歌曲《红梅花儿开》、《莫斯科郊外的晚上》,后来我们熟知了普希金、托尔斯泰、高尔基。让我们感到欣慰的是,几十年前在我们心中播下的中俄友好的种子今天已经开花结果。现在,我们两国已经确定发展战略协作伙伴关系,两国人民决心世代友好。这是中俄双方共同的战略选择。”

他指出,“发展中俄战略协作伙伴关系,需要两国青年的参与;深化两国人民传统友谊,需要两国青年去传承。希望中俄两国青年相互学习,加强交流,增进了解,携手并进,努力做中俄睦邻友好事业的接班人,使中俄友好代代相传”。

胡锦涛说:“青年是民族的未来,世界的希望。青年人正在兴旺时期,最富有朝气,最具创造精神。全社会对青年寄予厚望,青年更要奋发努力。中俄两国青年不仅要做促进本国经济社会发展的有生力量,而且要做推进世界和平与发展崇高事业的有生力量。希望中俄两国青年携手共进,为中俄两国的发展进步和繁荣振兴,为开创人类更加美好的未来,贡献自己的青春、智慧和力量。”

致参加2004年暑期“三下乡”社会实践活动的全国大中专学生的信

2004年7月20日

温家宝

同学们:

你们好!

看到你们参加2004年暑期文化科技卫生“三下乡”社会实践活动的消息,甚感欣慰。你们选择的是一条正确的道路。大学生走出校门,走进农村,在同农民接触中,会进一步了解国情,懂得社会,认清自己对国家和人民的责任;会在社会实践中经受锻炼,增长才干,培养实际工作的能力。这将对你们今后的人生道路产生深远的影响。希望你们把这项光荣而有意义的活动坚持下去。

在会见中俄青年代表时的讲话(要点)

2004年9月24日

温家宝

9月24日晚,正在莫斯科访问的国务院总理温家宝在莫斯科河畔的总统饭店会见了中国百名青年代表团团员和俄罗斯青年代表并即席发表重要讲话。

温家宝说,青年是国家的未来,世界的希望。人类文明的火炬总会传到青年的手中,社会进步的责任必将历史地落在青年的肩上。一个重视未来的国家和民族,总是寄希望于青年。一对友好邻邦,也把世代友好寄希望于青年。这就是中俄两国政府开展青年友好交流的目的和深远意义。

温总理借用俄罗斯科学家巴甫洛夫的名言,对青年代表们提出了殷切的期望。他说,无论鸟的双翼有多完美,但如果不凭借空气,它是永远不会飞翔高空的。青年人,朝气蓬勃,奋发向上,要做展翅飞翔的雄鹰,就必须以人民的事业作为依托,就必须用远大理想的光芒照耀前程,就必须有世界的目光,就必须承载人类和平与发展的希望。

希望青年代表们利用这次活动提供的大好机会,相互学习,增进了解,加深友谊,促进合作。中俄青年携起手来,共同培育两国友谊的常青之树。

在接见青年志愿者赴老挝服务队全体成员时的讲话

2004年11月30日

温家宝

11月30日上午,在老挝参加第八次东盟与中日韩领导人会议的国务院总理温家宝亲切接见了团中央派遣的青年志愿者赴老挝服务队全体队员,与队员合影并即席发表重要讲话。

这次来老挝,非常高兴发现了一支特别的队伍,就是来自上海的中国青年志愿者!这是我们国家向国外派出的第一支志愿者队伍,已经来了四批。这些志愿者是来自各行各业的优秀青年。他们为什么志愿到这样一个贫穷的国家呢?这体现了中国在自己发展的过程中对其他不发达国家的关心,说明中国人有感情,有同情心,有责任感。志愿者身上体现了中国人乐于助人、吃苦耐劳的精神。青年人需要到艰苦的地方磨练。听说国内还有许多人愿意来,这是很好的现象。我们的志愿者来服务,完全是无偿的,同我们对外的其他援助一样,是不附加任何政治条件的,这就是中国与其他国家交往的态度。中国与东盟15年关系发展的历史证明了中国人是可信的,中国的发展不仅对东盟不构成威胁,而且对东盟有利,对亚洲有利,对世界有利。

在接见第14届"中国十大杰出青年"时的讲话

2004年1月4日

王兆国

同志们,青年朋友们:

今天与新当选的十大杰出青年一起座谈,我感到十分高兴。首先,我要向荣膺第14届"中国十大杰出青年"称号的各位青年朋友表示热烈的祝贺,对你们取得的突出成绩表示由衷的敬意!

听了大家刚才的发言,感到很受鼓舞,也十分欣慰。在我们国家革命、建设和改革的不同历史时期,都涌现出了大批具有鲜明时代特点的模范人物。本届"中国十大杰出青年"是全面建设小康社会和加快推进社会主义现代化建设的新的历史进程中涌现出的优秀青年的杰出代表,具有鲜明的时代特点。在你们当中,有出色完成我国首次载人航天飞行任务的"航天英雄";有奋战在抗击非典最前沿的白衣天使;有攻克防治非典医学难关的科技尖兵;有冒着生命危险坚持一线报道的战地记者;有扎根基层,一心为民的党的好干部;有不向命运低头,创造精彩人生的生命强者;有献身国防事业,贡献突出的青年导弹专家;有致富不忘回报社会,热心公益事业的企业家;还有正在征战NBA赛场,在国际体坛上为祖国赢得荣誉的体育健将。在你们的身上,体现出了一种共同的时代精神,那就是:胸怀祖国、热爱人民,自觉把个人的奋斗融入国家和民族的进步事业中;坚忍不拔、锐意进取,在平凡的岗位创造出绚丽的青春事业;矢志创新、追求卓越,在竞争中充分展示了当代青年的精神风貌。你们在各自的岗位上,靠着顽强的拼搏和无私的奉献,为我们国家的改革开放和现代化建设做出了积极贡献。杰出青年的奋斗经历和感人事迹,对当代青年的健康成长,具有重要的示范和导向作用。借此机会,我简要谈几点意见。

一、引导广大青年在全面建设小康社会中建功立业,需要充分发挥杰出青年的带头作用

改革开放25年来,我们国家始终保持了持续快速健康发展的良好势头,经济和社会发生了翻天覆地的巨大变化,取得了令世人瞩目的伟大成就。在刚刚过去的一年中,在邓小平理论、"三个代表"重要思想和党的十六大精神指引下,在以胡锦涛同志为总书记的党中央坚强领导下,全党全国人民战胜困难、经受考验,齐心协力、扎实奋斗,夺取了防治非典工作的阶段性胜利,社会主义物质文明、政治文明和精神文明建设又取得了新的进展。当前,我国国民经济持续较快增长,城乡居民收入不断提高,投资和出口增长强劲,国内需求明显回升。特别是首次载人航天飞行获得圆满成功,标志着我国的综合国力和科技实力进一步增强。

所有这些成绩的取得，是党中央正确领导的结果，是全体中华儿女拼搏奋斗的结果，也包含着几代青年人用心血和汗水做出的积极贡献。

当前，我们正处在本世纪头20年这个必须紧紧抓住并且可以大有作为的战略机遇期，也是当代青年发挥聪明才智、实现理想追求的重要时期。处在这样一个时期，党和人民殷切希望当代青年能够在社会主义现代化建设事业中充分发挥突击队和生力军作用。同时，实现全面建设小康社会的伟大进程，也为广大青年的成长提供了更好的发展机遇，搭建了更多施展才华的广阔舞台。肩负重大历史使命的当代青年生逢其时，注定是奋斗的一代、创业的一代、奉献的一代，只要积极投身改革和建设事业，锐意进取、勇挑重担，勤勉敬业、扎实工作，完全可以在改革开放和现代化建设的进程中做出更大的贡献，创造出更辉煌的业绩。

要团结和引导广大青年在全面建设小康社会的进程中建功立业，一个很重要的途径就是要充分发挥杰出青年的带动作用。要通过深入开展学习十杰青年的活动，引导和教育广大青年进一步增强使命感和责任感，坚持把实现个人价值的努力同实现现代化建设宏伟目标的奋斗紧密结合起来，在祖国建设的各条战线上，用青春的奋斗、创造和奉献回馈我们伟大的祖国，回馈我们伟大的时代。

二、培养千百万合格的社会主义事业接班人，需要充分发挥杰出青年的楷模作用

社会主义事业前景光明、任重道远，希望寄托在一代又一代青年身上。巩固和发展社会主义制度，需要几代、十几代甚至几十代人坚持不懈的奋斗。要确保党和国家的事业后继有人，必须培养千百万党和人民需要的、符合时代要求的社会主义事业建设者和社会主义事业接班人。特别是要教育和引导当代青年牢固树立崇高的理想和坚定的信念，坚定不移地跟党走，坚持以邓小平理论和“三个代表”重要思想为指导，自觉与党中央在思想上、政治上、行动上保持一致，坚决维护党的领导和执政地位，坚持走中国特色社会主义道路不动摇，从而为党和国家事业的继往开来奠定坚实的思想和组织基础。

青年兴则国家兴，青年强则国家强。随着改革的逐步深化和开放的不断扩大，在新的历史条件下成长起来的青年一代知识面更宽，素质更高，政治上也更加成熟了。实践证明，当代青年人是有朝气、有活力的一代，是有信仰、有追求的一代，是有希望、有作为的一代，是值得信赖的党和国家事业的合格接班人。要坚持用科学的理论教育引导青年，用宏伟的目标凝聚激励青年，就必须采取切实有力的措施，加强对广大青年的教育和培养，为他们树立坚定的信念、形成崇高的追求、磨练顽强的意志，创造优良的环境和条件。

榜样的力量是无穷的。充分发挥杰出青年的楷模作用，可以更好地引导、鼓励和支持广大青年茁壮成长。通过在全社会广泛宣传一批又一批杰出青年的先进事迹、坚定信念和崇高品格，使更多的团员青年学有方向、赶有目标，对于尽快形成一支具有很高思想道德和科学文化素质，具有很强学习能力、实践能力、创新能力的青年突击队和生力军必将起到重要的推动作用，当代青年一定能够进一步树立正确的世界观、价值观、人生观，以崭新的时代风貌和奋进的精神状态，更加自觉主动地承担起党和人民赋予的历史重托。

三、造就一支强大的青年人才队伍，需要充分发挥杰出青年的导向作用

“中国十大杰出青年”评选活动自1990年开展至今，树立了一批勤于学习、勇于创造、甘于奉献的杰出青年典型，为当代青年的健康成长树立了光辉的典范。这项活动开展14年来，得到了广大青年和全社会的广泛认同，为促进青年人才脱颖而出，培养和造就一支强大的青年人才队伍发挥了重要的导向作用。近年来，不少行业和领域也纷纷采取类似的方式评选表彰典型，在社会上形成了一种“十杰”现象。这充分说明“杰出青年”的评选模式是成功的，是顺应时代发展潮流的，是符合青年成长规律的。各级共青团、青联组织要在总结经验的基础上，不断把这项工作引向深入。

前不久，中央专门召开全国人才工作会议，从我国现代化建设的全局出发，确立了新的历史条件下做好人才工作的基本思路和宏观布局，明确了实施人才强国战略的方针政策、总体要求和目标任务，特别是明确提出要切实抓好青年人才的培养和使用工作，充分调动包括青年人才在内的各类人才的积极性、主动性和创造性。各级党委、政府要高度重视青年工作特别是青年人才工作，大力支持共青团和青联事业，在全社会形成鼓励青年干事业，支持青年干成事业的良好氛围，大力弘扬青年一代的开拓创新精神、艰苦奋斗精神和拼搏奉献精神，为造就一支强大的青年人才队伍创造良好条件。各级共青团和青联组织要认真研究当代青年的特点和需求，把握新的历史条件下做好青年人才工作的规律，注重发挥杰出青年的典型示范作用，为青年人才的发展和青年的健康成长提供切实有效的服务。

时代呼唤人才，祖国需要人才。科学研究发现，人生最佳的发明创造期在25—45岁之间。青年时代是一个人一生中接受最新知识、思想活跃、精力旺盛的黄金时期，也是一个人逐步走向成功、实现人生追求的关键时期。我相信，在邓小平理论和“三个代表”重要思想的指引下，在以胡锦涛同志为总书记的党中央领导下，一定会有更多的青年在十杰青年精神的感召下，在全面建设小康社会的伟大实践中拼搏奉献，成长成才。也衷心地祝愿十杰青年珍惜荣誉、再接再厉，追求卓越、再创佳绩！

元旦刚过，春节将至。借此机会，我给大家拜个年，祝大家在新的一年里在各自的岗位上取得更大的成就，为祖国和人民做出更大的贡献！

在全国青联九届五次常委（扩大）会议上的讲话

2004年1月4日

王兆国

同志们，青年朋友们：

参加全国青联九届五次常委会，和大家相聚在美丽的春城昆明，特别是看到许多新同志走上全国青联的领导岗位，我感到非常高兴。在这里，我首先向参加会议的各位常委致以亲切的问候！对全国青联近年来取得的突出成就表示热烈的祝贺！

作为一名曾经从事过青年工作的同志，我对青联的工作和活动一直都比较关注。近年来，青联组织在党的领导下，坚持爱国、团结、进步，围绕大局，发挥优势，不断拓宽领域，创新活动方式，工作开展得生动活泼、有声有色，在改革开放和现代化建设的各个领域都做出了积极的贡献。特别是“博士服务团”、“中国青年科技创新行动”、“海外学人回国创业周”、“志愿者艺术团”等活动很有特点，在促进经济社会发展方面发挥了积极的作用；“十大杰出青年”、“青年科学家奖”等评选表彰活动，树立和宣传了一大批各行各业的杰出青年典型，在青年中产生了很大的反响，促进了青年的健康成长；多种形式的海内外青年交流活动，增进了世界各国青年之间的了解和友谊，激发了海内外中华青年的爱国热情。广大青联委员积极投身国家的现代化建设，在许多重大领域做出了突出贡献，如首次载人航天飞行的圆满成功，就凝结了一批青联委员的心血和智慧。所有这些成绩充分说明，青联组织始终充满蓬勃生机，青联事业始终充满无限希望。

近一段时间，中央先后召开了十六届三中全会、中央经济工作会议和全国人才工作会议等一系列重要会议，对事关我国改革开放和现代化建设全局的重大问题作出了战略部署。青联组织一定要认真学习、深刻领会中央会议精神，坚持以邓小平理论和“三个代表”重要思想为指导，高举爱国主义、社会主义旗帜，自觉把青联工作置于党和国家工作大局中去思考、去把握、去安排，最广泛地团结凝聚青年，为全面建设小康社会、实现中华民族伟大复兴而奋斗。下面，我简要讲几点意见。

一、把握战略机遇期、全面建设小康社会，需要青年一代共同奋斗

我们正处在新世纪新的发展阶段。在刚刚过去的一年里，全党全国人民在邓小平理论和“三个代表”重要思想的指引下，在以胡锦涛同志为总书记的党中央坚强领导下，团结一心、顽强拼搏，战胜了种种困难和挑战，国民经济持续快速增长，各项事业都呈现出良好的发展势头。当前世界经济政治发展的基本态势，总体上对我国也是十分有利的。能否抓住本世纪头20年的重要战略机遇期，尽快实现全面建设小康社会的奋斗目标，对于我国到本世纪中叶基本实现现代化，建成富强、民主、文明的社会主义国家，实现中华民族的伟大复兴至关重要。我们必须珍惜好形势，把握机遇期，增强紧迫感，把各方面的力量最大限度地团结起来，把各方面的积极性最大限度地调动起来，聚精会神搞建设，一心一意谋发展，为全面建设小康社会、加快社会主义现代化共同奋斗。

青年始终是推动社会历史进步的一支伟大力量。只有把广大青年的热情、智慧和力量都凝聚起来，我们的事业才能永葆旺盛的生机与活力。当代青年的成长发展适逢本世纪头20年的重要战略机遇期，全面建设小康社会的重任历史性地落在了青年一代身上。当代青年知识结构新，创造热情高，创新能力强，有着许多鲜明特点和优势。在这样一个千帆竞发、百舸争流的时代，青年一代创业的环境从来没有像现在这样好，发展的机遇从来没有像现在这样多，展示的舞台从来没有像现在这样大，真可谓生逢其时，大有可为。广大青年一定要切实增强责任感和使命感，认清形势、把握趋势，抓住机遇、乘势而上，在全面建设小康社会的进程中充分发挥突击队和生力军作用。青联组织要在青年中大力弘扬伟大的民族精神，用全面建设小康社会的目标凝聚青年，用重要战略机遇期激励青年，引导广大青年把个人的理想追求与祖国的建设事业紧密结合起来，汇聚成团结奋斗的洪流。

二、实现祖国完全统一大业，需要青年一代共同奋斗

实现祖国的完全统一，是我们党在新世纪的三大历史任务之一。历史发展一再表明，国家统一、民族团结、社会稳定，则政通人和、百业兴旺；国家分裂、民族纷争、社会动乱，则国力衰微、生灵涂炭。青年是祖国的未来、民族的希望。只要海内外中华青年更加紧密地团结起来，结成最广泛、最牢固的爱国统一战线，就能够形成一支推动祖国完全统一的巨大力量。

在促进港澳的繁荣稳定、推动祖国的完全统一方面，青联组织完全可以大有作为。要进一步加大工作力度，促进各族各界、海内海外中华青年的大团结，引导他们为实现祖国的完全统一共同奋斗。要按照“一国两制”、“港人治港”、“澳人治澳”、高度自治的方针，加强与港澳青年组织的联系与合作，密切祖国大陆青年与港澳青年的交流和交往，为促进港澳的繁荣稳定和发展作出更大的努力。解决台湾问题，实现祖国的完全统一，是海内外中华儿女的共同心愿，符合包括2300万台湾同胞在内的全体中国人民的根本利益。近年来，尽管台湾岛内出现了值得注意的新动向、新变化，但我们以最大诚意、尽最大努力争取和平统一前景的决心不会动摇。进一步加强两岸青年的沟通与交往，对于维系两岸同胞血浓于水的亲情，完成祖国统一大业，具有十分重要的意义。要不断拓展两岸青年在科技、经济和文化领域的交流与合作，扩大共识、增进互信，坚决同各种企图分裂祖国的活动作斗争。只要包括广大青年在内的两岸同胞携起手来、共同奋斗，祖国完全统一的光明前景就一定会早日到来。

三、实施人才强国战略，需要青年一代共同奋斗

百业兴盛，人才为本。人才已成为当今时代推动经济社会发展的第一资源。我国要建设小康社会、实现祖国统一和民族振兴，必须大力实施人才强国战略，加紧培养中高级领导干部、优秀企业家和各领域高级专家等高层次人才，尽快形成一支门类齐全、梯次合理、素质优良、新老衔接、充分满足经济社会发展需要的宏大人才队伍。

实施人才强国战略，关键取决于青年一代。青年人才的不断涌现，是党和国家事业生生不息、兴旺发达的希望所在。广大青年要适应时代发展要求和国家建设需要，树立人人可以成才的观念，珍惜光阴、抓住机遇，胸怀大志、不畏艰险，在刻苦学习中丰富自己，在工作实践中完善自己，在激烈竞争中提高自己，在艰苦环境中磨炼自己，在拼搏奋斗中充实自己，努力成长为对祖国、对民族、对社会有用的人才，成长为党和国家各项事业的骨干和中坚力量。

青联组织要积极为青年人才施展才华、建功立业搭建舞台、创造条件，满腔热情地帮助青年人才提高政治和业务素质，丰富实践经验，实现全面发展。要引导青年人才积极参与科技创新、三农问题、国企改革、西部开发、老工业基地振兴、文化建设等经济社会发展的重点领域和重点工作，把他们的巨大创造热情和创业潜能最大限度地发挥出来。要进一步加大青年留学人员的工作力度，积极为他们回国创业或以各种方式为国服务牵线搭桥、提供帮助。要积极培养青年人才，广泛吸引青年人才，大力宣传青年人才，充分使用青年人才，造就大批青年领导人才、管理人才、科技人才和其他各类人才，促进大批高素质青年人才脱颖而出，使青联成为青年人才之家、青年人才高地。

青联是党领导下的青年群众组织，又是最广泛的青年爱国统一战线组织，优秀人才荟萃，杰出青年云集。在新世纪新阶段，要更好地完成担负的历史任务，必须进一步把青联组织建设好。随着改革开放的日益深入和社会主义市场经济的不断发展，我国社会经济成分、组织形式、就业方式、利益关系和分配方式日趋多样化，青联的工作环境和工作对象都相应地发生了很大变化，这就要求青联组织必须坚持以邓小平理论和“三个代表”重要思想为指导，加大创新力度，认真研究解决自身建设面临的新情况新问题。特别是要不断创新组织形式，拓宽联系渠道，加强对新的社会阶层中青年代表人士的联系，扩大团结面和覆盖面。要结合青年的新特点，紧跟时代前进步伐和社会进步潮流，不断创新工作方式，增强感召力和影响力。要进一步强化服务青年的职能，把服务青年贯穿于青联工作的始终，不断增强青联组织的吸引力和凝聚力。

青联委员是我国各族各界青年的优秀代表，在青年中、在社会上都很有影响。青联委员的言行不仅代表着个人，更体现着一代青年的形象。成为一名青联委员很光荣，同时也意味着重大的责任。特别是在座的各位青联常委，肩负的责任更大。希望你们热爱祖国、情系中华，服务人民、造福社会；希望你们珍惜荣誉、再接再厉，奋发进取、永不懈怠；希望你们加强修养、陶冶情操，清正廉洁、自警自律，以自己的模范思想和言行，影响和带动更多的青年共同进步。

同志们，青年朋友们，今年是全面落实十六大和十六届三中全会精神，深化改革、扩大开放、促进发展的重要一年，也是实现“十五”计划的关键一年。让我们紧密团结在以胡锦涛同志为总书记的党中央周围，在邓小平理论和“三个代表”重要思想的指引下，同心同德，群策群力，为全面建设小康社会、实现中华民族的伟大复兴做出更大的贡献。

中华民族的传统节日春节即将到来，借此机会，我向大家致以新春的祝福，祝大家在新的一年里取得新的更大的成绩！

在第八届“中国青年五四奖章”颁奖座谈会上的讲话

2004年5月8日

王兆国

同志们，青年朋友们：

参加今天这个活动，与各界青年的杰出代表——“中国青年五四奖章”获得者进行座谈，我感到十分高兴。首先，我向获奖的各位青年朋友表示热烈的祝贺！

看了获奖同志们的事迹介绍，刚才又听了几位同志的发言，我很受感动，也深感振奋。你们当中，有带领农民增收致富奔小康的基层干部，有植树造林、变沙漠为绿洲的普通农民，有领导企业走出困境、重塑辉煌的国企老总，有致富思源、回馈社会的民营企业家，有勇攀高峰、成果斐然的科技专家，有主持重点工程建设的高级工程师，有勇于创新、爱岗敬业的技术能手，有在艰苦地区奉献爱心的大学生志愿者，还有战斗在军事战线的青年官兵、司法战线的人民法官以及宣传战线的新闻工作者。虽然大家来自不同的领域，工作在不同的岗位，但都为国家的改革开放和现代化建设做出了突出贡献，创造了骄人业绩。你们不愧为广大青年学习的榜样。在你们身上，集中体现了当代青年热爱党、热爱祖国、热爱人民、奉献社会，锐意创新、积极进取，求真务实、追求卓越的精神风貌。你们的成长道路和奋斗足迹充分说明，当代青年在党的领导下，只要按照“勤于学习，善于创造，甘于奉献”的要求，自觉与群众结合、与实践结合，就一定能够沿着正确的方向健康成长，创造出无愧于时代的辉煌业绩。

今年是五四运动85周年。85年来，一代又一代青年在中国共产党的领导下，在五四运动伟大精神的激励下，前赴后继，英勇奋斗，为争取民族独立和人民解放，为实现国家强盛和民族振兴，建立了卓越的历史功绩。无论是在波澜壮阔的革命战争年代，在热火朝天的社会主义建设时期，还是在激流勇进的改革开放新时代，到处都可以听到青年进军的号角，到处都可以看到青年创业的旗帜。一个个走在时代前列的青年楷模脱颖而出，引领着广大青年投身于革命、建设、改革的伟大实践，谱写出一曲曲感人肺腑、可歌可泣的青春诗篇。今天受表彰的这些优秀青年，是在新的时代涌现出的又一批青年楷模，他们的先进事迹，是“五四”精神在当代的生动写照。这进一步昭示，青年始终是党的事业的重要依靠力量，是推动我国社会发展和历史进步的生力军。

目前，我们国家已经进入全面建设小康社会、加快推进社会主义现代化新的发展阶段。本世纪头20年，对我国来说是一个必须紧紧抓住并且可以大有作为的重要战略机遇期。能否抓住这个机遇期，用好这个机遇期，对党和国家事业的发展至关重要。许多国家的发展进程表明，从人均1000美元到3000美元，是一个国家现代化进程中非常关键的阶段，既蕴涵着实现经济较快增长、顺利推进工业化和现代化的重大机遇，也潜伏着各种困难、风险和严峻的现实挑战。这就要求我们必须善于把握机遇，敢于应对挑战，同心同德，群策群力，不断把社会主义现代化事业推向前进。

要抓住新机遇、解决新问题、实现新发展，对我们党是重大的考验，对当代青年也是重大的考验。越是面对艰巨繁重的历史任务，党和国家越是需要发挥青年的重要作用。在新的历史征程中，广大青年一定要切实增强责任感、使命感，继承和发扬五四运动的光荣传统，向优秀青年学习，以自己的热情、智慧和力量谱写新的历史篇章。借此机会，我提三点希望。

第一，希望广大青年牢固树立坚定正确的理想信念。具有坚定正确的理想信念，是一个人成就事业的根本保证和力量源泉。青年人处在成长的关键时期和发展的起步阶段，确立坚定、正确的理想信念对一生都非常重要。当代青年要担负起全面建设小康社会、实现社会主义现代化的历史重任，最重要、最关键的，就是要确立跟党走中国特色社会主义道路的坚定信念。历史经验反复证明，只要我们坚持党的领导不动摇，坚持走中国特色社会主义道路不动摇，聚精会神搞建设，一心一意谋发展，中华民族必将迎来更加光明的前景。今天在座的获奖青年之所以能够取得不平凡的成绩，得到广大群众和社会的赞誉，根本的一条，就是他们自觉把个人的事业融入中国特色社会主义的伟大事业，并为之不懈奋斗。这就要求广大青年要把自己的理想信念建立在对历史发展规律的认识上，建立在对科学理论的掌握上，构筑起强大的精神支柱，坚持以邓小平理论和“三个代表”重要思想为指导，自觉与以胡锦涛同志为总书记的党中央保持高度一致，进一步提高明辨是非、抵御错误思想的能力，提高维护改革、发展、稳定大局的自觉性和坚定性。

共青团、青联组织要始终站在关系党的事业后继有人、社会主义事业兴衰成败的战略高度，把坚定青年的理想信念摆在首位，切实加强青年思想政治工作。特别是当前面对各种思想文化的相互激荡，面对改革过程中各种复杂尖锐的矛盾，在青年的思想中，也产生了这样那样的影响。要做好新时期的共青团工作和青年工作，必须认真研究时代发展的新特点，研究社会生活的新变化，研究青年遇到的新问题，丰富内容，创新方式，完善手段，不断增强思想政治工作的针对性和实效性。

第二，希望广大青年大力弘扬艰苦创业的优良作风。获得“五四奖章”的同志有一个共同的特点，那就是脚踏实地，艰苦创业，开拓创新。这种精神非常可贵，很值得当代青年学习。一个满足现状、丧失创业和创新精神的民族是没有希望的，一个贪图享受、丧失奋斗意志的青年同样是没有前途的。任何一个国家要发展，要进步，要腾飞，都必须经历艰苦的创业期。全面建设小康社会，实现社会主义现代化和中华民族的伟大复兴，必须大力弘扬艰苦创业的优良作风。近来中央反复强调要树立全面、协调、可持续的科学发展观，其中一个很重要的内涵就是要加快落后地区、困难地区的发展，这就需要包括青年在内的广大人民群众为之进行长期的艰苦奋斗。希望广大青年朋友们自觉到祖国最需要的地方去，到人民最需要的地方去，到基层最需要的地方去，奉献青春的智慧和力量，铸就青春的事业。

共青团、青联组织要按照“五个统筹”的要求，引导广大青年在现代化建设的各个领域勇挑重担，艰苦创业，特别是要为农村发展、西部开发、老工业基地振兴等多做贡献。团中央联合有关部门实施的“大学生志愿服务西部计划”就是一种很好的方式，在青年中产生了很好的导向作用。要进一步挖掘和树立扎根基层创业、青年可敬可学、时代特征鲜明的优秀青年典型，大力宣传他们的先进事迹和模范行动，把广大青年的积极性和创造性更充分地引导汇聚到社会主义现代化建设的伟大实践中去。

第三，希望广大青年自觉确立发奋成才的奋斗目标。在科学技术迅猛发展、知识更新步伐加快、社会竞争日趋激烈的今天，要想成就一番事业，为国家、为社会做出更大的贡献，必须有过硬本领，必须有真才实学。获奖的同志们不单是艰苦创业的楷模，在刻苦学习、发奋成才方面也为广大青年作出了榜样。时代呼唤人才，发展需要人才。随着改革的深入、开放的扩大，我们在许多重大领域、关键岗位都急需大批高素质的优秀人才，党和国家比以往任何时候都更加深刻地认识到人才的极端重要性。青年是国家的未来、民族的希望，建设一支规模宏大的高素质人才队伍，最终取决于大批青年人才的不断涌现。希望广大青年按照“面向现代化、面向世界、面向未来”的要求，主动适应学习型社会的到来，在打牢知识功底的基础上不断冲击科学前沿，在探求书本知识的同时不断从实践中汲取营养，努力提高适应改革开放和现代化建设的全面素质。特别是要鼓励和支持广大青年自觉树立创新意识，大力发扬创新精神，立足本职，锐意进取，为改革发展献计出力，在投身经济和社会发展的实践中大胆探索、勇闯新路。

共青团、青联组织要牢固树立“人才资源是第一资源”的观念，围绕人才强国战略的实施，把大力培养青年人才摆在更加突出的位置，积极探索培养、凝聚、举荐青年人才的新思路、新办法，努力为广大青年施展才华搭建舞台、提供服务，促进大批优秀青年人才的脱颖而出。

“中国青年五四奖章”是共青团中央、全国青联授予当代青年的最高荣誉。赢得这样的荣誉来之不易，保持这样的荣誉更须努力。希望获奖的青年珍惜荣誉，努力做到谦虚谨慎、不骄不躁；希望获奖的青年再接再厉，努力做到拼搏奉献、勇攀高峰。

同志们，青年朋友们，一代又一代青年成长的轨迹充分证明，只有勤奋学习、善于创造、甘于奉献的青春，才是最美丽的青春。在全面建设小康社会的历史进程中，中国青年将是承前启后、继往开来的一代，将是大有希望、大有作为的一代。祖国需要你们，人民需要你们，党需要你们，中国特色社会主义的伟大事业需要你们。我相信，在邓小平理论和“三个代表”重要思想指引下，在以胡锦涛同志为总书记的党中央坚强领导下，广大青年一定会牢记党和人民的嘱托，以获奖的优秀青年为榜样，在全面建设小康社会、实现中华民族伟大复兴的进程中创造出更加辉煌的业绩！

在全国少先队“同在一片蓝天下，手拉手共同成长”“六一”儿童节汇报交流活动上的讲话

2004年5月29日

王兆国

少先队员小朋友们：

很高兴参加今天的活动，并通过你们向全国各族小朋友们致以节日的问候和祝贺，也向你们的父母和老师问好。

亿万少年儿童共同参与的“手拉手”活动，体现了互相关心、助人为乐的社会主义精神，体现了共同进步、共同发展的集体主义精神，有助于培养少年儿童的社会主义、集体主义思想，激发顽强奋斗的民族精神，是新形势下开展少年儿童思想道德教育的有益探索，已经成为社会主义精神文明建设的生动实践。尽管你们每个人的家庭条件不一样，生活经历也不一样，但都在“手拉手”活动中增进了情感交流，提高了道德修养，向全社会传播了精神文明的新风，展现了当代少年儿童蓬勃向上的精神风貌。希望你们继续拉起手来，互助互学，团结友爱，共同进步。

我们党历来关心少年儿童的健康成长，十分重视少年儿童事业的发展。以毛泽东、邓小平、江泽民同志为核心的党的三代领导集体和以胡锦涛同志为总书记的党中央，都把培养社会主义事业的合格建设者和可靠接班人，作为党和国家以及中华民族前途命运的战略任务，对少年儿童倾注了无限的关爱，寄予了殷切的希望。最近，党中央又召开了加强和改进未成年人思想道德建设工作会议，把关心未成年人成长放到了十分重要的战略位置。希望各级共青团和少先队组织大力弘扬求真务实精神，自觉承担起未成年人思想道德建设中的重要责任，立足自身特点，发挥各自优势，切实把加强和改进未成年人思想道德建设的各项任务落到实处。各级党委政府和全社会也要共同努力，切实把培养祖国下一代的工作做得更好。

少年儿童是祖国的花朵，国家的未来，民族的希望。你们生逢社会主义祖国蓬勃发展的伟大时代，将来全面建设小康社会的宏伟蓝图，要靠你们的参与来绘制，宏伟的奋斗目标，要靠你们的参与来实现。希望你们从小做起，从一点一滴、一言一行做起，学习文化知识，培养优良品德，锻炼强健体魄，在学校里做一个好学生，在家庭中做一个好孩子，在社会上做一个好少年，你们要面向现代化、面向世界、面向未来，为将来成为有理想、有道德、有文化、有纪律，德、智、体、美全面发展的中国特色社会主义事业建设者和接班人而努力。

在全国青年文明号活动10周年表彰大会上的讲话

2004年7月28日

王兆国

同志们，青年朋友们：

今天，共青团中央与中央、国家机关24个部门联合召开全国青年文明号活动10周年表彰大会。在此，我向获奖的青年文明号先进集体和先进个人表示热烈的祝贺，向在改革开放和现代化建设各个领域辛勤工作的广大青年表示亲切的慰问！

刚才，听了周强同志的工作报告和同志们的介绍，看了你们拍摄的专题片，我感到非常高兴、非常欣慰。从1994年4月1日江泽民同志亲笔题写"青年文明号"，胡锦涛同志亲自指导推动开展青年文明号活动，青年文明号活动在党中央、国务院和各级党委、政府的高度重视下，在各级团组织和有关部门的共同努力下，在广大青年的积极参与下，不断深入，蓬勃发展，形成了很多好的做法，积累了很多宝贵的经验，已经成为青年工作的知名品牌，成为加强青年职业道德和精神文明建设的重要载体，成为引导青年成长成才、建功立业的有效途径。

10年来，青年文明号活动之所以充满生机与活力，主要得益于以下四个方面：一是主题鲜明。青年文明号活动适应了社会主义市场经济对职业道德建设的新要求，积极引导广大青年在工作岗位上加强道德建设、倡导职业文明，已经成为社会主义精神文明建设的重要组成部分。二是内容务实。这项活动不仅促进了精神文明建设，同时也有利于企业管理水平和经济效益的提高，像青年文明号服务卡、青年文明号助万家、青年文明号信用建设等活动，社会效果明显、群众喜闻乐见，充分体现了求真务实的精神。三是机制良好。团中央联合中央、国家机关24个部门齐抓共管、形成合力，为这项活动的持续开展提供了机制保障。特别是由于竞争机制的引入，申报公示、命名公开、评选公正，并实行淘汰制，进一步激发了青年的创建热情，创新了精神文明建设的管理方式。四是成效显著。青年文明号活动既发挥了青年在精神文明建设中的作用，为广大青年投身社会主义现代化建设事业搭建了新的平台，同时也进一步推动青年在实践中升华了思想、锤炼了品格、经受了锻炼、增长了才干。

当前，我国改革开放和现代化建设已经进入新的阶段，社会主义精神文明建设也面临着许多新的课题。各级共青团组织和有关部门要按照全面建设小康社会、完善社会主义市场经济体制的要求，认真总结青年文明号活动开展10年来积累的好做法、好经验，深化主题，丰富内涵，强化载体，加强管理，进一步推动青年文明号活动的深入开展。

一是要立足于加强思想道德建设来深入开展青年文明号活动。发展社会主义文化，建设社会主义精神文明，要求建立与社会主义市场经济相适应、与社会主义法律规范相协调、与中华民族传统美德相承接的社会主义思想道德体系。青年文明号活动要着眼于建立这一思想道德体系，对青年深入进行邓小平理论、"三个代表"重要思想和党的基本理论、基本路线、基本纲领的学习教育，引导广大青年树立中国特色社会主义的共同理想，树立正确的世界观、人生观和价值观。要认真贯彻公民道德建设实施纲要，以为人民服务为核心，以集体主义为原则,以诚实守信为重点,加强青年的道德教育,引导青年在遵守基本行为准则的基础上,追求更高的思想道德目标。要坚持思想标准和道德要求,通过开展形式多样、丰富多彩的主题活动,教育引导青年爱岗敬业,诚实守信,最大限度地把广大青年的积极性、主动性和创造性都凝聚到全面建设小康社会的伟大目标上来。

二是要立足于服务群众、奉献社会来深入开展青年文明号活动。实现人民的愿望、满足人民的需要、维护人民的利益,是“三个代表”重要思想的根本出发点和落脚点。服务群众、报效祖国、奉献社会,是全心全意为人民服务宗旨在新的历史条件下的具体体现,是完善社会主义市场经济的必然要求,是促进物质文明、政治文明、精神文明共同发展的现实需要。青年文明号大多在基层,扎根于群众之中,与群众有着直接、密切的联系。青年文明号活动要强化“群众利益无小事”的意识,紧紧围绕人民群众关心的实际问题出主意,想办法,办实事。要从群众的具体需求出发,为群众诚心诚意办实事,尽心竭力解难事,坚持不懈做好事。

三是要立足于培养青年人才来深入开展青年文明号活动。培养和使用人才是民族昌盛、国家繁荣之本,是实现我国从人口大国转化为人才强国的现实途径。青年正处在学习成长的关键时期,是人才资源开发的重点群体。青年文明号活动要适应青年成才的内在需求,引导青年干一行,爱一行,钻一行,在岗位上学习,在实践中成才。要通过创建活动,搭建青年学习成才的新舞台,开辟青年学习成才的新途径。

四是要立足于工作创新来深入开展青年文明号活动。当今时代是一个创新的时代。对于青年工作来说,创新才有活力,创新才能发展。在青年文明号活动中要努力创新工作思路,创新工作方式,创新运行机制。各级青年文明号活动组织部门要以10周年作为新起点,通过工作创新,推动青年文明号活动与时俱进,不断发展,使之在经济和社会发展中发挥更大作用。

胡锦涛同志曾经指出:“一个有远见的民族,总是把关注的目光投向青年;一个有远见的政党,总是把青年看做推动历史发展和社会前进的重要力量。我们的民族就是这样的民族,我们的党就是这样的党。”青年工作是党的群众工作的重要组成部分,青年工作离不开党和政府的关心和重视。希望各级党委和政府从社会主义事业后继有人的战略高度,充分认识做好新形势下共青团工作和青年工作的重大意义,把青年文明号活动纳入本地区、本行业、本单位精神文明建设的总体规划和工作部署,作为精神文明建设的重点活动来抓,予以高度重视,切实加强领导。希望各有关部门从本部门的实际出发,制定和出台有关政策,对青年文明号进行表彰、奖励、宣传,激励更多青年参与青年文明号活动,为活动深入开展营造良好氛围。希望各级共青团组织继续与有关部门密切合作,精心组织,加强管理,确保青年文明号活动健康、稳步、深入地发展。

同志们,青年朋友们,青年文明号活动事关青年的健康成长,事关社会主义物质文明和精神文明建设的深入发展。让我们紧密团结在以胡锦涛同志为总书记的党中央周围,高举邓小平理论和“三个代表”重要思想的伟大旗帜,在党的十六大和十六届三中全会精神的指引下,与时俱进,开拓创新,真抓实干,讲求实效,为全面建设小康社会,实现中华民族的伟大复兴而不懈奋斗。

在首届中国青少年科技创新奖颁奖典礼上的讲话

2004年8月21日

王兆国

同学们,同志们:

今天,在全国人民隆重纪念邓小平同志百年诞辰的日子里,我们在这里为100名大、中、小学生颁发科技创新奖,深切缅怀世纪伟人邓小平同志的丰功伟绩,具有特殊的意义。我首先向获得首届中国青少年科技创新奖的同学们表示热烈的祝贺!向邓小平同志的亲属表示深深的敬意!

中国青少年科技创新奖励基金,是根据邓小平同志的遗愿,由邓小平同志的亲属倡议,共青团中央、全国青联、全国学联、全国少工委共同设立的。

这首先是一份诚挚的纪念。刚才听了歌颂邓小平同志丰功伟绩和崇高品德的歌曲和朗诵,我的心情和大家的心情一样非常激动,我们都充满着对邓小平同志的深切缅怀的感情。邓小平同志作为我们党第一代领导集体的主要成员和第二代领导集体的核心,为中国的民族独立和解放事业建立了不朽的功勋,为中国社会主义制度的建立和完善、为中国特色社会主义事业的开创和发展做出了卓越的历史贡献,他是我国改革开放的总设计师,是世纪伟人,全党全国人民永远铭记他。

邓小平同志生前一直十分关心青少年的健康成长,注重青少年创新精神和创新能力的培养,提出了"科学的未来在于青年。青年一代的成长,正是我们事业必定要兴旺发达的希望所在","青少年是祖国的未来,科学的希望","教育要从娃娃抓起","教育要面向现代化、面向世界、面向未来"等许多科学论断。今天,我们用邓小平同志生前的稿费奖励青少年科技创新,正充分体现了邓小平同志对青少年一代的殷切期望,也寄托了我们对邓小平同志的无限怀念。

中国青少年科技创新奖励基金的设立对全国青少年是一种巨大的激励。设立这一基金,对于引导广大青少年高举邓小平理论和"三个代表"重要思想伟大旗帜,坚定走中国特色社会主义道路的信念;对于进一步激发广大青少年的爱国热情,弘扬民族精神,立志报效祖国;对于不断激励广大青少年积极投身科技创新,参与科教兴国战略和人才强国战略的实施,为全面建设小康社会、实现中华民族伟大复兴而奋斗,必将产生极大的推动作用。我们高兴地看到,基金的设立已经在广大青少年中产生了巨大的反响和感召力,已成为激励广大青少年勇于创新的强大动力。江泽民同志指出:"发展的希望在创新,创新的希望在青年。"千千万万青少年科技人才的成长,正是中国特色社会主义事业兴旺发达,中华民族实现伟大复兴的希望所在。

这更是一项崇高的使命。当今时代,科学技术日新月异,迅猛发展,并在综合国力竞争中起着越来越重要的作用。哪个国家在科技创新方面处于领先地位,哪个国家就会在国际竞争中处于主动地位。青少年强则国家强,青少年兴则民族兴。胡锦涛同志要求青少年要勤于学习,善于创造,甘于奉献。希望全国广大青少年按照党的要求,从小培养科技创新精神,增强科技创新意识,提高科技创新能力,不辜负邓小平同志的殷切期望,逐步成长为国家科技创新的生力军,成长为支撑我国科技事业的栋梁。各级共青团、青联、学联、少先队组织和有关方面要站在全局和战略的高度,重视青少年科技创新能力的培养,努力把用邓小平同志生前的稿费设立的中国青少年科技创新奖励基金发展壮大,为大批青年科技创新人才的脱颖而出营造浓厚的氛围,创造更好的条件。

同学们,同志们,中国青少年科技创新奖是一项崇高的荣誉,衷心希望获奖的同学能够保持荣誉,不懈努力;衷心希望有更多的同学积极参与青少年科技创新活动,为实施科教兴国战略,全面建设小康社会做出积极的贡献!

在首届“中非青年联欢节”开幕式上的讲话

2004年8月23日

王兆国

青年朋友们,大使阁下们,女士们、先生们:

今天,中非青年欢聚北京,共同庆祝首届“中非青年联欢节”。这是中非青年友好交往史上的一次盛会,也是中非合作论坛发展的最新成果。中非领导人对这次活动高度重视,中国国家主席胡锦涛和多位非洲国家元首向本次联欢节发来贺信。在此,我谨向来自非洲各国的青年朋友表示热烈的欢迎,向首届“中非青年联欢节”表示衷心的祝贺。

为进一步加强中非合作,中国国务院总理温家宝在2003年12月举行的中非合作论坛第二届部长级会议上正式提出倡议,在中非合作论坛框架内,举办“中非青年联欢节”的友好交流活动。今天,中国和非洲44个国家的青年代表相聚在这里,畅叙中非传统友谊,共同商讨加强中非青年友好交流与合作大计,对丰富中非友好合作的内涵,开创中非友好关系的新局面,具有十分重要的意义。

中国和非洲虽然相距遥远,但中非友谊源远流长。长期以来,中国和非洲国家在国际事务中相互理解、相互支持,在许多领域进行了富有成效的合作,成为彼此信赖的伙伴。中国政府始终坚持和平共处五项原则,坚定地支持非洲的民族解放事业,真诚地支持非洲各国发展民族经济,推动国际社会重视非洲的和平与发展;中国人民也不会忘记,正是在包括非洲各国在内的广大发展中国家的大力支持下,中国顺利恢复了在联合国的合法席位。

中国一贯重视非洲。近年来,中非高层领导互访频繁,政治互信不断加深,中非友谊与日俱增。特别是成立于世纪之初的中非合作论坛,为中非发展关系、深化合作构建了新的平台,揭开了新的篇章。双方在政治、经贸、科技、文教、卫生等多领域、多层次的合作不断加强,中非贸易快速增长,中国的投资项目遍布49个非洲国家,经贸合作成效显著。目前,中非友好合作已经进入全面发展的新阶段。在新的历史条件下,我们愿同非洲国家一道,进一步加强团结合作,共同建立长期稳定、平等互利、全面合作的新型伙伴关系,为推动中非友好合作关系的全面发展,为促进世界的和平与进步事业作出积极的努力。

中国和非洲都是人类古老文明的发源地,孕育了悠久的历史和灿烂的文化,为人类文明做出了巨大的贡献。进入新世纪,中国和非洲都面临着争取更大发展的历史机遇,也面临着前所未有的挑战。我们高兴地看到,经过几代人的奋斗,非洲国家的经济和社会发展取得了显著的成就。我们相信,在非洲各国政府和人民的不懈努力以及国际社会的大力支持下,非洲的振兴一定会实现。

同样,13亿中国人民正满怀信心地为实现全面建设小康社会的宏伟目标而努力奋斗。新中国成立50多年来,特别是经过25年的改革开放,中国的现代化建设取得了举世瞩目的成就,国民经济始终保持了健康快速的发展,社会主义市场经济体制初步建立,开放型经济已经形成,社会生产力和综合国力不断增强,各项社会事业全面发展,人民生活总体上实现了由温饱到小康的历史性跨越。

同时我们也清醒地看到,中国人口多,底子薄,生产力不发达,地区发展很不平衡,生态环境、自然资源与经济社会发展的矛盾比较突出。中国要实现现代化,使全体人民都过上富裕生活,还有很长的路要走,还需要进行长期不懈的艰苦奋斗。我们深知,前进的道路上还将遇到重重困难和挑战,但中国人民有信心、有能力战胜各种艰难险阻,最终实现中华民族的伟大复兴!

女士们,先生们,青年朋友们!

中国政府一贯重视和支持世界各国青年的交流与交往。青年是国家的希望,是世界的未来,他们朝气蓬勃、充满活力、富于理想和创造精神。长期以来,中国青年组织与非洲各国青年组织保持着良好关系,并在众多领域开展了卓有成效的合作,为中非友谊的深入发展增添了活力。

当前,中非青年都肩负着发展经济、实现民族振兴、维护世界和平的重任。共同的历史使命把中非青年紧紧地联系在一起。希望中非青年以这次联欢节为契机,加深了解和信任,增进友谊与合作,相互学习,共同发展,把伟大的中非友谊发扬光大,世代相传。

回顾历史,中非友谊的累累硕果令人鼓舞;展望未来,中非友好的灿烂前景催人奋进。让我们携起手来,为开创中非友好更加美好的明天,为人类和平与发展的崇高事业做出新的更大的贡献!

现在,我宣布,首届"中非青年联欢节"开幕!

在大学生志愿服务西部计划第二批志愿者送行仪式上的讲话

2004年8月18日

王兆国

同学们:

你们到祖国的西部去参加建设,我来为你们送行。看到你们充满朝气的面孔,感受着你们身上洋溢的青春激情和活力,我们都深深地受到感染。你们有知识、有力量,做一名青年志愿者,参加服务西部计划是你们走出校门后作出的第一次重要的人生选择。这是你们走上社会、投身建设、报效祖国、服务人民、锻炼成长成才的坚实的第一步。我对你们的青春壮举和正确选择感到由衷的高兴和欣慰。

去年以来,近两万名青年学生积极响应党和国家的号召,投身西部基层的火热实践,奏响了新时期嘹亮的青春之歌。实践证明，大学生志愿服务西部计划是促进西部发展的有效措施，是当代大学生在社会实践中锻炼成长成才的有效途径。西部天地宽广，机遇无限，为广大青年施展才华、成就事业提供了广阔舞台。那里有灿烂辉煌的历史文化，有丰富宝贵的自然资源，有勤劳善良、淳朴热情的各族人民。但由于种种原因，那里还不发达，那里最需要的是经济、文化和社会的发展，最需要的是人才。广袤的西部是创业者的沃土，是奉献者的天地。在西部，你们的人生将更加充实，你们的生活将更加富有意义。

在你们即将踏上征途之际，我向你们提出几点希望。

第一，希望你们虚心学习。西部是一个大课堂，人民是真正的英雄，是推动历史前进的动力。你们深入基层，深入群众，要甘当小学生，向人民群众学习，向基层干部学习，向同行学习。要努力学习西部悠久的历史和灿烂的文化，了解国情、认识国情，加深对中国特色社会主义的理解；要努力学习基层干部顽强拼搏、自强不息的工作精神，为自己的成长发展提供不竭动力；要努力学习西部人民热情淳朴、勤劳勇敢的优秀品质，不断提高思想境界。

第二，希望你们甘于奉献。西部的发展需要一代又一代青年为之奋斗，这是时代赋予你们的历史责任。选择西部，就选择了奉献，就意味着暂时远离亲人朋友。但是，有当地党委和政府的亲切关怀，有西部人民的深情厚谊，你们不会孤单。你们要大力弘扬“奉献、友爱、互助、进步”的志愿精神，把全部身心都投入到促进西部地区经济社会发展的洪流中去，投入到服务西部地区群众生产生活的基本需求中去，艰苦奋斗、谦虚谨慎，要坚持、要忍耐，不断提高和锻炼自己，使自己的理想和人生价值在西部绽放异彩。

第三，希望你们成长成才。艰苦的环境最能锻炼人，也最能成就人。你们要不畏艰苦、勇于拼搏，脚踏实地、埋头苦干，创造业绩、增长才干，在基层工作中锻炼，在向人民群众的学习中锻炼，在丰富的实践中锻炼，努力成长为全面建设小康社会的有用之才，成长为中国特色社会主义伟大事业的合格建设者。

同学们，我相信，你们一定能够不辜负党中央和祖国人民的期望，不辜负学校和亲人的嘱托，用你们的聪明才智，用你们的热情和力量，在艰苦中创业，在奉献中成长，以你们的实际行动，为祖国的西部大开发书写自己壮丽的青春！

致“中国中学生正泰品学奖”设立的贺信

2004年10月9日

王兆国

共青团中央、全国学联与正泰集团有限公司联合设立“中国中学生正泰品学奖”，鼓励和引导广大中学生正德修己、全面发展，是贯彻落实党中央、国务院指示精神的一项具体举措，我对奖项的设立表示热烈的祝贺！

实施公民道德建设工程，弘扬民族传统美德，倡导基本道德规范，是一项功在当代、利在千秋的大事。进一步加强和改进未成年人思想道德建设，是推进新世纪新阶段党和国家事业发展，实现党和国家长治久安的一项重大决策。做好这项工作既是长期的战略任务，也是现实的客观需要。希望各级共青团、学联组织坚持以邓小平理论和"三个代表"重要思想为指导，认真贯彻落实党的十六大和十六届四中全会精神，进一步增强责任感、使命感和紧迫感，充分调动社会各方面的积极性，建立长效机制、创新工作载体，把未成年人思想道德建设工作不断向广度和深度推进。

在第九届全国十佳少先队员表彰会上的讲话

2004年10月12日

王兆国

少先队员朋友们，同志们：

在中国少年先锋队建队55周年到来之际，隆重举行全国十佳少先队员表彰会，很有意义。刚才，听了十佳少先队员的事迹介绍和获奖代表的发言，很受感动，也很欣慰。你们的先进事迹充分证明，党的事业后继有人，我们的民族大有希望。借此机会，我向获得全国十佳少先队员光荣称号的小朋友们表示热烈的祝贺！向为红领巾事业做出突出贡献的全国十佳少先队辅导员、少先队志愿辅导员和星星火炬奖章获得者表示祝贺和崇高的敬意！向全国少先队员朋友们、少先队辅导员、少先队工作者们致以诚挚的问候！

伴随着新中国前进的步伐，中国少年先锋队已经走过了55年的光辉历程。55年来，在党的领导下和共青团的带领下，鲜艳的红领巾、庄严的队礼、嘹亮的队歌激励一代又一代少年儿童树立理想信念，学习科学知识，磨砺意志品德，健康茁壮成长。在这一历史进程中，中国少年先锋队为促进亿万少年儿童的成长进步发挥了重要作用，无愧于"少年儿童学习共产主义的学校"和"建设社会主义和共产主义的预备队"的光荣称号。

我们党历来十分重视对少年儿童的教育培养，注重发挥少先队在少年儿童成长进步中的重要作用。以毛泽东、邓小平、江泽民同志为核心的党的三代领导集体和以胡锦涛同志为总书记的党中央，始终对少年儿童倾注了无限关怀，寄予了殷切期望。经过55年的改革、建设和发展，我们国家的综合国力显著增强，人民生活不断改善，国际地位日益提高，现代化建设的宏伟蓝图正在变为美好的现实。再经过45年的努力，到建国100周年时，我们的国家将基本实现现代化，中华民族将会对人类做出更大的贡献。少年儿童是祖国的花朵、民族的未来。今天的预备队就是明天的突击队，今天的红领巾就是明天社会主义现代化建设的生力军。全面建设小康社会的历史重任，将会传到你们这一代人的肩上。你们要牢记神圣的使命，以十佳少先队员为榜样，从现在做起，努力提高各方面的能力，为长大以后推进中华民族的伟大复兴做出全面准备。

希望你们从小树立远大理想，把自己的人生追求与国家民族的前途命运紧紧联系起来，培养明辨是非的能力，保持正确的人生航向，在国家发展民族复兴的伟大历史进程中，实现自己的人生价值。

希望你们从小培养优良品德，自觉弘扬中华民族的传统美德，积极践行社会主义的道德规范，努力做到爱国守法、明礼诚信、团结友善、勤俭自强、敬业奉献。希望你们从小发愤学习增长才干，培育动手、动脑和发明创造的能力，掌握攀登科学高峰的过硬本领，为长大后贡献才华、报效国家打下良好的基础。希望你们从小锻炼强健体魄，不断增强体质，培养顽强的意志和健全的人格，成为德智体美全面发展的社会主义事业接班人。

在新世纪新阶段，中国少年先锋队要紧紧抓住机遇，积极开拓进取，尊重少年儿童主体地位和特点，把握少年儿童成长规律，努力担当起培养一代有理想、有道德、有文化、有纪律的社会主义事业合格建设者和接班人的光荣使命。要坚持实践育人的传统，积极引导广大少年儿童通过丰富多彩的实践活动，树立远大理想，培养高尚道德情操，形成良好习惯。要发挥文化育人的作用，努力营造少先队集体温暖和谐、自主快乐、追求美好、催人上进的浓厚氛围，使每一位少先队员都能从这个集体中受到感染、得到力量、奋发成才。要进一步巩固学校少先队组织，不断加强社区和农村少先队工作，始终把竭诚为少年儿童健康成长服务作为少先队全部工作的出发点和落脚点，满腔热情地关心他们，帮助他们解决学习、生活、成长中遇到的困难和问题。

各级党委和政府要进一步提高认识，切实加强领导，关心和支持少先队工作，为少先队工作的开展创造良好的条件，努力形成全社会人人关心少年儿童、爱护少年儿童、为少年儿童办好事实事、为少年儿童作表率的良好局面和时代风尚。各级共青团要切实履行好党赋予的直接领导少先队的光荣职责，发扬全团带队的传统，从思想上、组织上、工作上、队伍上带好少先队，支持少先队创造性地开展工作。作为少先队员的亲密朋友和直接指导者，广大少先队辅导员和少先队工作者要以对党的教育事业的忠诚和对少年儿童的热爱，大力弘扬甘为人梯、甘于奉献的精神，紧紧把握时代发展的脉搏，认真研究少年儿童的新特点、新变化，积极适应教育改革与发展的需要，不断提高思想政治素质和业务能力，以更加旺盛的精神状态投入到培养祖国下一代的崇高事业中来。

同志们，继续做好“全国十佳少先队员”的评选表彰工作，充分发挥先进典型的示范和导向作用，运用多种方式为少年儿童树立可亲、可信、可敬、可学的榜样，激励广大少年儿童学习先进、崇尚先进，意义重大、任务艰巨。让我们紧密团结在以胡锦涛同志为总书记的党中央周围，高举邓小平理论和“三个代表”重要思想的伟大旗帜，深入贯彻落实党的十六大和十六届四中全会精神，为星星火炬代代相传，为祖国更加美好的明天而努力奋斗！

在共青团十五届三中全会上的讲话

2004年12月15日

王兆国

同志们：

共青团召开十五届三中全会，深入学习贯彻党的十六届四中全会和中央经济工作会议精神，总结全年工作，研究部署当前和今后一个时期的共青团工作，这对于共青团组织进一步认清形势，明确任务，努力开创共青团事业发展的新局面，必将起到积极的推动作用。

以胡锦涛同志为总书记的新一届中央领导集体高度重视共青团工作。前不久，曾庆红同志主持召开中央书记处办公会议，专门听取团中央书记处的工作汇报，充分肯定了一年来共青团工作取得的显著成绩，明确提出了下一步做好共青团工作的重要意见。同志们一定要认真学习领会，并切实贯彻到今后的各项工作中去。

在过去的一年里，各级团组织在以胡锦涛同志为总书记的党中央领导下，坚持以邓小平理论和“三个代表”重要思想为指导，树立和落实科学发展观，把服务大局与服务青年有机结合起来，在用科学理论教育青年、带领青年投身经济建设、组织青少年参与群众性精神文明创建活动、帮助青少年提高素质和加强共青团自身建设等方面，下了很大功夫，取得了明显进展。借此机会，我代表党中央，向各级团组织、广大团干部和团员青年表示亲切的问候！

这段时间，中央先后召开了党的十六届四中全会和中央经济工作会议，对当前和今后一个时期全党全国的工作特别是对加强党的执政能力建设和做好明年经济工作作出了全面部署。认真学习贯彻党的十六届四中全会和中央经济工作会议精神，是当前全党全国的一件大事，也是摆在共青团组织面前的一项重大政治任务。各级团组织要站在全局和战略的高度，重视这项任务，抓好这项任务，努力把团干部和团员青年的思想认识统一到中央的大政方针上来，把中央的决策部署变为团干部和团员青年的自觉行动。

下面，我着重就共青团如何学习贯彻党的十六届四中全会和中央经济工作会议精神，进一步做好今后的各项工作，讲四点意见。

一、从加强党的执政能力建设的高度，切实增强做好新形势下共青团工作的责任感和使命感

加强党的执政能力建设，是关系中国社会主义事业兴衰成败、关系中华民族前途命运、关系党生死存亡和国家长治久安的重大战略课题。实践表明，我们党要在执政条件下成为思想上政治上组织上完全巩固、始终站在时代前列带领人民团结奋进的坚强领导核心，就必须坚持把执政能力建设作为一项根本建设抓紧抓好。

对我们党来说，做好群众工作与提高执政能力之间，有着内在的本质的联系。群众工作做得怎样，组织群众、宣传群众、教育群众、服务群众的成效如何，直接影响到党的执政能力建设的全局。这是因为，我们党要实践自己的执政理念，始终坚持立党为公、执政为民，真正做到权为民所用、情为民所系、利为民所谋，实现好、维护好、发展好最广大人民群众的根本利益，就必须遵循马克思主义的群众观点和党的群众路线，卓有成效地开展群众工作，更好地了解群众意愿、体察群众情绪、关心群众疾苦，尽最大努力为群众办实事、解难事、做好事。我们党要巩固自己的执政基础，始终保持同人民群众的血肉联系，紧紧依靠广大人民群众来推进党和国家的事业，就必须坚持和发挥善于做群众工作的政治优势，注重运用说服教育、示范引导和提供服务等方法，最大限度地把广大人民群众团结凝聚在党和政府的周围，使党和国家事业发展获得强大而不竭的动力。我们党要完善自己的执政方式，实行科学执政、民主执政、依法执政，加强政治、思想和组织领导，进一步做好总揽全局、协调各方的工作，就必须特别重视群众团体在国家政治、经济和社会生活中不可替代的重要位置，切实加强和改善对群众团体的统一领导，充分发挥群众团体在联系群众方面的桥梁纽带作用和在巩固国家政权方面的社会支柱作用。

青年是整个社会中一部分最积极最有生气的力量，昭示着国家的未来和民族的希望。做好青年群众的工作，与我们党长期执政、党的事业长盛不衰息息相关。各级团组织和广大团干部一定要从关系党的执政能力建设全局的高度,充分认识做好新形势下共青团工作的重要性,进一步增强责任感和使命感,不断把共青团事业推向前进。

二、按照全面落实科学发展观的要求,充分发挥广大青年在推动经济社会发展中的生力军作用

科学发展观是我们党以邓小平理论和“三个代表”重要思想为指导,从新世纪新阶段党和国家事业发展全局出发提出的重大战略思想和指导方针。科学发展观为我们提供了抓住机遇、加快发展的世界观和方法论,提供了应对更加复杂的国际国内环境和各种新挑战的强大思想武器。各级团组织一定要深刻理解用科学发展观统领经济社会发展全局的重大意义,进一步增强贯彻落实科学发展观的自觉性和坚定性,通过开展一系列独具特色的工作和活动,最大限度地把广大青年的智慧和力量引导到促进经济社会全面协调可持续发展上来。

经济建设领域是广大青年发挥生力军作用的主战场。根据中央的部署,明年要继续加强和改善宏观调控,全面实现“十五”计划目标。经济建设的繁重任务向青年这支生力军发出了新的召唤,提出了新的要求。各级团组织要紧紧围绕明年经济工作的主要任务,带领广大青年为推动国民经济发展做出积极贡献。要着眼于实现粮食稳定增长、农民持续增收,引导青年认真贯彻落实中央的支农惠农政策,在搞好粮食生产、调整农业结构、推广农业技术、发展农业产业化经营、加强农业基础设施建设、拓宽增收致富渠道等方面施展本领,促进农业和农村经济保持发展的好势头。要着眼于提高科技自主创新能力,引导青年增强创新意识和能力,立足本职岗位开展发明创造活动,为实现技术的跨越式发展、增强企业的核心竞争力充分发挥聪明才智。要着眼于深入推进经济体制改革,引导青年保持锐意改革的热情和勇气,坚定地支持党和政府的改革举措,为进一步深化改革出谋划策、贡献智慧。要着眼于建设节约型社会,引导青年增强节约能源、节约资源、保护环境的意识,大力推动循环经济发展,积极倡导节约型的生产方式和消费方式。要着眼于促进区域经济协调发展,引导青年投身西部大开发、东北等老工业基地振兴、中部地区崛起等区域发展战略的实施进程,努力谱写艰苦创业的时代新篇章。

社会发展领域是广大青年发挥生力军作用的广阔天地。现代化建设的实践证明,在坚持以经济建设为中心的同时,必须促进经济社会协调发展,否则经济建设也会受到制约,难以真正搞上去。青年在加快发展社会事业方面大有可为。各级团组织要致力于推动社会主义精神文明建设,进一步深化青年志愿者、青年文明号和青年文明社区等群众性精神文明创建活动,引导广大青年在服务社会、服务人民中,大力发扬中华民族优秀文化和传统美德,大力倡导社会主义道德规范,大力反对腐朽没落思想文化。要致力于发展社会主义先进文化,充分挖掘青年参与先进文化建设的巨大潜力,深入开展健康向上、形式多样、充满活力的青年文化活动,积极创作和推广青年文化精品,大力加强青年文化阵地建设,为繁荣发展社会主义先进文化添砖加瓦。要致力于构建社会主义和谐社会,组织广大青年积极参与社会建设和管理,主动配合党和政府做好协调利益、化解矛盾、排忧解难的工作,做好引导群众以理性合法的形式表达利益要求的工作,做好社会治安综合治理的工作,以实际行动维护改革发展稳定的大局。

三、把握以人为本的深刻内涵,不断提高教育青年、服务青年的工作水平

坚持以人为本,说到底,就是要以实现人的全面发展为目标。把以人为本的思想贯彻到共青团工作中去,就要求团组织通过有效的教育，帮助广大青年巩固团结奋斗的共同思想基础；通过周到的服务，帮助广大青年解决成长发展中遇到的实际问题，促进青年一代健康成长。

要进一步增强青年思想教育的针对性和实效性。当前，青年的思想状况变化很大很快，影响青年思想的各种因素也变化很大很快。对青年思想教育来说，增强针对性和实效性是一个常提常新的要求。团组织要针对各种思想文化相互激荡的现实，加强对青少年的理想信念教育，帮助他们用邓小平理论和“三个代表”重要思想武装头脑，使他们牢固树立起正确的世界观、人生观、价值观，增强民族自豪感、自尊心、自信心，进一步坚定他们跟党走中国特色社会主义道路的信念，始终把握好人生的正确方向。要针对国际国内形势复杂变化的现实，加强对青少年的形势政策教育，帮助他们对形势作出正确的判断，对国情有更深入的了解，从而积极拥护党和政府应对复杂形势、适应基本国情而采取的各项政策措施。要针对影响青少年思想的渠道和方式日益增多的现实，加强对青少年思想教育新手段新方法的研究探索，努力占领青少年思想文化阵地，切实形成正面思想教育影响青少年的强势。这里需要特别强调的是，前一段，中央相继下发了进一步加强未成年人思想道德建设、进一步加强和改进大学生思想政治教育这两个重要文件。各级团组织一定要按照文件要求，突出抓好未成年人和大学生两个重点群体的思想教育，并在这个过程中积累经验、掌握规律，以推动青少年思想教育工作整体水平的提高。

要进一步增强服务青年的工作力度。竭诚为青年服务是共青团组织的义不容辞的责任，任何时候都不能有所放松、有所懈怠。在服务青年方面，既要把注意力放在促进青年成长成才上，通过拓展素质、搭建舞台等工作，真正在青年人才的成功道路上留下团组织的工作痕迹；又要把关注点放在为遇到特殊困难的部分青年排忧解难上，积极推动就业再就业、社会保障、社会救助等工作，真正使他们享受到改革发展的成果。既要满腔热情地为青少年办好事，使他们的学习、工作拥有更好的条件；又要旗帜鲜明地同侵犯青少年合法权益的行为作斗争，配合有关部门坚决扫除有害青少年身心健康的社会丑恶现象，使青少年成长的社会环境进一步得到优化。既要抓紧做好服务青年的具体工作，让更多的青年得到团组织更多的关爱和帮助；又要重视抓好服务青年的机制建设，推动这方面工作走上制度化、规范化、社会化的轨道，保持长久的生命力。

四、抓住开展保持共产党员先进性教育活动的有利时机，大力加强和改进共青团自身建设

中央决定，从明年1月开始，用一年半左右时间，在全党开展以实践“三个代表”重要思想为重要内容的保持共产党员先进性教育活动。这是新世纪新阶段党的建设的一项基础性工程。对共青团来说，要严格按照中央要求，搞好本系统的教育活动；要参照党组织的做法，在团内开展增强团员意识教育活动；最重要的是，要以全党开展保持共产党员先进性教育活动为契机，坚持以党建带团建，加强共青团能力建设，全面提高团的自身建设水平。加强和改进团的自身建设，要着力抓好基层组织建设和干部队伍建设两个重点。

抓团的基层组织建设，要在适应社会变革上狠下功夫。随着社会主义市场经济的深入发展和对外开放的不断扩大，我国经济社会结构继续发生深刻变化。在这一过程中，青年的群体分布、利益需求、价值取向、行为方式等也在持续发生新的变化。团的基层组织面对这些变化，必须主动适应。要继续探索基层团组织设置的新模式、新办法，努力扩大团的工作在团员青年中的覆盖面和影响力；要继续探索基层团组织开展工作的新思路、新方式，不断增强基层团组织的凝聚力、吸引力和战斗力。全团都要关注基层、支持基层、服务基层，尤其要为基层团干部开展工作提供更大的帮助、创造更好的条件，使他们全力以赴地做好工作，为共青团事业发展夯实基础。

抓团的干部队伍建设，要在转变工作作风上狠下功夫。中央反复强调，要弘扬求真务实精神，大兴求真务实之风。这不仅对党的干部队伍建设有很强的针对性，而且对团的干部队伍建设同样有很强的针对性。广大团干部一定要抓紧学习、积极实践，用科学的理论武装自己，用广博的知识充实自己，用丰富的经验提高自己，不断增强求真务实的意识和本领；一定要脚踏实地、埋头做事、兢兢业业、甘于奉献，在每一项工作中都体现求真务实的要求。只有这样，团干部才能真正成为党放心、青年满意的好干部。

党的领导是共青团事业发展的根本保证。各级党委都要从党的事业兴旺发达的战略高度，加强对共青团工作的领导，经常给团组织出题目、压任务，为团组织开展工作创造条件，对团干部加强教育培养，更好地发挥共青团作为党的助手和后备军的重要作用。

同志们，在全面建设小康社会的历史征程上，青年一代是可以大有作为的，共青团组织也是可以大有作为的。让我们紧密团结在以胡锦涛同志为总书记的党中央周围，高举邓小平理论和“三个代表”重要思想伟大旗帜，动员组织广大团员青年，开拓进取，扎实工作，同全国人民一道，把中国特色社会主义事业不断推向前进。

在接见全国青联留学人员联谊会全体理事和参加“2004海外学人回国创业周”活动部分代表时的即席讲话

2004年12月21日

王兆国

青年朋友们：

在全国青联留学人员联谊会成立之际，同各位有志于回国创业的海外留学青年见面，我感到非常高兴。各位理事和代表在所属行业和领域卓有成就，很有发展潜力。你们虽然身处异国他乡，但始终牵挂着祖国，愿意为国内现代化建设做贡献。从你们身上，我看到了新一代海外留学青年的时代风采。在这里，我向全国青联留学人员联谊会的成立表示热烈的祝贺，向积极为国服务的广大海外留学青年表示亲切的问候！

广大海外留学青年始终是促进祖国建设与发展的一支重要力量。海外留学青年有着不忘桑梓、报效祖国的赤子之情，有着回国创业、实现理想的强烈愿望，有着适应国际竞争、熟悉国际规则的独特优势。改革开放以来，在党和政府的鼓励支持下，我国海外留学生已达70万人以上，分布在世界上100多个国家和地区，并有超过17万留学青年学成归国，对国家经济科技实力的增强和国内市场经济的完善做出了积极贡献。事实表明，广大留学回国青年是推进中国特色社会主义事业的一个重要人才资源，是祖国和人民的宝贵财富。

全国青联留学人员联谊会的成立，是共青团、青联组织为广大留学青年做的一件好事。长期以来，共青团、青联组织热情支持、竭诚服务广大海外留学青年，做了大量富有成效的工作，连续4年开展海外学人回国创业周活动，达成了一大批合作项目，取得了显著的经济、社会和人才效益，极大地激发了广大海外留学青年的报国热情。今年，筹备成立了全国青联留学人员联谊会，这有利于加强海外留学青年的联系，更好地引导组织广大海外留学青年回国创业和以多种方式为国服务。希望广大海外留学青年积极支持和参与联谊会的工作，把联谊会作为联系交流的牢固纽带，作为建功立业的广阔平台。

当前，祖国发展的形势非常好。今年，在以胡锦涛同志为总书记的党中央领导下，我们坚持以科学发展观统领经济社会发展全局，认真落实宏观调控的各项政策措施，国民经济保持了平稳较快发展的良好势头，国内生产总值增长超过了9%，各项改革继续推进，对外开放不断扩大，城乡人民生活进一步改善。大家在回国的这段日子里，到处都会看到祖国前进的步伐，时刻都能感受到中国特色社会主义事业的勃勃生机。展望未来，我国将全面建成小康社会、实现中华民族的伟大复兴，这是惠及全体中华儿女的宏伟事业，也是包括广大海外留学青年在内的所有中国人的共同心愿。希望广大海外留学青年继承发扬老一辈留学人员"爱国奉献、拼搏进取"的优良传统，把个人的理想追求与国家民族的前途命运紧密联系起来，做甘于奉献的爱国者、艰苦奋斗的创业者、科学高峰的攀登者、人类优秀文明成果的传播者，用青春和智慧谱写留学报国的新篇章。

各级党委、政府以及国内有关方面，将会热情地关心大家、支持大家、爱护大家，为大家创业创造更好的条件，提供更多的机会。特别是全国青联留学人员联谊会要进一步改进工作，积极为大家牵线搭桥，提供更好的服务，努力为大家营造一个良好的发展环境。

最后，祝全国青联留学人员联谊会的工作不断开创新局面；祝2004海外学人回国创业周活动圆满成功；祝大家在新的一年里学习进步、生活幸福、事业取得更大发展！

在接见全国青联留学人员联谊会会长、副会长时的讲话

2004年12月21日

王兆国

首先，祝贺你们当选全国青联留学人员联谊会会长、副会长，并通过你们向广大海外留学青年致以亲切的问候。

听了你们刚才的发言，我很受鼓舞。各位都是我国留学人员的杰出代表，有的学有所成、凯旋归来，干出了一番事业，取得了突出成绩；有的身在海外、心系祖国，在为国服务方面做出了积极的贡献。你们的事迹和精神，值得广大青年认真学习。

本世纪头20年，是我国必须紧紧抓住并且可以大有作为的重要战略机遇期。这20年间，我们将全面建设惠及十几亿人口的更高水平的小康社会，到2020年力争使我国国内生产总值比2000年翻两番，综合国力和国际竞

争力明显增强。为了实现这个目标，我们党坚持把发展作为执政兴国的第一要务，树立和落实科学发展观，一心一意谋发展，聚精会神搞建设，改革开放和经济建设取得了重大进展，社会主义物质文明、政治文明和精神文明建设都取得了新的成就。2003年我国国民生产总值超过10万亿元人民币，位居世界第六，人均国民生产总值首次突破1000美元。据测算，今年我国GDP继续保持高速增长，增长率将超过9%。进出口贸易额将首次突破万亿美元，在全球贸易中的排位有望升至第三位。联合国2004年《贸易与发展报告》认为，中国已经成为世界经济的两大引擎之一。中国经济的快速增长和社会的全面进步，令世人关注，让华夏儿女为之自豪。

进入新的世纪，人才资源已成为最重要的战略资源。为了更好地为全面建设小康社会提供人才保证，中央决定实施科教兴国和人才强国战略，明确指出广大留学人员是我们国家的宝贵财富，是我国人才资源的重要组成部分，是推动我国经济社会发展进步和实现中华民族伟大复兴的一支重要力量。

2003年底，召开了建国以来首次全国人才工作会议，明确提出要充分开发国际国内两种人才资源，努力把各类优秀人才集聚到党和国家的各项事业中来，为全面建设小康社会提供坚强的人才保证和智力支持。全面建设小康社会的伟大实践、经济社会的快速发展、全社会对人才的高度重视和强烈需求，都为广大留学人员实现理想、施展才华、报效祖国创造了新的机遇，开辟了更加广阔的天地。

我国留学人员历来具有“爱国奉献、拼搏进取”的光荣传统。一百多年来，一代又一代的留学人员立志为民族振兴而刻苦学习，为祖国腾飞而艰苦创业，在中华民族复兴史上书写了可歌可泣的感人诗篇，创造了举世瞩目的辉煌业绩。特别是改革开放以来，一批批青年学子远渡重洋艰辛求学，学成后踊跃回国创业发展，形成了新一轮留学人员回国创业、为国服务的热潮。

近年来，共青团中央、全国青联根据国内经济社会发展的需要，顺应广大留学人员回国创业的需求，通过组织海外学人回国创业周、海外学人为国服务团等活动，将留学人员的爱国热情和报国之志转化为服务祖国的实际行动，为留学人员投身国内经济建设和社会发展事业搭建了桥梁和舞台。全国青联留学人员联谊会的成立，必将进一步延伸青年留学人员工作的手臂，增强吸引力和凝聚力，成为集聚广大青年留学人员的一个新的载体，必将在服务青年留学人员成长发展和参与国内建设方面发挥积极作用。

借此机会，我提三点希望。

希望广大青年留学人员继承优良传统，建功立业成才。高举爱国主义的光辉旗帜，满怀振兴中华、为实现中华民族的伟大复兴而奋斗的共同愿望，是一代又一代留学人员为民族的解放、祖国的强盛和人民的幸福而拼搏奋斗、奉献才华的强大精神动力。只有把报效祖国作为一种人生追求，作为一种力量源泉，才会有不懈的奋斗动力，个人的才智才能够得到完全的发挥，个人的价值才能够得到充分的实现。青年留学人员要继承和发挥老一辈留学人员“爱国奉献、拼搏进取”的优良传统，以实现祖国现代化和中华民族伟大复兴为己任，自觉把个人的抱负与祖国和民族的需要紧密结合起来，思国家之需，展所学之才，积极投身全面建设小康社会的伟大实践中，在实现中华民族伟大复兴的历史进程中，用青春和智慧创造无愧于时代的业绩。

希望全国青联留学人员联谊会充分发挥作用，提供优质服务。联谊会要切实成为桥梁纽带，找准青年留学人员与国内经济社会发展需求的结合点，广泛团结凝聚海内外青年留学人员，为青年留学人员施展才华提供帮助，为青年留学人员投身祖国现代化建设搭建舞台。要充分发挥各级共青团、青联组织的优势，加强与有关部门的合作，不断探索和完善青年留学人员在国内经济建设和社会发展等各个方面发挥作用的长效机制，使广大青年留学人员的作用得到充分有效的发挥。会长和各位副会长是联谊会的骨干，要切实发挥好带头和表率作用。精诚团结，互相支持，在做好本职工作的同时，用自己的成功经历和拼搏进取精神激励更多的青年留学人员刻苦学习、奋发成才，用自己热爱祖国、无私奉献的情怀感召更多的青年留学人员回国创业、为国服务。

希望各级党政部门高度重视青年留学人员，为他们创造良好工作条件。各级党委和政府要深入贯彻“支持留学，鼓励回国，来去自由”的方针，按照拓宽留学渠道，吸引人才回国，支持创新创业，鼓励为国服务的要求，从工作、学习、生活等各方面为归国留学人员创造良好环境，进一步提高对青年留学人员工作重要性的认识，把这项工作放在重要位置抓紧抓好。要结合人才开发规律和市场经济规律，把坚持党管人才的原则与发挥市场在人才资源配置中的基础性作用有机结合起来，建立健全有关法规，加快完善有关制度，加强政策宣传引导，不断创新青年留学人员工作的机制，为党和国家集聚更多的优秀青年人才。

最后，祝愿大家在新的一年里身体健康，事业发达，取得更大进步！

在中国杰出青年农民颁奖典礼上的讲话

2004年12月14日

回良玉

同志们，青年朋友们：

今天，我们怀着十分高兴的心情参加颁奖典礼。开展“中国杰出青年农民”评选表彰活动，是活跃农村青年工作的一件大事，是促进农业发展的一件实事，是推动农村物质文明、精神文明和政治文明建设的一件好事，对于激励广大农村青年积极投身农村全面小康建设，对于加快农村经济和社会发展，发挥了重要作用，引起了强烈的社会反响。在此，我首先代表国务院，向获得第九届“中国杰出青年农民”及提名奖荣誉称号的青年朋友们，表示热烈的祝贺！并借此机会，向全国广大农村青年致以亲切的问候！

刚才，观看了获奖者的事迹介绍短片，听取了杰出青年农民代表的发言，给我留下了深刻的印象，使我深受教育也很为感动，深受鼓舞也很有启示。他们立足农村，艰苦创业，开拓进取，在各自的岗位上取得了突出的成绩，为农村经济发展和社会进步做出了积极的贡献。在他们身上，集中体现了当代农村青年崭新的精神风貌和鲜明的时代特征。他们是全国青年农民的榜样，也是各行各业青年学习的榜样。实践充分证明，在全面建设小康社会的伟大事业中，农业农村天地广阔、大有可为，农村青年肩负重任、大有希望。

我国是人口大国、农业大国，解决好13亿人口的吃饭问题，始终是摆在我们面前的头等大事；农业、农村和农民问题始终是关系改革开放和现代化建设全局的重大问题。党中央、国务院对“三农”问题高度重视，在宏观调控中注重加强农业，采取了一系列直接有力的重大政策措施。

由于多方面共同努力，多因素的综合作用、有效匹配，今年农业和农村发展呈现出多年未有的好形势，展现出许多喜人景象。粮食生产出现重要转机，有可能成为新中国成立以来年度间粮食增产最多的一年；农民收入实现较快增长，是1997年以来增幅最高的一年；农村改革迈出重大步伐，农村社会事业取得新的进展。全社会关心农业、关注农村、关爱农民的良好氛围正在进一步形成。但我们也要清醒地看到，农业和农村发展仍然处于艰难的爬坡和攻坚阶段，粮食增产难、农业增效难、农民增收难，城乡差距拉大、地区差距扩大，仍然是我国经济社会发展面临的突出问题。我们要认真贯彻党的十六届三中、四中和中央经济工作会议精神，坚持把解决“三农”问题作为全部工作的重中之重，坚持树立和落实科学发展观，坚持统筹城乡发展的方略。坚持“多予少取放活”的方针，深化农村改革，推进结构调整，加强农业综合生产能力建设，做到行之有效的支农政策不改变，已经给农民的实惠不减少，支农的力度不断加大，促进粮食稳定增产、农民持续增收，保持农业和农村发展的好势头。

青年是国家的未来和民族的希望。农村青年占全国青年的大多数，是农村改革、发展和稳定的一支重要力量。解决好中国的“三农”问题，实现农业的现代化，推进农村全面小康建设，这一光荣而艰巨的任务历史地落在农村青年身上，需要一代又一代、一批又一批有志青年为之不懈奋斗，成为突击队和生力军。广大农村青年要认清形势，以高度的历史责任感和使命感，抓住机遇，开拓进取，在新阶段农业和农村发展中建功立业。在这里我向广大农村青年提几点希望。

第一，要坚定理想信念，树立高远之志。理想和信念是成就事业的起点，是战胜一切困难、创造美好未来的精神支柱。农村青年生长在农村，劳动在农村，热爱农村、建设农村，是每个农村青年义不容辞的责任。一个有志青年，应该把个人的抱负与国家的富强紧密结合起来，把个人的成长与民族的振兴紧密结合起来，把个人的奋斗与农村的建设紧密结合起来，广大农村青年要胸怀改变农村面貌的雄心壮志和远大理想，发扬为农村的改革和发展奉献青春的奋斗精神，在农村全面小康建设中贡献自己的智慧和力量，展现丰富多彩的人生。

第二，要发愤求学求知，夯实成才之基。知识就是最强大的力量，知识就是最富有的资本，知识就是最宝贵的财富。当今世界，科技进步日新月异，知识经济方兴未艾，日趋激烈的综合国力竞争最终体现为人才的竞争。人才短缺，已经成为制约农业和农村发展的关键因素。青年是学习的黄金时期，也是最需要知识武装的时期。广大农村青年要主动适应新形势的变化和需求，把学习作为第一位的任务，努力学习先进的农业科技知识、市场经济和法律知识，不断提高自身素质，增强勤劳致富的本领，成为能够跟上时代步伐，懂技术、善经营、会管理的社会主义新型农民。

第三，要勇于创新创业，谱写青春之歌。青年人风华正茂，最少保守思想，最富蓬勃朝气，最具创造活力，是农村最积极最有生气的力量。广大农村青年要继续发扬光荣传统，进一步解放思想，开阔视野，敢担责任，敢为人先，积极参与农村改革和结构调整，大力发展粮食生产和农业产业化经营，带头推广先进实用技术，带头经营闯市场，努力开拓新的致富门路。创业维艰，奋斗以成。要把远大理想、创新精神和科学态度、求实作风结合起来，脚踏实地，艰苦奋斗，用自己的双手创造美好的生活，让青春在每一个平凡的岗位上闪闪发光。

第四，要加强道德修养，倡导文明之风。广大农村青年要肩负起历史的重任，不仅要有知识才干，而且要培养优良的品德，塑造高尚人格，做现代文明的实践者和传播者。要在农村带头弘扬中华民族的传统美德，明礼诚信、尊老爱幼、团结互助，抵制封建迷信和社会不良倾向，倡导健康文明的生活方式。要带头参与农村基层民主政治建设，在村务公开和民主管理中发挥建设性作用。要带头维护农村社会稳定，积极促进农村和谐社会的构建。

青年是农村发展的希望，青年事关农村的未来。各级政府，特别是涉农部门要从农业现代化和农村全面小康建设的高度，切实把农村青年工作摆上重要位置。要支持共青团组织根据农村青年的特点和要求，创造性地开展工作。要热情关怀青年、充分信任青年、严格要求青年，把青年的积极性引导好、保护好、发挥好，为农村青年的健康成长和创新创业创造有利条件。

我们坚信，在以胡锦涛同志为总书记的党中央领导下，富有理想、充满热情、满怀抱负、开拓进取的当代农村青年，一定能够创造出无愧于青春、无愧于时代、无愧于党和人民厚望的新的辉煌业绩。

第二部分

团中央书记处领导讲话

周强同志讲话

以“三个代表”重要思想为统领，竭诚服务农村青年增收成才 团结带领广大青年为全面推进农村小康建设建功立业

——周强在全国促进农村青年转移就业工作会议上的讲话

2004年3月1日，根据录音整理

刚才，江苏省委副书记冯敏刚同志全面介绍了江苏省委、省政府做好“三农”工作的情况，听了很受鼓舞。我们这次会议将重点推广江苏省各级团组织服务党的农业和农村工作大局、服务农村青年转移就业的做法和经验，既是一次工作部署会，也是一次现场经验交流会、现场工作观摩会。首先，我代表团中央书记处和全体与会同志对江苏省委、省政府长期以来对共青团工作和青年工作的关心和支持，表示衷心的感谢！

我们党一贯高度重视加强农业基础地位，高度重视并认真解决农业、农村和农民问题。党的十六大以来，以胡锦涛同志为总书记的党中央毫不动摇地坚持这一战略思想，把解决好农业、农村和农民问题作为全党工作的重中之重。不久前，党中央、国务院下发了《关于促进农民增加收入若干政策的意见》，对当前农业和农村经济形势进行了科学务实的分析，突出强调了增加农民收入的重要性和紧迫性，提出了一系列促进农民增收的重大政策措施，是当前和今后一个时期我们党指导农业和农村工作的纲领性文件。各级团组织要认真学习，抓好贯彻落实。

这次会议，是全团立足新的历史起点，推进农村共青团工作和青年工作的一次重要会议。农村共青团工作在全团工作中历来具有十分重要的地位。团十四大以来，全团农村工作按照“一条主线、三项重点、一个基础”的总体要求，全面推进，突出重点，扎实工作，狠抓落实。服务农村青年增收成才的工作主线，在各项工作中得到了切实贯彻；青年农民科技培训工程、示范推广科技项目等活动全面实施、不断深化，保护母亲河行动扎实推进、成效显著，乡村青年文化活动广泛开展、有趣有为；党建带团建、强乡带村工作取得重要进展，农村基层团建在探索建立与社会主义市场经济体制相适应的运行机制方面，迈出了新的步伐，做出了新的探索。2002年4月，在中央领导同志亲切关怀和有关部委大力支持下，团中央和农业部专门召开了全国农村青年工作会议，温家宝同志出席会议并作了重要讲话，对农村共青团工作和青年工作给予了充分肯定，提出了明确要求。团十五大召开后，全团农村工作在继承中开拓创新，在全面深化各项重点工作的同时，农村青年中心建设等开创性工作开局良好。总的来看，尽管面临着不少困难，存在着一些问题，但这些年农村共青团工作有了很大进步，取得了很大成绩，保持了良好的发展势头。这样一个良好的工作局面来之不易，我们要认真总结，发扬成绩，克服不足，为进一步做

好工作打下更好的基础。1999年,我们在广西荔浦县召开的共青团农村工作会议上,确立了“一条主线、三项重点、一个基础”的农村共青团工作格局。这次召开的促进农村青年转移就业工作会议,也是一次统揽全局、重点推进的全团农村工作会议,要进一步明确工作重点,找准着力点,适应新形势,开创新局面。

农村共青团工作是党的农村工作的重要组成部分。当前,我国农业和农村经济正处在新的历史发展阶段。这是党中央、国务院审时度势作出的重要判断和全党对农业和农村经济发展规律的科学认识,是制定农村政策、指导农村工作的基本依据,也是我们谋划和开展农村共青团工作和青年工作的基本依据。各级团组织要深刻认识新阶段农业和农村经济发展的重大变化,深刻认识做好新阶段农村共青团工作和青年工作的重要性和紧迫性,不断创新工作思路、工作方式和自身建设,使农村共青团工作更加适应新阶段的形势,更加符合新阶段的要求。要从全面推进农村小康建设、全面建设小康社会的高度,从维护社会安定团结和国家长治久安的高度,从立足新起点谱写共青团事业发展新篇章的高度,切实增强使命感、责任感和忧患意识,切实把农村共青团工作摆到更加突出的位置,更多地关注支持农业和农村,更多地关心帮助农村青年,坚持不懈地服务农村青年增收成才,努力开创新阶段农村共青团工作新局面。

根据党和国家全面推进农村小康建设的发展目标,适应我国农业和农村经济发展新阶段的发展变化,针对农村青年的需求和农村共青团工作的实际,当前和今后一个时期农村共青团工作的总体要求是:以邓小平理论和“三个代表”重要思想为指导,深入贯彻党的十六大、十六届三中全会精神和中央关于农业农村工作的一系列方针政策,全面落实共青团十五大、十五届二中全会的各项部署,牢固树立和认真落实科学发展观,着眼于促进农村经济社会和人的全面发展,着眼于促进城乡经济社会统筹发展、良性互动,着眼于大力开发农村青年人才资源,扎实推进农村青年增收成才行动、保护母亲河行动、乡村青年文化活动和农村青年中心建设等重点工作,切实加强农村基层团组织和青年组织建设,团结带领广大农村青年为全面推进农村小康建设建功立业。

这里,我着重强调几点。

一、着力开发农村青年人才资源

我国35岁以下的农村青年有两亿多,这样一支数量庞大的队伍生机勃勃、创造力强、充满希望,他们当中蕴藏着极为丰富的人才资源。着力开发农村青年人才资源,既是共青团促进人才强国战略实施的必然要求,又是农村团组织服务大局、服务青年的最佳结合点和工作突破口。多年来的工作实践表明,这也是农村共青团工作的突出特点和优势所在。各级团组织要按照团十五届二中全会精神,进一步发挥工作优势,建立健全长效运行机制,以全面推进农村青年增收成才行动为基本途径,努力把新阶段的农村青年人才资源开发工作抓得更紧更实,抓出更大的成效。当前要重点抓好三项工作。

第一,深入实施青年农民科技培训工程。这是一项由国家财政专项支持,农业、财政、共青团三家共同组织实施,专门针对青年农民进行职业培训的基础性工程,自1999年启动实施以来,中央财政累计投入1.5亿元,地方财政配套投入3亿元,实施县市达到747个,直接培训了200多万名青年农民,产生了明显的经济、社会和人才效益,深受农村基层和广大农村青年的欢迎。温家宝同志对这项工程的实施高度重视、亲切关怀,两次作出重要批示,提出了明确的工作要求。各级团组织要认真贯彻落实温家宝同志的批示精神,与农业、财政部门进一步密切合作,精心组织,总结经验,完善措施,努力提高培训效果,充分发挥示范带动作用，为我国农业专业化生产和产业化经营培养造就一大批觉悟高、懂科技、善经营的新型农民。要认真贯彻执行三部委联发的《工程管理办法》和《项目实施操作规程》，切实履行团组织工作职责，规范工程项目资金使用，扎实做好学前动员、学后跟踪服务、青年农民典型事迹宣传等工作。工程实施县的团组织要切实负起责任，把这项工程作为农村青年人才资源开发的统揽性工作来抓。要争取党委政府和农业、财政部门大力支持，总结推广先进经验，扩大县一级由共青团来牵头组织实施这项工程的县市数量。要加大对工程实施中涌现出的先进集体、先进个人和工程实际成效的宣传力度，不断巩固和扩大工程实施的效果。

第二，积极推进农村青年转移就业促进计划。促进农村青年转移就业，是开发农村青年人才资源的重要途径，是一项需要全社会关心支持的长期的艰巨任务，共青团组织责无旁贷。要与深入实施青年农民科技培训工程相衔接、相配合，紧密围绕加强主产区粮食生产能力建设和农业结构战略性调整，组织引导农村青年带头示范、带动推广新品种新技术，带头向农业的深度和广度转移就业，积极挖掘农业内部增收的潜力。近年来，江苏省各级团组织围绕党政工作中心，积极开展促进农村青年转移就业工作，取得了明显成效，三年累计帮助22.9万名农村青年实现了跨区域转移就业，这是一项实实在在的、了不起的成绩。在这次会议安排的现场参观点江苏省镇江市，团组织通过三级联动实施“康桥工程”，按照社会化、市场化的路子建设农村青年职业服务中心，在不到一年的时间内帮助了21617名农村青年实现了转移就业，效果很好。此外，各地也有很好的经验。要总结推广好江苏经验和其他一些地方的好做法，发动社会各方力量面向农村青年广泛开展职业培训、就业指导、职业中介等工作，对农村青年就业创业进行扶持帮助，引导广大农村青年在向农业的深度和广度进军的同时，更多地从事二、三产业和向城镇转移就业。要抓住农业、财政等政府部门今年启动实施农村劳动力转移培训阳光工程，教育部门改革职业和成人学校办学模式、大力推动农村劳动力转移培训制度创新等有利契机，积极争取有关部门大力支持，主动承担部分培训任务，为促进农村青年转移就业提供更加有力的支撑。

第三，培养大批农村青年创业致富带头人。培养大批青年能人，既是农村青年人才资源开发的一项主要工作任务，又是全面带动农村青年人才资源开发的一种有效工作方式，要坚持不懈地抓下去，不断抓出新的成效。要根据农业和农村经济发展新阶段的要求，建立健全培养造就各级各类农村青年能人的机制，大力评选表彰“中国十大杰出青年农民”，重点培养一大批青年星火带头人、青年经纪人、青年农业产业化带头人和青年工商创业带头人。要深入实施青年星火西进计划等工作，为青年能人发展事业、发挥作用提供舞台。要积极争取有关部门从政策、资金、技术和信息等方面给予支持，营造鼓励青年能人干事业、支持青年能人干成事业的良好氛围，为大批农村青年创业致富带头人施展才华、带动一方，开辟更加广阔的天地。

二、大力促进农村经济社会全面、协调、可持续发展

全面建设小康社会，对农业和农村发展必然提出新的更高的要求。随着农业综合生产能力和农民收入水平的提高，人们开始追求生活质量的提高、生态环境的改善和自身的全面发展。这对新阶段的农业和农村发展来说，既要保持数量增长，又要注重改善结构、提高质量、增加效益；既要开发利用资源，又要重视保护生态环境；既要繁荣经济，又要加快社会事业发展。新阶段的农村共青团工作，一定要深刻认识和把握新阶段农业和农村发展的内涵所发生的这些重大变化，牢固树立和认真落实科学发展观，把更多的工作力量放到大力促进农村经济社会全面、协调、可持续发展上来。当前，要着重抓好以下几方面的工作。

第一，组织青年为发展农村社会事业贡献更大力量。去年年初，中央提出今后新增教育、卫生、文化等事业经费主要用于农村，充分体现出党和政府对加快发展农村社会事业的高度重视。各级团组织要积极行动起来，采取切实措施，为尽快缩小城乡社会事业发展的差距贡献力量、多办实事。要深入实施希望工程，救助失学孩子，培训师资力量，改善教学条件，帮助贫困地区发展基础教育，做好帮助进城务工农民子女上学工作。要广泛开展青年志愿者行动，组织农村青年就近就便扶贫济困、敬老助残，努力为农村缺乏最低生活保障、最需要他人关心帮助的特殊人群提供温暖和关爱。要全面贯彻统筹城乡社会发展的要求，深入开展大中学生"三下乡"、青年志愿者扶贫接力等活动，动员城乡各方面力量为农村社会事业的发展献策出力，特别是要紧紧围绕农村公共医疗卫生体系建设等重大紧迫的任务，积极发挥建设性作用。目前，农村公共医疗卫生体系薄弱，在一些贫困农村，就医难的问题非常突出。组织青年卫生志愿者到农村开展服务是一个很好的解决办法。在这方面，安徽、河北等地都有探索，深受农民群众欢迎。各级团组织要会同有关部门，组织开展好青年卫生志愿者下乡服务活动，可以从抓一个县、抓一个乡镇开始，探索成功经验后逐步推开，切实为农民群众办好事、解难事。

第二，不断丰富农村青年的精神文化生活。要深入开展乡村青年文化活动，立足农村基层，立足各地实际，组织创作和大力推广一批乡土气息浓厚、健康向上、有趣有为的文体娱乐节目，吸引更多的农村青年和农民群众积极参与，陶冶性情。要大力培养青年文体人才，培育壮大青年文体队伍，组织编排适合农村青年需求的文体节目，充分发挥农村青年在促进村镇文化建设中不可替代的作用。要争取各方面支持，动员团内外力量，本着具备什么条件就采取什么方式的原则，通过新建、改建、扩建、共建等多种灵活方式，进一步加大农村青少年文化体育活动阵地和学生校外活动场所的建设力度。要广泛动员组织农村青年参加群众性精神文明创建活动。

第三，引导青年积极维护农村社会稳定。广大农村团员青年历来是维护农村社会稳定的一支重要力量。要发动青年积极参与农村治安防范、群防群控等基层安全创建活动，充分发挥农村青年在农村社会治安综合治理中的积极作用。要加强法制宣传教育，帮助农村青年树立法制观念，自觉养成遵纪守法的良好习惯，学会用法律保护自己的合法权益，学会正确处理人民内部矛盾。要协同有关部门努力预防和减少农村青少年违法犯罪，做好刑满释放、解除劳教和失足青少年的挽救帮教工作。要切实维护农村青年的民主权利和合法权益，有针对性地加强青年思想政治工作，努力化解农村青少年中可能存在的不稳定因素。

第四，积极促进可持续发展。由青农战线具体牵头组织实施的保护母亲河行动开展五年来，动员组织城乡广大青少年和社会各方面力量植树造林、治理水土、清洁环境，为保护和建设生态环境做出了积极贡献，在国内外都产生了良好广泛的影响，已经成为新形势下全团各条战线共同参与实施的一项品牌工作，成为城乡广大青少年和社会公众促进可持续发展的一项知名公益活动。五年来，保护母亲河行动面向海内外筹集社会资金2.5亿元，争取日本"小渊基金"7.89亿日元，建设保护母亲河工程882个，吸引近3亿人次的青少年参与，在全社会传播了人与自然和谐发展的生态文明理念，有效地服务了国家生态环境建设大局。全团各条战线、各级组织要按照强势推进、全面深化的要求，以建好管好保护母亲河工程为龙头，广泛发动青少年弘扬生态文化，开展生态体验，发展生态经济，全面推进青少年生态环保工作，为发展我国的生态环保事业，促进我国经济社会的可持续发展，不断做出新的贡献。

三、切实加强以共青团组织为核心的农村基层青年组织建设

农村共青团工作和青年工作的各项任务，最终要靠农村基层团组织和青年组织团结带领广大农村青年去落实和完成。切实按照“三个代表”的要求加强和改进团的自身建设，使农村团组织焕发出旺盛的生机活力，不仅是做好农村共青团工作的组织保障，更重要的是不断巩固和扩大党的青年群众基础的需要。要按照团十五大、十五届二中全会的总体部署，始终坚持党建带团建的原则，把农村基层团组织建设作为一项长期的重大任务和一项基础性的工作来抓，认真总结经验，深入分析存在的问题，针对薄弱环节采取切实措施，坚持不懈地抓好基层党建带团建、基层团建创新、完善组织运行机制、增强学习能力和服务能力、加强团员队伍建设等工作，不断完善农村共青团组织运行机制，努力把农村基层团组织建设提高到一个新水平。农村基层团干部队伍是一支素质好、作风实、吃苦耐劳、能打硬仗的队伍，他们任劳任怨、脚踏实地、默默无闻地辛勤工作在第一线。各级团组织要特别关心他们的成长和发展，按照有关规定督促落实他们的政治、生活待遇，为他们的学习、工作、生活创造锻炼机会和更好条件，积极做好选配和输送工作，努力建设一支党放心、青年满意的农村团干部队伍。

进入新阶段，农村经济和社会已经和正在发生深刻变化，农村青年已经和正在发生深刻变化，我们要最大限度地把广大农村青年团结凝聚在党的周围，一方面，要坚定不移、坚持不懈地把农村基层团组织建设成团结教育青年的核心，另一方面，要高度重视、充分发挥农村基层各类青年组织联系、服务、引导青年的作用，使两个方面相互促进、相得益彰。城乡社区青年中心是在共青团的领导下，以29至40周岁的青年为会员骨干，以联系、服务、引导青年为目的，以会员制、理事会制为主要运作方式，服务青年、服务社区的新型基层青年组织。大力推进青年中心建设，是共青团站在新的历史起点上，不断增强基层团组织生机活力，不断增强基层共青团工作服务能力，更加广泛有效地吸引凝聚青年的一项重大举措。农村青年中心建设是青年中心建设的重点。要认真总结前一阶段的试点工作经验，进一步统一思想、提高认识，开拓创新、积极稳妥，试点先行、因地制宜，大力推进农村青年中心建设工作。要围绕建设、运转、管理等关键环节，推动农村青年中心依法组建，按照法律法规和青年中心章程规范运作。要大力培育发展农村基层各类青年专业技术协会、市场中介服务组织和专业经济合作组织，经过必要程序把这些组织吸纳到青年中心的团体会员和理事会中来，扶持他们发展壮大，借助他们更加有效地联系和服务青年，不断提高农村青年进入市场的组织化程度。要统筹城乡资源，争取各方支持，为农村青年中心尽力提供扶持帮助，促进农村青年中心持续发展。要通过定向招募、定向培训、定向派遣大学生志愿者等方式，广泛选派青年中心志愿者，为农村青年中心配备工作骨干。要在大力支持农村青年中心自主实施各类青年发展项目的同时，依托青年中心广泛开展农村青年转移就业促进计划、乡村青年文化体育活动、新世纪读书计划、青年志愿者社区服务等团的活动，使团的工作在农村基层得到更好的落实，从而更好地服务青年。昨天上午，参观了南京市葛塘农村青年中心，很受鼓舞。葛塘农村青年中心充分整合社会资源，面向社会招标，开发了很多服务项目，青少年读书计划、技能培训、就业服务、权益保护、希望工程援助等项目都进入了青年中心的服务平台,能够为农村青年提供学习、培训、就业、交友、健身、娱乐等一系列实实在在的服务,适应了农村新形势、新特点,找到了服务党政工作中心的结合点,很有生命力,更加坚定了我们建设青年中心的信心。总之,要通过全团的不懈探索和长期努力,把青年中心这一新型基层青年组织建设成为新形势下共青团领导下的集聚人才、联系青年的新纽带,服务青年、服务社区的新平台。

同志们,当前,全团正在深入学习贯彻胡锦涛总书记在中央纪律检查委员会第三次全体会议上的重要讲话精神,大力弘扬求真务实精神,大兴求真务实之风。农村青年是最讲实际的,也是讲实惠的,农村共青团工作尤其要求真务实,必须扎实开展、扎实推进,来不得半点虚假、半点飘浮。各级团干部特别是青农战线的团干部要进一步改进作风,求真务实,艰苦奋斗,开拓创新,努力把农村共青团工作的各项任务落实到基层、落实到青年。要切实加深对农村青年和农民群众的感情,热爱青农工作,心系农村青年,带着深厚的感情去想问题、做工作。要练好调查研究的基本功,深入农村、了解农村,深入青年、熟悉青年,认清党的农业和农村工作大局,把握农村青年的所思所为,使各项工作部署真正符合农村的实际和农村青年的愿望,更好地服务大局、服务青年。要掌握同农村青年打交道的办法,多听农村青年自己怎么说,多看农村青年正在怎么干,多讲农村青年听得懂的话,多办农村青年最喜欢的事,多用农村青年喜闻乐见的工作形式,切实增强农村共青团工作的针对性和实效性。要树立正确的政绩观,恪尽职守,实干苦干,不尚空谈,不图虚名,不务虚功,力戒浮躁,多为农村青年增收成才做好事、解难事、办实事,真情关爱农村青年,真诚对待农村青年,真心帮助农村青年,切实做到工作务实、作风扎实、措施落实。

我们要紧密团结在以胡锦涛同志为总书记的党中央周围,高举邓小平理论和"三个代表"重要思想的伟大旗帜,求真务实,艰苦奋斗,奋发进取,扎实工作,努力开创新阶段农村共青团工作新局面,为全面推进农村小康建设做出新的贡献!

周强在共青团全国青年人才工作会议上的讲话

2004年3月30日

这次共青团全国青年人才工作会议是在全团深入学习贯彻党的十六大、十六届三中全会和全国人才工作会议精神的新形势下召开的。这次会议的主要任务是,以邓小平理论和"三个代表"重要思想为指导,深入学习贯彻全国人才工作会议精神和《中共中央国务院关于进一步加强人才工作的决定》,按照实施人才强国战略和党管人才原则的总体要求,总结回顾近年来共青团青年人才工作的基本做法和基本经验,进一步明确共青团青年人才工作在新形势下的新任务,对当前和今后一个时期共青团青年人才工作进行部署,推动共青团青年人才工作不断开创新的局面。

这次会议得到了中共四川省委和省政府的大力支持。刚才,中共四川省委书记张学忠同志发表了热情洋溢的讲话。省委秘书长郭永祥同志、副省长柯尊平同志出席了会议。让我们以热烈的掌声感谢四川省委、省政府对我们这次会议的高度重视和支持。

四川团省委按照省委、省政府和团中央的要求,大力推进青年人才工作,取得了明显的成效。在会议上,罗强同志还要代表四川团省委介绍四川省青年人才工作的基本做法和经验。

下面,我代表团中央书记处就共青团青年人才工作讲三个问题。

一、共青团青年人才工作的回顾

共青团历来重视青年人才工作,始终把培育“四有”新人作为根本任务。特别是近10年来,我们在培养、凝聚、举荐、配置青年人才方面作了积极的探索和实践,共青团青年人才工作呈现出蓬勃发展的局面。1993年,团十三届二中全会提出实施跨世纪青年人才工程,从培养合格青年劳动者、造就优秀的青年科技和经营管理人才、培养开创21世纪大业的生力军、推广普及新知识新技能等四个方面推进了青年人才工作。1998年,团十四届二中全会以开发青年人力资源为着力点,在继续深化跨世纪青年人才工程的基础上,推出了中国青年科技创新行动、中国青年创业行动等重点工作,在服务青年成长成才、优化青年人才配置、团结凝聚广大青年人才为改革开放和现代化建设做贡献等方面取得了显著成效。团十四届三中全会通过了《大力推进中国青年科技创新行动,为全面实施科教兴国战略做贡献的决定》,加大了高层次青年人才工作的力度。2000年,在团十四届四中全会上,我们对新世纪共青团青年人才工作进行了全面系统的规划,初步构建起培育人才、凝聚人才、举荐人才、使用人才、营造环境的青年人才工作体系和机制,提出要把培养和造就青年人才作为共青团工作的着力点,作为共青团新世纪开创工作新局面的着力点。去年,团十五大立足新的历史起点,提出大力开发青年人力资源,培养造就青年人才大军。十五届二中全会提出了青年人才开发计划,这标志着共青团青年人才工作进入一个新的发展阶段。

通过这些年的不断努力,共青团青年人才工作已经取得了明显成效。这些成效集中体现在五个方面:一是团结凝聚了一大批高层次青年人才。我们通过青联组织和青科协、青企协、青乡企协等社团在不同层面、不同行业、不同领域凝聚了大量的青年人才。例如,我们在青联、青科协里面凝聚了全国最年轻的两院院士。二是推动了人才与经济的紧密结合。例如通过实施金桥计划,我们组织了近3000人次的青年专家、企业家与国内2000多家企业、100多个园区建立了合作关系,发布科研成果3000多项,达成了近15亿元的意向性合作协议,有效促进了科技成果向现实生产力转化,为青年人才施展才华搭建了舞台。这些年来开展的百名博士西部行、海外学人回国创业周活动取得了明显的成效。我们组织日本的留学人员到华北制药集团合作开发新药,现在已有三个新药经日本海关和厚生省检验同意进入日本市场,取得了明显的经济效益,深受华北制药集团的欢迎,也深受留学人员的欢迎。又比如对天津泰达华生生物园的扶持、甘肃定西马铃薯产业的开发等,都取得了良好的经济效益和社会效益,深受地方党政和社会各方面的好评。三是促进了青年劳动者素质的提高。在企业,2000多万青年职工参与了青年创新创效行动,涌现出一大批青年技术创新带头人;在农村,通过开展青年农民科技培训工程,系统培训农村青年200多万名,有效提高了青年农民的科技文化水平和农业生产技能。四是优化了青年人才资源的配置。如,通过开展海外学人回国创业活动,组织52个海外留学人员团组,2000多人次,以多种方式为国服务;大学生志愿服务西部计划在2003年招募了10090名大学生志愿者,目前正在全国300个贫困县的基层单位开展服务,推动了青年人才资源的优化配置，促进了城乡互动，也探索了政府支持、共青团承办、项目化管理、社会化运作的新的工作模式和工作机制。五是促进了大批青年人才的脱颖而出。我们通过举办中国青年五四奖章、中国十大杰出青年、中国青年科学家奖等评选表彰活动，宣传举荐了一大批走在时代前列的优秀青年人才。中国青年科学家奖的获得者中，目前已有15位当选为两院院士，许多人还走上了科技和教育的领导岗位。

回顾近年来的工作实践，我们进一步认识到，做好新形势下的青年人才工作，必须始终坚持以下基本经验。

坚持以科学理论为指导，把握青年人才工作的正确方向。科学理论的指导，是共青团做好青年人才工作的根本保证。要把“三个代表”重要思想贯穿于青年人才工作的全过程，按照发展先进生产力、先进文化和实现最广大人民根本利益的要求做好青年人才工作。要坚持不懈地用马克思列宁主义、毛泽东思想、邓小平理论和“三个代表”重要思想武装青年人才的头脑，引导青年人才努力为我国先进生产力和先进文化的发展做贡献，努力为最广大人民谋利益。

坚持围绕大局，服务经济社会发展。发展是党执政兴国的第一要务。青年人才工作和青年人才资源开发，必须为党和国家的中心工作服务，为国家重大发展战略服务。要始终把青年人才工作放到全党全国工作的大局中去思考、去把握、去部署，把促进发展作为青年人才工作的根本出发点。要引导青年人才积极投身社会主义物质文明、政治文明和精神文明建设，为全面建设小康社会贡献青春、智慧和力量。

坚持以人为本，促进青年全面发展。人才资源全面开发的过程，既是推进经济社会协调发展的过程，也是推进人的全面发展的过程。做好青年人才工作，必须坚持以人为本，把促进青年的全面发展放在重要位置。要用全面、辩证和发展的眼光认识和看待青年，尊重青年的特点，尊重青年个性的健康发挥，促进青年思想和身心的健康发展。要遵循青年人才成长规律，着眼于青年成长成才的具体需求，竭诚为青年全面发展提供服务。

发挥实践育人优势，引导青年在实践中成长成才。实践是青年人才成长的基本途径，实践育人是共青团工作的传统和优势。要积极引导青年把学习书本知识与投身社会实践结合起来，在改革开放和现代化建设的伟大实践中磨练意志，砥砺品格，增长才干。要广辟新渠道、探索新载体、搭建新舞台，为青年人才的成长提供更多的实践机会，创造更好的实践条件。

坚持以创新为动力，以机制为保障。青年人才工作的持续发展，关键在于不断创新工作思路和工作方式，建立和完善工作机制。要坚持改革创新，主动适应经济社会发展对青年人才工作的新要求，研究新情况、解决新问题。要建立并不断完善具有共青团特色、符合青年特点、充满生机活力的工作机制，使青年人才工作更好地体现时代性、把握规律性、富有创造性。

二、共青团青年人才工作面临的新形势

全国人才工作会议的召开，标志着我国人才工作进入了一个全面展开、整体推进的新阶段。青年人才工作是全国人才工作的重要组成部分。我们必须立足于全国人才工作的新阶段，充分认识青年人才工作面临的新形势。

1. 人才国际化的发展趋势给青年人才工作带来了新的机遇和挑战。随着经济全球化的深入发展和科学技术的突飞猛进，人才国际化日趋普遍。人才国际化主要体现在以下几个方面：一是人才构成国际化。当前世界各国都在通过引入国际人才为本国的经济社会发展服务。以美国为例，目前全世界科技移民总人数的40%被吸引到美国，1995年在美国科

学和工程项目中工作的1200万科技人员中，来自发展中国家的占到72%。二是人才素质国际化。建立一支具有全球思维和战略眼光、善于知识创新和跨文化交流、具备职业伦理和诚信人格的国际化人才队伍，已经成为各国提高国际竞争力的必然选择。三是人才活动空间国际化。人才作为一种重要的生产要素，在全球范围内加速流动。人才作为新经济时代的第一资源，各国在全球范围内展开了激烈竞争。

人才国际化给青年人才工作带来了新的挑战。一方面，对青年人才培养提出了更高的要求，我们必须以能力建设为核心，建设一支熟悉国际规则、掌握国际知识并具备跨文化交流能力和世界眼光的国际化人才队伍；另一方面，人才国际化要求我们必须加大育才、引才、聚才和荐才的工作力度，不断提高服务国际人才的能力和意识，为我国赢得国际人才竞争的主动权做出贡献。必须清醒地看到，在人才国际化的进程中，发展中国家一直处于不利地位。西方发达国家凭借雄厚的经济实力和优越的科研环境，同时采取调整移民政策、减低税收等措施，以优厚条件在他国特别是发展中国家加紧吸引人才。跨国公司大力推行“人才本土化”策略，纷纷在发展中国家设立研发机构，大量招揽所在国人才。我国作为发展中国家，将长期面临发达国家争夺人才的严峻挑战。

人才国际化也给青年人才工作带来了新的机遇。一方面，广大青年学习发达国家先进科学技术和管理经验的渠道日益畅通。我们可以充分利用国际资源培养人才，尤其是高层次人才。欧盟、欧洲委员会在人才培养方面与中国的很多部门开展了合作。共青团在这些领域要进一步加强和这些国际组织的合作，共同培养青年人才。近年来，我们积极推动青年参加境外培训，大力开展国际青年志愿者等多种国际交流活动，就是在这方面作出的有益探索。另一方面，人才在国际范围内的流动为我们做好吸引人才、凝聚人才工作提供了更为广阔的空间。比如，我们可以抓住新一轮全球生产要素重组、人才流动国际化趋势增强的机遇，不断加大联系海外人才的力度，尤其要重点吸引高层次青年人才和紧缺人才；跨国公司在华机构中聚集了大量的优秀青年人才，我们可以通过做好这一群体的工作，努力发挥他们在先进技术和管理经验方面的优势，为我国的社会主义现代化建设事业做出贡献。

2. 经济社会发展对青年人才工作提出了更高要求。本世纪的头20年，我国进入了全面建设小康社会、加快推进社会主义现代化的新的发展阶段。在新世纪新阶段，我们国家现代化建设对人才的需求更大了，对青年人才工作也提出了新的更高的要求。目前，我国人均国内生产总值已达1000美元，按既定的部署和现行汇率计算，到2020年将达到3000美元。这是整个现代化进程中一个非常关键的阶段，也是经济社会结构将发生深刻变化的重要阶段。小康大业，人才为本。实现经济社会更快更好的发展，开发人才资源起着基础性、战略性、决定性的作用。党中央、国务院从党和国家事业发展的战略高度，作出了实施人才强国战略的重大决策。人才强国战略的全面实施，必将为全面建设小康社会和实现中华民族的伟大复兴提供重要保证。

青年人才是国家人才队伍的重要组成部分，青年人才资源开发是实施人才强国战略的重要内容。在全面建设小康社会的伟大实践中，需要大批的青年人才。实施科教兴国战略，提高我国的综合竞争力，必须提高当代青年的素质，培养和造就大批的青年人才。在全面建设小康社会进程中，无论是保持国民经济持续快速协调健康发展，还是推进社会全面进步；无论是统筹城乡、区域、对内对外的协调发展，还是实现经济社会的持续健康发展和人与自然相和谐；无论是建设完善的社会主义市场经济体制和更具活力、更加开放的经济体系，还是走新型工业化道路、推动经济结构的战略性调整和经济增长方式的根本转变，都需要青年人才的积极参与、大胆探索和全力奉献，都需要充分发挥青年人才的生力军和突击队作用。总之，经济社会发展对开发青年人才资源提出了更高的要求。我们必须站在全局和战略的高度，坚持科学的发展观与科学的人才观的有机统一，统筹好发展这个“第一要务”与人才这个“第一资源”，努力培养造就能够顺应时代发展、具有开拓创新能力的宏大的青年人才队伍，为促进经济社会更快更好的发展做出切实贡献。

3. 青年人才的服务需求对青年人才工作提出了新的要求。青年人才作为青年中的佼佼者，作为人才队伍的重要组成部分，有着区别于其他人才群体的明显特点。首先，青年人才具有成长性。他们在人才资源当中有着鲜明的自身特点，蕴含着进一步发展、进一步提高的巨大潜能，具有较强的可塑性与可开发性。其次，青年人才具有创造性。青年最少保守思想、最具创造潜力、最具创造锐气。当代青年人才生逢一个鼓励创造、提倡创新的时代，尤其焕发出前所未有的创造热情，在新兴经济、高科技等领域展现了巨大的创造能力。第三，青年人才具有流动性。他们具有较新的知识结构、较强的适应能力和明显的竞争优势，比较容易在不同领域、不同地区、不同职业之间流动。同时，对事业成功的不懈追求、对未来发展的积极进取决定了他们要经常调整方向，寻找机会，获得更大的发展空间。

青年人才的服务需求对共青团青年人才工作提出了新的要求，呈现出三个特点。一是多样化。这主要是因为当代青年人才的成长途径越来越多，分布的领域越来越广，分属的层次越来越细。不同的成长背景、不同的分布领域和层次决定了他们对服务的需求有所侧重，多有不同。比如，对高层次青年人才来说，更为需要的是发挥作用、施展才华的舞台；对普通的青年劳动者来说，比较迫切的是要进一步提高劳动技能，不断增强职业适应能力；对海外留学人员来说，更为关注的是加强与国内的联系，把握回国创业机遇。二是具体化。青年人才的需求是具体的。一方面，他们希望服务要和他们的工作密切相关，对他们的事业发展有所促进，比如专业性较强的信息服务和针对性较强的中介服务；另一方面，他们对服务的载体和形式有着较高的要求，只有便于他们参与、符合他们特点的服务手段才易于被接受。三是互动性。当代青年人才具有较强的主体意识。在青年人才工作中，青年人才从来都不是服务的被动接受者。他们具有互相帮助、参与服务的热情，也具有相互促进、共同提高的能力。充分发挥青年人才参与服务的积极性、主动性和创造性，是牢固树立以人为本观念的必然要求，也是发挥青年人才主体作用、做好青年人才工作的重要保证。

竭诚服务青年是共青团全部工作的出发点和落脚点。在新世纪新阶段，我们做好服务青年人才的工作，必须充分认识青年人才的群体特点，准确把握青年人才对服务的迫切需求，从青年人才全面发展的角度出发，从青年人才在学习、生活和工作中遇到的具体问题入手，不断丰富服务项目，创新服务手段，提高服务能力，努力开创青年人才工作的新局面。

三、当前和今后一个时期共青团青年人才工作的主要任务

去年12月，共青团十五届二中全会通过了《全面建设小康社会进程中共青团工作战略发展规划》，提出了大力实施青年人才开发计划。青年人才开发计划是共青团落实人才强国战略，服务全面建设小康社会的重要举措，是共青团在继承和发扬青年人才工作的好经验、好做法的基础上，适应新形势新情况，进一步整合资源，完善机制，开创共青团青年人才工作新局面的重要途径。当前和今后一个时期，共青团青年人才工作的主要任务就是要大力实施青年人才开发计划。实施青年人才开发计划，要以邓小平理论和“三个代表”重要思想为指导，深入贯彻党的十六大精神和全国人才工作会议精神，按照实施人才强国战略和党管人才原则的要求，以服务经济社会发展和青年全面发展为根本出发点，以青年人才资源能力建设为核心，紧紧抓住培养、凝聚、举荐、配置四个环节，培养造就青年人才大军，优化青年人才配置，促进青年人才脱颖而出，努力把各类青年人才集聚到党和国家的各项事业中来，为全面建设小康社会提供有力的人才保证和智力支持。

大力实施青年人才开发计划，努力开创共青团青年人才工作新局面，要突出重点，求真务实，着重研究和抓好以下三个方面的工作。

1. 培养和造就大批青年人才。我国是人口大国，拥有丰富的人力资源。把我国人力资源的潜在优势转变为现实的人才优势，使我国由人口大国转化为人才资源强国是我们面临的艰巨任务。青年人才队伍建设决定着我国整个人才队伍的前景。大力开发青年人力资源，培养造就青年人才大军，既是共青团完成培育“四有”新人根本任务的必然要求，又是共青团服务全面建设小康社会的有效途径。我们要以能力建设为核心，坚持学习与实践相结合，帮助青年提高思想道德素质、科学文化素质和健康素质，促进青年学习能力、实践能力、创新能力的全面提高，培养造就规模宏大的高素质青年人才队伍。

高层次人才是人才队伍的重点。共青团培养高层次青年人才，关键是要为青年人才发挥作用、施展才干搭建舞台。要以中国青年科技创新行动等工作为载体，着力帮助青年专家、青年企业家和青年拔尖创新人才提高创新能力、战略开拓能力和可持续发展能力，在更大范围、更广领域和更高层次上参与国际经济、科技的合作与竞争。要注重引导高层次青年人才在国家重大发展战略、重点建设工程、重大科研项目中锻炼服务，成长为高素质的复合型人才。在这方面，我们联合中组部开展的博士服务团是一项成功的举措，既为实施西部大开发战略提供了宝贵的人才和智力支持，又使高层次青年人才在实践中提高了能力、增长了才干。我们要在原有工作基础上，进一步扩大服务领域，提高选派质量。

培养造就规模宏大的高素质青年劳动者，对于提高国民整体素质、加快经济社会发展至关重要。要适应走新型工业化道路和推进经济结构战略性调整的要求，广泛开展职业培训、技能振兴等活动，切实帮助青年职工提高劳动技能，增强职业素养，重点培养青年高技能人才。要建立健全农村青年人才服务体系，努力提高广大农村青年劳动者的素质，促进农村青年实用人才成长。要加强进城务工青年、下岗失业青年和农村富余青年劳动力的培训工作，帮助他们掌握一技之长，提高就业创业能力。

青年学生是青年人才队伍的重要来源。提高青年学生的整体素质，是实现青年人才辈出的重要前提。要在大中专学校广泛开展校园科技文化活动和社会实践活动，着力培养青年学生的学习能力、实践能力、创新能力，促进全面发展。要加强青年学生就业辅导，帮助青年学生转变择业观念、提高就业能力，引导青年学生到国家和人民最需要的地方去锻炼实践，成长为堪当重任的优秀人才。

要充分利用国际国内两种资源、两个市场培养青年人才。继续实施团干部境外培训计划，提高团干部的综合素质。注重加强与国际知名大学合作，培养具有国际视野和一流素质的国际化青年人才队伍。

2. 促进青年人才资源的合理配置。目前，我国人才产业、区域分布不够合理，存在着有些领域人才非常稀缺，有些领域人才作用得不到充分发挥的现象。从地区分布来看，我国高级人才85%集中在东中部地区，其中绝大多数集中在大中城市。实现人才的优化配置，是我国面临的一项紧要任务。在这方面，共青团是可以有所作为的，这也是共青团青年人才工作的一个优势。我们团结凝聚着各行各业的大批青年人才，同时，我们又有比较健全的组织体系，联系了政府各个部门和社会方方面面。把这两个方面结合起来，在中间牵线搭桥，形成多元对接，是共青团做青年人才工作的最大优势。共青团要紧紧抓住配置这个关键环节，把坚持党管人才与发挥市场对人才资源配置的基础性作用结合起来，充分发挥共青团联系面广的优势和桥梁纽带作用，以深化“金桥计划”为重点，推动青年人才在产学研之间、相对发达地区与欠发达地区、国内与国外之间的有效配置。

要抓住产、学、研、资的结合点，积极推动大专院校、科研院所的青年人才与地方企业、园区开展技术攻关、项目开发、成果转化等方面的交流与合作，促进人才、项目、资金等各种要素的有效对接。要紧密围绕西部大开发、振兴东北地区等老工业基地战略的实施，通过多种方式在东部地区与西部地区、老工业地区之间架起人才流动的金桥。也可以探索“不求所在，但求所用”的新的服务模式，促进青年人才向西部地区、民族地区、基层和艰苦地区合理流动。我们开展的“百名博士西部行”、“大学生志愿服务西部计划”等就是很好的探索。要着眼于开发国际国内两种人才资源，进一步加强海外留学人员工作，扩大与留学人员的联系，积极吸引留学人员以不同方式回国工作或为国服务。在这方面，团中央、全国青联与有关单位合作，连续三年举办了“海外学人回国创业周”，受到了国内企业、园区和广大留学人员的热烈欢迎，取得了很好的效果。今后，这方面的工作还要继续加强。

深入实施“金桥计划”，推动青年人才的合理配置，关键是要抓住人才链和产业链两个环节，以人才链促进产业链的发展，以产业链推动人才链的延伸。既要发挥共青团联系面广的优势，把科研、开发、生产、管理、投资等不同领域、不同层次的青年人才凝聚起来，形成有利于科技成果产业化的人才链，推动产业链的形成和发展，同时，又要依托产业链探索新的人才汇集机制，更广泛、更有效地发现和吸纳青年人才，不断丰富人才链的结构，促进人才链的延伸。

3. 加大凝聚和服务青年人才力度。最广泛地团结凝聚青年人才，为青年人才提供切实有效的服务，是我们做好青年人才工作的重要基础，也是增强团组织吸引力和影响力的有效途径。要在全团树立联系人才、服务人才的意识。团的各级组织、各条战线都要把各自活动领域中的青年人才联系起来，善于用事业吸引人才，用服务凝聚人才。要进一步加强青联组织和青科协、青企协等社团的建设，充分发挥它们在凝聚、服务青年人才方面的作用，广泛发现和聚集各行各业、各个领域的青年人才。同时，还要看到，在经济全球化进程加快、我国市场经济不断发展的背景下，青年人才的需求、构成、分布、流动和聚集形式都在发生深刻的变化。我们要适应这些新变化，不断创新工作载体，拓宽联系渠道，丰富服务手段。比如，通过组织中国青年创新论坛、生态经济青年专家论坛等形式，既可以为青年人才施展才智提供舞台，又可以有效地凝聚青年人才。我们要认真总结这些做法，加以深化和推广，更好地为青年人才成长发展服务。再如，我国各种非公有制经济组织和社会组织汇集着越来越多的青年人才，是青年人才工作的一个重要领域。我们要进一步探索团结联系非公有制经济组织、社会组织青年人才的新渠道、新载体，不断扩大青年人才工作的覆盖面。

大力宣传青年人才，积极向党和政府、社会各界举荐人才，是共青团服务青年人才，开发青年人才资源的重要手段。要充分利用电视、广播、报刊、网站等现代传播媒介，深入挖掘、树立、宣传青年人才的先进典型，在全社会进一步营造尊重人才、尊重知识、尊重劳动、尊重创造的氛围，激励更多青年奋发成才。要着眼于党政需要和企事业需要，面向社会举荐人才，帮助青年人才走上更重要的岗位，取得事业上的更大发展，形成人尽其才、才尽其用的良好局面。要积极与有关部门沟通，推动青年人才选拔机制的建立和完善，为优秀青年人才脱颖而出开辟“快车道”。

加强青年人才工作，需要各地区、各部门、各方面的共同努力。各级团组织要认真学习领会全国人才工作会议精神，进一步提高对做好青年人才工作重要意义的认识，把这项工作放在重要位置抓实抓好。要争取把共青团青年人才工作纳入党政人才工作的统一规划，争取党政对青年人才工作的重视和支持。团的各条战线要密切配合，以实施青年人才开发计划为重点，建立协调高效的工作机制，广泛动员社会各界力量，努力开创青年人才工作的新局面。

时势造就人才，人才推进事业。改革开放和现代化建设的宏伟事业为当代青年人才提供了施展才华、建功立业的广阔舞台。今年是全面落实党的十六大和十六届三中全会精神，深化改革、扩大开放、促进发展的重要一年，也是实现“十五”计划的关键一年。让我们紧密团结在以胡锦涛同志为总书记的党中央周围，高举邓小平理论和“三个代表”重要思想伟大旗帜，抓住机遇，求真务实，锐意进取，扎实工作，为全面建设小康社会、实现中华民族的伟大复兴做出更大的贡献。

周强在“青年企业家东北行——黑龙江经贸考察活动”开幕式上的讲话

2004 年 4 月 6 日，根据录音整理

今天，共青团中央、中国青年企业家协会在黑龙江省举办“中国青年企业家东北行——黑龙江经贸考察活动”，由此拉开了“中国青年企业家东北行”活动的序幕，也吹响了全国青年企业家参与东北地区等老工业基地振兴的号角。黑龙江省委、省政府对这次经贸考察活动十分重视，省委书记宋法棠等领导同志出席了今天的开幕式，宋法棠同志还将作重要讲话。在此，我谨代表共青团中央、中国青年企业家协会，向黑龙江省委、省政府表示衷心的感谢，向参加这次经贸考察活动的青年企业家朋友们表示热烈的欢迎，向黑龙江省广大团员青年表示亲切的问候！

实施东北地区等老工业基地振兴战略，是新世纪新阶段党中央、国务院作出的一项重大战略决策。党的十六大明确提出，支持东北地区等老工业基地加快调整和改造，支持以资源开采为主的城市发展接续产业。党的十六届三中全会通过的《中共中央关于完善社会主义市场经济体制若干问题的决定》提出，要加强对区域发展的协调和指导，振兴东北地区等老工业基地。十届全国人大二次会议通过的政府工作报告强调“认真实施东北地区等老工业基地振兴战略，今年要有一个良好的开端”。今年 3 月 23 日召开的国务院振兴东北地区等老工业基地领导小组第

一次会议，对今年四个方面的重点工作作出了具体部署。各级共青团、青企协组织要深入学习党中央、国务院关于东北地区等老工业基地振兴的一系列重要指示精神，紧密结合实际，认真贯彻落实。

“青年企业家东北行——黑龙江经贸考察活动”，为全国广大青年企业家参与区域经济建设开辟了新的渠道。前几年，我们开展了“青年企业家西部行”活动，取得了明显成效，为西部地区的发展做出了积极贡献。在总结“西部行”经验的基础上，团中央、中青企协启动实施了“青年企业家东北行”活动，将为广大青年企业家参与东北地区等老工业基地振兴提供平台。这项活动，能够有效地促进资本、技术、人才等资源的优化配置，为东北地区等老工业基地的振兴注入活力。同时，“青年企业家东北行”也为广大青年企业家拓展事业、成就事业、发展事业提供了广阔舞台，对于青年企业家的成长发展具有积极的促进作用。

东北地区等老工业基地振兴战略的实施，蕴含着青年企业家事业发展的宝贵机遇。黑龙江省提出今年是对外开放年、招商引资年、改善环境年，出台了一系列政策，为青年企业家来黑龙江投资提供了很好的环境，可以说黑龙江商机无限。对于整个东北地区来讲，也是如此。经过20多年的改革开放，东北地区国有企业已基本改制，可以在市场经济的大潮中轻装上阵；自然资源、旅游资源、劳动力资源丰富，具有一定的成本优势；与朝鲜、蒙古、俄罗斯等国家接壤，具有明显的区位优势；工业基础雄厚，基础设施完备，具有优良的投资环境和条件。特别值得关注的是，随着国家对东北地区扶持力度的加大，东北地区的政策优势将进一步显现。广大青年企业家应抓住这一宝贵机遇，在东北地区等老工业基地的振兴中大显身手，一展才华，不断开辟事业发展的新天地。

“青年企业家东北行”活动是继“青年企业家西部行”活动之后，团中央、中国青年企业家协会实施的旨在服务区域经济建设的一项主题活动。各级共青团、青企协组织要从实践“三个代表”重要思想、促进经济社会协调发展的高度，充分认识开展“青年企业家东北行”活动的重要意义，切实把这项活动组织好。要坚持项目化运作，事业化发展，一个项目一个项目地抓好落实，一个环节一个环节地搞好服务，建立推动工作可持续发展的良性机制。要将经贸考察、经济合作与开发青年企业家人力资源结合起来，通过开展培训、引进智力等途径，提高青年企业家的综合素质，造就一支高素质的青年企业家人才队伍。

每一次来到黑龙江，我都能深切感受到黑龙江省改革开放取得的成就，都能感受到黑龙江人民的热情。东北地区等老工业基地振兴战略提出后，黑龙江省确定了“建成新型产业基地，逐步成为我国重要的新的经济增长省份”的目标。全省人民正在省委省政府的领导下，为黑龙江的振兴与腾飞贡献力量。黑龙江这片黑土地正在焕发出蓬勃的生机。希望青年企业家充分利用这次机会，走进黑龙江，认识和了解黑龙江，寻求发展的机会。我们相信，青年企业家朋友们一定会不虚此行，满载而归！

最后，预祝“青年企业家东北行——黑龙江经贸考察活动”取得圆满成功！

周强在全国“青工技能振兴计划”推进会议上的讲话

2004 年 4 月 8 日，根据录音整理

这次会议是全团青工战线贯彻落实全国人才工作会议和共青团全国青年人才工作会议精神的一次重要会议，对于培养和造就千千万万高素质的青年劳动者必将产生深远的影响。刚才，中共黑龙江省委副书记周同战在讲话中全面介绍了黑龙江省经济社会发展状况，充分肯定了黑龙江省各级团组织实施“青工技能振兴计划”取得的成绩，中共大庆市委副书记夏立华也给我们介绍了大庆市的经济社会发展情况，听了以后很受鼓舞。这些年来，在中共黑龙江省委和各级党委的领导下，黑龙江省各级团组织围绕老工业基地的振兴，在培养青年高技能人才方面做了大量的工作，取得了显著成效。在今天的会议上，黑龙江团省委书记宋希斌还要作经验介绍。昨天《大庆日报》头版发表了长篇通讯《肩负起时代重任》，生动地介绍了大庆团市委实施“青工技能振兴计划”的做法和经验。黑龙江省各级团组织在培养青年高技能人才方面所做的工作以及积累的经验，值得各地认真学习借鉴。借此机会，我代表团中央向长期以来重视、关心、支持共青团和青年工作的黑龙江省委、省政府，大庆市委、市政府表示衷心的感谢！也代表全体与会同志向为本次会议付出辛勤汗水的黑龙江团省委和大庆团市委表示衷心的感谢！向出席会议的全团青工战线的团干部致以诚挚的问候！王晓同志在今天的会议上将要作一个全面的报告。在此，我强调三个方面的问题。

第一，从全面建设小康社会的高度，充分认识实施“青工技能振兴计划”、培养青年高技能人才的重要性和紧迫性。小康大业，人才为本。在当今时代，人才资源已成为最重要的战略资源，综合国力竞争说到底是人才的竞争，谁拥有了人才优势，谁就拥有了竞争优势。实施人才强国战略，既是全面建设小康社会的重要任务，又是重要保证。全面建设小康社会的宏伟事业需要千千万万人才，呼唤千千万万人才，造就千千万万人才，为全国千千万万青年成长成才、施展才华提供了广阔舞台。青年人才是我国人才队伍的重要组成部分，青年人才资源开发是实施人才强国战略的重要内容。在全面建设小康社会的进程中，无论是保持国民经济持续快速协调健康发展，还是推动社会全面进步；无论是统筹城乡、区域、对内对外的协调发展，还是实现经济社会的持续健康发展和人与自然相和谐；无论是建设完善的社会主义市场经济体制和更具活力、更加开放的经济体系，还是走新型工业化道路、推动经济结构的战略性调整和经济增长方式的根本转变，都需要青年人才的积极参与、大胆探索和全力奉献，都需要充分发挥青年人才的生力军和突击队作用。各级团组织要从全局和战略的高度，在总结近年来共青团青年人才工作基本经验的基础上，进一步明确共青团青年人才工作面临的新形势，加大工作力度，不断开创共青团青年人才工作新局面。实施“青工技能振兴计划”是企业共青团工作的积极创新和有益探索，是动员和引导企业广大青年立足本职、学习知识、提高技能的实际行动，是共青团青年人才工作的重要内容。实施好这个计划，对于进一步动员广大青年积极投身全面建设小康社会的伟大实践，将产生重要的作用。

第二，实施“青工技能振兴计划”，关键是引导和激励广大青年学习技术、提高技能。高

技能人才在推动技术创新和科技成果转化为现实生产力方面具有不可替代的作用。从国外的经验看,培养高技能人才是经济和社会发展的重要法宝。我国目前高技能人才严重缺乏,高级技工和技师等稀缺。现在有不少人提出要使我国成为世界的制造中心。实现这样一个目标,就必须培养大批高素质的劳动者尤其是高素质的青年劳动者。由于技术水平偏低和高技能人才缺乏,不少企业出现了不敢接技术工艺要求高的订单的窘况,有的地方出现了找工人技师比找研究生还难的现象,甚至出现几十万年薪还招不到所需要的高技能人才的现象。这种高技能人才短缺的现状严重制约了我国现代工业、尤其是制造业的发展。没有一支技术精湛、技艺高超的高技能人才队伍,企业就不可能生产出一流产品。很多企业在激烈的市场竞争中之所以能够立于不败之地,与其重视高技能人才密切相关。这次到黑龙江考察,哈尔滨飞机制造厂、哈尔滨锅炉厂和大庆石化公司给我留下了深刻印象,企业的发展为大批青年劳动者学技成才提供了舞台,而青年劳动者技能水平的提高又进一步增强了企业的竞争能力,令人振奋。哈飞在同巴西合作制造世界一流的直升飞机,职工人数不多,劳动生产率很高,青年是主体。由于缺乏相关技能,哈飞把青年送到巴西飞机制造厂去培训,一大批优秀青年在此过程中脱颖而出。哈尔滨锅炉厂是全团青工战线的一个标兵单位,涌现出很多全国杰出青年岗位能手,在全国焊接等技术技能大赛中屡屡获奖,产品质量很好,在同行业中一直处于领先地位。回顾德国和日本的经济发展史,我们可以看到,重视和加强职业技能培训,培养和造就大批高技能人才,可以被称为他们在20世纪六七十年代实现经济腾飞的秘密武器。实事求是地讲,在培养高技能人才方面,我们同发达国家相比,还存在比较大的差距,与全面建设小康社会对青年技能人才的需求是不相符的。全面建设小康社会对高素质青年劳动者的需求为广大青年岗位成才、提高技能提供了沃土;现代化建设的伟大实践为大批高素质青年劳动者的成长发展提供了广阔的舞台。这使千千万万的青年在全面建设小康社会的伟大实践中,有可能成为岗位上的人才,有可能成为优秀的、高素质的劳动者。这是时代给我们青年创造的机会,也是我们共青团组织实施"青工技能振兴计划"的机遇。广大青年只有深刻认识到学习和掌握技能不仅是全面建设小康社会、促进经济社会发展的需要,也是实现自身价值、发展自己事业的需要,才会进一步提高责任感和紧迫感,在推进企业经济发展的过程中不断提高自身的技能水平和综合素质。

应该看到,虽然我国高技能人才的质量、数量与实际需求有较大差距,但重视技能培养、重视职业教育的氛围正在形成。各级团组织要从我国经济社会发展的需要出发,从我国高技能人才缺乏的实际出发,大力实施"青工技能振兴计划",在广大青年中大力营造学习技能、重视技能的氛围,努力培养一批青年高技能人才。

第三,实施"青工技能振兴计划"要真抓实干,讲求实效。这些年来,我们通过开展青年创新创效、青年文明号、青年岗位能手等活动,青年高技能人才培养工作取得了明显的成效。在总结这些经验的基础上,我们提出了"青工技能振兴计划",这适应了新形势发展的需要,切合企业改革发展的实际,符合广大青年的愿望和共青团组织增强自身吸引力、凝聚力的要求,是一个新的历史起点。各级团组织和广大团干部要进一步统一思想,提高认识,把实施"青工技能振兴计划"列入重要日程,紧密结合本地区、本部门、本企业的实际,制定工作规划,狠抓工作落实。广大企业团组织要通过实施"青工技能振兴计划",满足青年职工学习成才、岗位成才的根本需求,不断增强自身吸引力和凝聚力。要通过形式多样的宣传教育活动,引导广大青年职工不断强化学技成才意识。要通过组织技能培训、举办青工技能大赛、开展青工职业资格年度考评等途径，有效地整合团内外资源，帮助青工学习技术、提升技能、提高素质，为青年技能人才的健康成长搭建舞台。在青年技能人才的培养方面，各级团组织要充分发挥团校、青少年宫等团属阵地的作用，进一步加强对青年职工的技能培训工作。团中央将在依托中国青年政治学院办好学历教育的同时，整合现有资源，创办中国青年高等职业技术学院，专门培养青年高技能人才。要把实施“青工技能振兴计划”与我们已有的青年创新创效、青年文明号、青年岗位能手活动等重点工作有机结合起来，通过制定出台有利于青工成长成才的政策措施，建立健全青年高技能人才的激励机制，大力宣传表彰先进青年典型，努力形成尊重技能人才、争当技能人才的社会风尚，积极营造有利于青年高技能人才成长的良好氛围。

同志们，人才支撑发展，发展孕育人才。改革开放和现代化建设事业的蓬勃发展，为当代优秀青年人才脱颖而出提供了难得的发展机遇。培养大批现代化建设急需的青年高技能人才是一项具有战略意义的基础性工作。让我们高举邓小平理论和“三个代表”重要思想伟大旗帜，紧密团结在以胡锦涛同志为总书记的党中央周围，抓住机遇，求真务实，振奋精神，埋头苦干，扎实推进“青工技能振兴计划”，引导和激励广大青年职工学技成才，为全面建设小康社会、实现中华民族伟大复兴做出新的更大的贡献！

深入实施大学生志愿服务西部计划
引导更多的高校毕业生到西部基层建功成才

——周强在国务院2004年全国普通高校毕业生就业工作电视电话会上的发言

2004年4月21日

2003年6月，按照国务院的部署，团中央、教育部在财政部、人事部的大力支持下，启动实施了大学生志愿服务西部计划。共选派10090名志愿者（其中，全国项目共选派6000名、地方项目共选派4090名志愿者）奔赴西部基层的300多个贫困县开展为期1至2年的志愿服务。目前，西部计划进展顺利，取得了阶段性的重要成效。主要表现在五个方面。

一是树立起了到西部基层建功成才的高校毕业生就业导向。西部计划高扬理想主义旗帜，唱响了“到西部去、到基层去、到祖国和人民最需要的地方去”的主旋律。志愿者在西部基层的广阔天地受锻炼、长才干、做贡献，他们的成功实践和感人事迹深深感召着广大青年学生。到西部基层建功成才的积极导向正在广大青年学生中逐步形成。

二是一支优秀青年人才队伍正在健康成长。大学生投身西部基层，进一步了解了国情，增进了与人民群众的感情，增强了社会责任感，磨砺了意志品质，提高了综合素质。一大批优秀志愿者典型不断涌现，一支既具有现代科学文化知识、又具有基层工作经验并富有社会责任感的优秀青年人才队伍正在茁壮成长。复旦大学在读研究生冯艾同学，曾两次分别到宁夏西吉县和云南宁蒗县开展支教志愿服务。她说，到西部基层服务的经历，使我深深体会到一种被群众、被社会需要的感觉，真正懂得了什么叫责任，真切感受到在奉献中成长的快乐。

三是大学生志愿者扎实工作，热情服务，为西部地区经济社会发展做出了贡献。大学生志愿者立足本职岗位，利用自己专长，直接为西部地区教育、医疗、扶贫、青年工作等社会事业的发展做出了贡献。志愿者还动员身后各类资源，为服务地提供多方面支持。服务于四川汶川县建和乡的浙江大学生汪永才，积极帮助农民搞养殖增收、修公路，还拿出部分生活补贴资助贫困孩子上学。杨怀富等7位村民在给全国项目办的来信中称赞汪永才是“党的好儿子、人民的好公仆”，并通过摁手印这种原始、质朴的方式表达对志愿者的感激之情。

四是探索了人才资源配置的新途径。西部计划采取公开招募、自愿报名、按需选派、定期轮换的方式，探索了一条在市场经济条件下，通过志愿服务这种非市场手段配置人才资源的有效途径，实现了人才资源的东西互动、城乡互动。在这些大学生中间，有的服务期满离开后，将会带动新一批大学生继续他们的“接力棒”；更有一大批将在当地扎根，直接成为西部基层的有用之才。

五是开辟了高校毕业生就业创业的新渠道。西部计划使部分高校毕业生实现阶段性就业，也可以进一步帮助大学生树立正确的择业、就业观念，提高就业创业能力。由于志愿行动的示范和导向作用，将有一大批大学毕业生自觉选择到西部基层就业创业。据全国项目办初步统计，目前在西藏服务的32名1年期志愿者中已有17人表示服务期满后留在当地工作。

2004年，除了去年2年期的4000多名志愿者继续服务外，新招募志愿者6000名，全国项目志愿者总数达到10000名。各级团组织要进一步提高认识，加强统筹，按照“总结经验、形成制度、长期坚持、务求实效”的要求，扎实推进2004年工作。

一、加强宣传引导。我们将继续高扬理想主义旗帜，进一步唱响主旋律。通过刊发志愿者日记、志愿服务“两地书”等为广大青年喜闻乐见的方式，深入挖掘、充分报道先进典型，在当代青年中树立到西部基层大有作为的积极导向，在全社会营造关心、理解、支持和参与西部计划的浓厚氛围。

二、做好就业服务。今年7—8月份，1年期志愿者将完成服务任务。我们将积极配合有关部门，充分发挥共青团的组织优势，通过举办志愿者专场招聘会、为志愿者提供创业技能培训和所需要的就业岗位等多种措施，为志愿者就业和自主创业提供帮助。

三、实现按需招募。今年的招募工作将以支教、支医、支农、青年中心建设和管理、“全国农村党员干部现代远程教育试点工作”志愿服务、“百县千乡宣传文化工程”志愿服务、西部基层检察院志愿服务等7个专项行动为重点，实行岗位申报制度，开展网上报名，努力实现按需招募、供需对接。

四、强化规范管理。我们将按照“谁用人、谁受益、谁负责”的原则，进一步明确各级项目办、服务单位的职责，进一步健全组织机构和各项制度，确保志愿者顺利完成服务任务。

五、推进地方项目。去年，贵州、辽宁等9个省（区、市）实施了地方项目。今年，我们将本着“实事求是，量力而行”的原则，统筹供需情况和就业服务，积极稳妥地推进地方项目，努力形成全国项目和地方项目齐头并进的格局。

此外，各级团组织还将大力实施“大学生素质拓展计划”，不断提高大学生的就业、创业能力；积极实施“大学生见习计划”、“青年创业行动”，通过青联委员和青年企业家提供见习岗位,为更多的大学生就业创业提供帮扶;通过彩虹网等途径,努力为大学生提供职业中介等服务。总之,我们要按照党中央、国务院的统一部署,认真贯彻今天会议精神,求真务实,扎实工作,不断为服务大局、服务青年做出新的贡献。

求真务实、开拓创新 努力做好预防青少年违法犯罪各项工作

——周强在全国预防青少年违法犯罪暨学校及周边治安综合治理工作会议上的讲话

2004年4月27日,录音整理稿

各位领导,同志们:

这次会议是继2000年成都会议以来预防青少年违法犯罪工作的又一次重要会议。2000年在成都召开了一次预防青少年违法犯罪工作会议,罗干同志在会上作了重要讲话。这次会议对深入贯彻"三个代表"重要思想、党的十六大、十六届三中全会精神,对于深入贯彻中共中央国务院《关于进一步加强和改进未成年人思想道德建设的若干意见》都具有重要意义。中央领导同志对这次会议高度重视,中共中央政治局常委、中央政法委书记罗干同志、中共中央政治局委员、国务委员、中央政法委副书记周永康同志,对会议做了重要批示,充分体现了党中央、国务院对广大青少年的关心和爱护,体现了对预防青少年违法犯罪工作的高度重视,也使我们倍受鼓舞,深感责任重大。稍后,中央政法委秘书长王胜俊同志将作讲话。中央综治委、全国预防青少年违法犯罪工作领导小组组长、全国人大常委会副委员长顾秀莲同志还将发表重要讲话,这对于我们进一步推进预防青少年违法犯罪工作具有重要的指导意义。我们要认真学习领会,贯彻落实。借此机会,我要代表预防青少年违法犯罪工作领导小组,同时也代表团中央,向长期以来关心、重视、支持预防青少年违法犯罪工作的中央综治办,上海市委、市政府,中央有关部委,各省、区、市综治办表示衷心的感谢。下面,我受中央综治委预防青少年违法犯罪工作领导小组委托,就预防青少年违法犯罪工作讲几点意见。

一、近年来的工作回顾和当前形势分析

自2000年中央综治委召开全国预防青少年违法犯罪工作经验交流会以来,各地各部门深入贯彻罗干同志的重要讲话精神,按照中央综治委《关于进一步加强预防青少年违法犯罪工作的意见》要求,进一步加强对预防青少年违法犯罪工作的领导,积极探索预防青少年违法犯罪的机制,广泛动员社会各方面积极参与,全面落实各项工作措施,初步形成了齐抓共管的工作局面,预防工作不断取得进展,主要体现在以下几个方面:

第一,工作体系初步形成。目前,中央有关部门,31个省、自治区、直辖市,80%的地市和一部分县区、街道成立了预防青少年违法犯罪工作领导小组或者是工作机构。领导小组成员单位也逐步增加到18个,有些地方根据实际情况进一步扩大了参与部门。各地积极

探索,建立了联席会议、联合执法等多种协调联动机制。一些地方将预防工作纳入综治工作考核体系,促进了各项措施的落实。

第二,法制教育实效性增强。一是形式多样化。各地普遍开展了模拟法庭、以案说法等形式新颖的宣传教育活动。二是针对性增强。很多地方根据青少年的身心特点和日常生活中经常遇到的法律问题,密切联系实际开展法制教育。三是师资队伍也在逐步形成。各地公、检、法、司等系统会同教育部门,在全国80%以上的中小学校配备了法制副校长。四是阵地建设得到加强。各地建立了一大批社区青少年法律学校、社区青少年服务中心、青少年法制教育基地等基层工作阵地。

第三,青少年成长环境得到优化。一方面,各地针对非法"网吧"、不健康"口袋本"图书、毒品、校园暴力等容易诱发青少年违法犯罪的突出问题,积极开展了专项治理整顿。另一方面,本着重在建设的原则,广泛建立青少年能够就近就便参与的社区活动场所;推出了一大批适合青少年身心特点的图书、报刊、影视和文学作品、电视栏目,丰富了青少年的物质文化生活。

第四,对闲散青少年的教育和管理逐步加强。在成都会议上,中央领导同志、中央综治委明确提出,要将对闲散青少年的教育管理作为预防青少年违法犯罪工作的一个重点,也是一项基础工作来抓。这些年来,通过摸底调查,建档立卡,做到底数清、情况明,进而有针对性地采取帮教措施,取得一定成效。在这方面,上海市做了很多的探索,积累了很好的经验。从2002年起,上海市对全市63000名闲散青少年实行"一人一卡"管理,每一个闲散青少年都建立了一张卡,而且全市建立了一个信息管理系统。通过对闲散青少年结对帮教、心理咨询、法律服务、技能培训和扶持就业等措施,实现了社区、家庭和学校工作的相互衔接,有效地控制了这一群体的违法犯罪问题,也有效地帮助了这个特殊的群体。这次会议在上海召开,也是一次现场观摩会、经验交流会。

第五,基层工作队伍不断壮大。一是专职队伍有所加强。如上海市由政府出资建立青少年事务社工队伍,通过政府购买服务,经过公开招聘和培训后上岗,具有较强的服务意识和专业素质,这支队伍已经成为一支重要的工作力量。二是志愿者服务队伍不断壮大。许多离退休老干部、社区居民、学生家长、民警和教师成为热心青少年工作的志愿者,在开展青少年文化教育、法制教育、结对帮教、预防青少年违法犯罪等方面发挥了重要作用。

在看到和总结工作成绩的同时,我们也认识到,在预防青少年违法犯罪工作方面,还存在着不少薄弱环节。在工作当中,有些地方轻视预防、方法单一、措施还不够到位。尤其是作为各地的预防青少年违法犯罪工作领导小组办公室来讲,对青少年违法犯罪工作出现的新情况、新问题,研究不够。现在这方面出现了很多新的情况、新的问题,诱发青少年违法犯罪的因素还不少,有些地方工作还没有到位,责任主体也不够明确,工作还不够落实,所有这些需要我们在今后工作中逐步加以解决。

当前,我们还应当清醒地看到,社会上仍然存在不少诱发青少年违法犯罪的不良因素,青少年违法犯罪形势还比较严峻。一是犯罪人数持续增长。据政法部门统计,2000至2002年全国法院共判处未成年人罪犯141622人,年均递增9.52%,与1997至1999年未成年人罪犯总数104072人相比,上升了36.08%。二是占罪犯总数的比率升高。全国法院判处的刑事罪犯中,未成年人罪犯所占比率由1998年的6.36%上升到2003年7.93%,其中大部分为团伙犯罪,犯罪的"盲目性、冲动性、暴力性、模仿性、偶发性"的特点比较突出。三是犯罪类型呈扩展式发展。全国未成年人犯罪罪名由1998年的98个发展到2003年的120个,增幅达22.45%,犯罪类型主要以侵财型为主,并有向暴力、淫乱、吸毒和滋扰等犯罪方面发展的趋向。

面对这一形势，我们要深刻地认识到，能否切实有效地抓好预防青少年违法犯罪工作的落实，关系到青少年一代的健康成长，关系到国家改革、发展、稳定大局，关系到社会主义现代化建设顺利进行。我们必须进一步增强责任感和紧迫感，还要有忧患意识，切实把这项工作抓紧抓好。

二、今后一个时期的主要任务和工作重点

当前和今后一个时期，预防青少年违法犯罪工作的主要任务是：以邓小平理论和"三个代表"重要思想为指导，牢固树立和落实以人为本、全面、协调、可持续的发展观，结合经济和社会发展的实际，针对青少年身心成长的特点，积极探索预防青少年违法犯罪工作的规律，采取教育、服务、管理、帮教、优化环境等多种形式，对青少年违法犯罪实行综合治理，努力创造有利于青少年健康成长的社会条件，切实维护青少年的合法权益，提高青少年思想道德、法制观念和自我保护意识，逐步构建预防青少年违法犯罪工作体系，遏制和减少青少年违法犯罪。当前，应着力抓好以下几方面工作：

第一，坚持不懈地做好青少年思想道德和法制教育。

一是大力加强思想道德教育。要按照中共中央国务院《关于进一步加强和改进未成年人思想道德建设的若干意见》的要求，在青少年中深入开展爱国主义、集体主义、社会主义和中华民族精神教育，大力加强公民道德教育，帮助青少年从小养成良好的道德品行和行为规范，树立正确的世界观、人生观和价值观。比如前不久，我在接待俄罗斯的代表团时，也谈到了对青少年进行爱国主义、集体主义、社会主义教育至关重要。

二是深入开展法制和纪律教育。要充分发挥法制副校长、法制辅导员的作用，依托社区青少年法律学校等法制教育基地，运用警示教育、同伴教育、法制宣传周等方式，面向广大青少年开展丰富多彩、寓教于乐的法制教育活动，进一步增强青少年法律意识。

三是广泛开展自我保护教育。这点也是我们在实践当中总结出的。我们感觉到，未成年人自我保护意识比较薄弱，相关知识更加欠缺。我们要围绕治安防范、心理健康等主题，通过举办自护培训班、自护学校，采取专家授课、录像观摩、模拟情景训练等形式，向青少年宣传自护知识，传播"认识社会、拒绝诱惑、远离危险、防范侵害"的自护理念，提高青少年自我防范的意识和能力。冀平副秘书长还在北京看了一个青少年的自护训练营，效果很好，也很受感动。

四是着力推动学校教育、家庭教育和社会教育的有机结合。积极推动学校、家庭、社会相结合的教育体系和综合评价体系的建设，指导和推进社区教育，通过具体项目把学校教育和社会教育的措施落实到社区，办好社区家长学校、家庭教育指导中心，使学校教育、家庭教育和社会教育相互配合，相互促进。

第二，从服务入手，做好重点青少年群体的预防工作。

一是针对闲散青少年，要专门建立区域性的信息管理系统，准确掌握他们的基本情况，就是对社区的闲散青少年要清楚，要有底数。要分析他们面临的实际困难和问题，根据不同的情况，通过跟踪服务、专人联系、建立定向辅导等方法，在生活上帮助他们解决困难，学习上帮助他们进步，行为上帮助他们矫正不良习惯，同时在就业上还要千方百计地扶持他们就业，促进他们健康成长。

二是针对进城务工青年，要通过开展培训、维权和就业等服务，着力提高他们的文化素质和就业技能，及时解决工资拖欠、人身伤害、强迫超时劳动、子女入学困难等实际问题，引导他们成为维护社会稳定的一支积极力量。

三是针对流浪儿童，要加大对引诱、控制、教唆流浪儿童违法犯罪黑恶势力的打击力度，围绕流浪儿童的基本生活需求,采取特殊的帮教、安置和抚养措施,积极探索对流浪儿童提供紧急救助的有效方法。

四是针对有罪错的青少年,广泛动员社会力量,开展志愿者"一助一"、"多助一"帮教服务,办好过渡性安置企业和基地,做好就业指导、培训工作和安置就业。要按照"教育、感化、挽救"的方针,从侦查、起诉、审判、执行等各个环节,加强探索,进一步完善我国的少年司法制度。

第三,整治和建设相结合,进一步优化青少年成长的社会环境。

一方面,要开展整治行动,大力净化青少年成长的社会环境,消除危害青少年身心健康的不良因素。在这方面现在面临一个很好的机遇,就是中央8号文件《关于进一步加强和改进未成年人思想道德建设的若干意见》发布以后,各部门、各地高度重视,为青少年健康成长创造一个良好的环境。5月中旬,中央文秘委还将召开会议,来贯彻8号文件,中央领导将到会并作重要讲话。所有这些都为青少年的健康成长营造了一个良好的氛围。当前要针对违规网吧、不健康"口袋本"图书、摇头丸等诱发青少年违法犯罪的突出问题,还要加大联合打击力度。对于这方面的问题一直在抓,取得了明显的成效。同时还要进一步加大打击力度,坚持不懈地开展"扫黄"、"打非"和禁毒斗争,坚决查处传播色情、暴力、迷信和伪科学的出版物、电子信息和游戏软件等产品,严格查处"非法"网吧,落实禁止未成年人进入网吧等措施。动员社会力量,通过设立举报热线、成立监督员队伍,建立监督、举报和快速受理机制,把不良的社会现象消除在萌芽状态。

另一方面,着眼建设,创造条件满足青少年正当需求,积极营造有利于青少年健康成长的社会氛围。要依托现有的青少年专门活动场所,积极开展科技、文化、艺术、体育等青少年喜闻乐见的活动。倡导文明健康的网络风气,设立青少年专题网页、专栏,组织开展网上青少年活动。要创作、编辑、出版、播出优秀的青少年读物、视听产品、电视节目和报刊栏目,大力推动青少年文化建设。

第四,立足社区,夯实预防工作的基层基础。

一是加强组织建设。有条件的地方,要建立健全县、街道(乡镇)、社区三级预防青少年违法犯罪领导工作的协调体制;条件尚不具备的地方,也要解决社区预防工作"有人管"的问题,明确预防工作的责任主体。

二是建立工作队伍。目前,在专兼职干部组成骨干工作队伍的基础上,一些地方开始聘用专业社会工作者,成效十分明显,是今后队伍建设的发展趋势。同时,要调动广大人民群众的积极性,动员学校和社区"五老"人士、热心人士、青年志愿者以及社会团体参与预防工作,解决社区预防工作"有人干"的问题。

三是加强阵地建设。要充分用好现有的一些阵地,要充分用好学校和社会已有的阵地资源,免费或优惠向青少年开放。同时,要加快青少年教育活动场所的建设步伐,广泛建立小型多样、青少年能够就近就便参与的社区青少年活动阵地。

第五,着眼长远,探索建立预防工作的长效机制。

一是要建立预警监测机制。根据影响青少年成长的主客观因素,采集青少年违法犯罪和预防工作的基本信息,加以综合分析,对青少年违法犯罪的趋势作出预警报告,提高工作的科学性和前瞻性。

二是要建立协调联动机制。各级预防青少年违法犯罪工作领导小组要针对涉及多个部门和区域性的突出问题,采用多种方式加大协调力度,牵头单位和有关部门地区要协作配合,通力解决问题。预防青少年违法犯罪工作机构要加强与各地方各部门的沟通与联系,做好各方面的服务工作。

三是要建立督导机制。采取有效形式,量

化预防青少年违法犯罪工作指标，建立督促检查的制度，加大对专门事项及大案要案的督导力度，督促各地、各部门落实好各项工作措施。

四是要建立激励与约束机制。要建立预防青少年违法犯罪工作责任制，把责任分解到各成员单位、各地区。强化责任追究，对失职、渎职、责任落实不到位、防范措施不得力的，要依照有关法律、有关政策查究有关单位和人员的责任。同时要健全奖励制度，对做出突出贡献的单位和个人给予表彰和奖励。

三、以求真务实的精神落实好各项工作

求真务实是检验各项工作的重要标准。这就要求我们改进工作作风，狠抓工作落实。

（一）加强调查研究，掌握青少年违法犯罪的新情况、新动向。一是要加强对青少年违法犯罪形势的动态研究。及时掌握各个地区青少年违法犯罪的人数、比例、犯罪特点等基本情况，把握青少年违法犯罪的变化规律和发展趋势。二是要对引发青少年违法犯罪的各种因素进行深入的分析和研究。从家庭、学校、社会等多个角度对青少年违法犯罪进行剖析，提出针对性的对策和建议。三是组织专门力量对广大群众关心的焦点、难点问题进行专题研究。当前，重点针对工读学校、闲散青少年和青少年网络环境等突出问题，进行深入研究，制定解决措施。

（二）努力开拓创新，探索预防青少年违法犯罪工作新思路、新方法。一是要在观念上创新。要树立大预防的观念，将预防青少年违法犯罪工作纳入国家和地方的经济和社会发展规划，从社会发展规划上来加以解决。二是要在理论上创新。要充分借鉴国内外的理论和实践成果，不断探索预防青少年违法犯罪工作的有效做法。三是在工作方式上创新。探索运用行政、法律、经济等多种手段推动工作。

（三）切实真抓实干，把各项工作措施落到实处。一是通过法律政策的推动来抓好落实。积极推动《预防未成年人犯罪法》等有关法律的修改和完善，并配合有关部门对执行情况进行检查、监督和评估，推进各项措施的落实。二是通过项目化运作抓好落实。把预防工作落实为具体的项目，着力抓好“青少年违法犯罪社区预防计划”等项目的实施、管理和评估，把工作做实。三是通过办实事抓好落实。要把办多少实事、解决多少问题作为评价工作的一个重要标准，每年集中力量解决一两个突出的社会问题。

同志们，预防青少年违法犯罪工作责任重大，意义深远。让我们紧密团结在以胡锦涛同志为总书记的党中央周围，高举邓小平理论和“三个代表”重要思想的伟大旗帜，全面贯彻党的十六大和十六届三中全会精神，牢固树立和落实科学的发展观，与时俱进，开拓创新，为把预防青少年违法犯罪工作进一步推向深入，实现全面建设小康社会的宏伟目标做出新的贡献！

周强在纪念任弼时同志诞辰100周年座谈会上的发言

2004年4月30日

任弼时同志是广大青年敬仰的无产阶级革命家。在任弼时同志诞辰100周年之际，深切缅怀他为中国革命事业建立的不朽功勋，对于教育引导广大青年深入学习贯彻“三个代表”重要思想，坚定理想信念，紧紧抓住重要战略机遇期，踊跃投身全面建设小康社会的伟大实践，为实现中华民族的伟大复兴而努力奋斗，具有十分重要的意义。

任弼时同志在青少年时代就立下远大志向，毅然投身革命。在30多年光辉的革命生涯中，任弼时同志始终信念坚定，奋斗不息，为中华民族的独立和中国人民的解放事业做出了杰出的贡献。他曾经说，“一个共产党员，肩负着革命的重任，能坚持走一百步，就不应该走九十九步。”任弼时同志后来身患重病，仍然兢兢业业地为党和人民的事业操劳，直至生命的最后一刻。他用自己的生命实践了一个共产党人的誓言。任弼时同志的一生，为中国青年树立了光辉的楷模，他的丰功伟绩和崇高品德，将为广大青年永远铭记和学习。

任弼时同志曾经长期担任中国共产主义青年运动的主要领导人，是中国青年运动的杰出领袖。他是中国最早的一批社会主义青年团员之一。1925年至1928年，任弼时同志担任团中央总书记。在轰轰烈烈的五卅运动中，他领导各级团组织放手发动革命青年，有效壮大了团的队伍，为革命事业的发展积蓄了力量。1940年任弼时同志参加党中央书记处工作后，一直分管中央青委工作。抗战胜利后，在他的精心组织和领导下，成功地完成了中国新民主主义青年团的重建工作，为社会主义时期青年工作的开展奠定了坚实的基础。任弼时同志为中国青年运动和共青团的发展做出了卓越的贡献，他的名字将永远彪炳在中国青年运动的光辉史册上。

在长期的革命实践中，任弼时同志始终以马克思主义政治家的远见卓识，高度重视青年和青年工作，始终以无产阶级革命家的胆略和气魄领导和推动中国青年运动，提出了一系列关于中国青年运动和共青团工作的重要思想。在如何看待青年上，他指出：青年是决定我们事业的希望，青年的作用不限于现在，要看到将来。“在动员人民力量的时候，必须着重动员青年的力量，充分发挥广大青年的积极作用。”在党和团的关系上，他在建团初期就提出了要把团置于党的绝对领导之下的根本原则，后来他又明确指出：“保证中国共产党对于青年团的正确领导，是中国青年运动正确地向前发展的决定因素。”对于团的性质，他提出，青年团是带有政治性的青年先进分子组织，是党的助手，要在各种青年组织中起先锋作用。对于团的任务，他提出，按实质，党的基本任务就是团的基本任务，总结起来说，“青年团的基本任务是要领导并鼓舞全体团员及广大青年，在各种不同的实际工作中进行不断地学习，不断地进步，以便能为中国新民主主义的革命事业，培养出千千万万有高度觉悟又有坚强的实际工作能力的优秀的革命后备军，源源不断地补充到各种岗位中去，推动革命事业前进。”对于团的工作，他强调青年团要研究青年特点，代表青年利益，采用适合青年的工作方法，为青年服务。对于团的建设和发展，他强调要在群众运动中发展团组织，发展团组织又推动运动前进。在工作作风上，他要求团的干部要走群众路线，学会做群众工作，要注重调查研究，坚持实事求是。他的这些思想，丰富了我们党关于青少年和青少年工作的思想宝库，对于我们做好新形势下的青少年工作仍具有十分重要的指导意义。

对任弼时同志等老一辈革命家最好的纪念，就是以实际行动把他们所开创的伟大事业不断推向前进。新世纪新阶段，共青团事业的发展处在一个新的历史起点上。我们要贯彻落实党对共青团工作的要求，以“三个代表”重要思想为统领，解放思想，实事求是，与时俱进，努力在工作思路、工作方式和自身建设上创新，切实做到密切联系青年，竭诚服务青年，不断增强团组织的吸引力、凝聚力和战斗力，充分发挥好党的助手和后备军作用，充分发挥好党联系青年的桥梁和纽带作用，在党中央的坚强领导下，团结带领广大青年踊跃投身全面建设小康社会的伟大实践，为实现中华民族的伟大复兴贡献青春、智慧和力量。

老一辈革命家的精神品格、优良传统和实践经验，是留给我们最为宝贵的精神财富。我们要倍加珍惜，努力继承和发扬光大，切实把这些精神财富转化为广大青年建设祖国、服务人民的强大动力。让我们紧密地团结在以胡锦涛同志为总书记的党中央周围，高举邓小平理论和“三个代表”重要思想伟大旗帜，深入贯彻十六大、十六届三中全会精神，求真务实，开拓创新，艰苦奋斗，团结带领广大青年创造出无愧于时代、无愧于党和人民的新业绩，在全面建设小康社会、实现中华民族伟大复兴的历史征程中谱写中国青年运动的崭新篇章。

周强致全国乡村青年文化建设现场经验交流会的信

2004 年 5 月 13 日

乡村青年文化建设，历来是农村共青团工作和青年工作的重要内容。团十四大以来，各级团组织紧紧围绕党的农业和农村工作大局，广泛组织开展乡村青年文化节等丰富多彩、健康向上、洋溢乡土气息的乡村青年文化活动，不断推进乡镇青年科技图书站等各类乡村青年文化阵地的建设和管理，取得了明显的工作成效，为不断丰富农村青年的精神文化生活，促进农村经济社会的全面发展，做出了积极的贡献。在纪念“五四”新文化运动 85 周年之际，在福建省泉州市召开全国乡村青年文化建设现场经验交流会，专题总结交流各地加强乡村青年文化建设的成功做法和经验，研究部署当前和今后一个时期全团乡村青年文化建设工作，很有必要，很有意义。我谨向会议的召开表示热烈的祝贺！向长期以来关心支持共青团工作和青年工作的各级党政领导和有关方面，表示衷心的感谢！向参加会议的各位代表，并通过你们向广大农村基层团干部和团员青年，致以亲切的问候！

文化塑造青年，青年创造文化。在全面建设小康社会的宏伟进程中，大力加强乡村青年文化建设，是共青团认真贯彻“三个代表”重要思想，树立和落实科学发展观，促进农村全面建设小康社会的必然要求；是共青团着力开发青年人才资源，服务农村青年增收成才，促进农村青年不断实现人的全面发展的有效途径；是共青团充分发挥青年文化育人作用，切实加强农村青少年思想道德建设，促进我国先进文化发展的重要举措。各级团组织要从全局和战略的高度，充分认识进一步加强乡村青年文化建设的重要意义，始终坚持以“三个代表”重要思想为统领，始终坚持社会主义先进文化的前进方向，大力弘扬求真务实精神，发扬成绩，克服不足，创新进取，扎实工作，努力把乡村青年文化建设提高到新水平。当前，城乡社区青年中心建设试点工作正在全团积极有序地全面推开，农村青年中心建设是青年中心建设的重点。希望各级团组织把加强乡村青年文化建设与大力推进农村青年中心建设紧密结合起来。要大力推进农村青年中心的组织制度建设，按照章程建立健全理事会，认真做好会员发展等工作，把乡村青年文化名人、文化社团广泛吸纳为青年中心的会员、团体会员和理事会成员，不断提高乡村青年文化的组织化程度；要大力推进农村青年中心的服务项目建设，适应青年日益增长的文化需求，组织提供社会化、菜单式、会员制的文化服务，不断丰富乡村青年文化活动内容；要大力推进农村青年中心的活动阵地建设，不求所有，但求所用，不断巩固和拓展乡村青年文化活动场所。

我相信，在各级党委政府的正确领导和大力支持下，通过广大团干部和团员青年的共同努力，乡村青年文化建设一定能够立足新起点，取得新成效，农村共青团工作和青年工作一定能够实现新突破，创造新业绩！祝会议圆满成功！

周强在亚欧青年水文明之旅暨保护母亲河国际论坛开幕式上的讲话

2004年6月9日

各位嘉宾，青年朋友们：

今天，来自亚欧会议25个成员国的青年代表们汇聚北京，参加亚欧青年水文明之旅暨保护母亲河国际论坛活动，相互交流保护水资源和保护环境的经验，共同促进亚欧之间的友好合作，这是一件十分有意义的事情。在此，我谨代表中国共产主义青年团中央委员会、中华全国青年联合会和中国保护母亲河行动领导小组，向各位嘉宾和青年朋友们的到来表示热烈欢迎，向亚欧青年水文明之旅的首次举行表示热烈的祝贺！

保护水资源，改善生态环境，关系到人类社会的生存和可持续发展，这是世界各国共同的目标和承诺，需要全社会的共同关心和积极参与。中华民族自古就有亲近自然、追求天人合一的思想传统。中国政府高度重视生态环境保护工作，把实现可持续发展作为中国现代化建设必须始终坚持的一项基本方针。中国青年组织和青少年历来是绿化祖国、保护环境的生力军。1999年初，共青团中央、全国青联联合全国绿化委员会、全国人大环境与资源委员会、全国政协人口资源环境委员会、水利部、农业部、国家环境保护总局和国家林业局等八个部委联合发起实施了“保护母亲河行动”。这是一项以保护生态环境为宗旨的社会公益活动，主要是组织包括青少年在内的社会各界力量，保护孕育华夏璀璨文明的母亲河，开展以植树造林、保持水土和防治污染为主要内容的生态建设活动。截止到今年年初，“保护母亲河行动”吸引了3亿多人次青少年积极参与，面向海内外社会各界筹集资金2.5亿元人民币，在长江、黄河等主要江河流域建设了882个、面积达19.1万公顷的造林工程，为母亲河更好地造福人类做出了贡献。与此同时，保护母亲河行动也架起了中外青年和青年组织开展国际合作的桥梁。五年来，全国青联先后与日本日中友好协会、日本青年会议所等九家日本民间团体合作，依靠“日中绿化交流基金”的资助，利用资金7.89亿日元，在中国建立了面积达9200多公顷的中日青年友好造林项目；与泰国、越南、老挝、缅甸、柬埔寨等国青年组织合作，发起了“澜沧江—湄公河青年友好之船”活动，在大湄公河次区域开展青少年交流和环保宣传；全国青联还在埃及建设了“中埃青年友谊林”，推动了两个文明古国在环保领域的合作。

动员和组织青少年参与环境保护事业是保护母亲河行动的重要任务之一，鼓励青少年参与环保不仅是实现可持续发展的需要，同时也是青少年自身成长成才的需要。通过参与各种植树护绿活动，青少年可以进一步认识到保护环境的重要性和紧迫性，树立绿色文明意识、生态环境意识和可持续发展意识；通过开展流域定点监测等活动，青少年可以了解有关污染防治和水利水文的基本知识，掌握科学知识和技能；通过参与各种宣传活动，青少年可以开阔视野、学会沟通，培养志愿服务精神，全面提升个人素质。现在，“保护母亲河行动”已经成为中国青年组织服务青少年的有效载体。今后，我们将继续凝聚和动员青少年，以更加昂扬的姿态投身保护母亲河的实践，在为保护和改善生态环境做出贡献的同时，促进青少年的全面、健康成长。

亚洲和欧洲都是世界文明的发源地，都有着悠久而灿烂的文化，这是人类的共同财富。不同文明之间的对话和交流能够增进理解和共识，大大丰富文明的内涵，减少误解，避免冲突和对抗，促进人类社会的共同进步。本次活动选择水文明作为交流的主题，是因为水是人类文明的起源，水文明是人类文明共有的元素。我们希望通过开展水文明对话和水文化体验活动，促进青年对亚欧文明共生共处、相得益彰理念的认识。在今后的几天时间里，大家将前往长江三峡，亲身感受中国长江流域的水文化和水文明。我希望此行不仅能够加深你们对中国的母亲河文化的了解，更能够促进你们对亚欧其他国家文明的了解。

文明间的对话需要人的参与，更需要青年的参与。青年之间的相互理解、相互尊重，是不同文明共生共存的基础。在此，我要代表中国青年和青年组织，以及所有与会代表，对亚欧基金表示赞赏和感谢。正是亚欧基金多年来的不懈努力，有效促进了亚欧两大洲在学术、文化和人际方面的交流，推动了亚欧两大文明体系之间的沟通、理解与互信，为亚欧合作的深入发展奠定了坚实的基础。尤其可贵的是，亚欧基金高度重视青年交流，把青年视为亚欧共同发展的推动者和实践者。青年是未来，因为他们代表着希望；青年也是现在，因为他们代表着热情和力量。多年来，亚欧基金和青年组织之间已经通过多种渠道建立了联系，开展了广泛的交流与合作。面对当前的全球化进程和深刻变化的世界，青年组织要以开拓创新、求真务实的精神，进一步推动亚欧青年之间的广泛交流与合作。根据我们的经验，青年项目合作是构筑青年之间交流、理解与合作的理想桥梁。全国青联与亚欧基金共同发起亚欧青年水文明之旅活动，正是基于这样的期望，希望通过在亚欧各国开展一系列的考察和研讨活动，推动亚欧青年之间的跨文化交流。我希望，在座的青年朋友们能够珍惜这个机会，在考察中互相学习，在讨论中互相理解，在交流中互相合作，为了亚欧青年的共同成长、为了亚欧国家的共同发展、为了亚欧文明的共同进步而不断努力！

最后，祝大家在中国的水文明之旅顺利、愉快、精彩！

周强在全团加强和改进未成年人思想道德建设暨推进青年文化行动工作会议上的讲话

2004 年 6 月 22 日，根据录音整理

我们这次会议的主要任务是：以邓小平理论和“三个代表”重要思想为指导，深入学习贯彻中央 8 号文件精神、全国加强和改进未成年人思想道德建设工作会议精神，深入学习贯彻全国宣传思想工作会议精神，紧密结合共青团和少先队工作实际，认清形势、统一思想，抓住机遇、发挥优势，求真务实、开拓创新，总结前一阶段的工作，部署安排今后一个时期的任务和措施，大力推进青年文化行动，不断开创共青团加强和改进未成年人思想道德建设工作和青年文化工作的新局面。

一、加强和改进未成年人思想道德建设

关于共青团、少先队开展未成年人思想道德建设工作，最近我们讲得很多，在这次会议上，赵勇同志、杨岳同志、张晓兰同志还要作具体部署，我讲三个方面的意见。

第一，抢抓机遇，开拓进取。

中央 8 号文件下发以后，全国未成年人思想道德建设工作面临着难得的发展机遇，呈现出前所未有的好的发展形势。在这个大背景下，在全团的共同努力下，共青团、少先队的未成年人思想道德建设工作也呈现出良好发展态势。我们要抢抓机遇、乘势而上，同时要进一步增强责任感和使命感，努力把这项工作做得更好。

1. 党中央、国务院高度重视未成年人思想道德建设工作，全社会热情关心未成年人思想道德建设的氛围正在形成。今年 3 月，党中央国务院下发了 8 号文件。4 月份党中央又召开了全国加强和改进未成年人思想道德建设工作会议。这次会议在未成年人工作历史上是前所未有的，规格高、规模大，胡锦涛总书记出席会议并发表了重要讲话，为未成年人思想道德建设工作指明了方向；李长春同志、刘云山同志作了重要讲话。在今年“六一”期间，中央领导同志参加了未成年人的一系列活动。5 月 31 日，胡锦涛总书记在北京考察未成年人工作，到中国科技馆和北京市少年宫看望了少先队员并召开座谈会，就加强和改进未成年人思想道德建设工作发表了重要讲话，进一步指明了方向，提出了明确的要求。5 月 29 日，温家宝总理到国务院幼儿园看望了少年儿童，与少年儿童联欢，并祝全国的少年儿童节日快乐。5 月 30 日晚，曾庆红副主席在中国儿童剧院观看了儿童剧，对全国的少年儿童表示节日的祝贺。李长春同志先是在天津考察未成年人工作并发表重要讲话，又在 6 月 1 日晚上，同刘云山同志、陈至立同志、顾秀莲同志、刘延东同志等一起在中央电视台出席了由国务院妇女儿童工作委员会、全国妇联、团中央和中央电视台共同举办的庆祝六一儿童节晚会。5 月 29 日上午，王兆国同志在北京市青年宫视察了参加手拉手活动的少年儿童并发表重要讲话，对共青团、少先队工作提出了明确的要求。这一切充分体现了以胡锦涛同志为总书记的党中央对青少年一代的高度重视和亲切关怀，充分体现了“三个代表”重要思想。加强和改进未成年人思想道德建设关系到千家万户，关系着最广大人民群众的根本利益，是最大的民心工程。中央大力抓这件事情，人民群众、社会

各界衷心拥护，高度评价。在党中央国务院的高度重视和亲切关怀下，各级党委、政府纷纷出台了有关政策，社会各界踊跃参与，在全社会形成了关心未成年人思想道德建设的良好氛围，为共青团、少先队做好未成年人思想道德建设工作提供了难得的机遇。

2. 党委统一领导、文明办组织协调、全社会齐抓共管的工作格局正在形成。胡锦涛总书记在全国加强和改进未成年人思想道德建设工作会议上指出，加强和改进未成年人思想道德建设要建立党委统一领导、党政群齐抓共管、文明委组织协调、有关部门各负其责、全社会积极参与的领导机制和工作机制。现在，从中央到地方，各级党委都在按照这个要求建立工作机制，把社会各个方面、政府各个部门的力量调动起来、整合起来，共同关心、共同推动未成年人思想道德建设。中央文明办成立了12个专门工作小组，其中有一项是由团中央牵头，这就是青少年心理健康建设。其他比如网络文明工程、为青少年提供优秀的精神食粮以及校园净化工程等6项重要工作，团中央都是责任单位。未成年人思想道德建设工作非常具体，也形成了一个很好的工作机制。我们一定要抓住机遇，主动把共青团、少先队未成年人思想道德建设工作纳入到各级党委政府的统一规划之中，按照中央确定的工作分工，找准自己的位置，争取各个方面的支持，推动工作深入发展。

3. 共青团、少先队组织未成年人思想道德建设工作形成了新的局面。中央下发8号文件、召开全国加强和改进未成年人思想道德建设工作会议和胡锦涛总书记在“六一”前夕发表重要讲话之后，团中央书记处连续召开会议，学习讨论中央文件和中央领导同志的重要讲话精神，结合共青团、少先队工作实际，研究部署贯彻落实措施。我们向全团下发通知和实施意见，提出办15件实事，后来又提出12个方面的具体措施。我们还成立了团中央加强和改进未成年人思想道德建设工作领导小组。这次专门召开全团加强和改进未成年人思想道德建设工作会议，进一步统一思想，研究部署我们今后的任务和措施，以推动共青团、少先队未成年人思想道德建设工作迈上一个新的台阶。在全团的共同努力下，我们形成了非常好的氛围，形成了一个很大的声势。我们反复强调，做未成年人工作，要出实招、办实事、解难事，既要有声势、有特色，又要突出一个“实”字。从这一阶段的情况看，全团全队加强未成年人思想道德建设工作形成了新的局面，呈现出良好的发展态势。同时，我们也要看到，未成年人思想道德建设是一项长期的任务，从某种意义上讲，也是一项艰巨的任务，需要我们长期而不懈的努力。从未成年人思想道德建设本身来讲，一些规律性的东西还需要我们进一步探索。从我们工作的角度讲，我们还需要进一步深化重点工作，开拓新的领域，建立新的工作机制。从全社会的角度看，在全社会形成关心未成年人思想道德建设良好氛围的同时，如何调动未成年人自身的积极性，还需要我们付出艰苦的努力。也就是说，如何把握经济社会发展对未成年人的要求，如何把握未成年人自身的成长规律，并把这两者有机地统一起来，需要我们进一步下功夫。

第二，尊重主体地位，把握成长规律。

做好未成年人思想道德建设工作，首先要尊重未成年人的主体地位，把握未成年人的成长规律，调动未成年人的内在积极性，这是共青团、少先队开展工作必须始终如一、牢牢把握的主线，任何时候都要紧紧扭住不放。在未成年人思想道德建设中，未成年人是主体，共青团尤其是少先队，是未成年人自己的组织，是未成年人工作的主体性组织。这是共青团、少先队组织在未成年人工作中具有不可替代作用的关键所在，也是我们的职责之所在、分工之所在。我们做未成年人思想道德建设工作，同其他部门的区别在哪里？我们不可替代的作用表现在哪里？关键就在这里，在于我们是未成年人自己的组织，是未成年人思想道德建设工作的主体性组织。这个问题是有针对性的，很多问题由此而生，所以任何时候都要体现这一点，从这一点出发。同时，工作中要坚持两条原则：一是把党的培养“四有”新人的要求、经济社会发展的规律与未成年人的成长规律统一起来。二是要坚持主客体、主客观、知与行、内因与外因的统一。未成年人是主体、是内因，要调动未成年人的积极性，尊重未成年人成长的规律，外因要通过内因起作用。我们创造了好的环境，但不通过未成年人的内因起作用，就难以起到根本性的作用。只有坚持我们的工作原则，扭住我们的工作主线，我们才能够增强工作的预见性、科学性、有效性，避免盲目性、随意性。

为什么讲这个问题，为什么有的孩子在很好的环境中最终走向迷途，很重要的一点，就是他的自身因素。全社会的关心是前提，没有这一条，未成年人不能健康成长。而对共青团、少先队组织来讲，重要的是要充分调动未成年人自己的积极性。没有他们的积极性，外部环境再好，也很难把未成年人培养成为合格的建设者和接班人。因此，一定要把孩子们的积极性调动起来，尊重孩子们的成长规律，而且要对孩子们提出有针对性的具体要求。讲这个问题，有利于我们克服形而上学，有利于我们全面、正确地看待未成年人。中央提出加强和改进未成年人思想道德建设，这是我们党站在战略的高度，着眼于党的事业长远发展，着眼于全面建设小康社会的宏伟目标，着眼于中华民族的未来而提出的战略举措。但是有的同志一提到加强和改进未成年人思想道德建设，就要先罗列未成年人的十条八条不行。这就不符合辩证法，也不符合中央的精神。共青团、少先队组织一定要把握好中央精神，充分肯定未成年人。当然我们不能回避问题，不能回避矛盾。

1. 充分尊重未成年人的主体地位，激发他们的主观能动性和积极性。关于这个问题，毛泽东同志早就讲过，共青团要照顾青年的特点。江泽民同志也多次谈到，要尊重青少年的思想和性格特点，尊重青少年个性的健康发挥。胡锦涛同志在全国加强和改进未成年人思想道德建设工作会议上指出：“我国广大未成年人生活在改革开放的时代，他们胸怀远大理想，勇于自立自强，乐于接受新生事物，热爱祖国、积极向上、团结友爱、文明礼貌是当代未成年人精神世界的主流。”“要坚持从实际出发，不能超越未成年人的接受能力，不要提大而空的口号，不要提做不到的要求。”“对未成年人要多尊重、多理解、多关心、多帮助，不能仅仅把他们当做教育和管理的对象。”这些论述非常精辟，具有很强的思想性和针对性，对我们做好未成年人思想道德建设工作乃至整个青少年工作，具有重要的指导意义。怎么样尊重未成年人的主体地位，把握未成年人的成长规律，有一个观点很重要，就是要处理好环境与主体的关系。孩子们出现问题责任首先在成年人、在社会，而不在他们自己。我们的工作就是要把党和政府的要求落实到工作当中去，处理好社会与主体组织的关系。我们要始终看到，社会环境是前提，未成年人是内因，共青团、少先队在未成年人思想道德建设中要发挥不可替代的作用，就要进一步调动未成年人的积极性。

（1）要尊重儿童期。教育学上有一个很重要的观点，叫做“保卫儿童期”。应当说，我们对儿童心理的研究是很不够的。现在的孩子们相对早熟，我们的媒体基本都是成人世界主导的，总是在用成人的眼光、成人的世界、成人的标准来要求孩子。共青团、少先队有的工作没有完全符合规律，就是没有把未成年人成长的规律研究透。所以我们要尊重儿童期，要深入研究未成年人的成长规律。

（2）要激发未成年人的主动性和积极性，

让他们自我教育。江泽民同志对少先队员提出的自学、自理、自护、自强、自律,做社会主义事业的合格建设者和接班人的要求,是非常精辟的论断,深刻揭示了未成年人成长的规律。我们在关心重视未成年人成长的同时,要让未成年人自学、自理、自护、自强、自律,关心而不替代、爱护而不包办、保护而不束缚,这才符合未成年人成长规律。为什么有的孩子在好的环境下还不能健康成长,甚至还不如环境不好的孩子成长的好呢?关键是内因在起作用。要提高未成年人的抵抗力,增强未成年人的免疫力。如果让孩子们一天到晚都像温室里的花朵一样,是没有免疫力的,是经不起风雨的,那样就会害了孩子。如何做到"五自",如何激发未成年人的主动性,就是要坚持社会实践的基本途径、体验教育的基本方法,让他们在社会实践中得到提高。要以手拉手、雏鹰争章等为载体,突出未成年人的主体性,而不是单纯的我说你听。要把孩子们组织起来,发挥团队组织优势为他们自我教育创造条件。

(3)尊重未成年人的基本权利。未成年人的基本权利是与培育有理想、有道德、有文化、有纪律的社会主义新人的根本目标紧密联系在一起的。要把他们培育成为"四有"新人,就必须充分调动他们内在的积极性、主动性,从尊重和实现未成年人的基本权利做起。我国的相关法律法规对未成年人的基本权利都作出了明确规定,在我国签署的联合国《儿童权利公约》中也有所体现。具体到我们的工作中,就要牢固树立尊重未成年人基本权利的意识,尊重未成年人的人格尊严,代表和维护好未成年人的合法权益。

(4)要尊重未成年人的认识方式和表达方式。未成年人是一个有着自身认知特点的群体,他们对于世界有着自己独特的感知方式和认识视角,这使得他们有别于成人世界。未成年人的认知方式和表达方式是丰富的、极具创造性的,这一代未成年人还是新的学习方式、教育方式和生活方式的实践者,他们实践并创造着许许多多新的认知方式和表达方式。同时,由于未成年人在年龄跨度上较大,横跨小学、初中、高中三个学段,他们的思想和行为也以惊人的速度和幅度发生着变化。比如,一项对全国小学和初中的2万名学生的抽样调查发现,总体上说,学生崇拜的对象依次是"英雄人物"、"文体明星"和"科学家",其中,城市孩子的崇拜对象排在第一位的是"文体明星"。比如姚明,很受青少年的崇拜。与这一数据相对应的是,在全国1万名高中二年级学生的调查显示,在"最欣赏或崇拜的人"中,周恩来以占24.5%的得票率位居第一。这说明,随着年龄的增长,未成年人的追求也有一个不断变化的过程,同时也启示我们,不能用成人的视角来看待未成年人的内心世界,只有充分尊重他们的认知方式,充分尊重他们的创造性,才能找到开展工作的有效办法。

(5)要尊重未成年人的差异和个性。由于年龄和学习内容的不同,小学生、初中生和高中学生在认知能力、认知水平等方面呈现出明显的层次性和差异性。同时,由于我国城乡之间、地区之间经济、文化发展的不平衡性,东部地区和西部地区之间,沿海和内地之间,城市与乡村之间的未成年人,以及在学校的未成年人和闲散未成年人之间,城市的中小学生和进城务工人员子女之间,即使处在同一年龄段,他们的思想、生活以及对事物的看法也存在着较大的差异。因此,我们要按照党的要求来引导他们,充分了解未成年人群体中存在的层次性和差异性,尊重他们的差异,平等地和他们交流,而不能居高临下。要有向未成年人学习的精神,鼓励他们大胆创新,多培养孩子的冒险精神、创新精神。

2. 深入了解未成年人,把握未成年人成长规律。时代在发展,社会在前进,未成年人也在发生着变化。与以往相比,这一代未成年人有着许多新的特点。新的历史条件下,我们看待未成年人的眼光、衡量未成年人的标准也必须与时俱进，而决不能用旧的眼光、旧的标准来衡量未成年人。现在，各个方面包括我们自己对未成年人的了解还远远不够。孩子们经常说的话，成人是难以想到的。我们是未成年人自己的组织，更需要加强对未成年人的了解。

要充分了解当代未成年人的新特点。比如，当代未成年人受教育的机会和水平，在总体上明显高于他们的父辈，他们更加注重自我发展，同时也更加充满自信。据有关调查显示，我国城乡少年儿童对自己的相貌、体型、健康、性格、学习等方面的满意程度都比较高，其中对自己长相表示满意的占76.8%，对自己性格表示满意的占71.3%，对自己学习状况表示满意的占到了70%。这说明，今天的未成年人，对自我发展有着积极和肯定的估计，在许多方面都能够接受自己、肯定自己。又比如，随着我国民主法制建设的不断推进，未成年人的许多权利已经通过立法得到了保护，经过长期的普法宣传教育，我国广大未成年人有着较强的权利意识，并开始学会运用法律手段来维护自己的权益。调查显示，61.4%的城市初中生和55.6%的农村初中生认为父母或老师翻看自己的日记和信件是一种侵权行为。他们希望有独立空间，难以接受像父母偷看日记这一类干涉个人隐私的举动。

要充分了解当代未成年人中的许多新现象。这些年来，在未成年人中流行着各种各样的现象，如追星现象、文学少年现象等，都折射出当代未成年人的变化，都需要我们青少年工作者深入了解，而不能熟视无睹。又比如，在广大未成年人特别是城市少年儿童中，绝大部分都有着上网的经历，他们喜欢网上游戏，有着属于他们这个年龄群体的一些特殊用语和表达方式，等等。调查显示，我国网民中18岁以下的未成年人占网民总数的14.93%，如果加上18－24岁这一年龄段的青少年，则占网民总数的比例达到56.11%。因此，有人称当代青少年是“网上的一代”。还比如，在学习内容和学习方法方面，当代未成年人更倾向于接受具有实践性和探索性的方式和内容。调查显示，在法律知识的学习中，有超过70%的中学生喜欢以主体参与性为主的学习形式，如了解案例、模拟法庭、课堂辩论、讨论、参观展览等。

我们要在了解未成年人的基础上，把党的要求、教育目标与经济社会发展的目标、未成年人自身的需求结合起来，提出未成年人应具备的基本素质，把党对未成年人的要求科学化、具体化，明确自己的定位，明确自己的目标，明确自己的措施。这样，工作才有针对性，才能取得更大的成效。

3.贴近未成年人，进一步推动社会、学校、家庭教育的衔接。按照中央的要求，我们要在社会、学校、家庭教育中发挥重要作用。在全社会共同开展未成年人思想道德建设的大背景下，共青团、少先队要充分发挥优势，千方百计地贴近未成年人，与他们交朋友，在工作内容的设计和工作方式方法上尽可能符合未成年人的特点，使我们的工作更加吸引未成年人，更加激励未成年人，更加启发未成年人。要进一步推动社会、学校、家庭教育更加尊重未成年人，使社会、学校和家庭衔接起来，努力做到知行统一。

第三，适应未成年人需要，加强和改进组织建设。

做好未成年人思想道德建设工作，必须进一步加强组织建设，增强共青团、少先队组织的吸引力和凝聚力。加强中学团组织和少先队组织建设，在街道、城镇广泛建立社区少工委和社区少先队，加强团干部和辅导员队伍建设，配合教育行政部门加大培训中学团干部和少先队辅导员工作力度。与中国关心下一代工作委员会密切配合，聘请“五老”担任少先队志愿辅导员，充分发挥“五老”在未成年人思想道德建设中的重要作用。要努力扩大组织和工作的覆盖面,包括在民工子弟学校建立少先队,建立专兼职相结合的队伍,探索好的机制。比如上海设立的青少年事务署,由市财政拿钱,通过义工做青少年工作,把社区的闲散青少年都统起来了,取得了很好的效果。

二、关于青年文化建设

这次会议还有一个重要任务,就是要进一步研究部署推进青年文化行动。团十五大明确提出,要积极推动青年文化建设。团十五届二中全会将青年文化行动作为一项重点工作,列入共青团工作战略发展规划。今年4月,团中央联合中宣部等7部委下发文件,对实施青年文化行动作出了全面部署。半年多来,各地在推进青年文化建设中不仅形成了高度共识,而且作出了积极探索。在新的形势下,我们要从为党培养社会主义"四有"新人的战略高度,进一步深刻认识实施青年文化行动对于加强和改进未成年人思想道德建设的重要意义。

加强青年文化建设是一项非常紧迫的任务。青少年的成长面临着错综复杂的文化环境,在世界多极化和经济全球化的大背景中,各种思想文化相互激荡,文化与经济、政治的相互交融,西方敌对势力对我国的文化渗透日益加剧,已经构成国际竞争的新图景。同时,随着大众传媒的迅猛发展,文化尤其是时尚文化传播速度更快,对青少年的影响更加快捷、广泛。另一方面,置身文化交流和交锋前沿的当代青少年在深受文化影响的同时,也在创造、积累、推动着文化的发展。青少年正处在人生成长发展的关键时期,对文化具有旺盛的需求,也蕴藏着极大的创造热情和能量。如果我们不能用先进文化影响青少年的心理、个性和精神世界,增强他们的精神力量,就无法在各种文化势力的争夺中赢得青少年;同样,如果我们不能满足青少年日益增长的精神文化需求,为青少年提供文化创造的现实途径和广阔舞台,就无法吸引凝聚广大青少年。适应新形势,共青团要把加强青年文化建设摆到重要位置,在更加开放的环境下更加有效地教育、引导、服务青少年,努力把青少年培养成为拥有强大精神支柱、拥有坚定理想信念、拥有高尚道德品质的人。

推进青年文化行动,加强青年文化建设,首先要牢牢把握正确的方向。要努力形成积极向上的氛围,加强对青年文化的宣传和引导。要积极开展丰富多彩的活动,促进青年文化建设的繁荣与活跃。要大力创作推广精品,充分发挥文化精品对青年的导向作用。要广泛培养和举荐人才,推动青年文化人才脱颖而出。要努力发展文化事业和文化产业,为青年文化建设提供保障。要突出青年特色,尊重青年的主体性,吸引动员青年广泛参与文化建设。要加强对青年文化建设的规划,形成项目,注重积累,突出特色,有序推进。要充分整合团内资源形成合力,整合团外资源为我所用,充分运用社会化的运作手段推进工作。我要特别强调一点,青年文化建设一定要面向基层,动员最广大的青年参与进来。比如,我们有很多活跃在打工青年中的民间艺人,深受打工青年的欢迎。未来的不朽之作,很有可能产生在打工青年之中,因为他们来自最基层,最了解真实的情况。纵观人类历史,无论古今中外,伟大的作品从来都是从实际生活中来,从来都是有着深厚的生活积累、反映人民群众的心声。

三、发扬求真务实精神,抓好当前团的工作

团十五届二中全会以来,我们贯彻胡锦涛总书记的要求,全团上下在工作思路、工作方式、自身建设等方面不断创新,取得了新的成绩,全团的工作继续保持了良好的发展态势。

今年,团的工作面临着新的难得的发展机遇。一是共青团加强和改进未成年人思想道德建设工作面临难得的机遇。二是党中央高度重视高校大学生思想政治工作,有关部门正

在进行专门研究，对我们来说也是机遇。三是在经济全球化的大背景下青年对外交流工作越来越重要。今年很多重大的外事活动，包括中国与东盟青年部长会议、中非青年联欢节、中罗青年联欢节等等，都是党中央、国务院交办的任务。还有亚欧青年文明对话、保护母亲河行动、中国青年创业行动等，都有效利用了国际资源，体现了我们青年工作的国际化程度在提高。四是中国青少年科技创新奖励基金的设立。这是根据邓小平同志的遗愿由邓小平同志的亲属倡议设立的。邓小平同志生前的所有稿费100万元全部捐献出来，用于奖励青少年科技创新。做好这项工作，对于激励广大青少年学习邓小平理论，学习实践"三个代表"重要思想，缅怀邓小平同志的丰功伟绩，勤奋学习，攀登科学高峰，都将产生深远的影响。中央决定这项工作由共青团中央来承担，这是对我们的信任，我们一定要把这项工作做好，做成一个激励青少年科技创新的品牌活动。五是在党中央的统一部署下，进一步加大了对港澳青少年的工作。比如我们组织的手拉手艺术团在香港的演出，社会各界反响很好。各级共青团、青联组织特别是沿海地区的青年组织在开展对港澳青少年工作中要发挥更大的作用。六是团的各项重点工作进一步深化。大学生志愿服务西部计划、青年中心、青年创业行动、保护母亲河行动、青年文化、农村青年劳动力转移、预防青少年违法犯罪、少先队民族精神代代传等重点工作，都形成了声势，取得了实效，有了新的发展。

下半年，全团全队要大力弘扬求真务实精神，切实抓好各项工作。在此，我提几点要求。

第一，埋头苦干，狠抓落实。要牢记"两个务必"，实践"三个代表"重要思想。力戒骄娇二气，力戒浮躁。共青团的岗位是学习的岗位，是锻炼的岗位，是奉献的岗位。团干部一定要埋头苦干，多做实事，多做少说。现在社会上有一些比较浮躁的东西，这对我们团干部是个考验。我们一定要耐得住寂寞，甘当苦力，求真务实。

第二，与时俱进，开拓创新。社会发展很快，新情况新问题层出不穷，我们必须与时俱进，创新我们的工作，推进我们的工作。要抓住机遇而不可丧失机遇，开拓进取而不可因循守旧。要出实招、出新招，敢闯新路，勇于探索。

第三，带好班子，抓好队伍。这是团干部队伍建设永恒的主题，任何时候都不能放松。最重要的就是要落实做"党放心、青年满意"的团干部的方针，忠诚党的事业，热爱团的岗位，竭诚服务青年。对新进团岗位的同志来讲，要尽快了解共青团的特点，尤其是要继承和发展党的优良传统，继承和发展团的优良传统。越是在社会飞速发展的情况下，越是在社会心态比较浮躁的情况下，越要继承和发扬党的优良传统。这一点至关重要，这也是保障我们的事业，保障共青团、少先队工作不断发展的前提和基础。要有一支保持好的作风和好的传统的队伍，还要有好的心态，常怀感激之情，常葆进取之心。同时还要健全制度和机制，形成好的用人导向，真正从制度上机制上保证共青团始终保持好的作风，有一支好的队伍。

同志们，加强和改进未成年人思想道德建设和推进青年文化行动，是十分光荣而艰巨的任务。让我们紧密团结在以胡锦涛同志为总书记的党中央周围，高举邓小平理论和"三个代表"重要思想的伟大旗帜，抓住机遇，求真务实，埋头苦干，为不断开创未成年人思想道德建设工作新局面做出积极的贡献。

周强在中国青年志愿者协会二届三次理事会上的讲话

2004 年 6 月 24 日，根据录音整理

刚才，赵勇同志受中国青年志愿者协会理事长会议委托向大会作了报告，回顾了协会两年来的工作，对今年工作做了全面部署，报告讲得很好。今天的会议对中国青年志愿者协会的人事安排进行了调整，协会理事会得到进一步充实，会议还颁发了中国青年志愿者行动组织奖。在此，我代表团中央书记处向新增补的各位理事、常务理事、副理事长和新当选的理事长，向获得组织奖的单位表示衷心的祝贺！

中国青年志愿者协会成立 10 年来，伴随着改革开放和发展社会主义市场经济的历史进程，中国青年志愿者行动在探索中不断开拓奋进，吸引和组织了数以亿计的中国青年在自觉投身志愿服务中锻炼成长、建功立业，用自己的爱心和奉献谱写了中国青年运动的新篇章。亿万人民群众从青年志愿者行动中得到了实实在在的服务和帮助，进一步感受到了社会主义大家庭的温暖。志愿服务理念广泛传播，社会各界普遍认同，越来越多的青年和公众参与到志愿者的行列中来，青年志愿者行动已经成为一道亮丽的风景线。特别是二届二次理事会以来，以实施大学生志愿服务西部计划、中国青年志愿者海外服务计划和组织青年志愿者参加抗击“非典”斗争等为标志，青年志愿者行动又迈上了一个新的台阶。2001 年我国成功召开了志愿服务国际会议，在国内外产生了广泛影响，会议发表的《北京宣言》成为在全球志愿服务事业发展中一份重要文件。去年，团中央与中宣部等部门共同召开了纪念学习雷锋活动开展 40 周年大会，表彰了志愿服务的先进典型，中共中央政治局常委李长春出席大会并作了重要讲话。今年，我们又召开了纪念中国青年志愿者行动 10 周年座谈会，中共中央政治局委员、全国人大常委会副委员长王兆国作了重要讲话。这些年来，青年志愿者行动得到了党和国家领导人的亲切关怀。江泽民同志为“中国青年志愿者”亲笔题名并对青年志愿者工作做出重要批示，为青年志愿者工作指明了方向。胡锦涛同志多次对青年志愿者工作做出重要指示，多次亲自参加志愿者活动，给全国青年志愿者和广大青年以巨大的鼓舞。党和国家其他领导同志以及各地党政领导同志都对青年志愿者行动做出了很多指示，许多领导同志还亲自参加志愿服务活动，为青年志愿者行动的蓬勃发展注入了强大动力。

10 年来，青年志愿者行动从无到有、从小到大，不断发展壮大，其中有很多经验值得认真总结。首先就是党和政府的高度重视、亲切关怀和大力支持。没有这一条就没有今天青年志愿者行动蓬勃发展的局面。其次，青年志愿者行动充分体现了以人为本的理念。它调动了青年的内在积极性，体现了青年参与的特点，满足了青年参与的愿望。随着社会的不断发展，参加志愿活动正日益成为广大青年的自觉行为。这是青年志愿者行动的一个本质特点，也是它具有旺盛生命力、能够持续发展的根本原因所在。再次，青年志愿者行动满足了社会的需求。社会的发展需要人们提供各种各样的帮助和服务，广大青年的成长发展也离不开为人民群众提供服务，这是青年志愿者行动蓬勃发展的沃土和基础。去年抗击“非典”的斗争中，在党中央、国务院的英明决策和坚

强领导下，全国上下众志成城，取得了抗击非典斗争的伟大胜利。在这个过程中，青年志愿者发挥了重要作用，他们积极响应党和政府的号召，真正做到了哪里有疫情就奔赴哪里，用勇气和爱心构筑了一道抗击非典的坚固长城。在我国1998年的抗洪斗争中也是如此，青年志愿者的旗帜在长江大堤上到处飘扬，哪里有险情，哪里就会有青年志愿者的身影。可以说，广大青年志愿者以其无私奉献为当代中国青年运动谱写了精彩的篇章。

回顾总结青年志愿者行动的成效和青年志愿者协会近年来的工作，我们要特别感谢社会各界的关心和支持。借此机会，我代表团中央向为协会工作付出辛勤努力、为志愿服务事业发展做出重要贡献的理事会全体成员表示衷心的感谢，向全国广大青年志愿者表示亲切的问候！

下面，我就当前青年志愿者工作和协会建设谈几点意见。

关于青年志愿者行动，从总体上讲，要紧紧围绕当代中国青年运动的主题，就是要在全面建设小康社会的伟大实践中充分发挥作用，为把我国建设成为富强民主文明的社会主义国家、实现中华民族的伟大复兴而奋斗。具体地讲，要发挥三个方面的作用。

第一，要成为我国社会保障体系的重要组成部分，在健全社会保障体系中进一步发挥作用。在我国社会保障体系不断健全的同时，也要看到，在市场经济条件下，社会保障体系的建立健全的任务还十分繁重，将是一个长期的过程。比如，在建立养老保险方面，由于我国在还没有实现现代化之前就已经进入了老龄化社会，建立健全养老保障体系非常迫切，青年志愿者在敬老助老方面有很多工作可以做。又比如，在扶贫济困方面，党和政府历来高度重视扶贫工作，最近国务院还专门召开了扶贫工作会议，对今后的扶贫工作又提出了新的要求，这其中有着青年志愿者发挥作用的广阔空间。再比如，在农村公共医疗卫生体系建设方面，把城市的青年医生和大学医学专业毕业生组织起来，到农村去为广大农民提供医疗卫生服务，可以在构建农村医疗卫生体系中探索一条新的途径。

第二，要进一步发挥社会动员和资源配置的作用，为促进社会发展做贡献。青年志愿者行动已经日益成为社会动员的一种重要方式。各级团组织要充分运用这一方式，有效动员广大青年参加到经济建设和社会发展中来。要发挥青年志愿者行动在资源配置中的作用。在市场经济条件下，市场在资源配置中具有基础性作用，但同时要发挥非市场的作用。志愿服务就是一种非市场的配置资源的有效手段，是对市场基础性配置作用的有效补充。现在西部的很多地区需要人才，但是因为编制、待遇等种种原因，单纯靠市场的调节，很多人才去不了，去了也很难留下来。西部计划在解决这一问题的过程中可以发挥积极作用。

第三，要进一步发挥弘扬社会新风的作用，促进社会主义精神文明建设。要通过青年志愿者行动在全社会大力弘扬社会新风，引领社会风尚。尤其是要通过实施青年志愿者行动来提高广大青少年的思想道德素质，促进他们健康成长。

发挥好青年志愿者行动的作用，需要我们在三个方面下功夫。一是要进一步健全机制。只有建立起行之有效的长效机制，才能不断把青年志愿者行动引向深入，才能把各方面作用、各方面力量、各方面资源调动和整合起来。二是要进一步开拓创新，构建青年志愿者服务网络。只有把这个网络建立起来，才能更好地满足人民群众的需求，也才能更好地满足广大青年参与志愿服务的需求。三是要进一步拓展服务项目，深化重点工作。实施的服务活动和项目越多，就越能动员更多的青年志愿者为人民群众服务、为社会服务。

关于青年志愿者协会建设，我提三点希望。

第一，希望协会的成员真正成为志愿精神的实践者和传播者。志愿者协会要首先带头弘扬志愿精神，这一点十分重要。对一个社团来讲，包括对一个组织来讲，首先要体现这样一个理念，就是自身倡导和弘扬的东西要以身作则，只有这样，才能感召和吸引更多的青年参与到志愿服务中来。

第二，希望协会进一步推进志愿者注册制度建设。要形成制度，推动更多的青年成为注册志愿者。要推进志愿者队伍专业化建设，努力做到当社会有某方面需求的时候，我们就能够动员专业的志愿者提供相应的并且是切实有效的服务。

第三，希望协会为志愿者提供切实服务。协会要千方百计为志愿者做好事、办实事、解难事，为他们提供全方位的服务。要进一步加强协会自身建设，通过社会化的方式，调动社会资源支持志愿服务事业，提高协会的服务能力，增强协会的吸引力和凝聚力。

各位理事、同志们，青年一代的全面发展，是党和国家事业薪火相传、兴旺发达的保证。青年参与志愿服务有利于其自身的全面发展。因此，大力推进青年志愿服务事业具有十分重要的意义。中国青年志愿者协会重任在肩，前景广阔。让我们紧密团结在以胡锦涛同志为总书记的党中央周围，高举邓小平理论和“三个代表”重要思想的伟大旗帜，服务大局，与时俱进，求真务实，开拓创新，努力推动青年志愿服务事业实现新发展，为全面建设小康社会做出新贡献。

周强在“青年企业家东北行——辽宁经贸考察活动”开幕式上的讲话

2004年7月6日，根据录音整理

今天，共青团中央、中国青年企业家协会组织全国近200名优秀青年企业家到辽宁进行经贸考察，是为了深入贯彻落实“三个代表”重要思想和党的十六大、十六届三中全会精神，积极响应党中央、国务院关于实施东北等老工业基地振兴战略的号召，动员引导广大青年企业家参与东北等老工业基地的振兴，为加快东北地区发展，全面建设小康社会做出贡献。

辽宁省委、省政府对这次活动给予了高度重视和大力支持，做了周到的安排。刚才，张文岳省长发表了热情洋溢的讲话，全面介绍了辽宁省的经济情况，同时也介绍了辽宁省政府关于鼓励域外企业来辽投资的一系列优惠政策。听了张文岳同志的介绍，我们感到很振奋，也深受鼓舞。

经过几天的考察，我深感辽宁变化很大，的确是一方热土。目前，辽宁经济发展态势很好，人气很旺，充满活力，潜力巨大。在此，我代表共青团中央，代表中国青年企业家协会，也代表参加这次经贸考察活动的全体成员，向长期以来关心支持共青团和青年工作，以及对于这次活动给予大力支持的辽宁省委、省政府表示衷心的感谢！同时，也借此机会代表团中央向积极参加这次经贸考察活动的青年企业家朋友们表示热烈的欢迎！

当前，我国已进入全面建设小康社会，加快推进社会主义现代化的新的发展阶段。站在新的历史起点上,党中央、国务院作出了实施西部大开发战略,加快东部地区发展,支持东北等老工业基地加快调整改造,实施东西互动,带动中部,促进区域经济协调发展的重大战略部署,其中东北等老工业基地具有重要的战略地位。在新中国成立初期,国家就实行特殊的区域经济政策,使辽宁及东北地区迅速成为我国重要的工业基地,为我国建立独立和相对完整的国民经济体系和工业体系做出了重大贡献。着眼于全面建设小康社会的大局,着眼于经济社会协调发展,党中央、国务院作出了实施东北地区等老工业基地振兴的战略决策,把振兴东北地区等老工业基地的重大任务摆到全党、全国人民面前。实施好这一战略,对于推进国有经济合理布局和结构调整,促进区域经济协调发展,维护社会稳定,具有重大的战略意义。

振兴东北地区等老工业基地是一个坚持以人为本,坚持全面、协调、可持续发展的战略目标,必须牢固树立和认真落实科学发展观,用新思路、新体制、新机制和新方式,走出改革和发展的新路子。

企业是市场经济的主体,也是振兴东北地区等老工业基地的重要力量。依靠市场机制,发挥政府作用,吸引企业的广泛参与,就能够有效提高东北地区等老工业基地的开放水平,就能够不断增强区域经济的活力。一大批适应市场经济环境,富有生机与活力的企业的迅速崛起,将为东北等老工业基地的振兴奠定坚实的基础。在总结前几年开展的"青年企业家西部行"活动的基础上,团中央又启动了"青年企业家东北行"活动,目的是充分发挥共青团、青企协的组织、联结优势,在青年企业家和东北地区等老工业基地之间牵线搭桥,引导组织广大青年企业家在东北地区等老工业基地振兴的实践中发现商机、利用商机、创造商机。开展好这一活动,能够实现服务党政工作大局和服务青年企业家成长发展的有机结合,必将受到广大青年企业家的欢迎。

东北振兴看辽宁。辽宁是我国工业化、城镇化水平比较高的区域之一,历来是东北的中心地区。辽宁大发展对于东北等老工业基地的振兴必将产生重大的影响,具有示范带动作用。东北等老工业基地振兴战略实施以来,辽宁省委、省政府提出了辽宁振兴的奋斗目标、指导思想和基本任务。当前全省人民团结一心、抢抓机遇、乘势而上,各项事业呈现出了很好的发展态势。辽宁具有自然资源丰富、地理位置优越、基础设施完善、产业门类齐全、劳动力素质普遍较高的优势,又得到了国家政策的扶持,所有这些都为广大青年企业家发展事业创造了良好的环境。辽宁商机无限、潜力巨大、前景广阔,广大青年企业家要抓住机遇,充分利用这次经贸考察活动的机会,认识辽宁,了解辽宁,寻找事业发展的舞台。

东北地区等老工业基地振兴是一项系统工程,也是一项长期的任务。各级共青团组织要结合实际,积极探索,不断创新工作思路和工作方式,最广泛地动员和组织广大青年参与到振兴东北地区等老工业基地的伟大实践中来,充分发挥青年的生力军和突击队作用。各级青企协要以"青年企业家东北行"活动为龙头,深入开展青年企业家经贸考察活动、青年企业家学习培训活动、"一助一"扶持青年小老板活动等,不断促进人力资源和物质资源的优化配置,促进青年企业家队伍整体素质的提高,团结带领青年企业家为辽宁等东北地区老工业基地振兴做出积极的贡献。

最后,预祝"青年企业家东北行——辽宁经贸考察活动"取得圆满成功!

周强在首届“中国青年创业论坛”上的讲话

2004年7月19日

在充满热情和活力的7月,我们相聚北京,共同举办首届“中国青年创业论坛”,展示研究成果,交流先进经验,探讨发展趋势,共商应对策略,这对于加大中国青年创业行动的实施力度,营造有利于青年创业、就业的良好环境和氛围,引导、扶持青年走自主创业的就业之路,进而推动国家就业和再就业工作的发展必将产生积极的影响。我谨代表主办单位向论坛的举办表示热烈的祝贺!向参加论坛的各位朋友表示诚挚的欢迎!并借此机会,向长期以来给予中国青年创业行动大力支持的劳动和社会保障部、北京市人民政府及有关方面表示衷心的感谢!

就业是民生之本、安国之策。做好就业和再就业工作,事关人民群众的切身利益,事关改革发展稳定的大局,事关全面建设小康社会目标的实现。党和政府历来高度重视做好新形势下的就业和再就业工作,把扩大就业放在经济和社会发展的突出位置,实施积极的就业政策,实现发展经济和扩大就业的良性互动,就业和再就业工作成效显著。与此同时,我们也要清醒地看到,当前及今后一个时期,我国就业形势依然十分严峻。青年是就业和再就业的重点群体。在1300—1400万下岗失业人员中,青年占到了相当比例;在城镇每年新增的近1000万劳动力中,青年占大多数,特别是今年高校毕业生总量将达到280万,就业难的问题不容忽视;在1.5亿农村富余劳动力中,向非农领域转移和进城务工的主要是青年。青年就业和再就业问题解决得如何,直接影响党和国家就业和再就业工作全局。

就业离不开创业,在我国当前劳动者充分就业的需求与劳动力总量过大、素质不相适应之间的矛盾十分突出的情况下更是如此。解决就业,仅仅靠在现有岗位中进行调剂是远远不够的,关键在于培养创业型人才,变安置型就业为开发型就业。青年总体上文化水平相对较高,思想敏锐,从小受到市场经济的熏陶,市场适应力强,是最有条件成为创业型人才的群体。近年来,为更好地服务党和政府就业和再就业工作大局,共青团中央提出了“扶持一个人创业,带动一批人上岗”的思路,以培养创业型青年人才为突破口,以创业教育、创业培训、创业扶持、创业激励为主要内容,在全国范围内大力实施了中国青年创业行动,通过多种切实有效的手段加速创业型青年人力资本的形成和积累,培养、扶持了44300多名以创办、领办小企业为手段,以安置下岗职工为主要目标的青年创业者,他们不仅自己实现了就业,还直接安置了60多万名下岗职工。实践表明,创业是青年就业的最有效、最积极的方式之一,是青年参与经济社会发展的重要途径。

当前,我国已进入全面建设小康社会、加快推进社会主义现代化的新的发展阶段。宏伟的发展目标呼唤着新一轮的创业热潮在中国大地上涌动。但是,我们也看到,受种种因素的影响,即使是青年这一最具创造活力的群体,其创业意识和能力与时代要求相比,也还有很大的差距。共青团中央联合劳动和社会保障部、北京市人民政府举办“中国青年创业论坛”,就是要通过搭建培养创业理念、传授创业知识、交流创业经验的平台,来碰撞智慧火花,促进创业合作,传播创业精神,从而孕育富有时代和青年特点的创业文化，营造有利于青年创业的良好社会氛围，引导青年投身创业的伟大实践。

帮助青年创业和就业是一项系统工程。共青团作为党的助手和后备军，作为先进青年的群众组织，将把促进青年就业和再就业工作作为一项重大而紧迫的任务列入重要议事日程，继续高扬创业的旗帜，进一步发挥群团组织的优势，更加有效地整合社会资源，采取更加有力的措施，付出更加艰苦的努力，着力培养一大批创业型青年人才，在引导青年创业和服务青年就业的结合点上发挥积极作用。我们也衷心地希望，包括今天在座的中国青年创业行动专家指导团成员、全国青年创业培训基地和创业实践基地负责人等在内的社会各界人士能够继续关心、支持中国青年创业行动，为这一工作的深入推进贡献智慧，提供指导，争取政策，优化环境，使这项工作能够向着更趋科学性和系统性，更具社会化和事业化的方向发展，为我国深化改革、扩大发展、维护稳定做出更大的贡献。

最后，预祝论坛取得圆满成功！

周强在中国青少年网络协会第一次会员代表大会上的讲话

2004年7月22日

中国青少年网络协会第一次会员代表大会今天隆重召开了。这次会议是在全党全社会深入学习贯彻中央8号文件和全国加强和改进未成年人思想道德建设工作会议精神的形势下召开的。开好这次会议，对于凝聚青少年网络人才，动员社会网络资源，创造有利于青少年成长发展的绿色网络环境，对于进一步激励广大青少年抓住网络信息时代的历史机遇健康成长，具有十分重要的意义。在此，我代表团中央书记处向这次会议的召开表示热烈的祝贺！向一直关心支持青少年网络事业的党和国家各部门以及社会各界表示衷心的感谢，向王选副主席欣然应允担任中国青少年网络协会的名誉会长表示衷心的感谢，向会议代表和社会各界以及新闻界的朋友们表示衷心的感谢！

当今世界，科技进步日新月异，特别是上个世纪80年代以后，世界科学技术发生了新的重大突破。以信息科学为标志的现代科学技术突飞猛进，不仅给生产力发展带来了巨大的推动，而且也给人类的生产方式和生活方式带来了深刻的影响。互联网作为人类的一项伟大发明，已经成为推动现代文明发展的重要动力。专家们预计，未来30年到50年内，世界科学技术将会在信息科学等领域出现重大创新，为人类社会的发展开创更加广阔的前景。我们党和政府高度重视信息网络技术对经济、社会和文化发展的积极推动作用，做出了走以信息化带动工业化、以工业化促进信息化的新型工业化道路的战略决策，这必将极大地推进国民经济和科学技术的发展。

适应经济社会发展的需要和广大青少年的需求，共青团密切关注网络对青少年的影响，高度重视运用互联网教育、引导、服务青少年，积极探索共青团信息化体系建设的新手段和新思路，取得了积极的进展，为推进网络文明建设、营造健康的网络环境做出了积极的贡献。目前，全团信息化建设正处在一个加速推进和全面完善的关键时期，以中青网为代表的青少年网站已经有5000多家。其中，血铸中华、民族魂网站已经成为弘扬以爱国主义为核心的民族精神的重要阵地，而且其影响越来越大。我们实施的共青团县县上网工程也取得了积极的进展，基本形成了县县上网、全团互联的局面。互联网已成为新世纪新阶段共青团工作和青年工作的一个重要阵地，也成为各级团组织团结、引导、服务青少年的一个新型的纽带。

网络是属于青少年的。网络塑造青少年，青少年创造和丰富网络文化。网络对青少年学习、生活和工作产生了越来越大的影响。同时，广大青少年也是推动网络发展的重要力量，他们以充满创造精神的网络产品和网络实践焕发了互联网的勃勃生机，推动了互联网的飞速发展。但是我们也应看到，网络是一柄双刃剑，信息网络的发展也给青少年的健康成长带来了不可忽视的一些负面影响，网上不健康信息的传播给青少年的身心发展带来了危害，部分青少年因沉溺网络时空远离社会现实，极个别的还因为在网上的不良交往甚至走上了违法犯罪的道路。我们要高度重视新形势下网络对青少年的重要作用，充分发挥网络对青少年的正面促进功能，最大限度地减少网络对青少年的负面影响。

中国青少年网络协会的成立，是共青团组织适应信息时代新形势，延伸工作手臂，拓展工作领域，充分运用网络手段服务青少年健康成长的一个创新，也是联系、服务互联网行业的一个青少年工作平台。通过这个平台，我们青联组织、青年企业家协会等青少年组织可以更好地团结、凝聚、服务互联网行业的青年朋友们。中国青少年网络协会要认清形势，抓住机遇，求真务实，开拓进取，不断提高运用网络手段服务青少年的水平。一是要构筑团结联系青少年的网络纽带，把青少年凝聚起来，把青少年网络人才凝聚起来，发挥桥梁纽带作用。二是要成为营造青少年绿色网上空间的重要阵地，大力弘扬网络文明公约，推进网络文明工程，大力繁荣健康网络文化，发挥推动促进作用。三是要搭建服务青少年的平台，要广泛动员社会资源，凝聚最具活力的网络资源，切实为青少年的学习、生活和工作提供服务，努力成为网络知识的普及者、文明上网的引导者和青少年健康网络家园的建设者。

我们相信，在大家的共同努力下，中国青少年网络协会一定会越办越好。最后，祝这次大会取得圆满成功，祝中国青少年网络协会不断开创新的工作局面，祝青少年网络事业取得新的发展。

深入开展青年文明号活动，促进职业文明建设

——周强在全国青年文明号活动10周年表彰大会上的讲话

2004年7月28日

各位领导，同志们，青年朋友们：

今天，共青团中央联合国家发展和改革委员会、公安部等中央、国家机关24个部门，在人民大会堂隆重召开全国青年文明号活动10周年表彰大会，目的是为了深入学习贯彻“三个代表”重要思想和党的十六大、十六届三中

全会精神，总结10年来青年文明号活动的基本经验，表彰先进典型，研究深化青年文明号活动的措施，进一步动员引导广大青年积极参与青年文明号活动，在全面建设小康社会的伟大实践中成长成才，建功立业。中共中央政治局委员王兆国同志在百忙之中亲临大会并将发表重要讲话，使我们深受鼓舞，倍感振奋。中央、国家机关24个部门的同志光临大会进行指导，充分体现了对青年工作尤其是青年文明号工作的大力支持。在此，我代表共青团中央，向一贯高度重视、亲切关怀共青团和青年工作的中央领导同志表示崇高的敬意！向长期支持共青团和青年工作的中央、国家机关负责同志表示衷心的感谢！向即将受到表彰的青年文明号活动先进集体和先进个人表示热烈的祝贺！

下面，我代表主办单位作一简要汇报。

10年前，适应社会主义市场经济发展对职业文明建设的强烈呼唤，共青团中央在全国范围内启动了以弘扬高度职业文明、创造一流工作业绩为宗旨的青年文明号活动。1994年4月1日，江泽民同志为“青年文明号”亲笔题名。1996年5月4日，胡锦涛同志亲自视察北京西单商场开展青年文明号活动的情况，对这项活动给予了充分肯定，并要求有关部门和共青团组织认真总结经验，把这项活动在更大范围推广开来，坚持下去，务求实效。党中央的亲切关怀，对全国亿万青年是极大的鼓舞。10年来，在各级党委和政府的高度重视下，在共青团组织和有关部门的共同努力下，在广大青年的积极参与下，青年文明号活动已经在全国30多个系统的500多万个青年集体中展开，涌现出全国级青年文明号5834个，各级青年文明号25万多个。青年文明号已经成为优秀青年集体的崇高荣誉，成为引领当代青年奋发向上、报效祖国的强大动力。

10年来，我们在开展青年文明号活动的过程中，按照社会主义精神文明建设的总体要求，从青年和青年工作的特点出发，做出了多方努力，进行了积极探索。我们的主要做法是：

第一，紧扣职业文明建设主题，不断深化活动内涵。加强职业文明建设，既是完善社会主义市场经济体制的内在要求，也是社会主义精神文明建设的重要内容。活动伊始，我们就以职业文明建设为主题，把弘扬职业道德、提高职业技能、创造一流业绩作为青年文明号活动的基本内容，把服务群众、奉献社会、以岗报国作为青年文明号活动的导向。10年来，广大青年文明号集体及争创集体围绕职业文明建设开展了大量主题鲜明、内涵丰富、形式多样的活动。下面将要发言的在平凡岗位上实践“为人民服务不掺假”誓言的徐州客运段K107/8次车队、在塔克拉玛干沙漠腹地树起撼不动的“青春之旗”的塔里木油田塔中作业区，就是职业文明建设中涌现出来的青年典型。青年文明号活动已经和正在使千千万万青年的职业道德教育经常化、职业技能训练日常化，促进了青年职业文明素质的提高，推动了社会主义精神文明建设。

第二，狠抓“创建”这一中心环节，推出了许多具体有形的工作载体。精神文明重在建设，青年文明号重在创建。青年文明号活动始终强调以创建为核心，从基层青年集体生产、经营、管理、服务的工作实际出发，制定创建标准，开展创建活动，进行创建考评。10年来，基层青年集体在实践中创造了一系列行之有效的创建载体，比如，广州青年文明号集体首先推行了“青年文明号服务卡”，他们把具体的服务承诺印在服务卡上，发给群众，使得青年增强职业责任，明确岗位要求，并在服务者与被服务者之间建立了一种良性互动关系，青年文明号活动因此有了看得见、摸得着、能参与的有效形式；武汉等地青年文明号集体开展的“青年文明号助万家”活动，把青年文明号的优质服务送进社区，送进千家万户，方便了人民群众的生活；各地开展了“百城万店青年文明号促销创效”、“青年文明号优质服务促假日经济”、“青年文明号信用建设示范行动”等等，动员引导青年转变职业作风，改进服务方式，在整顿和规范市场经济秩序、构建社会信用体系中发挥了示范作用。

第三，重视对青年文明号的管理，着力构建科学规范的工作运行机制。青年文明号重创建，也重管理。活动从一开始就强调优胜劣汰，实行动态管理。为了加强对青年文明号的管理，各级青年文明号活动组织部门采取了一系列措施。在考评机制方面，全国青年文明号活动组委会制定了《全国青年文明号活动管理办法》，对青年文明号的基本条件和考核标准作出了明确规定。一些部委出台了明确、具体、操作性强的青年文明号创建标准，完善了青年文明号的考评措施。全国青年文明号活动组委会还从2001年开始在评选中实行公示制，真正把评判的尺子交给了群众。在监督机制方面，成立了全国青年文明号监察委员会，通过采取公布监督电话、开通投诉网站、组织明察暗访、实行年度考核等措施，发动社会力量对青年文明号进行监督，形成了自律与他律相结合的良性机制。在激励机制方面，各行业、各系统、各地区普遍制定了物质奖励与精神奖励相结合的奖励政策，有效调动了青年参与这项活动的积极性。

第四，有关部委积极支持，形成了共青团组织与有关部门携手合作的良好工作局面。10年来，团中央先后联合中央、国家机关22个部门下发了开展青年文明号活动的专门文件，召开专门会议，举行主题活动，进行专题部署。许多部委领导亲自参加青年文明号活动的有关会议，亲自对青年文明号活动进行动员和部署，给予了强有力的支持和具体指导。各行业、各系统都把青年文明号活动纳入本行业、本系统精神文明建设的总体规划，与“讲文明、树新风”等活动统一安排，统一指导，使之成为行业精神文明建设的有机组成部分。团中央联合中央、国家机关24个部门成立了全国青年文明号活动组委会，共同研究和推进青年文明号活动。携手合作的工作方式把主管部门的政策优势、管理优势与团组织的动员优势、组织优势有机结合，形成了齐抓共管的生动局面，为青年文明号活动的持续发展提供了组织保障。青年文明号活动开展10年来，取得了明显的成效。主要表现在：

第一，开创了职业文明建设的新境界。青年文明号活动通过采取狠抓创建过程、细化行业规范、严格考核标准、实行优胜劣汰等措施，深化了职业文明建设的主题，丰富了职业文明建设的载体，创新了职业文明建设的机制，成为职业文明建设乃至群众性精神文明建设中一道亮丽的风景线。中央文明办、国务院纠风办公布的十大窗口行业文明服务示范单位中，青年文明号的数量高达67.2%。一个青年文明号，就是一个弘扬、传播、示范职业文明的窗口。

第二，创造了基层管理的新模式。青年文明号活动通过细化创建标准、狠抓创建活动，把行业规范变为对青年的具体要求，使之成为青年文明号集体及争创集体成员的自觉行为，既促进了行业管理目标的实现，又示范带动了其他基层单位管理水平的提高。比如说，金融系统最早的全国青年文明号济南工行大观园储蓄所建立了青年文明号职业道德规范、日常工作行为规范，并着重推行文明用语和服务忌语，他们的做法在全国窗口行业单位产生了强烈反响，带动了全行业服务水平的提高。

第三，拓宽了提高企业经济效益的新渠道。青年文明号活动通过优化服务过程、拓展服务项目、改善服务环境，扩大了服务性消费；通过狠抓产品质量、工程质量，树立了企业良好的信用形象，培养了规模可观的忠诚客户群体；通过创新管理方式、优化基层管理单元实现整体创优，从而成为提高企业经济效益、推动经济发展的新的生长点。据调查,经济类单位的青年文明号集体创造的经济效益一般高于同类其他集体30%以上。

第四,开辟了青年成长成才的新途径。青年文明号活动以职业道德和职业技能为基本要求,组织青年岗位学习,岗位成才,并促进青年集体之间、青年之间展开竞争,激发青年的上进心和责任感,形成了利于青年成长成才的团队精神,为青年职工成长成才搭建了广阔的舞台。据不完全统计,从全国各级青年文明号中,培养出各级各类青年人才近20万名。

胡锦涛总书记在同团中央新一届领导班子成员和团十五大部分代表座谈时指出,共青团事业的发展正处在一个新的历史起点上。在新的征程中,共青团要更好地担负起历史使命,必须坚持和发扬团的优良传统,结合新的时代特征与时俱进、不懈探索,推动共青团工作不断焕发出蓬勃的生机和活力。胡锦涛总书记的重要讲话为新世纪新阶段共青团工作和青年工作指明了方向。我们要增强“新起点”的意识,以10周年表彰大会为契机,继续深入开展青年文明号活动。全国青年文明号活动组委会将从以下几个方面来推进工作。

1. 继续扩大活动规模。要不断拓展活动领域,扩大活动规模,在更大范围内开展这项活动,引导更多的青年参与这项活动。要在继续抓好服务行业、工业企业和机关事业单位、重点建设工程青年文明号创建工作的同时,把活动向个体、私营等非公有制企业拓展,用5年左右的时间,努力使青年文明号活动在非公有制经济领域的覆盖率达到80%。要积极稳妥地开展整体创建活动,在条件成熟的地方建设一批青年文明号示范山、路、街、市场,使青年文明号连点成线、连线成片,不断扩大活动影响,提高规模效益,使更多的青年参与,更多的群众受益。

2. 不断丰富活动内涵。要把活动放在全面建设小康社会的新形势下去规划实施,进一步丰富活动的内涵。要根据我国整顿和规范市场经济秩序的要求,继续把“青年文明号信用建设示范行动”作为突破口,引导青年文明号集体及争创集体开展具有青年特点的信用实践,把信用责任、信用意识、信用纪律等融入青年的具体工作中,在促进讲信用、重信誉的社会氛围和良好市场经济秩序的形成等方面发挥更大作用。要围绕扩大国内需求,动员引导青年文明号集体及争创集体创新服务手段,优化服务过程,以优质服务赢得顾客信赖。要紧扣西部大开发战略和振兴东北老工业基地战略,动员引导青年文明号集体及争创集体开展形式多样的主题建功活动。

3. 积极创新活动方式。工作方式直接关系着工作状况和工作成效。青年文明号活动要得到进一步发展,就必须在工作方式上进行创新。要创新青年文明号的创建方式,引导更多的基层青年集体来创建青年文明号,尤其是不断激发已经获得青年文明号的青年集体的创建热情,使之保持创建活力。要创新青年文明号的管理方式,推动青年文明号的管理更加规范、科学、有序。要创新青年文明号的评价方式,把自我评价、行政评价、社会评价有机结合起来,促进刚性约束与柔性导向的有机结合和自律与他律的有机统一。

4. 努力完善运行机制。要积极争取各级党政领导的支持,充分发挥各级青年文明号活动组委会的作用,完善团组织与有关部门联手开展创建工作的组织领导机制。要发挥互联网的独特优势,建立电子档案和监督平台,形成科学系统的管理监督机制。要争取出台全国性的奖励政策,并推动行业、地区出台奖励细则,形成具有鲜明导向的表彰激励机制,从而推动青年文明号活动深入、持久、健康地发展。

各位领导,同志们,青年朋友们,青年文明号活动10年的实践表明,这项活动对于促进经济社会协调发展,对于推动青年成长成才,具有十分积极的意义。青年是祖国的未来,是民族的希望。全面建设小康社会需要青年去建设,中华民族的伟大复兴需要青年去奋斗。让我们更加紧密地团结在以胡锦涛同志为总书记的党中央周围,高举邓小平理论和"三个代表"重要思想的伟大旗帜,与时俱进,开拓创新,求真务实,埋头苦干,继续深化青年文明号活动,团结带领广大青年为全面建设小康社会、实现中华民族的伟大复兴而不懈奋斗!

发扬传统友谊,共创美好未来

——周强在"中非青年合作论坛"上的致辞

2004年8月24日

各位代表,亲爱的非洲青年朋友们:

值此"中非青年合作论坛"举办之际,我谨代表中国共青团中央、中华全国青年联合会和广大中国青年向前来参加"中非青年联欢节"的非洲各国代表和青年朋友们表示最诚挚和最热烈的欢迎。中非代表相聚北京,共议青年话题,共商青年合作大计,这不仅是中非交往的一件盛事,也是中非青年交流的一个创举。作为东道主,我们对能够承办此次活动感到十分荣幸。我愿借此机会,对非洲各国政府给予此次活动的大力支持表示衷心感谢。

中国和非洲虽然远隔千山万水,但中非人民友好交往的历史源远流长。半个多世纪以来,中国和非洲各国在维护和平、建设国家的事业中,平等相待,互相帮助,取得了丰硕的合作成果,中国人民和非洲各国人民在互相支持中成为患难与共的朋友,结下了兄弟般的深厚情谊。中非合作论坛成立以来,中非全面友好合作关系进入新的发展阶段。

中国和非洲同属发展中国家,青年在促进国家发展的进程中发挥着积极作用。中国青年为非洲青年取得的每一项成就感到由衷的高兴,我们愿意与非洲青年一起分享彼此开展青年工作的经验。我们高兴地看到,非洲青年在非洲大陆非殖民化进程中、在废除种族隔离制度的斗争中做出了巨大贡献,并正在为非洲的经济建设、摆脱贫困和改善民生发挥重要作用。我们相信,朝气蓬勃的非洲青年也一定能够在实现非洲振兴的伟大事业中再立新功。

中国党和政府高度重视青年和青年工作,把青年发展置于关系到党和国家事业兴旺发达的高度,支持青年组织根据青年特点开展活动和工作。中国青年运动的发展也始终同中国人民不懈奋斗的历史进程紧密相连。当前,7000万共青团员和3亿中国青年正在中国共产党的领导下,积极投身社会主义物质文明、政治文明和精神文明建设,为全面建设小康社会而努力奋斗。同时,中国青年组织以竭诚服务青年作为全部工作的出发点和落脚点,围绕青年的思想道德、教育、健康、就业、权益保护等问题富有成效地开展了许多深得青年喜爱和社会好评的活动和工作。

当前,经济全球化趋势加速发展已成为一个显著的时代特征。全球化推动各国、各地区的联系日益密切,为青年施展才华、贡献社会带来了前所未有的机遇,同时也对青年在就业、健康、教育等领域的发展带来了严峻挑战。这一切都要求中非青年要加强合作,谋求共同发展,应对挑战。

朋友们,

在新的历史条件下，继承和发扬中非传统友谊，已成为中非青年一代义不容辞的神圣职责。本次论坛以“继承和发扬中非传统友谊，共创青年合作美好未来”为主题，昭示着青年的历史使命和责任。青年是中非友好事业的接班人，也是促进中非友好合作关系全面发展的重要社会力量。中非青年友好事业的不断发展对增进中非人民之间的了解和友谊，丰富中非友好的形式，充实中非友好合作的内涵具有十分重要的意义。

为推动中非青年友好合作关系的发展，增强中非青年友好合作的实效，发挥青年在建立中非长期稳定、平等互利、全面合作的新型伙伴关系进程中的积极作用，在此，我提出以下五点建议。

第一，全面建立中非青年交流网络和中非青年机构和组织集体对话机制。目前，中国青年组织已经先后同非洲35个国家59个青年机构和组织建立了友好交往关系，并多次派团互访和开展务实合作。今后，我们愿意在巩固现有交流渠道、加强已有交流关系的基础上，与中非合作论坛框架内所有非洲国家的政府青年部门或青年组织建立长期稳定的交往关系，全面构建中非青年交流网络。同时，我们愿意以本届“中非青年联欢节”为契机，建立中非青年机构和组织集体对话机制，为中非青年就共同感兴趣的问题定期交换意见、分享经验开辟新的途径。

第二，加强中非在青年人力资源开发领域的合作，启动非洲青年和青年领导人培训计划。青年是经济建设、社会发展和科技创新的有生力量。青年人才培养和能力建设的工作对于加深中非青年之间的了解和友谊，促进中非友好合作关系的全面发展具有重要意义。我们愿意在中非合作论坛框架内积极争取资金，采取举办培训班、组织考察交流团等方式，专门培训非洲国家的青年技术人才和青年领导人。

第三，促进中非青年发展领域的合作，实施中国青年志愿者非洲服务计划。志愿服务是我们在力所能及的范围内在青年发展领域和非洲国家开展合作的有效渠道，也是中非青年相互学习与交流的重要形式。从今年开始，我们愿意有计划地向非洲国家派遣中国青年志愿者，根据非洲各国的国情及实际需求在青少年的教育、卫生、体育、文化、环保、科技以及社会的其他领域从事志愿服务，为中非合作贡献中国青年的力量。

第四，开展中非青年旅游合作，积极鼓励中国青年赴非旅游。非洲有着悠久的历史和灿烂的文化，非洲大陆拥有丰富而独特的旅游资源。发展旅游业是推动经济社会发展的有效措施。中国政府已经给予部分非洲国家“中国公民出国旅游目的地”的地位，这将极大地促进中国公民赴非洲旅游观光和开展各种交流活动。青年是旅游活动的积极参与者。我们积极鼓励和支持中国青年旅行社组织众多的中国青年赴非洲大陆旅游。

第五，支持中非青年企业家开展合作，成立中非青年企业家联谊会。中国青年企业家协会鼓励和支持有实力的各种所有制的青年企业家赴非洲考察、访问、投资，包括创办旨在鼓励信息技术转让、创造非洲青年就业机会的中非合资企业。同时，我们也愿意帮助更多的非洲青年企业家来华考察和交流，促进双向投资。我们建议成立中非青年企业家联谊会，建立中非青年企业家之间的固定交流机制。

各位代表，各位朋友，

和平与发展是当今时代的主题，实现人类社会的持久和平与普遍发展任重道远。以首届“中非青年联欢节”的胜利举办为标志，中非青年友好合作走上了一个新的起点。我们高兴地看到，本次论坛将通过《中非青年合作北京宣言》这一历史性文件。这一宣言不仅是中非青年向世界表达的共同声明，更是中非青年友好合作的庄重承诺。让我们积极行动起来，接过中非传统友谊的接力棒，用我们辛勤的汗水和扎实的工作，去迎接中非友好合作更加美好的明天。

周强在“中国青年企业家宁夏行——银川经贸考察活动”开幕式上的讲话

2004年9月9日，根据录音整理

今天，共青团中央、中国青年企业家协会在银川举办“中国青年企业家宁夏行——银川经贸考察活动”，是为了深入贯彻“三个代表”重要思想和党的十六大精神，动员广大青年企业家积极参与宁夏经济建设，积极参与西部大开发，为全面建设小康社会做贡献。这次活动得到了中共宁夏回族自治区委、区政府和中共银川市委、市政府的大力支持，中共宁夏回族自治区委书记、人大常委会主任陈建国和其他领导同志出席了今天的开幕式，刚才自治区委常委、秘书长于革胜同志代表自治区发表了讲话，团区委书记杨玉经同志介绍了有关情况。在此，我谨代表共青团中央和中国青年企业家协会，向中共宁夏回族自治区委、区政府和中共银川市委、市政府表示衷心的感谢！向参加本次活动的各位青年企业家朋友致以诚挚的问候！

当前，我国正处在全面建设小康社会、加快推进社会主义现代化的新的发展阶段。党的十六届三中全会明确提出，坚持以人为本，树立全面、协调、可持续的发展观，强调按照“五个统筹”的要求推进改革和发展。目前，我国人均国内生产总值已经突破1000美元，这是现代化进程中一个非常关键的阶段，也是经济社会结构将发生深刻变化的重要阶段，是一个重要战略机遇期。我们必须紧紧抓住机遇，树立和落实科学发展观，推动经济社会协调发展。树立和落实科学发展观是对马克思主义发展观的继承和发展，是我们党对社会主义现代化建设规律认识的进一步深化，是贯彻落实“三个代表”重要思想的具体体现，是全面建设小康社会的必然要求，是提高党的执政能力和执政水平的迫切需要，为我们解决前进道路上的矛盾和问题，顺利推进现代化建设提供了正确的指导。

着眼于全面建设小康社会的大局，党中央、国务院提出了“坚持推进西部大开发，振兴东北地区等老工业基地，促进中部地区崛起，鼓励东部地区加快发展，形成东中西互动、优势互补、相互促进、共同发展的新格局”的区域经济发展整体战略。改革开放以来特别是近几年来，西部地区经济和社会发展取得了长足进展，人民生活水平普遍提高。但是，同东部相比，西部在总体发展水平上还有一定的差距。实施西部大开发，对于扩大国内有效需求、保持经济持续快速健康发展，对于加快经济结构调整、促进产业升级，对于逐步缩小地区差距、最终实现共同富裕，对于增进民族团结、保持社会稳定，对于实现全面建设小康社会的宏伟目标，都具有重大的现实意义和深远的历史意义。

加快西部发展，企业是主体，青年企业家

负有重要责任并且大有可为。西部大开发是在市场经济条件下进行的，需要政府的引导和政策的支持。同时，要发挥企业的主体作用，培育一大批直接推动经济发展的企业，抓好一批关系全局的重大项目，增强西部地区的经济活力和发展后劲。对于西部地区来说，既要以市场、资源和政策等优势吸引国内外企业积极参与西部大开发，更要扶持、培育能够与国内外企业同台竞技的西部企业群。从这个意义上讲，东西部的青年企业家在西部大开发中大有可为。广大青年企业家要抓住机遇，在西部大开发的进程中发挥积极作用。要发扬创新精神、创业精神和奉献精神，率先推动跨区域发展，通过建立跨区域的企业组织、经营网络，促进东西部经济发展关联互动机制的形成和完善，为西部地区的可持续发展不断注入新的活力。

为配合实施西部大开发战略，动员广大青年企业家为西部大开发做贡献，2000 年 3 月，共青团中央、中国青年企业家协会开始实施“青年企业家西部行”活动，组织青年企业家先后到宁夏、内蒙古、广西、陕西、新疆、青海等西部地区开展经贸考察活动。在各级党政领导的高度重视和热情支持下，在各级共青团和青企协组织的积极努力下，广大青年企业家踊跃参与，使得这项活动深入开展，取得了实实在在的效果，实现了服务党政工作大局和服务青年企业家成长发展的有机结合，为青年企业家成长成才、发展事业搭建了新的舞台。广大青年企业家在参与活动的过程中不仅拓展了事业，实现了新的发展，也为区域经济的协调发展做出了积极贡献。同时，我们也要看到，西部大开发是一项规模宏大的系统工程，是一项长期的任务。今后，“青年企业家西部行”活动要在现有基础上，进一步总结经验，不断深化，努力为西部地区的经济腾飞和区域协调发展做出新的贡献。各级青企协组织要充分发挥组织优势、联结优势，为青年企业家参与西部大开发搭建桥梁。要继续坚持活动的效益导向，尊重市场规律，强化实效观念，做好项目的收集、对接和跟踪服务等工作，把尽可能多的项目落到实处。要开展多种形式的交流与合作，帮助西部的青年企业家走出去，到东部考察学习、增长见识，为造就西部地区的青年企业家队伍创造良好条件。

富饶的银川平原素有“塞上江南”之称。自古以来，就有“天下黄河富宁夏”之说。宁夏的枸杞、甘草、贺兰石、滩羊皮、发菜等都在国内外享有盛誉。宁夏不仅地上有宝，地下也蕴藏着巨大的财富，煤、石膏、石油和天然气等矿产资源储量十分丰富，极具开发潜力。近几年来，我多次来宁夏，每次来都感到宁夏变化很大，发展很快。我们欣喜地看到，近几年来，在党中央、国务院的亲切关怀下，宁夏回族自治区党委、政府根据中央的战略部署，审时度势，提出了“西部大开发，宁夏要争先”的口号，并结合宁夏实际和“十五”规划的制定，确定了宁夏大开发的政策措施，使宁夏的现代化建设事业取得了令人瞩目的成就，对外开放不断扩大，基础设施建设和城市化进程明显加快，投资环境日益改善，全区上下“抢抓机遇、你追我赶、苦干实干、加快发展”的热潮已经兴起。这些都为宁夏的下一步腾飞打下了扎实的基础。

宁夏是各类人才施展才华、建功立业的一片热土。希望广大青年企业家充分利用这次机会，走进宁夏、了解宁夏，积极寻求合作机会，争取有一些项目能在这里落地生根，有所收获，不虚此行。

最后，预祝“中国青年企业家宁夏行——银川经贸考察活动”取得圆满成功！

周强在团中央庆祝第20个教师节暨表彰大会上的讲话

2004年9月10日，根据录音整理

今天，我们专门召开会议，热烈庆祝第20个教师节，隆重表彰全国团校优秀教师和全国团干部教育培训工作先进个人，这是一件很有意义的事情。刚才，教师代表李伟同志和学生代表何馨都做了很好的发言。在此，我代表团中央书记处，向团属院校的全体教职员工致以节日的祝贺和诚挚的问候！对各位老师为党的教育事业和共青团教育培训工作付出的辛勤汗水和做出的突出贡献表示衷心的感谢！向获奖的全体同志表示热烈的祝贺！

当前，我国已经进入全面建设小康社会、加快推进社会主义现代化的新的发展阶段。小康大业，人才为本。人才大业，教育为本。在党和政府的高度重视下，我国教育事业蓬勃发展。团干部教育培训作为党的干部教育培训工作的组成部分，团校教育作为党和人民教育事业的一部分，近年来也取得了较快的发展。根据2002年全国团干部教育培训暨团校建设工作会议精神，各级团组织和各级团校大力开展邓小平理论和"三个代表"重要思想培训工作，先后开展了新任职团干部培训、万名西部团干部培训工程、少数民族团干部培训、团干部学历教育和境外培训等工作，努力推动对外合作办学，不断加强团校建设，取得了很大的成绩。但同时也要看到，与新任务新要求相比，当前团干部教育培训工作的内容、手段、方式方法、运行机制还不能完全适应，团校建设还需要进一步加强和改进。我们要进一步认清形势，抓住机遇，肩负使命，加快发展，不断开创团干部教育培训和团校建设工作的新局面。

大力加强团校建设，积极做好团干部教育培训工作，意义十分重大。在新的形势下，做好这项工作必须始终坚持以下原则。

第一，要始终坚持以邓小平理论和"三个代表"重要思想为指导。要按照中央的有关精神，做好大规模轮训团干部工作，推动广大团干部进一步兴起学习实践"三个代表"重要思想的新高潮。同时，要开展好科学发展观的培训，帮助广大团干部牢固树立和落实以人为本、全面协调可持续发展的观念。各级团校是宣传、学习、实践"三个代表"重要思想的重要阵地，要把学习"三个代表"重要思想作为重要内容纳入教学和培训计划，保证"三个代表"重要思想进教材、进课堂、进头脑。

第二，要始终坚持为共青团事业发展服务。团十五大以后，立足新的历史起点，共青团贯彻落实党的十六大和十六届三中全会精神，在工作思路、工作方式、自身建设等方面不断创新，保持了良好的发展态势。团干部是共青团工作的骨干，团干部教育培训工作是加强团干部队伍建设的重要环节，是实现共青团事业发展的基础工作和重要保证。共青团事业新的发展对团干部教育培训工作提出了新的更高要求。团干部教育培训工作要始终坚持党放心、青年满意的总标准，为建设"忠诚党的事业、热爱团的岗位、竭诚服务青年"的团干部队伍服务。要围绕党对青年干部的要求，立足团的事业创新发展的需要，努力提高广大团干部的理论素养、知识水平、业务本领和工作能力。各级团校作为团干部教育培训工作的主阵地，要坚持特色，发挥优势，不断巩固团干部教育培训的基础性地位。

第三，要始终坚持为广大青年成长成才服

务。今年3月，团中央贯彻落实全国人才工作会议精神，召开了共青团全国青年人才工作会议，提出大力实施青年人才开发计划，培养造就青年人才大军。各级团校是培养青年人才的重要基地，在共青团青年人才工作中担负着重要职责。要适应我国现阶段走新型工业化道路、大量需要高技能劳动者的新形势，大力发展青年职业教育、成人教育和青少年技能培训，培养国家经济社会发展所急需的高素质青年劳动者，既为社会输送急需的人才，也能够推动团属院校实现新的发展、开拓新的领域，更好地在共青团青年人才工作中发挥作用。

团干部教育培训和团校建设的新发展，与广大团干部教育培训工作者和团校教师的辛勤努力是分不开的。近年来，在各级团组织的领导下，广大团干部教育培训工作者和团校教师求真务实，奋发进取，开拓创新，为提高团干部队伍素质，大力培养青年人才，推动共青团事业发展，做出了突出的贡献，取得了突出的成绩。实践证明，我们团属院校的教师队伍是一支政治过硬、爱岗敬业、业务精良、甘于奉献的队伍。今天表彰的全国团校优秀教师和全国团干部教育培训工作先进个人就是他们中的优秀代表。借此机会，我对全国团校教师和团干部教育培训工作者提几点希望。

第一，要政治坚定。最重要的，就是用邓小平理论和“三个代表”重要思想武装头脑，树立正确的世界观、人生观和价值观。团校教师和团干部教育培训工作者要始终保持正确的政治方向，不断增强政治意识、责任意识和大局意识，这是做好团干部教育培训工作的重要保证。要认真学习实践“三个代表”重要思想，努力做先进生产力和先进文化的推动者和弘扬者。要在工作中坚持树立和落实以人为本、全面协调可持续发展的科学发展观。要全面贯彻党的教育方针，树立科学的人才观和育人为本的教育观。

第二，要为人师表。教书育人，必须以身立教、为人师表，做崇高师德的力行者。广大团校教师和团干部教育培训工作者要坚定热爱教育、献身教育的崇高职业理想和道德追求，严格要求自己，模范履行教师的职业道德规范，注意锤炼品德，不断提高自身修养，努力做青年学生健康成长的引路人，成为无愧于党和人民的人类灵魂的工程师。

第三，要不断学习。团校教师和团干部教育培训工作者要树立终身学习的观念，不断提高自身素质和业务水平。要在用先进理论武装自己、不断提高思想理论水平的基础上，系统地学习政治、经济、科技、法律、历史等多方面的知识，开阔眼界，提高素质。要认真学习先进的教育理论，努力掌握现代教育技术、方法。同时，还要努力掌握青年和青年工作的理论知识，更好地开展团干部教育培训工作。

第四，要求真务实。认识规律、把握规律、遵循和运用规律，是坚持求真务实的根本要求。广大团校教师和团干部教育培训工作者要求团干部教育培训工作规律之真，务培养青年人才工作之实，把求真务实的精神体现到各项工作中去。要有“咬定青山不放松”的工作态度，一步一个脚印，扎扎实实推进工作。要爱岗敬业，在教学和培训实践中，树立精品意识，积极探索教育教学规律，精益求精，一丝不苟，努力提高教学和培训质量。

第五，要开拓创新。教师富有创新精神，才能培养出创新人才。广大团校教师和团干部教育培训工作者要永立时代潮头，走在时代前列。要更新观念，牢固树立素质教育等现代教育思想观念。要不断创新教学和培训的方式方法，更好地把课堂教学与实践锻炼结合起来，把传统教学方法与现代教学方法结合起来，在继承中创新。要不断创新教学和培训的手段，更好地借助互联网技术开展多媒体培训，推进团干部教育培训网络化建设。

今天，我们在中青院召开庆祝表彰大会。近年来，在学院党委的领导下，经过全校教职员工的共同努力，中青院从教学评估合格到成功申办硕士点，从校园建设到扩大招生规模，从不断深化教学改革、增加专业设置到为毕业生切实提供就业指导和服务，一年一个台阶，发生了很大的变化，取得了长足的进步，培养了一大批优秀毕业生。希望中青院在努力保持优势和特色的同时，不断深化教学改革，力争取得更大的成绩。这些年来，中青院的发展凝聚着学院全体教师的心血和汗水。许多中青院的老教师也参加了今天的庆祝表彰大会，他们白发苍苍，为学校的发展付出了最宝贵的青春年华，做出了突出的贡献，不愧为培养人才的辛勤园丁。在这里，我提议向为培养青年人才、为团干部教育培训工作付出辛勤汗水的老教师们表示崇高的敬意！

团中央书记处对团干部教育培训工作和团校建设高度重视，对团干部教育培训工作者和团属院校的教职员工队伍充分肯定，充分信任，寄予厚望。团属院校的事业前景光明，大有希望。相信在同志们的共同努力下，团属院校一定会有更大的发展，团干部教育培训和团校建设工作一定能够不断取得新成绩、不断开创新局面。全国各级团组织要充分认识加强团干部教育培训和团校建设工作的重要意义，高度重视这项工作，从各方面给予大力的支持，帮助团校解决发展中的困难和问题。要尊师重教，关心支持广大团校教职员工的工作和生活。中国青年工作院校协会要发挥作用，更好地为团属院校的发展、为广大团干部教育培训工作者和团校教师服务。

同志们、老师们、同学们，教育是崇高的事业，教师是神圣的职业，团干部教育培训、培养青年人才的岗位是光荣的岗位。让我们高举邓小平理论和“三个代表”重要思想伟大旗帜，紧密团结在以胡锦涛同志为总书记的党中央周围，抓住机遇，求真务实，埋头苦干，努力推动团干部教育培训和团校建设工作实现新的发展，为建设高素质团干部队伍、培养造就青年人才大军，推进新时期共青团工作的新发展，做出新的更大的贡献！

周强在“博士服务团”第四批工作总结暨第五批培训动员会议上的讲话

2004 年 9 月 23 日，根据录音整理

刚才，建华副部长所作的重要讲话，回顾了近年来“博士服务团”工作的进展情况，系统总结了“博士服务团”取得的经验，对第四批“博士服务团”工作给予了充分肯定，对第五批“博士服务团”工作提出了明确要求，讲话有很强的政策性和针对性，对于今后“博士服务团”工作的开展，具有重要的指导作用。

借此机会，我代表团中央衷心祝贺第四批“博士服务团”成员取得了优异成绩，也预祝第五批“博士服务团”成员工作顺利。中央领导同志一直高度重视“博士服务团”工作，作出了一系列重要指示。胡锦涛总书记在全国人才工作会议上充分肯定了“博士服务团”工作。他指出，“博士服务团”、“西部之光”人才培养计划、“西部千名学科带头人工程”、“院士专家西部行”、东西部干部交流和对口支援等活动，既为实施西部大开发战略提供了宝贵的人才和智力支持，又使许多青年人才在艰苦环境中

得到了锻炼。曾庆红同志在看望“博士服务团”成员时专门提出了“学习好、实践好、身体好”的要求，指出了“博士服务团”工作的三个主要优势，一是有利于促进西部省区市的经济和社会发展，特别是科技进步；二是有利于派出单位培养高素质的复合型人才；三是有利于“博士服务团”的同志在艰苦的环境里学习、锻炼，增长才干。贺国强同志也多次对“博士服务团”工作作出重要指示。希望大家认真学习领会中央领导同志对“博士服务团”工作作出的一系列重要指示精神，切实加以贯彻落实。下面，我讲三点意见。

一、选派“博士服务团”，为培养和造就高层次青年人才队伍、加强党的执政能力建设进行了有益的探索

刚刚闭幕的党的十六届四中全会，着重研究了加强党的执政能力建设的若干重大问题。全会强调，加强党的执政能力建设，必须坚持以马克思列宁主义、毛泽东思想、邓小平理论和“三个代表”重要思想为指导，全面贯彻党的基本路线、基本纲领、基本经验，以保持党同人民群众的血肉联系为核心，以建设高素质干部队伍为关键，以改革和完善党的领导体制和工作机制为重点，以加强党的基层组织和党员队伍建设为基础，努力体现时代性、把握规律性、富于创造性。几年来，中组部、团中央通过开展“博士服务团”工作，在为西部地区培养高素质青年干部队伍，加强党的执政能力建设方面进行了一些有益的探索。这项工作自1999年开展以来，在中央领导的亲切关怀下，已经从中央国家机关有关部委和单位以及北京、天津、上海等地选派了368名博士到西部地区挂职锻炼服务，其中大多数人担任了地方政府和有关部门的行政副职，为西部地区的干部队伍建设增添了新的活力。在开展工作的过程中，他们敢于想问题、出点子、挑重担，积极倡导民主决策；他们精心协助制定科学的经济发展规划，提高了地方政府驾驭市场经济的能力；他们深入基层了解民情民意，关心群众疾苦，保持了与人民群众的密切联系；他们始终坚持以人为本，树立和推动了全面、协调、可持续的科学发展观。刚才，建华同志举了许多很生动的例子，其中讲到了高国兰同志，她原来是华西医科大学的一名副教授，1999年到江西挂任省肿瘤医院副院长，发挥了很好的作用，深受当地群众的欢迎。现在她留在当地工作，担任了江西医学院副院长、教授兼省肿瘤医院院长。由于工作出色，她光荣当选为党的十六大代表。高国兰同志是“博士服务团”成员中的优秀代表。

选派“博士服务团”，为在实践中培养和造就高层次青年人才队伍探索了有效的途径。首先，为高层次青年人才的成长与发展提供了难得的机遇和广阔的舞台。西部地区经济社会的全面发展和西部大开发战略的深入实施，需要一代又一代人的艰苦努力，尤其需要大批的青年人才奔赴西部建功立业。博士们的生动实践表明，他们不仅经受住了艰苦环境的磨炼，而且在西部大开发的热潮中施展了才华，提高了自身素质。其次，丰富了高层次青年人才的基层工作经验和管理经验。青年博士普遍掌握着较强的专业知识，熟悉国家宏观政策，思想活跃，信息灵敏，具有较强的创新意识。到西部地区挂职，为他们积累基层工作经验和管理经验提供了必要的实践课堂。第三，促进了高层次青年人才将理论知识与实际工作相结合。青年博士在挂职过程中，不仅用理论指导了实践，更重要的是，通过实践检验并丰富了理论，提高了自身的理论水平。

最近这几年，我到各地出差尤其是到西部出差，同当地党政领导交换意见的时候，当地党政领导无不对“博士服务团”给予充分肯定。我也看望过很多“博士服务团”成员，他们感受也很深刻，认为确实经受了锻炼，增长了才干，把自己所学的知识充分运用到了当地的经济社会发展之中。这些例子充分说明，“博士服务团”工作不仅为西部地区的科技进步和经济社会发展做出了积极的贡献,也为培养和造就高层次青年人才队伍、加强基层党的执政能力建设作出了有益的探索。

二、选派“博士服务团”,为做好青年人才工作提供了宝贵的经验

“博士服务团”是中组部、团中央贯彻落实西部大开发战略和人才强国战略的重要举措。6年来,在党的组织部门、各级共青团组织、选派单位、接收地区和单位以及“博士服务团”成员的密切配合和共同努力下,“博士服务团”工作取得了显著的成效,积累了宝贵的经验。共青团组织在充分借鉴这些经验的基础上,充分发挥联系广泛、机制灵活的优势,紧紧抓住人才培养这一环节,积极动员组织广大青年参与西部大开发,重点实施了中国青年科技创新行动和中国青年西部创业行动,开展了百名博士西部行、青年专家科技服务团、大学生志愿服务西部计划、青年企业家西部行、大中专学生“三下乡”博士生服务队、西部地区和民族地区团干部培养计划、海外学人回国创业周等活动。这些活动按照“有的放矢,讲求实效”的原则,以地方和企业提出的具体需求为依据,采取“人才+项目”的方式,通过广泛招募科技界、企业界及投资领域的青年人才,为地方和企业提供信息、技术、项目、资金等多方面的服务,在大专院校、科研院所和企业之间,东部地区和西部地区之间,海外学人和国内建设之间,架起了人才与项目对接、技术与市场联系的桥梁,有效地为包括西部地区和东北地区在内的地方经济社会发展提供了服务,同时也为青年知识分子在实践中锻炼成长提供了舞台。

今年3月,共青团全国青年人才工作会议在贯彻全国人才工作会议、认真总结青年人才工作的基础上,提出实施“青年人才开发计划”,进一步明确了共青团青年人才工作的主要任务。第一,培养和造就大批青年人才,尤其是规模宏大的高素质青年人才队伍。第二,促进青年人才资源的合理配置。以“金桥计划”为重点,抓住人才链和产业链两个环节,以人才链促进产业链的发展,以产业链推动人才链的延伸,推动青年人才在产学研之间、相对发达地区与欠发达地区、国内与国外之间的有效配置。第三,加大凝聚和服务青年人才的力度。通过各类青年社团拓宽凝聚和服务人才的渠道,不断扩大青年人才工作的覆盖面。今后,我们还要按照“博士服务团”的工作思路推出一些新的载体,完成好青年人才开发计划的各项任务,更好地为青年人才服务,卓有成效地做好党的青年人才工作。

三、各级共青团组织要进一步做好“博士服务团”工作

“博士服务团”工作是青年人才工作的重要内容,是团中央配合中组部推出的一个规模较大、机制较完善的品牌项目。这项工作的选派范围已经覆盖到全国16个省区市,选派规模还在不断扩大。各级团组织要认真研究新情况,解决新问题,进一步做好“博士服务团”工作。

1.统一思想,切实提高对做好“博士服务团”工作的认识。要把思想统一到党的十六大和十六届四中全会精神上来,站在培养造就人才大军和高素质干部队伍、加强党的执政能力建设的高度,来认识做好这项工作的意义。要把“博士服务团”工作作为落实西部大开发战略和人才强国战略的重要内容,切实把“博士服务团”工作推上一个新的台阶。

2.密切配合,做好党委组织部门的参谋助手。要按照中组部和团中央的要求,做好工作部署,制定好工作计划,及时与党委组织部门沟通信息,竭诚为“博士服务团”成员提供有效服务。要发挥共青团、青联组织的自身优势,以理想激励人,以事业凝聚人,以感情吸引人,为“博士服务团”成员搭建良好的发展平台。要发挥博士们的专业优势和人才优势,为促进西部地区经济、科技和社会发展做出应有的贡献。

3.整合资源,形成“博士服务团”工作合力。

一要挖掘内部资源。共青团组织各个部门、各条战线要相互配合,相互促进,在工作上支持,在生活上关心,共同为挂职博士创造良好的工作环境和生活环境。二要广泛动员社会力量。各级共青团组织要发挥联系面广的优势,调动青联委员、青科协和青企协会员的积极性,帮助“博士服务团”成员做好事、做成事。三要做好宣传举荐工作。及时发现在挂职锻炼服务中的优秀青年典型,通过报纸、杂志、电视、网络进行宣传,将确实经得起考验的优秀“博士服务团”成员吸收到青联等组织中来。

4. 不断创新,开创“博士服务团”工作新局面。要创新服务形式,增强“博士服务团”的吸引力和凝聚力;要创新服务内容,提高服务的针对性和实效性;要创新服务手段,将传统手段与现代网络媒体等手段结合起来,切实提高服务能力,不断拓展“博士服务团”工作的深度和广度。

再过几天,第五批“博士服务团”成员就要奔赴西部地区,走上新的工作岗位,走向新的人生旅程。希望大家按照曾庆红同志提出的“学习好、实践好、身体好”的要求,经受锻炼,增长才干,多做贡献。希望大家砥砺品格、磨炼意志,自觉服务于西部地区和西部人民,勇于向西部地区的干部群众学习;艰苦奋斗、不懈进取,在西部火热的实践中创造出无悔的青春。

最后,预祝大家在两天的培训中有所收获,在今后的挂职锻炼中取得优异的成绩!

深化青年合作,共创美好未来

——周强在首届“中国—东盟青年事务部长会议”上的讲话

2004年9月29日

各位同事,各位代表:

值此首届“中国—东盟青年事务部长会议”在华举办之际,我谨代表中国共青团中央、中华全国青年联合会和广大中国青年向前来参加会议的各位部长及青年朋友们表示最诚挚和最热烈的欢迎。

中国—东盟青年事务部长及青年代表相聚北京,共议青年参与地区合作话题,共商青年合作大计,这不仅是中国—东盟合作进程中的一件盛事,也是中国—东盟青年交流的一个创举。作为东道主,我们对能够承办此次活动感到十分荣幸。我愿借此机会,对东盟各国政府给予此次活动的大力支持表示衷心感谢。

我们所处的国际环境正在发生复杂而深刻的变化。世界多极化和经济全球化的趋势在曲折中发展,科技进步日新月异,尽管当今世界还存在着这样那样的矛盾和冲突,不确定、不稳定因素有所增加,但和平与发展仍是当今时代的主题,世界要和平、国家要发展、人民要合作是不可阻挡的历史潮流,倡导多边合作的呼声在增高。区域合作既是全球化的重要组成部分,也是其主要外在表现形式。各国惟有加强合作,才能共享机遇;惟有同舟共济,才能战胜困难;惟有联合自强,才能在全球激烈竞争中立于不败之地。

面对经济全球化和新科技革命的浪潮,亚洲的区域合作犹如逆水行舟,不进则退。亚洲合作是时代的潮流,是各国发展的现实需求,也是亚洲振兴的必由之路。当前,亚洲形势总体稳定,和平、发展、合作已成为亚洲前进的主流。亚洲的区域合作虽然起步晚，但发展势头十分旺盛，各种机制空前活跃，地区经济一体化进程明显加快，各国利益交融加深，已逐渐形成了宽领域、多层次、广支点、官民并举的良好态势。中国青年高兴地看到，在中国与东盟各国政府和各国人民的共同努力下，中国与东盟的合作已经成为亚洲合作的重要内容，我们为身处于充满友谊与机遇的中国—东盟合作进程中而倍感自豪。

青年是各国的未来和希望。青年人富有理想，对未来有着美好的憧憬。青年人最少保守思想，蕴藏着巨大的创新潜能。在任何一个时代，青年都是社会上最积极、最活跃、最有生气的一部分力量。特别是在经济社会飞速发展、科学技术日新月异的今天，青年在经济和社会生活中发挥着越来越重要的作用。经济要发展，社会要进步，科技要创新，文化要繁荣，都离不开青年的广泛参与。青年在实现中国与东盟各国经济发展和社会进步的进程中任重道远。中国党和政府高度重视青年和青年工作，把青年发展置于关系到党和国家事业兴旺发达的高度，支持青年组织根据青年特点开展活动和工作。中国青年运动的发展也始终同中国人民不懈奋斗的历史进程紧密相连。当前，7千万共青团员和3亿中国青年正在中国共产党的领导下，积极投身社会主义物质文明、政治文明和精神文明建设，为全面建设小康社会而努力奋斗。同时，中国青年组织以竭诚服务青年作为全部工作的出发点和落脚点，围绕青年的思想道德、教育、健康、就业、权益保护等问题富有成效地开展了许多深得青年喜爱和社会好评的活动和工作。

青年合作是中国与东盟合作的重要内容。在中国与东盟日益密切的合作大潮中，青年不能作旁观者。中国与东盟的合作是泽被后世、惠及子孙万代的千秋伟业，青年将成为最大受益者，青年也理应成为这一进程的积极推动者和参与者。全球化推动各国、各地区的联系日益密切，为青年施展才华、贡献社会带来了前所未有的机遇，同时也对青年在就业、健康、教育等领域的发展带来了严峻挑战。这一切都要求中国和东盟各国青年加强合作，谋求共同发展，应对挑战。青年之间的交流与合作有利于增进中国与东盟各国人民的友谊，有利于促进国家间经济、文化的交流和合作，有利于为国家关系的发展奠定广泛的社会群众基础。青年是各国传统友谊的传承人，也是人类未来社会的缔造者。中国青年愿意与东盟各国青年共立于时代潮头，使中国与东盟青年合作成为全球青年合作的典范，为人类的和平与发展大业贡献出我们的青春和力量。

各位代表，各位朋友，

为推动中国与东盟青年友好合作关系的发展，增强中国与东盟青年友好合作的实效，发挥青年在建立中国—东盟面向和平与繁荣的战略伙伴关系进程中的积极作用，在此，我提出以下五点建议：

第一，全面建立中国与东盟青年交流机制，扩大双方世代友好的基础。重视并加强青年交流与合作，既是中国与东盟各国领导人的殷切希望，也是各国人民的深情重托。目前，中国青年组织已经先后同东盟各国的政府青年部门、有关青年机构和组织建立了友好交往关系，并多次派团互访和开展务实合作。今后，我们愿意在巩固现有交流渠道、加强已有交流关系的基础上，与东盟各国建立长期稳定的青年交往关系，全面构建中国—东盟青年交流网络。同时，我们建议以本次“中国—东盟青年事务部长会议”为契机，就青年共同感兴趣的问题和青年参与中国—东盟合作进程的有关议题定期召开部长级会议，交换意见，分享经验，保证10+1青年部长会议机制的有效运转，并使之成为中国与东盟整个合作机制的有机组成部分。

第二，加强青年人才培训方面的交流与合作，培养青年人才。青年是经济建设、社会发展和科技创新的有生力量。青年人才培养和能力建设的工作对于加深中国与东盟青年之间的了解和友谊,促进中国与东盟友好合作关系的全面发展具有重要意义。我们愿意继续采取举办讲习班、培训班、考察交流团等方式,专门培训有关国家的青年技术人才和青年领导人,并愿就此开展双向交流,取长补短。

第三,实施中国青年志愿者东盟服务计划,开辟青年合作新渠道。志愿服务是中国与东盟青年相互学习和交流的重要形式。从今年开始,我们愿意有计划地向一些东盟国家派遣中国青年志愿者,根据有关国家的国情及实际需求在青少年的教育、卫生、体育、文化、环保、科技以及社会的其他领域从事志愿服务。

第四,开展中国与东盟青年文化和旅游合作,拓展青年合作的广度和深度。中国与东盟各国都具有悠久的历史和灿烂的文化,文化交流是青年合作的重要内容。自2001年起,我们倡议发起湄公河次区域各国青年组织共同开展“澜沧江—湄公河青年友好之船”活动,使澜沧江—湄公河这条悠久的文化长廊成为联系中国与有关国家青年和人民的水上纽带。今后我们愿意推动这项活动的持续开展,并建议邀请东盟各国的青年共同参与。随着中国与东盟各国的经济不断发展,人民生活不断改善,青年也成为旅游活动的积极参与者。我们积极鼓励和支持中国青年旅行社组织众多的中国青年赴有关国家旅游,并建议双方有关青年旅游机构就此签订协议,实现优势联合。

第五,支持中国与东盟青年企业家开展合作,成立中国—东盟青年企业家联谊会。青年企业家之间的合作是青年务实合作的重要内容。我们高兴地看到众多的青年企业家此次随团来华考究和交流。中国青年企业家协会也鼓励和支持有实力的各种所有制的青年企业家赴东盟考察、访问、投资,包括创办旨在鼓励信息技术转让、创造青年就业机会的合资企业,促进双向投资。我们建议成立中国—东盟青年企业家联谊会,建立起中国东盟青年企业家之间的固定交流机制。

各位代表,各位朋友,

以首届“中国—东盟青年事务部长会议”的胜利举办为标志,中国东盟青年友好合作走上了一个新的起点。我们高兴地看到,本次会议将通过《中国—东盟青年全面合作北京宣言》这一历史性文件。这一宣言不仅是中国东盟青年向世界表达的共同声明,更是中国东盟青年友好合作的庄重承诺。让我们积极行动起来,接过传统友谊的接力棒,用我们辛勤的汗水和扎实的工作,去迎接中国—东盟友好合作更加美好的明天。

周强在光华科技基金会第三届理事会第一次会议上的讲话

2004年10月11日,根据录音整理

首先,衷心感谢聂力同志所作的热情洋溢而又语重心长的讲话。聂力同志讲话中有两点非常重要:一是坚持科技的方向,二是面向青少年。聂力同志作为光华科技基金会的创始人,为基金会的创立、发展做出了重要的贡献,付出了辛勤的汗水。光华科技基金会自

1993年成立以来，坚持为科技创新服务，社会影响很大。借此机会，我代表团中央向为光华科技基金会创立、发展做出突出贡献的聂力同志表示感谢！向王兆琪同志、明廷华同志以及一届、二届理事会理事长、副理事长、理事和全体工作人员所做的贡献表示感谢！向新当选的理事长、副理事长以及各位理事表示祝贺！同时，感谢对基金会给予大力支持的尹衍梁先生，虽然他不能亲自到会，但专门发来了贺信。周光召主席欣然答应担任名誉理事长，这充分体现了老一辈科技工作者对光华科技基金会的关心和支持，我们对此深表感谢！

下面，我讲两点意见。

第一，团中央为什么要接管光华科技基金会？

第一个方面的考虑是，服务于科教兴国战略和人才强国战略，为培养青年人才做一点实实在在的事情。科教兴国战略和人才强国战略，是党中央、国务院在科学技术突飞猛进、经济全球化趋势不断加强、人才竞争日益激烈的时代背景下，立足于我国国情作出的重大战略决策。从某种意义上讲，科教兴国战略和人才强国战略将为加强党的执政能力建设提供有力保证。青年科技工作和青年人才工作是当前和今后相当长一个时期共青团工作的一项重要内容。光华科技基金会在做好青年科技工作和青年人才工作方面有自身独特的优势。光华科技基金会作为科技类的全国性公募基金会，旨在团结热心公益事业的海内外力量，争取各种形式的支持和捐赠，奖励和资助在科技、教育领域和青少年发展事业中具有突出贡献的机构和个人，推动科技成果的开发与转化，为青少年科技工作和青少年成长成才服务。因此，我们必须站在科教兴国战略和人才强国战略的高度，来认识做好这项工作的意义，既要充分整合社会资源，募集社会资金支持科技事业的发展，又要利用基金会的自身优势，为青年科技人才的成长与发展提供有效服务。

第二个方面的考虑是，光华科技基金会确实有很好的基础，做了大量的工作，也产生了很大的影响，而且党和政府非常重视社会公益事业作用的发挥，我们希望搭建好这样一个平台。当前，我国社会经济持续快速健康发展，市场经济体制逐步建立和完善，社会各方面的利益关系不断调整；经济结构、社会结构正发生着深刻变化，经济社会的发展进入了一个关键时期，为公益事业的快速发展提供了空间和舞台。光华科技基金会应当利用这一难得的机遇，坚持社会公益事业的性质，以公益为目的，充分体现社会关爱精神，发挥面向全社会募集资金的优势，运用公益事业广泛的影响力和感召力，倡导公益理念，营造“崇尚科学、鼓励创新”和“尊重劳动、尊重知识、尊重人才、尊重创造”的良好社会氛围。通过有意义、有影响的公益项目，广泛动员关注和支持科技进步、人才培养的社会力量，为各类人才的脱颖而出提供帮助，积极推动人与自然、经济与社会、城市与乡村、发达地区与欠发达地区等不同领域、地域、群体之间的协调发展。

第三个方面的考虑是，我们希望通过这样一个平台，整合团中央、全国青联等组织的有关工作，尤其是在培养青年人才方面的工作。团中央、全国青联、全国学联、全国少工委等有独特的组织资源优势，许多年来，在培养青年人才，尤其是青年科技人才方面做了一系列的工作。中国青年科技创新行动实施以来，以营造创新氛围为前提，以搭建创新平台为手段，以培育创新人才、促进创新实践为中心，大力实施“金桥计划”，在大专院校、科研院所与企业、园区之间，东部地区与西部地区之间，海外学人与国内建设之间架起了人才与项目对接、成果与市场联系的桥梁，激发了青年科技人员的积极性和创造性，优化了青年科技人才资源的配置，促进了科技与经济的紧密结合。团中央联合中组部组织“博士服务团”，选派优秀青年博士到西部地区挂职，取得了良好的效果。

我们组织青年专家科技服务活动，发挥青年专家的优势，为地方科技事业和经济社会发展出谋划策，或通过项目洽谈、技术合作，把他们的科技成果与地方需求结合起来，推动科技成果的产业化。我们组织海外留学人员回国创业，或以多种方式为国服务，得到了地方党政领导、科技园区、企业和广大留学人员的广泛好评和热烈响应。李岚清同志、王兆国同志曾分别两次接见参加“海外学人回国创业周”活动的代表，并与他们座谈，给予了亲切的关怀和大力的支持。此外，我们还面向大中小学生，在鼓励他们学科技、搞发明创造这些方面开展了一系列的活动。所以，我们接管光华科技基金会之后，可以通过这个载体和平台，把以上这些工作有机地整合起来，从而更好地为青少年人才施展才华、建功立业搭建舞台。

第二，如何办好光华科技基金会？

光华科技基金会作为社会公益事业的一支重要力量，在过去的十多年中为促进我国科技事业的发展和科技人才的成长发挥了重要作用，其独特的社会功能正逐渐被社会各界所认识。光华科技基金会的事业是共青团科技事业的重要组成部分，是共青团科技工作社会化的重要手臂和有效延伸。团中央今后作为光华科技基金会的业务主管单位，首先要支持基金会的工作。在座的同志也都肩负着重要的职责。如何办好基金会，我提几点希望，与大家共勉。

1. 要坚持服务青少年。光华科技基金会的特点，一个是面向青少年，一个是面向科技。我们要始终坚持面向青少年，鼓励青少年学科技，进行科技创新，这是我们的宗旨。在这方面，我们要坚持为青少年学科技、进行科技创新做实事、办好事。既要深化我们的重点工作，还要创新一些载体，以更好地激发青少年的创新热情，提高他们的创新能力，在青少年中形成良好的创新氛围。

2. 要不断发展壮大基金会的实力。前两届理事会给我们打下了良好的基础，新一届理事会要高度重视基金会的工作，珍惜这个资源，加强领导、大力支持、创造条件。从基金会的自身来讲，在座的各位尤其是我们的工作人员要千方百计地发展壮大基金的规模，在法律允许的范围内，依法规范运作，用够政策，用足政策，开拓新的渠道，创新工作思路。一要寻求企业的支持，多借鉴成功的经验。天津经济技术开发区与全国青联一起组织了“中国泰达生物论坛”，支持青年科技事业。天津经济技术开发区拿出一部分资金，支持青年科技人才建立科技园，这是一个良好的发展势头。这个科技园又具有企业孵化器的功能，所以企业非常支持。基金会要借鉴这种做法，加强与各个部门的交流与合作，探索新的途径，在支持青年科技人才创业的过程中，在支持地方经济发展的过程中，壮大自身的实力。二要寻求与各个部门的结合点。国家政策的支持，对于我们发展壮大基金会的实力是很有必要的。有些部委履行的是政策性管理，在现代公共管理的条件下，他们需要通过中介组织、社会团体去做更多的工作，在政策上给予指导，在资金上给予支持。基金会作为公益组织，可以承办一些公益项目，支持青年科技事业的发展。三要选择好的项目。基金会以前有非常好的奖项，首先要坚持继承，同时也要研究新的情况，在发展壮大自身实力的过程中，选择好的项目，培育好的项目。

3. 要有奉献精神。基金会做公益事业本身就是一种崇高的奉献，工作的重要方面就是突出服务意识，为青少年服务，为地方的经济发展服务，为党和国家工作大局服务，在服务中求发展。事业发展需要奉献精神。基金会工作人员在工作中要自始至终爱岗敬业，对公益事业充满热情，形成人人敢于奉献、善于奉献、乐于奉献的氛围。奉献的过程既是造福社会的过程，也是实现自身价值的过程。在奉献中，我们的思想境界和道德品质可以得到升华，我们的人生价值和作用可以得到社会的肯定。回顾“希望工程”成长发展的历程，可以充分说明奉献和实现价值是密切联系的。15年来，“希望工程”面向社会募集了20多亿的资金，救助了300多万失学儿童，兴建了11000多所希望小学，成为目前我国最大的公益事业。光华科技基金会的同志一定要有良好的心态和良好的作风，通过不懈的努力，不断塑造良好的形象，严格管好基金、用好基金，使基金会有更大的发展。只有发展了，加上有良好的形象，才能在社会上有号召力。

总之，光华科技基金会过去的工作成绩是显著的，希望在今后的工作中继承好的传统，挖掘新的潜力，开创新的局面。希望基金会要有新定位、新形象，工作要有新思路、新举措，队伍要有新作风、新面貌。要抓住契机，开拓创新，实现基金会由小到大的发展，成为一个具有广泛社会影响和良好社会声誉的公益机构。

最后，希望光华科技基金会在胡伟理事长的带领下，各位理事精诚合作，多提好的意见和建议，不断贡献思想和智慧，共同开创基金会工作的新局面。

周强在“青春中华”首届中国青年服装时尚周开幕式上的致辞

2004年10月17日

各位嘉宾，青年朋友们：

时值秋高气爽的金秋时节，在社会各界的大力支持下，“青春中华”首届中国青年服装时尚周在发展迅速、充满活力的甬城——宁波开幕了。在此，我谨代表共青团中央、全国青联向本次中国青年服装时尚周的开幕表示热烈的祝贺！向出席本次服装时尚周的嘉宾、代表和服装界、新闻界及其他社会各界的朋友们表示热烈的欢迎！向浙江省委、省政府，特别是宁波市委、市政府为本次活动提供的大力支持表示衷心的感谢！也向为今晚精彩演出付出艰辛劳动的演职人员和工作人员表示亲切的问候！

文化塑造青年，青年创造文化。当今社会，文化与经济、政治相互交融。伴随着大众传媒的迅猛发展，各种思想文化在全球范围相互激荡，文化日益成为社会生产力的重要组成部分，对社会生活的影响日益巨大。以青年群体为主要受众的网络文化、影视文化、手机短信文化、服饰文化、动漫文化等时尚文化层出不穷，青年的文化需求日益强烈，青年的文化创造日益活跃，青年日益成为文化建设中一支生机勃勃的重要力量。在这样的形势下，加强青年文化建设，用先进文化来引导和塑造青年，对于促进青年的健康成长，繁荣社会主义先进文化，具有十分重要的战略意义和现实意义。今年4月，团中央联合中宣部、中央文明办、教育部、文化部、国家广电总局、新闻出版总署共同实施中国青年文化行动。此次中国青年服装时尚周，就是青年文化行动中的一个重要项目，是青年文化建设中的一件盛事。

青年引领时尚潮流，服饰展示青春之美。服饰是文化的表征，是思想的形象，是人类文明进步的生动体现。现代社会，服饰更是成为人们特别是青年们追求时尚、展示个性的亮丽载体，成为各民族进行文化交流的通行语言。服饰文化为广大青年展示青春活力，张扬个性魅力，引领时尚潮流，获得愉悦，提供了最为鲜活、动人的载体和途径，广大青年中蕴藏着服饰时尚文化创造和消费的巨大能量和活力。敏感于时代发展脉搏的青年，是服饰时尚文化最活跃的追求者和创造者。这次中国青年服装时尚周就是要通过开展一系列以服装为载体、以青年为主体的服饰文化活动，努力搭建青年服饰文化的信息发布平台、服饰文化人才的孵化和展示平台、服饰文化的交流平台，弘扬中国优秀服饰文化，引领青年时尚潮流，积极建设健康有益、积极向上的具有鲜明时代特征、充满活力的青年文化，更好地促进青年的全面发展。我们衷心希望广大青年朋友们能够自由发挥创造想像，充分施展青春才华，尽情演绎服饰时尚之美，努力把青年服装时尚周打造成为中国青年传承民族文化，引领时尚潮流的精品活动项目。

最后，预祝首届中国青年服装时尚周圆满成功！

预祝今天晚上的演出圆满成功！

周强在中国青少年犯罪研究会第五次全国会员代表大会上的讲话

2004年10月21日

今天，中国青少年犯罪研究会第五次全国会员代表大会在这里隆重举行。我代表共青团中央向大会表示热烈的祝贺，向参加会议的各位代表和同志们表示诚挚的问候！借此机会，我代表共青团中央感谢顾秀莲副委员长在百忙之中出席会议并作重要讲话，感谢各部门、各单位对中国青少年犯罪研究会工作的支持，向为中国青少年犯罪研究会做出重要贡献的历届会长、副会长、常务理事和理事表示衷心的感谢！

预防青少年违法犯罪是青少年工作的重要内容。长期以来，党和国家高度重视预防青少年违法犯罪工作，先后就青少年教育和预防违法犯罪问题作出了一系列重要决策和具体部署。1991年和1999年全国人大常委会先后颁布了《未成年人保护法》和《预防未成年人犯罪法》。今年5月，胡锦涛总书记在全国加强和改进未成年人思想道德建设工作会议上发表重要讲话，明确指出要努力做好预防青少年违法犯罪工作。罗干同志专门就预防青少年违法犯罪工作两次发表重要讲话。2001年1月，中央综治委成立了预防青少年违法犯罪工作领导小组。这些都充分体现了党中央对广大青少年的亲切关怀和殷切期望。

中国青少年犯罪研究会自1982年成立以来，始终坚持正确的政治方向，团结社会各界的青少年犯罪研究力量，紧紧围绕党政工作大局，充分发挥其跨学科、跨地区、跨部门的优势，深入开展学术研究，广泛进行对外交流，积极参与加强立法、完善司法、改进执法和社会治安综合治理调研工作，在青少年犯罪研究方面取得了丰硕成果，成为党和政府预防和治理青少年违法犯罪的一支重要力量。

当前，我国正处于经济体制转轨、社会转型的时期，诱发青少年违法犯罪的因素大量存在，青少年违法犯罪的形势依然严峻，预防青少年违法犯罪工作中还存在一些亟须解决的理论和实践问题。发挥研究会的作用，做好青少年犯罪研究这一基础性工作,是推进预防青少年违法犯罪工作深入发展的重要保证。这就需要我们进一步加强学术研究,探索工作规律,拓展研究领域,创造出更多的工作成果,为预防青少年违法犯罪工作提供有力的理论支持和决策参考。

希望研究会坚持服务党政工作大局,积极为青少年法律和公共政策的制定献计献策。目前,研究会凝聚了大批青少年犯罪研究和实务方面的专业人才,研究会要充分发挥这一优势,始终围绕党和政府的工作大局,围绕服务青少年的健康成长,针对预防青少年违法犯罪工作中的重点和难点问题,选择带有全局性和前瞻性的战略问题,进行深入研究,并通过多种渠道,及时向立法机关和政府部门提出立法和政策建议,积极推动我国预防青少年违法犯罪工作。

希望研究会坚持理论与实践相结合,推动预防青少年违法犯罪工作取得新进展。研究会吸纳了很多国内权威学术机构和有关部门的法律专业人才,具有丰富的智力资源和较强的实践优势。一方面,要针对青少年违法犯罪的状况和特点,进行深入的理论研究,及时了解新情况,分析新问题,总结新经验,用研究理论指导工作实践;另一方面,要结合预防青少年违法犯罪的实际工作,运用青少年立法、司法和普法的实践成果,进一步推动理论研究,使工作实践与理论研究相互促进,共同发展。

希望研究会加强交流与合作,提高青少年犯罪研究水平。青少年犯罪研究是一门综合性的学科,它包含了法学、教育学、心理学、社会学等多方面的内容,因此,研究会要加强与各社会团体、各学科部门之间的交流,广泛借鉴各学科的研究成果。同时,青少年犯罪也是一个世界性的问题,各国在青少年犯罪研究方面有许多值得借鉴的理论成果和实践经验。研究会要积极开展对外交流,进行开放性的比较研究,提高青少年犯罪研究的水平和质量,促进研究会的学术发展。

希望研究会抓好队伍建设,大力培养青少年犯罪法律研究的人才。造就一支强有力的研究队伍,是推动青少年犯罪研究的前提和保证。研究会要大力充实研究力量,团结、联络一批政治素质高、专业业务精、学术作风正、工作能力强的相关学科的研究人员以及从事预防青少年犯罪工作的一线人员。要十分注重研究人才的培养,积极创造有利于优秀人才健康成长的良好环境和激励机制,尽快使一大批政治坚定、学贯中西、年富力强、锐意进取的青少年犯罪研究骨干脱颖而出,推动青少年犯罪研究事业的不断繁荣和发展。

团中央将做好服务,创造条件,大力支持中国青少年犯罪研究会开展工作。近期将积极推动《青少年犯罪研究》杂志公开出版发行。我们还要在中央综治委领导下,将中央综治委预防青少年违法犯罪工作领导小组与青少年犯罪研究会、青少年组织三个优势结合起来,促进预防青少年违法犯罪工作的深入发展。

各位领导、同志们,预防青少年违法犯罪工作事关千家万户的幸福,事关改革发展稳定大局,做好青少年犯罪研究工作意义重大。让我们紧密团结在以胡锦涛同志为总书记的党中央周围,高举邓小平理论伟大旗帜,以“三个代表”重要思想为指导,牢固树立和落实科学发展观,求真务实,开拓创新,扎实工作,为促进青少年健康成长,为实现全面建设小康社会的伟大目标做出积极贡献!

最后,祝大会取得圆满成功!

周强在“中国泰达生物论坛·2004”开幕式上的致辞

2004年10月23日,根据录音整理

今天,来自海内外生物技术和生物经济领域的学界精英和企业家聚首天津经济技术开发区,参加“中国泰达生物论坛·2004”。我谨代表共青团中央、全国青联向各位贵宾的到来表示诚挚的欢迎,向论坛的举行表示热烈的祝贺,并向在论坛筹备过程中付出辛勤努力的天津市人民政府以及天津市滨海新区管委会表示衷心的感谢!刚才,天津市戴相龙市长致了开幕词,中国科学院副院长白春礼院士宣读了全国人大常委会副委员长、中国科学院院长路甬祥院士发来的贺信,国家发改委张晓强副主任、科技部李学勇副部长分别就生物技术产业发展及相关政策作了很好的讲话,在此表示衷心的感谢!

当今世界,科技进步日新月异。特别是20世纪80年代以来,以信息科学、生命科学为标志的现代科学技术突飞猛进,不仅给世界生产力的发展带来了巨大推动,而且也给人类的生产方式和生活方式造成了深刻影响。世界科学技术酝酿着新的突破,一场新的科技革命和产业革命正在孕育之中。作为新的科技革命和产业革命的一个重要方面,生物技术及其产业发展在许多国家特别是发达国家,已经成为研究开发和参与国际科技竞争的重点,已经成为新的经济增长点和重要支柱产业。伴随着全球生物技术蓬勃发展的浪潮,中国生物经济应运而生并取得了较大的发展。可以预见,它必将同其他高新技术产业一道,成为在新世纪拉动中国经济腾飞的重要引擎。

我们欣喜地看到,为振兴中国生物技术产业,由共青团中央、全国青联与国家发展和改革委员会、天津市人民政府共同举办的“泰达华生(TEDA－WATSON)生物技术与医药国际年会”,已经在天津泰达华生生物园成功地举办了两届。年会聚集了一批在生物技术领域具有国际影响的知名专家,交流生物科技的最新研究成果,探讨生物经济的发展方向,对催生中国生物技术产业政策、加强生物技术领域的国际交流、促进技术与产业的融合起到了积极的推动作用。从两届会议的实质性成果看,“泰达华生生物技术与医药国际年会”已经成为国内生物技术及产业领域一个高水平的盛会,引起了国内外相关领域的重视。许多参会人士提议,把年会办成一个定期、定址,积极追踪国际生物技术及医药前沿,密切关注中国生物技术产业发展的常设论坛。“中国泰达生物论坛”就是在前两届“泰达华生生物技术与医药国际年会”基础上的提升和新的发展。论坛荣幸地邀请到中国科学院、科学技术部、国家食品药品监督管理局和中国侨联作为主办单位,十分荣幸地邀请到诺贝尔生理及医学奖评委会主席简－艾克·古斯塔夫森(Jan－AkeGustafsson)教授和中国工程院侯云德院士担任科学委员会主席,为今后的健康发展提供了坚强有力的保证。作为国际会议交流平台、创业及企业孵化平台,“中国泰达生物论坛·2004”以“生物技术与生物经济,人类文明的绿色未来”为主题,将在生物技术和医药领域为学术界、产业界、金融界和政界提供一个开展交流合作的平台,以增进官、产、学、研、资的互动联系,改善生物技术产业发展环境,推动业界建立战略伙伴或联盟关系,增强科技以人为本、为人类谋福利的社会责任感。我们相信,“中国泰达生物论坛”必将在中国生物技术产业发展进程中发挥更加积极的作用,产生深远的影响。

共青团中央、中华全国青年联合会、中国青年科技工作者协会荟萃了国内多方面的青年科技人才，还联系着广大海外留学人员，拥有比较丰富的人才智力资源。近年来，中华全国青年联合会和中国青年科技工作者协会致力于推动青年科技人才与经济建设的紧密结合，致力于推动科技创新与经济发展的紧密结合，积极发挥人才优势，为青年科技人才牵线搭桥，激发青年投身科技创新创业的热情，促进科技成果的产业化，积极推动科技产业的发展。尤其是基于生物技术产业在中国正处于起步阶段的现实和未来撬动经济发展的巨大潜力，把它纳入重点服务产业的范畴。通过召开两届“泰达华生生物技术与医药国际年会”，联合民盟中央等单位举办中国生物技术产业发展与人才强国战略研讨会，自主组织中国生物经济发展战略研讨会，做了一些咨询论证工作，深化了项目合作。我们还格外关注天津泰达华生生物园及其创业团队的发展，连续三年在天津经济技术开发区组织开展“海外学人回国创业周”活动，并将泰达华生生物园命名为“中国青年留学人员创业基地”，吸引了大批海外青年生物技术人才回国创业，催生了一批极具市场前景和发展潜力的生物技术企业。

为了更好地贯彻落实科教兴国战略和人才强国战略，服务党政工作大局，团结凝聚青年科技人才，促进人才与项目的对接，科技与经济的结合，为全面建设小康社会做出应有贡献，共青团中央、中华全国青年联合会正在而且愿意继续与社会各界以及海内外朋友广泛交流，密切合作，与有关部委和天津市人民政府共同办好“中国泰达生物论坛”，共襄推动中国生物经济发展的大计。

各位来宾，女士们，先生们，“中国泰达生物论坛”的各主承办方致力于用三年时间打造国际生物技术与产业领域中亚洲最具影响力的论坛，用五至十年时间把论坛建设成一个最具特色和规模的生物技术前沿研讨、生物技术产业发展、生物经济工业化组织与会展的国际中心。我们相信，通过论坛科学委员会的悉心指导和与会朋友的鼎力支持，通过论坛主承办方和组委会、秘书处的共同努力，光辉的前景必将成为美好的现实。

预祝本次论坛圆满成功！

祝各位来宾身体健康，万事如意！

周强在中国青年科技工作者协会三届三次理事会上的讲话

2004 年 10 月 30 日，根据录音整理

在全党全国人民深入学习党的十六大和十六届四中全会精神，树立和落实科学发展观，实施科教兴国和人才强国战略，全面推进中国特色社会主义伟大事业的形势下，中国青年科技工作者协会召开三届三次理事会，具有重要的意义。借此机会，我谨代表共青团中央、中华全国青年联合会对会议的召开表示热烈的祝贺，向广大会员和青年科技工作者致以亲切的问候！

这次会议得到了山东省委、省政府和济南市委、市政府的大力支持。刚才，中共山东省委书记张高丽同志发表了热情洋溢的讲话，介

绍了山东省的省情和经济社会发展情况。中共山东省委副书记、济南市委书记姜大明同志出席今天的会议。团山东省委和团济南市委为本次会议的召开做了大量的组织和服务工作。我提议大家对他们一并表示衷心的感谢!

党的十六大以来,在党中央以及山东省委的正确领导下,勤劳的山东人民围绕建设“大而强、富而美”的社会主义新山东的宏伟目标,认真落实科学发展观,积极实施“突破菏泽,带动西部发展”、“突破烟台,带动东部发展”和“突破济南,带动中部发展”三大战略,努力打造高新技术、外经外贸和民营经济三个亮点,扎实推进胶东半岛制造业基地、山东半岛城市群和“平安山东”三项建设,全省经济社会发展势头强劲,成就显著。明天,我们与会的同志将要参加“青年专家山东行”和“2004 中国(济南)IT 行业青年精英论坛”等青年科技系列活动。相信大家能够亲身感受到山东省经济社会发展的强劲势头,感受到山东省经济社会发展呈现的勃勃生机,感受到山东人民的淳朴热情和全省上下解放思想、干事创业、加快发展的浓郁氛围。同时,我也希望大家在会议期间,在论坛和“山东行”活动以及今后的工作中能够在山东、在济南寻找合作发展的机会,为山东的发展做出贡献,同时也在山东找到自己事业发展的舞台。

党的十六届四中全会审议通过了《中共中央关于加强党的执政能力建设的决定》。加强党的执政能力建设,对青年科技工作提出了新的要求。对于青科协来说,就是要认真落实科学发展观,积极贯彻科教兴国和人才强国战略,坚持依靠科技服务经济建设,做好青年科技人才工作,为加强党的执政能力建设做出应有的贡献。下面,我结合实际工作谈三点意见,供同志们参考。

一、一年来青年科技创新行动取得了明显的成效

去年 11 月,团中央在河南郑州召开中国青年科技创新行动经验交流会,对中国青年科技创新行动实施几年来的情况进行了总结。同时,会议将开展青年专家科技服务活动确定为今后实施中国青年科技创新行动的重点。郑州会议以后,团中央坚持示范带动,青科协大力参与,进行了积极有益的探索。各级共青团、青联和青科协组织也结合当地实际,做了大量的工作。总体来讲,今年的青年专家科技服务活动特色鲜明,成效显著。

在服务经济社会发展方面,专业化和阵地化的特点明显。我们举办了“青年专家龙江行”活动,邀请农业技术及产业领域的青年专家和企业家,为黑龙江农业发展提供技术服务、产业论证,并开展了项目合作。一些青年科技专家、青年科技企业家到黑龙江寻求发展的机会。“青年专家长兴行”活动邀请北京有色金属研究总院的青年专家,深入浙江长兴为当地支柱产业——蓄电池产业把脉会诊、建言献策,也探索出了“院县合作”的科技服务模式。这两次活动,都针对具体产业的发展需求,邀请专业人才提供定向的服务,并对产业发展所涉及的官、产、学、研、资等因素进行了科学组合,体现了专业化的特点。“中国泰达生物论坛”和即将举办的“中国(济南)IT 行业青年精英论坛”,不仅具备专业化的特点,还更多地体现了阵地化的特点。“泰达华生生物技术及医药国际年会”连续三年在天津泰达生物园举办,今年提升为“中国泰达生物论坛”。这个论坛由七个部委举办,包括团中央、全国青联、天津市人民政府、国家发改委、中国科学院、科学技术部以及国家食品药品监督管理局。论坛设立了固定的组织委员会、科学委员会和论坛秘书处。“中国泰达生物论坛”每次都邀请诺贝尔生理及医学奖评委会主席和诺贝尔奖获得者参加,目的是在三年之内建成亚洲最具影响、五年之内建成世界一流的生物技术及产业化论坛组织。“中国泰达生物论坛”想在这方面做些尝试,天津市委、市政府也大力支持。“中国(济南)IT行业青年精英论坛”虽然是首次举办,但是根据各主办方的设想,我们将依托齐鲁软件园组建论坛常设机构。在这次举办之后总结经验,今后将定期、定址地举办下去。通过这个论坛,凝聚国内IT行业的人才,包括科技精英,包括IT行业的企业家,到这里来交流、洽谈、投资。

在服务青年科技人才成长方面,针对性服务的特点明显。对“博士服务团”成员,我们主要采取到西部地区挂职锻炼的方式。团中央同中组部连续组织“博士服务团”活动,受到了西部地区党政领导和人民群众的欢迎。中组部对“博士服务团”非常重视。青年博士们在艰苦环境下经受考验、增长才干的同时,发挥所学专长,服务了地方经济建设,为西部大开发做出了应有贡献。我们在西部服务的博士们,深受西部地区干部群众的欢迎。对海外留学人员,一方面通过开展“海外学人回国创业周”,组织他们考察高科技企业和园区,进行项目洽谈和对接,为他们科技创业提供服务。在这个方面我们也做了一些探索。1999年、2000年的时候,组织留日学人到华北制药集团开展技术服务。留日学人和华北制药集团合作开发了几种新药,经日本海关和厚生省检验同意,返销到日本市场,经济效益和社会效益都很好。另一方面,我们针对因人才需求信息不对称、供求双方利益需求点不契合等原因造成的“海待”现象,在北京、上海、广州、济南、深圳等归国留学人员比较集中的城市组织开展了“新近归国留学人员同城聚会”,为他们就业和创业牵线搭桥,提供交流平台,也受到了他们的欢迎。

从各地情况看,青年科技工作整合资源社会化的特点明显。各地开展青年专家科技服务活动,不再局限于本地区,而是积极“走出去”、“请进来”,实现了工作资源整合的社会化。比如江苏省开展的“青年专家恩来总理故乡行”,邀请了浙江、上海、福建等省市的科技专家和企业家参加;山东省开展的“鲁浙青年企业家菏泽行”,邀请了浙江的企业家参加;甘肃省组织农村青年到山东潍坊学习农业实用技术,培养了一批“土秀才”、“土专家”等等。省区市之间也开展合作、取长补短,实现了青年专家科技服务工作的整体活跃。

从今年开展的青年专家科技服务活动来看,我们深深地感受到,共青团服务经济工作的地位在进一步加强,共青团人才工作在党和国家人才工作总体格局中的地位也在进一步加强。这与青科协的努力和广大青年科技工作者的参与是分不开的。三届二次理事会以来,青科协在服务科技界青年成长、青年科技创新和经济社会发展方面做了大量的工作,取得了显著的成效。在此,我要特别感谢春礼会长、协会的各位副会长、全体理事和广大会员所做的贡献和付出的辛勤的汗水,还要特别感谢专程从国外赶来参加会议的副会长、理事,也衷心期待协会在今后的工作中再接再厉,取得新的更大的成绩。

二、以科学发展观为指导,大力开展青年专家科技服务活动

以科学发展观为指导,开展青年专家科技服务活动,对于深化中国青年科技创新行动,培养锻炼青年科技人才,推动地方经济社会发展具有重要的现实意义。开展青年专家科技服务活动是落实科学发展观的重要举措。以不同层次、不同领域的科技创新、科技成果转化与推广、科学知识普及为主要内容的青年专家科技服务活动,致力于促进科技与经济的紧密结合、推动地方经济社会发展,宣传普及科学知识和技术、提高劳动者的科学素质,既体现了树立和落实科学发展观的内在要求,又为树立和落实科学发展观提供了有形的依托。动员青年科技人才从科研院所到地方企业,从城市到农村,从相对发达地区到欠发达地区,从海外吸引回国开展服务的做法,顺应了科学发展观“五个统筹”的要求。开展“博士服务

团”、青年专家科技服务等活动是服务科教兴国和人才强国战略的有效途径。我们从2000年开展“百名博士西部行”以来，收到了比较好的效果，也受到了西部地区的欢迎。科教兴国和人才强国，既是国家发展的重大战略，也是党的执政方略的重要内容。党的十六届三中全会强调，要促进全社会科技资源高效配置，实现科技和经济社会发展紧密结合。“博士服务团”、青年专家科技服务等活动作为实现人才与项目对接、科技和经济结合的基本途径，不仅为优化配置科技资源和人才资源、充分发挥“第一生产力”和“第一资源”作用、为全面建设小康社会提供了支持，而且也在实践中团结凝聚和培养了青年人才、为经济社会发展提供了人才保证。

明天，团中央、全国青联将召开青年专家科技服务工作座谈会，听取各地关于青年专家科技服务活动开展的意见和建议，总结工作经验，探讨工作规律，研究下一步的推进措施。会后，我们将充分吸收座谈会的成果，形成具体可行的活动实施意见。希望出席座谈会的同志畅所欲言，积极为活动的开展建言献策。也希望各级共青团、青联和青年科技工作者协会根据团中央的统一部署，结合各自的实际，扎实推进这项工作，为实施科教兴国和人才强国战略，为树立和落实科学发展观做出新的贡献。

三、青科协要在推进中国青年科技创新行动中发挥更大作用

回顾中国青年科技创新行动几年来的实践，我们深深体会到，中国青年科技创新行动为广大青年科技工作者施展才华、建功立业搭建了平台，为广大青年科技工作者参与经济建设牵线搭桥，是一个比较成功的实践。我们为广大青年科技工作者服务，促进人才与项目对接、促进科技成果的转化，为青年科技人才施展才华、建功立业搭建舞台，发挥了积极的作用。中国青年科技工作者协会凝聚着我国科技界各条战线、各个领域的杰出青年人才，是一个宝贵的人才库和思想库。在新的历史条件下，我们要认真贯彻科技工作面向经济建设、经济建设依靠科技的战略方针，始终坚持以人为本，在树立和落实科学发展观、推进青年科技创新行动中发挥更大的作用。

要引导广大青年树立科学发展观，增强科技创新意识。要依托科技创新行动教育基地和示范基地开展科学知识普及工作，重点普及以人为本，全面、协调、可持续发展的观念和知识，培养广大青年的科学精神，促进公民科学素质建设，推动全国人民树立科学发展观。要组织高层次、高质量的青年创新论坛，凝聚青年英才、传播知识信息，充分激发和调动青年投身科技创新创业的热情与积极性，形成青年都来落实科学发展观的群集效应。要大力宣传青年科技创新创业的典型，积极营造尊重劳动、尊重知识、尊重人才、尊重创造的社会氛围，形成鼓励青年科技创新、支持青年科技创业的良好风气。

要广泛凝聚青年科技人才，为促进经济社会发展服务。整合科技人才资源，组建高层次、多领域的青年科技服务团队，形成相对稳定的人才资源库。最大限度地团结凝聚科研开发、高新技术企业、高科技园区、风险投资、科技管理等领域的青年英才，形成科技成果转化的人才链，把协会的人才智力优势转化为现实生产力的优势。要发挥协会各专业委员会的作用，加强青科协和协会各专业委员会与各地科技园区的结合。要着力帮助青年专家、青年企业家和青年拔尖人才提高创新能力和战略开拓能力，在更大范围、更广领域和更高层次上参与国际经济、科技的合作与竞争。要推动青年在基础研究和信息、生物、能源、材料等关键性领域推进科技创新，帮助解决制约经济社会发展的一些重大问题，为全面、协调、可持续发展提供科技支撑。

要努力搭建科技服务平台，为青年科技人

才创新创业提供帮助和服务。各级共青团、青联、青科协组织要竭诚服务青年,竭诚服务青年科技人才,为他们施展才华、建功立业搭建舞台。要广泛开展各种学习培训活动,在青年科技工作者中形成持久学习的浓厚氛围。要深化中国青年科技创新行动,推进“金桥计划”,运用市场机制,构筑官、产、学、研、资交流与合作的平台,为青年科技人才创新创业牵线搭桥,加速科技成果与市场的对接。要发挥实践育人的传统优势,积极引导青年科技工作者在实践中培养创新意识,在实践中提高创业本领,在推动科技进步和经济发展的主战场成就事业。要切实加强协会的自身建设,发挥好秘书处的作用,代表和维护好青年科技工作者的利益,使协会真正成为凝聚和服务青年科技人才的平台。

青年科技工作是国家科技事业的重要组成部分,也是党的青年工作的一个重要方面。各级共青团和青联组织要尊重并遵循科技发展规律和青年成长规律,认真开展青年科技工作。要重视并支持青科协的工作,坚持在青科协组织中发挥核心作用,广泛团结和凝聚广大青年科技工作者,不断延伸工作手臂,通过青科协广泛地团结和凝聚青年科技工作者,进一步巩固和扩大党执政的青年群众基础。要着力提高服务青年科技人才成长和青科协发展的能力和水平,紧紧依靠各级青科协组织和广大青年科技工作者,为经济社会发展提供服务。

同志们、青年朋友们,当前我们正处在改革发展的关键时期。我们相信,树立和落实科学发展观,加强党的执政能力建设,必将把中国特色社会主义伟大事业更加卓有成效地推向前进。让我们紧密团结在以胡锦涛同志为总书记的党中央周围,高举邓小平理论和“三个代表”重要思想伟大旗帜,锐意进取,开拓创新,发奋有为,求真务实,在全面建设小康社会、实现中华民族伟大复兴的历史征程中,不断做出新的贡献。

周强在“青春中华”首届中国青年欢乐节闭幕式暨第二届全国青年时代风采电视大赛颁奖典礼上的讲话

2004年11月17日

青年朋友们,同志们:

今天,“青春中华”首届中国青年欢乐节就要闭幕了。首先,我代表共青团中央,向给予这次活动大力支持的中共海南省委、省政府、海南省各级党政领导和社会各界人士,表示衷心的感谢!

10多天来,海峡两岸暨港澳地区的青年朋友和数十万海南群众相聚在一起,青春相约,欢乐海南,共同描绘青春中华的美好画卷。为祖国强盛而欢乐,为时代进步而欢乐,为创造发展而欢乐,为青春奉献而欢乐,成为“青春中华”首届中国青年欢乐节的主旋律。这一段时间,欢乐节真正成为人民的节日,美丽的海南岛成为欢乐的海洋。为实现中华民族伟大复兴而奋斗的信念,深深扎根在广大青年心中。首届中国青年欢乐节取得了圆满成功。

文化的发展对于民族的复兴至关重要,发展社会主义先进文化是党提出的光荣任务。今年,中宣部、中央文明办、团中央等七部委共同实施了青年文化行动,目的就是贯彻“三个代表”重要思想，加强青年文化建设，促进广大青年对民族优秀文化的传承和创造，充分发挥文化育人的作用，充分发挥青年在社会主义先进文化建设中的积极作用。我们在深圳举办了首届中国青年文化周，在济南举办了首届中国青少年读书周，在宁波举办了首届中国青年服装时尚周；这次，在海南又成功举办了首届中国青年欢乐节。这些青年文化活动都得到了青年的广泛参与。弘扬民族精神，传承优秀文化，凝聚中华青年，为全面建设小康社会、实现中华民族伟大复兴贡献力量，成为我们在青年文化行动中的共同追求。实践证明，青年文化建设大有可为，青年在社会主义先进文化建设中大有可为。

我们正置身于一个祖国建设和发展生机勃勃的伟大时代，时代进步为青年的发展开辟了广阔的空间和前景，青年的风采是时代发展的生动写照。在这次参加第二届全国青年时代风采电视大赛的青年朋友身上，突出体现了当代青年按照党的要求全面发展、健康成长的时代风貌，展示了他们面向现代化、面向世界、面向未来、努力提高综合素质的青春风采，从他们身上昭示了我们祖国美好的未来。今天的颁奖典礼既是对他们优异成绩的表彰，更是对全国广大青年的激励。希望全国广大青年紧密团结在以胡锦涛同志为总书记的党中央周围，高举邓小平理论和“三个代表”重要思想的伟大旗帜，勤于学习，善于创造，甘于奉献，在全面建设小康社会的伟大征程中，竞显无愧于时代的青春风采。

周强在团中央直属机关老干部“双先”表彰大会上的讲话

2004 年 11 月 23 日，根据录音整理

今天，我们在这里召开团中央直属机关离退休干部先进个人和先进离退休干部党支部表彰大会，对团中央系统的 20 名老同志和 4 个党支部进行表彰。看到各位老同志身体健康，精神饱满，我感到非常高兴。

10 月 22 日，中组部在人民大会堂隆重召开了全国老干部“双先”表彰大会。胡锦涛总书记为表彰大会作了重要批示，批示全文如下：“祝贺全国老干部先进个人和先进离退休干部党支部表彰大会的召开。老干部是党和国家的宝贵财富。广大老干部为我国革命、建设、改革做出了重大贡献，建立了卓越功勋。没有广大老干部的长期英勇奋斗，就没有今天我们党和人民事业蓬勃发展的大好局面。各级党委和政府一定要从贯彻‘三个代表’重要思想的高度，切实把老干部工作作为一件大事来抓，认真研究和解决老干部工作中遇到的新情况和新问题，真正做到政治上尊重老干部，思想上关心老干部，生活上照顾老干部，进一步把中央关于老干部工作的各项政策措施落到实处。希望广大老干部大力弘扬党的优良传统和作风，为党和人民的事业继续发挥积极的作用。祝广大老干部健康长寿，心情愉快，安度晚年。”表彰大会上，曾庆红同志代表党中央、国务院作了重要讲话。胡锦涛总书记的重要批示和曾庆红同志的重要讲话，语重心长，鼓舞人心，对于我们进一步做好新形势下的老干部工作具

有十分重要的指导意义。我们一定要认真学习领会，坚决贯彻落实。大会对400名全国老干部先进个人和150个全国老干部先进党支部进行了表彰。其中，中国少年儿童新闻出版总社离休干部杨永青同志作为团中央系统推荐的人选，被授予全国老干部先进个人荣誉称号。这不仅是杨永青同志个人的光荣，也是团中央系统全体老同志的光荣，是团中央系统全体干部职工的光荣。刚才，杨永青同志和三位获奖代表发了言，讲得很好，听了以后，很受启发，很受教育，很受感动，很受鼓舞。在他们身上，集中体现了团中央系统的老同志对党、对共青团、对人民高度负责的精神，集中体现了团中央系统的好传统、好作风。这些好传统、好作风永远值得年轻同志学习，值得年轻同志在新的历史条件下继承和发扬。在此，我代表团中央书记处向获得全国老干部先进个人光荣称号的杨永青同志、向今天获奖的先进个人和先进党支部表示热烈的祝贺！向团中央直属机关的全体老同志致以崇高的敬意和亲切的问候！向为老干部工作付出了辛勤劳动的老干部工作者表示衷心的感谢！

老干部是党和国家的宝贵财富，在我国革命、建设和改革开放事业中做出了重大贡献。团中央机关和直属单位129名离休干部、381名退休干部中，有建国前参加革命工作的老前辈；有团报团刊的创办人；有致力于为青少年提供精神食粮、编辑出版了一批又一批优秀青少年读物的新闻出版专家；有著作等身的共青团和青少年工作研究的专家；还有一大批默默无闻、无私奉献，在平凡岗位上创造了不平凡业绩的老同志，等等。团中央直属机关的老同志们将青春年华和毕生精力都贡献给了共青团事业，他们是党的宝贵财富，更是共青团的宝贵财富。没有包括在座的老同志在内的团中央直属机关的全体老同志的辛勤耕耘，无私奉献，就没有今天共青团事业蓬勃发展的大好局面。特别令人感动的是，老同志们离开工作岗位以后，离休不离党，退休不退色，始终坚持坚定正确的政治方向和理想信念，始终保持共青团朝气蓬勃、实事求是的优良传统和作风，一往情深地关心、关注、支持共青团事业，关心青少年的健康成长，为党和人民尤其是为共青团和青年工作发挥余热、贡献力量，做了大量力所能及、卓有成效的工作。各单位离退休干部党支部组织老同志加强理论学习，宣传党的路线、方针和政策，做好老同志的思想政治工作，帮助老同志解决学习、生活和活动等方面的困难，开展了大量健康向上、有益身心的活动，有效地丰富了老同志的晚年生活，很好地发挥了战斗堡垒作用。我多次参加过老同志们的活动。老同志们“庆七一、迎香港回归”歌咏比赛、庆祝建国50周年征文活动、庆祝建党80周年艺术作品展、广播体操比赛、才艺比赛、书画大赛等活动都办得非常成功，很有影响，我至今记忆犹新。许多老同志在身体状况允许的情况下，继续运用自己的经验和智慧，关心、支持共青团和青年工作，发挥了独特的作用。这次被评为全国老干部先进个人的中少总社离休干部杨永青同志，离休10多年来，一直致力于少年儿童教育和儿童画理论研究工作，发表文章30多篇，培训少先队辅导员3000多人。辅导员杂志社吴芸红同志建国前就在党的领导下参加创建地下少先队，离休后，与团中央少年部离休干部薛樵荒等老同志一道，收集了上百万字的少先队工作史料，并整理出版。去年，还编辑出版了《少先队工作50年大事记》。中国青少年研究中心黄志坚教授退休后仍在多个青少年研究机构从事研究工作，发表文章100多篇，作辅导报告140多场。最近，又出版了《青年学新论》，对青年学进行了系统研究。中国青少年研究中心张先翱同志退休后多次赴西部贫困地区讲学，分文不取。团中央机关离休干部苏喆同志积极参加社区精神文明建设，多次受到北京市和东城区的表彰。中国青年报社离休干部铁矛同志用珍藏的数百张照片和数万字的资料自费编辑出版了《青年报人影像回望》一书，赠送给中国青年报社和团中央机关收藏。还有许多老同志结合自身身体和生活实际，在支部，在社区，在社团，在家庭，以各种形式，尽己所能，发挥余热，奉献爱心，贡献力量，这里就不一一列举了。事实表明，团中央直属机关的老同志很好地继承和发扬了党和共青团的优良传统和作风，无愧于老团干的光荣称号，值得我们尊重，值得我们学习。

老干部工作是我们党的整个干部工作中的十分重要的组成部分，敬老、爱老、重视老干部是团中央的传统和特点。团中央书记处历来十分重视老干部，始终把老干部工作摆在重要议事日程，坚持在政治上尊重老干部，思想上关心老干部，生活上照顾老干部。书记处多次强调，越是年轻人多的机关，越是要尊重、关心、爱护老同志，越要重视历史。团中央各直属单位始终坚持以邓小平理论和“三个代表”重要思想为指导，认真贯彻党和国家关于老干部工作的各项方针政策，努力为老干部安度晚年、颐养天年、延年益寿服务，做了大量工作，取得了明显的成绩。但是，我们所做的工作与新形势新任务的要求相比，与广大老同志的需要相比，还存在不小差距。因此，团中央机关各部门和各直属单位要从贯彻“三个代表”重要思想的高度，进一步把全国老干部“双先”表彰会的精神落实好，把胡锦涛总书记的批示、曾庆红同志的讲话精神落实好，进一步把老干部工作作为一件大事来抓，坚持以人为本，求真务实，开拓创新，努力把团中央系统的老干部工作提高到一个新的水平。

当前，全党正在深入学习贯彻党的十六届四中全会精神。《中共中央关于加强党的执政能力建设的决定》是新形势下加强党的建设，全面推进建设小康社会宏伟事业的纲领性文件。贯彻落实好《决定》精神，提高党的执政能力是当前和今后一个时期党的建设的首要任务，也是当前和今后一个时期老干部工作的首要任务。借此机会，我对团中央系统的老干部工作讲几点意见。

一、认真贯彻党的十六届四中全会精神，把老同志学习贯彻“三个代表”重要思想的活动进一步引向深入。党的十六届四中全会作出《关于加强党的执政能力建设的决定》，是深入贯彻落实“三个代表”重要思想和十六大精神的重大战略举措，在党的建设史上具有里程碑意义。团中央系统的全体老同志要深入学习、深刻领会，不断提高思想认识水平。机关各部门、各直属单位要组织好老同志的学习。要通过自学、集中培训、交流研讨等多种方式，把老同志学习贯彻“三个代表”重要思想的活动进一步引向深入。在学习中，要充分发挥离退休干部党支部的组织、推动作用。老干部工作部门要为老同志的学习提供及时帮助和热情服务。通过学习，深刻领会四中全会的重大意义，准确把握加强党的执政能力建设的指导思想、总体目标和主要任务，全面理解《决定》提出的一系列新思想、新观点、新论断、新举措，切实把思想和行动统一到全会精神上来，使老同志在思想上始终与时俱进、不断提高。

二、切实加强离退休干部党支部建设，充分发挥老干部党支部在做好老干部工作中的作用。离退休干部党支部是党在离退休干部队伍中的基层组织，在积极宣传和组织老同志学习党的路线方针政策、维护改革发展稳定大局中发挥着十分重要的作用。团中央机关和各直属单位要从加强党的执政能力建设的高度，把离退休干部党支部建设作为党的基层组织建设的一项重要内容，切实抓紧抓好。要重视党支部书记的选配工作，建立一支政治强、威信高、有能力、有热情的党支部书记队伍。要通过培训党支部工作骨干，加强制度建设，创新组织设置和活动方式，不断加强离退休干部党支部建设。各单位要为离退休干部党支部开展活动创造条件、提供支持。要通过加强支部建设，更好地发挥离退休干部党支部在老干部工作中的战斗堡垒作用，使老干部自觉做到政治坚定、思想常新、理想永存。

三、进一步落实好老干部的政治、生活待遇，切实帮助老干部解决实际困难和问题。落实好老干部的政治、生活待遇是团中央机关各部门和各直属单位义不容辞的责任，是做好老干部工作的前提和基础，更是检验老干部工作做得好不好的一项重要标准。长期以来，团中央机关和各直属单位认真贯彻中央关于老干部政治、生活待遇的有关政策、规定，认真落实老干部的政治、生活待遇，总体上做的是好的。但是，随着改革的不断深入和老同志年龄的日益增长，落实老干部政治、生活待遇的工作面临着一些新情况、新问题。机关各部门和各直属单位要认真研究这些新情况和新问题。要充分认识到，落实老干部的政治、生活待遇是实践“三个代表”重要思想的具体体现，是贯彻执行党的老干部工作的方针政策的具体举措，是关心爱护党和共青团的宝贵财富的实际行动，进一步采取切实有效的措施，把老同志的政治、生活待遇真正落到实处。今后，团中央要把此项工作列入干部考核的重要内容。要特别关心和妥善解决好参加革命时间早、家庭收入低、生活不能自理的老同志的特殊困难和问题，要本着特事特办的原则，在政策允许的范围内，尽可能从优照顾。在将要来临的元旦、春节期间，各单位要切实做好对老干部的走访、慰问工作。

四、高度重视，加强领导，努力开创团中央系统老干部工作的新局面。团中央系统的老同志是团中央的宝贵财富。认真做好老干部工作是团中央机关和直属单位的重要工作职责。团中央机关各部门和各直属单位都要高度重视老干部工作。主要负责同志要作为第一责任人，切实负起责任，真正把老干部工作列入重要议程，带着对老同志深厚的感情，主动与老干部交流情况、沟通思想，进一步增强责任意识、服务意识和公仆意识，想老干部之所想，急老干部之所急，切实为老干部解决学习、生活中的困难和问题。团中央系统各级老干部工作部门是为老同志服务的职能部门，要牢固树立全心全意为老干部服务的思想，从本职工作做起，从点滴小事做起，通过过细的工作，真正把组织的温暖和关怀送到老同志心上。老干部工作者要加强学习，不断提高业务能力，认真研究老干部工作中的新情况新问题，掌握老干部工作规律，切实为老同志服好务。各直属单位也要关心从事老干部工作的同志的生活和工作，关心他们的成长，不断加强老干部工作者队伍建设。

同志们，做好老干部工作事关全局，意义重大，任务繁重。让我们紧密团结在以胡锦涛同志为总书记的党中央周围，高举邓小平理论和“三个代表”重要思想伟大旗帜，认真贯彻党的十六大和十六届四中全会精神，认真贯彻落实胡锦涛总书记重要批示和曾庆红同志重要讲话精神，奋发进取，扎实工作，努力开创团中央系统老干部工作的新局面。

最后，敬祝团中央直属机关的全体老同志阖家幸福，健康长寿，万事如意！

大力加强共青团能力建设 进一步做好新形势下的青年群众工作

——周强在共青团十五届三中全会上的讲话

2004年12月16日

这次全会的主要任务是，以邓小平理论和"三个代表"重要思想为指导，深入贯彻落实党的十六大、十六届三中、四中全会和中央经济工作会议精神，认真学习贯彻党中央书记处的重要指示和中央领导同志的重要讲话精神，大力加强共青团能力建设，进一步做好新形势下的青年群众工作，不断巩固和扩大党执政的青年群众基础。

党中央对这次全会非常重视。12月7日下午，党中央书记处听取了团中央工作汇报，中共中央政治局常委、书记处书记、国家副主席曾庆红等党中央领导同志充分肯定了全团2004年工作，并对共青团2005年的工作提出了明确要求。昨天下午，中共中央政治局委员王兆国同志出席了第一次全体会议并发表了重要讲话。所有这些，充分体现了以胡锦涛同志为总书记的党中央对共青团的亲切关怀，对青年工作的高度重视。我们要把党中央书记处的重要指示和王兆国同志的重要讲话学习好、领会好、贯彻好、落实好。

党的十六届四中全会是在我国改革发展的关键时期召开的一次重要会议，提出了加强党的执政能力建设这一关系中国社会主义事业兴衰成败、关系中华民族前途命运、关系党的生死存亡和国家长治久安的重大战略课题，从根本上回答了我们党如何做到始终为人民执好政、掌好权的问题。全会通过的《中共中央关于加强党的执政能力建设的决定》，全面分析了当前的国际国内形势，科学总结了55年来党执政的主要经验，明确了加强党的执政能力建设的指导思想、总体目标和主要任务，是加强党的执政能力建设的重要纲领。全会强调要做好新形势下的群众工作，为共青团做好青年群众工作进一步指明了方向，带来了新的机遇，也提出了新的更高的要求。共青团贯彻落实党的十六届四中全会精神，就是要充分认识到党加强执政能力建设的重要性和紧迫性，围绕和服务党的执政能力建设，按照党对青年群众工作提出的新要求，大力加强自身的能力建设。关于团中央2004年工作总结和2005年工作安排，已经作为会议文件印发给大家，请各位委员审议。下面，我代表团中央书记处就贯彻落实党的十六届四中全会精神，贯彻党中央书记处的重要指示，贯彻王兆国同志的重要讲话，加强共青团的能力建设，谈三点意见。

一、认清形势，充分认识加强共青团能力建设的重要性和紧迫性

能力建设是共青团的一项根本建设。概括起来讲，共青团的能力，就是共青团按照党的要求，紧密结合青年和青年工作特点，充分发挥党的助手和后备军作用、党联系青年的桥梁纽带作用、国家政权的重要社会支柱作用，促进青年一代健康成长，团结带领广大青年为祖国和人民做贡献的本领。共青团能力建设贯穿于团的整个历史发展进程之中。80多年来，共青团始终围绕党在不同历史时期的中心任务，创造性地开展工作，不断加强自身建设，

在跟随党推进革命、建设和改革事业中发挥了积极作用。特别是近些年来，共青团积极适应改革开放和发展社会主义市场经济的新形势，以邓小平理论和“三个代表”重要思想为指导，认真研究新情况，解决新问题，坚持先进性与群众性的有机统一，坚持把竭诚服务青年作为全部工作的出发点和落脚点，坚持在服务大局、服务青年中不断发展壮大团的事业，在完善工作理念、拓展工作领域、健全工作机制、创新工作方式、巩固组织基础等方面不断取得新进展，共青团的能力总体上得到了很大提高。当前，国际形势正在发生深刻变化，我国正处于改革发展的关键时期，共青团能力建设面临难得的机遇和严峻的挑战。我们要认清形势，始终保持清醒头脑，增强忧患意识，深刻认识新形势下加强共青团能力建设的重要性和紧迫性。

1. 加强共青团能力建设，是贯彻党的十六届四中全会精神，服务党的执政能力建设的必然要求。党的十六届四中全会在准确把握党的执政规律的基础上，从经济、政治、文化、社会、外交以及国家主权和安全等五个方面提出了党的执政能力建设的主要任务，对党的执政能力建设进行了全面部署。共青团是党的助手和后备军，学习贯彻党的十六届四中全会精神，就必须把加强自身能力建设作为一项战略任务来抓。具体来讲，就是要紧紧围绕和服务党的执政能力建设的重要任务，找准与青年工作的结合点。服务党提高驾驭社会主义市场经济的能力，共青团就必须紧紧围绕发展这一党执政兴国的第一要务，牢固树立和落实科学发展观，以开发青年人力资源、培养和造就青年人才大军为着力点，围绕人才强国、科教兴国、西部大开发、振兴东北等老工业基地、可持续发展等重大战略的实施，团结带领广大团员青年在推动经济发展和社会进步中充分发挥生力军作用。服务党提高发展社会主义民主政治的能力，共青团就必须紧紧围绕实现党科学执政、民主执政、依法执政的执政理念，引导团员青年自觉增强社会主义政治文明意识，积极参与基层民主、法制建设等政治文明实践，充分发挥国家政权的重要社会支柱作用。服务党提高建设社会主义先进文化的能力，共青团就必须紧紧围绕巩固党执政的思想基础，坚持文化育人，切实加强青年文化建设，发展青年文化事业和文化产业，引导青年在社会主义精神文明建设中充分发挥引领社会风气之先的作用。服务党提高构建社会主义和谐社会的能力，共青团就必须紧紧围绕不断巩固和扩大党长期执政的青年群众基础，始终保持同青年的密切联系，始终把竭诚服务青年作为一切工作的出发点和落脚点，努力实现好、维护好、发展好广大青年的利益，把青年紧密团结在党的周围，充分发挥联系青年的桥梁纽带作用。服务党提高应对国际局势和处理国际事务的能力，共青团就必须紧紧围绕国家整体外交，加强青年外事工作，推动青年对外交流，积极开展国际青年项目合作，切实发挥共青团在民间外交中的重要作用。总之，加强党的执政能力建设，有利于加强团的能力建设，同时，加强团的能力建设，有利于党的执政能力建设的加强。

2. 加强共青团能力建设，是适应当代青年变化的必然要求。青年是共青团的社会基础，青年的普遍拥护和支持，决定了共青团的生命力和战斗力。青年是最活跃的社会群体，总是处于不断发展变化之中。当前，青年的变化集中体现为青年选择、青年群体结构、青年需求的多样化。从选择多样化来看，当代青年更加注重自主选择，无论是在学习、工作、生活、娱乐、交往等方面，还是在价值取向、组织参与等方面，都表现出明显的多样性。从群体结构多样化来看，伴随社会结构的深刻变化，新兴青年群体不断涌现：农村进城务工青年，非公有制经济从业青年，下岗青年等青年群体，虚拟“网上青年”群体，甚至还出现了严重心理障碍、吸毒、犯罪等问题青年,等等。从需求多样化来看,当代青年既有学习成才的根本需求,又有就业创业、精神文化、权益维护等多方面的具体需求,尤其是还有下岗失业青年、贫困学生、农村贫困青年、残疾青年等困难青少年群体的特殊需求。

当代青年的这些变化对加强共青团能力建设带来了深刻影响。面对青年选择的多样化,我们必须深入研究和把握青年的时代特点,牢固树立以人为本的理念,注重青年的自主选择,进一步转变单纯依靠灌输说教、行政命令等手段,进一步转变主要依靠群众运动进行动员的方式,采取适合青年特点的工作方法。面对青年群体结构的多样化,我们必须改进共青团传统的、单一的组织体系,提高工作的针对性和实效性,扩大对不同青年群体的组织覆盖面和工作覆盖面。面对青年需求的多样化,我们必须适应构建社会主义和谐社会的要求,更好地反映和兼顾不同青年群体的利益需求,多做说服教育、化解矛盾、排忧解难的工作。说到底,共青团适应当代青年的变化,就是要始终保持与青年的密切联系,始终保持共青团对青年的吸引力和影响力,始终把青年团结在团的周围,为党赢得青年。

3. 加强共青团能力建设,是团组织应对社会变革的必然要求。任何组织的生存与发展,都必须积极主动地适应社会环境的变化。共青团必须正确把握经济社会发展趋势对自身能力带来的挑战,不断增强适应社会变革的本领,促进事业的持续和长远发展。

要充分认识经济全球化对加强共青团能力建设带来的影响。经济全球化,各种文化相互激荡,要求共青团提高学习借鉴、抵御侵蚀、开展合作的能力。随着经济全球化的深入发展,生产要素跨国流动日益加快,各国各地区间的经济关系日益密切,资本、人才等各种资源在全球的争夺日趋激烈,人员的全球流动越来越频繁。与此同时,西方敌对势力利用经济全球化的趋势,加紧对我实施"西化"、"分化",重点指向青少年一代。这就要求共青团必须以积极主动的姿态,在占领青年思想文化阵地、吸引凝聚青年人才、利用国际资源、帮助青年"走出去"等方面发挥作用。

要充分认识市场化对加强共青团能力建设带来的影响。市场经济的一个重要特点就是资源配置的市场化,要求共青团组织提高整合资源和参与社会事务的能力。随着我国社会主义市场经济的深入发展,市场化深刻影响着经济社会的各个领域。比如,市场在资源配置中越来越发挥着基础性作用,共青团要高度重视并积极探索运用市场有效配置资源的工作手段,有效提高动员和整合资源的能力,为开展工作提供强有力的物质依托。比如,政府职能进一步转变,逐步从全能型政府向强化经济调节、市场监管、社会管理和公共服务等宏观管理的方向发展,更多的社会职能将交给社会组织来承担。在这一进程中,共青团的社会职能将不断加强,将越来越多地承担政府青年事务。这就要求共青团增强协助政府管理青年事务的本领。

要充分认识信息化对加强共青团能力建设带来的影响。信息技术的发展要求共青团组织提高掌握、运用现代科技手段的能力。随着以信息技术为代表的现代科学技术的飞速发展,以IP技术为特征的新一代公共信息网络不断成熟,电子商务、远程教育、网络办公等各种数字化、智能化的经济社会活动方式得到推广,信息技术继续深刻改变着人们特别是青年的学习、工作和生活,也深刻影响着社会组织的运行方式、管理手段和工作模式。青年是现代科技创造的生力军,也是现代科技成果的主要消费者。共青团只有充分利用信息化优势,掌握、运用信息技术,转变工作方式,创新工作手段,提高自身能力,才能更好地联系、教育和服务青年。

要充分认识社会组织形态多样化对加强

共青团能力建设带来的影响。随着青年社会流动性的增强和职业分布的进一步广泛，以青年为主要工作对象的各种社会组织和以青年为主体力量的新型行业组织不断涌现。这就要求共青团保持和发展自身的独特优势，努力提高组织的适应性和竞争力，扩大组织的覆盖面和影响力，以更大的作为赢得青年和社会的认可，在青年组织中起到核心作用。

二、服务大局、服务青年，全面加强共青团能力建设

面对新形势新任务，加强共青团能力建设的总体目标是：紧紧围绕和服务加强党的执政能力建设的总体要求，积极适应青年变化和社会变革，切实增强共青团的服务能力、凝聚能力、学习能力、合作能力，努力把共青团建设成为贯彻“三个代表”重要思想的组织者、推动者和实践者，成为党的得力助手和可靠后备军，成为具有强大吸引力、凝聚力和战斗力的组织。

第一，增强服务能力。共青团组织对青年的吸引力、凝聚力，从根本上取决于服务青年的能力。近年来，各级团组织认真贯彻胡锦涛同志关于把竭诚服务青年作为全部工作的出发点和落脚点的重要指示，针对青年在学习成才、就业创业、精神文化、权益维护等方面的具体需求，着眼帮助青年解决在学习、生活和工作中遇到的实际困难，丰富服务项目，强化服务手段，构建服务体系，共青团服务青年工作的覆盖面和实效性不断增强。针对青年需求的多样化，共青团要进一步增强服务能力，提高服务青年的水平。今天，我着重讲讲实现服务工作网络化和创新服务手段的问题。

大力推动服务青年工作网络化。实现网络化，就是要不断健全共青团的服务体系，使服务工作最大限度地覆盖青年，更加具有实效性。一是进一步巩固和扩大组织网络。共青团本身就拥有比较完备的联系青年的组织体系，要以团建创新来巩固和扩大现有组织网络，同时充分发挥青联、学联、少先队、青年社团以及青年中心等青年组织服务青年的作用，努力做到哪里有青年，哪里就有青年组织为他们提供服务。二是进一步形成工作网络。针对青年的具体需求，针对不同青年群体的特殊需求，开展丰富多样的活动，努力做到青年有什么样的需求，青年组织就努力去提供相应的服务。三是进一步强化阵地网络。拓展团校、青少年法律学校、各种培训基地等阵地的服务功能，充分发挥团属新闻舆论阵地、青少年活动阵地、网上阵地等在服务青少年中的重要作用，努力做到青年到哪里，都能得到青年组织的服务。

积极创新服务青年手段。真正实现服务青年工作的网络化，仅有组织网络、工作网络和阵地网络还不够，还要有能够把这些网络贯穿起来的网络化手段。在青年社会分布日益广泛的情况下，青年需求总会超越现有网络，探索网络化手段就能打破时空界线，最大限度地扩大服务工作的覆盖面。互联网已经成为当代青年生活中不可或缺的一部分，在全国互联网 9000 多万用户中，35 岁以下的青年占 83%以上，并呈现不断增多的趋势。手机在现代社会中发挥着越来越大的传输信息作用，今年，我国移动电话普及率达到 24.8%，短信业务量达 1700 多亿条，其中很大一部分都是青年带来的。青年卡具有金融卡和服务卡的综合功能，能够为青少年的学习、工作和生活提供便利，能够密切团组织与青年的联系。要通过推进中青网、共青团县县上网工程等措施，进一步加强共青团信息化建设，从而把组织、工作和阵地有机地贯穿起来，更广泛、更有效、更及时地覆盖青年、引导青年和服务青年。

第二，增强凝聚能力。共青团增强凝聚能力，就是要把当代中华青年最广泛地团结在党的周围，凝聚在爱国主义和社会主义的旗帜下，为实现祖国富强、民族振兴做贡献。当前，我国正处于必须紧紧抓住并且可以大有作为的重要战略机遇期,需要最广泛最充分地调动一切积极因素、团结一切可以团结的力量共同奋斗。共青团要充分发挥联系青年的桥梁纽带作用,大力增强凝聚能力,努力实现中华青年的大团结、大凝聚。共青团的凝聚力在很多方面属于国家软实力的范畴,包括共青团倡导的价值观念、青年文化、青年工作品牌等。我们增强凝聚力,就要从这些方面来着力推进。

用共同理想凝聚青年。一个民族的共同理想是凝聚全民族力量、推动全民族前进的强大精神动力,也是吸引青年、凝聚青年的前提。全面建设小康社会,实现中华民族的伟大复兴,是全体中华儿女的共同理想。我们要高举爱国主义、社会主义的旗帜,通过开展青年喜闻乐见、富有吸引力和感染力的教育活动,让青年深刻认识到,中华民族伟大复兴的共同理想与青年的根本利益是一致的;中国共产党开辟的中国特色社会主义道路,就是青年实现人生最大价值的道路,从而引导海内外不同领域、不同阶层的中华青年,在祖国美好前景的感召下,在民族复兴远大理想的激励下,最广泛地团结凝聚起来,自觉把个人的奋斗融入到全民族的共同奋斗之中,共同致力于国家富强、民族振兴的伟大事业。

用先进文化凝聚青年。文化的力量,深深熔铸在民族的生命力、创造力和凝聚力之中,是维系国家统一和民族团结的精神纽带。尤其是民族传统文化,是民族亲和力和凝聚力的重要源泉。要充分发挥先进文化的凝聚作用,引导青年努力学习和弘扬先进文化,学习和传承中华民族优秀传统文化,弘扬和培育民族精神,切实提高民族自尊心和自信心。当前,青年的文化需求日益丰富,文化创造日益活跃,文化消费日益旺盛。要充分发挥青年在文化发展中的积极作用,努力建设充满活力、健康有益的青年文化,最大限度地把青年的智慧和力量激发出来、凝聚起来。要通过各种途径加强与港澳台青年和海外中华青年的文化交流,增强他们的民族认同感、归属感和自豪感。

用事业凝聚青年。当代青年崇尚创业、渴望成功,有着报效祖国、奉献社会的强烈愿望,有着在开创事业中实现人生价值的宏伟抱负。共青团要把握经济社会发展和青年发展的结合点,积极为青年发挥作用、成就事业、实现价值搭建舞台。引导青年投身改革发展,通过"西部行"、"东北行"、博士服务团、志愿服务、扶贫支教等多种形式,积极为青年服务社会、建功立业创造机会。促进青年人才与项目、市场的对接,推动科技成果向现实生产力转化,积极为青年成才创业牵线搭桥。促进海外青年人才服务祖国建设和发展,为他们回国创业拓宽渠道。工作品牌也是共青团凝聚力的一个很重要方面。要充分发挥青年志愿者、青年文明号、希望工程、保护母亲河、手拉手、青年文明社区等工作品牌的作用,以吸引、凝聚更多的青少年。

第三,增强学习能力。共青团是广大青年在实践中学习中国特色社会主义和共产主义的学校,把青年一代培养成为"四有"社会主义新人是共青团的根本任务。从这个意义上讲,共青团本身就是一个学习的组织。当今时代,是学习和创新的时代,创建学习型组织、学习型社会已成为社会发展的潮流。党的十六届四中全会强调,要营造全面学习、终身学习的浓厚氛围,推动建立学习型社会。在这种背景下,共青团更应该大力提高学习能力,既加强组织自身的学习,努力培育学习型组织,又积极推动广大团员青年加强学习,努力成为学习型群体,从而始终保持共青团组织的生机和活力。

把学习科学理论作为首要任务。坚持用马克思主义科学理论武装全团、教育青年,是共青团的首要政治任务。共青团增强学习能力,最根本的就是要坚持不懈地用邓小平理论和"三个代表"重要思想构筑青年一代的强大精神支柱,引导广大团干部提高思想政治素质和运用科学理论指导工作的本领，引导团员青年坚定理想信念，树立正确的世界观、人生观和价值观。同时，要注重引导广大青年全面学习，学好文化科技、社会历史、经济法律等方面的知识，努力用人类创造的一切文明成果丰富自己，打牢人生成长进步的根基。

注重在实践中学习。与实践相结合，与人民群众相结合，是青年成长成才的基本途径。实践育人是共青团的优良传统和独特优势。引导青少年在实践中学习，能够巩固和深化学习成果，内化为自身的思想观念、文化涵养和能力素质。近年来，共青团组织开展的保护母亲河行动、大学生志愿服务西部计划、“三下乡”、手拉手等，都是引导青少年在实践中学习的有效做法，使广大青年在实践中加深了对科学理论、对国情、对实际工作的认识和把握。随着时代的发展，实践的内涵不断丰富，在实践中学习的形式更为多样。我们要继续发扬这一传统和优势，结合经济社会发展的需要，照顾青少年的特点，充分尊重青年参与实践的主体地位，引导青少年从小事做起，从身边做起，在实践中体验，在实践中提高；引导青年到基层、到祖国和人民最需要的地方、到现代化建设第一线受锻炼、求真知、长才干。

深入持久开展学习活动。通过开展活动来推动广大团员青年的学习，是共青团的一个传统和优势。要不断深化新世纪读书计划，广泛开展读书周、岗位成才、知识竞赛等活动，引导广大青年强化学习意识，学习新知识新技能，全面提高自身素质。充分发挥各级团校、新闻出版单位和青少年活动阵地的作用，引导广大团员青年积极参与各级各类学习培训。进一步完善和落实团组织的学习制度，推动广大团干部和团员青年的学习实现经常化、制度化。通过评选学习成才奖等方式，发挥学习典型的示范带动作用，在广大青少年中努力营造人人学习、随时学习、终身学习的良好氛围。

第四，增强合作能力。合作是社会组织应对挑战、赢得发展的有效途径。只有通过加强合作，社会组织才能实现优势互补、资源共享、平等互利、共同发展。当前，随着政治多极化、经济全球化的深入发展，整个世界的联系日益紧密，面临的共同课题日益增多，国家之间、社会组织之间加强合作的要求更加迫切，合作的空间更为广阔，求和平、谋发展、促合作已经成为时代前进的必然要求。青年事业关系人类的未来，牵涉社会的方方面面，尤其需要在不断合作中发展壮大。共青团必须大力增强合作能力，面向青年、面向社会、面向国际，实现团内团外、国际国内资源共享、工作联通，以合作求活力，以合作促发展。

要强化团内整合。共青团工作涉及各条战线，涵盖不同地区。加强共青团系统的内部整合，是增强共青团合作能力的基础。加强各条战线的合作。随着经济社会的发展和青年群体的变化，越来越多的共青团工作已经跨越了部门的界限，需要各战线齐心协力，统一行动。团的各条战线、各个部门要加强合作，形成合力，共同推进。加强区域合作。由于各地经济社会发展水平及其青年成长发展的状况不同，各地共青团工作各具特色、各有优势，具有很强的互补性。各地团组织要加强联系，取长补短，实现共同发展。近年来，我们提出的全团抓未成年人思想道德教育、全团抓就业、全团抓统战等工作，推出的东西互助、团干部跨区域培训等活动，都是团内资源整合的生动实践。

要加强与社会的合作。做好青年工作，是全社会的共同责任。共青团要发挥好团结教育青年的核心作用，离不开全社会的支持和参与。要与政府有关部门合作实施好青年项目。适应经济社会发展和当前青年参与热情普遍提高的要求，我们要主动争取政策和资金等支持，形成政府委托、共青团承办的项目合作机制。要加强与社会组织及企业的合作。要深刻认识社会组织在参与社会建设与管理中的重要作用，以及牵动面广、成本低、效率高的明显优势，积极拓展与中介组织、非营利组织等社会组织的合作空间。还要积极支持在共青团领导下成立的青年组织、社团组织开展活动。充分认识利益因素在动员青年、牵动社会方面的作用，在坚持公益性的基础上，探索市场化的合作方式，通过募集、招标等途径，吸纳有关利益主体合作参与项目，实现社会效益、经济效益和人才效益的多赢。

要开展国际合作。共青团作为世界上最大的青年组织，必须以积极的姿态走向世界，在借鉴、吸纳国际青年工作经验和资源中发展壮大团的事业，在积极参与世界青年事务中展示中国青年的时代风貌和青年工作的成就，在参与世界青年事务的同时坚持和发展中国青年工作的自身特色。要广泛开展国际青年项目合作，在青年人才培养、劳务输出、经济与技术合作等方面积极利用国际资源，不断拓展项目合作领域，进一步加大项目合作力度。加强与国际组织、国外青年组织的合作，积极参与环境保护、扶贫开发、青年就业、志愿服务、人才培养、预防疾病和预防青少年犯罪等世界青年事务，努力使中国共青团和中国青年工作在国际青年运动和国际青年事务中有更大作为，为维护世界和平与发展做出积极贡献。加强与外国政府青年机构的合作，不断扩大国内外青年的交流，积极借鉴国际青年工作经验，争取对我国青年工作的支持，加深各国青年的了解和友谊，共同维护和推动世界的和平与发展。

三、抓住根本，大力加强和改进团的自身建设

共青团能力建设的成效，从根本上取决于团的自身建设。组织是基础，领导班子是重点，队伍是关键。各级团组织要始终坚持以“三个代表”重要思想为统领，深入学习贯彻胡锦涛总书记在与团中央新一届领导班子成员和团十五大部分代表座谈时的重要讲话，坚持党建带团建，紧密结合青年工作的实际，全面加强和改进团的组织、领导班子和队伍建设。

第一，加强基层组织建设。团的基层组织是团的工作和战斗力的基础。共青团的各项工作部署，归根结底要靠基层团组织去落实。全团要始终把基层组织建设摆在突出位置，按照全团抓基层、全团抓落实的要求，大力加强组织创新，推动基层组织建设在创新中得到巩固和加强，不断扩大团的基层组织的覆盖面。

坚持党建带团建。党建带团建是推动团的基层组织建设的根本保证。各级团组织要紧紧依靠党组织的领导，按照党的基层组织建设的总体部署，主动将基层团组织建设纳入党的基层组织建设的总体格局，不断优化团的建设的环境，在基层党建的带领带动下，促进基层团的建设。

拓展团建领域。当前，团员青年在社区、非公有制经济组织和新型社会组织的分布日益广泛，已成为团的基层组织建设的新的生长点。要按照“区域覆盖、条块结合、以块为主”的原则，建设具有开放性、协作性、充满活力的社区团组织网络。要加大非公有制经济组织团建力度，找准企业发展与青年需求之间的结合点，不但要建起来，而且要发挥更有效的作用。加大在社会团体和社会中介组织中的建团力度，高度重视民办学校特别是民办高校的团建工作，根据各自特点建立健全团的组织。

创新组织设置形式。伴随经济社会结构和青年群体分布的变化，团的传统组织形式面临着一些新情况新问题。要按照有利于联系团员青年，有利于增强内在活力，有利于整合工作力量的原则，采取灵活多样的形式，合理调整团的基层组织设置。要进一步探索完善联合建团、依托建团、产业建团、社区建团等新型设置方式。

加强青年中心建设。建设城乡社区青年中心是团十五大作出的重要战略举措，核心是要解决在青年群体结构变化和青年社会流动性增强的情况下,如何延伸共青团工作手臂,不断巩固和扩大对青年的组织覆盖面和工作覆盖面的问题。这是一项事关共青团工作全局,事关共青团事业长远发展的工作,是新形势下全团重点推进的一项基础性建设。团十五大以来,各级团组织积极开展试点工作,一批青年中心相继成立,实现了组织模式创新、活动模式创新和工作平台创新。从组织模式创新来讲,青年中心是基层团组织领导下的新型城乡社区青年组织,采取理事会的管理方式,团组织在理事会中发挥领导和指导作用,团委书记当法人代表,这是青年中心的本质意义之所在;采用会员制的参与形式,城乡社区青年和青年团体以会员的方式加入青年中心,享受权利,承担义务;采取面向所有青年的联系方式,最大限度地覆盖区域内的青年。从活动模式创新来讲,根据青年的兴趣、爱好和需求采取灵活多样的活动形式,既可以由社团或者个人组织开展活动,也可以是多个社团联合组织开展活动;既可以依托政府部门或者吸收民间资本开展活动,也可以自筹资金开展活动。从工作平台创新来讲,依托各种公共设施和场所建立阵地,把各类青年社团和社会组织作为会员团体吸纳进来,为它们开展各类活动提供服务平台。通过这些创新,青年中心显示出广泛联系、有效服务青年的巨大优势,展现出强大的生命力和很好的发展前景。各地团组织要总结经验,继续探索,大力推进青年中心建设,切实发挥青年中心在整合资源、凝聚人才、联系青年等方面的作用。

第二,加强领导班子建设。团的领导班子建设,是共青团能力建设的重中之重。建设一个忠实实践“三个代表”重要思想,求真务实、坚强团结、开拓创新的领导班子,不仅关乎共青团的形象和公信力,而且关乎共青团的凝聚力和战斗力。

坚持加强自身修养。团的各级领导班子成员要增强表率意识和责任意识,从自身做起,提高自身修养,在全团形成良好的导向。要培养开阔的视野。善于从全党全国工作大局的高度,从共青团事业长远发展的高度,把党的要求与青年的愿望结合起来,始终做到议大事、懂全局、管本行。要具备宽广的胸怀。胸怀有多宽,事业就有多大。要团结大家共事,团干部把班子成员、把广大团员青年都团结起来,我们的事业就能够不断地兴旺发达。要有虚心学习的态度、相互支持的意识和海纳百川的气度。要锤炼高尚品格,常怀感激之情,常葆进取之心,常存敬畏之念,认认真真做好每一项工作,不辜负党的嘱托、青年的期望。

坚持民主集中制。民主集中制是团的根本组织制度和领导制度。在落实党中央的重大决策和部署时,要全面领会,统一思想,不折不扣贯彻执行;在讨论决定团内工作时,要按照“集体领导、民主集中、个别酝酿、会议决定”的议事规则,充分发扬民主,广泛征求意见,保持班子协调高效运转,发挥班子集体智慧和领导班子的整体功能,不断提高班子决策的民主化和科学化;在开展民主生活时,要积极开展批评与自我批评,在交流中沟通思想,增进团结。总之,要努力形成既有集中、又有民主,既有纪律、又有自由,既有统一意志、又有个人心情舒畅的生动活泼的局面。

坚持密切联系团员青年。要时刻关注青年、了解青年,把青年的喜怒哀乐、安危冷暖挂在心上,用真情凝聚青年、团结青年。要完善联系团员青年的渠道,通过建立联系点、电子信箱等途径,建立畅通有效、长期稳定的联系。推动团务公开,保障团员对团的工作和事务的知情权、参与权、建议权和监督权。

第三,加强队伍建设。团的干部队伍是做好党的青年工作的骨干力量,团员队伍是共青团组织力量的重要源泉。我们要努力建设一支党放心、青年满意的团干部队伍和先进性强、模范作用突出的团员队伍。

加强团干部队伍建设。共青团的能力，很大程度上取决于团干部队伍的能力。团干部队伍的能力，直接关系党的路线方针政策在青年工作中的落实，直接关系团组织在团员青年中的影响力和在社会上的公信力。从总体要求上讲，团干部要坚持不懈地用“三个代表”重要思想武装头脑，大力弘扬求真务实的精神，牢记“两个务必”，自觉做到“八个坚持、八个反对”，始终做到忠诚党的事业、热爱团的岗位、竭诚服务青年，切实提高做好共青团工作的能力。在这里，我着重强调三个方面。

要提高敏锐性。团干部保持敏锐性，干工作才能想在先、抓在前，见微知著，未雨绸缪，不断提高工作的主动性、预见性。要增强政治敏锐性，学会运用马克思主义的立场、观点分析问题、看待问题，特别是增强洞察、鉴别各种社会思潮和社会现象的能力，不随波逐流、不媚俗，始终做到政治坚定、是非分明、头脑清醒。要善于敏锐地把握社会发展的趋势，时刻关注社会的发展变化，在变化中找准青年工作的切入点和生长点，使我们的各项工作适应经济社会发展的要求。要善于把握青年工作规律，在规律的指导下不断研究新情况、解决新问题，掌握工作的主动权，推动共青团事业实现新发展。

要富有创造性。团的事业是常干常新的事业，团的活力来自创新。各级团干部要进一步强化创新意识，善于把党的路线方针政策、上级机关的工作部署同本地区、本部门的实际结合起来，善于把青年工作与社会的发展、青年的变化结合起来，有针对性地提出解决问题和推动工作发展的新举措、新办法，使团的工作不断充满生机与活力。

要注重实效性。共青团工作有自身的特点，既要做到轰轰烈烈、形成声势，又要注重实际效果、扎扎实实。同时，共青团的岗位又是一个流动性大的岗位。这就要求各级团干部要办事业而不搞短期行为，着眼团的事业长远发展来谋划工作，多做抓基层、打基础的工作，在共青团事业的发展中留下自己奋斗的足迹；要务求实效而不搞形式主义，不浮躁，不好高骛远，努力做好本职工作，多为青年做好事、办实事、解难事；要狠抓工作落实而不以会议落实会议、文件执行文件，经常深入基层，了解实际情况，解决实际问题，把各项工作真正落实到基层，落实到团员青年中去。

加强团员队伍建设。目前共青团已有7107万团员。广大团员对共青团的归属感和向心力，关系共青团组织的生命力和战斗力。要广泛开展以先进性教育为主要内容的团员意识教育，引导广大团员牢记自己是青年中的先进分子，增强他们作为共青团员的光荣感、责任感和使命感，在广大青年中积极发挥模范带头作用。进一步做好发展团员工作，不断为组织注入新鲜血液。进一步做好推优入党工作，把优秀团员源源不断地输送到党的队伍之中。

元旦、春节将至，广大团干部要深入青年、了解青年，要关心青年生产、生活。要以下岗失业青年、贫困学生、农村贫困青年、残疾青年为重点，采取募集钱物、志愿服务、济困助学等多种形式，深入开展“真情助困进万家”活动，把党和政府的关怀和温暖，把团组织的关心送到他们的心坎上。

同志们，加强党的执政能力建设为我们做好新形势下的青年群众工作指明了方向，为共青团事业的发展带来了新的机遇。让我们紧密团结在以胡锦涛同志为总书记的党中央周围，高举邓小平理论和“三个代表”重要思想伟大旗帜，树立和落实科学发展观，求真务实，艰苦奋斗，埋头苦干，开拓进取，大力加强共青团的能力建设，努力开创青年工作的新局面，为巩固和扩大党执政的青年群众基础，为实现全面建设小康社会的宏伟目标，做出新的更大的贡献！

周强在全国青联留学人员联谊会成立大会暨一届一次理事会议上的致辞

2004 年 12 月 20 日

今天，见到这么多朋友感到非常高兴。全国青联留学人员联谊会今天下午正式成立了。会议通过了联谊会的章程，选举产生了有关领导机构，各项议程取得圆满成功。我代表共青团中央、全国青联，向新当选的联谊会谭铁牛会长、各位副会长和常务理事，向联谊会全体理事表示热烈的祝贺，向近 800 名联谊会会员和广大青年留学人员致以诚挚问候和良好祝愿！

我国留学人员有着光辉的历史。百年来，一批批优秀中华儿女满怀报国热情和求知欲望，远涉重洋，为寻找救国救民道路和强国富民本领而上下求索、艰辛求学；一批又一批留学人员积极投身我国革命、建设和改革事业，为民族独立、人民解放和国家富强做出了卓越贡献。

本世纪的头 20 年，对我国来说，是一个必须紧紧抓住并且可以大有作为的重要战略机遇期，也是广大青年留学人员回国创业、为国服务、报效祖国的黄金时期。党和国家对留学人员和留学人员工作的高度重视，全面建设小康社会的宏伟事业，人才强国战略的深入实施，为广大青年留学人员实现理想、施展才华，创造了百年难得的新机遇，开辟了更加宽广的新天地。历史和现实都证明，留学人员只有把个人的抱负和祖国的建设紧密结合起来，把个人的追求和人民创造历史的活动紧密结合起来，才能大有作为。亲身参与我国人民创造幸福生活、实现民族振兴的伟大实践，在祖国这块热土上为人民贡献聪明才智，不仅能创造出无愧于时代的业绩，也能得到事业成功的最大快乐。希望广大青年留学人员发扬老一辈留学人员的优良传统，充分认识新世纪新阶段所赋予的历史使命，把握机遇，进一步增强回国服务、报效祖国、造福人民的责任感和紧迫感，在全面建设小康社会的广阔舞台上创造新的辉煌！

成立全国青联留学人员联谊会，是青年留学人员工作的一件大事，是青年留学人员工作进一步走向规范化、机制化的重要体现，也预示着青年留学人员工作将在一个新的起点上迎来更大的发展。希望全国青联留学人员联谊会大力弘扬全国青联“爱国、团结、进步”的光荣传统，高举爱国主义旗帜，切实加强自身建设，为青年留学人员发展进步服务，为国家经济社会发展服务。联谊会要广开渠道，广交朋友，团结凝聚好海内外广大青年留学人员，促进交流，加强合作，努力扩大联谊会在海内外的影响力和吸引力。要代表和维护好青年留学人员的具体利益，努力为青年留学人员办好事、办实事。要把竭诚服务青年留学人员作为联谊会工作的出发点和落脚点，不断增强服务意识，丰富服务项目，创新服务手段，提高服务能力。要找准青年留学人员与国内经济社会发展的结合点，通过开展符合实际、富有成效的活动，为青年留学人员参与祖国建设搭建桥梁。要大力表彰和宣传优秀青年留学人员，积极向有关方面举荐优秀青年留学人员，使青年留学人员人尽其才，在经济社会发展过程中发挥更大作用。

共青团、青联组织要站在贯彻实施人才强国战略，为社会主义现代化建设事业提供人才智力支持的高度，充分认识做好青年留学人员工作的重要意义，主动适应新情况新任务，发挥优势，整合资源，坚持创新工作思路、创新工作方式、创新工作内容、创新工作机制，把新时期的青年留学人员工作不断推向前进。

各位理事，朋友们，时势造就英才，人才推进事业。让我们高举爱国主义旗帜，团结进取，爱国奉献，与时俱进，开拓创新，为全面建设小康社会和实现中华民族伟大复兴贡献力量，用青春和智慧书写新时期留学报国的精彩篇章！

落实科学发展观
在全面建设小康社会的伟大实践中成长发展建功立业

——周强在中国青年企业家协会第九次会员代表大会开幕式上的讲话

2004年12月22日，根据录音整理

这次大会是在全国人民深入学习贯彻"三个代表"重要思想和党的十六大、十六届三中、四中全会以及刚刚闭幕的中央经济工作会议精神的形势下召开的，是动员引导广大青年企业家以更加饱满的热情投身全面建设小康社会实践的一次盛会。在此，我谨代表共青团中央，向会议的召开表示热烈的祝贺！向长期以来关心青年企业家成长、重视支持共青团和青年企业家协会工作的各级党政领导，中共湖北省委、湖北省人民政府表示衷心的感谢！向奋战在经济建设第一线的广大青年企业家致以亲切的问候和良好的祝愿！

中国青年企业家协会第八次会员代表大会以来，各级青企协组织在共青团组织的领导下，坚持以邓小平理论和"三个代表"重要思想为指导，服务党和国家工作大局，服务青年企业家成长发展，创新工作思路，改进工作方式，加强自身建设，扎实开展了青年企业家西部行、青年企业家东北行等经贸考察活动，取得了明显成效。广大青年企业家通过参与这些活动发展了自己的事业，协会工作也迈上了新台阶。广大青年企业家积极响应党和政府的号召，踊跃投身社会主义现代化建设实践，弘扬开拓精神，尽展奋斗英姿，充分展现了当代青年企业家奋发有为、报效祖国的崭新风貌。

本世纪头20年，是我国重要的战略机遇期。紧紧抓住并切实用好战略机遇期，实现经济社会全面协调可持续发展，最重要的就是牢固树立和认真落实科学发展观，用科学发展观统领经济社会发展全局。落实科学发展观，企业至关重要。作为市场经济的主体、社会的细胞，企业在促进经济发展、推动社会进步中肩负着重要责任。青年企业家是企业的领导者和管理者，是最宝贵的人才资源，在经济社会发展中发挥着重要作用。希望广大青年企业家增强大局意识、责任意识、机遇意识，全面落实科学发展观，加强管理，深化改革，创新技术，提高企业核心竞争力，在社会主义市场经济和经济全球化的大潮中竞展风流、成就事业。同时，希望广大青年企业家努力做到"致富思源、富而思进"，热心社会公益事业，为促进经济社会协调发展做贡献。长期以来，广大青年企业家积极参与希望工程、保护母亲河行动、扶贫济困活动、青年志愿者行动以及促进青年就业工作，帮助青少年解决学习、生活、工作中的困难，为促进社会全面发展做出了积极贡献。

中国青年企业家协会作为全国性的青年企业家社团组织，作为共青团联系青年企业家的桥梁和纽带，肩负着团结带领青年企业家为全面建设小康社会而奋斗的光荣任务。各级青年企业家协会要站在新的历史起点上，以服务为宗旨，以建设一流社团为目标，以能力建设为重点，以自身建设为保障，不断提高工作水平，进一步增强协会的吸引力、凝聚力和战斗力。要加大服务力度，为广大青年企业家施展才华、发展事业搭建舞台。要积极服务青年企业家"走出去"，开拓国际市场，开展国际竞争。要加强与国外企业家组织的联系，推动企业家之间的交流与合作。比如，举办青年企业家论坛，为青年企业家、经济专家、经济管理人员提供交流沟通的平台，同时邀请世界著名企业家、世界500强企业董事长或总经理参加论坛，与青年企业家对话，为青年企业家开拓视野、学习先进的企业管理经验提供渠道。最近，我们访问了日本、韩国等国家，在那里参观了一些世界500强企业，深深感受到了他们的企业家同我国青年企业家和青年企业家协会进行合作的强烈愿望。韩国水源市企业家促进会还要派代表团专程到我国考察，同我国青年企业家协会进行合作。我们也邀请日本松下、东芝株式会社的社长以及美国摩托罗拉公司的董事长，从明年4月份起陆续来我国参加中国青年企业家论坛，与中国的青年企业家进行交流。要适应新形势、新情况，更好地代表和维护青年企业家的合法权益。各级共青团组织要切实加强对青年企业家协会的领导，支持和帮助青企协按照法律和章程独立自主、创造性地开展工作，实现青企协事业的新发展。

刚才，罗清泉省长发表了热情洋溢的讲话，向我们介绍了湖北省近些年来经济社会发展的情况。希望大家能够充分了解认识湖北，在迅速崛起的这片发展热土上，寻求合作的机会，寻求事业发展的新舞台。

同志们、青年企业家朋友们，全面建设小康社会的伟大实践为青年企业家施展才华提供了广阔舞台，在这个伟大的历史进程中，青年企业家一定会大有作为。让我们紧密团结在以胡锦涛同志为总书记的党中央周围，高举邓小平理论和"三个代表"重要思想伟大旗帜，求真务实，艰苦奋斗，开拓创新，奋发进取，为全面建设小康社会、实现中华民族的伟大复兴而努力奋斗。

最后，预祝大会取得圆满成功！

弘扬创业精神，培养创业人才
为促进经济和社会全面协调发展贡献力量

——周强在首届中国青年创业周开幕式上的讲话

2004年12月22日

今天，共青团中央、劳动和社会保障部、中共湖北省委、湖北省人民政府、中共武汉市委、武汉市人民政府联合在武汉举办首届中国青年创业周，是为了深入贯彻“三个代表”重要思想和党的十六大、十六届三中、四中全会以及中央经济工作会议精神，认真落实全国再就业工作表彰大会的有关要求，搭建社会化服务平台，促进人才、技术、资金、信息等创业要素的有机结合，推动一大批勇于创业、善于创业的青年人才脱颖而出，通过创业带动广大青年实现就业和再就业。这次活动既是首届中国青年创业周的启动仪式，又是一次现场观摩会。

近年来，湖北省、武汉市各级团组织在省委、市委的领导下，在推动青年就业和再就业方面做了大量的工作，取得了明显成效。这次活动得到了中共湖北省委、湖北省人民政府和中共武汉市委、武汉市人民政府的大力支持。在此，我谨代表共青团中央，向长期以来关心、重视、支持共青团工作和青年工作的湖北省各级党政部门和领导表示衷心的感谢！向长期以来支持中国青年创业行动的企业界、学术界、新闻界的朋友们致以诚挚的敬意！向在服务青年就业创业方面付出艰辛努力的广大团干部、青年企业家致以亲切的问候！

党和政府历来高度重视就业和再就业工作，把扩大就业放在经济社会发展的突出位置，实施积极的就业政策，促进发展经济和扩大就业之间的良性互动。胡锦涛总书记在全国再就业工作座谈会上指出：“解决就业问题，不应是一个被动安置现有劳动人口的过程，而应是一个通过人力资源能力建设、提高人口素质、促进经济加快发展的过程，是一个努力把我国人力资源优势转化为经济社会发展优势的过程。”国际国内经济发展的实践表明，经济增长与就业扩张之间有着密切联系。一般来说，经济发展速度每增加一个百分点，就能增加70—80万人就业。因此，在发展中解决就业问题，是缓解就业矛盾、减轻就业压力的根本出路。发展经济，人的因素至关重要。在经济全球化步伐加快、知识经济蓬勃兴起的新形势下，各国越来越清醒地认识到，开发和运营人力资本是推动经济发展的首要战略。鼓励创业、培育人们的自主创业意识，是一个国家经济发展的根基，是国家保持经济活力的源泉。一个人创业，就能带动一批人就业；人人都去创业，就会激活经济增长的潜力。对于我国这样一个劳动力供给大国来说，必须以培养创业型人才为牵动，扩张创业对就业的倍增效应，进而解决就业问题。

青年是就业和再就业的重点群体。青年就业和再就业问题解决得如何，直接影响党和国家就业和再就业工作全局。当代青年总体上文化水平较高，掌握的新知识新技能较多，思想敏锐，市场适应力较强，最适合、最有条件成为创业型人才。能否把蕴藏在广大青年中的创业热情和创业潜能进一步激发起来，对于做好促进青年就业和再就业工作，实现经济社会协调发展的目标，具有十分重要的意义。近年来，各级团组织根据团中央的统一部署，按照“扶持一个人创业，带动一批人上岗”的思路，以培养创业型青年人才为突破口，以创业教育、创业培训、创业扶持、创业激励为主要内容，在全国范围内实施了中国青年创业行动，培养、扶持了84615名以创办、领办小企业为手段，以安置下岗失业人员为主要目标的青年创业者，他们不仅自己实现了就业，还直接安置了110多万名下岗职工。实践表明，创业是青年就业的最有效、最积极的方式之一，是青年参与经济社会发展的一个重要途径。

当前，青年就业和再就业形势依然严峻。各级团组织要坚持和落实科学发展观，着眼于为构建社会主义和谐社会做贡献，把实施中国青年创业行动摆在更加突出的位置，研究促进青年就业和再就业工作之中遇到的新情况、新问题，不断提高共青团服务青年就业和再就业工作的力度和水平。总的来说，就是要适应时代要求，充分发挥自身优势，紧紧抓住育人这一关键环节，以培养和造就创业型青年人才牵动促进青年就业和再就业工作，在引导青年创业和服务青年就业的结合点上发挥积极作用。

要进一步加强创业教育。积极树立和大力宣传具有时代特点、引领社会风气的先进典型，用生动事迹感召青年，用创造精神教育青年，激发广大青年的创业热情。要加大培训力度，依托团校、青少年宫、青年就业培训基地等团属阵地对青年进行创业能力培训，组织有初步创业意愿的青年到青年创业实践基地锻炼，全面提高他们的创业素质。

要进一步强化创业扶持。通过建立青年创业项目库、举办创业项目发布会、成立青年创业专家指导团、组织青年企业家与创业青年结对、建立青年创业种子基金等，支持有创业愿望和一定创业能力的青年进入第三产业尤其是服务业，兴办投资少、见效快、劳动密集、直接为生产生活服务的中小企业，从而实现就业的倍增效应。

要进一步优化创业环境。不断完善工作机制，积极争取有关部门支持，制定并落实有利于青年创业的政策，加强青年创业文化建设，为创业型青年人才的脱颖而出创造良好环境。逐步建立健全共青团组织和劳动保障部门牵头、其他有关部门支持、社会各界参与的组织机制，以服务就业创业为主题的运行机制，以“中国青年创业奖”为龙头的表彰机制，为中国青年创业行动的持续健康发展提供有力保障。

当今时代是崇尚创业的时代，比以往任何时候都需要青年投身自主创业的伟大洪流。我相信，通过各级团组织、广大团干部的艰辛努力和社会各界的大力支持，中国青年创业周一定能够成为弘扬创业理念的窗口，促进创业要素整合的平台，培育创业人才的载体。让我们紧密团结在以胡锦涛同志为总书记的党中央周围，高举邓小平理论和“三个代表”重要思想伟大旗帜，振奋精神，埋头苦干，开拓进取，为构建社会主义和谐社会，为促进经济和社会协调发展做出新的更大的贡献！

最后，预祝首届中国青年创业周取得圆满成功！

周强在第四届“全国各族青年团结进步奖”表彰大会上的讲话

2004年12月27日

在新的一年即将到来之际，共青团中央、国家民委、全国青联联合举办第四届“全国各族青年团结进步奖”表彰活动，全国56个民族的青年代表聚集首都北京，同叙手足情意，共话祖国发展，具有重要意义。在此，我代表共青团中央、全国青联，向获奖的集体和个人表示热烈的祝贺！向长期扎根基层，为各族青年团结进步工作付出辛勤劳动和汗水的同志们表示诚挚的问候！向一贯关心各族青年成长的各级党政领导和社会各界表示衷心的感谢和崇高的敬意！

党和国家历来高度重视民族团结进步事业，尤其关心各族青年的成长发展。在前三届的表彰活动中，党和国家领导人都亲切接见了获奖者代表，并寄予殷切希望。今天，全国人大常委会副委员长司马义·艾买提同志百忙中出席表彰大会，亲切接见获奖者代表，并将作重要讲话，必将给各族青年以极大的鼓舞，激励他们奋发努力，在祖国现代化建设中发挥更大的作用。

近年来，特别是上届全国各族青年团结进步表彰大会召开以来，各族青年认真学习“三个代表”重要思想，全面贯彻党的十六大精神，在党的领导下，积极投身全面建设小康社会的伟大实践，奋勇拼搏，务实进取，为促进少数民族和民族地区经济社会的发展做出了不可磨灭的贡献，涌现出了一大批优秀青年典型和先进集体。今天受到表彰的单位和个人就是这些先进集体和个人中的优秀代表，大家来自全国56个民族，来自各行各业。在你们的身上集中体现了中华民族团结一心、携手并进的优良传统，充分展现了当代青年锐意进取、奋发图强的时代风貌。你们的生动实践再一次证明，党所领导的建设中国特色社会主义的伟大事业是青年一代施展才华、大有作为的广阔舞台。刚才5位青年朋友的发言很精彩，各自都取得了突出的成绩，听了很受启发，深感高兴。

回顾即将过去的2004年，我国经济继续保持高速增长，宏观调控取得了重要的成果，各项建设事业取得了辉煌成就，我国综合国力和国际地位进一步提高。这是全国56个民族紧密团结，全国各族人民包括广大青年同心同德，在党的领导下共同努力奋斗的结果。展望新的一年，根据中央的部署，要继续加强和改善宏观调控，全面实现“十五”计划目标。青年是整个社会中一部分最积极最有生气的力量，总是走在时代的最前列，少数民族和民族地区的青年肩负着西部振兴和各民族共同繁荣进步的历史重任。在这里，我提几点希望：

1. 做学习实践“三个代表”重要思想的模范。“三个代表”重要思想反映了我国最广大人民的共同意愿，是全党全国人民在新世纪新阶段继续团结奋斗的共同思想基础，是指引我们实现全面建设小康社会宏伟目标的根本指针，也为青年健康成长指明了方向。各族青年要不断增强学习“三个代表”重要思想的自觉性和坚定性，树立正确的世界观、人生观和价值观，树立实现中华民族伟大复兴的远大理想，坚定永远跟党走中国特色社会主义道路的信念，把“三个代表”重要思想转化为自身健康成长、建功立业的巨大力量。

2. 做促进民族团结进步的表率。国家的繁荣昌盛、社会的发展稳定离不开国家统一、民族团结，这是建国55年来尤其是改革开放20多年来，建设中国特色社会主义伟大实践的经验总结。一个四分五裂、动荡不安的社会，不可能有国家的进步和发展。加强民族团结，维护社会稳定和祖国统一，是全国各族人民的根本利益所在，也是加快少数民族和民族地区发展的基本前提和重要保障。各族青年要自觉学习我国各民族团结奋斗、致力于民族解放和富强的历史，从而牢固树立起汉族离不开少数民族，少数民族也离不开汉族，少数民族之间也相互离不开的思想，自觉维护和发展平等、团结、互助的社会主义民族关系，继承和发扬我国民族大团结的优良传统，牢固树立56个民族"同呼吸、共命运、心连心"的观念，不断增强以民族振兴、祖国强盛为己任的紧迫感和责任感，推动各民族的繁荣进步。

3. 做推动经济社会发展的生力军。加强民族团结，归根到底要靠发展经济。本世纪的头20年，是我国改革发展的重要战略机遇期。党的十六大提出了建设惠及十几亿人口的小康社会，是全国各族人民包括广大青年的奋斗目标。实施西部大开发战略，树立和落实科学发展观，推动区域平衡发展，为西部和民族地区加快发展提供了千载难逢的机遇，也为广大青年建功立业提供了广阔舞台。广大青年要把握机遇，迎接挑战，紧紧围绕民族地区经济发展这个主题，勇挑重担，奋发图强，在推动民族地区经济社会全面发展中充分发挥生力军和突击队作用。

4. 做全面发展的高素质人才。巩固和发展民族团结，推动少数民族和民族地区的发展，关键在于人的素质的提高和人才队伍的建设。西部和民族地区还不发达，教育文化事业发展相对落后，这也成为多年来制约西部和民族地区发展的因素之一。当今世界，科技进步日新月异，知识更新不断加快。在这样的时代，加强各方面的学习，提高素质，促进自身全面发展，成为青年的首要任务。广大青年一定要着眼未来发展和国际竞争的需要，树立远大志向，珍惜大好时光，发愤学习，刻苦钻研，打牢人生成长进步的根基；要注重不断学习新知识，增强服务祖国、服务人民的本领；要注重实践锤炼，加强各民族青年之间的交流，取长补短，共同进步，共同发展。

各级共青团、青联组织要从加强党的执政能力建设和民族振兴的高度，切实加强对各族青年的培养，用"三个代表"重要思想武装青年，用马克思主义民族观教育青年，帮助广大青年树立正确的世界观、人生观和价值观，巩固团结奋斗的共同思想基础；要用全面建设小康社会的奋斗目标凝聚青年、激励青年，引导广大青年在推进西部和民族地区发展中奉献青春、建功立业；要把握以人为本的深刻内涵，帮助各族青年解决学习、工作、生活中的实际问题，排忧解难；要充分利用团的组织网络优势，推动西部和民族地区青年与发达地区青年之间的交流与合作，促进西部和民族地区青年转变观念，增强责任感，提高素质，成为建设家乡、振兴西部的重要力量。

同志们，青年朋友们，今年是新中国成立55周年，在党的领导下，靠全国各族人民共同努力奋斗，55年来伟大祖国发生了翻天覆地的变化。全面建设小康社会和加快推进社会主义现代化的伟大事业激励我们奋勇向前。让我们紧密团结在以胡锦涛同志为总书记的党中央周围，高举邓小平理论和"三个代表"重要思想伟大旗帜，以昂扬的斗志、不懈的努力和出色的成绩，为中华民族的伟大复兴贡献自己的青春、热血和力量！

赵勇同志讲话

赵勇在全国青联九届五次常委(扩大)会议上当选为全国青联主席时的即席讲话

2004年1月4日,根据录音整理

各位常委,同志们:

大家选举我担任中华全国青年联合会主席,我衷心感谢组织上和同志们对我的信任。我深知,这既是一份值得我永远珍惜的光荣,更是一份沉甸甸的责任。我将牢记党的教导,忠实履行中华全国青年联合会章程赋予的职责,恪尽职守、甘当苦力,虚心学习、竭诚服务,不辱使命、不负重托,与各位副主席、各位常委一道,齐心协力把青联事业不断推向前进。刚才金龙同志一席话,饱含对青联组织的深厚情意,寄托着对青联委员和青联事业的良好祝愿,听了令人心潮澎湃,浮想联翩。孙金龙同志担任全国青联主席期间,殚精竭虑,忘我工作,致力于青联事业的发展壮大,在金龙同志领导下,青联事业与时俱进,蓬勃开展,卓有成效,为未来的发展打下了坚实基础。我们向金龙同志表示衷心的感谢和敬意!黄丹华、崔波同志给这次会议发来了热情洋溢的贺信,他们在担任全国青联副主席期间,为青联事业的发展倾注了大量心血,做出了重要贡献。我们向丹华、崔波同志表示衷心的感谢和敬意!

我从事共青团工作和青年工作十多年。这些年来,跟青联有过很多的合作,得到青联许许多多的帮助和支持,尤其是近几年,作为青联的一分子,有幸跟大家一起共事,从大家身上学到了很多的东西,汲取了丰富的营养。我深深感到,在青联组织这个大家庭里,青春洋溢激情,友谊温暖人心,事业催人奋进。尤其是从每一位老主席身上,从一代又一代青联人身上感受到许多优良的传统,爱国进步、精诚团结、朴实厚重、奋发有为已成为青联的一种独特的文化魅力,感召着越来越多的有志青年在这里实现人生境界的跨越。这值得我们骄傲和自豪,需要我们继承并发扬光大。

胡锦涛总书记在与团中央新一届领导班子成员和团十五大部分代表座谈时指出:“共青团事业的发展正处在一个新的历史起点上。”这是一个十分深刻、十分重要的科学论断,为新世纪新阶段共青团工作和青年工作指明了历史方位和发展方向。从这个意义上讲,青联事业的发展同样正处在一个新的历史起点上。面对经济全球化、市场化和信息化加速发展的时代潮流,面对紧紧抓住本世纪头二十年重要战略机遇期全面建设小康社会的艰巨任务,面对广大青年在促进经济社会发展中的现实作用愈加凸现的发展趋势,青联组织的作用和地位越来越重要,青联事业迎来了大发展的宝贵历史机遇,也面临不少严峻的挑战。如何立足新的历史起点,开创青联工作新的局面,是我们必须认真思考和应对的重大课题。我们一定要高举爱国主义、社会主义的伟大旗帜,用“三个代表”重要思想武装青年,用中华民族伟大复兴的共同理想激励青年,用全面建设小康社会的宏伟目标凝聚青年,把亿万青年的积极性和创造性充分汇聚到全面建设小康社会,实现中华民族伟大复兴的时代洪流中来。

作为青年联合会,联合是青联的情感纽带,联合是青联的组织之魂,联合是青联的根本要义。我们要立足新的历史起点,抓住机遇,迎接挑战,围绕大目标,巩固大团结,推动大联合,谱写青联事业发展新的篇章,关键是要在联合二字上下功夫,不断赋予联合以新的时代内涵,努力促进方方面面的联合。

促进联合,就要更加广泛地联系。联系是联合的基础,联合的前提。我们要进一步加强青联组织与青联委员之间,青联组织之间,青联委员之间,青联组织、青联委员同海内外广大中华青年之间的联系。通过广泛联系、密切联系,使青联组织更好地团结凝聚青联委员和广大青年,使党的青年群众基础更好地得到巩固和壮大,使爱国统一战线的力量不断地得到巩固和壮大。

促进联合,就要更加真诚地联心。联心是一种感情。我们要把青联组织作为我们的心灵家园,互相之间真心相待、相知、相处,手拉得更紧,心贴得更近。联心一种志向。我们在青联的旗帜下相聚,关键是要把心紧紧凝聚在一起,把个人的发展与国家民族的前途命运紧紧连在一起,心心相通,心心相连,在全面建设小康社会、加快推进社会主义现代化的宏伟进程中更好地唱响爱国、团结、进步的主旋律,用青春的豪迈书写对祖国的热爱,用青春的创造铸就中华民族伟大复兴的伟业。

促进联合,就要更加全面地联手。联手为了干大事业,联手为了干成大事业。我们进入了一个合作的时代,青联组织人才济济,青年人才联手创业,对于实施人才强国战略,对于形成青年人才的群体优势,对于青联委员实现自身事业的更大发展,都具有重要意义。联手为了追求进步,联手为了更好地服务人民。青联是一个为公共利益服务的组织,选择青联就是选择了为公共利益服务。我们要互相学习,互相支持,互相鼓励,更好地为老百姓服务,为公共利益服务,在联手的奉献中体现人生的价值和追求。

促进联合,就要更加良性地联动。组织要联动起来。全国青联有全国学联、青企协、青乡企协、青科协、青年志愿者协会、青少年宫协会等众多会员单位,要把各自的优势有机地整合互动起来,资源共享、优势互补,协同运作、形成合力,自觉走联合发展之路。青年组织之间、上下之间、区域之间也要为了共同的目标,围绕共同发展的命题联动起来,共创辉煌。工作要联动起来。青联不能自我运转,不能孤芳自赏,要紧紧围绕党和国家工作的大局谋划思路、开展工作,在大局下行动,与大局联动,努力把青联组织、青年委员和广大青年的奋斗,汇入到全国各族人民为全面建设小康社会共同奋斗的洪流之中。内外要联动起来。积极寻求和推动青联组织与其他社会组织、工商企业、国际组织的合作,广泛整合各类社会资源,把青联的工作开展得更好更有实效。

各位常委、同志们,中共中央政治局委员王兆国同志专程来云南参加这次常委会,下午将发表重要讲话,体现了党中央对青联工作的亲切关怀和高度重视,我们倍感振奋、倍受鼓舞。让我们更加紧密地团结在以胡锦涛同志为总书记的党中央周围,以邓小平理论和“三个代表”重要思想为指导,高扬爱国主义、社会主义旗帜,最大限度地实现海内外中华青年的大联合、大团结,求真务实,艰苦奋斗,干事创业,奋发有为,为全面建设小康社会,实现中华民族的伟大复兴谱写新篇章,创造新辉煌!

赵勇在全国青联九届五次常委(扩大)会议上的工作报告

2004年1月4日

这次会议的主要任务是以邓小平理论和“三个代表”重要思想为指导,全面贯彻党的十六届三中全会精神,贯彻落实中央经济工作会议、全国宣传思想工作会议、全国人才工作会议精神,总结2003年工作,部署2004年工作,立足新的历史起点,努力开创青联工作新局面。现在,我受主席会议委托,向常委会做工作报告,请予审议。

关于2003年工作

2003年,在我国的发展进程中是重要而又很不寻常的一年。面对复杂多变的国际形势、突如其来的非典疫情和频繁发生的自然灾害,全党和全国各族人民在以胡锦涛同志为总书记的党中央坚强领导下,以邓小平理论和“三个代表”重要思想为指导,认真学习贯彻十六大精神,万众一心,团结奋斗,改革开放和现代化建设取得新的成就。刚刚过去的一年,也是全国青联很不平凡的一年。一年来,全国青联高举爱国主义、社会主义旗帜,坚持服务社会、服务青年、服务委员的工作方针,广泛团结凝聚海内外中华青年,为促进经济社会发展、民族团结和祖国统一做出了积极贡献。

过去的一年,我们坚持用“三个代表”重要思想构筑当代青年的强大精神支柱。通过开展“兴起新高潮,创造新业绩”主题活动,引导广大青年立足本职岗位、争创一流业绩,不断加深对“三个代表”重要思想的认识,努力实践“三个代表”重要思想。一批又一批的优秀青年成为学习实践“三个代表”重要思想的模范。广大青年对“三个代表”重要思想高度认同,衷心拥护。广大青年已经成为我们党长期执政的坚强群众基础。

过去的一年,我们抓住有利契机,在广大青年中大力弘扬伟大的民族精神。在抗击非典的斗争中,广泛动员广大青年积极行动起来,用本职岗位的贡献支持抗击非典的斗争。在《人民日报》和《中国青年报》上及时刊发整版公益广告,号召广大青年同全国人民众志成城、同心协力抗击非典。组织各界青年代表人物在各大媒体发表以抗击非典为主题的文章和寄语,激励广大青年“同心抗非典,争相报祖国”。在这场斗争中,各界青联委员不畏艰险,真诚奉献,发挥了独特的作用。尤其是医药卫生界的青联委员始终战斗在第一线,用自己的青春和热血构筑起了阻击非典的坚固长城。科技界的青联委员刻苦攻关,连续奋战,在研制疫苗和防治药物方面作出了杰出贡献。企业界的青联委员踊跃捐款捐物,有力地支援了防治非典的战斗。文艺界的青联委员不计个人安危,深入一线开展慰问演出,热诚地传递着爱心和勇气。在这场没有硝烟的战斗中,当代青年经受住了考验,唱响了弘扬伟大民族精神的时代赞歌。借这个机会,我提议,向医药卫生界的青联委员,向所有为抗击非典作出贡献的青联委员、青年朋友表示衷心的感谢,向他们致以崇高的敬意。

去年另外一件牵动亿万人民的大事,就是“神舟”五号载人飞船的成功发射,使中华民族自古以来的飞天梦得以实现,极大地鼓舞和振奋了中华儿女。全国青联利用这个契机,大力宣传杨利伟、张庆伟、袁家军、雷凡培等航天英雄和科技少帅,在“神舟”载人飞船的研制和发射过程中,这几位青联委员在第一线忘我工作，默默无闻地奉献青春和热血，做出了突出的贡献。我们大力宣传“特别能吃苦、特别能攻关、特别能战斗、特别能奉献”的载人航天精神，极大地激发广大青年的民族自信心和自豪感，广大青年的爱国热情空前高涨。载人飞船发射成功之后，全国青联及时召开了各界青年的座谈会，利用这个契机，引导全国青年充分认识到，“神舟”五号飞船发射成功，展示了中国共产党领导的巨大力量，展示了中国特色社会主义的巨大力量，展示了中华民族的巨大力量，也展示了改革开放以来青年人才的巨大力量。借这个机会，我提议，为几位科技少帅和所有为航天事业做出了贡献的青年朋友表示衷心的感谢和由衷的敬意。

过去的一年，我们努力为经济社会发展做出了新的贡献。一是深化中国青年科技创新行动，重点组织了近百名青年科技专家开展“青年专家河南行”活动，深入企业、高新技术园区和农村，提供技术指导、咨询、培训等服务，发布科技成果110多项，围绕信息化建设、农业发展等主题举办科技报告会，引起强烈反响。

二是组织海外学人回国创业。组织来自美国、日本、英国等23个国家和地区的940多名海外学人分赴10个省、市的33个园区开展考察、交流、合作活动，共举办项目发布会、洽谈会43场，发布项目850多个，产生了很好的社会效益、经济效益和人才效益。中共中央政治局委员王兆国同志对这一活动给予了充分肯定和热情鼓励。

三是为丰富人民群众的精神文化生活服务。在春节期间，我们组织了志愿者艺术团深入辽宁农村开展文化下乡活动。10月份以来，组织志愿者艺术团在北京、山东东营和贵州纳雍举行了3场大型演出，慰问“神舟”五号飞船研制人员、胜利油田工人和“西电东送”水电职工，向共和国的建设功臣表达了崇高的敬意。一年来，共有上百人次文艺界委员参加了12场慰问演出，成为群众文化生活的一道亮丽风景线。我们还积极组织相关界别委员发挥专业优势服务社会。医药卫生界委员赴农村开展医疗义诊、免费发放药品，书画界委员用手中的画笔热情讴歌火热的生活，政法界委员开展普法宣传、为群众提供义务法律咨询等活动，都取得了非常好的效果，受到人民群众的热烈欢迎。

过去的一年，我们在开发青年人才资源方面取得了新成绩。通过评比表彰，推动优秀青年人才脱颖而出。推出了杨利伟、姚明、许树强、张锦、陈薇、张积慧、水均益等中国青年五四奖章获得者和中国十大杰出青年。在中国青年科技创新活动中，在中国青年科技创新奖评选活动中，选出了10位在技术创新和高新科技成果产业化方面取得突出成绩的优秀青年典型，这些青年典型，为青年树立了新的学习榜样，受到全社会的普遍关注和高度认同。

通过挂职锻炼，提高青年人才的综合素质。联合中组部选派128名青年博士组成第4批博士服务团，赴西部地区进行为期1年的挂职锻炼。服务团成员充分发挥专业特长和自身优势，在西部大开发第一线施展才华，经受锻炼，增长才干。继续实施“培养计划”，选派来自西部和民族地区的49名青年干部赴东部和沿海地区挂职锻炼，帮助他们开阔视野，提高认识，增强素质。

通过培训交流，服务委员发展。组织近百位企业界委员汇聚北京CBD，举办奥运市场开发计划和北京CBD建设主题报告、经济学家专题演讲和中美CEO对话等活动，不仅为委员们提供了大量的商业信息，也有效推动了委员们的学习、交流与合作。组织30位宗教界青年代表人士赴辽宁、天津、北京等地开展考察学习，进一步增强了他们对我国国情的认识。在香港举办青年管理人才高级研修班，帮助他们学习先进管理经验，增强现代市场经济意识，提高应对入世挑战的能力。

过去的一年，我们在加强与港澳台青年交流、联系海外学人工作和青年外事中迈出了新步伐。一年来，我们始终坚持中央对港澳台工作和海外联谊工作的一系列方针政策，扎实推动各项工作深入发展。大力加强与港澳台青年的交流。先后举办第4届海峡两岸青年元宵联欢活动和两岸杰出青年、两岸经贸界青年、香港青年才俊等交流活动，组织内地与香港青年学生、青年志愿者交流活动，组团参加两岸四地经贸合作前景论坛和明日领袖高峰论坛等活动，推动了两岸四地青年在经贸、科技、文化方面的交流与合作。共接待来访团组16个，223人次，组派交流团组12个，190人次。针对台湾地区出现的新情况，深入开展专题调研，形成了《当代台湾社会环境下青年学生发展状况研究报告》，为有关方面提供决策依据。

大力加强与海外留学人员的联系。全国青联秘书处设立了专门负责海外学人工作的机构。开通了中华海外学人服务网，加强收集海外学人信息，建立长期稳定的交流渠道，增大对海外学人的服务力度。开辟了与海外留学人员联系的新渠道，首次组团赴美国和加拿大参加第4届“北美洲中国留学人员人才交流会”，赴德国和法国进行专业交流，扩大了全国青联在青年华侨和海外留学人员中的影响。

一年来，青年外事积极配合党政外交，服务团的重点工作，取得新的发展。召开全国青年外事工作会议，研究确定了新时期青年外事工作的指导思想和原则。巩固同周边国家青年的友好往来，开展了第4届“中越青年友好会见”活动，接待了第5批日本百名青年代表团来华访问，举办了东南亚国际青年干部高级研修班。开辟青年外事新领域，组派高层次代表团访问欧洲委员会，邀请未建交国圣多美和普林西比议会第一大党青年组织代表团访华。启动“中国青年创业国际计划”，举办中德青年就业研讨会，广泛开展国际合作。全年共接待外国来华团组52个，1064人次，派出友好访问团42批，545人次，有力地推动了同世界各国青年的友好交往。

过去的一年，在扎实推进各项工作的同时，全国青联进一步加强了自身建设。开展青联组织基本情况普查，摸清了组织发展现状。举办新增补委员见面会，通过新老委员交流，进行生动的入会教育。按照民政部有关要求，认真组织全国性青年社团年检工作，规范青年社团的管理。改版《全国青联通讯》，扩大赠阅范围，加大《中华儿女》杂志报道青联委员和青年人才的力度，更好地服务青联工作。

在过去的一年里，青联事业在继承中发展，在开拓中前进，各项工作实现了新的发展。广大青联委员立足岗位，扎实奋斗，锐意创造，在竞争中尽显风流，在奉献中成长进步，绘就了青联事业的绚丽画卷。在此，我代表全国青联向各会员团体和各位常委所取得的成绩表示祝贺，对大家在推动青联事业发展中所作出的贡献表示衷心的感谢！

总结我们的实践和创造，对于如何在新的历史条件下推动青联工作，我们有几点体会。

一是要以与时俱进的科学理论指导与时俱进的青年运动。“三个代表”重要思想是与时俱进的理论。当代中国青年运动是与时俱进的社会运动，两个与时俱进之间存在内在的必然联系。这种联系统一于党的领导。党的指导思想实现了与时俱进，它必然应用于它所指导的各项工作之中，必然应用于党所领导下的青年社会运动。与时俱进的理论指导与时俱进的青年运动，就是要以“三个代表”重要思想武装青年，以“三个代表”重要思想指导实践，以“三个代表”重要思想统领青年工作。

二是要广纳天下贤才，汇聚成全面建设小康社会的时代洪流。青联的感召力和影响力，在很大程度上取决于所拥有的人力资源。各级青联组织广泛团结凝聚着不同领域、不同行业的青年人才，他们都在各自的岗位上为推动经济社会发展发挥着骨干作用，在当代青年中起着示范导向作用。要进一步发挥青联组织的人才聚合效应,用伟大的事业凝聚青年人才,用竭诚的服务吸引青年人才,用良好的形象感召青年人才。

三是要充分发挥优势,整合社会资源,为广大青年成长成才、建功立业搭建广阔的舞台。帮助青年成就事业是党和国家事业发展的需要,也是每一个青年、每一个青联委员实现自身价值的需要。在社会主义市场经济条件下,社会资源的整合方式发生了深刻的变化。青联组织在市场经济条件下有着越来越大的优势,借助于我们的政治优势、组织优势,通过搭建平台,就能够把这些资源有效整合起来,给广大青年以机会、以动力。比如,“金桥计划”就为人才资源与市场、项目的对接搭建平台;创新论坛就为广大青年人才交流思想、推动创新搭建平台;创业周就为海外学人回国创业搭建平台;两岸青年汇中华就为内地青年与港澳台青年加强交流搭建平台,等等。我们要进一步总结经验,探索规律,创新方式,积极搭建广大青年参与推动经济社会发展的平台。

四是要以项目化的运作方式,形成青联事业积聚和积累的效应。我们的事业要发展,要具有成长性,就要不断地积聚力量。项目化运作是近年来我们在工作中做出的一项有益探索。通过项目化运作,取得了明显效果。举办一个个项目,就逐渐培养了一个个品牌,牵动着全社会,影响着广大青年,形成了一个个社会运动的增长极,吸纳着各种社会资源,使青年事业不断地做强做大。

五是要健全机制,不断推动青联事业的持续发展。机制建设是一项带有全局性、战略性的工作。良好的工作机制,是推动青联事业不断向前发展的重要保证。随着经济社会生活发生的深刻变化,青联事业的发展面临着层出不穷的新情况、新问题。解决这些问题,必须在机制建设上下功夫,才能把握规律性,不断推动青年事业向前发展。要健全充分发挥委员作用的机制,积极为委员参与经济社会发展牵线搭桥,拓宽领域,畅通渠道,使广大青联委员各尽其才、才尽其用。要完善服务委员的机制,加强组织与委员的联系与沟通,深入了解委员的需求,通过培训、组织考察、信息服务等多种方式,为委员的成长发展服务,把青联组织建设成为委员之家。要完善组织运行机制,加强常委会、各级青联组织、各界别工作委员会的建设,强化各级青联组织的沟通和区域协作,努力增强组织的吸引力、凝聚力和内在活力。

关于 2004 年工作

2004 年,是实现“十五”计划的关键一年,是全面落实党的十六大和十六届三中全会精神,深化改革、扩大开放、促进发展的重要一年。2004 年,也是青联工作发展的重要一年,全国青联将迎来成立 55 周年。胡锦涛总书记在与团中央新一届领导班子成员和团十五大部分代表座谈时深刻指出:“共青团事业的发展正处在一个新的历史起点上。”从根本上讲,青联事业与团的事业面临的形势和任务是一致的。因此,青联事业的发展同样处于一个新的历史起点上,面临着新的机遇和挑战。

从国内情况看,党的十六大提出了全面建设小康社会的奋斗目标,为实现现代化建设第三步战略目标,实现中华民族伟大复兴勾画了宏伟蓝图,为广大青年成长发展、建功立业提供了广阔的舞台,其中蕴涵着青联事业发展的宝贵机遇。这 20 年是我们重要的战略机遇期,也是当代青年大显身手、建功立业的宝贵时光。这 20 年,我们要完善社会主义市场经济体制。这是一项前无古人的宏伟事业,必然带来经济和社会结构的前所未有的变化,必然深刻地影响当代青年的思想意识和行为方式。怎样在这种形势下牢牢抓住 20 年战略机遇期,发挥青联的力量,引导青年在全面建设小康社会的伟大进程中做出新的贡献,青年组织使命神圣,责任重大。

从国际情况看，经济全球化不断加快，以加入WTO为标志，我国对外开放进入了一个新的阶段。在这样的条件下，青年的视野和发展空间更为广阔，青联组织对外交流与合作的舞台也大大拓展。但是我们必须清醒地认识到，全球化、市场化和信息化对青年的发展提出了新的挑战，尤其是对青年价值的形成，提出了新的挑战。世界范围内人才争夺战日益激烈，对于我们做好青年人才工作提出了新的课题。西方发达国家加紧对我国进行文化渗透，青少年首当其冲，对于我们做好教育引导青年的工作提出新的课题。美国等西方国家利用民族、宗教等问题干涉别国内政，已经成为影响当今世界政治格局的重要因素，对我们做好民族宗教工作，维护民族团结和祖国统一，提出了新的课题。

在这样的时代背景之下，我们要从全局和战略的高度，用世界眼光和战略思维，认识所面临的新形势和新任务，抓住机遇，迎接挑战，不断推动青联事业向前发展。2004年全国青联工作的总体思路是：以邓小平理论和"三个代表"重要思想为指导，深入学习贯彻党的十六大和十六届三中全会精神，贯彻落实中央经济工作会议、全国宣传思想工作会议和全国人才工作会议精神，贯彻落实团十五大精神，以推动青年人才发展和促进中华青年大团结为主线，不断实现工作思路、工作方式和自身建设的创新，团结凝聚广大青年特别是青年人才为我国经济社会发展，为实现民族团结和祖国统一做出新的更大的贡献。

一、深入学习实践"三个代表"重要思想

"三个代表"重要思想反映了我国最广大人民的共同意愿，体现了当今世界和中国发展的时代精神，显示了马克思主义科学理论的强大力量，是全党全国人民在新世纪新阶段继续团结奋斗的共同思想基础，是实现全面建设小康社会的根本指针。全国青联要把学习贯彻"三个代表"重要思想作为首要的政治任务，用"三个代表"重要思想统领青联的各项工作。一是要进一步引导委员深入地学习"三个代表"重要思想，把握"三个代表"重要思想的时代背景、实践基础、科学内涵、精神实质，不断提高对"三个代表"重要思想的认识。二是要引导广大青联委员立足本职岗位，深入实践"三个代表"重要思想，为先进生产力和先进文化的发展做贡献，为最广大人民群众谋利益。三是要发挥青联委员的优势。我们通过各种方式，到群众中去宣传"三个代表"重要思想，构筑起全民族强大的共同的思想基础。各级青联委员在学习、实践、宣传"三个代表"重要思想方面，都要力争成为青年的表率，成为青年的榜样。

二、动员各族各界青年为全面建设小康社会做贡献

建设惠及十几亿人口的更高水平的小康社会，是13亿中国人民共同的美好愿望，需要亿万青年共同奋斗。各级青联组织要坚持全面、协调、可持续的发展观，牢牢抓住20年的发展机遇期，把广大青年的智慧和力量引导到全面建设小康社会的伟大实践中来。

一是要为先进生产力的发展做贡献。我们国家正处在城市化、工业化高速增长的阶段，这种态势还将持续很长一段时间。我们要把握这个大的走向，抓住这个难得的机遇，发挥青联委员的聪明才智，积极推动先进生产力的发展。尤其是要发挥我们人才密集的优势，为实施科教兴国战略做贡献。以培育和创新活动载体为突破口，以促进人力资源合理配置为关键，以推进青年专家科技服务活动为重点，全面深化中国青年科技创新行动。要通过建立服务基地、服务示范点、服务联系点等方式，积极探索开展长期服务和合作的新模式，逐步形成项目化、市场化运作的工作机制，促进产、学、研、资的有效结合。要加强中国青年科技信息网、中国青年科技创新在线博览会的建设，依托共青团县县上网工程和青年中心的建设,普遍建立青年科技信息服务站,广泛收集人才、技术、项目、资金等供需信息,逐步建立起全国互联、上下互动的创新资源信息库和人才资源配置平台。

要动员青联委员在实施西部大开发和振兴东北等老工业基地战略中大显身手。在青藏铁路等重点工程中发挥突击队作用,在西部生态建设中发挥排头兵的作用。要有效地为西部地区配置高级人才,推动东西部地区有效地良性互动。要进一步深化百名博士西部行、博士服务团、青年企业家西部行等活动。还要动员青年企业家和科技精英为振兴东北等老工业基地做贡献。

二是要为先进文化的发展做贡献。民族的产生源于文化,民族的前程系于文化,民族的盛衰在于文化。中华民族的伟大复兴在很大程度上讲就是中华文化的复兴。文化作为大家共同认同的价值和认知体系,无所不在,无时不在。文化与经济紧密结合,就会使经济发展更具有后劲。文化与政治紧密结合,就会使民主和法制的建设更加顺利地进行。青年文化在某种程度上讲,在社会文化中起着开风气之先的作用。我们要发挥青年文化的功能,一方面是引领社会风气之先,另一方面是发挥文化的育人作用,用文化来引导青年的主流价值观,引导青年健康成长。同时,文化可以满足广大青年成长发展的需求。青联在文化方面人才济济,具有独有的优势。青联要和团中央等有关部门一道,大力推动青年文化行动的实施,要引领青年文化潮流,打造青年文化精品,培养青年文化名人,推动青年文化活动,壮大青年文化事业,推动青年文化不断地繁荣和发展,为社会主义先进文化的发展做出贡献。

三是要为最广大人民群众谋利益。青联历来将为人民群众做好事、做实事,作为我们的一个宗旨,也作为我们的一个好的传统,在社会上树立了良好的形象。我们要发扬优良传统,响应党的号召,努力实践“权为民所用,情为民所系,利为民所谋”。我们要时刻把人民群众的冷暖放在心上,大力实施“真情暖万家”活动,把真情送到千家万户,尤其要发挥青联的优势,整合社会资源,为困难群众包括困难的青年群众,困难的灾民,边远贫困地区的农村青年,进城务工的青年,上不起学的青年学生,等等,帮助他们排忧解难,把党和政府的温暖送到他们的心坎上。

三、切实做好青年人才工作

人才问题是关系党和国家事业发展的关键问题。我们应对越来越激烈的国际竞争,关键在人才。我们要实现全面建设小康社会的宏伟目标,关键在人才。我们党要长期执政,关键在人才。青联的事业,人才为本。我们要全面贯彻全国人才工作会议精神,在实施人才强国战略中,发挥青联的优势,做好发现、培养、凝聚青年人才的工作,努力开创青年人才工作新局面。

要在广泛凝聚青年人才上下功夫。长期以来,青联组织以其独特的优势吸引了大批青年人才。在新世纪新阶段,我们要继续高举爱国主义和社会主义旗帜,用全面建设小康社会的宏伟目标凝聚人,用有效的服务吸引人,把各族各界优秀青年人才聚集起来。要针对青年人才结构的变化和青年人才流动的新趋势,不断创新组织形式,扩大组织覆盖,消除人才工作的盲区和死角,把更多优秀青年人才吸纳到青联组织中来,把海外的青年学人、青年侨胞中的优秀人才,都吸引到青联组织的周围,凝聚到为建设中国特色社会主义事业的伟大进程中来。

要在大力培养青年人才上下功夫。着眼开发青年人才资源、实现人的全面发展。以培训为中心环节,以委员为主要对象,以著名高校和成功企业为依托,以交流学习、挂职锻炼为主要形式,帮助青年人才学习新知识,培养新观念,不断增强创新意识和创新能力。要引导青联委员到实践中去,实践是培养青年人才的根本途径。青联要开展丰富多彩的活动，引导青年在实践中不断地成长和发展，不断地吸取力量，吸取动力。要创造条件，推动青年人才到海外学习、培养和锻炼，扩展国际视野。要把青联组织打造成学习型组织，引导青联委员牢固树立起终身学习的观念。

要在积极举荐青年人才上下功夫。评选、表彰、宣传是青联组织举荐人才的有效手段。要进一步深化五四青年奖章、十大杰出青年、青年科学家奖、青年科技创新奖、软件行业杰出青年奖等评选活动，广泛发现青年人才，表彰奖励青年人才，大力宣传青年人才，提高他们的社会影响力，发挥他们的示范导向作用，努力营造有利于各类青年人才脱颖而出的良好氛围。

要在优化青年人才成长环境上下功夫。尤其要鼓励创新，宽容失败，当给成功者以鲜花和掌声的时候，也要给在探索中遇到挫折的青年以关心和支持。要营造起一个鼓励创新、鼓励青年脱颖而出的文化环境氛围。要和委员所在的单位紧密联系，既要在工作上给任务、压担子，提供机会和空间，也要在生活上关心他们，为他们排忧解难，共同做好委员的培养工作。

四、进一步加强与港澳台青年的交流

加强内地青年与港澳台青年的交流与交往，推动港澳台青年对祖国历史文化的深入认识与了解，促进内地与港澳台青年人才的共同发展，对保持香港澳门的长期繁荣稳定，对于构筑祖国统一大业的基石，都将产生积极的促进作用。我们要坚决贯彻“和平统一、一国两制”基本方针，《香港特别行政区基本法》和《澳门特别行政区基本法》以及江泽民同志对台八项主张重要讲话精神，进一步推动祖国内地与港澳台青年交流的蓬勃发展。

在加强与港澳台青年的交流与合作中，要引导港澳台青年认识到复兴是我们共同的使命，发展是我们共同的目标，文化是我们共同的纽带，友谊是我们共同的桥梁。以共同的理念说服人、打动人。要通过举办世界华人领袖青年论坛、海峡两岸暨港澳地区青年企业家论坛、“爱我中华”两岸四地青年大汇聚、海外杰青汇中华等活动，以及港澳台地区与内地之间的大学及大学生手拉手活动等，团结和壮大拥护祖国统一的青年力量。通过举办以港澳特邀青联委员和青年代表人士为主体的国情研习班、专题研讨班，培养更多爱国爱港爱澳的青年力量。成立中华青年交流中心，推进项目合作，深化与港澳台青年的交流事业。

我们要坚持“和平统一、一国两制”的基本方针和现阶段发展两岸关系、推进祖国和平统一进程的八项主张，积极推进两岸青年往来和经济文化交流，促进祖国和平统一进程。我们坚决反对任何形式的“台独”分裂活动，绝不允许任何人以任何方式把台湾从中国分割出去。我们呼吁，包括台湾同胞在内的全体中华青年一起努力，共同推动祖国的完全统一早日实现。

五、进一步做好民族地区青年和信教青年工作

民族地区青年和信教青年工作是青联工作中的重要内容，是党的民族宗教工作的重要组成部分。这些年来，总体上说，民族地区青年和信教青年的工作取得了新的进展。但是，我们也必须看到，在当今世界政治、经济、科技、文化和人民的生活方式等发生深刻变化的情况下，民族和宗教问题在世界政治生活中的影响日趋扩大，产生了一些复杂的矛盾和现象。这些矛盾和现象也影响到我国民族地区青年和信教青年。我们要主动适应形势变化，进一步做好民族地区青年和信教青年的工作，为维护国家的团结稳定和统一做贡献。

我们要坚持“围绕大目标，实现大团结”的主题，高扬爱国主义、社会主义旗帜，坚持开展马克思主义民族观、国家观、历史文化观、宗教观和党的民族、宗教政策教育，把各族各界青年的积极性和创造性引导到全面建设小康社会、加快推进社会主义现代化上来。要以全国各族青年团结进步表彰活动为龙头，大力宣传各族青年团结进步典型的先进事迹，广泛动员各民族青年投身民族团结进步事业；通过读书班、集中培训和参观考察等形式，加强对宗教界青年代表人士的教育、培训工作，引导宗教与社会主义社会相适应；要进一步开展无神论的教育。进一步加大培养少数民族青年干部的力度，扩大培养规模，拓宽培养范围，为民族地区的发展做贡献。

六、进一步做好海外学人和青年侨胞的工作

在这些年的实践中，我们深深地感到，海外学人大多学有所长，有着回国创业、报效祖国的强烈愿望，是我国人才资源的重要组成部分。青年侨胞有着心系祖国、不忘桑梓的优良传统，能够为祖国建设做出积极贡献。改革开放以来，我国出国留学人员已达58万，现已回国的有近16万，他们在祖国经济建设和社会发展的各条战线上发挥着重要作用。他们是各条战线上宝贵的人才资源，也是我们青联应去凝聚、团结的人才资源。我们要始终坚持“请进来，走出去”的方针，积极开辟多种联系渠道，多方牵线搭桥，通过组织为国服务团、创办高新技术创业园、项目合作等方式，推动海外学人以各种形式、在各个领域为祖国改革开放和现代化建设服务。要采取切实有效的措施，为已归国的海外学人发挥更大作用创造条件，解决归国后在学习、工作和生活中的实际困难，更好地参与国家建设。要积极探索与海外侨团组织合作开展活动，注重发挥海外青联委员和友好青年侨团的作用，不断壮大服务祖国建设的青年侨胞队伍。

七、进一步加强青联组织的自身建设

要积极创新组织形式。根据社会结构和阶层变化，探索增设新的界别，优化青联的界别结构。着眼发挥委员积极性和扩大活动参与面，在界别工作委员会下积极设立专门工作委员会，或在国家级专业协会下设立青年委员会，扩大青联组织的辐射面。积极探索青年社团的发展模式，延长工作手臂。

要加大服务委员的力度。建立健全信息通报制度，帮助委员及时了解组织发展和青联工作的有关情况。开通青联网，在委员与组织、社会之间搭建起多元化信息交互平台。充分挖掘和发挥《全国青联通讯》和《中华儿女》杂志的信息沟通和宣传推介功能，更好地为委员服务。要筹建全国青联会所，为委员和其他青年人才提供交流、活动的相对固定的场所。

要大力加强青联干部队伍建设。干部队伍是推动青联工作不断发展的重要保证。要加强思想理论教育，提高青联干部的思想理论政策水平和政治意识、大局意识、忧患意识、责任意识；加强服务意识和业务素质培训，提高青联干部的工作水平；加强作风建设，努力保持蓬勃朝气、昂扬锐气、浩然正气，培养一支素质高、能力强、作风硬的干部队伍。

另外，今年，青年外事工作要坚持“大国是关键、周边国家是首要、发展中国家是基础”的外交方针，继续推进中国青年创业国际计划、举办亚欧青年探索之旅暨保护母亲河论坛、国际青年文化节，深化青年领域的国际合作；开展中俄青年友谊年系列活动和中韩青年大规模交流活动，巩固和发展与周边国家青年的友好交往；举办中国—东盟青年部长会议、中非青年论坛，实施国际青年领导人访问计划和政府主导的青年海外访问计划，不断扩大同世界各国青年和青年组织的友好交流。

各位常委、同志们，伟大的时代成就伟大的事业，伟大的事业造就杰出的人才。青联的事业恰逢盛世，任重道远。让我们紧密团结在以胡锦涛同志为总书记的党中央周围，以邓小平理论和“三个代表”重要思想为指导，抓住机遇，艰苦创业，立足新起点，开创新局面，为全面建设小康社会做出新的更大贡献，谱写中国青年运动新的历史篇章。

赵勇在2003年度新增补全国青联委员见面会上的讲话

2004年2月24日,根据录音整理

今天的新委员见面会是一次青春的约会,一张张笑脸洋溢着青春的气息。因为你们的加入,青联组织更富活力;因为你们的加入,青联事业更有希望。从今天起,你们的成长发展将与青联组织息息相关,你们的奋斗将与国家的命运更加紧密相连。我代表中华全国青年联合会,向新加入全国青联的各位委员,表示热烈的欢迎和衷心的祝贺!

刚才四位新委员代表的发言都很精彩,情真意切,令人感动,听了很受启发。那么,加入青联组织,做一个青联委员,到底意味着什么呢?

加入青联首先意味着光荣。青联组织是共产党领导的有着55年光荣历史的最广泛的青年爱国统一战线组织,几十年来带领全国各族各界青年在革命、建设和改革中充分发挥出重要作用,有着光荣的历史,更有着光荣的使命和光荣的未来。现在我国有40岁以下的青年人3.5亿,全国青联委员共1717位,也就是说,在21万青年中才有一位全国青联委员。大家能够成为一名青联委员,标志着你们过去的奋斗得到了党和政府以及社会的充分认可,确实是一件很光荣的事,应该感到自豪和骄傲。

加入青联还意味着责任。我们这一代人生逢其时,全面建设小康社会的20年正好和我们青春的奋斗紧紧相连,责任重大,使命光荣。这份责任,来自于国家,来自于民族,来自于人民。作为青年中的优秀分子,我们要站在青年的前列,站在时代的前列,肩负起这份伟大的责任。同时作为一个组织的成员,为这个组织增添光彩,增添活力,同样是我们应尽的责任。每一个青联委员的所作所为都在打造青联的品牌,塑造青联的形象。因此无论从国家和民族的角度来讲,还是从组织成员的角度来讲,我们都承担着义不容辞的责任。

加入青联还意味着进步。今天是一个新的起点,过去的都已成为历史,在这个新起点上我们要更好地迈开步伐,向着新的目标奋斗、拼搏。青联组织也会关心、支持和帮助大家进步。有人说青联组织是一方净土,有人说是一个港湾,有人说是一条激流,不管怎么说,她都会尽力为每一位委员的成长、发展和进步搭建平台,优化环境,排忧解难。

总之,作为一名新委员,首先要意识到加入青联意味着光荣,意味着责任,意味着进步。有了这份光荣感、使命感和责任感,我们就能在这个组织里面,在这个大舞台上,以更加奋发有为、昂扬向上的精神风貌,充分展现人生价值,为国家、为民族做出新的贡献。

前不久,胡锦涛总书记在中纪委第三次全体会议上发表了十分重要的讲话,要求在全党大力弘扬求真务实的精神,大兴求真务实之风,不断求我国社会主义初级阶段基本国情之真,务坚持长期艰苦奋斗之实;求社会主义建设规律和人类社会发展规律之真,务抓好发展这个党执政兴国的第一要务之实;求人民群众的历史地位和作用之真,务发展最广大人民根本利益之实;求共产党执政规律之真,务全面加强和改进党的建设之实。这是针对我们当前全面建设小康社会的历史任务,针对当前解决前进道路上的各种问题提出来的一个重要论断和战略部署,具有十分重要的意义。各级青联组织认真学习贯彻胡锦涛总书记的重要讲话精神，求青年工作规律之真，务服务大局、服务青年之实，从一件一件具体事情做起，从一个一个具体青年帮起，把工作做得实而又实，把青年工作不断推向前进。

我理解，求真务实不仅对党和国家各项事业的发展至关重要，对我们每一个加强自身修养也具有特殊重要的指导意义，它要求我们真实做人，真实干事，真实求知。作为青联委员，作为优秀青年的代表，更要自觉地按照党的要求塑造自己，锻炼自己，成就自己。在这里，我主要就这一方面谈几点体会与大家交流、共勉。

真实做人，就是要真诚实在。真诚为人，以诚待人，是一个人的立身之本。一些刚走上工作岗位的年轻人经常讲，社会比较复杂，从学校进入社会感到难以应对。我跟他们谈心时讲，只要怀着诚挚的心，怀着真诚的愿望，诚恳待人，什么都不复杂。我常讲"当面提醒，背后维护"，同事之间有什么事情要当面提醒，背后就是讲维护。只要大家都做到这一点，什么麻烦都不会找到你。任何时候，不管别人怎么复杂，以简单应对复杂，复杂的问题就变得简单，复杂的人际关系也变得简单，这就是辩证法。这里面凸显一个"诚"字，只有诚心诚意，诚诚恳恳，才真正能达到这个境界。

真实干事就是要真抓实干。不管做什么工作都有它的规律，我们要求工作规律之真，务工作成效之实。谋划工作要有思路，要有战略思维，要有世界眼光，要想得更远一些；推动工作要有魄力，定下来的事情要有魄力去推动；落实工作要有韧劲，很多事情做个"盆景"容易，真正做实、做深、做透很不容易。要有韧劲，要百折不挠，抓反复，反复抓，要有这么一种作风，真正做到真干事，干实事。

真实求知就是要真学实用。我们今天的文明，是我们的前人在实践中追求真知，发现规律而最终创造的。作为先进分子的代表，我们要站在创造文明的前列。学习是基础，要学点真东西。求真知，就是要真正地找到规律。学了之后还要实用，要和人民群众的实践结合起来。所以真实求知就是真学，而且实用，在学习上也能够达到求真务实的境界。

各位委员，我们正置身于一个全面建设小康社会的伟大时代，也正在亲历中华民族和平崛起的伟大进程，国家期待着我们建功立业，时代召唤着我们尽展风采。让我们携起手来，在爱国主义、社会主义的旗帜下，以"三个代表"重要思想为指导，紧密团结在以胡锦涛同志为总书记的党中央周围，求真务实，埋头苦干，创造无悔的青春，创造永恒的青春！

从加快社会发展的战略高度
推动志愿服务成为全民的自觉行为

——赵勇在全国政协十届二次会议第四次全体会议上的发言

2004 年 3 月 9 日，根据录音整理

主席，各位副主席，各位委员：

我代表共青团中央发言的主题是：从加快社会发展的战略高度，推动志愿服务成为全民的自觉行为。

在座的很多同志可能还清楚地记得：去年8月份，成千上万的应届大学毕业生，满怀理想，打起行囊，奔赴西部第一线，开展为期一到两年的志愿服务。现在半年多时间过去了，西部捷报频传。最近我到西部去调查研究，西部的党政领导异口同声称赞志愿者，纷纷要求增加志愿者的名额；西部的老百姓异口同声，称赞志愿者太好了，帮他们办了很多实事，解决了很多难题；大学生志愿者也异口同声，说来得太值了，很多人表示要延长服务期，有的还表示要留下来。这些给了我们很大的鼓舞。

其实，“大学生志愿服务西部计划”只是中国青年志愿者行动的一个缩影。10年来，在扶贫开发、社区服务、环境保护、抗洪抢险、海外服务、抗击非典等诸多领域都活跃着志愿者的身影。有近1.5亿人次的青年志愿者提供了近55亿小时的志愿服务。他们用爱心谱写着无数的平凡而又伟大的动人乐章，他们用奉献诠释着中华民族崇高而又朴实的价值理念，他们用行动感染和鼓舞着越来越多的人共同参与。这给了我们许许多多的启示：

实践表明，志愿服务在社会发展的方方面面都可以发挥不可替代的重要作用。因为志愿服务关注和帮助困难群体，在政府和市场都顾及不到的层面上发挥独特的作用，可以促进社会的公正；因为志愿服务少花钱，多办事，可以用很少的投入，动员起巨大的力量，可以提高社会的效能；因为志愿服务传递的是温暖，奉献的是爱心，有效地改善人际关系，可以增进社会的和谐；因为志愿服务注重道德实践，塑造主流价值观，尤其是能够培养一批有社会责任感的优秀人才，可以发展社会文明。

实践表明，加快社会发展，需要政府统筹兼顾，积极作为，又需要全社会广泛参与，共同努力。温总理的政府工作报告以“五个统筹”为脉络，贯穿了科学发展观的这根红线，尤其是解决经济社会发展“一条腿长、一条腿短”的问题，提出了切实有效的对策，我们听了很受鼓舞。但是我们决不能仅仅把关注的目光投到政府要拿多少钱、做多少项目。纵观世界各国的经验，对于社会发展而言，政府的力量总是有限的，需要全民全社会的投入。而志愿服务，就是一种最好的动员方式。从老百姓来讲，也是一种最佳的参与方式，就近、就便，闲暇时间都可以参与，同时，也是中国巨大的人力资源的有效利用。

实践表明，人民群众当中蕴藏着志愿服务的巨大积极性和潜力。中华民族历来有乐善好施、扶危济困的优良传统。改革开放20多年，广大的群众积累了一定的物质资本，升华了精神境界，有了更多的闲暇时间，这些都是志愿服务的丰厚积淀。我们推行注册志愿者制度只有3年的时间，现在注册的人数已经达到1379万，就是一个生动的例证。只要通过有效的制度安排，把人民的积极性挖掘出来、调动起来，就能汇聚起亿万群众参与社会发展的巨大洪流。

总之，我们可以清楚地看到，志愿服务完全可以成为社会发展的有机组成部分，在加快社会发展的进程中，发挥出巨大的作用。

然而现实的情况还很不尽如人意。一是公众参与的面还不广，美国是80%的参与面，欧洲是70%的参与面，我们现在5%都不到；参与的渠道还很不畅通，许多想做志愿者的人不知道通过什么方式做志愿者，许多想得到志愿服务的人也不知道到哪里去申请；资金的投入也很不够，无论是政府的投入还是社会的投入，都还远远满足不了人民群众的需求；协调管理的机制也很不顺畅，多头出击，形不成合力。有鉴于此，我们提出几点建议：

第一，建议把志愿服务纳入“十一五”发展规划。建议在制定“十一五”规划时，把志愿服务作为社会发展的一项重要内容，和社会发展的其他项目，一并列入规划，统筹考虑，协调推进，使志愿服务成为一项政府大力支持、公众广泛参与的社会事业。尤其是要加快建立覆盖全国的志愿服务网络。

第二，建议尽快制定《志愿服务法》。以立法手段推动志愿服务是国际通行的做法。目前，广东、福建等一些地方已制定了地方性的法规，对于调动公众参与志愿服务起到了很好的推动作用。建议尽快制定全国性的《志愿服务法》，规定公民参与志愿服务的权利和义务，对志愿者和志愿者组织的合法权益予以保护。

第三，建议政府资助“大学生志愿服务西部计划”等重点志愿服务项目。政府资助、社会组织承办是世界各国推动志愿服务的共同做法。建议将志愿服务纳入公共财政预算，特别是对重点项目给予支持，以带动更多的社会资源投入志愿服务事业。比如，进一步扩大“大学生志愿服务西部计划”的规模，引导更多的大学生到西部去、到基层去、到祖国和人民最需要的地方去；比如，可以从援外经费中切块帮助志愿者到海外去作国际志愿者，既可以塑造中国负责任的大国形象，又可以传播中国的文化，培养国际化的人才，发展民间外交；还比如，可以招募志愿者到西部去，治沙防沙、植树造林，从事环保志愿服务；还比如，还可以帮助志愿者对庞大的进城务工人员进行培训，提高他们的技能，让他们平等参与竞争，增长才干。

第四，建议建立社会评价和奖励体系。社会评价和奖励是社会的导向，建议教育部门把志愿服务作为评价学生综合素质的重要基准，引导和鼓励学生从事志愿服务。建议组织人事部门把志愿服务作为录用公务员的一个基本条件，鼓励大学生到基层去、到条件艰苦的地方去。建议基层党团组织把志愿服务作为评价优秀党团员的一个重要依据，鼓励党团员争做志愿服务的模范。还建议社区组织把志愿服务作为评价好公民的条件，通过有效的评价激励，努力形成人人争当志愿者、竞相参与志愿服务的生动局面。

各位委员，也许我们都有这样的切身感受：人类的发展并不是因为较高的收入而得以延续，相反，是因为关爱而得以发展。从这个意义上讲，志愿服务功德无量，前途无限光明。可以肯定，亿万人民群众都行动起来，用爱心、用双手投入志愿服务，我们的社会一定会更美好，我们的明天一定会更美好。

谢谢大家！

赵勇在2004年大学生志愿服务西部计划电视电话会议上的讲话

2004年4月12日，根据录音整理

大学生志愿服务西部计划实施以来，在党中央、国务院的亲切关怀下，在各个部门、地方党委政府的大力支持下，各项工作进展顺利，为今后的深入实施奠定了良好的基础。下面，我就2003年工作实施情况和2004年工作安排讲几点意见。

一、大学生志愿服务西部计划取得了阶段性重要成果

2003年6月，根据国务院常务会议精神，团中央、教育部在财政部、人事部的支持下，组织实施了大学生志愿服务西部计划。计划启动后，各级项目办以对党和国家高度负责的精神，

带着对青年学生的深厚感情,精心谋划、周密部署、上下联动、密切配合,扎实推进各项工作。8月底9月初,6000名大学生志愿者奔赴西部191个贫困县开展服务。辽宁、贵州等9个省(区、市)组织实施了地方项目,共招募了4090名大学生志愿者赴本省(区、市)的164个贫困县服务。目前,全国项目在岗志愿者5800名,其中1年期志愿者1770名,2年期志愿者4030名。地方项目1年期与2年期志愿者大体上各占一半。

西部计划实施时间虽然不长,但各方面都给予了充分肯定和积极评价。各级党政领导称赞志愿者为西部大开发出了力,帮了忙,做出了积极的贡献,纷纷要求今年增加志愿者名额;当地群众称赞志愿者给他们办了很多实事、好事,希望志愿者能够长期留下来;大学生志愿者表示在西部基层收获很大、终身受益,坚定了服务西部、服务基层的信心和决心。可以说,西部计划取得了阶段性的重要成果。具体地讲,有以下四个方面。

1. 西部计划在青年中树立起到西部、到基层建功成才的积极导向,进一步彰显了积极向上的主流价值观。西部计划高扬理想的旗帜,以责任激励青年,以奉献感召青年,以事业凝聚青年,在全国高校中唱响了"到西部去、到基层去、到祖国和人民最需要的地方去"的主旋律,成为新时期加强青年思想政治教育的有效途径。1万多名高校毕业生响应党和国家号召,满怀报效祖国、服务人民的青春壮志,在西部基层的广阔天地受锻炼、长才干、做贡献,他们的积极行动和感人事迹在广大青年中进一步树立了到西部、到基层建功成才的积极导向。我们高兴地看到,许多志愿者愿意长期在西部基层工作。比如在西藏服务的32名1年期志愿者中就有17人表示愿意长期扎根西藏工作;重庆有280名、陕西有209名、甘肃有141名、四川有134名大学生志愿者已经明确表示在西部地区就业的意向。这些都表明,到实践中去,到现代化建设的第一线去,到基层和艰苦的地方去越来越成为这一代青年学生的光荣选择。最近,团中央组织调查组到10个省份就今年高校毕业生就业情况进行调查研究。在调研的过程中,很多大学生都表示今年愿意到西部去、到基层去,比去年我们同期问卷调查的比例提高了17%。

2. 西部计划为当地群众带来了实惠,促进了西部地区经济社会的发展。大学生志愿者来到西部基层,发挥自己的专长,直接服务于当地群众,为西部地区的教育、医疗、农技、扶贫、青年工作等各项事业的发展做出了贡献。重庆彭水县朗溪乡的刘勇等7名志愿者,在当地建成4000亩大学生油菜科技示范基地,不仅为当地农民增加了收入,而且还改变了当地的种植习惯,调整了当地的农业生产结构。县政府已决定把这块基地作为试点,在全县范围内推广。在广西、四川、云南、新疆等地的志愿者纷纷自发成立了助学基金,用自己为数很少的生活补贴,帮助数百名贫困学生解决在学习、生活中遇到的困难。大学生志愿者还广泛动员母校、家庭、同学、朋友等资源,为服务地提供资金、技术、项目等多方面的支持,成为连接东西部之间、城乡之间的一条条纽带,在更广的层面上促进了西部地区经济社会的发展。在四川朝阳县服务的杨猛,看到服务单位学生宿舍楼因后续资金不能到位而无法竣工,学生不得不住进食堂里面,便四处奔走求助,为学校筹来了200多万元后续资金。学校的师生十分感动。中国农业大学、广西大学等许多高校通过志愿者牵线,与服务地政府签订了校地合作协议。同时,志愿者们以新的生活观念、新的工作方式和发展观念,潜移默化地影响着当地社会,影响着当地的老百姓。我们在调研的过程中,所到之处,老百姓交口称赞,说志愿者来了以后确实给他们办了好事。我到四川资阳调研时了解到,一个种药材的专业大户,药材烂根的问题老是解决不了,中国农业大学的几个大学生,用了三天时间、花了很少成本就解决了，老百姓感到志愿者真“神”！

3. 西部计划促进了一支优秀青年人才队伍的健康成长。西部基层舞台广阔，机遇无限，是锻炼培养人才的一方沃土。大学生来到西部基层，来到人民群众之中，增进了与人民群众的感情，培养了吃苦耐劳的精神，增强了社会责任感，提升了精神境界，真正做到了知国情、增阅历、长才干。尽管不到一年的时间，在他们中间，有的已经成为学校教学的骨干，有的成为科技致富的带头人，有的成为当地小有名气的医生，还有的已经被所在县党委、政府委以重任，成为基层领导干部。在四川邛崃服务的34名志愿者中有17人递交了入党申请书。来自复旦大学的冯艾、北京大学的莫锋等一大批优秀志愿者典型不断涌现，正在发挥着重要的导向和示范作用。一支既具有现代科学文化知识、又具有基层工作经验并富有社会责任感的优秀青年人才队伍正在茁壮成长。在十届二次政协会上，共青团青年界别组的政协委员听到西部计划的信息后，纷纷表示自己的单位要吸纳这样既懂得国情又有责任感的志愿者来就业。

4. 西部计划开辟了人才资源配置的新途径，促进了人才资源的东西互动、城乡互动。由于区域经济社会发展不平衡、就业观念和人才流动等体制方面的原因，目前，我国东西部之间、城乡之间人才资源配置还不尽合理。实施西部计划，采取公开招募、自愿报名、按需选拔、定期轮换的方式，探索了一条在社会主义市场经济条件下，通过志愿服务这种非市场手段配置人才资源的有效途径，实现了人才资源的东西互动和城乡互动。在这些大学生中间，有的虽然只在当地服务1－2年，但他们对当地的关注和支持将可能是终生的；有的服务期满离开后，会带动新一批大学生接过他们的“接力棒”；有的将在当地留下来，直接成为西部基层的有用之才。我们有理由相信，随着西部计划的深入实施，大学生人才资源从东部到西部、从城市到乡村，将成为一股永不停息的奔涌的时代洪流。

西部计划的顺利实施，带给我们许多有益的启示。我们归纳为四个方面。

1. 西部计划符合青年学生成才报国的愿望。大家都还清楚地记得，去年6月，西部计划启动后仅13天时间，就有4万多人报名，我们不得不提前结束了报名。这些报名的大学生83%是本科生，很多人能找到工作并且有很多人已经找到了很好的工作，却放弃了，而选择去当志愿者。这说明当代青年学生有着追求中华民族伟大复兴的共同理想，有着报效祖国、服务人民的巨大热情。西部计划找准了国家发展战略和青年学生报国愿望的结合点，探索了组织青年学生以志愿服务的方式为国家发展做贡献的有效途径，从而受到了广大青年学生的积极响应和广泛参与。

2. 西部计划符合西部经济社会发展对人才的强烈渴望。西部大开发，人才是关键。我国人才资源配置存在着结构性的矛盾，有的地方多了，有的地方少了。西部基层急需人才。西部计划组织大批学有专长的大学生志愿者到西部基层工作，极大地缓解了西部基层对人才的渴求。志愿者有效服务了当地经济社会的发展，受到了西部地区干部群众的热烈欢迎。有的志愿者给我们来信说，他们去报到时，看到老百姓在村头夹道欢迎都感动得热泪盈眶。

3. 西部计划符合科学发展观的要求。西部计划架起了东西部和城乡之间发展的桥梁。大学生志愿者为西部基层带来了人才、智力、信息、资金等方面的资源，促进了城乡统筹，促进了东西统筹，是树立和落实科学发展观的一个重要纽带、重要载体和有效途径。

4. 西部计划符合青年学生成长发展的规律。与实践相结合，与人民群众相结合，是青年成长的必由之路。这是我们党和政府一贯倡导的方针，也为实践所证明。西部基层是青年学生增长才干、成就事业的广阔舞台。西部人民的创造和实践是青年学生智慧的源泉。

青年学生到艰苦的环境中磨炼自己,到基层的实践中丰富自己,把所学知识与社会需求紧密结合起来,不断锤炼意志品格,不断提高业务能力,真正成长为对国家、对社会、对人民有所建树的优秀人才。

去年是实施西部计划的第一年,在取得显著成效的同时,也还存在一些有待进一步改进和完善的地方。比如,由于项目启动时间紧、任务重,岗位对接不够充分,有的志愿者作用未能得到充分发挥;有极个别志愿者的用人单位对志愿服务认识上存在一些偏差,觉得这些人是找不到工作才来西部服务的;也有极个别志愿者觉得自己在当地应该受到优待,所以提出一些不合适的要求。又比如,志愿者的管理服务还不规范,管理的过程中还有这样那样的漏洞等等。这些问题都是前进中、发展中的问题,有待于我们在实践中加以解决。

二、求真务实,扎实工作,努力推进2004年大学生志愿服务西部计划

按照国务院会议精神,今年参加西部计划全国项目的志愿者总数将达到1万名。除2003年招募的4000多名2年期志愿者外,今年我们将新招募6000名。重点是抓好支教、支医、支农、青年中心建设和管理、“全国农村党员干部现代远程教育试点工作”志愿服务、“百县千乡宣传文化工程”志愿服务、西部基层检察院志愿服务等7个专项行动。为了做好今年的工作,各级项目办需要在以下六个方面下功夫。

1.加强宣传,营造氛围。我们实施西部计划一个很重要的意义,就是要通过这1万多人、2万多人,形成一个积极的导向,引导更多的人到基层去。因此加强宣传工作,营造更加浓厚的社会氛围,十分重要。近一年来,大学生志愿者中涌现出许多感人至深、催人奋进的典型,西部计划取得了显著成效,有许多好的素材需要我们深入挖掘,大力宣传。要进一步唱响到西部去、到基层去的主旋律,形成到西部基层大有作为的积极导向,引导更多高校毕业生到西部去、到基层去,努力营造全社会关心、理解、支持西部计划的良好氛围。为了达到良好的宣传效果,我们要把握以下四点:一是立足点要高。我们今年的宣传不要就事论事,要站在服务大局、维护高校稳定、服务大学生就业、服务人才强国战略这样的战略高度,来认识和把握宣传工作。要继续高扬理想的旗帜,充分展现当代青年的时代风采,反映西部计划的社会效应和人才效应。二是内涵要深。要注重深度挖掘,全方位、多角度、深层次地展示西部计划的方方面面,通过专家访谈、典型挖掘等形式,从青年成长成才和社会发展等各个不同的侧面进行深入理性的分析、报道。三是声势要大。要加强对志愿者个人和志愿者集体、服务地党委政府和用人单位、派出省和派出高校先进典型的宣传报道。做好志愿者先进事迹报告团、话剧巡回演出等活动的宣传报道。通过刊发志愿者日记、志愿服务“两地书”等多种形式,用优秀志愿者的事迹吸引人、鼓舞人、感召人。四是特色要鲜明。要有青春的特色、西部的特色,突出先进性、富有时代性,在宣传的方式方法、内容题材等方面进行大胆的创新,做到中央各大媒体和地方媒体上下互动,党政、家长、学生、社会等各个层面互动,形成一个立体的、高度密集的宣传态势。

2.采取措施,服务就业。今年7—8月份,1年期志愿者将完成服务任务。全国项目有1770人要完成光荣的服务任务走向社会。虽然我们没有承诺保证西部计划大学生服务期满的就业,但这些大学生服务期满后就业状况如何,受到社会各界关注,牵动着千家万户,影响着西部计划的持续发展。各级项目办要高度重视,把就业服务工作抓紧抓好。一是落实和出台支持就业的政策。团中央、教育部、财政部、人事部将联合下发《关于做好2004年大学生志愿服务西部计划工作的通知》,对西部计划志愿者报考研究生、公务员的有关政策进行明确。如服务期满1年考核合格,报考研究生的,总分加10分;各高校出台的政策如优惠于此政策则参照高校政策；同等条件下，优先录取。服务期满1年考核合格，可以按应届高校毕业生身份报考国家机关公务员；报考中央国家机关和东、中部地区公务员的，同等条件下，优先录取，报考西部地区公务员的，笔试总分加5分。各团省委不但要积极协调党政有关部门，将这些政策逐一落实到位，而且要争取当地党政部门支持，为志愿者就业提供更多实实在在的帮助和服务。二是整合社会资源。要在充分掌握志愿者就业需求的基础上，整合各类有效资源，包括青联、青企协等各个方面的资源，引导社会各界关注志愿者、了解志愿者，畅通志愿者与用人单位之间的供需渠道。通过举办志愿者专场招聘会、提供创业技能培训、提供创业贷款等多种方式，为志愿者就业和自主创业提供服务。三是直接选拔优秀人才。各级团组织可以根据本单位实际情况，选拔志愿者充实到团的领导机关。同时，推动有关部门从志愿者中录用公务员。

在就业服务工作中，各级项目办特别是西部各省(区、市)项目办要积极引导志愿者在西部基层就业创业，做到感情留人、事业留人、政策留人、机制留人。要积极协调各级党委、政府出台政策，畅通志愿者扎根西部基层的渠道；要在日常生活中关心志愿者、爱护志愿者、重视志愿者，给他们施展才华的舞台；要做好有在西部基层扎根意向的志愿者的思想工作，帮助他们解决留下来可能遇到的各种困难；要充分宣传扎根西部成才、创业的先进典型，包括过去的一些老典型。

3. 完善制度，强化管理。搞好管理是西部计划取得实效、持续发展的关键。一要加强组织管理。各省级团委要积极争取有关部门的支持，成立青年志愿者工作部、指导中心等专门工作机构，统一负责本省青年志愿者行动的规划、协调和指导，重点负责西部计划全国项目和地方项目的组织实施。条件具备的地(市)级团委也要设立西部计划项目办。全国项目办将颁行《大学生志愿服务西部计划志愿者管理办法(试行)》，落实“谁用人、谁受益、谁负责”的原则，明确各级项目办、服务单位的职责。二要加强自我管理。通过探索民主选拔志愿者服务队队长、建立志愿者临时党团组织、成立志愿者俱乐部等多种方式，充分调动志愿者的主观能动性，努力探索新的志愿者管理模式。三要加强安全管理。要牢固树立安全第一的思想，加强对志愿者的安全意识教育，向志愿者提供必要的安全保障，比如交通安全、女志愿者的住宿安全等。要进一步落实每月情况定期通报制度和突发事件及时通报制度。四要加强健康管理。志愿者远离家乡亲人，在条件较为艰苦的地方服务，他们的健康状况牵动着家人。要饱含对志愿者的感情，高度重视志愿者的健康问题；要坚持预防为主，加强对志愿者食宿条件的检查，为志愿者提供卫生健康的生活环境；要建立规范的志愿者就医和保险理赔流程，确保志愿者患病后能够得到及时、规范的治疗。五要加强绩效管理。各级项目办要按照《评估考核办法》有关规定，提早行动、认真对待，切实做好本级项目办的相关工作。对各级项目办工作的评估结果将作为表彰和下一年度项目实施的重要参考依据。要做好对志愿者的考核表彰工作。

4. 把好关口，确保质量。按需选派是确保服务效果的基础。要以求真务实的精神，本着“按需、择优、集中”的原则，统筹谋划西部计划的招募选派工作。一要通过岗位申报实现按需招募。各服务省申报岗位要以7个专项行动为重点。对于教育等服务岗位，要保持服务的连续性，形成接力机制。今年申报岗位及招募选拔的全过程都将通过互联网完成。“招募管理信息系统”的培训工作已经结束。各省项目办要高度重视，加强网络安全管理，做好相关材料的备份工作，确保招募目标的顺利实现。二要坚持公开、公平、公正的选拔原则。要从毕业生的思想素质、专业水平、服务经历、健康状况等方面严格把关，择优选拔，按照有关规定对入选者进行公示，确保招募到以本科生为主的综合素质较高的毕业生。三要相对集中。今年原则上保持去年200个服务县的规模，不再新增服务县。这样做可以保持连续性，形成规模效益，同时便于管理，节约管理成本，有效减少管理风险。同时，服务领域和服务内容也要相对集中。今年我们要集中精力围绕7个专项行动开展工作，特别要组织青年卫生志愿者到农村开展医疗服务，集中力量实现重点突破，争取为农村公共医疗卫生体系建设积累经验。四要严把体检关。根据西部服务省份反映的情况，我们决定今年的体检工作由原先在服务省进行调整为在招募省集中进行。各招募省项目办要切实负起责任，严格按照全国项目办下发的体检标准，认真组织好志愿者体检工作。如果是因为招募省没把好关，由于健康原因需要把志愿者送回去，中间的费用由招募省负责。

5. 强化培训，加强引导。做好培训工作对于提高志愿者服务效果、提高项目管理人员管理服务水平具有重要意义。在培训工作中，一方面要充实培训内容。要统一使用全国项目办编印的系列教材；结合7个专项行动抓好专业技能培训，特别是要与当地党委组织、宣传部门和检察机关密切配合，共同做好相关项目志愿者的定向培训工作；搞好素质拓展训练，增强志愿者的团队意识。另一方面要开展多层次培训。既要加强对志愿者的培训，又要加强对组织管理人员的培训；既要注重志愿者的岗前培训，又要注重在服务当中的后续培训；既要加强各省项目办对服务县项目办的培训，又要加强服务县项目办对服务单位具体工作人员的培训。

考虑到大学生从报名到参加服务还有近2个月时间，为了保持志愿者队伍的相对稳定，在征求部分省和志愿者意见的基础上，今年培训派遣时间拟提前到7月中下旬进行，比去年提前一个多月。各服务省、服务县项目办要根据上述考虑，做好志愿者到达服务地后正式上岗前的生活、学习和工作安排。这样，培训的时间就可以安排的稍微长一些，培训的内容就可以适当的丰富一些。

需要强调的是，在培训工作中，要突出“受锻炼、长才干、做贡献”的主题，引导志愿者树立正确的观念，增强责任感，而不是优越感；增强荣誉感，而不是特殊性，做到多学习、多锻炼、多积累、多奉献。

6. 全面推进，积极稳妥。2003年，在全国项目的影响和带动下，贵州、北京、宁夏、甘肃、重庆、辽宁、河北、广东、山东等9个省（区、市）实施了地方项目，工作很有成效。实践表明，各省普遍开展地方项目的条件是完全具备的。如果每个省都把地方项目做起来，将会在社会上产生更大的影响，整个志愿服务事业将迈上一个崭新的台阶，共青团在服务大局中的地位、作用和形象也会上一个新的层次。西部省份的贫困地区相对多一些，省内发达地区支援欠发达地区的工作有着广阔空间。绝大部分东中部省份也可以积极开展省内发达地区支援欠发达地区和到城市基层社区服务的地方项目。在实施地方项目时，一定要本着“实事求是、量力而行”的原则，统筹供需情况与就业安排，从可操作性和长远发展的角度，积极稳妥地推进。这里要强调两点，一是地方项目和全国项目按照统一的流程纳入统一管理；二是地方项目享受全国项目的优惠政策。

三、着眼长远，统筹协调，推动大学生志愿服务西部计划深入持续发展

西部计划开局良好，表现出了强大的生命力。为了推进这项工作深入持续地发展，各级团组织要进一步提高认识，加强统筹，完善机制，务求实效。

1. 提高认识。西部计划是党中央、国务院作出的重要决策，不是权宜之计，不是应急之举，需要长期坚持、形成制度。实践证明，这项工作是贯彻落实"三个代表"重要思想,落实科学发展观,服务科教兴国战略、人才强国战略和西部大开发战略的有效举措,是促进大学生就业创业的有效途径,关系全局,意义重大,影响深远。我们要站在这样的高度,不断增强责任感和使命感,进一步统一思想,提高认识,切实加强领导,精心组织实施。

2. 加强统筹。西部计划是一项系统工程,涉及东、中、西不同区域,涉及多个部门、多个专项行动、多级项目办。既有招募省,又有服务省;既有全国项目,又有地方项目;既有1年期志愿者,又有2年期志愿者及新招募的志愿者;既要考虑供需关系,又要注重就业服务;还有宣传、招募、选派、培训、管理、评估、激励等不同工作环节,情况千头万绪、非常复杂。这就要求我们学会"十个手指弹钢琴",加强统筹和协调。计划本身各个环节要统筹协调好,同时要把这项计划和推进整个青少年的思想教育、推进整个团的事业发展统筹协调好。比如与青年中心、基层团组织的建设、青年文化的发展等重点工作统筹好。所有这些,都要求我们用系统工程的思路,在财政、人事部门的支持下,密切配合教育部门,统筹兼顾,合理布局,加强协调,合力推进。

3. 完善机制。构建长效工作机制是西部计划持续健康发展的保障。要完善组织机制,健全组织,明确职责。尤其是西部各服务省,要争取党政支持,把志愿者指导中心或志愿者工作部这个专门的机构建立起来。完善招募机制,把组织招募和社会招募有机结合起来。完善选派机制,进一步搞好供需对接、岗位对接。完善培养机制,使志愿者在服务中得到更好的锻炼和教育。完善管理机制,做到管理的科学化、规范化。完善就业机制,努力为志愿者扎根基层、自主择业和创业提供帮助。完善评估机制,提高工作绩效。完善保障机制,确保各项工作顺利推进。

4. 务求实效。西部计划是一项目标和任务都非常具体实在的工作,需要我们弘扬求真务实精神,狠抓落实。要因地、因事、因人制宜,加强分类指导,加强督促检查。要深入基层、深入群众,多到服务点调查研究,多到服务地慰问志愿者,想方设法为志愿者创造良好的学习、工作和生活条件,想方设法让志愿者在西部基层接受更好锻炼、增长更多才干、发挥更大作用。要结合实际,总结经验,锐意创新,积极探索项目实施规律,努力把这项党政高度重视、群众热烈欢迎、大学生积极响应的实事办好、做实。

同志们,西部计划实施以来取得了显著成效,今年面临的任务光荣而艰巨。让我们紧密团结在以胡锦涛同志为总书记的党中央周围,高举邓小平理论和"三个代表"重要思想的伟大旗帜,振奋精神,齐心协力,求真务实,开拓创新,共同推进大学生志愿服务西部计划深入持续发展,为实现全面建设小康社会的宏伟目标做出新的、积极的贡献。

赵勇在"任弼时生平与思想研讨会"上的发言

2004年4月28日

在任弼时同志诞辰100周年之际,我们在此共同缅怀任弼时同志为党和人民的事业奋斗的一生,学习任弼时同志的思想和理论,具有重要的历史意义和现实意义。作为党的青年工作者，参加今天的研讨会，受到一次生动、深刻的革命传统教育。

任弼时同志的革命生涯与思想理论贡献，与当代中国青年运动的发展，与共青团事业的发展紧密联系在一起。他曾担任中国共产主义青年团中央总书记，担任党中央领导后，长期分管青年工作，是中国青年运动最早的领导者之一，深受广大青年爱戴。任弼时同志关于青年和青年工作的一系列重要论述，丰富了我们党的青年工作思想。今天，我们重温任弼时同志的重要论述，深入研究学习任弼时同志关于青年和青年工作的思想，对于为党做好新形势下的青年群众工作，推动当代青年运动实现新发展、谱写新篇章，具有重要的指导意义。

任弼时同志总是从党的事业后继有人，国家民族兴旺发达的战略高度认识和看待青年，强调要充分发挥青年在推动社会前进中的积极作用。他指出：青年是决定我们事业的希望，青年的作用不限于现在，要看到将来；“前途事业之如何，有待一班中国青年的努力”。他高度重视青年在革命和建设中所发挥的现实作用，强调青年是“先锋队”，指出：“在动员人民力量的时候，必须着重动员青年的力量，充分发挥广大青年的积极作用。”这些论述，显示了任弼时同志作为党的卓越领导人的战略远见，蕴涵着他对青年和青年工作的深邃思考。如何认识青年的地位和作用，是马克思主义青年观的基本问题。中国青年运动80多年的生动实践充分表明，一代又一代先进青年，在革命、建设和改革的各个历史时期，始终紧跟党走在时代进步前列，发挥了重要的生力军和突击队作用。今天，在全面建设小康社会、实现中华民族伟大复兴的历史进程中，我们要大力宣传马克思主义青年观，充分认识青年在推动社会进步中的重要作用，采取切实的措施，把青年建功立业、报效祖国的热情激发出来，把青年的力量凝聚起来，团结带领青年为祖国现代化建设做出应有的积极贡献，以不辜负党对青年的殷切期望。

任弼时同志高度重视对青年的马克思主义教育，强调要教育青年树立正确的世界观、人生观和价值观。上世纪20年代，马克思列宁主义在中国大地上传播和扎根，中国共产党和青年团组织成立。任弼时同志作为青年团的领导人，鲜明地提出，团员青年“要努力于主义上的训练”。新中国成立前夕，在新民主主义青年团第一次全国代表大会上，他强调，“在新民主主义青年团中，应当有系统地进行生动实际的马克思列宁主义教育，使每个团员具有坚定的辩证唯物主义的革命人生观和为人民服务的观点，懂得社会发展的规律，并自觉地按照这种规律而去奋斗”。这些论述中贯穿着一个道理，就是无产阶级政党及其青年团组织必须坚定不移地用马克思主义科学理论武装青年的头脑。从根本上讲，先进理论只有掌握青年，党的事业才能薪火相传、后继有人，青年只有掌握先进理论，才能拥有坚定的信仰，走正确的道路。今天，世界范围内各种思想文化相互激荡。越是在这样的条件下，越要强调和强化青年思想政治教育。“三个代表”重要思想是当代中国的马克思主义。共青团组织要坚持不懈地用“三个代表”重要思想武装全团、教育青年，引导广大青年坚定理想信念，构筑起青年一代强大精神支柱。

任弼时同志始终强调，中国青年运动要坚持党的领导，青年团要紧紧围绕党的工作大局开展工作。党的领导是青年运动的政治保证，党的奋斗目标决定青年运动的任务。任弼时同志曾指出，“保证中国共产党对于中国新民主主义青年团的正确领导，是中国青年运动正确地向前发展的决定因素。过去30年来的历史事实，充分说明中国共产党是中国青年最好的领导者和保护者。自从中国共产党诞生以来，历次伟大的青年运动，所取得光辉的成绩，都是和中国共产党的正确领导分不开的。”为了保证党对青年运动的领导，任弼时同志反复强调一个道理，就是：共青团作为中国青年运动的组织者，必须始终置于党的绝对领导之下。他进一步指出，“党的基本任务就是团的基本任务”，这一任务的体现，在于领导并鼓舞全体团员及广大青年围绕党提出的目标和任务而奋斗。任弼时同志在领导青年运动的斗争实践中，毫不动摇地坚持和贯彻这些重要思想，从而有力地保证了青年运动始终沿着正确方向发展，推动青年团组织不断发展壮大。中国青年运动的全部发展历程，都实践了一个信念，就是永远跟党走；都验证了一个真理，就是必须永远跟党走。共青团为党团结带领青年，从本质上讲，是为了巩固执政党的青年群众基础。当前，国内外反动势力把分化、西化我的希望寄托在所谓“第五代、第六代人”身上，千方百计在青年中扩大自己的影响。面对这样的形势，共青团组织要坚定不移地坚持党的领导，充分发挥党联系青年的桥梁和纽带作用，通过切实有效的方式，把党的主张转化为青年的思想认识和实际行动，把青年牢固团结在党的周围。

任弼时同志着眼于为党的事业培养接班人，总结青年运动发展的实践，倡导青年走健康成长的道路。关于青年成长道路问题，我们党主张要与实践相结合，与人民相结合。这一认识的形成，有着“五四”运动后青年运动走向成熟的深刻时代背景。任弼时在五卅运动后提出，青年“要亲自深入群众，与革命的群众接触而明白他们的心理和需要，且指导他们应进行的组织和活动的工作，注意取得民众的大多数。”他担任团中央总书记后，向全团发出了青年学生要到工人群众和农民群众中的号召。1927 年，他进一步提出，青年学生要“到工农群众中服务，以谋革命完成及学生自身解放之伟大使命”。这些论断，深刻揭示了青年的正确成长道路。共青团是广大青年在实践中学习中国特色社会主义和共产主义的学校。今天，人民群众的实践愈益丰富生动，中国特色社会主义实践不断发展。当代青年在知识、观念、眼界上具有鲜明的时代特点，同时不少青年中也还存在缺乏实践锻炼和艰苦磨练的不足。这就要求共青团努力引导青年深入群众、深入实践、锻炼成长。去年，团中央、教育部实施了大学生志愿服务西部计划，短短的 13 天就有 43763 人报名，从中挑选了 10090 名到西部开展为期 1－2 年的志愿服务，受到西部地区广大干部群众的普遍欢迎。今年的招募工作已经展开，报名人数已超过去年。这说明，当代青年有着报效祖国、服务人民的强烈责任感，关键在于我们如何引导。共青团要发扬实践育人的优良传统，引导广大青年到基层去，到祖国和人民最需要的地方去，经风雨、受锻炼、长才干，真正成长为有理想、有道德、有文化、有纪律的人，成长为对党和国家、对人民有所建树的人。

任弼时同志始终强调要深入青年，了解青年，服务青年。这一问题，实质上是青年组织与青年群众的关系问题。任弼时同志深刻指出，“青年团的工作对象是青年，如果不研究青年的特点，不采取适合青年的工作方法，就不会发展，就没有前途”。他高度重视维护和代表青年自身利益、服务青年的问题，从不同方面作了阐述。在青年组织与青年的关系上，他指出共青团是代表一般受苦青年的利益而奋斗的行动的群众组织，应该在思想上与斗争中去获得青年工农群众，指导他们为自己的利益而奋斗。在增强凝聚力上，他提出只有切实服务好青年，才能“使青年认识我们是代表他们利益而奋斗的团体而取得其信仰”。这些真知灼见，闪耀着思想的光芒。在新的历史条件下，胡锦涛总书记鲜明地提出，共青团组织要把竭诚服务青年作为全部工作的出发点和落脚点。这对共青团做好服务青年的工作，提出了新的更高的要求。当今时代，青年的具体需求日益多样化，对服务质量的要求越来越高。共青团只有真正做到深入青年、了解青年、竭诚服务青年，才能不断增强自身的吸引力、凝聚力和战斗力。共青团必须坚持以人为本，着眼于青年的全面发展，努力提高服务水平，切实解决青年成长发展中遇到的实际问题，尤其是要为那些有困难的青年群体提供切实有效的帮助，为青年解难，为党分忧。

任弼时同志提出了指导共青团组织建设的一系列重要思想，并随着形势和任务的变化不断丰富和发展这些思想。关于党团关系，他指出，青年团是“受着共产党的指挥去作政治斗争的青年组织，它是青年无产阶级的革命团体。”关于团的任务，他指出，“要领导并鼓舞全体团员及广大青年，在各种不同的实际工作中进行不断地学习，不断地进步，以便能为中国新民主主义的革命事业，培养出千千万万有高度觉悟又有坚强的实际工作能力的优秀的革命后备军。”关于团的工作，他指出，“青年团要在各种不同职业、不同工作部门的青年群众中进行工作，其总的目标，在于团结和教育青年一代，在于领导青年学习建设新民主主义中国的各种理论和实际”。关于团组织和其他青年组织的关系，他提出要注重对共青团外围青年组织的发展和引导，“在团组织之外还需要有各种各样广泛的青年组织”，“青年团要在各种广泛的青年组织中起先锋作用”，等等。任弼时同志以富于远见的思考，为团的组织建设理论奠定了基础。今天，共青团自身建设面临许多新情况新课题。团的工作环境、组织依托、工作对象，都发生了深刻变化。面对这一形势，共青团只有不断加强组织建设，才能担负起为党团结教育青年的光荣任务。最根本的，就是要用“三个代表”重要思想统揽团的全部工作和建设。要坚持与时俱进，积极创新工作思路、工作方式和自身建设，不断开创共青团工作新局面。归根到底，就是要努力使团的各级组织建设成为贯彻“三个代表”重要思想的坚强集体，努力使团的干部成为“三个代表”重要思想的忠实实践者。

党中央对亿万青年寄予厚望，对共青团组织寄予厚望。这是广大团员青年的深切感受，是广大团干部和青年工作者的深切感受。我们坚定地相信，在以胡锦涛同志为总书记的党中央的坚强领导下，在邓小平理论和“三个代表”重要思想的指引下，在党委政府和全社会的重视和支持下，通过全国各族青年的团结奋斗，走过了近一个世纪光辉历程的中国青年运动，一定能把老一辈革命家开创的伟大事业不断推向前进，一定能在全面建设小康社会、实现中华民族伟大复兴的宏伟历史进程中，谱写无愧于时代的崭新篇章！

赵勇在纪念全国青联成立55周年在京委员活动日上的致辞

2004年5月14日，根据录音整理

各位委员，同志们：

五四青年节刚过，在全国各族人民喜迎新中国55周年华诞之际，在京青联委员欢聚一堂，隆重纪念中华全国青年联合会成立55周年。我们的内心充满激动，也充满憧憬。首先我代表九届全国青联向长期以来为青联事业的发展做出积极贡献的各位常委和委员表示敬意！向周强同志、向长期以来关心支持青联事业发展的社会各界表示衷心的感谢！

55年前，在新中国喷薄而出的重要时刻，党和国家就把青联的成立摆在了一个突出的位置。在毛泽东、周恩来等老一辈革命家的亲切关怀下，1949年5月4日中华全国青年第一次代表大会隆重举行，标志着全国青联的成立，为中国青年运动注入了新的生机与活力。55年过去了，全国青联在党的领导下，在共青团的带领下，在中国革命、建设和改革的各个历史时期都建立了不朽的功勋。

全国青联的55年，是无尚光荣的55年。在55年里，我们每一点进步、每取得的一点成绩，都凝结着党和政府的亲切关怀和殷切希望。党的三代领导核心，毛泽东、邓小平、江泽民同志都对青年事业的发展提出了明确的要求和希望。在全面建设小康社会，加快推进社会主义现代化的新的发展阶段，胡锦涛总书记从全局和战略的高度，对当代青年又提出了勤于学习、善于创造、甘于奉献的要求，这些教导和要求为青年运动的发展指明了方向，注入了力量。

全国青联的55年，是不懈奋斗的55年。在革命、建设、改革的各个历史时期，全国青联高举爱国主义和社会主义的旗帜，带领全国亿万青年走在时代的前列，创造了一曲曲感人的青春之歌、创业之歌、奉献之歌。

全国青联的55年，是人才辈出的55年。在55年里，全国青联为一代又一代青年的成长架起了金桥，提供了舞台。以十大杰出青年为标志，推出了一大批优秀青年人才，这其中有实现飞天梦想的航天英雄，有科技战线的领头人，有企业战线的领军人物，有在各行各业平凡岗位上做出突出业绩的杰出青年，他们成为一代又一代青年健康成长、建功有为的标杆和旗帜。

全国青联的55年，也是与时俱进的55年。青联组织根据时代的新变化，不断研究新情况，解决新问题，使组织自身不断充满生机和活力。全国青联已经越来越成为广大青年向往的一个先进青年聚合在一起的群众组织，越来越成为所有青联委员的快乐家园。

回首55年的历史，我们深深地感到，青联的事业只有在党的领导下才能够坚持正确的发展方向；只有高举爱国主义和社会主义旗帜才能够凝聚越来越多的力量；只有植根于亿万人民群众的创造之中才有广阔的舞台，才能够有所作为。我们也深深地感到，青联的事业只有紧紧依靠广大青年，才有力量的源泉；只有为青联委员，为广大青年服务，才有凝聚力和感召力。

过去的55年为青联事业的发展打下了良好的基础，现在我们正面临一个必须紧紧抓住而且可以大有作为的重要战略机遇期。我们深感责任重大、使命神圣。我们要以继往开来的高度责任感，把青联的事业做得更好，为国家、为民族、为人民做出更多的贡献；我们要用“三个代表”重要思想构筑一代青年的精神支柱，引导广大青年学习、实践“三个代表”重要思想，真心拥护共产党的领导，跟着党走中国特色社会主义道路，按照“三个代表”重要思想的要求，塑造自己、修养自己，沿着正确的发展方向健康成长；我们要引导广大青年，在全面建设小康社会的伟大进程中大显身手，树立和落实科学发展观，在实施人才强国战略、科教兴国战略、西部大开发战略、可持续发展战略的伟大进程中谱写新的青春篇章；我们要发挥青联的组织优势，通过委员的模范行为，影响周围的青年，带动周围的青年，凝聚更多的青年为崇高的目标而奋斗，不断巩固青联事业发展的群众基础；要加强与港澳青年的联系，加强与台湾青年的交流，不断巩固和扩大爱国统一战线；要不断加强青联组织的自身建设，增强青联组织的凝聚力和战斗力，始终坚持发挥共青团组织的核心作用，发挥界别委员会和青联委员在青联组织建设中的主人翁作用，不断增强青联组织的覆盖面、影响力；要不断研究市场经济条件下青联组织和青联事业发展面临的新情况，不断实现青联事业的新突破。

各位委员、同志们，今天，当我们回首全国青联55年光辉历程的时候，面临的是又一个新的征程。让我们紧密团结在以胡锦涛同志为总书记的党中央周围，高举邓小平理论伟大旗帜，全面贯彻“三个代表”重要思想，开拓创新、求真务实、扎实工作，不断把青联事业推向前进，为全面建设小康社会贡献青春、智慧和力量！

赵勇在《中国青年报》中层干部会上的讲话

2004年5月24日

书记处这次调整充实报社领导班子，是从报社的长远发展考虑的。当前，报社正处在“两改”的关键时期，认真研究形势任务，推动“两改”顺利进行，不断提高报纸的核心竞争力，领导班子责任重大。调整充实领导班子，充实一些年轻同志到班子中来，完成班子成员新老交替，优化班子结构，是增强报社领导力量的需要，也是推动报社事业发展的需要。随着报社事业的发展，领导班子建设还要不断增强，书记处对此有长远的、战略的考虑。希望新的领导班子在学谦同志的带领下，团结一心，共当大任，团结带领干部职工开创报社改革发展的新局面。

借此机会，跟大家谈谈心，讲三个问题。

一、为什么要办《中国青年报》

为什么要办《中国青年报》？我们可以回顾一下1951年4月《团中央关于出版〈中国青年报〉的决定》。《决定》指出：“青年团中央为了加强指导青年团的工作，加强在青年团内及全国广大青年中进行马克思列宁主义毛泽东思想的宣传教育，使得团组织更好地发挥党的助手和后备军作用，特决定在1951年4月27日出版团中央机关报——《中国青年报》，作为团中央与全国青年的喉舌。”从中我们可以清楚地看到，出版《中国青年报》，其一是要使报纸成为共青团教育引导青年的坚强阵地，其二是要运用报纸指导推动团的工作。《中国青年报》从创刊到现在已有53年，报纸内容、形式不断发生变化，但教育引导青年、指导推动团的工作的方向一直没有改变。新的形势下，尤其是在报纸“两改”的关键时刻，强调为什么要办好《中国青年报》，目的就是要统一思想，让大家对《中国青年报》的特殊地位和作用有更加清晰的认识：

从党的事业的角度看，办好《中国青年报》是党团结动员亿万青年的需要。《中国青年报》是党和人民的喉舌，是担负教育引导青年特殊使命的党报，在团结教育引导服务青年中具有不可替代的作用。它要传达党的声音和共青团的主张，引导青年坚定理想信念，跟党走中国特色社会主义道路。它要传达党对青年健康成长的要求，引导青年树立正确的世界观、人生观和价值观，勤于学习、善于创造、甘于奉献，努力成为“四有”新人。它要通过大量扎实有效的宣传报道，在青年中和全社会形成强有力的舆论导向，引导青年在党的领导下为全面建设小康社会、实现中华民族的伟大复兴不懈奋斗。

从团的事业的角度看,办好《中国青年报》是推动团的事业发展的需要。《中国青年报》联系着千千万万的青年,是共青团联系青年的有力纽带,在传媒对青年影响越来越大的今天,这种纽带作用愈发突出。《中国青年报》还是指导推动团的工作的重要阵地,通过宣传报道把工作信息传达给基层、传播给青年和全社会,大大提高了工作效率,增强了团中央对基层团组织指导和服务的力度。同时,《中国青年报》是广大青年和全社会了解共青团的重要窗口,共青团的形象需要通过报纸展示出来,过去需要、现在需要,将来也需要。

从服务青年的角度看,办好《中国青年报》是共青团服务青年的需要。青年的成长发展需要有良好的环境,需要有正确的引导。通过报刊服务青年,是共青团服务青年工作的重要组成部分。《中国青年报》面向全国亿万青年,是服务青年学习成长的重要载体。在开放的环境中,报纸在青年学习知识、沟通情感、获取信息、维护权益中的作用越来越大,发挥好这个作用,更好地为青年健康成长服务,既是《中国青年报》所担负的重要职责,也是报纸获得青年认同、推动报社事业发展的根本。

所以,办好《中国青年报》,是推动党的事业发展的需要,是推动团的事业发展需要,是更好地服务青年的需要。看到了这"三个需要",《中国青年报》为谁而办、办给谁看的问题也就解决了。我们不能抽象地说:《中国青年报》是张"大"报。到底"大"在哪?现在可以明确地说,《中国青年报》之所以为大报,因为它是团中央机关报,姓"团";因为它面向全国亿万青年,要有鲜明的青年特色;因为它担负着教育引导青年的特殊使命。

认清了"为什么要办《中国青年报》"这个根本问题,办好报纸、做好报社各项工作的方向和着力点也就更加明确了。报社的全体干部职工要进一步明确定位,统一思想,共同来把这项光荣的事业办好。

二、科学总结53年来的办报经验

《中国青年报》是一张有着光荣历史的报纸。53年来,报社走过了不平凡的历程,积累了宝贵的经验。当前,报社正处在"两改"的关键时期。实事求是、与时俱进、科学全面地总结53年来的办报经验,对于指导当前和今后一个时期的工作,推动报社事业实现更大发展,十分必要,意义重大。

回顾53年来的办报经验,在新世纪新阶段办好《中国青年报》,必须始终坚持以下基本经验:

坚持以马克思主义为指导。指导思想是新闻出版工作的灵魂,它决定新闻出版一切工作的走向,体现在工作的方方面面。马克思主义成为我们党的指导思想,经历了革命、改革和建设的长期的实践检验。我们党的新闻出版事业的灵魂是马克思主义,《中国青年报》作为团中央机关报,肩负着教育引导青年的使命,必须坚持以马克思主义为指导。53年来的实践也充分表明,马克思主义新闻观是指导我们办报的强大思想武器,只有坚持马克思主义新闻观在办报工作中的指导地位,才能确立正确的世界观和方法论,牢牢把握正确的办报方向。

坚持党的领导。党性原则是马克思主义新闻观的核心。马克思主义政党主办和领导的新闻出版事业,必须要体现党的政治主张、思想意识、组织原则和行为准则。在思想上,我们要把党的指导思想作为办报的指导思想,讲政治、讲大局,始终与党中央保持高度一致;在组织上,要自觉接受党的领导,严格执行党的宣传方针,自觉遵守党的宣传纪律;在行动上,要始终坚持正确的舆论导向,为党的中心工作服务,为青年健康成长服务。坚持党的领导,这一条在任何时候都不能含糊。在中国,任何时候新闻媒体都不会成为所谓的"第四力量",无论怎么改,新闻媒体始终是党和人民的喉舌,都要坚持党的领导。

坚持把服务大局和服务青年有机结合起来。服务大局，是党对新闻媒体的共同要求。《中国青年报》是团中央机关报，是担负重要任务的大报，要大力宣传党的路线方针政策，围绕党的中心工作做好宣传报道。服务大局具体到各个新闻单位，有不同的内容和途径。《中国青年报》面向全国亿万青年，担负着教育引导青年的特殊任务，通过服务青年来服务大局，是党交给《中国青年报》的光荣任务。办好《中国青年报》，要把服务大局、服务青年有机结合起来，从服务大局着眼，从服务青年入手，只有这样，《中国青年报》才能称的得上是一张具有鲜明的青年特色的主流大报，才会具有旺盛的生命力。

坚持一流的队伍办一流的报纸。人是一切工作的核心，任何思想、理念、措施最终都要靠人来落实。因此，队伍的水平直接决定报纸的质量，队伍的风格在很大程度上影响报纸的风格。只有拥有一流的队伍，才能办出一流的报纸。《中国青年报》创刊53年来，培养出了一代又一代优秀的新闻出版人才，涌现出了一大批具有号召力、影响力的名编辑、名记者。正是他们，创作出了大量的优秀作品，在给报纸增添亮色的同时也打造出了报社编辑记者在新闻界的良好形象。

坚持社会效益和经济效益的统一。强调社会效益是《中国青年报》作为团中央机关报的性质决定的，必须坚持把社会效益放在第一位，在此基础上争取最大的经济效益。经济效益的好坏与报纸的生存发展密切相关，通过改革发展，不断壮大报纸的实力和竞争力，才能在激烈的市场竞争中站稳脚跟。现在报纸正处在“两改”的关键时期，一方面新世纪新阶段做好宣传报道工作的要求很高，另一方面报社自身发展的任务也很重，希望报社切实处理好两者的关系，推动两个效益迈上新的台阶。

三、努力把《中国青年报》办得更好

办好《中国青年报》，新的领导班子肩负的责任重大。加强领导班子建设的任务十分迫切。在这里，我代表书记处对报社新的领导班子提几点要求：

1. 加强学习，不断增强政治意识、大局意识。办报是一项政治要求很高的工作，必须坚持政治家办报。判断一个人能不能胜任报社的领导工作，政治标准是首要标准。实事求是地讲，领导水平的差别，最主要的也反映在政治素质上。新的领导班子要切实加强学习，不断提高政治素质。要把学习摆在领导班子建设的突出位置，班子要形成定期学习制度，班子成员要始终保持学习的状态，熟练掌握党的方针政策和对宣传工作的要求，做到心中有大局，思考全局、谋划全局，真正把政治家办报的方针落实好。新选入领导班子的同志业务能力都很强，参与领导报社工作后，对自己在政治上要有更高的要求，不断充实提高，真正胜任新的岗位，担负起新的责任。

2. 团结协作，形成报社坚强的领导集体。改革发展关键要把领导班子建设好。周强同志反复强调，相互补台、好戏连台，相互拆台、大家垮台，讲的就是领导班子团结的重要性。现在报社有了新的领导班子，班子成员要加强沟通交流，相互了解，相互尊重，相互信任，有劲要往一处使，有不同意见要当面讲，要一心为公，光明正大，相互补台。班子成员要维护一把手的权威，一把手要充分听取大家的意见，要建立集体议事、集体决策的机制，努力形成团结民主的氛围，提高决策水平。要通过努力，把领导班子建设成为一个团结协作、求真务实、开拓进取的坚强集体，成为全体干部职工的主心骨，成为推进报社各项工作的核心力量。

3. 敢于负责，切实担负起领导报社改革发展的重任。领导就是要负责任，主要领导要担负起报社改革发展的主要责任，其他班子成员要对各自分管的工作担负起责任。新的领导班子成立后，要分工负责，同时通过制度把责任落到实处。要认真研究报社改革发展中面临的机遇和挑战，结合实际制定推动报社改革发展的各项措施，做好规划，抓好落实。要多做激励人心的工作，多做凝聚力量的工作，团结带领全体干部职工为报社改革发展的共同目标努力奋斗。现在正是报社改革发展非常关键的时期，书记处对新的领导班子寄予很高的期望，希望新的领导班子的同志们齐心协力，向书记处、向全体干部职工交出一份圆满的答卷。

办好《中国青年报》，最终要靠报社全体干部职工的共同努力。报社当前正处在一个关键时期，改制改版的筹备工作基本完成，报社发展的大政方针基本确定，下一步要靠大家真抓实干，共同抓好各项工作的落实。我也代表书记处对报社的工作提几点要求：

1. 始终坚持正确的舆论导向。坚持正确的舆论导向，是我们必须始终绷紧的弦，是新闻出版事业发展的前提。舆论导向正确，改革发展才有保障；导向出了问题，就根本谈不上发展。报纸改版后，坚持正确的舆论导向的要求一刻都不能放松。要坚持以"三个代表"重要思想为统领，坚持马克思主义新闻观的指导地位，认真贯彻落实中央对宣传工作的要求，始终与以胡锦涛同志为总书记的党中央保持高度一致。要切实增强政治意识、大局意识、责任意识，自觉遵守新闻宣传纪律，决不允许出现重大政治问题，决不允许因片面追求卖点出现导向、格调问题。还要特别注意，改版后必须坚持采编和经营分开的原则，牢牢掌握办报主导权，不管怎么改，都要确保党和人民的喉舌的性质不能变，党管媒体不能变，党管干部不能变，正确的舆论导向不能变。

2. 坚持服务青年的办报方向。团的机关报要体现共青团特色，青年报要服务青年。服务青年是团属报刊的根本任务。实践反复证明，服务青年也是团属报刊改革发展的根本出路。《中国青年报》是团中央的机关报，面向全国亿万青年，必须要有青年特色，必须要为青年的健康成长服务，这是《中国青年报》的办报方向。这些年来，《中国青年报》在服务青年中做了大量卓有成效的工作，成绩有目共睹。服务青年舞台广阔、大有可为，报社要认真研究，推动报纸在服务青年成长成才中更好地发挥作用。

3. 切实加强管理。改革是发展的动力，管理是发展的保障。管理上出现的问题，会在办报的方方面面反映出来。以往报纸出现的问题，有意为之的少，绝大多数都与管理不到位有直接关联。特别是在融资改制和报纸改版中，加强管理的重要性愈发突出。加强管理，一要重视，二要科学。要坚持以完善和落实管理制度为根本，用制度管人，用制度管事。要始终保持信息渠道的通畅，及时发现问题，妥善处理问题。中国青年报社的子报子刊多、版面多，加强管理涉及的环节、方面很多，客观的讲要管理好有一定的难度，但这些决不是管理不好、出现问题的理由，报社在管理上必须要下大力气，坚决消灭管理空白点，杜绝隐患，不断提高管理水平。

4. 要锐意创新。创新是改革发展能否成功的关键，只有不断推陈出新，才能赢得市场、赢得效益。在报业市场竞争日益激烈的今天，很多报纸都在积极探索改革发展之路，也积累了不少有益的经验。但是，我们要清醒地看到，《中国青年报》这样一张全国性的、综合性的主流大报，其改革发展的经验目前尚无先例可循，需要大家紧紧抓住有利契机，在书记处的领导下，锐意进取、创新创造，闯出一条新路子。书记处对报社的改革发展一直高度重视，给予大力支持，《中国青年报》改革创新的舞台很大，可以把创造的智慧充分发挥出来，只要符合中央的方针政策，书记处都将给予支持。

5. 切实加强编辑记者队伍建设。任何改革和发展最后都要落实到人身上。编辑记者队伍是宣传报道工作的具体执行者，没有好的编辑记者队伍，报纸的改革发展只能是空谈，因此，编辑记者队伍建设一刻都不能放松。要加强对编辑记者的学习培训，引导他们树立强烈的责任心，树立正确的名利观，打牢新闻出版功底，不断提高政治素质和业务水平，自觉遵守新闻宣传纪律。要热情鼓励编辑记者的创新创造，推动优秀人才脱颖而出。要继续把“三项学习教育”活动深入持久地抓好，充分发挥在队伍建设中的积极作用。

书记处相信，在报社新的领导班子的带领下，经过全体干部职工的共同努力，有着光荣历史的《中国青年报》必将在改革发展的道路上取得新的成绩，必将在新世纪新阶段实现新的辉煌。

赵勇在全团加强和改进未成年人思想道德建设暨推进青年文化行动工作会议上的讲话

2004年6月22日

同志们：

刚才，周强同志作了重要讲话，深刻分析了未成年人思想道德建设和青年文化建设面临的形势及其战略意义，深刻阐述了未成年人思想道德建设的基本规律和青年文化建设的基本规律，对共青团少先队贯彻落实中央精神，抢抓机遇，发挥优势，加强和改进未成年人思想道德建设、大力推进青年文化行动提出了明确的要求，明确了今年下半年全团的重点工作任务。周强同志的重要讲话是这次会议的主题报告，对今后的工作具有重要的指导意义。我们要认真学习领会，在今后的工作中加以贯彻落实。

在全党全社会高度重视和大力推进未成年人思想道德建设工作的新形势下，我们召开这次会议，意义重大。这次会议把未成年人思想道德建设与青年文化行动一同部署和推进，是因为这两项工作有着内在的联系，实施青年文化行动既是团十五大提出的重要举措，也是加强和改进未成年人思想道德建设的重要载体，二者都统一于共青团培养“四有”新人这一根本任务中。下面，按照周强同志讲话的要求，我对全团加强和改进未成年人思想道德建设、推进青年文化行动工作进行部署，重点就进一步理清思路、协调行动、狠抓落实讲三点意见。

一、坚持实践育人、文化育人、服务育人、组织育人，把团队组织加强和改进未成年人思想道德建设和青年文化建设工作提高到一个新水平

这些年来，共青团、少先队坚持以马克思列宁主义、毛泽东思想、邓小平理论和“三个代表”重要思想为指导，围绕培育“四有”新人的根本任务，积极探索青少年思想道德教育的途径，积累了一些有益的经验，形成了一些带有规律性的认识，概括起来，就是实践育人、文化育人、服务育人、组织育人。在加强和改进未成年人思想道德建设及青年文化建设的工作中，团队组织要充分发挥实践育人、文化育人、服务育人、组织育人的作用，努力使我们的工作贴近未成年人，体现时代性、把握规律性、富于创造性，不断开创未成年人思想道德建设和青年文化建设的新局面。

第一，充分运用实践育人的手段，不断开辟未成年人思想道德建设的新途径。

实践育人符合认识的基本规律。听到的容易忘记，看到的印象不深，只有亲身体验到的才会刻骨铭心、终身难忘，讲的就是这个道理。实践育人也符合道德建设的基本规律。道德建设重在实践，实践解决了道德建设中知行脱节的问题。实践育人还符合未成年人成长的基本规律。未成年人心智发育的特点，决定了他们更多地要在实践的体验中发展身心，完善个性。长期以来，共青团、少先队把实践育人作为加强青少年思想道德建设工作的根本途径，逐步形成了青少年广泛参与的实践教育体系，在培养"四有"新人中发挥了重要作用。在新的形势下，我们要总结以往的成功经验，深化实践育人的理念，完善实践育人的机制，不断开辟实践育人的新途径，更好地发挥实践育人在未成年人思想道德建设中的重要作用。

1. 强化实践育人的导向性。实践本身的作用是多方面的，实践育人包括了鲜明的导向，就是要使实践主体在参与中受到教育，增长才干，经受锻炼。实践是青少年的实践，对这种实践只能指导、只能帮助、只能服务，谁都不能替代。这些年来，我们开展的青年志愿者、青年文明号、保护母亲河行动等实践活动都贯穿了鲜明的理念，对广大青少年发挥了强有力的导向作用。在未成年人思想道德建设中强调实践育人的导向性，就是要引导他们在实践中增强爱国情感，确立远大志向，规范行为习惯，提高基本素质。未成年人处在身心发展的关键时期，可塑性很强，特别是他们生活在一个日益开放和多元化的社会中，面临许许多多的选择，我们要用鲜明导向的实践活动来引导未成年人的选择，促进他们健康成长，全面发展。

2. 突出实践育人的主体性。实践是实践主体的实践，实践育人就是要调动实践主体的内在积极性，引导实践主体自我体验，自我教育。外因只有通过内因才能起作用，强调未成年人的实践主体地位，就是尊重他们的主观能动性，以平等的积极的态度看待未成年人，不能把他们仅仅看成是被动的教育和管理的对象。一些实践活动之所以效果不理想，就是因为忽视了未成年人的愿望、要求和特点，把活动强加给他们，没有很好地发挥他们内在的参与积极性，没有重视他们的内心感受和体验。在加强未成年人思想道德建设中，要积极探索情境式教育、案例式教育、问题式教育的方式，加强与未成年人的交流、沟通和互动，注重培养未成年人自主选择和辨别是非的能力。尤其要重视培养未成年人形成良好的行为习惯。

3. 增强实践育人的针对性。不同年龄、不同地区、不同性别的未成年人的生理、心理和生活环境不同，必须因人而异，因材施教，因势利导。在小学阶段，我们要大力深化体验教育，在中学阶段，重点是开展实践教育。要针对不同年龄、不同群体、不同地区未成年人的特点，尊重客观规律，有目的地引导未成年人接触社会、参与实践，促进未成年人知行统一，做到"习与智长，化与心成"。要针对未成年人思想道德建设方面存在的突出问题，确定合适的内容，选择恰当的方式，开展有针对性的教育实践活动。要重视情感、意志、兴趣、个性等非智力因素对未成年人成长的影响，引导他们在实践中磨炼意志，陶冶情操，升华思想道德境界。

第二，充分运用文化育人的手段，积极营造未成年人思想道德建设的良好环境。

在大众传媒快速发展和文化产品日益丰富的形势下，文化对未成年人的思想观念、价值取向和行为方式的影响是前所未有的广泛，前所未有的深刻。文化像空气一样，无所不在，无时不在，对未成年人的影响是潜移默化的，是深入持久的。文化育人在未成年人思想道德建设中具有独特的作用，充分运用文化育人的手段，就是要寓教于文、寓教于乐，满足未成年人日益增长的精神文化需求，营造良好的氛围，加强青年文化建设，在推动未成年人思想道德建设中实现新的突破。

1. 要在弘扬主旋律上有新的突破。文化育人就是要发挥先进文化对未成年人的教育引导作用。我们的青年文化建设要有魂，这个魂就是培育“四有”新人，就是要贯彻中央要求，在未成年人中大力弘扬和培育以爱国主义为核心的民族精神，树立和培养正确的理想信念。文化具有多样性、多元性，文化的魅力就在于它的丰富多彩，我们加强青年文化建设，就是要在多样性的文化环境中唱响主旋律，坚持以科学的理论武装人，以正确的舆论引导人，以高尚的精神塑造人，以优秀的作品鼓舞人，充分运用多种文化形式和传媒手段，弘扬主旋律，努力做到思想性、艺术性和观赏性的统一，使伟大的民族精神和中国特色社会主义的理想信念深入人心，使党和国家对未成年人思想道德的要求深入人心。

2. 要在广泛参与上有新的突破。文化建设要取得成效，需要调动广大青少年的参与。参与的青少年越多，文化育人在未成年人思想道德建设中发挥的作用越大。要开展多层次的青少年文化活动，既要有阳春白雪，又要有下里巴人，特别要重视开展基层群众性文化活动，使更多未成年人参与到文化活动中来。要建设校园文化、社区文化、企业文化、乡村文化和网络文化，努力使文化建设覆盖面更广，参与面更大。要增强文化建设的吸引力，使文化活动适合未成年人的特点，使他们乐于接受，乐于参与。

3. 要在表达方式上有新的突破。文化育人，表达方式十分重要。我们能深切地感受到，很多时候，我们开展的活动，主题很好，内容也很好，但是我们组织的方式，表达的方式没有考虑未成年人的特点，他们不愿意参与，也不喜欢看，收效甚微。文化的魅力，往往体现在好的表达方式上；文化的生命力，就在于不断地创造。增强文化对未成年人的吸引力和感召力，关键是要适应时代发展，创新表达方式。我们要研究未成年人，了解未成年人，多运用他们的话语体系，多采取他们喜爱的方式，多吸取他们的创造，弘扬传统文化的精髓，积极借鉴世界上一切优秀文明成果，推动文化表达方式的创新，使我们的文化活动和文艺作品更加鲜活、更加生动，更加具有冲击力和震撼力，为广大未成年人所欢迎，使文化育人的目标在生机勃勃的文化建设中得到很好贯彻落实。

第三，充分运用服务育人的手段，努力增强未成年人思想道德建设的实效。

从根本上说，加强未成年人思想道德教育，是为未成年人的健康成长提供服务。只有坚持以人为本，把诚心诚意为未成年人健康成长服务作为共青团做好未成年人思想道德建设工作的出发点和落脚点，竭诚为未成年人服务，凡事想着未成年人，心里装着未成年人，一切为了未成年人，我们的思想道德建设才会被未成年人接受，才能真正达到提高未成年人思想道德素质、促进未成年人全面发展的目的。运用服务育人手段加强未成年人思想道德建设，要做好结合的文章。

1. 要把解决思想问题与解决实际问题结合起来。未成年人在成长过程中，会遇到种种问题和困惑，他们的思想问题往往是与学习生活中的实际问题交织在一起的，有的思想问题本身就是他们成长中碰到的实际问题。很多实际困难得不到解决，你给他们讲一箩筐的道理也不能入心入耳，也不能让他们接受。只有真心实意地为未成年人解决实际问题，为他们的生活、学习排忧解难，与他们一起分享成长的快乐和烦恼，才能取得未成年人的信任，成为他们的良师益友，切实解决他们思想上的问题。只有了解他们的所需所想、所感所爱，走进他们的内心世界，切实把握未成年人的思想实际，我们解决实际问题才能有的放矢。以解决问题为核心，以实施项目为手段，是当今国际社会开展未成年人工作的成功经验和做法，值得我们很好地学习和借鉴。我们要针对未成年人成长发展中出现的实际问题，一个一个问题去解决，一个一个项目去落实，把服务工作做深、做细、做实。比如，目前许多未成年人存在考试焦虑、人际交往障碍、青春期的烦恼和困惑等等心理问题，我们要大力开展心理健康教育和心理咨询项目服务。又比如，在市场经济日益发展下，出现了一批特殊未成年人群体，像农村留守儿童、流浪儿童、单亲家庭儿童、贫困家庭子女、城市务工人员的子女等，他们都需要社会的帮助，只有为他们提供及时有效的服务，把社会的关怀和温暖送到他们心坎上，我们的服务、我们的育人才会有真正的效果。

2. 要把维护权益与促进未成年人发展结合起来。未成年人不具备完整的行为能力，容易受到侵犯和危害，这也正是我国法律把未成年人列为被监护人的重要原因。未成年人的成长，不仅需要来自家庭和学校的爱护，而且需要全社会的呵护和帮助。目前未成年人成长发展的环境总的来讲是好的，但是各种消极因素和不良因素对未成年人的危害确实不可低估，各种侵犯未成年人权益的现象时有发生，这不仅严重影响了未成年人的健康成长，而且引发了许多社会问题。未成年人需要保护，维护未成年人的合法权益，就是促进未成年人健康成长，就是推动未成年人发展，保护未成年人就是保护祖国的明天。各级团队组织在切实维护和代表未成年人合法权益中肩负着重要任务，要依法维权，进一步深化创建优秀青少年维权岗等活动，针对未成年人所受到的侵害，针对不法网吧、粗口歌、口袋书和黄赌毒等社会丑恶现象，积极联合有关部门采取有力措施予以清理，切实把维护未成年人合法权益工作落到实处，为未成年人的成长创造良好的社会环境。

3. 要把强化服务功能与提高服务能力结合起来。服务育人要取得效果，关键是要强化服务功能，提高服务能力。未成年人的服务工作不可能靠一个部门包打天下，共青团、少先队要发挥自身优势做好服务未成年人的工作，同时要广泛吸纳和整合社会资源，增强服务能力，拓宽服务渠道和空间。要加强青少年活动阵地、青年中心建设，使服务形成强大的阵地依托和网络体系。周强同志在十四届三中全会上专门讲过服务体系的建立。我们现在要抓住这个难得的机遇，党和政府高度重视未成年人思想道德建设，我们可以争取财力、人力、物力等多方面的支持。要大力加强青少年网络阵地的建设，形成青少年的服务体系。要运用影视、网络、短信等现代传媒服务未成年人，增强我们服务的覆盖面和影响力。专业化的知识和专业化的服务是服务能力的重要组成部分，我们要下大力气培养一批素质过硬的未成年人服务队伍，不能仅凭热情、仅凭经验从事未成年人工作。要积极争取党委政府支持，推动有关政策法规的制定完善，协助政府做好青少年事务，使服务建立在政策、法规的基础上，纳入党政工作体系。要密切配合教育、文化、司法等部门的工作，形成合力，形成齐抓共管的局面。

第四，充分运用组织育人的手段，努力构建未成年人思想道德建设的组织依托。

在研究中我们发现，组织和群体对未成年人的成长起着重要的作用，对个人素质培养、情感依托、个性形成至关重要。组织化的过程，一定程度上讲就是社会化的过程。由于生理、心理发育的特殊性，未成年人对组织和群体的需求尤其强烈，对集体舆论和行为具有较强的趋同，他们所处的组织和群体对他们成长影响很大。组织育人就是重视组织对人的成长和社会化的影响，引导未成年人在组织中进行良性互动，引导他们在组织中健康成长。在未成年人思想道德建设中，我们要充分运用组织育人的手段，通过团队组织和同伴群体、学生社团、各种关心未成年人的组织等，对未成年人进行教育引导，帮助他们提高思想道德素质，充分发挥组织育人的作用。

1. 充分发挥组织的引导作用。组织总是具有鲜明的取向，组织的作用首先是引导的作用。特别是共青团和少先队组织，一代又一代人在共青团、少先队的旗帜下成长为社会主义事业的建设者和接班人。目前，共青团有基层团委20多万个，团支部250多万个，在校的少先队大队约53万个，中队约1500万个，还有我们的青联、学联、青年志愿者协会等相关组织。这个强大的组织体系是我们做好工作的一个强大的依托，强大的力量，也是共青团、少先队的优势。我们讲党政群齐抓共管，真正未成年人自己的组织，只有我们有。发挥组织的引导作用，关键是扩大团队组织对未成年人的覆盖和影响，发挥团队在组织育人中的引导作用。同时，我们要看到，在向市场经济转轨的过程中，出现了大量的中介组织和非政府机构；未成年人由于兴趣、交友的需要，出现了一些他们自发成立的非正式社团；还要看到互联网上出现的未成年人网上社团和网上社区等虚拟组织。对这些组织，我们要给予及时的、有力的、正确的引导，扬其长、避其短，发挥好这些组织在未成年人思想道德建设中的作用。

2. 充分发挥组织的互动作用。研究表明，未成年人在成长过程中，同伴群体的影响在一定程度上已经超过了父辈对他们的影响。同辈之间有着自己的话语体系，同辈之间互相传递的信息增多，同伴群体对他们身心健康发展起着越来越重要的作用。这与文化的影响无所不在，未成年人社会化的过程缩短这个大背景不无关系。现实生活中未成年人中出现的某些个性与人格发展上的问题，往往与他们缺乏社会交往和互动有关。发挥组织育人的作用，就要重视同伴群体的作用，重视组织成员的互动，重视集体的交流，为他们的交流、沟通创造条件，广泛开展丰富多彩的组织活动，帮助未成年人在组织中相互学习、共同进步、共同提高。

3. 充分发挥组织的参与作用。组织的作用还在于它为未成年人参与社会提供了更为广阔的平台。单个孩子很难在社会上活动。加入组织后，他们参与社会的平台就不同了。组织活动的过程，实际上是组织成员有了更多的机会、更好的条件参与社会的过程，通过这个过程，我们可以让他们更好地受到教育，更好地完成社会化。我们要发挥组织的参与作用，动员和组织未成年人积极参与团队组织的活动，尤其是校外社区、少工委等一些未成年人组织，为未成年人接触社会、了解社会、参与社会提供了有效途径和广阔舞台，使未成年人在组织中学会处理人与人、人与社会、人与自然的关系。同时要通过发挥组织的参与作用，推动有关未成年人的法律法规的制定，推动未成年人成长环境的优化。

实践育人、文化育人、服务育人、组织育人，是一个有机统一的整体。实践是途径，文化是环境，服务是手段，组织是依托，实践育人、文化育人、服务育人、组织育人四者相辅相成，各有侧重。我们要充分运用实践育人、文化育人、服务育人、组织育人的手段，综合发挥它们的作用，把共青团、少先队加强和改进未成年人思想道德建设，加强青年文化建设的工作提高到一个新的水平。

二、协调行动，集中全团力量为未成年人健康成长办好十一件大事

中央8号文件下发以来，周强同志多次主持召开书记处会议，学习领会并研究制定贯彻落实的具体措施，先后提出办15件实事，落实“八个一”，采取12项措施等一系列贯彻落实的举措。我们通过媒体和文件已经把这些举措和要求下发到全团全队。根据这些要求，全团上下共同努力，目前已经形成了一个良好的舆论

氛围和工作氛围，各级都高度重视，积极行动，工作是卓有成效的，势头也非常好。在这个背景下，我们既要着眼长远，形成长效的工作机制，坚持不懈地把这项工作抓好，又要针对当前未成年人思想道德建设的实际问题，加大工作力度，抢抓机遇，乘势而上，集中力量切实办好几件作用大、影响大的大事、好事，迅速形成加强和改进未成年人思想道德建设的良好氛围，取得看得见、摸得着的实实在在的成效。要大力弘扬求真务实的精神，狠抓落实，出实招、办实事、求实效。为切实贯彻落实好中央精神，发挥好团队组织的优势和作用，迅速在全团形成加强和改进未成年人思想道德建设的生气蓬勃的局面，根据中央领导同志的要求，结合全团的实际，团中央书记处决定，当前及今后一段时期，全团上下要协调行动，集中力量办好以下11件大事。

1. 联合教育部实施“校园净化工程”。当前校园环境总体是好的，但也存在不少问题。有害卡通画册、淫秽“口袋书”、黄色光碟等违法出版物，各种不健康的“顺口溜”、“粗口歌”，以及校园周边违法开设的网吧、电子游戏厅及其他娱乐场所等，不同程度地影响着未成年人。实施“校园净化工程”，就是要切实解决上述存在的问题。共青团、少先队要发挥优势，着重做好以下三项工作：一是通过主题团队日活动，对未成年人开展经常性的思想教育，引导他们认清不法出版物和不良活动场所对自身成长的巨大危害。二是协助、配合相关部门，开展对市场上违法出版物和校园周边违法开设的各种场所的清理和整治。三是发挥团队组织的模范作用，动员共青团员、少先队员主动上交不良出版物，自觉远离有害出版物和不良场所。要争取经过半年左右的努力，和教育部一道，使校园环境有较大的改观。

2. 实施“爱心助成长”志愿服务计划。当前，很多离退休老同志以及社会上的不少有识之士，热心未成年人教育事业，希望在力所能及的范围内为未成年人做实事、做好事。共青团、少先队组织要充分开发这些宝贵的人力资源，实施“爱心助成长”志愿服务计划，就是要为他们发挥作用搭建平台。中央8号文件就发挥“五老”的作用也提出了明确的要求。前不久，少工委和中国关心下一代委员会共同下发了文件，就如何组织“五老”的志愿服务做了具体的部署。这项志愿服务计划是针对中老年人的，针对未成年家长和“五老”的。我们想通过实施这项计划，把中老年志愿者也吸引到志愿服务队伍中来，这将为推动志愿者工作的发展开辟一个无限广阔的空间。要广泛招募老年志愿者以及其他社会各界志愿者，组织他们积极参与到未成年人思想道德建设的行列中来，实施“护苗志愿行动”、“爱国教育志愿行动”、“场所监督志愿行动”、“社区德育志愿行动”、“关爱农村志愿行动”等专项志愿服务行动。要通过这些志愿服务系列活动，动员全社会都来关心未成年人成长，做未成年人的榜样，为未成年人思想道德建设献计出力。这次会议之后我们就准备面向社会正式启动。启动要争取公开招募、公开注册、公开签约。同时要对志愿者定岗定位，考核表彰，要建立一套标识系统。要大张旗鼓地把这件事情做起来，争取通过这件事情努力把全社会关心未成年人的力量都牵动起来。

3. 组织“共享成长”主题活动。适应未成年人成长发展的需要和崇拜偶像的心理，开展“共享成长——杰出青年走进中学生”活动。全国各省、市，甚至县里面都开展了十杰的评选活动，要把这些杰出青年组织起来，走进中学生。要组织全国、省、市等各级“十大杰出青年”或成功人士给未成年人讲述自己成长的故事，用他们的事迹和精神教育激励未成年人。上海等地在这方面已经有了一定经验，组织这些成功人士到中学去，开展交流互动，讲述真实感人的故事，讲述“我是怎么走过来的”，反响非常好，对未成年人树立理想信念、确立人生的航标，有着非常现实的指导意义。要围绕“共享成长”这个主题，用活生生的现身说法教育引导未成年人，平等交流，循循善诱，启发未成年人的思考，激发未成年人成功成才的内在动力。要通过主题团队会、征文比赛等形式，启发未成年人说心得、谈体会，中青报、少年报、中学生报都要开辟专栏，发表他们的心得体会，促使未成年人把共享成长获得的力量转化成自己前进的动力。这项活动要上下联动，统一部署，统一行动，统一主题，努力形成较好的社会效果。

4. 开展“民族精神代代传”歌曲传唱活动。音乐是全世界所有的人都共同认知的一种特殊的语言，也是对未成年人进行思想道德教育的重要载体。那些内涵深刻、旋律动人的优秀歌曲，能够振奋精神、鼓舞斗志、娱乐身心，甚至影响人的一辈子。我们都是这么走过来的，都有切身的感受。少年时期学的歌曲到现在还能随口就拿出来唱，歌曲里讲的道理确实影响了我们价值观的形成。要在未成年人中广泛传唱革命传统歌曲和爱国主义歌曲，让少年儿童在歌声中了解民族精神的丰富内容，感受民族精神的伟大力量。尤其是要做好体现时代精神的、受青少年喜爱的新歌新曲的创作、推广、普及工作，推出100首优秀少儿歌曲，让少年儿童从中体验民族精神的时代内涵，增强民族自尊心、自信心、自豪感。最近团中央、少工委在全国开展了征集活动，共征集了1万首少年儿童喜爱的歌曲，从中选出100首在少年儿童中开展传唱活动。“六一”期间，少工委在长城脚下组织了传唱活动的示范性活动，几千人互动齐唱，确实令人感动。这些歌曲旋律十分优美，歌词富有内涵，很受孩子们的喜爱。要把这些歌曲做成MTV、VCD等多种传播的载体和方式，在少年儿童中广泛开展传唱。

5. 广泛开展“同在一片蓝天下，手拉手共同成长”活动。我国有1900万进城务工人员的子女，他们在生活、学习等方面存在着不同程度的实际困难。要深入开展“同在一片蓝天下，手拉手共同成长”活动，这项活动，“六一”期间胡锦涛总书记在视察过程中给予了高度的评价。要广泛发动城里的学校和学生与进城务工农民子女学校和学生结成对子，在学校与学校之间、学生与学生之间开展各种联谊和互助活动，让成长环境不同的学生感受同一个大家庭的温暖，互相关心，共同成长。要重视民工子女学校的少先队工作，联合教育部出台《关于加强民工子女学校少先队工作的意见》。要积极组织由城市少年儿童与进城务工农民子女共同参加的夏令营活动或民宿活动，让孩子与孩子之间在活动中增强交流，增进感情。这对城里的孩子是个很大的教育，对进城务工农民子女也是一个巨大的温暖和关爱。要动员社会力量为进城务工农民子女学校捐建队室或闲置电脑、图书、教学设备、电器、课本等，为进城务工农民子女创造更好的学习条件。

6. 开展中学生暑期“四个一”实践教育活动。要总结大学生“三下乡”社会实践的经验，在中学生中广泛开展实践教育活动。联合教育部门，以布置暑假作业的形式，开展中学生暑期“四个一”实践活动，即：参观一次爱国主义教育基地，就近就便通过组织中学生参观各类纪念馆、博物馆，瞻仰革命遗址，考察城市、农村建设成就，走访老党员、老英模，或浏览血铸中华、民族魂网站等，接受爱国主义教育；参加一次社区志愿服务活动，立足所在城乡社区，开展助老扶幼、助困扶弱、保护环境、秩序疏导、公益宣传等多种形式的志愿服务活动，接受社会公益教育；为回报父母、长辈做一件实事，通过组织中学生为父母、长辈做家务或过生日等多种形式，接受中华民族传统美德教育；学习一项生产生活技能或自理自护常识，通过组织中学生实际动手实践，向父母或他人学习农业生产、市场营销、日常生活家务等方面的基本技能，学习安全、自我保护、生存等方面的基本常识，接受社会适应能力的教育。开学之后，要开展“四个一”征文、座谈等活动，开展检查评比，加强思想交流，使活动成果进一步深化。

7. 举办“快乐成长”系列活动。快乐是未成年人的天性。要依托青少年宫开展“快乐成长”主题系列活动，让他们在玩中学习，在快乐中成长。系列活动由六项内容组成，即：“走进音乐殿堂”高雅音乐推介活动、青少年奥林匹克夏令营暨健身展示活动、家庭文艺大赛、文明礼仪学习体验活动、“欢乐快车”少儿电视文艺节目展演活动、“快乐成长”明日之星评选活动。要以系列活动为契机，全面推进青少年宫各项工作，加强各地青少年宫的交流与合作，吸引更多的青少年到青少宫中来，真正把青少年宫建设成为未成年人快乐成长的阵地。

8. 实施青少年文化精品计划。要组织力量，整合资源，发挥团队优势，大力推进青少年文化精品的创作、生产和推广，为广大未成年人提供更多更好的精神食粮。要把好选题关，把那些与未成年人的需求和成长密切相关的课题纳入精品计划的选题范围。要组织专门的创作班子，培养一支青年文化创作的专门队伍。要吸纳社会资源，壮大青年文化作品的生产创作力量。要结合团的“五个一工程”，发挥评选的导向和示范作用。要深化新世纪读书计划，通过优秀图书推荐榜、读书讲座、新世纪书屋等，引导未成年人多读书、读好书。最近我们正在《中国青年报》、《光明日报》上开展青少年阅读调查，在调查的基础上我们要联合有关的媒体开展青少年喜爱的图书评选及发布活动。《中国青年报》、中少出版总社要联合各大媒体尤其是网络为未成年人喜爱的精品的传播创造载体。要通过好的精品引导未成年人健康成长。

9. 开展“社区关爱行动”。社区是未成年人思想道德建设的一个重要阵地。由于各种原因，很多社区都存在特困、失学、失足、残疾、单亲和流动人口家庭子女等特殊未成年人群体。要广泛动员社区内的专业人士、知名人士、驻区单位工作人员、大学生等，为这些未成年人群体解决实际困难，尤其是要广泛开展心理咨询等服务活动。依托社区团组织和社区青年中心，设立“社区关爱交流站”，开办“社区小课桌”，通过多种形式帮助和引导未成年人学习成长。组织社区“一对一手拉手”活动，让社区中特殊的未成年人和其他未成年人结对子，互相关心，互相学习，共同进步。要开设心理咨询室，针对这些未成年人的学习、生活和精神压力，交流疏导，帮助他们释放心理压力，减轻心理负担。要组建未成年人社区成长环境监督员队伍，为未成年人成长创造良好的社区环境。

10. 培训一批未成年人思想道德建设工作骨干。加强和改进未成年人思想道德建设，需要一支专业化的工作队伍。要依托团校、青干院，邀请在未成年人思想道德教育领域知名的专家、学者等，面向团队干部、辅导员，以及其他从事未成年人思想道德建设的工作者，以政策辅导、理论讲授、技能培养为主要内容，开展大规模的培训。要组织讲师团到西部、到边远地区开展培训。从7月份开始，中国青年政治学院将连续开办示范培训班，每个班次培训时间安排在7天左右，分专题由专业人士进行针对性的培训。各地团校和青年干部学校也要行动起来，广泛开展培训活动。通过层层培训，争取利用不太长的时间，把全国从事未成年人思想道德建设一线工作的团干部、少先队大队辅导员轮训一遍。

11. 形成一批有分量的研究成果。要按照周强同志提出来的大兴调查研究之风，深入未成年人，了解未成年人。要围绕胡锦涛总书记在全国工作会议上提出的“五个如何”，围绕团中央的一系列部署，组织专家学者，吸纳社会资源，结合团队实际，确立重点课题，进行专题研究。各地要结合团中央2004—2005年度青少年和青少年工作课题研究规划，组织力量，开展有针对性的研究，力争年底之前拿出一批有分量的研究成果，争取能够上报中央和有关部门作为决策依据。团属青少年研究机构、团校、青干院要把未成年人思想道德建设理论研究作为重要内容，纳入教学科研计划，加强对新时期未成年人身心发展特点和未成年人思想道德建设规律的研究。要在全团形成重研究、讲规律的良好风气，真正使未成年人思想道德建设工作体现时代性、把握规律性、富于创造性。

这11件大事，是团中央贯彻中央要求，加强和改进未成年人思想道德建设的重要举措。全团上下要齐心协力，分工合作，狠抓落实。把实事办实，好事办好。这11件实事落实了，相信会在全团出现一个更加生动活泼的加强和改进未成年人思想道德建设新的局面。

三、开拓创新，大力推进青年文化行动

实施青年文化行动，加强青年文化建设，是共青团贯彻"三个代表"重要思想、发展社会主义先进文化的一项重点活动，是团十五大推出的一项重大举措。4月份，团中央已经联合中宣部、文明办、教育部、文化部、国家广电总局、新闻出版总署等部委下发了《关于实施青年文化行动加强青年文化建设的通知》，标志着青年文化行动的实施正式拉开了序幕。一个多月来，这项行动已经在各地广泛开展，赢得了地方党政的关注，取得了初步的成效，呈现很好的态势。下一阶段，各级团组织要进一步采取切实有效的措施，大力推进这项行动，努力形成青年文化建设蓬勃发展的局面。

加强青年文化建设，全团已有共识，现在的问题是找到合适的切入点，确立工作项目，突出工作重点，把青年文化行动扎实有效地开展起来。我们要在推进青年文化行动中突出文化育人，把培育和弘扬民族精神、促进青年全面发展作为主要内容，在推进工作中贯穿思想道德建设的要求；要把青年文化行动放到党政工作大局和经济社会发展全局中去考虑和推动，纳入地方文化立省，文化立市的发展战略之中，形成各地特色，扩大社会影响，比如，广东省委召开党委会研究"首届中国青年文化周"活动，把它作为文化立省的大事来抓；要把重点突破与整体推进有机结合起来，积极探索具有鲜明时代特色、富有吸引力和感召力的重点项目，同时，采取措施，调动青年广泛参与，使青年文化行动在基层广泛开展，形成全面活跃的态势；要充分运用社会化、市场化、事业化的方式推动青年文化行动，整合资源，形成合力，不断为青年文化建设注入强大的动力和活力。

为促使青年文化建设向纵深发展，这里，我对各地下一阶段推进青年文化行动提出"七个一"的要求。

1. 研究制定一个青年文化行动的实施规划。七部委联合下发的通知，提出了全团青年文化行动实施规划。各地要贯彻通知精神，结合本地实际，联合地方党委和政府有关部门共同制定一个实施规划，把青年文化行动纳入到地方文化建设的总体要求中，对青年文化行动的推进作出安排。有这样一个规划，我们就能对本地推进青年文化行动有一个通盘的、总体的、长远的考虑，就能理清思路，明确任务，从而使青年文化行动不断积累、不断壮大。

2. 推出一些重点青年文化活动。要推动青年文化建设的全面活跃，很重要的一条，就是要推出一些牵动基层、牵动青年的活动。这是我们的一个重要经验。团中央联合一些省市重点推出了四项重点文化活动，这就是在广东深圳举办的中国青年文化周、在宁波举办的青年服装时尚周、在海南举办的青年欢乐节、在山东举办的青少年读书节，以此形成对全团的示范带动。这四项活动都要牵动全团，各省都要派代表队参加。各省区市也要结合实际，推出一些重点文化活动，形成对基层的示范带动。在推动青年文化行动中，要深入实施青少年新世纪读书计划，广泛开展群众性青年文化活动，大力推动校园文化、社区文化、企业文化、乡村文化、军营文化和网络文化建设，充分发挥各种青年文化社团的积极作用，努力形成青年文化建设百花齐放、百舸争流的生动局面。

3. 创作推广一批青年文化精品。青年文化精品在影响塑造青少年中发挥着重要作用。最近我们组织了“青春”五四晚会，香港“手拉手”的演出，还拍了一部电影《手拉手》，有关部门评价很高。电视片《请让我来帮助你》，很快将在中央电视台黄金时段每天播出。要针对青少年的特点，结合实际推动优秀青年文化作品的创作生产。各省都要有意识地组织创作推广一批思想性、艺术性、趣味性强的图书、歌曲、影视作品、戏剧、广播剧等优秀文化作品，为青少年提供更多更好的精神食粮。要注意整合资源，动员社会力量，开辟多种渠道，推动青年文化产品的生产。要在青少年中宣传推广民族的优秀文化精品和世界优秀文化经典，充分发挥优秀文化作品对青少年的教育引导作用。

4. 培养和聚集一批青年文化人才。当代青少年有着鲜明的时代特点，他们崇拜偶像，渴望发展个性。在新闻传媒高度发达的现代社会，社会名人、成功人士对青少年有着不可替代的影响力和感召力。要发挥共青团的优势，推出一批社会形象好、社会影响力大、对青少年学习成长有帮助作用的青年文化名人，发挥好他们对青少年的影响、引导作用，引导青少年“追星”。要通过文化新人评选、中国青年时代风采大赛等形式，为当代青年展示文化才能和全面素质搭建舞台。要针对青少年特点，以各种文艺、体育类的大赛为牵动，发现和培养一批在乐坛、影坛、体坛等有发展潜力的新人，为其成长创造条件。要发挥共青团组织联系广泛的优势，团结凝聚一批青年文化方面的人才，为推进青年文化行动出谋划策，推波助澜。

5. 开设一个中国青年文化论坛。团中央将在海南设立中国青年文化发展论坛，邀请国内外文化界的政府官员、知名人士、专家学者、文化产业界人士、信息传媒界人士等社会各界加盟论坛，形成一个关注和推动青年文化发展方面的松散组织，以此来牵动社会，不断扩大青年文化行动的社会影响力。要通过举办论坛，推动青年文化方面的研究，聚焦青年文化现象，追踪青年文化热点，透析青年文化规律，营造有利于青年文化建设的良好氛围。论坛每年确定一个主题，召开年会，并将向社会发布主题报告。欢迎各地积极参与，支持论坛活动的开展。

6. 壮大和培育一批青年文化事业主体。在市场经济条件下，发展青年文化事业和产业是推动青年文化建设的重要途径。要抓住当前中央发展文化事业和文化产业、深化文化体制改革的契机，大力整合资源，积极构建适应市场机制、突出社会效益、具有青年特色的青年文化事业和产业联合体。青少年宫、青少年活动营地等青少年活动阵地和设施，要坚持把社会效益放在首位，进一步加强建设和管理，积极争取党政和社会各界的支持，努力满足青少年日益增长的精神文化需求。团属青年报刊、出版机构、网站等青年文化产业，要坚持社会效益与经济效益相统一，不断做大做强。有条件的地方还可以建立青年文化中心、青年文化公司。要通过探索成立文化公司、实行社会化运作的新路子，在更广、更深的层面参与文化市场的竞争，培养和壮大一批有青年特色的文化企业，不断推动青年文化建设的繁荣发展。

7. 建立一个长效的工作机制。青年文化行动要实现长期化、事业化的发展，必须有长效的工作机制作保障。一是要成立专门的机构。团中央已经联合六部委成立青年文化建设工作领导小组，建立了专门的工作领导、协调和咨询机构。各地可参照成立相应的工作机构，协调行动，形成合力，切实加强对青年文化行动的领导。二是设立青年文化基金，推行项目承办制。今后青年文化品牌活动要采取项目招标的形式来选择承办单位。要通过项目化、社会化的机制，提高团干部在市场经济条件下策划和开展文化活动的能力。关于这一点，在今年的全会上，周强同志在主题报告中专门就机制建设问题提出明确要求，我们这次"五四"晚会，也是采取这种方式，实践证明它是很有效的，吸纳了社会资源、人力资源和物质资源。三是要形成开放的工作机制。要通过多种形式和渠道，调动社会各方面参与青年文化建设的积极性，汇聚社会各方面的资源，不断提高青年文化建设的水平。四是完善表彰激励机制。要注意在工作中及时总结经验，发现典型。对于在推进青年文化行动中表现突出的单位和个人，我们要隆重表彰，我们要每年搞一次表彰活动。对于工作的成果，我们要广泛宣传和展示，对于有益的经验，我们要及时推广，推动青年文化建设迈上新台阶。

同志们，加强和改进未成年人思想道德建设、推进青年文化行动，舞台广阔，机遇难得，团队组织责任重大。让我们紧密团结在以胡锦涛同志为总书记的党中央周围，高举邓小平理论和"三个代表"重要思想的伟大旗帜，以高度负责的态度对待工作，以奋发有为的状态投入工作，以与时俱进的精神推动工作，以求真务实的作风落实工作，努力开创未成年人思想道德建设和青年文化建设的新局面。

赵勇在中国青年志愿者协会二届三次理事会上的工作报告

2004 年 6 月 24 日，根据录音整理

各位理事，同志们：

按照中国青年志愿者协会章程规定，理事会每年至少召开一次会议。由于受"非典"的影响，去年协会没有召开理事会。本次会议将回顾 2002 年 3 月二届二次理事会以来两年的工作，部署安排当前和今后一段时间的工作，立足新起点，创造新业绩，推动青年志愿服务事业再上新台阶。受理事长会议委托，我向理事会作工作报告，请予审议。

两年来的主要工作

两年来，在党中央、国务院的亲切关怀下，在团中央的正确领导下，协会按照服务大局、服务社会、服务青年的工作方针，坚持着眼发展、着力建设的基本思路，大力加强志愿服务各项建设，在探索中谋发展，在创新中求突破，在奉献中抓落实，初步形成了"党政支持、共青团组织承办、项目化管理、社会化运作"的志愿服务工作新格局。截至 2003 年底，青年志愿者行动累计动员了 1.5 亿多人次的青年在扶贫开发、社区建设、环境保护、大型活动、抢险救灾和海外服务等不同领域为社会提供了超过 55 亿小时的志愿服务，在锻炼引导青年、传播文明新风、推动社会发展等方面发挥了积极作用。

一、全面实施大学生志愿服务西部计划，推动青年志愿者行动实现跨越式发展

根据国务院常务会议精神，团中央联合教育部、财政部、人事部等部门，从 2003 年起共同组织实施大学生志愿服务西部计划，按照公开招募、自愿报名、组织选拔、集中派遣的方式，全国项目和贵州、宁夏、甘肃、

重庆、北京、辽宁、河北、广东、山东等九省（区、市）开展的地方项目共招募选派了10090名应届高校毕业生到西部300多个贫困县的乡镇基层开展为期1－2年的志愿服务工作。今年西部计划继续实施，扩大中央财政支持的志愿者人数，总数达到1万名。在今年招募报名中，全国有1200多所高校的49615名大学毕业生报名参加；西部地区申报岗位需求近4万个。一年来的实践证明，西部计划在青年中树立起了到西部去、到基层去、到祖国和人民最需要的地方去建功立业的积极导向，彰显了积极向上无私奉献的社会主流价值观；为西部群众办了实事、办了好事，带来了实惠，促进了西部地区经济社会发展；培养了一支了解中国国情有社会责任感的优秀人才；开辟了人才资源优化配置的新途径，有效地服务了国家西部大开发战略和人才强国战略的实施。概括起来说就是“老百姓得实惠、志愿者长才干、全社会树新风”。

二、积极组织青年志愿者投身抗击“非典”斗争，彰显了市场经济条件下志愿服务独特的社会动员功能

2003年4月至6月，面对突如其来的“非典”疫情，全国各地团组织、青年志愿者组织迅速行动起来，先后组织1200多万人次的青年志愿者，集中开展了为一线医护人员捐赠志愿者爱心包、热线咨询、普及“非典”防治知识、助耕帮困、向生活陋习开战等活动，为夺取抗击“非典”斗争的胜利做出了突出贡献。青年志愿者们在“非典”一线奋斗的身影和感人的故事，至今回想起来仍令人感动。这项活动充分发挥了志愿服务的动员优势，展现了市场经济条件下志愿服务在建立社会应急动员机制和资源配置方面的独特作用。胡锦涛总书记“非典”期间在四川考察时亲切接见了参加抗击“非典”的志愿者。王兆国同志“非典”期间在福建考察时也对青年志愿者参加抗击“非典”工作给予了充分肯定和高度的评价。

三、逐步推进中国青年志愿者海外服务计划等工作，促进志愿服务的国际交流与合作

2002年5月以来，海外服务计划老挝项目、缅甸项目相继实施，已从全国公开招募了21名中国青年参与这项计划，为受援国提供了每期半年的汉语教学、医疗卫生、计算机培训等方面的志愿服务，为增进中外友好、服务党政外交、传播中华文明、培养国际化人才做出了贡献。目前，14名中国青年志愿者正在国外服务。同时，作为“2001国际志愿者年”的后续活动，与联合国开发计划署第一次在中国举办了有来自世界五大洲29个国家和地区的政府部门、志愿组织、青年团体、研究机构及相关国际组织的近170名代表参加的“志愿服务国际会议”，共同发表了《北京宣言》，会议成果得到联合国有关方面的肯定，提升了中国志愿服务事业的国际影响和国际地位。

四、青年志愿者行动各领域的常项工作继续深化，全团上下各条战线青年志愿者工作不断发展

一是青年志愿者扶贫接力计划不断深化。两年来，全国共有4405名青年参加了这项计划，参加“研究生支教团”的志愿者达到628名；依托扶贫接力计划，大力实施了青年志愿者西部计算机实用人才培训计划，截至目前，已动员社会各界捐赠电脑4106台，在中西部38个贫困县建立了105个培训点，培训当地群众30多万人。二是青年志愿者社区发展计划得到拓展。联合全国老工办、中国残联、公安部、司法部分别实施了“志愿者为老服务金晖行动”、“百万青年志愿者助残行动”、“维护社会治安志愿者筑城行动”、“法律援助志愿者服务计划”等专项行动，取得了积极成效。三是“保护母亲河”青年志愿者绿色行动营计划深入实施。各地通过建设绿色行动营、基地等方式，有效动员了国内外1000多万青年及社会各界广泛开展了多种多样的环保志愿服务活动，尤其是治沙防沙、植树造林等方面取得了显著成效。四是“三下乡”、“志愿者艺术团”、“成人预备期志愿服务”、志愿辅导员等工作持续开展。两年来，1000多万名大中专学生在暑期“三下乡”志愿服务活动中经受了锻炼、增长了才干、做出了贡献。全国青联志愿者艺术团组织文艺界委员120多人次，深入老、少、边、穷地区和国家重点建设一线开展慰问演出12场，现场观众达22万人，受到群众热烈欢迎。中学生成人预备期志愿服务活动广泛开展，大批中学生完成了96小时的志愿服务，带着收获、带着责任迈入了成人行列。少先队志愿辅导员工作得到深化，一大批老干部、老战士、老专家、老教师、老模范成为少先队志愿辅导员，正在加强未成年人思想道德建设中发挥积极作用。此外，团中央联合有关部门成功组织开展了纪念学习雷锋40周年、纪念中国青年志愿者行动实施10周年系列活动。五是各地特色项目不断涌现、富有成效。如北京开展的“到公益机构去”、“关爱工程”、山东青岛开展的周日志愿行动、江苏江阴和福建漳州开展的青年志愿者“110联动”、浙江开展的“天天”志愿行动、广东开展的卫生志愿者“健康直通车”、河南的青年志愿者“爱心包”工程、湖南和江西等省开展的消防志愿者行动、贵州开展的禁毒志愿者和计生志愿者计划等等，都在社会上产生了积极反响。

五、建立健全志愿服务各项机制，志愿服务事业持续发展

一是广泛推行志愿者注册制度，逐步建立起一个面向全社会的开放的志愿服务动员体系。在2001年试点工作的基础上，2002年初制定颁行了《中国青年志愿者注册管理办法（试行）》，在全国广泛推行志愿者注册制度，通过抓重点项目，抓大中学校、机关、企事业单位等组织化程度较高的重点单位，抓扶贫开发、大型活动、环境保护、社区服务等参与面较广的重点领域，抓重大节日、纪念日等，集中开展了志愿者注册工作。同时，网上注册试点工作也取得了显著成效。截至2003年底，全国经过规范注册的志愿者达到1349万人。二是大力加强志愿服务专门工作机构建设。继山西、广西、广东、上海、贵州等地成立专门工作机构后，两年来，重庆、湖北、四川、北京、江苏、辽宁、云南、湖南、黑龙江等省（区、市）也成立了志愿者专门工作机构，江苏还成立了由省委副书记牵头、办公室设在团省委的全省志愿者工作协调机构。全国、35个省和三分之二以上的地（市）及部分县都成立了青年志愿者协会或志愿者协会。大力推进社区志愿者服务站创建工作，目前，全国创建服务站已超过89000个。三是进一步完善运行机制。通过建立完善注册制度，逐步建立起经常性、社会化的志愿服务招募动员机制。通过建立健全工作机构，建章立制，形成了有效的志愿服务管理机制。通过做好“十杰百优”评选表彰活动、中国青年志愿服务系列奖章颁授等工作，逐步形成了规范、多层次的志愿服务激励机制。通过培育社会资源，拓展筹资渠道，争取政府相关政策和专项经费支持，依托项目争取社会赞助，逐步形成了有效的志愿服务筹资机制。通过与许多党政部门共同开展专项行动，为志愿服务事业广泛深入持久发展提供了政策保障。继广东、山东和南京实现青年志愿服务地方立法后，福建、河南、黑龙江和宁波、杭州等地也实现了志愿服务立法，进一步推动了全国志愿服务立法进程。

各位理事、同志们，伴随着青年志愿者行动的蓬勃发展，中国青年志愿者协会已走过了近10个春秋。10年的辛勤耕耘，铸就了今天青年志愿服务事业的辉煌。特别是在过去的两年里，各级团组织、志愿者组织坚持用“服务、建设、创新、发展”的理念推动青年志愿者工作开创新局面，在青年志愿者行动的发展史上谱写了新的篇章。这些工作成绩的取得是党中央亲切关怀的结果，也是团中央书记处高度重视和坚强领导的结果，凝聚着一批批团干部和志愿服务组织者、支持者特别是在座各位付出的卓越智慧和辛勤汗水。在这里，我代表协会理事会向为青年志愿服务事业发展给予亲切关怀、付出艰辛劳动、做出突出贡献的各位领导、同志们和朋友们表示崇高的敬意和衷心的感谢！

在实事求是地肯定成绩的同时，也要冷静客观地看到前进道路上还存在一些困难和问题。例如，在我国志愿服务组织体系基本建立的同时，还普遍缺少法律、资金支持，缺少完善的评估、激励监督机制，实施网络也不够健全；志愿者组织自身运转、发展和社会动员能力与社会的发展、老百姓的需求还不太适应；社会公众对志愿服务理念、志愿精神的认知和理解还有待进一步加深等等。这些都需要我们在今后的工作中重点研究、着力解决。

回顾青年志愿者行动不平凡的发展历程，我们有一种强烈的感受，就是伴随我国经济社会的不断发展，青年志愿者行动愈来愈得到广大青年和公众的积极响应，得到人民群众的热烈欢迎和各界的广泛支持，得到党政领导的充分肯定，显示出旺盛而强大的生机和活力。青年志愿服务的生动实践给我们带来了一些宝贵的经验和启示。

一是青年志愿者行动倡导了“奉献、友爱、互助、进步”的志愿精神，成为新时期社会主义精神文明建设的一个亮点。社会主义精神文明建设既需要载体，也需要导向。青年志愿者行动继承了中华民族的传统美德，弘扬了以雷锋精神为代表的社会主义道德，适应了市场经济条件下的道德要求，吸收了人类文明的先进成果，不愧是新时期精神文明建设的有效载体。千千万万的青年志愿者在帮助他人、服务社会的同时，会潜移默化地感染被帮助的对象、影响周围的群众，这是一个文明传递的过程，是一个彰显社会主流价值观的过程，这样一个积极的示范导向作用，有助于提升公民素质，改善社会风气，净化社会环境，形成良好的人际关系，从而引领社会新风尚的形成。

二是青年志愿者行动服务了人民群众生产生活的基本需求，成为动员组织广大青年为人民群众做实事、办好事的有效手段。立足人民群众基本需求、服务人民群众基本需求是青年志愿者行动生命力之所在。随着社会主义市场经济体制的建立和不断完善，公众参与志愿服务的需求和社会对志愿服务的需求不断增长。青年志愿者行动着眼于最需要帮助的群众和最需要服务的地区，以扶贫济困为主题，为困难群众、困难地区提供了实实在在的服务和帮助；着眼于党政关心、群众关注、青年能为的重点工作，积极参与环境保护、社区发展、抢险救灾、大型赛会、社会应急等公益性项目，在与人民群众切身利益密切相关的领域中发挥了实实在在的作用。

三是青年志愿者行动符合了当代青年的特点和时代发展的要求，成为广大青年奉献社会、完善自己、全面发展的有效途径。青年志愿者行动是与社会主义市场经济同向并轨的事业，与市场经济所追求的利益至上、优胜劣汰相互补充、相辅相成。市场经济越发展，越需要加强志愿服务。在改革开放和市场经济条件下成长起来的当代青年更加务实，自主意识、参与意识明显增强。青年志愿者行动充分尊重了青年的自主选择和自愿参与，有利于调动广大青年的内在积极性，为当代青年在报效祖国、服务社会的自觉实践中锻炼自己、成长成才提供了广阔的舞台，开辟了实践育人的有效途径。

四是青年志愿者行动符合了科学发展观的要求，在推动社会发展中发挥着越来越重要的作用。社会发展离不开广泛的社会动员和社会参与，离不开调动和整合各类社会资源。通过志愿服务这种非市场手段开发配置资源，可以实现资源的东西互动、城乡互动，可以用很少的投入动员起巨大的力量，提高社会的整体效能，促进城乡之间、东西之间、区域之间的共同发展,完全符合科学发展观的要求。

关于 2004 年的工作

当前,青年志愿服务事业正面临新的发展机遇。首先,党的十六大为我们规划了全面建设小康社会的宏伟蓝图,十六届三中全会提出了科学发展观。其次,近期中共中央、国务院印发了《关于改进和加强未成年人思想道德建设的若干意见》,对志愿者在其中发挥作用提出了明确要求。再次,团中央正联合有关部门大力推进青年文化建设。以志愿精神为核心的志愿文化,完全可以构成青年文化的重要组成部分,对青年文化建设具有导向作用。所有这些都为青年志愿者行动的深入发展指明了方向,提供了全新的舞台,创造了广阔的空间。

2004 年中国青年志愿者协会总的指导思想是:以"三个代表"重要思想和党的十六大、十六届三中全会精神为指导,深入学习贯彻团的十五大和十五届二中全会精神,树立和落实科学发展观,以重点项目为带动,以组织建设和队伍建设为基础,以志愿文化建设为导向,以机制建设为保障,求真务实,开拓创新,不断推动志愿服务事业实现新发展,在全面建设小康社会的伟大实践中做出新贡献。

一、从与人民群众切身利益密切相关的具体实事抓起,以志愿服务重点项目为带动,在推动经济社会协调发展中发挥更大作用

要重点抓好以下四个品牌项目。

1. 大力推进大学生志愿服务西部计划。要以与中组部等联合实施的"全国农村党员干部现代远程教育试点工作"志愿服务行动、与中宣部等联合实施的"百县千乡宣传文化工程"志愿服务行动、与最高人民检察院联合实施的西部基层检察院志愿服务行动、与卫生部等联合实施的贫困地区支医行动以及支教、支农、青年中心建设与管理等七个专项行动为重点,建立长效机制。加大地方项目的实施力度,力争今年全国项目和地方项目的志愿者总数达到 15000 名左右。

2004 年西部计划志愿者招募选拔工作已基本结束,培训派遣工作即将展开,1 年期大学生志愿者也即将离岗。借此机会,我想就近期工作强调四点。第一,目前高校应届毕业生即将离校,各省级项目办尤其是高校项目办要密切保持与入选志愿者的联系,确保《确认通知书》发放到每一名志愿者手中。第二,如出现个别入选志愿者因故不能参加,各省级项目办和高校项目办应密切配合,从志愿者后备人才库中进行递补,全力确保七个专项行动招募任务的圆满完成。第三,今年的集中培训工作按计划于 7 月 19 日—23 日在各服务省省会城市进行。各招募省项目办和高校项目办要作好志愿者按时赴服务省参加集中培训的组织工作;各服务省项目办和服务县项目办要按照统一要求,认真细致地组织好培训派遣工作,特别要注意保障志愿者安全健康地抵达服务地。第四,要落实和争取出台相关政策,积极搞好 1 年期服务期满志愿者的就业服务工作。同时要做好 1 年期志愿者和新招募志愿者的衔接工作。

2. 深化实施青年志愿者扶贫接力计划。在总结扶贫接力计划实施 8 年经验的基础上,进一步完善工作思路,丰富工作内容,调整工作模式。招募机制要更加灵活,招募对象要更加明确。要面向社会不同年龄层次的在职人员,重点招募具有中级以上技术职称和专业技能的在职人员作为志愿者。要扩大实施规模。全国项目要达到 500 人。要以四川、安徽、贵州、广东、江苏、北京、上海、山东、辽宁、河南等 10 个省、市为重点,坚持省内发达地区支援欠发达地区为主、跨省对口支援为辅,大力推进地方项目,努力达到 5000 人左右的规模。要把西部计划和扶贫接力计划结合起来,选派大学生志愿者和中级以上职称的青年卫生志愿者,重点做好河北张北县、内蒙古喀喇沁旗两个农村公共卫生体系志愿服务试点项目的实施工作。

3. 积极推进中国青年志愿者海外服务计划。青年志愿者海外服务空间很大，意义深远。要积极争取商务部的支持，纳入援外计划，逐步扩大实施规模。受援国除已有的老挝、缅甸等东南亚国家外，要逐步扩大到部分非洲国家。要创新工作方式，可以按照项目招标的方式，引入竞争机制，由地方团委、志愿者组织承办派往某一国的具体项目。

4. 启动实施"爱心助成长"志愿服务计划。积极围绕未成年人思想道德建设，联合有关部门开展"爱心助成长"志愿服务计划，发挥志愿服务的动员优势，发挥中老年人的亲情优势和人力资源优势，组织社会公众特别是健康低龄老人以志愿服务方式参与未成年人思想道德建设。这项计划将用3—5年的时间，动员数以百万计的中老年人，组建一大批专业志愿服务队，广泛开展"假日"、"宣讲"、"护苗"、"监查"、"关爱"等项目，为未成年人思想道德建设服务，为未成年人健康成长营造良好的社会氛围。

二、与共青团各条战线工作紧密结合，与各部委紧密结合，推进志愿服务事业全面深入发展

志愿服务渗透到了团的工作的方方面面，渗透到了团的各条战线、各个部门的工作中。青年志愿者行动要与中央和国家机关各部委紧密结合，与团的各条战线工作紧密结合，发挥志愿服务的动员组织作用，推进志愿服务事业发展。

在青年中心建设领域，要广泛发动青年志愿者参加青年中心的建设和管理，努力形成一支以注册志愿者为主体、社会各方面人士积极参与、长短期服务相结合的青年中心志愿者队伍。发挥志愿者的优势，为青年中心创造有效的工作和管理机制，提供动员和整合社会资源方面的支持，促进青年中心的可持续发展。在社区发展领域，要结合志愿者注册制度的广泛推行，继续深入实施助老、助残、维护社会治安、法律援助等领域的专项行动，继续推广消防、禁毒等方面的志愿者工作。要普遍开展大中专学生志愿者科教、文体、法律、卫生"四进社区"活动，围绕青少年维权岗志愿者、青年志愿者"一助一"安置帮教结对服务、社区青少年法律学校、青年文明社区大家乐舞台、雏鹰热线等工作深入开展相关志愿服务活动。在环境保护领域，要继续实施进一步广泛调动广大青年以及其他社会公众参与"保护母亲河行动"，大力推进"保护母亲河"青年志愿者绿色行动营计划，广泛开展植树造林、防风固沙、治理污染等环保志愿服务。在其他领域，青年志愿者行动还要服务大型赛会，还要与团的组织建设、思想道德建设等各项工作紧密结合起来。

共青团各个部门、各条战线要在深入实施现有项目的同时，根据经济社会发展的实际，不断拓展志愿服务的新领域，开辟新项目，在促进社会发展进步的同时，促进志愿服务事业和共青团各项事业的发展。

三、精心培育志愿文化，丰富和繁荣青年文化

做志愿者正成为越来越多的青年和其他公众的自觉选择，成为一种社会风尚，以"奉献、友爱、互助、进步"的志愿精神为主要内容的志愿文化正在成为当今中国青年文化的重要组成部分。我们要通过大力培育志愿文化，在青年文化建设中形成积极导向，不断丰富和繁荣青年文化。

1. 进一步加强志愿服务理念的宣传和普及。志愿服务的宣传本身就是一项精神文明创建活动。要抓住今年加强未成年人思想道德建设、建国55周年、中国青年志愿者协会成立10周年等契机，广泛开展社区、环保、大型赛会等参与面广、影响力大的群众性志愿服务活动，在这些活动中深入宣传志愿服务的理念，努力使志愿精神得到广泛的传播，提高志愿服务的社会认知程度，引领社会新风尚，推动社会主义先进文化的发展。

2. 精心打造志愿文化精品。志愿服务的内容丰富、领域广泛，事迹动人、精神崇高，完全可以打造一大批志愿文化精品，引领健康向上的文化时尚。近年来，我们相继推出了歌曲《到西部去》、话剧《托起明天的太阳》、电影《因为有爱》、电视剧《脚下天堂》、《请让我来帮助你》、图书《与高尚同行》、《志愿行动在中国》、专栏《志愿者日记》等以志愿者为主题的文化作品，各地也组织创作了很多相关的文艺作品，对于弘扬志愿精神起到了积极推动作用。全团要继续在创造志愿文化精品方面狠下功夫。同时，要通过建设志愿服务的名牌活动和精品项目、注册中国青年志愿者标志、规范志愿者注册宣誓誓词和仪式、健全志愿服务奖章颁授制度、完善志愿服务专门网站等工作，进一步丰富志愿文化的形式和内容。

3. 发挥志愿文化的育人功能，着力培养优秀青年人才。志愿文化的育人功能有其与其他文化育人不同的特点，就是更加具有"内化"功能，更加具有"随风潜入夜、润物细无声"的效果。在开展志愿服务的过程中，要不断丰富活动项目的文化内涵，使广大青年在志愿服务中受到更好的教育和熏陶，感受到服务他人、奉献社会的心理愉悦，潜移默化地提升自己的精神境界，从而培养一大批既有丰富的科学文化知识，又有坚定的理想和强烈的社会责任感，品德高尚、身心健全的优秀青年人才。

四、着眼志愿服务事业的持续发展，着力加强志愿服务长效机制建设

机制是事业持续、健康发展的重要保障。要始终坚持着眼发展、着力建设的基本思路，积极探索新形势下青年志愿者工作的特点和规律，不断建立健全志愿服务各项机制，把青年志愿者行动这项富有生命力的工作深入持久地开展下去。

1. 进一步广泛推行志愿者注册制度。要进一步完善志愿者注册制度，推进重点人群的集中注册，推广重点活动和项目注册，完善网上注册和管理功能，不断拓展注册渠道，组建各类专门志愿服务队伍，真正实现志愿者注册和服务"两个便利化"，形成社会各界广泛、经常地参与志愿服务的良性机制。要进一步规范注册工作，按照《中国青年志愿者注册管理办法》的统一要求，规范注册的程序、仪式、标识以及注册志愿者的激励表彰制度。

2. 进一步健全志愿服务工作机制。在抓好西部计划等重点项目的同时，要采取有效的措施，积极争取有关部门更多政策支持，完善政策保障机制。要进一步围绕工作项目，争取党政部门的资金支持，同时面向社会培育资源，健全筹资机制。要以重点项目为带动，不断探索和完善志愿服务运行机制。要按照创新工作思路和工作方式的要求，着力探索志愿服务项目化、机制化、社会化、法制化、国际化等内在发展规律，形成长效机制。

3. 进一步推进志愿服务专门工作机构建设。要适应志愿服务事业发展的需要，抓住实施西部计划等重点项目的契机，大力推进各级志愿服务专门工作机构建设。要认真总结经验，因地制宜、不拘一格，积极推动志愿者工作部、志愿者行动指导中心的建设。暂时没有条件成立团内专门工作机构的也要指派专人负责协会秘书处工作。

4. 进一步推动志愿服务立法工作。已经立法的地方要进一步总结立法实践，特别是总结立法对志愿服务事业的巨大推动作用，为其他地区和全国立法提供可资借鉴的经验。要积极推动更多地方实现立法。要积极争取有关方面的支持，推动志愿服务全国立法的立项、调研工作。

5. 进一步推动志愿者协会自身建设。加强协会自身建设、发挥协会作用是在新的历史起点上实现新发展、创造新业绩的重要保障。一是要加强协会组织网络建设。要抓住2004年协会成立10周年的时机，积极加强各级志愿者协会特别是地(市)、县级协会的建设。要以组织网络为带动,继续加强基层服务站、服务队建设,进一步完善志愿服务实施网络。二是要加强协会的队伍建设。要加强协会理事会建设,吸纳社会各界广泛参加协会理事会,不断充实、壮大理事会。要加强协会秘书处建设,可以聘任那些既热心志愿服务事业、又有较强社会活动能力的人士担任秘书处职务,使秘书处工作更有活力。要加强协会会员队伍建设,各级协会特别是地(市)、县级协会要广泛吸纳各阶层、各行业、不同年龄阶段的社会公众以注册志愿者身份加入协会,不断壮大协会规模和影响力。三是要加强协会的能力建设。要强化协会的规划功能,推进志愿服务理论和实践创新,着力规划志愿服务事业发展蓝图。要强化协会的协调功能,在整合社会资源上下功夫,为志愿服务事业的发展提供有力保障。要强化协会的服务功能,积极为志愿服务事业发展服务、为青少年成长服务、为理事和会员服务。要强化协会的国际交往与合作功能,立足国内,放眼世界,不断加强协会与各国志愿者组织和青年社团的交流与合作,努力扩大我国青年志愿者行动的国际影响。

各位理事、同志们,青年志愿者行动是一项高尚的事业,大有希望的事业。中国青年志愿者协会任务艰巨,使命光荣。让我们紧密团结在以胡锦涛同志为总书记的党中央周围,高举邓小平理论和“三个代表”重要思想的伟大旗帜,求真务实、开拓创新,抓住机遇、乘势而上,不断开创青年志愿者工作新局面,在全面建设小康社会的伟大进程中做出新的贡献。

赵勇在“博士服务团”第四批工作总结暨第五批培训动员会议上的总结讲话

2004年9月24日,根据录音整理

在中组部和团中央的高度重视以及同志们的共同努力下,为期两天的“博士服务团”第四批工作总结暨第五批培训动员会议圆满完成了各项议程,今天就要结束了。首先,我代表团中央,向中组部领导,向所有关心、支持“博士服务团”工作的同志们表示衷心的感谢!

根据会议安排,我代表中组部、团中央对这次会议进行总结。

一、关于这次会议的主要收获

这次总结和培训动员会是学习贯彻党的十六届四中全会精神,深入推进“博士服务团”工作的一次重要会议。会前,中组部和团中央对会议各项议程作了周密安排和精心准备,中央国家机关有关部委和单位、相关省区市党委组织部以及有关干部学院高度重视、积极筹备,确保了会议的顺利召开。中组部副部长李建华同志、团中央书记处第一书记周强同志到会发表了重要讲话。会议还安排了专题讲座和经验介绍,大家进行了充分而又热烈的交流。大家一致认为,这次会议开得很好,很有收获,对“博士服务团”今后一个时期的工作必将产生久远的影响。具体来讲,这次会议的收获主要体现在以下三个方面。

1. 总结了经验,交流了体会,进一步明确了今后“博士服务团”工作的发展方向。昨天上午,李建华同志对第四批“博士服务团”工作进行了总结，充分肯定了博士们取得的成绩，系统地回顾了这几年来的工作，用“四个必须”概括了“博士服务团”工作积累的宝贵经验，对今后一个时期的工作提出了明确要求，内容丰富，生动而又深刻，有很强的指导性。今天上午，前四批的11位同志作了精彩的发言，大家听了很受感动、很受鼓舞。有的同志讲，“忙得很充实，累得很快乐”；有的同志讲，“多学习少应酬，多干事少出头，多协商少独谋”；有的同志讲，“一年的挂职锻炼将改变自己一生的命运”，这些都是宝贵的经验。确实，境界升华了，灵魂净化了，这是在机关在城市里面所感受不到的。我想，所有这些对今年即将下去的同志都是启示，都是激励，都是财富。会议在对“博士服务团”工作进行系统总结的同时，对下一步的工作进行了全面部署，明确提出了“博士服务团”工作的整体思路和发展方向，对第五批“博士服务团”成员提出了许多具体要求，为做好今后的“博士服务团”工作指明了方向。

2. 加强了学习，提高了认识，进一步增强了做好今后“博士服务团”工作的责任感和使命感。昨天下午，国务院西部开发办副主任李子彬同志和中组部组织局副局长宋刚同志为博士们作了两场专题讲座，对西部大开发有关情况以及党的基层组织建设和民主集中制原则作了介绍，使大家对西部大开发战略的实施情况和阶段性成果有了进一步的认识，对领导干部所要具备的一些基本理论知识进行了初步学习，对西部地区的科技和经济社会发展状况以及风土人情有了客观的了解。在交流中，大家普遍反映，听了讲座和经验介绍之后，真正认识到了西部发展的艰巨性、复杂性和长期性，真正认识到了“博士服务团”工作的重要意义，感到肩上的担子很重，更加坚定了做好挂职工作的决心和信心。有的同志讲，听了关于民主集中制的报告之后，真正明白了民主集中制是我们党的根本组织原则，是把握角色定位的一个法宝。对于在今后的工作中，怎样按照民主集中制来把握自己的角色定位，怎样处理好与上级的关系、与同级干部的关系、与下属的关系，都有了新的认识。我想，这些都是收获。

3. 增进了沟通，明确了任务，进一步打牢了投身新岗位的思想基础。这次会议促进了选派单位、接收单位、组织部门、共青团和“博士服务团”成员之间的沟通。大家朝夕相处，进行了很好的沟通，有思想上的，有工作上的，也有感情上的。在这一过程中，选派单位进一步了解了地方的具体需求，接收地区和单位初步了解了挂职博士的个人具体情况，“博士服务团”成员切身感受了西部地区求贤若渴的急切心情。大家相互认识，彼此了解，结识新朋友，相会老朋友，气氛热烈融洽，在谈工作、谈计划的同时增进了友谊、加深了感情。同时，会议分别对中组部、团中央、派出单位、接收省区市和单位、各级组织部门、团委，特别是“博士服务团”成员提出了具体要求，明确了各自的工作任务。刚才，负责接收工作的省区市与“博士服务团”成员也进行了分组座谈，介绍了有关情况，并就一些具体事宜进行了衔接。这些感情上的沟通和工作具体任务的部署，使“博士服务团”成员为开展挂职锻炼做好了充分的思想准备和心理准备，对于他们尽早进入工作角色很有帮助；对于相关单位切实做好服务工作，保证“博士服务团”工作的顺利实施，也具有重要意义。总的来讲，这次会议开得很紧凑，很务实，很有成效，达到了预期的目的。

二、关于“博士服务团”的几点启示

昨天，李建华同志、周强同志都从不同的角度回顾了这几年的工作，总结了宝贵经验。确实，回顾以往的工作，我们深刻认识到，“博士服务团”工作得到了党中央、国务院的充分肯定，得到了中央和地方有关部门和单位的大力支持，得到了广大青年人才的积极响应和广泛参与，更受到了全社会特别是中西部地区广大干部群众的普遍赞誉。“博士服务团”工作，实现了人才效益、经济效益和社会效益的统一，显示了强大的生命力，我们要长期坚持下去，越做越大，越做越好。这几年的实践带给我们四个方面的启示，值得我们思考，也值得我们进一步完善。

1.“博士服务团”探索了一条配置人才资源、服务经济社会协调发展的有效途径。当今时代，人才的作用越来越凸现出来，青年的作用越来越凸现出来。前一个时期，中国青少年研究中心从定性和定量两个方面对当今时代青年的作用进行了分析。结果发现，这个时代的青年比以往、比上一代青年发挥的作用要大得多。那么，是不是这一代青年格外能干一些呢？我们得出的结论不是这样，原因在于这是一个时代的特征。因为这个时代已经进入了知识经济时代、信息时代，相对来说，当代青年站在知识的最前沿，他们是信息时代的建设者、引领者，应该说信息社会的主导力量是年轻人。现在我国有网民 8700 万人，35 岁以下的网民占 87%；IT 行业是清一色的“少帅现象”；金融行业的骨干多数都是 35 岁左右的青年。苏州市作过一个统计，中小企业家平均年龄 29.7 岁。这些都说明青年的作用凸现出来了，人才的作用凸现出来了。现在我们要推动经济社会的协调发展，党中央高瞻远瞩地提出了实施人才强国战略，在实施这项战略的过程中，我们要看到面临的问题，一方面人才总量不足，结构还不够合理，另一方面，人才资源浪费的现象非常突出。

现在，我们党提出了科学发展观。“五个统筹”是主要内容，其中，积极推进西部大开发、促进区域经济协调发展是一个重要方面。西部大开发，人才是关键。西部的人才问题，光靠哪一个途径都解决不了，应该是多种途径解决。既要培养提高本地人才的素质，又要借用外力为西部地区提供人才支持。中组部选派了干部援藏、援疆，团中央选派了志愿者，去年派了 10090 人，今年派了 17000 人，明年要派得更多。如果不断这样做下去，就会始终让西部保持一个人才的常态，从而解决西部的人才问题。所以，不要局限于用哪一种方式去解决，关键是要开阔思路，要有新的人才配置观。现在看来市场的力量是主要的，但是就中国的西部来讲，在相当长的一个时期内，完全靠市场的力量配置人才是做不到的，所以要把市场的手段和非市场的手段结合起来。“博士服务团”就是用非市场的手段为西部引进一批急需的高层次人才，架起青年人才与区域发展的桥梁，促进青年人才资源的合理配置，为青年人才施展才华提供了广阔的舞台。这种配置既是人才资源的优化，同时又是人才资源的再开发。人才有时效性，长期不发挥作用，人才就大大贬值了。但是选派人才到西部去，人才就升值了、增值了，所以，这就是人才配置的效应。

2.“博士服务团”生动诠释了青年人才到实践中锻炼成长、创业成才的正确道路。同实践紧密结合，同人民群众紧密结合，始终是青年成长成才的正确道路。我们党历来要求青年知识分子到实践中去、到人民群众中去，经风雨、受锻炼、长才干。“博士服务团”的成员大多学有所长，是青年人才中的佼佼者。然而，知识只有付诸于实践才能焕发出巨大的威力，人才只有置身于实践才能实现最大的价值。“博士服务团”为青年人才提供了投身实践、增长才干的广阔舞台。现在虚拟社会越来越发达，很多需求都可以在网上解决，网上有社区、有家庭，甚至可以举行网上婚礼。虚拟社会这么发达，能不能替代实践呢？回答是否定的。不管虚拟社会如何发达，实践出真知这个哲学观点永远不会改变。实践具有不可替代性。上午，11 位同志讲得非常好，是在实践中得来的感受，尤其是在实践中、在同人民群众的交往中找到了不竭奋斗的动力。

博士们在实践当中找到了理论和实践相

结合产生的巨大成果。理论和实践相结合,创造了财富,创造了生产力,同时,许多博士在实践中,通过向人民群众学习,又使自己的理论得到了升华,又找到了新的理论课题。博士们在实践中实现了知识向能力的转化。上午有一个同志说得好,不要把自己太当回事儿。博士只是在某一个方面的研究比较专,知识要转变成能力还要到实践中去,只有在实践中知识才能变成创造的能力、变成驾驭复杂问题的能力、变成组织协调的能力。实践当中还能磨炼意志,知道什么是苦,所以有的人讲,吃得这番苦,才知道成功来之不易。

3."博士服务团"完善着人才工作中整合社会资源、实施项目运作的工作机制。党的十六届四中全会刚刚作了一个决定,要加强党的执政能力建设。加强党的执政能力建设,面临的一个问题就是党的执政资源发生了根本的变化。过去在计划经济体制下或者是在市场经济体制还不是很完善的情况下,很多资源都可以调配。现在不一样了,很多资源用传统手段已经控制不了了,但是,我们要加大对社会的控制力,这是一个大问题。通过选派"博士服务团",我们找到了一个新的途径,就是通过自愿的方式来动员人才资源和社会资源。做好"博士服务团"工作是一项复杂的系统工程,领域上牵涉到组织人事、经济发展、教育科技、群众组织等各个部门,范围上关系到中央各部委、地方省区市以及相关企业、科研院所和高等院校,方式上需要政策、市场、法律等多个方面。这项工作的顺利进行,有赖于对社会资源进行有力地整合,在全社会形成合力。同时,"博士服务团"不同于以往大规模社会动员式的运作方式,采用的是项目化的运作方式,博士和接收单位的参与是志愿的、服务对象是有针对性的、工作与专业是衔接的、服务时间是确定的。实施过程形成了一整套有效的机制,在资格审核、项目选择、服务保障、信息反馈等各个环节,都有稳定有效的制度,从而能够确保这项工作的长久发展。"博士服务团"所采取的这种工作机制,对于各项事业都有很强的借鉴意义。特别是在社会主义市场经济深入发展的条件下,这种工作机制对我们党丰富执政手段、拓展执政资源都是有意义的。

4."博士服务团"树立了引领广大青年报效祖国、实现人生价值的鲜明导向。面对"四个多样化",我们有许许多多的困惑。越是多样化,我们越感到要弘扬奉献的主流价值观。我们现在面临着价值观层面的分化、利益层面的分化、文化层面的分化和组织层面的分化,怎么集合这些力量,尤其对当代青年群体来讲,我们感到要有鲜明的导向。"博士服务团"成员主动、自愿地到西部去、到基层去、到祖国和人民最需要的地方去。有的同志放弃了出国研修的机会,有的同志中断了自己研究的课题,有的同志舍弃了优厚的待遇,有的同志克服了家庭的诸多困难等等。这些都体现了报效祖国、服务人民的奉献精神,体现了我们这个时代青年的主流价值观。大家的行动给广大青年一个昭示:一个人只有把个人的理想和奋斗与国家民族的前途命运紧密相连,才能真正实现人生的最大价值。这是一个重要的昭示,一个亮点,一个导向,也是引领青年的一把火炬。我们这一代人如果都有这样一种境界,我们这个民族就大有希望,我们这个国家就大有希望。目前,"到西部去"、"广阔西部大有作为"已经成为一个青春的壮举、时代的强音,带动着越来越多的青年学习"博士服务团"所体现出的精神,加入到投身西部建设的行列中来。

三、关于贯彻会议精神的几点意见

这次会议对第五批"博士服务团"工作进行了全面部署,明确提出了"博士服务团"工作的整体思路和发展方向。下面,我就如何贯彻落实会议精神讲三点意见。

1. 高度重视,打造品牌。"博士服务团"工作,是中组部、团中央引导广大青年人才学习实践“三个代表”重要思想，贯彻落实西部大开发战略和人才强国战略，为全面建设小康社会做贡献的重要举措。各有关部门和单位必须立足于全局和战略的高度，充分认识做好“博士服务团”工作的重要性。当前，随着西部大开发战略的深入实施和西部经济社会的快速发展，西部地区对“博士服务团”的需要越来越大、要求越来越高。各有关部门和单位要本着办事业的精神，不断健全和完善工作机制，精心筹划安排，多方整合资源，推动“博士服务团”工作长久发展，努力把“博士服务团”打造成一个服务社会、服务大局的精品项目。要逐步加大人才选派力度，扩大选派领域和规模，创新工作形式，提高工作水平，最大限度地发挥“博士服务团”的作用，促进“博士服务团”工作上一个新台阶，为西部地区做出新的更大的贡献。

2. 发挥优势，搞好服务。近年来的实践表明，“博士服务团”工作之所以能够最大限度地发挥作用、做出贡献，是与有关部门和单位发挥各自优势、切实搞好服务分不开的。在今后的工作中，组织部门、共青团、选派单位、接收单位还要进一步发挥自身优势，切实搞好服务工作，不断开创“博士服务团”工作的新局面。

一是要发挥资源优势，积极牵线搭桥。各有关单位和部门要充分挖掘各自拥有的社会资源、人才资源和信息资源，整合这些资源。既要在更大范围内组织有志青年博士到基层去，又要把握基层对人才的具体需求，真正做到有的放矢，使“博士服务团”工作更有针对性、实效性。

二是要发挥组织优势，切实排忧解难。选派单位不但要支持“博士服务团”成员的工作，还要关心他们的家人和家庭生活，使他们能够安心挂职工作；接收单位要真正做到以感情凝聚人、以事业激励人，使他们能充分发挥自身的作用；组织部门和共青团要做好“博士服务团”成员的跟踪服务工作，组织他们开展一些形式多样的活动，如革命传统教育活动、科技下乡活动等，为他们开展工作做好相应的服务。

三是要发挥宣传优势，优化社会环境。各有关部门和单位要利用各种媒体，通过不同的方式推出一批典型，发现一些优秀人才，广泛宣传博士们在基层工作的感人事迹，广泛宣传博士们在基层工作的实际效果，让他们得到更多的社会认同和支持，为工作业绩突出、品格优秀的博士搭建有利于他们成长发展的舞台，优化他们的工作环境。同时也昭示更多有识有为的博士加入到“博士服务团”的行列中来，投身西部大开发的洪流，到基层去，到最需要他们发挥作用的地方去。

3. 密切配合，形成合力。“博士服务团”工作要以组织部门和接收单位管理为主，各级团组织要发挥好助手作用，积极配合组织部门开展工作。要找准定位，按照地方组织部门的要求，做好服务和跟踪工作。要制定计划，从博士们的现实情况出发，开展一些既不与本职工作冲突又适合青年特点的活动。要加强沟通，与组织部门齐心协力，营造良好的氛围和环境，帮助挂职人员完成工作任务。同时，共青团组织在开展工作的过程中，要充分发挥积极性、主动性和创造性，坚持认识到位、服务到位、管理到位，使“博士服务团”工作做到：有利于组织部门和接收单位的管理，有利于“博士服务团”成员开展工作，有利于西部地区的科技进步和经济社会发展。

关于这批“博士服务团”报到时间问题，原则上国庆节休假后到岗，具体时间由接收省区市委组织部统一安排。

这次会议结束后，请组织人事部门和团委的同志们及时向有关部委和省区市领导汇报会议精神，尽快研究贯彻落实的措施，尤其要着眼于“博士服务团”工作的长远发展，从政策、制度、机制的层面上研究一些新的措施。贯彻落实的情况要及时向中组部和团中央写出书面报告。

四、关于对各位“博士服务团”成员的几点希望

第五批“博士服务团”成员马上就要奔赴西部地区和革命老区开始挂职锻炼了。昨天，建华同志和周强同志语重心长，向大家提出了希望和要求，这是对“博士服务团”成员的总体要求，大家一定要认真学习、深刻领会，并在今后的工作中切实贯彻落实。希望大家要在以下四个方面做出努力。

第一，动真感情，树立高度的责任感和使命感。做人，在跟朋友打交道的过程当中，要动真感情才能交到真朋友；干事业，要动真感情才能激发自己的创造力。有了真感情就会有责任感。怎么才会有真感情，首先要看到挂职锻炼对每一个人来讲都是人生的一大机遇，是人生的一份光荣，更是一份责任。中组部、团中央对大家的锻炼高度关注，还要进行跟踪培养。艰苦的环境是能够磨炼人的，创业的过程是能够成就人的。各位“博士服务团”成员在各自的工作岗位都是有所作为、很受重视的人才，在各选派单位都有着较好的工作条件和生活保障。但是，参加了这次挂职工作，你们会在新的岗位上遇到各种各样的挑战。克服这些挑战，首先必须增强奉献意识。要认识到参加“博士服务团”，本身不是为了出彩上镜，而是要扎扎实实奉献基层、奉献西部。要有在艰苦环境中摸爬滚打的思想准备，放下架子，把自己看做是一名普通的工作人员，和当地干部群众一道艰苦奋斗。要有建功立业的决心，不能畏惧劳苦、遇难而退，工作中要有一份狠劲，为之矢志不渝、持之以恒。

第二，下苦功夫，跟广大人民群众打成一片。大家到了基层之后，会遇到各种各样的困难，生活中会有不方便，环境中会有不适应，工作中会有不习惯，交往中会有不理解，有很多意料不到的困难，有孤独和寂寞，有遇到挫折时候的灰心。面对这些困难，我们只有去下一番苦功夫，一个一个地战胜。这也是一个辩证法，战胜了一个困难就增强了战胜更多困难的能力、信心和力量。确实，下去后要摆正心态，找准位置，讲当地话、做当地人，谦虚谨慎、低调做人，与当地干部群众密切配合、团结协作，尤其在工作和生活中不搞特殊化、不搞攀比，真正以一个知识分子的责任感，以一个青年干部的清新形象，出现在每一个场合。

第三，干扎实事，富有成效地开展工作。服务是“博士服务团”的主要目的。大家要立足实际，发挥优势，坚持把实现最广大人民群众的根本利益作为开展工作的出发点和落脚点，真正做到权为民所用、情为民所系、利为民所谋，把服务落到实处。要开拓进取，扎实工作，把实事求是、求真务实的作风真正融入到自己的言行之中。要充分展示出博士应具备的工作能力和水平。一年时间不长，要扎扎实实地集中力量抓一两件自己力所能及的事情。这样，对自己是个锻炼，也会造福于当地老百姓。

第四，走健康路，积累自己一生奋斗的财富。上午，大家谈得非常好。一年锻炼，终生受益。要从这个角度来把握一年的挂职锻炼，多思考，多学习，处处留心皆学问。一年的积累对于提高自己的综合素质将起到重要的作用。我们都是年轻人，主要任务还是积累，积累好了就会为党和国家多做一些事情。王国维讲的做学问的三个境界也可以作为青年人奋斗的境界：第一个境界是“独上高楼，望尽天涯路”。站得高才会看得远，要用心来锻炼自己、塑造自己；第二个境界是“衣带渐宽终不悔，为伊消得人憔悴”。要懂得吃苦，“须知此事要躬行，纸上得来终觉浅”。站在旁边看别人干都很明白，自己去干不一定干得明白。只有干明白了，才真正是自己的东西；第三个境界是“蓦然回首，那人却在灯火阑珊处”。一份耕耘，一份收获。当我们蓦然回首的时候，觉得这一年不虚此行，克服了许多困难而获得很大提高。这是一种成功后很欣慰的感觉。

同志们，我国改革发展进入了一个关键时期，面临着一个必须紧紧抓住并且可以大有作为的重要战略机遇期。抓住这一机遇，需要青年为之奋斗，也为青年建功立业提供了广阔舞台。你们选择了把自己的青春投入到祖国和人民最需要的地方，你们会为自己的选择而骄傲，党和人民也会为有你们这样的有志青年感到自豪，西部地区更会为你们的到来增添新的活力。让我们紧密团结在以胡锦涛同志为总书记的党中央周围，高举邓小平理论和“三个代表”重要思想伟大旗帜，牢记祖国和人民的重托，开拓进取，艰苦奋斗，在广袤的西部大地上、在全面建设小康社会的伟大进程中，尽展青春风采。

祝大家挂职一年身体健康，工作顺利！

期待着大家的捷报，期待着大家的凯旋！

传承民族之魂，创造时代之美

——赵勇在中国青年服装时尚论坛上的讲话

2004年10月18日

今天，我们在美丽的服装之都宁波隆重举办中国青年服装时尚论坛，意义深远。宁波是我国的历史文化名城和较早的港口开放城市，是“红帮”服饰文化的策源地，又是我国目前最为发达的服装产业基地之一。在这里举办服装时尚论坛，有助于我们沿着历史的中轴线，纵览时尚和服饰发展的轨迹，见证青春的风采与创造，推动现代青年服饰与时尚发展。首先，我代表共青团中央和全国青联向给予本次活动大力支持的浙江省委、省政府和宁波市委、市政府表示衷心的感谢！向出席今天论坛的嘉宾和青年朋友们表示诚挚的问候！

从人类诞生的那一天起，追求美作为人的天性延续至今。在不同的历史时期，不同的社会群体在追求美的过程中所形成的喜爱偏好，通常就会形成不同的社会时尚。青年与时尚有着不解之缘。下面，我想就时尚与青年、时尚文化与青年文化、服饰文化与时尚文化等方面谈几点想法，与大家交流探讨。

一、青年是时尚敏感的追随者和活跃的创造者

1. 时尚影响青年。时尚体现了人们对真善美事物的不懈追求。从社会学的角度来看，时尚是社会生活中普遍流行的审美情趣、价值观念和行为方式，往往是社会生活中生动、活泼、富有创造性的事物，反映人们对完美境界和美好生活的追求。时尚从一个侧面折射出人们思想、情感、生活发展的水平和状况，成为整个人类文明演进中异彩纷呈的重要方面，预示着社会未来发展的某种趋势。

时尚构成了青少年成长发展的重要社会环境。时尚的流行对社会生活的影响很大，从人们的思想观念到生活方式的变更，从人们言谈举止到争先恐后的行动，从吃穿用行到学习工作娱乐等等，无不渗透着时尚的影响。特别是现代社会，信息传媒高度发达，市场经济深入发展，时尚的产品、时尚的广告、时尚的歌曲、时尚的饮食、时尚的服饰、时尚的语言等等大量涌现。时尚已经构成了青少年成长发展很重要的社会因素和社会环境。

时尚影响青少年的审美情趣、价值取向和生活娱乐方式。时尚一旦形成，就会对社会成员产生强烈的吸引力。青少年对时尚的吸引力更是无法抗拒，是受时尚影响最深、最大的群体。这是全世界青少年所共有的现象。时尚刺激了青年的文化消费欲求，主导了青年的审美情趣。在青年中普遍流行的时尚实际上是体现了青年的一种认同方式和表达方式。在当前这样一个信息全球化的时代，时尚特别是青年时尚呈现全球同步性的趋势。时尚已经融入到青年日常生活的方方面面，逐渐成为青年普遍的交往娱乐方式和生活生存方式。

2. 青年引领时尚。青年对时尚有着天然的敏感性，是时尚的追随者。时尚求新求美求异的特点，与青年追求新鲜事物、渴望发展个性、展示青春自我的内在需要相一致。追求时尚成为青年真实情感的自然流露。这使得新的时尚一般总是最先在青年中发端、扩展和兴盛，然后对整个社会的经济、政治和文化生活产生深刻影响。这是时尚传播发展的一般规律。越是新奇、越是美丽、越是个性化的时尚，就越能得到青年的认同。青年与时尚的密切度远远超过其他社会群体。正是朝气蓬勃的广大青年对时尚的热情参与，推动了时尚的发展，给社会带来了巨大的活力。

青年对时尚有着强烈的需求，是时尚发展的推动者。时尚发展很重要的一个动力，来自于青年的文化需求和消费。现代社会，文化传媒和文化产业迅猛发展，文化、信息消费低龄化是一个不可逆转的趋势，青年文化形成了巨大的市场。青年对文化的强烈需求和巨大消费，是刺激时尚发展的重要动力，以至于诸多文化产品的设计、文化市场的开发、文化产业的发展都要紧紧围绕青年群体的需求变化来紧跟时尚潮流。可以说，青年是整个社会消费的领先群体，总是新产品的大胆实验者、新款式的最先接纳者、新消费方式的积极推进者。青年也越来越被认为是最时尚的群体，被看做是时尚的代言人。

青年当中蕴藏着巨大的创造活力，是时尚发展的引领者。青年创造时尚，青年制造流行，青年引领潮流。在创造时尚方面，青年有着独特的天赋。风靡一时的流行音乐，由青年传唱成为社会的经典；青年中盛行个性、自由、宽容、创新的理念，逐渐成为社会各群体的共同追求；服饰、发型、装饰、广告、休闲、网络、影视、手机等，无不体现着青年的视角、追求和喜好。纵观近年来世界时尚发展的脉络，全球出现的几次影响较大的生活方式的变革和消费流行，都与当代青年这一主体性参与和作用息息相关。比如，20 世纪 80 年代欧美国家兴起的雅皮士时尚，90 年代出现的回归自然、节俭环保的生活时尚，其倡导者和践行者都是高学历、高收入的白领青年。“泡吧”、听音乐会、开“派对”、做健身运动、做美容、周末度假、自助旅游等等，均成为当代青少年追求的休闲生活方式。可以说，站在时代浪尖的青年，总是以自己独特的品味和视角，做生活时尚的首创者和倡导者，扮演着社会时尚引领者的独特角色。

二、时尚文化是青年文化建设的重要内容

时尚推动人类文明的发展，构成了社会文化生活中一道靓丽的风景，形成了独特的时尚文化。从时尚与青年的关系上看，时尚文化也构成了青年文化的重要组成部分，加强青年文化建设必须研究和把握青年时尚。如果对青年时尚视而不见，就不能很好地了解青年，更不能很好地引导青年，也不能很好地推动青年文化的发展。

1. 时尚文化是青年传承优秀民族文化的重要载体。任何时尚都有传统的背影，任何创新都有文化的依托。实践证明，任何国家和地区的文化发展，都离不开文化的传承。文化传统的流传、承继与扬弃，总是在其自身内在规律和外部环境的支配影响下获得新的原动力与生命力的。博大精深的中华文化为创造中国特色、中国风格、中国气派的时尚文化提供

了取之不尽的宝贵源泉。以时尚文化作为切入点，动员广大青年“用现代意识去激活古老的文化元素”，为博大精深的民族文化注入新鲜的时尚内容和形式，形成“古韵今风合鸣”的文化氛围，架起传统与现代的桥梁，以此激励和引导青年传承民族文化的优秀成果，吸收人类文明创造，弘扬民族精神，推动文化创新，具有重要的现实意义。

2. 时尚文化是拓宽青年文化视野的宽阔平台。海纳百川，有容乃大。中华文明源远流长，很重要的一个传统就是能在立足自己民族文化的基地上，广收博纳不同文化的有益营养，以滋润培植民族文化之林不断成长壮大。从本质上讲，我们发展的先进文化，是面向现代化、面向世界、面向未来，民族的科学的大众的社会主义文化。文化归属的民族性和文化联系的世界性的有机统一，是社会主义先进文化的重要特征。时尚文化充分体现了兼容并蓄的特点，反映了文化多样性特征，尊重和吸纳了不同国家、不同民族、不同地域的人们在不同历史时期所创造的优秀文化成分。青年文化建设要从时尚文化中受到启迪，树立内外合一、兼容并收的胸怀和气魄，既要从民族文化中汲取营养，同时又要借鉴世界其他民族的文明成果，形成富有活力和感召力的青年文化形态。

3. 时尚文化是激发青年创新能力的重要方式。创造力是民族文化生命力乃至民族生命力的基础。在经济全球化时代，大力培育青年人开放性、创新性的文化心态，培养和激发民族创造力，是十分重要的。与世界优秀民族的青年相比，中国青年的创新能力和创新素质还需要大力提高，很重要的一个方面就是要营造鼓励创新、宽容失败的文化氛围。当我们给予胜利者以鲜花和掌声的同时，也要给予失败者更多的关注和支持。要快乐着创新的快乐，痛苦着创新的痛苦。营造这样的文化氛围，就要鼓励广大青年不断创新，无论成功还是失败，总是选择创新，通过创新来实现自己的成功，实现自己的人生价值。时尚文化的快速演进，营造了创新求变的氛围，有利于培育青年的创新意识，激发青年不断进取的创造能力。特别是通过创新表达方式，用青年喜闻乐见的形式和语言，真正激活了青年的积极性和创造性，形成了强烈的参与热情和动力，达到了吸引、凝聚、引导青年，推动社会发展的目的。

4. 时尚文化是培育青年审美理念的有效手段。时尚文化是人不同于任何动物的思维意识的产物，总是表达着人与社会的关系，蕴藏着人在现实社会生活和历史文化的交融中寻求自我完善的意识。不同民族传统与风俗，不同信仰与人生阅历，不同性别与年龄，不同职业与生活水平，亲情、友情、爱情等等因素决定着人的时尚审美情趣。建设富有活力、健康向上的时尚文化，对培育青年的审美理念、提升审美水平效果显著。

5. 时尚文化是教育引导青年的崭新途径。文化的核心是价值观。人类文明发展到一定程度，左右人们行为选择和行为方式的核心因素主要是价值观。文化对人的价值观塑造是最具根本性的。通过文化的培育来塑造青年一代共同的理想追求和价值观念，对于民族、国家的发展来说至关重要。就青年成长发展而言，人格、品格、道德修养、创新能力、科学知识、理性精神等等都是他们全面发展的重要内容，缺一不可。总结这些年来的共青团和青年工作的经验，我们在实践育人的基础上明确提出了文化育人的理念，使实践育人和文化育人成为青年全面发展的两个轮子、两个驱动器。在日益开放的信息社会里，青年的成长发展对文化的需求更为强烈。我们说现在的青年是“网络的一代”、“读碟的一代”、“影视的一代”、“拇指一族”等等，实际上都是讲文化对他们的影响。与青年的需求相比，现在的文化产品和服务还远远满足不了青年，有很多青年还处在文化饥饿状态。而张扬时尚文化，通过时尚文化引导青年，满足青年的文化需求，发挥青年在创造引领社会文化中的积极作用，正是贯彻文化育人理念的一个重要尝试。

6. 时尚文化是“文化生产力”的重要组成部分。伴随着信息时代和知识经济的到来，新的文化产业群作为国民经济新的增长点迅速崛起，在质和量上都大大超过以往任何时代，已经成为世界许多国家的重要支柱产业，在整个经济总量中占据相当的比重。在过去20年中，文化商品的国际贸易额呈几何级数增长。英国文化产业的年产值近600亿英镑；美国的文化产业更加发达，产值占GDP约五分之一，其音像制品出口超过航空航天业，成为全美第一大出口贸易产品，占据了40%以上国际音像市场份额。有不少专家学者认为，今后霸权主义更主要依靠文化进行输出和渗透。相比而言，我国目前文化产业仅占GDP的2.2%。在文化产业和文化商品中，服饰、音乐、影视等时尚文化占有相当大的比重。发展壮大时尚文化产业，有利于推动整个社会的文化生产力发展，提高人们的文化生活质量，满足人们日益增长的文化需求，提高整个民族、国家的文化竞争力。

三、服饰文化是时尚文化的重要形式

服饰是时尚的载体，服饰文化是时尚文化的重要形式。

1. 服饰是文化的体现。动物也有外表之美，但纯属造化；而人类的服饰，是人类所创造而特有的现象。服饰文化是一种大众文化形态，也是一种最具时尚性和流行性的文化形态。因为地理的、经济发展的差异，经过不同历史阶段的演变而形成的地域性、民族性差别，反映在服饰上，其形式和风格各异，所以服饰文化带有鲜明的民族性、地域性特点。我国56个民族，有着不同的服饰。从服饰的发展中折射出社会的变革、文化的运动、社会的热潮等历史进程。从某种意义上说，一部人类服饰史也是一部感性化了的人类文化发展史。

2. 服饰是生产力发展水平的标识。服饰作为人类的第二层皮肤，是必不可缺的物品。它像一面镜子一样，反映物质生产与物质生活的发展状况，时时受到生产力发展水平和最新科技成果的影响。现代科技成果在服饰中都有生动的体现。比如，纳米技术刚刚出来，就有很多科学家提出要应用到人的服饰中，制作纳米服装。从这种意义上说，服装是社会生产力发展水平的重要标识。

3. 服饰是社会礼仪制度与风俗习惯的表征。在各国历史上，对服饰都有着严格的规范，体现了国家的统治意识和不同社会阶层的风俗习惯。中国在这方面尤其突出。两千多年的封建社会，形成了以汉民族为传承的中华特有的服饰传统。“三礼”（《周礼》、《礼仪》、《礼记》）记载了等级森严的服饰礼仪制度，从而形成了中国服制的一整套传统，具有独特意义的着装理念，以及名目繁多的服饰样式。

4. 服饰是人们思想意识与情感世界的写照。服饰关乎人们的仪表，是人们内在意志与情感世界的生动写照。在这方面，中国自古以来就把服饰与人的仪表和情感紧密联系在一起，推崇“文质彬彬”、“暖而求丽”、“衣冠楚楚”等等服饰观。不同性别、不同年龄、不同职业，对服饰的要求不一样。服饰不仅表现人的作风、气派和尊严，还要寄驻人的思想、意志、情感。时至今日，人们更是在追求服饰的时尚性和个性化。可以说，古今中外，衣如其人，概莫能外。

5. 服饰是多学科、多门类的集成。服饰不仅具有历史、思想、情感的特征，而且包含了哲学、心理学、美学、经济学、民俗学、社会学等相关学科的理念和知识，同时还凝聚诗歌、绘画、书法、篆刻、雕塑、音乐等文化样式，多角度地折射社会背景、历史传承、法律制度、人文风俗、宗教意识、价值观念、经济水平、技术制造、艺术表现、审美观念等等。可以说，服饰所展示的文化综合性就是一部百科全书。

综上所述，我们会有这样几点清晰的认识：一是青年与时尚密不可分，二是时尚文化与青年文化密不可分，三是服饰文化与时尚文化密不可分。举办中国青年服装时尚周及今天论坛的目的，就是要探索这些密不可分的内在规律，引领青年时尚潮流，推动青年文化发展。青年、时尚和服饰还有许多规律需要我们去探索，还有许多领域需要我们去开拓，有许多工作需要我们去推进。衷心希望本次论坛能够集思想之大成，取得丰硕成果；也衷心希望社会各界特别是青年朋友们能共同努力，弘扬中华服饰文化，引领青年时尚潮流。

大力发展青年文化
为实现中华民族伟大复兴贡献力量
——赵勇在中国青年文化发展论坛上的演讲

2004 年 11 月 7 日，根据录音整理

这两天，我们与各界朋友们都沉浸在无比的欢乐中，感受着海南独特的椰风海韵，感受着青春激情的欢乐。今天，作为青年欢乐节的重要内容，中国青年文化发展论坛又在这里举行，这是青年文化建设中的一件盛事。尤其是来自海内外的专家学者以及海峡两岸暨港澳地区青年朋友们的热情参与，为我们这次论坛增添了不少的活力与分量。我相信，通过举办这次论坛，我们对青年文化的认识必将会提高到一个新的水准，也希望论坛的成果能传播到中华民族的每一个角落，推动中华民族文化的传承和发展。

文化是人类社会发展的灵魂。实现民族的复兴需要文化的强大支撑，青年一代的成长需要文化的滋养和哺育。文化与青年有着深刻的联系。文化塑造青年，青年是人类文明生生不息的传承者。青年创造文化，青年总是以其特有的敏感和创造推动文化的发展。尤其是在大众传媒和文化产业高度发达的现代社会，青年文化与经济社会发展更是紧密相连，对青少年的影响巨大深远。借此机会，我想就青年文化建设谈三个问题，与大家交流探讨。

一、大力发展青年文化意义重大

大力发展青年文化，是在经济全球化进程中巩固中华民族共同奋斗的思想基础的必然要求。民族的产生源于文化，民族盛衰系于文化。文化是创造民族认同感的内在力量，是民族生存和发展的强大支撑。当今世界，经济全球化的浪潮不可阻挡。伴随着经济全球化，文化也在全球化，而且越发显示出其重要性。文化架起了各国、各民族之间联系沟通的桥梁，深层次地影响着国际政治关系的走向。文化渗透和争夺从来没有停止过。西方发达国家凭借其经济和科技优势，依托跨国企业、跨国组织、覆盖全球的信息传媒网络，在文化的载体、文化的服务、文化的传播形式和速度等方面形成了强势，对发展中国家产生了越来越强大的渗透作用。青年一代更是文化渗透的重点。文化的渗透和争夺，尤其是维护中华民族的文化安全，是我们不得不考虑的一个突出问题。在这样的形势下，通过加强文化建设来巩

固整个民族尤其是青年一代的思想基础，成为我们这个民族生存、发展、复兴的一个必然选择。

大力发展青年文化，是全面建设小康社会、实现民族伟大复兴的必然要求。文化是民族复兴的先导和条件，是民族复兴的强大动力。纵览世界民族发展史，民族的复兴在一定意义上就是文化的复兴。没有文化的复兴，就不可能实现民族的复兴。文化的复兴，就是要通过实现传统文化的现代化，不断为全面建设小康社会、实现民族伟大复兴提供精神动力、智力支撑和竞争活力。民族文化的脊梁是民族精神，民族精神是培育青年一代强大的精神动力。现代社会，人才资源是第一资源，文化是开发人力资源的根本途径。世界上成功实现发展的国家，都善于用比较优势构筑核心竞争力。要实现全面建设小康社会的奋斗目标，很重要的一个方面就是要通过文化的力量，把巨大的人口压力转化成巨大的人力资源优势。可以说，青年是人力资源开发的最具潜力、最具成长性的群体。而文化就成为人才和人力资源开发的重要滋养和途径。

大力发展青年文化，是教育引导青年、促进青年全面发展的必然要求。新一届党中央领导集体提出了以人为本的新的科学发展观。新的科学发展观的核心，是促进人的全面发展。文化对促进人的全面发展具有不可替代的作用。现代社会，青年的成长发展对文化的需求更为强烈，青年的文化创造更为活跃，文化对青年的塑造更为深刻。在做青年工作的过程中，我们深深感受到文化对青年的影响无所不在，无时不在，比家长、老师和其他方面对青年的影响要大得多。现在的青年被称为“网络的一代”、“读碟的一代”、“影视的一代”、“拇指一族”等等，实际上都是讲文化特别是青年文化对他们的深刻影响。文化构成青少年成长发展的重要环境。通过文化来教育引导青年，成为加强青年思想道德建设、促进青年全面发展的有效途径。总结这些年来的共青团和青年工作的经验，我们在实践育人的基础上，明确提出了文化育人的理念，使实践育人和文化育人成为促进青年全面发展的两个驱动器。发展青年文化，就是要用先进文化的滋养，来锻造青年的价值观，来影响青年的行为方式，促进青年的全面发展。

大力发展青年文化，是建设社会主义先进文化、推动文化生产力发展的必然要求。先进文化是人类文明进步的结晶，是推动人类社会前进的巨大动力。在当代中国，发展先进文化，就是要发展面向现代化、面向世界、面向未来，民族的科学的大众的社会主义文化。文化与经济结合在一起，经济的发展就更有后劲，更有附加值；文化与政治结合在一起，政治就会更加开明，更具亲和力。青年固有的特点，决定了他们对先进文化有着一种天生的敏感性，往往总是跟着先进力量走的。“五四”以来，中国青年运动的发展历程生动表明，中国青年始终跟着党站在社会变革和时代潮流最前沿，推动中国革命、建设和改革事业的向前发展。这也决定了青年文化是社会主义先进文化建设中最具生长性、创造性和活力的部分。现代社会，文化与经济社会发展的联系更加紧密。文化产业、文化管理、创造力经济、眼球经济等等生动体现了文化生产力对经济社会发展的影响。这已经成为了一种世界性的潮流，构成了先进文化发展的重要动力。青年的文化需求和文化消费巨大，青年文化形成了巨大的市场，是文化生产力的重要组成部分。发展青年文化，壮大青年文化事业和产业，培养大批的青年文化人才，充分发挥青年在推动先进文化发展中的积极作用，对推动经济社会的全面发展具有重要作用。

二、青年文化建设必须把握其内在规律

做任何事情，我们都要尊重规律，认识规律，把握规律。文化的发展有其自身的内在规律。文化是实践的产物。从认识论的角度看，文化是人在实践中构建起来的价值和认知体系，体现着人的思维方式和行为方式。从这层意义上看，青年文化就是具有鲜明时代特征和青年特点的价值和认知体系，是青年认知方式、表达方式和生存方式的重要体现。从参与的主体来看，青年文化最具成长性和可塑性；从文化的传承发展来看，青年文化最具创新性和先导性；从文化的表现形态来看，青年文化最具多样性和个性化；从文化的传播规律来看，青年文化最具时尚性和流行性。这就要求我们既要尊重文化建设的一般规律，又要尊重青年文化的特殊规律，把握好这二者规律的有机结合。

既要坚持正确导向，又要体现青年特点。坚持正确的导向，才能保证青年文化建设的健康发展；体现青年特点，才能保持青年文化建设的号召力和吸引力。青年是推动先进文化发展的重要力量。青年文化必须遵循先进文化的方向，就是要坚持以邓小平理论和“三个代表”重要思想为指导，坚持社会主义先进文化的前进方向，强调主流的文化、主流的价值观，引导青年追求真善美，树立正确的人生观、价值观、世界观，构筑强大的精神支柱，形成我们团结奋斗的强大思想基础。

青年文化建设要坚持以青年为本，努力体现青年特点。这是青年文化建设的本质要求和根本目标。以人为本，是社会发展的终极目标。我们搞建设，抓发展，归根结底都是为了促进人的全面发展。离开了人的全面发展来谈论其他的任何建设和发展，都是没有意义的。当代青年追求新奇时尚、喜爱竞争互动、崇尚美好快乐、注重自我实现。青年文化建设要充分尊重和体现青年的特点，紧密结合青年成长发展的实际，力求贴近青年。今年，我们开展的一系列文化活动，比如深圳中国青年文化周所倡导的民族文化，济南中国青年读书周所倡导的学习文化，宁波中国青年服装时尚周所倡导的时尚文化，以及这次海南中国青年欢乐节所倡导的欢乐文化，就受到了广大青年的热烈欢迎和积极参与，焕发出青年文化的蓬勃活力。青年作为一个社会文化群体，其内部的交流和互动极为频繁，表现出很强的扩散效应，对其他社会群体产生极强的渗透力。这次我们看到，前天的活动有 1 个主会场和 7 个分会场，台上台下互动热烈，不仅有青年参与，还有其他公众踊跃参与，总共约有 15 万人在海口狂欢。这就是青年文化的渗透力、影响力和扩散力。从青年文化的产生、传播规律来看，与传统代际相传的文化传播方式不同，青年从同伴群体中汲取精神文化养分的比重也很大，加上信息技术的迅猛发展，使得青年在文化的传播、知识的获取方式上发生了革命性的变化。目前，中国约有 8700 万的互联网用户，80% 以上是青年人；手机用户特别是短信用户大多数也都是青年人，这就是先进文化起的作用。要充分整合社会资源，运用互联网、手机短信等现代传媒手段，形成青年文化建设的强大声势和影响，最广泛地把青年动员吸引到文化建设中来。

既要满足青年需求，又要尊重青年创造。青年是青年文化的主体，他们有着强烈的文化需求，又蕴藏着巨大的创造活力。随着社会大众传媒的快速发展和人们闲暇时间的增多，青年对文化的需求和消费更为强烈，需求更加多样化。特别是在日益开放的社会环境下，信息传媒技术高度发达，文化、信息消费日益低龄化。有调查显示，青年群体满足自身发展与学习娱乐需要的文化产品、服务和支出明显高出其他群体，年轻一代已经成为这个社会有影响的文化消费群体。与青年的需求相比，现在的文化产品和服务还远远不能满足青年的需求。这也给青年文化建设一个重要的启示，就是要把满足青年的文化需求作为一项重要任务。要针对青年的需求设计筹划活动和载体，及时关注青年审美、娱乐、休闲、兴趣等文化需求的不断变化，根据特定文化消费指向，设计和制造出相应的文化物品、文化象征物和文化体验,以满足青年的需求,表达青年的意愿,促进青年文化发展。

青年文化建设要发挥青年的积极作用,尊重青年的踊跃创造。青年人对于新文化的追求和创造,是社会发展保持生机与活力的重要助推力。翻开人类历史的画卷,沿着青春的足迹,我们会发现,青年总是新生活方式的倡导者,是新价值观念的实践者,是新的社会潮流的引领者。青年喜欢新知识、新事物、新技术,对新知识、新事物、新技术的掌握更具优势。随着知识经济大潮的兴起,知识、信息和技术更新的速度是呈几何数增长。有不少专家深刻地指出,社会文化发展开始出现一些反喻特征,有些领域是青年人走在前面,青年人比成年人更为熟练地掌握知识、时尚和技术。加强青年文化建设要充分尊重青年的主体性,充分发挥青年主动性和积极性。要在满足青年需求的同时,推动青年创造的不断放大,将青年的个体创造引导成为集体的创造,将集体的创造推而广之,进而更广泛地带动和影响整个青年群体的个性张扬与创造。

既要弘扬中华文化,又要借鉴世界文明。实践表明,任何国家和地区的文化发展,都是在文化的传承中实现的。而历史创造的文化总是通过青年这一自然主体的代际相传,从而持续地保存、传递和沉淀。在本质上,青年的成长不仅是心理和生理的发展变化,而更应是体现了文化的发展和变迁过程。文化的生生不息,植根于自身内在的原动力和民族性,依靠一代代青年的继承和弘扬。从这个意义看,民族的文化传统始终是青年文化发展的根基。离开了民族文化的肥沃土壤,青年文化就是无本之木、无源之水。中国是一个有着五千年文明历史的国家,中华优秀传统文化有着极强的凝聚力、熔铸力和生命力,绵延不绝、历久弥新,对世界历史产生了广泛而深刻的影响,为人类文明做出了重大贡献,是凝聚中华民族的精神纽带和中华儿女的精神家园,是建设社会主义先进文化的重要源泉。青年文化建设要把弘扬优秀民族文化作为重要内容,在青年中高举爱国主义旗帜,培育伟大的民族精神,传承优秀的文化传统和美德,让古老的中华文化在青年的弘扬与创造中绽放出新的光彩。

"它山之石,可以攻玉"。青年文化建设要汲取世界文明的优秀成果。科技飞速进步带来的交通、传媒和信息发展,将整个地球压缩为一个"村落",人类进入到一个前所未有的"共生"时代。"共生"现象最早是在鲨鱼嘴里出现的,实际上经济领域也有"共生"现象,文化领域更是有"共生"现象。跨国资本、贸易与旅游、移民等等,加速了各国经济、文化的交流、合作与依赖。在这样一个合作时代,在这样一个"共生"时代,青年文化的发展、创新不可能还只是在自己的传统中延续。任何一种文化的发展,都意味着是走在世界化和民族化的双重轨道的互动之中。全球化既是我们发展的机遇,也是我们必将应对的新的挑战。我们应该在坚持有中国特色的民族文化发展道路上,以宏大的全球视野,兼收并蓄,全方位地吸收人类文明成果,建设健康向上、充满活力、进步开放、海纳百川的青年文化形态,为建设人类共同的美好家园贡献力量。

三、以办事业的方式大力发展青年文化

在社会主义市场经济条件下,青年文化建设是一个很大的事业。过去做过很多文化工作,但是留下来的东西不是很多,关键的问题是习惯于搞活动,搞一阵风,很多东西像水上浮漂,没有扎下根来。我们今天加强青年文化建设,要以办事业的精神来做,将青年文化理念变成文化活动、文化产品、文化事业和产业,深深扎根于中华大地上。要通过事业化的方式发展青年文化,积极适应时代发展的要求、青年成长发展的特点和文化建设自身的规律,把青年文化建设提高到战略的高度来把握,以整体性、系统性思维，以重在建设和不断积累的方法推动青年文化建设蓬勃发展。

大力创新青年文化的表达方式。文化的表达形式体现着丰富的文化内涵，传递着直观的文化信息，承载着深层次的文化理念。人类物质文明的普遍提高和高科技的迅猛发展，极大地改变了文化的生产形式、承载形式和传播形式，使文化的表现力、影响力得到前所未有的发挥。这也为我们创新文化的表达方式，提供了前提条件。如果没有新的表现形式和表达方式，还都是用传统的方式，用说教的方式，用过去大一统的方式，青年不感兴趣，文化就会远离青年，青年文化建设就会失去受众群体，就会是空中楼阁。要大胆创新，尤其要积极鼓励广大青年知识分子、青年文化名人、青年学生等文化素养较高的青年群体去创造文化的表达方式。这次海南的青年欢乐节，就是要在广大青年中倡导欢乐文化，荟萃欢乐的新样式，激发创造的新活力，引导亿万青年为民族强盛而欢乐，为时代进步而欢乐，为创造发展而欢乐，为青春奉献而欢乐，充分发挥青年的积极作用。

不断发展和壮大青年文化事业和文化产业。文化的发展有其积累性。就像盖房子，如果粗制滥造，不到三五年就要拆了又盖，这个房子总是没有文化底蕴。而如果房子一开始就构架好，一百年、二百年以后就有了文化的积淀，就有了文化的底蕴。文化依靠文化产业的发展而发展，这是一个世界性的趋势。青年文化是个前景广阔的朝阳产业。要大力发展青年文化事业和文化产业，既要尊重精神产品的生产传播规律，又要将文化作为一种特殊的商品，尊重商品的生产规律。要抓住中央推进文化体制改革的有利契机，坚持社会效益与经济效益的有机统一，通过市场化、社会化的手段，发展壮大一批青年文化事业和产业，不断增强青年文化的竞争力和活力。

建立开放的、富有活力的工作机制。有效的机制是青年文化建设蓬勃发展的重要保证。建立开放的、富有活力的工作机制，是在改革开放环境中推进青年文化建设的客观需要，也是广泛动员社会力量参与青年文化建设的必然要求。要探索建立青年参与机制，为青年参与青年文化建设搭建舞台。要探索建设青年互动机制，为调动青年的内在积极性和发挥青年的创造性开辟多种渠道。要探索建立资源整合机制，吸收各方面的智慧，汇聚各方面的力量。要探索建立理论研究机制，为青年文化建设提供科学的指导。要探索建立人才培养机制，推动大批擅长于文化经营管理和文化艺术生产创作的专门人才大量涌现，努力培养和造就一支适应时代要求的青年文化人才队伍。

加强青年文化建设，需要社会各界共同关注，需要海内外中华儿女的共同参与。尤其是中华文化是我们中华青年共同的滋养和财富，需要我们来共同培育、继承和弘扬。举办这次论坛，就是要集中大家的智慧，及时追踪青年文化动态，透析青年文化现象，掌握青年文化发展的趋势，探索青年文化发展的规律，总结青年文化建设的有益做法和经验，为推动中华文化的复兴，为促进青年的全面发展，为实现整个民族的复兴贡献力量。衷心希望本次论坛能够成为一次思想交流和沟通的盛会，集各方思想之所长，推动中国青年文化健康蓬勃地发展。

赵勇在全国青少年宫协会三届四次理事会上的讲话

2004年12月11日

今天,我们一起全面地总结了三届三次理事会以来全国青少年宫协会的工作,认真学习了《中共中央国务院关于进一步加强和改进未成年人思想道德建设的若干意见》,研究和分析了当前的形势,提出了今后一段时期加强青少年活动阵地建设的工作思路,做出了修改《全国青少年宫协会章程》和《全国青少年宫协会会标》的决定,增补和变更了全国青少年宫协会部分领导成员,批准25家单位成为全国青少年宫协会会员单位。这是一次具有里程碑意义的会议。

三届四次理事会的胜利召开标志着团属青少年宫事业和青少年宫协会的工作将进入一个崭新的发展阶段。从1988年成立全国青少年宫协会至今也有16个年头,期间青少年宫协会在推动全国青少年宫事业的发展,特别是在加强青少年思想道德建设,全面提高青少年综合素质等方面发挥了积极的作用。

关于青少年宫协会以往的工作和今后的发展思路,谷丽萍同志已经讲了很好的意见,我都赞同。在此,我再强调三个问题。

一、学习贯彻中央要求,准确把握面临的形势

今年3月,中共中央、国务院印发了《关于进一步加强和改进未成年人思想道德建设的若干意见》,并于5月召开全国工作会议后,按中央的要求,团中央、全国少工委立即发出了《关于学习贯彻〈中共中央国务院关于进一步加强和改进未成年人思想道德建设的若干意见〉的通知》。团中央书记处先后召开学习贯彻《若干意见》的座谈会和书记处扩大会议,传达、学习中央文件精神和全国工作会议精神。书记处第一书记周强在两个会议上都作了讲话,要求各级团、队组织从确保党的事业后继有人和社会主义事业兴衰成败的战略高度,提高对加强和改进未成年人思想道德建设工作的认识,把思想统一到胡锦涛总书记重要讲话和中央文件精神上来,认清形势,明确任务,狠抓落实。

1. 加强青少年思想道德建设的重要性

中央8号文件中强调,要充分发挥共青团、少先队的作用,这给我们的事业发展开辟了广阔的空间。这是党信任我们,党给我们支持,党给我们舞台。我们拥有一支坚强有力的队伍,50万青少年活动阵地专兼职教师,这是十分宝贵的资源。青少年活动阵地要与家庭、学校组成有机的教育体系,充分发挥校外教育、社会教育的优势,共同为青少年的健康成长创造良好的环境。

加强青少年思想道德建设是一项紧迫而长期的战略任务。现在强调这一问题,并不是因为青少年思想道德状况出了问题,而是国际国内的形势发生了深刻变化,我们面临着新的历史任务。为了党的事业顺利发展和国家长治久安,迫切需要加强和改进青少年思想道德建设,促进青少年一代的健康成长。这就要求我们从大局的高度、全局的角度来认识和把握这个问题。

当今社会,世界范围内各种思想文化的渗透越来越广泛深刻,伴随着优秀文化成果的到来,一些腐朽堕落的文化也进入了国门,这对青少年思想道德带来了消极负面的影响。市场经济本身具有其固有的弱点,就是容易在利益主导的基础上诱发拜金主义、享乐主义、极端个人主义等，这些都会对青少年的成长和发展带来不良影响。加强社会主义精神文明建设，就是要应对改革开放特别是市场经济带来的消极负面影响。我们只有加强青少年思想道德建设，在他们心中打牢民族思想文化的根基，才可能把这种负面影响减至最低。

青少年是祖国的未来和希望，是实现中华民族伟大复兴的重要力量。在复杂的国际国内形势下，需要弘扬中华民族优秀传统文化和社会主义主流价值观，形成强大的社会凝聚力和向心力，否则广大青少年就没有强大的精神支柱，实现中华民族伟大复兴的宏伟目标就难以实现。

2. 从政治的高度，切实加强青少年思想道德建设

各级团、队和青少年活动阵地都要从建设社会主义政治文明的高度，引导青少年增强民主法制观念，坚持四项基本原则，积极实践社会主义民主。引导青少年深刻认识发展社会主义民主政治，最根本的是要把坚持党的领导、人民当家做主和依法治国有机统一起来。加强对他们的法制教育，使其牢固树立法制观念，学会依法办事，坚决维护宪法和法律的权威。培养他们的民主意识，引导其积极参与民主实践。

围绕党不断提高建设社会主义先进文化的能力，引导青少年为发展社会主义先进文化做出积极贡献。坚持用邓小平理论和“三个代表”重要思想武装教育青少年，帮助青少年坚定理想信念，树立正确的世界观、人生观和价值观。切实做好青少年思想道德建设工作，大力弘扬以爱国主义为核心的民族精神和以改革创新为核心的时代精神，大力弘扬中华民族优秀文化和传统美德。大力实施青年文化行动，广泛开展丰富多彩的青年文化活动，积极创作推广青少年文化精品，大力培养发现青少年文化人才，努力形成积极向上的青少年文化氛围。

竭诚服务青少年，努力提高服务能力和水平。认真倾听青少年的呼声、愿望和要求，为他们解决学习、生活和工作上的实际困难，多做暖人心、稳人心的工作，尤其要做好下岗青工、贫困学生等弱势群体的工作，努力为他们排忧解难。在全社会大力倡导团结互助、扶贫济困的良好风尚，积极营造平等友爱、融洽和谐的人际关系。维护青少年的合法权益，促进青少年健康成长。

3. 明确任务分工，有效开展青少年思想道德建设工作

为了进一步明确任务，根据中央文明委《贯彻落实＜关于进一步加强和改进未成年人思想道德建设的若干意见＞的目标任务分工》的要求，我们制定了《团中央贯彻落实＜中共中央国务院关于进一步加强和改进未成年人思想道德建设的若干意见＞的目标任务分工》和落实措施，对照中央文明委目标任务分工的要求，团中央把相关的 37 个大的方面逐条细化。其中涉及青少年宫的有，继续深化“千宫百万”行动，帮助中西部地区和农村建设青少年活动阵地，利用节日、纪念日组织青少年开展思想道德主题教育活动，把未成年人思想道德教育纳入青少年宫工作之中，组织开展主题夏令营、冬令营等道德实践活动，向青少年宣传杰出人物、典型事迹，加强青少年宫建设与管理，加强青少年文化建设，进一步提高青少年宫管理水平和师资队伍素质，清理整顿与青少年教育无关的活动项目，鼓励民间资本加入青少年活动阵地建设，免费或低费开放青少年宫活动项目，吸引优秀人才、加强辅导员队伍建设等 13 项工作内容。

各地青少年宫按照统一部署，要把未成年人思想道德建设纳入到工作的总体规划，列入重要议事日程，要制定具体的落实措施，并明确责任部门、责任人，确保落实，取得成效。针对本地未成年人思想道德建设的实际，广泛深入开展未成年人道德实践活动，积极营造有利

于未成年人健康成长的社会氛围。坚持与时俱进,运用青少年思想道德建设的重要经验,结合青少年的发展变化和时代特点,探索新形势下未成年人思想道德建设的规律,创造性地开展工作。

二、抓住机遇,充分发挥青少年活动阵地在未成年人思想道德建设中的重要作用

加强和改进未成年人思想道德建设为共青团、少先队事业的发展提供了十分宝贵的机遇。中央专门下发文件,召开专门的工作会议,研究和部署未成年人思想道德建设工作,这在党的历史上是第一次。许多地方都以省委、省政府的名义召开了会议,制定了政策,既统一思想,提高认识,又解决了许多实际问题。各级党政的重视和支持为共青团、少先队组织做好未成年人思想道德建设工作创造了前所未有的良好环境。

加强青少年思想道德建设是一项长期、复杂和艰巨的系统工程,要立足当前,着眼长远。要抓住青少年成长过程中的突出矛盾,尽快取得实实在在的效果,用阶段性成果来引导青少年,鼓舞群众,昭示社会。多年来,青少年活动阵地在积极探索青少年思想道德教育的过程中,积累了一些有益的经验,形成了一些带有规律性的认识,概括起来,就是实践育人、文化育人、服务育人、组织育人。加强青少年思想道德建设工作中,青少年活动阵地要充分发挥实践育人、文化育人、服务育人、组织育人的作用,努力使工作贴近未成年人,体现时代特征,增强探索与创新,不断开创未成年人思想道德建设的新局面。

1. 组织道德实践活动,促进青少年全面发展

实践育人就是要使青少年在参与中受到教育,经受锻炼,增长才干。在新的形势下,我们要总结以往的成功经验,深化实践育人的理念,完善实践育人的机制,不断开辟实践育人的新途径,更好地发挥实践育人在青少年思想道德建设中的重要作用,引导他们在实践中增强爱国情感,确立远大志向,规范行为习惯,提高基本素质。青少年处在身心发展的关键时期,具有很强的可塑性,主题鲜明的实践活动能够促进他们健康成长,全面发展。实践中要强调青少年的实践主体地位,尊重他们的主观能动性,同时要针对不同年龄、不同群体、不同地区未成年人的特点,因材施教,因势利导,引导其自我体验,自我教育,在实践中磨炼意志,陶冶情操,进而形成良好的行为习惯,升华思想道德境界。

2. 运用优秀的文化引导青少年树立崇高的理想信念

文化育人就是在青少年思想道德建设中充分运用文化手段,寓教于文、寓教于乐,满足青少年日益增长的精神文化需求,推动青年文化建设的深入开展,为青少年思想道德建设营造良好的社会氛围。中华民族的伟大复兴需要文化的强大支撑,青少年的健康成长需要文化的滋养和哺育。在经济快速发展,信息高速传播的时代,文化对青少年的思想观念、价值取向和行为方式的影响力是前所未有的。在青少年中大力弘扬和培育以爱国主义为核心的民族精神,积极借鉴世界上一切优秀文明成果,树立和培养正确的理想信念。坚持以科学的理论武装人,以正确的舆论引导人,以高尚的精神塑造人,以优秀的作品鼓舞人,充分运用多种文化形式和传媒手段,弘扬主旋律。积极开展基层群众性文化活动,吸引更多青少年参与到文化活动中来,采取他们喜爱的方式,吸取他们创造的作品,使文化活动适合青少年的文化需求。在活动中融入伟大的民族精神和中国特色社会主义的理想信念,使其深入青少年的心,不断培育出"四有"新人。

3. 深入青少年,竭诚服务青少年

服务育人就是要坚持以人为本,竭诚为青少年服务,这是共青团做好青少年思想道德建设工作的出发点和落脚点。时刻心系青少年,

一切为了青少年，思想道德教育才会被青少年所接受，才能真正达到提高青少年思想道德素质、促进全面发展的目的。只有了解他们的所需所想，走进他们的内心世界，成为他们的良师益友，才能取得未成年人的信任，了解他们的实际需求，才能有针对性地解决实际问题。对于青少年中的弱势群体，如流浪儿童、单亲少年、贫困家庭子女等，都需要社会的帮助，只有为他们提供及时有效的服务，把社会的关怀和温暖送到他们心坎上，维护所有青少年的合法权益，才会促进未成年人健康成长，我们的服务、我们的育人才会有真正的效果。

4. 帮助青少年在组织中健康成长

充分运用组织育人的手段，引导青少年在组织中进行良性互动，在组织中健康成长。青少年群体中，同辈之间有着自己的话语体系，同辈之间互相传递的信息增多，同伴群体对他们身心健康发展起着越来越重要的作用。发挥组织育人的作用，就要重视同伴群体的作用，重视组织成员的互动，重视集体的交流，为他们的交流、沟通创造条件，帮助未成年人在组织中相互学习、共同进步、共同提高。动员和组织青少年积极参与团队组织的活动，为他们接触社会、了解社会、参与社会提供有效途径和广阔舞台，使他们在组织中学会处理人与人、人与社会、人与自然的关系。

4 月份以来，各级团组织按照全团统一部署，广泛开展了素质拓展计划、“手拉手”、“民族精神代代传”、“欢乐快车”等青少年思想道德实践活动，通过组织青少年了解家乡，认识国情，积极参加到各种体验教育，用优秀传统文化教育青少年，用各种文化活动丰富青少年的精神世界，宣传家庭、社会在青少年思想道德建设方面的典型事件，宣传青少年先进典型，形成了学习贯彻中央精神的热潮，工作取得了良好的成效。

青少年宫要以此次会议为契机，抢抓机遇，乘势而上，求真务实，开拓创新，立足自身优势，紧紧围绕教育引导青少年增强爱国情感、确立远大志向、规范行为习惯、提高基本素质的主要任务，精心设计和组织开展内容鲜活、形式新颖的道德实践活动，增强教育活动的吸引力和感染力，大力宣传青少年思想道德建设的成果，积极营造有利于青少年思想道德建设的社会氛围，净化他们的成长环境，维护他们的合法权益，努力把加强和改进青少年思想道德建设的各项任务落到实处，把认识提升到一个新高度，把工作提高到一个新水平，为不断开创青少年思想道德建设的新局面而不懈努力。

三、坚持社会效益第一，加强青少年活动阵地建设与管理

作为青少年社会教育的重要活动场所，青少年活动阵地始终以教育服务青少年为宗旨，要坚持正确的办宫方向，始终把社会效益放在首位，开设以不营利为目的、符合青少年身心健康发展要求的活动项目。同时，青少年活动阵地要坚持“一手抓建设、一手抓管理”，深化内部改革，积极探索科学有效的运行机制，加强教师队伍和管理人员的职业道德建设，增强自身发展活力，不断提高服务水平，积极营造有利于青少年健康成长的良好氛围。

1. 加强安全管理监督，保证阵地工作的顺利进展

今年以来，团中央办公厅就团属青少年活动阵地的检查和治理先后下发两个文件，要求各地迅速集中开展收费项目、经营活动和安全工作的集中检查和专项治理，各地落实团中央要求，进行了严格检查、治理。今后，相关的检查和治理要列入青少年活动阵地的日常工作，坚决杜绝以开展活动之名搞经营性创收，严禁借其他单位名义代收费用，要严格按照财政和物价部门核定的标准进行有偿服务；坚决取缔不利于青少年身心健康的活动项目，不得以任何名目挤占、挪用、租借青少年活动场所；做好青少年活动阵地场所和设备的检查和维护工

作，消除安全隐患。

全国青少年宫协会要有针对性地解决各地青少年宫一些实际问题，制订管理办法和评估体系，不断推动青少年宫管理走向科学化、制度化。只有保证了青少年活动阵地经营的规范和安全的运转，才可能为广大青少年开展健康有益的活动，丰富他们的校外生活。

2. 吸引社会资金，加快青少年阵地建设

目前，仍有部分地区尚未建立青少年宫，我们将在继续争取青少年活动阵地建设专项经费的同时，责成各地团组织根据当地特点和青少年的实际需要，制定青少年活动阵地发展和吸纳社会资金的优惠政策。各青少年活动阵地要积极设立优质项目，吸引民间资本加入到青少年活动阵地的建设之中。在做好资产评估的条件下，鼓励青少年宫与社会力量合资兴办青少年活动场所。

通过多方资金的支持，青少年宫要逐步形成大城市建立布局合理、规模适当、功能配套的市、区、社区青少年活动场所，中小城市重点建好市级青少年活动场所，有条件的城市辟建青少年主题公园，3—5 年内，每个县都拥有一所综合性、多功能青少年活动场所的良好局面。

3. 做好新时期青少年思想道德建设的理论研究工作

紧紧围绕巩固党的青少年群众基础，做好新形势下的青少年思想道德建设工作这一重大课题。加强青少年思想道德建设的调研工作，整合团属青少年工作研究力量和资源，调动社会各方面的积极性，深入分析新的历史条件下我国青少年工作面临的新形势，深入研究青少年工作中面临的重大理论和实践课题，努力认识和把握新形势下青少年工作的基本规律，提高思想理论和工作水平。将青少年思想道德建设理论研究作为重要内容，定期向社会发布研究成果。要研究新情况，解决新问题，紧密联系青少年的实际，建立青少年思想道德状况重要指标体系，对这些指标进行定期检测评估，进一步增强工作的针对性和预见性，促进青少年思想道德建设工作提高到一个新的水平。

4. 加强队伍建设，提高工作水平

建立一支专兼职相结合的高素质人才队伍，加强基层青少年宫队伍建设。目前的情况是，有的缺少人才，有的人员素质不高，有的过分兼职化。未成年人思想道德建设是一项系统工程，任务艰巨复杂。完成这一历史任务，要建设好三支队伍，即管理干部队伍、专兼职教师队伍和专业研究队伍。要吸收热心未成年人教育、有责任心、有能力、有经验的社会各界人士，如老干部、老战士、青少年问题专家、优秀教师、模范人物加入到青少年宫的队伍之中，通过家访、心理辅导、学习辅导、生活扶助等方式现身说法，为未成年人解决实际困难，帮助他们确立自信心和自强、进取精神。

青少年宫工作人员要加强思想政治建设，讲学习、讲政治、讲正气，忠诚党的事业，热爱本职岗位，开拓进取，谦虚谨慎，埋头苦干，深入基层、深入青少年，保持同青少年的紧密联系，竭诚服务青少年。

全国青少年宫协会要加强自身建设，加大对省级青少年宫协会和青少年宫的指导、协调和服务的力度，充分发挥文娱、体育、工作交流、技能培训、创业 5 个专门委员会的作用，集思广益，加强调研，不断增强工作的前瞻性和针对性，加强对协会理事单位的统筹协调，广泛吸纳社会资源，促进全国青少年宫资源的整合和有效配置，发挥规模效应，努力为广大青少年宫提供信息、培训、交流等服务，抓住机遇，加快青少年宫的改革与发展，加强内部管理，积极引入竞争机制，逐步探索建立与社会主义市场经济相适应的管理体制、经营模式和运行机制，不断增强自身发展活力和社会服务水平。

同志们，青少年时期是培养造就栋梁之才

非常关键的时期。我们的任务光荣而艰巨，青少年活动阵地的责任十分重大。让我们紧密团结在以胡锦涛同志为总书记的党中央周围，深入贯彻中央精神，贴近基础，贴近生活，贴近青少年，动真情，办实事，重实效，为培育和造就一代又一代有理想、有道德、有文化、有纪律的中国特色社会主义事业的建设者和接班人做出积极的贡献。

元旦将至，借此机会，向你们并通过你们向工作在青少年社会教育战线上的同志表示节日的祝贺和问候。祝大家在新的一年里不断取得新的进步。

赵勇在共青团十五届三中全会上的总结讲话

2004 年 12 月 17 日

这次全会是共青团深入学习贯彻党的十六大、十六届四中全会和中央经济工作会议精神，研究部署大力加强共青团能力建设，不断巩固和扩大党执政的青年群众基础的一次重要会议。党中央对这次全会非常关心，12 月 7 日下午，中共中央政治局常委、书记处书记、国家副主席曾庆红同志主持召开中央书记处会议，听取了团中央书记处的工作汇报并作出重要指示。12 月 15 日下午，中共中央政治局委员王兆国同志出席全会并代表党中央发表了重要讲话，对当前和今后一个时期的共青团工作提出了明确要求，指明了努力方向。全会认真听取了周强同志代表书记处所作的《大力加强共青团能力建设，进一步做好新形势下的青年群众工作》的主题报告，审议通过了《关于进一步加强团的基层组织建设的决定》和《关于加强青年中心建设的决定》，书记处其他几位同志还要就有关重点工作进行部署安排。在党中央的亲切关怀和同志们的共同努力下，全会圆满完成各项任务，就要结束了。下面，我代表书记处作会议总结，讲四点意见。

一、关于全会的主要收获

会上，大家紧紧围绕学习贯彻中央精神、切实加强共青团能力建设，畅所欲言，气氛热烈，形成了广泛共识，取得了良好效果。一致认为，这次全会是一次民主的会议、务实的会议、催人奋进的会议，内容丰富，收获很大。

第一，进一步增强了做好新形势下共青团工作的责任感和使命感。全会深入学习贯彻党的十六届四中全会精神，认真学习了党中央书记处对共青团工作的重要指示和王兆国同志的重要讲话。大家深切感到，党中央书记处的重要指示和王兆国同志的重要讲话，充分体现了党中央对共青团工作的高度重视和对青年一代健康成长的殷切关怀。一致认为，党的十六届四中全会作出加强党的执政能力建设的战略部署，对进一步做好新形势下的青年群众工作和共青团工作提出了新的更高的要求。党中央书记处的重要指示和王兆国同志的重要讲话，高屋建瓴，内涵深刻，满怀信任，满怀期望，使大家进一步认清了共青团工作面临的形势和任务，进一步增强了做好共青团工作的责任感和使命感。大家一致表示，决不辜负党中央的期望，一定要牢固树立政治意识、大局意识和责任意识，站在巩固和扩大党执政的青年群众基础的战略高度，紧紧围绕全面落实科学发展观，积极适应社会生活的变革和青年群体的变化，更加自觉地把团的工作和建设放到大局中去思考、去把握、去推进，进一步加强青年思想政治工作，进一步发挥广大青年的巨大创造力，进一步密切同广大青年的联系，努力把共青团工作提高到一个新水平，把广大青年紧密团结凝聚在党的周围。

第二，进一步提高了加强共青团能力建设的自觉性和坚定性。周强同志代表团中央书记处在全会上所作的重要讲话，全面深入地阐述了新的历史条件下为什么要加强共青团能力建设、如何加强共青团能力建设的重大课题。讲话系统深入，思想性、指导性、针对性都很强，为加强共青团能力建设指明了工作方向，得到了与会同志的高度认同。大家一致认为，周强同志的讲话贯彻党的十六届四中全会精神，紧扣时代发展的要求，结合共青团工作和青年工作的实际，着眼于不断巩固和扩大党执政的青年群众基础，进一步明确了服务党的执政能力建设、大力加强共青团能力建设的战略思路和工作要求，对做好当前和今后一个时期的共青团工作，具有十分重要的指导作用。通过学习讨论，大家进一步认识到，加强共青团能力建设，既是战略课题，又是现实任务；既是综合目标，又是具体要求；既是规律性揭示，又是不断实践的过程，必须全面贯彻到共青团各项工作和建设当中。大家表示，一定要紧紧围绕加强共青团能力建设，扎实工作，常抓不懈，不断增强共青团组织的服务能力、凝聚能力、学习能力和合作能力，不断提高共青团做好新形势下青年群众工作的水平，不断开创共青团工作的新局面。

第三，进一步明确了推进基层团组织和青年组织建设的重要意义、总体思路和主要任务。大家在讨论中一致认为，在我们党大力加强执政能力建设的背景下，全会作出关于加强基层团组织建设和青年中心建设的决定，十分及时，很有必要，这是加强共青团能力建设的重要实际举措。两个《决定》提出的总体思路、目标任务和工作措施，既充分体现了这些年来全团抓基层组织建设的成果，又立足现实、着眼长远，针对性、指导性强，前瞻性、创造性强，符合党对共青团工作的一贯要求，符合青年工作的发展规律，符合基层共青团工作和青年工作的实际。认真贯彻落实好两个《决定》精神，对于我们在新的形势下大力推进团的自身建设，切实增强团组织的吸引力、凝聚力和战斗力，不断巩固和扩大党执政的青年群众基础，具有重大而深远的意义。大家表示，回去后一定要结合各地实际认真传达贯彻《决定》精神，狠抓工作落实，扎实推进基层团组织和青年组织建设，使团的工作和青年组织适应新形势，创造新业绩，不断焕发出蓬勃生机和旺盛活力。

总之，这次全会使我们进一步认清了形势，统一了思想，明确了任务，坚定了信心。全面贯彻落实好全会精神，对做好当前和今后一个时期的共青团工作，将起到十分重要的指导和推动作用。

二、关于2004年共青团工作的简要回顾

2004年，共青团工作大事多、急事多、机遇多、任务重。在全团上下的共同努力下，各项工作取得了新的成绩和进展，保持了良好发展势头。总的来看，全年工作呈现出几个鲜明的特点。

一是青少年思想政治教育取得新成效。今年在这方面有许多难得的重大机遇。我们抓住机遇，乘势而上，工作声势大、亮点多，收到了很好的成效。党中央先后下发8号文件和16号文件，就加强未成年人思想道德建设和大学生思想政治教育这两项具有战略意义的工作作出重要部署。我们认真贯彻落实中央精神，精心部署，精心组织，狠抓落实，形成合力，集中力量抓了几件实事，推动全团形成了加强青少年思想政治教育的热潮，在全社会产生了良好的反响。我们还紧紧抓住纪念邓小平同志诞辰100周年、建国55周年和五四运动85周年等重大契机,广泛组织一系列主题教育活动,成功举办首都青少年庆祝建国55周年天安门广场大型活动和纪念五四运动85周年主题晚会,深入开展大学生学习实践“三个代表”重要思想活动,积极引导青年树立和落实科学发展观,在广大青年中进一步兴起了学习贯彻“三个代表”重要思想的新高潮。

二是服务经济社会发展作出新贡献。今年是贯彻落实团十五大作出的总体部署,贯彻落实团十五届二中全会通过的《全面建设小康社会进程中共青团工作战略发展规划》,全面推进共青团工作的开局之年。我们紧紧围绕党和国家工作大局,特别是围绕促进农民增收、西部大开发、振兴东北老工业基地、科教兴国、人才强国、可持续发展和社会全面进步,大力推进农村青年增收成才、青年企业家西部行和东北行、博士服务团、保护母亲河以及青年志愿者、青年文明号、青年文明社区、青年文化行动等重点活动,这些活动有声势、有影响、有实效,为促进经济社会发展作出了积极贡献,可圈可点之处很多。比如,扶持下岗失业青年就业再就业、帮助大学生就业创业和促进农村青年转移就业的工作全面展开,成效明显,共青团促进青年就业再就业的工作,已经成为国家促进就业整体工作的重要组成部分。再比如,我们以“青春中华”为主题,以文化育人为主旨,全面启动实施青年文化行动,先后在广东深圳、山东济南、浙江宁波、海南三亚等地成功举办首届中国青年文化周、首届中国青年读书周、首届中国青年服装时尚周和首届中国青年欢乐节等一系列大型青年文化活动,各地也相应开展了一系列丰富多彩的文化活动,吸引了全国各地数百万青少年直接参与,在全社会产生了积极反响,形成了大力推动青年文化建设,促进社会主义先进文化建设的新亮点。

三是服务青少年成长发展迈出新步伐。我们始终坚持把竭诚服务青年作为全部工作的出发点和落脚点,紧扣青年成长发展过程中的主要环节,围绕青年学习、工作、生活多方面的具体需求,努力为青年做实事、办好事、解难事。在全面推进服务青少年学习成才、就业创业、身心健康和权益维护工作的同时,我们高度重视和切实做好为困难青少年群体解决实际问题的工作。今年希望工程共募集资金7621万元,资助农村家庭经济贫困的学生57302名,援建希望小学87所,希望工程助学进城计划顺利启动实施,资助农民工子女2.4万多人。各级团组织还深入开展“真情助困进万家”活动,尽心尽力帮助特困下岗失业青年、农村贫困青年、残疾青年和贫困大学生解决了一些实际困难。

四是对港澳青少年工作和青年外事工作跨上新台阶。2004年是对港澳青少年工作发展中的重要一年。我们充分发挥自身特点和优势,一方面围绕香港立法会选举着力做好香港青年重点代表人士的工作,另一方面精心组织了“手拉手”演出团、“青春中华”万人大汇聚、“龙汇中华”青年论坛等大型活动,还实现了全国学联和香港专上学联建立联系并实现互访的历史性突破,加深了港澳青少年对祖国和民族的了解,增进了内地和港澳青少年之间的交流。在青年外事工作方面,中俄青年友谊年、中国—东盟青年事务部长会议、中非青年联欢节等大型青年对外交流活动接连成功举办,中韩、中日、中巴、中美、中德、中越、亚欧等双边青年交流活动全面开展,中国青年志愿者海外服务计划等工作进一步深化,青年外事工作日益成为我国整体外交的重要组成部分。

五是基层组织建设实现新发展。我们从适应新形势新任务出发,以改革的精神大力推进基层组织建设,在加强和改进团的建设的总体部署和统一要求下,一手抓基层团组织自身建设,一手抓青年中心试点工作,使这两个方面的工作相互促进、相得益彰,基层的生机活力得到了进一步增强。在基层党建的有力带动下,基层团组织的各项建设初步形成整体推进的工作机制，团员数量达到7107万，团员占青年比例达到23%。城乡青年中心试点工作全面展开，稳步推进，初步成效明显，发展势头良好，目前全国已成立城市青年中心1400多个、农村青年中心1700多个。从一年来的试点工作看，青年中心在整合工作资源、凝聚青年人才、联系各界青年等方面发挥了重要作用，正在成为基层团组织服务青年的新平台和联系青年的新纽带，显示出了强大的生命力和良好的发展前景。

总之，今年是大家忙着干工作、比着干工作的一年，各项工作蓬勃发展，各条战线佳音频传，取得了丰硕的工作成果。这些成绩的取得，是同志们扎实工作的结果，是全团共同努力的结果。在这里，我代表书记处向大家并通过大家向广大团干部表示诚挚的感谢和亲切的问候！

三、团结引导广大团员青年为建设社会主义和谐社会做出积极贡献

2005年共青团工作的任务很重，各项工作要全面深入推进，全国青联、全国学联和全国少工委换届工作要认真筹备组织好。明年工作的总体要求是：以邓小平理论和“三个代表”重要思想为指导，深入学习贯彻党的十六大、十六届四中全会精神，求真务实，艰苦奋斗，开拓进取，埋头苦干，大力加强共青团能力建设，进一步做好新形势下的青年群众工作，不断巩固和扩大党执政的青年群众基础，团结带领广大青年为促进经济社会全面进步作出新的贡献。周强同志在全会报告中提出的大力加强共青团能力建设是明年工作的主线，各项工作都要围绕能力建设来展开。关于明年的工作安排，团中央2005年工作要点已经作出了全面部署，书记处几位同志一会儿还要进行重点强调，希望大家结合工作实际，认真贯彻落实。大力加强共青团能力建设的成果要体现在服务大局、服务青年的成效上，在当前形势下，尤其要体现在服务改革发展稳定大局上。这里，我想着重就团结引导广大团员青年积极促进社会主义和谐社会建设，谈一些意见。

建设社会主义和谐社会，是我们党从全面建设小康社会全局出发而确定的一项重大战略任务。党的十六大在提出全面建设小康社会的宏伟目标时，就把社会更加和谐作为其中的重要内容，强调要努力形成全体人民各尽所能、各得其所而又和谐相处的局面。党的十六届四中全会提出社会主义和谐社会的新概念，使我国社会主义现代化建设的总体布局，由发展社会主义市场经济、社会主义民主政治和社会主义先进文化这样的三位一体，扩展为包括社会主义和谐社会在内的四位一体。我们要充分认识中央把和谐社会建设放到同经济建设、政治建设、文化建设并列的突出位置的重大意义。社会的发展，就是人们通过奋斗消除不和谐、走向和谐的过程。社会主义和谐社会是社会主义社会发展规律性、社会控制有效性和社会生活有序性的有机统一。和谐社会秩序和生活环境，既是社会主义社会发展的基本前提，也是社会主义社会发展的基本目标。当前，我国的人均GDP已经突破1000美元，正在向人均3000美元的新目标迈进，改革发展既面临“黄金发展时期”的宝贵机遇，又面临“矛盾凸显时期”的严峻挑战，正处在一个关键时期。许多国家的发展进程表明，在这样一个关键的发展时期，如果政策把握得当，就能推动经济社会协调发展，顺利实现工业化和现代化；把握失当，就会出现经济社会发展脱节，导致各种社会差距扩大，社会矛盾加剧，经济社会发展徘徊不前，甚至引发社会动荡倒退。建设社会主义和谐社会，正是着眼于实现我国经济社会协调发展、着眼于党和国家长治久安，力争实现前一种发展结果，避免后一种发展结果。因此，中央强调建设和谐社会，既体现了科学发展观的要求，也体现了我们党科学执政、民主执政、依法执政的要求，归根到底，体现了我国经济社会发展进入了这样一个非常关键的发展时期的要求。

和谐社会重在建设、重在构建。市场经济发展是社会和谐的物质基础,民主法制建设是社会和谐的制度保障,先进文化建设是社会和谐的精神支撑,不论是社会主义市场经济、民主政治,还是先进文化,最终都要落实到社会主义和谐社会这个载体上来。同时要看到,社会建设具有自身的特定内涵和内在规律,既要充分发挥党委的领导核心作用和政府的公共管理职能,又要充分发挥社会组织的协同功能和公民广泛参与的作用,使社会建设的各类主体各司其职、各尽所能,形成整合社会、动员社会、组织社会、凝聚社会的强大合力。在社会主义市场经济条件下,经济发展主要通过市场手段来进行,社会发展主要通过社会组织的桥梁纽带作用和大众参与来实现。共青团作为党领导下的群众组织、社会团体,社会联系广泛,在参与社会建设方面肩负着光荣职责,具有独特的优势,应当而且能够发挥不可替代的重要作用。带领青年积极促进社会主义和谐社会建设,既是共青团服务改革发展稳定大局的必然要求,又是共青团服务青年成长发展的重要途径,也为共青团在参与社会管理和建设中加强自身建设提供了新的宝贵机遇。我们要认清形势,提高认识,精心部署,扎实工作,把带领青年促进三个文明建设的全部工作切实落实到促进和谐社会建设这个载体上,以更加积极的姿态全面参与社会建设和管理,在社会主义和谐社会建设中充分发挥广大青年的生力军作用。当前,尤其要在以下几个方面积极努力。

第一,切实加强对青年的教育引导。做好青年思想政治工作是共青团工作的首要任务。全球范围内思想文化渗透越来越激烈,意识形态领域的斗争日趋复杂。同时,随着我国改革发展的不断深入,各种利益矛盾、社会问题逐渐凸现,在一些青年中也存在着这样那样的思想问题和其他问题,极少数青年中甚至出现违法乱纪现象。在这样的情况下,深入细致地做好青年思想政治工作尤为重要。要做好新形势下的青年思想政治工作,既要善于广泛联系青年、竭诚服务青年,又要善于宣传组织青年、教育引导青年。越是改革发展处于关键时期,越是矛盾突出,越是问题复杂,越要耐心细致地做好教育引导青年的工作,维护大局,维护稳定。一是要坚持教育引导青年的正确方向。始终坚持和不断巩固马克思主义在意识形态领域的指导地位,始终坚持正确的政治方向、政治立场、政治观点,增强政治鉴别力、政治敏锐性,坚定不移、坚持不懈地以科学理论武装青年,以正确舆论引导青年,以高尚精神塑造青年,以优秀作品鼓舞青年,使广大青年在党的领导下,同人民紧密结合,为祖国奉献青春,沿着党指引的方向健康成长。二是要丰富教育引导青年的工作内容。在青年中深入开展党的基本理论、基本路线、基本纲领、基本经验的教育,深入开展党和国家方针政策和国情民情的教育,帮助青年正确分析形势,正确理解党和国家的方针政策,正确处理个人利益和集体利益、局部利益和整体利益、当前利益和长远利益的关系,正确认识自己的根本利益和实现自身利益的途径,自觉为改革发展稳定贡献力量。深入开展以爱国主义为核心的民族精神和以改革创新为核心的时代精神的教育,切实加强和改进未成年人思想道德建设和大学生思想政治教育,特别要加强民主法制教育,引导青年自觉认同和积极参与中国特色社会主义民主政治进程,引导青年学会运用正确的手段维护自身的合法权益。三是要把握教育引导青年的关键环节。坚持实践育人、文化育人、服务育人、组织育人相结合,充分发挥实践育人的优势,不断构建和完善青少年广泛参与的实践教育体系;充分发挥文化育人的功能,大力活跃社区、乡村、企业和校园青年文化,广泛开展丰富多彩、健康有益的青年文化体育活动;竭诚做好服务育人的工作,把解决思想问题与解决实际问题结合起来，在竭诚为青年的成长发展服务中有效地教育引导青年；高度重视发挥组织育人的作用，增进青年对组织的归属感，对社会的归属感。四是要改进教育引导青年的方式方法。大力推动青年思想政治工作创新，使青年思想政治工作的工作理念、表达方式、教育方式和工作机制与时俱进，在工作中充分尊重青年的主体地位，充分运用互联网、手机短信等新的工作手段，充分发挥青年典型的榜样作用，充分借助说服教育、民主讨论和示范引导等方式，努力做到生动活泼、入情入理、耐心诚恳、潜移默化，切实增强工作的针对性和实效性。五是要提高教育引导青年的实际本领。要深入基层、深入实际、深入青年，不断增强宣传青年、组织青年的意识和工作能力，善于在联系青年、服务青年的过程中做好教育青年、引导青年的工作，最大限度地把广大青年团结凝聚在党和政府周围，为全面建设小康社会共同奋斗。

第二，全面推进青年志愿服务工作。社会主义和谐社会应当是人和社会之间关系协调、人和人之间关系融洽的社会，这就要求全社会努力形成团结互助、扶贫济困的良好风尚，形成平等友爱、融洽和谐的人际环境。志愿服务大力弘扬“奉献、友爱、互助、进步”的志愿精神，彰显人与人、人与社会、人与自然之间相互关爱、和谐共存的理念，在形成良好社会风尚、形成和谐人际环境中发挥着至关重要的作用。从一定意义上讲，志愿服务的精神，就是和谐社会的精神；志愿服务的核心价值观，就是和谐社会的核心价值观。首先，志愿服务既继承中华民族扶贫济困、助人为乐的传统美德，又适应市场经济条件下尊重主体的道德要求，也反映世界先进文明成果，对于建设和谐社会发挥着重要的导向作用。其次，志愿服务秉承自觉自愿、力所能及的原则，可以有效地动员和整合社会各类资源共同推动社会的发展和进步，是广泛动员社会力量建设和谐社会的重要方式。再次，志愿服务人人可为、人人能为，领域十分广阔，为全体社会成员参与和谐社会建设搭建了广阔的舞台、开辟了有效的途径。因此，大力推进青年志愿服务工作，应当成为共青团动员组织广大青年积极参与和谐社会建设的基本载体和重要途径。我们要切实提高认识，不断拓展服务领域，扩大志愿者队伍，打造品牌项目，最广泛地动员组织青年服务社会、服务人民，推动志愿服务成为包括青年在内的全社会广泛参与的高尚事业，使志愿服务在社会主义和谐社会建设中发挥出更加重要的作用。一是要深化志愿服务的内涵。志愿服务不仅是一种有效的群众性精神文明创建活动，有助于营造互助友爱、积极向上、广泛参与的社会氛围，彰显和谐社会的核心价值观，而且是一种非市场化配置资源的有效方式，可以在消除贫困、促进就业、维护社会公正、提高社会效能等和谐社会建设的重要方面发挥不可替代的积极作用。要积极寻求志愿服务理念与时代精神的有机融合，广泛开展各类群众性志愿服务活动，深入宣传志愿服务的理念，使志愿精神在全社会得到更加广泛的传播，不断提高志愿服务的社会认知程度和公众参与程度。二是要拓展志愿服务领域。目前，我们重点围绕扶贫开发、社区建设、环境保护、大型活动、抢险救灾和海外服务等六大领域开展工作，每个领域都涵盖了丰富的内容，下一步要紧密结合建设和谐社会的需要，不断开拓新的工作领域。三是要扩大志愿服务队伍。广泛实施志愿者注册制度，通过完善网上注册、加强基层服务建设等措施，在方便注册和方便服务两个方面下功夫，在吸引更多青年参与的同时，影响更多的人加入到志愿服务的行列中来。四是要打造志愿服务品牌。在继续深化大学生志愿服务西部计划、青年志愿者扶贫接力计划、中国青年志愿者国际合作发展计划、远程教育计划和“爱心助成长”志愿服务计划等重点项目的同时，从党政关注、社会急需、青年能为的结合点上确定工作重点和服务内容，科学规划、合理布局，构建全国项目与地方项目、短期项目与长期项目相互结合、相互补充的项目体系，形成项目库。五是要健全完善志愿服务机制。既要按照志愿服务项目的实施流程，完善各个环节的运行机制，又要整合全团资源，形成依托团的各项重点工作动员广大青少年参与志愿服务的机制；既要整合社会资源，建立健全社会化运行机制，又要争取各级党政部门把志愿服务纳入工作规划，积极推动志愿服务的立法进程，保障志愿服务事业的长期稳定发展。

第三，着力帮助青年解决实际问题。鼓励创造才有活力和效率，扶贫济困才有安定与和谐。我们要从促进社会主义和谐社会建设的高度，高度重视和维护青年最现实、最关心、最直接的利益，竭诚做好服务青年具体需求的工作，既要锦上添花，更要雪中送炭，积极促进实现社会公平，推动共享改革成果，切实把促进和谐社会建设的着力点放到为青年解决实际问题上来。一是要把服务大局与服务青年更加直接更加紧密地结合起来。共青团服务大局与服务青年是一致的。服务好大局，是促进青年根本利益和具体利益实现的根本途径；服务好青年，就是发挥团的特点和优势，坚持以人为本，以实际行动服务大局，两者统一于共青团工作的实践当中。今后我们在推进工作时，不论是组织带领青年参与三个文明建设的各项活动，还是开展促进青年成长发展的各项工作，都要时时刻刻把青年的利益放在心上，都要充分反映青年的诉求，更加自觉地把服务大局与服务青年统一起来、结合起来，努力使我们的各项工作能够带给青年和群众更多实实在在的利益，使广大青年在参与团组织开展的各项活动中切实受教育、长才干、作贡献、得实惠。二是要重点帮助有特殊困难的青年群体。群众利益无小事，困难群众的利益尤其需要我们去帮助实现。当前，要通过筹集援助基金、开展结对互助、实施城乡互动等多种方式，千方百计帮助困难较多的青年群体解决一些学习、工作、生活中的实际问题。要大力促进青年就业再就业，帮助大学生学有所用、就业创业，帮助下岗失业青年克服暂时困难、实现再就业，帮助农村青年转移就业、增收成才，帮助进城务工青年提高技能、维护权益。要继续资助贫困学生完成学业，尽力帮助更多的家庭经济困难的青少年学生有学上、有书读。要经常性地组织开展“真情助困进万家”活动，登万家门，解万家困，暖万家心，特别是要帮助残疾青少年、家庭经济特别困难的青少年尽力解决一些实际困难。元旦、春节期间，各级团组织要大力开展“真情助困进万家”活动。三是要大力维护青少年的合法权益。深入开展创建青少年维权岗等活动，配合有关部门实施好《未成年人保护法》和《预防未成年人犯罪法》，动员社会各方面力量，广泛开展青少年自我保护教育，积极为权益受到侵害的青少年提供法律援助和舆论支持，热情关心帮助失足青少年，不断优化青少年健康成长的环境，共同维护青少年的合法权益。

第四，不断巩固带领青年促进和谐社会建设的组织基础。加强社会建设和管理，推进社会管理体制创新，是构建社会主义和谐社会的核心内容。充分发挥基层团组织凝聚青年、服务青年、引导青年的作用，充分发挥基层青年社团组织提供服务、反映诉求、规范行为的作用，是加强社会建设和管理，推进社会管理体制创新的必然要求和重要体现。我们一定要认真贯彻落实这次全会通过的两个《决定》精神，以改革创新的精神大力推进基层团组织和青年组织建设，切实夯实带领青年促进和谐社会建设的组织基础，夯实共青团各项事业发展的组织基础。一方面，要牢牢坚持党建带团建的根本原则，使团的建设纳入党的建设的总体规划，在巩固的基础上大力推进团建创新，以服务促建设、以服务求活跃，不断增强团组织的吸引力、凝聚力,切实把基层团组织自身建设好;另一方面,要充分发挥城乡基层各类青年社团组织联系青年、服务青年、组织青年的作用,特别是要积极推动青年中心的培育和发展。周强同志在讲话中对加强和改进基层团组织和青年组织建设提出了明确要求,我们要深刻领会,认真贯彻。

这里,我就下一步的城乡青年中心建设试点工作再谈点意见。从这次会议上大家讨论的情况和前一段试点工作的情况来看,深入做好下一步的试点工作,需要进一步重视和解决好几个方面的问题。一是要坚持核心理念。青年中心的本质规定是组织,核心理念是组织创新。对此,周强同志有一系列重要论述,团中央有一系列工作要求。团十五大和团十五届二中全会、三中全会都是着眼于推动基层青年组织创新,对建设青年中心作出部署安排。我们一定要准确把握青年中心作为新型基层青年组织这一根本定位和发展方向,切实把对青年中心的认识统一到团中央和全会决定的精神上来,始终坚持青年中心试点工作的正确方向。二是要坚持因地制宜。青年中心建设是一项开创性的事业,是一项全新的工作,没有现成的模式可以照抄照搬,各地的情况更是千差万别,不应搞一刀切,也不能搞一刀切。一定要坚持因地制宜、因时制宜,一切从实际出发,大胆探索青年中心的有效组织形式和活动方式,务求实际效果,积极稳妥地推进试点工作,不断总结积累切实可行的做法和经验。三是要坚持服务青年。青年中心,服务青年。作为一种植根城乡基层的服务型社团组织,青年中心的宗旨就是服务青年、服务社区。要以服务为主线,通过服务主体组织化、服务对象组织化等方式,不断增强青年中心的服务能力,努力为所在社区和青年提供有效的社会化服务、会员制服务、菜单式服务。四是要坚持团的领导。共青团是团结教育青年的核心。建设青年中心,必须切实坚持和加强团的领导。在这一点上,我们一定要头脑十分清醒,丝毫不能含糊。同时要看到,青年中心是共青团领导下的基层青年组织,但青年中心本身不是团组织。我们在加强团的领导的同时,要自觉尊重和支持青年中心依照自己的章程,自我组织、自我管理、自我服务、自我完善,切实做到重在指导帮助、把握方向,而不是包办代替、越俎代庖。

四、以求真务实的作风狠抓落实

这次全会对当前和今后一个时期的共青团工作作出了部署安排,提出了新的更高的要求,下一步关键是要始终保持昂扬向上的精神状态,在实际工作中求真务实,狠抓落实。

第一,对待青年要动真感情。青年在我们心里的分量有多重,我们在青年心里的分量就有多重。贯彻落实好全会精神,首先要解决好正确对待青年的问题,切实做到情为青年所系,利为青年所谋,乐做青年友,不做青年官。要始终不渝地坚持我们党全心全意为人民服务的宗旨,牢固树立服务青年的观念,把竭诚服务青年作为全部工作的根本出发点和落脚点,作为贯彻落实全会精神的根本出发点和落脚点。要时刻牵挂青年的喜怒哀乐、安危冷暖,想青年之所想,急青年之所急,心中始终装着青年,满腔热情关心青年。要深入基层,深入实际,多同青年打声招呼,多与青年打成一片,体察青年情绪,倾听青年呼声,竭诚为青年办实事、解难事、做好事。

第二,落实工作要下苦功夫。实干成就宏伟事业,苦干造就灿烂人生。落实全会确定的各项工作任务,一定要求真务实,艰苦奋斗,实干苦干,力戒懒散懈怠、碌碌无为。要抓紧落实工作责任,层层有责任,才能层层抓落实;人人有责任,才能人人抓落实。要把全会提出的各项任务同本地区、本部门的具体实际密切结合,进一步将工作分解、细化,扎扎实实推进每一项工作。要建立健全有关工作的检查考核制度,做到每一项工作事前有计划、事中有督促、事后有评价。

第三，锤炼作风要有好习惯。干事创业，没有过硬的好作风不行。好的作风要靠好的习惯来养成，好习惯受益无穷、受益终生。我们在团的工作岗位上自觉养成良好的学习、工作和生活习惯，对发展团的事业和维护团的形象至关重要，对每一个团干部将来的成长发展至关重要。我们要习惯于学习，向实践学习，向青年学习，向书本学习，努力做学习型团干部。要习惯于创新，以创新为动力，以创新为责任，以创新为快乐，在勇于创新中创造性地落实好每一项工作。要习惯于奋斗，对待工作有激情，谋划工作有思路，推进工作有魄力，落实工作有韧劲，在奋发进取中不断成长进步。要习惯于平淡，把心思主要放在工作和学习上，把精力倾注在团的事业发展上，淡泊名利，严于律己，清清白白做事，堂堂正正做人。

第四，发展事业要树实绩观。贯彻落实好全会精神，一定要牢固树立科学发展观和正确政绩观，用实绩评价工作，用实绩考核干部，用实绩推动团的事业发展。党和青年把我们放在共青团的光荣岗位上，我们就要尽心尽力干出成绩来，才不负党的重托，不负青年的信任，不负伟大的时代。在团的工作岗位上追求什么样的成绩，是衡量一个团干部能否正确对待青年、正确对待组织、正确对待自己的试金石。真正的成绩只能是服务大局、服务青年的工作实绩，应当经得起党和青年的检验，经得起实践的检验，经得起历史的检验，而不能是做样子给别人看的，更不能出于自己的私利。团的干部特别是领导干部，一定要以对党的事业高度负责、对团员青年高度负责、对团的形象高度负责的精神，鼓实劲、出实招、求实效，不喊哗众取宠的空口号，不提脱离实际的高目标，不搞劳民伤财的假成绩，不做花拳绣腿的表面文章，脚踏实地、埋头苦干，尽力而为、量力而行，按照科学发展观和正确政绩观的要求，扎扎实实地把全会确定的各项工作任务落到实处。

同志们，明年是推动共青团事业全面发展的重要一年，做好明年的各项工作意义重大。我们要紧密团结在以胡锦涛同志为总书记的党中央周围，高举邓小平理论和“三个代表”重要思想伟大旗帜，认真贯彻落实科学发展观，求真务实，扎实工作，奋发有为，团结带领广大团员青年为完成党和国家明年的工作任务做出新的贡献。

谱写留学报国新篇章，为民族复兴做出积极贡献

——赵勇在全国青联留学人员联谊会成立大会暨一届一次理事会议上的祝词

2004年12月20日

今天，全国青联留学人员联谊会正式成立了。这是青年留学人员工作发展中的一件大事，标志着青联组织联系广大留学青年有了更加有力的工作手臂，标志着广大海外留学青年加强联系与交流有了更加密切的渠道，标志着青年留学人员投身和参与祖国建设与发展有了更加完善的机制。从这个意义上讲，联谊会的成立，对于进一步激发广大海外留学青年回国创业、报效祖国的积极性和创造性，为实现中华民族的伟大复兴贡献力量，具有重要的里

程碑意义。在这里，我谨代表全国青联，向全国青联留学人员联谊会的成立表示热烈的祝贺！向有志于回国创业和以多种方式为国服务的海外青年留学人员致以崇高的敬意！向广大青年留学人员表示亲切的问候！

广大青年留学人员是党的政策的直接受益者，也必将是中国特色社会主义事业的重要支持者。中国党和政府历来高度重视留学人员和留学人员工作。早在新中国建立之初，我国就开始大规模派遣留学人员。改革开放后，我国进入社会主义现代化建设的新时期，学习世界先进科学技术和文明成果成为加快发展的迫切需要。党和政府确立了“支持留学，鼓励回国，来去自由”和“鼓励海外留学人员以不同方式为祖国服务”的方针，并出台了一整套针对留学人员回国创业的优惠政策。正是在党和政府的支持鼓励下，目前我国各类出国留学人员达到70万人以上，分布在世界上100多个国家和地区，其中绝大多数是青年。这是一支数量庞大、素质很高的人才队伍，无论他们身在海外还是回国创业，都是我国社会主义现代化建设的重要力量，都是祖国和人民的宝贵财富。

广大青年留学人员是故土情深的爱国者，也必将是伟大民族精神的弘扬者。我国青年留学人员素有心系祖国、不忘桑梓的优良传统。钱学森、李四光、华罗庚等老一辈海外留学人员冲破重重阻力，回到祖国怀抱，以对祖国和民族的深厚感情和坚忍不拔的毅力，艰苦奋斗，自强不息，许多人成为我国科技领域的开拓者、奠基人，对祖国各项事业的发展做出了不可磨灭的贡献。他们伟大的爱国精神，激励和鼓舞着一代又一代中华儿女为祖国的建设和人民的幸福艰苦创业，也激励和鼓舞着一代又一代海外留学青年回国创业和为国服务。目前，回国服务的留学青年已超过17万人，创办企业超过6000家，暂时没有回国的留学青年，也以多种方式热情为国服务。他们满怀着一颗滚烫的爱国之心，在世界各地以不同方式服务祖国和人民。他们将中国的文明传播到五湖四海，同时把世界的现代文明成果带回祖国。这种伟大的爱国主义实践深深地激励着全体人民为着伟大的目标共同奋斗。

广大青年留学人员是学有所成的收获者，也必将是报效祖国和人民的奉献者。留学满足了青年了解世界、走向世界的迫切需要，为自身的发展提供了条件，也为国家培养了人才，储备了雄厚的人才智力资源。青年留学人员有着了解世界科技发展的优势，取得了许多拥有核心技术和自主知识产权的科研成果，增强了国家科技经济实力；有着熟悉国际惯例的优势，带回了先进的管理经验，创办了前景广阔的高新企业，促进了国内市场经济的不断完善；有着对东西方文化兼收并蓄的优势，扩大了与他国在各个领域的交流合作，增进了与世界各国人民的友谊。这几年，我参加了几次海外学人回国创业周在各地的活动，每次我都为留学人员强烈的爱国情感和奉献激情所鼓舞和感动。许多留学人员回国时间不长，就很快将自己学到的核心技术转变成现实的生产力，变成了一个个产品，打造了一项项产业。广大青年留学人员没有辜负祖国和人民的期望和重托，充分发挥自身的独特优势，发愤图强，忘我工作，成为我国现代化建设各条战线上的骨干力量。

当前，祖国的建设和发展正处在必须紧紧抓住并且可以大有作为的重要战略机遇期。党领导全国各族人民树立和贯彻科学发展观，继续推进各项改革，不断扩大对外开放，国民经济保持了平稳较快的发展，人民生活水平持续提高。可以说，这一时期将是国民经济的黄金发展时期，将是人民得到实惠最多的全面小康时期，也必将是安定团结、政通人和的社会和谐时期。展望未来，我国将全面建成小康社会、实现中华民族伟大复兴。历史和现实反复证明，个人的能力再强、本领再高，离开祖国的依托，就会像失去母亲的孩子，就会像失去土地的游牧部落。祖国的发展进步，始终惠及全体中华儿女，也必将深深激励海外学子。在民族复兴的宏伟历史进程中，需要海内外全体中国人的共同努力，需要大批青年人才开拓进取、发挥作用，这也为广大青年留学人员回国创新创业、施展聪明才智、实现报国之志提供了宝贵舞台。希望广大青年留学人员牢记胡锦涛总书记提出的“与时俱进、发奋学习，为国服务、建功立业，心系祖国、热爱祖国”的殷切期望，弘扬“爱国奉献、拼搏进取”的优良传统，以伟大的爱国主义为旗帜，以实现祖国现代化和中华民族伟大复兴为己任，自觉把个人的命运与祖国的命运结合起来，把个人的才智与祖国现代化建设的需要结合起来，把个人的事业追求与亿万人民全面建设小康社会的宏伟事业结合起来，用青春和智慧创造无愧于祖国和人民、无愧于时代的业绩。下面，我代表全国青联对留学人员联谊会提几点希望。

希望联谊会始终高举爱国主义伟大旗帜，成为留学报国的精神家园。爱国，是海内外中华儿女的共同信念，是吸引凝聚广大青年为祖国民族共同奋斗的强大精神动力。联谊会要积极宣传祖国改革发展的伟大成就，用全面建设小康社会的宏伟目标激励留学青年，用祖国未来更加美好的前景感召留学青年，引导留学青年回国创业和以多种方式为国服务，在祖国最需要的地方施展才华、发挥作用。要充分发挥桥梁纽带功能，加强与国内职能部门的合作，找准青年留学人员与国内经济社会发展需求的最佳结合点，不断探索和完善青年留学人员在国内经济建设、社会发展和政府管理等各个方面发挥作用的长效机制。联谊会成立后，海外学人有什么心声可以向联谊会倾吐，有什么困难可以向联谊会寻求帮助，联谊会要建设成为在爱国主义旗帜下团结和凝聚一批批优秀青年留学人员的精神家园。

希望联谊会广泛联系留学青年，成为招才纳贤的稳固桥梁。全面建设小康社会和实现中华民族伟大复兴，需要源源不断的人才智力支持。青年留学人员是中华民族人才宝库中的一颗璀璨明珠。联谊会要有一种为党聚才、为国纳贤的责任感和使命感，尊重人才，关心人才，凝聚人才，用好人才，从人才实际和工作实际出发，探索完善人尽其才、才尽其用的有效机制，将那些德才兼备、热爱祖国、能与党真诚合作、具有创新意识的高素质人才，积极向党政部门举荐，使他们在社会主义现代化建设中发挥更大的作用。值得一提的是，我国广大的西部地区对人才尤其是高科技人才渴望十分强烈。这两年，我们向西部地区派了2.7万余名志愿者，他们带去了新的观念和新的技术。如果青年留学人员能够更多地到西部去，对西部大开发战略的实施，无疑将是强劲的推动力。

希望联谊会竭诚为留学青年服务，成为建功立业的缤纷舞台。联谊会是留学青年自己的组织，服务好留学青年是联谊会全部工作的出发点和落脚点。对于留学青年来讲，最有效、最受欢迎的服务，是促进其建功立业的服务。联谊会要积极为留学青年回国创业发展服务，充分发挥青联组织联系广泛的优势，广开渠道，为他们搭建创业舞台，提供英雄用武之地。要大力营造有利于青年留学人员创业发展的良好环境，宣传表彰为祖国做出重大贡献的优秀青年留学人员，在全社会进一步营造鼓励留学青年回国干事业、支持留学青年干成事业的良好氛围。要代表和维护好广大青年留学人员的切身利益，积极向职能部门建言献策，反映他们的意愿和呼声，真心诚意地帮助他们解除后顾之忧，用优质的服务赢得广大青年留学人员的信任和拥护。

这里我要特别强调，数以千万计的华侨华人是我国发展的独特优势和宝贵资源。近些年，新华侨华人、华侨华人的新生代和华侨华人社团的新兴力量在华侨华人中的影响和作用越来越重要。他们的绝大多数是青年，活跃在经济贸易、科技教育、文化生活等社会生活的众多领域，取得了令人瞩目的成就。联谊会中就有他们的一部分代表性人物。联谊会要发挥优势，竭诚为广大青年华侨华人的事业发展服务，促进青年华侨华人与广大青年留学人员和国内各界的交流与合作，共同为我国全面建设小康社会的宏伟事业做出积极贡献。

今天，青年留学人员回国创业的热潮再次兴起，为联谊会的工作开辟了广阔前景。我坚信，在以胡锦涛同志为总书记的党中央领导下，在团中央、全国青联的带领下，在社会各界的关心支持和广大留学青年的共同努力下，全国青联留学人员联谊会一定会在实施人才强国战略、全面建设小康社会的历史进程中做出积极贡献，谱写留学报国的崭新篇章！

让我们在这里共同祝愿祖国的明天更加美好，祝愿在座的各位朋友明天更加辉煌！

儿童为本、德育为先，充分发挥少先队在未成年人思想道德建设中的重要作用

——赵勇在全国少工委四届六次全委会上的讲话

2004年12月27日，根据录音整理

刚才，张晓兰同志代表团中央书记处对明年少先队工作作出了部署，全队抓基层，全队抓落实，主题鲜明，重点突出。陈小娅同志代表教育部作了重要讲话，充分肯定了少先队在未成年人思想道德建设中的重要作用，要求少先队组织围绕素质教育、农村义务教育和培养创新人才开展丰富多彩的实践活动，要求教育行政部门和学校把少先队工作作为学校教育工作的重要组成部分，为少先队进一步发挥作用优化环境，提供保障，一如既往地关心和支持少先队事业的发展。希望大家很好地学习贯彻。

2004年少先队工作整体上了一个新台阶，各级少先队组织按照团中央、全国少工委的统一部署，认真学习贯彻落实中央8号文件精神，认识上有新的深化，工作上有新的举措，成效上有新的显现。团中央书记处对少先队的工作充分肯定，高度评价。由此可以看到，少先队在加强和改进未成年人思想道德建设的系统工程中发挥了不可替代的重要作用，应该而且能够大有作为。下面我就以儿童为本，以德育为先，充分发挥少先队在未成年人思想道德建设中的重要作用讲三点意见。

一、深刻认识少先队在加强和改进未成年人思想道德建设中肩负的重要责任，进一步增强做好工作的光荣感和使命感

中央8号文件的颁布，充分体现了以胡锦涛同志为总书记的党中央对未成年人的亲切关怀和未成年人思想道德建设的高度重视，对新形势下做好少先队工作具有重大意义。今年下半年，党中央又召开了十六届四中全会，提出了加强党的执政能力建设这一关系社会主义事业兴衰成败、关系中华民族前途命运、关系党的生死存亡和国家长治久安的重大战略课题。少先队要从不断巩固和扩大党执政的青少年群众基础的高度，深刻认识自己所肩

负的责任，增强做好工作的责任感和使命感。

少先队在未成年人思想道德建设中肩负重要职责是由党的要求决定的。中央8号文件把充分发挥共青团、少先队在未成年人思想道德建设中的重要作用作为一个重要方面，纳入学校、家庭、社会相结合的未成年人思想道德教育体系；在加强和改进未成年人思想道德建设应遵循的原则中把少先队倡导的体验教育作为坚持知与行相统一原则的重要要求；在广泛开展未成年人道德实践活动的任务中明确提出要按照实践育人的要求，以体验教育为基本途径，区分不同层次少年儿童的特点，组织开展内容鲜活、形式新颖、吸引力强的道德实践活动；强调利用入队等特殊意义的重要日子，集中开展未成年人思想道德主题宣传教育活动；对组织丰富多彩的队会也提出了具体要求；还要求通过评选优秀少先队员、先进集体等活动为未成年人树立可亲、可信、可敬、可学的榜样，让他们从榜样的感人事迹和优秀品质中受到鼓舞，汲取力量。这些都体现了党对少先队工作的高度重视。对少年儿童进行思想道德教育，是党交给少先队的光荣任务。

少先队在未成年人思想道德建设中肩负重要职责是由少先队的性质决定的。我们党作为马克思主义政党，始终把为了下一代的幸福作为自己的信念和目标，把教育引导下一代作为自己的责任和任务，把下一代的健康成长作为自己事业的寄托和希望。在新中国诞生13天就作出决定，成立中国少年先锋队，就是要通过少年儿童的组织实现这一理念。正是从这个意义上说，少先队是少年儿童学习中国特色社会主义和共产主义的学校，是建设中国特色社会主义和共产主义的预备队，少先队事业是党的事业的重要组成部分。胡锦涛同志代表党中央、国务院在第四次全国少代会上特别强调，少先队事业的蓬勃发展，是党的事业始终保持生机和活力的重要源泉。对少年儿童进行思想道德教育，是党赋予少先队的神圣使命。

少先队在未成年人思想道德建设中肩负重要职责是由少先队的特点决定的。少先队作为少年儿童自己的组织，在教育内容上，通过开展健康有益、生动活泼、独具特色的活动，努力把爱国主义、集体主义和社会主义思想在少年儿童幼小心灵里深深扎根，使优良品德和高尚情操在少年儿童日常行为中逐步形成，使少年儿童动脑动手的能力和适应社会的本领不断得到增强。在教育方式上，照顾少年儿童的特点，以正面教育为主，以激励为主，注重引导少先队员自己管理自己，自己教育自己，自主开展活动，争当少先队组织的小主人。正是从这个意义上说，少先队是少年儿童健康成长的摇篮，以独具特色的组织教育、生动活泼的实践教育、扎实有效的自我教育实现自己的工作目标。对少年儿童进行思想道德教育，是少先队组织服务少先队员健康成长的本质要求。

少先队在未成年人思想道德建设中肩负重要职责是少先队的地位决定的。少先队员是7到14岁接受小学教育和中学教育的少年儿童，少先队基层组织以学校为单位组成大队，以班级为单位组成中队，和基础教育紧密相连。在新中国成长起来的几代人，都有过戴红领巾的经历，要追忆在祖国建设各个岗位上的劳动者的学生时代，都可追溯到他们在少先队组织中度过的快乐时光。鲜艳的红领巾、神圣的队礼、嘹亮的队歌和庄严的呼号伴随着一代又一代少年儿童的成长。55年来，少先队始终坚持用正确的思想启迪少先队员，用科学的知识充实少先队员，用生动的实践锻炼少先队员，用先进的典型激励少先队员，为培养社会主义事业的合格建设者和接班人发挥了重要的基础性作用。正是从这个意义上说，少先队是新中国少年儿童成长过程中不可缺少的教育因素，是整个国家教育事业的重要组成部分。对少年儿童进行思想道德教育，是我国教育制度赋予少先队组织的首要责任。

二、进一步明确少先队在未成年人思想道德建设中的优势，发挥不可替代的重要作用

在促进少年儿童全面发展的工作中，少先队组织和学校教育既紧密相连，又不能互相替代。少先队组织在德育工作中具有四个方面的独特优势。首先是政治优势。少先队是党亲手缔造并领导的中国少年儿童的群众组织，是一个具有鲜明政治属性的组织。第二是组织优势。少先队组织学校里有，校外也有，只要有少年儿童的地方就有少先队组织。第三是活动优势。通过开展丰富多彩的活动来熏陶、锻炼少年儿童是少先队组织的传统优势。第四是整合资源的优势。作为社会性、群众性的组织，具有协调、动员社会力量的优势，可以整合大量的社会资源。因为有这些独特的优势，所以少先队在未成年人思想道德建设中应该发挥不可替代的作用。

第一，要突出儿童为本，发挥少年儿童在思想道德建设中的主体作用。少年儿童道德养成的过程是不可替代的，家长无法替代，老师和辅导员也无法替代。尊重少年儿童主体地位，把握少年儿童成长规律，调动少年儿童内在的积极性，是少先队作为少年儿童自己组织的优势。首先，要尊重少年儿童的独立人格。少年儿童虽然处在成长发育期，但他们也有自己的思想和意愿，具有独立的人格。认识到这一点是对少年儿童进行思想道德教育的重要前提。第二，要尊重少年儿童的基本权利。我国的相关法律法规对少年儿童的基本权利都作出了明确规定，在我国签署的联合国《儿童权利公约》中也有所体现。少先队作为少年儿童自己的组织，更要从尊重和实现他们的基本权利做起，调动他们内在的积极性、主动性。还要尊重少年儿童的认识方式和表达方式，尊重少年儿童的差异和个性。突出儿童为本，必须做到这几个尊重，少先队工作者要身体力行，首先做表率，还要大声疾呼，去倡导，去推动，努力在全社会形成这种风尚。

第二，要突出体验教育，引导少年儿童在体验中养成良好的行为习惯。体验教育是第四次少代会提出的一个重大理论成果，中央8号文件把体验教育作为开展未成年人道德实践活动的基本途径，给予充分肯定。体验教育是符合少年儿童认知规律的。听到的容易忘记，看到的印象不深，只有亲身体验到的才终身难忘，刻骨铭心，这就是少年儿童的认识论。我们要进一步重视体验教育，重视体验环节。首先，要创新体验教育的方式。少先队工作者要大胆探索，创造更多的体验教育的方式，引导少年儿童到大自然中、到社会中去体验，还可以创造条件搞情景体验。第二，要丰富体验教育的载体。手拉手、雏鹰争章、民族精神代代传等活动，都是很好的载体，我们还要创造更多的载体。尤其是在广大的农村地区，要创造更多像城乡少年手拉手活动一样适合农村少年儿童实际的好载体。今后，我们要搞一个体验教育项目库，提供一个体验教育的菜单，解决什么样的问题，养成什么样的习惯，需要用什么样的载体，可以到体验教育的项目库中去找，辅导员可以拿出来用。第三，要注重体验教育的实效。"体验"就是在实践中认识周围的事物，既包含了认识，也包含了实践，是一个实践、认识，再实践、再认识的过程。同样的实践，不同的个体，获得的体验也是不一样的，需要我们积极地引导，使体验教育取得应有的成效。

第三，要突出文化育人，用社会主义先进文化陶冶少年儿童。文化像空气一样无处不在，无时不在，对少年儿童的影响是潜移默化和深入持久的，特别是在大众传媒快速发展和文化产品日益丰富的情况下，文化对未成年人的思想观念、价值取向和行为方式的影响更是前所未有的广泛和深刻。少先队文化育人，首先要积极参与优化未成年人成长环境的工作。在党和政府的领导下，批评一切不良的文化现

象，抵制一切有害的文化产品。第二，积极参与营造有利于未成年人思想道德建设的良好氛围。文化育人，重在建设。少先队组织要建设好适合少年儿童健康成长需要的文化阵地和文化活动载体，努力推出一批好的电视剧、好的动漫、好的卡通作品等文化产品。第三，要创新少年儿童文化的表达方式。要善于运用当代少年儿童喜欢的文化表达方式，不断探索、创新适合时代特点，符合少年儿童情趣的表达方式。少先队的文化建设和文化育人要作为一个重大课题来研究。

第四，要突出组织建设，营造相互学习、共同进步的成长环境。少年儿童需要伙伴，少年儿童需要组织。当代少年儿童成长过程中，同伴之间的互相影响越来越大。我们要掌握并运用这个规律，通过少先队组织发挥正面影响。首先，校内少先队组织和班级建设要有机统一起来，少先队既要融入班级建设又要凸显自己独特的作用。第二，社区少先队组织建设还要加大力度。在抓基层、抓落实的过程中，要把社区少先队组织建设作为一项重要工作。第三，要加强辅导员队伍建设。辅导员是少先队基本的工作队伍，少先队辅导员尤其是志愿辅导员队伍建设要进一步加强，扩大规模。共青团的干部、少先队工作者都要当注册的志愿辅导员。一个或者几个志愿辅导员带一个社区少先队组织，把社区资源整合起来。

三、切实落实全团带队的光荣职责，为少先队在未成年人思想道德建设中发挥重要作用创造更好的条件

共青团要肩负起全团带队的神圣职责。这是党对我们提出的明确要求，也是共青团的一项重要任务，是共青团工作的题中应有之义。在刚刚闭幕的团十五届三中全会上，周强同志着重讲了加强共青团的能力建设，强调共青团要加强服务能力、凝聚能力、学习能力和合作能力的建设。全团带队是加强共青团能力建设的一个很重要的方面，共青团员都是从少先队员成长起来的，如果共青团连少先队员都影响不了，其他的工作怎么能做得好。现在很多青年离开学校之后，我们工作的影响力就受到了一定程度的制约。但是如果少先队工作做好了，我们就可以在少年儿童成长的过程中留下印记，产生长久的影响力。

全团带队怎么带，过去我们讲过，要带思想、带队伍、带组织、带作风，今天我再强调几点。第一，要真正把少先队工作纳入共青团能力建设，作为加强共青团能力建设的一个重要方面。要把少先队工作作为评价共青团工作、评价共青团能力建设的一项重要任务和一个重要方面，一起部署、一起考核、一起评价、一起奖惩。第二，共青团要密切配合教育部门，共同为少先队办实事、办好事。各级共青团组织都要跟教育部门建立起密切的合作关系，要主动争取教育部门的指导和支持。团教关系理顺了，少先队工作就有了更大的空间和更好的环境。这个问题希望团省（区、市）委书记、分管书记亲自去抓。第三，要配齐配强少先队的干部。团的干部总在流动，在流动的过程中要不断加强少先队的队伍建设。少先队独有的老辅导员是少先队的宝贵财富，要尊重他们、关心他们，调动他们的积极性，支持他们发挥作用。同时，团的少年部门干部队伍要不断地加强，比别的部门干部素质要求更高一些，多选一些学教育学的硕士、博士来做少先队工作。第四，要搞好团队工作的结合，给少先队搭建更多的工作平台。团的很多工作都可以和少先队结合起来，不要搞成“两张皮”，少年部要主动跟各个部门密切合作，不要搞自我运转、自我封闭。共青团的干部，尤其团省（区、市）委书记、分管书记，更要有胸怀和眼光，要在全团一盘棋里面寻找团队工作结合点，带着少先队一起开展工作。第五，要为少先队争取党政在各个方面更多的政策、资金支持。这个工作需要共青团来做，因为少先队在财政没有户头，只有共青团有户头。我们还要多去争取一些政策。团中央准备联合几个部委共同下发一个落实中央8号文件的政策性意见，力争解决一些实际问题，各级共青团组织都要共同努力，多为少先队办实事、办好事。

同志们，本次全委会是本届全国少工委的最后一次全委会，各位委员在过去的工作中为推动少先队事业的发展做出了重要的贡献，在此我代表团中央书记处向大家表示崇高的敬意和衷心的感谢！

明年是推动少先队事业全面发展的重要一年，开好第五次全国少代会、做好各项工作意义重大。全队要以抓基层、抓落实的实际行动来迎接少代会。我们要集中全团全队的智慧，与时俱进地研究少先队面临的形势和任务，把少代会开好，把今后五年的工作规划好。让我们共同努力，在以胡锦涛同志为总书记的党中央的坚强领导下，在教育部门和社会各界的大力支持下，高举邓小平理论和“三个代表”重要思想的伟大旗帜，进一步充分发挥少先队在未成年人思想道德建设中的重要作用，肩负起培育中国特色社会主义合格建设者和可靠接班人的神圣使命。

胡伟同志讲话

胡伟在国际联络部2004年工作务虚会上的讲话

2004年1月31日，根据录音整理

很高兴参加这次务虚会。这次会议为我提供了一个了解青年外事工作、熟悉国际部干部非常好的机会。通过参加这两天的会议，特别是听了周强同志的讲话和同志们的发言，感觉收获很大，也很振奋。我这样讲的原因有三个：一是书记处特别是周强同志对青年外事工作高度重视。周强同志对青年外事工作有着很深的感情，倾注了很多心血。他主动提出参加这次国际部的务虚会，并作了重要讲话，体现了对青年外事工作的关心和重视。作为分管的同志，同大家一样，倍受感动，倍感鼓舞；二是青年外事工作有一个非常好的基础。青年外事作为共青团的一条重要工作战线，历届书记处都高度重视。特别是近几年来，在书记处和周强同志的领导下国际部形成了严谨、规范、踏实、奉献的良好的工作作风，青年外事工作迈上了一个新台阶。这是我们做好今后各项工作的坚实基础；三是有一支高素质的青年外事干部队伍。国际部的同志训练有素，队伍整齐，很有朝气，很有战斗力。有书记处和周强同志的关心和支持，有良好的工作基础和干部队伍，我对进一步做好青年外事工作充满信心。

昨天，周强同志到会发表了重要讲话，深刻分析了青年外事工作面临的新形势新任务，围绕着视野、资源、机制、人才四个方面，对今后一个时期的青年外事工作提出了具体要求，具有重要的指导意义。希望大家认真学习、深刻领会周强同志的讲话精神，并切实贯彻落实到工作实践中。下面我就如何贯彻落实好周强同志的讲话精神，谈三点意见。

一、充分认识做好2004年工作的重要性，进一步增强全体同志的责任感和使命感

2004年是全团贯彻落实团十五大提出的各项任务和团十五届二中全会精神的重要一年，团的各项工作都要抓落实、上台阶、求实效，青年外事工作也是如此。

胡锦涛同志在与团中央新一届领导班子成员和团十五大部分代表座谈时指出，共青团事业的发展正处在一个新的历史起点上。毫无疑问，青年外事工作的发展也处于一个新的历史起点上。要理解"新的历史起点"这一命题，首先我们要看到，长期以来，青年外事适应国际国内形势的发展变化，经过不断的探索和积累，形成了一套行之有效的工作思路和工作方法，积累了丰厚的资源。最为可贵的是，在成绩面前，国际部的同志能保持清醒的头脑，以强烈的忧患意识认识到青年外事工作存在的问题和面临的挑战，这是我们不断突破、开创工作新局面的基础。去年初在海南召开的全国青年外事工作会议和会上周强同志的讲话已经明确了新时期青年外事工作的方向和奋斗目标。在实现这些目标的进程中，我们有很多有利的条件，如书记处和周强同志对青年外事工作的高度重视、我们已有的良好的工作基础等等；当然我们也会遇到许多新的挑战，特别是随着经济全球化趋势的不断发展和青年工作国际化程度的日益提高，新情况、新问题会不断涌现，青年外事工作将面临全方位的挑战。这些挑战要求我们始终保持一种强烈的责任感和使命感，增强危机意识和忧患意识，不断去探索、去思考、去创造。惟有如此，我们的事业才能不断前进，我们才能始终处于时代发展的潮头。

二、青年外事工作要坚持高标准，立足高水平，不断上台阶

党的十六大提出，发展是党执政兴国的第一要务。我理解，发展也是青年外事工作的第一要务，要在工作中坚持高标准，立足高水平。

要做到坚持高标准、立足高水平，就要做好两方面的工作。首先是做好基础性的工作。基础性工作的水平直接反映一个部门工作的整体水平。国际部的基础性工作如常规交流、日常管理、队伍建设等已经形成了良好的传统，这是我们的优势所在。但我们不能因此止步不前，要与时俱进，不断创新。比如，我们现在有大事记，有很整齐的档案材料，如果我们每年编一本《青年外事工作年鉴》，附上光盘，以此牵动整个基础工作，这不仅提高了档案资料收集整理的水平，也可以提高青年外事工作的整体水平。

其次是抓好重点工作，推动青年外事工作迈上新台阶。2004年的工作思路，我总体上赞成，提两点意见：一是要有所为有所不为。2004年的工作任务很重，战线很长，在人力、物力资源有限的情况下，要有所为、有所不为，适当收缩战线，集中精力做好重点工作；二是要立体地、综合地研究重点工作的方方面面，包括规划、实施、机制、宣传等各个环节，把每一项重点活动当做产品来生产，使青年外事工作不仅上水平，而且能出精品。

三、不断加强青年外事干部队伍建设

干部队伍建设是一个永恒的课题，其包含的内容十分广泛，如思想建设、组织建设、作风建设等等。周强同志强调的"视野"就是思想建设的重要内容。就这一问题，我谈三个观点。

首先要培养大局观念。青年外事是我国总体外交的组成部分，是共青团工作的重要战线。青年外事工作的"三服务"原则，即服务党政外交、服务经济建设、服务青年工作都与党和国家发展的大局紧密联系，是我们应该始终坚持的指导原则。在新的历史时期，青年外事工作要坚持高标准，立足高水平，不断上台阶，就要培养和强化大局意识，这是我们事业成功的保障。我在与一些国外友人交流时，发现客人们渴望对飞速发展的中国有更多了解，对中国各个领域、各个行业的大局意识表示钦佩和羡慕。国际部日常工作的许多领域都已经体现出了大局观念。大局观念不仅仅是个知识面的问题，首先表现为如何将青年外事工作置于党和国家的大局中去研究，去把握。只有这样，才能切切实实做好"三服务"。

其次要增强服务意识。昨天，周强同志从全局出发，要求国际部加大青年外事工作归口管理力度。这既是书记处对国际部的信任，也是我们的职责所在。但加强管理不是管死，加强管理的目的在于更好地发展。加强管理要求我们进一步增强服务意识，提高服务水平，推动青年外事工作更为健康有序地发展。

第三要养成良好习惯。习惯的力量非常强大，直接影响我们工作、生活的各个方面。在此，我提几点要求与大家共勉：一是认真。我们经常讲"外事无小事"，"认真"始终是对青年外事干部的重要要求。无论做人、做事，无论大事、小事，都应认真对待，一丝不苟；二是严谨。要按规矩办事，按要求办事，严谨细致；三是协作。协作是社会发展的产物。社会化程度越高，社会分工越细，对协作的要求也就越高。协作也是资源整合的前提，只有齐心协力，才能最大限度地发挥资源的效益；四是不断地追求卓越。我们已经取得了一定的成绩，要永不懈怠，追求卓越应该是我们崇高的境界。

书记处分工我联系国际部工作，深感责任重大。作为青年外事战线的一个"新兵"，我将努力学习，边干边学，发挥好服务、沟通、协调的作用，不辜负书记处和周强同志的期望，与大家并肩努力，在良好的工作基础之上，再接再厉，推动青年外事工作实现新发展。

胡伟在2003年度新增补全国青联委员见面会上的讲话

2004年2月24日，根据录音整理

各位委员：

今天能够有机会和我们各位新增补的委员见面感到非常的高兴。因为我跟九届青联有着密切的联系，在2002年曾经主持过九届青联的换届具体工作，在1998年到2001年曾经担任过全国青联秘书长，这次因为工作的需要重新回到青联，正像刚才长江同志介绍的，我今天和大家一样，又是一名新委员，感到特别的亲切。我们各位新的委员，都是靠自身的努力奋斗，在各自的领域，各自的工作岗位上，创造了突出的业绩，由我们各个省级青联推荐加入我们全国青联的，谨向大家表示衷心的祝贺和欢迎。下面，我借这个机会跟大家简要地介绍一下我们全国青联的基本情况和近年来的主要工作。

一、全国青联的组织概况

全国青联全称叫中华全国青年联合会，是中国共产党领导下的我国基本的人民团体之一，是以中国共产主义青年团为核心力量的，各青年团体的联合组织，是我国各族各界青年的广泛的爱国统一战线。在各级政协当中，都有我们的青联界别组，是我们国家的一个基本人民团体。

1949年5月4日，中华全国第一次青年代表大会隆重召开，宣告了全国青联的诞生，是经周总理提议，由毛主席亲自批准成立的。

所以，全国青联是在毛主席和党的亲切关怀下，于建国前夕诞生的，今年正好是55周年。

全国青联的基本任务是高举爱国主义、社会主义的旗帜，团结教育各族各界青年，鼓励青年学习马列主义、毛泽东思想和邓小平理论，学习现代科学技术和文化知识，最广泛地代表和维护各族各界青年的合法权益，引导青年积极健康的参与社会生活，努力为各族各界青年健康成长，奋发成才服务，加强同台湾青年、港澳青年和国外青年侨胞的联系和团结，发展同世界各国的友谊和联系，为巩固和发展我国安定团结的局面，推进我国改革开放和社会主义现代化建设，推动社会主义市场经济的发展，健全社会主义民主和法制，促进祖国统一和维护世界和平，把我国建设成为富强、民主、文明的社会主义国家而奋斗。所以我们经常讲，我们全国青联高举两面旗帜，一面叫做爱国主义的旗帜，一面是社会主义的旗帜，就在这两面旗帜下，在我们党的领导下，把我们全国的各行各业的优秀青年团结起来，共同奋斗，为把我们国家建设成为富强、民主、文明的社会主义国家而奋斗。

我们全国青联实行团体会员制，现在有团体会员48个，其中全国性的团体会员有12个，这其中包括像我们共青团中央、全国学联、中华基督教青年全国协会、中华基督教女青年全国协会、中国青年企业家协会、中国青年乡镇企业家协会、中国青年科技工作者协会、首都青年编辑记者协会、中国青年志愿者协会、中国青年实业发展促进会、中国青少年研究会、中国青年工作院校协会等一共是12个团体会员。共青团中央是我们全国青联的会员团体，在全国青联中起着核心领导作用。

全国青联目前有（包括在座的各位）1717名全国青联委员，按照章程，委员的产生都是由各个会员团体推荐，协商产生的代表和特别邀请的各族各界青年的代表出任。全国青联现在设14个届别工作委员会，分别有科技、教育、农林牧渔、经济管理、企业管理、公交商贸、金融、文化意识、医药卫生、体育、新闻出版、宗教和祖国统一14个届别委员会。

全国青联的最高权力机关是全国委员会，每一届任期5年，从1949年5月4日我们全国青联成立到现在是第九届，赵勇同志是九届全国青联主席。全国青联设主席1人，副主席若干人。在全国委员会闭会期间，由它的常务委员会主持会务，所以按照章程，我们是每五年要开一次全体委员会议，每一年要开一次常委会。目前全国青联有主席1人，常务副主席1人，副主席22人，常委226人，常务委员会设秘书长1人，副秘书长若干人。

全国青联下设秘书处处理日常的事务，秘书处下面又设了若干个工作机构，有一个机关刊物——《中华儿女》，还有一个内部的工作刊物——《全国青联通讯》。这是我们青联的一个基本概况。

二、九届全国青联换届以来开展的主要工作

全国青联成立55年来，伴随着祖国前进的步伐，在党的领导下，高举爱国主义、社会主义旗帜紧紧围绕党在各个历史时期的中心任务，广泛团结凝聚全国各族各界青年，在社会主义革命、建设和改革事业中发挥了重要作用，为实现祖国的繁荣富强和促进祖国的完全统一做出了积极的贡献。

2000年7月，全国青联九届一次全委会在北京召开，江泽民、李鹏、李瑞环、胡锦涛、尉健行、李岚清等党和国家领导人亲切会见了全体委员，胡锦涛同志代表党中央、国务院向大会致了祝辞，当时九届青联根据时代发展和我国改革开放和现代化建设新阶段的要求，提出了以邓小平理论和党的基本路线为指导，高举爱国主义和社会主义旗帜，坚持爱国团结进步，动员和引导各族各界青年积极投身建设有中

国特色社会主义的伟大实践，推动科教兴国，参与西部开发，弘扬先进文化，促进民族团结，维护社会稳定，培养的造就大批青年人才，为实现中华民族的全面振兴和祖国完全统一而奋斗，这样一个总体的工作思路。

从2000年7月换届以来，全国青联围绕着党和国家的中心工作，坚持以邓小平理论和"三个代表"重要思想为指导，充分发挥青联组织的优势，在广泛团结、凝聚海内外各界优秀青年，巩固和发展全体中华青年大团结，培养和聚举荐青年人才，发挥人才作用，服务积极社会发展等方面做了大量的工作。

——坚持用"三个代表"重要思想构筑当代青年的强大的精神支柱。通过组织青年人才学习"三个代表"重要思想的研讨会，召开各领域青年代表人士座谈会，开展"兴起新高潮，创造新业绩"主题活动等，引导广大青年不断的加深对"三个代表"重要思想的认识，努力实践"三个代表"，不断地扩大和增强我们党长期执政的群众基础。

——抓住有利契机，广泛地开展爱国主义教育，大力地弘扬伟大的民族精神。抓住迎接新千年，纪念建党80周年，我国首次载人航天飞行成功，抗击非典阶段性重大胜利等契机，先后组织开展了一系列大型的活动，激发广大青年的民族自信心、自豪感和爱国热情，展示青联委员和广大青年振兴中华的雄心壮志和团结奋进的精神风貌。

——组织各个领域的青年人才积极地投身经济建设和社会进步实践。实施中国青年科技创新行动，以青年专家科技服务团、百名博士西部行等活动为载体，组织各类科技青年人才通过项目合作、技术服务，为青年人才投身经济建设主战场牵线搭桥，提供舞台。成立了全国青联志愿者艺术团，长年组织文艺界委员和青年文艺工作者深入老少边贫地区和重点工程建设一线，开展慰问演出活动，大型演出35场，现场观众逾50万人。此外，医药卫生、政法、书画等界别纷纷发挥界别优势，开展医疗义诊、普法宣传和主题画展等活动，受到了人民群众的热烈欢迎。这也是多年来全国青联的优良传统。我们组织青年专家到西部去，到企业去，到科技园区去。我们组织文艺界委员到老、少、边、贫地区，为最边远、最基层的老百姓服务，受到基层广大群众的热烈的欢迎。

——大力开发青年人才资源，推动大批青年人才健康成长。组织开展"中国十大杰出青年"、"中国青年科学家奖"、"中国青年科技创新奖"、"中国软件行业十大杰出青年"等评选、评审活动，像杨利伟、姚明、张庆伟、袁家军等一批青年典型脱颖而出，为当代青少年树立了榜样，受到全社会的普遍关注和高度认同；像"中国十大杰出青年"已经成为我们当代中国青年的一个非常重要、为社会广泛认同的品牌。我们坚持实践育人，联合中组部组派了4批"博士服务团"赴西部地区挂职锻炼，引导高层次青年人才在西部大开发一线施展才华、经受锻炼、增长才干；面向委员组织培训交流活动，推动委员的学习、交流与合作，服务委员的发展。如以界别为单位的界别活动、以区域为单位的委员活动日以及在香港举办的青年管理人才高级研修班等项目均受到了委员的普遍欢迎。

——努力做好民族地区青年和信教青年工作，积极促进民族团结和社会发展。开展西部和民族地区青年干部"培养计划"，组织少数民族青年干部到经济较发达地区进行挂职锻炼，帮助他们在实践中开阔视野，提高认识，增强素质。组织宗教界青年代表人士考察学习团，通过开展考察学习活动，促进宗教界青年代表人士互相交流，开阔视野，增强他们对国情的认识，努力成为宗教与社会主义社会相适应的中坚力量。

——进一步加强与港澳台青年的交流。我们始终坚持中央对港澳台工作的一系列方针政策，大力推动两岸四地青年在经贸、科技、文化方面的交流与合作。先后举办了4届“中秋赏月在大陆，元宵佳节聚台北”活动，举办两岸杰出青年、两岸经贸界青年和香港青年才俊等交流活动，组织内地与香港青年学生、青年志愿者交流活动等。

全国青联在港澳地区有特邀委员，在我们23位副主席中有三位分别来自香港、澳门，在226位常委当中，也有若干名香港和澳门地区的常委。我们跟香港和澳门的青年社团有着非常广泛的、多方面的联系。就香港而言，我们与香港63个团体有联系，与28个青少年团体有固定的交流关系，我们每年向香港派出的人数超过1000人次。在台湾我们没有委员，我们有台湾省级的委员，杨慧珠副主席就是台湾省级的委员。我们跟台湾的有关党派和青少年团体有很多的交流。所以加强与港澳台青少年的交流，促进祖国统一大业是全国青联工作的重要内容。

——不断加强和拓宽与海外学人的联系，组织海外学人回国创业。我们已经连续3年组织海外学人回国创业周活动，我们在圣诞节的前后利用西方的圣诞假日，从2001年开始连续3年组织了海外学人回国创业周活动，吸引了来自美国、日本、英国等30多个国家和地区的1700多位海外留学人员到国内的20多个省区市参加考察、交流、合作活动，签订意向性协议303项，产生了广泛的社会影响。2003年的海外学人回国创业周活动，有2000多人报名，经过筛选以后，选出了923位，赴10个省区市参加创业周的活动。去年全国青联秘书处设立了专门负责海外学人工作的机构，开通了中华海外学人服务网，加强信息收集，增大服务力度。目前，我们已与2000余名海外学人建立了直接联系，通过各种社团和协会，与近万名海外学人建立了间接联系，初步形成了一定规模的海外学人联系网络。

除此以外全国青联与世界上117个国家的200多个青年组织和机构保持着良好的交往与合作，成功组织了APEC青年节等大型活动，在地区和全球青年事务中的影响正在日益扩大。每年，全国青联都有大量的交流访问活动，为委员和高级青年人才提供国际交往的平台。去年虽然受到了SARS的影响，但派出团达53个，有近600人，接待团组60多个，有近1000人。

各位委员，当前青联事业的发展正处在一个新的历史起点上。前不久，中共中央政治局委员王兆国同志在出席全国青联九届五次常委（扩大）会议时发表重要讲话。他指出，当代青年的成长发展适逢本世纪头20年的重要战略机遇期，全面建设小康社会的重任历史性地落在了当代青年身上。实施人才强国战略，关键取决于青年一代。青联组织要坚持用科学的理论教育青年，用宏伟的目标凝聚青年，为广大青年建功立业、成长发展创造良好条件，培养和造就一支强大的青年人才队伍，为实现祖国的完全统一和中华民族的伟大复兴做出积极贡献。兆国同志的讲话为我们做好青联工作，推动青年事业不断发展指明了方向。

今天，又有这么多活跃在各领域前沿的新鲜血液补充进青联，这无疑将进一步壮大青联的力量。我坚信，有了委员的参与、支持和奉献，青联事业一定会实现新的发展。让我们共同努力，铸就青联事业新的辉煌，为实现全面建设小康社会的宏伟目标，做出我们应有的贡献。

胡伟在共青团全国青年人才工作会议上的讲话

2004年3月31日,根据录音整理

为期两天的共青团全国青年人才工作会议在圆满完成各项议程之后,今天就要结束了。下面,我讲两个问题。

一、关于这次会议的主要成果和收获

这次共青团全国青年人才工作会议,以邓小平理论和"三个代表"重要思想为指导,深入贯彻全国人才工作会议精神,总结了近年来共青团青年人才工作,进一步明确了共青团青年人才工作面临的新形势、新任务,对新时期共青团青年人才工作进行了全面部署,是一次统一思想、凝聚力量、求真务实的会议,必将对共青团青年人才工作产生深远的影响。

团中央书记处对开好这次会议高度重视。全国人才工作会议结束后的第二天,周强同志主持书记处会议,学习胡锦涛、温家宝和曾庆红同志在会上所作的重要讲话,围绕做好共青团青年人才工作进行了认真研究。为开好这次会议,团中央派出调研组先后到湖南、上海、天津、辽宁、江苏、浙江、山东、湖北、四川、广东等10个省市开展调研。这次提交会议讨论的《共青团中央关于进一步加强青年人才工作的意见》(征求意见稿),反复征求了团中央有关部门、单位和各省级团委的意见,进行了多次研讨和修改。昨天,周强同志在会上作了重要讲话。周强同志的讲话站在全局和战略的高度,系统总结了近年来共青团青年人才工作的基本经验,分析了新时期共青团青年人才工作面临的新形势,对全团当前和今后一个时期青年人才工作提出了明确要求。会议期间,大家还交流了近年来做青年人才工作的体会和经验,对《共青团中央关于进一步加强青年人才工作的意见》(征求意见稿)的修改提出了许多很好的意见和建议。会议时间虽然不长,但内容丰富,主题鲜明,准备充分,气氛热烈,开得很成功。会议取得的主要成果和收获可以概括为以下四点:

一是通过对形势的进一步分析,增强了做好共青团青年人才工作的责任感和使命感。通过学习讨论,大家充分认识到,党中央、国务院提出实施人才强国战略和党管人才原则,把握住了国际竞争的制高点、时代发展的关键点和全面建设小康社会的着力点。共青团组织作为党的助手和后备军,作为广大青年在实践中学习中国特色社会主义和共产主义的大学校,肩负着协助党做好青年人才工作的历史责任和神圣使命。大家一致表示,把青年一代培养成为党所需要的有用之才,是时代对共青团的必然要求,是共青团服务青年的必然要求,是共青团立足新起点,开创新局面的必然要求。

二是通过对工作经验的进一步交流和总结,明确了做好共青团青年人才工作的基本原则和要求。这次会议安排了四川、北京、上海等8个省市进行了大会典型发言,黑龙江、山东、江苏等19个单位作了书面经验交流,对近年来共青团开展青年人才工作所取得的成绩进行了集中展示,对共青团青年人才工作的发展脉络和经验进行了梳理和总结。大家认为,共青团的根本目标是为党培育"四有"新人,从本质上讲就是做人才工作的。新时期做好共青团青年人才工作的基本原则和基本要求,集中反映在周强同志在讲话中总结的五条基本经验上。这五条基本经验充分体现了继承与创新的有机结合,体现了经济社会发展规律和青年人才成长规律的有机结合,既是对以往共青团青年人才工作的基本经验和基本规律的总结,也是下一步加强青年人才工作的基本原则和基本要求。

三是通过对工作思路的进一步梳理,找准了做好共青团青年人才工作的着力点。大家一致认为,通过学习周强同志的重要讲话、会议印发的文件和交流材料,进一步明确了下一步的工作思路和重点任务。大家表示,会议提出要深入实施青年人才开发计划,促进素质优良、勇于创新的青年人才队伍不断壮大,推动形成青年人才辈出、人尽其才、才尽其用的良好局面,目标明确,令人振奋;会议要求以促进经济社会全面发展和青年全面发展为出发点,以青年人才资源能力建设为核心,大力开发利用国内国际两种人才资源,思路清晰,定位准确;会议明确要紧紧抓住青年人才培养、凝聚、举荐、配置四个关键环节,进一步完善青年人才工作运行机制、中介服务机制、表彰激励机制和工作保障机制等四个机制,重点突出,措施有力;会议强调要狠抓工作落实,务求工作深化,符合实际,针对性强。大家表示,全团按照这一部署推进青年人才工作,一定能开创新时期共青团青年人才工作的新局面。

四是通过对机遇和优势的进一步认识,坚定了做好共青团青年人才工作的信心和决心。大家在讨论时认为,做好新时期共青团青年人才工作,有许多有利条件。全国人才工作会议的召开,党对人才工作的高度重视,为共青团做好青年人才工作,实现事业新发展提供了难得机遇和广阔舞台;胡锦涛总书记提出的"青年人才队伍决定着整个人才队伍的前景"这一重要论断,党中央、国务院《关于进一步加强人才工作的决定》中关于加强青年人才队伍建设的要求,为我们指明了方向;共青团自身具有的政治优势、组织优势、阵地优势和资源优势,是我们工作的有利条件;全团在多年的青年人才工作实践中积累的许多宝贵经验,形成的许多工作品牌,是做好新时期青年人才工作的重要基础。大家一致表示,有"三个代表"重要思想的指引和统领,有各级党政领导的高度重视,在社会方方面面大力支持下,集全团之力,我们必将推动共青团青年人才工作再上新台阶,为全面建设小康社会做出新的更大贡献。

二、关于这次会议精神的贯彻落实

在这次会议上,周强同志就做好新时期共青团青年人才工作作了重要讲话。《共青团中央关于进一步加强青年人才工作的意见》(征求意见稿)也将在充分吸收大家意见的基础上尽快下发。周强同志的讲话和《意见》对共青团青年人才工作的重要意义、基本原则和主要工作任务都有深刻论述和全面部署,我就不再重复。下面,我就如何贯彻落实会议精神提四点要求。

1. 统一思想,切实提高对做好共青团青年人才工作的认识。思想的统一源于认识的统一,认识的高度决定落实的力度。做好共青团青年人才工作,首先要把思想统一到中央精神上来,统一到这次会议的部署和要求上来,切实解决"为什么、干什么、怎么干"等一系列重要问题。要通过统一思想推动实践,通过统一认识提高工作水平,努力把共青团青年人才工作放到一个新的高度来认识,摆到一个重要位置来落实。

统一思想,首先是要充分认识青年人才工作的重要性和紧迫性,充分认识到做好青年人才工作是新时期开创共青团事业新局面的重要生长点。就共青团的职能和工作实践而言,可以说,我们一直在做青年人才工作,那为什么现在要提出把青年人才工作作为开创新局面的重要生长点呢?主要是基于以下的认识。从发展机遇看,党和国家高度重视人才工作,把人才问题提升到了国家战略的层面来部署,提出了实施人才强国战略。去年召开的全国人才工作会议,是建国以来我们党召开的第一次专题研究人才工作的会议。这种空前的重视,是我们做好青年人才工作新的时代背景。从工作内容和领域看,随着社会主义市场经济的不断完善和开放程度不断加深,青年人才国际化趋势更加明显,青年的价值取向日益多元,青年的成才目标和渠道更加多样,这些都为共青团青年人才工作赋予了新的时代内涵。我们一定要从新背景、新理念、新内涵出发,充分认识党管人才原则对共青团青年人才工作的指导作用、科学人才观对青年成长成才的促进作用和人才强国战略对共青团事业全面发展的推动作用,进一步发挥主观能动性,创造机遇而不是等待机遇,抓住机遇而不是丧失机遇,在服务青年成长成才的进程中努力实现共青团事业在新的历史起点上的更大发展。

统一思想,就要坚持用科学的人才观看待青年人才和青年人才工作。这次全国人才工作会议,鲜明地提出了人才是第一资源、人人都可以成才、以人为本的科学人才观,为我们做好青年人才工作提供了全新的理念。从人才开发的角度看,青年是青年人才的基础。青年人才是青年群体中具有一定知识和技能,能够进行创造性劳动,为社会发展做出积极贡献的青年群体。我们说加强青年人才工作,不仅仅是针对青年人才群体开展的工作,还包括对那些目前还不是人才的青年群体开展的各项培养工作。比如我们开展博士服务团等活动,毫无疑问是在做人才工作。同样我们针对青年农民开展的科技培训等工作也是青年人才工作的重要内容。这就是我们所说的"青年人人都可成才,鼓励青年人人奋发成才"。从这个角度讲,青年人才工作不是一件高不可攀、遥不可及的工作,每一个青年群体中都有青年人才工作,各地、各级团的组织都有做好青年人才工作的责任和任务。

统一思想,就是要把思想统一到抓落实上来,充分认识到当前共青团青年人才工作要在狠抓落实上下功夫,在力求深化上下功夫,在整合力量上下功夫,在务求实效中促发展。前一段我们在调研时,基层的同志普遍反映,长期以来共青团围绕青年人才队伍建设做了大量富有成效的工作,各地、各条战线都有一批很好的活动项目和工作品牌,而且这些活动和品牌还有很大的发展空间。大家提出,进一步加强共青团青年人才工作,不是简单地提几个新口号、搞几个新项目、设几个新奖项的问题,关键在于认真总结经验,切实把握规律,重点在抓落实、抓深化、求实效上下功夫。这样的认识是符合实际的。因此,我们提出,这次会议就是一次抓落实的会议。我们在会议上反复强调这个观点,就是希望大家按照会议的总体部署,集中全团力量,一件一件事情抓落实,一个一个活动求深化,一步一个脚印促发展。

2. 突出重点,整体推进共青团青年人才工作。共青团青年人才工作是一项长期而又系统的工作,头绪多,任务重。这就要求我们在工作中一定要突出重点,以点带面,整体推进。如何突出重点?可以从三个方面来把握。

一是结合战线工作,抓好品牌项目。我们一直讲坚持项目化运作,品牌化经营,目的就在于攥紧拳头、打造精品,更加有效地推动共青团青年人才工作的整体发展,不断增强社会影响力。要针对各个战线青年群体的特点,围绕各自的工作任务和工作重点,努力打造一批具有较高知名度的青年人才工作品牌。比如,据资料显示,我国现有专业技术人员仅占全国人力资源的5%左右,专业技术人员中高级人才也仅占5%强,而高级人才中的青年人才还不足5%。从这三个5%可以看到,高层次青年科技人才培养任务非常紧迫。从共青团角度来讲,就需要我们进一步深化中国青年科技创新行动,促进大批优秀青年人才在实践中奉献才智,锻炼成长为高精尖的青年专家。又如,改革开放以来,我国出国留学人员已达77.02万,现已有近17.8万人回国,在国家建设中发挥着重要作用,是我国人才资源中的宝贵财富。我们要加大服务留学人员和留学人员团体的工作力度，深入开展海外留学人员回国创业周等活动，鼓励和吸引留学人员以不同方式为国服务。再如，当前我国城镇企业技术工人现有7000万人，其中，中级技工占30%，高级技工仅占4%，这与一些发达国家高级技工占40%的比例相差甚远。在高级技工当中35岁以下的青年更是寥寥无几。改变这一状况，就要大力加强青工技能培训，努力提高青工劳动技能，实施好青工技能振兴计划、中国青年创业行动等重点工作。我举上面三个例子，就是要强调，各部门、各条战线一定要从工作实际出发，按照求精、求实、求特色的"精品"思路，集中力量，狠抓落实，突破重点，带动全面。

二是结合区域特点，抓出地方特色。青年人才工作涉及面广，层次多，而且我国地域辽阔，各地情况千差万别。在十届全国人大二次会议上，温家宝总理在政府工作报告中提出要推进西部大开发，振兴东北等老工业基地，促进中部地区崛起，鼓励东部地区加快发展，这就是一种科学的发展观。我们做青年人才工作也要结合地域特点，突出地方特色，找准青年人才工作与区域经济协调发展的结合点。比如，对于西部地区，就可以更多地突出如何加快培养本地青年人才，更好发挥其作用和"柔性"引进人才等特色；对于经济发展较快、非公经济发达的地区，可以在"两新"组织青年人才工作上做更多的探索等。希望各地能结合实际，抓住重点，抓出地方特色来。

三是围绕关键环节，加强机制建设。曾庆红同志在全国人才工作会议上指出："人才工作的活力，取决于体制和机制。体制、机制一活，满盘皆活。"建立和完善共青团青年人才工作机制，是青年人才工作实现良性运转和持续发展的重要保障。青年人才工作有四个关键环节，就是培养、凝聚、举荐和配置。这四个环节既是一个完整的工作体系，每一个环节又相对独立。培养是基础，无论是培养高层次青年人才，还是培养高素质青年劳动大军，都是共青团的重要职能；凝聚是共青团的优势所在。共青团历来有联系广泛的优势，我们的青联、青科协、青企协、青乡企协等组织一直是团结凝聚高层次青年人才的重要阵地；举荐是充分发挥青年人才作用的重要途径，对青年人才具有很强的激励和导向作用；配置是发挥共青团桥梁作用的重要体现，是共青团促进青年人才服务经济社会发展，促进青年人才人尽其才，才尽其用的重要方式。做好共青团青年人才工作，要以机制建设为纽带，促使这四个环节环环相扣，整体推进。我们在征求意见稿中提出了加强四个机制的建设，就是希望能把机制建设贯穿于青年人才工作的始终，体现在青年人才工作的方方面面，形成对青年人才工作的全程保障和有效支撑。各地要把建立和完善青年人才工作机制作为一项重点工作，面向全体青年，努力实现青年人才工作团内团外资源、国际国内资源共享，实现服务青年成才与服务经济社会发展工作互联、平台互通。要进一步适应青年人才素质要求、成长途径、群体分布以及流动日益多样化的发展趋势，从青年人才的特点出发，打破封闭运作、团内循环的运行模式，调动各种有效的因素，形成适应市场经济规律的社会化工作机制。

3. 整合资源，形成共青团青年人才工作的合力。人才工作是一个系统工程，涉及社会的方方面面，需要全社会的共同参与和努力。在现代化大生产中，社会分工越细，对协作的要求也就越高。我们做青年人才工作，既要看到自身的优势，也要看到我们在资金、技术、政策制定等方面的局限性，切实做到扬长避短、整合资源、形成合力。

首先是要在团内形成合力。要有全团一盘棋的观念，心往一处想，劲往一处使，各部门要加强协调，齐抓共管，各地各系统要相互配合，相互支持。要充分发挥共青团有较健全的组织体系，有人才工作的丰富实践，有各级各类的阵地网络，有广泛联系青年和社会各界的优良传统等优势。要把青年人才工作作为一项长期的、基础性的工作，集中力量，集中精力，常抓不懈。

其次要努力整合社会资源。充分发挥共青团联系广泛的优势，动员全社会力量，共同做好青年人才工作。应该看到，许多社会力量蕴含着服务青年的巨大热情，广泛关注和热情支持青年成长成才。昨天上午，我们还在这里举行了一个仪式，由法派集团捐资1000万元设立青年人才开发基金，为青年人才的培养和优秀青年人才的表彰宣传工作提供支持。各级团组织要紧密结合工作实际，积极探索社会广泛参与的服务项目和服务方式，努力开辟吸纳信息、技术、资金等社会资源的有效渠道。在利用好国内资源的同时，还要努力争取利用国际资源服务我们的青年人才工作。3月29日，我们在上海召开了"中国青年国际创业计划"临时理事会，英国帕泰隆基金会决定每年出资15万英镑与我们合作培养青年创业人才。当然，我们不仅仅是要争取国外的资金、技术支持，也应该包括国外在青年人才开发方面好的服务理念、服务方式、工作方法等。

第三要努力争取党政支持。要充分认识到青年人才是党的人才队伍的重要组成部分，共青团青年人才工作是党的人才工作的重要内容，主动把青年人才工作纳入党的人才工作大局之中，努力推动制定有利于青年人才健康成长、脱颖而出的规划和政策，大力营造和优化青年人才成长环境。

4. 加大创新力度，开创共青团青年人才工作新局面。创新是一个永恒的主题。在继承的基础上不断创新是开创新时期共青团青年人才工作新局面的必然选择。

一是观念创新。观念不创新就打不开工作局面，就难以应对新形势给共青团带来的各种挑战。我一直在思考，我们今天做青年人才工作与以前相比，与10年前相比，有什么不同？出现了哪些新情况？遇到哪些新挑战？应该有哪些新发展？现在我们思考青年人才工作，三个方面的视角很重要。第一，要有大局意识。要着眼于全面建设小康社会的全局，着眼于实施人才强国战略的大局，把青年人才工作放到整个社会发展进步的总体格局去规划，把青年人才工作融入人才强国战略的总体进程去推进。第二，要有世界眼光。当前，人才国际化和青年工作国际化的趋势日益加强。新时期共青团青年人才工作一定要在全球化、国际化的背景下来考虑，充分利用国际化的方式、手段和渠道，开发好国际国内两种资源，大力培养熟悉国际规则、掌握国际知识、具备跨文化沟通能力的青年人才。第三，要有开放思维。要突破"就团论团"、就青年人才论青年人才的思维框架，面向全体青年、面向整个社会，努力完善社会化的工作机制，构建开放式的工作格局。总之，我们要善于学习和掌握青年人才工作的新观念，开阔思路，把我们的工作做得更好。

二是工作创新。要适应时代发展的新特点和青年成长发展的新变化，深入研究青年人才的成长规律和工作规律，根据不同的青年群体、不同的成长方向，制定不同的工作方法，努力使我们的工作更具针对性和前瞻性，不断拓展服务青年人才的有效渠道，积极探索新的工作方式和工作载体。比如，网络信息技术的发展和应用从根本上改变着青年的学习、生活和思维方式，充分运用互联网等高新技术手段来教育引导青年人才、团结凝聚青年人才是我们创新工作手段的一个重要方面。再如，随着社会主义市场经济的不断深化，大量的"两新"组织不断涌现。以上海为例，上海的"白领、骨干、精英"阶层发展很快。截至2002年3月，在上海对外服务有限公司挂靠的代表机构共3150家，其中世界500强有134家。在上海外服公司下属的代表机构中担任首席代表的中国人约800多名。另外，中介机构的从业人员约有20万人。

这部分青年逐渐成为上海的一个新兴社会群体。这就要求我们适应新形势，加大创新力度，积极探索参与面广、针对性强的青年人才工作新载体和团结凝聚青年人才的新组织、新阵地，进一步把青联等青年组织建设成为高层次青年人才向往的人才高地。这个“高地”不是一个简单的青年人才数量的汇聚，而是一个“人往高处走”的概念，是把这些青年组织建设成青年人才都向往并渴望加入的“高地”。关于青年人才工作的创新问题，我们在征求意见稿中，提出了一些具体措施，推出了青年职业资格证书培训工程、筹办“青年高等职业技术学院”、实施中国青年创业国际计划等新举措。当然，这些举措还是初步的。希望各级团组织都能结合工作实际，作更多的探索，特别是在工作载体方面有更多的创新。

大家回去后，要认真传达学习周强同志的重要讲话，深入贯彻落实本次会议精神，联系各地和各条战线的工作实际，兴起一个重视青年人才工作，研究青年人才工作，宣传青年人才工作，做好青年人才工作的新热潮，努力开创共青团青年人才工作的新局面！

胡伟在中国农业发展银行青年工作会议上的讲话

2004 年 4 月 28 日，根据录音整理

非常荣幸有这样一个机会，参加农发行党委召开的青年工作会议。虽然没有参加过农发行的相关活动，但是我在书记处曾经联系过一段时间金融系统的青年工作，所以感觉到非常高兴、非常亲切。这次会议是农发行成立以来第二次召开专题的青年工作会议。我刚才看了一下会议代表名单，有各个行的分管领导、团委书记，如此整齐的一个队伍来参加会议，充分说明了总行党委对共青团工作和青年工作的重视和支持。从这个意义上讲，我首先要代表共青团中央向多年来一直关心支持共青团和青年工作、对青年成长关注了巨大心血的农发行各级党政领导表示衷心的感谢！向在此次会议上受到表彰的先进集体和个人表示祝贺！向在座的各位团的干部，并通过大家向全行的广大团员、团干部和青年表示诚挚的问候！

刚才孟行长代表总行党委作了一个非常重要的讲话，全面总结了五年来农发行共青团工作垂直领导以后，党委加强对共青团工作领导的经验和做法，明确提出了今后一段时期的工作要求，我听了以后很受启发。这次准备提交会议的总行《关于加强青年工作的意见》也写得很好，这是我所看到的党委加强青年工作的意见中认识到位、措施最具体的文件之一。回去以后，我准备向团中央的有关部门推荐一下，可以在《中国共青团》上摘要刊登。我想，经过大会的讨论、修改，正式下发以后，一定对整个系统的青年工作和团的工作有一个很大的促进。孟行长的讲话和《意见》认识到位，措施具体有力，希望农发行的各级团的组织要认真组织团员青年学习，结合各地的工作实际，认真抓好落实。昨天，我认真地翻阅了总行团委给我提供的团委五年来的工作情况，有两点很深的体会。

首先，农发行的各级党政领导对青年工作、共青团工作始终给予了高度的重视。我认为，各级党政领导对共青团工作对青年工作的

这种重视，不仅仅是因为在全行50938名干部职工当中，40岁以下职工占了56.6%，更重要的是，农发行的各级党政领导始终是从战略和全局的高度来认识加强青年工作，重视共青团工作的重要性和紧迫性，并且很好地贯彻到了实际的工作当中。

第二个印象比较深刻的是，农发行团的工作垂直领导五年，虽然时间不长，但是团的各项工作呈现出勃勃生机，团中央对于在基层团的工作的一些要求，在农发行以及各级团的组织中得到了较好的落实，这是很不容易的。如用“三个代表”重要思想、用科学的理论武装全团、教育青年，组织团员青年学习邓小平理论和“三个代表”重要思想，通过各种有效形式把理论学习与党的十六大、团的十五大精神学习结合起来，与农发行的改革发展、提高团员青年的业务素质结合起来，与解决团员青年思想存在的难点、疑点和热点结合起来，不断提高团员青年的理论水平；紧紧围绕全行的中心工作，密切结合国家的金融、经济改革发展的形势，广泛地开展主题征文活动，引导团员青年为全行的改革发展献计献策；充分发挥“青年文明号”创建活动作为加强群众性精神文明建设的有效载体、重要途径的作用，在全系统深入开展创建“青年文明号”活动；建立健全团的组织建设，积极探索新形势下有效的青年工作新形式；坚持党建带团建等等。而且还有很多创新，如基层联系点的工作，创建“青年协作组”、“青年服务队”等工作，非常符合我们创新团建、面向基层的要求。实践表明，农发行各级团组织和团干部是作风扎实、勇于开拓、富有战斗力的，农发行的共青团工作是卓有成效的。

今年是五四运动85周年。85年来，一代又一代中国有志青年在中国共产党的领导下，在中国革命、建设和改革的不同历史时期，始终走在时代的前列，谱写了可歌可泣的青春之歌。去年7月25日，胡锦涛总书记在中南海接见了参加共青团十五大的部分代表和我们新一届团中央的领导班子，锦涛同志在座谈时，提出了一个很重要的观点。他说，共青团的事业发展正处在一个新的历史起点上，这个科学的论断深刻地阐明了新时期共青团工作面临的新形势和所处的历史方位。农发行的各级团组织要准确地理解胡锦涛总书记这一科学论断的深刻内涵，在总行党委的正确领导下，以抓住机遇、迎接挑战的紧迫要求，以更加饱满、更加昂扬的精神状态，不断创造出新的业绩，开创新的局面。下面，我也借这个机会，就团的工作谈几点意见：

第一，要坚持不懈地以“三个代表”重要思想构筑广大团员青年的精神支柱，切实加强广大团员青年的思想道德建设。坚持不懈地以“三个代表”重要思想武装团员、教育青年，引导广大青年沿着党指引的方向健康成长，坚定跟党走有中国特色社会主义道路的信念，始终是共青团工作的首要任务。要以“三个代表”重要思想为统领，深入开展青年的道德实践活动，不断地提高广大青年团员的思想政治素质。要不断地创新思想教育的方式方法，坚持贴近实际、贴近生活、贴近青年，通过实践育人、服务育人、文化育人，切实加强青年团员的思想政治素质。用“三个代表”重要思想构筑广大青年团员的精神支柱，说到底是在为党培养“四有”新人，是在为党扩大我们的青年群众基础，巩固我们党的阶级基础。从这样一个高度研究用“三个代表”重要思想构筑广大团员青年的精神支柱，对于全行各级团的组织来说，对于从事共青团工作的团的干部来说，思想就能够真正地到位。用什么样的思想去团结青年，用什么样的思想去教育青年，这个斗争是很激烈的，在某种意义上讲，决定着一个政党、一个国家，乃至一个民族的前途和命运。当今世界各国许多政党都非常注重对青年人的争夺，我们经常讲，要坚定不移地用“三个代表”重要思想来武装团员、教育青年，是我们各级共青团工作的首要任务，道理就在于此。

第二，要自觉地服务大局，引导团员青年投身新阶段农发行的改革与发展，更好地发挥广大团员青年的生力军和突击队的作用。共青团工作涉及面很广，需要做的工作也很多，但是一个基本的工作要求，就是20年前耀邦同志给我们团中央提出的：共青团工作一定要"议大事、懂全局、管本行"。这是多年来共青团工作、青年工作的经验，也是我们的一个工作要求。要做到自觉地服务大局，围绕中心，就必须对我们所面临的形势有一个足够的认识。大而言之，现在我们国家已经进入了加快社会主义现代化建设、全面建设小康社会的历史阶段，去年我们人均GDP已经达到了1000美元。许多专家提出了一个共同的观点，纵观世界各国的发展阶段，人均GDP1000美元到3000美元是一个既面临着很好的加速发展的机遇，同时也隐含着矛盾的激化，隐含着经济会出现另外一种局面的巨大隐患。世界各国包括一些地区，如新加坡，在1000美元到3000美元的时候，很好地处理了国家整个发展过程当中的众多的矛盾，比较顺利地渡过了传统的或者是从规律上讲具有较大风险的发展阶段。但也有一些反面的例子，典型的是阿根廷和巴西，就在这个发展阶段当中没有很好地把握这个规律，没有很好地处理这些矛盾，出现了一个大的逆转。所以，在全面建设小康社会、加快社会主义现代化建设这个新的历史阶段，在人均GDP1000美元到3000美元这个重要的发展阶段，实际上就是中央提出来的本世纪的头20年，对于我们来说是重要而又必须抓住的一个战略机遇期。这20年意味着什么呢？意味着我们20岁、30岁的青年人，在人生当中最美好的年龄段将去完成战略机遇期所给我们提出的目标。从农发行的发展来看，何林祥行长在农发行全国分行行长会议上提出的新阶段的三大基本任务对青年工作、对共青团工作提出了更高的要求。全行的各级共青团组织要围绕中心，积极地引导广大团员青年立足岗位，争创一流，要根据党委所确定的工作目标，按照青年的特点，通过劳动竞赛、献计献策等活动，更好地调动和发挥广大团员青年的积极性、主动性和创造性，为实现农发行的三大基本任务，为全面建设小康社会的宏伟目标贡献自己的力量。

第三，要着眼于提高广大团员青年的素质，大力开发青年人才资源，竭诚服务青年。党的十六届三中全会明确提出了全面、协调、可持续发展的科学发展观，总行党委提出了要把农发行建设成为具有较强政策执行能力和可持续发展能力的农业政策性银行。树立落实科学的发展观，实现农发行的建设目标，建设一支高素质的青年员工队伍起着基础性、战略性和决定性的作用。应该说，金融系统的青年队伍素质是比较高的，然而面对着繁重的工作任务，农发行的各级团的组织，要牢牢地抓住青年人才资源开发这一着力点，坚持科学发展观与科学人才观的有机统一，坚持服务发展第一要务和培养人才第一资源的有机统一，按照人才兴行的战略要求，以培养高素质青年管理人才和青年员工队伍为抓手，切实地提高各个领域青年的综合素质。现在团的工作面临的情况很多，我认为，在纷繁复杂的工作内容面前，在整体推进我们的工作的基础上，要牢牢抓住两头：一头是相对弱势的群体，这是党赋予我们的基本任务；一头要抓住相对强势、素质较高的群体，来整体推进我们整个团的工作。金融系统团的工作，在开发人才资源，在提高整个员工队伍素质这个方面也要抓两头。一头是要培养、凝聚、团结高素质的青年的管理人才，另外一个方面就是要着力地培养高素质的青年员工队伍，要围绕总行提出的建设目标抓住培养、凝聚、举荐这三个环节促进青年人才的健康成长，要大力地开展"青年岗位能手"、"青年文明号"等活动，树立宣传全行的青年典型，为青年人才的成长搭建舞台。前不久团中央在黑龙江召开了关于在全国范围内实施青工技能振兴计划的会议，就是在生产企业要通过一系列活动来提高整个青工队伍的素质，提高他们的技能，努力改变目前生产企业当中青工技能状况。青工技能计划虽然是主要针对生产企业而言，但是我想，像农发行，像金融系统，团的组织同样可以从中寻找到我们的工作位置。这是我讲的开发青年人才资源。那么，面向广大青年，竭诚为青年服务，始终是共青团全部工作的出发点和落脚点，也是共青团组织实践“三个代表”重要思想的具体行动。我认为，如果说我们党现在面临着最重要的任务是如何来提高执政能力或者是加强执政能力，那么对于我们团来说，最重要的任务之一就是如何来增强我们为青年服务的能力。这是我个人的观点。所以，各级团的组织要认真地研究分析全系统青年员工队伍的思想状况和服务需求，牢固地树立全心全意为人民服务的思想和真心实意地对青年负责的精神，围绕青年的具体需求，不断地创新服务手段，建设以团组织和相关青年组织为依托，以服务项目和活动为载体，以服务阵地为基础的青年服务体系，提高我们服务青年的能力和水平。

第四，切实加强团的自身建设，切实增强团组织的吸引力和凝聚力。新的形势使得共青团的工作环境、工作对象和组织依托发生了深刻的变化，遇到的许多新的情况，需要我们认真研究。比如说，经济全球化、人才国际化对共青团工作的影响；全面建设小康社会给共青团工作带来的宝贵机遇，怎么样进一步找准共青团在经济社会发展当中的切入点和着力点；在市场经济条件下青年的社会动员机制和青年工作资源的整合机制等。以前在党委的支持领导下，通过严密的组织体系，我们发一个号召，团员青年就跟着我们走了。现在不完全是这样，如果仍然是简单地发个文件，可能像金融系统这样组织体系比较健全、党的组织比较重视的地方，效果会比较明显，但是更大的范围里面，却是要研究一个如何在市场经济条件下青年的动员机制问题。这一段时间，我们在做第二期的大学生志愿服务西部计划。去年是大学生扩招以后第一届毕业生分配，面临一个大学生就业的问题，当时家宝同志提出，让团中央和教育部一起通过社会招募的方式，招募一部分大学生到西部地区工作一到两年，由国务院拿出专项资金来支持这个项目，这个思路完全符合市场经济条件下政府工作的运作方式。我们试了一下，效果很好。当时准备招6000人，用两个星期的时间在媒体上公开招募，结果不到5天时间，就有4万多人报名，我们不得不提前终止报名时间，安排了6000人去西部地区从事一到两年的教育、科技、卫生等志愿服务。通过媒体公开招募，把整个计划及相关的政策全盘交给我们的年轻人，根据志愿来报名参加，然后由团的组织进行考核、认定并确定录取对象，是一种全新的社会动员机制。我们还要深入地研究网络技术的发展、互联网的普及对青年人带来哪些影响，对我们团的工作带来哪些影响，刚才，孟行长的讲话专门提到如何充分地利用互联网来加强对青年的教育的问题，我认为非常重要。最新统计，到2004年1月份，全国互联网的网民7590万，其中35岁以下的占82.2%。这是一个庞大的群体，同时人数还在加速度地发展。网络给我们的学习、生活、工作带来了很多便捷，也确实给我们带来了很多负面的东西，那么，怎么样来充分运用这些积极的方面为现代社会服务、为青年人服务，同时尽可能地减少那些负面的影响，对于我们团的组织来说确实是一个很大的课题。更不用说，西方的西化、分化的问题了，外来文化对我们的冲撞很大，两年前共青团中央第一书记周强同志就提出，共青团的干部要研究青年。新的情况、新的问题，对青年工作、共青团工作，特别是对于我们从事共青团工作的同志来说，提出了很多新的要求。我们要在始终坚持团组织的根本性质和宗旨前提下，着力地增强团组织的适应性，扩大团组织的覆盖面，把巩固和创新结合起来，努力把团组织建设成为团结和教育青年的坚强核心。增强团组织的适应性很重要，把巩固和创新结合起来同样很重要。首先要建立健全团的组织体系。已经建立起团组织的，要通过开展“五四红旗团委”创建活动，开展适合青年特点的活动，使其进一步地发挥作用；尚未建立组织的，要针对实际情况，积极地创造条件尽早成立，要不断地扩大团组织的工作覆盖面，延长工作手臂，努力构建在党的领导下，以共青团为核心，各类青年组织为延伸的青年工作体系，我非常赞成孟行长在报告当中讲到的要研究构建工作体系的问题。在中央机关、国家机关以及金融系统这样的单位，在基层遇到的一个很实际的情况是，团员人数不是在增加而是在减少。而且我认为，14 岁到 28 岁是一个人学习和积累的过程，28 岁到 45 岁是一个人在成长过程当中最有活力和创造性、最有成就的年龄阶段。28 岁以后的青年人党组织可以覆盖，但是能覆盖到的仅仅是其中的优秀分子。还有更多的 28 岁以后的年轻人，怎么把他们紧紧团结在党的周围，我感觉到通过团的组织，通过建立青年组织把他们覆盖上，通过开展各种活动，通过搭建舞台、提供服务把他们团结在团的周围，团结在团的周围实际上就是团结在党的周围。其次，要坚持和完善团内的民主制度，增强团组织的内在活力。要按照团章的有关规定，坚持民主集中制，采取有效的措施来保障团员对共青团工作和事务的知情权、参与权、建议权和监督权，增强团组织的活力。最近，我们在浙江的一些地方探索乡镇一级团委通过直选的办法来产生的做法。我们感觉到，在基层通过直选的办法来产生团的基层的干部，对于增强团的基层组织的活力，推进我们团的工作，特别是对于发扬团的民主，增强我们团自身的活力有着很积极的作用。加强团内的民主建设，也是团的组织建设的一个很重要的环节。第三，要加强团干部队伍建设。农发行现在专兼职团干部有 1495 名，应该说这是很大的一支队伍。团干部队伍是党的干部队伍的组成部分，团干部要身体力行“三个代表”重要思想，牢记“两个务必”，自觉做到“八个坚持、八个反对”。江泽民同志在 2002 年共青团建团 80 周年的时候，向我们全团的干部提出了要做党放心青年满意的团干部的要求，胡锦涛同志 2003 年 7 月 25 日在跟团中央新一届领导班子和部分团干部座谈时又进一步提出了“忠诚党的事业、热爱团的岗位、竭诚服务青年，做让党放心、让广大青年满意的团干部”的要求。我想，江泽民和胡锦涛同志提出的这个要求实际上体现了党对共青团干部的一贯要求。我个人理解，党放心首先是一个政治标准，因为团的干部是党的干部的组成部分，团的工作是党的青年工作的重要组成部分；让青年满意首先是一个作风的要求，我们是不是真正竭诚地服务青年，我们团的组织是不是有活力、有吸引力，乃至是不是有生存的必要，在很大程度上取决于我们的服务对象，即我们的青年群众是不是满意。只要我们忠诚党的事业、热爱团的岗位、竭诚服务青年，做让党放心、让广大青年满意的团干部，我们就能真正地肩负起党交给我们团结、教育、引导广大青年的历史重任。

我们相信，在农发行党委的领导下，在广大团干部和团员青年的共同努力下，这次青年工作会议一定能成为农发行共青团和青年工作的一个新的起点，农发行的各级共青团组织也一定会为实现新阶段的基本任务再创佳绩。让我们更加紧密团结在以胡锦涛同志为总书记的党中央周围，高举邓小平理论和“三个代表”重要思想的伟大旗帜，把握机遇，求真务实，开拓进取，团结带领广大青年为实现新阶段的基本任务，为全面建设小康社会，实现中华民族的伟大复兴而努力奋斗！

胡伟在中央纪委监察部机关纪念五四运动85周年暨第五届机关青年岗位能手表彰会上的讲话

2004年4月28日

在迎接五四运动85周年之际，中央纪委监察部机关召开纪念大会，并表彰第五届机关青年岗位能手，中央书记处书记、中央纪委副书记何勇同志出席大会并将作重要讲话，必将极大地振奋全国纪检监察战线广大青年干部职工的工作热情和奋斗精神，有力地推动纪检监察战线共青团工作。我受周强同志委托，代表共青团中央，向大会的召开和受表彰的同志表示热烈的祝贺，向始终关心和支持共青团工作的中央纪委、监察部以及各级纪检监察机关表示衷心的感谢，向工作在纪检监察战线的团员青年致以节日的问候！

85年前爆发的五四运动是一场影响深远的伟大爱国革命运动。五四精神激励和感召着一代又一代、一批又一批共青团员和优秀青年，在党的领导下，在共青团组织的带领下，不懈探索，英勇奋斗，投身中国革命、建设和改革的伟大事业，谱写了可歌可泣、恢宏壮美的青春史诗。五四运动，是中华民族百折不挠、自强不息民族精神的生动写照，是中国青年投身中华民族伟大复兴事业的重要力量源泉和宝贵精神财富。

近年来，纪检监察系统共青团组织在中央纪委监察部领导和各级纪检监察机关的关心支持下，紧紧围绕党风廉政建设和反腐败工作大局，紧密结合自身工作实际和青年特点，研究新情况，解决新问题，取得了新的工作成绩。在理论武装工作方面，组织了"三个代表"重要思想读书班、学习贯彻党的十六大精神座谈会、走进西柏坡主题思想教育等学教活动。在培养青年方面，深入开展青年志愿者活动，有针对性地开展了法律知识、业务知识和英语培训，组织了机关青年岗位能手、优秀团干、团员、团支部的评选和表彰活动。在服务青年方面，把委部领导的关怀和团组织的关心送到青年之中，开展丰富多样的文化活动，切实为青年办实事、做好事。在自身建设方面，进一步规范团员管理、民主生活等制度。这些工作，得到了中央纪委监察部领导的充分肯定，得到了广大纪检监察系统团员青年的积极响应和广泛参与，一大批优秀青年纪检监察工作者不断从中得到锻炼和提高，为党风廉政建设和反腐败事业的发展奠定了坚实的人才基础。

今年是全面贯彻党的十六大和十六届三中全会精神、实现"十五"计划的关键一年，改革发展稳定的任务很重。纪检监察系统的广大团员青年肩负着中央纪委监察部以及各级纪检监察机关的殷切期望，肩负着推动纪检监察工作不断发展的重要使命。在这里，我代表共青团中央对纪检监察系统团的工作谈四点意见。

1. 坚持不懈地用科学理论武装团员青年，进一步做好新形势下的青年思想教育工作。用科学理论武装团员青年，始终是共青团组织的首要政治任务。纪检监察系统团组织要大力加强青年思想教育工作，最根本的，就是要坚持不懈地用"三个代表"重要思想武装团员青年，引导团员青年牢固树立跟党走、献身中国特色社会主义事业的坚定信念，树立起正确的世界观、人生观和价值观，筑牢拒腐防变的思想防线。今年是邓小平同志诞辰100周年，五四运动85周年，最近中共中央、国务院又颁布实施了《关于进一步加强和改进未成年人思想道德建设的若干意见》，纪检监察系统团组织要把深入学习贯彻"三个代表"重要思想与学习邓小平理论结合起来，与弘扬伟大的五四爱国精神结合起来，与加强青年思想道德建设结合起来，引导广大团员青年立足岗位、扎实奉献，为推进党风廉政建设和反腐败工作做出新的更大的贡献。

2. 团结带领团员青年在服务反腐倡廉工作大局中发挥生力军作用。党风廉政建设和反腐败斗争，是党和国家的重要工作，是党的建设新的伟大工程的重要组成部分。纪检监察机关担负着反腐倡廉的重要职责。在纪检监察队伍中，青年是重要的组成部分。共青团组织要积极开展形势教育，引导团员青年充分认识到，反腐败斗争的形势仍然严峻，反腐败斗争的任务仍然繁重，进一步增强责任感和使命感，不断增强大局意识、责任意识。要紧紧围绕反腐倡廉工作的中心任务，思考、设计和开展团的工作，团结带领广大团员青年积极投身反腐败斗争，在查办违纪违法案件、纠正部门和行业不正之风、强化对有关部门的监督制约等方面更好地发挥生力军作用。

3. 竭诚服务青年成才发展的根本需求。反腐败斗争不断深入发展，取决于一大批政治坚强、能打硬仗、党和人民信赖的纪检监察的优秀人才。中央人才工作会议要求全党全社会把培养、吸引和用好人才作为一项重大的战略任务切实抓好。中央纪委第三次全会对新形势下党风廉政建设和反腐败工作做出了新的部署，这对纪检监察队伍提出了新的更高的要求。纪检监察战线各级团组织要帮助青年结合本职工作勤奋学习，广泛学习掌握经济、法律、金融等方面的知识，更好地适应反腐倡廉工作的新形势。要发挥实践育人的优势，通过开展岗位能手、志愿服务等活动，引导青年在实践中受锻炼、长才干。要大力弘扬文化育人的理念，广泛开展具有鲜明时代气息和符合工作特点的文化活动，全面活跃机关的青年文化。要努力解决青年在学习、工作和生活等方面的实际困难，切实维护青年的具体利益，努力为青年解难事、办实事、做好事。

4. 切实加强和改进团组织自身建设。纪检监察战线团组织的自身建设历来受到中央纪委监察部领导的热情关心和高度重视。各级团组织要以"三个代表"重要思想统揽团的工作和建设，立足新的历史起点，不断研究新情况，解决新问题，总结新经验，探索新路子。要坚持党建带团建，在党建的带动下，不断推动团的组织建设。要切实加强服务能力建设，积极创新服务手段、服务载体、服务项目，不断增强团组织的吸引力、凝聚力和战斗力。要大力加强团干部队伍建设，按照"党放心、青年满意"的要求，引导广大团干部忠诚党的事业，珍惜团的岗位，竭诚服务青年。

同志们，青年朋友们，五四精神历久弥新，引领着中国青年运动走过了85年的光辉历程。让我们高举邓小平理论和"三个代表"重要思想伟大旗帜，紧密团结在以胡锦涛同志为总书记的党中央周围，求真务实，开拓进取，脚踏实地，艰苦奋斗，在实现全面建设小康社会的宏伟征程中，创造新的时代业绩，谱写新的青春篇章。

和平共处五项原则与亚洲安全

——胡伟在“和平共处五项原则国际研讨会”上的讲话

2004 年 6 月 15 日

首先感谢中国人民外交学会的邀请。在和平共处五项原则发表 50 周年之际，能够有机会与各位共同探讨“和平共处五项原则与亚洲安全”这一重要议题，我感到非常荣幸。

和平共处五项原则是中国、印度和缅甸等国对国际关系的重要贡献。它一经问世，便在国际上受到广泛的支持与欢迎。50 年来，尽管国际风云不断变幻，但和平共处五项原则始终显示出具有强大的生命力。经过国际关系的长期检验，它逐渐成为各种社会制度和意识形态的国家相互关系的基本准则。

和平共处五项原则反映了当今时代的客观需要。当今世界，世界多极化和经济全球化趋势在曲折中发展，尽管还存在着这样那样的矛盾和冲突，不确定、不稳定因素有所增加，但和平与发展仍是当今时代的主题，世界要和平、国家要发展、人民要合作是不可阻挡的历史潮流。和平共处五项原则反映了当今时代的发展要求和世界各国人民的共同愿望，反映了建立国际政治经济新秩序的客观需要，具有鲜明的时代性。

和平共处五项原则与亚洲的安全和命运息息相关。亚洲既具有古老文明又充满年轻活力，亚洲既具有政治、经济、文化的多样性和差异性又兼容并蓄。今天的亚洲，形势总体稳定，和平、发展、合作已成为亚洲前进的主流。然而，影响亚洲和平与发展的因素依然存在，传统与非传统的安全问题相互交织，亚洲国家在经济结构、金融体系、生态环境、国际竞争力等方面也存在着亟待解决的问题。面对新的机遇和挑战，亚洲各国仍要坚持和平共处五项原则，树立以互信、互利、平等、协作为核心的新安全观。

和平共处五项原则是亚洲新安全观产生的基础，而亚洲新安全观则是和平共处五项原则在亚洲安全领域的具体运用和要求。互信、互利、平等、协作为核心的新安全观体现了和平共处五项原则的精神，两者是一致的。两者都是伴随新型国家关系产生和发展，在承认当代国际社会千差万别、丰富多彩的基础上提出和发展的，出发点都是各国在处理国际关系上应当遵守国际关系共同准则，求同存异，和平共处。两者都反对以战争和武力威胁作为解决争端的手段，主张和平共处，平等互利，共同发展，并以反对侵略、维护国家的独立自主权，进而在这个基础上建立、发展国家间正常关系为宗旨。两者的价值观都是平等、民主、和平、发展。

亚洲的持久和平与安全寄希望于亚洲青年。亚洲青年总人口占世界青年总人口的 60%，青年人口总数约占亚洲人口总数的 19%。青年既是经济发展、技术创新的关键动力，也在维护亚洲和平、保障亚洲安全方面发挥着重要作用。青年人朝气蓬勃，思维活跃，是推动社会进步和国际关系健康发展的生力军。青年之间的了解是增进各国人民感情和友谊的重要基础，青年交流是推动国家关系和世界和平发展的重要动力。

和平共处五项原则和新安全观符合青年的利益。青年特别关注安全问题。在传统安全领域，根据联合国《2003 年世界青年报告》统计，仅过去 10 年中，就有 200 万儿童和青年死于武装冲突，有 500 万儿童和青年因此致残，而且至今仍有30万儿童兵和青年兵在49个国家作战。在非传统安全领域，从恐怖活动增多到犯罪行为猖獗，从艾滋病泛滥到毒品蔓延，以及失学、失业、健康、贫穷、环境污染等问题，青年都是首当其冲的受害者。从某种意义上说，青年不仅仅是年龄概念，亚洲也不仅仅是地理概念，它们同时也是一种安全概念。亚洲的前途和命运也就是青年的前途和命运。

为进一步发挥青年在维护亚洲和平、保障亚洲安全方面的作用，我建议：

第一，引导青年树立正确的发展观，以发展促和平和安全。发展是硬道理。亚洲的共同安全首先要建立在各国自身经济、政治及社会安全的基础之上。亚洲及世界的历史和现实表明，一国政治不稳定、经济不发展、国家不统一，不仅会制约本国现代化的步伐，更会对地区安全与稳定造成影响。因此，各国把自己的事情办好，本身就是对亚洲和平和安全做出的最大贡献。亚洲青年只有顺应时代的要求，自觉投身于本国的经济发展和科技创新，才能肩负起推动国家发展和社会进步的使命，才能真正成为维护和平、促进发展的生力军。

第二，教育青年爱好和平，在学习和实践中树立正确的安全观。青年时期是人的价值观和世界观形成时期，加强对青年的爱好和平的教育十分重要。特别是在亚洲国家发展水平不同、历史问题多、安全利益差异性大的情况下，更应该教育青年把和平观念放在首位，引导青年相互学习，尊重多样化现实，发挥多样化优势，寻求多样化发展，共同缔造繁荣与和平的亚洲。

第三，加强亚洲现有合作机制内的青年交流与合作。当前，亚洲区域合作方兴未艾，各种机制空前活跃。但在各种机制中，还比较少地能够听到青年的声音。近来，中国政府在与东盟合作中提议加强青年交流机制，并建立中国—东盟青年部长会议机制，希望以此扩大友好基础。我们希望将这一青年合作机制推广到亚洲其他合作机制，鼓励青年全方位、多领域参与亚洲合作进程，创新亚洲安全观念及机制。

第四，重视青年在非传统安全领域的作用。当前，恐怖主义、国际犯罪、贩毒、环境污染、传染性疾病、艾滋病等非传统安全问题日益突出。非传统安全问题要靠非传统的手段去解决，也需要发动非传统的力量，调动非传统因素。青年是解决非传统安全问题的积极手段、有生力量和重要因素。青年在保护环境、防止艾滋病直至消除恐怖主义等方面能够发挥积极和独特的作用。

我相信，只要亚洲各国真诚努力，能够以高度的智慧创造出和平共处五项原则的亚洲人民也一定能够携起手来，共同建设一个持久、和平、安全、繁荣的亚洲。

谢谢各位。

胡伟在“青年企业家竞争力培训计划”启动仪式上的讲话

2004年6月20日

在大力实施人才强国战略，东北等地区掀起振兴老工业基地热潮的形势下，全国青联推出“青年企业家竞争力培训计划”，并在吉林长春启动，举办首期培训，具有重要而特殊的意义。在此，我谨代表共青团中央、全国青联向各位委员和青年企业家朋友们表示诚挚的问候，向给予此次活动高度重视和大力支持的中共吉林省委、省政府和一汽集团表示衷心的感谢！

当前，我国改革开放不断深入，经济继续保持较快增长，市场发展的巨大潜力和投资环境的不断改善，使中国越来越成为国际资本和技术转移的重点地区，越来越多的行业成为以跨国公司为代表的全球企业关注和投资的热点。投资的热点必然是竞争的中心。竞争既孕育着无限商机，也带来了严峻的挑战。这对中国本土企业来说，是一个大好的发展机遇，也是一次重大的考验。20多年来，伴随我国经济的高速发展，一大批青年企业家迅速崛起，成为推动经济发展的一支最活跃的力量。从他们的创业历程看，可以自豪地讲，我们的青年企业家都不乏抢抓机遇的意识、迎接挑战的勇气和艰苦创业的精神。但与国外大公司相比，我们的实力还不够强，经验还不够丰富，有的企业高速成长中带来的问题还比较突出。如何增强自身素质，提升企业经营管理水平，打造核心竞争力，是每一个青年企业家谋求新发展，再创新辉煌，必须正视的重要课题。全国青联推出“竞争力培训计划”，就是针对青年企业家自身成长和事业发展的需要，积极推动他们学习先进管理思想、交流创业体验、寻求合作商机，不断打造新的竞争力。

打造竞争力，首先要增强责任感。责任感是企业家的天职，是企业价值观的核心内容。树立责任感就是要把个人的奋斗和企业的创造自觉融入社会发展和民族进步的事业中。只有树立了这份责任感，企业家才会有开拓事业的强大动力、战胜困难的坚强决心和感召众人的巨大凝聚力。当代青年企业家是在改革开放中成长起来的，事业的成功既凝结了个人的智慧、胆识和汗水，更离不开党的关怀、人民的支持和社会的扶助。青年企业家应该牢固树立祖国至上和奉献社会的观念，让自己的每一份努力和创造都体现在实现共同富裕，全面建设小康社会的历史洪流中。

打造竞争力，就要注重提升企业管理水平。随着市场发育的不断完善，企业赢得竞争的关键，可能会从更多地依靠企业家敏锐的市场洞察力、过人的胆识与魄力，转移到依靠增强科学管理的内功上。因为只有科学管理，才能提高资源效率，降低成本，增强企业活力，规避风险。而管理又是一个实践性、创新性很强的工作，在当今飞速发展的经济社会，大量管理实践创造出了许多新的思想和方法。此次培训安排了一天的授课内容，就是希望大家能够接触更多的前沿管理思想，学习更多的先进管理方法，开阔视野，交流经验，增强素质，不断提升企业的科学管理水平。

打造竞争力，还要加强交流与合作。经济全球化加速了生产要素的流动，也提高了更大范围配置要素的可能性，这使得企业间的交流与合作比以往任何时期都更加重要。面对瞬息万变的市场和强大的竞争对手，合作是企业抢抓机遇，迅速壮大实力，谋求共同发展的战略选择，也是互补优势，共享经验，规避风险的有效途径。青联组织是人才汇聚的高地，交流合作本身就是青联组织文化的特点。各位委员有着相似的成长创业经历，又具备一定的事业基础，有着良好的合作前景。大家要充分利用青联组织的平台，加强交流与沟通，分享创业体验，寻求合作，实现共赢，不断推动事业取得新的发展。

服务青年人才成长是共青团、青联组织的重要任务。今年3月份，团中央为进一步落实人才强国战略，专门召开了共青团全国青年人才工作会议，对新时期新阶段青年人才工作进行了部署，并把促进高层次青年人才队伍建设作为工作的重中之重。青年企业家是高层次青年人才队伍的重要组成部分。各级共青团、青联组织，要增强服务意识，创新服务手段，针对青年企业家的实际需求，强化素质培养，加大典型宣传力度，推动交流与合作，努力构筑促进青年企业家发展的服务体系。

振兴东北等老工业基地，是继西部大开发后，党中央作出的又一重大战略部署，是我国新世纪新阶段全面建设小康社会的重大历史任务。吉林作为我国重要的工业、农业生产基地，在社会主义建设和改革开放事业中做出了重要的贡献，在东北乃至全国具有举足轻重的地位。当前，在省委、省政府的领导下，吉林焕发出新的生机，显示出强劲的发展势头。今天启动仪式后，林炎志副书记还要专门为大家介绍吉林的发展战略和投资政策。相信各位委员听了报告后，会对吉林未来发展规划有一个全面的了解，进而在吉林大地寻求事业发展的新平台，为吉林的振兴贡献一份力量。

各位委员、同志们，生逢中国和平崛起的伟大时代，身处经济建设主战场的最前沿，当代中国青年企业家肩负着神圣的使命。让我们紧密团结在以胡锦涛同志为总书记的党中央周围，高举邓小平理论伟大旗帜，全面贯彻“三个代表”重要思想，勤于学习、善于创造、甘于奉献，为实现全面建设小康社会的宏伟目标做出新的更大的贡献。

胡伟在2004年全国宗教界青年代表人士考察学习团座谈会上的讲话

2004年9月1日

各位委员，朋友们，同志们：

刚才张继禹团长对本次考察学习活动作了全面总结，几位团员谈了考察学习体会，讲得都很好。我感到，大家通过考察学习，进一步激发了爱国热情，对党的宗教政策、宗教工作面临的新形势和我国经济社会发展状况有了更深的认识和了解，考察学习取得了预期效果。在此，我谨代表共青团中央、全国青联对大家取得的成绩表示衷心的祝贺，向给予活动支持、指导的中央统战部和湖北省、重庆市有关部门领导以及为此次活动圆满成功付出辛勤劳动的鄂、渝两地共青团系统的同志们表示诚挚的谢意！

举办宗教界青年代表人士考察学习活动是共青团中央、全国青联服务宗教界委员，加强对宗教界青年代表人士培养的一项重要举措。自2000年以来已经举办了4次，有97人次先后参加了赴9个省市的考察学习活动。活动在宗教界青年代表人士中产生了较大反响，成为全国青联一个重要的工作项目。

党和政府一直十分关心信教青年的成长，重视宗教界青年代表人士的培养。中共中央政治局委员王兆国同志、全国政协副主席、中央统战部部长刘延东同志曾先后会见考察学习团成员并和大家座谈，对考察学习团成员予以热情鼓励，对这项工作予以充分肯定，这必将激励我们，把这项有意义的活动扎实有效地推向深入。

我有幸参加了前三次的考察学习活动，结识了许多位我国五大宗教的青年代表人士，感到非常高兴。本次考察学习活动是九届全国青联举办的最后一次，明天大家就要返回各自的岗位，借此机会，我想谈几点希望，和大家交流。

第一，继承和发扬老一辈爱国宗教人士爱国爱教、团结进步、服务社会的优良传统

宗教的命运从来都是与国家的命运联系在一起。如果没有国家的繁荣富强、稳定发

展，宗教也就不可能很好地存在。新中国成立后，全国各族人民焕发出建设祖国的极大热情，老一辈宗教界爱国人士以国家强盛、民族振兴为己任，把国家的最高利益、民族的整体利益和人民的根本利益放在首位，把爱国和爱教紧密结合起来，同党和人民风雨同舟，和我们党建立了深厚的友情。改革开放的今天，全面建设小康社会的宏伟大业为包括广大信教青年在内的青年一代成长成才提供了更加广阔的舞台。适应社会主义社会的发展需要，各教都有更大发挥作用的空间。通过这几次考察活动，大家一定切身感受到了党的改革开放政策的深入人心，我国各族人民在党的领导下正以坚定的信念和巨大热情投身现代化建设。团结就是力量。宗教界青年代表人士要学习和继承老一辈宗教爱国人士的光荣传统，团结广大信教青年与各族各界青年共同奋斗，创造祖国更美好的明天。

第二，积极贯彻党的宗教政策，切实担负起抵御渗透的责任

今年年初召开的全国宗教工作座谈会，深刻分析了当前宗教工作面临的国际国内形势，明确提出了切实加强宗教工作、抵御境外利用宗教进行渗透的总体要求和主要任务，对新形势下的宗教工作作了全面部署。这对于巩固和发展团结稳定的政治局面，全面建设小康社会具有十分重要的意义。

当前，我们国家的形势是好的，民族团结、宗教和睦、社会稳定、经济持续健康快速发展。但同时我们也应看到，我国经济社会正在发生深刻的变革。国际局势复杂多变，境外一些敌对势力利用宗教加紧对我国进行渗透，渠道更加多样、范围更加扩大、形式更加隐蔽、手段更加现代化，其目的绝不仅仅是为了扩大某种宗教在我国的影响，而是要扰乱我们安定团结的局面，实施“西化”、分化的政治图谋，阻碍我国的社会主义现代化进程。在座的各位宗教界青年代表人士大多是宗教活动场所、宗教院校、宗教团体的负责人，在社会上，特别是信教青年中有着一定的影响力，处在抵御渗透的前沿，要充分认清境外渗透的危害性，提高抵御渗透的自觉性，以高度的责任感，积极配合党和政府把信教青年团结在全面建设小康社会的目标下，不断巩固和扩大青年爱国统一战线。

第三，加强学习，努力提高自身素质

老一辈的爱国宗教领袖不仅具有强烈的爱国热情和报国之志，还有非常渊博的宗教学识和高尚的道德情操。宗教界青年代表人士一定要加强学习，不断提高自身素质，接好老一辈爱国宗教人士的班。加强学习，就是要提高对“三个代表”重要思想的认识，对中国共产党的先进性、社会主义制度的优越性的认识，增强中华民族的凝聚力，从而更加热爱中国共产党、热爱祖国、热爱社会主义、热爱人民；加强学习，就是要了解中国近代史，了解近代以来中国人民经历的英勇斗争和奋斗历程，增强责任感，珍惜今天来之不易的大好局面；加强学习，就是要掌握经济、法律、外语等科学文化知识，不断提高组织管理、协调沟通、理论研究能力，适应时代和社会发展的要求，树立新世纪宗教职业者的良好形象；加强学习，还要积极探索、不断挖掘和弘扬宗教教义、宗教道德和宗教文化中有利于社会发展、时代进步的健康文明的内容，在积极与社会主义社会相适应方面不断迈出新步伐，取得新成绩。

各级共青团、青联组织要充分发挥党和政府联系青年的桥梁和纽带作用，配合有关部门，认真做好信教青年特别是宗教界青年代表人士的工作。目前，九届全国青联宗教界委员共有36位，其中副主席1名，常委5名，都是五大宗教的青年代表人士。各省级青联也有相当数量的宗教界委员。今后要进一步加大对宗教界青年代表人士的培养力度，充分发挥青联的特点和优势，推动宗教界青联委员之间、宗教界青联委员和其他界别委员之间的交流，把更多的宗教界青年代表人士团结在青联组织周围。

团中央、全国青联举办宗教界青年代表人士考察学习活动为宗教界青年代表人士提供一个相互学习、相互交流、增进友谊的平台。希望大家把这次考察学习的成果带回去，在自己所在寺观教堂和信徒、教友中交流、宣传，在贯彻党的宗教信仰自由政策、依法开展宗教事务、积极促进宗教与社会主义社会相适应方面发挥积极作用，把广大信教青年的智慧和力量凝聚到全面建设小康社会的伟大洪流中，为祖国统一、民族团结和社会发展做出更大的贡献。

胡伟在共青团十五届三中全会上的讲话

2004 年 12 月 17 日

这次全会审议通过的《关于进一步加强团的基层组织建设的决定》，是改革开放以来团的历史上第一次以团中央全会决定的形式就基层组织建设作出专门部署，这是共青团贯彻党的十六届四中全会精神，大力加强共青团能力建设的重大举措。《决定》的出台，对于进一步统一全团思想，推动各级团组织把工作着眼点放在基层，具有十分重要的意义。

关于基层组织建设，大家都比较熟悉，多年来各地在实践中也创造了不少好的经验和做法，这次发给大家的《共青团基层组织建设百例》就是对这些经验和做法的总结。根据书记处安排，我就贯彻落实全会精神，加强团的基层组织建设谈一点思考，与同志们交流。有关团的基层组织建设的具体工作，还要作专门的部署，今天我主要谈三个问题。

第一，从加强共青团能力建设的高度充分认识加强基层团组织建设的重要性

12 月 7 日党中央书记处在听取团中央工作汇报时的重要指示和王兆国同志在全会上的重要讲话，对加强团的建设提出了明确要求，指明了方向。周强同志的报告，全面深入地阐述了新形势下为什么、如何加强共青团能力建设的重大课题，对于当前和今后一个时期的共青团工作和建设，具有重要的指导意义。在这样的背景下认识加强基层团组织建设的重要性，我认为有两个方面需要很好把握。一是要从基层团组织的地位和作用来认识。团的基层组织是团的全部工作的基础和终端，各项工作任务的落实，最终都离不开基层团组织。同时，基层团组织直接联系和面对广大团员青年，其作用发挥好坏，形象如何，直接关系到团员青年怎样认识共青团，关系到广大青年能不能跟共青团走的问题。只有把基层团组织建设好了，才能有效地解决有的地方目前存在的基层组织“桥梁成了彩虹、纽带成了飘带”等问题。二是要从基层组织建设与共青团能力建设的关系来认识。团的基层组织建设是共青团能力建设的基础。只有基础坚实牢固，团的整体才会有强大的战斗力；只有切实加强基层团组织建设，才能为加强共青团能力建设提供坚强的组织保证，才能不断提高共青团做好新时期青年群众工作的能力与水平。我们要从切实加强共青团能力建设，完成党赋予共青团历史使命的高度，充分认识加强基层团组织建设的极端重要性，把它摆在突出位置，抓紧、抓实、抓好。

第二，正确认识当前基层团组织建设工作面临的挑战和机遇

近年来，在各级党组织的领导下，在全团的共同努力下，团的基层组织建设取得了明显成效。基层团组织和团员数量、团青比例达到了新的水平,非公经济组织和新型社会组织建团率大幅提高,基层团的组织体系进一步完善。与此同时,基层团组织也存在着诸如组织覆盖面下降、自身活力减弱、对青年的辐射力不强等问题。这些问题是我们必须面对而且要下大力气解决的。在实践中,我们要注意防止和克服两种倾向:一是满足已有成绩,在局部的阶段性的成绩面前沾沾自喜;二是认为基层团建难抓、抓了也白抓,存在着悲观和畏难情绪。事实上,挑战与机遇从来是相伴相生的。我们既要正视困难和挑战,更要看到挑战中蕴含的诸多机遇。具体而言,我认为有“三个挑战”和“三个机遇”是比较重要的。

1. 面对组织覆盖方面的挑战,我们要抓住社会组织形式多样化的机遇。在计划经济条件下,团组织的结构呈金字塔形状,从团中央到基层团支部的整个组织网络稳定而且覆盖面宽。随着市场经济的深入发展和“四个多样化”,共青团的工作对象、环境和组织依托发生了深刻变化,团的组织覆盖能力面临很大挑战。比如,团内统计 14—35 周岁青年为 3.7 亿,而国家统计局测算为 4.8 亿,从一个侧面说明相当一部分青年流失在我们的组织体系之外。对此,我们一方面要正视这一挑战,更重要的是还必须看到伴随而来的机遇。首先,巩固和扩大党的青年群众基础的历史性任务,更需要共青团充分发挥联系青年的桥梁和纽带作用,党组织也更加重视团的组织建设,这为我们创造了良好的外部环境。其次,社会阶层结构的深刻变化,各种新兴组织大量出现,使得基层团的组织依托不断扩大,相对高素质的青年群体面对越来越多的社会压力,其组织归属感也是显而易见的。第三,团组织具有接受新生事物比较快、服务能力比较强等优势,更易于适应当前社会变化。近年来民营企业建团率大幅提高,甚至远远超过其他的社会组织,就充分说明只要我们思路对头、工作扎实,是可以大有作为的。

2. 面对资源短缺的挑战,我们要抓住市场经济发展的机遇。实践告诉我们,一个组织拥有的资源越多,其号召力、影响力也越大;其号召力、影响力越大,它可支配的资源也就越多。在计划经济条件下,基层团组织获取资源的途径相对简单。在市场经济条件下,市场在资源配置中起着基础性作用,团组织依靠行政手段获取资源的途径越来越窄,而且越是到基层,资源短缺的现象越明显。面对这个挑战,我们应该并且必须抓住市场经济发展带来的机遇。首先,资源获取的渠道更加多样化了。基层团组织既可以从体制内、也可以从市场和其他方面获取资源,可以依靠团的优势服务社会,依靠服务社会吸纳资源,依靠社会资源服务青年,从而形成一个与社会互动、良性循环的机制。其次,资源获取的手段也更加丰富了。诸如依靠政策吸纳资源、依托项目利用资源、借助媒体寻找资源等多种方式手段,特别是发挥基层团干部嘴甜、腿勤、脑子活、肯吃苦、能协调的优势,整合多方力量解决资源短缺问题。

3. 面对组织职能方面的挑战,我们要抓住政府公共事务管理职能逐渐社会化的机遇。从广义上讲,共青团的职能界定是清楚的,但具体到某一基层组织,其职能的界定常常随意性较大。一些基层团组织因职能定位不明确感到工作无所适从。但同时我们也要看到社会组织职能重新调整和定位中蕴含的机遇。首先,随着社会主义市场经济的逐步完善,越来越多的原来由政府承担的公共事务管理职能将被逐渐剥离出来,分解到社会组织中,基层团组织可以在促进社会服务体系完善、承担社会服务功能等方面充分发挥自己的优势。其次,从社会学角度讲,一个和谐社会的建设,需要在政府和公民之间形成一个“减震带”或“缓冲带”,以更好地维护社会稳定。构建社会主义和谐社会要求包括共青团在内的群团组织充分发挥自身的作用,而基层团组织在表达青年诉求、维护青年权益、化解社会矛盾、服务弱势群体等方面具有相当多的优势。

当然,基层团组织建设工作中面临的机遇和挑战远不止上述三个方面。对于这个大课题,还希望大家在实践中共同探索,着力解决。

第三,贯彻落实《决定》需要注意的几个方面

《关于进一步加强团的基层组织建设的决定》对今后一个时期的基层团组织建设作出了全面部署,从个人学习和理解的角度,我认为下一步基层团组织建设总体上要抓住五个基本方面,即以党建带团建为根本,以能力建设为核心,以有效覆盖为基础,以队伍建设为关键,以制度建设为保障。需要特别强调的是,党建带团建是加强基层团组织建设的根本保证和优势所在。我们要紧紧依靠党组织,把基层团组织建设纳入基层党建的总体格局,努力争取党组织的重视和支持。比如,一些地方积极推动农村团支部书记进村两委班子,有的地方在文明村镇考核中把团组织建设作为重要考核内容等等,就是实践证明了的行之有效的做法。党组织的重视和支持是解决诸如一些基层团组织“没人干事、没钱办事”的关键。

加强基层团组织建设涉及方方面面,在自身建设上,重点要在三个环节上下功夫。

1. 在扩大基层团组织有效覆盖上下功夫。实现对团员青年的有效覆盖是团的基层组织建设的基础环节。所谓有效覆盖,不是简单地指在有团员的地方建立起一个基层组织,而是要解决团组织如何建立、如何管理、如何有效运行、如何发挥作用的问题。要实现有效覆盖,一是要构建网络化的基层组织体系。要适应青年群体结构变化,推动基层团的组织从垂直向下、单线联系的纵向体系向扁平化的网络型组织体系转变。要抓住关键的工作层次,注重发挥乡镇团委、街道团工委在基层组织网络中的主导作用。通过合理调整基层团组织设置,推动基层团组织跨行业、跨单位的横向联合设置和工作的横向联动。同时,还要加强以各类青年社团、协会为主要形式的外围组织建设,构建起基层团组织联系青年的新型纽带。二是要推动基层组织形式创新。在新的社会背景下,单位人变成社会人,以单位为主要组织平台的团组织已很难覆盖全部青年,这就要求我们在保持组织体系总体稳定的同时,积极探索灵活多样的基层组织形式。目前许多城乡地区正在推进的青年中心建设就是共青团适应新的形势对基层青年组织体系的重大创新。要充分发挥青年中心在直接联系青年、服务青年、凝聚青年方面的优势,进一步扩大对团员青年的有效覆盖。三是要建立动态的团员管理模式。针对当前流动团员不断增多的情况,要按照证档分离、交叉覆盖、动态管理的原则,进一步创新团籍管理方式,加强流入地和流出地的工作衔接,建立一套相对科学的流动团员管理机制,实现基层团组织对流动团员的动态跟踪管理,努力做到团员流动不流失。

2. 在增强基层团组织内在活力上下功夫。增强内在活力是团的基层组织建设的基本目标。只有不断激发自身的积极性、主动性、创造性,增强主动适应、自我完善、自觉提高的能力,才能实现基层团组织建设的长远发展。增强基层团组织内在活力,一是要发扬团内民主。民主建设是增强基层团组织内在活力的重要保证。一个政治组织,当它的成员少有基本的民主权利,这个组织很难具有活力。要按照团章有关规定,坚持民主集中制,积极引导团员在民主决策、民主管理和民主监督中行使权利。要切实加大团情公开、团务公开力度,把团员对团的工作和事务的知情权、参与权、监督权真正落到实处。有的基层团委根据团员青年的需求和意见,制定年度工作计划的做法值得提倡。二是要积极稳妥地推进基层团干部直选。基层民主选举是增强基层团组织内在活力的重要途径。采用不提候选人的直选方式,更有利于体现团员的意志,选出热心团的事业、热情为团员青年服务的基层团干部,也有利于从机制上解决基层团组织没人干事的问题。要认真落实团十五大报告提出的在村一级采用不指定候选人、公开竞争的办法,民主选举团支部书记。同时,要在党组织统一领导下,积极稳妥地进行乡镇、街道团委书记的直选试点工作,在不断总结经验的基础上逐步扩大试点范围。三是要加强基层团组织制度建设。制度建设是实现基层团组织建设可持续发展的根本保障,通过基层团的组织制度创新来逐步改进基层团组织的运行机制,使其内在活力充分发挥出来。要坚持和完善"三会两制一课"等团的组织生活制度,完善信息交流、监督考核等工作制度,建立和完善乡镇、村两级团组织按期集中换届制度。

3. 在提高基层团组织服务能力上下功夫。服务能力是团组织生命力所在,就基层组织的能力建设而言,关键是要提高服务青年的能力。一要找准青年所需和团组织所能的结合点,把青年的具体需求和团组织有能力提供的服务很好地结合起来,内容上要尊重青年的选择,实施中要强化青年的参与,效果上要注重青年的评价。"需求+可能",始终应该是基层团组织服务青年的重要视角。二要注重项目带动。基层团组织不可能也没有必要包打天下,要联系实际、发挥优势,打造若干青年欢迎、党政支持、社会认可的服务品牌,通过每年扎扎实实抓几个具体项目,辐射带动服务能力的提高。三要讲究方法、务求实效。由易到难,由简到繁,由点到面,脚踏实地,务求实效,既是工作方法,也是工作要求。要努力做到活动内容贴近青年,活动方式适合青年,使服务青年的工作更具实际效果。

团的基层组织建设是一项长期的系统工程,是慢功夫、真功夫、实功夫。所谓慢功夫并不是说我们可以慢慢来,而是必须以只争朝夕的精神状态常抓不懈;真功夫指的是加强基层团的组织建设对于每一位团干部来讲,既是一种锤炼,也是一种考验;实功夫指的是我们工作的成效要体现在增强团组织战斗力上,不可能一蹴而就,也不可能一劳永逸,要出实招、办实事、讲实效。

总之,加强基层团组织建设,我们既要考虑阶段性成果,更要着力建设长效机制;既要做好基础性工作,更要善于总结经验、不断开拓创新,一步一个脚印,积小胜为大胜,确保基层团建工作扎实推进,取得实实在在的效果。

以上仅是个人的一些思路。不妥之处,请同志们批评指正。

胡伟在"2004 海外学人回国创业周——聚焦特大型国有企业"活动开幕式上的讲话

2004 年 12 月 21 日

由共青团中央、国务院国资委、全国青联、欧美同学会共同主办的"2004 海外学人回国创业周——聚焦特大型国有企业"活动今天隆重开幕了。这是一次优秀国有企业与海外青年留学人员寻求深入合作、携手共同发展的盛会,是贯彻人才强国战略和全国人才工作会议精神，充分发挥青年留学人员的独特优势，努力增强国有企业国际竞争力的重要举措。我代表团中央、全国青联，对活动的开幕表示热烈的祝贺，对远道而来回国参加活动的青年留学人员表示诚挚的欢迎！

国有企业在我国国民经济中占据主导地位，发挥主导作用，是民族经济的命脉所在。国有企业的发展壮大，关系着社会主义现代化和全面建设小康社会宏伟事业的实现，关系着国家的富强和民族的振兴。特大型国有企业是国有企业的中坚力量，是国民经济的重要支柱，是我国企业参与国际市场竞争的重量级选手和主力军。国务院国资委、各特大型国有企业高度重视人才工作，不断加大招聘、选拔高级人才尤其是高级国际化人才进入国企工作的力度，引起了强烈反响，取得了很好的效果。特大型国有企业实力雄厚，发展空间广阔，环境优良，机会众多，重视人才、尊重人才的氛围浓厚，是广大青年留学人员创业发展、报效祖国的理想舞台。

广大青年留学人员是我国国际化人才队伍的重要组成部分。他们既有青年人才的创造性，又有国际人才的开阔视野，有利于企业立足不断变化的国际市场，瞄准国际技术发展前沿，进行技术创新和管理创新，实现跨越式发展；他们既掌握先进科技知识，又熟悉现代管理方法，有利于企业提升技术实力和管理水平，迅速形成竞争的新优势；他们既是中国走向世界的重要桥梁，也是世界了解中国的重要窗口，有利于促进中国企业与国外企业的交流与合作；他们既能把自己所学用于国内建设，也能在引进海外技术、人才、资金中发挥积极作用，有利于企业在世界范围内更便捷地获得国际化发展所需的资源。青年留学人员携手特大型国有企业，必将在企业增强可持续发展力，提升核心竞争力，推进国际化战略，不断做大做强的过程中发挥重要作用。

预祝"聚焦特大型国有企业"活动取得丰硕成果！祝愿特大型国有企业和各位青年留学人员都有满意收获！

胡伟在"培养计划"2004年西部和民族地区挂职团干部总结座谈会上的讲话

2004年12月28日，根据录音整理

今年是实施"培养计划"的第七年。每期"培养计划"结束时，都要举办这样一个座谈会，大家交流收获和体会，分享学习成果。今天跟大家见面，我感到很高兴。首先祝贺大家经过半年的挂职锻炼，圆满地完成了任务。同时要感谢各级党政领导对"培养计划"的重视和支持，感谢派出地区，特别是接收地区团组织的精心组织和周到安排。

今年的总结座谈会和往年不同，是和第四届全国各族青年团结进步表彰活动一起举办的。昨天，全国人大常委会副委员长司马义·艾买提同志在百忙中亲切接见了大家，并发表了重要讲话。他对各族各界青年的学习、创业、成才等方面提出了殷切希望，对各族青年团结进步活动的深入开展提出了明确要求。希望大家认真学习、领会讲话精神，在工作中切实加以贯彻落实。

明天大家就回到家乡，重返各自工作岗

位。如何把挂职期间学习锻炼的成果更好地运用到实际工作中去,努力开拓工作的新局面,在此,我提几点希望。

第一,要进一步坚定走中国特色社会主义道路的信念。刚才同志们在交流时讲,在半年的挂职锻炼中,看到相对发达地区生机勃勃的发展景象,很受鼓舞。的确,改革开放20多年来,我国发生了翻天覆地的变化。不仅北京、上海、广东、浙江等地变化巨大,全国各地发展变化都很大。为什么会有这么快的发展,这么大的变化?我认为,根本原因在于全国人民在中国共产党的领导下,坚定不移地走中国特色社会主义道路,坚定不移地走改革开放的道路。浙江的民营经济发展得好,充满活力,这不是偶然的。早在上个世纪80年代中期,浙江省委的主要领导就明确提出,对各种所有制经济的发展,要坚持"成份论,不惟成份论,重在政治表现"的重要论断。全省各级党委、政府对多种经济成份的共同发展正确引导、大力支持,注重推动经济发展的实际作用而不惟"成份"。正是由于全省上下20多年来解放思想、实事求是、与时俱进,坚持改革开放,不断超越自我,才有今天生机盎然的局面。因此,同志们要从这样的视角去看待东部地区的发展,去分析和认识我们遇到的新情况、新问题,从而进一步坚定走中国特色社会主义道路的信念,以新的观念,以改革的精神,投身西部大开发,投身家乡建设。

第二,要把半年的学习交流作为提高素质,完善自我的新起点。在这半年中,大家看到、听到、学到了很多,这些收获将使我们终身受益。到相对发达地区挂职,我认为,学习具体的知识和经验很重要,但更重要的是从中学到正确的思维方式。这如同在大学里学习,不仅要学到知识,更重要的是学方法。比如我们应该怎么理解"科学的发展观"?不同的思维方式、不同的视角就会有不同的结果。树立科学发展观首先要讲发展,没有发展怎么能叫科学发展观。东部许多地方农民的年人均收入已经超过6000元,仍然坚定不移地强调发展是硬道理。发展较快的地方,总是把树立科学发展观看做是难得的发展机遇。再比如说讲解放思想。在实践中,我们常常体会到相对欠发达和相对发达地区有所差异,这种差异固然有客观条件的不同,但思想解放程度上的差异、开放程度上的差异是很重要的。然而解放思想是一项长期的艰巨的任务,不可能一蹴而就,也不可能一劳永逸。这就要求我们时常检查自我的思想水平,是不是落后于生产力发展的需要,是不是滞后于经济基础的发展。落后了就要解放,就要改革。东部相对发达地区正是持续不断地从实际出发解放思想,才实现了经济的飞跃发展。我们去挂职学习,要十分重视学事业发展中带有规律性的经验。学到了实质,学到了方法,学到了经验,就能够为改变西部相对落后的面貌做出更大的成绩。

第三,从实际出发,把相对发达地区的经验与本地的实际很好地结合起来。我们实施"培养计划"有两个目的,一是希望为西部地区和民族地区的团干部提供学习交流的机会;二是通过这样交流,使东部地区的团干部更多地了解西部,增进对国情的了解,更多地从西部和民族地区的同志的身上学习艰苦奋斗、无私奉献的精神。这两个方面都很重要。我们学习相对发达地区的经验,要把所学到的东西与本地实际很好地结合起来,立足于当地的实际情况。我国地区之间的差异较大,发展的基础不同,一切从实际出发,千万不能照搬,而且也搬不了。最近学浙江很热,浙江的经验来自于从实际出发,发挥优势,扬长避短。浙江人均占有资源很少,怎么办呢?只有走出去,加上长期以来养成的吃苦耐劳的精神和市场经济的意识,几位一体,铸就今天自身的发展。差距蕴涵着潜力,看到差距就是进步的前提。西部自身有许多很好的条件,在党中央、国务院的坚强领导下,在西部地区各级党委、政府的领导下,有包括广大青年在内的西部地区人民的勤劳智慧、艰苦奋斗,就一定能加快发展步伐,尽快改变面貌。

第四,做东西部协调发展的宣传员。大家挂职锻炼半年,深刻体会到了东部的同志们对西部干部群众的深情厚谊,接收单位的同志对每一位挂职同志在生活上、工作上予以细致的关心和周到安排,和挂职的同志真诚相处,把大家当成自己单位的同志。这既有对个人的关心,更重要的是体现了党和政府一贯的对西部地区干部、群众的关心,体现了对青年干部、团的干部的关心。希望大家回去以后,多宣传东部、西部人民和睦相处、协调发展的强烈愿望,宣传祖国大家庭团结、统一、稳定的良好氛围。这样的氛围就是我们国家和民族的希望所在,也是青年人才成长发展的希望所在。

想跟大家说的话很多,总的来说希望大家能够珍惜和利用这半年的学习成果。学习经验一定不要就事论事,一定不要从现象到现象,这是一个可以一通全通的重要方法。在座的不少同志回去后可能还会继续从事团的工作,一些同志随着年龄的增长,会离开团的岗位。我想无论今后继续做团的工作,还是做其他工作,这样的经历一定会对我们有很大的帮助。在此,也借此机会,祝大家回去之后工作顺利,在参与西部大开发,推动西部和民族地区经济社会发展中做出更大成绩!

杨岳同志讲话

以城市社区青年中心建设为统揽 推动社区和权益工作取得新突破

——杨岳在2004年共青团社区和权益工作会议上的讲话

2004年1月10日,根据录音整理

这次会议是在全国各地深入学习贯彻党的十六大和十六届三中全会精神,不断掀起学习贯彻"三个代表"重要思想的新高潮的新形势下召开的。会议的主要任务是,深入学习贯彻党的十六大和十六届三中全会精神,认真学习党中央书记处对共青团工作的重要指示精神和中共中央政治局委员王兆国同志的重要讲话精神,学习贯彻团的十五届二中全会精神,研究部署今年以及今后一个时期的共青团社区和权益工作。

刚才,五位同志介绍了本省、市今年社区和权益工作的安排,重点突出,各有特色,听了以后很受鼓舞。增印同志也对去年的工作进行了总结,对今年的重点工作进行了部署。借此机会,我着重就社区和权益工作如何更好地适应新形势、取得新发展,讲三点意见。

一、提高认识,抓住机遇,推动社区和权益工作取得新发展

党的十六届三中全会通过的《中共中央关于完善社会主义市场经济体制若干问题的决

定》提出了“五个统筹”的要求和“五个坚持”的原则,特别提出要树立科学的发展观,进一步推动我国经济和社会发展,推动城乡的协调发展。这种新形势和新的发展前景,既对社区和权益工作提出了新的要求和挑战,也为我们提供了更加广阔的舞台和难得的机遇。各级团组织必须紧抓机遇,围绕中心,服务大局,大力加强共青团社区和权益工作,不断推动各项工作取得新发展。

第一,努力使社区和权益工作成为协助政府管理青年事务的一个重要领域。胡锦涛总书记在纪念五四运动80周年大会上明确要求“共青团要发挥作为国家政权的重要社会支柱作用,积极协助政府管理好青年事务”。在团的十五次全国代表大会上,“积极协助政府管理青年事务”已经写入《团章》。当前,社区服务和权益保护已经成为全球青年事务的一项重要内容。全世界118个国家政府设有青年工作部,48个国家和地区设有青少年部。这些部门最重要的一项职能就是维护青年的权益。同时,依靠社区力量解决社会问题,建立社区与居民双向服务的互动模式已经成为一项世界性的社会运动。因此,把社区和权益工作作为协助政府管理青年事务的重要内容,是国际青年事务运作的一条基本规律。

共青团既承担了党的青年工作职能,又承担了政府青年工作职能。随着我国法制化和城市化进程的逐步加快,共青团所管理的青少年事务中,有相当一部分与社区和权益工作有关。例如,与青少年有关的立法调研、权益保护、教育培训、促进就业、社区文化、预防犯罪等等。1993年,上海市浦东新区专门成立了青少年事务署,承担了对问题青少年的行为纠偏等七项政府职能,都与社区和权益工作直接相关。伴随我国经济社会的深刻变革,社区志愿服务、预防青少年违法犯罪、预防艾滋病教育等越来越多的青少年事务将由社区和权益部门来承担。社区和权益工作必然发展成为共青团协助政府管理青少年事务的一个重要领域。

第二,努力使社区和权益工作成为承载新时期全团重点工作的一条重要战线。从社区工作来看,随着我国经济体制改革的深化和市场经济体制的逐步建立,大量与群众生活密切相关的社会性事务管理职能下移到社区。社区已经成为城市社会经济发展新的增长点和重要基础支撑。从维权工作来看,《团章》规定:团组织“在维护国家和人民利益的同时代表和维护青年的具体利益”。在社会经济成分、组织形式、就业方式、利益关系和分配方式多样化的条件下,青少年成长成才和权益保护的需求呈现多元化的特点。团中央1993年设立维护青少年权益部,2001年更名为社区和维护青少年权益部,就是适应经济社会的新发展、适应青少年结构和需求的新变化、更好地履行自身职能的一个重要战略举措。11年来,各地大力加强各级社区和权益工作机构建设,全国已有30个省级团委以及大多数地市级团委成立了社区和权益工作部门。社区和权益工作已经成为共青团的一条重要战线。

团的十五大明确提出要“服务青年具体需求、构建服务青年的工作体系”。未来五年,全团的一系列重要工作需要社区和权益战线认真抓好落实,例如,推动制定实施有关青年的法律和政策、大力开发青年人力资源、推动青年文化建设、服务青年学习成才、促进青年就业创业、帮助有困难的青年群体解决实际问题、维护青少年合法权益等等。当前,全团两项重点工作——青年中心建设和青年文化建设,都与社区和权益工作密切相关,经过各级团组织的积极实践,城市青年中心建设、社区青年文化和务工文化建设都取得了阶段性成果。

第三,努力使社区和权益工作成为加强青年工作国际化的一个重要方面。在和平与发展成为时代主题的国际环境下,国际青年交流向务实化方向发展。许多国家的青年组织也更为关注与青年自身权益相关的青年社会问题,把更多的目光投向弱势青少年群体。从西方青年运动的发展史来看,青年运动的价值取向基本分为两种类型:一是以对抗、抵制、破坏和摧毁某种社会现实为基本取向;二是以参与、促进、推动某种社会现实为基本取向。以冷战结束为分水岭,青年运动的价值取向发生了重大转变,其主流由对抗和破坏转变为参与和建设。其所关注的问题,逐渐由"远离切身利益"的、带有根本性的问题转变为十分具体的问题,如权利保护、就业创业、文化需求、社区发展等等。

社区和权益工作是当前国际合作项目的重点领域。从合作的内容来看,社区和权益部门在禁毒工作、预防艾滋病教育、社区志愿服务、青少年法律援助等多方面都开展了一定的国际合作,积累了经验。从合作的方式来看,社区和权益部门既有国际组织和外国政府的援助项目,也有民间团体的资助,方式和途径多样。自1998年起,联合国亚太经社会与社区和权益部门合作,在云南举办了三项持续性的青少年权益保护项目,编辑出版了青少年自我保护教育、预防艾滋病等宣传手册。1999年"青少年维权岗——自我保护教育"获得联合国亚太经社会人力资源开发奖。在社区和权益工作领域的各个合作项目都呈现出良好的发展态势,取得了积极成效。

二、围绕中心,突出重点,推进社区和权益工作取得新成效

今年,社区和权益工作总的要求是:围绕青年成长社区计划,以城市青年中心建设为龙头,抓好社区团建创新,打造社区青年文化,服务社区重点群体,加强维权和预防工作,抓基础,重建设,促整合,求突破,大力推动社区和权益工作取得新成效。在此,我重点强调以下几项工作。

第一,全力推进城市青年中心建设。建设青年中心作为当前和今后共青团工作的重中之重,是一项推进团的事业发展的重大战略举措。各级团组织要按照杭州会议的要求,大力推进城市青年中心建设,带动社区和权益工作以及整个城市共青团工作的全面发展。

一是重探索。青年中心建设是团的十五大提出的一个新课题,部署的一项新任务,需要各地结合实际进行探索、实践和创造。团中央通过抓试点的方式来推进这个项目,坚持"先建设,后规范",目的就是鼓励各地大胆创造、积极探索,广泛吸收基层的宝贵经验。目前,青年中心的标识已经确定。各地要通过统一的标识形象推动青年中心项目的深入实施。各级团组织要在杭州会议明确的青年中心几个原则性问题的基础上,对青年中心的项目设置、动员组织方式、服务手段等重要问题,深入研究,大胆创新,积极实践,努力创造出符合青年特点的新经验和好做法。

二是重实效。建设青年中心的目的是更好地服务青年、教育青年、凝聚青年。需要强调的是,青年中心建设不能盲目地建设,而是要积极稳妥地推进;不能搞形式、摆盆景,而是要深入青年,深入基层,扎扎实实地去推动,切实抓出成效。我们要求各地加大建设工作的力度,不仅仅是加快建设速度,更重要的是要在实效上下功夫,既要建得快,又要建得好。团中央考评的标准是要建一个,成一个,实一个。

第二,努力打造社区青年文化。文化育人是共青团工作的优良传统。各地要深入总结社区青年文化建设中的成果和经验,探索适合青年和社区特点的文化表现形式,整合社区文化资源,促进校园文化、企业文化、军营文化和务工文化等多种青年文化在社区的融会互通。

一是加强社区青年文化阵地建设。活动阵地是社区青年文化建设的重要依托。广纳社会资源、借助行政资源建设好社区青年文化阵地,既是经济社会的新发展对青年工作的客观要求,也是共青团组织主动适应青年结构和需求新变化的必然选择。从近几年的实践来看，分布于城市社区中大大小小的青年文明社区“大家乐”舞台，在推进社区群众性文体娱乐活动中发挥了积极作用。青少年体育俱乐部、“三人篮球”比赛场也成为活跃社区体育文化的重要阵地。各级团组织要采取社会化运作的方式，充分利用社区现有活动场所，进一步推进社区青年文化活动阵地的建设。

二是培育社区青年文化活动品牌。社区青年文化活动是服务青年，活跃社区文化的具体抓手，而品牌是活动项目的商标和“无形资产”。良好的活动品牌有利于吸引社会资源，有利于吸引青少年的积极参与，有利于扩大社会影响力。各地要培育好青年文明社区“大家乐”活动、社区青年文化节、社区“三人制”篮球赛等社区青年文化品牌，推广青少年喜爱的文体活动项目，打造具有鲜明时代特色的文化活动品牌，不断丰富活动品牌的文化内涵，通过具有广泛影响的活动品牌来凝聚青年，吸引青年，推动社区青年文化的发展。

三是大力扶持社区青年文化社团。近年来，青年社团对青年的吸引力越来越大，各类社团组织包括网络虚拟社团迅猛发展。各级团组织要积极关注新型社区青年文化组织的发展，大力扶持社区青少年文艺团体，推动建设各种兴趣俱乐部，特别是以青年中心作为新的纽带和阵地，联系青年文化社团，发现和培养社区青少年文化骨干，激发青年参与社区活动的积极性，进一步扩大共青团组织对青年群体的有效覆盖和影响。

第三，着力服务重点群体。各地要围绕党政中心工作和青年需求，深入开展“进城务工青年发展计划”，努力提高服务进城务工青年工作水平，重点抓好四个方面的工作。

一是抓团建。团组织建设是服务青年的重要依托。各地要进一步加大进城务工青年团组织建设、团建创新的力度，针对进城务工青年群体结构和需求的特点，探索多种形式的团建模式，推进以团组织为核心的进城务工青年社团建设，把更多的进城务工青年团结和凝聚起来，提高团组织对这一群体的覆盖面。

二是抓培训。提高就业技能是广大进城务工青年的迫切需求。各级团组织要拓展和深化“千校百万”进城务工青年培训计划，着力加强职业技能培训，动员、引导社会培训实体为进城务工青年提供实用、低价的培训服务和就业创业指导，帮助进城务工青年提高就业创业能力。

三是抓文化。文化需求是进城务工青年群体的主要需求之一。务工文化也是青年文化建设的一个重要内容。各级团组织不仅要关注这一群体的物质生活，还要关注他们的精神文化需求。要把握正确文化导向，深度挖掘进城务工青年群体中的先进文化，用健康有益、充满活力的文化引导、塑造进城务工青年。

四是抓维权。权益保护是进城务工青年群体面临的一个紧迫问题。各地要积极推动有利于进城务工青年成才发展的政策的制定与完善，探索适合共青团劳动保障法律监督员队伍的组建形式和工作方法，发挥协调优势，建立维权网络，动员优秀“青少年维权岗”及争创单位为进城务工青年提供有效的维权服务和法律保护，帮助他们解决实际问题。

第四，切实加强青少年维权工作和预防青少年违法犯罪工作。青少年维权和预防青少年违法犯罪工作，涉及到社会的方方面面，只有动员全社会齐抓共管，形成合力，才能标本兼治，收到实效。

一是要推进社区青少年法律学校建设。社区青少年法律学校是社区和权益战线开展青少年法制教育的一个重要载体，也是重要品牌。要进一步加大建设力度，扩大建设规模，建立师资队伍。依托社区青少年法律学校，结合青少年的特点和社区的实际，采取以案说法、文艺演出、知识竞赛、现场咨询、漫画宣传等多种青少年喜闻乐见的方式，广泛开展法制教育活动，教育青少年从小树立法制观念，做到学法、懂法、守法。

二是要加强青少年维权服务中心建设。青少年维权服务中心是解决青少年侵权案件的重要实体，是构建社会化的青少年维权工作网络的重要环节。要通过加强各级青少年维权服务中心的建设，进一步深化创建优秀“青少年维权岗”活动，完善区域联动机制，推动青少年维权工作网络建设。各地要根据实际，采取多种设置形式，通过志愿服务、吸纳会员等方式，广泛动员法律青年志愿者参与青少年维权工作。要进一步加强青少年自我保护教育基地建设，推动自护工作向社会化和规范化方向发展。

三是要深入实施青少年违法犯罪社区预防计划。青少年违法犯罪社区预防计划任务繁重，队伍建设、阵地建设、机制建设等各个方面都需要加强。从2003年的检查情况来看，闲散青少年问题比较突出，已经成为当前青少年违法犯罪的重点群体。要通过摸底排查、建档立卡等措施，掌握闲散青少年的底数，建立全国闲散青少年的网络管理信息系统，分析闲散青少年的成因，有针对性地采取措施，在生活上解困，学习上帮助，行为上纠偏，就业上扶持，把违法犯罪的倾向和行为消除在萌芽状态。

四是要探索开展“青少年无犯罪社区”创建活动。自“成都会议”以来，全国预防青少年违法犯罪工作深入开展，各地尤其是一些街道社区，基层队伍建设不断加强，机制建设逐步完善，社区预防青少年违法犯罪工作取得明显成效，青少年犯罪率明显下降，涌现出一大批无犯罪社区。各地要通过开展“青少年无犯罪社区”创建活动，推广先进经验，进一步调动基层工作的积极性，推动各项工作措施落实到基层，使预防青少年违法犯罪工作收到实效。

三、把握规律，着眼长远，建设社区和权益工作的长效机制

周强同志在共青团十五届二中全会上就加强共青团的机制建设作了重要讲话，强调指出，机制建设是共青团工作中的战略性、全局性问题，并就建立和完善共青团工作机制提出了明确要求。就当前社区和权益工作而言，必须努力构建和完善能够保障工作持续发展的长效机制。

第一，要研究探索监测预警机制。由于我国正处于社会转型期，各种不良文化思潮等诸多危害青少年健康成长的不良因素还在一定范围内存在。及时准确地做好监测和预警，能使各项工作决策更有前瞻性、计划性和科学性。

一是要探索进城务工青年思想动态监测机制。及时准确把握进城务工青年的思想动态，是做好教育和服务工作的重要基础。在各类青年群体中，进城务工青年群体数量大，流动性强，组织化程度低，不同地区的进城务工青年所关注的问题差别很大。目前，我们对这一群体思想动态的把握还远远不够。各级团组织要密切关注本地区进城务工青年的思想动态，及时跟踪变化情况，建立起收集、反馈进城务工青年思想动态信息的监测机制，及时为党和政府提出意见和建议。

二是要建立青少年违法犯罪的监测预警机制。有效降低青少年违法犯罪率，关键在预防。青少年违法犯罪与社会环境密切相关。各级团组织要深入研究，认真总结，通过对区域性社会环境、治安状况、闲散青少年比例等具体指标的监测评估，及时对青少年违法犯罪的趋势作出预警报告，为地方党政领导和有关部门的决策提供依据。武汉市对青少年违法犯罪状况和社会环境进行监测评估，就是对建立青少年违法犯罪监测预警机制的有益尝试。

第二，要建立项目化运作机制。项目化运作是团组织服务青少年的有效工作方式，已经成为共青团组织整合社会资源，服务党政工作大局、服务青少年健康成长越来越重要的一种工作手段。对社区和权益工作来讲，项目化运作要把握以下两点。

一是要建立项目承接机制。从世界范围来看，由社会团体承接政府实施的项目是一种通行的做法。随着我国经济社会的迅速发展以及国际化步伐的逐渐加快，团组织在承接国际援助和政府项目方面具有广阔的发展空间。目前，我国的社会团体也开始承接越来越多的国际援助和政府项目，各级团组织在这方面进行了很多成功的实践。各地要深化与政府部门和国际组织的项目合作，主动争取政策和资金支持，形成政府和国际组织委托，共青团承办、落实的工作机制。

二是要完善项目合作机制。近年来，我国社会团体飞速发展，截至2003年，全国在民政部门注册的社会团体达到20多万个。通过承接政府项目实现自我发展，已经成为许多NGO组织的重要手段，在环境保护方面表现得比较突出，青少年弱势群体的保护和救助也日益成为一个重要领域。对于政府委托的项目，各级团组织可以单独实施，也可以强化与其他社团组织的合作，通过招标、委托、招募、成果拍卖等方式，组织其他的青年社团和研究机构实施，发挥各自优势，建立互惠、双赢的合作模式。这样，既有利于团组织整合社会资源，优势互补，也有利于进一步凝聚社团组织特别是青年社团，把更多的青年团结在党和政府周围。

第三，要完善协调处理机制。城市社区青年工作和青少年权益保护工作都是复杂的社会系统工程，仅仅依靠团组织的力量，难以收到实效，实现长远发展。当前，许多党政部门的工作都包含着青少年事务的内容，与共青团社区和权益工作密切相关。加强与有关部门的合作，既是共青团发挥好桥梁纽带作用，增强对青年服务能力的客观需要，也是履行协助政府管理青年事务的职能，服务青年成长成才的现实需求；既有利于团组织借助行政力量，推进社区和权益工作的深入发展，也有利于各部门延伸工作手臂，更好地履行自身职能。

各级团组织要善于整合资源，搭建工作平台，推动社区和权益工作与各政府部门实现更为紧密的结合，积极协调政府部门和社会各方面的力量，各司其职，齐抓共管。要借鉴预防青少年违法犯罪工作、创建优秀"青少年维权岗"活动、"千校百万"进城务工青年培训计划的经验，围绕社区和权益工作的重点问题，通过履行相关工作的办公室职能或合作开展活动，积极建立党委和政府领导、相关部门共同参与、团组织具体运作的青年事务协调机构，明确各部门的工作职能，制定工作程序，建立团组织与有关政府部门良性互动的合作模式和协调处理机制。

第四，要建立青少年社区参与机制。动员组织青少年社区参与，是共青团在新的历史起点上，实现城市共青团工作和青年工作长远发展，促进青少年全面发展的重要手段。我们必须根据历史条件的变化和时代发展的要求，建立和完善与我国经济社会发展相适应、与青少年的需求相符合的社区参与机制。

一是要健全社区青少年动员机制。伴随我国经济体制的转轨和非公经济的迅猛发展，城市中出现了大量的游离于共青团传统组织体系之外的青年群体，如进城务工青年、新经济组织员工、待业青年等等。青年的思想观念、行为方式日益多样化。单纯依靠共青团原有的组织体系，采取传统的政治号召、典型示范等手段，难以完成对团员青年的有效组织和动员。各级团组织必须着眼于社区青少年的根本需求，发挥政治优势，依靠党的领导和领袖的号召，以项目为主导，通过开展形式多样、喜闻乐见的社区活动，采取志愿参与、结对互助、发展会员等新型的动员方式，调动青少年参与社区服务和建设的积极性和创造性。

二是要建立青少年社区评价机制。社区评价机制是调动青少年参与社区服务和社区建设的关键环节。伴随我国社会的深刻变革，原有对青少年单一的学校或单位评价体系已经不适应社会发展和青少年成长的需要。各级团组织要立足基层，深入研究社区青少年的结构特点，积极探索有效的评价方式，采取青少年社区素质拓展证书等手段，逐步建立和完善青少年社区参与综合评价体系，实现青少年学校评价、单位评价、社区评价的统一，促进青少年的全面发展。

同志们，2004 年是全团贯彻落实团十五大提出的各项任务的开局之年，社区和权益工作任务艰巨。让我们紧密团结在以胡锦涛同志为总书记的党中央周围，高举邓小平理论和"三个代表"重要思想伟大旗帜，与时俱进，开拓创新，扎实工作，奋发进取，不断开创社区和权益工作的新局面。

杨岳在团中央机关 2003 年度总结表彰大会上的讲话

2004 年 1 月 15 日

同志们：

今天，我们在这里召开总结表彰大会，总结 2003 年度机关工作，表彰先进。进一步总结经验，凝聚力量，振奋精神，努力推动机关各项工作和整体建设再上新水平。

一、以党建为核心的机关整体建设得到进一步加强

在过去的一年中，机关各级党组织深入学习贯彻党的十六大和十六届三中全会精神，全面贯彻"三个代表"重要思想，以迎接团的十五大和贯彻团的十五大精神为工作重心，服务全团工作大局，服务机关建设全局，在加强党的建设、精神文明建设和机关整体建设等各个方面取得了新的成绩。

第一，机关党的建设不断加强。

——深入学习贯彻"三个代表"重要思想。按照党中央的统一部署，机关各级党组织把兴起学习贯彻"三个代表"重要思想新高潮作为首要任务，坚持用"三个代表"重要思想武装党员职工的头脑，坚定理想信念。积极组织广大党员职工认真学习十六大报告，深刻领会报告内容，把握精神实质。为了提高机关干部职工学习的积极性，从去年 9 月份开始，在机关开展了学习"三个代表"重要思想理论征文活动。大家踊跃参与，上报了 36 篇文章。组织部一个部门就交了 9 篇高质量的文章。有 63 人上网参加评选，写出具有针对性的评语。少年部部长高洪、副部长张学军、张欣欣三位同志带头参加评选活动。权益部张晓亮同志阅读了全部文章，认真写出 35 篇评语（除了自己的文章没有评以外）。宣传部刘德扬同志评选意见和评委完全一致。在评选过程中，通过阅读和评价参选文章，达到相互学习、共同提高的效果。去年 10 月，在举办了团十五届中央委员学习贯彻"三个代表"重要思想专题研讨班的基础上，举办了团中央机关处以上、直属单位局以上党员领导干部学习贯彻"三个代表"重要思想专题研讨班，并于年底前基本完成了对团中央机关全体党员和直属单位处以上干部学习贯彻"三个代表"重要思想的脱产培训。研讨和培训紧密结合实际，突出共青团工作的特点，通过专题讲座、理论研讨、集中交流等方式，创造性地开展学习活动，使广大党员职工对"三个代表"重要思想的认识上普遍得到了提高，增强了践行"三个代表"重要思想的坚定性和自觉性。党的十六届三中全会召开后，直属机关各级党组织采取多种形式，及时组织党员职工认真学习大会精神，把思想统一到胡锦涛总书记的重要讲话精神和全会确定的各项工作任务和要求上来。为以实际行动和优异成绩迎接团的十五大召开，从去年3月份开始，在机关组织开展了“我为团十五大做贡献”主题活动，振奋精神，凝聚力量，强化了干部职工的政治意识、大局意识和责任意识。团十五大胜利闭幕后，在机关开展了“牢记使命，狠抓落实，再创佳绩”主题活动，组织党员职工认真学习领会胡锦涛总书记在与团中央新一届领导班子成员和团十五大部分代表座谈时的重要讲话和党中央祝词，认真学习贯彻团十五大精神，立足新起点，开创新局面。

——动员组织广大党员职工在抗击“非典”的斗争中充分发挥先锋模范作用。去年“非典”疫情发生以后，团中央机关各级党组织在书记处的领导下，坚决贯彻落实党中央、国务院关于防治非典型肺炎的一系列重要决策和部署，从实践“三个代表”重要思想、维护人民群众根本利益的高度，充分认识防治工作的极端重要性和紧迫性，把这项工作作为一项重大任务来抓。各级党组织以求真务实的工作作风，迎难而上，狠抓落实。认真做好深入细致的思想政治工作，使群众增强做好这项工作的决心和信心。建立了信息报告网络，确保各种信息渠道畅通。积极动员广大党员职工坚守岗位，认真做好防治工作。认真履行督察职能，确保各项防治工作的顺利进行。在这场突如其来的斗争中，各级党组织和广大党员职工经受了考验，做出了贡献，充分发挥了战斗堡垒和先锋模范作用。青年志愿者工作部会同有关单位发起抗击非典“志愿者爱心包”捐赠活动，书记处领导率先捐款，直属机关干部职工也踊跃捐款，共募集慰问卡、保健营养品等价值200万元的慰问品，并通过有关单位赠送给战斗在抗击非典第一线的医务工作者。办公厅教育干部职工树立科学观念，不听信小道消息，以健康心态做好防治工作。青工部、服务局等部门主动慰问在医院抗“非典”一线工作的职工家属。组织部为在地方挂职干部邮寄了防治药品。学校部、少年部为本部门在地方挂职干部家属送去预防药品和器具。机关党委蒋京林同志80多岁的老母亲因病住院需要照顾，孩子面临高考，但他还是克服困难，坚守岗位，承担了与机关12个部门和18个直属单位的联络工作。

第二，积极建设学习型机关。

去年4月，召开了建设学习型机关座谈会，团中央书记处第一书记周强同志就“努力建设学习型机关，全面提高干部素质”提出明确要求。会后，各部门认真贯彻落实周强同志的讲话精神，采取有效措施，进一步倡导团中央机关刻苦学习的良好风气，引导干部职工树立终生学习的观念，勤奋学习，成长成才。办公厅党总支开展“五个一”读书活动，即每季度每人研读一篇理论文章、推荐一本好书、主持一次学习讨论会、提交一篇读书体会、进行一次总结讲评，有效地推动了大家的学习。宣传部党支部重视发挥组织作用，为大家提供优惠购书、图书信息咨询、图书借阅等服务。青农部党支部以各党小组为单位，有计划地确定学习日、学习主题和学习主讲人，开展学习活动。学校部党支部推出学习沙龙系列活动，激发学习热情，营造学习氛围。统战部党支部成立五个小组，以处室为单位，有针对性地开展学习。组织部、权益部党支部建立学习激励机制，鼓励在职干部攻读学位和参加外语、计算机等学习培训，在学习条件和经费上予以支持。联络部党支部注重发挥群团组织的作用，以“提高学习意识，建设学习型机关”为主题，实施“国际部建设学习型部门读书计划”。

为了加强学习，强化创新意识，去年11月底以来，我们以“立足岗位，锐意创新”为主题开展了“机关建设月”活动。“机关建设月”期间，各部门深入学习贯彻胡锦涛总书记在同团中央新一届领导班子成员和团十五大部分代表座谈时的重要讲话精神，深入学习贯彻党的十六届三中全会精神，全面贯彻“三个代表”重要思想，进一步加强内部建设，引导干部职工立足新起点，投身创新实践，在工作思路上创新，在工作方式上创新，在团的自身建设上创新，努力开创共青团工作新局面。

为了推动建设学习型机关活动，机关党委还创办了《10号楼之窗》杂志，为机关干部职工提供了一个学习交流的平台。

第三，群众性精神文明创建活动深入开展。

各级党组织努力探索适合青年机关特点的有效方式，积极开展丰富多彩、广受欢迎的精神文明创建活动。“创建文明单位、做高素质青年工作者”活动成效明显，涌现出一批先进集体和先进个人。“三八”、“七一”前夕和团十五大后，在机关分别开展了“优秀女职工”、“先进党支部”、“优秀党务工作者”、“优秀共产党员”和“我为团十五大做贡献”主题活动先进个人评选表彰活动，树立典型，学习先进，努力营造创先争优的良好氛围。工会通过评选建设“文明职工之家”先进集体、优秀工会干部，举办机关职工子女暑期活动班，增加对职工之家活动室的投入等，更好地服务了机关职工。文明办继续举办“山西灵丘小朋友做客团中央”活动，在帮扶工作中积极发挥作用。网上“团队精神”论坛引发了大家对协作意识和集体荣誉的更深思考。元旦前夕机关同志的“全家福”合影，增强了每个同志作为这个光荣集体一分子的自豪感。机关团委在机关团员和年轻干部中开展“争做贡献，迎接团十五大”主题活动，调动了机关团员青年勤奋工作、争当先进、争创一流业绩的积极性。此外，组织观看电影，增加借阅光盘种类，开展文体活动，丰富了干部职工的文化生活。特别是今年的“再创辉煌”机关新年联欢会，主题鲜明，形式新颖，内容丰富，高潮迭起，将“机关建设月”活动推向了高潮。各部门精心设计，精心组织。精彩的表演充分展示了机关干部职工蓬勃向上、奋发有为的良好精神风貌。

第四，机关整体建设上了新台阶。

机关内部建设突出服务与管理并重的原则。办公厅加快了对机关局域网的升级改造。进一步加强了网上爱国主义教育基地建设，开通以孙中山、周恩来、刘少奇、朱德、罗瑞卿、粟裕、张云逸、谭政、雷锋等历史人物以及抗日英烈纪念馆，建设开通“918事变、辛亥革命、长征”纪念馆。先后为66名抗击非典英烈建立网上纪念馆，表达了网友对广大白衣战士在抗击非典中所表现出来的崇高的职业道德和高尚情操的敬意。去年11月，为纪念毛泽东同志诞辰110周年，联合国内110家中文网站，共同在网上开展了“纪念毛泽东诞辰110周年”主题活动，号召广大网友瞻仰网上毛泽东纪念馆并献花和留言，以表达纪念和缅怀之情，学习和发扬毛泽东同志等老一辈革命家的崇高精神和高尚品德，凝聚和振奋民族精神，为全面建设小康社会而努力奋斗。去年2月，“中国共青团”网站被国家经贸委信息中心、信息产业部信息化推进司、政府上网工程服务中心联合授予“政府上网工程网站建设示范单位”荣誉称号。制定了《团中央机关其他资金管理办法》和《关于团中央机关部门负责日常管理工作的全国性青年社会团体有关财务管理的指导意见》。办公厅和服务局组织进行了机关固定资产清查工作，摸清家底，为实行定员定额管理打下了基础。服务局完成中直经济适用房和腾退旧房出售工作。机关有64名同志购买了中直经济适用房，有36名同志购买了腾退的旧房，彻底解决了机关无房职工住房问题。同时，协助机关干部职工办理新房、二三轮房的入住、购房、贷款、支取公积金和住房补贴等手续。已协助机关30余名同志办理了购房贷款手续，170名同志办理了公积金、住房补贴的支取。机关班车改革如期完成。在广泛调研的基础上，采取实地测距、网上定位等方式，对机关干部职工住地至机关的距离进行公里数核实。完成了机关办公楼西边电梯更换任务，改善了机关的办公条件。完成了机关单身宿舍翻扩建工程的基础施工任务。完成了机关食堂操作间和餐厅的改造装修工作，元旦后已正式营业。北戴河培训基地综合培训楼如期竣工并通过质量验收，去年暑期正式投入使用，接待机关干部职工及其家属和直属单位职工及其家属150人次。

进一步加大了对灵丘的帮扶工作力度。团中央直接投入资金126万元，捐赠物资价值200万元，在全国率先建立了4个农村青年中心，实施、援建了农业及有关项目20个。机关各部门积极承担帮扶项目，各尽所能，帮扶工作开展得扎实活跃，成效显著。

二、推动机关整体建设和共青团工作实现新发展

2004年是全团贯彻落实团十五大提出的各项任务的关键一年，是全面贯彻落实《全面建设小康社会进程中共青团工作战略发展规划》的开局之年。我们要全面贯彻“三个代表”重要思想，立足新起点，创造新业绩，不断推动机关整体建设实现新发展，努力开创共青团工作新局面。

第一，全面加强机关党的建设。

机关党委2004年工作的总体思路是：以邓小平理论和“三个代表”重要思想为指导，深入贯彻党的十六大和十六届三中全会精神，在中直工委和团中央书记处的领导下，大力弘扬求真务实精神，大兴求真务实之风，坚持党要管党、从严治党的方针，紧紧围绕全党全国工作大局，全面加强机关党的思想建设、组织建设和作风建设，进一步提高党组织的创造力、凝聚力和战斗力，团结带领广大党员立足新起点，开创新局面，为实现全面建设小康社会的宏伟目标做出新贡献。

——开展行之有效的主题教育活动。一是以“大力弘扬求真务实精神、大兴求真务实之风”为主题，在机关党员职工中开展学习教育活动。组织党员职工认真学习胡锦涛总书记在中央纪律检查委员会第三次全体会议上的重要讲话精神，从实现全面建设小康社会宏伟目标的战略高度，充分认识大力弘扬求真务实精神、大兴求真务实之风的极端重要性，一步一个脚印地做好工作，扎扎实实地为共青团工作和青少年事业的发展，为改革开放和现代化建设多做贡献。机关党委将专门下发通知，各部门要结合实际，认真贯彻落实，力求实效，不搞花架子，做到有目标，有措施，有督促，有检查。机关党委将把这项活动作为达标考核的重要内容和评选先进的重要依据之一。二是在机关全面开展以学习实践“三个代表”重要思想为主要内容的保持共产党员先进性教育活动。按照中央的统一部署，贯彻落实中直工委的要求，部署好保持共产党员先进性教育活动的准备工作，统一安排、协调机关各支部做好调查摸底、健全基层党组织、培训骨干等工作。对学习培训、民主评议、整改提高等阶段的工作进行督察、指导。在教育活动的每个阶段，注意总结经验，充分发挥基层党组织的战斗堡垒作用和广大党员的先锋模范作用，切实解决党员队伍中存在的一些突出问题。三是在机关评选学习“三个代表”重要思想“最佳学习活动”。充分调动党支部的积极性和创造性，推动党支部从实际出发，在总结过去学习“三个代表”重要思想好的做法基础上，与时俱进，大胆探索，在学习方式、方法上创新，不断提高学习效果。

——加强制度建设。制度建设带有根本性、全局性、稳定性和长期性。加强机关党的建设必须依靠制度的保障。坚持党支部达标考核制度，把达标考核情况与评选先进直接挂钩，未达标的支部不能参加先进党支部的评选，同时要提出整改要求。要进一步完善考核内容，改进考核方式，提高考核效率，使达标考核更加规范、更加科学，充分调动党支部的积极性。坚持信息反馈制度，各支部每季度要对本部门干部职工的思想状况进行一次分析，认真填写《干部职工思想分析登记表》，及时报机关党委。坚持党的民主集中制，加强对各部门民主生活会的管理，定期召开民主生活会，开展批评与自我批评，规范党员干部述职述廉内容，有针对性地解决党员干部在思想、工作、学习等方面存在的问题。在讨论重要问题前，要广泛征求群众意见，增加透明度，提高决策的民主化和科学化。坚持"三会一课"制度，抓好党支部大会、党员大会、党小组会、党课教育等党内生活制度的落实，严格党的组织生活，严格党的政治纪律，保持党的先进性和纯洁性。要建立健全党风廉政建设谈话制度、任前谈话制度、诫勉谈话制度，关口前移，防微杜渐，警钟长鸣，不断提高党员干部的思想觉悟，教育党员干部养成廉洁从政的习惯。

——培养机关团队精神。落实周强同志关于培养机关团队精神的要求，广泛开展培养机关团队精神的群众活动，使机关干部职工热爱团队，团结协作，相互支持，追求共同目标，完成共同任务。一是以"发扬团队精神，再创一流业绩"为主题，在机关局域网上继续举办网上论坛。就团队精神进行大讨论，使机关干部职工充分认识到：一个人的人生价值只有与党的事业、团的事业相结合才会光明伟大；一个人的成长进步只有与团队的整体作为相结合才会更好更快；一个团队的地位始终取决于它的作为。作为团中央的一个部门、一名成员，一定要结合本部门的业务和全团的中心任务，在推动工作中实现自身的价值。二是开展体育比赛。开展依靠集体力量和智慧的体育比赛项目，增强大家的集体荣誉感，提高对于"团结就是力量"的认识和理解。加强机关已有的足球队的建设，增加新生力量，利用业余时间与其他单位进行经常性的友谊赛。以部门为单位组织篮球队，利用业余时间进行部门间友谊赛，并使之成为每年春秋季的经常性活动。继续开展大家普遍欢迎的体育比赛项目，如乒乓球、台球、扑克等。三是组织干部职工开展健身活动。每月利用周末时间组织一至二次机关干部职工集体爬山运动。通过这一活动，既锻炼体魄，又增强团队精神，同时还加强机关干部职工的交流和了解。四是充分发挥新年联欢会的作用。在以往的基础上进一步加强对新年联欢会的组织和引导，转变思路，强化集体参与意识和团结争先精神。

第二，进一步加强机关内部建设。

围绕优化办公秩序、办公环境，着力提高机关内部管理水平。要加强信息网络建设。继续推动"共青团县县上网"工程建设，完成共青团系统网站统一信息发布与管理系统平台建设任务，建设开通共青团团内电子邮局，建设共青团视频会议系统。对团中央机关局域网进行升级改造，建设和完善机关内部工作网站。继续抓好网上爱国主义教育基地建设。围绕纪念邓小平同志诞辰100周年，展开网上纪念活动。继续完成网上老一辈无产阶级革命家纪念馆建设工作。进一步推动"我们的文明"主题系列活动。要规范公文管理。目前，送出去的文件个别时候还存在校对不准的问题。文件体现团中央的公文水平，我们要一丝不苟，精益求精，进一步提高公文质量。要加强财务预算管理，抓好预算执行，强化核算工作，保证财务职能有效运转。要抓好安全保卫工作，强化干部职工的安全意识和责任意识，坚持"谁主管，谁负责"的原则，把安全责任制落到实处。机关后勤部门要继续强化服务意识，创新服务手段，提高服务水平，为机关干部职工多办实事，多办好事。机关新食堂已正式开业，受到大家普遍好评。要成立机关伙食管理委员会，对餐饮卫生、质量等进一步加强管理，让机关干部职工吃得满意。抓好机关单身宿舍翻扩建工程，力争年底竣工交付使用，解决单身职工的后顾之忧。做好职工住房的有关工作，为购买腾退旧房的同志办理产权证。关心机关干部职工健康状况，进一步加强干部职工的卫生保健工作，一年一次体检，关注并预防“三高”群体，努力提高干部职工的身体素质。

同志们，我们已经豪情满怀地迎来了新的一年。让我们紧密团结在以胡锦涛同志为总书记的党中央周围，高举邓小平理论和“三个代表”重要思想伟大旗帜，与时俱进，开拓创新，扎实工作，奋发进取，推动团中央机关整体建设和各项工作在2004年取得更加辉煌的成就！

杨岳在全国高校共青团服务大学生就业创业工作会议上的讲话

2004年2月26日，根据录音整理

刚刚过去的2003年是我们党和国家发展史上不平凡的一年，也是共青团事业发展中不平凡的一年。共青团高校战线以邓小平理论和“三个代表”重要思想为指导，以素质拓展计划为统揽，各项工作蓬勃发展，扎实推进，继续保持了良好发展的态势。特别是在防抗非典斗争中，高校共青团战线的同志们以高度的政治责任感，在学校党政的领导下积极主动地做细、做实各项工作，为夺取防抗非典斗争胜利做出了积极的贡献。在这里，我首先代表团中央书记处向同志们一年来的辛劳和取得的成绩表示慰问和祝贺！向长期以来关心共青团事业的湖北省委、省政府和为这次会议召开给予大力支持的武汉大学和湖北团省委表示衷心感谢！

这次会议的主题是服务大学生就业创业。确定这样一个主题，就是要求学校共青团战线要始终坚持以邓小平理论和“三个代表”重要思想为指导，深入学习贯彻党的十六大和十六届三中全会精神，适应新形势，研究新情况，探索新思路，围绕中心，服务大局，以能力建设和机制建设为重点，大力加强服务大学生就业创业工作。

刚才，部分团省委和高校团组织负责同志围绕服务大学生就业创业总结交流了经验，很受启发。借此机会，我就共青团服务高校大学生就业创业工作谈三点意见。

一、增强做好服务大学生就业创业工作的责任感和紧迫感

党中央、国务院高度重视就业和再就业工作，高度重视大学生就业创业工作。胡锦涛总书记多次强调要求各级党委、政府以及教育、人事、劳动等有关部门把促进高校毕业生的就业和创业作为一项十分重要的工作，全力以赴地抓好。去年，国务院召开常务会议专题研究毕业生就业工作。温家宝总理强调指出，毕业生就业工作是一个涉及全局的重大问题，解决好了既有利于社会的稳定，也有利于促进经济发展，必须全力以赴地做好。中央政治局委员王兆国同志也多次作出重要批示，要求共青团组织做好服务大学生就业创业工作。党的十六届三中全会审议通过的《中共中央关于完善社会主义市场经济体制若干问题的决定》中，进一步提出“把扩大就业放在经济社会发展更加突出的位置”，强调“政府要实施积极的就业政策”。作为党的助手和后备军，共青团组织要充分认识做好这项工作的重要意义，进一步增强做好这项工作的责任感和紧迫感。

首先，做好大学生就业创业工作，是实现全面建设小康社会奋斗目标的要求。党的十六大制定了全面建设小康社会的宏伟目标。实现这一宏伟目标，需要数以亿计的高素质劳动者、数以千万计的专门人才和一大批拔尖创新人才。在我国7亿多庞大的从业人员中，高层次人才稀缺。大学生是现代化建设所需要的高层次人才队伍的后备军。2003年我国高等教育的毛入学率达到15%，高等教育已经进入大众化阶段。高等教育从精英化到大众化是社会进步的标志。但是从横向上比较，我国的高等教育事业还有一定的差距，从毛入学率方面看，世界平均水平为17.8%，发达国家为61.1%。2002年我国25—64岁劳动力人口中，具有高等教育学历的比例仅为5.2%，1999年OECD国家这一指标的平均值为24%，超过我国4倍。我国具有本科以上学历的高层次人才比重仅为1.38%，总人数尚不足1000万。人才资源是第一资源。大学毕业生接受了相关专业的系统学习和训练，具有一定的理论水平和实践能力，是人才资源中的优秀群体，是全面建设小康社会、实现中华民族伟大复兴的生力军。将生力军培养成主力军，把人口压力转化为人力资源优势，将潜在的人才资源转化为现实生产力，必须建立在就业创业这个平台上。没有这个平台，人才的优势就发挥不出来；这个平台的质量不高，人才的优势就发挥不好。共青团组织服务大学生就业创业，本质上是人力资源配置过程，根本上就是为人力资源的开发和转化铺路搭桥，为现代化建设源源不断地输送人才，为实现全面建设小康社会奋斗目标贡献力量。

其次，做好大学生就业创业工作，是服务改革发展稳定大局的要求。胡锦涛总书记指出："做好就业和再就业工作，关系到人民群众的切身利益，关系到改革发展稳定的大局，关系到实现全面建设小康社会的宏伟目标，关系到实现全体人民的共同富裕。"他还进一步指出："就业是民生之本，是人民群众改善生活的基本前提和基本途径。我们必须坚持把促进就业作为关系改革发展稳定全局的重大战略任务，实行促进就业的长期战略和政策。"高校毕业生是整个社会中充满活力、富于创造的群体，是国家宝贵的人才资源。他们知识层次高、活动能力强、对社会影响力大，是国家现代化建设的重要力量，也是关系社会稳定的重要因素。高校的稳定关系到社会的稳定。高校毕业生就业创业工作，既对毕业生群体本身的思想、行为产生影响，也会延伸到学校，对在校大学生的思想、行为产生影响。做好这项工作，直接关系到学校稳定和社会安定。各级团组织必须充分认识到高校毕业生就业创业工作的极端重要性，认识到做好就业工作的艰巨性、复杂性和长期性，进一步增强政治意识、大局意识、责任意识，扎实做好大学生就业创业工作。

第三，做好大学生就业创业工作，是竭诚服务青年学生成长发展的要求。胡锦涛总书记在同团中央新一届领导班子成员和团十五大部分代表座谈时要求广大团干部要忠诚党的事业，热爱团的岗位，竭诚服务青年。服务青年，就要急青年之所急，想青年之所想，忧青年之所忧。青年学生最迫切的愿望就是成才、发展，在祖国现代化建设的进程中建功立业。而就业创业，是他们得以成才和发展的重要前提，是关系到青年学生切身利益的一件大事。共青团组织要把服务青年学生就业创业作为竭诚服务青年学生的具体举措，作为学校共青团工作的重要内容，贯穿于促进青年学生成长发展的全过程。要通过抓好就业创业服务，有效地激发大学生的学习热情，有效地引导大学生参与素质拓展，有效地带动他们不断提高综合素质。共青团组织要通过服务大学生就业创业，进一步延伸共青团组织的工作手臂，拓宽共青团组织的工作领域,强化共青团组织的社会职能,从而更好地联系青年、服务青年、凝聚青年,团结带领青年学生树立远大目标,坚定理想信念,永远跟党走中国特色社会主义道路。

二、服务大局,着力建设,扎实推进服务大学生就业创业工作

2004年,全国高校毕业生将达到280万人,比2003年净增68万,增幅为32%,加上过去数年未能就业的一部分毕业生沉淀到下一年度竞争就业岗位,2004年全国实际需要就业的普通高校毕业生突破300万人。总体上看,我国劳动力总量供大于求的局面将会长期存在,就业再就业工作的压力很大。据劳动和社会保障部统计,"十五"期间,我国每年城镇需要安排的就业人数将达到2300万人左右,1.5亿到2亿农村富余劳动力中,每年向城镇转移的规模约为1000万人,这1000万劳动力要在城市竞争就业岗位,并且在某些行业有较强的竞争力。专家预测,2004年,城镇和农村所需要的就业岗位约为3400万个,而社会能够提供的就业岗位约为900—1000万个。也就是说,300万大学生将和3000多万城乡劳动力一道竞争900—1000万个就业岗位。因此我们说今年大学毕业生就业工作的压力和难度相当大,就业形势相当严峻。

共青团服务大学生就业创业,既是党交给我们的一项光荣任务,也是共青团组织大有作为的工作领域。我们要充分依靠共青团的政治优势、组织优势和人才优势,在服务大学生就业创业工作中发挥重要作用。做好大学生就业创业工作,需要把握大学生就业创业的特点和规律。专家指出,一个国家的高等教育进入大众化阶段以后,在毕业生就业创业方面,呈现出这样几个鲜明的特征:一是大学毕业生就业从精英走向大众;二是大学生人才市场从卖方转向买方;三是大学毕业生就业向第三产业倾斜;四是大学生就业初期失业率相对较高。这次会议召开之前,我们组织力量到全国部分高校作了专题调研。从2003年大学生毕业情况看,大学生就业呈现这样一些特点:学历层次越高,就业越好;毕业生就业地点选择呈现出层次性;计算机等原有热门专业热度趋缓,制造和现代服务业相关需求增加;毕业生就业观念逐渐趋于理性;实践经验和综合素质成为毕业生就业的核心竞争力;未就业本科生中"有业不就"和"隐性就业"者增多。在此基础上,我们对2004年大学生就业工作的态势作如下分析:毕业生流动性增强,更多的毕业生将实现跨省和跨地区就业;到西部、到基层、到艰苦地区去工作,将成为更多毕业生的选择;自主创业的毕业生人数可能上升;经济困难群体和高职、专科毕业生就业难问题进一步显现。鉴于此,当前和今后一个时期,共青团组织服务大学生就业创业工作要抓住两个着力点:一是服务就业,二是推动创业。要把这两项工作放到同等重要的位置,在以下三个方面做好工作。

一要转变就业观念,培养创业精神。大学生择业就业的一个显著特点是"刚性就业",也就是说大学生一般要选择待遇、条件较好、发展空间较大的行业、岗位和地区就业。在市场经济条件下,进行双向选择,无论是大学生还是学生家长,做出这种选择是可以理解的,也应当得到尊重。问题在于陈旧的观念、狭窄的视野,使大学生的就业创业受到很大局限。从2003年就业情况看,在地域选择上,东部9省区仍然是毕业生比较集中的地区。以中央部委所属高校为例,毕业生在东、中、西部地区就业分布比例分别为61%、23%、16%,比较集中的省市为上海、江苏、广东、北京、浙江等。在职业选择上,新浪网进行了一项调查:刚走出校园的你,在找工作时首选什么?共有6070人参加。结果显示,首选"公司、企业"的占59.14%,选"政府部门、国家机关"的占26.21%,选"个人自主创业"的占6.08%。这两组数据在一定程度上反映了大学生择业观念存在的问题:一是对到西部欠发达地区和到基层就业发展缺乏正确的认识;二是对岗位的选择视野比较狭窄;三是自主创业的信心和动力不足。可以说,观念已经成为影响大学生择业就业创业进而形成社会就业压力的一个重要原因。

服务大学生就业创业首先就要帮助青年树立科学的人才观和正确的就业观,要努力帮助大学生把观念转变到投身西部、基层,投身祖国和人民最需要的地方去建功立业上来;转变到灵活就业,先就业、后择业的动态就业上来;转变到行行出状元,"干一行、爱一行、干好一行"的敬业观念上来。同时要把培养创业精神、增强创业意识,作为转变就业观念的重点。这既符合形势发展的需要,符合大学生素质的特点,也体现了大学生的社会责任感。在劳动力供大于求矛盾十分尖锐并将长期存在的情况下,应着力通过加强人力资源能力建设、培养创业型人才来促进经济发展,创造就业岗位,努力把我国人力资源优势转化为经济社会发展的优势。要最大限度地开发大学生人力资源,营造鼓励创业的政策环境,建设矢志创业的校园文化,培养大学生的创业观念和创业精神,使创业成为大学生的高度共识和共同志向。在这方面,国外知名大学的经验值得借鉴。美国 MIT"始终坚持将发明和实业结合的传统","绝不允许将科学上的新发现和技术上的新成就闲置在实验室里或书架上",鼓励学生勇于探索,支持学生以实业家的眼光大胆实验。根据一家大银行的调研报告《MIT 创新之硕果》,MIT 人先后创办了 4000 个实业,雇员达 110 万人,利润高达 2320 亿美元,相当于世界排名前 20 位的经济强国。

培养大学生的创业观念,建设创业文化,一要紧紧抓住职业设计导航这个切入点。要立足于创业这个大前提,努力使之成为职业设计导航的中心思想,围绕创业进行人生职业生涯设计。二要树立创业典型。去年我们组织开展了大学生创业典型进校园活动,引起了广大同学的强烈反响。要进一步挖掘和树立大学生成功创业的典型,总结创业经验,传播创业观念,弘扬创业精神。

二要提高就业能力,推动创业实践。当前,大学生就业压力有两种基本表现形式。一种是"有业不就",另一种是"无业可就"。前者主要受观念影响,后者主要是能力素质以及机遇方面的问题。服务大学生就业创业,要在帮助大学生转变就业观念的同时,着力帮助大学生提高能力素质。

1. 抓好素质训练。开展素质训练是大学生素质拓展计划的重要环节。要把提高大学生的就业创业素质作为开展综合素质训练的重点。要立足职业发展对能力素质的要求,精心设计就业创业能力素质的培训内容,科学地组织实施素质训练,形成能适应某一类职业或某一岗位需要的完善的素质结构,提高大学生就业创业的竞争力。要积极引入职业培训的最新成果,大力加强与专业培训机构的合作,使校内的能力素质培训与社会的需求同步并轨。

2. 大力实施大学生就业见习行动。实践是育人的有效途径。要通过实施大学生就业见习行动,增加大学生的"职业经历",学习择业就业技巧,引导大学生在实践中提高就业能力,积累择业就业经验。要着眼长远、重在实践,把大学生引导到努力提高素质能力上来,引导大学生到基层广阔天地中就业创业、成才发展。这次会议上,学校部将就这项工作作重点部署。各地、各高校要抓住契机,整合资源,全力组织实施好这项重点工作。

3. 支持大学生创业实践。网上曾有过一次调查,90% 的大学生认可"自主创业",但参与过创业实践的只有 2% 。这一方面表明,随着社会形势的发展变化,越来越多的大学生已经意识到应该走自主创业的道路;另一方面也表明,大学生还没有把创业的知和行统一起来,总体上看,大学生的创业实践还处于起步阶段,还处于比较低的形态。在学校党政的支持下,我们要加大力度,鼓励大学生自主创业,支持大学生创业实践。大学生创业实践活动,要与专业学习相结合,形式要多种多样。既可以在校内,也可以在校外;既可以是模拟创业,也可以像华中科技大学的"梧桐雨"那样进行真实的创业。要以创业计划竞赛为载体,以竞赛的形式进行系统的创业教育、创业指导和培训。要积极争取学校党政支持,动员社会各界力量,完善机制,制定政策,提供保障,创造条件,鼓励广大青年学生参与创业实践。

三要构建就业平台,完善创业体系。实现就业或创业,是一个大前提。在这个大前提下还有一个不容忽视的问题,那就是这个群体是否实现了人力资源的合理配置。我们既要实现理想的就业率,协助党和政府把就业压力减下来,还要关注就业创业的质量,实现人力资源的合理配置、最优化配置。能否实现最优化配置,受制因素很多,其中很重要的一条就是在配置的过程中,在择业、创业过程中,是否有较宽裕的选择空间和足够的信息量。可选择的余地较小,信息不对称,是造成大学生"有业不就"或"无业可就"的重要原因。因为在"有业不就"或"无业可就"的背后,隐含着这样一个事实:一方面大学生认为社会为他提供的岗位不理想,而他又缺乏找到理想工作岗位的途径;另一方面,用人单位由于信息不畅,又苦于招不到理想的大学生。因此,在大学生和用人单位之间构建起就业创业平台,既是着眼于解决大学生就业创业问题的机制建设,更是着眼于优化大学生人力资源配置的关键问题。做好这项工作,对于大学生和用人单位都很有意义。一是要想方设法,拓宽大学生就业创业渠道,尽可能多地、尽可能广地为大学生提供选择的机会。二是要借助互联网络的优势,完善就业信息网络。结合大学生就业见习行动,团中央、全国学联将建设"大学生就业见习行动网"。各地要充分利用好这一网站和其他团学组织的网站,向毕业生提供就业政策指导和用人单位信息,向社会用人单位提供高校毕业生的信息。三是要延伸传统工作手臂,加大推荐力度,将传统工作项目与推荐优秀人才紧密结合起来。四是要充分发挥好大学生素质拓展证书的作用,为大学生科学地认识自身的素质结构,为用人单位选拔所需人才,提供科学、权威、规范的指导和依据。

引导大学生参与创业实践,既需要有活动载体,也要构建服务大学生创业的服务体系。要构建创业服务体系,一是提供政策支持。近年来,为了鼓励大学生创业,国家出台了一系列优惠政策。特别是2003年,是新中国成立以来国家出台就业创业政策最多的一年。国务院出台的11项政策措施,确立了毕业生就业创业工作政策的基本框架。湖南、广东、天津、辽宁、河北等不少地方也因地制宜,出台了一系列配套政策措施,鼓励大学生自主创业。要配合有关方面做好这些政策的落实工作,并紧密结合实际,联合有关部门研究出台和落实新的促进大学生创业的政策法规。二是提供项目支持。要为大学生创业推荐可供选择的项目,尊重学生的选择,以学生自主选择的项目为主,加强创业指导,组织力量为大学生创业实践提供必要的智力支持。三是争取资金支持。资金是制约大学生创业的瓶颈。有条件的地方,可以募集社会资本,本着双赢的方针,探索建立大学生创业基金,为大学生创业提供支持。此外,还要通过创业计划竞赛等活动,广泛动员社会力量,引入风险投资。

三、狠抓落实,务求实效,把服务大学生就业创业工作落到实处

胡锦涛总书记在中央纪律检查委员会第三次会议上发表的重要讲话指出,在全党要大力弘扬求真务实精神,大兴求真务实之风。求真务实，这是推进党和国家各项工作的一个十分重要而又具有基础性、根本性意义的重大问题。各级团组织要始终坚持党的优良传统和作风，以求真务实的精神，真抓实干，注重实效，扎实做好服务大学生就业创业工作。

一要推进重点项目。2003年团中央、教育部、人事部和财政部联合实施的“大学生志愿服务西部计划”，中组部、人事部、共青团中央、中编办、教育部实施的“选拔优秀毕业生到西部基层工作”以及中宣部、中央文明办、团中央、文化部共同实施的“百县千乡宣传文化工程”志愿服务行动等项目，成效明显。数万名大学生参与活动，广大青年学生中唱响了“到基层去、到西部去、到祖国最需要的地方去建功立业”的主旋律。部分省市结合本地实际，实施了地方项目，比如湖北省“村村有大学生工程”、北京市“大学毕业生基层志愿服务团”、广东省“大学生志愿服务山区计划”、辽宁省“大学生志愿服务辽西北计划”、河北省“大学生志愿者健康行动计划”、上海市“沪郊就业工程”等，得到广大毕业生的积极响应，对毕业生就业工作起到了积极的推动作用，共计4090名毕业生参加了9省市实施的地方项目。今年，团中央将协调有关部门，加大工作力度，扩大项目规模。各级团组织要认真组织好国家和地方实施的重点项目，总结经验，巩固成果，全力推动。还没有推出省内项目的地方，要加大力度，加强协调，推动符合本地实际的省内项目的实施。要适应新形势，研究新特点，推出新举措，通过实施重点项目，有效地解决困难，推动大学生就业工作。

二要健全服务体系。共青团组织服务大学生就业创业最重要的是要动员各方，整合资源，明确服务重点，突出服务特色，提高服务能力。要把握大学生就业创业的关键环节和关键问题，构建服务体系，把服务落到实处，求得实效。一是建设就业信息服务网络。要加强与政府有关部门、企事业单位和就业中介机构合作，充分利用信息化手段，进一步推动服务大学生就业的信息系统和专门网站建设。二是开展教育培训。要以市场为导向，有针对性地开展职业技能培训，特别要针对大学生就业创业的实际需要，开展“订单式”的教育培训，加大培训力度，提高大学生的就业能力。三是加强实践训练。加强就业见习基地的建设和创业实践基地的建设，为大学生提供舞台，帮助他们锻炼能力，增长才干，增强就业创业本领。

三要加强机制建设。周强同志在团的十五届二中全会提出要进一步加强团的机制建设的要求。加强机制建设，对于服务大学生就业创业工作具有很强的现实针对性，是做好这项工作的重要保证。加强服务大学生就业创业工作的机制建设，最根本的就是以大学生素质拓展计划为统揽，以提高就业创业能力为目标，把服务大学生就业创业的各项工作分解、落实到素质拓展计划的各个环节中去，形成以服务就业创业为主题的全员性、全程性、系统性、导向性的素质拓展计划运行机制。要逐步建立并完善教育引导、技能培训、实践锻炼、社会评价等有效的工作体系和运行机制，确保各项服务工作落到实处。

同志们，做好服务大学生就业创业工作，事关改革发展稳定大局，既是一场攻坚战，也是共青团组织适应深化社会主义市场经济体制改革要求，加强团的机制建设，从而更好地凝聚青年、服务青年的有利契机。让我们高举邓小平理论和“三个代表”重要思想的伟大旗帜，更加紧密地团结在以胡锦涛同志为总书记的党中央周围，与时俱进，求真务实，开拓创新，以大学生素质拓展计划为统揽，扎实做好服务大学生就业创业工作，团结带领广大团员青年为实现全面建设小康社会的宏伟目标贡献青春、智慧和力量！

动员组织广大青少年积极参与艾滋病防治工作

——杨岳在全国艾滋病防治工作会议上的发言

2004年4月7日

各位领导,同志们:

国务院下发《关于切实加强艾滋病防治工作的通知》(以下简称《通知》)。各级共青团组织将认真贯彻落实《通知》精神和吴仪同志讲话要求,以开展"青春红丝带"行动为重点,立足社区,强化宣传教育,配合有关部门做好青少年艾滋病防治工作,突出抓好以下四个方面工作。

一、面向广大青少年,开展形式多样的宣传教育活动

动员和组织青年志愿者,运用媒体、橱窗、宣传材料、专题讲座等多种形式,深入开展防治艾滋病宣传教育活动。一要抓载体。运用"青年文化节"、"童心红丝带"、"红丝带装点校园"等活动形式,面向农村和城市青年、少年儿童等不同群体,增强宣传教育的针对性和实效性。二要抓阵地。依托青年中心、青少年宫、青少年法律学校、社区知心家庭学校、热线电话、共青团少先队新闻媒体等工作阵地,开展青少年防治艾滋病宣传教育工作。三要抓骨干。通过聘请青年公众人物、招募业余和专业青年志愿者、培养社区青少年同伴教育骨干等方式,建立专兼职相结合的工作队伍。四要抓契机。充分利用"世界艾滋病日"、"国际志愿者日"、"世界卫生日"等契机,深入社区、街道、娱乐场所、车站、码头等公众场合,开展大规模的宣传教育活动。

二、针对重点地区和高危群体,采取积极的行为干预措施

着眼于重点地区、重点行业和高危群体,开展青少年"面对面"沟通交流活动,逐步建立经常化的行为干预工作机制。一是把艾滋病防治综合示范区作为当前预防的重点,建立乡(镇)、村两级防治艾滋病青年志愿者小分队,深入社区、村庄,每年开展一至两次"面对面"沟通交流活动。二是把进城务工青年特别是服务行业人员作为重点群体,通过实施"千校百万"培训计划、免费发放安全套及宣传资料、开展同伴教育等方式,普及防治知识,减少高危行为。三是把城市社区闲散青少年作为重点群体,利用闲散青少年信息管理系统,依托城市社区青年中心,组织青年志愿者每年开展一次预防艾滋病结对教育。

三、关怀艾滋病病人及家属,提供有效的帮助和服务

充分发挥共青团组织优势,组织团员青年,动员社会力量,为艾滋病病人及其家属提供社会关怀。第一,开展"多助一"和"一助一"青年志愿者服务活动。组织、招募专业青年志愿者队伍,深入社区、医院、家庭,为艾滋病病人及其家属提供医疗护理和咨询服务,解决他们的实际困难。第二,依托"青少年维权岗"创建活动,保护艾滋病病人及其家属的合法权益。动员组织"青少年维权岗"创建单位和相关社会力量,为艾滋病病人及其家属提供就业、教育、社会保障等多方面的维权服务。第三,发挥"希望工程"和"中国青少年预防艾滋病公益基金"的作用,关爱艾滋病患者遗孤成长。进一步呼吁社会关心和重视艾滋病患者遗孤,将他们纳入"希望工程"资助范围,动员吸纳社会资源,为解决艾滋病患者遗孤的生活和学习困难提供帮助。

四、减少艾滋病蔓延的社会因素，营造有利于防治艾滋病的社会环境

优化青少年成长环境，巩固艾滋病防治工作的社会基础。一是深入开展“社区青少年远离毒品行动”。通过组织一系列声势浩大的宣传活动，教育青少年拒绝毒品，减少艾滋病的毒源传播途径。二是配合有关部门对淫秽“口袋书”及不良出版物开展专项整治活动。建立遏制淫秽出版物侵蚀青少年的有效机制，帮助青少年树立正确的性道德、性观念，优化青少年预防艾滋病的文化环境。三是创建“未成年人零犯罪社区”。立足基层积极预防青少年高危行为，化解与艾滋病有关的社会纠纷，为维护社会稳定多做贡献。四是开展“青年文明社区”创建活动。通过开展群众喜闻乐见、健康向上的文化活动，倡导社区公益和邻里互助，平等对待艾滋病病人，培育有利于遏制艾滋病传播的安全、和谐、文明、友爱的社区环境。

总之，我们要在国务院防治艾滋病工作委员会的统一领导下，认真履行职责，狠抓落实，务求实效，为防控艾滋病在我国的蔓延，维护国家发展、稳定大局，全面建设小康社会做出新的贡献。

杨岳在全国网吧等互联网上网服务营业场所专项整治工作协调小组全体会议上的发言

2004年5月18日

各位领导，同志们：

全国网吧等互联网上网服务营业场所专项整治工作电视电话会议以来，共青团中央按照国办发[2004]19号文件的总体部署和陈至立同志的讲话要求，认真贯彻落实会议精神，把参与网吧整治和青少年网络文明教育作为全团的一项重点工作，切实采取有效措施，狠抓落实。

第一，认真学习领会中央精神，迅速研究部署。团中央书记处对专项整治工作高度重视，电视电话会议结束之后，立即召开会议，认真学习中央领导同志的重要批示和会议的精神，从牢固树立和落实科学的发展观，坚持以人为本，促进广大青少年健康成长的高度，充分认识开展网吧整治工作的重要性和紧迫性，并就共青团配合整治行动的有关工作进行了专题研究，决定联合中央综治委预防青少年违法犯罪工作领导小组办公室、全国学联、全国少工委开展“青少年网络文明行动”，下发了活动通知。各级团组织配合文化部门，迅速行动，有针对性地制定工作方案。例如，福建的“阳光上网计划”、广东的“网络文明同伴行”、山东的“未成年人自觉远离网吧”等活动，都是针对未成年人进入网吧等突出问题而采取的综合性措施。

第二，立足基层，狠抓落实，深入开展青少年网络文明教育。团中央把3月20日作为“青少年网络文明行动日”，正式启动全国青少年网络文明教育活动，专门划拨20万元工作经费，印制了30多万套卡通画册、书签、周记、宣传画等材料，各地也印制一大批宣传材料，发放到青少年手中。两个多月来，各级团组织以“遵守文明公约、拒绝不良诱惑、安全健康上网、自觉远离网吧”为主题，开展了大规模的宣传教育活动，掀起了青少年网络文明教育的高潮。主要有以下几个特点。

一是教育和疏导相结合，引导未成年人自觉远离网吧。各地广泛动员组织青年志愿者深入社区、学校、广场，通过发放宣传资料、现场咨询、举办小型展览等形式，深入宣传《互联网上网服务营业场所管理条例》等法律法规。北京、河南、广东、甘肃等地组织中小学生以“远离网吧”为主题，开展签名、宣誓、主题团日队会等活动，学习有关法律法规。吉林、贵州、江西等地的团组织，利用学校和社区的资源，探索建立非营业性的互联网上网服务场所，为未成年人营造安全文明的上网空间，引导他们远离网吧。

二是监督与自律相结合，促使网吧业主遵纪守法。目前，大部分省和地市级团组织依托“青少年维权服务热线”和“青少年维权服务中心”，设立了整治行动监督举报电话，成立了受理机构。河北、安徽、广西、甘肃等10多个省、市、区的基层团组织配合文化部门招募青年志愿者，聘请政协委员、人大代表、离退休老同志担任监督员。同时，各级团组织配合文化部门深化“安全放心网吧”创建活动，督促网吧业主遵守《未成年人保护法》、《预防未成年人犯罪法》和《互联网上网服务营业场所管理条例》，接受社会监督。许多网吧同团组织签订了“遵纪守法、文明经营”承诺书，采取了组织专门人员巡视、安装技术管理软件等措施。

三是深入宣传《全国青少年网络文明公约》，教育引导青少年健康文明上网。《全国青少年网络文明公约》简洁易记，自2001年发布后，在引导青少年文明上网方面发挥了积极作用。结合这次整治行动，各级团组织运用互联网、影视、广播、报刊等媒体，通过卡通画册、个案释评、Flash等青少年喜闻乐见的形式，广泛宣传《全国青少年网络文明公约》。组织青少年特别是中小学生开展“学公约、议公约、守公约、传公约”的主题活动，教育少年儿童从小养成良好的网络道德习惯。山东开展的“文明网上行”，江西招募的爱心大使，福建启动的未成年人上网导航等活动，形式活泼，取得一定成效。

在整治行动中，各部门密切配合，各地雷厉风行，取得了积极成效，受到人民群众的欢迎。但是，我们也看到，由于非法网吧的地点更为隐蔽、基层执法部门的力量比较薄弱，彻底解决未成年人特别是闲散未成年人进入网吧问题仍然具有一定难度。闲散未成年人是指那些失学、辍学后流浪社会的中小学生，他们大部分处于“家庭管不了、学校管不到、社会管不着”的状况，网吧尤其是非法网吧对他们具有强烈的诱惑力。闲散未成年人是教育和管理的重点，也是难点。下一步，我们将针对突出问题，积极配合有关部门，进一步推动各项措施落实到基层。

一是深入实施“青少年网络文明行动”，提高青少年的网络文明素质。利用暑假，在城市社区、农村开展一次大规模的青少年网络文明教育活动，组织青年志愿者深入宣传“两法一条例”，开展多种形式的网络文明教育；组织中小学生开展生动活泼的同伴教育、体验教育活动，培养法制观念和网络道德意识，自觉远离网吧，文明上网。加强闲散未成年人的教育、管理和服务，针对他们进入网吧、沉溺网络游戏、不道德网络聊天等突出问题，组织青年志愿者、社工和网吧监督员开展“一对一”的教育和服务，帮助引导他们远离网吧。

二是配合文化部门深化“安全放心网吧”创建活动，推动互联网上网服务营业场所的行业自律。督促网吧业主严格遵守“两法一条例”，张贴或悬挂《全国青少年网络文明公约》，建立上网巡视和提醒制度，组织专门人员在营业场所随时巡视。依据创建标准对“安全放心网吧”争创单位进行监督检查，对发现的问题及时配合行政执法部门查处。对遵纪守法、文明经营的网吧进行宣传，发挥带动和示范效应，促进互联网上网服务营业场所的行业自律。

三是探索建设公益性网吧，引导未成年人远离营业性网吧。中共中央国务院《关于进一步加强和改进未成年人思想道德建设的若干意见》明确提出:“在有条件的校园和社区内,要有组织地建设一批非营业性的互联网上网服务场所。”按照这一要求,我们将会同有关部门,深入调研,进一步总结经验,开展试点工作,利用青少年宫、社区青少年服务中心现有的网络资源,采取社会化运作的模式,探索建立一批公益性、专门为未成年人提供互联网上网服务的场所——阳光网吧,丰富少年儿童的网络文化生活,引导他们自觉远离营业性网吧。

四是动员社会力量加强监督,配合有关部门建立长期的群防群控体系。充分利用共青团现有的维权服务和举报网络,与“110”、“12315”结合起来,受理有关非法网吧的举报和投诉,并及时向有关部门通报情况。聘请社区“五老”人士(老干部、老战士、老专家、老教师、老模范)担任社会监督员,动员组织青少年特别是中小学生积极参与整治行动,为有关部门提供线索。组织共青团和少先队所属报刊、网站等媒体及时刊登专项整治行动的信息,对重点问题进行深入报道。

总之,我们要按照这次会议的部署,狠抓各项措施的落实,为推动整治工作不断深入,促进广大青少年健康成长,服务改革、发展、稳定大局做出更大的贡献!

杨岳在2004年大中专学生志愿者暑期“三下乡”社会实践活动全国电视电话会议上的讲话

2004年6月7日

今年是五四运动85周年,也是社会实践活动开展20周年。在这样的背景下组织开展“三下乡”社会实践活动,具有十分重要的意义。今天,中宣部、中央文明办、教育部、共青团中央和全国学联召开会议,部署2004年暑期大中专学生志愿者“三下乡”社会实践活动。今天的会议,是一次工作部署会,也是一次动员会。以今天的会议为标志,2004年大中专学生“三下乡”社会实践活动将全面展开。胡振民同志、袁贵仁同志将对做好今年的工作作重要讲话。我首先代表主办单位对今年的安排作一下介绍。

一、从树立和落实科学发展观的高度,认识做好今年“三下乡”社会实践活动的意义

坚持以人为本,全面、协调、可持续的发展观,是党的十六届三中全会以邓小平理论和“三个代表”重要思想为指导,从新世纪、新阶段党和国家事业发展全局出发提出的重大战略部署。“三下乡”社会实践活动,既是对青年学生进行科学发展观教育的有效形式,也是青年学生认识科学发展观,落实科学发展观,促进城乡全面、协调、可持续发展的生动课堂。通过“三下乡”社会实践活动,广大青年学生向人民群众传播现代科学文明,服务群众生产生活,在促进农民群众全面发展的同时,促进自身素质的全面提高,体现了以人为本的理念;通过“三下乡”社会实践活动,进一步密切了青年学生与人民群众、高等院校与生产一线的联系,加强了城市与农村的交流互动,促进了东、西部地区的共同发展。所以,大中专学生“三下乡”社会实践活动符合落实科学发展观的要求,符合推进素质教育的要求,具有旺盛的生命力和广阔的发展前景。各地各高校要从落实科学发展观、培养全面建设小康社会所需人才的战略高度，深入、扎实地组织开展好今年的“三下乡”社会实践活动。

二、广泛动员，突出重点，推动“三下乡”社会实践活动深入发展

今年活动的主题是“传承五四报国志，落实科学发展观”。确定这样一个主题，旨在通过“三下乡”社会实践活动，引导广大青年学生深入学习贯彻“三个代表”重要思想，继承和发扬五四运动爱国、进步、民主、科学的光荣传统，树立和落实科学发展观，把爱国热情和成才发展的强烈愿望转化为全面建设小康社会的实际行动，在实践中认识国情，奉献社会，提高素质。今年的活动要以“三个代表”重要思想为指导，突出科学发展观实践服务、农村政策宣讲、未成年人思想道德建设、博士生服务地方经济建设等主题，重点组织开展以下四个方面的活动：

第一项重点活动是大学生落实科学发展观实践服务。要按照“五个统筹”的要求，围绕农村经济社会发展实际，组织大学生与基层干部学习科学发展观，研究用科学发展观解决经济社会发展中出现的情况和问题，运用大学生的专业知识，大力开展环境保护、城镇规划、支教扫盲、心理健康、项目推广、技术攻关、品种更新、市场开拓等方面的服务活动，为农村经济社会全面、协调、可持续发展献计出力。

第二项重点活动是大学生农村政策宣讲。今年年初，中共中央、国务院正式下发了《关于促进农民增加收入若干政策的意见》，把解决“三农”问题作为全党工作的重中之重。各地各高校要紧紧围绕中央一号文件精神的贯彻落实，向农民群众宣讲与他们的生产生活密切相关的法律和政策，宣传党和国家关于促进农民增收的方针、政策、措施。今年，主办单位组织力量，编写了《农村政策50问》，将发给各地各高校，要结合实际，大力组织宣讲。宣讲中要多用通俗易懂的语言，多用群众喜闻乐见的形式，通过座谈会、文艺演出、板报、散发宣传品等方式广泛宣传，切实把党的关心送到农民群众手中。

第三项重点活动是大学生未成年人思想道德建设实践服务。“中国特色社会主义事业要靠今天的未成年人去继承，中华民族的美好未来要靠今天的未成年人去创造”。《中共中央国务院关于进一步加强和改进未成年人思想道德建设的若干意见》的制定和发布，是我们党贯彻十六大精神，切实加强思想道德建设特别是加强青少年思想道德建设的一个重大举措。要充分发挥大学生思想道德素质和科学文化水平较高的优势，动员大学生积极参与未成年人思想道德建设，向农村未成年人宣传法律知识，宣传网络文明，传授自护知识，推介优秀影片、歌曲和图书，募集捐献面向未成年人的报纸、刊物和其他读物，加强农村中小学师资培训。返乡度假的大中专学生要通过为家乡中小学生举办成才报告会，“大手拉小手”，密切长期联系，加强交流，促进共同提高。

第四项重点活动是博士生振兴东北实践服务。振兴东北等老工业基地是党中央国务院作出的一项重要战略决策。突出博士生振兴东北实践服务这项重点工作，就是要充分发挥高学历学生的知识优势，为贯彻落实这一战略做出应有的贡献。要在调研的基础上，根据地方需求，组建专业互补的博士生、硕士生实践服务团，按照项目化要求，在老工业基地技术改造、农业产业化等各个领域广泛而扎实地开展服务，力所能及地帮助地方解决困难。除了东北地区的临近省市要组织博士团服务东北外，其他省市高校也应积极组团实施这一重点项目。当然，今年除了派博士团服务东北以外，革命老区和西部地区也同样是活动的重点。各地要因地制宜，广泛动员，让高学历学生为地方经济社会发展做出更大贡献。

围绕上述四个重点，今年将重点组织100支大学生落实科学发展观实践服务团、100支大学生农村政策宣讲团、100支大学生未成年人思想道德建设实践服务团、100支博士生振兴东北实践服务团。另外，我们还将联合有关部委组织开展防治艾滋病红丝带宣传、农民精神健康促进行动等专项活动。今年全国力争动员300万大中专学生参加“三下乡”社会实践。各地、各高校要根据这样的格局进行安排部署，突出抓好面上的宣传发动和重点团队的组织。各地各高校还可根据本地经济社会发展的实际，组织开展形式多样、实效性强、教育效果好的特色活动。

三、求真务实，狠抓建设，扎实做好“三下乡”社会实践各项工作

“三下乡”社会实践活动战线宽，时间长，地域跨度大，人员流动性强，涉及面较广，活动的组织工作十分繁重，也比较复杂。各级团组织要充分发挥积极性和主动性，协同宣传、教育等部门认真细致地做好工作，特别是要注意安全，确保活动取得圆满成功。

第一，突出主题，进一步强化活动的育人功能。农村基层和广大人民群众中间蕴含着十分丰富的教育资源。实践育人是共青团的优势。我们要充分借助“三下乡”社会实践活动这个行之有效的载体，突出“传承五四报国志，落实科学发展观”这个主题，加强和改进大学生思想教育工作，形成鲜明的成才导向。各级团组织要紧紧抓住五四运动85周年的契机，通过宣传“爱国、进步、民主、科学”的五四精神，号召广大学生继承五四先贤和实践相结合、和人民群众相结合的光荣传统，积极投身“三下乡”社会实践活动。要在活动中始终坚持贯彻“三个代表”重要思想，树立和落实科学发展观，引导广大学生了解国情，体会我们党“立党为公、执政为民”的崇高境界和真挚情怀，增进对党的感情，从而更加自觉地紧跟党走中国特色社会主义道路。要喊响“同人民紧密结合，为祖国奉献青春”的口号，在实践中引导广大学生认识到，只有为国家的进步和民族的腾飞不懈奋斗的人生才是最有价值的人生，只有为人民群众的幸福生活和更加美好的未来勇于奉献的青春才是最为亮丽的青春。充分发挥“三下乡”社会实践活动的思想教育功能，为青年一代的健康成长打下牢固的思想基础，确立正确的前进方向。

第二，务求实效，多为人民群众办实事、办好事。大兴求真务实之风是新一届党中央领导集体的明确要求。落实科学发展观，重在服务。“三下乡”社会实践活动是为人民群众服务的，就一定要把好事做实，把实事做好。这些年各地的实践表明，项目化是确保活动取得实效的有效做法。各级团组织要认真按照项目化的工作要求组织开展活动。首先，活动前要采取多种方式深入调研，摸清、摸透、摸准基层的实际需求。根据这些需求，结合学校、学生的专业情况，确定切实可行的服务项目。其次，通过项目招标的方式，调动大学生的积极性，选拔确定参与实践服务的大学生。我们今年组织的400支全国级重点服务团队就将采取各省申报、项目招标相结合的方式产生，每支团队都将给予一定的经费支持，各省（区、市）也可以参照这一方式组织本地区的活动。第三，活动前期要加强培训，帮助大学生在思想上、心理上、专业上、生活上、身体上做好准备。第四，活动期间要选派教师带队，在当地党政组织的帮助下，扎扎实实地开展实践服务。活动期间一时解决不了的问题可带回学校，发动教师以及社会的力量，继续进行项目攻关。第五，活动结束后，要对项目的落实情况进行评估，及时总结交流经验。第六，要在新学期开学后，组织“实践归来话感受”主题教育活动，通过座谈会、报告会、图片展等方式，使“三下乡”活动在对学生的教育方面也取得切实的成效。

第三，加强建设，促进“三下乡”为长下乡。农民群众的需求是长期的、广泛的，特别是随着物质文化生活水平的提高，人民群众在生产、生活各个领域必然产生新的需求。这就要求我们加强建设，促进“三下乡”为长下乡，源源不断地为农民群众提供服务和帮助，为农村改革发展提供长久而强大的精神动力和智力支持。要加强机制建设，通过完善激励机制、评价机制和保障机制，充分调动大学生参与“三下乡”社会实践活动的积极性，建立每个学生每年必须参加一次为期七天以上的社会实践活动的制度，不断扩大活动的群众基础。要加强社会实践基地建设，力争每所高校、每个院（系）都在基层乡镇、村建立“三下乡”社会实践基地，为更多的同学参加社会实践提供机会和渠道。基地要多在边远贫困地区建，人才要多往这些地区派，物资要多往这些地区送，努力建立起长期的稳定的社会实践服务联系。要加强网络建设，借助互联网络迅速、便捷、互动的特点，扩大活动的宣传和影响，建立良性互动的工作机制，使更多的群众、更多的基层领导了解“三下乡”，主动参与到支持“三下乡”的行列中来。前年开通的全国大学生“三下乡”工作网站一直在良性运转，希望大家能够继续密切关注，并及时上传信息，共同建好、用好这个网络平台，为开展“三下乡”社会实践活动创造良好氛围，促进活动深入发展。

同志们，在全国范围内大规模开展大学生社会实践活动至今已经20年了。20年来，特别是1997年大学生社会实践活动和“三下乡”活动相结合，形成大学生“三下乡”社会实践活动这一新的品牌以来，我们始终坚持受教育、长才干、做贡献的原则，坚持实践育人的方针，使“三下乡”社会实践活动成为青年学生学习实践邓小平理论和“三个代表”重要思想的重要途径，成为群众性精神文明建设的重要形式，成为推进素质教育的重要载体，得到了广大人民群众的热烈欢迎，得到了广大青年学生的积极响应，显示出了蓬勃的生机与活力。各级团组织要紧紧抓住当前有利契机，积极协同宣传、教育部门，广泛、深入、扎实地开展好今年大中专学生暑期“三下乡”社会实践活动，为加强和改进大学生思想教育工作，推动农村三个文明建设做出新的贡献！

杨岳在全团加强和改进未成年人思想道德建设暨推进青年文化行动工作会议上的讲话

2004年6月22日

同志们：

加强和改进未成年人思想道德建设是一项需要全团各条战线相互配合、齐心协力、共同促进的系统工程。上午周强同志作了重要讲话，为全团加强和改进未成年人思想道德建设指明了方向，赵勇同志进行了工作部署。按照书记处的安排，结合周强同志、赵勇同志的讲话精神和本次会议推出的11件大事中的相关工作，我就中学战线、社区权益战线如何贯彻落实好本次会议精神，推动未成年人思想道德建设谈几点意见，供同志们参考。

一、关于中学战线工作

当前和今后一个时期，中学共青团工作总的要求是：以“中学生素质拓展计划”为统揽，抓住理想信念教育这个核心，强化主题教育、仪式教育、实践教育，大力加强校园文化建设，创新工作载体，提高服务能力，促进学生的全面发展，努力构建中学共青团工作的新格局。

近期重点抓好以下四项工作。

1. 以“两校”建设为抓手，加强理想信念教育

中学战线要将进一步加强中学生团校、业余党校建设作为贯彻本次会议精神的首要任务和有效载体抓紧抓好。要坚持把理想信念教育与提高学生综合素质结合起来；坚持把集中培训和自我教育、课堂教学和社会实践结合起来，增强教育的科学性、针对性和实效性。团中央拟于下半年联合教育部等部委制定有关文件，适时召开全国中学生团校、业余党校工作会议，进一步推动中学生两校教师队伍、教材建设和机制建设，把两校建设提高到一个新水平。

2. 深化仪式教育活动，提高学生公民素养

要把握中学生成长规律，通过深化和创新，使仪式教育活动在中学生成长成才中发挥更大作用。一是丰富仪式教育的形式，针对14岁、16岁、18岁特定的内涵，举办14岁迈入青春门仪式、16岁居民身份证颁发仪式、18岁成人宣誓仪式，并逐步使仪式更有社会性和纪念性。二是增加素质拓展的内容，在开展志愿服务活动的同时，帮助中学生拓展社会生活能力，提高心理健康素质，掌握自护知识，提高自护意识。团中央将在下半年举行18岁成人仪式教育总结表彰活动，进一步总结各地经验，推进此项工作；同时将联合公安部，在北京等城市开展16岁中学生居民身份证颁发仪式的试点工作。

3. 丰富实践内容，增强教育实效

实践教育是共青团、少先队组织开展教育活动的重要载体，是受广大中学生喜爱的有效教育形式。当前要大力加强中学生社会实践活动的开展，拓展实践教育渠道，建设实践教育基地，完善实践教育体系，健全学校领导体制和工作机制。“四个一”暑期中学生社会实践，是本次会议推出的11件大事之一。今年暑期“四个一”社会实践活动的主题是“弘扬民族精神，承担社会责任”。确定这样一个主题，旨在突出中学生社会实践活动的思想道德教育内涵，引导广大中学生从增强爱国情感做起，从确定远大志向做起，从规范行为习惯做起，从提高基本素质做起，不断增强社会责任感和适应力，提高思想道德素质。团中央联合教育部在暑期集中部署和组织中学生社会实践活动今年还是第一次，今后要把它作为一个重要品牌项目长期开展下去，使它在加强学生思想道德建设中发挥重要作用。

4. 加强典型示范，大力表彰先进

团中央将于近期联合教育部开展“全国十佳中学生”评选表彰活动，集中展示素质教育的成果和当代中学生蓬勃向上的精神风貌，激励全国中学生奋发成才。同时，将联合正泰集团开展全国中学生“正泰品学奖”评选表彰活动，奖励那些品学兼优，在道德实践和团员先进性发挥等方面表现优异的中学生；奖励那些家庭贫困但自强不息、好学上进，在各方面表现突出的中学生。

今年，按照邓小平同志的遗愿，经中央批准，共青团中央、全国青联、全国学联、全国少工委联合设立了“中国青少年科技创新奖励基金”，基金设“中国青少年科技创新奖”，主要奖励在校大中小学生，每年100名左右，激励广大青少年积极投身科技创新。此项工作已经启动，学校战线的团组织要以高度的政治责任感抓好候选人推荐等工作，以良好的工作业绩纪念邓小平同志诞辰100周年。

二、关于社区权益战线工作

社区权益战线要着眼学校、家庭和社会教育的有机结合，找准结合点，探索新项目，完善新机制，健全社区教育体系，创新社区服务项目，完善社区评价机制。近期着力“抓好三项教育、建设两个机制、推进五项工作”。

1. 抓好三项教育

一是抓好自护教育。以创建“青少年自护教育基地”为抓手，充分发挥未成年人的主体作用，向未成年人宣传自护知识，传播“认识社会、

拒绝诱惑、远离危险、防范侵害”的自护理念，提高他们自我防范的意识和能力。当前要重点加强以下四个方面工作。一要推动自护教育阵地建设。依托社区青年中心、青少年活动中心、青少年宫等各种青少年校外活动场所，建立综合性的未成年人自护学校。依托交管、消防、治安等专业化场所，设立专门性未成年人自护教育基地。依托电台、电视台、报刊等媒体和青少年网站，开设未成年人远程自护课堂和网上自护学校。二要推动自护教育教材建设。组织和推动国内外有关专家，编写针对性、实用性强的各类自护教材，进一步提高青少年自护教育的科学化规范化程度。三要推动自护教育队伍建设。聘请具有医学、社会学、法学等专业背景知识的热心人士，设立自护教育讲师团、自护辅导员、自护宣传员等。四要推动自护教育项目建设。推广北京市“星光青春自护训练营”等成功做法，借鉴国外有益经验，推出贴近未成年人实际的系列化自护教育项目。

二是抓好心理健康教育。配合学校教育的主渠道，以社区青少年“心理阳光”行动为载体，依托社区青年中心设立心理阳光工作室，招募心理专业的教师和大学生志愿者担任社区心理健康指导员，组建社区心理健康社团，开展心理健康团队训练，帮助社区未成年人培养健康阳光的心理状态。要针对有心理隐患的青少年，聘请专业医疗机构，开办社区暑期假期心理训练班，通过亲子训练、同伴训练、专题训练、野外训练等科学有效的方式，有针对性地解决心理问题，提高心理调适能力。要面向社区大多数青少年，采取网上论坛、社区讲座、宣传橱窗等形式，普及心理健康知识，交流心理健康经验，增强他们的心理健康意识。

三是抓好法制教育。大力加强社区青少年法律学校建设，充分发挥法制副校长、法制辅导员的作用，依靠青少年法律研究会和青少年犯罪研究会、青少年维权岗单位建立法制教育志愿者队伍，采取法制宣传周、警示教育、同伴教育等方法，采用以案说法、法律咨询、法律知识竞赛、法律征文等多种形式，大力宣传《未成年人保护法》和《预防未成年人犯罪法》等法律法规，让广大未成年人知法、懂法、用法，不断增强未成年人的法律意识和纪律观念。

2. 建设两个机制

一是推进社区综合评价机制。加强社区团建和队建，积极探索中小学生参加社会实践、社区服务的有效机制，探索实施“社区素质拓展证书”，全面评价学生社区活动参与状况，融合社区、家庭、学校的教育主题和教育状况，考评学生思想政治、文化科学、体质体能、劳动技能、个性心理等各个方面的素质，把社区评价、家庭评价与学校评价相衔接，逐步建立起学校、家庭和社会相统一的学生综合评价体系。

二是推进维权机制建设。要积极探索，创新模式，大力加强各级青少年权益保护中心的建设，总结陕西、浙江等省青少年维权工作的经验，逐步建立起以青少年维权岗领导协调机构为龙头，以全国、省、地、县四级维权服务中心为枢纽，以维权热线电话为纽带，以各级优秀青少年维权岗为节点的青少年维权工作协调机制和权益保护问题的处理机制，加大未成年人权益保护的工作力度。

3. 推进五个专项工作

一是开展社区关爱行动。这是本次会议推出的11件大事之一，主要是依托青年中心、青少年活动中心等社区青少年活动阵地，动员社区内的专业人士、知名人士、驻区单位工作人员、大学生等志愿者，与社区单亲、失足、残疾、低收入、流动人口家庭的未成年子女结成对子，通过“五个一”活动的方式，用成人的爱心去关爱未成年人的成长。要设立一个社区关爱交流站。引导社区青少年把自己的学习用品、图书、体育用品等捐献给需要帮助的同龄人。要开展一系列社区助学活动。依托大学生和教师志愿者，帮助学习上有困难的未成年人掌握正确的学习方法，树立学习信心。要开展一组心理咨询活动。采取多种交流方式，引导未成年人说出困惑，帮助他们树立健康心理。要组织一些亲子教育活动。开展未成年人家长专题讲座和交流活动，引导、帮助家长提高科学教育子女的能力，为未成年人健康成长营造良好的家庭氛围。要组建一支未成年人社区成长监督员队伍。聘请具有专业特长和工作热情的人士，及时了解未成年人的思想状况和实际问题，并向有关部门、街道、学校、家长提出建议，为社区未成年人思想道德建设工作出谋划策。

二是开展“未成年人零犯罪社区”创建。以此为抓手，推进青少年违法犯罪社区预防计划的深入实施。通过调动基层的工作积极性，将预防未成年人违法犯罪工作的各项任务、措施和责任落实到街道和社区，建立稳定的预防未成年人犯罪的组织网络、阵地网络、工作队伍和工作制度。下一步要以社区闲散未成年人为重点，开展其基本状况调查，逐步建设全国社区闲散青少年信息监测管理系统，建立以专业社工为骨干的专兼职社区预防工作队伍，根据社区闲散未成年人面临的实际问题，通过跟踪服务、专人联系、定向辅导等方法，在生活上解困，学习上帮助，行为上纠偏，就业上扶持，促进他们健康成长。

三是开展“青少年网络文明行动”。要借鉴江西省面向社会招募“青少年网络教育爱心大使”的做法，选聘乐于助人、善于与青少年沟通、能熟练掌握网络知识的各界人士，担任未成年人网络辅导员和网络志愿者，宣传网络文明公约，开展“社区网络文明行”同伴教育活动，检查举报违规经营的网吧，教育引导未成年人远离网吧、提高网络文明素质，营造有利于未成年人健康成长的网络环境。要加快“阳光网吧”的建设，坚持非营利性质，鼓励连锁管理，加强安全监管，建立上网巡视和提醒制度，创造健康有益的上网空间。

四是开展淫秽卡通画册和不健康“口袋书”专项整治行动。要配合“校园净化工程”，设立举报热线、成立监督员队伍，建立快速受理机制，加大联合打击力度，坚决查处色情、暴力、迷信和伪科学的出版物、游戏软件和其他产品，大力净化未成年人成长的文化环境。

五是开展“社区青少年远离毒品行动”。要抓好禁毒志愿者的招募和培训，组建一大批志愿者宣传小分队；抓好西部重点地区的工作，运用多种形式广泛开展未成年人面对面教育活动；抓好网上“青少年禁毒教育展览馆”建设，普及毒品预防知识，进一步扩大未成年人拒毒防毒工作的受益面。

杨岳在中国青少年犯罪研究会第五次全国会员代表大会上的讲话

2004年10月21日

我受中国青少年犯罪研究会第五次全国会员代表大会主席团的委托，向大会作工作报告，请各位代表审议。

一、工作回顾

中国青少年犯罪研究会自1982年成立以来，在党和政府的亲切关怀下，在中国社会科学院的领导下，在社会各界的大力支持下，在历届理事会的组织推动下，充分调动广大会员开展学术研究的积极性、主动性以及关心青少年健康成长的责任感，各项工作蓬勃发展。目前，研究会已拥有12个专业委员会，累计发展了3000多名会员，22个省、自治区、直辖市建立了青少年犯罪研究会；组织召开14次全国性学术讨论会，20多次区域性专题研讨会，受全国人大、国务院相关部门的委托，组织开展了多次大规模的调研，承担多项国家重点科研课题，组织编写、出版了《中国青少年犯罪学》、《青少年犯罪研究丛书》、《中国青少年犯罪研究年鉴》等著作；已出版会刊《青少年犯罪研究》245期，累计发表约2400多万字的学术成果与资料；开展了多层次的对外学术交流，与国外和港澳地区的一些研究机构和组织建立了长期的交流合作关系；积极参与《中华人民共和国未成年人保护法》、《中华人民共和国预防未成年人犯罪法》等青少年立法、少年司法制度建设和青少年法制宣传教育，组织开展青少年法律援助工作。研究会的工作填补了我国青少年犯罪研究的空白，初步建立了中国特色的青少年犯罪理论体系，为预防青少年违法犯罪工作做出了应有的贡献。

多年以来，许多领导关心支持研究会的事业，许多同志积极参与研究会的工作，特别是原研究会会长张黎群同志和研究会名誉会长万绍芬同志，他们为研究会的创立和发展倾注了大量心血，让我们以热烈的掌声向他们和所有为研究会做出贡献的领导和同志们致以衷心的感谢！

中国青少年犯罪研究会第四次全国会员代表大会召开以来，党中央、国务院出台了一系列关于预防青少年违法犯罪的方针政策，中央综治委成立了预防青少年违法犯罪工作领导小组，形成了党政领导，各部门积极参与，全社会广泛支持的良好工作格局。研究会抓住这个有利时机，团结带领全国青少年犯罪研究工作者，紧紧围绕党和政府的工作大局，扎实推进各方面的工作，积极参与社会治安综合治理，探索研究青少年违法犯罪的规律和应对措施，为党和国家有关青少年的决策、立法和司法献计献策，为预防和减少青少年违法犯罪，促进青少年健康成长做出了积极贡献。

1. 深入开展政治理论和业务知识学习。广大会员结合理论研究的实际，认真学习邓小平理论和“三个代表”重要思想，学习贯彻党和国家各项重大方针政策。党的十六届三中全会之后，广大会员在研究工作中牢固树立和落实科学发展观，坚持理论联系实际，进一步加深对党的基本理论的理解，在研究工作中增强贯彻执行党的方针政策的自觉性和坚定性。研究会及各地方青少年犯罪研究会通过举办培训班等方式，积极推动广大会员了解、学习青少年犯罪研究新情况、新问题、新理论，深入调查研究，不断提高政治和业务素质。

2. 有针对性地组织开展学术研究和实践。一是针对青少年犯罪中的基本理论和突出问题，研究会及各专业委员会、各省、区、市研究会召开学术研讨会，深入开展专题研究，撰写了大量文章和研究报告。2001年召开的中国青少年犯罪研究会第13届学术年会上，共有20多个省、区、市的150多名代表参加，获奖论文60多篇，举行5场学术报告会。2002年召开的中国青少年犯罪研究会第14届学术讨论会上，共有300多名专家和实践工作者参加，收到论文100多篇。社区控制专业委员会召开了两次研讨会，共收到论文250多篇。山东省青少年犯罪研究会召开了两次年会，共收到论文60多篇。二是开展立法调研，参与完善少年司法制度。研究会积极组织会员参与《中华人民共和国未成年人保护法》修改与实施、《中华人民共和国预防未成年人犯罪法》实施调研等工作，各地研究会也组织专家、学者参与了地方未成年人保护条例修改、预防未成年人犯罪实施细则的调研、论证等工作。三是编辑出版了23期《青少年犯罪研究》杂志，累计发表近250万字的国内外学术研究成果、学术动态和信息。2002年，出版了《中国青少年犯罪研究年鉴》(第二卷)，收录文章400多篇，共264万多字。

3.多层次、多渠道开展交流活动。近几年是研究会成立以来学术交流开展最为频繁的几年。一是地方研究会学术交流活动频繁。例如，北京、山东、重庆、宁夏、大连等地，每年都召开青少年犯罪研究会年会和学术研讨会。二是专业委员会学术交流活动频繁。各个专业委员会经常开展跨区域专题研讨会，例如，在大连召开的青少年犯罪社区控制理论研讨会，在澳门召开的违法犯罪青少年的司法保护研讨会，都有很多地方的同志参加。三是与其他领域的专业团体的学术交流活动频繁，如经常与教育协会等相关学术组织开展跨学科的交流研讨。四是对外学术交流活动频繁，较重大的交流就有20多次，例如，中国青少年犯罪研究会学生越轨与预防研究专业委员会与美国和丹麦的学术组织开展了多次交流，2001年10月浙江省青少年犯罪研究会专家代表团参加“欧洲新犯罪协会学术研讨会”，2001年11月在沈阳召开了“中日青少年犯罪问题研讨会”，2002年6月在北京与美国专家召开现代犯罪学座谈会等等。

4.广泛开展纪念、总结和宣传活动。2002年8月，研究会在人民大会堂召开“中国青少年犯罪研究会成立20周年纪念暨表彰大会”，对20年来为我国青少年犯罪研究事业做出重要贡献的单位和个人进行了隆重表彰，各有关部门负责同志出席会议并致贺词，时任中共中央政治局委员、中央政法委书记的罗干同志向大会表示祝贺，并寄语与会代表继续努力做好预防青少年违法犯罪工作。会议同时还召开了学术研讨会，进行了第二届会员优秀论著评选，19本著作、73篇论文分获一、二、三等奖和提名奖。整个纪念活动隆重热烈，产生了很大的社会影响。此外，研究会抓住各种有利契机，借助电视、广播、互联网等新闻媒体，组织会员对青少年犯罪研究工作进行广泛的宣传。

5.积极发展队伍，建立健全机构。研究会加强与地方研究会的联系，积极推动地方研究工作的开展。四年来，很多地方建立了地区性的青少年犯罪研究会，江苏省各地市全部成立了青少年犯罪研究会，省青少年犯罪研究会还于2003年由二级学会升为一级社团。此外，青少年犯罪研究队伍不断壮大，四年来共发展新会员593人，为青少年犯罪研究事业提供了源源不断的人才保障。鉴于中央综治委成立了预防青少年违法犯罪工作领导小组，办公室设在团中央，为推动青少年犯罪研究的进一步发展，研究会正式提出建议，得到中国社科院的批准和团中央的同意，并报民政部核准，将研究会的主管单位由中国社科院变更为团中央，目前，所有手续已办理完毕。考虑到中国青少年犯罪研究会目前的实际状况和发展需要，团中央资助了工作经费，解决了办公场所问题，购买了办公设备，配备了工作人员。

近年来，由于多方面原因，研究会的工作中还存在一些不足。在学术研究方面，针对预防青少年违法犯罪工作的前瞻性、战略性的高质量研究还需要进一步加强，理论成果的转化还需要进一步推动；在自身建设方面，对省级研究会的指导和各专业委员会的领导以及组织建设和制度建设还需要进一步完善。

二、工作经验

22年来，中国青少年犯罪研究会不断发展壮大，青少年犯罪研究取得了很大成就，同时也积累了宝贵的经验。

一是坚持以党的理论方针政策为指导，紧紧围绕党和国家工作大局开展青少年犯罪研究。多年来，中国青少年犯罪研究会始终坚持以党的理论方针政策为指导，把青少年犯罪研究放到国际国内的大背景下思考，始终坚持为党和国家工作大局服务，为青少年的健康成长服务，以解决预防和减少青少年犯罪工作中的理论和现实冲突问题为己任，从根本上保证了中国青少年犯罪研究事业沿着正确方向不断发展。

二是坚持理论联系实际，从实际出发探索回答预防青少年犯罪实践中的问题。中国青少年犯罪研究会自成立以来，始终坚持从经济社会发展和青少年违法犯罪的实际出发，注重从实践中汲取营养，立足指导实践，为做好预防青少年犯罪工作服务，从而使研究成果满足了人们对青少年犯罪理性认识的需要，并在指导实践的过程中体现了价值，也在指导实践的过程中不断提高了水平。

三是坚持社会化方向，紧紧依靠党政及社会各界的支持。中国青少年犯罪研究会作为全国性的专业社团组织，注意与党政相关部门、企事业单位以及社会各方面取得联系，尊重和依靠他们的指导和支持，赢得了有关方面的重视和关心，得到了社会多方面的支持和帮助，不仅有效地解决了自身难以解决的困难和问题，而且拓宽了活动领域，延伸了工作手臂，促进了事业发展。

四是坚持学术交流借鉴，注重学科之间相互促进。在中国青少年犯罪研究工作发展进程中，注重在会员之间、学术成果、研究情况交流的基础上，积极与地方交流、与公检法司教育等实务部门方面交流、与国际交流，同时认真汲取相邻学科的营养，不仅促进了学术水平的提高，还形成了良好的学术风气。这是不断提高青少年犯罪研究水平的重要方式和有效渠道。

五是注重团结联络和培养人才，靠人才资源开发加强队伍建设。中国青少年犯罪研究会靠事业吸引专业人才、相关人才以及热心致力于青少年犯罪研究和预防青少年犯罪的实践工作者，发展他们为会员，发挥他们的优势。同时注意在组织广大会员开展青少年犯罪研究的过程中发现人才、培养人才。随着中国青少年犯罪研究会20多年的发展，带出和培养的一大批专门或兼职从事青少年犯罪研究的人才队伍，既是推动事业发展的根本保证，更是进一步吸引和凝聚人才的宝贵资源。

六是坚持优良的会风，树立研究会良好的形象。优良的会风和形象是研究会存在与发展的重要条件。保持坚持原则、尊重规律、发扬民主、求真务实、敬业奉献的会风和形象，坚持百花齐放、百家争鸣的学术思想，才能使研究会充满活力，持续健康地向前发展。

以上这些，既是研究会多年来工作所取得的宝贵经验，也是我们今后工作中需要继续坚持的基本原则。

三、今后工作任务

在全面建设小康社会、加快推进社会主义现代化的新的历史时期，中国青少年犯罪研究会肩负“繁荣青少年犯罪研究，推进青少年犯罪研究事业不断发展”的历史使命。要团结广大会员，认清形势，抓住机遇，增强历史责任感和工作紧迫感。坚持以邓小平理论和“三个代表”重要思想为指导，牢固树立和落实科学发展观，认真贯彻党的十六大和十六届四中全会精神，大力开展学术研究，加大学术交流的力度，积极推动理论成果转化，不断增强创新能力，加强自身建设，为更好地服务于预防青少年违法犯罪工作，服务于社会治安综合治理和社会稳定，服务于物质文明、政治文明和精神文明建设的协调发展贡献智慧和力量。

1. 坚持正确的研究方向，大力开展学术研究。青少年犯罪研究要始终围绕党政工作大局，要把群众关心、党政关注、当前最迫切需要解决的青少年犯罪中的重大理论和现实问题作为研究的重点，并不断根据形势发展和任务的变化确定新的重点课题；在加强资料搜集、信息搜集等基础研究的同时，紧紧围绕预防青少年违法犯罪工作中的重点、难点问题，通过开展调查研究、举办学术讨论会、学术论坛等多种方式，组织不同学科、不同领域的研究人员，充分发挥他们的理论优势和专业优势，开展联合攻关，努力探寻青少年犯罪的客观规律，为有关部门制定政策提供理论支持和决策参考。

2. 加大学术交流的力度，提高青少年犯罪研究水平。开展学术交流，吸取国内外一切有益的研究成果是提高青少年犯罪研究水平的重要手段。青少年犯罪研究会作为全国性学术团体，要加大学术交流的力度，积极拓展对外交流与合作，扩大与有重要影响的国家、国际组织的双边、多边交流，加强和扩大与港澳台地区的交流与合作；要加强各地区之间的学术交流，互相取长补短；要扩大青少年犯罪研究领域的对外开放，积极对外宣传我国青少年犯罪研究的优秀成果，组织搜集国外青少年犯罪研究信息资料，引进国外优秀研究成果、研究方法和管理经验，加强对国外青少年犯罪研究成果的借鉴和运用；积极协助青少年犯罪研究会各专业委员会、推动地方青少年犯罪研究会组团出国考察交流。

3. 积极推动理论成果转化，服务预防青少年违法犯罪工作的实践。要针对青少年犯罪中的突出问题，组织实施课题研究，由中国青少年犯罪研究会、青少年犯罪研究会各专业委员会及地方青少年犯罪研究会实行课题分级管理；要建立和完善青少年犯罪研究成果的评价和奖励机制，通过制定有关规定、设立研究奖项，充分调动青少年犯罪研究工作者的积极性、主动性和创造性；要强化青少年犯罪研究成果转化机制，及时向中央有关部门反映重要学术成果和重大对策建议，开展与有关实践部门的联合攻关，加强青少年犯罪研究成果的宣传和推广，使更多的优秀成果应用于预防青少年违法犯罪的实践。

4. 适应形势发展需要，不断增强创新能力。创新是学术团体生存和发展的关键环节。要创新研究内容，围绕加强和改进未成年人思想道德建设这一重大任务，引导会员选择具有前瞻性、战略性、针对性的重大课题，敏锐把握青少年犯罪研究的前沿动态；要推动会员不拘一格创新研究方法，采用比较研究、实证研究、个案研究等方法，对国内外青少年犯罪问题进行开放性研究，应对不断变化的青少年犯罪形势；要创新研究手段，采用信息化、网络化的研究手段，建立健全青少年犯罪研究专业网站和数据库信息管理系统，发挥信息网络便捷、开放、互动的优势，拓展青少年犯罪研究的广度和深度。

5. 加强自身建设，为青少年犯罪研究工作提供有力保障。加强研究会自身建设是促进青少年犯罪研究可持续发展的重要保障。要加强组织机构建设，在保持研究会民间性的基础上，充分发挥团组织的作用，健全全国青少年犯罪研究工作网络体系，进一步理顺研究会和各专业委员会的关系，贯彻民主集中制原则，实行民主管理，科学决策；加强队伍建设，进一步壮大研究队伍，建设一支政治合格、业务精湛、敬业爱岗的青少年犯罪研究队伍，并积极创造条件，为广大会员成长、成才，更好地服务于青少年犯罪研究提供平台、提供服务；加强阵地建设，继续发挥《青少年犯罪研究》杂志的作用，争取这一刊物公开发行，进一步扩大在社会上的影响；加强组织体制和管理模式建设，进一步提高管理能力；加强研究会办事机构用人制度建设，建立专业委员会考核评价体系；加强研究会运行机制建设，通过优质的活动争取研究会经费资助，进一步强化资产管理。

各位代表、同志们，未来五年是研究会承前启后、有所作为的重要时期。让我们紧密团结在以胡锦涛同志为总书记的党中央周围，高举邓小平理论伟大旗帜，全面贯彻“三个代表”重要思想，牢固树立和落实科学发展观，与时俱进，开拓创新，奋发有为，努力开创青少年犯罪研究工作的崭新局面。

杨岳在团中央青运史档案馆特聘馆员联络员工作会议上的讲话

2004年12月11日

这次会议是团中央青运史档案馆成立后召开的第一次工作会议。会议的主要任务是：以“三个代表”重要思想和党的十六大、十六届四中全会精神为指导，深入学习贯彻中央8号、16号文件精神，紧密结合共青团和青少年工作的实际，认清形势、统一思想，求真务实、开拓创新，认真协商开展青运史工作的措施和办法，全面部署全团的青运史工作任务，充分发挥以史育人资政的作用，大力推进全团的青运史资料征集工作和青运史研究工作。下面，我就相关问题讲三点意见。

一、团中央书记处为什么决定建立青运史档案馆

1. 建立青运史档案馆是推动共青团工作不断发展的需要。新世纪新阶段，共青团工作正处在新的历史起点上。伴随改革开放的不断深入，共青团工作不断探索和发展。实践表明，凡是一些成功的探索，都极大地推动了工作和建设的发展，都产生了久远的影响。但是还必须看到，我们对过去工作的总结和工作资料的积累相对薄弱，对于许多工作成果和成功经验缺乏认真的总结和理论上的升华。任何事物的发展都是在继承中发展和创新的，科学地认识和总结过去则是这种发展和创新的必要前提。因此，我们必须加强对青运史资料的征集、整理和保管的工作，为深入总结历史经验及共青团工作理论研究奠定必要的基础。

党中央高度重视青少年思想道德教育工作。2004年，党中央先后下发《中共中央国务院关于进一步加强和改进未成年人思想道德建设的若干意见》和《中共中央国务院关于进一步加强和改进大学生思想政治教育的意见》。共青团工作的根本任务就是育人，加强青少年的思想、政治、道德教育工作是我们的职责，这两份文件的下发，为我们开展青少年工作提供了难得的发展机遇，我们要抓住机遇、乘势而上，努力把相关工作做好。开展青少年的思想、政治、道德教育工作，青运史工作有得天独厚的条件和巨大的潜力。目前这方面作用不是十分显著的重要原因之一，就是我们的资料积累不充分，理论研究水平无法满足现实工作的需要。团中央书记处决定建立青运史档案馆就是针对这种状况而采取的必要措施。团中央书记处希望与会同志和广大团干部要进一步增强责任感和使命感，潜下心来认真做好这一基础性工作，为了团的事业发展，为了把青少年思想教育工作落到实处，尽到我们应尽的责任。

2. 建立青运史档案馆是加强共青团工作机制建设的重要举措。团中央书记处决定建立青运史档案馆，是落实团十五大精神的一项重大举措。胡锦涛总书记在同团中央新一届领导班子成员和团十五大部分代表座谈时曾明确提出，共青团工作在工作思路上要创新、在工作方式上要创新、在自身建设上要创新，为共青团工作指明了方向。团中央书记处深刻地认识到，要不断开创共青团工作的新局面，必须以创新为动力，以机制为保障。因此，共青团要从建立健全与社会主义市场经济体制相适应的共青团工作机制出发,从推动共青团工作持续发展的战略高度出发,推进共青团的机制建设,解决共青团机制建设所面临的问题。

建立档案馆有利于健全工作机制,进一步加强青运史研究工作。团中央青运史档案馆在团中央机关各部门、各直属单位、各省级团委聘用资料征集联络员,在全国各地聘用具备青运史研究能力的特聘馆员,通过项目化的运作方式开展青运史研究工作和资料征集工作。特聘馆员采取聘任制,由档案馆提名聘任,工作主要对档案馆负责,通过研究成果来进行考核。资料征集联络员采取所在组织或部门、单位推荐,档案馆备案确认的方式聘用,其工作对所在组织或部门、单位负责,同时对档案馆负责,通过征集资料的数量考核,每年年底由团中央青运史档案馆公布各地、各部门(单位)资料报送情况,其资料征集的业绩既要纳入本人年终总结,也要纳入所在部门、单位对青运史资料征集情况的考核范畴。

从上述情况不难看出,团中央书记处决定建立青运史档案馆不仅是从青运史工作着眼,而且是从全团事业的长远发展考虑的,是从建立和健全共青团运行机制考虑的,所以希望全团同志要提高对建立档案馆意义的认识,提高对加强青运史工作的认识。

3. 建立青运史档案馆是认真总结以往青运史工作经验的必然结果。党的十一届三中全会以来,青运史工作有了长足的发展,取得了一系列的重大成果,我们今天开展工作所需要的基础资料,有相当大的部分就产生于这个时期,同时我们今天开展青运史工作的许多经验也是从这个时期的工作中获得。但是时代在发展,社会在进步,伴随社会主义市场经济的发展,青运史工作也面临许多新的问题和挑战。在这种情况下,如果再墨守成规,无疑不利于这项工作的继续发展。基于这一考虑,团中央书记处决定建立团中央青运史档案馆,把青运史工作的重点放在资料征集、整理和保管上,同时要求档案馆组织全团青运史研究力量和社会上青运史研究力量,进一步深入开展青运史资料的编辑和研究工作,以及利用青运史工作成果开展以史育人工作。

总之,团中央书记处决定建立团中央青运史档案馆是从共青团长远战略发展的考虑,从更好地服务全团工作、服务青年的考虑,所以希望全团同志增强全局意识和大局意识,增强事业心和责任心,配合青运史档案馆切实做好青运史工作。

二、当前和今后一个时期青运史工作的主要任务、发展思路和基本原则

以此次会议为标志,团中央青运史档案馆的资料征集联络员和特聘馆员队伍已经初步形成,档案馆的工作即将在全国展开,为了便于大家开展工作,下面想就以下几个基本原则问题谈些想法。

1. 关于档案馆工作的主要任务。我们建立的机构是档案馆,其名称就已经表明其主要任务是收集、整理、收藏和利用青运史资料。但是档案馆的工作职责不仅仅局限于此,编辑、研究工作也属于我们的工作范畴。也就是说,青运史档案馆的工作任务是融征集、整理、收藏、利用、编辑、研究为一体的综合性工作,但是首要的任务是征集和管理青运史资料。馆藏资料的数量、质量决定档案馆的价值和地位。因此我们要把工作重点放在征集、整理和保管资料方面,尽最大的努力扩大资料的馆藏量,使之能够更好地为全团工作服务,为广大青少年成长成才服务。

与此同时,我们还要充分发挥特聘馆员的作用,切实抓好青运史资料的编辑、研究及利用工作,充分利用好我们已经掌握的青运史资料,开展对青少年的教育、引导和服务工作。当代青少年的成长面临错综复杂的社会文化环境,在世界多极化和经济全球化的大背景中，各种思想文化相互激荡，西方敌对势力对我国的文化渗透日益加剧。在这种形势下，尤其需要用先进文化去教育或影响青少年的心理、个性和精神世界，增强他们的精神力量。浩瀚的青运史资料中蕴藏着丰富的先进文化宝藏，我们应该去开掘、去发现、去利用。青运史资政育人的功能还有待我们进一步地发挥。在这方面我们应该发扬创新精神、开拓精神，大胆探索，大胆实践，开创青运史工作新局面。

但是我们也必须看到，目前我们青运史资料的积累工作还存在一定的缺欠，许许多多生动活泼的口碑资料、回忆资料还保存在许多老团干的头脑中，迅速"抢救"这批资料，既是一项编研工作，也是一项资料征集工作，希望全团的青运史工作者要切实加强和做好这方面的工作。

2. 关于青运史工作发展思路。我们开展任何工作都要从实际出发，不能仅凭主观愿望。受方方面面客观条件的制约，青运史工作只能采取社会化、项目化的方式开展，并且立足于历史资料的积累和收藏，青运史研究也要立足服务全团、服务青少年，走应用型的发展道路。这样不等于说青运史不需要深入的基础理论研究工作，但是在实际工作中，一定要分清轻重缓急，从实际出发。青运史工作是学术性很强的工作，但一定要与实际工作结合，与青少年成长成才的需要结合。就档案馆的建设而言，就是要动员全团力量，广泛吸纳社会上一切可以利用的力量，努力建设一个国内最完备的青运史资料馆，以充分满足全团和社会对青运史的需求。

3. 开展青运史工作需要遵循的原则。在共青团工作中，青运史工作有很强的特殊性。这项工作既有行政性，又有政治性和学术性。所谓行政性，是说档案馆向各地、各部门、各单位征集青运史资料是一种行政行为，属于团中央交办的任务，必须努力完成；所谓政治性，是因为共青团是一个政治性很强的先进青年的群众组织，所做的一切事情要首先讲政治，要体现党的助手和后备军的特点；所谓学术性，是因为青运史工作属于历史学科范畴，有其学术特征。所以在具体工作中必须遵循学术活动的章法和原则。鉴于青运史工作的上述特点，我们在开展工作的过程中，就要根据自身所承担的任务，在工作中注意把握好以下原则：

第一，政治原则。这个原则主要是在一切工作中一定要注意内外有别，在政治上与党中央保持高度一致。一些在政治上的探索性研究成果，那些会给社会稳定带来影响的历史资料，违反档案管理法规的历史资料等，在使用时一定要慎重，要严格按照组织程序办事，按照党和国家法规办事。在这个问题上，我们必须遵循"学术研究无禁区，宣传、讲课有纪律"的原则。

第二，组织原则。团中央青运史档案馆是团中央书记处领导下的青运史资料管理机构，是服务全团的工作机构，它虽然没有系统内的下属机构，但是各省级团委办公室、团中央机关各部门和各直属单位在报送资料工作上要按照要求认真落实，这些工作是档案馆履行团中央书记处赋予的职责。各地团委办公室、团中央机关各部门、团中央直属单位办公室要积极配合，共同做好这项工作。

第三，学术原则。青运史工作是一项业务性很强的工作，具有学术性质。这一特点，决定青运史工作在具体工作中一定要遵循学术性的原则，按照学术研究工作的规矩办事。其最首要的一点就是求真务实，翔实可靠，言之成理，持之有据。也就是说我们在工作中，一定要实事求是，有一说一，有二说二，尤其是在对待历史资料工作，必须翔实可靠。有些历史资料在使用时有纪律，但是在征集保管过程中，绝对不能有任何粉饰或加工。这一点务必要注意。秉笔直书，是中华民族治史的"史德"，我们青运史工作者也应该继承和发扬。

其二是认真细致，深入扎实。我们在征集、整理、使用资料时，一定要把时间、地点、人名、地名、出处、文件号等基本项目搞清楚，不能似是而非，不能想当然，一定要对历史负责，对后人负责。另外我们搞口述资料，要深入，不要放弃任何线索，一定要把历史脉络理清，要注意历史的细节。因为只有做到这些，才能弥补文字资料的不足。其三要甘于寂寞，力戒浮躁。历史工作的性质决定这项工作不可能产生轰动的公众效应，它需要历史工作者经常要坐"冷板凳"，许多工作是琐碎的、默默无闻的，许多工作常常是"为他人做嫁衣裳"。因此大家要有这样的思想准备，要为共青团事业的长远发展甘于寂寞。对资料要认真研究分析，严格把握"孤证无力"的原则。在征集资料中，要做到"兼收并蓄"，绝不能凭个人好恶和观点认同与否来取舍资料，同时要做好必要的考证工作，对"伪资料"也要存档备案，不要轻易舍弃。总之，我们要以科学的态度对待青运史工作，切实做到客观、公正、准确、翔实。

三、全团要以高度的事业心和责任感，切实做好青运史工作

这次会议对青运史档案馆今后的工作作出了总体部署，同时也对各省级团委、团中央机关各部门、各直属单位及资料征集联络员提出了明确的工作要求，对特聘馆员也提出了工作任务和要求，下一步的关键是落实会议精神、落实工作任务。会议的下一个程序是讨论一些具体的操作办法，希望大家充分发挥主观能动性，讨论修改好会议文件，明确各自所要承担的任务，切实做好工作。为此，还想向大家谈几点希望和要求。

1. 要自觉树立强烈的责任心和事业心。青运史工作是共青团内一项基础性工作，这项工作不会显赫于一时，也不会给大家带来显赫的政绩，但是它又是一项不可或缺的工作。做好这项工作，就能够把共青团工作永远载入史册，并且传之万世。它是一项文化积累工作，许多历史资料最好能够在事件发生时就积累下来，今天的举手之劳，就可以免除将来的奔波劳碌。相反，今天的一时疏忽，将会给明天的工作带来巨大的人力、财力、物力和精力的损失。所以从事这项工作的同志要有事业心和责任心。

共青团干部流动性大是团组织的特点。长期以来团内资料散失比较严重，一旦需要，经常是要耗费大量的精力还难以收到满意的效果。这类现象在各地团委完成当地政府交办的编史修志任务时表现比较明显。团中央青运史档案馆的建立就是为了从根本上解决这个问题。我们今天的工作是为明天团的工作打基础。团中央档案馆的工作就是为全团服务，为各地团委服务。我们要对历史负责，要为后来人提供工作上的方便。

2. 各省级团委、团中央机关各部门和各直属单位对青运史档案工作要给予足够的重视。征集青运史资料是青运史档案馆的一项重头工作，也是各省级团委、团中央机关各部门、各直属单位义不容辞的责任，要给予高度的重视，要有一名领导分管，办公室负责，联络员具体实施。必须按照团中央青运史档案馆对征集工作的要求，每年保质保量地报送资料。团中央青运史档案馆每年年底要通报全团青运史资料征集工作的情况。在适当的时候，还要召开会议总结工作，交流经验，培训联络员，把征集工作推向一个新的水平。

需要强调指出的是，无论是在共青团工作中，还是在历史研究领域，青运史研究和青运史资料征集工作相对冷僻，力量较弱，现在虽然建立了青运史档案馆，但是限于编制和财力，这支力量依然有限。因此要想真正做好这项工作，没有单位领导的重视和支持是难以落实的。我们现在建立了特聘馆员队伍，建立了征集资料联络员的队伍，他们在工作中遇到的困难和问题，需要所在单位领导帮助解决。另外我们还在社会上聘请了少量的特聘馆员，他们工作中遇到的困难也需要所在地区团组织帮助解决。这些团外的特聘馆员实际上是在帮助我们共青团做工作，我们团组织更应该关心他们、帮助他们。希望各省级团委的领导班子要关注青运史工作，支持青运史工作。同时也希望特聘馆员、征集资料联络员切实履行自己的职责，认真做好工作。

3.会议通过一些文件，希望大家回去汇报好、落实好。会议讨论的一些工作文件是团中央青运史档案馆成立一年来通过工作实践和广泛征求各方面意见提交的。其中可能还有不完善、不全面的地方，希望大家认真讨论修改，使之完善起来。但是一经讨论通过，就要严格执行。本次会议的精神和会议通过的文件，大家返回本单位后，要向本单位的分管领导汇报，让他们了解会议精神，支持你们的工作。

杨岳在共青团十五届三中全会上的讲话

2004年12月17日

下面我就学校战线和社区权益战线贯彻落实中央领导指示精神和周强同志讲话要求，谈些看法，供同志们参考。

一、关于学校战线工作

2005年共青团学校战线要以贯彻中央8号、16号文件精神为主线，以“大中学生素质拓展计划”为统揽，大力加强青年学生思想政治教育，加强学校团的基层组织建设，不断提高服务青年学生的能力和水平，努力做到“突出主题、突出深化、突出服务、突出建设”，实现学校战线共青团工作的新发展。

（一）突出主题

要按照党中央书记处“青少年思想教育工作要上新水平”的指示精神，以理想信念教育为核心，增强责任，创新载体，力求实效，大力加强青年学生思想政治教育。开展主题教育。重点组织“我与祖国共发展”主题教育活动，各级团组织要加强形势政策教育，广泛邀请党政领导、专家学者走进校园，走进学生，宣讲形势政策，共话成长发展。要加强网络教育阵地建设，强化网络教育，开展大学生思想政治教育网上论坛等活动。同时要抓住明年“一二·九”运动70周年、“一二·一”运动60周年和抗日战争胜利60周年等重大纪念日、节庆日的契机，广泛开展以弘扬民族精神为主要内容的爱国主义教育活动。拓展实践教育。继续组织开展大学生志愿者“三下乡”、“四进社区”社会实践活动和中学生“四个一”社会实践活动，在增强深度和广度上下功夫。同时要大力推进社会实践基地建设，推动社会实践结对互助工作。强化仪式教育。要针对14岁入团起点、16岁颁发身份证、18岁成人等成长过程中有重要纪念意义的关键时刻，形成并推广系列配套、特色鲜明的成长仪式，强化青年学生的公民教育和“三观”教育。注重典型教育。要深入挖掘、大力宣传大中学生优秀典型，推动开展寻访校友足迹等形式的教育活动，用身边的、贴近学生的典型开展教育活动，增强教育实效。明年要组织开展好全国三好学生、全国先进班集体、全国优秀学生干部和全国十佳中学生的评选活动，在青年学生中树立可学可敬的典型，充分发挥典型的示范引导作用。

（二）突出深化

深化“大学生素质拓展计划”。以推广普

及素质拓展证书及其电子版为突破，加大“职业导航”和“社会认同”等环节的工作力度，加强机制建设，形成有效载体，不断丰富和创新素质拓展的形式和内容。要拓宽这一计划的实施领域，加大力度推进民办高校大学生素质拓展计划工作；同时要总结中学开展素质拓展计划的成功经验，扩大试点，推进中学生素质拓展计划工作。打造校园文化活动品牌。充分发挥文化育人功能，整合校园文化资源，把握校园文化导向，占领校园文化阵地。进一步推动大学生校园歌手大赛，筹办大中学生新的文体活动赛事，筹划与教育部联合开展“中国大学生校园文化节”活动。构建大中学生科技创新活动体系。组织开展第九届“挑战杯”全国大学生课外学术科技作品竞赛，筹备第五届“挑战杯”中国大学生创业计划竞赛。深化中国青少年科技创新奖评选工作，并以此为牵动，加强探索，创新品牌，推动中学科技创新活动的开展，逐步构建大中学生科技创新活动体系。

（三）突出服务

高校团学组织要把握学生需求，丰富工作手段，提高服务能力，增强服务实效。服务学生就业创业。以转变就业观念，加强就业指导，提高就业能力为着力点，加大力度做好毕业生的教育引导和就业服务工作。深入实施“大学生就业见习行动”，建好“大学生就业见习行动网”，整合各方面资源，推进见习基地建设。要加强高职中职学校工作，开展职业技能竞赛和展示活动，提高学生就业能力。关注学生心理健康。以“5·25”中国大学生心理健康宣传日为载体，继续实施“心理阳光工程”，编写发放《大学新生心理健康手册》，办好“中国大中学生心理健康教育在线”网站，发挥心理健康网络教育作用，加强网络阵地建设。深化济困助学工作。面向高校贫困学生发放大中华高教基金奖学金，加大力度吸纳社会资源，争取各方支持，切实帮助贫困生解决实际困难，多办实事、好事。

（四）突出建设

加强基层组织建设。以增强班团支部的活力和凝聚力为重点，加强班团支部建设。同时要进一步探索在学生社区、公寓和社团建团的新路子，实现团组织的多重覆盖。加强中学“两校”建设。要在总结经验的基础上，与教育部等有关部门出台相关文件，编写统一教材，加强规范工作，推动中学业余党校和业余团校的发展。加强学生社团建设。已经与教育部共同起草加强高校学生社团建设的意见，进一步鼓励并规范高校学生社团的发展，开展全国高校优秀学生社团评选活动。加强机制建设。总结经验，加强研究，培训队伍，在学校党政的领导下，逐步建立学生思想动态监测预警机制和校园突发事件的应急处理机制。

这里，需要强调两件大事。一是中央决定在明年1月17日至18日召开加强和改进大学生思想政治教育工作会议。胡锦涛总书记、李长春同志将出席会议并发表重要讲话。中央会议之后，团中央书记处决定将召开共青团系统专题工作会议，贯彻落实中央领导重要讲话精神和中央16号文件精神，全面部署共青团加强大学生思想政治教育的各项工作，以此为契机大力推进大学生思想政治教育工作。二是明年要召开全国学联第24次代表大会。各级团学组织要从展示当代大学生良好精神风貌、检阅团学组织多年来开展大学生思想政治教育成果的高度出发，明确任务，积极筹备，扎实做好各项工作，确保大会取得圆满成功。

二、关于社区和权益战线工作

2005年，社区和权益战线将以城市青年中心建设为重点，按照“抓创新、抓建设、抓整合、抓网络”的思路，全面推动社区和权益工作取得新发展。

（一）抓创新，大力推进城市青年中心建设

要按照《共青团中央关于加强青年中心建设的决定》要求，在组织建设、项目发展、队伍培育、物质依托等方面加强探索和实践。一是推进组织创新。青年中心本质上是社区新型青年组织，具有覆盖面广、包容性大、成员流动性强、联系纽带多样等组织特性。要按照青年中心的自身特点和规律，发展充满生机活力的新型组织体系，逐步完善理事会制、会员制等基本组织制度，组建、培育和吸纳各类协会、俱乐部等社区青年社团，进一步增强青年中心的吸引力、凝聚力和影响力。二是推进服务创新。青年中心以服务青年为本。要根据青年需求的新变化，不断探索服务青年的新方法，推广爱心超市、三人篮球、体育健身俱乐部等受到青年欢迎的服务项目，鼓励基层根据当地青年特点有针对性地开发服务项目，采用会员卡、加盟单位等新的服务方式，增强青年中心的服务能力。三是推进机制创新。机制建设是青年中心生存和发展的关键。要用新机制来破解青年中心建设中的困难和问题。抓好建立、运转、管理等环节，通过建立法人登记管理、阵地整合、经费筹措等一整套机制，争取党政、社会等多方面的工作资源，让青年中心"建起来、转起来、活起来"，实现青年中心的可持续发展。

（二）抓建设，全面活跃社区团的工作

社区团建抓覆盖。坚持"党建带团建"的原则，探索社区团建新模式和工作新方法，着力加强社区团组织的能力建设；大力消除团组织在社区的空白地带，要针对进城务工青年、自主创业青年等新群体，加强团建工作，扩大团组织在社区不同青年群体中的覆盖面；要总结经验，加强研究，适时制定《社区共青团工作条例》。社区志愿者抓规范。以社区志愿者服务站建设和服务项目开发为重点，加强社区志愿者的培训和交流，逐步建立社区志愿者信息管理系统和考评机制，健全规范化工作制度，提高社区志愿者工作的自转能力和对青年对社区的服务能力。社区文化抓品牌。要以"创建青年文明社区"活动和社区青年文化节为载体，加强"大家乐舞台"等社区文化阵地建设，通过优秀项目评选和展演等形式，整合行政和社会资源，推动社区文化建设。社区评价抓机制。社区评价关键在于建立评议和认可这两方面的机制。要会同有关部门，以客观记载为主要方式，通过社区评价证书等载体开展评议，积极推动学校把社区评价纳入对青少年的综合评价之中，实现家庭、学校、社区评价的统一，形成动员青少年参与社区活动和社区建设的激励机制。

（三）抓整合，深入实施"为了明天工程"

要以"为了明天工程"为统揽，以整合资源、形成合力为主线，调动力量，突出重点，整体推进预防青少年违法犯罪工作。一是着眼长远抓基础。深入实施"青少年违法犯罪社区预防计划"，推动"未成年人零犯罪社区"创建，推广运用闲散未成年人信息管理系统，探索建立青少年违法犯罪监测预警机制，加强青少年违法犯罪研究，健全预防青少年违法犯罪的工作机制和考核评价机制。二是立足根本抓教育。采取多种方式，大力加强未成年人思想道德建设，进一步完善中小学校法制副校长制度，深化青少年法律学校创建，开展"为了明天——青少年法制宣传"系列活动，大力提高青少年思想道德和法律素质。三是净化环境抓整治。会同政法机关和行政执法部门开展专项整治行动，深入开展"青少年网络文明行动"，继续对违规经营的网吧、网站和影响青少年身心健康的"口袋书"等进行专项整治，大力优化青少年的成长环境。四是扩大影响抓宣传。树立"为了明天工程"品牌，通过开办"为了明天"论坛，开展"为了明天工程"评奖活动，吸引公众的关注和参与，营造预防青少年违法犯罪的良好社会氛围。

（四）抓网络，扎实开展青少年维权服务工作

一是要建立维权网络。深化创建优秀"青少年维权岗"活动，拓展工作领域，开展联合执法，强化个案协调处理机制建设。以全国统一

的12355特服电话号码为契机，大力建设省、市两级青少年维权和心理咨询服务热线，推进青少年维权中心的建设，健全青少年维权的社会动员和激励机制。二是要建立教育培训网络。深入实施“进城务工青年发展计划”、“青春自护”等活动，立足社区、企业和学校以及依托互联网技术，广泛建立“千校百万”进城务工青年学校、青少年自我保护教育学校、社区知心家庭学校以及“阳光网吧”和网上学校等阵地，加强阵地资源的整合利用，构建各类青少年社区教育平台。三是要建立服务网络。以社区关爱行动为主体活动，针对单亲家庭、流浪儿童、孤儿、残疾儿童等社区弱势群体，依托社区服务机构、青年中心、志愿者服务站等载体，争取政府项目，整合社会资源，逐步形成相对稳定的青少年社会化服务阵地网络。

尔肯江·吐拉洪同志讲话

大力促进农村青年转移就业 不断开创农村共青团工作新局面

——尔肯江·吐拉洪在全国促进农村青年转移就业工作会议上的讲话

2004年3月1日，根据录音整理

这次会议是在总结各地近年来积极促进农村青年转移就业取得的工作经验基础上，认真贯彻落实中央精神特别是2004年中央一号文件精神，经团中央书记处研究决定召开的一次全团性的重要会议。开好这次会议，对于全团按照团的十五大和十五届二中全会的总体部署，紧紧围绕党的农业和农村工作大局，坚持不懈地服务农村青年增收成才，团结引导广大青年积极投身农村社会主义物质文明、政治文明和精神文明建设，立足新的历史起点，努力开创农村共青团工作新局面，具有十分重要的意义。

团中央书记处一贯高度重视和关心支持农村共青团工作。去年，十四届书记处2003年第1次办公会议和十五届书记处第1次办公会议，都专题研究部署了农村共青团工作，并形成书记处会议纪要指导全团，要求全团把农村共青团工作放到更加突出的位置切实抓紧抓好。2004年，书记处召集团中央机关各部门主要负责人召开的第一次办公会议，专题研究部署城乡青年中心建设工作，同样与农村共青团工作紧密相关。会议精神已经以共青团全国青年中心建设领导小组第1次会议纪要的形式下发。今天，周强同志出席会议，并代表书记处作重要讲话，再次充分体现了团中央书记处对农村共青团工作的高度重视。周强同志的讲话，从全局和战略的高度，深刻分析了当前农村共青团工作和青年工作面临的新形势，进一步明确了当前和今后一个时期农村共青团工作的总体思路和主要任务，对切实做好农村共青团工作提出了明确的要求。我们要认真学习领会,在工作中狠抓贯彻落实。

积极促进农村青年转移就业,是农业和农村经济发展进入新阶段后农村共青团工作服务农村青年增收成才的一个重要努力方向。自2000年团中央在新疆玛纳斯会议上明确提出大力帮助农村青年提高职业技能以来,各级团组织进一步加大了这方面的工作力度,不断探索出许多好做法好经验,涌现出一批先进典型。江苏省各级团组织在全面促进农村青年转移就业的同时,从2001年以来,通过举办供需见面会、开展城乡结对、培养青年经纪人和劳务中介机构、实施定向培训和订单输出等办法,积极帮助农村青年跨区域转移就业,三年来直接培训农村青年20多万名,累计帮助22.9万名农村青年实现了跨区域转移就业,走出了一条“组织化发动、市场化运作、规模化转移、一体化服务”的工作新路子。山西、山东、新疆等省(区、市)根据本地实际,积极探索转移农村劳动力的新路子,为全面推开这项工作积累了宝贵的经验。各地的实践表明,积极促进农村青年转移就业,紧紧扣住了当前党的农业和农村工作中心,切实服务了农村青年增收成才的根本需求。各级团组织要把这项工作摆到更加突出的重要位置,下更大的功夫切实抓紧抓好,抓出更大的成效。

下面,我代表团中央书记处,就全面开展促进农村青年转移就业工作讲几点意见。

一、充分认识促进农村青年转移就业的重大现实意义和长远战略意义

我国是一个农村人口占多数的发展中大国,农业、农村和农民问题在经济社会发展中始终占有特殊重要的位置。综观历史发展的轨迹,从自然经济到市场经济,从农耕文明到工业文明,中华大地所经历的急剧而深刻的历史性变迁,都与农业、农村和农民息息相关。新中国成立特别是改革开放以来,我国经济社会发生了历史性巨变。这一变化的历史起点也在于农业、农村和农民问题不断地得到解决。现在,全党全国人民紧紧抓住本世纪头20年的重要战略机遇期,全面建设惠及十几亿人口的更高水平的小康社会,重点和难点仍然在农村。党的十六大报告明确提出:统筹城乡经济社会发展,建设现代农业,发展农村经济,增加农民收入,是全面建设小康社会的重大任务。党的十六大以来,以胡锦涛同志为总书记的党中央牢固坚持和不断发展我们党高度重视农业、农村和农民问题的一贯战略思想,以求真务实的精神,采取了一系列促进农民增加收入、全面推进农村小康建设的重大措施,切实把解决好农业、农村和农民问题作为全党工作的重中之重。在农村改革初期,从1982年到1986年的5年间,党中央、国务院曾经连续5年每年发出一个一号文件,对实现农村改革的率先突破、调动广大农民的积极性、解放农村的生产力起到了巨大的促进作用。时隔18年之后,党中央、国务院再次以中央一号文件的形式,专门下发了《关于促进农民增加收入若干政策的意见》,充分体现了党中央、国务院对解决“三农”问题的高度重视。我们一定要深刻领会和坚决贯彻中央关于农业和农村工作的方针政策,努力把农村共青团工作做得更好更有实效,以更好地服务大局、服务青年。

从我国的现实和未来发展看,要从根本上解决好农业、农村和农民问题,关键在于树立和落实科学发展观,深化改革,加快发展,加速推进农业产业化和农村工业化、城镇化进程,引导和推动广大农民群众积极从传统农业向现代农业转移,从农业向非农产业转移,从农村向城镇转移。只有相当数量的农民群众最终摆脱传统农业的束缚,掌握现代农业生产技术,走上农业产业化发展道路,才能大幅度提高农业劳动生产率,发展农业生产力,增加务农收入,保持国民经济持续快速健康发展;只有相当数量的农民群众从农业转向非农产业,才能进一步拓展农村内外部的增收渠道,健全农村社会化服务体系，促进农村经济的全面、协调、可持续发展；只有相当数量的农民群众到城镇安家定居，农村和城市的发展才能形成互动，相互补充、相互促进，两个方面面临的一些深层次矛盾和问题才能最终得以解决，城乡教育、科技、文化、卫生等事业一体化发展才能最终得以实现，农民群众的生产生活条件才能最终得以改善。因此，党的十六大报告强调，农村富余劳动力向非农产业和城镇转移，是工业化和现代化的必然趋势。党的十六届三中全会和中央经济工作会议都指出，要把改善农村富余劳动力转移就业环境，作为深化农村改革，完善农村经济体制的一项重要措施。去年底召开的中央农村工作会议，深刻分析了农村劳动力就业格局和转移动因，进一步指出要按照统筹城乡经济社会发展的思路，加强农民技能培训，改善农民转移就业环境，努力拓展农村内外部增收空间。今年中央一号文件，主题专讲促进农民增收，进一步明确了促进农民从传统农业向现代农业、从农业向非农产业、从农村向城镇转移就业的一系列政策措施，并首次提出“进城就业的农民工已经成为产业工人的重要组成部分”这一重要论断。这些重大决策和措施，为我们深刻认识新阶段农业和农村经济社会发展的重大变化指明了方向，也对我们积极开展促进农村青年转移就业工作提出了新的更高的要求。

1. 促进农村青年转移就业，是新阶段共青团服务农村青年增收成才的重要途径。服务农村青年增收成才，是周强同志多次强调指出的农村共青团工作的一条主线。这既是全团的共识，也是我们做好农村共青团工作的基本着眼点。当前，随着农业和农村经济社会的深入发展，农村青年增收成才的渠道和途径已经和正在发生着根本性的变化。从增加收入上看，农村青年收入增长来源日趋多元化、多样化，已经由主要靠增加产量、提高价格转向主要靠提高效益、扩大就业。虽然农业收入仍然是农村青年收入的重要基础，但已经由主要来自种植业转向种植业和养殖业并举，由主要来自农业转向农业和非农产业并举。农村青年收入构成中，非农产业收入比重已经接近一半，工资性收入比重已达三分之一，工资性收入对农村青年收入增长的贡献率达到80%左右。在现阶段，向农业的深度和广度，向二、三产业和城镇转移就业，已经成为农村青年实现增收愿望的重要渠道。从成长成才看，目前我国农村富余劳动力高达1.5亿，大量农村青年就业不足，制约了个人成长发展。同时，随着农村生产力水平和个人收入水平的提高，农村青年对生活质量的提高、生态环境的改善和自身的全面发展有了更高的追求。一方面，从事农业生产的青年农民，需要按照高产、优质、高效、生态、安全的要求，走精细化、集约化、产业化的道路。另一方面，农村青年外出就业，在很大程度上也不再是权宜之计。有的进城青年，正在逐步转变为城镇居民、企业工人和工商业经营者。在农业和农村经济社会发展的新阶段，转移就业正在成为实现农村青年成才梦想的广阔舞台。因此，只有促进农村青年转移就业，才能切实服务农村青年增收成才的根本需求，才能牢牢抓住农村共青团工作的发展主线。

2. 促进农村青年转移就业，是共青团促进城乡二元经济结构逐步改变的重要举措。在新的历史条件下，促进农村青年转移就业，不仅是增加农民收入的需要，也是统筹城乡经济社会发展、加快我国城镇化进程的需要。城镇化是现代文明的重要历史现象，是工业化达到一定阶段的必然产物，是国家发展进步的必然趋势。目前，我国城镇化率不到40%，不仅远远低于世界平均水平和同等收入国家水平，而且远远落后于我国工业化水平。城乡二元经济结构的状况十分突出。工农业劳动生产率相差悬殊，城乡产业结构严重不协调，工农差别、城乡差别过大，严重制约了农村经济以及整个国民经济的发展。正如今年中央一号文件所指出的，现阶段农民增收困难，是农业和农村内外部环境发生深刻变化的突出反映，也是城乡二元结构长期积累的各种深层次矛盾的集中表现。因此，提高我国的现代化水平，解决农村劳动力的出路和农民增收问题，必须走工业化、城镇化的路子，把农民从农业和农村尽可能多地转移出来。据统计，1990 年至 2001 年的 11 年间，我国平均每年新增城镇 800 多个，每年转移农村人口约 1000 万人，11 年超过 1 亿人。从城镇化加速发展的要求看，在未来 5 到 10 年左右的周期内，我国需要每年从农业向非农产业、从农村向城镇转移 1500 万到 2000 万农村人口，10 年内转出的总规模需要达到 1.5 亿到 2 亿人。只有实现这样一个转出规模，才能保证留在土地上的农民收入增长速度跟上国民经济发展的速度，跟上城镇居民收入的增长速度，才能保证城乡之间的利益矛盾不致激化。广大农村青年文化素质相对较高，富有理想和热情，最具生机和活力，不仅本身是农村转移就业的主体，也是带动农民群众转移就业的重要力量。转移一个农村青年，可以致富一个家庭；转移一批农村青年，则可以激活一方经济。共青团要更加广泛有效地动员和组织广大农村青年带头从农业向非农产业、从农村向城镇转移就业，为推动我国城乡二元经济结构逐步改变做出更大贡献。

3. 促进农村青年转移就业，是新阶段农村共青团工作的重要生长点和重大任务。农民群众特别是农村青年向农业的深度和广度、向非农产业和城镇转移就业，是农业和农村经济发展新阶段的重大趋势。目前，已呈现出以下几个特点：一是比重增大，超过三分之一；二是身份正在变化，逐步由农民向居民转变；三是趋势在加快，成为大势所趋；四是转移就业的需求十分强烈，渴望社会各方面给予相应的服务和指导。在农村青年大量转移就业的形势面前，农村共青团的工作内容进一步丰富，工作要求进一步提高，工作重点进一步明确，必须进一步加大工作力度，把引导和帮助农村青年转移就业作为一项重大而紧迫的战略任务抓紧抓好。这项工作做好了，就抓住了当前农村共青团工作的一个主要矛盾，就可以牵一发而动全局，进一步推动新阶段农村共青团工作全面活跃。

总之，我们一定要站在历史的、发展的、全局的高度，深刻认识“三农”工作的极端重要性，深入理解新世纪新阶段农业和农村经济社会发展的新任务、新战略和新要求，进一步增强责任感、使命感和紧迫感，把促进农村青年转移就业作为全团服务农村青年增收成才的工作着力点，统一思想，提高认识，坚定信心，扎实工作，努力开创农村共青团工作的新局面。

二、正确把握新阶段促进农村青年转移就业的主要任务和重点工作

从服务党的农业和农村工作大局出发，针对农村青年增收成才的愿望和需求，结合农村共青团工作的实际，现阶段共青团开展促进农村青年转移就业工作的主要任务是：第一，大力开展职业技能培训，特别是抓好订单培训，帮助广大农村青年转变就业观念，提高职业素质和就业技能，掌握一两门具有就业竞争力的实用技能。第二，大力培养农村青年创业致富带头人，培养造就大批农村青年星火带头人、青年农业产业化带头人、青年经纪人和青年工商创业带头人，充分发挥各级各类青年创业致富带头人在转移就业和增收成才等方面的示范带动作用。第三，着力为农村青年转移就业创造条件、优化环境，特别是要积极创建和形成一批农村青年转移就业基地。要在充分发挥政府培训和劳务中介主渠道作用的同时，争取各方面的支持，充分依靠社会力量和资源，大力创建社会化的农村青年转移就业示范培训基地和诚信规范的农村青年转移就业中介机构。第四，建立健全促进农村青年转移就业的工作机制，会同有关部门齐抓共管，积极探索，大胆创新，努力形成组织化发动、市场化运作、规模化转移、一体化服务的农村青年转移就业促进机制。要围绕以上任务，树立和落实以人为本、全面协调可持续的科学发展观，全面贯彻统筹城乡经济社会发展的要求，大力开发农村青年人才资源，积极引导广大农村青年带头由传统农业向农业的深度和广度转移就业，由种植业向养殖业转移就业，由农业向非农产业转移就业，由农村向城镇和境外转移就业，在农业现代化和农村工业化、城镇化进程中大显身手，增收成才。

1. 引导农村青年向农业的深度和广度转移就业。进入新阶段，农民增收问题和粮食安全问题相互交织、互为影响。党中央提出，要把促进农民增收和发展粮食生产有机地统一起来。一方面，集中力量支持粮食主产区发展粮食产业，促进种粮农民增加收入；另一方面，继续推进农业结构调整，挖掘农业内部增收潜力。实现这一要求，就是要在保护和提高粮食综合生产能力的前提下，按照高产、优质、高效、生态、安全的要求，走精细化、集约化、产业化的道路，向农业发展的深度和广度进军。各级团组织要准确把握新阶段农业和农村经济发展的要求，注意首先从农业内部着眼，把农业发展的文章做大做活，进一步开拓农村青年转移就业、增收成才的空间。培养各级各类青年带头人是农村共青团工作的一个显著特点和突出优势。新阶段，各级团组织要积极培养青年种、养殖大户，充分调动农村青年种粮积极性，带头参与优质粮食产业工程，带头发展畜牧业。要积极培养青年农业标准化生产示范户，带头实行标准化生产，扩大无公害食品、绿色食品、有机食品等优质农产品的生产和供应。要积极培养青年农业产业化带头人，鼓励和扶持有志青年创办和发展农业产业化龙头企业和以粮食及农副产品为主的加工企业，帮助他们延长农业产业链。要积极培养农村青年经纪人，提高青年农民的组织化程度，增强带动能力和市场竞争能力，形成“集团军”参与农业市场竞争。

2. 引导农村青年向农村二、三产业转移就业。发展乡镇企业，发展农村个体私营等非公有制经济，繁荣小城镇经济，是在农村内部增加农民收入的重要渠道，也是农村青年就地就近转移就业的主要途径。在促进农村青年向二、三产业转移就业过程中，抓好教育培训，着力提高农村青年转移就业能力是关键环节。各级团组织要继续深化跨世纪青年农民科技培训工程和青年星火西进计划，进一步拓宽培训范围，大量增加二、三产业的技能培训内容，注意提高培训的针对性和适用性，努力增强农村青年转移就业的本领。要发挥好青年乡镇企业家协会、青年民营企业家协会的作用，根据企业发展需求，积极组织农村青年人才供需洽谈会，开展农村青年岗位培训，最大限度地吸纳农村青年就地转移。要引导和鼓励有志农村青年立足本土创业、反哺家乡创业，充分运用国家在税收、投融资、资源利用和人才开发等方面的优惠政策，带头创办和发展农村个体私营企业。要进一步加强小城镇共青团工作，建立健全促进农村青年转移就业的工作阵地，对从事二、三产业的农村团员青年进行统筹管理、动态管理，争取有关部门为他们就业创业提供政策倾斜、资金扶持和综合服务。

3. 引导农村青年外出务工和向城镇转移就业。异地转移、外出务工，是当前农村青年转移就业的重要形式。农村的发展离不开城市的辐射和带动，城市的发展也离不开农村的促进和支持。东部沿海经济比较发达，各类企业多，能够为西部地区农村青年外出务工提供大量的就业岗位。走城乡互动、东西互助的协调发展道路，是引导农村青年外出务工和向城镇转移就业的关键所在。各级团组织要按照跳出农业看农业、跳出农村看农村的思路，充分调动城市和农村、东部和中西部各个方面的积极性，以城乡良性互动为基本途径，以全面整合社会和全团各种资源为着力点，积极搭建促进农村青年转移就业的工作桥梁和联系纽带。要推动输出地团组织与输入地团组织的工作对接，建立订单培训、定向输出的制度，组织城市与农村、东部地区与中西部地区对口交流合作，签订劳务培训和接收协议。要实现培训机构与用工企业的信息对接，建立城乡青年劳务信息交流制度，定期举办农村青年转移就业洽谈会，不断丰富和完善农村青年信息服务网络。要充分运用政府引导和市场主导的各类服务手段，积极为农村青年提供有效的供求信息、政策指导、维护权益等服务，增强农村青年自主选择转移就业渠道的能力。

4. 积极协助有关部门组织农村青年向境外转移就业。党的十六大提出的"走出去"战略思想，具有很强的针对性和可操作性，为我们做好促进农村青年转移就业工作、服务农村青年增收成才提供了新的思路，打开了新的视野。当前，随着经济全球化的深入发展，各国农业联系更加紧密，农业专业化分工日益明显，国际劳务输出的市场日趋扩大。从世界范围看，我国数量众多、收入较低、素质较高的农村青年，在其他国家的城市和农村都有广阔的就业创业空间。这是我们开展促进农村青年转移就业工作的一个不容忽视的重要领域。这些年来，一些地方的团组织积极配合有关部门，在开展国际青年劳务输出方面已经迈出了可喜的步伐，积累了一定的经验。实践证明，把团的组织资源与青年外事资源相结合，积极稳妥地推动农村青年人才"走出去"是一项很有潜力、大有可为的工作。各级团组织要进一步关注这一领域，积极协助外交、外贸、农业、建设等部门，推动国内农村青年人才"走出去"，参与国际市场竞争，拓展海外增收渠道，以更广阔的视野，在更大范围内开发农村青年人才资源，服务农村青年增收成才。

城乡社区青年中心是服务青年、服务社区的新型基层青年组织，是基层共青团工作和青年工作的显示终端，在促进农村青年转移就业工作中可以大有作为。下一步，各地要在全面推进农村青年中心建设试点工作的同时，把促进农村青年转移就业作为青年中心的一项重大服务项目，不断探索促进农村青年转移就业的工作载体。一要抓好信息收集工作。将当地农村青年转移就业的有关信息及时进行采集、登记、整理和上报，并随时向农村青年传递培训及用工信息，在此基础上，努力搭建本地区和区域性农村青年转移就业上下贯通、左右相联、反应灵敏的供求信息平台。二要抓好技能培训工作。按国家有关农民科技培训和农民工培训规划及相关扶持政策，本着"市场引导培训，培训促进就业"的原则，利用和依托现有农村广播电视学校、职业技术学校、成人教育中心等阵地，以培养各类青年创业致富带头人为重点，组织开展农业实用技术、农业标准化生产知识、农产品营销加工、企业管理知识培训及引导性培训和职业技能培训。三要培育中介服务机构。配合有关部门做好职业技能培训、鉴定发证、岗位介绍、权益维护等工作，创建劳务素质高、转移组织化、服务一体化、讲求诚信度的"农村青年转移就业基地"。四是有条件的农村青年中心要积极与城市青年中心建立互动联系。统筹城乡资源，争取各方支持，加强工作衔接与合作，沟通转移就业信息，开展订单培训、定向输出，引导和帮助农村青年向二、三产业和城镇转移就业，实现农村培养人、城市安排人的目标。总之，要推动城乡社区青年中心良性互动，把二者的工作项目有效地对接起来，充分发挥他们在促进农村青年转移就业方面的重要作用。

三、把促进农村青年转移就业工作的各项任务落到实处

促进农村青年转移就业，是一项造福农村千家万户的富裕工程，也是一项涉及社会方方面面的系统工程。目标非常明确，任务实实在

在，关键是要狠抓各项工作的落实。以求真务实的精神全面推进农村共青团工作，是周强同志代表团中央书记处对全团提出的明确要求。我们要坚决把求真务实的精神贯彻落实到具体行动之中，扎扎实实地促进农村青年转移就业，不断取得新的明显成效。

1. 高度重视，加强领导。在全国范围内，全面推开促进农村青年转移就业工作，是全团站在新的历史起点上推进农村共青团工作的一个重大战略举措。组织开展好这项工作，既是当前紧迫而繁重的任务，也是今后长期而艰巨的任务，事关全局，意义重大。全团上下要统一认识，统一步调，自觉地把促进农村青年转移就业工作作为当前和今后一个时期农村共青团工作的重中之重，摆到突出位置，摆上重要日程，努力做成一个精品，做成一个知名品牌。团的各级机关要齐抓共管，做到书记亲自抓，分管书记具体抓，有关部门配合抓。各地要认真按照全团的统一部署，尽快制定详细的工作计划，研究提出具体的工作措施，做到层层有目标，层层抓落实。要充分运用共青团从中央到地方，覆盖各行各业、各条战线的组织体系，发挥组织优势、信息优势、网络优势、人才优势、跨地区优势，齐心协力做好促进农村青年转移就业工作。

2. 争取政策，优化环境。促进农村青年转移就业是一项政策性强、涉及面广、工作难度大、要求比较高的社会性工作，必须建立有关部门协调配合、齐抓共管的工作机制。各级团组织要加强与当地教育、科技、劳动和社会保障、农业、扶贫办等有关部门的联系，争取有关部门在工作部署、资金投入、培训组织、项目推进等方面，出台具体的支持措施，提供强有力的政策保障。团中央联合国家有关部委制定的《全国农村青年转移就业促进计划实施方案》，提出了一些有关政策。各地要抓住这个有利契机，联合当地有关部门进一步制定具体落实措施，尽快成立相应的组织领导机构，切实加强工作协调和配合。

3. 结合实际，大胆创新。促进农村青年转移就业，紧扣党政工作大局，符合农村实际，直接面向农村青年，重在创新实践。各级团组织要注意结合实际，积极探索和创新具有鲜明时代气息、青年喜闻乐见的鲜活载体和有效方法，充分调动和发挥基层工作的积极性、主动性和创造性，不断创造新鲜经验，不断增强工作的针对性、时代感和吸引力，使转移就业工作在广大农村青年中深入人心。要把饱满的进取热情和科学的工作态度有机统一起来，把发挥主观能动性与尊重客观规律有机统一起来，把必要的工作形式和实际的工作效果有机统一起来，埋头苦干，踏实做事，务求实效。

4. 培养典型，加大宣传。各地要随时掌握促进农村青年转移就业工作的总体进展情况，注意总结经验，发现典型，并充分利用各种新闻媒体，进行广泛宣传，努力营造一个支持农村青年转移就业、服务农村青年增收成才的良好社会氛围。团中央将以适当方式，适时对促进农村青年转移就业工作先进集体和个人给予表彰和奖励。各地要大力培养典型，加大宣传表彰力度，通过典型引路的办法，更好地推动各项工作深入开展。

同志们，以今年中央一号文件的发布为标志，各项支持农业、发展农村、促进农民增收的重大政策措施将相继出台，一个全党全社会更加高度重视和认真解决农业、农村、农民问题的新局面正在形成。农村共青团工作的目标更明，要求更高，环境更好。各级团组织和广大团干部要紧紧抓住难得的历史机遇，以求真务实的精神，举全团之力组织实施好促进农村青年转移就业工作，不断开创农村共青团工作新局面，不断为解决“三农”问题、服务党政工作大局、服务农村青年做出新的贡献，团结带领广大青年在全面推进农村小康建设、全面建设小康社会的伟大进程中谱写新的篇章！

尔肯江·吐拉洪在河北省农村青年“三争一促”活动现场推进会上的讲话

2004年4月8日

同志们：

当前，按照党中央、国务院关于“三农”工作的一系列重大方针政策和部署，全国上下正在深入贯彻和落实。共青团中央根据中央农村工作会议和中央一号文件精神，前不久在江苏南京召开专题会议，对全国农村共青团工作提出了明确要求，河北团省委根据团中央要求，紧紧围绕省委、省政府中心工作，结合本省农村经济社会发展工作中心和农村青年工作实际，在此专门召开全省“三争一促”活动现场推进会，动员广大农村青年发扬开风气之先的优良传统，全面提升思想道德和科学文化素质，为建设生产发展、生活富裕、生态良好的新农村而奋斗，具有十分重要的意义。我代表共青团中央对大会的圆满召开表示热烈的祝贺！向长期以来关心重视共青团工作和青年工作的河北省各级党政领导表示衷心的感谢！也借此机会向辛勤工作在农村基层的各级团干部和广大农村青年致以崇高的敬意！

多年来，在河北省各级党委、政府的正确领导下，河北省各级团组织紧密围绕全省农村生态富民工程和服务农村青年增收成才行动，在青年农民科技培训、保护母亲河行动、农村青年中心建设、乡村青年文化活动等全团重点活动中都取得了显著成效，为配合有关党政部门做好农业、农村和农民工作，促进全省经济社会全面、协调、可持续发展，做出了积极的贡献。

解决好“三农”问题，是全党工作的重中之重。去年底召开的中央农村工作会议，提出了按照统筹城乡经济社会发展的思路解决“三农”问题的重大政策措施。今年初，党中央、国务院专门下发了《关于促进农民增加收入若干政策的意见》的1号文件，提出了一系列促进农民增收的具体政策和措施。在这样的背景下，全团的一项重要任务，就是要切实把农村共青团工作摆到更加突出的位置，坚持不懈地贯彻党中央关于农村农业的各项方针政策服务农村青年增收成才。

这次会议的主题是，在全省农村青年中广泛开展“争做革除陋习先锋、争做公民道德楷模、争做增收成才标兵、促进文明生态村建设”的“三争一促”活动，为全面推进农村小康建设做贡献。我认为全面部署开展这项活动很有现实意义，找到了农村共青团组织服务党政工作大局、服务农村青年增收成才的有效结合点和工作突破口。主要表现为：一是能够充分调动广大农村青年的积极性、主动性和创造性。农村青年数量庞大，在农业现代化和农村工业化、城镇化进程中理应担当重任，是农村改革、发展和稳定的一支重要力量，是建设社会主义新农村的希望所在。全面推进农村小康建设，必须最大限度地开发农村青年人才资源，最大限度地凝聚广大农村青年的智慧和力量。二是这项活动抓住了农村小康建设的关键环节。农村小康建设，既是一个经济指标，又是一个社会指标，既要立足农村的自我建设，又要推动城乡的统筹发展，必须动员社会各方面的力量，解决农村的全面、协调、可持续发展问题。大力革除陋习、加强道德建设、推进增收成才、促进生态文明，是广大农村青年追求生活质量的提高、生态环境的改善和自身全面发展的必然要求，也是当前全面推进农村小康社会建设亟待解决的重点问题和难点问题，共青团组织要主动适应新阶段农业和农村经济社会发展的新形势、新任务和新要求，在各级党政的领导下，积极协助有关职能部门做好工作，为在农村全面建设小康社会发挥出共青团组织应有的作用。三是这项活动体现了求真务实的工作要求。解决“三农”问题是一项长期而艰巨的工作任务。河北省共青团组织从团的工作实际出发，从一点一滴入手，从一件一件的具体事抓起，明确提出要“修建一批沼气池、组建一支青年志愿者服务队、每村聘请一名农技专家、培养一名文体骨干”等“四个一”活动，切实解决农民群众生产和生活中的最现实、最直接、最突出的问题，表现出了一种不尚空谈、真抓实干和求真务实的精神，值得充分肯定。希望河北省各级团组织以这次会议的召开为契机，坚定信心，扎实工作，切实把这项工作抓好抓实，抓出成效，并探索总结出成熟的做法和经验，以便在更大范围内推广。

对于下一步如何深入扎实推进这项工作，我想谈三点意见，供大家参考。

第一，要切实突出服务农村青年增收成才的工作主线。千方百计增加农民收入，是当前党和政府的头等大事。竭诚服务农村青年增收成才，是我们做好农村共青团工作的基本着眼点。在开展“三争一促”活动中，一定要牢牢抓住服务农村青年增收成才这条主线不放松，坚持以全面推进农村青年增收成才行动为基本途径，推动新阶段农村共青团工作的全面活跃。围绕提高农村青年的职业素质和技能，要深入实施青年农民科技培训工程，与农业、财政部门密切合作，扎实做好学前动员、学后跟踪服务和青年农民典型事迹宣传等工作，努力提高培训效果。围绕拓宽农村青年内外部增收渠道，要大力实施农村青年转移就业促进计划，发动社会各方力量，面向农村青年广泛开展职业培训、就业指导、职业中介等工作，对农村青年就业创业进行扶持帮助，引导农村青年向农业的深度和广度，向二、三产业和城镇转移就业。围绕发挥农村青年的示范带动作用，要着力培养农村青年创业致富带头人，根据农业和农村经济社会发展新阶段的要求，建立健全培养造就各级各类农村青年能人的机制，重点培养一大批觉悟高、懂科技、善经营、会管理的青年星火带头人、青年经纪人、青年农业产业化带头人和青年工商创业带头人。围绕提高农村青年的思想道德水平，要以健康向上、有趣有为的文化活动为载体，引导农村青年自觉实践社会公德、职业道德和家庭美德，倡导科学健康的生活方式，充分发挥农村青年在促进文明村镇建设中不可替代的作用。

第二，要紧密结合保护母亲河行动，探索农村青少年生态环保活动的新路子。“三争一促”活动，特别是促进文明生态村建设，其核心就是具体落实科学发展观，把工作力量放到大力促进农村经济社会全面、协调、可持续发展上来。这一工作内容与保护母亲河行动紧密相连，息息相关，应该结合起来共同推进。要按照强势推进、全面深化保护母亲河行动的总体要求，围绕生态文化、生态体验、生态经济，在关注大江大河的流域生态环保共建活动，关注国家大型重点工程建设的环境保护工作的同时，通过丰富工作内容，创新活动载体，把生态环保建设，通过青年引向农村，影响带动农民群众，真正落到实处。首先，要通过“三争一促”活动，教育广大农村青少年树立文明卫生、绿色环保和生态文化意识，从我做起，从现在做起，为建设文明生态村做贡献。其次，要从革除陋习，改善人居环境，在农村倡导文明健康卫生的新的生活方式入手，围绕文明村镇、小康村建设，从青年及农民关注的生产生活实际抓起，开展实实在在的生态环保活动。第三，要注意强化服务和着眼于工作的常效机制建设，通过创新实践，探索出在农村实施青少年生态环保建设的一条新路子。

第三，要结合“三争一促”活动，有力推动农村基层团组织建设。团的基层组织建设是全团工作的重要环节。要按照团十五大、十五届二中全会的总体部署，始终坚持党建带团建的原则，把农村基层团组织建设作为一项长期的重大任务，认真总结经验，深入分析存在的问题，针对薄弱环节采取切实措施，坚持不懈地抓好基层党建带团建、基层团建创新、完善组织运行机制、增强学习能力和服务能力、加强团员队伍建设等工作，不断完善农村共青团组织运行机制，努力把农村基层团组织建设提高到一个新水平。农村青年中心是在共青团的领导下，以联系、服务、引导青年为目的，以会员制、理事会制为主要运作方式，服务青年、服务社区的新型基层青年组织，是农村共青团工作和农村青年工作的显示终端，是吸引凝聚农村青年的新纽带、有效服务农村青年的新平台。因此，各地在实践中既要通过“三争一促”活动推动农村青年中心建设，又要依托已经建起来的农村青年中心来落实“三争一促”活动的工作内容，比如：组建青年志愿者服务队，可以通过青年中心来招募、登记和管理志愿者；创建信息平台，可以直接与青年中心网络对接；创建青年文化大院，可以借助青年中心的各种硬件设施。等等。要注意大力培育发展农村基层各类青年专业技术协会、市场中介服务组织和专业经济合作组织，经过必要程序把这些组织吸纳到青年中心的团体会员和理事会中来，扶持他们发展壮大，借助他们更加有效地联系和服务青年。要统筹城乡资源，争取各方支持，为农村青年中心尽力提供扶持帮助，促进农村青年中心持续发展。要通过定向招募、定向培训、定向派遣大学生志愿者等方式，广泛选派青年中心志愿者，为农村青年中心配备工作骨干。要在大力支持农村青年中心自主实施各类青年发展项目的同时，依托青年中心广泛开展农村青年转移就业培训、乡村青年文化体育活动、新世纪读书计划等团的活动，使团的工作在农村基层得到更好的落实，从而更好地服务党政中心工作，服务广大农村青年。

同志们，全面推进河北农村生态富民工程，建设生产发展、生活富裕、生态良好的社会主义新农村，河北的各级团组织和广大农村青年，肩负重任，大有可为。让我们紧密团结在以胡锦涛同志为总书记的党中央周围，高举邓小平理论和“三个代表”重要思想的伟大旗帜，与时俱进，开拓创新，勤奋工作，求真务实，把农村基层团组织进一步建设好，把农村青年工作提高到一个新的水平，团结带领广大农村青年为全面推进农村小康建设、全面建设小康社会做出无愧于时代的新贡献！

尔肯江·吐拉洪在“中日民间水论坛”上的总结讲话

2004年4月22日

现在，我受全国青联主席赵勇先生委托做总结发言。

经过大家的共同努力，在中国建设部、水利部、国家环保总局、日本外务省、环境省、国土交通省、日本驻华使馆等政府有关部门以及日本新世纪协会、日本绿色地球网络、日中友好协会等中日两国各友好团体的大力支持下，“中日民间水论坛”已经圆满完成各项议程。本次论坛由全国保护母亲河行动领导小组办公室、全国青联国际项目合作中心精心组织，中日双方通力协作,保证了整个论坛的井然有序和高效率,达到了预期的效果。

论坛期间,本次论坛的倡导人、共青团中央书记处第一书记周强先生亲切会见并宴请了日本参会代表,在得知水论坛取得极大成效并即将结束时,要求我代表他本人向参加会议的中日嘉宾表示衷心感谢。日本前首相桥本龙太郎先生亲自出席论坛开幕式并致辞,对中日青年水合作寄予厚望。共青团中央书记处常务书记、中华全国青年联合会主席赵勇先生做了题为《以水为媒,构筑中日青年友好合作桥梁》的主旨演讲,精辟地阐述了水之于人类的重要性和中国乃至世界面临的水问题,提出了加强中日水领域合作的建议和主张。第三届“世界水论坛”秘书长尾田荣章先生做了《论世界之水》的基调报告。中国建设部、水利部、国家环保总局负责人,日本驻华大使分别致辞,对论坛的举办表示充分肯定。

本次论坛具有以下几个鲜明的特点:

——形式创新。本次论坛采取主论坛与分论坛相结合,成果展览与技术商洽相结合,中日双方分别主持,政府官员、专家学者与民间环保人士互动的形式,参与的每一位代表都可畅所欲言,相互激发新思想、倡树新观念、交流新经验、展示新成果、商洽新合作,极富吸引力和感召力。

——内容丰实。本次论坛以“水”为主题,中日两国的政府官员、专家学者、民间环保人士、青年学生就自己最新的研究成果和鲜活的实践经验,紧扣水行政、水经济、水文化、水生态、水与青年等课题,就水与市政建设、林业、环境、外交、国土安全等的关系进行了深入的分析和阐述,分析方法科学严谨,分析视角客观公正,论点鲜明、论据可靠、重点突出、内涵丰富,具有很高的参考价值。特别是中国工程院院士陈志恺先生关于《中国水资源的可持续问题》的报告、日本广播大学校长丹保宪仁先生关于《21 世纪的城市水机制》的报告,总结过去、展望未来,对水进行了全面系统的阐述,科学地提出了解决问题的方法和基本途径,具有很强的现实性、可行性、前瞻性,对中日两国乃至世界各国审视水问题、保护水环境、解决水危机具有重要的借鉴意义。

本次论坛是在世界水危机日益严峻、水问题呼唤大合作的背景下,顺应现阶段日益扩大的中日两国民间特别是中日青年友好交往的需求举办的。

——本次论坛的成功举办探索了中日民间合作的新模式、搭建了中日青年环保合作的新平台,必将推动中日民间经贸往来、技术交流和项目合作,推动中日两国青年在保护母亲河、保护生态环境领域的交流与合作,推动中日经济社会的向前发展。

——本论坛的成功举办在全社会营造了亲水、护水的良好氛围,促动了中日两国更加密切地关注水问题、更深层次地思考水问题、更清晰地认识水问题,也必将促动中日两国以更加积极的姿态、以更为有效的办法解决水问题,推动中日两国的水环境保护的步伐。

——本次论坛的成功举办促进了中日两国青年的相互了解、加深了友谊、增进了共识,掀开了中日两国青年外交新的一页,对推动中日关系的发展将起到积极的促进作用,也必将为其他各国青年外交发挥很好的示范作用。

水是人类共有的资源。保护水资源,促进人类可持续发展,还任重而道远,需要各国建立起更为广泛的合作。本次论坛再一次让我们感到了肩负的重任。作为在亚洲乃至全球都有重要影响的大国,中日两国在水环境保护领域应该承担与大国相应的责任。让我们携起手来,密切协作,共同努力,为保护水资源,改善生态环境,建设人类共有的美好家园做出新的贡献。

最后,祝各位来宾和朋友们身体健康、事业有成。

尔肯江·吐拉洪在全国乡村青年文化建设现场经验交流会上的讲话

2004年5月13日

这次会议是在全团深入学习贯彻党的十六大、十六届三中全会、中央农村工作会议和2004年中央一号文件精神的形势下召开的。召开这样一个较大规模的会议来专题研究部署乡村青年文化工作，全团还是第一次。这次会议的主要任务是，以邓小平理论和“三个代表”重要思想为指导，总结交流近年来各地乡村青年文化建设的成功做法和经验，研究部署下一步乡村青年文化建设的总体思路、主要任务和工作重点，结合大力推进农村青年中心建设，推动全团乡村青年文化建设工作不断开创新的局面。

在党委、政府和上级团组织的领导支持下，通过全省各级团干部的奋发努力，这些年来福建省团的工作扎实有效，成效明显，农村团的工作尤其可圈可点，很有特色，乡村青年文化建设就是其中的一个重要方面。刚才，福建团省委、泉州团市委介绍了他们的主要做法，希望大家认真学习借鉴福建省、泉州市和其他地方的好做法好经验。这次现场经验交流会的召开，得到了福建省、泉州市各级党委、政府和有关部门的高度重视和大力支持，各级团组织也为会议的召开付出了辛勤的努力。我代表团中央书记处和全体与会同志，向长期以来关心支持共青团工作的福建省各级党政领导和社会各界，表示衷心的感谢！

下面，我代表团中央书记处讲三点意见。

一、团十四大以来乡村青年文化建设总结回顾

文化塑造青年，青年创造文化。青年文化建设在农村共青团工作和青年工作中历来具有十分重要的地位，发挥着十分重要的作用。团中央书记处一贯高度重视乡村青年文化建设，始终把这项工作作为农村共青团工作的一项重要内容来部署安排。1999年初，周强同志在广西荔浦召开的全团农村工作会议上，提出了农村共青团工作“一条主线、三项重点、一个基础”的总体要求，明确要求全团把乡村青年文化节作为农村共青团工作的三项重点工作之一，统一部署，扎实推进，狠抓落实。2002年召开的全国农村青年工作会议，进一步明确了推进乡村青年文化建设的工作思路和有效措施，团中央、文化部专门就此联合下发了《关于切实加强农村青年文化建设的意见》，有力地推动了这项工作的深入开展。团十五大和十五届二中全会对青年文化建设提出了新的更高的要求，要求各级团组织始终坚持先进文化的前进方向，以文化育人为主题，大力发展健康有益、充满活力的青年文化，对包括乡村青年文化在内的青年文化建设作出了总体部署安排。今年2月底，团中央在江苏南京召开全国促进农村青年转移就业工作会议，周强同志代表团中央到会作重要讲话，对当前和今后一个时期农村共青团工作提出了总体要求，明确要求把乡村青年文化活动与农村青年增收成才行动、保护母亲河行动、农村青年中心建设一道，作为农村共青团工作的重点扎实推进，再次充分体现了团中央书记处对乡村青年文化建设的高度重视。

在团中央书记处的高度重视和各级团组

织的共同努力下，团十四大以来，全团紧紧围绕党的农村工作大局，抓住服务农村青年增收成才这条主线，通过多种形式广泛开展乡村青年文化建设，形成了较大声势，取得了明显成效，呈现出良好的发展态势，在满足农村青年精神文化需求，活跃农村文化生活，促进农村经济社会协调发展等方面做出了积极贡献，得到了各级党政领导的充分肯定和广大农村青年的热烈欢迎。2000 年 12 月，胡锦涛同志在共青团十四届四中全会上，对我们开展乡村青年文化建设工作给予了充分肯定，他指出：共青团在活跃乡村青年文化生活上，进一步发挥了广大团员青年在社会主义精神文明建设中的积极作用。2002 年 4 月，温家宝同志在全国农村青年工作会议上指出：多年来，各级团组织围绕大局，发挥优势，在团结、教育、服务农村青年等方面，做了大量工作，发挥了重要作用。希望各级团组织和广大团干部加强基层文化建设，不断丰富农村青年的精神文化生活。总的看，团十四大以来，乡村青年文化建设已经从“吹拉弹唱”、“打球照相”等基层自发性、单一性的文化活动，发展到层层举办乡村青年文化活动、普遍建设青少年活动阵地、积极培育乡村青年文化名人，在更高的层次上丰富了农村青年的精神文化生活。

1. 广泛开展群众性乡村青年文化活动，打造了一批富有感召力、影响力和时代感的品牌项目。团十四大以来，全团着眼于活跃基层，以项目为牵动，以生动活泼的方式，在农村开展的各类健康向上、丰富多彩的青年文化活动，得到了广大基层团组织和农村青年的积极响应，形成了从县市、乡镇一直到村寨普遍开展群众性、自发性青年文化活动的火热场面。从 1998 年底开始，连续六年在元旦春节期间集中举办的“乡村青年文化节”，通过亿万乡村青少年同声歌唱新时代、十六大精神进农家、挂主题年画、贴时代春联、灾区青年志愿者卫生防疫行动、辞旧迎新大扫除、青年科技大集、科技大篷车乡村行等青年喜闻乐见的重点示范活动，在“跨进新世纪、歌唱新时代”、“学讲话、颂党情、跟党走”、“贯彻十六大、创造新业绩”等鲜明的活动主题感召下，每年吸引全国 60% 以上的乡村参与，组织文艺演出和科技大集超过了 1 万场次。连续举办四届的“全国乡村青年歌手大赛”和集各种科技体育趣味竞赛项目于一体的“全国乡村青年大擂台”，适应了新时期农村青年多元化文化需求，促进了农村基层群众文化活动的蓬勃开展。2000 年，团中央联合建设部共同推出的创建“青年文明一条街”活动，目前已在全国 1 万多个乡村开展起来，走出了一条青少年参与文明村镇建设的新途径。这次在福建泉州举办的“全国乡村青年民间工艺品制作大赛”，充分体现了文化搭台、经贸唱戏，运用社会化、市场化、产业化手段推进乡村青年文化建设的新思路，首次推出就受到了农村青年的热烈欢迎和社会各界的好评。此外，各地探索开展的许多特色活动项目，如受到团中央表彰的长江三角洲乡村青年文化节、百部优秀影片进农村、“三百”科技大集、青年文化直通车山区行等年度十大乡村青年文化示范项目，在农村乃至全社会都产生了广泛影响，有力地推动了基层文化活动的开展。

2. 发展壮大多样化乡村青年文化阵地，强化了农村基层团组织开展活动的场所依托。团十四大以来，全团抓住党和国家加强文明村镇建设和小城镇建设的有利时机，积极争取党政支持，采取灵活多样的形式，卓有成效地加强了乡村青年文化阵地建设。从 1996 年开始，在全国普遍开展的创建乡镇“青年科技图书站”活动，活动范围逐步扩大，活动成效不断显现。已经建立起来的“青年科技图书站”，以教育、引导和服务农村青年为宗旨，开展了丰富多彩的政治思想教育、科技文化培训和文化体育活动，不仅吸引、凝聚和服务了广大农村青年，而且影响、辐射和带动了所在区域农村团的各项工作的开展。2000 年，团中央在福建漳州召开的全国小城镇共青团工作现场会上，推广了从抓阵地入手，带动基层团的工作全面活跃的“强镇强阵地、创新促发展”的工作思路。在此以后，各级团组织根据农村实际，积极争取党政支持和广泛动员社会力量参与，以新建、改建、扩建、共建等多种方式，又兴建完善了一批功能齐全的乡村青年文化阵地。据不完全统计，目前全国有5200多个乡镇建有“青年科技图书站”和青少年活动中心，逐步成为社会主义市场经济条件下农村基层团组织开展活动的主要场所，成为广泛联系青少年的重要途径，成为服务农村青年的有效手段。

3. 大力推介复合型乡村青年文化名人，搭建了优秀乡村青年文化人才脱颖而出的广阔舞台。团十四大以来，全团积极开展多种形式的竞赛评选活动，不断推出乡村青年文化名人。“全国乡村青年歌手大赛”，让数万名优秀乡村青年歌唱人才走上舞台，尽展风采。“全国乡村青年大擂台”，让近千名乡村青年劳动能手、能工巧匠崭露头角。“挂主题年画、贴时代春联”活动，凝聚了一大批农村青年艺术家和书画爱好者，用先进文化构筑了农村年俗文化的亮丽风景线。在普遍开展乡村青年文化活动的同时，各级团组织广泛利用广播、电视、报刊、网络等新闻媒体，集中宣传优秀乡村青年文化人才，为他们脱颖而出、施展才华铺路搭桥，营造了良好的社会氛围。去年初，团中央结合“乡村青年文化节”评选表彰工作，首次命名表彰了百个“乡村青年文化名人”，集中展示了近年来全团培养乡村青年文化人才的成果，受到各方好评。通过这些比赛和评选活动，充分展示了当代农村青年的崭新的时代风貌。

在各级团组织和广大团干部的共同努力下，这些年来，全团在乡村青年文化建设的生动实践中形成和积累了不少行之有效的做法和经验，为我们进一步抓好乡村青年文化建设提供了有益的启示：

第一，必须紧紧围绕大局。乡村青年文化建设，只有放到三个文明建设特别是党的农业和农村工作大局中去思考、去把握，切实坚持社会主义先进文化的前进方向，才能紧扣时代发展和农业、农村、农民工作的主旋律，找准位置，集中主题，打造品牌，更好地感召、鼓舞和凝聚广大农村青年为全面推进农村小康建设建功立业。

第二，必须切实服务青年。文化育人是乡村青年文化建设的根本任务。要把乡村青年文化建设放到农村共青团工作和青年工作的全局中去研究部署，寓教于乐，寓教于活动之中，不断满足农村青年日益增长、日益多样的文化需求，竭诚服务农村青年增收成才，促进农村青年的全面发展。

第三，必须突出乡村特色。乡村青年文化一定要有乡村的特色，青年的特点。要从各地乡村的文化传统出发，大力挖掘和弘扬乡村民俗文化、乡土文化，培育大批青年喜欢、有趣有为，乡村风格、乡土气息浓厚的乡村青年文化项目，用特色文化项目牵动乡村青年文化活动的蓬勃开展。

第四，必须立足青年参与。农村青年是乡村青年文化建设的主体和根本力量。要充分调动和发挥广大农村青年参与乡村文化建设的积极性、主动性和创造性，把最大多数的农村青年吸引到乡村青年文化建设中来。

第五，必须坚持开展活动、建设阵地和发展组织并举。活动是文化建设的有形载体，阵地是文化建设的物质基础，组织是文化建设的重要主体。加强乡村青年文化建设，必须充分发挥团的优势，把各种文化活动、工作阵地和青年文化社团组织有机地整合起来，从而使活动更加有效、阵地更有活力、组织更加壮大。

二、充分认识进一步加强乡村青年文化建设的重要意义

文化是一个内涵非常丰富的概念。广义的文化，可以理解为人类创造的一切物质财富和精神财富的总和;狭义的文化,可以理解为包括语言、文学、艺术及一切意识形态在内的精神财富;介于两者之间的“中文化”,可以理解为人类的思想道德建设和科学文化,主要是指人们改造主观世界的能力和成果。这些都表明,文化是人类创造的产物,又是人类生存与发展的要素。文化的力量,不仅深深熔铸在个人的生命力、创造力和凝聚力之中,而且越来越成为综合国力和国际竞争力的重要组成部分。伴随着人类社会的发展,文化与经济、政治相互交融,在个人成长和社会进步中的地位和作用越来越突出。一个人,如果没有必要的文化素养,就难以在信息爆炸、知识更新的当今时代谋求更大发展。一个国家,如果不能高举自己的文化旗帜,建立自己的文化优势,就难以在激烈的国际竞争中立足。

进入新世纪,我国农村经济社会发展进入了一个新的历史阶段。新的历史阶段不仅为乡村青年文化建设提供了坚实的基础,也对乡村青年文化建设提出了更高的要求。一方面,改革开放20多年来农村经济快速发展,农民群众的生活水平已总体上实现由温饱向小康的转变,而农村的社会事业包括文化事业发展则严重滞缓,“一条腿长、一条腿短”的问题比较突出,难以满足广大农村青年日益增长的文化需求。另一方面,我国数以亿计的农村青年科技文化素质相对较低,平均受教育年限仅为6.79年,初中及以下文化程度占87.5%,其中,小学及以下文化程度占38.2%、初中文化程度占49.3%;高中及中专文化程度占11.9%;大专及以上文化程度占0.6%;受过专业技能培训的仅占9.1%。文化水平偏低导致广大农村青年在就业创业上面临巨大压力,在个人发展上面临严峻挑战,严重制约着我国经济社会的长远发展。我们一定要从全局和战略的高度,充分认识进一步加强乡村青年文化建设的重要意义。

第一,进一步加强乡村青年文化建设,是共青团促进农村全面建设小康社会的必然要求。胡锦涛同志在中央政治局第七次集体学习时强调:大力发展社会主义文化,建设社会主义精神文明,是贯彻落实“三个代表”重要思想的必然要求,是全面建设小康社会的必然要求,也是促进经济社会协调发展和人的全面发展的必然要求。我们必须从全面建设小康社会的全局和实现中华民族伟大复兴的高度,深刻认识加强文化建设的战略意义,在推进社会主义物质文明和政治文明建设的同时,更加自觉地推进社会主义文化建设。我国是一个发展中的农业大国,农民占人口的绝大多数。紧紧抓住本世纪头20年这个重要战略机遇期,全面建设惠及十几亿人口的更高水平的小康社会,重点在农村,难点在农村,最繁重、最艰巨的任务在农村。创造更加灿烂的先进文化,是贯彻落实“三个代表”重要思想,全面建设小康社会的重大战略任务。在这个宏伟的历史进程中,农村青年可以而且应当充分发挥作用。中国的未来看青年,农村的未来看青年。农村青年生机勃勃,创造力强,从来都是农村改革、发展和稳定的一支重要力量,是建设社会主义新农村的希望所在。全面建设小康社会的这20年,正是当代农村青年风华正茂、年富力强的20年,正好是当代农村青年奋发有为、建功立业的20年。应当看到,广大农村青年越是全面发展,创造的物质文化财富就越多,农村的经济社会发展就越能得到改善;农村经济社会发展越充分,农村先进文化建设越繁荣,就越能促进农村青年的全面发展。农村青年文化素质的高低,对全面推进农村小康建设起着加速或延缓的重要作用。只有卓有成效地加强包括乡村青年文化在内的农村先进文化建设,才能够最终为农村经济社会发展提供强大的精神动力和智力支持。共青团要用先进文化吸引凝聚农村青年,用全面建设小康社会、全面建设小康农村的奋斗目标教育引导农村青年,最大限度地激发和调动广大农村青年的积极性、主动性和创造性，最大限度地把他们的智慧和力量凝聚到为全面推进农村小康建设、全面建设小康社会而奋斗的宏伟事业中来，使广大农村青年在全面建设小康社会的实践中充分发挥生力军作用。

第二，进一步加强乡村青年文化建设，是共青团服务农村青年增收成才的有效途径。人的全面发展，是人类社会发展的终极目标。坚持以人为本，努力培育“四有”新人，是我们做好青年工作的根本任务和根本要求。党的十六届三中全会，提出了坚持以人为本，全面、协调、可持续的科学发展观，这更加凸显了文化建设在三个文明协调发展中的基础性和战略性地位，使我们对乡村青年文化建设的认识达到新的高度。前不久，党中央、国务院从确保党和国家事业后继有人的高度出发，制定和发表了《关于进一步加强和改进未成年人思想道德建设的若干意见》，不仅就加强和改进未成年人思想道德建设提出了重大举措，而且明确指出要充分发挥共青团和少先队在其中的重要作用，这对于我们进一步加强乡村青年文化建设来说既是义不容辞的责任，更是难得的机遇。一方面，增收成才是现阶段广大农村青年的最迫切需求，是我们服务大局、服务青年的努力方向。加强乡村青年文化建设，不仅可以帮助农村青年提高综合素质，提高其在市场经济中增加个人收入的竞争力，而且还可以促进农村青年吸纳、传播、实践、创造先进文化，引领广大农村青年走在农村先进文化建设的前列。另一方面，农村青年文化领域，如果我们不用先进文化去占领，就会被大量腐朽落后文化所侵蚀。先进文化是顺应历史潮流、体现时代精神、反映人民群众根本利益的文化，总是同落后文化相比较而存在、相斗争而发展的。当今时代，国际国内形势发生了和正在发生着越来越深刻复杂的变化，各种思想文化有吸纳又有排斥，有融合又有斗争，有渗透又有抵御，呈现出前所未有的相互交织、相互激荡之势。在农村，不仅各种封建落后的文化残渣伺机泛起，封建迷信、黄赌毒等恶习有重新抬头之势，影响着农村青年的健康成长，而且国外资产阶级腐朽落后文化也在大量侵入，拜金主义、享乐主义、全盘西化等思潮悄然渗透，与我们争夺青年。我们只有高举先进文化的旗帜，不断丰富农村青年的精神文化生活，才能最终改造落后文化，坚决抵制腐朽文化。当前，乡村青年文化建设还普遍存在着活动形式单一，工作手段缺乏，阵地设施薄弱，资源整合不够，没有形成社会化、市场化、经常化的发展机制等问题，难以满足农村青年日益增长、丰富多样的文化需求。这种状况必须通过进一步加强建设才能改变。

第三，进一步加强乡村青年文化建设，是全面推进农村共青团工作的重要举措。胡锦涛同志在同团中央新一届领导班子成员和团十五大部分代表座谈时深刻指出，共青团事业的发展正处在一个新的历史起点上，要在工作思路上创新，在工作方式上创新，在自身建设上创新，推动共青团工作不断焕发出蓬勃的生机和活力。这是对共青团在新世纪新阶段面临的形势和任务的高度概括，为我们做好新的历史条件下的共青团工作和青年工作指明了方向。农村共青团工作要立足新起点，创造新业绩，开创新局面，就一定要把乡村青年文化建设摆到更加重要的位置。首先，这是服务党政工作大局的具体体现。坚持科学发展观，着力改善农民群众的精神文化生活，是党的农村工作的重要方面。党中央、国务院已经明确，国家今后每年新增教育、卫生和文化等事业经费，主要用于农村，这样做的目的，就是要逐步缩小城乡社会文化事业发展的差距。共青团作为党的助手和后备军，必须抓住机遇，采取更加有力的措施，拓宽工作思路，积极参与农村文化建设，把加强乡村青年文化建设，不断充实青年的精神世界，努力为提高农村社会的文明程度服务作为一项重要任务抓紧抓好。

其次，文化育人是共青团工作的重要手段。文化活动是最能吸引青年、最能凝聚青年、最能感染青年的有效方式。增收成才行动、保护母亲河行动、农村青年中心建设等农村团的各项工作都要充分借助文化的力量，更好地调动农村青年的积极性、主动性和创造性。加强乡村青年文化建设，必然要进一步加快各类青年文化社团的发展和加强农村青年活动阵地的建设。通过这些工作的开展，农村基层共青团工作的资源就会更加丰富，物质依托就会更加增强，从而为不断开创农村共青团工作新局面打下更好的基础。

团十五大之后，全团着眼于文化育人，大力实施青年文化行动，加强青年文化建设，正在力推一批青年文化项目、青年文化作品和青年文化名人，一个青年文化建设的热潮正在形成。我们一定要站在新的历史起点上，从落实“三个代表”重要思想的高度，从全面推进农村共青团工作的需要出发，进一步认识和把握加强乡村青年文化建设的重大意义，更加自觉地把乡村青年文化建设摆到农村共青团工作的战略位置，大力加强，扎实推进。

三、采取切实有效措施，进一步推动乡村青年文化建设蓬勃开展

根据党的农业农村工作和社会主义文化建设的要求，适应农村青年的特点和农村共青团工作的实际，当前和今后一个时期乡村青年文化建设的总要求是：以邓小平理论和“三个代表”重要思想为指导，坚持社会主义先进文化的前进方向，紧密结合农村青年中心建设，着力打造青年文化精品、拓展青年文化阵地、发展青年文化社团、培育青年文化人才，通过广泛整合城乡社会资源，全面推进乡村青年文化建设，不断满足农村青年日益增长的文化需求，切实服务农村青年增收成才，充分发挥农村青年在农村三个文明建设中的生力军作用。

团十五大和十五届二中全会对加强青年文化建设已经作出了总体部署。下一阶段，乡村青年文化建设要按照自身的特点和实际，着重研究和抓好以下三个方面的工作。

1. 大力培育乡村青年文化精品。当前，农村青年对共青团开展乡村青年文化建设提出了新的要求，呈现出几个特点：一是时代性。要求活动内容切合时代发展的脉搏，适应农村青年对时尚文化的需求，方式创新，形式活泼，便于实施和推广。二是特色性。要求活动既要从农村实际出发，体现乡土气息，反映农村的特色，又要从青年的特点出发，充满青春朝气，富有生机活力。三是互动性。广大农村青年希望充分发挥自身的主体作用，切实参与其中，真正成为乡村青年文化建设的主角。四是品牌性。越是运用社会化、市场化、产业化的手段打造出的文化精品、文化品牌，越是能够牵动基层、感染青年，越是能够发挥好共青团开展乡村青年文化建设的示范引导、辐射带动作用。我们要适应这些新的特点，在总结成功经验的基础上，不断创新活动载体，丰富工作手段，推出一批体现时代特点、具有乡村风格、青年喜闻乐见、影响牵动全局的乡村青年文化精品。这些年来，在全团上下共同努力下，推出了一批像“乡村青年文化节”等青年喜欢、社会欢迎的品牌活动，我们要坚持开展，不断深化，使这些活动活力更强、辐射更广、成效更实，成为当代农村青年文化活动的时尚精品。同时，各地团组织还要结合本地区的实际情况和青年特点，结合当地民族文化、民间文化、乡土文化和广场文化、大院文化，结合传统的民族节日、文艺演出、体育比赛和民间歌会，积极开发培育一批既能操作在手，又能体现地方特色、富有牵动性的特色文化体育活动项目，带动乡村群众性青年文化活动广泛开展，不断引领青年文化潮流。要创作一批乡村青年文艺精品。注意发挥农村青年的主体作用，组织和推动农村青年创作一批弘扬新风尚、唱响主旋律，贴近实际、贴近生活、贴近群众的音乐、戏曲、诗歌、文学、年画、春联、民间工艺等优秀文化作品，积极促进农村青年健康成长，促进农村先进文化的繁荣与活跃。要培育大批乡村青年文化名人。形式多样地举办各种青年文体大赛，使之成为青年展示才华、展示风采的重要平台，成为推动青年人才脱颖而出的重要渠道，发现并推出一批优秀乡村青年文化人才。要形成一批乡村青年文化产业精品。特别是要围绕农村的经济建设，抓住民间节日、农村集市和农产品展销会等有利时机，组织开发一批像民间工艺品制作大赛、青年文化节一样的文化商贸一体化活动项目，通过文化搭台、经贸唱戏的方式，打造农村节会平台，推动乡村青年文化产业的发展。

2. 把乡村青年文化建设和农村青年中心建设有机地结合起来。建设青年中心是我们站在新的历史起点上，增强农村基层团组织生机活力，增强农村基层共青团工作服务能力，当前正在农村基层广泛开展试点的一项全局性重要工作。这项工作与乡村青年文化建设紧密相连，息息相关，互为促进。从总体上看，加强乡村青年文化建设必须从组织、活动、人才、阵地、资源、机制等方面加以巩固和提高，因为组织是主体，活动是载体，人才是骨干，阵地是基础，资源是条件，机制是保障。而青年中心作为在共青团的领导下，以联系、服务、引导青年为目的，以会员制、理事会制为主要运作方式，服务青年、服务社区的新型基层青年组织，是我们今后开展乡村青年文化建设的一个重要主体。乡村青年文化建设的许多活动，都可以通过青年中心去承担、去落实，从而使青年中心服务、凝聚农村青年的手段和方式更加直接有效。同时，青年中心又是我们推进乡村青年文化建设的重要依托，青年中心可以有效地整合乡村青年文化活动、文化人才、文化阵地、文化资源等各种要素，实现团的组织、工作、阵地、机制创新，从而更加有力地推动乡村青年文化的建设和发展。我们要把乡村青年文化建设和农村青年中心建设这两个方面的工作有机地结合起来，坚持开展活动、建设阵地和发展组织并举，更好地推动农村基层共青团工作全面活跃。一是要把乡村青年文化活动作为农村青年中心的一个重要服务项目。文化活动是青年文化建设的主要内容，也是青年中心的主打服务项目。文化活动具有极强的感召力、辐射性，能够最大限度地吸引凝聚青年、激发青年热情。在积极推动青年中心组建的同时，各级团组织要着手推动农村青年中心开发好发展项目，特别是要开展大量丰富多彩的、青年喜闻乐见的文化活动，使广大农村青年在参与青年中心的过程中传播文化、创造文化、享受文化，使青年中心更能吸引人，使服务青年的理念更好地落到实处。二是要把乡村青年文化社团吸纳为农村青年中心的团体会员。农村各类青年文化社团，吸引凝聚了大批青年文化人才。通过他们开展文化活动，能够更好地针对青年需求，调动青年的积极性、主动性和创造性。各级团组织要通过组建农村青年中心，大力培育发展农村基层各类青年文化协会、文化体育俱乐部和兴趣小组，并经过必要程序把这些组织吸收为青年中心的团体会员，把他们的负责人吸收为青年中心的理事会成员，扶持他们发展壮大，以借助他们更加有效地联系和服务青年。三是要把乡村青年文化阵地纳入农村青年中心的合作伙伴。阵地建设始终是这些年我们推进乡村青年文化建设工作的一项重要内容。而青年中心作为一个凝聚人、培养人的青年组织，必然会推动各种青年文化阵地的建设和发展。虽然当前很多地方，尤其是贫困地区的农村，要建设专门的青年文化阵地的力量非常有限，但是在大多数乡村，都有一些面向社会的文化活动场所，依托他们来开展青年文化活动，完全可以达到为我所用的目的。因此，各级团组织要按照“不求所有、但求所用”的原则，在推进农村青年中心的阵地建设时，注意以加盟的形式大力吸纳各类健康向上的社会文化活动场所，充分利用这些合作伙伴广泛开展青年文化活动，更好地服务农村青年的文化需求。全国青年中心建设先进县(市)创建单位团组织，要在乡村青年文化建设与农村青年中心建设相互结合、相互促进方面加大力度，大胆试验，努力为全团探索出行之有效的好做法好经验。

3.积极建立城乡青年文化良性互动的工作机制。农村的发展离不开城市的辐射和带动，城市的发展也离不开农村的促进和支持。统筹城乡经济社会发展，是当前我们党解决“三农”问题的重大思路和具体举措。我们要积极贯彻落实这一思想，通过加强城乡青年人力、财力、信息、产业等交流与沟通，推动城乡文化相互交融、相互促进，实现城乡青年文化的良性互动。各级团组织要坚持以城乡良性互动为基本途径，把建立城乡青年文化良性互动机制作为加强乡村青年文化建设的一个重点，统筹城市和农村团组织的力量，共同探索，合力推进。要积极推动城乡青年文化人才交流互动。充分借助城市团组织的资源和力量，共同开展好乡村青年文化节、青年科技大集等项目，推动城乡文化的宣传、交融和互动。进一步组织实施好青年星火西进计划、大中学生“三下乡”等活动，在农村普及现代科技文化知识，帮助农村青年开阔眼界，增长才干，掌握文明高尚的道德规范、科学健康的生活方式和先进适用的致富技术。要积极推动城乡青年文化信息交流互动。结合全团县县上网工程、农村青年中心信息网络建设和各地乡村上网工程，依托快速发展的互联网络，加快建设城乡互动的青年文化信息网络。特别是已经建立起来的农村青年中心，要积极与城市社区青年中心建立信息对接，加强城乡青年之间的文化交流与合作。总之，只要我们坚持统筹城乡经济社会发展的思路，开阔视野，加强沟通，推动城乡青年文化互动新机制的形成与发展，就一定能够最大限度地动员和组织城乡各方面资源，把乡村青年文化建设得更好，为农村先进文化建设贡献更大的力量。

同志们，推进乡村青年文化建设的任务光荣而艰巨，各级团组织和广大农村青年肩负重任，大有可为。我们要紧密团结在以胡锦涛同志为总书记的党中央周围，高举邓小平理论和“三个代表”重要思想的伟大旗帜，与时俱进，开拓创新，求真务实，扎实工作，努力把乡村青年文化建设和农村共青团工作提高到一个新的水平，团结带领广大农村青年为全面推进农村小康建设做出新的、更大的贡献！

尔肯江·吐拉洪在首届红蜻蜓全国希望小学运动会闭幕式上的讲话

2004年5月31日

为期两天的首届红蜻蜓全国希望小学运动会即将落下帷幕。这次运动会是一次隆重、圆满的体育盛会，也是全国希望小学孩子们多年期盼的一次交流互动的盛会，更是希望工程15年实施成果的一次大检阅。运动会通过生动有趣、深受广大青少年喜爱的体育比赛，倡导了一种健康、快乐的校园体育运动形式，达到了娱乐和锻炼青少年身心的目的。同时还通过这次大型体育公益活动，再次将人们的目光聚焦到广大贫困农村、城市农民工子女的义务教育和基础教育上来。参加运动会的希望小学学生的贫困状况提醒我们,在社会经济高速增长的同时,贫困和失学并没有从农村消失,希望工程仍然任重道远,我们将继续推进希望工程深入开展,为贫困青少年的健康成长而努力工作。

在这次运动会中,参赛运动员充分展示了吃苦耐劳、勇敢刚毅、奋力拼搏、健康向上的精神风貌,令我非常感动,希望你们将这种精神带到你们的学习生活中去,为将来回报社会、建设祖国好好学习。明天就是“六一”国际儿童节,在此,我要特别向从全国1万余所希望小学中选拔出来的900多名运动员小朋友、向全国希望小学的同学们表示最亲切的问候和节日的祝贺!我想,本届希望小学运动会的成功举办,就是献给你们最好的节日礼物!

本届全国希望小学运动会的成功举办离不开社会各界的关心支持。红蜻蜓集团等一大批有高度社会责任感的企业为运动会的顺利召开提供了资金和物质支持;北京交通大学为运动会的召开提供了一流的场地和周到的服务;中国明星足球队也与希望学校的学生进行了精彩的足球表演赛;中央电视台、北京电视台、《中国少年报》等媒体更是以极大的热情,参与到运动会的报道中来。在此,我代表共青团中央、代表运动会指导委员会,向全体参赛运动员表示真挚的问候,向所有在幕后为运动会的顺利进行默默奉献的全体工作人员、志愿者和所有在场的热情观众表示衷心的感谢!向为支持、赞助和筹备本次运动会做出重要贡献的各社会团体以及所有关心、支持我们的新闻媒体、新闻工作者表示衷心的感谢!

尔肯江·吐拉洪在全国农村青年中心建设专题培训研讨班上的讲话

2004年7月10日,根据录音整理

同志们:

去年以来,团中央分别在浙江台州、四川双流、福建泉州召开了三个关于农村青年中心建设的会议,对农村青年中心建设试点工作做了全面的安排和部署。举办这次培训研讨班就是为了进一步统一思想,提高认识,更好地推进农村青年中心建设试点工作。这次培训,全国各地的团干部报名很踊跃,我非常高兴,这充分说明大家对青年中心建设工作很重视,很有干劲。

这次培训研讨班是农村青年中心建设试点以来规模最大的一次集中专题研讨。在开班以前,团中央青农部做了大量的准备工作,给大家下发了《全国农村青年中心建设试点工作指南》。《工作指南》中有青年中心建设试点以来我们所取得的初步成果和经验的总结,也有团中央书记处第一书记周强同志和书记处其他领导同志对青年中心建设所做的一系列重要讲话,涵盖了团中央对这项工作的主要精神和指导思想。书中很多典型经验是各级团组织在基层摸索总结出来的,很有代表性,希望大家认真研读,理解领会,借鉴吸收。

青年中心建设工作是周强同志2003年初提出、团十五大确定下来的全团一项具有开创性的重要工作。从目前情况来看,青年中心建设得到了各级党政的支持、青年的拥护和各级团组织的积极参与，发展势头很好。我们相信，这项工作在各级共青团组织的共同努力下一定会取得更大的成绩。昨天，青农部的负责同志就全国农村青年中心建设和青农工作做了详细的安排和布置，就如何认识青年中心、青年中心的核心理念、怎样建设青年中心等问题作了专门的阐述。在这里，我从进一步认识建设农村青年中心的重要意义、通过创建活动全面推进农村青年中心建设试点工作、推动农村青年中心建设深入持久健康发展三个方面，讲三点意见。

一、进一步认识建设农村青年中心的重要意义

去年以来，团中央书记处把建设青年中心作为全团的一项重大战略，高度重视。团的十五大、十五届二中全会对城乡社区青年中心建设做出了总体安排部署，共青团全国青年中心建设工作领导小组第一次会议对如何推进这项工作提出了明确要求。团中央书记处第一书记周强同志、常务书记赵勇同志一直高度重视和亲自指导青年中心建设工作。他们多次在团的会议上对青年中心建设提出非常具体和重要的要求，要求各级团组织把此项工作作为新的历史条件下和新时期共青团组织建设的重要环节抓紧、抓好。周强同志在今年3月促进农村青年转移就业工作会议上的讲话和5月致全国乡村青年文化建设现场经验交流会的贺信中，强调指出："农村青年中心建设是青年中心建设的重点。"赵勇同志在全国农村青年中心建设现场推进会上，强调指出，"做好青年中心建设工作，农村是重点和难点，抓好农村青年中心建设试点工作意义重大，任务艰巨。"我们要站在新的历史起点上，从全局和战略的高度进一步认识、思考、领会、把握好建设农村青年中心的必然性和重要意义。

1. 建设农村青年中心是共青团组织服务"三农"工作大局的战略举措。统筹城乡经济社会发展，建设现代农业，发展农村经济，增加农民收入，是全面建设小康社会的重大任务。党的十六大以来，党中央对农村、农业、农民问题非常重视，采取了一系列的措施加强和改进农村工作。今年初，党中央、国务院以中央一号文件的形式，专门下发了《关于促进农民增加收入若干政策的意见》。中央在今年多次召开农村工作会议，如年初的全国农村工作会议、粮食安全工作会议、农村税费改革会议等，针对当前农村改革与发展中存在的一些问题，提出了很具体的解决措施。我国农村的情况千差万别，东部、中部、西部情况都不一样，改变农村的落后面貌任务非常艰巨。在农村发展过程中，共青团组织能做些什么工作？应该讲，有些事情我们可能想做做不了、做不好，但有些事情我们是完全可以做到、做好的。比如，当前许多农村青年非常渴望致富，渴望学到各种实用技术，改变自己和家乡的面貌，我们团组织如何切实地为他们提供帮助？在一些沿海发达地区，有许多外来打工青年，如何保护这些打工青年的权益？农村青年有外出打工的需要，我们如何给他们提供技能培训，帮助他们就业？这是摆在我们各级团组织面前一个非常重要的课题。为了更好地围绕党政工作大局，服务农村经济社会的全面发展，适应当前的农村工作，更好地为农村青年服务，更好地适应农村改革和农村青年工作的实际，青年中心应运而生。从目前情况来看，青年中心建设呈现出蓬勃的生机和活力，得到了社会的认可和青年的欢迎。建设青年中心可以使我们更有效地服务农村青年的成长成才，实现农村共青团和农村青年工作思路、工作方式的创新，在新的历史起点上更好地服务党的中心工作。

2. 建设农村青年中心是共青团组织服务农村青年增收成才的客观需要。竭诚服务青年，是共青团学习实践"三个代表"重要思想，推动青年参与、促进青年发展的根本要求和根本体现，是共青团一切工作的出发点和归宿，是共青团站在新起点上实现新发展必须牢牢坚持并不断强化的极为重要的思想观念。服务青年,要优先考虑最需要帮助的弱势群体。农村青年不仅数量大,占了全国青年的60%多,而且困难多,与其他青年群体相比,他们的生产生活环境相对艰难,他们的成长发展需求更为迫切。面对这个数量最大、困难最多的青年群体,我们应当予以更多的关心支持。近年来,农村有了很大变化,农民生活水平有了很大提高,但农村的情况仍不容乐观。目前,我国农村共有贫困人口8000多万,在这些贫困人口中相当一部分是青年,为这些青年提供帮助是我们各级团组织义不容辞的责任和义务,也是全面建设小康社会的需要。青年中心定位是一个服务型组织,其根本属性就是服务,从提出到实践,始终坚持“服务青年”的根本宗旨。农村青年中心面向所有青年开放,不受地域限制,不受组织关系限制,提供的是培训、上网、创业、就业等社会化、会员制、菜单式的服务,可以有效服务农村青年生产生活、成长成才的多样化需求。试点工作实践表明,立足于竭诚服务农村青年,农村青年中心正在逐步成为充满生机活力、服务功能强大的新型社区青年组织。

3. 建设农村青年中心是共青团组织加强自身建设的时代选择。伴随着改革开放和市场经济的发展,共青团在继承中创新,在开拓中前进,实现了指导思想、工作理念上的与时俱进,也实现了工作方式、工作方法上的不断创新,但总体上看,我们在组织形式、运行机制、活动方式等诸多方面还存在一些不适应。新世纪新阶段,共青团组织要不断提高自我完善和发展的能力,进一步增强吸引力和凝聚力,必须建立健全与社会主义市场经济相适应的组织体系和运行机制。加强团的自身建设必须走创新发展的道路,改革越深入,社会越发展,创新就越迫切。农村共青团工作在全团工作中向来地位很重要,但是工作难度也非常大,在不少方面还存在不足和薄弱环节,一些农村基层团组织出现了团员数量下降,组织活力不足,甚至“空壳化”现象。近10年来,农村青年流动最快最大,农村青年跨地区流动非常普遍。农村青年的流动使农村团的工作出现了新情况、新问题,比如农村基层团组织有的有组织无团员青年,有的有青年无组织、无载体,有的有组织有青年无活动,有的团组织缺乏凝聚力、感召力,形同虚设,这些问题要引起我们各级共青团组织的高度重视。要真正在新的历史起点上推动共青团事业全面发展,我们必须下更大的气力通过组织创新来进一步提高农村共青团的适应能力和战斗力。建设农村青年中心,是共青团适应农村经济社会发展的必然要求,也是适应农村青年发展变化的现实选择。当前,农村青年表现出许多新的特点,如需求不断提高,日益多样化;社会阶层构成发生变化,不同阶层的青年价值取向、行为方式不同;传统观念和区域意识逐渐淡薄,流动性进一步加强。针对这些问题,顺应农村经济社会发展和组织创新的时代要求,青年中心适时而生。试点工作的实践表明,建设农村青年中心对于提高农村青年组织化程度,焕发基层团组织的活力,具有积极的促进作用。

农村青年中心建设试点工作启动实施以来,各级团组织加强探索,不断创新,推动农村青年中心建设实现了从理论到实践、从无到有、从点到面的逐步推进,农村青年中心建设试点工作取得了初步成效,呈现出了良好的发展势头。同时也要清醒地看到,青年中心毕竟是一项全新的探索,在试点工作中还存在一些困难和不足。如认识有待深化,存在“轻组织、重阵地”现象;机制有待创新,有些运作中沿用了以前基层团建的方式、方法和管理模式;项目有待开拓,还需要进一步结合地方实际,以农村青年需求为导向开发服务项目;功能有待发挥,团的工作项目和各种资源没有集中通过农村青年中心落实到基层,发挥其服务青年的功能。这从一定程度上影响了试点工作的推进力度,需要进一步强调、统一和协调,保证这项工作健康、有序、快速地推进。

二、以创建活动为主要抓手,全面推进农村青年中心建设试点工作

当前,团中央正在全团大力开展"全国青年中心先进县(市)创建活动",这是全面推进农村青年中心建设试点工作的重要举措和主要抓手,各地要高度重视,集中力量,集中资源,切实把创建工作抓紧抓好。在建设试点工作中,各级团组织需要进一步深化认识,统一思想,把农村青年中心建设试点工作放在更加突出的位置,统筹城乡,因地制宜,大胆探索,逐步推进。

1. 深刻理解,准确把握青年中心的核心理念。从试点实践的总体情况看,一要准确理解团的领导这一青年中心的核心。团组织的领导,是青年中心建设的政治核心内容,是青年中心持续发展的关键要素。坚持团的领导,就要求农村青年中心建设必须在乡镇团委的领导下进行,团委要积极发挥"第一推动力"和发起人的作用,主动承担起主管单位的责任,始终发挥核心作用。坚持团的领导,就要求农村青年中心必须依法建设并由乡镇团委书记任法人代表,按照《社团法人登记管理条例》,以社团法人标准筹建青年中心并到民政部门登记注册,明确青年中心的法律地位。坚持团的领导,就要求乡镇团委在从青年工作骨干中选任秘书长时发挥把关作用。选好人,用好人,提高秘书长的素质和能力,让秘书长成为青年中心运转的"枢纽"。二要准确理解服务青年这一青年中心的宗旨,切实满足广大农村青年生产生活和发展的需要,努力把服务农村青年工作提高到一个新水平。要坚持新的管理形态。理事会是青年中心的决策机构和主要组织架构,会员制是农村青年中心的组织基础和依托。要坚持新的运转形态。坚持项目化运作,在继续深化已有比较成熟项目的基础上,不断推出新的社会化、会员制、菜单式的服务项目,努力打造一批青年欢迎、社会认可、特色突出的服务品牌。要通过实实在在的服务,在农村青年中心建设的实践中喊响"青年中心,服务青年"这一有号召力、有凝聚力的口号。三要准确理解组织创新这一青年中心的灵魂。青年中心的创立,建立在总结团的创新成果的基础上,其核心是组织架构的创新和运行机制的创新。青年中心本质上是一种新型社区青年组织,是一种崭新的组织形态。新的组织形态,体现在青年中心是基层青年组织,它只能建立在乡村社区,而不能建成县一级及其以上的青年中心,其彼此之间没有纵横的隶属关系,当然通过项目、人才、资本等方面实现联系互动是应该的,也是必要的。新的组织形态要有新的组织成员结构,青年中心确定了 29 至 40 周岁的青年为会员骨干,但会员骨干不等同于服务对象,会员骨干和服务对象是有区别的,会员骨干是组织对象,社区内所有青年和群众都可以是青年中心的服务对象。

2. 因地制宜,从实际出发开展创建工作。建设农村青年中心是一项全新的工作,各地要坚持一切从实际出发的原则,采取灵活多样、切实可行的工作方式,因地制宜地推进青年中心建设工作。一是可以在实现组织、工作和阵地的有机结合方面因地制宜。农村青年中心是新的青年组织,但组织不排除阵地依托,阵地依托是青年中心更加有效工作的物质基础和工作保障,是开发项目的载体,是服务青年的有形场所。农村青年中心依托的阵地,可以是现有的青少年活动中心、乡村文化站、乡村中小学、乡镇青少年活动场所等等,也可以吸纳社会资源进行规划和建设,甚至也可以依托某一农户家庭,但纯粹的阵地绝对不是合格的青年中心。有阵地无组织,阵地效果不会明显;而有组织无阵地,工作就无依托,组织功能也不能很好地发挥。二是可以在青年中心建设实现方式上因地制宜。各地要积极争取各级党委政府和有关部门的关心支持，整合政府、市场、社会和团内各种资源，开放互动，形成合力。农村青年中心是一个社团法人，不是团的产业，不能以盈利为目的。要保持良性持续发展，就必须开放性运转，可以在活动中吸纳社会资源、社会成员参加，可以采用冠名的方式请企业参与建设和管理。三是可以在青年中心的工作内容、发展项目方面因地制宜。农村青年中心可以结合当地党政中心工作，承担部分青年事务。要以需求为导向，围绕青年关注的热点，围绕农村青年成长发展中的关键环节来设计和开发青年发展项目，在学习、就业、维权等方面为农村青年提供服务。四是可以在资金来源和工作职能上因地制宜。在资金方面，可以争取财政支持，可以广泛吸纳社会资源，也可以采取收取会费等多种方式。可以结合地方实际，建设特色鲜明、功能突出、充满活力的功能型农村青年中心，如可以探索建设以医疗卫生、文化体育、技能培训等为主要职能的农村青年中心，也可以建成多种协会社团组织的共同平台和联盟。

3. 积极探索，大胆创新农村青年中心建设运作模式。农村青年中心要成为一个新的具有强大生命力和适应能力的青年组织，就必须要从不断发展、不断创新中获取新的不断前进的动力。各级团组织要根据当地城市化、市场化进程和青年工作的实际，紧密结合农村税费改革、乡镇改革的形势，解放思想，求真务实，分类指导，努力探索有地方特色的农村青年中心建设模式和运转机制。一是要探索多样化创建模式。各地要结合经济社会发展状况，通过政府主导、社会依托、市场牵动、系统合作、团内捆绑等途径，建设工作阵地，配备服务设施，完善服务功能。二是要探索规范化管理模式。要依法登记，按章程管理，坚持理事会制和会员制。三是要探索社会化运作方式。争取政府资源、统筹城乡资源、统筹东中西部资源、统筹社会资源、统筹全团资源，按照品牌化经营、社会化运作、项目化管理的原则，促进农村青年中心持续发展。四是要大力构建面向农村青年、具有青年中心特点、开放互动的服务体系。面向农村青年，就是要关注他们的特点和需求，为会员和广大农村青年服务，要一切为了农村青年和广大群众。具有青年中心特点，就是要立足实际、发挥优势，不搞“一刀切”，可以先在一个方面重点突破。开放互动，就是要面向社会开放，努力形成社会化、市场化的服务体系。从试点工作开始以来，我们始终要求青年中心建设不搞大而全，而是要选择一两个工作项目，重点突破，先运作起来，然后逐步完善、规范。农村青年中心的建设一定要因地制宜，实事求是，扎扎实实地为农村青年服务，不断提高青年中心的凝聚力和服务青年的水平。

三、下大力气，狠抓落实，推动农村青年中心建设深入持久健康发展

建设青年中心是一项事关共青团工作和建设全局的全新工作，必须按照试点先行、积极稳妥、务求实效的原则扎实推进。农村青年中心建设试点工作的目标非常明确，任务实实在在，关键是要依靠农村基层团组织和广大团干部去狠抓各项工作的落实和完成。我们要牢记胡锦涛同志对团干部提出的忠诚党的事业、热爱团的岗位、竭诚服务青年的要求，把求真务实的精神贯彻落实到具体行动之中，办实事、用实功、求实效，一项内容一项内容地抓，一个方面一个方面地落实，认真组织开展好全国青年中心先进县（市）创建活动，促进农村青年中心建设试点工作不断取得新的明显成效。

1. 高度重视，加强领导。要从全局和战略的高度，从服务大局、服务青年的高度，从立足新起点开创新局面的高度，深刻认识做好农村青年中心建设工作的重要性和紧迫性，切实增强使命感、责任感，下更大气力，下真功夫、实功夫、苦功夫，努力推进农村青年中心建设工作深入开展。在中国的农村，尤其是在经济不太发达的情况下，建设青年中心这项工作确实

比较难，但是，只要我们认准了，有一股狠劲，有一股韧劲，这项工作就一定可以做好。要让党政负责同志感到青年中心是当地经济社会一个非常重要的方面，确实在为当地发展做贡献，就必然会赢得党政重视和支持。各级团组织要按照团中央的统一部署，统一思想，把农村青年中心建设作为关系到农村共青团和青年工作全局的大事来抓，摆到突出位置，摆上重要日程，切实加强组织领导。各级团组织要成立试点工作领导小组，书记亲自抓，分管书记具体抓，有关部门配合抓。要定期召开书记办公会议，研究农村青年中心建设工作，制订下发试点工作推进方案，尽快召开现场推进会。团内各部门更要协调一致，齐抓共管，共同推进农村青年中心建设工作。各先进县（市）创建单位要把创建活动作为各项工作的重中之重，积极推动召开党委常委会，听取创建工作汇报，成立专门领导机构，制订具体的工作方案，协调制定相关的政策，逐步实现创建活动目标。

2. 城乡互动，统筹资源。农村的发展离不开城市的辐射和带动，城市的发展也离不开农村的促进和支持。在农村青年中心建设中，我们要以城乡互动为基本途径，整合资源，聚集力量，合力推进。城乡互动就是要通过加强城乡青年人力、财力、信息和文化等交流与沟通，将城市的优势资源引导到农村，同时深入挖掘农村的自身潜力，推动城乡相互交融、相互促进，实现农村青年中心建设试点工作稳步开展。试点工作的实践表明，大力开展青年发展项目是实现城乡互动、统筹资源的有效载体，是发挥功能、服务青年的具体表现，是促进农村青年中心“亮起来”的有效方式。各级团组织要积极推动政府有关部门和社会力量以农村青年中心为中介和平台实施青年项目，为青年成才发展提供更多的实际帮助；要大力扶持农村青年中心按照市场化运作、项目化管理的方式，自主开发和实施各类青年发展项目；要把共青团服务青年学习成才、创业就业、生活娱乐、身心健康、维护权益和组织青年服务社区等工作项目通过农村青年中心，直接落实到基层，落实到青年。

3. 把握关键，发挥功能。全面开展试点工作，要着重把握四个关键环节。一是要大力培育发展一批个人会员和团体会员。如果青年中心没有一大批个人会员和团体会员，青年中心是没有生命力的。青年中心要为青年服务，就要有依托，这个依托就是青年中心的个人会员和团体会员。要通过多种灵活方式，大力组织动员大批遵守章程、符合要求的农村青年加入中心，壮大青年中心的会员队伍，通过中心面向广大农村青年，提供社会化、会员制、菜单式的服务。特别要积极培育农村基层各类青年专业技术协会、市场中介服务组织和专业经济合作组织，经过必要程序把这些组织吸纳到青年中心的团体会员和理事会中来，扶持他们发展壮大，借助他们更加有效地联系和服务青年，不断提高农村青年进入市场的组织化程度。二是要着力建立一个坚强有力的理事会。理事会要广纳群贤，将关心青年工作的党政部门、企事业和民营单位的负责人吸收进来，将农村各类创业致富带头人、各类团体会员主要负责人吸收进来。这些青年骨干在当地青年中很有影响力和号召力，部分还很有经济实力，也愿意参与公益事业，要充分调动和发挥好他们的积极性和优势。组织建立理事会，要认真做好推荐和选举工作，选好人，把好关，依法依章程运作，保持活力，保障青年中心组织机构有序有力。三是要努力建立一支稳定高效的青年工作骨干队伍。青年中心的会员和理事都可以是动态的，而由青年工作骨干构建成的青年中心秘书处要相对稳定。秘书处是青年中心日常工作的核心运转枢纽，能不能配好这些骨干，能不能健康运转，是能不能保持青年中心活力的关键。要逐步培养一批由乡镇专兼职团干部、西部计划的大学生志愿者、地方定向招募和派遣的青年中心志愿者、社区内一切关心支持青年工作的各界人士等组成的青年中心青年工作骨干队伍。这些青年工作骨干，可以担任秘书长，也可以不担任，但都要采用适当方式让他们成为秘书处人员并能有效开展工作，要充分保护好、发挥好他们志愿服务农村青年的积极性。四是要切实加强农村青年中心的服务能力建设。各地要不断拓宽服务领域，通过服务来感召青年，通过服务把青年凝聚在党和政府的周围。少年儿童不能是青年中心的会员，但完全可以发挥中心的组织优势，依托中心的阵地和基本设施，利用中心的各种资源，深入开展、加强和改进农村未成年人思想道德教育活动。

4. 及时总结，形成机制。建设青年中心是一项开创性很强的工作，只要我们尊重规律，尊重实践，尊重青年，尊重创造，扎实工作，埋头苦干，一定能够把这项工作开展好，不断取得新的成效。各地团组织要大力培育试点工作中的先进典型，及时发现总结成功的经验做法，大力宣传表彰具有推广价值的创新项目。目前，团中央正在全团大力开展先进县（市）创建单位活动，在今年合适的时间，将要召开农村青年中心建设表彰大会，推广和表彰一批农村青年中心建设中涌现的各种先进典型。我们还将选择100个在青年中心建设试点工作中做得非常突出、有特点、有代表性的青年中心，编辑出版农村青年中心建设100例专辑，作为全国青年中心建设工作培训的统一教材。希望各地要将具体做法、收获体会和经验及时总结提高，要善于总结，善于提高，更好地指导和推进下一步工作的开展。各地要逐步探索形成具有当地特色的农村青年中心创建机制、管理模式和运转方式。各级团的领导机构要切实掌握农村青年中心建设工作的进展情况，及时采取有效措施，形成工作推进机制，更好地促进各项工作深入开展。

同志们，建设农村青年中心事关全局，意义重大，非为不可，大有可为。各级团组织一定要加倍努力，锐意进取，进一步发扬求真务实、苦干实干的作风，通过不懈探索和长期努力，把农村青年中心建设成为新形势下共青团领导下凝聚人才、联系青年的新纽带，服务青年、服务社区的新平台。我相信，在各级共青团组织的共同努力下，农村青年中心建设一定会取得新的突破，取得新的发展！

尔肯江·吐拉洪在山东省农村青年中心建设现场推进会上的讲话

2004年8月7日

同志们：

今天来山东德州参加这个会议，并与山东广大团干部见面，我非常高兴。这是一次非常重要的会议，对于全面深化山东省农村青年中心建设试点工作必将产生积极的推进作用。借此机会，我代表团中央书记处向会议的召开表示热烈的祝贺！向长期以来关心支持共青团工作的山东省各级党政领导和社会各界，表示衷心的感谢！向与会的各位代表，并通过你们向广大农村基层团干部和团员青年，致以亲切的问候！

山东是经济大省、农业大省、人口大省，齐

鲁礼仪之邦,历史悠久,人文汇粹;也是改革开放较早的沿海大省,为我国的改革开放和全面小康建设创造了很多经验,树立了很多典型。改革开放25年来取得了巨大的成就,为全国的改革发展做出了重要贡献。在省委、省政府的正确领导下,山东各级共青团组织坚持高举邓小平理论和“三个代表”重要思想的伟大旗帜,以“服务大局、服务社会、服务青年”为宗旨,始终站在时代的前列,与时俱进,开拓创新,各项工作全面活跃,许多工作走在了全团的前列。尤其是近年开展的青春创业行动、农村青年转移就业、农村青年农业标准化生产等活动,紧紧围绕党政中心工作,有效服务党政大局,做出了富有成效的探索创造,在全团产生了良好影响。团中央对山东共青团的工作是满意的,对山东广大团干部的辛勤工作是充分肯定的。

刚才,德州市委常委、市直机关工委书记迟丽华同志发表了热情洋溢的讲话,团省委书记陈伟同志对今年青年中心的工作做了全面的部署安排,我是完全同意的。迟丽华同志的讲话充分表现出了我们党政领导对共青团和青年工作的关怀和指导。希望我们各级团干部认真学习,结合实际工作,狠抓落实。

建设青年中心是共青团组织践行“三个代表”重要思想的生动实践,是在新的历史起点上推进团的各项事业发展的重大战略举措,是共青团组织为了更好地适应经济社会结构变化、不断增强团组织内在活力的重大实践创新,是共青团组织更好地服务大局、服务青年、凝聚青年的重大战略决策。我高兴地看到,共青团十五次代表大会确定的青年中心建设试点工作,在山东得到了贯彻落实,取得了阶段性成果。下面,我就农村青年中心建设谈两点意见。

一、进一步增强建设农村青年中心的责任感

团中央书记处把青年中心建设作为新时期新阶段开创基层共青团和青年工作的一项重大战略,高度重视,重点部署。团的十五大、十五届二中全会对青年中心建设做出了总体部署安排,年初共青团全国青年中心建设工作领导小组第一次会议对这项工作又进一步提出了明确要求。团中央书记处第一书记周强同志一直高度重视和亲自指导青年中心建设工作。他在团十五大、十五届二中全会和团中央工作会、团中央委员学习贯彻“三个代表”重要思想研讨班等重要会议上反复强调要深入研究、大胆创新、因地制宜、切实抓好这项工作。在今年3月全国促进农村青年转移就业工作会议上的讲话和今年5月致全国乡村青年文化建设现场经验交流会的贺信中,周强同志再次专门对农村青年中心进行了深刻阐述,强调指出“农村青年中心建设是青年中心建设的重点”。各级团组织要认真学习领会团中央书记处和周强同志关于青年中心建设的重要精神,在试点工作中狠抓贯彻落实。“农村青年中心建设是青年中心建设的重点”这一重要论断,充分体现了团中央书记处对农村青年中心建设工作的亲切关怀和高度重视,对开展农村青年中心建设工作具有很强的针对性和指导性。我们要站在新的历史起点上,从全局的、战略的高度进一步认识、思考、领会、把握好建设农村青年中心的重要意义,切实增强做好这项工作的责任心和使命感。

1. 建设农村青年中心是共青团组织加强自身建设、不断巩固和扩大党的青年群众基础的必然选择。7月23日党中央宣布将在9月召开十六届四中全会,研究加强党的执政能力建设问题。面对不断变化的新形势,不断加强和改进党的建设,不断提高党的执政能力,是关系中国特色社会主义事业兴衰成败、关系党和国家长治久安的重大战略课题。共青团作为党的助手和后备军,作为党领导的先进青年的群众组织,为党做好青年群众工作,把青年更加紧密地团结在党的周围,进一步巩固党长期执政的青年群众基础,是义不容辞的政治责任,也是提高党的执政能力的重要体现。青年是祖国的未来,是现代化建设的生力军,掌握了青年,就掌握了民族的未来。伴随着改革开放和市场经济的发展,共青团一直在努力实现指导思想、工作理念上的与时俱进,工作方式、工作方法的不断创新,取得了积极进展和良好成效。但总体上看,我们在组织形式、运行机制、活动方式等诸多方面还存在很多的不适应。例如传统的共青团组织是以14至28周岁青年为服务对象,对青年的覆盖面有一定的局限,特别是对29至40周岁的基层青年大多没有有效覆盖和服务。团组织要进一步巩固党在青年群众中的基础,就要创新基层组织形式。青年中心作为一种新的社区青年组织形式,主要以29至40周岁基层青年为骨干,有效填补了传统团组织覆盖的空白点,把更多青年团结凝聚在党团组织周围,从而有效巩固党的青年群众基础。农村共青团工作在全团工作中的地位向来很重要,但是工作难度也很大,在不少方面还存在不足和薄弱环节,一些农村基层团组织出现了团员数量下降,组织活力不足,甚至"空壳化"现象。当前,农村青年表现出许多新的特点,如需求不断提高,日益多样化;社会阶层构成发生变化,不同阶层的青年价值取向、行为方式不同;传统观念和区域意识逐渐淡薄,流动性进一步加强。建设农村青年中心,是共青团适应农村经济社会发展的必然要求,也是适应农村青年发展变化的现实选择。试点工作的实践表明,建设农村青年中心对于提高农村青年组织化程度,焕发基层团组织的活力,巩固和扩大党的青年群众基础具有积极的促进作用。

2. 建设农村青年中心是共青团组织服务"三农"工作大局、促进农村全面建设小康社会的战略举措。统筹城乡经济社会发展,建设现代农业,发展农村经济,增加农民收入,是全面建设小康社会的重大任务。党的十六大以来,党中央始终坚持高度重视农业、农村和农民问题的战略思想,采取了一系列促进农民增加收入、全面推进农村小康建设的重大措施,切实把解决好农业、农村和农民问题作为全党工作的重中之重,放在更加突出的位置。今年初,党中央、国务院再次以中央1号文件的形式,专门下发了《关于促进农民增加收入若干政策的意见》,充分体现了党中央、国务院对解决"三农"问题的高度重视,也为进一步做好农村共青团和青年工作指明了方向。共青团服务党政大局,必须把农村共青团工作放在更加突出的位置,采取更加切实有力的措施,努力把农村共青团和青年工作做得更好更有实效,积极主动地为党和政府分忧,为农村青年和农民群众增收出力。农村青年中心诞生于我国农业和农村经济新的发展阶段,紧紧围绕党的农业和农村工作,着眼于青年组织创新和提高青年组织化程度,意在通过扎实有效的服务,引导和推动广大农村青年从传统农业向现代农业转移,从农业向非农产业转移,从农村向城镇转移,努力推进农业产业化和农村工业化、城镇化进程。一年多试点工作的实践表明,建设农村青年中心,可以有效实现农村共青团和青年工作思路、工作方式的创新,以此在新的历史起点上更好地服务党的中心工作。

3. 建设农村青年中心是共青团组织加强服务能力建设、服务农村青年增收成才的客观需要。竭诚服务青年,是共青团学习实践"三个代表"重要思想,推动青年参与、促进青年发展的根本要求和根本体现,是共青团一切工作的出发点和落脚点,是共青团实现新发展必须牢牢坚持并不断强化的宗旨观念。但是,新阶段农村青年不断变化和增长的需求,与基层团组织服务力量薄弱、服务内容单调、服务手段缺乏、服务时效滞后、服务时有时无,形成了鲜明反差。尽快搭建一个综合性服务平台,尽可能满足青年的生产生活需求和致富成才需要,是时代的要求,也是活跃农村基层青年工作的关键所在。农村青年占全国青年的60%以上，与其他青年群体相比，他们的生产生活环境相对艰难，他们的成长发展需求更为迫切。面对这个数量最大、困难最多的青年群体，我们应当予以更多的关心支持。青年中心定位是一个服务型组织，属性就是服务，从提出这一命题到实践，就始终高扬“服务青年”的大旗。农村青年中心面向所有青年开放，不受地域限制，不受组织关系限制，可以提供培训、信息、创业、就业等社会化、会员制、菜单式的服务；可以弘扬先进文化主旋律，用贴近青年、贴近基层的方式，及时宣传传播党的方针政策，用正确的舆论引导青年、凝聚青年；可以结合乡村青年文化节等传统品牌活动，丰富农村青年文化生活，倡导健康生活方式；可以运用网络技术手段来拓展青少年工作的空间和渠道，形成自己的网络优势，使互联网在引导青少年健康成长中发挥正面的、更大的作用；可以针对当前国家实施宏观调控政策，农民工返乡较多的现象，补充农民急需的科学技术、实用知识和专业技能，开展安抚维权工作。总之，青年中心可以因时、因地制宜，通过行之有效的方式、方法和途径，有效满足农村青年生产生活、成长成才的多样化需求。试点工作实践表明，面向广大农村青年，立足于竭诚服务农村青年，农村青年中心正在逐步成为充满生机活力、服务功能强大的农村社区青年组织。

农村青年中心建设试点工作启动实施以来，各级团组织加强探索，不断创新，推动农村青年中心建设实现了从理论到实践、从无到有、从点到面的逐步推进，农村青年中心建设试点工作初步取得了良好成效，发展势头很好。同时也要清醒地看到，青年中心毕竟是一项内容全新的探索，在试点工作中还存在一些困难和不足。如认识有待深化，存在“轻组织、重阵地”现象；机制有待创新，运作中沿用了以前基层团建的方式、方法和管理模式；项目有待开拓，没有结合地方实际，以农村青年需求为导向开发服务项目；功能有待发挥，团的工作项目和各种资源没有集中通过农村青年中心落实到基层，发挥其服务青年的功能。这从一定程度上影响了试点工作的推进力度，需要进一步统一思想，加强领导，狠抓落实。

二、以青年中心先进县(市)创建活动为主要抓手，全面推进农村青年中心建设试点工作

当前农村青年中心建设已经进入到一个十分重要的新阶段，各级团组织要以全国青年中心先进县(市)创建活动为载体，进一步深化认识，统一思想，把农村青年中心建设试点工作放在更加突出的位置，统筹城乡，因地制宜，创造性地推进这项重点工作。

1. 深刻理解，准确把握青年中心的核心理念。从试点实践的总体情况看，一要坚持以共青团的领导为核心。团组织的领导，是青年中心建设的政治方向，是保证青年中心健康持续发展的关键。坚持团的领导，就要求农村青年中心建设必须在乡镇团委的领导下进行，团委要发挥“第一推动力”和发起人的作用，主动承担起主管单位的责任，始终发挥核心作用。坚持团的领导，就要求农村青年中心必须依法建设并由乡镇团委书记任法人代表，按照《社会团体登记管理条例》，以社团法人标准筹建青年中心并到民政部门登记注册，明确青年中心的法律地位。坚持团的领导，就要求乡镇团委在从青年工作骨干中选任秘书长时发挥把关作用。选好人，用好人，提高秘书长的素质和能力。让秘书长成为青年中心运转的“枢纽”。二要坚持以服务青年为宗旨。要切实满足广大农村青年生产生活和发展的需要，必须努力把服务农村青年工作提高到一个新水平。坚持社会化、项目化运作，在继续深化已有项目的基础上，不断推出新的社会化、会员制、菜单式的服务项目，努力打造一批青年欢迎、社会认可、特色突出的服务品牌。要通过实实在在的服务，在农村青年心中叫响“青年中心，服务

青年"的口号。三要坚持以组织创新为灵魂。组织创新是青年中心的"灵魂"或"大脑",阵地依托是"双腿",服务项目是"双手"。说青年中心是创新,其核心是组织架构的创新和运行机制的创新。青年中心本质上是一种新型社区青年组织,是一种崭新的组织形态。新的组织形态,体现在它是基层青年组织,彼此之间没有纵横的隶属关系。但可以通过项目、人才、资本、信息等方面实现联系互动。新的组织形式,还体现在它有新的组织对象,青年中心确定了29至40周岁青年为会员骨干,会员骨干作为组织对象,不等同于服务对象,可以让社区内所有青年和群众都成为青年中心的服务对象。

2. 因地制宜,从实际出发开展创建工作。建设农村青年中心是一项全新的工作,各地要坚持尊重客观,一切从实际出发的原则,采取灵活多样、切实可行的方式因地制宜推进工作。一是可以在实现组织、工作和阵地的有机结合方面因地制宜。农村青年中心是新的青年组织,但组织不排除阵地,阵地是青年中心建设的必要条件,是物质依托和工作保障,是开发项目的载体,是服务青年的有形场所。农村青年中心依托的阵地,可以是现有的青少年活动中心、乡村文化站、乡村中小学、乡镇青少年活动场所等,也可以吸纳社会资源进行规划和建设,甚至也可以依托农村青年社团。但纯粹的阵地绝对不是青年中心,有阵地无组织,就违背了组织创新的初衷,阵地效果也不会明显;而有组织无阵地,工作就无依托,组织功能也不能很好地发挥。二是可以在青年中心建设实现方式上因地制宜。各地要积极争取各级党政和有关部门的关心支持,整合政府、市场、社会和团内各种资源,开放互动,形成合力。农村青年中心不是团的产业,不能以盈利为目的,但要保持良性持续发展,就必须开放性运转,可以在活动中吸纳社会资源、社会成员参加,也可以采用冠名的方式请企业参与建设和管理等。三是可以在青年中心的工作内容、发展项目方面因地制宜。农村青年中心可以结合当地党政中心工作,承担部分青年事务。同时要以需求为导向,围绕青年关注的热点,围绕农村青年成长发展中的关键环节来设计和开发青年发展项目,在学习、就业、维权等方面为农村青年提供服务,逐步建设成为团的各项工作在农村基层的集中显示终端。四是可以在资金来源和工作职能上因地制宜。在资金方面,可以争取财政支持,可以广泛吸纳社会资源,也可以采取收取会费等多种方式。结合地方实际,建设特色鲜明、功能突出、充满活力的专业功能型农村青年中心,如可以探索建设以医疗卫生、文化体育、技能培训等为主要职能的农村青年中心,也可以建成多种协会社团组织的平台和联盟。

3. 积极探索,勇于创新农村青年中心建设运作模式。农村青年中心要成为一个具有强大生命力的青年组织,就必须从不断创新中获取前进的动力。各级团组织要根据当地城市化、市场化进程和青年工作的实际,解放思想,求真务实,分类指导,努力探索有地方特色的农村青年中心建设模式和运转机制。一可探索多样化创建模式。各地根据经济社会发展状况,通过政府主导、社会依托、市场牵动、系统合作、团内捆绑等途径,建设工作依托,配备服务设施,完善服务功能。二可探索规范化管理模式。要依法登记,按章程管理,坚持理事会制和会员制,要实现内部管理制度化。三可探索社会化运作方式。争取政府资源、统筹城乡资源、统筹东中西部资源、统筹社会资源、统筹全团资源,按照品牌化经营、社会化运作、项目化管理的原则,促进农村青年中心持续发展。四可构建开放互动的服务体系。要面向农村青年,关注他们的特点和需求,为会员和广大农村青年服务。要具有青年中心特点,立足实际、发挥优势,不搞"一刀切",不搞大而全和小而全,可以在原来团的工作有基础的一个方面重点突破。要面向社会开放互动,努力形成社会化、市场化的服务体系。

同志们,建设农村青年中心事关共青团和青年工作全局,意义重大,大有可为。山东团的工作历来得到各级党政领导的关怀和支持,拥有良好的社会基础和工作环境,特别是农村青年中心建设工作已有一个良好的开端。希望各级团组织一定要倍加努力、锐意进取,进一步发扬求真务实、苦干实干的作风,把农村青年中心建设成为新形势下共青团领导的聚集人才、联系青年的新纽带,服务青年、服务社区的新平台,团结带领广大农村青年为建设"大而强、富而美"的新山东、实现省委提出的率先实现现代化宏伟目标做出新的更大的贡献!

保护母亲河:中国青少年的责任与行动

——尔肯江·吐拉洪在第五届绿色中国论坛上的演讲

2004 年 10 月 27 日

女士们,先生们:

下午好!

值此 2004 中国环境文化节之际,来自国内外有关单位、机构、组织的负责人和代表齐聚北京,共同探讨环境发展与合作问题,具有非常重要的意义和价值。我很高兴能借此机会,就青少年在环境保护与发展中的责任和作用同大家进行交流。

生态环境的发展与人的发展息息相关。人类既是环境的创造者,又是环境的享用者。许多环境问题的产生,是由于人类不适当的生产生活方式造成的。在生态环境与人的关系上,人是能动的一方,可以通过自身的努力使环境与人类的关系向好的方向发展。从这个意义上讲,环境的发展是人的全面发展的重要内容。保护生态环境就是保护人类自身,保护生态环境就是保护人类的未来。

青少年是国家和民族的希望。地球的未来将从前辈手中传承给青少年。青少年的健康成长离不开良好的生态环境,青少年的美好未来更有赖于良好的生态环境。前人栽树,后人乘凉。青少年既是美好环境的创造者,又是美好环境的最终受益者。青少年理应担当起保护生态环境的重任。

中国青少年是生态环境建设的一支重要力量,是我国生态环境建设的生力军和突击队。从建国之初的 1956 年开始,中国青少年就以"把绿化祖国的重任承担起来"的豪迈情怀,踊跃投身到植树造林、保护生态环境的伟大事业中。近 50 年来,青少年绿化祖国活动蓬勃开展,一代又一代青少年积极参与国家生态环境建设,先后开展了太行山绿化活动、青年黄河防护林工程等一大批富有成效的活动,用青春和汗水在中华大地树起了一座座绿色的丰碑。

1999 年初,在总结近 50 年青少年生态环境保护活动经验的基础上,共青团中央联合全国绿化委员会、全国人大环境与资源保护委员会、全国政协人口资源环境委员会、水利部、农业部、国家环境保护总局、国家林业局等部委联合启动实施了"保护母亲河行动"。中国青少年在全社会率先树起了"保护母亲河"的大旗。

保护母亲河行动致力于架设青少年接受生态环境教育的桥梁。5 年来,我们在实施保护母亲河行动的过程中，每年一个主题，精心设计了“母亲河，我与你同行”、“同饮一江水，同护母亲河”、“同一条河”文化活动等一系列大型主题宣传教育活动。创作了一批以母亲河为题材的环保歌曲、系列环保教育丛书和环保电影，为青少年接受“母亲河意识”教育提供了很好的素材。自2000年起，把每年的3月9日定为“保护母亲河日”，通过一个固定的纪念日的形式，进一步强化青少年的“母亲河意识”。

保护母亲河行动致力于架设青少年参与保护母亲河实践的桥梁。5年来，保护母亲河行动采取“5元钱捐植一棵树，200元钱捐建一亩林”的方式，引导青少年省下零花钱、捡拾变卖废旧物品，在江河流域建设保护母亲河工程，大力植树造林，治理水土流失，为母亲河增添绿色。我们还提出“天天环保”的理念，把保护母亲河、保护生态环境推向青少年的日常生活，通过发放承诺卡、书签等方式，每年推出几件日常生活中的环保小事，引导青少年从环保小事做起，天天为保护母亲河做贡献。从2004年起，我们提出以流域为单元推进保护母亲河行动，引导同一流域的青少年开展生态监护、植树造林等实践活动，保护共同的母亲河。

保护母亲河行动致力于架设国际青少年环保合作的桥梁。5年来，保护母亲河行动推动中国青少年与世界30多个国家和地区的青少年开展了环保友好合作。1999年起，日本前首相小渊惠三专门设立资金，迄今共出资近7.89亿日元，用于推动中日两国青少年共同开展保护母亲河行动，每年来中国参加保护母亲河活动的日本青少年上千人。从2002年起，中国、越南等湄公河沿岸的东南亚六国共同发起“湄公河之旅”活动，组织六国的青少年保护共同的母亲河——湄公河。中国与埃及的青少年一道，在埃及建设象征友谊的中埃青年友谊林，在中国的中埃青年友谊林也即将开工建设。我们还积极寻求与国际环保组织的合作，2002年、2003年，联合国副秘书长兼联合国环境规划署执行主任克劳斯·特普费尔先生来华访问期间，两次专门听取保护母亲河行动的情况介绍，对中国青少年开展的保护母亲河行动给予大力支持。

5年来，保护母亲河行动吸引3亿多人次青少年参与，面向海内外筹集资金2.5亿元人民币，在母亲河流域建设1089个面积达387万亩的造林工程，有效地改善了中国大江大河流域的环境状况。保护母亲河行动在中国乃至世界范围内正产生越来越广泛的影响。

为进一步开展好保护母亲河行动，充分发挥广大青少年在生态环境建设和保护中的生力军作用，我们建议：

第一，进一步营造青少年保护母亲河的良好社会环境。青少年是国家的未来。青少年的成长需要全社会的关心爱护和支持。保护母亲河行动已经逐步成为中国青少年运动的重要内容。只有各级党政加强对青少年保护母亲河行动的领导和指导，社会各界都来关心支持青少年保护母亲河的事业，才能为这一具有鲜明时代特色和强大号召力的青少年生态环保事业不断发展提供动力和保障。

第二，加强青少年“母亲河意识”教育。青少年是一个特殊的群体。在中国，青少年人口近3亿多，占中国总人口的四分之一左右。青少年人数在各国人口所占的比例也大致如此。青少年是人类的未来，青少年的意识行为又会对家庭、对社会产生重要影响。因此青少年的母亲河意识如何，不仅直接影响着现阶段的母亲河状况，更决定着母亲河的未来。青少年处于世界观、人生观、自然观、价值观养成的关键时期。一个人一旦在青少年时期形成一种理念，就会对其一生产生重大影响。这就需要从小就对青少年进行“母亲河意识”教育，养成亲水、护水的好习惯。对青少年进行母亲河意识教育，就是要告诉青少年：是河流把人类哺育，每一条江河都是人类的母亲河。上游无水下游干、大河流水小河满。饮水要思源。同饮一江水，就要同护母亲河。要开展丰富多彩的宣传教育活动，创作大量的宣传教育作品，为青少年的“母亲河意识”教育提供保障。

第三，积极引导青少年参与保护母亲河的实践。体验教育是青少年获取知识、养成道德的重要手段。有一句话说得好：看过的印象不深，听过的记得不牢，只有亲身经历才会使人刻骨铭心，终生难忘。要不断开发体验活动项目，建设青少年环保教育阵地，积极引导青少年亲身体验母亲河，感受大自然，积极参与保护母亲河，为母亲河做力所能及的事情，在体验中、参与中提高自身的“母亲河意识”。全社会都要为青少年体验母亲河、积极参与母亲河的保护提供帮助。

第四，加强青少年保护母亲河国际合作与交流。环保无国界。河流是人类共同的资源，各国人民都有自己的母亲河。在母亲河保护方面，每一个国家都不能独善其身，都有着极其密切的利益关联。保护母亲河，必须加强国际合作。要举办各种环保合作论坛、开发环保合作项目，把各国的青少年联合起来，共同就“水”、就“母亲河”展开跨文明对话、相互交流、相互学习、加强合作、共同提高。

女士们、先生们，建设惠及十几亿人口的更高水平的小康社会，生态环境是必需的支撑。保护母亲河、保护生态环境，是一项千秋伟业。解决人类共同面临的生态环境问题，需要我们持之以恒地为之艰苦奋斗。让我们携手合作，齐心协力，保护人类共同的母亲河，把我们的家园建设得山川秀美、清水长流，共创人类更加美好的未来！

祝本次绿色中国论坛取得圆满成功！

谢谢大家！

尔肯江·吐拉洪在宁夏农村共青团工作会议上的讲话

2004年11月4日

正值全国上下深入学习贯彻党的十六届四中全会精神之际，宁夏召开农村共青团工作会议，对于团结带领全区广大农村团员青年，以党的十六届四中全会精神为指导，努力开创宁夏农村共青团工作新局面，具有十分重要的意义。借此机会，我代表团中央书记处向长期以来关心支持共青团工作的宁夏各级党政领导表示衷心的感谢，向宁夏第三届十大杰出(优秀)青年农民荣誉称号的获得者表示祝贺，向在农村基层团的岗位上辛勤工作的广大团干部表示亲切的问候！

我们党高度重视加强农业基础地位，把解决农业、农村和农民问题作为当前全党工作的重中之重。今年初，党中央、国务院下发了《关于促进农民增加收入若干政策的意见》，科学务实地分析了当前农业和农村经济形势，突出强调增加农民收入的重要性和紧迫性，提出了一系列促进农民增收的重大政策措施，为今后一个时期推进农村共青团工作指明了方向。

农村共青团工作是党的农村工作的重要组成部分，在全团工作中具有特殊重要的地位。团的十五大以来，农村共青团工作紧紧围绕服务农村青年增收成才这一主线，以先进的文化引导青年，大力推进农村青年中心建设、农村青年增收成才行动、保护母亲河行动等三项重点工作，在继承中创新，在创新中发展。

今年7月，国务院副总理回良玉、全国人大常委会副委员长顾秀莲先后对共青团开展农村青年转移就业工作作出重要批示，给予充分肯定，对今后一个时期农村共青团工作寄予殷切希望。在各级党政的高度重视和亲切关怀下，在广大团干部的辛勤努力下，这些年来，农村共青团工作取得了扎实的成效。但我们应清醒地认识到，无论是与时代发展的要求相比，还是与共青团肩负的历史任务相比，农村共青团工作都存在一系列这样或那样的问题，还面临这样或那样的困难，农村共青团工作依然是全团工作的一个薄弱环节。对此，我们要保持清醒的头脑，振奋精神，抓住机遇，迎接挑战。在这里，我谈几点意见。

一、把深入学习贯彻党的十六届四中全会精神作为当前和今后一个时期农村共青团工作的首要政治任务抓紧抓好

党的十六届四中全会是党在我国改革发展关键时期召开的一次极其重要的会议。全会全面分析了当前的形势和任务，着重研究了加强党的执政能力建设的若干重大问题。贯彻落实好这次会议精神，对于推进中国特色社会主义伟大事业和党的建设新的伟大工程，具有十分重要的意义。

加强党的执政能力建设，对新时期共青团工作提出了新的更高要求。我国是农业大国，农村青年占全国青年的大多数。巩固党执政的农村青年群众基础，是当前农村共青团工作面临的一个重大课题。各级共青团组织对此要有深刻的认识，要把深入学习贯彻党的十六届四中全会精神作为当前和今后一个时期农村共青团工作的首要政治任务抓紧抓好。各级从事农村共青团工作的团干部要认真学习《中共中央关于加强党的执政能力建设的决定》，深刻认识新形势下加强党的执政能力建设的重要性和紧迫性，深刻认识55年来党执政的主要经验，深刻理解把握加强党的执政能力建设的指导思想、总体目标及当前和今后一个时期加强党的执政能力建设的主要任务，深入思考新形势下做好党的青年群众工作的重大理论和实践问题，自觉把思想和行动统一到十六届四中全会精神上来。要在农村团员青年中广泛开展形式多样的主题学习活动，掀起学习党的十六届四中全会精神的高潮，帮助广大农村青年立足岗位，争创佳绩，把十六届四中全会精神贯彻到自己的工作和学习中，转化为艰苦创业、成长成才的实际行动。

二、切合实际，突出重点，狠抓落实，努力开创农村共青团工作新局面

当前，我国农业和农村经济正处在一个新的发展阶段。与之相适应，农村共青团工作环境和工作对象正发生着深刻的变化，农村共青团的工作和建设中的新情况和新问题不断涌现。共青团必须主动适应新变化，把农村共青团工作放到全党全国工作的大局中去思考，准确把握经济社会发展趋势，结合农村青年实际，以服务青年为出发点和落脚点，狠抓落实，注重实效，不断推进农村共青团工作向前发展。

1. 坚持以人为本，千方百计服务农村青年增收成才。增收、成才是广大农村青年最根本的需求。抓住了农村青年这一根本需求，就抓住了农村共青团工作的牛鼻子。随着农业和农村发展的环境、条件和任务的变化，促进农村青年增收成才的思路和方式也要及时做出相应的调整。在当前，帮助农村青年增收成才必须以促进农村青年转移就业为核心，紧紧抓住科技和市场两个基本环节。一方面，要积极引导农村青年向农业的深度和广度进军，大力调整农业结构，促进农业产业化经营，发展农村二、三产业，在推进农业和农村经济发展的过程中实现增收成才。另一方面，要大力推进农村青年外出就业，在农业和农村外部寻求农村青年增收的新途径。

服务农村青年增收成才，离不开科技做支撑。要大力加强农村青年农业科技培训力度，帮助农村青年提高应用先进农业技术、推广农业新品种、发展现代农业的能力，培养一大批新型农村青年；要广泛开展职业技能培训，努力提高农村青年外出就业技能。服务农村青年增收成才，必须发挥市场机制作用。要大力培育农产品营销主体，发展农村青年专业合作组织、购销大户和经纪人，开发农产品市场，搞活农产品流通，提高农村青年进入市场的组织化程度，实现农村青年增产增收；要大力开发农村青年人才市场，培育一批农村青年劳务中介组织，为农村青年外出就业、增加收入提供切实服务。

2. 全面推进农村青年中心建设，做好党的农村青年群众工作。青年中心建设是共青团适应我国经济社会的不断变化发展的新形势，在新的历史起点上推进团的事业发展而推出的重大战略举措。农村青年中心建设是青年中心建设的重点。近一年来的试点实践证明，农村青年中心建设对于在社会主义市场经济条件下，健全完善青年组织体系、加强共青团服务能力建设，不断巩固和扩大党长期执政的农村青年群众基础，都具有十分重要的意义。

当前，农村青年中心建设进入了一个关键时期。党的十六届四中全会作出了加强党的执政能力建设的重大决策，对做好党的青年群众工作提出了新的更高的要求，也为加强农村青年中心建设带来了难得的机遇。各级团组织要进一步提高认识，统一思想，把农村青年中心建设摆在更加突出的位置，大力予以推进。要准确把握青年中心的核心理念，坚持以团的领导为核心，坚持以组织创新为灵魂，统筹城乡发展，整合各方资源，因地制宜，大胆探索青年中心运作模式，积极稳妥地推进农村青年中心建设步伐，不断扩大农村青年中心在青年中的覆盖面。要牢牢把握服务青年这一基本宗旨，大力开发各类适合当地农村青年的发展项目，力争打造一批青年欢迎、社会认可、特色鲜明的服务品牌，在全社会叫响“青年中心服务青年”的口号，不断增强农村青年中心的影响力和凝聚力。通过不断努力，把青年中心建设成为新形势下共青团凝聚人才、联系青年的新纽带，服务青年、服务社区的新平台。

3. 牢固树立科学发展观，促进农村经济社会全面、协调、可持续发展。党中央提出以人为本、全面协调可持续的科学发展观，是我们党关于发展理论和现代化建设指导思想的又一次与时俱进和创新。科学发展观既是我国经济社会发展必须长期坚持的重要指导思想，也是解决我国当前诸多矛盾和问题必须遵循的基本原则。

牢固树立和认真落实科学发展观，很关键的一点就是要积极促进人与自然和谐发展。要在农村青年中广泛宣传保护环境和保护资源的基本国策，帮助农村青年牢固树立可持续发展理念。大力开展保护母亲河行动，促进生态环境的保护与建设，是新形势下共青团动员青少年乃至全社会参与国家可持续发展的有效途径。要积极培育生态文化，在农村青年中普及生态环保知识，传播环保理念，弘扬生态道德。要广泛开展生态实践，引导农村青年从日常生产生活中的小事做起，珍惜资源，节约资源，养成爱护生态环境的良好习惯。要大力发展生态经济，引导农村青年积极退耕还林，增加林草植被，发展生态农业，努力推动经济社会协调发展。

三、切实加强和改进农村基层团组织建设

农村共青团工作的各项任务，最终要靠农村基层团组织团结带领广大农村青年去落实、去完成。加强和改进农村基层团组织建设，不仅是做好农村共青团工作的组织保障，也是不断巩固和扩大党的青年群众基础的政治要求。

加强和改进农村基层团组织建设，必须以“三个代表”重要思想为根本指针，必须坚持党建带团建，使团的建设纳入党的建设的总体规划。必须把提高服务青年的能力作为加强团的建设的着力点，以服务促建设，以服务求活

跃。要立足于逐步建立健全与社会主义市场经济体制相适应的组织体系和运行机制，不断提高农村基层团组织自我完善和发展的能力。

加强和改进农村基层团组织建设，必须与时俱进，大胆创新。要不断探索灵活多样的团的基层组织形式，探索团组织与团员的新型组织联系方式。要积极推进农村团的工作社会化，形成自我运转能力更强，团员参与程度更深，社会化水平更高的运行机制。要切实加强团干部队伍建设，积极探索新形势下基层团干部选拔任用方式。

同志们，农村的未来属于青年。让我们以“三个代表”重要思想为指导，紧密团结在以胡锦涛同志为总书记的党中央周围，开拓创新，扎实工作，为实现全面建设小康社会的战略目标而不懈奋斗！

尔肯江·吐拉洪在共青团十五届三中全会上的讲话

2004 年 12 月 17 日

按照党中央书记处指示精神、兆国同志重要讲话精神和周强同志讲话要求，我就做好农村共青团重点工作谈几点意见，供大家参考。

今年以来，在团中央书记处的正确领导下，在全团上下的共同努力下，农村共青团工作在继承中创新，在开拓中前进，各项事业蓬勃发展，取得了比较明显的成绩。一是服务农村青年增收成才取得新成效。联合六部委全面启动“农村青年转移就业促进计划”，掀起农村青年转移就业新高潮。大力开发农村青年人才资源，一批农村青年致富带头人脱颖而出。二是农村青年中心建设取得新进展。确定 230 个创建县和百个重点联系点，大力开展工作骨干四级培训，启动实施系列青年发展项目，已建成农村青年中心 1700 个，展现出广阔的发展前景。三是保护母亲河行动开创新局面。全年共筹资 640 万元，首次推出“美化新三峡”和“共饮丹江水”等大型活动，一系列工程项目相继竣工，五周年纪念活动丰富多彩，青少年生态环保意识不断增强。与此同时，乡村青年文化活动蓬勃开展，农村青年信息化工作积极推进。今年 7 月，国务院副总理回良玉、全国人大常委会副委员长顾秀莲先后对农村青年转移就业工作作出重要批示，给予充分肯定。近日，回良玉副总理在中国杰出青年农民颁奖典礼上发表重要讲话，高度评价农村共青团工作，并对广大农村青年提出了殷切希望。

当前，农村共青团工作面临着十分重要的发展机遇。今年年初，党中央、国务院下发一号文件，连续召开全国农村工作会议、农村税费改革工作会议、粮食安全生产会议、扶贫工作会议等，提出了一系列促进农民增收、农村脱困的重大政策措施。党的十六届四中全会和刚刚结束的中央经济工作会议，进一步明确要继续加大对“三农”的支持力度，保持农业和农村发展的好势头。这一系列重大举措，为我们做好农村共青团工作提供了机遇，指明了方向。农村共青团工作是党的农村工作的重要组成部分，在全团工作中具有特殊重要的地位。伴随着农村产业结构调整和城市化进程的加快，农村共青团工作的对象和环境发生了深刻变化。一方面，农村青年的思想更加活跃，观念不断更新，精神文化需求日益增长并呈多样化趋势。另一方面,农村青年增收困难,转移就业形势严峻,农村青年的发展愿望较以往更加强烈。这就要求我们不断扩大对农村青年的工作和组织覆盖面,紧密围绕农村青年的各方面需求,切实加强基层团组织的能力建设,进一步做好新形势下党的农村青年群众工作。

2005年是贯彻落实科学发展观,保持经济社会良好发展态势的关键一年,也是共青团贯彻党的十六届四中全会精神,加强自身能力建设,进一步开创工作新局面的重要一年。基于这点考虑,2005年农村共青团工作要以邓小平理论和"三个代表"重要思想为指导,树立和落实科学发展观,着眼于促进城乡经济社会统筹发展、良性互动,着眼于引导青年积极参与和谐社会建设,着眼于加强共青团的能力建设,扎实做好推进农村青年增收成才行动、加强农村青年中心建设、深化保护母亲河行动、开展乡村青年文化活动等四项重点工作。

一、加强农村团的服务能力建设,促进农村青年增收成才

落实全会精神,需要我们根据农村青年工作实际,坚持以人为本,切实提高农村团的服务能力,促进农村青年的全面发展。当前,增收、成才是广大农村青年发展的最根本需求。抓住了农村青年这一根本需求,就抓住了农村共青团工作的关键。我们要准确把握经济社会发展趋势,以促进农村青年转移就业为核心,紧紧围绕科技和市场两个基本环节,始终把服务农村青年增收成才作为农村共青团工作的主线,切实抓出成效。

1. 大力推进农村青年转移就业,促进农村青年增产增收。农村青年增收困难的原因很多,但关键的原因有两个:一是传统农业已不能适应现阶段农村发展要求和农村青年致富愿望;二是农村现有的土地资源远远不能承载这么多的剩余劳动力。因此,要帮助农村青年实现增收,就必须大力促进农村青年转移就业。一方面,要做好农业内部文章,引导农村青年积极参与农业结构调整,推进农业产业化经营,促进农村青年从传统农业向现代农业转移。另一方面,要用统筹城乡发展的思路,发挥团组织的优势,继续实施"农村青年转移就业促进计划",在今年转移就业50万人的基础上力争有新突破,加强内引外联,大力培育中介组织,开发农村人才市场,通过举办供需见面会等形式,引导农村青年到城镇和城市就业,做好农业外部的文章。

2. 加大科技服务力度,提高农村青年科技素质。农村青年的科技素质如何,直接决定着农村青年的就业空间和发展潜力,事关农村青年能否增收成才。今年要切实把提高农村青年的科技素质作为农村共青团工作中的一件大事,既要积极争取各级党政支持,与农业、科技等部门密切协作,以新型农民培训工程、星火科技富民工程为重点,强化农村青年的技能培训,力争突破100万人;同时,还要依托各类职业学校、农广校、大中专院校和互联网等现代传媒以及青年创业致富带头人、青年乡镇企业家的产业基地或企业,创建一批培训基地,通过组织专家服务团、科技大篷车等城乡互动的形式,以夜校、短期集中培训、委托培养、远程教育等方式面向农村青年广泛开展技能培训。

3. 大力开发农产品市场,提高农村青年应对市场风险的能力。在工作中我们感到,农村青年只有赢得市场,才能创造财富、增加收入。要着眼于农业面临的日益激烈的国内外市场竞争,帮助农村青年提高应对市场的能力。一是要加大农村青年经纪人的培训,大力培养一批有市场意识、善于开拓的农村青年经纪人,依托他们搞活农产品市场流通,提高农村青年进入市场的组织化程度,带领农村青年闯市场。二是要大力引导农村青年推行农业标准化生产,与大型批发市场和连锁超市合作,通过举办产品推广商洽会、展销会等形式,推出一系列“青”字号特色农产品，引导农村青年打造品牌，扩大销路，从而更好地参与市场竞争。我们要大张旗鼓地表彰一批农村青年经纪人、产业带头人、青年富裕示范户等，在农村青年中形成致富成才的良好氛围。

4. 继续做好扶贫开发工作，促进贫困地区农村青年脱贫致富。扶贫开发事关全面建设小康社会目标的实现，事关科学发展观的贯彻和落实。要高度重视贫困地区的扶贫开发，坚持走共同富裕之路。要以“动真情，办实事，求实效”的原则，充分发挥青企协、乡企协的作用，积极帮助农村贫困地区青年提高就业技能、拓宽就业渠道，采取实际措施，推动进城务工青年返乡创业。要切合当地实际，开发特色扶贫项目，引导贫困地区农村青年利用当地的资源脱贫致富。要发动全社会的力量，特别是充分调动城市资源，采取东西互助、城乡互助的方式，为贫困地区农村青年脱贫致富提供切实支持和帮助。

二、强势推进农村青年中心建设，巩固和扩大党的青年群众基础

当前，农村青年中心建设进入了一个关键时期。全会通过了《关于加强青年中心建设的决定》，周强同志和赵勇同志分别就青年中心建设提出明确要求，充分说明团中央对这项工作的高度重视。就农村青年中心发展的现状看，目前还存在建设不够规范、服务项目比较单一、缺乏一支相对固定的工作队伍等一系列问题，需要我们认真对待，加以解决。我们要本着“既要扩大规模，又要规范发展；既要讲究质量，又要积极推进”的原则，扎实做好农村青年中心建设试点工作，努力把农村青年中心建设成为共青团领导下的凝聚人才、联系青年的新纽带，服务青年、服务社区的新平台。这里，我重点就建设、运转和管理三个环节，谈一谈农村青年中心的机制建设问题。

1. 进一步完善建设机制。青年中心建设涉及方方面面，我认为，其中最重要的是组织建设、项目建设、队伍建设和阵地建设。在组织建设上，关键是充分发挥理事的骨干作用，大力培育和发展社团，推动形成服务主体组织化和服务对象组织化。在项目建设上，要找准与当地经济社会发展的结合点和切入点，着眼农村青年生产生活基本需求，突出项目建设的针对性、有效性和多样性，构建项目建设的长效机制。在队伍建设上，既要与西部计划对接，招募大学生志愿者，又要争取政府和企业购买服务的方式，招募专职社会工作者，逐步建立一整套青年中心工作队伍的选拔、聘用和接力机制。在阵地建设上，要结合当地城市化、市场化进程和青年工作的实际，采取独立建设、依托建设和联合建设等多种途径，不断探索阵地建设的多元化机制。要继续以全国青年中心建设先进县（市）创建活动为抓手，进一步扩大农村青年中心建设规模，提高建设质量。

2. 不断完善运转机制。良好的运转机制是青年中心保持生机和活力的重要保障。要把握农村青年特点和青年中心发展规律，逐步建立完善自我运转能力更强、吸引力和凝聚力更大、更加富有效能的组织运转机制。要推动青年中心办事机构正常有序运转，做到开展服务活动经常化，建立和健全青年中心日常工作机制。要完善资源整合机制，以社会化和项目化的方式，推动形成“政府委托、中心承办、订单购买、合同管理”的良好工作局面。通过加盟、承办等形式，加强与企业和其他社会组织的合作，发挥各自优势，形成互惠共赢的合作机制，不断创新青年中心服务青年、服务社区的具体途径。

3. 逐步完善管理机制。要始终坚持共青团对青年中心的领导、核心作用，从会员注册、理事会领导、社团发展、工作经费、监督约束、工作考核等方面加强制度建设，切实加强青年中心的队伍管理、项目管理、阵地管理和网络管理，构建科学合理的管理体系，推动工作不断向科学化、规范化、制度化方向发展。要广泛了解和征求基层党政部门、社会各界、社区青年对青年中心工作的评价和建议，将自我评价、行政评价、社会评价和青年评价结合起来，逐步实现工作评价指标化、工作落实具体化、工作成效显性化。要建立青年中心表彰激励机制，通过对参与青年中心建设发展做出贡献的团体和个人进行表彰，树立典型，推广经验，以形成有效激励和积极导向，调动各方面力量参与青年中心建设和管理。

三、落实科学发展观要求，全面深化保护母亲河行动

保护母亲河行动开展五年来，动员组织城乡广大青少年和社会各方面力量植树造林、治理水土、清洁环境，为保护和建设生态环境作出了积极贡献，已经成为新形势下共青团工作的一个品牌项目，在国内外产生了广泛的社会影响。2005 年，保护母亲河行动要从科学发展观的要求出发，继续坚持群众性公益事业的发展方向，积极吸纳募集资金，着眼于开发和弘扬生态环保文化、广泛开展生态环保体验、建设生态环保工程、加强生态环保国际交流与合作，积极构建和完善保护母亲河行动发展新格局。

1. 大力弘扬生态环保文化。生态环保文化是先进文化的重要组成部分，其核心是“人与自然和谐与共”的理念。2005 年，保护母亲河行动将以“同一条河”为品牌，统揽青少年的生态环保文化活动。要统一名称、标识和主题歌，通过文艺演出、广场文化、展览、论坛等形式，广泛开展群众性生态环保文化活动。同时，通过文学和艺术手段，推出一批文艺精品；充分利用保护母亲河日、各种环境纪念日和重大生态环境建设事件等开展宣传教育活动，努力传播“同一条河”文化理念。

2. 广泛开展生态环保体验。生态环保体验是开展保护母亲河行动的重要环节。开展生态环保体验活动，可以提高青少年的实践能力和创新能力，培养他们的综合素质。要围绕各大江河流域、重点工程、重大节会等，广泛开展生态环保活动。要继续深化“请跟我来、天天环保”活动，扩大活动实施领域，发动更多的青少年积极参与。要继续深化“美化新三峡、保护母亲河”，“共饮丹江水、保护母亲河”以及“保护母亲河生态监护”和“保护母亲河号”等主题活动，推动广大青少年在体验中不断增强生态环保意识。

3. 建设保护母亲河生态示范工程。工程建设是保护母亲河行动的关键。要在建设管理好已有工程的基础上，统筹社会资源，广泛面向社会各界募集资金，为保护母亲河工程提供建设支持，同时，结合有关部委重点项目实施规划，新立项建设一批全国重点资助项目。以建设保护母亲河青少年绿色家园、纪念林的方式，推动地方工程建设，促进和帮助每个县（市、区）建设自己的青少年绿色家园。推动各地、各区域采取对口合作、异地合作的方式，大力营造建设“饮水思源”林等各种纪念林。

4. 开展国际青少年生态环保交流与合作。以“河流”为载体，开展跨文明对话，促进不同文明之间的沟通和交流，是共青团合作能力建设的重要内容。要加强国际双边、多边的可持续发展对话交流，采取灵活多样的宣传方式，扩大保护母亲河行动的国际影响。继续加强与联合国环境规划署的联系，积极参与联合国系统和其他相关国际组织的青少年环保交流活动。以“中埃青年友谊林”为模式，进一步探索双边、多边国家合作交流方式，高质量、高水平建设各种国际纪念林。要在保护母亲河行动的框架下，以缔结友好城市、友好团体等各种方式，加强与国外青少年的合作。

明年还将适时联合有关部委召开全国青少年绿化祖国暨保护母亲河行动大会。

四、围绕农村先进文化建设，广泛开展乡村青年文化活动

乡村青年文化活动，历来是农村共青团工

作和青年工作的重要内容。明年我们将根据农村青年的特点和农村共青团工作的实际，大力开展丰富多彩的乡村青年文化活动，通过弘扬先进文化教育青年、引导青年，帮助青年树立正确的世界观、人生观、价值观，努力为培养一代新型农民做贡献。要通过着力打造青年文化精品，培育青年文化人才，发展青年文化社团，广泛整合城乡社会资源，全面推进乡村青年文化建设，不断满足农村青年日益增长的文化需求。

1. 推出一批乡村青年文化项目。着眼于活跃基层，以项目为牵动，以生动活泼的方式，在广大农村开展各类健康向上、丰富多彩的青年文化活动。一方面，要坚持开展“乡村青年文化节”、“乡村青年歌手大赛”等青年喜欢、社会欢迎的品牌活动，使这些活动成为当代农村青年文化活动的时尚精品。另一方面，结合当地民族文化、民间文化、乡土文化和广场文化，结合传统的民族节日、文艺演出、体育比赛和民间歌会，积极开发培育一批能体现地方特色、富有牵动性的特色文化项目，带动乡村群众性青年文化活动广泛开展。特别是要围绕农村的经济建设，抓住民间节日、农村集市和农产品展销会等有利时机，组织开发一批像“乡村青年民间工艺品制作大赛”等文化商贸一体化项目，通过文化搭台、经贸唱戏的方式，打造农村节会平台，推动乡村青年文化产业的发展。

2. 培育大批乡村青年文化名人。通过组织和推动农村青年创作一批弘扬新风尚、唱响主旋律，贴近实际、贴近生活、贴近群众的优秀文化作品，积极促进农村青年健康成长，促进农村先进文化的繁荣与活跃。依托农村青年中心开展形式多样的青年文体活动，使之成为青年展示才华、展示风采的重要平台，成为推动青年人才脱颖而出的重要渠道，发现并推出一批优秀乡村青年文化人才。要充分发挥农村青年文化名人的作用，广泛成立各种文化社团，推动更多农村青年传播文化、创造文化、享受文化。

3. 围绕和谐社会建设，教育引导农村青年为社会发展稳定服务。目前，农村社会难点问题和矛盾较多，这些问题解决不好，极易引发事端。从维护社会稳定大局出发，需要我们立足基层，面向最大多数，通过开展争做农村“文明好青年”等活动，引导青年树立坚定的理想信念，不断提高道德水平和文明素质。要发动青年积极参与农村治安防范、群防群控等基层安全创建活动，充分发挥农村青年在农村社会治安综合治理中的积极作用。要加强法制宣传教育，帮助农村青年树立法制观念，自觉养成遵纪守法的良好习惯，学会用法律保护自己的合法权益，学会正确处理人民内部矛盾。要切实维护农村青年的民主权利和合法权益，有针对性地加强青年思想政治工作，努力化解农村青少年中可能存在的不稳定因素。

最后，我还要强调一下加强农村基层团组织建设问题。农村共青团和青年工作的各项任务，最终要靠农村基层团组织去落实和完成。当前，农村共青团还面临许多实际困难，基层团的组织体系不够健全，服务能力相对不足，团的工作活力缺乏，农村共青团工作依然是全团工作的一个薄弱环节。加强和改进农村基层团组织建设，是一项长期任务和基础性工作。要紧紧依靠基层党组织的领导，进一步促进基层团的建设，按照“选好一个支部书记，配好一个班子，带好一个队伍”的工作思路，建立健全农村基层团建常抓不懈的工作机制。要适应农村产业结构和团员分布情况的变化，合理调整基层组织设置，扩大对农村青年的工作和组织覆盖面，不断探索新形势下农村团的组织建设模式。要针对经济发展程度不同地区和青年需求的不同，加强分类指导，提供有针对性的服务，努力提高农村基层团建的整体水平，切实做好新形势下党的农村青年群众工作。

王晓同志讲话

王晓在铁道团委七届二次全委(扩大)会议暨全路团的组织工作现场推进会上的讲话

2004年3月12日,根据录音整理

今天,全国铁道团委在哈尔滨铁路局召开七届二次全委(扩大)会议暨全路团的组织工作现场推进会,这对于铁路系统各级团组织深入学习贯彻"三个代表"重要思想、党的十六大、十六届三中全会、全国铁路工作会议和团十五届二中全会精神,进一步统一思想,振奋精神,更好地团结带领广大铁路青年在推动铁路跨越式发展、全面建设小康社会的伟大实践中做出新的贡献,具有重要的意义。

近年来,铁路系统各级团组织和广大团干部坚持以邓小平理论和"三个代表"重要思想为指导,在党政组织和上级团组织的领导下,始终坚持服务党和国家工作大局,坚持正确的政治方向,用科学的理论构筑起一代又一代铁路青年的精神支柱,坚定了铁路青年紧跟党走中国特色社会主义道路的信念;始终坚持服务铁路改革发展全局,团结带领铁路青年站在时代前列,在铁路改革发展的实践中勇挑重担,冲锋在前;始终坚持服务青年职工成长成才,培养造就了一批又一批政治坚定、技能精湛、作风过硬的铁路青年,为铁路的腾飞和共青团事业的发展做出了重要贡献;特别是着眼于铁路跨越式发展和共青团事业的长远发展,在团的自身建设方面做了大量有益的探索,积累并向全团贡献了很多宝贵的经验,在全团青工战线发挥了火车头作用。在此,我谨代表团中央书记处向会议的召开表示热烈的祝贺!向长期以来关心重视支持共青团工作的铁路系统各级党政领导和有关部门表示衷心的感谢!向铁路系统广大团干部和团员青年致以由衷的敬意和诚挚的问候!

铁路是国家的重要基础设施,是国民经济的大动脉,是综合交通运输体系的骨干。一个多世纪以来,铁路作为现代文明的火车头,对于推动人类社会进步发挥了巨大作用。在过去的几十年里,各国的交通政策经历过这样那样的调整,但发展以铁路为骨干的交通,始终是世界主流,是大陆型国家走向经济振兴的共同道路。作为大众化的交通工具,铁路是联络社会生产、分配和交换的桥梁和纽带,是扩大再生产的前提和条件,对于调整国家资源布局和工业布局、改善地区间经济社会发展的非均衡性发挥了重要作用。改革开放以来,我国铁路的基本建设、运输生产、技术装备和管理水平都有了长足发展,取得了令人瞩目的成绩。铁路营运里程近7.5万千米,居世界第三位。铁路大宗货物的运输量占全社会货运总量的60%以上,特别是煤炭运输,铁路承担了80%左右的运量,对保证大宗货物在全国范围内的有效供给发挥着关键作用。取得这样的成就,一方面是由于我国经济的持续快速健康发展为铁路的发展提供了良好机遇和根本动力,另一方面则是源于我国铁路深化改革、转换机制、调整结构、扩大规模,探索出了一条适合我国国情的健康发展之路。当前,党的十六大提出的奋斗目标、党的十六届三中全会作出的一系列重大决策,给我国铁路的改革发展既提供了前所未有的机遇,也提出了更高水平的要求,我国铁路迎来了跨越式发展的黄金时期。但我们也要清醒地看到,在铁路的改革发展中,结构性矛盾十分突出,还有许多亟待解决的现实问题。一是从产品结构来看,铁路产品总量短缺,品种少、层次不高,与国际同业相比,差距明显。在速度上,日本、德国客车时速已达300公里以上,技术十分成熟,而我国时速300公里的高速铁路产品至今还是空白;在重载上,一些国家早就掌握了开行2万吨单元列车的成套技术,而我国目前重载列车大部分在5000吨左右。路网规模总量明显不足,结构不合理,客货混跑,技术标准低,应变能力差,干支结构、点线能力配套不理想。随着社会进步和人民生活水平的不断提高,人们外出旅行不再满足于买上票、能上车、走得了,而要走得好、走得舒适,要求高质量的旅游环境和服务质量,但现有产品的品种、性能、质量难以让客户满意。二是从企业组织结构来看,行业集中度近100%,自然垄断和可竞争环节分解不清,特别是在路网基础部分由一个全国性的公司经营,自然垄断和行政性垄断的叠加几乎不可避免。在铁路运输业内部,尚未形成竞争局面,职责交叉,管理重复,减少管理层次、合理确定管理跨度的要求日益迫切。此外,尚未在综合权衡交易费用和体现竞争性的基础上,合理确定企业的边界以及企业间的交易方式。三是从资本结构来看,投资主体单一、筹资渠道单一、融资方式单一、投资管理模式单一,铁路建设过多依赖政府投资,无论间接性融资还是直接性融资规模都较小,市场化融资程度远远低于国内其他基础设施产业。多元化投资主体进入铁路的体制性障碍尚未消除,多元化投资主体不好或不愿进入铁路,每年500亿的铁路建设投资规模与2003年3150亿元的公路建设投资规模相差甚远。四是从产能结构来看,尽管我国铁路客运密度、货运密度均居世界第一,以占世界6%的营业里程完成了世界23%的运量,但铁路运输能力不能满足全社会日益增长的运输需求,货运仅能满足60%的需求,客运需求的满足度也只有83%,旅客发送量仅为印度的四分之一。这一方面说明运输效率很高,另一方面也说明产能严重不足,对国民经济和社会发展的保证能力十分脆弱,像每年的春运就很能说明问题。五是从技术结构来看,我国铁路在路网密度、技术设备、信息化建设、经营管理等方面与发达国家至少相差20年。尽管货车大量出口,提速机车、客车都已实现自给,但我国铁路在线路技术标准、机车车辆关键技术、设备设计制造理念及信息化等方面与国际水平差距很大,如机车传动技术,交流传动是当今世界牵引动力的发展方向,发达国家已普遍采用,而我国刚刚处于开发试验阶段;机车车辆设备的安全可靠性、运营维修成本、舒适度等方面差距较大,难以适应客运提速、未来客运专线运输和保证客车安全的需要。六是从区域结构来看,尚不能满足东部地区率先实现现代化、中部地区崛起、西部地区实施大开发战略的要求。可以说,我国铁路在拥有巨大发展机遇的同时,也面临着极其严峻的挑战。面对新的形势,快速提升铁路运输能力和技术装备水平,实现跨越式发展,为国民经济和社会的全面协调可持续发展提供运力支持,已成为我国铁路的必然选择。

青年职工是铁路职工的主体,分布在铁路生产经营体系的各个层面,是推动铁路改革发展的一支重要的现实力量。本世纪头20年,是党的十六大提出的必须紧紧抓住并且可以大有作为的重要战略机遇期,也是当代铁路青年建功立业的黄金年华。站在新的历史起点上,做好新世纪新阶段铁路共青团工作,团结带领广大铁路青年在铁路跨越式发展实践中再建新的功勋，是铁路共青团组织和广大团干部的光荣使命和历史责任。希望铁路系统各级团组织以本次会议为契机，不断研究新情况，解决新问题，探索新规律，创造新经验，形成新机制，努力开创铁路共青团工作新局面。刚才，听了几位同志的发言，感到很受启发。下面，我就进一步做好铁路共青团工作讲三点意见，供同志们参考。

一、开创新局面，就要切实强化铁路共青团的政治职能

当前，我们党正在研究、改进执政方式，着力提高执政能力和执政水平。对执政的共产党人来说，群众工作是执政的各项工作的核心，是基础性、第一位的，而不是一种工具、手段、策略或是权宜之计。从一定意义上讲，能否做好群众工作，是执政的共产党人能否经受住考验的决定性因素。企业不是政权组织，但是执政党的阶级基础和群众基础之所在。企业党群组织的能力建设是执政党能力建设的一个重要方面。适应建立现代企业制度的要求，充分发挥企业党组织的政治核心作用，是党巩固执政地位的客观要求。党的十六大提出要建立国有资产管理体系，党的十六届三中全会提出要大力发展混合所有制经济，使股份制成为公有制经济的主要实现形式；放宽市场准入，允许非公有制资本进入法律法规未禁入的行业和领域，建立健全现代产权制度等。这一切都标志着国有经济战略性调整和非公有制经济发展进入了一个新的阶段，国有经济的载体或存在形态已从国有企业变为国有资本，而且以尽可能少的国有资本控制和带动更多的非国有资本已是大势所趋。在铁路，随着铁路投融资体制改革步伐的加快，投资主体多元化格局开始生成，企业党组织在资本覆盖面上的作用方式和路径必将发生深刻变化。作为企业党组织的助手和后备军，企业团组织的作用方式、路径和存在形态也面临着进行战略性调整的客观要求。为党做好青年工作，巩固党在青年职工中的群众基础，是新形势下共青团组织重大而首要的政治责任。尤其是在当前青年的思想观念、价值取向、社会视野、人生需求日益多样化、个性化的情况下，如何坚持共青团的政治属性，强化共青团的政治职能，从国际和国内、历史和现实的角度，正确分析和科学回答影响青年思想活动的一系列重大问题，引导青年永远跟党走，就显得非常紧迫和突出。铁路系统各级团组织要坚持把“三个代表”重要思想作为全部工作的灵魂和根本指针，作为认识问题、分析问题、解决问题的强大思想武器，坚持不懈地用“三个代表”重要思想武装团员、教育青年，切实加强和改进青年思想政治工作，引导团员青年把思想和行动统一到“三个代表”重要思想的要求和党的十六大确定的任务上来，在火热的青春实践中努力用奋斗成就事业，用奉献充实人生。

二、开创新局面，就要着力提高铁路共青团的服务水平

服务能力是评价一个组织凝聚力、影响力的决定性指标。面对新形势新任务，铁路共青团要更新服务理念、丰富服务内容、强化服务依托，不断提高服务能力和服务水平，切实增强铁路共青团的凝聚力和影响力。

首先，要更新服务理念。当前，共青团组织服务能力与服务对象日益增长的需求之间的差距已成为共青团工作中的一个基本矛盾。铁路系统各级团组织要正确把握、认真分析这一矛盾，树立把提高服务能力和水平作为推动共青团事业发展第一要务的理念，以服务青年职工成长成才、服务铁路改革发展为目标，以需求为导向，按照“盘活存量，调整增量”的要求，把竭诚提供服务作为全部工作的出发点和落脚点，努力为服务对象提供高层次、多元化的工作产品，切实把服务大局、服务青年的工作提高到一个新水平。

其次，要丰富服务内容。一方面，要竭诚

为青年职工成长成才服务。一是要强化青年职工成才意识。通过举办座谈会、报告会,开展创造性劳动大讨论等途径,引导青年职工增强学习成才意识,努力争当本岗位、本工种的技术尖子和革新能手,使学习、创新、建功、成才成为青年职工立足岗位的自觉实践和人生追求。二是要提高青年职工技能素质。适应现代企业生产经营和市场竞争需要,通过组织新知识新技能培训、开展岗位训练、举办学术讲座、进行课题研讨等途径,着力优化青年职工的知识技能结构,有效盘活其人力资本存量,提升青工的人力资源能力。团中央将联合劳动和社会保障部、国资委、国家知识产权局和中国科协组织实施"青工技能振兴计划",努力造就一支技能精湛、结构合理的青年职工队伍。三是要优化青年职工成才环境。制定并落实促进青年职工成长成才的政策,积极探索并形成符合各类青年人才不同特点和成长规律的良性机制,为青年职工成长成才、脱颖而出创造良好条件。另一方面,要组织青年职工为推动铁路改革和发展做贡献。一是要引导青年职工在深化改革中建功立业。教育引导青年职工正确对待改革中的利益调整,理解改革、支持改革、参与改革,自觉站在改革前列,做推动改革的先锋力量。二是要引导青年在强化创新中建功立业。通过大力开展青年创新创效等活动,引导青年职工不断强化创新意识,提高创新能力,以立足岗位的创新实践和创新成果展示当代铁路青年的时代面貌。三是要引导青年职工在促进发展中建功立业。充分尊重青年职工的首创精神,相信青年职工,依靠青年职工,引导青年职工在为铁路创造物质财富的同时,成为铁路政治文明的建设者和精神财富的创造者。

最后,要强化服务依托。一是要加强团的组织建设。要坚持党建带团建,与企业党组织的设置和调整相协调,及时调整企业团组织的布局,积极探索与建立现代企业制度和法人治理结构相适应的团组织设置模式,大力推动团建创新,深入开展创建"五四红旗团委"、"五四红旗团支部"等活动,逐步建立适应社会主义市场经济要求、富有弹性和张力的组织体系。同时,通过尝试建立青年工作委员会、青年工作部等途径,强化团的工作职能,拓展团的工作领域,使共青团组织在不断发展变化的环境中得到积极的调整、巩固和加强。二是要加强团的队伍建设。按照"党放心,青年满意"的要求,努力造就一支忠诚党的事业、热爱团的岗位、竭诚服务青年的团干部队伍,为铁路共青团的持续发展提供工作力量保证。大力开展团员先进性教育,加强团员管理,建设一支规模宏大、德才兼备、在工作生活中发挥模范带头作用的团员队伍,坚实铁路跨越式发展的人才基础。三是要加强团的制度建设。切实抓好制度衔接、制度创新、制度落实三个关键环节,从制度层面上解决强化服务依托的长效机制问题,为提高团的服务水平提供强有力的制度保障。

三、开创新局面,就要始终保持良好的精神状态

回顾铁路共青团的发展史,我们可以看到,一批又一批团干部肩负党的重托,以强烈的事业心和责任感,脚踏实地、忘我工作,铸造了铁路共青团的辉煌,留下了宝贵的精神财富。希望铁路系统广大团干部继承和发扬优良传统,始终保持良好的精神状态,推动铁路共青团事业不断实现新的发展。一是要始终保持与时俱进的精神状态。当今社会瞬息万变,市场竞争日趋激烈,在发展的道路上可以说是前有标兵、后有追兵,稍有懈怠就有可能落后。要主动适应新形势和新任务的要求,正确把握工作领域、工作对象、工作手段、工作力量、工作环境等方面的新变化,强化不进则退的危机意识,坚持发扬与时俱进的精神,努力探索符合本地区、本单位工作实际的新路子,推动工作在继承中创新,在创新中前进。二是要始终保持奋发有为的精神状态。要牢记党的重托，珍惜组织的培养，认清肩负的责任，满怀对青年的深情，奋发进取，迎难而上，以高昂的士气和强烈的责任感对待每一项工作，常怀感激之情，常葆进取之心，在共青团岗位上谱写出无悔的青春之歌。三是要始终保持求真务实的精神状态。要坚持实字当头，正确处理理论与实践、立德与立功、对上负责和对下负责的关系，有不达目的不回头，不克难题不松手，不实现理想不罢休的精神和干劲，下真功夫、细功夫、深功夫、实功夫，不贪大，不求多，扑下身子，埋头苦干，切实做到思想务实、作风扎实、措施切实、成果真实。四是要始终保持艰苦奋斗的精神状态。要身体力行“三个代表”，始终牢记“两个务必”，树立正确的世界观、人生观、价值观、权力观、地位观和利益观，正确处理公与私的关系，认真走好人生的每一步。

同志们，铁路共青团有着光荣的传统和坚实的工作基础。我相信，在邓小平理论和“三个代表”重要思想的指引下，在以胡锦涛同志为总书记的党中央的坚强领导下，铁路系统各级团组织一定能够百尺竿头，更进一步，团结带领广大铁路青年在全面建设小康社会的新征程上再创新的辉煌！

王晓在浙江省青年企业家协会第六次会员大会上的讲话

2004 年 3 月 28 日，根据录音整理

很高兴参加浙江省青企协第六次会员大会，并有机会和浙江的青年企业家朋友们进行交流。来到浙江，我随处都能感受到浙江经济社会发展蒸蒸日上的强劲脉息，随处都能体验到浙江人民奋发有为的创业豪情。今天我们在这里召开会议，这对于浙江省各级共青团和青企协组织深入学习贯彻“三个代表”重要思想、党的十六大、十六届三中全会、中央经济工作会议和团十五大、十五届二中全会精神，进一步团结带领全省广大青年企业家振奋精神、开拓进取，在全面建设小康社会、率先基本实现现代化的新征程上创造新业绩、做出新贡献，必将产生积极的影响。在此，我代表团中央书记处和中国青年企业家协会，向大会的召开表示热烈祝贺，向长期以来重视关心支持共青团和青企协工作的浙江省各级党政领导和有关部门表示衷心的感谢，向出席会议的同志们，并通过你们向全省的广大团干部和青年企业家致以诚挚的问候！

在我国经济社会的发展进程中，浙江历来占有非常重要的位置。特别是改革开放以来，浙江更是凭借着在长期的艰苦创业过程中所凝成的浙江精神，逐步发展形成了多层次、区域性、多样化的特色经济，成为名副其实的经济强省。察看浙江经济社会的发展脉络，我们可以看到，文化传统、经济作为、特色发展中所蕴含的创业精神，正是浙江精神的本质所在，是推动浙江持续快速健康发展的重要动力。首先，浙江省各级党委政府的正确领导创造了有利于浙江创业发展的良好环境。各级党委政府观念到位、政策到位、服务到位，逐步实现了从“无为而治”向“有所为、有所不为”的转型，体现了政府在市场经济调控过程中的整体作用。全省上下正在实施的以基础设施建设、信息化建设、生态环境建设、科教文卫体建设、帮扶致富建设为主题的五大“百亿工程”，正是

浙江省委、省政府实践科学发展观、推动浙江实现跨越式发展的重大举措。其次，悠久的历史文化传统和独特的人文精神，奠定了浙江创业发展的文化基因。从文化传统来看，浙江是吴越文化的发源地，高度发达的吴越文化，造就了浙江独特的人文精神，使之兼具内陆文化与海洋文化之所长，融合吴越文化和中原文化之精髓，反映中国文化和西方文化之交流，成为浙江文化传统基因的优势和根本所在。从经济伦理来看，浙江突出的特点，就是始终洋溢着浓郁的经济脉息。浙江许多伟大的思想家曾率先提出利益并重、工商皆本。以叶适为代表的永嘉学派提出的“事功学说”、黄宗羲的“工商并重”理论等不仅在我国文化史上独树一帜，而且深深影响了一代又一代浙江人的思想观念和行为方式，为浙江的企业发展提供了行为依据和心理依托。再次，浙江企业家的聪明才智成就了浙江创业发展的辉煌业绩。在浙江的经济社会发展中，浙江企业家形成了大家所熟知的几种精神，比如“白天当老板，晚上睡地板”的艰苦创业精神，“不以善小而不为”的不懈进取精神，“从无到有、从小到大”的奋勇拼搏精神，“敢为天下先”的自主创新精神等等。早在计划经济时代，一大批浙江人就开始在全国各地艰苦创业，涌现出很多成功的企业家。党的十一届三中全会以来，浙江企业家更是创造了新的辉煌，取得很多令人吃惊的成就：乡镇企业迅速崛起、个体私营经济蓬勃发展、股份制企业制度创新影响深远、专业市场特色凸显、零资源现象令人瞩目等等，对全国影响深远。可以说，他们的艰苦奋斗为浙江乃至全国的改革和发展做出了重要贡献。最后，产业集群赋予了浙江创业发展的不竭动力。浙江历史传统文化和独特的人文精神，造就了浙江企业家勇立潮头的创业勇气和奋发有为的创业精神，同时也造就了一种引人注目的特色区域经济现象——产业集群。“小资本、大集聚，小商品、大市场，小企业、大协作”这一浙江区域经济结构，是浙江经济活力的重要源泉所在，已成为整个长三角地区经济发展的亮点和重要增长点。

在浙江经济社会发展过程中，浙江省各级青企协组织坚持以邓小平理论和“三个代表”重要思想为指导，在服务党和国家工作大局、服务青年企业家成长发展、加强协会自身建设等方面做了大量扎实有效的工作，取得了显著成绩，为培养高素质青年企业家，推动浙江经济社会协调发展做出了重要贡献。团中央书记处和中青企协对浙江青企协的工作是非常满意的。

当前，我国已经进入全面建设小康社会、加快推进社会主义现代化的新的发展阶段。党的十六大提出的奋斗目标，党的十六届三中全会作出的一系列重大决策，刚刚结束的“两会”通过的一系列决议，都为浙江改革发展提供了前所未有的机遇，也提出了更高水平的要求。但从发展的视角看，浙江在发展中还存在一些问题，需要我们在改革发展实践中逐步加以解决。如以民营企业为主体的企业发展，无论是从经济全球化的国际竞争视角来看，还是从国内区域经济协调发展的目标来考虑，都面临着重大转型的要求，企业在产业发展上过分地偏重低成本扩张、在发展过程中片面的产权观念所导致的忽视自主知识产权积累等不良倾向依然存在。因此，可以说，在浙江的改革发展中，我们在拥有巨大发展机遇的同时，也面临着严峻的挑战。

企业家是推动市场经济发展的最宝贵的人力资源。青年企业家是企业家队伍的重要组成部分，在经济社会的发展中处于特殊的地位，发挥着特别重要的作用。站在新的历史起点上，继承和发扬浙江精神，在浙江跨越式发展的新征程上再立新功，是浙江各级共青团、青企协组织和广大青年企业家的光荣任务和历史责任。希望浙江的共青团、青企协组织和广大青年企业家能够认清形势，明确责任，自觉地强化使命感和责任感，在新的征程上创造新业绩、再建新功勋！

一、再建新功勋，青年企业家就要做学习实践“三个代表”重要思想的表率。“三个代表”重要思想是马克思主义中国化的最新成果，是全面建设小康社会的根本指针，也是全国人民共同奋斗的强大思想基础。青年企业家直接从事企业的生产经营，推动先进生产力和先进文化的发展，为广大人民群众谋利益，是青年企业家肩负的历史责任。希望广大青年企业家能够身体力行、率先垂范，切实提高对“三个代表”重要思想的认识和理解，切实把握“三个代表”重要思想的时代背景、实践基础、科学内涵和精神实质，自觉加强理论修养，树立正确的世界观、人生观和价值观，坚定不移地跟党走中国特色社会主义道路，把建设一流企业、经营管理一流企业作为奋斗的目标，想方设法地做优做强企业，从而优化市场经济的微观单元，推动先进生产力的发展。希望青年企业家能够积极培育健康向上的企业文化，深入开展精神文明建设，为我国先进文化建设提供扎扎实实的生长点。希望青年企业家能够关注职工的成长发展，切实维护好企业职工的合法权益。

二、再建新功勋，青年企业家就要做创业的楷模。创业是时代的主旋律，也是我们实现人生价值的现实途径，特别是在全面建设小康社会的今天，大力弘扬创业精神尤为可贵。青年企业家风华正茂，思维敏捷，具有创业的潜能和优势，正处在创业的黄金时期。在座的青年企业家都是浙江创业发展的优秀代表，希望你们在创业发展过程中能够树立科学的企业成长观。我国对企业成长发展的认识经历了从做大、做强到做活企业的过程。做大企业，重视的是企业人财物的扩张，是基于资源型的成长；做强企业，重视的不仅仅是企业人财物的扩张，而且更加重视管理和制度建设，主要是基于能力的成长；做活企业，则是在上述要素的基础上再强调理念，是企业竞争力整合的新阶段。从企业组织的活性来讲，“做大”是把企业当成一个机械组织；“做强”主要是把企业当做一般系统；“做活”则是把企业当做一个有机的生命体。而作为有机生命体的企业，就非常重视自身要素和外部资源的有机整合，这也是企业实现可持续发展的根本要求。按照这个要求，青年企业家就要坚持以人为本，夯实企业创业发展的人才基础；就要坚持实现经济效益、社会效益、生态效益的有机统一；就要坚持诚信经营、诚实劳动，不断强化信用意识和信用责任感，在增长方式上，进一步实现从速度型扩张到内涵型提升的转变；在发展模式上，进一步实现从特色发展向全面发展转变；在战略选择上，进一步实现从先行发展向持续发展转变；在发展层次上，进一步实现从本土工业化向外向型一体化转变；在目标导向上，进一步实现从总量增长向人与自然和谐发展转变，充分认清自己肩负的责任，不自满、不懈怠，在创业的实践中谱写新的篇章。

三、再建新功勋，青年企业家就要做创新的先锋。创新是国家兴旺发达的不竭动力，是经济增长的动力和源泉，也是企业在激烈的市场竞争中立于不败之地的法宝。创新和青年企业家有着天然的联系，企业家的本质就是创新。青年企业家要勇于创新，不断强化自己的创新意识，发扬创新精神，保持创新锐气，主动跟踪本行业发展的最前沿，积极借鉴国内外优秀企业的成功经验，不断增强创新的知识储备，提高企业的创新发展能力。要推进制度创新。通过借鉴先进科学的管理经验，结合企业实际情况，建立和完善现代企业制度，逐步形成权力机构、监督机构和企业经营管理者之间的相互制衡机制，实现企业决策的科学化、制度化和规范化。要推进技术创新。通过技术创新，逐步实现企业从劳动密集型向资本、知识、技术密集型转变，向产业链条的高端进军，实现企业的产业高度化和产权自主化，增强企业的核心竞争力。要推进组织管理创新。组织体系和管理模式的创新是一种战略思维的创新。要以产业集聚推动区域发展,通过“错位发展”整合区域优势,充分发挥产业集聚所带来的范围经济效应和分工协作效应,在长三角和珠三角“双龙出海”、错位发展的进程中发挥比较优势,强化产业集聚,促进区域经济协调发展。

四、再建新功勋,青年企业家就要做学习的榜样。当今时代是知识经济时代,新知识、新技术、新理念、新理论层出不穷,企业的活动和产品越来越呈现出知识化的特征,学习越来越成为企业发展的生命和源泉。青年企业家应该清醒认识到,自身素质高低对企业经营水平、经济效益和企业的长远发展起着决定性的作用。因此,青年企业家要把学习作为完善自我、成就事业的阶梯。要学有所思,勤于思考,善于把所接触的信息提炼成知识,把所掌握的知识升华为智慧。要学有所用,把学习的成果运用到企业的经营管理实践。要学用相长,积极参与国内外的经济技术竞争与合作,在实践中获取经验、增长才干。青年企业家非常繁忙,希望大家能够在繁忙的工作之余,多挤出时间,多读书,养成良好的学习习惯。

五、再建新功勋,青年企业家就要做热心公益事业的典范。人是环境的产物,每个人的成长,都不可避免地被打上时代的烙印。青年企业家的成长发展,离不开党的改革开放政策,离不开社会各方面包括共青团组织的关心和支持。因此,青年企业家应致富思源、富而思进,正确处理好立德与立功、利益与道义、个人与社会的关系,增强自己的社会责任感,主动回报社会。在社会主义市场经济的发展进程中,企业家还要加强自律。中国的传统文化是平均主义文化,随着市场经济的不断发展,这种文化环境有了比较大的改观,但是对企业家阶层,社会各个阶层还是非常关注的,关注的心理倾向和心理角度是不一样的。青年企业家要自觉实践社会主义道德,带头弘扬扶贫济困等优良传统,在创造物质财富的同时,使自己成为社会精神财富的创造者。青年企业家在企业发展过程中,无论是创业的初期还是发展壮大期,都要始终保持艰苦奋斗的本色,不骄不躁,这样才能使个人和企业都能够可持续发展。

青年企业家协会是共青团组织联系青年企业家的桥梁和纽带,肩负着团结、引导、服务青年企业家的光荣任务。希望浙江省各级青企协组织以本次会议为契机,在新的征程上,坚持以邓小平理论和“三个代表”重要思想为指导,积极推动工作思路、工作方式和自身建设方面的创新,不断开创协会工作的新局面。要继续坚持服务党和国家的工作大局,在经济社会发展的全局中找课题、作文章,为青年企业家施展才华、报效祖国搭建舞台。要继续坚持服务青年企业家的成长发展,尽我们的微薄之力,多为青年企业家办实事、办好事、解难事。要继续坚持不懈地加强自身建设,建立健全协会的组织体系和规章制度,切实加强和改进会员发展和管理工作,为协会的可持续发展奠定坚实的基础。

同志们,浙江共青团和青企协组织有着坚实的工作基础和光荣的传统。我相信,浙江各级共青团和青企协组织和广大青年企业家,一定能够沿着“三个代表”重要思想指引的方向,在以胡锦涛同志为总书记的党中央的坚强领导下,在全面建设小康社会的新征程中创造出新的业绩,为开创浙江更加美好的未来做出更大贡献。

最后,预祝本次会议圆满成功!

王晓在全国“青工技能振兴计划”推进会议上的讲话

2004 年 4 月 8 日，根据录音整理

这次会议是在共青团全国青年人才工作会议后不久召开的一次全团性的重要会议。本次会议的主要任务是，以“三个代表”重要思想为指导，学习贯彻党的十六大、十六届三中全会、全国人才工作会议、团十五届二中全会和共青团全国青年人才工作会议精神，总结交流各地团组织特别是黑龙江省团组织实施“青工技能振兴计划”的做法和经验，深入分析青年技能人才培养工作面临的新形势，研究部署当前和今后一个时期实施“青工技能振兴计划”的各项工作。团中央书记处高度重视青年技能人才培养工作。周强同志亲临大会并作了重要讲话，给我们以巨大的鼓舞和鞭策。劳动和社会保障部、国资委、国家知识产权局、中国科协等部门参加计划的组织实施，并提供了相应的政策支持，为工作的进一步开展提供了强大的动力。各级团组织要认真学习本次会议精神，按照会议要求，切实抓好贯彻落实。

多年来，各级团组织结合本地、本单位实际，采取多种措施，通过深化青年创新创效活动和青年岗位能手活动、举办青工技能大赛等途径，在青年技能人才培养方面做了大量卓有成效的工作，取得了显著的成绩。特别是去年以来，黑龙江各级团组织按照团中央的部署和要求，积极协调省劳动保障厅等有关部门，对以往的工作项目进行了科学整合，尤其是在青工技能鉴定、晋升技术等级的政策方面取得了很大的突破，形成了一套比较成熟的做法，短期内培养出青年高级技工 4425 名、青年技师 216 名、青年高级技师 59 名，为全团青工战线提供了很有价值的经验。各地团组织要认真学习观摩黑龙江团组织的做法，按照会议下发的《关于实施“青工技能振兴计划”的意见》要求，扎实做好本地区青年技能人才培养工作。

刚才，周强同志发表了重要讲话。周强同志的讲话站在全局的高度，深刻分析了实施“青工技能振兴计划”的重要性和紧迫性，提出了明确的工作要求，对做好新形势下的青年技能人才培养工作，具有重要的指导意义。希望大家认真学习领会周强同志的重要讲话精神，在各自的工作中抓好贯彻落实。下面，我结合学习贯彻周强同志的讲话精神，讲四点意见，供大家参考。

一、把握大局，充分认识实施“青工技能振兴计划”的重要意义

技术工人，是社会财富的直接创造者，是科技成果转化为现实生产力的关键环节，是国民经济发展的重要基础和经济腾飞的重要保证。当前，技术工人素质问题越来越受到世界各国的普遍关注。从国际经济发展趋势来看，伴随着经济全球化浪潮和科学技术的迅猛发展，世界范围内的产业结构调整正在加速进行，国际产业分工正在“重新洗牌”，产业梯度转移进程不断加快，经济增长越来越依赖于科技进步和劳动者素质的提高。据统计，过去的 10 年中，欧共体成员国的科技成果转化率达到 50%，国民收入增长的 60%—70% 是以技术和知识为基础的。作为世界大家庭的一员，我国人口是美国的 4.58 倍，但人力资源仅相当于美国的 44.3%，人均劳动生产率仅为美国的 1/25、日本的 1/26、德国的 1/20，单位产品的劳动力成本还高于韩国、匈牙利、墨西哥等国家。即便如此，为了保持竞争优势，美国提出了要“培训 21 世纪美国人”的目标，日本推出了“培

养世界通用的21世纪日本人”的计划。从国内经济发展阶段来看,我国已进入了全面建设小康社会、加快推进社会主义现代化的新的发展阶段。发展高新技术产业和新兴产业,需要大量高素质的技术工人。用高新技术和先进适用技术改造传统产业,需要职工提高技术水平和掌握新的技能。以信息化带动工业化,提高整个国民经济的现代化水平,更需要加快培养一大批知识技能型、复合技能型的现代技术工人。研究世界经济发展史,我们注意到,在20世纪七八十年代,日本正处于与我国现阶段相近或相似的经济发展阶段,他们凭借着所拥有的技术精湛的产业工人队伍,成功地追赶上了欧美发达国家,那时的日本在国际奥林匹克技能竞赛中连连夺冠。1997年以来,韩国在国际奥林匹克技能竞赛中取代日本、力挫群雄,其制造业综合竞争力直线跃升至世界第三位,紧逼日本。反观我国,尽管加入WTO后,劳动力价格的比较优势逐步显现,许多发达国家和跨国公司看好我国市场,一些制造业加快向我国转移,但我们承接的基本上是国际分工中的劳动密集部分。我国制造业的总体规模居世界第四位,却仅相当于美国的1/5、日本的1/4。由于我国实行的是“多用劳动,少用资本”的工业化技术路线,劳动力整体素质不高,劳动力技能结构重心偏低,劳动技能指数仅居世界第59位,这对我国特别是我国企业竞争力的提升构成了“瓶颈”制约。我国科技成果转化率只有15%左右,科技进步对经济增长的贡献率只有29%,与发达国家60%—80%的水平相差甚远。企业产品的合格率仅为70%,每年因不良产品造成的经济损失达2000多亿元,占到了GDP的2%。产生这些问题的根本原因在于我们缺少一支高素质的技术工人队伍。在设备、技术不落后甚至领先的情况下,用同样的配件,我们的产品就是竞争不过人家。我们的火箭技术世界一流,但90年代的几次发射失败,原因竟是焊点没有焊好,给国家造成了经济和名誉的双重损失。同样的飞机部件,由美国工人组装飞机,可以飞1200小时;由俄罗斯工人组装,可以飞800小时;由我们的工人组装,只能飞400小时。因此,抓住历史机遇,在本世纪头20年实现跨越式发展,仅仅依靠低成本的劳动力和低廉的产品价格是不行的,关键要看我国的技术工人能否经受住历史和现实的考验。培养造就一支规模宏大、技能精湛、结构合理的技术工人队伍,已成为我国所面临的一项重大而紧迫的任务。

进入新世纪新阶段,党中央、国务院认真分析国际国内形势,从党和国家事业发展的战略高度,作出了实施人才强国战略的重大决策,提出了“尊重劳动、尊重知识、尊重人才、尊重创造”的重大方针。人才强国战略的全面实施,必将为全面建设小康社会、开创中国特色社会主义事业新局面提供坚强的人才保证和智力支持。全国人才工作会议提出,要树立科学的人才观,牢固树立人才资源是第一资源、人人都可以成才、以人为本的观念,把品德、知识、能力和业绩作为衡量人才的主要标准,为技术工人的成长成才创造了良好的环境。同时,随着社会主义市场经济的不断发展,市场配置人才格局逐步形成,为技术工人提供了公平竞争的机会,强化了技术工人学技成才的动力;以《劳动法》和《职业教育法》为主导、具有中国特色的职业教育法律体系初步建立;选人用人机制改革步伐加快,“公开、平等、竞争、择优”的机制逐步形成,为高技能人才的充分涌现作出了制度安排,提供了有力保障;社会对人才的评价重心逐步转移,技能人才越来越受到尊重和肯定。这一切,都为技能人才的培养工作提供了前所未有的良好机遇。但是,我们也要清醒地看到,技能人才的培养工作在拥有巨大发展机遇的同时,也面临着严峻的挑战。

第一,在市场层面上,表现为投资结构扭曲、消费结构不合理和供需结构失衡。一是投资结构扭曲。我国与其他获得经济成功的国家和地区相比，一个最大的差距是至今没有建立一种激发全民族人力资源开发和人力资本积累热情的机制。国家投资绝对量低，对人力资本的投资始终在GDP的2.5%左右徘徊，投资水平低于世界平均水平，不仅低于美国（占GDP5.4%），与印度等发展中国家相比，差距也很大。物质资本投资高、人力资本投资低，学历教育投资高、职业教育投资低，地区间人力资本投资差异性大等问题长期存在。很多企业片面追求短期经济效益，以降低成本为由取消企业培训机构或出于对职工培训投资风险的顾虑，不愿在职工培训上进行投资。按照国家规定，企业每年应该拿出利润的3%作为职工培训费。但有数据表明，我国企业的培训投资仅占利润额的0.2%，很多企业从来没有开展过职工培训。美国企业每年的技术培训投资达400—600亿美元，日本企业职工技术培训的普及率达95%以上，德国培养一名技术工人平均需6—7万马克，约合人民币23－27万元。而我国很多企业每年花几百几千万广告费不心疼，却把培训投资看做是“额外负担”，全国企业职工每人每年的平均培训费仅为60元左右。二是消费结构不合理。政府、企业和个人对人力资源消费的不合理，直接导致劳动力资源配置效率低下，难以形成各种层次劳动力资源互补的协同优势。俗话说，骏马能历险，犁田不如牛；坚车能载重，渡河不如舟。尺有所短，寸有所长，关键是要使用得当。受传统人才管理体制和用人观念的影响，我国在劳动力资源配置中存在着“重文凭、轻技能，重科技人才、轻技术工人”的不良倾向，直接导致很多企业招聘人员时重学历、轻技术，不顾岗位需要和聘用成本，宁愿花高价招收博士、硕士和学士，也不愿意给高级技术工人适当的薪酬，一些企业甚至出现了门卫必须是专科毕业的现象。人才使用与岗位要求严重脱节，人才高消费和大量人才闲置并存的现象普遍存在。职工个人盲目追求提高学历层次，学习技术、提高技能水平的热情不高。三是供需结构失衡。从技术工人的供求关系看，可以说是总量矛盾和结构矛盾共存。在数量上，技术工人供不应求成为焦点，各种技术工人的求人倍数均大于1，中级技术工人的求人倍数为3.1，高级技术工人的求人倍数高达5.47，而应届大学毕业生的一次就业率仅为30%—50%。据调查，当前企业对高级技师、技师的需求量大幅度增加，对高素质的复合型技术工人需求渐旺。不仅技术密集型企业需要高技能人才，劳动密集型、资金密集型企业对高技能人才的需求量也越来越大。2003年，北京技术工人缺口15.9万人。山东每年需要技术工人240万人，而其技工学校每年的培养能力仅有七八万人。同时，技术工人的工资也大幅上升，锻工、铣工、钻工工资增幅达40%以上，电工、钳工、刨工的工资增幅在20%以上，车工、镗工、磨工的工资增幅在10%以上。据预测，到“十五”末，我国企业对技术工人的需求还将增加20%—25%，其中技师、高级技师的需求量将翻一番。在结构上，与现代产业结构相匹配的技术工人队伍结构应是中级和高级技术工人占多数，而我国目前技术工人队伍的结构却恰恰相反，在7000多万技术工人中，初级工占60%，中级工占36%，高级工、技师、高级技师仅占4%，与发达国家高级技工以上占35%、中级工占50%、初级工占15%的结构大相径庭。在我国企业中，大部分劳动力未经过任何技术培训就上岗操作，严重影响了我国的产品质量和竞争力。另外，1亿左右的“农民工”整体上处于无技能或低技能状态，他们中大约只有9%的人接受过技术培训。尤其需要注意的是，从年龄结构上看，青年在高技能人才中的比例很小，高技能人才年龄偏大，青年高技能人才严重短缺，很多地区青年高级技师的数量竟然为零。随着老一代高技能人才逐渐退休，很多企业原本就奇缺的高技能人才将后继乏人，有的已经断档。“十五”规划要求，“十五”时期高级技师、技师、高级工和中级工、初级工的比例要达到7: 40: 53,从现在的情况看,离这一目标结构还有很大的差距。

第二,在制度层面上,表现为职业制度不健全和政策法规亟待完善。一是职业制度不健全,职业标准滞后。我国的职业标准虽然经过三次较大的调整和修订,在等级标准结构上有了长足的进步,但整体上还难以真实地反映企业和劳动者的利益和需求。从动态上看,没有随着生产力的发展和技术进步而相应作出快速的反应和调整;从结构上看,更多地带有学科体系的框架和特征,不符合职业体系的要求;从方法上看,未能体现职业功能目标的最大化和技术应用的先进性,职业资格鉴定制度存在瓶颈,特别是有关工作年限的规定不够合理。从技工工人成长实际看,工作年限的长短与技术水平高低没有直接因果关系,但是技能等级资格鉴定制度却对此有着严格的规定,严重制约了青年高技能人才的成长。职业资格评定与聘用的关系处理不够灵活,很多企业把资格作为聘用的决定性因素,而不重视真才实学,严重挫伤了技术工人的积极性。薪酬制度改革步伐缓慢。我国长期采用以"工人"和"干部"划分等级的薪酬制度,技术工人的工资待遇很低。古人云:"兵马未动,粮草先行",基本物质保障的缺乏是技术工人稀缺的重要原因。职业资格证书制度推行速度较慢。国家缺乏有效的政策管理和监督,许多企业漠视技能鉴定工作,据报道,一些企业十余年不进行技师评聘工作。2003 年某省职工技术技能大赛的铣工和车工状元工龄分别为 23 年和 12 年,但均没有任何技术等级。二是政策法规亟待完善。尽管我国目前已形成了以《劳动法》、《职业教育法》为主导、一系列有关政策法规相配套的高技能人才培养政策法规体系,但与实施人才强国战略和企业改革发展的要求相比,仍然很不完善。首先,相关法律数量较少且效果不够明显。高技能人才培养工作多以内部规章、文件调整为依据,缺乏稳定的法律保障。对新兴的民办教育培训机构的发展还缺乏完整的法律规范,对职业教育培训教材的编写、出版、使用等还缺乏完善的法律制约。有关职工教育培训的条款分散在不同的法律法规中,缺少专门的综合性法律法规,法律效应不明显。其次,法律法规内容比较原则、笼统,不够具体,操作性不强。再次,法律法规中对违法行为缺乏惩罚性规定,客观上影响了法律法规的权威性和约束力。最后,政策创新不够,一些政策已经过时,不能适应经济社会发展要求,失去了应有的意义,需要根据形势发展要求,进行调整和创新。

第三,在文化层面上,表现在传统观念影响、社会价值认同和成长路径制约三个方面。一是传统观念影响方面。五千年来,我国作为典型的等级型国家,"劳心者治人,劳力者治于人"的思想观念根深蒂固。在这种观念的影响下,人们普遍重高层学历教育、轻职业技能培训,习惯将技术工人当成体力劳动者,将其置于无足轻重的地位。从古到今,几乎是人人"十年寒窗",为的是一个目标——"出仕"。"官本位"思想始终在社会意识中占主流地位。恢复高考以来,"千军万马挤独木桥"的考大学风潮持续至今。高校扩招后,国家从财政上加大了对高等教育的支持力度,各种学历或非学历的大学与研究生教育也颇为火热,而许多技校经费、生源不足,难以为继,仅 2002 年,全国就停办技校 600 多所。二是社会价值认同方面。20 世纪五六十年代,为了推动民族工业的发展,新中国曾掀起了技术革新运动的高潮,涌现出一大批优秀的中高级技术人才,为祖国民族工业的发展解决了许多技术上的难题。当时,在社会价值层面,对技术工人是认同的,八级大工匠很受人尊重。但改革开放以来,随着经济体制的转型,社会价值观发生了深刻的变化。同样是中等职业技术学校毕业,中专生和技校生却一个是干部身份,另一个是工人身份;一个可以通过评职称步步高升,另一个干到老还是工人,就算经过了很多年磨成了高级工,工资、福利、住房等方面待遇往往也不如职位最低的管理干部。技术工人在企业里和社会上的地位不高,得不到应有的尊重,极大地挫伤了职工学习技术的热情。三是成长路径制约方面。一方面,工程技术人员凭年限、到时间靠文字总结并经过一些程序性的考试,就可以晋升技术职称。另一方面,当工人技师,既要考理论,又要考操作;既要搞推荐,又要搞评聘,条件十分苛刻。从上个世纪80年代初开始恢复在工人中评聘技师,至今20多年,只在国有大型企业搞过三次评聘,且工种有限,中小企业至今未开展过工人技师的评聘。不过,近年来出现了一些可喜的变化,全国各地频繁报道大学生回炉上技校的新闻。以山东为例,近几年已经先后有近5000名大中专毕业生到技校接受技能培训。过去是以身份定职业,现在是以职业定身份,重视技能人才培养、重视职业教育的氛围正在形成。

第四,在技术层面上,表现为职业技能教育培训和职业资格鉴定方面技术水平不高。技术工人队伍的建设,不仅是一个政策问题,还需要有切实的技术支持,包括基础理论研究、制度建设的技术方法和技术手段等。近年来,国家在技能人力资源开发工作的技术建设方面做了很多工作,但与现实要求相比,还存在着较大差距,表现为职业技能教育培训和职业资格鉴定方面的技术水平较低,系统性和科学性不强。一是在职业技能教育培训方面。我国职业教育相对于学历教育起步较晚,在教学方法上主要沿袭学历教育,教学和研究的学术性不强,教学计划和专业设置不合理,创新性不足。企业和社会各类职业技能培训机构培训方式单一,现代培训技术未能得到充分应用,缺乏系统的培训质量评估。二是在职业资格鉴定方面。虽然国家实施了职业资格证书制度,但在实践中依然存在多种层次、名目繁多的资格鉴定,标准不统一,通用性和透明度较差,阻碍了劳动力的合理流动。职业分类技术、职业标准制定技术、命题技术、教材开发技术、考务管理技术、信息统计技术水平跟不上时代发展的步伐,影响了职业技能鉴定的效率和质量。此外,现行的职业标准大多没有与国际标准接轨,只有少数几个职业引进了国际通行的资格证书,如文秘和行政管理资格管理证书引进了英国的NVO标准,大多数工种依然使用国内标准,技能人才培养的国际化进程缓慢。

青年职工是企业职工的主体,分布在企业生产经营体系的各个层面,在企业改革发展中发挥着重要作用。本世纪头20年,是我国经济社会发展的重要战略机遇期,也是广大青年职工成长成才、建功立业的黄金年华。青年技术工人是技术工人队伍的有机组成部分。从一定意义上讲,青年技术工人队伍建设水平的高低决定着我国技术工人队伍的发展前景。站在新的历史起点上,培养和造就一支政治坚定、规模宏大、技能过硬、结构合理的青年技术工人队伍,引导他们在全面建设小康社会的实践中成长成才、建功立业,是各级团组织和广大团干部的光荣任务和历史责任。各级团组织要深入学习贯彻全国人才工作会议和共青团全国青年人才工作会议精神,充分认识实施"青工技能振兴计划"的重要意义,把实施"青工技能振兴计划"作为共青团组织学习实践"三个代表"重要思想的重要举措,作为共青团组织服务党和国家工作大局、服务企业改革发展全局、服务青年成长成才需求的有效途径,作为共青团组织培养青年技能人才的支柱性工作,摆上重要议事日程,切实抓紧抓好,抓出成效。

二、统筹兼顾,正确把握实施"青工技能振兴计划"的总体思路、工作目标和基本原则

根据全国人才工作会议和周强同志的重

要讲话精神，今后一个时期，实施“青工技能振兴计划”的总体思路是，以“三个代表”重要思想为指导，以培养一批技术技能型、知识技能型、复合技能型青年人才为目标，以提高青年技术工人的技术能力、创新能力和知识产权意识为重点，以组织技能培训、开展技能竞赛、加强面向青年的职业技能鉴定工作为途径，以机制建设为保障，造就一支规模宏大、结构合理的青年技能人才队伍，为深化青年创新创效活动提供人才支持，为企业保持持续的成长能力奠定人才基础。

工作目标是，在今后五年内，通过切实有效的工作，使80%以上参加计划的青年技术工人的技能水平在现有的基础上提升一个技术等级，培养青年高级工40万名、青年技师7万名、青年高级技师3万名。这个目标，是团中央与劳动和社会保障部共同商定的，是一个比较切实的目标。

实施“青工技能振兴计划”，应遵循以下五个基本原则。

第一，要突出政治性。我们培养的青年技术工人，是符合中国特色社会主义事业发展要求的人才，不仅应当具备较高的知识和技能水平，而且应当具备较高的思想政治素质。要把“三个代表”重要思想作为实施“青工技能振兴计划”的灵魂和根本指针，贯穿于计划实施始终，坚持不懈地用“三个代表”重要思想武装青年技术工人的头脑，引导他们树立正确的世界观、人生观和价值观，坚定永远跟党走的信念。要引导青年技术工人按照《公民道德建设实施纲要》的要求，自觉实践社会主义道德，养成与社会主义市场经济发展相适应的道德观念和行为习惯，不断提高自身的道德修养和道德水平。要引导青年技术工人树立崇高的职业理想，以报效祖国、振兴企业为己任，不断强化学技成才意识，自觉把全面建设小康社会的进程作为自己职业理想树立和实践的过程，不断在实践中完善自己，在竞争中提高自己，在奋斗中充实自己。

第二，要注重层次性。要针对不同层次青年技术工人的不同情况和需求，设立不同层次的目标，确定不同层次的培养内容，选择相应的方式和手段，既培养技术技能型青年人才，又培养知识技能型和复合技能型青年人才，分层次实施“青工技能振兴计划”，全方位帮助青年技术工人或拥有“一技之长”，或实现“一专多能”，或掌握宽口径的职业适应能力、职能转换能力和自主创业能力，搭建各具特色的成长平台，建立分层次的培养工作格局。人才理论指出，人才的成长具有“马太效应”和“累积效应”规律。“马太效应”规律是指“有者容易愈有，无者容易愈无”，这是一种社会惯性，尤其不利于弱势青年群体的成长。在工作中，要辩证地看待、正确地运用“马太效应”规律，在促进青年高技能人才健康成长的同时，下大力气为技能弱势青年提供支持和服务，给具有发展前途的“潜在青年技能人才”以积极的支持。“累积效应”规律是指人才队伍的自然结构是逐层收缩的金字塔型，高技能人才位于塔尖。根据“累积效应”规律，建设一支结构合理的高素质青年技术工人队伍，不能仅仅盯住青年高技能人才，而要着眼于青年技术工人队伍的整体发展，注重青年技术工人队伍层次结构的协调，建立“低重心、高标准”的工作格局。低重心，就是要始终把培养初、中级青年技术工人置于工作的基础地位，为青年高技能人才队伍建设开辟取之不竭的丰富源泉；高标准，就是要把培养青年高技能人才作为培养的关键，以青年高技能人才培养为战略抓手，推动整个青年技术工人队伍的协调发展。

第三，要强化过程性。“十年树木，百年树人”。实施“青工技能振兴计划”、培养高素质的青年技能人才，是一项长线工程，不可能一蹴而就。要根据现代企业生产经营和青年职工对自身价值实现、潜能开发和未来发展的需求，优化工作流程，强化过程控制，有效缓解资源瓶颈、流程瓶颈和绩效瓶颈的制约，通过进行思想教育、提供行为指导、强化资源保障等途径，给青年职工必要的人文关怀、事业关注和生活关心，帮助青年技术工人与时俱进地调整职业目标，提高科学文化素质、技术技能素质和生理心理素质，从而直观量化地描绘出共青团组织培养青年技能人才的工作轨迹。要强化个体培养的过程性，完善从帮助青年技术工人确立阶段性技能提升目标到提供成才发展平台到建立管理反馈制度的培养过程，帮助青年技术工人沿着技能提高的通道，不断从一个岗位转移到另一个岗位，从较低技术等级提升到较高技术等级，直至成长为高技能人才。同时，要根据青年技术工人工作岗位和技术等级的变化，提供相应的培养方案，使参加计划的青年技术工人及时得到跟踪式的培养，切实克服以往工作中不同程度存在的“重表彰、轻培养，重结果、轻过程”等不良倾向。

第四，要增强辐射性。人才理论中有一条“共生效应”规律，也称“群落效应”规律，是指人才的成长、涌现具有在某一地域、单位和群体相对集中的倾向。产生“共生效应”规律的根本原因是人才具有辐射作用。在实施“青工技能振兴计划”的过程中，要充分发挥优秀青年技能人才的辐射作用，形成由“人才高峰”到“人才高原”、高技能青年人才成批涌现的生动局面。要倍加爱护和关怀青年高技能人才，积极营造有利于青年高技能人才成长的环境，为青年技术团队和创新团队的形成提供“辐射源”，使广大青年技术工人从身边人的成长故事和成长轨迹中受到启迪和激励。要积极探索产生“共生效应”的内在机制，实现青年高技能人才由自发型辐射向制度型辐射的转变，并结合实际对青年高技能人才培养的路径进行再造，“包容整合”人力、物力、财力、信息等资源，打造适合高技能人才成长发展的制度平台，盘活企业优质人才存量资产，做到优势集成、亮点聚合。

第五，要坚持开放性。“海纳百川，有容乃大”。当今社会，知识更新迅速，一个工作系统若不具有开放性，不能与外部环境进行资源、能量、信息以及硬件设备的交流，工作要素只进不出或只出不进，或流入速率与流出速率不匹配，不能做到“吐故纳新”，整个工作体系就会因为过度膨胀或渐渐空虚而瓦解。这就要求我们在工作中，要着眼于经济社会发展趋势和青工成长成才的需求变化，以开放性的思维，树立开放性的工作理念，保持与外部工作环境进行全面充分的工作要素交流，促进资源、能量、信息等要素资源的有效配置和无边界流动，构建开放性的青年技能人才培养工作体系。

三、突出重点，扎实推进“青工技能振兴计划”

“青工技能振兴计划”是一项崭新的、具有很强发展潜力和广阔发展空间的工作。客观形势是“青工技能振兴计划”产生的土壤，科学的态度和务实的措施是“青工技能振兴计划”成功实施的保证。扎实推进“青工技能振兴计划”，要着力做好以下三项重点工作。

第一，要更新工作理念。坚持工作理念的与时俱进，不断焕发工作活力，是扎实推进“青工技能振兴计划”的重要前提。要根据形势的发展要求，用市场化、现代化、标准化、社会化和国际化的工作理念指导新的工作实践。

一是要树立市场化的工作理念。市场化，是过去20多年我国经济体制改革的突出特征和重大成果。要以市场需求为导向，尊重市场价值规律、竞争规律和供求规律的作用，探索采取市场化的运作模式，从单纯“发动式”的工作思维中解放出来，树立人才有“价”的观念，做到“尊重其知识，问计于斯人”，实现人才需求与人才价值的互动，提高青年技能人才培养工作的功能性和实用性。要深入研究社会主义市场经济条件下青年技能人才成长的规律，发挥市场在人才资源配置中的基础性作用，推动建立市场化的培养、评价、选拔、使用、配置和激励机制，按照青年技能人才创造的价值和业绩给予奖励和晋职晋级，推动形成“一流人才、一流业绩、一流报酬”的良好氛围。要积极把握市场信息，实现市场与市场、市场与社会在青年技能人才信息上互惠互享，在运作上密切合作，促进青年技能人才合理流动，实现人才要素与其他要素的最佳组合。

二是要树立现代化的工作理念。现代化，既是目标，又是过程；既是进步，又是选择，更是淘汰。现代化本身也是反映时代变化的动态标准，已成为一种为社会普遍接受的基本价值取向。要适应时代、环境和任务的变化，以现代化的思维、概念和范畴工具、物质技术手段，推动实施“青工技能振兴计划”的组织结构、功能机制、推进方式实现现代化。要面向世界、面向未来、面向现实，逐步实现工作内容现代化、作用方式现代化和制度建设现代化，在不断总结经验、应对挑战中实现自我完善的过程。要引导青年技术工人在思想、心理、态度和行为上经历一场向现代化的转变，构筑青年技术工人的现代化人格。

三是要树立标准化的工作理念。标准化，是科学管理的基础。在实施“青工技能振兴计划”的过程中，要运用系统论、方法论、控制论、信息论和行为科学理论，以系统最优化为目标，逐步实现管理标准化、考核标准化和质量标准化。管理标准化，就是要以现代科技和经验的综合成果为基础，以标准化参数优化管理流程，推动管理制度化和规范化。考核标准化，就是要根据青年技能人才成长的特点和事业发展需要，合理确定工作标准，实施绩效考核，努力实现人才培养总量目标与结构目标的统一。质量标准化，就是要按照国家职业标准，推行职业资格证书制度，提高青年技术工人技术技能的标准化水平。我国引进德国大众汽车生产线后，第一批汽车由大众公司派出的德国技术工人全程组装，合格率为100%。后来，我们自己工人的组装合格率却只有70%。请回德国技术工人后，发现原因很简单，就是其中的一个生产环节——拧螺丝，国际标准是拧10圈，而我们的工人只拧了7圈。

四是要树立社会化的工作理念。社会化，是政府职能转变、权利主体多元化的必然趋势。要实现资源社会化。充分发挥共青团组织的联络优势，选准社会需求的兴奋点，以项目化的方式整合社会资源，促进资源整合能力提高与组织社会影响力扩大之间的良性互动。要实现评价社会化。引入社会化评价指标，建立社会化评价机制，构建社会化的评价体系。要实现效益社会化。牵动、影响、辐射更多的单位、个人，拓宽社会力量参与工作、分享资源与收益的渠道。

五是要树立国际化的工作理念。国际化，是经济全球化带来的机遇和选择。要主动与国际接轨，积极借鉴国际先进经验，熟悉、遵守并运用国际规则和国际惯例，充分利用国际资源，开设国际窗口，建立起符合国际化要求的工作机制，通过引进国际智力、开展青年境外培训、组织青年参加国际技能竞赛等途径，培养国际化的青年技能人才。

第二，要抓好关键环节。“青工技能振兴计划”是一项整体性的工作，抓住关键环节并注重各个环节之间的有效衔接是扎实推进工作的基本要求。

一是要积极组织技能培训。组织技能培训，是实施“青工技能振兴计划”的基础环节。要明确培训方向。坚持面向市场、面向企业、面向青年职工，为企业发展和青年技能人才成长服务，从重视知识和文化培训转向更加重视技能和操作培训；从重视秩序和规范转向更加重视新知和创造；从主要为城市、为国有经济服务转向为各种所有制经济服务。要丰富培训内容。紧密结合企业生产经营、技术更新、产品升级的要求，充分体现“专业补短，技术补差，知识更新，技能提高和学习超前”的特点，加强培训教材建设，增强培训课程的针对性、预期性和实用性，帮助青年技术工人不仅能够学到知识和技能，而且能够掌握灵活解决生产技术、工艺方面实际问题以及进行发明创造的本领。要优化培训方式。根据不同培训对象和内容，把握多层次、多渠道、多形式的原则，采取企业培训与学校培训相结合、在职培训与脱产培训相结合、个人自学提高与企业和社会支持相结合、短期培训与长期培训相结合等方式，对青年技术工人进行多层次、全方位的技能培训。要创新培训手段。广泛运用各种先进培训手段和电化教学设备，利用多媒体教室进行互动式学习，利用仿真机模拟实际操作，通过互联网进行远程培训，以快速、安全、节约的方式，使青年职工及时收获培训成果。要强化培训依托。在依托企业及社会现有职业技能培训机构定期组织开展青年技能培训的同时，充分利用互联网络资源，通过建立网上青年技能培训学校等途径，加强青年技能培训的虚拟阵地建设，打破青年学习技术的时间和空间限制。要整合培训资源。广泛动员社会力量参与青年技能培训，优化配置培训资源，扩大培训规模，提高培训效益。要加强培训评估。重视培训活动的过程管理和效能改善，通过对培训组织形式、技术项目设计、教学计划编排、师资队伍建设、课程教材配置、培训方法手段等方面的动态评估，以结果校正过程，切实提高培训质量。

二是要大力开展技能竞赛。开展技能竞赛，是实施“青工技能振兴计划”的重要环节。要根据国家开展职工劳动竞赛的有关规定，单独或协调有关部门组织开展各级各类青工技能大赛，为优秀青年技能人才脱颖而出搭建舞台，畅通促进青年技能人才成长的技术通道。要体现竞赛的连续性。注重开展经常性的技术练兵和技术比武，帮助青年技术工人在工作岗位实践中成长为本岗位的技术能手、本工种的能工巧匠。要注重竞赛的创新性。通过技能竞赛，发现并培育一批具有专利申报条件的新技术，保护企业和青年职工的自主知识产权。要突出竞赛的特色性。客观分析本地区、本企业的竞赛条件，根据自身的优势和实际需要，确定竞赛内容和领域，在竞赛中充分体现企业特点或行业特色。要强化竞赛的持久性。通过竞赛培养技能型人才，其规模效应是要通过长期持续不断的工作和积累才能显现出来的。要制定切实的工作目标和规划，并持之以恒地坚持下去，不断扩大竞赛的参与面，不断提高竞赛的技术含量，不断积累并彰显竞赛的成效。

三是要切实加强技能鉴定工作。进行技能鉴定，是实施“青工技能振兴计划”的驱动环节。技术等级是职业技能考核机构对劳动者从事某种职业所应掌握的技术理论知识和实际操作能力作出的客观测量和评价。实行技术等级鉴定，推行职业资格证书制度，是开发人力资源的重要手段，是培育和发展劳动力市场的一项重要的基础性工作。组织青年技术工人参加职业技能鉴定，畅通青年技术工人获取职业资格证书的渠道，就能帮助更多的青年技术工人及时获得相应的职业技术等级和职业资格证书。在导向上，要通过组织青年技术工人参加职业技能鉴定，引导青年技术工人按照国家职业标准的要求学习技术、成长成才。在政策上，要按照《关于实施“青工技能振兴计划”的意见》要求，联合劳动保障等部门，出台地区性或行业性打破资历、身份限制的支持青年技术工人晋升技术等级的政策，争取在较短的时间内，在全国大多数地区打破青工晋级的年限瓶颈，并促进企业建立培训、考核鉴定与使用相结合并与待遇相联系的激励机制。同时，鼓励有条件的团组织严格按照劳动和社会保障部的有关规定，申请建立职业技能鉴定站。在手段上，要通过分散鉴定和集中鉴定两种方式，帮助更多的青年技术工人晋升技术等级。在管理上，要规范本地区青工专场职业技能鉴定的时间、地点、程序及具体组织方式，维护职业技能鉴定工作的科学性、规范性和权威性。

第三，要完善工作机制。健全的工作机制，是实施“青工技能振兴计划”的根本保障。

一是要完善组织领导机制。团中央、劳动和社会保障部、国务院国有资产监督管理委员会、国家知识产权局、中国科协共同成立了有关负责同志参加、办公室设在团中央青工部的领导小组，周强同志亲自担任领导小组组长。各地区、各行业、各单位团组织要建立相应的组织领导机构，切实加强领导，形成齐抓共管、整体推进的工作局面。

二是要完善动态管理机制。要建立联系人制度，动态指导并督察各地、各单位的计划实施情况，及时反馈信息，促进各地、各单位的交流和提高。要切实加强活动的人才管理、项目管理、阵地管理和网络管理，推动工作不断向科学化、规范化和制度化方向发展。

三是要完善政策保障机制。要积极争取劳动和社会保障等部门的支持，制定出台促进青年技能人才成长的政策，帮助青年技术工人学习了解政策，用足用好政策，并加强对有关政策落实情况的监督检查，努力创造有利于青年技能人才脱颖而出的政策环境。

四是要完善评价考核机制。要在搞好团内评价的基础上，通过书面调查、实地调查、网上调查等途径，广泛征求地方及企业领导、政府及企业有关部门、青年技术工人等对本地区、本单位实施“青工技能振兴计划”的评价和建议，把自我评价、行政评价、企业评价和青工评价有机结合起来，逐步实现工作评价指标化、工作认证规范化和工作成果显性化。

五是要完善激励约束机制。要大力树立、表彰、宣传青年技能人才先进典型，提高一线青年技术工人的“知名度”和“职业成就感”，使业绩优异、贡献突出的青年技能人才不仅成为社会明星，而且同时享有物质收益和社会荣誉，受到社会和人们的尊重，使广大青年职工感到学技术光荣、当技工有出路、有前途、有奔头。要兑现工作奖惩措施，对工作中组织得力、成效显著的单位和个人，进行表彰奖励，对工作不力的要予以通报批评。

四、狠抓落实，确保“青工技能振兴计划”取得实效

实施“青工技能振兴计划”，关系青年技能人才成长，关系人力资源在企业改革发展中的科学配置，关系经济社会发展大局，关系新时期企业共青团工作的创新和发展，涉及范围广、工作内容多，是一项复杂的系统工程。按照系统论的观点，推进“青工技能振兴计划”就要统一思想、树立大局意识，就要振奋精神、坚持科学严谨的态度，就要与时俱进、永葆开拓创新的勇气，就要求真务实、实现工作效能的最大化。各级团组织既要充分认识开展这一活动的重要意义，又要清醒地认识到工作的复杂性、长期性和艰巨性，正确把握青年技术工人成长成才规律和经济社会发展的客观要求，精心组织，扎实推进，狠抓落实，把“青工技能振兴计划”不断引向深入。

第一，要统一思想抓落实，正确处理全局利益与局部利益的关系。作为一项复杂的系统工程，“青工技能振兴计划”系统功能的发挥，关键在于提高各个组织环节的“结合能力”和“协同能力”，从而发挥工作系统的整体优势，产生系统元素个体无法产生的功能，实现最优的合作效应。团中央在充分调研、征求意见的基础上，采取先行试点、整体推进的方式推出了“青工技能振兴计划”。各级团组织要切实增强全局意识，牢固树立“一盘棋”的思想，按照《关于实施“青工技能振兴计划”的意见》要求，统一活动名称，狠抓工作落实，不断扩大活动的社会影响，合力创出青工战线的工作新品牌。要不断总结经验，探索规律，大胆实践，为全局工作提供富有特色、可资借鉴的经验。

第二，要振奋精神抓落实，正确处理工作热情与科学态度的关系。“青工技能振兴计划”作为共青团服务党政工作大局的切实举措，直接关系青年的切身利益，缺乏工作热情，是肯定干不好这项工作的。各级团组织和广大团干部要满怀激情、迎难而上，始终保持奋发有为的精神状态，以高昂的士气和强烈的责任心做好各项工作。同时，要看到各地发展水平不同，情况千差万别，坚持从实际出发，把工作热情与科学态度统一起来，正确把握工作定位，因地制宜、因企制宜、因时制宜地开展工作。要在发展特色服务和发挥比较优势上下功夫，根据区域经济发展不平衡形成的差异性需求、区域特色发展带来的特殊性需求、青年技能存量不同导致的供给水平的差别，确立“需求导向型”的工作方针。如东北老工业基地的振兴要求青工技能培训要以适应替代产业发展需求的实用技能为主；资源枯竭型地区的青工技能培训要围绕经济转型做文章；东南沿海地区的青工技能培训要在经济外向型、产业高端化发展上下功夫；中西部地区的青工技能培训要着眼于区域产业结构的调整。只有根据本地的实际需要确定工作方向，突出工作特色，才能真正做到服务大局、凝聚青年。

第三，要与时俱进抓落实，正确处理继承与创新的关系。“青工技能振兴计划”是共青团着眼于经济发展要求与青工技能素质现状之间的突出矛盾所采取的新举措。应该看到，经过多年的共同努力，青工战线在工作中创出了响亮的工作品牌，树立了良好的社会形象，拥有了高素质的干部队伍，形成了过硬的战线作风。同时，与改革开放同生共长的当代青年职工在社会主义市场经济大潮中，掌握了一定的知识和技能，树立了较强的市场意识和竞争观念，积累并形成了一定的人力资本存量，这些都是我们开展工作的优质存量资产。青工战线各级团组织要根据形势的发展变化，按照“盘活存量、调整增量”的工作要求，积极创新工作思路、工作手段、工作方式和工作机制，通过对优质存量资产的盘活和对工作增量的结构性调整，实现工作总量的与时俱进。要把实施“青工技能振兴计划”作为深化青年创新创效活动的突破口，为青年创新创效活动的开展提供人才支持。要在以往工作的基础上，积极推动技能培训、技能竞赛、技能鉴定等工作在继承中创新，在创新中前进。要强化各个工作环节之间的互动发展，通过技能培训提高青工技能素质，通过技能鉴定帮助青工实现技术等级的确认与提升，通过技能竞赛促进技能培训和技能鉴定的双向互动，形成科学化、规范化的工作流程。

第四，要求真务实抓落实，正确处理工作规模和工作效益的关系。一方面，要努力拓展工作领域，丰富工作内容，扩大工作的覆盖面和影响力，推动工作上规模，产生规模效益。另一方面，要将成本、质量、效益、标准等观念和评价机制引入工作中，突出效益在工作评价中的核心地位，着力提高工作效益，确保工作在上规模的同时上水平，实现质与量的有机统一。要按经济规律办事，充分尊重企业和青年的意愿，正确处理理论与实践、立德与立功、对上负责与对下负责的关系。要坚持实字当头，有不达目的不回头、不克难题不放松、不实现理想不罢休的精神和干劲，有一抓到底的狠劲、少说多做的实劲、一以贯之的韧劲，下真功夫、深功夫、实功夫，不贪大，不求多，扑下身子，埋头苦干，一点一滴，务求实效，切实做到思想务实、作风扎实、措施切实、成果真实。

同志们，今年是全团贯彻团十五大精神的开局之年。青工战线是团的一条重要战线。多年来，在团中央书记处的正确领导下，青工战线广大团干部勤奋工作、锐意进取，打造了很多共青团的工作“名牌”，积累了很多宝贵的工作经验，取得了骄人的成绩。“忆往昔峥嵘不可追，知今日精进之可贵”。全团青工战线要站在共青团事业新的历史起点上，与时俱进、开拓创新，求真务实、埋头苦干，把各项工作不断推向前进。关于促进青年就业和再就业工作、青年企业家协会的工作，已在去年年底召开的中国青年创业行动现场推进会和中青企协八届二次理事会议上分别作出了具体部署，希望各级团组织切实抓好落实。要在全团青工战线把学习贯彻"三个代表"重要思想新高潮不断引向深入，坚持不懈地用科学理论构筑起当代青年职工的强大精神支柱；要以实施"青工技能振兴计划"为突破口，全力推进青年创新创效活动；要以10周年系列纪念活动为契机，掀起青年文明号创建活动新高潮；要适应企业、机关事业单位改革发展的要求，全面加强企业、机关事业单位团的建设。希望青工战线各级团组织认真学习贯彻团十五届二中全会、中国青年创业行动现场推进会、中青企协八届二次会议、共青团全国青年人才工作会议和本次会议精神，按照《2004年全团青工工作要点》的要求，致力于各项工作取得新突破，努力创造出一批能够展示青工工作新水平的标志性成果，全力开创共青团青工工作新局面。

深入实施中国青年创业行动 把促进青年就业和再就业工作提高到一个新水平

——王晓在"中国就业论坛"上的发言

2004年4月30日，根据录音整理

就业是民生之本、民富之源，更是安国之策。就业与青年密切相关。从一定意义上讲，就业问题是一个青年问题。当前和今后一个较长时期内，与我国就业形势相一致，青年就业和再就业形势也相当严峻。尽管随着城镇登记失业率的上升，青年失业呈现较大幅度的下降趋势，从1992年的89.2%到1998年的54.7%，再到2002年的31.3%，但在1300—1400万下岗失业人员中，青年仍占到了相当比例；在城镇每年新增的近1000万劳动力中，青年占绝大多数，特别是今年高校毕业生总量将达到280万，就业难的问题不容忽视；在1.5亿农村富余劳动力中，向非农领域转移和进城务工的主要是青年，就业和再就业已成为当前青年最具体、最现实、最紧迫的利益。

解决就业问题的根本出路在于创造新的就业岗位，通过创业带动就业和再就业。一个社会的创业者越多，这个社会的生产要素组合就越丰富、越活跃，提供生产要素的就业行为也就越容易。当前，我国人均GDP已突破1000美元，比照国际经验，正好处在产业结构调整最剧烈的变动期，结构调整过程中将产生很多新的商业机会，为创业提供了良好的机遇和广阔的天地。我们的调查结果显示，青年拥有强烈的创业愿望和巨大的创业潜能。为适应青年自主创业的内在要求，我们在全国范围内组织实施了以创业为主题，以培养创业型青年人才为突破口，以创业扶持、技能培训、中介服务、观念引导、就业援助为主要内容的中国青年创业行动。在几年内，培养扶持44150名青年创办了自己的企业，直接安置60万人就业和再就业。实践证明，实施中国青年创业行动，以培养创业型青年人才为突破口，开展促进青年就业和再就业工作，既有利于创造新的就业岗位,又有利于搭建青年成长成才的舞台。今后几年,我们将每年帮助 100 万名青年掌握创业本领,帮助 10 万名青年创办自己的企业,为下岗失业青年提供就业服务 150 万人次,力争使服务对象的再就业率达到60%。

为实现上述目标,我们将做好以下工作:

1. 突出创业主题。经济发展的历史和现实均表明,鼓励创业,培育创业意识是一个国家经济发展的根基。在我国的特殊国情下,做好这方面的工作尤为重要。深化中国青年创业行动,就要以创业为主题,以培养创业型青年人才为着力点,支持鼓励有创业愿望和一定创业能力的青年到第三产业特别是服务业创办微型企业,通过创业实现并带动就业和再就业。一是开展创业培训。通过举办培训班、开展创业方案竞赛活动、建立创业实践基地等途径,帮助青年掌握创业的基本知识,提高创业本领。二是强化创业指导。通过建立青年创业项目库、举办创业项目发布会、成立青年创业指导团等途径,为青年创业提供项目论证、业务咨询、政策指导、决策参考等服务。三是优化创业环境。通过建立专项基金、提供小额贷款、协调落实政策、减免加盟连锁费用等途径,降低青年创业的门槛,为青年创业提供良好的外部环境。四是培育创业文化。通过打造创业文化品牌、传唱青年创业歌曲、统一青年创业标识、举办青年创业论坛等途径,营造鼓励青年创业的文化氛围。五是进行创业激励。通过树立青年创业典型、举办创业事迹报告会等途径,激发青年的创业热情,增强青年自主创业的信心和决心。

2. 创新推进方式。推进中国青年创业行动,要坚持走市场化导向、项目化运作、品牌化经营、社会化推进、国际化发展的路子。走市场化导向的路子,就是要深入研究完善社会主义市场经济体制进程中促进青年就业和再就业工作面临的新情况,注重以市场为导向,与青年就业发展需求相适应,充分发挥市场在青年劳动力资源配置中的基础性作用,以市场化的观念、手段、模式和机制推进工作。走项目化运作的路子,就是通过一个一个的项目,量化目标,整合资源、培育人才、推进工作。我们将在继续抓好"工岗快递"、"中国青年创业网网上招聘大会"、"真情助困进万家"、"玫琳凯"、"青创田园"等现有工作项目的基础上,努力打造更多青年欢迎、社会认可的工作项目。走品牌化经营的路子,就是要在工作中实施品牌化经营战略,在创业扶持、技能培训、中介服务、就业援助等工作领域打造具有较高知名度、忠诚度和美誉度的青年创业品牌、培训品牌、职介品牌,树立中国青年创业行动的良好形象。走社会化推进的路子,就是要加强与有关部门和机构的交流与合作,善于借助社会力量,广泛吸纳并有效整合社会资源,引入社会化工作机制,不断加快促进青年就业和再就业工作的社会化进程。走国际化发展的路子,就是要开拓国际视野,积极适应经济全球化带来的就业岗位资源全球配置的新形势,积极实施"走出去"战略,扩大国际交流与合作,努力在国际交换中获得更大的就业比较利益。加强与联合国青年就业网络等国际机构的合作,建立中国青年创业行动与国际青年就业网络和项目的交流平台。

3. 强化阵地依托。以城市青年就业服务中心为节点的阵地网络在深化中国青年创业行动中具有特殊重要的作用。要争取劳动保障等部门的支持,将青年就业服务中心建设纳入地方劳动力市场建设的整体格局,使之成为地方劳动力市场的有机组成部分。要积极吸纳社会各方面智力、物力和财力资源,切实强化青年就业服务中心建设发展的人才支撑和物质依托。要按照团中央下发的《青年就业服务中心管理条例》的要求,规范青年就业服务中心(站)的工作,确保机构到位、人员到位、场地到位、制度到位、工作到位,并以空岗信息占有率、职业介绍成功率等指标评价、规范中心工作。同时,要大力加强青年就业信息网络阵地建设,逐步构建起以中国青年创业网为主干,以各地青年就业工作网站为联结、与青年就业服务中心有形阵地网络良性互动的网上工作平台。

4. 完善工作机制。机制建设,是一个带有根本性、全局性、长期性的问题。深化中国青年创业行动,就要在机制建设上下功夫,为促进青年就业和再就业工作的健康发展提供有力保障。一是要完善组织领导机制。充分发挥领导小组和领导小组办公室的作用,整合各部门、各条战线的资源,优化工作流程,集成工作能量,切实加强对促进青年就业和再就业工作的领导,形成齐抓共管、整体推进的工作格局。二是要完善动态管理机制。通过建立青年创业人才库、青年创业项目库、青年创业数据库等途径,切实加强对青年创业行动的人才管理、项目管理、阵地管理和网络管理,推动工作不断向科学化、规范化、制度化方向发展。三是要完善政策保障机制。积极参与各级政府促进就业和再就业政策的制定和实施,充分考虑、及时反映青年的愿望和要求,切实抓好政策衔接、政策创新和政策落实三个关键环节,努力创造有利于青年就业、创业和再就业的政策环境。四是要完善评价考核机制。在搞好团内评价的同时,通过书面调查、实地调查、网上调查等途径,广泛征求地方领导、政府有关部门、服务对象等对促进青年就业和再就业工作的评价和建议,把自我评价、行政评价和社会评价有机结合起来,构建社会化的考核评价机制,逐步实现工作评价指标化、工作认证规范化和工作成果显性化,不断提高工作品质。五是要完善表彰激励机制。建立以"中国青年创业奖"为龙头的表彰体系,对青年创业典型、在中国青年创业行动中表现突出的单位和个人进行表彰,以形成有效激励和积极导向,激发各方面支持促进青年就业和再就业工作的热情。

王晓在首届"中国青年创业论坛"上的讲话

2004年7月19日,根据录音整理

很高兴有机会与来自方方面面的专家学者和朋友们就青年创业问题进行研讨和交流。

就业问题是一个世界性难题。胡锦涛同志在全国再就业工作座谈会上指出,解决就业问题,不应是一个被动安置现有劳动人口的过程,而应是一个通过人力资源能力建设、提高人口素质、促进经济加快发展的过程,是一个努力把我国人力资源优势转化为经济社会发展优势的过程。对于我国这样一个劳动力供给大国来说,培养创业型人才,扩张创业的就业倍增效应是解决就业问题的根本出路。

创业是就业的基础和前提,就业离不开创业。一个社会的创业者越多,这个社会的生产要素组合就越丰富、越活跃,提供生产要素的就业行为也就越容易。当前,我国人均GDP已突破1000美元,比照国际经验,正好处在产业结构调整最剧烈的变动期,结构调整中将产生很多新的机会,为创业提供了良好的机遇和广阔的舞台。实践也证明,随着社会主义市场经济的不断发展,我国创业活动日趋活跃,创业环境逐步改善,创业经济不断发展,已进入了一个崭新的创业时代。据有关资料显示,2003

年我国的全员创业活动指数为 11.6%。今年 5 月 17 日，以中国证监会批准建立二板市场为新的标志，我国创业活动进入了一个新的发展阶段。创业已成为促进就业最积极、最有效的方式之一。下面，我从经济发展、社会发展、青年发展和青年组织发展四个层面来作简要说明。

首先，从经济发展层面来看，创业是发展经济、拉动就业的必然选择。经济理论和经济发展实践表明，经济增长与就业扩张之间存在着正相关关系。对于今天的中国来说，没有就业容量扩张的经济增长是没有多少价值的。失业的大量存在，会导致产出的大量损失，减缓经济增长的势头，浪费大量的人力资源存量，形成“恶性循环”。同时，经济发展的历史和现实均表明，鼓励创业、培育自主创业意识，是一个国家经济发展的根基，是国家保持经济活力的源泉。从熊彼特的“生产函数”角度来看，与“创新”不同，创业是通过改变函数式来“建立新的生产函数”。创业既是新理论、新技术、新知识、新制度的孵化器，又是新理论、新技术、新知识、新制度转化成现实生产力的转化器。在西方发达国家，新一代的创业者正在创造着全新的成长型企业，对经济发展产生着巨大影响。在过去的 30 年里，美国出现了创业革命，这也是美国保持世界经济“火车头”地位的战略武器。当今美国 95% 以上的财富是在 1980 年后创造出来的，这种现象在世界其他地区也不同程度地存在。回顾历史，我们可以看到，新中国成立以来，先后经历了几次失业高峰，正是依靠人民群众的艰苦创业，才使国家不仅渡过了就业难关，而且获得了发展经济的新的活力。创业是人们开创事业的实践活动，其最大特征是创新和创造价值。尽管我国的创业活动对经济增长的贡献率尚未达到 GEM 成员的平均水平，但其作用效果仍较为明显，特别是民间投资以年均 26.7% 的速度增长，成为推动我国经济增长的重要力量。又如从区域经济发展情况看，创业活动活跃的地区，是经济增长快的地区；创业活动欠活跃的地区，也是经济增长较慢的地区；创业活动不活跃的地区，则是经济增长最慢的地区。在我国当前的就业形势下，一个人去创业，就能带动一批人就业；很多人去创业，就会激活经济增长的潜力，创造出更多的就业岗位，实现就业的倍增效应。

其次，从社会发展层面来看，创业是促进社会协调发展的有益实践。任何一种社会现象的出现并成为社会热点，一定有其深刻的社会背景。创业之所以成为我们这个时代的亮点，就在于它是时代发展的一种必然要求，对社会进步起着巨大的推动作用。就业问题，不仅是一个经济问题，更是一个十分现实的社会问题，事关社会公正、社会安全和社会发展。社会协调发展的基本宗旨和目的是人人共享、普遍受益。一个社会只有实现了较为充分的就业，才能保证人们既处于一个相对安定、基本生活有所保障的状况，又有一个可以预期的良好发展前景，从而有助于社会协调发展宗旨的最终实现。在此基础上，社会成员才有可能对自身处境形成积极评价；才有可能普遍认同社会，形成一种积极的社会态度；才有可能进行平等的社会交流和沟通，较好地消除社会群体间的分化和隔离，形成主流化的社会价值观念和行为规范，增进社会合作；也才谈得上缩小贫富差距、共享社会发展成果的问题。反之，一个社会如果存在着严重的失业问题，则不仅损害了失业者的现实生存条件，也会在一定程度上对失业人员未来生存发展条件造成侵害和损失，增加大量的社会离心因素，对社会公共安全构成直接威胁。另外，失业的大量存在，还会涉及到未来世代，特别会涉及到失业者自己的未来世代，对我国的可持续发展产生不良影响。创业是人们自立自强的实践活动，其中蕴含着开拓进取、奋发向上的积极人生态度。在创业中实现自身价值并对社会有所回报，是创业的题中应有之义。从社会学角度来讲，创业是一种个性化的创造性社会行为，是一种生活方式，既源于对物质生活的向往，也源于对挑战生活的渴望。在我国劳动力严重供大于求的形势下，扩大就业的最现实选择就是弘扬创业精神，开展创业活动，从而在创造出大量就业岗位的同时，形成人与人和谐相处的社会关系，促进社会的协调发展。

再次，从青年发展层面来看，创业是青年把人生理想转化为社会现实、实现自身全面发展的有效途径。创业是一个复杂艰难和极富挑战性的过程，对创业者的锻炼和提高大有裨益。在创业的过程中，创业者比一般的就业者要承担更大的风险，经历更多的挫折和磨难。因此，创业有助于社会成员不断适应新形势，接受新知识，提高自我发展能力；有助于社会成员在职业实践中有效地进行继续社会化和再社会化，特别是当社会成员对其所从事的工作产生兴趣而不视其为负担时，其个性化的发展才成为可能。每个人都不能离开社会单独生存，社会群体生活是人类生活的基本特征，而社会分工是影响社会群体生活的一个十分重要的因素。拥有一份工作，是人们平等地进入正常社会生活环境的必要条件，特别是对正处在世界观、人生观、价值观形成重要时期的青年来说，走自主创业之路意味着他与这个创业时代的主流社会生活密切相连，从而使他更有自信建立良好的社会关系，形成健康的品格和健全的人格，也使他更加理解和适应市场就业机制带来的新变化，在社会主义市场经济大潮中追求并实现自身的全面发展。

最后，从青年组织发展层面来看，帮助青年创业是共青团组织实现可持续发展的客观要求。与市场经济体制下社会流动与分层带来的社会成员多样化的服务要求相适应，所有社会组织共同面临着生存价值问题，只有被需要的组织才有其存在的价值和社会合理性。就业与青年密切相关。从一定意义上讲，就业问题是一个青年问题。尽管随着城镇登记失业率的上升，青年失业呈现较大幅度的下降趋势，从1992年的89.2%到1998年的54.7%，再到2002年的31.3%，但在当前和今后一个较长时期内，与我国就业形势相一致，青年就业和再就业形势也相当严峻，就业和再就业已成为当前青年最具体、最现实、最紧迫的利益。同时，青年人思维敏捷，风华正茂，总体上文化水平相对较高，自主意识较强，最易成长为创业型人才。我国参与创业活动的人员年龄集中在25—44岁之间，其中25—35岁比例最高，就很能说明问题。团中央对下岗失业青年所作的专题调研结果显示，多数下岗失业青年能够正确认识就业形势，具有创业的愿望。当代青年强烈的就业和创业需求，要求共青团组织迅速作出反应，采取得力措施，在经济和社会发展中代表和维护青年的合法权益。因此，帮助青年投身创业实践，既服务了青年的基本就业需求，又服务了青年的强烈创业愿望，必然能够得到青年更为广泛的拥护和支持，进一步坚实党的青年群众基础。

适应青年自主创业的内在要求，团中央在全国范围内实施了中国青年创业行动，动员帮助青年走自主创业之路，通过创业实现并带动就业和再就业。各级团组织按照团中央的要求，大力扶持青年创业，取得了显著成绩。很多地方通过建立培训基地、举办培训班、开展创业方案竞赛活动等途径，开展了内容丰富的创业培训；有的地方通过举办创业项目洽谈会、组织专家进行创业指导等途径，为青年创业提供了有效服务；有的地方通过建立青年创业基金、协调提供小额贷款、减免加盟连锁费用等途径，降低青年创业门槛，为青年创业创造了良好的外部条件；有的地方通过建立青年产品销售一条街、青年销售专柜、青年创业市场等途径，为青年创业搭建了平台；很多地方通过树立青年创业典型、举办青年创业事迹报告会等途径，激发了青年的创业热情。据统计，全国各级团组织共培养、扶持44300多名青年创办了自己的企业，使他们在实现自身就业需求的同时，直接安置下岗失业人员60多万名。实践证明，以培养创业型人才牵动促进青年就业和再就业工作，既有利于创造新的就业岗位，又有利于搭建青年成长成才的舞台；既有利于按照市场经济规律配置增量资本，又有利于盘活、带动存量资本，推动经济内涵式发展；既是共青团组织服务大局、服务青年的客观要求，又增强了共青团组织的吸引力和凝聚力，实现了共青团事业的新发展。

长期以来，促进青年就业和再就业工作得到了劳动和社会保障、财政、金融、工商、税务等政府部门的具体指导、热情帮助和社会各界的大力支持，在此，我谨代表共青团中央表示衷心的感谢！在今后的工作中，我们将以"三个代表"重要思想和党的十六大、十六届三中全会精神为指导，以增加就业岗位、促进青年就业为目标，通过开展创业培训、强化创业扶持、优化创业环境、培育创业文化、进行创业激励等途径，每年帮助100万名青年掌握创业本领，帮助10万名青年创办自己的企业，逐步完善与国家就业和再就业工作相衔接、具有共青团特点、符合青年需求的促进青年就业和再就业工作体系，努力把中国青年创业行动提高到一个新水平。下面，我就扶持青年创业谈几点初步的想法，与大家交流。

一、发挥优势，大力加强青年创业能力建设

创业能力是创业实践走向成功的基石。创业能力建设是一个复杂的过程，应注重层次性，强化过程性，增强辐射性，进一步明确方向、丰富内容、优化方式、强化依托、整合资源、加强评估，切实提高工作的效率和效益。注重层次性，就是要针对不同层次、不同条件创业青年的不同情况和需求，设立不同层次的目标，确定不同层次的培养内容，选择相应的方式和手段，既培养生存创业型青年人才，又培养机会创业型青年人才，形成生存创业与机会创业比例适当的合理结构，建立分层次的青年创业能力建设工作格局。强化过程性，就是要根据创业青年对自身价值实现、潜能开发和未来发展的需求，优化培养流程，强化过程控制，有效缓解资源瓶颈、流程瓶颈和绩效瓶颈的制约，帮助创业青年正确把握自身条件和发展前景，提高创业能力和创业成功率，从而直观量化地描绘出共青团组织培养创业型青年人才的工作轨迹。增强辐射性，就是要充分发挥青年创业典型的作用，帮助更多的青年尽快成长为创业型人才，并为青年创业团队的形成提供"辐射源"，形成创业型青年人才成批涌现的生动局面。明确方向，就是要强化需求约束，坚持以市场和创业青年的需求为导向，以创业成功率和就业倍增率为检验青年创业能力建设水平的根本标准。丰富内容，就是要紧密结合创业需求，加强创业培训教材建设，切实增强创业能力建设的针对性、预期性和应用性。优化方式，就是要根据不同的对象和内容，把握多层次、多渠道、多形式的原则，积极运用先进的培训手段，灵活多样、务求实效地进行培训。强化依托，就是要在充分利用青少年宫、团校、青少年活动中心及社会培训机构开展培训的同时，充分利用互联网络资源，通过开办网上培训学校、开展网上培训等途径，打破青年学习掌握创业本领的时间和空间限制。整合资源，就是要广泛动员社会力量参与青年创业能力建设，优化配置培训资源，扩大培训规模，提高培训效益。加强评估，就是要重视青年创业能力建设的过程管理和效能改善，通过动态评估，以结果校正和调整培训过程，切实提高青年创业能力建设的质量和水平。

二、突出特色，大力加强青年创业理念建设

先进的创业理念是创业实践走向成功的前提。要遵循文化引领青年、文化塑造青年的规律，努力打造符合时代要求、具有青年特点的青年创业文化，突出青年创业文化的时代性、主体性、市场性和先进性，有效改造旧的文化氛围和社会文化心理结构，使创业这一主旋律真正被青年认同、被青年唱响，为青年创业实践提供源源不断的精神动力。要有针对性地对青年进行创业教育，加强青年人文精神和科学精神的培育和塑造，促进青年在知识、能力、人格上的相互融合，引导青年构筑坚定的创业目标，培育健全的创业人格，形成超凡的创业思维，增强创业的主动性，自觉把创业当作一种人生追求和价值取向，在创业实践中既积极大胆，又审慎求实；既求新求变，又脚踏实地。要帮助青年树立积极的创业态度和正确的创业取向，引导帮助青年认真研究成功人士的经验，正确对待创业活动中遇到的困难和挫折，珍惜难得的创业机遇，大力发扬新时期创业精神，自觉以与社会主义市场经济发展要求相适应的创业理念指导创业实践，在自主创业中实践人生理想、实现自身价值，为经济和社会发展做出应有贡献。

三、整合资源，大力加强青年创业环境建设

良好的创业环境是创业实践走向成功的重要条件。要建设开明的舆论环境。充分利用电视、报刊、广播、互联网等媒体，大力弘扬、传播创业文化，大力宣传青年创业典型的先进事迹，使广大青年从身边人的创业故事和成长轨迹中受到启迪和激励。树立“尊重劳动，尊重知识，尊重人才，尊重创造”的风尚，消除“重大轻小、重公轻私、重高新轻传统”的观念，鼓励创业，宽容失败，形成创业光荣的良好社会氛围。要建设完善的制度环境。建议政府部门加强“统一开放，公平竞争，规范有序”的市场经济秩序建设，降低创业门槛，简化审批程序，保护创业成果，保障创业者的合法权益，为包括青年在内的广大创业人员提供良好的制度环境。要建设有效的政策环境。建议政府有关部门制定更多的创业政策，全面引导我国经济形态更具创业特征，促进创业活动的进一步活跃；建议政府有关部门发展面向企业的权益融资机构、债务融资机构和工具，进一步强化对创业活动的金融支持；建议政府有关部门在开发创业项目方面，从重视高新技术产业创业向兼顾高新技术产业和一般产业中的创业活动转变；建议政府有关部门出台鼓励青年创业的有关政策，如将扶持青年创业纳入公共财政预算，在商业银行建立基金，采取小额贷款等方式扶持青年创业等。各级团组织要积极参与地方政府就业和再就业政策的制定和实施，切实抓好政策衔接、政策创新、政策落实三个关键环节，为青年创业创造良好的政策环境。要建设良好的服务环境。继续加强105个全国青年就业和再就业工作重点联系城市青年就业服务中心建设和以“中国青年创业网”为主干、以各地青年就业工作网站为联结的青年就业信息网络阵地建设，通过建立青年创业项目库、举办青年创业项目发布会、建立青年创业专家团、设立青年创业基金、实施跟踪服务、进行创业评价等途径，为青年创业提供项目论证、业务咨询、政策指导、信贷支持、决策参考等服务，以降低青年创业成本，减少创业损失，提高创业成功率，铺设青年创业的绿色通道。建议政府有关部门进一步关心支持青年就业创业服务组织的建设和发展，将其纳入地方劳动力市场建设的整体格局。

四、着眼长远，大力加强青年创业机制建设

完善的创业机制是创业实践走向成功的根本保障。要加强组织管理机制建设。通过建立青年创业人才库、青年创业项目库、青年创业数据库等途径，切实加强青年创业行动的人才管理、项目管理和网络管理，推动工作不断向科学化、规范化和制度化方向发展。按照团中央下发的《青年就业服务中心管理条例》的要求，规范青年就业服务中心（站）的工作，推动青年就业创业服务组织实现自主经营、规范运作、健康发展。建议在制定“十一五”发展规划时，将扶持创业作为促进就业的一项重要内容，认真研究论证，做出具体安排，并把青年失业率作为国家失业预警机制中的一个重要指标。要加强评价考核机制建设。在搞好团内评价的同时，通过书面调查、实地调查、网上调查等途径，广泛征求地方领导、政府有关部门、服务对象等对促进青年就业和再就业工作的评价和建议，把自我评价、行政评价和社会评价有机结合起来，构建社会化的考核评价机制，逐步实现工作评价指标化、工作认证规范化和工作成果显性化。要加强理论研究机制建设。创业是一种探索性实践，充满艰难和风险，必须坚持以科学的创业理论为指导，方能成功地应对各种机遇和挑战。各级团组织要重视青年创业理论研究和构建，并随着实践的发展，不断赋予其新的内容。建议政府有关研究机构能关注创业理论特别是青年创业理论建设，定期出版《中国青年创业与就业白皮书》，为创业活动的发展提供理论支撑。要加强表彰激励机制建设。建立完善以“中国青年创业奖”为龙头的表彰体系，对青年创业典型和在青年创业行动中表现突出的单位和个人进行表彰。建议政府有关部门出台有关奖励政策，以形成有效激励和积极导向，激发青年创业和各方面支持青年创业的热情。

同志们，朋友们，在我国全面建设小康社会的新时期，探讨青年创业与就业问题，我们深感责任重大。共青团组织将在党和政府的领导下，充分发挥自身优势，积极整合社会资源，大力实施中国青年创业行动，为国家就业和再就业工作做出积极贡献。

最后，祝首届“中国青年创业论坛”圆满成功！

王晓在重庆市“推进青工技能振兴计划服务新型工业化”工作现场会上的讲话

2004 年 8 月 31 日，根据录音整理

今天，团重庆市委在这里召开“推进青工技能振兴计划，服务新型工业化”工作现场会，这对于全市各级团组织深入学习贯彻“三个代表”重要思想和党的十六大、十六届三中全会、全国人才工作会议、团十五届二中全会精神，团结带领全市广大团员青年进一步统一思想、振奋精神，在重庆全面建设小康社会的新征程上做出新贡献，具有重要意义。在此，我谨代表团中央书记处向受到表彰的先进集体和先进个人表示热烈的祝贺！向长期以来关心、重视、支持共青团工作的重庆市各级党政领导和有关部门表示衷心的感谢！

多年来，重庆市各级团组织在重庆市委和团中央的领导下，始终坚持以邓小平理论和“三个代表”重要思想为指导，坚持服务党和国家工作大局、服务重庆经济社会发展全局、服务青年成长成才，团结带领重庆市广大团员青年，始终站在时代前沿，为重庆共青团事业的发展做出了积极贡献。特别是重庆青工战线各级团组织，按照团中央的要求，紧密结合本地区、本单位工作实际，采取多种方式，通过深化青年创新创效和青年岗位能手活动、开展青工技能竞赛等途径，在培养青年技能人才方面做了大量扎实有效的工作，取得了显著的成

绩，为全团青工战线提供了很有价值的经验。四年前，我参观过重钢和长安集团等单位，昨天，我又去了重庆西南铝业集团和长安工业园，切身感到重庆企业团的工作非常扎实，工作环境非常好，创造出了很多很好的经验。借此机会，我代表团中央书记处向为共青团事业发展付出辛勤劳动、做出积极贡献的重庆市广大团干部致以诚挚的问候！

工业化是经济社会发展的重要历史进程。高度发达的工业化是现代化的一个主要标志，也是现代化的基本前提。当前，世界发达国家已处于后工业化阶段。我国尽管已从一个落后的农业大国逐步发展成为一个拥有独立的、比较完整的、具有一定现代化水平的工业体系和国民经济体系的国家，但是比照国际经验和工业化国家发展水平来看，我国还远没有完成工业化的任务，继续工业化是我们国家现代化进程中一项十分艰巨的历史任务。走新型工业化道路，是党中央在新时期做出的重大战略决策，其本质是在充分考虑我国国情和世界经济发展趋势的基础上，通过实践探索出中国特色的工业化道路。“科技含量高、经济效益好、资源能耗低、环境污染小、人力资源优势得到充分发挥”等五个特征，就深刻揭示了我国新型工业化道路的基本内涵。重庆是我国重要的老工业基地，具有较好的工业基础，但从人均国内生产总值、制造业增加值占总商品生产增值额的比重、三次产业的生产结构和就业结构、城市化水平等关键指标来看，重庆还处于工业化发展中期的初始阶段。走新型工业化道路，把重庆建设成为我国重要的现代工业基地，是重庆实现跨越式发展的必然选择。

世界经济发展实践证明，物质资本和人力资本相比，后者更为重要，特别在物质资本积累到一定规模和水平后更是如此。20世纪以来，发达的工业化市场经济国家人力资本积累的规模、速度和投资收益率都远远超过了物质资本。“二战”以来创造了经济发展奇迹的新兴工业化国家和地区，也都是在物质资源不足的情况下，依靠人力资源开发和人力资本运营，取得了巨大的成就。当今时代，是以知识经济为特征的时代。在这样一个时代，国与国之间综合国力较量的核心越来越集中到人才的竞争上。人力资源地位和作用与工业经济时代相比显得更为突出。我国是世界劳动力资源最丰富的国家，实行的是“多用劳动，少用资本”的工业化技术路线。由于我国劳动力总体素质不高，劳动力技能结构重心偏低，劳动技能指数仅居世界第59位，巨大的人力资源潜能更多地表现为人口负担，没有转化为人力资源的现实优势。技术工人，是社会财富的直接创造者，是科技成果转化为现实生产力的关键环节，是国民经济发展的重要基础和经济腾飞的重要保证。走新型工业化道路，需要大批技能型人才去实践；迎接产业竞争的挑战，需要大批技能型人才做支撑；转变经济增长方式，需要大批技能型人才来参与。培养一大批既会动脑、又能动手的高素质技能型劳动者，是我国走新型工业化道路、实现跨越式发展不可或缺的因素和条件。

青年职工是企业职工的主体，分布在企业生产经营体系的各个层面，在企业的改革发展中发挥着重要作用。青年技术工人是我国技术工人队伍的有机组成部分。从一定意义上讲，青年技术工人队伍的建设水平决定着我国技术工人队伍的发展前景。前不久，重庆市委作出了加快推进新型工业化的决定，为广大重庆青年建功成才提供了良好的机遇和广阔的舞台。站在新的历史起点上，大力开发青年人力资源，培养造就一支政治坚定、规模宏大、技能精湛、结构合理的青年技术工人队伍，团结带领他们在实现重庆改革发展的新进程上成长成才、建功立业，是重庆市各级团组织和广大团干部的光荣任务和历史责任。希望重庆市青工战线各级团组织认真学习贯彻全国青年人才工作会议和全国“青工技能振兴计划”

现场推进会议精神，充分认识实施“青工技能振兴计划”的重要意义，把实施“青工技能振兴计划”做为共青团组织学习实践“三个代表”重要思想的具体举措，做为共青团组织服务党和国家工作大局、服务企业改革发展全局、服务青年职工成长成才的有效途径，做为共青团组织培养青年技能人才的支柱性工作，摆上重要议事日程，切实抓紧抓实抓好、抓出成效。刚才家玲同志做了一个很好的报告。等一会儿，童小平副市长还要发表重要讲话。借此机会，我就实施“青工技能振兴计划”谈四点意见，供同志们参考。

第一，要立足于突出主线，深入实施“青工技能振兴计划”。“青工技能振兴计划”是团中央和劳动社会保障部等五部委共同组织开展的一项活动。其工作目标是：在今后5年内，使80%以上参加计划的青年技术工人的技能水平在现有基础上提升一个技术等级，培养青年高级工40万名、青年技师7万名、青年高级技师3万名，从而造就一支规模宏大、结构合理的青年技能人才队伍，为深化青年创新创效活动提供人才支持，为企业保持持续的成长能力奠定基础。当前，我国技术工人队伍的现状是总量矛盾和结构矛盾共存，即总量不足、结构不合理。从总量上看，目前劳动力市场上技术工人求职倍率在不断提高，工资水平在不断上涨，需求量在不断增大；从结构上看，无论是从年龄结构，还是技术等级结构，我国和发达国家相比都是大相径庭。重庆市作为我国重要的老工业基地，技术工人队伍的状况不容乐观。重庆市青工战线各级团组织在实施“青工技能振兴计划”过程中，要牢牢把握“扩大规模、优化结构”这条主线，通过组织技能培训、开展技能竞赛、加强技能鉴定等途径，一方面不断拓展工作领域，扩大培养规模，全方位地帮助青年技术工人或拥有一技之长、或实现一专多能、或掌握宽口径的职业适应能力和职业转化能力；另一方面，在盘活现有青年技能人才存量的基础上，针对不同层次青年技术工人的不同情况和需求，设立不同层次的目标，确定不同层次的培养内容，既培养技术技能型青年人才，又培养知识技能型和复合技能型青年人才。同时，要着眼于青年技术工人队伍的整体发展，以培养初级和中级青年技术工人为基础，以培养高级青年技术工人为关键，在青年技术工人队伍建设上形成各种类型、各种技术等级比例适当的合理结构，实现总量目标与结构目标的统一。

第二，要立足于更新理念，深入实施“青工技能振兴计划”。坚持工作理念的与时俱进，不断焕发工作活力，是扎实推进“青工技能振兴计划”的前提。重庆市青工战线各级团组织要主动适应形势发展要求，坚持以市场化、现代化、标准化、社会化和国际化的工作理念指导新的工作实践。一是要树立市场化的工作理念，以市场和青年需求为导向，强化需求约束，深入研究社会主义市场经济条件下青年技能人才的成长规律，充分尊重市场价值规律、竞争规律和供求规律的作用，以市场化的观念、手段、模式和机制推进工作。二是要树立现代化的工作理念，以现代化的思维、概念和范畴工具、物质技术手段，推动实施“青工技能振兴计划”的组织结构、功能机制和作用方式实现现代化。三是要树立标准化的工作理念，运用系统论、方法论、控制论、信息论和行为科学理论，以系统最优化为目标，逐步实现工作管理标准化、考核标准化和质量标准化。四是要树立社会化的工作理念，充分发挥自身优势，积极整合社会资源，实现工作资源的社会化、工作评价的社会化和工作效益的社会化。五是要树立国际化的工作理念，积极借鉴国际先进经验，主动与国际接轨，充分利用国际资源，开设国际窗口，建立符合国际化要求的工作机制。

第三，要立足于创新方式，深入实施“青工技能振兴计划”。工作方式直接关系着工作状况和工作成效。一是要创新培养方式。根据不同的培养对象和内容，把握多层次、多渠道、多形式的原则，采取企业培养和学校培养相结合、在职培养和专项培养相结合、个人自学提高和企业组织支持相结合等方式，广泛应用先进适用的培养手段，帮助青年职工及时收获学习和培训成果。要充分利用互联网络资源，通过建立网上培训学校等途径，打破青年职工学习技术、掌握技能的时间和空间限制。要强化过程控制和效果改善，加强过程评估，优化工作流程，有效缓解资源瓶颈、流程瓶颈和绩效瓶颈的制约，从而直观量化地描绘出共青团组织培养青年技能人才的工作轨迹。二是要创新管理方式。要建立适应现代企业制度要求的、科学的组织领导机构，切实加强领导，形成齐抓共管、整体推进的工作格局。要切实加强活动的人才管理、项目管理、网络管理和阵地管理，推动工作不断向规范化、制度化和科学化方向发展。要加强理论研究，为活动开展提供强有力的理论支撑。三是要创新评价方式。要量化工作目标，进行层层分解，并建立目标责任制和监督检查机制，实现工作评价的指标化。要规范工作认证，突出工作效益在工作评价中的核心地位，突出有关职能部门在工作评价中的权威地位，突出青年技术工人在工作评价中的主体地位，实现工作评价的规范化。要拓宽评价渠道，在搞好团内评价的基础上，通过书面调查、实地调查、网上调查等途径，广泛征求党政领导、职能部门和服务对象等方面的评价和建议，实现工作评价的社会化。

第四，要立足于优化环境，深入"实施青工技能振兴计划"。良好的环境是开展工作的重要条件。一是要优化政策环境。"青工技能振兴计划"是一个政策依赖性强、政策需求量大的活动，政策含金量的高低对工作成效有着决定性的影响。重庆青工战线各级团组织，要在现有工作基础上，进一步争取政府有关部门的支持，出台更多促进青年技能人才成长的政策，帮助青年职工学习了解政策，用足用好政策，并加强对有关政策落实的监督和检查，努力创造有利于青年技能人才脱颖而出的良好环境。二是要优化文化环境。要树立科学的人才观，牢固树立人才资源是第一资源、人人都可以成才、以人为本的观念，纠正"重文凭、轻技能，重科技人员、轻技术工人"的不良倾向。要按照时代性、市场性、主体性和先进性的要求，有效改造旧的文化氛围和社会文化心理结构，努力营造有利于青年技术人才成长的良好文化氛围。要遵循文化引领青年、文化塑造青年的规律，加强对青年职工人文精神和科学精神的培育和塑造，促进青年职工在知识、能力、品格上的相互融合，引导青年职工树立正确的成才目标，培育良好的职业素养，形成健全的人生品格，自觉把学习创新、建功成才作为人生追求和价值取向。三是要优化舆论环境。充分利用电视、广播、报刊、互联网等媒体，大力宣传青年技能人才，提高一线青年技术工人的知名度和职业成就感，使他们不仅成为社会明星，而且同时享有物质收益和社会荣誉，得到社会和人们的尊重，使广大青年职工从身边人的成长故事和成长轨迹中受到启迪和激励，感到学技术光荣，当技工有前途、有出路、有奔头，激发广大青年职工学技成才的热情。

同志们，重庆共青团有着光荣的传统和坚实的工作基础。我相信，在重庆市委和团中央的领导下，重庆共青团工作一定会百尺竿头，更进一步，通过扎实推进"青工技能振兴计划"，培养出更多符合重庆发展要求的青年技能人才，团结带领广大青年在重庆建设发展的新征程上做出新的贡献！

王晓在湖南省青年文明号活动10周年表彰大会上的讲话

2004年10月14日,根据录音整理

今天,共青团湖南省委联合有关部门在这里隆重召开湖南省青年文明号活动10周年表彰大会,这对于湖南省各级共青团组织深入学习贯彻"三个代表"重要思想和党的十六大、十六届四中全会精神,全面落实全国青年文明号活动10周年表彰大会的有关要求,进一步统一思想、振奋精神、全面深化青年文明号活动,团结带领广大湖南青年在全面建设小康社会的新征程上做出新的贡献,具有十分重要的意义。在此,我谨代表共青团中央和全国青年文明号活动组委会,向大会的召开、向受到表彰的先进集体和先进个人表示热烈的祝贺!向长期以来关心、支持共青团工作和青年文明号活动的湖南省各级党政领导和有关部门以及社会各界表示衷心的感谢!向出席会议的各位代表,并通过你们向湖南省广大团干部和团员青年致以诚挚的问候!

湖南历史悠久,文化深厚,山川秀美,人杰地灵。多年来,湖南省各级团组织在省委、省政府的领导下,坚持以邓小平理论和"三个代表"重要思想为指导,按照团中央的要求,紧紧围绕加快湖南"三化"进程的目标,深入开展青年文明号等形式多样的主题活动,团结带领广大湖南青年为推动湖南经济社会发展做出了积极贡献。特别是自1994年团中央在全国启动开展青年文明号活动以来,湖南省青年文明号创建工作思路明确、措施有力、作风扎实,取得了显著的成效,创造了以省青工委来统一领导协调活动的工作模式,在非公有制经济领域进行了大量积极有益的探索,在活动规范管理等方面形成了很多成功的做法,积累了宝贵的经验,为全国青年文明号活动的蓬勃发展做出了应有的贡献。湖南省青年文明号创建工作得到了团中央和全国青年文明号活动组委会的充分肯定,得到了湖南青年的热烈响应,也得到了湖南各界的广泛认同。

当前,我们国家已经进入全面建设小康社会,加快推进社会主义现代化建设的新的发展阶段。党的十六大提出的奋斗目标,十六届三中、四中全会作出的一系列重大决定,对新世纪新阶段的共青团和青年工作既提供了前所未有的良好机遇和广阔舞台,也提出了更高水平的要求。处于新的历史起点上的青年文明号活动也迎来了又一个蓬勃发展的大好时机。前不久,在北京召开了全国青年文明号活动10周年表彰大会,认真总结了10年来青年文明号活动取得的经验和成绩,并对下一阶段的工作进行了认真的规划和部署,为今后一个时期青年文明号活动的深化发展指明了方向。希望湖南省青工战线各级团组织认真学习贯彻全国青年文明号活动10周年表彰大会精神,进一步统一思想,提高认识,把深入开展青年文明号活动作为共青团组织学习实践"三个代表"重要思想的具体举措,作为共青团组织服务党政工作大局,服务青年成长成才的有效途径,作为共青团组织参与社会主义物质文明、政治文明、精神文明建设的重要载体,切实抓紧抓实,抓出新的成效。借此机会,我就进一步深化湖南青年文明号活动讲四点意见:

一、要以加强青年思想道德建设为重点,深化青年文明号活动

市场经济是一种价值活动,有其运作的思想道德基础。它要求每一个经济活动的参与者具备与之相适应的个体思想道德修养,承担一定的道德责任和义务,遵守一定的道德规范。从这个意义上,思想道德建设可以说是市场经济发展的一个支持性资源,加强思想道德建设是市场经济健康发展内在的必然的要求。在我们国家经济社会发展的各个领域,特别是为广大人民群众生产生活基本需求服务的各个领域,处在第一线的大多数青年,他们的思想道德状况很大程度上影响决定着整个社会的思想道德水平。加强青年的思想道德建设,引导他们树立正确的世界观、人生观、价值观和发展观、权利观、义务观,引导他们做社会主义道德建设的先锋力量,从而有效防止市场经济活动中道德风险、逆向选择等消极经济行为,是青年文明号活动的题中应有之义。湖南省青工战线各级团组织在深入开展青年文明号活动的过程中,要坚持不懈地用"三个代表"重要思想武装教育团员青年,引导他们按照"三个代表"的要求健康成长,自觉地以爱国主义、社会主义、集体主义为航标,以湖南全面建设小康社会的实践为过程,树立并实践科学的职业理想,把个人的职业发展目标同祖国、同湖南、同所在单位的发展目标紧密结合,把个人努力同团队奋斗紧密结合,努力用扎实的奋斗成就事业,用无私的奉献充实人生。要引导广大职业青年按照《公民道德建设实施纲要》的要求,把积极进步的道德规范转化为职业青年个体思想道德自律的自觉实践,养成与社会主义市场经济相适应的思想道德观念和行为习惯,不断提高思想道德水平,在青年文明号活动的实践中,为构建社会主义道德体系做出自己的贡献。

二、要以更新理念为前提,深化青年文明号活动

坚持工作理念的与时俱进,不断焕发新的工作活力,是深入开展青年文明号活动的重要前提。湖南青工战线各级团组织要主动适应形势发展变化的要求,坚持以市场化、现代化、标准化和效益化的工作理念指导今后一个阶段的工作实践。

第一,要树立市场化的工作理念。要坚持以市场、企业和青年的需求为导向,强化需求约束,深入研究社会主义市场经济条件下,企业和青年的成长发展规律,充分尊重市场价值规律、供求规律和竞争规律的作用,紧密结合现代企业生产经营管理的要求,以市场化的观念、手段、模式和机制推进青年文明号活动,通过优化基层管理单元,促进企业管理水平和经济效益的提高,使青年文明号成为提升企业经济效益、社会效益和人才效益的重要作战单元,成为企业履行社会责任、实现社会价值的重要桥梁和渠道。

第二,要树立现代化的工作理念。现代化,既是目标,又是过程;既是进步,也是选择,更是淘汰。现代化本身也是反映时代变化的一种动态标准,已成为当今社会普遍接受的一种基本价值取向。因此,深化开展青年文明号活动,必须主动适应时代、环境和任务的变化,以现代化的思维、物质技术手段、概念和范畴工具,推动深化青年文明号活动的组织结构、功能机制和推进方式实现现代化。要紧密结合企业、机关事业单位改革发展的要求,逐步实现青年文明号活动的创建内容现代化、作用方式现代化和制度建设现代化。要坚持以人为本,引导帮助青年在思想、态度、心理、素质和行为等方面经历一场向现代化的转变,促进他们在知识、能力、品格上的相互融合,帮助他们构筑现代化的人格、现代化的素质和现代化的能力。

第三,要树立标准化的工作理念。标准化是科学管理的基础,是青年文明号活动实现品牌化经营的关键。企业为了赢得客户的满意和信任,进而占有更多的市场,谋得更大的发展，会自觉按照一定的标准如国家强制标准、行业标准进行产品的生产。启动ISO质量体系，通过ISO质量体系的认证，已是当今企业应对市场挑战的锐利武器。作为企业中最优化的管理单元和最具战斗力的作战单元，青年文明号应率先进行质量认证，在企业标准化建设中发挥先锋作用。要大力加强标准化建设，以系统最优化为目标，用标准化的参数设定创建条件、明晰创建程序、优化创建流程，从而系统、动态、量化地反映创建状况，从质和量的层面上为活动的管理提供科学依据，逐步实现管理标准化、质量标准化、考核标准化和成果的标准化，不断提高青年文明号活动的品质。

第四，要树立效益化的工作理念。效益是工作与活动的生命。要继续拓展活动领域，扩大活动规模，提高青年文明号活动的社会影响力，实现青年文明号活动的规模效益。同时，要将质量、成本、效益、标准等概念和指标引入工作，以工作效益为核心，确保活动在上规模的同时上水平，实现工作规模和工作效益的有机统一。

三、要以创新方式为途径，深化青年文明号活动

工作方式决定着工作状况和工作成效。一是要创新创建方式。要加强分类指导。根据不同青年集体的不同条件和需求，把握多层次、多渠道、多形式的原则，确定各具特色的创建内容，选择相应的创建路径和手段，帮助青年集体及时收获创建成果并不断有新的提高。要强化过程控制。以效能改善为目标，加强过程控制和评估，根据创建效果和过程分析，及时修正创建路径和手段，从而有效缓解创建过程中资源瓶颈、绩效瓶颈和流程瓶颈的制约，切实防止工作中“重表彰、轻培养，重结果、轻过程”等不良现象的出现。要深化团队实践。引导青年强化团队意识，发扬团队精神，注重团队荣誉，加强团结协作，有效集成职业青年的智慧和力量，促进智力等要素资源在青年文明号内的优化配置和无边界流动，充分展示青年文明号的团队精神、团队实践、团队业绩和团队价值。二是要创新管理方式。要适应现代企业制度的要求，建立科学的机构和体制，应用现代化的管理手段，探索新颖的管理模式，形成扁平管理和层级管理相互协同的格局。要加强对青年文明号号长的管理，充分发挥他们的示范带头作用。要充分利用互联网络，完善青年文明号的网络管理系统，建立电子档案，强化青年文明号的动态管理和实时管理，进一步提高管理效率和水平。三是要创新评价方式。要量化工作目标，并进行层层分解，建立相应的目标责任制和监督检查制度，实现工作评价的指标化。要规范工作认证，明晰工作认证的程序和条件，突出工作效益在工作评价中的核心地位，突出团组织和行业主管部门在工作评价中的权威地位，突出青年集体在工作评价中的主体地位，逐步实现工作认证的规范化。要拓宽评价渠道，在继续搞好团内评价和行业内评价的基础上，通过书面调查、实际调查、网上调查等途径，广泛征求各方面的意见，实现工作评价的社会化。

四、要以机制建设为保障，深化青年文明号活动

机制建设是一个带有长期性、根本性和全局性的问题，是青年文明号活动持续健康发展的“内生变量”。今后，要不断完善以下四个机制。

第一，要完善组织领导机制。要根据工作领域不断拓宽的要求和实际工作需要，及时调整、充实青年文明号活动的组织领导机构，特别是要加强青年文明号活动组委会的自身建设，并充分发挥其作用，进一步整合资源，优化流程，完善团组织和行业部门联合开展创建活动的机制，为活动的持续开展提供组织保障。

第二，要完善管理监督机制。要按照《全国青年文明号活动管理办法》的要求，坚持动态管理与静态管理相结合，严格标准，严格要求，严格管理,推动工作不断向科学化、规范化和制度化方向发展。要充分发挥各级青年文明号活动监察委员会的作用,通过公布监督电话、开通投诉网站、实行青年文明号公示制、进行年度考核、组织明察暗访等途径,加强对青年文明号的监督,强化青年文明号的内在约束性,确保他律的公平和适度,实现自律与他律的有机统一。

第三,要完善研究开发机制。要在着力解决当前工作重点和难点的基础上,着眼长远,积极研究、逐步解决一些涉及青年文明号活动长远发展的根本性问题,建立推动活动持续健康发展的长效机制。要加强载体开发。在继续用好青年文明号信用建设示范行动等成功载体的基础上,积极开发具有针对性、实效性、可操作性、易于青年参与的有形载体,通过载体的推陈出新,推动活动的深化发展。要加强理论研究。要从社会学、经济学、政治学、管理学、文化学、青年学等各个角度和层面去研究青年文明号现象。同时,要善于总结经验,特别是要善于把基层的成功做法升华提炼成理论性的成果,把行之有效的工作措施转化为经常性的工作方法,力求形成一些规律性的认识和成果,为活动的开展提供强有力的理论支撑。

第四,要完善激励约束机制。要制定兑现各种奖励政策,并充分发挥电视、广播、报刊、互联网等媒体的作用,大力宣传青年文明号的先进事迹,提高青年文明号集体及其成员的社会知名度和职业成就感,使更多的青年集体从他们的成长故事和成长轨迹中受到启迪和激励,激发广大职业青年在创建青年文明号活动的实践中建功成才的热情。要强调优胜劣汰,探索建立荣誉退出机制,对那些不符合要求的青年文明号,坚决采取相应的惩处措施,确保青年文明号的先进性。

同志们,湖南共青团有着光荣的传统和坚实的工作基础。我相信,在以胡锦涛同志为总书记的党中央的英明领导下,湖南省各级共青团组织一定能够沿着邓小平理论和“三个代表”重要思想指引的方向,与时俱进,开拓创新,求真务实,埋头苦干,全面深化青年文明号活动,团结带领广大湖南青年在新的征途上做出新的更大的贡献!

王晓在共青团十五届三中全会上的讲话

2004年12月17日

下面,我根据会议安排,按照周强同志的要求,就贯彻本次会议精神,做好2005年共青团青工工作谈几点初步的想法,供大家参考。

2005年全团青工工作总的要求是,以邓小平理论和“三个代表”重要思想为指导,深入学习贯彻党的十六大、十六届四中全会和团十五届三中全会精神,全面深化中国青年创业行动、青工技能振兴计划、青年创新创效和青年文明号等活动,进一步做好青年企业家协会工作,切实加强企业、机关事业单位团的建设,努力开创共青团青工工作新局面,团结带领广大青年职工为实现全面建设小康社会的宏伟目标而努力奋斗。

一、培育新的工作增长点

培育新的工作增长点,是青工工作实现可持续发展的战略选择。结合青工工作实际,我们将在以下四个层面上开展工作。

第一,要在组织建设层面上培育新的工作

增长点。与市场经济体制下社会流动与分层带来的社会成员多样化的服务需求相适应，所有社会组织都面临着生存价值问题，只有被需要的组织才有其存在的价值和社会合理性。共青团在我国青年组织中的核心地位，是跟党长期奋斗所形成的客观存在。和党的发展相一致，共青团的先进性也是具体的、历史的；共青团的地位不是与生俱来的，更不是一劳永逸的。青年是共青团的社会基础。在我国经济和社会结构发生深刻变化的背景下，青年对社会组织的选择日趋多样，对共青团的选择自然也不是一劳永逸的。可以说，选择权在青年手中，而能否改进团的建设，主动权掌握在团组织手中。

企业是党执政的阶级基础和群众基础之所在。企业党群组织的能力建设，是党的执政能力建设的一个重要方面。随着社会主义市场经济的不断发展，我国国有经济的载体由国有企业变成了国有资本，国有资产的基本形态也从实物形态变成了价值形态。如何配合企业党组织发挥政治核心作用，企业团组织的作用方式和存在形态面临着进行战略性调整的客观要求。同时，非公有制经济迅猛发展，新兴组织大量涌现，为青年参与社会活动提供了多样选择。如何在这种新的力量对比中发挥主导和核心作用，为党做好新兴领域的青年群众工作，是共青团面临的一个重大课题，也是共青团在基层组织建设方面的一个重要增长点。

明年，在国有及国有控股企业，要把工作着力点放在创新发展和巩固提高上；在非公有制经济组织等新兴领域，要把工作着力点放在打好基础、逐步拓展上，努力推动基层团建工作由单个领域分步推进向相关领域整体推进转变，由抓团的组织覆盖向抓团的组织和工作覆盖转变，促进青工战线团的组织设置与青年分布、工作力量与工作要求相适应，着力构建坚持团的性质、符合企业改革发展要求、富有弹性和张力的组织体系。同时，要加强对青年社团的指导和协调，实施整体推进。

第二，要在政策建设层面上培育新的工作增长点。从实践来看，共青团青工工作政策依赖性强、政策需求量大、政策依存度高。从一定意义上讲，政策含金量的高低对青工工作成效有着决定性的影响。如，黄菊副总理批准团中央加入国家再就业工作部际联席会议后，中国青年创业行动获得了高层次的借力平台，共青团的工作典型作为群团组织的惟一代表在全国首次再就业工作表彰大会上作了发言；青工技能振兴计划也是由于劳动和社会保障部前所未有的政策支持，迅速得到了各方面的广泛欢迎和高度认可。黑龙江哈尔滨锅炉厂24岁的青年焊工王学敏虽然技能高超，但受职业制度等方面的制约，年初还只是一个初级工。按照现行职业制度安排，一切顺利的情况下，王学敏有望在他39岁时晋升为高级技师。青工技能振兴计划的实施，给王学敏铺设了一条快捷的成长通道，八个月经两次破格，晋升为高级技师，从而掀开了其人生的崭新一页。青工战线各级团组织要在盘活现有政策存量的基础上，积极争取有关部门的支持，制定更多有利于工作发展和青年成长的政策，并抓好政策的落实，形成新的政策合力。明年，我们将联合中央和国家有关部委在加强企业共青团工作方面制定措施、下发文件；商请劳动和社会保障部给予中国青年创业行动和青工技能振兴计划等工作新的政策支持；协商发改委、劳动和社会保障部等部门将鼓励青年创业、培养青年技能人才等工作写入“十一五”规划，将青年失业率作为国家失业预警机制的一项重要指标，拓展新的政策空间。

第三，要在资源建设层面上培育新的工作增长点。资源是基础性的工作要素。共青团拥有的资源越多，推进工作的力量就越大，发展的基础也就越厚实。从需求角度分析，工作资源的需求急速增长；从供给角度分析，资源约束已构成瓶颈制约；从竞争角度分析，资源稀缺是各个组织共同面临的问题，资源分布和消费的不平衡,决定了社会组织将围绕资源展开激烈竞争,共青团的工作资源存在局部变化甚至散失的可能。青工战线各级团组织要不断创新资源建设的方式、手段和机制,努力突破资源约束,实现新的发展。要盘活资源存量,倍加珍惜资源,提高资源配置效率,集约化利用资源或实现资源合作,并以之为依托形成新的资源积累。要加大资源开发力度,丰富资源开发手段,既开发开展工作的必要性资源,又开发有利于形成核心能力的差异性资源,着力优化资源结构,实现资源整合能力与团组织社会影响力之间的良性互动。明年,我们将着力发挥青年就业服务中心区域联席会议的作用,建立区域性的青年劳务协作平台和机制;进一步推动长三角3+2、泛珠三角、京津冀等地区的青年工作合作,建立资源整合和消费共同体,提高资源利用效率。我们还将加大对互联网络资源、国际资源、人才资源的整合力度,进一步做好资源开发、储备和利用等工作。

第四,要在项目建设层面上培育新的工作增长点。实践证明,项目建设有利于量化目标,有利于整合资源,有利于培养人才,是一种先进的科学工作方式。一个好的工作项目,就是一个崭新的工作增长点。如青工技能振兴计划凭借它的量化、通用、受益面广而参与者众,发展势头强劲,不仅有效整合了青年技能人才培养工作,也使劳动和社会保障部"三年50万新技师培养计划"的实施有了新的底气,成为青工战线一个全新的工作增长点。青工战线各级团组织要切实加强项目开发、项目实施和项目评估等工作,不断推出一些好的工作项目,为工作注入新的活力。明年,我们原则上不开新的口子,而要深入研究探索青年文明号等品牌活动的成长规律,实施项目整合,集中力量抓优势项目,着力提高项目关联度、成熟度以及项目对青年的覆盖率。

二、创造新的工作业绩

任何组织的发展,都是一个彰显自身比较优势和作用的过程。青工战线各级团组织要落实全会要求,以服务能力为核心,以凝聚能力为关键,以学习能力为基础,以合作能力为保障,切实加强团的能力建设,发挥优势,埋头苦干,不断创造新的业绩。

第一,要突出工作重点。一是强力推进中国青年创业行动,帮助20万名青年掌握创业本领,扶持5万名青年创办企业,开发就业岗位30万个,提供技能培训、职业介绍、就业援助等就业服务150万人次,并使服务对象的就业率达到60%以上。二是在企业以实施青工技能振兴计划为突破口,扎实开展青年创新创效活动。在继续推行"项目制"、促进创新成果转化、强化青年创新组织依托的基础上,通过组织技能培训、开展技能竞赛、加强技能鉴定等途径,培养青年高级工8万名、青年技师1.4万名、青年高级技师6千名。三是继续深化青年文明号活动,引导广大青年建设诚实守信的职业道德,为推动经济社会发展做贡献。同时,努力使活动在非公有制经济领域的覆盖率达到20%。四是深入开展青年企业家西部行、东北行、革命老区行等活动,深入实施"青年企业家培养计划",提高青企协组织服务大局、服务青年企业家成长发展的能力和水平。五是贯彻落实《共青团中央关于进一步加强团的基层组织建设的决定》要求,切实加强青工战线团的基层组织建设。在国有和国有控股企业,坚持党建带团建,创新团的组织设置模式、活动方式和运行机制,扩大覆盖面,提高覆盖效果。在机关事业单位,适应政府转变职能的要求,及时调整和建设好团的组织。在非公有制经济组织,加大建团和团建工作力度,探索团组织发挥作用的途径和方式,使团组织不仅能建起来,而且能够发挥应有的作用。

第二,要更新工作理念。坚持工作理念的与时俱进,不断焕发新的工作活力,是做好青工工作的重要前提。青工战线各级团组织要主动适应形势发展变化的要求,坚持以市场化、现代化、国际化和效益化的工作理念指导今后一个阶段的工作实践。一是要树立市场化的工作理念。充分尊重市场、企业和青年的需求,推动工作由供给主导型向需求约束型转变。要深入研究社会主义市场经济条件下企业和青年的成长发展规律,尊重市场价值规律、供求规律和竞争规律的作用,紧密结合现代企业生产经营管理实际,以市场化的观念、手段、模式和机制推进工作。二是要树立现代化的工作理念。现代化,既是目标,又是过程;既是进步,也是选择,更是淘汰。要紧密结合企业、机关事业单位改革发展的要求,推动青工工作的组织结构、功能机制和推进方式实现现代化。要按照“盘活存量,调整增量”的要求,以工作增量的结构性调整带动工作总量的与时俱进,实现工作总量目标与结构目标的统一。要坚持以人为本,引导帮助青年职工在思想、态度、心理、素质和行为等方面经历一场向现代化的转变,实现知识、能力和品格的相互融合,构筑起现代化的人格、素质和能力。三是要树立国际化的工作理念。主动与国际接轨,积极借鉴国际先进经验,充分利用国际资源,以开放性的思维,加强青工工作系统与外部环境的要素交流,建立符合国际化要求的开放性工作体系。四是要树立效益化的工作理念。效益是工作与活动的生命。要继续拓展活动领域,扩大活动规模,提高活动的社会影响力,实现青工工作的规模效益。同时,要将质量、成本、效益、标准等概念和指标引入工作,以工作效益为核心,确保工作在上规模的同时上水平,实现工作规模和工作效益的统一。

第三,要改进工作方式。工作方式决定着工作状况和工作成效。一是要进行分类指导。根据不同地区的情况、不同青年群体的不同条件和需求,把握多层次、多渠道、多形式的原则,在统一工作品牌的前提下,坚持因地制宜、因企制宜、因人制宜,确定符合本地区、本行业、本单位实际的工作内容、路径和手段,务求工作实效。如,要指导全国105个促进青年就业和再就业工作重点联系城市的青年就业服务中心,结合本地实际,发挥比较优势,在主营业务上各有侧重,不求面面俱到、千篇一律。二是要坚持重心下移。这是一个老话题,也是一个重要课题。要采取有力措施,改进动员方式,切实解决好工作的上下互动问题,使基层真正动起来,发挥工作终端作用,使更多的青年参与到工作中来,感受到团组织的帮助和作用,而不是将工作资源用在少数青年身上。三是要强化过程控制。要加强过程评估,优化工作流程,有效缓解资源瓶颈、流程瓶颈和绩效瓶颈的制约,帮助青年职工设计职业生涯,提高思想道德、科学文化、技术技能和生理心理素质,从而直观量化地描绘出共青团组织的工作轨迹。四是要加强工作研究。要在着力解决当前工作重点、难点问题的基础上,积极研究一些涉及工作长远发展的重大问题,力求建立推动工作的长效机制。要认真调查研究,科学认识青工战线团的工作基础和社会基础的结构性变化,善于总结和提炼基层成功经验,力求形成一些规律性的认识和成果,为工作发展提供理论支撑。

三、完善工作机制

机制建设,是一个带有长期性、根本性和全局性的问题,是推动共青团青工工作创新发展的“内生变量”。客观分析工作中存在的主要问题和约束条件,探索并遵循新形势下的共青团青工工作规律,着力完善工作机制,从而科学调整作用方式,降低工作成本,提高工作效益,是青工战线各级团组织的重要任务。

一是要完善组织管理机制。在实施中国青年创业行动、青工技能振兴计划、青年文明号等活动的过程中,要结合自身实际,建立科学合理的组织领导机构,注重科学管理,采用先进的管理模式和手段,做到科学规划、科学决策、科学部署、科学实施,不断提高工作的预见性、针对性和实效性。要加强统筹协调,着力改善组织领导机构各个环节的“结合能力”

和“协同能力”，提高组织效率和组织化程度，做到组织科学、管理科学、领导科学，从而系统发挥整体优势，形成新的工作合力。

二是要完善载体建设机制。载体是推进工作的有效手段。在以往的工作中，我们推出了青工技能振兴计划、青年文明号信用建设示范行动、青年企业家西部行和东北行、工岗快递等一系列工作载体，取得了显著成效。青工战线各级团组织要充分认识载体建设的重要意义，切实抓好载体开发、载体应用和载体完善等工作。要在认真调查研究、总结基层经验的基础上，积极开发具有针对性、实效性和可操作性，易于青年职工参与的有形载体。要进行分类指导，做到因地制宜、因时制宜，切实增强载体的活力。要加强载体评估，根据工作要求和载体的实践效果，及时修正载体建设的路径和措施，不断提高载体的吸引力和凝聚力。

三是要完善评价考核机制。一年来，全团青工战线按照团十五届二中全会和2004年全团青工工作会议提出的“青工工作要逐步实现工作评价指标化、工作认证规范化、工作成果显性化”的要求，在自我评价、行政评价和社会评价的有机结合上做了大量工作。明年，要进一步规范评价考核标准和程序，建立符合科学发展观要求、具有可操作性的综合评价考核体系。在评价指标的设置上，既要重视反映工作增长层面的指标，又要重视反映事业发展层面的指标；指标既要有确定性，在一个时期内相对固定，又要形成“动态管理”的修订机制，根据实际情况适时作出调整。在评价标准上，既要用指标说话，又不能唯数字，而要用全面、实践的观点来评价工作。在评价方式上，要突出工作效益在工作评价中的核心地位，突出团组织和有关部门在工作评价中的中心地位，突出青年职工在工作评价中的主体地位，把团内评价、党政评价和青工评价有机结合起来。从明年开始，我们将在青工战线进行工作考核，并将下发具体的年度考核办法。

四是要完善激励约束机制。明年，全团青工战线将继续开展各项评选表彰活动，并在考核的基础上，评选表彰青工战线的“红旗单位”，进一步完善具有青工工作特色的表彰奖励体系。要充分利用各种媒体，大力宣传树立先进典型，使更多的青年职工和青年集体从先进典型的成长轨迹中受到启迪和激励。要兑现工作奖惩，建立荣誉退出机制，实现刚性约束与柔性导向的有机统一。

本月21日，我们将召开共青团青工工作会议、中国青年企业家协会第九次会员代表大会，并举办首届中国青年创业周，传达学习贯彻党中央书记处指示和本次全会精神，研究部署明年工作。

以上是我的发言。不妥之处，敬请各位委员、同志们批评指正。

王晓在共青团全国青工工作会议上的讲话

2004年12月21日，根据录音整理

刚才，绍川同志作了一个很好的报告，系统总结了一年来全团青工工作的做法、经验和成效，部署了明年全团青工工作，我都同意，希望同志们抓好落实。

在即将过去的一年，青工战线各级团组织和团干部坚持以邓小平理论和“三个代表”重要思想为指导，深入学习贯彻党的十六大和十六届三中、四中全会精神，全面落实团十五届二中全会部署的工作任务，奋发进取，开拓创新，取得了新的工作业绩。主要体现为“四个好”：一是上下联动好。全团青工战线统一思想、凝聚力量、步调一致，共同打造工作品牌，形成了工作的规模化、集约化优势。比如，全国青工技能振兴计划推进会议后，各地迅速行动，在半年多时间里，全国31个省（区、市）全部下发了专门文件，成立了活动领导小组，近20个省（区、市）召开了专门会议，使青工技能振兴计划迅速呈现出蓬勃的发展态势。二是工作创新好。全团青工战线站在新的历史起点上，不断创新工作思路、工作方式和自身建设，青工工作焕发出新的生机和活力。比如，评选表彰了“中国青年创业奖”，举办了首届中国青年创业论坛，征集了青年文明号歌曲和青年创业行动主题歌、标识，即将举办首届“中国青年创业周”；适应企业和青年职工成长发展的内在要求，推出了青工技能振兴计划；配合实施东北地区等老工业基地振兴战略，开展了“青年企业家东北行”等活动，体现了工作上的与时俱进。三是政策突破好。青工战线各级团组织积极争取有关部门的政策支持，缓解了工作中的“政策瓶颈”制约，有效拓展了工作发展空间。比如，团中央加入了国务院再就业工作部际联席会议，使中国青年创业行动获得了更高层次的借力平台；青工技能振兴计划得到了各级劳动和社会保障部门的大力支持，在专场鉴定、技能等级提升等方面实现了政策上的突破。四是工作成效好。青工战线各级团组织的扎实工作，结出了累累硕果，取得了显著的经济效益、社会效益和人才效益。比如，中国青年创业行动成绩喜人；培养青年高级工8万名、青年技师1.4万名、青年高级技师6千名的青工技能振兴计划2004年工作目标已超额完成；今年的青年企业家东北行、西部行等活动，共签订合同27.19亿元，这次青年企业家湖北经贸考察活动还会取得丰硕成果。这些成绩的取得，凝结着青工战线广大团干部的辛勤劳动和无私奉献，在此，我代表团中央书记处向在座的同志们并通过你们向青工战线广大团干部致以诚挚的问候！

在看到成绩的同时，我们也要清醒地认识到，目前青工工作还存在发展不平衡、服务能力与青年需求相比存在较大差距、加强企业团的建设的办法还不多等问题，需要我们在今后的工作中认真研究，逐步加以解决。下面，我就做好明年全团青工工作讲三点意见。

一、认清形势，准确把握青工工作的时代方位

青工战线是团的传统领域，也是优势所在。青工工作承担着联系指导企业、机关事业单位共青团和青年企业家协会工作的责任，具有一定的经济含量，是共青团组织参与社会主义物质文明、政治文明和精神文明建设的重要渠道。长期以来，青工工作始终坚持以邓小平理论和“三个代表”重要思想为指导，服务党和国家工作大局，服务青年成长发展，为共青团事业发展做出了重要贡献。其中，在实践中形成的一些工作项目，产生着深入持久的社会影响。比如，青年突击队活动经过几十年的发展，生命力历久而弥坚，成为引导青年奋勇突击、建功立业的一面旗帜，影响了几代青年人；中国青年创业行动服务青年的就业、创业需求，成为国家就业和再就业工作的有机组成部分；青年创新创效活动引导青年投身创新实践，为推动企业创新发展做出了积极贡献；青工技能振兴计划、青年岗位能手活动有效服务了青年学习成才的根本需求，受到了政府部门、企业党政领导和青年职工的热烈欢迎；青年文明号活动遍及各行各业，成为加强职业道德建设的有效载体，得到了各方面的广泛认同和高度赞誉。此外，创建青年安全生产示范岗等活动也深入基层、深入企业，保持了良好的发展势头。

当前，我国进入了全面建设小康社会、加

快推进社会主义现代化的新的发展阶段。青工工作面临着许多新的形势和要求。

从国际看。经济全球化趋势在曲折中发展,生产要素在全球范围内自由流动,市场日益融合,并主要表现在贸易自由化、区域经济一体化、生产活动全球化等方面。在这种背景下,我国经济与世界经济的联系越来越紧密,世界经济对我国的影响越来越大。我国加入WTO已三年,主要产业的过渡期将陆续结束,我国将进入WTO后过渡期。届时,我国将依承诺对外资依序开放国内市场,合资企业将获得完全的外贸经营权,我国对外开放的深度和广度进一步提高,对外开放的领域和范围进一步扩大。随着经济全球化对我国影响的增大,共青团工作也面临着许多新的课题。比如,人才资源在全球化的配置,引发了激烈的人才争夺战,如何利用国际资源培养青年人才,成为共青团的重要任务;西方文化和意识形态对我国的渗透增强,如何占领青年思想文化阵地,加强对青年的教育引导,需要共青团发挥积极作用;实施"走出去"战略,要求共青团发挥联结优势,为青年企业家参与国际竞争牵线搭桥。总而言之,就是共青团要充分利用好国际国内两种资源、两个市场,实现工作的更大发展。青工战线各级团组织和团干部要树立国际化、开放性的工作理念,主动与国际接轨,加强青工工作系统与外部环境的要素交流,建立符合国际化要求的开放性工作体系。

从国内看。本世纪头20年,是我国的重要战略机遇期。党的十六大提出,要抓住和利用战略机遇期,全面建设惠及十几亿人口的更高水平的小康社会。几年来,我们党团结带领全国各族人民在全面建设小康社会的道路上奋勇前进,经济增长加速,社会进步加快,综合国力提高,改革开放和社会主义现代化建设呈现出勃勃生机。但是我们还要看到,我国在前进的道路上还有很多矛盾和问题,突出的是城乡之间、地区之间、经济发展和社会发展之间不平衡、不协调的矛盾还在发展,人口、经济增长与资源、环境的矛盾还在加剧。着眼于经济社会的全面协调可持续发展,党中央作出了用科学发展观统领经济社会发展全局的战略部署,将其作为全面建设小康社会和推进现代化建设始终要坚持的指导思想。党的十六届三中全会明确提出"坚持以人为本,树立全面、协调、可持续的发展观,促进经济社会和人的全面发展",并强调坚持"五个统筹",全面推进改革和发展。树立和落实科学发展观,对青工工作提出了新的更高的要求,也为青工工作带来了发展机遇。比如,走新型工业化道路,要求我们大力开发青年人力资源,培养一大批既会动脑、又能动手的高素质技能型青年劳动者,组织青年投身创新实践,为促进科技进步、转变经济增长方式、优化经济结构做贡献;构建社会主义和谐社会,要求我们做好服务青年就业再就业工作,代表和维护好青年的根本利益;发展社会主义先进文化,要求我们通过深化青年文明号活动、建设企业青年文化等途径,发挥青年的生力军作用;统筹区域经济协调发展,要求我们深入开展青年企业家西部行、东北行等活动,进一步推动区域青年工作合作。可以说,在落实科学发展观方面,青工战线大有可为。

从加强党的执政能力建设看。当前,加强党的执政能力建设被提上全党的议事日程。党的十六届四中全会提出了加强党的执政能力建设这一关系中国特色社会主义事业兴衰成败、关系中华民族前途命运、关系党的生死存亡和国家长治久安的重大战略课题,确定了加强党的执政能力建设的指导思想、总体目标和主要任务,强调要按照推动社会主义物质文明、政治文明、精神文明协调发展的要求,不断提高驾驭社会主义市场经济的能力、发展社会主义民主政治的能力、建设社会主义先进文化的能力、构建社会主义和谐社会的能力、应对国际局势和处理国际事务的能力。共青团是党的助手和后备军,肩负着为党做好青年工作的光荣责任。

加强党的执政能力建设对团的能力建设提出了新的要求。刚刚结束的团十五届三中全会就加强共青团能力建设进行了研究和部署。青工战线各级团组织和团干部要认真学习,切实抓好贯彻落实。在加强团的能力建设方面,我认为周强同志提出的“四个能力”建设是一个有机的整体,其中,服务能力是核心,凝聚能力是关键,学习能力是基础,合作能力是保证,四者相辅相成,缺一不可。青工战线加强团的能力建设,必须紧紧抓住青工战线团的自身建设这一根本,切实加强团的基层组织、领导班子和队伍建设。其中,基层组织建设是基础性的。因为,从一定意义上讲,有什么样的基层团组织,基层就有什么样的工作层面,团员青年就有什么样的精神面貌和实际表现。这里,我着重讲一下青工战线团的基层组织建设问题。

大家知道,任何社会组织都面临着生存价值问题,只有被需要的组织才有其存在的价值和社会合理性。共青团在我国青年组织中的核心地位,是跟党长期奋斗所形成的客观存在。和党的发展相一致,共青团的先进性也是具体的、历史的;共青团的地位不是与生俱来的,更不是一劳永逸的。青年是共青团的社会基础。在我国经济和社会结构发生深刻变化的背景下,青年对社会组织的选择日趋多样,对共青团的选择自然也不是一劳永逸的。因此可以说,选择权在青年手中,而能否加强和改进团的建设,主动权掌握在团组织手中。企业是党执政的阶级基础和群众基础之所在。企业党群组织的能力建设,也是党的执政能力建设的一个重要方面。随着社会主义市场经济的发展,我国国有经济的载体由国有企业变成了国有资本,国有资产的基本形态也从实物形态变成了价值形态。如何配合企业党组织发挥政治核心作用,企业团组织的作用方式和存在形态面临着进行战略性调整的客观要求。同时,非公有制经济迅猛发展,新兴组织大量涌现,为青年参与社会活动提供了多样选择。如何在这种新的力量对比中发挥主导和核心作用,是共青团面临的一个重大课题。因此,围绕党加强执政能力建设的要求,我们要切实加强团的基层组织建设,按照全会的要求,抓好工作落实。

青工战线各级团组织和广大团干部要认清形势,明确任务,准确把握青工工作的时代方位,站在新的历史起点上,增强工作的使命感和责任感,进一步巩固提升工作地位,发挥积极作用,推动青工工作不断实现新发展。

二、改进方式,推动青工工作实现新发展

胡锦涛总书记在同团中央新一届领导班子成员和团十五大部分代表座谈时,明确要求共青团在工作思路上创新、在工作方式上创新、在自身建设上创新,为团的工作指明了方向。青工战线各级团组织要按照胡锦涛总书记的要求,落实科学发展观,树立市场化、现代化、社会化、国际化、效益化的工作理念,推动青工工作逐步由规模型向效益型转变,由供给主导型向需求约束型转变,由条块结合型向开放互动型转变,不断创新工作思路,实现新的发展。这里,我重点讲一下改进工作方式的问题。

第一,要坚持分类指导。在统一工作品牌的前提下,坚持因地制宜、因企制宜、因人制宜,努力做到百花齐放、各具特色,是青工工作保持生机与活力的必然要求,也是实事求是精神在青工工作中的具体体现。青工工作的很多好经验、好做法,都源于基层的创造。青工战线各级团组织要把握多层次、多渠道、多形式的原则,切实加强分类指导。一是要对不同地区进行分类指导。指导各地正确分析形势,认清自身优势和不足,搞清楚自己该做什么、能做什么、能做好什么,本地区、本单位的比较优势在哪里,进而形成自己的优势业务和鲜明特色。比如,要指导全国105个青年就业和再就业工作重点联系城市的青年就业服务中心,结合本地实际,充分发挥比较优势,在主营业务上各有侧重,不求面面俱到,千篇一律。二是要对不同组织形态进行分类指导。比如,在青工战线加强团的建设过程中，在国有及国有控股企业，要把工作着力点放在创新发展和巩固提高上，创新团的组织设置模式、活动方式和运行机制，扩大覆盖面，提高覆盖效果；在非公有制经济组织等新兴领域，要把工作着力点放在打好基础、逐步深化上，进一步加大建团和团建的力度，使团组织不仅能建起来，而且能够发挥应有作用；在机关事业单位，要适应政府转变职能的要求，及时调整和建设好团的组织。通过分类指导，逐步推动基层团建工作由单个领域分步推进向相关领域整体推进转变，由抓团的组织覆盖向抓团的组织和工作覆盖转变，促进青工战线团的组织设置与青年分布、工作力量与工作要求相适应，着力构建坚持团的性质、符合企业和机关事业单位改革发展要求、富有弹性和张力的组织体系。同时，加强对青年社团的指导和协调。三是要对不同青年群体的工作进行分类指导。比如，在实施青工技能振兴计划的过程中，针对不同层次青年技术工人的不同特点和需求，设立不同层次的培养目标，确定不同层次的培养内容，以培养初中级青年技术工人为基础，以培养青年高技能人才为关键，既培养技术技能型青年人才，又培养知识技能型和复合技能型青年人才，形成各种类型、各种技术等级比例适当的合理结构，实现工作总量目标与结构目标的统一。

第二，要打造支柱项目。实践证明，实施项目化运作，有利于量化目标、整合资源、推进工作，是一种先进的科学工作方式。一个好的工作项目，就是一个崭新的工作增长点。一是要加大项目开发力度，积极开发具有针对性、实效性和可操作性，易于青年参与的工作项目。通过项目的实施，改进动员方式，切实解决工作的上下互动问题，使基层真正动起来，发挥工作终端作用；使更多的青年参与到项目中来，感受到团组织的帮助和作用，而不是将工作资源用在少数青年身上。比如，青工技能振兴计划虽是今年新推出的工作项目，但凭借它的量化、通用、受益面广而参与者众，受到广泛欢迎。二是要加大项目培育力度，着力培育青年欢迎、社会认可、凝聚力强、具有较高知名度和美誉度的品牌项目。青年文明号是共青团的著名品牌，是一个非常成熟的工作项目，而且与她的一系列副产品如百城万店青年文明号活动、青年文明号信用建设示范行动等形成了良性互动，始终保持着旺盛活力，给我们带来了很多启示。我们应认真研究青年文明号活动的成长发展规律，借鉴品牌活动的成功经验，努力提高项目的成熟度和项目对青年的覆盖率，为支柱项目的成长奠定基础。三是要加大项目的整合力度，提高项目的关联度和工作的集约化水平。多年来，青工战线根据形势和任务要求，培育出很多优势工作项目，打造出众多品牌，可以说是群星闪耀。但面对基层工作力量的削减、工作资源的紧张和青年需求的变化，我们应着眼于打造支柱项目，实施项目整合，做到优势集成、亮点聚合，以减少重复建设，提高工作实效。如，青工技能振兴计划可以有效整合青年技能人才培养工作，已初显支柱项目的风范，成为青工战线一个全新的工作增长点。

第三，要整合工作资源。工作资源是一种基础性的工作要素。共青团拥有的资源越多，推进工作的力量就越大，发展的基础也就越厚实。从需求角度分析，工作资源的需求急速增长；从供给角度分析，资源约束已构成瓶颈制约；从竞争角度分析，资源稀缺是各个组织共同面临的问题，资源分布和消费的不平衡，决定了社会组织将围绕资源展开激烈竞争，共青团的工作资源存在局部变化甚至散失的可能。青工战线各级团组织要不断创新资源建设的方式、手段和机制，努力突破资源约束，实现新的发展。要盘活资源存量，倍加珍惜资源，并以之为依托形成新的资源积累。要加大资源开发力度，丰富资源开发手段，既开发开展工作的必要性资源,又开发有利于形成核心能力的差异性资源,加强对组织、政策、社会、互联网络、国际、人才等资源的开发、储备和利用,着力优化资源结构,促进资源整合能力与团组织社会影响力之间的良性互动。以政策资源为例,共青团青工工作政策需求量大、政策依存度高。从一定意义上讲,政策含金量的高低对青工工作成效有着决定性的影响。青工技能振兴计划正是在劳动和社会保障部前所未有的政策支持下,迅速呈现出蓬勃发展的态势。黑龙江哈尔滨锅炉厂24岁的青年焊工王学敏,虽然技能高超,但受职业制度等方面制约,年初还只是一个初级工。青工技能振兴计划的实施,给王学敏铺设了一条快捷的成长通道,八个月经两次破格,晋升为高级技师,也由此掀开了他人生的崭新一页。明年,我们将联合有关部委就加强企业共青团工作制定措施、下发文件;协商发改委、劳动和社会保障部等部门将鼓励青年创业、培养青年技能人才等工作写入"十一五"规划,将青年失业率作为国家失业预警机制的一项重要指标,拓展新的政策空间。要提高资源利用效率,集约化利用资源或实现资源合作。明年,我们要探索建立区域性青年劳务协作平台和机制;进一步推动长三角3+2、泛珠三角、京津冀等区域青年工作合作,建立资源整合和消费的共同体,提高资源利用的集约化水平。

第四,要加强工作研究。随着经济社会的发展,人们的利益关系、政治诉求、价值取向日趋多元,共青团的工作领域、工作手段、工作对象、工作力量和工作环境也发生了深刻变化,团的工作和建设中面临着很多新情况和新问题。如果我们不善于研究问题,就会落后于时代,落后于基层实践,落后于青年。青工部门既是工作部门,也应是研究部门,应把工作研究作为重要的工作任务,采取与社会研究机构合作等方式,研究企业、机关事业单位的变化,研究青年职工群体的变化,研究共青团发挥作用的途径和方法,客观分析工作中存在的主要问题和约束条件,探索青工工作规律,为科学决策提供理论依据。要科学认识青工战线团的工作基础和社会基础的结构性变化,深入基层,深入企业,及时总结基层经验,将基层的成功做法升华提炼为进一步指导我们工作实践的理论创新,将行之有效的工作措施转化为经常性的工作方法,力求形成一些规律性的认识和成果。要在着力解决当前工作重点、难点的基础上,组织力量研究一些涉及青工工作长远发展的重大问题,力求建立推动工作持续发展的长效机制。

三、锐意进取,始终保持奋发有为的精神状态

做好青工工作,团干部是关键。当前,全团青工工作已经站在新的历史起点上,开始了新的征程。如何不辱使命,不负重托,交出一份让党和青年满意的工作答卷,是每个团干部都应认真研究和思索的问题。希望青工战线广大团干部发扬优良传统,自觉强化政治意识、大局意识、责任意识和发展意识,始终保持奋发有为的精神状态,做党放心、青年满意的团干部。

保持奋发有为的精神状态,就要把握大局。这是做好青年工作所必须坚持的一条基本经验。青工战线团干部要善于把工作放到全党全国工作大局中去思考、去把握、去设计、去部署,用共同理想凝聚青年,抓住战略机遇期,落实科学发展观,团结带领广大青年职工在全面建设小康社会的新征程上成长成才、建功立业,努力做到服务大局有新贡献。要在大局中找准工作位置,探索服务大局的有效途径、载体和方式,动员和组织广大青年职工为服务改革发展稳定大局贡献力量。要把服务大局作为改进工作的重要依据,作为衡量工作成效的重要标尺,推动青工工作持续健康发展。

保持奋发有为的精神状态,就要强化事业

心和责任感。更好地发挥党的助手和后备军作用、党和政府联系青年的桥梁和纽带作用以及国家政权的重要社会支柱作用,团结带领青年为党和人民的事业而奋斗,是党交给共青团的光荣任务。青工战线团干部为党做好青年群众工作,首先要本着对党和人民的事业高度负责的精神,忠诚党的事业,热爱团的岗位,竭诚服务青年,自觉强化事业心和责任感,并将事业心和责任感体现在爱岗敬业的行动上,落实到忘我工作的实践中。共青团工作的岗位是学习的岗位、锻炼的岗位,也是奉献的岗位。青工战线团干部要加强党性修养,按照周强同志的要求,常怀感激之情,常葆进取之心,常存敬畏之念,甘于清苦,甘于奉献,不计名利,不计得失,力戒浮躁。

保持奋发有为的精神状态,就要开拓创新。共青团事业是常创常新的事业。要按照马克思主义的实践观点和发展观点,以与时俱进的精神,广泛开展团的理论、制度和方式创新,始终保持团的生机和活力。要研究关系共青团事业长远发展的重大课题,对共青团工作的新情况、新经验和青年的新变化作出理论概括。要积极推动团的制度创新特别是基层组织制度创新,在青年民主参与制度、联系青年制度、服务青年制度等方面进行探索。要积极推进团的工作社会化、市场化、项目化、国际化运作,努力创新团的工作方式。

保持奋发有为的精神状态,就要求真务实。脚踏实地、求真务实是共青团的优良作风。保持好、发扬好这一作风,对于做好青年工作,对于团干部的成长进步,具有重要的意义。青工战线广大团干部要以务实的作风去开展工作,克服短期行为,力戒形式主义,狠抓工作落实。要把竭诚服务青年作为全部工作的出发点和落脚点,深入基层,深入青年,倾听青年呼声,反映青年愿望,为青年诚心诚意办实事、尽心竭力解难事、坚持不懈做好事。要坚持实字当头,不贪大,不求多,扑下身子,埋头苦干,切实做到思想务实、措施切实、作风扎实、成果真实,确保工作取得实效。

同志们,明年是全面实现“十五”计划目标、衔接“十一五”发展的重要一年。做好明年的青工工作,意义重大。让我们紧密团结在以胡锦涛同志为总书记的党中央周围,高举邓小平理论和“三个代表”重要思想伟大旗帜,与时俱进、开拓创新,求真务实、埋头苦干,推动青工工作实现新发展,团结带领广大青年职工为全面建设小康社会做出新的更大的贡献。

立足新起点、创造新优势
努力开创中国青年企业家协会工作新局面

——王晓在中国青年企业家协会第九次会员代表大会闭幕式上的讲话

2004年12月23日,根据录音整理

非常感谢各位代表、理事的信任,选举我和其他同志为协会新一届领导成员。首先,请允许我代表中国青年企业家协会第九届理事会和全体副会长,向卸任的各位副会长、常务理事、理事致以崇高的敬意!向长期以来关心支持青年企业家成长和青企协事业发展的各级党政领导和有关部门表示衷心的感谢！我们将牢记使命，与时俱进，开拓创新，求真务实，埋头苦干，努力把协会工作提高到一个新水平，不辜负大家的信任和期望。

光阴荏苒，今又图强。党的十六大描绘了全面建设小康社会的宏伟蓝图，13 亿中国人民迎来了社会主义现代化建设的崭新时期，我们的祖国正扬帆破浪，奋勇前行。放眼世界，和平、发展、合作日益成为形势的主流。科技发展日新月异，知识经济蓬勃兴起，以科技和人才为基础的国际竞争日趋激烈。我国面临的国际环境仍然是机遇和挑战并存。以党的十六大为标志，我国改革开放和社会主义现代化建设事业进入了崭新的阶段。持续高速的经济增长，增强了全国人民实现第三步战略目标、全面建设小康社会的信心。但同时，我们也应看到，前进的道路上还有很多挑战，如以信息和生物工程革命为代表的新技术革命的挑战，以贸易、投资和金融自由化为主要内容的经济全球化的挑战，以市场供求关系和经济增长方式转变为内容的经济发展格局对经济体制改革的挑战等等。党的十六届三中全会提出“坚持以人为本，树立全面、协调、可持续的发展观，促进经济社会和人的全面发展”，为更好地建设中国特色社会主义指明了方向。以科学发展观统揽全局，推动经济社会全面、协调、可持续发展，是当前摆在全党、全国人民面前最重要和最紧迫的任务。

企业是经济增长的源泉，是社会发展的重要承载者。企业家是企业生产经营的领导者，是决定企业发展的灵魂。建设一支高素质的企业家队伍，是推动企业改革发展、推进社会主义现代化建设事业的必然要求。青年企业家是企业家队伍的重要组成部分。广大青年企业家要树立实业兴国的崇高理想，落实科学发展观，艰苦创业，开拓进取，以搞好搞活企业的实际作为，努力在全面建设小康社会的新征程上成就事业，报效祖国。

中国青年企业家协会自成立以来，始终坚持以服务党和国家工作大局、服务青年企业家成长成才为宗旨，团结和带领广大青年企业家在改革开放和社会主义现代化建设中成长成才、建功立业，充分发挥了青年企业家群众组织的作用。面对新形势和新任务，我们要在认真总结经验的基础上，以建设现代化、国际化一流社团为目标，立足新起点，创造新优势，努力开创协会工作新局面。

要创造组织新优势。组织，是协会全部工作和战斗力的基础。根据时代发展要求，提高组织效率和组织化程度，是协会保持旺盛生机和活力的关键所在。要立足于巩固提高和创新发展，以系统论、情景理论和行为理论为指导，科学调整组织模式，规范组织管理，创新组织机制，进一步完善组织体系，提高对青年企业家的组织覆盖面和工作覆盖面。要积极探索在行业、系统建立青企协组织、发展团体会员的模式和途径，同时，充分利用互联网络，建立快捷便通的网上平台，从时间和空间上扩张组织网络，形成新的组织覆盖。要树立开放性的工作理念，促进组织系统与外部环境的要素交流，构建开放性的组织体系。要加强各级青企协的领导班子和工作队伍建设，注重科学管理，加强统筹协调，着力改善组织领导和工作机构各个环节的“结合能力”和“协同能力”，逐步实现科学规划、科学决策、科学部署、科学实施，做到组织科学、管理科学、领导科学，从而系统发挥整体优势，形成新的组织合力。

要创造人才新优势。群英荟萃、人才辈出是青企协的鲜明特点。培养造就一支符合时代发展要求、政治坚定、德才兼备、规模宏大的青年企业家队伍，是各级青企协组织的光荣任务。要坚持以人为本，紧紧抓住培养、凝聚和推优三个环节，深入实施“青年企业家培养计划”，形成新的人才积累和人才优势。一是要在培养上下功夫。要坚持不懈地开展“三个代表”重要思想学习教育活动，引导广大青年企业家自觉加强理论修养,坚定紧跟党走中国特色社会主义道路的信念。要积极创造学习条件,引导青年企业家勤奋学习,善于把所接触的信息提炼成知识,把所掌握的知识升华为智慧,并把学习成果运用到企业的经营管理实践,不断强化创新意识,在创业实践中谱写新的篇章。要加强组织自身的学习,努力培育学习型组织,建设学习型协会,营造全面学习、终身学习的良好氛围。二是要在凝聚上下功夫。要用共同理想凝聚会员,引导会员自觉把个人的发展目标同祖国发展目标紧密结合,自觉把个人奋斗融入到全民族的共同奋斗之中。要用美好事业凝聚会员,把握经济社会发展和会员发展的结合点,努力为会员成就事业、实现价值搭建舞台。要用主题活动凝聚会员,深入开展青年企业家西部行、东北行、革命老区行等活动,积极为会员服务社会、建功立业创造机会,把会员紧紧凝聚在协会周围。三是要在推优上下功夫。开展评选表彰活动,推出一批优秀青年企业家典型,并充分利用各种媒体,宣传他们的先进事迹,展示当代中国青年企业家的良好形象,激励广大青年企业家在创造物质财富的同时,切实履行社会责任,热心社会公益事业,成长为祖国需要的栋梁之才。

要创造服务新优势。服务,是协会的宗旨。加强协会服务能力建设,提高青企协组织服务大局、服务会员的水平,是协会实现可持续发展的战略选择。要强化服务意识,尊重市场、企业和青年企业家的需求,把竭诚服务青年企业家作为全部工作的出发点和落脚点,把提高服务能力作为协会工作的第一要务,把青年企业家的满意度作为评价协会工作的重要标准。要丰富服务内容,正确把握经济社会发展趋势,配合国家西部大开发、振兴东北地区等老工业基地、人才强国等战略的实施,通过开展丰富多彩、形式多样的活动,引导青年企业家为经济发展和社会进步做贡献。针对青年企业家在继续教育、成就事业、权益维护等方面的要求,丰富服务项目,提高服务实效。要创新服务手段,充分调动一切可以调动的力量,整合服务资源,完善服务网络。同时,积极利用互联网络,打破服务的时间和空间限制,最大限度地扩大服务的覆盖面,使协会成为“会员之家”。要强化服务依托,探索建立青年企业家俱乐部、活动中心、培训中心等服务阵地,强化服务阵地的功能,充分发挥服务阵地的重要作用,为提高服务水平提供阵地保障。

要创造合作新优势。加强合作,实现优势互补、资源共享,是协会发展壮大的客观要求。要树立合作理念,深刻认识新形势下加强合作的客观必然性,突破传统的思维和工作圈子,通过开展广泛的合作,拓宽协会的发展空间,实现经济效益、社会效益和人才效益的共赢。要拓展合作领域,深入开展组织合作,全方位、宽领域、多层次地推进协会与政府部门、其他社会组织的交流与合作,以合作求活力,以合作促发展;大力加强区域合作,按照统筹区域发展的要求,积极探索建立新的区域性合作平台和机制,努力形成区域联动发展的格局;积极推进国际合作,拓宽协会与国际社团、华商组织的合作交流渠道,增进青企协组织与国外青年组织的了解,加深各国青年企业家之间的友谊。要创新合作方式,开展项目化合作,发挥协会在技术、管理、人才、信息和体制等方面的优势,以项目为载体,采取资产运作、存量盘活、招标承办等方式进行项目合作开发,推动协会事业的整体发展;开展市场化合作,充分尊重市场在资源配置中的基础性作用,进一步确立企业在合作交流中的主体地位,发挥各类要素市场和中介机构的作用,形成平等互利、共同发展的合作关系;开展社会化合作,通过发挥联结优势,加强组织协调,构筑合作平台,优化合作环境,广泛调动高等院校、科研院所、社会团体、中介机构等各类社会组织的积极性,整合社会资源,引入社会动力,牵动、影响更多的社会利益主体,拓宽社会力量参与协会工作、分享资源与收益的渠道。

要创造文化新优势。文化，是推动协会事业发展的巨大力量。要建设健康有益的协会文化，按照建设先进文化的要求，引导青年企业家努力学习和传承中华民族优秀文化，弘扬和培育民族精神，努力打造与时代发展潮流同步、具有青企协组织特点、符合青年企业家成长发展要求的组织文化，充分发挥文化的创造力、凝聚力和辐射力，强化会员对协会的认同感和归属感。要建设充满活力的文化平台，遵循文化建设规律，促进各级青企协文化传统和文化形态的有机融合，形成浓厚的文化氛围；把文化建设同各项工作有机结合起来，深入开展创建“优秀会员企业”等活动，突出文化建设的时代性、先进性、市场性和主体性，展示协会文化建设成果。要建设独具特色的企业文化，根据社会发展趋势和文化的渐进性，结合国家、企业的未来目标和任务，坚持先进文化的前进方向，科学确定企业文化建设的内容，积极探索企业文化建设的模式，促进企业文化和管理制度的良性互动，实现经济与伦理的有机结合，为先进文化建设提供扎扎实实的生长点。

同志们，全面建设小康社会、实现中华民族伟大复兴的光辉前景需要我们为之创造、为之奋斗。让我们紧密团结在以胡锦涛同志为总书记的党中央周围，高举邓小平理论和“三个代表”重要思想的伟大旗帜，奋发进取，扎实工作，推动协会事业不断实现新发展，团结引导广大青年企业家在全面建设小康社会的伟大实践中做出新的更大的贡献！

张晓兰同志讲话

弘扬和培育民族精神，教育引导中小学生为实现中华民族伟大复兴做好全面准备

——张晓兰在全国中小学德育工作会议上的讲话

2004年1月11日

各位代表，同志们：

非常高兴参加全国中小学德育工作会。首先我代表共青团中央、全国少工委向出席会议的各位领导和与会代表致以新春的祝福。这次会议以弘扬和培育民族精神为重点，进一步研究当前加强和改进中小学德育工作的措施，部署今后一段时期的中小学德育工作，是一次非常及时的会议。在中小学生中弘扬和培育民族精神，是深入学习党的十六大精神，全面贯彻“三个代表”重要思想，切实加强中小学生思想道德建设的重要举措。刚才周济部长做了重要的讲话，并特别指出要发挥共青团、少先队在弘扬和培育民族精神中的重要作用，我们感到责任重大，使命光荣。下面我就共青团、少先队如何发挥自身优势，以体验教育为基本途径，按照这次会议的各项要求，在中小学德育工作中发挥更加积极的作用讲三点意见。

一、共青团、少先队组织要进一步认识在中小学生中弘扬和培育民族精神的重要意义

在中小学生中弘扬和培育民族精神，教育引导中小学生为实现中华民族伟大复兴做好全面准备，是共青团、少先队组织长期的重要任务。党的十六大对弘扬和培育民族精神提出了明确的要求。十六届三中全会强调指出，要"弘扬和培育民族精神，不断提高全民族思想道德素质"。全面建设小康社会，实现中华民族的伟大复兴，民族精神是强大的精神动力。当代中小学生是未来全面建设小康社会的生力军，各级共青团、少先队组织要通过丰富多彩的体验活动，教育和引导中小学生了解民族精神的丰富内容，感受民族精神的伟大力量，体验民族精神的时代内涵，逐步树立民族自尊心和自豪感，从小立志为实现中华民族伟大复兴做好全面准备。

共青团、少先队组织要进一步充分认识在中小学生中弘扬和培育民族精神的极端重要性和紧迫性。中小学生是在改革开放和社会主义市场经济深入发展的环境下成长的。社会经济成分、组织形式、就业方式、利益关系和分配方式日益多样化，各种思想文化相互激荡，人们的思想活动日趋活跃，影响着他们的思想观念和价值取向；国际敌对势力加紧对我国下一代进行思想文化渗透，争夺接班人的斗争日趋尖锐和复杂；社会生活的一些领域出现的消极腐败现象和社会丑恶现象，给他们的健康成长带来负面影响；随着信息化步伐加快，互联网等媒体的影响日益扩大，给他们学习娱乐创造了新的条件的同时，不良有害信息也会利用这些渠道趁机传播。这些新情况、新问题，对在中小学生中弘扬和培育民族精神提出了新的课题。如何使他们从小在心灵中种下民族精神的种子，以作为中国人为自豪，并不断培育作为中国人的责任感，非常重要和紧迫。

近年来，共青团、少先队组织在教育部门的支持和指导下，以弘扬和培育以爱国主义为核心的伟大民族精神为主题，开展了一系列富有成效的活动。中小学团队组织以重大活动、重大事件和重大节庆为契机，抓住入学、入队、入团、18岁成人仪式等时机，广泛开展各具特色的主题教育活动，营造弘扬和培育民族精神的浓郁氛围，把民族精神教育融入中小学生的学习和生活之中。各地少先队组织也有很多创造，比如在革命老区井冈山和延安等地少先队组织中广泛开展的"我是红色小导游"活动就是生动的革命传统教育，江苏无锡少先队组织开展的"吴文化研究院"体验教育活动就是生动的文化传统教育。全队普遍开展的"各民族少年手拉手"活动就是具体的民族团结、国家统一的教育。"手拉手话小康"活动和"东西部少年手拉手"活动就是生动的国情教育。少年军校活动就是生动的国防意识和国家安全教育。共青团中央和地方团队组织也联合有关方面拍摄了《少年英雄》、《地下少先队》和《飘扬的红领巾》等影视剧，加强革命传统教育。中学生团校、中学生业余党校提高了中小学生的政治觉悟，满足了他们积极向上的追求，成为他们系统学习科学理论的课堂。在举国上下共抗非典的时候，全国少工委在各级少先队组织中开展了"引导少先队员在抗击非典斗争中体验民族精神，养成良好行为习惯"的通知。2003年10月13日，中共中央宣传部、中央文明办、共青团中央、教育部、全国少工委在北京联合启动了"民族精神代代传"活动。

二、共青团、少先队组织要通过体验教育，在中小学生中进一步深入开展"民族精神代代传"等活动

共青团、少先队组织要按照实践育人的要求，以体验教育为基本途径，在中小学德育工作中发挥团队组织独特的作用和优势。通过团队组织凝聚和团结中小学生，发挥中小学生的主体作用，以独具特色的组织教育、生动活

泼的实践教育、扎实有效的自我教育，帮助他们提高思想道德素质，健康成长。

体验教育的理念是引导和组织中小学生通过扮演角色或进入设置情景的实践活动，把做人做事的道理内化为健康的心理品格，转化为良好的行为习惯的过程，体验的过程必须是亲身经历的过程，必须要以社会生活实践为背景，要体现中小学生开展道德实践活动的自主性、实践性和社会性。

"民族精神代代传"活动是今年少先队的一项重要活动。这项活动以少先队中队、小队和团小组、团支部为组织形式，通过寻找事件、人物和做一件事开展"三个了不起"活动。"中国了不起"让中小学生从中华民族发展进程中的历史事件、身边发生的或亲身经历过的平凡小事中，寻找自己认为能体现中国了不起的一件事，寻找和发现其中蕴涵的民族精神；"中国人了不起"让中小学生从杰出的历史人物身上，从身边熟悉的亲人、老师、邻居及各行各业的普通劳动者身上，感受其体现着的优良品德和精神境界，寻找心目中了不起的中国人，寻找和发现其身上表现出的民族精神。"做个了不起的中国人"让中小学生做一件自己认为最能体现民族精神又力所能及的事，从中体会应该怎样做一个中国人，从小立志做一个了不起的中国人。

"民族精神代代传"活动是以少先队员为主体的体验教育活动，也是一个在较大范围内辐射和牵动团队组织和全社会的民族精神教育活动。活动的第一阶段就体现了这个特点，我们希望在开展"三个了不起"活动的基础上，通过中小学生喜闻乐见的歌曲弘扬和培育民族精神，用歌声传唱民族精神。一是让孩子们给自己写歌，发动中小学生积极参与，面向中小学生广泛征集歌词。二是请成人给孩子们写歌，通过报刊、电视、广播和网络等媒体宣传，面向社会广泛征集原创少年儿童歌曲。三是邀名家为孩子们写歌，积极依靠专家力量，向老、中、青三代音乐家、音乐人发出倡议，征集好的少年儿童歌曲。

中学共青团肩负着引导和教育广大中学生树立中国特色社会主义理想信念的使命。树立中国特色社会主义理想信念的基础是培育和弘扬民族精神。在中学共青团员中培育和弘扬民族精神，就要结合中学生的特点，通过实施中学生素质拓展计划，引导他们在实践中学习法律知识、接受道德训练、掌握社会规范，为成人做准备。要通过公民意识教育、成人预备期志愿服务、素质训练、宣誓仪式四个环节，在中学生中广泛开展18岁成人仪式教育活动。

总之，要通过在中小学生中培育和弘扬民族精神的教育，促进他们从规范行为习惯做起，养成和培育符合社会主义道德要求的品行操守，进而树立和培育建设中国特色社会主义的理想信念，使广大中小学生自觉把个人的成长进步同祖国的繁荣富强紧密联系在一起，为实现中华民族伟大复兴做好全面准备。

三、共青团、少先队组织要开辟新途径、拓展新手段、构建新机制、推动新结合，为加强和改进中小学德育工作做出积极贡献

胡锦涛总书记在全国宣传思想工作会议上发表的重要讲话中强调指出："坚持把弘扬和培育民族精神作为宣传思想战线极为重要的任务。要在爱国主义、社会主义旗帜下，倡导一切有利于民族团结、祖国统一、人心凝聚的思想和精神，倡导一切有利于国家富强、社会进步、人民幸福的思想和精神，倡导一切用诚实劳动创造美好生活的思想和精神，不断增强中华民族的凝聚力。"面对新时期、新阶段的新形势和新任务，共青团、少先队组织要从确保党和国家事业后继有人的战略高度，从实现全面建设小康社会奋斗目标的全局高度，从党赋予共青团、少先队光荣使命的高度，进一步认识加强中小学生思想道德建设、弘扬和培育民族精神的重要性和紧迫性，在巩固已有成果的基础上，积极探索新形势下中小学德育工作的特点和规律，争取在开辟新途径、拓展新手段、构建新机制、推动新结合四个方面有所突破。

开辟新途径就要发挥团队组织文化育人的独特作用，不断赋予体验教育以新的内涵，创造更加鲜活、更加生动、更加个性化的活动载体，使我们的思想道德教育有更多适合中小学生的生动途径，真正内化成为他们自身素质的一部分。要通过与中小学生日常学习生活密切相连的文化载体和文化氛围施加更为强烈的影响，努力营造在中小学生中弘扬和培育民族精神的浓厚文化氛围，使民族精神深深扎根于中小学生的内心。

拓展新手段就要更加重视媒体的作用。要充分利用广播、电视、电影、网络等新的媒体形式，尤其要建设一些新的阵地。在社区中要建设起一些适合中小学生经常性活动的加强思想道德建设的阵地，还要充分利用爱国主义教育基地。音乐、图书报刊音像、广播影视、互联网和电脑软件制品等都是可用于向中小学生传播民族精神的载体；图书馆、体育场（馆）、科技馆、影剧院等都可以作为宣传民族精神的阵地。开展“民族精神代代传”活动都要利用好这些载体和阵地。

构建新机制就要进一步推动社会化工作机制和运行机制的形成。团队工作要纳入到整个学校德育工作当中，要与改进和加强德育工作相协调、相一致。要纳入到全党加强思想道德建设的总格局当中，争取更多的政策支持，包括中小学生到各种活动阵地的优惠政策。要纳入全团加强青少年思想道德建设的总格局当中，形成更大的力量，营造更好的氛围。

推动新结合就是推动中小学团队工作与学校德育工作的积极结合，为加强和改进中小学德育工作做出积极的贡献。团队组织要在关注和研究基础教育课程改革、特别是思想品德课程改革和教材建设的基础上，进一步深化雏鹰争章活动，推动中小学团队工作与德育工作的有机衔接。新时期以来，中小学团队组织一直高度关注着教育的改革与发展，努力形成与学校德育相互促进，密切配合的局面。当前正在进行的基础教育课程改革在各级共青团、少先队组织，特别是基层组织中引起了强烈的反响。团队组织要发挥自身优势参与课程改革，促进课程改革，在参与和促进的过程中，推动团队事业的新发展。

同志们，让我们更加紧密地团结在以胡锦涛同志为总书记的党中央周围，高举邓小平理论和“三个代表”重要思想的伟大旗帜，与时俱进，埋头苦干，肩负起党交给我们的神圣使命，弘扬和培育民族精神，教育引导中小学生为实现中华民族伟大复兴做好全面准备。

张晓兰在中少总社 2004 年工作会议上的讲话

2004 年 1 月 15 日

很高兴参加总社 2004 年工作会议，听了海飞同志的会议总结，我感到这次会议开得很及时，也很成功。2003 年，中少总社在全体员工的共同努力下，期刊、报纸、教辅、活动和图书五大板块都取得了可喜的成绩，令人鼓舞，令人振奋。在市场竞争日益激烈的情况下，加之去年又遭遇“非典”疫情，能取得这样的成绩，很不容易。中少大厦工程顺利开工，并取得实质性的进展。队伍建设得到进一步加强，发展势头很好，人气很旺。有一个战斗力强、凝聚力强的领导班子，有一支朝气蓬勃、奋发向上、有进取心的员工队伍。在此，我代表团中央书记处，向过去一年为中少总社的发展付出辛勤劳动的同志们表示衷心的感谢，并向大家致以亲切的问候和新春的美好祝愿！

刚刚过去的 2003 年，是不平凡的一年。在这一年里，全国人民万众一心，在党中央的领导下取得了抗击非典的胜利，取得了神舟五号载人航天飞行的巨大成功。在这一年里，共青团成功地召开了团的十五大，十五大以后团的各项工作也有很好的发展势头，我们在给党中央书记处汇报工作的时候，党中央对团中央的工作给予高度评价和肯定。在这一年里，团的新闻出版文化事业取得了很好的发展，是中少总社实现跨越式发展的第一年，几个特点十分鲜明：第一，各项经济指标稳中有升；第二，在发展中有新的作为；第三，在规范管理上有新的突破，构建了一套高效的责权利清晰的企业组织架构，组织体系在运行中发挥了很好的作用；第四，在深化改革上有新的进展，人事制度的改革、激励机制的建立以及竞争上岗等机制的形成，营造了干部能上能下、优胜劣汰的氛围，尤其是中心制运作模式的完善，为总社做大做强提供了组织保证。总之，团中央书记处对总社 2003 年的工作，是肯定的也是满意的。

2004 年，总社的工作目标明确，确保利润 15% 的增长；思路清晰，重点是报纸回款，难点是图书发行；措施务实，这和团中央的工作要求相一致，就是求真务实。下面我就总社今年的工作谈四点意见。

一、抓住机遇、迎接挑战

党的十六大提出，本世纪头 20 年是一个必须紧紧抓住并且可以大有作为的重要战略机遇期，这句话对各行各业、对每个机构都是适用的。我想从全党、全团、全队的角度来谈谈中少总社的机遇问题。

从全党全社会的角度来看，全面建设小康社会，要求提高全民族的思想道德素质、科学文化素质和健康素质，对全民族尤其是青少年素质的提高提出了明确的要求。党的十六届三中全会特别强调人的全面发展、经济社会的全面协调发展。中央召开的宣传思想政治工作会议，强调了宣传思想政治工作在党的工作中的重要地位。最近刚刚召开的人才工作会议，进一步提出了人才强国战略。近期中共中央、国务院还将下发关于加强和改进未成年人思想道德建设的意见。对少年儿童新闻出版单位来说，要从党和国家发展的大局中找到发展契机，找到工作的目标和要求。

从全团角度来看，团的十五大指出共青团事业正处在一个新的历史起点上，这个新的历史起点含意深刻。青年文化建设是共青团未来五年的工作重点，党中央把发展公益性文化事业和经营性文化产业提到了重要位置。在青年文化建设中，青少年新闻出版单位担负着重要使命，中少总社应该找到自己的位置并有所作为。在青年人才工程建设方面，中少总社也可以找到自己的工作空间和发展契机。

从少先队角度来看，共青团更加重视全团带队的工作，2003 年下发了《关于加强全团带队的意见》，这是共青团成立以来第一次下发这样的文件，进一步突出了少先队的基础地位，总社的队报队刊要抓住这个契机。全国少工委 2004 年部署了三项重点工作：贯彻落实“全团带队”的意见、开展“民族精神代代传”活动、结合新课改深化体验教育开展雏鹰争章活动，这三项工作中少总社的队报队刊和活动中心都能参与进来。“民族精神代代传”活动通过组织少年儿童开展“中国了不起”、“中国人了不起”、“做个了不起的中国人”等实践体验活动，引导孩子们感受和理解民族精神的内涵,2004年"六一"要掀起活动的高潮,队报队刊和活动中心都可以围绕这些工作进行宣传和组织活动。雏鹰争章活动已经搞了十年,今年提出雏鹰争章活动要与新一轮课程改革相结合,少先队如何在新课改中融入并凸显,总社也可以参与进来。

总之,总社在过去的发展中已经奠定了很好的发展基础,从全党、全团、全队的角度来看,我们有很多的发展机遇,2004年和今后一个时期,要认真研究如何抓住这些机遇,找准工作的落脚点和切入点。

二、突出重点工作,解决难点问题

重点工作就是总社今年提出的三项任务,第一是巩固和扩大期刊市场。今年年初期刊订阅增长20%,这是一个很好的信号,要巩固和扩大这一优势;第二是加大报纸的回款力度,回款就是利润,利润就是我们的直接经济效益,要组织专门力量,制定激励政策,确保利润增长;第三是中少大厦要按计划落成,它不仅是一个标志,是一个品牌,同时也是总社的优良资产,总社有了这个优良资产以后,大家就会更有凝聚力,更有归宿感。要督促建筑方按计划实施,确保大厦按计划落成。

解决难点问题就是图书发行,这是总社工作的薄弱环节,可以学习《哈里·波特》的运作模式,利用各种市场手段,打造有市场潜力的品牌产品,制定切实可行的发行措施,进一步打开图书市场。

三、以改革创新的精神推动总社事业新发展

首先是制定可持续发展规划,这对总社的发展是至关重要的。可以制定3—5年的发展规划,这个规划应该是与时俱进的,是开放的,要随着情况的变化及时调整和充实内容,同时又具有连续性。第二,要围绕共青团、少先队的大局来策划我们的工作。总社是团属的新闻出版机构,总社与共青团、少先队有天然的联系,有其他企业所不具备的资源和优势。第三,以资本为纽带整合资源。一个企业仅靠自身积累、滚动发展是难以实现跨越式发展的,要实现跨越式发展,迅速做大做强,就要联合,实现资本的整合。书记处对团属企业对外合作、对外融资是持积极态度的。当然,对合作伙伴的选择很重要,一是要实现双赢,二是要加强管理、依法办事。越是深化改革,越要加强管理;越是企业扩张,越要强调管理。现在中心制的模式已经为今后的发展、融资、对外合作创造了很好的条件,每一部分都可以作为一个主体去合作,下一步关键是积极稳妥地选择合作伙伴,规范化运行,通过市场手段,通过资本运作,实现跨越式发展。

四、加强自身建设

第一,加强队伍建设。要以"三个代表"重要思想为指导,加强干部队伍建设,尤其要突出政治思想建设和业务能力建设。我们是团属新闻出版单位,正确的政治方向不能变,在办报、办刊以及出书的过程中,必须坚持正确的政治方向。高素质的业务能力是市场经济中不可或缺的,要加强培养业务人才,同时要发现和吸纳经营管理人才,特别是了解市场经济运行规律,懂得资本运作的专门人才。

第二,完善组织构架。现在实行的中心制运作模式,对发展起到了重要的作用。我们还要进一步探索,按照完善社会主义市场经济体制的要求,不断完善组织构架。今年人事部要进行事业单位的人事制度改革,总社要积极参与这项改革,做好有关准备工作。

第三,加强企业文化建设。一个企业发展到一定阶段,特别是实现跨越式发展的时候,企业文化建设显得特别重要。企业文化能够出凝聚力,出战斗力,出生产力。我以前在高新技术开发区工作,那里的企业90%以上是民营科技企业。当企业发展到一定阶段要上台阶时,企业文化就显得至关重要了。为什么有的企业没有生命力,为什么许多员工会跳槽,主要是企业没有凝聚力。那么企业靠什么来凝聚呢？企业文化是非常重要的方面。纵观世界500强企业和我国的百年老店，你能强烈地感受到企业文化在企业发展中起到的重要作用。重庆高新区有个软件企业，通常作为软件企业，员工跳槽是正常的，也很普遍。但这个企业连续十年保持员工基本稳定，我们去研究这一现象，就发现是企业文化在发挥重要作用。这个企业一进门就有总经理的话"欢迎你登上我们的列车，希望你和我们一起，随着列车行进到胜利的终点。如果你想中途下车，我们也尊重你的选择，但希望你能记住你曾经上过这趟列车。"这个企业制定了一套"以人为本"的企业文化，把企业文化融合在日常的一点一滴里面，让每个员工都感到像到了温暖的大家庭，凝聚力很强。总社从整合走到了发展阶段，有了很好基础，下一步要实现跨越式发展，有必要建立起一整套具有自身特点的企业文化，让这种文化凝聚现有人才，吸引未来人才。

总之，书记处对总社的工作是肯定的，也寄予了厚望。希望大家团结一致、振奋精神，在2004年的工作中取得新的成绩。

张晓兰在2004年全国中小学生"安全教育日"主题活动启动仪式上的讲话

2004年3月29日

亲爱的少先队员朋友们，各位领导，同志们：

很高兴参加全国中小学生"安全教育日"主题活动启动仪式。我代表团中央、全国少工委向所有关心少年儿童健康成长的领导和社会各界表示衷心的感谢。

少年儿童是民族的未来，国家的希望。胡锦涛总书记曾指出，少年儿童的健康成长，是国家和民族永远兴旺发达的希望所在。少年儿童的健康成长牵动千家万户，事关少年儿童的切身利益、人民群众的幸福和社会的安定。促进少年儿童的健康成长，一个至关重要的方面就是维护少年儿童的安全。这既需要增强少年儿童的自我保护意识，提高少年儿童自我保护能力，又需要全社会共同担负起这一重大责任，切实维护少年儿童的合法权益，保证少年儿童安全健康地成长。

近年来，各级团队组织与教育、公安、残联等部门发挥各自优势，协同配合，为开展"安全教育日"宣传教育活动共同做了大量工作。2000年，为进一步深化少年儿童安全教育工作，团中央、全国少工委与教育部、公安部共同开展了"少年儿童平安回家"活动。2003年，四部委又在深化和拓展"平安回家"活动的基础上，启动了"中国少年儿童平安行动"。各级团队组织与教育、公安等部门大力合作，结合创建优秀青少年维权岗和"雏鹰争章"活动，以体验教育为基本途径，组织广大少年儿童开展自护自救类实践活动，使少年儿童学到了自护知识，增强了自护意识，提高了自护能力。社会各界尤其是中国平安保险（集团）股份有限公司对"中国少年儿童平安行动"给予了大力支持，派出经过挑选和培训的"平安使者"，以志愿者身份深入到学校、社区、家庭，向少年儿童宣传安全知识，为少年儿童的安全教育做出了积极的贡献。

今年，团中央、全国少工委将配合全国中

小学生“安全教育日”的安排与要求，以“预防校园侵害，创建平安校园”为主题，进一步推进“中国少年儿童平安行动”。各级团队组织要围绕主题，有效安排活动内容，增强针对性、广泛性，通过活动让每一名少年儿童真正受益。要充分发挥少年儿童的自主性、创造力，引导他们积极开展“争创‘平安校园’六个一活动”，通过歌曲、征文、创编警句、知识竞赛、训练营等深受少年儿童喜爱的形式，让他们在实践体验活动中学习自护知识，提高自护能力。

人类每时每刻都在面临生存和发展的考验。面对新的时代，这种考验应当说更为迫切、更为严峻。生存的知识需要传授，发展的技能需要训练。广大少年儿童只有从小学习自护自救知识，接受自护自救训练，增强自我保护意识，提高自我保护能力，将来才能有效应对各种突发情况，保证自己的安全，更好地生存和发展，为人类社会的进步和中华民族的伟大复兴贡献力量。

我相信，今天的启动仪式仅仅是一个开始，安全教育活动是一项常抓不懈的工作，需要我们以求真务实的精神，扎扎实实、一步一个脚印地做下去。我们期望在不久的将来，每一名少年儿童都能健康成长，每个校园都能成为社会、家长、学生满意放心的平安校园。希望全国亿万青少年都参与到“安全教育日”活动中来，参与到“中国少年儿童平安行动”中来，学习自护知识，练就自护本领，当好自己的保护神。也希望社会各界更多地关心关注少年儿童的安全，为少年儿童的健康成长做出更大的贡献。

愿所有的少年儿童都平安、健康、快乐！

张晓兰在城市少年儿童与进城务工就业农民子女“手拉手”活动启动仪式上的讲话

2004年4月1日

少先队员小朋友们，同志们：

今天，“同在一片蓝天下、手拉手共同成长”城市少年儿童与进城务工就业农民子女“手拉手”活动正式启动了。以此为标志，全国城市少年儿童与进城务工就业农民子女“手拉手”活动拉开了序幕。我代表共青团中央、全国少工委向结对的手拉手小伙伴表示热烈的祝贺，向关心支持“手拉手”活动的社会各个方面表示衷心感谢！

今天你们手拉手，就打开了一扇扇心灵的窗户。城市少年儿童要知道，一座座高楼大厦，一条条宽敞的马路，一个个街心花园都凝聚着你们手拉手小伙伴的爸爸妈妈们辛勤的汗水，要更加尊重和平等地对待自己的小伙伴。农村来的少年儿童要懂得，美好的生活靠劳动创造，劳动最光荣，爸爸妈妈真伟大，要更加尊敬父母，努力为他们分忧。

今天你们手拉手，就架起了一座座沟通的桥梁。城市的少年儿童要了解同在一个城市里、来自农村的小伙伴生活还很艰难，学习的条件还很艰苦，要更加珍惜今天所拥有的一切。农村的少年儿童要看到，城市在发展，祖国在发展，生活很美好，要对未来、对明天、对自己的前途充满希望，从而更加勤奋地学习，快乐地生活。

今天你们手拉手，两个人的力量合在一起

就变得更有力量。城市的少年儿童要从自己的小伙伴身上学习吃苦耐劳、勤俭节约、不怕困难、顽强学习的优秀品质，增强学习进步的动力。农村的少年儿童要努力使自己和小伙伴一样拥有开阔的眼界、多方面的知识和技能，全面提高自己的综合素质。

今天你们手拉手，就把高山大河阻隔的感情连在了一起，把友爱和平等连在了一起，把理想和智慧连在了一起！

各级共青团、少先队组织要认真组织开展好这个活动，要积极争取社会各个方面支持手拉手活动。让我们一起努力，让所有有少先队员的地方就有手拉手活动，让所有有手拉手活动的地方都充满爱心和希望！

努力开创少先队思想道德教育工作新局面

——张晓兰在全团加强和改进未成年人思想道德建设暨推进青年文化行动工作会议上的讲话

2004年6月22日

同志们：

今天上午，周强、赵勇同志就全团加强和改进未成年人思想道德建设暨推进青年文化行动作了重要讲话，下面我就少先队组织如何加强和改进未成年人思想道德建设，谈几点具体意见。

一、抓住机遇，乘势而上，努力把少先队工作提升到新的水平

《中共中央国务院关于进一步加强和改进未成年人思想道德建设的若干意见》的颁发和全国加强和改进未成年人思想道德建设工作会议的召开，对于少先队工作在新阶段的新发展，具有十分重要的意义，对于专门从事少年儿童工作的少先队组织和广大少先队工作者来说，既是巨大的鼓舞，又提出了更高的要求。最近一个时期以来，根据党中央的要求和团中央的整体部署，全队上下掀起了学习、宣传、贯彻胡锦涛同志重要讲话和中央8号文件精神的热潮，全队的思想认识进一步统一，工作积极性进一步增强，各级少先队组织都根据各地的实际情况采取了一系列有效措施，为当地少年儿童办了不少实事好事，少先队的各项工作都有了新发展，各项事业都呈现出新气象。同时，全社会关心少年儿童、爱护少年儿童的氛围更加浓厚，各个部门和社会各界都在努力为未成年人的健康成长营造良好的外部环境。总的来说，少先队工作尤其是少先队思想道德教育工作势头很好，环境很好，我们一定要抓住这个有利契机，乘势而上，进一步明确少先队的工作思路，进一步完善少先队的工作机制，进一步为少先队工作创造良好的外部环境，努力把少先队工作提升到新的水平。

二、明确任务，清晰思路，以求真务实的精神把未成年人思想道德建设工作抓实抓好

目前，全社会高度关注未成年人的健康成长，有关部门和社会各界为加强和改进未成年人思想道德建设做了大量工作，少先队作为少年儿童自己的组织，如何发挥其独特作用，值得我们深入研究。一方面，少先队要和社会各界一道，努力净化未成年人的成长环境，积极营造有利于未成年人思想道德建设的社会氛围，为未成年人的健康成长创造好的外因；另一方面，少先队要利用自己的组织优势，尊重少先队员在少先队组织中的主体地位，把握未成年人成长的规律，积极引导他们发挥主体作用，调动他们进行自我教育的主观能动性和积极性，让他们在全社会共同关心的氛围中，学会自己教育自己，内外因相结合，知与行相统一。因此，当前和今后一个时期，少先队思想道德教育工作的主要任务就是要深化道德实践活动，稳步发展服务品牌，不断加强少先队文化建设。

1.要以体验教育为基本途径，深化少先队道德实践活动。

少先队开展了很多内容鲜活、形式新颖、吸引力强的道德实践活动，比如手拉手、民族精神代代传、雏鹰争章等等。这些活动经过多年的实践，充满了儿童情趣，富有时代内涵，操作性强，效果明显。对于这些经过实践检验、已形成品牌的活动，我们要大力宣传，不断深化，做大做实做响。各级少先队组织要引导少先队员全面参与到这些品牌活动中，帮助他们在活动中受教育、长才干、有进步。同时，我们也鼓励各地根据自己的地域文化，创造性地开展工作，创设新的活动品牌，力争做到各有特色，遍地开花。在这里，我特别强调，要以体验教育为基本途径开展少先队道德实践活动。作为少先队教育思想的延续和发展，体验教育体现了共青团、少先队实践育人的光荣传统和基本经验，强调发挥未成年人在教育过程中的主体作用，引导他们在亲身实践中明白做人做事的基本道理，养成良好的行为习惯，增强了思想道德教育的针对性、主动性和实效性。近年来，各级少先队组织按照体验教育的思路开展工作，推动了少先队工作的全面活跃，提升了少先队工作的整体水平。同时，体验教育思想也得到了社会各界的广泛认同，取得了良好的社会效应，中央8号文件把体验教育作为道德实践活动的基本途径给予了肯定。在我们今后的工作中，全队上下要继续大力宣传体验教育思想，以体验教育为基本途径开展少先队道德实践活动，注重在发挥少年儿童主体性上下功夫，在组织少年儿童亲身参与上下功夫，在引导少年儿童自我总结实践中的体会上下功夫，使他们在亲身实践和再认识的过程中达到知行统一，提高思想道德素质。

手拉手活动要在城市与农村、东部与西部、身体健康与身体残疾、不同民族之间少年儿童手拉手的基础上，继续重点做好城市少年儿童与进城务工就业农民子女手拉手。要在巩固前一阶段活动成果的前提下，加强机制建设，不断扩大活动的覆盖面，推动活动的经常化、制度化。要积极争取教育行政部门的支持，尽快出台加强民办学校和进城务工就业农民子女学校少先队工作的有关政策。要把发挥社会力量为进城务工就业农民子女学校捐建队室，捐献图书、电脑、教学设备，进行辅导员免费培训等作为活动的一个重要方面，帮助进城务工就业农民子女解决实际困难。长期以来，手拉手活动一直是少先队组织开展未成年人思想道德教育的重要载体，是亿万少年儿童参与社会主义精神文明建设的生动实践。我们要坚定不移地推动这项活动的深化，努力做到有少先队员的地方就有手拉手活动，每一个少先队员都有一个手拉手小伙伴。

民族精神代代传活动要在引导少年儿童传唱民族精神歌曲的基础上全面推进。全国少工委要进一步做好原创优秀少儿歌曲推广活动，同时创作一批优秀少儿歌曲。各地少先队组织要通过形式多样的体验活动，把民族精神的深刻主题和丰富内容同少年儿童的日常学习生活紧密联系起来，让他们进一步了解和感受中华民族的爱国主义传统，了解和感受“中国了不起、中国人了不起、做个了不起的中国人”的深刻含义。井冈山、延安、大庆、泉州等民族精神代代传活动示范地区要结合本地实际，积极引导少年儿童开展“三个了不起”教育活动。要继续认真开展“爱国百分百寻宝大行动”等各具特色的活动。今年9月是中宣部、教育部确定的第一个“弘扬民族精神宣传月”。民族精神代代传活动要在9月形成高潮，成为“弘扬民族精神宣传月”的一个亮点。

要继续推动雏鹰争章与基础教育新课程改革的有机结合。要在关注和研究基础教育课程改革的基础上，进一步完善雏鹰奖章体系，深化雏鹰争章活动。要结合少年儿童的生活实践、学习实践和自身成长需要，以体验教育为基本途径，以大、中队为基本单位，以定章、争章和颁章为基本环节，开展丰富多彩的雏鹰争章活动，发挥雏鹰争章的激励作用，促进少年儿童综合素质的提高，实现少先队教育与新课程的有机衔接。

2. 要牢固树立服务意识，积极稳妥地发展服务品牌。

竭诚服务少年儿童的健康成长，是少先队一切工作的出发点和落脚点。加强少年儿童思想道德建设，少先队要牢固地树立服务意识，全面深入地了解少年儿童的状况，根据他们学习、生活、健康、权益等各方面的需求，创设和完善一些优秀的服务品牌，千方百计地为他们办实事、解难事，为他们提供实实在在的服务。经过各级少先队组织的共同努力，我们已经探索出了一些好的服务品牌，这些项目有的能够满足少年儿童某些方面的成长需求，比如少年军校、中华少年小甲A、雏鹰热线、中影校园电影院线等等，有的能够为少年儿童创造良好的成长氛围，比如少年儿童平安行动、知心家庭学校、更新家庭教育报告团等等，这些都值得我们去做，也一定会受到广大少年儿童和他们的家长老师的欢迎。各地还可立足本地实际，创设一些好的地方服务项目，基本方针是积极稳妥，基本方法是社会化运作机制。要认真选好切入点，选准项目，然后联合热心少年儿童事业、有实力的社会力量共同办好这些项目，要办一件，成一件，宁缺勿滥。一件一件地积累，一件一件地落实，集腋成裘，聚沙成塔，我们才能真正地把服务少年儿童的成长需求落到行动上，把思想道德教育工作做到少先队员的心坎上。

3. 要积极探索少先队文化建设，引导少先队员在健康向上的文化氛围中成长。

文化的力量深深熔铸在民族的生命力、创造力和凝聚力之中。文化对人的影响是深刻长远的，从一定意义上说甚至是根本的。少先队加强未成年人思想道德建设，除了要开展好道德实践活动和办好服务项目外，还要在少先队文化建设的层面上进行深入探索，认真思考如何把少年儿童的成长需求通过少先队的理念和主张反映出来，如何把党的要求、经济社会发展需求通过少先队的文化传递给少年儿童，使少先队组织的教育引导作用在少年儿童的成长过程中产生更大的影响，留下更深的烙印，从而整体上提升少先队工作，推动少先队事业的新发展。

探索少先队文化建设，首先要明确什么是少先队文化，少先队文化的特点是什么。我认为，少先队文化是先进文化的组成部分，它具有自己鲜明的特点，这种特点是由少先队的性质所决定的。抽象来说，它是一种在少先队的长期实践中积淀形成，植根于少年儿童群体，面向未来，具有鲜明的政治性、教育性、导向性和实践性，并以一切可以利用的资源特别是社会资源为载体的独特文化。具体来说，少先队文化体现了少先队的各种价值理念，反映了少先队的各项主张，存在于少先队员和少先队工作者的一言一行中。比如，少先队的根本任务是按照党所指引的方向，在共青团的带领下，培养社会主义事业的合格建设者和接班人；少先队的宗旨是竭诚服务少年儿童的健康成长，一切为了孩子，为了一切孩子，为了孩子的一切；少先队的工作目标是坚持把思想道德教育放在首位，努力提高少年儿童的综合素质；少先队开展道德实践活动的基本途径是体验教育，基本载体是手拉手和雏鹰争章；少先队开展活动的基本形式是组织少年儿童在少先队集体中互相学习，共同进步，使他们真正成为少先队的主人等等。这些都是少先队文化的重要内容，体现了少先队的理念和主张。

加强少先队文化建设，用少先队文化来提升少先队整体工作，有三个方面值得大力探索。一是要用看得见，摸得着的载体来体现少先队文化。文化的表达方式太重要了，正如今天上午赵勇同志讲的"文化的魅力往往体现在好的表达方式上"。今天是端午节，为什么几千年来端午节能够流传至今，颇有影响，很大程度上因为吃粽子，划龙舟已成为端午节这个文化节日的重要载体，人们很容易记住，也很容易表达。春节放鞭炮，中秋节吃月饼，圣诞节中的圣诞老人给孩子们送礼物都是同一个道理。因此，加强少先队文化建设，必须高度重视和进一步挖掘少先队特有的标志、礼仪及物化的形式对少先队员的教育引导作用。要发挥好队旗、队徽、队礼等少先队标志和礼仪的文化教育功能，重视队室、红领巾广播站、电视台、网站等文化阵地的建设，使少先队员一站在星星火炬的队旗下，就能感到人生追求的开始；一戴上红领巾，就能感到自己与无数先烈为之奋斗的事业有了联系；一行起队礼，就能感到人民的利益高于一切；一喊起呼号，就能感到自己正在为实现一个美好的理想做全面的准备；一听到鼓乐声，崇高神圣的情感就油然而生。

二是要把少先队组织肯定什么，否定什么，提倡什么，反对什么以规章的形式固定下来。少先队的队章、组织生活原则、评优原则等制度建设就是少先队文化的一种重要表达方式。通过制度化，我们可以把少先队的理念和主张更加清晰地传达给少先队员和少先队工作者，使他们更容易接受这些理念和主张。比如，我们每年评选"十佳少先队员"、"十佳辅导员"、"十佳志愿辅导员"和少先队"红旗大队"、"优秀中队"、"特色小队"等先进典型，就很好地体现了少先队组织的价值理念和主张，也激励了一代又一代少先队员和广大少先队员工作者见贤思齐，在潜移默化中受到少先队文化的影响。

三是要在少先队员和少先队工作者中营造少先队文化的磁场，使他们时时刻刻都能感受到这种文化力量的存在。这就要求广大少先队辅导员、少先队工作者的一言一行都体现少先队的价值理念和主张，为少先队员营造良好的少先队文化氛围。比如，我们要大力倡导人人平等，营造充满尊重、平等、和谐的氛围；倡导人人都是主人，营造对自己负责、对他人负责、对集体负责的氛围；倡导人人都探求的文化，营造争做"小问号"、"小发现"、"小能手"的氛围；倡导人人都创造的文化，营造充满童趣和幻想的氛围；倡导人人都追求美好的文化，营造热爱美、欣赏美、发现美、追求美、创造美的氛围。同时，这也要求我们的文化事业和文化产业，比如队报队刊、青少年宫、体验教育基地等，在为少年儿童提供精神食粮和活动场所的同时，要有意识地宣扬少先队的理念和主张，扩大少先队文化磁场的影响力。

总之，我们要大力加强少先队文化建设，形成少先队明确的理念和主张，并用这些理念和主张影响广大少先队员和少先队工作者，使他们形成心照不宣的精神默契，共同推进少先队事业的蓬勃发展，促进广大少年儿童的健康成长。

三、坚持全团带队，加强自身建设，为少先队各项工作提供机制保障

自少先队成立之日起，党就把直接领导少先队的光荣任务赋予了共青团。55年来，全团带队始终是共青团工作的重要组成部分。各级共青团组织特别是团的主要领导同志要充分认识少先队工作在共青团事业中的基础地位，继续发扬全团带队的光荣传统，将少先队工作纳入到全团总体工作布局，进一步健全少先队工作机构，巩固少先队基层组织，加强少先队工作队伍，支持少先队开展富有特色的活动，优化少先队工作的外部环境，真正做到从思想上、组织上、工作上、队伍上带好少先队。

要大力加强少先队的基层组织建设，按照“组织起来，活跃起来”的要求，激发基层少先队组织的活力，增强基层组织的吸引力和凝聚力，尤其要重视和加强农村少先队工作，逐步建立和健全社区少先队组织体系。要大力加强少先队工作者队伍建设，尤其要关心少先队辅导员的工作、学习、生活和成长，以提高辅导员素质为重点，以系统培训为基本途径，建设好一支适应时代要求、适应教育改革与发展需要、胜任少先队工作的辅导员队伍。同时，要逐步建立和完善校外辅导员制度，把校外志愿辅导员纳入中国青年志愿者的整体管理体系。要采取切实措施，发挥好“五老”辅导员的作用。

同志们，加强和改进未成年人思想道德建设是一项长期的艰巨的任务。让我们以邓小平理论和“三个代表”重要思想为指导，在以胡锦涛同志为总书记的党中央的坚强领导下，抓住难得机遇，发挥自身优势，不辱使命，不负重托，扎实工作，奋发有为，切实把未成年人思想道德建设工作落到实处，为不断提高未成年人的思想道德水平做出积极的贡献。

张晓兰在“红领巾革命圣地延安行”夏令营开营仪式上的讲话

2004年7月15日

少先队员小朋友们，同志们：

今天我们在延安革命纪念馆隆重举行“红领巾革命圣地延安行”夏令营开营仪式。首先，请允许我代表共青团中央和全国少工委向夏令营的开营表示热烈的祝贺！向前来参加活动的全国各地的少先队员和少先队辅导员表示亲切的慰问！向给予“红领巾革命圣地延安行”系列宣传教育活动高度关注和大力支持的陕西省委、省政府，延安市委、市政府及社会各界表示衷心的感谢。

延安是举世闻名的中国革命圣地，是延安精神的发祥地。以毛泽东同志为代表的中国共产党人在延安时期培育了以坚定正确的政治方向、解放思想实事求是的思想路线、全心全意为人民服务的根本宗旨、自力更生艰苦奋斗的创业精神为主要内容的延安精神。伟大的延安精神是民族精神的生动体现，是我们宝贵的精神财富。无论过去、现在还是将来，延安精神都放射着永恒的光芒，充满着时代的活力。

继承和发扬延安精神，用延安精神教育和激励青少年，引导他们从小树立正确的理想信念，树立正确的世界观、人生观和价值观，努力成为全面发展的“四有”新人，是共青团、少先队组织义不容辞的责任。

共青团、少先队组织继承和发扬延安精神，就要引导少先队员走进革命圣地，了解延安精神。要组织少先队员通过读书、上网、观看影视片、参观、游览等方式，了解革命老区为中国革命和建设做出的巨大贡献，了解中国共产党为实现民族独立和人民解放而英勇奋斗的崇高精神，从而增强对党的情感，对革命老区的情感，在自己的心中建立起永恒的精神家园。

共青团、少先队继承和发扬延安精神，就要引导少先队员参加实践活动，体验延安精神。要组织少先队员通过开展“红色小导游”、“重走长征路”、“建设延安我能行”、“做了不起的延安人”等内容鲜活、形式新颖、吸引力强的道德实践活动，引导他们在亲身体验中逐步理解延安精神的真正内涵，明白做人做事的基本道理，养成良好的行为习惯，完成知行的统一。

共青团、少先队继承和发扬延安精神，就要引导少先队员情系革命老区，宣传延安精神。要组织少先队员通过开展“手拉手”互助活动，让更多的外地小朋友和延安小朋友结成“手拉手”小伙伴，使延安精神通过红领巾传播得更远，使更多的少先队员在延安精神的激励下茁壮成长。

由共青团陕西省委、陕西省少工委发起举办的“红领巾革命圣地延安行”系列宣传教育活动是继承和发扬延安精神的有效载体，是共青团、少先队组织加强和改进未成年人思想道德建设的具体举措。这项活动通过精心组织夏令营、红色旅游等道德实践活动，把深刻的教育内容融入到生动有趣的课外活动中，用祖国的大好河山、优良革命传统和现代化建设成就教育未成年人，必将对广大青少年产生积极而深远的影响，必将对加强和改进未成年人思想道德建设做出积极的贡献。

最后，祝“红领巾革命圣地延安行”系列宣传教育活动圆满成功！祝所有参加本次夏令营活动的少先队员和少先队辅导员度过一个充实而愉快的暑假！

张晓兰在“民族精神代代传”首批征集歌曲发布活动上的讲话

2004年10月11日

少先队员小朋友们，各位来宾，同志们：

今天，我们相聚在庄严的人民大会堂，隆重举行“民族精神代代传”首批征集歌曲发布活动，这是一件很有意义的事情。在此，我代表共青团中央、全国少工委对被评选为活动推荐歌曲的作者表示热烈的祝贺！对一直以来支持少先队事业的社会各界人士表示衷心的感谢！

“民族精神代代传”活动是中宣部、中央文明办、共青团中央、教育部、全国少工委为贯彻党的十六大精神和“三个代表”重要思想，落实《中共中央国务院关于进一步加强和改进未成年人思想道德建设的若干意见》而共同主办的一项重要活动，是少先队组织开展未成年人思想道德教育的具体举措。为了让少年儿童以喜闻乐见的形式参与到“民族精神代代传”活动中，并为他们提供优质的精神食粮，共青团中央、全国少工委在去年少先队建队日向社会发出倡议，广泛征集以弘扬民族精神为主题的少儿歌曲。活动启动以来，社会各界反响强烈，一年内共有近3万首新创作的歌曲参加评选。我们强烈地感受到，每一首歌曲都凝聚着社会各界对祖国下一代的关爱，每一个音符都寄予了全社会对继承、发扬中华民族传统美德的殷切期望。各级少先队组织也以“民族精神代代传”为主题开展了一系列主题教育活动，使广大少年儿童进一步在丰富多彩的道德实践活动中体验了民族精神的丰富内涵，感受了优秀歌曲的催人奋进和愉悦身心，他们的思想道德素质、科学文化素质和健康素质都有了一定的提高。

今天，我们在这里举行首批征集歌曲发布活动，既是对过去一年活动的阶段性总结，更是对下一阶段工作的动员。各级少先队组织要紧紧围绕弘扬民族精神这一主题，开展传唱优秀歌曲等各种有益于身心的教育活动，引导广大少先队员从小树立民族自尊心和自豪感，养成良好的行为习惯，始终保持朝气蓬勃、昂扬向上的精神状态，立志成为全面发展的社会主义事业的合格建设者和接班人。希望全社会进一步关心未成年人的健康成长，继续创作一批批优秀的儿童歌曲，让我们的孩子在优美动听的旋律中茁壮成长。我们相信，在社会各界的关注与支持下，新时代的少年儿童一定会健康成长，把伟大的中华民族精神发扬光大。

少先队员小朋友们，今天，你们用一颗颗童心歌唱中华民族的伟大精神；明天，你们一定会用自己的行动续写中华民族繁荣昌盛的宏伟诗篇。

张晓兰在中央文明办加强和改进未成年人思想道德建设研讨班上的讲话

2004 年 10 月 14 日

同志们：

今天有机会和工作在精神文明创建战线的各位同志就加强和改进未成年人思想道德建设进行探讨，我感到非常高兴，这对我来说也是一个很好的学习机会，我愿意就共青团、少先队组织在加强和改进未成年人思想道德建设方面的实践与体会和同志们进行交流，便于大家进一步了解共青团和少先队的工作，也进一步支持共青团、少先队组织做好青少年教育工作。

加强和改进未成年人思想道德建设，是以胡锦涛同志为总书记的党中央从推进新世纪新阶段党和国家事业发展、实现党和国家长治久安的高度作出的一项重大决策，得到全党全社会的高度拥护，是一项民心工程、希望工程。在加强和改进未成年人思想道德建设的工作实践中，我们深切地感受到：越是抓这项工作，越是深深地体会到它的重要性和紧迫性，越是深深地体会到我们党的远见卓识和求真务实的执政风范，越是深深地体会到我们面临的宝贵机遇和肩负的光荣责任。下面，我从四个方面和大家做一个交流。

一、共青团、少先队组织是加强和改进未成年人思想道德建设的重要力量

中央 8 号文件下发以来，各级党委和政府都把加强和改进未成年人思想道德建设作为一项事关全局的战略任务，纳入经济社会发展总体规划，列入重要议事日程，切实加强和改善领导。在各级文明委的组织协调下，有关部门各负其责、全社会积极参与，形成了加强和改进未成年人思想道德建设的热潮，极大改善了未成年人学习、成长的社会环境。共青团、少先队是加强和改进未成年人思想道德建设的重要力量，这是由共青团、少先队组织的特点所决定的。

首先，共青团、少先队组织具有鲜明的政治属性。共青团是党领导下的先进青年的群众组织，是广大青年在实践中学习中国特色社会主义和共产主义的学校，是中国共产党的助手和后备军。少先队是少年儿童的群众组织，是少年儿童学习共产主义的学校，是建设社会主义和共产主义的预备队。受党的委托，共青团直接领导少先队的工作，我们叫做“全团带队”。由此可见，共青团和少先队是团结教育引导青年和少年儿童的群众组织，是党的青少年工作的重要力量，其任务和职责就是按照党的要求把青少年培养成为中国特色社会主义事业的合格建设者和接班人。当前我国 18 岁以下的未成年人约有 3.67 亿，其中 0—7 岁的儿童约 1.4 亿，其余的 2.3 亿都是共青团和少先队的工作对象，所以认真贯彻落实中央 8 号文件精神，切实加强和改进未成年人思想道德建设，是各级共青团和少先队组织义不容辞的职责。8 号文件也把共青团、少先队组织作为整个未成年人思想道德建设体系中的重要方面，对共青团、少先队组织在未成年人思想道德建设中充分发挥作用提出了明确要求，这为我们进一步做好未成年人思想道德建设工作指明了方向。

其次，共青团、少先队组织以加强未成年人思想上的教育引导为基本任务。共青团、少先队组织的首要任务就是教育引导未成年人从小树立远大理想，树立正确的世界观、人生观和价值观。未成年人正处在长身体、长知识，世界观、人生观、价值观逐渐形成的阶段，加强思想上的教育和引导具有重要意义。共青团和少先队一直坚持分层次有步骤的正面教育和引导，从规范行为习惯、提高基本素质做起，在耐心细致的解疑释惑中帮助未成年人辨别是非、美丑、善恶。从养成爱国情感、确立远大志向做起，用共产主义的远大理想激励未成年人，用爱国主义、集体主义、社会主义的思想教育未成年人，用全面建设小康社会的宏伟目标鼓舞未成年人，引导他们胸怀远大志向，不断积极进取，把正确的理想信念作为人生成长进步的动力，教育和引导未成年人树立中国特色社会主义的理想信念和正确的世界观、人生观和价值观，养成高尚的思想品质和良好的道德情操。

第三，共青团、少先队组织以组织未成年人广泛参加社会实践为基本途径。良好道德的养成、正确信念的确立仅仅靠知识的灌输和理念的教授是不能完成的，没有亲身经历和真实感受的体验环节，没有符合未成年人特点的实践活动，无法达到预期的教育效果。在实践中教育人、培养人是共青团、少先队组织的优良传统和基本经验。共青团和少先队加强和改进未成年人思想道德建设，主要是分层次、有针对性地组织各个年龄段的未成年人参加多种多样的社会实践，广泛深入地开展道德实践活动，引导广大未成年人广泛参与家庭生活、学校生活、社会生活实践，积极融入大自然，在广阔的实践中亲身经历、真实感受，明白做人做事的道理，养成良好的行为习惯。

第四，共青团、少先队组织以为未成年人健康成长提供切实有效的服务为基本手段。共青团、少先队组织作为青少年的群众组织，始终把竭诚服务青少年作为一切工作的出发点和落脚点，这是近年来共青团、少先队组织的一条重要经验和基本原则。共青团中央多次强调，在未成年人思想道德建设中，各级团队组织的工作更是要鲜明地体现服务的思想，从关心爱护未成年人的角度出发，满腔热情地关心未成年人，积极帮助未成年人解决学习、生活、成长中遇到的问题，为未成年人健康成长办实事，办好事。共青团提供服务有一个最大的优势，就是具有广泛的社会联系，可以整合、凝聚自身拥有的多种资源，可以动员青联委员和志愿者等方方面面的力量，可以从不同角度积极配合政府职能部门的工作，可以及时听取广大未成年人的意愿与心声，积极营造有利于未成年人思想道德建设的社会氛围，把思想道德教育做到未成年人的心坎上。

二、共青团、少先队组织加强和改进未成年人思想道德建设的基本理念

在加强和改进未成年人思想道德建设的实践中，我们感到共青团必须充分发挥组织优势，坚持实践育人、文化育人、服务育人和组织育人，使我们的工作贴近未成年人，体现时代性、把握规律性、富于创造性，不断开创加强和改进未成年人思想道德建设的新局面。

第一，充分运用实践育人的手段，不断开辟未成年人思想道德建设的新途径。

实践育人符合认识的基本规律。听到的容易忘记，看到的印象不深，只有亲身体验到的才会刻骨铭心。近年来共青团、少先队大力推行的体验教育理念，就是对多年来实践育人规律的总结。在加强未成年人思想道德建设过程中，要不断树立体验教育的思想，把体验教育作为对未成年人进行思想道德教育的基本途径，引导未成年人开展各种各样的社会实践，在实践中体验，在体验中获得刻骨铭心的感受，这样未成年人就能将道德规范内化为自己的道德信念，指导自己的行为。实践育人也符合道德建设的基本规律。道德建设重在实践，实践解决了道德建设中知行脱节的问题。同时，实践育人还符合未成年人成长的基本规律。未成年人心智发育的特点，决定了他们更多地要在实践的体验中发展身心，完善个性。长期以来，共青团、少先队组织把实践育人作为加强青少年思想道德建设工作的根本途径，逐步形成了青少年广泛参与的实践教育体系，在培养“四有”新人中发挥了重要作用。

1. 强化实践育人的导向性。实践本身的作用是多方面的，实践育人包括了鲜明的导向，就是要使实践主体在参与中受到教育，增长才干，经受锻炼。这些年来，我们开展的青年志愿者行动、青年文明号、保护母亲河行动等实践活动都贯穿了鲜明的理念，对广大青少年发挥了强有力的导向作用。在未成年人思想道德建设中强调实践育人的导向性，就是要引导他们在实践中增强爱国情感，确立远大志向，规范行为习惯，提高基本素质。未成年人处在身心发展的关键时期，可塑性强，特别是他们生活在一个日益开放和多元化的社会中，面临更多的选择，尤其需要我们强化实践育人的导向，使未成年人的思想道德素质得到全面提高。

2. 突出实践育人的主体性。实践是实践主体的实践，实践育人就是要调动实践主体的内在积极性，引导实践主体自我体验，自我教育。外因只有通过内因才能起作用，强调未成年人的实践主体地位，就要尊重他们的主观能动性，以平等的积极的态度看待未成年人，不能把他们仅仅看做是被动的教育和管理的对象。过去的一些实践活动之所以效果不理想，就是因为忽视了未成年人的愿望、要求和特点，把活动强加给他们，没有很好地发挥未成年人的参与积极性，没有重视他们的内心感受和体验。在加强未成年人思想道德建设中，要积极探索情境式教育、案例式教育、问题式教育的方式，加强与未成年人的交流、沟通和互动，使道德教育在一定意义上成为道德学习，培养未成年人自主选择和辨别是非的能力。要特别重视培养未成年人养成良好的行为习惯。要多运用未成年人熟悉的语言，多运用未成年人喜闻乐见的形式，使未成年人在主动参与中接受教育。

3. 增强实践育人的针对性。不同年龄、地区、性别的未成年人的生理、心理和生活环境不同，必须因人而异，因材施教，因势利导。在小学阶段，我们大力深化体验教育，在中学阶段，重点是开展实践教育。要针对不同年龄、不同群体、不同地区未成年人的特点，尊重客观规律，有目的地引导未成年人接触社会、参与实践，促进未成年人知行统一。要针对未成年人思想道德建设方面存在的突出问题，确定合适的内容，选择恰当的方式，开展有针对性的教育实践活动。要重视情感、意志、兴趣、个性等非智力因素对未成年人成长的影响，引导他们在实践中磨练意志，陶冶情操，升华思想道德境界。

第二，充分运用文化育人的手段，积极营造未成年人思想道德建设的良好环境。

在大众传媒快速发展和社会生活方式发生深刻变化的新形势下，文化对未成年人的思想观念、价值取向和行为方式的影响日益深刻。特别是声像技术和通讯技术的发展，极大地丰富了文化传播的载体，增强了文化传播的力量，使文化特别是流行文化在未成年人身上打上了深刻的烙印。而互联网、手机短信等新兴媒体的兴起，也给未成年人思想道德建设带来新的情况。有关资料显示，目前中国上网用户7950万人，上网计算机总数3089万台；2002年，中国网络游戏用户达到800万户，市场规模达到了10亿元人民币，超过了电影业；2003年中国手机短信达到2000亿条，占全世界总量4000亿条的一半。有人形容当代青少年是“拇指一族”、“读碟的一代”、“网络的一代”。文化的发展为满足人们包括未成年人日益增长的精神文化需求提供了各种条件，开辟了新的途径，有利于促进广大青少年综合素质的提高。同时，在市场利益驱动下，各种庸俗的文化产品也会带来一些负面的影响，腐蚀未成年人的心灵。总之，文化像空气一样，无所不在，无时不在，对未成年人的影响是潜移默化的，是深入持久的，我们要用先进的文化帮助未成年人健康成长。

一要在弘扬主旋律上有新的突破。文化育人就是要发挥先进文化对未成年人的教育引导作用。我们的青年文化建设要有魂，这个魂就是培育“四有”新人，就是要贯彻中央要求，在未成年人中大力弘扬和培育以爱国主义为核心的民族精神，树立和培养正确的理想信念。文化具有多样性、多元性，文化的魅力就在于它的丰富多彩，我们加强青少年文化建设，就是要在多样性的文化环境中唱响主旋律，坚持以科学的理论武装人，以正确的舆论引导人，以高尚的精神塑造人，以优秀的作品鼓舞人，充分运用多种文化形式和传媒手段，弘扬主旋律，努力做到思想性、艺术性和观赏性的统一，使伟大的民族精神和中国特色社会主义的理想信念深入人心，使党和国家对未成年人思想道德的要求深入人心。

二要在广泛参与上有新的突破。文化建设要取得成效，需要调动广大未成年人的参与。参与的青少年越多，文化育人在未成年人思想道德建设中发挥的作用越大。要开展多种层次的青少年文化活动，既要有阳春白雪，又要有下里巴人，特别要重视开展基层群众性文化活动，使更多未成年人参与到文化活动中来。要建设校园文化、社区文化、企业文化、乡村文化和网络文化，努力使文化建设覆盖面更广，参与面更大。要增强文化建设的吸引力，使文化活动适合未成年人的特点，使他们乐于接受，乐于参与。

三要在表达方式上有新的突破。文化育人，表达方式十分重要。很多时候，我们有很好的内容，很好的主题，但是我们组织的文化活动、创作的文艺作品，青少年不愿意参与，不爱看，核心的问题是没有找到受青少年欢迎的表达方式。文化的魅力，往往体现在好的表达方式上；文化的生命力，就在于不断地创造。增强文化对未成年人的吸引力和感召力，关键是要适应时代发展，创新表达方式。我们要研究未成年人，了解未成年人，多运用他们的语言，多采取他们喜爱的方式，多吸取他们的创造，弘扬传统文化的精髓，积极借鉴世界上一切优秀的文明成果，推动文化表达方式的创新，使我们的文化活动和文艺作品更加鲜活、更加生动，更加具有冲击力和震撼力，为广大未成年人所欢迎，使文化育人的目标在生机勃勃的文化建设中得到落实。

第三，充分运用服务育人的手段，努力增强未成年人思想道德建设的实效

从根本上说，加强未成年人思想道德教育，是为未成年人的健康成长提供服务。只有坚持以人为本，把诚心诚意为未成年人健康成长服务作为共青团和少先队做好未成年人思想道德建设工作的出发点和落脚点，竭诚为未成年人服务，凡事想着未成年人，心里装着未成年人，一切为了未成年人，我们的思想道德建设才会被未成年人接受，才能真正达到提高未成年人思想道德素质、促进未成年人全面发展的目的。运用服务育人手段加强未成年人思想道德建设，要做好结合的文章。

一是把解决思想问题与解决实际问题结合起来。未成年人在成长过程中，会遇到种种问题和困惑，他们的思想问题往往是与学习生活中的实际问题交织在一起，有的思想问题本身就是他们成长中碰到的实际问题。只有真心实意地为未成年人解决实际问题，为他们的生活、学习排忧解难，与他们一起分享成长的快乐和烦恼，我们才能取得未成年人的信任，成为他们的良师益友，切实解决他们思想上的问题。只有了解他们的所需所想、所感所爱，走进他们的内心世界，切实把握未成年人的思想实际，我们解决实际问题才能有的放矢。以解决问题为核心，以实施项目为手段，是当今国际社会开展未成年人工作的成功经验和做法。我们要针对未成年人成长发展中出现的实际问题，一个问题一个问题去解决，一个项目一个项目去落实，把服务工作做深、做细、做实。比如，目前许多未成年人存在考试焦虑、人际交往障碍、青春期的烦恼和困惑等心理方面的问题，我们就要大力开展心理健康教育和心理咨询服务。又比如，在市场经济发展和社会结构发生变化的情况下，出现了一些特殊的未成年人群体，像农村留守儿童、流浪儿童、单亲家庭儿童、贫困家庭子女等，他们需要社会的帮助，我们要为他们提供及时有效的服务，把社会的关怀和温暖送到他们心坎上。

二是把维护权益与促进未成年人发展结合起来。未成年人不具备完整的行为能力，容易受到侵犯和危害，这也正是我国法律把未成年人列为被监护人的原因。未成年人的成长，不仅需要来自家庭和学校的爱护，而且需要全社会的呵护和帮助。目前未成年人成长发展的环境总的来讲是好的，但是各种消极因素和不良因素对未成年人的危害不可低估，各种侵犯未成年人权益的现象时有发生，这不仅严重影响了未成年人的健康成长，而且引发了许多社会问题。维护未成年人的合法权益，就是促进未成年人健康成长，就是推动未成年人发展，保护未成年人就是保护祖国的明天。

三是把强化服务功能与提高服务能力结合起来。服务育人要取得效果，关键是要强化服务功能，提高服务能力。未成年人的服务工作不可能靠一个部门包打天下，共青团、少先队组织既要发挥自身优势做好服务未成年人的工作，又要广泛吸纳和整合社会资源，增强服务能力，拓宽服务渠道和空间。要加强青少年活动阵地和青年中心建设，使服务形成强大的阵地依托和网络体系。要运用影视、网络、短信等现代传媒服务未成年人，增强我们服务的覆盖面和影响力。专业化的知识和专业化的服务是服务能力的重要组成部分，我们要培养一批素质过硬的未成年人服务队伍，不能仅凭热情、仅凭经验从事未成年人服务工作。要积极争取党和政府的支持，推动有关政策法规的制定完善，协助政府做好青少年事务，使服务建立在政策、法规的基础上。

第四，充分运用组织育人的手段，努力构建未成年人思想道德建设的组织网络

组织和群体在人的社会化过程中扮演着重要角色，对个人素质培养、情感依托、个性形成至关重要。组织化的过程，一定意义上讲就是社会化的过程。由于生理、心理发育的特殊

性，未成年人对组织和群体的需求尤其强烈，对集体舆论和集体行为具有较强的趋同，他们所处的组织和群体对他们的成长具有很大影响，因此要重视组织对人的成长和社会化的影响，引导未成年人在组织中进行良性互动，引导他们在组织中健康成长。在未成年人思想道德建设中，我们要充分运用组织育人的手段，通过团队组织和同伴群体、学生社团等各种非正式组织，对未成年人进行教育引导。

一是充分发挥组织的引导作用。组织总是具有鲜明的取向，组织的作用首先是引导的作用，特别是共青团和少先队。一代又一代未成年人在共青团、少先队的旗帜下成长为社会主义事业的建设者和接班人。目前，共青团有基层团委20多万个，团支部250多万个，少先队在校的少先队大队约53万个，中队约1500万个，还有青联、学联、青年志愿者协会等相关组织。这是一个强大的组织体系。发挥组织的引导作用，关键是扩大团队组织对未成年人的覆盖和影响，发挥共青团和少先队在组织育人中的引导作用。同时，我们要看到，在向市场经济转轨的过程中，出现了大量的中介组织和非政府机构；未成年人由于兴趣、交友的需要，出现了一些他们自发成立的非正式社团；互联网上还出现了未成年人网上社团和网上社区等虚拟组织。我们要加强对这些组织的引导，发挥好这些组织在未成年人思想道德建设中的作用。

二是发挥组织的互动作用。研究表明，未成年人在成长过程中，同伴群体对他们身心健康发展起着重要作用。现实生活中未成年人中出现的某些个性与人格发展上的问题，往往与他们缺乏社会交往和互动有关。发挥组织育人的作用，就要重视组织成员的互动，重视集体的交流，广泛开展丰富多彩的组织活动，为未成年人的交流、沟通创造条件，帮助他们在组织中相互学习、共同帮助、共同提高。

三是发挥组织的参与作用。组织的作用还在于为我们参与社会、参与决策提供了平台。组织活动的过程，实际上是组织成员参与社会的过程，是组织成员在参与实践中受到教育、发挥作用的过程。我们要发挥组织的参与作用，动员和组织未成年人积极参与团队活动，为未成年人接触社会、了解社会、参与社会提供有效途径和广阔舞台，使未成年人在组织中学会处理人与人、人与社会、人与自然、人与自我的关系。同时要通过发挥组织的参与作用，推动有关未成年人的法律法规的制定，推动未成年人成长环境的优化。

实践育人、文化育人、服务育人和组织育人，是一个有机统一的整体。实践是途径，文化是环境，服务是手段，组织是依托，实践育人、文化育人、服务育人和组织育人四者相辅相成，各有侧重。充分运用实践育人、文化育人、服务育人和组织育人的手段，综合发挥它们的作用，就能把共青团和少先队加强和改进未成年人思想道德建设工作提高到一个新的水平。

三、共青团、少先队组织加强和改进未成年人思想道德建设的实践

今年3月份以来，根据党中央精神，团中央按照中央文明办的要求，对加强和改进未成年人思想道德建设工作进行了认真的部署。我们把中央文明委《目标任务分工》中涉及团中央的37个方面细化为130多个单项工作，每一项都明确责任部门和责任人，确保中央文明委的要求落到实处。同时围绕加强和改进未成年人思想道德建设的主题，统一调配工作力量，重新整合活动项目，根据工作进展不断提出新的要求，作出新的部署。

8号文件下发后，我们立即提出共青团、少先队组织集中力量为未成年人办15件实事：在70%的中学建立中学生团校、业余党校，规范教材标准，形成推优入党机制；普遍开展16岁居民身份证颁发仪式和18岁成人宣誓仪式活动；让城市少年儿童与进城务工就业农民工子女手拉手；组织未成年人开展“雏鹰争章”活动；为少年儿童创作百首体现中华民族民族精神的歌曲；

规范少年儿童工作者的行为准则;为西部少先队辅导员提供免费培训;将校外辅导员注册为志愿者;组织发动优秀青年志愿者和志愿服务集体就近与未成年人大手拉小手;扶持建立青少年活动场所;向未成年人推荐200册图书;新建12个有关未成年人的爱国主义教育网站;为未成年人上网找"社区网络文明行"的同伴;确定每年9月第一周为未成年人法律宣传周;建立未成年人社区评价体系。上述15件实事已经全部落实,取得了阶段性效果。

5月份为切实贯彻落实全国加强和改进未成年人思想道德建设工作会议精神,团中央书记处在前一阶段办好15件实事的基础上进一步提出"八个一"的要求:一是成立一个领导小组,即成立共青团加强未成年人思想道德建设工作领导小组,加强对这项工作的统筹和领导;二是召开一次会议,即全团加强和改进未成年人思想道德建设和青年文化建设会议;三是下发一个文件,结合共青团、少先队工作实际,制定贯彻落实全国加强和改进未成年人思想道德建设工作会议精神和《若干意见》的实施意见;四是组织发表一组评论员文章,深入学习和宣传会议精神;五是建设一个网站,即未成年人思想道德建设网站;六是建立一个论坛,形成未成年人思想道德建设资源整合机制,以论坛为载体开展以青少年为主体的思想教育活动;七是启动一个工程,即青少年网络文明工程,净化青少年上网环境;八是推出一批研究成果。

今年6月下旬,共青团中央召开了全团加强和改进未成年人思想道德建设工作会议。会议决定,为进一步切实贯彻落实好中央精神,更好地发挥团队组织的优势和作用,今后一段时期,全团上下要协调行动,集中力量再办好11件实事,目前这些实事大多数已经推展开来,呈现出良好的发展态势。下面,我简单介绍一下这些活动项目,使大家进一步了解共青团和少先队在加强和改进未成年人思想道德建设方面的具体工作。

1. 联合教育部实施"校园净化工程"。当前校园环境总体是好的,但也存在不少问题。有害卡通画册、淫秽"口袋书"、黄色光碟等违法出版物,各种不健康的"顺口溜"、"粗口歌",以及校园周边违法开设的网吧、电子游戏厅及其他娱乐场所等,不同程度地影响着未成年人。实施"校园净化工程",就是要切实解决上述存在的问题。共青团、少先队着重在以下三个方面做工作:一是通过主题团队日活动,对未成年人开展经常性的思想教育,引导他们认清不法出版物和不良活动场所对自身成长的巨大危害。二是协助、配合相关部门,开展对市场上违法出版物和校园周边违法开设的各种场所的清理和整治。三是发挥团队组织的模范作用,动员共青团员、少先队员主动上交不良出版物,自觉远离有害出版物和不良场所。我们争取经过半年左右的努力,和教育部一道,使校园环境有较大的改观。

2. 实施"爱心助成长"志愿服务计划。当前,很多离退休老同志以及社会上的不少有识之士,热心未成年人教育事业,希望在力所能及的范围内为未成年人做实事、办好事。为更好地发挥"五老"在未成年人思想道德建设中的作用,9月份共青团中央、中国关工委、全国老龄办、全国少工委共同下发了《关于实施"爱心助成长"志愿服务计划的通知》。通过实施"爱心助成长"志愿服务计划,我们把中老年志愿者也吸引到志愿服务队伍中来,这既为推动志愿者工作的发展开辟了一个广阔的空间,又加强了未成年人思想道德建设的工作力量。我们广泛招募老年志愿者以及其他社会各界志愿者,组织他们积极参与到未成年人思想道德建设的行列中来,实施"护苗志愿行动"、"爱国教育志愿行动"、"场所监督志愿行动"、"社区德育志愿行动"、"关爱农村志愿行动"等专项志愿服务行动,动员全社会都来关心未成年人成长,做未成年人的榜样,为未成年人思想道德建设献计出力。

3. 组织“共享成长”主题活动。适应未成年人成长发展的需要和崇拜偶像的心理，我们开展了“共享成长——杰出青年走进中学生”活动。全国各省、市，甚至县都开展了十杰的评选活动，把这些杰出青年组织起来，走进中小学生，让他们给未成年人讲述自己成长的故事，用他们的事迹和精神教育激励未成年人。上海等很多地方都积累了丰富的经验，他们围绕“共享成长”这个主题，组织成功人士到中小学去，开展交流互动，讲述真实感人的故事，讲述“我是怎么走过来的”，反响非常好，对未成年人树立理想信念、确立人生的航标，有着非常现实的指导意义。

4. 开展“民族精神代代传”歌曲传唱活动。音乐是全世界所有人都共同认知的一种特殊的语言，也是对未成年人进行思想道德教育的重要载体。那些内涵深刻、旋律动人的优秀歌曲，能够振奋精神、鼓舞斗志、娱乐身心，甚至影响人的一辈子。我们都是这么走过来的，都有切身的感受。少年时期学的歌曲到现在还能随口拿出来唱，歌曲里讲的道理影响了我们价值观的形成。我们通过团队组织引导未成年人广泛传唱革命传统歌曲和爱国主义歌曲，让少年儿童在歌声中了解民族精神的丰富内容，感受民族精神的伟大力量，增强民族自尊心、自信心和自豪感。从去年10月开始，共青团中央、全国少工委就面向广大少年儿童及社会各界开展了优秀少儿歌曲征集活动，共征集了三万余首少年儿童喜爱的歌曲，并从中选出一部分优秀的作品在少年儿童中开展传唱活动。前天，共青团中央、全国少工委召开了“民族精神代代传”首批征集歌曲推介会，向社会发布了《让座》、《五环童话》、《和平摇着风铃》、《爱从这里起航》等7首新创作的优秀少儿歌曲，这些歌曲旋律十分优美，歌词富有内涵，既体现民族精神，又深受少年儿童喜爱，我们将把这些歌曲做成MTV、VCD等多种传播的载体和方式，在少年儿童中广泛开展传唱。

5. 广泛开展“同在一片蓝天下，手拉手共同成长”活动。我国有1900万进城务工人员的子女，他们在生活、学习等方面存在着不同程度的实际困难。少先队组织在全国各大中城市深入开展了“同在一片蓝天下，手拉手共同成长”活动，广泛发动城里的学校和学生与进城务工就业农民子女学校和学生结成对子，在学校与学校之间、学生与学生之间开展各种联谊和互助活动，让成长环境不同的学生感受同一个大家庭的温暖，互相关心，共同成长。我们组织了由城市少年儿童与进城务工就业农民子女共同参加的夏令营活动和民宿活动，让孩子与孩子之间在活动中增强交流，增进感情，这对城里的孩子是个很大的教育，对进城务工农民子女也是一个巨大的温暖和关爱。我们还动员了社会力量为进城务工就业农民子女学校捐建队室或闲置电脑、图书、教学设备、电器、课本等，为进城务工就业农民子女创造更好的学习条件。

6. 开展中学生暑期“四个一”实践教育活动。在总结大学生“三下乡”社会实践经验的基础上，我们在中学生中广泛开展实践教育活动。我们联合教育部门，以布置暑假作业的形式，开展中学生暑期“四个一”实践活动，即：参观一次爱国主义教育基地，就近就便参观各类纪念馆、博物馆，考察城市、农村建设成就，走访老党员、老英模等，接受爱国主义教育；参加一次社区志愿服务活动，立足所在城乡社区，开展助老扶幼、助困扶弱、保护环境、秩序疏导、公益宣传等多种形式的志愿服务活动，接受社会公益教育；为父母、长辈做一件实事，比如为父母、长辈做家务或过生日等，接受中华民族传统美德教育；学习一项生产生活技能或自理自护常识，向父母或他人学习农业生产、市场营销、日常生活家务等方面的基本技能，学习安全、自我保护、生存等方面的基本常识，接受社会适应能力的教育。开学之后，各级团队组织还广泛开展了“四个一”征文、座谈和检查评比等活动，加强思想交流，使活动成果进一步深化。

7. 举办“快乐成长”系列活动。快乐是未成年人的天性。我们依托青少年宫开展了“快乐成长”主题系列活动，让少年儿童在玩中学习，在快乐中成长。系列活动由六项内容组成，即：“走进音乐殿堂”高雅音乐推介活动、青少年奥林匹克夏令营暨健身展示活动、家庭文艺大赛、文明礼仪学习体验活动、“欢乐快车”少儿电视文艺节目展演活动、“快乐成长”明日之星评选活动。通过开展系列活动，我们推进了青少年宫的各项工作，吸引更多的青少年到青少宫中来，真正把青少年宫建设成为未成年人快乐成长的阵地。

8. 实施青少年文化精品计划。我们利用团属文化阵地和文化产业，大力推进青少年文化精品的创作、生产和推广，为广大未成年人提供更多更好的精神食粮。我们结合团的“五个一工程”，发挥评选的导向和示范作用，同时深化新世纪读书计划，通过优秀图书推荐榜、读书讲座、新世纪书屋等项目，引导未成年人多读书、读好书。10 月 9 日至 13 日，共青团中央联合中宣部、中央文明办、教育部、文化部、广电总局、新闻出版署等 6 部委在山东济南举行了“青春中华”首届中国青少年读书周，举办了青少年图书博览会，表彰了首届中国青年学习成才奖暨全国优秀青年学习组织，启动了百城美文诵读活动和百家名家讲座活动，并推出了青少年喜爱的百套图书，这些活动都为未成年人提供了大量的优秀文化精品，并在未成年人中弘扬了多读书、读好书的社会风尚。

9. 开展“社区关爱行动”。社区是未成年人思想道德建设的一个重要阵地。由于各种原因，很多社区都存在特困、失学、失足、残疾、单亲和流动人口家庭子女等特殊未成年人群体。共青团、少先队组织通过开展心理咨询等服务活动，广泛动员社区内的专业人士、知名人士、驻区单位工作人员、大学生等，为这些未成年人群体解决实际困难。有的社区依托社区团组织和社区青年中心，设立了“社区关爱交流站”，开办“社区小课桌”，通过多种形式帮助和引导未成年人学习成长。有的社区开展“一对一手拉手”活动，让社区中特殊的未成年人和其他未成年人结对子，互相关心，互相学习，共同进步。有的社区开设了心理咨询室，针对未成年人的学习、生活和精神压力，交流疏导，帮助他们释放心理压力，减轻心理负担。还有的社区组建了未成年人社区成长环境监督员队伍，为未成年人成长创造良好的社区环境。

10. 培训一批未成年人思想道德建设工作骨干。加强和改进未成年人思想道德建设，需要一支专业化的工作队伍。共青团、少先队组织依托团校、青干院，邀请在未成年人思想道德教育领域知名的专家、学者等，面向团队干部、辅导员以及其他从事未成年人思想道德建设的工作者，以政策辅导、理论讲授、技能培养为主要内容，开展大规模的培训。从 7 月份开始，中国青年政治学院就连续开办示范培训班，每个班次培训时间安排在 7 天左右，分专题由专业人士进行针对性的培训。各地团校和青年干部学校也行动起来，广泛开展培训活动。我们力争通过层层培训，争取利用不太长的时间，把全国从事未成年人思想道德建设一线工作的团干部、少先队大队辅导员轮训一遍。

11. 形成一批有分量的研究成果。我们围绕团中央的一系列部署，组织专家学者，深入未成年人，了解未成年人，并结合团中央 2004—2005 年度青少年和青少年工作课题研究规划，确立了一系列重点课题，力争年底之前拿出一批有分量的研究成果，为中央和有关部门提供决策依据。各地团属青少年研究机构、团校、青干院也把未成年人思想道德建设理论研究作为重要内容纳入教学科研计划，加强了对新时期未成年人身心发展特点和未成年人思想道德建设规律的研究。

此外，共青团还承担了中央文明委确定的

12件专项工作之一——未成年人心理生理知识教育。我们认为中央文明委决定为未成年人办12件作用大、影响大的实事,是一个重要决策。团中央牵头负责未成年人心理生理知识教育专项工作,我们深感责任重大,把做好这项工作作为重中之重,精心谋划,多方协调,认真部署。经过和有关部委协商,我们成立了未成年人心理生理知识教育专项工作领导小组,制定了详细的工作方案。一是加强调研,对青少年心理生理发展现状进行调查研究。二是发挥资源优势协同开展教育活动。5月25日是全国大中学生心理健康节,围绕引导大中学生关注自身的心理健康和身心素质的发展,各级团组织发动从事心理学研究和教育的专家为大中学生提供心理知识普及、心理测量实践、心理咨询问答、心理健康辅导等多种服务。三是改进学校心理生理知识教育。以教育部为主对相关课程教学情况和效果进行研究,及时调整教学内容、手段和方法,增强针对性和实效性。联合卫生部在中小学推广心理咨询和心理指导,帮助未成年人掌握一般的心理健康知识和自我调节方法,培养良好的心理素质。

四、共青团、少先队组织加强和改进未成年人思想道德建设的打算

下一阶段各级共青团、少先队组织将进一步深入学习领会胡锦涛总书记、李长春同志的一系列重要讲话和中央8号文件精神,贯彻落实中央文明委第四次会议精神,不断统一全团思想,增强加强和改进未成年人思想道德建设的自觉性,在前一阶段工作的基础上,重点做好以下四个方面的工作。

第一,构建共青团加强未成年人思想道德建设的长效机制。一是建立统筹协调机制。今年5月团中央已经成立了以书记处第一书记周强同志为组长的加强未成年人思想道德建设工作领导小组,6个部门齐抓共管,团中央系统全部参与。在这个机制之下,今年团中央集中全团力量做了不少事情,取得了明显成果。这个机构要长期存在下去,推动团的各条战线、各个部门、各个机构都参与到未成年人思想道德建设中来,整合资源,发挥优势,形成合力。我们要求各地也要建立相应的工作领导机构,加强对当地工作的协调与指导,促进这项工作的可持续发展。

二是建立资源整合机制。一方面整合政府部门的资源,加强与有关部门的合作,主动履行协助政府管理青少年事务的职能,争取政府部门的政策支持和资金扶持。另一方面要整合社会各方面的资源,通过社会化的运作方式,从人力、物力、财力等多方面获得广泛的社会支持,壮大团的力量,更好地服务未成年人的健康成长。

三要建立未成年人参与机制。根据未成年人实际设计团队活动,增强团队活动的吸引力,引导青少年主动参加到活动中来。改变以往团队活动的参与方式,调动青少年内心参与的积极性和主动性。立足基层,以团支部、少先队小队或兴趣小组、学习小组为主体开展活动,便于青少年的参与。把青少年参与团队活动的情况作为对其进行考核、奖励的重要依据,营造“人人参与”的氛围,使更多的青少年能够参与到团队活动中来。

四是建立未成年人社区评价机制。伴随我国社会的深刻变革,原有的对未成年人单一的学校评价体系已经不适应社会发展和未成年人成长的需要。要深入研究社区未成年人的结构特点,积极探索有效的评价方式,采取未成年人社区素质拓展证书等手段,逐步建立和完善未成年人社区综合评价体系,实现未成年人学校评价与社区评价的统一,促进未成年人的全面发展。

第二,深入开展生动活泼、特色鲜明的实践教育活动。开展活动是共青团、少先队实现其组织功能的重要方式。要围绕加强未成年人思想道德建设的内在要求,进一步贯彻贴近社会、贴近实际、贴近未成年人的要求,尊重未成年人主体地位，把握未成年人成长规律，不断增强团队活动的时代性和针对性，让未成年人在生动活泼的活动中受到教育。

第三，不断创新工作载体。我们将在继续抓好“青少年维权岗”、“青少年网络文明行动”、“手拉手”、“雏鹰行动”等工作载体的同时，根据经济社会发展的要求，照顾未成年人心理生理特点，不断创造新的工作载体，形成品牌，不断扩大品牌活动在青少年中及全社会的知名度和影响力，使共青团、少先队组织在学校、社区、家庭教育中发挥更大作用。

第四，以求真务实的态度狠抓落实。我们认为加强未成年人思想道德建设关键在于狠抓落实，持之以恒。要深入贯彻李长春同志在中央文明委第四次全体会议上的讲话精神，树立长期作战的思想，把这件事情一以贯之地抓下去。重点是检验前一阶段我们提出的各项工作的进展情况、落实情况和取得的成效，逐项检查，逐项落实，认真总结经验，不断推进这项工作的深入发展。

多年来，从中央文明办到省、市、县文明办都对共青团、少先队的工作给予过大力支持，特别是在加强和改进未成年人思想道德建设这项工作上，各级文明办更是对共青团和少先队组织倾注了关心与帮助。借这个机会我代表各级团队组织对大家表示衷心感谢，同时也希望大家继续关注、支持共青团和少先队的工作，多给共青团、少先队组织交任务、压担子，为各级团队组织更好完成加强和改进未成年人思想道德建设的各项任务创造条件，提供帮助。共青团、少先队也将进一步以加强和改进未成年人思想道德建设为契机，以与时俱进的精神、求真务实的态度，抢抓机遇，开拓创新，为不断开创未成年人思想道德建设工作新局面而不懈努力。

张晓兰在共青团十五届三中全会上的讲话

2004 年 12 月 17 日

下面，我就分管的少先队工作谈几点意见。

2004 年少先队工作总体上上了一个新台阶，最重要的标志就是中央 8 号文件充分肯定了少先队在未成年人思想道德建设中的地位和作用，特别是把少先队近年来探索的教育思想和理念——体验教育确定为开展未成年人道德实践活动的基本途径，极大地鼓舞了各级少先队组织和少先队辅导员、少先队工作者。中央 8 号文件颁布以来，各级少先队组织按照中央的要求和团中央、全国少工委的部署，认真学习文件精神，结合各地实际采取了有效措施，狠抓工作落实，取得了显著成效，为推动少先队工作的进一步发展奠定了良好的基础。

2005 年少先队工作总的思路是全队抓基层，全队抓落实，努力把党的关怀和期望落实到少先队的基层组织中，落实到少先队员身上；把少先队的教育思想和理念落实到少先队辅导员和工作者中，落实到面向少先队员开展的活动中；让少先队的品牌活动在每一个基层组织中开展，让每一个少先队员都受到少先队组织的深刻影响。

提出这样的思路，主要是基于以下思考。

一是贯彻党的十六届四中全会和中央 8 号文件精神的要求。少先队基层组织是少先队工作和活动的基本单位，是少先队全部工作和建设的基础。围绕加强党的执政能力建设这一重大课题，少先队作为预备队也要思考如何按照党的要求，提高团结教育少年儿童的能力，代表少年儿童参与社会生活的能力，维护少年儿童合法权益、促进他们健康成长的能力，提高这些能力的关键，就是要充分发挥基层组织的凝聚力、影响力和战斗力。同样，只有少先队基层组织真正领会了中央8号文件精神，按照文件要求切实开展未成年人思想道德建设，才能充分发挥少先队组织在未成年人思想道德建设中不可替代的作用，才能使这项工作取得更大更好的成效。

二是贯彻本次全会精神的要求。刚刚通过的《共青团中央关于进一步加强团的基层组织建设的决定》是本次全会的重要文件。全团抓基层，全团抓落实是进一步做好新时期青年群众工作的迫切需求和现实需要。全团带队是党赋予共青团的重要职责，贯彻本次会议精神的重要一条就是全团上下都要带好少先队，基层组织更要带好少先队。团的基层组织建设好了，特别是中小学和社区团的基层组织建设好了，就会促进少先队基层组织建设。我们抓好了少先队的基层组织建设，也会有力地推动团的基层组织建设。

三是推动少先队工作全面活跃的要求。少先队经过55年的发展，特别是近年来按照党的要求，围绕国家经济社会发展的大局和教育改革发展的趋势，进行了不懈探索，已经形成了以体验教育为核心的教育理念，以“手拉手”、“雏鹰争章”为代表的活动品牌，以社会化运行机制为方向的制度建设，这些都是少先队宝贵的财富。现在面临的问题是好的教育理念与基层实践的结合还不够充分，好的活动品牌还不能够广泛推广，基层良性自转需要的制度环境还远远不够，这就要求我们必须本着全队抓基层，全队抓落实的工作思路，把少先队各项工作落实到基层，推动少先队基层组织的全面活跃，进而推动少先队工作的全面活跃。

全队抓基层、全队抓落实的工作思路具体到2005年的工作中，要重点做好以下几项工作。

一、把未成年人思想道德建设的主要任务转化为基层少先队组织可操作的具体要求

明年少先队工作的主题仍然是继续贯彻中央8号文件精神。中央8号文件提出未成年人思想道德建设的主要任务是从增强爱国情感做起，弘扬和培育以爱国主义为核心的伟大民族精神；从确立远大志向做起，树立和培育正确的理想信念；从规范行为习惯做起，培养良好的道德品质和文明行为；从提高基本素质做起，促进未成年人的全面发展。我们要善于把这些宏观的任务转变为少先队辅导员更容易了解、更便于操作的具体活动项目，把未成年人思想道德建设工作落到实处。

比如，引导少年儿童弘扬和培育民族精神，就要继续以“民族精神代代传”活动为载体，把“团结统一、爱好和平、勤劳勇敢、自强不息”的精神转化为时代要求少年儿童具备的民族情感和基本素质，引导少年儿童通过寻访、参观、开展“红色旅游”等形式，找寻体现民族精神的人、找寻体现民族精神的事，同时组织少先队员开展体验活动，鼓励他们自己做一件体现民族精神的事，让他们通过细节参与和亲身实践来感受和弘扬民族精神。

又比如，少先队培养少年儿童良好的道德品质和文明行为，就要把“爱国守法、明礼诚信、团结友善、勤俭自强、敬业奉献”的基本道德规范转化为少年儿童可在学校生活、家庭生活、社会生活和大自然中感知的做人做事的基本道理，具体化为日常生活中的良好的行为习惯。明年少先队将在少先队员中广泛开展以“节约一滴水、一张纸、一粒米、一度电”为主要内容的“四个一”环保节约活动，引导少年儿童积极从身边做起，从点滴小事做起，养成节约资源，爱护环境的良好行为习惯，把中央经济工作会议“加快建设节约型社会，努力缓解资源约束矛盾，走出一条具有中国特色的节约型发展道路”的具体要求转化为少先队教育内容和少先队员的自觉行动。

总之，我们要把抽象变具体，力求鲜活通俗、生动形象，便于少年儿童理解，便于少先队辅导员操作。

二、把体现少先队教育理念的品牌活动在基层组织中普遍开展

“手拉手”和“雏鹰争章”是党中央充分肯定、少年儿童真心喜爱、充分体现少先队教育理念并经过实践检验的少先队优秀品牌活动，也是我们贯彻中央8号文件精神、广泛深入开展未成年人思想道德实践活动的重要载体。我们强调把工作抓落实，就是要把经过实践检验的好品牌强力推广，用这样的好品牌带动基层的工作，增强基层组织的活力。明年少先队的另一个重点就是要大力推广这两个活动品牌，并形成常抓不懈的长效机制。

“手拉手”活动的目标是让每一个少年儿童在队龄期内至少结交一个不同地区或者不同民族或者不同生活状况的手拉手小伙伴，通过互通手拉手交友信、互为对方做一件力所能及的好事、共同做一件有意义的事情，促进他们在同伴教育、自我教育中互助互学、团结友爱、共同进步。明年要重点做好城市少年儿童与进城务工就业农民子女、农村留守儿童的手拉手工作，要通过学校手拉手、家庭手拉手，促进少年儿童之间的手拉手，形成活动的长效机制，拓展活动的覆盖面，并通过挖掘和宣传手拉手活动中的感人故事，进一步扩大手拉手活动的社会影响。

“雏鹰争章”活动的目标是让每一个少年儿童在队龄期内分阶段为自己确立“雏鹰奖章”的新目标，并通过自己的努力争得“雏鹰奖章”，促进他们积极向上，提高素质，全面发展。同时对于少先队开展的时间跨度较长的重点活动，也要以“雏鹰争章”作为少先队员取得收获的标志。明年要重点完善全国有基础章、各地和基层有特色章的“雏鹰奖章”体系，并把争章的任务分解到基层少先队组织分年度开展的具体工作中。在这一过程中，要特别注意与正在实施的基础教育新课程体系有机结合，与社会各界开展的未成年人思想道德建设工作有机结合，为各方面关心少年儿童健康成长提供有效的活动载体。

三、把少先队的文化理念推广到少先队基层组织的建设中

加强少先队文化的研究和建设，通过建设凸显鲜明的政治性、教育性、导向性和实践性的少先队文化，营造少先队独特的文化氛围，引导少年儿童在积极向上的文化氛围中健康成长，使少先队组织鲜明的主张在少年儿童的成长过程中产生更大的影响，留下更深的烙印，是加强少先队自身建设，增强少先队基层组织活力的重要手段，也是明年少先队工作的重心之一。

一方面，我们将开展少先队员光荣感教育，帮助少先队员清楚了解并不断加深对少先队队章的理解，熟悉少先队的组织生活，熟悉自己的权利和义务，深切感受到自己是少先队的主人，珍爱红领巾，热爱少先队，愿意为少先队添光彩。要特别重视少先队仪式在少先队教育中的作用。我参加过几次活动，一次是参加一年级学生的入队仪式，由老队员带着新队员宣誓，并一对一授红领巾，无论是老队员还是新队员，都会感到无比的光荣和责任。另一次是参加初二学生的离队仪式，初二下学期的少先队员集体宣誓，把红领巾摘下来，小心翼翼地折好，放在特制的信封中进行保管，当时的场面十分震撼心灵。我举这两个例子就是说明，我们要通过少先队礼仪、小干部轮换、少先队队日活动这些文化载体，加深少先队组织在少先队员心中的地位，从而在潜移默化中达到教育的目的。

另一方面，我们还将开展少先队辅导员责任感教育，帮助辅导员提高思想道德素质和业务素质。一是深入进行“少先队辅导员是少年儿童人生追求的引领者、实践体验的组织者、健康成长的服务者、合法权益的维护者、良好成长氛围的营造者”这一理念的传播，明确提出少先队辅导员与小个子少先队员说话时要蹲下身，不允许把少先队员作为道具开展迎送活动等具体要求，帮助少先队辅导员明白自己的行为准则。二是试行《少先队辅导员工作纲要》。全国少工委借鉴教学大纲的编撰体系，组织专人编撰了《少先队辅导员工作纲要(试行)》，明确了少先队大队辅导员的常项工作和中队辅导员分年级的工作内容，试图把抽象的教育目标变成具体的教育任务，为刚刚上岗的基层少先队辅导员开展工作提供方向性指导，让他们明白自己应该做什么，自己的业务要求是什么。《纲要》正在征求意见，如果正式试行后，请各地大力支持。

总之，我们要通过这三方面的工作，进一步增强少先队组织尤其是基层组织的凝聚力和影响力，从而整体上提升少先队工作，推动少先队工作的不断发展。我们要努力使这种凝聚力和影响力在每一个少年儿童的心灵中留下少先队组织的烙印，使他们快乐时愿意与组织分享，有困难时愿意向组织倾诉；同时，也要让全社会清晰地了解少先队的主张和作为，让他们一提到少先队就能想到“手拉手”、“雏鹰争章”这样的活动品牌，就能想到鲜艳的红领巾在少年儿童的成长中发挥着不可替代的作用。

最后，我想强调一下全团带队的工作。这些年来，各级团的领导机关对少先队工作一直十分关心，去年团中央也专门下发了《关于加强全团带队的意见》，各级团组织都把少先队作为重要工作领域给予了高度重视。希望各级团的领导机关进一步深刻认识少先队在未成年人思想道德建设中的重要作用，明确全团带队的责任和任务，努力为少先队工作特别是基层少先队工作创造更好的条件，为少先队基层组织建设办实事、办好事。明年6月就要召开第五次全国少代会，结合迎接少代会，团中央拟联合有关部门共同制定加强少先队工作的意见，按照中央8号文件的有关要求和内容，研究如何将少先队工作纳入教育发展规划和社区发展规划，如何把对少先队工作的指导、检查、考核纳入教育行政部门和民政部门的督导、考核范畴，为基层少先队组织开展工作提供政策依据，营造更好的制度环境。希望各级团的领导机关结合落实这个文件精神，把全团带队的工作抓得更实，切实为基层少先队组织解决一些实际问题，更好地开创少先队工作的新局面。

全队抓基层，全队抓落实
推动少先队基层组织的全面活跃

——张晓兰在全国少工委四届六次全委会上的讲话

2004年12月27日

这次会议的主要任务是：以邓小平理论和“三个代表”重要思想为指导，深入学习贯彻党的十六届四中全会和中央8号文件精神，贯彻共青团十五届三中全会精神，认清形势，统一思想，明确2005年全队抓基层、全队抓落实的整体工作思路，推动少先队基层组织的全面活

跃，提升少先队工作的整体水平，进一步发挥少先队在未成年人思想道德建设中的重要作用。下面，我就全队抓基层、全队抓落实的工作思路谈几点意见。

一、统一思想，深刻认识全队抓基层、全队抓落实的重要性和紧迫性

少先队基层组织是少先队工作和活动的基本单位，是少先队全部工作和建设的基础。少先队基层组织是否具有活力，少先队各项工作能否落到基层，决定了少先队组织是否具有旺盛的生命力和战斗力，是否具有强大的凝聚力和影响力。因此，我们要认真分析少先队工作面临的新形势，本着对少先队事业长远发展高度负责的态度，深刻认识全队抓基层、全队抓落实的重要性和紧迫性。

1. 全队抓基层、全队抓落实是少先队贯彻党的十六届四中全会精神，服务党的执政能力建设的必然要求。党的十六届四中全会提出了加强党的执政能力建设这一关系社会主义事业兴衰成败、关系中华民族前途命运、关系党的生死存亡和国家长治久安的重大战略课题，明确了加强党的执政能力建设的指导思想、总体目标和主要任务，从根本上回答了我们党如何做到始终为人民执好政、掌好权的问题。加强党的执政能力建设，巩固党的执政地位，关键在于按照执政为民的要求，更好地代表最广大人民群众的根本利益，赢得人民群众的信任和拥护，巩固和扩大党执政的阶级基础和群众基础。少年儿童的健康成长牵动千家万户，是人民群众切身利益的重要方面。满足少年儿童的成长需求，促进少年儿童健康成长是党的执政能力的重要体现。少先队是党的青少年工作的重要力量，党的指导思想就是少先队工作的指导思想，党的中心工作就是少先队工作必须服务的大局。要认真思考如何按照党的要求，提高团结教育少年儿童的能力、代表少年儿童参与社会生活的能力、维护少年儿童合法权益、促进他们健康成长的能力。而提高这些能力的关键，就是要增强少先队基层组织的凝聚力、影响力和战斗力。

2. 全队抓基层、全队抓落实是少先队贯彻落实中央8号文件精神，进一步在未成年人思想道德建设中发挥重要作用的必然要求。中央8号文件是以胡锦涛同志为总书记的党中央从确保党的事业后继有人和社会主义事业兴旺发达的战略高度，从全面建设小康社会和实现中华民族伟大复兴的全局高度，从树立和落实科学发展观，坚持以人为本、执政为民的时代高度，对未成年人思想道德建设作出的全面部署。文件充分肯定了少先队在未成年人思想道德建设中的地位和作用，特别是把少先队近年来探索的教育思想和理念——体验教育确定为开展未成年人道德实践活动的基本途径，极大地鼓舞了各级少先队组织和广大少先队辅导员、少先队工作者。文件进一步明确了少先队参与未成年人思想道德建设的主要任务，并对相关部门支持少先队完成这些任务提出了明确的要求，为少先队开展工作提出了重要的政策依据，这是进一步加强少先队工作的重大机遇，我们更感到使命崇高，责任重大。进一步深入学习贯彻中央8号文件，是明年少先队工作的主题。要把学习贯彻的重点放在基层、引导和帮助少先队基层组织把少年儿童思想道德教育放在首位，把这项工作做得更好，抓得更实。

3. 全队抓基层、全队抓落实是少先队适应时代发展，推动少先队工作全面活跃的必然要求。少先队经过55年的发展，特别是近年来按照党的要求，围绕国家经济社会发展的大局和教育改革发展的趋势，进行了不懈探索，已经形成了较为完整、相对成熟的少先队工作理念和工作方式：竭诚为少年儿童健康成长服务是少先队一切工作的出发点和落脚点；少年儿童是少先队工作的主体；体验教育是少先队教育的基本途径；不断加强自身建设是少先队工作的基本保障；开发和利用社会资源是少先队工作的重要手段。总之，就是要按照党所指引的方向，在共青团的带领下，发挥自身优势，把培养社会主义事业的合格建设者和接班人作为根本任务。这些都是少先队的宝贵财富，必须落实到基层，必须在基层工作中得到充分体现。我们要清醒地看到，当前少先队先进的教育理念在基层实践中还需要进一步贯彻和落实，少先队优秀的活动品牌还需要进一步普及和推广，基层组织建设特别是辅导员队伍建设的政策还需要进一步加强和完善。这就要求我们必须按照全队抓基层、全队抓落实的工作思路，把少先队各项工作落实到基层，推动少先队基层组织的全面活跃，进而推动少先队整体工作的全面活跃。

二、把握内涵，准确理解全队抓基层、全队抓落实的总体目标和工作内容

全队抓基层、全队抓落实的总体目标是努力把党的关怀和期望落实到少先队的基层组织中，落实到少先队员身上；把少先队的教育思想和理念落实到少先队辅导员和工作者中，落实到面向少先队员开展的活动中；让少先队的品牌活动在每一个基层组织中开展，让每一个少先队员都受到少先队组织的深刻影响。

1. 把未成年人思想道德建设的主要任务转化为少先队基层组织可操作的具体要求。中央8号文件提出了未成年人思想道德建设四个方面的主要任务。一是从增强爱国情感做起，弘扬和培育以爱国主义为核心的伟大民族精神。少先队弘扬和培育民族精神，就要把“团结统一、爱好和平、勤劳勇敢、自强不息”的精神转化为时代要求少年儿童具备的民族情感和基本素质，转化为具体的人物形象、具体的历史事件和少年儿童能够做到的身边小事，把祖国和人民的利益高于一切的信念具体化为少年儿童爱家乡、爱集体、爱护公共财物、爱父母、爱老师、爱伙伴的情感。二是从确立远大志向做起，树立和培育正确的理想信念。少先队开展理想信念教育，就要把“时刻准备着，为共产主义事业而奋斗”的信念转化为建设中国特色社会主义、实现中华民族伟大复兴的共同理想，进一步具体化为少年儿童学习的目标、生活的目标、成长的目标，化作每一天的具体行动。三是从规范行为习惯做起，培养良好道德品质和文明行为。少先队培养少年儿童良好的道德品质和文明行为，就要把“爱国守法、明礼诚信、团结友善、勤俭自强、敬业奉献”的基本道德规范转化为少年儿童可在学校生活、家庭生活、社会生活和大自然中感知的做人做事的基本道理，具体化为日常生活中的良好的行为习惯。四是从提高基本素质做起，促进未成年人的全面发展。少先队促进少年儿童的全面发展，就要把劳动意识、创造意识、效率意识、环境意识和进取精神、科学精神以及民主法制观念转化成自学、自理、自护、自强、自律的“五自”要求，具体化为少年儿童可以通过动脑动手完成的任务。总之，就是要把抽象变具体，力求鲜活通俗、生动形象，便于少年儿童理解，便于少先队辅导员操作。

2. 把体现少先队教育理念的品牌活动在基层组织中普遍开展。“手拉手”和“雏鹰争章”是党中央充分肯定、少年儿童真心喜爱、充分体现少先队教育思想并经过实践检验的少先队品牌活动，也是我们贯彻中央8号文件、广泛深入开展未成年人思想道德实践活动的主要载体。“手拉手”活动是让不同地区、不同民族、不同生活状况的少年儿童互助互学、团结友爱、共同进步，引导他们走出自我，关心他人，走出家庭，面向社会，是引导少年儿童开展自我教育、同伴教育的有效形式。在基层普及和推广这项活动，就要在以往活动经验的基础上，探索通过学校手拉手、家庭手拉手，促进少年儿童之间的手拉手，形成活动的长效机制，达到让每一个少年儿童在队龄期内至少结交一个手拉手小伙伴的目标。“雏鹰争章”是服务素质教育的实践活动，每一个少年儿童都可以通过自己的努力获得“雏鹰奖章”，打破了传统的单纯靠分数评价优劣的模式，成为激励少年儿童不断进步的动力，成为衡量少年儿童综合素质的依据，成为校内校外相结合进行教育的载体。在基层普及和推广这项活动，就是要使每一个少年儿童在队龄期内分阶段为自己确立“雏鹰奖章”的新目标，并通过自己的努力争得“雏鹰奖章”，促进他们积极向上，提高素质，全面发展。同时对于少先队开展的时间跨度较长的重点活动，也要以“雏鹰奖章”作为少先队员取得收获的标志。在这一过程中，要特别注意与正在实施的基础教育新课程体系有机结合，与社会各界开展的未成年人思想道德建设工作有机结合，为各方面关心少年儿童健康成长提供有效的活动载体。此外，近年来少先队形成了一系列品牌活动，弘扬和培育民族精神有“民族精神代代传”活动，开展国防教育有“少年军校”活动，开展科技教育有“海尔科技奖评选活动”和“中国少年科学院”活动，提高少年儿童身心素质有“中华少年小甲 A”足球活动和“雏鹰热线”，维护少年儿童权益有“中国少年儿童平安行动”等等，这些品牌活动还要在基层的实践中进一步充实和完善。总之，我们就是要把少先队品牌活动在基层大力推广，并形成常抓不懈的长效机制。

3. 把少先队的文化理念推广到少先队基层组织的建设中。要大力加强少先队文化的研究和建设，总结和提炼独特的少先队文化理念，使这些理念既影响少先队员，又影响少先队辅导员和少先队工作者。影响少先队员，就要让少先队员清楚了解并不断加深对少先队队章的理解，熟悉少先队的组织生活，在少先队的一个岗位上承担过工作，深切感受到自己是少先队的主人，珍爱红领巾，热爱少先队，愿意为少先队添光彩。要特别重视少先队礼仪教育的作用，我参加过几次活动，一次是参加一年级学生的入队仪式，由老队员带着新队员宣誓，并一对一授红领巾，无论是老队员还是新队员，都会感到无比的光荣和责任。一次是参加初二学生的离队仪式，初二下学期的少先队员集体宣誓，把红领巾摘下来，小心翼翼地折好，放在特制的信封中进行保管，当时的场面十分震撼心灵。我举这些例子就是说明少先队文化具有的重要影响，我们要通过少先队礼仪、少先队队日、民主选举少先队小干部和小干部轮换等这些少先队特有的形式，加深少先队组织在少先队员心中的地位，从而在潜移默化中达到教育的目的。影响少先队辅导员和少先队工作者，就要以“做少年儿童人生追求的引领者、实践体验的组织者、健康成长的服务者、良好成长氛围的营造者、合法权益的维护者”为核心，重点加强工作队伍建设，通过学习培训、交流锻炼等途径，全面提高少先队辅导员和少先队工作者的思想政治素质和业务素质，并以他们良好的思想、道德、情操、品质和人格感染和影响少年儿童。对整个组织而言，就要始终把竭诚为少年儿童健康成长服务作为少先队基层组织一切工作的宗旨，不断提高服务能力，完善服务手段，丰富服务项目，把思想道德教育和服务工作做到少年儿童的心坎上。要通过文化建设进一步增强少先队基层组织的凝聚力和影响力，使少先队组织鲜明的主张在少年儿童的成长过程中留下更深的烙印，在少先队辅导员和少先队工作者的工作过程中得到充分体现。

总之，我们要通过以上工作，使少年儿童时时感到组织的关心和温暖，快乐时愿意与组织分享，有困难时愿意向组织倾诉，离开后珍藏作为少先队员的美好记忆。我们可以设想，当他们长大以后，别人问起当少先队员的经历，他们会说：我戴过鲜艳的红领巾，有过手拉手小伙伴，得到过多枚“雏鹰奖章”，最知心的朋友是可亲可敬的辅导员……当社会谈起少先队的时候，就能自然而然地想起少先队的主张和作为，就能想到“手拉手”、“雏鹰争章”这样的活动品牌，就能想到鲜艳的红领巾对少年儿童的影响。

三、创造条件，确保全队抓基层、全队抓落实的实施

贯彻全队抓基层、全队抓落实的工作思路，关键是一级抓一级，层层抓落实，特别是各级少工委肩负着重要职责，要为基层组织开展工作创造更加良好的环境和条件，提供更为坚实的保障。

第一，出政策，建机制，为少先队基层组织创造良好的工作环境。少先队事业的蓬勃发展，是在党中央的亲切关怀下取得的，是在各级党委、政府的关心支持下取得的，是在共青团组织和教育部门的通力合作下取得的。保证少先队事业不断发展的政策集中体现了这些关怀、关心和支持。中央8号文件第四部分第十二条明确指出：把少先队工作纳入教育发展规划，把对少先队工作的指导、检查、考核纳入教育行政部门的督导、评估范畴。中小学校党组织和行政部门要积极支持少先队开展活动，并选派优秀青年教师担任少先队辅导员，把少先队辅导员培训纳入师资培训体系。共青团组织和教育、民政等部门要密切协作，积极推进社区少工委建设，扩大少先队工作的覆盖面。这就为在新形势下制定推动少先队学校和社区工作的新政策提出了要求，提供了依据。全国少工委准备抓住召开第五次全国少代会的契机，根据中央文明委贯彻落实中央8号文件目标任务分工的要求，联合有关部委认真研究如何将少先队工作纳入经济社会发展的大局，纳入教育发展规划，纳入社区发展的布局，出台相应的政策。省市级少工委也要结合各地实际，联合教育、人事、民政、文化、财政等部门，制定有利于少先队事业发展的政策。县乡级少工委要根据自己的实际情况，保证这些政策贯彻到基层，落实到位。

我们高兴地看到，近年来各级少工委在贯彻落实《共青团中央、教育部关于进一步加强少先队工作的意见》（中青联发〔2000〕37号）的基础上，又有了新的发展。在争取党政支持方面，前不久上海市委决定每年拿出一定数额的党费支持少先队工作，上海市财政局也将按少先队员人均3元的标准给上海市少工委划拨专项经费。北京、内蒙古也按少先队员人均标准争取到了财政的支持。在把少先队工作纳入教育发展规划方面，陕西、浙江、山西等地团委与教育、人事编制等部门联合出台了保证少先队活动时间和阵地，保证辅导员选聘、培养、使用、管理等一系列政策。很多地方还就加强农村少先队工作、民办学校和打工子弟学校少先队工作制定了相关政策。在把少先队工作纳入社区发展布局方面，上海、天津、浙江、云南等地创造了教育部门统一协调，派老师做社区少先队专职辅导员和政府拨专款聘请专职社工加强社区少先队工作等模式并形成制度。这一切都为基层少先队工作创造了良好的政策环境，为在全国范围内进一步完善政策提供了基础和经验。

第二，定标准，抓考核，为少先队基层组织指明方向。少先队组织的优势，重要的一条就是全国一盘棋，通过完备的组织体系，把统一的理念、统一的工作思路、统一的品牌落实到基层，同时又鼓励基层在这些理念、思路、品牌的基础上创造性地开展工作。定标准、抓考核就是各级少工委保证基层组织既统一意志又生动活泼的重要手段。

对少先队基层组织的考核要着眼于指导他们实现分年级的基本教育目标。这次提交全委会讨论的《少先队辅导员工作纲要（试行）》就是全国少工委指导各级少工委考核基层工作的基本标准。这个纲要在借鉴1990年制定的《少先队教育纲要》的基础上，参照基础教育新课程标准，更具体明了地确定少先队基层组织分年级工作内容和活动建议，明确少先队大、中队辅导员的工作职责。《纲要》一个鲜明的特点就是力图遵循少年儿童的成长规律，坚持以少年儿童为本，始终贯穿两条主线。一是发挥少先队的优势，进行组织教育，开展教育活动，提高少先队员的综合素质，特别是明确了全国有基础章、各地和基层有特色章的“雏鹰奖章”体系，并把争章的任务分解到基层少先队组织分年度开展的具体工作中。二是从少先队作为少年儿童自己组织的角度，关注少年儿童的学习生活状态，关心他们的身心健康，培养他们的健全人格，特别是分年级明确提示少年儿童不同年龄阶段可能出现的心理问题，并要求通过集中活动和个别辅导予以解决。《纲要》注意不同年级工作内容之间的内在逻辑联系，从低年级到高年级循序渐进，努力体现少先队教育的整体性和一致性。同时，《纲要》还给基层组织留下了充分的创造空间，要求在实施过程中举一反三，灵活运用。我们就是要通过实施《纲要》使少先队基层组织进一步熟悉少先队日趋成熟的教育理念，推广少先队已经成熟的活动品牌，使少先队基层组织知道自己应该开展哪些工作，还可以选择开展哪些工作。我们还鼓励有条件的省份根据《纲要》编写本省的《少先队辅导员工作指导手册》，采集好的案例，对《纲要》要求开展的各项工作作出有地方特色的示范，为少先队基层组织和辅导员开展工作提供进一步的指导。

对各级少工委的考核重在表彰和奖励。近年来，少先队各项工作和建设中涌现出了一批又一批先进个人和集体，对他们的表彰和奖励极大地鼓舞了少先队各级组织、少先队辅导员、少先队工作者和广大少年儿童，对于推动少先队事业的发展起到了积极的作用。这次提交全委会讨论的《中国少年先锋队奖励条例（暂行）》，就是试图进一步完善奖励体系，规范奖励程序，更好地发挥先进典型的激励和示范作用。各地在对少工委的考核中也进行了积极的探索，积累了很多经验，比如安徽、重庆等省市制定了工作考评标准，采取自评、互评和总评相结合的方法对市（区）级少工委进行考评和奖励，实践证明这种方式对于下级少工委明确工作任务、提高工作效率、加强作风建设都能起到很好的作用。全国少工委也考虑制定对省级少工委工作进行考核的办法，加大对省级少工委的考核和表彰力度。

第三，搭平台，抓典型，为少先队基层组织提供示范。各级少工委对于少先队基层组织的指导主要在于出思路，搭平台，抓典型，做宣传。出思路，就要求对基层开展的各种活动进行少先队独特理念的指导。比如，开展思想教育活动突出少先队的特点，不是把真理直接告诉少年儿童，而是引导少年儿童在实践体验中寻求真理；开展科技教育活动突出少先队的特点，不是看重少年儿童取得的科技成果，而是注重科学实践的过程和科学精神的培养；开展少年儿童群众性体育运动突出少先队的特点，不是强调体育技能技巧的专业训练，而是强化培养用心出智慧、配合有力量、顽强能进步的意志品质。搭平台，就要求为基层组织展示工作成果创造条件，既可以利用重大节庆日开展集中展示活动，也可以调动各种新闻媒体进行深入宣传报道，扩大少先队的社会影响，争取社会各个方面对少先队工作的有力支持。比如，“少年军校”活动紧紧依托“全国少年军校检阅式”这个平台，把全国 13000 多所少年军校吸引在周围，按照少先队的理念开展国防教育，在社会上产生了很大影响。抓典型，做宣传，就要求深入基层，及时掌握第一手资料，善于总结提炼基层的好经验好做法，推出不同类型、不同模式的典型，以点带面，影响全局。比如，对海口经验的发掘和宣传，就是及时总结他们以少先队道德实践活动为载体，党政牵头、部门联动、社会参与、协调行动、齐抓共管的领导体制和工作机制，为少先队工作社会化积累了经验，为“雏鹰争章”活动的普及和推广创造了一种模式。再比如，“雏鹰争章”活动与新课改的结合，我们既肯定上海探索的“雏鹰奖章”与各门课程相衔接的模式，也肯定浙江、江苏探索的“雏鹰奖章”进入综合实践活动课程的模式，还鼓励各地根据各自的实际探索新的模式。

明年是少先队工作的重要一年，我们将如期召开第五次全国少代会，总结少先队过去5年的工作，确定今后5年的任务，并选举产生新一届少先队工作领导机构。各级少先队组织要为第五次少代会的召开做好思想上、组织上、舆论上的准备，及时总结上报经验，认真推荐选派代表，大力宣传少先队各项工作，围绕少代会的主题开展系列活动，以实际行动迎接少代会。

元旦春节将至，各级少先队组织要围绕全团开展的“真情助困进万家”活动，深入基层，以贫困地区少年儿童、进城务工就业农民子女、下岗失业家庭子女为重点，采取募集钱物、志愿服务、济困助学等多种形式，把党和政府的温暖、把少先队组织的关心送到他们的心坎上。

同志们，全队抓基层、全队抓落实是一项长期而艰巨的工作任务，做好这项工作意义深远而重大。我们要按照科学发展观的要求，全队上下统一思想，求真务实，真抓实干，肩负起培养中国特色社会主义事业合格建设者和可靠接班人的神圣使命，努力开创少先队工作的新局面。

第三部分

重 要 文 件

一、共青团中央书记处会议纪要

十五届(2004)第8次

5月14日上午,周强同志主持召开团中央书记处扩大会议,传达、学习全国加强和改进未成年人思想道德建设工作会议精神,研究部署共青团系统贯彻落实会议精神的具体措施。

会议认为,在全党全社会认真学习贯彻《中共中央国务院关于进一步加强和改进未成年人思想道德建设的若干意见》的形势下,中央召开全国加强和改进未成年人思想道德建设工作会议,对加强和改进未成年人思想道德建设作出全面部署,充分体现了以胡锦涛同志为总书记的党中央对这项事关国家前途和民族命运的战略工作的高度重视和对广大未成年人的亲切关怀。这次会议规格高、规模大,主题突出,对于未成年人思想道德建设工作面临的形势和任务进行了深入透彻的分析,对加强和改进未成年人思想道德建设提出了明确的任务、目标和具体措施。会议非常及时、意义重大,对于提高青少年的素质进而提高中华民族的整体素质,实现中华民族的伟大复兴,具有重要的现实意义,必将产生极其深远的历史影响。

会议认为,胡锦涛总书记的重要讲话,思想深刻、高屋建瓴、总揽全局、针对性强,是加强和改进未成年人思想道德建设的纲领性文献,对于进一步统一全党、全社会思想,提高认识,努力开创未成年人思想道德建设工作的新局面具有极为重要的指导意义。李长春同志、刘云山同志的讲话分析透彻、要求明确,对于我们做好未成年人思想道德建设的各项工作,具有重要的指导作用。胡锦涛总书记、李长春同志的重要讲话和《若干意见》对共青团和少先队在未成年人思想道德建设中充分发挥作用提出了明确要求,为共青团和少先队进一步做好有关工作指明了方向。

会议要求,各级共青团和少先队组织要认真学习领会、切实贯彻全国加强和改进未成年人思想道德建设工作会议精神。要进一步提高认识,充分认识新形势下加强和改进未成年人思想道德建设的重大意义,高度重视未成年人思想道德建设工作,把未成年人思想道德建设工作纳入共青团、少先队工作的总体规划,坚持长期抓,常抓不懈,建立健全有效的工作机制和考核指标体系。要进一步统一思想,把思想统一到胡锦涛总书记,李长春、刘云山同志讲话及中央文件精神上来,认清形势,明确任务,狠抓落实,切实抓出成效。要坚持马克思主义的青少年观,把握和运用未成年人思想道德建设的重要经验,同时又要坚持与时俱进,用与时俱进的眼光和思路,把握青少年的发展变化和时代特点,探索新形势下未成年人思想道德建设的规律,创造性地开展工作。

会议提出,各级共青团和少先队组织要坚持求真务实的工作作风,扎扎实实地求未成年人思想道德建设规律之真,务为未成年人办实事、解难事之实,切实加强和改进未成年人思想道德建设工作。

一、要坚持“三贴近”的原则,使未成年人思想道德建设工作贴近未成年人、贴近未成年人的生活、贴近时代。要把握未成年人的特点和未成年人思想道德建设的规律。未成年人是未成年人思想道德建设的主体，不能仅仅把未成年人当成教育和管理对象，要尊重未成年人的主体性，发挥他们的主动性，激励他们的创造性，使我们的思想道德建设工作能够真正做到入未成年人之耳，入未成年人之脑，入未成年人之心。

二、要坚持实践育人。实践育人是共青团、少先队组织的工作传统和基本经验，也是优势所在。要积极启动社区16岁居民身份证颁发仪式教育活动，扩大18岁成人仪式教育活动覆盖面，继续深化星星火炬代代传、民族精神代代传、手拉手、保护母亲河、中学生素质拓展计划、少年军校、雏鹰争章等活动。充分利用传统节庆日开展团队活动，定期组织团员、少先队员到各类纪念馆、烈士陵园等爱国主义教育基地参观，接受爱国主义和社会主义教育。

三、要积极推进青少年文化建设，为未成年人生产和提供丰富多样的精神食粮。要在建设丰富的文化阵地、生产优秀的文化产品、营造良好的文化环境上下功夫。团属新闻出版单位要不断推出高质量的、为广大未成年人所喜闻乐见、寓教于乐的优秀图书、影视、音像、电子出版物，努力满足未成年人的精神文化需求。

四、要切实维护和代表未成年人的合法权益。深入开展调研，配合全国人大内司委做好未成年人保护法的修改工作，进一步深化创建优秀“青少年维权岗”活动，逐步建立预防青少年违法犯罪的工作机制。深入开展“青少年违法犯罪社区预防计划”、“青少年网络文明行动”、“社区青少年远离毒品行动”、城市少年儿童与进城务工就业人员子女“手拉手”等活动，为未成年人尤其是贫困家庭的未成年人办实事，为未成年人健康成长创造良好的社会环境。

五、要加强未成年人思想道德建设的调研工作。整合团属青少年工作研究力量和资源，调动社会各方面的积极性，形成合力，争取尽快形成一批有分量的科研成果。要对未成年人思想道德状况的重要指标进行定期监测评估，进一步增强工作的针对性和预见性。

六、要建设一支专兼职相结合的高素质人才队伍。进一步加强中学团组织和少先队组织建设，在街道、城镇广泛建立社区少工委和社区少先队，加强团干部和辅导员队伍建设，配合教育行政部门加大培训中学团干部和少先队辅导员工作力度。与中国关心下一代工作委员会密切配合，聘请“五老”（老干部、老战士、老专家、老教师、老模范）担任少先队志愿辅导员，充分发挥“五老”在未成年人思想道德建设中的重要作用。

为切实贯彻落实全国加强和改进未成年人思想道德建设工作会议精神，会议在前一阶段办好15件实事的基础上进一步提出“八个一”的要求：一是成立一个领导小组，即未成年人思想道德建设工作领导小组，由周强同志任组长，赵勇同志任常务副组长，书记处其他同志任副组长，团中央各有关部门负责人任成员，加强对这项工作的统筹和领导。二是召开一次会议，即全团加强和改进未成年人思想道德建设和青年文化建设会议。三是制定下发一个文件，结合共青团、少先队工作实际，制定贯彻落实全国加强和改进未成年人思想道德建设工作会议精神和《若干意见》的实施意见。四是组织发表一组评论员文章，深入学习和宣传会议精神。五是建设一个网站，即未成年人思想道德建设网站。六是建立一个论坛，形成未成年人思想道德建设资源整合机制，以论坛为载体开展以青少年为主体的思想教育活动。七是启动一个工程，即青少年网络文明工程，净化青少年上网环境。八是推出一批研究成果。

会议要求各级共青团和少先队组织要以

全国加强和改进未成年人思想道德建设工作会议的召开为契机，抢抓机遇，乘势而上，努力工作，开拓创新，把认识提升到一个新高度，把工作提高到一个新水平，为不断开创未成年人思想道德建设工作新局面贡献力量。

十五届(2004)第9次

6月2日上午,周强同志主持召开团中央书记处扩大会议,传达、学习中共中央总书记、国家主席胡锦涛5月31日在北京考察少年儿童工作时的重要讲话,研究部署共青团、少先队组织贯彻落实讲话精神,在加强和改进未成年人思想道德建设中进一步发挥作用的具体措施。

会议认为,最近一个时期中央出台了关于加强和改进未成年人思想道德建设工作的一系列文件,召开了全国加强和改进未成年人思想道德建设工作会议,对加强和改进未成年人思想道德建设作出了全面部署。在六一国际儿童节到来之际,胡锦涛同志又到北京考察少年儿童工作,来到少先队员中间,参加少先队员的活动,并同少先队员和少年儿童工作者代表就加强和改进未成年人思想道德建设进行座谈;温家宝、曾庆红、李长春、王兆国、刘云山等党和国家领导人也以不同方式在北京参加了少年儿童的庆祝活动,与孩子们共度节日。这一切使今年的儿童节不同寻常,充分体现了以胡锦涛同志为总书记的党中央对未成年人及未成年人工作的高度重视和亲切关怀。党中央、国务院高度重视未成年人工作,提出加强和改进未成年人思想道德建设,这是一项深得人民拥护的民心工程,是一项事关中华民族伟大复兴的希望工程,充分体现了邓小平理论和“三个代表”重要思想的要求,体现了立党为公、执政为民的要求,体现了科学发展观的要求。胡锦涛同志在座谈会上所作的重要讲话,思想深刻、内涵丰富、饱含深情、针对性强,对共青团、少先队组织在加强未成年人思想道德建设中发挥的作用给予了充分肯定,为共青团、少先队组织进一步做好未成年人思想道德建设工作提出了明确的要求,指明了前进的方向。这对共青团、少先队组织是极大的鼓舞和鞭策。

会议要求,各级共青团和少先队组织要认真学习领会、切实贯彻落实胡锦涛同志的重要讲话精神,充分认识新形势下加强和改进未成年人思想道德建设的重大意义,充分认识共青团、少先队工作面临的难得历史机遇,树立机遇意识和大局意识,增强责任感和使命感,把未成年人思想道德建设工作纳入共青团、少先队工作的总体规划,常抓不懈。要不断适应新形势,研究新情况,以与时俱进的精神、求真务实的态度,抢抓机遇,开拓创新,狠抓落实,努力开创共青团、少先队组织未成年人思想道德建设工作新局面。会议强调,要在最近提出的一系列具体措施的基础上,切实做好以下工作。

一、要认真学习领会胡锦涛同志重要讲话精神,高度重视未成年人思想道德建设工作。各级团组织要把贯彻胡锦涛同志重要讲话精神与贯彻落实《中共中央国务院关于进一步加强和改进未成年人思想道德建设的若干意见》和全国加强和改进未成年人思想道德建设工作会议精神结合起来，紧密联系共青团、少先队工作实际，研究贯彻措施。要建立健全相应的领导机制，加强对这项工作的领导、督促和检查，狠抓工作落实，务求工作实效。

二、要充分反映未成年人的愿望，推动未成年人工作规划的制定。共青团、少先队是青少年自己的组织。要充分利用共青团、少先队组织优势，深入青少年，了解青少年，真正反映青少年的思想、愿望和呼声，推动地方党委和政府制定、出台符合青少年成长及青少年工作规律的未成年人工作规划。

三、要加强未成年人的理想信念教育，把它放在未成年人思想道德建设工作的首位抓紧抓好。要根据未成年人的特点及其成长规律，以他们喜闻乐见、容易接受的方式开展爱国主义、集体主义和社会主义教育，培养他们的民族精神、民族气节，引导他们从小树立坚定的理想信念，把他们培养成为有理想、有道德、有文化、有纪律的一代新人，为全面建设小康社会和实现中华民族伟大复兴打好思想基础。

四、要开展生动活泼、特色鲜明的实践教育活动。实践育人是共青团、少先队组织的工作传统和基本经验，也是优势所在。要以体验教育为基本途径，引导未成年人通过丰富多彩的实践活动，学习处理人与人、人与社会、人与自然等基本关系，在实践中明白做人做事的基本道理，逐步养成良好的行为习惯。体验教育要在生动活泼上下功夫，在吸引未成年人上下功夫，增强教育效果。

五、要把握未成年人成长和未成年人工作规律，竭诚服务未成年人，切实维护未成年人合法权益。随着时代的飞速发展，经济社会发生着日新月异的变化。这些变化必定会折射到未成年人身上。要不断了解、研究未成年人，和未成年人交朋友，做到把握规律性、体现时代性、富有创造性，使我们的工作和服务更加贴近未成年人。

六、要为未成年人提供丰富多样的精神食粮。要在建设丰富的文化阵地、生产优秀的文化产品、营造良好的文化环境上下功夫。团属新闻出版单位要深化改革、加快发展，不断推出高质量的、为广大未成年人所喜闻乐见的、寓教于乐的优秀图书、影视、音像、电子出版物，尤其要抓好龙头产品，突出特色，多出精品，努力满足未成年人的精神文化需求。

七、要进一步加强未成年人活动阵地建设。各级共青团、少先队组织要紧紧抓住这一难得的历史机遇，精心组织规划，积极争取党政部门的支持，努力推动青少年宫建设，使青少年宫建设迈上新台阶。要加强网络阵地建设，发挥网络的优势和作用，创建具有强大吸引力的网站。

八、要创新工作载体，使共青团、少先队组织在学校、社区、家庭教育中发挥更大作用。要继续抓好"青少年维权岗"、"青少年违法犯罪社区预防计划"、"青少年网络文明行动"、"社区青少年远离毒品行动"、"手拉手"、"少年科学院"、"雏鹰行动"、"知心姐姐"等工作载体，同时要不断创造新载体，如举办知心家庭学校，全方位参与到学校、社会和家庭教育中。要树立品牌意识，打造工作品牌，依法运作和维护品牌，不断扩大品牌活动在青少年中及全社会的知名度和影响力。

九、要集中力量办几件有影响的大事。要针对群众反映突出、具有代表性的一些难点、热点问题，如农民工子女入学、青少年心理健康等问题，下大力气重点研究、重点部署。要加强各部门及全团的统筹协调，握紧拳头，形成合力，形成声势，抓出实效。

十、要开展优秀青少年的评选活动，发挥典型引导作用。未成年人有很强的模仿性。要继续深化和改进全国十佳少先队员、中学优秀三好学生、希望工程之星、少年科技创新奖等评选表彰活动，加大对优秀典型的宣传力度，形成良好的价值导向，倡导健康的成长观。

十一、要加强对未成年人和未成年人工作的研究。发挥团属科研和新闻出版单位的优势，整合社会资源，选好研究课题，制定研究规划，加强组织协调，合力进行攻关。要组织编辑、整理、出版未成年人思想道德建设系列精品丛书，既要突出理论性和思想性，又要突出针对性和实用性，用科学的理论指导未成年人思想道德建设实践，推动学校、家庭、社会共同做好未成年人思想道德教育工作。

十二、要进一步加强未成年人思想道德建设工作队伍建设。加强中学团组织和少先队组织建设，在街道、城镇广泛建立社区少工委和社区少先队，加强团干部和辅导员队伍建设，配合教育行政部门加大培训中学团干部和少先队辅导员工作力度。与中国关心下一代工作委员会密切配合，聘请"五老"担任少先队志愿辅导员，充分发挥"五老"在未成年人思想道德建设中的重要作用。

十五届(2004)第10次

9月15日上午，周强同志主持召开团中央书记处会议，传达学习《中共中央国务院关于进一步加强和改进大学生思想政治教育的意见》(以下简称《意见》)，对充分发挥共青团组织作用，切实做好大学生思想政治教育工作作出部署。

会议认为，《意见》十分重要，充分体现了以胡锦涛同志为总书记的党中央对大学生思想政治教育工作的高度重视和对大学生健康成长的亲切关怀，为共青团组织进一步做好新形势下的大学生思想政治教育工作指明了方向。会议提出以下贯彻落实措施：

1.要认真学习，统一思想。各级团组织要把学习贯彻《意见》精神作为当前一项重要政治任务来抓。尤其是高校共青团组织要把学习贯彻《意见》精神作为当前工作的重中之重。通过认真学习、深刻领会，真正把思想统一到文件精神上来，统一到大学生思想政治教育工作所面临的新形势、新情况上来。要充分认识加强和改进大学生思想政治教育的战略意义，深刻认识国际国内形势的变化对大学生思想政治教育带来的影响，全面、正确看待当代大学生的思想政治状况。同时，要统一到加强和改进大学生思想政治教育的指导思想、基本原则和主要任务上来，发挥优势，突出实效。

2.要切实抓好大学生理论武装工作。要以理想信念教育为核心，对大学生进行广泛深入的世界观、人生观和价值观教育。按照抓活动、抓实践、抓骨干、抓社团、抓网络的工作思路，用马克思列宁主义、毛泽东思想、邓小平理论和"三个代表"重要思想武装大学生，进一步推动邓小平理论和"三个代表"重要思想进课堂、进教材、进学生头脑。要在传统"两课"的基础上，发挥共青团的组织联络优势，紧密结合国际国内形势变化和学生关注的热点、难点问题，组织国家机关和地方党政负责人、人大代表、专家学者及有突出贡献的各行各业杰出人才为大学生作形势报告。从9月中下旬起，各地各高校团组织要集中组织形势报告会，加强对大学生的基本国情、形势政策教育。要抓住重大事件和"五四"、"一二·九"等重要节庆日和纪念日的有利契机，开展主题教育活动，加强对大学生的爱国主义教育和革命传统教育。当前要抓住庆祝建国55周年的契机，在国庆节前后在高校广泛组织开展“五星红旗，我为你骄傲”主题教育活动，引导当代大学生深入贯彻“三个代表”重要思想，树立和落实科学发展观，更加坚定地跟党走中国特色社会主义道路。

3. 要大力推进校园文化建设。校园文化塑造大学生，大学生是创造校园文化的主体。要充分调动大学生参与校园文化建设的积极性，发挥大学生开风气之先的作用。要积极参与校园人文环境和自然环境建设，加强对各类报告会、讲座的审批和管理。通过开展“校园歌手大赛”、“校园 DV 大赛”、“校园原创作品竞赛”、“优秀学生社团活动展评”等丰富多彩的文化活动，用优秀、健康、向上的校园文化培育大学生，不断提高大学生文化素质。

4. 要进一步开展大学生心理健康教育。根据大学生的身心发展特点和教育规律，切实为大学生心理健康提供服务和帮助，广泛开展灵活多样的心理健康教育，引导大学生健康成长。充分发挥“大中学生心理健康教育在线”网站的作用，开展心理健康教育活动。做好向全国部分高校新生免费发放《大学新生心理健康手册》工作，培训一批高校团学干部为心理指导教师。进一步深化“心理阳光工程”。

5. 要突出抓好大学生社会实践活动。社会实践活动是共青团对大学生进行思想政治教育的重要途径和工作载体。要利用大学生社会实践活动开展 20 周年的契机，探索建立社会实践的长效机制，推动大学生社会实践活动不断深入，使大学生在社会实践活动中受教育、长才干、做贡献，增强社会责任感。要继续深化“三下乡”社会实践活动。近期在全国高校统一开展“四进社区”活动和“实践归来话收获”等总结表彰活动。

6. 要大力普及推广大学生素质拓展计划。要以普及《大学生素质拓展证书》和“网络管理系统”为重点，全面深化“大学生素质拓展计划”，在职业生涯设计、素质拓展训练、建立评价体系、强化社会认同等四个环节上有新的突破。大力推进“大学生就业见习行动”，正式开通“大学生就业见习行动网”。

7. 要着力解决大学生面临的实际问题和困难，维护大学生权益。要加强对经济困难大学生的资助工作，帮助他们完成学业。要做好服务大学生就业创业工作，引导毕业生树立正确的择业观、就业观和成才观，做好大学生就业指导和就业信息服务，积极扶持大学生通过自主创业实现就业。要开展法制教育，增强大学生的法制观念，自觉遵纪守法，预防违法犯罪。要配合有关部门开展整治行动，大力净化校园周边环境，保护大学生人身安全，积极营造有利于大学生健康成长的社会氛围，切实维护大学生权益。

8. 要加强学生社团建设。要高度重视学生社团建设，既要热情鼓励，又要严格管理。要大力扶持邓小平理论研究会、“三个代表”重要思想研究会等学生社团的发展，提供必要的经费和支持。鼓励各种文艺类、兴趣类社团的发展。要高度重视学生网络虚拟组织的发展，加强引导和监督。近期要启动高校“红色网站”评比活动。

9. 要进一步加强高校共青团、学生会建设。加强高校共青团组织自身建设是共青团加强和改进大学生思想政治教育的重要保证。要坚持党建带团建，加强高校团的基层组织建设，特别要加强班团支部建设。要创新团组织设置方式，积极探索公寓建团、社团建团等多种团组织设置形式。要注重民办高校团的建设工作。认真做好推优入党工作。充分发挥各级各类团校的作用，加大对高校团干部的培训力度。要加强对学生会、研究生会的指导，鼓励它们按照章程规定独立自主地开展工作，在大学生思想政治教育中发挥重要作用。

会议强调，加强和改进大学生思想政治教育，是一项重大而紧迫的战略任务。各级团组织要认真学习贯彻《意见》精神，紧密结合共青团工作实际，抓住机遇、发挥优势，求真务实、埋头苦干，不断开创共青团加强和改进大学生思想政治教育工作新局面。

十五届(2004)第11次

12月6日下午，周强同志主持召开团中央书记处会议，传达学习中央经济工作会议精神，结合共青团和青年工作实际研究贯彻落实措施。

会议认为，这次中央经济工作会议，是党的十六届四中全会之后中央召开的一次重要会议。胡锦涛总书记的重要讲话从全局和战略的高度全面分析了当前国际国内形势，明确提出了明年经济工作的指导思想、总体要求、基本原则和主要任务。温家宝总理的重要讲话全面总结了今年的经济工作，阐述了明年经济工作中需要高度重视的问题，就做好明年经济工作作出了具体部署。胡锦涛总书记和温家宝总理的重要讲话，高屋建瓴，实事求是，论述精辟，具有很强的针对性、指导性和操作性。这对于统一全党的思想认识，团结和动员全国各族人民做好明年的经济工作，具有十分重要的意义。

会议强调，各级共青团组织和广大团员青年要认真学习贯彻胡锦涛总书记和温家宝总理的重要讲话，认真学习贯彻中央经济工作会议精神，把思想和行动统一到中央经济工作会议精神上来，统一到中央对国际国内形势判断上来，统一到中央对明年经济工作的总体要求和部署上来。要紧密结合共青团和青年工作实际，坚持以科学发展观为指导，团结带领广大团员青年为实现中央提出的2005年经济社会发展目标而努力奋斗。会议研究提出以下具体落实措施。

一、围绕进一步加强"三农"工作，促进农业发展和农村青年增收成才。深入推进农村青年增收成才行动，突出抓好科技和市场两个关键环节，着力构建服务农村青年人才市场和农产品市场开发体系，重点培养农村青年经纪人和农村青年科技星火带头人。深入实施青年农民科技培训工程，为我国农业专业化生产和产业化经营培养造就一大批觉悟高、懂科技、善经营的新型农民。积极开展农村青年转移就业促进计划，通过设立农村青年发展基金，培育一大批农村青年转移就业培训基地和劳务中介组织，开展农村青年转移就业服务。实施"名特优农产品市场开发计划"，推出农村青年名特优农产品品牌。

二、动员广大团员青年在推进结构调整，促进经济增长方式转变方面发挥作用。适应走新型工业化道路的要求，以市场为导向，以技术、管理、营销、服务创新为主要内容，继续推行"青年项目制"，以实施青工技能振兴计划为重点，扎实推进青年创新创效活动和青年岗位能手活动，努力培养造就一支规模宏大、结构合理、素质较高的青年技能人才队伍，为企业改革发展做贡献。深入开展大学生志愿服务西部计划和青年企业家西部行、东北行、革命老区行活动，引导青年积极参与西部大开发和振兴东北等老工业基地建设。

围绕可持续发展战略，组织青少年积极参与生态环境保护和建设。积极促进循环经济的发展，构建保护母亲河行动可持续发展的新格局，大力培育生态文化，开展主题生态体验活动，大力倡导节能意识，设立“环保企业联盟绿色工程基金”，建好青少年绿色家园、“饮水思源”林等一批保护母亲河新工程。

三、动员广大团员青年在推进经济体制改革方面发挥作用。当前，改革处于攻坚阶段。要引导广大青年职工正确认识改革、热情支持改革、积极参与改革，通过参与建立现代企业制度、完善法人治理结构、理顺产权关系、深化内部改革等途径，为企业发展创造良好的体制环境。引导青年企业经营管理者树立创新意识，积极推动制度创新、科技创新、管理创新，通过加大创新的力度来提高企业的经济效益，增强企业活力和竞争力。

四、动员广大团员青年积极参与国际竞争。随着经济全球化趋势的不断发展，国际竞争日趋激烈，资本和人才流动的全球化趋势也越来越明显。要加大青年对外交流与合作力度，加快培养一大批具有世界眼光和国际竞争力的青年人才，引导广大青年在国际项目合作与国际竞争中发挥积极作用。要鼓励有条件的青年企业家充分发挥比较优势，积极开展对外投资和跨国经营。要牵线搭桥，充分利用国际国内两种资源，帮助青年企业家走出去，到国际市场上开拓事业。

五、竭诚服务青年，动员广大团员青年在构建社会主义和谐社会中发挥作用。各级团组织要努力为团员青年办实事、解难事、做好事，帮助他们解决工作、学习和生活中遇到的实际困难。要深化中国青年创业行动，以激励青年弘扬创业精神为主旋律，千方百计促进青年就业创业。继续开展大学生就业见习行动，利用“大学生就业见习行动网”开展网络职业测评，帮助提高大学生就业创业能力。启动实施“为了明天——预防青少年违法犯罪”工程，深化“青少年违法犯罪社区预防计划”、创建优秀“青少年维权岗”活动、“青少年远离毒品行动”、“青春红丝带行动”，切实维护青少年合法权益。2005 年元旦、春节期间，要以下岗失业青年、贫困学生、农村贫困青年、残疾青年为重点，采取募集钱物、志愿服务、社区服务、济困助学等多种措施，深入开展“真情助困进万家”活动，把党和政府的关怀和温暖，把团组织的关心与帮助送到他们的心坎上。

十五届(2004)第 12 次

12 月 7 日下午、9 日上午，周强同志分别主持召开团中央书记处、团中央书记处扩大会议，传达学习 12 月 7 日下午中共中央政治局常委、中央书记处书记、国家副主席曾庆红主持党中央书记处会议听取团中央书记处工作汇报时所作的重要指示精神，结合实际研究贯彻落实措施。

会议认为，党中央书记处充分肯定了 2004 年共青团工作，对做好明年工作作出了重要指示。曾庆红同志和党中央书记处各位领导对共青团工作十分关心，所作的指示思想深刻，语重心长，针对性强，要求明确，为共青团和青年工作指明了方向。这充分体现了党中央对共青团工作的高度重视和亲切关怀。大家一致认为，曾庆红等中央领导的指示使我们倍感亲切，倍受鼓舞，倍感振奋。这些指示对我们贯彻好党的十六大、十六届四中全会和中央经济工作会议精神，推动共青团工作进一步发展，具有十分重要的指导意义。各级团组织要认真学习，深刻领会，结合工作实际，切实抓好贯彻落实。会议研究提出以下总体要求。

一、青少年思想教育工作要上新水平。要坚持不懈地用邓小平理论和“三个代表”重要思想武装全团、教育青年，使广大团员青年进一步坚定为实现全面建设小康社会宏伟目标而奋斗的理想和跟党走中国特色社会主义道路的信念，树立正确的世界观、人生观、价值观。要深入贯彻落实中央8号文件、16号文件精神，以未成年人和大学生群体为重点，进一步加大青少年思想教育和大学生思想政治工作力度。要创新工作方式，探索新的渠道，更加贴近青少年，切实增强针对性和实效性；要结合新形势，用改革开放的伟大成就来教育激励青少年，引导广大青少年积极投身全面建设小康社会的伟大实践。

二、服务大局、服务青年要有新作为。各级团组织在工作安排部署上要牢牢把握大局，紧紧围绕大局，切实服务大局。要引导广大团员青年切实增强政治意识和大局意识，倍加珍惜来之不易的大好局面，积极为推动改革、促进发展、维护稳定做贡献。要深入学习贯彻中央经济工作会议精神，以科学发展观为指导，团结带领广大团员青年为实现中央提出的2005年经济社会发展目标而努力奋斗。要把竭诚服务青年作为全部工作的出发点和落脚点，千方百计为广大团员青年办实事、解难事、做好事，努力解决他们在工作、学习和生活方面遇到的实际困难。进一步研究青少年中出现的新情况、新问题，把服务大局与服务青年有机结合起来。

三、团的自身建设要有新进展。要围绕加强党的执政能力建设，切实提高共青团的服务能力、学习能力、凝聚能力、合作能力，增强团组织的吸引力和战斗力，将广大团员青年紧密团结在党的周围，巩固和扩大党长期执政的青年群众基础。

会议还研究提出以下具体措施。

一、在全团开展增强团员意识教育活动。明年要按照全党开展的保持共产党员先进性教育活动的部署，在团干部特别是团的领导干部中全面开展保持共产党员先进性教育活动。同时，在全团认真扎实开展增强团员意识教育活动，进一步用“三个代表”重要思想武装团员，进一步增强广大团员的光荣感、责任感和使命感。

二、加强对青年知识分子的教育工作。通过开展青年知识分子国情教育团、博士服务团、青年志愿者等活动，引导他们深入了解国情，服务社会，在参与社会实践活动中进一步坚定理想信念，增强社会责任感。

三、加强预防未成年人违法犯罪工作。深入实施“为了明天——预防青少年违法犯罪”工程，深化“青少年违法犯罪社区预防计划”、创建优秀“青少年维权岗”活动、“青少年远离毒品行动”、“青春红丝带行动”，切实维护青少年合法权益，预防和减少未成年人违法犯罪。

四、进一步做强做大工作品牌。要攥紧拳头，形成合力，扎实推进青年志愿者行动、青年文明号、保护母亲河行动、“三下乡”、手拉手、雏鹰争章等团的各项工作品牌，深化工作内涵，扩大社会影响。

五、切实关心困难青年群体的生产、生活。各级团组织和广大团干部要经常深入青年、了解青年，把握青年情绪，加强思想引导，切实关心青年的安危冷暖，千方百计帮助他们解决实际困难。2005年元旦、春节期间，要以下岗失业青年、贫困学生、农村贫困青年、残疾青年为重点，采取募集钱物、志愿服务、社区服务、济困助学等多种措施，深入开展“真情助困进万家”活动，把党和政府的关怀和温暖，把团组织的关心和帮助送到他们的心坎上。

六、进一步加强农村团组织建设。要大力加强农村青年中心建设，在符合条件的地区加大工作力度。要通过农村团组织和青年中心的互动，进一步活跃农村团的工作，团结带领农村团员青年为农业持续发展、农民增收做出新的贡献。

二、综合

共青团中央2004年工作要点

2004年1月1日

2004年是全团贯彻落实团十五大提出的各项任务的开局之年。共青团工作总的要求是：以邓小平理论和"三个代表"重要思想为指导，深入贯彻党的十六大、十六届三中全会和中央经济工作会议、全国宣传思想工作会议、全国人才工作会议精神，立足新起点，与时俱进，开拓进取，艰苦奋斗，扎实工作，竭诚为团员青年的成长成才服务，团结带领广大团员青年为实现国民经济持续快速协调健康发展和社会全面进步做贡献。

一、把团员青年学习贯彻"三个代表"重要思想新高潮不断引向深入，进一步加强青年思想政治工作

开展特色学习教育活动，突出抓好青年的理想信念教育。把学习贯彻"三个代表"重要思想与贯彻落实党的十六大、十六届三中全会和全国宣传思想工作会议精神结合起来，与弘扬民族精神结合起来，与加强青少年思想道德建设结合起来。以"兴起新高潮，创造新业绩"为主题，针对青年特点，广泛开展"三个代表"重要思想学习实践活动，使广大团员青年进一步坚定为实现全面建设小康社会宏伟目标而奋斗的理想和跟党走中国特色社会主义道路的信念，树立正确的世界观、人生观和价值观。以重大活动、重大事件和重大节庆为契机开展主题教育活动，在少年儿童中开展"民族精神代代传"活动，加强青少年国防教育，在青少年中弘扬和培育以爱国主义为核心的伟大民族精神。引导青年自觉实践社会主义道德，养成与社会主义市场经济相适应的道德观念和行为规范。

抓好重点群体，推动全团理论武装工作的深入开展。加强团干部的理论学习和培训，使之成为"三个代表"重要思想的忠实实践者。把大学生的思想政治工作作为重中之重，坚持抓活动、抓实践、抓骨干、抓社团、抓网络，进一步推动"三个代表"重要思想进课堂、进教材、进学生头脑。帮助各行各业的青年骨干不断加深对"三个代表"重要思想的理解，积极践行"三个代表"。

创新工作方式，切实增强青年思想政治工作的针对性和实效性。坚持实践育人、服务育人、文化育人，努力使青年思想政治工作贴近实际、贴近生活、贴近青年。充分发挥互联网和报刊、影视等大众传媒在教育引导青年中的重要作用，增强青年思想政治工作的时代感和吸引力。大力选树青年典型，发挥示范带动作用。充分发挥团属新闻舆论阵地作用，坚持正确的舆论导向，努力营造健康向上、积极进取、奋发有为的舆论氛围。

二、团结带领广大团员青年为促进经济持续快速协调健康发展做贡献

全面推进农村青年增收成才行动。拓展领域，进一步提高青年农民科技培训工程的实施力度和覆盖面。创建农业标准化生产青年示范基地，培养大批农村青年经纪人，培育农村青年专业合作经济组织。通过城乡互动结对、提供转移就业信息、举办供需见面会、开展职业技能培训、建设劳务中介组织等方式，推动农村青年积极有序地向二、三产业和城镇转移。

深入开展青年职工创新创效行动。实施青年创新项目，通过建立行业青年创新项目储备库、实行项目化运作等方式，引导青年职工为企业创造经济效益。实施"青工技能振兴计划"，通过开展青年岗位能手、青年能工巧匠评选和岗位练兵、技术比武活动，为青年职工创新创效搭建舞台。开设青年创新创效活动专题网站，定期举办网上培训和网上青年创新项目发布、推广等活动。

深入实施青年科技创新行动。组织青年专家科技服务团，为企业发展和地方经济建设提供服务。依托青年科技信息网和青年科技创新在线博览会，广泛建立青年科技信息服务站，支持广大青年科技人员更好地参与经济建设。加强青年科技创新教育和示范基地建设，促进人才与项目、技术、信息、资金的多元对接，为科技创新和科技成果转化提供有效服务。举办青年创新论坛，开展海外学人回国创业周活动和以多种形式为国服务活动。举办第四届"挑战杯"全国大学生创业计划竞赛，做好第九届"挑战杯"全国大学生课外学术科技作品竞赛筹备工作。

大力推进青年西部创业行动。加大科技培训、创业扶持力度，引导西部地区青年解放思想，艰苦创业，建设家乡。深入开展"博士服务团"、"青年企业家西部行"、"青年星火西进计划"、"选拔高校毕业生到西部基层工作"等活动，组织动员东中部地区青年参与西部开发。继续做好西部地区和民族地区团干部到经济相对发达地区挂职锻炼工作。开展青年企业家为振兴老工业基地做贡献活动，引导广大青年在实施振兴东北地区等老工业基地战略中发挥积极作用。

深化保护母亲河行动。以"同一条河"文化节和群众性文化广场为主要形式，广泛开展生态文化活动，大力宣传生态文明理念。拓展秀美山川环保游、母亲河之旅等实践项目，深化天天环保、生态监护、"保护母亲河号"创建活动，引导青少年亲身体验生态环保。推进农村地区改水改厕；以长江三峡工程、南水北调工程为重点，动员青少年参与国家大型重点建设工程的环境保护；大力建设青少年绿色家园，推进保护母亲河工程建设，为青少年植树造林、环保实践等提供阵地依托。

三、组织青少年积极投身精神文明建设

深化青年志愿者行动。扩大规模、拓展领域、完善机制，大力推进大学生志愿服务西部计划和青年志愿者扶贫接力计划。积极推进青年志愿者社区发展计划，深化为老服务金晖行动、百万青年志愿者助残行动、维护社会治安志愿者筑城行动、法律援助志愿者服务计划。继续组织实施中国青年志愿者海外服务计划。完善志愿者网上注册和管理功能，不断扩大注册志愿者队伍。推动青年志愿者工作纳入国家和地方经济社会发展规划，积极促进志愿服务事业的立法工作。完善各级青年志愿者组织体系和基层实施网络。

深化青年文明号活动。开展青年文明号活动10周年纪念活动，推出一批新的青年文明号集体，大力倡导爱岗敬业、诚实守信、办事公道、服务群众、奉献社会的职业道德。大力实施青年文明号信用建设示范行动，推行《全国青年文明号信用公约》，提高青年的信用意识。建立全国青年文明号网络管理系统。

深化创建青年文明社区活动。扩大范围，广泛开展青年文明社区示范城（区）创建活动。深入开展青年文明社区大家乐活动，不断丰富和提高社区文化活动的内容和水平。开展社区信息化建设试点工作，力争使社区青少年信息网络建设列入社区建设总体规划。建立青少年社区参与综合评价系统，实现青少年学校评价、单位评价和社区评价的统一。

深化大中专学生社会实践活动。以学习、宣传、实践党的十六大精神和"三个代表"重要思想为主线，积极组织好大中专学生"三下乡"社会实践活动。深入开展18岁成人仪式教育活动，全面提高中学生的公民意识和道德素养。

深化"手拉手"活动。加强城市与农村、富裕地区与贫困地区、身体健康与有残疾的少年儿童手拉手结对工作。继续开展好城乡、东西部少年手拉手互学活动和各族少年手拉手家庭接待活动。加强地区间少先队组织和辅导员的手拉手。

大力实施青年文化行动。牢牢把握先进文化的前进方向，以弘扬和培育民族精神为主线，以文化育人为主题，积极发展充满活力、健康有益的青年文化。举办"五四"主题青年文艺晚会，把晚会办成广大青年期盼和喜爱的文化精品项目。举办青年文化论坛、青年时代风采电视大赛、青年文化展示、青年网络文化行、青年文化节庆、青年文化广场等活动，服务青年精神文化需求，发挥青年在精神文明建设中的积极作用。积极推动青年文化的对外合作交流，举办国际青年文化节活动。建好用好青少年宫、素质拓展基地、社区青少年法律学校等校外活动阵地。

四、竭诚服务青年成长发展，努力为特殊困难青年办实事

为青少年学习成才服务。围绕实施人才强国战略，引导青年在学习中成才，在实践中成才。深化青少年新世纪读书计划，广泛开展主题读书活动。深化大中学生素质拓展计划，帮助提高实践能力、创新能力和竞争能力。深化"千宫百万"行动，帮助青少年学习掌握新知识、新技能。深化体验教育，推动雏鹰行动与基础教育课程改革有机结合。以没有实现两基目标的372个贫困县为重点资助区域，开展希望之星培养和希望小学援建等工作。深入开展"千校百万"进城务工青年培训、"东西互助——劳务协作"等活动，促进进城务工青年成长成才。通过境外培训、项目合作等方式，充分利用国际资源培养青年。

为青年就业创业服务。深入实施中国青年创业行动，进一步做好青年就业和再就业工作。突出重点，增强实效，深化百万青年就业培训工程。实施青年就业见习计划，重点实施大学生就业见习计划，广开渠道为青年提供见习岗位，帮助青年实现阶段性临时就业。深化"工岗快递"行动，逐步扩大覆盖区域和参与群体，进一步推动下岗失业青年和城镇新增青年劳动力、农村青年富余劳动力就业再就业。实施帮助青年创业计划，帮助下岗青年提高创业意识和创业素质，引导青年到第三产业、劳动密集型产业和高新技术产业创业。在全国102个重点联系城市建立青年就业服务中心。

切实维护青少年合法权益。深化创建优秀"青少年维权岗"活动，针对危害青少年身心健康的突出问题，开展社区青少年远离毒品行动、非法"口袋书"专项整治行动、建设安全放心网吧等活动。大力加强青少年维权中心的建设，构建青少年维权网络。推动青少年自我保护教育工作社会化和规范化发展。广泛开展"青春红丝带行动"，建立较为完备的青少年预防艾滋病工作体系。

充分利用信息网络服务青年。以"我们的文明"为主题，开展网上青少年教育活动。开设网上团校，建立网上书店，发行电子期刊，开辟网上招聘会、网上工岗快递中心，组建网上俱乐部、联谊会等网上交流阵地，为青少年学习、就业、交流提供服务。建好农村青年信息网、保护母亲河网、青年创业网、打工青年发展网、青少年维权网、志愿服务网等网站。建立远程互动式网上心理服务平台，积极做好高校贫困生心理咨询工作。试点推广青年卡，为广大团员青年提供商务咨询、购物优惠等服务。

为特殊困难青年送温暖。元旦、春节期间，以下岗失业青年、进城务工青年、贫困学生、农村贫困青年、残疾青年为重点，采取募集钱物、志愿服务、社区服务、济困助学等多种措施，帮助他们解决工作、学习和生活中遇到的实际困难。

五、引导青年积极维护社会稳定

及时准确深入地了解掌握青年的思想动态，针对青年特别是大学生和弱势青年群体开展形势教育，引导青年正确认识各种社会问题和热点、焦点事件。加强青少年法制教育，依托社区青少年法律学校，联合有关部门共同开展法制教育活动。实施青少年违法犯罪社区预防计划，探索建立适合我国国情的社区预防青少年违法犯罪的工作模式。建立全国社区闲散青少年管理信息系统，协调有关单位努力解决闲散青少年在学习、生活、就业等方面的问题。加强少数民族地区青年工作和宗教界青年工作，坚决反对民族分裂势力、宗教极端势力和暴力恐怖势力的分裂破坏活动。以社区、农村和学校为重点，继续深入开展揭批“法轮功”等邪教组织的斗争。

六、切实加强与港澳台地区青少年的交流

加强对港澳台地区青少年的交流工作，使之向更加深入、广阔、务实的方向发展。开展丰富多样的交流活动，团结和壮大爱国爱港爱澳青年力量。举办世界华人领袖青年论坛，团结凝聚港澳台及海外杰出青年。针对不同领域、不同层次的香港青年，举办香港社团青年精英、专业青年精英等培训班，培养更多的爱国爱港青年代表性人物。邀请香港大中学校学生会负责人来内地参观访问。继续办好海峡两岸暨港澳地区青年企业家论坛、“爱我中华”两岸四地青年大汇聚、海外杰青汇中华等活动。举办海峡两岸暨港澳地区青年文化交流活动。成立中华青年交流中心，推动与港澳台及世界华人青年交流事业的长久持续发展。

七、进一步加强青年对外交流与合作

配合党政外交，举办中国—东盟青年部长会议、中非青年论坛；开展中俄青年友谊年系列活动、中韩青年大规模交流活动和中罗青年联欢活动；继续实施中日青年“百人团”互访项目、“中越青年友好会见”、“澜沧江—湄公河青年友好之船”及对东盟国家青年干部的培训活动。围绕共青团重点工作，继续推进“中国青年创业国际计划”项目，举办中外青年企业家对话活动，成立中国青年创业国际研发中心；举办亚欧青年探索之旅暨保护母亲河论坛、国际青年文化节。扎实推进“走出去”战略。不断开辟对外交往新领域，实施国际青年领导人访问计划。

八、以改革的精神推进团的建设

以团建创新为重点，加强团的基层组织建设。建立健全党建带团建工作责任制度、联系会议制度、工作考核制度和团建工作情况通报制度，推动党建带团建工作机制的建立完善。深化创建五四红旗团委活动，建立健全三级联创机制，带动团的基层组织整体活跃。进一步加强非公有制企业团建工作，扎实推进城市社区团建工作。加强团内民主建设，修订《团的地方各级代表大会组织选举规则》和《团的基层组织选举规则》，加强对地方各级团委和基层团组织换届工作的指导。

以作风建设为重点，加强团干部队伍建设。牢记“两个务必”，忠实实践“三个代表”重要思想，做党放心、青年满意的团干部。在全国各级团干部培训基地举办大规模“三个代表”重要思想轮训班。会同有关部门建设团中

央青年人才库，开通“全国团干部教育培训网”。深入实施“万名西部团干部培训工程”和新任职团干部培训，按照分级培训、分类实施的原则完成4000人的培训任务。进一步拓展全国团干部研究生学历教育基地，为团干部提供更多的在职研究生学历教育机会。

以团员先进性教育为重点，加强团员队伍建设。组织开展以学习实践“三个代表”重要思想为主要内容的保持共青团员先进性教育活动。推行团日活动制度、重温入团誓词制度、规范团的活动仪式，完善团的组织生活制度，增强团员意识。加强推荐优秀团员做党的发展对象工作，壮大青年入党积极分子队伍。

大力推进城乡社区青年中心建设试点工作。按照“联系青年、服务青年、凝聚青年”的工作理念，围绕建设、运转、管理等环节，着力培养一支高素质的青年中心志愿者工作队伍，开发青年发展项目，积极探索青年中心服务青年、服务社区的具体途径和共青团在青年中心中发挥核心作用的工作机制，努力把青年中心建设成为充满生机活力的城乡社区青年组织，建设成联系青年群众的新型纽带。

适应新形势，进一步加强青联、学联、少先队建设，增强对青少年的吸引力和凝聚力。

中国人民解放军和武警部队的青年工作，由解放军总政治部按照本要点的基本精神统一作出部署。

共青团中央关于印发青年中心统一标识的通知

2004年1月6日

共青团各省、自治区、直辖市委，军委总政治部组织部，全国铁道团委，全国民航团委，中直机关团工委，中央国家机关团工委，中央金融团工委，中央企业团工委：

建设城乡社区青年中心是共青团组织实践“三个代表”重要思想，深入贯彻党的十六大、十六届三中全会精神和落实共青团十五大、十五届二中全会精神，在新的历史起点上推进团的事业发展的重大战略举措，是共青团适应公民社会发展、青年社会结构变化、不断增强内在活力的重大创新，是共青团组织更好地服务大局、服务青年和加强自身建设的战略选择。通过面向社会公开征集，共青团全国青年中心建设工作领导小组评定了青年中心标识。全国统一使用标识，对于进一步推动青年中心建设，形成品牌，充分发挥其服务青年、服务社区的新型青年组织功能，促进经济社会和人的全面发展，具有重要意义。现将标识式样印发给你们，并就使用的有关事宜通知如下。

一、使用范围

标识主要用于乡镇、街道团(工)委开展青年中心建设工作，农村、城市青年中心依法开展的各类服务青年的活动。具体包括青年中心牌匾、旗帜、徽章、办公用品，青年中心教育、培训基地纪念标牌，青年卡等。

二、使用要求

1. 标识标准版以文件印发为准。青年中心的合作单位使用标识须经青年中心特别授权并到主管团委登记备案。

2. 各地乡镇、街道团(工)委和农村、城市青年中心要本着严肃负责的态度，按照规定的范围使用标识。

3. 青年中心标识不得用于任何商业活动。

4. 使用青年中心标识，要按照国内通行的制作方式和标准，把标识摆放在显著位置，字体大小和颜色要协调、美观、大方。

共青团中央办公厅、全国青联秘书处关于举办“中日民间水论坛”活动的通知

2004年1月7日

各省、自治区、直辖市团委，青联：

水是维系人类生存与发展的最基本条件之一。人类文明的盛衰变迁无不与水密切相关。在经济与社会飞速发展的21世纪，如何保护和合理利用水资源成为每一个国家和民族都必须正视且必须着力解决的重点领域，也是当前及今后很长一段时期国际关系中的热门话题。中国是水资源相对贫乏的发展中国家，提升全民的水文明水准、积极发展水经济、推广先进的节水净水技术，探讨水务与水政改革的发展方向，使珍贵的水资源得到有效保护和合理利用，对于加快推进社会主义现代化进程，全面建设小康社会，都有着极为重要的作用。

包括广大青少年在内的社会公众是环境保护的中坚力量。广泛发动社会公众，加强国际合作，是保护水资源、发展水产业链、弘扬水文化的有效途径。中日两国一衣带水，在如何保护和合理利用水资源进而实现可持续发展方面有着很高的利益关联度，合作空间十分广阔。

为拓展中日环保合作的内涵和外延，借鉴日本先进的节水净水技术，引进日本的水工程建设和水利设施的运营管理经验，增进中日两国青少年的环保合作意识，进一步深化“保护母亲河行动”，共青团中央、中华全国青年联合会决定于2004年4月下旬在北京共同举办“中日民间水论坛”活动。论坛由全国保护母亲河行动领导小组办公室、全国青联国际项目合作中心承办，邀请水利部、建设部、国家环保总局等单位作为本次论坛的后援单位，成立专门的论坛组委会，指导、协调整个论坛活动的开展。

共青团中央办公厅关于《推行中国青年卡试点工作方案》

2004年2月12日

中国青年卡（以下简称青年卡）是共青团组织在新的历史起点上，加强服务能力建设的重大创新。青年卡是由共青团中央统一规划、实施，以14—35岁的城镇青年为主要服务对象，以信息网络为技术基础的富有青年特色的综合性服务卡，具有特色服务、信息管理、服务

优惠、金融结算、信用记录等基本功能。为认真贯彻落实共青团十五大精神，构建完善服务青年的体系，指导中国青年卡试点工作的开展，特制定本方案。

一、指导思想

高举邓小平理论伟大旗帜，全面贯彻“三个代表”重要思想，按照胡锦涛总书记对新世纪新阶段共青团工作提出的要求，深入学习贯彻团十五大精神，解放思想，与时俱进，积极稳妥，务求实效，增强服务能力，完善服务体系，努力将青年卡打造成为青年欢迎、政府支持、社会认可的知名服务品牌。

二、目的意义

共青团作为党的助手和后备军，作为先进青年的群众组织，只有不断增强服务能力，完善服务体系，才能更好地团结凝聚青年，担负起团结引导广大青年为实现党的宏伟目标不懈奋斗的历史重任。青年卡是从整合社会资源、增强共青团服务青年的能力入手，通过建设信息化、网络化、信用化、数字化的新型纽带，积极构建新世纪新阶段服务青年体系的重大创新。在新的形势下推行青年卡，对于共青团完善服务引导体系，创新工作运行机制和组织运行机制，加强组织动员能力建设，团结带领广大青年为全面建设小康社会贡献青春、智慧和力量具有重要意义。

1. 青年卡是服务卡，对于满足广大青年不断增长的成长进步需求，构建竭诚为青年服务的有形体系意义重大。全球范围内经济科技一体化和各种思想文化的相互激荡，我国全面建设小康社会和加快推进现代化建设的形势，带来了青年就业形式、学习样式和生活方式的急剧变化，当代青年产生了不同于以往各个时期青年的更加广泛的、新生的和具体的需求。这就要求共青团着眼青年工作、学习、生活中的实际需求，提供有针对性的、具体的、实在的服务，以便更好地实现吸引青年、凝聚青年和引导青年的目标。青年卡可以有效整合团的组织优势，广泛动员配置社会资源，借助现代信息技术，深入开发涉及青年基本需求的具体项目，能够为青年的成长成才提供有效的服务，有利于构建新时期服务青年的有形体系。

2. 青年卡是联系卡，对于适应公共组织转型的要求，建设组织与成员间互通互联互动的坚强纽带意义重大。组织转型是当前世界政治治理领域和经济管理领域的重大变革，其重要特征是依托现代信息网络技术实现组织与成员间的快速沟通反馈，实现管理层次的扁平化，实现组织意志与成员行为的同频共振，提高治理和管理效率。改革开放以来，我国青年的流动性增强，转移就业已成为青年就业的重要途径。共青团依靠传统的组织体系和原有的管理办法已经不适应发展变化的形势。这就要求团组织紧紧抓住组织变革的机遇，创新组织联系手段，把青年密切联系起来、广泛团结起来和积极动员起来。青年卡依托团的组织，具有联系青年直接快速的特点，能够总体反映青年的变动状况，实现对青年的有效动员，有利于构建新时期联系青年的坚强纽带。

3. 青年卡是文化卡，对于促进先进文化的发展，打造富于青年特色和时代精神的文化载体意义重大。文化建设是中国特色社会主义建设的重要组成部分，文化对青年的影响越来越大。要把青年一代培养成为“四有”公民，共青团就要充分借助各种文化载体，大力宣传科学理论、传播先进文化、倡导科学精神、塑造美好心灵、弘扬社会正气。但是，先进文化不会自动影响青年、掌握青年。共青团要用青年喜闻乐见的、先进的文化形式、文化载体去引导青年。青年卡作为青年工作、学习、生活的有力帮手，倡导健康文明和积极向上的生活方式，倡导勤奋学习和高效学习的理念，有助于青年养成勤俭自强和诚实守信的生活习惯，有助于青年弘扬锐意进取和艰苦创业的时代精神，能够发挥文化育人的重要作用，成为新时期影响塑造青年的文化载体。

4. 青年卡是信用卡，对于推进市场经济的完善发展，构建现代经济秩序和社会关系的契约基础意义重大。市场经济从本质上讲是信用经济，也是法制经济。市场经济的发展有赖于规范的市场经济秩序和诚信的社会关系纽带。共青团带领青年投身市场经济伟大实践的重要方面就是要加强青年的信用建设，为推进和完善市场经济提供基石。党的十六届三中全会在关于完善社会主义市场经济体制的决定中指出，要建立健全社会信用体系，形成以道德为支撑、产权为基础、法律为保障的社会信用制度。这不但是建设现代市场体系的必要条件，而且为加强青年信用建设指明了方向。青年卡的运行建立在信用的基础上，不但能够催生新的经济社会需求，而且能够为整个社会的信用建设准备条件，有利于经济社会信用体系的建立。

三、试点范围

本着“积极稳妥、务求实效”的指导思想，按照全国统筹规划、各地自愿参与和东部、中部地区各选择几个条件成熟的省市推行试点的原则，团中央确定在北京、上海、江苏、浙江、湖北、青岛、深圳等地进行全国青年卡推行试点工作。

青年卡试点阶段以青年大学生、务工青年、机关企事业单位以及公司等新经济组织青年作为初期发卡的三大对象群体，各群体发卡比例根据各地工作情况确定。

四、工作内容

试点工作要紧密围绕技术建设、运营开发、后期服务三个方面开展工作。

（一）技术建设

团中央负责投资、建设、维护统一的青年卡信息平台，各地数据均存入中心数据库，各地不再分别建设。要建立青年卡网站和呼叫中心，开设网络服务和电子商务业务。其中数据中心依赖数据库建立，并作为后台支持；前台的呼叫中心和服务网站作为直接面向持卡人的服务媒介。前台的各项数据和记录都来自后台的直接交互，后台存储的各项资料都可以通过前台查询调阅，不同的服务项目所使用的服务媒介不同，绝大部分的服务项目都可以实现呼叫中心服务和网站服务的互通互补。另一方面，青年卡需要设定卡片写入标准，各地卡片选型设计应以此为标准进行。

（二）运营开发

1. 建立完善的组织架构。项目的良性发展需要有适宜的运营架构与之匹配。团中央由相关部门成立共青团全国青年卡工作领导小组，下设办公室（对外称共青团全国青年卡工作办公室）。各地可以结合当地实际情况，成立相应的青年卡领导小组，并由一个部门牵头设立工作办公室。同时，由专门机构具体负责青年卡项目的社会化运作和管理。要建立规范的运行机制和有效的约束机制，为青年卡工作的健康发展提供完善的制度保障。

2. 卡面和标识的确定。青年卡作为具体的服务项目要长期发展必须实施品牌战略。要统一卡面和标识，统一整体形象，在工作推进的过程中使广大青年逐步认识和接受，最终达到认同和归属的目标。卡面和标识由团中央统一设计，并统一注册中国青年卡，卡片由团中央统一制作、专门运输、免费发放。

3. 信息采集录入工作。地方团组织收集青年卡办卡人个人信息和各地服务开发信息，按要求填写登记表，并将其录入到规定的电子表格，确保信息的真实可靠，然后把当地持卡人信息电子版和一份个人登记表传给共青团全国青年卡工作办公室，由其统一录入数据库。

4. 卡片印制和发放工作。青年卡的印制和发放流程为：由团中央统一到指定的卡厂制作青年卡，运送到指定银行开卡，最后通过银行或地方各级团组织发放。

5. 服务产品的确定。青年卡的产品就是综合性优惠服务，初期将开通银行、保险、电信、就业、培训、商旅等多个领域几十项服务，针对不同服务类别可以划分为以下几种产品形式。

(1)推荐品牌类。初期各项增值服务尽量与社会已有的服务提供商合作，从中选择优势伙伴，整合资源，降低自身经营风险，迅速形成服务链条。

(2)合作品牌类。青年卡在一定程度上是资源整合的媒介，在一定领域将采用与企业合作形式，发展合作品牌。比如与航空公司合作推出青年机票服务、与电信公司合作推出服务大学生的“青春无限”业务。

(3)自有品牌类。中国青年卡将创办很多特色品牌，凸显共青团的特色。比如开发青年旅馆、组织青年夏令营、开办青年务工服务等。

6.合作商家的确定。青年卡需要对现有社会资源的整合，在每个领域要选择有实力、有信誉的商家合作。首先，将选择1—2家有实力的银行作为青年卡的战略合作伙伴，推行青年卡要注意避免经济风险，并依托银行已有的、成熟的结算体系提供支付解决方案。其次，商定各个领域的合作者共同拓展青年卡的服务广度和服务深度。最后，部分地区开发的特色服务需要通过一定的标准和审批流程进入青年卡体系，以保障持卡青年的基本权益。

7.宣传推广工作。青年卡要在市场上站稳脚跟，就要将青年卡品牌推向市场，并按照积极稳妥的原则对青年卡进行强势的宣传和策划，以利于青年卡后期工作的开展。

(三)后期服务

1.建立完善的客户服务制度，处理客户投诉和反馈。青年卡客户服务的原则是：统一受理、分解反馈、个别解决、统一解答。统一受理，呼叫中心将建立客服专线，青年卡提供的各项服务使用中的问题均由客服负责统一受理；分解反馈，本着“谁开发，谁处理”原则，明确划分责任，将客服问题及时转给开发该服务的相关部门或单位；分别解决，该服务的开发机构负责解决问题，责任落实到人头，并在指定时间内将问题解决结果反馈给呼叫中心；统一解答，呼叫中心通过电话或电子邮件等形式通知投诉人问题解决的结果，并将相关情况备案。

2.建立有效的监督制约机制，处理各种服务纠纷。要设立统一的监督委员会，挑选专职人员，独立负责青年卡运行过程中出现的各种问题。

五、工作重点

青年卡是新时期共青团服务青年的一项重要举措，试点阶段需要把握以下几个工作重点。

1.明确青年卡的服务功能定位。青年卡既要有共性又要有个性。共性是现有各种类型卡的共有特征，是青年卡的存在基础和基本载体；而个性则是共青团的特色、青年的特色。青年卡的个性要凸显青年卡的服务性、开放性、选择性、统一性和利益性。服务是青年卡的宗旨，青年卡要围绕服务作文章，将服务青年工作做深、做透，让青年卡真正成为广大团员青年的理想服务载体，可以根据青年的需求设计服务项目、开发服务品牌；开放是青年卡发展的根本，只有在开放的体系和开放的环境中才能将青年卡发展壮大，青年卡的发展可以实现共青团各项工作的有机结合；选择是适应青年多样需求的工作思路，可以在青年卡统一品牌下开发多种不同服务项目进行组合，满足持卡人群的不同需求；统一是指青年卡要统一标识，形成知识产权，在法律上保障共青团的整体利益；利益是指青年卡需要不断开拓服务领域，丰富服务项目，提高优惠幅度，可能的情况下给持卡人最大的实惠。

2.建立健全有效的进入退出机制。要对青年卡服务对象群体进行细化分析，对目标市场进行透彻分析，明确青年卡的定位。首先可以考虑以年龄作为青年卡进入退出的限制，每年接受一批新客户，并对超过指定年龄青年停止服务。

3.团中央与地方团委在工作上要实现有

机结合，既要全国统一，又要有地方特色，团中央已做的地方团委不再重复开发，地方团委能做的尽量由地方开发，但团中央可以适当给予工作指导。

4. 青年卡要实现与共青团各部门和直属单位工作和活动的有机结合。青年卡要为青年就业创业、青年志愿者、读书计划、青年中心的建设等活动做好服务。

5. 要在组织化服务模式的框架下，引入社会化监督机制。青年卡既要紧密依托团组织的渠道实现前期的卡片发放，又要公司化运作，以市场思维引导工作开展，淡化行政色彩；要建立完善的监督制约机制，专门设立监督委员会，独立行使监督职能。

6. 青年卡工作推进要做到在“四个统一”指导下开展工作，即统一名称、统一标识、统一发放和统一管理。统一使用中国青年卡的品牌推广运作；选取统一的卡面和标识作为青年卡的整体形象；依托团组织渠道统一发放办理青年卡；由共青团全国青年卡工作领导小组统一指导青年卡项目的运作。

7. 妥善处理安全问题，包括信息安全和经济安全。持卡人的信息要得到切实保护，避免信息泄露事件的发生。经济风险由银行自行承担。

六、实施步骤

青年卡推行试点工作计划为期一年（2003年10月—2004年10月），需要完成试点地区的青年卡推广、跟踪服务和效果评价，初步完成全国性数据平台的基础架构和各项功能的前期开发，并在此基础上开发几项特色服务，实施步骤如下：

（一）前期筹备阶段

该阶段落实青年卡项目运作的前期各项筹备事宜，工作重点是青年卡推行试点工作会议的组织实施。

1. 2003年10月7日前，共青团全国青年卡工作办公室对试点省市调研，最终划定试点范围，落实试点省市牵头部门，确定各地联络人。

2. 2003年10月7日—2003年12月30日，共青团全国青年卡工作办公室举办中国青年卡卡面及LOGO征集大赛，面向全国艺术院校师生和在职设计人员征集卡面和LOGO。

3. 2003年10月10日起，共青团全国青年卡工作办公室与电信、银行、保险、商旅、培训等领域全国性商家就青年卡合作事宜进行意向性谈判。

4. 2003年12月27日，共青团全国青年卡工作办公室在京举办青年卡推行试点工作会，邀请各试点省市青年卡工作负责人参加。要求各试点地区统一思想，群策群力，共同制订青年卡各地工作思路，研讨青年卡运作组织架构，协调各地青年卡工作进程。

（二）青年卡服务拓展阶段

该阶段需要共青团全国青年卡工作办公室和各地牵头部门通力协作，共同实现青年卡的实际发放和服务功能的开发，并逐步完善青年卡数据库的基础建设。

5. 2004年1月中旬，共青团全国青年卡工作办公室对外通过招标选择确立合作集成商，开始青年卡全国数据库的基础建设。

6. 2004年2月中旬—2004年5月中旬，青年卡各试点省市工作机构完成办卡人的个人登记、信息采集、数据整理和上传工作。

7. 2004年2月中旬—2004年10月，共青团全国青年卡工作办公室与部分全国性合作企业陆续签订合作协议，细化工作内容，完善服务功能；各地青年卡工作机构根据开发标准完成当地服务开发，签订合作协议，并报共青团全国青年卡工作办公室。

8. 2004年3月中旬—5月底，共青团全国青年卡工作办公室负责先期100万张青年卡卡片的印制。

9. 2004年3月初—6月初，共青团全国青年卡工作办公室对七个试点地区数据进行汇总、查验，并统一录入数据库。

10.2004年5月初—8月底，共青团全国青年卡工作办公室委托专门机构分批寄卡、发卡。

11.2004年5月4日，举办青年卡发卡仪式，对多个领域的优秀青年代表颁发青年卡。

（三）项目评价

该阶段需要完成青年卡试点项目后期评价，并将各地反馈意见整理，为青年卡下一步的发展积累经验。

12.2004年10月底—11月初，完成对青年卡试点项目的后期评价、汇总意见反馈。

七、工作要求

1.大胆探索，开拓创新。青年卡是共青团的一项全新的事业，是工作思路和工作方法的重大创新。各地团组织要不断开阔视野和思路，在借鉴国外青年组织对青年卡项目成功做法的基础上，探索青年卡工作的特点和规律。要以创新的思路拓展多种服务形式，开发新的服务项目，凸显青年卡的特色。

2.加强领导，注重管控。各级团的领导机关要在思想上高度重视，把青年卡推行试点工作作为共青团服务青年的重大工作来抓。在政策上积极支持，在宏观层面加强指导，在微观层面注重管控，精心组织实施，把工作做实做细。在推行试点过程中要根据工作目标及时发现问题，解决问题，并根据实际情况及时调整。

3.加强沟通，密切协作。青年卡作为共青团服务青年的新举措，需要整合资源，优势互补，形成合力，需要增进信息交流，加强业务协作。各地要将试点工作有关情况和问题及时上报，及时反馈，并提出建议。要将青年卡工作和本地区各项工作、活动结合起来。要形成跨地区的服务开发的良好协作关系，共同推进青年卡工作的开展。

共青团中央、全国少工委关于学习贯彻《中共中央国务院关于进一步加强和改进未成年人思想道德建设的若干意见》的通知

2004年3月29日

各省、自治区、直辖市团委，少工委：

《中共中央国务院关于进一步加强和改进未成年人思想道德建设的若干意见》（以下简称《若干意见》）的颁布实施，是我们党在全面建设小康社会、加快推进社会主义现代化建设的新的发展阶段，切实加强思想道德建设特别是加强青少年思想道德建设的重大举措，充分体现了“三个代表”重要思想和十六大精神，反映了全国人民的共同愿望。《若干意见》对共青团、少先队组织进一步认清在未成年人思想道德建设中肩负的责任，增强加强和改进未成年人思想道德建设的紧迫感，努力开创未成年人思想道德建设的新局面具有重大的指导意义。为学习贯彻《若干意见》，充分发挥共青团、少先队组织在未成年人思想道德建设中的重要作用，特通知如下。

一、充分认识进一步加强和改进未成年人思想道德建设的重大意义

（一）未成年人是祖国的未来，民族的希望，他们正处在思想道德品质形成的关键时

期，他们的思想道德状况如何，直接关系到中华民族的整体素质，关系到国家前途和民族命运，关系到中国特色社会主义事业的长远发展。建设中国特色社会主义，需要一代又一代人的不懈努力。现在的未成年人，几年十几年后就是中国特色社会主义事业的接班人，他们将肩负起全面建设小康社会，实现中华民族伟大复兴的历史重任。加强和改进未成年人思想道德建设，是提高未成年人思想道德素质，确保党和国家事业后继有人、兴旺发达的必然要求。

（二）我们党历来高度重视未成年人思想道德建设。以毛泽东、邓小平、江泽民同志为核心的党的三代领导集体，对未成年人倾注了无限的关爱，寄予了殷切的希望，都把培养社会主义事业的合格建设者和接班人作为关系党和国家前途命运的战略任务。党的十六大以来，以胡锦涛同志为总书记的党中央深刻分析和把握未成年人思想道德建设工作面临的新形势，对加强和改进未成年人思想道德建设进一步提出了明确要求，作出了新的部署。我们要按照党对未成年人思想道德建设工作的要求，认清责任，肩负起培育中国特色社会主义事业建设者和接班人的崇高使命。

（三）我们正处在实施社会主义现代化建设第三步战略部署的新的发展阶段，国际国内形势都发生了深刻变化。我们既要看到我国对外开放进一步扩大、社会主义市场经济深入发展、信息技术等高科技日新月异给我们加强未成年人思想道德建设带来的新机遇，更要正视国际敌对势力的思想文化渗透、社会丑恶现象和消极腐败现象给未成年人思想道德建设带来的严峻挑战，同时还必须看到未成年人思想道德建设还存在许多不适应新形势新任务的地方和亟待加强的薄弱环节。我们要充分认识加强和改进未成年人思想道德建设的极端重要性和紧迫性，适应新形势新任务的要求，积极应对挑战，加强薄弱环节，在巩固已有成果的基础上，采取更加有力的措施，努力把未成年人思想道德建设提高到一个新的水平。

二、进一步明确共青团和少先队组织在加强和改进未成年人思想道德建设中的责任和任务

（四）共青团和少先队是党的助手、后备军和预备队，肩负着党赋予的教育、引导未成年人的神圣使命和光荣任务。各级共青团、少先队组织要坚持以马克思列宁主义、毛泽东思想、邓小平理论和“三个代表”重要思想为指导，深入贯彻十六大精神，紧密结合全面建设小康社会的实际，针对未成年人的特点，积极探索新世纪新阶段未成年人思想道德建设的规律，坚持以人为本，教育和引导未成年人树立中国特色社会主义的理想信念和正确的世界观、人生观、价值观，养成高尚的思想品质和良好的道德情操，努力培育有理想、有道德、有文化、有纪律的，德、智、体、美全面发展的中国特色社会主义事业建设者和接班人。

（五）未成年人正处在长身体、长知识、世界观人生观价值观逐渐形成的特殊阶段，要坚持分层次有步骤地正面引导，从增强爱国情感做起，从确立远大志向做起，从规范行为习惯做起，从提高基本素质做起，促进他们全面发展；要按照实践育人的要求，以体验教育为基本途径，精心设计和组织开展内容鲜活、形式新颖、吸引力强的道德实践活动，增强教育活动的吸引力和感染力，提高未成年人思想道德教育的针对性和实效性；要积极营造有利于未成年人思想道德建设的社会氛围，净化未成年人的成长环境，维护未成年人的合法权益，为形成党委统一领导、党政群齐抓共管、各有关部门各负其责、全社会积极参与的领导体制和学校教育、家庭教育、社会教育相互配合的工作机制做贡献。

（六）共青团、少先队组织要发挥自身优势，把对未成年人理想信念的引领和高尚思想品质、良好道德情操的培养作为重要任务，让正确的理想信念成为未成年人成长进步的动力;把道德实践活动作为未成年人思想道德教育的重要载体,引导未成年人在家庭生活、学校生活、社会生活和大自然中,通过亲身经历和获得真实感受的实践,明白做人做事的道理,养成良好的行为习惯;把服务作为未成年人思想道德教育的重要手段,在满腔热情地关注、解决他们学习、生活、成长遇到的问题中进行教育和引导,在耐心细致地解疑释惑中引导他们辨别是非、美丑、善恶,把思想道德教育做到未成年人的心坎上;把营造良好的教育氛围作为未成年人思想道德教育的重要方式,在团结友爱、共同进步的环境中培养关爱之心,在人人做主人的氛围中培养责任感,在丰富多彩的活动中陶冶情操,在追求美好的气氛中培养真善美的品质;把联合社会力量共同做好未成年人思想道德建设工作作为重要责任,为营造有利于未成年人健康成长的社会环境而努力。

三、广泛深入开展道德实践活动

(七)实践育人是共青团、少先队组织的优良传统和基本经验,近年来提出的体验教育是新形势下共青团、少先队教育思想的探索和发展。共青团、少先队组织要以体验教育为基本途径,广泛深入开展道德实践活动。要继续深化“手拉手”、“中国少年雏鹰行动”、“少年军校”、中学生素质拓展计划等已取得成效的实践活动,还要根据新形势不断创新活动内容和活动形式。要充分利用法定节日、传统节日、历史人物和重大历史事件的纪念日及入队、入团、成人宣誓等有特殊意义的重要日子,开展形式多样的团队活动,还可以联合社会力量精心组织夏令营、冬令营、革命圣地游、红色旅游、绿色旅游以及各种参观、瞻仰和考察等活动。开展道德实践活动必须使用鲜活通俗的语言、生动典型的事例、喜闻乐见的形式,注重未成年人的主动参与、亲身经历和真实感受,不断增强活动的吸引力和感染力,提高教育的针对性和实效性。

(八)中学共青团要开展树立和培育理想信念的教育活动,通过中学生团校、业余党校,让中学生了解共青团和共产党的基本知识,通过中国革命、建设和改革开放的历史教育和国情教育,让他们明白只有在党的领导下,走中国特色社会主义道路,才有了中国今天的发展,才能有祖国美好的未来,坚定永远跟党走的信念。要联合有关部委制定《进一步加强中学生团校、业余党校建设的意见》,利用三年时间制定中学生团校、业余党校的全国统一教材,进一步建立中学生团校、业余党校的校、区(县)、市(地)三级管理体系,健全在中学生中开展“推优入党”工作的机制,做好中学生团校、业余党校与高等学校相关教育的衔接工作,力争今年中学生团校、业余党校或党课小组覆盖面达到70%,2005年达到90%,2006年最终实现全国中学普及团校、业余党校或党课小组。在条件较好的市(地)、区(县)试办网上中学生团校、业余党校。

(九)要深化和创新中学生成人教育活动。在进一步普及中学生18岁成人仪式教育活动的基础上,开展16岁居民身份证颁发仪式教育活动,由团组织邀请社区居委会、公安、法院等有关部门负责人与学生、家长在社区举行集中的居民身份证颁发仪式,对中学生进行相关的法律教育,激发他们的成人意识。以“五四”运动85周年为契机,在全国100个城市同时开展中学生18岁成人仪式集中宣誓活动,力争2004年中学生18岁成人仪式教育活动在中学的覆盖率达90%,2005年达到全国中学基本普及。

(十)要继续做好城乡少年手拉手、东西部少年手拉手、健康和身体有残疾的少年手拉手、各民族少年手拉手等活动,重点做好全国城市少年儿童和进城务工就业农民子女手拉手活动,以“同在一片蓝天下,手拉手共同成长”为主题,引导城市少年儿童和进城务工就业农民子女互相关心,相互学习,共同进步,并通过“小手拉大手”带动学校、辅导员和家庭手拉手，呼吁全社会更加关心、爱护进城务工就业农民和他们的子女，为进城务工就业农民子女的健康成长营造平等、互助、友爱的社会氛围。

（十一）要进一步在未成年人中开展弘扬和培育民族精神教育活动。以中宣部、中央文明办、共青团中央、教育部、全国少工委共同开展的“民族精神代代传”活动为载体，让未成年人通过历史和现实的事件和人物，真切地感受中国了不起、中国人了不起，通过做一件有意义的事情，体验怎样做个了不起的中国人，从而了解民族精神的丰富内容，感受民族精神的伟大力量，体验民族精神的时代内涵，汲取中华民族优良传统和美德的丰富营养，逐步树立民族自尊心和自豪感。

（十二）要推动“雏鹰争章”与基础教育新课程建设的有机结合。适应教育创新和素质教育的新要求，配合全国基础教育课程改革，以提高未成年人思想道德素质、科学文化素质和健康素质为基本目标，构建和完善“雏鹰奖章”新体系。进一步完善定章、争章和颁章的各个环节，尊重少年儿童的自主性，突出“雏鹰争章”的实践性和非竞争性，努力使“雏鹰奖章”成为衡量少年儿童综合素质的重要依据。

（十三）要通过评选先进集体和先进个人，为未成年人树立可亲、可信、可敬、可学的榜样，让他们从榜样的感人事迹和优秀品质中受到鼓舞、汲取力量。要进一步规范和完善“雏鹰奖章”、“优秀共青团员”、“十佳少先队员”、“十佳少先队辅导员”、“十佳少先队志愿辅导员”、“少先队红旗（大）中队”的评选表彰，激励广大未成年人崇尚先进、学习先进。

四、加强未成年人思想道德教育的阵地建设

（十四）面向未成年人开放的场所是思想道德教育的重要阵地。团属青少年宫（家、站）、青年中心及相关事业单位要坚持把社会效益放在首位，坚持面向未成年人、服务未成年人的宗旨，积极开展教育、科技、文化、艺术、体育等未成年人喜闻乐见的活动，把思想道德教育融入其中，充分发挥对未成年人的教育引导功能。

（十五）要定期组织中学生团员、少先队员到各类博物馆、纪念馆、展览馆、烈士陵园等爱国主义教育基地进行集中参观。要发挥社区共青团和少先队的作用，联系辖区内的企事业单位向未成年人开放活动场地。建立和完善志愿辅导员注册制度，吸收热心未成年人教育工作、有责任心、有能力、有经验的人士加入少先队志愿辅导员队伍，为未成年人开展参观活动和其他校外活动服务。

（十六）加强青少年活动阵地建设。2004年至2008年，积极争取财政专项建设经费，重点扶持建设82个青少年活动场所，实现全国地市以上城市至少拥有1所团属青少年活动场所，基本消灭空白点。同时鼓励东部地区充分利用返还公益金和自筹资金或通过企业募集资金等方式自建青少年活动场所。在县级青少年宫的建设中，重点扶持西部和少数民族地区。命名一批具有先进水平、具有示范导向功能的青少年活动场所。

五、发展新闻出版事业，为未成年人思想道德建设提供丰富的精神食粮

（十七）加强未成年人文化精品生产。结合“五个一工程”、“五四新闻奖”评选，引导团属新闻出版单位做好规划，加大精品生产力度，围绕提高未成年人道德品质、宣传中小学生日常行为规范、提高未成年人科学文化修养等主题，争取每年推出200册左右的优秀图书和一批有质量的影视、音像、电子出版物等视听产品。要办好《中国中学生报》、《中国少年报》、《中国儿童报》、《中学生》杂志、《中国少年儿童》杂志、《少先队小干部》杂志和《辅导员》杂志。同时引导团属报刊关注未成年人思想道德建设，开设相关专栏，为未成年人提供更多更好的精神食粮。

（十八）加强“民族魂”、“血铸中华”等系列爱国主义网站建设。在进一步办好“民族魂”、“血铸中华”等爱国主义公益网站的同时，新建邓颖超、任弼时、陈云、王树声、徐海东、陈嘉庚、白求恩及江西、河北、山西、山东、四川等省的英烈纪念馆等12个专题网站，并结合纪念五四运动85周年建好“五四运动纪念馆”，加强网上正面宣传，在未成年人中弘扬和培育民族精神，进行爱国主义教育。

六、依法维护未成年人的合法权益

（十九）维护未成年人的合法权益是加强未成年人思想道德教育的重要基础。要以全国人大内司委修订《未成年人保护法》和《预防未成年人犯罪法》颁布五周年为契机，深入开展未成年人法律宣传教育活动，通过现场咨询、知识竞赛、法律征文等活动，在未成年人中普及法律知识，增强未成年人的法律意识。深化“中国少年儿童平安行动”，围绕校园安全、治安防范、交通安全、防灾避险等主题，提高未成年人的安全意识和自护能力，防止他们受到侵害。继续深化创建“青少年维权岗”活动，探索建立全国优秀“青少年维权岗”公示制度和认定制度，完善创建活动的动态管理、激励和监督考核机制。做好青少年维权岗的命名表彰工作。针对危害青少年身心健康的突出问题，继续开展“青少年维权岗在行动”活动，动员各地、各系统优秀“青少年维权岗”及创建单位充分发挥职能作用，齐抓共管，进一步优化青少年成长的社会环境。

（二十）要深入开展“青少年网络文明行动”，宣传全国青少年网络文明公约，开展“社区网络文明行”同伴教育活动，教育引导未成年人远离网吧，增强网络文明意识，提高网络文明素质，营造有利于未成年人健康成长的网络环境。要联合有关部委在西部重点地区开展“社区青少年远离毒品——边境行”禁毒教育活动，教育引导未成年人认识毒品危害，提高广大未成年人拒毒、防毒的意识和能力。深化预防艾滋病“青春红丝带”行动，遏制艾滋病在未成年人中的传播。继续深入实施“青少年违法犯罪社区预防计划”，加强对社区未成年人特别是闲散青少年的教育、管理和服务。

七、全面加强中学共青团、少先队组织的自身建设

（二十一）加强中学共青团和少先队组织的自身建设是充分发挥共青团、少先队组织在未成年人思想道德建设中重要作用的保证。要取得教育行政部门的支持，把中学共青团和少先队工作作为重要内容纳入教育发展规划，把对共青团和少先队工作的指导、检查、考核纳入教育行政部门的督导、评估范畴，把共青团和少先队工作纳入学校工作的议事日程，并将共青团和少先队工作情况作为衡量学校办学质量的重要标准。要取得学校党组织和行政部门对共青团和少先队工作的支持，保证每周两个课时的活动时间和开展活动必要的经费支持。建设好学校中团的活动阵地和少先队队室、鼓号队、红领巾广播站、红领巾电视台等。

（二十二）要加强共青团、少先队工作队伍建设。要按照共青团中央、全国少工委和教育部的有关规定，推荐、选派业务过硬、工作热情高、创新能力强的优秀青年教师做团的工作，担任少先队辅导员。中学团委书记按学校中层干部的条件进行配备，大队辅导员一般按不低于副教导主任的条件进行配备。在教师聘任、评选先进时要将团委书记、辅导员从事共青团、少先队工作的能力作为考核的主要依据。省（区、市）、市（地）、县（市）应在同级团委或教育行政部门设少先队总辅导员。要加强中学团干部和少先队辅导员的培训，积极争取把他们的培训作为学校师资培养的重要组成部分，纳入正常的师资培训渠道。要选聘热心少先队工作、有责任心、有能力、有经验的人士担任志愿辅导员，调动家长和社会各界人士的积极性，力争实现城市学校每个大队、中队，农村学校每个大队和社区少先队组织都至少有一名志愿辅导员。要发挥少先队小干部岗位在未成年人思想道德教育中的作用，通过民主选举少先队干部和定期轮流任职的办法，培养他们的服务意识、民主意识和自我教育、自我管理的能力，还要多设少先队工作的岗位，让少先队员都有机会参与少先队的工作。

（二十三）要加强社区少先队组织建设。要在街道、城镇建立团组织牵头，教育、文化、民政、公安等部门参加的社区少工委，按照就近就便和自主自愿的原则，把少先队员组织起来。鼓励有条件的农村小城镇和乡村进行少先队社区工作的探索。要争取各级民政部门把少先队社区工作作为创建文明城市、文明社区的重要组成部分，努力为少先队社区组织营造良好的工作环境。要充分利用各类校外教育机构和综合性、社区性少年儿童校外活动阵地，大力发展和建设各种少先队的体验教育基地、科学文化体育活动基地、少年军（警）校活动基地等。

八、加强对未成年人思想道德建设的领导和协调

（二十四）团的各级领导机关要高度重视未成年人思想道德建设工作，建立以团委主要负责同志负总责的责任制，设立相应的领导机构，把未成年人思想道德建设纳入目标管理体系和工作考核体系，一级带一级，层层抓落实。要主动纳入经济社会发展的大局中，参与到党委统一领导、党政群齐抓共管、有关部门各负其责、全社会积极参与的领导体制和工作机制中，积极争取各级党委和政府对共青团和少先队工作的支持，积极争取各级政府和社会各方面对未成年人思想道德建设的投入。

（二十五）团的各条战线、各个部门、各个机构都要参与到未成年人思想道德建设中，团委机关各个部门要通力合作，青工、青农、学校、政法、科技等战线的团组织要利用自己的资源和优势，参与未成年人思想道德教育工作，发挥基层团组织、团干部和团员在未成年人思想道德建设中的作用。团的教育科研机构要开展未成年人思想道德状况和未成年人思想道德建设相关问题的专题调研，对未成年人思想道德状况的一些重要指标进行定期监测评估，及时发布相关信息和科研成果，及时发出预警信号，发挥参谋、实验、服务的作用。

各省级团委、少工委要根据本通知要求，结合当地实际情况，对贯彻落实《若干意见》作出部署，有关情况及时报团中央办公厅。

共青团中央、全国少工委关于加强和改进未成年人思想道德建设的实施意见

2004年6月10日

为深入贯彻《中共中央国务院关于进一步加强和改进未成年人思想道德建设的若干意见》（以下简称《若干意见》）和全国加强和改进未成年人思想道德建设工作会议精神，贯彻落实胡锦涛总书记重要讲话精神，开创共青团、少先队加强和改进未成年人思想道德建设

新局面，特提出如下实施意见。

一、指导思想

共青团加强和改进未成年人思想道德建设的指导思想是：坚持以马克思列宁主义、毛泽东思想、邓小平理论和“三个代表”重要思想为指导，深入贯彻党的十六大精神，把握和运用未成年人思想道德建设的重要经验，紧密结合全面建设小康社会的实际，坚持贴近实际、贴近生活、贴近未成年人，坚持实践育人，坚持以人为本，发挥共青团、少先队的优势和特点，开展生动活泼的道德实践活动，引导未成年人牢固树立中国特色社会主义的理想信念和正确的世界观、人生观、价值观，弘扬伟大的民族精神，养成高尚的思想品质和良好的道德情操，努力成长为有理想、有道德、有文化、有纪律的社会主义事业建设者和接班人。

二、实施内容

（一）深入开展理想信念教育

把加强未成年人理想信念教育放在未成年人思想道德建设的首位。针对中学生，广泛建立中学生团校、业余党校，健全在中学开展“推优入党”工作的机制。联合有关部委制定《进一步加强中学生团校、业余党校建设的意见》，并编写中学生团校、业余党校的全国统一教材。各地要按照全团统一部署，加强中学生团校、业余党校建设，今年力争在70%的中学建立中学生团校、业余党校或党课小组，2005年达到90%，2006年实现全国中学普及团校、业余党校或党课小组。条件较好的市（地）、区（县）可试办网上中学生团校、业余党校。要健全中学生团校、业余党校的校、区（县）、市（地）三级管理体系，做好中学生团校、业余党校与高等学校相关教育的衔接工作。针对少先队员，要通过开展队旗、队徽、队礼、入队仪式和民族精神代代传、星星火炬代代相传、少年军校等活动，培养他们从小树立远大理想，弘扬民族精神。

（二）广泛深入地开展道德实践活动

1. 深化和创新中学生成人仪式教育活动。各地要进一步普及中学生18岁成人仪式教育活动，深化内涵，丰富形式，拓展范围，力争在今年内使开展这项活动的城乡中学达到总数的90%。以换发第二代居民身份证为契机，探索开展16岁居民身份证颁发仪式活动，由团组织联合社区居委会、公安局、法院等有关部门在社区、学校举行居民身份证颁发仪式，并对中学生进行相关的法律教育，增强他们的成人意识。

2. 实施中学生素质拓展计划。以育人为目标，以培养中学生的公民意识、创新精神和实践能力为重点，通过开展形式多样的思想道德教育和道德实践活动，实现中学共青团参与素质教育的有形化，将中学共青团工作纳入学校素质教育的整体格局。各地中学团组织要积极探索参与中学综合实践课教学、评价的机制，围绕思想道德教育、科技创新创造、技能训练、健康审美四个方面广泛开展活动，引导中学生自觉实践、自主参与，提高基本素质，促进全面发展。

3. 开展城市少年儿童与进城务工农民子女手拉手活动。各地少先队组织要以“同在一片蓝天下，手拉手共同成长”为主题，广泛开展城市少年儿童与进城务工农民子女手拉手活动，使更多少年儿童感受到友情的可贵，引导他们培养互相帮助、共同进步的优秀品质。实施“希望工程助学进城计划”，动员社会力量，对家庭经济困难的进城务工农民子女提供资助，为他们营造平等、互助、友爱的社会氛围。

4. 深化少年儿童“雏鹰争章”活动。少先队组织要适应教育创新和素质教育的新要求，配合第八次全国基础教育课程改革，推动“雏鹰争章”与基础教育新课程建设的有机结合，以提高未成年人思想道德素质、科学文化素质和健康素质为基本目标，构建和完善雏鹰奖章体系，使之成为衡量少年儿童综合素质的重要依据。基层少先队组织要尊重少年儿童的自主性，发挥他们的主动性，激励他们的创造性，开展经常性的雏鹰争章活动，促进少年儿童健康成长。

(三)加大青少年精神文化产品的生产和推介力度

各级团组织、少先队组织、团属新闻出版单位要发挥文化育人的重要作用,结合“五个一工程”评选,广泛开展健康向上的文化活动。团属新闻出版单位要深化改革,加快发展,不断推出适合未成年人特点的优秀图书、影视、音像、电子出版物等精神文化产品,尤其要抓好龙头产品,突出特色,多出精品,满足未成年人的精神文化需求。进一步深化中国青少年新世纪读书计划,加强优秀未成年人读物推荐工作,引导未成年人多读书、读好书。团中央、全国少工委将组织优秀词、曲作家集中创作并面向全社会征集一批洋溢着伟大民族精神,符合未成年人特点,通俗易懂、易于传唱的优秀歌曲,引导未成年人从中汲取中华民族优良传统和美德的丰富营养。

(四)加强未成年人思想道德教育阵地建设

重点扶持建立一批青少年活动场所。2004 年至 2008 年,团中央将每年争取财政部专项建设经费 1000 万元,重点扶持建设 82 个青少年活动场所,力争全国每个地市以上城市至少拥有 1 所团属青少年活动场所,基本消灭空白点。县级青少年宫的建设重点向西部和少数民族地区倾斜。鼓励东部地区充分利用返还公益金或通过社会募集等方式,建设更多的青少年活动场所。各地也要努力争取政府支持,加强未成年人活动阵地建设。

建设一批未成年人思想道德建设网站。团中央将建设未成年人思想道德建设的专门网站——“青少年思想道德网”(www. daode. youth. cn),运用网络信息技术,传播先进文化,弘扬新风正气,引导广大未成年人健康成长。继续办好“民族魂”、“血铸中华”等爱国主义教育网站,新建邓颖超、任弼时、陈云等 12 个专题网站,结合纪念五四运动 85 周年建好网上“五四运动纪念馆”。通过加强网上正面宣传,在青少年中弘扬和培育民族精神,为广大未成年人创造良好的网络文化氛围。

(五)维护未成年人合法权益

加强未成年人的法律意识教育。依托社区青少年法律学校,深入开展未成年人法律宣传教育活动,大力宣传《未成年人保护法》和《预防未成年人犯罪法》,组织开展法律宣传周、宣传日活动,采用以案说法、法律咨询、法律知识竞赛、法律征文等多种形式,不断增强未成年人的法律意识。继续开展“青少年维权岗在行动”活动,动员社会力量切实维护未成年人合法权益。依托各类青少年活动阵地,广泛开展“青春自护行动”,教育未成年人拒绝诱惑、远离危险、防范侵害,提高未成年人的自我保护意识和能力。继续深入实施“青少年违法犯罪社区预防计划”,积极开展“未成年人零犯罪社区”创建活动,加强对社区未成年人特别是闲散青少年的教育和服务。

净化未成年人的成长环境。针对影响未成年人健康成长的突出问题,深入开展“社区青少年远离毒品行动”,开通网上禁毒教育展览馆,普及毒品预防知识,增强未成年人拒毒、防毒的意识和能力。广泛开展社会监督,积极配合有关部门加强对社会文化场所的管理。联合教育部门大力实施“净化校园工程”,引导未成年人自我教育,清除和远离“粗口歌”、有害卡通画册、淫秽“口袋本”、不健康的音像制品和电子游戏等。深化预防艾滋病“青春红丝带”行动,在青少年中普及预防艾滋病的知识,遏制艾滋病在未成年人中的传播。深入实施青少年网络文明工程,大力推进“青少年网络文明行动”,开展“社区网络文明行”同伴教育活动,宣传青少年网络文明公约,教育引导未成年人增强网络文明意识,提高网络文明素质。

(六)加强未成年人工作队伍建设

健全中学团干部和少先队工作者队伍。按照团中央、教育部和全国少工委的有关规定,配备好中学团干部和少先队辅导员。推荐、选派业务过硬、工作热情高、创新能力强的优秀青年教师做团的工作,担任少先队辅导员。中学团委书记按学校中层干部的条件进行配备,大队辅导员一般按不低于副教导主任的条件进行配备。在教师聘任、评选先进时要将团委书记、辅导员从事共青团、少先队工作的能力作为考核的主要依据。省(区、市)、市(地)、县(市)应在同级团委或教育行政部门设少先队总辅导员。

加强对中学团干部和少先队辅导员的培训力度。把培训作为学校师资培养的重要组成部分,纳入正常的师资培训渠道,不断提高他们的综合素质与工作水平。全国少工委重点做好对西部地区少先队辅导员的培训工作,争取今年内免费培训1500名基层少先队辅导员。广大少年儿童工作者要规范行为习惯,不断提高自身修养,为少年儿童树立良好的榜样,成为他们的良师益友。

壮大未成年人社会化工作队伍。以志愿服务为主要方式,吸收热心未成年人教育工作、有责任心、有能力、有经验的社会人士和"五老"(老干部、老战士、老专家、老教师、老模范)加入志愿辅导员队伍,广泛开展"爱心助成长"志愿服务活动。制定校外志愿辅导员培训、使用、管理、考评和表彰办法,纳入中国青年志愿者的整体管理体系。组织发动全国受到县以上团组织表彰的优秀青年志愿者和志愿服务集体,就近就便与少先队开展"心手相连"结对活动,协助学校和少先队组织开展思想道德教育活动。

(七)建立未成年人社区评价体系

以共青团、少先队组织为主导,建立由社区党组织、共青团和少先队组织、青年中心、青工委、居民委员会、家长委员会和学校代表组成的综合评价机构,围绕思想政治素质、文化科学素质、体质体能素质、劳动技能素质、个性心理素质等方面,实施综合评价,并与学校和单位的激励机制结合起来,调动青少年参与社区建设和社区服务的积极性,逐步实现青少年学校评价、单位评价、社区评价的统一。

(八)加强未成年人思想道德建设的理论研究

团属青少年研究机构、团校、青干院要把未成年人思想道德建设理论研究作为重要课题,加强相互协作,进行深入研究,定期向社会发布研究成果。要建立未成年人思想道德状况重要指标体系,对这些指标进行定期检测评估,进一步增强工作的针对性和预见性。要加强对新的时代背景下未成年人身心发展特点的研究,加强新时期未成年人思想道德建设规律的研究,推出一批符合未成年人实际的研究成果,指导未成年人思想道德建设工作的实践。组织编辑、整理、出版未成年人思想道德建设系列精品丛书,推动学校、家庭、社会共同做好未成年人思想道德教育工作。

整合社会各方面力量,建立未成年人思想道德建设论坛。定期邀请有关方面领导、青少年教育专家、社会各界人士、优秀未成年人典型就未成年人思想道德建设举行报告、对话、研讨等活动,并以论坛为载体,开展青少年思想教育活动,展示未成年人思想道德实践活动的成果。

(九)加强表彰、宣传力度

开展优秀青少年的评选表彰活动,发挥典型引导作用。深化和改进全国十佳少先队员、中学生优秀三好学生、希望工程之星、青少年科技创新奖等评选表彰活动,加大对优秀典型的宣传力度,形成良好的价值导向,倡导健康的成长观。

团属新闻媒体要以多种报道形式,大力宣传各级团、队组织加强和改进未成年人思想道德建设的具体措施和实践经验,宣传家庭、社会在未成年人思想道德建设方面的典型做法、典型事件,营造良好的社会舆论氛围。注重发挥重要言论的导向作用,组织、发表评论性的文章,广泛宣传加强未成年人思想道德建设的重要意义,提高全社会对未成年人思想道德建设工作的重视和关心程度。

三、实施要求

1.统一思想，提高认识。各级共青团、少先队组织要从确保党的事业后继有人和社会主义事业兴衰成败的战略高度，提高对加强和改进未成年人思想道德建设工作的认识，把思想统一到胡锦涛总书记重要讲话和《若干意见》精神上来。要把未成年人思想道德建设工作纳入共青团、少先队工作的总体规划，列入团委、少工委的重要议事日程，常抓不懈。

2.整合资源，形成合力。积极争取各级党委、政府在政策和投入上的支持，优化加强和改进未成年人思想道德建设的条件。争取社会各方面的支持，不断改善未成年人学习、成长的物质条件。积极吸纳社会各界人士参与未成年人思想道德建设，建立社会化的工作队伍。团的各条战线、各个部门、各个机构都要参与到未成年人思想道德建设中来，整合资源，形成合力。发挥优势，反映未成年人的思想、愿望和呼声，推动地方党委和政府制定、出台符合未成年人成长及青少年工作规律的未成年人工作规划。

3.求真务实，狠抓落实。要加强调查研究，找准未成年人思想道德建设方面存在的问题，从全社会关心的热点、难点问题入手，多为未成年人办实事、办好事，尤其要集中力量办几件有影响的大事，形成声势，抓出实效。要加强和改进共青团、少先队组织的工作方法，不断适应社会发展、时代进步的要求，适应未成年人身心发展的新特点，探索新形势下未成年人的成长规律和教育规律，创新未成年人思想道德建设的思路、方法和途径。

4.创新载体，形成品牌。要继续抓好现有工作载体，同时要不断创造新载体，全方位参与到学校、社会和家庭教育中。要树立品牌意识，打造工作品牌，依法运作和维护品牌，不断扩大品牌活动在青少年中及全社会的知名度和影响力。

5.建立机制，提供保障。建立领导机制。各地要建立相应的工作领导机构，团委主要负责同志负总责，加强协调，统一推进。健全考核和激励机制。各级团组织要把未成年人思想道德建设纳入目标管理和工作考核体系，科学管理，严格考评。强化服务机制。贯彻服务育人的要求，搭建服务平台，巩固服务阵地，创新服务手段，为未成年人健康成长提供有效服务。

各省级团委、少工委要根据实施意见的要求，结合当地实际情况，对贯彻实施意见作出具体部署，并将有关情况于6月30日前报团中央办公厅和少年部。

共青团中央办公厅关于进一步加强机关各部门和各直属单位保密工作的通知

2004年7月2日

机关各部门、各直属单位：

日前，中央保密委员会在北京召开中央和国家机关保密工作会议，中共中央政治局候补委员、书记处书记、中央办公厅主任、中央保密委员会主任王刚作了重要讲话。讲话以邓小平理论和“三个代表”重要思想为指导，系统分析了当前保密工作面临的新形势新任务，针对当前保密工作中存在的问题提出了切实有效的措施，对于进一步加强中央和国家机关保密工作，更好地保护国家秘密，维护国家安全具有十分重要的意义。团中央机关各部门、各直属单位要按照团中央书记处的统一部署，针对本部门、本单位保密工作存在的问题，立足防范，查找漏洞，完善制度，狠抓落实，切实加强保密工作。

一、进一步增强做好新形势下保密工作的责任感和紧迫感

当前，我国保密工作的形势十分严峻。从外部看，随着经济全球化的不断深入和信息技术的迅猛发展，西方敌对势力的渗透破坏和窃密活动相当猖獗，针对我国经济和科技的窃密活动不断增多，对我国的网络窃密活动日益突出。中央和国家机关成了国外、境外敌对势力窃密的重点对象，面临的窃密与反窃密的斗争形势极为尖锐复杂。从内部看，党政机关和其他涉密部门的内部保密工作仍在一定程度上存在着思想麻痹、监管松懈、工作不力等问题，极易给敌对势力的窃密活动造成可乘之机。共青团事业是党的事业的重要组成部分，做好青年工作中的保密工作，是共青团的性质和任务所决定的，也是共青团工作适应形势发展的一项重要职责。团中央是接触秘密较多、存储秘密较集中、传递秘密较频繁的高涉密单位。面对保密工作的严峻形势和艰巨任务，团中央机关各部门、各直属单位一定要从确保国家安全、维护人民根本利益的高度，充分认识做好新形势下保密工作的极端重要性和紧迫性，切实把保密工作作为一件关系改革发展稳定全局的大事，高度负责地抓紧抓实抓好。要切实加强组织领导，把保密工作列入领导班子的重要议事日程。要坚决克服共青团组织是人民团体，无密可保的麻痹思想，像重视业务工作一样重视保密工作，像抓好业务工作一样抓好保密工作，把推动业务工作和加强保密工作紧密结合起来，认真研究解决保密工作中的重大问题，不断完善保密工作机制。

二、切实加强对保密工作关键环节的管理

各部门、各直属单位要把各项保密工作贯穿到业务工作的全过程，坚持管人和管事两手抓，着力研究和解决保密工作各环节的突出问题。

第一，要切实加强涉密人员的教育管理。各部门、各直属单位要把加强保密意识教育作为一项长期而艰巨的任务抓紧抓好。一方面，要积极引导涉密人员牢固树立正确的世界观、人生观、价值观，不断提高思想道德素质，切实增强政治敏锐性和政治鉴别力，在思想上构筑起坚固的防线。另一方面，要加大管理力度。对涉密人员，上岗、在岗、离岗各环节都要实行严格的监管。坚持“先审定，后使用，先培训，后上岗”的原则，上岗前要在政治上、思想上、作风上进行严格审查，签订保密协议，承担保密义务。在岗时，要加强日常管理和监督，发现不适合继续在涉密岗位工作的要坚决调离。涉密人员不得随意流动、更换，必须在脱离涉密岗位一年以后才能调离现单位。要广泛开展保密工作宣传教育，采取案例分析、技术演示、图片展览、知识问答等丰富多样的方式方法，引导广大干部职工充分认识到做好保密工作的重要意义，把加强保密与自身实际工作紧密结合，时刻绷紧保密这根弦，确保国家秘密万无一失。

第二，要切实加强要害部门、部位的管理。中央和国家机关要害部门、部位是产生、使用和管理国家秘密的重要场所，境内外敌对势力把窃密目标主要锁定在这里。因此，要害部门、部位应成为我们做好保密工作的主要着力点。各部门、各直属单位要按照中央的要求，抓紧研究制定相应的重点防范措施，对本单位要害部门、部位加大人力、物力和财力的投入，形成人防、物防和技防相结合的综合防范体

系。团中央机关大楼和有关直属单位地处城市的繁华地区，周边环境比较复杂，我们更要高度重视办公区域安全保密。要完善各项保密设施，整治涉密场所的外部环境，防止无关人员进入涉密场所，防止周边的国外机构利用高技术手段进行窃密活动。

第三，要切实加强涉密载体的管理。各部门、各直属单位涉密文件的起草、制作、分发、使用、复制、保存直至销毁，都要严格规范管理，完善保密措施，实行全过程监管，确保每一个环节不出纰漏。要在具有三铁（铁柜、铁门、铁窗）的地方存放涉密文件、电报、资料等纸介质和各种涉密软盘、优盘、光盘等磁介质。要管住管好涉密计算机，通过采用开机加密、存储文件加密等手段，确保涉密计算机存储的信息安全，严格防止个人将涉密笔记本电脑带出办公场所。

第四，要切实加强涉密信息传输的管理。现代网络和通信技术的快速发展，为秘密信息的方便快捷传输创造了条件，同时也为窃取秘密信息提供了新的途径。各部门、各直属单位要管好涉密网络和涉密通信，加强对涉密信息和数据的传递运输管理，保障秘密信息传输的安全。涉密计算机严禁上国际互联网，涉密网络必须与国际互联网实行严格的物理隔离。要严格执行中保委关于加强手机保密管理的各项规定，严格禁止在使用普通电话时谈论涉密信息。

第五，要切实加强重要涉密会议和重大涉密活动的保密管理。举行重要涉密会议和重大涉密活动之际，国家秘密在时间和地点上都很集中，这也使得国内外敌对势力总是把重要涉密会议和重大涉密活动作为他们窃密的主要目标。各部门、各直属单位要认真做好涉密会议和活动的保密工作，选拔政治素质好、保密意识强的会务人员，拟订完善的保密工作预案，制定严格的保密纪律，严格按程序办事。在有关会议活动的保密工作中，要注意把好新闻报道这一关，坚持一个口子对外，严格审查报批程序。

三、健全各项规章制度狠抓保密工作落实

各部门、各直属单位领导班子和领导干部，要切实担负起保护国家秘密的重要政治责任，健全各项规章制度，加大工作力度，抓好工作落实。

第一，要认真落实责任制。各部门、各直属单位要按照“谁主管、谁负责”的原则，切实落实好保密工作责任制。主要负责同志要切实担负起第一责任人的职责，分管保密工作的领导要负直接领导责任，要自觉接受保密监督，模范遵守保密纪律，带头抓好保密规章制度和措施的落实。要把执行保密工作责任制的情况纳入干部业绩考核的内容，并作为奖惩的依据；要逐级签订保密责任书，确保保密责任分解到人。

第二，要抓好保密队伍建设。各部门、各直属单位要选拔政治素质高、保密意识强的中共党员干部担任保密员（机要员），重要核心部门，要配备专门从事保密工作的干部，并将名单报团中央保密办公室，如有人员变动及时通知团中央保密办公室。要完善选人用人机制，重视对保密干部的培养，对保密干部既要严格教育、严格要求、严格管理、严格监督，又要关心他们的成长进步，关心他们的工作和生活，多为他们办实事、办好事，给予他们一定的岗位津贴。

第三，要加强督促检查工作。各部门、各直属单位要恢复和建立原有的三人保密小组，定期对本部门、本单位的保密工作进行检查，并将检查情况及时向团中央保密委员会汇报。要实行严格的失泄密报告制度，发生失泄密事件的单位和个人在发现泄密事件后的24小时内，书面向团中央保密委员会报告，并在3个月内书面报告失泄密事件的查处结果。要对发生重大泄密事件隐匿不报或故意拖延报告时间的单位和个人追究责任。

各部门、各直属单位要从制度和落实两个方面采取实际措施，堵塞一切可能的漏洞，坚决杜绝失泄密隐患，真正确保团中央系统的保密工作万无一失。

共青团中央办公厅
关于征集未成年人思想道德建设工作创新案例的通知

2004年7月12日

共青团各省、自治区、直辖市委：

全团加强和改进未成年人思想道德建设工作会议召开以来，各级共青团、少先队组织认真贯彻落实会议精神，鼓实劲、出实招、办实事、求实效，扎实推进未成年人思想道德建设各项工作。为及时总结经验，探索思路，沟通信息，展示全团加强和改进未成年人思想道德建设取得的初步成效，推动全团未成年人思想道德建设深入发展，同时也落实中央文明办有关要求，团中央决定在全团征集未成年人思想道德建设工作创新案例。案例的要求如下：

一、创意新颖，成效显著。能够充分体现中央8号文件的要求，具有时代性、针对性和可操作性，吸引力和感染力较强，深受未成年人和社会各界欢迎，取得明显的实施效果。

二、特色鲜明，措施具体。具有鲜明的共青团、少先队特色，符合全团抓未成年人思想道德建设的整体思路，具有良好的发展态势。案例可以是一省一市、一条战线开展的团、队活动，也可以是一个学校、一个社区等单位开展的团、队活动。

三、文字简练，重点突出。所报案例要思路清晰，言简意赅，不说套话。各地申报案例的数量为2—3个，一招一例，每例1500字左右。每条案例都要说明其产生背景、主要做法、基本成效、社会反响、认可程度、推广普及情况等。

请将案例文字稿于8月5日前报团中央加强未成年人思想道德建设工作领导小组办公室，同时以电子邮件的形式发至 wcnr@cyc-net.com。团中央办公厅将把优秀案例向中央文明办推荐，并适时结集出版。

示范案例1：

百名教师进社区

创意单位：天津市和平区委、区政府

活动范围：天津市和平区88个社区

学校教育、社会教育、家庭教育相互脱节，是加强和改进未成年人思想道德建设面临的一个亟待解决的重大课题。天津市和平区从2001年开始，从全区中小学校中选派了百名优秀教师下到各个社区居委会，担任青少年校外教育辅导员，专职从事社区德育教育工作，把学校教育延伸到社区、家庭，为形成以学校为龙头、以社区为平台、以家庭为基础的“三位一体”的未成年人思想道德教育网络发挥了积极作用。

择优推荐，培训上岗。社区教师由全区各学校按照《聘任社区教师标准》进行推荐，将政治素质高、业务能力强、有一定组织活动能力的优秀教师推荐上来，经过专门培训并审查合格后,签订“双向服务协议”,由区教育局统一选派上岗。社区教师在社区办公,工资待遇由原学校发放。

贴近实际,组织活动。受聘的社区教师结合自己下派社区的实际情况,制定全年工作规划和每月的活动计划。一是主动配合驻区学校,根据学校德育工作的需要,利用社区的教育资源,组织学生到社区参加社会公益活动。崇仁里社区教师与耀华中学共同策划在高一学生中组织了“当一天居委会主任”活动,把同学们分成5个组,分别对口负责民政、妇代、治保、计生、卫生等5项工作。在社区主任指导下,同学们根据自己的设计方案和工作安排,帮助下岗职工、残疾人和孤老户解决生活上的困难,带领社区环保队和居民清洁整理楼道杂物。二是积极配合社区居委会,组织中小学校和幼儿园的孩子在课后、节假日开展护绿小分队、小小志愿者、小小宣传员等形式多样的校外活动。三是依托覆盖社区的家长学校、家庭学堂对未成年人的家长进行教育培训,开展家庭教育经验交流研讨会,指导家长树立正确的家教观念,掌握科学的教子方法,营造和谐的家教环境。

加强管理,注重实效。为加强对社区教师的管理,区社区教育委员会专门设立了社区教师办公室,成立了社区教师临时党支部,由区教育局德育科负责日常工作,街道成立了社区教师工作组,组长从学校中层以上干部中选派。为确保社区教师的工作质量,和平区每年要对社区教师进行一次考评,考评的主要内容是对社区内青少年开展思想教育活动的情况、取得的效果等,年终根据群众反映和其工作表现,由区社区教师工作组和社区居民委员会共同为社区教师打分评议。对各社区教师每学年聘任一次,不能履行职责的,由社区教师办公室退回原学校待岗,从社区返回或无故离开社区工作岗位的教师将不再聘任。

几年来,社区教师在加强和改进未成年人思想道德建设中发挥了重要作用。一是解决了社区德育工作力量不足和缺少专业人才的问题,二是解决了学校德育与社区德育有效沟通、有机结合的问题,三是为使社区真正成为未成年人思想道德建设的平台和阵地提供了有力的组织保障和队伍保障。社区教师已经成为学生校外德育工作的组织者、家庭教育的指导者、社区教育的骨干力量、沟通学校与社区和家庭的联系人、未成年人的“知心朋友”。

示范案例2:

小助理走进大社区

创意单位:青岛市市南区文明办、教育体育局

活动范围:青岛市市南区

什么是未成年人道德实践的舞台?如何让未成年人在体验社会角色中获得真实感受?青岛市市南区通过向社区居委会派驻社区小助理,让“小助理走进大社区”,使未成年人在道德实践中体验,在体验中成长,推动了未成年人思想道德建设的健康发展。

2003年,青岛市市南区向基层居委会派驻社区小助理,让“小助理走进大社区”,拓宽了社区教育与学校教育资源共享、互动的渠道,搭建了未成年人道德建设的实践平台,使未成年人在自觉参与中思想感情得到熏陶,精神生活得到充实,道德境界得到升华。

学校“承包”居委会,居委会聘任小助理。市南区首先在八大关、中山路两个街道办事处进行了派驻社区小助理的试点工作。在试点基础上,于2003年3月正式启动派驻社区小助理工作。派驻采取“承包制”,即区属学校各承包3—5个居委会,学校每学期向每个居委会派驻4名社区小助理。社区小助理在具有一定组织能力的少先队员中通过竞聘产生。他们在社区教育助理、社区教育辅导员、居委会主任的指导下,组织开展教育宣传活动,带

领周围小伙伴参加社区实践活动。

社区搭建大舞台,小助理体验伴成长。搭建社区育人的广阔平台,让小助理在实践中体验角色,在体验中不断成长。一是担任社区义工。启动了读书工程,在30所小学建立了"社区阳光图书馆",社区小助理担任图书馆的小义工,利用双休日和假期为前来借阅的居民服务。学校假期开放操场、图书馆、阅览室、计算机房、语音室等教育资源,开设健身、微机、普通话等公益课堂,社区小助理担任教育指导角色,积极引导社区居民参加教育培训。二是参与教育宣传。每逢双休日和假期,在居委会主任的指导下,小助理们深入社区,进行交通安全、消防自救、远离毒品的宣讲,参与纠正交通违章、清除乱贴乱画、清洁公共卫生等公益宣传,倡导道德规范,践行文明行为,成为居委会里的"小主任"。三是组织道德实践活动。小助理们是学生参与社区活动的"带头人"。带领伙伴们走进社区,开展"让城市更美好、让生活更美好"城市精神践行活动,大力弘扬"诚信、博大、和谐、卓越"的青岛城市精神;带领小伙伴们走进百年老字号,开展了"我说百年老字号的变迁"活动,大力弘扬民族传统文化;带领小伙伴走进港务局,开展了"我学现代工人楷模——许振超"系列活动,大力弘扬当代产业工人的敬业精神……通过这些实践活动,为深化未成年人的诚实守信、理想信念、民族传统等教育提供了榜样。

自2003年以来,已有1000多名学生担任了社区小助理,他们深入社区参与服务时间达2万多小时,开展各类活动500余次,带动居民和其他学生参与社区教育活动达3万人次,为加强和改进未成年人思想道德建设做出了贡献。

派驻社区小助理,提高了学生动手能力、自主能力和自我保护能力,促进了未成年人实现"全人"发展;派驻社区小助理,找准了学校教育和社区教育的结合点,扩大了学生社会实践的领域和平台;派驻社区小助理,补充了居委会教学班的师资力量,使居民在浓厚的社区学习氛围中提高素质;派驻社区小助理,更好地利用了未成年人教育的活动场所,加快了学习型城区建设的步伐,取得了学生满意、居民满意、社会满意的社会效益。

示范案例3:

说三句话,办三件事

创意单位:北京市宣武区陶然亭街道工委

活动范围:北京市宣武区陶然亭街道

在未成年人思想道德建设中,道德实践是关键。2002年初,北京市宣武区陶然亭街道工委在对地区内6000多青少年以"责任、爱心、诚实、守信、宽容、礼让"为内容的"六德"教育中,立足"知"与"行"的统一,运用体验教育理念,开展"说三句话,办三件事"活动,将"六德"融入未成年人学习、生活的各个细节,在潜移默化中培养青少年的道德,达到润物细无声的教育效果。

在体验家庭生活中,北京市宣武区陶然亭街道推出了"说三句话,办三件事"活动,培养青少年的责任、爱心、宽容、礼让等美德。三句话是"您辛苦了"、"谢谢"、"您好"。当父母下班回来或干完家务后,一定要说"您辛苦了";当父母帮助自己辅导完功课、做好饭或为自己做了其他事情,一定要说"谢谢";当家里来了客人,一定要说"您好"。"三件事"根据不同时期有不同的要求。春节与长假期间的三件事是:让食。青少年必须要有一顿饭与父母、长辈共同进餐,在盛饭的顺序上,要先长辈,后自己;春节期间抄三副弘扬中华传统美德的对联;帮助父母打扫一次卫生。日常的三件事是:每周至少洗一次衣服、扫一次地、洗一次碗。社区居委会要求青少年将体验家庭生活的场景、感受写下来,反馈给学校和家庭,展示在社区和学校的宣传栏里,激发了青少年参与活动的热情,深化了教育成果。

青少年通过亲身体验这些平时最易做到但又最易忽视的家庭劳动，增强了家庭责任、敬老意识、自立能力。许多家长反映，自己的孩子参加“说三句话，办三件事”活动后，显得懂事了许多。近3年来，6000多名社区青少年中90%以上参加了“说三句话，办三件事”活动，“六德”逐渐渗入到社区青少年的心田，无声地内化为道德品质，悄然地影响着言谈举止。街道涌现出尊敬长辈、热爱劳动、关心他人、热心社区建设等各类社区好少年300余人。街道先后被团中央、北京团市委授予全国青少年文明社区和北京市青少年文明社区荣誉称号。“六德”教育初结硕果，社区真正成为了青少年道德培育的沃土。

共青团中央办公厅关于举办“加强和改进未成年人思想道德建设工作骨干专题培训班”的通知

2004年7月12日

共青团各省、自治区、直辖市委：

为贯彻落实《中共中央国务院关于进一步加强和改进未成年人思想道德建设的若干意见》和全国加强和改进未成年人思想道德建设工作会议精神，培养一批加强和改进未成年人思想道德建设工作骨干，进一步发挥共青团、少先队组织在未成年人思想道德建设中的积极作用，共青团中央办公厅、全国少工委办公室和中国青年政治学院将举办“加强和改进未成年人思想道德建设工作骨干专题培训班”，现将有关事宜通知如下。

一、培训时间

2004年8—11月举行4期“加强和改进未成年人思想道德建设工作骨干专题培训班”。第一期定于8月13—19日，第二期初定于10月10—16日，第三期初定于10月25—31日，第四期初定于11月2—8日，每期7天。

二、培训地点

中国青年政治学院（中央团校）。

三、培训内容

学习加强和改进未成年人思想道德建设的有关文件和会议精神；研究如何发挥共青团、少先队组织在加强和改进未成年人思想道德建设中的独特优势和作用；探讨新形势下未成年人思想道德教育的方式方法；开展“历奇”训练辅导等实践活动。

四、培训方式

邀请高洪、陆士桢、孙云晓、卢勤、陆玉林、陈立思、杨渝川等教育专家和资深少先队工作者进行理论教学，同时邀请侯欣、许莉娅等技能培训专家组织学员开展“历奇”训练辅导活动、成长小组活动和拓展训练，帮助学员在更新观念、掌握知识的同时，掌握进行未成年人思想道德教育的操作技能。

五、培训对象

团队干部、少先队辅导员、中小学校外教育机构工作人员、社会工作者等。

六、培训人数

每期100人。

七、培训费用

培训费：350元/人（含教材资料、学习用品、技能培训等费用）。

住宿费:192 元/人(按 6 天计,32 元/人/天,由学员另交,回本单位报销)。

八、具体要求

1. 各省要高度重视加强和改进未成年人思想道德建设工作骨干的培训,按分配的名额选派优秀学员参加本次培训班,并以适当的形式在本省开展相应的培训工作。

2. 第一期学员的报名工作截止到 8 月 5 日,其他三期的报名工作截止到 9 月 25 日。参训学员要认真填写《学员登记表》并寄送中央团校轮训部(地址:北京市海淀区西三环北路25 号,邮编:100089)。联系方式:010 - 88567290,68425631(传真),联系人:吴新昱(13501391471),王恩蔚(13801319563)。

3. 为方便交流,请学员准备本单位有关"加强和改进未成年人思想道德建设工作"的经验材料。为方便制作证件和证书,请每人带一张彩色一寸免冠近照和一张彩色二寸免冠近照。

4. 第一期学员报到时间为 2004 年 8 月 13 日（全天），其余三期报名时间为当期培训的第一天。培训报到地点为中央团校轮训公寓（中国青年政治学院内）。乘车路线：北京站乘地铁至公主坟站换乘 323、374 路公交车至万寿寺站；北京西站乘 374 路公交车至万寿寺站；首都机场乘至公主坟方向的民航班车至北京电视台下车向南（顺车方向）800 米即到。

共青团中央关于深入学习贯彻党的十六届四中全会精神进一步做好新形势下青年群众工作的决议

2004 年 10 月 20 日

共青团中央常委会议认真学习了党的十六届四中全会精神,对共青团组织学习贯彻全会精神进行了认真研究。

会议认为,党的十六届四中全会是在我国改革发展关键时期召开的一次极其重要的会议。贯彻落实好这次全会精神,对于推进中国特色社会主义伟大事业和党的建设新的伟大工程,具有十分重大的意义。全会通过的《中共中央关于加强党的执政能力建设的决定》是深入贯彻落实"三个代表"重要思想和十六大精神的重大战略举措,是加强党的执政能力建设的重要纲领。会议衷心拥护党的十六届四中全会作出的各项决定。

会议提出,加强党的执政能力建设,对新形势下共青团的工作和建设提出了新的更高的要求。各级团组织要坚持以邓小平理论和"三个代表"重要思想为指导,深入学习贯彻全会精神,统一思想,凝聚力量,紧紧围绕加强党的执政能力建设的要求,紧密结合共青团工作和青少年成长发展的实际,大力推动团的工作思路、工作方式和自身建设创新,大力推进团的事业发展,努力做好新形势下的青年群众工作,巩固党执政的青年群众基础,在以胡锦涛同志为总书记的党中央领导下,团结带领广大团员青年为实现全面建设小康社会的宏伟目标而努力奋斗。

会议作出如下决议。

一、认真学习领会全会精神,切实把思想和行动统一到中央精神上来

组织广大团员青年认真学习、深入领会党

的十六届四中全会精神，是共青团当前和今后一段时期的重要政治任务。各级团组织要采取多种形式，广泛动员和组织团员青年深入学习领会党的十六届四中全会精神，进一步把思想和行动统一到中央精神上来。要组织团员青年认真学习党的十六届四中全会的有关文件，要从总体上把握四中全会的主要内容和精神实质，要将学习贯彻全会精神与学习毛泽东思想、邓小平理论和“三个代表”重要思想中蕴含的丰富的执政思想结合起来，紧密结合中国特色社会主义实践，深入理解掌握全会精神。要认真学习《中共中央关于加强党的执政能力建设的决定》，引导团员青年深刻认识新形势下加强党的执政能力建设的重要性和紧迫性，深刻认识55年来党执政的主要经验，深刻理解把握加强党的执政能力建设的指导思想、总体目标及当前和今后一个时期加强党的执政能力建设的主要任务。

要把全会精神贯彻落实到团的工作和建设中，紧密联系共青团和青年工作实际，紧紧围绕当前党和国家工作的要求，深入思考加强党的执政能力对共青团提出的新要求，深入思考新形势下做好党的青年群众工作的重大理论和实践问题，深入思考共青团和青年工作中遇到的新情况、新问题，找准共青团贯彻全会精神的切入点和着力点。要把学习贯彻全会精神与推动团的各项工作和建设有机结合起来，抓住机遇，加大力度，拓宽工作思路，创新工作方法，突出工作重点，狠抓工作落实，推动团的工作和建设上新台阶。

各级团组织要从全局和战略的高度把组织团干部和团员青年学习贯彻全会精神摆上重要工作日程，高度重视，周密部署，精心组织，务求实效。广大团干部要带头学好，为团员青年作出表率。要在广大团员青年中开展形式多样、内容丰富的学习活动，帮助团员青年学习领会全会精神。团属新闻舆论阵地要按照中央要求，加强宣传引导，努力营造良好的学习氛围。

二、围绕加强党的执政能力建设的要求，团结带领团员青年在全面建设小康社会进程中发挥生力军作用

《中共中央关于加强党的执政能力建设的决定》，是新世纪新阶段推进党的建设新的伟大工程、开创中国特色社会主义伟大事业的行动指南。各级团组织要围绕加强党的执政能力建设的要求，忠实履行党赋予共青团的光荣职责，切实做好新形势下的青年群众工作，巩固和扩大党长期执政的青年群众基础，团结带领广大青年坚定不移跟党走中国特色社会主义道路，为全面建设小康社会贡献力量。

围绕党不断提高驾驭社会主义市场经济的能力，引导团员青年为推动发展做贡献。要按照坚持把发展作为党执政兴国第一要务的要求，引导团员青年树立科学的发展观，抓住宝贵机遇，紧扣经济建设这个中心，坚持以人为本，推动经济建设更好地发展。要引导团员青年为调整经济结构，转变经济增长方式，提高国民经济的整体素质和竞争力做出积极贡献，在统筹城乡发展、统筹区域发展、统筹经济社会发展、统筹人与自然和谐发展、统筹国内发展和对外开放、建成完善的社会主义市场经济体制中发挥生力军作用。要围绕科教兴国、西部大开发、振兴东北老工业基地和人才强国战略的实施，大力开发青年人力资源，充分发挥青年的积极作用。要进一步深化青年创业行动、青年科技创新行动、保护母亲河行动、青工技能振兴计划、青年人才开发计划、青年就业促进计划、青年成长社区计划、大学生志愿服务西部计划等，为广大团员青年参与经济建设、促进生态环境保护和建设、推动经济社会协调发展开辟途径、搭建舞台。要充分发挥青年组织联系面广的优势，最广泛地吸引和凝聚海内外各族各界中华青年，为实现中华民族的伟大复兴贡献力量。

围绕党不断提高发展社会主义民主政治的能力，引导团员青年积极参与社会主义政治文明建设的实践。要按照建设社会主义政治文明的要求，引导团员青年增强民主法制观念，坚持四项基本原则，积极实践社会主义民主。引导团员青年深刻认识发展社会主义民主政治，最根本的是要把坚持党的领导、人民当家作主和依法治国有机统一起来。加强对团员青年的法制教育，使他们牢固树立法制观念，学会依法办事，坚决维护宪法和法律的权威。培养团员青年的民主意识，引导他们积极参与民主实践，在基层民主选举、民主决策、民主管理和民主监督中依法行使自己的民主权利。要发挥好共青团、青学联组织联系广大青年的作用，积极协助政府管理青年事务。

围绕党不断提高建设社会主义先进文化的能力，引导团员青年为发展社会主义先进文化做出积极贡献。坚持不懈地用邓小平理论和“三个代表”重要思想武装教育团员青年，采取切实措施把团员青年学习实践“三个代表”重要思想活动进一步引向深入，引导和帮助团员青年坚定理想信念，树立正确的世界观、人生观和价值观，构筑起强大的精神支柱。进一步加强和改进青年思想政治工作，切实做好未成年人思想道德建设工作和高校青年学生思想政治教育工作，在青年中大力弘扬以爱国主义为核心的民族精神和以改革创新为核心的时代精神，大力弘扬中华民族优秀文化和传统美德。大力实施青年文化行动，努力形成积极向上的青年文化氛围，广泛开展丰富多彩的青年文化活动，积极创作推广青年文化精品，大力培养发现青年文化人才，不断发展青年文化事业和文化产业。牢牢把握团属新闻媒体的舆论导向，坚持马克思主义在意识形态领域的指导地位，坚持马克思主义新闻观，进一步提高舆论引导的本领，积极推动团属新闻出版事业的改革发展，充分运用互联网、手机短信等新型传媒手段加强对青年的教育引导。

围绕党不断提高构建社会主义和谐社会的能力，引导团员青年在和谐社会建设中充分发挥作用。教育引导青年在激发社会创造活力，促进社会公平和正义，增强全社会的法律意识和诚信意识，维护社会安定团结中发挥积极作用。竭诚服务青年，努力提高服务青年的能力和水平。认真倾听青年的呼声、愿望和要求，为他们解决学习、生活和工作上的实际困难，多做暖人心、稳人心的工作，尤其要做好下岗青工、贫困学生等困难青年群体的工作，努力为他们排忧解难。大力深化青年志愿者行动、希望工程、青年文明号、手拉手等活动，在全社会大力倡导团结互助、扶贫济困的良好风尚，积极营造平等友爱、融洽和谐的人际关系。发挥共青团的优势，在加强社会建设和管理、推动社会管理体制创新中发挥积极作用。积极扶持发展各级各类青年社团，支持他们开展丰富多彩、健康有益的社团活动。维护青少年的合法权益，促进青少年健康成长。

围绕党不断提高应对国际局势和处理国际事务的能力，进一步深化青年外事工作。坚持和平、发展、合作的原则，大力开展青年外事工作，服务我国整体外交，为我国争取良好的国际环境和周边环境，维护世界和平与促进共同发展做出积极贡献。积极加强对各国青年和青年组织的交流，以国际项目合作为载体，开展与各国青年和青年组织的合作，实现共同发展。拓宽工作视野，整合国内外资源，完善青年外事工作机制，发挥青年外事工作的优势，努力在实施“走出去”、“引进来”战略中发挥积极作用。

要大力加强内地与港澳台青年的交流与交往，加深了解，增进友谊，为保持香港澳门的繁荣稳定，为促进祖国的统一大业贡献力量。

三、巩固党执政的青年群众基础，不断扩大团的覆盖面、增强团的凝聚力

加强团的建设，是加强党的执政能力建设的必然要求，是共青团做好新形势下的青年群众工作的根本保证。要以“三个代表”重要思想为指导，坚持党建带团建，抓好团的组织建设、理论建设、队伍建设,进一步增强团组织的吸引力和凝聚力,在新的形势下充分发挥好共青团作为党的助手和后备军、作为党联系青年的桥梁和纽带的作用。

要大力加强团的组织建设。积极适应经济社会结构和青年群体分布的变化,加强基层团组织建设,大力推进团建创新,积极探索联合建团、依托建团、社区建团等多种基层组织形式,进一步加强民办高校和外来务工青年群体中的团建工作,加大在非公有制经济组织和新型社会组织等领域的建团力度,不断提高团组织服务青年的能力,扩大团组织的覆盖面和影响力。广泛运用互联网等现代科技手段,探索团组织与团员的新型组织联系方式。大力推进城乡青年中心建设,加强青联、学联、少先队组织和青年社团建设,延伸团的工作手臂。改进团的工作方式,创新团的工作机制,整合团的工作资源,加强团的制度建设,探索建立充满活力、富有效能的团的组织体系和运行机制。

要大力加强团的理论建设。紧紧围绕巩固党的青年群众基础、做好新形势下的青年群众工作这一重大课题,深入分析新的历史条件下我国青年和青年工作出现的新情况,深入研究共青团和青少年工作中面临的重大理论和实践课题,努力认识和把握新形势下青年工作的基本规律,提高思想理论和工作水平。要研究新情况,解决新问题,结合推进团的工作,紧密联系青年实际,努力增强理论研究工作的针对性和实效性。要进一步加大力度,扶持青年研究机构加强科研,推动青年研究工作者拓展研究领域,组织课题攻关,加强工作协调,提高研究水平,推动成果应用,把团的理论建设提高到一个新水平。

要大力加强团的队伍建设。贯彻党对青年干部的要求,努力建设一支党放心、青年满意的高素质的团干部队伍。要充分发挥各级团校的作用,采取切实措施,加大对各级团干部的培训力度,推动全团的学习,努力提高团干部思想理论水平和业务工作能力。各级团的领导班子要加强思想政治建设,讲学习、讲政治、讲正气,始终保持奋发有为的精神状态。广大团干部要忠诚党的事业,热爱团的岗位,竭诚服务青年,深入基层、深入青年,大兴求真务实之风,保持同青年的紧密联系,切实加强作风建设,开拓进取,谦虚谨慎,埋头苦干,成为青年的表率。

要在全团开展以实践"三个代表"重要思想为主要内容的保持团员先进性教育活动,引导团员青年坚定理想信念,增强团员意识,发扬光荣传统,把共青团真正建设成为广大青年学习共产主义和中国特色社会主义的学校。

会议要求,全团要进一步增强大局意识、责任意识,深刻认识加强党的执政能力建设对共青团提出的新要求,深刻认识新形势下共青团组织肩负的历史责任,进一步增强做好工作的使命感和紧迫感,更加自觉地把团的工作放在党政工作的大局中去思考、把握和推进,适应新形势,迎接新挑战,努力开创工作新局面。

会议决定,在今年 12 月召开团十五届三中全会,就深入学习贯彻党的十六届四中全会精神作出进一步部署。

会议号召,全国广大团员青年更加紧密地团结在以胡锦涛同志为总书记的党中央周围,高举邓小平理论和"三个代表"重要思想伟大旗帜,深入贯彻落实党的十六大和十六届四中全会精神,艰苦奋斗,求真务实,开拓创新,在全面建设小康社会、实现中华民族复兴的伟大进程中做出新的贡献。

三、团中央全会

共青团中央关于进一步加强团的基层组织建设的决定

中国共产主义青年团第十五届中央委员会第三次全体会议通过,2004 年 12 月 17 日

中国共产主义青年团第十五届中央委员会第三次全体会议,认真分析了团的工作和建设面临的形势,就进一步贯彻落实《中共中央关于加强党的执政能力建设的决定》精神,加强团的基层组织建设进行了讨论,作出如下决定。

一、加强团的基层组织建设,是贯彻党中央《决定》精神,进一步做好新形势下青年群众工作的必然要求和迫切需要

党的十六届四中全会通过的《中共中央关于加强党的执政能力建设的决定》,是我们党的历史上第一个全面总结党的执政经验、指导全党担当起执政兴国历史使命的纲领性文件,是对马克思主义党建理论的创新和发展,是对党的建设新的伟大工程的拓展和深化。《决定》对于保证党在建设中国特色社会主义的历史进程中始终成为坚强的领导核心,具有重大战略意义。

共青团是党的助手和后备军,是党联系青年的桥梁和纽带。团的建设是党的建设的重要组成部分。共青团组织贯彻落实《决定》精神,就要统一思想,抓住机遇,切实加强自身建设,努力提高服务大局、服务青年的能力和水平,增强团组织的吸引力、凝聚力和战斗力,把广大团员青年紧密团结在党的周围,不断巩固和扩大党执政的青年群众基础。

团的基层组织是团的工作和活动的基本单位,是团的全部工作和建设的基础。基层团组织建设的状况如何,直接关系到团组织能否密切联系团员青年,关系到团的各项工作任务能否落到实处。共青团要做好新形势下的青年工作,完成党赋予的历史使命,必须大力加强团的基层组织建设,活跃团的基层工作。

共青团历来高度重视团的基层组织建设。近些年来,各级团组织在党组织的领导下,不断加强团的组织建设,取得了明显成效。团的基层组织数量和团员总数、团青比例均达到了新的水平,组织体系进一步完善,内在活力进一步增强。但是,团的基层组织建设仍然面临许多困难和问题:组织设置和运行机制还不能完全适应经济社会和青年群体的发展变化;一些基层团组织内在活力不足,有的甚至处于瘫痪状态;有的团员意识不强,没有充分发挥模范带头作用;有的团干部联系青年不够,服务意识和创新意识不强;有些团的领导机关对基层工作关心不够,指导不力等等。对此,全团必须高度重视,从全局和战略的高度,将团的基层组织建设作为重要任务,常抓不懈。

二、加强团的基层组织建设的指导思想、基本原则和目标任务

加强团的基层组织建设的指导思想是:以马克思列宁主义、毛泽东思想、邓小平理论和“三个代表”重要思想为指导,以提高基层团组织服务能力为核心,以不断扩大团的基层组织

的有效覆盖为基础,以切实加强团员团干部队伍建设为关键,以基层团组织制度建设为保障,不断提高基层团组织的服务能力、凝聚能力、学习能力和合作能力,进一步增强基层团组织的吸引力、凝聚力和战斗力,把团的基层组织建设成为政治坚定、组织巩固、具有内在活力的坚强集体。

加强团的基层组织建设的基本原则是:坚持党建带团建,使团的基层组织建设纳入党的基层组织建设总体格局;坚持以服务能力建设为重点,以服务促建设,以服务求活跃;坚持与时俱进,以创新的精神和发展的观点,研究新情况,解决新问题;坚持思想建设、组织建设和作风建设的有机结合,把制度建设贯穿其中。

团的基层组织建设的目标任务是:力争用三到五年时间,使"五个有"(有一个好的班子特别是一个好的带头人、有一支能够发挥模范带头作用的团员队伍、有围绕党的中心工作并适合团员青年特点的活动、有一套行之有效的工作制度、有保证工作正常开展的必要经费和阵地)团组织在学校、国有企业、机关事业单位团组织中所占比例达到90%以上,在农村和社区团组织中达到60%以上,在非公有制经济领域团组织中达到50%以上。在此基础上,创建一大批"四个好"(班子建设好、主题活动好、支部建设好、阵地建设好)的"五四红旗团委"。经过努力,逐步建立健全与社会主义市场经济相适应的基层组织体系,构建自我运转能力更强、团员青年参与程度更深、社会化水平更高、更加富有效能的组织运行机制,把基层团建工作提高到一个新水平。

三、巩固、完善基层组织体系,不断扩大团组织对团员青年的有效覆盖

合理调整基层团组织设置,努力构建以团组织为核心,城乡青年中心以及各类青年社团组织为延伸的基层组织体系,不断扩大团组织对团员青年的有效覆盖,是共青团工作和建设的重要保证。

巩固农村、国有企业、学校、机关事业单位团的基层组织。在农村,要坚持强乡带村,重点加强乡镇团委和小城镇团的建设,依托产业、专业协会、科技示范区等建立团组织。切实抓好松散瘫痪团支部的整顿工作,尤其是针对部分村团支部出现的"空壳"现象,大力推行"校村联建"、"企村联建"、"城乡结对"等做法,着力选配好团支部书记,积极推荐他们进入村两委班子。在非公有制经济发展较快、团员数量较多的行政村中可以建立基层团委。在国有企业改组改制过程中,要适应建立现代企业制度的要求,设置和改建企业团的组织,并配备团的干部。不能随意将企业团组织撤销或并入其他职能部门。不断创新和发展大中学校团的组织。适应教育改革的新形势和新要求,进一步巩固班级团组织,结合实际在社团和学生公寓建立团组织。配齐配强中学团委书记,充分发挥中学团组织在基层团建中的基础性作用。适应党政机关机构改革和事业单位管理体制改革的新变化,及时调整和建设好团的基层组织。

大力发展社区、非公有制经济组织和新型社会组织团的基层组织。这是团的基层组织建设的新的生长点。要适应城市基层管理体制改革的需要,按照"区域覆盖、条块结合、以块为主"的原则,努力形成以街道团(工)委为核心,辖区内有关单位团组织广泛参与,具有开放性、协作性、充满活力的街道社区团组织网络。着力配齐配强街道专职团干部,条件暂不具备的,要先配备兼职团干部并逐步向专职过渡。努力在居委会建立团支部(总支),大力在居民区、工业区、商业街、集贸市场等功能社区中建立团组织。要切实加大非公有制经济组织团建力度,进一步完善联合建团、依托建团、社区建团等多种建团方式。具备建团条件的,都应建立团的组织。已经建立团组织的,要努力找准与企业发展、青年需求之间的结合点,使团组织不仅能建起来,而且能积极发挥作用。尚未建立团组织的，要通过派驻团建指导员和团建联络员、建立青年社团、联合开展活动等方式，使这些企业的团员青年参加到团的工作和活动中来，为建团创造条件。要依托商会、行业协会、职业中介机构等社会团体和社会中介组织，切实抓好新型社会组织的团建工作。要高度重视民办学校特别是民办高校的团建工作，根据各自特点建立健全团的组织。非公有制经济组织和新型社会组织的团建工作，按照属地管理的原则，一般以街道、乡镇团组织为主负责，规模较大的可由地（市）、县（市）团委负责。

努力构建基层团组织联系青年的新型纽带。大力推进青年中心建设，是共青团在社会主义市场经济条件下推动团的工作发展和实现青年工作社会化的战略举措。青年中心是共青团领导下的城乡社区青年组织，是基层团组织联系、服务、凝聚青年的新型纽带。基层团委是青年中心的领导者、创建者和指导者，要在青年中心建立、运转、管理等关键环节充分发挥核心作用。青年中心的法定代表人和理事长应由所在乡镇或街道团的主要负责人担任。要充分发挥青年中心在整合资源、凝聚人才、直接联系青年方面的优势，以项目化运作方式，构建"基层团委＋青年中心"的新型基层共青团和青年工作网络。要在青年中心的团体会员中建立团组织。按照"一手抓培育发展，一手抓监督管理"的原则，切实加强各类青年社团和青年中介机构等外围组织建设，延伸团的工作手臂。加强对网上虚拟青年社团的跟踪研究和正确引导。

四、加强团员教育管理，建设一支能够充分发挥模范带头作用的团员队伍

建设一支数量宏大、能够发挥模范带头作用的团员队伍，是保持团的生机和活力的基本条件，也是加强团的基层组织建设的经常性任务。

加强团员意识教育。深入开展以学习实践"三个代表"重要思想为主要内容的增强团员意识教育活动。要加强对团员进行党的基本理论、基本路线、基本纲领和基本经验教育，坚定团员永远跟党走的信念，进一步增强团员的政治意识。加强团员的组织生活观念、组织纪律教育，进一步增强团员的组织意识。深入开展"戴团徽、唱团歌、举团旗"主题教育、志愿服务等形式多样的活动，进一步增强团员的模范带头意识。坚持正面教育，充分发挥团属新闻舆论阵地、青少年活动阵地、网络阵地在团员意识教育中的作用，多渠道教育团员。尊重团员在教育中的主体地位，进一步丰富团员意识教育的内容和方式，把团员意识教育贯穿到团员发展、团员评议、组织生活等各项工作中去，实现团员意识教育经常化、制度化。

创新团员管理方式。根据青年流动日益加剧的趋势，按照证档分离、交叉覆盖、动态管理的原则，重点解决好流动团员管理问题。对于外出团员较多的地区，流出地团组织要积极探索外出团员联络管理办法，流入地团组织要通过建立社区流动团员联络站、实行团员到社区报到制等形式，主动与本地区的流动团员建立联系，实现流动团员管理社区化。创新团籍管理，团员组织关系和参加团的活动可以适当分离，团员可以同时编入多个基层团组织。社区团组织应及时接转下岗（失业）职工、关闭破产企业职工和待安置的大中专毕业生、退伍军人中的团员的组织关系，将他们编入相应的支部。进一步提高团员管理信息化水平，积极利用互联网等现代科技手段加强团组织与团员青年的联系。有条件的地方可以试行电子团员证，拓展团员证功能，使团员证成为集团员身份确认、流向跟踪、生活服务于一体的团员管理基本手段。

加强团员发展和"推优"工作。贯彻"积极地、有计划地发展团员，向一切先进青年敞开团的大门"的方针，进一步加大团员发展工作力度，重点做好中学团员发展工作。要坚持标准，严格程序，把好入口关，以培养、教育为重点，抓好团队衔接和团前教育工作。在团员发展过程中可以引入民主推选、入团公示、入团预备期教育等做法，确保新发展团员的质量。落实好28周岁以下青年入党一般应从团员中发展和发展团员入党一般要经过“推优”的规定。在党委组织部门的指导和帮助下，加强“育优”环节与“推优”环节的衔接，不断壮大团员入党积极分子队伍，把“推优”工作纳入青年党员发展工作规划，使之成为发展青年党员的主渠道，使团员成为青年党员发展的主要来源。

五、加强团干部队伍建设，培养造就“党放心、青年满意”的基层团干部队伍

基层团干部直接面对团员青年，是团的各项工作的执行者和落实者。加强基层团组织建设，关键在于按照“党放心、青年满意”的要求，建设一支忠诚党的事业、热爱团的岗位、竭诚服务青年的基层团干部队伍。

进一步加强理论武装。基层团干部要深入学习贯彻邓小平理论和“三个代表”重要思想，构筑强大精神支柱。要持之以恒地学习理论，在系统学习、深入领会上下功夫，坚持理论学习与把握青年工作规律相结合，与指导工作实践相结合，与提高工作能力相结合，既要原原本本研读原著，又要自觉把学习成果应用于工作实践。各级团组织要加大对团干部学习的检查、考核工作力度，抓好时间、内容、人员和效果“四个落实”。各级团校要充分发挥团干部教育培训的主阵地作用。

不断增强服务意识。基层团干部要牢固树立科学的发展观和正确的政绩观，牢固树立服务大局、服务青年的意识，把服务作为开展工作的主要手段，作为发挥作用的根本途径。要按照“两个务必”和“八个坚持、八个反对”的要求，切实改进工作作风和工作方式，把青年赞成不赞成、满意不满意作为衡量工作成效的重要标准。要服务青年成长成才的根本需求，扎实做好共青团青年人才工作，引导青年勤奋学习，促进青年就业创业，为更多优秀青年人才脱颖而出创造条件、搭建舞台。要切实维护青年的合法权益，重点帮助有困难的青年解决学习、工作、生活中的实际问题。

切实加大培训工作力度。省、地（市）、县（市）各级团的领导机关要按照分级分类培训的原则，抓好基层团干部的集中培训，做好新任职团干部培训、西部地区团干部培训等重点工作。团中央在抓好地（市）级以上团的地方各级领导干部以及大型国有企业、重点高等院校团委负责人培训的同时，有计划、分步骤地把团县（市、区、旗）委书记轮训一遍。鼓励和支持在职学习，为基层团干部继续教育和学历教育创造条件、提供机会。加强实践锻炼，在党组织的领导和支持下，选派基层团干部到条件艰苦的地方经受锻炼和考验，丰富阅历，增长才干。

六、推进基层团组织制度建设，不断增强基层团组织的内在活力

健全、规范的制度体系是团的建设的坚实保障。要在完善已有制度的基础上，针对基层团组织面临的新情况、新问题，积极推进组织制度创新，不断增强基层团组织的内在活力。

坚持和完善团的组织生活制度。继续坚持并不断改进“三会两制一课”（团支部大会、团支部委员会、团小组会，团员教育评议、年度团籍注册制度和团课），从基层团的工作实际出发，结合团日活动制度、重温入团誓词制度和规范团的活动仪式等，因地制宜组织实施。团员教育评议要把重点放在提升团员的组织归属感和认同感，培养团员的民主参与意识上来。团员的年度团籍注册，可以采用网上注册、异地注册等方式灵活实施。团课要针对团员思想和工作中的具体问题，力求深入浅出、循序渐进、重点突出。

完善基层团组织工作制度。进一步健全工作调研制度，基层团组织每年要确定若干社会关注、青年关心的调研主题，借助青少年科研机构和社会研究机构，有针对性地开展调研。建立团内信息交流制度，以中国共青团网站为主干，搭建统一的网上信息平台，在全团范围内形成便捷、畅通的信息沟通与工作交流渠道。建立团务公开制度，把团的重点工作、活动开展情况、团费收缴和使用情况等及时予以公布。健全工作考核制度，建立以工作实绩为重点，以组织建设为重要内容，以团员青年的认可度、满意度为基本尺度的工作评价体系。积极争取把团的考核纳入党组织考核体系，年度考核结果要报送同级党委组织部门。

完善团干部管理制度。进一步完善团干部选拔配备制度。配合党委组织部门，通过大力推行基层团干部公开选拔和竞争上岗、选调优秀大中专毕业生、探索和试行基层团干部任职资格制度等方式，选调更多优秀青年充实基层团干部队伍。积极做好团干部协管工作，特别是要加大推荐团干部的工作力度，切实解决好基层团干部转岗问题。推动《党章》中关于"团的县级和县级以下各级委员会书记，企业事业单位的团委员会书记，是党员的，可以列席同级党的委员会和常务委员会的会议"规定的落实。进一步完善团干部交流制度，努力促进团的领导机关与基层团组织上下交流、东西部地区团干部双向互动。地（市）级以上团的领导机关要定期选派工作骨干到基层团组织挂职锻炼，时间一般不少于半年。坚持民主集中制，按照"集体领导、民主集中、个别酝酿、会议决定"的要求，建立健全基层团委班子议事规则，保持班子协调高效运转，发挥整体合力。

要在党组织统一领导下，加强对基层团组织直选工作的指导，进一步规范直选工作的规则和程序。在采用不指定候选人、公开竞争的办法，民主选举产生团支部书记的同时，积极稳妥地开展乡镇、街道等基层团组织的直选试点工作，在总结经验的基础上逐步扩大试点范围。大力推行县以下团组织按期集中换届，基层团组织换届时间要尽量与党组织换届时间衔接。

七、构建整体推进机制，推动团的基层组织全面活跃

团的基层组织建设是一项长期的艰巨任务，必须紧紧依靠党政力量，整合社会力量，集中全团力量，上下协力，整体推进，推动团的基层组织全面活跃。

充分发挥基层团组织的主动性、创造性。基层团组织要把组织建设放在重要位置，制定切实可行的具体措施，把基层团组织建设成为自我管理、自我完善、自我发展的战斗堡垒。要充分发挥首创精神，主动适应新形势、新任务，积极探索，大胆创新。把加强团的建设与开展团的活动紧密结合起来，使团的建设与团的活动真正做到相互促进，共同发展。要进一步加强与有关部门的合作，广泛吸纳整合社会资源，加强基层团组织之间的横向联系，推动其跨行业、跨单位的联合设置，在一定区域内形成资源共享、协调运作、优势互补的工作网络。

大力推进县（市）团委、基层团委、团支部"三级联创"。"三级联创"是在继续深化创建"五四红旗团委"活动的同时，结合争创"五四红旗团支部（总支）"和"团建先进县（市）"，形成县（市）团委、基层团委、团支部三级团组织联合考核、联合创优、整体联动的工作机制。建立健全创建活动动态管理机制，形成三级团组织相互衔接、相互促进，层层创建、整体提高的工作格局。要对创建单位实行滚动式发展，逐步扩大创建单位在基层团组织中的覆盖面。各级团组织要从本地实际出发，制定创建规划，完善推进措施，建立激励机制，加强检查督促，确保"三级联创"取得实效，以创建促团建，不断提高基层团建整体水平。

全团抓团建，全团抓基层。团的各条战线、相关部门要树立"基层第一"的观念，明确加强基层团组织建设的工作职责，层层建立基层组织建设责任制，一级抓一级，层层抓落实，形成全团上下齐抓共管的工作局面。团的各级领导机关要深入基层调查研究,研究和解决基层建设中带有普遍性的问题,总结和推广新经验,对基层建设进行分类指导,结合基层实际提出建设规划和措施。团的各级组织部门要切实履行职能部门工作职责,积极主动,牵头抓总。其他部门要从各自的职责出发,通过战线工作推动本领域团的建设,形成基层组织建设的合力。团中央和省级团委的各部门及地(市)级团委要直接抓五个以上的基层组织,县(市)级团委要直接抓两个以上的基层组织,为其提供具体的指导和帮助。

各级团组织要从实际出发,制定具体措施,认真贯彻执行本决定。中国人民解放军和武装警察部队的基层团组织建设工作,由解放军总政治部作出部署。

全会号召,各级团组织和广大团员青年要紧密团结在以胡锦涛同志为总书记的党中央周围,高举邓小平理论和"三个代表"重要思想伟大旗帜,全面贯彻党的十六大和十六届四中全会精神,与时俱进,开拓创新,扎实推进团的基层组织建设,不断巩固和扩大党执政的青年群众基础,为实现全面建设小康社会的宏伟目标而不懈奋斗!

共青团中央关于加强青年中心建设的决定

中国共产主义青年团第十五届中央委员会第三次全体会议通过,2004 年 12 月 17 日

为深入贯彻党的十六届四中全会精神,切实加强共青团能力建设,进一步做好新形势下的青年群众工作,中国共产主义青年团第十五届中央委员会第三次全体会议认真研究了加强城乡社区青年中心工作,作出如下决定。

一、加强青年中心建设是一项重大而紧迫的战略任务

随着改革开放和社会主义市场经济的深入发展,我国经济社会的深刻变革对青年的价值观念、行为方式和群体结构产生巨大影响,对青年工作和青年组织建设带来了机遇,也提出了严峻挑战。青年群体的不断分化、青年流动性的增强以及职业分布日趋广泛,要求共青团不断扩大对各类青年群体的工作和组织覆盖面;青年日益增长的多样化需求,要求共青团提供有针对性的有效服务;社会资源配置方式的变化,要求共青团运用多种手段整合资源,推动青年工作的发展。面对新形势新任务,共青团一方面要坚持不懈地把自身建设成团结教育青年的核心,另一方面要充分发挥基层各类青年组织联系、服务、引导青年的作用。大力建设城乡社区青年中心,是共青团在社会主义市场经济条件下实现青年工作社会化的必然选择,是延伸共青团工作手臂、健全青年组织体系的重要举措,是加强共青团能力建设的一项基础工程。

青年中心是在共青团领导下,面向广大青年,以联系、服务、引导青年为目的,以会员制、理事会制为主要运作方式的新型城乡社区青年组织。2003 年以来,按照"试点先行、逐步推进、因地制宜、规范运作"的工作要求,一大批青年中心相继成立,显示出强大的生命力和广阔的发展前景,对于提高城乡社区青年的组织化程度、服务青年需求、促进青年工作资源的有效整合,起到了积极作用。但是要清醒地看到,青年中心建设中还存在一些困难和不足:

服务项目与青年需求不相适应；工作人员还比较缺乏；工作机制还不够完善；一些青年中心作用发挥得不够明显等。这些问题影响了青年中心建设的成效，需要引起高度重视，切实加以解决。

党的十六届四中全会做出了加强党的执政能力建设的重大部署，对共青团进一步做好党的青年群众工作提出了新的更高的要求，也为青年中心建设带来了重要机遇。大力加强青年中心建设，对于团结凝聚广大青年，参与构建社会主义和谐社会，巩固和扩大党长期执政的青年群众基础，具有重大而深远的意义。全团要从全局和战略高度，增强责任感和紧迫感，切实把加强青年中心建设放在工作的突出位置，积极探索，稳步推进，不断开创青年中心建设工作的新局面。

二、加强青年中心建设的指导思想、目标任务和工作原则

加强青年中心建设的指导思想是：以邓小平理论和“三个代表”重要思想为指导，深入贯彻党的十六大和十六届四中全会精神，全面落实团的十五大部署，以基层团组织为核心，以组织创新为灵魂，以服务青年为宗旨，以社团联系为重点，坚持项目化运作、品牌化经营和社会化推进，努力把青年中心建设成为共青团领导下的凝聚人才、联系青年的新纽带，服务青年、服务社区的新平台，更好地团结带领广大青年为全面建设小康社会做出贡献。

加强青年中心建设的目标任务是：用三至五年左右时间，在全国符合条件的农村乡镇和城市街道逐步建立青年中心，并按照组织建设好、项目发展好、队伍建设好、阵地依托好、机制建设好的“五个好”标准，围绕建设、运转、管理等关键环节，积极探索青年中心联系、服务、引导青年的具体途径和共青团发挥核心作用的工作机制，使青年中心组织不断健全，服务能力持续提高，工作成效明显增强。

加强青年中心建设的工作原则是：一要积极稳妥，循序渐进。坚持抓好试点，逐步规范，持之以恒，不断扩大建设规模。二要因地制宜，务求实效。坚持一切从实际出发，按照当地经济社会发展条件和青年具体需求，以切实可行的方式建设青年中心和开展服务活动。三要尊重实践，大胆创新。充分尊重基层的创造精神，鼓励基层在实践中开阔思路，积极探索，实现组织形式创新、活动模式创新和工作平台创新。

三、推进组织建设，进一步增强青年中心的内在活力

组织是青年中心存在和发展的基础，也是青年中心建设的重中之重。青年中心本质上是基层青年组织形式的创新。要按照社团法人注册登记，依法组建青年中心，采取理事会管理、会员制参与的形式，面向最广大青年，最大限度地覆盖青年。

以会员制为基本形式，有效发挥会员的主体作用。会员制是青年中心的组织基础。要本着“加入自愿、退出自由”的原则，组织动员承认《青年中心章程》的青年和青年社团加入青年中心。适应会员自身发展的要求，用好资源，开展经常性的活动，做好对会员的服务。鼓励个人会员参加一个或多个社团，为会员创造更多的接受服务和服务他人的机会。引导会员在青年中心民主管理中发挥作用，切实保障他们对青年中心事务的知情权、参与权、建议权、监督权。结合实际，进一步探索会员发展、会员活动、会员管理等制度。

加强理事会建设，充分发挥理事的骨干作用。理事会是青年中心的决策管理机构和重要工作力量。要通过多种途径，广泛吸收农村乡镇和城市街道党政有关部门、共青团组织、企事业单位、各类青年社团的负责人和其他有影响的青年进入理事会，形成理事会成员的合理结构。完善议事规则，定期召开理事会，对青年中心重大问题实行民主决策、管理和监督。开展理事联谊、培训等活动，促进理事之间的沟通交流，增强理事会的活力。通过各种形式，为理事实现自身事业的更大发展提供帮助。通过理事轮值等形式，调动理事的积极性，发挥其特长和优势，面向会员开展服务。

建设高效稳定的办事机构，保证青年中心的日常运转。以秘书处为主要形式的办事机构是青年中心运转的枢纽，也是理事会各项决策的执行者。要加强秘书处建设，选聘专职人员、志愿者和团干部充实到秘书处。建立健全联系理事、服务会员的机制，加强对外沟通和交流。争取社会资源，落实工作项目，积极开展活动。做好日常工作，加强内部规范化管理。努力探索青年中心高效运转的机制。

培育和发展社团，形成青年中心工作的支撑力量。社团是青年中心开展活动的基本单元。要依照有关法律法规，针对不同青年群体和青年的多种需求，在青年中心大力组建各类协会、俱乐部等青年社团。通过多种方式和必要程序，把区域内已有的各类专业经济协会、中介服务组织、社区服务组织、兴趣小组等青年社团作为团体会员吸纳进青年中心。加强对青年社团的引导、扶持和管理，帮助他们按照正确的方向发展壮大。鼓励青年社团根据各自的特点，采取单独、联合等方式，经常性地开展活动，通过兴趣和需求纽带有效地联系和服务青年。

四、构建服务体系，不断增强青年中心的服务能力

竭诚服务青年是青年中心工作的出发点和落脚点。要坚持以青年为本，以项目建设为重点，充分发掘社会资源，动员各方面力量，丰富服务内容和手段，强化服务的物质依托，提高服务能力和水平。

围绕青年需求，大力开发服务项目。项目是青年中心提供服务的主要形式。要在调查研究的基础上，紧紧围绕青年在学习成才、创业就业、生活娱乐、身心发展、维护权益和社会参与等方面的需求，为青年提供菜单式服务。要针对不同青年群体，设置不同的服务项目。注重对弱势青年群体的服务，帮助他们解决实际困难。按照“政府委托、中心承办”的方式，积极推动政府有关部门在青年中心实施青年发展项目。加强与企业和其他社会组织的项目合作，实行订单购买、合同管理，发挥各自优势，达到互惠双赢。依托青年中心开展共青团的工作项目和活动，使团的工作在基层得到更好的落实。建立和完善项目论证、规划、实施、监督、考核、评估等制度，加强项目管理，保证项目健康发展，打造青年中心的工作品牌。

适应青年和社会发展变化，不断创新服务方式。要采取社会化方式，发展加盟单位，使区域内工作资源得到扩大和共享。与高校、企业、机关对口联系，广泛获取资源。强化青年卡的联系服务功能，发挥规模效应，使青年享受到更多优惠服务。充分利用互联网、现代媒体等信息化手段，实现青年中心工作和项目联网，方便快捷地为青年提供服务。运用中介方式，为青年与市场、技术、资金的对接牵线搭桥，成就青年事业发展。探索个案辅导等方式，为青年提供个性化的帮助和服务。

整合社会资源，着力巩固服务的物质依托。包括办公地点、活动场所在内的工作阵地是青年中心提供服务的重要载体。要本着“不求所有，但求所用”的原则，探索多样化的建设模式。开展团内联合，用好现有的青少年宫、青少年活动中心、青少年科技图书站等团属阵地。依托社会资源，积极协调使用城乡社区服务机构、文化体育场所、教学培训单位等场地。做好市场开发，以股份制、合作制等形式，与企业或个人联合建设阵地。争取党政有关部门支持，自主开辟和新建阵地。建设青年中心网站或网页，依托网络平台建立虚拟阵地。加强阵地的软硬件建设，更好地发挥阵地作用。积极争取政府支持、企业赞助、公众捐赠、有偿服务和国际资助，通过项目合作、设立基金等方式，解决青年中心经费来源问题。

五、建设高素质的工作队伍，提高青年中心工作水平

高素质的工作队伍是推进青年中心建设的根本保证。要围绕选拔、培训、管理等环节，以专职工作者和志愿者为主体，培养青年中心负责人、青年社团负责人和工作骨干，建设一支具备一定政治素质和工作能力、热爱青年事业的青年中心工作队伍。

发展青年中心专职工作者。要通过政府和有关单位购买服务等方式，招聘有专业知识、工作能力较强的社会工作者，安排到青年中心开展工作，提高青年中心工作队伍的稳定性和专业化水平。争取党政有关部门、企事业单位和其他社会力量支持，通过人才交流、挂职锻炼、见习实习等方式，组织相关人员在一段时间内专门从事青年中心工作，进一步充实工作力量。

招募青年中心志愿者。丰富动员方式和手段，壮大青年中心志愿者队伍。结合大中专院校与青年中心结对、大学生社会实践和社区援助、大学生志愿服务西部计划等工作，通过定向招募和派遣，形成接力机制，组织相对稳定的志愿者队伍参与青年中心的管理和服务。动员专家学者、科技人员，以及与青年发展相关的部门、单位工作人员，发挥他们专业性强、经验丰富的优势，指导和服务青年。鼓励更多热心青年事业的社会各界人士，为青年中心提供力所能及的帮助和支持。

提高工作人员的整体素质。要建立培训和交流机制，提高青年中心工作人员的思想政治素质、专业知识水平、管理能力和服务能力。注重帮助他们学习社会工作方法，培养和提高动员组织、活动设计、公共服务等方面的基本技能，掌握建设青年中心的工作理念和具体方式。引入竞争和激励机制，考核评价青年中心工作人员的工作成效，逐步提高青年中心的工作水平。

六、加强共青团的领导，促进青年中心健康发展

共青团是青年中心的领导者、创建者、指导者。要明确由农村乡镇和城市街道团委作为青年中心的业务主管单位，基层团委主要负责人担任青年中心法定代表人。把坚持共青团主管青年中心与青年中心独立自主开展活动结合起来，使青年中心沿着正确的方向健康发展。按照“一手抓培育发展，一手抓监督管理”的原则，加强对青年中心社团的管理。争取将青年中心建设纳入当地党政工作规划，积极优化青年中心建设的社会环境。

青年中心建设是一项事关共青团事业发展全局的重要工作，意义重大，任务艰巨。各级团组织要深刻认识青年中心的重要地位，把加强青年中心建设工作摆上重要日程，集中全团力量，加大工作力度，常抓不懈，抓出实效。团的各条战线、各个部门要按照统一部署，明确各自的工作职责，积极参与青年中心建设，一级抓一级、层层抓落实，形成全团上下协调一致、齐抓共管的工作局面。要统筹团内资源，将工作优势、重点项目整合起来，向青年中心延伸，共同推进青年中心建设工作，带动基层共青团工作和青年工作的整体活跃。

全会号召，各级团组织和广大团员青年要更加紧密地团结在以胡锦涛同志为总书记的党中央周围，高举邓小平理论和“三个代表”重要思想伟大旗帜，树立和落实科学发展观，深入贯彻党的十六大和十六届四中全会精神，求真务实，开拓创新，扎实推进青年中心建设，为巩固和扩大党执政的青年群众基础，为实现全面建设小康社会的宏伟目标，做出新的更大的贡献！

四、组织

共青团中央办公厅 关于调整充实和成立团的有关工作领导小组的通知

2004年3月11日

共青团各省、自治区、直辖市委，军委总政治部组织部，全国铁道团委，全国民航团委，中直机关团工委，中央国家机关团工委，中央金融团工委，中央企业团工委：

为进一步加强对团的有关工作的领导，2003年10月17日，团中央书记处研究决定，对共青团全国青年就业和再就业工作领导小组、共青团全国基层组织建设领导小组、全团干部教育工作领导小组进行调整充实；成立共青团全国青年中心建设工作领导小组、共青团全国青年人才工作领导小组、共青团全国青年文化工作领导小组、共青团全国青年卡工作领导小组。现将各领导小组名单印发你们。

共青团全国青年就业和再就业工作领导小组名单

组　长：周　强
副组长：赵　勇　胡　伟　杨　岳　尔肯江·吐拉洪　王　晓　张晓兰
成　员：李晓军　尹德明　刘可为　徐绍川　陶　宏　白　希　高　洪　郭长江　胡增印　江广平　卢雍政　陆士桢　艾　玲　曹东新
办公室主任：王　晓(兼)
办公室副主任：徐绍川(兼)

共青团全国青年中心建设工作领导小组名单

组　长：周　强
常务副组长：赵　勇
副组长：杨　岳　尔肯江·吐拉洪
成　员：李晓军　尹德明　刘可为　徐绍川　陶　宏　白　希　高　洪　郭长江　胡增印　江广平　卢雍政　郗杰英　曹东新

农村青年中心建设工作办公室

主　任：尔肯江·吐拉洪(兼)
副主任：陶　宏(兼)

城市青年中心建设工作办公室

主　任：杨　岳(兼)
副主任：胡增印(兼)

共青团全国青年人才工作领导小组名单

组　长：周　强
副组长：胡　伟
成　员：李晓军　尹德明　刘可为　徐绍川　陶　宏　白　希　郭长江　胡增印　江广平　褚　平　郗杰英　邓亚军　陈　松　吕　虹
办公室主任：胡　伟(兼)
办公室副主任：尹德明(兼)　郭长江(兼)

共青团全国青年文化工作领导小组名单

组　长:周　强

副组长:赵　勇

成　员:李晓军　尹德明　刘可为　徐绍川　陶　宏　白　希　高　洪　郭长江　胡增印　江广平　郗杰英　李学谦　彭　波　胡守文　海　飞　曹东新

办公室主任:赵　勇(兼)

办公室副主任:刘可为(兼)

共青团全国基层组织建设领导小组名单

组　长:周　强

副组长:胡　伟

成　员:李晓军　尹德明　刘可为　徐绍川　陶　宏　白　希　胡增印　郗杰英　关海祥

办公室主任:尹德明(兼)

全团干部教育工作领导小组名单

组　长:胡　伟

成　员:李晓军　尹德明　刘可为　褚　平　夏光志

共青团全国青年卡工作领导小组名单

组　长:赵　勇

副组长:李晓军　尹德明　刘可为　曹东新

成　员:张良驯　周平剑　李小豹　倪邦文　姜新波　倪　健　张学成

办公室主任:曹东新(兼)

共青团中央办公厅、国家民委办公厅关于举办西部少数民族青年干部培训班的通知

2004 年 4 月 1 日

内蒙古、广西、贵州、云南省(自治区)团委、民委:

为深入学习贯彻党的十六大精神、“三个代表”重要思想和共青团十五大精神,落实党中央西部大开发的战略部署和关于积极培养少数民族青年干部的指示,提高少数民族青年干部的马克思主义理论水平和工作能力,促进西部地区经济发展和社会稳定,共青团中央和国家民委决定继续加大对西部地区少数民族青年干部的培训力度,结合实施“万名西部团干部培训工程”,联合举办西部少数民族青年干部培训班。现将有关事宜通知如下。

一、培训内容

深入学习党的十六大精神和“三个代表”重要思想、学习贯彻共青团十五大精神、马克思主义民族理论、党的民族政策和社会主义市场经济理论,重点学习贯彻共青团十五届二中全会精神;结合西部地区经济、文化及社会发展的实际,宣传党中央西部大开发的战略部署;学习、交流、探讨新形势下民族地区共青团工作和青年工作的新经验、新方法;结合学习,组织实地参观考察。

二、培训人数、名额分配、地点及时间

培训人数:共 50 人。

名额分配:内蒙古 30 人,广西 5 人,贵州 7 人,云南 8 人。

培训地点:中央团校。

培训时间:2004 年 5 月 18 日至 6 月 13 日。

三、培训对象

1. 团县委正副书记以上及相应级别少数民族青年干部。

2. 具有大专以上学历及汉语的听、读、写能力。

四、考核方法

1. 学习结束时，每人写出2500字左右的学习小结，并进行个人鉴定，由中央团校签署意见后，寄回各省、自治区团委和学员所在单位的组织部门。

2. 对完成学习任务、考核合格的学员，由中央团校颁发结业证书。

五、培训费用

1. 学员免交培训费、住宿费、伙食费。

2. 学习期间外出参观经费由国家民委和团中央给予补贴。

3. 学习期间的医疗费由学员所在单位按规定给予报销。

六、报到事宜

请各省、自治区学员于2004年5月18日集体抵京报到，由中央团校负责接站。地址：北京市西三环北路25号，邮编：100089，联系电话：010－88567290、68425631（传真），联系人：吴新昱、王恩蔚。

七、培训要求

1. 按通知要求落实所分配的名额，认真填写《学员登记表》，并于2004年5月10日前报送中央团校民族部（轮训部）。

2. 在名额分配时，请考虑女同志所占比例；有病的同志及妊娠期的女同志请勿派送。

3. 为保持良好的学习、生活秩序，学员在学习期间除特殊情况外，一律不得请假，不得接待家属或亲友来校住宿。

4. 为便于交流，请学员自带本单位有关共青团和青年工作经验材料；建议学员带一套本民族服装。

5. 学员每人带2张一寸免冠近照和1张二寸免冠近照。

6. 请各省、自治区团委指定一名领导干部带队。

共青团中央关于进一步加强青年人才工作的意见

2004年4月25日

为深入贯彻落实全国人才工作会议精神，进一步加强共青团青年人才工作，培养造就一支素质优良、勇于创新的青年人才队伍，特提出如下意见。

一、充分认识进一步加强共青团青年人才工作的重要意义

党中央、国务院召开的全国人才工作会议，以邓小平理论和“三个代表”重要思想为指导，站在时代和历史发展的高度，站在党和国家事业发展全局的高度，对新世纪新阶段人才工作进行了全面部署，为共青团做好青年人才工作指明了方向。全团要认真贯彻落实全国人才工作会议精神，充分认识新时期加强共青团青年人才工作的重要意义，进一步增强做好共青团青年人才工作的责任感和紧迫感。

1. 做好青年人才工作是实施人才强国战略的迫切需要。当今世界，政治多极化曲折发展，经济全球化不断深入，科技进步日新月异，人才资源已成为最重要的战略资源，人才在综合国力竞争中越来越具有决定性意义。本世纪头20年是我国全面建设小康社会、开创中国特色社会主义事业新局面的重要战略机遇期。小康大业，人才为本。青年人才是党的人才队伍的重要组成部分，是推动经济社会发展、科技创新的生力军和突击队，青年人才队伍建设决定着整个人才队伍的前景。培养造就大批青年人才，是实施人才强国战略，全面建设小康社会的迫切需要，是实现中华民族伟大复兴的必然要求。

2. 做好青年人才工作是党赋予共青团的光荣职责。共青团是党的助手和后备军，是党联系青年的桥梁和纽带。党与团的特殊政治关系，决定了共青团必须积极协助党做好青年人才工作。党管人才原则的确立，对共青团做好青年人才工作提出了新的更高要求。共青团要履行好职责，完成党交给的任务，就必须紧紧抓住为党培养青年人才这个着力点，教育、引导广大青年在共青团这所大学校中锻炼成长，最广泛地团结、凝聚青年人才，为党的事业提供坚强的人才保证。

3. 做好青年人才工作是共青团竭诚服务青年的重要内容。竭诚服务青年是共青团全部工作的出发点和落脚点。青年正处在世界观、人生观、价值观形成的关键时期，正处在学习知识、走向社会、寻求发展的起步阶段，成长成才是当代青年的根本需求。抓住这一根本需求，就抓住了服务青年的关键。共青团竭诚服务青年，就必须全面加强青年人才工作，切实为青年的学习、创业提供服务，关心青年成长，帮助青年成才，促进青年全面发展。

4. 做好青年人才工作是开创共青团事业新局面的重要生长点。共青团事业的发展正处在新的历史起点上。全面建设小康社会的伟大实践，党和国家对人才工作的高度重视，为共青团做好青年人才工作提供了难得的机遇，也提出了新的更高的要求。做好青年人才工作，整体提高广大青年的综合素质，就能够赢得青年的信任和拥护，进一步增强团组织的生机与活力，推动共青团事业全面持续发展。

共青团历来高度重视青年人才工作，始终将培育“四有”新人作为根本任务，为党和国家培养、输送了大批优秀青年人才，初步形成了具有共青团特色的青年人才工作格局。全国人才工作会议的召开，对共青团进一步做好青年人才工作提出了新的要求。全团必须深刻认识加强青年人才工作的极端重要性和紧迫性，切实做好青年人才工作。特别是要进一步整合力量，在狠抓落实上下功夫，在务求实效上做文章，在不断创新中求发展，努力开创新世纪新阶段共青团青年人才工作新局面。

二、进一步加强共青团青年人才工作的总体要求和基本原则

5. 新世纪新阶段共青团青年人才工作的总体要求是：以邓小平理论和“三个代表”重要思想为指导，深入贯彻全国人才工作会议精神，紧密结合党的人才工作大局，充分发挥共青团组织的优势，大力实施青年人才开发计划，着眼促进经济社会全面发展和青年全面发展。以青年人才资源能力建设为核心，以服务为着力点，紧紧抓住青年人才培养、凝聚、举荐、配置四个关键环节，大力开发利用国内国际两种人才资源，建立健全开放互联、整体推进的青年人才工作机制，努力构建分层次、分类别、多渠道、多形式、充满活力、面向社会的共青团青年人才工作格局，培养造就一支素质优良、勇于创新的青年人才队伍，引导各类青年人才在经济社会发展中充分发挥生力军和突击队作用，为全面建设小康社会提供坚强的人才保证和智力支持。

6. 加强青年人才工作的基本原则是：

——坚持用“三个代表”重要思想统领青年人才工作。始终把“三个代表”重要思想贯穿于青年人才工作的全过程，始终把用“三个代表”重要思想武装青年人才作为首要任务，始终把“三个代表”重要思想作为检验青年人才工作的根本标准，源源不断地为党培养、输送德才兼备的优秀青年人才。

——坚持科学的人才观。牢固树立人才资源是第一资源、人人都可以成才和以人为本的观念,遵循青年人才成长规律,把能力和业绩作为衡量青年人才的主要标准,不惟学历、不惟职称、不惟资历、不惟身份。鼓励青年人人都做贡献,人人奋发成才。

——坚持服务经济社会全面发展和服务青年全面发展。把服务青年与服务大局结合起来,把做好青年人才工作与推进现代化建设结合起来,引导青年把个人成长与全面建设小康社会的伟大事业结合起来,促进青年在服务经济社会全面发展的实践中实现自身的全面发展。

——坚持学习育人、实践育人。努力把共青团建设成为学习型组织,引导青年牢固树立终身学习的观念,积极为青年提供学习的机会和条件。充分发挥共青团实践育人的优势,引导青年在实践中学习,在学习中实践,切实增强青年的学习能力和实践能力,着力提高青年的创新能力。

——坚持在继承中创新。认真总结共青团青年人才工作经验,在落实、深化现有工作项目,突出工作品牌的基础上,顺应时代潮流和青年需求,进一步解放思想,实事求是,不断创新工作内容、工作方式、工作载体,积极探索和完善青年人才工作机制。

三、大力培养青年人才

7.始终把提高青年人才思想道德素质放在首位。培养造就党需要的青年人才,带领青年人才跟党走,是共青团做好青年人才工作的根本目的。坚持用邓小平理论和“三个代表”重要思想构筑当代青年的强大精神支柱,引导青年人才树立正确的世界观、人生观、价值观,增强爱国主义、集体主义和社会主义思想,发扬拼搏奉献精神、艰苦创业精神、团结协作精神和诚实守信精神。注重调动青年人才内在积极性和创造性,引导青年人才在实践中自我体验、自我教育、自我提高,在改造客观世界的同时注重改造主观世界。

8.着力提高青年劳动者的劳动技能和职业素养。适应知识经济深入发展和我国经济结构战略性调整的要求,通过读书学习、技能培训、岗位实践等多种手段和途径,努力培养高素质青年劳动者。

实施青工技能振兴计划。以培养高技能青年人才为重点,依据国家职业标准和企业生产岗位规范要求制定培训计划,分类实施技能培训,广泛开展岗位练兵、技能比武和同业交流等活动。建立青工资质考评认证体系,组织青年技术工人专场职业资格鉴定,帮助参加计划的青年技术工人技能水平提升一个等级。

实施青年职业资格证书培训工程。依托团属院校和各类青年培训机构,深入开展职业指导师、项目管理师、电子商务师等职业鉴定项目和通用管理能力、职业英语能力测评项目的培训与认证,帮助青年掌握更多职业技能。推动团的职业技术培训与国家职业技术培训接轨,实现团的青年职业培训系统化、证书化。

深化中国青年创业行动。以增强创业意识、提高创业能力为重点,通过建立青年创业项目库、举办创业项目发布会、发展创业小额贷款项目、聘请青年创业导师、推广国际劳工组织“创办你的企业”培训、与英国青年创业国际计划合作开展中国青年创业国际计划等方式,帮助青年掌握创业本领,成为创业人才。

实施农村青年人才开发计划。积极开展青年农民科技培训工程和青年星火科技培训专项行动,发动社会各方面力量,面向农村青年广泛开展科技推广、职业培训等工作,重点培养一大批青年星火带头人、青年经纪人、青年农业产业化带头人和青年工商创业带头人。高度重视农村富余劳动力资源的开发,引导和帮助青年农民掌握更多技能,积极向二、三产业和城镇转移,促进城乡统筹发展。

实施进城务工青年发展计划。以“千校百万”进城务工青年培训为统揽,为进城务工青年提供就业信息、技能培训、维护权益等服务。

设立进城务工青年自学成才奖励基金，帮助进城务工青年提高自身素质，增强创业本领。

深化青少年新世纪读书计划。以创建学习型组织为牵动，在青少年中倡导终身学习的理念，传播科学的学习方法，形成勤奋学习的浓厚氛围。重点抓好特色鲜明、针对性强的主题读书活动，巩固和扩大新世纪书屋、读书俱乐部、读书基地等读书阵地，推出一批图书精品，广泛开展读书竞赛、知识竞赛等活动。

9. 把培养高层次青年人才摆上重要位置。积极配合国家实施的高层次人才培养工程，着力培养一大批具有世界眼光和国际意识、能够提高国家核心竞争力的高层次青年专家和青年企业经营管理者。以提高创新能力和弘扬科学精神为重点，通过举办青年创新论坛、设立青年科技创新基金等方式，促进各领域高级青年专家队伍建设。以提高战略开拓能力和现代化经营管理水平为重点，帮助优秀青年企业管理人员在更大范围、更广领域和更高层次上参与国际经济、科技的合作与竞争，促使一批熟悉国际国内市场、具有国际先进水平的优秀青年企业家脱颖而出。深化博士服务团活动，组织更多青年人才到西部、到基层挂职锻炼，引导他们理论联系实际，在扎实工作中磨练意志、增长才干。充分利用国内外教育培训资源，积极探索与国内外著名大学合作培养高层次青年人才。进一步加大青年人才境外培训工作力度，实施专业培训合作项目，有计划、有步骤地组织各种专题团组出国（境）培训。

10. 以大中学生素质拓展计划为统揽，促进青年学生全面发展。进一步整合深化有助于学生提高综合素质的各种活动和工作项目，强化素质拓展训练，全面推行《大中学生素质拓展证书》。广泛开展“挑战杯”、“三下乡”等校园科技文化和社会实践活动，努力提高青年学生的实践能力和创新能力，营造丰富多彩、富有特色、导向清晰、健康向上的校园文化，为青年学生健康成长创造良好环境。实施大学生就业见习行动，加强职业指导和就业辅导，帮助青年学生确立成才目标，转变择业观念，提高就业能力，着力培养大学生的创业意识。广泛动员社会力量，努力帮助贫困大学生完成学业；通过人生指导、心理咨询等服务，切实加强大学生心理健康教育。

11. 努力提高青年工作者综合素质。建设一支以团干部为骨干，能力强、素质高、德才兼备的青年工作者队伍，对做好青年人才工作至关重要。要在团干部中深入开展以学习贯彻“三个代表”重要思想为主要内容的大规模培训，进一步做好新任职团干部培训和团干部挂职锻炼、在职学历教育、出国（境）培训等工作，深入实施万名西部团干部培训工程、西部地区和民族地区团干部培养计划，围绕团的中心任务和重点工作，部署安排各类工作项目培训班，努力提高团干部的思想政治素质和业务工作水平。加强对各类青年社团工作人员、青年学科研究人员等职业青少年工作者的培训，努力提高他们的专业研究能力和社会工作能力。

12. 充分发挥团属教育培训阵地的作用。加强团属院校建设，努力提高办学水平，大力发展各类职业教育和青少年技能培训，使团校成为团干部培训的主渠道、青年人才培养的重要基地。按照股份制合作办学的方式，引入民办机制，筹办中国青年高等职业技术学院，并以此为龙头，带动全团职业教育事业的发展。以开发区、创业园区、大中型企业和科研院所为依托，分级分类建立青年人才培养基地，为青年实习、实践提供场所，为青年就业、创业提供服务。努力构建以中青网为龙头，以各级各类青少年网站为骨干的网上服务新阵地，强化网络的教育培训功能，更好地为广大青年学习成才服务。进一步发挥青少年宫、青少年教育基地、青少年素质拓展基地等各类青少年阵地在培训中的重要作用。

四、广泛凝聚青年人才

13. 充分发挥青联、学联等青年组织和社团吸引凝聚青年人才的作用。适应新形势的要求,不断探索团组织联系青年人才的新渠道、新方式,用感情联系人才,用活动吸引人才,用事业凝聚人才,增强青年人才的群体优势。进一步加强青联、学联、青年企业家协会、青年科技工作者协会、青年乡镇企业家协会、青年志愿者协会等青年组织和社团建设,使之成为青年人人向往的"人才高地"。适应新型行业、领域的分化和发展,增设和调整青联界别,更广泛地团结和凝聚不同行业、不同领域的高层次青年人才。继续加大青少年法律研究会、青少年网络协会等各种专业青年团体的建设力度,通过联谊会、论坛等形式,延伸团的工作手臂,扩大团的工作阵地,最大限度地覆盖、吸引青年人才。按照"联系青年、服务青年、凝聚青年"的工作理念,全面推动城乡社区青年中心建设,把青年中心建设成为新形势下共青团领导下的集聚人才、联系青年的新纽带,服务青年、服务社区的新平台。

14. 大力吸引和凝聚海外青年人才。配合国家留学人才回归计划,深入开展海外青年人才为国服务活动。积极宣传祖国建设和社会发展的成就与留学人员政策,更广泛地组织和动员海外青年人才以不同方式投身祖国建设。有计划、有针对性地制定和实施吸引海外青年人才的工作项目,把开展集中活动与经常性活动结合起来。成立全国青联海外学人联谊会,建设中华海外学人网,拓宽与海外青年人才联系的有效渠道。进一步深化海外学人回国创业周等活动,加强海外学人回国创业基地、园区等有形载体建设,促进海外留学人员以项目合作、技术服务和直接创办高新技术企业等多种方式推动经济发展。探索灵活的组织方式和活动平台,覆盖、吸引和凝聚跨国公司在华机构中的青年人才。

15. 高度重视非公有制经济组织和社会组织青年人才工作。非公有制经济组织和社会组织中汇集了大量青年人才,是青年人才队伍的重要组成部分。要切实把新的社会阶层中各类青年人才纳入共青团的服务范围,逐步提高非公有制经济组织和社会组织青年人才在各种青年组织、社团中的比例。对非公有制经济组织和社会组织青年人才要一视同仁,在表彰奖励、培训、信息资源等方面统一考虑、统筹安排,在就业创业、权益保护、文化需求、社会参与等方面积极提供服务。

五、积极举荐青年人才

16. 大力表彰、宣传青年人才。继续做好青年五四奖章、十大杰出青年、青年科学家奖、青年科技创新奖、杰出青年农民、青年岗位能手、杰出进城务工青年、杰出青年外事工作者等各级各类青年典型的评选表彰活动。针对青年人才群体的变化和工作领域的拓展,有计划地推出新的评选项目,努力把各行各业的青年人才纳入共青团的表彰激励范围。通过评选,广泛发现优秀青年人才;通过表彰奖励,对优秀青年人才的成就进行社会评价和认定;通过广泛宣传,提高各类优秀青年人才、优秀青年集体的社会知名度和认可度,发挥青年典型的示范带动作用。要充分发挥团属新闻媒体在宣传优秀青年人才中的主导作用,把握正确的舆论导向,努力在全社会营造鼓励青年干事业、支持青年干成事业的良好氛围。

17. 拓宽举荐渠道,为青年人才施展才华搭建舞台。深入开展青年科技创新行动、青年文化行动、青年志愿者行动等活动,为青年人才建功立业、展示才华提供机会,搭建舞台。加强各类青年典型、青年学科带头人等青年人才的跟踪培养工作,积极探索向党政、社会举荐青年人才的有效途径,促进更多的优秀青年人才出成果、担重任。配合做好大学生选调工作,举荐优秀高校毕业生在艰苦环境和丰富的社会实践中锻炼成长,努力发现、选拔一批有潜力的大学生进行重点培养。推荐优秀团员作党的发展对象,源源不断地为党输送新鲜血液。

六、促进青年人才资源优化配置

18. 强化青年人才中介服务。建设中国青年创业网、中国青年科技信息网、中国农村青年信息网、青年高技能人才储备库等青年人才信息系统，完善青年人才资源社会预测、信息收集、趋势监控、流动引导的信息化服务网络，拓展青年人才资格评价、价值咨询等服务领域，逐步形成多层次、多功能、覆盖广泛的青年人才社会化中介服务体系。充分发挥市场在人才资源配置中的基础性作用，加强各类青年人才交流服务机构建设，推动举办各级各类青年人才交流会，定期开展网上招聘会。把青年人才交流、青年人才论坛、青年人才发明成果展示等主题活动结合起来，实现青年人才、智力、资金、项目、信息的有效对接。

19. 推动青年人才合理流动。树立“不求所有，但求所用”的人才柔性流动观念，推动出台有利于青年人才合理流动的政策措施，促进青年人才资源的优化配置。

深化大学生志愿服务西部计划。组织应届大学毕业生到西部开展志愿服务活动，切实加强组织、招募、选派、培养、管理、保障等各项工作。积极争取资金、政策支持，适当扩大实施规模，普遍实施地方项目，推动全国项目和地方项目统筹兼顾、配套推进、协调发展。加强就业服务工作，为参加西部计划的毕业生提供更多的就业选择机会。

深化青年星火西进计划。采取在东部地区抓示范基地、在西部地区抓示范县，组建专家服务团等办法，推进东西部地区互动开展科技培训、科技示范、科技协作和科技服务，推动东部科技项目西进。

深化青年企业家西部行、东北行活动。组织青年企业家到西部和东北等地区考察交流、经贸洽谈、投资开发，服务西部大开发战略和振兴东北等老工业基地战略。

深化“金桥计划”。通过技术服务、项目合作、创业扶持等方式，引导和帮助青年科技工作者参与经济建设，推动科研与产业结合，在大专院校、科研院所与企业、东部地区与西部地区、海外学人与国内建设之间架起人才与经济对接的桥梁，促进人才、技术、资金等要素的合理配置。以青年专家科技服务活动为龙头，推动“金桥计划”在省级以下普遍开展。

七、进一步完善共青团青年人才工作机制

20. 不断完善社会化的青年人才工作机制。深入研究青年人才成长规律和共青团青年人才工作规律，不断完善适应时代发展要求、具有共青团特色、符合青年特点的青年人才工作机制。

要完善工作运行机制。以组织为基础，以阵地为依托，以活动为载体，紧紧抓住培养、凝聚、举荐、配置四个关键环节，通过项目化运作、品牌化经营、社会化推进，努力构建开放式的共青团青年人才工作格局。要完善中介服务机制。加强各类青年人才交流服务机构的建设，切实提高青年人才中介服务组织的服务能力和水平，建立健全青年人才社会化中介服务体系和信息化服务网络。要完善表彰激励机制。把握发现、培养、表彰、宣传等环节，逐步建立科学的青年人才评价指标体系和社会化的评选表彰体系，提高青年人才典型的代表性和权威性，形成有效激励。要完善工作保障机制。积极争取把青年人才开发工作纳入党政人才工作的统一规划，推动制定有利于青年人才成长的政策和制度，优化青年人才成长环境。加大工作投入，广泛整合和吸纳社会资源，建立青年人才工作基金。分级建设青年人才信息库，为青年人才开发提供信息平台。

各级团组织要高度重视青年人才工作，切实摆上重要议事日程。省级团委要成立青年人才工作领导小组，县级以上团组织要有一名领导班子成员专门负责。团的组织部门、统战部门要牵头抓总，综合协调，其他部门和机构各司其职，密切配合，形成合力。

各地要根据本意见的要求，结合各自实际，对进一步加强青年人才工作做出具体部署。

共青团中央办公厅关于2003年全国发展团员工作情况的通报

2004年7月2日

共青团各省、自治区、直辖市委，军委总政治部组织部，全国铁道团委，全国民航团委，中直机关团工委，中央国家机关团工委，中央金融团工委，中央企业团工委：

2003年团的组织统计工作已经结束，现将全国2003年发展团员工作情况通报如下。

一、团员队伍情况

2003年全国发展团员968万名，比2002年减少19.6万名。截至2003年底，全国共有团员7107万名，比2002年增加121万名。按照国家统计局提供的青年数计算，全国团青比例为23%，比2002年上升0.4个百分点。

2003年全国农村发展团员224.3万名，团员数量为2117.7万名，比2002年减少约70.9万名；全国农村团青比例为13.6%，比2002年下降0.3个百分点。

2003年大中学校发展团员613.6万名，比2002年增加10.4万名；全国学生团员数量达3410.9万名，比2002年增加288.3万名，团青比例为50.3%，上升了2个百分点。其中，大专院校学生团员总数为808.4万名，比2002年增加146.8万名，团青比例为84.9%，比2002年上升2.5个百分点；中等专业学校的团青比例为58.5%，比2002年下降8个百分点；职业高中的团青比例为60.5%，比2002年上升2.3个百分点；普通高中的团青比例为62.9%，比2002年下降0.5个百分点；初中的团青比例为33.1%，比2002年上升1.8个百分点。

2003年，全国团员行业构成基本稳定。其中，全国农村团员占全国团员总数的比例为29.8%，比2002年下降1.5个百分点；全国学生团员占全国团员总数的比例为48%，比2002年上升3.3个百分点。

2003年，全国非农产业从业团员总数为1824.6万名。其中，在国有经济组织中从业的团员为1246.3万名，占68.3%，与2002年基本持平；在集体经济组织中从业的为267万名，占14.6%，与2002年基本持平；在私营经济组织中从业的为231.4万名，占12.7%，比2002年上升0.2个百分点；在外商经济组织中从业的为51.1万名，占2.8%，与2002年基本持平；在港澳台经济组织中从业的为28万名，占1.5%，与2002年持平。

2003年，全国共有20个省级团委发展团员数量多于2002年。其中，吉林、贵州、金融、宁夏、北京、天津增长5%以上；河北、内蒙古、辽宁、黑龙江、上海、江苏、浙江、安徽、福建、山东、湖南、广东、海南、重庆都有所增长。

2003年，全国共有25个省级团委团员总数呈现增长。其中，广东、中央直属机关、上海比2002年增长5%以上；北京、浙江、河南、广西、贵州、云南、西藏、宁夏比2002年增长3%以上；天津、河北、内蒙古、黑龙江、江苏、安徽、江西、山东、湖南、海南、重庆、四川、青海、新疆都有所增长。

二、发展团员工作中存在的问题

2003年团的组织统计情况表明，全国发展团员工作基本保持稳定。2003年团员数量首次突破7000万大关，创历史新高。同时，也存在以下几个问题。

1. 非公有制经济组织中团组织、团员数量有所下降。近年来，特别是2001年全国非公有制经济组织团建工作现场推进会召开后，各级团组织高度重视非公有制经济组织团建工作，取得了显著成绩，建团率和团员数量稳步增长，但2003年团的组织统计结果显示，非公有制经济组织中团组织数量比2002年减少3.5万个，团员数量比2002年减少38万名。这种情况的出现，一定程度上与社区团组织吸纳一定数量的非公有制经济组织团员有关，但仍需引起各级团组织的高度重视。

2. 第二、三产业团员数量、团青比例下降。2003年，第二、三产业团员数量为1259万名，比2002年减少近100万名，团青比例为31.1%，比2002年下降3.1个百分点。其中，第二产业中制造业团员数量减少33.2万名，团青比例下降4.9个百分点；第三产业中社会服务业团员数量减少14.4万名，卫生、体育和社会福利事业团员数量减少24.6万名，团青比例下降9.8个百分点。

3. 团组织在流动团员中覆盖不够。据统计，2003年全国流入各地团组织的团员为375万名，流出各地团组织的团员为601万名。这表明近40%的流出团员没有被流入地团组织覆盖，从而造成团员流失。

三、继续做好发展团员工作的要求

1. 坚持不懈地抓好发展团员工作，保持团员总数基本稳定。发展团员工作是一项重要的基础性工作，各级团组织要始终把发展团员工作摆在加强团的建设的重要位置，采取切实措施，常抓不懈。要以"三个代表"重要思想为指导，坚持党建带团建，不断深化创建"五四红旗团委"活动，加强基层团组织建设，增强团组织内在活力，更好地吸引和凝聚青年，把符合团员条件的青年源源不断地吸收到团组织中来。

2. 切实加强社区和非公有制经济组织团员管理工作。社区和非公有制经济组织集中了大量青年，各地要高度重视社区和非公有制经济组织团建工作，采取联合建团、行业建团、公寓建团等多种形式，加大建团力度，增加社区和非公有制经济组织中团组织的数量。要加强社区和非公有制经济组织中流动团员的管理工作，按照"流入地为主，流出地为辅"的原则，及时了解流入团员情况，主动做好组织关系转接和身份确认工作，不断扩大团组织对团员的有效组织覆盖。

3. 切实加强第二、三产业团员队伍建设。要重视第二产业中制造业、第三产业中卫生、体育和社会福利业团组织建设，依托社区和行业团组织，更好地吸引和凝聚团员青年。要把发展新团员和加强外来务工团员管理作为重点来抓，保证团员数量基本稳定。

共青团中央办公厅、国家民委办公厅关于举办东北地区少数民族青年干部培训班的通知

2004年7月22日

辽宁、吉林、黑龙江省团委、民委：

为深入学习贯彻党的十六大精神、"三个代表"重要思想及共青团十五大精神，树立科学发展观，落实党中央西部大开发的战略部署和关于积极培养少数民族青年干部的指示，提高少数民族青年干部的马克思主义理论水平

和工作能力，促进民族地区经济发展和社会稳定，共青团中央和国家民委决定继续加大对少数民族地区青年干部的培训力度，结合实施“万名西部团干部培训工程”，联合举办东北地区少数民族青年干部培训班。现将有关事宜通知如下。

一、培训内容

深入学习领会党的十六大精神和“三个代表”重要思想及科学发展观，学习贯彻共青团十五大精神、马克思主义民族理论及党的民族政策，探讨社会主义市场经济理论、振兴东北老工业基地问题，重点学习贯彻共青团十五届二中全会精神；结合少数民族地区经济、社会及文化发展的实际，宣传党的西部大开发的战略部署；学习、交流、探讨新形势下民族地区共青团工作和青年工作的新经验、新方法；结合学习，组织实地参观考察。

二、培训人数、名额分配、地点及时间

培训人数：80 人。

名额分配：辽宁省 10 人，吉林省 60 人，黑龙江省 10 人。

培训地点：中央团校。

培训时间：2004 年 8 月 30 日至 9 月 22 日。

三、培训对象

（一）团县委正副书记以上及相应级别少数民族青年干部。

（二）具有大专以上学历及汉语的听、读、写能力。

四、培训考核

（一）学习结束时，每人写出 2500 字左右的学习小结，并进行个人鉴定，由中央团校签署意见后，寄回各省团委和学员所在单位的组织部门。

（二）对完成学习任务考核合格的学员，由中央团校颁发结业证书。

五、培训费用

（一）学员每人交培训费 800 元（含住宿费、伙食费）

（二）学习期间外出参观经费由国家民委和团中央给予补贴。

（三）学习期间的医疗费由学员所在单位按规定给予报销。

六、报到事宜

请各省学员于 2004 年 8 月 30 日集体抵京报到，由中央团校负责接站。地址：北京市西三环北路 25 号，邮编：100089，联系电话：010－88567290、68425631（传真）、13501391471，联系人：吴新昱、王恩蔚。

七、培训要求

（一）按通知要求落实所分配的名额，认真填写《学员登记表》，并于 2004 年 8 月 24 日前报送中央团校民族部（轮训部）。

（二）在名额分配时，请考虑女同志所占比例；有病的同志、妊娠期的女同志及因事不能参加全程学习的同志请勿派送。

（三）为保持良好的学习、生活秩序，学员在学习期间除特殊情况外，一律不得请假，不得接待家属或亲友来校住宿。

（四）为便于交流，请学员自带本单位有关共青团和青年工作经验材料；少数民族学员请自带一套本民族服装。

（五）学员每人带两张一寸免冠近照和一张二寸免冠近照。

（六）请各省指定一名同志带队。

五、宣传

共青团中央办公厅关于开展团属青少年活动场所安全检查和专项治理工作的通知

2004 年 2 月 17 日

共青团各省、自治区、直辖市委：

为贯彻落实党中央、国务院关于加强安全工作的要求，切实加强青少年活动场所的安全管理，坚决消除安全事故隐患，进一步完善青少年活动阵地安全管理机制，共青团中央决定，集中 3 个月时间对团属青少年活动场所进行安全检查和专项治理。

一、时间和范围

这次安全检查和专项治理工作的时间为 3 月 1 日至 5 月 31 日，范围包括全国团属青年宫、少年宫、青少年宫、青少年活动中心和青少年活动营地等青少年活动场所。

二、主要内容

1. 消除建筑、消防安全隐患。要对青少年活动场所建筑质量、消防通道、消防器材、消防制度的建立和执行、消防安全意识等情况进行逐一检查，发现问题及时治理，切实消除安全隐患。无建筑质量验收合格证、无消防安全合格证的建筑必须停止使用，进行整治，取得双证之后才能使用。检查中发现的团组织无法解决的安全问题要及时向党政有关部门报告，在党政有关部门的支持下妥善加以解决。

2. 坚决取缔不利于青少年身心健康的经营活动。要按照中办、国办《关于加强青少年学生活动场所建设和管理工作的通知》和《青少年宫管理工作条例》等文件的要求，对团属青少年活动场所的经营情况进行检查与治理，坚决取缔有违规、违纪现象的营业性歌舞厅、茶座、咖啡厅、电子游戏厅、网吧、录像厅等经营项目；对于符合国家有关规定的经营活动，必须派专人参与管理，杜绝安全事故的发生；青少年活动场所的教学用房不得出租或挪作他用，已经改变其用途的，应尽快予以腾退。

3. 确保青少年活动场所设备、设施的安全。要做好供电、供水、取暖设备和青少年文体娱乐活动设施的安全检查和维护工作，确保各项设备、设施齐备有效，运行良好，安全措施到位。

4. 加强活动的安全保卫工作。青少年活动阵地组织的各项活动，要根据其规模、场地和周围环境等实际情况对活动的安全保卫、安全设施、交通工具、突发事件的处理预案等情况进行检查，并结合实际制定具有针对性、可操作性的安全制度，确保各项活动的安全。不能以任何形式、任何名义组织青少年参加接触易燃、易爆、有毒、有害等物品和具有危险性的活动。

三、组织实施

这次安全检查和专项治理工作由省级团委负责组织实施。可采取先由各青少年活动场所组织自查，然后由省级团委抽调人员组织普查的方式进行。在检查中，要对发现的安全问题进行集中治理,一时无法解决的限期整治。

四、工作要求

1. 高度重视,加强领导。青少年活动场所和团的各项活动的安全工作事关青少年健康成长和社会稳定大局,责任重大。各级团组织要高度重视,采取措施,切实加强对这次安全检查和专项治理工作的领导,确保工作取得实效。各省级团委要成立由负责同志牵头的工作领导小组,制定周密的工作方案,落实目标责任制,确保安全检查与专项治理工作落实到位。

2. 解决问题，消除隐患。各地团组织在这次安全检查和专项治理工作中要边查边改，本着发现问题、解决问题的原则，采取切实可行的措施，努力消除一切安全隐患。一时解决不了的安全问题也要采取防范措施，并且限期整治。凡是因这次检查和治理工作不落实，安全隐患没有得到及时解决而造成重大人员伤亡和财产损失的，要依照有关规定追究责任。

3. 规范管理,完善制度。要通过这次安全检查和专项治理工作,进一步健全团属青少年活动阵地的安全机制,完善安全制度,确保青少年活动场所的安全工作落到实处。要对团属青少年活动阵地进行全员安全教育,切实增强干部职工的安全意识。要加强对青少年活动阵地的管理力度,始终坚持把社会效益和人才效益放在首位,把为青少年提供切实服务作为一切工作的出发点和落脚点。要以改革的精神加快青少年活动阵地的建设与发展,不断壮大自身实力,充分发挥阵地在教育、引导、服务青少年健康成长中的积极作用。

各地团组织开展青少年活动场所安全检查和专项治理工作的情况要形成书面报告,于5月31日前报团中央宣传部。

共青团中央办公厅
关于印发《2004年共青团宣传思想工作要点》的通知

2004年2月25日

共青团各省、自治区、直辖市委,军委总政治部组织部,全国铁道团委,全国民航团委,中直机关团工委,中央国家机关团工委,中央金融团工委,中央企业团工委:

经团中央书记处同意,现将《2004年共青团宣传思想工作要点》印发给你们,请结合实际贯彻执行。

2004年,是全面落实党的十六大和十六届三中全会精神,实现“十五”计划的关键一年,也是贯彻落实团的十五大确定的各项任务的开局之年。团的宣传思想工作要以邓小平理论和“三个代表”重要思想为指导,自觉同以胡锦涛同志为总书记的党中央保持一致,坚持党的基本理论、基本路线、基本纲领、基本经验,深入学习贯彻党的十六大和十六届三中全会精神,认真贯彻全国宣传思想工作会议和共青团十五届二中全会精神,着眼于服务大局、服务青年,坚持以科学的理论武装人、以正确的舆论引导人、以高尚的精神塑造人、以优秀的作品鼓舞人,坚持贴近实际、贴近生活、贴近青年，在全团大力弘扬求真务实精神，大兴求真务实之风，团结教育引导广大青年为全面建设小康社会、实现中华民族的伟大复兴而奋斗。

今年团的宣传思想工作的总体安排是：贯穿一条主线，突出一个重点，做好三项主要工作，加强两个阵地建设。贯穿一条主线，就是深入学习宣传贯彻“三个代表”重要思想、深入学习宣传贯彻党的十六大和十六届三中全会精神，团结动员广大青年为全面建设小康社会而奋斗。要把这条主线贯穿到团的全部宣传思想工作中。突出一个重点，就是切实加强和改进青年思想政治工作。做好三项主要工作：一是坚持不懈地用“三个代表”重要思想武装全团，教育青年；二是进一步深化青少年新世纪读书计划；三是大力实施青年文化行动，加强青年文化建设。加强两个阵地建设：一是加强共青团舆论阵地建设，牢牢把握正确的舆论导向，推动团属新闻出版事业的改革与发展；二是加强青少年活动阵地建设和管理，充分发挥青少年宫在教育、服务青少年中的积极作用。上半年，将召开全团宣传思想工作会议，对做好新形势下团的宣传思想工作做出全面部署。各地要围绕主线，突出重点，求真务实，开拓创新，把团的宣传思想工作的各项要求落到实处。

一、坚持不懈地用“三个代表”重要思想武装全团，教育青年

用“三个代表”重要思想教育青年，是共青团的首要政治任务。要紧密结合全面建设小康社会的实践，紧密结合推进改革发展稳定的实践，紧密结合团员青年的思想实际，继续在深入人心、开拓创新、力求实效上下功夫，按照武装头脑、指导实践、推动工作的要求，总结推广“抓实践、抓活动、抓骨干、抓社团、抓网络”的成功经验，把在团员青年中兴起学习贯彻“三个代表”重要思想新高潮的活动不断引向深入，用“三个代表”重要思想构筑青年一代的强大精神支柱，教育引导青年按照党指引的方向健康成长。

以“兴起新高潮，创造新业绩”为主题，联系青年实际，面向基层，广泛开展“三个代表”重要思想学习实践活动。加强团干部的理论学习和培训，继续办好共青团理论学习骨干培训班。以大学生和各条战线的青年骨干为重点，抓住他们普遍关心的重点、难点、热点问题，释疑解惑，引导他们加深对“三个代表”重要思想的认识。配合高校“三个代表”重要思想进教材、进课堂、进学生头脑的工作，抓好高校学生理论学习社团工作。引导各条战线的青年立足岗位，争创一流成绩，以实际行动学习实践“三个代表”重要思想。按照中央的要求，精心组织邓小平同志诞辰100周年纪念活动。组织青年理论工作者下基层开展“三个代表”重要思想宣讲活动。宣传和推广各地学习贯彻“三个代表”重要思想的典型及其经验。组织编写青年通俗理论读物。探索建立团员青年学习贯彻“三个代表”重要思想的长效机制，把学习贯彻“三个代表”重要思想纳入到团的自身建设和各项工作之中。

二、切实加强和改进青年思想政治工作

切实做好青年思想政治工作，是党对共青团的要求。要充分认识新形势下做好青年思想政治工作的重要性，进一步增强责任感和紧迫感，增强青年思想政治工作的针对性、实效性，大力推进青年思想政治工作创新，充分发挥实践育人、文化育人、服务育人的作用。

坚持以理想信念教育为核心，深入进行党的基本理论、基本路线、基本纲领、基本经验教育，深入进行爱国主义、集体主义、社会主义教育，教育引导广大青年树立远大理想，坚定跟党走中国特色社会主义道路的信念，树立正确的世界观、人生观、价值观，树立全面、协调、可持续的科学发展观。把弘扬和培育民族精神作为重要任务，纳入青少年思想教育全过程，加强对青少年的国情教育、历史和传统教育。

以纪念五四运动85周年、建国55周年等重大活动、重大事件和重大节庆为契机开展主题教育活动，在青少年中大力弘扬和培育以爱国主义为核心的伟大民族精神。进一步加强青少年思想道德教育，认真贯彻《公民道德建设实施纲要》，落实好中央关于进一步加强和改进未成年人思想道德建设的要求，以帮助青少年养成良好的道德习惯为重点，全面提高青少年的思想道德素质。

紧密结合时代要求和青年特点，积极探索创新青年思想教育的方式方法。深入青年，加强调查研究，准确把握新形势下青年思想的特点，因材施教，分类指导，采取青年喜闻乐见、易于接受的方式，运用青年自己的语言，树立青年身边的榜样，加强对青年的教育和引导。坚持以人为本，把解决思想问题和解决实际问题结合起来，竭诚服务青年，为青年办实事、解难事、做好事。充分运用互联网、手机短信等新技术手段，积极探索新的工作载体，不断拓展青年思想政治工作的渠道和空间。

加强团的理论研究。围绕经济全球化与中国青年、青年文化建设、青年思想政治工作创新、大学生信息来源等重大课题开展研究，推出一批有分量的研究成果。做好2004—2005年度青少年和青少年工作课题的申报、评审和立项工作。设立青年理论创新成果奖，整合团内外青年研究资源和力量，积极推动团的理论研究工作。

三、进一步深化青少年新世纪读书计划

按照党的十六大关于“形成全民学习、终身学习的学习型社会，促进人的全面发展”的要求，进一步深化青少年新世纪读书计划，强化终身学习的理念，传播科学的学习方法，形成勤奋学习的氛围，促进青少年综合素质的提高。

以创建青年学习型组织为牵动，推动形成读书学习的浓厚氛围。围绕经济社会发展的需要，结合各行各业青年的实际，广泛创建青年学习型组织，制定青年学习型组织的创建标准，建立健全行之有效的创建机制。推动基层广泛开展内容丰富、形式多样的青少年读书学习活动，重点抓好一些特色鲜明、针对性强的主题读书活动。以阵地建设为重点，切实为青少年读书学习提供有效服务。巩固和扩大新世纪书屋、读书俱乐部、读书基地等青少年读书阵地，构建读书学习的有形依托。加强精品图书推荐，满足不同层面青少年的阅读需求。在新闻报刊和广播、电视、互联网等媒体开设读书指导栏目，加强对青少年读书学习的引导。积极争取党政部门的支持，广泛动员社会资源，为青少年读书学习提供政策支持和物质保障。以竞赛和表彰为基本形式，展示青少年读书学习的成果。广泛开展读书竞赛、知识竞赛、技能比武等活动，及时总结基层开展青少年读书学习的经验，大力宣传表彰组织读书学习的先进单位和先进个人。

四、实施青年文化行动，加强青年文化建设

加强青年文化建设是发展社会主义文化、以文化育人为目的培育“四有”新人的要求。要坚持先进文化的前进方向，大力实施青年文化行动，加强青年文化建设，以弘扬和培育民族精神为重点，努力形成健康有益、充满活力的青年文化，满足广大青年日益增长的文化需求，促进青年健康成长。

实施青年文化行动，加强青年文化建设，要努力形成积极向上的青年文化氛围，广泛开展丰富多彩的青年文化活动，积极创作推广青年文化精品，大力培养发现青年文化人才，不断发展青年文化事业和文化产业。把握青年文化脉搏，加强对青年文化的引导，推动青年学习、创造、奉献。开展富有特色的青年文化活动，打造名牌活动项目，动员广大青年积极参与校园文化、社区文化、企业文化、乡村文化、军营文化和网络文化建设。整合资源，创作、生产、推广青年文化精品，同时在青年中宣

传推广中华民族优秀文化精品和世界文化经典，发挥文化精品在教育和引导青年中的积极作用。建立和完善优秀青年文化人才选拔培养机制，为青年文化人才的成长发展铺路搭桥。按照中央关于发展文化事业和文化产业、深化文化体制改革的要求，推动青年文化事业和产业的发展，为青年文化建设提供保障。

今年团中央重点开展的青年文化活动是：联合有关部委举办“五四”主题晚会，展示青年的良好精神风貌，引导青年走同人民紧密结合、为祖国奉献青春的成长道路。举办中国青年时代风采电视大赛，引导青年主动适应改革开放和现代化建设的要求提高素质、健康成长。深入开展青年文化广场创建活动，丰富青年业余文化生活，传播文明新风，倡导文明健康的生活方式。举办全国青少年书法美术摄影大赛。做好第八届团的“五个一工程”的申报工作。同时，由部分省市领办“青春中华”文化周、青年欢乐节、青年文化时尚展示活动等。基层团组织要根据实际情况和当地青年特点，创造性地开展各具特色、形式多样的青年文化活动，丰富青年的文化生活。

五、牢牢把握正确的舆论导向，推动团属新闻出版事业的改革与发展

团属新闻出版舆论阵地要加强策划和协调，改进宣传方法，提高引导水平。紧紧围绕经济建设这个中心，紧紧抓住发展这个党执政兴国的第一要务，紧密联系全面建设小康社会的实际，紧密联系青年的思想实际，坚持团结稳定鼓劲、正面宣传为主，牢牢把握正确舆论导向，努力推动事业发展。

要深入宣传党的路线方针政策和党中央重大决策部署，深入宣传党对青年健康成长的要求，深入宣传青年积极进取的时代风貌。围绕团员青年深入学习贯彻“三个代表”重要思想、纪念五四运动85周年、青年文化建设和团的各项重点工作加强新闻宣传的策划。加强宣传协调，进一步整合新闻宣传资源，使宣传工作更好地服务大局，服务青年。

在团属新闻出版单位中扎实开展“三个代表”重要思想、马克思主义新闻观和职业精神职业道德三项学习教育活动，进一步推动团属新闻出版单位领导班子建设和队伍建设。进一步完善报刊阅评制度和新闻出版通气会制度，推动团属新闻出版单位健全内部管理规章制度，把加强对团属新闻出版单位的管理进一步落到实处。

贯彻中央关于文化体制改革的要求，积极稳妥地推进团属新闻出版事业的改革与发展，增强团属新闻出版事业的整体实力。开展第十届五四新闻奖评选活动。加强中国青年报刊协会建设，召开中国青年报刊协会第十九届年会，开展第十届全国青年报刊“好新闻、好作品、好活动、好论文”评选活动。

六、加强青少年活动阵地建设和管理

进一步规范青少年活动阵地建设资金的申请、拨付、使用和管理，争取各方面支持，大力推动地市、县级青少年宫建设，扩大青少年活动阵地的覆盖面。开展多种形式的培训活动，提高师资队伍的整体素质，拓展服务领域，完善服务手段。加强青少年活动阵地的安全管理，杜绝安全隐患。进一步深化“千宫百万”行动，在确保质量的基础上扩大剑桥少儿英语培训考试的规模，开展全国计算机信息高新技术培训考试活动，规范提高全国青少年艺术类培训和等级考试工作。创新机制，积极吸纳社会资源，以改革的精神大力推进团属青少年宫事业的发展。进一步加强全国青少年宫协会建设，充分发挥协会各专门委员会和各理事单位的作用，强化服务意识，创新服务项目，提高服务能力。加强省级青少年宫协会建设。加强全国青少年教育基地的建设和管理，命名第四批全国青少年教育基地。

依托青少年活动阵地，积极开展群众性青少年文体活动。利用全国青少年活动营地的自然和人文资源，开展多种形式的教育和训练活动。充分发挥团属青少年活动阵地优势，积极开展符合青少年特点、具有广泛群众基础的体育活动。进一步规范和提高青少年三项棋类培训比赛，加强青少年棋院的组织机构建设，命名一批新的全国青少年棋院，组织全国青少年棋院棋类比赛。联合有关部门开展青少年趣味体育竞赛、青少年户外运动、青少年健身俱乐部等活动，推动青少年群众性体育活动的开展。

各级团组织要充分认识做好新形势下宣传思想工作的重要性，以求真务实的精神，开拓创新，竭诚为青年服务，做好今年的宣传思想工作，努力开创共青团宣传思想工作的新局面。

共青团中央、中华全国新闻工作者协会关于评选第十届(2003年度)五四新闻奖的通知

2004年3月15日

各省、自治区、直辖市团委、记协，军委总政治部组织部，全国铁道团委，全国民航团委，中直机关团工委，中央国家机关团工委，中央金融团工委，各有关新闻单位：

五四新闻奖是共青团中央和中华全国新闻工作者协会授予宣传青年和共青团工作优秀新闻作品的最高奖，是常设全国性新闻奖。五四新闻奖设立以来，已评选九届，对于加强青年题材的新闻报道，推动青年领域新闻报道出精品、出人才，服务青年和共青团工作，起到了积极作用。今年将进行第十届(2003年度)五四新闻奖的评选，希望各单位认真组织评选，报送作品集中体现去年青年题材新闻报道的丰硕成果。现将工作有关事项通知如下。

一、评选宗旨

以邓小平理论和“三个代表”重要思想为指导，积极推动青年和共青团工作新闻宣传领域多出精品、多出人才，为青少年的健康成长和青少年教育工作营造良好的舆论氛围，引导和激励广大青少年为全面建设小康社会的宏伟目标而奋斗。

二、参评范围

中央主要新闻单位，各省(区、市)主要新闻单位。

三、参评作品要求

1.2003年1月1日至2003年12月31日期间公开发表的、报道青年和共青团工作(含青联、学联、少先队工作)的新闻作品，即报刊、通讯社、广播电台、电视台刊播的文字、图片、广播、电视类新闻作品。评选项目包括：文字作品的消息、言论、通讯，新闻摄影作品，广播电视作品的消息、评论、专题、系列报道。

2.导向正确，贴近实际，贴近生活，贴近群众，角度新颖，内容客观，重点突出，形式生动，制作精良，刊播后社会反响好。

3.作品字数和时间要求：文字作品消息不超过1000字，言论不超过2000字，通讯不超过3000字；广播电视作品消息不超过4分钟，评论不超过10分钟，专题和系列报道不超过30分钟。

四、推荐报送作品要求

1.各省、自治区、直辖市和各系统团委可推荐报送6篇(件)，中央新闻单位可推荐3—5

篇(件)。根据往届评选的实际情况,各参评单位要重视消息和新闻图片的选送,原则上相关单位至少选送消息和图片作品各1篇(件)。

2. 每件作品报送份数分别是:文字类,原件1份,复印件24份;图片类,发表原件1份,原底片洗印件1份(一律为8英寸,用硬卡纸装裱);广播类,普通磁带1件,文字稿25份;电视类,VCD或DVD光盘1张,文字稿25份。

3. 按要求填写《第十届五四新闻奖评选意见表》25份,分别装订在文字、广播、电视作品的文字稿上面,图片作品附1份。填写《第十届五四新闻奖推荐作品总表》。

4. 各参评单位要加强领导,认真组织,切实做好初评推荐工作。要规范初评程序,把好质量关,切实把真正代表本地区、本单位最高水平的相关新闻作品推选出来。要拓展报送渠道,注意作品题材的多样性,重视反映广大青年参与改革开放和现代化建设的新闻作品。

五、推荐报送时间和评选时间

1. 各参评单位请于2004年5月31日前将初评推荐的作品报送团中央宣传部。各省(区、市)的推荐报送工作由省(区、市)团委和记协负责落实,各系统和中央新闻单位经相关部门协调后直接报送。

2. 评选办公室在2004年7月组织复评。

3. 评选委员会在2004年8月中旬进行定评。

六、奖励办法

1. 五四新闻奖设一等奖20件,二等奖30件,三等奖50件。

2. 设立组织奖,颁授对象是组织工作出色的参评单位。

七、评选机构

共青团中央、中国记协组织五四新闻奖评选委员会进行评选,评选办公室设在共青团中央宣传部。

地址:北京前门东大街10号楼902室

联系人:陈竹

电话:010－85212092、010－85212129

传真:010－85212362 邮编:100051

E－mail:wsxwj@ sohu. com

附:五四新闻奖全国评选委员会名单

主任委员:赵　勇　团中央书记处常务书记

肖东升　中国记协书记处书记

石　峰　新闻出版总署副署长

胡孝汉　中宣部新闻局局长

委　　员:夏　林　新华社副总编辑

江绍高　人民日报副总编辑

袁志发　光明日报总编辑

武春河　经济日报社社长

江永红　解放军报副总编辑

金德龙　广播电影电视总局总编室主任

余昌祥　新闻出版总署报刊司司长

邹新炎　中央人民广播电台副总编辑

罗　明　中央电视台副台长

孙冰川　中央电视台副总编辑

刘可为　团中央宣传部部长

喻国明　中国人民大学新闻学院教授

徐祝庆　中国青年报社社长

郗杰英　中国青年出版(总)社社长

石国雄　中华儿女杂志社社长

孙正一　中国记协国内部副主任

张雅宾　北京青年报社总编辑

办公室主任:刘可为(兼)

共青团中央办公厅关于报送优秀青年文化节目的通知

2004 年 3 月 18 日

共青团各省、自治区、直辖市委，军委总政治部组织部，全国铁道团委，全国民航团委，中直机关团工委，中央国家机关团工委，中央金融团工委，中央企业团工委：

今年是五四运动 85 周年。为深入贯彻“三个代表”重要思想和党的十六大精神，落实中央关于进一步加强青少年思想道德建设的要求，坚持求真务实，弘扬民族精神，展现当代青年在党的领导下朝气蓬勃、奋发进取的精神风貌，引导和激励广大青年继承五四运动的光荣传统，勤于学习，善于创造，甘于奉献，为全面建设小康社会、实现中华民族伟大复兴贡献青春、智慧和力量，共青团中央决定联合中央电视台于 5 月 3 日在北京举办纪念五四运动 85 周年晚会。现向全团征集优秀青年文化节目，有关事项通知如下。

一、征集内容

晚会将以“青春”为主题，在这个主题下体现“同人民紧密结合，为祖国奉献青春”的主线，体现“勤于学习，善于创造，甘于奉献”的要求，注重激发青年的光荣感、责任感和使命感，以艺术再现各行各业平凡岗位上优秀青年的真实事迹和原创的歌曲、诗歌、舞蹈作品为主，面向青年，凸显当代青年的时代面貌，展现青年的奋斗、梦想和精神追求。力戒奢华，力求表现形式的创新。晚会将由学习、创造、奉献三个主要板块组成。向各地征集的优秀青年文化节目的主要内容是：

1. 以“青春”为主题的新创歌曲。歌曲要旋律优美，歌词清新，易于青年接受和喜爱，易于传唱。

2. 青年中的原创节目。节目以歌曲、舞蹈、诗歌、情景剧等为主，要真实展现各行各业青年学习、创造、奉献的青春风采，真实展现青年中先进人物拼搏奉献的感人事迹，真实反映青年充满活力、多姿多彩的生活。

3. 青年文化新人新作。推荐能为广大青年喜爱的文化新人和艺术作品。人物和作品要能在引导青年文化时尚，发展健康有益、充满活力的青年文化中发挥积极作用。

二、报送方式

各省级团委各报送 5 个节目。歌曲歌词要字迹清楚，曲谱用简谱，同时报送录音带或光盘。原创节目要注明主要创作者和演出单位，同时附录像带或光盘。青年文化新人新作要有简要介绍和推荐理由，并报送相关节目参审。所有报送的文字音像材料要保证知识产权的合法性。

报送节目的文字音像材料要于 3 月 31 日前报至团中央宣传部。节目的文字音像材料不予退还。经审定在“五四”晚会上演出的节目，将给予奖励。各地报送的节目同时作为团的“五个一工程”的候选作品。

三、工作要求

纪念五四运动 85 周年“青春”主题晚会是全团纪念五四运动 85 周年的一项重点工作。各地要高度重视优秀青年文化节目报送工作，将其作为体现各地青年文化建设成果的重要工作，加强领导，注重质量，调动基层团组织和青年的积极性和创造性，努力把能够展现青年时代风貌，青年喜闻乐见的优秀青年文化节目选拔上来。同时，请各地对“五四”晚会表现形式上如何创新提出意见和建议。

联系人:于天琪、张震海
联系电话:010－85212117、85212199
传真:010－85212362
电子邮箱:sxjyc@cycnet.com
地址:北京市前门东大街10号
邮编:100051

共青团中央关于开展五四运动85周年纪念活动的通知

2004年3月29日

共青团各省、自治区、直辖市委,军委总政治部组织部,全国铁道团委,全国民航团委,中央直属机关团工委,中央国家机关团工委,中央金融团工委,中央企业团工委:

今年5月4日,是五四运动85周年纪念日。在全党全国人民深入学习贯彻党的十六大和十六届三中全会精神,学习贯彻十届全国人大二次会议和全国政协十届二次会议精神的形势下,开展五四运动85周年纪念活动,对于激励引导广大团员青年牢牢把握重要战略机遇期,增强为全面建设小康社会而奋斗的历史责任感和使命感,努力为促进社会主义物质文明、政治文明和精神文明协调发展做贡献,对于进一步把全团学习贯彻“三个代表”重要思想的活动引向深入,大力加强青少年思想道德建设,促进青少年健康成长,都具有重要的意义。现就有关事宜通知如下。

一、纪念活动的主题

纪念活动以“弘扬五四精神肩负历史使命”为主题,通过回顾五四运动以来党领导人民进行革命、建设和改革的光辉历程和中国青年运动发展的生动实践,充分展现一代又一代青年响应党的召唤,紧跟党走在时代前列的青春风采,激励引导广大团员青年更加自觉地以邓小平理论和“三个代表”重要思想为指导,紧密团结在以胡锦涛同志为总书记的党中央周围,坚持走同人民紧密结合、为祖国奉献青春的成长道路,勤于学习,善于创造,甘于奉献,在全面建设小康社会的伟大实践中成长成才、建功立业,肩负起实现中华民族伟大复兴的历史使命。

二、关于纪念活动的安排

要紧密围绕纪念活动的主题,重点抓好以下几方面的工作。

1. 引导团员青年深入学习贯彻“三个代表”重要思想。以团干部、大学生和各条战线的青年骨干为重点,紧密联系改革开放和现代化建设的实践,充分运用宣讲报告、座谈访谈、参观走访、竞赛沙龙等形式,广泛开展形式多样、为青年喜闻乐见的学习活动。充分运用理论社团和互联网抓好大学生中的学习活动。动员组织青年理论工作者深入基层开展“三个代表”重要思想宣讲活动,针对团员青年普遍关心的问题释疑解惑,把青年理论学习活动进一步引向深入。

2. 大力加强青少年思想道德建设。按照《中共中央、国务院关于进一步加强和改进未成年人思想道德建设的若干意见》的要求,进一步加强和改进青少年思想道德教育,促进青少年不断提高思想道德素质。在青少年中弘扬和培育民族精神,广泛开展爱国主义教育,不断增强青少年的民族自尊心、自信心和自豪感,引导他们树立坚定的理想信念。

进一步深化青年志愿者、保护母亲河、青年文明号、手拉手等活动，引导广大青少年在参与中提高自身素质，为促进公民道德建设做贡献。大力实施青年文化行动，加强青年文化建设，充分发挥文化育人的重要作用。广泛开展主题团队日、十八岁成人仪式等活动。依托全国青少年教育基地、青少年宫、青少年活动营地等，广泛开展丰富多样的思想教育活动。

3．积极引导团员青年在改革开放和现代化建设的火热实践中建功成才。适应完善社会主义市场经济体制的要求，大力深化青年创业行动、青年科技创新行动、青年人才开发计划、青年就业促进计划等项目，引导广大青年树立和落实科学的发展观，立足本职岗位，争创一流业绩。继续推进大学生志愿服务西部计划，引导大学毕业生到西部去，到基层去，到祖国和人民最需要的地方去，受锻炼，长才干，做贡献。颁发首届“中国青年创业奖”，组织“中国青年创业奖”获得者巡回报告会，激励广大团员青年在完善社会主义市场经济体制的进程中积极创新创业。

4．宣传表彰各条战线的青年典型。面向基层和生产科研的第一线，推出一批在各行各业涌现出来的优秀青年典型。五四期间，团中央将开展第八届中国青年五四奖章颁奖、全国优秀团员和团干部、第四届“全国各族青年团结进步杰出（优秀）奖”等评选表彰活动，组织“青春铸忠诚”——杰出(优秀)青年卫士事迹报告团、“成长之路”——服务西部基层青年志愿者事迹报告团，在全国重点城市、重点高校作巡回报告。各地要做好青年典型的宣传表彰工作，使青年模范人物深入校园，深入社区，深入青年，更好地发挥示范引导作用。

5．建设健康向上、充满活力的五四节日文化。要结合青年和青年工作的特点，在五四期间积极营造浓郁的青年文化氛围。团中央将举办五四主题晚会。各地要广泛开展青年文化广场、社区青年文化节、校园青年文化节、青年书画展、大家乐等活动，农村青年中心要积极开展丰富多彩的文体活动，丰富青少年的节日文化生活。要通过形式多样的活动载体，寓教于乐，把更多的青年吸引到活动中来，努力创造具有鲜明时代特点、青年广泛参与、深受青年欢迎的五四节日文化。

三、关于纪念活动的要求

纪念活动要求真务实，立足基层，面向青年，讲求实效，力戒形式主义。各级团组织要按照团中央的部署，在当地党委的领导下，统筹规划纪念活动。活动的规模要适度，注意节俭和安全。团属新闻舆论阵地要牢牢把握正确的舆论导向，开辟专栏、专刊，集中开展对五四纪念活动的宣传报道，营造积极向上的舆论氛围。

各地开展纪念活动的情况，请及时报团中央办公厅。

共青团中央办公厅
关于开展“欢乐快车”系列活动及报送活动内容的通知

2004年3月31日

共青团各省、自治区、直辖市委，军委总政治部组织部，全国铁道团委，全国民航团委，中直机关团工委，中央国家机关团工委，中央金融团工委，中央企业团工委：

为深入贯彻“三个代表”重要思想和党的十六大精神，落实中共中央、国务院《关于进一步加强和改进未成年人思想道德建设的若干意见》的要求，在新形势下，采取青少年喜闻乐见的形式，开展有针对性和实效性的文化活动，推动青少年思想道德建设工作的发展，共青团中央、中央电视台共同开展“欢乐快车”系列活动。

“欢乐快车”系列活动是青年文化行动的一项重点工作。活动从青少年的思想实际和生活实际出发，本着弘扬民族精神、传播文化精品的原则，在各地以电视展播、大讲堂、展览、演出、竞赛等形式巡回举办主题交流活动。

各级团组织要广泛动员社会力量，密切联系新闻媒体和文艺演出团体等单位，充分发挥青少年活动场所的作用，认真做好“欢乐快车”活动节目的选拔、推荐、排练和活动的组织协调工作。各地准备在“五四”、“六一”和暑假期间举办的相关活动，可以并入“欢乐快车”系列活动进行宣传。

请结合实际，积极参与，切实做好这项活动的组织和实施工作。

附1：“欢乐快车”系列活动的说明

为深入贯彻党的十六大精神，落实中共中央、国务院《关于进一步加强和改进未成年人思想道德建设的若干意见》的要求，在新形势下，采取未成年人喜闻乐见的形式，开展有针对性和实效性的文化活动，共青团中央、中央电视台为各省、市提供一个宣传平台，这个平台以展览、演出、竞赛、讲座等形式展开，定名为“欢乐快车”系列活动。

一、组织机构

主办单位：共青团中央
　　　　　中央电视台

承办单位：中央电视台青少中心
　　　　　全国青少年宫协会

“欢乐快车”在各地的活动可由当地组成相应的组织机构。

二、组委会名单

主　任：赵　勇　团中央书记处常务书记
　　　　赵化勇　中央电视台台长

副主任：刘可为　团中央宣传部部长

秘书长：余培侠　中央电视台青少中心主任
　　　　谷丽萍　全国青少年宫协会副会长

副秘书长：赵激扬　团中央宣传部文体处处长
　　　　　李媛媛　中央电视台青少中心制片人
　　　　　丁　冬　全国青少年宫协会

三、活动定位

“欢乐快车”系列活动是面向青少年的、综合性城市文化周活动。

“欢乐快车”系列活动将借助电视手段推动各省、市文化活动的开展。

“欢乐快车”系列活动将在一个城市、一个

城市地巡回举办,常年开展。

“欢乐快车”系列活动将整合各地方政府、企业、文化艺术界和青少年宫等各方面资源,通过系列文化艺术活动,传承和弘扬国粹文化及地方精品文化,展示青少年的新风貌。

四、活动目标

集中展示各省、市青少年教育、文化领域中的优秀成果,并在全国范围内进行宣传推广。

五、活动内容和形式

活动由中央电视台少儿频道活动启动仪式、各种主题的巡回展览、竞赛、咨询讲座和大型的综艺演出等组成。

活动启动仪式包括:嘉宾采访、领导讲话、开机仪式。

巡回展览包括:各类主题的艺术展、科技展、体育展、影视展。

各类竞赛包括:各类主题的才艺竞赛、体育竞赛、科技创意竞赛、游戏竞赛、技能竞赛。

咨询讲座包括:各类主题的文化讲座、艺术讲座、教育讲座、心理讲座、品德讲座、科技讲座、行为规范讲座。

大型综艺演出包括:声乐表演、器乐表演、舞蹈表演、戏曲表演、相声表演、小品表演、舞台剧表演、音乐剧表演。

六、活动内容来源

“欢乐快车”系列活动组委会将通过征集的方式,面向全国各省、市的青少年宫、学校、艺术团体等社会文化和教育机构征集活动内容。

各地申报的活动项目经活动组委会和专家委员会评审后,列入“欢乐快车”系列活动中。

七、活动时间

“欢乐快车”系列活动从2004年4月份开始启动。

“欢乐快车”系列活动将在参与城市举办为期一周的宣传活动。

八、活动地点

“欢乐快车”系列活动设在各举办城市的中心广场和相应的文化、教育、娱乐场所。

九、活动宣传

中央电视台少儿频道的相关栏目将对活动作全方位的宣传和转播。中央电视台《新闻联播》、《新闻30分》、《晚间新闻报道》等新闻节目将播发活动消息。

从活动启动开始,协调中央主要新闻媒体进行跟踪报道。

十、活动经费

各省、市主办单位应积极争取政府和企业的支持,尽可能运用市场化、社会化手段运作。

附2:“欢乐快车”系列活动和节目征集办法

一、征集内容

1.“六一”晚会节目内容(在北京演出,由中央电视台少儿频道“六一”晚会播出):曲艺类、戏曲类、声乐类、器乐类、舞蹈类、语言类、其它类。

2.大型综艺演出节目内容(在各举办城市演出,由中央电视台少儿频道特别节目播出):曲艺类、戏曲类、声乐类、器乐类、舞蹈类、语言类、其它类。

3.各种展览、演出、竞赛、交流等活动。在各地举办,由中央电视台少儿频道相应栏目特别报道播出,各宣传媒体跟踪报道。

二、征集要求

1.以18岁以下的青少年为参与主体。

2.活动或节目具有浓郁的地方文化特色。

3.活动体现互动性和参与性。

4.送选的节目可以是新近创作的,也可以是在历次国际、国内比赛或调演中的获奖节目。节目内容和形式可以灵活多样、不拘一格。特别欢迎有创意、有内容、有深度的优秀作品。

5.活动或节目数量不限。

三、征集时间

请各省、市主办单位于2004年4月10日前将参与活动的报名表、节目的录像带或录音带、各种活动的方案报送到“欢乐快车”系列活动组委会秘书处。

四、组委会秘书处联系方式

联系人:林子、刘林岚

电　话:010-65597929/65597930/65598183/65598184/65598187

传　真:010-65598190

地　址:北京市东城区东安门大街55号王府世纪写字楼403室

邮　编:100006

E-mail:cnypa@ cycnet. com

中共中央宣传部、中央文明办、共青团中央、教育部文化部、国家广播电影电视总局、新闻出版总署关于实施青年文化行动加强青年文化建设的通知

2004年4月1日

各省、自治区、直辖市委宣传部,文明办,团委,教育厅(教委),文化厅(局),广播影视局(厅),新闻出版局:

为深入贯彻"三个代表"重要思想和党的十六大精神,落实中央关于进一步加强青少年思想道德建设的要求,大力发展社会主义文化,加强青年文化建设,满足广大青年日益增长的文化需求,充分发挥文化育人的作用,促进青年健康成长,中共中央宣传部、中央文明办、共青团中央、教育部、文化部、国家广播电影电视总局、新闻出版总署决定实施青年文化行动,大力加强青年文化建设。特作如下通知。

一、指导思想

实施青年文化行动,加强青年文化建设,要高举邓小平理论和"三个代表"重要思想的伟大旗帜,大力弘扬求真务实精神,始终坚持社会主义先进文化的前进方向,坚持以科学的理论武装人,以正确的舆论引导人,以高尚的精神塑造人,以优秀的作品鼓舞人,用"三个代表"重要思想构筑当代青年强大的精神支柱;要以弘扬和培育民族精神为重点,着眼于世界文化发展的前沿,建设健康有益、充满活力的青年文化,满足青年日益增长的精神文化需求,充分发挥青年文化在社会主义文化建设中的积极作用;要围绕发展这个党执政兴国的第一要务,帮助青年树立与社会主义市场经济相适应的思想价值观念,树立全面、协调、可持续的发展观,不断丰富青年的精神世界,提高青年的综合素质,促进青年的全面发展,激励青年为全面建设小康社会贡献青春、智慧和力量;要调动广大青年参与的积极性,形成活跃的群众性青年文化氛围,充分发挥文化育人的作用,引导青年勤于学习,善于创造,甘于奉献,努力成长为社会主义"四有"新人。

二、主要内容

实施青年文化行动,加强青年文化建设,主要包括以下五个方面的内容:

(一)努力形成积极向上的青年文化氛围

把握青年文化脉搏,加强对青年文化的引导,推动青年学习、创造、奉献。跟踪青年文化发展动态,了解青年文化时尚,关注青年文化现象和文化热点,采取积极有效的措施,引领青年文化潮流。充分运用新闻宣传手段,重点发挥团属青年报刊、出版、网络、影视阵地在青

年文化建设中的作用，加强对青年文化的宣传和引导，营造积极向上的青年文化氛围。

（二）广泛开展丰富多彩的青年文化活动

开展丰富多彩的文化活动是青年文化建设的重要内容。全国性的青年文化活动侧重于形成示范性和导向性，在重点活动上形成合力，打造青年文化的名牌活动项目。各地区、各部门根据本地区、本部门的实际情况和青年特点，广泛开展富有特色的基层群众性青年文化活动，坚持不懈，持之以恒，促进青年文化的繁荣与活跃，促进青年的健康成长。

（三）积极创作推广青年文化精品

充分发挥各级团组织、团属文化事业和产业的作用，整合资源，创作、生产、推广青年文化精品。同时在青年中宣传推广中华民族优秀文化精品和世界文化经典，为青年提供优秀的精神文化食粮，充分发挥优秀作品塑造青年的作用。以共青团“五个一工程”评选为龙头，推动生产一批思想深刻、艺术精湛、青年欢迎的图书、歌曲、影视作品、戏剧、广播剧等优秀文化作品，争取一段时间能有一本图书、一首歌曲、一部影视作品、一台戏剧、一部广播剧等在青年中形成较大影响。精心组织文化精品推广和展演活动，使优秀文化作品走向社会，深入青年，发挥文化精品在教育和引导青年中的积极作用。

（四）大力培养发现青年文化人才

建立和完善优秀青年文化人才选拔培养机制，推动青年文化人才的成长，充分发挥青年文化人才在青年文化建设中的积极作用。开展多种形式的竞赛活动，推动优秀青年文化人才脱颖而出。采取有效措施，发现并积极举荐各类青年文化人才，为他们的成长发展铺路搭桥，多办实事，为他们发挥作用提供平台，创造条件。

（五）不断发展青年文化事业和文化产业

按照中央关于发展文化事业和文化产业、深化文化体制改革的要求，推动青年文化事业和产业的发展，为青年文化建设提供保障。加强青少年宫、青少年活动营地、青少年教育基地等青少年活动阵地的建设和管理，依托阵地开发全国性、区域性活动和合作项目，充分发挥这些活动阵地在青年文化建设中的作用。支持并推动团属报刊、出版事业的改革与发展，加强服务青少年的互联网站建设，推动青少年影视事业的发展，充分发挥它们在青年文化建设中的作用。加强各级团校（青年院校）建设，充分发挥各级团校（青年院校）在青年文化建设中的作用。发挥共青团的组织优势，整合青年文化资源，推动青年文化事业和产业的发展。

三、重点活动

实施青年文化行动，加强青年文化建设，要加强规划，形成项目，注重积累，循序渐进地积极推进。今年重点开展的活动项目有：

中国青少年新世纪读书计划。以创建优秀青年学习组织为牵动，引导和激励青少年多读书，读好书，在青少年中大兴勤奋学习之风，着力培育以青少年为主体的社会读书氛围。重点抓好特色鲜明、针对性强的主题读书活动，满足不同层面青少年阅读需求。巩固和扩大新世纪书屋等读书阵地，推荐优秀图书，加强读书指导，为青少年读书学习提供具体有效的服务。

“五四”主题晚会。“五四”青年节，举办“五四”主题晚会，通过电视媒体播出，突出文化育人的深刻内涵，促进思想道德建设，展现青年的时代风貌，激励青年在全面建设小康社会中学习、创造、奉献，引导青年走同人民紧密结合、为祖国奉献青春的成长道路。

“青春中华”文化周活动。荟萃中国各民族传统艺术，展示各民族的习俗风情，举办民族文艺体育比赛，研讨继承发扬中华民族优秀传统文化，促进各民族青年的交流，增进中华民族大团结，弘扬伟大的民族精神。

中国青年时代风采电视大赛。以展现当代青年的时代风貌，引导青年提高素质、健康成长为目的，以青年的综合素质展示和评价为主要内容，运用电视传媒手段，吸引各界青年广泛参与，使之成为青年展示才华、展示风采的重要平台，成为推动青年人才脱颖而出的一个渠道。

青年欢乐节庆活动。在“五四”、“十一”等节日期间，组织青年开展内容丰富、形式多样、喜闻乐见的欢乐节庆活动，营造健康有益的节日文化，展现青年蓬勃向上的精神风貌，活跃青年的文化生活。

青年文化时尚活动。以影响、引领青年文化时尚，促进青年健康成长为目的，开展青年服饰博览、青少年书法美术摄影大赛等活动，引导青年追求真、善、美，追求健康文明的美好生活。

在重点开展以上活动的同时，继续开展好青年文化广场、大家乐、乡村青年文化节等活动，同时采取适当的方式，推动形成积极向上的青年文化舆论，促进海峡两岸暨港澳地区青年文化交流，促进国际青年文化交流。

组织青年文化活动，有的要在全国范围内采取与基层联动的方式开展，有的要采取不同地方主办或区域性实施的方式开展。各地还要根据实际情况和当地青年的特点，结合当地文化发展战略，创造性地开展各具特色、多种多样的青年文化活动，不断丰富青年文化建设的内容和形式。

四、基本做法

1.形成开放的工作机制。加强青年文化建设涉及方方面面，是一项系统工程。要动员社会各方面广泛参与，采取多种形式，开辟多种渠道，建立和形成开放的工作机制。要调动各有关方面的参与积极性，汇聚各方面的资源和力量，边实施边规范，边开展边完善，边建设边发展，不断提高青年文化建设的水平，促进青年文化的繁荣。

2.运用社会化的运作手段。适应完善社会主义市场经济体制的需要，运用社会化的手段，推动青年文化建设可持续发展。加强项目管理，逐步建立和完善项目论证、规划、实施、监督、评估的制度，对每个项目都按照严格的工作流程科学策划、精心组织、周密实施，做到办一个项目成一个项目，持之以恒，取得实效。强化监督，保证项目健康发展，维护青年文化建设的良好社会形象。始终坚持把社会效益放在首位，促进青年文化事业和产业的发展。

3.发挥青年文化社团的作用。把青年文化社团作为加强青年文化建设的重要力量，大力支持青年文化社团开展健康有益、富有特色的文化活动，活跃青年的文化生活。充分发挥青年文化社团在培养文化人才方面的作用，通过社团活动发现、培养一批青年文化骨干。鼓励、扶持青年工人、青年农民、青年知识分子、青年学生和新的青年群体中的文化社团建设。加强青年文化社团的管理，推动青年文化社团健康发展。

4.整合资源形成合力。充分发挥共青团组织的优势，发挥青联及其团体会员的作用，整合青年文化资源，形成合力，打造青年文化建设的名牌、精品，形成青年文化建设的强大声势，推动青年文化发展。团属新闻出版机构、文化企事业单位、青少年活动阵地、各级团校（青年院校）要整合力量，在青年文化建设中发挥重要作用。

五、工作要求

1.高度重视，加强领导。青年文化建设是社会主义文化建设的有机组成部分，青年是推动社会主义先进文化发展的一支生机勃勃的力量。在全面建设小康社会、加快推进社会主义现代化的新阶段，在世界范围内思想文化相互激荡的新形势下，加强青年文化建设，培养青年成为社会主义“四有”新人，是一项重要而紧迫的任务，具有十分重要的意义。各级党委宣传部门、文明办、团组织和教育、文化、广播电影电视、新闻出版部门要高度重视，加强对这项工作的领导。要把加强青年文化建设作为加强社会主义文化建设的重要内容，列入重要议事日程，纳入各地文化建设总体规划，积极推进。各级党政有关部门要支持共青团开展青年文化行动，为这项活动创造条件，提供必要的政策、资金支持。各级团组织要把加强青年文化建设作为当前和今后一个时期的重点工作,在党政有关部门的支持下,实施好青年文化行动,把加强青年文化建设落到实处。

中共中央宣传部、中央文明办、共青团中央、教育部、文化部、国家广播电影电视总局、新闻出版总署联合成立青年文化建设工作领导小组(名单附后),加强对实施青年文化行动,加强青年文化建设的领导和协调,领导小组办公室设在团中央,具体工作由团中央宣传部承担。同时邀请社会各界人士和文化名人,组成青年文化咨询委员会,推动青年文化建设。各地可参照成立专门的领导机构,加强对本地青年文化建设工作的指导和协调。

2. 周密组织,精心实施。要按照本通知的要求,结合本地区本单位的实际,制定实施青年文化行动的规划,从具体事情做起,一项一项落实,务求工作实效。要认真实施好青年文化行动的重点项目,同时积极规划实施本地区本单位青年文化活动,所有的活动都要纳入青年文化行动中。要调动各方面参与,形成合力,共同推进青年文化建设。要掌握青年文化建设中出现的情况,及时解决出现的问题,加强指导,促进青年文化建设健康发展。

3. 立足基层,面向青年。要把活跃基层、服务广大青年作为加强青年文化建设的重要任务。基层团组织要发挥作用,大力组织开展丰富多彩的群众性青年文化活动,吸引广大青年积极参与。要针对不同行业、不同教育程度、不同地区等青年群体的特点,开展有针对性的青年文化活动,形成具有青年特色的校园文化、社区文化、企业文化、乡村文化、军营文化和网络文化。

4. 解放思想,大胆探索。实施青年文化行动,加强青年文化建设,要按照社会主义文化建设的要求,解放思想,实事求是,与时俱进,大胆探索,大胆创造。要深入研究新形势下青年文化建设面临的新情况新问题,了解、掌握当前青年的文化需求,认识和把握青年文化建设的特点和规律,积极探索完善社会主义市场经济体制条件下青年文化事业和文化产业发展的新机制,善于在更加开放的环境中加强青年文化建设。要积极吸收借鉴国外文化发展的有益成果,坚持以我为主、为我所用,辩证取舍、择善而从。要结合实际创新青年文化建设的思路、方式和机制,不断增强青年文化建设的针对性、实效性和时代性。

5. 加强宣传,注重引导。各地要充分利用广播、电视、报刊、网络等各种宣传媒介,大力宣传青年文化行动,大力宣传在青年文化建设中涌现出的先进典型,积极推广各地的成功经验,形成实施青年文化行动的浓厚舆论氛围,扩大青年文化建设的社会影响。要强化青年文化建设理念,把文化育人贯彻到一切青年文化活动项目和建设之中。要加强对青年文化建设的引导,坚决防范和抵御各种腐朽落后的文化观念对青年思想的侵蚀,推动青年文化建设健康蓬勃地发展。

附:青年文化建设工作领导小组名单

组　长:周　强　共青团中央书记处第一书记

副组长:胡振民　中共中央宣传部副部长

翟卫华　中央文明办副主任

赵　勇　共青团中央书记处常务书记

袁贵仁　教育部党组成员、副部长

周和平　文化部副部长

胡占凡　国家广播电影电视总局副局长

柳斌杰　新闻出版总署副署长

成　员:杨新力　中共中央宣传部宣教局局长

李　伟　中央文明办协调组组长

刘可为　共青团中央宣传部部长

杨贵仁　教育部体育卫生与艺术教育司司长

徐维凡　教育部社会科学研究与思想政治工作司副司长

张　旭　文化部社会文化图书馆司司长

李宗达　国家广播电影电视总局总编

室副主任

张宏森　国家广播电影电视总局电影局副局长

阎晓宏　新闻出版总署图书管理司司长

余培侠　中央电视台青少节目中心主任

办公室主任：赵　勇（兼）

共青团中央办公厅关于做好共青团中央2004—2005年度青少年和青少年工作研究课题申报工作的通知

2004年4月2日

共青团各省、自治区、直辖市委，军委总政治部组织部，全国铁道团委，全国民航团委，中央直属机关团工委，中央国家机关团工委，中央金融团工委，中央企业团工委，团中央机关各部门和直属单位：

加强青少年和青少年工作课题研究，是新形势下做好青少年工作的必然要求。在完善社会主义市场经济体制的进程中，深入研究青少年和青少年工作中出现的新情况、新问题，积极探索社会主义市场经济条件下共青团和青少年工作的发展规律，对于深入贯彻落实“三个代表”重要思想，贯彻落实团十五大和十五届二中全会精神，大力推动共青团在工作思路、工作方式、自身建设上创新，开创共青团和青少年工作新局面，具有重要意义。各级团组织要充分认识青少年和青少年工作课题研究的重要性，进一步加大抓课题研究工作的力度，广泛调动团内外参与课题研究的积极性和创造性，推动形成课题研究的有效机制，加强规划协调，突出研究重点，选好研究课题，创造研究条件，不断提高研究水平。

《共青团中央2004—2005年度青少年和青少年工作研究课题指南》所列各项内容为本年度课题研究的范围，而非正式选题。各课题主持人可根据本课题组的具体情况，在课题指南范围内自拟子课题题目，努力在研究深度上下功夫，力争形成有分量、有价值的研究成果。请你们认真做好2004—2005年度青少年和青少年工作研究课题的组织申报工作，于2004年5月31日前将确定申报（省级团委签署意见并加盖公章后）的课题申请书（所附申请书可复印下发，申请书样本也可从 http://www.cycs.org 网址上下载）一式9份（1份原件，8份复印件）报送团中央青少年和青少年工作研究课题评审办公室。

联系地址：北京市海淀区厂洼街4号团中央课题评审办公室

邮政编码：100089

联系电话：010－68427587/88420722

E－mail：cyacra@sina.com

附：共青团中央2004—2005年度青少年和青少年工作研究课题指南

一、青少年思想教育研究

1.“三个代表”重要思想与青年研究

2.“三个代表”重要思想与共青团工作研究

3.毛泽东、邓小平、江泽民关于青少年和青少年工作论述研究

4.构筑青年一代强大精神支柱研究

5.加强和改进青年思想政治工作研究

6.在青少年中弘扬和培育民族精神研究

7.加强和改进未成年人思想道德建设研

究

8. 加强和改进新形势下团的宣传思想工作研究

二、团十五大以来共青团的理论和实践研究

1. 关于共青团事业的发展正处于新的历史起点论断的研究

2. 共青团工作思路创新研究

3. 共青团工作方式创新研究

4. 共青团自身建设创新研究

5. 全面建设小康社会与共青团工作机遇研究

6. 社会主义市场经济条件下青年工作机制研究

7. 经济全球化与共青团工作研究

8. 团的重点工作项目研究

三、青年参与研究

1. 青年参与的理论研究

2. 全面建设小康社会中的青年参与研究

3. 青年参与的模式研究

4. 青年参与能力的培养

5. 青年参与的比较研究

四、青少年发展状况研究

1. 学习型社会中的青年人才开发研究

2. 青年劳动就业以及培训、见习、中介、服务等方面的研究

3. 当代青年价值观念/社会心理发展研究

4. 当代青少年社会化研究

5. 青年恋爱、婚姻、家庭生活状况研究

6. 青少年发展状况指标体系研究

7. 青少年体质与人格发展状况研究

五、青少年组织与青少年工作研究

1. 关于社会第三部门与青少年组织的研究

2. 坚持和巩固共青团在青年组织中的核心地位的研究

3. 加强共青团组织体系建设研究

4. 加强共青团机制建设研究

5. 农村与社区青少年工作研究

6. 城镇务工青年的教育、管理与服务模式研究

7. 部队基层青年工作模式研究

8. 青年服务体系研究

9. 加强对港、澳、台青年统战工作的研究

10. 团校发展模式研究

六、青少年事务与青少年相关政策、法律、法规研究

1. 青少年法律体系研究

2. 青少年政策研究

3. 青少年与媒体管理研究

4. 共青团在青年事务中的作用研究

5. 各级政府在青少年工作中的职责、职能研究

6. 青少年法律服务与援助体系研究

7. 青少年活动阵地建设研究

七、青少年现象与社会问题研究

1. 青少年流行文化与青少年时尚研究

2. 特殊青年群体(困难、边缘等)生活状况与心态研究

3. 青少年违法犯罪与预防研究

4. 青少年与网络研究

5. 青少年的性健康研究

6. 青少年生活方式(娱乐、闲暇、消费等)研究

7. 青少年宗教信仰研究

8. 青少年心理健康研究

9. 大学生群体状况研究

10. 农村青年问题研究

11. 青年社会思潮研究

八、青少年研究基础理论与研究方法

1. 少年/青年及相关概念研究

2. 少年/青年观研究

3. 青少年专业学科建设研究

4. 青少年研究方法论

5. 青少年研究指标体系的研究

九、国外、海外青少年研究

1. 中外青少年问题与政策、法律法规比较

研究

2. 国外青年社团状况研究

3. 港澳台与内地青少年状况比较研究

4. 国外青少年学术研究新动向

十、其他

1. 青运史和当代青年运动研究

2. 青少年生活和发展环境研究

3. 东西部地区青少年比较研究

共青团中央办公厅关于开展“感动”——首届全国青少年网络短信作品大赛的通知

2004年4月27日

共青团各省、自治区、直辖市委,军委总政治部组织部,全国铁道团委,全国民航团委,中直机关团工委,中央国家机关团工委,中央金融团工委,中央企业团工委:

为深入贯彻党的十六大精神,落实《中共中央国务院关于进一步加强和改进未成年人思想道德建设的若干意见》和《公民道德建设实施纲要》的要求,充分运用互联网和手机短信等新技术新手段,开展健康向上、富有时代特色并为青少年喜闻乐见的思想道德教育活动,广泛动员青少年投身思想道德建设实践,促进青少年提高思想道德素质,共青团中央决定开展“感动”——首届全国青少年网络短信作品大赛。希望你们高度重视,加强领导和协调,切实抓好这项工作。

加强青少年思想道德建设,要注重发挥青少年自我教育的积极作用,善于运用富于时代特色的手段。开展“感动”——首届全国青少年网络短信作品大赛就是这方面的积极探索。各地团组织要运用多种手段广泛动员青少年踊跃参与竞赛,同时,发挥团属新闻舆论阵地的作用,大力宣传好这次活动。要以这次大赛为契机,推动丰富多彩的青少年思想教育活动的开展,充分发挥共青团组织在加强和改进青少年思想道德建设中的作用。

附:“感动”——首届全国青少年网络短信作品大赛方案

一、大赛目的

贯彻落实《中共中央国务院关于进一步加强和改进未成年人思想道德建设的若干意见》和《公民道德建设实施纲要》的精神,按照“三贴近”要求,以互联网络和手机短信为活动平台和纽带,激发广大青少年参与思想道德教育活动的内在积极性和创造热情,动员青少年运用自己的语言和乐于接受的方式去发现、表达身边让人感动的人和事,发挥自我教育的作用,引导青少年追求真善美,提高思想道德素质,自觉追求和创造文明、和谐、美好的生活。

二、大赛时间

2004年6月至2004年11月

三、参赛作品内容及要求

1. 参赛作品分为互联网部分和短信部分。互联网部分有三类:感动故事比赛、Flash创意比赛、网络小小说比赛。手机短信部分也分三类:感动心声、幽默故事、美好情感。

2. 参赛作品要紧紧围绕“感动”这个主题进行创作,内容可以涉及亲情、友情、爱情、幽默、身边让人感动的人或事等。

3. “感动故事”的文章体裁不限、字数不限，但必须是身边发生的真人真事。“网络小小说”以“感动”为内容进行创作，字数以1200字以内为宜。手机短信的创作应精练，每条短信作品原则上不超过70个字。每名参赛者参加互联网部分每类比赛的作品为1个，手机短信部分每类比赛的作品不超过3个。

4. 所有参赛作品必须为原创作品，不得从他处抄袭、转载或改编。作品应符合国家法律法规要求，突出思想道德内涵，体现积极向上、健康活泼的价值取向。禁止出现不文明用语，不得有淫秽、暴力、恐怖等内容。

四、参赛资格和方式

1. 35岁以下的中华人民共和国公民均可参赛。参赛选手分为三个组别：18岁以下、18—24岁、25—35岁。

2. 参赛者直接登陆 www. 1259060. com 网站的“感动大赛”主页在线报名和提交参赛互联网作品和短信作品。

3. 参赛者也可通过中国移动和中国联通的短信代码报名和发送短信作品(代码将在大赛的有关宣传资料中另行告知)。

4. 提交作品的起止时间：7月1日至9月30日。

五、作品评选

1. 参赛作品经初选后将发表在大赛主页上，通过在线投票的形式对初选作品进行复评。

2. 每类作品在复评中只有排名前200位才能进入终评，终评将由相关方面的领导、专家学者和社会知名人士组成的评委进行评审，以无记名投票方式评定获奖作品。

3. 大赛的全程将由北京市公证处或广州市公证处进行公证。

六、奖项和奖励

1. 本次大赛共设一等奖18名、二等奖54名、三等奖108名、优秀奖945名。每名一等奖获奖者将得到价值10000元的奖品或奖金，每名二等奖获奖者将得到价值5000元的奖品或奖金，每名三等奖获奖者将得到价值1000元的奖品或奖金，每名优秀奖获奖者将得到价值100元的奖品或奖金。

2. 设立组织工作奖50—70名，原则上用于表彰在大赛过程中组织宣传工作成效突出的地(市)或县级基层单位。

3. 所有一等奖获奖者将由承办单位出资邀请参加在广州举行的颁奖晚会。

4. 其他获奖者的奖品或奖金将由承办单位出资通过邮寄方式发送。获奖者在收到组委会发出的获奖通知后，需在一个月内发送电子邮件到指定邮箱：net@ 1259060. com，并在邮件中明示自己的真实姓名、手机号码、参赛作品内容、详细寄送地址以及邮政编码。如果超过反馈时间还没有收到参赛者邮件，则视为该参赛者自动放弃领奖。

5. 申报组织工作奖的单位须先将申报材料报送所在省(区、市)级团委宣传部，经省级团委审核后再统一报送团中央宣传部。

七、主办单位和承办单位

此次大赛由共青团中央宣传部主办，广州上扬科技发展有限公司承办。

八、领导机构

大赛领导机构实行组委会主任制。

组委会主任：赵　勇　共青团中央书记处常务书记、全国青联主席

副主任：刘可为　共青团中央宣传部部长

郑毓宣　广州上扬科技发展有限公司总经理

九、宣传报道

将通过中央和地方的电视台、电台、报纸、杂志及有关网站等广泛深入地开展以下宣传报道工作：

1. 发布大赛通知。

2. 推出大赛形象设计。

3. 刊登大赛广告。

4. 跟踪报道大赛的有关活动。

5. 公布获奖者名单。

6. 刊登部分获奖作品。

十、实施步骤

1. 4 月，发布大赛活动通知。

2. 6 月，在北京举行大赛新闻发布会。

3. 7 月—9 月，征集作品。

4. 10 月，作品评奖。

5. 11 月，颁奖。

十一、其他事项

1. 参赛作者拥有其作品著作权。参赛作品如需出版发行或提供网站下载服务，版权归团中央宣传部、广州上扬科技发展有限公司所有。

2. 具体咨询大赛有关事宜，请与广州上扬科技发展有限公司联系。联系电话：020－87575733、87584296，联系人：常莉、卜睿颖。

共青团中央办公厅关于开展“感动”——首届全国青少年网络短信作品大赛的通知

2004 年 4 月 27 日

各省、自治区、直辖市党委宣传部，文明办，团委，新闻办：

为深入贯彻党的十六大精神，落实《中共中央国务院关于进一步加强和改进未成年人思想道德建设的若干意见》和《公民道德建设实施纲要》的要求，充分运用互联网和手机短信等新技术新手段，开展富有时代特色、为青少年喜闻乐见的思想道德教育实践活动，提高青少年思想道德素质，中共中央宣传部、中央文明办、共青团中央、国务院新闻办公室决定开展“感动”——首届全国青少年网络短信作品大赛。

开展“感动”——首届全国青少年网络短信作品大赛，是运用新途径、新手段加强青少年思想道德教育，引导青少年自我教育、自我提高的积极探索。各级党委宣传部门、文明办、新闻办要高度重视，加强领导协调，精心部署实施，切实抓好这项工作。要充分利用广播、电视、报刊、网络等传播手段，为大赛的深入开展营造浓郁的氛围。各级团组织要把这次大赛纳入正在实施的青年文化行动的总格局中，作为今年下半年的一项重要工作，采取多方面的措施，广泛动员青少年踊跃参与到大赛活动中来，围绕“感动”这个主题，结合实际开展丰富多彩的思想道德教育实践活动，引导青少年去发现“感动”、倾听“感动”、传递“感动”、共享“感动”，切实推动青少年思想道德建设。要以此次大赛为契机，推动青少年思想道德教育活动的开展，进一步丰富青少年的精神文化生活，促进青少年思想道德素质的提高，努力把青少年思想道德建设工作提高到一个新水平。

附：“感动”——首届全国青少年网络短信作品大赛方案

一、大赛目的

贯彻落实《中共中央国务院关于进一步加强和改进未成年人思想道德建设的若干意见》和《公民道德建设实施纲要》精神，按照“三贴近”要求，以互联网和手机短信为活动平台和纽带，激发广大青少年参与思想道德教育活动的积极性和创造热情，动员青少年以自己喜爱的方式去表达和传递身边让人感动的人和事，积极发展健康向上、充满活力的网络短信文化，充分发挥自我教育的作用，引导青少年追求真善美，自觉提高自身思想道德素质，努力追求和创造文明、和谐、美好的生活。

二、大赛时间

2004年7月至11月

三、大赛主题

大赛以“感动”为活动主题，旨在坚持以人为本的原则，尊重青少年在思想道德建设中的主体地位，充分发挥自我教育的作用，发现感动事物，歌颂人间真情，抒发美好情感，促进青少年的道德自律，引导青少年在发现、表达感动的过程中树立崇高的道德追求，陶冶高尚的道德情操。

四、主办单位、承办单位和协办单位

大赛由中共中央宣传部、中央文明办、共青团中央、国务院新闻办公室主办，广州上扬科技发展有限公司承办，中国移动通信集团公司、中国电信集团公司、中央电视台青少节目中心协办。

五、参赛作品内容及要求

1. 参赛作品分为互联网部分和短信部分。互联网部分分三类：感动故事、Flash创意、网络小小说。短信部分分三类：感动心声、幽默故事、美好情感。

2. 参赛作品要紧紧围绕“感动”这个主题进行创作，内容可以涉及亲情、友情、爱情、幽默、身边让人感动的人或事等。

3.“感动故事”的文章体裁不限、字数不限，但必须是身边发生的真人真事。“网络小小说”以“感动”为主题进行创作，字数在1200字以内。短信的创作应精练，每个短信作品正文不超过66个字(含标点符号)。每名参赛者参加互联网部分每类作品为1个，短信部分每类作品不超过3个。

4. 所有参赛作品应为原创作品，不得从他处抄袭、转载或改编。作品应符合国家法律法规要求，突出思想道德内涵，体现积极向上、健康活泼的价值取向。不得出现不文明用语，不得有淫秽、暴力、恐怖等内容。

六、参赛资格和方式

1. 凡35岁以下的我国公民均可参赛。参赛者分为三个组别：18岁以下、18—24岁、25—35岁。

2. 需以登陆网站或发送手机短信的方式提交参赛作品，其他方式无效。

3. 可直接登陆 www.1259060.com 的“感动大赛”主页或 www.chinavnet.com 网站在线报名、提交参赛作品。用手机发送参赛短信作品，移动用户发至：200401，联通用户发至：9239。发送格式须写成：T#短信类别+年龄分组+短信正文。短信类别用1/2/3分类，分别代表：感动心声/幽默故事/美好情感。年龄分组也用1/2/3分类，分别代表：18岁以下/18—24岁/25—35岁。例如：“T#11短信正文”表示18岁以下的参赛者提交的感动心声类短信作品。

4. 参赛作品可由集体创作，但须以个人名义参赛。

5. 提交作品的截止时间：2004年10月16日。

6. 有关大赛及其系列活动的详细介绍，请登陆 www.1259060.com 的“感动大赛”主页或 www.chinavnet.com 网站查询。

七、作品评选

1. 参赛作品经初选后发布在大赛主页上，并面向全社会进行在线投票，对初选作品进行复评。

2. 在复评的基础上进行终评，终评将由相关方面的专家学者和社会知名人士组成的评委会进行评审，以无记名投票方式评定获奖作品。

3. 大赛全程将由国家公证机关进行公证。

八、奖项和奖励

1. 本次大赛共设一等奖18名、二等奖54名、三等奖108名、优秀奖945名。每名一等奖获得者将得到价值10000元的奖品，每名二等奖获得者将得到价值5000元的奖品，每名三等奖获得者将得到价值1000元的奖品，每名优秀奖获得者将得到价值100元的奖品。

2. 设立组织工作奖，用于表彰在大赛过程中组织宣传工作成效突出的地(市)或县级基层单位。

3. 所有一等奖获得者将由承办单位出资邀请参加在广州举行的颁奖活动。

4. 其他获奖者的奖品将由承办单位出资通过邮寄方式发送。获奖者在收到组委会发出的获奖通知后,需在一个月内发送电子邮件到指定邮箱:net@1259060.com,并在邮件中明示自己的真实姓名、电话或者手机号码、有效证件号码、参赛作品类别、编号与名称、详细寄送地址以及邮政编码。如果超过反馈时间还没有收到获奖者邮件,则视为该获奖者自动放弃领奖。

5. 申报组织工作奖的单位须先将申报材料报所在省(区、市)级团委宣传部,经省级团委审核后再统一报团中央宣传部。

九、组织领导

大赛成立组委会,成员如下:

主　任:周　强　共青团中央书记处第一书记

副主任:胡振民　中共中央宣传部副部长、中央文明办主任

翟卫华　中央文明办副主任

赵　勇　共青团中央书记处常务书记、全国青联主席

蔡名照　国务院新闻办公室副主任

成　员:杨新力　中共中央宣传部宣教局局长

李　伟　中央文明办未成年人组组长

刘可为　共青团中央宣传部部长

李伍峰　国务院新闻办公室网络局局长

鲁向东　中国移动通信集团公司副总经理

常小兵　中国电信集团公司副总经理

余培侠　中央电视台青少节目中心主任

郑毓宣　广州上扬科技发展有限公司总经理

组委会下设办公室。

办公室主任:刘可为(兼)

副主任:郑毓宣(兼)

十、组织实施

1. 大赛分三个阶段进行:7月—10月征集作品;10月进行作品评选;11月在广州举行以"感动"为主题的颁奖活动。

2. 以作品征集为契机,充分利用教师节、中秋节、国庆节、重阳节等节庆日,紧紧围绕"感动"这个主题,突出思想道德内涵,突出青少年特色,通过开展参观走访、演讲征文、志愿服务、图片展览、文艺演出等活动,在青少年中广泛进行生动丰富的思想道德教育。

3. 各地在征得大赛组委会同意的情况下,可结合本地实际和特色,以分赛区的名义开展活动。

4. 各地可结合www.1259060.com"感动大赛"主页上设立的"评选感动"、"发现感动"、"倾听感动"、"感动社区"等栏目,动员组织广大青少年参加网上"感动"系列活动,进一步丰富青少年思想道德教育的内容。

十一、宣传报道

中央和地方的电视台、电台、报纸、杂志及有关网站等要做好以下宣传报道工作:

1. 发布大赛通知。

2. 推出大赛形象设计。

3. 刊登大赛广告。

4. 跟踪报道大赛的有关活动。

5. 公布获奖者名单。

6. 刊登部分获奖作品。

7. 编辑出版获奖作品。

共青团中央关于深入实施中国青少年新世纪读书计划的通知

2004年5月12日

共青团各省、自治区、直辖市委，军委总政治部组织部，全国铁道团委，全国民航团委，中直机关团工委，中央国家机关团工委，中央金融团工委，中央企业团工委：

为深入贯彻党的十六大、十六届三中全会和全国宣传思想工作会议、全国人才工作会议精神，落实中央进一步加强青少年思想道德建设的要求，在青少年中大兴勤奋学习之风，提高青少年的素质，促进青少年健康成长，在总结以往工作经验的基础上，就深入实施中国青少年新世纪读书计划通知如下。

一、总体思路

以“三个代表”重要思想为指导，按照党的十六大关于“形成全民学习、终身学习的学习型社会，促进人的全面发展”的要求，大力弘扬求真务实精神，结合实施青年文化行动，加强青年文化建设，以大兴勤奋学习之风、促进青少年全面发展为宗旨，以为青少年读书学习办实事、做好事为切入点，以评选青年学习成才奖和优秀青年学习组织为牵动，抓住关键环节，加大工作力度，强化工作手段，完善工作机制，坚持不懈，狠抓落实，务求实效，把引导青少年读书学习的工作提高到一个新水平。

二、近期的重点工作

实施中国青少年新世纪读书计划要认真巩固以往工作成果，深入开展丰富多彩的主题读书活动，着力形成良好的读书学习导向，切实加强读书阵地建设，为青少年读书学习提供有针对性的服务，一以贯之，常抓不懈。同时，要结合形势的要求，结合各地各单位的实际，每一段时间确定几项重点工作，扎扎实实地抓，力争抓出成效。

今年和今后一段时间团中央重点开展以下工作：

1. 进行青少年阅读情况调查

联合各主要新闻媒体，面向广大青少年，进行青少年阅读情况调查，有针对性地调查青少年的阅读时间、阅读状况、阅读需求、阅读媒介、阅读问题等，进行科学分析，提出对策建议。发布青少年阅读情况调查报告，为引导青少年学习成才提供决策依据，为各级团组织和社会各方面服务青少年读书学习提供参考。

2. 举办大型青少年读书讲座

采取让大家作普及性讲座的方式，邀请在社会科学、人文科学和自然科学领域有重要影响的著名专家学者和青少年熟悉的青年先进人物，面向广大青少年，通过通俗易懂、深入浅出的讲座，弘扬优秀传统文化，传播科学精神，普及科学知识，介绍现代文明成果，交流读书学习的经历和体会，帮助青少年增强读书学习的紧迫感，了解各学科领域的前沿知识，掌握科学的学习方法。今年启动中国青少年百场读书讲座，在全国各主要城市由当地团委负责，各举办2—3场大型读书讲座，在北京举办的大型读书讲座通过电视和网络向全国播出。

3. 实施西部乡村流动图书车项目

动员社会力量，为西部地区贫困县免费配备流动图书车。结合“大学生志愿服务西部计划”，招募青年志愿者担任乡村流动图书车管理员。针对当地青少年需求，深入乡村长期开展流动服务，通过赠书、免费借书、廉价售书、读书咨询、音像服务等工作，为贫困地区青少年读书学习提供实际帮助。发动出版发行单位支持乡村流动图书车建设，开展可持续的配套服务。

4. 发布青少年阅读优秀图书榜

开展青少年喜爱的图书评选，发动基层团组织和广大青少年评选在青少年中有影响的优秀图书。联合出版部门和单位，结合专家推荐意见，推荐适合青少年阅读的各类优秀图书。每个季度在中国青年报、中国青少年计算机信息服务网、中国青少年新世纪读书网和中央主要新闻媒体上发布优秀青少年图书榜，开展图书评介，分专题推出青少年喜爱的图书的基本书目，帮助青少年对图书进行正确选择，引导青少年多读书，读好书。

5. 开展青年学习成才奖评选

发动基层团组织和广大青年评选各行各业学习成才的优秀青年，将热爱读书，通过读书学习不断提高素质，运用所学知识为社会做出突出贡献的青年典型选拔出来。参评候选人由各级团组织申报，通过向社会公示、青年投票和专家评议相结合的方式产生评选结果，对青年学习成才奖获得者进行大力表彰和广泛宣传，努力把青年学习成才奖办成对青年吸引力强、在社会上有广泛影响的重要读书学习奖励品牌。首届青年学习成才奖评选十名青年学习成才标兵。

6. 开展优秀青年学习组织评选

针对各行各业青年的实际，突出团队学习、终身学习的理念，在企业、农村、机关、学校、科研院所、街道社区、社会团体、社会中介组织、军队和其他基层单位的团组织中，开展优秀青年学习组织评选活动。制定优秀青年学习组织的标准，推动更多的基层团组织参加评选活动，表彰全国优秀青年学习组织。

7. 加强新世纪书屋、读书俱乐部建设

采取切实措施，制定相关标准，加大新世纪书屋、读书俱乐部建设力度，在城乡青年中心、青少年宫、学校、图书馆、文化站、书店等青少年活动场所巩固和扩大青少年读书学习阵地，构建实施读书计划的阵地依托。

团中央将在适当的时候召开中国青少年新世纪读书计划经验交流会，总结交流推广各地开展青少年读书学习的成功经验，推动青少年新世纪读书计划深入发展。

三、工作要求

1. 把中国青少年新世纪读书计划摆到更加重要的位置来抓。各级团组织要把中国青少年新世纪读书计划作为帮助青少年学习成才的重要项目，作为青年文化建设的一项主要工作，摆到更加重要的位置，以求真务实的精神抓紧抓好。要把实施读书计划列入各级团委的主要工作日程，切实加强领导，落实专门人员，严格督促检查，强化工作考核，精心组织实施，务求工作实效。各地今年实施读书计划的安排和方案要及时报团中央宣传部。

2. 努力为帮助青少年读书学习办实事，做好事。要深入了解青少年读书学习的需求，始终把为青少年学习成才服务放在首位，紧紧围绕提高青少年素质，结合实际确定具体工作项目，为青少年读书学习多办实事，多做好事，努力形成长效机制，使实施读书计划的各项工作落到实处。要充分发挥青年中心、青少年宫、团属报刊、出版社、互联网站、团校在服务青少年读书学习中的作用。

3. 争取党政部门的支持，整合资源，形成合力。要结合贯彻中央关于加强青少年思想道德建设的要求，积极争取党政有关部门的支持，争取相关政策，把推动读书计划纳入各地创建学习型社会工作。要充分发挥共青团的组织优势，广泛动员社会各方面的力量，积极整合各方面的有益资源，为帮助青少年读书学习提供各种具体有效的服务。

4. 加强宣传，营造氛围。要充分利用广播、电视、报刊、网络等媒体和各种宣传阵地，加大引导青少年读书学习的宣传力度，大力宣传青少年读书学习的先进典型，营造促进青少年读书学习的浓厚氛围。要积极宣传实施读书计划的工作成果，促进社会各界关心、支持读书计划，为实施读书计划营造良好的社会环境，努力形成促进青少年勤奋学习、健康成长的良好局面。

附：中国青少年新世纪读书计划指导委员会名单

主　任：周　强　共青团中央书记处第一书记
副主任：胡振民　中共中央宣传部副部长
赵　勇　共青团中央书记处常务书记
陈小娅　教育部党组成员、副部长
李学勇　科技部副部长
周和平　文化部副部长
胡占凡　国家广播电影电视总局副局长
柳斌杰　新闻出版总署副署长
冯长根　中国科协书记处书记
刘　健　解放军总政治部组织部副部长
委　员：任继愈　国家图书馆馆长
邵华泽　中华全国新闻工作者协会主席
张小影　中共中央宣传部出版局局长
刘可为　共青团中央宣传部部长
靳　诺　教育部社会科学研究与思想政治工作司司长
张景安　科技部政策法规与体制改革司司长
张　旭　文化部社会文化图书馆司司长
李宗达　国家广播电影电视总局总编室副主任
阎晓宏　新闻出版总署图书管理司司长
牛灵江　中国科协青少年工作部部长
向荣高　解放军总政治部组织部青年局副局长
马　利　人民日报社国内部主任
翟惠生　光明日报社副总编辑
王明华　中央人民广播电台副台长
胡　恩　中央电视台副台长
李学谦　中国青年报社总编辑
郗杰英　中国青年出版(总)社社长
海　飞　中国少年儿童新闻出版总社社长
庄　建　中华读书报社总编辑
办公室主任：刘可为(兼)

共青团中央关于开展“苏宁”中国青年学习成才奖和全国优秀青年学习组织评选活动的通知

2004年5月25日

共青团各省、自治区、直辖市委，军委总政治部组织部，全国铁道团委，全国民航团委，中直机关团工委，中央国家机关团工委，中央金融团工委，中央企业团工委：

为贯彻党的十六大精神，落实中央进一步加强和改进未成年人思想道德建设的要求，推动中国青少年新世纪读书计划的深入实施，树立青年学习成才和青年学习组织的先进典型，激发青年读书学习的积极性，促进广大青年提高素质，全面发展，奋发成才，共青团中央决定开展“苏宁”中国青年学习成才奖和全国优秀青年学习组织评选活动。现将有关事项通知如下。

一、评选条件

1.“苏宁”中国青年学习成才奖评选条件

(1)年龄在16周岁至35周岁的中国青年;

(2)拥护中国共产党的领导,坚持党的基本路线,认真学习贯彻“三个代表”重要思想,热爱社会主义祖国,作风正派;

(3)勤于学习,善于学习,通过读书学习不断提高综合素质,能将所学知识应用于工作、学习实践,做出突出业绩和重大贡献。

2. 全国优秀青年学习组织评选条件

(1)企业、农村、机关、学校、科研院所、街道社区、社会团体、社会中介组织、军队和其他基层单位的基层团组织和青少年新世纪读书俱乐部等青年学习组织;

(2)经常性开展扎实有效的学习活动,学习成为组织内青年重要的工作和生活内容;

(3)学习制度健全,机制有效,青年学习的自觉性、积极性、主动性强,学习制度能得到落实;

(4)学以致用,成效显著。

二、评选名额和办法

“苏宁”中国青年学习成才奖授予10名优秀青年。由各省级团委推荐上报2个候选人,经初评后,采取向社会公示、青年投票和专家评议相结合的方式最终确定评选结果。全国优秀青年学习组织命名50个,采取基层团组织自愿申报,各省级团委严格考察、审核,推荐上报1—2个候选单位,团中央最后评定。

中国青年学习成才奖获得者和全国优秀青年学习组织均给予一定的物质奖励。

三、具体要求

1. 高度重视,认真组织。各省级团委要把评选活动作为深入推进中国青少年新世纪读书计划,积极引导青年学习成才的重要措施,纳入工作日程,深入发动基层团组织广泛参与。坚持逐级评选推荐,认真听取广大青年和基层团组织意见,切实把事迹突出、有广泛群众基础、堪称楷模的个人和基层团组织选拔出来。

2. 认真履行申报程序和手续。各申报单位要严肃认真、实事求是地做好考察、申报工作,认真填写好申报表,并征得人选和基层团组织所在单位党组织同意。推荐表和事迹材料(3000字以内)一式三份(附事迹材料软盘一份)于7月31日前寄至团中央宣传部思想教育处,可同时申报图片图像资料。

3. 加强对评选活动的宣传。各地要充分发挥广播电视、报刊、网络等宣传舆论阵地的作用,采取多种形式,大力宣传学习成才的典型,使推荐典型的过程成为动员广大青年向先进典型学习,推动评选活动深入开展的过程,积极营造促进青年学习成才的良好氛围。各地开展活动的情况请及时报团中央宣传部。

联系电话:010-85212117、85212199

通信地址:北京市前门东大街10号

邮政编码:100051

电子信箱:sxjyc@cycnet.com

共青团中央办公厅
关于开展团属青少年宫集中检查和专项治理工作的通知

2004 年 5 月 25 日

共青团各省、自治区、直辖市委：

为贯彻落实《中共中央、国务院关于进一步加强和改进未成年人思想道德建设的若干意见》和全国加强和改进未成年人思想道德建设工作会议精神，充分发挥青少年宫在未成年人思想道德建设中的积极作用，切实加强团属青少年宫（包括青年宫、少年宫、青少年宫和青少年活动中心等）的建设和管理，共青团中央决定，近期在全国团属青少年宫中迅速开展一次收费项目、经营活动和安全工作的集中检查和专项治理。现将有关事项通知如下。

一、检查和治理工作的主要内容

1. 清理以青少年宫名义出现的、不符合国家相关规定的收费项目，杜绝乱收费现象的发生。要对以青少年宫名义开展的各类培训项目和收费情况进行一次检查，不能以青少年宫名义开设学科补习班，进行高收费，更不能借开展活动之名搞营业性创收。要切实加强和规范青少年宫在利用学校及其他公共设施开展校外教育活动的管理，青少年宫开展的培训项目要符合国家相关规定；青少年宫的收费标准要严格按照财政、物价等部门核定的标准进行；青少年宫的收费方式要透明、要规范，责任要明确，严禁由其他学校和单位人员代收费用。对于有上述问题的青少年宫要坚决整改。

2. 坚决取缔不利于青少年身心健康的经营活动。要按照中办、国办《关于加强青少年学生活动场所建设和管理工作的通知》和《青少年宫管理工作条例》等文件的要求，对团属青少年活动场所的经营情况进行检查与治理，坚决取缔有违规、违纪现象的营业性歌舞厅、茶座、咖啡厅、电子游戏厅、网吧、录像厅等经营项目；对于符合国家有关规定的经营活动，必须派专人参与管理；青少年活动场所的教学用房不得出租或挪作他用，被挤占、挪用、租借的，要限期归还和改正。

3. 确保青少年活动场所设备、设施的安全。要做好供电、供水、取暖设备和青少年文体娱乐活动设施的安全检查和维护工作，确保各项设备、设施齐备有效，运行良好，安全措施到位。要对青少年活动场所建筑质量、消防通道、消防器材、消防制度的建立和执行、消防安全意识等情况进行逐一检查，发现问题及时治理，切实消除安全隐患。无建筑质量验收合格证、无消防安全合格证的建筑必须停止使用，进行整治，取得双证之后才能使用。

二、检查和治理工作的组织

这次青少年活动阵地的检查和治理工作由省级团委负责组织实施。可采取先由各青少年活动场所组织自查，然后由省级团委抽调人员组织普查的方式进行。在检查中，要对发现的问题进行集中治理，限期整改。

三、工作要求

1. 高度重视，加强领导。各级团组织要认真贯彻落实《中共中央、国务院关于进一步加强和改进未成年人思想道德建设的若干意见》和全国加强和改进未成年人思想道德建设工作会议精神，对这次检查、治理工作高度重视，精心部署。各省级团委要加强领导，制定周密的工作方案，落实目标责任制，确保检查与治理工作落实到位，取得成效。

2. 解决问题，消除隐患。各地团组织在检查和治理工作中要边查边改，本着有什么问题，解决什么问题的原则，采取切实可行的措施，解决青少年宫中存在的问题。因为检查不到位、措施不落实而出现的青少年宫各类事故、问题，主管团组织要承担责任。

3. 健全机制,完善制度,强化管理。青少年宫要坚持把社会效益放在首位,坚持面向未成年人,服务未成年人的宗旨,建立健全内部管理制度,切实加强管理人员和师资队伍建设,充分发挥青少年宫在加强未成年人思想道德教育、服务未成年人健康成长中的重要作用。要抓住当前加强未成年人思想道德建设的机遇,积极争取当地党政和社会各方面的支持,推动青少年宫的发展,把青少年宫切实建成教育、服务青少年的坚强阵地。

各地团组织要及时上报此项工作的开展情况,工作结束后将集中检查和专项治理工作的整体情况以书面报告的形式,于7月30日前报共青团中央宣传部。

共青团中央关于开展向任长霞同志学习活动的通知

2004年6月9日

共青团各省、自治区、直辖市委,军委总政治部组织部,全国铁道团委,全国民航团委,中直机关团工委,中央国家机关团工委,中央金融团工委,中央企业团工委:

近日,中共中央总书记、国家主席胡锦涛,中共中央政治局常委、国务院总理温家宝,中共中央政治局常委李长春,中共中央政治局常委、中央政法委书记罗干就学习任长霞同志先进事迹作出重要指示。胡锦涛同志指出,任长霞同志的事迹感人至深。她在人民警察的光荣岗位上,始终牢记党的全心全意为人民服务的宗旨,自觉实践"三个代表"重要思想,以自己执法为民的模范行为和无私奉献的崇高品德,树立了党员干部的良好形象,赢得了人民群众的衷心爱戴。温家宝同志指出,全体国家工作人员都要向任长霞同志学习,全心全意为人民服务。广大团干部和各级团组织要认真学习贯彻中央领导同志的重要指示精神,迅速开展向任长霞同志学习活动。

广大团干部要学习任长霞同志坚定理想、对党忠诚的崇高品质,自觉学习党的思想理论,自觉贯彻党的路线方针政策,坚定理想信念,牢固树立政治意识、大局意识、责任意识,在政治上、思想上、行动上同党中央保持高度一致。要学习任长霞同志牢记宗旨、执法为民的高尚情操,热忱关心青年,竭诚服务青年,切实为广大青年的工作、学习、生活提供有效服务和帮助,维护青年的合法权益,真心诚意地为青年排忧解难,促进青年健康成长。要学习任长霞同志忠于职守、克己奉公的职业道德,增强为党做好青年群众工作的光荣感、责任感、使命感,立足团的岗位,脚踏实地,埋头苦干,拼搏奉献,廉洁自律,努力在本职岗位上做出一流业绩。要学习任长霞同志锐意进取、率先垂范的优秀品格,坚持和发扬团的优良传统,求真务实,与时俱进,推动共青团工作不断焕发出蓬勃的生机和活力。要以任长霞同志为楷模,自觉加强自身修养,不断提高思想道德素质,为广大青少年树立良好的榜样。要通过向任长霞同志学习,坚持始终做到忠诚党的事业,热爱团的岗位,竭诚服务青年,努力做党放心、青年满意的团干部。

各级团组织要运用报告会、座谈会、征文、演讲等多种形式，广泛开展扎实有效的学习活动。要把开展学习任长霞同志的活动同学习贯彻“三个代表”重要思想和党的十六大精神结合起来，同贯彻落实中央关于进一步加强和改进未成年人思想道德建设的要求结合起来，同加强团的自身建设结合起来，进一步推进和深化团的各项工作，不断开创共青团工作新局面，为党和人民的事业建功立业。团属新闻出版舆论阵地要加强对任长霞同志先进事迹的宣传，营造浓厚的舆论氛围，尤其要紧密联系未成年人的思想实际，充分发挥先进典型在未成年人思想道德建设中的教育引导作用。

共青团中央办公厅
关于举办第二届全国青年时代风采电视大赛的通知

2004年7月5日

共青团各省、自治区、直辖市委,军委总政治部组织部,全国铁道团委,全国民航总局,中直机关团工委,中央国家机关团工委,中央金融团工委,中央企业团工委:

为深入贯彻落实“三个代表”重要思想和党的十六大精神,大力发展社会主义文化,加强青年文化建设,促进青年人才脱颖而出,中华全国青年联合会、中央电视台定于今年7月至11月联合举办第二届全国青年时代风采电视大赛。具体通知如下。

一、主题

以“学习、创造、奉献”为主题,充分展现当代中国青年与时俱进的时代风貌,引导广大青年主动适应全面建设小康社会的时代要求,勤于学习,善于创造,甘于奉献,不断提高自身综合素质和创业能力。

二、参赛范围

1969年1月1日至1986年12月31日之间出生的,热爱祖国、遵纪守法、身体健康,具有大专以上学历和相关知识、能力的中国青年。

三、比赛程序

1. 报名

集体报名：由各省级团委负责，广泛动员、组织本地区大学、企业、机关等青年集中的领域、行业青年报名参赛，按大赛要求筛选并推荐55名优秀选手，集体报名至团中央宣传部。解放军总政治部青年局自行组织选手报名参赛，并自行组织考试，推出100名选手参加面试。集体报名时间截止到2004年8月15日。

个人报名:个人报名至中央电视台,可通过中央电视台网站(http//www.cctv.com)及电话、信件、声讯台等方式,个人报名时间截止到2004年8月5日。

2. 初选(机考)

2004年8月26日、27日两天，全部选手在指定时间、地点进行计算机答题考试，从中（包括军队系统）共选出1000名选手参加面试。

3. 面试

初选选出的1000名选手于9月在各分赛区分别进行面试，选出100名选手(含军队系统10名)进入电视比赛。面试专家团由团中央、中央电视台、省级团委有关同志及由省级团委邀请的当地专家组成(大赛组委会和解放军总政治部青年局一起对100名军队选手进行面试，选出10名选手进入电视比赛)。

4.电视比赛

9月下旬至11月底，对入围的选手集中采用电视手段，通过健美才艺、素质拓展、益智活动、个性表现、公益创造与颁奖晚会等活动内容，考查和展示选手的学习、创造、适应、反应的综合能力，以及才艺和形象。

9月下旬组织入围的100名选手进行复选，通过健美才艺、素质拓展、益智活动、个性表现等活动内容，选出10名选手进入公益创造阶段。

10月安排入选的10名选手进行为期两周的公益创业实践，对选手的创业思路、创业行为、创业结果进行量化评比，决出名次。

公益活动与颁奖：11月中旬，以展示风采为主要内容，10名入围者参加颁奖地的公益活动和颁奖活动。

四、比赛内容

1. 初选试题包括历史、文化、自然科学、政治、经济、国防、法律、外贸、外交、外语等内容的综合性试题，采取计算机考试方式。

2. 面试侧重对选手的身体素质、仪表、学识和品格的考查。

3. 电视比赛包括能力测试、知识考查、情景考试、健美比赛、才艺展示等，采取适合电视表现的考查方式进行，重点考查选手学习、创造、适应、反应等综合能力和素质，展示选手的才艺和形象。

五、奖励办法

1. 主办单位向初选进入面试的1000名选手颁发证书，向进入电视比赛的100名选手颁发证书、奖章，并将参加由国内外著名企业、政府部门、新闻媒体组成的选才团的选才活动和其他公益活动。

2. 向进入电视总决赛的10名选手颁发证书、奖杯并给予适当的物质奖励，参加中国青年(海南岛)欢乐节活动。

3. 冠、亚、季军将参加一些重要的全国性青年文化活动和公益活动。

4. 大赛组委会对组织工作出色的单位颁发组织奖。

六、相关工作

1. 各省级团委宣传部负责动员本省(区、市)内青年集中行业、领域的团委组织青年集体报名，推荐能够代表当地青年风采的55名选手集体参赛，其中5名选手免初试，直接进入面试。

2. 解放军总政治部青年局负责组织军队选手的报名工作，自行组织考试，推出100名选手参加面试，并负责与大赛组委会共同组织面试，推出10名选手参加电视比赛。

3. 各分区面试所在地省级团委宣传部要协助大赛组委会做好相关工作，负责确定面试地点、组织录像等事宜。

七、有关要求

高度重视，加强领导。这次大赛是实施中国青年文化行动，展示青年时代风采，推动青年成长成才的一项重要活动，各级团组织要高度重视，加强领导，采取有力措施，切实做好组织落实工作。

精心组织，周密部署。通过各种行之有效的方式，积极发动基层青年踊跃参赛。特别要深入学校、企业、机关等青年聚集的地方，做好比赛的宣传发动工作。本次大赛程序较多，各地在组织工作中要做到认真细致，万无一失。

认真推选，严格把关。要指派专人负责选手的选拔推荐工作，努力把优秀青年人才推选出来。各地推荐的参赛人选应在政治上严格把关，侧重于大学生等高学历青年，其中硕士、博士应占一定比例。

各地在组织推荐工作中的落实情况和有关问题请及时告团中央宣传部。联系电话：010－85212192，传真：010－85212362，电子信箱：tzyxcbwtc@ sina. com

附：第二届全国青年时代风采电视大赛组委会名单

组委会名誉主任：

周　强　团中央书记处第一书记

赵化勇　中央电视台台长

组委会主任：

赵　勇　团中央书记处常务书记、全国青联主席

王庚年　中央电视台常务副台长

张长明　中央电视台副台长

组委会副主任：

刘可为　团中央宣传部部长

操学诚　团中央宣传部副部长

高　峰　中央电视台社教中心主任

王进友　中央电视台社教中心副主任

陆　晓　解放军总政治部组织部青年局局长

共青团中央办公厅
关于开展“青春中华”首届中国青年文化周活动的通知

2004 年 7 月 7 日

共青团各省、自治区、直辖市委，军委总政治部组织部，全国铁道团委，全国民航团委，中直机关团工委，中央国家机关团工委，中央金融团工委，中央企业团工委，各高等学校团委：

为深入贯彻“三个代表”重要思想和党的十六大精神，落实中央关于进一步加强未成年人思想道德建设的要求，加强青年文化建设，充分发挥文化育人作用，共青团中央、文化部、中华全国青年联合会、中共广东省委、广东省人民政府、中共深圳市委、深圳市人民政府决定于2004 年8 月7 日至11 日在广东深圳联合举办“青春中华”首届中国青年文化周。为保证该项活动顺利开展，通知如下。

一、活动意义

“青春中华”首届中国青年文化周，是中国青年文化行动的一项重点活动。文化周活动以弘扬民族精神、致力振兴中华为主题，通过开展一系列体现民族特色、时代风貌、青年特点的活动，荟萃中华各民族传统艺术，展示各民族的习俗风情，研讨中华民族优秀传统文化的继承与发扬，加强中华各民族青年的交流和联谊，推动青年文化建设，增强海内外中华青年的民族认同感和自豪感，促进中华青年的大团结，让以爱国主义为核心的伟大民族精神在海内外中华青年心中深深扎根，引导和激励海内外中华青年为实现中华民族的伟大复兴贡献青春、智慧和力量。

二、重要活动项目

1. “青春中华”首届中国青年文化周开幕式

时间：8 月 7 日 15：30——21：00

地点：深圳锦绣中华民俗文化村

内容：

1）中华青年欢乐大汇聚活动：邀请万名海内外青少年，在锦绣中华民俗文化村开展丰富多彩的联欢、游园和民俗文化活动。

2）“青春中华”首届中国青年文化周开幕式：邀请全国各省、市、自治区青年代表、香港和澳门特别行政区青年代表、台湾地区青年代表、海外华侨华人青年代表参加。通过海内外优秀青年华人艺术家的精彩表演体现文化周的主旋律“弘扬民族精神、致力振兴中华”。

2.“我心目中的中华青春偶像”青少年最喜爱的青年时代人物评选

时间：7月—8月

内容：组织开展“我心目中的中华青春偶像”青少年投票评选活动，展现当代中华青年风采，树立一代青年楷模。

3.“青春中华”中华青年民族文化精品展示会

时间：8月8日—8月11日

地点：深圳市少年宫

内容：全国各地青年组织推荐、全国各行业协会征集各式各样的中华民族特色文化精品，体现各民族文化特点，展示各民族艺术成果。

4.“青春中华”首届中华青年民族歌舞邀请赛

时间：8月8日

地点：深圳锦绣中华民俗文化村中心剧场

内容：邀请全国部分少数民族聚居的省、自治区、直辖市组队参赛。以民族演唱为主，配合各具特色的民族舞蹈和民俗风情表演。

5.“中华复兴与青年使命”——青春中华系列论坛

时间：8月9日、8月10日

地点：深圳五洲宾馆

内容：

1）中华复兴与青年使命主题论坛：邀请海内外青年楷模、文化名人和知名青年学者就“中华复兴与青年使命”这一中心论题与中华青年进行高层次的交流。

2）泛珠江三角区域（9+2）青年创业与发展论坛：邀请泛珠江三角区域的优秀青年企业家、专家学者等积极参与，群策群力，谋求珠江三角区域的更大发展。

6.“青春中华”首届广东大学生电影节

时间：8月8日举行开幕式，8月—9月展映

地点：深圳大学

内容：开展影展、影评和交流等活动，培养和提高大学生对高雅电影艺术的鉴赏力，促进中国青年题材电影的良性发展。

7.“青春中华”中华青年民族文化之旅

时间：8月7日—8月11日

地点：深圳文化周主要活动地区

内容：在文化周期间精心挑选一批有代表性的活动场所组成文化旅游线路，广泛动员全国青少年、发动粤港澳地区青少年积极参与，在活动中感受民族文化的魅力。

三、具体工作

1. 各省、自治区、直辖市和相关单位团委要积极组团参加文化周活动。其中，团长、副团长、秘书长三人的食宿由组委会安排，交通费用自理，其余人员费用自行解决。

2. 各省、自治区、直辖市推荐一个节目参加“首届中国青年民族歌舞邀请赛”（详见附件1）。

3. 各省、自治区、直辖市和相关单位至少报一件作品（或一个项目）参加“中华青年民族特色精品展示会”（详见附件3，推荐名单由组委会另发），展位由组委会无偿提供，交通、食宿等费用自理。

4. 组委会办公室拟于2004年7月上旬正式公布“我心目中的中华青春偶像”候选人

名单，各省、自治区、直辖市和相关单位团委要组织广大青少年积极参与投票评选活动。

5. 欢迎各省、自治区、直辖市和相关单位团委组织广大团员青年到广东深圳参加“中华青年民族文化之旅”活动。

四、有关要求

各级团组织要充分认识“青春中华”首届中国青年文化周活动的意义，积极参加文化周各项活动，努力完成好相关工作任务，要按照本通知的要求，结合本地区本单位的实际，认真选拔本地区具有代表性的青年文艺人才和青年文化精品参与文化周的相关活动；要组织广大团员青年踊跃参与青年文化周活动，并以此为契机，推动本地区本单位的青年文化建设的活跃。广东省、深圳市各级团组织要在党政的领导下，整合资源，形成合力，努力使首届中国青年文化周主题鲜明、内容丰富、青年参与面广、社会影响力大，把文化周办成加强青年文化建设的青春盛会、弘扬民族精神的青春盛会。

附1:“青春中华”首届中国青年民族歌舞邀请赛方案

一、主题

弘扬民族艺术凝聚中华青年

二、宗旨

交流展示友谊竞赛团结进步继承发展

三、要求

1. 请西藏、内蒙古、新疆、吉林、云南、广西、贵州、湖南、宁夏、四川、海南等省区选派有特色的民族歌曲、舞蹈、器乐演奏等节目参加邀请赛；

2. 以上各省区可以由一名领队带队，组织一个能代表当地主要少数民族特点的高水准节目参赛；

3. 请参赛选手自带伴奏带；

4. 节目长短不限；

5. 参赛选手年龄原则上不超过45岁；

6. 鼓励原创的民族歌曲、舞蹈和反映青年题材的作品参赛。

四、地点

深圳锦绣中华民俗文化村中心剧场

五、时间

2004年8月8日晚

六、评奖

组委会将根据音乐、服装、编排等内容，邀请专家进行评审。设组织奖5名，优秀奖10名，另设最佳民歌演唱、最佳舞蹈表演、最佳创作等单项奖5名。

七、报名

截止时间:2004年7月20日

报名地点:首届中国青年文化周组委会办公室(深圳市深南大道6008号深圳报业集团大厦12楼)

邮编:518000

联系电话:0755－83517924、83515742(传真)

联系人:李艺、张欢

电子信箱:qnwhzzwh@ sina. com

附2:“中华青年民族特色精品展示会”方案

一、主题

发掘全国各省、自治区、直辖市和港澳台地区的民族特色文化精品资源，集中展现中华民族博大精深的优秀文化和近年来各地青年文化建设中的特色项目，加深广大青少年对中华民族优秀传统文化的了解，引导广大青少年继承发扬中华民族优秀传统文化。

二、定位

以中国民族民间文化艺术为表现形式，将国粹与民间创作紧密结合，充分挖掘新、奇、特的民间文化珍品、绝技，给青年艺术家搭建一个展示、交流作品的平台。同时，通过“文化周”的影响力，推出一批青年优秀新人新作，在文化精品和市场之间架起一座沟通的桥梁，唤起社会各界对“中华民族民间文化遗产保护工程”的大力支持。

三、内容

1. 墨酿天香——书法、绘画、篆刻展览

2. 神工天趣——民间工艺品展览

3. 走笔天韵——文化名人手迹展览

4. 物华天宝——民俗绝品展览

5. 天河桨声——文化讲坛

6. 公益拍卖——精选作品、工艺品公益拍卖

四、时间

2004年8月8日至11日(根据实际情况可适当延长)

上午:9时至12时

下午:13时至17时

五、地点

深圳市少年宫2000平方米展厅

六、评奖

经组委会评选后,授予优秀参展作品的作者“中华青年民族优秀文化传承金、银奖”。

附3:“青春中华”首届中国青年文化周组委会成员名单

主　任:

周　强　共青团中央书记处第一书记

常务副主任:

刘玉浦　中共广东省委副书记、组织部长

赵　勇　共青团中央书记处常务书记、全国青联主席

副主任:

胡　伟　共青团中央书记处书记、全国青联常务副主席

李鸿忠　中共广东省委常委、深圳市市长

周和平　文化部副部长

成　员:

李意珍　中共深圳市委副书记

刘可为　共青团中央宣传部部长

郭长江　共青团中央统战部部长、全国青联秘书长

张　旭　文化部社会文化图书馆司司长

邓海光　共青团广东省委书记

操学诚　共青团中央宣传部副部长

张春生　共青团广东省委副书记

郭永航　中共深圳市委宣传部副部长

张　文　共青团深圳市委副书记

共青团中央关于组织团员青年认真学习贯彻胡锦涛总书记在邓小平同志诞辰100周年纪念大会上的重要讲话的通知

2004年8月26日

共青团各省、自治区、直辖市委,军委总政治部组织部,全国铁道团委,全国民航团委,中直机关团工委,中央国家机关团工委,中央金融团工委,中央企业团工委:

8月22日,中共中央总书记、国家主席胡锦涛在邓小平同志诞辰100周年纪念大会上发表了重要讲话。讲话系统回顾了邓小平同志为中国人民不懈奋斗的光辉一生,深切缅怀了邓小平同志为民族独立、人民解放和国家富强、人民幸福建立的不朽功勋,高度评价了邓小平同志为推进党领导的伟大事业和开创党的建设新的伟大工程做出的不可磨灭的贡献,高度评价了邓小平同志的崇高品德、博大胸怀、卓越胆识和革命风格,着重强调邓小平理

论和“三个代表”重要思想是指引我们胜利前进的伟大旗帜，号召全党全国各族人民不断把中国特色社会主义伟大事业推向前进，不断把党的建设新的伟大工程推向前进。讲话内容丰富，思想深刻，具有很强的理论性、针对性和指导性，对于激发全党全国各族人民万众一心，众志成城，艰苦奋斗，开拓创新，坚持以邓小平理论和“三个代表”重要思想为指导，不断把邓小平同志开创的中国特色社会主义伟大事业推向前进具有重要的意义。

各级团组织要紧密结合学习贯彻党的十六大、十六届三中全会精神，紧密结合学习贯彻邓小平理论和“三个代表”重要思想，充分发挥共青团组织的优势，结合实际，采取多种形式，开展丰富多彩的学习实践活动，组织广大团员青年认真学习胡锦涛总书记的重要讲话。要引导广大团员青年紧密团结在以胡锦涛同志为总书记的党中央周围，坚持以邓小平理论和“三个代表”重要思想为指导，把对邓小平同志的深切怀念转化为推动改革开放和现代化建设的强大动力，与时俱进，求真务实，为全面建设小康社会、开创中国特色社会主义事业新局面而努力奋斗。

要引导团员青年认真学习领会胡锦涛总书记的重要讲话精神。深刻认识邓小平同志70多年波澜壮阔的革命生涯，是同中国共产党、中国人民解放军、中华人民共和国的创建和发展紧密联系在一起的，是同我们祖国和中华民族的面貌发生翻天覆地变化的历史进程紧密联系在一起的。他把毕生心血和精力都贡献给了党和人民的事业，贡献给了中国人民，赢得了全党全国人民的衷心爱戴，也赢得了各国人民的普遍尊敬。深刻认识邓小平同志留给我们的最可宝贵的财富，就是他创立的邓小平理论和在这个理论指导下制定的党在社会主义初级阶段的基本路线。党的十三届四中全会以来，以江泽民同志为主要代表的当代中国共产党人，高举邓小平理论伟大旗帜，准确把握时代特征，科学判断我们党所处的历史方位，集中全党智慧，形成了“三个代表”重要思想。邓小平理论和“三个代表”重要思想是指引我们胜利前进的伟大旗帜。我们必须始终坚持用邓小平理论和“三个代表”重要思想武装全党、教育人民，坚定不移地贯彻党的基本路线、基本纲领、基本经验，在全面建设小康社会的伟大征程上继续开创中国特色社会主义事业发展的新局面。要坚持解放思想、实事求是、与时俱进，不断加强理论武装和推进理论创新，坚持用发展着的马克思主义指导新的实践，牢固树立和认真落实以人为本，全面、协调、可持续的发展观，充分利用重要战略机遇期，切实抓好发展这个党执政兴国的第一要务，推动社会主义物质文明、政治文明和精神文明协调发展，促进人的全面发展。

实现国家的现代化，实现祖国的完全统一，实现中华民族的伟大复兴，这是毛泽东同志、邓小平同志等老一辈革命家和千百万革命先辈的崇高理想，是全体中华儿女的共同愿望，也是时代赋予当代青年的历史使命。认真学习贯彻胡锦涛总书记的讲话精神，深切缅怀邓小平同志的丰功伟绩，广大团员青年就要高举邓小平理论和“三个代表”重要思想的伟大旗帜，勇敢肩负起光荣的历史使命，坚定不移地把邓小平同志开创的中国特色社会主义事业推向前进。要坚持不懈地用邓小平理论和“三个代表”重要思想武装教育青年，构筑青年一代的强大精神支柱，坚定理想信念，团结广大团员青年坚定不移跟党走。要以理想信念教育为核心，以思想道德建设为基础，以培育和弘扬民族精神为重要内容，大力加强和改进青少年思想道德建设。要引导和帮助团员青年牢固树立和认真落实科学发展观，团结动员广大青年为推动社会主义物质文明、政治文明和精神文明协调发展，促进人的全面发展做出新的贡献。要进一步深化拓展团的重点活动和各项工作，大力推动青年创业行动、青年科技创新行动、保护母亲河行动、青年志愿者行动、青年人才开发计划、青年文化行动等重点项目，促进青少年的健康成长和全面发展，团结带领广大团员青年在全面建设小康社会的伟大实践中充分发挥生力军作用。要广泛团结凝聚海内外中华青年，加强内地与港澳台青年的交流，为维护社会稳定和促进祖国统一做出积极的贡献。

共青团中央办公厅
关于开展“青春中华”首届中国青少年读书周活动的通知

2004年9月17日

共青团各省、自治区、直辖市委，军委总政治部组织部，全国铁道团委，全国民航团委，中直机关团工委，中央国家机关团工委，中央金融团工委，中央企业团工委：

为深入贯彻“三个代表”重要思想和党的十六大精神，落实中央关于进一步加强和改进未成年人思想道德建设的要求，深入推进中国青少年新世纪读书计划，加强青年文化建设，服务广大青少年成长成才，共青团中央、教育部、新闻出版总署、中共济南市委、济南市人民政府决定于今年10月9日至13日在山东省济南市共同主办“青春中华”首届中国青少年读书周活动。有关事项通知如下。

一、活动目的

“青春中华”首届中国青少年读书周活动，是中国青少年新世纪读书计划和中国青年文化行动的重点活动。读书周活动以传承中华文化、立志学习成才为主题，开展一系列满足青少年需要、体现传统文化内涵、具有鲜明时代特点的读书学习活动，着力营造浓厚的读书学习氛围，形成良好的读书学习导向，引导广大青少年勤奋学习，全面发展，为全面建设小康社会、实现中华民族伟大复兴提高自身素质，努力成长为有理想、有道德、有文化、有纪律的社会主义“四有”新人。

二、主要活动项目

1.“青春中华”首届中国青少年读书周开幕式

时间：10月9日

地点：济南舜耕国际会展中心

2.“青春中华”首届中国青少年读书周青少年图书博览会

时间：10月9日至13日

地点：济南舜耕国际会展中心

主办：济南市人民政府、山东省书刊发行业协会

内容：邀请全国青少年读物出版社、杂志社和新华书店、邮政局、民营发行商，进行优秀青少年图书、期刊展览、交易。

3.“青春中华”首届中国青少年读书周大型读书讲座

时间：10月9日、11日

地点：济南舜耕会堂

内容：邀请自然科学、人文科学和社会科学领域的专家、学者，为青少年作普及性文化知识讲座，传播优秀传统文化，弘扬科学精神。

4.青少年美文诵读会

时间：10月9日

地点:趵突泉公园

内容:运用多种艺术手段,展现中华传统文化经典美文的魅力,展现青少年对优秀传统文化的赞美与传承。

5. 青年齐鲁文化行

时间:10 月 10 日

地点:济南

内容:邀请各地青年共同参观、考察山东传统人文胜地,体验优秀传统文化的作用与魅力。

6. 首届中国青年学习成才奖暨全国优秀青年学习组织颁奖典礼

时间:10 月 10 日

地点:山东电视台演播厅

内容:表彰首届中国青年学习成才奖获得者和全国优秀青年学习组织获奖单位,展示新时期青年学习典型的成长历程,树立广大青少年读书学习的榜样。

7. 全国青少年喜爱的优秀图书评选

时间:9 月至 10 月 9 日

内容:通过出版单位推荐、互联网络公示、青少年投票的方式,评选青少年喜爱的优秀图书,为广大青少年推荐适合阅读的优秀图书。评选结果在读书周上向全国青少年发布。

8. 齐鲁国际动漫艺术展

时间:10 月初

地点:山东省科技馆

主办:齐鲁晚报、济南市文化局、团济南市委

内容:展示青少年喜爱的国际动漫优秀作品,深入进行文化交流,推出青少年学习创新的时尚文化成果。

9. 全国中小学师生藏书票展

时间:10 月中旬

地点:济南舜玉小学

主办:中国艺术教育促进会、济南市教育局

内容:举办全国中小学师生设计、收藏的藏书票展览,展现青少年读书藏书情趣和读书文化成果。

三、各地具体工作

1. 请各省、区、市团委组团到济南市参加读书周活动,各地可派 2 位同志,并协助邀请副省级城市、省会城市团委各 2 位同志参加,以上人员食宿由组委会负责,交通费用自理。其他人员费用自理。联系人:李学忠、祁莉红,电话:0531 - 7949681、7949688,传真:0531 - 7949650。

2. 读书周组委会将在中国青少年计算机信息服务网(www.cycnet.com/www.youth.cn)、中国青少年新世纪读书网(www.cnread.net)等网站公布全国青少年喜爱的图书候选书目,请各地根据读书周组委会办公室的具体安排,积极发动广大青少年参与投票评选。

3. 读书周期间,同时启动中国青少年百场读书讲座活动。各地要按照团中央《关于深入实施中国青少年新世纪读书计划的通知》(中青发〔2004〕13 号)要求,在各主要城市,邀请著名专家学者和青少年熟悉的青年先进人物,面向广大青少年举办通俗易懂、深入浅出的读书讲座,帮助青少年增强读书学习的紧迫感,掌握科学的学习方法。团中央将对优秀组织单位进行评选表彰。请各单位于 9 月 30 日前将开展读书讲座活动的具体安排报团中央宣传部。联系人:张松青,电话:010 - 85212199,传真:010 - 85212119。

四、有关要求

开展“青春中华”首届中国青少年读书周活动,是深化中国青少年新世纪读书计划、加强青年文化建设的一项重点工作。各级团组织要高度重视,积极参加读书周的各项活动,结合实际,认真完成好相关任务。同时,要根据当地特点,在读书周期间组织开展多种丰富多彩的读书学习活动,共同营造青少年读书学习的浓厚氛围。山东省、济南市团组织要在当地党委政府的领导下,精心组织、

周密安排、整合资源、形成合力，吸引青少年和社会各界广泛参与，完成好各项工作任务，确保“青春中华”首届中国青少年读书周活动圆满成功。

附:“青春中华”首届中国青少年读书周活动组委会名单

主　任:

赵　勇　团中央书记处常务书记、全国青联主席

陈小娅　教育部副部长

柳斌杰　新闻出版总署副署长

副主任:

雷建国　中共济南市委副书记

王天义　济南市人民政府副市长

成　员:

刘可为　团中央宣传部部长

陈伟团　山东省委书记

张学军　团中央宣传部副部长

孙爱军　团山东省委副书记

王兆成　山东出版集团党委书记、董事长

刘　强　山东省新华书店总经理

朱新海　中共济南市委副秘书长

王文刚　济南市人民政府副秘书长

凌安中　中共济南市委宣传部副部长、市文明办主任

张　伟　团济南市委书记

刘元刚　济南市教育局局长

王建华　济南市新闻出版局局长

徐长林　济南市财政局局长

孟富强　济南市公安局局长

邹卫平　济南市文化局局长

贾堂宏　济南市卫生局局长

孙培森　济南市园林局局长

孙　强　济南市广播电视局局长

崔齐东　济南日报报业集团总编辑

办公室成员由主办单位、承办单位及相关部门的人员组成。

共青团中央办公厅关于举办“青春中华”首届中国青年服装时尚周活动的通知

2004年9月17日

共青团各省、自治区、直辖市委，军委总政治部组织部，全国铁道团委，全国民航团委，中直机关团工委，中央国家机关团工委，中央金融团工委，中央企业团工委:

为深入贯彻“三个代表”重要思想和党的十六大精神，落实中共中央关于进一步加强青少年思想道德建设的要求，加强青年文化建设，充分发挥文化育人作用，共青团中央、全国青联、中共宁波市委、宁波市人民政府决定于2004年10月17日至22日在浙江省宁波市联合举办“青春中华”首届中国青年服装时尚周活动。现将有关事宜通知如下。

一、活动意义

“青春中华”首届中国青年服装时尚周以“弘扬中华服饰文化，引领青年时尚潮流”为主题，通过开展一系列以服装为载体、以青年为主体的服饰文化活动，努力搭建青年服饰文化的信息发布平台、服饰文化人才的孵化和展示平台、服饰文化交流平台，展示中华民族传统服饰文化和现代服饰文化的发展，激发青年的

民族自豪感，引领青年服饰时尚，引导广大青年追求真、善、美和健康文明的生活方式。

二、主要活动项目

1.“青春中华”首届中国青年服装时尚周开幕式

时间：10 月 17 日

地点：宁波鄞州体育馆

内容：围绕“弘扬中华服饰文化，引领青年时尚潮流”的主题，以中华深厚的服饰文化、五十六个民族丰富多彩的特色服饰文化和当代青年时尚服饰文化为内涵，通过青春、服饰、时尚诸元素的艺术演绎，展现中华服饰文化的迷人魅力，诠释服饰与青年、服饰与时尚、青年与时尚的关系，揭示中国青年服装时尚周的主题。

2.“青春中华”“时尚轨迹”中国青年历代服装服饰文化展示

时间：10 月 18 日—10 月 23 日

地点：宁波服装博物馆

内容：通过各种详实的实物、图片、历史服饰、民族服饰、历次服装设计大赛获奖作品的展示，充分表现中华民族丰富多彩的服饰文化、“红帮”故里的迷人魅力以及青年设计师的时尚理念，探寻时尚轨迹，达到时尚寻根的目的。配合小型展示活动，实现动静结合，体现服装的多样性和实用性。

3.“青春中华”中国青年服装设计大赛

时间：9 月—10 月

内容：该活动旨在培育服装设计新人。设计大赛以“青春视界”为主题，通过组织全国各服装院校设计新人和青年服装设计爱好者参与大赛，以公开、公平、公正为原则，倡导传统服饰文化与现代时尚的融合，挖掘培养有中国文化底蕴的服装设计人才，展示青年服装设计师的风采。

4.“青春中华”中国青年喜爱的服装品牌评选和发布

时间：9 月—10 月

内容：活动旨在提升品牌形象，追踪青年时尚，促进品牌和青年间的相互认知，弘扬中华服饰文化。评选活动将以网上投票、短信投票、专家评审和问卷调查的方式进行。

5.“青春中华”中国青年服装时尚论坛

时间：10 月 18 日

地点：宁波城市展览馆

内容：邀请著名的服饰文化专家、流行色研究专家、企业家、青年文化研究专家及青年代表，围绕青年服饰文化与青年时尚引导、服装设计元素、青年时尚装束等话题，以现场讲座、问答，网络现场直播，网友、专家网络互动等多种形式探讨青年着装艺术、青年服饰文化，以提高当代青年的服饰审美水平。

6.“青春中华”百家社区服饰展示活动

时间：10 月 17 日—10 月 22 日

地点：市区各大广场

内容：在全市主要社区和广场开展少儿服饰文化节、青年服饰展演、“百姓时尚”进社区服饰展示等群众性服饰系列文化活动，广泛吸引社会各界参与，营造浓郁的服饰文化氛围。

三、有关要求

“青春中华”首届中国青年服饰时尚周是中共中央宣传部、中央文明办、共青团中央、教育部、文化部、国家广播电影电视总局、新闻出版总署联合实施的青年文化行动中的一项重要活动。各级团组织要充分认识此项活动的意义，把它作为加强青年文化建设的一个有利契机，高度重视、精心组织、加强交流、踊跃参与，带动本地区、本单位青年文化活动的蓬勃开展。要通过扎实努力，使本次活动成为全国青年服饰文化人才的一次检阅、对青年时尚观的一次引导和对民族服饰品牌的一次推广，切实推动青年文化建设。具体要求如下。

1. 各省、自治区、直辖市和相关单位团委要积极组团参加服装时尚周活动。其中，团长、副团长、秘书长三人的食宿由组委会安排，交通费用自理，其余人员费用自行解决。

2. 组委会办公室拟于2004年9月下旬正式公布“中国青年最喜爱的服装品牌”候选名单，各省、自治区、直辖市和相关单位团委要组织广大青少年积极参与网上和报刊投票评选工作，同时组委会将落实5个采样点，各级团组织要积极配合，公正组织抽样调查工作。(具体方案及要求详见附件)

附1：首届中国青年服装时尚周组委会名单

主　任：赵　勇　团中央书记处常务书记、全国青联主席

巴音朝鲁　中共浙江省委常委、宁波市委书记

毛光烈　中共宁波市委副书记、宁波市人民政府代市长

副主任：徐福宁　中共宁波市委副书记

陈　群　中共宁波市委副书记

成岳冲　宁波市人民政府副市长

余红艺　宁波市人民政府副市长

刘可为　团中央宣传部部长

赵一德　团浙江省委书记

顾　问：王曾敬　中国流行色协会会长

蒋衡杰　中国服装协会常务副会长

王　庆　中国服装设计师协会主席

组委会办公室

主　任：张文杰　团宁波市委书记

操学诚　团中央宣传部副部长

陈国强　宁波市人民政府大活动办主任

副主任：黄焕利　团宁波市委副书记

鲍娴萍　团宁波市委副书记

赵激扬　团中央宣传部文体处处长

陈忆榕　宁波市人民政府大活动办副主任

陈文飞　宁波服装协会秘书长

附2：中国青年最喜爱的服装品牌评选活动方案

一、活动宗旨

提升品牌形象，追踪青年时尚，促进品牌与青年间的相互认知，弘扬中华服饰文化，加强青年文化建设。

二、活动时间

2004年8月上旬—10月中下旬

三、报名条件

1. 参评品牌须为企业拥有的自主服装品牌并拥有品牌商标权；

2. 参评品牌必须是省级以上著名品牌；

3. 参评品牌的企业信用度良好，能遵守主办单位有关评选的要求，公平、公正、公开地参与评选活动；

4. 参评品牌的企业须提供企业简介(企业基本情况、近3年的总销售额和销售量、在全国各地分店数量、经营状况、品牌所获荣誉《需附相关证明》等文字材料)一份及该品牌情景照3张。

四、评选活动程序及时间

1. 活动报名。报名采用组织推荐或企业自荐的形式。要求各省、市、自治区团委通过层层选拔，推荐2—3个品牌参加评选活动。各单位可直接向活动组委会办公室报名，也可以登陆中国青年服装时尚周专题网站www.cy-fachion.com.cn报名，截止时间为9月25日。

2. 候选品牌确定。9月30日前，由专家组对参赛品牌企业提供的材料进行专业定量分析和软件分析比较，并结合品牌实际知名度等情况，最终确定50个候选品牌。

3. 品牌评选。9月底前，通过网络投票、短信投票和抽样调查(在全国设八个分赛区：华北、华东、华南、华中、东北、西北、西南、港澳台)的方式从候选品牌中评出前20名的品牌，经专家组审核后，最终确定“2004中国青年最喜爱的服装品牌”获奖名单。

4. 获奖品牌发布。10月份，将获奖品牌

在有关媒体进行宣传报道。此外,还将邀请获奖品牌有关人员参加在宁波举办的颁奖活动。

五、奖项设置

本次活动将分别评选出“中国青年最喜爱服装品牌”,以及入围奖等,并在推荐单位中设立“伯乐奖”,对最终入选品牌及有关推荐单位将予以表彰。

联系方式:时尚周组委会品牌评选部　孙开用

电话:0574－87676505－1005

传真:0574－87678392

邮编:315020

共青团中央办公厅关于组织开展“青春中华”首届中国青年欢乐节活动的通知

2004年9月20日

共青团各省、自治区、直辖市委,军委总政治部组织部,全国铁道团委,全国民航团委,中直机关团工委,中央国家机关团工委,中央金融团工委,中央企业团工委:

为深入贯彻“三个代表”重要思想和党的十六大精神,落实党中央和国务院关于进一步加强青少年思想道德建设的要求,大力加强青年文化建设,充分发挥文化育人的作用,共青团中央、国家旅游局、中共海南省委、海南省人民政府决定于2004年11月5日至9日在海南联合举办“青春中华”首届中国青年欢乐节。有关事项通知如下。

一、活动意义

“青春中华”首届中国青年欢乐节以“青春中华欢乐海南”为主题,通过开展一系列体现欢乐文化和青年特点的活动,荟萃富有民族特点的欢乐样式,引导青年参与健康有益的欢乐活动,为祖国而欢乐,为时代而欢乐,为青春而欢乐,在欢乐中释放青春激情和创造活力,充分展示当代青年奋发进取的时代风采,促进各族各界青年的交流与联谊,团结和凝聚海内外中华青年为全面建设小康社会贡献力量。

二、重点活动项目

1.“青春中华”首届中国青年欢乐节暨第五届海南岛欢乐节开幕式

时间:11月5日

地点:海口市

内容:

1)“青春相约”——主题文艺演出。充分体现“青春中华欢乐海南”的主题和“青春相约”美丽海南岛的构想,生动展示海南独特的海文化、黎文化、椰文化和当代青年时尚文化,融各种欢乐因素于一体,释放青春活力,张扬青春个性,营造欢乐气氛。

2)自行车环城巡游。由3000名各界青年沿海口市的主干道巡游,最后汇聚到开幕式会场,把欢乐传递四方。

2.激情狂欢西海岸

时间:11月5日

地点:海口市西海岸沿线

内容:主要包括民族风情大体验、时尚街舞大展示、啤酒篝火歌舞演唱大联欢、趣味文体活动大竞技、热带水果大品尝、碧海烟火大放送等板块活动。

3.中国青年文化发展论坛

时间:11月7日

地点:三亚市

内容:聚集各界青年和专家学者,深层次探讨青年文化的内涵、作用和发展问题,促进青年文化建设。

4. 第二届全国青年时代风采电视大赛决赛及颁奖活动

时间:11月8日

地点:三亚市

内容:突出"学习、创造、奉献"的主题,通过新颖的电视表现手段展现当代青年的时代风采和综合素质,为促进青年人才脱颖而出搭建舞台。

5. "青春天涯大狂欢"系列活动

时间:11月9日

地点:三亚市

内容:包括欢乐大巡游,民族风情歌舞,欢乐之夜,竹竿舞、舞龙、舞狮、嬉水等具有浓郁民族特色、中国气派的欢庆活动。

6. "青春中华"中国青年欢乐之旅

时间:11月5日—11月9日

内容:在欢乐节期间将欢乐节系列活动举办地有机的组合为欢乐旅游线路,同时举办联欢、探险、摄影和体育竞赛等特色青年文化活动,广泛动员内地、港澳台青年和海外青年参与,在活动中体验欢乐、展示风采。

7. 海南其他各市县系列主题活动

时间:2004年11月5日—11月9日

内容:1. 青春飞扬万泉河(琼海市);2. 欢聚盈滨岛,青春对对碰(澄迈县);3. 人偶同乐,美食共品(临高县);4. 欢乐南丽湖(定安县);5. 欢乐万州,碧海情深(万宁市);6. 欢乐调声,青春放歌(儋州市);7. 欢乐五指山,技能大比拼(五指山);8. 绿色猴岛,欢乐猴年(陵水县);9. 欢乐七仙,风情温泉(保亭县);10. 欢乐文昌,迷人椰乡(文昌市);11. 绿橙飘香情洒琼中(琼中)。

三、相关工作

1. 各省、自治区、直辖市和相关单位团委可组团参加欢乐节活动。其中,团长、副团长在海南岛内的食、宿、行由组委会统一安排,岛外交通费用自理,其余人员食宿及交通费用自理。

2. 各省、自治区、直辖市团委可推荐一个反映本地区民族风情的文艺节目参加"青春天涯大狂欢"巡游活动,参加活动的费用由推荐单位自理。

四、有关要求

"青春中华"首届中国青年欢乐节是中宣部、中央文明办、团中央、教育部、文化部、国家广电总局、新闻出版总署联合开展的中国青年文化行动的一项示范性重点活动,各级团组织要高度重视,积极参与。海南省各级团组织要在党委和政府的领导下,坚持求真务实,开拓创新,努力把中国青年欢乐节办成主题鲜明、青年踊跃参与、社会影响力大的青年文化盛会。各地团组织要认真做好相关工作,积极组团参加欢乐节活动,并以此为契机,带动本地区青年文化活动的蓬勃开展。要加强新闻宣传工作,团属青年报刊和网站要积极宣传报道好这项活动,为中国青年欢乐节营造良好舆论氛围。

附:"青春中华"——首届中国青年欢乐节暨第五届中国海南岛欢乐节组委会名单

主　任:汪啸风　海南省委书记、省人大主任
卫留成　海南省委副书记、省长
周　强　团中央书记处第一书记
何光玮　国家旅游局局长

副主任:罗保铭(海南省委副书记)
赵　勇　团中央书记处常务书记、全国青联主席
孙　钢　国家旅游局常务副局长
吴昌元　海南省委常委、省人民政府常务副省长

王守初　海南省委常委、统战部部长
总指挥：王守初（兼）
委　员：刘可为　团中央宣传部部长
周公卒　海南省政府副秘书长
吴文学　海南省旅游局局长
鹿松林　海南省委宣传部副部长、省外宣办主任
徐　庄　海南省文化广电出版体育厅厅长
吴仕存　海南省外事侨务办公室主任
陈日进　海南省财政厅厅长
彭瑞林　海南省商务厅厅长
王和平　海南省公安厅厅长
黄国泰　海南省教育厅厅长
简梁盛　海南省卫生厅厅长
唐剑光　共青团海南省委书记
陈　菁　海南省接待办主任
陈　成　海口市市长
陈　辞　三亚市市长

组委会办公室
主　任：周公卒（兼）
副主任：刘可为（兼）
吴文学（兼）
徐　庄（兼）
唐剑光（兼）
刘庆声　海口市副市长
张　琦　三亚市副市长
成　员：操学诚　团中央宣传部副部长
李江华　共青团海南省委副书记
陈　耀　海南省旅游局副局长
朱寒松　海南省文化广电出版体育厅副厅长

共青团中央办公厅关于开展团属青少年活动阵地情况专题调研的通知

2004 年 11 月 26 日

共青团各省、自治区、直辖市委，中共四川省委青教办、辽宁省委青教办：

为贯彻落实《中共中央国务院关于进一步加强和改进未成年人思想道德建设的若干意见》和中央领导同志关于加强青少年活动阵地建设和管理的指示精神，中央文明办、团中央、教育部、全国妇联、中国科协、国家发改委、财政部等部委于 11 月中旬联合召开协调会对相关工作进行部署，决定于今年年底之前对全国青少年校外活动场所建设和管理情况进行调研，并在此基础上，联合出台专门文件，进一步加强青少年活动阵地建设和管理，充分发挥青少年活动阵地在加强和改进未成年人思想道德建设中的重要作用。

按照协调会精神，团中央将于近日对全国团属青少年活动阵地（青年宫、少年宫、青少年宫、青少年活动中心、青少年活动营地）的建设和管理情况进行一次全面调查。希望各地要高度重视，周密部署，按照本通知精神和调研提纲（附件）的要求，在本省（区、市）范围内开展一次专题调研，转发团属青少年活动阵地建设和管理状况调查问卷；迅速形成本省（区、市）青少年活动阵地基本情况报告（要求 2000 字以上），并附上各青少年宫填好的调查问卷，请于 12 月 10 日前上报团中央宣传部，联系

人:张彤,联系电话:010－85212192,传真:010－85212362。

附:团属青少年活动阵地建设和管理问题调研提纲

(调查对象:团省委宣传部、青教办)

一、团属青少年活动阵地的基本情况

1. 地市级活动场所有多少？县级活动场所有多少？尚有多少个市(县)未建立青少年活动场所？(占地面积在1万平方米以上的活动场所有多少个？5000平方米以上的有多少个？2000平方米以下的有多少个？)

2. 专门面向青少年开放的活动场所有多少个？

3. 公益性文化设施免费向中小学生开放的场所有多少个？

4. 通过举办各类特长兴趣班收取一定费用的团属青少年活动阵地有多少个？

5. 目前已经无法承担青少年校外活动,场所被挤占、挪用、租借的有多少？占多大的比例？

6. 现有的校外活动场所是否能够满足青少年的需求？青少年都喜欢哪些类型的活动场所？

二、团属青少年活动阵地的定位

1. 哪些社会活动场所应属于青少年校外活动场所的范围？团属青少年活动阵地应该承担哪些职责？

2. 团属青少年活动阵地的性质如何定位？是属于纯粹性社会公益事业(由财政统包),还是自收自支单位？或既享受财政补贴又可收取维持基本运营的费用？

3. 团属青少年活动阵地与学校教育的关系如何？团属青少年活动阵地应该如何配合当前的教育改革和学校素质教育？

三、团属青少年活动阵地的管理体制、运行机制和投入情况

1. 教育系统管理的活动场所有多少？共青团管理的活动场所有多少？妇联系统管理的活动场所有多少？科协系统管理的青少年校外活动场所有多少？各自的名称是什么？

2. 目前团属青少年活动阵地是怎样实施管理的？

3. 目前各类团属青少年活动阵地的运行情况如何？是全日制开展活动,还是在周末、节假日开展活动？

4. 团属青少年活动阵地的经费来源？财政拨款(财政补助)经费占运行经费的比例是多大？财政经费主要用于什么开支？自筹经费占运行经费的比例是多大？主要通过哪些渠道获得？主要用于哪些开支？

5. 团属青少年活动阵地收费标准是怎样确定的？青少年校外活动场所是否可以创收？

四、现有团属青少年活动阵地开展活动的主要类型有哪些？青少年校外活动场所主要应开展哪些活动？

五、团属青少年活动阵地队伍的情况

1. 现有活动场所的专职教师人数是多少？是否有固定编制？有多少个？

2. 专兼职教师的比例？专职教师大学以上学历所占比例是多少？具有中级职称以上的比例是多少？

六、团属青少年活动阵地当前遇到的主要问题和突出困难是什么？造成这些问题和困难的主要原因是什么？应如何解决？

七、贯彻落实中央8号文件和(2000)13号文件精神,加强和改进团属青少年活动阵地建设和管理,有什么意见和建议？

注:以此调研提纲形成本省团属青少年活动阵地基本情况的报告

六、青工

共青团中央办公厅
关于开展青年文明号10周年纪念活动的通知

2004年3月1日

共青团各省、自治区、直辖市委，军委总政治部组织部，全国铁道团委，全国民航团委，中直机关团工委，中央国家机关团工委，中央金融团工委，中央企业团工委：

今年4月1日是江泽民同志为“青年文明号”亲笔题名10周年。10年来，在各级党委和政府的重视下，在各级团组织和有关部门的精心组织、密切配合下，在广大青年的踊跃参与下，青年文明号活动稳步推进，蓬勃发展，已经成为群众性精神文明建设的重要载体，成为引导青年在岗位上建功立业的一面旗帜。为深入贯彻“三个代表”重要思想，落实《公民道德建设实施纲要》的要求，总结10年来青年文明号活动的基本经验，全面深化青年文明号活动，进一步动员引导广大青年为全面建设小康社会做出积极贡献，共青团中央决定开展青年文明号10周年纪念活动。现将有关事宜通知如下。

一、活动主题

弘扬时代精神争做文明先锋

二、主要内容

1. 开展“文明先锋——青年文明号统一行动日”活动。团中央确定在2004年4月1日开展“文明先锋——青年文明号统一行动日”活动。各级团组织要以“弘扬时代精神，争做文明先锋”为主题，组织不同行业（系统）的青年文明号集体进行青年文明号信用公约宣誓，进行优质服务展示。要广泛动员青年文明号集体成员统一佩戴青年文明号徽章上岗，在岗位上开展劳动竞赛，并通过发放服务卡、公布服务标准、兑现服务承诺等措施创造一流工作业绩。要开展大规模的集中活动，通过组织青年文明号便民服务小分队、青年文明号识假辨假小分队、青年文明号促销创效小分队、青年文明号回访顾客小分队、建立服务广场和服务角等，为广大群众提供优质、便捷、高效的服务。在活动中，要有醒目的青年文明号标识、标语、旗帜等，确保在4月1日形成活动高潮。

2. 广泛开展丰富多彩的纪念活动。各级团组织要从实际出发，因地制宜地组织开展形式多样、富有特色、卓有成效的纪念活动。要表彰先进，大力宣传青年文明号活动的先进事迹，形成比学赶帮超的热潮。要开展党政领导寄语青年文明号、新老青年文明号共话创建座谈会、群众评点青年文明号等活动，动员青年文明号集体更好地在社会主义现代化建设中发挥示范作用。要通过召开研讨会、举办青年文明号活动成果展、出版青年文明号活动画册等形式，总结、宣传青年文明号活动的成就和经验，扩大青年文明号的社会认同度和影响力。团中央将在全国征集青年文明号之歌，拍摄青年文明号专题片和公益广告，召开全国青年文明号表彰大会，表彰全国青年文明号10年成就奖、10年全国青年文明号活动突出贡献奖、优秀组织奖（评选方案及名额分配、推荐表见附件）。各级团组织要积极配合各项纪念活动的组织工作。

3. 认真研究探索新形势下青年文明号活动的新思路。各级团组织要认真总结青年文明号活动开展10年来的基本实践和丰富经验，认识和把握青年文明号活动发展规律，进一步研究探讨在新的历史条件下青年文明号活动的发展思路和发展方向，推动活动的深入开展，更好地组织动员广大青年文明号集体为社会主义物质文明、政治文明、精神文明建设做贡献。团中央将于7月举办“青年文明号活动系列论坛”，出版《青年文明号活动理论研究文集》。

三、有关要求

1. 高度重视，精心组织。开展青年文明号10周年纪念活动，对于推动青年文明号活动的全面深化，对于引导广大青年立足本职，再创佳绩，在建设社会主义物质文明、政治文明和精神文明中发挥生力军作用具有重要意义。各级团组织要把这项活动作为今年的一项重要工作给予高度重视，主要负责同志亲自抓，有关人员专门抓。要根据团中央的统一部署，围绕纪念活动主题，精心设计本地活动。要制定周密计划，采取有力措施，确保纪念活动有步骤地扎实推进。

2. 勤俭办事，求真务实。青年文明号10周年纪念活动的根本目的在于进一步动员组织广大青年立足本职岗位、弘扬时代精神，在全面建设小康社会的伟大实践中建功立业。各级团组织在组织开展纪念活动时要采取主题鲜明、内涵深刻、真正为青年喜闻乐见的形式，采用青年身边的人和事教育青年，使青年增强对活动的认同度。要坚持隆重热烈、勤俭节约的原则。不得借纪念活动的名义从事商业活动，力戒形式主义和铺张浪费。

3. 加强宣传，营造氛围。各级团组织要充分利用广播、电视、报刊、网络、短信等宣传媒介，加强对青年文明号10周年纪念活动的宣传报道，使社会各界特别是广大青年了解青年文明号活动的内涵和意义，积极支持、踊跃参与活动，营造有利于活动开展的良好社会氛围，把青年文明号活动不断引向深入。

各地要及时将有关情况形成书面材料，报送共青团中央青工部（联系人：王华杰、宫俊卿；联系电话：010－85212186、85212083；传真：010－85212378）。

附：关于评选全国青年文明号10年成就奖、10年全国青年文明号活动突出贡献奖和优秀组织奖的方案

为深入贯彻“三个代表”重要思想、党的十六大和十六届三中全会精神，全面落实《公民道德建设实施纲要》有关要求，通过树立、表彰、宣传10年青年文明号活动开展过程中涌现的先进集体和个人，推动青年文明号活动深入、持久开展，进一步动员广大青年立足本职工作，弘扬时代精神，争做文明先锋，在全面建设小康社会的伟大实践中建功立业，全国青年文明号活动组委会决定，开展全国青年文明号10年成就奖、10年全国青年文明号活动突出贡献奖和优秀组织奖评选活动。

一、评选对象

1. 全国青年文明号10年成就奖的评选对象是连续获得全国青年文明号的优秀集体。

2. 10年全国青年文明号活动突出贡献奖的评选对象是长期以来一直关心、支持青年文明号活动，为青年文明号活动做出了突出贡献，同时又不是青年文明号活动直接组织实施者的单位或个人。

3. 10年全国青年文明号活动优秀组织奖设集体奖和个人奖。评选对象是长期以来组织开展青年文明号活动并取得明显成效的各级青年文明号活动组织管理部门（包括团组织

和行业主管部门)及其工作人员。

二、评选条件

1. 全国青年文明号10年成就奖

(1)认真学习贯彻邓小平理论和"三个代表"重要思想,坚决执行党的路线、方针和政策,模范遵守法律法规;

(2)35周岁以下青年占总人数的60%以上,主要负责人年龄在35周岁以下;

(3)开展了内容丰富、形式多样、卓有成效的创建工作,并能够不断创新活动载体,为本行业(系统)、本地区乃至全国提供了先进经验;

(4)工作业绩特别突出,取得了显著的社会效益、经济效益和人才效益,是本行业(系统)、本地区树立的标杆或典型;

(5)连续被评为全国青年文明号;

(6)受到省(部)级党政部门表彰奖励的优先考虑。

2. 10年全国青年文明号活动突出贡献奖

(1)长期关心、支持青年文明号活动的发展;

(2)在政策指导、理论研究、宣传报道、社会监督、物质支持等方面为青年文明号活动的发展做出了重大贡献;

(3)非青年文明号活动的直接组织实施者。

3. 10年全国青年文明号活动优秀组织奖

集体奖:

(1)深入学习贯彻邓小平理论和"三个代表"重要思想,认真落实全国青年文明号活动组委会的工作要求,结合本行业(系统)、本地区实际创造性地开展工作,并不断创新活动内容,丰富活动载体,完善活动机制;

(2)注重培育、发现、总结、宣传先进典型,涌现出相当数量的全国青年文明号或在本行业(系统)、本地区有影响的青年文明号;

(3)采取有效措施加大宣传力度,不断扩大青年文明号活动的社会效应;

(4)受过党政部门及上级青年文明号活动组织管理部门表彰的优先考虑。

个人奖:

(1)认真学习邓小平理论,忠实实践"三个代表"重要思想,认真落实上级青年文明号活动组织管理部门的工作要求;

(2)从本行业(系统)、本地区、本单位的实际出发,精心组织实施青年文明号活动,创造出本行业(系统)、本地区乃至全国范围内值得借鉴的经验,为青年文明号活动的创新发展做出了积极贡献;

(3)受过党政部门及上级青年文明号活动组织管理部门表彰的优先考虑。

三、评选步骤

评选采取自下而上,逐级申报、考核、推荐的方式进行。

1. 推荐。各省级团委要按照名额分配表,推荐本地区全国青年文明号10年成就奖、10年全国青年文明号活动优秀组织奖候选单位(候选人),填写《全国青年文明号10年成就奖推荐表》、《10年全国青年文明号活动优秀组织奖(集体奖)推荐表》、《10年全国青年文明号活动优秀组织奖(个人奖)推荐表》;同时,鉴于10年全国青年文明号活动突出贡献奖表彰名额有限,各省级团委可推荐1个候选单位或个人,填写《10年全国青年文明号活动突出贡献奖推荐表》,并将以上推荐表连同3000字左右的事迹材料(一式两份,并附3.5寸软盘),于2004年3月20日之前报团中央青工部,逾期无效。

2. 评审。全国青年文明号活动组委会办公室将组成专门的评审小组,按有关程序对各行业(系统)、各地区推荐的候选对象进行评审,于2004年3月31日之前确定获奖名单。

3. 表彰。共青团中央、公安部等全国青年文明号活动组委会成员单位将于2004年4月联合召开全国青年文明号表彰大会,对全国青年文明号10年成就奖、10年全国青年文明号活动突出贡献奖和优秀组织奖进行表彰。

四、工作要求

1. 高度重视。评选全国青年文明号10年成就奖、10年全国青年文明号活动突出贡献奖和优秀组织奖是青年文明号10周年纪念活动的重要内容,对于推动青年文明号活动的全面深化,对于引导各级青年文明号集体立足本职,再创佳绩,在建设社会主义物质文明、政治文明和精神文明中发挥示范带头作用具有重要意义。各级团组织要高度重视,精心组织,确保这项工作能够顺利开展,收到实效。

2. 严格把关。全国青年文明号10年成就奖获得者应是青年文明号的标杆单位,10年全国青年文明号活动突出贡献奖和优秀组织奖获得者应是全心全意、竭尽全力支持、组织青年文明号活动并取得显著成效的模范。各级团组织在选拔、推荐过程中要坚持标准,实事求是,严格把关,保证质量。

3. 加强宣传。各级团组织要抓住全国青年文明号10年成就奖、10年全国青年文明号活动突出贡献奖和优秀组织奖评选的时机,树立一批成效显著、说服力强的典型进行宣传,营造有利于青年文明号活动开展的良好社会氛围,把青年文明号活动不断引向深入。

共青团中央办公厅关于开展“青年企业家东北行”活动的通知

2004年3月4日

各省、自治区、直辖市及副省级城市团委:

实施东北老工业基地振兴战略,是新世纪新阶段党中央作出的一项重大决策。实施好这一战略,对于推进国有经济布局和结构调整,促进区域经济协调发展,增强国民经济的活力和发展后劲,维护社会稳定,具有重要意义。为了深入学习贯彻“三个代表”重要思想和党的十六大、十六届三中全会精神,全面落实团十五大和十五届二中全会部署的工作任务,动员引导广大青年企业家在东北老工业基地振兴中建功立业、成长发展,共青团中央、中国青年企业家协会决定,开展“青年企业家东北行”活动。

一、指导思想

以“三个代表”重要思想为指导,以促进东北老工业基地振兴为目标,以服务青年企业家成长发展为切入点,动员引导广大青年企业家在东北地区拓展事业、施展才华,在推动东北老工业基地振兴的过程中不断开辟事业发展的新天地。

二、目的意义

“青年企业家东北行”活动,是共青团和青企协组织服务东北老工业基地振兴的重要举措。东北老工业基地的振兴,是一项复杂的系统工程,需要用新思路、新体制、新机制、新方式,走出加快发展的新路子。其中,基础是优化经济发展的微观单元,推动一大批适应市场经济环境、具有较强成长发展能力的企业迅速崛起。作为企业家群体的重要组成部分,青年企业家对搞好搞活企业起着十分重要的作用。通过开展“青年企业家东北行”活动,动员引导广大青年企业家自觉走在开发东北、建设东北的前列,投资办厂,发展企业,就会为东北老工业基地的振兴注入新的生机和活力。

开展“青年企业家东北行”活动,也是共青团和青企协组织服务广大青年企业家事业发展的重要途径。东北老工业基地振兴战略的实施,蕴含着青年企业家事业发展的宝贵机遇。经过20多年的改革开放,东北地区现有国有企业已经基本改制,可以在市场经济的大潮里轻装上阵;东北地区自然资源和劳动力资源丰富,具有一定的成本优势;东北地区地处东北亚,背靠华北,具有明显的区位优势;东北地区基础设施比较完善,传统工业基础雄厚,拥有一大批优秀的管理人才和科技人才;随着国家对东北地区扶持力度的加大,东北地区投资环境将进一步优化。开展"青年企业家东北行"活动,引导青年企业家在东北老工业基地振兴的实践中创新创业,将为广大青年企业家发展事业创造良好的条件,搭建广阔的舞台。

三、内容措施

"青年企业家东北行"活动的基本内容是,牵线搭桥,促进人力资源和物质资源的优化配置;强化培训,促进青年企业家队伍整体素质的提高。当前和今后一个时期,重点做好以下三个方面的工作。

1. 开展青年企业家东北经贸考察活动。组织青年企业家经贸考察团,鼓励青年企业家根据发展特色经济、调整经济结构、进行资源重组的要求,采用新建、兼并、租赁、承包、股份合作等方式,到东北地区兴办实业。经贸考察活动中,采取中青企协统一组织与各地青企协单独组织相结合、大规模集中考察与小规模分散考察相结合等方式,重点做好项目对接工作,确保活动效果。

2. 开展青年企业家学习培训活动。组织有关专家、学者及政府官员,对东北地区青年企业家进行针对性强的培训,帮助他们了解掌握企业改革发展方面的知识,提高综合素质和创新创业能力。组织东北地区青年企业家到沿海经济发达地区考察交流,开拓视野,学习借鉴先进的生产经营管理经验。适应经济全球化的要求,组织开展境外培训,帮助东北地区青年企业家融入国际市场竞争的大潮,增强按照国际通行规则办事的能力。在组织青年企业家"走出去"的同时,坚持"请进来",积极引进国际智力。适当时候,中国青年企业家协会将在东北举办"中国青年企业家国际论坛"。

3. 开展"一助一"扶持青年小老板活动。着眼于服务东北地区经济发展和再就业工作,在青年企业家与具有创业意愿和能力的青年之间开展"一助一"扶持青年小老板活动。采取一名青年企业家与一名下岗失业青年结对的方式,向青年提供资金、技术、信息等方面的扶持,帮助一批青年创办劳动密集型的小企业,成为小老板,在通过创业实现就业和再就业的同时,开发一批新的就业岗位。宣传"一助一"扶持青年小老板活动中涌现出的先进典型,发挥其示范带动作用。

四、有关要求

各级共青团、青企协组织要从实践"三个代表"重要思想、促进经济社会协调发展的高度,充分认识"青年企业家东北行"活动的重要意义,高度重视,精心组织,切实把这项工作抓实抓好。

一要加强领导。团中央成立了工作领导小组,以加强对活动的领导。各地也要设立相应的机构,将这项活动列入重要的议事日程,按照"青年企业家东北行"活动的总体部署,结合实际,制定切实可行的工作实施方案,抓好各项工作任务的落实。

二要务求实效。服务经济建设和青年企业家成长发展,是一项实实在在的工作。各级共青团、青企协组织在组织实施过程中,要发扬脚踏实地、求真务实的工作作风,深入了解东北地区和青年企业家的需求,坚持事业化、项目化的运作方式,一个项目一个项目地推进,一个项目一个项目地落实,从点滴做起,从小事做起,切实做出成效。

三要加强宣传。充分利用电视、广播、报纸、杂志、网络等各种媒体,大张旗鼓地宣传活动中涌现出来的好经验、好做法和突出成效，创造利于活动开展、利于青年企业家事业发展的社会环境。

附："青年企业家东北行"活动领导小组名单

组 长：
周 强 团中央书记处第一书记
副组长：
王 晓 团中央书记处书记、中国青年企业家协会会长
成 员：
徐绍川 团中央青工部部长、中国青年企业家协会常务副会长兼秘书长
张良驯 团中央青工部副部长、中国青年企业家协会副会长
办公室主任：张良驯(兼)
办公室副主任：
马兴民 团中央青工部企业家工作处处长、中国青年企业家协会常务副秘书长

共青团中央办公厅关于举办“青年企业家东北行——黑龙江经贸考察活动”的通知

2004 年 3 月 26 日

共青团天津、河北、辽宁、吉林、黑龙江、江苏、浙江、上海、福建、广东、山东省(市)委：

为了深入学习贯彻“三个代表”重要思想和党的十六大、十六届三中全会精神，全面落实团十五大和十五届二中全会部署的工作任务，动员引导广大青年企业家在东北老工业基地振兴中建功立业、成长发展，共青团中央、中国青年企业家协会决定，举办“青年企业家东北行——黑龙江经贸考察活动”。现将有关事宜通知如下。

一、时间

2004 年 4 月 6—7 日。5 日在哈尔滨市新加坡大酒店(哈尔滨市香坊区赣水路 28 号)报到，全天在哈尔滨火车站、哈尔滨太平国际机场接站。

二、地点

黑龙江省哈尔滨市、大庆市

三、参加人员

1. 天津、河北、辽宁、吉林、江苏、浙江、上海、福建、广东、山东等省(直辖市)青企协会员各 10 名以上(省、直辖市青企协一名负责同志带队)。

2. 对黑龙江有经贸考察和经济合作意向的中青企协会员。

四、有关要求

1. “青年企业家东北行——黑龙江经贸考察活动”是共青团、青企协组织实践“三个代表”重要思想、服务东北老工业基地振兴战略的重大举措，各地要充分认识这项活动的重要意义，高度重视，精心组织。

2. 请各有关省(直辖市)统一组团参会，并于 4 月 1 日前将参会人员名单统一报至中青企协秘书处。参加活动的中青企协会员单独报回执。

3. 差旅费自理。

联系人：苑海珍　夏丹荷　张骋
联系电话：010－85212087、85212184
传真：010－85212378

共青团中央、劳动和社会保障部、国务院国有资产监督管理委员会、国家知识产权局、中国科协关于实施“青工技能振兴计划”的意见

2004 年 4 月 5 日

人才是关系党和国家事业发展的关键问题。加快推进现代化建设、全面建设小康社会需要数以亿计的高素质劳动者。青年技术工人是我国劳动者队伍的重要组成部分。开发和利用好青年技术工人人才资源，培养一大批适应现代企业生产经营需要的青年高技能人才是实施人才强国战略、推动经济社会发展的客观要求。为缓解当前我国青年高技能人才短缺状况，配合国家高技能人才培训工程的实施，引导和激励青年技术工人以市场需求为导向学习技术，提高技能水平，为企业改革发展做出新的更大的贡献，根据《中共中央国务院关于进一步加强人才工作的决定》要求，共青团中央、劳动和社会保障部、国务院国有资产监督管理委员会、国家知识产权局、中国科协决定在全国企业青年职工中联合实施“青工技能振兴计划”。

一、指导思想

以“三个代表”重要思想为指导，深入学习贯彻党的十六大、十六届三中全会和全国人才工作会议精神，以提高青年技术工人的技术能力、创新能力和知识产权意识为重点，以普遍提升青年技术工人的技术等级为途径，加快培养一批技术技能型、知识技能型、复合技能型青年人才，造就一支高、中、初级技能人员结构合理的青年技能人才队伍，为企业保持持续的成长能力奠定人才基础。

二、基本目标

今后五年的目标是，通过切实有效的工作，使 80% 以上参加计划的青年技术工人（35 周岁以下）的技能水平在现有的基础上提升一个技术等级，培养青年高级工 40 万名，青年技师 7 万名，青年高级技师 3 万名。

三、主要内容

1. 组织技能培训。技能培训是加强青年技术工人技术能力和创新能力建设的基础环节。要动员企业和社会职业技能培训机构积极组织开展青年技能培训。依据《国家职业标准》和企业生产岗位规范要求，制定培训计划，并根据实际情况，与时俱进地加以动态调整，同时编写和出版一套体现青年高技能人才培训特色的教材。根据产业结构优化升级、应用先进适用技术特别是有自主知识产权的技术改造传统产业的要求，使青年技术工人不仅能够学到本岗位的知识，而且能够掌握灵活解决生产技术、工艺方面实际问题以及进行发明创新的实际本领。在培训的门类、科目、内容上，要考虑到各个工种的发展方向和引进新设备、新技术的需要，对青年技术工人进行超前培训。在培训的方式上，要注重传统面授式培训与现代网络式培训相结合，充分利用网络资源，建立网上青年技能培训学校，突破传统培训方式的时间和空间限制。要通过导师带徒、岗位练兵、技能比武、同业交流和绝招绝技观摩等途径，帮助青年技术工人立足本职岗位学技成才。要建立职前培训与在职培训、终身培训相结合的机制。

2. 开展技能竞赛。技能竞赛是提高青年技术工人职业技能和综合素质的一项有效措施。

要通过举办各级各类青工技能大赛,推动形成青年技术工人钻研技术、创优争先、矢志成才的热潮,为青年技能人才脱颖而出搭建舞台,充分展示当代青年技术工人的风采,营造重视培养、选拔青年技能人才的社会氛围。要逐步形成“层级推进、相互衔接、规范运作”的良性竞赛机制,促进青工技能竞赛活动向有序化和规模化方向发展。要注重竞赛的创新性,通过比赛发现和培育一批具备专利申报条件的新技术和新成果。要深入开展青年岗位能手活动,引导青年职工争当本工种的能工巧匠、本岗位的技术能手,培养一大批拔尖青年技能人才。

3. 加强面向青年的职业技能鉴定工作。各地区、行业职业资格鉴定机构要定期组织主要面向青年技术工人的职业技能鉴定活动,每年适时组织青年技术工人专场职业技能鉴定考试。各级团组织要会同有关部门组织青年技术工人参加职业技能鉴定。对符合技术等级晋升条件并经鉴定合格的青年技术工人,劳动保障部门根据有关规定核发相应的职业资格证书。要建立“青年高技能人才储备库”,有效配置青年技能人才资源,激发青年技术工人学技成才的热情。

4. 完善激励机制。要把企业青年技术工人的培养纳入本地区、本单位人才建设整体规划。要加大表彰奖励力度,制定专门的奖励政策,并将其纳入企业对职工的奖励体系,特别是在晋职、晋级、升学深造等方面予以优先考虑。要以各级各类青年岗位能手的评选表彰为统揽,对参加本计划的优秀青年技术人才进行规范化的表彰和奖励。对在全国性青工技能大赛中获各工种决赛前三名的选手,授予“全国技术能手”荣誉称号。对于未达到晋级工作年限要求、但在国家二类以上技能竞赛中取得优异成绩的青年技术工人,予以晋升技术等级,打破青年技术工人学技获证的比例、资历等限制。

四、实施步骤

1. 计划分解阶段。2004 年 5 月底前,各地区、行业团组织要会同有关部门在认真调查企业和青年具体需求的基础上,结合自身工作实际,制定活动实施方案和推进计划,将任务分解到企业、落实到个人。

2. 组织实施阶段。各地区、行业团组织要会同有关部门按照既定实施方案和推进计划,有步骤、分阶段地组织实施。要建立联系人制度,逐级确定联系人,动态指导并监督评估计划的实施情况。

3. 深化提高阶段。要加强对各地区、行业工作开展情况的监督检查。通过召开工作会议、通报检查结果、宣传树立典型等方式,推广各地区、行业在活动实施过程中形成的好经验和好做法。

4. 总结表彰阶段。把年度表彰和阶段性表彰相结合,大力宣传表彰活动中涌现出来的先进集体和个人,推动计划的深入开展。

五、有关要求

1. 加强领导。实施“青工技能振兴计划”是贯彻落实党的十六大、十六届三中全会和全国人才工作会议精神的一项重要举措。各地要高度重视,把这项工作列入重要议事日程,成立由省级团委、劳动保障厅(局)、国资委、知识产权局、科协负责同志组成的组织领导机构,办公室设在省级团委青工部,切实加强对这项工作的领导。要把本计划纳入国家高技能人才培训工程之中,统一规划、部署和实施。中央企业共青团组织要结合国务院国资委开展的“职工素质工程”,在青年职工中积极实施“青工技能振兴计划”。在地方的中央企业要积极参加企业所在地的活动。同时各地要把所在地中央企业纳入活动的总体规划。

2. 务求实效。各有关部门要通力协作,形成合力。在工作中倡导求真务实的作风,把握好这项工作与以往工作的衔接,与时俱进,开拓创新,大胆探索工作载体和工作方法,切实做到思想务实,措施切实,作风扎实,成果真实。

3. 扩大宣传。要加大宣传力度，破除重学历、轻技能的观念，树立以能力为本的新型人才观。要充分利用各种宣传媒介，认真组织开展好宣传活动，大力宣传国家技能人才培养使用的政策措施，宣传优秀青年技术工人的典型事迹，激励广大青年技术工人立足本职，爱岗敬业，营造有利于青年技能人才成长的社会舆论氛围。

附："青工技能振兴计划"领导小组名单

主　任：

周　强　团中央书记处第一书记

副主任：

王　晓　团中央书记处书记

王瑞祥　国务院国有资产监督管理委员会副主任

张　勤　国家知识产权局副局长

程东红　中国科协书记处书记

委　员：

徐绍川　团中央青工部部长

于法鸣　劳动和社会保障部培训就业司司长

赵　钊　国务院国有资产监督管理委员会群工局副局长

马维野　国家知识产权局协调管理司司长

高　勘　中国科协科普部副部长

办公室主任：

徐绍川(兼)

副主任：

刘　康　劳动和社会保障部培训就业司副司长

张　劲　团中央青工部副部长

宋　健　中国就业培训技术指导中心副主任

彭诚强　中央企业团工委副书记

成　员：

郭　平　团中央青工部企业处处长

王晓君　劳动和社会保障部培训就业司培训处处长

张　斌　劳动和社会保障部培训就业司资格处处长

徐宇栋　国务院国有资产监督管理委员会群工局青年处干部(副处级)

彭茂祥　国家知识产权局协调管理司市场处处长

刘亚东　中国科协科普部城市处处长

贾伟一　中国就业培训技术指导中心技能竞赛处副处长

王　晶　团中央青工部企业处副处长

共青团中央、劳动和社会保障部关于深入实施"中国青年创业行动"促进青年就业工作的意见

2004 年 4 月 9 日

为进一步促进青年就业，现就深入实施"中国青年创业行动"提出如下意见。

一、指导思想

以"三个代表"重要思想为指导，贯彻党的十六大、十六届三中全会、中央经济工作会议、全国再就业工作座谈会和全国人才工作会议精神，以创业和就业能力培养为基础，以为青年提供具体有效的帮助为基本手段，以下岗失业青年、城镇新增青年劳动力和农村富余青年劳动力为重点，以创造就业

岗位、促进青年就业为目标，努力建立较为完善的促进青年创业和就业的工作体系，引导、帮助广大青年在创业中实现就业，在创业中建功成才，为推动我国经济和社会发展做出新的贡献。

二、总体目标

通过广泛争取支持，积极采取措施，努力健全机制，每年帮助20万名青年掌握创业本领，帮助5万名青年创办自己的企业，开发就业岗位30万个。为下岗失业青年提供职业培训、就业指导、职业介绍等服务150万人次，力争使服务对象的再就业率达到60%。同时，为城镇新增青年劳动力、农村富余青年劳动力提供切实有效的就业服务。各项目标任务将分解到各地。

三、对策措施

1. 普及创业意识。从基本国情和青年肩负的历史使命入手，通过召开动员会、报告会，举办创业大讲堂、大讨论等途径，加强青年择业和创业观念教育，帮助青年认清历史使命，增强创业的紧迫感和自觉性。征集“青年创业之歌”，统一青年创业标识，推出青年创业主题口号，编写《青年创业手册》，举办青年创业辩论赛、青年创业知识竞赛，努力培育符合时代要求的青年创业文化。以“中国青年创业奖”评选表彰为牵动，大力宣传下岗失业青年、大中专毕业生、进城农村青年、归国青年自主创业的先进事迹，组织青年创业事迹报告团，激励更多的青年向典型学习，走自主创业之路。

2. 培养创业能力。各级团组织要积极组织青年参加当地劳动保障部门组织的职业技能培训。同时要依托有条件的团校、青少年宫、青年就业培训中心等团属培训阵地，借助企事业单位培训机构和职业学校，建立青年创业培训基地。根据本地区经济发展现状和经济结构调整方向，组织编写具有针对性和指导性的青年创业学习大纲，对青年进行创业基本知识培训。根据劳动和社会保障部的统一部署，逐步在全国的青年创业培训基地中推广国际劳工组织SYB培训模式，对青年进行包括经营管理、市场营销、法律法规、融资理财等内容的培训，帮助青年掌握创业的基本知识，提高创业本领。举办青年创业论坛，研究涉及青年创业的前沿问题，从理论层面强化对青年创业的指导。举办青年创业方案大赛，引导青年选准创业方向，迈出创业步伐。依托青年企业家协会确定一批企业作为青年创业实践基地，组织青年进入企业经营管理岗位挂职锻炼。加大对青年农民的培训力度，帮助更多农村青年领办种植、养殖等项目，成为带领农村青年脱贫致富奔小康的领头人。

3. 提供创业服务。建立青年创业项目库，举办创业项目发布会，引导城镇青年到第三产业、劳动密集型产业和高新技术产业创业，引导农村外出务工青年返乡创业。加强对青年创业的政策指导，帮助青年及时了解党和国家的有关政策，对符合条件的青年，帮助落实小额担保贷款政策。成立青年创业指导团，聘请一批政府官员、经济学家、法律工作者、青年企业家担任青年创业导师，为青年创业提供项目论证、业务咨询和决策参考。在此基础上，积极培育社会创业中介服务组织，为创业者提供生产经营全过程跟踪指导和服务。探索建立青年创业孵化基地，帮助青年解决好创业场地、设施等问题。

4. 优化创业环境。通过广播、电视、报刊、网络等媒体，广泛宣传国家和地方政府出台的一系列创业扶持政策，帮助青年及时了解和掌握有关优惠政策。加强对青年创业扶持政策如信贷、税收、经营场地、缴纳费用等各项优惠政策落实情况的监督检查。引导各地青年就业服务中心在规范建设、稳步提高的基础上，拓宽服务领域，完善服务项目，帮助青年办理开业的相关手续，使其真正享受有关创业优惠政策。争取企业支持，采取减免加盟连锁费用等方式，降低青年创业的门槛，帮助青年创办一批以产品代销点、加盟店等为主要形式的小企业，从而顺利走上创业之路。

5. 完善对青年的就业服务。要按照《关于进一步做好促进青年再就业工作的通知》（中青发〔2002〕27号）要求，采取加强职业培训、提供中介服务、扶持青年创业、强化阵地依托、进行观念引导、开展就业援助等措施大力实施“中国青年创业行动”，帮助青年实现就业和再就业。

对缺乏就业技能的青年，要以“订单式”培训为主要方式，根据劳动力市场变化和产业结构调整的需要加强就业培训。具备条件的团校、青少年宫、青年就业培训中心，要积极向当地劳动保障部门申请培训资质。劳动保障部门从中选择办学条件好、培训效果显著的机构，建立创业培训基地，并对之提供指导、服务和必要的扶持。

对缺乏职业经历的青年，要通过逐步实施“青年就业见习计划”，组织青年进入企业在实际工作岗位上进行实践性见习，帮助青年获得相应就业经历。

对缺乏就业信息的青年，要指导青年就业服务中心继续抓好“工岗快递”行动，积极协调青年企业家协会、青年乡镇企业家协会会员企业集中挖掘用工岗位，配合地方党委和政府大力开发公益性就业岗位，引导青年实现跨地区、跨城乡、跨行业就业。各级劳动保障部门对青年就业服务中心要给予必要的业务指导和政策支持，帮助共青团组织逐步构建覆盖城乡、良性互动的促进青年就业和再就业工作阵地网络。

对就业特困青年，要以开展“真情助困进万家”活动为主要方式，为他们提供就业援助，帮助他们增强就业和再就业的信心。

四、具体要求

1. 加强组织领导。各地共青团组织要在各级党委和政府的领导下，将促进青年就业作为重要工作内容，认真抓紧抓好。要与当地劳动保障等有关部门积极联系，寻求支持，密切配合，形成帮助青年创业和就业的工作合力。

2. 突出工作重点。要本着突出特色的原则，根据实际情况和发展需要，从“党政所急、青年所能”的项目着手，分类指导，重点推进，切忌平均用力。要深刻认识通过扶持青年创业促进就业和再就业，是当前经济发展的要求，是当代青年的强烈愿望，在做好其他基础性工作的同时突出抓好扶持青年创业的各项工作。

3. 狠抓任务落实。要根据总体目标，制定本地区切实可行的规划和措施，做到目标明确，措施有力。要建立激励有效、约束有力的考核机制，通过层层实行目标责任制，把促进青年创业和就业的任务分解落实到部门和个人，促进狠抓落实风气的形成。要根据青年就业工作的发展变化，不断分析新情况，研究新问题，总结新经验，提出新对策，细心谋划，精心组织。

4. 及时总结宣传。要立足于开拓创新，加强调查研究，及时总结基层探索出的好做法、好经验、好模式。要通过各种新闻媒体和互联网络，大力宣传实施“中国青年创业行动”的重要意义和实际效果，在全国打响这一工作品牌。要表彰促进青年创业和就业工作中贡献突出的单位和个人，营造关心支持青年创业和就业工作的良好社会氛围，推动工作不断向纵深发展。

请各地将实施“中国青年创业行动”的情况及时反馈到团中央青工部、劳动和社会保障部培训就业司。

共青团中央办公厅关于深入开展向许振超同志学习活动的通知

2004年4月20日

共青团各省、自治区、直辖市委，军委总政治部组织部，全国铁道团委，全国民航团委，中直机关团工委，中央国家机关团工委，中央金融团工委，中央企业团工委：

许振超是青岛港(集团)有限公司明港公司桥吊队队长、党支部书记，1974年进入青岛港工作，凭着刻苦钻研、艰苦奋斗的拼搏精神和不怕困难、勇于创新的坚忍意志，从一名普通工人锻炼成长为著名的港口桥吊技术能手，带领桥吊队连续创造了世界领先的桥吊装卸效率，为我国集装箱运输的发展做出了突出的贡献。

许振超敢想敢干、能干会干、苦干实干，在平凡的岗位上做出了不平凡的业绩。他坚持“不论干什么，干就干一流，争就争第一，拼命也要创名牌，为企业增效，为国家增光”的信念，几十年如一日，爱岗敬业，拼搏奉献，把知识和智慧全部奉献给了自己热爱的岗位。他原来只有初中文化，但他深知“一个人可以没有文凭，但不能没有知识，可以不进大学殿堂，但不可以不学习”，立志“当不了科学家，也要争当一名优秀工人”，以坚忍不拔的毅力，知难而进，刻苦钻研，努力掌握各种现代科学技术知识和操作技能，最终成为“行家里手”。他立足本职岗位开拓进取，以强烈的创新意识和科学态度，紧紧盯住世界先进水平争创一流，创造了令同行瞩目的“振超效率”，在世界航运界引起了轰动。他不仅自己大胆进行技术创新，练就了高强的本领，还带出了一支“技术精、作风硬、效率高”的优秀团队，为企业发展提供了有力的人才支持。

许振超的先进事迹，充分体现了爱岗敬业、艰苦创业、勇于奉献的精神风貌，体现了与时俱进、敢为人先、拼搏进取的时代精神，体现了共产党人率先垂范、以人为本、关爱他人的崇高品质，他不愧是“三个代表”重要思想的模范实践者，是新时期产业工人的楷模，是全国广大青年学习的榜样。在广大青年中深入开展向许振超同志学习的活动，对于激励和引导广大青年自觉实践“三个代表”重要思想，树立正确的世界观、人生观、价值观，努力成长为适应时代发展的有用之才，为全面建设小康社会建功立业，具有十分重要的现实意义。

贯彻党的十六届三中全会提出的科学发展观，走新型工业化道路，不仅需要大批科研人才和经营管理人才，也需要千千万万的高素质劳动者。全面建设小康社会、加快推进社会主义现代化的伟大实践，需要当代青年像许振超那样，树立崇高的理想和坚定的信念，胸怀祖国，服务人民，立足本职，扎实工作，开拓创新，努力拼搏。广大青年要向许振超学习，学习他刻苦学习、永不满足的创新进取精神，做知识型、创新型的新时代建设者；学习他艰苦奋斗、干事创业的拼搏奉献精神，以强烈的事业心、责任感，自我加压，奋发有为；学习他立足本职、追求卓越的爱岗敬业精神，干一行、爱一行、精一行，创造性地做好各项工作。广大青年要以许振超为榜样，按照胡锦涛总书记提出的“勤于学习，善于创造，甘于奉献”的要求，进一步坚定理想信念，发奋学习，勇于实践，艰苦创业，不懈进取，为改革开放和社会主义现代化建设贡献青春、智慧和力量。

各级团组织要充分认识在广大青年尤其是青年职工中深入开展向许振超同志学习的重要意义，将其作为贯彻全国人才工作会议和共青团全国青年人才工作会议精神，落实全国“青工技能振兴计划”推进会议要求的重要举措抓紧抓好。要通过组织开展形式多样的学习教育活动，引导广大青年树立人人都能成才的科学人才观，鼓励广大青年干就干一流，争就争第一，用实际行动实现个人价值，为国建功立业。要大力实施“青工技能振兴计划”，引导和帮助广大青年职工立足本职岗位，不断学习新知识，钻研新业务，掌握新技能，创造新业绩。要充分发挥团属新闻宣传阵地的作用，大力宣传许振超的先进事迹，树立、宣传先进青年典型，积极营造有利于青年人才健康成长的良好氛围。要通过深入开展向许振超同志学习活动，进一步调动广大青年的积极性、主动性和创造性，引导广大青年在平凡的工作岗位上，努力学习，锐意进取，求真务实，奋发成才，在邓小平理论和“三个代表”重要思想的指引下，紧密团结在以胡锦涛同志为总书记的党中央周围，为全面建设小康社会、实现中华民族的伟大复兴做出新的更大的贡献！

共青团中央办公厅、劳动和社会保障部关于做好2003年度全国青年岗位能手和全国杰出青年岗位能手推荐工作的通知

2004年4月24日

各省、自治区、直辖市团委，劳动和社会保障厅（局），军委总政治部组织部，全国铁道团委，全国民航团委，中直机关团工委，中央国家机关团工委，中央金融团工委，中央企业团工委：

去年以来，各地区、各行业、各企业以“三个代表”重要思想为指导，认真贯彻党的十六届三中全会和全国人才工作会议精神，紧密结合企业实际和当代青年职工的特点，以开发青年职工人力资源为内容，以培养适应现代企业制度和全面建设小康社会要求的合格劳动者队伍为目标，继续深化青年岗位能手活动，培养出一大批熟练掌握新知识和新技能、立足本职岗位为企业创造良好效益的青年岗位能手。

为表彰先进，树立典型，激励广大青年职工立足本职，勤奋学习，创新成才，为推动企业改革发展做出更大的贡献，共青团中央、劳动和社会保障部决定，开展2003年度全国青年岗位能手和全国杰出青年岗位能手推荐表彰工作。现将有关事宜通知如下。

一、推荐对象

积极参加青年岗位能手活动并表现突出的青年职工（年龄不超过35周岁）。

二、推荐条件

1. 坚持党的基本路线，具有良好的思想品德和职业道德，敬业爱岗，遵纪守法；

2. 刻苦钻研业务，熟练掌握本岗位各项业务技能和知识，实际操作技能在本单位、本系统处于领先地位；

3. 安全、优质、超额完成本职工作任务，成效显著，贡献突出；

4. 全国杰出青年岗位能手推荐对象要在技术、管理、营销、服务等方面拥有创新成果，为本单位创造出较好的经济效益；

5. 被评为省级青年岗位能手或省级杰出青年岗位能手一年以上。

三、推荐表彰步骤

1. 推荐申报（2004年5月10日前）。各省

级团委根据分配的名额，自下而上逐级做好推荐审查工作，根据推荐对象的事迹择优排列顺序并注明全国杰出青年岗位能手推荐人选（每个省级团委限推荐1人）。推荐表和事迹材料一式3份，上报全国青年岗位能手活动组委会办公室（团中央青工部），逾期无效。

2. 审核确认（2004年5月15日前）。全国青年岗位能手活动组委会召开评审会，对推荐对象进行审核，从中择优确定2003年度全国青年岗位能手和全国杰出青年岗位能手。

3. 命名表彰（2004年5月下旬）。共青团中央、劳动和社会保障部联合发文命名表彰。

四、工作要求

1. 高度重视，加强合作。各省级团委、劳动和社会保障厅（局）要相互配合，通力协作，切实加强对推荐工作的组织领导，确保推荐工作的顺利完成。

2. 精心组织，严格把关。要根据通知要求，严格把握推荐条件，广泛听取基层意见，确保推荐对象的质量。

3. 大力宣传，营造氛围。通过各种新闻媒介，宣传在青年岗位能手活动中涌现出的典型人物及事迹，营造崇尚学习、勇于创新的良好社会氛围。

联系人：陈必昌

联系电话：010－85212081、85212183

邮编：100051

传真：010－85212378、85212182

共青团中央办公厅关于举办“青年企业家东北行——辽宁经贸考察活动”的通知

2004年6月15日

共青团北京、天津、山西、辽宁、吉林、黑龙江、上海、江苏、浙江、福建、河南、湖北、湖南、广东、重庆省（市）委：

为了配合实施东北等老工业基地振兴战略，动员组织青年企业家在东北老工业基地振兴的实践中成长成才、建功立业，共青团中央、中国青年企业家协会决定举办“青年企业家东北行——辽宁经贸考察活动”。现将有关事宜通知如下。

一、时间

2004年7月6日至7日（5日报到，全天在沈阳桃仙机场、沈阳北站接站）

二、地点

辽宁省沈阳市、大连市、阜新市

三、参加人员

1. 北京、天津、山西、辽宁、吉林、黑龙江、上海、江苏、浙江、福建、河南、湖北、湖南、广东、重庆省（市）青企协会员各10—15名（各地青企协一名负责同志带队）。

2. 对辽宁省有经贸考察和经济合作意向的中青企协会员。

四、有关要求

1. “青年企业家东北行——辽宁经贸考察活动”是共青团、青企协组织实践“三个代表”重要思想、服务东北等老工业基地振兴战略的重大举措，各地要充分认识这项活动的重要意义，高度重视，精心组织。

2. 各地要统一组团参会，并于7月1日前将参会人员名单报至中青企协秘书处。参加活动的中青企协会员单独报回执。

3. 差旅费自理。

联系人:夏丹荷　张骋　陈宗菊

联系电话:010－85212210、85212087

传真:010－85212210

共青团中央办公厅关于举办首届“中国青年创业论坛”的通知

2004 年 7 月 5 日

共青团各省、自治区、直辖市委:

为深入贯彻“三个代表”重要思想和党的十六大、十六届三中全会精神,认真落实全国再就业工作座谈会和中国青年创业行动现场推进会有关要求,加强青年创业与促进就业的理论研究,优化青年创业的外部环境,推动中国青年创业行动的深入实施,为青年创业和就业提供更加切实有效的帮助,共青团中央决定举办首届“中国青年创业论坛”。现将具体事宜通知如下。

一、时间地点

1. 时间:2004 年 7 月 19—20 日,会期一天半(18 日全天报到);

2. 地点:北京东交民巷饭店(地址:北京东交民巷甲 23 号)。

二、参加人员

1. 各省、自治区、直辖市团委分管青工工作的副书记,各副省级城市团委书记;

2. 部分全国青年创业培训基地和实践基地负责人;

3. 部分创业研究机构、投资机构、中介机构负责人。

三、主要内容

1. 就青年创业的理论与实践问题进行专题研讨;

2. 命名全国青年创业培训基地和全国青年创业实践基地;

3. 交流各地团组织实施青年创业行动的做法。

四、有关要求

1. 举办首届“中国青年创业论坛”是服务党和国家就业和再就业工作大局,落实今年全国青年就业和再就业重点工作、深化中国青年创业行动的重要措施。各地要高度重视,认真对待。

2. 论坛期间,团中央将命名一批全国青年创业培训基地和全国青年创业实践基地。各省、自治区、直辖市团委要按照基本条件,在认真考察、严格把关的基础上推荐候选单位,从中组织 1 名培训基地或实践基地负责人参会,并统一填写会议回执和全国青年创业培训/实践基地推报表,于 2004 年 7 月 14 日之前报团中央青工部。

3. 各省级团委分管青工工作的副书记和副省级城市团委书记要提供 1 篇理论研究文章到会。会后,主办单位将把优秀理论成果编印成册。

联系人:王华杰

联系电话:010－85212083

传真电话:010－85212378、85212322

附 1:全国青年创业培训基地、实践基地基本条件

一、全国青年创业培训基地

1. 深入贯彻“三个代表”重要思想,以服务党政大局、服务青年、服务社会为培训宗旨;

2. 具有法人资格的教育机构或社会力量办学单位，教学设施完备，专业优势突出，师资力量强，培训质量高；

3. 认真落实中国青年创业行动的有关要求，正在或计划开设旨在增强青年创业意识、完善青年创业知识的专门培训班；

4. 积极参与中国青年创业行动，每年为共青团全国青年就业和再就业工作领导小组办公室提供不少于100个免费培训特困青年的名额；

5. 有良好的社会形象。

二、全国青年创业实践基地

1. 深入贯彻“三个代表”重要思想，模范遵守各项法律和行政法规；

2. 具有法人资格的企业或事业单位；

3. 管理规范，运转良好，业绩突出；

4. 积极参与中国青年创业行动，认真落实中国青年创业行动的有关要求，每年为有志创业的青年提供一定数量的挂职锻炼岗位，为创业青年开阔眼界、增长实践能力服务；

5. 有良好的社会形象。

附2：参考议题

一、经济发展与青年创业

1. 挑战与回应：全球化进程中的青年创业与发展

2. 重要战略机遇期的宏观经济形势与青年创业问题

3. 机遇与挑战：经济结构调整与青年创业

4. 企业家在青年创业中的作用

5. 城乡互动与青年创业

二、社会进步与青年创业

1. 创业环境的优化与青年创业

2. 时代精神与当代青年创业理想实现

3. 科学发展观与青年创业成长

4. 文化观念、价值导向与青年创业

三、人力资源开发与青年创业

1. 创业型青年人才开发：制度创新与政策保障

2. 最具竞争力的资源——中国青年劳动力资源分析

3. 走好创业之路——青年创业的规划与实施

4. 技能培训与创业型青年人才培养：以劳动力市场供求为视角

5. 权益维护、安全健康与青年创业

四、公共领域与青年创业

1. 中国青年公共就业服务体系的构建和完善

2. 中国促进创业的政策：历史、现实与发展

3. 第三部门与青年创业

4. 青年创业如何突破资金瓶颈

五、青年创业的国际问题

1. 国外青年创业政策和模式：经验与借鉴

2. 青年创业的国际合作战略

共青团中央办公厅关于做好促进青年就业和再就业工作信息报送工作的通知

2004年9月28日

共青团各省、自治区、直辖市委：

近年来，各级团组织根据团中央的总体部署，以实施中国青年创业行动为牵动，加大促进青年就业和再就业工作力度，取得了积极的

成效。随着这项工作的不断推进,信息的传递和沟通显得越来越重要。为了能及时、准确地了解各级团组织实施中国青年创业行动、开展促进青年就业和再就业工作的情况,特就进一步做好促进青年就业和再就业工作信息报送工作提出如下要求。

一、进一步加强信息报送工作

1. 充分认识信息报送的重要性。在我国当前和今后一个较长时期就业形势非常严峻、就业任务更加艰巨、各种新情况新问题不断出现、青年就业和再就业需求日益迫切的情况下,认真了解情况、及时报送信息,做好上情下达、下情上达十分重要。各省级团委要从服务国家就业和再就业工作大局的高度,充分认识做好促进青年就业和再就业工作信息报送工作的重要性。

2. 各省级团委青工部(就业办)要发挥信息报送的主渠道作用。要指派专人负责,把信息报送作为重要工作内容,采取有力措施切实抓紧抓好。要根据团中央的有关要求,及时、准确、全面地报送信息。要充分重视网络这一新的信息渠道,善于运用网络报送信息,展示工作。

3. 团中央青工部将就促进青年就业和再就业工作的信息报送情况进行定期通报,并将有关情况送省级党委分管书记和相关部门。各省级团委要根据实际情况,建立相应的信息搜集、报送和表彰奖励制度。

二、信息报送的主要内容

1. 贯彻有关会议精神和工作部署的具体思路、措施;

2. 地方党政领导就实施中国青年创业行动、促进青年就业和再就业工作的讲话和批示;

3. 本地区实施中国青年创业行动、做好促进青年就业和再就业工作的成功经验和先进模式;

4. 为青年就业、创业和再就业提供服务的相关数字和资料;

5. 相关理论研究成果。

三、信息报送的时间要求

1. 贯彻有关会议精神和工作要求的具体思路和措施,根据实际情况及时总结上报。

2. 进行观念教育、开展技能培训、提供就业服务、搭建创业平台、实施就业援助等工作情况在每年6月20日前和12月20日前分两次上报。

3. 对共青团全国青年就业和再就业工作领导小组办公室、团中央青工部所发有关信息报送方面的临时通知,根据要求上报。

请各省级团委将本单位信息报送员姓名、联系电话和本年度1—8月份有关数字于2004年10月15日前报团中央青工部。联系人:熊剑、田丁;电话:010-85212186;传真:010-85212378;E-mail:chinajc@cycnet.com。

共青团中央、劳动和社会保障部、国务院国有资产监督管理委员会关于开展2004年中国青工技能月活动的通知

2004年10月8日

各省、自治区、直辖市团委、劳动和社会保障厅(局),各中央企业,军委总政治部组织部,全国铁道团委,全国民航团委,中直机关团工委,中央国家机关团工委,中央金融团工委,中央企业团工委:

中国青工技能月活动自1994年开展以来,取得了良好成效,得到了社会的广泛认同。为了贯彻落实党的十六大和团十五大精神,配合实施人才强国战略和三年50万新技师培养计划,进一步动员引导广大青年职工立足岗位,学技成才,为企业改革和发展做贡献,共青团中央决定联合劳动和社会保障部、国务院国有资产监督管理委员会开展2004年中国青工技能月活动。

一、指导思想

以"三个代表"重要思想为指导,贯彻党的十六大和团十五大精神,以实施"青工技能振兴计划"为主线,以技能培训、技能大赛、青年职业技能专场鉴定为途径,搭建青年职工施展才华、脱颖而出的舞台,树立尊重劳动、尊重知识、尊重人才、尊重创造的风尚,动员组织广大青年职工在改革开放和现代化建设的伟大实践中成长成才、建功立业。

二、活动主题

技能振兴,青年当先

三、活动时间

2004年11月1日—30日

四、主要内容

各地区、各行业特别是企业团组织要按照实施"青工技能振兴计划"的有关要求,结合企业和青工的实际,切实做好以下几方面工作:

1. 开展青工技能培训。采取举办培训班、知识讲座、技术交流、网上培训等多种方式,加强青工职业技能培训,提高青工的技能水平。

2. 开展青工技能竞赛。结合2004全国职业技能竞赛系列活动,选择有代表性的职业(工种),开展青工技术比武、技能竞赛活动。

3. 开展面向青工的职业技能鉴定。组织青年技术工人职业技能专场鉴定,帮助更多的青年技术工人晋升技术等级。

4. 探索完善工作机制。建立健全"青工技能振兴计划"的组织领导、动态管理、考核评价、激励约束等工作机制,为实施"青工技能振兴计划"提供有力保障。

活动月期间,共青团中央、劳动和社会保障部、国务院国有资产监督管理委员会将联合举办首届全国青年职业技能大赛新闻发布会、"青年职业技能专场鉴定周"、东北地区重点城市青年职业技能邀请赛等活动,在有关新闻媒体上开办"青工技能振兴计划"宣传栏目,印发《青工技能振兴计划导读》,以加强对基层的引导。

五、有关要求

1. 加强领导,精心组织。各级团组织、劳动和社会保障部门、中央企业要密切配合,通力协作,加强活动的领导。要制定切实可行的活动方案,有计划、有步骤地推进各项活动,各级团的青工部门要加强组织和协调。要组织开展一些在本地区、本行业具有示范性的活动,为基层提供借鉴。

2. 立足基层,务求实效。要把活动的重点

放在基层,放在企业,广泛发动青工参加,掀起群众性学练技能的新高潮。

3. 扩大宣传,营造氛围。各地要充分利用各种新闻媒介,加强活动宣传,形成有利于青工成长成才的良好社会环境。

请各省级团委青工部于12月10日前将活动总结材料报送团中央青工部企业处(联系人:陈必昌;联系电话:010－85212081)。

共青团中央办公厅
关于做好首届中国青年创业周筹备工作的通知

2004年10月12日

共青团各省、自治区、直辖市委,军委总政治部组织部,全国铁道团委,全国民航团委,中直机关团工委,中央国家机关团工委,中央金融团工委,中央企业团工委:

为深入贯彻"三个代表"重要思想和党的十六大、十六届四中全会精神,认真落实全国再就业工作表彰大会的有关要求,进一步推动中国青年创业行动的深入实施,广泛动员、积极帮助广大青年在创业中实现就业和再就业,共青团中央决定于2004年12月联合有关部委举办首届中国青年创业周。现将筹备工作的有关事项通知如下。

一、目的意义

当前及今后一个时期,我国就业形势依然十分严峻。在我国劳动者充分就业的需求与劳动力总量过大、劳动者素质与经济社会发展要求之间的矛盾较为突出的情况下,培养创业型人才、扩张创业的就业倍增效应是解决就业问题的根本出路。举办首届中国青年创业周,就是通过搭建青年创业帮扶平台,培养青年的创业意识,激发青年的创业热情,提高青年的创业素质,促进人才、技术、资金、信息等创业要素的有机结合,推动一大批勇于创业、善于创业的青年人才脱颖而出,为维护我国改革发展稳定大局做出积极贡献。

二、活动主题

弘扬创业精神争做创业先锋

三、主要项目

1. 首届中国青年创业周开幕式

邀请青年企业家代表、创业青年代表参加。展示各地实施中国青年创业行动的做法及成果,发布《新世纪中国青年创业宣言》。

2. 青年创业项目洽谈会

分片区展示创业项目;举行创业项目发布会,开展现场洽谈;组织专家进行现场咨询;举行创业项目转让签约仪式;进行创业项目评奖;政府相关机构提供创业一条龙服务。

3. 中国青年创业能力大赛

方式:采取自主报名、基层推荐的方式进行,分初赛、复赛和决赛三个步骤。初赛、复赛由各省、自治区、直辖市团委组织,并最终选拔推荐1名青年参加决赛。

内容:创业知识竞赛(以全国青年创业知识竞赛内容为主);创业方案评比(创业方案写作指南见附件);创业实战模拟比赛(真实体验创办和经营一家企业的过程,从技术能力、市场开拓能力、融资能力、综合管理能力等4个方面评估)。

表彰:获奖者荣获中国"最具创业潜能青年"称号。

4. 中国青年创业高端论坛

邀请金融、证券部门官员、专家，青年企业家代表，首届中国青年创业奖获得者等，针对青年创业的成功个案和失败范例，探讨青年创业发展的规律和条件，交流资本运营经验，研讨创业板上市法则，共同推动中国青年创业行动的深入发展。

5. 首届中国青年创业周闭幕式

青年企业家与创业青年签约结对，实现创业项目、创业人才与投资者的有效对接；建立中国青年创业基金并向具有创业潜能的青年发放首批贷款；举行青年创业丛书赠书仪式；颁发中国"最具创业潜能青年"奖、创业项目金银铜奖、首届中国青年创业周优秀组织奖等。

四、有关要求

1. 高度重视，加强领导。首届中国青年创业周，是今年中国青年创业行动的重点项目，是在新世纪动员广大青年走自主创业之路的积极举措。各地区要高度重视，加强对活动的领导。共青团中央等主办单位将成立首届中国青年创业周组委会。各地区要成立相应的组织领导机构，把这项活动摆上重要议事日程，以强烈的责任感认真筹划，迅速部署。

2. 精心组织，务求实效。各地区要制定切实可行的方案，有计划、有步骤地推进这项活动。各省、自治区、直辖市团委至少要报100个创业项目参加青年创业项目洽谈会并填写展位申请表；推荐1人参加中国青年创业能力大赛并填写参赛表；要组织一批有志创业的优秀青年和愿意帮扶青年创业的青年企业家参加现场活动。要通过努力，把创业周办成弘扬创业精神、培育创业文化、凝聚创业青年的一次盛会，推动中国青年创业行动的深入实施。

3. 扩大宣传，营造氛围。各地区要充分利用报刊、电视、网络等媒体，不失时机地开展形式多样的宣传活动，提高宣传工作的覆盖面和感召力。要以此为契机，营造崇尚创业、支持创业的良好社会氛围，优化青年创业的外部环境。

请各省级团委青工部于2004年11月15日前将填写的表格传真至团中央青工部。联系人：孙鑫、田丁；联系电话：010-85212186；传真：010-85212378；E-mail：chinajc@cycnet.com。

附：创业方案写作指南

一、核心内容

产品（或服务）的独特性

详尽的市场分析和竞争分析

现实的财务预测

明确的投资回收方式

精干的管理队伍

二、写作框架

1. 方案概述：公司的业务和目标及其他

2. 市场分析：

背景（宏观背景）

市场状况（行业分析、顾客分析、上下游产业分析）

竞争分析（竞争者分析、竞争优势、替代产品）

3. 运作方式：

产品（服务）介绍

产量目标

资源配置：生产运作设施配置

生产资料配置

劳动力配置

管理模式：物流管理

质量管理

4. 营销策略：

营销计划

竞争性推销

市场渗透计划（如何保持、提高市场占有率）

5. 管理层：

所有权形式

核心管理层(每人的工作职责、经验、能力、专长)

员工安排(部门、人数、具体职责)

6. 保险和法律事务

7. 财务状况:

财务数据:营业收入和费用、现金流量

财务分析:资债平衡预测、月收入表和财务变化、各类财务预测的表图

8. 附录:支持上述信息的材料

共青团中央办公厅
关于推荐"全国青工技能鉴定示范单位"候选单位的通知

2004 年 10 月 27 日

共青团各省、自治区、直辖市委,全国铁道团委,全国民航团委,中直机关团工委,中央国家机关团工委,中央金融团工委,中央企业团工委:

组织面向青年的职业技能鉴定,是深入实施"青工技能振兴计划"的关键环节。为充分发挥职业技能鉴定所(站)在青年职业技能鉴定中的积极作用,拓宽面向青年的职业技能鉴定渠道,团中央决定评选一批"全国青工技能鉴定示范单位"。现将有关事宜通知如下。

一、标准

1. 具有职业技能鉴定资格的鉴定所(站)。

2. 举办面向青年的职业技能鉴定的工作热情高,每年至少举办两次以上面向青年的专场职业技能鉴定。

3. 所在地青年技术工人认同度较高。

二、步骤

1. 各省级团委按评选标准推荐 1—2 家"全国青工技能鉴定示范单位"候选单位(候选单位须填写申报表),并于 11 月 20 日前报至团中央青工部。

2. 团中央确定一批"全国青工技能鉴定示范单位",并于适当时候为示范单位挂牌。

三、要求

各地区、各行业要坚持标准,优中选优,切实把管理基础扎实、师资力量雄厚、鉴定成果显著、支持"青工技能振兴计划"的单位推荐上来,为青工技能鉴定创造良好条件,促进"青工技能振兴计划"的广泛深入开展。

联系人:陈永存(团中央青工部企业处)

联系电话:010－85212182、85212081

联系地址:北京市前门东大街 10 号

邮编:100051

共青团中央、劳动和社会保障部关于开展2004年度中国青年创业行动优秀组织单位和先进个人评选活动的通知

2004年11月15日

各省、自治区、直辖市团委，劳动和社会保障厅（局）：

2004年，全国各级团组织在劳动保障部门的支持下，发挥自身优势，整合社会资源，大力推进中国青年创业行动，帮助青年走自谋职业、自主创业之路，取得了显著成效，为就业和再就业工作做出了积极贡献。为深入贯彻落实全国再就业工作表彰大会精神，进一步推动中国青年创业行动的深入实施，切实为青年就业和再就业服务，共青团中央、劳动和社会保障部决定评选表彰2004年度中国青年创业行动优秀组织单位和先进个人。现将有关事宜通知如下。

一、评选对象

1. 中国青年创业行动优秀组织单位的评选对象是组织实施中国青年创业行动并取得明显实效，在全国范围内起到先进示范作用的地方团组织（不包括省级团委及省级团委有关部门）、劳动保障部门、青年就业服务中心以及职业介绍、职业培训机构。

2. 中国青年创业行动先进个人的评选对象是在实施中国青年创业行动过程中工作成绩突出的各级团组织和劳动保障部门干部，青年就业服务中心和职业介绍、职业培训机构工作人员以及青年企业家。

二、评选条件

1. 中国青年创业行动优秀组织单位

（1）深入学习贯彻邓小平理论和“三个代表”重要思想，认真落实全国再就业工作座谈会要求，根据团中央、劳动和社会保障部2004年中国青年创业行动的工作任务，结合本地实际创造性地开展工作；

（2）对青年广泛进行创业教育，开展创业培训，并为青年提供了信息、政策、资金等方面服务；

（3）扶持了一批自强自立、自主创业的青年创业者；

（4）受过本地政府部门及上级团组织、劳动保障部门表彰的单位优先考虑。

2. 中国青年创业行动先进个人

（1）忠实实践“三个代表”重要思想，全心全意为青年创业、就业和再就业排忧解难，提供服务；

（2）从本地区、本单位的实际出发，精心组织实施中国青年创业行动，在帮助青年创业、就业和再就业方面做出了突出成绩；

（3）受过表彰奖励的优先考虑。

三、评选步骤

评选采取自下而上、逐级申报的方式进行。

1. 推荐。各省、自治区、直辖市团委按照名额分配表推荐本地区中国青年创业行动优秀组织单位候选单位和先进个人候选人，填写《2004年度中国青年创业行动优秀组织单位推荐表》、《2004年度中国青年创业行动先进个人推荐表》，连同2000字左右的事迹材料（一式两份，同时以电子邮件形式上报）于2004年12月6日前报共青团全国青年就业和再就业工作领导小组办公室，逾期无效。在推荐中国青年创业行动优秀组织单位之前，要依据《中国青年创业行动工作目标考核标准》对推荐单位2004年工作情况进行打分。

2. 评审。共青团中央、劳动和社会保障部

组成专门评审委员会,对各地上报的评选对象进行评审,择优确定2004年度中国青年创业行动优秀组织单位和先进个人。

3. 表彰。共青团中央、劳动和社会保障部将于首届“中国青年创业周”期间对2004年度中国青年创业行动优秀组织单位和先进个人进行表彰、宣传。

四、工作要求

1. 高度重视。评选中国青年创业行动优秀组织单位和先进个人是深化中国青年创业行动、促进青年就业和再就业工作的重要措施,各地要高度重视,精心组织,确保这项工作能够顺利开展,收到实效。

2. 严格把关。中国青年创业行动优秀组织单位和先进个人应是新时期全心全意服务青年就业和创业需求的模范。各地要坚持标准,实事求是,严格把关,保证质量。

3. 加强宣传。各地要抓住中国青年创业行动优秀组织单位和先进个人评选的时机,树立一批有说服力的典型进行宣传,进一步把促进青年就业和再就业工作引向深入。

联系人:孙鑫、李立源
电话:010-85212186
传真:010-85212378
E-mail:chinajc@cycnet.com

共青团中央、劳动和社会保障部关于举办首届“振兴杯”全国青年职业技能大赛的通知

2004年11月29日

各省、自治区、直辖市团委、劳动保障厅(局),军委总政治部组织部,全国铁道团委,全国民航团委,中直机关团工委,中央国家机关团工委,中央金融团工委,中央企业团工委:

为深入贯彻“三个代表”重要思想和党的十六大、全国人才工作会议、团十五大精神,深入实施“青工技能振兴计划”,发现和培养更多的优秀青年技能人才,激励和引导广大青年技术工人立足岗位,学练技能,成长成才,为企业改革发展做贡献,共青团中央、劳动和社会保障部决定联合举办首届“振兴杯”全国青年职业技能大赛。现将有关事宜通知如下。

一、参赛人员

年龄在35周岁(含)以下的青年技术工人。

二、赛事安排

本届大赛设置焊工、钳工、电工、数控车工等4个竞赛工种,分为初赛和决赛两个阶段进行。初赛由各省(区、市)大赛组委会组织实施,决赛由全国大赛组委会组织实施,初赛和决赛均由团体赛和个人赛两部分组成。决赛定级为国家级一类竞赛。

同时,共青团中央还将会同劳动和社会保障部按照国家级二类职业技能竞赛的有关规定,在部分行业开展相关的职业技能竞赛。

三、实施步骤

(一)启动阶段(2004年12月)。下发大赛文件。各地区、各行业根据大赛总体安排,分别下发通知并成立相应的组织领导机构,进行赛事的准备工作。

(二)实施阶段(2005年1月—2005年5月)。各项赛事层层展开,通过初赛,选择出参加决赛的选手。决赛将于2005年4月—5月

举行。

（三）总结阶段（2005年6月）。开展表彰活动，表彰取得优异成绩的单位和青年职工。

四、表彰奖励

获个人优胜奖的选手，大赛组委会将按照全国职业技能竞赛管理办法有关规定进行奖励。获团体优胜奖的企业，大赛组委会将颁发"振兴杯"和"优胜杯"，同时设立优秀组织奖，表彰组织工作成绩突出的单位和个人。

五、有关要求

（一）加强领导。为加强对活动的组织领导，共青团中央、劳动和社会保障部成立了全国大赛组织委员会。组委会下设办公室（设在共青团中央青工部）负责日常工作。各地区、各行业也要成立相应的活动组织领导机构。

（二）精心组织。各地区、各行业、各企业要制定科学的活动规划，采取积极措施，最广泛地动员组织广大青年技术工人参加到竞赛中来。要强化工作责任制，实现评价指标化、认证规范化，把竞赛的开展情况作为上级考核下级的重要内容。

（三）强化宣传。要充分利用新闻媒体，采取多种形式，加强活动宣传，形成积极的社会导向。

各地区、各行业要根据活动的总体安排，制定本地区、本行业大赛的具体组织程序、办法，精心组织命题，并于2005年1月20日前将全套竞赛文件报全国大赛组委会办公室备案（地址：北京市前门东大街10号团中央青工部801室，邮编：100051，E－mail：qyc@cycnet.com）。

附：首届"振兴杯"全国青年职业技能大赛组委会成员名单

主　任：

王　晓　团中央书记处书记

张小建　劳动和社会保障部副部长

成　员：

徐绍川　团中央青工部部长

于法鸣　劳动和社会保障部培训就业司司长

陈　宇　中国就业培训技术指导中心主任

办公室主任：

张　劲　团中央青工部副部长

刘　康　劳动和社会保障部培训就业司副司长

宋　建　中国就业培训技术指导中心副主任

办公室成员：

马兴民　团中央青工部企业处处长

王晓君　劳动和社会保障部培训就业司职业资格处处长

冯　政　劳动和社会保障部培训就业司职业培训处处长

贾伟一　中国就业培训技术指导中心竞赛处副处长

王　晶　团中央青工部企业处副处长

共青团中央办公厅关于评选2004年度并考核2003年度全国青年文明号的通知

2004年12月1日

共青团各省、自治区、直辖市委，军委总政治部组织部，全国铁道团委，全国民航团委，中直机关团工委，中央国家机关团工委，中央金融团工委，中央企业团工委：

根据《全国青年文明号活动管理办法》的有关规定，共青团中央决定于今年底至明年初开展2004年度全国青年文明号评选表彰和2003年度全国青年文明号考核认定工作。现将有关事宜通知如下。

一、评选2004年度全国青年文明号

（一）关于团组织联合有关部门开展活动行业的评选

团中央将于近期联合最高人民法院、公安部、铁道部、交通部、信息产业部、卫生部、国务院国有资产监督管理委员会、海关总署、国家质量监督检验检疫总局、中国民用航空总局、国家旅游局、中华全国供销合作总社、中国石油化工集团公司、国家电网公司、国家工商行政管理总局和中国个体劳动者协会等部门分别下发通知，对评选工作提出具体要求。各地要按照通知精神，积极做好组织协调工作，认真组织评选。

1. 法院、公安、交通、通信、卫生、海关、质检、旅游、供销、石化、电网、个协私协等12个行业的评选，各省、自治区、直辖市团委要与省级行业主管部门共同组织开展，在协商一致的基础上共同推荐。

2. 铁道、中央企业、民航的评选，由全国铁道团委、中央企业团工委、全国民航团委组织开展，但申报全国青年文明号的青年集体，需征求所在地省级团委的意见。

3. 根据实际情况，金融系统的评选暂纳入团中央单独评选序列，由中央各金融机构先行组织开展。

（二）关于团组织独立开展活动行业的评选

1. 评选范围

评选范围包括国家行业主管部门目前还没有开展青年文明号活动的服务行业；工业企业（不包括国务院国有资产监督管理委员会所管理的中央企业）的车间、生产线、班组、岗台；重点建设工程中的青年突击队；机关事业单位的处、室、科。

2. 评选名额

各省、自治区、直辖市团委新申报名额不超过5个，军委总政治部组织部、中直机关团工委、中央国家机关团工委可新申报2个。

3. 评选方式

评选采取自下而上、逐级申报的方式。首先是青年集体进行申报，申报单位要认真填写《全国青年文明号申报表》，并附3000字左右的事迹材料。青年集体要从申报之日起将自然情况、创建情况、申报情况、全国青年文明号监督电话及电子信箱在工作场所醒目位置进行不少于20天的自行公示。各省级团委根据全国青年文明号的条件和标准进行初评，并提出意见，于2005年1月底前将候选单位名单及材料（一式两份）统一上报团中央，最后由团中央进行评定和命名表彰。

所有申报单位需于2005年1月底前登录“全国青年文明号在线”网站（www.ymu.org.cn），在“申报专区”根据网络提示填写本集体的基本情况。没有注册的,取消其申报资格。

二、考核2003年度全国青年文明号

凡是团中央联合有关部委或团中央单独命名表彰的2003年度全国青年文明号,都要进行年度考核。

考核要按照《全国青年文明号活动管理办法》的有关规定进行。符合条件的,填写《全国青年文明号复核表》,于2005年1月底前报全国青年文明号活动组委会办公室。不符合条件的,按有关程序取消称号,摘下牌匾。所有2003年度全国青年文明号需于2005年1月底前登录"全国青年文明号在线"网站(www.ymu.org.cn),在"申报专区"根据网络提示填写本集体的基本情况,注册情况将作为继续认定全国青年文明号的重要依据之一(今年已注册过的集体不需重新注册)。

开展青年文明号评选、考核工作是推动青年文明号活动持续健康发展的重要手段。各省级团委要高度重视,认真组织,严格标准,优中选优,使青年文明号真正体现先进性和示范性。

评选、考核的具体事宜请与团中央青工部机关事业处联系。联系人:刘爱平、孙鑫;地址:北京市前门东大街10号;邮编:100051;联系电话:010-85212186。

七、青农

共青团中央、国家环保总局关于命名2003年度全国保护母亲河生态监护站的决定

2004年1月20日

保护母亲河生态监护站的建设是生态监护活动的关键所在。近年来,各级团组织、环保部门共同努力,密切配合,积极创造条件,建设了一批管理制度科学、监护队伍稳固、运作机制高效的保护母亲河生态监护站,并依托生态监护站,组建生态监护队,广泛动员青少年参与生态环境监督,为保护和改善母亲河流域生态环境状况做出了积极贡献。为表彰先进,激励各地大力建设保护母亲河生态监护站,推动保护母亲河生态监护活动深入开展,更广泛地动员青少年和社会公众积极行动起来,保护家乡的母亲河,共青团中央、国家环保总局决定,命名北京市延庆县保护母亲河生态监护站等82个保护母亲河生态监护站为"2003年度全国保护母亲河生态监护站"。

保护母亲河行动经过五年的强势推进,将迎来一个全新的发展阶段。大力建设生态监护站,深入开展生态监护活动,引导广大青少年亲身体验母亲河流域的生态环境状况,在体验中提高自身的"母亲河意识",从而自觉养成保护母亲河的良好习惯,是今后保护母亲河行动的一个重点工作内容。各级团组织、环保部门要认真贯彻落实"三个代表"重要思想,按照党的十六届三中全会提出的"统筹人与自然协调发展"的要求,以被命名的生态监护站的建设单位为榜样,牢固树立全面、协调、可持续的

发展观，相互支持，扎实工作，开拓创新，务求实效，努力推进生态监护站的建设和保护母亲河生态监护活动的蓬勃开展，把保护母亲河行动推向一个新的水平。希望被命名的生态监护站的建设单位以此为新的起点，发挥示范带头作用，再接再厉，加倍努力，不断完善生态监护站的运作机制，巩固建设成果，拓展活动载体，把更多的青少年吸引到生态监护活动中来，真正为改善母亲河的生态环境做实事，为促进经济社会和人的全面发展做出新的更大贡献。

附：2003 年度全国保护母亲河生态监护站名单

（82 个）

北　京

延庆县保护母亲河生态监护站

大兴区兴达中学保护母亲河生态监护站

门头沟区斋堂中心小学保护母亲河生态监护站

天　津

北京师范大学天津附中保护母亲河生态监护站

天津科技大学保护母亲河生态监护站

天津师范大学保护母亲河生态监护站

红桥区保护母亲河生态监护站

河东区保护母亲河生态监护站

河　北

西柏坡保护母亲河生态监护站

乐亭县姜各庄镇保护母亲河生态监护站

迁西县尹庄乡保护母亲河生态监护站

山　西

偏关县万家寨保护母亲河生态监护站

运城市保护母亲河生态监护站

河津市保护母亲河生态监护站

内蒙古

准格尔旗保护母亲河生态监护站

多伦县保护母亲河生态监护站

科左后旗保护母亲河生态监护站

辽　宁

喀左县保护母亲河生态监护站

阜蒙县保护母亲河生态监护站

台安县少年宫保护母亲河生态监护站

吉　林

榆树市五棵树镇中心小学保护母亲河生态监护站

舒兰林场保护母亲河生态监护站

吉林省实验中学保护母亲河生态监护站

黑龙江

佳木斯市第一中学保护母亲河生态监护站

克东县保护母亲河生态监护站

嫩江县保护母亲河生态监护站

江　苏

南京市下关区保护母亲河生态监护站

连云港市环保局保护母亲河生态监护站

启东市圆陀角保护母亲河生态监护站

福　建

晋江市保护母亲河生态监护站

福州市仓山区保护母亲河生态监护站

霞浦县保护母亲河生态监护站

浙　江

宁波市鄞州区职业高级中学保护母亲河生态监护站

安吉县黄浦江源保护母亲河生态监护站

青田县保护母亲河生态监护站

江　西

宜春市袁州区保护母亲河生态监护站

横峰县保护母亲河生态监护站

安　徽

蚌埠市第一实验小学保护母亲河生态监护站

桐城市保护母亲河生态监护站

祁门县塔坊保护母亲河生态监护站

山　东

临沭县保护母亲河生态监护站

东营市青年农村发展中心保护母亲河生态

监护站

济南市第十二中学保护母亲河生态监护站

河　南

荥阳市保护母亲河生态监护站

开封市龙亭东湖保护母亲河生态监护站

淮滨县保护母亲河生态监护站

湖　北

武汉市环境监测中心保护母亲河生态监护站

宜昌市保护母亲河生态监护站

黄石市保护母亲河生态监护站

湖　南

湘潭县保护母亲河生态监护站

怀化市幸福路小学红领巾保护母亲河生态监护站

衡阳市蒸水保护母亲河生态监护站

海　南

琼海市保护母亲河生态监护站

文昌市保护母亲河生态监护站

广　西

兴安县保护母亲河生态监护站

大新县保护母亲河生态监护站

重　庆

重庆市环境监察总队保护母亲河生态监护站

沙坪坝区保护母亲河生态监护站

江津市保护母亲河生态监护站

四　川

攀枝花市保护母亲河生态监护站

长江泸州航道局泸道1231艇保护母亲河生态监护站

成都市府南河活水公园保护母亲河生态监护站

云　南

江川县保护母亲河生态监护站

呈贡洛龙河(东大河)保护母亲河生态监护站

石屏县保护母亲河生态监护站

澄江县保护母亲河生态监护站

永胜县保护母亲河生态监护站

西　藏

西藏自治区农牧学校保护母亲河生态监护站

西藏军区八一学校保护母亲河生态监护站

西藏大学保护母亲河生态监护站

陕　西

西安高级中学保护母亲河生态监护站

西北工业大学附属小学保护母亲河生态监护站

勉县城关一小红领巾保护母亲河生态监护站

甘　肃

兰州化学工业公司保护母亲河生态监护站

兰州大学保护母亲河生态监护站

天水市秦城区藉源林场保护母亲河生态监护站

宁　夏

平罗县保护母亲河生态监护站

六盘山市保护母亲河生态监护站

青铜峡市保护母亲河生态监护站

新　疆

尉犁县保护母亲河生态监护站

阿克苏市环境保护监测站

轮台县保护母亲河生态监护站

共青团中央办公厅关于开展"全国青年中心建设先进县(市)创建活动"的通知

2004年2月27日

共青团各省、自治区、直辖市委,军委总政治部组织部,全国铁道团委,全国民航团委,中直机关团工委,中央金融团工委,中央企业团工委:

建设青年中心是共青团组织站在新的历史起点上创新工作思路和工作方式、加强自身建设和增强服务能力的重大举措。根据团的十五大、十五届二中全会和共青团全国青年中心建设工作领导小组第一次全体会议精神,结合全国农村青年中心建设试点工作进展情况,团中央决定从2004年起在全国组织开展"全国青年中心建设先进县(市)创建活动"。现将有关事宜通知如下。

一、活动目标

通过开展"全国青年中心建设先进县(市)创建活动",逐步推出一批青年中心建设先进县(市)。到2004年底,东中部省份先进县(市)60%的乡镇、西部省份先进县(市)40%的乡镇应建有青年中心,并能正常运转。2005年底,先进县(市)的乡镇应普遍建起青年中心。依托先进县(市)培养建设一支稳定的青年中心志愿者队伍,实施一批青年发展项目,广泛开展农村青年人才开发和乡村青年文化活动等,全面推动农村青年中心建设试点工作,促进基层团组织和工作进一步活跃。

二、活动内容

1.组建一批农村青年中心。根据共青团全国青年中心建设工作领导小组(2004)第1次会议纪要要求,通过会员制方式,因地制宜,广泛吸纳符合条件的农村青年成为青年中心会员;以农村青年创业致富带头人、青年星火带头人、青年民营企业家、农村青年专业协会和经济合作组织牵头人等农村优秀青年人才为骨干选举理事会,成立秘书处;以乡镇团委书记为法人,在当地民政部门登记注册,建章立制,创建一批青年中心,并使其逐步实现依法建立,照章办事,规范运作。

2.建设稳定的青年中心志愿者工作队伍。在当地团组织网络基础上,逐步建立起一支以专兼职团干部和青年中心志愿者为骨干、社区内关心支持青年工作的各界人士为依托的青年中心志愿者工作队伍,借以建立稳定高效的青年中心秘书处。西部省份要与大学生志愿服务西部计划对接,定向招募、定向培训、定向派遣一批大学生志愿者到青年中心秘书处工作,并形成接力机制。

3.实施青年发展项目。建立共青团组织五级联动建设农村青年中心机制,统筹社会和团内资源,齐心协力,根据当地实际需要,全力开发中心特色项目,尤其是发挥青年中心在农村青年人才开发、乡村青年文化活动开展等方面的作用,加强青年中心的服务能力建设。积极争取党政有关部门把有关农村青年的发展项目引入农村青年中心,积极承接社会各界有关青年发展的特色项目,促进青年中心的有效运转。依托农村青年中心,广泛开展农村青年转移就业促进计划、农村青年科技培训专项行动、乡村青年文化活动、新世纪读书计划、青年志愿者社区服务等活动。

三、推进措施

1.培训工作骨干。团中央和各级团组织层层举办培训班,重点培训青年中心建设先进县(市)创建单位的团干部和青年中心志愿者，培养一大批青年中心建设骨干，使他们成为推进青年中心建设的中坚力量。团中央将编发《农村青年中心建设工作指导手册》作为统一的培训教材。

2. 整合社会资源。运用社会化运作机制，统筹东中西部资源、统筹城乡资源、统筹社会资源、统筹全团资源，促进农村青年中心建设。协调青年中心建设先进县（市）创建单位集中开展乡村青年文化等活动，实施青年发展项目，丰富青年中心的特色服务项目和活动项目。各级团组织应对全国青年中心建设先进县（市）创建单位予以重点支持，积极探索青年中心建设与团的工作结合的有效方式。

3. 构建网络平台。以现代电子信息技术为主要手段，以逐步形成一个全国统一的服务平台为目标，构建创建单位之间及与团中央之间联系沟通的“绿色通道”，及时交流信息，沟通情况，使创建活动与全国青年中心试点工作成为一个有机的、互动的整体。团中央将对现有的农村青年中心网站进行全面改版，建立一个开放、便捷的农村青年中心交流、展示平台，为创建活动沟通信息、共享资源创造条件。

4. 表彰奖励。在坚持求真务实、积极稳妥原则的基础上，鼓励各地在创建活动中大胆创新、勇于探索。团中央将适时命名一批全国青年中心建设先进县（市），并对创建活动中的先进个人、优秀青年中心志愿者进行表彰奖励。

四、有关要求

1. 高度重视。开展“全国青年中心建设先进县(市)创建活动”，是全面推进农村青年中心建设试点工作的重要举措。各地要高度重视，将创建活动作为农村青年中心建设试点工作的主要抓手，集中力量，集中资源，切实抓紧抓好。

2. 精心组织。各地要本着求真务实的态度，按照通知要求，认真做好本地创建单位的选择推荐工作，在确保推荐质量的前提下，推荐出一批符合条件的创建单位（具体条件见附件），为创建活动的开展奠定良好的基础。

3. 按时上报有关材料。上报材料包括全国农村青年中心建设先进县(市)创建单位申报表及推荐上报的先进县(市)创建单位的基本情况材料(1000字以内)。其基本情况材料应包括行政区划、经济社会发展概况、团的工作基本情况，并经县级党委盖章同意。以上材料请于2004年3月20日前报送团中央青农部农村青年中心建设指导处(联系地址：北京前门东大街10号，邮政编码：100051，电话传真：010－85212021，联系人：李杰)。

附：全国青年中心建设先进县(市)创建单位申报条件及数量

1. 经济社会发展在本省具有较强代表性，小城镇建设发育有一定规模。

2. 团的工作基础和外部环境较好，所在市地和所辖乡镇工作积极性高。

3. 有一批热心青年工作、具有一定知识水平和服务能力的青年中心志愿者。

4. 各省(自治区、直辖市)申报的示范县(市)数量一般控制在所辖县(市)总数的5%—10%。

共青团中央办公厅、中国民间文艺家协会关于开展“金博士杯”全国青年民间工艺品制作大赛决赛和作品展示活动的通知

2004年4月16日

各省、自治区、直辖市团委,民间文艺家协会:

为保护和传承中华民族优秀传统文化,弘扬和培育民族精神,促进农村文化繁荣和经济发展,服务广大农村青年增收成才,共青团中央、中国文学艺术界联合会决定在福建省泉州市举办“金博士杯”全国青年民间工艺品制作大赛决赛和展示活动。有关事项通知如下。

一、时间

5月10日,参赛作品作者报到。5月11日—12日,评选和预展;5月13日,举行展览开幕式并颁奖。

二、地点

作者报到地点:福建省泉州市刺桐饭店(泉州市区东湖畔)

作品展示地点:福建省泉州市华侨历史博物馆(泉州市东湖街)

三、参赛作品范围及奖项设置

参加决赛作品为全国青年民间工艺品制作大赛的入围作品。决赛将从参赛作品中评选金奖10个,银奖20个,其余作品为优秀奖。对作品获得大赛金奖、银奖的作者,同时授予“全国青年民间工艺大师”称号;对获得大赛优秀奖的作者,同时授予“全国青年民间工艺能手”称号。

四、有关要求

1. 本次活动是展示全国乡村青年文化建设成果的重要契机,对于激发广大青年民间文艺家创造热情,促进全国青年民间工艺事业发展将起到积极的推动作用。各地要高度重视,统一思想,加强领导,专人负责,组织本省(区、市)作者认真及时做好参赛作品送达和参评工作。

2. 送交作品注意事项

(1)作品采用邮寄方式的,请务必于4月28日之前寄达福建省泉州市青少年宫陈君亮同志处,寄交作品时务必随附作品简介、作者简介(各200字)和作品照片(3R、2张)。地址:福建省泉州市田安北路市青少年宫,邮编:362000,联系电话:0595－2862014、0595－2100405。

(2)作品由作者携带的,请在报到时送交会务组,办理作品展示和入住手续。参赛作者食宿费用自理。

(3)各地要及时通知有关作者在规定的时间寄送或携送作品到达指定地点,逾期将取消作品参赛资格。

3. 请各地通知有关作品作者填写好《全国青年民间工艺品制作大赛参赛回执单》,于4月25日前传真至共青团福建省泉州市委。联系人:蔡梓林　张华梅,电话:0595－2199722、0595－2521639,传真:0595－2281369。

共青团中央、农业部、教育部、科技部、劳动和社会保障部国务院扶贫办、民进中央关于实施全国农村青年转移就业促进计划的意见

2004年5月8日

促进农村劳动力转移就业，是党中央、国务院确定的增加农民收入、统筹城乡发展和全面建设小康社会的一项重要举措。为深入贯彻落实党的十六大、十六届三中全会、中央农村工作会议和团的十五大、十五届二中全会精神，充分发挥共青团组织的作用，引导和发动农村青年带头学习新知识、新技术、新技能，影响带动农民转移就业、创业增收，并在促进农村青年转移就业中，配合有关部门共同努力、齐抓共管，健全和完善相应工作机制，共青团中央与农业部、教育部、科技部、劳动和社会保障部、国务院扶贫办、民进中央研究决定，从2004年起共同组织实施"全国农村青年转移就业促进计划"（以下简称"促进计划"）。

"促进计划"是共青团组织在各级党政领导下，配合有关部门，依照国家有关政策和法律法规，紧密结合新阶段农业和农村经济发展以及农村青年增收成才的要求，在全国范围内普遍开展的一项重点活动。通过宣传发动、创造条件、增强服务、优化环境，引导和发动农村青年参加培训，提高就业技能和综合素质，实现由种植业向养殖业转移、由农业向非农产业转移、由农村向城镇转移。

一、指导思想

认真贯彻落实党的十六大、十六届三中全会和《中共中央、国务院关于促进农民增加收入若干政策的意见》（中发〔2004〕1号）精神，按照党中央、国务院关于科教兴国战略、人才强国战略的要求，以"三个代表"重要思想为指导，以增加农民收入、开发农村青年人才资源、统筹城乡经济社会发展为目标，以建立服务农村青年转移就业的工作机制为重点，大力引导、帮助和服务农村青年转变思想观念，树立创业意识，增强转移就业能力，扩大转移就业门路，提高转移就业效率，增加转移就业收入，在农村工业化、城镇化和现代化的进程中大显身手，为新阶段农业和农村经济发展，为全面建设小康社会做出新的贡献。

二、工作目标

"促进计划"实施的总体目标是：在今后一个时期内，围绕全面建设小康社会和统筹城乡经济社会发展，构建和完善共青团服务农村青年增收成才新的工作格局。具体目标是：大力开展职业技能培训，帮助广大农村青年转变就业观念，提高素质和就业技能；开发农村青年人才资源，培养一批以农村青年科技兴农带头人、青年农业产业化带头人、青年经纪人、青年工商创业带头人为代表的优秀青年创业致富带头人，并充分发挥他们的带动作用；创建一批深受广大农村青年欢迎的转移就业培训示范基地和诚信规范的农村青年劳务中介机构；与有关部门密切配合，在认真总结各地成功经验的基础上，通过制度创新，逐步建立起促进和服务农村青年转移就业的工作机制。

三、主要内容

1. 整合资源，加强培训。农村青年的科技文化素质和职业技能水平直接影响着他们转移就业的潜力和空间。因此，促进农村青年转移

就业要着重抓好以下几项培训：一是深化“跨世纪青年农民科技培训工程”，以培养青年农业产业化带头人为重点，组织开展农业实用技术、农业标准化生产知识、农产品营销加工及企业管理知识培训；二是落实“星火科技培训专项行动”，重点实施西部团组织依托农村青年中心开展青年星火带头人培训和西部青年东部训活动；三是落实《2003—2010年全国农民工培训规划》，本着“市场引导培训，培训促进就业”的原则，有组织、有计划、有目的地发动农村青年参加引导性培训和职业技能培训。各地团组织要与农业、教育、科技、劳动保障等部门主动联系，充分利用和依托职业技术学校、技工学校、就业训练中心、成人学校、农业广播电视学校等现有的职业教育培训资源，积极组织发动农村青年踊跃参加农业实用技术和职业技能培训。同时，要按照国家有关政策要求，整合现有农村青年中心、团校以及青年乡镇企业和民营企业家、青年农业产业化带头人、杰出青年农民和各类青年创业致富带头人所在企业等一切可利用的社会资源，积极创办和扶持一批社会化的就业培训基地。农村青年转移就业培训任务比较重的地区，所在县(市)应至少创建一个农村青年转移就业的示范性培训基地。要把新型农业技术、职业技能、法律法规和职业道德作为主要的培训内容，把职业培训与技能考核结合起来，鼓励和帮助农村青年通过培训和考核获得相应的职业资格证书。对符合条件的农村青年转移就业培训项目，有关部门应予以重点扶持。有条件的地区还应探索社会化、市场化的办法，多方筹措培训资金，为贫困农村青年免费提供技能、岗前培训。要积极探索技能培训与转移就业的衔接机制，把技能培训、职业介绍、转移就业融为一体。在培训过程中，各地团组织要通过多种活动形式，充分利用广播、电视、报刊、网络、标语、板报等阵地，深入宣传转移就业的重要意义、国家和当地政府的有关扶持政策，帮助农村青年树立正确的思想意识和就业观念，让“劳动致富光荣”、“转移就业路宽”的观念深入人心。要通过组织表彰会、报告会、座谈会等形式，广泛宣传农村青年转移就业的先进典型和事迹，发挥他们的典型示范和引导作用。要教育引导农村青年树立适应社会需求，靠增强自身素质技能和艰苦创业实现自身价值的意识，树立自主择业和竞争就业的观念，激发农村青年转移就业、增收成才的积极性、主动性和创造性。

2. 挖掘潜力，就地转移。要有效帮助农村青年转移就业和增收，就要全面拓展和挖掘农业和农村内部的潜力和空间，特别是要开发农村青年人才资源，培养各类青年创业致富带头人，通过培育典型和能人，扶持能人所在企业的发展，为吸纳农村青年在农业内部和本地转移就业及增收创造条件。一是围绕加快发展农业产业化经营，大力培养青年农业产业化带头人。要采取措施，协调政策，优化环境，强化服务，鼓励和扶持有志青年创办和发展农业产业化龙头企业和以粮食及农副产品为主的加工企业，帮助他们延长农业产业链，扩大企业规模，增强带动能力和市场竞争能力，从而为农村青年就地就近转移就业提供更多的机会。二是要延伸团组织的工作手臂，依托相应协会广泛联系青年乡镇企业家、青年民营企业家，通过组织学习培训、宣传表彰、考察交流、经贸洽谈、协调服务等活动，促进他们所在企业的发展。同时根据各类青年企业家所在企业的需求，组织人才供需洽谈会，协助企业开展青年岗位培训，以最大限度地吸纳农村青年就地转移。三是支持鼓励农村青年经纪人、青年行业协会、青年专业合作经济组织和青年科技服务组织的发展，要在资金、信息、技术、税收等方面提供服务。通过这些组织的充分发展，提高青年农民的组织化程度，形成“集团军”参与市场竞争。要继续深化“青年农民超市行”活动，帮助青年中介组织和龙头企业与现代流通企业实现市场对接。四是参与和推动小城镇的建设。小城镇特别是区域中心镇是吸纳农村劳动力转移就业的重要渠道，要引导和鼓励有志农村青年立足本土创业、反哺家乡创业。要立足小城镇,充分运用国家在税收、投融资、资源使用和人才开发等方面的政策,带头创办和发展农村个体私营企业。有条件的地区可进行农村青年创业基地试点,协调有关部门对从事二、三产业的农村青年提供政策、资金扶持和综合服务,为农村青年提供一片创业和就业的沃土。

3. 规模输出,有序转移。异地转移、外出务工,是当前农村青年转移就业的重要形式。在引导农村青年进行劳务输出时,各地农村特别是中西部农业人口比重大、农村青年数量比较多的地区,要充分发挥共青团的组织网络优势,强化促进农村青年转移就业的基础工作,配合有关部门全面开展农村青年人力资源状况普查,调查的重点对象是每年未能继续升学并准备外出务工的年满16周岁以上的农村初、高中毕业生和40岁以下有就业能力的农村青年。要通过调查摸底,全面了解和切实掌握有外出务工意向的农村青年基本情况、职业技能、就业意愿等,对转移就业的农村青年做到心中有数。各地在工作中,要密切配合,上下联动,主动出击,广开转移就业渠道。一是开展“组织对接型”转移。在有劳务合作基础的省与省之间、市与市之间、县与县之间、企业与农村青年之间,应沟通信息,牵线搭桥,通过组织洽谈会、见面会、招聘会等形式,促进农村青年在更大范围内转移就业。二是实施“中介服务型”转移。要依照有关法律法规和政策,借助社会力量和资源,大力扶持和培育青年劳务中介机构及农村青年劳务经纪人。对此,有关职能部门应热情扶持、加强指导和帮助规范。三是开展“城乡互动型”转移。各地团组织在开展城乡互动活动中,要把帮助农村青年转移就业及培训作为一项重要内容,定规划、定任务、定指标、定措施,抓好落实。四是组织“东西互助型”转移。深入实施“青年星火西进计划”,继续开展青年星火西进示范县和示范基地创建工作,充分发挥青年星火西进专家服务团的作用。进一步规范和推进东西部地区协作与对口支援,有计划地组织西部地区农村青年经过培训后到结对的东、中部地区进行转移就业。有条件的地区还应积极开发境外劳务输出渠道,大胆探索农村青年境外转移就业的方式和途径。

四、工作要求

1. 提高认识,加强领导。“促进计划”是一项政策性强、涉及面广、工作难度大、要求比较高的社会性工作,直接关系到农村青年的切身利益。因此,各地团组织要在各级党委和政府的领导下,与当地农业、教育、科技、劳动保障、扶贫等有关部门积极联系,寻求支持,密切配合。工作中一定要严格依照有关法律法规和相关政策,按照因地制宜、分类指导、求真务实、积极探索的原则,统一进行规划部署和组织实施,要充分发挥各方面的主动性和创造性,确保“促进计划”顺利实施,取得实效。

2. 积极协调,主动配合。在促进农村青年转移就业工作中,团组织要充分发挥自身优势,并在宣传发动、技能培训、职业介绍、劳务输送、法律服务等方面与有关部门主动联系,积极协调,搞好配合。团组织要积极参与“阳光工程”培训项目,组织推荐农村青年参加职业技能培训。对各级团组织开展的农村青年劳务中介服务,劳动保障部门要加强业务指导,帮助支持青年劳务中介机构进行规范和发展。在实施跨世纪青年农民科技培训和青年星火科技培训工作中,各地农业和科技部门要充分发挥共青团组织的作用,并在培训项目、资金、师资、场地等方面给予积极支持。各级扶贫部门特别是扶贫工作任务较重地区的扶贫机构,要把农村青年人才开发和转移就业当做一项重要措施来抓,对贫困地区的农村青年在技能培训、职业介绍、劳务输送等方面研究制定政策,给予必要的资金补贴和扶持。

3. 形成机制,构建体系。一是组织工作体系。在“促进计划”组织实施过程中,各地团组织应积极会同有关部门,探索和建立务实高效的工作运行机制。省、市(地)级团组织要与有关部门共同研究制定方案,加强对基层工作的指导,加强城乡间、地区间的沟通联系和协作。县(市)级和乡(镇)村团组织应协调配合有关部门,重点进行宣传发动,帮助农村青年转变观念,配合做好职业技能培训工作,要将农村青年转移就业的有关信息及时进行采集、登记、整理和上报,并及时向农村青年传递培训及用工信息。二是培训中介体系。各级团组织要根据农村青年转移就业增收的需要,与各有关部门通力协作,开发农村青年转移就业渠道,加强技能培训,培育劳务中介机构,积极创建劳务素质高、转移组织化、服务一体化、讲求诚信度的青年劳务转移基地,并在社会上形成品牌。三是跟踪服务体系。要帮助转移就业青年建立团的组织或同业青年组织,并通过多种方式与他们保持经常性的联系,了解掌握他们的思想动态和需求,为他们提供跟踪服务。要通过建立有效机制,大力开展法律援助服务,依法切实维护好农村转移就业青年的合法权益。

4. 宣传典型,表彰先进。各地要随时掌握总体工作进展情况,注意总结经验,发现典型,并充分利用各种新闻媒体,进行大力宣传,努力营造一个支持农村发展、帮助农民增收的良好社会氛围。对在实施"促进计划"工作中涌现出来的先进集体和个人要适时予以表彰和奖励。共青团中央每年将命名表彰一批"农村青年转移就业工作先进县"、"农村青年转移就业培训基地"和"优秀农村青年转移就业带头人",同时设立"促进农村青年转移就业优秀组织奖"和"服务农村青年转移就业先进个人奖"。

各地开展此项工作的情况和成效、做法和经验以及遇到的问题,请及时向上级组织反馈。

共青团中央、新闻出版总署
关于开展"农村青年读好书"活动的通知

2004 年 5 月 10 日

各省、自治区、直辖市团委,新闻出版局:

为贯彻落实党的十六大和十六届三中全会精神,充分发挥农村团员青年在促进农村物质文明、政治文明和精神文明建设中的生力军作用,组织引导农村青年带头倡导读书学习新风尚,全面提高农村青年素质,进一步推进乡村青年文化建设,共青团中央、新闻出版总署决定在全国开展"农村青年读好书"活动。现将有关事项通知如下。

一、指导思想

以邓小平理论和"三个代表"重要思想为指导,深入贯彻党的十六大精神,认真落实《中共中央国务院关于促进农民增加收入若干政策的意见》,以服务农村青年增收成才为目标,依托农村青年中心加强指导,加大投入,积极提升农村青年文化素质,引导形成文明健康、积极向上的生活方式,树立努力学习、读书成才新时尚,为农村建设小康社会提供精神动力和智力支持。

二、目标任务

(一)共青团中央、新闻出版总署直接协调援建100个农村青年中心书屋,各级团组织、新闻出版系统要采用类似方式大力建设一批书屋,努力推动各地农村青年中心普遍建设书屋。

（二）每个农村青年中心成立一个以上的农村青年读书俱乐部，每月开展一次学习活动或读书比赛活动，定期推荐书目。

（三）促进农村形成良好的读书学习氛围，引导广大农村青年带头形成文明健康积极向上的生活习惯。

三、活动内容

（一）建设书屋。采用自建、援建、共建等方式，加强学习场地设施建设，普遍在农村青年中心中建设一个有一定数量图书、具有基本读书学习功能的书屋。共青团中央、新闻出版总署将通过协调政府、社会资源的方式，向部分农村青年中心分批配备图书，各地团组织、新闻出版系统也要积极协助建设一批读书学习功能突出的农村青年中心书屋。

（二）成立俱乐部。积极动员和组织会员，培育农村青年读书俱乐部，并吸收为农村青年中心的团体会员，加强扶持、指导，纳入规范化管理体系，保障俱乐部发挥引导会员积极开展读书学习活动的核心作用。基层团组织和新闻出版等有关单位，要积极创造条件，优化环境，鼓励青年中心和俱乐部举办活动，发展会员，良性运行。

（三）推荐书目。结合书屋图书的更新和增加，依托读书俱乐部、农村青年中心理事会和秘书处，定期向会员和农村青年推介优秀图书，提高农村青年的发展技能和就业能力，引导他们培养健康向上的兴趣爱好，不断满足广大农村青年的学习、生活、发展的需要。

（四）开展学习活动。因地制宜，通过举办研讨会、交流会、培训班等有效形式，开展读书学习活动，发布读书信息，交流学习心得，畅谈读书体会，丰富会员生活，共同提高进步。

（五）举办读书比赛。利用"十一"、"七一"、"五四"等节日，每个农村青年中心每年举行一次以上读书征文类比赛，歌颂改革开放成果，宣传党的大政方针，弘扬时代主旋律。结合地方实际，大胆探索一批形式灵活、内容健康、青年喜欢的比赛方式，活跃青年思想，倡导新的节日时尚，创新乡村青年文化活动。

四、推进措施

（一）宣传发动，强势启动。积极协调新闻宣传部门，充分利用广播电视报刊互联网等传媒，推广各地成功经验，展示工作成效，营造农村青年读书学习活动蓬勃开展、青年人才健康成长的良好社会氛围。各地要结合实际，通过多种形式和手段，开展各种活动，广造声势，确保活动开好头，起好步。

（二）精心组织，保障到位。各地要把全国农村青年中心先进县（市）创建单位（名单见附件）作为活动重点县（市），规划一批重点项目，抓好工作落实，推动工作实施。为了对活动进行统一领导、统一部署，共青团中央与新闻出版总署组成由主要领导和文化界知名人士参加的全国农村青年读好书活动指导小组，指导小组办公室设在团中央青农部。在政策保障方面，将活动纳入全国新闻出版事业建设大局之中，重点规划，单独立项。同时，新闻出版部门为活动开展提供一定的工作经费，保障活动正常开展。团组织要充分利用自身优势和农村青年中心组织、阵地和会员优势，积极协调组织、开展活动。

（三）统筹资源，稳步推进。积极统筹社会资源，大力动员社会力量，以城乡互动为基本途径，形成合力，共同推进活动的深入开展。各地在工作中要按照共青团中央和新闻出版总署的统一部署，制定科学合理的活动规划和具体的推进计划，项目化管理，社会化推进，确保活动稳步持续发展。

（四）建立机制，表彰激励。要因地制宜，遵循规律，出台政策，充分调动各方面参与活动的积极性，在书屋建设、活动开展等方面形成良好的运作机制。工作中坚持活动与建设并举原则，加大设施投入，开展读书活动，既扶持建设又提供服务。坚持开放性原则，充分动员共青团组织、新闻出版部门和各有关单位及个人关心支持这项活动。坚持求真务实原则，因地制宜，量力而行，力求实效，切实服务青年、引导青年。要采取多种形式大张旗鼓地表彰在此项工作中成效突出的优秀项目、单位和个人，共青团中央和新闻出版总署每年命名表彰一批活动先进单位和个人。

附：全国农村青年中心先进县（市）创建单位名单

北京市　通州区　密云县
天津市　大港区
河北省　平山县　鹿泉市　清河县　青　县
蠡　县　宽城满族自治县　宣化县
康保县　秦皇岛市　海港区
邯郸市　峰峰矿区
山西省　太原市　小店区　灵丘县　平定县
壶关县　泽州县　陵川县　朔州市
朔城区　忻州市忻府区　祁　县
临　县　浮山县　平陆县
内蒙古自治区　乌拉特前旗　开鲁县
锡林浩特市
赤峰市松山区
鄂尔多斯市东胜区
辽宁省　辽中县　沈阳市新城子区
庄河市　瓦房店市　黑山县
鞍山市千山区　抚顺县　木溪县
丹东市　振安区　盘山县大石桥市
彰武县　辽阳县　铁岭市清河区
朝阳县　绥中县
吉林省　榆树市　东丰县　公主岭市
柳河县　蛟河市　红源县　白城市
洮北区　敦化市
黑龙江省　五常市　克山县　双城市
海林市
上海市　青浦区　金山区
江苏省　常熟市　张家港市　南京市六合区
海门市　丰　县
浙江省　富阳市　平阳县　台州市　路桥区
温岭市　玉环县　东阳市
安徽省　肥西县　当涂县　固镇县　颍上县
庐江县　铜陵县　明光市　淮南市
田家庵区
福建省　武夷山市　三明市三元区
龙海市　晋江市　鲤城市
龙岩市新罗区　福安市
福州市晋安区
江西省　进贤县　赣州市章贡区
九江市庐山区　贵溪市　井冈山市
宜春市袁州区　乐平市
萍乡市安源区　新余市渝水区
南丰县　上饶县　玉山县
山东省　青岛市经济技术开发区
胶南市　青岛市崂山区　文登市
德州市德城区　齐河县　武城县
博兴县　淄博市张店区
烟台市牟平区
广饶县　肥城市　新泰市
河南省　巩义市　偃师市　新乡县　林州市
孟州市　许昌县　临颍县　浚　县
义马市　方城县
湖北省　应城市　浠水县　宜昌市夷陵区
利川市　南漳县
湖南省　长沙县　望城县　浏阳市　宁乡县
湘潭县　益阳市　衡阳市　永州市
郴州市　湘西市　娄底市　常德市
岳阳市
广东省　东莞市　广州市白云区
佛山市高明区　乐昌市　遂溪县
四会市　揭东县
广西壮族自治区　宾阳县　武鸣县　柳江县
鹿寨县　龙州县　大新县
上思县　北流市
玉林市福绵区　富川县
宜州市　贵港市港北区
北海市铁山港区
来宾市兴宾区　灵山县

岑溪县　恭城县

海南省　澄迈县

重庆市　九龙坡区　渝北区

四川省　双流县　金堂县　中江县
泸州市纳溪区
峨眉山市　宜宾县
广安市广安区　名山县　洪雅县
简阳市

贵州省　都匀市　余庆县　贵阳市白云区
纳雍县　凯里市

云南省　呈贡县　江川县　澄江县　马龙县

西藏自治区　堆龙德庆县　曲水县　乃东县
江孜县　工布江达县
类乌齐县　班戈县　革吉县

陕西省　西安市长安区　宝鸡市陈仓区
咸阳市渭城区　佳　县
铜川市印台区　宜君县　华阴县
吴旗县　城固县
杨凌示范区杨凌区

甘肃省　榆中县　金昌市凉州区　渭原县
高台县　玉门市　徽　县　靖远县
永昌县　静宁县　镇原县
武都市北道区

青海省　格尔木市　湟中县

宁夏回族自治区　吴忠市利通区

新疆维吾尔自治区　霍城县　巴楚县　米泉市
玛纳斯县　和静县
库车县　乌鲁木齐县

共青团中央办公厅、农业部办公厅关于评选2004年度全国农村青年创业致富带头人和服务农村青年增收成才奖的通知

2004年7月14日

各省、自治区、直辖市团委，农业厅(局、委)：

今年初，党中央国务院下发了《关于促进农民增加收入若干政策的意见》，提出了增加农民收入的一系列重大政策措施。各级共青团组织和农业部门认真学习实践“三个代表”重要思想，深入贯彻落实今年中央一号文件精神，大力推进农村青年增收成才行动，引导广大农村青年积极调整农业产业结构，发展农村经济，努力为农村青年创业致富提供切实有效的服务。在工作中注重发掘和培养一批艰苦奋斗、开拓创新、带领群众共同致富的农村青年创业致富典型。共青团中央和农业部将在今年底评选表彰2004年度全国农村青年创业致富带头人和服务农村青年增收成才奖(含先进集体、先进个人)。现将有关事宜通知如下。

一、评选类别和数量

2004年度将评选表彰全国农村青年创业致富带头人1000人，其中，农村青年创业致富带头人标兵100人，科技兴农、农业产业化、青年经纪人和工商创业等创业致富带头人900人。评选表彰服务农村青年增收成才奖200个，其中先进集体和先进个人各100个。

二、评选条件

(一)农村青年创业致富带头人评选标准

1.年龄。39周岁以下(1965年10月31日后出生)的农村青年。

2.具有较高思想觉悟，致富思源，富而思进，积极带领农民群众共同致富。

3.遵纪守法，文明从业，获得过省级以上(含省级)表彰。

4. 农村青年创业致富带头人标兵原则上须从事该领域工作三年以上、成绩突出；不足三年者，应在该领域成绩非常突出、在当地或全国范围内有较大影响。

5. 农村青年创业致富带头人分为四类：

（1）科技兴农带头人。指在示范、推广农业新品种、新技术和新模式，加快农业科技和经营管理创新等方面做出较大贡献的农村青年。

（2）农业产业化带头人。指致力于发展产供销一条龙、贸工农一体化，特别是在大力发展粮食产业和农产品加工业，进行农业标准化生产，保障粮食安全，带动农民闯市场、增加收入等方面发挥中坚力量的农村青年。

（3）青年经纪人。指从事农业流通领域，积极开展涉农技术、市场、项目、人才等信息服务，在带动农民发展生产、搞活流通、增加收入等方面成绩突出的农村青年。

（4）工商创业带头人。指带头从事农村二、三产业，进城务工经商办企业，带动农民不断拓宽增收渠道，在促进农村劳动力向非农产业转移等方面发挥示范带动作用的农村青年。

（二）服务农村青年增收成才奖（先进集体）评选标准

1. 评选对象为地级（含地级）以下的农业部门、团委；乡镇党委、政府。

2. 认真贯彻落实“三个代表”重要思想和今年中央一号文件精神，切实为农村青年增收成才提供政策、资金、项目、信息、技术等方面的服务，成绩突出。

3. 获得过省级以上（含省级）表彰。

（三）服务农村青年增收成才奖（先进个人）评选标准

1. 评选对象为省、地、县三级农业部门和团委负责组织实施农村青年增收成才行动的骨干人员。

2. 采取切实有效的措施，积极推动服务农村青年增收成才行动在当地的开展，工作有特色，成绩突出。

3. 连续从事该项工作两年以上。

4. 获得过省级以上（含省级）表彰。

三、材料申报

1. 各地要加强对此项工作的领导，省级团委和农业厅（局、委）要联合做好推荐、审核、意见签署等相关工作，保证上报材料真实可靠，确保参评对象质量。

2. 申报材料包括：

（1）名单。推荐的本省（区、市）农村青年创业致富带头人标兵、创业致富带头人（分四个类别）、服务农村青年增收成才奖先进集体和先进个人候选名单。

（2）申报表。每位创业致富带头人和标兵须填报《全国农村青年创业致富带头人（标兵）申报表》，服务农村青年增收成才奖先进集体和先进个人分别填写《服务农村青年增收成才奖（先进集体）申报表》和《服务农村青年增收成才奖（先进个人）申报表》。所有申报表均一式三份。

3. 申报程序和时间。申报材料经省级团委和农业厅（局、委）签章后统一申报。务请于2004年9月底前，将名单、申报表及推荐材料报送团中央青农部农村发展处，并将名单通过电子邮件发送到邮箱（E－mail：xqc@cycnet.com）。上述材料同时报送农业部科教司一式一份。

团中央青农部农村发展处
联系地址：北京前门东大街10号
邮政编码：100051
电话传真：010－85212023、85212028（F）
联系人：张淑霞

农业部科教司教育处
联系地址：北京市朝阳区农展南里11号
邮政编码：100026
电话传真：010－64193019、64193089（F）

共青团中央、国家环境保护总局关于做好2004年保护母亲河生态监护站命名表彰工作的通知

2004年8月23日

各省、自治区、直辖市团委,环保局(厅):

保护母亲河生态监护活动是由共青团中央和国家环境保护总局于2001年联合发起的一项以监督和保护母亲河流域的生态环境为主要内容的青少年环保活动。该活动启动实施4年来,各级共青团组织、环保部门密切配合,共同努力,广泛发动、组织广大青少年和社会公众监护家乡母亲河的生态环境状况,为培养和提高青少年环保意识,为保护母亲河、保护生态环境做出了积极的贡献。今年是保护母亲河行动实施5周年,为进一步促进各地保护母亲河生态监护站的建设步伐,推进保护母亲河生态监护活动深入开展,不断扩大保护母亲河行动的参与面,共青团中央、国家环境保护总局决定2004年继续开展保护母亲河生态监护站命名表彰工作。现将有关事宜通知如下。

一、命名条件

1. 按照《关于开展保护母亲河生态监护活动的通知》(中青联发〔2001〕74号)要求建立的保护母亲河生态监护站。

2. 建有稳定的生态监护队伍,长年坚持开展保护母亲河生态监护活动,所监护的污染控制区、排污口等生态监护点所在地的环境有明显的改善,成效显著。

3. 定期发布"母亲河公告",引导广大青少年和社会公众密切关注当地的生态环境状况,积极参与生态监护活动,产生了良好的社会影响。

二、命名方式

保护母亲河生态监护站命名采取自下而上推荐的方式进行,报上一级命名的生态监护站必须经过本级命名。县级团委和环保部门要建立本地生态监护站备案管理制度,并择优推荐给上级团委、环保部门进行命名。省、地两级团委和环保部门,通过制定规范的命名管理制度,认真做好择优命名工作,推动当地保护母亲河生态监护活动的开展。省级团委和环保局(厅)负责将本地生态监护站择优上报共青团中央、国家环境保护总局。

三、名额及奖励

2004年共青团中央、国家环境保护总局将择优命名100个左右监护效果好、工作成绩突出的"全国保护母亲河生态监护站",颁发证书并给予一定的物质奖励。省、地两级团委和环保部门也要参照此方式对本地监护站进行择优命名。

四、有关要求

1. 高度重视。命名表彰保护母亲河生态监护站是促进和规范各地保护母亲河生态监护站建设,推进保护母亲河行动深入发展的重要举措。各地要充分认识,高度重视。

2. 严格把关。各地要严格按照参评条件、程序和名额,本着实事求是、高度负责的态度,精心选拔、严格把关,确保命名的生态监护站质量,真正推出一批有典型示范效应的保护母亲河生态监护站。

3. 按时申报。每省(区、市)择优推荐3个生态监护站,每个推荐的生态监护站要有详细的申报材料。申报材料包括推荐表(见附表)、活动相关图片2—3张以及1500字以内的事迹或数据材料(以上材料均一式3

份），并于2004年9月25日前报全国保护母亲河行动领导小组办公室（联系地址：北京前门东大街10号共青团中央青农部生态环保处；邮编：100051；联系人：黎伟珠　尹虓；电话：010－85212234、85212012；传真：010－85212015。

共青团中央、国务院三峡工程建设委员会办公室 国家环境保护总局、国家林业局关于开展“美化新三峡，保护母亲河”活动的通知

2004年9月1日

各省、自治区、直辖市团委，有关省（市）移民部门，环保局（厅），林业局（厅）：

三峡水利枢纽工程是世界上最伟大的水利水电工程之一，具有防洪、发电、航运等巨大的综合效益，是我国实现社会经济长远目标的重大工程。三峡水利枢纽工程坐落在中华民族的母亲河——长江之上，保护和改善三峡库区的生态环境对于保护整个长江的生态环境、保障长江流域人们乃至中华民族的生存安全都有着极其重要的意义。

从1999年起在全国广大青少年中实施的以保护哺育中华民族和一方人民的母亲河——黄河、长江及其它主要江河流域生态环境为宗旨的保护母亲河行动，已日益成为广大青少年乃至社会公众参与国家生态环境建设的重要途径。三峡工程的建设特别是三峡库区的环境保护，为广大青少年开展保护母亲河行动提供了新的广阔的空间和舞台。为更好地贯彻党中央、国务院关于三峡库区环境保护的一系列指示精神，动员组织广大青少年和社会公众积极投身三峡生态环境建设，共青团中央、国务院三峡工程建设委员会办公室、国家环境保护总局、国家林业局决定，从2004年起开展“美化新三峡，保护母亲河”活动（具体方案见附件）。

各地、各有关部门要高度重视，认真按照有关要求，密切配合，精心组织，确保活动顺利开展，真正为保护三峡库区乃至长江流域生态环境做出实实在在的贡献。

附1：“美化新三峡，保护母亲河”活动方案

一、宗旨

动员广大青少年关注三峡工程、关注三峡库区生态环境状况及长江水环境，牢固树立保护母亲河的意识，积极投身三峡的生态环境保护，广泛开展宣传教育活动，大力植树造林，监护长江水质，保护长江流域生态环境，为促进我国生态环境的改善，实现全面建设小康社会的宏伟目标做贡献。

二、参加范围

以青海、西藏、云南、四川、重庆、湖北等长江上游省（区、市）为主开展，鼓励其他省份与三峡库区及上游省份结对开展活动。

三、活动主题

美化新三峡，保护母亲河。

四、主要内容及形式

（一）开展主题宣传教育活动。在每年的

保护母亲河日、植树节、世界水日、世界环境日等重大环境纪念日,以“美化新三峡,保护母亲河”为主题,大力开展宣传教育活动,通过发放宣传资料、刊发公益广告、组织文艺演出、开展绿色承诺、网上讨论、知识竞赛等多种方式,大力宣传保护三峡、保护母亲河的重要意义,教育青少年自觉养成保护母亲河的良好习惯。

(二)开展生态监护活动。广泛招募青少年志愿者,组建“青少年志愿者生态监护队”,重点在三峡库区及上游河段设立监护点,开展生态监护活动,对当地污染源、排污口等社会普遍关注的地方进行监督。同时,开设新三峡监护热线,接受群众环境举报,并将监护点的环境状况、生态监护活动的进展情况,经环保部门确认后形成“青少年美化新三峡”公告,定期向社会发布。

(三)大力营造保护母亲河工程三峡纪念林。采取“5元钱捐植一棵树,200元钱捐植一亩林”的方式,面向海内外筹集社会资金,以三峡库区及其上游地区为重点,结合天然林保护工程、小流域治理工程,命名建设保护母亲河工程三峡纪念林,促进三峡库区生态环境的改善。

(四)推进“保护母亲河号”创建活动。在长江航运系统全面启动“保护母亲河号”航船的创建活动。动员组织长江航运系统的青年员工文明从业、严格做到达标排放,利用航船开展环保宣传、绿色承诺、环保实践等活动,引导广大青少年和乘客从小事做起,不向江河乱扔废弃物,直接减少对江河的污染,把“保护母亲河号”航船建设成为保护三峡生态环境的示范窗口、实践基地。

在三峡库区,将定期命名一批以青年为主体,在保护三峡库区生态环境中做出突出成绩的内河航运客船为国家级“保护母亲河号”客船。

(五)开展“新三峡生态游”活动。紧紧抓住新三峡库区成为旅游热点的契机,利用节假日组织广大青少年和社会公众广泛开展“新三峡生态游”活动,借助旅游开发环保教育和体验项目,寓教于乐,使青少年和社会公众在畅游新三峡的同时,接受环保教育,不断提高自身的环保意识。

五、推进措施

(一)加强领导。成立“美化新三峡,保护母亲河”活动领导小组,专题研究活动有关工作,就重大问题作出决策,对活动统一领导、统一部署、综合协调。领导小组组长、副组长由共青团中央、国务院三峡工程建设委员会办公室、国家环境保护总局、国家林业局主要领导担任,成员由主办单位相关司局负责同志组成,领导小组办公室设在团中央。

(二)稳步发展。有关省份协商制定科学合理的活动规划和具体的推进计划,建立协调、高效、规范的运作机制,做到既有长远的发展,又有年度的高潮迭起,使活动稳步有序发展。在三峡库区举行长江上游六省(区、市)青少年誓师大会,启动“美化新三峡,保护母亲河”活动。各地要通过形式多样的活动,利用电视、报刊、互联网等媒体对重点活动内容、活动进展情况、感人事件和先进人物进行宣传报道,广造活动声势,确保活动开好头、起好步。

(三)切实提供资金保障。将“美化新三峡,保护母亲河”活动纳入三峡工程建设大局之中,统一规划。国务院三峡工程建设委员会办公室、国家环境保护总局、国家林业局为活动开展提供支持,团组织充分利用自身优势,通过命名建设纪念林等方式广泛整合社会资源,确保活动顺利开展。

(四)大力表彰先进。每年对在“美化新三峡,保护母亲河”宣传教育活动、生态监护活动、营造纪念林活动、“保护母亲河号”创建活动、生态游活动中表现突出的集体和个人进行表彰,大力树立先进典型,激励全社会积极参与到环境保护中来。

附 2:全国“美化新三峡,保护母亲河”活动领导小组成员名单

组　长:周　强　共青团中央书记处第一书记

副组长:尔肯江·吐拉洪　共青团中央书记处书记

卢　纯　国务院三峡工程建设委员会办公室副主任

潘　岳　国家环境保护总局副局长

祝列克　国家林业局副局长

成　员:陶　宏　共青团中央青农部部长

童崇德　国务院三峡工程建设委员会办公室综合司副司长

刘友宾　国家环境保护总局宣教办副主任

魏殿生　国家林业局造林司司长

办公室主任:陶　宏(兼)

共青团中央、水利部、国家环境保护总局、国家林业局关于开展“共饮丹江水,保护母亲河”活动的通知

2004 年 9 月 1 日

各省、自治区、直辖市团委,水利(水务)厅(局),环保局(厅),林业局(厅):

南水北调工程是解决我国北方水资源严重短缺问题的特大型重点工程,是全面建设小康社会的重要基础设施,是实施我国可持续发展战略的重大举措。作为一条贯穿南北的输水生命线,南水北调工程的环境保护,不仅直接影响整个工程的质量,也将对广大人民群众的生产生活安全产生巨大的影响。

从 1999 年起在全国广大青少年中实施的以保护哺育中华民族和一方人民的母亲河——黄河、长江及其它主要江河流域生态环境为宗旨的保护母亲河行动,已日益成为广大青少年乃至社会公众参与国家生态环境建设的重要途径。南水北调工程的建设特别是南水北调工程库区的环境保护,为广大青少年开展保护母亲河行动提供了新的广阔的空间和舞台。为贯彻落实党中央、国务院关于南水北调工程环境保护的一系列指示精神,教育青少年饮水思源,共青团中央、水利部、国家环境保护总局、国家林业局决定开展“共饮丹江水,保护母亲河”活动(具体方案见附件),先期以中线工程为重点,动员组织广大青少年和社会公众积极投身南水北调工程生态环境保护。

各地、各有关部门要高度重视,认真按照有关要求,密切配合,精心组织,确保活动顺利开展,为保护南水北调工程生态环境做出积极的贡献。

附 1:“共饮丹江水,保护母亲河”活动方案

一、宗旨

动员广大青少年关注南水北调工程建设,积极参与南水北调工程沿线的环境保护,广泛开展以“水”为主题的宣传教育活动和植树种草、监护水质等实践活动,为推动南水北调工程建设,促进我国生态环境的改善,实现全面建设小康社会的宏伟目标做贡献。

二、参加范围

以南水北调中线沿线的京、津、冀、豫、鄂五省(市)为主开展,鼓励其他地区青少年和社会团体积极参与。

三、主题

共饮丹江水,保护母亲河。

四、活动组织方式

活动以鄂、豫、冀、津、京等南水北调中线沿线省(市)轮流承办的形式开展。2004年活动由湖北省为主承办,其他省份共同配合。

五、主要内容

(一)开展主题宣传教育活动。在每年的保护母亲河日、植树节、世界水日、世界环境日等重大环境纪念日,以"共饮丹江水,保护母亲河"为主题,大力开展宣传教育活动。通过发放宣传资料、刊发公益广告、组织文艺演出、开展绿色承诺、网上讨论、知识竞赛等多种方式,大力宣传南水北调工程及其水源保护的重要意义,在全社会形成关注南水北调工程的良好氛围。

(二)开展生态监护活动。广泛招募青少年志愿者,组建"青少年志愿者生态监护队",重点在调水水源地及沿线设立监护点,开展生态监护活动,对当地污染源、排污口等社会普遍关注的地方进行监督。同时,开设监护热线,接受群众环境举报,并将监护点的水质状况、生态监护活动的进展情况,定期向社会发布。

(三)大力营造保护母亲河——南水北调工程纪念林。采取"5元钱捐植一棵树,200元钱捐植一亩林"的方式,面向海内外筹集社会资金,以调水水源地及沿线地区为重点,结合小流域治理工程、天然林保护工程建设,建设保护母亲河——南水北调工程纪念林,促进沿线地区生态环境的改善。

(四)开展"南水北调工程生态游"活动。抓住南水北调工程成为社会热点的有机时机,利用节假日组织广大青少年和社会公众广泛开展"南水北调工程生态游"活动,借助旅游开发环保教育和体验项目,寓教于乐。使青少年和社会公众在体验南水北调工程生态环境的同时,接受环保教育,不断提高自身的环保意识。

六、推进措施

(一)加强领导。成立"共饮丹江水,保护母亲河"活动领导小组,专题研究活动有关工作,就重大问题作出决策,对活动统一领导、统一部署、综合协调。领导小组组长、副组长由共青团中央、水利部、国家环境保护总局、国家林业局主要领导担任,成员由活动组织单位的有关负责同志组成,领导小组办公室设在团中央。

(二)稳步推进。活动开展的有关省份协商制定科学合理的活动规划和具体的推进计划,建立协调、高效、规范的运作机制,做到既有长远的发展,又有年度的高潮迭起,保障活动稳步有序发展。共青团中央、水利部、国家环境保护总局、国家林业局在丹江口举行京、津、冀、豫、鄂五省(市)青少年誓师大会,启动"共饮丹江水、保护母亲河"活动。各地要通过形式多样的活动,利用电视、报刊、互联网等媒体对重点活动内容、活动进展情况、感人事件和先进人物进行宣传报道,广造活动声势。确保活动开好头、起好步。

(三)切实提供支持。活动涉及的各地各级团组织、水利、环保、林业部门要将"共饮丹江水,保护母亲河"活动作为重要工作内容。团组织要充分利用自身优势,通过命名建设纪念林等方式广泛整合社会资源,水利部门、环保、林业部门也要尽可能为活动提供支持,共同努力,确保活动顺利开展。

(四)大力表彰先进。每年对在"共饮丹江水,保护母亲河"主题宣传教育以及生态监护、植树造林等实践活动中表现突出的集体和个人进行表彰,大力树立先进典型,激励全社会积极参与到南水北调工程的环境保护中来。

附2:全国"共饮丹江水,保护母亲河"活动领导小组成员名单

组　长:周　强　共青团中央书记处第一书记

副组长:尔肯江·吐拉洪　共青团中央书记处

书记
鄂竞平　水利部副部长
潘　岳　国家环境保护总局副局长
祝列克　国家林业局副局长
成　员：陶　宏　共青团中央青农部部长
刘　震　水利部水土保持司司长
刘友宾　国家环境保护总局宣教办副主任
魏殿生　国家林业局造林司司长
办公室主任：陶　宏（兼）

共青团中央办公厅
关于举办第五届全国乡村青年歌手大赛的通知

2004 年 9 月 6 日

共青团各省、自治区、直辖市委：

为深入贯彻党的十六大、十六届三中全会精神，落实团的十五大、十五届二中全会部署，紧密围绕农村经济社会发展进步大局，大力弘扬优秀民族文化，促进农村先进文化建设，推动乡村青年文化活动蓬勃开展，抒发广大农村青年热爱党、热爱祖国、热爱社会主义的炽热情怀和投身农村全面建设小康社会的昂扬志气，展示当代农村青年风采，共青团中央决定举办第五届全国乡村青年歌手大赛。现将有关事宜通知如下。

一、指导思想

以“三个代表”重要思想为指导，紧扣时代主题，唱响主旋律，立足基层，贴近农村青年，贴近生活，以浓郁的民族风情、乡土气息和地方特色，歌颂我国改革开放 20 多年来所取得的伟大成就和农村发生的巨大变化，宣传党的“三农”工作方针政策，满足广大农村青年日益增长的文化需求，全力打造共青团农村青年文化建设品牌，推动农村青年文化事业蓬勃发展。

二、活动主题

弘扬民族文化，展示青年风采

三、主办单位

本次大赛由共青团中央主办，同时邀请有关单位及企业协办和承办。

四、比赛时间

2004 年 9 月—12 月

五、参赛条件

1. 参赛对象：在乡村工作、生活（农村或乡镇户口）的青年非职业歌手，年龄限在 16 周岁至 35 周岁（1969 年 9 月 1 日至 1988 年 8 月 31 日期间出生）。下列人员除外：（1）声乐专业（大专或大专以上）院校的在校生、毕业生；（2）专业文化团体的声乐教员、演员；（3）音像制作单位和出版机构等签约歌手；（4）获得第一至四届全国乡村青年歌手大赛一、二、三等奖的歌手。

2. 参赛歌曲：要以乡村题材为主，紧紧围绕“三个代表”重要思想，歌颂党、歌颂祖国、歌颂改革开放、歌颂社会主义，充分体现广大乡村青年全面建设小康社会的壮志情怀。鼓励演唱突出地域特色和乡村特点的原创、传统民歌新改编、创作手法具有现代化、多样化、时尚化的歌曲。新创作歌曲是指 2003 年 1 月 1 日以后创作，未在地市级以上刊物公开发表的新作品。

3. 演唱形式：可采取独唱、对唱、重唱等多种形式，伴奏可采用自唱自奏、他人伴奏、清唱、使用伴奏带等形式，每个节目参赛人员总数不得超过5人（含伴奏人员）。

4. 比赛着装：比赛服饰要得体大方，充分体现地域特色和乡村特点，与歌曲内容相吻合。

六、比赛办法及推进步骤

1. 比赛组别：分设民族唱法（包括传统民歌唱法）、通俗唱法（要求参赛歌曲或演唱中必须带有民歌或民间音乐元素）两个组别。

2. 比赛阶段：整个大赛分为基层群众性演唱活动、地区选拔赛、全国复赛及决赛三个阶段。

（1）基层群众性演唱活动阶段（9月上旬至10月上旬）：群众性演唱活动要以县、乡（镇）为单位，以乡村青年为主体，通过多种形式举行，重点是发现和选拔符合本次参赛条件、能代表当地特色和水平的参赛选手。

（2）地区选拔赛阶段（10月中旬至11月中旬）：在各地普遍开展群众性演唱活动基础上，各省（区、市）团委应通过多种形式、多个渠道，选拔推荐参加全国大赛的选手。

（3）全国复赛及决赛阶段（11月下旬至12月）：复赛由全国组委会聘请有关专家，依据各地报送的录像带评出民族唱法、通俗唱法歌手各30名，现场演唱，从中评出民族唱法、通俗唱法歌手各15名参加决赛（通知另发）。复赛和决赛时，每位选手（或演唱组合）按抽签顺序上场，每人（或组合）演唱一首歌曲，当场统计分数，按得分高低现场公布比赛结果，并进行现场公证。

七、组织机构

1. 主办单位将与有关协办、承办单位及相关人士组成第五届全国乡村青年歌手大赛组织委员会，负责大赛的领导工作，下设办公室，负责大赛的日常工作，办公室设在团中央青农部。

2. 大赛组委会将聘请相关的音乐界专家、教授、权威人士组成评委会，并按组别分为两个评委小组，对不同唱法给予评审。

3. 大赛组委会还将邀请有关领导、专家组成监审组，对本次比赛进行监督。

八、选手报名及推荐办法

1. 在基层普遍开展群众性演唱活动的基础上，以省为单位向大赛组委会推荐歌手，每一种唱法每省（区、市）可推荐2名歌手（或演唱组合），少数民族聚居地区和农村群众文化活动活跃地区可适当多报。各地可在www.cryn.net.cn和www.rycn.org网址查阅本通知。

2. 为扩大活动覆盖面，拓宽活动领域，本次大赛组委会除接受全国各省、自治区、直辖市团组织推荐选手外，还将接受全国性团体、单位或音乐界知名专家、教授向大赛组委会推荐的符合参赛条件和要求的选手。

3. 推荐歌手时须提交下列材料：（1）推荐表；（2）歌手身份证复印件；（3）歌手个人简历（初中以后的简要经历）20份；（4）演唱录像带或光盘；（5）参赛歌曲词谱（汉语歌词、简谱、词曲作者，A4纸张打印）及歌曲来源等背景情况介绍20份（少数民族语言的作品，歌词大意及词曲作者姓名需译成汉语）；（6）4张2寸彩色免冠标准照片和4张5寸彩色演出或生活照片。

4. 推荐材料请寄到共青团中央青农部农村青年中心建设指导处"第五届全国乡村青年歌手大赛组委会办公室"（地址：北京市前门东大街10号，邮编：100051，电话：010－85212024带传真、85212021），截止时间为2004年11月15日。

九、奖项设置

每个唱法组别各设一等奖2名、二等奖5名、三等奖8名；向参加复赛但未进入决赛的选手颁发"全国优秀乡村青年歌手奖"；向组织工作突出的单位颁发"优秀活动组织奖"；大赛将设最佳词、曲创作奖；大赛组委会向各奖项获得者分别颁发奖杯和证书。

十、工作要求

1. 高度重视。各地要给予本次大赛高度重视,要从弘扬优秀民族文化、打造农村青年文化品牌的高度认真抓好活动的落实,并以此为契机,广泛深入地开展乡村青年文化活动,为农村优秀青年文化人才脱颖而出、展示才华提供广阔舞台。

2. 广泛宣传。各地可以通过农村青年中心、乡镇文化站等渠道宣传发动广大农村青年参与此项比赛。各地要充分发挥地方新闻媒体的作用,利用电视、广播、报纸、网络等多种方式对本地开展活动情况进行广泛的宣传报道,扩大社会影响。各地要及时将活动开展情况报团中央青农部。

3. 严格推荐。各地要严格按照参赛条件和要求,坚持公平、公正、公开的原则,认真做好歌手的推荐工作,杜绝弄虚作假,禁止向参赛选手收取报名费,凡违规者,一经查实即取消参赛资格,并对推荐单位给予通报批评。

4. 建立机制。各地在开展活动的过程中,要大胆探索社会化、市场化的运作机制,积极建立对获奖歌手进行经常化、有形化的服务机制。要始终突出共青团组织文化育人的宗旨和优势,注重发现和培养一批农村青年文化骨干,推动优秀青年人才脱颖而出、大量涌现。

共青团中央办公厅
关于确定全国农村青年中心重点联系点的通知

2004 年 9 月 7 日

共青团各省、自治区、直辖市委:

根据共青团全国青年中心建设工作领导小组(2004)第 1 次会议纪要精神,为大力推进全国青年中心建设先进县(市)创建活动,进一步深化农村青年中心建设试点工作,团中央确定一批全国农村青年中心重点联系点。现将有关事宜通知如下。

一、确定原则

根据各省级团委上报的全国青年中心先进县(市)创建单位名单,经与省级团委沟通协调,确定 100 个全国农村青年中心重点联系点(名单见附件)。

二、工作内容

1. 了解信息,掌握情况。及时掌握农村青年中心建设试点工作在基层贯彻落实过程中取得的成效、经验和存在的问题;及时了解基层农村青年中心建设试点工作的具体情况和最新动态;及时调查研究基层党政部门、社会各界、农村青年对农村青年中心建设试点工作的意见和建议。

2. 采取措施,重点扶持。加大对重点联系点在组织建设、发展项目、阵地依托、运行机制等方面的工作指导和扶持力度,努力推动重点联系点建设成为农村青年中心建设的示范点,带动和促进农村青年中心建设试点工作深入开展。

三、工作要求

1. 高度重视。各级团组织要高度重视确定的全国农村青年中心重点联系点的工作,把推动重点联系点的建设和发展作为开展全国青年中心先进县(市)创建活动的重要举措,切实加强指导和支持。

2.抓点带面。各级团组织要采取具体措施,树立典型,抓好示范,以点带面,推动农村青年中心的整体发展。要将指导重点联系点的工作制度化、经常化和具体化,定期调查研究,推动形成"层层有点,级级抓点,由上带下,上下互促"的良好工作局面。

3.通报信息。各级团组织要畅通信息报送渠道,及时掌握基层情况,及时传达工作要求。全国重点联系点的农村青年中心要及时向团中央青农部提供工作信息和推进动态,及时反映青年中心建设试点工作中取得的成效和存在的困难及问题。

联系地址:北京市前门东大街10号团中央青农部农村青年中心建设指导处;邮编:100051;电话传真:010－85212024;电子邮箱:nyc@cycnet.com,qnzx2024@163.com;联系人:郭启华。

附:全国农村青年中心重点联系点名单

北　京

密云县太师屯青年中心

通州区西集青年中心

怀柔区桥梓青年中心

昌平区崔村青年中心

门头沟区潭柘寺青年中心

天　津

大港区中塘青年中心

河　北

平山县温塘青年中心

秦皇岛市海港区东港青年中心

青县清州青年中心

山　西

泽州县东四义青年中心

平陆县张店青年中心

长治县韩店青年中心

灵丘县落水河青年中心

内蒙古

开鲁县道德青年中心

乌拉特前旗公田青年中心

锡林浩特市巴彦宝力格青年中心

辽　宁

沈阳市新城子区新城子青年中心

庄河市黑岛青年中心

辽中县茨榆坨青年中心

抚顺县毛公青年中心

瓦房店市福龙果品青年中心

吉　林

公主岭市范家屯青年中心

蛟河市黄松甸青年中心

江源县石人青年中心

榆树市五棵树青年中心

黑龙江

双城市和平青年中心

上　海

青浦区徐泾青年中心

青浦区练塘青年中心

江　苏

南京市六合区葛塘青年中心

张家港市张家港青年中心

常熟市练塘青年中心

丰县凤城青年中心

浙　江

温岭市泽国青年中心

平阳县鳌江青年中心

衢州市柯城区花园青年中心

临海市大洋青年中心

安　徽

郎溪县十字青年中心

固镇县刘集青年中心

肥西县柏堰青年中心

福　建

晋江市陈埭青年中心

福州市晋安区福兴青年中心

石狮市玉湖青年中心

华安县丰山青年中心
武夷山市温岭青年中心

江 西

九江市庐山区十里青年中心
赣州市章贡区沙河青年中心
宜春市袁州区温汤青年中心

山 东

齐河县表白寺青年中心
青岛市黄岛青年中心
陵县张武青年中心
文登市泽库青年中心
青岛市农业高新区青年中心

河 南

方城县城关青年中心
浚县钜桥青年中心
新郑市八千青年中心
偃师市城关青年中心
义马市裴村青年中心

湖 北

宜昌市夷陵区三斗坪青年中心
应城市东马坊青年中心
浠水县清泉青年中心

湖 南

临澧县合口青年中心

广 东

东莞市振安青年中心
广州市白云区米岗青年中心
揭东县玉湖青年中心
遂溪县遂城青年中心
四会市大沙青年中心

广 西

全州县全州青年中心
龙州县下冻青年中心
北流市西琅青年中心
北海市铁山港区南康青年中心

海 南

三亚市田独青年中心

重 庆

九龙坡区含谷青年中心
巴南区花溪青年中心
奉节县三峡青年中心

四 川

双流县东升青年中心
简阳市玉成青年中心
峨眉山市绥山青年中心
绵阳市游仙区东宜青年中心
泸州市龙马潭区肖湾青年中心

贵 州

贵阳市白云区麦架青年中心

云 南

呈贡县斗南青年中心
江川县大街下营青年中心
澄江县龙街青年中心
弥勒县弥阳青年中心
马龙县马鸣青年中心

西 藏

堆龙德庆县马乡青年中心

陕 西

咸阳市渭城区国寿青年中心
延安市宝塔区南泥湾青年中心

甘 肃

渭源县五竹青年中心
高台县合黎青年中心
武威市凉州区双城青年中心
玉门市花海青年中心

青 海

湟中县鲁沙尔青年中心

宁 夏

银川市兴庆区大新青年中心
吴忠市利通区高闸青年中心

新 疆（含兵团）

米泉市米泉青年中心
巴楚县琼库尔恰克青年中心
霍城县清水河青年中心
库车县齐满青年中心
兵团农八师石河子市向阳青年中心

共青团中央办公厅、国家体育总局办公厅关于开展“体育三下乡青年中心行动”的通知

2004年10月9日

各省、自治区、直辖市团委，体育局：

为深入贯彻党的十六大精神，积极动员广大农村青年深入实施《全民健身计划纲要》，充分发挥农村青年在促进农村物质文明、政治文明和精神文明建设中的生力军作用，进一步加快新时期农村青年体育事业的发展，促进农村体育服务整体水平的提高，共青团中央、国家体育总局决定联合组织开展“体育三下乡青年中心行动”。现将有关事宜通知如下。

一、指导思想

以“三个代表”重要思想和党的十六大精神为指导，以推动实施《全民健身计划纲要》为主要内容，以服务农村青年增收成才为目标，引导广大农村青年追求健康向上的生活方式，提高农村青年体育健身意识，提高农村青年的健康素质和生活质量，努力在农村倡导和树立科学文明的新风尚，为农村经济社会全面发展做贡献。

二、目标任务

1. 共青团中央、国家体育总局通过协调政府、社会资源的方式，结合“全民健身路径工程”的实施，首批试点扶持60个全国体育三下乡青年中心行动示范点（名单见附件）。积极组建一批青年体育协会和体育科普知识青年志愿者宣传队，大力培养一批青年体育健身指导员，精心培育一批富有地方特色、适宜推广的农村青年体育项目。

2. 推动地方政府加大对农村体育场地设施的建设力度，逐步配置一批适合农村青少年开展体育健身活动的器材。动员企事业单位、社会团体和个人依托农村青年中心投资建设一批体育设施。

3. 向农村青年传授体育科普知识，推广一批适合农村青年的体育健身方法，促进农村形成良好的文化体育氛围，引导农村青年带头形成积极向上的生活习惯。

三、活动内容

1. 发展青年体育协会。积极培育大批各类农村青年体育协会、兴趣小组，将它们吸收成为青年中心的团体会员，推选它们的主要负责人进入青年中心理事会，担任理事、常务理事或副理事长，进行规范管理。加强扶持，保障协会发展会员；优化环境，开展以青年体育项目为主要服务内容的特色活动。

2. 组建体育科普知识青年志愿者宣传队。以青年志愿者为骨干，广泛组建体育科普知识青年志愿者宣传队，通过报刊、广播电视、下乡等形式，深入农村，发放宣传资料，举办体育健身和科学生活方式讲座，义务开展健身指导和健康咨询服务，传授体育健身技能。

3. 培养青年体育健身指导员。充分发挥农村青年中心组织、阵地、人才优势，通过举办各级、各类培训班和开展互派学习、交流人员等有效形式，大力培养一大批业务能力强、思想素质好的青年体育健身指导员为主体的农村青年体育人才。

4. 开展农村青年体育活动。组织农村青年挖掘和推广优秀民族传统体育项目，大胆创新一批形式灵活、内容健康、青年喜欢、富有农村特色的体育项目和健身方式，组织城市优秀青年运动队或健身队下乡表演、展示，在元旦、春节期间深入开展全国乡村青年文体节，活跃农村节日，丰富群众生活。

四、推进措施

1. 抓好示范。开展“体育三下乡青年中心行动”是发展群众性体育活动、深入推进体育三下乡的重要具体措施。各地要高度重视，积极引导，相应确定扶持联系点，大力扶持，示范带动活动深入开展。

2. 广泛动员。各地要整合社会资源，以城乡互动为基本途径，广泛宣传发动，深入组织实施，充分发挥有关单位和个人的积极性，创新形式，为农村青年体育协会配置部分体育健身器材，同时充分发挥农村青年的主观能动性，充分调动城市青年体育工作人员和志愿者的积极性，合力推进，扎实开展。

3. 宣传表彰。各地要制定科学合理的活动规划，统一部署，建立规范的运作机制，确保活动稳步有序发展。要利用广播电视报刊互联网等传媒，大力宣传活动中涌现的优秀单位、活动和个人，激励先进，营造农村青年体育活动蓬勃开展、青年体育人才健康成长的良好社会氛围，引导和带动更多的人力、物力、财力投入农村青年体育建设。

附：全国体育三下乡青年中心行动示范点

北京市密云县太师屯青年中心
北京市通州区西集青年中心
天津市大港区中塘青年中心
河北省平山县温塘青年中心
河北省青县清州青年中心
山西省泽州县东四义青年中心
山西省长治县韩店青年中心
山西省灵丘县落水河青年中心
内蒙古自治区开鲁县道德青年中心
内蒙古自治区乌拉特前旗公田青年中心
辽宁省沈阳市新城子区新城子青年中心
辽宁省抚顺县毛公青年中心
辽宁省瓦房店市福龙果品青年中心
吉林省公主岭市范家屯青年中心
吉林省蛟河市黄松甸青年中心
黑龙江省双城市和平青年中心
上海市青浦区徐泾青年中心
上海市青浦区练塘青年中心
江苏省南京市葛塘青年中心
江苏省常熟市练塘青年中心
浙江省温岭市泽国青年中心
浙江省平阳县鳌江青年中心
浙江省衢州市柯城区花园青年中心
安徽省郎溪县十字青年中心
安徽省肥西县柏堰青年中心
福建省晋江市陈埭青年中心
福建省武夷山市温岭青年中心
江西省九江市庐山区十里青年中心
江西省赣州市章贡区沙河青年中心
山东省齐河县表白寺青年中心
山东省青岛市黄岛青年中心
河南省方城县城关青年中心
河南省浚县钜桥青年中心
河南省新郑市八千青年中心
湖北省宜昌市夷陵区三斗坪青年中心
湖北省应城市东马坊青年中心
湖南省临澧县合口青年中心
广东省东莞市长安镇振安青年中心
广东省广州市白云区米岗青年中心
广西壮族自治区全州县全州青年中心
广西壮族自治区龙州县下冻青年中心
广西壮族自治区北海市铁山港区南康青年中心
海南省三亚市田独青年中心
重庆市九龙坡区含谷青年中心

重庆市巴南区花溪青年中心
四川省双流县东升青年中心
四川省峨眉山市绥山青年中心
贵州省贵阳市白云区麦架青年中心
云南省呈贡县斗南青年中心
云南省江川县大街下营青年中心
西藏自治区堆龙德庆县马乡青年中心
陕西省咸阳市渭城区国寿青年中心
陕西省延安市宝塔区南泥湾青年中心
甘肃省渭源县五竹青年中心
甘肃省高台县合黎青年中心
青海省湟中县鲁沙尔青年中心
宁夏回族自治区银川市兴庆区大新青年中心
新疆维吾尔自治区米泉市米泉青年中心
新疆维吾尔自治区巴楚县琼库尔恰克青年中心
新疆生产建设兵团农八师石河子市向阳青年中心

共青团中央办公厅
关于开展第七届"乡村青年文化节"活动的通知

2004年11月24日

共青团各省、自治区、直辖市委：

为深入学习贯彻党的十六届四中全会精神，充分发挥青年在农村先进文化建设中的生力军作用，打造农村青年文化精品，培养农村青年文化人才，切实引导广大青年为全面建设小康社会建功立业，共青团中央决定，今冬明春开展第七届"乡村青年文化节"活动。现将有关事宜通知如下。

一、指导思想

以"三个代表"重要思想为指导，紧紧围绕构建社会主义和谐社会的时代主题，抓住冬春季节农村青年相对集中和元旦春节期间具有节日氛围的有利时机，紧密结合"三下乡"、"三讲一树"和文明村镇创建活动，依托农村青年中心，立足基层，贴近青年，贴近生活，组织开展丰富多彩、扎实有效的文化活动，推动农村先进文化的繁荣和发展，引导农村青年为全面建设小康社会做出贡献。

二、活动主题

繁荣乡村文化服务青年发展

三、主要内容

1.城乡互动求繁荣。以城乡互动为重要途径，突出群众性和广泛参与性，动员组织农村青年结合当地实际创作音乐、诗歌、戏曲、快板、小品、相声、剪纸、编织、绘画等新作品，通过文艺汇演、作品展览、文体大赛、挂主题年画、贴时代春联等丰富多彩的艺术形式，唱响主旋律，激发广大农村青年创造文化的热情，宣传党的十六届四中全会精神和"三农"工作方针政策，展现我国改革开放的伟大成就和农村的巨大变化。结合"三下乡"活动，动员组织城市青年文艺工作者送歌下乡、送戏下乡、送电影下乡，与农村团组织共同开展乡村文化活动。抓住寒假大学生回乡的有利时机，组织他们开展文艺演出、义写义送春联等社会实践活动，架起城乡文化互动桥梁。组织动员广大进城务工青年利用春节回乡探亲的机会，开展科普教育和健康向上的文化娱乐活动，交流务工信息，传授劳动技能，把科学文化、致富技能和文明习惯带回家。

2. 突出重点促增收。紧紧围绕促进农村青年转移就业和增收的重要任务，大力实施农业科技培训，提高农村青年科技致富、转移就业和自主创业能力。依托青年科技示范基地和星火培训基地，开展青年星火带头人培训、农村富余劳动力转移培训、农村青年创业培训和现代远程教育培训，培养一大批懂技术、懂管理、懂市场的农村青年星火人才。广泛开展“百万青年赶科技大集”、科技文化擂台赛、科技知识竞赛等活动，引导农村青年学科技、用科技。通过培养青年科技示范大户，组织西部农村青年东部受训、组建青年星火专家服务团等形式，推进青年星火西进计划实施，实现科技推广区域合作、优势互补和共同发展。通过务工经验大家谈、务工应知应会宣传、外出务工之星评选表彰、返乡青年大联欢等活动，交流青年农民外出务工经验，宣传国家鼓励农民工从事非农产业的政策，推动农村富余劳动力转移。动员组织青年乡镇企业家、青年民营企业家、青年经纪人面向农村进行对口支援、劳务对接等，开展“新春心连心，爱心乡村行”活动。

3. 倡导文明保健康。充分利用各种宣传手段，在农村青年中广泛开展声势浩大的健康文明宣传活动，进一步提高农村青年的健康意识。组织动员青年志愿者、乡村青年医生、热心医疗公益事业的青年积极参与“全国亿万农民健康促进行动”，通过举办讲座、培训、科普宣传、医疗义诊等服务项目，为农村青年提供切实有效的医疗卫生服务。以村镇街道、农贸市场、商业街区等农民群众经常聚集的活动场所为重点，组织发动团员青年集中开展环境整治、卫生扫除、清洁消毒、绿化美化等爱国卫生运动。认真落实《公民道德建设实施纲要》，按照思想品德好、致富创业好、学习奉献好、遵纪守法好、文明生活好等“五好”标准，立足基层，广泛开展争做农村“文明好青年”活动，引导农村青年不断提高思想道德素质和科学文化素质。

4. 依托中心谋发展。把“乡村青年文化节”活动与农村青年中心建设工作紧密结合，以农村青年中心为依托，积极开发青年文化活动项目，带动乡村青年文化活动整体活跃。承接党政有关部门和社会各界的有关青年文化活动项目，积极整合社会资源，聚集社会力量，大力打造“乡村青年文化节”品牌。在农村青年中广泛成立各种文化社团，充分发挥社团成员的参与作用，不断提高乡村青年文化活动水平。实施“青年中心春风行动”，动员组织青年中心理事会成员、骨干会员和加盟单位等，为青年增收成才提供服务，为贫困群众送温暖。组织开展大中专学生“到青年中心去”主题活动，以青年中心为实践基地，开展志愿服务，推动校园文化进乡村。进一步落实好农村青年读好书活动、建设青年开放书架、体育三下乡青年中心行动、大中专院校与农村青年中心工作结对等工作项目，深化农村青年中心建设，推动乡村青年文化活动的蓬勃开展。

四、实施步骤

1. 规划部署阶段。2004 年 11 月下旬至 12 月上旬，各地按照活动通知要求，制定具体实施方案，对文化节活动进行全面部署。

2. 重点示范阶段。2004 年 12 月中下旬，各地选择有代表性的地区率先组织实施一至两个重点项目，抓好典型示范，并积极协调电视台播出活动节目。

3. 全面展开阶段。2005 年 1 月至 2 月，农村基层团组织普遍组织开展文化节活动。县以上团组织重点抓好指导服务工作，切实在全国农村形成广泛影响，掀起活动高潮。

4. 总结表彰阶段。2005 年 3 月，本届文化节活动结束后，将通报表彰 2004 年度全国乡村青年文化活动先进县（市、区）、优秀乡村青年文化活动项目和乡村青年文化名人各 100 个。各地要及时做好总结表彰工作。

五、工作要求

本届“乡村青年文化节”活动是全国农村团组织深入贯彻党的十六届四中全会精神、大力繁荣乡村青年文化、促进农村青年增收成才的重要品牌项目。各地要高度重视,加强领导,作为今冬明春农村团的工作的重中之重,抓紧抓好,抓出成效。要充分调动基层开展文化节活动的积极性和创造性,广泛吸收各方面青年参与到活动中来,一级抓一级,层层抓落实。要切实抓住一批有影响的县市、乡村作为重点活动地区,抓好一至两个特色活动作为牵动项目,影响和带动面上活动开展。要积极争取党政领导和有关部门的关心与支持,充分利用"三下乡"活动资源,形成合力。要积极协调新闻宣传单位,对文化节活动进行充分宣传,营造良好的社会氛围。

各地要将具体活动方案于2004年12月10日前报团中央青农部,以便纳入总体宣传计划。文化节期间,各地团组织要及时上报活动开展情况。地址:团中央青农部农村青年中心建设指导处;邮编:100051;电话:010-85212021、85212024(传真);E-mail:qnzx2024@163.com;中国农村青年信息网:www.cryn.net.cn;全国农村青年中心网:www.ry.org。

八、学校

共青团中央、教育部、全国学联关于举办第二届中国大学生校园歌手大赛的通知

2004年3月31日

各省、自治区、直辖市团委,教育厅(教委),学联:

为繁荣校园文化,营造健康向上的文化氛围,发挥文化育人功能,不断丰富和满足青年学生日益增长的精神文化需求,促进大学生德、智、体、美全面发展,共青团中央、教育部、全国学联决定举办第二届中国大学生校园歌手大赛。

一、时间

2004年5—12月

二、主办单位

共青团中央、教育部、全国学联

三、承办单位

北京师范大学

四、参赛对象

全日制普通高等学校(含社会力量举办高校)在校学生。

五、内容和形式

参赛曲目要能反映丰富多彩的校园生活和当代大学生积极向上的精神风貌、崇高的理想追求、高雅的审美情趣。鼓励大学生自主创作校园歌曲。

比赛分为专业组和业余组。专业组为艺术院校和普通高校的艺术系学生,其余为业余组。可以是独唱、组合演唱。每人(组合)限唱一首歌曲,演唱时间原则上限制在6分钟以内。

专业组比赛内容包括演唱、乐理知识、文化综合知识;业余组比赛内容包括演唱、文化

综合知识。

比赛分为校级预赛、省级复赛、全国决赛。

六、组织机构

主办单位、承办单位负责人组成第二届中国大学生校园歌手大赛全国组委会（见附件1），负责大赛的领导工作，下设办公室，负责大赛的日常工作，办公室设在北京师范大学团委。

全国组委会将聘请国内著名作曲家、指挥家、歌唱家、音乐教育家等组成全国评委会，负责决赛的评审工作。

各省（区、市）要成立相应机构，负责本地预赛、复赛的领导、评审等相关工作。

七、推进步骤

1. 5—10月，各高校准备作品，各省（区、市）组成省级组委会，举行本地区预、复赛。

2. 10月31日前，各省（区、市）按决赛选手名额分配表的规定，将参加全国决赛选手报名表，报送全国组委会办公室。

3. 11月，报送申报省级优秀组织奖和校级优秀组织奖的有关材料。

4. 12月中旬，全国组委会组织决赛。组织入围决赛的选手进京参加决赛，全国评委会将从中分别评出金奖、银奖、铜奖获得者若干名，并举行颁奖典礼暨汇报演出。

5. 12月下旬，下发表彰决定。

八、奖项

1. 金、银、铜奖

比赛设专业组、业余组金、银、铜奖若干名。

2. 优秀原创歌曲奖

比赛将从参加决赛的原创歌曲中评出优秀原创歌曲奖若干。

3. 校级优秀组织奖和省级优秀组织奖

比赛设校级优秀组织奖，奖励组织工作扎实，学生参与广泛，活动效果突出的高校。校级优秀组织奖由各省（区、市）组委会推荐，全国组委会确认。

比赛设省级优秀组织奖，奖励组织机构健全，宣传发动广泛，组织工作得力，活动效果明显的省级组委会。省级优秀组织奖由全国组委会评选。

九、有关事项及要求

1. 突出育人宗旨。各地要高度重视，精心组织，按照“三个代表”重要思想的要求，用先进文化占领校园文化阵地。要将比赛和艺术教育及本地已有的艺术节、文化节相结合，培养学生的综合素质。

2. 抓好工作落实。要按照通知要求，精心安排，狠抓落实，认真做好组织协调和作品选拔、上报工作；要突出重点，努力在“五四”和“十一”期间形成两次活动高潮；要形成声势、营造氛围，充分发挥新闻媒体的作用，利用电视、广播、报纸、网络等多种方式对本地开展活动情况进行广泛的宣传报道，扩大社会影响。

3. 活动经费。预赛、复赛的活动经费由各省级组委会自行解决。决赛、颁奖典礼暨汇报演出的经费由全国组委会负责。进京参加决赛的选手将由全国组委会给予一定补贴，其余费用由参赛学校自行解决。

团中央学校部联系人及方式：郭舒、李骥，电话：010－85212282、85212289，传真：010－85212353，邮编：100051，地址：北京市前门东大街10号。

北京师范大学团委联系人及方式：屈浩，电话：010－62205347、62204234，传真：010－62205250，邮编：100875，地址：北京市海淀区新街口外大街19号。

附：第二届中国大学生校园歌手大赛组委会名单

主　任：

杨　岳　团中央书记处书记

赵沁平　教育部副部长

申　跃　全国学联主席

委　员：

白　希　团中央学校部部长、全国学联秘书长
杨贵仁　教育部体卫艺司司长
廖文科　教育部体卫艺司副司长
周扬帆　团中央学校部副部长、全国学联副秘书长
李小豹　团中央学校部副部长、全国学联副秘书长
吴志功　北京师范大学党委副书记
秘书长：
李小豹(兼)
副秘书长：
魏树旺　团中央学校部全国学联办公室主任
万丽君　教育部体卫艺司艺教处副处长
魏　国　北京师范大学团委书记

共青团中央、全国学联关于实施“大学生就业见习行动”的通知

2004年4月9日

各省、自治区、直辖市团委，学联：

为贯彻“三个代表”重要思想，落实中央关于促进就业和再就业工作的方针政策，按照团十五大的要求，进一步深化“大学生素质拓展计划”，竭诚服务大学生成长成才，大力促进大学生就业创业，引导大学生更好地为全面建设小康社会建功立业，团中央、全国学联决定联合实施“大学生就业见习行动”。现将有关事项通知如下。

一、实施单位

共青团中央、全国学联，各省级团委、学联和各高校团委、学生会。

二、实施时间

2004年4月正式启动。

三、参与对象

全日制普通高校(含社会力量举办高校)的在读学生(含专科生、本科生、硕士研究生和博士研究生，以本科生为主)。

四、实施内容

根据大学生成长成才和就业创业的需求，依托团委、学生会组织系统，广泛发掘社会资源，通过组织大学生到企事业单位进行就业见习等多种方式，帮助大学生增加职业经历，提高就业创业能力。主要包括以下四个方面：

1.职业生涯测评。动员社会力量以专业方法对大学生进行职业生涯测评，帮助大学生了解自己的个性特征、职业倾向，并提供个人发展的建议。

2.就业创业辅导。邀请各个领域的成功人士、创业典型、专家学者、企业家等，到校园里或通过网络举办报告会、咨询会，帮助大学生了解企业的用人标准和招聘信息，转变就业观念，更好地确立人生目标。

3.见习岗位推荐。发掘社会资源，动员企事业单位加盟“大学生就业见习行动”，为不同年级、学历的大学生提供不同类型的见习岗位，做好大学生与用人单位之间的对接工作，帮助一批大学生走上见习岗位，积累职业经验。

4.完善配套服务。配合行动的实施，根据实际情况为大学生和用人单位提供一些力所能及的配套服务。比如，邀请专业人士担任活动的法律顾问，在活动的开展过程中为学生提供权益保护等。

五、重点工作

根据上述工作内容，团中央、全国学联在指导、协调各地各高校广泛实施“大学生就业见习行动”的同时，2004 年将重点做好以下工作：

1. 百家名企校园行。邀请 100 家左右国内外知名企业的总裁或人力资源总监等人士，在全国高校分区域进行巡回报告或演讲。

2. 网上咨询讲座。邀请著名企业代表和专家，通过搜狐等网站举办专场咨询讲座，解答学生在就业创业方面的疑问，为学生提供发展建议。

3. 工作网站建设。联合有关协办单位，建设高质量的“大学生就业见习行动”专用网站，指导行动的实施，发布岗位信息，开展网上测评等服务。

4. 网上就业见习。发挥网络的远程技术优势，拓展就业见习方式，发掘一批适合于网上远程操作的见习岗位，实现用人单位和大学生之间的异地对接。

六、推进步骤

“大学生就业见习行动”的实施分动员组织、正式启动、全面展开、总结表彰和持续发展五个阶段展开。

1. 动员组织(2004 年 4 月)。下发有关工作文件和通知，部署相关工作，建设工作网站，落实第一批就业见习岗位。

2. 正式启动(2004 年5 月)。团中央、全国学联将以首批参加行动的学生与加盟企业签约上岗的形式举办“大学生就业见习行动”启动仪式。

3. 全面展开(2004 年 5 月—2005 年 2 月)。团中央、全国学联启动全国级项目后，各地各高校逐步推进各自的项目实施，力争第一年落实 50 万个就业见习岗位。

4. 总结表彰(2005 年3 月)。团中央、全国学联将在适当时候召开总结表彰会，总结推广工作经验，对在行动中表现突出的单位和个人进行表彰。

5. 持续发展(2005 年 4 月以后)。各级团委、学生会在已有的工作基础上，进一步扩大就业见习岗位、完善工作机制，以一学年为工作周期，扎实推进行动的持续发展。

七、工作要求

高度重视。实施“大学生就业见习行动”是推进“大学生素质拓展计划”的一项重要举措。各级团委、学生会要充分认识其重要意义，将其纳入团的工作重点，积极争取各级党政和有关职能部门的支持，把它列入政府和学校的整体工作计划中。要加强组织领导，成立省级“大学生就业见习行动”领导小组和高校“大学生就业见习行动指导中心”，并结合实际情况制定具体落实措施和实施办法。

精心组织。实施“大学生见习就业行动”是一项涉及学生、学校、社会方方面面的工作，涉及面广，工作环节多，工作内容具体细致。各级团委、学生会组织要广泛动员、精心组织，做好各项工作。尤其要本着“实事求是、就近就便”的原则，尽量在省内实现对接。团组织、用人单位和学生之间要签订严格规范的协议，建立意外情况的应对预案，确保学生在见习过程中的安全。

完善机制。要积极吸纳社会单位的参与，同时对加盟单位的资质、运营和管理方式等进行严格的审核和监督。要规范对参与学生的评价，见习期满后，见习单位要为学生填写评语。学生的见习经历记入《大学生素质拓展证书》。要建立健全表彰奖励等激励机制，对组织得力、表现出色、成绩优异的各级团委、学生会、大学生和加盟单位给予表彰。

务求实效。实施“大学生就业见习行动”的目的是服务青年学生成才就业的现实需求。必须把“做实事、求实效”作为衡量工作的根本要求和标准，制定切合实际的目标，扎扎实实地推进各个环节的工作，夯实工作基础。切忌走过场、做表面文章。要因地制宜，大胆创新，积极探索有利于活动推进的新形式。各地活动开展情况请及时报团中央。

共青团中央、全国学联关于在全国大中学生中开展纪念五四运动85周年主题活动的通知

2004年4月12日

共青团各省、自治区、直辖市委，学联：

今年是五四运动85周年。为引导广大青年学生深入学习邓小平理论和“三个代表”重要思想，继承和发扬五四运动“爱国、进步、民主、科学”的光荣传统，坚定跟党走中国特色社会主义道路的信念，勤奋学习，勇攀高峰，为全面建设小康社会贡献青春、智慧和力量，团中央、全国学联决定“五四”期间在全国大中学生中广泛开展纪念五四运动85周年主题活动。有关事项通知如下。

一、活动主题

弘扬五四精神肩负历史使命

二、活动时间

4月底至5月初组织开展活动。5月4日，组织全国部分大中学校集中开展活动。

三、活动内容

1. 在大学要广泛开展主题团日活动。要把“三个代表”重要思想学习活动作为主题团日的重要内容，通过组织大学生观看全国大学生学习贯彻“三个代表”重要思想成果展，开展演讲、朗诵、读书、征文、论坛等丰富多彩的活动，把大学生学习贯彻“三个代表”重要思想活动进一步引向深入；要开展五四运动历史传统学习教育活动。邀请老同志、专家、学者举办专题报告会、座谈会，回顾五四运动的光荣历史；要以纪念五四运动85周年为主题举办专场文艺演出，编排、演出一批主题突出的文艺节目，建设健康向上、繁荣活跃的校园文化；要组织青年学生利用节假日深入农村和城市社区开展文化科技卫生志愿服务活动，传播现代科技，弘扬文明新风。

2. 在中学要广泛开展18岁成人宣誓仪式活动。要组织适龄学生在当地具有重要纪念意义的场所，按照升国旗、唱国歌、面对国旗宣誓、领导勉励、前辈祝愿、成人心声、颁发成人纪念物的基本程序，集中举行面对国旗宣誓的成人仪式。县以上城市要普遍开展，省会及大中城市要重点开展。

四、工作要求

“弘扬五四精神，肩负历史使命”主题活动是全团纪念五四运动85周年活动的重要组成部分，是团中央、全国学联在新形势下加强学生思想教育工作的重要举措，各地要高度重视，认真落实，切实抓好。

1. 加强领导。各省级团委要成立以分管领导为负责人的活动领导小组，具体部署推进本地学校相关工作。各级各类学校团委要主动向学校党政汇报，争取支持。

2. 精心组织。要充分发挥各级团委、学生会的积极性和主动性，认真制定各项活动方案，精心组织实施。在5月4日当天要形成活动的高潮。要制定预案，确保安全。

3. 注重宣传。要认真组织好本地本校的活动宣传，展示当代青年学生的良好精神风貌。团中央将协调中央媒体对全国大中学生纪念五四运动85周年主题活动进行宣传报道。请各地将省内学校开展的重点活动线索于4月25日前报团中央学校部。

大学工作联系人：韩立群、李宁、王睿；联系电话：010－85212180；传真：010－85212336。

中学工作联系人：刘岩、王剑；联系电话：010－85212088；传真：010－85212335。

共青团中央、中国科协、教育部、全国学联关于组织开展第四届“挑战杯”亚礼得中国大学生创业计划竞赛的通知

2004年4月12日

各省、自治区、直辖市团委，科协，教育厅（教委），学联：

为促进科教兴国战略的实施，营造有利于青年学生健康成长的文化氛围，引导和帮助他们学习创业知识，树立创业精神，培养创新意识，提高就业能力和创业能力，为投身全面建设小康社会的伟大实践做好准备，团中央、中国科协、教育部、全国学联决定举办第四届“挑战杯”亚礼得中国大学生创业计划竞赛。

一、时间

2004年4月—11月

二、主办单位

共青团中央、中国科协、教育部、全国学联

三、承办单位

厦门大学、厦门市人民政府

四、参赛对象

全日制高等学校（含社会力量举办高校）在校学生。

五、组织机构

竞赛设立全国组委会，由主办单位、承办单位的有关负责人组成，负责竞赛组织领导工作。全国组织委员会下设秘书处，负责竞赛的日常事务。

竞赛设立全国评审委员会，由全国组委会聘请经济类、管理类等学科的专家、学者和企业家组成，负责参赛作品的评审工作。

各省（区、市）要成立相应机构，负责本地预赛的组织领导、评审等相关工作。

六、方式及推进步骤

1.竞赛继续采用预赛、复赛和决赛三个阶段的方式进行。

2.3月下旬，举办第四届中国大学生创业计划竞赛培训班。

3.4月—5月，各高校（含社会力量举办高校）准备作品或举行本校预赛。

4.5月—6月，各省（区、市）组织本地预赛。

5.6月15日前，各省（区、市）将作品统一报送全国组委会办公室（厦门大学团委），各省（区、市）报送作品的数额不得超过作品数额分配表中规定的数额，全国组委会不接受学校或个人的申报。每校申报作品不得超过3件，每人（每个团队）限报一件作品；作品要分别通过电子版（http://www.chuangye2004.com）和直接寄达组委会办公室两种方式报送；作品请注明作者详细联系方式，以便及时通知复赛事宜。

6.7月初，举行全国竞赛复赛。全国评委会对作品进行评审，选出若干件优秀作品进入决赛，并书面通知各省（区、市）高校。

7.9月20日前，各省（区、市）将进入决赛的作品进一步充实完善后，报送全国组委会。

8.11月，进行全国竞赛决赛。评委会将以书面评审、秘密答辩和公开答辩相结合的方法，评出若干金银铜奖及其它单项奖作品。全

国组委会将根据各地组织情况评出若干省级、校级优秀组织奖。

9. 12月，下发表彰决定。

七、工作要求

1. 高度重视，加强领导。“挑战杯”中国大学生创业计划竞赛是大学生科技创新系列竞赛活动的重要组成部分，在培养学生综合素质和提高就业创业能力等方面发挥了积极作用。各地各高校要高度重视，精心组织，做好安排部署，成立活动组织机构，落实人员；要结合本地实际，制定推进方案，切实把活动抓紧、抓好、抓出成效。

2. 建章立制，把握导向。各地要在总结以往工作经验的基础上，进一步做好机制建设工作。提倡各高校举办与竞赛接轨的届次大学生创业计划竞赛。鼓励各地各高校建立学生创新创业服务体系，培育高素质指导教师队伍，对参赛者进行培训和指导，提供必要的人员和经费支持。要联合社会有关方面为竞赛创造条件，积极吸引风险投资，努力实现成果转化；同时帮助大学生做好创业计划设计和职业生涯规划有机衔接，为顺利实现就业创业提供服务。

3. 广泛动员，密切配合。竞赛开展时间长、内容多、任务重，各个阶段又各有侧重。各级共青团、科协组织和教育部门要密切配合，发挥优势，加强协调，切实做好竞赛各项工作。同时，各地各高校要广泛动员，认真选拔，确保竞赛圆满成功。

4. 搞好宣传，营造氛围。各地要把竞赛活动的宣传作为工作重点，摆上日程，列入计划。要广泛利用电视、广播、报纸、网络等新闻媒体，积极主动进行宣传，形成良好的舆论氛围，从而扩大活动在社会和青年学生中的影响，使大学生创新创业活动深入发展。

团中央学校部联系人及方式：郭舒、李骥，电话：010－85212282、85212289，传真：010－85212353，邮编：100051，地址：北京市前门东大街10号。

厦门大学团委联系人及方式：徐姗娜、木志荣，电话：0592－2187337，传真：0592－2186206，邮编：361005，地址：厦门市思明南路422号，E－mail：tw@jingxian.xmu.edu.cn。

共青团中央、教育部、财政部、人事部关于做好2004年大学生志愿服务西部计划工作的通知

2004年4月14日

各省、自治区、直辖市团委、教育厅（教委）、财政厅（局）、人事厅（局）：

2003年，根据国务院常务会议精神，共青团中央、教育部在财政部、人事部的支持下，组织实施了大学生志愿服务西部计划（以下简称“西部计划”），选派了6000名普通高等学校（以下简称“高校”）应届毕业生到西部贫困县的乡镇一级从事1—2年的志愿服务工作。半年多以来，党政领导高度重视，志愿者无私奉献，人民群众交口称赞，西部计划成效显著。按照国务院部署，2004年共青团中央、教育部在财政部、人事部支持下继续实施西部计划。现将进一步做好2004年西部计划工作的有关事项通知如下。

一、工作内容

按照国务院会议精神，2004年参加西部计

划的志愿者总数为10000名。除2003年招募的2年期志愿者外，按照公开招募、自愿报名、组织选拔、集中派遣的方式，新招募6000名普通高校应届毕业生，到西部12省（区、市）以及湖北恩施、湖南湘西两个自治州的贫困县的乡镇一级从事为期1—2年的教育、卫生、农技、扶贫以及青年中心建设和管理等方面的志愿服务工作。志愿者服务期满后，鼓励其扎根基层，或者自主择业和流动就业。同时，开展“全国农村党员干部现代远程教育试点工作”志愿服务行动、“百县千乡宣传文化工程”志愿服务行动、西部基层检察院志愿服务行动等专项行动。继续做好2003年招募志愿者的管理服务工作，做好2003年1年期志愿者的就业服务工作。

二、政策支持

参加西部计划的志愿者，享受共青团中央、教育部、财政部、人事部《关于实施大学生志愿服务西部计划的通知》（中青联发〔2003〕26号）中规定的八项政策支持。现进一步明确有关政策并新增部分政策如下。

1. 服务期满1年考核合格，报考研究生的，总分加10分；各高校出台的政策如优惠于此政策则参照高校政策；同等条件下，优先录取。

2. 服务期满1年考核合格，可以应届高校毕业生身份报考国家机关公务员；报考中央国家机关和东、中部地区公务员的，同等条件下，优先录取；报考西部地区公务员的，笔试总分加5分。

3. 服务期间，户口和档案保留在毕业高校，免收服务费用。服务期满后，学校再发放派遣证。

4. 服务期间，享受往返于入学前户籍所在地与服务地之间每年4次火车硬座票半价优惠。

5. 对于上学期间办理助学贷款，服务期间还贷确有困难的，各高校应积极协调银行等有关方面，为其展期还贷提供帮助。

6. 有条件的高校可拿出部分奖学金用于鼓励和引导大学毕业生到西部基层开展志愿服务。

参加“全国农村党员干部现代远程教育试点工作”志愿服务行动、“百县千乡宣传文化工程”志愿服务行动、西部基层检察院志愿服务行动等专项行动的志愿者享受同等政策待遇。

三、工作要求

各级团组织、教育部门要密切配合、形成合力，精心组织、狠抓落实，以项目运作的方式扎实推进这项工作。各级财政、人事部门要积极给予支持。

1. 加强领导。要进一步加强项目领导机构和项目管理机制的建设，明晰职责、相互支持，加强沟通、紧密合作，保障计划的顺利实施。在进一步加强全国、省、高校、县项目办工作的同时，服务县所在地（市）团委、教育局及有关部门可成立地（市）项目管理办公室，积极争取政策支持，整合社会资源，为西部计划实施工作提供有利条件。

2. 广泛动员。各级项目办要充分利用各类媒体向社会发布志愿者招募信息，确保每一个高校毕业生及时了解；要努力在校园中营造良好舆论氛围，在大学生中进一步唱响“到西部去、到基层去、到祖国和人民最需要的地方去”的时代强音；要围绕“受锻炼、长才干、做贡献”的主题，动员大学毕业生自觉选择到基层、到艰苦环境中锻炼成才，同人民紧密结合、为祖国奉献青春；要围绕“老百姓得实惠、志愿者长才干、全社会树新风”的主题，突出宣扬志愿服务理念，发挥典型引路的作用，形成参加西部计划光荣、投身西部基层大有作为的积极导向。

3. 按需选拔。要在面向全国公开招募、自愿报名的基础上，根据西部贫困地区的需求，选拔思想过硬、品学兼优、具有较强奉献精神的毕业生参加这项计划。各级项目办要严格按照《大学生志愿服务西部计划2004年实施方案》确定的岗位申报和招募选拔程序，认真细致地做好各项工作。要指定专人负责，用好

"招募管理信息系统",并认真做好相关资料的备份工作,确保按需招募目标的实现。

4. 搞好服务。服务省项目办要为志愿者安排好服务岗位,提供必要的工作和生活条件;积极协调有关部门、有关单位,落实相关保障政策。志愿者派出省项目办要认真组织志愿者体检工作,严格把关;要及时跟踪了解志愿者的工作、生活等情况,积极给予帮助支持。高校项目办要加强与本校参加西部计划毕业生的服务县、服务单位的联系,积极开展教学、实践、扶贫等合作与援助。

5. 严格管理。要按照《大学生志愿服务西部计划志愿者管理办法(试行)》的规定,落实"谁用人、谁受益、谁负责"的原则,明确各级项目办、服务单位的职责,进一步加强志愿者的管理。在完善组织系统管理的同时,要通过民主选举志愿者服务队长、建立志愿者临时党团组织、成立志愿者俱乐部等多种形式,加强志愿者的自我管理、自我服务,充分调动志愿者的主观能动性,引导志愿者之间扩大交流、加强沟通、团结互助、共同提高,努力探索新的志愿者管理模式。要严格资金管理,中央财政安排的专项经费只能用于志愿者生活补贴、交通补贴以及人身意外伤害、住院医疗保险等志愿者个人方面的支出,不得以任何名义挤占、挪用。

6. 鼓励和引导志愿者扎根西部基层。各级项目办要本着对志愿者高度负责的精神,精心组织、狠抓落实,鼓励和引导志愿者扎根西部基层,切实做好 2003 年 1 年期志愿者的就业服务工作。要积极争取党政部门支持,出台落实鼓励志愿者扎根西部基层的政策;要通过整合资源,为志愿者在西部基层党政机关、企事业单位就业和自主创业提供切实有效的帮助;要加强宣传,营造氛围,努力形成引导志愿者扎根西部基层的积极导向。

各省(区、市)团委、教育厅(教委)要积极开展西部计划地方项目,地方财政、人事部门要参照全国项目的做法给予配套支持。地方项目纳入全国项目的表彰范围,志愿者享受同等政策待遇。地方项目的具体实施方案由各省级项目办自行制定,及时报全国项目办备案。

共青团中央、全国学联、中国电视艺术家协会关于举办首届中国大中学生 DV 纪实作品大赛的通知

2004 年 5 月 12 日

各省、自治区、直辖市团委,学联,电视艺术家协会:

近几年来,随着数字技术的飞速发展和迅速普及,DV 设备已经进入人们的日常生活。越来越多的青年学生借助现代技术,用自己的眼睛发现身边的新闻,用自己的语言诠释真实的生活,涌现出了大量形式多样、主题鲜明、意义深刻的 DV 作品。同时,一批以 DV 创作为主要活动方式的学生社团也应运而生,既扩大了学生社团活动的领域和影响,又繁荣了校园文化,得到了社会的广泛关注。为鼓励青年学生深入生活、深入实际,引导他们用自己的视角观察社会、思考人生,展示当代大中学生追求理想、积极向上的精神风貌,反映全面建设小康社会历史进程中社会生活的新发展、新变化,团中央、全国学联、中国电视艺术家协会决

定联合举办首届中国大中学生DV纪实作品大赛。现将有关事宜通知如下。

一、主办单位

共青团中央

中华全国学生联合会

中国电视艺术家协会

二、承办单位

中国电视艺术家协会纪录片学术委员会

中国人民大学

中国教育电视台

三、活动时间

2004年5月—12月

四、活动主题

用眼睛发现真用DV展示美

五、参赛对象

高等学校在校学生(含博士硕士研究生、社会力量举办高校学生)、初高中在校学生(含中专、中技学生)。

六、作品要求

1. 用DV拍摄的纪实类非虚构作品;

2. 时间长度:5分钟—60分钟;

3. 内容主要反映校园和社会生活,题材包括新闻类、人物类、纪录类、专题类等;

4. 以汉语(方言需中文字幕)为主要发音语言;

5. 作品以DV摄像机为主要拍摄工具,以电脑为主要创作工具;

6. 作品为自2002年1月1日以来拍摄制作的;

7. 在国内其他类似比赛中获奖的作品也可以报名参加本次赛事,请参赛者注明作品以前获奖情况。

七、参赛方法

1. 集体参赛:参赛学生将参赛作品报送校团委,校团委进行资格认定后报送省级团委学校部,由省级团委学校部收集汇总后报送。

2. 个人参赛:参赛学生将参赛作品报送校团委,校团委进行资格认定,由学生个人直接报送。

各地高校根据实际情况自行选择参赛办法。参赛作品数量不限。有条件的省级团委和高校团委可以举办省级比赛和校级比赛。

八、评审办法

主办单位将聘请有关专家、学者、业界人士和学生代表组成"首届中国大中学生DV纪实作品大赛评委会",由评委会制定具体评审规则和标准并进行作品评审。

九、奖项设置

1. 综合类:根据作品的综合成绩设立特等奖、一等奖、二等奖、三等奖若干。

2. 专项类:根据作品的专项成绩设立最佳导演奖、最佳创意奖、最佳音乐奖、最佳摄影奖、最佳制作奖若干。

3. 组织类:根据各省级团委和各高校团委组织的参赛作品数量和成绩设立省级、校级优秀组织奖若干。

十、推进步骤

1. 5月,下发大赛通知;

2. 5月—8月,开展作品征集;

3. 9月—10月,完成作品评审;

4. 10月,举行颁奖晚会(地点另行通知);

5. 11月—12月,组织展播、观摩等推广活动。

十一、其他事项

1. 各省、自治区、直辖市团委,学联,电视艺术家协会接到通知后,要高度重视大赛的组织实施,及时向本地高校转发活动通知,制定具体落实措施,协调组织作品征集,做好新闻宣传工作,扩大大赛的影响,创造良好的社会氛围。

2. 参赛作品的提交格式为VCD格式光盘一式两份、miniDV带一份或Dvcom或Batecom(PAL制式)拷贝一份;作品简介一篇(100—300字)。

3. 为保障参赛学生的合法权益,参赛学生请填写《中国大中学生DV纪实作品大赛参赛表》和《参展授权书》，与参赛作品一并提交。

4. 所有参赛作品必须于 8 月 31 日前（以邮戳为准）报送至“中国大中学生 DV 纪实作品大赛秘书处”，大赛秘书处设在中国人民大学团委。

通讯地址：北京市海淀区中关村大街 59 号中国人民大学团委“中国大中学生 DV 纪实作品大赛秘书处”；邮编：100872；联系人：时光寨；联系电话：010－62512803，010－62512971；电子邮箱：DV@ rucyouth. org。

中宣部、中央文明办、教育部、共青团中央、全国学联关于组织开展 2004 年大中专学生志愿者暑期文化科技卫生“三下乡”社会实践活动的通知

2004 年 6 月 2 日

各省、自治区、直辖市党委宣传部，文明办，教育厅（教委），团委，学联：

今年是我国改革和发展十分关键的一年。当前，全党全国人民正在认真学习实践“三个代表”重要思想，贯彻十六大、十六届三中全会和中央经济工作会议精神，扎实做好各项工作，特别是落实《中共中央国务院关于促进农民增加收入若干政策意见》，把解决“三农”问题作为党和国家全部工作重中之重，切实抓紧抓好。在这样的形势下，广泛动员组织大中专学生开展“三下乡”社会实践活动，对于引导青年学生在改革开放和现代化建设的伟大实践中学习贯彻“三个代表”重要思想，大力弘扬和培育民族精神，促进全社会牢固树立和真正落实全面、协调、可持续的发展观，促进城乡统筹发展，加快全面建设小康社会的进程，具有重要意义。为此，中宣部、中央文明办、教育部、共青团中央、全国学联决定今年暑期继续组织开展大中专学生志愿者文化、科技、卫生“三下乡”社会实践活动。现将有关事项通知如下。

一、活动主题

今年的活动主题为：传承“五四”报国志，落实科学发展观。今年是“五四”运动 85 周年，同时也是社会实践活动开展 20 周年。确定这样一个主题，旨在通过“三下乡”社会实践活动，引导广大青年学生深入学习领会“三个代表”重要思想，继承和发扬“五四”爱国、进步、民主、科学的光荣传统，树立和落实科学发展观，把爱国热情和成长成才的强烈愿望转化为全面建设小康社会的实际行动，在实践中认识国情，奉献社会，提高素质。

二、活动内容

今年的活动要以“三个代表”重要思想为指导，突出科学发展观实践服务、农村政策宣讲、未成年人思想道德建设、博士生服务地方经济建设等主题，各地各高校可根据地方经济社会发展的实际，广泛开展科技支农、企业帮扶、文艺演出、法律援助、医疗服务等活动。为集中力量，发挥优势，示范带动，今年全国将组织 400 支重点团队到革命老区、东北老工业基地、西部地区和省内欠发达地区开展实践服务活动。

1. 百支大学生落实科学发展观实践服务团。树立和落实科学发展观，按照“五个统筹”

的要求,围绕农村经济社会发展实际,组织大学生与基层干部学习科学发展观,研究运用科学发展观解决经济社会发展中出现的新情况和新问题,大力开展环境保护、城镇规划、支教扫盲、心理健康等方面的服务活动,为实现经济社会全面、协调、可持续发展献计出力。

2. 百支大学生农村政策宣讲团。紧紧围绕中央一号文件精神的贯彻落实,通过座谈会、文艺演出、板报、散发宣传品等方式,向农村群众宣讲与生产生活密切相关的法律和政策,宣传党和国家关于促进农民增收的方针、政策、措施。有关部门将组织力量编写《农村政策五十问》,作为宣讲活动的基本材料。各地要以此为依据,大力宣传,广泛发放。

3. 百支大学生未成年人思想道德建设实践服务团。充分发挥青年学生思想道德素质和科学文化水平较高的优势,在"三下乡"活动中,精心设计和组织开展服务农村未成年人思想道德建设的活动,普及法律知识,宣传网络文明,传授自护知识,募集捐献面向未成年人的报纸、刊物和其他读物,积极向未成年人推介优秀影片、歌曲和图书,加强农村中小学师资培训,注重培养未成年人文艺骨干力量。返乡度假的大中专学生要通过为家乡中小学生举办成才报告会,"大手拉小手",密切长期联系,加强交流,促进共同提高。

4. 百支博士生振兴东北实践服务团。充分发挥博士生、硕士生等高学历青年学生的人才技术优势,为振兴东北地区等老工业基地贡献力量。要在调研的基础上,根据地方需求,组建专业优势互补的博士生、硕士生实践服务团,按照项目化要求,扎实开展服务,力所能及地帮助地方解决困难。

此外,还将联合有关部委组织防治艾滋病红丝带宣传、农民精神健康促进行动等专项活动。

全国重点团队的组织采取申报制,根据申报材料确定并划拨经费,配发宣传品、服装和旗帜。

三、工作要求

1. 高度重视,加强领导。"三下乡"是新形势下大中专学生社会实践的创新发展,是高校思想教育工作的有效载体,是实施科教兴国战略,发挥大学生人才智力优势,促进农村三个文明建设的重要举措,全社会都应重视支持。各地各高校和各有关部门要从加强和改进大学生思想教育工作的高度,充分认识组织开展大中专学生"三下乡"社会实践活动的重要意义,切实加强领导,狠抓落实。要整合力量,调动一切积极因素,在人力、物力、财力上予以有力保证。"三下乡"社会实践活动涉及人员多,地域广,流动性强,要高度重视师生的安全,采取切实措施,确保万无一失。

2. 扩大规模,加强建设。要把"三下乡"社会实践活动纳入学校素质教育的整体格局中,并作为实施大学生素质拓展计划的重要内容,通过项目化、给予学分等方式,力争使每一个在校大中专学生每年至少参加一次(为期一至两周)以"三下乡"为主要形式的社会实践活动。要切实重视机制建设,加强社会实践基地建设,力争每所高校、每个院(系)都在基层乡镇、村建立"三下乡"社会实践基地。此外,还可就近就便,以班级为单位建立基地,为更多大学生参加"三下乡"社会实践活动提供机会和渠道,使学生自愿参加与统一要求、组织选派与市场选择、暑期下乡与平时下乡、组队下乡与分散下乡、点上服务与面上服务、"做贡献"与"长才干"紧密结合起来,使"三下乡"收到实实在在的效果。

3. 立足需求,讲求实效。要严格落实"按需设项、据项组团、双向受益"的工作要求,加强前期调研,掌握基层需求,根据需求进行活动立项,选拔相关专业的大学生组建团队。活动前要加强培训,帮助大学生在思想上、心理上、专业上、身体上做好准备。活动期间,要针对需求开展服务,切实帮助群众解决实际困难,切实为群众带去实惠。活动后期要回馈情况，加强联系，对于假期中一时未能解决的问题，返校后要发动老师、学校的力量继续攻关。学生返校后要通过“实践归来话成就”主题活动，交流体会收获，树立先进典型，扩大教育成果。

4. 加强宣传，营造氛围。各级宣传部门要把大中专学生志愿者暑期“三下乡”社会实践活动的宣传摆上重要日程，列入计划，协调中央和地方新闻单位，开辟专题、专栏，组织精干力量深入一线采访报道，为活动营造良好的舆论氛围。教育行政部门、学校和各级团学组织要积极协助新闻单位做好宣传工作。各高校要通过校内报刊、广播、电视和工作简报，积极主动地开展宣传工作。要充分利用好“三下乡”专门网站（http：//3xiaxiang. cycnet. com），及时丰富和更新活动内容，加强信息沟通，交流工作经验，推动“三下乡”活动不断深入。

请各地将开展活动的有关情况及时报共青团中央学校部。活动结束后将进行总结表彰。

共青团中央、全国学联关于开展大中专院校和城乡青年中心工作结对活动的通知

2004年6月19日

各省、自治区、直辖市团委，学联：

近年来，各地团组织和学联积极组织动员大中专学生以“三下乡”、大学生社区援助计划、社会实践、青年志愿者服务等形式，深入城乡，参与建设和服务，为共青团工作和青年工作注入了生机和活力；广大青年学生也在实践活动中了解了社会、增长了才干。为加快城乡青年中心建设步伐，进一步深化“大学生素质拓展计划”，共青团中央、全国学联决定开展大中专院校和城乡青年中心工作结对活动。现将有关事项通知如下。

一、指导思想

以“三个代表”重要思想为指导，认真贯彻党的十六大和团的十五大精神，本着双向受益的原则，充分发挥城乡社区作为青年学习、实践、交流、娱乐的平台作用，拓展大中专学生提高综合素质和服务社会的舞台，促进他们对基层工作的了解，培养造就一批既有现代科学文化知识、又有社会工作经验的优秀青年人才；通过这项工作，促进城乡社区的青年中心建设，培育城乡社区青年组织，丰富青年文化，提高基层共青团工作和青年工作的水平。

二、活动内容

大中专院校与城乡青年中心工作结对活动是青年中心建设工作的新探索，也是大学生素质培养和拓展的新举措。要根据各地实际情况，组织大中专院校以院、系为单位与青年中心签订协议。在全国确定一批高等院校的院、系与105个全国城市青年中心建设创优单位、230个农村青年中心建设先进县（市）创建单位（名单见附件）分别结对，每个农村青年中心建设先进县（市）创建单位确定1—3个青年中心作为结对的重点，城乡青年中心作为结对院校的社会实践和志愿服务基地或“三下乡”定点单位，为大中专学生提供实践、服务的场所和必要条件。

1. 选派专人，参与青年中心管理。挑选品学兼优、有较强组织能力和社会责任心的学生

干部和优秀学生（重点考虑优秀贫困学生和社会学、社会工作等专业的学生）挂职青年中心副理事长或副秘书长，利用业余时间参与青年中心的各项管理和组织工作，为青年中心的发展出谋划策。这些大中专学生在院校与青年中心之间应发挥信息传递与沟通、工作项目策划、相关人员动员等工作，是青年中心的主要负责人之一。有关团委要为挂职的大中专学生申请适当的工作补贴。

2. 共同发展，帮扶城乡青年社团。发挥校园学生社团比较活跃、内容丰富、充满朝气的特点，通过具体的活动项目带动城乡青年社团（各类俱乐部、兴趣小组）的形成和发展；学生社团要把青年中心依托的活动阵地作为经常开展活动的重要场所，吸纳青少年共同参与活动。团组织和青年中心应积极为学生社团的活动提供便利条件，并结合本地实际与学生社团确定一些专题活动，从中发现和培养青年社团及其骨干力量，为青年中心的社团发展奠定人才基础。

3. 发挥优势，开展志愿服务活动。青年中心的工作要和青年志愿者服务站的工作进行充分整合，发扬大中专学生青年志愿者长期以来形成的良好风尚，充分发挥大中专学生智力优势，扎实开展一系列符合青少年需求的志愿服务活动，如青少年法制教育、青少年法律援助和服务、心理咨询服务、闲散青少年帮教、医疗服务、文艺演出、致富信息发布、科技培训、技能培训、文化科技卫生下乡等，丰富青年中心的活动项目。

4. 实现互动，丰富城乡青年文化。要继续开展校园文化进社区、进乡村活动，组织大学生到城乡开展专场或联合文艺演出，宣传大政方针，传播先进文化，反映校园生活和社会新风，活跃城乡文化，促进校园文化与社区文化、乡村青年文化的相互补充与融合。要依托城乡青年中心，整合社区内的青少年文化活动和阵地资源，丰富校园文化和社区文化、乡村文化的内容。

三、推进步骤

2004 年，大中专院校与城乡青年中心工作结对活动将重点分为三个阶段。

1. 结对签约。2004 年 6 月下旬，由各省、自治区、直辖市团委牵头，确定首批结对的大中专院校和青年中心，签订合作协议。7 月上旬，完成结对工作，并向社会公布结对名单。

2. 工作推广。2004 年 7 月至 10 月，根据签订的协议，深入开展结对工作，并在操作过程中及时发现、总结好的经验和做法，通过青年中心密切大中专院校和城乡基层的关系，密切青年学生与人民群众的关系。

2004 年暑假和 2005 年寒假期间，结合大中专学生社会实践和“三下乡”举行“到青年中心去”主题活动，在城市社区青年中心开展社团活动、社区青年文化为主要内容的活动，在农村青年中心开展以实用科技和技能培训、乡村文化为主要内容的活动。

3. 阶段表彰。2004 年 12 月，对于在各项工作中表现突出的大中专学生、学生社团、大中专院校、青年中心等个人、单位以及好的工作项目进行表彰，并挖掘先进典型、总结经验进行宣传推广，以更好的推动下一阶段工作的开展。

2004 年的工作结束后，各地根据取得的工作经验继续深化结对工作。

四、活动要求

1. 高度重视，加强领导。大中专院校与城乡青年中心工作结对活动对于青年中心的建设和发展具有重要意义。各地要以城乡青年中心为依托，促进大中专学生社会实践和“三下乡”活动拓展新阵地，形成新机制，实现新发展。要从思想上高度重视，加强领导，充分调动大中专学生的积极性和创造性。各院校团委和结对团委之间应积极进行沟通，青年中心及其所在地团委要主动争取，积极配合，确保活动的顺利开展。

2. 务求实效，重在坚持。大中专院校与城乡青年中心工作结对活动是青年中心建设和大中专学生素质培养的重要举措，也是青年学生认识了解社会、提高适应能力的途径。各地在部署安排、设计活动的过程中一定要坚持从实际出发，结合当地具体情况，借鉴以往经验，合理安排项目。要把这项活动作为一个长期项目抓好抓实，重在坚持，务求实效，切忌追求短期效应。

3. 评价考核，实施认证。要建立评价考核机制，将大中专学生以青年中心为平台从事的各项服务内容和时间计入《大学生素质拓展证书》的“社会实践与志愿服务”栏目或记入档案，由青年中心和院、系团委（总支）共同进行评价，评价结果与在校期间的评优推优等方面挂钩。各地团组织、青年中心要以认真负责的态度，及时掌握大中专学生参与城乡实践活动的情况，定期如实向他们所在的团组织反馈评价信息，实现社会评价与学校评价的有机结合。

4. 加大宣传，推广经验。各地在活动开展过程中，要重点宣传工作中涌现出来的生动事例，及时总结工作经验和成果，并加以推广，为这项活动的顺利开展和不断深化提供实践基础。

附1：全国城市青年中心建设创优单位名单

北　京

东城区和平里街道青年中心

西城区展览路街道青年中心

崇文区金鱼池街道青年中心

宣武区马连道采购中心区青年中心

朝阳区亚运村街道青年中心

海淀区中关村街道青年中心

丰台区卢沟桥街道青年中心

天　津

和平区小白楼街道青年中心

南开区万兴街道青年中心

河北区宁园街道青年中心

河西区东海街道青年中心

河东区春华街道青年中心

河　北

石家庄桥西区新华街道玫瑰园社区青年中心

沧州市运河区西环街道青年中心

山　西

晋城市泽州路青年中心

内蒙古

呼和浩特回民区通道街道青年中心

包头市青山区科学路青年中心

通辽市科尔沁区施介街道青年中心

通辽市科尔沁区永清街道青年中心

辽　宁

沈阳市铁西区凌空街道青年中心

沈阳市皇姑区陵北街道沈阳飞机制造厂青年中心

沈阳市和平区胜利街道青年中心

大连市西岗区站北街道青年中心

大连市沙河口区黑石礁街道青年中心

鞍山市铁东区常青街道青年中心

吉　林

长春市朝阳区清和街道青年中心

四平市铁西区地直街道青年中心

黑龙江

哈尔滨市南岗区燎原街道青年中心

牡丹江市阳明区阳明街道东华苑社区青年中心

上　海

浦东新区洋泾街道青年中心

静安区南京西路街道青年中心

黄浦区南京东路街道青年中心

卢湾区五里桥街道青年中心

杨浦区殷行街道青年中心

长宁区华阳街道青年中心

长宁区新华街道青年中心

江　苏

南京市玄武区锁金村街道青年中心

徐州市泉山区泰山街道青年中心
南通市经济技术开发区中心街道青年中心
浙　江
杭州市江干区闸弄口街道青年中心
杭州市西湖区文新街道青年中心
杭州市上城区紫阳街道青年中心
杭州市江干科技经济园天天青年中心
宁波市“天天”城市青年中心
湖州市“天天”城市青年中心
奉化市西坞街道力邦社区青年中心
海宁市城南街道“天天”青年中心
上虞市百官街道青年中心
台州市路桥区路桥街道“天天”青年中心
安　徽
合肥市蜀山区琥珀山庄街道青年中心
蚌埠市禹会区张公山街道青年中心
福　建
福州市台江区鳌峰街道青年中心
厦门市思明区中华街道青年中心
泉州市狸城区海滨街道青年中心
龙岩市新罗区中城街道青年中心
江　西
南昌市十字街街道青年中心
九江市庐山区十里街赣北商城社区青年中心
山　东
济南市市中区杆石桥街道青年中心
青岛市市南区金门路街道青年中心
淄博市临淄区雪宫街道青年中心
烟台市牟平区文化街道青年中心
威海市环翠区环翠楼街道青年中心
德州市德城区南营街道青年中心
河　南
郑州市金水区柳林21世纪社区青年中心
开封市顺河回族区工业办事处化建社区青年中心
焦作市解放区新华街道青年中心
焦作市山阳区东方红街道青年中心
济源市济水街道青年中心
湖　北
武汉市武昌区中南路街道青年中心
宜昌市西陵区学院街道青年中心
襄樊市襄城区昭明街道荆州街社区青年中心
湖　南
长沙市天心区坡子街道青年中心
长沙市侯家塘地区青年中心
广　东
广州市越秀区大新街道青年中心
广州市东山区东湖街道青年中心
深圳市南山区西丽街道青年中心
珠海市香洲区香湾社区青年中心
东莞市万江区拔蛟窝青年中心
广　西
南宁市新城区新竹街道青年中心
南宁市兴宁区朝阳街道青年中心
南宁市永新区新阳街道青年中心
南宁市城北区西乡塘街道青年中心
南宁市江南区江南街道青年中心
柳州市三门江青年中心
桂林市七星区东江街道青年中心
海　南
海口市龙华区海垦街道青年中心
东方市富民社区青年中心
重　庆
渝中区上情寺街道青年中心
沙坪坝区天星桥街道青年中心
九龙坡区杨家坪街道青年中心
四　川
成都市青羊区文家青年中心
成都市锦江区春熙路街道青年中心
自贡市万卷书社青年中心
泸州市莲花池街道青年中心
贵　州
贵阳市北京路街道青年中心
遵义市中山路街道青年中心
云　南
昆明市五华区永昌街道青年中心

西　藏

拉萨市城关区贡德林街道当巴社区青年中心

陕　西

西安市新城区解放门街道青年中心

甘　肃

兰州市渭源路街道青年中心

金昌市金川区北京路街道青年中心

青　海

格尔木市黄河路石油社区青年中心

宁　夏

银川市凤凰北街北安社区青年中心

新　疆

昌吉市延安路社区青年中心

新疆兵团

石河子市向阳街道青年中心

附2：全国农村青年中心先进县（市）创建单位名单

北京市　通州区　密云县

天津市　大港区

河北省　平山县　鹿泉市　清河县　青　县　蠡　县　宽城满族自治县　宣化县　康保县　秦皇岛市　海港区　邯郸市　峰峰矿区

山西省　太原市　小店区　灵丘县　平定县　壶关县　泽州县　朔州市　朔城区　陵川县　忻州市　忻府区　祁　县　临　县　浮山县　平陆县

内蒙古自治区　乌拉特前旗　锡林浩特市　赤峰市　松山区　开鲁县　鄂尔多斯市　东胜区

辽宁省　辽中县　沈阳市　新城子区　庄河市　瓦房店市　黑山县　大石桥市　鞍山市　千山区　抚顺县　本溪县　盘山县　丹东市　振安区　彰武县　辽阳县　铁岭市　清河区　朝阳县　绥中县

吉林省　榆树市　东丰县　公主岭市　柳河县　蛟河市　红源县　敦化市　白城市　洮北区

黑龙江省　五常市　克山县　双城市　海林市

上海市　青浦区　金山区

江苏省　常熟市　张家港市　南京市六合区　海门市　丰　县

浙江省　富阳市　平阳县　台州市　路桥区　温岭市　玉环县　东阳市

安徽省　肥西县　当涂县　固镇县　颍上县　庐江县　铜陵县　明光市　淮南市　田家庵区

福建省　武夷山市　三明市　三元区　龙海市　晋江市　鲤城市　福安市　龙岩市　新罗区　福州市　晋安区

江西省　进贤县　赣州市　章贡区　九江市　庐山区　贵溪市　宜春市　袁州区　井冈山市　乐平市　萍乡市　安源区　上饶县　玉山县　南丰县　新余市　渝水区

山东省　青岛市经济技术开发区　胶南市　青岛市　崂山区　德州市　德城区　文登市　齐河县　武城县　淄博市　张店区　烟台市　牟平区　博兴县　广饶县　肥城市　新泰市

河南省　巩义市　偃师市　新乡县　林州市　孟州市　许昌县　临颍县　浚　县　义马市　方城县

湖北省　应城市　浠水县　宜昌市　夷陵区　利川市　南漳县

湖南省　长沙县　望城县　浏阳市　宁乡县　湘潭县　益阳市　赫山区　祁东县　祁阳县　郴州市　北湖区　凤凰县　娄底市　娄星区　临澧县　岳阳县

广东省　东莞市　广东市　白云区　乐昌市　遂溪县　四会市　揭东县　佛山市　高明区

广西壮族自治区　宾阳县　武鸣县　柳江县　鹿寨县　龙州县　大新县　上思县　北流市　玉林市　福绵区　富川县　宜州市　贵港市　港北区　北海市　铁山港区　来宾市　兴宾区　灵山县　岑溪县　恭城县

海南省　澄迈县

重庆市　九龙坡区　渝北区

四川省　双流县　金堂县　中江县　泸州市　纳溪区　峨眉山市　宜宾县　广安市　广安区　名山县　洪雅县　简阳市

贵州省　都匀市　余庆县　贵阳市　白云区　纳雍县　凯里市

云南省　呈贡县　江川县　澄江县　马龙县

西藏自治区　堆龙德庆县　曲水县　乃东县　江孜县　工布江达县　班戈县　类乌齐县　革吉县

陕西省　西安市　长安区　宝鸡市　陈仓区　咸阳市　渭城区　佳　县　宜君县　铜川市　印台区　华阴县　吴旗县　城固县　杨凌示范区　杨凌区

甘肃省　榆中县　金昌市　凉州区　渭原县　高台县　玉门市　靖远县　徽　县　永昌县　静宁县　镇原县　武都市　北道区

青海省　格尔木市　湟中县

宁夏回族自治区　吴忠市　利通区

新疆维吾尔自治区　霍城县　巴楚县　米泉市　玛纳斯县　和静县　库车县　乌鲁木齐县　农一师　阿拉尔市农三师　图木舒克市　农六师　五家渠市　农十师　北屯农八师　石河子市

教育部办公厅、共青团中央办公厅关于开展中学生暑期“四个一”社会实践活动的通知

2004年6月24日

各省、自治区、直辖市教育厅(教委),团委,新疆生产建设兵团教育局、团委:

为深入贯彻《中共中央国务院关于进一步加强和改进未成年人思想道德建设的若干意见》,落实《中小学开展弘扬和培育民族精神教育实施纲要》,在实践中培养和提高中学生的思想道德素质,促进学生全面发展,教育部、共青团中央决定,在今年暑期广泛开展中学生“四个一”社会实践活动。现将有关事项通知如下。

一、活动主题

今年暑期社会实践活动的主题是:弘扬民族精神,承担社会责任。大力弘扬和培育伟大的民族精神,是当前和今后一个时期未成年人思想道德建设的重要任务,是中学德育工作的重要内容。确定这样一个主题,旨在突出中学生暑期社会实践活动的思想道德教育内涵,抓住当前有利时机,引导广大中学生从增强爱国情感做起,从确立远大志向做起,从规范行为习惯做起,从提高基本素质做起,增强中学生

的社会责任感和适应力，努力成长为中国特色社会主义事业的合格建设者和可靠接班人。

二、活动内容

今年中学生暑期社会实践活动的主要内容是“四个一”。

1. 参观一次爱国主义教育场所。通过参观各类博物馆、纪念馆、展览馆，瞻仰革命遗址、烈士陵园，举办夏令营、“革命圣地游”、“红色游”，考察城市、农村建设成就，浏览“血铸中华”、“民族魂”爱国主义网站等多种形式，接受爱国主义教育和革命传统教育。

2. 参加一次社区志愿服务活动。立足于所在社区，开展敬老爱幼、助残帮困、保护环境、公益宣传等各种形式的志愿服务活动，参与道德实践，接受社会公德教育。

3. 为回报父母、长辈做一件实事。通过为父母、长辈做饭、洗衣、整理家务，或过生日等多种形式，接受中华民族传统美德教育。

4. 学习一项生产生活技能或自理自护知识。通过实际动手实践，学习生产劳动、工艺制作、日常生活实务等方面的基本技能，学习自我保护、生存安全等方面的基本知识，接受社会适应能力教育。

三、活动原则

组织中学生开展“四个一”暑期社会实践活动，要注意把握以下原则。（一）就近就便的原则，立足于学生所在社区、乡村，便于学生广泛参与；（二）分散与集中相结合的原则，学生可以个人分散活动，可以就近自由组合活动，也可以由学校出面组织一些集中性的重点活动；（三）力所能及的原则，活动的设计和安排要以学生可以做到为前提，不能成为学生的负担；（四）保障安全的原则，要教育学生增强安全意识，落实保障措施，认真负责地做好学生的安全工作。

四、工作要求

（一）高度重视，加强领导。开展中学生社会实践活动，是各级教育行政部门和共青团组织加强未成年人思想道德建设的重要途径，是全面推进素质教育的重要措施，各地务必给予高度重视，切实加强对活动的领导。要把“四个一”社会实践活动作为近期的一项重点工作摆上日程，制定方案，尽早部署，确保活动顺利实施。教育行政部门要加强对活动的指导，积极支持活动的开展。共青团要做好活动的具体组织协调工作，特别是各市县级团组织，要集中力量，明确责任，把活动的各项任务落实好。各学校主要负责人要亲自抓暑期社会实践活动，认真研究制定工作计划，并从指导教师、经费等方面保证活动的开展。

（二）精心组织，务求实效。学校要把“四个一”社会实践活动在放假前布置给每一位学生，并就开展好这项活动向学生提出具体要求，切实做好动员工作。学生参加活动的情况要予以适当的记载认证。要努力增强学生参与社会实践的意识，使学生完成“四个一”活动内容，真正在活动中受到启发和教育。

（三）突出重点，以点促面。各地要围绕“四个一”，结合本地实际，设计和开展一些集中性示范性的重点活动，吸引带动学生广泛参与。特别要突出活动主题，有重点地组织一批参观爱国主义教育场所的团队，集中对学生进行教育。

（四）加强宣传，营造氛围。要积极协调新闻单位做好活动的宣传工作，组织记者深入报道活动的开展情况和学生的实际感受。要通过工作简报等方式，加强信息沟通，交流工作经验，推动“四个一”社会实践活动的开展。要在开学后专门组织一次班会或团会，交流活动经历和体会。通过校报、校内广播站、校园网等多种方式，展示本校学生参与活动的情况，使更多的学生受到教育。

请各地将活动方案、重点团队情况和活动开展情况及时上报共青团中央学校部中学中专处、教育部基础教育司德育与校外教育处。活动结束后将进行总结表彰。

共青团中央、公安部关于开展16岁中学生居民身份证颁发仪式试点工作的通知

2004年7月16日

北京、天津、上海、广东、浙江省(市)团委,公安厅(局):

为贯彻《中共中央国务院关于进一步加强和改进未成年人思想道德建设的若干意见》,深化和创新中学生18岁成人仪式教育活动,共青团中央、公安部决定联合开展16岁中学生居民身份证颁发仪式活动。今年,结合换发第二代居民身份证,在部分城市开展试点工作。现将有关事项通知如下。

一、目的

以年满16周岁的中学生首次领取居民身份证为契机,综合社会、学校、家庭三方面的思想道德教育资源,对步入成人预备期的中学生进行法律、公民意识教育,帮助中学生了解公民应具有的权利和义务,增强他们的民主、法制观念和对国家、民族、社会的责任感,培养高尚的社会公德,塑造健全人格,提高道德修养。

二、时间、地点

试点工作于9月下旬在北京市、天津市、上海市、广东省深圳市、浙江省湖州市同时启动。

三、方式

活动由试点城市的区一级团组织会同区公安分局负责组织实施,协调社区团组织、中学团组织和公安派出所在学生户口所在社区举行仪式,向年满16周岁的中学生颁发居民身份证,同时邀请公安、法院、劳动和社会保障等部门以及学校老师、家长对中学生进行法律、公民意识教育。

四、仪式的一般程序

1. 向中学生颁发居民身份证;

2. 公安、法院、劳动和社会保障等部门的同志介绍《居民身份证法》及与16岁相关的法律规定;

3. 老师、家长、团干部提出希望;

4. 学生代表发言。

五、分工

1. 共青团组织:负责联合公安机关共同主办仪式;负责协调社区团组织、中学团组织共同参与仪式的组织工作。

2. 公安机关:负责办理中学生居民身份证的申领手续和制证工作,承担《居民身份证法》和换发第二代居民身份证工作的宣传教育。

六、工作要求

1. 高度重视,加强领导。举行16岁中学生居民身份证颁发仪式,是共青团组织、公安机关贯彻《中共中央国务院关于进一步加强和改进未成年人思想道德建设的若干意见》,对未成年人进行法制教育和公民意识教育的重要措施。各省级团组织、公安机关要给予高度重视,尽早部署,并切实加强对活动的指导。

2. 精心组织,务求实效。区级团组织和公安机关作为活动的具体组织实施单位,要加强协调,明确责任,制定方案,确保活动的顺利实施。区级团组织要积极协调学校、家长以及法院、劳动和社会保障部门共同参与,坚持贴近实际、贴近生活、贴近未成年人的原则,努力增强仪式的吸引力和感染力,通过举行仪式达到教育未成年人的目的。

3. 注重宣传,扩大影响。未成年人的思想道德建设工作需要全社会的共同参与,各地在

开展工作时要注重宣传，扩大影响，综合社会、学校、家庭三方面的教育资源，努力开创未成年人思想道德建设的新局面。

试点城市开展这项活动的具体方案，请报团中央学校部中学中专处。联系电话：010－85212088。

中宣部、中央文明办、教育部、共青团中央关于做好2004年大中专学生志愿者暑期“三下乡”社会实践活动总结表彰工作的通知

2004年9月13日

共青团各省、自治区、直辖市委：

2004年度全国大中专学生志愿者暑期“三下乡”社会实践活动已基本结束。今年是“五四”运动85周年，同时也是社会实践活动开展20周年，以此为契机，数万大学生以“传承‘五四’报国志，落实科学发展观”为主题，深入乡镇农村，开展了丰富多彩的“三下乡”社会实践活动。广大学生在实践中经受了锻炼，坚定了信念，增长了才干，同时为促进城乡统筹发展，加快全面建设小康社会的进程发挥了积极的作用，特别是大学生落实科学发展观实践服务团、大学生农村政策宣讲团、大学生未成年人思想道德建设实践服务团、博士生振兴东北实践服务团，主题鲜明，活动扎实，成绩突出，影响广泛，受到了普遍好评。

为总结经验，鼓励先进，促进“三下乡”社会实践活动深入发展，中宣部、中央文明办、教育部、共青团中央将对今年活动中涌现出的先进集体进行表彰。现将有关事项通知如下。

一、奖项设置及评选条件

今年的表彰奖项共三类：大中专学生“三下乡”社会实践活动组织工作奖、大中专学生“三下乡”社会实践活动先进单位奖、大中专学生“三下乡”社会实践活动优秀团队奖（指大学生落实科学发展观实践服务团、大学生农村政策宣讲团、大学生未成年人思想道德建设实践服务团、博士生振兴东北实践服务团）。

大中专学生“三下乡”社会实践活动组织工作奖用以表彰在活动的动员、组织、宣传工作中取得突出成绩的省（区、市）。评选条件是：根据全国统一部署，主题鲜明突出，组织发动及时广泛，筹备工作细致深入；活动内容切合实际，成果显著，并注重机制建设和创新；新闻宣传有深度，有力度；各有关部门密切配合，形成合力。

大中专学生“三下乡”社会实践活动先进单位奖用以表彰在活动中取得突出成绩的学校（或单位）。评选条件是：根据全国统一部署开展工作，能够紧密结合地方需求设计开展活动，针对性强，效果显著；对“三下乡”社会实践活动投入力度大、支持力度大，并注重机制建设和创新。

大中专学生“三下乡”社会实践活动优秀团队奖用以表彰在活动中取得突出成绩的重点团队。评选条件是：按照全国统一部署开展活动，重点突出，主题鲜明，内容丰富，形式多样，效果显著；服务团成员体现出良好的精神风貌和团结奉献的精神（优秀团队原则上从全

国重点团队中评选产生)。

二、申报工作要求

各省(区、市)自选申报组织工作奖,根据名额分配推荐上报先进单位和优秀团队名单并申报相关材料。

组织工作奖申报材料包括:工作总结(一份),活动期间编发的简报,在中央和地方新闻媒体上发表的活动报道,有关方面领导同志对活动的批示、讲话及视察工作、慰问师生的图文材料。

先进单位申报材料包括:工作总结(一份)及相关材料。

优秀团队申报材料包括:活动情况总结(一份)、活动图片及相关材料。

以上材料同时报送电子版。

为了更好地展示"三下乡"社会实践活动的成果,请各省级团委学校部按四种重点团队分类分别汇总上报本省(区、市)各校的重点团队总结,认真填写活动总结表。

做好暑期"三下乡"社会实践活动的总结表彰和推荐工作,对巩固活动成果,扩大活动影响,促进活动深化发展,使更多青年学生从中受到教育,具有重要意义。各地要高度重视,结合实际做好这项工作。

上述所有材料,请于9月25日前报至团中央学校部。联系人:史学林、李鹏。通讯地址:北京前门东大街10号团中央学校部大学处,邮编:100051。电话:010 - 85212180、85212280。传真:010 - 85212336。E - mail:daxuechu@ sina. com 或 daxuechu@ 163. com。

共青团中央、教育部、文化部、国家广电总局关于"首届全国大学生公益文化艺术大赛"的通知

2004年9月23日

共青团各省、自治区、直辖市委,军委总政治部组织部,全国铁道团委,全国民航团委,中直机关团工委,中央国家机关团工委,中央企业团工委,中央金融团工委:

为认真贯彻落实《中共中央国务院关于进一步加强未成年人思想道德建设的若干意见》精神,培育公益理念,倡导公益文化,弘扬公益精神,推进公益事业,切实加强大学生思想道德建设,共青团中央、教育部、文化部、国家广电总局决定联合举办"首届全国大学生公益文化艺术大赛"。具体通知如下:

一、主题

弘扬公益精神,倡导公益文化,开展公益实践,塑造公益形象。

二、参赛范围

全国普通高等院校、民办高校的在校学生。

三、比赛内容

1. 大学生在投身公益实践、展示公益形象、促进公益事业发展过程中创造的生动文化成果。特别是在志愿服务西部计划、志愿者三下乡、志愿者扶贫支教、义工服务、参与大型文化教育科技公益实践、参与国际公益项目合作等活动中涌现出来的公益文化成果。

2. 大学生喜闻乐见的以公益理念为核心的青年文化形式。本次公益文化艺术大赛比赛项目分为歌曲、青春服饰风采、DV作品、校园戏剧、动漫作品、书画、摄影、雕塑和公益广告9项。

3. 评选“中国大学生公益之星”。评选标准是在热心公益、倡导公益、实践公益等方面做出显著成绩，其事迹和精神有利于在大学生中树公益新风，推动大学生参与公益实践活动。

四、组织形式

本次大赛采取组委会统一组织管理、各地划定分赛区重点承办的形式。要切实体现公益文化事业社会办和公益文化事业项目化推进的方针，广泛凝聚社会资源树立公益文化品牌。

1. 共青团中央、教育部、文化部、国家广电总局共同成立大赛组委会，进行统一组织管理。

2. 各省级团委可联合教育、文化、广电等部门，指导配合本地热心公益事业的社会机构，通过成立分赛区组委会、指定专门部门协调等方式，积极推动本地比赛活动的开展。各分赛区组委会要接受大赛组委会的管理，接受社会的监督。省以下不设立相关机构。

3. 比赛分为分赛区比赛、决赛、总决赛和颁奖晚会四个阶段。决赛、总决赛和颁奖晚会由大赛组委会负责。

4. 本次大赛各比赛项目一律不向参赛学生和参赛学校收取费用。所需费用通过公益赞助、项目协办等方式筹措。

五、奖励办法

1. 本次大赛设立入选作品奖、优秀作品奖，组织奖，贡献奖，同时命名表彰中国大学生公益之星。各分赛区需设奖项经大赛组委会批准后设立。

2. 大赛组委会向获奖者颁发获奖证书、奖杯，并给予适当物质奖励。

六、有关要求

1. 高度重视，加强管理。各省级团委要充分认识大赛的重要意义，采取有力措施，切实做好组织落实工作。要高度重视、精心组织、办出精品、办出实效、安全运作、万无一失。“首届全国大学生公益文化艺术大赛”组委会办公室设在团中央网络影视中心，各省级团委要确定相关部门牵头负责这项工作。

2. 精心组织，周密部署。要通过各种行之有效的方式，广泛组织大学生参赛。要做好大赛的宣传发动工作。本次大赛程序较多，各地在组织工作中要认真细致，扎实有效。

3. 认真推选，严格把关。要指派专人负责选手的选拔推荐工作，努力把优秀公益文化作品推选出来。各地参赛作品要在内容上严格把关。

4. 大赛全过程必须公开、公平、公正，总决赛、决赛和各地分赛区的比赛必须请公证部门进行公证。

5. 大赛组委会和分赛区组委会，必须成立监督组，设立专线投诉电话，接受并处理投诉。投诉电话号码要在宣传海报、主题网站、电视、广播等媒体中公示。接到的所有投诉，要立刻处理，并在接到投诉24小时内将投诉内容和处理结果报大赛组委会。

各地在组织推荐工作中的落实情况和有关问题，要定期向大赛组委会报告。出现突发事件或问题，要在2小时内告知大赛组委会。

七、大赛具体方案及组委会联系办法

1. 本次大赛具体方案请与组委会联系后取得。本次大赛详情见 www.caccac.org。

2. 大赛组委会联系办法

联系地址：北京东城区安定路安圣苑C座603室

邮编：100029

联系电话：010－80923951，13901252224

传真：010－64453771

联系人：胡一川

附：“首届全国大学生公益文化艺术大赛”组委会名单

组委会主任：

赵　勇　共青团中央书记处常务书记

袁贵仁　教育部副部长
周和平　文化部副部长
胡占凡　国家广电总局副局长
组委会委员：
曹东新　团中央网络影视中心主任
冯　刚　教育部社政司副司长
蔺永钧　文化部艺术司副司长
王丹彦　国家广电总局总编室副主任
罗　杨　中国文联办公厅主任
赵立凡　中央电视台副总编辑
秘书长：
郝向宏　团中央网络影视中心副主任

共青团中央、教育部关于评选首届“全国十佳中学生”的通知

2004 年 9 月 27 日

各省、自治区、直辖市团委、教育厅（教委），新疆生产建设兵团教育局：

为深入贯彻《中共中央国务院关于进一步加强和改进未成年人思想道德建设的若干意见》，树立中学生可亲、可敬、可信、可学的榜样，激励广大中学生热爱祖国，勤奋学习，勇于实践，全面发展，努力成长为中国特色社会主义事业的合格建设者和可靠接班人，共青团中央、教育部决定联合开展首届“全国十佳中学生”评选活动。现将有关事项通知如下。

一、评选对象

全日制普通中学、中等职业学校 2005 年 7 月前在校的学生。

二、评选标准和推荐名额

各地依据《“全国十佳中学生”评选办法》（见附件）的评选条件推荐，推荐名额不超过 2 人。

三、申报材料

各地在推荐时须提供以下材料：首届“全国十佳中学生”候选人登记表，2000 字以内的事迹材料，同时报送 word 格式的软盘；所获奖励证书的复印件；2 寸彩色免冠照片 3 张，6 寸彩色生活照片 3 张。

四、评选工作程序

1. 各地依据《“全国十佳中学生”评选办法》在本地开展评选活动，并于 10 月 25 日前将候选人申报材料报至全国组委会办公室。全国组委会办公室设在共青团中央学校部（北京市前门东大街 10 号，100051）；

2. 全国组委会聘请有关方面专家学者组成评审委员会，评选出 20 名正式候选人，并于 11 月份在网络媒体上刊发事迹材料和选票，由各地中学生参加投票评选；全国评委会同时对正式候选人进行考察；

3. 结合中学生投票结果，依据考察评估情况，确定首届“全国十佳中学生”获得者。其他候选学生将获得提名奖。

五、表彰和奖励

“全国十佳中学生”是共青团中央和教育部授予中学生的最高荣誉称号。获得“全国十佳中学生”荣誉称号的中学生将获得共青团中央、教育部颁发的证书和奖杯。共青团中央、教育部将于今年适当时候对“全国十佳中学生”进行表彰，具体事宜另行通知。

六、工作要求

1. 高度重视，加强领导。开展“全国十佳中学生”评选活动，是各级共青团组织和教育行政部门加强未成年人思想道德建设的重要途径，是全面推进素质教育的重要措施，各地

务必给予高度重视，切实加强对活动的领导。教育行政部门要加强对活动的指导，积极支持活动的开展。共青团组织要积极做好活动的具体组织协调工作。

2. 认真审核，严格把关。各地在推荐申报过程中，要求真务实，严格依照《"全国十佳中学生"评选办法》实施，把好质量关，切实把最优秀的候选人推荐上来。要严格执行申报程序，增强透明度，严禁弄虚作假，保证评选工作的公平、公正和公开。

3. 加强宣传，扩大影响。各地要积极协调新闻单位，充分利用新闻媒体，广泛宣传中学生先进典型的优秀事迹。要认真组织本地中学生参与投票评选，使评选活动本身成为一次教育过程，激励广大中学生学习榜样，全面发展，健康成长。

附："全国十佳中学生"评选办法

一、评选宗旨

第1条 "全国十佳中学生"是中学生的崇高荣誉，由共青团中央、教育部授予。

第2条 评选"全国十佳中学生"是运用先进典型引导和激励中学生全面发展、健康成长的有效形式，是加强未成年人思想道德建设的重要措施。通过评选活动，树立中学生身边可亲、可敬、可信、可学的榜样，展示素质教育的成果和当代中学生蓬勃向上的精神面貌，激励广大中学生热爱祖国，勤奋学习，勇于实践，努力成长为中国特色社会主义事业的合格建设者和可靠接班人。

二、评选条件

第3条 评选对象为全日制普通中学、中等职业学校的在校学生，具有以下基本条件：

(1)有较高的思想道德素质，认真学习邓小平理论和"三个代表"重要思想，有奋发成才、报效祖国的远大理想。

(2)具有强烈的求知欲和上进心，勤奋学习，成绩优异。

(3)积极参加社会实践、科技创新、志愿服务等活动，有较强的分析解决问题的能力和创新的精神。

(4)有优良的道德品质和良好的文明行为，关心集体，乐于助人，模范遵守中学生守则和学校规章制度。

(5)积极参加体育锻炼和文娱活动，有健康的身体、良好的卫生习惯及心理素质。

三、评选机构

第4条 "全国十佳中学生"评选活动由共青团中央、教育部共同主办。

第5条 主办单位有关负责同志组成"全国十佳中学生"评选活动组织委员会，负责评选活动组织领导工作。组委会邀请有关方面专家学者及有关人士与组委会成员共同组成评审委员会。组委会办公室设在共青团中央学校部，在组委会领导下具体负责评选活动的实施。

第6条 基层初评和推荐工作由各省级团委、教育厅(教委)共同负责组织实施。具体组织协调工作可由省级团委相关部门负责。

四、评选程序

第7条 各省、自治区、直辖市在基层推荐的基础上，择优向全国组委会提出推荐人选，推荐人选一般不超过2人。在向全国组委会提交推荐人选前，须在推荐人选所在地区和本省报刊上予以公示，公示时间不得少于20天。推荐人选过程中须适当考虑初级中学和高级中学、普通中学和职业中学、城市中学和农村中学的比例。

第8条 全国评委会组织初评，确定正式候选人，通过新闻媒体宣传候选人事迹，发动中学生通过投票、评议等形式参加评选。

第9条 全国评委会对正式候选人进行综合考查、评议。

第10条 全国组委会汇总中学生投票结果和综合考查情况，确定"全国十佳中学生"获得者。其他候选学生获提名奖。

第11条　“全国十佳中学生”原则上每年评选一次。

五、宣传、表彰及奖励

第12条　主办单位向获得“全国十佳中学生”荣誉称号的学生颁发荣誉证书和奖杯，并适时举行颁奖活动，进行表彰奖励。

第13条　全国组委会协调有关新闻单位对“全国十佳中学生”的先进事迹进行集中宣传。

第14条　全国组委会建立“全国十佳中学生”成长档案数据库，依托青少年教育研究机构与“全国十佳中学生”建立经常性联系，探索中学生的成长规律，并对“全国十佳中学生”的健康成长给予积极的引导和帮助。

共青团中央、中国科协、教育部、全国学联、上海市人民政府关于组织开展第九届“挑战杯”全国大学生课外学术科技作品竞赛的通知

2004年10月12日

各省、自治区、直辖市团委，科协，教育厅（教委），学联，解放军总政治部组织部，中直机关团工委，中央国家机关团工委：

“挑战杯”全国大学生课外学术科技作品竞赛（以下简称“‘挑战杯’竞赛”）已成功地举办了八届。十多年来，竞赛坚持“崇尚科学、追求真知、勤奋学习、锐意创新、迎接挑战”的宗旨，吸引了数以百万计的大学生参与科技活动，发现和培养了一批在学术科技上有潜力、有作为的优秀人才，推动了高校学生课外学术科技活动的蓬勃发展。“挑战杯”竞赛已经成为当代大学生课外学术科技活动的“奥林匹克”，成为国内各个大学展示学生科研水平的重要窗口，成为社会选拔创新人才和科技成果的重要平台，取得了良好的社会效益和人才效益。

为贯彻落实《中共中央国务院关于进一步加强和改进大学生思想政治教育的意见》精神，大力加强大学生文化素质教育，更好地适应国家社会发展的要求和青年学生成长成才的需要，不断造就大批具有学习能力、实践能力和创新能力的高素质人才，进一步发挥“挑战杯”竞赛的育人作用，共青团中央、中国科协、教育部、全国学联、上海市人民政府决定共同主办第九届“挑战杯”全国大学生课外学术科技作品竞赛。根据第八届“挑战杯”竞赛全国组委会第三次全体会议投票表决的结果，第九届“挑战杯”竞赛由复旦大学承办，终审决赛将于2005年11月在上海举行。目前，第九届“挑战杯”竞赛领导小组和全国组织委员会已经成立，筹备工作正全面展开。有关赛程安排按照全国组委会第一次全体会议通过并下发的《第九届“挑战杯”全国大学生课外学术科技作品竞赛组织实施计划》执行。为切实组织好第九届“挑战杯”竞赛，现提出如下要求。

一、高度重视，加强领导

“挑战杯”竞赛是为适应全面推进素质教育、落实科教兴国战略和人才强国战略要求开展的一项重要活动，也是“大学生素质拓展计划”的重要组成部分，各省（区、市）团委、科协、

教育厅(教委)和学联组织要高度重视这项活动,将其列入年度的重点工作。各地要按照竞赛章程、组织实施计划的要求,组成本省(区、市)的组织协调委员会和评审委员会。各参赛高校要在学校党政的统一领导下组成由本校主管领导牵头,团委、教务、科研等部门和学生会、研究生会共同参加的组织协调机构。

二、精心组织,夯实基础

各地、各高校要坚持育人宗旨,突出创新理念,发挥服务功能,精心组织安排好"挑战杯"竞赛,吸引更多的学生参与到竞赛中来,进一步扩大竞赛的群众基础。各参赛高校应向参赛学生提供必要的辅导和物质技术支持,指导、帮助学生按要求履行申报手续。各省(区、市)组织协调委员会要组织好本地区的竞赛,并认真组织好本地申报作品的评审,严格按照全国组委会的有关要求进行资格及形式审查。解放军所属院校的参赛事宜,可由学校所在省(区、市)组织协调委员会统一协调。有条件的省(区、市)和大学可依托国家大学科技园对参赛和获奖项目的转化提供服务,使学生的科技成果与市场紧密结合。

三、建章立制,宣传品牌

各地、各高校要积极制定配套政策,把"挑战杯"竞赛成果的转化和对学生的激励制度化;可设立学生学术科技活动基金,制定学生参与学术科技活动奖励办法,更好地扶持、激励学生参与课外学术科技活动。有条件的学校可将指导教师的工作计入教学工作量,以此引导教师改进教学的方式方法。各地要结合本地实际搞好宣传工作,特别要宣传"挑战杯"的统一品牌,使其在社会上和高校中产生更为广泛的影响。主办单位将按照《"挑战杯"全国大学生课外学术科技作品竞赛省级优秀组织奖评选办法》评选省级优秀组织奖。

附:第九届"挑战杯"全国大学生课外学术科技作品竞赛领导小组名单

杨　岳　共青团中央书记处书记
徐善衍　中国科协副主席、书记处书记
赵沁平　教育部副部长
严隽琪　上海市副市长
申　跃　全国学联主席
秦绍德　复旦大学党委书记

共青团中央、全国学联关于开展首届"中国中学生正泰品学奖"评选活动的通知

2004年11月3日

各省、自治区、直辖市团委,学联:

为贯彻落实《中共中央国务院关于进一步加强和改进未成年人思想道德建设的若干意见》,树立广大中学生可敬、可信、可学的榜样,充分发挥先进典型的示范导向作用,引导广大中学生修德正己,全面发展,成为国家和社会所需要的优秀人才,共青团中央、全国学联、正泰集团公司联合设立"中国中学生正泰品学奖"。自今年起,连续10年对德智体美全面发展、品学兼优、表现突出的中学生进行表彰。现将有关事项通知如下。

一、奖项设置

本年度共奖励学生200名。其中特别奖10名,每人颁发奖学金5000元,授予奖杯及证

书;优秀奖190名,每人颁发奖学金2500元,授予证书。

二、评选标准和推荐名额

各地依据《中国中学生正泰品学奖评选办法》(见附件)的评选条件,按照名额分配表推荐;各地可在本地分配总名额内推荐一名特别奖候选人,并在《中国中学生正泰品学奖候选人登记表》中注明。

三、申报材料

各地在推荐时须提供以下材料:首届"中国中学生正泰品学奖"候选人登记表;1000字以内事迹材料,同时报送word格式的软盘;2寸彩色免冠照片2张;所获主要奖励证书的复印件。

四、评选工作程序

1. 各地依据《中国中学生正泰品学奖评选办法》在本地开展评选活动,并于11月25日前将候选人申报材料报至全国组织委员会办公室。全国组织委员会办公室设在团中央学校部中学中专处(地址:北京市前门东大街10号,邮编:100051,联系电话:010-85212088、85212335,电子信箱:zhongxuechu2088@sina.com)。

2. 全国组织委员会在网络媒体上刊发特别奖候选人事迹材料和选票,由各地中学生参加投票评选。

3. 成立全国评审委员会进行终评,结合中学生网上投票结果,分别确定首届"中国中学生正泰品学奖"特别奖和优秀奖获奖学生名单。

五、工作要求

1. 高度重视,加强领导。开展"中国中学生正泰品学奖"评选活动,是各级共青团、学联组织加强未成年人思想道德建设的重要途径,是全面推进素质教育的重要措施,今年是首次开展评选,各地要高度重视,提高认识,按时上报材料,切实加强对活动的领导。

2. 认真审核,严格把关。各地在推荐申报过程中,要求真务实,严格依照《中国中学生正泰品学奖评选办法》实施,把好质量关,切实把最优秀的候选人推荐上来;要严格执行申报程序,增强透明度,严禁弄虚作假,保证评选工作的公平、公正和公开。

3. 加强宣传,扩大影响。各地要积极协调新闻单位,充分利用新闻媒体,广泛宣传中学生先进典型的优秀事迹;要认真组织本地中学生参与投票评选,使评选活动本身成为一次教育过程,激励广大中学生学习榜样,全面发展,健康成长。

附:中国中学生正泰品学奖评选办法

一、评选宗旨

第一条 "中国中学生正泰品学奖"由共青团中央、全国学联、正泰集团公司联合设立,是共青团中央、全国学联授予全国中学生的崇高荣誉称号。

第二条 "中国中学生正泰品学奖"评选活动是加强未成年人思想道德建设的重要举措,通过树立广大中学生可敬、可信、可学的榜样,以充分发挥先进典型的示范导向作用,引导广大中学生修德正己,全面发展,成为国家和社会所需要的优秀人才。

二、评选条件

第三条 "中国中学生正泰品学奖"的评选对象为:全日制普通中学、中等职业学校次年7月前在校学生。每年奖励规模为200名,其中特别奖10名,优秀奖190名。

第四条 "中国中学生正泰品学奖"特别奖的奖励对象为:认真学习邓小平理论和"三个代表"重要思想,德智体美全面发展,在思想道德、社会实践、科技创新、志愿服务等方面表现出色,身心健康,成绩优异的优秀中学生。

第五条 "中国中学生正泰品学奖"优秀奖的奖励对象为:认真学习邓小平理论和"三个代表"重要思想,德智体美全面发展,在思想道德、社会实践、科技创新、志愿服务等方面表现出色,身心健康,成绩突出的优秀中学生。

第六条 "正泰品学奖"向西部地区和贫

困家庭的中学生倾斜，每年拿出100个名额奖励那些家境贫困、自强不息、好学上进、成绩优异的中学生。

三、评选机构

第七条　“中国中学生正泰品学奖”评选活动设全国组织委员会和全国评审委员会，负责活动的领导、评审和协调等工作。

第八条　各地可成立由省级团委、学联、有关部门负责人和专家组成的组织评审机构，负责本地活动的领导、评审和协调等工作。

四、评选程序

第九条　各地在基层推荐的基础上，择优向全国组委会提出推荐人选。在向全国组织委员会上报推荐人选前，须在推荐人选所在地区和本省报刊上予以公示，公示时间不得少于7天。推荐人选过程中须适当考虑初级中学和高级中学、普通中学和职业中学、城市中学和农村中学的比例。

第十条　本次评选活动采取网上评选和专家评选相结合的方式，将候选人资料上网，接受中学生的网上投票。

第十一条　全国组织委员会组织终评，结合网上评选的结果，确定首届“中国中学生正泰品学奖”特别奖和优秀奖获奖学生名单。

共青团中央、教育部、全国学联关于评选表彰全国高校“优秀学生社团”的通知

2004年11月15日

各省、自治区、直辖市团委，教育厅(教委)，学联：

为深入贯彻落实《中共中央国务院关于进一步加强和改进大学生思想政治教育的意见》，积极促进高校学生社团繁荣发展，共青团中央、教育部、全国学联决定评选表彰全国高校“优秀学生社团”。现将有关事项通知如下。

一、评选时间

2004年11月—12月

二、名额分配

面向全国普通高等学校，评选表彰“优秀学生社团”100个，其中“优秀学生社团标兵”10个。

三、评选标准

1.社团坚决拥护党的领导，模范遵守学校党团组织关于社团活动的有关规定，社团成员没有违法违纪行为。

2.社团有明确的章程，内部工作机构完善，日常工作制度化、规范化，社团运行良好。

3.社团有特色，定期开展活动，能够调动广大会员积极性，使广大会员受益。

4.社团发展建设取得优异成绩，在服务同学、活跃校园方面表现突出，在校内外有较大的影响和知名度。

5.社团在学校有关部门注册一年以上，有一定规模。

四、评选办法

首届全国高校“优秀学生社团”评选活动由共青团中央、教育部、全国学联共同组织开展，采取组织推荐、群众评议方式进行，主要分三个环节：学校团组织、学生工作部门选拔推荐；省级团组织、教育厅(教委)审核推荐；主办单位统一审定，并从中评选产生10个“优秀学生社团标兵”。各省级团组织、教育厅(教委)确定候选团体名单后，通报候选团体所在单

位，并在校内公示，公示时间一般为一周。

申报社团需要从社团简介、组织架构、社团活动、会员风采、学校和社会反馈等几个方面准备2000字以内的申报材料，可附活动图片（文字版、电子版各一份）。

五、工作要求

开展全国高校“优秀学生社团”评选表彰活动，对加强学生社团管理，促进学生社团发展，充分发挥学生社团在校园文化建设中的作用有着重要的意义。各省（区、市）共青团、教育厅（教委）、学联组织要以高度的责任感，做好推荐申报工作。各地在推荐申报过程中，要严格把关，求真务实，按照评选标准把最优秀的学生社团推荐上来。要严格执行申报程序，增加透明度，保证评选工作的公平、公正和公开。要加强对先进典型的宣传，扩大影响，努力营造有利于学生社团发展的浓厚氛围。

各地请于11月30日前将申报材料报送至团中央学校部全国学联办公室。联系人：李骥、白云峰；电话：010－85212282、85212289；传真：010－85212353；电子邮箱：xuelianban@sina.com；地址：北京市前门东大街10号；邮编：100051。

共青团中央、全国学联关于组织开展2004年大中专学生寒假“三下乡”和“四进社区”社会实践活动的通知

2004年12月29日

各省、自治区、直辖市团委，学联：

为贯彻落实《中共中央国务院关于进一步加强和改进大学生思想政治教育的意见》和中央经济工作会议精神，深入开展大中专学生社会实践，引导广大青年学生在实践服务中受教育、长才干、做贡献，切实把党和政府的关心送到群众中去，团中央、全国学联决定，今年寒假期间继续组织大中专学生开展“三下乡”和“四进社区”社会实践活动。现将有关事项通知如下。

一、活动主题

今年的主题是：真情助困进万家。确定这样一个主题，旨在发挥大中专学生的知识技能优势，开展形式多样的献真情、送温暖活动，为群众办实事、做好事、解难事，践行“三个代表”重要思想，弘扬团结友爱、扶贫帮困的道德风尚，促进社会主义物质文明、政治文明、精神文明建设，引导大中专学生在实践服务中锻炼成长。

二、活动内容

从基层经济社会发展和群众生产生活的实际需要出发，在农村和城市社区，面向群众特别是困难群众家庭，重点开展以下五个方面的社会实践服务活动。

1. 举办一次政策宣讲。围绕干部群众关心的问题，用通俗易懂的语言、生动活泼的形式，开展政策宣讲活动。要重点宣讲2004年中央1号文件和党的十六届四中全会精神，把党的富民政策传达到群众中去。

2. 帮助一户困难家庭。通过组织捐款捐物、义写义送春联年画、义务家教、打扫卫生等，帮助困难家庭过好新年。针对困难家庭实际，传授一项先进适用技术，帮助群众掌握脱贫致富的本领。积极参加当地组织的

拥军优属活动。

3．演出一台文艺节目。积极参与当地精神文明建设活动，编排、演出弘扬民族精神、反映社会进步、破除封建迷信的文艺节目，宣传健康、科学、文明的生活方式，丰富群众文化生活，营造欢乐祥和的节日氛围。

4．结对帮助一名未成年人。通过“大手拉小手”结对、为家乡中小学生举办成才报告会等形式，向未成年人普及法律知识，宣传网络文明，传授自护知识，推介优秀影片、歌曲和图书，促进未成年人思想道德建设。

5．开展一项社会调查。围绕当地经济社会发展的有关问题，开展调查研究，撰写调查报告，提出意见建议，为家乡建设献策出力。

此外，各地各高校还可根据地方经济社会发展的实际，结合学生专业特长，组织开展主题突出、特色鲜明、效果显著的“三下乡”和“四进社区”社会实践活动。

三、活动方式

1．就近就便。鉴于寒假时间较短和交通运输繁忙的实际，寒假大中专学生社会实践活动要就近就便，主要的活动形式是大中专学生利用返家度假之机，在家乡参与地方建设，为困难群众服务。

2．校地协作。寒假大中专学生社会实践的关键在于高校动员和地方实施之间的协调配合。高校要广泛动员，明确要求；农村县、乡（镇）和城镇社区、街道团组织具体组织实施。地方团组织可依托青年中心等，统筹安排大中专学生社会实践活动。

3．适当组队。大中专学生组成适度规模的团队，有利于整合力量，形成声势。有条件的高校要依托已有的社会实践基地，组织部分学生社会实践小分队，统一开展活动。

五、活动要求

1．高度重视，加强领导。社会实践是大学生思想政治教育的重要环节，大中专学生“三下乡”和“四进社区”社会实践活动是社会实践的品牌项目。各级团学组织要把组织开展大中专学生寒假社会实践作为贯彻落实中央8号文件和16号文件精神的具体举措，突出“真情助困进万家”主题，鼓励大中专学生扎扎实实地为群众生产生活服务。要把大中专学生返家开展社会实践纳入地方“真情助困进万家”的统一部署，在党委政府领导下，认真加以落实。要通过社会实践活动，使大中专学生的人才智力优势充分发挥出来，促进地方三个文明建设。

2．精心组织，密切配合。寒假前，高校团组织要通过召开班级、团支部会议，利用校园网络、校内宣传栏、广播电视等，明确对大中专学生参加社会实践的要求，努力做到人人皆知，争取人人参加。地方团组织要认真调研，了解需求；要掌握本地区在外读书大中专学生人数及返家情况；要制定周密的活动安排，做好组织实施的准备工作。寒假期间，地方团组织要及时与返家度假大中专学生取得联系，把他们组织起来，明确任务，开展活动。寒假结束后，高校团组织要召开“实践归来话收获”主题班会、团日活动，举办展览、征文、演讲、座谈会，认真总结实践服务的收获和体会，巩固、扩大教育成果，促进大中专学生思想政治素质不断提高。

3．加强宣传，营造氛围。寒假期间，要协调相关新闻单位，深入报道大中专学生开展“真情助困进万家”社会实践活动的情况，充分体现党和政府对群众的关心，为全社会关心支持大中专学生社会实践营造良好氛围。要充分利用和发挥好全国大中专学生“三下乡”活动网站和各高校报刊、互联网络、广播电视、展板橱窗的作用，加强宣传，交流推广经验，树立和宣传先进典型，进一步引导大中专学生社会实践不断深入发展。

各地各高校组织开展活动的情况请及时报团中央学校部。

九、少工委

全国少工委关于开展2004年“中国少年儿童平安行动”的通知

2004年2月23日

各省、自治区、直辖市少工委：

为了贯彻党的十六大和全国中小学德育工作会议精神，落实教育部、公安部、共青团中央、中国残联、全国少工委关于认真做好中小学生安全工作的具体部署意见，进一步深化“中国少年儿童平安行动”，现将2004年工作安排通知如下。

一、活动宗旨

“中国少年儿童平安行动”是由共青团中央、教育部、公安部、全国少工委共同主办，中国少年儿童新闻出版总社承办，中国平安保险（集团）股份有限公司协办，联合国儿童基金会大力支持的社会公益活动。今年要继续贯彻《关于开展“中国少年儿童平安行动”的通知》（中青办联发〔2003〕3号）精神，落实2004年全国中小学生安全教育日活动关于“预防校园侵害，提高青少年儿童自我保护能力”的总体要求，以“预防校园侵害，创建平安校园”为主题，在原有工作基础上，扩大活动的覆盖面，加强活动的针对性，把握活动的实用性，鼓励活动的创新性，为保护少年儿童的生命安全和身心健康，提高少年儿童自我保护的意识和能力，给少年儿童创造一个平安、健康、良好的社会环境而努力。

二、活动内容

以全国中小学生安全教育日为契机，充分发挥少年儿童的自主性和创造力，引导他们积极开展“争创‘平安校园’六个一的活动”，通过歌曲、征文、创编警句、知识竞赛、训练营等深受少年儿童欢迎的形式，让他们在活动体验中，学习自护、自救知识。少先队组织要在校园中倡导平安校园的文化理念，力争使每个校园都成为平安校园。

三、活动安排

（一）召开“中国少年儿童平安行动”研讨会，成立“平安行动专家团”（2月—3月）。

为加强活动的科学性和理论指导，组委会办公室将邀请国内研究少年儿童意外伤害的专家、少先队工作者等知名人士，召开“中国少年儿童平安行动”研讨会，同时成立“平安行动专家团”，加强对活动的指导、研究力度。各地也可根据实际，召开相关的研讨会，聘请专家指导活动。

（二）按照最近有关部委关于部署安全教育的文件精神，开展好全国中小学生安全教育日的活动（3月29日）。

3月29日，组委会办公室举行以“预防校园侵害，创建平安校园”为主要内容的主题教育活动。各地要按照文件要求，因地制宜开展好安全教育活动。

（三）开展争创“平安校园六个一”活动（3月—10月）。

开学初，组委会办公室将在《中国少年报》、《知心姐姐》杂志等少儿报刊上刊登"中国少年儿童平安行动"通知和活动倡议。各地要利用多种途径向少年儿童宣传活动内容，并继续选拔由少先队工作者、家长、教师、公安干警、中国平安保险(集团)股份有限公司的优秀员工等社会各界人士组成的"平安使者"，作为中国少年儿童平安行动志愿辅导员，深入到学校、社区、家庭开展志愿服务工作，为学校送去最新的活动资料，提供最新的活动信息，配合学校策划、开展活动。各地在开展活动中要认真研究、开发系列的安全教育培训课程，巩固创新，深入扎实地做好培训工作。各学校少先队组织要利用开学初的有利时机，积极开展"安全第一课"的教育活动并在3月29日当天形成高潮。

为落实"预防校园侵害，创建平安校园"的总体要求，组委会办公室将在全国推出争创"平安校园六个一"的活动。具体内容如下。

1. 唱响一支"平安校园歌"。组委会办公室将在全国推广《平安歌》和《平安操》，各地少先队组织要积极号召少年儿童唱起来、跳起来，通过生动活泼、简单易行的活动参与到"中国少年儿童平安行动"中来。

2. 创编一句"平安校园警句"。号召少年儿童创编平安校园警句，向他们征集预防校园侵害、自护自救的金点子，在学校中倡导平安校园文化，开展丰富多彩的文化建设活动。

3. 参加一次"平安校园征文"活动。各地少先队组织要引导少年儿童围绕"预防校园侵害，创建平安校园"的主题，通过开展"火眼金睛搜索"、"安全隐患曝光"等活动，用文字的方式记录校园内及周边所存在的安全隐患，提出合理化建议，畅想心中对理想的平安校园的憧憬，规划平安校园的蓝图。

4. 参加一次"平安校园知识竞赛"。组委会办公室在全国开展以"预防校园侵害，创建平安校园"为主题的知识竞赛。竞赛题目刊登在《中国少年报》、《知心姐姐》杂志等报刊上，并由"平安使者"向学校、社区发放知识问卷，使广大少年儿童通过知识竞赛，学习更多的自我保护知识和法律常识。组委会办公室还将面向全国的学校、社区，通过报刊、网站(中少在线：http://www.ccppg.com.cn 等相关网站)开展"预防校园侵害，提高自我保护能力"的调查活动。

5. 参加一次"平安校园训练营"。以学校和校外教育阵地为依托，聘请少年儿童安全教育专家、少先队工作者组织引导孩子们开展争章活动，让少年儿童通过学习相关自护自救的实际操作本领，切实提高少年儿童的自护自救能力。各学校可利用双休日开展"校园一日营"活动，可在暑假期间开展"平安校园训练营"活动，让少年儿童亲身参与到自护训练中来，在体验中提高安全意识和防范能力。

6. 参加一次"平安校园论坛"。各地要积极开展"平安校园论坛"活动，引导少年儿童围绕热点安全事件和话题展开讨论，提出合理化建议，提高认识能力。组委会办公室将面向全国征集"平安校园论坛"话题，并在各地积极开展论坛的基础上，挑选优秀代表进京参加2004年"中国少年儿童平安行动——校园论坛"展示活动。

在争创"平安校园六个一"活动中表现优秀的少年儿童，可获得自护类的雏鹰奖章。

(四)继续开展2004年"中国少年儿童平安行动"表彰活动(11月—12月)。

年底，组委会将对积极参与争创"平安校园六个一"活动的各级少先队组织和先进个人进行表彰。

对于积极组织学校参加活动且发动面大、工作扎实深入、有良好社会影响的各级少工委授予"中国少年儿童平安行动"优秀组织奖。

对于积极组织少年儿童参加活动，促进学校安全工作的学校少先队集体授予"争创平安校园"组织奖。

对在各阶段活动中取得优异成绩、表现突

出，不仅能认真学习自我保护知识，还能结合生活学习实际运用这些知识解决问题的少先队员授予"平安行动好队员"称号。

对教师、辅导员和热心支持、参与活动的社会各界人士授予"优秀平安使者"称号。

此外，组委会还将开展征文、知识竞赛等单项奖的评比。各奖项的评选将采取学校申报、各省少工委推荐和组委会评审相结合的办法进行。

四、具体要求

（一）各地少先队组织要充分认识"中国少年儿童平安行动"的重要意义，高度重视，精心组织，广泛发动，大力宣传。要在认真总结2003年工作经验的基础上，开展丰富多彩的活动，建立积极有效的预防机制，预防各类意外伤害的发生，保护少年儿童的安全，促进他们健康快乐成长。

（二）要充分调动少年儿童参与的积极性，广泛发动他们为活动出谋划策。通过开展丰富多彩的自护自救活动，让少年儿童在体验中学习相关知识，提高自我保护能力。活动内容要深入浅出，具体生动，具有实效。

（三）各级团队组织要进一步加强与教育、公安部门的联系，确保"中国少年儿童平安行动"的连续性和有效性。要教育广大少年儿童学法、知法、守法、用法，增强法律意识。要继续结合创建优秀"青少年维权岗"，协调有关部门整治校园周边环境和社区环境，形成全社会共同打击校园暴力和危害师生安全的各类违法犯罪行为的氛围，优化中小学生学习生活环境。要充分发动各种媒体做好活动宣传，推出典型，营造强大的宣传攻势；要利用社会力量，共同做好"中国少年儿童平安行动"的理论研究，促进此项工作的健康有序发展；要依靠社会资源，共同解决一些少年儿童关心的问题，为开展好这项活动创造良好条件。

（四）各地开展活动的情况，要及时报全国少工委办公室校外教育处或"中国少年儿童平安行动"组委会办公室。组委会办公室设在中国少年儿童新闻出版总社活动部。

地址：北京市东四十二条21号

邮政编码：100708

办公电话：010－64030153

新闻热线：010－64060999

联系人：楚锐　祝薇　林珂

电子信箱：ccppg 010@ sina. com

全国少工委、中国足球协会、中央电视台 2004年"中华少年小甲A足球活动"指导意见

2004年3月12日

各省、自治区、直辖市少工委、足协：

经过四年三届的普及发展，"中华少年小甲A足球活动"已经成为少先队体验教育的良好载体，成为少先队参与全民健身运动和支持北京奥运会的具体行动，成为充满儿童情趣的特色少儿体育活动，成为少先队开展的"实现宏伟蓝图做好全面准备"主题活动的重要内容。小甲A足球活动"体验足球，快乐成长"的基本理念已逐渐得到社会各界的普遍认同。

2004年小甲A足球活动的开展面临着良好的社会环境。今年是国际足联成立100周年、亚足联成立50周年和中国足协成立80周

年，国际足联将确认“足球起源于中国”并开展相应的纪念活动，亚洲杯足球赛是新世纪亚洲的第一次足坛盛会，雅典夏季奥运会的相关赛事将持续到8月底，这些纪念活动和体育盛事必将激起社会各界对体育运动的关注，极大地激发广大少年儿童参与体育运动和足球活动的热情和兴趣。基础教育课程改革中新的中小学“体育（与健康）课程标准”的推行，也为小甲A足球活动与学校体育工作的结合提供了有利契机。

2004年小甲A足球活动一方面要抓住社会体育热点和学校体育课程改革等其他有利条件开展活动，扩大小甲A足球活动的影响力，提高小甲A足球活动的吸引力；另一方面要充分调动各级少先队组织的主动性，发挥基层少先队组织的创造性，积极创新适应小甲A足球活动持续发展所需要的活动机制，在巩固基本理念、活动内容、组织形式的基础上推动小甲A足球活动的进一步普及。2004年将是小甲A足球活动探索发展的重要一年，特提出以下指导意见。

一、2004年全国组委会重点推进的工作

1. 制定并推广“小甲A足球五年奥运计划”。该计划将是小甲A足球活动第一个长期发展规划，重点围绕北京2008年奥运会“绿色奥运、科技奥运、人文奥运”的理念，从2004年至2008年，每年确定一个活动主题，重点抓好一个有影响的全国性活动，不断深化“体验足球、快乐成长”的活动主题。

2. 推动省和地市一级小甲A足球活动社会化运作模式的探索。经过四年三届的探索，小甲A足球活动已经具备比较成熟的项目化、品牌化和社会化运作模式。在条件成熟的省和地市尝试新的社会化运作模式，有利于调动各个方面各个层次的积极性，有利于充分挖掘地方资源，为小甲A足球活动的持续发展提供长久的动力。

全国组委会鼓励各地组委会充分利用地方资源，以冠名合作等形式争取社会各界的支持；以委托承办等形式鼓励团队系统的青少年服务中心、少年宫和足协系统的体育公司等参与具体项目的运作。

小甲A足球活动是服务少年儿童的活动项目，其公益性永远是第一位的。社会化运作既要充分考虑支持单位的需求，又要坚决防止任何以赢利为目的、不符合教育部门规定和少先队活动宗旨的合作，不允许向少年儿童收取任何形式的“参赛费”。各地方组委会在当地开展的冠名合作须严格遵守有关规定，及时报全国组委会备案，并接受全国组委会的审核和指导。

3. “小甲A足球游戏征集活动”。小甲A足球活动立足少年儿童与游戏的天然联系，倡导足球运动与少儿游戏的有机结合，让足球回归最原始的游戏功能，使少儿足球走出“锦标主义”的误区，探索了普及少儿足球的新模式。全国组委会将面向全国进一步征集新的足球游戏，以期创造更多富有儿童情趣的小甲A足球游戏项目。

4. “全国欢乐足球活动营”。在条件适合的情况下，全国组委会拟于暑期举办“全国欢乐足球活动营”，邀请优秀“红领巾足球俱乐部”的代表参加活动。活动营以“足球游戏节”或“足球运动会”为基本形式，集中展示全国各地小甲A足球活动的成绩，并设立小甲A足球竞技活动“红领巾杯”。全国组委会鼓励各地组委会申请承办“全国欢乐足球活动营”。

5. 小甲A迎接亚洲杯“红领巾东道主行动”。经商中国足协、亚洲杯中国组委会同意，小甲A足球活动将以亚洲杯赛场所在的北京、济南、成都、重庆四城市为重点，开展小甲A迎接亚洲杯“红领巾东道主行动”。希望四城市少工委按照全国组委会的统一部署，结合本地实际，与当地有关部门充分协商，积极开展小甲A红领巾欢迎团、小甲A足球游戏节、小甲A足球手拉手等活动，展现小甲A足球风采，为亚洲杯的圆满成功营造良好氛围。同时,全国组委会办公室还将联合亚洲杯中国组委会、《中国少年报》开展“小甲 A 迎接亚洲杯知识竞赛”。

6. 小甲 A 足球活动辅导员培训工作。在全国少工委和地方少工委开展的少先队辅导员培训、辅导员高级研修、少先队工作干部研讨班等培训活动中,将适当增加小甲 A 足球活动的相关内容。全国组委会将适时举办探讨少先队特色体育活动与学校体育工作和体育课程有机结合的专题研讨会、“小甲 A 名师论坛”和专门面向基层辅导员、教练员的培训班或网络培训。

7. 进一步加大宣传力度和表彰力度。继续与电视台、报刊、网络等媒体开展多种形式的合作,扩大小甲 A 的社会影响。特别要进一步加强与小甲 A 足球活动支持单位新华社体育部、人民日报体育部、人民日报海外版体育部、中央人民广播电台体育部、中国青年报体育部、青年体育报、中国足球报的联系。进一步发挥《中国少年报》、《辅导员》杂志等队报队刊的作用,在《中国少年报》连载小甲 A 足球项目介绍,在《辅导员》杂志上开辟专门面向辅导员的专栏文章。加快小甲 A 足球活动官方网站中国少年雏鹰网(www. chinakids. net. cn)和中青网少年版(xiaojiaa. youth. cn)相关内容的建设。

对坚持经常性活动、富有创造性、开拓性的各级组委会和基层红领巾足球俱乐部和做出突出贡献的个人,全国组委会将进一步加大表彰力度,授予相应的荣誉称号,给予适当的物资奖励。特别要从进一步加强农村少先队工作、农村体育工作的大局出发,高度重视发现、培养和表彰农村小甲 A 足球活动中的先进集体和个人。

8. 进一步拓展小甲 A 足球活动的相关领域。在支持体系上,推动小甲 A 足球社区志愿者队伍的建设,争取相关部门的支持,力争在各级共青团组织的注册志愿者中建立一支专门的“小甲 A 足球社区志愿者队伍”;就农村青年中心如何支持农村小甲 A 足球活动开展试点;就农村小甲 A 足球活动、小甲 A 女足活动、小甲 A 足球活动与雏鹰争章、在小甲 A 足球活动中弘扬和培育民族精神等开展专题研究;探讨小甲 A 对外交流的可能模式和渠道。

二、省级少工委的主要工作任务

1. 转发文件,普遍发动,制定计划。省级少工委应积极协调地方足协、电视台和教育行政部门等有关单位组建活动组委会,及时转发本通知,按照“有长期规划、有重点地区、有明显特色”的要求制定本省 2004 年活动计划,做好普遍发动工作,推动本省小甲 A 足球活动的开展。所有具备条件的地市级少先队组织都可向省级组委会和全国组委会提出参加活动的申请,参加活动的评比表彰。

2. 确定重点城市,加强指导,督促落实。经过四年三届的发展,各省已逐步形成了若干小甲 A 足球活动重点地区和特色项目。省级少工委应确定 3—5 个年度重点城市,给予具体指导,督促落实,并将有关材料于 4 月 15 日之前报全国组委会。

3. 搞好本省表彰工作,以适当形式举办展示活动。应结合“六一”、少先队建队日等集中活动的时机,表彰先进,以适当形式展示小甲 A 活动的成绩。在条件成熟的情况下,以省级“欢乐足球活动营”或暑期友谊竞赛等形式开展大规模的集中展示交流活动。

三、对地市级少工委的工作要求

1. 地市级少工委是小甲 A 足球活动落到实处的关键,应主动协调有关单位组建市级活动组委会,制定活动计划,进一步巩固、规范、壮大以小甲 A 足球活动骨干学校或社区少先队组织为会员单位的市级“中华少年小甲 A 足球俱乐部”,推动建立更多的基层“红领巾足球俱乐部”。

2. 从 3 月初开始,推动并督促“红领巾足球俱乐部”有计划地开展经常性活动，定期组织各“红领巾足球俱乐部”开展多种形式的交流活动，并在“六一”、暑期、少先队建队日或其他适当时候，举行有一定规模、一定影响的市级小甲A足球游戏节、活动营等特色活动。

3. 于4月15日前向全国组委会办公室上报年度活动计划和20个主要俱乐部会员单位的情况介绍，其中至少应包括3个社区俱乐部会员单位，同时倡导以女少先队员为主要成员的俱乐部会员单位参与。年度活动计划应同时报送本省活动组委会。

4. 于2004年10月15日至11月15日期间向全国组委会办公室报送年度活动总结材料（包括俱乐部年度活动总结、集中展示汇总材料、相关媒体报道、图片音像资料、3个优秀“中华少年小甲A红领巾俱乐部”推荐材料等）。

四、小甲A足球活动要在巩固中创新，在创新中发展

经过四年三届的发展，小甲A足球活动的参加对象已从最初以小学高年级少先队员为主发展到现在的面向全体少先队员；从最初模仿大甲A联赛的相对单一的活动模式，发展成为学校与城市社区和乡镇有机互动、足球游戏活动与文化活动和竞技活动三位一体的少先队体验教育活动。小甲A足球活动已经具备了较为明显的特色，初步形成了自己的风格。

小甲A足球活动从它诞生之日起就是在探索中不断发展的。我们要有足够的勇气和坚定的使命感，立足建设新型少儿足球文化的高度，大力推动小甲A足球活动在巩固中创新，在创新中发展。

1. 进一步巩固小甲A足球活动的基本理念、活动内容和基础组织形式，建设新型少儿足球文化

小甲A足球活动的基本理念是“体验足球，快乐成长”，它引导少年儿童在小甲A足球活动中体验“用心出智慧、配合有力量、顽强能进步”（小甲A足球队的口号）的做人做事的道理，领悟“激情欣赏，文明表达”（小甲A啦啦队的口号）和“积极参与，热情服务”（小甲A志愿者服务队的口号）中蕴涵的民族精神和道德要求。这是小甲A足球文化的核心。

小甲A足球活动的主要内容是动员和组织少先队员结合自身实际，在学校和社区自主选择参加足球游戏活动、足球文化活动和足球竞技活动。这是小甲A足球文化的活动载体。

小甲A足球活动的基础组织形式是依托学校少先队组织或社区少先队活动阵地，因地制宜地建立形式多样的基层“小甲A红领巾足球俱乐部”，按照“免费入会、自愿参加、自由组合、定期交流、集中展示、共同进步”的原则，组织和引导少先队员自主组建“小甲A足球队”、“小甲A啦啦队”和“小甲A志愿者服务队”等活动队，开展经常性的小甲A足球活动。这是小甲A足球文化的组织载体。

2. 进一步发挥团队组织优势，创新适应小甲A足球活动持续发展所需要的活动机制

亿万少年儿童对足球的热爱和参与足球活动的长期需要是小甲A足球活动持续发展最主要的原动力。对于共青团、少先队组织来说，最主要的课题是如何进一步发挥团队系统完备的组织优势，在创新中推动小甲A足球活动的健康发展。

2004年我们将推动省和地市一级小甲A足球活动社会化运作模式的探索，这种探索参考了团队系统和中国足协等体育机构已有的较为成熟的社会化运作模式，其最主要的目的是激发基层的主动性和创造性，发挥团队系统完备的组织优势，实现对小甲A足球品牌资源的深入开发。我们将在此基础上稳步推进小甲A足球活动的进一步社会化、项目化、品牌化和时尚化。

各级共青团、少先队组织也要进一步探索与足协、教育部门和新闻媒体良性互动的机制。团队组织要主动担负起协调工作和组织

工作,要主动联系地方足协、教育部门、新闻媒体和其他关心少先队事业的机构和单位,积极推动本地区小甲 A 足球活动的开展。各级足球协会要积极支持少先队组织开展小甲 A 足球活动,选派优秀业务骨干开展足球知识的普及和辅导,帮助设计充满儿童情趣的小甲 A 活动项目,参与小甲 A 足球竞技活动的各项工作。

附 1:"中华少年小甲 A 足球活动"全国组委会领导名单

"中华少年小甲 A 足球活动"全国组织委员会由主办单位和各省级活动组委会的有关领导同志共同组成。

名誉主任:

赵　勇　共青团中央书记处常务书记

阎世铎　中国足球协会副主席

年维泗　原中国足球协会主席

主　任:

张晓兰　共青团中央书记处书记、全国少工委常务副主任

杨一民　中国足球协会副主席

张长明　中央电视台副台长

副主任:

高　洪　全国少工委副主任、共青团中央少年部部长

马国力　中央电视台体育中心主任

余培侠　中央电视台青少中心主任

冯剑明　中国足球协会青少年部主任

刘进喜　全国少工委副主任、共青团中央少年部副部长

各省级活动组委会主任为全国组委会委员。

组委会秘书处设在全国少工委办公室宣传教育处。

电话:010－63986894,010－85212071;

传真:010—63941335;

电邮:zhsnxja@ cycnet. com;

官方网站:xiaojiaa. youth. cn

www. chinadids. net. cn

地址:北京市前门东大街 10 号,邮编:100051。

附 2:2003 年度小甲 A 足球活动获奖单位和个人名单

一、省级组织奖(11 个)

北京市团市委中少部

天津市团市委少年部

内蒙古自治区少工委

辽宁省团省委少年部

吉林省团省委少年部

黑龙江省团省委少年部

上海市少工委

河南省团省委少年部

广西壮族自治区团区委少年部

四川省团省委少年部

青海省团省委少年部

二、市级组织奖(47 个)

北京市通州区团区委学校部

北京市朝阳区教委

河北省石家庄市团市委学少部

河北省邯郸市少工委

河北省承德市团市委学少部

山西省太原市少工委

山西省长治市团市委少年部

内蒙古自治区呼和浩特市少工委

内蒙古自治区乌海市少工委

内蒙古自治区包头市少工委

内蒙古自治区包钢集团公司教育处团委

内蒙古自治区大兴安岭林管局少工委

内蒙古自治区巴彦淖尔盟少工委

辽宁省沈阳市团市委少年部

辽宁省大连市团市委少年部

辽宁省鞍山市团市委学少部

辽宁省锦州市团市委学少部

吉林省长春市团市委少年部

吉林省吉林市团市委少年部
吉林省通化市团市委宣传部
黑龙江省哈尔滨市团市委学少部
黑龙江省牡丹江市团市委学少部
上海市长宁区少工委
上海市普陀区少工委
浙江省温州市足球协会
浙江省湖州市少工委
安徽省淮南市团市委学少部
福建省厦门市团市委学校部
江西省景德镇市团市委学少部
山东省济南市团市委少年部
山东省烟台市少工委
河南省郑州市少工委
河南省开封市少工委
河南省洛阳市团市委少年部
湖南省长沙市团市委学校部
湖南省株洲市团市委学少部
广东省深圳市少工委
广西壮族自治区南宁市青少年活动中心
广西壮族自治区柳州市青少年宫
广西壮族自治区梧州市团市委少年部
四川省成都市团市委少年部
四川省德阳市团市委少年部
四川省广元市少工委
贵州省遵义市团市委学少部
陕西省西安市团市委少年部
甘肃省兰州市团市委少年部
甘肃省白银市团市委少年部

三、先进工作者(37 名)

魏　锴　北京市西城区教委
方　蕊　北京市石景山区少工委
张希岗　北京市足球协会
郑　雄　北京市团市委中少部
付慧珍　天津市团市委少年部
袁　雪　河北省邯郸市少工委
胡颖杰　河北省承德市团市委学少部
张碧峰　内蒙古自治区少工委
高海霞　内蒙古自治区乌海市少工委
潘　蕾　内蒙古自治区包钢集团公司教育处团委
汤庆华　内蒙古自治区大兴安岭林管局少工委
周　辉　辽宁省鞍山市团市委学少部
杨静茹　吉林省长春市团市委少年部
刘亚男　吉林省吉林市少工委
杨　猛　黑龙江省团省委少年部
陈雨辉　黑龙江省哈尔滨市团市委学少部
丁　丁　上海市少工委
宋妮妮　上海市长宁区少工委
李一箴　浙江省温州市足球协会
洪建军　福建省厦门市团市委学校部
赵继新　山东省济南市团市委少年部
王培歧　山东省烟台市芝罘区团区委
杜静晶　河南省开封市团市委少工委
徐　勇　湖北省襄樊市团市委学少部
刘丽娟　广东省深圳市小宇航俱乐部
陈志刚　广西壮族自治区南宁市青少年活动中心
周永捷　广西壮族自治区柳州市青少年宫
张　娜　广西壮族自治区梧州市团市委少年部
陈昌礼　四川省德阳市团市委少年部
袁云超　贵州省遵义市团市委学少部
赵　戈　陕西省西安市团市委少年部
张兰芬　甘肃省兰州市团市委少年部
罗　婧　甘肃省白银市团市委少年部
余晓蓉　青海省团省委少年部
张志刚　中国少年报编辑部
尚东星　中青网采编部
邓颖丽　中国少年雏鹰网

四、市级标兵俱乐部(6 个)

河北省承德市小甲 A 足球俱乐部
内蒙古自治区乌海市小甲 A 足球俱乐部
吉林省吉林市小甲 A 足球俱乐部
山东省烟台市小甲 A 足球俱乐部

广西壮族自治区南宁市小甲A足球俱乐部
甘肃省白银市小甲A足球俱乐部

五、市级优秀俱乐部(24个)

北京市小甲A足球俱乐部
天津市小甲A足球俱乐部
河北省石家庄市小甲A足球俱乐部
河北省邯郸市小甲A足球俱乐部
内蒙古自治区包钢集团公司小甲A足球俱乐部
内蒙古自治区大兴安岭林管局小甲A足球俱乐部
辽宁省沈阳市小甲A足球俱乐部
辽宁省大连市小甲A足球俱乐部
吉林省长春市小甲A足球俱乐部
黑龙江省哈尔滨市小甲A足球俱乐部
黑龙江省牡丹江市小甲A足球俱乐部
上海市小甲A足球俱乐部
浙江省温州市小甲A足球俱乐部
福建省厦门市小甲A足球俱乐部
山东省济南市小甲A足球俱乐部
河南省开封市小甲A足球俱乐部
河南省洛阳市小甲A足球俱乐部
湖北省荆州市小甲A足球俱乐部
广东省深圳市小甲A足球俱乐部
广西壮族自治区柳州市小甲A足球俱乐部
广西壮族自治区梧州市小甲A足球俱乐部
贵州省遵义市小甲A足球俱乐部
陕西省西安市小甲A足球俱乐部
甘肃省兰州市小甲A足球俱乐部

六、优秀小甲A红领巾足球俱乐部(102个)

北京市

通州区陆辛庄学校小甲A红领巾足球俱乐部
朝阳区体育运动学校小甲A红领巾足球俱乐部
顺义区南法信中心小学小甲A红领巾足球俱乐部
东城区曙光小学小甲A红领巾足球俱乐部
崇文区光明小学小甲A红领巾足球俱乐部
房山区炒米店中心小学小甲A红领巾足球俱乐部
宣武区回民小学小甲A红领巾足球俱乐部

天津市

河东区街坊小学小甲A红领巾足球俱乐部
河东区互助道小学小甲A红领巾足球俱乐部

河北省

石家庄市南翟营小学小甲A红领巾足球俱乐部
石家庄市桥东区平安南大街小学小甲A红领巾足球俱乐部
邯郸市邯钢第一小学小甲A红领巾足球俱乐部
承德市实验小学小甲A红领巾足球俱乐部
承德市双滦区第二小学小甲A红领巾足球俱乐部

山西省

太原市理工大学子弟小学小甲A红领巾足球俱乐部
长治市实验小学小甲A红领巾足球俱乐部

内蒙古自治区

呼和浩特市呼伦南路小学小甲A红领巾足球俱乐部
呼和浩特市大学路小学小甲A红领巾足球俱乐部
包头市青山区哈达道实验小学小甲A红领巾足球俱乐部
包头市昆区团结第四小学小甲A红领巾足球俱乐部
乌海市海勃湾区第二小学小甲A红领巾足球俱乐部
包钢集团公司第十二小学小甲A红领巾足球俱乐部
包钢集团公司第二十六小学小甲A红领巾足球俱乐部
大兴安岭林管局阿里河林业局第二小学小甲A红领巾足球俱乐部
大兴安岭林管局克一河林业局第二小学小甲

A红领巾足球俱乐部

巴彦淖尔盟临河市第三小学小甲A红领巾足球俱乐部

巴彦淖尔盟临河市实验小学小甲A红领巾足球俱乐部

辽宁省

沈阳市和平区青年大街小学小甲A红领巾足球俱乐部

沈阳市大东区和睦路小学小甲A红领巾足球俱乐部

大连市实验小学小甲A红领巾足球俱乐部

大连市东北路小学小甲A红领巾足球俱乐部

鞍山市铁西区红星小学小甲A红领巾足球俱乐部

鞍山市立山区北灵山小学小甲A红领巾足球俱乐部

锦州市铁合金小学小甲A红领巾足球俱乐部

锦州市古塔区保二小学小甲A红领巾足球俱乐部

吉林省

长春市宽城区朝鲜族小学小甲A红领巾足球俱乐部

长春市朝阳区西民主小学小甲A红领巾足球俱乐部

吉林市回族小学小甲A红领巾足球俱乐部

吉林市船营区第十二小学小甲A红领巾足球俱乐部

通化市大安镇中小学小甲A红领巾足球俱乐部

通化市二道江乡中心校小甲A红领巾足球俱乐部

黑龙江省

哈尔滨市动力区朝鲜小学小甲A红领巾足球俱乐部

哈尔滨市动力区桥南小学小甲A红领巾足球俱乐部

牡丹江市朝鲜族小学小甲A红领巾足球俱乐部

牡丹江市景福小学小甲A红领巾足球俱乐部

上海市

长宁区天山新村小学小甲A红领巾足球俱乐部

长宁区北新泾小学小甲A红领巾足球俱乐部

徐汇区日晖新村小学小甲A红领巾足球俱乐部

普陀区金沙江路小学小甲A红领巾足球俱乐部

普陀区平利第二小学小甲A红领巾足球俱乐部

杨浦区五角场小学小甲A红领巾足球俱乐部

浙江省

温州市国际育英学校小甲A红领巾足球俱乐部

温州市我乐红领巾俱乐部小甲A红领巾足球俱乐部

温州市龙港第五小学小甲A红领巾足球俱乐部

湖州市长兴县第一小学小甲A红领巾足球俱乐部

湖州市南浔区双林庆同小学小甲A红领巾足球俱乐部

安徽省

淮南市田家庵区洞二小学小甲A红领巾足球俱乐部

淮南市谢区实验学校小甲A红领巾足球俱乐部

福建省

厦门市笔山小学小甲A红领巾足球俱乐部

厦门市海沧延奎小学小甲A红领巾足球俱乐部

景德镇市第十七小学小甲A红领巾足球俱乐部

山东省

山东师范大学附属小学小甲A红领巾足球俱乐部

济南市历城区祝甸小学小甲A红领巾足球俱

乐部
中国重型汽车集团公司济南第一小学小甲 A 红领巾俱乐部
烟台市新石路小学小甲 A 红领巾足球俱乐部
烟台市华侨学校小甲 A 红领巾足球俱乐部
烟台市凤凰台小学小甲 A 红领巾足球俱乐部
河南省
郑州市二七区关帝庙小学小甲 A 红领巾足球俱乐部
郑州市管城区实验小学小甲 A 红领巾足球俱乐部
开封市铁路职工子弟第一小学小甲 A 红领巾俱乐部
开封市第二师范附属小学小甲 A 红领巾足球俱乐部
洛阳市耐火材料集团小学小甲 A 红领巾足球俱乐部
湖北省
湖北省足球学校荆州分校小甲 A 红领巾足球俱乐部
荆州市沙市北京路第二小学小甲 A 红领巾足球俱乐部
襄樊市宜城市环翠小学小甲 A 红领巾足球俱乐部
广东省
深圳市小宇航俱乐部小甲 A 红领巾足球俱乐部
深圳市南山区育才小学小甲 A 红领巾足球俱乐部
广西壮族自治区
广西壮族自治区南宁市中山路北段小学小甲 A 红领巾足球俱乐部
南宁市逸夫小学小甲 A 红领巾足球俱乐部
柳州市柳师附属小学小甲 A 红领巾足球俱乐部
柳州市车辆厂小学小甲 A 红领巾足球俱乐部
柳州市第二十九中附属小学小甲 A 红领巾足球俱乐部
梧州市梧师二附属小学小甲 A 红领巾足球俱乐部
梧州市大塘小学小甲 A 红领巾足球俱乐部
四川省
成都市实小站旗分校小甲 A 红领巾足球俱乐部
成都市金琴路小学小甲 A 红领巾足球俱乐部
德阳市中江县永太镇小学小甲 A 红领巾足球俱乐部
德阳市罗江县东升学校小甲 A 红领巾足球俱乐部
广元市北街小学小甲 A 红领巾足球俱乐部
广元市陵江第二小学小甲 A 红领巾足球俱乐部
贵州省
遵义市田沟初级中学小甲 A 红领巾足球俱乐部
遵义市航天小学小甲 A 红领巾足球俱乐部
陕西省
西安市长安区实验小学小甲 A 红领巾足球俱乐部
西安市雁塔区西影路小学小甲 A 红领巾足球俱乐部
甘肃省
兰州市铁路教育实业集团第一小学小甲 A 红领巾俱乐部
兰州市西北新村小学小甲 A 红领巾足球俱乐部
白银市会宁县东关小学小甲 A 红领巾足球俱乐部
白银市靖远师范附属小学小甲 A 红领巾足球俱乐部
青海省
西宁市新宁路小学小甲 A 红领巾足球俱乐部
西宁市贾小庄小学小甲 A 红领巾足球俱乐部
西宁市韵家口小学小甲 A 红领巾足球俱乐部
西宁市城西区虎台小学小甲 A 红领巾足球俱乐部

七、小甲A足球活动优秀辅导员(225人)

北京市

汪振松　通州区陆辛庄学校

边力生　朝阳区体育运动学校

李　民　顺义区南法信中心小学

孙　商　东城区曙光小学

张健辉　崇文区光明小学

隗和平　房山区炒米店中心小学

赵德强　大兴区北藏村镇中心小学

邢志伟　西城区中古友谊小学

陆　琦　宣武区宣武师范第一附属小学

阎莉娜　丰台区南苑镇第一小学

王　磊　石景山区八角第二小学

郭建国　昌平区私立汇佳学校

费秋香　平谷区第四中心小学

谢学峰　延庆县康庄中心小学

齐书珍　怀柔区怀柔镇张各长小学

赵淑华　密云县第二小学

李　荣　宣武区回民小学

天津市

董　芝　河东区实验小学

沈　茜　河东区街坊小学

赵奎娟　河东区互助道小学

王爱萍　塘沽区北塘学校

刘　颖　河北区启东道小学

河北省

马　静　石家庄市南翟营小学

王兆林　石家庄市桥东区平安南大街小学

王　晔　石家庄市维明路小学

刘吉松　石家庄市裕华区华兴小学

张雪梅　石家庄市翟营大街小学

聂　征　邯郸市邯钢第一小学

王　琳　承德市实验小学

马海波　承德市隆化县存瑞小学

王文利　承德市宽城第一小学

刘　岩　承德市双滦区第二小学

山西省

成玉龙　太原市理工大学子弟小学

王文成　太原市万柏林区重机第二小学

成娜娜　太原市杏花岭区胜利桥东小学

王文杰　太原市迎泽区三好小学

赵丽琴　太原市迎泽区狄村小学

刘桂红　太原市迎泽区桃南小学

郭洪伟　长治市实验小学

郑志文　长治市友谊小学

任云清　长治市城区新华小学

内蒙古自治区

尤文静　呼和浩特市大学路小学

钟丽娟　呼和浩特市呼伦南路小学

王　鹏　包头市东河区回民小学

高　红　包头市九原区沙河镇第一小学

张燕燕　包头市北方重工实验小学

王建成　包头市青山区哈达道实验小学

邢　猛　包头市昆区团结大街第四小学

高永飞　乌海市海勃湾区第一小学

王卫东　乌海市海勃湾区光明路小学

郭志帮　乌海市海勃湾区第二小学

王瑞廷　包钢集团第十二小学

赵秋燕　包钢集团第一小学

赵河威　包钢集团第二实验小学

侯建利　包钢集团第一实验小学

赵　鑫　包钢集团第十八小学

马文龙　包钢集团第二十六小学

沈笑宇　大兴安岭林管局阿里河林业局第一小学

包艳丽　大兴安岭林管局阿里河林业局第一中学

包洪艳　大兴安岭林管局阿里河林业局第二小学

李　慧　大兴安岭林管局克一河林业局中学

陶永宏　大兴安岭林管局克一河林业局第一小学

李玉田　大兴安岭林管局克一河林业局第二小学

蔺亚林　大兴安岭林管局甘河林业局第三小学

唐 静 大兴安岭林管局甘河林业局第一小学
杨常胜 巴彦淖尔盟临河市第三小学
李雪琴 巴彦淖尔盟五原县逸夫小学
白瑞霞 巴彦淖尔盟实验小学

辽宁省

王 燕 沈阳市和平区青年大街小学
李 丹 沈阳市沈河区热闹小学
邵丹丹 沈阳市铁西区重工街第五小学
周 红 沈阳市大东区和睦路小学
关 杰 大连市实验小学
王 颖 大连市东北路小学
李金俸 鞍山市铁西区红星小学
李 亮 鞍山市立山区少年足球队
郭春华 鞍山市铁东区风光小学
赵 波 鞍山市立山区北灵山小学
徐 辉 鞍山市铁西区黎明小学
张梅婷 鞍山市铜都小学
孙国强 锦州市铁合金小学
丁苗苗 锦州市古塔区保二小学
陈 雪 锦州市古塔区石油小学
赵淑英 锦州市太和区唐庄子小学
李 佳 锦州市古塔区士英小学
李孝刚 锦州市古塔区钟屯小学

吉林省

李德哲 长春市宽城区朝鲜族小学
汪冬岩 长春市朝阳区西民主小学
孙丽岩 长春市朝阳区宽平小学
王国坤 长春市东北师范大学附小分校
逯 叶 长春市二道区沿河小学
李 焱 长春市朝阳永春小学
赵 哲 吉林市回族小学
王 霞 吉林市船营区第十二小学
辛海霞 通化市大安镇中小学
孙成铭 通化市二道江乡中心校

黑龙江省

朴晶薇 哈尔滨市动力区朝鲜小学
刘丽瑶 哈尔滨市公园小学
毕文新 哈尔滨市北马路小学
高 爽 哈尔滨市南岗区建工小学
姜 帆 哈尔滨市动力区桥南小学
全美罗 牡丹江市朝鲜族小学
刘 岢 牡丹江市长安小学
薛 景 牡丹江市景福小学
李忠民 牡丹江市机车厂子弟小学

上海市

叶 琳 长宁区新泾镇学校
胡维茜 长宁区仙霞高级中学
黎 纳 长宁区天山新村小学
郭跃芳 长宁区北新泾小学
厉 刚 徐汇区日晖新村小学
张国平 普陀区真如第三小学
陈辉辉 普陀区管弄新村小学
严 晨 普陀区金沙江路小学
徐 军 普陀区平利二小
王圆圆 浦东新区金杨小学
沈 涛 浦东新区高桥镇小学
朱静波 杨浦区五角场小学
彭 蕾 杨浦区平凉路第四小学
张 君 虹口区四川北路第一小学
张乔治 嘉定区南翔镇中心校
徐 菲 闸北区永和小学
袁 萍 闸北区第十七中学
楼建刚 徐汇区向阳小学

浙江省

叶晓伟 温州市瑞安市安阳镇中心小学
许巧燕 温州市鹿城黎明小学
索志勇 温州市国际育英学校
林明升 温州市龙港第五小学
汤文麟 温州市我乐红领巾俱乐部
许 敏 湖州市月河小学
陈乃坤 湖州市安吉县晓墅小学
秦玉琴 湖州市南浔区实验小学
倪晓琴 湖州市南浔区双林庆同小学
章永红 湖州市长兴县第一小学
邵国琴 湖州市东风小学

安徽省
李大淮　淮南市师范附属小学
王　伟　淮南市八公山区第二小学
陶保萍　淮南市八公山区第二小学
张家国　淮南市大通区第二小学
周世春　淮南市谢家集实验学校
福建省
姚　旭　厦门市槟榔小学
杨素花　厦门市笔山小学
陈练忠　厦门市海沧延奎小学
梁　军　厦门市实验小学
吴东强　厦门市园南小学
江西省
王　珏　景德镇市第十七小学
山东省
郭　勇　济南市经九路小学
李　强　济南市经九路小学
王　梅　中国重型汽车集团公司济南第一小学
张　光　山东师范大学附属小学
黄　萍　济南市历城区祝甸小学
韩顺健　济南市历城区祝甸小学
姜爱梅　烟台市芝罘区青年路小学
陈京玲　烟台市芝罘区幸福小学
李　艳　烟台市芝罘区支农里小学
孙宏志　烟台市新石路小学
綦晨梅　烟台市华侨学校
刘少萍　烟台市凤凰台小学
河南省
杜春松　郑州市金水区文化路第三小学
王瑞红　郑州市古荥乡岗李小学
刘建伟　郑州市二七区关帝庙小学
魏东鹏　郑州市二七区建新街小学
赵　丹　郑州市金水区金桥学校
曹显阳　郑州市管城区实验小学
尹艳丽　开封市大厅门小学
庄建新　开封市二师附属小学
陈燕明　开封铁路职工子弟第一小学
杨六玲　洛阳市耐火材料集团小学
湖北省
邓丽琼　荆州市沙市区实验小学
王　娟　荆州市沙市北京路第二小学
刘晓燕　湖北足球学校荆州分校
刘天军　荆州市沙市青莲巷小学
艾　军　荆州市沙市洪垸小学
广东省
张绍山　深圳市小宇航俱乐部
叶海燕　深圳市福田区华富小学
邓辉鸿　深圳市宝安区翻身实验小学
王升平　深圳市南山区育才第二小学
广西壮族自治区
黄赛力　南宁市万秀小学
吴　涛　南宁市铁路第一小学
邓咏华　南宁市中山路北段
吕　青　南宁市逸夫小学
张志辉　广西大学第一附属小学
文　眉　柳州市白云小学
莫小林　柳师附属小学
罗永军　柳州市胜利路第一小学
刘小英　柳州市车辆厂小学
廖　茜　柳州市第二十九中附属小学
陆伟雄　梧州市苍梧师范附属小学
冯　艳　梧州市师范第二附属小学
刘智勇　梧州市大东路小学
李海燕　梧州市大塘小学
四川省
何　俊　成都市实小站旗分校
杨月从　成都市圣灯中心小学
李　茂　成都市金琴路小学
王丽琼　德阳市中江县永太镇小学
刘洪瑛　德阳市罗江县东升学校
周　芳　广元市实验小学
徐加勤　广元市实验中学
高　亮　广元市北街小学
赵卉蓉　广元市青川县乔庄镇中心小学
葛远清　广元市利州开发区南鹰小学
吴　亮　广元市外国语学校

邓成兵　广元市八二一厂小学
莫大平　广元市苍溪县陵江第二小学
贵州省
田　中　遵义市新航私立学校
李世权　遵义市同济学校
张　兰　遵义市淑仙纪念小学
李祖莲　遵义市第五中学
徐　念　遵义市田沟初级中学
王志龙　遵义市航天小学
陈　颖　遵义市师院附属实验学校
肖　涛　遵义市经济技术开发区大坪小学
陕西省
刘军妮　西安市长安区实验小学
曹　妮　西安市碑林区兴庆小学
李　锦　西安市雁塔区西影路小学
王　哲　西安市莲湖区西关第一小学
甘肃省
何小刚　兰州市兰化四校
王　斌　兰州市铁路教育实业集团第二小学
宋明钊　兰州市城关区西北新村小学
徐海峰　白银市会宁县东关小学
周　贵　白银市靖远师范附属小学
刘会民　白银市景泰县条山第一小学
青海省
赵虹蕊　西宁市新宁路小学
段国强　西宁市贾小庄小学
付建基　西宁市韵家口小学
张海峰　西宁市城西区虎台小学

共青团中央、教育部、全国少工委、中央电视台关于评选第九届“全国十佳少先队员”的通知

2004年3月20日

各省、自治区、直辖市团委，教育厅（教委），少工委，电视台，全国铁道团委：

为树立和宣传新时期涌现出来的优秀少先队员，用先进典型感召、激励广大少年儿童，并通过少先队员先进典型的评选表彰进一步促进少先队自身建设，增强少先队组织的凝聚力和影响力，共青团中央、教育部、全国少工委和中央电视台决定举办第九届“全国十佳少先队员”评选活动。现就有关事项通知如下。

一、各级团委、教育行政部门和少工委要本着对少先队事业负责，对少年儿童健康成长负责的态度，依据《“全国十佳少先队员”评选办法》，实事求是，严格审核，认真做好推荐工作。省级“十佳少先队员”评选工作也应以《“全国十佳少先队员”评选办法》为依据。

二、在符合评选条件的基础上，应优先推荐在“手拉手”、“雏鹰争章”、“民族精神代代传”等少先队体验教育活动中表现突出的少先队员；优先推荐优秀少先队集体中的先进个人典型。应从进一步加强农村少先队工作的大局出发，高度重视优秀农村少先队员的发现、培养和推荐工作。县以下少先队组织可尝试多种推荐方式。推荐人选应为1990年6月30日以后出生。

三、“十佳少先队员”是少年儿童身边可亲、可信、可学的榜样，也是生动、具体的德育资源。评选“十佳少先队员”是共青团、少先队工作重要举措之一，也有助于推进中小学德育工作。各级教育行政部门和团队组织要结合

贯彻落实全国中小学德育工作会议精神，围绕推荐、评选、学习和宣传“十佳少先队员”开展丰富多彩的体验教育活动。

四、严格按要求报送申报材料。(1)各地报送的推荐人选材料主要包括：推荐人选登记表一式2份；近期2寸正面免冠彩色照片4张，6寸彩色生活照片4张；候选人4000字左右的事迹材料和300字以内事迹简介各一式10份。候选人事迹材料须经所在学校签署意见，并分别由县（市）、地（市）、省级少工委和教育行政部门审核盖章。(2)上述文字材料的电子版（同时采用Word和纯文本两种格式）连同书面材料一并上报，也可发送到全国组委会办公室（xcjyc@ cycnet. com）。(3)真实反映候选人日常学习、生活情况的数码录像带（10—15分钟）及VCD光盘各1份。

五、评选工作具体安排

1. 各省、自治区、直辖市依据《“全国十佳少先队员”评选办法》开展评选活动，并于今年5月10日前向全国组委会办公室提出1—2名“全国十佳少先队员”推荐人选。同时须报送本省、自治区、直辖市遴选推荐人选等评选工作相关情况的报告。

2. 评审委员会初评选出20—30名正式候选人，“六一”期间在相关报纸和网络媒体上刊发事迹简介和选票，全国少先队员投票参加评选。

3. 全国组委会拟于暑期举行“全国十佳少先队员”候选人活动营，由评审委员会对候选人进行综合考察。

4. 依据少先队员投票结果和评审委员会意见，全国组委会在全面考查的基础上进行综合评估和认真审议，报主办单位确认第九届“全国十佳少先队员”。

5. 今年建队纪念日期间，共青团中央、教育部、全国少工委、中央电视台联合举行颁奖仪式。

附：“全国十佳少先队员”评选办法

(2003年1月2日)

一、评选宗旨

第1条　“全国十佳少先队员”是当代中国少年儿童的崇高荣誉，由共青团中央、教育部、全国少工委和中央电视台授予。

第2条　评选“全国十佳少先队员”是少先队运用先进典型引导和激励少年儿童健康成长的重要途径，是少年儿童开展互相学习、自我教育的重要形式。通过评选活动，向全社会展现少年儿童的时代风采，进一步促进少先队自身建设，增强少先队组织的凝聚力和影响力，激励广大少年儿童热爱祖国，勤奋学习，勇于实践，努力成为德智体美全面发展的社会主义建设者和接班人。

二、评选条件

第3条　现为少先队员，具有以下基本条件：

(1)热爱中国共产党，热爱社会主义祖国，热爱人民，具有成就事业、报效祖国的远大理想，并把这种理想化作日常的具体行动。

(2)爱亲人、爱同学、爱集体、爱自然、爱劳动，具有文明礼貌、团结互助、诚实守信、遵纪守法、勤俭节约、爱护公物的优良品德，并能从一点一滴、一言一行做起。

(3)爱学习、善思考、勤实践，具有强烈的求知欲和上进心，发奋读书，努力学好各门功课，积极参加形式多样的课外校外活动，接触自然、了解社会，有一定的实践能力，善于独立思考，具有创新精神。

(4)热爱体育锻炼，具有良好的卫生习惯和坚强的意志，乐观开朗、不怕困难、不怕挫折、珍惜时间、勇敢顽强、自尊自信、积极进取。

(5)热爱少先队组织，深刻理解、努力实践队章的要求，积极参加少先队的各项活动，具有作为少先队员的光荣感和责任感，在少先队组织中发挥积极的作用。

第4条　在以上基本条件的基础上，具有少年儿童特点和个人特色，事迹突出，具有鲜明的时代特征和示范作用。

三、评选机构

第5条　“全国十佳少先队员”评选活动由共青团中央、教育部、全国少工委、中央电视台共同主办。

第6条　主办单位有关负责同志组成“全国十佳少先队员”评选活动组织委员会，负责评选活动组织领导工作。组委会邀请有关方面专家学者及有关人士与组委会成员共同组成评审委员会。组委会办公室设在全国少工委办公室，在组委会领导下具体负责评选活动的实施。

第7条　基层初评和推荐工作由各省级团委、教育厅（教委）、少工委、电视台共同负责组织实施。具体组织协调工作由各省级少工委负责。

四、评选程序

第8条　各省、自治区、直辖市在基层少先队组织和少先队员广泛参与、积极推荐的基础上进行初评，择优向全国组委会提出推荐人选，推荐人选一般不超过2人。推荐人选原则上应获得过省级团、队组织或教育厅（教委）的表彰。

第9条　推荐人选必须经过其目前所在学校少先队组织的正式推荐，可在校内进行投票选举或公示，推荐程序应确保公正、公开。

第10条　组委会组织初评，确定正式候选人，通过新闻媒体宣传候选人事迹，发动全国少先队员通过投票、评议等形式参加评选。

第11条　组委会委托评审委员会以活动营、答辩会等多种形式对候选人进行综合考察，提出评审委员会意见。必要时组委会可组织对候选人的实地考查。

第12条　组委会办公室汇总少先队员投票结果和评审委员会意见报组委会审批，组委会报主办单位确定10名当选者。

第13条　“全国十佳少先队员”原则上每年评选一次。

五、宣传、表彰及奖励

第14条　主办单位向当选的“全国十佳少先队员”颁发荣誉证书和奖章，并在少先队建队日期间举行颁奖仪式及有关活动，进行表彰宣传。

第15条　组委会协调有关新闻单位对“全国十佳少先队员”的先进事迹进行集中宣传，并编辑出版宣传“全国十佳少先队员”先进事迹的图书和光盘等宣传品。

第16条　全国少工委可向其他正式候选人授予相应的荣誉称号，颁发荣誉证书。

第17条　组委会建立“全国十佳少先队员”成长档案数据库，依托青少年教育研究机构和专家学者与“全国十佳少先队员”建立经常性联系，以课题研究的形式进一步探索少年儿童的成长规律，并对“全国十佳少先队员”的健康成长给予积极的帮助。

共青团中央、教育部、全国少工委关于评选第五届“全国十佳少先队辅导员”和第四届“全国十佳少先队志愿辅导员”的通知

2004年3月25日

各省、自治区、直辖市团委，教育厅（教委），少工委：

为深入学习党的十六届三中全会精神，全面贯彻“三个代表”重要思想，宣传广大少先队辅导员的无私奉献精神，表彰奖励有突出成绩的少先队辅导员、少先队志愿辅导员，激励社会各界关心支持少先队工作，进一步优化少年儿童健康成长的社会环境，共青团中央、教育部、全国少工委决定于2004年建队日期间表彰第五届“全国十佳少先队辅导员”和第四届“全国十佳少先队志愿辅导员”。现将有关事宜通知如下。

一、评选宗旨

以“三个代表”重要思想为指导，表彰少先队辅导员和少先队志愿辅导员为推动少先队事业所做出的贡献。大力宣传在党和政府的亲切关怀下，在社会各界的关心和支持下，少先队事业所取得的成绩。进一步优化少年儿童健康成长的社会环境，激励广大少先队辅导员和少先队志愿辅导员为培养德智体美全面发展的社会主义建设者和接班人做出更大的贡献。

二、评选范围和条件

（一）第五届“全国十佳少先队辅导员”评选范围和条件

凡经正式聘请的学校（社区）专、兼职少先队大、中队辅导员、总辅导员和少年宫（家、站）等校外辅导员，并从事少先队工作3年以上者，均可参加评选。

1. 坚持四项基本原则，自觉实践“三个代表”重要思想，忠诚党的教育事业，热爱少年儿童，热爱少先队工作，是广大少先队辅导员学习的楷模。

2. 具有良好的道德修养，为人正直，作风正派，工作能力强，能够做少年儿童的表率。

3. 切实做好少年儿童思想道德教育工作，大力培养少年儿童的创新精神和实践能力，努力钻研少先队业务，具有竭诚为少年儿童健康成长服务的强烈事业心和责任感，具有深入实际的工作作风，深受少年儿童的欢迎和爱戴。

4. 富有开拓创新意识和锐意进取的科学态度，按照当代少年儿童身心发展的基本规律和健康成长的需要，努力掌握现代教育的理论和方法，在服务少年儿童健康成长的工作中有创新，有建树，成绩显著。本人受过省级以上团组织或教育行政部门的表彰奖励。

5. 所在单位少先队工作年度考核连续两年以上为优秀。

（二）第四届“全国十佳少先队志愿辅导员”评选范围和条件

凡经各级少先队组织（含社区少先队组织）聘请的，关心支持少先队事业的社会各界志愿辅导员，并从事少先队工作1年以上者，均可参加评选。

1. 坚持四项基本原则，自觉实践“三个代表”重要思想，热爱少年儿童，用爱国主义、集体主义、社会主义引导教育少年儿童，爱岗敬业，既能做好本职工作，又志愿从事少先队工

作，并且在少先队工作中表现出无私奉献精神。

2. 具有良好的道德修养，富有爱心，为人正直，作风正派，工作能力强，能够做少年儿童的表率。

3. 积极主动参与和组织少先队活动，具有竭诚为少年儿童健康成长服务的强烈事业心和责任感，深受队员们的欢迎和爱戴。

4. 主动学习当代教育理念和教育方法，富有创新意识，按照少年儿童身心发展规律和健康成长需要，创造性地开展少先队工作，事迹突出。

5. 所在受聘单位少先队工作年度考核连续两年以上为优秀，少先队活动有特色。

三、评选办法和程序

1. 各地初评推荐。各省、自治区、直辖市团委、教育厅（教委）、少工委在本地区评选的基础上，征得所在单位及主管部门的同意后，向全国评选组委会推荐第五届“全国十佳少先队辅导员”和第四届“全国十佳少先队志愿辅导员”候选人各2名。

2. 评定。共青团中央、教育部、全国少工委将成立“十佳”评选组委会办公室，对各地所推荐的候选人进行审核评定后产生第五届“全国十佳少先队辅导员”和第四届“全国十佳少先队志愿辅导员”。

3. 评选结果将于2004年10月13日建队纪念日期间揭晓并予以表彰。

四、评选实施要求

1. 各省、自治区、直辖市团委、教育厅（教委）、少工委要高度重视，加强领导，精心组织。要采取多种形式，发现、挖掘典型，充分调动少先队基层组织和广大辅导员参与评选活动的积极性。要调动社会各界志愿辅导员积极参与评选活动，广泛宣传先进事迹，激励广大少先队工作者、社会各界争优创先，全面提升少先队工作者队伍的素质，开创少先队工作的新局面。

2. 各地推荐候选人要坚持实事求是、好中选优的原则，广开视野，广辟渠道，做好申报工作。要对申报候选人进行认真地考查，广泛听取有关方面的意见，核实其先进事迹，以写实的方式整理出翔实的事迹材料，确保推荐质量。

3. 各省、自治区、直辖市务必于2004年7月1日前将候选人材料报全国“十佳”评选组委会办公室。材料包括：

（1）候选人推荐登记表一式两份。

（2）3000字左右的主要事迹材料（附年度考核表、获奖证书复印件）和500字事迹简介各三份，一张录入文字材料的软盘（采用word和纯文本格式）。事迹材料需有所在单位审核盖章，上一级主管部门签署意见，省级团委、教育行政部门、少工委复审盖章。

（3）二寸彩色标准免冠照片两张，七寸彩色工作照片两张。

（4）全国“十佳”评选组委会办公室联系地址：北京前门东大街10号团中央少年部组织培训处，邮政编码：100051，联系电话：010－85212189或85212281。

共青团中央、全国少工委关于开展城市少年儿童与进城务工就业农民子女“手拉手”活动的通知

2004年3月31日

各省、自治区、直辖市少工委：

解决好农业、农村、农民问题是全面建设小康社会的重大任务，也是当前全党工作的重中之重。引导农村劳动力合理有序流动，是解决“三农问题”和统筹城乡经济社会发展的重要举措。为深化“手拉手”活动，更好地为进城务工就业农民服务，配合教育部门做好进城务工就业农民子女义务教育工作，以实际行动贯彻落实《中共中央国务院关于进一步加强和改进未成年人思想道德建设的若干意见》，共青团中央、全国少工委决定开展全国城市少年儿童与进城务工就业农民子女“手拉手”活动。现将有关事宜通知如下。

一、活动主题

“同在一片蓝天下，手拉手共同成长”。

二、活动宗旨

按照党中央、国务院进一步加强和改进未成年人思想道德建设的要求，以体验教育为基本途径，组织城市少年儿童与进城务工就业农民子女手拉手，让他们知道进城务工就业农民为城乡经济社会发展做出的贡献，使城市少年儿童尊重和平等对待进城务工就业农民子女，使来自农村的少年儿童尊敬自己的父母，为他们分忧；让城市的少年儿童了解来自农村的小伙伴的学习生活条件，更加珍惜今天拥有的一切，让农村的少年儿童看到城市的发展，祖国的发展，更加勤奋地学习，快乐地生活；让城市的少年儿童从自己的小伙伴身上学习吃苦耐劳、勤俭节约、克服困难、顽强学习的优秀品质，增强学习进步的动力，让农村的少年儿童努力使自己和小伙伴一样拥有开阔的眼界、多方面的知识和技能，全面提高自己的综合素质。

三、活动内容和形式

以“六个一”为基本内容开展城市少年儿童与进城务工就业农民子女“手拉手”活动。鼓励各地结合当地的实际，创造性地设计活动形式和载体。

1. 结交一个好朋友。城市少年儿童在少先队组织的帮助下与进城务工就业农民子女结成手拉手小伙伴。在一个学校上学的以少先队大队会、在不同学校上学的以两个学校联合大队会的形式举行“手拉手”结对仪式。

2. 互写一封信。向小伙伴介绍自己在学校、家庭、少先队组织和社区中学习生活的情况。

3. 互赠一个友谊卡。通过自己设计制作的友谊卡表达祝福和友谊。

4. 共度一个周末。在辅导员和家长的组织下，在城市少年儿童的家庭中度过一天，在进城务工就业农民家庭中度过一天，体验对方的学习生活环境。

5. 同争一枚“雏鹰奖章”。根据各自的特长和爱好，共同确立进步目标，互相学习，互相帮助，互相激励。

6. 同做一件好事。开动脑筋想办法，共同为班级、学校、社区、双方家庭做一件力所能及的好事。

四、工作步骤

1. 要对本校和学校所在社区的进城务工就业农民子女开展调查，了解他们生活中的困难和学习上的需求，为开展“手拉手”活动提供翔实的第一手材料和针对性强的操作方案。

2. 要根据调查情况和少年儿童的意愿，帮助他们和他们的家庭建立联系，做好结对工作，强调互助互学，共同受益，不要把“手拉手”活动等同于扶贫帮困。

3. 要按照“六个一”的要求，结合结对少年儿童和当地的实际情况，开展丰富多彩的体验教育活动。

4. 要进行动态的指导，使手拉手小伙伴建立长期联系，要适时召开主题队会，交流和展示手拉手小伙伴互助互学的情况。

5. 要积极争取教育行政部门和学校的支持，广泛动员社会力量，为解决家庭困难的进城务工就业农民子女学习生活提供帮助。有条件的城市少先队大队可为以接受进城务工就业农民子女为主的学校援助少先队队室、红领巾书架、少先队活动设施等。

五、工作要求

1. 高度重视，加强领导。各级团队组织要将这个活动作为加强和改进未成年人思想道德建设的重要举措，结合实际，制定本地区的工作计划，明确要求，迅速落实，并加强督促检查工作。

2. 针对实际，讲求实效。各级团队组织要以求真务实的精神，着眼于城市少年儿童和进城务工就业农民子女的情感交流和团结友爱，要通过体验活动提高他们的综合素质尤其是思想道德素质。要努力为进城务工就业农民子女办实事、办好事，办一件成一件。

3. 注重宣传，形成声势。各级团队组织要注意总结经验，发现典型，发挥少先队报刊、网站等宣传阵地的作用，努力在全社会形成关心、爱护、帮助进城务工就业农民子女的浓厚氛围和良好风尚，为促进城乡经济社会统筹发展做出积极贡献。

此项活动是“六一”少先队的重点活动之一。全国大中城市要在4月30日前普遍开展起来，让尽可能多的进城务工农民子女都有城市的手拉手小伙伴。各省、自治区、直辖市少工委要在5月15日前将手拉手结对数量、开展活动情况（包括典型事迹、相关图片和音像资料BETACAM带等）及“六一”期间活动安排报全国少工委办公室，以便统筹安排，协调宣传。

全国少工委关于印发《全国少工委向全国广大少先队大队、中队辅导员发出倡议》的通知

2004年4月7日

各省、自治区、直辖市少工委：

为贯彻落实《中共中央国务院关于进一步加强和改进未成年人思想道德建设的若干意见》（以下简称《若干意见》），全国少工委向全国400万少先队大队、中队辅导员发出倡议，做少先队员的亲密朋友和指导者。现将《倡议书》印发给你们。

《若干意见》明确少先队组织在进一步加强和改进未成年人思想道德建设中担负着重要责任，对充分发挥少先队在未成年人思想道德建设中的重要作用作了重点阐述。《若干意见》明确把少先队工作纳入教育发展规划中，为少先队在素质教育中发挥重要作用提供了政策依据。《若干意见》对少先队辅导员的推荐、选派、培训、待遇和评优等做出了明确规定，对建立和完善校外辅导员制度提出了明确

要求，为进一步加强少先队工作队伍建设提供了重要保证。《若干意见》充分肯定了近年来少先队在少年儿童思想道德教育中探索的体验教育的理念，为少先队以体验教育为基本途径，发挥实践育人的优势提供了更加有利的条件。《若干意见》强调少先队组织经常开展的主题教育、队日（会）活动和入队仪式及评选优秀少先队员等工作在未成年人思想道德教育中的重要作用，为少先队组织活动经常化、制度化及物质条件不断改善提供了保障。

要肩负起党赋予少先队的教育、引导未成年人的神圣使命和光荣任务，关键是建设好以辅导员为主体的少先队工作队伍。各级少先队组织要在用好中央政策的同时，进一步规范少先队工作者的行为准则，努力提高少先队工作队伍的整体素质。向少先队大队、中队辅导员发出倡议就是一项重要举措。各省、自治区、直辖市少工委要迅速将这一倡议发到基层，让每一个少先队大队、中队辅导员都知晓，并身体力行。各级少先队组织要按照倡议的精神，结合当地工作队伍状况，加强培训工作，让少先队大队、中队辅导员深刻理解倡议要求，努力做少年儿童人生追求的引导者、实践体验的组织者、健康成长的服务者、良好成长氛围的营造者、合法权益的维护者，为培育有理想、有道德、有文化、有纪律的德、智、体、美全面发展的中国特色社会主义事业建设者和接班人做出新贡献。

倡 议 书

全国少先队大队、中队辅导员：

《中共中央国务院关于进一步加强和改进未成年人思想道德建设的若干意见》把少先队作为整个未成年人思想道德建设体系中的重要方面，要求充分发挥在未成年人思想道德建设中的重要作用，为我们进一步做好未成年人思想道德教育工作指明了方向，提供了重要的政策保证和良好的工作氛围。我们备受鼓舞，倍感振奋。

少先队辅导员是少先队员的亲密朋友和指导者，从事着面向未来、塑造未来的崇高事业，肩负着神圣的使命和光荣的责任。为了推进我们共同的事业，让我们倾心培育的少年儿童健康成长，我们向全国大队、中队少先队辅导员发出倡议：

1. 做少年儿童人生追求的引领者，用鲜活通俗的语言，用生动典型的事例，向少年儿童讲做人做事的道理。

2. 做少年儿童实践体验的组织者，用丰富多彩的活动，用真情实感的体验，让少年儿童养成良好的行为习惯。

3. 做少年儿童健康成长的服务者，满腔热情地关注少年儿童遇到的问题，耐心细致地解释少年儿童出现的困惑。

4. 做少年儿童良好成长氛围的营造者，在团结友爱的环境里培养关爱之心，在人人做主人的氛围中培养责任感，在追求美好的氛围中培育真善美。

5. 做少年儿童合法权益的维护者，及时反映少年儿童的意愿，竭力保护少年儿童的利益。

全国少工委

2004 年 3 月 31 日

全国少工委关于大力弘扬科学精神深入开展“2004年度中国少年儿童海尔科技奖”活动的通知

2004年4月16日

各省、自治区、直辖市少工委：

《中共中央国务院关于进一步加强和改进未成年人思想道德建设的若干意见》(中发〔2004〕8号)指出，要努力培育少年儿童的科学精神，激励他们勤奋学习、大胆实践、勇于创造，增强创新精神和实践能力。为深入贯彻这一文件精神，推动青少年科技普及活动深入开展，全国少工委、海尔集团决定，在2002年度活动基础上，共同主办“2004年度中国少年儿童海尔科技奖”活动。活动由中国科技馆、北京新华讯通国际广告有限公司承办。现将有关事项通知如下。

一、活动宗旨

发挥少先队组织优势，落实科技部、教育部、中宣部、中国科协、共青团中央发布的《2001—2005年中国青少年科学技术普及活动指导纲要》要求，在全国广大少年儿童中大力弘扬科学精神，不断增强少年儿童的科学素养，使少年儿童学会学习、学会实践、学会创造、学会合作，努力把广大少年儿童培养成为爱科学、学科学、用科学的“小问号”、“小发现”、“小能手”，不断提高和拓展少年儿童的创新精神、实践能力与综合素质。

二、参与人员

全国6至16周岁少年儿童(含香港特别行政区、澳门特别行政区及台湾地区)。

三、活动内容

通过各级少先队组织和少年儿童校外教育机构，组织广大少年儿童以个人或二人以上(含二人，下同)合作形式开展多种多样的科学实践活动，并根据少年儿童在日常学习、生活中表现出的科学精神及其在科研活动过程中的实绩，评选出获奖者，予以奖励。以各级少先队组织和少年儿童校外教育机构集中组织申报为主，少年儿童个人或合作小组也可自愿申报，活动对参赛作品所涉及的专业和领域没有限制性的要求，可以是学习和生活中的各个领域。活动结束后，结集出版《“2004年度中国少年儿童海尔科技奖”活动作品集》。

四、评审标准

这项活动最大的特点在于，重在过程，重在弘扬科学精神。科学精神的内涵很丰富，最基本的要求是求真务实、开拓创新。这项活动不以少年儿童小发明、小制作、小论文、小研究报告的成绩、成果、获奖情况为惟一依据，而是更加强调在取得这些成绩、成果的过程中，少年儿童是否培养了科学精神，也就是是否逐步确立科学的意识和态度，努力掌握科学思维方式和方法，为形成科学的行为习惯奠定坚实的基础。主办单位组建由国家级科普机构的有关成员和科普专家组成的评审委员会，负责确定评审细则，开展评审工作。

五、奖项设置

针对全国少年儿童参与活动的情况分别设置三个等次的个人奖项和集体奖项(香港特别行政区、澳门特别行政区及台湾地区的奖项及名额视情况另行设置)。各奖项均包括个人和合作集体，个人、合作集体奖励名额的比例视申报情况确定。

中国少年儿童海尔科技创新奖：10名，各奖励荣誉证书和价值10000元左右的海尔电脑一台。

中国少年儿童海尔科技优秀奖:20 名,各奖励荣誉证书和价值 5000 元左右的海尔电脑一台。

中国少年儿童海尔科技希望奖:300 名,各奖励荣誉证书和价值 1000 元左右的海尔产品。

针对参与组织活动的辅导老师和少先队组织设置两个奖项。

中国少年儿童海尔科技奖活动园丁奖:30 名,各奖励荣誉证书和相应海尔纪念产品。

中国少年儿童海尔科技奖活动组织奖:10 个单位,各奖励荣誉证书和价值 5000 元左右的海尔电脑一台。

以上奖品价值金额均为税后收入。

六、申报须知

为鼓励少年儿童的原创精神,使其在科技创新过程中获得深刻体验,凡在“2002 年度中国少年儿童海尔科技奖”活动中获奖的作品,或在其他部门、单位组织的科技类活动中获奖的作品,不得申报参加“2004 年度中国少年儿童海尔科技奖”活动的评选(有重大改进或实质性变化的作品,由活动组委会会同专家委员会审议确定其参评资格)。

申报者要按活动要求,认真填写申报表,并附相关资料。申报材料(一式二份,复制有效)形式不限,可以是小发明、小制作,也可以是小论文、小研究报告等,但无论任何形式,都要提供少年儿童从提出问题到发现问题再到解决问题的全部过程性信息,以及相应文字、图片、音像等资料,可暂不提供实物。申报者本人和申报单位要对申报材料的合法性、真实性负责,申报材料一律不退,请自留底稿。

在各级少先队组织评选基础上,各地请于今年 9 月 20 日前将申报材料和所有参加活动的少年儿童名录报活动组委会办公室。同时,少年儿童个人或合作集体也可直接向活动组委会办公室自主申报,或登录“中国少年儿童海尔科技奖”网站,进行网上申报。

联系地址:北京 40－400 信箱“2004 年度中国少年儿童海尔科技奖”活动组委会办公室

邮编:100040

联系人:董玲、田薇

电话:010－68611801、68611808

传真:010－68635808

网址:www. haieraward. com

E－mail:children@ haieraward. com

七、活动要求

1. 充分认识活动意义。这项活动的开展,标志着在新世纪初,少先队员拥有了一个重在大力弘扬科学精神的科技活动,也是海尔集团为少年儿童送上的一份礼物。各地要把这项活动作为深入开展体验教育和科普教育的重要内容,高度重视、认真组织。

2. 切实抓好工作落实。主办单位成立组织委员会,领导活动的开展。组委会办公室设在北京新华讯通国际广告有限公司。各地要相应成立本地区的组织、评审机构,在基层少先队组织成立活动领导小组。

3. 准确把握活动理念。这项活动不是专利成果的竞赛,不分发明水平的高下,每个少先队员都可以参加。要把重点放在少年儿童增强自信心、激发好奇心、体验科学精神的过程上。各地可对表现突出的队员给予雏鹰奖章的奖励。全国组委会将对表现突出的单位给予表彰。

4. 广泛开展活动宣传。全国组委会及时发布活动信息,相关的队报队刊协助推广。各地要通过多种形式宣传这项活动,使实事求是、求真务实、崇尚真理、勇于创新的精神,在少先队组织和少年儿童群体中进一步发扬光大,在全社会产生一定影响。

全国少工委、中国关工委关于进一步发挥“五老”少先队志愿辅导员在加强未成年人思想道德建设中的作用的通知

2004年5月12日

各省、自治区、直辖市少工委、关工委：

《中共中央国务院关于进一步加强和改进未成年人思想道德建设的若干意见》和党中央召开的全国工作会议都明确老干部、老战士、老专家、老教师、老模范（以下简称“五老”）是未成年人思想道德建设队伍中的重要力量。近年来，许多“五老”以担任少先队志愿辅导员的形式参与对下一代的培养工作，他们以对党的事业和祖国未来高度负责的责任感和使命感，尽自己所能，为培养下一代付出了心血，在加强和改进未成年人思想道德建设中发挥了不可替代的作用，得到了学校、家庭和社会各界的广泛赞誉。为进一步贯彻落实《中共中央国务院关于进一步加强和改进未成年人思想道德建设的若干意见》和党中央召开的全国工作会议精神，动员和组织更多的“五老”成为少先队志愿辅导员，发挥他们在加强和改进未成年人思想道德建设中的独特作用，特通知如下。

一、充分认识“五老”少先队志愿辅导员在加强和改进未成年人思想道德建设中的重要作用

（一）建设中国特色社会主义需要一代又一代人的不懈努力，老一代的接力棒必然要传到下一代的手中，努力把祖国下一代培养成为具有高尚的思想品质和良好的道德情操的中国特色社会主义事业合格建设者和接班人，是关系党和国家前途命运的大事，是关系中国特色社会主义事业后继有人的大事。发挥“五老”少先队志愿辅导员在加强和改进未成年人思想道德建设中的重要作用是我们党的优良传统，也是一项伟大的育人工程。我们必须从全面建设小康社会、实现中华民族伟大复兴的全局高度，充分发挥“五老”少先队志愿辅导员在加强和改进未成年人思想道德建设的重要作用。

（二）加强和改进未成年人思想道德建设是全党和全社会的共同任务，而“五老”少先队志愿辅导员是一支不可替代的重要力量，也是老同志义不容辞的历史责任。他们在长期的革命斗争和经济建设中形成的坚定的立场和信念、丰富的智慧和经验、崇高的精神和风范、优良的传统和作风，对未成年人具有极大的感染力、影响力和号召力，在培养教育下一代健康成长的伟大事业中具有政治、经验、威望和时空方面的独特优势，是党和国家的宝贵财富，也是培养和教育未成年人的重要教育资源。

二、进一步明确“五老”少先队志愿辅导员的工作职责和任务

（三）“五老”少先队志愿辅导员的工作职责是：坚持以马克思列宁主义、毛泽东思想、邓小平理论和“三个代表”重要思想为指导，深入贯彻党的十六大精神，全面贯彻落实《中共中央国务院关于进一步加强和改进未成年人思想道德建设的若干意见》，紧密结合全面建设小康社会的实际，针对未成年人的特点，发挥自身独特的优势和特殊的教育作用，积极探索

新世纪新阶段未成年人思想道德建设的规律，坚持以人为本，教育和引导未成年人树立中国特色社会主义的理想信念和正确的世界观、人生观、价值观，养成高尚的思想品质和良好的道德情操，努力培育有理想、有道德、有文化、有纪律的德、智、体、美全面发展的中国特色社会主义事业合格建设者和接班人。

（四）"五老"少先队志愿辅导员要坚持把对未成年人理想信念的引领和高尚思想品质、良好道德修养的培养作为首要任务；坚持实践育人，开展丰富多彩的、有益于未成年人健康成长的道德实践体验活动，要注意开发未成年人自身的潜力，引导未成年人在家庭生活、学校生活、社会生活中，通过亲身经历和真实感受的实践，把知、情、意、行有机结合起来，培养良好的思想品德和行为习惯；坚持把工作着力点放在竭诚为未成年人健康成长服务上，调查研究未成年人的思想、学习、生活和成长状况，力所能及地帮助他们解决实际困难和问题，积极向有关部门提出加强和改进未成年人思想道德建设的意见和建议，努力为未成年人的健康成长办实事、做好事；注重与未成年人工作部门，特别是宣传、教育、司法、文化、妇联、科协等部门的联系，推进教育阵地和文化场所的建设，争取有关部门的支持与配合，共同担负起对未成年人教育和培养的光荣任务。

三、开展适合未成年人特点的多种思想道德教育活动

（五）开展理想信念教育活动。结合各种法定节日，传统节日，革命领袖、民族英雄等历史人物的诞辰和逝世纪念日，建党纪念日等重大历史事件纪念日以及未成年人的入学、入队等具有特殊意义的重要日子，从未成年人的特点出发，通过革命传统报告会、座谈会、谈心、参观、考察、瞻仰革命圣地和夏令营等形式，对广大未成年人进行中国革命建设和改革开放的历史教育与国情教育，引导他们正确认识国家的前途和命运，把个人的成长进步同中国特色社会主义伟大事业、同祖国的繁荣富强结合起来，坚定中国特色社会主义的理想信念，为中华民族的伟大复兴做好全面准备。

（六）开展民族精神教育活动。贯彻落实中宣部、教育部《中小学开展弘扬和培育民族精神教育实施纲要》精神，以"民族精神代代传"为主题，为未成年人作报告、讲故事，组织观看反映伟大民族精神的影视片，教唱以爱国主义为主旋律的歌曲等，帮助未成年人了解历史和现实的事件及人物，帮助和指导未成年人做有意义的事，让未成年人感受民族精神的伟大力量，体验民族精神的时代内涵，帮助未成年人树立民族自尊心、自信心和自豪感，引导他们弘扬民族精神，增进爱国情感，提高道德修养。

（七）开展道德教育活动。以"爱国守法、明礼诚信、团结友善、勤俭自强、敬业奉献"的基本道德规范为主要内容，按照《中共中央国务院关于进一步加强和改进未成年人思想道德建设的若干意见》和《公民道德建设实施纲要》的要求，引导在校中小学生学习贯彻教育部新颁布的《中小学生守则》、《小学生日常行为规范（修订）》和《中学生日常行为规范（修订）》。通过帮助和指导未成年人参加"养成道德好习惯"、"争做合格小公民"等道德实践活动，对未成年人进行社会公德、职业道德、家庭美德和讲文明、树新风教育，培养未成年人良好的道德品质，引导未成年人懂得为人做事的基本道理，具备文明生活的基本素养，学会处理人与人、人与社会、人与自然等基本关系，成为家庭中的好孩子、学校中的好学生、社会上的好少年、大自然的好朋友。

（八）开展民主法制教育活动。积极宣传《中华人民共和国未成年人保护法》和《中华人民共和国预防未成年人犯罪法》等有关法律法规，通过开展"青少年维权岗"、"远离毒品，珍惜生命"、"远离三厅一台"等活动，保护未成年人合法权益。主动配合教育行政部门和学校共同做好未成年人的法制教育，通过组织未成年人到少年劳教所、监狱实地参观，听取劳教人员的悔悟报告等形式，使他们受到直观的、深刻的教育，增强他们的法制观念。做好罪错青少年的帮教工作，维护学校和社会的稳定。

（九）开展“老少共建”活动。发挥“五老”少先队志愿辅导员在未成年人参与文明社区共建、创建文明校园、创建文明家庭等活动中的作用，主动争取有关部门的支持，落实好各类博物馆、纪念馆、展览馆、烈士陵园等爱国主义教育基地免费向未成年人开放。注重把家庭教育、学校教育和社会教育结合起来，通过协助举办家长学校、家庭教育系列讲座、“中国少年儿童平安行动”、“青少年网络文明行动”和开展主题读书活动等形式，指导家长树立正确的人才观，懂得正确的教育方法，促进未成年人的健康成长。

（十）开展“帮困助学”活动。通过对进城务工就业农民子女、下岗职工子女、特困家庭子女的调查，了解他们生活中的困难和学习上的需求，通过协调、牵线搭桥、协办公益事业，募集、筹措资金和物品等形式，动员组织社会各界对学习和生活上有困难的未成年人给予特别关爱，给予更多的关心和帮助，为有困难的未成年人献爱心、送温暖，使他们能够顺利地完成学业。

四、加强“五老”少先队志愿辅导员队伍的建设与协调

（十一）各级少工委、关工委要把“五老”少先队志愿辅导员队伍建设，作为贯彻落实《中共中央国务院关于进一步加强和改进未成年人思想道德建设的若干意见》的一项重要举措，纳入全面加强和改进未成年人思想道德建设的整体工作中，加强领导与协调，建立起由少工委、关工委主要负责同志负总责的责任制，一级抓一级，一级带一级，层层抓好落实。要积极主动争取各级党委、政府及教育部门对“五老”少先队志愿辅导员的重视与支持，为他们开展工作创造必要的条件，给予必要的政策和财力支持。

（十二）各级少工委、关工委要加强“五老”少先队志愿辅导员队伍建设。要通过老龄委、老年人体育协会、老年科学技术工作者协会、老教师退休协会等涉老组织，广泛动员更多的“五老”参与到志愿辅导员的工作中来，不断扩大参与面，壮大“五老”少先队志愿辅导员队伍，随缺随补，不断调整骨干力量，力争城市学校每个大队、中队，农村学校每个大队以及每个社区都有一名“五老”少先队志愿辅导员。注意发挥低龄老同志的骨干作用，特别要注意吸纳新从工作岗位上退下来的老同志参加这项工作，以保持工作的连续性和活力。做好“五老”少先队志愿辅导员的注册工作，健全规章制度，完善运行机制。

（十三）各级少工委、关工委要加强调查研究，及时发现、总结和推广先进典型经验，发挥典型的示范作用和辐射作用，形成正确导向。广泛利用电视、网络、队报队刊等多种宣传媒体，大力宣传在加强和改进未成年人思想道德教育中表现突出的“五老”少先队志愿辅导员的崇高品质和无私奉献精神，在全社会营造关心、爱护和支持未成年人健康成长的良好氛围。全国少工委、中国关工委将适时对在未成年人思想道德建设中做出突出成绩和贡献的“五老”少先队志愿辅导员进行表彰。

共青团中央、铁道部、全国少工委关于在铁路沿线少年儿童中开展“中国少年儿童铁路平安行动”的通知

2004年6月8日

各省、自治区、直辖市团委,少工委,各铁路局:

近年来，铁路沿线人身意外伤害，尤其是少年儿童意外伤害，以及路外因素给铁路运输安全带来的威胁等问题日益引起社会关注。为全面贯彻共青团中央、教育部、公安部、全国少工委开展的“中国少年儿童平安行动”的各项要求，确保铁路沿线少年儿童的生命安全和身心健康，维护铁路沿线少年儿童的合法权益，为铁路运输安全和维护沿线社会治安秩序做出贡献，共青团中央、铁道部和全国少工委决定在铁路沿线少年儿童中开展“中国少年儿童铁路平安行动”。现就有关事宜通知如下。

一、活动宗旨

“中国少年儿童铁路平安行动”是“中国少年儿童平安行动”的重要组成部分,以铁路共青团组织、铁路安监部门、铁路公安部门和沿线地方共青团、少先队组织、教育部门为主导,通过开展“知路·爱路·护路”宣传教育活动等多种方式,使铁路沿线少年儿童了解铁路安全基本知识和铁路对当地经济社会发展的重要作用,增强自我保护意识和能力,引导全社会关注和预防铁路沿线少年儿童意外伤害,促进沿线少年儿童健康成长,维护铁路运输安全。

二、活动内容和形式

以“中国少年儿童平安行动”的各项要求为指导,倡导和组织铁路沿线少年儿童、少先队工作者、家长、教师、公安民警和社会各方面热心人士,了解沿线少年儿童可能遇到的意外伤害的内容,认识预防意外伤害的重要性和紧迫性,调查和发现沿线存在的安全隐患,有针对性地开展铁路安全知识普及活动,预防沿线少年儿童意外伤害的发生。

1. 在沿线少年儿童中开展“知路·爱路·护路”主题宣传教育活动。铁路各级共青团组织、沿线的地方共青团和少先队组织以及有关业务部门,结合各自实际,紧密配合,在少年儿童中开展“知路·爱路·护路”主题宣传教育活动。要针对少年儿童的特点,以图板讲解、漫画展示、发放宣传品、讲座、征文、知识竞赛、召开以铁路安全为主题的团(队)会,选派铁路团干部、优秀青年志愿者和公安干警担当铁路沿线中小学校的校外辅导员等多种有效形式,开展宣传教育活动,使少年儿童了解铁路基本知识,了解铁路在促进和带动沿线经济发展中的重要作用,认识拆盗铁路器材,拆盗铁路运输物资,牲畜上道,在铁道线路上摆放障碍、戏耍打闹、石击列车、穿越线路等行为的严重危害性,养成遵纪守法、自觉保护铁路设备设施的良好习惯。

2. 开展“铁路安全我能行”活动。铁路沿线的中小学校团队组织要定期召开铁路安全主题团、队会,对学生加强安全基本知识和法律意识培训,充分调动学生参与活动的积极性,引导学生在“学、思、说、做”的实践锻炼中受到教育,提高自我防护意识和能力,把安全宣传教育工作由“被动接受”转变为“主动教育,自我约束”;引导学生自查安全隐患,努力养成良好的安全习惯,确保自身安全和铁路安全。

3. 引导学生参加到“知路·爱路·护路”道德实践中来。引导学生在接受“知路·爱路·护路”宣传教育的基础上,以小手拉大手的

形式，积极向家长和周围的成人开展宣传活动，做“知路·爱路·护路”的宣传员、监督员，努力做到引导一个学生，教育一个家庭，影响一个村庄。

4. 开展多种形式的评比表彰。及时表彰在活动中表现突出的少年儿童和学校、班级、家庭，不断扩大活动的影响，激发老师、学生和沿线群众爱路、护路的积极性和自觉性。

三、活动要求

1. 明确责任，密切配合。铁路各级团组织及有关业务部门和沿线地方团组织、教育部门要紧密配合，共同协商，结合当地实际，调动社会资源，制定具体有效、切实可行的措施，争取地方政府和有关方面的支持，确保活动的实际效果。

2. 突出重点，抓好示范。在认真调研，科学分析的基础上，以解决突出问题、重点区段为突破，不断积累经验，有序推动活动向纵深发展。

3. 选树典型，加强宣传。各地要充分发动各种媒体搞好活动的宣传，抓好典型，做好试点，为深化活动的开展营造良好的舆论氛围和社会环境。

共青团中央、教育部、公安部、全国少工委关于举办“全国少年警校教育成果展示”活动的通知

2004年6月25日

各省、自治区、直辖市团委，公安厅（局），少工委：

“少年警校”是在共青团、少先队组织积极倡导下，在教育行政部门的大力支持下，在公安消防、交管部门的积极参与下，面向未成年人开展的以加强未成年人思想道德建设，增强未成年人自我保护意识和能力，提高全社会预防未成年人意外伤害责任意识为主要内容的体验教育活动。

2000年4月，共青团中央、教育部、公安部、全国少工委联合开展的“中国少年儿童平安行动”，进一步深化和丰富了“少年警校”的活动内容，推动了少年警校的建设和发展。随着活动的广泛深入开展，深受少年儿童喜爱的少年交通警校、少年消防警校，如雨后春笋般在全国各地涌现。据统计，全国现有各类少年警校5000余所，每年在少年警校接受治安、自护、交通、消防知识教育和技能训练，体验公安消防官兵和交警生活的少年儿童达100余万人次。为进一步贯彻落实《中华人民共和国未成年人保护法》和《中共中央国务院关于进一步加强和改进未成年人思想道德建设的若干意见》，充分发挥少年警校的教育作用，让更多的少年儿童走进少年警校，在实践体验中接受锻炼，共青团中央、公安部、全国少工委决定，在2004年暑假期间联合举办“全国少年警校教育成果展示”活动，活动由中国少年军校总校办公室、公安部消防局、交通管理局共同承办。

各地少工委及公安消防、交管部门要督促、指导参加教育成果展示的少年警校加强训练和宣传，切实做好各项准备工作。

附：“全国少年警校教育成果展示”活动实施方案

一、活动目的

为进一步贯彻落实《中华人民共和国未成

年人保护法》和《中共中央国务院关于进一步加强和改进未成年人思想道德建设的若干意见》，深化和拓展“中国少年儿童平安行动”活动，增强少年儿童自我保护的意识和能力，提高全社会预防少年儿童意外伤害的责任意识，营造全社会维护少年儿童合法权益、为少年儿童健康成长服务的良好氛围，充分发挥少年交通警校、少年消防警校的教育作用，让更多的少年儿童走进少年警校，在实践体验中接受锻炼。

二、活动时间

2004年8月2日至9日(共8天)

三、活动地点

中国少年军校总校北京房山基地

四、参加展示警校的选拔和推荐

(一)选拔条件和推荐办法

1.参加展示的少年警校采取各省、自治区、直辖市公安厅(局)消防、交管部门、少工委选拔、推荐和各少年警校自愿报名相结合的方法。对当地少年警校具有指导职能的省、自治区、直辖市公安厅(局)消防、交管部门、少工委可根据具体情况进行适当筛选，对少年警校没有指导职能的省、自治区、直辖市少工委也要做好协调配合工作。参加展示的少年警校应是本地区取得突出成绩的优秀少年警校，全国共选拔30所少年交通警校、少年消防警校参加教育成果展示。特邀香港特别行政区交通安全队代表参加本届教育成果展示。

2.参加展示的少年警校需认真填写“全国少年警校教育成果展示”推荐表，并由省、地(市)级公安消防、交管部门、少工委签署推荐意见。各地应在2004年7月10日前将推荐表和推荐材料(不超过1000字)报送活动组委会办公室。

(二)少年警校的人员组成

各警校限50人，其中正式学员45人(6×7方队，1名旗手，2名护旗手)，领队、教官、队医、辅导员等共5人。

五、展示内容

本届教育成果展示主要由检阅式和技能大赛两部分组成。

全国少年警校检阅式：主要包括首长阅兵、分列式、领导讲话、颁发奖杯、奖牌、大型交通手语操等内容。

全国少年警校技能大赛：突出展示全国少年警校学员学习交通、消防知识，掌握交通、消防技能，锻炼强壮体魄，培养团队精神，增强自我保护意识和能力的教育成果。

同时开展文明队风评比，内容包括：日常管理、着装仪表、听从指挥、爱护环境、遵守纪律、保护公物、助人为乐等。

本次活动设团体优胜奖、技能大赛等各项单项成绩奖，文明队风评比分计入团体奖，不单独设奖。

六、技能大赛项目、规则和评分标准

(一)交通指挥手势

1.参赛选手：各参赛队选拔8名学员(男女各半)参加比赛。

2.规则：第一组4名学员到达值勤岗亭，分别面向东、西、南、北，完成全套指挥手势，与第二组换岗后归队，第二组完成全套指挥手势后自行归队。

3.评分标准：以指挥手势动作规范、上岗礼节及学员形体为评分依据。视参赛队员上岗着装、佩戴是否整齐、指挥手势动作标准、换岗程序规范等情况计分。参加该项比赛的学员都将获得“首届全国少年警校技能大赛”纪念证书。

4.训练提示：参加本项比赛突出训练体力、耐力、毅力，训练时重点突出站姿、手势与身体各部位的协调性。

(二)交通拥堵疏散

1.各参赛代表队自行设置情况，制定解决方案，参赛人员不少于30人。

2.评分标准：以安全、合理、快速为评分依据评分。

（三）车祸救护

1. 参赛选手：每队人数自定（其中小交警6人），群众（由警校学员扮演）若干人参赛。

2. 规则：在规定的时间内为在车祸中小腿骨折的伤员包扎并运送至50米远处，及时处理现场，疏散交通。

3. 计分标准：检查包扎位置夹板安放等正确与否，报告、呼叫救护机构是否及时，现场处置是否恰当。

（四）报火警及逃生自救

1. 参赛选手：各参赛队选拔4名学员参加报火警比赛；选拔6名学员参加自救逃生比赛。

2. 规则：报火警比赛中，参赛队员在规定时间里准确拨打119火警电话，讲明失火地点，火势大小，提供联系电话等。自救逃生比赛中，选手能够冷静面对火场情况，知道用湿毛巾（手帕）捂住口鼻，按照安全疏散标志的指示方向，匍匐前进，安全、快速逃离火灾现场。

3. 评分标准：以准确、快速、合理、安全为评分依据。

（五）翻越障碍

1. 参赛选手：各参赛队选拔4名学员参赛。

2. 比赛内容：跳壕沟、翻矮墙板、过独木桥、爬矮桩网。

3. 比赛规则：比赛全程为100米，每隔20米为一个传结点，分别为壕沟（1m×1m）、矮墙板（高1.5m、宽2m）、独木桥（高60cm、长3m、引桥2m）、矮桩网（高50cm）。各队参赛学员分别站于4个接力点，第一名参赛学员出发越障碍到达接力点后，将手中传接物传交于第二名参赛学员手中，以此类推，直到第四名参赛学员到达终点。

4. 评分标准：以第四名参赛学员到达终点时间为评分截止时间。根据各参赛队到达终点时间依次评分，将所得分数分别计入团体成绩。参加该项比赛的学员均可获得参赛纪念证书。

5. 训练提示：训练耐力、速度及灵敏性。

（六）攀岩（中学组）、抢夺泸定桥（小学组）

1. 参赛选手：各参赛队选拔4名队员（其中男女各半）参赛。

2. 评分标准：

攀岩，以最后一名队员完成动作时间计分。

抢夺泸定桥以最后一名队员到达终点时间计分。

（七）活动说明

少年交通警校不参加第（四）项比赛，少年消防警校不参加第（一）项比赛，本届技能大赛对完全女学员方队不加分，对男生比例超过女生的方队则依具体情况酌情扣分。

七、组织工作

“全国少年警校教育成果展示”由承办单位成立组委会，下设办公室。具体组织工作由组委会办公室负责。组委会办公室设在中国少年军校总校办公室。

为了保证活动圆满成功，全体学员将被安排在有空调的宿舍。每支队伍需交纳参加展示活动费700元人民币/人（含在京食宿、接送站交通费），观摩费260元人民币/人（含看升旗，登长城，参观科技馆、抗日战争园等景点的交通费和门票费），各代表队往返差旅费自理。

“全国少年警校教育成果展示”组委会办公室联系地址：北京市宣武区南滨河路23号立恒名苑2#306室中国少年军校总校办公室，邮政编码：100055

联系电话：010－63492832、13901150577

传真：010－63497747

联系人：王秋茹

共青团中央、全国少工委、国家邮政局
关于开展第一届全国少年儿童书信写作比赛活动的通知

2004年8月20日

各省、自治区、直辖市团委，少工委，邮政局：

书信是人类沟通和交流的重要工具，也是传承民族文化的特殊载体。改革开放以来，各地共青团、少先队组织在邮政部门的支持下，广泛开展了多种形式的少年儿童书信写作活动。为进一步引导广大少年儿童抒发内心的真情实感，加深相互之间的理解和友谊，了解中华传统书信文化的悠久历史，感受书信文化的特殊魅力，养成规范书信写作的良好行为习惯，推动少年儿童书信写作活动的深入开展，共青团中央、全国少工委和国家邮政局决定联合开展第一届全国少年儿童书信写作比赛活动。现将有关事宜通知如下。

一、活动主题

以“致2008年北京奥运会的一封信”为主题，引导广大少年儿童抒发对2008年北京奥运会和祖国美好明天的热切向往和美好祝愿，体验奥运精神，增强爱国情感。

二、活动时间

2004年9月—2005年3月

三、组织机构

本次活动由共青团中央、全国少工委、国家邮政局共同主办，由中国少年报社和中国邮政广告公司承办。教育部为活动支持单位。全国组委会由主办单位的相关领导共同组成。

主　任：张晓兰　团中央书记处书记、全国少工委常务副主任

　　　　谭小为　国家邮政局副局长

副主任：高　洪　全国少工委副主任、团中央少年部部长

　　　　张荣林　国家邮政局公众服务部主任

　　　　海　飞　全国少工委副主任、中国少年儿童新闻出版总社社长

委　员：刘进喜　全国少工委副主任、团中央少年部副部长

　　　　申平华　中国少年儿童新闻出版总社副总编辑

　　　　李高照　中国邮政广告公司总经理

全国组委会办公室设在中国少年报和中国邮政广告公司。

联系人：吴峥岚、张　涛

联系电话：010－64633227、88380917、88381364。

四、活动进程

1.组织发动阶段。2004年9月，主办单位联合发出活动通知，适时举办全国启动仪式。《中国少年报》等媒体刊发活动通告。各级共青团、少先队组织特别是学校团委和少先队大队要做好发动和宣传工作，使少年儿童了解这项活动，积极参与到活动之中。国家邮政局将在全国各省、自治区、直辖市设立第一届全国少年儿童书信写作比赛活动专用信箱，中国邮政广告公司将发行第一届全国少年儿童书信写作比赛活动纪念封。各省、自治区、直辖市邮政部门会同当地共青团、少先队组织和教育部门共同组建活动组委会和相关工作机构。

2.自主开展活动阶段。2004年9月至12月，各省、自治区、直辖市活动组委会可在学校、少年宫等少年儿童集中活动的场所举行形式多样的书信文化公益讲座活动。书信文化公益讲座活动可以“一封信的旅程”、“邮票、明信片的来历”、“如何正确书写信封”等内容为

主题，以少年儿童喜闻乐见的形式开展，引导少年儿童感受书信文化，养成规范意识。讲座活动期间严禁开展任何形式的有偿服务、搭售、摊派等非公益性活动。

少年儿童可自主参赛，也可在共青团、少先队组织的指导下集体参赛。参赛作品文体不限，字迹要求工整规范，必须是本人的真实作品，凡已在报刊上公开发表的作品不得参赛。参赛者在报送作品时须写明姓名、所在学校、年级、地址、联系电话及邮政编码，使用国家标准信封，一信一寄。参赛者在邮寄作品时需在信封左下角注明“书信写作比赛活动”字样，并寄送到中国少年报公布的大赛专用信箱。来稿一律不退，请参赛者自留底稿。全国组委会办公室对获奖作品享有包括但不限于书籍、报刊、杂志、影视、网络等相关媒体出版、发表的著作使用权，对被采用作品不再支付稿酬。

3. 集中评奖和表彰阶段。2005 年 1 月至 3 月，全国组委会办公室将邀请专家集中评选，分别评出初中组和小学组特等奖各 3 名，一等奖各 10 名，二等奖各 50 名，三等奖各 100 名，鼓励奖和组织奖若干名，并颁发证书和奖品。

五、活动要求

各级共青团、少先队组织、邮政局和教育部门要紧密配合，共同协商，结合当地实际，制定出切实可行的活动方案，确保活动的顺利开展。各级共青团、少先队组织要充分认识到第一届全国少年儿童书信写作比赛活动是以书信文化为载体、面向广大少年儿童开展的思想道德教育活动，要把这项活动与体验教育活动、雏鹰争章活动、特色小队活动等少先队常项活动有机地结合起来，调动少年儿童的主动性和创造性，让他们在活动中发掘自我，体验生活，了解社会，促进他们思想道德素质、创新精神和实践能力的全面提高。

共青团中央少年部、全国少工委办公室、劳动和社会保障部关于开展共青团系统心理健康辅导员远程培训试点工作的通知

2004 年 8 月 31 日

各省、自治区、直辖市团委，少工委：

为提高少年儿童工作者的综合素质，组建一支共青团系统心理健康辅导员队伍，更好地为未成年人的健康成长服务，共青团中央少年部、全国少工委办公室、劳动和社会保障部中国就业培训技术指导中心、中国心理卫生协会将共同开展共青团系统心理健康辅导员远程培训试点工作。现将有关事宜通知如下。

一、组织机构

共青团系统心理健康辅导员远程培训试点工作由共青团中央少年部、全国少工委办公室、劳动和社会保障部中国就业培训技术指导中心、中国心理卫生协会共同开展，由中国青少年发展服务中心承办，依托各地团校、青少年宫或团属培训机构具体实施。

二、培训对象

各级共青团、少先队干部、少先队辅导员及青少年工作者。

三、课程体系

共青团系统心理健康辅导员远程培训试点工作将聘请中科院心理所、北京大学心理

系、北京师范大学心理学院、清华大学教科所、中国青少年研究中心及全军心理卫生技术指导组专家授课。课程以教育部全国教育科学“十五”规划重点课题构建青少年品德发展、智能发展、创造性发展和心理健康发展的《成长导航》实践活动设计课程及全军“十五”计划指令性课题研究成果《心理行为训练课程体系》为蓝本的课程体系开展教学。

四、培训方式

共青团系统心理健康辅导员远程培训试点工作将借助卫星通信网、互联网和电化教育等现代科学技术手段,以远程实时互动教学、网络在线辅导教学为主,面授教学为辅的模式开展互动教学。培训合格者将由共青团中央少年部、全国少工委办公室、中国心理卫生协会、中国青年高级人才培训中心联合颁发《共青团系统心理健康辅导员培训合格证书》,由劳动和社会保障部中国就业培训技术指导中心颁发《远程培训合格证书》。

五、工作安排

1. 2004 年 10 月 18 日前,愿意成为试点单位的各省团校、青少年宫或团属培训机构将《共青团系统心理健康辅导员远程试点单位申请表》寄到中国青少年发展服务中心。地址:北京市海淀区紫竹院路紫竹花园 C 座 1104 室;联系人:钟岚;联系电话:010 - 88552060、010 - 88553340;传真:010 - 88552060;网址:www. 54edu. org。

2. 中国青少年发展服务中心在对试点单位进行考察合格后,将与试点单位签订《试点工作协议》,同时发出确认函,各试点单位开始进行本地的招生工作,并按照中国青少年发展服务中心的培训工作进度安排教学。

3. 试点工作结束后,由共青团中央少年部、全国少工委办公室、劳动和社会保障部中国就业培训技术指导中心、中国心理卫生协会对试点工作进行综合考评,并对先进经验进行推广。

六、工作要求

1. 提高认识、高度重视。各省要将这项工作与当地团队干部轮训工作紧密结合起来,有计划、有组织地开展本项工作,组建当地的共青团系统心理健康辅导员队伍,更好地为未成年人提供心理健康服务。

2、抓好落实、规范运作。各省要有专职人员负责培训的具体工作,要对试点单位进行定期检查和综合考评。

3. 加强合作、协调配合。各参与单位要充分发挥组织优势,积极利用社会资源,积极主动地协调有关部门及社会各界共同开展好此项培训工作。

附:共青团系统心理健康辅导员远程培训试点工作领导小组名单

一、领导小组:

名誉组长:

杨　岳　团中央书记处书记

张晓兰　团中央书记处书记

组　长:

艾　玲　全国少工委副主任、中国青少年发展服务中心主任

张欣欣　全国少工委副主任、团中央少年部副部长

副组长:

高　峻　中国青少年发展服务中心副主任、人才培训管理中心主任

宋　建　劳动和社会保障部中国就业培训技术指导中心副主任

李占江　中国心理卫生协会秘书长

成　员:

吴立菊　团中央少年部组织培训处处长

陈卫军　劳动和社会保障部中国就业培训技术指导中心远程处处长

陈学儒　中国心理卫生协会副秘书长

二、办公室:

主　任:

郭　松　中国青少年发展服务中心人才培训管理中心副主任

副主任：

王　鹏　劳动和社会保障部中国就业培训技术指导中心远程处副处长

郭益民　中国青少年发展服务中心人才培训管理中心主任助理

朱建安　中国青少年发展服务中心人才培训服务管理中心中青少卫星远程教育中心主任

成　员：

钟　岚　中国青少年发展服务中心人才培训服务管理中心心理咨询师培训部部长

十、统战

共青团中央办公厅关于2004年实施“培养计划”组织西部地区和民族地区团干部到经济相对发达地区挂职锻炼的通知

2004年3月18日

共青团北京、天津、河北、内蒙古、辽宁、吉林、上海、江苏、浙江、福建、山东、湖北、湖南、广东、广西、海南、重庆、四川、贵州、云南、西藏、陕西、甘肃、青海、宁夏、新疆等省、自治区、直辖市委：

为深入贯彻党的十六大和十六届三中全会精神，培养适应西部大开发和全面建设小康社会需要的西部优秀团干部，根据共青团中央《2001—2005年实施西部地区和少数民族地区团干部“培养计划”工作规划》（中青发〔2001〕3号）安排，现将2004年实施“培养计划”，组织西部地区和民族地区团干部到经济相对发达地区挂职锻炼有关事宜通知如下。

一、挂职干部的选派

今年由团中央协调选派挂职锻炼团干部50名，挂职半年。原则上选派团地（市、州、盟）委中层以上干部和团县（市、旗）委领导，以少数民族团干部为主，年龄一般不超过32周岁，政治思想素质好，具有大专以上文化程度，身体健康，业绩突出。即将转业和已到中央部委、外省市挂职过的团干部不再安排。河北、吉林、湖北、湖南四省应优先考虑从少数民族聚居地区选派。

派出地省级团委要专门听取拟派人选单位主要领导和党政有关部门意见，初步确定选派人选，报团中央统战部，团中央统战部同接收地省级团委协商，最终确定参加挂职人选。

二、挂职干部的接收

根据对口协作的原则，挂职锻炼团干部原则上安排到对口协作地区。接收地团委要及时向党政有关部门汇报，争取将此项工作纳入当地党政对口协作工作之中，得到党政部门的支持和帮助。挂职干部原则上按原有级别安排在团的工作岗位或党政工作岗位，担任实职。原则上一个具体接收单位安排一名挂职干部。各接收地团委要会同具体接收单位安排好挂职团干部的学习、工作和生活，尊重少数民族团干部的生活习俗。

三、挂职期间的管理

团干部挂职锻炼期间，派出地、接收地团委要共同做好管理工作。派出、接收双方要共同制定管理制度。挂职团干部因事因病请假15天以上需经团中央同意。如无特殊情况，挂职期间团干部本人和家属均不安排探亲。原则上不得提前结束挂职，如因工作需要须提前结束挂职，要由派出地省级团委函商接收地省级团委同意后，报团中央批准。

派出地、接收地省级团委都要对挂职干部进行集中培训，提出要求，明确纪律。派出地省级团委要派专人送挂职干部到接收省份报到。派出地团委要定期与接收单位和挂职团干部本人取得联系，了解、掌握挂职团干部的思想、工作、生活状况，协助接收地团委解决出现的问题，并参与中期考查和结束前的考查。挂职三个月后，挂职团干部要用书面形式向团中央统战部和接收地、派出地团委等单位作出中期总结汇报。

团中央统战部将走访挂职团干部，并对挂职工作进行考查、调研。

四、总结表彰

挂职锻炼结束后，团中央将在北京进行年度工作总结，挂职干部进行经验交流；按一定比例评选表彰年度优秀挂职团干部和接收工作先进单位。具体事项另行通知。

五、时间安排和总体要求

请各派出地省级团委于3月31日以前将《2004年西部地区和民族地区团干部挂职锻炼推荐表》和挂职锻炼团干部初步人选考察材料各一式三份加盖公章报送团中央统战部。

请各接收地省级团委于4月20日前将挂职团干部的挂职单位和职务安排报送团中央统战部。挂职锻炼团干部将于5月中、下旬报到,具体时间另行通知。

由派出省(区、市)团委协调,组织团干部到本省(区、市)经济较发达地区挂职锻炼,数量应不少于当年派往外省(市)挂职锻炼干部人数。接收单位确定之后,请将有关情况以书面形式报送团中央统战部。

组织西部地区和民族地区团干部到经济相对发达地区挂职锻炼，培养团干部，是推动西部地区和民族地区共青团事业发展的重要途径，是促进民族团结和服务西部大开发的重要举措。各派出地、接收地团组织要高度重视，精心组织，着力推进这项工作不断深化。

共青团中央办公厅、全国青联秘书处关于推报中华全国青年联合会留学人员联谊会会员的通知

2004年5月21日

各省、自治区、直辖市团委、青联，军委总政治部组织部，全国铁道团委，全国民航团委、青联，中直机关团工委、青联，中央国家机关团工委、青联，中央金融团工委、全国金融青联，中央企业团工委、青联：

为深入贯彻人才强国战略，落实全国人才工作会议和共青团全国青年人才工作会议精神，大力开发青年人才资源，广泛联系团结青年留学人员，进一步做好共青团留学人员工作，经团中央书记处同意，决定成立中华全国青年联合会留学人员联谊会（以下简称“全国青联留学人员联谊会”）。现就联谊会会员推报工作的具体事项通知如下。

一、成立全国青联留学人员联谊会的意义

留学人员是我国人才资源的重要组成部分。改革开放以来，我国共有70.02万人出国留学，17万多人已经学成回国。他们大多是年龄在45岁以下的青年，其中相当一部分掌握着先进的科学技术和管理经验，是我国经济社会发展急需的人才。成立全国青联留学人员联谊会，是共青团、青联组织贯彻人才强国战略和全国人才工作会议精神，切实做好青年人才工作的重要举措，有利于广泛联系团结青年留学人员，进一步开发青年人才资源，动员引导广大青年留学人员积极投身和参与祖国的经济建设与社会发展事业，为全面建设小康社会和实现中华民族的伟大复兴提供人才智力支持。

二、全国青联留学人员联谊会的性质和宗旨

全国青联留学人员联谊会是由已经回国和仍在国（境）外学习、工作，遵守本协会章程的中国青年留学人员和留学人员社团自愿结成的、非营利性的社会团体，接受中华全国青年联合会的领导和监督管理。联谊会的宗旨是：广泛联系海内外青年留学人员，促进海内外青年留学人员的团结和进步，帮助青年留学人员回国创业和以多种方式为国服务，引导广大青年留学人员积极投身和参与祖国的经济建设和社会发展事业，为实现中华民族的伟大复兴贡献力量。

三、会员规模和条件

联谊会会员由个人会员和团体会员组成。个人会员包括归国留学人员和海外留学人员，总量拟控制在1000名以内。团体会员包括国内和海外的留学人员社团。

国内个人会员的条件是：拥护本会章程，热心本会工作，年龄在45周岁以下，在国（境）外留学、进修、讲学、合作研究连续一年以上，具有硕士以上学位，在所属专业领域和留学人员中有一定影响和知名度的回国青年留学人员。

国内团体会员的条件是：拥护本会章程，热心本会工作，经合法注册登记，由留学人员自发成立或由留学工作职能管理部门组织成立的专门性留学人员社团或留学人员专业性社团。各省级青联在本区域内成立的留学人员组织，是本联谊会的当然团体会员。

四、推报的方式和要求

1. 请各省级团委、青联按照个人会员条件，根据全国青联留学人员联谊会推报个人会员名额分配表推报联谊会个人会员，并可将分

配名额中的10%注明推报为理事候选人，作为联谊会理事的参考人选。所推荐的个人会员，应以目前在本地区或本系统工作、有突出贡献或较大影响力的回国青年留学人员为主，并统筹考虑党政机关、科研院所、企事业单位等工作领域。由被推报人填写《全国青联留学人员联谊会个人会员申请表》，被推报人所在单位及省级团委、青联出具意见并加盖公章后，将《申请表》和会员800—1000字事迹材料各一式两份、2寸标准照片3张、工作或生活照片1张，报共青团中央统战部。

2.请各省级团委、青联按照团体会员条件推报联谊会团体会员。由被推报团体填写《全国青联留学人员联谊会团体会员申请表》，被推荐团体(或其主管单位)及省级团委、青联出具意见并加盖公章后，连同社团证书复印件各一式两份，报共青团中央统战部。各省级青联成立的留学人员组织不需提供社团证书复印件。

3.为了进一步拓宽海外留学人员联络渠道，请各省级团委、青联推荐联系较为密切的尚在国(境)外学习、工作的留学人员个人和海外留学人员社团，填写《海外学人信息参考表》和《海外学人社团信息参考表》，报共青团中央统战部，供联谊会在发展海外会员时参考。

4.请各省级团委、青联在上报书面材料的同时，将推报、推荐材料上传至中华海外学人服务网(http://www.ocss.com.cn)全国青联留学人员联谊会会员区(用户名:test，密码:test)。

请各省级团委、青联于2004年6月30日前完成推报、推荐工作。联系人:共青团中央统战部海外学人工作处袁民、刘辉，联系电话:010－85212262、85212372，传真:010－85212371，联系地址:北京前门东大街10号，邮编:100051，电子邮件:ocss@cycnet.com。

共青团中央、全国青联关于开展第15届“中国十大杰出青年”评选活动的通知

2004年6月2日

各省、自治区、直辖市团委、青联，军委总政治部组织部，全国铁道团委，全国民航团委、青联，中直机关团工委、青联，中央国家机关团工委、青联，中央金融团工委、全国金融青联，中央企业团工委、青联:

今年是开展“中国十大杰出青年”评选活动的第15个年头。15年来，在各省级团委、青联的积极参与和大力配合下，评选活动不断完善，在社会上产生了较大的反响，对激励广大青年奋发努力，建功成才发挥了重要作用。

现将《第15届“中国十大杰出青年”评选意见》印发给你们，希望严格按照《意见》要求，做好本届评选的组织推报工作。

第15届“中国十大杰出青年”评选意见

一、评选宗旨

表彰、宣传在改革开放和社会主义现代化建设实践中做出突出业绩和重大贡献的青年典型，树立当代中国杰出青年的光辉形象，激励广大青年刻苦学习，勤奋工作，服务社会，建功成才，并在全社会进一步优化青年成长成才

环境,为培养更多新世纪祖国现代化建设需要的青年人才作出积极努力。

二、评选资格

1. 年龄为18周岁(1986年6月30日以前出生)至39周岁(1964年6月30日以后出生)的中华人民共和国公民。

2. 热爱社会主义祖国,拥护党的基本路线。

3. 积极投身改革开放和社会主义现代化建设,努力实践"三个代表"重要思想,成绩突出,做出重大贡献。

三、评选机构

评选活动由中华全国青年联合会、中国青少年发展基金会、中央电视台、中央人民广播电台、人民日报(含海外版)、中国青年报、光明日报、解放军报、经济日报、科技日报、工人日报、农民日报联合主办。主办单位负责人和有关部委的部门负责人组成评选活动组织委员会。组委会下设办公室(设在全国青联秘书处),具体负责评选活动的实施。

评选活动设立评委库,由组委会成员和有关部委、人民团体的部门负责人、各界代表人士及部分专家学者组成。在组委会监督下,通过电脑随机抽取产生评选审定委员会。评选审定委员会与省级团委、青联和总政组织部、武警总部政治部等单位共同完成评选工作。

四、评选办法与步骤

第15届"中国十大杰出青年"评选分人选推报、候选人确定、候选人公示、投票评选四个步骤进行。具体实施办法如下:

第一阶段:人选推报

推报单位根据评选意见的要求推荐1至2名本地区、本系统最杰出的青年参选。对人选要进行认真考查,并严格按照要求准备推报材料,按时上报。为扩大荐才视野和范围,优化人选的界别结构,评选办公室根据需要,商请有关部委推荐人选。

第二阶段:候选人确定

评选办公室对所有推报人选的推报材料进行审核,将符合推报要求的人选提交组委会,推报材料不齐全或不符合要求的人选,不具备参选资格。组委会根据人选的事迹情况,并考虑人选的地区、界别分布等因素,确定30名候选人。

第三阶段:候选人公示

通过媒体将30名候选人及其事迹向社会公布,同时在网上刊登候选人事迹和照片,在30天内,广泛征求社会各界的意见。如遇异议,评选办公室将协同有关部门进行核实,并将核实结果和处理意见提交组委会。对于经核实确有问题的候选人,组委会将取消其候选人资格。

第四阶段:投票评选

各推报单位在评委会投票前对候选人进行通讯投票。

在组委会监督下,通过电脑从评委库中随机抽取产生评委会。召开评审会,听取评选办公室对候选人情况的说明;观看候选人事迹录像;听取候选人公示情况的报告;听取网站对候选人反馈意见的报告。最后,评委会进行无记名投票。

综合先期进行的各推报单位的投票结果,计算出每一位候选人的最终得票数。得票数列前10名的候选人,获得第15届"中国十大杰出青年"荣誉称号。

五、实施要求

1. 推报单位在确定推报人选时,着重考虑在全面建设小康社会的进程中做出突出贡献,并在广大青年中产生较大影响的人选;着重考虑在行业中业绩突出,并显示出较强国际竞争力的人选;着重考虑在逆境中顽强拼搏创造精彩人生,并具有较强示范性的人选;着重考虑具有鲜明时代特征,并能在广大青年中形成强烈导向的人选。

2. 推报单位要对所推报的人选进行直接考查,听取人选工作单位和上级主管部门领导的意见，听取组织人事、纪检、公安和计划生育等部门的意见（出具盖有各部门公章的书面证明）。考查结束后，省级团委书记会议或省级青联主席会议要对人选进行综合审定，形成考查推报意见（500字左右，加盖省级团委或青联公章）。

3. 推报人选需严格按要求填写登记表一式三份，按统一格式要求提供3000字事迹材料和500字事迹简介正本各3份，复印件30份，并提供电子版软盘。登记表、事迹材料及事迹简介统一使用A4纸，均须本人签字，工作单位盖章，所在行业的省级主管或相关部门审核盖章，省级团委或青联复审盖章，方为有效。

4. 人选推报登记表及推报材料样本，请登录全国青联网 www. qinglian. org 公告栏表格下载处下载。

5. 推报人选需提供两寸近期彩色标准照4张（带底片），5寸彩色工作、生活照片各至少5张（一式一张）。

6. 所有人选须提供本人身份证、毕业证书、学位证书和事迹材料中涉及到的奖项证书复印件。

7. 推报单位推报2名人选时，人选不能是同一界别；同一人选不能连续3次推报。

8. 推报单位推报的人选是企业经营者（法人代表）的，须提供企业法人营业执照（副本）复印件、税务部门出具的企业利税指标证明和具有法律效力的企业资产规模评估报告书；赞助社会公益事业的，须提供书面证明。对所有提供复印件的证书或证件的原始证明，推报单位要严格进行审查、核对。

9. 各推报单位要在7月31日前将人选的全部推报材料及考查中的各种书面证明材料上报组委会办公室，逾期不予受理。

10. 30名候选人确定后，有候选人的推报单位负责制作反映候选人成长历程、工作业绩、突出贡献和社会影响等情况的事迹录像片。

11. 各推报单位要高度重视，加强对推报工作的组织领导。

组委会办公室联系人：次旺平措、刚威、李雪梅，地址：北京前门东大街10号全国青联秘书处，邮政编码：100051，电话：010－85212356、85212068，传真：010－85212371，E－mail：acyf@ vip. sina. com

共青团中央、国家民委、全国青联关于开展第四届“全国各族青年团结进步奖”评选活动的通知

2004年7月12日

各省、自治区、直辖市团委，民（宗）委（厅、局），青联，军委总政治部组织部，全国铁道团委，全国民航团委、青联，中直机关团工委、青联，中央国家机关团工委、青联，中央金融团工委、全国金融青联，中央企业团工委、青联：

为贯彻落实党的十六大和十六届三中全会精神，学习贯彻“三个代表”重要思想，引导、教育各族青年树立马克思主义民族观，培养各族青年人才，促进民族地区经济社会发展，推动各族青年团结进步活动深入开展，共青团中央、国家民委、全国青联将评选第四届“全国各族青年团结进步奖”，表彰为民族团结进步事业做出较大贡献的先进集体和个人。现将有关事项通知如下。

一、奖项设立

第四届“全国各族青年团结进步奖”设立个人奖项和集体奖项。个人奖项200名，其中，杰出个人奖10名，优秀个人奖190名；先进集体40个。另设“全国各族青年团结进步活动组织奖”。

二、评选资格和条件

1. 全国各族青年团结进步奖个人奖候选人年龄为18周岁至40周岁(1964年6月30日至1986年6月30日出生)的全国各族青年。全国各族青年团结进步奖集体奖候选单位是在各族青年团结进步事业中作出显著成绩且45周岁以下青年占70%以上的各行各业的有关单位。全国各族青年团结进步活动组织奖申报单位是在开展全国各族青年团结进步活动中工作成效突出的省级团委、民委和青联。

2. 坚持以邓小平理论和“三个代表”重要思想为指导，拥护党的基本路线和各项方针、政策，自觉贯彻执行党的民族政策，积极维护民族团结、社会稳定和祖国统一。

3. 积极投身全面建设小康社会的伟大实践，在加快民族地区的经济发展和社会进步中作出了突出成绩。

4. 具有良好的社会公德、职业道德和家庭美德。

三、评选办法

1. 各省级团委、民委、青联共同作为推报单位，负责活动的组织实施，协商确定推荐候选人和候选单位。

2. 各推报单位根据《第四届“全国各族青年团结进步奖”候选人名额分配表》确定的名额推报个人奖项候选人。候选人要具有典型性和代表性，并适当兼顾女性和各行业的比例，需要确保的少数民族人选原则上每个民族不少于2名。每个推报单位根据评选资格要求推报1至2个全国各族青年团结进步奖先进集体候选单位，至多申报1个全国各族青年团结进步活动组织奖候选单位(省级团委或民委、青联)。往届获奖人和获奖单位一般不再推报。

3. 团中央、国家民委、全国青联对各地推报的优秀个人奖候选人进行审核确认，并从中评选出杰出个人奖10名；对先进集体候选单位进行审核，并评选出40个获奖单位；对申报的活动组织奖候选单位进行评审。

4. 获奖代表将被邀请参加在北京举办的表彰活动(具体事项另行通知)。

四、具体要求

1. 严格按照要求填写推荐登记表一式三份，主要事迹材料限2000字以内。个人奖项另提供500字事迹简介一式三份。活动组织奖申报单位提供加盖单位印章的2000字以内事迹材料一式三份。以上材料均需提供电子版软盘。

2. 推报个人奖项的人选需提供近期彩色标准照3张。

3. 各推报单位务请在8月10日前将全部材料上报团中央统战部社团和民族宗教工作处。联系人：郭道新、索南多；地址：北京前门东大街10号；邮政编码：100051；联系电话：010－85212069、85212169；传真：010－85212371；E－mail：gdx@ vip. sohu. net。

共青团中央、全国青联关于开展向李建保同志学习活动的通知

2004年8月12日

各省、自治区、直辖市团委、青联，军委总政治部组织部，全国铁道团委，全国民航团委、青联，中直机关团工委、青联，中央国家机关团工委、青联，中央金融团工委、全国金融青联，中央企业团工委、青联：

李建保同志是清华大学材料科学与工程系教授，新型陶瓷与精细工艺国家重点实验室主任，国家863计划高性能结构材料专家组组长，全国青联常委，中国青年科技工作者协会副会长，第八届中国十大杰出青年。1988年3月李建保作为改革开放后国家第一批公派留学生，在东京大学获得博士学位，第二天他就回国到清华大学工作。多年来，他潜心钻研，辛勤耕耘，不懈追求，在教学、科研上硕果累累，成为我国新材料领域具有突出贡献和较大影响的青年专家。2002年5月，为支援西部建设，李建保出任青海大学校长。在大西北，他克服高原生活困难，凭着开阔的视野、过人的胆识、出色的能力和强烈的责任感，带领广大教职员工团结奋斗，开拓创新，忘我工作，在短短两年时间内，使学校在学科建设、研究生教育、科研、人才队伍建设、对外交流等方面发生了很大变化，带领青海大学这所发展相对落后的西部高校步入了跨越式发展的轨道。

李建保同志是贯彻科教兴国和人才强国战略的模范实践者，是当代青年知识分子的杰出代表。他的先进事迹和奋斗历程充分反映了中国知识分子听从党的召唤、报效祖国、服务人民、无私奉献的优秀传统，集中展现了当代青年拼搏进取、开拓创新、争创一流业绩的精神风貌，深刻揭示了当代青年学习成才、创业发展的成长规律。在广大青年和青年知识分子中开展向李建保同志学习的活动，对于激励和引导广大青年和青年知识分子自觉实践“三个代表”重要思想，增强责任感和使命感，为全面建设小康社会建功立业，具有十分重要的现实意义。

广大青年向李建保同志学习，就是要学习他报效祖国、服务人民的远大理想，把个人追求与祖国的前途、命运紧密联系在一起，在实现国家现代化的奋斗中建功、立业、成才；就是要学习他知难而进、执着追求、埋头苦干的拼搏精神，在困难的环境下经受考验，磨练意志，增长才干；就是要学习他不计个人得失，淡泊名利、无私奉献的高尚品格，自觉抵制拜金主义和享乐主义，奉献岗位，艰苦奋斗，创造一流业绩。广大青年和青年知识分子要以李建保同志为榜样，按照胡锦涛总书记提出的“勤于学习、善于创造、甘于奉献”的要求，奋发进取，建功成才，为改革开放和社会主义现代化建设贡献青春、智慧和力量。

当前，我国正大力实施人才强国战略，培养和造就一支适应祖国现代化建设需要的青年人才大军是一项重要而紧迫的任务。各级共青团、青联组织要充分认识在广大青年中开展向李建保同志学习活动的重要意义，并将其与深入贯彻全国人才工作会议和共青团全国青年人才工作会议精神结合起来，引导广大青年和青年知识分子树立科学人才观，在祖国和人民需要的大舞台上施展才华，成就事业；与落实中央关于加强和改进未成年人思想道德建设的要求结合起来，密切联系

未成年人的思想实际，教育他们树立正确的世界观、人生观和价值观；与推进博士服务团、大学生志愿服务西部计划等工作结合起来，鼓励更多有志青年到祖国最需要的地方去，到最艰苦的地方去，经受磨练，成为真正的有用之才；与深化海外学人为国服务活动结合起来，以李建保事迹为导向，感召和吸引更多的海外学人参与或投身祖国现代化建设的洪流中。要充分发挥团属新闻宣传阵地的作用，大力宣传李建保的先进事迹，营造良好的社会氛围。通过开展向李建保同志学习活动，积极引导广大青年坚定理想信念，立足本职，锐意进取，奋发成才，艰苦创业，在邓小平理论和“三个代表”重要思想指引下，紧密团结在以胡锦涛同志为总书记的党中央周围，在全面建设小康社会、实现中华民族伟大复兴的历史进程中不断做出新的贡献。

共青团中央办公厅关于举办中国青年科技工作者协会三届三次理事会等2004青年科技系列活动的通知

2004年9月6日

共青团各省、自治区、直辖市委，军委总政治部组织部，全国铁道团委，全国民航团委，中直机关团工委，中央国家机关团工委，中央金融团工委，中央企业团工委：

为贯彻落实党的十六大和十六届三中、四中全会精神，团中央书记处和中国青年科技工作者协会会长会议研究决定，2004年10月30日—31日在山东省济南市举办2004青年科技系列活动。现将有关事宜通知如下。

一、活动宗旨

牢固树立和落实科学发展观，深入实施科教兴国战略和人才强国战略，推动中国青年科技创新行动进一步开展，大力开发青年科技人才资源，培养大批适应经济和社会发展需要的复合型青年科技人才，促进科技成果转化为现实生产力，广泛团结凝聚各领域青年科技工作者为地方经济建设做贡献。

二、活动时间、地点

活动于2004年10月30日至31日在山东省济南市举行。29日报到，11月1日返程。

三、主要内容

1. 中国青年科技工作者协会三届三次理事会

2. 2004中国（济南）IT行业青年精英论坛

3. “青年专家山东行”科技服务活动

（1）济南信息产业发展专家论证会；

（2）IT项目发布洽谈会。

4. “青年科学家走进校园”活动

5. 青年专家科技服务工作座谈会

四、具体安排

（一）中国青年科技工作者协会三届三次理事会

1. 会议时间：10月30日

2. 会议内容：

（1）听取协会工作报告；

（2）各专业委员会汇报工作；

（3）审议协会当前和今后一段时间的工作安排；

（4）增（递）补常务理事、理事、会员；

（5）团中央书记处领导讲话。

3. 参加人员：

协会理事、增(递)补理事候选人及协会信息科技专业委员会会员(含省级和副省级城市及省会城市团委分管书记、省级团委统战部部长)。

(二)2004 中国(济南)IT 行业青年精英论坛

1. 活动时间：10 月 31 日上午

2. 活动内容：

(1)开幕式；

(2)IT 青年精英对话。

3. 参加人员：

(1)团中央、山东省、济南市领导；

(2)协会理事及协会信息科技专业委员会会员；

(3)国内 IT 行业相关企业领导及项目负责人；

(4)山东省济南市信息产业管理部门负责人；

(5)驻济南高校 IT 专业学生代表。

(三)“青年专家山东行”科技服务活动

1. 济南信息产业发展青年专家论证会

(1)会议时间：10 月 31 日下午

(2)会议内容：

济南市有关领导介绍信息产业情况；青年专家为济南市信息产业发展献计献策。

(3)参加人员：

团中央、山东省、济南市有关领导；出席理事会的 IT 专家；济南市信息产业管理部门和主要 IT 企业负责人。

2. IT 项目发布洽谈会

(1)会议时间：10 月 31 日下午

(2)会议内容：

收集理事及会员和山东有关园区、企业的 IT 项目；发布 IT 项目；山东有关园区、企业与理事及会员对接、洽谈。

(3)参加人员：

出席会议的协会理事及会员；山东有关园区、企业负责人。

(四)“青年科学家走进校园”活动

1. 活动时间：10 月 31 日上午

2. 活动内容：

青年科学家赴大、中、小学与学生代表交流。

3. 参加人员：

出席理事会的部分青年科学家。

(五)青年专家科技服务工作座谈会

1. 会议时间：10 月 31 日下午

2. 会议内容：

(1)总结青年专家科技服务工作，交流经验，探讨工作；

(2)部署今后一段时间的工作。

3. 参加人员：

省级团委分管书记和统战部长，副省级和省会城市团委分管书记。

五、有关要求

1. 现将各地、各系统的中国青年科技工作者协会理事、增补理事候选人和信息科技专业委员会会员通讯录印发，请校正后于 9 月 30 日前传真给团中央统战部科技处。各省级团委分管书记、统战部长和副省级城市、省会城市团委分管书记为指定席位，根据卸职递补的原则，现任者为理事。

2. 请各省级团委、青科协认真组织本地、本系统理事、增补理事候选人和信息科技专业委员会会员参会，并于 9 月 30 日前将参会人员名单(注明姓名、性别、民族、单位、职务、电话、手机等)以及需订返程机、车票的日期、航班、车次等情况分别报团中央统战部科技处和团济南市委。

3. 团中央于 2003 年 11 月在河南郑州召开的中国青年科技创新行动经验交流会要求各地结合实际，开展各种形式、不同层次的青年专家科技服务活动。为落实会议精神，交流经验，促进工作，本次活动期间将召开青年专家科技服务工作座谈会。请填写青年专家科技服务活动统计表，并于 9 月 30 日前传真给团中央统战部科技处。请对去年会议以来开展的青年专家科技服务活动进行认真总结(包括做了哪些工作,取得了哪些成绩,积累了哪些经验,有何建议和意见等),对下一步工作作出具体安排,形成书面材料,复印100份,连同软盘于报到时交会务组,以供会议交流。

4. 各省级团委、青科协要广泛动员IT领域的理事、会员和当地IT领域其他青年专家、青年企业家、投资商提供项目。IT领域的理事、会员原则上每人至少提供一个项目。我们将把收集到的项目编印成册,进行发布。所有项目需填写"2004青年科技系列活动"项目登记表,并于9月30日前同时通过传真和电子邮件发至团中央统战部科技处。

5. 活动期间食宿由主办单位提供,往返交通费回单位按规定报销。活动于10月29日在济南火车站和济南遥墙机场接站。需接站者请与团济南市委联系。报到地点:山东省济南舜耕山庄(济南市舜耕路28号。总机:0531－2951818)。

联系方式:

团中央统战部科技处:景迎　何雷　吴扬杰

联系电话:010－85212250、85212260

传真电话:010－85212371

联系地址:北京市前门东大街10号

邮政编码:100051

电子邮件:jingying@sinotrust.com.cn

tzykejichu@126.com

团济南市委:于超　施冬泉

联系电话:0531－7949682、7949662

13969041700、13969041703

传真电话:0531－7949650

联系地址:济南市小纬六路32－1号

邮政编码:250021

电子邮件:yuchao@jn.gov.cn

shidongquan@jn.gov.cn

十一、权益

共青团中央办公厅、国家禁毒委办公室关于确定毒品预防教育重点联系社区青少年法律学校的通知

2004年2月6日

共青团各省、自治区、直辖市委,禁毒委员会办公室,新疆生产建设兵团禁毒委员会办公室:

2003年,各地团组织按照共青团中央办公厅、国家禁毒委办公室联合下发的《关于在社区青少年法律学校中加强毒品预防教育工作的通知》要求,扎实开展青少年毒品预防教育工作。通过在社区青少年法律学校中开展毒品预防知识教育、组织毒品预防实践教育、加强毒品预防宣传教育、确定毒品预防教育联系点等工作,引导广大青少年了解禁毒知识、认清毒品危害,自觉远离毒品,增强了他们防毒、拒毒的意识和能力,营造了有利于青少年健康

成长的社会环境。

为加强青少年的毒品预防教育工作，并使之长期化、有形化，共青团中央办公厅、国家禁毒委办公室决定确定北京市崇文区东花市社区青少年法律学校等100所社区青少年法律学校为全国毒品预防教育重点联系社区青少年法律学校（名单见附件）。

希望这些单位再接再厉，扎实工作，站在民族兴衰、国家存亡和社会稳定的高度，充分认识搞好青少年禁毒教育的重要性和必要性，结合"社区青少年远离毒品"行动，进一步加强社区内的青少年毒品预防教育工作。各地团组织、禁毒部门要密切配合，精心组织，积极协调社会资源的参与，不断加强社区青少年法律学校建设，巩固禁毒教育的社区基础。

附：毒品预防教育重点联系社区青少年法律学校名单

北　京

崇文区东花市社区青少年法律学校

海淀区甘家口街道社区青少年法律教育基地

门头沟区城子社区青少年法律学校

昌平区城北街道社区青少年法律学校

天　津

湖南路社区青少年法律学校

鑫海苑社区青少年法律学校

塘沽区新村街道社区青少年法律学校

东丽区大毕庄镇青少年法律学校

河　北

石家庄市石门小区青少年法律学校

廊坊市广阳区银河北路街道办事处西后街居委会社区青少年法律学校

秦皇岛市北环路街道办事处青少年法律学校

山　西

侯马市路东办事处新出路社区青少年法律学校（紫金山街小学）

太原市小东门社区青少年法律学校（太原市第三十四中）

晋中市榆次区北关社区青少年法律学校

内蒙古

呼伦贝尔市海拉尔区健康街道社区青少年法律学校

巴彦淖尔盟乌拉特前旗西纸社区青少年法律学校

阿拉善盟左旗腾格里社区青少年法律学校

辽　宁

沈阳市和平区马路湾街道省委社区青少年法律学校

鞍山市友好街道永安社区青少年法律学校

锦州市天兴花苑社区青少年法律学校

吉　林

长春市南湖新村社区青少年法律学校（吉林省第二实验学校）

长春市朝阳区重庆街道新华社区青少年法律学校

四平市铁东区金桥社区青少年法律学校

黑龙江

哈尔滨市清真寺社区青少年法律学校

加格达齐市红旗街道第二社区青少年法律学校

黑河市天谟海社区青少年法律学校

上　海

浦东新区潍坊社区青少年法律学校

黄浦区半淞园街道社区青少年法律学校

杨浦区江浦路街道社区青少年法律学校

虹口区曲阳路街道社区青少年法律学校

江　苏

南京市秦淮区中华门街道社区青少年法律学校

无锡市新区长江路街道社区青少年法律学校

常州市武进区五一社区青少年法律学校（五一实验学校）

浙　江

杭州市武林街道社区青少年法律学校

温州市鹿城区夏屋街道社区青少年法律学校

台州温岭市太平街道繁昌社区青少年法律学

校

安　徽

合肥市恒通社区青少年法律学校

芜湖市天门山街道社区青少年法律学校

马鞍山市新风社区青少年法律学校

福　建

福州鼓楼区旗汛口社区青少年法律学校（福州市一中）

莆田市荔城区北高社区青少年法律学校（北高镇中心小学）

泉州市鲤中街道东华社区青少年法律学校

江　西

南昌市西湖区十字街街道千禧城社区青少年法律学校

赣州市章贡区东外街道五龙岗社区青少年法律学校

九江市浔阳区湓浦街道丁官路社区青少年法律学校

山　东

济南市历下区司里街社区青少年法律学校

青岛市李仓区兴华路街道社区青少年法律学校

淄博市周村建国社区青少年法律学校

河　南

郑州市管城回族区西大街街道平等街社区青少年法律学校

郑州市二七区福华街街道苗圃花园社区青少年法律学校

焦作市解放区焦西街道电翔社区青少年法律学校

湖　北

武汉市硚口区荣华街社区青少年法律学校

武汉市江岸区劳动街花惠社区青少年法律学校

黄石市西塞山区澄月街牧羊湖社区青少年法律学校

湖　南

长沙市雨花区东塘街道枫树山社区青少年法律学校

长沙市天心区金盆岭街道办事处天剑社区青少年法律学校

长沙市岳麓区望月湖街道湖东社区青少年法律学校

广　东

广州市东山区社区青少年法律学校

珠海市香洲区香湾社区青少年法律学校

汕尾市城区新港社区青少年法律学校

广　西

南宁市大阪二社区青少年法律学校

柳州市南天社区青少年法律学校

东兴市中山社区青少年法律学校

百色市右江区利元社区青少年法律学校（民师附小）

海　南

东方市八所镇滨海社区居委会青少年法律学校

屯昌县屯城镇文新社区居委会青少年法律学校

琼海市加积镇先锋社区青少年法律学校（第二中学）

重　庆

九龙坡区杨家坪街道社区青少年法律学校

新桥街道凤鸣山社区青少年法律学校（凤鸣山中学）

江北区建北社区青少年法律学校

渝中区上清寺社区青少年法律学校

四　川

攀枝花市东区瓜子坪街道兰尖社区青少年法律学校

凉山州西昌市新村社区青少年法律学校（第五中学）

凉山州昭觉县新城镇社区青少年法律学校（昭觉县中学）

贵　州

贵阳市北京路社区青少年法律学校

安顺市东街社区青少年法律学校

台江县文昌社区青少年法律学校(民族友谊中学)

云　南

昆明市盘龙区东华路社区青少年法律学校

昭通市南城社区青少年法律学校(民族中学)

瑞丽市边境经济合作区社区青少年法律学校

大理州南诏镇日升社区青少年法律学校(巍山县文华中学)

临沧地区章嘎社区青少年法律学校(民族中学)

西　藏

拉萨市城关区吉日社区青少年法律学校(海城小学)

拉萨市鲁固社区青少年法律学校(第八中学)

陕　西

西安市闫良区迎宾社区青少年法律学校

宝鸡市陈仓区虢镇社区青少年法律学校

咸阳市渭阳西路嘉阳社区青少年法律学校(劳动技工学校)

甘　肃

兰州市七里河区西园街道柏树巷社区青少年法律学校

金昌市金川区新华路街道金汇里社区青少年法律学校

武威市凉州区西关街西苑社区青少年法律学校

青　海

西宁市东关社区青少年法律学校

格尔木市东城区昆仑路办事处体育场社区青少年法律学校(格尔木市一中)

民和县川日镇川日社区青少年法律学校(民和县三中)

宁　夏

银川市西夏区北京西路街道金波路社区青少年法律学校

石嘴山市大武口区人民路办事处朝东社区青少年法律学校(石嘴山市第七小学)

吴忠市利通区朝阳社区青少年法律学校

新　疆

克拉玛依市天山路街道红光社区青少年法律学校

阿克苏市红桥社区青少年法律学校(阿克苏市三中)

乌鲁木齐市沙依巴格区长江街道牛奶巷社区青少年法律学校

新疆生产建设兵团

石河子市向阳街道22小区第一社区青少年法律学校

共青团中央、中央综治委预防青少年违法犯罪工作领导小组 全国学联、全国少工委关于开展“青少年网络文明”行动的通知

2004年2月23日

各省、自治区、直辖市团委,综治委预防青少年违法犯罪工作领导小组,学联,少工委:

为深入贯彻“三个代表”重要思想,认真落实《互联网上网服务营业场所管理条例》,教育引导未成年人远离网吧,增强青少年网络文明意识,营造有利于青少年健康成长的网络环境,按照国办发〔2004〕19号文件《国务院办公厅转发文化部等部门关于开展网吧等互联网上网服务营业场所专项整治意见的通知》精神,共青团中央、中央综治委预防青少年违法

犯罪工作领导小组、全国学联、全国少工委决定于2004年2月至8月在全国联合开展"青少年网络文明"行动。现将有关事项通知如下。

一、行动目的

开展"青少年网络文明"行动旨在参与全国网吧等互联网上网服务营业场所专项整治工作,引导青少年养成健康文明的网络生活方式,增强自我保护意识,教育网吧等互联网上网服务营业场所的经营业主、未成年人及其监护人自觉遵守《互联网上网服务营业场所管理条例》,禁止未成年人进入网吧,为青少年健康成长营造良好的网络环境。

二、行动目标

通过开展"青少年网络文明"行动,让青少年了解《互联网上网服务营业场所管理条例》等法律法规,能够自觉遵守《全国青少年网络文明公约》,养成文明上网的习惯;发挥"安全放心网吧"的示范效应,促进行业自律;在大中城市建立举报热线和监督员队伍,配合文化部门探索建立对网吧等互联网上网服务营业场所群防群控的长效机制。

三、主题

遵守文明公约　拒绝不良诱惑　安全健康上网　自觉远离网吧

四、行动内容

(一)深入开展宣传教育活动,提高青少年的网络文明素质

1. 广泛宣传《未成年人保护法》、《预防未成年人犯罪法》和《互联网上网服务营业场所管理条例》(以下简称"两法一条例")。依托社区青少年法律学校,以"两法一条例"为核心,围绕与青少年网络生活密切相关的规定,针对网吧经营业主、未成年人及其监护人等重点群体,通过宣传月、知识竞赛、文艺演出、图片展览、故事会等形式,利用典型案例,以案说法,以案释法,开展经常性的法制宣传教育,真正让"两法一条例"家喻户晓,教育全社会自觉遵守,营造关心青少年网络环境的良好氛围。

2. 深入宣传《全国青少年网络文明公约》。利用互联网、影视、广播、报刊等媒体,通过公益广告、卡通画册、个案释评、Flash等青少年喜闻乐见的形式,深入宣传《全国青少年网络文明公约》。组织青年志愿者和少先队员开展上街入户宣传,介绍公约内容和意义,张贴宣传画,发放宣传卡。在青少年特别是中小学生中开展"学公约、议公约、守公约、传公约"的主题活动,让公约的精神植根于青少年心中。

3. 开展"社区网络文明行"同伴教育活动。针对未成年人进入网吧、青少年沉溺网络游戏、不道德网络聊天等突出问题,开展社区青少年同伴教育,加强课余时间的相互监督。培养青少年文明上网的骨干,运用身边的案例,对同伴进行网络文明教育和自护教育,帮助他们增强安全防范意识和道德意识,自觉文明上网,远离网吧。对认真遵守公约,积极开展青少年网络文明同伴教育的先进个人进行宣传和表彰。

(二)配合文化部门深化"安全放心网吧"创建活动,积极营造健康文明的互联网上网服务场所

根据《互联网上网服务营业场所管理条例》和中青联发〔2001〕57号《关于在全国开展创建"青少年安全放心网吧"活动的通知》要求,各级团组织配合文化部门进一步深化创建"安全放心网吧"活动。

1. 推动网吧等互联网上网服务营业场所的行业自律。督促网吧互联网上网服务营业场所认真贯彻执行"两法一条例"中的有关规定,张贴或悬挂《全国青少年网络文明公约》,建立上网巡视和提醒制度,组织专门人员在营业场所随时巡视,对超时上网或浏览不良信息行为及时予以制止,采取文化部、公安部制定的网吧经营管理技术措施。

2. 进一步加强社会监督。配合文化等部门建立"安全放心网吧"监督队伍,招募青年志

愿者以及聘请一批政协委员、人大代表、离退休老同志担任监督员，组成专兼职相结合的社会监督队伍，依据创建标准对“安全放心网吧”争创单位的经营情况进行监督检查。建立快速信息反馈和问题处理机制，对发现的问题配合行政执法部门及时查处。

3. 广泛宣传“安全放心网吧”的先进典型。对认真遵守《互联网上网服务营业场所管理条例》、积极履行承诺书、严格按照“安全放心网吧”标准经营的互联网上网服务营业场所，要通过新闻媒体广泛宣传，发挥出“安全放心网吧”的带动和示范效应，促进整个行业的健康发展。

（三）动员青少年以及共青团和少先队所属媒体加强社会监督，探索建立长期的群防群控体系

1. 建立网吧监督举报热线电话，明确受理部门。各级团组织要配合有关部门向全社会公布一批专项整治行动的监督电话，充分利用现有电话举报网络，与各地的“110”、“148”、“12315”结合起来，各级团组织的权益工作部门为受理部门，及时向当地有关管理部门通报情况，逐步依托“青少年维权服务热线”和各级“青少年维权服务中心”，建立长期举报受理机制。

2. 动员组织青少年积极参与专项整治行动。针对网吧经营中出现的无证照或证照不全、接纳未成年人上网、在网上传播有害文化信息、超时经营等突出问题，广泛动员组织青少年特别是中小学生以及社区共青团和少先队组织，进一步加强对在社区开设的网吧等互联网上网服务营业场所的监督，积极为有关部门提供线索。

3. 组织共青团和少先队所属报刊、网站等媒体积极参与专项整治行动。充分利用各级团、队所属的报刊、网站等媒体，及时刊登专项整治行动的信息，对涉及青少年的重点问题进行深入采访报道，对违规经营的网吧等互联网上网服务营业场所给予曝光，对整治行动中的先进人物和典型事迹特别是义务监督员的工作进行广泛宣传。

五、实施步骤

（一）动员部署阶段（2 月 19 日至 3 月 20 日）。组织有关人员参加全国网吧等互联网上网服务营业场所专项整治电视电话会议。3 月 20 日前，各地要依据《关于开展网吧等互联网上网服务营业场所专项整治工作的意见》精神，按照《通知》的要求，明确各自的职责、任务，统一思想，提高认识，结合本地实际情况，制定具体的行动方案。

（二）推进实施阶段（3 月 20 日至 8 月 1 日）。8 月 1 日前，配合文化等部门，对网吧等互联网上网服务营业场所进行全面检查和督导。深入开展“两法一条例”、《全国青少年网络文明公约》的宣传教育和“社区网络文明行”同伴教育活动，深化“安全放心网吧”创建活动，开通举报监督热线。

（三）总结验收阶段（8 月 1 日至 8 月 31 日）。8 月 31 日前，对专项整治工作进行认真检查，重点是“两法一条例”和《全国青少年网络文明公约》的宣传教育情况、“安全放心网吧”创建活动以及青少年和团队所属媒体参与整治工作的情况及成效，于 8 月 15 日前，将工作总结报团中央社区和维护青少年权益部。团中央等单位将进行重点检查。

六、有关要求

（一）高度重视，加强领导。各地团组织要充分认识到对网吧等互联网上网服务营业场所专项整治工作对于促进青少年健康成长的重要意义，加强领导，明确职责，切实将这项工作摆上重要位置，由专门的工作部门承办这项工作。

（二）协同配合，积极参与。各级团组织要按照《国务院办公厅转发文化部等部门关于开展网吧等互联网上网服务营业场所专项整治意见的通知》要求，明确各自工作职责，根据各级协调小组的统一部署，与文化、公安、电信等

部门积极配合，密切合作，针对未成年人等重点群体，切实做好宣传教育、群防群控等方面的工作。

（三）精心部署，广泛动员。各地要根据《通知》的要求，迅速行动，结合本地实际情况制订切实可行的工作实施方案。要立足社区，针对青少年的身心特点，精心设计青少年喜闻乐见的活动，采取多种方式动员调动广大青少年参与行动的积极性。

（四）加强宣传，形成声势。在专项整治行动期间，要充分利用新闻媒体，通过广播、电话、报刊、网络等各种宣传手段，特别是共青团和少先队所属的新闻媒体，对整治行动进行集中报道，扩大舆论影响，营造全社会共同关注青少年网络环境的良好氛围。

附：全国青少年网络文明公约

要善于网上学习，不浏览不良信息。

要诚实友好交流，不侮辱欺诈他人。

要增强自护意识，不随意约会网友。

要维护网络安全，不破坏网络秩序。

要有益身心健康，不沉溺虚拟时空。

共青团中央办公厅
关于深入开展社区青年文化节活动的通知

2004年4月19日

共青团各省、自治区、直辖市委，军委总政治部组织部，全国铁道团委，全国民航团委，中直机关团工委，中央国家机关团工委，中央金融团工委，中央企业团工委：

社区青年文化节活动自2002年开展以来，各地团组织精心组织、积极创新，先后开展了以“永远跟党走”、“科学·文明·健康”为主题的系列活动，推出了大量紧扣时代脉搏、贴近青少年日常生活的活动项目。社区青年文化节活动的开展，弘扬了社会新风，丰富了社区青少年的文化生活，得到了各地党委和政府的肯定和社区广大人民群众、青少年的积极参与和支持。社区青年文化节活动已经成为共青团组织带领广大青年参与社会主义精神文明建设的重要工作项目，成为丰富和发展社区青年文化的重要工作手段。为此，团中央决定把社区青年文化节长期开展下去，现将2004年社区青年文化节的有关事宜通知如下。

一、指导思想

以“三个代表”重要思想为指导，深入贯彻党的十六大和十六届三中全会精神，围绕纪念五四运动85周年，认真总结社区青年文化建设的实践经验，在继承中华优秀传统文化的基础上，打造社区青年文化重点品牌。

二、活动主题

弘扬五四精神，肩负历史使命。

三、活动时间

活动时间为2004年5月至10月，5月上旬、暑假期间、10月上旬和下旬重点开展活动。

四、活动内容

2004年的社区青年文化节活动要结合纪念五四运动85周年，在以往活动基础上突出项目整合，注重开展好以下五个方面的工作。

1. 举办社区青年文化节优秀节目展演。近年来，社区青年文化节活动在全国各地开展得有声有色，涌现出一大批反映青少年精神风貌的优秀节目，各地要通过举办优秀节目展演，集中展现社区青年文化优秀成果，以充满青春气息的青年文化影响和带动社区文化的发展。

2. 推广社区青少年“三人篮球”运动。社区青少年“三人篮球”运动是适合在社区内开展的青少年体育活动。要积极争取社会支持，建立社区青少年篮球园地，配备“三人篮球”运动设施；通过青年中心、街道和社区团组织、青少年体育俱乐部等，组织青少年开展社区“三人篮球”争霸赛、区域联赛等活动，展现运动中的青春风采。

3. 继续开展“校园文化进社区”系列活动。要组织大学生及社团到社区开展专场文艺演出或联合社区共同开展文艺演出，宣传大政方针，传播先进文化，反映校园生活和社会新风，活跃社区文化，促进校园文化与社区文化的相互补充与融合。要依托青年中心，整合社区内的青少年文化活动和阵地资源，丰富校园文化和社区青年文化的内容。

4. 促进警营文化与社区青年文化互动。要按照共青团中央办公厅和武警总部政治部联合下发的《关于在全国大中城市警地团组织中开展“四联”活动的通知》（武警总部明传电报）要求，在大中城市警地团组织中开展“思想工作联抓、公益事业联做、人才培养联手、文体活动联谊”活动。各地团组织要积极主动地与当地武警部队建立联系，坚持资源共享、优势互补、区域联动、共同进步的原则，通过社区青年文化和青年中心等工作在警营官兵、社区青少年之间搭建交流、互动的平台。

5. 推动务工文化与社区文化的融合。积极组织进城务工青年参与社区青年文化节的各项活动，为他们提供自我展示的舞台，促进社区居民、青少年和进城务工青年及其子女之间的相互了解和交流，使进城务工青年感受到社区文化氛围的影响，逐步融入社区生活，增强社区归宿感。

五、活动要求

各地要高度重视社区青年文化节的组织工作，加强领导和协调，努力把社区青年文化节打造成社区精神文明建设的精品。要立足社区，突出地方特色和青年特点，创新活动形式，采取青少年喜闻乐见的方式，满足青年的文化需求，吸引青少年积极、广泛地参与到活动中来。

各地在社区青年文化节期间要加强宣传，利用报刊、广播、电视、互联网等媒体，多角度、多渠道宣传活动开展情况，展示社区青年文化的蓬勃朝气。请将社区青年文化节活动开展的文字和图片资料及时报团中央社区和维护青少年权益部。2004 年底将颁发社区青年文化节组织奖、创新奖。

共青团中央、卫生部关于开展“青春红丝带”行动——青少年防治艾滋病志愿者“面对面”宣传教育活动的通知

2004 年 4 月 27 日

各省、自治区、直辖市团委，卫生厅（局）：

为贯彻落实国务院“关于切实加强艾滋病防治工作的通知”精神，深入实施《中国预防与控制艾滋病中长期规划（1998—2010 年）》和

《中国遏制与预防艾滋病行动计划(2001—2005年)》,按照国务院防治艾滋病工作委员会统一部署,共青团中央、卫生部决定在全国重点地区开展"青春红丝带"行动——青少年防治艾滋病志愿者"面对面"宣传教育活动。现将有关事项通知如下。

一、目的和意义

牢固树立和落实科学的发展观,立足社区和村庄,在重点地区深入开展青少年防治艾滋病志愿者"面对面"宣传教育活动,进一步推动《共青团中央防治艾滋病战略规划》的实施,提高青少年防治艾滋病的意识和能力,促进广大青少年健康成长,为防控艾滋病在我国的蔓延,服务发展、稳定大局,全面建设小康社会做贡献。

二、活动主题

珍爱生命　远离艾滋　消除歧视　共享健康

三、活动范围

卫生部在全国建立的127个艾滋病综合防治示范区。

四、活动目标

1. 总体目标:

(1)在防治艾滋病的重点地区,逐步建立比较稳定的青年志愿者防治艾滋病宣传教育工作队伍。

(2)面向基层,建立能够开展青少年防治艾滋病宣传教育的长效工作制度。

2. 分目标:

(1)建立乡镇(街道)、村(居委会)两级青年志愿者防治艾滋病宣传教育小分队,通过培训,使他们掌握防治艾滋病的基本知识,具备独立开展"面对面"宣传教育工作的能力。

(2)团县(市、区、自治县)委与每个小分队签订工作协议。在基层社区、农村,由村(居委会)级的青年志愿者小分队每年开展一至两次青少年预防艾滋病"面对面"宣传教育活动。本地居住的青少年"面对面"宣传教育活动覆盖率达85%以上。

五、活动内容

在全国127个艾滋病综合防治示范区开展青少年防治艾滋病宣传教育工作。通过招募青年志愿者,培训青年骨干,建立乡(街道)、村(居委会)两级防治艾滋病青年志愿者宣传教育小分队队伍,深入社区、农村,每年开展一至两次青少年防治艾滋病"面对面"宣传教育活动。

1. 团县(市、区、自治县)委成立青少年防治艾滋病宣传教育总队。从各乡镇(街道)分别招募5名青年志愿者,组成乡镇(街道)级防治艾滋病宣传教育分队,由乡镇(街道)团委负责同志担任队长。通过为期一天的培训,使他们掌握必要的防治艾滋病知识和宣传讲解技能。

2. 由乡镇(街道)团委从各村(居委会)分别招募5名青年志愿者组成村(居委会)级防治艾滋病宣传教育小分队,村(居委会)团支部负责同志任队长,由乡镇(街道)级青年志愿者分队队员担任讲师,为他们讲解防治艾滋病的知识。

3. 在乡镇(街道)青年志愿者分队的指导下,各个村(居委会)级小分队深入到社区、村庄,每年开展一至两次防治艾滋病"面对面"宣传教育活动。

六、评估与表彰

1. 由团县(市、区、自治县)委对青年志愿者分队和小分队的宣传教育工作进行跟踪督导,及时了解和把握各点进展情况,给予必要的督促和指导。

2. 由团省(自治区、直辖市)委直接对团县(市、区、自治县)委的组织工作进行评估考核。团中央社区和权益部每年对组织有力、成效明显的团县(市、区、自治县)委,青年志愿者分队、小分队和优秀青年志愿者进行表彰。

七、保障措施

1. 团省(自治区、直辖市)委督导工作经费,团县(市、区、自治县)委督导、协调、培训经费由国务院防治艾滋病工作委员会办公室统一拨付至当地示范区办公室，由示范区办公室以报账方式支付。

2. 各类宣传资料由团中央、卫生部提供。

3. 卫生部门负责聘请专家为青年志愿者授课，讲解防治艾滋病的知识。

八、推进步骤

1. 2004年5月31日以前，团县（市、区、自治县）委成立青少年防治艾滋病宣传教育总队，从各乡镇（街道）分别招募青年志愿者，组成乡镇（街道）防治艾滋病宣传教育分队，完成对青年志愿者的培训。

2. 2004年6月30日以前，由乡镇（街道）团委从各村（居委会）分别招募青年志愿者组成村（居委会）防治艾滋病宣传教育小分队，完成对青年志愿者的培训。

3. 2004年7月和12月，各村（居委会）级小分队深入到社区、村庄，分别开展一次防治艾滋病“面对面”宣传教育活动。

4. 2005年以后，各村（居委会）级小分队在本社区、村庄每年开展一至两次防治艾滋病“面对面”宣传教育活动。

九、工作要求

1. 高度重视，加强领导。团省（自治区、直辖市）委、卫生厅（局）要指定专门部门负责此项工作，明确督导责任，建立督导制度，与本省（自治区、直辖市）的综合示范区建立直接联系。

2. 立足基层，积极推进。各综合示范区团组织和卫生部门要把工作的着力点放在社区和村庄，制定切实可行的工作方案，抓紧做好乡镇（街道）、村庄（居委会）两级青年志愿者小分队的建设和培训工作。

3. 创新方法，务求实效。各地要结合本地实际情况，研究制定科学有效的宣传教育方法，重点加强对青年志愿者的培训；要按照项目化运作的模式，落实资金、场地、人员，做到工作有部署、有行动、有检查。

4. 整合资源，密切配合。团组织和卫生部门要紧密合作，做好组织、培训和督导工作；开辟多种渠道，争取更为广泛的资金支持；积极动员医学专家、青少年工作者、社会知名人士参与宣传教育工作。

共青团中央、中央综治委预防青少年违法犯罪工作领导小组办公室关于在暑假期间开展“青春自护”活动的通知

2004年6月19日

各省、自治区、直辖市团委，预防青少年违法犯罪工作领导小组办公室：

为深入贯彻“三个代表”重要思想，认真实施《中华人民共和国未成年人保护法》和《中华人民共和国预防未成年人犯罪法》，贯彻落实《中共中央国务院关于进一步加强未成年人思想道德建设的若干意见》，增强青少年的自我保护意识和能力，促进青少年健康成长，共青团中央、中央综治委预防青少年违法犯罪工作领导小组办公室决定，今年暑假期间，在全国集中开展“青春自护”活动。现将有关事项通知如下。

一、活动主题

这次活动的主题是：自护自强，防范侵害。通过活动，进一步增强青少年的法制观念，提高青少年自我保护的意识和技能，有效预防和

减少青少年违法犯罪，促进青少年健康成长。

二、活动内容

1. 开展青少年自我保护主题教育活动

各地团组织要联合新闻出版系统编辑出版适合青少年阅读的自护书籍，积极为青少年推荐自护书目；通过举办读书会、专题讨论会、知识竞赛、绘画大赛、flash大赛等方式，有计划、有步骤地开展自护读书活动；通过举办模拟法庭、以案说法、自护训练营、消防夏令营等活动，使青少年在模拟体验中把自护知识变为自觉行动；广泛开展讲座、演讲、征文等活动，鼓励青少年将运用自护知识和技能有效保护自己的经历告诉别人，促进同龄人之间的互动教育，增强教育效果；以“净化校园，从我做起”为主题，举行主题团队会，使青少年了解“粗口歌”、淫秽“口袋本”、不健康音像制品和电子游戏等对未成年人的危害，自觉拒绝有害文化产品的诱惑，抵制不良文化的消极影响，自护自强，防范侵害。

2. 继续开展“青少年网络文明”行动

各地团组织要积极推广江西等地组织“青少年网络教育爱心大使”的经验，以网络为平台，向社会招募富有爱心、乐于助人、善于与青少年沟通、能熟练掌握网络知识的各界人士，担当网络辅导员和网络志愿者，帮助沉迷于网络的青少年树立正确的世界观、人生观、价值观，养成高尚的思想品质和良好的道德情操；暑假期间结合“四进社区”、大学生暑期“三下乡”活动，广泛开展青少年网络文明教育活动，组织青年志愿者深入社区、城乡结合部宣传“两法一条例”，开展多种形式的网络文明教育；组织中小学生开展生动活泼的同伴教育、体验教育活动，学习以网络知识、安全上网知识、文明上网知识、文明上网聊天等为主要内容的网络自护知识，培养法制观念和网络道德意识，自觉远离网吧，安全文明上网；聘请社区“五老”人士（老干部、老战士、老专家、老教师、老模范）担任社会监督员，动员组织青少年特别是中小学生积极参与网吧整治行动，为有关部门提供线索，建立长期的群防群控体系。

3. 开展青少年自护知识技能竞赛活动

各地团组织要联合广电部门制作、推荐一批优秀的自护教育专题片和歌曲，由电视台、广播电台安排适当时间播放；要动员社会力量向社区赠送一批优秀的自护教育音像制品，利用社区青少年活动中心、社区青少年法律学校、自护教育基地等阵地，组织青少年及其家长、老师观看；要结合收看自护节目，利用报纸、电视、网络等媒体，举办多种主题、形式的自护知识技能竞赛、电视擂台赛等，使青少年在收看节目、参与竞赛中学到必要的自护知识和方法，得到启迪和警示。团中央在适当时候举办青少年自我保护知识大赛，各地团组织要组织好本地区、本系统的参赛工作，保证参赛人数与答题质量。

4. 开展青少年自护教育培训活动

各地团组织在暑假期间要组建“青春自护”讲师团，讲师团由具有心理学、医学、社会学、法学等专业背景知识，较丰富的演讲和教学经验，热心青少年权益保护事业的专家组成；讲师团要定期赴社区向广大青少年宣讲青少年自我保护、青少年生理和心理的自我保健等方面的知识和技能，促使广大青少年树立科学、正确的自护观，掌握合理、实用的避险逃生方法，培养健康、成熟的心理承受能力和应对挫折的能力；团中央在适当时候组织讲师团到各地巡回演讲，各地团组织要做好配合、协调工作，保证这项活动的顺利开展。

三、活动要求

青少年自护教育是维护青少年合法权益的重要手段，是青少年健康成长的必修课。各级团组织要从关心祖国未来、培养社会主义事业合格接班人的高度，充分认识开展“青春自护”活动的重要意义，切实加强领导，集中力量抓好这项工作。

1. 集中力量，认真实施。各地要抓住暑假这一有利时机，结合本地区情况和青少年的特点，组织专门力量，精心设计、认真组织安排活动，保证活动操作上具有可行性，实施上具有普遍性。

2. 鼓励创新，讲求实效。要充分调动基层的积极性，尊重各地的首创精神，积极开发、利用各种社会资源，不断创新自我保护教育的方式、方法，使自护教育切实能为青少年提供帮助。

3. 积极宣传，营造氛围。各地要充分利用各种宣传手段，加强对“青春自护”活动的宣传工作，多角度、多渠道为活动的开展创造良好的舆论氛围，营造全社会关心青少年健康成长的社会环境。

4. 规范管理，确保安全。各地在开展活动过程中，要对参加的青少年、指导人员、教具、教材等严格管理，力求内容科学化、师资专业化、收费合理化，并采取有力措施确保人员安全。

各地请于7月15日前将活动方案报团中央权益部，并将活动开展过程中的好经验、好做法及时报团中央权益部。活动结束时应写出书面总结，于9月底前上报。共青团中央、中央综治委预防青少年违法犯罪工作领导小组办公室将对组织工作做得好的单位颁发组织奖。

共青团中央、全国青联
关于开展首届鲲鹏文学奖评选活动的通知

2004年6月21日

各省、自治区、直辖市团委，青联：

为了深入贯彻党的十六大精神和“三个代表”重要思想，坚持和落实科学发展观，鼓励和倡导全社会关注进城务工青年群体，征集、推广反映广大进城务工青年工作、生活的优秀文学作品，发掘进城务工青年文学人才，活跃进城务工青年文化生活，共青团中央、全国青联决定共同开展鲲鹏文学奖评选活动。现将有关事宜通知如下。

一、活动名称和时间

进城务工青年鲲鹏文学奖评选活动，简称鲲鹏文学奖，寓意着当代进城务工青年通过奋斗去实现人生理想，通过拼搏去改变人生轨迹，通过锤炼提高自身素质。

首届鲲鹏文学奖的征稿时间为2004年6月至9月。

二、主办、协办和承办单位

鲲鹏文学奖由共青团中央、全国青联主办。

首届鲲鹏文学奖由人民文学杂志社、中国青年出版（总）社、共青团广东省委、新浪网、中青网、打工青年发展网协办，由共青团广州市委承办。

三、指导思想

鲲鹏文学奖的评选工作要坚持“贴近实际、贴近生活、贴近群众”原则，发展健康有益、充满活力的进城务工青年文化，评选出思想性、文学性统一，真实地反映进城务工青年现实生活、精神风貌的优秀文学作品，在进城务工青年中选拔和培育一批热爱文学创作的文学新人和文学骨干，扶植新人新作，体现人文关怀。

四、参选人范围

鲲鹏文学奖面向广大进城务工青年中热爱文学创作的文学新人和文学骨干,同时欢迎全国的文学爱好者和专业作家参加。

五、评奖项目

鲲鹏文学奖按照小说、诗歌、散文、报告文学等类别设立一、二、三等奖若干。

六、评奖范围

1. 进城务工青年创作的文学作品;

2. 近年来出版或在正式出版物上刊发的反映进城务工青年工作、生活的文学作品。

七、评选基本标准

1. 体现思想性。所选作品符合先进文化的前进方向,应有利于倡导爱国主义、集体主义、社会主义的思想和精神,有利于倡导改革开放和现代化建设的思想和精神,有利于倡导社会进步、城乡发展的思想和精神,有利于倡导用诚实劳动争取美好生活的思想和精神。

2. 体现文学性。所选作品应是生动感人、催人奋进的优秀作品,体现出文学作品的艺术品位,反映和塑造出进城务工青年时代新形象。

3. 体现现实性。所选作品要贴近进城务工青年群体的实际,反映进城务工青年现实生活,特别是要真实地反映广大进城务工青年随着时代大潮外出求生存,求发展,用辛勤劳动创造祖国和自己明天的昂扬的精神状态。

八、评选机构

共青团中央、全国青联成立首届鲲鹏文学奖评选活动组委会(成员名单见附件),办公室设在团中央社区和维护青少年权益部。

九、评奖程序

1. 参评作品征集。各省、市、自治区团委、青联要广泛发动、积极组织,动员广大进城务工青年中的文学爱好者踊跃投稿。各有关出版单位和大型文艺杂志社接此通知后,请积极配合,组织有关稿件。稿件请在2004年9月15日前报送首届鲲鹏文学奖参评作品。作者也可直接投稿到承办单位。投稿地址:广东省广州市人民北路873号广州团市委社区与权益工作部,邮编:510170,在信封上要注明"鲲鹏文学奖"的字样,也可以将作品发至文学奖专用电子信箱(kpwx@ cycnet. com)。投稿者须在作品稿件上注明姓名、年龄、民族、身份证号码、是否进城务工青年身份、工作单位、联系方式(包括地址、邮编、电话、手机等)。

2. 推荐备选作品。组委会办公室报请组委会批准,聘请熟悉务工文学创作现状的若干作家、评论家和编辑组成审读小组,对推荐作品在广泛阅读、讨论的基础上进行筛选,提出适当数量的作品,作为提供给评委审读备选篇目。经由三名以上评委的附议,亦可在审读小组推荐的篇目以外,增添备选篇目。在评选过程中,将召开读者座谈会,听取读者的意见。

3. 投票产生获奖作品。评委在认真阅读全部备选篇目的基础上,经充分的协商与讨论,最后用不记名投票方式产生获奖作品,并按得票数量排出一、二、三等奖。所有备选篇目在新浪网、中青网和打工青年发展网(www. dgqn. com)上发布,并设置网上论坛,网上评论供评委会参考。

4. 获奖作品的数量。组委会根据投稿的实际状况确定该届评选的获奖作品数量。

5. 评奖揭晓。评奖揭晓后,评选结果由团中央和全国青联共同发布消息并召开鲲鹏文学奖颁奖大会,为获奖作者颁发证书和奖金,对组织发动工作突出的各地团委、青联、出版社、杂志社颁发鲲鹏文学奖组织奖。颁奖方式由组委会决定。

附:首届鲲鹏文学奖评选活动组委会名单

特邀专家评委:

(按姓氏笔划排序)

王　蒙　刘庆邦　刘　恒　杜卫东　肖复兴

张海迪　陆天明　陈忠实　柯　岩　贾平凹

海　岩　梁晓声

主　任：

杨　岳　共青团中央书记处书记、全国青联副主席

成　员：

胡增印　共青团中央社区和维护青少年权益部部长

姜新波　共青团中央社区和维护青少年权益部副部长

倪邦文　共青团中央统战部副部长、全国青联副秘书长

李师东　中国青年出版社副总编辑

谭君铁　共青团广东省委副书记

唐航浩　共青团广州市委书记

陈奕标　广东国讯电信股份有限公司、广东华鼎担保公司董事长

黄家武　广州市好迪化妆品有限公司总经理

办公室主任：

姜新波(兼)

办公室成员：

郭道新　共青团中央统战部社团与民族宗教工作处处长、全国青联社团工作部部长

褚　峰　共青团中央社区和维护青少年权益部社区工作处副处长

黄宾堂　中国青年出版社文学编辑室主任

陈少浩　共青团广东省委社区和权益部部长

晏拥军　共青团广州市委副书记

叶文静　共青团中央社区和维护青少年权益部社区工作处副处长

共青团中央、中央综治委预防青少年违法犯罪工作领导小组办公室关于推荐命名“全国青少年自我保护教育基地”的通知

2004年8月18日

各省、自治区、直辖市团委，综治委预防青少年违法犯罪工作领导小组办公室：

近年来，各地依托一些校外活动机构和场所，积极开展青少年自护教育工作，取得良好成效。为深入贯彻“三个代表”重要思想，认真实施《中华人民共和国未成年人保护法》和《中华人民共和国预防未成年人犯罪法》，贯彻落实《中共中央国务院关于进一步加强和改进未成年人思想道德建设的若干意见》，大力推进青少年自我保护教育工作，提高青少年自护意识和能力，共青团中央、中央综治委预防青少年违法犯罪工作领导小组办公室决定，在全国命名一批青少年自我保护教育基地。现将有关事项通知如下。

一、推荐范围

主要是针对青少年的特点，在心理健康、生理卫生、法律知识、消防安全、交通安全、紧急避险、治安防范、健康娱乐等方面坚持开展青少年自我保护教育的机构和场所。包括：消防展览馆(训练中心)、交通安全教育基地、自护技能训练基地、法制教育基地、医疗卫生以及高等院校、科研院所的实验室或实验基地等。

二、命名标准

1. 有固定的活动场所，配备青少年自我保

工作，大力推进"为了明天——预防青少年违法犯罪工程"

三、主要内容

1."为了明天——预防青少年违法犯罪工程"集中宣传。各地要积极主动地争取党政领导和相关部门的支持，开辟多种渠道，整合各类资源，广泛利用新闻媒体、互联网站、宣传橱窗、画册海报等形式集中宣传"为了明天——预防青少年违法犯罪工程"的品牌和各项工作内容，推动这项工程在全国的启动和实施，进一步深化预防青少年违法犯罪工作。

2.青少年学习宪法活动。宪法是国家的根本大法。各地要围绕"弘扬宪法精神增强法制观念"这一全国法制宣传日主题，在12月4日前后，采取青少年喜闻乐见的形式，开展青少年学习宪法活动。

3.《未成年人保护法》集中调研和讨论。全国人大已将未成年人保护法修订工作列入近期立法规划，这是未成年人保护工作的一件大事。各地要从实际情况出发，从多年来未成年人保护方面的主要状况和突出问题入手，集思广益，深入基层开展调查研究，广泛征集包括青少年在内的社会各方面意见，认真开展专题调研和讨论，使未成年人保护法的修订工作建立在更为坚实的基础上。

4.组织参与"全国青少年网上普法知识大赛"。为帮助广大青少年掌握法律常识，共青团中央、司法部、"我们的文明"主题系列活动组委会依托中青网、中国普法网等网站举办了"全国青少年网上普法知识大赛"，各地要组织青少年广泛参与这项活动，进一步引导青少年自觉学法、守法、用法。

四、工作要求

各地要高度重视"为了明天——青少年法制教育宣传周"活动各项工作，要尽快制定工作计划，做好组织实施工作。请于2004年11月28日前将工作计划，2004年12月10日前将工作简报、总结、有关图片报团中央权益部。

共青团中央、公安部、司法部、劳动和社会保障部、建设部、国家人口和计划生育委员会、国家工商行政管理总局、中央综治办关于开展第四届全国杰出（优秀）进城务工青年、进城务工青年先进集体、进城务工青年良师益友及"千校百万"培训工作先进集体评选活动的通知

2004年11月29日

各省（区、市）团委、中央企业团工委、公安厅（局）、司法厅（局）、劳动和社会保障厅（局）、建设厅（建委及有关部门）、计生委、工商行政管理局、综治办：

全国杰出（优秀）进城务工青年、进城务工青年良师益友及"千校百万"培训工作先进集体评选表彰活动的开展，树立了一大批优秀青年典型和在进城务工青年教育、管理和服务等方面付出辛勤劳动并取得显著成绩的先进集体和个人。为进一步深化"千校百万"培训工

作，营造有利于进城务工青年发展的良好社会环境，引导进城务工青年为全面建设小康社会做出应有的贡献，共青团中央、公安部、司法部、劳动和社会保障部、建设部、国家人口和计划生育委员会、国家工商行政管理总局、中央综治办决定，联合开展第四届全国杰出（优秀）进城务工青年、进城务工青年先进集体、进城务工青年良师益友及“千校百万”培训工作先进集体评选表彰活动。现将有关事宜通知如下。

一、评选范围

第四届全国杰出（优秀）进城务工青年的评选范围是：截至2004年12月31日，年龄不超过35周岁，由农村（含小城镇）到城市或发达地区从事合法工作的务工青年，以及外出务工后返乡创业的青年。

进城务工青年先进集体的评选范围是：35岁以下进城务工青年占所有务工人员80%以上的用工单位或青年组织。

进城务工青年良师益友的评选范围是：在组织实施进城务工青年培训工作以及维护进城务工青年合法权益工作中作出突出成绩的个人。

“千校百万”培训工作先进集体的评选范围是：参与培训工作的各级党委、政府以及团委、公安、司法行政、劳动和社会保障、建设、计划生育、工商行政管理、综治办等相关部门，街道办事处，企、事业单位，各类进城务工青年培训学校（站、点）。

二、评选标准

（一）全国杰出（优秀）进城务工青年的评选标准

1. 坚持四项基本原则，学习努力，积极上进，爱祖国、爱人民、爱家乡，具有优秀的思想道德品质。

2. 开拓进取，勤奋创业，甘于奉献，为务工地经济发展和社会进步做出了突出贡献，或积极返乡创业，在推动家乡三个文明建设的进程中发挥了重要作用。

3. 遵纪守法，弘扬正气，敢于运用法律武器同违法犯罪行为作斗争，维护自身或他人的合法权益，自觉实行计划生育，积极参与社会治安防范、法制宣传教育等社会公益活动。

4. 积极参加、支持“千校百万”进城务工青年培训工作，在本地区、本行业的进城务工青年中起到了模范带头作用。

（二）进城务工青年先进集体的评选标准

1. 自觉执行党的路线、方针和政策，与被招用的进城务工青年签订了合法劳动合同，并严格按照合同条款，履行企业的权利和义务，按时足额支付工资，注意改善进城务工青年的生活福利。

2. 采取有效措施对进城务工青年工作和居住地进行较好的卫生管理，建立起行之有效的安全保障体系，按时发放劳保用品，确保进城务工青年良好的工作生活环境和人身安全。

3. 关心进城务工青年学习成长，提供必要的学习、活动场所和阵地，积极开展丰富多彩的文化活动，切实提高进城务工青年整体素质，塑造健康向上的企业文化和打工文化。

4. 依法维护进城务工青年的合法权益，赢得了进城务工青年的信赖、欢迎，具有良好的社会声誉。

（三）进城务工青年良师益友的评选标准

1. 热心进城务工青年问题的研究，积极探索加强进城务工青年教育、管理与服务的对策和措施，为扎实有效地开展进城务工青年培训工作献计献策。

2. 卓有成效地动员组织相关部门、单位和社会各界参与“千校百万”培训工作；或亲身参与培训工作，尽职尽责，成绩突出。

3. 积极为进城务工青年办好事，办实事，无私奉献，事迹感人，取得了良好的社会效果。

4. 依法维护进城务工青年合法权益，赢得了进城务工青年的信赖、欢迎，具有良好的社会声誉。

（四）“千校百万”进城务工青年培训工作先进集体评选标准

1. 自觉执行党的路线、方针和政策，认真贯彻落实八部委《关于实施社区“千校百万”进城务工青年培训计划的意见》，成立了培训领导小组或协调机构，把培训工作列入本部门的工作规划。

2. 培训工作有固定的培训场所、健全合格的师资队伍，切实做到技能培训与道德、法制教育相结合，探索出了富有实效的培训模式，建立了比较完善的运行机制。

3. 工作人员职责明确，爱岗敬业，作风扎实，自觉遵守有关法规和培训工作的各项规章制度。

4. 将培训和服务有机结合，切实提高了进城务工青年的整体素质，受到广大进城务工青年欢迎和社会赞誉，在本系统、本地区的培训工作中起到了示范作用。

三、评选机构和办法

评选活动由共青团中央、公安部、司法部、劳动和社会保障部、建设部、国家人口和计划生育委员会、国家工商行政管理总局、中央综治办负责同志组成的全国“千校百万”进城务工青年培训工作领导小组负责，由设在共青团中央社区和维护青少年权益部的全国“千校百万”进城务工青年培训工作领导小组办公室具体负责评选的日常工作。各地由当地的进城务工青年培训工作领导小组负责评选工作的实施。

评选活动采取组织推荐和社会推荐相结合的办法。各地在逐级选拔、推荐、考核的基础上，根据分配名额向全国“千校百万”进城务工青年培训工作领导小组办公室推荐杰出（优秀）进城务工青年、进城务工青年先进集体、进城务工青年良师益友和“千校百万”进城务工青年培训工作先进集体的候选单位和个人。社会各界可直接向全国“千校百万”进城务工青年培训工作领导小组办公室推荐候选单位和个人。地方和行业推荐的候选集体和个人，由所推荐的省级培训工作领导机构和中央部门培训工作领导机构分别审核考查，全国杰出进城务工青年候选人由全国“千校百万”进城务工青年培训工作领导小组办公室委派工作组审核。最后，由全国“千校百万”进城务工青年培训工作领导小组评审产生评选结果，并召开表彰大会。

四、工作要求

1. 高度重视，加强领导。各地要把评选活动作为加强进城务工青年工作的一项重要任务抓实抓好，各有关部门要密切合作，认真做好评选推荐工作，及时向全国进城务工青年培训工作领导小组通报评选工作进展情况。

2. 公平公正，择优推荐。推荐候选集体和个人应本着公平竞争、择优推荐的原则，严格标准，实事求是，严格审核，确保质量。

3. 认真填写，及时上报。推荐候选集体、个人的名单、推荐表、事迹材料（2000 字左右，一式 10 份）以及杰出（优秀）进城务工青年候选人事迹材料简介（500 字左右，一式 10 份），务必于2004 年 12 月 24 日之前报全国“千校百万”进城务工青年培训工作领导小组办公室（地址：北京前门东大街 10 号　单位：共青团中央社区和维护青少年权益部法制工作处　邮编：100051 联系电话：010－85212136）。

共青团中央、民政部
关于在青年中心推广"爱心超市"项目的通知

2004年12月29日

各省、自治区、直辖市团委,民政厅(局):

近年来,很多城市在扶贫济困工作中通过建立"爱心超市"这种新的社区救助模式,广泛收集社会富余生活物资,扶助困难家庭,产生了较好的社会效果。为进一步深化创建"青年文明社区"活动,提高城市青年中心服务广大会员特别是帮扶城市社区困难家庭子女、进城务工青年等弱势群体的能力,共青团中央、民政部决定在城市青年中心建设工作中推广"爱心超市"项目。现将有关事宜通知如下。

一、工作目的

加大对社区内困难家庭及其子女、进城务工青年及其子女等弱势青少年群体的扶助力度,丰富城市青年中心的工作内容和服务项目。

二、推广理念

真情助困进万家

三、主要内容

1. 积极宣传发动,组织"爱心超市"货源。通过在社区进行深入细致的宣传,广泛传播开设"爱心超市"的宗旨和公益性原则。积极争取社会支持,动员机关、企事业单位,联合城市青年中心会员团体和加盟单位,向"爱心超市"捐赠各类生活物资,充实货源。采取自愿原则,向社区居民征集家庭富余生活物品,尤其是青少年文体活动器械、教材及辅导材料、书刊杂志、玩具、电器等。要经常性开展募集活动,保证青年中心"爱心超市"的货源和种类尽可能充足齐全。

2. 针对重点人群,提供有效的物质帮助。社区内低保户、低收入家庭、生活困难进城务工人员及其子女根据生活和学习情况,凭券或凭卡到"爱心超市"领取相应的用品。"爱心超市"也可以采取预约登记、送货上门等形式,主动有针对性地为社区困难群体提供物质帮助。应注重对扶助对象的长期关注,经常了解他们的困难和需求,以"爱心超市"缺货榜等形式向社会各界、本社区居民有针对性的征集物资并尽快发放出去。

3. 加强机制建设,实现工作可持续发展。各地要认真研究国内外"慈善超市"、"慈善工厂"经营方法,吸收借鉴成功的做法,逐步建立青年中心"爱心超市"物品募集、管理、估价、派发以及领取者资格评议的系列机制,积极探索现有条件下"爱心超市"运作的模式,实行"爱心超市"规范化发展,将援助变得日常化,让困难群体能够经常获得社会的关心和援助。

4. 开展爱心传递,建立青少年结对小组。结合社区关爱行动和"心手相连"——社区志愿者与未成年人结对活动,动员社区青少年与社区内困难家庭、单亲家庭、进城务工人员家庭子女等建立结对关系,用爱心促进大家共同成长,用真诚达到互帮互助。

"爱心超市"是各地在实践中探索出来的社会救济和慈善工作的有效形式。"爱心超市"建设和城市青年中心建设结合,有助于"爱心超市"长期持久地发展,有助于青年中心的项目扩展和服务能力提高,有助于促进扶贫帮困工作的日常化、长期化。

当前,要紧密结合元旦、春节期间的"送温

暖”工作开展青年中心“爱心超市”项目的启动和实施。要克服一些“爱心超市”物品单一、捐赠物品不实用等问题，动员更多的家庭投入到捐赠行列，加强各青年中心“爱心超市”之间的信息沟通，加强物资交流和调剂。民政部门、街道要对青年中心开展“爱心超市”建设给予大力支持，并加强指导，将其纳入社会救助工作的总体安排，并帮助做好宣传动员、物品派送、社会资源整合等项工作。各地团组织要把“爱心超市”作为城市青年中心建设的重要工作项目进行试点，认真组织青年中心工作人员、社区志愿者开展相关工作，并将其作为加强青年中心服务能力建设、增强青年中心凝聚力的一项工作抓实抓好。

十二、国际联络

共青团中央办公厅
关于成立共青团中央青年外事工作领导小组的通知

2004年3月15日

共青团各省、自治区、直辖市委，军委总政治部组织部，全国铁道团委，全国民航团委，中直机关团工委，中央国家机关团工委，中央金融团工委，中央企业团工委：

为进一步加强对青年外事工作的归口管理和协调指导，团中央书记处研究决定，成立共青团中央青年外事工作领导小组。由团中央书记处第一书记周强担任组长，书记处书记胡伟担任副组长。团中央国际联络部部长江广平、中国青年国际人才交流中心主任邓亚军、中国青年旅行社总社总经理张骏、中日青年交流中心主任陈松、志愿者行动指导中心主任卢雍政、全国青联中华青年交流中心主任吕虹、全国青联国际项目合作中心主任汤本渊为领导小组成员。

领导小组的主要职能是：更好地利用国内、国际资源，进一步拓展团的对外交往工作；领导、协调、规范和管理共青团系统涉外工作；研究和分析当前国际青年运动的形势和特点，为共青团工作提供参考和借鉴。

领导小组办公室设在团中央国际联络部，办公室主任由江广平同志兼任。

共青团中央、中联部、外交部、商务部、对外友协关于开展第二届“中国杰出(优秀)青年外事工作者”评选活动的通知

2004年7月14日

各省、自治区、直辖市团委,外办、对外友协,商务(外经贸)厅(局),军委总政治部组织部,中直机关团工委,中央国家机关团工委,中央企业团工委:

为切实贯彻落实全国人才工作会议精神,不断完善外事战线人才培养机制,进一步调动广大青年外事工作者的工作热情和积极性,激励他们在为全面建设小康社会创造良好的国际和周边环境的进程中做出更大贡献,共青团中央、中联部、外交部、商务部、对外友协决定,在全国范围内联合开展第二届“中国杰出(优秀)青年外事工作者”评选活动。

一、评选活动的组织领导

第二届“中国杰出(优秀)青年外事工作者”评选活动组织委员会由5个主办单位负责同志组成,负责本次评选活动的组织领导工作。由有关人员组成评选委员会,负责具体评选工作。

组委会下设秘书处,作为活动的办事机构,处理评选活动的日常事务。秘书处设在团中央国际联络部。

二、评选范围及标准

本次评选活动的范围是:年龄在40岁以下,在外交、外事、外经贸等领域从事涉外工作的青年。

本次活动将评出10名“中国杰出青年外事工作者”,50名“中国优秀青年外事工作者”。评选标准是:

1. 认真贯彻“三个代表”重要思想,积极参与对外开放实践;

2. 政治立场坚定,在对外交往、涉外谈判及国际活动中能够很好地维护国家利益和民族利益;

3. 业务功底扎实,勤于奉献,勇于创新,在本职岗位上有突出成就。

三、评选办法

候选人的产生方式采取部委推荐和地方推荐相结合的原则。

部委推荐是指本次活动各主办单位的参评人选由各单位负责向组委会推荐;非组委会成员单位的其他中直机关和中央国家机关各部门的参评人选,由中直机关团工委和中央国家机关团工委负责向组委会推荐;国资委监管中央企业的参评人选由中央企业团工委负责向组委会推荐;军队系统的参评人选由总政组织部负责向组委会推荐。其他特殊情况,由秘书处负责商组委会解决。

地方推荐是指各团省、自治区、直辖市委负责与其所在地区外办、对外友协、商务(外经贸)厅(局)等有关部门进行联络和协调,共同商定参评人选,向组委会推荐。

组委会秘书处对候选人材料进行初步整理和筛选后,交评选委员会进行评审,选定受奖人选,并将评审结果报组委会,由组委会成员单位联合表彰。

四、工作要求

“中国杰出(优秀)青年外事工作者”评选活动具有重要意义,各地要从进一步提高对外开放水平,培养具有国际竞争力的青年人才,推进全面建设小康社会的进程,实现中华民族伟大复兴的战略高度出发,认真抓好这项工作。各地和各有关单位应按照本通知的要求,

组织专门力量,精心组织,严格把关,积极做好候选人的推荐工作。务请于8月31日前将候选人名单、推荐表一式二份和候选人事迹材料(2000字以内)40份寄送组委会秘书处。

组委会秘书处通讯地址:北京前门东大街10号团中央国际联络部;邮政编码:100051;电话:010-85212103、85212063、85212162。

附:第二届“中国杰出(优秀)青年外事工作者”评选活动组织委员会名单

主任委员:

周　强　团中央书记处第一书记

常务副主任委员:

胡　伟　团中央书记处书记

副主任委员:

马文普　中联部副部长

王　毅　外交部副部长

于广洲　商务部副部长

李小林　对外友协副会长

委　员:

江广平　团中央国际联络部部长

尤建华　中联部机关党委副书记

闵永年　外交部干部司副司长

高文宽　商务部直属机关党委副书记

马小明　对外友协人事工作部副主任

秘书长:江广平(兼)

十三、志愿者

共青团中央办公厅关于印发《2004年全团青年志愿者工作要点》的通知

2004年2月27日

共青团各省、自治区、直辖市委,军委总政治部组织部,全国铁道团委,全国民航团委,中直机关团工委,中央国家机关团工委,中央金融团工委,中央企业团工委:

现将《2004年全团青年志愿者工作要点》印发给你们,请结合本地区、本单位实际贯彻执行。

2004年全团青年志愿者工作要点

2004年青年志愿者工作的总体思路是:以“三个代表”重要思想和党的十六大、十六届三中全会精神为指导,深入学习贯彻团的十五大、十五届二中全会精神,坚持服务大局、服务社会、服务青年,坚持着眼发展、着力建设的基本思路,以重点项目为带动,以组织建设和队伍建设为基础,以机制建设为保障,求真务实、开拓创新,为推动社会发展做出新贡献。

一、以重点项目为带动,全面推进各个领域的志愿服务工作

1.大力推进大学生志愿服务西部计划。实施西部计划是贯彻落实党的十六届三中全会确定的全面、协调、可持续的科学发展观,促进西部大开发战略、人才强国战略的重要举措。推进西部计划,要认真贯彻落实西部计划工作会议的精神，切实加强组织、招募、选派、培养、管理、就业、评估、配套、保障等各项机制建设，进一步建立健全科学、高效、持续发展的运行机制。

要精心组织招募工作，适当扩大实施规模。全国项目的招募工作将于3月份启动，根据中央财政的支持力度适当扩大规模。各级团组织要早做准备，尽早部署。高校团组织要全力抓好宣传发动、招募选拔等工作。西部地区团组织要尽快调查、了解基层的需求状况，确定服务岗位，确保招募、派遣工作顺利进行。

要扩大地方项目的实施规模。在完成全国项目任务的前提下，原则上各省、区、市都要参照全国项目的做法，主动争取资金、政策支持，普遍实施地方项目，广泛招募应届大学毕业生到本地的贫困地区和基层青年中心开展志愿服务，参加地方项目的大学生志愿者要力争达到10000人左右。全国项目和地方项目要做到统筹兼顾、配套推进、协调发展。

要加强对志愿者的管理和服务。各地要高度重视志愿者的安全、健康，确保志愿者充分发挥作用。要按照"谁用人、谁受益、谁负责"的原则，加强服务县项目办的工作，强化用人单位的责任，保护好、发挥好志愿者的积极性。要加强监督检查、考核评估，不断完善志愿者的日常管理，确保服务实效。要认真细致地做好一年期志愿者离岗的各项工作，积极争取党政部门、企事业单位支持，通过举办面向志愿者的专场招聘会，推动出台鼓励志愿者扎根西部的优惠政策等多种形式，努力为志愿者就业、创业和学习提供实实在在的服务。

要加强对西部计划的宣传。各地要注重通过各种媒体宣传志愿者的工作和服务情况，以"老百姓得实惠、志愿者长才干"为着力点，唱响"到西部去、到基层去，到祖国最需要的地方去"的主旋律，宣传志愿者在促进当地社会发展中所发挥的积极作用。同时，西部地区要通过多种方式介绍当地风土人情、自然条件及经济社会发展状况，帮助志愿者全面熟悉情况，引导志愿者更好地把理想和现实有机结合起来。为进一步营造氛围，形成导向，团中央将联合有关部门适时举行大学生志愿者报告团进行巡回报告。

2. 深入实施青年志愿者扶贫接力计划。要继续按照"团中央项目为示范、省级项目为主体、地方项目为基础"的思路，创新动员、招募、筹资等机制，大力推进扶贫接力计划，稳固支教、突出支医，拓展支科、支农项目，加大各地市级项目的实施力度，逐步扩大实施规模。扶贫接力计划和西部计划要在招募方式、招募对象和派遣时间等方面各有侧重，相互促进，协调发展。

要健全项目可持续发展的运行机制。在服务时间上，坚持长短结合，根据需求逐步实现招募工作经常化；在招募对象上，面向社会不同年龄层次的在职人员，重点招募具有中级以上技术职称和专业技能的志愿者。要积极争取各方支持，按照省、区、市内发达地区支援欠发达地区为主，跨省对口支援为辅的原则，深入推进地方项目的实施。今年团中央项目将达到500名，其中，研究生支教团将稳定在400人左右；面向社会公开招募100名具有专长的专业技术人员，集中在西部开展志愿服务。

深入实施青年志愿者西部计算机实用人才培训计划，发挥西部计划、扶贫接力计划志愿者的人才优势，继续创建西部计算机实用人才培训点和培训基地。

3. 不断拓展中国青年志愿者海外服务计划。实施海外服务计划，是共青团配合党政外交、促进中外友好、培养青年人才、服务国家利益的重要举措。团中央将积极争取商务部等部委的政策、资金支持，接受政府委托，在继续做好老挝、缅甸项目的基础上，积极启动向其他亚洲国家和非洲友好国家派遣志愿者的项目，扩大受援国范围和实施规模，不断提高服务水平，提升社会影响。实施海外计划将引入竞争机制，通过集中宣传、各地申办、分别招募、统一派遣的方式实施。

4. 进一步深化青年志愿者社区发展计划。要围绕服务困难群众、参与社区建设的宗旨，以在社区广泛推行志愿者注册制度为基础，以志愿者服务站建设为依托，以"一助一"为基本形式，深化志愿者为老服务金晖行动、百万青年志愿者助残行动，深入实施维护社会治安志愿者筑城行动，推动法律援助志愿者服务计划、消防志愿者活动、禁毒志愿者活动、青年志愿者"一助一"安置帮教结对服务和预防艾滋病志愿服务。在推进青年中心建设的总体框架下，积极发挥基层志愿者协会和社区志愿者服务站的桥梁纽带作用，将居民的需求和青年志愿者的招募与服务有效地联结起来。社区的志愿服务由团的社区和权益部门具体实施。

5. 广泛开展"保护母亲河"青年志愿者绿色行动营计划。各地要围绕环境保护和生态建设，按照"广泛动员、抓好示范、着力建设、全面推进"的思路，积极组织社会公众特别是青少年参与植树造林、防风固沙、治理污染等环保服务和生态建设，广泛开展保护母亲河行动的各项志愿服务活动。要积极研究、探索绿色行动营计划的实施方式和工作机制，大力推进绿色行动营基地建设，选择重点区域，建立一批志愿服务的示范基地。环保领域的志愿服务工作由团的青农部门具体实施。

6. 在青年中心的建设和管理中发挥重要作用。青年中心建设是牵动全团、事关全局的重点工作。各地要充分发挥志愿者和志愿服务在青年中心建设和管理工作中不可或缺的作用，为青年中心提供工作骨干和工作手段两方面的支持和配合。要配合相关部门做好青年中心志愿者专门招募选派工作，发挥志愿服务在青年中心建设和管理中的作用，要把志愿服务作为青年中心运行的重要载体，为青年中心提供动员和整合人力及其它社会资源方面的支持。

7. 不断加强志愿服务的项目体系建设。项目建设是推进青年志愿者行动的一项重要内容。各地要围绕完善社会主义市场经济体制、促进经济社会和人的全面发展的要求，以服务社会需求、服务人民群众生活需求为出发点，借鉴国际上的成功做法，科学规划志愿服务项目。要在深化并完善重点服务项目以及大中专学生志愿者文化、科技、卫生"三下乡"社会实践活动，大中专学生志愿者科教、文体、法律、卫生"四进社区"活动，中学生成人预备期志愿服务活动，百名博士西部行志愿服务、志愿者艺术团，青年专家科技服务团，少先队志愿辅导员等已有项目的基础上，结合实际大力探索实施新的项目，努力形成全国项目和地方项目相结合、长期项目和短期项目相衔接，涵盖不同领域、具有鲜明时代特征和青年特色的志愿服务项目体系。团中央将适时举办全国志愿服务项目展示、推介活动。

二、以志愿服务工作机构建设和志愿者协会建设为主体，加强志愿服务的组织建设

8. 大力推进志愿服务专门工作机构建设。承担西部计划等政府委托志愿服务项目，推动志愿服务事业的更大发展，都对志愿服务的工作机构建设提出了迫切要求。加强专门工作机构建设，是志愿服务组织建设的当务之急。各地要积极争取党政支持，借鉴江苏、辽宁等地成立团省委青年志愿者工作部以及其他省、区、市成立志愿者行动指导中心的做法，努力推动青年志愿者专门工作机构的建设。

9. 推动各级青年志愿者协会建设。志愿者协会建设，是志愿服务组织建设的重要方面。各级团组织要继续建立健全各级志愿者协会，完善各种规章制度，着力加强协会理事会、秘书处的建设。要扩大社会各界人士所占比重，积极邀请相关党政部门负责同志、广泛吸收社会各界热心人士加入协会理事会，并招募优秀志愿者参与协会秘书处日常工作，促进协会工作社会化。通过加强和改进协会工作，充分发挥其在调动开发资源、影响带动社会中的积极作用。

10.不断加强干部队伍建设。建立一支具有较高思想政治素质和工作水平的干部队伍，是推进青年志愿服务事业不断发展的基础。各级团的志愿者工作部门、机构和协会的工作人员要不断加强学习，进一步提高综合素质和工作能力，以适应志愿服务事业不断发展的需要。要大力弘扬求真务实精神，以志愿者精神办志愿者事业，加强调查研究，增强工作的针对性和实效性，在全面推进志愿服务这一高尚而崭新的事业的实践中建功成才。

三、推进志愿者注册制度与志愿服务立法工作，构建志愿服务的长效机制

11.广泛推行志愿者注册制度。志愿者注册制度是志愿服务队伍建设的核心，是志愿服务四大建设的切入点，要在推进志愿服务各项工作的全过程中一以贯之，常抓不懈。要把“注册便利化”和“服务便利化”作为推进目标，结合实际，努力实现志愿者、服务对象和活动项目的有效对接。要通过抓重点项目，抓大中学校、机关、企事业单位等组织化程度较高的重点单位，抓大型活动、环境保护、社区服务等参与面较广的重点领域，抓重大节日、纪念日，集中开展志愿者注册工作。坚持普遍号召与重点发动相结合，探索网上注册的有效方法，不断丰富动员方式和手段。要防止和克服片面强调数量，忽视质量的倾向，建设一支相对稳定、素质过硬的注册志愿者骨干队伍。要充分发挥骨干志愿者的主动性和影响力，团结、带动更多的青年投身志愿服务，激发基层志愿服务的活力。要加强对非注册志愿者的组织动员工作，努力建设一支规模宏大的志愿者队伍。

12.积极推进志愿服务立法。推进志愿服务立法，是进一步调动广大青年和全社会参与志愿服务的积极性、促进志愿服务事业的可持续发展、维护志愿服务组织和志愿者的合法权益的需要，有利于共青团组织依法推进志愿服务，更广泛地接受政府委托管理青年事务。已经立法的地方要认真总结经验，切实加强执法和宣传力度，依法开展志愿服务工作。尚未立法的地方要把推进立法摆到突出位置，积极争取立法机关和党政部门支持，开展相关调研工作，推动地方立法。团中央将总结、推广广东、山东、福建、河南、黑龙江和南京、宁波、杭州等地的立法经验，组织志愿服务立法的理论研究，推动全国立法进程。

13.全面加强志愿服务的运行机制建设。运行机制建设，是志愿服务持续有效开展的重要保障。各地要从经济社会发展需求和人民群众生产生活需求出发，从志愿服务的特点出发，探索形成经常性招募、社会化程度更高的动员机制。要推动基层志愿者组织抓好日常管理，各级团的领导机关和志愿者工作部门要重点强化规划、协调、指导职能，形成有力的管理机制。认真做好中国青年志愿者行动“十杰百优”评选表彰活动，中国青年志愿服务金奖、银奖、铜奖和服务奖章的审核颁授工作以及西部计划志愿者专项表彰和环保服务与生态建设奖评选表彰等工作，形成系统、规范、多层次的志愿服务激励机制。要努力培育社会资源，拓展筹资渠道，争取政府相关政策和专项经费支持，依托项目争取社会赞助，探索在各级青少年发展基金会设立志愿服务专项基金的路子，形成有效的筹资机制。要充分发挥青年志愿者工作部门、机构在建立规范、争取政策、完善机制、抓好示范、提供服务等方面的作用，形成全方位的协调机制。

四、利用有利契机，加强舆论宣传，努力营造促进志愿服务跨越式发展的良好氛围

14.抓住重要契机，广泛组织开展群众性志愿服务活动。今年3月5日是第5个“中国青年志愿者服务日”。各地要抓住有利契机，集中开展群众性志愿者活动。3月5日“中国青年志愿者服务日”，各地要围绕“行动起来，做注册志愿者”的主题，组织青年志愿者广泛开展注册和志愿服务活动，形成志愿服务的高潮。各地尤其是高校团组织，要抓住契机，大力宣传西部计划志愿者典型。12月5日“国际志愿者日”，各地要组织青年志愿者深入开展“真情送万家”志愿服务活动，为困难群众办实事、办好事。团中央将适时举办“志愿服务：促进社会发展——中国青年志愿者协会成立10周年高层论坛”，推动志愿服务更好地促进社会发展。

15. 加强舆论宣传，扩大青年志愿者行动的社会影响。各地要加强对西部计划、扶贫接力计划以及海外服务计划等各项重点工作的宣传，在全社会倡导“奉献、友爱、互助、进步”的志愿精神，普及志愿服务理念。要大力宣传青年志愿者的事迹和思想境界，在全社会展示当代青年服务祖国、服务社会、服务人民的精神面貌，展示中国青年面向世界、促进共同发展的时代风采。要加强宣传策划，讲求宣传艺术和宣传效果，提高宣传实效，形成宣传声势。要充分利用报刊杂志、广播电视、互联网等多种媒体和其他社会资源进行立体宣传。要采用新闻报道、专题专栏、公益广告、影视作品、系列丛书等多种形式进行深度宣传。要积极举办事迹报告会、理论研讨会、图片展、演唱会、摄影、征文比赛等各种形式的宣传活动，为志愿服务的进一步发展营造良好氛围。

共青团中央、全国学联、中国电视艺术家协会
关于实施西部基层检察院志愿服务行动的通知

2004年5月11日

各省、自治区、直辖市人民检察院、团委，新疆生产建设兵团人民检察院：

为鼓励和引导法律专业高校毕业生到西部基层和艰苦地区经受锻炼，健康成长，培养一批既具有扎实专业知识，又有基层工作经验和社会责任感的青年法律人才，进一步促进西部基层检察队伍建设，推动西部基层检察机关的各项工作，最高人民检察院、共青团中央决定共同组织实施西部基层检察院志愿服务行动。现将有关事项通知如下。

一、工作内容

按照公开招募、自愿报名、组织选拔、集中培训、统一派遣的方式，从全国普通高等学校(以下简称“高校”)招募一批品学兼优、具有奉献精神的法律专业应届毕业生，到大学生志愿服务西部计划服务县检察院从事为期1年的志愿服务。每个检察院派遣志愿者2—3名。志愿者服务期满后，鼓励其扎根基层，或者自主择业和流动就业。

二、选拔条件

本科及本科以上学历，应届高校毕业生；政治上过硬、品学兼优、具有奉献精神；以法律专业为主，适当招募一定数量中文、财会、法医以及计算机专业的毕业生；身体健康。

三、政策支持

参加西部基层检察院志愿服务行动的大学生志愿者除享受团中央、教育部、财政部、人事部《关于实施大学生志愿服务西部计划的通知》(中青联发〔2003〕26号)和《关于做好2004年大学生志愿服务西部计划工作的通知》

（中青联发〔2004〕16 号）规定的政策外，给予以下政策支持：

1. 服务期间，志愿者可参加国家司法考试，所在服务单位应向其提供与在职检察人员相同的复习时间；志愿者参加检察机关组织的复习，所需经费由最高人民检察院和有关省（区、市）人民检察院承担。

2. 服务期间，志愿者可在所服务的西部省（区、市）当地报名参加国家司法考试，享受司法部制定的有关优惠政策。

3. 服务期间，志愿者可享受所在服务单位自定的奖金和补贴。

4. 服务期满后，对于扎根西部地区的志愿者，检察机关应优先录用。志愿服务时间可确认为法律工作经历。

5. 鼓励各省（区、市）在组织实施大学生志愿服务西部计划地方项目时，引导更多优秀法律专业高校毕业生到基层检察院从事志愿服务，志愿者享受同等政策待遇。

这项工作的招募选拔、培训派遣、管理服务、评选表彰及项目实施经费等纳入大学生志愿服务西部计划。最高人民检察院筹措部分资金给予适当支持。

四、组织管理

1. 最高人民检察院、共青团中央共同负责这项工作的总体规划、协调、指导，落实有关保障政策。最高人民检察院主要负责确定、落实服务需求和岗位，协调组织专业培训，共青团中央主要负责志愿者的招募、培训、派遣等方面的组织实施工作，具体工作由团中央青年志愿者工作部承担。

2. 各省（区、市）人民检察院、团委具体负责工作的组织实施，同时负责协调、指导服务县开展宣传、组织工作；志愿者服务地所在县人民检察院、团委相互配合，按照"谁用人、谁受益、谁负责"的原则，切实做好志愿者的日常管理和服务工作。

五、工作要求

1. 高度重视，加强领导。实施西部基层检察院志愿服务行动，对于培养青年法律人才，锻炼检察官干部队伍，提高基层检察机关执法水平和办案质量，更好实现人民检察院立检为公、执法为民，"强化法律监督，维护公平正义"的宗旨，开创基层检察工作新局面具有重要意义。各级人民检察院和团组织要站在实践"三个代表"重要思想，促进我国经济社会全面、协调、可持续发展的高度，加强领导、密切配合、求真务实、开拓创新，及时解决工作中遇到的问题，确保这项工作稳步推进，健康发展。

2. 按需选拔，严格把关。各有关部门要按照按需、择优的原则认真做好岗位申报和志愿者遴选工作，要从政治素质、思想素质、工作作风、业务能力、健康状况等方面对报名者进行严格把关，真正把优秀的毕业生选派到西部基层检察机关的岗位上去。

3. 加强管理，务求实效。各有关部门要密切配合，狠抓落实，共同做好志愿者管理服务工作；各服务单位要切实担负起志愿者日常管理工作，加大培养力度，为志愿者发挥作用、成长成才创造条件；要努力营造良好舆论氛围，争取社会各界支持，共同推进这项工作。

全国农村党员干部现代远程教育试点工作领导协调小组办公室、共青团中央关于实施“全国农村党员干部现代远程教育试点工作”志愿服务行动的通知

2004 年 5 月 28 日

山东、湖南、贵州省农村党员干部现代远程教育试点工作领导协调小组办公室，安徽省委组织部，共青团山东、湖南、贵州、安徽省委：

为扎实推进农村党员干部现代远程教育试点工作，根据中组部《关于印发〈农村党员干部现代远程教育试点工作方案〉的通知》（中组发〔2003〕22 号）精神，探索让干部经常受教育、使农民长期得实惠、大学生真正长才干的有效途径，全国农村党员干部现代远程教育试点工作领导协调小组办公室（以下简称“全国远程办”）、共青团中央决定共同组织实施“全国农村党员干部现代远程教育试点工作”志愿服务行动。现将有关事项通知如下。

一、指导思想

坚持以邓小平理论和“三个代表”重要思想为指导，全面落实科学发展观的要求，按照党中央“努力提高农村党员干部的综合素质，不断增强农村基层党组织的创造力、凝聚力、战斗力，增加农民收入、促进农村经济社会发展”的要求，招募选拔一批具有较高政治素质和专业水平的大学毕业生到基层开展志愿服务，既为大学毕业生开辟创业成才的新途径，又为农村党员干部现代远程教育终端接收站点的基础建设和有效运转提供人才和智力支持。

二、主要内容

采取公开招募、自愿报名、组织选拔、集中派遣的方式，选派普通高等学校（以下简称“高校”）应届毕业生，到山东、湖南、贵州及安徽省金寨县的乡镇、村党员干部现代远程教育终端接收站点从事为期 1 年的志愿服务工作。志愿者服务期满后，鼓励其扎根基层，或者自主择业和流动就业。

根据全国农村党员干部现代远程教育试点工作的总体部署，并充分征求相关省的意见，2004 年志愿者的选派名额为 1061 名，即：山东 194 名，湖南 404 名，贵州 434 名，安徽 29 名。其中，安徽、山东两省的志愿者原则上从本省高校应届毕业生中招募，湖南、贵州两省的志愿者采取本省招募与全国调剂相结合的原则进行招募。志愿者基本条件是：政治素质高，具有奉献精神，能吃苦耐劳；本科及本科以上学历的应届高校毕业生；熟悉计算机、互联网基本操作；身体健康。

志愿者服务单位为当地乡镇党委办公室，具体在试点乡镇终端接收站工作。志愿者的主要任务是协助配合当地基层党团组织开展以下工作：农村党员干部现代远程教育终端接收站点的技术指导和巡回培训工作，为当地每个乡镇至少培养 2 名技术人员，为每个村至少培养 1 名技术人员；开展形式多样、内容丰富的基层党员干部培训工作；发挥共青团的组织优势，整合各类资源，为当地的农民增收、农村经济社会发展提供网络服务和其他服务；参与乡镇青年中心的建设和管理；积极探索试点工作规律，提出相关建议。

三、政策支持

1. 参加“全国农村党员干部现代远程教育

试点工作”志愿服务行动的志愿者享受团中央、教育部、财政部、人事部《关于实施大学生志愿服务西部计划的通知》(中青联发〔2003〕26号)和《关于做好2004年大学生志愿服务西部计划工作的通知》(中青联发〔2004〕16号)规定的政策。

2. 志愿者服务期间兼任乡镇团委副书记。

3. 志愿者服务经历视作下基层锻炼。

这项工作的招募选拔、培训派遣、管理服务、考核表彰及项目实施经费等纳入大学生志愿服务西部计划。

四、组织管理

1. 全国远程办、共青团中央负责这项工作的总体规划、协调指导和培训,检查有关政策的落实情况。全国远程办提出服务需求和岗位,负责对志愿者开展工作进行业务指导;团中央负责志愿者的招募、选拔、派遣、管理、服务等方面的具体工作。

2. 相关省远程办、团委负责本省工作的组织实施,同时负责协调、指导服务县开展宣传、组织工作;服务县(市)委组织部(远程办)、团委相互配合,协调乡镇党委具体实施这项工作和对志愿者进行日常管理。

3. 服务县(市)委组织部牵头,县远程办和团县委具体负责,加强对志愿者的培养和考核。

五、工作要求

1. 高度重视,加强领导。要从全面推进党的建设新的伟大工程的高度、从实施科教兴国战略和人才强国战略的高度,充分认识这项工作的重要意义,把这项工作与学习“三个代表”重要思想结合起来,与增加农民收入、统筹城乡发展结合起来,与农村党员干部教育、大学生成长成才结合起来。试点县(市)远程办、团委及服务单位主要负责同志要亲自抓,使这项工作成为建立远程教育科学管理机制的重要内容和有效途径,成为拓展志愿服务领域的有益尝试。

2. 严格管理,做好服务。要建立健全党委组织部门、远程办、团委和服务单位共同做好工作的协调议事制度,统筹做好有关组织、管理和服务工作。要按照“谁用人、谁受益、谁负责”的原则,明确职责,完善管理制度。要通过民主选举县志愿者服务队队长、成立临时党团组织等方式,实现志愿者的自我管理、自我服务。试点县(市)远程办、团委和服务单位要及时跟踪了解志愿者工作生活情况,协调有关部门落实相关保障政策和措施,切实帮助志愿者解决工作生活中遇到的困难、问题,做好服务工作。要树立安全第一、健康第一的思想,确保志愿者服务期间的身心安全、健康,确保志愿者的服务取得实效。

3. 加强宣传,营造氛围。要制定具体的宣传计划,围绕“党员干部受教育、老百姓得实惠、志愿者长才干、全社会树新风”的主题,突出宣扬志愿服务理念;要大力营造氛围,引导大学毕业生走“同人民紧密结合、为祖国奉献青春”的健康成长之路,形成投身西部、投身基层大有作为的积极导向,为推动农村经济社会发展和促进农村精神文明建设做出贡献。

4. 畅通信息,探索经验。要建立组织单位沟通信息、志愿者反馈信息和工作信息上报制度,适时把握这项工作的动态并及时调整完善。要注重建设,创新方式,不断总结提高,为农村党员干部现代远程教育工作的全面推广和志愿服务事业的长足发展探索经验。

全国农村党员干部现代远程教育试点工作领导协调小组办公室、共青团中央关于做好“农村党员干部现代远程教育试点工作志愿服务行动”人员培训工作的通知

2004 年 6 月 24 日

山东、湖南、贵州省农村党员干部现代远程教育试点工作领导协调小组办公室，安徽省委组织部，共青团山东、湖南、贵州、安徽省委：

根据全国试点办、共青团中央《关于实施“全国农村党员干部现代远程教育试点工作”志愿服务行动的通知》（中青联发〔2004〕26 号）、全国试点办《关于做好农村党员干部现代远程教育试点工作教学、管理和技术服务人员培训工作的通知》（远通字〔2004〕4 号）和共青团中央《关于做好 2004 年大学生志愿服务西部计划培训派遣工作的通知》（中青电〔2004〕39 号）要求，现就做好“农村党员干部现代远程教育试点工作志愿服务行动”人员培训工作通知如下。

一、培训工作的指导思想和目标任务

培训工作要坚持以邓小平理论、“三个代表”重要思想为指导，认真贯彻中央领导同志关于开展农村党员干部现代远程教育试点工作的重要讲话精神，着眼于提高大学生志愿者的政治思想素质和业务工作水平，按照求真务实的要求，加强领导，精心组织，周密安排，确保培训工作质量。

通过培训工作，使大学生志愿者充分认识农村党员干部现代远程教育试点工作的重大意义，弘扬志愿服务精神，明确工作任务和岗位职责，掌握应具备的基本知识和技能，增强做好志愿服务工作的信心，到服务地区后能尽快适应环境；为试点地区骨干队伍建设提供具有较高素质的专业技术人员。

二、培训的主要内容

培训包括综合知识培训和专业技能培训两方面内容。

综合知识培训内容，主要包括政治思想教育、志愿服务理念、志愿服务相关政策、大学生志愿服务西部计划和青年志愿者扶贫接力计划等志愿者典型事迹、健康保健及保险知识、服务地区风土人情等。

专业技能培训内容，主要包括中央关于开展农村党员干部现代远程教育试点工作的有关部署、现代远程教育基本原理、终端接收站点的建设和维护、辅助教学网络的使用和管理、教学的组织和管理以及教学效果的评估等。其中，以终端接收站点的设备操作和维护、教学活动的组织和管理等为重点。

三、培训的主要形式

省试点办、团省委要根据大学生志愿服务行动和农村党员干部现代远程教育试点工作的特点，结合当地实际情况，采取多种形式进行培训。专业技能培训要在集中授课的基础上，创造必要的实习环境，通过实际操作、现场观摩等形式进行培训。

四、培训工作的要求

培训工作的成效，直接关系到大学生志愿者到基层后的工作水平和服务质量。各省试点办、团省委要切实提高认识，加强协调，周密安排。培训工作由省试点办和团省委共同组织，在培训时可适当分工、各有侧重，团省委主要负责综合知识的培训，省试点办主要负责专

业技能的培训。

要确定培训教材。综合培训教材由团中央统一编发。专业技能培训以全国试点办组织编写出版的《农村党员干部现代远程教育试点工作培训教材》为基本教材。

要积极争取有关部门的支持,认真落实培训场所、培训师资、培训器材及后勤保障等工作。

要按照统一安排完成培训任务。按照大学生志愿服务西部计划的总体部署和统一安排,大学生志愿者于7月18日报到,7月19日至23日分别在山东、湖南、贵州、安徽四省省会城市接受培训,24日至25日统一派遣。对试点省的培训工作,全国试点办、团中央将适时进行督促检查。

各试点省于7月9日前和8月10日前,分别将培训工作方案和培训工作总结书面报全国试点办试点工作指导组和团中央青年志愿者工作部。

全国人大环资委、全国政协人资环委、共青团中央、水利部国家林业局、新华社、中央人民广播电台、中国青年志愿者协会关于开展“鄂尔多斯环保志愿服务与生态建设奖”评选活动的通知

2004年7月30日

共青团各省、自治区、直辖市委,全国铁道团委,全国民航团委,中直机关团工委,中央国家机关团工委,中央金融团工委,中央企业团工委:

为了贯彻落实党的十六届三中全会关于统筹经济社会发展、统筹人与自然和谐发展的重要精神,进一步在全社会树立生态建设和保护意识,同时,推进环保领域志愿服务深入发展,促进可持续发展,全国人大环资委、全国政协人资环委、共青团中央、水利部、国家林业局、新华社、中央人民广播电台、中国青年志愿者协会决定,从今年起在全国范围内开展“鄂尔多斯环保志愿服务与生态建设奖”评选活动,现就有关事宜通知如下。

一、评选组织

评选活动由主办单位共同组成评选活动组委会,对评选活动进行组织与指导,成立组委会办公室负责评选的日常工作,办公室设在团中央青年志愿者工作部。同时邀请生态建设、环境保护等方面的专家、从事环保与生态建设工作的人士及相关新闻工作者、学者组成专家评审委员会,按照“公开、公正、公平”的原则,开展评审工作。

二、评选范围

凡在全国范围内开展的野生动植物及其他自然资源保护、水土保持与荒漠化防治、环境污染治理和环境保护与可持续发展等方面的志愿服务特色明显并且具有一定科技含量的社会公益项目均可参加评选。所有参评项目的实施或推广时间均须达到3年以上。

三、奖项设立

评选表彰活动设“鄂尔多斯环保志愿服务与生态建设大奖”1个,奖金10万元,“鄂尔多斯环保志愿服务与生态建设奖”5个,奖金2万

元。另设提名奖若干。

四、评选标准

1. 志愿服务特色鲜明。参评项目应在志愿服务基础上进行,有一批数量相对稳定的志愿者队伍。

2. 项目的建设和管理比较规范。参评项目有实施目的、活动计划、规章制度,能经常性地开展相关活动。

3. 项目实施效果显著。参评项目应具有较高生态效益和经济效益,尤其是对生态环境的改善具有显著成效。

4. 项目易于公众参与。参评项目应具有广泛群众基础,群众参与程度比较高,社会影响比较大。

5. 项目具有较高推广价值。项目的实施具有示范作用,项目成果或实施模式能够在其他地区进行推广。

6. 项目具有一定的科技含量,对加强生态建设,改善生态环境具有积极的意义。

五、评选程序

评选活动分以下六个环节:

1. 申报:采取组织推荐和社会征选相结合的方式,由组委会发布公告向全社会广泛征集。各有关单位、各级团组织和环保志愿者组织均可推荐参评项目。个人自荐等社会征选项目需经县级以上团组织审核。所有参评项目均须认真填写项目申报表(见附件,同时可在活动网站 www.eepv.com 或 www.cycnet.com 下载),并附详细的项目实施情况介绍,由省级团委初选后统一报送评选办公室。各省级团委报送项目不超过3个。

2. 初选:组委会办公室负责对申报项目进行初选,提出候选项目建议名单,报组委会审定。

3. 复审:组委会对候选项目建议名单进行复审,并按照3倍于获奖项目数量的比例确定候选项目。

4. 实地考察:组委会组织部分评委前往候选项目实施地进行实地考察并进行评估。

5. 公示:组委会将候选项目通过新闻媒体向社会公示。

6. 评定:由评审委员会以无记名投票方式对候选项目进行评选,根据投票结果确定当年获奖项目。评定结果由公证机构公证。

六、工作要求

各级团组织要高度重视此项评选活动,积极组织项目申报。对申报的项目要认真筛选,严格把关。县级以上团组织对个人自荐等社会征选项目要热情接待,切实做好项目的各项申报工作。要积极开展相关的宣传报道,促进志愿服务事业与生态环境建设和保护工作不断向前发展。

1. 参评者须尽量完整回答出所附申请表内容,其中“必填项目”须填写完整,否则申请表视为无效。

2. 每个参评项目的申请资料中必须提供与参评项目相关的至少4张彩色幻灯片或照片。这些资料将由组织者保留并有权用于评奖活动的宣传。资料上必须清晰标有项目名称、内容说明等。组织者有权使用获奖项目的所有资料进行非商业性的宣传,获奖项目本身也要准备参加适当的宣传活动。

3. 报送资料中可以包括能够进一步说明项目情况的其他照片、图片、录像带、光盘、文献资料、样品等,以供评委作为评选参考。

4. 报名申请表格及所有的附属申报资料报送截止日期为2004年9月15日(以当地邮戳为准)。申报材料请于2004年9月15日前报团中央青年志愿者工作部。同时将申报材料的电子版发送 E-mail 至 zyz036@cycnet.com。

5. 参评项目及所报送资料应正确、真实反映项目情况。如有作假或虚报现象,评委会将立即取消其参评资格,并保留对外公布的权利。

联系人:皮钧、张俊虎、徐博函

联系电话:010－85212249

传真:010－85212239

地址:北京市前门东大街10号,邮编:100051。

E－mail:zyz036@ cycnet. com

共青团中央、中国关工委、全国老龄办、全国少工委关于实施“爱心助成长”志愿服务计划的通知

2004年9月16日

各省、自治区、直辖市团委,关工委,老龄办,少工委:

为贯彻落实《中共中央国务院关于进一步加强和改进未成年人思想道德建设的若干意见》(以下简称《若干意见》)和全国加强和改进未成年人思想道德建设工作会议精神,充分发挥中老年人特别是健康低龄老人在教育引导未成年人方面的积极作用,为广大未成年人营造良好的成长氛围,共青团中央、中国关工委、全国老龄办、全国少工委决定共同开展“爱心助成长”志愿服务计划(简称“成长计划”)。现将有关事项通知如下。

一、工作目标

坚持以邓小平理论和“三个代表”重要思想为指导,深入贯彻党的十六大精神,坚持贴近实际、贴近生活、贴近未成年人,坚持实践育人,坚持以人为本,发挥志愿服务的动员优势,发挥中老年人的亲情优势和人力资源优势,组织社会公众特别是健康低龄老人以志愿服务方式参与未成年人思想道德建设,为促进未成年人健康成长营造氛围、做出贡献。活动首先在全国重点城市进行试点。通过积极探索,总结经验,完善机制,力争用3—5年时间在全国县级以上城市中全面推广这项工作。

二、工作内容

按照公开招募、自愿报名、组织选拔、经常服务的方式,招募热心未成年人教育工作、有责任心的健康低龄老人及部分中青年人注册为成长计划志愿者,组建以“五老”(老干部、老战士、老专家、老教师、老模范)为主体、吸收中青年人参与的专门志愿者队伍,围绕加强和改进未成年人思想道德建设开展“假日”、“宣讲”、“护苗”、“监察”、“关爱”等项目的志愿服务。主要工作内容包括:

1. 假日社区德育志愿行动。本项目志愿者利用节假日,以组织兴趣小组、辅导班等多种形式,对社区内未成年人开展思想道德教育、科普知识培训、绿色承诺教育、普法教育、心理健康咨询、文化娱乐等志愿服务,努力培育他们的劳动意识、创造意识、效率意识、环境意识和进取精神、科学精神以及民主法制观念,增强他们的动手能力、自主能力和自我保护能力。

2. 爱国教育宣讲志愿行动。本项目志愿者以“一带一”(1名老同志带1个班级或1个少先队中队)结对担任“志愿辅导员”的方式,采取报告会、座谈等多种形式,定期到本地中小学校,开展以爱国主义、民族精神、理想信念等为主要内容的宣讲活动。力争用5年左右的时间,为全国每个中(初中)小学班级、少先队中队聘任1名“志愿辅导员”。

3. 护苗志愿行动。本项目志愿者经集中

培训掌握未成年人行为规范内容后，佩戴专门标志，按照就近就便原则，定期在所辖地区进行巡视，以未成年人行为规范为准则，随时随地对未成年人的不规范行为进行教育引导并及时纠正。

4. 场所监察志愿行动。本项目志愿者由相关部门聘为“志愿监督员”，佩戴专门标志，配发专门证件，以小分队的形式，随时到各种禁止未成年人出入的场所进行监督检查，如发现违规情况及时举报并协助公安、文化等部门对这些场所进行查处。

5. 关爱志愿行动。本项目志愿者主要对农村未成年人、流动人口家庭子女、特困家庭子女、留守儿童、孤残儿童、流浪儿童、失足少年等弱势未成年人群体给予关心、帮助，了解这些未成年人生活的困难和学习上的需求，通过定期组织城市中的志愿辅导员对他们进行思想道德教育、文化补习、募集、筹措资金和物品等形式，动员组织社会各界对他们的学习和生活给予特别关爱，为他们献爱心、送温暖。

三、组织领导

1. 共青团中央、中国关工委、全国老龄办、全国少工委等部门联合成立全国成长计划领导小组（以下简称“领导小组”），负责这项工作的总体规划、协调和指导。

2. 各省（区、市）团委、关工委、老龄办、少工委要相应联合成立省（区、市）领导小组，负责本省（区、市）这项工作的协调组织。各级少工委、关工委要按照全国少工委、中国关工委《关于进一步发挥“五老”少先队志愿辅导员在加强未成年人思想道德建设中的作用的通知》（中少联发〔2004〕2 号）的具体要求，利用此次纳入志愿者规范的契机，推动少先队校外志愿辅导员的机制化建设。

3. 各试点地（市）相关部门要相应联合成立领导小组，协调所辖区（县）相关部门组织好志愿者的招募、培训、管理、服务、监督、考核等工作，并指导社区团组织和少工委组织积极开展相关工作。

各级领导小组办公室设在团委，具体负责日常工作。

四、工作要求

1. 加强领导，密切配合。要站在实践“三个代表”重要思想，培养社会主义事业合格建设者和接班人的高度，充分认识这项工作的重大意义。各地要在党委的领导下，健全组织机构，明晰职责，统筹规划，狠抓落实；各有关部门要密切配合，相互支持，加强沟通，合力推进这项工作；要积极争取社会各界的支持，整合社会资源，引导更多公众关心支持未成年人思想道德建设。

2. 广泛动员，强化培训。要与推行志愿者注册制度相结合，开展大规模的集中招募活动，形成争当成长计划志愿者的热潮；要结合各项目特点，突出招募重点，充分发挥居委会、社区等基层组织的作用，加大对重点专业和重点人群的动员力度，确保招募到素质高、责任心强、富有爱心的志愿者；要采取多种形式开展培训工作，重点加强志愿服务理念和青少年思想道德教育等方面内容的培训。

3. 加强宣传，营造氛围。要充分利用各类媒体，大力宣传这项工作的重大意义，引导全社会关心支持未成年人思想道德建设工作；要本着“三贴近”的原则，深入基层，通过设立咨询台、悬挂横幅、招贴画、黑板报、发放招募手册等，开展形式多样的宣传活动；要注重挖掘活动中涌现出的先进典型，通过各类媒体进行充分深入地报道，发挥典型引路的作用，引导更多健康低龄老人并带动社会各界参加到这项活动中；要通过全方位、多层次、有重点的宣传，努力在全社会营造良好的舆论氛围。

附：全国“爱心助成长”志愿服务计划领导小组成员名单

组　长：赵　勇　共青团中央书记处常务书记、全国少工委主任

副组长:张晓兰　共青团中央书记处书记、全国少工委常务副主任

郭锡权　中国关工委副主任

袁新立　全国老龄办副主任

成　员:卢雍政　共青团中央青年志愿者工作部部长

张欣欣　共青团中央少年部副部长

王　路　共青团中央权益部副部长

张学成　共青团中央青年志愿者工作部副部长

陈　田　中国关工委办公室副主任

程　勇　全国老龄办联络部主任

共青团中央、卫生部、中央电视台关于开展“中国青年志愿者医疗扶贫万里长征”活动的通知

2004年9月22日

共青团江西、山东、湖南、广西、重庆、四川、贵州、云南、陕西、宁夏、甘肃省(区、市)委:

2004年是红军长征出发70周年。为深入贯彻党的十六届三中全会和十届全国人大二次会议精神,贯彻落实《中共中央国务院关于进一步加强农村卫生工作的决定》,探索通过志愿服务方式为改善贫困地区医疗卫生状况做贡献的新途径,引导更多公众关注农村群众医疗卫生状况,关心支持农村公共卫生体系建设,在全社会进一步弘扬“奉献、友爱、互助、进步”的时代新风,共青团中央、卫生部、中央电视台决定共同举办“中国青年志愿者医疗扶贫万里长征”(以下简称“医疗扶贫万里长征”)活动。现将有关事项通知如下。

一、活动内容

以“当年红军长征求解放,而今我们长征送健康”为主题,整合社会各界资源,通过招募医疗卫生志愿者,组建一支流动服务队,在红军长征出发70周年之际,以当年中央红军长征所经过的路线为活动主线,重点选择老、少、边、穷地区作为服务点,为基层群众开展大病普查、送医送药、医务培训、卫生讲座等服务。活动将邀请有关专家全程参与,对整个活动期间的调研成果进行系统归纳和总结,就探索建立农村公共卫生医疗体系问题提出建议。活动告一段落后,将建立医疗志愿服务培训基地,设立培训基金,对贫困地区基层医务人员进行定期培训。

二、时间及范围

2004年10月16日开始,到2005年1月中下旬结束。活动车队从江西省于都县出发,途经江西、湖南、广西、贵州、云南、四川、重庆、甘肃、宁夏、陕西等10个省(区、市),从沿途100余个县市中选择25—30个县市的部分乡镇作为服务点,每个服务点服务2—3天,最终到达陕西省延安市。

三、活动方式

采取流动服务车队的形式。车队包括具备医疗检查、简单手术、科普宣传等功能的各式车辆5—6辆。所需医护和后勤保障人员全部由志愿者担任。医护人员的招募分为两部分进行。骨干人员主要由山东团省委、青年志愿者协会联合省卫生厅在山东省各大医院招募,人数为15—20名,以后根据实际情况进行调整充实;途经各省(区、市)协调各服务点基层医疗单位,调配医务人员,配合车队开展现场医疗服务。活动同时将充分发挥在当地服务的大学生志愿服务西部计划和青年志愿者

扶贫接力计划支医志愿者的作用。后勤保障人员由山东省青年志愿者协会、山东保法医疗科技股份有限公司共同负责招募。

四、服务项目

各省(区、市)根据本地实际情况,围绕以下项目有选择地开展服务。

1. 为一批群众进行常见病诊治并赠药(含简单手术)

2. 针对特殊群体开展一次巡诊

3. 为至少一位贫困肿瘤病人进行长期跟踪治疗

4. 开展一次大病普查

5. 为群众开展一次卫生知识讲座

6. 对基层医护人员进行一次培训

7. 向基层医疗单位赠送一批药品和医疗器械

8. 向群众赠送一批医疗卫生刊物

9. 开展一次长征精神宣传活动

10. 对车队骨干人员和当地青年志愿者进行一次爱国主义和理想信念教育

五、组织领导

1. 组织单位:由团中央、卫生部、中央电视台共同主办。中国青年志愿者协会、山东保法医疗科技股份有限公司承办。共青团山东省委、卫生厅、青年志愿者协会,活动途经10省(区、市)团委、卫生厅(局)、青年志愿者协会,济南市卫生局以及中国重型汽车(集团)有限公司等赞助企业共同协办。

2. 组委会:组委会成员由主办、承办及协办单位有关负责人担任(名单见附件)。

3. 组委会及秘书处各工作机构职责

组委会:负责活动的总体规划、指导和协调。组委会秘书处在北京、济南分别设立办公地点。

综合协调部:联系国家有关部委;统筹协调组委会各部门及组委会与各分组委会间的工作;策划组织大型活动。

医疗技术部:指导医护人员开展大病普查、疾病诊治、卫生知识讲座等服务;招募、培训骨干医护人员和后勤保障人员。

宣传联络部:制定总体宣传方案;协调中央新闻媒体;制作宣传品;策划出版纪实作品。

市场开发部:制定总体筹资方案;筹措活动所需资金和物资。

后勤保障部:为组委会及车队人员提供生活保障;对交通、医疗、通讯设备进行维护。

分组委会:由活动途经各省(区、市)团委牵头,联合卫生厅(局)等有关部门,成立活动分组委会,选派1名专职团干部借调到组委会秘书处工作,制定本地活动实施方案。方案应包括以下内容:活动服务点的选择、车队行进路线、服务点医疗卫生现状、服务内容及形式、安全保卫措施、后勤保障措施、宣传工作安排等。

安全工作总协调人:由组委会秘书长兼任,负责协调组委会各部门及活动途经各省(区、市)有关部门,定期召集安全工作联席会议。主要职责包括:对活动人员进行安全培训;制定安全工作应急预案;协调公安部门,加强在服务期间及车队行进途中的安全保卫工作,必要时安排警车开道;根据天气、地形等实际情况确定行进路线,在路况复杂地区增配当地司机;购买人员和财产保险;购置必要的安全设备。

安全工作协调人:由各分组委会主要负责人担任,按照总协调人统一部署,协调、落实本地安全保障工作。

六、工作步骤

1. 成立组织机构

9月16日,组委会成立并召开第一次会议,组委会成员及秘书处工作人员参加,秘书处开始工作。随后,活动途经各省(区、市)成立分组委会。

2. 确定服务点

9月25日前,各分组委会向组委会报告本地活动实施方案。

10月初，组委会确定服务点及车队行进路线。

3. 招募志愿者

9月中旬，招募骨干医护人员。

10月7日—9日，对首批招募的志愿者进行集中培训。

4. 车辆物资集结

10月初，活动所需车辆在济南集结，安装调试设备，装载物资。

10月14日，全部人员和车辆在江西于都集结完毕。

5. 活动正式启动

10月12日，举行活动启动新闻发布会。

10月16日（或17日），在江西省于都县举行出征仪式。

6. 各省（区、市）活动时间安排

江西（10月16日—10月25日）→湖南（10月25日—11月1日）→广西（11月1日—11月9日）→贵州（11月9日—11月19日）→云南（11月19日—11月27日）→四川（11月27日—12月6日）→重庆（12月6日—12月13日）→四川（12月13日—12月16日）→甘肃（12月16日—12月23日）→宁夏（12月23日—12月30日）→陕西（12月30日—1月10日）

以上时间安排可根据活动进展情况进行调整。

7. 总结大会

2005年2月底或3月初，在北京举行总结大会，回顾活动历程，汇报活动成果，表彰先进单位和个人。

七、经费保障

活动所需资金和物资主要由组委会负责筹措。各分组委会要积极争取党政支持，整合社会各界资源，为活动提供更多资金和物资。

捐赠资金汇入中国青年志愿者协会账号，由中国青年志愿者协会代管；捐赠物资由组委会市场开发部或山东保法医疗科技股份有限公司负责接收。

八、工作要求

1. 高度重视，加强领导。要站在实践“三个代表”重要思想，落实科学发展观的高度，充分认识这项活动的重大意义。各地要健全组织机构，明晰职责，统筹规划，狠抓落实；各地之间要加强协调，密切配合，搞好衔接；要把安全问题摆在突出重要的位置，认真细致地做好安全保卫方案，确保车队行进途中的交通安全和服务期间的医疗安全；要积极整合社会各界资源，为活动提供更多支持。

2. 求真务实，务求实效。各地要按照“立足基层，面向群众，规范运作、讲求实效”的原则，紧密结合基层实际，紧密结合群众需求，制定切实可行的活动方案；要突出活动内容的实效性，不搞花架子，不好大求全，力戒形式主义，力戒商业炒作；要通过开展这项活动，为改善基层群众的健康状况和贫困地区的医疗卫生状况做出实实在在的贡献。

3. 加强宣传，营造氛围。要大力宣传长征精神、求真务实精神和志愿精神，同青少年思想道德建设相结合，同青年文化行动相结合，把握正确导向，唱响主旋律；要上下联动，充分调动中央媒体和地方媒体两个方面的力量；要通过专题片、纪录片、宣传册等多种形式，通过广播、电视、报刊、网络等各类媒体，加大宣传力度，营造良好的舆论氛围，引导更多公众关注农村群众医疗卫生状况，关心支持农村公共卫生体系建设，在全社会进一步弘扬“奉献、友爱、互助、进步”的时代新风。

附：“中国青年志愿者医疗扶贫万里长征”活动组委会人员名单

主任委员：

赵　勇　团中央书记处常务书记、全国青联主席、中国青年志愿者协会理事长

朱庆生　卫生部副部长

副主任委员：

张长明　中央电视台副台长
卢雍政　团中央青年志愿者工作部部长、中国青年志愿者协会副理事长
徐　科　卫生部农村卫生管理司司长
马纯济　中共济南市委副书记、中国重型汽车(集团)有限公司董事长
于保法　十届全国人大代表、山东保法医疗科技股份有限公司董事长

委　员：
袁正明　中央电视台社教中心主任
郭　平　团中央青年志愿者工作部副部长、中国青年志愿者协会副秘书长
孙爱军　共青团山东省委副书记
肖洪波　共青团江西省委副书记
张值恒　共青团湖南省委副书记
全桂寿　共青团广西区委副书记
彭　烨　共青团重庆市委副书记
吴　旭　共青团四川省委副书记
陈昌旭　共青团贵州省委副书记
何池康　共青团云南省委副书记
尉俊东　共青团陕西省委副书记
柳　鹏　共青团甘肃省委副书记
王永斌　共青团宁夏区委副书记
贾堂宏　济南市卫生局局长

秘书长：
郭　平(兼)

副秘书长：
廖　恳　团中央青年志愿者工作部项目规划处处长、中国青年志愿者协会副秘书长
冯俊良　共青团山东省委宣传部部长
熊源发　共青团江西省委宣传部部长
徐　勇　湖南省志愿者行动指导中心主任
李英海　共青团广西区委宣传部部长
雷　虹　共青团重庆市委宣传部部长
李阳学　共青团四川省委宣传部部长
马　雷　贵州省青年志愿者行动指导中心主任
毕小忠　云南省青年志愿者指导中心主任
张耀功　共青团陕西省委宣传部部长
李积麒　共青团甘肃省委宣传部部长
刘成孝　共青团宁夏区委宣传部部长
季　明　山东保法医疗科技股份有限公司总经理助理

共青团中央、卫生部关于实施农村公共卫生体系志愿服务项目试点工作的通知

2004 年 9 月 23 日

北京市、河北省、内蒙古自治区团委、卫生厅(局)，中国协和医科大学(中国医学科学院)、北京医院、中日友好医院、北京大学医学部：

根据党中央、国务院关于进一步加强农村卫生工作的一系列决定和要求，为配合全国农村公共卫生体系的建设，积极探索以志愿服务促进农村公共卫生体系建设的新模式，共青团中央、卫生部决定在河北省张北县和内蒙古自治区喀喇沁旗实施农村公共卫生体系志愿服务试点项目。现将有关事项通知如下。

一、指导思想

以邓小平理论和“三个代表”重要思想为指导，牢固树立和认真落实科学发展观，发挥卫生系统和共青团、志愿者组织优势，整合社

会资源，为受援地提供基本医疗、人员培训、健康宣传等服务，探索通过志愿服务方式促进农村公共卫生体系建设的有效途径，为提高农村群众健康水平服务。

二、工作目标

力争通过一年的试点工作，使试点县医疗卫生人员整体素质、农民健康保健意识和农民就医率有所提高；努力探索志愿服务如何在农村公共卫生体系建设中发挥作用，总结工作规律和经验，为在全国推广实施打下基础。

三、志愿者的构成和来源

本项目志愿者由大学生志愿服务西部计划的支医志愿者（大学生志愿者）和在相关省（区、市）大中城市招募的青年卫生志愿者组成。

1. 依托大学生志愿服务西部计划，团中央从全国定向招募医学专业大学生志愿者 80 名（服务期 1 至 2 年）。

2. 按照系统招募、轮换接力的方式，从北京、石家庄、呼和浩特、张家口等地医院招募具有中级以上职称的青年卫生志愿者 90 名，其中由团中央、卫生部和北京市卫生局在北京招募 30 名，由河北省、内蒙古自治区团委、卫生厅分别在本省内各招募 30 名。

3. 青年卫生志愿者分别于 2004 年 10 月中旬、2005 年 2 月下旬和 5 月下旬分 3 批派遣，每期每县派遣 15 名，每期服务时间约 3 个月。

四、工作模式及内容

按照 1 名青年卫生志愿者带 1 个大学生志愿者服务队的"一带一"模式，组织志愿者在试点县（旗）的县级医院和乡镇卫生院开展卫生志愿服务。主要内容有：在县（旗）卫生局统一管理下，对县、乡、村三级医疗人员进行业务培训和指导；通过形式多样、行之有效的宣传活动，提高农民健康保健意识；围绕基本医疗、预防保健、计划免疫、基层转诊、妇幼保健等内容，广泛开展医疗服务；协助县（旗）卫生局拟订县、乡、村三级卫生服务网络和完善治疗救治体系的有关方案和规划，完善妇幼保健和健康教育体系，配合建设农村疾病控制体系。

五、政策支持

1. 大学生志愿者享受团中央、教育部、财政部、人事部联合下发的《关于实施大学生志愿服务西部计划的通知》（中青联发〔2003〕26 号）和《关于做好 2004 年大学生志愿服务西部计划工作的通知》（中青联发〔2004〕16 号）规定的政策支持。

2. 青年卫生志愿者享受共青团中央、卫生部《关于招募城市青年卫生技术人员参加青年志愿者扶贫接力计划的意见》（中青联发〔1999〕36 号），及卫生部、国家中医药管理局、总后卫生部、国家计委、财政部、农业部、国务院扶贫办《关于城市卫生支援农村卫生工作的意见》（卫医发〔2002〕316 号）规定的政策支持。

3. 志愿者参加本项工作视作在基层农村工作经历，享受卫生部相关方面的政策。

4. 青年卫生志愿者服务期间，原工作单位保留其工资、待遇并报销往返 1 次交通费；有条件的服务单位可提供一定的生活补贴；招募单位统一办理保险。

5. 大学生志愿者和青年卫生志愿者的招募选拔、培训派遣、管理服务、考核表彰等分别纳入大学生志愿服务西部计划和青年志愿者扶贫接力计划。

六、组织管理

1. 团中央、卫生部相关部门及北京市、河北省、内蒙古自治区团委、卫生厅（局）共同成立试点项目工作协调小组，负责试点工作的总体规划、指导和协调，招募、培训大学生志愿者和青年卫生志愿者，制定相关支持政策，对工作实施绩效进行考核评估。

2. 张北县、喀喇沁旗分别成立由县（旗）委、县（旗）政府主要领导任组长，团委、卫生局等有关部门主要负责人参加的试点工作领导小组，负责落实具体实施工作。

3. 志愿者日常管理工作由试点县(旗)团委、卫生局、服务单位共同承担。团委负责志愿者的组织管理和协调有关部门落实相关政策;卫生局负责协调服务单位落实志愿者服务岗位、免费住宿以及安全、健康、卫生等后勤保障;服务单位负责对志愿者进行业务管理并就志愿者服务情况作出鉴定。

七、工作要求

1. 高度重视,加强领导。实施农村公共卫生体系志愿服务项目试点工作,是为促进农村公共卫生体系建设进行的一次积极探索。相关省(区、市)团组织、卫生部门要从贯彻落实"三个代表"重要思想,造福农村群众的高度,充分认识试点工作的重要意义。试点县(旗)党政领导要亲自抓,团县委、卫生局要加强协调、密切配合,确保这项工作稳步推进。

2. 严格管理,细致服务。要按照"谁用人、谁受益、谁负责"的原则,明确职责,完善管理制度。要通过民主选举志愿者服务队队长和成立临时党、团支部等形式,充分发挥青年卫生志愿者的"传、帮、带"作用,加强志愿者的自我管理和服务。要及时跟踪了解志愿者工作生活情况,落实好相关保障政策和措施,认真细致地做好服务工作。

3. 加强宣传,畅通信息。要加大宣传力度,营造氛围,形成声势,使人民群众真正了解、接受、认同青年卫生志愿者和大学生志愿者。要建立工作信息逐级上报制度,畅通反馈信息渠道,全面、及时、真实地掌握试点工作实施情况。

4. 积累经验,探索规律。要注重总结提高,不断创新工作方式,积累工作经验,探索工作规律,为农村公共卫生体系志愿服务项目的全面推广奠定基础,为我国农村公共卫生体系的建立和完善探索新途径。

同时,实施青年卫生志愿者扶贫接力计划宁夏固原项目,其青年卫生志愿者享受同等政策待遇。

附:农村公共卫生体系志愿服务项目试点工作协调小组名单

组　长:赵　勇　共青团中央书记处常务书记
副组长:卢雍政　共青团中央青年志愿者工作部部长
　　　　张朝阳　卫生部农村卫生管理司副司长
　　　　杨成旺　内蒙古自治区卫生厅厅长
　　　　高春秋　河北省卫生厅副厅长
　　　　张学成　共青团中央青年志愿者工作部副部长
　　　　韩俊兰　共青团河北省委副书记
　　　　罗永纲　共青团内蒙古区委副书记
成　员:赵明钢　卫生部医政司处长
　　　　姚建红　卫生部农村卫生管理司服务规划管理处主任科员
　　　　廖　恳　团中央青年志愿者工作部项目规划处处长
　　　　朱　迎　团中央青年志愿者工作部招募培训处处长
　　　　刘建新　河北省卫生厅医政处处长
　　　　庞永彩　河北省卫生厅机关党委处级调研员
　　　　李　军　河北团省委学校部部长
　　　　侯　鸣　内蒙古自治区卫生厅机关党委书记
　　　　张　伟　内蒙古团区委宣传部部长

第四部分

重点工作概述

用“三个代表”重要思想武装教育团员青年的工作

2004年，全团坚持不懈地用邓小平理论和“三个代表”重要思想武装教育团员青年，着力引导和帮助广大团员青年深入学习贯彻“三个代表”重要思想，党的十六大和十六届三中、四中全会精神，牢固树立和认真落实科学发展观，不断深化青年理论武装工作。

深化抓活动、抓实践、抓骨干、抓社团、抓网络的有效做法，坚持以团干部、大学生和各条战线的青年骨干为重点推进工作。牢牢把握有利契机，把团员青年学习贯彻“三个代表”重要思想的新高潮不断引向深入。

抓住纪念邓小平同志诞辰100周年的契机，下发通知，部署、组织团员青年认真学习贯彻胡锦涛总书记在邓小平同志诞辰100周年纪念大会上的重要讲话，重点组织四川、广东、广西、河北、河南等地开展主题教育活动，引导青年深刻认识“三个代表”重要思想是和毛泽东思想、邓小平理论一脉相承又与时俱进的科学体系，是全党全国人民在新世纪新阶段继续团结奋斗的共同思想基础，进一步提高学习贯彻“三个代表”重要思想的自觉性和坚定性。

抓住五四运动85周年的契机，以“弘扬五四精神 肩负历史使命”为主题，通过报告座谈、参观走访、竞赛沙龙等形式，广泛开展青年喜闻乐见的学习活动，引导团员青年牢牢把握重要战略机遇期，增强为全面建设小康社会而奋斗的历史责任感和使命感，努力为促进社会主义物质文明、政治文明、精神文明协调发展做贡献。

抓住学习贯彻中央8号文件、16号文件精神的契机，召开全团加强和改进未成年人思想道德建设工作会议，组织开展一系列主题突出、内容丰富、形式新颖的教育实践活动，推动青年理论武装工作深入基层，深入青少年群体。

抓住学习贯彻十六届四中全会精神的契机，围绕不断巩固党执政的青年群众基础，通过开展多种形式的学习贯彻活动，引导团员青年将学习贯彻全会精神与学习毛泽东思想、邓小平理论和“三个代表”重要思想中蕴含的丰富的执政思想结合起来，紧密结合中国特色社会主义实践，深入理解掌握全会精神，进一步坚定跟党走中国特色社会主义道路的信念。

举办第六期共青团理论学习骨干培训班，组织编写青年理论读物，在《中国青年报》、中青网开辟理论学习专栏，帮助青年释疑解惑，不断推动广大团干部和团员青年加深对“三个代表”重要思想和科学发展观的理解，更加自觉地用科学理论武装头脑、指导实践、推动工作。

加强对用“三个代表”重要思想武装教育青年的研究。结合实施《青少年和青少年工作课题研究规划》，积极探索青年理论武装工作的规律。发布2004—2005年度青少年和青少年工作课题研究指南，开展了课题的申报、评审和立项工作。完成2002—2003年度青少年和青少年工作研究课题的结项工作。不定期选登部分思想性、针对性强的研究成果，作为参考资料送发至每位团中央委员。精选近年来优秀的课题研究成果，结集出版了《共青团中央青少年和青少年工作研究课题成果集萃》

(3卷本)。组织专家学者及青少年工作者,围绕“青年价值观与中国和平崛起的新道路”、“大学生信息来源”、“青年文化建设”、“新世纪新阶段团建创新”、“未成年人思想道德建设”等课题开展深入研究,形成一批有分量的研究成果,推动理论武装工作不断深化。

青少年爱国主义教育网站建设

2004年,民族魂、血铸中华网站建设被列为共青团落实中央文明委《关于贯彻落实<关于进一步加强和改进未成年人思想道德建设的若干意见>的目标任务》,按照分工要求,由团中央信息办牵头组织,在中青网上建设了系列青少年爱国主义教育网站,并运用互联网开展了一系列思想道德教育活动。

2月至12月,陆续开通网上“邓颖超纪念馆”、“任弼时纪念馆”、“王树声纪念馆”、“徐海东纪念馆”、“五四运动纪念馆”,“任长霞纪念馆”、“周国知纪念馆”、“马祖光纪念馆”、“牛玉儒纪念馆”、“张思德纪念馆”、“陈嘉庚纪念馆”、“白求恩纪念馆”。在互联网上集中宣传革命先烈、民族楷模和新时期优秀共产党员的先进事迹。

4月清明节期间,联合1000家国内网站举办第三届“网上祭英烈,共铸中华魂”网上共祭活动和“我心中的中华英雄”征文活动,800余万网民参观访问并在网上献花,留言300余万字。8月,以网上“邓小平纪念馆”为平台,开通“纪念邓小平诞辰100周年”专题网站,联合国内100家重点中文网站,举办了“网上纪念邓小平诞辰100周年”活动,举办了网上“学习伟人邓小平”知识竞答,活动掀起在互联网上纪念邓小平诞辰100周年的热潮,广大网民发表了大量感人肺腑的留言,网友留言精选由中央文献出版社出版了《永远的邓小平——网上邓小平纪念馆留言选萃》图书。

共青团县县上网工程

按照团中央书记处关于继续推进“共青团县县上网工程”,加快共青团信息化建设步伐的要求精神,2004年7月,在充分酝酿、反复论证的基础上,团中央办公厅向多家国内著名软件开发和系统集成商发出《共青团公共信息平台建设技术方案招标书》,就系统平台建设方案社会招标。8月,有8家公司参加投标,经专家评审小组认真评审,确定其中4家提交的方案作为候选方案。在综合各候选方案的优点、结合共青团实际需求的基础上形成了切实可行的解决方案,为今后建设全团公共信息平台做了重要的前期准备。

中国青少年新世纪读书计划

2004年,各级团组织以"三个代表"重要思想为指导,落实科学发展观,按照党的十六大关于"形成全民学习、终身学习的学习型社会,促进人的全面发展"的要求,大力弘扬求真务实精神,以大兴勤奋学习之风、促进青少年全面发展为宗旨,以为青少年读书学习办实事、做好事为切入点,深入推进中国青少年新世纪读书计划,努力提高青少年思想道德素质,促进青少年健康成长。

3月,团中央召开深入实施中国青少年新世纪读书计划座谈会,团中央书记处第一书记周强、团中央书记处常务书记赵勇出席座谈会,任继愈、邵华泽等理论界、学术界的专家学者和有关方面的负责同志就如何引导青少年努力学习、提高综合素质发表了意见。5月,团中央下发《关于深入实施中国青少年新世纪读书计划的通知》,明确了深入实施中国青少年新世纪读书计划的总体思路、近期重点工作和工作要求。5月至10月,团中央开展了青年学习成才奖和全国优秀青年学习组织评选活动,经各级团组织层层选拔推荐,评选出10名青年学习成才奖获奖者和50个全国优秀青年学习组织。6月,为了解广大青少年的阅读基本情况和阅读需求,中国青少年新世纪读书计划指导委员会联合《中国青年报》、《光明日报》、中青网、雏鹰网和上海、重庆、浙江、四川等地青年报,开展了青少年阅读调查。10月9日至13日,团中央、教育部、新闻出版总署、中共济南市委、济南市人民政府在山东省济南市共同主办了"青春中华"首届中国青少年读书周活动。读书周以"传承中华文化,立志学习成才"为主题,举办了青少年图书博览会、名家讲座、青少年美文诵读会、青年学习成才奖和全国优秀青年学习组织表彰等具有时代特色和适合青少年特点的活动。团中央书记处常务书记赵勇、新闻出版总署副署长柳斌杰和中共山东省委副书记、济南市委书记姜大明出席读书周活动。在读书周开幕式上,109家出版社发布了"关爱青少年,关爱明天"联合宣言。10多万青少年参加了读书周各项活动,40多家中央、省、市新闻媒体对活动进行了报道,在社会上产生良好反响。读书周期间,开展了青少年喜爱的图书评选活动,由专家学者和青少年一起评选出一批在青少年中颇具影响的优秀图书。很多地方团组织还定期集中举办大型青少年读书讲座,邀请在社会科学、人文科学和自然科学领域有重要影响的专家学者,面向青少年做讲座,弘扬优秀传统文化,传播科学精神,帮助青少年增强读书学习的紧迫感,掌握科学的学习方法。

各地团组织积极争取党政部门的支持,广泛动员社会力量,整合各方面的有益资源,充分发挥青年中心、青少年宫、团属报刊、出版社、互联网站、团校在服务青少年读书学习中的作用,利用广播、电视、报刊、网络等媒体和各种宣传阵地,为帮助青少年读书学习提供各种具体有效的服务,营造促进青少年读书学习的浓厚氛围。继续加大新世纪书屋、读书俱乐部建设力度,在城乡青年中心、青少年宫、学校、图书馆、文化站、书店等青少年活动场所巩固和扩大读书学习阵地,构建实施读书计划的阵地依托,推动青少年新世纪读书计划深入发展。

青年文化行动

为深入贯彻“三个代表”重要思想和党的十六大精神，大力发展社会主义文化，加强青年文化建设，满足广大青年日益增长的文化需求，充分发挥文化育人的作用，促进青年健康成长，2004 年 4 月，共青团中央联合中宣部、中央文明办、教育部、文化部、国家广电总局、新闻出版总署下发了《关于实施青年文化行动加强青年文化建设的通知》，共同实施青年文化行动，并于 6 月份召开全团推进青年文化行动工作会议，作出工作部署。2004 年，青年文化行动的重点活动有：

1. 纪念五四运动 85 周年“青春”主题晚会。联合中央电视台于 2004 年 4 月 30 日在北京举办，5 月 4 日晚在中央电视台第一套节目黄金时间播出。晚会突出思想内涵，以“青春”为主题，以“同人民紧密结合，为祖国奉献青春”为主线，以各行各业平凡岗位上优秀青年的真人真事为线索，分为学习、创造、奉献三个板块，在表现形式上进行了大胆创新，是一场展现青年时代风采的青春盛会。中共中央政治局委员、全国人大常委会副委员长王兆国同志，全国人大常委会副委员长顾秀莲同志，全国政协副主席李蒙同志等出席了晚会现场。

2. “青春中华”首届中国青年文化周。联合文化部、广东省委省政府、深圳市委市政府于 8 月 7 日在深圳举办。以“弘扬民族精神、致力振兴中华”为主题，组织开展了中华青年欢乐大汇聚、“青春中华”大型主题晚会、中华复兴与青年使命论坛、中华青年民族特色精品展示会、中华青年民族歌舞邀请赛、“我心目中的中华青春偶像”青少年最喜爱的青年时代人物评选等活动。邀请来自香港 123 个青年学生社团、青少年制服团体和教育机构、澳门各青年社团的 3000 多名港澳青年与内地青年一起参加活动。全国政协副主席周铁农出席了文化周活动。

3. “青春中华”首届中国青少年读书周。联合教育部、新闻出版总署、济南市委市政府于 10 月 9 日在济南举办。读书周以“传承中华文化，立志学习成才”为主题，举办了青少年图书博览会、青少年美文诵读会、名家读书讲座、青年学习成才奖和优秀青年学习组织表彰、青少年喜爱的图书评选等活动，引导青年把读书学习与个人成长、国家发展联系起来，形成了良好的读书学习导向。

4. “青春中华”首届中国青年服装时尚周。联合宁波市委市政府于 10 月 17 日在宁波举办。以“弘扬中华服饰文化，引领青年时尚潮流”为主题，组织开展了中国青年服装设计大赛、“时尚轨迹”中国青年历代服装服饰文化展示、“青春中华”中国青年服装时尚论坛、少年儿童服饰文化节、2004 年中国青年最喜爱的服装品牌发布等活动。服装时尚周使青少年真切感受了中华民族悠久灿烂的服饰文明，激发了当代青年追求文明健康生活方式的热情。

5. “青春中华”首届中国青年欢乐节。联合国家旅游局、海南省委省政府于 11 月 5 日在海南举办。开展了青年自行车环城巡游、“青春相约”大型主题演出、海峡两岸暨港澳地区青年共植同根树、“青春中华之共同心愿”海峡两岸暨港澳地区青年联欢等活动。邀请了 180 多位台湾青年，30 多位在香港、澳门影响力较大的青年社团领袖，以及在海南各地投资、就读的数千名港澳台青年参加。欢乐节荟萃富有民族特点的欢乐样式，引导青年为民族强盛而欢乐、为时代进步而欢乐、为创造发展而欢乐、为青春奉献而欢乐，展示了当代青年积极向上的时代风貌。全国政协副主席张怀西出席了欢乐节活动。

6. 第二届全国青年时代风采电视大赛。联合中央电视台于7—11月举办。经过层层选拔，从全国百万青年中产生了100名选手参加复赛，最终决出10名选手进入决赛。大赛以“学习、创造、奉献”为主题，通过健美才艺、素质拓展、益智活动、个性表现、公益创造、激情创业与颁奖晚会等活动内容，考察和展示选手的学习、创造、适应、反应等综合能力，以及才艺和形象，促进青年人才脱颖而出，充分展现当代中国青年与时俱进的时代风貌，引导广大青年主动适应全面建设小康社会的时代要求，勤于学习，善于创造，甘于奉献，不断提高自身综合素质和创业能力。

7. 首届中国青年文化发展论坛。联合海南省委省政府，于11月7日在海口举办。聚集著名的青年工作者、专家学者和文化产业界人士，共同研究和探讨青年文化发展问题。共青团中央书记处常务书记、全国青联主席赵勇发表主旨演讲，海内外著名学者杜维明、余光中、万俊人等应邀出席论坛并作演讲。中国发展战略与政策研究所执行所长、研究员陆建华，台湾青年商会总会会长李玉文，作家刘震云，腾讯公司高级副总裁、首席行政官陈一丹，共青团北京市委书记关成华等嘉宾应邀参加了论坛的访谈活动，香港凤凰卫视著名节目主持人吴小莉主持了访谈节目。论坛引起强烈反响，对推动青年文化建设起到了积极的促进作用。

8. “感动”——首届全国青少年网络短信作品大赛。联合中宣部、中央文明办、国务院新闻办于2004年7月共同举办。大赛按照“三贴近”的要求，运用互联网和手机短信，开展富有时代特色、为青少年喜闻乐见的思想道德教育实践活动，在青少年中引起强烈反响，共收到参赛作品1万多件，大赛主网页登陆人数达230万人次，收到良好的教育效果，并在中央电视台举办了颁奖特别节目。

各地积极贯彻团中央部署，北京、上海、重庆、广东、山东、浙江、海南、四川、黑龙江、江苏、河南、安徽、湖北、湖南、内蒙古等地以及中央国家机关、铁道系统团组织，结合实际开展了大学生文化节、“青春红岩”、“中国红色之旅”、“开启新视觉”、网络短信大赛等丰富多彩的青年文化活动，初步形成了各级党政大力支持、社会各界普遍关注、广大青少年踊跃参与的良好局面。

深化创建“五四红旗团委”活动

按照“抓落实，求深化”的工作要求，坚持把进一步深化创建“五四红旗团委”活动作为加强团的基层组织建设的重要载体，通过团县市委、基层团委、团支部三级联动，促进基层团的建设全面加强和团的工作全面活跃，进一步提高基层团建的整体水平。第二季度，确定了第五批全国五四红旗团委创建单位和第二批全国团建先进县（市）创建单位。7月份，在北戴河培训基地举办了两期“深化创建五四红旗团委活动，扎实推动团建创新”团干部培训班。12月份，在团十五届三中全会上表彰了2004年度全国五四红旗团委、全国五四红旗团支部和全国团建先进县（市）。

党建带团建工作

坚持党建带团建，把党建带团建作为推动团的基层建设的根本保证和有效措施。深入贯彻落实全国基层党建带团建工作会议精神，进一步加大宣传和工作指导力度，督促各地将党建带团建工作的各项任务落到实处，进一步推动各地出台具体的政策措施，建立健全党建带团建工作责任制度、联席会议制度、工作考核制度和团建工作情况通报等制度，促进党建带团建工作机制的建立完善。

非公有制经济组织团建工作

进一步深入贯彻落实全国非公有制企业党建工作经验交流会精神，推动各级团组织坚持党建带团建，逐步建立起符合非公有制企业特点、充满生机与活力的工作运行机制。以扩大非公有制经济组织团的组织覆盖和工作覆盖为着眼点，通过联合建团、依托建团、公寓建团等多种建团方式，努力提高非公有制经济组织建团率，取得了显著成效。

团建创新工作

依托中国青少年研究会设立共青团基层建设专业委员会，进一步加强团建理论研究。着眼于经济社会发展的新要求和青年群体的新变化，指导各级团组织着力在团的基层组织设置、组织体系、组织制度、团干部直选、团员管理、工作方式等方面大胆创新，切实增强基层团组织的适应性。通过调查研究、典型示范和舆论宣传，指导和推动各地进一步深化团建创新试点工作。系统总结近年来各地团建创新的成功经验和有效做法，汇编出版《共青团基层组织建设百例》。

增强团员意识教育活动的准备工作

在开展全国团员思想状况调查及对山东、湖北等地调研的基础上，提出了增强团员意识教育的措施，形成了《关于开展增强团员意识教育活动的工作方案(草案)》。大力推行团日活动制度、重温入团誓词制度、规范团的活动仪式等三项制度，探索增强团员意识教育活动的有效载体，进一步完善团的组织生活制度，增强广大团员的团员意识。

共青团青年人才工作

团中央历来高度重视青年人才工作，始终把培育“四有”新人作为共青团的根本任务。近年来，在培养、凝聚、举荐青年人才，促进青年人才合理配置等方面做了大量探索和实践，共青团青年人才工作呈现出蓬勃发展的局面。特别是2003年底全国人才工作会议的召开，为新时期共青团做好青年人才工作指明了方向，推动共青团青年人才工作进入了一个新的发展阶段。

1. 加强领导，成立机构。全国人才工作会议召开后，团中央书记处高度重视，专题传达会议精神，认真学习胡锦涛、温家宝和曾庆红同志的重要讲话，对进一步做好共青团青年人才工作进行研究部署。团中央成立了由书记处第一书记周强任组长、书记处书记胡伟任副组长的共青团青年人才工作领导小组，明确了由组织部、统战部牵头抓总，进一步加强共青团青年人才工作。

2. 深入调查研究，总结梳理过往经验。团中央先后派出5个调研组到湖南、上海、天津、辽宁、江苏、浙江、山东、湖北、四川、广东等10个省市对共青团青年人才工作开展调研。共青团就做好新形势下的青年人才工作归纳了五条基本经验，一是必须始终坚持以科学理论为指导，把握青年人才工作的正确方向；二是要围绕大局，服务经济社会发展；三是以人为本，促进青年全面发展；四是发挥实践育人优势，引导青年在实践中成长成才；五是以创新为动力，以机制为保障。

3. 及时召开全团工作会议，专题部署青年人才工作。3月30日至31日，团中央在四川成都召开共青团全国青年人才工作会议，深入学习贯彻全国人才工作会议精神，研究部署当前和今后一个时期共青团青年人才工作。团中央书记处第一书记周强、中共四川省委书记张学忠出席会议，并作了重要讲话。团中央书记处书记胡伟作了总结讲话。机关有关部门和直属单位负责人，各省级团委主要负责人、组织部长和统战部长共120多人参加了会议。会议进一步明确了新时期共青团青年人才工作的总体思路、目标要求和具体举措，并出台了《共青团中央关于进一步加强青年人才工作的意见》，有力地推动了共青团青年人才工作在全团的深入开展。

4. 突出重点，采取有力措施推进共青团青年人才工作。积极加强青年人才工作基础建设，开发团中央青年人才信息库，为青年人才开发提供信息支撑。浙江法派集团有限公司还出资1000万元人民币成立了团中央青年人才开发基金，用于青年劳动者技能培训，高层次青年人才培养、举荐，西部青年人才开发等工作。各省级团委按照会议的部署和要求，及时学习传达共青团全国青年人才工作会议精神，认真研究部署、扎实推进共青团青年人才工作，形成了良好的发展态势。内蒙古、重庆分别召开了省区市的共青团青年人才工作会议，北京、上海、浙江、河南、海南、重庆、中直机关就共青团青年人才工作下发了文件。浙江全面启动了“浙江青年山海协作行动”；天津通过举办“海外学人回国创业周”、“百名博士后塘沽行”等活动广泛凝聚高层次青年人才；上海举办“青年成才实践月”活动，加大青年人才培养和开发力度；四川组织了“青年创新论坛”、“青年创业大讲堂巡讲”活动，提高青年的创新意识、创业热情。北京、山东、安徽、浙江、湖北、重庆、陕西启动了青年职业资格证书培训工程，着力提高广大青年劳动者的职业技能和劳动素养。

青年职业资格证书培训工作

为深入贯彻全国人才工作会议和共青团全国青年人才工作会议精神，落实《共青团中央关于进一步加强青年人才工作的意见》的要求，大力开发青年人力资源，不断提高青年劳动者素质，推动团干部和青年培训工作规范化、系统化、科学化、证书化，促进团属院校、培训机构的建设和发展，团中央组织部把团干部在职培训和青年职业技能培养作为重要工作，在团系统内组织开展职业资格证书培训工作。经与国家劳动和社会保障部有关部门协商，在团系统内可开展项目管理师、电子商务师、营销师、职业指导人员、秘书、企业人力资源管理人员、物业管理人员、公关员、心理咨询师等9项职业统一鉴定项目和通用管理能力、创新能力、职业英语等3项能力测评项目的培训与认证测评。

2004年6月，团中央组织部确定了北京市团校、浙江省团校、安徽省团校、山东省团校、湖北省团校、重庆市团校、陕西省团校、中国青年政治学院分院和中国青年高级人才培训中心等9家试点单位。按照“社会效益第一，质量第一”的原则和“统一标准、统一教材、统一师资培训、统一考核鉴定”的工作要求，各试点单位精心组织，稳步推进试点工作，取得了较好的效果。截至年底，共有7200多人参加了电子商务师、营销师、职业指导人员、心理咨询师、通用管理能力等项目培训，6400多人取得了相应的职业资格证书，在青年中引起了良好反响。

青工技能振兴计划

我国企业青年职工队伍的技能素质普遍偏低，青年高技能人才短缺，青工技能的现状无法满足企业改革发展的需要，不能满足企业在更大范围和更深程度上参与国际竞争的要求，基于此，共青团中央联合劳动和社会保障部、国务院国有资产监督管理委员会、国家知识产权局、中国科协启动实施了“青工技能振兴计划”。2004年，全团青工战线把青工技能振兴计划作为深化青年创新创效活动的突破口，强力推进青工技能振兴计划，努力为青年创新创效奠定知识技术基础。联合劳动和社会保障部、国务院国有资产监督管理委员会等部门下发了意见，提出了组织技能培训、开展技能竞赛、加强面向青年的职业技能鉴定工作、完善工作机制等工作措施，并提出了今后五年的工作目标，即使参加计划的青年技术工人(35岁以下)的技能水平在现有基础上提升一个技术等级，培养青年高级工40万名，青年技师7万名，青年高级技师3万名。在黑龙江省大庆市召开了全国青工技能振兴计划推进会议，推广黑龙江的经验，对活动进行了安排和部署，将全国总体目标层层分解，与各省区、部门签订了年度目标责任书。坚持试点带动，先后确定了400家企业和100个基础较好的城市作为全国青工技能振兴计划试点企业和试点城市。目前，这些试点企业和城市普遍下发了文件，召开了启动会议，开展了培训、竞赛、技能鉴定等形式多样的主题活动。建立了青工技能振兴计划工作区域包干联系制度，狠抓地方工作落实，目前，共有30个省(区、市)联合相关部门下发了专门文件并成立了活动领导小组，近20个省(区、市)召开了专门会议，10多个省(区、市)举办了青工技能大赛，有的省(区、市)还组织开展了面向青年的职业技能专场鉴定。发挥行业部门的政策管理优势，通过行业推动的方式推进青工技能振兴计划，一些行业部门下发了活动通知，召开了推进会议，举办了青年职业技能大赛。依托全国大钢团委书记联席会、全国汽车行业团委书记年会，对青工技能振兴计划进行了部署。据统计，青工技能振兴计划已在全国95%以上的国有大中型企业、1000多万青年技术工人中广泛开展。此外，联合劳动和社会保障部培训就业司就青工技能振兴计划实施情况作了专题调研，深入11个省(市、区)、58个地市县，走访了近100家企业，了解情况、总结经验，进行指导。联合劳动和社会保障部、国务院国有资产监督管理委员会于2004年11月开展了2004年中国青工技能月活动，主办单位举办了青年职业技能专场鉴定周、东北地区重点城市青年职业技能邀请赛等活动，发放了全国“青工技能振兴计划”试点企业牌匾，确定了一批全国青工技能鉴定示范中心。目前，共青团中央正联合劳动和社会保障部举办首届“振兴杯”全国青年职业技能大赛，各个行业、企业团组织正结合各自的实际积极筹备或开展各种工种的青工技能大赛，积极为青年职工提升技能搭建舞台。

青年文明号活动

今年是青年文明号活动开展10周年。先后召开了全国青年文明号活动组委会办公会和组委会办公室成员通气会，就今后一段时期青年文明号活动的深入开展进行专题研究。一是总结经验，规划未来。7月，联合国家发展和改革委员会、公安部等24个中央国家机关召开了“全国青年文明号活动10周年表彰大会”。会议深入贯彻党的十六大精神和“三个代表”重要思想，按照《公民道德建设实施纲要的要求》，总结10年来青年文明号活动的基本经验，表彰先进典型，展示青年文明号活动成果，研究深化青年文明号活动的措施，进一步动员组织广大青年在全面建设小康社会的伟大实践中成长成才，建功立业。在会上，表彰了全国青年文明号10年成就奖、10年全国青年文明号活动突出贡献奖和优秀组织奖等一批在开展青年文明号活动10年过程中涌现出来的先进集体和个人，中共中央政治局委员王兆国出席大会并发表了重要讲话，25个中央、国家机关的负责同志出席了大会。会议提出了从扩大活动规模、丰富活动内涵、创新活动方式、完善运行机制等几个方面推动青年文明号活动深入、持久、健康地发展，为青年文明号活动指明了方向。举办了“青年文明号活动与全面建设小康社会论坛”和“青年文明号活动与服务创新论坛”，围绕青年文明号活动与科学发展观、青年文明号活动与信用体系建设、青年文明号活动与职业道德建设、青年文明号活动与青年人才培养、青年文明号活动与经济发展、青年文明号活动与企业管理、青年文明号活动与服务创新、青年文明号活动与青年思想政治教育、青年文明号活动与新时期青年工作探索等主题进行了广泛深入的研讨，为青年文明号活动的深入发展提供了强有力的理论支撑。与中央电视台国际频道联合举办了“青年文明号活动10周年纪念晚会”，拍摄了《我们是青年文明号》专题片，出版了全国青年文明号活动10周年纪念邮册，多角度、全方位展示了青年文明号集体的时代风采和青年文明号活动的显著成效。二是围绕主题，开展活动。联合中宣部、商务部等七部委下发了《关于开展2004年百城万店无假货活动的通知》，并于1月在北京、沈阳、济南、长沙等全国各大中城市集中开展了“百城万店青年文明号与顾客共话诚信”活动，进一步动员青年文明号集体进行诚信经营示范，创新服务方式，优化服务过程，改善服务环境，完善服务网络，提供优质、高效、便捷的服务。4月1日，组织了“青年文明号统一行动日”活动，动员组织全国25万个各级青年文明号集体，立足本职工作开展内容丰富的主题活动，以各自的方式纪念青年文明号活动开展10周年。三是培育理念，营造氛围。以开发、推广、宣传、展示青年文明号活动在构筑诚信理念、质量理念、服务理念、管理理念、创新理念、团队理念、形象理念等方面的独特作用，引导和推动企业文化、机关文化、网络文化的健康发展为出发点，开展了征集“青年文明号之歌”活动，将一等奖作品制作成了MTV，在全国各级青年文明号集体中广泛传唱，弘扬了具有时代特征的青年文明号精神。四是创新方式，强化管理。一方面充分发挥互联网络信息量大、资源共享、获取方式便捷的独特优势，建立全国青年文明号在线（www.ymu.org.cn）网站，通过网上申报、注册、投诉等系统，逐步实现对全国青年文明号的实时动态管理；另一方面，适应青年文明号活动不断发展的新情况、新要求，修改完善了《全国青年文明号活动管理办法》，使青年文明号创建、申报、评比、表彰、监督各个环节更加科学规范。青年文明号评选表彰工作照常开展，上半年联合公安部等部门分行业、分系统命名表彰了5834个全国青年文明号。

中国青年企业家协会第九次会员代表大会

2004年12月，中国青年企业家协会第九次会员代表大会在湖北武汉召开，中共中央政治局委员、湖北省委书记俞正声出席大会开幕式。全国人大常委会副委员长成思危向大会发来贺信。团中央书记处第一书记周强，湖北省人民政府省长罗清泉出席开幕式并讲话。团中央书记处书记王晓主持会议。450多名来自全国各地的青年企业家代表和50名香港和澳门特别行政区特邀代表参加会议。

会议邀请全国人大常委会副委员长成思危、全国政协副主席周铁农担任中国青年企业家协会第九届名誉会长。大会审议通过了中国青年企业家协会九届理事会顾问名单、八届理事会工作报告、八届理事会财务收支报告，选举产生了中国青年企业家协会九届理事会、会长、副会长、秘书长。团中央书记处书记王晓当选为中国青年企业家协会九届会长。

全国青年创新创效活动

为了激发广大青年的创新热情，充分发挥青年职工在企业创新中的生力军和突击队作用，共青团中央联合原国家经贸委、国家知识产权局、中国科协在全国企业青年职工中开展了青年创新创效活动。1999年6月，活动主办单位在山东齐鲁石化公司召开了全国青年创新创效活动现场启动大会，明确提出要把这项活动作为全团工作的一个重点，作为企业共青团工作的重中之重，切实抓紧抓好。铁道部、中央企业工委、科技部、国家冶金工业局、国家电力公司等11个部门先后下发文件开展活动，铁道、冶金、电力、石油、石化、国家级经济技术开发区等系统专门召开了行业青年创新创效活动启动大会。活动开展一年后，活动主办单位在重庆长安汽车公司召开了全国青年创新创效活动推进大会，总结活动取得的阶段性成果，提出推进活动要把握两个立足点，即立足于“推动企业提供创新型产品（服务），推动企业青工开展创造性劳动”。2002年7月，活动主办单位在长春一汽集团公司召开了全国青年创新创效典型推介会议，推广“项目制”、“手册制”、创新创效大赛等推进青年创新创效活动的有形载体，研究全面深化青年创新创效活动的措施，提出了以开发青年职工人力资源为着力点，全面深化活动的工作思路。

五年来，各地、各行业、各企业高度重视，精心组织，扎实推进青年创新创效活动蓬勃开展，取得了显著成效。青年创新创效活动已经成为共青团组织服务企业改革和发展的有效载体，成为引导青年职工成长成才的重要途径。一是创新创效活动增强了青年职工的创新意识。各级团组织通过强化创新宣传、开展创新教育、组织创新研讨、树立创新典型等方式，帮助广大青年职工增强创新意识，树立"时时可创新、处处可创新、人人能创新"的观念，引导他们以振兴企业为己任，积极争当本岗位、本工种的创新能手，使学习、创新、建功、成才成为他们立足岗位的自觉实践和人生追求。团中央青工部以《全团要讯》、《中国共青团》、《青工工作动态》等团内刊物和中央有关新闻媒体为阵地，广泛宣传活动的目的和意义，并通过举办"应对入世：青年创新素质与企业竞争力"研讨活动、专门培训班、评选表彰全国青年创新创效先进集体和个人等方式，引导广大青年职工立足岗位、积极开展创造性劳动。二是创新创效活动提高了青年职工的创新能力。各级团组织适应现代企业生产经营和市场竞争的要求，针对不同条件青年职工群体的不同需求，通过组织新知识新技能培训、开展岗位训练、举办学术讲座、进行课题研讨等方式，着力优化青年职工知识技能结构，有效增强了青年职工的创新能力。1999年10月，团中央联合原国家经贸委、信息产业部举办了由网页设计大赛、企业电子商务应用成果评选、"21世纪青年与互联网"辩论赛、企业电子商务论坛、青年职工互联网络应用及企业信息化建设状况调查、"新世纪·青年职工·互联网"主题征文比赛等内容组成的全国青年职工互联网络应用大赛，掀起了青年职工学习新知识、新技能的热潮。三是创新创效活动推进了青年职工的创新实践。各级团组织通过实施"项目制"、"手册制"、举办创新创效大赛等方式，动员和组织广大青年职工结合企业生产、经营实际，围绕技术、管理、营销、服务等方面开展创新活动，掀起了群众性创新实践的热潮，促进青年职工在投身企业创新实践的过程中发挥推动企业改革和发展的生力军作用。团中央于2001年4月下发了《关于深化全国青年创新创效活动的实施意见》，提出大力实施青年项目负责制，组织青年职工以项目攻关的方式投身企业创新实践，并联合有关部门先后举办了全国大城市青年创新创效成果大赛和全国青年创新创效大赛，为广大青年职工提供了施展创新才华的舞台，激励和引导青年职工勇于投身创新、多出创新成果。四是创新创效活动优化了青年职工的创新环境。各级团组织在开展青年创新创效活动中，通过加强组织领导、提供政策支持、强化阵地依托、规范考核评价、建立支持体系、完善绩效激励、营造创新氛围、建设创新文化，优化了青年职工的创新环境，为青年创新人才和创新成果脱颖而出创造了良好条件。团中央联合原国家经贸委、国家知识产权局、中国科协成立了全国青年创新创效活动领导小组，为活动在全国范围的开展提供了强有力的组织保障。各省(区、市)均下发了活动文件，成立组织领导机构，加强工作指导。

2004年，共青团中央把启动实施青工技能振兴计划作为深化青年创新创效活动的突破口，联合劳动和社会保障部、国务院国资委等部门下发了《关于实施青工技能振兴计划的意见》，在黑龙江省大庆市召开了全国青工技能振兴计划推进会议，强力推进青工技能振兴计划。会议召开后，各地结合实际，狠抓工作落实，全国共有30个省(区、市)联合相关部门下发了专门文件，成立了活动领导小组，近20个省(区、市)召开了启动会议，逐步形成了以400家试点企业和100家试点城市为主体的发展规模，这为培养造就一支规模宏大、结构合理的青年技能人才队伍提供了保障，为青年创新创效活动提供了强有力的智力支持。

青年创新创效活动产生了大量青年创新成果，带来了显著的经济效益，据评估，全国青年创新创效活动共产生各类成果6万多项，许多企业达到了青年职工人均创效1000元的目标。广大青年职工以活动为舞台，施展才华，建功立业，开辟了个人进步和事业发展的新天地。青年创新创效活动准确把握了企业团的工作规律，体现出了很强的时代生命力，奏响了企业共青团工作的跨世纪发展乐章。

全国青年岗位能手活动

青年岗位能手活动是共青团组织实施的“跨世纪青年人才工程”的基础项目，其目的在于动员组织广大企业青年职工立足岗位、学练技能，成长成才，为推动企业的改革和发展提供人才支持，奠定人的素质基础。1994年，团中央、原国家经贸委、劳动和社会保障部联合发文，启动实施了这项活动，并从1995年开始每年评选表彰一批全国杰出青年岗位能手和青年岗位能手。目前，评选活动共开展了10届（包括本届评选在内），共评出全国杰出青年岗位能手100多名，全国青年岗位能手1000多名。据不完全统计，经过10年的努力，活动已在90%以上的国有企业、1000多万青年职工中广泛开展，涌现出各级各类青年岗位能手70多万名，参加活动的青年职工的技术水平较活动开展前普遍提高1—2个技术等级。

青年岗位能手活动营造了崇尚技术、创新成才的良好社会氛围，形成了积极的社会导向，受到了社会各界的广泛认同。主要做法有以下几个方面：一是大力树立先进典型。团中央联合国家经贸委、劳动和社会保障部从1995年始每年命名表彰全国杰出青年岗位能手和全国青年岗位能手，树立了先进典型，浓厚了活动氛围，形成了青年职工立足本职岗位、积极学习技术的导向。二是抓好工作指导。在深入调研的基础上，指导各地各企业结合实际，广泛开展了“青工技能月”、导师带徒、推广先进操作法等内容丰富、形式多样的主题活动，形成了蓬勃发展的工作局面。指导各地各企业以普及互联网知识和技术为切入点，加强新技术、新技能培训，促进青年职工整体素质的提高。三是突出青年岗位能手在企业安全生产中的示范作用。在青年岗位能手的培训、考核、评价过程中突出安全生产的内容，加强青年职工的安全生产培训，不断提高青年职工的安全生产技能，充分发挥青年岗位能手在企业安全生产中的示范作用。先后联合国家安全生产监督管理局开展了评选“全国青年安全生产示范岗”活动和“全国青年安全生产知识竞赛”活动，提高了广大青工的安全生产意识和安全生产技能。

创建“青年安全生产示范岗”活动

2001年4月，共青团中央、国家安全生产监督管理局联合在全国企业中开展创建“青年安全生产示范岗”活动，提出了“安全生产、青年当先”的主题口号。“青年安全生产示范岗”创建活动开展以来，全国各地区、各行业企业团组织根据活动的要求，紧密结合实际，制定创建规划，完善创建措施，围绕强化青工安全生产意识，提高青工安全生产技能，加强企业安全生产管理，做了大量工作，活动深入基层，扎实开展，1000多万各行业、各工种青年职工参加到活动中来，“青年安全生产示范岗”正成为企业安全生产中的一道风景。主要做法有以下三个方面：一是评选表彰“全国青年安全生产示范岗”。为表彰创建“青年安全生产示范岗”活动中涌现出来的先进典型，共青团中央联合国家安全生产监督管理局评选出两批“全国青年安全生产示范岗”，202个单位被授予“全国青年安全生产示范岗”称号，激励号召广大青年职工参与到活动中来，认真落实企业安全生产责任制，强化安全生产意识，促进安全生产管理，在企业安全生产中发挥生力军作用。二是召开“青年职工与企业安全生产”座谈会。为了总结交流企业开展创建“青年安全生产示范岗”活动的好做法、好经验，表彰活动中涌现出来的先进典型，进一步统一企业团干部的思想认识，2002年8月，共青团中央、国家安全生产监督管理局联合召开“青年职工与企业安全生产”座谈会，来自全国不同战线和企业的部分企业党政领导、团委书记、一线青工参加会议，团中央书记处和国家安全生产监督管理局有关负责同志出席会议并讲话。座谈会统一了各级团组织的思想，明确了工作思路，为动员更多的青年职工参与企业安全生产起了积极的推动作用。三是组织开展“全国青年职工安全生产知识竞赛”。为丰富青年职工安全生产知识，增强青年职工安全生产意识，2003年12月，团中央联合国家安全生产监督管理局开展“全国青年职工安全生产知识竞赛”。竞赛试题在《国家安全生产报》、《中国青年报》刊出后，得到全国各行业青年职工的积极响应，回收试卷近20万份，使广大青年职工受到了一次系统的安全生产知识教育。另外，几年来，共青团中央积极配合参与中宣部、国家安全生产监督管理局等部门开展的“安全生产万里行”、“全国安全生产月”等活动，积极为国家安全生产工作做贡献。

中国青年创业行动

2004年，各级团组织认真贯彻党的十六届三中全会、中央经济工作会议和全国再就业工作座谈会精神，根据“中国青年创业行动现场推进会”的有关要求，以扶持青年创业为主线，以开发就业岗位、促进青年就业为目标，努力建立较为完善的促进青年就业和再就业的工作体系，进一步为青年提供切实有效的就业和创业服务，引导、帮助广大青年在创业中实现就业，在创业中建功成才，为推动我国经济发展和维护社会稳定做出新的贡献。一是工作机制逐步健全。向国务院办公厅呈送了专门报告，黄菊同志批示同意团中央加入国务院再就业工作部际联席会议，同时将中国青年创业行动写入《国务院再就业工作部际联席会2004年工作要点及工作安排》，为中国青年创业行动得到政府指导、优化外围环境、争取政策支持创造了条件。联合劳动和社会保障部下发了《关于深入实施中国青年创业行动，促进青年就业工作的意见》，明确了当前和今后一个时期实施中国青年创业行动的指导思想、总体目标和主要工作，为各地团组织争取劳动保障部门政策、资金、项目支持搭建了平台。团中央书记处调整充实了共青团全国青年就业和再就业工作领导小组后，具体负责组织了领导小组全体会议，起草下发了《2004年促进青年就业和再就业工作推进方案》和《共青团全国青年就业和再就业工作领导小组成员单位职责》，明确了各地区、各部门全年的工作任务。下发了《2004年实施中国青年创业行动任务分解表》和《中国青年创业行动工作目标考核标准》，建立了工作情况定期通报制度，从而更有效地督促各地根据部署创造性地开展工作。二是创业扶持力度加大。积极争取国际劳工组织、劳动和社会保障部的支持，将SYB创业培训项目引进团内并逐步推广开来。3月和8月，联合劳动和社会保障部举办了两期共青团系统SYB师资培训班，培训了来自全国43个城市青年创业就业培训基地的58个专职教师，并全部取得了劳动和社会保障部颁发的合格证书，为各地举办SYB培训班提供了师资支持。5月，在山东青岛召开了“全国青年创业行动座谈会暨青年创业培训工作现场观摩会”，总结青岛团市委实施“青年创业行动”、开展SYB培训的经验，就开展青年创业培训工作进行了专门部署，与29个大中城市团委签订了2004年度SYB培训工作目标责任书，切实提高了共青团组织开展青年创业培训工作的规范化、科学化水平。为在青年中普及创业基本知识，增强创业意识，联合中国就业培训技术指导中心、北京城市学院举办了“全国青年创业知识竞赛”，收到有效答卷10万多份，取得了较好的效果。在北京城市学院成立了全国青年创业培训中心，集中开展能力培训、创业指导、法律援助、理论研究等项目，并示范带动各地工作的展开。命名了105个全国青年创业培训基地和95个全国青年创业实践基地，为有志创业的青年提高理论水平和实战技能提供了强有力的服务。成立了中国青年创业行动专家指导团，使对青年创业全过程的咨询、指导更具专业性和权威性。在《中国青年报》、《中国产经新闻》等报刊和新浪等门户网站上发布了征集青年创业项目和青年创业人才的启事，广泛发动各级团组织依托青年企业家协会等团内资源收集创业项目。8月，召开了全国青年创业项目发布会，针对创业项目与创业人才对接难的问题，依托中国青年创业网建立了“全国青年创业项目库”和“全国青年创业人才库”，为青年创业提供了一个共享型资源平台。12月，举办了首届“中国青年创业周”，通过发布《新世纪中国青年创业宣言》，举办青年创业项目洽谈会、中国青年创业能力大赛和第二届中国青年创业论坛等，搭建青年创业帮扶平台。为激励青年自主创业，从1月中旬开始在中央电视台1、2、3、4、7、11频道以及各省卫视陆续播出了“青春不下岗”主题系列公益广告，在广大青年中引起强烈反响。注重典型引导，联合劳动和社会保障部开展了首届“中国青年创业奖”评选活动，经过各地推荐、组织选拔、集中公示、专家投票等评选出11名“中国青年创业奖”和19名提名奖，并组织开展了首届“中国青年创业奖”颁奖座谈会。7月，联合劳动和社会保障部、北京市人民政府举办了首届中国青年创业论坛，从而进一步强化了青年创业与促进就业的理论研究，优化了青年创业的外部环境。开展了“青年创业之歌”和中国青年创业行动标识征集活动，收到来自全国各地的应征歌曲和应征标识上百件，打造了具有共青团特色的创业文化。三是就业服务稳步展开。不断培育品牌项目，继续实施了“玫琳凯下岗失业青年技能发展项目”，先后在石家庄、宁波、广州、上海、西安、无锡、南京、杭州等地建立起了“玫琳凯下岗失业青年美容技能培训中心”，为广大下岗失业青年搭建了提升技能、提高素质的平台，并于5月举行了“玫琳凯下岗失业青年技能发展项目”阶段性总结会暨2004年专项资金捐赠仪式。在广州、济南等城市启动了“中国青年创业行动·中青奥美培训项目”。指导各地逐步扩大省际、省内、网上“工岗快递”的覆盖区域和参与群体，引导青年实现跨地区、跨城乡、跨行业就业。4月和7月依托“中国青年创业网”召开了两届全国青年网上招聘大会，6月还针对参加“大学生志愿服务西部计划”服务期满的大学毕业生举办了专场招聘会，为青年自主择业或流动就业开辟了全新渠道。为加大青年就业服务中心建设力度，分区域成立了环渤海地区、东北地区、长三角及周边地区、泛珠三角地区、西部地区青年就业服务中心联席会；制定下发了《全国青年就业服务中心区域联席会议制度》，推动青年就业服务中心之间实现相互交流、共同合作和资源共享。四是积极扶持阜新市实施中国青年创业行动。作为团中央扶持东北能源枯竭型城市经济转型试点，今年进一步加大了对阜新的扶持力度。“两节”期间，指派专人赴阜新蹲点，并依托经济发达地区青年就业服务中心提供用工岗位，帮助阜新一次性向北京、山东以及省内其他地市输送青年1000多人，起到了很好的示范带动作用。中共中央政治局委员王兆国同志在团中央呈送的《关于帮助阜新经济转型工作情况的报告》上作出批示：“团中央帮助阜新老工业基地经济转型工作做得很好、很扎实。既帮助当地青年转变就业思想观念，又指导和帮助他们解决好就业；既帮助他们引进资金项目利用区外资金发展当地经济增加当地就业机会，又介绍青年到外地就业；既抓住培训青年提高素质增强就业本领，又因人而宜地介绍青年选择合适的就业岗位；既抓住青年创业行动，又抓多项职能集一体的青年就业服务阵地建设等等，工作很有成效，获得了辽宁、阜新党政领导的高度评价和广大群众青年的欢迎，这充分说明了团中央、省、市各级团组织是有朝气、有活力、有战斗力的。希望你们不断总结经验，把这项工作做得更好更富有成效。”对团中央开展的中国青年创业行动进行了充分肯定。五是宣传工作推出新举。与《中国青年报》合作，在每周一的创业周刊设专版，宣传在实施中国青年创业行动中涌现出的好做法、好经验和好典型。继续编好《中国青年创业行动简报》，并将发送范围扩大到各省、自治区、直辖市和重点联系城市党委分管领导。与中央电视台《劳动就业》栏目、《人民日报》等单位达成长期合作协议，定期报道中国青年创业行动开展情况。

在刚刚结束的全国再就业工作表彰会上，共青团系统有5个集体、个人受到国务院表彰，甘肃团省委青工部还作为群团组织的惟一代表作了典型发言，受到了有关方面的肯定。

首届中国青年创业周

为搭建青年创业帮扶平台，培养青年的创业意识，激发青年的创业热情，提高青年的创业素质，促进人才、技术、资金、信息等创业要素的有机结合，共青团中央、劳动和社会保障部、中共湖北省委、湖北省人民政府、中共武汉市委、武汉市人民政府于2004年12月22—27日在湖北武汉联合举办了首届中国青年创业周。团中央书记处第一书记周强，中共湖北省委副书记、武汉市委书记陈训秋，湖北省副省长蒋大国，团中央书记处书记王晓，劳动和社会保障部有关负责同志以及武汉市委、市人大、市政府、市政协的负责同志出席了开幕式，各省级团委分管青工工作的副书记、青工部长，发布创业项目的参展企业代表，首届中国青年创业能力大赛参赛选手共240多人参加了创业周。

开幕式上，共青团中央、劳动和社会保障部表彰了2004年度中国青年创业行动优秀组织单位和先进个人。首届"中国青年创业奖"获得者、北京保罗科贸发展集团董事长武力代表参加首届中国青年创业周的创业青年宣读了《中国青年创业宣言》。周强、陈训秋同志在开幕式上作了重要讲话，王晓同志主持了开幕式。

12月22—23日，首届中国青年创业项目洽谈会在武汉国际会展中心举行。周强、陈训秋、蒋大国、王晓等领导同志参观了洽谈会现场。洽谈会所发布的项目，是活动组委会办公室本着"投资少，效益高，周期短，易操作"的原则，在前期通过组织发动、能人推荐、市场运作等途径广泛征集的2835个项目中筛选出来的，由来自28个省、自治区、直辖市的180多家企业提供，涉及加盟连锁、特许经营、高新技术、生产制造、商贸流通、社会服务、农林牧渔、文化教育等领域。在项目选择推荐上，注重创业项目针对青年特点的可行性。一方面把重点放在服务业、特色养殖、农副产品精深加工等投资少、见效快的创业项目；另一方面，着重推荐提供减免加盟连锁费用等降低青年创业门槛的创业项目，为青年创业提供良好的外部环境。项目洽谈会期间，中国青年创业网(www.chinajc.com)同期在网上举办青年创业项目发布会，向青年推荐近千个项目，充分发挥网络不受地域、时空限制的信息资源互通优势，为青年创业提供共享型资源平台。洽谈会期间，共有两万余名各地青年来到洽谈会现场，同现场各企业展示推介的创业项目进行了交流和沟通，近千名青年对企业的不同创业项目表达了合作意愿，达成合作意向的项目总数达到了137个，其内容涉及专利产品及技术的知识产权转让、特约连锁加盟合作、品牌产品区域性代理合作、风险资金的投融资、产品或服务的交易等诸多方面，47个合作项目在洽谈会现场草签了协议。12月23日下午，主办单位在武汉国际会展中心举行了隆重的项目对接签约仪式，北京的数字天堂移动办公项目等10个合作项目分别和合作意向方进行了现场签约。团中央、劳动和社会保障部还表彰了获得创业项目评比金、银、铜奖的项目。王晓同志出席了签约仪式并为获奖项目颁奖。

12月22日，第二届"中国青年创业论坛"在湖北电视台演播厅举办。来自团中央、湖北省和武汉市的有关负责同志及首届中国青年创业奖获得者、部分中国青年创业行动专家指导团成员、参加中国青年企业家第九次会员大会的部分代表和武汉市部分青年创业者近100

人参加了本次论坛。在论坛上，首届“中国青年创业奖”获得者们从自身的创业经历、经验、感悟出发，与到场的中国青年创业行动专家指导团成员、武汉市创业青年一起，就如何走出创业的第一步，如何实现企业的持续发展，以及如何抓好市场营销、资本运营、科技创新、理念建树、科学管理、风险规避等环节进行了深入的探讨。年仅30岁的沈阳昊诚集团董事长李文东讲述了他大学毕业后，婉言谢绝企业的高薪聘请，说服他的几位同学联手走上创业之路，体会科技创业、知本赚钱的快乐历程。山西百圆裤业有限公司董事长杨建新讲述了他19岁下岗后，不等不靠，凭着过人的吃苦精神和聪明才智，创办百圆裤业有限公司的经历。专家们认为，创业者要比一般的就业者承担更多风险，经受更多困难和磨难。对于目前正处于世界观、人生观、价值观形成重要时期的青年来讲，帮助他们走上自主创业的道路，使其成为创业青年，就可以使他们与这个创业时代的主流生活密切相关，从而更加自信，建立良好的社会关系，形成健康的人格和健全的品格，也使他们更加理解和适应市场就业机制所带来的新变化，从而在社会主义市场经济的大潮中去实现、追逐自己的全面发展。国家发改委经济研究所副所长杨宜勇认为，从首届中国青年创业奖获得者身上可以看出，当今的青年人思路敏锐，思想解放，文化素质较高，学习能力强，有着吃苦耐劳的精神，是劳动力市场上的优质资源。同时，他也提出，青年人对就业的入门期望值一般比较高，青年人在创业方面缺乏经验，他们缺少工作经验，缺少社会关系，缺少社会资本，同时也缺乏金融资本。希望国家和社会在大的环境上要鼓励青年人创业，对青年创业在政策上要给予倾斜，以进一步激发青年的创业热情。论坛在青年中引起了轰动。在场青年纷纷上前与专家、创业者进行交流，并表示参加论坛学到了很多在学校里、在书本上、在生活中学不到的东西，了解了创业的艰辛，更看到了创业的精彩和成功的喜悦，从很大程度上改变了自己以前那种到正规单位才算就业的观念，特别是论坛对下岗青年、大学毕业生两个不同类型的创业典型进行剖析，让大家认识到创业并不遥远、并不是一件高不可攀的事情，从而使自己更自觉地把创业当做人生追求，积极投身于创业热潮中，在实现自身价值的同时，为社会做出积极的贡献。

12月25—27日，首届中国青年创业能力大赛在武汉电视台演播厅举行，大赛由中央电视台经济频道《劳动就业》栏目全程录播。参赛的30位选手来自全国26个省、市、自治区，都是经过各地的共青团组织经过层层选拔推举出来的，具有较强的普遍性和代表性。比赛共8场，其中复赛6场，决赛2场，复赛包括创业方案评比和创业知识考核两个环节。赛前，主办单位将每位选手的创业方案提前分送评委评判，并作为每位选手参加创业知识问答比赛的基础分。创业知识考核分为有问必答、各抒己见、心理测试、过关斩将等4个环节。决赛的方式是创业实战模拟比赛，即让选手模拟创办企业的全过程，从最初计划是否合理，制作产品是否合格，销售产品是否及时，资金使用是否合理，是否能够抵御风险，财务报表是否清晰，是否实现利润最大化等方面评比。最后从获取最大利润、单个产品获得的利润和企业计划与实现的结果接近的程度三个方面来评比，由评委现场打分。经过激烈的角逐，沈懿玫等12名青年进入决赛并获得首届中国青年创业能力大赛优胜奖，其中李树锋等4名青年获得中国最具创业潜能青年奖，由青年企业家与其进行结对帮扶，并提供3万元的创业启动资金。大赛实况从1月8日起每周六、日13：05连续在中央电视台经济频道（CCTV—2）《劳动就业》栏目中播出。

中国青年创业能力大赛

由共青团中央、劳动和社会保障部联合主办的首届中国青年创业能力大赛已经降下帷幕。本次大赛分为初赛、复赛和决赛三部分。初赛由各省、自治区、直辖市团委组织，并选拔推荐1—2名青年参加复赛。依据《中国青年创业能力大赛比赛规程和评分标准》，我们于2004年12月25日—27日进行了首届中国青年创业能力大赛复赛和决赛，经过激烈的角逐，沈懿玫等12名青年进入决赛并获得首届中国青年创业能力大赛优胜奖，其中李树锋等4名青年获得中国最具创业潜能青年奖。

“青年企业家东北行”活动

为了深入贯彻落实“三个代表”重要思想和党的十六大、十六届三中全会精神，积极响应党中央、国务院关于实施东北等老工业基地振兴战略的号召，动员引导广大青年企业家积极参与东北等老工业基地的振兴，为加快东北地区发展和全面建设小康社会做贡献，开展了“青年企业家东北行”活动。并以“青年企业家东北行”活动为龙头，深入开展了青年企业家学习培训活动、“一助一”扶持青年小老板活动等，不断促进人力资源和物质资源的优化配置，促进青年企业家队伍整体素质的提高，团结带领青年企业家为辽宁等东北地区老工业基地振兴做出了积极的贡献。2004年4月，中青企协组织160多名青年企业家赴黑龙江省哈尔滨市、大庆市开展“青年企业家东北行——黑龙江经贸考察活动”，共签订合同4项，合同金额2.725亿元，协议金额69亿元。7月，组织200多名青年企业家赴辽宁省沈阳市、大连市、阜新市开展了“青年企业家东北行——辽宁经贸考察活动”，共签订合同6项，合同金额2.4956亿元。全年组织阜新经贸考察活动共签订合同3项，总金额1.4亿元。目前，伊利项目已落户阜新，液态奶产品已正式投入生产。温岭新曙光农业开发有限公司在阜新投资建立了160亩“共青团高科技农业示范园”。

“青年企业家西部行”活动

为了响应党和国家实施西部大开发战略，动员引导广大青年企业家为西部大开发做贡献，2000 年 3 月，共青团中央、中国青年企业家协会组织开展“青年企业家西部行”活动。活动开展以来，中青企协通过组织广大青年企业家开展经贸考察协作、为西部地区生态环境建设和基础教育事业做贡献、加强西部地区青年企业家能力建设，积极服务西部大开发战略。2004 年，“青年企业家西部行”活动不断向深度和广度发展。6 月，组织中青企协副会长、副秘书长共 50 多人开展了“青年企业家广西经贸考察活动”，达成了多个合作意向。9 月，组织 150 多名青年企业家开展“青年企业家宁夏行——银川经贸考察活动”，共签订合同 20 项，合同金额 20.57 亿元。

“青年企业家中部行——湖北经贸考察”活动

为响应党中央、国务院提出的“中部崛起”战略，服务区域经济建设，团中央、中国青年企业家协会组织开展了致力于促进区域协调发展的“青年企业家湖北经贸考察”活动。2004 年 12 月 22 日至 24 日，组织 500 多名中青企协会员赴湖北武汉、宜昌、黄冈开展“青年企业家湖北经贸考察”活动，共签订合同项目 6 项，合同金额 48 亿元。此外还达成协议 25 项，协议金额 56.44 亿元。

促进农村青年转移就业工作

促进农村青年转移就业，是共青团组织紧密结合新阶段农业、农村经济发展要求和农村青年增收成才的愿望及需求，引导和发动农村青年带头由传统农业向现代农业转移，由农业向非农产业转移，由农村向城镇转移而在全国范围内普遍开展的一项重点活动。

2004 年 2 月 29 日至 3 月 1 日，团中央在江苏南京召开了全国促进农村青年转移就业工作会议，会议在总结各地团组织经验做法的基础上，就以促进农村青年转移就业工作为统揽，全面推进新阶段农村共青团工作进行了部署。5 月，团中央联合农业部、教育部、科技部、劳动和社会保障部、国务院扶贫办、民进中央等国家六部委，共同下发了《关于实施全国农村青年转移就业促进计划的意见》，围绕农村青年技能培训、促进农村青年在农业内部转移、拓宽农村青年对外输出渠道等方面出台了具体的指导意见和推进措施。

根据团中央的部署和要求，各地团组织积极采取切实有效的措施，扎实推进农村青年转移就业工作：

一、促进农村青年在农业和农村内部转移就业

围绕农业和农村经济结构调整，各级团组织配合有关部门积极拓宽和挖掘农业与农村内部就业的潜力和空间，通过实施"三个带动"，带领农村青年向农业的深度和广度转移、向农村的二三产业转移。一是培训带动。各级团组织依托"跨世纪青年农民科技培训工程"、"星火科技培训专项行动"等活动，广泛开展以农业实用技术、劳动生产技能、农产品质量标准、法律法规为主要内容的培训，切实提高了农村青年的就业能力。二是项目带动。各级团组织积极领办推广实用农业科技项目，这些项目的实施推广，推动了农业产业化的进程，培养了一批青年技术人才，满足了农村青年脱贫致富的需求，实现了农村青年在农业内部的充分就业和团的自我发展。三是能人带动。各级团组织着力培养了一大批有技术、懂经营、善管理、致富有方的农村青年能人大户，发挥他们的典型带动作用，鼓励扶持他们加快发展、做大做强，带动大批农村青年实现了共同富裕。

二、引导农村青年进行跨地区成规模的异地转移就业

随着城乡一体化进程的加快和农村经济社会的深入发展，异地就业、外出务工，已成为农村青年增收致富的重要途径。为了扩大农村青年跨地区转移的规模，各级团组织主要通过四种模式引导农村青年有序地进行异地转移就业：一是组织对接型转移。在有劳务合作基础的省市团组织之间，发挥团的网络优势和组织优势，通过开展跨地区对口协作扩大转移规模。二是中介服务型转移。各级团组织按照有关政策和规定大力培育青年中介组织及青年劳务经纪人，通过他们有效扩大了团组织的服务面。三是城乡互动型转移。各级团组织在开展城乡互动活动中，重点围绕"人才、市场、信息、产业、文化"五个方面展开互动，促进农村和城镇的劳务供需对接 。四是东西互助型转移。全团深入实施"青年星火西进计划"，成立了专家服务团，以志愿服务等方式，在示范县（市）开展技术培训、信息交流和项目洽谈、规划论证等服务，极大地促进了农村经济的发展和农村青年的转移。此外，部分团组织还在探索境外转移农村青年工作，并取得了一定的进展。

三、为农村青年转移就业提供切实服务

各级团组织立足服务，促进农村青年的转移就业。一是做好思想发动。面向广大农村青年大力宣传有关转移就业的政策、内涵和典型事迹，帮助农村青年树立正确的转移就业观念。二是加强信息服务。通过组织对接、专人采集、互联网等多种渠道为农村青年收集、提供致富项目、就业岗位等信息服务。三是加强权益维护。各地团组织积极联合有关部门通过建立法律援助中心、开通法律援助热线等办法，维护农村青年的合法权益。四是提供创业扶持。联合农业、科技、金融等部门，积极为农村青年创业争取和提供政策、资金、技术等方面的支持。五是加强组织领导。联合有关部门成立领导小组，形成了各部门齐抓共管的良好局面。一些地区团组织还在异地转移青年较为集中的地区建立团支部，加强了对转移就业农村青年的管理和服务。

据不完全统计，2004 年全国各级团组织共培养全国级农村青年创业致富带头人 1000 多名，创建省级以上农村青年转移就业培训基地200多个，开展农村青年技能培训100万人次，举办千人以上规模转移就业洽谈会180多场，帮助90多万名农村青年实现了转移就业，有效地服务了农业和农村经济发展，服务了农村青年增收成才。

保护母亲河行动

2004年是保护母亲河行动实施五周年。各级保护母亲河行动领导小组认真贯彻落实党的十六届三中全会和团十五大精神，以“三个代表”重要思想为指导，按照全国保护母亲河行动领导小组的部署，牢固树立以人为本，全面、协调、可持续发展观，求真务实，真抓实干，丰富活动内容，创新活动形式，不断拓展保护母亲河行动的实施领域，取得了积极的成效，在全社会产生了积极反响。

一、以报刊、电视、公共场所和显著地段为重点，强化宣传

1.广泛刊登保护母亲河公益广告。以“同饮一江水，同护母亲河”为主题，设计制作了保护母亲河行动公益广告和招贴画，在3月9日全国第三个“保护母亲河日”期间，在报刊、互联网、公共场所广为刊登。在《中国青年报》、《中国日报》等10余家中央报刊连续刊发公益广告总计52次；在《南方周末》、《京华时报》和全国10多家省级报刊、30余种刊物上刊登公益广告近百次；在搜狐、中青网等网站上开设了保护母亲河行动专栏，扩大保护母亲河行动在普通百姓中的影响。加大了公共场所、显著路段的广告宣传，与北京市节水办等单位合作，在北京的主要街道和路段，设立了75块保护母亲河行动灯箱公益广告，在13辆公共汽车上刊登了为期半年的车身广告。

2.抓住人大、政协“两会”契机加大宣传。“两会”期间，全国保护母亲河行动领导小组办公室印制了1万套的“请跟我来，天天环保”纪念书签，发放每位代表、委员和工作人员。在代表和委员驻地宾馆的厅堂，摆放“请跟我来，天天环保”提示牌，扩大保护母亲河行动在人大代表和政协委员中的影响。

二、以旅游饭店业、铁道及民航系统为重点，深化“请跟我来，天天环保”活动

聘请彭丽媛、王刚、濮存昕、周涛、朱军、崔永元、鞠萍、邓亚萍等12位影视及体育界知名人士为“保护母亲河爱心使者”，制作了10万套带有他们形象和10件日常环保小事的“请跟我来，天天环保”纪念书签，广泛发放。把旅游饭店业、铁道及民航系统等社会影响面大的窗口行业作为重点领域予以推进。目前，全国各地旅游饭店的厅堂、客房及火车、飞机的座位等显著位置正在按标准陆续摆放“请跟我来，天天环保”提示牌，引导旅客和乘客从日常的环保小事做起，天天做环境保护者。

三、以三峡工程、南水北调工程为重点，动员广大青少年积极参与国家大型重点工程的环境保护

1.启动“美化新三峡，保护母亲河”活动。活动由团中央、国务院三峡建设委员会办公室、国家环保总局、国家林业局等四家单位共同组织，以鄂、渝、川、滇、藏、青等三峡库区上游地区的青少年为主体，采取以省为单位轮流承办的方式开展。3月9日，5000余名青少年在重庆市举行了隆重的启动仪式。

2. 启动"共饮丹江水,保护母亲河"活动。活动由团中央、水利部、国家环保总局、国家林业局等四家单位联合实施,先期以南水北调中线工程为重点,以中线工程沿线的京、津、冀、豫、鄂五地青少年为主体,动员广大青少年积极参与南水北调工程的环境保护。3 月 24 日,在湖北丹江口市举行了"共饮丹江水,保护母亲河"誓师大会。

启动仪式结束后,两大工程沿线的青少年深入开展环保宣传、植树造林、生态监护、组织生态游、举办论坛等活动,投身两大工程的环境保护。两大活动的开展,标志着保护母亲河行动与国家大型重点建设工程的环境保护紧紧地联系在一起。

四、以流域为单元,动员同一流域的青少年积极保护共同的母亲河

提出"以流域为单元"这一新的保护母亲河行动推进方式,按黄河、长江、淮河等大江大河流域划定单元,每一单元的活动由全国保护母亲河行动领导小组牵头,相关省份为主承办。4 月 10 日,由浙、苏、沪三地青少年组织的"太湖流域青少年环保行动"在浙江省湖州市拉开序幕。三地青少年代表共同签署了《浙、苏、沪青少年保护太湖公约》,并举办太湖流域青少年环保论坛。为保证活动的持续开展,浙江、江苏、上海三省(市)团委建立了联系会议制度,并于活动启动当天召开了首次联席会议。

五、以加强青少年生态道德为重点,集中开展宣讲活动

以 6 月 17 日"世界防治荒漠化和干旱日"为重点,广泛开展青少年生态道德宣讲活动。邀请保护母亲河爱心使者、中央电视台少儿节目主持人鞠萍,到北京西四北四条小学,向同学们讲解荒漠化对人类的危害,倡导少先队员们自觉培养生态道德,做环保小卫士。同时,邀请有关生态伦理、生态环境等方面的专家,做客中青网,通过网络向青少年宣讲有关知识和生态道德要求。各地团组织普遍组织宣讲团,以宣讲"植绿护绿、珍爱生灵、节约资源、抵制污染"十六字生态道德要求、环保知识等为主要内容,在全社会集中开展青少年生态道德宣讲活动,引导青少年培育生态道德素养,规范自身的环保行为。

六、以建设青少年绿色家园为重点,推进保护母亲河工程建设

与安利(中国)日用品有限公司合作,争取资金 120 万元,建设保护母亲河工程安利林,直接资助了天津、山西、内蒙古等 10 省(区、市)的 10 个青少年绿色家园的建设;与中央电视台《真情无限》栏目合作,邀请知名书画家创作以保护母亲河为题材的书画作品,通过电视现场拍卖的方式,筹集资金 140 多万元,在黄河沿线 9 省(区)的青少年绿色家园分别建设一片"保护母亲河工程真情无限林";在解放军青年官兵中募集资金 280 万元,在四川广安市、内蒙古呼和浩特市建设两个保护母亲河工程解放军林,面积达 13040 亩。

七、以中日青年环保友好交流为重点,推进中外青年环保合作

1. 启动保护母亲河工程"日中绿化交流基金"潼关项目。3 月 3 日,日本近千名大学生志愿者来到陕西潼关,参加"日中绿化交流基金潼关项目"的启动仪式,中日两国青年在黄河岸边种下了象征友谊与和平的纪念林。

2. 举办"中日民间水论坛"。论坛于 4 月 20 日至 22 日在北京举行,主题是:参与 · 合作。日本前首相桥本龙太郎、日本驻华大使阿南惟茂出席论坛开幕式并致辞。300 多名中日两国政府部门的有关官员、专家学者、青少年代表围绕"水行政、水生态、水文化、水经济、水与青年"等主题进行了深入的讨论与交流,两国部分企业代表针对城市用水及湖泊河流的水净化、生活废水的循环利用等领域开展现场技术推介和项目洽谈。

3. 举办"亚欧青年水文明之旅暨保护母亲

河国际论坛”活动。论坛于6月9日至16日在北京、湖北和重庆举行。团中央书记处第一书记周强、亚欧基金代表再诺、水利部副部长鄂竟平等出席论坛并致辞。来自亚欧会议25个成员国的100余名青年组织领导人围绕“水资源现状与水资源保护”、“青年参与环保与青年环保文化”、“水资源管理与扶贫”等专题展开研讨、参观及交流,促进了亚欧青年之间的相互理解、友好合作与共同发展。

八、开展保护母亲河行动5周年系列纪念活动

1. 举办“同一条河”文艺晚会,推出“同一条河”文化品牌。11月12日晚,由共青团中央、全国绿化委员会、全国人大环境与资源保护委员会、全国政协人口资源环境委员会、水利部、农业部、国家环境保护总局、国家林业局等部委联合举办,以“青春 生态 环保 责任”为主题的“同一条河”大型文艺晚会在中央电视台1号演播厅录制。这场“同一条河”文艺晚会是保护母亲河行动“同一条河”文化活动中的重要组成部分,也是中央电视台《真情无限》栏目以保护母亲河行动为内容的特别节目。

全国政协副主席李蒙,共青团中央书记处第一书记周强及有关部委负责人出席观看了晚会。晚会现场,中央电视台副总编辑张华山代表中央电视台向保护母亲河行动捐款1618790元,用于中央电视台真情无限纪念林的建设。

2. 对保护母亲河行动5年成就奖、优秀活动项目、优质工程,2004年先进集体、个人,2004年度生态监护站进行了表彰。评选出了第三届母亲河奖。

3. 广泛进行新闻宣传。在《人民日报》、《学习时报》出版了保护母亲河行动专版,制作播出了《焦点访谈》专题节目。

4. 保护母亲河工程竣工。9月22日,全国保护母亲河绿色工程竣工仪式在全国保护母亲河绿色工程兰州大沙沟项目区举行,以此为标志,全国保护母亲河绿色工程已全面完成建设任务,进入林木的管护期。

同时,2004年保护母亲河行动着力加强了工作机制建设。一是分别与水利部、国家环保总局、国家林业局召开了工作联席会,协商进一步推进保护母亲河行动有关事宜;二是召开了全国保护母亲河行动领导小组会议,就保护母亲河行动今后的发展进行了探讨;三是组建了由张光斗、毕淑敏、谷建芬、濮存昕等工程院士、专家学者、新闻工作者、文艺工作者、艺术家及国内著名企业家100余人组成的中国保护母亲河行动顾问团。

全国青年中心建设先进县(市)创建活动

2004年,按照“整合资源,夯实基础,项目牵动,强势推进”的工作原则,大力开展“全国农村青年中心建设先进县(市)创建活动”,以推动建设、培养骨干、构建平台、发展项目为工作重点,强势推进农村青年中心建设,取得了较为明显的成效。

(1)加强基础工作,指导规范各地青年中心建设。2004年1月2日共青团全国青年中心建设工作领导小组第一次会议召开并印发会议纪要,进一步明确青年中心的理念和试点工作方向。确定青年中心标识和形象设计,并进行标识的商标注册。编辑出版《全国农村青年中心100例》一书,推广基层经验,指导规范各地青年中心建设。分赴10多个省(区、市)开展调研,在《中国青年报》开辟"关注农村青年中心"专栏,指导地方青年中心建设。积极筹备召开全国青年中心建设工作会议,为推进农村青年中心建设打下坚实基础。

(2)建立激励机制,营造争先创优的良好氛围。指导23个省(市)召开了农村青年中心试点工作现场推进会,全国共有31个省(区、市)的450多个县开展了农村青年中心建设试点工作,已建成农村青年中心1700多个。确定全国创建农村青年中心建设试点先进县(市)230个,确定了100个全国农村青年中心重点联系点。涌现出一批全国青年中心建设试点先进县(市)、全国优秀青年中心和全国青年中心建设试点工作先进个人。

(3)培训工作骨干,大力开发农村青年中心人力资源。举办全国农村青年中心建设专题培训研讨班,350多名青年中心工作人员参加了培训研讨。开展大学生西部计划青年中心专项志愿者等专题培训,近10个省(区、市)在当地招募了青年中心志愿者,推动22个省(区、市)举办专题研讨班,形成了全国、省、市、县四级培训机制,切实加强了青年中心的工作队伍建设。

(4)整合社会资源,实施城乡互动农村青年发展项目。与新闻出版总署联合推出"农村青年读好书"活动,启动农村青年中心"青年开放书架"建设工作。团中央9个直属单位捐赠37种、全年100套报刊杂志,中国文化扶贫委员会捐赠5万张总价值30万元的光盘,在全国农村青年中心百个重点联系点援建100个青年开放书架。参与卫生部等8部委联合发起的"全国亿万农民健康促进行动",与国家体育总局联合开展"体育三下乡青年中心行动",依托青年中心发展青年体育协会,首批试点扶持60个全国体育三下乡青年中心行动示范点。与全国学联联合开展大中专院校与青年中心结对活动。实施"北辰基业网络计算机示范项目",向农村青年中心捐赠网络计算机1000台,总价值500万元。面向企业筹资18万元,向农村青年中心免费赠阅1500套《中国青年》杂志,推动中国青年乡镇企业家协会会员结对共建农村青年中心。与"泛舟横渡"图书发行公司合作,在山东、山西的农村青年中心建设"泛舟书屋"。系列城乡互动农村青年发展项目的实施,为农村青年中心的服务能力建设提供了有力的支撑。

乡村青年文化建设

根据农村青年的特点和农村共青团工作的实际,立足基层,与农村青年中心建设有机结合,广泛开展了丰富多彩、健康向上、洋溢乡土气息、深受青年喜爱的群众性乡村青年文化活动,有力地推动了先进文化在乡村的传播。

(1)首次召开全国乡村青年文化建设现场经验交流会。以"大力推进农村青年中心建设,深入开展乡村青年文化活动"为主题,总结交流近年来各地共青团组织开展乡村青年文化建设的成功做法和经验,并安排部署今后一个时期乡村青年文化建设工作的思路、任务和重点。

(2)举办首届全国乡村青年民间工艺品制作大赛和作品展示活动。采用文化搭台、经贸唱戏的形式,在福建泉州举办决赛暨作品展示活动,来自全国31个省(区、市)近千名农村青年艺人参加了大赛,产生金奖作品9件,银奖作品21件,获奖者被授予“全国乡村青年民间工艺大师”和“全国乡村青年民间工艺能手”称号。

(3)广泛开展第六届“乡村青年文化节”。利用元旦、春节的有利时机,在全国开展了丰富多彩的乡村青年文化活动。共命名119个乡村青年文化活动先进县(市、区)、100个优秀乡村青年文化活动项目,表彰了85名乡村青年文化名人,并进行集中展示和宣传。

大学生就业见习行动

“大学生就业见习行动”是共青团组织深化大学生素质拓展计划、服务大学生就业创业的一个新的工作项目。行动根据大学生成长成才和就业创业的需求,依托团委、学生会组织系统,广泛发掘社会资源,通过组织大学生到企事业单位进行就业见习等多种方式,帮助大学生增加职业经历,提高就业创业能力。

“大学生就业见习行动”自2004年4月启动,重点开展了三个方面的工作。

一、建立并开通“大学生就业见习网(www.54club.com)”。团中央、全国学联联合最大的中文网站新浪网以及国内专业人才服务机构上海四达组建了“大学生就业见习网”,网站充分整合三方优势,利用互联网作为平台,力求将企业的用人需求和大学生的求职愿望、提高就业技能的愿望结合起来,拓宽大学毕业生的择业渠道,加强大学生与企业以及专业人士之间的直接交流,帮助大学生提高就业创业能力,开通不到一年,日均访问量已达到20万人次以上。

二、推动企业加盟。2004年,共有近千家企业申请加盟“大学生就业见习行动”,组委会经过严格筛选,确定了500多家企业为第一批加盟企业,这些企业共提供了约2万个就业见习岗位,提供给在校大学生。

三、举办名企见习招聘会及宣讲会。“大学生就业见习行动”组委会于2004年度在上海、杭州、哈尔滨、北京等多个城市组织了大学生就业见习招聘会,并邀请名企负责人走进大学校园举办宣讲会,帮助大学生明确职业定位,获取就业见习信息,提高就业创业能力。

大学生素质拓展计划

2004年是深化大学生素质拓展计划的一年。工作主要分为两个方面:

一是研发推广大学生素质拓展计划网络管理系统。大学生素质拓展计划网络管理系统是为素质拓展计划这一项目专门设计开发的管理系统。该系统可以实现数据共享和交换，有效地解决数据集中管理和分布处理的问题，整合资源，规范操作，促进共青团工作信息化与项目在全国范围内的推进，是大学生素质拓展计划的一个重要载体。2004 年共向各地高校团委下发网络管理系统 150 余套，其中大部分高校都已将该系统投入使用。

二是进一步做好《大学生素质拓展证书》的发放和使用工作。《证书》由共青团中央、国家教育部和全国学联共同监制，全国统一编号，通过对大学生在校期间拓展自身综合素质的重要经历和主要成绩的客观记载，来引导大学生完善自身素质，建立对大学生素质拓展的评价和社会认同机制。2004 年，我们对证书进行了改版，新版证书在内容填写、鉴定、认证等方面建立了一套完整的机制和办法，确保其客观真实性和权威性。2004 年共向各高校团委下发新版证书 35 万余套，进一步在全国范围内推进了大学生素质拓展计划。

关心和服务经济困难大学生

关心和服务经济困难大学生是高校共青团组织一项长期的工作任务。2004 年，一方面进一步发放和使用好大中华高教基金，引导大学生自立自强；另一方面，集中在寒假期间开展了全团关心和服务经济困难大学生活动。在这项活动中，全团认真贯彻中央领导的重要批示，攥紧拳头，形成强大合力，把关心和服务经济困难大学生的各项工作落到了实处。

据统计，2005 年春节留校大学生为 208326 人，其中留校贫困生数为 120939 人，占留校大学生总数的 58.05%。在调查研究、摸清底数的基础上，各级团组织发挥联系面广的优势，通过多种渠道积极筹集资金。此外，还广泛组织“高高兴兴过年”新春联欢活动，大力开展“勤工助学行动”，组织“真情相伴”慰问活动等。在 2004 年寒假关心和服务经济困难大学生活动中，全团共募集资金 4164.9 万元，按照每人 200 元计算，共为 20 余万经济困难大学生送去了党和政府的温暖、团组织的关心，基本覆盖了所有留校经济困难大学生。学校、青工、青农、社区战线团组织和青联、青企协组织为寒假期间留校经济困难大学生共提供了 5 万多个勤工助学岗位。高校团组织为留校经济困难大学生安排了丰富多彩的文体活动，使留校大学生高高兴兴过年。

大学生社会实践活动

大学生社会实践是新时期大学生走出校园，接触社会，自觉投身中国特色社会主义建设的一项重要活动。近 20 年来，特别是 1997 年以来，中宣部、中央文明办、教育部、团中央、全国学联共同组织开展的大中专学生“三下乡”社会实践活动，坚持“受教育、长才干、做贡献”的原则，极大地调动了广大青年学生参与社会实践的积极性，得到了基层党政和人民群众的普遍欢迎，成为新形势下对青年学生进行实践教育的创新和发展。

2004年暑期大中专学生“三下乡”社会实践活动以“传承五四报国志，落实科学发展观”为主题，全国400万大中专学生积极参与，围绕农村经济社会发展和人民群众生产生活的实际需要，广泛开展了科技、文化、卫生等方面的实践服务活动。在此基础上，还重点组织了430支全国级实践服务团队，围绕树立和落实科学发展观、农村政策宣讲、未成年人思想道德建设、博士生服务东北老工业基地等四个方面开展活动。今年的活动主题鲜明，内容丰富，形式多样，成效显著。温家宝总理亲自致信参加今年暑期“三下乡”活动的大学生，对他们进行了充分肯定和热情鼓励。地方党政和人民群众也给予了高度评价。活动取得了圆满成功。

“缅怀革命先烈，弘扬民族精神”主题团日活动

为贯彻落实《中共中央国务院关于进一步加强和改进未成年人思想道德建设的若干意见》精神，对中学生进行中华民族优良传统教育和中国革命传统教育，引导中学生确定远大志向，树立和培育正确的理想信念，弘扬民族精神，增进爱国情感，提高道德素养，共青团中央于2004年4月4日在全国中学生中开展了“缅怀革命先烈，弘扬民族精神”主题团日活动。各地中学生开展了多种形式的缅怀革命先烈的活动。主要活动包括：祭扫烈士墓，瞻仰烈士陵园、纪念馆，参观革命纪念地，参观和寻访古代圣贤和民族英雄的历史遗址、遗迹，进行中华民族传统美德和革命传统教育；参加报告会、座谈会，聆听革命前辈讲述革命传统故事，缅怀革命先烈，学习他们的高尚品德和感人事迹；访问“血铸中华”、“民族魂”等网上爱国主义教育基地，并在网站上献花、签名、留言，表达继承革命先烈遗志、永远跟党走、成才报国的坚强决心；参观城市、农村建设的新成就和历史名胜，把传统教育与改革开放新成就的教育结合起来，进一步激发爱国情感，坚定共产主义的理想信念等。全国中学生通过参加主题团日活动，经受了一次革命传统教育。

全国中学生18岁成人仪式教育活动

为贯彻落实《中共中央国务院关于进一步加强和改进未成年人思想道德建设的若干意见》精神，充分利用重大纪念日的思想道德教育资源，培养中学生的公民意识和社会责任感，引

导他们弘扬民族精神，增强爱国情感，提高道德修养，共青团中央、全国学联分别于“五四”、“十一”期间在全国适龄中学生中广泛开展了18岁成人仪式教育活动。各地组织适龄高中学生在当地具有重要纪念意义的场所，按照升国旗、唱国歌、面对国旗宣誓、领导勉励、前辈祝愿、成人心声、颁发成人纪念物的基本程序，集中举行成人宣誓仪式，并开展以敬老、科普、环保等为主要内容的纪念活动。全国100多个大中城市和部分县的中学生参加了这项活动。这项活动为加强中学生思想道德建设，帮助他们弘扬和培育民族精神发挥了积极的作用。

全国中学生暑期“四个一”社会实践活动

为贯彻落实《中共中央国务院关于进一步加强和改进未成年人思想道德建设的若干意见》精神，在实践中培养和提高中学生的思想道德素质，促进学生全面发展，教育部、共青团中央在2004年暑期广泛开展了以“弘扬民族精神，承担社会责任”为主题的中学生“四个一”社会实践活动。引导广大中学生从增强爱国情感做起，从确立远大志向做起，从规范行为习惯做起，从提高基本素质做起，增强中学生的社会责任感和适应力，努力成长为中国特色社会主义事业的合格建设者和可靠接班人。

中学生暑期社会实践活动的主要内容是“四个一”，即参观一次爱国主义教育场所，参加一次社区志愿服务活动，为回报父母、长辈做一件实事，学习一项生产生活技能或自理自护知识，广泛参与各种形式的道德实践，度过一个健康、文明、快乐而有意义的暑假。具体包括组织中学生参观博物馆、纪念馆、展览馆，瞻仰革命遗址、烈士陵园，开展“红色旅游”，考察我国现代化建设的伟大成就，浏览“血铸中华”、“民族魂”爱国主义网站，在社区开展敬老爱幼、助残帮困、保护环境、公益宣传等多种志愿服务，为父母长辈做饭、洗衣、整理家务，学习生产劳动、工艺制作、日常生活实务，学习自我保护、生存安全等方面的基本知识。

接待香港大学学生会访问团并回访

为了进一步增进与香港青少年的了解交流，在国务院港澳办、香港中联办等部门的大力支持下，全国学联邀请香港大学学生会于6月21日至26日到北京参观考察，与全国学联和内地部分高校学生代表进行了深入的交流，并于10月18日至23日组团赴香港回访，取得了良好的效果。

6月21日上午，以香港大学学生会外务副会长、香港专上学联常委冯英伦为团长的香港大学学生会访问团一行12人抵达北京，开始访问交流活动。

与全国学联和内地学生的交流活动。6月22日上午,访问团拜访了全国学联。全国学联主席申跃向访问团成员介绍了全国学联的组织架构、重点工作和运作机制。随后,访问团分别参观了北京大学、清华大学,并与北京部分高校学生会主席进行了座谈,围绕大学生的社会责任以及对民主的认识等问题进行了深入交流。

拜访有关中央国家机关和政府部门。6月22—23日,访问团分别拜访了全国人大常委会、国务院港澳办和全国政协常委会。全国人大常委会法制工作委员会国家法室主任陈斯喜等同志分别介绍了全国人民代表大会制度和政治协商会议制度,通过对《基本法》具体条文的说明解释回答了访问团成员的提问。6月24—25日,访问团还分别拜访了国家发展与改革委员会、商务部和国务院发展研究中心。相关部门的负责同志分别介绍了内地的经济社会发展状况、西部大开发战略的实施、中国加入WTO的利弊、CEPA的提出与实施等情况,并回答了访问团成员关于环境保护、可持续发展、“三农问题”、中国农业与世界各国的比较等方面的提问。

听取专家学者的专题报告讲座。6月22日,清华大学王振民教授为访问团作了“《基本法》与‘一国两制’”的讲座。6月25日,中国人民大学郑功成教授为访问团作了“内地改革开放及需要解决的社会问题”的讲座,与同学们进行了热烈讨论,并分别回答了访问团成员提出的问题。

参观游览北京城市建设和文化名胜。在6天的行程中,全国学联安排访问团成员先后参观游览了北京CBD、西单图书大厦、王府井步行街、中国北京航天城、中华世纪坛、故宫博物院、圆明园和八达岭长城等城市建设经典和历史文化名胜古迹,使访问团成员既了解了祖国悠久的历史文化,也亲眼目睹了内地现代化建设的伟大成就。

10月18日—23日,以全国学联执行主席梅峰为团长、团中央学校部副部长李小豹为秘书长的全国学联赴港访问团一行13人对香港大学学生会进行了回访。

与香港大学学生的交流。10月18日,访问团与香港大学学生代表进行了座谈。香港大学学生会外务副会长冯英伦主持座谈会,香港大学学生会会长陈子坚和学生代表郑忠森、陈家英等分别向访问团成员介绍了香港大学学生会的组织架构、学生会对大学事务的参与、学生会开展的学生活动、大学生的社会参与以及香港大学的舍堂教育等情况。全国学联访问团团长梅峰则向香港大学同学介绍了全国学联的组织架构、重点工作和运作机制,向香港大学同学发出参加内地“三下乡”社会实践等活动的倡议。10月20日晚,香港大学徐立之校长和校务委员会主席冯国经博士专门为访问团举办了欢迎招待会。此外,访问团还与香港大学学生进行了足球友谊赛等交流活动。

与香港中文大学学生的交流。10月19日,访问团与香港中文大学学生会代表进行了座谈交流。梅峰向中文大学的同学全面介绍全国学联的历史、组织、运行机制和10项重点活动;北京大学学生会常代会会长尹鹤灵、中国人民大学学生会主席李健希、中国政法大学学生会副秘书长孟森森分别就校园民主、大学生的社会责任和以法律援助形式参与社会发展等话题介绍了内地大学生的认识和做法。

与香港专上学联的交流。10月22日,访问团到香港专上学生联会会址与来自香港大学、香港中文大学等院校的香港专上学联代表围绕学生会工作介绍和探讨学生与民主发展的关系两个方面的问题进行了座谈交流。

参加专家学者的报告讲座。10月20日,代表团参加了在香港大学许磐卿讲堂举行的“基本法与一国两制研讨会”,清华大学王振民教授、香港政策研究中心叶国华主任、香港大学戴耀廷教授分别就《基本法》怎样规定"一国两制"、"一国两制"的实行顺利吗、前瞻香港特区与中央政府的关系为题作了主旨演讲,并回答了同学的提问。

拜访香港有关机构。10月19日,访问团参观了香港利丰集团并拜访了香港中联办。中联办高祀仁主任接见了访问团成员,并鼓励大家做好对港青年学生的工作;教科文部初志农部长会见了代表团全体成员,向大家介绍了香港尤其是学生界的各方面情况,就怎样开展交流、做好香港学生的工作提出了许多基本原则和具体建议。10月21日,访问团参观了香港立法会、中银(香港)集团、《明报》集团和恒隆集团。

参观香港城市建设。在6天的行程中,香港大学学生会还安排访问团成员先后参观游览了湾仔重建旧区、青马大桥、星光大道、海洋公园和金紫荆广场等城市建设经典和历史文化古迹。

在各方的通力协作下,这次接待和回访香港大学学生会工作达到了预期目的,通过内容丰富的交流沟通活动,实现了两地学联组织交流15年来"零"的突破,拓展了与其他香港高校学生会的交流,进一步巩固了与香港大学学生会的联系,为今后进一步扩大交流总结了经验,奠定了良好的基础。

"5·25"心理阳光工程

近年来,青少年因心理问题引发的厌学、休学、退学等情况,乃至自杀、凶杀等恶性事件呈上升趋势,特别是高校经济困难学生因"心理贫困"导致的孤僻、抑郁等心理状况严重影响到这一特殊群体的健康成长。据有关调查统计显示,我国目前约有3000万青少年受到情绪障碍和行为问题困扰。刚刚出台的《中共中央国务院关于进一步加强和改进大学生思想政治教育的意见》中把"积极开展大学生心理健康教育和心理咨询辅导,引导大学生健康成长"作为新形势下改进大学生思想政治教育的重要方法和手段。为此,各级团组织特别是高校共青团组织认真研究青年学生的新特点,把握做好青年工作的新规律,本着以人为本、尊重学生的原则,采取多种形式,配合学校的中心工作,初步形成了以"'5·25'心理阳光工程"为统揽的服务青年学生心理健康教育工作的活动体系。

2004年5月25日前后,团中央、教育部、全国学联在全国各地高校、中学组织开展了"五·二五"全国大中学生心理节活动,活动主题是"我爱我,走出心灵的孤岛",通过在校园张贴"心理阳光工程"宣传海报,在校园网络、校刊、板报、宣传栏等渠道介绍相关知识,开展专家专题讲座、心理测量、心理健康论坛等互动的开放式的教育活动。

5月25日,团中央、教育部、全国学联主办的中国大中学生心理健康教育在线(www.psy-health.cn)网站正式开通。该网站为大中学生提供心理咨询服务,同时展示各高校网络心理教育建设的成果,是我国首家针对广大大中学生的心理健康,开展教育和咨询的门户网站。

2004年,团中央学校部、卫生部疾控司、教育部社政司、全国学联办公室等有关部门共同组织编写了《大学新生心理健康手册》,并在新生入学前免费发放到10万名大学新生手中。

团中央书记处书记杨岳为《手册》作序。他希望广大同学要自强自立、互帮互助，共同用心把握人生中新的美好开始，成长为中国特色社会主义现代化建设事业需要的合格建设者和接班人，为实现全面建设小康社会的宏伟目标做出应有贡献。11月，又编写出版了《青少年精神卫生》，成为开展青少年心理卫生普及教育的必读书目。

为探索开展深入细致的思想政治工作新途径，发挥团组织在心理咨询工作中的作用，切实有效地帮助青年学生尤其是经济困难学生解决心理问题，更好地为青年学生健康成长成才服务，2001年—2003年，团中央、全国学联连续举办了三期“高校心理咨询员培训班”。根据团中央书记处要求，2004年12月，团中央学校部、全国学联秘书处与青年心理杂志社在南昌大学共同举办了第四期全国大中学校团组织心理咨询工作培训班，来自全国近百名大中学校心理咨询一线的老师参加了培训，郑日昌、杨凤池、唐登华、蔺桂瑞等专家分别为学员作了题为“压力应对与情绪管理”、“开展心理咨询工作基本理论和技术”、“大学生人际交往与情绪调控”、“心理咨询员的个人成长与助人成长”的报告。

济困助学送温暖活动

团中央、全国学联历来高度重视高校扶贫济困工作，通过开展济困助学、送温暖等活动，为经济困难学生提供实实在在的服务。早在1996年初，团中央、全国学联就启动了“关注高校贫困生96济困助学行动”，并设立了“全国学联济困助学办公室”，一方面通过集纳社会资金设立“中国大学生跨世纪发展基金·济困助学金”来扶助高校中的贫困学生。另一方面开通热线电话，架起了社会扶助者和困难大学生之间的桥梁。此外，团中央、全国学联还通过新闻媒介广泛宣传济困助学活动，引起社会各界热心人士对高校困难学生的关注，呼吁社会各阶层、各方面为困难学生的健康成长奉献爱心，促成良好的舆论氛围。充分利用《中国青年报》和中央电视台的“焦点访谈”、“东方时空”、“新闻调查”等栏目，对济困助学活动进行了专题报道，呼吁全社会有识之士共同关心帮助困难学生。这些工作得到社会各界的积极回应，1997年福建恒安集团与全国学联联合设立恒安助学金，并于1997年至2001年连续五年共向全国31个省、市、区530所高校的4500名贫困生发放总额达500万元的助学金。在美国的华人华侨发起设立“大中华高教基金会”，已经连续捐赠约100万元人民币的助学金。此外，还有许多单位、企业和个人通过种种渠道慷慨解囊，他们或者为贫困同学提供勤工助学机会；或者采取“一助一”的形式，每年力所能及地挤出一些钱来扶助一名贫困大学生；全国学联经手办理的“一助一”结对扶助就达4000多对。无论哪一种方式，都充分表达了他们对高校贫困生的厚爱，对人才培养的支持和对国家民族振兴发展的期待之情，体现了中华民族扶危济困、尊重人才的传统美德，弘扬了互帮互助的社会新风。2004年，全国学联向中国农业大学、中国地质大学、北京科技大学、北京林业大学、中央民族大学、中国石油大学（北京）、河南大学、信阳师范学院、长春大学等9所高校的196名经济困难学生颁发19.6

万元“大中华高教基金会助学金”。

从1996年开始，团中央、全国学联在每年春节前夕，都组织新春联欢会，邀请首都部分高校经济困难的大学生共迎新春，让这些春节不能回家的大学生吃上新年饺子，帮助他们解决学习和生活中的困难，为他们送去党和政府的温暖，送去团学组织的关怀，切实为困难学生办实事，办好事。这项活动得到了社会各界的关心和支持，得到了广大经济困难大学生的真心欢迎。2004年1月14日，来自北京大学、清华大学等16所首都高校的留在北京过年的经济困难大学生代表在中国农业大学欢聚一堂，共迎新春。团中央书记处书记杨岳、全国学联主席申跃、北京团市委书记关成华等领导同志出席了联欢会。杨岳同志发表了热情洋溢的讲话，向广大青年学生祝贺新春，并对青年学生提出了殷切的希望。他指出，在新的世纪，中华民族将在完成祖国统一基础上实现伟大复兴的宏伟事业感召着青年学生，为全面建设小康社会而努力奋斗的壮丽目标激励着青年学生，这是时代的召唤，是党和人民的期待，更是历史赋予的神圣责任。他希望当代青年学生要牢记胡锦涛总书记“勤于学习、善于创造、甘于奉献”的要求，用“三个代表”重要思想构筑强大精神支柱；用人类的先进文明成果丰富自己，切实打牢知识基础；用服务社会的实际行动磨炼自己，不断增强实践能力；用赶超世界的凌云壮志鞭策自己，大力开发创新能力；用成就事业的美好追求激励自己，努力锻造创业精神；用高尚情操陶冶自己，全面提高自身素质，努力成长为新时代要求的高素质人才，为实现中华民族伟大复兴贡献青春和智慧！联欢会上，全国青联副主席、著名相声演员冯巩、著名歌唱家关牧村、梦鸽、魏金栋、吕薇等一批深受青年学生喜爱的艺术家，为大学生们表演了精彩纷呈的节目。

1. 城市少年儿童与进城务工就业农民子女“手拉手”活动

为深入贯彻落实《中共中央国务院关于进一步加强和改进未成年人思想道德建设的若干意见》和全国未成年人思想道德建设工作会议精神，全国少工委4月份在北京市安民小学启动了“同在一片蓝天下，手拉手共同成长”为主题的城市少年儿童与进城务工就业农民子女“手拉手”活动。随后又在北京安民小学建队，这项活动作为团中央落实中央8号文件的15件实事之一。随后，全国少工委又向全队发出通知，《通知》要求以体验教育为基本途径，以“六个一”为基本内容，以结交一个好朋友、互写一封信、互赠一个友谊卡、共度一个周末、同争一枚“雏鹰奖章”、同做一件好事为主要形式，组织城市少年儿童与进城务工就业农民子女“手拉手”，让他们知道进城务工就业农民为城乡经济社会发展做出的贡献，使城市少年儿童尊重和平等对待进城务工就业农民子女，使来自农村的少年儿童尊敬自己的父母，为他们分忧；让城市的少年儿童了解来自农村的小伙伴的学习生活条件，更加珍惜今天拥有的一切，让农村的少年儿童看到城市的发展，祖国的发展，更加勤奋地学习，快乐地生活；让城市的少年儿童从自己的小伙伴身上学习吃苦耐劳、勤俭节约、克服困难、顽强学习的优秀品质，增强学习进步的动力，让农村的少年儿童努力使自己和小伙伴一样拥有开阔的眼界、多方面的知识和技能，全面提高自己的综合素质。

这项活动得到了党和国家领导人的高度重视，“六一”期间，胡锦涛同志在中国科技馆听取了“手拉手”小伙伴的汇报。

2. “民族精神代代传”活动

为深入学习贯彻党的十六大精神，加强和改进未成年人思想道德建设，在广大少年儿童中大力弘扬和培育民族精神，中宣部、中央文明办、团中央、教育部、全国少工委共同开展了“民族精神代代传”活动，教育引导少年儿童了解民族精神的丰富内容，感受民族精神的伟大力量，体验民族精神的时代内涵，逐步树立民族自尊心和自豪感,从小立志为实现中华民族的伟大复兴做好全面准备。

在活动实施中,各级少先队组织和校外教育机构注意树立品牌意识,打造工作品牌,得到各主办单位的大力支持和领导的高度重视,受到广大少年儿童的欢迎和社会各界的广泛赞誉,成为各主办单位落实中央8号文件有影响的品牌活动。

2004年3月1日,全国1.3亿少先队员、80万个少先队大队、400万支少先队中队、1600万支少先队小队以体验教育为基本途径,同时举行民族精神代代传——“三个了不起”全队统一行动日。各级少先队组织结合本地区的特色教育资源,引导少先队员按照“寻找事件、寻找人物、做一件事”的要求,邀请革命前辈、科学家、社会名人等有影响人士,向队员讲解民族精神的内涵,通过少先队员畅谈体会、诗歌朗诵、歌曲传唱、绘画、征文等形式,利用专题板报、壁报、专栏、红领巾电视台、红领巾小报等载体,在校园和社区中介绍活动内容,抒发为实现中华民族伟大复兴做好全面准备的志向,使每一位队员自己也都受到一次深刻的民族精神教育。

各级少先队组织和校外教育机构根据活动要求,采取“让孩子们自己写歌”、“请成人给孩子们写歌”和“邀请名家为孩子们写歌”的方式,征集既体现民族精神,又深受少年儿童喜爱的优秀原创歌曲,全国31个省、直辖市和香港、澳门、台湾地区上报了近3万首参评歌曲。2004年“六一”国际儿童节期间,在北京八达岭长城向广大少年儿童展示了其中的10首优秀少儿歌曲,在社会上产生了强烈的影响。在此基础上,经中国音协推荐的音乐家和相关音乐人士、少年儿童代表的评定、筛选,现已评选出将近100首体现民族精神、富有时代内涵的优秀少儿新歌,并从中选出7首精曲作为首批具有代表性的少儿歌曲于10月11日在人民大会堂向全社会发布。

3. 中国少年儿童海尔科技奖

“中国少年儿童海尔科技奖”活动是全国少工委联合海尔集团共同开展的一项旨在弘扬科学精神,培育少年儿童的创新精神、实践能力与综合素质,增强少年儿童科学素养的科技教育活动,是全国少先队组织贯彻中央8号文件精神,大力开展青少年科普教育的具体举措,也是全国少工委参与少年儿童科技教育的惟一品牌活动。

这项活动最大的特点在于重在过程,重在弘扬科学精神。在评审过程中不以少年儿童小发明、小制作的成绩成果、获奖情况为惟一依据,而是更加强调在取得这些成绩、成果的过程中,少年儿童是否培养了科学精神。

本年度活动具有鲜明的特点,主要表现在:孩子们非常关注社会的发展,非常直率地对现实中存在的问题提出了自己的想法和质疑,并用自己的独特方式进行了初步探究。很多来自农村的少年儿童也积极参加了活动并申报了研究项目。通过本次海尔科技奖活动,少年儿童对知识的价值加深了理解。他们不仅仅在研究问题的时候回答了自己的心中疑问,还得出了各自的体会。这些孩子在活动中的表现,让人们看到了当代农村少年儿童爱科学、学科学、用科学的精神风貌。

据不完全统计,“2004年度中国少年儿童海尔科技奖”活动得到了全国各地学生和学校的积极响应,参与面覆盖了全国27个省市,有近10万名少年儿童,通过不同方式积极参与了各级少先队组织开展的活动。在层层筛选的基础上,专家评审委员会依据评审规则对1943个参评项目进行了认真初评和复评,产生了330名海尔科技希望奖获奖名单,同时确定了30个优秀项目进京参加终审答辩。

12月18日,颁奖仪式在北京世纪剧院国际会议厅隆重举行。团中央书记处书记、全国少工委常务副主任张晓兰、团中央少年部部长、全国少工委副主任、中国教育学会少年儿童校外教育分会副理事长高洪和海尔集团首席代表以及有关专家共同出席了活动并为获奖选手颁奖。张晓兰同志代表共青团中央、全国少工委向获奖少年儿童表示祝贺；向在少年儿童科技教育事业中辛勤工作的辅导老师们和长期关注少年儿童科普事业发展的专家学者表示敬意；向海尔集团和社会各界的朋友们多年来为支持少先队事业所做的努力表示感谢。她要求各级少先队组织积极行动起来，开展各种丰富多彩的科技教育活动。同时，要努力协调社会各有关方面力量共同参与，为广大少年儿童营造“爱科学、学科学、用科学”的良好氛围和社会环境。她希望少先队员小朋友们能够通过积极参加各类科学教育活动，逐步树立科学的思维方式，能够通过动手实践，亲身感受科学技术的无穷力量，从小立志为科学的发展和人类的进步做出贡献。

活动得到中央和地方各主要媒体的关注，进行了不同形式的报道。

4.“少年军校”活动

2004 年，中国少年军校总校依托活动基地共接待北京市学生军训和夏令营的青少年 10000 余人，成功举办了第四期全国少年军校教官（辅导员）研修班，来自全国 15 个省、市、自治区、直辖市的少年军校示范校校长、教官、辅导员参加了培训。

从 2004 年暑期开始，中国少年军校总校启动全国少年军校小教官培训计划。7 月 7 日—16 日来自全国 18 所少年军校的 520 多名小教官，在总校房山基地进行了为期 10 天的训练。参加培训班的小教官们还参加了由中央电视台解放军宣传中心、全国少工委、国家国防教育办公室、中国少年军校总校共同举办的“全国少年军事技能对抗赛”。并录制了八集反映少年军校训练、活动的专题节目，在军内电视观众中引起了强烈反响，被解放军宣传中心的领导评价为“找到军事节目开启少年儿童国防教育的金钥匙”。

2004 年 8 月 2 日，由共青团中央、公安部、全国少工委联合主办，中国少年军校总校办公室、公安部消防局、交通管理局共同承办的“首届全国少年警校检阅式”在北京隆重举行。来自北京、浙江、广东、山西、贵州、西藏等省、市、自治区的少年警校共 1000 余人参加检阅式。检阅式上，参检代表队展示了交警指挥手势、交通拥堵疏散、车祸救护、报火警及逃生自救、翻越障碍等救护技能。

2004 年 9 月 18 日第四个全国国防教育日前后，全国 200 所少年军校示范校的 20 多万学员参加了所在地“爱中华、强国防、奔小康”签名活动。

结合 2004 年年度评估，于 2004 年 9 月 5 日至 2004 年 10 月 25 日对已获得命名的“全国少年军（警）校示范校”进行全面复查确认。

5. 中国少年儿童平安行动

“中国少年儿童平安行动”是共青团中央、教育部、公安部、全国少工委等部委共同主办的一项引导全社会关注和预防少年儿童意外伤害、促进少年儿童健康成长的社会公益活动。

2004 年，各地以共青团、少先队组织和教育、公安部门为主导，依托中小学校和社区少先队组织，紧紧围绕“预防校园侵害、创建平安校园”的活动主题，在继续开展“火眼金睛”搜索、“安全隐患”曝光、“平安娃娃”自护、“平安快乐”展示的基础上，充分发挥少年儿童的自主性和创造力，引导他们开展了“争创‘平安校园’六个一”活动。少年儿童通过唱响“平安校园歌”、创编“平安校园警句”、参加“平安校园征文”、“平安校园知识竞赛”、“平安校园训练营”、“平安校园论坛”等丰富多彩的活动，在体验中学习自护知识、增强自护意识，提高自护本领。

2004 年的平安行动更注重科学性和理论指导性。在“中国少年儿童平安行动”研讨会上，来自少年儿童意外伤害、少年儿童安全培训、法律、医学等各领域的专家就“平安行动”的目标、内容、形式的科学性、实效性、教育性等诸多方面进行了研讨，成立了“平安行动专家团”，加强对活动的指导和研究力度。

2004年11月15日，以“预防校园侵害 创建平安校园”为主题的“中国少年儿童平安行动”总结表彰大会在人民大会堂隆重召开，大会公布了“你认为最急迫需要解决的校园伤害”专项调查结果，并对2004年度“中国少年儿童平安行动”先进集体和个人进行了表彰。

6.“中华少年小甲A”足球活动

“中华少年小甲A足球活动”旨在贯彻落实邓小平同志“足球从娃娃抓起”的指示，促进和发展我国少年儿童足球事业，2000年初由共青团中央、全国少工委发起并联合中国足球协会、中央电视台共同主办，每年一届，是迄今为止少先队组织开展的规模最大、影响最广泛、参与人数最多的全国性少年足球活动。小甲A足球活动的基本理念是“体验足球，快乐成长”，它引导少年儿童在活动中体验“用心出智慧、配合有力量、顽强能进步”(小甲A足球队的口号)的做人做事的道理，领悟“激情欣赏，文明表达”(小甲A啦啦队的口号)和“积极参与，热情服务”(小甲A志愿者服务队的口号)中蕴涵的民族精神和道德要求。活动的主要内容是动员和组织少先队员结合自身实际，在学校和社区自主选择参加足球游戏活动、足球文化活动和足球竞技活动。活动的基础组织形式是依托学校少先队组织或社区少先队活动阵地，因地制宜地建立形式多样的基层“小甲A红领巾足球俱乐部”，按照“免费入会、自愿参加、自由组合、定期交流、集中展示、共同进步”的原则，自主组建“小甲A足球队”、“小甲A啦啦队”和“小甲A志愿者服务队”等活动，开展经常性的小甲A足球活动。

2004年，各级少先队以中国举办亚洲杯盛会为契机，以亚洲杯赛场所在的北京、济南、成都和重庆四大城市为重点，举办“小甲A迎接亚洲杯红领巾东道主行动”，开展丰富多彩的足球文化展示活动，使佩戴红领巾的小甲A队员成为本届亚洲杯主办城市中的一道靓丽风景线，向世界展示小甲A足球活动的风采，展示中国少年儿童的足球热情，为亚洲杯的圆满成功营造良好的社会氛围。“小甲A迎接亚洲杯红领巾东道主行动”包括在全国范围内开展的“小甲A亚洲杯知识竞赛”、“中国足球少年风采摄影作品征集”和“祝福中国足球一句话征文”等活动。亚足联秘书长维拉潘先生专程参加了亚洲杯中国组委会和全国少工委共同举办的“亚洲杯倒计时50天暨小甲A迎接亚洲杯红领巾东道主行动”启动仪式，对中国支持亚洲杯的球迷和小甲A队员表示感谢。中国足协副主席张吉龙也对该活动表示赞赏，勉励小甲A队员们从小练好本领，长大为中国足球贡献力量。

黑龙江、吉林、辽宁、山东、浙江、贵州、广东、天津、重庆等地少先队组织积极开展丰富多彩的小甲A足球活动，并根据各地的实际情况组织了规模不等、形式多样的小甲A足球联赛和小甲A欢乐足球活动营，让广大少先队员在欢乐足球中进一步体验了足球的魅力，有力地推动了小甲A足球活动在全国各地的普及和推广。全国少工委也联合中央电视台在“六一”国际儿童节期间举办了“小甲A六一足球赛”，小甲A队员与中央电视台的明星主持人队、丽达外交官队和梦舟影视明星队进行了三场足球表演赛，以电视节目形式带动全国少年儿童参加体育运动，提高身体素质。此外，全国少工委和中国足协还在北京联合举办了“中华少年小甲A足球活动优秀辅导员和教练员暑期培训班”，来自全国18个省市自治区的60名小甲A足球活动优秀辅导员和教练员参加了培训。培训班进一步宣传了小甲A足球活动的基本理念，围绕促进学校体育工作与少先队特色体育活动的有机结合、进一步推广小甲A足球活动项目进行了专题学习和研讨，为小甲A足球活动在基层的普及和发展打下了良好的基础。

7.“第三届内地香港少年手拉手体验交流营”活动

应香港游乐场协会的邀请，以陕西省少工委主任唐利如为团长的中国少年先锋队访问团于2004年8月6日至11日赴香港,参加了由全国少工委与香港游乐场协会共同举办的“第三届内地香港少年手拉手体验交流营”(以下简称“交流营”)活动。本届交流营的内地营员由陕西、北京和新疆的少年儿童代表和少先队工作者代表组成,共37人。主办单位对在港期间的活动都给予了高度重视,进行了精心安排。内地营员与香港小伙伴一起参加了民宿、营地生活、城市追踪和参观考察等丰富多彩的手拉手体验活动。通过活动,两地少年加深了了解,促进了交流,增进了友谊,特别是内地营员亲身了解了香港民情,感受了香港的政治、经济、文化等各个方面,为进一步开展两地青少年之间的交流与合作奠定了坚实的基础。

中央政府驻港联络办公室教育科技部副部长潘永华先生、香港游乐场协会主席许晋奎太平绅士、香港民政事务署油尖旺民政事务专员蔡志华太平绅士等香港各界知名人士出席了盛大的开营仪式。

访问团中的成人代表专门拜会了香港游乐场协会总部,听取了香港游乐场协会督办主任黄洁虹小姐、香港游乐场协会青少年交流和发展中心主任郭耀民先生关于香港游乐场协会的情况介绍,并就青少年服务等问题交换了意见。

8月10日上午,在中央人民政府驻香港特别行政区联络办公室,访问团拜会了联络办教育科技部王国力副部长,通报了本次交流活动的情况,听取了香港青少年组织的组织构建和活动状况等情况介绍。

8. 首届全国少年军校赴港交流活动

由全国少工委、中国少年军校总校联合组织的“首届全国少年军校‘共创美好明天’赴港交流团”,于2004年7月15日至7月21日圆满结束了与香港童军的交流,返回内地。交流团由200名优秀少年军校学员和校长、教官组成。7月15日,香港童军总会为赴港交流团全体团员举行了隆重的欢迎仪式。在港期间,交流团与香港新界、九龙两地童军进行了广泛的交流。参加交流团的各少年军校代表队和童军共同举行了汇操表演、篝火晚会,两地青少年的精彩表演都给大家留下了深刻印象。赴港交流团在港期间,受到香港童军总会的热烈欢迎和热情接待,中央人民政府驻香港联络办公室科教部的领导接见了交流团代表。

9. 编写《少先队辅导员工作纲要(试行)》

为进一步促进少先队工作的科学化和系统化,指导和规范少先队辅导员工作,明确少先队辅导员在少年儿童每个年龄阶段的具体任务,全国少工委组织编写了《少先队辅导员工作纲要(试行)》(草案),该纲要在充分征求各方面意见的基础上,下发全队试行。

《纲要》共分六部分,分别为“前言”、“工作目标”、“分年级工作内容”、“大队辅导员常项工作”、“实施建议”和“附录”。

其中,“前言”对少先队的定义和特征、少先队工作的主要职责和基本理念以及该书的设计思路进行了阐述;

“工作目标”部分列出了少先队工作的总目标和分目标;

“分年级工作内容”是《纲要》的主体部分,对各年级的基本目标、主要工作、需要关注的问题以及基础工作与特色活动相结合的实施原则作了扼要的提示,并从“工作目标”、“工作与活动建议”、“评价激励”三方面提出了具体要求;

“大队辅导员常项工作”明确了大队辅导员的主要工作内容,包括指导和协调中队辅导员工作、抓好学校少先队基础建设、开展大队各项活动、协助社区少工委工作等;

“实施建议”对辅导员的工作提出了过程建议和评价建议;

“附录”对少先队相关名词和全国少工委品牌活动作了简要介绍。

10. 编辑出版《中国校外教育工作年鉴(2001—2003)》

改革开放以来,我国教育政策研究取得了

显著成果，但针对青少年校外教育政策、活动等方面的理论研究还十分薄弱。因此，通过对我国校外教育政策的研究，在理论上阐明校外教育的基本问题，在实践上制定并完善符合我国国情的校外教育工作政策框架体系，指导校外教育工作的开展，是一项很有价值的工作。

《中国校外教育工作年鉴》的编辑出版，是中国教育学会少年儿童校外教育分会重要工作成果之一，充分体现了分会竭诚为校外教育服务、为全国校外教育工作者服务的工作宗旨和工作目标。

该书共三编，包括：总论，各省、自治区、直辖市校外教育，附录。全书近800页，142万字，聚焦国家校外教育各项信息，汇集我国校外教育发展重要文献资料及数据，较全面地反映了2001—2003年我国校外教育建设发展现状，内容涉及校外教育各个领域，涵盖各省、自治区、直辖市，也反映了香港、澳门特别行政区和台湾地区的部分工作。考虑到我国校外教育管理的顺延性，《中国校外教育工作年鉴（2001—2003）》各部分对校外教育发展的历史都有所回溯。

该书的编辑出版，为全国校外教育机构和广大校外教育工作者了解大局，了解校外教育的历史，了解我国校外教育的现实以及发展提供了服务，也为全国校外教育机构和广大校外教育工作者交流经验、沟通合作搭建了平台。

11. 编辑出版《中国校外教育工作年鉴附集——全国校外、课外活动论文（案例）选编》

为了全面反映我国校外教育的成果，促进校外教育活动课程研究和各级校外教育机构间交流经验，进一步丰富《中国校外教育工作年鉴》的理论性和实践性，中国教育学会少年儿童校外教育分会在编辑《中国校外教育工作年鉴（2001—2003）》的同时，于2003年10月—2004年5月，与全国少工委办公室、中国教育报社共同开展了“全国校外、课外论文（活动案例）征集活动”。共收到来稿4120篇，经过初评、复评，共评选出优秀论文223篇，活动案例71篇。在评选活动基础上，分会将部分获奖论文、案例结集成册，出版了《全国校外、课外活动论文（案例）选编》。

该书“校外教育活动”部分以“管理与经营”、“群众文化活动”、“兴趣小组活动”、“活动案例”四部分组成。主要收录了本次评选中，全国校外教育机构、社区从业人员从事少年儿童校外教育活动的经验、研究成果的部分论文和活动案例。“课外教育活动”部分以“理论研究”、“经验交流”、“活动案例”三部分组成。主要收录了本次评选中全国各中小学校教师在课外教育实践中的教学、活动经验及研究成果的部分论文和活动案例。“少先队活动”部分以“理论研究”、“活动案例”两部分组成。主要收录了本次评选中全国各中小学校少先队辅导员、社区少年儿童工作者运用体验教育思想，开展少年儿童校外、课外教育活动的新思路和好的经验及活动成果的部分论文和活动案例。

全国青联成立55周年纪念活动

2004年是中华全国青年联合会成立55周年。5月14日，全国青联在京举行纪念活动，200多位新老委员欢聚一堂，共庆自己的节日。

团中央书记处第一书记周强出席纪念活

动，并发表了热情洋溢的讲话。他首先向全国青联成立55周年表示祝贺，向新老青联委员和青联工作者致以节日的问候。他说，青联事业的蓬勃发展得益于党的亲切关怀和正确领导，得益于伟大时代提供了成就事业的广阔舞台，得益于一代代青联委员的积极参与和无私奉献。他希望，全国青联在全面建设小康社会的伟大进程中，要继续发扬光荣传统，开拓创新，取得新成绩，创造新辉煌。

团中央书记处常务书记、全国青联主席赵勇在纪念会上致辞。他回顾了全国青联55年的光荣历程，总结了青联事业发展的基本经验，提出在新的历史时期青联组织要用“三个代表”重要思想构筑当代青年的精神支柱，要引导广大青年在全面建设小康社会伟大进程中大显身手，要不断巩固和扩大最广泛的青年爱国统一战线，要不断加强组织自身建设，进一步增强组织凝聚力和感召力。

青联之友联谊会会长、中国科学院副院长白春礼也在纪念会上致辞。他结合自己的亲身经历，表达了对青联组织的一片深情，并表示将充分发挥老委员的专业特长和社会影响力，继续为青联事业的发展做贡献。第五、六届全国青联副主席、著名数学家杨乐、第七、八届全国青联副主席、香港刚毅集团董事长王敏刚、第七、八届全国青联副主席、著名歌唱家关牧村、第九届全国青联副主席、中国道教协会副会长张继禹和刚加入青联的年轻委员、中央电视台主持人沈冰分别在纪念会上发言。

团中央书记处书记、全国青联常务副主席胡伟主持会议。团中央书记处书记、全国青联副主席杨岳、尔肯江·吐拉洪等九届全国青联副主席和部分在京全国青联老领导出席了会议。

纪念活动上，开通了全国青联网（www.qinglian.org），团中央书记处第一书记周强，团中央书记处常务书记、全国青联主席赵勇，第五、六届全国青联副主席、著名数学家杨乐点击开通。全国青联网是中华全国青年联合会的官方网站，主要面向全国青联委员、青联之友联谊会会员和各级青联组织，其宗旨是加强交流、促进合作、服务学习、扩大宣传。全国青联网的栏目主要有：关于青联、青联新闻、委员社区、每周一星、重点工作、会员团体、青联之友、青年外事、公告栏、主席信箱、全国青联通讯等，其信息内容分为社会公开和委员专享两部分。社会公开内容主要是向社会介绍全国青联组织状况，报道青联开展的主要活动和青年对外交往工作，宣传青联委员等。委员专享内容包括委员信息、委员动态、委员成果共享和温馨家园等4个板块，面向全国青联委员和青联之友联谊会会员，开辟相互沟通、学习和合作的交流平台。

纪念活动上，还举办了联欢会和“亮丽人生——个人魅力设计”讲座等活动。

全国青联志愿者艺术团慰问演出活动

2004年，全国青联志愿者艺术团秉承“回报社会，奉献人民，培育德育双馨的艺术家”的宗旨，在继续坚持深入老少边贫地区送文化下乡的同时，围绕青年工作大局，积极参与公益事业，开展了大量活动，从南国美丽的东莞到塞上江南银川，从山城重庆到革命老区灵丘，从敬老院的笑声里到贫困大学生的欢呼中，都留下了文艺界委员们的身影。全年，共有近

150人次的全国青联文艺界委员参加了慰问活动,演出场次达23场,现场观众超过15万人。

一是大型慰问演出反响强烈。2004年,全国青联先后组织志愿者艺术团来到广东东莞、宁夏银川和山西灵丘开展慰问演出活动,把党和政府的关怀和全国亿万青年的问候送到进城务工青年、建设一线职工和革命老区的人民群众中。在广东东莞,4万多春节不能回家的进城务工青年时而掌声雷动,时而和声高唱,两个多小时的演出精彩纷呈;在山西灵丘,5万多当地农民群众冒着严寒,顶着大风观看,两个半小时的演出气氛始终热烈。艺术团还分成小分队来到敬老院、特困公寓和贫困户、下岗职工家中进行慰问,在简陋的农家院里,为特困人群表演文艺节目,收到良好效果。

二是突出公益主题举办大型文艺活动。2004年,全国青联志愿者艺术团突出主题开展大型公益演出。在纪念邓小平同志诞辰100周年之际,举办首届中国青少年科技创新奖颁奖典礼,表达全国亿万青少年对邓小平同志的崇敬和缅怀之情;在纪念希望工程实施15周年之际,联合有关方面举行"为了山里的孩子"大型文艺晚会,为重庆"希望工程"捐资1340万元。此外艺术团还配合"青年文明号"活动开展10周年、慰问首都特困大学生等主题,组织公益演出,产生了很好的社会效应。

三是文艺界委员的奉献行为赢得了社会赞誉。在到重庆的飞机上,当机组人员知道明星们是去参加希望工程义演时,决定在万米高空发起一次特殊的募捐,短短20分钟募集到了6000多元人民币。此外,文艺界委员为参加全国青联的慰问活动,有的拔下输液的针头前来参加;有的调整日程,从国外回国;有的辗转多地,想尽办法赶来。青联志愿者艺术团每次演出真正做到了"三下乡"、"心连心",委员们直接来到老乡的炕头上演,风雨无阻在广场上演,站在临时搭建的简易舞台上演,赢得了社会的普遍赞誉。

全国青联志愿者艺术团成立于2000年10月,是在全国青联长期组织开展的"心连心"、"三下乡"、赈灾助残、扶贫帮困等文艺慰问活动的基础上组建的。艺术团以"回报社会,奉献人民,培养德艺双馨艺术家"为宗旨,通过组织开展各种主题鲜明、形式多样的慰问演出活动,把党和政府的关怀和温暖送到人民群众中和祖国现代化建设的第一线。全国青联志愿者艺术团已经成为青联组织发挥人才优势,服务社会,奉献人民,树立良好形象的一个有效载体。

截至目前,已有18个省级青联成立志愿者艺术团地方分团,每年开展大量慰问和公益演出活动,形成了较为广泛的社会影响。

青年企业家竞争力培训计划

为落实人才强国战略,帮助青年企业家增强核心竞争力,进而更好地发挥他们的示范作用,带动当代青年企业家整体素质的提高,2004年全国青联面向企业界委员,启动了"青年企业家竞争力培训计划"。该计划以"学习前沿思想,交流创业经验,感受经济发展脉动"为主题,与长江商学院等国内著名商学院合作,依托中国一汽集团、联想集团等具有感召力的企业,通过高层管理讲座、实地案例分析和商务考察相结合的方式,传授企业管理的前沿思想和先进方法，交流创业体会，以提高企业科学管理和规范运作水平。培训计划每年开展2—3期，每期2—3天，邀请全国青联企业界委员约100人和承办地青联企业界委员参加。

6月20日至21日，响应中央振兴东北等老工业基地的号召，全国青联在长春举行了首期培训。团中央书记处书记、全国青联常务副主席胡伟出席启动仪式并讲话。中共吉林省委副书记林炎志作了《关于吉林发展战略和投资环境的报告》。来自全国各地的120余名全国青联企业界委员和青年企业家参加了培训活动。培训活动期间，长江商学院教授曾鸣作了题为“突破中国企业持续发展的瓶颈”的讲座。参加培训的青年企业家们还来到中国第一汽车集团进行实地考察和学习，并与全国青联副主席、一汽集团总经理竺延风就现代企业的经营管理及国有企业的改革与发展等问题进行了广泛深入的交流。

首期培训由团吉林省委、吉林省青联承办、中国第一汽车集团协办。活动期间，团吉林省委从省内征集了各类振兴吉林老工业基地经济发展项目500余项，与上会的青年企业家洽谈、对接。

“共享成长——杰出青年走进中学生”活动

为落实中央进一步加强和改进未成年人思想道德建设有关精神，发挥“中国十大杰出青年”的导向作用，适应未成年人成长发展的需要和崇拜偶像的心理，更好地引导、鼓励和帮助广大青少年健康成长，团中央、全国青联2004年推出“共享成长——杰出青年走进中学生”活动。活动以“爱国文明、求知进取、健康成才”为主题，通过“十杰”青年们回顾他们在青少年时期学习、成长的经历，并结合今天创业成功的体会，以对话和互动交流的生动形式，帮助他们增强爱国情感、确立远大志向、规范行为习惯、提高基本素质。

11月15日，首期交流活动在中国人民大学附属中学和北京四中举行，团中央书记处书记、全国青联常务副主席胡伟出席活动并讲话。历届“中国十大杰出青年”代表、中央电视台新闻评论部主持人白岩松、北京朝阳医院院长王辰、南开大学南开数学研究所所长张伟平、神州数码（中国）有限公司总裁郭为来到中学生中间，进行了精彩的对话和交流，他们用自己成长的故事告诉中学生：通过刻苦的学习和不懈的追求一定能够达到光辉的顶点。

对话交流活动精彩纷呈，在场中学生提问非常踊跃，“十杰”的回答不时被全场热烈的掌声打断。对话结束后，参加对话活动的同学们说：“通过与杰出青年的近距离接触，听他们成长的故事，了解他们的奋斗历程，明白了我们的偶像们也是由平凡的童年走过来的，也是一步一个脚印学习、奋斗而获得成功的。”同学们纷纷表示，要以“十杰”青年为榜样，学习他们勤于学习、勇于创造、甘于奉献的优秀品格，陶冶情操、锤炼品德，早日成为中华民族的栋梁之才。

学校同时利用学校的闭路电视系统对交流活动进行了转播，并作为德育教育内容，陆续组织全校学生观看，收到了良好效果。

“培养计划”西部和民族地区团干部挂职锻炼工作

2004年是实施“培养计划”的第七年，6月中旬，来自西部和民族地区16个省（区、市）的49名团干部到岗挂职。此次到东部沿海10个经济相对发达的省（市）挂职锻炼的团干部全部为中共党员（含预备党员），少数民族27名，分别为蒙古、藏、回、维吾尔、苗、彝、壮、朝鲜、满、侗、土家、拉祜、纳西等13个民族，平均年龄28.6岁。在六个多月的挂职锻炼期间，挂职团干部勤于学习，勇于创新，不断进取，在参与各项工作中取得了突出成绩，挂职工作收到显著成效。

根据团中央的要求，派出和接收的26个省（区、市）做了认真细致的工作。各派出省（区、市）团组织精心组织，严格考察，认真选派挂职团干部；接收省（市）团组织高度重视，周密安排，为“培养计划”的顺利实施做了大量而富有成效的工作，为培养西部和民族地区团干部做出了贡献，拓展了东西协作互助的渠道。团北京、天津、上海、浙江、山东等省（市）主要领导亲自参加接待工作，与挂职团干部座谈；团天津、江苏、浙江、山东省（市）委专门就此项工作召开书记办公会，研究部署具体安排，团山东省委还专门召开五个团市委分管书记和统战部长会议；上海要求落实“挂实职、做实事、出实效”的要求，并为每名挂职团干部安排带教老师；江苏继续实施月谈心和季度汇报制度，并进一步用好西部青年人才培养基金，为挂职团干部工作提供资金支持；海南注重对挂职团干部生活的妥善安排，除了配备了生活必需品，还每月发放生活补助费。

12月28日，团中央在北京举办了“培养计划”2004年西部和民族地区挂职团干部总结座谈会。会上，5名挂职团干部代表作了发言，团中央书记处书记胡伟出席会议并讲话。会上表彰了“培养计划”西部和民族地区挂职团干部接收工作先进单位和2004年优秀挂职团干部，团中央决定授予共青团北京市通州区委等10个单位为接收工作先进单位，朱存贵等18人为“培养计划”2004年优秀挂职团干部。

2004年全国宗教界青年代表人士考察学习团活动

为贯彻落实全国宗教工作座谈会精神，更好地团结、教育和引导宗教界青年代表人士，促进宗教与社会主义社会相适应，为全面建设小康社会做贡献，团中央、全国青联于8月27日至9月2日，举办了2004年全国宗教界青年代表人士考察学习活动，来自全国17个省（区、市）和中央国家机关、中华基督教青年会全国协会、中华基督教女青年会全国协会的佛教、道教、伊斯兰教、天主教、基督教的28名青年代表人士赴重庆、湖北两省市进行了为期一

周的考察学习活动。参加考察学习的宗教界青年代表人士由全国青联宗教界委员、在社会上和信教青年中具有一定影响力和号召力的省级青联宗教界委员组成。考察学习团团长由全国青联副主席、全国人大常委、中国道教协会副会长张继禹担任。

考察学习团举办了两次学习班。8月27日下午，考察学习团在重庆市举办学习班开班式，共青团重庆市委副书记谭家玲致欢迎词，团中央统战部副部长、全国青联副秘书长安桂武，中共重庆市委统战部副部长罗静虹出席开班式并作了讲话，中央统战部二局副局长蒋坚永作了党的宗教工作方针和政策理论讲座。9月2日下午，考察学习团在湖北省武汉市举办了第二次学习班，外交部新闻司参赞宋荣华作了关于“国际形势和中国外交”的讲座。

在为期一周的活动中，考察学习团参观考察了世界文化遗产大足石刻和武当山，重庆万州移民新城、三峡工程、东风汽车集团、武汉经济开发区、武汉大学；参观了渣滓洞、白公馆等爱国主义教育基地；考察了佛教、道教、伊斯兰教、天主教、基督教的宗教活动场所。

9月1日下午，考察学习团在湖北武汉举行总结座谈会。团中央书记处书记、全国青联常务副主席胡伟出席会议并讲话。他对各位委员在考察学习中取得的成绩给予了充分的肯定，对进一步深化全国宗教界青年代表人士考察学习团活动提出了明确要求。座谈会上，五大宗教的青年代表中国道教协会副会长张继禹，西藏自治区拉萨大昭寺管委会副主任、拉萨市佛教协会副会长尼玛次仁，四川省都江堰市青城山道观副当家邓信德，青海省西宁市富强巷清真大寺教长金镖，中国天主教爱国会副秘书长郭金才，北京市基督教三自爱国会副主席、基督教青年会总干事蔡葵交流了考察学习的感受和体会。大家在发言中认为，组织全国宗教界青年代表人士考察学习团活动，体现了党和政府对信教青年的重视和关怀，也只有在中国共产党的领导下各宗教才能和睦相处。大家表示通过学习讲座，进一步提高了对宗教政策理论、法律法规认识和对国际形势的了解；通过考察参观国家重点建设工程、经济开发区、国有大型企业，开阔了视野，增长了见识，切身感受到了社会主义现代化建设的勃勃生机和伟大成就；通过参观爱国主义教育基地，激发了爱国热情，增强了责任感；考察五大宗教的寺观教堂，感受到党的宗教政策得到全面落实，进一步增强了积极与社会主义社会相适应，报效祖国的自觉性；通过各教之间的交流，加深了彼此的了解，扩大了共识，增进了友谊。大家表示，回去后要把本次考察学习成果在教友中广泛宣传交流，在教务活动中深刻贯彻落实，团结带领广大信教青年，坚持爱国爱教、团结进步的宗旨，为维护社会稳定、民族团结和祖国统一做出应有的贡献。大家表示，考察学习团内容丰富，时间紧凑，筹备充分，取得了圆满成功。

内地与香港少年儿童“手拉手”文艺汇演

5月31日至6月6日，以团中央书记处书记、全国青联常务副主席胡伟为团长的全国少工委“手拉手”少儿艺术团赴港开展演出和交流活动。此项活动由全国少工委与香港特别行政

区民政事务局共同主办，获得了圆满成功。6月1日，艺术团赴玛嘉烈戴麟趾红十字会学校进行“同在一片蓝天下”慰问香港残障儿童互动表演和游戏活动；6月2日，艺术团在乌溪沙青年新村与香港中小学生开展“手拉手，我们都是好朋友”营地交流活动；6月4日晚和5日下午，艺术团与香港儿童合唱团在伊利沙伯体育馆联袂举办“内地与香港少年儿童手拉手文艺汇演”。香港特别行政区行政长官董建华、中央人民政府驻港联络办主任高祀仁、副主任李刚，香港特别行政区政府有关部门高级官员、香港18个区的区议会正副主席等分别观看了两场正式演出。在港期间，共有数千名香港青少年参与交流并观看演出，香港38家媒体对有关活动进行了电视、图片和文字的充分报道。艺术团共109人，其中少年儿童67人，成人42人。小演员分别来自中国福利会少年宫东方小伙伴艺术团和西藏雪莲少儿艺术团。

“龙汇中华”首届世界华人青年论坛

9月27日至10月1日，全国青联与香港青年协会在京共同举办“龙汇中华”首届世界华人青年论坛活动。9月28日上午，中共中央政治局委员、全国人大常委会副委员长王兆国、国务委员唐家璇在人民大会堂与参加论坛的408名港澳台及海外华裔大学生和嘉宾合影留念并出席论坛开幕式，唐家璇同志在开幕式上作重要讲话，团中央书记处第一书记周强、香港特别行政区政府财政司司长唐英年和香港青年协会总干事王䓪鸣在开幕式上分别致辞。开幕式由团中央书记处常务书记、全国青联主席赵勇主持，国务院港澳办常务副主任陈佐洱、国务院台办副主任王富卿、团中央书记处书记、全国青联常务副主席胡伟、香港特别行政区政府民政局局长何志平、特区政府驻京办主任梁宝荣等分别在主席台就座。国家发展和改革委员会副主任朱之鑫、香港岭南大学校长陈坤耀、台湾亚都丽致大饭店总裁严长寿、华源科学技术协会创办人兼会长陈宏博士等应邀在论坛全体会议上作了精彩的专题演讲。内地及港澳台和海外华裔大学生、各界嘉宾共1500人参加了论坛开幕式。

在京期间，全国政协副主席、国务院港澳办主任廖晖会见了参加“龙汇中华”首届世界华人青年论坛活动的香港青年协会理事会一行15人，团中央书记处常务书记、全国青联主席赵勇会见时在座。全国政协副主席、中央统战部部长刘延东会见并宴请了参加活动的香港青年协会总干事王䓪鸣等人，团中央书记处书记、全国青联常务副主席胡伟陪同。

论坛活动期间，团中央书记处常务书记、全国青联主席赵勇与香港青年协会会长马照祥、总干事王䓪鸣等共同宴请了港澳台及海外嘉宾，团中央书记处书记、全国青联常务副主席胡伟等出席。港澳台及海外华裔大学生和嘉宾还先后参加了《京港同行》——当代中华优秀青年企业家与青年对话会，畅谈创业经历、分享创业经验；参加了中秋节登八达岭长城活动，观灯赏月，欢度中秋佳节；参加了首都各界青少年庆祝建国55周年天安门广场大型活动，观看国庆节升国旗仪式、与内地青年共同联欢并出席庆祝仪式。活动期间，港澳台及海外华裔大学生还兴致勃勃地走进北京大学、清华大学、中国人民大学和中国农业大学等知

名高校与内地学生共同开展了丰富多彩的校园交流活动，并围绕中华文明、信息科技、人才建设和可持续发展等四个专题分别进行了研讨交流。

丰富多彩的海峡两岸暨港澳地区青少年交流活动

2004年，团中央共举办海峡两岸暨港澳地区青少年大型交流活动12项，接待港澳台青少年团组32个，9955人次；派出赴港澳台地区访问团组19个，511人次；取得调研成果2项，均比往年有了明显的增长和提高。

7月19日，第五届“海外杰青汇中华”交流访问团与当代中国杰出青年见面交流会在中国农业大学举行，全国青联副主席、中国十大杰出青年、中国农业大学校长陈章良，全国青联副主席、中国石油天然气总公司市场部副主任、首届中国青年五四奖章获得者秦文贵等作为主讲嘉宾与访问团一行300多人进行了现场交流，全国青联秘书长郭长江出席了活动。7月20日晚，中华海外联谊会和“海外杰青汇中华”香港筹委会在人民大会堂共同举行第五届海外杰青汇中华交流团欢迎晚宴。团中央书记处书记、全国青联常务副主席胡伟出席了晚宴，全国青联副主席秦文贵和20多位全国青联委员出席晚宴并与交流团的大学生们进行了交流。

7月28日至8月4日，应全国青联邀请，由香港11个青少年制服团体和澳门各界青年社团“猴年携手创未来筹委会”共同组成的“同心同根万里行2004——中国近代史之旅”交流团450名团员访问了上海、江苏和北京。8月3日，全国人大常委会副委员长许嘉璐在人民大会堂会见了交流团全体团员，团中央书记处书记、全国青联副主席尔肯江·吐拉洪陪同会见。3日，团中央书记处常务书记、全国青联主席赵勇在首都大酒店会见了该交流团60名主要团员。

9月22日至29日，全国青联与台湾中华青年交流协会在云南共同主办了“彩云之南话团圆”——第五届海峡两岸青年中秋联欢活动，以李钟桂女士为团长的台湾青年访问团一行136人参加了活动。团中央书记处书记、全国青联副主席尔肯江·吐拉洪专程赴大理宴请了台湾青年访问团全体成员并出席了海峡两岸青年中秋联欢晚会。云南省政府副省长邵琪伟会见并宴请了访问团，省政协副主席罗黎辉出席了两岸青年中秋联欢晚会。活动期间，访问团在大理参加了“传承中华文明、携手共创未来”两岸青年座谈会，两岸青年围绕经贸、科技、教育、志愿服务等领域进行了广泛而深入的交流。访问团先后参观了昆明高新技术产业开发区和世博园，游览了石林风景区、香格里拉的松赞林寺、丽江的大研古镇和玉龙雪山、大理的崇圣寺三塔和蝴蝶泉等名胜，观赏了云南“山娃娃”少儿艺术团和香格里拉少数民族风情表演。活动自1996年以来每两年举办一次，旨在“弘扬中华传统文化，增进两岸青年相知相识”。前四届活动分别在北京、上海和浙江、辽宁以及广西举办。

10月31日下午，中华全国青年联合会、国务院台办海峡经济科技合作中心和台湾“中国”青年创业协会总会，在北京天伦王朝饭店共同举办了“市场魅力与营销法则——2004海峡两岸青年企业家品牌战略交流对话会”。全国青联常委、北京荣丰房地产开发公司董事长王征，全国青联常委、北京永庄投资管理公司

董事长赵永庄分别作了题为《“非常男女”到“非常空间”》和《市场定位与扎实推进》的演讲，统一企业中国区行销总监陈瑞旻作了《如何提高统一企业的潜在市场价值》的发言。会后，全国青联举行联欢晚宴欢迎青创会总会长唐雅君率领的青创会总会访问团一行。全国青联副主席吉狄马加、全国青联秘书长郭长江及海峡两岸的70余名青年企业家出席了对话会和联欢晚宴。

11月22日至27日，应香港青年联会和澳门中华总商会青年委员会的邀请，全国青联主席赵勇率领全国青联港澳访问团一行15人赴香港和澳门交流。在港澳期间，访问团先后拜会了香港青年联会、香港青年协会、澳门中华总商会青年委员会、澳门学联等31家港澳青少年社团，出席30余场活动，同社团负责人及港澳大中学生等各届青年700余人次进行了面对面的交流，出席了庆祝澳门回归祖国5周年系列活动，与部分港澳特区政府官员和其他社会知名人士进行了恳谈，参观考察了荃湾青年空间和香港中华基督教青年会九龙会所等香港青少年活动场所，与港澳大中学生及一些普通居民进行了交流。访问团还同港澳青少年社团就加强青少年交流达成诸多共识，并就开展内地和港澳青少年的经济、文化、科技、宗教、教育、社区工作、志愿服务等一系列交流合作项目达成意向。

12月12日至15日，由中华全国青年联合会主办、辽宁省青联承办，香港、澳门、台湾三地青年商会总会协办的青年企业家研讨会在沈阳举行。来自祖国大陆和港澳台地区的近200位青年企业家出席活动。13日上午举行开幕式，辽宁省委常委、宣传部长焦利，全国青联常务副主席胡伟分别致词。在几天的活动中，四地青年企业家先后参加了“振兴东北与市场前景研讨交流会”、“商机无限”对话会，参观了在沈阳的经济开发区和区内企业。“海峡两岸暨港澳地区青年企业家研讨会”是由全国青联和港澳台三地青年商会总会共同发起的，自1997年以来已连续在深圳、杭州、香港、澳门和台北等城市连续举办了七届，共有近1500多名四地的青年企业家参加了有关活动。

青年专家科技服务活动

2004年，共青团中央、全国青联把开展青年专家科技服务活动作为重点，全面深化中国青年科技创新行动。

8月3日至6日，为贯彻落实中央农村工作会议和《中共中央、国务院关于促进农民增加收入若干政策的意见》（2004年中央一号文件）精神，团中央、全国青联联合举办了“青年专家龙江行”科技服务活动。来自中国科学院、中国农业科学院、农业部全国农业技术推广中心等12家单位的41名青年专家参加了活动。活动期间，农业部全国农业技术推广中心主任夏敬源等专家参加了黑龙江人民广播电台的直播节目《农村天地》，现场解答了农民在实际中遇到的难题。中国农业科学院副院长屈冬玉、农业部规划设计研究院院长朱明等6位农业领域知名青年专家，针对黑龙江的实际情况分别作了科学发展观、现代农业技术、技术性贸易措施、区域经济和奶业、大豆产业的现状及发展趋势等六个方面的专题演讲。中国科学院植物研

究所研究员田世平等15位科技人员发布并推介了近100项高新科技成果。经过三天的洽谈与对接，青年专家与当地的涉农主管部门、农业企业签订了40项项目合作协议，协议金额2.07亿元。夏敬源、屈冬玉、朱明等10多位知名青年专家还应邀参加了“黑龙江农业及农业产业发展青年专家座谈会”，为黑龙江农业的发展出谋划策，提出了许多好的建议。出席座谈会的黑龙江省主管农业的副省长申立国对专家们的建议给予了高度评价，并表示将组织有关部门认真研究落实。

4月4日至6日，共青团中央、全国青联在浙江省长兴县开展了“青年专家长兴行”科技服务活动。来自北京有色金属研究总院蓄电池产业方面的青年专家参加了活动。专家们围绕电动汽车发展概况、各种动力电池的比较、动力电池研究概况、燃料电池简介等方面为长兴县蓄电池企业的负责人作了《关于化学电源的发展现状及趋势》的报告；从电动车用镍氢电池性能与应用、锂离子电池及电极材料和机电设备等三方面进行了项目推介；还深入到部分蓄电池企业进行了技术指导，从工艺技术完善、环境、劳动保护等方面为长兴县蓄电池产业发展提出了建议。并就如何进一步加强合作达成了初步的协议。活动取得圆满成功，对长兴县蓄电池产业的技术更新、产业升级和壮大起到积极的推动作用。

在过去的一年，各级团组织也根据当地实际，开展了形式多样的青年专家科技服务活动。据不完全统计，共有14210名青年专家参加了团组织开展的青年专家科技服务活动，共发布项目近10万个，签订协议2150个，协议金额9.98488亿元。青年专家科技服务活动在培养锻炼青年科技人员、促进地方经济发展等方面做出了积极贡献。

中国泰达生物论坛·2004

10月23日，中国泰达生物论坛·2004在天津经济技术开发区隆重举办。全国人大常委会副委员长、中国科学院院长路甬祥担任论坛名誉主席并致贺信。共青团中央书记处第一书记周强出席论坛并致辞。天津市市长戴相龙，共青团中央书记处书记、全国青联常务副主席胡伟，国家发展和改革委员会副主任张晓强，科学技术部副部长李学勇，中共天津市委常委、天津市滨海新区管委会主任皮黔生出席论坛。

论坛期间，诺贝尔奖生理及医学评委会主席 Jan – Ake Gustafsson，加拿大蒙特利尔大学常务副校长 Guy Bertiaume，中国医学科学院教授杨纯正和中国工程院院士王静康分别在论坛上作了主旨演讲。来自海内外生物技术领域的专家及全国各高新区负责人、国内外科技风险投资机构、海外学人代表等近1000人参加了论坛及开幕式。本次论坛邀请各国院士及世界著名的生物技术领域产业界人士出席会议并发表精彩讲演，邀请了国内外企业举行产品展示、项目发布与洽谈、人才交流等系列活动。

中国泰达生物论坛·2004由共青团中央、全国青联、国家发改委、中国科学院、科学技术部、国家食品药品监督管理局、中国侨联、天津市人民政府主办，是继2002年和2003年成功举办两届“TEDA – WATSON 生物技术与医药国际年会”的基础上提升和发展起来的亚洲乃至世界生物技术及医药产业界的常设论坛。论坛旨在探讨生物技术为人类服务的新过程，解析生物经济的内在动因，为学术界、教育界、企业界、金融界及政府领导者提供一个具有前瞻性和高效率的交流平台。论坛具有国际会议交流平台、生物人才奖——泰达生物奖、企业与产业孵化平台、专业风险投资基金、交流互动网站与专业刊物发行、生物工业化组织的建立等六大功能。

2004青年科技系列活动

为贯彻落实党的十六大和十六届三中、四中全会精神，牢固树立和落实科学发展观，深入实施科教兴国战略和人才强国战略，推动中国青年科技创新行动进一步开展，促进科技成果转化为现实生产力，广泛团结凝聚各领域青年科技工作者为地方经济建设做贡献，团中央、全国青联于10月30—31日在山东济南举办了2004青年科技系列活动。团中央书记处第一书记周强、团中央书记处书记尔肯江·吐拉洪、山东省委书记张高丽、山东省委副书记、济南市委书记姜大明等出席了活动。近300名各领域的青年科技人才和团干部参加了活动。

活动期间，召开了信息技术成果发布会，共发布项目100多个，达成意向性合作协议7个，协议金额1.3亿元；召开了济南信息产业发展专家论证会，就济南市加快信息产业发展、实施信息化带动战略展开深入探讨和论证；开展“青年科学家走进校园”活动，组织白春礼、陈章良、李建保等一批著名青年科学家分别走进山东大学、济南大学、山东省实验中学和实验小学，与学子交流，探索科学奥秘，启迪智慧人生；举办了“中国(济南)IT行业青年精英论坛”，激发IT行业从业青年的创新潜质和奉献精神，追踪信息产业发展的前沿动态，传播信息产业发展的最新理念，推动IT行业企业之间的交流与合作；召开了中国青年科技工作者协会三届三次理事会和青年专家科技服务座谈会。总之，2004青年科技系列活动在山东济南成功举办，受到了科技界、企业界、教育界等方方面面的热烈欢迎，在当地掀起了一股科技热潮，产生了良好的社会影响，对于推动山东省和济南市的科技进步与经济社会发展具有积极的作用。

“博士服务团”第四批总结暨第五批培训动员会议

9月23日，中组部、团中央在京召开会议，对第四批“博士服务团”工作进行总结，对第五批“博士服务团”成员进行培训和动员。团中央书记处第一书记周强、中组部副部长李建华出席会议并讲话。团中央书记处常务书记、全国青联主席赵勇主持会议。

第四批和第五批“博士服务团”成员，承担选派任务的中央国家机关有关部委、单位和有关省、市党委组织部，接收省（区、市）党委组织部和团委，井冈山干部学院的有关人员共300多人参加了会议。会议期间，国家发改委副主任、国务院西部办副主任李子彬、中组部组织局副局长宋刚分别就西部大开发和党的基层组织建设作了专题讲座。前四批博士服务团的11位代表作了大会发言，从不同的角度介绍了个人的工作情况和挂职体会。

“博士服务团”工作自1999年开展以来，已经从中央国家机关有关部委和单位以及北京、天津、上海等地选派了368名青年博士到西部地区进行锻炼服务，其中大多数人担任了地方政府和有关部门的行政副职，他们为西部地区的干部队伍建设增添了新的活力。此次会议之后，第五批“博士服务团”147位成员奔赴西部地区，开展为期一年的锻炼服务工作。

首届中国软件产业发展青年专家论坛

4月24至25日，由团中央、信息产业部、全国青联共同主办的“首届中国软件产业发展青年专家论坛”在浙江宁波隆重举行。团中央书记处书记、全国青联常务副主席胡伟，信息产业部党组成员、纪检组长李雪莹，中共宁波市委副书记、纪委书记葛慧君出席开幕式并讲话。团中央统战部部长、全国青联秘书长郭长江主持了开幕式。全国青联副主席、中电集团副总经理陈肇雄，团中央统战部副部长、全国青联副秘书长倪邦文，信息产业部电子产品管理司副司长丁文武，中国软件行业协会理事长陈冲，全国青联委员、山东浪潮集团总裁孙丕恕，宁波市信息办主任陈刚等出席了开幕式。200多名来自国内软件行业的优秀青年学者、企业家、软件研究人员、风险投资界人士就中国软件产业的发展和我国信息产业人才与产业互动进行了广泛的交流。

论坛上，丁文武、孙丕恕、陈刚分别作了主旨发言。北京航空航天大学软件学院院长孙伟、山东鲁能积成电子股份有限公司总经理严中华、北京华旗资讯数码科技有限公司移动存储事业部总经理高哲、江西先锋集团总裁陈苏分别作了专题演讲。陈肇雄、陈冲先后主持了论坛。论坛期间，还召开了软件行业产学研资交流会、宁波市信息产业发展座谈会和第二届“中国软件行业杰出青年”与软件学院师生座谈会。

全国青联留学人员联谊会成立

全国青联留学人员联谊会是中华全国青年联合会领导下的由中国青年留学人员（含华侨华人）和留学人员社团（含华侨华人社团）自愿结成的、非赢利性的社会团体。联谊会以广泛联系，促进交流，凝聚力量，为国服务为宗旨。联谊会由著名科学家钱学森担任名誉顾问，全国人大副委员长韩启德、全国政协副主席罗豪才担任顾问，团中央书记处第一书记周强担任指导委员会主任，书记处书记、全国青联常务副主席胡伟以及中央组织部、中央统战部、教育部、科技部、人事部、中科院、中国科协等有关单位领导担任指导委员会成员。全国青联留学人员联谊会现有来自15个国家的个人会员794名，团体会员43个，其中团体会员自身共有会员近40万人。

2004年12月20日—21日，全国青联留学人员联谊会成立大会暨一届一次理事会议在京召开。会议通过了联谊会章程，选举留英归来的中国科学院自动化研究所所长谭铁牛博士为联谊会会长，选举产生了22位副会长、秘书长和61名常务理事。2004年12月21日，中共中央政治局委员、全国人大常委会副委员长王兆国与全国青联留学人员联谊会会长、副会长座谈，亲切接见与会全体理事并发表重要讲话。联谊会名誉顾问钱学森向大会表示祝贺。全国青联留学人员联谊会顾问、全国政协副主席罗豪才，团中央书记处第一书记周强，书记处常务书记、全国青联主席赵勇，书记处书记、全国青联常务副主席胡伟分别出席成立活动并讲话。来自海内外的240余位联谊会理事参加了成立大会。

2004海外学人回国创业周

2004年12月20日—26日，由共青团中央、国务院国资委、全国青联、欧美同学会共同主办的2004海外学人回国创业周活动在北京、天津、河北、上海、江苏、浙江、江西、山东、河南、湖北、广东、重庆、四川、陕西等14个省、市举行。海外学人回国创业周活动自2001年以来已经连续举办了四届。本次创业周活动共有来自22个国家和地区的769名海外留学人员分8条路线赴各地开展项目洽谈和人才合作活动。12月21日，中共中央政治局委员、全国人大副委员长王兆国亲切接见了参加活动的部分代表并合影留念。团中央书记处第一书记周强，书记处常务书记、全国青联主席赵勇，书记处书记、全国青联常务副主席胡伟，书记处书记尔肯江·吐拉洪、王晓、张晓兰分别出席了北京、四川、重庆、湖北、上海的活动。活动期间共签署有关协议394项。

21日上午，2004海外学人回国创业论坛在人民大会堂举行。全国青联留学人员联谊会顾问、全国政协副主席罗豪才出席会议并致词。团中央书记处第一书记周强，书记处书记、全国青联常务副主席胡伟出席论坛。联谊会指导委员会成员、人事部副部长王晓初，联谊会副会长、山东大学校长展涛，联谊会副会长、美国科学院院士王晓东，联谊会常务理事、百度在线网络技术（北京）有限公司总裁李彦宏在论坛上作主旨发言，并结合回国创业发展的切身感受与现场听众进行了充分交流。

下午，由共青团中央、国务院国资委和全国青联共同主办的“2004海外学人回国创业周——聚焦特大型国有企业”活动在钓鱼台国宾馆举行。国务院国资委副主任李毅中，共青团中央书记处书记、全国青联常务副主席胡伟出席活动开幕式并致词。中国石油天然气集团公司、中国石油化工集团公司、神华集团有限责任公司、中国粮油食品进出口(集团)有限公司等48家特大型国有企业与500余名海外学人代表进行了面对面的交流和洽谈。活动中,共有18家企业与40余名留学人员达成招聘岗位协议22个、人才合作协议11个、项目合作协议17个、引资项目协议2个。

新近归国留学人员为国系列服务活动

2004年5月16日,全国青联留学人员联谊会联合北京、上海、广州、济南、深圳共青团、青联组织,在上述5地同时举行以"激扬青春风采,创业报效祖国"为主题的新近归国留学人员同城聚会。留学回国创业成功的著名人士、人力资源专家、创业投资机构及国内知名企业负责人和新近归国留学人员欢聚一堂,交流创业发展的经验体会,畅谈报效祖国的光荣使命,针对新近归国留学人员的自身特点,为他们回国求职、创业和发展提供切实帮助。共青团中央书记处书记、全国青联副主席杨岳出席北京活动开幕式并代表主办单位致词。中央统战部六局副局长沈冲,人事部专技司副司长孙建立,北京市委统战部常务副部长李雅清,共青团北京市委书记关成华等有关单位的领导出席了活动。共有500余名新近归国留学人员参加了5地的活动。在北京地区的活动中,神华集团、UT斯达康(中国)有限公司等25家大型知名企业与约150名新近归国留学人员进行了充分交流,当场达成意向性协议31份,签署正式应聘协议1份。

新近归国留学人员系列服务活动是专门面向刚刚回国、急需帮助和引导的新近归国留学人员开展的一项服务活动,旨在为他们在熟悉创业环境、学习创业经验、扩大人际联络、交流人才信息等方面提供服务。

"青年文明社区"创建活动

2004年"青年文明社区"创建活动继续以城市青年中心建设为总揽,围绕"建立良好的社区秩序、美化社区环境、完善社区服务、形成和谐的社区人际关系、提高社区青少年素质"这一总体目标,团结带领广大青少年积极投身群众性精神文明建设,以社区团建为基础,以社区服务和社区文化为重点,扎实推进各项工作,创建活动取得突出成效。

一、深入开展"弘扬五四精神,肩负历史使命"社区青年文化节活动

2004年,各省、自治区、直辖市团委以"三个代表"重要思想为指导,深入贯彻党的十六大和十六届三中全会精神,围绕纪念五四运动85周年,认真总结社区青年文化节活动开展的经验，组织广大社区青少年，以“弘扬五四精神，肩负历史使命”为主题，积极创新社区文化活动项目，在社区广泛开展举办社区青年文化节优秀节目展演，集中展现社区青年文化优秀成果；推广社区青少年“三人篮球”运动，展现体育运动中的青春风采；开展“校园文化进社区”系列活动，促进校园文化与社区文化的相互补充与融合；促进警营文化与社区青年文化互动，搭建警营官兵、社区青少年之间交流、互动的平台；推动务工文化与社区文化的融合，使进城务工青年感受到社区文化氛围的影响。形式多样的社区青年文化节活动，弘扬了社会新风，丰富了社区青少年的文化生活，得到了各地党委和政府的肯定和社区广大人民群众、青少年的积极参与和支持。

为表彰开展社区青年文化节活动的先进单位，经过严格评选，团中央授予北京市西城区团委等20个单位社区青年文化节活动“组织奖”，授予北京市宣武区团委——“绚丽青春华彩宣武”青年文化节活动等17个单位活动项目社区青年文化节活动“项目奖”。

二、命名表彰首批全国“青年文明社区”示范城区，整体推进“青年文明社区”创建活动

“青年文明社区”示范城(区)创建活动开展以来，全国各省、自治区、直辖市认真落实创建活动文件精神，积极参与创建活动，从城市发展的整体战略高度出发，以城(区)为单位，以大中城市为重点，充分发挥城区在城市社区建设中承上启下的作用，形成城(区)、街道、社区共同推进青年文明社区创建工作的整体态势。

为进一步规范全国“青年文明社区”示范城(区)创建活动，2004年3月，全国“青年文明社区”创建活动指导委员会对全国“青年文明社区”示范城(区)创建活动进行了抽查。在2003年团中央、民政部、建设部、国家工商行政管理总局确定的61个“青年文明社区”示范城(区)创建单位的基础上，根据全国“青年文明社区”创建活动指导委员会办公室的抽查和各地的自查结果，2004年，团中央、民政部、建设部、国家工商行政管理总局联合下发文件(中青联发[2004]29号)，决定命名表彰北京市朝阳区等60个城(区)为“全国‘青年文明社区’示范城(区)”。

三、加强全国“青年文明社区”创建活动检查指导，组织评选第四批全国“青年文明社区”及“青年文明社区”创建活动组织奖

为进一步加强对全国“青年文明社区”创建活动检查指导，根据2004年2月12日全国“青年文明社区”创建活动指导委员会办公室会议有关安排，全国“青年文明社区”创建活动指导委员会检查小组按照全国“青年文明社区”创建、评选、表彰办法，于2004年3月对全国部分省、自治区、直辖市“青年文明社区”创建活动进行了检查指导，并要求各地按照创建标准严格开展自查。同时下发了《关于评选第四批全国“青年文明社区”及“青年文明社区”创建活动组织奖的通知》，各地按照通知要求积极组织参加评选工作。

四、求真务实，推动城市青年中心建设全面开展

2004年城市青年中心建设在试点建设的基础上，重点加强组织建设、服务项目、队伍骨干等方面建设的指导工作，同时加大青年中心建设宣传，努力推动公共政策出台，促进城市青年中心建设全面开展。

1. 扩大城市青年中心试点建设的范围，加快试点建设进度。

团中央召开青年中心建设领导小组会议后，我们及时向广大基层宣传会议精神，各地按照团中央统一部署，从省级团委到地市团委积极采取措施，深入开展城市青年中心试点建设工作。继确定全国城市青年中心第一批试点建设城市北京、上海、四平、杭州后，在充分调研论证的基础上，结合各地的实际情况，确定了全国第二批城市青年中心试点建设城市共79个，通过在试点城市推广建设青年中心，形成在城市的层面上整体推进城市青年中心建设的局面。到2004年2月，已经建设城市青年中心500多个，并与试点建设城市建立定期沟通机制，通过各地的试点建设，促动城市层面青年中心的建设。

2. 进一步深入调研青年中心建设情况，加强对青年中心的指导。

2004年2月中旬、下旬，我们组成专题调研小组，分两路，对山东济南、青岛、淄博、德州、河南郑州、焦作、济源、广西南宁、海南海口、东方、沈阳等地的青年中心进行调研。通过调研工作，及时发现基层青年中心试点建设中富有成效的做法，以简报的形式进行宣传、推广；调研组对所到之处的青年中心给予具体的指导性意见，帮助基层理清工作思路，突出工作重点。

3. 召开城市青年中心建设片区座谈会。

为进一步加快全国城市青年中心建设步伐，部署下一阶段工作任务，2004年9月，团中央社区和维护青少年权益部分片区召开中南、华东、华北、东北、西南、西北城市青年中心建设座谈会。全国各省、自治区、直辖市团委有关负责人和全国城市青年中心建设试点城市（区）有关人员参加了座谈会。通过座谈会，总结了城市青年中心建设的成果，进一步明确了城市青年中心建设的下一步的目标。

4. 加强城市青年中心建设宣传工作，指导各地建设。

5. 筹备召开全国青年中心建设工作会议和有关表彰工作。

为深入贯彻落实党的十六届四中全会精神，落实团十五大和十五届三中全会部署，认真总结全国青年中心建设试点工作经验，研究部署全面推进青年中心建设工作，筹备召开全国青年中心建设工作会议，并开始了2004年度“全国青年中心建设试点工作先进市、县（区）”、“全国优秀青年中心”和“全国青年中心建设试点工作先进个人”的评选工作。

城市青年中心建设

青年中心是在共青团领导下，面向广大青年，以联系、服务、引导青年为目的，以会员制、理事会制为主要运作方式的新型城乡社区青年组织。

大力建设城乡社区青年中心，是共青团在社会主义市场经济条件下实现青年工作社会化的必然选择，是延伸共青团工作手臂、健全青年组织体系的重要举措，是加强共青团能力建设的一项基础工程。建设青年中心有利于适应青年群体的不断分化、青年流动性的增强以及职业分布日趋广泛的变化，扩大对各类青年群体的工作和组织覆盖面；建设青年中心有利于应对青年日益增长的多样化需求，提供有针对性的有效服务；建设青年中心有利于适应社会资源配置方式的变化，运用多种手段整合资源，推动青年工作的发展。

团十五大提出建设青年中心的重大战略举措后，各地明确创建工作思路，探索新的工作方法，贯彻“服务青年、联系青年、凝聚青年”的工作理念，积极开展城市青年中心试点建设工作，取得了显著成效。目前，全国已正式挂牌1400个城市青年中心，有的城市和城区已经实现了城市青年中心100%的建设率。

一、加强城市青年中心组织建设，增强青年中心内在活力

出台《城市青年中心章程（范本）》（征求意见稿），指导各地规范青年中心理事会制、会员制等体现社区青年组织特性的各项制度，强化团组织在青年中心理事会中的主导作用，加强会员与青年中心的联系，有效发挥会员的主体作用。另一方面，积极鼓励扶持发育社区内的青年协会、青年俱乐部，使之成为青年中心的团体会员。通过扶持社区青年协会、俱乐部等组织开展工作，发展青年会员，进一步增强青年中心的服务功能，延伸团组织的工作手臂，密切青年中心与社区青年的有效联系。

二、丰富工作项目，增强城市青年中心的服务功能

坚持以青年为本，项目建设为重点，广泛吸收基层共青团组织和世界各地青年组织开展的成效好的青年工作项目，开阔青年中心项目设计思路，丰富项目种类，为不同层次青年提供多样化的服务，凸现青年中心服务青年的宗旨。同时不断创新青年中心服务方式，发展加盟单位，运用青年卡，使青年享受到更多的实惠。积极整合社会资源，加强青年中心服务阵地和网络虚拟阵地建设，为青年中心的服务提供物质依托。2004年，团中央和民政部联合在城市青年中心建设中推广“爱心超市”项目，进一步加大对社区内困难家庭及其子女、进城务工青年及其子女等弱势青少年群体的扶助力度，丰富城市青年中心的工作内容和服务项目。

三、整合社区青年工作资源，扩大城市青年中心的辐射面

2004年我们通过在组织管理、载体建设、功能项目、服务实效，以及人、财、物等方面的整合，促进创建“青年文明社区”、社区青年文化节、社区青少年法律学校、警地“四联”活动、大学生社区援助、进城务工青年工作、预防青少年违法犯罪工作、青少年禁毒工作、青少年预防艾滋病宣传教育工作、青少年维权工作等品牌项目，向城市青年中心建设并轨，并逐步纳入青年中心工作范畴。突出了城市青年中心建设在当前社区青年工作中的统揽地位，扩大城市青年中心在组织、服务、管理等方面的辐射面。2004年共青团中央、全国学联开展大中专院校和城乡青年中心工作结对活动。通过结对活动，促进城乡社区的青年中心建设资源整合，培育城乡社区青年组织，丰富青年文化，提高基层共青团工作和青年工作的水平。

四、扩大城市青年中心试点建设的范围，加快试点建设进度

继确定全国城市青年中心第一批试点建设城市北京、上海、四平、杭州后，在充分调研论证的基础上，结合各地的实际情况，我们确定了全国第二批城市青年中心试点建设城市共79个，通过在试点城市推广建设青年中心，形成在城市的层面上整体推进城市青年中心建设的局面。并与试点建设城市建立定期沟通机制，通过各地的试点建设，促动城市层面青年中心的建设。

五、进一步深入调研青年中心建设情况，加强对青年中心的指导

2004年2月中旬、下旬，我们组成专题调研小组，分两路，对山东济南、青岛、淄博、德州、河南郑州、焦作、济源、广西南宁、海南海口、东方、沈阳等地的青年中心进行调研。通过调研工作，及时发现基层青年中心试点建设中富有成效的做法，以简报的形式进行宣传、推广；调研组对所到之处的青年中心给予具体的指导性意见，帮助基层理清工作思路，突出工作重点。

六、召开城市青年中心建设片区座谈会

为进一步加快全国城市青年中心建设步伐，部署下一阶段工作任务，2004年9月，团中央社区和维护青少年权益部分片区召开中南、华东、华北、东北、西南、西北城市青年中心建设座谈会。全国各省、自治区、直辖市团委有关负责人和全国城市青年中心建设试点城市（区）有关人员参加了座谈会。通过座谈会，总结了城市青年中心建设的成果，进一步明确了城市青年中心建设的下一步的目标。

七、加强城市青年中心建设宣传工作，指导各地建设

为进一步指导各地城市青年中心建设，从点和面两个角度概括反映城市青年中心建设工作的进程，向各地推荐一些好的经验和做法，我们编辑了《社区青年组织的创新与实践》——城市青年中心建设试点工作案例选编、《中国共青团》——城市青年中心建设特刊、《中国青年报》——城市青年中心建设专版等，宣传各地的做法和经验，推动城市青年中心建设深入全面开展。

八、筹备召开全国青年中心建设工作会议和有关表彰工作

为深入贯彻落实党的十六届四中全会精神，落实团十五大和十五届三中全会部署，认真总结全国青年中心建设试点工作经验，研究部署全面推进青年中心建设工作，筹备召开全国青年中心建设工作会议，并开始了2004年度"全国青年中心建设试点工作先进市、县（区）"、"全国优秀青年中心"和"全国青年中心建设试点工作先进个人"的评选工作。

创建优秀"青少年维权岗活动"

创建优秀"青少年维权岗"活动由共青团中央、中央综治委联合最高人民法院、最高人民检察院等有关部门共同开展。2004年创建工作着重围绕加强维权基础建设，营造维权舆论氛围，延长维权工作手臂，重点做了以下几方面工作。

一、推动各地"青少年维权中心"建设。通过深入开展调研，了解掌握各地"青少年维权中心"建设的进展状况。通过简报、考察、指导等形式，着力推动维权中心在机构设置、工作机制、维权工作措施等方面进行探索。目前，全国省、地市两级"青少年维权中心"已经普遍建立，初步形成了青少年社会化维权网络的核心体系。

二、筹建青少年维权和心理咨询服务热线。联系建立青少年维权和心理咨询服务热线。经过反复协商和积极争取，青少年维权和心理咨询服务热线12355已经正式得到信息产业部批准。团中央与中国电信、中国网通就合作建设热线的相关具体问题进行协商，并在广泛征求各省、市意见的基础上，下发了《热线建设方案》，指导各地加快筹建热线步伐，同时，在北京、广东等省、市进行试点建设。

三、加大宣传力度，营造维权舆论氛围。开展了第四届全国优秀"青少年维权岗"命名表彰活动。联合中央综治办、最高人民法院等11个部门开展全国优秀"青少年维权岗"、创建活动突出贡献和先进个人奖评选活动，并于10月21日，在人民大会堂举行隆重的表彰大会，对各部门青少年维权工作的先进基层单位以及为创建活动做出突出贡献的先进个人进行表彰和宣传。458个单位荣获全国优秀"青少年维权岗”称号，10 名同志荣获全国优秀“青少年维权岗”创建活动突出贡献奖称号，254 名同志荣获全国优秀“青少年维权岗”创建活动先进个人称号。以青少年权益保护为主题，开展多种形式的公益宣传活动，调动全社会参与青少年维权工作的积极性。在中国共青团刊发专版，利用“书记访谈”、“各地典型动态经验交流”等栏目，宣传各地创建工作的经验。同时，动员各系统联系的报纸、刊物加大对创建活动及典型集体、典型个人的宣传力度。

四、加强维权干部队伍建设。为了提高维权干部的具体工作能力，加强干部队伍自身建设，今年 5 月，与中国法学会青少年法律研究会、北京青少年法律援助与研究中心共同举办了中西部未成年人维权干部培训(中国—欧盟法律和司法合作项目)。培训内容涉及《联合国儿童权利公约》和中国有关未成年人方面的法律法规和相关措施以及法律制度；未成年人权益保护工作的热点问题；未成年人权益保护的理论与实践；未成年人违法犯罪与司法制度；未成年人心理健康与自我保护等。内蒙古、新疆、贵州等 12 个中西部省、自治区共计 1200 名维权干部参加了培训。

五、继续开展青少年维权岗行动。着眼延长维权服务手臂，动员优秀“青少年维权岗”积极配合有关部门开展专项整治行动。配合文化部、公安部、信息产业部等部门开展针对网吧、淫秽色情网站的专项整治行动。联合下发暑期专项整治行动的通知，并对全国部分省市网吧管理情况进行检查，依法关闭境内淫秽色情网站 1442 个，在北京、广州、福建等地开展举行“开启绿色通道营造健康网络”、“青少年绿色上网工程”等活动，优化了青少年网络环境。配合新闻出版部门开展整治淫秽、不健康口袋书、卡通画册活动，为青少年推荐健康读物，用健康文化抵制不良文化。配合中央文明办开展加强未成年人思想道德建设工作，开展了青少年自我保护教育等系列活动。积极配合教育等部门认真落实国务院办公厅下发的《关于切实加强中小学幼儿园及少年儿童安全管理工作和开展专项整治行动的意见》，开展净化校园活动。配合全国扫黄办打击盗版书籍。7 月 27 日，新闻出版总署、教育部、国家版权局、共青团中央、国务院纠风办、全国扫黄办联合发出《关于开展 2004 秋季盗版教材、教辅读物专项治理行动的通知》。并于 11 月份开展对浙江、陕西等部分地区的专项检查。

青少年自我保护教育

1998 年起，团中央和中央综治办启动“青少年自我保护教育行动”，通过多种形式，深入开展青少年自我保护教育，经过几年的实践和探索，青少年自我保护教育工作不断深化，教育内容逐步成熟完善，取得了良好的教育效果。2004 年，共青团中央、中央综治委预防青少年违法犯罪工作领导小组办公室启动了“青春自护”行动，下发了关于开展“青春自护”活动的文件，在进一步夯实自护教育基础的同时，开展了一系列丰富多彩的活动。

一、夯实自护教育的基础

推动教材体系建设。协调动员社会力量，拍摄《自护智多星》等电视节目，策划出版《青少年自我保护教育掌中宝》(合订本)等中小学生自我保护教育系列丛书，这些书籍为广大青少年提供了健康的精神食粮，受到了广大青少年及其家长的好评。推动队伍和阵地建设。于今年7月成立了全国“青春自护”讲师团，聘请有关青少年生理、心理、安全、自救等方面的专家，为青少年开展相关方面的自护教育。通过开展推荐命名活动，加大“青少年自我保护教育基地”建设力度。推动各地建设和开通青少年维权网站和自护教育网站，这些网站在宣传自护知识和自护理念、帮助青少年克服学习和生活中的困难、提高自护能力等方面起到重要作用。

二、开展“青春自护”系列活动

1. 开展“青少年网络文明”行动。团中央启动了“全国青少年网络文明行动”，于3月20日在全国开展了集中宣传行动。印制了30多万册(套)《青少年网络文明公约》宣传画、卡通画册和书签，全部发放到青少年手中。各级团组织深入开展青少年网络文明教育，积极参与网吧专项整治工作，通过组织开展丰富多彩的活动，培养青少年健康文明的网络生活方式和自我保护意识，努力为青少年健康成长营造良好的网络环境。西南民族大学等高校组织大学生走进社区、村镇，宣传公约，传授网络安全知识。江西团省委通过招募“青少年网络教育爱心大使”，利用互联网络，教育引导青少年正确对待和使用互联网，并取得了初步成效。广州团市委7月初开展“快乐、健康网上行”活动，推出阳光网络工程，建立了青少年上网导航中心(www.54cn.com)，全市先后有近70万青少年签约。针对未成年人进入网吧、青少年沉溺网络游戏、不道德网络聊天等突出问题，团组织大力培养青少年文明上网的骨干，开展同伴教育，运用身边的案例，对小伙伴进行网络文明教育。10月份，团中央开展了“青少年网络文明校园行”活动，聘请华中师范大学陶宏开教授为“全国青少年网络文明爱心大使”，向青少年学生和家长赠送了屏蔽不良网络信息的软件，引导孩子们文明上网，远离不良网络信息。

2. 开展技能竞赛及培训活动。团中央联合信息产业部组织开展“盛大杯”全国青少年软件程序设计大赛，以中国传统名著《木兰从军》、《封神演义》等片断为依据，组织青少年设计健康向上的游戏软件。会同中宣部、中央文明办、国务院新闻办等单位，开展“感动”——首届全国青少年网络短信作品大赛，组织青少年以“感动”为主题，创作网络小小说、Flash创意等，弘扬健康向上的网络短信文化，树立正确的网络自护理念。各地团组织还利用寒暑假组织具有心理学、医学、社会学、法学专业背景知识、较丰富的演讲经验、热心青少年权益保护事业的专家赴社区对青少年开展自护知识、技能培训，开设讲座，开办夏令营、冬令营等训练营活动，丰富青少年自我保护知识，提高青少年自我保护能力。

3. 开展暑期“青春自护”走进西部活动。团中央、中央综治委预防青少年违法犯罪工作领导小组办公室从中宣部、新闻出版总署、教育部、文化部等部门向未成年人推荐百种优秀图书和音像制品以及自护教育的优秀图书和音像制品中，选取了18种图书、10套光盘，价值40余万元的教材，作为青少年自我保护教育教材，赠送给重庆、四川等西部地区12个省、自治区、直辖市的青少年自我保护教育学校，并在宁夏举办“青春自护”走进西部自护教材赠送的仪式及青少年维权自护工作座谈会，有力地推动了西部地区青少年自我保护教育活动的深入开展。

青少年防治艾滋病“青春红丝带”行动

为贯彻落实国务院《关于切实加强艾滋病防治工作通知》精神，深入实施《中国预防与控制艾滋病中长期规划（1998—2010）》、《中国遏制与预防艾滋病行动计划（2001—2005）》和《共青团中央防治艾滋病战略规划》，各级共青团组织广泛开展“青春红丝带行动”，整合社会资源，建立起较为完备的青少年预防艾滋病工作体系，运用扎实有效的工作手段，立足社区兼顾社会，做好宣传培训、服务帮教、维权关怀、优化环境等四个方面的工作，做到面上与重点相结合、集中行动与长期工作相结合，实现青少年和社会的双向受益。2004 年，共青团中央和卫生部重点启动了“青春红丝带”行动——青少年防治艾滋病志愿者“面对面”宣传教育活动。全国近 1300 名大学生志愿者、10 多万名城市和乡村青年志愿者，组成 1 万多支青年志愿者小分队，深入到 127 个艾滋病综合防治示范区，广泛开展宣传教育活动，取得了明显成效。这是共青团组织承接政府艾滋病综合防治项目，并以项目化运作的方式开展青少年防治艾滋病宣传教育工作的一次成功尝试。

一、广泛发动，认真部署，重点突出艾滋病综合防治示范区

“青春红丝带”行动——青少年防治艾滋病志愿者“面对面”宣传教育活动以卫生部确定的全国 127 个艾滋病综合防治示范区为重点地区。2004 年 7 月 10 日，共青团中央与国务院防治艾滋病工作委员会办公室、中宣部、卫生部、农业部、教育部、科技部、国家人口计生委、民政部、国家广电总局、全国妇联、全国工商联等部门在人民大会堂共同举行预防艾滋病宣传海报进村入校暨“面对面”宣传教育活动启动大会，各部门负责同志出席会议，中宣部副部长胡振民、卫生部副部长王陇德、团中央书记处书记杨岳发表了热情洋溢的讲话。北京中医学院的大学生向全国青少年发出了“珍惜生命、远离艾滋”的倡议，全国近 1300 名医学院校的大学生志愿者结合“三下乡”社会实践活动，组成 127 个青年志愿者小分队，分赴艾滋病综合防治示范区，宣传防治艾滋病的知识，率先参与到青春红丝带“面对面”宣传教育活动中。7 月 8 日至 11 日，团中央和卫生部在北京共同对 28 个省、自治区、直辖市团委权益部部长、高校团委负责人和全国 127 个防治艾滋病综合示范区团委负责人进行了培训。各省、自治区、直辖市先后启动了本地区的“面对面”宣传教育活动。各综合防治示范区的团组织组建了 1 万多支乡（镇）、村（居委会）青年志愿者小分队，在 2004 年暑假和“世界艾滋病日”前后，深入艾滋病综合防治示范区的城镇、乡村，面向广大青少年开展“面对面”的宣传教育。

二、深入基层，扎实做好青少年“面对面”宣传教育工作

“面对面”宣传教育活动的目标是对综合防治示范区的每名青少年在青春期都能接受一次系统的防治艾滋病知识教育。活动的突出特点在于：团组织开展青少年防治艾滋病宣传教育的工作方式由开展大规模活动向项目化运作转变，工作对象由群体向个人转变。7 月以来，各地的青年志愿者深入到综合防治示范区的街道、乡村，通过多种方式对当地群众特别是青少年开展“一对一”、“多对一”的宣传教育。7 月 13 日，安徽大学大学生志愿者“面对面”宣传教育小分队来到阜阳市临泉县艾滋病综合防治示范区开展宣传活动，青年志愿者深入田间地头，进村入户，对当地每名群众宣传普及艾滋病防治知识；大家还走进艾滋病患者家庭，和艾滋病病人当面交谈、握手。7月19日，河南新乡医学院大学生志愿者队伍赴信阳市，开展“远离艾滋、共享健康”万人签名仪式，深入建筑工地开展“一助一”宣传和座谈。7月20日，河南大学的大学生志愿者先后奔赴开封尉氏县、周口市西华县、商水县、沈丘县，共散发各类宣传材料近万份，接受群众咨询2000多人次，举办“面对面”专场培训会、座谈会10余场次，走访高发区群众80多人。据不完全统计，在暑假期间，全国大学生志愿者共举行讲座、咨询、签名等宣传教育活动650多场次，发放宣传材料120多万份，直接接受“面对面”宣传教育的群众达到15万多人。12月1日前后，各地的青年志愿者小分队深入到社区和村庄，举行宣传活动2500多场次，“面对面”宣传教育的群众为10多万人次。

三、积极创新，丰富载体，努力提高宣传教育活动的实效性

在宣传教育活动中，青年志愿者们结合当地实际，围绕提高活动的针对性和实效性，积极探索有效的活动形式。各个小分队运用宣传橱窗、张贴画报、播放视频和声频资料、发放材料、开展知识竞赛、举办图片展等形式，普及预防艾滋病知识。有的地方还帮助频繁献血青年、有吸毒史和吸毒青少年进行体检，提供有关艾滋病防治辅导服务。有的地方依托“青春红丝带”爱心之家、青(少)年宫、“千校百万”进城务工青年培训学校、社区知心家庭学校等阵地以及共青团网站，邀请有关专家，组织网上交流、专题讲座、观看录像等活动。河南省新乡医学院的志愿小分队与共青团浉河区委在信阳市行政中心共同举办了“青春红丝带”爱心之家传递活动。黑龙江省医科院校30名青年学生组成的宣传教育活动小分队深入社区和农村开展咨询活动9场，播放预防艾滋病宣传教育影片3场，观众近千人。河南大学的大学生志愿者组成了“青春红丝带”文艺演出服务队，举办了“让世界充满爱”为主题的大型文艺演出，观众达3000多人。河南省中医院大学生志愿者为村民开展测量血压、针灸、推拿等义诊活动，并为艾滋病孤儿捐款捐物。广东中山大学基础医学院的专业医生、博士生、硕士研究生组成的专业预防艾滋病志愿者服务队，深入到阳东县的东城镇、大沟镇、北惯镇及台山市市区、广海镇、斗山镇等乡镇，为当地乡镇培训出10多支长期的防艾宣传教育队伍。

四、开阔视野，认识社会，增强防治艾滋病的社会责任感

实践表明，“面对面”宣传教育活动既是对重点地区开展艾滋病综合防治的一种有效形式，也是大学生志愿者开展社会实践的一项鲜活载体。在活动中，来自医学院校的大学生志愿者与基层群众密切接触，深入开展社会调查，对艾滋病防治状况和群众防治艾滋病的知识有了全面的了解，进一步增强了防治艾滋病的社会责任感和做好白衣天使的使命感。黑龙江、河南、山西、湖北、福建等地的团组织举行了庄严的授旗仪式，青年志愿者向本省的大学生发出倡议：认识艾滋，远离艾滋，积极宣传防止艾滋病的科学知识；理解关怀，奉献爱心，鼓励艾滋病感染者和患者重新树立生活的信心；面向未来，携手共进，战胜艾滋病，迎接美好明天。青年志愿者小分队受到了当地群众的热烈欢迎，宣传教育和社会实践双方面都取得了积极成效。127个青年志愿者小分队全部撰写了社会实践调查报告，1200多名大学生写了书面总结。年轻的大学生志愿者们纷纷表示参加本次活动仅仅是一个开始，今后将发挥专业特长，从自我做起，深入普及与传播相关艾滋病防治的知识，到祖国医药卫生事业需要的地方去，到人民健康需要保障的基层去，到最缺医少药的农村中去，在更大的范围内和更长的时间里与艾滋病做斗争，让“青春红丝带”在城市和乡村的大地上高高飘扬。

进城务工青年工作

2004年,我们以加强团组织建设、培训技能、弘扬打工文化、维护合法权益、引导返乡创业、树立先进典型为重点,深入实施"进城务工青年发展计划"。深入推进"进城务工青年发展计划",重点开展了以下工作:

一、加强了务工青年文化建设。以团中央和全国青联名义联合下发《关于开展首届鲲鹏文学奖评选活动的通知》;与中国作家协会联系,特邀王蒙等12位知名作家组成的专家评委;与《打工》杂志、《打工族》杂志、中国打工文学网、打工文学联网等媒体积极联系,刊登征稿启事,做好宣传工作。首届全国进城务工青年文学奖——鲲鹏文学奖评选于2005年1月20日揭晓。首届全国进城务工青年鲲鹏文学奖评选活动自2004年6月份下发通知起至2004年9月27日截稿为止,共收到稿件1445篇。活动组委会办公室在组织专业人士审读筛选、开设网上评论、专家评委审读评选的基础上,评出小说类作品、报告文学类作品、诗歌类作品、散文类作品一、二、三等奖和优秀奖共98篇。2005年元月20日在广州举办了进城务工青年文学论坛和颁奖晚会。同时,继续通过大家乐、慰问演出等形式活跃进城务工青年的业余生活。

二、加强了务工青年维权服务工作。依托共青团劳动保障法律监督员制度和法律援助机构建立维权工作的监督员队伍和法律援助队伍,帮助进城务工青年解决工作生活中的突出问题,提高进城务工青年的维权意识和自我维权能力。与有关新闻媒体合作,普及维权知识,强化社会对进城务工青年群体的关注。元旦春节期间,开展为进城务工青年送温暖活动。

三、加强了务工青年调研工作。与零点公司合作,对北京、上海、广州、武汉四地进城务工青年基本情况进行了调查,形成了《2004年进城务工人员基本状况调查》。在针对打工者艺术团、协作者文化传播中心、农友之家等3个进城务工青年社团组织进行深入调研的基础上,对其组织形式、人员配备、资金来源等运转情况进行分析研究,形成《关于进城务工青年社团组织及打工文化的报告》。

四、开展了第四届全国杰出(优秀)进城务工青年、"千校百万"培训计划及进城务工青年良师益友评选表彰活动。为突出进城务工青年群体形象,此次评选将进城务工青年为主体的用工单位纳入评选范围,增设"进城务工青年先进集体"项目。

青少年法制建设

积极做好未成年人保护法修订工作。在开展大量调查研究的基础上,组织召开专家座谈会就调研提纲进行研讨论证,起草印发调研通知,以省为单位组织开展了专题调研活动,并在深入调查研究的基础上形成了"未保法"修订案(草案)建议初稿;聘请35位在未成年人保护领域有研究的专家学者和在未成年人保护工作实践中有丰富经验的人士组成未保法修订工作专家顾问组，组织召开专家顾问组会议，就“未保法”修订案（草案）建议初稿进行座谈讨论，根据专家顾问的意见和建议，起草小组对初稿进行了修改，并相继召开学校保护、家庭保护、社会保护和国际组织代表、司法保护、政府保护专题座谈会，根据各方面代表的意见和建议反复进行了修改；将反复修改的建议稿函发25个相关部委、31个省（区、市）、专家顾问组成员、中国法学会青少年法律研究会常务理事、有关法律专家征求意见，组织召开“未保法”专题研讨会进行研讨论证，与起草小组再次进行修改，形成了建议稿及说明，2005年元月中旬按人大内司委要求做好递交的准备工作。

广泛开展青少年法制宣传教育活动。从青少年法制建设的需要出发，抓住有利契机，组织开展了四项具有牵动效应和广泛社会影响的大型宣传教育活动。一是围绕“树立报国志向，争做忠诚卫士”这一主题，组织了“中国杰出青年卫士”高校巡回报告活动，在北京、上海、重庆、武汉举办了报告会。二是贴近时代、贴近青年，认真贯彻落实党中央、国务院有关指示精神，探索运用互联网这一新的媒介，与司法部联合开展了“全国青少年网上普法知识大赛”。三是结合“为了明天——预防青少年违法犯罪”工程启动，组织开展了“为了明天——青少年法制教育宣传周”活动。四是进一步组织开展了向中国—欧盟法律援助中心申请的“中西部地区未成年人维权工作者培训”活动。同时还通过开展法律宣传周、宣传日活动，采用以案说法、法律咨询、法律知识竞赛、法律征文等多种形式，不断增强未成年人的法律意识。依托中国法学会青少年法律研究会的专家资源，大力开展法制宣传教育和青少年法律援助工作，加强青少年法制宣传教育和警示教育工作。

积极参与社会治安综合治理工作。会同中央综治办、最高人民法院、最高人民检察院等12个部门，组织开展了第四届“中国杰出（优秀）青年卫士”评选表彰活动。评选出11名“中国杰出青年卫士”，114名“中国优秀青年卫士”。中共中央政治局常委罗干亲切接见了第四届“中国杰出（优秀）青年卫士”代表并与大家合影留念。围绕“树立报国志向，争做忠诚卫士”这一主题，组织了“中国杰出青年卫士”高校巡回报告活动，在北京、上海、重庆、武汉举办了报告会。

预防青少年违法犯罪工作

中央综治委预防青少年违法犯罪工作领导小组办公室在中央综治委的领导下，积极协调各有关部门，召开一系列重要会议，制定若干重要文件，启动“为了明天——预防青少年违法犯罪工程”，并狠抓了青少年思想道德和法制教育、成长环境的整治优化、“青少年违法犯罪社区预防计划”的实施和理论研讨，调研、宣传工作，预防青少年违法犯罪工作取得了积极成效。

一、召开一系列预防青少年违法犯罪工作重要会议，制定下发了若干重要文件，有力地推动了各地区各部门预防工作的开展

2004年4月，为贯彻中共中央、国务院《关于进一步加强和改进未成年人思想道德建设的若干意见》，中央综治委预防青少年违法犯罪工作领导小组在上海召开会议，对今后一个时期预防青少年违法犯罪的主要任务和工作重点进行了部署。罗干、周永康同志在上海会议前专门作出重要批示，强调做好预防青少年违法犯罪工作对于维护社会稳定，培养和造就社会主义事业合格建设者和接班人具有重要作用。8月，中央综治委在2004年第二次全体会议上专题研究预防青少年违法犯罪工作，罗干同志作重要讲话，会议审议通过了中央综治委《关于深化预防青少年违法犯罪工作的意见》。为进一步贯彻落实《意见》，中央综治委预防青少年违法犯罪工作领导小组召开二次全体会议，专题研究制定了《“为了明天——预防青少年违法犯罪工程”实施方案》，并于11月29日正式启动“为了明天工程”。启动仪式后，各地区、各部门结合实际情况，迅速行动，采取有效措施贯彻实施。

二、加强思想道德和法制教育，构筑青少年抵御违法犯罪的思想防线

一是强化德育在素质教育中的首要地位，广泛开展“雏鹰争章”、“青少年网络文明行动”等实践活动，增强思想道德教育的实效性、针对性。二是扎实开展法制教育。积极开展了“为了明天——青少年法制教育宣传周”活动，举行网上法律知识竞赛，编写出版了《为了明天——青春警世录》等一系列书籍和音像制品，依托青少年法律学校，大力开展法制教育活动。三是广泛开展系列禁毒宣传教育，开展社区青少年远离毒品西部行动，组建志愿者队伍，加强对高危群体的预防和帮助，依托“青少年远离毒品网”建立网上“青少年禁毒教育展览馆”。四是抓好青少年心理健康教育。为大中学生提供心理知识普及、心理健康辅导等多种服务。建立了“中国大中学生心理健康教育在线网站”，启动“心理阳光工程”，呼吁公众关注青少年的心理健康和精神卫生问题。

三、加大整治力度，积极营造有利于青少年健康成长的社会环境

一是开展了互联网上网服务营业场所专项整治工作。有关部门共检查网吧50万家次，限期整改2.1万家，取缔黑网吧1.59万家。二是开展对淫秽色情“口袋本”图书、有害卡通画册、游戏软件和“粗口歌”的专项治理。全国共查获淫秽色情出版物案件2178起，收缴淫秽色情出版物754万余件。三是开展打击淫秽色情网站专项行动。1442家淫秽色情网站被关闭，青少年成长环境得到净化。四是在全国增设了专门的少儿影视频道，加大适合青少年观看的影视作品创作力度，清理广播影视节目中暴力、凶杀等不利于未成年人身心健康的内容，声屏荧屏得到了进一步净化。

四、加强基层基础工作，推动“青少年违法犯罪社区预防计划”深入实施

一是加强对全国“青少年违法犯罪社区预防计划”基层试点单位的指导。确定了50个试点社区，分解到领导小组各成员单位。各成员单位加大指导力度，有些单位还派专人实地考察和指导。二是开展“未成年人零犯罪社区”创建工作。下发了《关于开展“未成年人零犯罪社区”创建工作的意见》，推动各地工作的落实。三是加强对闲散青少年的教育、管理和服务，联合上海市开发“社区闲散青少年信息管理系统”。四是加强社区预防青少年违法犯罪专兼职工作队伍建设。除上海采用政府购买服务建立专职社工队伍外，南京市还积极探索采用多种方式筹集资金建立社区青少年社工队伍。同时，各地采用公开招募的方式，扩大兼职人员队伍。

五、加强对预防青少年违法犯罪工作的调查研究、理论探讨和宣传工作

在调查研究方面，围绕《未成年人保护法》的修改，组织开展立法调研，多次召开座谈会进行研讨。委托中国青少年研究中心组织人员分赴社区预防计划试点单位，对不同类型的社区预防工作模式进行了比较研究，开展专题调研。各省预防办围绕加强和改进未成年人思想道德建设做了大量调研。湖北省在9个地市同时开展了预防未成年人违法犯罪情况调研，形成了研究报告。江西省开展了“预防青少年犯罪千人调查”，剖析了100个未成年人违法犯罪案例，提出了相应的对策。在理论研讨方面，组织召开“全国青少年违法犯罪形势分析及对策研讨会”。还召开“修订《关于办理少年刑事案件建立互相配套工作体系的通知》座谈会”，就少年司法制度的发展和完善提出了建议和意见。另外，依托中国青少年犯罪研究会举办了“预防青少年违法犯罪——保护明天”学术论坛。在新闻宣传方面，组织中央电视台等各大媒体记者组成采访团，赴各地采访宣传。在中央电视台“法治在线”栏目制作专题节目，播放公益广告；在《法制日报》等主要新闻媒体开辟专栏、专版。

第12次“长城计划”友好交流活动

“长城计划”友好交流活动是由日本自民党原竹下派发起，后由新生党、新进党、自由党先后继承，现由小泽一郎任会长的日中至诚基金与全国青联联合实施的一项大型中日民间友好交流活动。该项目于2001年因日方原因而中断，在我2004年年初赴日工作小组积极斡旋和努力下，该项目得以恢复。9月20日至23日，以日本众议院议员、前自由党党首小泽一郎为名誉团长，以众议院议员铃木克昌为团长，由17名民主党国会议员和社会各界代表组成的日本第12次“长城计划”友好交流代表团一行122人来华访问。期间，中共中央政治局常委、全国人大常委会委员长吴邦国、国务委员唐家璇、中联部部长王家瑞、外交部副部长戴秉国、全国人大外委会副主任委员王英凡分别会见了代表团主要成员；共青团中央书记处第一书记周强会见了代表团主要成员并宴请了全团；共青团中央书记处常务书记、全国青联主席赵勇出席了日方举办的答谢宴会。代表团主要成员还出席了“中日关系座谈会”，与国务院台办、中日友协、外交学会、新华社、社科院日本所、中国国际关系研究院、中国新闻社、国家体育总局等单位的有关负责人或专家学者就共同关心的问题进行了坦率、深入的交流。

“长城计划”友好交流活动的连续开展使中日两国年轻政界人士得以保持一个较为稳固的对话渠道，对于双方增进共识，消弭误解，进而从民间角度增加中日关系发展进程中的积极因素发挥了独特作用。

中日百名青年互访活动

日本百名青年代表团访华。根据中日两国政府于1998年11月26日签署的《关于进一步发展青少年交流的框架合作计划》(以下简称“计划”)及两国外长2002年9月会谈时就“计划”有效期满后继续实施事宜达成的共识,应全国青联邀请,由日中友好协会派遣,以已故日本首相小渊惠三之女、日本众议院议员小渊优子为团长,以众议院议员谷本龙哉、参议院议员山本香苗为副团长,由日本各界青年组成的日本青年代表团一行101人于9月1日至9日来我国进行了友好访问。代表团分为三个分团,从北京入境,而后分别赴沈阳、成都和合肥访问,又共同参加了在杭州举办的“中日青年文化交流日”活动,最后经上海回国。在京期间,全国人大常委会副委员长王兆国会见了代表团主要成员,与全团合影留念,并接受了代表团表明日本青年对中日友好美好愿望的“中日青年携手共筑友好长城”签名横幅。中联部部长王家瑞、外交部部长李肇星分别会见了代表团主要团员。共青团中央书记处第一书记周强宴请了代表团。代表团还参观了人民网、北京师范大学、北京市青年宫和北京城市规划展览中心等单位。各分团分别在沈阳、成都、合肥进行了民宿。各分团还与各赴访城市的中方青年开展了较为深入的交流和联欢活动。

中国百名青年代表团访日。根据“中日青年友谊计划”,应日本政府和日本国际协力事业团(JICA)邀请,由全国青联派遣,以新疆维吾尔自治区青年联合会副主席康志敏为总团长的中国青年考察团一行100人,于5月19日至6月10日对日本进行了考察访问。“中日青年友谊计划”始于1987年,是根据中日两国政府间换文,由日本政府出资、每年邀请100名中国各界优秀青年代表访日的一项大型中日青年交流项目,全国青联和日本国际协力机构(JICA)受两国政府委托,担任实施窗口。迄今已有1745名中国青年藉此项目访问日本。

中日青年“百人团”互访项目的持续稳定开展对促进两国人民及青年之间的相互了解和友谊,巩固中日友好的社会基础,推动两国长期稳定的睦邻友好合作关系的发展发挥了积极作用。

中韩青年友好交流计划暨500人访韩项目

根据中韩两国政府签署的《青少年交流协议》,应韩国政府邀请,分别以团中央书记处书记胡伟、书记处第一书记周强、外交部部长助理李金章为总团长的三批中国青年代表团共计500人,分别于7月和11月对韩国各地进行了友好访问,韩中文化青少年未来林中心、韩国青少年交流振兴协会、韩国婆罗蜜多青少年协会、韩国青少年联盟和韩国教科文联盟受韩国文化观光部委托,参与接待了各批代表团。访韩期间,韩国国务总理李海瓒、韩国国会副议长金德圭、开放国民党副总裁文熙相、韩国文化观光部长官郑东采等韩国政要会见了代表团。韩方还为中国青年代表团安排了涉及青少年教育、经济、文化、科技等领域的丰富多彩的考察内容。如此大规模的青年交流在中韩青年交流史上尚属首次,充分表明伴随国家关系的发展,中韩青年交流已进入新的历史阶段。

团中央书记处第一书记周强访问韩国和日本

应韩国文化观光部和日本外务省邀请,团中央书记处第一书记周强率中国青年代表团于11月1日至12日访问了韩国和日本。访日期间,日本首相小泉纯一郎、外相町村信孝、民主党代表冈田克也、公明党党首神崎武法分别会见或宴请了代表团。代表团会晤了外务省副大臣逢泽一郎、外务大臣政务官福岛启史郎、内阁府负责青少年交流事务的统括官山本信一朗、大阪府副知事尾本德彦、神户市市长矢田等一批中央和地方政府官员;会晤了民主党前代表鸠山由纪夫,前自由党党首、民主党议员小泽一郎,日中绿化议员联盟会长龟井静香,自民党青年局局长金子恭之,原官房长官野中广务,自民党中国研究会会长、原自民党政调会长额贺福志郎,日中友好议员联盟会长高村正彦等60多名国会议员;看望了日中协会会长野田毅,前国会议员户冢进也、前驻华大使谷野作太朗以及梅木信秋、田中穰二等一批长期致力于中日友好工作的老朋友,拜会了创价学会、日中绿化交流基金、日中建筑技术友好协会、日本青年会议所、东京青年会议所等机构和友好团体,就中日关系中的敏感问题从青年友好的角度做了大量增信释疑的工作,在日本各界引起广泛反响。周强主持召开了“中日青年交流暨绿化合作恳谈会”,包括前首相羽田孜在内的16个友好团体的约80名代表出席该活动;周强还赴福岛县看望了由全国青联派遣的青年技术研修生。创价学会所属的创价大学授予周强“最高荣誉奖”。日本著名媒体富士电视台名牌政治访谈节目“二十一世纪报道”采访了周强。

访韩期间,韩国国务总理李海瓒、韩国国会副议长金德圭、开放国民党副总裁文熙相、韩国文化观光部长官郑东采分别会见和宴请了代表团。周强出席了韩国政府为200名中国青年访韩举办的盛大欢迎宴会,并发表了讲话。水原市市长金容西、浦项市市长郑章植、西归浦市长姜相周、济州市市长金荣训、济州道副知事金汉昱分别宴请了代表团。代表团参加了韩国企业家对华投资座谈会。周强向与会韩国企业家介绍了我国的经济发展形势。

创建青年就业国际合作新机制

经过多轮磋商，与国际劳工组织、世界银行、联合国三方初步达成协议，在华筹建联合国青年就业网络伙伴办公室（中国），围绕青年就业创业主题建立中外组织机构的交流平台、青年就业项目的孵化平台、优秀模式的推广平台。在此框架下，派团对国际劳工组织进行了首次正式访问，参加了联合国青年就业网络举办的一系列国际活动，并启动实施了中国青年创业国际计划、农村青年就业技能培训、中国青年就业状况调查等试点项目。3月，中国青年创业国际计划临时理事会第一次会议在上海召开，中国青年创业国际计划正式进入试点实施阶段。年内，中国青年创业国际计划上海、陕西、山东办公室相继成立，并建立了项目实施队伍和企业家志愿者队伍。7月，引进英国帕台农基金会资金，在陕西省蓝田县启动农村青年就业技能培训项目。8月，全国青联副秘书长江广平率工作组赴瑞士日内瓦与国际劳工组织及联合国青年就业网络负责人进行了工作会晤。这是全国青联首次正式访问国际劳工组织。10月，派遣中国青年代表团赴德国吕贝克参加了由联合国青年就业网络、德国Drager基金会和德国国际合作技术署共同举办的以青年就业为主题的第15届Malente论坛。12月，全国青联与国际劳工组织合作启动中国青年就业状况试点调查项目。这是国内首项研究青年从学校向工作岗位过渡过程的大样本专项调查，将为国内制定青年就业政策提供支持。通过以青年就业为题创建国际合作新机制，打开了世界银行、国际劳工组织、欧洲青年论坛三个新的合作渠道，引进国际项目资金200万元人民币，共扶助30名中国青年创业，培训了116名农村青年，创造了200多个就业岗位。

亚欧青年水文明之旅暨保护母亲河国际论坛

6月8日至16日，全国青联与亚欧基金合作，在华举办了亚欧青年水文明之旅暨保护母亲河国际论坛活动。来自亚欧会议25个成员国的近100名青年组织领导人和政府、非政府机构代表参加了此次论坛。该活动是亚欧青年文明之旅系列活动的第一届，主题是“文化与环境的联系——中国的水治理”。在京期间，团中央书记处第一书记周强在开幕式上致辞并会见了部分与会代表，水利部副部长鄂竟平、中国亚欧会议高官王学贤大使出席了开幕式并讲话。团中央书记处书记张晓兰宴请了与会代表。全国青联副秘书长江广平主持了开幕式，并前往宜昌、重庆参加水文明之旅启航仪式和闭幕式。与会代表结束北京的活动后，又赴宜昌、重庆和长江三峡进行考察交流。水文明之旅系列活动是我与亚欧基金在亚欧会议青年交流框架内首创的新项目，旨在通过边考察边研讨的形式，使亚欧青年领导人深入了解到访国的情况，从而帮助亚欧青年互相尊重、认同文化多样性，为亚欧合作建立良好的基础。此次利用保护母亲河活动，为亚欧青年搭建了一个相互交流的平台，这既有利于亚欧青年加深了解、加强合作、相互学习、共同提高，也有利于进一步加大我在亚欧会议和亚欧地区的影响力。

全国青联与美青理会建立交往关系25周年纪念活动

为纪念中美建交25周年暨全国青联和美国青年政治领袖理事会(以下简称为“美青理会”)建立交往关系25周年，应全国青联邀请，由美国民主和共和两党青年政治领导人组成的美青理会代表团一行12人于7月31日至8月6日访问了北京，并参加了全国青联与美青理会建立交往关系25周年纪念活动。

期间，全国人大常委会副委员长成思危会见了美青理会代表团，双方举行了以“促进中美建设性合作关系健康发展”为主题的中美关系研讨会和招待会，代表团还分别拜会了最高人民法院、外交部、商务部、国务院台湾事务办公室、中国证券监督管理委员会、对外友协、清华大学和美国福特基金会驻华办事处，考察了昌平农家女职业技能培训学校，并与同期在京访问的美国国会参议院代表团举办了早餐会。

活动期间，美方高度评价了全国青联与美青理会两组织间的交流关系。他们表示，通过参加25周年纪念活动以及与中国社会各界人士的交流，对中国政治、经济以及法制建设等方面取得的丰硕成果有了较为全面和深入的了解，同时对中国在有关问题上的原则立场有了更加深刻的认识。代表团成员高度赞赏全国青联与美青理会之间25年的交往关系，并希望这一重要的政治交流项目不断深入发展下去。

联合国青年健康非正规教育项目

全国青联自2001年起与联合国亚太经社会合作开展了青年健康非正规教育项目，累计引进项目资金近35万元。2004年已经进入项目实施的第三年，该项目主要通过同伴教育和生活技能培训等国际流行的非正规教育方式向青年传授生殖健康和预防艾滋病的知识和技能，并首次将培训和服务的对象定为青年流动人口，在国内预防艾滋病宣传教育和研究领域进行了新的探索。截止到2004年8月，该项目共培训出了80余名同伴教育者骨干，向1800余名外来务工青年传授了预防艾滋病的知识和技能，并在此基础上出版了国内首本针对青年流动人口的青年健康同伴教育培训教材、开通了青年健康同伴教育网站。9月19日，该项目的总结会——“青春红丝带”最佳同伴教育者表彰仪式暨联合国青年健康非正规教育项目(中国)总结会在京召开,联合国专家评价中国项目是亚太地区六个项目试点国中实施得最好的项目。

中德青年就业研讨会

4月16日,第二届中德青年就业研讨会在沈阳举行。以德国联邦议员卡尔琳·洛特为团长的德中社会福利会代表团一行17人来华与来自沈阳市、抚顺市、本溪市和阜新市从事青年就业工作的相关人士以及政府、企业、学校等单位的代表共100多人参加了此次会议。团中央书记处书记、全国青联常务副主席胡伟、代表团团长洛特女士和辽宁省政府副秘书长周立元在开幕式上做了主旨发言,代表团成员、马格德堡大学法学系主任施鲁特教授、德国图林根州议员格斯坦博格先生、德国联邦工作联合总会董事会主席博林格先生和来自辽宁省劳动和社会保障厅、辽宁省社科院省情研究所、辽宁省青年企业家协会以及企业界的代表分别在会上做了专题发言。

洛特女士在发言中指出,在解决青年就业问题和满足青年就业愿望方面,德国社会各界非常重视通过加强职业教育来增强青年的就业能力。马格德堡大学法学系主任施鲁特教授是中德青年就业论坛的发起人之一。他在发言中指出,在德国,解决青年就业问题正从过去更多的注重物质方面的支持逐渐向心理援助方面过渡。通过帮助这些青年就业来代替简单的物质支持,从而增强他们的自我就业意识,重新树立自立于社会的信心。

中方发言人也分别结合自己的工作实践和亲身经历围绕青年就业政策的制定、青年就业项目的开展等介绍了在各自工作领域围绕青年就业所开展的工作。与会代表围绕如何有效促进青年就业这一核心问题进行了热烈坦诚的交流。与会代表纷纷表示,通过研讨和交流,大家对中德两国在青年就业方面所开展的工作有了较为清楚的了解,彼此借鉴,相互启发,对进一步推进青年就业工作的发展将起到积极的推动作用。德方代表对在青年就业领域开展与全国青联的务实合作表现出强烈的愿望,并提出了一系列务实合作项目的设想。

中俄青年友谊年

2004年是中俄建交55周年。2003年底,中俄两国国家元首以互致新年贺信的方式确认2004年为中俄青年友谊年,并由两国外长于2004年1月中旬正式对外宣布。在中俄青年友谊年框架内,策划、实施了贯穿全年的系列活动,包括组派中国青年摔跤队参加在俄举办的“伊万·亚雷金杯自由摔跤比赛”，与中央电视台著名品牌栏目“幸运52”合作录制“俄罗斯国情知识竞赛”特别节目，与清华大学合作推出“中俄青年问卷调查”，与人民网合作举办“网上中国国情知识竞赛”，主办“中俄青年旅游前景论坛”等等。特别是中俄百名青年互访将“中俄青年友谊年”活动推向了高潮。

9月18日至25日，应俄罗斯联邦政府教育和科学部邀请，以共青团中央书记处第一书记周强为名誉团长，书记处书记、全国青联常务副主席、中俄友好、和平与发展委员会青年工作分委会中方主席胡伟为团长的中国青年代表团一行94人对俄罗斯进行了友好访问。访俄期间，中国国务院总理温家宝与俄罗斯联邦总理弗拉德科夫共同会见了中国青年代表团全体成员和俄罗斯部分青年代表，并与大家合影留念。代表团拜会了俄罗斯杜马国际事务委员会；参加了“俄中青年交流集会”；与中俄友好、和平与发展委员会青年工作分委会负责人举行了双边工作会谈；参观了莫斯科人民友谊大学、圣彼得堡铁路技术学校等，并与俄罗斯各界青年代表进行了广泛交流。

10月13日至19日，应全国青联邀请，以俄联邦国家杜马议员、俄“统一青年”社会运动主席布拉塔耶娃为团长，杜马议员、杜马体育事务委员会副主席特列基雅科为名誉团长的俄罗斯青年代表团一行96人来华进行友好访问。活动期间，中国国家主席胡锦涛、俄罗斯总统普京共同会见了中俄两国青年代表，发表了热情洋溢的讲话并与全体代表合影留念。中共中央政治局委员、全国人大常委会副委员长王兆国会见了代表团部分团员。团中央书记处第一书记周强与俄罗斯“统一青年”社会运动主席布拉塔耶娃一行进行工作会谈并签署了双边交流协议，团中央书记处书记、全国青联常务副主席胡伟就中俄友好、和平与发展委员会青年分委会的工作与代表团举行了工作磋商。除北京外，代表团还访问了江苏省和上海市。

“中俄青年友谊年”活动的成功举办，不仅在更大范围、更深层次上增进了两国青年之间的了解和友谊，揭开了中俄青年交流的新篇章，更为重要的是，大规模的青年交流使中俄友好深入人心，为中俄战略协作伙伴关系的进一步深化奠定了稳固的群众基础。

首届“中非青年联欢节”

8月23日至31日，为落实温家宝总理在2003年12月亚的斯亚贝巴举办的中非合作论坛第二届部长级会议上的倡议，首届“中非青年联欢节”在华举办。来自中非合作论坛44个成员国的132名青年代表来华参加了首届“中非青年联欢节”，并访问了北京、武汉、郑州和广州。

联欢节期间，举办了首届“中非青年联欢节”开幕式、中非青年合作论坛、中非青年企业家交流、中非青年文化交流等系列活动。中共中央总书记、国家主席胡锦涛以及23个非洲国家的国家元首和政府首脑向联欢节发来了贺信；中共中央政治局委员、全国人大常委会副委员长王兆国出席了“中非青年联欢节”开幕式并发表讲话；外交部部长李肇星、团中央书记处第一书记周强、团中央书记处常务书记、全国青联主席赵勇、外交部部长助理吕国增和团中央书记处书记、全国青联常务副主席胡伟出席开幕式。团中央书记处第一书记周强出席中非青年合作论坛并作主旨发言，就加强中非青年务实合作提出五点建议，并得到与会代表的积极回应。非洲青年代表团分两路，分别访问了河南和湖北，并在广州会合后举行了联欢节闭幕式。在郑州，中共河南省委书记李克强会见了代表团分团主要成员，代表团参观了国家农业科技园、鄢陵花木交易中心、花博园、奔马股份有限公司和少林寺。在武汉，湖北省副省长蒋大国会见并宴请了代表团分团主要成员，代表团参观了武汉大学和三峡坝区。在广州，中共广东省委副书记刘玉浦会见并宴请了代表团，代表团参观了广州经济技术开发区和珠江啤酒集团公司。

“中非青年联欢节”的举办标志着中国—非洲青年交流机制的初步确立，从而进一步丰富了中非青年交流的形式，深化了中非青年合作的内涵，把中非青年友好交流与合作推向了一个新起点。同时，“中非青年联欢节”的举办增进了中非青年和人民之间的了解和友谊，巩固了中非友好事业的社会基础，对于进一步发展和加强中非长期稳定、平等互利、全面合作的新型伙伴关系具有积极的作用。

首届“中国—东盟青年事务部长会议”

9月26日至10月1日，为贯彻落实温家宝总理在第七次中国与东盟领导人会议上提出的“建立中国与东盟青年部长会议机制”倡议，首届中国—东盟青年事务部长会议在北京举办。旨在通过青年事务部长会议机制的建立完善青年交流机制，促进中国与东盟青年之间的深入交流与务实合作，扩大双方世代友好的社会基础。东盟10国青年事务部长或部长代表、青年事务高官和企业家代表以及东盟秘书处代表共75人参加了此次会议。

会议期间，中共中央政治局常委、国务院总理温家宝会见了各国代表团团长并与全体代表合影留念，中共中央政治局委员、全国人大常委会副委员长王兆国会见了各国代表团团长。各国青年事务部长或部长代表就“中国东盟青年发展合作，创造更加美好繁荣的未来”主题发表演讲，并通过了《中国—东盟青年合作北京宣言》和《首届中国—东盟青年事务部长会议后续行动计划》。此外还举办了欢迎招待会暨文艺演出、中秋赏月晚餐会和闭幕午餐会，安排代表参观了长城、故宫等名胜古迹。

此次会议是中国与东盟在青年事务领域的首次部长级对话，受到我国和东盟各国领导人的高度重视，整个活动安排紧凑、内容丰富、交流充分，既注重实效，又着眼长远，达到了开拓中国与东盟合作新领域并形成稳定交流机制的双重效果，实现了扩大我国与东盟各国友好的社会基础的初衷，也是青年对外交往领域贯彻落实“周边是首要、发展中国家是基础”总体外交战略的具体举措。

中巴青年友好交流

应全国青联名义邀请，以巴基斯坦文化、体育和青年事务部秘书（副部长）贾利尔·阿巴斯为团长的巴基斯坦青年学生代表团一行100人，于9月5日至17日访问了乌鲁木齐、西安和北京。

在北京，全国人大常委会副委员长李铁映会见了代表团主要成员并与代表团全体成员合影；团中央书记处第一书记周强会见了代表团主要成员；外交部副部长武大伟宴请了代表团全体成员；代表团访问了北京大学并与北大乌尔都语系学生进行了座谈。在乌鲁木齐，新疆维吾尔自治区党委副书记、纪检委书记胡家燕、自治区副主席库热西会见了代表团主要成员并宴请了全团；代表团参观了新疆著名企业麦趣尔集团、特变电工股份有限公司及国际大巴扎，并在国际大巴扎与新疆各民族青年代表进行了联欢。在西安，陕西省人大常委会副主任桂中岳会见了代表团主要成员并宴请了全团；代表团参观了西安化觉寺（清真大寺），全国政协委员、清真寺大阿訇马良骥会见了代表团主要成员并亲自主持了全团的主麻日礼拜；代表团分组进行了家访活动，参观了企业、医院、学校和市民及农民家庭；在参观西安交通大学时，代表团与大学生进行了交流座谈。

代表团此次访华是中巴两国之间首次开展的大规模青年交流活动，达到了增进双方青年之间的理解与互信，弘扬睦邻友好，发展传统友谊的目的，为两国青年今后进一步开展交流与合作奠定了基础。

东盟青年干部高级研修班

2003年9月至2004年7月，第二期东盟青年干部高级研修班在中国广西国际青年交流学院举办。此次研修班学员共有39名，分别由柬埔寨教育青年体育部、老挝人民革命青年团、缅甸联邦巩固与发展协会、泰国社会发展和人类保障部和越南胡志明共青团选送。

第二期研修班开设的课程为汉语课、专题课、文化体育课和社会考察课等，主要涉及的内容有汉语、中国基本概况、中国—东盟自由贸易区展望、中国改革开放的基本思路、对外贸易概况、中国青年组织和青年工作、中国音乐欣赏和武术等。此外，研修班还组织学员到广西各地考察广西的青年工作和广西企业的发展。通过周到细致的课程安排和有效的管理，学员们在短期学习中不仅掌握了汉语交流技能，而且对中国文化、历史和社会发展等情况有了基本了解。

3月7日至3月17日，研修班全体学员赴南京、青岛和深圳进行了社会考察。通过一系列形式多样、针对性强的活动使学员们巩固了语言，加深了对中国全方面的认识，取得了明显成效。

5月10日至19日，研修班全体学员赴中国青年政治学院学习。主要课程包括中国经济体制改革与现状、中国国有大中型企业的改革、中国青年现状、中国青年志愿者活动等。此外，中国青年政治学院还组织学员考察北京燕京啤酒集团、北京锦绣大地等。在京期间，团中央书记处第一书记周强会见了学员并与全体学员合影。

2004年7月，第二期东盟青年干部高级研修班结束。通过学习和考察，学员们加深了对中国政治、经济、文化及社会发展的全面了解，提高了对中国与东盟各国加强友好交流与合作意义的认识，增进了对中国人民和青年的友好感情，培养了对华友好的理性认识和感情基础。本期研修班获得了圆满成功。

2004年9月，第三期东盟青年干部高级研修班开学，招收了共46名学员，分别由柬埔寨教育青年体育部、印度尼西亚教育部、老挝人民革命青年团、缅甸联邦巩固与发展协会、泰国社会发展和人类保障部和越南胡志明共青团选送。该研修班将于2005年7月结束。

第四届“澜沧江—湄公河青年友好之船”活动

“澜沧江—湄公河青年友好之船”活动是由共青团中央和全国青联创意发起，邀请泰国社会发展与人类保障部、越南胡志明共青团中央、缅甸联邦巩固与发展协会、老挝人民革命青年团、柬埔寨教育青年体育部共同参与的多国青年交流活动。活动自2001年起开始举办，迄今已成功举办了四届。

第四届“澜沧江—湄公河青年友好之船”活动于2004年12月11日至26日举行，由泰国主办，中国协办。在第三届活动由水路走完澜沧江—湄公河上半段的基础上，第四届“澜沧江—湄公河青年友好之船”活动主要由陆路走完了湄公河下半段。在泰国，六国青年代表共约70人参加了活动启动仪式，拜会了泰国政府社会发展和人类保障部长阿努拉·朱里玛，听取了题为“大湄公河次区域国家间的合作”的讲座，并以“湄公河流域自然资源的可持续利用”为主题进行了分组讨论，参加了在泰国国家剧院举办的泰国文化节，并开展了民宿活动。在老挝，六国代表团正副团长礼节性拜会了琅勃拉邦省长，参观了琅勃拉邦高中并与当地青年开展了文化交流。在柬埔寨，青年代表参观了著名的世界文化遗产吴哥窟，参加了由柬埔寨教育青年体育部举办的招待晚宴。在胡志明市，代表团参观了胡志明市空中大学并与学生进行了交流，开展了家访活动。

第四届“澜沧江—湄公河青年友好之船”活动得到了大湄公河次区域各国青年组织的积极支持和各国青年的广泛参与，在前三届活动的基础上更多地融入了青年特点，加大了与当地青年和人民交流的力度，达到了增进友谊、加深了解、扩大共识、发展合作的目的，取得了圆满成功。

中越青年友好交流

2004年,根据中越两党、两国领导人关于加强中越青年交流的一系列重要指示精神,开展了第五届"中越青年友好会见"、中越边境青年交流及越南青年干部培训等活动,进一步加大对越青年交往力度。

11月27日至12月5日,应共青团中央邀请,以越南胡志明共青团中央书记处常务书记陶玉蓉为团长的越南青年代表团一行98人来华参加了第五届"中越青年友好会见"活动,并对北京、广西和湖南进行了友好访问。活动期间,中共中央政治局委员、全国人大常委会副委员长王兆国会见了越南青年代表团主要成员并与代表团全体成员合影留念;举办了第五届"中越青年友好会见"活动欢迎仪式和开幕式,两国共青团工作会谈,"中越边境青年中心"挂牌仪式,"中越青年友好会见文化之夜"等活动;代表团参观了学校、经济开发区、企业、现代农业科技基地等,与中国青年进行了座谈,并赴农民家庭进行了家访。

6月10日至6月15日,"中越边境青年友好交流活动"在中国云南的红河州、文山州和越南的老街省、河江省举办,共有220名青年代表参加本次交流活动。其中,中越双方正式代表200人,另外邀请了20名老挝、缅甸边境青年代表作为国际观察员参加。期间,举行了"中越边境青年企业家经贸论坛"、"中越边境青年民族文化节"等活动。

5月31日至7月30日,应共青团中央邀请,越南胡志明共青团中央分别派遣以越南胡志明共青团中央常委、团中央少年工作部部长阮岚;越南胡志明共青团中央委员、团广治省委书记黄德胜为团长的两批越南青年干部代表团共98人来华参加了第三、四期深圳越南青年干部培训班,并赴北京、合肥、太原、南昌、井冈山、石家庄和保定等地进行了社会考察。

中越青年之间大规模、延续性交流活动的成功开展,极大促进了中越青年之间的相互了解和友谊,为进一步加强两国青年之间的务实合作奠定了坚实的基础,对中越两国发展长期稳定、面向未来的睦邻友好与全面合作关系发挥了积极的促进作用。

中罗青年联欢节

为纪念中罗建交55周年,全国青联与罗马尼亚青年署于2004年合作举办了以中罗两国青年互访为主要内容的"中罗青年联欢节"活动。

5月14日至17日,应全国青联邀请,以罗马尼亚总理办公厅入欧盟协议监督执行特派部长、社会民主党副主席兼青年组织主席维克多·蓬塔为团长的罗马尼亚青年代表团一行58人来华参加了"中罗青年联欢节"并对北京、上海和西藏进行了友好访问,他们还带来了罗马尼亚总统伊利埃斯库和总理讷斯塔塞就该活动专门致中国国家主席胡锦涛的亲笔信。活动期间，中共中央总书记、国家主席胡锦涛会见了罗马尼亚青年代表团主要成员，并与参加"中罗青年联欢节"的中罗两国青年代表合影留念。中共中央政治局委员、上海市委书记陈良宇会见了罗马尼亚青年代表团，国务委员唐家璇出席了中罗青年联欢音乐会。团中央书记处第一书记周强与代表团主要成员进行了工作会谈。代表团参加了中罗青年联欢音乐会、中罗青年联欢晚会，参观了学校、企业、博物馆、青年活动中心等地，并和各地青年进行了座谈交流。

10月25日至11月1日，应罗马尼亚国家青年署邀请，以团中央书记处书记、全国青联副主席杨岳为团长的中国青年代表团一行55人回访罗马尼亚。在罗期间，罗马尼亚总统扬·伊利埃斯库，总理阿德里安·讷斯塔塞和众议院议长瓦莱尔·多尔内亚努分别会见了代表团。罗总理办公厅入欧盟协议监督执行特派部长、社民党副主席兼该党青年组织主席维克多·蓬塔和罗国家青年署署长达契娅娜·瑟尔布全程陪同代表团访问。除布加勒斯特外，代表团还访问了布拉索夫市、戈尔日县和阿尔杰什县。

"中罗青年联欢节"的成功举办在中罗两国青年及社会各界引起了广泛反响，这对于通过加大对中东欧地区青年交流的力度扩大中国在该地区的影响力，构筑中罗全面友好合作关系将产生十分积极的影响。

大学生志愿服务西部计划

大学生志愿服务西部计划（以下简称"西部计划"）是团中央、教育部根据国务院常务会议精神，在财政部、人事部的支持下开展的一项重要工作，从2003年起，按照公开招募、自愿报名、组织选拔、集中派遣的方式，招募普通高校应届毕业生到西部地区贫困县的乡镇一级，开展为期1—2年的教育、卫生、农技、扶贫等方面的志愿服务工作。志愿者服务期满后，鼓励其扎根基层，或者自主择业和流动就业。

实施规模进一步扩大。全国项目和地方项目的实施规模达到17132人，比2003年扩大了7042人。其中，从全国1203所高校的49615名高校应届毕业生报名者中，新招募了6212人。目前，全国项目的志愿者为10193名，比2003年增加了4193人，服务地扩大到19个省（区、市）的213个县，比2003年增加了4个省22个县。北京、河北、山西、辽宁、黑龙江、浙江、福建、安徽、山东、河南、湖北、广东、重庆、四川、贵州、甘肃、宁夏、新疆等18个省（区、市）实施了地方项目，实施规模为6939人，比2003年增加了2849人。团中央、教育部联合有关部委共同实施了支教、支医、支农、青年中心建设和管理、"全国农村党员干部现代远程教育试点工作"志愿服务行动、"百县千乡宣传文化工程"志愿服务行动、西部基层检察院志愿服务行动等7个专项行动，为志愿者在西部基层发挥更大作用搭建了舞台，进一步增强了工作的针对性和实效性。

呈现了一些新特点。优惠政策进一步落实，项目的影响日益扩大。团中央、教育部、财政部、人事部进一步明确了支持政策，如报考研究生和报考国家机关公务员优惠政策。随着政策的逐步完善，西部计划在社会上和志愿者中的影响越来越大，应届毕业生参与西部计划的热情也更加高涨。岗位衔接进一步明确，提高了招募效率和质量。西部计划认真落实按需招募、按岗招募的要求，使招募省与服务省的对接更加顺利，志愿者与岗位的对接更加到位，招募、培训、派遣、服务等流程更加顺畅。志愿者适应环境的能力增强，作用发挥明显。志愿者专业更加对口、志愿者之间形成了传、帮、带的格局、志愿者应对突发事件发挥了重要作用。机制建设进一步完善，项目管理趋于专门化。各级项目办认真加强组织、招募、选派、培养、管理、就业、评估、配套、保障等方面的机制建设，管理服务体系逐步形成。宣传工作进一步增强，西部计划更加深入人心。宣传工作在动员、招募、培训和管理服务等各个阶段都发挥了巨大作用，在形式上进一步多样化，内容上进一步丰富，参与的媒体和部门也越来越多，形成了全社会共同关注的良好氛围。

积极服务大学生志愿者的就业创业。大学生志愿者服务期满后就业状况如何，受到社会各界关注，牵动着千家万户，影响着西部计划的持续发展。各级项目办特别是西部各省（区、市）项目办，积极引导志愿者在西部基层就业创业，做到感情留人、事业留人、政策留人、机制留人。同时，积极协调各级党委政府出台政策，畅通志愿者扎根西部基层的渠道，帮助志愿者解决留在西部可能遇到的各种困难，为2003年1年期志愿者顺利就业创造了良好的条件。各地积极协调党政有关部门，将有关政策逐一落实到位，为志愿者就业提供更多实实在在的帮助和服务。教育部办公厅专门下发了《关于"大学生志愿服务西部计划"志愿者报考硕士研究生享受优惠政策的通知》，将政策进一步细化；重庆市委组织部和广西壮族自治区党委组织部将志愿者纳入选调生的选拔行列，专门面向西部计划志愿者招考选调生。贵州省、新疆自治区、新疆生产建设兵团等地都将志愿者报考公务员加分的政策落到实处。同时，各级项目办在充分掌握志愿者就业需求的基础上，整合各类有效资源，引导社会各界关注志愿者、了解志愿者，畅通志愿者与用人单位之间的供需渠道。通过举办志愿者专场招聘会、提供创业技能培训、提供创业贷款等多种方式，为志愿者就业和自主创业提供服务。目前，全国共有170多名志愿者考取了西部地区公务员，另有近300名大学生志愿者留在西部基层工作。其中，在重庆市綦江县服务的王寿波和在四川省汶川县服务的周毅当选为村党支部书记和村委会主任，引起了广泛的社会关注。还有800多名志愿者在全国各级项目办的帮助下走上了新的工作岗位，有数百名志愿者参加了研究生考试。

西部计划实施以来，在党中央、国务院的亲切关怀下，在各个部门、地方各级党委政府的大力支持下，各项工作进展顺利，已取得了阶段性成果，志愿者增长了才干，老百姓得到了实惠，在社会上倡导了积极向上的时代新风。志愿者在西部基层真诚奉献的感人事迹，在广大青年中进一步树立了到西部、到基层建功成才的积极导向，彰显了积极向上的主流价值观；志愿者来到西部基层，发挥自己的专长，服务于西部地区的教育、医疗、农技、扶贫、青年工作等各项事业，为当地群众带来了实惠，促进了西部地区经济社会的发展；西部计划为青年提供了增进与人民群众的感情、培养吃苦耐劳的精神、增强社会责任感、提升精神境界的广阔舞台，做到了知国情、增阅历、长才干，促进了一支优秀青年人才队伍的健康成长；西部计划采取公开招募、自愿报名、按需选拔、定期轮换的方式，探索了一条在社会主义市场经济条件下，通过志愿服务这种非市场手段优化配置人力资源的有效途径，实现了人力资源的东西互动和城乡互动，开辟了人力资源配置的新途径。

青年志愿者扶贫接力计划

作为团中央联合教育部、人事部、卫生部、国务院西部开发办等有关部门共同组织实施的青年志愿者行动的重点项目，这项工作采取公开招募、自愿报名、定期轮换、长期坚持的接力机制，动员和组织城市青年以志愿方式到中西部贫困地区开展每期半年至2年的基础教育、医疗卫生、农业科技推广等方面的服务。在团中央实施的山西静乐和广西百色示范项目基础上，中直机关和上海、安徽、四川、贵州、青岛等地分别实施了地方项目，共派遣了1500余名志愿者到中西部欠发达地区从事1—2年的志愿服务，进一步巩固了省内发达地区支援欠发达地区和东西部地区对口支援两种模式和支教、支医两大支柱项目。继续组织派遣第6届研究生支教团，从全国64所高校选派了410名研究生志愿者赴中西部54个贫困县开展为期1年的支教服务。深入实施青年志愿者西部计算机实用人才培训计划，动员企业、高校、国际在华机构等单位和组织向各培训点捐赠了5900多台计算机，参加培训工作的志愿者和当地教师总数超过了1800人，累计培训总人数超过93万人，在各服务地已建成培训站点120个。

“爱心助成长”志愿服务计划

为贯彻落实全国加强和改进未成年人思想道德建设工作会议精神，充分发挥志愿服务的动员优势，组织社会公众特别是健康低龄老人以志愿服务方式参与未成年人思想道德建设，为促进未成年人健康成长营造氛围、做出贡献，团中央联合中国关工委、全国老龄办共同开展了“爱心助成长”志愿服务计划。活动首先在全国重点城市进行试点。通过积极探索，总结经验，完善机制，力争用3—5年时间在全国县级以上城市中全面推广这项工作。

该计划按照公开招募、自愿报名、组织选拔、经常服务的方式，招募热心未成年人教育工作、有责任心的健康低龄老人及部分中青年人注册为成长计划志愿者，组建以“五老”（老干部、老战士、老专家、老教师、老模范）为主体、吸收中青年人参与的专门志愿者队伍，围绕加强和改进未成年人思想道德建设开展“假日”、“宣讲”、“护苗”、“监察”、“关爱”等项目的志愿服务。

假日项目主要内容是志愿者利用节假日，以组织兴趣小组、辅导班等多种形式，对社区内未成年人开展亲子教育、科普知识培训、绿色承诺教育、普法教育、心理健康咨询、失足少年帮教、孤残儿童帮助、文化娱乐等志愿服务，对其不良行为进行批评教育，努力培育他们的劳动意识、创造意识、效率意识、环境意识和进取精神、科学精神以及民主法制观念，增强他们的动手能力、自主能力和自我保护能力。

宣讲项目主要内容是志愿者以“一带一”（一名老同志带一个班级）结对担任“志愿辅导员”的方式，采取报告会、座谈等多种形式，定期到本地中小学校，开展以爱国主义、民族精神、理想信念等为主要内容的宣讲活动。力争用五年左右的时间，为全国每个中（初中）小学班级聘任一名老同志“志愿辅导员”。

护苗项目主要内容是志愿者经集中培训掌握未成年人行为规范内容后，佩戴专门标志，按照就近就便原则，定期在所辖地区进行巡视，以未成年人行为规范为准则，随时随地对未成年人的不规范行为进行监督、教育并即时纠正。

监察项目主要内容是志愿者由相关部门聘为“志愿监察员”，佩戴专门标志，配发专门证件，以小分队的形式，随时到各种禁止未成年人出入的场所进行监督检查，如发现违规情况及时举报并协助公安、文化等部门对其进行查处。

关爱项目主要内容是志愿者对流动人口家庭子女、下岗职工子女、特困家庭子女、留守儿童、孤残儿童、流浪儿童、失足少年等弱势未成年人群体给予关心、帮助，了解这些未成年人生活的困难和学习上的需求，通过协调、牵线搭桥、协办公益事业，募集、筹措资金和物品等形式，动员组织社会各界对他们的学习和生活给予特别关爱，为他们献爱心、送温暖。

9月25日，该计划在天津、哈尔滨、杭州、成都和银川5个城市率先开始试点工作。天津市在公开招募“金晖志愿者”中，18个区县共有2000多名老同志踊跃报名。塘沽区文安里社区老教师魏连武向全市老同志发出参加“爱心助成长”志愿服务倡议，与流动人口家庭子女代表签订结对服务协议，并向他们赠送了书籍，该社区的近20名“老干部、老战士、老专家、老教师、老模范”与所在地区的外来务工人员子女交换了爱心结对卡。哈尔滨市成立“五老”志愿者爱国教育宣讲团，开展爱国主义宣讲活动，老同志热情高涨，主动制作、编辑以图片、人物专题等形式的宣讲教材，有的还自己掏“腰包”为中小学购买历史和革命传统教育书籍。杭州市在下城区开展了“社区德育志愿行动”，以“五老”志愿者为主导，对社区青少年进行科普知识培训、绿色承诺和普法教育、心理健康咨询等志愿服务。首批80名“金晖志愿者”深入社区，通过与未成年人交流谈心、编排文艺节目、有奖抢答等形式，帮助中小学生规范日常行为，克服“泡网吧”、吸烟等不良习惯。银川市组织150名“五老”志愿者成立了场所监督小组、社区德育小组、爱国教育小组、护苗小组和关爱小组，开展科普、环保等知识讲座；走访少管所、戒毒所，帮助边缘和失足少年及其家庭；到福利学校，帮助孤残、智障儿童学习基本生活技能；开通热线，为青少年提供心理咨询等服务。

这项计划在5城市先期试点的基础上，探索长效工作机制并积累经验，逐步扩大了试点工作范围。目前，已在全国101个城市逐步推开。

农村公共卫生体系志愿服务项目试点工作

为了探索加强农村公共卫生体系建设的新模式和新办法，充分发挥西部计划支医项目大学生志愿者和在职青年卫生志愿者两支队伍的人才优势，团中央联合卫生部实施了农村公共卫生体系志愿服务项目试点工作，从北京、呼和浩特、赤峰、石家庄、张家口等地招募选派38名青年卫生志愿者赴河北的张北县、内蒙古的喀喇沁旗和宁夏的固原市，与正在当地支医的100名西部计划大学生志愿者结成“一带一”对子，积极开展对当地医务人员培训、地方病防治、公共卫生宣传、巡诊义诊等活动，取得了良好的工作成效，为下一步全面展开项目工作，促进农村公共卫生体系建设积累了宝贵经验。

1. 有效地缓解了试点地区的医疗卫生人才紧缺状况，为当地的医疗卫生工作注入了新的活力。在喀喇沁旗服务的35名大学生志愿者中，具有本科学历的26名，专科学历的9名；工作岗位分布在旗医院的4名、中蒙医院的4名、防疫站的4名、妇幼保健站的4名、结防所的2名、乡镇卫生院的17名；14名青年医疗卫生专家中有副主任医师5名，主治医师9名；张北县大学生志愿者中具有本科学历的26名，专科学历的14名，工作岗位分布在13个乡镇卫生院；19名青年医疗卫生专家中有副主任医师2名，主治医师13名，住院医师4名。在固原市人民医院眼科、泌尿外科、心内科、骨科工作的青年卫生专家大大增强了该院相关科室的技术力量。卫生志愿者的到来，不仅加强了试点地区的医疗卫生技术力量，而且还带去了新的知识和观念，为改进当地的行业作风和医疗卫生状况发挥了积极的作用。

2. 初步形成“一带一”的志愿服务工作模式。通过“一带一”的方式，即一名青年卫生志愿者带一个大学生志愿者小分队，在积极开展正常业务工作的同时，还帮助大学生志愿者不断提高业务水平，并在乡镇卫生院与青年卫生专家所在医院和大学生毕业学校之间建立起“绿色通道”，实现大中医院与乡镇卫生院之间医疗技术和患者的资源共享，充分整合两者的优势资源，更好地发挥出综合效益。在张北县还开展了“1+2”医师传带计划，即由一名青年卫生专家同时带服务单位的大学生志愿者和服务单位医疗工作者两部分群体，并由三方填写“1+2”医师传帮带卡，明确相互职责，进一步发挥了青年卫生专家的传、帮、带作用，促进了当地整个医疗卫生队伍建设。

3. 组建专门医疗志愿服务工作队开展专项行动。根据志愿者的专业并结合本县相关医疗机构的工作人员情况，分别成立了若干专门医疗志愿服务工作队，并积极开展专项医疗卫生服务。如喀喇沁旗成立了医疗培训工作队、妇产科技能推广工作队、妇幼保健服务工作队、预防工作队、健康知识宣教队、后勤保障工作队、宣传联络工作队等7个工作队，广泛开展了医疗培训、疾病诊治、卫生知识宣传和咨询等工作；张北县成立了防疫灭病工作队、妇幼卫生工作队、鼠防工作队、医疗救治工作队、地方病防治工作队等5个工作队，2004年12月，集中开展了“结核大扫除”普查普治专项行动和“慢性阻塞性肺病”普查治疗行动。这些工作队的成立和专项行动的开展有力地促进了试点地区的公共卫生体系建设。

在开展志愿服务专项行动的同时，卫生志愿者围绕基本医疗、基层转诊、妇幼保健等内容，广泛开展医疗服务、技术指导，还利用节假日深入基层开展巡回医疗、救助医疗，免费义诊等服务，帮助当地重点规划和建设县、乡、村三级卫生服务网络，完善治疗救治体系，受到试点地区党政和各界群众的热烈欢迎。

“中国青年志愿者医疗扶贫万里长征”活动

2004年是红军长征出发70周年。为深入贯彻党的十六届三中全会和十届全国人大二次会议精神，贯彻落实《中共中央国务院关于进一步加强农村卫生工作的决定》，探索通过志愿服务方式为改善贫困地区医疗卫生状况做贡献的新途径，引导更多公众关注农村群众医疗卫生状况，关心支持农村公共卫生体系建设，在全社会进一步弘扬“奉献、友爱、互助、进步”的时代新风，团中央联合卫生部、中央电视台共同主办了“中国青年志愿者医疗扶贫万里长征”（以下简称“医疗扶贫万里长征”）活动。

活动以“当年红军长征求解放，而今我们长征送健康”为主题，本着“立足基层、面向群众、规范运作、讲求实效”的原则，通过整合社会各界资源，招募医疗卫生志愿者，组建一支流动服务车队，以红军长征路线为活动主线，重点选择老、少、边、穷地区，根据各地实际情况，有选择地开展“为一批群众进行常见病诊治并赠药（含简单手术）、针对特殊群体开展一次巡诊、为至少一位贫困肿瘤病人进行长期跟踪治疗、开展一次大病普查、为群众开展一次卫生知识讲座、对基层医护人员进行一次培训、向基层医疗单位赠送一批药品和医疗器械、向群众赠送一批医疗卫生刊物、开展一次长征精神宣传活动、对车队骨干人员和当地青年志愿者进行一次爱国主义和理想信念教育”等以“十个一”为主要内容的医疗卫生志愿服务，为老区群众献爱心、办实事，将党和政府的关怀带到老区群众身边。服务车队2004年10月16日从江西省于都县出发，途经江西、湖南、广西、贵州、云南、四川、重庆、甘肃、宁夏、陕西等10个省（区、市），行程约15000公里，来自山东、北京、上海、重庆等地的医疗专家先后在28个县的51个乡镇开展服务。服务队累计接诊群众56306人次，向群众直接发放药品价值475309.12元，向基层卫生院捐赠药品和医疗器械价值超过1008389.65元，培训基层医务人员4272人次，进行医学检验检查3275人次，发放卫生健康宣传手册5万多册，先后有4200多名当地青年志愿者参与到本次活动中。

本次活动直接服务于老区群众的迫切需求，为解除群众病痛、改善当地医疗卫生状况做出了实实在在的贡献，受到沿途党政领导和人民群众的热烈欢迎，群众踊跃参与活动，依依送别的感人场面随处可见。活动也得到了社会各界的大力支持，40多家企业向活动组委会捐赠了资金、药品和物资，向老区人民送去了党和政府的关怀和全国人民的深情，中央电视台、《中国青年报》、山东电视台等国家和地方各级新闻单位通过新闻和专题等形式对活动的开展情况进行了全面深入的报道，其中仅中央电视台“新闻联播”栏目就播出消息2条，“公益行动”栏目更是派出随队记者全程跟踪本次活动并制作播出了4集专题节目，在全社会进一步弘扬了“奉献、友爱、互助、进步”的时代新风。服务队的志愿者们牢记长征精神，认真实践志愿服务理念，饱含对老区人民的真情，克服各种困难，三个月如一日地扎实工作、热情服务、无私奉献，在艰苦环境中受到了锻炼，在专业实践中增长了才干。

“志愿服务与社会发展”论坛

12月5日是国际志愿者日，也是中国青年志愿者协会成立10周年纪念日。中国青年志愿者协会在四川成都隆重举办了“志愿服务与社会发展”论坛。这次论坛定位于开放式、高水平、特色化和社会性，来自全国各地研究和从事志愿服务的150多名专家学者及志愿者组织代表汇聚一堂，就志愿服务与建设和谐社会、开发人力资源，建立社会应急机制等问题进行了全面、系统、深刻的探讨和交流。这次论坛由共青团四川省委、四川青年志愿者协会、共青团成都市委、成都市精神文明建设办公室和成都青年志愿者协会共同承办。

论坛开幕前，四川省委常委、成都市委书记、市人大常委会主任李春城会见了出席论坛的嘉宾。在论坛开幕式上，成都市委副书记黄忠莹致欢迎辞，全国政协常委、四川省政协副主席王恒丰宣布论坛开幕。开幕式后，团中央青年志愿者工作部部长、中国青年志愿者协会副理事长、秘书长卢雍政，国家发改委社会发展司副司长侯岩，国务院研究委社会发展司副司长邓文奎，国家发改委宏观经济研究院高级研究员、北京大学志愿服务与福利研究中心主任丁元竹，中国人民大学社会学系教授李迎生，浙江大学社会学系教授冯钢，海南大学社会学系教授詹长智，共青团四川省委书记、四川青年志愿者协会理事长罗强分别发表了精彩的主旨演讲。

12月5日下午，由中央电视台主持人方静主持的“精彩100秒——圆桌会议”是这次论坛的一大亮点。在固定发言、自由发言和自由讨论三个阶段，30多名专家学者就志愿服务与社会发展的方方面面作了精辟发言，从不同角度阐述了各自的思想观点。在“圆桌会议”中，众多嘉宾就一些志愿服务的焦点问题展开了热烈交锋，场面十分活跃，专家观点深刻独到。

12月6日上午，在社区、大学、电视台同时举行的“志愿服务与建设和谐社会”、“志愿服务与人力资源开发”、“志愿服务与社会应急机制”三个分论坛上，各位代表就志愿者有关方面进行了深入热烈的研讨，一些感兴趣的市民也到场旁听，有的还加入了讨论。

通过论坛，代表们对志愿服务在贯彻落实以人为本、全面协调可持续的科学发展观、推动经济发展和社会全面进步中的作用达成了普遍的共识。这次论坛的理论成果对于推进志愿服务事业的发展必将起到积极的作用。

“鄂尔多斯环保志愿服务与生态建设奖”评选活动

为贯彻落实党的十六大提出的全面建设小康社会、加快推进社会主义现代化建设的宏伟目标，不断树立和落实科学发展观，动员全社会以志愿服务方式参与生态建设和环境保护，共青团中央、全国人大环境与资源保护委员会、全国政协人口资源环境委员会、水利部、国家林业局、新华社、中央人民广播电台和中国青年志愿者协会等单位决定从2004年起，在全国范围内开展“鄂尔多斯环保志愿服务与生态建设奖”评选活动，以表彰、奖励在环保志愿服务和生态环境建设中涌现出的富有特色、成效显著的公益项目。

该奖是中国青年志愿服务领域的一个全新奖项，具有以志愿服务为基础、采取社会化的运行机制、重在奖励优秀志愿环保项目等特点。评选采取组织推荐与社会征选相结合的方式，由环保专家和社会知名人士组成评审委员会，按照公正、公开、公平的原则独立开展评审。同时，还建立了专门的网站（www. eepv. com），将评选活动的相关信息在网站上进行公布和宣传，接受社会人士的监督。该奖项由鄂尔多斯集团捐助500万元成立，每年将评选出“鄂尔多斯环保志愿服务与生态建设大奖”1个，获奖项目将获得奖金10万元，“鄂尔多斯环保志愿服务与生态建设奖”5个，每个获奖项目将获得奖金2万元。

2004年7月20日，首届“鄂尔多斯环保志愿服务与生态建设奖”评选活动正式启动。经过评审委员会三轮甄选和两次无记名投票，最终确定四川绿色江河环保促进会青藏铁路沿线生态环境保护项目荣获首届“鄂尔多斯环保志愿服务与生态建设大奖”，北京林业大学山诺会的学生宿舍垃圾分类回收希望活动、河北宽城环保局的野生动物生态保护区项目、河南新乡环保志愿者协会的“保护母亲河”项目、福建泉州青年志愿者协会的泉州湾湿地红树林保护项目、黑龙江大庆团市委和大庆市林业局共同实施的“西北风口”造林工程志愿服务等5个项目获得首届“鄂尔多斯环保志愿服务与生态建设奖”。

2004年12月24日，首届“鄂尔多斯环保志愿服务与生态建设奖”颁奖典礼在人民大会堂举行。团中央书记处常务书记、全国青联主席、中国青年志愿者协会理事长赵勇，全国人大环境与资源保护委员会委员何少苓，全国政协人口资源环境委员会副主任温克刚等出席了颁奖典礼并为获奖项目颁奖。

2004年西部计划万里采风志愿行动

为贯彻落实党的十六届四中全会精神，进一步宣传大学生志愿服务西部计划的实施成效，按照“三贴近”的要求，动员青年新闻工作者以志愿者的身份，深入西部基层采访报道大学生志愿者的感人事迹，亲身参与志愿服务实践，展现新闻工作者的时代风采，2004年11月，团中央、教育部、中国记协共同组织开展了“2004年西部计划万里采风志愿行动”。11月12日，主办单位在人民大会堂举行了“西部计划万里采风志愿服务团”出征仪式，来自《人民日报》、新华社、中央人民广播电台、中央电视台、《光明日报》等中央主要新闻单位和地方新闻单位的近百名记者分三路赴新疆、甘肃、兵团、湖南、重庆、贵州、四川等地开展采风志愿服务。集中采访活动历时15天，3路总行程合计近8万公里。此后，中央电视台“共同关注”、“当代教育”、中国教育电视台“教育新闻”等栏目还选派了多名记者分赴云南、宁夏、青海等地采访。

志愿者抵达各地后，充分发扬了不怕疲

劳、连续作战的奉献精神，通过座谈、走访等形式，广泛深入地接触了各地干部、群众和大学生志愿者，全面了解了各地的经济社会发展总体情况，了解了西部计划各级项目办、各服务单位的工作情况，特别是充分感受到了大学生志愿者的工作、学习和生活情况，获得了西部计划各方面大量生动翔实的第一手资料。在开展采风活动的同时，记者还积极开展知识讲座、捐资助学和采摘棉花等形式多样的志愿服务活动，亲身实践了"奉献、友爱、互助、进步"的志愿精神，受到了当地人民群众的热烈欢迎。

活动期间，中央和地方新闻单位上下联动，电视、广播、报纸、杂志、互联网等各种媒介对优秀志愿者的事迹和西部计划的实施成效进行了全方位、多角度的宣传报道。中央电视台"新闻联播"、"共同关注"、"互动星期天"、"西部教育"、"每日农经"、"当代教育"等栏目多次报道，《中国青年报》、《中国妇女报》、《农民日报》、中青网、人民网等各新闻单位通过专题节目、专栏、系列报道、专题网站等形式，共报道500余次，文字发稿200余篇，图片发稿150余幅。在采风过程中，中央人民广播电台安排两路记者在采访现场与北京联线，报道第一手情况、信息，中央电视台"每日农经"栏目连续一周每天播出记者从西部发来的及时报道。记者从西部回来后，在《人民日报》、《光明日报》迅速推出了"成长的故事——西部计划万里采风志愿行动"、"奉献如歌——西部计划万里采风志愿行动"专栏，连续刊发了多篇典型人物事迹的深入报道文章。新华社、《光明日报》、《中国青年》杂志摄影记者连续发表数十张图片报道，生动介绍了西部志愿者的服务生活。《工人日报》通过开辟"人在西部"专栏，连续发表了《执著守护沃野之春》、《让农民过上好日子》等多篇人物报道。《中国教育报》、《法制日报》、《科技日报》、《中国日报》、《北京青年报》、《人民政协报》等也陆续发表了整版报道。

开展万里采风志愿行动，是对志愿服务进行宣传的重要探索。通过开展这项活动，在一个相对较集中的时间内，迅速形成了宣传声势，掀起了一个集中、持续、深入宣传报道西部计划和西部志愿者，弘扬志愿精神的新高潮，发挥了舆论的导向作用，鼓舞和激励了大学生志愿者以更加昂扬的精神面貌投身志愿服务，促进了西部计划的整体实施。通过开展这项活动，更大限度地整合了宣传资源，更有效地调动了新闻工作者的主观能动性，进而开辟志愿者宣传工作的新途径、新局面。通过开展这项活动，新闻记者受到了强烈震撼，深切感受到了西部经济社会发展的现状，更为大学生志愿者甘于奉献、顽强拼搏的事迹和精神所深深感染，自身也经历了磨练，得到了提高。

第五部分

命名及表彰

中国青年五四奖章

“中国青年五四奖章”是共青团中央、全国青联授予青年的最高荣誉,原则上每年“五四”青年节授予,有特殊贡献者,可以随时授予。1997年,“中国青年五四奖章”首次颁授,迄今已颁授八届,秦文贵、陈永川、杨元庆、谭铁牛、卢柯、李金城、张锦、耿瑞先等93名同志先后获得此项殊荣,李向群、黄华东、王伟、黄勇等4名同志被追授“中国青年五四奖章”。

“中国青年五四奖章”评选表彰活动得到了党中央领导的亲切关怀。1997年5月4日,江泽民同志亲切接见了第一届“中国青年五四奖章”获得者。胡锦涛同志先后接见了第一至第六届“中国青年五四奖章”获得者。

2004年5月7日至8日,第八届“中国青年五四奖章”颁奖活动在京举行。5月8日上午,在人民大会堂举行颁奖座谈会,中共中央政治局委员王兆国出席会议并作重要讲话。下午,团中央书记处与第八届“中国青年五四奖章”获得者进行座谈。中央电视台、《人民日报》、新华社、《中国青年报》等新闻单位进行了充分报道。“五四”后,与中央电视台东方时空栏目合作录制了10期“中国青年五四奖章”特别节目——“青春之歌”系列专访并陆续播出,广泛宣传奖章获得者感人事迹和奋斗精神。

为更好地服务五四奖章获得者,进一步“增进交流、促进发展、奉献社会”,设立“中国青年五四奖章获得者剑南春发展基金”,并在2004年5月7日成立“中国青年五四奖章获得者联谊会”,分设科技教育、军队政法、工商财贸、农林牧渔、文化社会等五个界别分会,制定了《中国青年五四奖章获得者联谊会章程》。

为表彰我国在雅典奥运会和残疾人奥运会中取得优异成绩的体育健儿,先后授予在第28届奥运会和随后举行的残奥会上获得金牌的117名体育健儿“中国青年五四杰出贡献奖章”,分别授予中国女子排球队、国家女子坐式排球队“中国青年五四红旗集体”荣誉称号。

“五四”后,追授中国人民解放军空军航空兵某团机务二中队特设员黄勇同志“中国青年五四奖章”。

2004年中国青年五四奖章名单

河南省新乡市耿黄乡耿庄村党支部书记、村委会主任耿瑞先

中国科学院昆明动物研究所副所长、中国科学院院士张亚平

中国科学院武汉病毒研究所所长、研究员胡志红

中铁大桥局集团有限公司高级工程师、总经理周孟波

山西省阳泉市中级人民法院执行局局长于昌明

第二炮兵工程设计研究院6室高级工程师左莉

中国人民解放军77263部队53分队士官吴道江

大连重工·起重集团机电安装公司高级技师王亮
内蒙古奈曼旗白音他拉镇农民席宝力皋
福建省公安边防总队司令部副参谋长王冰
苏宁电器集团董事长张近东
中央电视台《面对面》栏目主持人王志
康佳集团股份有限公司总裁、党委书记侯松容
内蒙古伊利实业集团股份有限公司总裁潘刚
复旦大学社会学系研究生、大学生志愿服务西部计划志愿者冯艾

中国十大杰出青年

“中国十大杰出青年”评选活动由中华全国青年联合会、中国青少年发展基金会与《人民日报》、中央人民广播电台、中央电视台、《光明日报》、《解放军报》、《经济日报》、《中国青年报》、《科技日报》、《工人日报》、《农民日报》等十家新闻单位联合主办。第15届评选包括五个环节：1. 各省级青联根据要求推荐人选；2. 组委会确定30名候选人；3. 在媒体上公布候选人事迹，进行为期一个月的社会公示；4. 评委会以无记名方式投票选出十杰青年；5. 举办系列颁奖表彰活动。本届评选进一步扩大评委库规模至200人，以电脑随机抽取的方式产生评委，使评选更加科学规范、公正客观。

2004年6月2日，第15届“中国十大杰出青年”评选活动拉开帷幕。本届评选继续对人选推报环节严格把关。各推报单位在接到通知后，认真研究，精心筛选，组织专人对人选进行考察，在认真听取人选所在单位的组织人事、纪检、公安和计划生育等单位的意见后形成书面意见上报组委会，有效地确保了人选的质量。

7月31日，推报工作截止。经评选办公室审核，共有29家省级团委、青联和中科院团委等30家单位推报的41名人选参评。他们分别来自科技、教育、农林牧渔、企业管理、工交商贸、医药卫生、文化艺术、体育、政法、解放军武警等行业和系统，其中少数民族3名，女性5名。

10月15日，组委会召开第二次会议，认真审定人选推报材料，确定了30名候选人，并从10月18日起通过报纸和网站进行为期一个月的社会公示。

11月18日，社会公示结束。组委会进一步扩大评委库规模至200人，提高评选的社会参与面。在组委会成员的监督下，评选办公室通过电脑随机抽取产生了本届评选活动的65位评委。

11月21日，评审会在京召开，与会评委进行了无记名投票，结合推报单位先期进行的通讯投票情况，计算出最终投票结果。勇夺奥运金牌的上海体育运动技术学院运动员刘翔；扎根戈壁的科技尖兵、中国人民解放军某部副部队长李鸿；在量子信息领域取得多项开创性成果的中国科学技术大学教授潘建伟；屡建奇功的缉毒勇士、云南公安边防总队保山市公安支队司令部副参谋长印春荣；在石油工业一线取得骄人业绩的大庆油田有限责任公司井下作业分公司经理王新纯；让中国民族音乐奏响世界舞台的中国广播艺术团民族乐团首席指挥彭家鹏；现代化新型农村的“当家人”、广东省深圳市龙岗区布吉镇

南岭村党总支书记、村委会主任张育彪；打造中国鞋业名牌的奥康集团有限公司董事长王振滔；为国防现代化建设做出突出贡献的中国船舶重工集团公司七一三研究所所长刘郑国；航空报国的中国直升机设计研究所总设计师吴希明当选为第15届“中国十大杰出青年”。丁立国等20名同志获第15届“中国十大杰出青年”提名奖。

2005年1月12至14日，第15届“中国十大杰出青年”在京隆重颁奖。中共中央政治局委员、全国人大常委会副委员长王兆国出席典礼，为十杰青年颁奖并发表重要讲话。以“青春2004”为主题的颁奖典礼在中央电视台播出，在广大青少年中引起广泛反响。颁奖活动期间，还举行了十杰青年与媒体见面会、十杰青年搜狐网上交流会和十杰青年与清华学子面对面等活动。

第15届“中国十大杰出青年”称号获得者名单

刘　翔　上海体育运动技术学院运动员
李　鸿（女）　中国人民解放军某部副部队长
潘建伟　中国科学技术大学教授
印春荣　云南公安边防总队保山市公安支队司令部副参谋长
王新纯　大庆油田有限责任公司井下作业分公司经理
彭家鹏　中国广播艺术团民族乐团首席指挥
张育彪　广东省深圳市龙岗区布吉镇南岭村党总支书记、村委会主任
王振滔　奥康集团有限公司董事长
刘郑国　中国船舶重工集团公司七一三研究所所长
吴希明　中国直升机设计研究所总设计师

第15届“中国十大杰出青年”提名奖获得者名单

（按姓氏笔画排序）

丁立国　邢台德龙钢铁实业有限公司董事长
巴　毅　重庆长风医药有限公司董事长
毛建东　武汉市公安局巡逻民警处特警大队副大队长
王　军　鞍山钢铁集团公司新轧钢股份有限公司大型厂电气作业区点检长
汤旭东　海南康力元药业（集团）有限公司总裁
张云明　中共中央办公厅信息中心副主任
张志和　成都大熊猫繁育研究基地主任
张怡宁（女）　北京市先农坛体育运动技术学校运动员
杨　劼（女，蒙古族）　内蒙古大学生命科学学院院长
杨永平　中国核工业集团公司504厂离心分公司工艺车间主任
汪宏辉　江苏石油勘探局油田建设处高级焊工技师
陈　丹　广东恒兴集团有限公司董事长
林腾蛟　福建阳光集团董事长
胡文森　中国国电集团公司石嘴山发电厂厂长
钟发平　长沙力元新材料股份有限公司董事总经理
秦克秀（女，回族）　安徽医科大学第一附属医院副主任医师
袁滨渤（女）　天津市第四十二中学高级教师
郭秀春　中铁一局集团有限公司铺架项目部指挥长
钱金耐　新疆德汇实业集团有限公司董事长
韩　峰　中国石化集团齐鲁股份有限公司烯烃厂裂解车间主任

全团调研奖

2003年度全团调研奖名单

一等奖10名：

1. 关于共青团承担政府事务成立上海市政府青年事务管理机构的调研报告
（团上海市委组织部）
2. 武汉青少年触网调查——网吧、网络对青少年的影响研究
（团湖北武汉市委　武汉青少年教育办公室）
3. 建设学习型组织，努力探索一条新型的强团兴团之路
（团北京市委　关成华）
4. 政治文明建设进程中的当代上海青年
（团上海市委）
5. 浙江省青少年网络素养现状调研与分析
（浙江工业大学团委　郑春晔、李昌祖、蓝汉林、何星舟）
6. 江西省未成年人思想道德建设状况调研报告
（团江西省委　钟志生）
7. 中国共产党执政的青年群众基础分析
（团甘肃省委　王锐）
8. 南昌市在校青少年使用手机短信的现状调查报告
（江西师范大学团委青年信息中心　张丹、邹婷芳、刘淑琴）
9. 关注和重视民营经济发展中的青年问题
（团湖南省委　谭平）
10. 重庆市非公有制企业外来务工青年权益保障现状及对策初探
（团重庆市委“非公经济与青年发展”专题调研组）

二等奖34名：

1. 关于北京市青少年国家安全与国防观的调查报告
（团北京市委　北京市青年研究会）
2. 关于共青团、少先队活动在未成年人思想道德建设中作用发挥情况的调查报告
（团吉林省委）
3. 关于城市体制外青年和青年工作的研究
（团上海市委研究室）
4. 湖北省未成年人违法犯罪调查报告
（团湖北省委　湖北省预防青少年违法犯罪工作领导小组办公室）
5. 品质教育是加强和改进青少年思想道德建设的关键
（团湖南省委　李晖）
6. 当代北大青年民主科学观的调研报告
（北京大学团委）
7. 抓住时机、深入探索，大力推进北京共青团青年人才工作
（团北京市委　汪明浩）
8. 中央国家机关青年干部思想状况调查报告
（中央国家机关团工委）
9. 挖掘红色资源、搭建育人平台，促进未成年人思想道德建设
（团江西省委办公室）
10. 共青团区域发展战略：联网辐射与一体化整合
（辽宁省青少年研究所　江洪）
11. 关于全市农村青年经纪人发展情况的调查
（团辽宁葫芦岛市委　郭毅）
12. 实施共青团“凝聚力工程”，积极为党做好凝聚青年工作
（团山东省委　陈伟）
13. 社会转型时期山西省未成年人发展现状及工作对策研究

（团山西省委　高键、赵妍、张号、暴英杰）

14. 宁波市进城小公民生存状况调研报告
（团浙江宁波市委　叶秀贝、冯晓虹）

15. 山西省农村青年劳动力转移就业工作调查与对策研究
（团山西省委　刘润民、刘伟、张永信、暴英杰）

16. 上海市社区青少年社团发育与建设的研究
（团上海市委地区工作部）

17. 应创建外出务工与回乡创业的双向流动机制
（团江苏淮安市委　张凌云、王义勇）

18. 共青团组织服务失地农村青年就业工作的实践与思考
（团南京栖霞区委　黄莹、冯欣）

19. 浙江省基层团建工作调查报告
（团浙江省委　葛慧君、赵一德、陈重、卢旺忠）

20. 关于我国青年人力资源开发的调查与思考
（团安徽安庆市委　刘中汉）

21. 当前农村团组织建设存在的问题原因及对策
（团陕西省委办公室　白敏）

22. 城市青年生存状况与社会需求研究
（山东青少年研究所　张华）

23. 从未成年人犯罪法律制度的发展看我国相关法律制度的不足与完善
（新疆维吾尔自治区团校　叶雪巍）

24. 实现“五大要素”的有效整合，引领青年为振兴辽宁老工业基地献青春创新业
（团辽宁省委　孙国相）

25. 北京共青团信息化建设现状和发展调研报告
（团北京市委办公室）

26. 立足服务求突破，统筹资源谋发展——青年中心创建工作的实践与思考
（团辽宁沈阳市委　林强）

27. 重视青年技术人才——四川高新技术企业青年人才资源调查报告
（团四川省委　罗强、周键、祝云、李莉）

28. 我国志愿服务的立法思考
（团浙江杭州市委　朱燕锋）

29. 完善素质拓展运行机制，培养具有核心竞争力的高素质创新型人才
（河北大学团委　赵新峰）

30. 广西团组织开展“八桂青年千里边境城乡互助建小康行动”的实践与启示
（团广西区委　余远辉）

31. 论网络环境下的未成年人思想道德教育
（团湖南省委　严华）

32. 未成年人思想道德教育的“行为模型”构建
（黑龙江省青少年研究所　吕杰）

33. 以人为本、重在服务，加强未成年人思想道德建设
（团内蒙古区委　罗志虎）

34. 云南省未成年人思想状况调研报告
（团云南省委学少部　云南省少工委办公室）

三等奖 46 名：

1. 关于浙江省大学生就业问题的调查报告
（团浙江省委　张兵、余杰、李强）

2. 当代机关青年的价值观、政治态度和发展观
（国家开发银行直属机关团委）

3. 克拉玛依中学生价值观及相关问题的调查分析
（新疆克拉玛依市新疆石油管理局团委　郭元军、李霞）

4. 关于网络技术与学生伦理道德教育的矛盾及整合研究
（云南能源职业技术学院　王树明、郭祖全）

5. 辽宁省农村团的基层组织建设状况调查报告
（团辽宁省委组织部　孔庆平、张晓东）

6. 双轨制运作，开发型格局——论 21 世纪地方共青团组织的机制建设和发展方向

（团江苏苏州市委　蔡丽新）
7. 就业状况对我省高校学生成长成才的影响
（团吉林省委）
8. 青岛青年就业创业调研报告
（团山东青岛市委）
9. 如何发挥海南共青团在人才强省战略中的作用
（团海南省委　郑作生）
10. 广东省留学回国青年基本状况调查报告
（团广东省委城乡部）
11. 大学生与网络游戏的关系及相关对策研究
（南开大学　李洪喜）
12. 弱组织化社会形态与农村基层团建的出路
（团甘肃省委　黄泽元）
13. 城市外来务工青年的“边缘化”研究
（福建师范大学数学与计算机科学学院团委　张人民）
14. 云南省大中专学生思想状况调研报告
（团云南省委学少部）
15. 新时期预防和减少青少年犯罪的几点思考
（天津武清区下朱庄镇教委　崔永红）
16. 关于青少年思想道德现状与需求的实证研究
（团上海黄浦区委）
17. 韩国网络游戏对中国青少年的影响及反思
（福建教育学院政史系团总支　周国文）
18. 新时期新疆民族团结教育工作的探索与思考
（新疆大学电气工程学院团委　穆爱塔尔）
19. “全国铁路青年科技素质状况”调查专题报告
（全国铁道团委　铁路青少年发展捐助中心）
20. 浙江省民办中小学队建工作探索与思考
（团浙江省委）
21. 安徽少年儿童发展与少先队工作调研报告
（安徽省少工委办公室）
22. 手机短信对青少年思想道德教育的负面影响及对策研究
（安徽财经大学团委）
23. 坚持“七个创新”，推动共青团事业全面协调可持续发展
（团山东省委办公室）
24. 大学生文化庸俗化倾向的原因分析
（涪陵师范学院团委　王泓）
25. 浅谈西部大开发中的人才问题
（中国水利水电第四工程局团委）
26. 关于高校团组织有效服务大学生就业创业的研究
（华东政法学院团委）
27. 市场经济条件下未成年人价值观的发展变化及对策
（江西省兴国县平川中学　李忠明、王光祖、叶斌）
28. 立身“人本”，崇尚“知本”
（黑龙江省青少年研究所　宋国力、史晓杰）
29. 面对新媒体时代的思想政治教育策略
（安徽芜湖师范专科学校　刘晓宇）
30. 互联网和手机短信对青少年价值观、生活方式、教育、学习、工作等的影响
（山西省财政税务专科学校投资经济管理系分团委　赵翔）
31. 论青年战略性人力资源开发
（团江苏省委　沈自力）
32. 学生科技创新能力培养方案研究
（福建师范大学团委　李锋）
33. 奉新县基层团组织建设探讨与思考
（团江西奉新县委　廖伟）
34. 张家口市党建带团建工作调研报告
（团河北张家口市委）
35. 吉林省农村青年劳动力转移面临八个问题
（团吉林省委）
36. 拥抱青年成才的春天
（湖南省团校　黄象品）
37. 建立与非公有经济发展相适应的青年工作机制探索
（团广东省珠海市委）

38. 2003年泉州市青年就业状况调查分析报告
（团福建泉州市委）
39. 关于大学生诚信问题的思考
（海南师范学院团委　符星）
40. 甘肃省预防青少年违法犯罪工作的现状及对策
（团甘肃省委　王春丁、李国胜、杨晓蓉）
41. 关于当代公私有企业青工思想动态的对照调查
（团陕西省委青工部　徐学海）
42. 对青年人力资源开发内涵的初探
（团甘肃省委　仇颖琦、李先锋、黄霓、蒋波）
43. 海口市农村青年状况的调查
（团海口市委　林刚）
44. "三个代表"重要思想的本质与共青团服务青年工作的逻辑定位
（团山东青岛市委　张惠）
45. 与时俱进构建科学有效的共青团运行机制
（团广东省委办公室）
46. 许昌市农村基层团组织工作调查与思考
（团河南许昌市委）

2003年度全团调研奖组织奖

共青团上海市委　共青团北京市委
共青团浙江省委　共青团辽宁省委
共青团江西省委　共青团江苏省委
共青团福建省委　共青团湖南省委
共青团新疆区委　共青团吉林省委
共青团广东省委　共青团甘肃省委
共青团河北省委　共青团重庆市委

全国五四红旗团委(团支部)和全国团建先进县(市)

通过层层选拔，在团十五届三中全会上，评选表彰10个全国五四红旗团委标兵、190个全国五四红旗团委、10个全国五四红旗团支部标兵、290个全国五四红旗团支部和60个全国团建先进县(市)。通过树立典型，表彰先进，促进基层团的组织建设，在基层团组织和广大团员中形成了学习先进、争创先进、赶超先进的良好氛围。

2004年全国五四红旗团委标兵名单

（10个）

胜利石油管理局团委
重庆市九龙坡区华岩镇团委
中国科技大学团委
上海市静安区南京西路街道团工委
中国人民解放军66011部队团委
杭州钢铁集团公司团委
新疆莎车县古勒巴格乡团委
江西师范大学团委
福州市鼓楼区南街街道团工委
贵州赤天化集团公司团委

2004年全国五四红旗团委名单

（190个）

北京理工大学团委
北京建工集团有限责任公司团委
北京市平谷区马坊镇团委
北京市东城区和平里街道团工委
北京市门头沟区教育团工委
天津市南开区教育局团委
渤海石油采油公司团委
天津市第一中心医院团委

天津理工大学团委
天津市津南区辛庄镇团委
河北医科大学团委
邯郸矿业集团有限公司团委
河北青县马厂镇团委
河北邢台市交通局团委
保定东方双语学校团委
河北秦皇岛市海港区西港路街道办事处团委
山西寿阳县南燕竹镇团委
晋城煤业集团有限责任公司团委
国家广播电影电视管理干部学院团委
晋城市城区西上庄街道办事处团委
通辽发电厂团委
蒙牛乳业(集团)股份有限公司团委
内蒙古兴安盟乌兰浩特市教育局团委
内蒙古新巴尔虎左旗乌布尔宝力格苏木团委
阿拉善盟第一中学团委
辽宁师范大学团委
中油辽河油田公司欢喜岭采油厂团委
鞍山科技大学团委
营口市教育局团委
辽宁华锦化工(集团)有限责任公司团委
辽宁开原市庆云堡镇团委
东北电网有限公司太平湾发电厂团委
中国北车集团长春客车厂团委
吉林珲春林业局团委
北华大学团委
辽源国税局团委
吉林白山市地税局团委
松原市育新学校团委
吉林通化市东昌区教育系统团委
大唐鸡西热电有限责任公司团委
牡丹江水力发电总厂团委
大庆市实验中学团委
黑龙江海伦市乐业乡团委
佳木斯大学团委
黑龙江大学团委
上海市奉贤区南桥镇团委
上海第二医科大学团委
上海银行团委
上海浦东威立雅自来水有限公司团委
南京师范大学团委
金陵石化公司团委
盐城工学院团委
苏州供电公司团委
江苏溧阳市溧城镇团委
江苏射阳港发电有限责任公司团委
江苏省姜堰中学团委
万向集团公司团委
浙江海宁市公安局团委
浙江省省级机关事务管理局团委
临海市中等职业技术学校团委
浙江平阳县鳌江镇团委
浙江台州市椒江区下陈街道团委
合肥供电公司团委
安徽华光玻璃集团有限责任公司团委
安徽东至县第二中学团委
安徽郎溪县南丰镇团委
厦门港务集团团委
武夷山风景名胜区团委
福建龙岩一中团委
福建经济学校团委
江西医学院团委
中铁大桥集团第五工程公司团委
江铜集团德兴铜矿团委
江西上饶市信洲区水南街道团委
济南炼油厂团委
山东滨州供电公司团委
山东省电力学校团委
枣庄矿业(集团)公司蒋庄煤矿团委
临沂双月园学校团委
山东莱芜市莱城区辛庄镇团委
石油大学(华东)团委
洛阳石油化工总厂团委
河南登封市嵩阳街道办事处团工委
河南禹州市方山镇团委

河南尉氏县庄头乡团委
信阳师范学院团委
河南浚县善堂镇团委
周口市公安局团委
驻马店市电业局团委
武汉大学团委
十堰市人民医院团委
宜昌兴发集团团委
湖北职业技术学院团委
中铁大桥局集团团委
荆门石化总厂团委
湖北省电信公司黄冈市分公司团委
中国石化集团长岭炼化公司团委
湖南师范大学团委
湖南省财政厅团委
长沙理工大学团委
长沙市岳麓区咸嘉湖街道团委
湖南省武冈市晏田乡团委
娄底电业局团委
广州经济技术开发区员工服务中心团委
深圳海关团委
广东清远市公路管理局团委
广东温氏食品集团公司团委
广东工业大学团委
《南方日报》报业集团团委
广西壮族自治区人民医院团委
桂林电子工业学院团委
柳州华锡集团有限责任公司团委
广西武宣县武宣镇团委
中国南方航空股份有限公司海南公司团委
海南华侨中学团委
海南三亚市海棠湾镇团委
重庆市地方税务局团委
重庆机场(集团)有限公司团委
重庆邮电学院团委
建设工业(集团)有限责任公司团委
重庆市垫江师范学校团委
永川市陈食镇团委
华西集团四川省第三建筑工程公司团委
成都铁路局团委
电子科技大学团委
雅安电力股份有限公司团委
四川成都市金堂县竹篙镇团委
宜宾丝丽雅集团公司团委
广元中学团委
德阳市人民医院团委
贵阳市云岩区教育局团委
云马飞机制造厂团委
贵州正安县一中团委
云南玉龙县黄山镇团委
云南永胜县程海镇团委
云南建工集团第四建筑工程公司团委
云南中医学院团委
西藏警官高等专科学校团委
西藏波密县扎木镇团委
西藏藏医学院团委
西安欧亚学院团委
宝鸡卷烟厂团委
西安航空发动机公司团委
咸阳供电局团委
陕西鼓风机集团有限公司团委
陕西汉中市汉台区铺镇团委
陕西师范大学团委
兰州理工大学团委
兰州市教育局团委
甘肃武都县电力局团委
甘肃政法学院团委
西宁市商业银行团委
青海民族学院团委
青海省红十字医院团委
宁夏石嘴山市教育局团委
宁夏吴忠市利通区东塔寺乡团委
宁夏司法警官职业学院团委
新疆鄯善县连木沁镇团委
新疆乌鲁木齐市新市区北京路街道团工委
新疆米泉市羊毛工镇团委

中国石油塔里木油田分公司塔西南勘探开发公司团委
新疆生产建设兵团农三师五十三团团委
新疆生产建设兵团农十师北屯中学团委
中国人民解放军63983部队团委
中国人民解放军92815部队团委
中国人民解放军95026部队团委
中国人民解放军96165部队团委
中国人民解放军65811部队团委
中国人民解放军68302部队团委
中国人民解放军71155部队团委
中国人民解放军73086部队团委
中国人民解放军75121部队团委
中国人民解放军78096部队团委
武警江西省总队九江市支队团委
沈阳铁路局团委
济南铁路局团委
长沙铁路总公司团委
乌鲁木齐铁路局阿拉山口车站团委
中国东方航空集团公司团委
中国民航飞行学院团委
中央人民广播电台团委
中国劳动关系学院团委
最高人民检察院机关团委
财政部机关团委
中国地震局防灾技术高等专科学校团委
中国工商银行宁波市分行团委
中国农业银行四川省分行团委
中国粮油食品进出口(集团)有限公司团委
中国远洋运输(集团)总公司国际货运有限公司(中远集运公司中国部)团委
中国长江三峡工程开发总公司团委

2004年全国五四红旗团支部标兵名单

(10个)

一汽大众轿车厂冲压车间团支部
河北鹿泉市上庄镇南庄村团支部
山西师范大学文学院0106班团支部
天津市河西区天塔街宾水北里社区团支部
中国人民解放军71897部队63分队团支部
北京吉普汽车有限公司装焊车间团总支
云南永胜县永北镇南华团总支
河南开封求实中学团总支
江苏无锡新区长江路街道太湖花园第二社区团支部
四川航天工业总公司燎原无线电厂一车间团支部

2004年全国五四红旗团支部名单

(290个)

北京南大电缆有限公司团总支
北京市公安局海淀分局法制处团支部
北京林业大学园林学院团总支
北京市景山学校高二(4)团支部
天津市市政工程设计研究院道路桥梁设计一所团支部
天津市西青区中北镇侯台村团支部
中国民航学院管理学院01542A班团支部
天津人民美术出版社团支部
河北下花园发电厂设备部热控车间团支部
河北秦皇岛市海港区海阳镇三村团支部
河北唐山市高新技术开发区国税局团支部
河北固安县供电局团支部
保定供电公司供用电部团支部
河北省通信公司武邑县分公司团支部
河北师范大学数学与信息科学学院团总支
石家庄铁路分局邯郸站邯南运转车间团支部
武警河北总队秦皇岛支队二中队团支部
河北省公安消防总队石家庄市支队特勤一中队团支部
河北华北石油工程建设有限公司管道分公司管焊二队团支部
山西太原市万柏林区西铭乡大虎峪村团支部
山西左云县马道头乡马道头村团支部
永济市城建局团总支
山西交城县机关幼儿园团支部

山西省税务大厦团总支
山西阳泉供电分公司调度所团支部
太原钢铁(集团)有限公司第二炼钢厂连铸工段团总支
山西财经大学公共管理学院2001级国民经济管理一班团支部
内蒙古准格尔旗煤管局团总支
内蒙古土左旗财政局团支部
内蒙古锡林浩特市城市管理局团总支
内蒙古赤峰市供电公司松山区供电局团支部
内蒙古乌海市海勃湾发电厂汽机团支部
中国航空工业第一集团沈阳发动机设计研究所压气机设计研究室团支部
大连市国家税务局直属分局团支部
鞍钢集团新钢铁公司化工总厂五炼焦车间团总支
辽宁抚顺市东洲区老虎台街道虎东社区团支部
辽宁本溪市财政局团支部
辽宁锦州市太和区公路管理段团总支
辽宁营口市中心医院内科团支部
辽宁阜新市实验中学高三·6班团支部
辽阳石油化纤公司高级中学教工团支部
辽宁调兵山市兀术街道站前社区团支部
辽宁朝阳市第二中学三年二班团支部
中国南方航空集团北方公司客舱部乘务一部团总支
长春师范学院外语学院2002级英本三班团支部
吉林长春市大众物流装配有限责任公司车轮装配车间团支部
长春伪皇宫博物院讲解员团支部
吉林长春市二道区东站街道十委社区团支部
吉化集团公司丙烯晴厂第一丙烯晴车间团支部
辽源汽车公司第一车队团总支
吉林柳河县检察院团支部
吉林前郭县广播电台团支部
吉林油田试油测试公司试油二队团支部
黑龙江双鸭山市尖山区中植社区团支部
哈尔滨学院初等教育学院团总支
黑龙江五大连池市财政会计核算中心团支部
大兴安岭新林区宏图林场团总支
黑龙江七台河市逸夫中学四年七班团支部
黑龙江克东县东兴永继农机制造有限责任公司团支部
黑龙江鸡西市城子河区地方税务局团支部
黑龙江鹤矿集团南山煤矿中采一队团支部
黑龙江佳木斯市电业局群林变电所团支部
农垦总局北安分局尾山农场第一管理区团支部
上海市杨浦区五角场镇教师公寓小区团支部
上海远洋运输公司松子轮团支部
上海移动通信有限责任公司市场营销中心团总支
上海市儿童福利院团总支
华东政法学院大学生社会法律援助中心团支部
江苏句容市边城镇东昌村团支部
江苏张家港市龙潭社区团支部
江苏南通市城管局团支部
江苏洪泽县地方税务局团支部
江苏靖江市国土资源局机关团支部
江苏泗阳县国土局金土地测绘中心团支部
七二四所军品事业部结构工艺室团支部
东南大学054001团支部
江苏连云港中医药高等职业技术学校02中药高职班团支部
江苏高邮市送桥镇初级中学团总支
江苏徐州市云龙区骆驼山街道金骆驼团支部
浙江宁波市海曙区西门街道龙柏社区团支部
浙江杭州市畜牧兽医总站团支部
浙江乐清市七里港镇曹田后村团支部
浙江湖州职业技术学院理工分院计信0201班团支部
浙江嵊州市供电局团总支
浙江金华电业局送电工区团总支

浙江衢州职业技术学院教育系初等教育5001团支部
浙江岱山县衢山镇个体工商户团总支
丽水学院中文系团总支
浙江海洋学院工程学院A01电气(1)班团支部
巨化集团公司电化厂离子膜烧碱车间团总支
浙江图书馆团总支
安徽淮北市国税局稽查局团支部
中国药材集团华亳药业有限公司团支部
安徽泗县人民医院团总支
安徽阜阳市第四中学团总支
安徽滁州市第二中学高三"宏志班"团支部
安徽六安市财政国库支付中心团支部
安徽蚌埠市公安局巡警支队六大队团支部
安徽芜湖市红十字急救中心团支部
安徽铜陵市财政局团总支
安徽黄山市玉屏客运索道股份有限责任公司团支部
福建福州电业局客户服务中心团支部
福建厦门市湖里区康乐社区团总支
福建云霄县云陵镇汀洋社区团支部
晋江钻石体育用品有限公司团总支
福建尤溪县西城镇光林村团支部
莆田学院电子信息学系团总支
福建古田县鹤塘镇鹤塘村团支部
福建省邮政储汇局团总支
华侨大学中文系团总支
华东交通大学基础科学学院团总支
上饶师范学院中文系团总支
江西财经大学信息管理学院团总支
江西中医学院针骨系团总支
南昌航空工业学院环化系010221团支部
李渡烟花集团有限公司团总支
南昌铁路局鹰潭水电段鹰潭供电分段团支部
江西医学院爱心医学会团支部
山东济南市历下区泉城路街道鞭指巷社区团支部
山东青岛市崂山区中韩街道王家村团支部
山东东营市园林绿化处团支部
山东威海市外商投资服务中心团支部
山东日照市岚山区碑廓镇地税所团支部
齐河县祝阿镇淡水养殖协会团总支
山东省路桥集团有限公司第四分公司团总支
中石化胜利油田有限公司现河采油二矿采油16队团支部
中石化齐鲁股份有限公司塑料厂高压聚乙烯车间团支部
莱钢炼钢厂电修车间团支部
中铁十局济铁工程有限公司淄博工程公司梁宝寺项目部团支部
中铁十四局集团电务工程有限公司京九铁路复线团支部
山东新郎希努尔股份有限公司西装一厂团支部
山东阳谷县刘庙村团支部
山东济宁市中区仙营街道蒋林社区团支部
河南众品食业股份有限公司总部团支部
郑州师范高等专科学校音乐系团总支
河南漯河市源汇区泰山社区团支部
河南虞城县稍岗乡李集村团支部
河南鹤壁市气象局团支部
河南焦作市山阳区定和街道办事处丰收社区团支部
河南西华县红花镇张庄行政村团支部
河南泌阳县杨家集乡杨家集村团支部
河南安阳市第一职业中专教工团支部
河南三门峡市湖滨区涧河街道六西社区团支部
河南濮阳市华龙国家税务局团支部
河南光山县蔡桥乡天赐城苗木花卉团总支
河南南阳市公路局物资仓库团支部
河南平顶山市新华机械厂团支部
河南郑州火车站供水车间团支部
东风车桥有限公司十堰工厂技术开发部团支部
湖北武汉市江岸区人民法院团总支

湖北美尔雅集团美红公司团总支
湖北襄樊市公安局交警支队指挥中心团支部
湖北鄂州市人民检察院反贪局团支部
湖北黄梅县人民检察院团总支
湖北广水市实验小学团总支
湖北恩施州妇幼保健院团支部
湖北仙桃市邮政局团支部
湖北华盛铝电有限责任公司电厂团总支
湖北天门市竟陵初中团支部
湖北武汉气象中心团支部
武警湖南省吉首市消防中队团支部
湖南长沙市地税局四分局团总支
湖南科技学院经济贸易与管理系2002级国贸一班团支部
湖南长沙市房屋产权监理处团支部
湖南邵阳市大祥区城西街道樟树垅社区团支部
湖南常德市公安局交警支队直属一大队团支部
湖南郴州市苏仙区桥口镇白溪草皮花卉苗木协会团支部
湖南张家界市地税局团总支
中国联通长沙分公司团总支
湖南长益高速公路有限公司朝阳收费站团支部
湖南双峰县劳动和社会保障局团总支
湖南洪江市城建管理监察大队团支部
广东湛江市开发区地方税务局团支部
广东中山市机动车驾驶员协会团总支
广东深圳市龙岗区龙城街道天健社区团总支
广东惠来县邮政局团总支
广东云浮市机关事务管理局团总支
广东东莞市人民医院团总支
广电集团珠海供电分公司市场及客户服务部团支部
广州市第二公共汽车公司修配一厂团总支
广东宝丽华花木有限公司团总支
广东茂名市自来水公司团总支
广州海洋地质调查局船队团支部
中山大学地理科学与规划学院经济地理与城乡规划2001级团支部
广西马山县白山镇合群村百悟屯团支部
广西永福县罗锦镇星草村团支部
广西三环集团炻瓷厂成型二车间团支部
广西田阳县那坡镇永常村团支部
防城港务集团有限公司北作业区团总支
广西贺州市八步区莲塘镇第一初级中学团总支
广西水电工程局建筑工程公司团支部
柳州铁路局工务大修中心施工四队第一团支部
海南省汽车运输总公司文昌公司团支部
海南龙江农场二十五队团支部
海南海口市龙华区大同街道办事处团总支
重庆市公安局治安总队人民广场支队团支部
重庆市沙坪坝区覃家岗镇上桥村团总支
重庆市渝北区广播电视局团支部
重庆市万州区五桥农业局团支部
重庆长安(集团)有限责任公司汽车制造厂231车间团支部
重庆医科大学2001级二系1班团支部
成渝高速公路有限公司东段管理处重庆收费站团支部
四川犍为县国家税务局团支部
四川省公安厅刑事侦查局团支部
八一家具股份有限公司第四团支部
四川南充市房地产管理局团总支
四川地质勘查开发局成都水文地质工程地质队生产技术团支部
四川资阳市雁江区碑记镇宝山村团支部
四川绵阳市公安局刑事侦查支队团总支
四川航空股份有限公司运输服务管理中心团总支
四川省明星酒店有限公司团支部
四川甘孜州白玉县政府团支部
四川阿坝州九寨沟县漳扎镇隆康村团支部

四川移动通信凉山分公司网络部团支部
四川泸州市江阳区北城街道涟溪路社区团支部
中科院光电所精密机械制造中心团支部
贵州遵义市电信公司产品管理部团支部
贵州盘县工商联团总支
贵州思南县思唐镇城北社区团总支
水矿集团那罗寨煤矿人武保卫科团支部
安顺一中高三(12)班团支部
贵州省电建一公司工程处团支部
贵州凯里市三棵树镇南花村团支部
贵阳市邮政局北分局团支部
云南维西县永春乡兰永村团总支
云南普洱县磨黑镇小学团支部
云南景东县锦屏镇斗阁村团总支
云南水富县云富镇马脑村团总支
云南楚雄市永安镇桃园村团总支
红塔集团生产二部团总支
云南云天化股份有限公司尿素团支部
云南电网公司滇西供电局市场营销部团支部
西藏阿里地区公安处团支部
拉萨市城关区海城小学团支部
西藏大学经济与管理学院2001级乡镇企业管理班团支部
陕西西安高压供电局设计院团支部
陕西安康市汉滨区地税局团总支
陕西商洛市商州区城关街道办事处张坡村团支部
陕西铜川市印台区印台乡东塬村团支部
长庆石油勘探局公用事业处水气供应站团支部
联通陕西分公司西安客户服务团支部
西安交通大学学生红十字协会团支部
庆安集团公司精密机械加工团支部
陕西杨凌地普房产公司团支部
民航甘肃省局运输服务部团支部
甘肃庆阳市公安局团支部
兰州工业高等专科学校青年志愿者团支部
甘肃永昌县地税局团总支
甘肃天水市北道区桥南街道龙园社区团支部
甘肃泾川县王村镇墩台村团支部
青海平安县寺台乡湾子村团支部
青海海北州民族歌舞团团支部
青海省柴达木盐化工业实力总公司团总支
宁夏固原市彭阳县城阳乡长城村团支部
宁夏中卫市海原县一中高三五班团支部
宁夏煤业集团公司大峰矿羊齿采区团总支
新疆新源县肖尔布拉克镇肖尔布拉克新村团支部
新疆库车县齐满镇霍加吐鲁斯村团支部
新疆和田师范专科学校语言系团总支
新疆油田分公司采油三厂呼图壁采气作业区团支部
昌吉市六工镇下三工村团支部
新疆生产建设兵团农四师六十一团青年连团支部
新疆生产建设兵团农六师军户农场二连团支部
中国人民解放军61416部队31分队团支部
第二军医大学第一附属医院药材科团支部
中国人民解放军92330部队86分队团支部
中国人民解放军95880部队112分队团支部
中国人民解放军96618部队4分队团支部
国防科技大学计算机学院学员三队团支部
中国人民解放军66370部队3分队团支部
中国人民解放军69348部队57分队团支部
武警甘肃省总队二支队六中队团支部
北京铁路局丰台机务段运转四队团支部
南昌铁路局新余工务段樟树养路工区团支部
昆明铁路局昆明北车辆段红果列检所团支部
兰州铁路局平凉供电段六盘山团支部
中国民航学院空管学院010441F团支部
中国南方航空股份有限公司地面服务保障部旅客运输服务处离港控制科团支部
中国互联网新闻中心中国网团总支
中青旅控股股份有限公司北京销售分公司团

总支
司法部法制日报社团总支
商务部规划财务司团总支
中国人民银行湖州市中心支行机关第三团支部
招商银行深圳福田支行团总支
中国信达资产管理公司石家庄办事处团支部
上海证券交易所第三团支部
彩虹集团公司彩虹股份公司后一车间团支部
中国中煤能源集团第一建设公司第三十一工程处梁宝寺项目部团总支
武汉钢铁(集团)公司二炼钢厂炼钢车间团总支
神华集团有限责任公司神东煤炭公司补连塔矿综采队团支部

2004 年全国团建先进县(市)名单

(60 个)

共青团北京海淀区委
共青团天津大港区委
共青团河北承德市双滦区委
共青团河北衡水市桃城区委
共青团河北遵化市委
共青团山西静乐县委
共青团山西平顺县委
共青团内蒙古包头市九原区委
共青团内蒙古兴安盟科右中旗团委
共青团辽宁抚顺市新抚区委
共青团辽宁大石桥市委
共青团吉林图们市委
共青团吉林白城市洮北区委
共青团黑龙江齐齐哈尔市建华区委
共青团黑龙江伊春市金山屯区委
共青团上海嘉定区委
共青团江苏宜兴市委
共青团江苏溧水县委
共青团江苏常熟市委
共青团浙江杭州市下城区委
共青团浙江温岭市委
共青团浙江苍南县委
共青团安徽凤台县委
共青团安徽枞阳县委
共青团福建龙海市委
共青团福建南安市委
共青团江西铅山县委
共青团江西南昌县委
共青团山东定陶县委
共青团山东淄博市周村区委
共青团山东烟台市芝罘区委
共青团河南上蔡县委
共青团河南林州市委
共青团河南项城市委
共青团湖北黄石市下陆区委
共青团湖北荆门市掇刀区委
共青团湖南浏阳市委
共青团湖南邵东县委
共青团广东仁化县委
共青团广东高州市委
共青团广西北流市委
共青团广西宜州市委
共青团海南万宁市委
共青团重庆江北区委
共青团四川宜宾市翠屏区委
共青团四川德阳市旌阳区委
共青团四川广安市广安区委
共青团贵州贵阳市南明区委
共青团贵州遵义县委
共青团云南易门县委
共青团云南建水县委
共青团云南泸水县委
共青团西藏日喀则市委
共青团陕西户县县委
共青团陕西神木县委
共青团甘肃平凉市崆峒区委
共青团青海贵南县委
共青团宁夏银川市兴庆区委
共青团新疆精河县委
共青团新疆疏勒县委

全国共青团系统先进工作者

"全国共青团系统先进工作者"是共青团中央、国家人事部联合设立,表彰长期从事共青团和青少年工作,在社会主义现代化建设中做出突出贡献的专职团干部和青少年工作者。按照国家有关规定,获奖者享受省部级劳动模范和先进工作者待遇。1999年,在共青团十四届三中全会期间,共青团中央会同人事部联合表彰了首批20名"全国共青团系统先进工作者",在全团上下引起很大反响,对激励广大团干部立足岗位、自觉奉献,团结带领广大团员青年为全面建设小康社会而努力奋斗起到了积极的推动作用。2004年12月,人事部、共青团中央在团十五届三中全会上联合表彰了第二批30名"全国共青团系统先进工作者"。团中央书记处第一书记周强在表彰仪式上作了重要讲话,人事部副部长尹蔚民宣读了《关于表彰全国共青团系统先进工作者的决定》,并为获奖者颁发荣誉证书和奖章。

2004年全国共青团系统先进工作者名单
（30名）

刘　杰　北京市青少年服务中心副主任、北京市禁毒教育基地主任
崔　巍　团天津市委办公室主任
董永军　团河北省青县县委书记
李晓峰　团山西省泽州县委书记
陈　蕾(蒙古族)　内蒙古自治区青少年发展基金会秘书长
全光辉　团辽宁省委办公室文秘科科长
孙延锋　团吉林省集安市委书记
李维东　团黑龙江省委统战联络部部长
陆培明　团上海市委城市实业公司党委书记、总经理
华耀国　江苏省少先队总辅导员
金娟娟(女)　浙江省杭州市青少年活动中心主任
曹紫权　团安徽省怀宁县委书记
宋寅安　团江西省委团属事业发展管理委员会主任、青少年发展基金会秘书长
刘登亮　团山东省新泰市委书记
李变芬(女)　团河南省安阳市委书记
范晓岚(女)　团湖北省宜昌市委书记
周玉梅(女)　团湖南省衡阳市委书记
卢淳杰　团广东省汕头市委书记
韦　佳(壮族)　团广西壮族自治区宾阳县委书记
颜业礼　团海南省琼海市委书记
陶剑萍(女)　重庆市少年先锋报社社长、总编辑
杨·益西平措(藏族)　团四川省委机关党委专职副书记
姜　文　团贵州省金沙县委书记
张剑萍(女,白族)　团云南省大理州委书记
永　珍(女,藏族)　团西藏自治区乃东县委书记
连育军　团陕西省蒲城县委书记
李德宏　团甘肃省高台县委书记
常　林(藏族)　团青海省海北州委书记
王海宁　团宁夏回族自治区青铜峡市委书记
徐　江　团新疆维吾尔自治区委组织部部长

全国优秀共青团员

2004 年全国优秀共青团员名单

（189 名）

李　健　北京市呼家楼邮电局局长助理

唐丽莉（女）　北京市公安局房山分局刑侦支队干警

刘　庚（女）　北京友谊医院普外科护士

郑品石　中国人民大学商学院企业管理专业研究生

孙康平　北京无名居美食有限公司办公室主任

杨　波　一汽华利（天津）汽车有限公司文秘室主任

杨洪华（回族）　天津宁河县芦台镇干部

史清宝　天津市第二十四中学教师

边　寰　天津理工学院学生、校学生会副主席

陈　伟（女）　天津河西区灰堆第一小学德育主任

李红艳　石家庄铁路分局衡水站技术员

孙　伟（女）　河北承德钢铁集团有限公司团委书记

李復英（女）　河北张家口市第三中学教师

刘雁鹰（女）　河北开滦集团公司医院内科医师

王　锐　东北大学秦皇岛分校学生、校学生会主席

于　艳（女）　山西晋西机器工业集团有限责任公司职工

武　星　太原理工大学研究生院计算机系软件专业研究生

申永刚　山西运城市河津市西王村达康公司市场部经理

徐振岭　山西省公安厅交警总队高速支队干警

李　伟　太原铁路分局太原火车站客运员

银铁慧（女）　内蒙古呼和浩特市第二中学学生

赛西亚拉图（蒙古族）　内蒙古鄂尔多斯市公安局刑警支队干警

杜连华　内蒙古师范大学计算机与信息工程学院学生

孟子雯（女，蒙古族）　内蒙古阿拉善盟第一中学学生

武晓东　神华集团神东发展公司东胜物业处职工

赵　璐（女）　辽宁营口市高级中学学生、校学生会主席

付　博　辽宁东风朝阳柴油机有限责任公司金工四厂工人

任玉兰（女）　中国联通辽宁盘锦分公司账务中心主任

王立强（满族）　辽宁锦西炼油化工总厂华亿公司煅烧焦厂生产副厂长

吕　萌　辽宁芭蕾舞团演员

姚毓春　吉林大学经济学院研究生

宋　爽（女）　吉林四平市铁西区北沟小学教师

韩钰迪（女）　吉林通化市第一中学学生

李　莉（女）　吉林白城市青少年活动中心职工

姚　强　吉林敦化市供电局副局长

孟祥志　黑龙江齐齐哈尔市建华工业有限责任公司工具分公司工段长

杨晓宇（女）　大庆油田有限责任公司第四采油厂第三油矿职工

吴　岩　黑龙江伊春市西林钢铁集团有限公司第一炼钢厂工人

张晓光　黑龙江海伦市扎音河乡朝阳村农民

陈海龙　哈尔滨工程大学动力与核能工程学院学生、省学联执行主席

唐慧琴(女)　上海中亚城市建设综合开发公司职工

刁伟枫　上海工程技术大学航空学院学生

万　青　中国科学院上海微系统与信息技术研究所研究生

李　直　上海建工(集团)总公司构件三厂主任工程师助理

赵学锋　上海市公安局普陀分局长寿路派出所干警

宋振山　南京财经大学红山学院财务管理专业学生

吴　俊　江苏常州市田家炳实验中学学生

王　炜(女)　江苏移动通信有限责任公司泰州分公司基础服务管理员

陈　婧(女)　江南大学设计学院学生

邵　帅(女)　江苏徐州市第一中学学生、校学生会主席

蒋义造　浙江正泰集团接待处处长

季煜煌　浙江青田县圣龙制刷有限公司总经理

劳佳琦(女)　浙江绍兴市第一中学学生

杨益强　浙江杭州玫隆食品有限公司职工

吴　斌　浙江金华市汽车运输总公司职工

王　辉　安徽马鞍山钢铁股份公司H型钢厂机修车间工人

童浩平(女)　团安徽蚌埠市蚌山区委副书记

戴　磊　安徽阜阳市城郊中学学生

郑如龙　安徽天长市东华电子公司总经理

李必金　安徽省武术拳击运动管理中心运动员

黄铮洪(女)　福建福州电视台节目主持人

周　凯　福建漳州市公安局巡警支队直属大队干警

尤宇川　福建泉州市第五中学学生、校学生会主席

林伟能　闽西职业大学团委书记

孙清宝　中共福建宁德市委办公室干部

潘　宏(女)　江西师范大学附属中学学生

朱文娟(女)　南方冶金学院经济管理学院学生

谢才生　江西分宜县湖泽镇团委书记

谢小刚　江西师范大学教育学院研究生、校研究生会主席

陈　燕(女)　江西省地矿局实验测试中心干部

谢振华(女)　山东青岛市城阳区第二人民医院护士

刘　泽　山东淄博商厦股份有限公司职工

仲伟光　山东济宁市微山县鲁桥镇团委书记

姜　静(女)　山东威海市国家税务局信息中心干部

赵　宝(女)　山东师范大学生命科学学院学生、校学生会主席

冯晓翠(女)　河南郑州市金水区未来路街道办事处职工

王嫩月(女)　河南洛阳石油化工总厂热电站职工

景付满　河南确山县三里河乡后楼村农民

谢小战　河南黄河旋风股份有限公司人力资源部部长

王　潇(女)　河南省实验中学学生

杨海涛　团湖北南漳县委书记

田　进　湖北随州市特种设备检验检测所职工

王　轩(女)　湖北鄂州市鄂州高级中学学生

王　平　湖北武汉市电信分公司传输监控中心传输抢修经理

李　翔　湖北孝感市孝感高级中学学生、校学生会副主席

贺卉昌　中国石化集团巴陵石油化工有限责任公司合成橡胶事业部车间副主任

曹　裕（女）　中南大学商学院学生
吴　薇（女）　湖南郴州市第一中学学生
曾　谨（女）　湖南湘西自治州电业局团委副书记
田　菲（女，苗族）　湖南麻阳县隆家堡乡副乡长
刘　宏　广东广州市公安局刑警支队干警
陈晓龙　广东锦丰实业有限公司副总经理
金新华　广东云浮发电厂维修部技术员
许金镇　广东工业大学经济管理学院学生、校学生会副主席
陈春果（女）　广东广州市红十字会医院护士
唐毓帅（壮族）　广西都安县保安乡造业村农民
覃毓宁（女）　广西南宁市新城区新竹社区居委会副主任
龙海芳（女）　广西电力有限公司柳州供电局客户中心电力检查员
麻建语（壮族）　广西百色监狱第二监区内勤管教员
宋国养　广西钦州市第二中学政教处副主任
洪志功　海南海口市美兰区个体工商户
莫朝旭　海南定安县雷鸣镇石盘坡村兽医
林芳云（女）　海南鸿益药业有限公司销售部副经理
覃荣权　海南海口市妇幼保健院儿保科医师
刘军花（女）　海南省人民医院护士
杨成刚　重庆永川市红炉镇新桥村农民
曾剑波（苗族）　重庆酉阳县钟多镇花园村农民
赵胜天　中国电子科技集团公司第四十四研究所集成光学研究室课题组组长
李先觉　重庆市高速公路发展有限公司中渝营运分公司茶园收费站收费员
张　琨　西南师范大学外国语学院学生、市学联主席
李应红（女）　团四川兴文县委书记
吴　玲（女）　四川自贡鸿鹤化工股份有限公司团委书记
王凤英（女）　中国联合通信有限公司四川眉山分公司职工
杨　丽（女）　四川移动通信有限责任公司资阳分公司综合秘书
向　韬　四川警官高等专科学校学生
傅佳序（女）　贵州遵义市第四中学学生
尹太师　贵州安顺市公安消防支队西秀区大队一中队特勤班班长
杨胜礼（苗族）　贵州黔东南民族师范高等专科学校学生
罗　斌（黎族）　贵州普安县第一中学学生
张　丹　中共贵州金沙县委宣传部干部
岩腊光（傣族）　云南西双版纳州景洪市嘎洒镇曼养广村农民
杨从柱　团云南瑞丽市委干部
李光平　云南呈贡县斗南镇斗南村农民
徐玉坤　云南电力集团有限公司滇东电业局职工
赵格平（女）　云南艺术学院学生、校学生会主席
邓　波　西藏农牧学院牧医系学生
拉巴扎西（藏族）　西藏天路交通股份有限公司职工
赵　爽（女）　陕西西安市碑林区卫生局出纳
郭　伟　中国电子科技集团公司第二十研究所助理工程师
侯新荣　陕西西安市灞桥区新合镇欣荣养殖场场长
张　然（女）　兰州大学生命科学学院学生
崔巍扬　兰州理工大学学生、校学生会主席
钱源森　民航甘肃省管理局兰州中川机场安全检查站安全检察员
蒲松涛　甘肃天水市第一中学学生
陈艳霞（女）　甘肃定西市安定区中华路中学学生
张婧如（女）　青海西宁市第五中学学生
王红茜（女，满族）　中国水利水电第四工程局

康东中学学生

王家鹏　青海西宁市湟川中学学生

才玛加(女,藏族)　青海海南州民族师范学校学生

尚　次　青海省统计局计算中心干部

徐洪涛　宁夏中卫县文昌镇郭营村农民

孙倩儒(女)　宁夏固原市第一中学学生

王　勇　宁夏沙湖旅游公司职工

徐志荣　宁夏煤业集团有限责任公司机关团委书记

罗　彦(女)　宁夏医学院临床医学系学生

裴希斌　新疆八一钢铁集团有限责任公司能源中心动力分厂职工

努尔夏提(哈萨克族)　新疆新源县阿热勒托别镇沙哈提阔里村农民

穆亚东(回族)　新疆乌鲁木齐市沙依巴克区红庙子街道金泰社区居委会主任

米娜瓦尔·阿不都拉(女,乌孜别克族)　新疆喀什市教育系统总辅导员

刘亚琼(女)　新疆大学法学院学生

陈冬红　新疆生产建设兵团农二师二十二团农科站副站长

李明俊　新疆生产建设兵团农三师五十三团甘草膏厂职工

徐　娟(女)　石家庄陆军学院司务长培训大队文化教研室教员

王　皓　解放军八一体育工作大队乒乓球队运动员

赵巨光(女)　解放军总医院外科临床部骨科护师

胡　勇　总装备部装甲兵工程学院学员旅十四队学员

宫明宇　海军92313部队7-1分队雷达员

杨建文　空军95982部队52分队班长

张顶峰　第二炮兵96169部队89分队战士

吕振江　军事科学院院务部警卫勤务连炊事班班长

刘　涛　国防大学第一警勤连班长

王世克　武警三十八师警卫连警卫排班长

孔令霞(女)　北京铁路局天津铁路分局团委干事

丁　涛　济南铁路局济南机务段司机长

邓　杰(壮族)　柳州铁路局百色供电段交配电车间技术员

王　昕　成都铁路局成都东站营销中心副主任

张春平　昆明铁路局昆明工务段七甸工区工长

吴　畏　民航东北空管局通信网络公司网络运行部机务员

陈　刚　中国民航学院交通工程学院学生、校学生会主席

赵　昭　中央直属机关事务管理局服务接待办公室干部

谢忠晟　中央纪委监察部党风廉政建设室干部

陇　兴(彝族)　中央统战部二局干部

牟金玲(女,朝鲜族)　中央对外联络部一局干部

李　颖(女)　中央组织部办公厅干部

蒋成嘉　财政部干部教育中心干部

刘哲峰　中国人口宣传教育中心广告部主任

李晓玮　中国银行总行营业部保函处综合科副科长

任志强　国务院国有资产监督管理委员会人事局干部

袁　园(女)　商务部外事司翻译处干部

程　芳(女)　中国农业银行西安高新技术产业开发区支行计财部清算中心职员

李　乐　中国民生银行办公室干部

陈明忠　深圳证券交易所电脑工程部工程师

崔　欣　中国出口信用保险公司短期理赔追偿部职员

钱东伟　中国信达资产管理公司福州办事处高级副经理
蒋　治　中国兵器装备集团公司中国嘉陵集团产品制造部职工
靳秋云（女）　中国煤炭地质总局江苏煤炭地质局147勘探队
杜　江　中国石油天然气管道局第一工程公司工程六处处长助理
王晋祎　中国船舶重工集团公司重庆齿轮箱有限责任公司总装分厂职工
张　岩（女）　中粮鹏利国际（北京）有限责任公司财务部助理

全国优秀共青团干部

2004年全国优秀共青团干部名单
（195名）

曹为民　北京市二清环卫工程集团有限责任公司团委书记
王红艳（女）　团北京平谷区委书记
李彦来　团北京海淀区委书记
沈千帆　北京大学团委书记
刘晓鸥（女，回族）　团北京西城区委副书记
刘泽红　天津大港油田集团有限责任公司团委书记
薛　梅（女）　团天津武清区委书记
万正峰　团天津塘沽区委书记
徐　瑛　天津师范大学团委书记
冯　妍（女）　天津市第三中心医院团委书记
赵宝新　河北建筑工程学院团委书记
杨凤勇　石家庄师范专科学校团委书记
苏英卓　团河北邢台市桥西区委书记
李跃华　团河北高碑店市委书记
董庆龄（女）　河北廊坊师范学院团委书记
高　波　团山西太原市委书记
张冬明　团山西晋中市委书记
田春林　山西省直属机关团工委书记
刘　敬　山西大同煤矿集团有限责任公司团委书记
张立常　山西农业大学团委书记
贺伟华　团内蒙古包头市委书记
姜宏（女）　团内蒙古通辽市委副书记
刘志平（蒙古族）　团内蒙古阿拉善盟委副书记
邢建康　中国石油天然气股份有限公司呼和浩特石化分公司团委书记
郭凌云（女，蒙古族）　团内蒙古兴安盟突泉县委书记
闫增辉　辽宁华锦化工（集团）有限责任公司团委书记
孔庆平　团辽宁省委组织部部长
王文晶（女）　团辽宁抚顺市委书记
王笑柳　团辽宁营口市委书记
郑淑云（女）　团辽宁朝阳市委书记
黄　勇　中国第一汽车集团公司团委书记
孙　娜（女）　吉林天远通信有限公司团委书记
周东福　吉林化纤集团有限责任公司团委书记
陈晓东　团吉林松原市委书记
丁鹏莛　团吉林白山市委书记
马桂英（女）　团黑龙江漠河县委书记
苏俊海　黑龙江省电力有限公司直属机关团委书记
韩敬宇　黑龙江省道路运输管理局团委书记

尹占君　哈尔滨师范大学团委书记
耿　昧(女)　黑龙江省农垦总局九三分局团委书记
康　年　团上海市委宣传部部长
胡　军　团上海浦东新区区委书记
何　雅(女)　东华大学团委书记
张　恂(女)　团上海金山区委书记
许伟斌　上海重型机器厂团委书记
蔡丽新(女)　团江苏苏州市委书记
阮　冰　团江苏连云港市委书记
田　浩　扬州大学团委书记
方　芳(女)　团江苏南京市秦淮区委书记
费亚海　江苏盐城市第一人民医院团委书记
项光旭　浙江玉环县珠港镇城关办事处团委书记
吕君芳(女)　浙江教育学院团委书记
周红文　浙江利时集团团委书记
何国剑　浙江杭州市下城区艮山街道团工委干事、流水西苑社区团工委书记
丁墨涵　浙江省电信有限公司温州市分公司团委书记
杨宏星　团安徽合肥市委书记
方　旭　团安徽芜湖市委书记
王　炜(女)　团安徽亳州市委书记
张士平　团安徽池州市委书记
吴爱国　团安徽宣城市委书记
张　远　团福建省委青工部部长
陈志强　团福建莆田市委书记
陈河北　福建省公安厅团委书记
潘金仁　中国水利水电闽江工程局团委副书记
王宜勤(女)　福建农林大学团委书记
凌四宝　华东交通大学团委书记
饶利萍(女)　团江西景德镇市委书记
黄先才　团江西九江市委书记
刘　闯　团江西南昌市委书记
何金铭　团江西上饶市委书记
苗晓钢　团山东省委办公室主任
党安涛　团山东省委统战联络部部长
张　伟　团山东济南市委书记
武林中　团山东东营市委书记
刘德顺　中铁十四局集团有限公司团委书记
庞震凤(女)　团河南南阳市委书记
迟　军(女)　团河南焦作市委书记
李变芬(女)　团河南安阳市委书记
周保平(女)　河南大学团委书记
范　锐　中国石化集团中原油田团委副书记
范晓岚(女)　团湖北宜昌市委书记
陶继东　中国地质大学(武汉)团委书记
冷玉奇　湖北省电力公司团委书记
赵重迎　团湖北黄石市委书记
张　宇(土家族)　团湖北恩施自治州委书记
万中学(土家族)　团湖南省委学校部部长
熊文辉　团湖南常德市委书记
黄小明(瑶族)　团湖南永州市委书记
黄　韧　团湖南湘潭市委书记
于祥成　湖南大学团委书记
袁宝成　团广东深圳市委书记
邓潘任　团广东珠海市委书记
刘巧慧　团广东惠州市委书记
白　涛(蒙古族)　华南理工大学团委书记
任结勤(女)　团广东佛山市南海区委书记
赵永富(壮族)　团广西区委办公室副主任
廖立勇　团广西崇左市委书记
刘迎春　团广西桂林市委书记
宋震寰(回族)　团广西柳州市委书记
严　霜(女)　团广西梧州市委书记
廖玖江　海南省直属机关团工委负责人
颜业礼　团海南琼海市委书记
吴　立　团海南万宁市委书记
林春红(女)　海南省农垦总局团委副书记
刘利波　琼州大学团委书记
任丽娟(女)　团重庆九龙坡区委书记
万东良　团重庆渝北区委书记
段　炼　重庆钢铁(集团)有限责任公司团委书记

罗　丽(女)　重庆机场(集团)有限责任公司团委副书记
吴小红(女)　重庆医科大学团委书记
刘　荣(已故)　四川达州市达竹煤电(集团)公司团委原书记
彭　闯　团四川省委办公室主任
张　彤　团四川成都市委书记
严树文　四川师范大学团委书记
张海文　团四川峨眉山市委书记
王春燕(女)　团四川广安市广安区委书记
岑　勇(布依族)　团贵州黔南州委组织部部长
包　勇(苗族)　贵州省直属机关团工委书记
朱小兵　中国贵州航空工业(集团)有限责任公司团工委书记
郭林桦(回族)　贵州大学团委书记
吕　兵(土族)　团云南红河州委书记
王以志　团云南大理州委书记
王　毅　团云南文山州委书记
商晓冬　云南省公安厅团委书记
徐宝春　云南财贸学院团委书记
边巴次仁(藏族)　西藏自治区卫生厅系统团委书记
索朗多吉(藏族)　团西藏山南地委书记
邓小良　团西藏班戈县委副书记
斯郎加措(藏族)　团西藏昌都地委干部
次仁央宗(女,藏族)　西藏大学团委副书记
李晓静(女)　团陕西咸阳市委书记
樊铁虎　西北政法学院团委书记
马　伟　国家电力公司西北勘测设计研究院团委书记
杨　鸥(女)　陕西省机场管理集团公司团委书记
郑　伟　团陕西西安市灞桥区委书记
崔仁杰　团甘肃平凉市委书记
王文升　西北师范大学团委书记
焦满金　兰州商学院团委书记
王朝晖　甘肃酒泉钢铁(集团)有限责任公司团委书记
石　敏(女,回族)　青海省交通厅团委副书记
李　青(女)　团青海海东地委副书记
何成山　青海湟中县总寨镇教委团委书记
井红清(女)　团青海海西州冷湖工委副书记
河生花(女,土族)　团青海海南州委副书记
蔡旭东　宁夏回族自治区直属机关团工委书记
吕海军　宁夏大学团委副书记
郭耀峰　团宁夏吴忠市委工农青年部部长
林志莉(女)　宁夏石嘴山市国家税务局团委书记
白　茹(女)　宁夏银川市消防支队团委书记
曹志文　团新疆昌吉州委书记
哈斯木·木沙(维吾尔族)　团新疆焉耆县委书记
亚力坤·麦斯木(维吾尔族)　团新疆阿克苏地委少工委办公室主任、学校部部长
吴立军　新疆生产建设兵团农四师七十一团团委书记
尚继飞　新疆生产建设兵团农六师奇台总场团委书记
刘元兵　中国石油天然气股份有限公司塔里木油田分公司团委书记
辛建民　新疆乌鲁木齐海关团委书记
温　伟　沈阳军区政治部组织部青年处副营职干事
彭光荣　中国人民解放军68303部队77分队政治指导员、团支部书记
张照利　济南军区72478部队政治处干事、团委副书记
王志林　中国人民解放军73096部队政治部副主任、团委副书记
王一定　中国人民解放军驻香港部队政治部组织处青年干事
王方渝　成都军区77200部队政治部组织处青年干事
黄　凌　总装备部63819部队技术勤务队分

队长、团支部书记
朱　宏　空军政治部组织部青年处副团职干事
蔡渭滨　国防科技大学人文与管理学院政治部正营职干事、团委副书记
于守平　武警山西省总队政治部组织处青年干事
王进喜　哈尔滨铁路局团委书记
宋强太　郑州铁路局团委书记
易剑波　广州铁路(集团)公司团委书记
赵　勋　沈阳铁路局通化分局团委书记
林建国　上海铁路局福州铁路分局团委书记
徐　萍(女)　上海机场(集团)有限公司团委书记
杨跃昆　中国东方航空云南公司团委书记
李晓艳(女)　中国国际航空公司团委副书记
高　峰　民航华北空管局空中交通管制中心团委副书记
邢英夫　新华通讯社团委书记
王洪波　国家广播电影电视总局无线局团委副书记
钟吉鹏　全国政协机关团委书记
张　彤　中央办公厅团委副书记、中央直属机关事务管理局团委书记
程绍华　中央直属机关团工委干部
张　宏　全国人大常委会机关团委书记
田晓玲(女)　外交部服务中心团委书记
陈　朝　交通部直属机关团委书记
高裕跃　信息产业部直属机关团委书记
田　昕　国务院法制办公室机关团委书记
于木兰(女)　中国人民银行天津分行团委书记
陈　晖(女)　中国农业发展银行宁夏分行团委书记
凤　薇(女)　中国农业银行上海分行团委书记
刘　晖(女)　中国建设银行团委副书记
周文凯　中国人民财产保险股份有限公司江苏淮安市楚州支公司副经理、团支部书记
庄　霄　中国通用技术(集团)控股有限责任公司团委书记
葛向军(女)　煤炭科学研究总院团委书记
赵　鹏　中国路桥(集团)总公司团委书记
王双军　中国航天科技集团公司团委书记
倪嘉宇　中国中煤能源集团公司团委书记

全国团干部教育培训工作先进个人和全国团校优秀教师

2004年9月10日，共青团中央召开庆祝第20个教师节暨表彰大会，庆祝节日，并对106名全国团干部教育培训工作先进工作者和84名全国团校优秀教师进行表彰。近年来，在各级团组织的领导下，广大团干部教育培训工作者和团属院校教师求真务实，奋发进取，开拓创新，为提高团干部队伍素质、大力培养青年人才、推动共青团事业发展做出了积极贡献，取得了突出的成绩。实践证明，这是一支政治上过硬，爱岗敬业，专业素质强，甘于奉献的队伍。在全国隆重庆祝第二十个教师节之际，评选表彰全国团干部先进工作者和全国团校优秀教师，旨在鼓舞和激励全国团干部教育培训工作者和团校广大教师求真务实，奋发进取，开拓创新，进一步做好团干部教育培训和青年人才培养工作，推动团校教育事业发展。

全国团干部教育培训工作先进个人

（106名）

李　炜　团北京市委组织部副部长
艾　丽（女，满族）　团宣武区委书记
张　强　团密云县委书记
刘小芃　团天津市委组织部部长
张学均　天津市机电工业控股集团公司团委副书记
陈　健　团天津市北辰区委书记
商黎兵　团河北省委组织部部长
吕国新　团秦皇岛市委书记
史文浩　团承德市委书记
马慧健　团山西省委组织部副部长
张素贞（女）　山西青年管理干部学院培训部副部长
邢莉蓉（女）　团太原市委组织部部长
刘莉雅（女）　内蒙古师范大学青年政治学院院长助理
王英华（女，蒙古族）　内蒙古自治区团校政经系主任
乔宝荣　内蒙古自治区团校副校长
韩　伟（满族）　辽宁省团校校长
张晓东　团辽宁省委组织部副部长
刘智勇　团沈阳市委组织部副部长
田　宏　团大连市委组织部副部长
丁鹏茳　团白山市委书记
韩雪梅　吉林省团校青年培训部副主任
赵　勋　吉林市团校校长
索嘉浓（女）　团黑龙江省委组织部干事
朱佳萍（女）　黑龙江省农垦总局团委副书记
郑颖坤　团齐齐哈尔市委组织部部长
贾　艳（女）　团大庆市委组织部部长
郑学信　中共上海市委组织部干部教育处副处长
许建忠　团上海市青浦区委书记、青浦区团校校长
陆　莺（女）　上海建工（集团）总公司团委书记
文洁民　中共江苏省委党校副教育长
邢正军　团南京市委副书记
庄兆林　团镇江市委书记
徐勤忠　团宿迁市委书记
王伟平　团杭州市委组织部长、办公室主任
陈云飞　团嘉兴市委组宣部副部长
周　敏（女）　浙江省团校培训中心主任
颜立平　安徽省团校团干部培训部主任
王　成　团淮南市委组织部部长
夏凤云（女）　合肥市团校校长
许毅青　团厦门市委副书记
陈宜淳　福建省直机关团工委副书记
王树平　福建省团校党支部副书记
张龙飞　团宜春市委书记
刘智艺（女）　团吉安市委书记
廖燕（女）　团九江市委组织部部长
刘国琴（女）　团山东省委组织部主任科员
吴有进　团烟台市委副书记
陈　启　团青岛市委副书记
邱　旺　团潍坊市委副书记
段文汉　团南阳市委副书记
申继东　河南省团校培训部主任
胡　玮　团安阳县委书记
乔　健　中国一拖集团有限公司团委书记
邵仁和　湖北省团校党委副书记
高　杰　团宜昌市委副书记
胡大海　团荆门市委组织部部长
唐启君　团永州市委纪检组长
张必忠　团怀化市委办公室主任、学校部部长
李永军　团湖南省委组织部部长
王凤春（女）　广东青年干部学院培训部部长
刘钧演　广州市团校校长
申晓萍（女）　深圳市团校培训部部长
谭　梅（女）　团珠海市委副书记
马展才　团广西区委组织部部长、机关党委副书记
邓劲夫　广西壮族自治区团校校长
陆汉光（壮族）　广西壮族自治区团校副校长

曾　毅　团海南省委组织部副部长
杨　海　海南师范学院团委副书记
卢鹏飞　团重庆市委组织部部长
罗小璐（女）　团重庆市沙坪坝区委书记
苟冬玲（女）　重庆移动通信有限责任公司团委书记
王　超　团四川省委组织部副部长
祁　玲（女，藏族）　团阿坝州委副书记
穆咏涛　团成都市委组织部主任科员
崔岩峰（满族）　团自贡市委组联部部长
钟　阳（女，布依族）　团贵阳市委副书记
郭林桦（回族）　贵州大学团委书记
肖　杨（女）　贵阳铁路分局团委书记
唐开荣　团曲靖市委书记
张　瑜　团思茅市委副书记
段媛媛（女）　昆明青少年活动中心党支部副书记
崔家玉（女）　团云南省委组织部主任干事
张育德　西藏巴松措青少年活动营地主任
燕　红（女，藏族）　团昌都地委书记
戈养年　团陕西省委组织部部长
张海建　团宝鸡市委书记兼宝鸡市团校校长
贾宁东　中共陕西省委国防科技工委团工委书记
贾永宏　团甘肃省委组织部副部长
陆世平　团金昌市委副书记
曹学义　甘肃省国防科工办团工委书记
蔡长春　团青海省委组织部部长
王向月（女）　团西宁市委组织部副部长
焦玉柱　团吴忠市委书记
贾东晖　团宁夏回族自治区委组织部部长
钱昊亮　团吐鲁番地委书记
库兰·赛富汗（女，哈萨克族）　团伊犁州委书记
凯撒尔·吐尔逊（维吾尔族）　团阿克苏地委办公室主任
王　玺　团木垒哈萨克自治县委书记
马文宽　武警山西省总队吕梁地区支队副政治委员
周振彦　后勤工程学院政治部组织处正连职干事
李大忠　北京军区政治部组织部青年处处长
吕晓莉（女）　民政部直属机关团委书记
牛卫东　中国南方机车车辆工业集团公司团委书记
刘小力　中国青年政治学院干部
杨留长　中国青年政治学院干部
贾哲威（回族）　中国青年政治学院干部

全国团校优秀教师

（84名）

陆玉林　中国青年政治学院
林　维　中国青年政治学院
孙　莹（女）　中国青年政治学院
李　伟　中国青年政治学院
吴鲁平　中国青年政治学院
赵小凤（女）　北京市团校
唐文成　北京市团校
孟昭晴　天津青年职业学院
王胜利　天津青年职业学院
郝维钢　天津青年职业学院
邱玉霞（女）　河北青年管理干部学院
赵其真（女）　河北青年管理干部学院
李　丁（女）　河北青年管理干部学院
陆　希　山西青年管理干部学院
王子云（女）　山西青年管理干部学院
袁高鹏　山西青年管理干部学院
李　平　内蒙古自治区团校
张建华　内蒙古自治区团校
王义和　内蒙古自治区团校
李维岳　辽宁省团校
常家树　辽宁省团校
吴建国　辽宁省团校
周文祥　沈阳市团校
范文科　大连市团校
刘　林　鞍山市团校
刘艳英（女）　吉林省团校

徐凤强　吉林市团校
赵亚众　黑龙江省团校
孔　隶(满族)　哈尔滨市团校
吕　昕(女)　齐齐哈尔市团校
蒋　伟　牡丹江市团校
李铭杰　大庆市团校
赵　欣(女)　鹤岗市团校
黄洪基　上海青年管理干部学院
郭晓洁(女)　上海青年管理干部学院
王培智　江苏省团校
俞国楠　南京市团校
张钧海　苏州市团校
王铭涛　团江苏省无锡市委
黄　洁(女)　徐州市团校
侍　冲　连云港市团校
朱文欣(女)　浙江省团校
阎素芬(女)　杭州市团校
戴启明　安徽省青年政治学校
方丽萍(女)　安徽省团校
张凤鸣(女)　淮南市团校
金秋美(女)　福建省团校
郭常亮　江西青年职业学院
钟丽红(女)　江西青年职业学院
熊建勤　江西青年职业学院
张　华(女)　山东省青年管理干部学院
于其欣　山东省青年管理干部学院
权福军(女)　山东省青年管理干部学院
徐胜男(女)　济南市团校
张金芬(女)　青岛市团校
刘合生　枣庄市团校
别立凡　泰安市团校
兰淑真　河南省团校
刘秀兰(女)　湖北省团校
张汉明(女)　武汉市团校
张飞燕(女)　湖南省团校
李丹仪(女)　广东青年干部学院
陈　萍(女)　广东青年干部学院
林佩銮(女)　广东青年干部学院
唐　勇　广州市团校
邹冯平　深圳市团校
玉贵福(壮族)　广西壮族自治区团校
暨　飞(女)　柳州市团校
商台萍(女)　重庆青年管理干部学院
马仲扬(土家族)　重庆青年管理干部学院
邓　波　重庆青年管理干部学院
张　岷　四川省团校
吴来强　成都市团校
龙建华(女,苗族)　贵州省团校
王文良　云南工青妇干部学校
冯天海　陕西青年管理干部学院
李庆丰　陕西青年管理干部学院
刘晓琴(女)　陕西青年管理干部学院
徐　冰　甘肃省团校
周　英(女,回族)　青海省团校
杨旭东　宁夏回族自治区团校
艾力·吾买尔(维吾尔族)　新疆维吾尔自治区团校
王渝涛(女)　新疆生产建设兵团团校

五四新闻奖

第十届五四新闻奖(2003年度)评选工作于2004年12月结束。共青团中央、中国记协决定对获奖作品、作者和获得组织奖的10家单位予以表彰。

本届五四新闻奖评选工作得到了全国各省级团委、记协和有关新闻单位的大力支持和积极响应，全国50多家参评单位经过认真严格的初评，共向五四新闻奖全国评选委员会办公室报送247件作品。经五四新闻奖全国评选委员会严格复评、定评，共评选出获奖作品104件。其中，特别奖4件，一等奖21件，二等奖33件，三等奖46件。

第十届五四新闻奖(2003年度)获奖作品名单

文字类(54件)

作品名称	体裁	作者	刊播单位
特别奖作品(3件)			
"在新的历史起点上"	专栏	团的生活部	中国青年报
团十五大特刊	特刊	高山 李立红 万兴亚	中国青年报
灾难面前的民族精神与青年责任	系列报道	吴佩华 杨晓光 张嘉	北京青年报
一等奖作品(9件)			
在"三个代表"重要思想指引下前进——写在共青团十五大开幕之际	通讯	王雷鸣 李术峰 吕诺	新华社国内部
团十五大报道：聚焦青年热点	系列报道	王雷鸣 李术峰 吕诺 杨维汉 邱红杰	新华社
与高尚同行——写在中国青年志愿者行动十周年	通讯	胡果	人民日报
为全面建设小康社会奉献青春	社论	王金海	人民日报
特别的精神照亮特别的青春	评论	张坤	中国青年报
无数个夜晚，我往天涯海角给晓红写信	通讯	熊璞	中国青年杂志
细说飞天梦，触摸英雄心——本报记者与"航天英雄"杨利伟一席谈	通讯	李选清 武天敏 范炬炜 丁海明	解放军报
"雷锋班"与三十五万封来信	通讯	吴溪 王永孝 刘国顺 周道海	前进报

“转续课本”系列报道	系列报道	于长坤	中国少年报
二等奖作品(19件)			
为西藏女孩招爸妈	系列报道	李　花	金陵晚报
终结道德的侵害	言论	俞　评	浙江法制报
土家山寨“孩子王”	通讯	朱　定 沈　霖	湖南日报
他们正在建功立业	通讯	江　华 闵　捷	中国青年报
用生命点燃未来——团员青年一线抗击“非典”纪实	通讯	李术峰 吕　诺	新华社国内部
中国最大青年组织关注民工青年	通讯	易　凌 徐征峰 傅双琪	新华社对外部
青春在抗击非典中闪光	评论	王光荣	光明日报
最大的发现,最大的解放——二十年中国大学生就业走势回眸	综述	黄　勇 从玉华	中国青年报
一群女人守护一个民族	通讯	沙　林	中国青年报
成长就是和自己较量	通讯	陈　敏	中国青年杂志
苏向祥:一个中国律师的“八年抗战”	通讯	亓　昕	中国青年杂志
关于“挑战杯”竞赛的思考	系列报道	翟　帆	中国教育报
不订参考书就不给课本	通讯	石艳红	中国纪检监察报
第一个敢说可以阻挡SARS的人	通讯	董志翔	科技日报
学习贯彻“三个代表”重要思想·青年篇1、2、3	通讯	许跃芝	经济日报
勇敢者的游戏	通讯	丁　乙	中国中学生报
警惕对明星自杀的“诗意追捧”	评论	蔡方华	北京青年报
孩子,抬起你的头!	系列报道	薛　玲 吴　俊	扬子晚报
妈妈泣诉:帮帮我的古惑仔	通讯	尹安学	羊城晚报
三等奖作品(23件)			
用青春谱写动人的时代乐章	综述	李海秀	光明日报
根植于沃土——全路“党建带团建”工作综述	综述	吴望根 花发华	人民铁道报
捡回一个“希望”启动	通讯	商　越	辽沈晚报
从枣阳走出的宇航员	通讯	张小燕 赵良英 龙　华	湖北日报

铁血忠诚	通讯	陈国忠 邓伟进	长沙晚报
“青年书屋”:九团青年致富的好帮手	消息	萧　鸿 广　羽	塔里木报
伴随申城二十年大发展,青年突击队建功立业	消息	方　敏	解放日报
采访共青团十五大的八岁小记者	特写	姜知然	中新社
打工子弟学校存在的N个理由	综述	金　勇	中国妇女报
怀揣知识,创业淘金	消息	吴佳佳	经济日报
爱心托起明日的希望	通讯	王晓英 邵克斌	吉林日报
小丫创大业	通讯	叶剑波	长白山日报
绥化团员牵手青年奔小康	消息	刘　伟	黑龙江日报
10万多小时的奉献	通讯	沈宇翔	浙江日报
莘莘学子的精神家园	通讯	周小月	黑龙江日报
应急援助	通讯	姚文滨 罗　琪	江西日报
震灾中的大学生志愿者	通讯	狄多华	甘肃日报
到西部去	通讯	卓兰花	海南日报
无愧时代,无悔青春	综述	任　涛	人民日报海外版
大山里来了新报人	通讯	姜宝成	每日新报
志愿者成了“香饽饽”	消息	张师文 王小龙	青海青年报
硕士生进山当“村官”	通讯	张太铸	安徽青年报
青年是未来,青年是希望	消息	吴育卿	福建日报

电视类(28件)

作品名称	**体裁**	**作　者**	**刊播单位**
一等奖作品(6件)			
综述:中国共青团——与时俱进,永葆青春的组织	专题	孔琳琳 朱　刚	中央电视台
从“白衣天使”到“白衣战士”——中国青年“五四”奖章获得者张锦	消息	刘京山 潘虹旭	中央电视台
焦点访谈·让青春闪光	专题	周　墨 刘　宁 吕少波 杨宇歌	中央电视台
李洁慧的五月四日	消息	郝　刚 任贵勋 李永军 窦海洋	山西电视台

求职的故事	专题	王惠莉 张丽娜 姜　昊 李　剑	内蒙古电视台
热血丹心铸警魂	专题	张楚晨 侯洪强 李　锋 徐龙河 李新宇 刘传信	山东电视台
二等奖作品(8 件)			
网友成凶手,小荀受重伤	系列 报道	姜万川	重庆电视台
西海固的最后一课	专题	陈思劼 吴　钧 王　毅 陈晓军	上海电视台
毕业・择业	系列 专题	喻　佳 苏　强 杨　洋 胜　春	中央电视台
青春凝聚在党旗下——北京团员青年抗击非典纪实	专题	赵今春 孙政洁	北京电视台
天天历险为上学	系列 专题	张晓军 田红年 徐少杰	山东电视台
赵庆的事业	消息	裴晓蓉 胡晓凡 李　艳 陈慧芳	湖北电视台
天津青年冯淑钢西部创业,祁连山下显身手	消息	梁作勤 缪中发 郝　敏	甘肃电视台
热爱生活	专题	金　星 张庭秀	平湖电视台 嘉兴电视台 美国斯特拉电视网

三等奖作品(14件)

防“非典”青年志愿者助耕帮困	消息	景　佳 唱　华	辽宁电视台
阔步展爱心——云南巧家县师生团赴港侧记	专题	杨　华	云南电视台
志愿者在行动——在农村防“非典”一日	专题	宋　韬 阙　洁 来晓茹	宁夏电视台
大学生罗福欢首注我国擦鞋商标	新闻	多　闻 龙　潭 李　好	中央电视台
服务西部,锻炼成才	专题	高　飞 关子牛 张军强	中国教育电视台
抗击非典,志愿者唱响奉献歌	消息	韩　松 王连军	河北电视台
“未婚妈妈”和她的孩子们	消息	郝　刚 窦海洋 邬　昆 侯小俊	山西电视台
用爱心照亮生命——我市首例骨髓捐献行动	连续报道	高义刚 陈　思	镇江电视台 中央电视台
鹤壁:576名“大学生村官”赛小康	专题	杨秀芬 郭攀登	鹤壁电视台 河南电视台 中央电视台
政府搭台——广西边境地区4千农民青年外出务工	消息	徐　磊 周保福	广西电视台 中央电视台
学校的卫士,学生的恩人	专题	胡安迪克	新疆电视台
“助力行动”让青春闪光——共青团农五师委员会开展“助力行动”纪略	专题	何新民 姜继先 马　勇 陈新刚 徐淮霞	新疆兵团农五师电视台
首次全国大学生科技成果今天开槌,最高拍卖成交价20万	消息	陈晓前	广东电视台

志愿服务在安徽	系列 专题	李潮洋 江金鹏 王　勇 吴　薇 袁国春 刘博夫 潘平洋	安徽电视台

广播类(13件)

作品名称	**体裁**	**作　者**	**刊播单位**
一等奖作品(4件)			
总书记同青年代表谈心	消息	赵雪花	中央人民广播电台
“神舟”飞天亲历	专题	梁永春 谭淑惠 何端端 马　艺 郭林雄 郑　雷 孙崇峰	中央人民广播电台
未成年人权益保护任重道远	系列 报道	王丽君	青岛人民广播电台
反恐英雄的情和爱	消息	王　宏 赵冬兰 张　宁 白彦诚	新疆人民广播电台
二等奖作品(4件)			
青春的脚步——团14大以来全国青年重大活动回顾	专题	温秋阳 范　明 耿小梅 张晓艳	中央人民广播电台
“我为祖国感到骄傲!”	消息	孙崇峰	中央人民广播电台
非常时期,非常六一	专题	熊　丽 乔晓鹏	北京人民广播电台
为了一方土地的安宁	专题	马秀丽 傅云峰	山西人民广播电台

三等奖作品(5件)

作品名称	**体裁**	**作　者**	**刊播单位**
苦涩的姊妹花	专题	沈剑华 毛更伟	中央人民广播电台

青春无悔	专题	赵玉坤 彭　博 燕　芳 刘晓雪 魏向东 刘　勇 刘亚茹 张东风	河北人民广播电台
到西部奉献青春	专题	李　忠 万　磊 王维红 赵毅敏	河南信息广播电台
我是小军人	专题	龙裕明 江柳明	广西人民广播电台
"五四"青年节专辑	通讯	林　珍	西藏人民广播电台

图片类(9 件)

作品名称	**作　者**	**刊播单位**
特别奖作品(1 件)		
杨利伟天外归来,中国人飞天梦实现	王建民	多家报刊
一等奖作品(2 件)		
隔离解除了	贾　婷	北京青年报
志愿者在巴里坤	姚新生	新疆日报
二等奖作品(2 件)		
大学生来到革命圣地延安	王　鹰	中国教育报
张秋慧在抗非第一线	严　亮	南方日报
三等奖作品(4 件)		
款款心曲民族情,赣黔牵手师生缘	朱文标	江西日报
记者夜闯危险地带	崔　峻	北京青年报
"抗非天使"踏上红地毯	陆　纲	重庆晚报
18 岁,我庄严宣誓	钟启纲	大连日报

组织奖

新华社	中央电视台	中央人民广播电台
总政组织部青年局	团北京市委	团浙江省委
团新疆自治区委	团海南省委	团云南省委
团湖北省委		

西气东输工程建设“全国杰出青年岗位能手”

西气东输是西部大开发的标志性工程，是“十五”期间国家重点建设项目。这项工程的建设，对于加快西部地区的发展步伐、推进沿线经济结构调整、提高沿线各族人民的生活水平，具有重要意义。

西气东输工程开工兴建以来，广大团员青年积极投身建设实践，勤奋学习，刻苦钻研，战胜艰难险阻，攻克技术难关，为工程建设做出了突出贡献，一大批优秀青年典型涌现出来。为表彰先进，树立典型，共青团中央、劳动和社会保障部决定授予杨庆等二十名同志“全国杰出青年岗位能手”称号。

国家西气东输工程建设“全国杰出青年岗位能手”名单

杨　庆　中国石油管道局管道二公司西气东输21标段三机组组长

夏　刚　中国石油管道局管道四公司经理助理兼西气东输项目部经理

杨　昆　中国石油大庆石油管理局建设集团管道工程公司第二分公司焊工

杜友军　中国石油大港油田集团公司工程建设公司三分公司项目经理

常　宏　中国石油长庆石油管理局建设工程总公司西气东输项目部副经理

薛　斌　中国石油新疆石油管理局新疆时代石油工程有限公司工艺所工程师

潘晓丹　中国石油物资装备总公司运输保险部业务主管

李　波　中国石油西气东输管道公司生产运行处高级主管

张福东　中国石油勘探开发研究院廊坊分院天然气地质所

朱力挥　中国石油塔里木油田分公司西气东输项目部地面工程部副主任

李文武　中国石油四川石油管理局油建公司三公司电焊工

林泊成　中国石油西气东输管道分公司甘肃管理处副处长

高　慧　中国石油股份公司管道分公司西气东输压缩机维检修中心助理工程师

刘金成　中国石油吉林石油集团公司建设公司焊工

黄会增　中国石油大港油田集团公司工程建设公司三公司副经理

陈建军　中国铁道建筑总公司郑州黄河顶管项目部副经理

费顺荣　浙江省湖州新奥燃气有限公司主管

蔡新权　中国人民银行鄯善县支行办公室主任

雷　琦　河南省信阳市弘昌管道燃气工程有限责任公司支线分公司副经理

常佩瑾　上海市城市规划管理局主任科员

西气东输工程建设“全国青年突击队标兵”

西气东输是西部大开发的标志性工程，是“十五”期间国家重点建设项目。这项工程的建设，对于加快西部地区的发展步伐、推进沿线经济结构调整、提高沿线各族人民的生活水平，具有重要意义。

西气东输工程自开工兴建以来，广大青年集体积极投身建设实践，以强烈的事业心和责任感，团结一心，艰苦奋斗，在急难险重任务中发挥生力军和突击队作用，为提高工程进度，增加工程效益，保证工程安全生产做出了突出贡献。为表彰先进，树立典型，共青团中央决定授予中国石油大庆管理局建设集团管道工程公司西气东输7B项目部等10个青年集体“全国青年突击队标兵”称号。

国家西气东输工程建设
“全国青年突击队标兵”名单

中国石油大庆局建设集团管道工程公司西气东输7B项目部
中国石油辽河局建设工程二公司西气东输项目部半自动焊五机组
中国石油管道局第一工程公司工程一处陆国军机组
中国石油华北局工程建设公司西气东输项目部第一机组
中国石油塔里木油田分公司勘探开发研究院勘探所
中国石油四川局天驰公司第二机械化作业组
中国石油吉林石油集团建设公司西气东输项目部
安能建设公司武警水电第六支队
江苏省国信青年突击队
上海燃气工程设计研究公司“西气东输”青年项目组

全国青年文明号

公安系统

一、继续认定的

北京市公安局出入境管理处中国公民出入境管理处前台接待组
北京市公安局丰台分局西罗园派出所
北京市公安局办公室指挥中心110报警服务台
北京市公安局交通管理局西城支队府右街南口岗
北京市公安消防总队四支队双榆树消防中队
北京市公安局东城分局交道口派出所
北京市公安局宣武分局牛街派出所
北京市公安局朝阳分局南磨坊派出所
天津市公安局交通管理局河东支队六纬路大队十一经路大岗组
天津市公安消防总队司令部119调度指挥中心

天津市公安局刑侦局刑侦二支队青年突击队
天津市公安局大港分局板厂路派出所
河北省邯郸市公安局邯山分局贸易东派出所
河北省景县公安局刑警大队刘集中队
河北省保定市公安局公交治安分局站前派出所
河北省邢台市公安局交警支队一大队五中队
河北省霸州市公安局交警大队
山西省太原市公安局巡警(防暴)支队特警大队
山西省太原市公安局交警支队一大队广场东岗
山西省临汾市公安局尧都分局110报警服务台
山西省临汾市公安局尧都分局交警大队四中队
山西省怀仁县公安局鹅毛口派出所
山西省孝义市公安局兑镇派出所
山西省阳泉市公安局巡警支队
内蒙古自治区包头市公安局东河分局南门外大街派出所
内蒙古自治区呼伦贝尔市公安局海拉尔分局巡警大队河东中队
内蒙古自治区兴安盟乌兰浩特市公安局爱国派出所
内蒙古自治区公安消防总队乌海市消防支队三中队
辽宁省沈阳市公安局铁西分局兴华派出所
辽宁省大连市公安局旅顺口分局民主桥派出所
辽宁省鞍山市公安局交通安全管理支队立山大队双山岗
辽宁省抚顺市公安局望花分局朴屯派出所
辽宁省本溪市公安局交警支队溪湖大队
辽宁省公安消防总队锦州市消防支队北宁消防中队
辽宁省喀左县公安局巡警大队
辽宁省葫芦岛市公安局龙港分局西街派出所
吉林省敦化市公安局巡警大队
黑龙江省哈尔滨市公安局交警支队南岗大队大厦岗组
黑龙江省齐齐哈尔市公安局交警支队铁锋大队
黑龙江省牡丹江市公安局交警支队驾管科
黑龙江省佳木斯市公安局指挥中心110报警服务台
黑龙江省大庆市公安局指挥中心110调度科
黑龙江省安达市公安局巡警大队
黑龙江省黑河市公安局交警支队驾管科
黑龙江省鹤岗市公安局工农分局治安大队
黑龙江省双鸭山市公安局交警支队尖山大队
上海市公安局110报警服务台
上海市公安消防总队第二支队天山消防中队
上海市公安局监管处第一收容教育所三中队
上海市公安局城市轨道分局徐家汇站派出所徐家汇站警务站
上海市公安局浦东分局交巡警支队东方明珠中队
上海市公安局静安分局交巡警支队二中队
上海市公安局宝山分局大场派出所
江苏省南京市公安局夫子庙派出所户籍室
江苏省常州市公安局南大街派出所
江苏省常熟市公安局指挥中心110处警服务中队
江苏省扬州市公安局邗江分局刑警大队技术中队
江苏省通州市公安局交巡警大队兴仁中队
江苏省镇江市公安局交巡警支队润州大队中山西路道口岗亭
江苏省扬中市公安局城西派出所
江苏省宜兴市公安局洑东治安卡口
江苏省建湖县公安局沿河派出所
江苏省公安边防总队南通边防支队吕四港边防派出所
浙江省嘉兴市公安局110报警服务台
浙江省缙云县公安局交巡警大队新碧中队

浙江省公安消防总队衢州市消防支队直属一中队
安徽省蚌埠市公安局交警支队东区大队一中队
安徽省亳州市公安局谯城分局北关派出所
安徽省泗县公安局交警大队大桥中队
安徽省安庆市公安局郊区分局杨桥派出所
安徽省马鞍山市公安局花山分局刑警大队
福建省福州市公安局东街派出所
福建省福州市公安局对湖派出所
福建省漳州市公安局巡警支队直属大队
福建省晋江市公安局刑警大队
福建省三明市公安局列东派出所
江西省公安厅交警总队直属支队二大队
江西省南昌市公安局西湖分局筷子巷派出所
江西省九江市公安局交警支队直属大队汽车站岗
江西省公安消防总队星子县消防大队
江西省鹰潭市公安局巡警支队四大队
江西省赣州市公安局交警支队直属大队女警中队
江西省公安消防总队井冈山消防大队
山东省青岛市公安局交警支队市南大队宁夏路中队
山东省莒县公安局巡警大队
山东省博兴县公安局110指挥中心
山东省公安厅车辆管理所车管二科
湖北省黄石市公安局黄石港分局刑侦大队三中队
湖北省孝感市公安局交警支队直属一大队二中队
广东省广州市公安局东山分局华乐街派出所社区警务中队
广东省广州市公安局越秀分局刑警大队人民街中队
广东省汕头市公安局110报警服务台
广东省惠州市公安局交警支队高速公路一大队白云中队
广东省东莞市公安局城区分局特警队
广东省中山市公安局出入境管理科
广东省湛江市公安局霞山分局解放派出所
广东省梅州市公安局110报警服务台
广东省江门市公安局出入境管理科
广西壮族自治区南宁市公安局巡警支队110警务大队
广西壮族自治区桂林市公安局治安巡逻警察支队六大队
广西壮族自治区桂林市公安局第一车辆管理所
广西壮族自治区钦州市公安局车辆管理所
广西壮族自治区贵港市公安局港北分局巡警大队
广西壮族自治区贺州市公安局交警支队特勤大队
海南省文昌市公安局交警大队
重庆市公安局渝中分局大阳沟派出所
重庆市公安局交警总队一支队临江门岗组
重庆市公安局水上警察总队朝天门派出所
重庆市万州区公安局交警支队二大队
重庆市綦江县公安局110报警服务台
重庆市公安消防总队特勤大队一中队
重庆市公安局石柱县南宾第一派出所
四川省成都市公安局龙泉驿分局北干道派出所
四川省成都市公安局青羊分局巡警大队
四川省公安消防总队成都市消防支队五中队
四川省内江市公安局交警支队东兴区大队一中队
四川省三台县公安局巡警大队
四川省广汉市公安局巡警大队
四川省乐山市公安局交警支队直属大队张公桥中队
四川省彭山县公安局刑警大队
四川省泸州市公安局指挥中心
贵州省贵阳市公安局南明分局遵义路治安派出所

贵州省遵义市公安局开发区分局刑侦大队一中队
云南省昆明市公安局交警支队六大队北站岗位
云南省武定县公安局刑警大队
云南省昭通市公安局刑侦支队
云南省公安消防总队曲靖市消防支队特勤大队
西藏自治区拉萨市公安局八廓派出所
西藏自治区拉萨市公安局技术情报中心
甘肃省成县公安局110巡警大队
青海省西宁市公安局防暴巡警支队三大队七中队
青海省西宁市公安局城西分局胜利路派出所
新疆生产建设兵团农一师阿拉尔垦区公安局刑警大队
新疆生产建设兵团农七师奎屯垦区公安局六十户派出所
新疆生产建设兵团石河子市公安局交警支队城区大队
天津铁路公安处北戴河站派出所
上海铁路公安处巡警支队
南昌铁路公安局南昌站派出所
怀化铁路公安处古丈站派出所
重庆铁路公安处乘警支队京渝五组
昆明铁路公安处乘警支队一大队
兰州铁路公安局110报警服务中心
库尔勒铁路公安处喀什站派出所
长江航运公安局宜昌分局客运站派出所
天津港公安局治安科管理组
民航江西省局公安局昌北机场候机楼派出所
民航黑龙江省局公安局哈尔滨机场候机楼派出所
四川省珙县公安局森林公安分局
四川省冕宁县公安局林业公安分局
浙江省舟山市公安局普陀山分局森林派出所
河南省栾川县公安局森林公安分局
公安部刑侦局爆炸恐怖案件侦查处
广州白云出入境边防检查站五队
河北省公安边防总队秦皇岛边防支队西河南边防派出所
辽宁省公安边防总队大连市边防支队龙王庙边防派出所
黑龙江省公安边防总队黑河边防支队红旗街边防派出所
黑龙江省公安边防总队绥芬河边防检查站监护中队
山东省公安边防总队青岛市边防支队沙子口边防派出所
浙江省公安边防总队舟山边防支队罗家岙边防派出所
福建省公安边防总队宁德边防支队三都边防派出所
湖北省公安边防总队武汉边防检查站执勤业务一科
广东省公安边防总队第六支队十三中队
广东省公安边防总队深圳经济特区检查站同乐分站五科
广东省公安边防总队珠海边防支队下栅公安检查站
广西自治区公安边防总队崇左市边防支队峙浪边防派出所
重庆市公安边防总队执勤业务二科
四川省公安边防总队执勤业务三科
云南省公安边防总队德宏边防支队机动二中队
云南省公安边防总队临沧边防支队河底岗公安检查站
陕西省公安边防总队执勤业务二科
新疆自治区公安边防总队伊犁边防支队霍尔果斯口岸边防派出所

二、新命名的

北京市公安局天安门地区分局巡警一队
天津市公安局巡警(防暴)总队防暴支队三大队
天津市公安局监管总队第一看守所女子班

天津市公安局和平分局户政管理中心
天津市公安局河北分局墙子派出所
河北省唐山市公安局丰润分局刑警大队
河北省保定市易县公安局交警大队
河北省沧州市公安局新华分局刑警大队
河北省滦平县公安局巴克什营公安检查站
河北省秦皇岛市公安局交警支队二大队一中队文化路岗
山西省太原警官职业学院警务训练处
内蒙古自治区乌海市公安局乌达分局五虎山派出所
内蒙古自治区赤峰市公安局松山分局交警大队车管所
内蒙古自治区开鲁县公安局交警大队新开大街交通岗
辽宁省丹东市公安局交警支队铁路文化宫岗
辽宁省盖州市公安局西城分局
辽宁省铁岭市公安局交警支队二大队
辽宁省辽阳市公安局白趟房派出所
吉林省长春市公安局南关分局清明街派出所
吉林省吉林市公安局船营分局河南派出所
吉林省四平市公安局巡警支队铁西大队
吉林省公安消防总队辽源市消防支队龙山区中队
吉林省通化市公安局交警支队东昌大队巡警中队
吉林省洮南市公安局交警大队市区中队百货大楼岗
吉林省松原市公安局指挥中心
黑龙江省绥芬河市公安局外事办公室
上海市公安局国内安全保卫局四处906工作组
上海市公安局黄浦分局交巡警支队南京路步行街管理中队
江苏省淮安市公安局交巡警支队一大队健康路岗
江苏省宿迁县公安局宿城分局幸福路派出所
浙江省奉化市公安局裘村派出所
浙江省绍兴市公安局越城分局蕺山派出所
浙江省海宁市公安局刑侦大队技术中队
浙江省湖州市公安局交巡警支队特勤大队
浙江省公安消防总队绍兴消防支队诸暨大队
浙江省公安厅警卫局招待二处团支部
安徽省淮南市公安局交警支队五大队上窑中队
安徽省明光市公安局交警大队张八岭中队
安徽省宣城市公安局水阳派出所
福建省石狮市公安局凤里派出所
福建省上杭县公安局古田派出所
福建省武夷山市公安局交警大队
江西省南昌市公安局西湖分局南站派出所
山东省济南市公安局巡警支队槐荫大队110中队
山东省青岛市公安局刑警支队刑事犯罪信息处二科
山东省枣庄市公安局峄城分局坛山派出所
山东省莱州市公安局110报警服务台
山东省诸城市公安局吕城派出所
山东省济宁市公安局中区分局阜桥派出所
山东省莱芜市公安局城西派出所
山东省聊城市公安局交警支队东阿大队大桥中队
河南省郑州市公安局防暴警察支队
河南省洛阳市公安局刑侦支队一大队一中队
河南省许昌市公安局魏都分局北大派出所
河南省焦作市公安局山阳分局刑警大队
河南省鹤壁市公安局春雷路派出所
河南省郾城县公安局孟庙派出所
河南省永城市公安局指挥中心
河南省固始县公安局110直属大队
河南省济源市公安局交巡警支队车辆管理所
河南省驻马店市公安局技术侦察支队
河南省新乡市公安局刑侦支队技术大队
河南省周口店市公安局沙南分局刑警大队
湖北省武汉市公安局交管局直属大队摩托车护卫队

湖北省公安消防总队襄樊市消防支队特勤中队
湖北省荆门市公安局巡警支队一大队解放中队
湖北省鄂州市公安局交警支队鄂城大队西山助学岗
湖北省崇阳县公安局刑侦大队一中队
湖北省利川市公安局谋道派出所
湖北省仙桃市公安局毛嘴派出所
湖北省公安厅交警总队高管支队五大队二中队
湖南省长沙市公安局刑侦支队一大队
湖南省湘潭市公安局110指挥中心
湖南省邵阳市公安局防暴支队二大队
湖南省常德市公安局武陵分局城南派出所
湖南省沅江市公安局110巡警大队
湖南省鹤城县公安局团结派出所
湖南省新化县公安局孟公派出所
湖南省张家界市公安局交警支队紫舞岗亭
广东省深圳市公安局第三看守所
广东省中山市公安局交警支队高速公路大队
广东省茂名市公安局指挥中心调度科
广东省公安消防总队湛江市消防支队雷州消防中队
广西壮族自治区梧州市公安局交警支队万秀大队中山岗
广西壮族自治区贵港市公安局交警支队一大队中山岗
海南省公安厅出入境管理处办证科
海南省公安消防总队海口市消防支队金融消防中队
重庆市公安局看守所一监区管教组
四川省达州市公安局通川分局复兴派出所
贵州省贵阳市公安局交警支队二大队违章处理大厅
贵州省麻江县公安局交警大队
贵州省福泉市公安局马场坪派出所
贵州省公安消防总队毕节市消防大队二中队
云南省南华县公安局龙川派出所
云南省景洪市公安局东路派出所
云南省龙陵县公安局交警大队镇安中队
云南省公安消防总队昆明消防支队官渡大队第二中队
西藏自治区拉萨市公安局城关分局吉日派出所
陕西省西安市公安局未央分局草滩派出所
陕西省宝鸡市公安局巡警支队机动大队
陕西省彬县公安局交警大队大佛寺公路巡警中队
陕西省铜川市公安局印台分局陈炉派出所
陕西省渭南市公安局临渭分局巡特警大队
陕西省安康县公安局汉滨分局张滩派出所
陕西省公安消防总队西安市消防支队特勤大队二中队
甘肃省兰州市公安局西固分局刑警大队二中队
甘肃省天水市公安局秦城分局刑警大队三中队
甘肃省玉门市公安局禁毒大队
甘肃省天祝县公安局国内安全保卫大队
甘肃省迭部县公安局刑警大队
青海省西宁市公安局城北分局刑警大队
青海省民和县公安局交警大队
宁夏回族自治区银川市公安局交警支队兴庆区二大队巡逻一中队
宁夏回族自治区银川市公安局巡警支队四大队三中队
宁夏回族自治区平罗县公安局治安大队
宁夏回族自治区陶乐县公安局城关派出所
新疆维吾尔自治区乌鲁木齐县公安局水西沟派出所
新疆维吾尔自治区克拉玛依市公安局交警支队市区大队
新疆维吾尔自治区博尔塔拉蒙古自治州公安局防暴大队
新疆维吾尔自治区阿勒泰地区公安局防暴大队

新疆维吾尔自治区伊犁哈萨克自治州公安局防暴支队
新疆生产建设兵团农九师看守所
沈阳铁路公安处海城站派出所
铁道工程公安局第一公安处第十一公安分处第二派出所
郑州铁路公安处郑州乘警大队K179/180乘警组
衡阳铁路公安处衡阳北站派出所
日照港公安局刑警支队一中队
上海港公安局外高桥欧高路港区派出所交巡警中队
北京首都国际机场公安局警卫处
成都双流国际机场公安局候机楼派出所
江西省信丰县公安局森林分局油山派出所
吉林省和龙县森林公安局地区派出所
四川省邻水县公安局林业分局
四川省广元市公安局元坝分局森林警察大队
北京海关缉私局侦查一处一科
深圳海关缉私局海上缉私处八中队
山西省公安边防总队执勤业务科
内蒙古自治区公安边防总队兴安盟阿尔山边防派出所
上海市公安边防总队上海市边防支队马家港边防派出所
江苏省公安边防总队南京港边防检查站监护一中队
湖南省公安边防总队长沙边防检查站执勤业务一科
海南省公安边防总队洋浦边防支队干冲边防派出所
西藏自治区公安边防总队聂拉木边防检查站友谊桥勤务中队
新疆自治区公安边防总队哈密边防支队下马崖边防派出所

建设系统

一、继续认定的

北京市公交总公司李素丽服务热线
北京市公交总公司电车客运分公司108路85832车组
北京市公交总公司保修三厂三车间保一组
北京市公交总公司电车客运分公司103路85703车组(原858703车组)
北京市公交总公司第六客运分公司374路车队
北京市公交总公司第六客运分公司1路67046车组
北京市公交总公司第四客运分公司10路47702车组
北京市公交总公司第三客运分公司44路(小环)37619车组(原37037车组)
北京市公交总公司第三客运分公司323路34128车组
北京市公交总公司第一客运分公司21路12492车组
北京市公交总公司第一客运分公司13路12309车组
北京市公交总公司第二客运分公司19路
北京地铁运营公司客运公司阜成门站
北京地铁运营公司车辆一公司古城运用车间A1轮乘班
北京地铁运营公司车辆二公司运用车间A01轮乘组
北京地铁运营公司车辆二公司检修车间调试班
北京市地铁运营公司车辆一公司四惠运用车间B3轮乘班
北京燃气集团公司呼家楼液化气站
北京市自来水集团丰源公司业务部
北京市自来水集团第九水厂一分厂加药班
北京城建集团玉泉路粮油市场
北京城建北斗商厦有限责任公司收银组
北京市四清环卫工程集团四车队一班
北京首佳物业管理有限公司
北京北辰实业集团公司慧苑居住区管理处电工班

北京北辰实业集团公司北京国际会议中心会展部二层班组
天津市燃气集团有限公司第二销售分公司河北营业所京津服务站
天津市花卉管理处宜兴阜花圃工程组
天津市住房资金管理中心资金部
天津市住房公积金管理中心归集执法处(原天津市住房资金管理中心资金部)
天津三建陈印桥青年突击队
天津公交集团二公司96路0707车组
天津公交集团一公司5路1-9083车组
天津公交集团二公司40路车队
天津公交集团三公司8路3-1323车组
天津公交集团四公司7路4-0604车组
天津市公路局养路费征稽处
天津建工集团二建罗马花园工程青年突击队
天津市一市政青年路桥有限公司
天津市自来水集团有限公司供水服务网络中心
天津市市政工程总公司津晋高速公路项目经理部
天津市排水管理处信息中心
天津市建工集团总承包公司杨建国青年项目突击队
天津市红桥区环卫局五四青年路岗组
河北省石家庄市公交总公司6路230车组
河北省石家庄市公交总公司一路线
河北省保定市公交总公司2156车组
河北省保定市公交总公司一路线
河北省承德市公交总公司5路516车组
河北省秦皇岛市公交总公司368号车组
河北省唐山市新华道机械化清扫保洁队
河北省唐山市公交总公司5路176车组
河北省邯郸市公共交通总公司6046车组
河北省邯郸市热力公司铁西分公司
河北省建设勘察研究院岩土工程处
河北省秦皇岛市煤气总公司制气车间主控室
河北省唐山公共交通二公司2路429车组
河北省廊坊市城区环路桥收费处
河北省廊坊市园林局绿化管理处
河北第四建筑工程公司第二分公司
山西省太原市自来水公司兰村水厂运行二组
山西省太原市公交总公司1路
山西省大同市公共交通有限责任公司一公司203号车组
山西省大同市公共交通有限责任公司三公司387号车组
山西省大同市公共交通有限责任公司四公司427号车组
山西省大同市公共交通有限责任公司四公司512号车组
山西省长治市煤气化总公司营业所
山西省长治市煤气化总公司调度中心
山西省太原市煤气公司(叶晋庆)燃气具维修中心
山西省太原市道路照明管理处
山西省勘察设计研究院岩土工程处
山西省建筑设计研究院综合设计一所
内蒙古自治区呼和浩特市公交二公司1路56号车组
内蒙古自治区呼和浩特市公交三公司3路74号车组
内蒙古自治区包头市公交四公司11路4-109号车组
内蒙古自治区乌海公共交通公司5-36号车组
内蒙古自治区呼和浩特市房地产产权市场管理处
内蒙古自治区包头市燃气有限公司营业所
内蒙古自治区包头市热力总公司供热二公司机动抢修队
内蒙古自治区呼和浩特市住房公积金管理中心区直分中心
内蒙古自治区包头市城区改造办公室
辽宁省沈阳市客运集团南塔公共汽车分公司214路

辽宁省沈阳燃气股份有限公司和平营业分公司营业部
辽宁省大连市第二公共汽车公司19路2940车组
辽宁省鞍山市煤气总公司湖南管修所
辽宁省抚顺市公共汽车总公司2路8891号车组
辽宁省本溪市公共交通总公司兴安车厂7路
辽宁省营口市公交总公司2005号车组
辽宁省锦州市公交总公司第三车队3415号包车组
辽宁省沈阳惠天热电股份有限公司陵西供暖所
辽宁省鞍山市城市建设管理监察支队
辽宁省铁岭市市政管理维修处
辽宁省鞍山市公共交通总公司共青团216路线
吉林省辽源市公交公司999包车组
吉林省长春水务集团绿园供水处服务二公司青年服务队(原长春市自来水公司绿园供水处青年便民服务队)
吉林省长春公交集团"长春号"包车组
吉林省吉林市路桥收费管理处
吉林省通化市公交公司3路182号包车组
吉林省吉林市公共交通总公司157号包车组
黑龙江省哈尔滨市道里房产经营公司安康房产经营分公司(原市房产局道里区安康分公司)
黑龙江省哈尔滨市房地产交易中心
黑龙江省哈尔滨市公共电车总公司105车队
黑龙江省哈尔滨市公共汽车总公司一营运部二车队(原一公司二车队)
黑龙江省哈尔滨市公共电车总公司110车队2246车组(原2070号包车组)
黑龙江省哈尔滨市物业供热集团直属房产经营公司直属机关分公司友谊物业站(原市房地局直属机关房产经营分公司)
黑龙江省大庆市石油管理局公共汽车公司东风分公司225路592车组(原二车队592车组)
黑龙江省大庆市石油管理局公共汽车公司乘风分公司12路3606车组(原十车队3606车组)
黑龙江省齐齐哈尔市园林队生产一班
黑龙江省大庆市城建系统服务指挥中心(原96440服务指挥中心)
黑龙江省哈尔滨市物业供热集团道外房产经营公司第三分公司滨江房管站(原市房产经营有限公司道外房产经营公司第三分公司滨江房管站)
黑龙江省哈尔滨市物业供热集团信托房产经营公司王兆热电厂供热号(原市房产信托经营公司王兆热电厂共青团包烧号)
上海市自来水市南有限公司小郭热线
上海地铁运营有限公司地铁一号线上海火车站
上海市房地产交易中心登记技术科(原上海市房地产交易中心受理科)
上海燃气市北销售有限公司真如煤气储配站
上海野生动物园游园车队施燕班组
上海市市容环境卫生管理局水上管理处苏州河管理站一分站
上海市第四建筑有限公司第二租赁分公司青年仓库(原上海市第八建筑有限公司模弧青年仓库)
上海申新巴士公共交通有限公司49路SWK-10号车组
上海巴士一汽公共交通有限公司70路PK-41号车组
上海巴士四汽公共交通有限公司925路KV-15号车组(原上海巴士四汽公共交通有限公司42路-FC136号车组)
上海五汽冠忠公共交通有限公司46路-AYH6266号车组
上海巴士电车集团股份有限公司一分公司37路L-26号车组

上海浦东大众公共交通有限公司980路
上海浦南大众公共交通有限公司石化一线P2－181号车组
上海宝山巴士公共交通有限公司728路－KJ31号车组
上海强生静安出租汽车有限公司沪A－M1545号车组（原上海强生集团有限公司静安公司沪A－M1545号车组）
上海强生交运营运有限公司沪D－5643车组（原上海强生集团有限公司浦西公司沪B－W9581号车组）
上海市第一建筑有限公司第六工程管理部（原上海市第一建筑有限公司金茂工程管理部）
上海四平物业管理有限公司青年管理站（原上海卫百辛集团控江物业管理公司青年管养段）
上海市合流污水管理所彭越浦泵站
上海市新长宁房产销售有限公司销售部
上海市第四建筑有限公司第二项目经营管理部青年项目管理部（原上海市第四建筑有限公司青少年校外活动营地青年项目管理部）
上海市环境监测中心现场监测室
上海市黄浦区城市规划设计室
江苏省南京市公交总公司2－5053车组
江苏省南京市客运交通管理处业务科（原票证科）
江苏省南京市公共交通总公司9路线
江苏省镇江市公共交通总公司W6113车组
江苏省镇江市自来水公司金西水厂中控室
江苏省苏州市巴士公交1619车组（原市公共交通总公司1619车组）
江苏省常州市公共交通总公司1036车组
江苏省徐州市公共交通总公司286车组
江苏省无锡市鼋头渚公园管理处游船服务部神仙号游船
江苏省南京中北（集团）股份有限公司公交3路线
江苏省无锡市自来水公司销水公司（原营业所）
江苏省徐州市公共交通集团11路线
江苏省徐州市房产管理局产权监理处评估科
江苏省江都市建设工程总公司田晓明项目部
江苏省南京中山陵园管理局孙中山纪念馆社教部
江苏省南京港华燃气有限公司管网运行部急修班（原市煤气总公司输配分公司急修班）
江苏省华建建设股份有限公司深圳袁帮权项目经理部
江苏省海门市建筑安装工程公司上海仁恒滨江园项目部
江苏省泰州市城市管理局监察支队一大队
江苏省盐城市房地产交易市场
江苏淮安市住房公积金管理中心公积金服务大厅
江苏仪征市自来水公司营业部
浙江省金华市公共交通总公司8路线
浙江省杭州市自来水总公司天天青年志愿者服务中心（原市自来水总公司室内供水设施维修中心）
浙江省杭州市公共交通总公司K16路线
浙江省杭州市公共交通总公司38路2－4871号车组（原2－1131号车组）
浙江省宁波市公共交通总公司15路37009号车组
浙江省衢州市公共交通总公司1路228号车组
浙江省遂昌县环境卫生管理所
浙江省温州建筑集团工程总承包公司（原温州建设集团公司第二项目部）
浙江省宁波市自来水总公司清泉热线
浙江省玉环县建设规划局为民服务窗口
安徽省马鞍山市公交总公司1277号车组
安徽省芜湖市供水总公司杨家门水厂生产科（原生产技术处）
安徽省蚌埠市供水有限公司供水规划设计处
安徽省合肥白马巴士有限公司BD0016车组

（原市公交集团公司四车队 T369 车组）
安徽省合肥市公交集团第二运营公司 2－D0816 车组(原三车队 D816 车组)
安徽省合肥市燃气集团有限公司管道燃气供应公司维修所
安徽省蚌埠市公交总公司 1102 车组(原 2002 车组)
安徽省蚌埠市新奥燃气有限公司营业所(原市燃气公司中荣街营业所)
安徽省阜阳市公交总公司四分公司 25 路 118 号车组(原 13 路 118 号车组)
安徽省滁州市公交公司 048 号车组
安徽省合肥供水集团有限公司抢修中心青年服务队
安徽省芜湖市公交总公司 24 路 381 号车组
福建省福州市公交总公司营大公司 8 路 109 车组
福建省福州市公交总公司集资公司亚细亚 265 车组
福建省福州市煤气公司管线所抢修班
福建省厦门市公交总公司 12 路 1755 车组
福建省厦门市公交总公司 2 路 1733 车组
福建省厦门市轮渡公司厦鼓 20 号船
福建省厦门市轮渡公司鼓浪屿站务班
福建省泉州市清源山风景名胜区管理处接待科
福建省南平市公交公司 050 车组
福建省三明市公交公司闽 GY－0333 号车组
福建省厦门市城市综合执法局市政大队市政中队
福建省福州市公交总公司 971 路 639 车组
江西省南昌市公交公司电车一队 12426 车组
江西省南昌市公交公司电车二队 17223 车组
江西省南昌市煤气公司城北营业处
江西省赣州市公交公司 B－02921 车组
江西省赣州市自来水公司用水管理所
江西省赣州市环卫处文清路清扫班
江西省景德镇市公交公司一分公司 H04966 车组
江西省新余市公共汽车公司 1817 号车组(原 2 路线 990 号车组)
江西省赣州市市政工程管理养护处下水道女子班
江西省景德镇市房地产交易管理处
江西省萍乡市白蚁防治所
江西省铅山县房地产交易所
江西省庐山风景名胜区园门北山收费班
山东省城建设计院市政所
山东省济南市自来水公司“小白热线”服务中心
山东省济南市公交总公司恒通出租汽车公司鲁/T0633 出租车
山东省济南四建集团有限公司邢继宪项目部
山东省济南市城肥清运管理二处青年突击队
山东省青岛市建委政务办理大厅
山东省潍坊市城市管理执法监察支队直属大队一中队
山东省日照市环卫处保洁一队三班
山东省日照市公共汽车公司 3 路无人售票车组
山东天元建设集团北京工程公司青年突击队
河南省郑州市公交总公司 4 路 2461 车组(原 108 号车组)
河南省洛阳市自来水公司涧东水厂临涧泵工班
河南省安阳市公交总公司 2 线路
河南省安阳市供水总公司供水服务处
河南东方能源股份有限公司天然气“110”服务中心(原安阳市天然气公司 110 服务热线)
河南省新乡市公交总公司 1 路 83 号车组
河南省新乡市自来水公司营业所抄表一组
河南省开封市公共交通总公司四公司 13 路线
河南省开封市供水总公司女子抄表班
河南省平顶山市公交总公司 6 路线
河南省南阳市市政管理处女子疏浚班
河南省濮阳市公用事业服务热线

河南省许昌市供水总公司服务中心
河南省洛阳市公共交通总公司5路线
河南省信阳市房屋产权产籍监理处
河南省新乡市公共交通总公司9路线
河南省南阳市公共汽车公司18路线
湖北省武汉市公共汽车总公司66路227号车组
湖北省武汉市轮渡公司轮渡5号船
湖北省武汉市水务集团供水公司江汉营业所抄表股
湖北省武汉市电车公司4路电车36号车组
湖北省武汉市出租汽车公司熊斌出租车
湖北省十堰市公共汽车总公司20545号车组
湖北省十堰市公共汽车总公司10808号车组
湖北省宜昌市市政维修管理处道路维修养护班
湖北省宜昌市公交总公司409号车组
湖北省宜昌市公交总公司335号车组
湖北省荆州市公交总公司18路线
湖北省黄石市城市公交集团有限公司615号车组（原黄石市城市公交集团公司710号车组）
湖北省襄樊市公交总公司三分公司32号车组
湖北省襄樊市公交总公司二分公司43号车组
湖北省宜都市建设工程报建交易管理中心
湖北省天门市建筑工程质量监督检测站
湖北省鄂州市玉泉自来水有限责任公司
湖北省武汉市江汉区房产局“一条龙服务窗口”
湖南省长沙市公共交通总公司12－106号车组
湖南省长沙市公共交通总公司12－50号车组
湖南省长沙市公共交通总公司2－19号车组
湖南省永州市芝山区自来水公司娘子岭水厂
湖南省益阳市公共交通总公司7－07号车组
湖南省常德市公交总公司1路
湖南省巴士股份株洲公交有限责任公司200号车组
湖南省岳阳市公共汽车总公司20路营运线
湖南省长沙市燃气总公司蓝焰维修服务队
湖南省长沙市巴士股份有限公司303－104号车组
湖南省长沙市自来水公司管道维修公司青年义务抢修组
湖南省长沙市房屋产权登记发证小组
湖南省株洲市房地产权属与市场管理处
湖南省耒阳市自来水公司营业所
湖南省益阳市市政工程管理处下水道疏浚“范建班”
广东省深圳市城市绿化管理处第四管理所
广东省汕头市龙湖土地房产交易管理所交易确认窗口
广东省惠州市自来水总公司江北水厂
广东省广州市市政设施收费处五丫口大桥收费站
广东省中山市公共汽车公司汽车修配厂大修理生产线
广东省广州市第一公共汽车公司10路线792号车组
广东省广州市第二公共汽车公司509专线40485号车组
广东省广州市白云出租汽车集团有限公司粤A－A8081号车组
广东省广州市白云出租汽车集团有限公司粤A－A2433号车组
广东省广州市煤气公司红帽子志愿服务队
广东省珠海市公共汽车公司拱北分公司4路粤C05858号车组
广东省珠海市公共汽车公司三灶分公司201路粤C08369号车组（原粤C05940号车组）
广东省汕头市轮渡公司“金凤”轮
广东省汕头市自来水总公司新津水厂
广东省中山市公共汽车公司22路线
广东省佛山市供水总公司沙口水厂
广西壮族自治区南宁市白马公共交通有限责任公司N00012车组

广西壮族自治区玉林市公共汽车总公司 16 号车组
广西壮族自治区桂林市公共交通集团有限责任公司 11 路线桂 C－06315 车组（原桂林熊本友谊号）
广西壮族自治区桂林市公共交通集团有限责任公司 10 路线
广西壮族自治区桂林市公共交通集团有限责任公司 624 号车组
广西壮族自治区柳州市公共交通有限公司 4－228 号车组
广西壮族自治区柳州市公共交通有限公司 19 路线
广西壮族自治区梧州珍宝巴士有限公司二车队三路线 2－220 号车组（原市公共汽车总公司二车队三路线 2－220 号车组）
广西壮族自治区南宁市自来水公司陈村水厂技术服务岗
广西壮族自治区南宁市房屋产权交易中心登记管理科
广西壮族自治区柳州市公共交通有限公司 2148 号车组
广西壮族自治区梧州市自来水公司营业处
广西壮族自治区桂林市公共交通集团有限责任公司 11 路线桂 C－06304 车组
海南省海口市自来水公司中心化验室
海南省海口市城市排水监测站
海南省三亚市城建监察大队一大队
海南省琼山市房地产管理局
海南省海口市排水管理所
海南省文昌市自来水公司管道抢修、维修青年突击队
四川省内江市公共交通集团有限责任公司 2－66 号车组
四川省攀枝花市公交客运总公司共青团线路 7 路
四川省成都市公共交通总公司 5 路 33046 号车组（原 35126 号车组）
四川省成都市公共交通总公司 37053 号车组
四川省绵阳市公共汽车公司 10 路 101 车组
四川省泸州市公共交通总公司三分公司 3301 号车组
四川省宜宾市寓苑房地产开发有限公司工程部
四川省成都市工业设备安装公司第九项目部
四川省成都市公用事业监察大队
四川省泸州市城市绿化管理处
重庆市路灯管理处工程队
重庆市沙坪公园榕湖宾馆
重庆市南山公园一棵树观景园管理科
重庆市万州建筑工程总公司水电安装突击队
重庆市渝北区园林绿化工程处
重庆市沙坪坝区城镇建设拆迁管理办公室
重庆万州天然气公司青年抢险突击队
贵州省贵阳市公共交通总公司一公司 1 路 3004 号车组
贵州省贵阳市公共交通总公司一公司 2 路 3030 号车组
贵州省贵阳市公共交通总公司三公司 14 路 2499 号车组（原 179 号车组）
贵州省贵阳市公共交通总公司三公司 7 路 2199 号车组（原 311 号车组）
云南省昆明市公共汽车总公司第一公司四车队 4 路线 2776 号车组（原 481 号车组）
云南省昆明新世界第一巴士服务有限公司南部公司十五车队 68 路线 2299 车组（原昆明市公共汽车总公司第三公司十五车队 68 路线 2299 车组）
云南省昆明新世界第一巴士服务有限公司北部公司九车队 101 路线 2085 车组（原市公共汽车总公司第四公司九车队 9 路线 2085 号车组）
甘肃省兰州市公交总公司三分公司一车队 3065 号车组
甘肃省兰州市公交总公司一分公司 1 路 1027 号车组

甘肃省兰州市公交总公司二分公司31路2061号车组

甘肃省兰州市公交总公司五分公司一车队5035号车组

甘肃第七建筑工程集团公司吴建华青年抹灰领包队

甘肃省兰州市公交总公司四分公司50路4132号车组

甘肃省建总公司六公司四分公司王润生抹灰青年突击队

新疆维吾尔自治区乌鲁木齐市公交总公司第三分公司15－36车组(原3－36号车组)

新疆维吾尔自治区哈密市城建管理监察大队

新疆维吾尔自治区昌吉市公共交通有限责任公司1路线

新疆维吾尔自治区喀什市自来水公司团支部

新疆建工集团三建李全军青年项目部

新疆建工集团四建黄河分公司黎明青年项目部

新疆建工集团一建高层分公司刘元章青年项目部(原李延江青年项目部)

二、新命名的

北京市公交总公司第一客运分公司387路12474号车组

北京房管一建设经营公司首华物业分公司翠微西里物业站

颐和园管理处导游服务中心

天津城建集团三公司咸阳路污水处理厂项目经理部

天津市市政工程总公司地铁一号线工程联建集体

天津市住房公积金管理中心贷款管理处

河北省邯郸市自来水公司营业处

河北省秦皇岛市公共交通有限责任公司34路278号车组

山西省太原市城市管理行政执法局迎泽区分局五中队

山西省太原市市政工程管理处道桥征费股

内蒙古自治区包头市住房公积金管理中心营业厅

辽宁省沈阳市12319建设事业服务热线

辽宁省葫芦岛市建委热线指挥中心

吉林省长春市房屋置换有限公司

吉林省辽源市水务集团营业收费公司大户科

黑龙江省齐齐哈尔市龙沙公园花卉二班

黑龙江省大庆石油管理局公共汽车公司西区分公司五车队202路线

上海市第七建筑有限公司三管部陶金青年科技突击队

上海现代建筑设计集团申元岩土工程有限公司工程设计部

江苏省南京中北(集团)股份有限公司1路线

江苏省扬州瘦西湖公园导游班

江苏省南京市排水管理处“小石热线”

浙江省杭州市天子岭废弃物处理总场地磅站

浙江省绍兴市公共交通总公司8路线

安徽省合肥市房地产管理局瑶海分局

安徽省合肥市市政设施监察大队

安徽省合肥公交集团有限公司第一运营公司D656车组

福建省泉州市工程交易中心交易大厅

福建恒源供水有限公司营业厅

江西省九江市规划局报建信息管理中心

江西省赣州市房地产交易市场

江西省萍乡市住房公积金管理中心

山东省青岛市热电集团有限公司海伦路换热站

山东省威海市园林管理处公园所

河南省南阳市市容环境卫生管理处清洁一所青年清掏班

河南省商丘市公共交通总公司2路线

河南省郑州市燃气股份有限公司第五营业所

河南省濮阳市燃气工程处安装维修队

湖北省潜江市建设工程质量监督检测站

湖北省武汉建工第二建筑有限公司第十二项目部

湖南省长沙市房地产交易管理所交易服务小组

湖南省常德市自来水公司青年突击队

广东省深圳市规划与国土资源局横岗管理所

广东省惠州市建设工程交易中心

广西壮族自治区柳州市自来水公司供水管理包装收费室

广西壮族自治区南宁市自来水公司西郊水厂新水池岗

海南省临高县城市建设与环境卫生监察大队临城中队

四川省成都市公共交通集团公司汽车4路

四川省达州市南城给排水公司

重庆市北碚区建筑管理站

重庆市市政设施管理局路政管理处青年突击队

贵州省贵阳市公共交通总公司三分公司14路

贵州省遵义市供排水公司供水服务中心

陕西省咸阳市城市管理监察支队

甘肃省兰州公交集团有限公司第四客运公司77路

宁夏银川住房公积金管理中心区直分中心营业大厅

新疆维吾尔自治区石河子市市容环境卫生管理处清运队

新疆生产建设兵团石河子天筑集团中天项目经理部

铁道系统

一、继续认定的

哈尔滨铁路局(17个)

三棵树机务段号机车包乘组

南岔机务段号机车包乘组

塔河运输管理中心西罗奇站

伊图里河车辆段伊图里河列检乙班

牡丹江站运转车间四班二调

昂昂溪机务段号机车包乘组

免渡河站青年调车组

哈尔滨客运分公司T17/8次第一乘务组

哈尔滨站客运车间软席班组

佳木斯车辆段K687/8次车队

牡丹江机务段号机车包乘组

佳木斯机务段号机车包乘组

牡丹江客运分公司K265/6次第五乘务组

哈尔滨车辆段哈南一场二班一组

哈尔滨铁路局齐齐哈尔客运分公司T47/8次第一乘务组

哈尔滨铁路局佳木斯车站软席青年班组

哈尔滨铁路局海拉尔客运分公司1303/4次第二乘务组

沈阳铁路局(20个)

大连客运分公司T227/8次第二、第三乘务组

沈阳北站客运一班第一候车室

叶柏寿车务段老锅站

大安北机务段号机车包乘组

沈阳客运分公司沈北乘务中心K53/4次车队

沈阳客运分公司本溪乘务中心4203/4次第二乘务组

长春客运分公司T59/60次第二乘务组

吉林客运分公司T271/2次第五乘务组

吉林客运分公司图们办事处K675/6次第一乘务组

锦州机务段号机车包乘组

梅河口车务段兴隆河站

赤峰车站运转车间二队一调

长春站售票中心预售班

大安北工务段三十三工区

沈阳机务段电力号机车包乘组

阜新车务段小东站

奈曼车务段三义井车站

沈阳铁路局通化机务段机车包乘组

沈阳铁路局图们车辆段鹿道列检所一班

沈阳铁路局大连北站运转三班第一调车组

北京铁路局(17个)

丰台机务段号机车包乘组

北京西站客运车间036候车室

天津机务段号机车包乘组
秦皇岛南站运转车间乙班第一调车组
邢台车务段官庄站
石家庄客运分公司 T521/4 次车队
石家庄工务段石家庄探伤工区
榆次站行一车间乙班第一调车组
太原客运分公司 K701/2 次第四乘务组
侯马车务段刘村站
太原北机务段 8G－025 号机车包乘组
侯马北机务段号机车包乘组
湖东车辆段修制车间制动室
大同客运分公司包头车队第五包乘组
北京铁路局北京客运分公司 T21/2 次车队
北京铁路局天津车务段军粮城站调车丁班
北京铁路局湖东电力机务段检修车间电子一组

呼和浩特铁路局(10 个)

呼和浩特局客运公司 K263/4 次车队
呼和浩特站丙班三调
包头西机务段号机车包乘组
集宁机务段号机车包乘组
临河工务段杜家台养路工区
包头西车辆段包西列检到达丙班
二连站运转车间乙班宽轨一调
集宁车辆段南站列检所丁班
呼和浩特铁路局呼和浩特客运公司 K89/90 次车队
呼和浩特铁路局呼和浩特机务段 7305 机车包乘组

郑州铁路局(20 个)

西安站一楼东去候车室
郑州客运分公司 K179/80 次车队
洛阳机务段 6K059 机车包乘组
武汉铁路分局公寓管理段信阳老场公寓
西安东站二班四调
荆门车务段桃子岭车站
紫阳工务段巴山指导区
武昌电务段乌龙泉信号维护工区
郑州站供水车间
西安东车辆段新丰一场列检所红外线班组
郑州北站 YIS 系统室
襄樊客运分公司 K49/50 次第二、第四乘务组
郑州局中心医院重症监护病房
西安客运分公司 T41/2 次第三、第四乘务组
洛阳北供电段阳城接触网工区
江岸机务段号机车包乘组
郑州机务段京武快速机车队
郑州铁路局信阳车辆段上行列检所三班
郑州铁路局三门峡工务段阳店线路工区
郑州铁路局宝鸡车务段青石崖车站

济南铁路局(14 个)

徐州客运分公司 2565/6 次车队
济南机务段 DF110039 号机车包乘组
徐州车务段桃山集车站
烟台站客运车间
青岛客运分公司 2539/40 次车队
济南站客运车间南方向候车室
徐州工务二段三张茂养路工区
青岛客运分公司 T25/6 次车队
徐州站客运车间北区候车室
济南大型机械化养路段大机一队 332 号机组
泰安车务段泰山站客运车间服务房
济南客运分公司 T35/6 次车队
济南铁路局潍坊车务段潍坊东站调车组
济南铁路局济南工程公司第二项目部青年突击队

上海铁路局(15 个)

沪宁杭客运分公司 T13/4 次车队
漳平机务段号机车包乘组
宿州车务段十里堡站
沪宁杭客运分公司 T65/6 次车队
衢州车务段十里铺站
厦门电务段西洋信号工区
阜阳机务段检修车间第二包修队
沪宁杭客运分公司 T31/2 次第一、第二乘务组
京九线王楼至阜阳南段

沪宁杭客运分公司上海办事处检修车间设备工段制动组
常州站软席候车室
上海站张庆恒服务台
杭州北车辆段艮山门到达场列检所二班
上海铁路局上海机务段号机车包乘组
上海铁路局南京站软席候车室

南昌铁路局(11个)

鹰潭站熊云清售票窗口
宜春车务段宣风站
南昌站客运三组
新余车务段潭岗站
上饶机务段号机车包乘组
新余工务段探伤二班
鹰潭站公安派出所
南昌客运公司T167/8次车队
南昌客运公司1453/4次第一、第二乘务组
南昌铁路局向塘机务段机车包乘组
南昌铁路局南昌铁路公安局萍乡刑侦队

广州铁路(集团)公司(13个)

怀化车辆段到达场列检二班
广州客运事业部T15/6次第二乘务组
株洲电务段株北驼峰信号楼
长沙客运事业部T1/2次第二乘务组
广深客运事业部广九第二乘务组
广州客运事业部T29/30次第三乘务组
怀化车务段仁里冲站
广梅汕动力事业部号机车包乘组
广州北车辆段轮轴检修组
株洲站软席贵宾室
株洲水电段110KV变电站
广州铁路(集团)公司怀化客运事业部K267/8次第六乘务组
广州铁路(集团)公司广州机械保温车辆段第95列青年包乘组

柳州铁路局(11个)

柳州南站运转车间甲班三调
柳州车辆段到达场列检所
柳州客运公司T5/6次第二、第六乘务组
柳州客运公司1379/80次第二、第六乘务组
湛江车辆段段修车间青年台车组
南宁站软席候车室
南宁电务段黎塘I场信号工区
百色供电段百色牵引变电所
玉林工务段居仕养路工区
柳州铁路局贵港车站运转丙班一调
柳州铁路局南宁医院内二科护理班组

成都铁路局(14个)

成都车站第四候车室
内江车务段汉王山站
六盘水机务段辅机组
成都客运分公司K113/4次车队
重庆西机务段号机车包乘组
成都客运分公司T7/8次车队
成都机务段号机车包乘组
重庆站区刑警大队
遵义机务段号机车包乘组
重庆客运分公司T9/10次第四乘务组
成都东站营销策划部
贵阳机务段号机车包乘组
成都铁路局峨眉车务段峨眉车站客运室
成都铁路局重庆西车站货运车间交付组

昆明铁路局(8个)

山腰站
昆明客运公司客运副班
昆明客运公司T61/2次第三、第八乘务组
广通机务段号机车包乘组
昆明公安处宜良北站派出所青年警组
昆明东站调车组四组二调
昆明铁路局开远机务段073号机车包乘组
昆明铁路局芷村工务段416工区

兰州铁路局(14个)

中卫车务段中卫站乙班调车组
格尔木车务段鱼水河车站
兰西机务段号机车包乘组
武威南机务段号机车包乘组

石嘴山车辆段设备车间电工班
兰州客运分公司 T75/6 次第一、第二乘务组
嘉峪关车辆段嘉峪关列检所丙班
天水机务段号机车包乘组
西宁机务段号机车包乘组
迎水桥机务段号机车包乘组
武威南供电段安远变电所
西宁车辆段哈尔盖列检车间戊班
兰州铁路局石板沟车站
兰州铁路局嘉峪关机务段包乘组
乌鲁木齐铁路局(11 个)
哈密工务段红光养路工区
和静车务段上新光站
吐鲁番站运转车间二班一调
乌鲁木齐客运公司 T53/54 次第八乘务组
奎屯车辆段阿拉山口列检所
哈密车辆段敦煌列检所
库尔勒客运段旅游车队
北疆公司阿拉山口换装作业所起重工班
哈密机务段检修车间包修一组
乌鲁木齐客运公司 T69/70 次第三乘务组
乌鲁木齐铁路局奎屯机务段 9475 机车包乘组
其他(2 个)
铁道部专运处列车段三队列车三班
铁道部信息技术中心信息部

二、新命名的

哈尔滨铁路局哈尔滨分局绥化站运转车间四班北调车组
哈尔滨铁路局齐齐哈尔分局齐齐哈尔机务段 215 机车组
沈阳铁路局大连公司大连机务段 ND5－390 青年包车组
沈阳铁路局锦州分局锦州东车辆段东列检四班三组
北京铁路局北京铁路分局北京站运转车间甲调五组
北京铁路局天津分局丰润机务段 DF4B2212 机车组
呼和浩特铁路局呼和浩特站软席贵宾室
郑州铁路局郑州客运段武昌车队 T501/502 次列车
郑州铁路局汉中线路桥隧段机械化路队
济南铁路局济南西站下行丁班驼峰调车组
上海铁路局福州分局福州东站货运发送班组
南昌铁路局南昌机务段 DF4D－3288 机车包乘组
广州铁路(集团)公司惠州线路事业部和平水电所
柳州铁路局柳州机务段青年电器包修组
成都铁路局贵阳车辆段设备车间电力室
昆明铁路局电务管理中心拉信号工区
兰州铁路局银川机务段“雷锋号”机车组
乌鲁木齐铁路局鄯善工务段中修队
铁通丹东分公司丹东十一纬路营业厅

通信系统

一、继续认定的

国家邮政局(132 个)
北京市东四邮电局营业组
北京市海淀区北太平庄邮电局营业股
北京市建内大街邮电局储蓄组
北京市东城区邮政投递局东四投递部
北京市百万庄共青团邮电局营业班
北京邮区中心局信函处平常进口科甲班
北京市南区邮电局计算机中心
天津市邮政储汇局红旗路储蓄所
天津市鞍山道邮政支局
天津市天津站邮政支局邮政营业组
河北省保定市邮政局五一邮政储蓄所
河北省廊坊市邮政局递送服务局
河北省石家庄邮区中心局邮件转运局石长押运班
河北省邯郸市邮政局中华大街邮政营业厅
山西省长治市邮政局英雄路支局南营业组
山西省新绛县邮政局营业厅
山西省太原市邮政局广场收投分局

山西省临汾市邮政局平阳北街邮政支局
内蒙古自治区通辽市邮政局和平路营业班
内蒙古自治区乌盟邮政局投递局投递组
内蒙古自治区呼伦贝尔市邮政局中央街支局
辽宁省本溪市邮政局投递分局平山投递班
辽宁省抚顺市邮政局营业分局望花营业班
辽宁省沈阳市邮政局和平区局共青团支局
辽宁省大连市邮政局营业分局站前营业部
辽宁省丹东市邮政局七经街营业班
吉林省长春市邮政局绿园邮电局人民广场邮电支局
吉林省吉林市邮政局船营分局营业室
吉林省长春市邮政局桂林路邮电局投递室
吉林省长春市邮政局桂林路邮电局同志街邮电支局
吉林省白城市邮政局青年街营业支局
黑龙江省大兴安岭地区邮政局人民路邮政支局
黑龙江省大庆市邮政局会战营业分局营业班
黑龙江省双鸭山市邮政局储汇中心
黑龙江省佳木斯市邮政局储汇中心
黑龙江省哈尔滨市邮政局南岗营业分局邮政营业厅
上海市邮政局宝山区局友谊路支局营业组
上海市邮政局曹家渡投递支局信班二班
上海市邮政局市南区局卢湾支局综合服务台
上海市邮政局邮区中心局押运科71班
江苏省南京市邮政局鼓楼邮政大厦报刊销售中心门市部
江苏省镇江市邮政局火车站支局
江苏省苏州市邮政局察院场支局
江苏省扬州市邮政局文昌支局
江苏省无锡市邮政局人民路支局
浙江省临海市邮政局赤城路储汇组
浙江省岱山县邮政局高亭支局
浙江省宁波市邮政局中山东路支局
浙江省瑞安市邮政局万松邮政支局营业一班
浙江省金华市邮政局西市街营业班
安徽省马鞍山市邮政局湖北路支局营业大厅
安徽省合肥市邮政局鸿迅邮政投送公司中区分公司
安徽省界首市邮政局综合营业班
安徽省铜陵市邮政局长江路支局营业厅
江西省新余市邮政局广场邮政支局城北营业组
江西省宜春市邮政局中山西路邮政储蓄所
江西省九江市邮政局投递组
江西省南昌市邮政局广场邮政分局营业班
山东省长岛县邮政局投递班
山东省济南市邮政局师范路分局
山东省泰安市邮政局投递班
山东省青岛市邮政局广西路邮电支局
山东省济南市邮政局经二路营业室
福建省福州市邮政局鼓楼分局华林支局
福建省莆田市邮政局文献邮电营业部
福建省厦门市邮政局湖滨西路邮电支局
福建省三明市邮政局列东邮政营业组
福建省泉州市邮政局九一路支局
福建省漳州市邮政局南昌路邮政储蓄所
福建省晋江市邮政局英林分局
河南省平顶山市邮政局火车站邮政储蓄组
河南省郑州市邮政局花园路收投服务分局三八女子投递班
河南省新乡市邮政局分拣转运科转运站
河南省安阳市邮政局火车站营业班
河南省驻马店市邮政局解放路邮政营业处
湖北省襄樊市邮政局中心营业处
湖北省武汉市邮政局水果湖支局储蓄组
湖北省武汉市邮政局航空路支局邮政组
湖北省荆州市邮政局发投支局荆中投递班
湖南省长沙市邮政局五一路邮政储蓄班
湖南省长沙邮区中心局长京1/2次押运班
湖南省常德市邮政局青年投递班
湖南省张家界市邮政局中心储蓄所
湖南省衡阳市邮政局邮电大楼邮政储蓄所
广东省深圳市邮政局邮区中心局邮件转运站

广东省东莞市邮政局运河西邮政营业处
广东省中山市邮政局小榄分局营业班
广东省广州市邮政局中山大道东支局
广西壮族自治区玉林市邮政局东门邮政支局
广西壮族自治区桂林市邮政局中南营业处
广西壮族自治区南宁市邮政局新城邮政营业处
广西壮族自治区柳州市邮政局邮件处理中心邮件转运站
海南省海口市邮政局海府营业部
海南省海口市邮政局南宝邮政储蓄所
海南省琼海市邮政局邮政储蓄营业班
重庆市开县邮政局中心营业部
重庆市渝中区邮政局解放碑邮政营业室
重庆市南岸区邮政局南坪营业室
四川省南充市邮政局人民中路邮政营业厅
四川省成都市邮政局沙湾邮政分局营业部
四川省成都市邮政局建设路投递部
云南省西双版纳州邮政局储蓄组
云南省大理州邮政局建设路综合营业室
云南省河口县邮政局营业组
云南省瑞丽市邮政局邮政营业组
贵州省黔东南州邮政局投递班
贵州省瓮安县邮政局营储班
贵州省贵阳市邮政局喷水池营业部
贵州省遵义市邮政局中华南路邮政所
西藏自治区拉萨市邮政局营业科营业一班
西藏自治区拉萨市邮政局投递局投递班
西藏自治区那曲地区邮政局营业班
西藏自治区阿里地区邮政局中心营业厅
陕西省西安市邮政局小寨邮电支局营业组
陕西省咸阳市邮政局城区营业部人民路支局
陕西省延安市邮政局中心街邮政支局
甘肃省兰州市邮政局耿家庄邮政分局营业部
甘肃省兰州市邮政局中央广场分局营业部
甘肃省天水邮区中心局火车邮件转运站
甘肃省陇南地区邮政局投递班
甘肃省武威市邮政局城区邮政支局
宁夏回族自治区石嘴山市邮政局石嘴山区河滨邮政支局
宁夏回族自治区银川市邮政局城区投递分局女子投递班
宁夏回族自治区银川市邮政局西城分局虹桥营业厅
宁夏回族自治区石嘴山市邮政局中心营业厅
青海省西宁市邮政局城东邮政分局互助路支局
青海省西宁市邮政局五四大街邮政支局
青海省西宁市邮政速递局礼仪服务中心
新疆维吾尔自治区阿克苏地区邮政局南大街支局
新疆维吾尔自治区乌鲁木齐市邮政局石化支局
新疆维吾尔自治区伊犁州邮政局斯大林街邮政储汇组
新疆维吾尔自治区吐鲁番地区邮政局城市投递班

中国电信(90 个)

上海市电信有限公司浦东电信局东昌分局设备组
上海市电信有限公司市场部查号中心
上海市电信有限公司长途通信事业部南京东路营业厅
上海市电信有限公司信息网络部数据网络中心
江苏省电信有限公司南京分公司大客户部
江苏省电信有限公司苏州分公司大客户部
江苏省电信有限公司苏州分公司电话装机公司
江苏省电信有限公司徐州分公司电信营业处营业厅
江苏省电信有限公司扬州分公司石塔路营业处
浙江省电信有限公司绍兴市分公司综合营业厅
浙江省电信有限公司岱山县电信局营业班

浙江省电信有限公司杭州市分公司武林广场电信营业厅
浙江省电信有限公司温州市分公司南站市话营业班
浙江省电信有限公司金华市分公司西市街营业厅
福建省电信公司泉州市分公司石狮市电信局营业厅
福建省电信公司泉州市分公司账务计算机中心
福建省电信公司福清市分公司综合营业厅
福建省电信公司厦门市分公司江头营业部
福建省电信公司福州市分公司枢纽综合营业厅
福建省电信公司漳州市分公司应急通信抢修中心
福建省电信公司厦门市分公司客户服务中心
安徽省电信公司马鞍山分公司电信营业班
安徽省电信有限公司合肥市分公司数据分局
安徽省电信有限公司合肥市分公司营业处芜湖路营业厅
安徽省电信有限公司滁州市分公司公众客户服务一部
江西省电信公司鹰潭市分公司广场营业班
江西省电信公司南昌电信大客户部
江西省电信公司九江市分公司线路维护安装中心
江西省电信公司九江市分公司浔阳路电信营业厅
广东省电信有限公司中山市分公司客服中心查号台
广东省电信有限公司珠海市分公司吉大电信营业厅
广东省电信有限公司广州卫星通信局国际通信室
广东省电信有限公司佛山市分公司亲仁电信营业厅
广东省电信有限公司深圳市分公司人工信息咨询台
广东省电信公司汕头市分公司计算机站
广东省电信公司广州分公司客户服务中心查号台
广东省电信公司汕尾市分公司香洲营业班
广西壮族自治区电信公司玉林分公司民主中路营业厅
广西壮族自治区电信公司南宁市分公司大客户服务部
广西壮族自治区电信公司柳州分公司龙城路营业部
广西壮族自治区电信公司梧州分公司文化路综合营业班
湖北省电信公司恩施州分公司营维中心
湖北省电信公司武汉分公司海大信息资讯分公司人工信息台
湖北省电信公司襄樊市分公司老河口市电信局花园路分局
湖北省电信公司武汉市分公司武昌区局东亭支局
湖北省电信公司荆州市分公司江津路电信营业厅
湖北省电信公司仙桃市分公司营维中心
湖南省电信公司益阳市分公司中心营业厅
湖南省电信公司长沙市分公司营维公司营维二处
湖南省电信公司常德市分公司营维服务中心
陕西省电信公司宝鸡市分公司商业客户部营业中心
陕西省电信公司渭南市分公司韩城市电信局营销中心组
陕西省电信公司汉中市分公司电信营业班
甘肃省电信公司陇南分公司公众客户中心
甘肃省电信公司兰州市分公司业务支撑中心
甘肃省电信公司嘉峪关市分公司中心营业处
宁夏回族自治区电信公司银川业务部客户经理部
宁夏回族自治区电信公司吴忠市分公司网管

中心
宁夏回族自治区电信公司数据通信局终端维护班
青海省电信公司果洛州分公司营业班
青海省电信公司海东地区分公司平安电信营业班
青海省电信公司海晏县电信局营业室
新疆维吾尔自治区电信公司阿克苏地区分公司阿拉尔市电信局营业厅
新疆维吾尔自治区电信公司克拉玛依分公司中心电信营业班
新疆维吾尔自治区电信公司乌鲁木齐市分公司胜利路市话分局维护一班
新疆维吾尔自治区电信公司吐鲁番地区分公司电信中心营业厅
贵州省电信公司贵阳运营中心数据设备维护中心
贵州省电信公司黔西南州分公司电信营业班
贵州省电信公司贵阳市分公司运营中心中华南路营业厅
贵州省电信公司黔南州分公司传输中心光缆维护段
贵州省电信公司遵义市分公司客户服务中心查号台
重庆市电信公司电视电话会议中心
重庆市电信有限公司大坪综合营业厅
重庆市电信有限公司涪陵区电信局高笋塘营业厅
重庆市电信有限公司巴南区分公司电信营业厅
西藏自治区电信公司昌都分公司电信分局
西藏自治区电信公司拉萨业务部销售中心营业班
西藏自治区电信公司拉萨业务部线路维护班
海南省电信公司海口市电信局海府区域中心
海南省电信公司海口市电信局海府营业厅
海南省电信公司三亚市电信局客户服务中心
云南省电信公司楚雄分公司中心电信营业厅
云南省电信公司昆明市分公司营销中心
云南省电信公司大理州分公司人民街电信营业室
云南省电信公司西双版纳州分公司电信营业室
四川省电信公司成都市分公司东城运营部人民东路营业厅
四川省电信公司南充市分公司综合电信营业厅
四川省电信公司乐山市分公司玉堂街邮电广场电信综合营业厅
四川省电信公司成都市分公司东郊电信运营部新华营业厅
四川省电信公司绵阳分公司临园口社区服务站

中国网通(45 个)

北京市通信公司四区电话局左家庄局线务班
北京市通信公司三区电话局西单局查修班
北京市通信公司长途局国际话务台
北京市通信公司八区电话局五棵松局查修班
北京市通信公司西单营业厅
天津市通信公司专用通信局线务班
天津市通信公司长途通信局营业大厅
天津市通信公司数据通信局信息业务开发部
天津市通信公司八分公司黄山路分局线路一班
天津市通信公司客户服务中心受理中心
河北省通信公司石家庄市分公司中山路营业厅
河北省通信公司邢台市分公司桥东营业厅
河北省通信公司衡水市分公司 114 查号台
山西省通信公司太原市分公司呼叫受理中心 114 查号台
山西省通信公司大同市分公司广场营业厅
山西省通信公司晋中市分公司 112 测维中心
山西省通信公司临汾市分公司 112 测维中心维护组
山西省通信公司万荣县分公司营业厅

内蒙古自治区通信公司呼和浩特市分公司营业部中山路营业厅
内蒙古通信公司呼伦贝尔市分公司尹敏街营业厅
内蒙古通信公司鄂尔多斯市分公司达拉特南路营业厅
辽宁省通信公司沈阳市分公司营业处综合营业班
辽宁省通信公司丹东市分公司营销一分局六纬路营业厅
辽宁省邮电规划设计院鞍山分院
辽宁省通信公司沈阳市分公司114查号台
辽宁省通信公司大连市分公司通信营业中心民生营业厅
吉林省通信公司吉林市分公司解放大路营业厅
吉林省通信公司通化市分公司营业服务中心营业班
吉林省通信公司通化市分公司江东线路维护中心
吉林省通信公司吉林市分公司站前营业室
吉林省通信公司靖宇县分公司新华路营业厅
黑龙江省通信公司哈尔滨市分公司服务监察部180受理中心
黑龙江省通信公司哈尔滨市分公司道里区局尚志营业厅
黑龙江省通信公司总经理热线受理中心
黑龙江省通信公司鸡西市分公司大客户事业部
山东省通信公司临沂市分公司市话装机班
山东省通信公司济南市分公司营销事业部共青团路营业厅
山东省通信公司青岛市分公司客户服务中心杭州路营业厅
山东省通信公司威海市分公司线路分局查修队
山东省通信公司淄博市分公司重点客户事业部
山东省通信公司烟台市分公司电信世界市话业务营业厅
河南省通信公司开封市分公司114查号台
河南省通信公司新乡市分公司客户服务中心
河南省通信公司郑州市分公司百花路营业厅
河南省通信公司驻马店市分公司解放路建苑营业厅

中国联通(38个)

中国联通厦门分公司江头营业维修班
中国联通龙岩分公司营业厅
中国联通吉林市分公司光华路营业厅
中国联通长春分公司客户服务部1001服务中心
中国联通天津分公司寻呼话务室
联通国脉公司话务部查询台
中国联通南宁分公司东葛路营业班
中国联通南宁分公司话务中心
中国联通柳州分公司话务中心
中国联通北京分公司寻呼业务部198台
中国联通北京分公司西直门营业厅
中国联通包头分公司客户服务部话务中心
中国联通赤峰分公司运维基站班
中国联通乌海分公司中心营业厅
中国联通宁夏分公司寻呼部话务中心寻呼一班
中国联通锦州分公司客服中心
中国联通鹰潭分公司东湖营业厅
中国联通湖南分公司呼叫中心(原长沙分公司呼叫中心)
中国联通湘潭分公司呼叫中心
中国联通济南分公司市中第一营业厅
中国联通青岛分公司延安三路营业厅
中国联通平顶山分公司火车站营业厅
中国联通安阳分公司话务中心
中国联通开封分公司127机房
中国联通徐州分公司126话务中心
中国联通南京分公司寻呼部话务台
中国联通重庆分公司歇台子营业厅

中国联通乐山分公司中心营业厅
中国联通泸州分公司联通通讯广场
中国联通河北分公司客户服务中心寻呼分中心
中国联通唐山分公司营业部
中国联通延安分公司延安市营业厅
中国联通佳木斯分公司寻呼话务部
中国联通哈尔滨分公司寻呼话务部
中国联通杭州分公司客服与呼叫中心
中国联通温州分公司大诚营业厅
中国联通广州分公司天河营业厅
中国联通太原分公司客服与呼叫中心业务部
中国移动(80个)
北京移动通信有限责任公司广渠门营业厅
北京移动通信有限责任公司客户服务中心1860呼叫中心
北京移动通信有限责任公司网络优化中心
天津移动通信有限责任公司中心营业厅
天津移动通信有限责任公司客户服务中心
河北移动通信有限责任公司秦皇岛分公司交换中心
河北移动通信有限责任公司石家庄分公司大客户服务中心
河北移动通信有限责任公司唐山分公司兴源道营业厅
山西移动通信有限责任公司忻州分公司定襄营业部
山西移动通信有限责任公司太原营销中心城区营业部迎泽营业厅
内蒙古自治区移动通信公司网管中心交换室
内蒙古自治区移动通信公司鄂尔多斯市分公司伊金霍洛街营业厅
辽宁移动通信有限责任公司沈阳分公司南顺城营业厅
辽宁移动通信有限责任公司客户服务中心
辽宁移动通信有限责任公司大连分公司上海路营业厅
吉林移动通信公司辽源市分公司业务受理科
吉林移动通信公司长春营销中心客户服务中心
吉林移动通信公司通化市分公司客户营业服务中心营业班
黑龙江移动通信公司哈尔滨事业部中央大街营业厅
黑龙江移动通信公司客户服务中心
上海移动通信有限责任公司九江路营业厅
上海移动通信有限责任公司大客户服务部
江苏移动通信有限责任公司姜堰分公司人民中路营业厅
江苏移动通信有限责任公司丹阳分公司丹凤南路营业班
浙江移动通信有限责任公司湖州分公司营业班
浙江移动通信有限责任公司余姚分公司营业班
浙江移动通信有限责任公司金华市分公司营业中心
浙江移动通信有限责任公司温州分公司营业班
安徽移动通信有限责任公司合肥营销中心四牌楼营业厅
安徽移动通信有限责任公司黄山市分公司建维部维护中心
安徽移动通信有限责任公司巢湖分公司人民路营业厅
福建移动通信有限责任公司移动通信维修中心
福建移动通信有限责任公司厦门分公司莲前客户服务中心
福建移动通信有限责任公司宁德分公司闽东大广场营业厅
江西移动通信有限责任公司新余市分公司移动通信班
江西移动通信有限责任公司南昌营销中心客户八一大道营业厅
江西移动通信有限责任公司赣州分公司红旗

大道营业班
山东移动通信有限责任公司潍坊分公司早春园营业厅
山东移动通信有限责任公司济南分公司客户服务中心
山东移动通信有限责任公司威海分公司中心营业厅
河南移动通信有限责任公司市场经营部
河南移动通信有限责任公司许昌分公司市区营业部
河南移动通信有限责任公司郑州分公司农业路营业厅
湖北移动通信有限责任公司荆州分公司广场营业厅
湖北移动通信有限责任公司十堰市分公司客户服务中心
湖北移动通信有限责任公司武汉营销中心客户服务中心
湖南移动通信有限责任公司邵阳分公司支撑维护中心
湖南移动通信有限责任公司长沙移动营销中心涂家冲营业厅
广东移动通信有限责任公司深圳分公司客户服务热线1860
广东移动通信有限责任公司中山分公司恒信营业厅
广东移动通信有限责任公司顺德分公司网管维护中心
广东移动通信有限责任公司汕头分公司网管维护中心
海南移动通信有限责任公司海口分公司大客户服务部
海南移动通信有限责任公司儋州分公司
广西移动通信有限责任公司柳州分公司营业中心营业工作部
广西移动通信有限责任公司桂林分公司移动广场服务厅
重庆移动通信有限责任公司歇台子营业厅
重庆移动通信有限责任公司客户服务中心
四川移动通信有限责任公司成都营销中心太升南路营业厅
四川移动通信有限责任公司泸州分公司水井沟营业厅
四川移动通信有限责任公司绵阳分公司江油市营业部纪念碑营业组
贵州移动通信公司黔西南州分公司营业班
贵州移动通信公司安顺分公司塔山西路营业厅
贵州移动通信公司贵阳市营运中心营业中心延安东路营业厅
云南移动通信公司昆明营销中心东华营业厅
云南移动通信公司大理白族自治州分公司大理市人民街营业室
云南移动通信公司楚雄分公司红房子营业厅
陕西移动通信有限责任公司西安市营业部尚朴路营业厅
陕西移动通信有限责任公司咸阳分公司计费班
陕西移动通信有限责任公司数据信息中心
甘肃移动通信公司兰州分公司交换中心
甘肃移动通信公司客户服务中心
青海移动通信公司省会营销中心西大街营业部
青海移动通信公司海东分公司平安县营业部
宁夏回族自治区移动通信公司银川营销中心虹桥营业厅
宁夏回族自治区移动通信公司客户服务中心
新疆维吾尔族自治区移动通信公司计费中心业务部
新疆维吾尔族自治区移动通信公司营销中心南门营业厅
西藏自治区移动通信公司拉萨营业部
中京邮电通信设计院第二设计所

中国卫星(1个)

中国通信广播卫星公司卫星测控监测中心

中国铁通(2个)

铁通沈阳分公司沈河营业厅

铁通株洲分公司钻石路营业厅

二、新命名的

北京邮区中心局邮件运输处押运一科
天津市集邮公司和平路邮政商店
河北省石家庄市邮政局长安邮政分局
山西省太原邮区中心局转运科转运站
内蒙古自治区呼和浩特市邮政局新城支局
辽宁省盘锦市邮政局大楼邮政营业厅
吉林省延边朝鲜族自治州邮政局人民路营业班
黑龙江省鹤岗市邮政局兴山支局
上海市邮政局松江区局人民路支局营业组
江苏省徐州邮政局淮东支局
浙江省平湖市建国北路邮政储蓄班
安徽省黄山市邮政局前园南路支局
福建省福清市邮政局融城分局邮政储蓄营业部
江西省南昌邮区中心局昌京线
山东省潍坊市邮政局营业分局潍洲路支局
河南省许昌市邮政局投递班
广东省潮州市邮政局速递公司
广西壮族自治区南宁市邮政局新民邮政储蓄所
海南省邮政185客户服务中心
重庆市九龙坡区邮政局杨家坪邮政营业室
四川省泸州市江阳区邮政局投递组
贵州省贵阳市邮政局中华南路营业部
云南省曲靖市邮政局储汇分局康桥储汇组
西藏自治区山南地区邮政局邮政运营部营业班组
陕西省西安市邮政局钟楼邮电支局邮政营业组
宁夏回族自治区中卫县邮政局中山街邮政储蓄所
新疆维吾尔自治区乌鲁木齐市邮政局扬子江路支局
上海市电信有限公司大客户部
江苏省电信有限公司徐州分公司10000客户服务中心
广东省电信有限公司深圳分公司黄木岗营业厅
浙江省电信有限公司杭州分公司大客户部
福建省电信有限公司三明分公司列东电信营业厅
江西省电信公司景德镇分公司珠山西路营业组
陕西省电信公司西安分公司营业服务部西华门中心电信营业班
四川省电信有限公司成都分公司计费账务支撑中心
重庆市电信有限公司万州区分公司中心营业厅
贵州省电信公司贵阳运营中心10000客户服务中心114查号台
安徽省电信有限公司淮北分公司社区服务室
湖南省电信公司郴州分公司营业中心营业班
西藏自治区电信公司山南分公司乃东局营业厅
宁夏回族自治区电信公司银川业务部营业中心虹桥营业厅
湖北省电信公司咸宁分公司中心营业厅
广西壮族自治区电信公司桂林分公司中心营业厅
青海省电信公司西宁分公司古城台受理班
新疆自治区电信公司乌鲁木齐特力电信公司话务中心查号台
云南省电信公司文山州分公司收费查询中心
江苏省电信有限公司无锡分公司大客户部
福建省电信有限公司厦门分公司公众客户服务中心
天津市通信公司三分公司赤峰道营业厅
河北省通信公司唐山市分公司电信营业部
河北省通信公司高碑店市分公司白沟营业部
内蒙古自治区通信公司包头市分公司通信五分局钢铁大街中心营业厅营业班
辽宁省通信公司本溪市分公司营业中心

吉林省通信公司松原市分公司营业服务中心
黑龙江省通信公司佳木斯市分公司互联网事业部
山东省通信公司青岛市分公司客户服务中心
河南省通信公司信阳市分公司
吉林省通信公司白山市分公司营业班
天津市通信公司大港通信分公司永明路营业厅
中国联通山东济南分公司客户服务中心
中国联通四川绵阳分公司富乐路营业厅
中国联通黑龙江佳木斯分公司中心营业厅
中国联通河北石家庄分公司营业部
中国联通江苏常州分公司寻呼暨客服呼叫中心
中国联通安徽合肥分公司1001客服中心
中国联通吉林长春分公司自由大路营业厅
中国联通宁夏分公司民族南街营业厅
中国联通湖南岳阳分公司营业中心
中国联通福建福州分公司东街营业厅
中国联通天津分公司客户服务中心
中国联通河南洛阳分公司七里河营业厅
中国联通内蒙古包头分公司松梅街营业厅
中国联通贵州安顺分公司营业厅
中国联通江西南昌分公司基础网络部
天津移动通信有限责任公司南马路营业厅
山西移动通信有限责任公司客户服务中心
辽宁移动通信有限责任公司沈阳分公司十一纬路营业厅
黑龙江移动通信公司大庆分公司营业中心
福建移动通信有限责任公司泉州分公司九一路客户服务中心
河南移动通信有限责任公司驻马店分公司解放路营业厅
广东移动通信有限责任公司佛山分公司移动通信服务中心
重庆移动通信有限责任公司营销中心解放碑营业厅
贵州移动通信公司遵义分公司设备监控中心
陕西移动通信有限责任公司1860客服中心
新疆移动通信公司伊黎分公司霍尔果斯营业部
湖南移动通信有限责任公司常德分公司营业中心
江苏移动通信有限责任公司吴江分公司营业厅
甘肃移动通信公司天水分公司解放路营业厅
吉林移动通信公司长春营销中心隆礼路营业厅
青海移动通信公司省会营销中心西关大街营业部
湖北移动通信有限责任公司荆门分公司移动通信广场
海南移动通信有限责任公司1860客服中心
浙江移动通信有限责任公司杭州分公司延安路营业中心
江西移动通信有限责任公司九江分公司客户服务中心
北京移动通信有限责任公司三元桥营业厅
铁通牡丹江分公司牡丹江日照街营业厅
铁通吉林市分公司设备维护分局程控室
铁通青岛分公司综合信息分局
铁通广州分公司中山一路营业厅

商贸系统

一、继续认定的

北京古船食品有限公司品研部中心化验室
北京西单商场第三卖场仕女鞋区
北京友谊商店服装部丝绸组
北京百货大楼第二卖场配装组
北京长安商场第七卖场大家电组
北京崇文门饭店安保部门卫组
北京王府井百货大楼第一卖场化妆组
北京西单商场第五卖场国际体育休闲区
北京贵友大厦皮具组
北京张一元茶庄
北京燕莎友谊商城有限公司

北京西单商场第二卖场精品女装三区
北京菜市口百货有限公司黄金珠宝首饰部
天津红旗饭庄有限公司厨房部岗组
天津滨江商厦有限公司家电商场洗调部
天津好利来食品有限公司下瓦房店
天津一商发展有限公司友谊商厦前卫店总服务台
天津油脂(集团)有限公司新港油脂库改扩建项目组
天津滨江商厦有限公司"十姐妹"柜组
天津百货大楼集团有限公司汝舜电器分公司
天津金元宝商厦集团公司日百商场箱包部
天津劝业场股份有限公司勿忘我礼仪服务部
天津美膳酒楼一楼营业部
天津利金粮油股份有限公司专用粉实验厂制粉二班
天津威通生产资料有限公司金属一公司
天津鸿起顺饭庄总店厨房组
天津中原百货集团股份有限公司电器商场电视机组
天津北辰区集贤大酒家厨房部
河北廊坊市商业明珠大厦
河北衡水爱特购物中心家电部电视组
河北石家庄燕风楼烤鸭店二楼服务部
河北华鑫集团公司车辆器材公司零件经营部
河北石家庄建华百货大楼女装精品专柜
河北保定商场日化商场化妆品三组
河北邢台市中桥商场
河北唐山百货大楼集团公司针织商场毛织物组
河北故城县机电设备总公司
河北石家庄市新燕春集团天府大酒店
河北沧州华北商厦集团有限公司
山西上海汽车工业销售有限公司
山西化轻总公司塑料分公司
山西机电设备仓库物资经销分公司
山西长治市金威商场服装部
内蒙古通辽批发城有限公司
内蒙古五原县京原有限公司
内蒙古呼和浩特市第三粮库青年保管组
内蒙古包头市百货大楼集团股份公司工艺商场
内蒙古包头市家乐粮油总店昆区39粮店
内蒙古包头市百货大楼集团股份公司蓝天商厦
内蒙古民族集团家电分公司东芝电视专柜
中央储备粮内蒙古通辽直属库
内蒙古通辽泰来金银珠宝有限公司哲里木金店
内蒙古呼和浩特市第一粮库经济民警队
辽宁中兴——沈阳商业大厦(集团)股份有限公司鹿王摊
辽宁大商超市集团鱼肉菜果卖区海珍班
辽宁锦州中百商厦有限公司女装商场
辽宁大连天百大楼股份有限公司李林班
大商集团辽宁本溪商业大厦有限公司家电商场
辽宁沈阳商业城(集团)服装公司女装商场
辽宁沈阳商业城(集团)鞋帽公司皮鞋二商场
辽宁大商集团大连商场家电卖区国产电视机班
辽宁大连天百大楼股份有限公司小伙子专柜
辽宁沈阳和平宾馆青年接待班
辽宁中兴——沈阳商业大厦化妆商场进口膏霜组
辽宁大商家家广场(大连店)家具商场家具一班
辽宁阜新国泰大厦股份有限公司食品部
辽宁中兴——沈阳商业大厦服装商场东方仙玛专柜
辽宁沈阳商业城(集团)针织品公司
辽宁沈阳铁西百货大楼有限公司金店
辽宁大商集团抚顺百货大楼钟表商场照相器材班组
吉林长春百货大楼文体用品商场照相器材部
吉林长春欧亚商都海尔电器园

吉林电子商务交易中心业务部
吉林白山市方大商业有限公司
吉林长春百货大楼五金商场冰箱部
吉林省吉林市百货大楼家电商场
吉林辽源市凯玛商贸有限公司
吉林长春欧亚集团欧亚车百电讯商场电视部
吉林燃料股份有限公司自备车营运处
吉林吉林市东方商厦股份有限公司音像商场影像商品部
吉林长春百货大楼电讯商场小收录机部
吉林东方商厦股份有限公司儿童商场玩具商品部
黑龙江哈尔滨秋林集团纺织商场阿尔巴斯羊绒组
大商集团黑龙江牡丹江百货大楼总台礼仪班
黑龙江哈尔滨第一百货商店电讯商场电视机组
黑龙江哈尔滨秋林集团黄金总汇首饰二组
黑龙江哈尔滨中央商城
上海第一医药商店“依嘉医药热线”
上海第一百货商店摄像机柜组
上海虹桥友谊商城皮件部鞋区
上海九百家居装饰商城静安店洁具部
上海华联王震信息科技有限公司照相机柜
上海培罗蒙西服公司定制中心
上海第一百货股份公司东楼礼品部
上海妇女用品商店新一代青年女子专柜
上海新亚(集团)股份有限公司新城饭店门厅小组
上海物资集团汽车贸易有限公司营销部
上海华联超市公司华山商场
上海东方商厦有限公司食品日用商场
上海华生化工公司新产品试制小组
上海兰笋山庄
上海物资学校物校学生报报社
江苏苏州市得月楼菜馆 3 号班组
江苏常州新世纪商城空调组
江苏物资集团经贸发展有限公司
江苏南京商厦文化商场电脑组
江苏常州百货大楼股份有限公司购物中心电视机 A 柜
江苏南京中央商场股份有限公司针织商场内衣组
江苏苏州物资集团胥城大厦
江苏张家港市商业大厦
江苏苏州美罗商城(原苏州工业品商场购物中心)
江苏无锡商业大厦集团有限公司自行车柜
江苏苏州人民商场股份有限公司鞋帽部全半胶柜
江苏南京新街口百货商店股份有限公司金利来柜
江苏友谊华联(集团)公司食品商场黄金饰品柜
江苏南通文峰大世界商贸连锁公司总服务台
江苏南京天环集团有限公司服装一部杉杉部
浙江湖州市星火服装有限公司
浙江杭州百大集团杭州大酒店前厅部总台
浙江宁波市第二百货商店“老凤祥”首饰柜
浙江元通汽车有限公司
浙江百大集团杭州百货大楼食品商场烟酒柜
浙江宁波长发商厦男鞋精品部
浙江绍兴市国商大厦有限公司食品部
浙江台州市金路超市有限公司
浙江宁波城隍庙黄金专柜
安徽合肥市糖业烟酒有限公司名烟名酒专卖连锁五店
安徽宿州市华夏商厦烟酒组
安徽六安商之都针织鞋帽商场衬衫组
安徽合肥鼓楼商厦国产彩电组
安徽徽商股份有限公司市场部
安徽蚌埠百货大楼股份有限公司衬衫组
安徽徽商金属材料有限公司
安徽商之都食品商场宣礼凤柜组
安微徽商集团新能源股份有限公司晋煤公司
安微徽商集团物华汽车服务有限公司

安徽华物期货经纪有限公司投资发展部
安徽合肥长江饭店客房部四楼
安徽徽商集团化轻股份有限公司轻纺分公司
福建三明四海医药连锁有限公司医药商场医药柜
福建银河花园大酒店
福建莆田市国货精品大商场
福建福州市饮食(集团)公司美食园餐厅
福建厦门市华联商厦服装部金利来柜
福建南平市四鹤百货大楼
江西南昌商业储运总公司专职消防队
江西南昌亨得利钟表眼镜公司珠宝金行
江西物资储运总公司仓储分公司装卸一班
江西南昌百货大楼股份有限公司电视机组
江西赣江宾馆前厅部总服务台
山东济宁饭店总服务台
三联集团山东济南家电商场
山东威海糖酒站超市中心店
山东鲁能物资集团有限公司贵和购物中心
山东滨州市百货大楼有限公司一分公司超市
山东济宁市华联商厦股份有限公司洗化商场护肤柜
山东银座商城股份有限公司
山东济南世界购物广场
山东德州友谊形象设计有限公司
山东桓台宾馆
山东威海市永利坚装饰配套公司
山东青岛崂山百货大楼(集团)股份有限公司
山东淄博商厦股份有限公司
山东日照市百货大楼
山东德州市金属建材有限责任公司
河南洛阳市百货大楼百货部飞利浦小组
河南新乡市百货大楼有限责任公司日化部
河南洛阳市洛阳酒家贵宾厅
河南驻马店商业大厦服装公司
河南平顶山商场文化部笔组
河南机电设备总公司轴承公司
河南郑州华联商厦文化商场照测部
湖北宜昌市国贸大厦一楼卖场彩化一区
湖北荆门市东方百货大厦
湖北武商集团武汉广场总服务台
湖北孝感汉川市白云大酒店
湖北恩施州帅巴人酒店发展有限公司
湖北孝商集团百货部化妆柜
湖北武汉商场日用化妆公司刘莉柜
湖北武汉市武昌金属回收公司资源科
湖北武汉中心百货大楼郭和平工作室
湖北武汉市汉商集团日化公司邹三梅专柜
湖北鄂州市金浩化工建材有限公司
湖北中南商业大楼电视机柜
湖南郴州北湖商场副食柜
湖南长沙物资贸易总公司计划财务部
湖南怀化国家粮食储备库铁路货场
湖南金盛化工防腐研究中心
湖南长沙阿波罗商业城照相器材专柜
湖南长沙友谊商店家电部冰箱柜
湖南株洲西苑宾馆股份有限公司
湖南益阳爱丽丝连锁有限公司
湖南马王堆蔬菜批发市场
广东物资集团汽车贸易公司汽车销售中心
广东天河城广场管理中心
广东广州百货股份有限公司自选商场超市收款一岗
广东建材公司江村仓库吊机班
广东广州百货大厦文化商场笔机岗
广东广州友谊商店股份有限公司工艺品商场骏河行
广东广州市新大新公司女服商场单一岗
广东中山百货大厦三商场衬衣柜
广东中山市益华百货四海电器中心
广东广州王府井百货大楼第二卖场黄金部足金组
广西桂林市华中华商厦照相器材柜
广西贵港市贵港宾馆客房部
广西柳州市百货股份有限公司五星大厦三楼销售部进口影视组

广西柳州市百货股份有限公司五星大厦六楼销售部纺织组
海南商贸信息服务中心
海南第一百货商场化妆钟表部
重庆商社新世纪百货男装分公司牛仔组
重庆商社新世纪百货分公司日化二组
重庆商社家电维修有限公司电子电讯部
重庆新世纪百货女装分公司经典组
重庆百货股份有限公司北碚商场小食品柜
四川成商集团盐市口商场家电部空调柜
四川绵阳绵州酒店有限公司销售部
四川乐山市三八商场连锁有限公司
四川物资宾馆客房部
四川成商集团武侯分场食品区冷冻柜
四川物资储运公司金属科保管组
贵州贵阳市百货大楼集团有限公司钟表柜
贵州华联酒店客房部
贵州六盘水百货公司金店
云南昆百大商业公司新纪元店精品柜
云南曲靖市麒麟区兴城供销大厦商场
云南大理州苍山饭店总服务台
陕西西安秋林公司（总店）
陕西德发长饺子馆宴会部
陕西汉中世纪阳光商厦有限公司电子音响部电子二科
陕西宝鸡市宝鸡饭店客房部总服务台
陕西西安开元商城电视机音像商场
陕西西安市唐城集团股份有限公司百货商场护肤用品柜
陕西西安饭庄秦苑餐厅青年服务班
陕西宝鸡市远洋化轻有限公司民爆分公司经营部
陕西西安太白商业大厦
陕西西安市老孙家饭庄二楼服务班
青海青百百货股份有限公司青百超市城西店酒水一组
青海西宁大十字百货商店有限公司百货部化妆一组
青海纺织品股份合作公司纺织品大楼床上用品组
青海纺织品股份合作公司纺织品大楼化妆品组
宁夏糖酒副食品连锁经营公司棉厂超市
宁夏银川新华百货购物中心有限公司家电部电子组
宁夏糖酒副食品连锁经营公司西街超市
宁夏石嘴山市人民百货商场有限责任公司
宁夏银川新华百货大楼有限公司针织部羊毛衫组
新疆生产建设兵团农九师西裕糖厂制糖车间
新疆百花村股份有限公司艺术摄影制作中心营业部
新疆石河子市巴蜀名吃城
新疆生产建设兵团医药有限公司销售部
新疆乌鲁木齐市友好商场股份有限公司百货用品商场铝制品组
新疆生产建设兵团农二师博斯腾宾馆客房部
新疆生产建设兵团伊力特实业股份有限公司热电厂运行一值
新疆百花村股份有限公司“一品红”快餐厅
新疆生产建设兵团农七师明珠楼
新疆徕远经贸总公司徕远宾馆销售部

二、新命名的

北京燕莎中心凯宾斯基饭店前厅部
北京王府井百货（集团）股份有限公司双安商场一层卖场兰蔻化妆品专柜
天津盈通物资有限公司
天津一商发展有限公司友谊百货商场烟酒组
辽宁沈阳商业城鞋帽公司皮鞋三商场
辽宁大商集团新玛特（大连）购物休闲广场名品卖区黄金班
辽宁本溪华联商厦海尔直销班
吉林延边泰达国际商贸物流有限公司陆海联运部
上海第一八佰伴七楼家电意志音响部
上海金枫酿酒有限公司市场部

安徽蚌埠市华运超市总店收银部
安徽阜阳商厦股份有限公司食品超市
安徽淮南市食品公司老马山屠宰厂青年突击队
江西食品质量监督检验站
山东临沂桃源购物有限公司
山东潍坊百货集团股份有限公司中百大厦
山东青岛小绍兴餐饮有限公司宁夏路店
湖北武汉武商集团股份有限公司荆州市沙市量贩店
湖北黄石市金虹大厦首饰部
湖南长沙阿波罗商业广场总服务台
湖南长沙通程商业广场二楼管理团队
广西桂林微笑堂服务总台
广西柳州工贸大厦股份有限公司商场服务总台
陕西西安钟楼饭店
甘肃兰州市亚欧商厦家电部
青海西宁市公物拍卖中心
青海交电大楼
新疆友好(集团)股份有限公司天山百货大楼一楼现场水产组
新疆阿克苏金桥超市有限责任公司
新疆塔城三宝民贸实业进出口公司

中央企业

一、继续认定的(168 个)

中国核工业集团公司第21 建设公司第五项目部
中国核工业集团公司第23 建设公司深圳纽科利核电工程有限公司检修部
中国核工业集团公司秦山核电公司运行部主控室
中国航天科技集团公司一院十四所第二研究室
中国航天科技集团公司五院529 厂一车间数控班
中国航天科工集团公司第六研究院红岗机械厂四分厂小车组
中国航天科工集团公司风华机器厂101 车间有色合金铸造小组
中国航天科工集团公司三院三十三所五车间
中国航空工业第一集团公司成都飞机工业集团公司民机公司
中国航空工业第二集团公司602 所十九室(直升飞机旋翼动力学国家科技重点实验室)
中国航空工业第二集团公司昌河飞机工业集团公司涂装车间运行工段
中国兵器装备集团公司长安公司235 车间“长安之星”总装线
中国兵器装备集团公司建设工业(集团)有限责任公司建设宾馆前厅销售部
中国兵器装备集团公司长安公司231 车间 A线
中国电子科技集团公司第十一研究所光伏锑化铟器件组
中国石油天然气集团公司东方地球物理勘探公司国际勘探事业部
中国石油化工集团公司北京燕化公司合成橡胶事业部聚合车间化工三班
国家电网公司山东青岛供电公司客户服务中心营业厅
中国南方电网有限责任公司贵州省都匀供电局调度管理所调度自动化班
中国南方电网有限责任公司遵义县供电有限责任公司城区供电所服务中心
中国南方电网有限责任公司广东省广电集团有限公司500KV 汕头变电站
中国南方电网有限责任公司广东省广电集团有限公司江门新会供电分公司客户服务中心
中国南方电网有限责任公司电力调度通信中心调度处
中国南方电网有限责任公司广东省广电集团有限公司广州供电分公司市场与客户服务部业扩组

中国南方电网有限责任公司广东省广电集团有限公司珠海明源机电工程有限公司
中国南方电网有限责任公司广东省广电集团有限公司茂名供电分公司分界供电服务所
中国南方电网有限责任公司广东省广电集团有限公司深圳供电分公司客户信息中心
中国南方电网有限责任公司广东省广电集团有限公司输变电工程公司变电工程处
中国南方电网有限责任公司云南省鲁布革发电总厂计算机班
中国南方电网有限责任公司梧州供电局平浪220KV变电站
中国南方电网有限责任公司南宁供电局配电抢修中心
中国南方电网有限责任公司桂林供电局电力故障报修服务中心
中国南方电网有限责任公司广西防城港供电局新兴变电站
中国南方电网有限责任公司云南省滇西电业局西洱河二级电站运行一值
中国南方电网有限责任公司柳州供电局沙塘500KV变电站
中国南方电网有限责任公司云南省滇东电业局三岔变电站
中国南方电网有限责任公司云南送变电工程公司送电三处
中国南方电网有限责任公司鹤岗发电有限责任公司运行三值
中国南方电网有限责任公司云南省个旧供电局个旧营业厅
中国南方电网有限责任公司云南省昆明供电局用电营业所营业厅
中国南方电网有限责任公司云南省滇中电力青年志愿者服务队
中国南方电网有限责任公司超高压公司梧州局500KV梧州变电站
中国华能集团公司武汉华能发电有限责任公司输煤公司机械班
中国华能集团公司福州电厂运行C值
中国华能集团公司辛店电厂运行丁值一班
中国华能集团公司山西华能榆社电力有限责任公司化学车间试验班
中国华能集团公司江苏华能淮阴发电有限公司继电保护班
中国大唐集团公司淮北发电厂5#主机
中国大唐集团公司长春第二热电有限责任公司运行分场一号发电机组
中国大唐集团公司三门峡华阳发电有限责任公司电检二班
中国大唐集团公司西安灞桥热电有限责任公司运行部电气主控室
中国大唐集团公司北京大唐发电公司陡河发电厂运行甲值四单元
中国大唐集团公司张家口发电厂发电部运行五值四单元
中国大唐集团公司兰州西固热电公司汽机附属一班
中国大唐集团公司岩滩水力发电部
中国大唐集团公司太原第二热电厂燃料车间7#皮带间
中国大唐集团公司洛阳首阳山发电厂4#青年机组
中国大唐集团公司吉林省大唐长山热电厂8号机组
中国大唐集团公司大连电厂运行部运行一值
中国大唐集团公司南京分公司运行部甲值
中国大唐集团公司德州电机厂机务检修部汽机本体班
中国大唐集团公司云南华能湾发电厂6号机组青年集体
中国大唐集团公司三门峡华阳发电有限责任公司电检二班
中国华电集团公司江苏省望亭发电厂发电部电运乙1班
中国华电集团公司山东十里泉发电厂300MV六号机组生产线

中国华电集团公司华电工程（集团）公司物料输送部
中国华电集团公司青岛供电公司客户服务中心营业厅
中国国电集团公司石嘴山发电厂焊接分厂高压班
中国国电集团公司荆门热电厂四号机组
中国国电集团公司小龙潭发电厂运行部五号机炉
中国国电集团公司天津第一热电厂汽机运行热水网岗
中国国电集团公司万安水力发电厂大修青年突击队
中国国电集团公司北衡丰发电有限责任公司2#机运行集体
中国国电集团公司滦河发电厂继电保护班
中国国电集团公司大同第二发电厂发电部网控站
中国国电集团公司山东潍坊供电公司客户服务中心青年优质服务岗
中国国电集团公司吉林热电厂11号机组
中国国电集团公司双辽发电厂1号机组
中国电力投资集团公司河南分公司开封火电厂检修公司热工自动班
神华集团有限责任公司神府东胜煤炭公司大柳塔煤矿综采一队
中国电信集团公司贵州省电信公司黔南州分公司无线设备维护中心
中国电子信息产业集团公司北京和利时系统工程股份有限公司
中国电子信息产业集团公司中软网络技术股份有限公司系统集成总部
中国电子信息产业集团公司中国电子进出口总公司第三事业部
中国电子信息产业集团公司北京中电华大电子设计有限责任公司软件部
中国第一汽车集团公司客车有限公司产品规划开发部底盘设计室
中国第一汽车集团公司轿车公司二发厂双轴车间
中国第一汽车集团公司动能分公司锅炉车间1号炉
哈尔滨电站设备集团公司哈尔滨锅炉厂有限责任公司联箱分厂三通组
哈尔滨电站设备集团公司哈尔滨汽轮机厂有限责任公司三分厂转子生产线
鞍山钢铁集团公司新钢铁有限责任公司热轧带钢厂1780生产线
上海宝钢集团公司宝山钢铁股份有限公司技术中心信息技术及亚欧信息研究组
上海宝钢集团公司宝山钢铁股份有限公司炼铁厂高炉分厂一号高炉
武汉钢铁（集团）公司大型轧钢厂高线车间轧钢乙班
中国铝业公司中州分公司生产运行部电力调度室
中国远洋运输（集团）总公司散华运输有限公司燕京轮
中国民航信息集团公司中国航空结算中心海外业务部BSP数据处理中心
中国建筑工程总公司一局张运龙项目管理型青年突击队
中国建筑工程总公司三局第三建设工程有限责任公司武汉销品茂项目部
中国建筑工程总公司七局（上海）有限公司四分公司751项目部
中国建筑工程总公司七局四公司428项目部
中国建筑工程总公司七局徐州项目部
中国建筑工程总公司中建五局三公司湖南平和堂商业大厦项目部
中国建筑工程总公司三局工程总承包公司湖北出版社文化项目经理部
中国建筑工程总公司三局一公司武汉分公司武昌项目经理部
中国建筑工程总公司三局二公司深圳分公司第三项目经理部

中国中煤能源集团公司大屯煤电集团公司生产线
中国中煤能源集团公司山西平朔安太堡矿选煤厂工艺龙班
中国中煤能源集团公司山西神州煤电焦化股份有限公司焦化厂炼焦车间热工工段
中国中煤能源集团公司五公司第二工程处204青年突击队
中国中煤能源集团公司第五建设公司友谊宾馆前厅部
煤炭科学研究总院天地科技金草田分公司
中国机械装备(集团)公司中工国际工程股份有限公司成套工程一部
钢铁研究总院"新一代钢铁材料的重大基础研究"(973)项目组
中国化学工程第七建设公司独山子重整青年突击队
北京有色金属研究总院复合材料研究中心
中国北方机车车辆集团公司齐齐哈尔机车公司技术中心货车设计组
中国北方机车车辆工业集团公司西安车辆厂冲压车间拼板组
中国北方机车车辆工业集团公司唐山厂机车公司质保处柴油机检查组
中国北方机车车辆工业集团公司北京二七机车厂传动车间箱体班
中国北方机车车辆工业集团公司济南机车车辆厂备料分厂预处理一班
中国北方机车车辆工业集团公司大同电力机车有限责任公司铸铁车间合金组
中国北方机车车辆工业集团公司永济电机厂一机车间加工中心
中国北方机车车辆工业集团公司哈尔滨车辆有限责任公司产品开发部设计组
中国北方机车车辆工业集团公司长春轨道客户股份有限公司转向架厂轮轴车间轴承班
中国北方机车车辆工业集团公司北京南口机车车辆机械厂三机车间车二班
中国北方机车车辆工业集团公司大连机车车辆厂铸钢厂造型大件组
中国南方机车车辆工业集团公司戚墅堰机车车辆厂内机分厂机车二车间电焊一班
中国南方机车车辆工业集团公司眉山车辆厂货车公司货一车间中梁电焊班
中国南方机车车辆工业集团公司南京浦镇车辆厂车架车间铆焊三组
中国南方机车车辆工业集团公司株洲电力机车研究所变流技术开发部
中国南方机车车辆工业集团公司株洲电力机厂九方装备公司引进设备维修服务中心
中国南方机车车辆工业集团公司株洲车辆厂备料分厂大型钢班
中国南方机车车辆工业集团公司贵阳车辆厂市场部市场销售组
中国南方机车车辆工业集团公司贵阳车辆厂台车车间轴承工段
中国南方机车车辆工业集团公司石家庄车辆厂货车事业部台车车间轴承检修班
中国南方机车车辆工业集团公司资阳机车厂机车分厂转向架车间大车班
中国南方机车车辆工业集团公司北京二七车辆厂货车车间三通阀班
中国南方机车车辆工业集团公司棘洪滩制造厂总装分厂方法分部
中国铁路通信信号集团公司上海工程公司轨道交通项目部
中国铁路通信信号集团公司济南工程分公司城市交通工程处
中国铁路通信信号集团公司济南工程分公司第一信号段
中国铁路通信信号集团公司西安凯仕信控制显示技术有限公司
中国铁路工程总公司一局集团青藏铁路铺架工程项目部
中国铁路工程总公司五局青藏铁路昆仑山隧道青年突击队

中国铁路工程总公司中铁宝桥有限责任公司道岔车间大刨组
中国铁道建筑总公司铁十二局第二工程有限公司西南铁路工程项目部
中国铁道建筑总公司中铁十六局三公司上海磁悬浮项目部
中国铁道建筑总公司第四勘察设计院桥梁处设计技术研究室
中国铁道建筑总公司第四勘察设计院城建院武汉轻轨项目部
中国铁道建筑总公司第一勘察设计院地质路基处青年突击队
中国铁道建筑总公司第一勘察设计院桥隧处青年突击队
中国港湾建设(集团)总公司三航局上海分公司“港建劲旅”青年项目管理部
中国港湾建设(集团)总公司一航局长江口项目部
中国路桥(集团)总公司中交公路规划设计院桥梁室
中国路桥(集团)总公司西安筑路机械有限公司计算机信息部
中国路桥(集团)总公司第一公路工程局一公司合徐项目
中国普天信息产业集团公司普天东方通信制造事业部系统生产部
中国中旅(集团)公司北京丽都假日饭店前厅部电话班
中国中旅(集团)公司中旅大厦客户部楼层组
中国航空油料集团公司中南公司武汉航空加油站
攀枝花钢铁(集团)公司冷轧厂镀锌机组
攀枝花钢铁(集团)公司新钢钒股份有限公司炼铁厂6号烧结机
攀枝花钢铁(集团)公司炼钢厂连铸浇钢
中国长江航动(集团)总公司武汉长航船务公司长江22015号
上海船舶运输科学研究所机舱监控自动化项目组
彩虹集团公司彩管一厂ITC组
中国葛洲坝集团公司机电建设有限公司三峡机电金结制造安装项目部

二、新命名的

中国核工业集团公司五〇四厂04控制室
中国航天科技集团第五研究院总体部载人航天总体研究室
中国航空工业第二集团公司洪都航空股份有限公司数控机械加工厂二工段715机组
中国船舶重工集团公司山西平阳机械厂精机分厂技术室
中国兵器工业集团公司第二0一研究所第四研究室联调班组
中国兵器装备集团公司中国嘉陵集团公司销售公司维修技术室
中国石油天然气集团公司塔里木油田分公司勘探开发研究院勘探所
中国南方电网有限责任公司广东省广电集团有限公司佛山供电分公司客户服务中心
中国南方电网有限责任公司云南省滇东电业局500KV罗平变电站
中国南方电网有限公司贵阳市北供电局息烽分局
中国华能集团公司伊敏发电厂热工车间电控班
中国大唐集团公司广西桂冠电力股份有限公司大化水电总厂百龙滩厂发电部
中国国电集团公司山东中华发电有限公司聊城发电厂试运接机青年突击队
中国长江三峡工程开发总公司三峡工程2号机组
中国移动通信集团公司山东移动通信有限责任公司青岛分公司香港中路营业厅
中国网络通信集团公司山东省通信公司济南市分公司中心营业厅
中国电子信息产业集团公司中国电子进出口总公司第三事业部

中国电子信息产业集团公司北京中电华大电子设计有限责任公司设计部

中国第一汽车集团公司大众汽车有限公司总装车间奥迪 A6 生产线

中国第二重型机械集团公司重机分厂 5×17 米数控铣镗班

哈尔滨电站设备集团公司哈尔滨锅炉厂有限责任公司重容分厂油压机组

上海宝钢集团公司特钢技术中心结构工模具钢研究室

中国远洋运输(集团总公司)上海中远国际货运有限公司货运部接单组

中国航空集团公司中国国际航空公司飞行总队三大队三中队

中国东方航空集团公司安徽分公司市场部客运室知心服务组

中国东方航空集团公司江苏有限公司客运服务部“苏馨”值机服务组

中国南方航空集团公司大连分公司客舱部乘务组

中国南方航空集团公司新疆公司乌鲁木齐维修基地五车间电气工段航英青年文明号

中国南方航空集团公司广州营业部“春蕾”售票服务示范组

中国建筑工程总公司四局安装公司厦门太古三期安装工程项目部

中国中煤能源集团太原市煤气客户发展营业厅

中国南方机车车辆工业集团公司北京二七车辆厂备件车间数控下料班

中国铁路通信信号集团公司上海工程公司卫星通信网项目部

中国建筑科学研究院建筑设计研究院建筑所

中国北方机车车辆工业集团公司大同电力机车有限责任公司技术中心产品开发部总体室

中国铁路工程总公司中铁电气化局西铁工程公司陇海铁路灞河桥抢险抢建工程青年突击队

中国铁路工程总公司二局青藏铁路笏四项目部

中国铁道建筑总公司十二局集团第四工程有限公司西南铁路木籽桩淮河特大项目部

中国铁道建筑总公司十七局集团有限公司青藏铁路指挥部

中国路桥(集团)公司中交第一公路勘察设计研究院桥梁设计研究分院

中国普天信息产业集团公司北京首信股份公司数据通信事业部 AAA 产品部

中国煤炭地质总局黄石市液压机械厂

中国航空油料集团公司云南公司航空加油站

攀枝花钢铁(集团)公司新钢钒股份有限公司氧气厂点检站

中国长江航运集团公司货运总公司长江 22022 轮

中国葛洲坝集团公司三峡机电安装工程施工项目部

税务系统

一、继续认定的

北京市

丰台区国家税务局第七税务所

宣武区国家税务局办税服务厅

密云县国家税务局第一税务所

朝阳区国家税务局第六税务所个体集贸组

门头沟区地方税务局纳税服务所(原石龙工业区税务所)

宣武区地方税务局白纸坊牛街税务所

石景山区地方税务局首钢税务所(原税源监控税务所)

西城区地方税务局二龙路税务所

天津市

津南区国家税务局直属办税服务厅(原征收大厅)

红桥区国家税务局稽查一所

天津市地方税务局塘沽区分局征收所

天津市地方税务局和平区分局征收所
天津市地方税务局南开区分局征收所
天津市地方税务局蓟县分局马伸桥税务所
河北省
泊头市国家税务局泊镇分局
唐山市海港开发区国家税务局
东光县国家税务局城区分局
徐水县国家税务局遂城分局
山海关开发区地方税务局
宽城满族自治县地方税务局峪耳崖分局
邢台县地方税务局东汪征收分局
唐山市丰南区地方税务局唐坊分局（原丰南市地方税务局唐坊分局）
廊坊市经济技术开发区地方税务局（原廊坊市地方税务局开发区分局）
山西省
闻喜县国家税务局城镇分局（原征收分局）
大同市国家税务局征收三分局管理一科
朔州市平鲁区国家税务局下水头分局（原下水头中心税务所）
柳林县国家税务局城镇分局（原征收分局）
山西省地方税务局农业税征收管理局
太原市地方税务局征收一分局管理一科
榆社县地方税务局征收分局办税服务厅（原征收分局）
屯留县地方税务局征收分局
内蒙古自治区
巴彦淖尔盟国家税务局办税服务厅
奈曼旗国家税务局青龙山分局（原青龙山税务所）
宁城县国家税务局八里罕管理局
准格尔旗国家税务局办税服务厅
宁城县地方税务局天义镇税务所
包头市地方税务局驻包钢征收管理分局（原三分局）
辽宁省
彰武县国家税务局稽查一科（原彰武镇分局）
辽阳县国家税务局刘二堡特区分局
鞍山市国家税务局腾鳌特区分局（原海城市国家税务局腾鳌特区分局）
庄河市国家税务局塔岭中心税务所
本溪市国家税务局平山分局一洞桥中心税务所
抚顺市国家税务局新抚分局公园中心税务所
沈阳市国家税务局沈河分局五爱市场中心税务所（原五爱税务所）
沈阳市国家税务局苏家屯分局陈相中心税务所
盘锦市辽河油田国家税务局综合业务一科（原直属一分局稽查局）
大石桥市国家税务局官屯中心税务所
大连市国家税务局旅顺口分局铁山中心税务所
大连市国家税务局甘井子分局大连湾中心税务所
大连市国家税务局金州分局北乐中心税务所
凤城市地方税务局通远堡中心税务所（原通远堡税务所）
本溪满族自治县地方税务局小市中心税务所
盘锦市地方税务局兴隆台分局中心税务所
大石桥市地方税务局官屯税务所
海城市地方税务局西柳分局
铁岭县地方税务局稽查局
沈阳市地方税务局皇姑分局征收科
沈阳市地方税务局沈河分局五爱税务所
沈阳市地方税务局铁西分局征收科
大连市地方税务局中山区征收管理分局计征科
大连市地方税务局西岗区征收管理分局计征科
大连市地方税务局高新技术产业园区征管分局计征科（原办税服务厅）
吉林省
吉林市船营区国家税务局综合管理科（原吉林市国家税务局西关管理分局办税服务厅）
公主岭市国家税务局刘房子分局

辽源市国家税务局办税服务厅（原征收分局）
吉林市国家税务局稽查局稽查二科
延吉市国家税务局新兴管理分局
长春市国家税务局高新技术产业开发区分局
长春市国家税务局经济开发区分局兴隆山税务所（原宽城分局兴隆山税务所）
长春市国家税务局绿园分局征收核算科（原征收科）
四平市国家税务局中央路分局
通化市地方税务局鸭园税务所（原二道江分局鸭园中心所）
扶余县地方税务局稽查局
通榆县地方税务局稽查局
珲春市地方税务局合作区分局
长春市朝阳区地方税务局检查三科（原朝阳分局检查三科）
长春市二道区地方税务局计征科（原二道分局办税服务厅）
辉南县地方税务局办税服务厅
白山市八道江区地方税务局（原白山市地方税务局八道江分局）

黑龙江省

绥芬河市国家税务局稽查一局
齐齐哈尔市国家税务局龙沙分局永青税务所
大庆市国家税务局萨尔图分局拥军税务所
桦川县国家税务局江川分局
嫩江县国家税务局九三分局
巴彦县国家税务局城郊分局
哈尔滨市国家税务局道外分局前进税务所
哈尔滨市国家税务局开发区分局工大园区税务所
齐齐哈尔市地方税务局富拉尔基分局计征科
黑河市地方税务局黑河分局
阿城市地方税务局阿城分局
兰西县地方税务局稽查局
尚志市地方税务局一面坡分局
林口县地方税务局林口分局
哈尔滨市地方税务局南岗分局计征科
哈尔滨市地方税务局道里分局计征科

上海市

卢湾区国家税务局第一税务所（原办税服务厅）
闸北区国家税务局第一税务所（原征收所）
上海市地方税务局虹口区分局第一税务所开票组

江苏省

盐都县国家税务局义丰管理分局
靖江市国家税务局西来税务分局（原西来管理分局）
启东市国家税务局海东税务分局（原海东管理分局）
仪征市国家税务局征收分局
邳州市国家税务局官湖分局
南京市国家税务局栖霞分局稽核管理四科（原营防税务所）
南京市江宁区国家税务局禄口分局
吴江市国家税务局第一管理分局（原征收分局）
江阴市国家税务局第四管理分局
如东县国家税务局征收分局
徐州市地方税务局第三税务分局管理二科（原泉山分局奎山税务所）
句容市地方税务局第二税务分局（原城郊分局）
常州市地方税务局第四税务分局管理四科（原武进市地方税务局魏村分局）
南京市地方税务局白下税务分局管理二科（原白下稽查分局稽查二所）
南京市地方税务局雨花台分局管理三科（原稽查三所）
镇江市地方税务局涉外税务分局（原直属分局）
苏州市吴城地方税务局第一税务分局（原直属分局）
盐城市地方税务局第一税务分局（原直属征收分局）

浙江省

乐清市国家税务局柳市办税服务厅（原柳市管理站）

绍兴县国家税务局办税服务厅

桐乡市国家税务局办税服务厅（原梧桐办税服务厅）

龙游县国家税务局计统征收科

天台县国家税务局办税服务厅（原城关办税服务厅）

湖州市国家税务局南浔分局（原菱湖管理局）

慈溪市国家税务局第一办税服务厅

象山县国家税务局一分局（原第一管理局）

余姚市国家税务局二分局（原第二管理局）

奉化市国家税务局二分局（原第二管理局）

台州市地方税务局黄岩中心分局头陀征管局

绍兴市地方税务局第二征管局

温州市地方税务局征管局

宁波市鄞州区地方税务局下应分局（原鄞县地方税务局下应税务所）

慈溪市地方税务局长河税务所

象山县地方税务局爵溪分局

安徽省

无为县国家税务局高沟税务分局

涡阳县国家税务局稽查局

淮南市国家税务局第三分局办税服务厅

宣城市国家税务局水东税务分局

安庆市地方税务局征收管理分局办税服务厅（原石化分局办税服务厅）

合肥市地方税务局征管分局征收计会科（原第二直属分局征收四所）

霍山县地方税务局征收管理分局（原直属分局）

福建省

福州市国家税务局涉外税收管理局

闽侯县国家税务局上街分局（原上街管理分局）

邵武市国家税务局征收局

福州市仓山区国家税务局（原仓山管理局）

厦门市湖里区国家税务局湖里分局（原厦门市国家税务局管理二局湖里分局）

厦门市同安区国家税务局新店分局

厦门市海沧区国家税务局（原厦门市海沧投资区国家税务局）

南平市地方税务局征收分局

晋江市地方税务局磁灶分局

闽侯县地方税务局

福州市台江区地方税务局征收分局

厦门市地方税务局稽查局

厦门市地方税务局对外税务分局

厦门市思明区地方税务局开禾分局（原开元区地方税务局开禾管理分局）

厦门市海沧区地方税务局（原海沧投资区地方税务局）

江西省

宜春市袁州区国家税务局三阳分局

九江市庐山风景区国家税务局征收管理科（原征收局）

泰和县国家税务局文田分局

九江市国家税务局重点企业管理分局（原直属分局办税服务厅）

南昌市西湖区地方税务局永叔路分局（原永叔路管理所）

萍乡市湘东区地方税务局下埠分局（原下埠税务所）

吉水县地方税务局文峰分局（原直属分局）

丰城市地方税务局上塘分局

吉安市吉州区地方税务局习溪桥分局

山东省

蓬莱市国家税务局大辛店分局

枣庄市薛城区国家税务局沙沟分局

曲阜市国家税务局王庄分局

济南市市中区国家税务局办税服务厅（原综合业务科）

安丘市国家税务局景芝分局

诸城市国家税务局城区分局

兖州市国家税务局新兖分局

乳山市国家税务局下初分局
胶南市国家税务局办税服务厅
平度市国家税务局张戈庄税务分局(原张戈庄管理分局)
新泰市地方税务局新汶分局(原新汶征收分局)
成武县地方税务局城区分局
潍坊市地方税务局
临沂市地方税务局河东分局汤头征收局(原河东区地方税务局汤头分局)
枣庄市地方税务局市中分局直属征收局(原市中区地方税务局征收分局)
淄博市地方税务局周村分局南闫征收分局(原周村区地方税务局南闫征收分局)
文登市地方税务局直属征收分局(原直属分局)
邹平县地方税务局位桥分局
青岛市地方税务局崂山分局计划征收科(原崂山地方税务局计征科)
胶州市地方税务局李哥庄税务所(原李哥庄分局)
青岛市地方税务局四方分局征收科(原第三分局征收科)
青岛市地方税务局市南分局税收管理一科(原第一分局税收管理一科)

河南省

淮阳县国家税务局稽查局
辉县市国家税务局孟庄税务所
安阳市殷都国家税务局办税服务厅(原安阳市国家税务局第一管理局税源管理三科)
陕县国家税务局观音堂税务所
汝州市国家税务局计划征收科
陕县地方税务局征收管理分局
平顶山市新华区地方税务局征收所(原新华办税服务厅)
巩义市地方税务局征收管理分局
林州市地方税务局征收管理分局

湖北省

荆门市国家税务局东宝分局办税服务厅
恩施市国家税务局城区分局
襄樊市国家税务局樊城分局计征科
松滋市国家税务局新江口分局
武汉市国家税务局江岸分局第五管理税务所
武汉市国家税务局武昌分局征收税务所
咸宁市咸安区国家税务局永安分局
孝感市孝南区国家税务局朋兴分局(原第二分局)
仙桃市国家税务局五分局
宜城市地方税务局第五分局
宜昌市地方税务局猇亭分局
武汉市地方税务局洪山区分局第三管理稽查所
武汉市地方税务局青山区分局征收局
天门市地方税务局第一分局纳税服务厅
罗田县地方税务局三里畈分局
鄂州市地方税务局葛店开发区分局
随州市地方税务局直属征收管理局

湖南省

澧县国家税务局甘溪滩税务所
新化县国家税务局西河税务所
长沙市国家税务局天心分局城南路税务所
郴州市国家税务局开发区分局
永州市地方税务局办税服务厅
衡阳市地方税务局雁峰分局
洪江市地方税务局第二征收分局(原第三征收分局)
桃江县地方税务局第一征收分局
湘西土家族苗族自治州地方税务局省级税收征收分局
郴州市地方税务局省级税收征收分局

广东省

东莞市国家税务局虎门分局
佛山市顺德区国家税务局大良分局(原顺德市国家税务局大良分局)
珠海市国家税务局直属征收分局
广州市东山区国家税务局第二管理分局
阳西县国家税务局沙扒分局

中山市国家税务直属征收分局
深圳市国家税务局蛇口分局税政科
深圳市宝安区国家税务局福永分局
深圳市龙岗区国家税务局龙岗分局
化州市地方税务局南盛税务所
东莞市地方税务局道滘分局
电白县地方税务局稽查局
普宁市地方税务局流沙税务分局(原征收管理分局)
新兴县地方税务局新城税务分局(原征收管理分局)
江门市江海区地方税务局计划征收股(原江门市地方税务局江海征收管理分局计划征收股)
深圳市地方税务局宝安征管分局福永税务所(原宝安分局福永征收所)
深圳市地方税务局罗湖征收管理分局征收科
深圳市地方税务局福田征收管理分局征收科

广西壮族自治区

来宾市兴宾区国家税务局城镇管理分局(原来宾县国家税务局城镇分局)
田东县国家税务局平马征收分局
岑溪市国家税务局糯垌分局
南宁市国家税务局计划征收科(原征收一分局)
浦北县地方税务局直属征收管理分局(原小江分局)
宾阳县地方税务局直属征收管理分局(原芦圩分局)
柳州市地方税务局鱼峰分局
武鸣县地方税务局锣圩分局(原锣圩税务所)

海南省

海口市美兰区国家税务局桂林洋税务所(原琼山市国家税务局桂林洋税务所)
三亚市河东区国家税务局(原三亚市国家税务局第一分局)
儋州市国家税务局白马井分局
儋州地方税务局那大第四税务所
海口市地方税务局桂林洋税务所(原琼山市地方税务局桂林洋税务所)

重庆市

万盛区国家税务局第一税务所(原征收所)
綦江县国家税务局古南税务所
九龙坡区国家税务局西郊路税务所(原征收税务所)
大渡口区国家税务局征收局
江北区地方税务局征收所
九龙坡区地方税务局征收所
高新技术产业开发区地方税务局

四川省

攀枝花市仁和区国家税务局管理二分局
阿坝县国家税务局征收分局
渠县国家税务局稽查局
德阳市国家税务局征收局
双流县国家税务局管理三分局
乐山市国家税务局征收局
广元市国家税务局征收局(原直属征收分局)
绵阳市涪城区地方税务局南郊税务所
四川省地方税务局直属征收分局申报征收科
西昌市地方税务局稽查局
大邑县地方税务局悦来税务所
宜宾市地方税务局直属征收分局
德阳市地方税务局直属征收分局

贵州省

松桃苗族自治县国家税务局寨英征收管理分局
遵义市国家税务局征收局办税服务厅
贞丰县国家税务局珉谷征收管理分局
凯里市地方税务局直属征收分局
贵阳市南明区地方税务局征收分局
贵阳市南明区地方税务局二戈寨税务所
安顺市西秀区地方税务局轿子山税务所

云南省

昆明市国家税务局国际税务管理局征管法规科(原涉外税收管理分局征收处)
鹤庆县国家税务局征收分局

丽江县国家税务局巨甸分局
禄丰县国家税务局勤丰征管分局
大理市地方税务局第四分局（原凤仪分局）
丽江市古城区地方税务局一分局（原丽江县地方税务局城关分局）
嵩明县地方税务局杨林分局
昆明市五华区地方税务局六分局（原个体集贸征收管理分局）

西藏自治区

西藏自治区国家税务局拉萨市区办税服务厅（原西藏自治区国家税务局信息中心拉萨市区办税服务厅）
日喀则地区国家税务局办税服务大厅

陕西省

洛南县国家税务局直属征收分局
吴旗县国家税务局城区征收分局
西安市国家税务局碑林分局柏树林税务所
西安市国家税务局新城分局长乐西路税务所
西安市国家税务局稽查三局稽查五科
城固县国家税务局南乐税务所
咸阳市国家税务局涉外分局
安康市汉滨区国家税务局江南征收局
铜川市地方税务局印台分局三里洞税务所（原印台区地方税务局三里洞税务所）
大荔县地方税务局直属征收分局（原城关税务所）
户县地方税务局稽查局（原稽查队）
柞水县地方税务局直属征收分局
西安市地方税务局新城分局韩森寨税务所（原新城区地方税务局韩森寨税务所）
西安市地方税务局阎良分局稽查局（原阎良区地方税务局稽查队）

甘肃省

白银市白银区国家税务局征收分局
兰州市国家税务局涉外税收分局
嘉峪关市国家税务局计划征收科（原征收分局）
安西县国家税务局柳园分局
兰州市城关区地方税务局五文县地方税务局碧口征收分局
静宁县地方税务局余湾税务所
玉门市地方税务局征收分局（原征管分局）

青海省

门源县国家税务局青石嘴征收分局
天峻县国家税务局综合管理科
平安县国家税务局平安征收分局
西宁市城中区国家税务局水井巷税务所（原西宁市国家税务局城中分局水井巷税务所）
西宁市城西区地方税务局办税服务厅
德令哈市地方税务局
乐都县地方税务局办税服务厅

宁夏回族自治区

吴忠市利通区国家税务局城区分局
石嘴山市国家税务局白岌沟税务所（原石嘴山市石炭井区国家税务局白岌沟税务所）
银川市西夏区国家税务局朔方税务所（原新市区国家税务局朔方税务所）
固原市原州区国家税务局城区税务所（原固原县国家税务局城区税务所）
石嘴山市石嘴山区地方税务局
石嘴山市大武口区地方税务局
灵武市地方税务局城区税务所
平罗县地方税务局太西税务所

新疆维吾尔自治区

乌鲁木齐市新市区国家税务局迎宾路税务所（原乌鲁木齐市国家税务局迎宾路税务所）
新疆维吾尔自治区国家税务局石油税收管理局东疆分局阿拉山口国家税务局
乌鲁木齐市头屯河区地方税务局火车北站管理税务所（原乌鲁木齐市地方税务局头屯河区分局火车北站税务所）
鄯善县地方税务局计会征收科（原办税服务厅）
乌鲁木齐市头屯河区地方税务局火车西站管理税务所（原乌鲁木齐市地方税务局头屯河区分局火车西站税务所）

克拉玛依市白碱滩区地方税务局(原克拉玛依市地方税务局白碱滩分局)

二、新命名的

北京市延庆县国家税务局第一税务所
北京市房山区地方税务局房山税务所
天津市宝坻区国家税务局大口屯税务所
天津市地方税务局河西区分局征收所
河北省武安市国家税务局矿山税务分局
河北省邯郸市丛台区地方税务局征收计会科
河北省遵化市地方税务局
山西省霍州市国家税务局城区分局
山西省平定县地方税务局娘子关税务所
内蒙古自治区阿拉善盟国家税务局吉兰太分局
内蒙古自治区呼和浩特市地方税务局直属征收管理三分局
内蒙古自治区满洲里市地方税务局直属征收管理分局
辽宁省瓦房店市国家税务局复州分局
辽宁省海城市国家税务局西柳分局
辽宁省葫芦岛市国家税务局连山分局扬家杖子中心税务所
辽宁省营口市地方税务局老边分局
辽宁省鞍山市地方税务局千山风景区分局办税服务厅
辽宁省大连市旅顺口区地方税务局办税服务厅
吉林省榆树市国家税务局五棵树分局
吉林省吉林市龙潭区国家税务局综合管理科
吉林省松原市经济技术开发区国家税务局
吉林省白山市地方税务局直属分局
吉林省四平市地方税务局征收分局
黑龙江省大庆市国家税务局石油分局
黑龙江省北安市国家税务局征收分局
黑龙江省富锦市国家税务局七星分局
黑龙江省佳木斯市地方税务局向阳分局计征科
黑龙江省牡丹江市地方税务局信息管理科
上海市松江区国家税务局第三税务所办税服务厅
上海市地方税务局青浦区分局信息技术科
江苏省灌云县国家税务局第四税务分局
江苏省昆山市国家税务局涉外税收管理分局
江苏省张家港保税区国家税务局
江苏省无锡市锡山地方税务局第二税务分局
江苏省沭阳县地方税务局第一税务分局
江苏省仪征市地方税务局第三税务分局
浙江省金华市国家税务局计划统计征收处
浙江省杭州市萧山国家税务局管理科
浙江省宁波市国家税务局稽查局涉外稽查科
浙江省宁波大榭开发区国家税务局办税服务厅
浙江省杭州市萧山地方税务局瓜沥征收管理分局办税服务厅
浙江省海盐县地方税务局澉通征管局
浙江省宁波市北仑区地方税务局直属税务所
浙江省宁波市镇海区地方税务局三分局
安徽省霍山县国家税务局城关分局
安徽省地方税务局直属局征收科
福建省泉州市国家税务局办税服务厅
福建省厦门市国家税务局稽查局稽查二科
福建省厦门市思明区地方税务局莲前分局
福建省宁德市地方税务局直属分局
江西省南昌市青山湖区国家税务局洪城分局
江西省瑞金市地方税务局象湖分局
山东省东营市河口区国家税务局孤岛分局
山东省单县国家税务局城区分局
山东省禹城市国家税务局城区分局
山东省青岛市市南国家税务局办税服务厅
山东省滕州市地方税务局直属征收分局
山东省济南市地方税务局历下分局第一税务所
山东省垦利县地方税务局胜坨分局
山东省莱西市地方税务局稽查局
河南省南阳市宛城国家税务局办税服务厅
河南省洛阳市地方税务局高新开发区局办税

服务厅
湖北省荆门市国家税务局掇刀分局计征科
湖北省十堰市国家税务局高新技术产业开发区分局
湖北省黄石市地方税务局西塞山分局征收一科
湖北省十堰市地方税务局征收局
湖南省安化县国家税务局仙溪税务所
湖南省湘潭市地方税务局省级税收征收分局办税服务厅
广东省广州市海珠区国家税务局票证管理所供票组
广东省佛山市禅城区国家税务局第二分局
广东省深圳市南山区国家税务局税政管理科
广东省清新县地方税务局浸潭中心分局
广东省惠州市惠城区地方税务局计划征收股
广东省深圳市地方税务局南山征收管理分局华侨城税务所
广西壮族自治区柳州市国家税务局涉外税收征收管理分局
广西壮族自治区钟山县地方税务局直属征收管理分局
海南省万宁市国家税务局兴隆分局
海南省琼海市地方税务局办税服务厅
重庆市江北区国家税务局小苑税务所
重庆市渝中区地方税务局税务征收所
四川省南充市嘉陵区国家税务局龙蟠管理分局
四川省自贡市国家税务局计划征收科
四川省南江县地方税务局正直税务所
四川省泸州市地方税务局稽查局
贵州省安顺市国家税务局征收局办税服务厅
贵州省贵阳市云岩区地方税务局直属征收分局
云南省耿马傣族佤族自治县国家税务局孟定税务分局
云南省姚安县地方税务局一分局
西藏自治区林芝地区国家税务局办税服务厅
陕西省西安市国家税务局莲湖分局票证所
陕西省岐山县国家税务局蔡家坡征收分局
陕西省西安市地方税务局碑林分局办税服务厅
陕西省铜川市地方税务局耀州分局董家河税务所
甘肃省天水市秦城区国家税务局征收分局
甘肃省永靖县地方税务局征收管理分局
青海省海西蒙古族藏族自治州大柴旦行委国家税务局
青海省西宁市城中区地方税务局办税服务厅
宁夏回族自治区银川市国家税务局兴庆一分局计会征收科
宁夏回族自治区吴忠市地方税务局稽查局稽查一科
新疆维吾尔自治区哈密市国家税务局黄田中心税务所
新疆维吾尔自治区石河子地方税务局征收管理局办税服务厅
新疆维吾尔自治区乌鲁木齐市天山区地方税务局幸福路税务所

质检系统

一、继续认定的

山西质量技术监督局计量产品质量监督检验站
山西纤维检验局棉花监督科
吉林标准研究院代码室
上海产品质量监督检验所食品化工室
江苏技术监督情报研究所组织机构编码管理技术中心
江苏盐城质量技术监督局服务大厅
浙江物品编码中心
山东东营市质量技术监督局东营区分局综合业务科
山东淄博市质量技术监督稽查大队
河南信阳市质量技术监督局平桥区分局稽查队

海南质量技术监督标准与信息所
重庆荣昌县产品质量监督检验所
甘肃标准计量情报研究所代码办公室
北京出入境检验检疫局检务处产地证科
北京首都机场出入境检验检疫局旅检处
天津东港出入境检验检疫局检务科
天津空港出入境检验检疫局检务处报检科
山西出入境检验检疫局机场办事处
山西出入境检验检疫局技术中心
内蒙古二连浩特出入境检验检疫局公路口岸科
内蒙古满洲里出入境检验检疫局植检处
吉林出入境检验检疫局检务处签证科
吉林珲春出入境检验检疫局圈河办事处
黑龙江黑河出入境检验检疫局大黑河岛办事处
黑龙江绥芬河出入境检验检疫局检务科
上海吴淞出入境检验检疫局动植物和食品检验检疫科
上海检验公司
上海出入境检验检疫局航交所办事处
江苏南京出入境检验检疫局机场办事处
江苏常熟出入境检验检疫局检务科
浙江温州出入境检验检疫局报检厅
安徽马鞍山出入境检验检疫局综合业务科
安徽出入境检验检疫局报检大厅
安徽黄山出入境检验检疫局综合业务科
湖北出入境检验检疫局三峡工程办事处
福建马尾出入境检验检疫局检务科
福建出入境检验检疫局检务处
福建宁德出入境检验检疫局检务科
福建莆田出入境检验检疫局检务科
福建福清出入境检验检疫局检务科
福建晋江出入境检验检疫局检务科
福建厦门出入境检验检疫局机场办事处综合科
江西出入境检验检疫局报检签证大厅
江西赣州出入境检验检疫局综合业务科
山东青岛出入境检验检疫局化矿金实验室
山东威海出入境检验检疫局检务与综合业务科
湖北出入境检验检疫局三峡工程办事处
广东中山出入境检验检疫局小榄办事处
广东东莞出入境检验检疫局凤岗办事处
广东深圳笋岗出入境检验检疫局动物检验检疫科
广东广州出入境检验检疫局食品实验室
广东湛江出入境检验检疫局化矿检验鉴定处登轮科
广东深圳盐田出入境检验检疫局检务科
海南出入境检验检疫局检务处签证岗
广西东兴出入境检验检疫局货检组
广西柳州出入境检验检疫局检务鉴定科
重庆出入境检验检疫局法规与执法稽查科
云南国际旅行卫生保健中心
陕西出入境检验检疫局机场办事处旅检科

二、新命名的

江西上饶出入境检验检疫局检务窗口
福建泉州出入境检验检疫局检务科
广东惠州出入境检验检疫局惠阳办事处
广西出入境检验检疫局检务处
浙江绍兴出入境检验检疫局检务处
新疆阿勒泰出入境检验检疫局
江苏南通出入境检验检疫局化矿实验室
山东烟台出入境检验检疫局动检处
黑龙江绥芬河出入境检验检疫局铁路办事处综合科
江苏徐州市产品质量监督检验所食品部
北京市质量技术监督信息研究所代码室
吉林市技术监督情报所
江西省质量技术监督稽查总队
广东中山市质量技术监督稽查大队
青海省出租车计价器计量检测中心

民航系统

一、继续认定的

民航华北空管局空管中心塔台(进近)管制室

民航内蒙古区局航管中心呼和浩特区域管制室
民航山西省局太原空管中心区域管制室
民航华北空管局气象中心预报室
中国国际航空公司客舱服务部三分部“金凤”一组
中国国际航空公司客舱服务部二分部“金凤”二组
中国国际航空公司货运分公司北京货运部特运室
中国国际航空西南公司地面服务部要客室
中国国际航空西南公司飞机维修基地航线部B737－300分部机械工段
中国国际航空西南公司成都乘务部“蓝色旅途”乘务组
中国国际航空重庆公司客舱服务部乘务一中队“红岩”乘务组
中国国际航空重庆公司客舱服务部乘务二中队“银鹰”乘务组
中国国际航空公司内蒙古分公司飞机维修基地定检维修分部
中国国际航空公司内蒙古分公司运行分控中心签派室
中国国际航空公司内蒙古分公司客舱服务部“百灵”乘务组
中国国际航空公司天津分公司售票处
北京空港航空地面服务有限公司客运部国际值机室
中国航空集团公司资产管理公司民航徐州设备修造厂一车间
中国首都机场集团公司要客部北京空港贵宾服务有限公司服务中心
中国首都机场集团公司运行保障部天然气管理中心设备维修站
中国首都机场集团公司运行保障部暖通管理中心集中供热站
北京首都国际机场股份有限公司航空安全部消防支队
北京首都国际机场股份有限公司航空安全部安检站国际旅检一科
天津滨海国际机场公安分局派出所
天津滨海国际机场候机楼问询处
北京天航信民航通信网络发展有限公司网络部
天信达信息技术有限公司应用开发部
民航华东空管局浦东航管站空管中心进近管制室
民航安徽省局合肥售票中心
杭州萧山国际机场航空地面服务公司服务部
南京禄口国际机场有限公司安检护卫部安检二科
民航山东省局济南售票处
温州航空客运有限公司
中国东方航空股份有限公司客舱部“凌燕”乘务示范组
中国东方航空股份有限公司飞机维修基地航线部“2308青年样板机维护组”
中国东方航空股份有限公司山东分公司青岛飞行部“鲁燕”乘务示范组
中国东方航空股份有限公司市场营销部上海营业部售票处“青年创优服务窗口”
中国东方航空股份有限公司江西分公司飞行大队乘务中队“赣燕”乘务示范组
中国东方航空股份有限公司安徽分公司飞行部乘务一中队“皖燕”乘务示范组
中国东方航空股份有限公司安徽分公司飞行部“黄山”乘务组
中国东方航空股份有限公司江苏有限公司客舱服务部“苏燕”乘务组
中国东方航空股份有限公司山西分公司太原售票处
中国东方航空股份有限公司山西分公司“白鸽”乘务示范组
中国东方航空股份有限公司保障部客运部旅客服务部“温馨组”
中国东方航空股份有限公司江苏有限公司“苏

鹰”文明机组示范组
中国东方航空股份有限公司运行管理部签派科“希望号”
上海东美航空发展有限公司票务中心
中国东方航空西北公司飞行部客舱服务部乘务二中队“如意”乘务组
中国东方航空西北公司飞机维修基地空客定检车间
中国东方航空西北公司飞机维修基地航线部特种车辆一工段
中国东方航空西北公司地面服务部服务处问讯及特殊服务小组
中国东方航空西北公司货运部咸阳货运处国内营业室
中国东方航空西北公司甘肃公司营运部地面服务处
中国东方航空云南公司客舱部“金孔雀”乘务组
中国东方航空云南公司地面服务有限公司旅客服务部
中国东方航空云南公司昆明中心售票处
上海国际机场股份有限公司虹桥候机楼管理分公司服务部电话问讯室
上海国际机场股份有限公司虹桥候机楼管理分公司虹桥服务部贵宾室
上海国际机场股份有限公司虹桥安检护卫分公司国内科一分队
上海机场运行管理公司虹桥运行保障部供电科灯光站
上海航空股份有限公司客舱服务部“金鹤”示范乘务组
上海航空股份有限公司客舱服务部“银鹤”示范乘务组
上海航空股份有限公司上海营业部中心售票处
上海航空股份有限公司商务部顾客服务中心
厦门航空有限公司客舱服务部乘务分部
厦门航空有限公司运输服务部旅客服务处值机室
厦门国际航空港集团有限公司客运代理公司运行服务科
山东航空股份有限公司客舱服务部“彩虹”乘务队
山东航空股份有限公司市场部济南营业部
民航中南空管局管制中心白云塔台
民航中南空管局气象中心预报室
民航湖南省局现场运行指挥中心客运部候机室
民航河南省局地面服务处旅客服务部
民航河南省局安检站一中队一分队
民航长沙空管中心航务管理部区域管制室
民航海口空管站技术保障部
民航中南机场设计研究院质量组
桂林两江国际机场地勤服务总公司旅客服务队
武汉天河机场公司场务修缮公司灯光动力部
华南蓝天航空油料有限公司湖北分公司航空加油站
中国南方航空股份有限公司客舱部乘务二部“春风”乘务示范组
中国南方航空股份有限公司客舱部乘务一部“春晖”乘务组
中国南方航空股份有限公司地面服务保障部航班不正常处理室
中国南方航空股份有限公司湖南公司乘务队“芙蓉”乘务示范组
中国南方航空股份有限公司湖北分公司“楚韵”乘务示范组
中国南方航空股份有限公司海南公司“含笑”乘务示范组
中国南方航空股份有限公司海南公司中心售票处
中国南方航空股份有限公司深圳公司“木棉”乘务示范组
南航汕头航空有限公司“虹云”乘务示范组
广州飞机维修工程有限公司地面保障设备部

特种车辆修理分队
广州南方航空报关有限公司
中国南方航空集团北方公司空地服务部“共青团微笑乘务组”
中国南方航空集团北方公司空地服务部服务室
中国南方航空集团北方公司飞机维修基地大修部发动机车间
中国南方航空集团北方公司长春飞机维修厂三车间
中国南方航空集团北方公司哈尔滨基地飞机维修厂航线车间
中国南方航空集团北方公司沈阳客运营业部马路湾售票处
中国南方航空集团北方公司长春中心售票处
中国南方航空集团北方公司大连分公司大连航空信息服务中心
北亚航空公司客舱部乘务队“天涯知己”乘务组
中国南方航空集团新疆公司客舱服务部乘务大队三中队“雪莲”示范乘务组
中国南方航空集团新疆公司航空地面服务公司机场问询处
中国南方航空集团新疆公司市场营销部售票处客运室
广州白云国际机场公安局刑警大队
广州白云国际机场股份有限公司贵宾室
广州白云国际机场股份有限公司航空护卫分公司(安全检查站)一中队
广州白云国际机场股份有限公司旅客服务分公司天龙酒家烧腊房
广州白云国际机场股份有限公司易登机商旅服务有限公司售票处直销室
广州白云国际机场宾馆饮食部贵宾房服务组
深圳航空有限责任公司乘务部乘务大队
深圳航空有限责任公司商务部华联售票处
深圳机场(集团)公司承远航空加油站
深圳机场(集团)公司旅客服务部服务科
深圳机场(集团)公司安检站旅检二分队
海南航空股份有限公司乘务大队“飞鹿”乘务组
民航西南管理局办公室秘书科
民航西南空管局成都管制中心塔台管制室
民航西南空管局气象中心预报室
民航西南空管局航管站
民航重庆市局公安局交巡警支队
民航贵州省局贵阳售票处
民航云南省局大理航站营运科
成都双流国际机场安全检查站安检一科
重庆江北国际机场候机楼总服务台
中国航空油料西南公司成都航空加油站
中国民航飞行学院广汉分院机务工程部团员安全监督岗
中国民航飞行学院洛阳分院航站安检站
四川航空股份有限公司乘务分部“心连心”乘务组
四川航空股份有限公司机务工程部 A320 维修三分队
西安咸阳国际机场公安分局机场派出所
西安咸阳国际机场动力公司灯光站
民航甘肃省局公安处中川机场派出所
民航宁夏区局银川中心售票处
民航兰州空管中心航务部区域管制室
中国航空油料西北公司咸阳航空加油站
民航东北空管局沈阳空管运行中心气象中心预报科
民航东北空管局哈尔滨空管中心航务部调度室
民航吉林省局长春机场候机室
沈阳桃仙国际机场安检站安检一科
大连周水子国际机场公安分局派出所
大连周水子国际机场商贸公司免税店
民航乌鲁木齐管理局通信导航处莎车导航站
民航乌鲁木齐管理局公安局候机楼派出所
民航乌鲁木齐管理局公安局机场消防大队一中队

民航乌鲁木齐管理局酒店管理公司机场宾馆客房部服务组
中国航空油料新疆公司航空加油站三分队
中国国际航空西南公司成都飞行部五中队
中国国际航空天津分公司飞机维修基地航线车间三工段
民航快递有限责任公司广州分公司物流部
中国首都机场集团公司运行保障部水电管理中心供电站110KV变电站
中国航空油料大连分公司航空加油站
中国航空结算中心海外业务部BSP数据处理中心
民航厦门航务管理站航行气象处航行科
民航江西省局安检站旅检二组
中国东方航空股份有限公司山东分公司市场部东海路售票处
中国东方航空股份有限公司山西分公司客舱部"银鸽"乘务示范组
中国东方航空云南公司客舱服务部二分部"云莺"乘务组
厦门国际航空港集团公司安检护卫中心旅检科三班
武汉天河机场公安分局候机楼派出所
珠海航空有限公司客舱部"明珠"示范组
中国南方航空北方公司"银燕"共青团乘务组
新疆航空公司"蓝天"示范乘务组
广州白云国际机场股份有限公司航空护卫分公司(安全检查站)三中队
深航货运有限公司燕南路营业部
民航西藏区局客运销售部拉萨售票处
民航西北空管局管制中心区域管制室
民航黑龙江省局哈尔滨市售票处
民航总医院骨科

二、新命名的

中国国际航空公司飞行总队三大队三中队
首都机场集团天津滨海国际机场安检站旅检科
南京禄口国际机场要客服务室
东航江苏有限公司客运服务部"苏馨"值机服务组
东航武汉有限责任公司运行服务部"楚燕"乘务示范组
上海国际机场股份有限公司浦东候机楼管理分公司服务部现场问询"翔音组"
上海航空股份有限公司商务部客运处虹桥客运站
民航郑州空管中心航务管理部区域管制室
中国南方航空股份有限公司"春蕾"售票服务示范组
南航集团新疆公司乌鲁木齐维修基地五车间电气工段
民航广州医院门诊护理组
民航西藏区局候机楼管理部服务科
四川航空股份有限公司机务一队三分队
海南航空股份有限公司生产支援部海口乘务队

旅游系统

一、继续认定的

北京新世纪饭店客房预订组
北京民族饭店磨坊咖啡厅
北京京都信苑饭店香榭丽寨咖啡苑
北京昌平区十三陵特区办事处定陵博物馆
北京丽都假日饭店饮食部泰国餐厅
北京国际饭店礼宾部行李房
北京昆仑饭店保卫部前厅门卫
北京中国职工之家客房部
北京饭店中华礼仪餐厅
北京西苑饭店餐饮部宴会服务班
北京新侨饭店前厅部电话班
北京前门全聚德烤鸭店餐厅组
北京首汽集团公司国宾队
北京颐和园管理处殿堂队德和园班
北京长富宫饭店宴会厅青年班组
北京北海公园琼岛景区
北京世界公园安保部

北京中华民族园
北京天坛公园回音壁殿堂班
中国人民解放军空军航空博物馆团委
北京建国饭店西餐厅
北京港澳中心电话总机班
北京长城饭店茶园餐厅
北京五洲大酒店总机班
天津水晶宫饭店中厨房集体
天津友谊宾馆客房服务中心
天津利顺德大饭店白金汉宫宴会厅
天津水晶宫饭店西餐服务组
天津友谊宾馆营销小组
天津蓟县盘山风景名胜区索道公司
天津塘沽海滨旅游度假区温泉游乐宫
天津市大亚旅行社导游部
河北石家庄市平山县天桂山景区管理处
河北秦皇岛市海燕国际旅行社有限责任公司
河北宾馆金燕都餐厅
河北秦皇岛市山海关老龙头景区管理处
河北承德避暑山庄管理处群工部
河北石家庄市国际大厦客房部12—15楼班组
河北唐山饭店餐饮部美食林宴会服务班
河北廊坊市天都大酒店
河北遵化中国国际旅行社北京接待中心
山西省煤炭运销总公司愉园温泉度假村前厅部
山西大酒店客房部
山西国旅大厦酒店
山西大同云冈石窟文物研究所宣传接待部
山西太原市晋祠博物馆群工部
山西太原市迎泽宾馆客房部
山西大同云冈宾馆有限责任公司客房部七楼班组
山西太原愉园大酒店客房部前厅岗
内蒙古满洲里市友谊宾馆
内蒙古呼和浩特市新城宾馆八号楼青年集体
内蒙古呼伦贝尔市巴彦呼硕旅游度假村
内蒙古呼和浩特市哈素海旅游度假村
内蒙古呼伦贝尔宾馆餐饮部
内蒙古集宁映山大厦贵宾楼
内蒙古巴盟电力大酒店
辽宁张氏帅府博物馆宣教部
辽宁大连中国青年旅行社
辽宁沈阳市凤凰饭店客房部
辽宁大连天富大酒店前台接待部
辽宁本溪水洞管理处导游班
辽宁凤凰山风景名胜区管理局山门管理科
辽宁鞍山玉佛苑青年导游服务班
辽宁抚顺友谊宾馆客房部
辽宁沈阳园林国际旅行社国内旅游业务中心
辽宁大连博览大酒店康乐中心
辽宁抚顺雷锋纪念馆
吉林四平宾馆客房部
吉林长春香格里拉大饭店宴会及会议统筹部
吉林集安市翠园宾馆客房部
吉林省宾馆客房部
吉林长春市长白山宾馆客房部
吉林市银河大厦总服务台
吉林长春市乐府大酒店客房部
吉林长春华侨饭店客房部
吉林长春市伪满皇宫博物院宣教部
黑龙江五营国家森林公园
黑龙江齐齐哈尔市白鹤宾馆旋转餐厅
黑龙江省中国青年旅行社港台部
黑龙江哈尔滨天鹅饭店餐饮前厅部
黑龙江哈尔滨观光国际旅行社外联部
黑龙江大庆市铁人纪念馆
黑龙江哈尔滨市马迭尔宾馆总服务台
黑龙江大庆宾馆总服务台
黑龙江哈尔滨铁道国际旅行社国际部
黑龙江省旅游培训中心培训部
黑龙江哈尔滨铁路分局旅游公司黑河号列车
黑龙江牡丹江北山宾馆
上海虹桥宾馆食府班组
上海国旅英语接待部青年导游小组
上海锦江饭店前厅礼仪班组

上海海仑宾馆索菲特俱乐部
上海静安宾馆应接青年服务班
上海春秋国际旅行社国内部门市营业部小组
上海银河宾馆客房部 VIP 班组
上海衡山宾馆客房部一号电梯班组
上海新锦江大酒店青年国宾接待班组
上海华亭宾馆宴会厅
上海和平饭店客房部北四楼青年班组
上海大厦前厅销售部大堂班组
上海华东大酒店房务部总台班组
江苏镇江宾馆礼宾部
江苏扬州市外事旅游实业公司游船部导游讲解组
江苏南京金陵饭店中餐部嘉宾厅
江苏南京夫子庙旅游商贸区
江苏苏州市虎丘山风景区管理处检票组
江苏徐州市云龙山观景台管理所
江苏南通文峰大世界总服务台
江苏连云港连岛海滨浴场
江苏常州江南春宾馆客房服务一班
江苏溧阳市天目湖宾馆餐饮部
江苏张家港国贸酒店前厅部
江苏无锡大饭店有限公司总机商务班
江苏盐城市盐阜宾馆房务部迎宾苑服务班
浙江嘉兴国际旅行社有限公司
浙江杭州楼外楼实业有限公司东厅接待部
浙江杭州望湖宾馆望湖楼餐厅
浙江宁波亚洲华园宾馆商务中心
浙江杭州香格里拉饭店商务中心
浙江温州华侨饭店客房部
浙江杭州大华饭店“共青团服务楼”
浙江台州市凤凰山庄房务中心
浙江奉化市溪口台胞服务中心
浙江杭州大厦总台
浙江湖州国际大酒店总服务台
浙江舟山市普陀山息耒小庄保安部
安徽顺达旅行社金寨路营业部
安徽合肥明珠国际大酒店前厅部
安徽六安市寿县寿州宾馆客房部
安徽池州市九华山庄前厅部
安徽饭店主楼客房服务班
安徽黄山西海饭店总服务台
安徽黄山北海宾馆总服务台
安徽黄山云谷索道贵宾室
安徽池州市九华山索道公司
安徽芜湖市铁山宾馆竹苑楼
安徽安庆市安庆迎宾馆御苑餐厅
安徽马鞍山市林散之艺术馆
安徽黄山狮林大酒店总服务台
安徽滁州市红三环大酒店有限责任公司客房部
安徽淮北市相王府宾馆总服务台
安徽巢湖市临湖宾馆客务部
福建武夷山庄贵宾楼服务班组
福建漳州大酒店总机班
福建福州大饭店
福建泰宁县金湖导游服务公司
福建泉州酒店客房部
福建厦门鹭江宾馆总台
福建外贸中心酒店客房部
福建青旅航空服务有限公司
福建永安市桃源洞风景区导游班组
江西鹰潭龙虎山旅游集团公司导游管理所
江西新余市北湖宾馆客房部
江西九江市五丰宾馆前厅部
江西南昌市青山湖宾馆客房部
江西南昌市江西宾馆客房部七楼小组
江西赣州中国国际旅行社
江西景德镇宾馆客房部二班
江西庐山宾馆客房部
江西南昌市滕王阁管理处接待科
江西九江宾馆餐饮部居易山庄服务小组
江西抚州温泉宾馆客房部
江西萍乡市安源宾馆宴会厅
江西赣州市虔诚大酒店客房部
江西上饶圭峰旅行社

山东烟台市中心大酒店客房服务一班
山东舜耕山庄总服务台
山东威海卫大厦鲁苑厨房
山东青岛海天大酒店东来顺餐厅
山东蓬莱市蓬莱阁管理处导游科
山东泰安市博物馆导游部
山东青岛崂山风景区奇石馆
山东威海刘公岛景区甲午海战馆导游讲解班
山东潍坊富华游乐园摩天轮、过山车机组
山东济南市贵都大酒店餐饮部
山东菏泽南华牡丹大酒店前厅部
山东临沂陶然居大酒店餐饮部
山东曲阜孔子六艺城艺术团
山东淄博中国古车博物馆
河南平顶山友好旅行社有限公司
河南驻马店西园宾馆客房部
河南南阳宾馆紫竹园餐厅服务班
河南新乡宾馆客房部
河南郑州市嵩山饭店餐饮部7号楼餐厅
河南郑州市嵩山少林旅行社接待部
河南开封包公祠讲解组
河南安阳市殷墟博物苑讲解班
河南洛阳市新友谊大酒店客房部礼宾班
河南濮阳宾馆贵宾楼服务班
河南焦作市月季大酒店餐饮部
河南三门峡明珠宾馆房务部前厅部
河南安阳宾馆四号楼服务组
河南许昌大酒店客房部
河南开封清明上河园有限公司保卫科
湖北武当山索道有限公司索道站
湖北武穴龙潭宾馆前厅部
湖北黄鹤楼公园管理处主楼科
湖北康福国际旅行社有限公司
湖北襄樊市隆中风景名胜区导游接待班
湖北武汉市东湖磨山管理处旅游接待部
湖北宜昌国际大酒店前厅部
湖北十堰商业贸易大厦客房部
湖北赤壁市金桥宾馆青年集体
湖北荆门市八方国际大酒店客房部
湖南株洲市金龙大酒店客房部
湖南衡阳市雁城宾馆共青团文明楼
湖南资兴市东江湖风景旅游区兜率岛景点
湖南省中国青年旅行社导游部
湖南张家界市琵琶溪宾馆客房部二号楼服务班
湖南岳阳市中银大酒店前厅部
湖南常德市华都大酒店餐饮部
湖南吉首市湘西民族宾馆前厅部
湖南郴州国际大酒店前厅部
广东阳江国际大酒店丰泽园餐厅
广东东莞市国际旅行社前台
广东湛江海滨宾馆六号楼服务班
广东中山国际酒店前台部
广东广州市中国大酒店酒水部
广东白天鹅宾馆管家部机动综合班
广东广州酒家正店三楼班组
广东深圳世界之窗有限公司表演部日本园
广东佛山市旅游总公司旅游部
广东深圳锦绣中华发展有限公司中国民俗文化村
广东深圳世界之窗
广州白云山云台花园
广东肇庆七星岩游览公司龙岩洞讲解班
广东江门市恩平金山温泉度假酒店前厅部
广东南海市中旅集团公司云影琼楼酒店前台
广东万绿湖风景区票务部
广东韶关市东明商贸有限公司广客隆金沙商场
广东南海市迎宾馆客房部
广东罗浮山旅游开发总公司门楼管理部
广西梧州市五丰大酒店前厅部
广西天湖酒店前台班
广西桂林漓江游船公司桂海27号船组
广西柳州饭店四号楼餐厨班
广西南宁邕江宾馆大堂酒吧
广西桂林榕湖饭店榕湖楼餐厨组
广西桂林漓江游船公司八桂17号船组

广西桂林芦笛公园女子导游班
广西柳州饭店前厅接待组
广西梧州市五丰大酒店房务部
广西桂林宾馆前厅部
广西桂林漓江游船公司山水18号船组
广西凭祥市园林大酒店
海南琼海金芙蓉度假村房务部
海南兴隆金银岛大酒店前厅部
海南三亚明珠海景酒店客房部A座服务班组
海南海口市南庄酒店公关部
海南南山佛教文化苑保安部
海南海口市金海岸罗顿大酒店前堂部
海南三亚珠江花园酒店珠江春中餐厅
海南宝华海景大酒店客房部
重庆万盛石林旅游区讲解组
重庆海逸酒店前台
重庆人民宾馆前厅部东楼前台
重庆大足石刻艺术博物馆宣传讲解组
重庆巫山县小三峡清洁队
重庆市扬子江假日饭店客房部
重庆宾馆客房部服务中心会议组
重庆奉节县白帝城文管所讲解组
重庆武隆县芙蓉洞讲解组
重庆新亚国际旅行社海外部
四川峨眉山大酒店
四川宜宾酒都饭店团总支
四川九寨沟管理局专职消防队
四川成都市锦江宾馆客房部主五楼小组
四川成都市岷山饭店客房部三区
四川峨眉山万年索道有限公司
四川峨眉山金顶索道公司
四川长宁县竹海风景区竹海宾馆
四川峨眉山市红珠山宾馆客房部
四川九寨沟民族艺术团
贵州凯里宾馆总服务台班组
贵州省中国国际旅行社国内部
贵州山水旅行社外联接待部
贵州省中国国际旅行社欧美部
贵州铁路通达饭店餐饮部服务班
贵州青年文化旅行社
云南石林风景名胜区管理局导游组
云南瑞丽新凯通国际大酒店房务部
西藏拉萨假日酒店牦牛咖啡厅
西藏宾馆客房部
陕西宝鸡西虢宾馆客房部
陕西华山风景名胜区园林环境卫生管理处
陕西秦始皇兵马俑博物馆宣教部
陕西宝鸡市太白山索道公司
陕西兴平市茂陵博物馆
甘肃兰州金轮宾馆客房部
甘肃天水金龙大酒店
甘肃嘉峪关大自然旅行社
甘肃嘉峪关市长城宾馆餐饮部
甘肃嘉峪关关城文物管理所
甘肃武威市博物馆
甘肃敦煌月牙泉管理处接待部
甘肃嘉峪关宾馆客房部
甘肃张掖电力宾馆客房部
甘肃兰州假日旅行社
甘肃敦煌宾馆
青海省中国青年旅行社
青海宾馆客房部总服务台
宁夏沙湖旅游公司旅游部
新疆库尔勒巴音郭楞宾馆客房部
新疆石河子宾馆客房部
新疆库尔勒巴音郭楞宾馆清真餐厅前堂部
新疆吐鲁番市葡萄沟游乐园
新疆生产建设兵团农四师花城宾馆客房部A楼班组
新疆生产建设兵团农五师艾比湖大酒店总服务台
新疆生产建设兵团农十师北屯宾馆客房部
新疆伊犁大酒店客房部
新疆徕远宾馆餐饮部零点组

二、新命名的

北京国际会议中心一层服务班组

北京商务会馆前厅部
天津利顺德大饭店中餐厅
河北邯郸宾馆总服务台
山西商务国际旅行社(有限公司)
内蒙古包头市公交运输集团大自然旅游有限责任公司
辽宁辽阳汀洲大酒店有限公司餐饮部
辽宁鞍山中国国际旅行社国内部
吉林长春宾馆餐饮部宴会厅
黑龙江大兴安岭兴安湖度假村
黑龙江大兴安岭国际旅行社
黑龙江哈尔滨青年国际旅行社国内部
上海市南京饭店总台小组
江苏南京中央大酒店有限公司总服务台
江苏常州大酒店前厅青年集体
浙江温州湖滨饭店客房部
浙江中国远洲国际大酒店前厅部
安徽黄山市云松宾馆餐饮部宴会组
安徽九华山旅游发展股份有限公司缆车分公司站务班
福建连城县冠豸山风景名胜区石门湖管理站
福建龙海市角美旅游服务总公司国内旅游部
江西宾馆尽美苑餐厅
江西庐山量璐宾馆客房部
山东鲁能信谊有限公司贵友大酒店餐饮部宴会组
山东泰山索道中天门分公司运营科乙班
山东青岛海景花园大酒店客房部
河南新乡市九州宾馆客房部
河南许昌市桃园国际大酒店云天楼餐厅
湖北长江轮船海外旅游总公司神州轮
湖南长沙华天大酒店礼宾部
湖南张家界市青年旅行社
广东梅州大埔县虎山宾馆
广东潮州市中国旅行社有限公司
海南康乐园海航度假酒店前台接待服务班
海南金银岛大酒店餐饮部
海南三亚市山海天大酒店礼宾部
广西玉林市振林宾馆前厅部
重庆涪陵饭店前厅部
陕西历史博物馆宣教部
陕西西安旅游汽车客运有限公司
甘肃酒泉宾馆
甘肃嘉峪关铁道宾馆
甘肃嘉峪关君和旅行社有限责任公司
青海格尔木盐湖大酒店
新疆吐哈石油大厦
宁夏春秋旅行社
宁夏大自然旅行社

供销系统

一、继续认定的

北京市京北大世界商贸集团家电商场通讯器材组
北京市佳之兴商业有限公司
北京市顺义隆华购物中心冰箱组
北京市昌平新世纪商城黄金部
天津市宁河县供销社芦阳百货大楼化妆品组
天津市港商医药总公司业务科
河北省石家庄市中山路化妆品专业商店
河北省邯郸市腾达贸易有限公司家电分公司
河北省廊坊市农业生产资料公司化肥科
河北省石家庄市大众商场燃气具组
河北省冀兴房地产开发公司
河北省武安市供销大厦
河北省武安市蓝天宾馆餐饮部
河北省邢台站北汽车站调度室
河北省廊坊市民得利超市文安店
山西省运城市华夏大酒店
山西省阳泉市天元商厦
山西省供销合作社招待所
山西省柳林县贸工农实业有限公司
山西省农业生产资料公司进出口分公司
山西省盐业公司太原分公司皇后园批发部
山西省朔州市家用电器公司
山西省晋城市太行饭店

山西省商业供销职工医院内科住院部
内蒙古自治区赤峰市喀喇沁旗乃林供销社科技兴农服务部
内蒙古自治区赤峰市宁城县汐子供销合作社
内蒙古自治区锡盟蒙古包楼购物广场
辽宁省大连市旅顺供销大厦青年服务队
辽宁省沈阳市玫瑰大酒店前厅部
辽宁省盘锦供销大厦有限公司
辽宁省辽阳市翰林府大市场管理处
辽宁省沈阳市金秋实农资有限公司
中国农资公司沈阳分公司阜新经营部
吉林省长春供销邦农总公司
吉林省白山市合兴实业股份有限公司食品化妆商场
吉林省供销大厦客房部
吉林省辽源市千甲超市
黑龙江省哈尔滨星河宾馆客房部
黑龙江省大庆市五金工具总汇有限责任公司
黑龙江省哈尔滨市陶瓷总公司建材分公司
黑龙江省哈尔滨市农资总公司化工储运分公司
黑龙江省尚志市北方商场首饰组
黑龙江省大庆市供销合作社开发公司
黑龙江省哈尔滨市埃德乐器公司
江苏省天京大酒店总服务台
江苏省大丰市银都大酒店
江苏省果品苏果超市有限公司总部
江苏苏农农资连锁有限责任公司
江苏省徐州供销大厦有限责任公司
江苏圣大集团射阳县第三纺织厂前纺车间
浙江省衢州市家电城有限责任公司
浙江省湖州市浙北大酒店总服务台
浙江省杭州市宝善宾馆管家部楼层班组
浙江省绍兴大通商城股份有限公司副食商场烟酒组
安徽省马鞍山市珍味南北货有限责任公司
安徽省新世纪大厦餐饮部
福建省仙游县枫亭供销社枫江商场
福建省忠门供销商厦
福建省莆田市湄州湾北岸灵川供销社商厦
江西省旅游商贸职业学院经济管理系
江西省供储报关有限公司
山东省东营市东营大酒店
山东省兖州市广场商厦
山东省青岛北方国贸大厦股份有限公司
山东省泰安市华联商厦
山东省安丘市供销大厦
山东省淄博东泰商厦
山东省即墨市新世界大厦皮鞋部“森达”皮鞋组
山东省枣庄购物中心有限公司
山东省日照市凌云大厦
山东省青岛利客来商贸股份有限公司
山东省临沂市供销石油公司
山东省菏泽花都大酒店
河南省中国郑州贸易中心栈商城饭店总台
河南省内乡县新大新有限公司新大新商场
河南省洛阳市供销储运总公司仓储分公司
河南省商丘市银河纺织有限公司
河南省农业生产资料总公司农药化工公司
湖北省供销社循礼门饭店“崔红班组”
湖北省随州市新世纪购物中心三资化妆柜
湖南省长沙县路口区供销社路口商场
湖南省岳阳市九州大厦
湖南省岳阳市九龙商厦
湖南省长沙市泰阳商城
湖南省商务学校经济贸易专业科
湖南省娄底银海商业广场黄金柜
广东省普宁市中都大酒店
广东省东莞市长安供销社新世界超级广场影音部
广东省云浮市百惠超级商场有限公司
广东省茂名市明湖百货有限公司明湖商场大家电组
广西壮族自治区百色地区供销大厦
广西壮族自治区玉林市金城商厦有限责任公

司床上用品柜
贵州省供销工业品联销公司紫林商场食品组
贵州省供销工业品联销公司紫林商场针织柜
贵州省贵阳市山林大酒店客房部楼层班组
贵州省盘县朱东供销合作社
贵州省福泉市农业生产资料公司
贵州省贵阳市山林大酒店餐饮部
云南省供销合作社储运公司甸尾分公司生产科
云南省玉溪市红塔区供销社玉溪百信购物广场
陕西省勉县新世纪商城
陕西省商洛乾元宾馆客房部
青海省农牧生产资料总公司仓储部
宁夏回族自治区国棉农药公司经警队
新疆维吾尔自治区石河子市棉麻公司检验科
新疆生产建设兵团棉麻大厦利华大酒店营销部
新疆维吾尔自治区棉麻南疆公司
海南果蔬食品配送有限公司

二、新命名的

天津市宁河县家乐超市有限责任公司收银部
山西省盐业公司塑料厂供销科
江苏省镇江国际饭店房务部
浙江省燕京啤酒(浙江仙都)有限公司
安徽省新亚大酒店客房部
江西省赣州供销大厦空调器总汇
河南省南阳市棉花储运有限公司
河南省郑州豫棉宾馆总台接待班
湖南留芳宾馆客房部
广东省广州——大昌合资汽车服务有限公司怡乐路工场款接部

中国石油天然气集团公司

一、继续认定的

塔里木油田分公司开发事业部塔中作业区
大庆石油管理局物探公司2287地震队
大庆石油管理局电力总公司供电公司张铁匠一次变电所
大庆石油管理局钻井二公司10519钻井队
大庆石油管理局物资装备总公司物资信息中心
大庆石油管理局建设集团化建公司工程二处
大庆石油管理局公共汽车公司乘风分公司3606车组
大庆石油管理局公共汽车公司东风分公司592车组
大庆油田有限责任公司天然气分公司杏V-1油气处理站
大庆油田有限责任公司第二采油厂第二油矿48队
大庆油田有限责任公司第一采油厂第三油矿中十六联合站
辽河石油勘探局油建一公司青年突击队
辽河石油勘探局GW28钻井队
辽河石油勘探局钻井二公司32476钻井队
辽河油田分公司辽河金马油田股份有限公司采油二区洼一联合站
吉林石油集团有限责任公司第二钻井工程公司32758钻井队
吉林油田分公司新木采油厂采油三队
大港油田集团公司钻井工程公司50541钻井队
大港油田分公司第二采油作业区采油二队港西18站
大港油田分公司原油集输公司滨海大站
华北石油第四钻井工程公司40510钻井队
华北石油管理局井下作业公司第二作业大队作业二队
华北石油管理局第二钻井工程公司32668钻井队
华北油田分公司第一采油厂文安工区文31接转站
四川石油管理局地质调查处地震四大队青年突击大队
四川石油管理局川中油气公司钻井61队

西南油气田分公司输气管理处成都输气站
西南油气田分公司重庆气矿渝北运销部相18井
长庆石油勘探局钻井工程总公司30533钻井队
长庆石油勘探局井下技术作业处177队
长庆油田分公司第一采油厂王三计量站
长庆油田分公司成品油零售公司沣东加油站
长庆油田分公司第三采油厂靖二联合站
玉门石油管理局水电厂电气车间运行岗位
玉门油田分公司炼油化工总厂常减压蒸馏装置
青海油田分公司天然气开发公司涩格采输大队一中队
新疆石油管理局克拉玛依供电公司枢纽变电所
新疆石油管理局钻井公司50588钻井队
新疆石油管理局工程建设有限责任公司水利工程公司
新疆油田分公司油气储运公司总站
新疆油田分公司百口泉采油厂油研所动态室
独山子石化分公司炼油厂蒸馏车间
独山子石化分公司乙烯厂乙烯车间青年突击队
塔里木油田分公司油建管理项目部冲锋号突击队
塔里木油田分公司开发事业部牙哈作业区
塔里木油田分公司开发事业部东河作业区
吐哈油田分公司丘陵联合站
大庆石化总厂公安处交警大队女子中队
大庆石化分公司化纤厂丙烯腈操作室
大庆石化分公司腈纶青年文明号生产线
大庆石化分公司炼油厂一重催车间
哈尔滨石化分公司第三套催化车间
大连石化分公司第一联合车间三催化装置反应岗
抚顺石油化工公司石化二厂“小红帽”青年志愿者服务站
抚顺石化分公司石油三厂蒸馏车间北蒸馏装置二泵房
锦州石化分公司青年突击队
兰州石化公司炼油厂酚精炼车间
兰州石化公司石油化工厂烯烃车间
兰州石化公司炼油厂二套常减压车间
兰州化学工业公司宏达公司塑料薄膜厂三层复合膜车间
乌鲁木齐石油化工总厂保卫处经警大队
乌鲁木齐石化分公司化肥厂二合成车间
大庆炼化分公司炼油一厂酸性水汽提装置
前郭石化分公司常减压车间
锦西炼油化工总厂渤海加油总站
辽阳石化分公司炼油厂加氢裂化装置反应操作岗
吉化集团公司总医院核磁共振科
吉化集团公用事业总公司供热二公司管工二班
吉化石化分公司乙烯厂乙烯车间
吉化石化分公司电石厂醋酸车间化工青年岗
吉化石化分公司有机合成厂苯乙烯精馏青年岗
中国石油辽宁抚顺销售分公司望花桥加油站
中国石油辽宁沈阳销售分公司怀远门加油站
中国石油新疆乌鲁木齐销售分公司黄河路加油站
中国石油新疆乌鲁木齐销售分公司青年路加油站
中国石油四川销售分公司直属水碾河加油站
中国石油冀东油田分公司作业三区
东方地球物理公司研究院库尔勒分院
东方地球物理公司国际勘探事业部
东方地球物理公司2139队
中国石油天然气管道局第三工程公司化建五处青年突击队
中国石油天然气管道局第二工程公司第二安装公司
中国石油管道分公司锦州输油分公司葫芦岛

输油站

中国石油陕西销售分公司西安分公司大庆路加油站

中国石油华东销售分公司上海申茂加油站

中国石油天然气集团公司机关幼儿园

中国石油物资装备(集团)总公司宝鸡石油机械有限责任公司设备分厂机数控工段

中国石油天然气华东勘察设计研究院工艺室

二、新命名的

大庆石油管理局钻井二公司1205钻井队

大庆石油管理局钻井二公司1202钻井队

大庆油田公司勘探开发研究院勘探一室

辽河石油勘探局油建二公司西气东输工程青年突击队

辽河油田分公司高升采油厂油气水电大队高一联合站

吉林石油集团有限责任公司第一钻井工程公司30550钻井队

吉林油田分公司英101中转站

大港油田集团公司测井公司5701队

华北石油管理局第三钻井工程公司40546钻井队

华北油田分公司第四采油厂永清工区苏桥站净化岗

四川石油管理局测611队

西南油气田分公司蜀南气矿乐山采气作业区威五井

长庆石油勘探局建设工程总公司第七工程公司

长庆油田分公司第二采油厂油气集输大队华联站

玉门油田分公司青西油田青西联合站

青海石油管理局井筒工程公司压裂技术服务公司

新疆石油管理局机械制造总公司工具车间

新疆油田分公司采油三厂地质研究所开发室

塔里木油田分公司勘探开发研究院勘探所

独山子石化公司研究院合成树脂所

吐哈石油勘探开发指挥部井下压裂一队

大庆石化总厂万隆物业公司龙凤车棚管理中心

抚顺石油化工公司腈纶化工厂丙烯晴车间主控室

抚顺石化分公司石油一厂青年安全宣讲队

兰州石化分公司化肥厂中央控制室

兰州化学工业公司有机厂苯胺车间加氢工段

乌鲁木齐石油化工总厂信息技术中心市场部

锦西炼油化工总厂保卫处保安大队

锦西石化分公司重油催化车间

中油吉林化建自动化工程公司仪表工程青年突击队

中国石油天然气管道局管道二公司西气东输工程杨庆机组

中国石油管道分公司长庆输油分公司曲子输油站

西气东输管道公司苏浙沪管理处

中国石油天然气股份有限公司新疆销售分公司红山路加油站

中国石油天然气股份有限公司北京销售分公司右安门加油站

中国石油天然气股份有限公司深圳先进加油站

中国石油天然气股份有限公司重庆销售分公司黄花园加油站

中油国际(尼罗)有限责任公司

中油国际(苏丹)炼油有限公司

中国石油化工集团公司

一、继续认定的

胜利石油管理局胜利石油化工建设有限责任公司青年突击队

胜利油田有限公司现河采油厂一矿五队青年突击队

胜利石油管理局通讯公司胜中通讯分公司

胜利石油管理局北京胜利饭店

胜利油田有限公司油气集输公司孤岛分公司

青年突击队
中原油田分公司采油一厂17号计量站
中原油田分公司采油五厂采油六队48号计量站
中原石油勘探局钻井三公司70118ZY钻井队
中原石油勘探局钻井一公司32747钻井队
河南石油勘探局地质调查处2235地震队
河南石油勘探局勘察设计研究院热机室
河南油田分公司第一采油厂魏岗联合站
河南油田分公司第二采油厂8#女子计量站
江汉油田分公司井下作业处作业六队青年突击队
江汉石油管理局中心医院机械分院托老康复中心
江汉油田分公司江汉采油厂采油一队
江汉石油管理局油建公司穿越施工作业处青年突击队
江苏油田分公司试采二厂采油九队韦庄集转站
江苏石油勘探局钻井处40671JS钻井队
江苏油田分公司试采一厂刘陆联合站
上海海洋石油局勘探三号
西北分公司采油二厂S86井站
西南分公司川西采输处新场集输气站
管道储运分公司鲁宁输油处临邑站加热炉班
北京燕山石化公司化工一厂电气车间低压班
北京燕山石化公司化工一厂仪表车间高压班
北京燕山分公司炼油厂检验中心分析组
北京燕山石化公司合成橡胶事业部聚合车间化工三班
齐鲁分公司胜利炼油厂重油加氢车间循环压缩机岗位
齐鲁石化股份公司氯碱厂电化车间看槽岗
齐鲁分公司腈纶厂聚合车间回收岗
高桥分公司炼油事业部催三车间反应内操岗
高桥分公司化工事业部苯酚车间2#装置氧成内操岗
金陵分公司加氢精制车间全员文明岗
金陵石化公司烷基苯厂制气车间
金陵分公司热电分部汽机车间
茂名石化公司港口公司营业大厅
茂名石化公司乙烯工业公司销售中心
茂名石化公司经理办官度村客房部
天津石化公司化工厂PTA车间
天津石化公司乙烯厂乙烯部
扬子石化股份公司化工厂醋酸车间乙醛工段
扬子石化股份公司芳烃厂中央控制室
扬子石化股份公司贮运厂液体装卸车间桶装台
巴陵石化公司合成橡胶事业部SBS车间聚合岗
巴陵石化公司环己酮事业部环己酮车间主控室
长岭分公司1#常减压车间主、外操岗位
长岭炼化公司催化剂厂加氢车间DCS主操室
长岭炼化公司油品管理处装油车间计量室
长岭炼化公司岳阳兴长气体分离岗
仪征化纤股份公司涤纶五厂806青年女子班
仪征化纤股份公司动力厂供电所总降青年文明生产区
南京化工公司氮肥厂硝酸车间直硝工段
南京化工公司帝斯曼东方化工有限公司环己酮车间
广州分公司炼油二部重整装置
广州分公司仪控中心一车间重催班
安庆石化总厂检安公司工修车间电工班
安庆石化总厂港贮公司油品七罐区
安庆石化总厂化肥部合成氨装置生产线
安庆分公司丙烯晴部丙烯晴装置
洛阳分公司炼油厂二催化车间
洛阳分公司炼油厂常减压车间
荆门分公司催化一车间气压机岗
四川维尼纶厂热电厂燃运车间青年突击队
九江分公司二联合车间芳烃岗位
九江分公司化工厂聚丙烯车间内操岗位
石家庄炼化股份公司动力站电气运行岗

济南分公司聚丙烯车间
济南分公司二催化车间
武汉分公司联合车间润滑油站青年团员岗
沧州分公司炼油二部
重庆一坪润滑油分公司销售公司市场部
青岛石化厂催化车间 DCS 岗位
上海石化股份公司炼化部 1#乙烯联合装置 C－402 压缩机系统青年文明岗
上海石化股份公司化工事业部聚乙烯醇联合装置合成岗位
上海石化股份公司涤纶事业部 2#长丝联合装置 POY2#生产线
镇海炼化股份公司炼油二部延迟焦化作业区
镇海炼化股份公司炼油四部重整加氢作业区
镇海炼化股份公司重三装置区“六位一体”生产线
福建炼化股份公司重油催化车间
北京石油公司宣武门加油站
北京石油公司金融街加油站
天津石油公司三号路加油站
天津石油公司气象台路加油站
天津石油公司滨海分公司津塘路加油站
河北石油公司石家庄分公司建设大街加油站
河北石油公司邯郸分公司第十一加油站
河北石油公司张家口分公司第一加油站
山西石油公司临汾分公司尧庙加油站
山西石油公司忻州分公司七一北路加油站
上海石油公司信息管理处
江苏石油公司徐州分公司矿山路加油站
江苏石油公司南京分公司汉中门加油站
浙江石油公司杭州天目山路加油站
安徽石油公司蚌埠分公司营业部
安徽石油公司淮南分公司泉山加油站
山东石油公司日照石化宾馆餐饮部
山东石油公司泰山股份有限公司第十加油站
湖北石油公司直属销售公司王家墩加油站
湖南石油公司宁乡县石油支公司湘宁加油站
海南石油公司海口分公司海秀加油站
云南石油公司昆明分公司昆玉加油中心呈贡加油站
第二建设公司安装工程公司管工龚群组
第四建设公司设备公司焊接一队孙松贵班
第五建设公司第一管道安装工程公司安装三队青年突击队

二、新命名的

胜利石油管理局黄河钻井总公司固井公司巴州分公司
胜利石油管理局伊朗勘探项目部
中原油田分公司采油二厂 69－72 号计量站
江苏石油勘探局地质测井处录井中心
滇黔桂石油勘探局钻探一公司 45770DG 钻井队
新星石油公司泰州石化总厂机修安装厂
华北石油局五普 50790HB 钻井队
华东分公司采油厂采油一队 158 井组
茂名石化公司乙烯工业公司裂解车间
洛阳分公司二联合车间
荆门分公司化工厂
中原石化公司聚乙烯车间造粒工段
福建炼化有限公司装车站
北京石油公司零售分公司亚运加油站
浙江石油公司宁波分公司三官堂油库计量组
福建石油公司甫田分公司城关加油站
江西石油公司鹰潭分公司白马油库发油班
山东石油公司济南分公司第一加油站
湖北石油公司武汉分公司青年路加油站
湖南石油公司衡阳分公司耒阳服务区加油站
海南石油公司三亚分公司三亚加油站
贵州石油公司黔西南分公司天利加油站
云南石油公司玉溪分公司北郊加油站
第十建设公司仪电公司曹慷仪表班

国家电网公司

一、继续认定的

山西省电力公司洪洞供电支公司中心营业站
山西省电力公司大同供电分公司新开路营业

所

山西省电力公司长治大用户营业所

山西省电力公司太原供电分公司解放路营业站

山西省电力公司建设北路供电营业站

山西省电力公司220KV匡村变电站

山西省电力公司运城继电保护自动化所

陕西省电力公司汉中供电局勉县电力局

陕西省电力公司铜川供电局客户服务中心营业厅

陕西省电力公司安康水力发电厂电气分厂保护班

陕西省电力公司西北电建四公司107工程队

陕西省电力公司西北电力建设调试施工研究所

陕西省电力公司延安供电局黄陵县电力局城区供电所

陕西省电力公司西安高压供电局蓝田基地站

陕西省电力公司西安供电局西关营业站

安徽省电力公司铜陵供电公司用电营业厅

安徽省电力公司马鞍山供电局配电检修班

安徽省电力公司安庆供电公司调度室地调组

安徽省电力公司芜湖供电公司客户服务中心营业大厅

安徽省电力公司巢湖供电局营业大厅

安徽省电力公司合肥供电公司客户信息部包河区营业部

安徽省电力公司安庆供电公司客户服务中心用电营业厅

安徽省电力公司宿州供电公司电力保修中心

内蒙古电力(集团)有限责任公司内蒙古超高压供电局修试工区

内蒙古电力(集团)有限责任公司内蒙古电力科学研究院热工所

内蒙古电力(集团)有限责任公司巴彦淖尔电业局调度所调度班

内蒙古电力(集团)有限责任公司鄂尔多斯电业局客户服务中心

内蒙古电力(集团)有限责任公司呼和浩特供电局新城分局鼓楼营业站

内蒙古电力(集团)有限责任公司包头供电局调度所微波班

河南省电力公司郑州市电业局220KV石佛变电站

河南省电力公司开封市电业局供电抢修中心

河南省电力公司安阳市电业局调度通信中心调度班

河南省电力公司南阳市电业局变电工区青台220KV变电站

河南省电力公司河南第二火电建设公司锅炉钢架青年突击队

河南省电力公司河南送变电建设公司变电工程公司施工一队

河南省电力公司焦作市电业局供电110班

河南省电力公司平顶山市电业局供电保修中心

河南省电力公司驻马店市电业局配电抢修“110”班

河南省电力公司郑州市电业局配电工程处“雷锋号”电力抢修队

天津市电力公司调度通信中心调度运行处

天津市电力公司滨海供电分公司塘沽营业站

天津市电力公司城东供电分公司河北营业站

天津市电力公司天津高压供电公司继电保护管理所

天津市电力公司北辰供电分公司用电营业窗口班

国家电网公司中国电力科学研究院电网调度自动化公司

国家电网公司北京国电富通科技发展有限责任公司水灰渣事业部

国家电网公司国家电力调度通信中心调度处

西北电网有限公司调通中心调度处

辽宁省电力有限公司营口供电公司西市分公司用户服务中心

辽宁省电力有限公司沈阳供电公司和平营业

厅
辽宁省电力有限公司沈阳供电公司送电工区青年群体
辽宁省电力有限公司鞍山供电公司调度所二次集控站
辽宁省电力有限公司两锦供电公司锦州一次变工区南山一次变电所
辽宁省电力有限公司大连电业局甘井子供电局客户服务中心
辽宁省电力有限公司大连电业局金州供电局服务班
辽宁省电力有限公司辽宁电力送变电工程公司送电第五分公司
辽宁省电力有限公司鞍山供电公司客户服务中心
辽宁省电力有限公司盘锦供电公司市场营销部负荷管理中心站
黑龙江省电力有限公司鸡西电业局鸡冠供电局中心营业所
黑龙江省电力有限公司绥化电业局绥化供电局中兴路营业所
黑龙江省电力有限公司大庆电业局东风供电局汇丰营业所
黑龙江省电力有限公司佳木斯电业局浩良河供电局
黑龙江省电力有限公司牡丹江电业局东安供电局
黑龙江省电力有限公司齐齐哈尔电业局建华供电局售电班
黑龙江省电力有限公司哈尔滨电业局道里供电局售电班
河北省电力公司大件吊装青年文明号
河北省电力公司河北电力调度中心调度(市场交易)处
河北省电力公司保定供电公司用电服务中心
河北省电力公司石家庄电业局桥东营业大厅
河北省电力公司沧州供电公司客服中心
河北省电力公司衡水供电公司用电抢修服务中心
河北省电力公司邯郸供电公司电力客户服务中心
江西省电力公司送变电建设公司送电一处二队
江西省电力公司水电工程局第一分局第一工程队
江西省电力公司火电建设公司调试青年突击队
江西省电力公司九江供电公司220KV妙智变电站
江西省电力公司景德镇供电公司用电营业厅
江西省电力公司赣西供电公司220KV白沙变电站
江西省电力公司赣州供电公司城区分公司客户服务中心
江西省电力公司赣西供电公司新余分公司营业大厅
江西省电力公司宜春供电公司市场营销部城北营业班
江西省电力公司南昌供电公司市中分公司营业班
江苏省电力公司常州供电公司客户服务中心
江苏省电力公司扬州供电公司500KV江都变电所
江苏省电力公司盐城供电公司用电营业厅青年服务队
江苏省电力公司苏州供电公司市区供电营业厅
江苏省电力公司电力调度通信中心调度处
江苏省电力公司无锡供电公司春申营业厅
江苏省电力公司徐州发电厂汽机公司本体一班
江苏省电力公司徐州市西供电局用电服务中心
江苏省电力公司镇江供电公司220KV官塘变电所
江苏省电力公司南京热电厂运行部炉新丁班

江苏省电力公司连云港供电公司连云供电营业部业务班
江苏省电力公司栖霞供电公司营业厅
江苏省电力公司国电自动化研究院自动控制所工程三部
湖北省电力公司荆州供电公司荆城客户服务中心
湖北省电力公司宜昌供电公司夷陵区供电公司营销中心
湖北省电力公司宜昌供电公司快速反应小虎队
湖北省电力公司武汉供电公司汉阳供电公司带电班
湖北省电力公司武汉供电公司洪山营业所
湖北省电力公司钟祥市供电公司城区供电所
湖北省电力公司黄石供电公司市区黄石港供电所
湖北省电力公司襄樊供电公司樊城供电分公司城区供电营业所
湖北省电力公司汉新发电有限公司#2 青年文明机组
湖北省电力公司超高压局荆门分局运检队
甘肃省电力公司白银供电局西区供电所
甘肃省电力公司庆阳电力局修试所高试班
甘肃省电力公司武威电力局供电所用电组
甘肃省电力公司天水供电局客户服务中心配网运检班
甘肃省电力公司兰州供电局桃树村变电站
甘肃省电力公司兰州供电局海石湾变电所
甘肃省电力公司兰州供电局送电处一工区带电班
甘肃省电力公司兰州电力客户服务中心
华中电网有限公司中国电力财务有限公司华中分公司营业部
华中电网有限公司湖北襄樊发电有限责任公司发电部四值
华中电网有限公司湖北襄樊发电有限责任公司发电部一值
吉林省电力有限公司长春供电公司客户服务中心
吉林省电力有限公司辽源供电公司西安营业所
吉林省电力有限公司白城供电公司洮北客户服务中心营业厅
吉林省电力有限公司吉林供电公司龙潭供电分公司营业室
青海省电力公司西宁供电局城东电力营业所
青海省电力公司西宁供电局湟源县电力局
青海省电力公司青海送变电公司四处三队
青海省电力公司海东供电局送电工区带电班
青海省电力公司海晏县电力局
青海省电力公司海东供电局平安县电力局
四川省电力公司 220KV 范坝变电站
四川省电力公司攀枝花电业局 220KV 青龙山变电站
四川省电力公司自贡电业局沿滩客户服务中心
四川省电力公司宜宾电业局江南客户服务中心
四川省电力公司德阳电业局 220KV 新市变电站
四川省电力公司德阳电业局德电技术信息有限公司
四川省电力公司成都电业局双流供电局调控中心
东北电网有限公司元宝山发电厂二号机组运行集体
东北电网有限公司哈尔滨超高压局大庆变电站运行二班
东北电网有限公司丰满发电厂运行分厂五值
东北电网有限公司齐齐哈尔超高压局 500KV 冯屯变电站
华东电网有限公司富春江水电厂运行中控室集体
华东电网有限公司富春江水电厂经济民警分队

华东电网有限公司新安江水电厂经警中队
华东电网有限公司新安江水电厂运行三值
华东电网有限公司国电华东电力调通中心调度处
浙江省电力公司温州电业局送电工区运检二工段
浙江省电力公司嘉兴电力局城郊供电分局变电工区操作二班
浙江省电力公司金华电力设计院
浙江省电力公司江山供电局外线二班
浙江省电力公司杭州市电力局城南供电局营业厅
宁夏回族自治区电力公司固原供电局固原变电站
宁夏回族自治区电力公司银川供电局新城变电所
宁夏回族自治区电力公司石嘴山供电局大武口区分局营业班
宁夏回族自治区电力公司银南供电局五里坡变电所
上海市电力公司浦东供电分公司营业室
上海市电力公司上海超高压500KV南桥交直流变电站
上海市电力公司沪西供电分公司线路一班
上海市电力公司上海超高压输变电公司220KV机场变电站
上海市电力公司市区供电公司客户服务公司承询室
上海市电力公司金山供电分公司线运班
上海市电力公司输能电力工程公司青年工程队
上海市电力公司电缆工程有限公司二分公司青年工程队
福建省电力有限公司调度通信中心调度处
福建省电力有限公司福州电业局马尾供电局
福建省电力有限公司水口发电有限公司机电设备维护处自动化班
福建省电力有限公司超高压输变电局500kV泉州变电所
福建省电力有限公司厦门电业局城区电力客户服务中心
福建省电力有限公司漳州电业局配电中心操作抢修班
福建省电力有限公司龙岩电业局营业大厅
福建省电力有限公司三明电业局电力调度中心
福建省电力有限公司莆田电业局客户服务中心城厢营业所
山东电力集团公司鲁能恒源经贸集团有限公司山西调运分公司
山东电力集团公司德州供电公司客户服务中心
山东电力集团公司聊城供电公司客户服务中心
山东电力集团公司日照供电公司营业厅
山东电力集团公司济南供电公司天桥供电部营业厅
山东电力集团公司枣庄供电公司永安供电所
山东电力集团公司临沂供电公司客户服务中心服务部
山东电力集团公司超高压供电公司500KV淄博变电站
山东电力集团公司淄博供电公司张店供电部配电班
山东电力集团公司威海供电公司客户服务中心营业厅
山东电力集团公司烟台供电公司客户服务中心客户代表工作部
山东电力集团公司济宁供电公司客户服务中心
山东电力集团公司滨州供电公司客户服务中心
山东电力集团公司潍坊供电公司农电青年优质服务岗
华北电网有限公司承德供电公司榆树沟变电站

华北电网有限公司秦皇岛发电有限责任公司运行部三值二单元
华北电网有限公司秦皇岛电力公司市区供电公司营抄班
华北电网有限公司唐山供电公司路北供电分公司建设路营业站
华北电网有限公司张家口供电公司宣化供电分公司抄收班
华北电网有限公司廊坊供电公司开发区分公司
华北电网有限公司华北网调调度运行班
华北电网有限公司十三陵蓄能电厂运行主值
湖南省电力公司荷塘220KV变电站
湖南省电力公司常德电业局科技开发中心
湖南省电力公司天顶变电站
湖南省电力公司长沙电业局调度管理所远动班
湖南省电力公司长沙城南供电局客户服务中心
湖南省电力公司株洲市电业局云田变电站
湖南省电力公司娄底电业局500kV民丰变电站
湖南省电力公司湖南电力调度通信中心调度科
新疆电力公司奎屯电业局客户服务中心市场开发运营部
新疆电力公司巴州电力有限公司铁门关水电厂运行分场
新疆电力公司玛纳斯发电有限责任公司运行部锅炉运行三班
新疆电力公司玛纳斯发电有限责任公司检修公司汽机本体班
新疆电力公司乌鲁木齐电业局地调所调度运行班
新疆电力公司乌鲁木齐电业局市北供电局急修班
重庆市电力局重庆发电厂21号机组
重庆市电力局万州电业局三峡供电局营销中心
重庆市电力局长寿供电局220KV东新村变电站
重庆市电力局江北供电局用电营业厅
重庆市电力局北碚供电局220KV梅花山变电站
重庆市电力局杨家坪供电局巴山变电站
重庆市电力局南岸供电局用电营业厅
重庆市电力局沙坪坝供电局电力营销中心营业班
重庆市电力局城区供电局用电营业厅

二、新命名的

山西电力公司晋城供电公司城郊支公司南环营业站
山西省电力公司电建一公司仪表分公司锅炉热控安装队
陕西省电力公司商洛供电局调度所继电保护班
陕西省电力公司渭南供电局计量所用户组
安徽省电力公司马鞍山供电公司客户服务中心营业大厅
安徽省电力公司淮南供电公司市东营业大厅
内蒙古电力(集团)有限责任公司内蒙古送变电有限责任公司调试分公司
内蒙古电力(集团)有限责任公司内蒙古电力中心调度所调度室
河南省电力公司信阳息县电业总公司城关营业所
河南省电力公司洛阳市电业局电力调度中心调度班
河南省电力公司第一火电建设公司汽机施工处本体班
天津市电力公司静海供电有限公司王口供电营业所
天津市电力公司客户服务中心
国家电网公司中国电力技术进出口总公司工程一部
国家电网公司国电通信中心运行部网络管理

处
辽宁省电力公司本溪供电公司配电报修中心
江西省电力公司萍乡供电公司客户服务中心
黑龙江省电力有限公司鹤岗电业局电力客户服务中心
黑龙江省电力有限公司黑河电业局北安供电局
河北省电力公司500kV廉州变电所
河北省电力公司邢台供电公司桥西客户服务中心
重庆市电力公司杨家坪供电局营销中心营业厅
江苏省电力公司淮安供电公司市区营业大厅
江苏省电力公司南通供电公司信息中心
湖北省电力公司鄂州城区供电公司电力客户服务中心
湖北省电力公司咸宁供电公司塘角镇220KV变电站
甘肃省电力公司平凉电力局客户服务中心
甘肃省电力公司景泰县电力局长城供电所
四川省电力公司四川电力建设三公司广安电厂二期工程项目部
吉林省电力有限公司白山供电公司市区电力客户服务中心
吉林省电力有限公司吉林供电公司蛟河市农电局天岗供电所
青海省电力公司共和县电力局
东北电网有限公司太平湾发电厂谊江旅行社
东北电网有限公司通辽电业局科尔沁区农电局木里图供电营业厅
东北电网有限公司白山发电厂发电部白山站一值一班
华东电网有限公司天荒坪抽水蓄能有限责任公司设备管理部机械班
浙江省电力公司杭州市电力局500kV乔司变电所运行班
浙江省电力公司嘉兴电力局修试工区高压实验班
宁夏电力公司大坝发电厂电气分厂保护一班
上海市电力公司南汇供电分公司继电保护班
上海市电力公司沪东供电分公司营业室
福建省电力有限公司厦门电业局送电部带电班
福建省电力有限公司泉州电业局送电部高压维护二班
山东电力集团公司莒县供电公司营业厅
山东电力集团公司菏泽供电公司客户服务中心
山东电力集团公司泰安供电公司客户服务中心
北京供电公司调度通讯中心地区调度
华北电网有限公司北京送变电公司姜顺运检工区
湖南省电力公司万榕江变电站
湖南省电力公司衡阳电业局调度所调度班

个协私协系统

一、继续认定的

北京海淀区芳雪药店
北京用友软件股份有限公司财务开发部
北京朝阳区新静粤菜酒楼有限公司
北京正辰科技发展有限公司
北京罗威婚纱摄影有限公司
北京更香茶叶有限公司
天津阔佬皮衣超市
天津乐氏商贸有限公司乐乐敬老院
天津宝成会议服务公司服务部
天津南开区思齐美容用品经营部
天津开发区白云宾馆有限公司
天津西青区金三角电器商行
河北唐山市牛燕美容美发院
河北迁安市北方家具城
河北阜城县华兴服装有限公司
河北藁城市京虎实业有限公司
河北唐山龙悦酒业饮品有限公司
河北唐山贺祥锆业有限公司

河北怡达食品集团有限公司
河北小洋人食品有限公司
河北廊坊新奥酒店管理有限公司新奥贵宾楼客房部
内蒙古锡林浩特市万利达商贸有限公司
内蒙古恒茂集团有限公司
内蒙古乌兰浩特市建华图片社
内蒙古鄂尔多斯市爱国商贸有限公司
内蒙古鄂尔多斯市中意商贸有限公司
辽宁大连金三角双盛园餐饮娱乐有限公司
辽宁沈阳小土豆餐饮有限公司
辽宁海城市吉利来蛋糕鲜花世界
辽宁营口市大石桥市新世界家私城
辽宁阜新市天妮美容院
辽宁葫芦岛市连山区丽君服装店
辽宁沈阳市塞尔曼专卖店
吉林桦甸市亚太冷藏有限公司
吉林白城市蓝盾美容美发学校
吉林万隆路桥工程有限公司
吉林紫鑫药业股份有限公司
吉林松原市玉顺堂药业有限公司
吉林长春市明廊眼镜有限公司
黑龙江牡丹江市四季红百货批发商行
黑龙江齐齐哈尔市清真轩饭店
黑龙江大庆市北方皮草行有限公司
黑龙江庆东集团有限公司工程一处
黑龙江哈尔滨云马酒店管理有限公司
黑龙江千里集团有限公司
上海杨浦区小苏北旧货调剂商店
上海百达辉琪市场拓展服务有限公司
上海视点公共关系有限公司
上海徐汇区蔚晨电器电脑经营部
江苏海安县李堡镇春明发廊
江苏赣榆县小丽养鸡场
江苏南通易安达机电设备有限公司
江苏月星家具集团有限公司总部
江苏江阴市贝贝布艺中心
江苏南京海世界实业有限公司
江苏江都市金鑫电器制造有限公司
江苏太平洋工程集团有限公司
江苏昆山市曼氏香精有限公司
江苏盐城市小海农贸市场爱清水产经销点
江苏徐州久隆集团有限公司
浙江台州市光明眼镜钟表店眼镜柜组
浙江缙云县布厂织布车间
浙江嘉兴市精诚电器有限公司
浙江铁牛实业有限公司
浙江传化集团有限公司化学制品公司三车间
安徽宿州市符离集刘老二烧鸡食品有限公司
安徽源牌实业集团有限公司
安徽界首市良威塑化有限公司
安徽临泉山羊集团有限公司
安徽万厦建安集团有限公司
安徽淮北市天煌美容整形院
福建万友企业集团有限公司
福建福州市鼓楼区梳剪美容美发城
福建福州鸟语林游乐有限公司
福建福州榕乐豆制品有限公司
江西高安市新兴饭店
江西赣州港嘉兴食品有限公司
江西万安县无线电学校
江西天义广告艺术有限公司
江西仁和药业集团有限公司总部
江西赣县液化气供应站
江西华龙物业有限公司
山东望海实业集团有限公司
山东潍坊金丝达实业有限公司
山东中瑞海产食品有限公司
山东青岛中能集团有限公司
山东科汇电气股份有限公司
山东绿叶制药股份有限公司
山东一滕集团有限公司
山东鲁圣电力器材有限公司
山东临沂麒麟家具广场有限公司
山东临清市第二色织厂筒染车间
河南永城市佳丽制衣厂

河南焦作市精益眼镜有限公司
河南平顶山市美味思大酒店
河南内乡县牧园养殖有限公司
河南新天明广告信息传播有限公司
河南商丘市影帝艺术摄影图片社
湖北孝感市楚特麻糖米酒有限公司
湖北宜昌市沙龙宴餐饮有限公司
湖北武汉小蓝鲸健康美食酒店管理有限公司
湖北长友食品有限公司
湖北安康置业有限公司
湖北荆门市永兴茶庄
湖北襄樊市妞妞食品有限公司
广东祥兴制衣集团有限公司
广东广州市恒生集团有限公司
广东深圳市龙岗区坪山镇六联餐室
广东惠阳裕华永兴电子有限公司
广东深圳市深信电器冷气服务有限公司
广东珠海新东升集团有限公司
广东盛海酒店管理有限公司
广西南宁市周小容连锁店
广西玉林巨东种养有限公司
广西玉林市顺达纺织品经营部
海南乐东县佛罗中心幼儿园
海南海润珍珠科学馆有限公司
重庆江城化工厂
重庆川江车辆制造有限公司
重庆华林印务有限公司
重庆皇城装饰工程有限公司
四川光荣实业有限公司
四川宜宾宏远纸业有限公司
四川铁骑力士实业有限公司
四川成都市金牛区耘涛美容美发总院
四川王氏集团有限公司
四川西昌新星电脑有限公司
四川广安建筑集团有限公司
贵州遵义金旭实业发展有限公司
贵州遵义市明豪购物广场
云南昆明市宝太祥工贸有限公司
云南优耐达信息产业有限公司
云南大理亦乐商饮有限公司
陕西宝鸡市长静蔬菜批发公司
陕西安康市鑫源批发市场
陕西西安市世纪金花商场巴利专柜
陕西西安市于素梅脚病修治部
陕西渭南白杨科工贸有限公司销售部
甘肃兰州益民伊甸园饮食有限公司
甘肃酒泉市创通科贸有限公司
甘肃临洮美兰花卉有限公司
甘肃武威市伊宁斋商贸有限公司
甘肃临夏市清真银星餐厅
青海绿宝天然饮品有限公司
青海视健光学贸易有限公司
青海西宁市富燕商店
青海金溢新型铝型材有限公司
青海红人科技有限公司
宁夏中卫县张氏集团有限公司
宁夏石嘴山市大恒电子商贸有限公司
宁夏青铜峡市聚豪餐饮有限公司
宁夏银川市林峰园特色餐厅
新疆克拉玛依市星星大酒店
新疆洛浦县亚克西综合商贸中心
新疆奇台县永合医院
新疆乌鲁木齐市天山区好运电器维修中心

二、新命名的

北京金吉列企业集团有限公司
北京华旗资讯数码科技有限公司
北京沸腾鱼乡餐饮有限公司
天津市蓟县长白朝鲜酒楼
河北省武安市九龙商贸有限公司
山西远鑫实业有限公司
山西青云宏工贸有限公司
山西海鑫钢铁集团有限公司
山西省祁县珍珍美容美发中心
山西省侯马市家和自选商店
内蒙古自治区扎兰屯市百兴商城
辽宁省沈阳市富恒装修工程有限公司

吉林省辽源市隆基花园物业管理有限公司
吉林省长春明轩实业有限公司
上海聚通建筑装潢工程有限公司
上海新农饲料有限公司
上海祺阳贸易有限公司
江苏红星家具集团有限公司
江苏省镇江金聚楼烤鸭大酒店有限公司
安徽省舒城县青云精米加工有限公司
福建省福州市金得利首饰模具有限公司种蜡车间
江西省新余市李水根眼镜店
江西博能房地产开发有限公司
山东瑞泰化工有限公司
山东省日照百盛商务酒店有限公司
河南省永城市百惠商贸有限公司
河南省南阳华祥光学有限公司
湖北富迪实业有限公司
湖北省鄂州市梦天湖阳光大酒店
广东省江门市飞龙电器城有限公司
广东省佛山市顺德区容山商场有限公司
重庆得力实业集团有限公司
重庆市雁山机械制造有限公司
云南万路信息技术发展有限公司
陕西丽彩集团咸阳新丽彩印务有限公司
青海省西宁新奇工艺装饰有限公司
宁夏银祥房地产开发有限公司
宁夏回族自治区石嘴山市东方市政工程有限公司
新疆阿尔曼实业有限公司

其　　他

一、继续认定的

北京化工医院休养部(香山老年护理院)
北京北汽福田公司怀柔汽车厂总装生产线
北京 66 中学物理教研组
北京密云水库管理处下会水文站
北京东安市场男服部西服组
北京房山区劳动和社会保障局养老保险科
北京丽晶皇城老妈饮食有限公司宣武店
北京天安门城楼管理处
北京海淀区人民检察院审查起诉一处
北京医药股份有限公司计算机中心
北京建材经贸集团新科公司国际精品厅
北京怀柔区劳动和社会保障局职业介绍服务中心
北京第一社会福利院颐养区
北京首饰进出口公司业务二部首饰组
北京焦化厂回收一纺场东鼓风冷凝泵房
北京京棉纺织集团一分厂细纱车间丙班七组
北京国际会议中心会展部二层班组
北京海关总关报关厅
北京京煤集团总医院导医服务队
天津铁路分局唐山机务段 DF8B0020 机车组
中铁十八局集团公司渝怀铁路工程指挥部(天津)
天津开发区经济发展局(工商分局)
天津港保税区管理委员会贸易发展局
天津天铁冶金集团炼钢厂炼钢车间转炉丙班
天津有机化学工业总公司溶剂厂苯酐车间
中铁十八局集团五公司滨海立交桥项目部
天津梨园监狱六监区
天津新港海关查验处查验一科
天津钢管公司轧管厂热轧作业区
天津汽车夏利公司汽车制造分公司装配分厂C 线
天津工商局大港分局太平工商所
天津石化公司乙烯厂聚乙烯部
天津减速机股份有限公司一车间柔性线班
天津渤海石油公司采油渤西油气处理厂
天津渤海化工集团天津化工厂聚氯乙烯分厂合成车间转化岗
河北石家庄西柏坡纪念馆
河北承德市双滦区人民法院
河北保定电视台广告经济信息中心
河北张家口市城市信用社小东门营业部
河北秦皇岛市失业保险事业管理处

河北邢台矿业(集团)有限公司东庞矿机掘一队
河北高碑店市白沟箱包交易市场
河北石家庄车辆厂货车事业部台车车间轴承检修班
华北制药集团114车间八楼
河北沧州黄骅港航务工程有限公司水工分公司
中国华冶二公司西部矿山建设青年突击队
河北秦皇岛耀华国投浮法玻璃有限公司
河北唐山钢铁股份有限公司棒材厂
河北沧州市农村信用合作社中心社
河北邯郸市雪驰集团有限公司销售公司
河北石家庄东方热电燃气集团有限公司燃气分公司营业所抄表班
河北邢台电缆厂交联车间
河北唐山钢铁集团有限公司运输部1127机车包乘组
河北邯郸钢铁集团有限公司炼铁厂5#高炉工段
河北国防工业建筑工程公司张晓珍青年突击队
河北石家庄市乐仁堂调剂部
河北省委办公大楼服务科
河北宝山集团有限公司电镀车间
山西省人民政府机关事务管理局幼儿园
山西襄垣县财政局预算股
山西铁路护路联防办公室
山西荣军医院骨科
山西太原市迎泽区人民检察院公诉科
山西医药杂志社
山西太原市财政局办公室
山西天维尔食品发展有限公司
山西太原市青年创业服务中心
山西国阳新能股份有限公司一矿选煤厂重介洗选组
山西太原新世纪眼镜有限公司
山西晋中市榆次区郭家堡乡财政所
山西太原第一监狱运输科机电维修组
山西煤电集团公司机电总厂结构分厂金属构件生产线
山西大同市永和红旗美食城
山西大同北方电器有限公司
山西太原钢铁(集团)有限公司金属制品分公司
山西国营大众机械厂第一研究所青年岗
山西大同市左云县鹊儿山煤矿综采队
山西证券有限公司太原迎泽大街营业部
内蒙古补连塔煤矿综采队
内蒙古包头铝业集团电解一公司铸造车间多品种生产班
内蒙古平庄煤业(集团)公司平庄宾馆
内蒙古通辽市梦达印务有限公司
内蒙古通辽市扎鲁特旗会计核算中心
内蒙古呼和浩特市回民区人民检察院公诉科
内蒙古包钢(集团)公司生产部总调度室
内蒙古党政专用电信局话务科
内蒙古康源药业有限公司
内蒙古呼和浩特市回民区司法局公证处
内蒙古包钢(集团)公司房地产开发公司房改办
内蒙古呼和浩特市新城区人民检察院审查批捕科
内蒙古森工集团满归森工公司绿星宾馆
内蒙古伊敏华锋实业有限责任公司物业管理分公司水厂二级泵站
内蒙古铁骑集团棉纺织厂织布二车间保养组
内蒙古通辽通顺铝业股份有限公司供电分厂
内蒙古莫尔道嘎林业局龙岩山庄总服务台
内蒙古自治区党委机关幼儿园
内蒙古迎宾馆客务部西楼组
辽宁沈阳市商业银行滨河支行储蓄所
辽宁大连重工建筑钢结构厂铆一青年班
辽宁鞍山市人民检察院公诉一处
辽宁抚顺铝厂碳素厂三工段钳工七班
辽宁本溪钢铁集团公司炼钢厂连铸青年文明

生产线
辽宁沈阳市铁西供电分公司郭家售电站
辽宁鞍山市铁东宾馆
辽宁北方华兴机械有限公司军品研究所设计室
辽宁天宝虎台煤业分公司选煤厂跳汰机1—5号
辽宁凌源钢铁集团炼铁厂喷煤制粉班
辽宁辽阳市商业银行辽阳县支行
中国科学院金属研究所纳米材料研究组（辽宁）
辽宁丹东化纤集团股份有限公司黏胶长丝一厂加工车间
辽宁阜新矿务局海州露天煤矿运输段6608包机组
辽宁大连瓦房店金刚石股份有限公司汽车队
辽宁鞍山市社会保险总公司基金财务处
辽宁本溪市城市信用联社东宫储蓄所
辽宁沈阳超高压局辽阳送变电工区运行班
辽宁葫芦岛市财政局预算科
辽宁大连海洋渔业集团公司安全处消防队
辽宁锦州市商业银行凌云支行储蓄专柜
吉林吉林市商业银行江北支行
吉林四平市第一中学现代教育技术中心
吉林长春经济技术开发区海关
吉林白山市临江林业局公共事业公司客户服务中心
吉林通化市人民检察院公诉处
吉林长春市商业银行安达街支行
吉林吉林市昌邑区人民检察院反贪局
吉林四平市站前城市信用社
中国民族证券有限公司长春西安大路证券营业部
吉林辉南县工商局市场分局
吉林辉南县工商局朝阳分局
吉林吉林市工商局注册分局企业登记注册窗口
吉林白城电视台新闻部
吉林汪清林业局森铁处027青年包车组
吉林化学工业股份有限公司有机合成厂苯乙烯车间苯乙烯精馏青年岗
吉林石油集团公司石油大厦
吉林化学工业股份有限公司化肥厂压缩车间1号压缩机青年岗
黑龙江牡丹江市工商行政管理局收费所
东北高速黑龙江分公司哈尔滨收费站
黑龙江哈药集团医药药材公司康泰药品超市
黑龙江齐齐哈尔电视台政教部
黑龙江哈尔滨汽轮机厂有限公司三分厂转子工段
黑龙江哈尔滨市皇山公墓管理处
黑龙江大庆市让胡路区人民检察院起诉科
黑龙江双鸭山市机关事业单位会计核算中心
黑龙江齐齐哈尔市商业银行营业部
黑龙江哈尔滨市工商局道外分局南十六工商管理所
黑龙江齐齐哈尔富拉尔基监狱狱政接见室
黑龙江齐齐哈尔市矿产勘查开发总公司溜槽组
黑龙江哈尔滨飞机工业集团公司飞机事业部设计所九室结构组
黑龙江哈尔滨锅炉厂有限公司联箱分厂三通组
黑龙江大庆石化公司炼油厂重油催化生产线
黑龙江哈尔滨市药材总公司服务中心
上海华氏大药房中心店
上海新世纪股份有限公司七楼商场精品自营柜
国泰君安证券股份有限公司上海延平路证券营业部
上海测绘院浦东分院管网科
上海西郊宾馆中宾接待班组
上海宝山钢铁股份有限公司技术中心信息技术及亚欧信息研究组
上海汇众汽车制造有限公司内燃机配件厂二车间轮毂生产线

上海三菱电梯有限公司工程本部急修中心
上海永新彩色显像管有限公司制造一部工艺质量科
上海徐汇区人民检察院公诉科
上海通用汽车有限公司动力总成厂 V6 缸体生产线
上海利泰进出口有限公司第四业务部
上海海洋石油钻井工程公司“勘探二号”平台钻井队
上海提篮桥监狱青年实验分监区
上海东方明珠广播电视塔有限公司接待部
上海豫园旅游商城绿波廊酒楼三楼服务组
上海海关调查局调查处二科办案组
中华人民共和国江苏常熟海关
江苏吴江市横扇农村信用合作社
江苏扬中市农村信用合作社联合社营业部
江苏兴化市预算外资金管理办公室
江苏苏州海关报关厅
江苏如东县工商信息咨询服务中心
江苏盐城市工商局直属市场管理分局人民路工商所
江苏南京市江宁区汤山法庭
江苏南京海关行邮处旅检科
江苏南京证券有限责任公司大钟亭营业部
江苏泰兴电视台新闻部
江苏徐州市工商局朝阳市场管理所
江苏无锡市财政局预算管理处
江苏淮阴市水利建设集团有限公司生产经营部
江苏徐州卷烟厂三车间
江苏恒顺集团灌装线青年集体
江苏昆山市陆家镇财政所
江苏华泰证券南通姚港路营业部
江苏南京夫子庙晚晴楼接待部
江苏省气象台观测站
江苏仪征化纤集团公司证券交易营业部
江苏金坛市国土规划局
江苏电视台新闻中心《大写真》专栏
江苏徐州市财政局直属征收管理处
华泰证券有限责任公司常州和平南路证券营业部
江苏南通海关查验科
江苏苏州证券有限责任公司张家港杨舍证券营业部
江苏铜山县三堡农村信用合作社
浙江上虞市便民服务中心
浙江舟山市审批办证服务中心
浙江衢州巨化氟化公司二车间 DCS 主控室
浙江北仑海关物流监控科
浙江革命烈士纪念馆宣讲科
浙江临海市信用联社营业部
浙江浦江县农机监理站
浙江嘉兴市工商行政管理局秀城分局新丰工商所
浙江大成建设集团有限公司合徐高速公路项目部
浙江博物馆社教部
浙江杭州中美华东制药有限公司三车间
浙江杭州钢铁集团公司小轧公司连轧车间 P3 操作室
浙江宁波市工商局奉化分局溪口工商所
浙江化纤联合集团有限公司长丝分厂牵伸 M－4029#机
浙江杭州市商业银行官巷口支行营业部
浙江金华市商业银行市府支行
浙江省气象台中短期预报科
浙江湖州市图书馆外借部
浙江三狮水泥股份有限公司烧成车间 2#回转窑看火班
浙江杭州海关驻邮局办事处申报台
浙江镇海炼油化工股份有限公司重三装置区六位一体生产线
浙江横店进出口有限公司
安徽阜阳市大桥管理处泉河公路桥收费站
安徽华茂集团五分厂后纺特班细纱工序
安徽马钢股份公司三钢厂连铸二车间 3#铸机

丙班
安徽水利开发股份有限公司交通公司
安徽铜陵海关报关大厅
中共安徽省委办公厅机关招待所
安徽合肥鑫胜工贸有限公司
安徽淮北市物价局相山分局
安徽芜湖市工商行政管理信息中心
安徽芜湖长轮公司海员宾馆
安徽宁国市工商局城关工商所
安徽省委办公厅综合调研室
安徽华光玻璃集团有限公司浮法锡退工段
安徽芜湖造船厂希亚德大酒店房务部楼层
安徽肥东宾馆迎宾楼餐饮服务班
中华人民共和国黄山海关报关厅
福建福鼎市工商行政管理局注册大厅
福建厦门海关东渡办事处机检科
福建晋江市人才交流服务中心
福建兴业证券股份公司福州市湖东路营业部
福建莆田市国土资源局东庄国土资源所
福建泉州市鲤城区工商行政管理局中区分局
福建福州市鼓山地区人民检察院
福建黄金大酒店餐饮部
福建省直单位公积金管理中心
福建兴业银行福州分行营业部
福建漳州市区土地登记处
福建厦门基业衡信咨询有限公司
福建漳州市工商行政管理局12315消费者投诉服务台
福建福州市仓山区工商行政管理局12315消费者投诉服务分台
福建兴业证券股份有限公司泉州营业部
福建兴业银行厦门分行思明支行综合柜员科
福建兴业银行福安支行储蓄专柜
江西赣州市章贡区人民检察院起诉科
江西九江海事局监督科
江西南昌卷烟厂烟叶基地小组
江西赣州监狱一监区铸造一分监区
江西宜黄县工商局凤岗分局
江西南昌市商业银行中山支行营业部
江西上饶县华坛山农村信用合作社
江西铜业公司德兴铜矿泗洲选矿厂碎三圆锥车间
国泰君安证券九江甘棠路营业部
江西江铃全顺汽车厂总装车间吊装班
江西井冈山革命烈士陵园管理处
江西庐山博物馆群工部讲解组
江西江南信托投资股份有限公司南昌证券部
江西铜业公司德兴铜矿采矿场工程机械维修青年突击队
江西新余钢铁有限公司运输部1610号青年包乘组
江西新华印刷厂八色机车间
江西铜业公司永平铜矿9#电铲青年机组
江西电视台青少部
江西铜业公司德兴铜矿精尾综合厂4#坝青年突击队
江西赣州市商业银行青年支行
山东海信空调有限公司客户服务中心
山东东营市垦利县人民法院民二庭
山东武所屯生建电厂运行车间
山东威海列车段进京乘务组
山东烟台住房储蓄银行营业三部
山东莱芜市城市信用社钢城办事处营业部
山东烟台市商业银行西大街支行
山东威海市外商投资服务中心
山东日照市市级机关服务中心服务部
山东济南市天桥区人民检察院反贪局
山东淄博市商业银行营业部
华夏银行济南市城东支行
山东济南化肥厂有限公司甲醇车间
山东广饶石化集团股份有限公司催化主控室
山东世界银行贷款项目培训中心客房部
山东烟台市委机要局业务科
山东青岛钢铁集团公司第一线材厂青年轧制生产线
山东淄博市博山区人民检察院反贪污贿赂局

山东泰安市工商行政管理局企业注册局
山东济南电视台新闻节目中心
河南濮阳市市区幼儿园
河南鹤壁市鹤山区人民法院民事审判庭
中建三局一公司河南开封项目经理部
河南豫光金铅股份有限公司精炼二厂电解工段
河南洛铜集团公司铜板带厂剪切、精整车间
河南安阳卷烟厂科技交流中心
河南周口市人民检察院起诉处
中国铝业河南分公司热力厂燃化车间除盐水站
中国船舶重工集团公司七二五研究所三室橡胶制品车间
河南濮阳师范学校行政办公室
河南洛玻集团浮法玻璃厂
河南安阳钢铁股份公司炼铁厂四高炉车间
河南平顶山煤业集团天宏焦化公司80炼焦厂乙工段
河南义煤(集团)公司机电总厂采掘分厂
中国铝业河南分公司氧化铝厂六车间成品过滤岗位
河南新野纺织集团股份有限公司东织分厂织造车间
河南开封县人民检察院综合服务中心
河南安阳市人民检察院技术处
河南驻马店市检察院技术科
河南舞阳钢铁公司煤气公司煤气车间发生炉工段
河南开封市人民检察院技术装备处
河南平顶山煤业集团一矿综采三队程太昌班
《河南日报》新闻出版部夜编组
湖北十堰市寿康永乐连锁超市公司
湖北武汉市武昌区社会福利院服务中心
湖北孝感红林机械厂数控加工中心
湖北襄樊市市直财政征管中心
中建三局一公司深圳分公司第二项目经理部(湖北)
湖北襄樊邓城神农园
湖北鄂钢集团公司鄂钢医院外二科(骨科)
中国建筑三局总承包公司湖北出版文化城项目经理部
湖北黄梅县停前镇财政所
湖北省社会劳动保险统筹办公室
湖北武钢矿业公司大冶铁矿球团车间竖炉班
湖北广济药业股份有限公司广宁制药厂
湖北武汉烟草(集团)有限公司武汉卷烟厂制丝车间甲班制丝组
湖北武汉市基础地理信息中心
湖北武汉市公路勘察设计院
湖北襄樊华明光学元件有限公司二车间4号炉
中国葛洲坝集团公司水泥厂烧成一车间2号窑系统
湖北得伟律师事务所
湖南长沙市商业银行汇丰支行营业部
湖南娄底市娄星区花山街道办事处计生办
湖南永州市祁阳县三吾农村信用社
湖南郴州市工商行政管理局人民路工商所
湖南水口山有色金属公司机电总厂杨家岭变电站
湖南防汛抗旱指挥部办公室
湖南长沙市商业银行金城支行营业部
湖南衡阳市雁峰区财政局
湖南湘潭市商业银行雨湖支行
湖南长沙市商业银行银德支行营业部
湖南长沙卷烟厂六车间甲4#生产线
湖南湘耒公路管理处衡东养护所
湖南湘潭钢铁集团有限公司高速线材轧制生产线
湖南长沙市商业银行华夏支行营业部
湖南常德卷烟厂八车间丙纤加胶棒生产组
湖南黎家坪水泥厂旋窑分厂看火班
湖南计算机股份有限公司技术中心
湖南长沙铁路总公司长沙火车站母婴—军人候车室

广东广州珠江电厂热控分部
广东北江监狱八监区
广东深圳市规划与国土资源局龙岗分局业务受理中心
广东梅县华银雁鸣湖旅游度假村
广东深圳市宝安区经济贸易局加工贸易合同管理办公室
广东广州本田汽车有限公司总装科底盘班
广东梅县雁南飞茶田有限公司
广东深圳市规划与国土资源局罗湖分局业务受理中心
广东东莞市凤岗镇康佳电子公司电脑插件厂C班
广东广州市政府总值班室
广东深圳市规划国土局南山分局业务受理中心
广东佛开高速公路有限公司
广东广州白云机场海关非贸物品监管科
广东广州地铁运营有限公司黄沙站
广东东莞市长安镇莲花山庄前台部
广东三茂铁路股份公司2666机车包乘组
广东珠海市拱北海关行李物品监管处调查科缉毒组
广东珠岛宾馆中心二楼服务班
广东深圳市万厦公司莲花北村管理处
广东深圳市工商局专业市场分局第二工商所
广西贵糖（集团）股份有限公司第一造纸厂8#机
广西河池化工股份有限公司尿素二车间化工二组
广西钦州市接待办贵宾楼
广西三环企业集团炻瓷厂成二车间
广西柳钢气体公司空分车间二班
广西航空大厦售票处“玉桂组”
广西桂林市商业银行秀峰支行营业部
广西梧州市工商行政管理局南中工商所
广西柳工集团有限公司驱动桥厂托架班
广西玉柴机器股份公司发动机一厂技术科
广西平果铝动力厂供电车间
广西柳州市商业银行营业部
广西柳州市华锡集团车河选矿厂二车间锌组
广西桂林市工商局经济检查支队
广西平果铝业公司电解铝厂铸造车间
广西玉柴机器股份公司冷加工厂缸盖枪铰机组
广西桂林银海纺织集团三分厂甲班
广西柳州五菱汽车有限公司模具中心CAD/CAM工作站
四川万源市汽车站
四川大学华西医院急诊科
四川德阳东方汽轮机厂主机四分厂核电总装钳工班
四川绵阳市富乐山公园管理处
四川成都杜甫草堂博物馆讲解部
四川九寨沟管理局票务处
四川明珠水利电力股份有限公司供电所
四川航空公司客舱服务部客运室
四川成都海关驻机场办事处旅检二科
四川成都市工商局双流分局华阳工商所
四川成都市商业银行营业部
四川德阳工商局旌东分局旌湖工商所
四川泸天化股份有限公司合成二主控岗位
四川峨眉山市工商城市信用合作社
四川广元工商局南河分局
四川遂宁市蓬溪县红江发电厂
四川剑南春集团包装一车间
四川广安市广安区四九滩电站
华能重庆分公司（电厂）运行部一值
第三军医大学重庆大坪医院妇产科
重庆沙坪坝区文化广播电视局新闻中心
中铁五局集团五公司长万高速公司项目经理部（重庆）
重汽集团重庆红岩汽车有限公司总装厂总装车间
重庆万州区工商行政管理局直属分局
重庆新华书店集团民生路图书发行大楼

中港二航局二公司机械化公司青年突击队
重庆忠县国土资源局
重钢电子有限公司三峰仪表成套厂
重庆大足县人民检察院反贪局
重庆永川工商局注册登记科
重庆燃气有限公司渝西分公司茄子溪管理站
重庆海关驻机场办事处
中国嘉陵集团公司设备工程公司数控二组
重庆工商行政管理局渝中区分局大溪沟工商所
重庆少管所七管区
重庆工商局企业登记所
重庆商业银行四贤巷支行
贵州黎阳机械厂43车间二号台青年班组
贵州航天凯天科技有限公司三车间总装调试组
中铁五局集团二公司六队（贵州）
贵州贵阳车辆厂市场部市场销售组
贵阳电视台三、四、五频道新闻中心
贵州贵阳市第十一幼儿园
贵州开磷（集团）矿业总公司机电公司维修一班
贵州赤天化股份公司尿素车间总控制中心
贵州金星啤酒有限公司糖化车间
贵州贵阳海关现场业务处
贵州贵阳铝镁设计研究院冶建分院电解组
贵州贵阳市商业银行金城支行营业部
贵州茅台酒股份有限公司制酒二车间一班
贵州水城矿业（集团）有限责任公司洗煤厂洗煤车间生产三轮班
贵州赤天化集团有限公司育才学校中学青年教师组
贵州开磷（集团）有限公司重钙公司物管部保健食堂班
贵州水城钢铁（集团）有限公司原料处原料科
贵州贵阳市商业银行营业部
贵州贵阳卷烟厂一车间甲班二线
贵州钢绳（集团）有限公司一厂钢丝车间拉丝工段30#机组
云南铜业股份有限公司熔炼分厂艾萨炉工区
云南第六建筑工程公司第三工程处
云南昆钢焦化厂第二炼焦车间调火班
云南保山市财政局预算科
中铁十二局云南昆石高速公路小团山隧道工程指挥部
云南龙生绿色产业（集团）有限公司科研组
云南玉溪红塔集团生产一部白班包装机修理组
云南滇红集团茶科所科研所
云南第一女子监狱一监区
云南农业科学院园艺所花卉研究中心
云南第三建筑工程公司四处孙开祥青年突击队
云南易门县小街乡财政所
云南锡业公司老厂锡矿掘进13队
云南羊场煤矿沙背冲矿井青年突击队
云南解化集团有限公司农化服务中心
云南昆明水泥股份有限公司质量处物理组
陕西航天建筑公司二部青年突击队
陕西西安西电高压开关有限公司十五车间灭弧三组
陕西洋县电力局酉水变电站
陕西西安市未央区辛家庙信用合作社
陕西高速集团榆林市王沙沟收费站
陕西鼓风机集团有限公司产品试验研究室科研二组
陕西西安市商业银行城南支行营业室
陕西西凤酒股份有限公司销售公司市场科
陕西咸阳偏转股份有限公司二分厂
陕西汉江药业股份有限公司706车间
中国第九冶金建设公司金结厂一车间汽焊班
陕西宝鸡市工商局渭滨分局马营工商所
陕西西安变压器厂机械制造分厂钳工一班
陕西铜川市工商局城区分局青年路工商所
中国石油股份有限公司长庆油田分公司第一采油厂王三计量站

陕西宝鸡卷烟厂五车间
西北国棉一厂细纱车间赵梦桃小组
陕西水电工程局四处五队
武警陕西西安市警卫处
陕西长岭股份有限公司29车间钣金组
陕西宝鸡啤酒厂包装一车间丙工段
中华人民共和国西安咸阳机场海关旅检科
陕西宝鸡金太公司
甘肃华亭煤业集团公司华亭煤矿建井公司
甘肃天水长城开关厂FMS板材柔性加工生产线
甘肃甘州区新乐超市有限公司
甘肃酒钢焦化厂设备维检作业区调火班
甘肃白银公司深部铜矿机运队运转工段
甘肃八盘峡水电厂机械分场水轮机班
甘肃兰州佛慈制药股份公司销售公司
甘肃银光化学工业公司仪表计量处仪表流量组
甘肃金昌化工集团公司纯碱公司重碱车间碳化岗位
甘肃白银有色金属公司冶炼厂电解车间种板工段
甘肃兰州铝业股份有限公司电解二厂一车间二大组
甘肃靖远煤业有限公司魏家地煤矿综放队
中国水电四局第一施工局(青海)
青海劳动教养管理所二大队
中共青海省委幼儿园
青海盐湖钾肥股份有限公司干包车间
西部矿业有限公司锡铁山铅锌矿脱水车间铅系统
青海盐湖钾肥股份有限公司采收车间
宁夏煤业集团磁窑堡煤矿机电队充电室
新疆伊犁哈萨克自治州红旗幼儿园
新疆区党委办公厅秘书二处文印室
新疆乌鲁木齐市河东污水处理厂运行班
新疆伊犁州苗苗幼儿园
新疆生产建设兵团农五师赛里木油脂集团浸出车间
新疆生产建设兵团农一师电力公司塔里木热电公司电气分场
新疆塔城海关报关厅
新疆八一钢铁股份有限公司转炉炼钢厂转炉机修维护组
新疆乌鲁木齐市乌河管理处供水公司红雁水厂运行班
新疆特变电工股份有限公司新变厂总装车间
新疆生产建设兵团农七师奎屯棉纺织厂织布分厂乙班二组
新疆有色集团公司阜康冶炼厂电解车间生产线
将军烟草集团新疆卷烟厂科研所
新疆水利厅玛河管理处第二水利工程管理站
新疆生产建设兵团建筑工程第一师北新路桥建设股份公司路桥十一项目部
新疆红其拉甫海关
新疆八一(钢铁)集团有限公司能源中心1159热线服务台
新疆生产建设兵团农八师石河子市东热电厂化学分场
新疆乌鲁木齐石化总厂化纤厂公用工程车间
新疆生产建设兵团党委机要局通信处
新疆五家渠联营棉纺织厂前纺车间丙班
新疆生产建设兵团农二师湖光纺织针织厂电力运转工段
新疆生产建设兵团第一建筑安装工程公司天元公司
新疆生产建设兵团农一师青松建材化工总厂水泥厂烧成三分厂
新疆生产建设兵团建筑工程第一师北新路桥建设股份公司机械调配中心
新疆伊犁霍尔果斯海关查验二科
海南中级人民法院立案庭
海南价格认证中心
海南振业新合纤有限公司生产部
海南海口海滩开发管理有限公司假日海滩

海南琼中县检察院审查起诉股
海南海口市中级人民法院书记官处
海南海口工商局振东分局
海南国营八一总场金川农场办公室
海南鸿益药业有限公司
海南海口市罗牛山蛋鸡场
海南海口市国土海洋资源局服务窗口
海南东升农场十一队青年割胶班组
海南丰田汽车特约维修服务中心
武警安徽总队池州市支队九华山中队
武警天津总队三支队六中队
武警福建总队泉州市支队晋江中队
武警四川总队乐山市支队峨眉山中队
武警北京总队二师十四支队六中队
武警浙江总队一支队三中队
武警天津总队二支队四中队
武警广东总队深圳市支队沙头角中队
中共中央直属机关事务管理局北戴河接待办公室服务处
人民日报社国内政治部党建组
新华社国内部政文采访室
新华社国内部经济采访室
中央电视台《今日说法》专题栏目组
中央警卫团二大队三中队人民大会堂东门哨位
中央办公厅老干部局文津俱乐部活动处
人民日报社人民网强国论坛组
人民日报社经理部科技处卫星传输室
中央办公厅机要局通讯中心译电处
中央电视台新闻评论部
新华社国际部专稿要闻编辑室要闻片
中办警卫局新华门哨位
中央纪委监察部信息中心硬件部
最高人民检察院检查日报社总编室
故宫博物院展览宣教部参观导引组
国家经贸委主任办公室
国务院办公厅秘书一局信息处
国家经贸委办公厅信息调研处
国家图书馆外文新书阅览室
司法部监狱管理局狱政管理处
农业部经管司农民负担管理处
对外贸易经济合作部交际司翻译处
中国聋儿康复研究中心语言训练部
中国新华航空公司“金鹏”乘务示范组
国家气象中心中央气象台短期预报科

二、新命名的

北京同仁堂药店西药部
首钢总公司第三炼钢厂精炼车间2#LF炉丁班
北京燕京啤酒集团公司十二包灌酒机组
北京宏志中学历史教研组
北京社区服务热线96156呼叫中心
天津机场海关旅检科
天津河西区有线电视台业务服务厅
天津钢管有限责任公司管加工厂2#热处理生产线
天津太平(集团)有限公司太平大药店
河北中煤第一建设公司31处许厂项目部
河北石药集团中诺药业102车间普青工段
河北秦皇岛港务集团有限公司第六港务分公司卸车队
河北承钢集团承德燕山带钢有限公司轧钢生产线
河北沧州青县殡仪馆
山西人民广播电台文艺广播
山西晋西机器工业集团有限责任公司冲压分厂112班
山西百圆裤业有限公司
山西富路工贸有限公司印刷厂
山西吕梁行署财政局预算科
内蒙古自治区人民政府通信服务中心
内蒙古呼伦贝尔市呼煤集团大雁煤业公司一矿
内蒙古北方重工业集团特殊钢厂101车间电炉乙班
内蒙古通辽市扎鲁特旗预算外资金管理局
内蒙古满洲里海关驻十八里办事处

辽宁东港职业介绍所
辽宁北宁市工商城市信用合作社
辽宁阜新市住房公积金管理中心
辽宁华锦通达化工股份有限公司合成车间总控岗
辽宁葫芦岛市住房公积金管理中心营业厅
吉林吉林市消费者协会
吉林四平市北二城市信用社
吉林一汽轿车公司直属总装车间
东北高速公路股份有限公司吉林分公司五里坡收费站
吉林通榆县审计局乡镇审计特派所
黑龙江《大庆晚报》
黑龙江七台河市惠祥城市信用社
黑龙江哈尔滨市商业银行营业部
东北高速黑龙江分公司肇东收费站
黑龙江哈尔滨市环境监测中心自动系统室
上海岩土工程勘察设计研究院有限公司科技开发公司
上海辐射环境监督站放射环境监理科
上海航天局第八设计部红外仿真实验室
上海银行金桥支行
上海今亚金店
江苏连云港广播电视传输总台电视发射部
江苏南通市职业介绍服务中心
江苏通州市农村信用联社营业部
江苏徐州市殡仪馆殡仪引导班
江苏张家港市财政局
浙江杭州西子奥的斯电梯有限公司扶梯开发科技攻关小组
浙江温州人民广播电台经济台
浙江台州76省道玉环收费站
浙江金华市工商局婺城分局城北工商所
浙江华电乌溪江水电厂继保班
安徽淮南市财政国库支付中心
中铁四局天津滨海轻轨工程项目经理部（安徽）
安徽合（肥）徐（州）高速公路
中港二航局润扬长江公路大桥CI标、D2标项目部（安徽）
安徽六安市金安区物价检查所
福建福安市国土资源局政务服务大厅
福建福州电视台“新闻110”栏目组
福建福州市农业969155热线服务中心
福建省检察院办公室综合科
福建瑞闽铝带有限公司轧制班
江西萍乡市水政监察支队
江西临川国家粮食储备库仓储科
江西鹰潭市余江县会计管理中心
江西吉安海关报关厅
江西铜业股份有限公司武山铜矿采矿车间东一盘区青年采矿队
山东济南市保安服务总公司驻泉城广场保安队
山东东营市经济开发区农村信用分社
山东古贝春有限公司新厂灌装车间
将军集团济南卷烟厂卷接包车间
山东枣矿集团柴里煤矿机电运输公司
河南郑煤集团供电公司方山变电站
河南开封皮鞋商场
河南鹤壁市财政国库支付中心
河南博物院社会教育部讲解科
河南焦作市行政服务中心
湖北建工混凝土制品有限公司余家头分公司
中铁大桥局集团渝怀铁路嘉陵江特大桥青年突击队（湖北）
湖北随州市会计核算中心
湖北鄂州市新华书店
湖南郴州市桂阳县信用联社营业部
湖南岳阳市中心血站
湖南宁乡县财政局会计委派管理中心集中核算科
湖南浏阳市株树桥水力发电与调度管理所
湖南衡阳市衡东县非税收入征收管理局
广东广钢集团热电厂中控室
广东深圳市规划与国土资源局福田分局业务

受理中心
广东广州海运(集团)有限公司雪峰岭轮
广东中山市机动车驾驶员协会综合业务部
广东梅州迎宾馆客房部
广西南宁市人民政府信访局市长公开电话受理办公室
广西南宁城市投资发展有限公司那洪收费站
广西东兴市银海大酒店客房部
广西桂林市商业银行榕湖支行
广西柳州市商业银行广雅支行营业部
海南海洋石油富岛股份有限公司尿素部
海南新中北科技有限公司呼叫中心运营部
海南海口红妆美容有限公司
重庆九龙坡区人民法院刑事审判庭
重庆重型铸锻厂热处理分厂淬火二班
第三军医大学新桥医院心血管外科
重庆百事达汽车有限公司
四川峨眉山博物馆
四川宜宾市蜀南竹海博物馆
四川成都市商业银行武侯支行营业部
四川明珠水利电力股份有限公司电气安装工程公司
四川仁寿县农村信用联社营业部
贵州赤天化仪表成品班
贵州水钢(集团)公司动力厂热力车间锅炉站
中铁二局第一工程有限公司青年突击队(贵州)
贵州水晶集团公司白乳胶车间
中国路桥集团第二公路工程局第一工程处贵州崇遵高速公路项目经理部
云南昆明市人民政府便民热线办公室
云南昆船第一机械有限公司三分厂齿磨组
云南第四监狱防暴队
西藏拉萨海关驻贡嘎机场办事处
陕西高速公路建设集团公司西渭分公司渭南管理所
陕西第五建筑工程公司第一直属项目部
陕西省公证处
陕西秦岭水泥(集团)股份有限公司安全保卫处
陕西西安电视台文化影视频道影视组
甘肃西北铝加工分公司箔轧工序
甘肃兰飞总厂直九自动驾驶仪生产线
甘肃兰州燃气工程建筑安装有限责任公司第一分公司
甘肃金化集团合成氨公司压缩岗位联合工段
甘肃窑街煤电公司三矿综采一队
中国铝业青海分公司第一电解厂铸造一班
青海新能源研究所
中国水电四局拉西瓦施工局(青海)
宁夏伊品集团提取车间
宁夏银川市农村信用联社营业部
宁夏银川市商业银行兴庆支行
宁夏灵新矿运输队皮带运输班
新疆八一钢铁股份有限公司电炉炼钢厂电气作业区
新疆气象影视中心
新疆阿拉山口海关查验二科
新疆吐尔尕特海关
新疆生产建设兵团机关幼儿园
新疆天富热电股份有限公司热电厂化学分场
中国科学技术馆展教部
国务院机关事务管理局北京友谊宾馆友谊宫聚祥园餐厅
外交部钓鱼台国宾馆芳菲苑
国家工商行政管理总局外资注册处
中华人民共和国苏州工业园区海关
中华人民共和国皇岗海关货运机检二科

全国青年文明号10年成就奖、10年全国青年文明号活动突出贡献奖和优秀组织奖

全国青年文明号10年成就奖名单

公安

北京市公安局牛街派出所

黑龙江省哈尔滨市东莱派出所

福建省漳州市公安局巡警直属大队

建设

北京市公共交通总公司10路47702车组

上海申新巴士公共交通有限公司49路SWK－10号车组（马卫星车组）

江苏省常州市公共交通集团公司10036车组

铁道

北京铁路分局北京西站“036”候车室

济南铁路局徐州分局徐州客运段K107/8车队

上海铁路局上海分局上海列车段Z13/14次“东方号”车队

交通

广东省佛开高速公路有限公司

广西壮族自治区桂柳高速公路管理处

湖北省京珠高速公路建设指挥部

通信

国家邮政局吉林省吉林市邮政局船营分局营业室

中国电信江苏省电信有限公司苏州分公司装机公司

中国移动重庆移动通信有限公司营销中心歇台子营业厅

商贸

上海第一百货商店五楼商场摄像机柜

天津百货大楼集团有限公司汝舜电器分公司

福建省莆田市国货精品大商场

卫生

黑龙江省医院心血管外科

四川省人民医院“绿色生命通道”急救组

江西医学院第一附属医院妇产科

中央企业

中国北车集团齐车公司技术开发中心货车设计组

中国铁道通信信号集团济南工程分公司第一信号段

海关

红其拉甫海关

税务

吉林省四平市中央路分局

陕西省西安市新城分局长乐西路税务所

河北省宽城满族自治县地方税务局峪耳崖分局

质检

广东省深圳笋岗出入境检验检疫局动物检验检疫科

民航

民航中南地区管理局广州白云塔台管制室

中国东方航空股份有限公司客舱部“凌燕”乘务示范组

首都机场集团公司要客部服务中心

旅游

广东省深圳世界之窗

广西壮族自治区桂林芦笛景区管理处女子导游班

北京市首汽集团公司国宾队

金融

中国工商银行上海市南京东路第三支行

中国银行太原市北城支行

中国人寿保险（集团）公司赤峰市元宝山区支公司

海洋

国家海洋局东海分局北礵海洋站

供销

北京佳之兴商业有限公司

苏果超市有限公司江苏省南京总部

石油

中国石油塔里木油田分公司开发事业部塔中作业区

大庆石油管理局钻井二公司三分公司(1205钻井队)

中国石油天然气管道局二公司(杨庆机组)

石化

胜利油田管理局胜利石油化工建设有限公司青年突击队

扬子石化股份有限公司芳烃厂中央控制室

电网

湖北电力调度通信中心调度科

东北电网有限公司丰满发电厂运行分厂五值

上海电力电缆工程有限公司二分公司青年工程队

个协

广东省深圳六联餐室

浙江省铁牛实业集团有限公司

北京

北京铁路局北京分局Z21/22次车队

北京市邮政管理局百万庄共青团邮局营业班

天津

天津市第一市政公路工程有限公司青年路桥分公司

天津滨江商厦“十姐妹”部组

河北

河北电力调度通信中心调度处

河北省石安高速公路管理处石家庄收费站

山西

山西省太原市财政局办公室

山西迎泽宾馆客房部

内蒙古

内蒙古自治区党政专用通信局话务科

辽宁

辽宁省沈阳商业城鞋帽公司皮鞋二商场

辽宁省沈阳市国家税务局沈河分局五爱国税所

中兴——沈阳商业大厦(集团)服装商场东方仙玛专柜

吉林

吉林省长春经济技术开发区海关

吉林省吉林市中心医院手术室护理组

黑龙江

东北高速公路黑龙江分公司大庆收费站

黑龙江省哈尔滨市中央商城

上海

上海新世界股份有限公司七楼商场精品自营柜

上海宝山钢铁股份有限公司技术中心信息技术及亚欧信息研究组

江苏

江苏省苏州市昆山陆家财政所集体

江苏省镇江市地方税务局涉外分局

浙江

浙江省温州地方税务局征管局

浙江省宁波市公安局鄞州区分局高桥派出所

安徽

安徽省电力公司合肥供电公司客户信息部包河区营业部

安徽省芜湖市工商行政管理信息中心

福建

厦门航空有限公司乘务队

福建省福州台江地方税务局征收分局

江西

江铜集团德铜精尾厂4#坝青年突击队

江西省赣州交警大队女民警岗亭执勤班

山东

山东省日照市3路无人售票车组

山东银座商城股份有限公司

河南

《河南日报》集团新闻出版部夜编组

郑州铁路局郑州客运段 K179/180 车队

湖北

湖北省武汉广场总服务台

湖北移动通信有限公司荆州分公司沙隆达广场营业厅

湖南

湖南省永州市芝山区公安分局徐家井派出所

湖南省衡阳市雁城宾馆青年文明楼

广东

广东省广州市东山区国家税务局第二管理分局

广东省深圳市规划与国土资源局龙岗分局业务受理中心

广西

广西壮族自治区柳州市地方税务局鱼峰分局

广西壮族自治区桂林旅游股份有限公司漓江游船公司桂海 27 号船组

海南

海南鸿益药业有限公司

重庆

国航重庆公司“红岩”乘务组

重庆市高新区地方税务局

四川

四川省成都电信局人民东路营业厅

四川航空股份有限公司“心连心”乘务组

贵州

贵州省安顺市西秀区地方税务局轿子山税务所

云南

云南省昆明市公安局交警支队二大队博物馆岗位

西藏

西藏自治区拉萨市公安局八廓街派出所

陕西

陕西省西安饭庄

郑州铁路局西安分局 42 次列车

甘肃

甘肃七建集团吴建华粉刷领包队

青海

青海盐湖钾肥股份有限公司采收车间

宁夏

宁夏回族自治区联通公司客服与呼叫中心业务部寻呼一班

新疆

新疆维吾尔自治区公路管理局喀什公路段什库尔干段红其拉甫养护站

新疆生产建设兵团党委机要局通信处

中直机关

中央警卫局新华门哨位

国家机关

国家图书馆外文新书阅览室

10 年全国青年文明号活动突出贡献奖名单

人民日报社国内政治部

《中国青年报》团的生活部

人民公安报社

《人民邮电报》行风建设报道组

中国石化销售有限公司

北京市公交总公司

安徽省财政厅国库支付中心

湖北省武汉市武昌区人民政府水果湖街办事处

刘京山　中央电视台社会新闻中心记者、全国青年文明号特约监察员

高　军　中国航空工业第一集团公司企业文化部副部长

袁承党　辽宁电视台新闻中心副主任

姚　佐　全国青年文明号特约监察员

张晓光　东北高速公路公司董事长

蒋英刚　中国铝业青海分公司总经理

10 年全国青年文明号活动优秀组织奖(集体奖)名单

公安

公安部政治部宣传局思想政治工作处

上海市公安局团委
山东省公安厅政治部组织教育处
广东省公安消防总队政治部
云南省昆明市公安局团委
铁道部公安局政治部

建设

上海建工(集团)总公司团委
江苏省南京市城建团工委
江西省建设厅
湖南省建设厅
河南省许昌市城市管理局
湖北省建设厅机关党委

铁道

全国铁道团委
哈尔滨铁路局团委
广州铁路(集团)公司团委
成都铁路局成都铁路分局团委
郑州铁路局团委
沈阳铁路局团委

交通

山东省交通厅直属机关团委
江西省交通厅直属机关团委
江苏省交通厅政治处
交通部海事局团委
福建省交通厅创建青年文明号活动办公室
黑龙江省哈绥高速公路管理处

通信

信息产业部通信行业精神文明创建活动办公室
国家邮政局上海市邮政局
中国网通北京市通信公司团委
中国联通山东分公司党群工作办公室
中国移动山东移动通信有限公司
中国铁通辽宁分公司团委

水利

水利部直属机关团委

商贸

北京一商集团有限责任公司团委
吉林省吉林市百货大楼团委
山东省青岛市财贸工作委员会
安徽商之都有限责任公司
陕西省西安市商业贸易委员会
贵州省商务厅商业发展促进处

卫生

福建省卫生系统创建青年文明号活动领导小组
天津市卫生局团委
云南省卫生厅团委
黑龙江省卫生厅
浙江省卫生厅
河南省卫生厅
广东省卫生厅

中央企业

中国铁道建筑总公司团委
中国房地产开发集团公司团委
中航一集团西安飞机工业(集团)有限公司团委
中国航天科技集团公司第五研究院团委
中国南方机车车辆工业集团公司团委
中国航天科工集团第三总体设计部预先研究与发展战略研究室隐身专业组

海关

北京海关
南京海关

税务

辽宁省国家税务局
河南省国家税务局
湖北省国家税务局
江苏省国家税务局
山东省地方税务局
湖南省地方税务局

质检

国家质量监督检验检疫总局政工办
福建省检验检疫局
广东省检验检疫局政工处
江苏省检验检疫局

上海市检验检疫局
江苏省质量技术监督局

民航

民航西南地区管理局团委
中国东方航空集团公司团委
中国南方航空集团公司团委
中国国际航空公司团委
广州白云国际机场股份有限公司航空护卫分公司一中队
深圳航空有限责任公司团委

旅游

北京市旅游局
浙江省杭州市旅游局
安徽省黄山市旅游局
广西壮族自治区桂林市旅游局
四川省峨眉山市旅游局
华侨城集团公司

金融

中国人民银行天津分行团委
中国农业发展银行河北省分行
中国工商银行北京分行团委
中国农业银行福建省分行
中国建设银行江苏省分行
交通银行上海分行团委

海洋

国家海洋局北海分局团委
国家海洋局东海分局团委
国家海洋局南海分局团委

供销

河北省供销合作社
山西省供销合作社青年文明号活动组委会
内蒙古自治区赤峰市供销合作社
江苏省供销合作社
河南省供销合作社
广东省东莞市长安供销社

石油

大庆石油管理局团委
中国石油塔里木油田分公司团委
华北石油管理局团委
抚顺石油化工公司团委
中国石油陕西销售分公司团委

石化

中原石油勘探局团委
江苏石油勘探局团委
燕山石化公司团委
茂名石化公司团委
安庆石化总厂团委
河北石油公司团委

电网

山东电力集团公司团委
湖北省电力公司团委
黑龙江省电力有限公司
陕西省电力公司团委
华北电网有限公司青工部
江苏省电力公司

个协

中国个体劳动者协会宣教部
北京市私营个体经济协会
重庆市私营个体经济协会
山东省个体私营企业协会
上海市个体劳动者协会(私营企业协会)
江苏省私营个体经济协会

北京

北京汽车工业控股有限责任公司团委
北京新燕莎控股(集团)有限责任公司团委
北京市地铁运营有限公司团委
共青团北京市昌平区委
北京市公安局团委
北京大学医学部团委

天津

共青团天津市委城区社会部
天津市市政工程局团委
天津市交通局团委
天津市机电工业控股集团公司团委
天津一商集团团委
天津市旅游集团团委

河北

共青团河北省委青工部

河北冀星高速公路有限公司

共青团河北省秦皇岛市委

河北省沧州市国家税务局

共青团河北省邯郸市委

共青团河北省承德市委

山西

共青团山西省委青工部

共青团山西省阳泉市委

山西省财政厅

山西省公路局团委

山西医科大学第二医院团委

山西省太原钢铁(集团)有限公司团委

内蒙古

共青团内蒙古自治区委青工农牧部

内蒙古自治区直属机关团工委

内蒙古自治区国家税务局教育处

内蒙古自治区交通厅机关党委

内蒙古自治区旅游局质量管理处

共青团内蒙古自治区通辽市委

辽宁

共青团辽宁省委青工部

共青团辽宁省沈阳市委

共青团辽宁省大连市委

共青团辽宁省锦州市委

辽宁省地方税务局教育处

辽宁省公安厅宣传处

吉林

共青团吉林省委青工部

吉林省国家税务局

吉林省邮政局机关党委(基层工作处)

吉林省交通厅团委

共青团吉林省长春市委

共青团吉林省四平市委

黑龙江

共青团黑龙江省委

黑龙江省邮政局党群工作办公室

黑龙江省旅游局行业管理处

黑龙江省地方税务局基层指导处

中国网通集团黑龙江省通信公司党委工作部

黑龙江省民航管理局党委工作部

上海

中共上海市建设与管理工作委员会宣传处

共青团上海市黄浦区委

上海宝钢集团公司团委

上海市环保局团委

上海航空公司团委

上海百联(集团)公司团委

江苏

共青团江苏省委城工部

江苏省南京市委市直机关工委

共青团江苏省无锡市委

江苏省徐州市市政公用事业管理局团委

共青团江苏省南通市委

共青团江苏省淮安市委

江苏省南京市公安局

浙江

浙江省杭州市卫生局团工委

浙江省宁波市“号、手”活动指导委员会办公室

共青团浙江省台州市委农工青年部

浙江省邮政局党群办

浙江省交通厅团工委

浙江省卫生厅机关党委

安徽

安徽省电力公司

安徽省公安厅政治部宣传处

安徽省蚌埠市创建青年文明号活动组委会

安徽省国家税务局教育处

安徽省直属机关团工委

安徽省交通厅

福建

共青团福建省委青工部

共青团福建省漳州市委

共青团福建省泉州市委

共青团福建省宁德市委

福建省国家税务局创建青年文明号活动办公室
共青团福建省晋江市委

江西

共青团江西省九江市委
江西省机场集团公司团委
洪都集团团委
共青团江西省吉安市委
江西省国家税务局教育处
江西省省直团工委

山东

共青团山东省委青工部
共青团山东省青岛市委
共青团山东省济南市委
共青团山东省威海市委
山东省胜利石油管理局团委
山东省卫生厅直属机关党委

河南

共青团河南省委青工部
共青团河南省郑州市委
共青团河南省洛阳市委
共青团河南省许昌市委
共青团河南省新乡市委
河南省省直机关团工委

湖北

共青团湖北省委青工部
湖北省公安厅政治部
湖北省邮政局公众服务处
共青团湖北省鄂州市委
三峡开发总公司团委
中建三局团委
湖北省精神文明建设委员会办公室

湖南

共青团湖南省委
共青团湖南省长沙市委
共青团湖南省株洲市委
湖南省交通厅
湖南省国家税务局

广东

共青团广东省广州市委
共青团广东省深圳市委
共青团广东省珠海市委
广东移动通信有限公司
广东省长大公路工程有限公司团委
广东省广电集团有限公司

广西

共青团广西壮族自治区委青工部
共青团广西壮族自治区桂林市委
共青团广西壮族自治区柳州市委
广西壮族自治区公安厅政治部
广西壮族自治区交通厅直属机关团委
广西壮族自治区国家税务局人事教育处

海南

共青团海南省琼海市委
海南省国家税务局教育处
海南省卫生厅团委
海南省电信公司

重庆

共青团重庆市委青工部
重庆市公安局团委
重庆市卫生局团委
重庆市交通委员会团委
重庆市电力公司团委
重庆市电信公司团委

四川

共青团四川省委
四川省交通厅团委
四川省峨眉山管委会
成都铁路局团委
共青团四川省泸州市委
共青团四川省宜宾市委

贵州

共青团贵州省贵阳市委
贵州省公安厅政治部干部处
贵州省国家税务局教育处
中铁五局(集团)有限公司

贵州航空工业(集团)有限公司团委

云南

共青团云南省委城青部

共青团云南省昆明市委城青部

共青团云南省玉溪市委

云南省公安厅政治部

云南建工集团总公司团委

西藏

中国建设银行西藏自治区分行

西藏自治区国家税务局

西藏自治区电信公司

共青团西藏自治区林芝地委

陕西

共青团陕西省委青工部

陕西省国家税务局教育处

陕西省供销合作社政治处

共青团陕西省西安市委

共青团陕西省咸阳市委

共青团陕西省宝鸡市委

甘肃

甘肃省兰州公交集团有限公司团委

甘肃省酒泉公路总段

甘肃省电力公司团工委

兰州铁路局团委

华亭煤业集团公司团委

甘肃省卫生厅直属机关团委

青海

共青团青海省委工农青年部

青海省直属机关团工委

青海省电力公司团委

青海石油管理局团委

青海铝业有限公司团委

宁夏

共青团宁夏回族自治区银川市委

共青团宁夏回族自治区石嘴山市委

宁夏电信公司思想政治工作部

宁夏回族自治区国家税务局教育处

宁夏回族自治区交通厅直属机关党委

新疆

共青团新疆维吾尔自治区委青工部

新疆建工(集团)有限公司团委

新疆八一钢铁集团有限公司团委

新疆维吾尔自治区直属机关团工委

新疆维吾尔自治区地方税务局人事教育处

新疆维吾尔自治区石油管理局团委

中直机关

中共中央办公厅团委

国家广播电影电视总局团委

新华社团委

国家机关

国家安全部机关团委

文化部直属机关团委

中国气象局直属机关团委

10 年全国青年文明号活动优秀组织奖(个人奖)名单

团中央

刘爱平　团中央青工部机关事业处处长

发改委

郭　丽　国家发展和改革委员会机关党委副书记

魏洪波　国家发展和改革委员会直属机关团委书记

公安

王英斌　公安部政治部宣传局助理巡视员

乔如浩　辽宁省公安厅政治部宣传处科长

杜红阳　浙江省公安厅政治部警务处秘书科科长

杨婉菊　安徽省蚌埠市公安局机关党委副书记、团委书记

肖　萍　江西省赣州市公安局政治部干部

李　珂　河南省郑州市公安局政治部副主任、团委书记

葛　欣　重庆市公安局政治部副主任、团委书记

建设

王　敏　建设部精神文明建设办公室调研员

刘喜增 天津市公共交通集团(控股)公司党委副书记
方 蕾 上海市房屋土地资源管理局团委书记
黄好丽 广东省惠州市规划建设局直属机关团委书记
王晓红 江苏省镇江市建设局宣教处处长
郑少文 福建省福州市公共交通总公司团委书记
赵铁城 内蒙古自治区包头市建设委员会党委副书记

铁道

吴望根 全国铁道团委宣传生产部部长
刘新战 乌鲁木齐铁路局团委干部
岳 震 兰州铁路局团委书记
郭振荣 云南省人民检察院昆明铁路运输分院政治部主任
刘亚莉 包头客运运营管理中心 K263/264 次车队长
李晓群 南昌铁路局团委宣传生产部部长
周维保 柳州铁路局团委宣传生产部部长

交通

庄长波 交通部直属机关团委干部
王海峰 交通部体改法规司干部
王增刚 吉林省交通厅直属机关团委书记
何正清 重庆市交通委员会机关团委书记
范永丰 河北省邢台市交通局局长、党委副书记
李 理 四川省成雅高速公路股份有限公司成都收费站站长
杨俊威 山西省交通厅机关党委书记

通信

乔玉祥 信息产业部通信行业精神文明创建活动办公室副主任
黄建计 国家邮政局福建省邮政局副局长
师惠群 中国电信广东省电信有限公司市场部副总经理
佟 铭 中国网通天津市通信公司团委书记
骆英辉 中国联通广东分公司党群工作部主任
刘钢庭 中国移动广东顺德分公司副总经理
宁业强 中国通信广播卫星公司卫星部副总经理

水利

李晓琳 水利部直属机关党委处长

商贸

彭克泉 商务部商业改革发展司企业改革指导处处长
王 丽 辽宁大商集团团委副书记
周长群 山东省济南市政府财贸办公室副处长

卫生

窦熙照 卫生部直属机关党委副书记
柯维旭 汕头大学医学第一附属医院党委副书记
李仲军 山东省卫生厅直属机关党委副书记
赵 勇 重庆市卫生局法监处副处长
刘 莉 广西壮族自治区卫生厅机关后勤服务中心主任
张建华 湖北省武汉市卫生局党委书记
马 金 宁夏回族自治区医学院附属医院团委副书记
王文举 吉林省卫生厅直属机关党委书记

中央企业

陈联国 中远集装箱运输有限公司团委书记
张梅芳 中国电信集团公司市场部服务督察处处长
于金伟 中建八局广州分公司党委副书记
陈干新 中航第二集团公司第六 O 二研究所团委书记
任 文 中国港湾建设(集团)总公司团委副书记
许国栋 北京有色金属研究总院团委书记

海关

谢永亮 海关总署政工办政工处干部
韦诗明 合肥海关党组成员、纪检组长

吴蒙远　广州白云机场海关旅检监控中心科长

税务

刘艳霞　国家税务总局人事司机关人事处副处长

姚　远　吉林省国家税务局教育处处长

李升金　山东省国家税务局教育处处长

宋建国　内蒙古自治区国家税务局教育处处长

范　红　辽宁省地方税务局教育处处长

朱剪云　北京市地方税务局基层处副处长

李裕霞　新疆维吾尔自治区吐鲁番地方税务局人事教育科科长

质检

刘顺经　国家质量监督检验检疫总局政工办主任

董惠池　国家质量监督检验检疫总局直属机关党委干部

陈　硕　福建省检验检疫局政工处处长

曹小茂　广东中山出入境检验检疫局副局长

任庆贵　黑龙江出入境检验检疫局政工处处长

于维政　北京出入境检验检疫局团委书记

武忠生　山西省质量技术监督局团委书记

刘远辉　广西壮族自治区东兴出入境检验检疫局货检组副科长

民航

张增明　中国民航总局党委办公室主任

曹丽婷　民航华东地区管理局团委干部

赵红艳　民航太原空管中心团委书记

梁　冰　民航东北空管局沈阳空管运行中心团委书记

杨　鸥　陕西省机场管理集团公司团委书记

徐　晖　上海机场(集团)虹桥国际机场运行保障部灯光站副站长

何京霖　上海航空股份有限公司客舱服务部团委书记

旅游

于长江　北京市旅游局局长

张安胜　浙江省杭州市旅游委员会团工委副书记、人事处副处长

查道明　安徽省黄山市旅游局处长

徐　熔　广西壮族自治区桂林市旅游局团委书记

龙万全　四川省峨眉山市旅游局局长

谢伟民　广东省深圳世界之窗有限公司党委副书记、副总经理

金融

布建臣　中国印钞造币总公司副总经理

王　豪　中国工商银行福建省分行团委书记

李普选　中国农业银行陕西省分行团委书记

姜　利　招商银行南京分行团委书记

侯景辉　中国人民财产保险股份有限公司福建省分公司团委书记

李鸣钟　深圳证券交易所办公室副主任

海洋

高增田　国家海洋局直属机关党委办公室主任

卜玉兵　国家海洋局海洋技术中心党办主任

封喜军　国家海洋局东海分局团委书记

供销

刘桂清　北京市供销合作社团委书记

张晓雁　辽宁省供销合作社合作经济指导部助理调研员

周国全　黑龙江省供销合作社合作指导部科长

王　红　山东省供销合作社主任科员

李新玉　河南省供销合作社合作指导处副处长

程克文　湖南省供销合作总社合作指导处主任科员

石油

关晓红　中国石油天然气集团公司政治思想工作部主任

宋新辉　中国石油天然气集团公司青年工作部部长

张玉洁　大庆油田有限公司团委书记

王迎旭　辽河石油勘探局团委书记
刘泽红　大港油田集团公司团委书记
刘　利　中国石油独山子石化分公司团委副书记
张大林　中国石油辽宁销售分公司团委书记
柴玉军　华油北京服务总公司鑫诚物业管理公司总经理

石化

徐木君　江汉石油管理局团委书记
杨志清　河南石油勘探局团委副书记
陈　棠　长岭炼化公司团委书记
李晓霞　上海石化股份公司团委副书记
孙　蔚　山东石油公司团委副书记
潘　君　中国石化集团第四建设公司团委负责人

电网

田华香　国家电网公司政工办副主任
郑　林　国家电网公司团委副书记
王季平　青海省电力公司党委书记、总经理
韩　涛　河北省石家庄电业局团委书记
陈　强　四川省电网公司团委书记
刘　斌　安徽省电力公司思政部党办副主任
刘耀伟　吉林省电力有限公司政治部青工处副处长
裴朝晖　甘肃省电力公司团工委副书记
周玉超　华北电网有限公司青工部部长

个协

王盛湖　中国个体劳动者协会副秘书长
周永胜　内蒙古自治区个体私营企业协会秘书长
王月明　黑龙江省个体劳动者协会秘书长
刘俊波　辽宁省个体劳动者协会秘书长
王振远　河北省个体私营企业协会秘书长
程　刚　天津市个体劳动者协会秘书长
卡斯木江　新疆维吾尔自治区私营个体企业协会秘书长

北京

侯晓辉　北辰实业集团团委书记
赵宏晔　北京纺织控股有限责任公司团委书记
尚　涛　北京西单友谊集团团委书记
刘军胜　共青团北京市朝阳区委书记
杨　灵　北京市水利局团委书记
吴彦胜　北京市宣武区委教工委团工委书记

天津

王　健　天津港务局团委书记
唐铁军　天津渤海化工集团公司团委书记
刘洪环　天津铁路分局团委书记
刘　辉　天津市出入境检验检疫局团委书记
王　岚　天津石油集团团委书记
张　元　天津物资集团团委副书记
朱玉峰　天津城建集团党委副书记

河北

夏少鹏　共青团河北省委青工部干部
王宝清　中国石化集团河北石油分公司团委书记
丁占武　中国移动唐山移动分公司党委书记、总经理
董　辉　河北省交通厅副处长
李彦平　河北省石家庄市国家税务局局长

山西

张九萍　共青团山西省委书记
张瑞芳　共青团山西省委青工部部长
赵广利　共青团山西省委机关党委副书记
郝宝文　山西省供销社纪检组长
田春林　山西省省直团工委书记
刘雅芹　山西焦煤集团团委书记

内蒙古

格更图雅　共青团内蒙古自治区委青工农牧部干部
刘晓红　内蒙古自治区呼和浩特市国家税务局稽查局局长
王茂林　内蒙古自治区呼和浩特市地方税务局局长
王昭岩　内蒙古出入境检验检疫局政工处处长

刘　霞　内蒙古自治区公安厅人事训练处科长
王　瑞　共青团内蒙古自治区巴彦淖尔市委副书记
叶殿祥　内蒙古自治区国家税务局党组成员、纪检组长

辽宁

刘兴波　共青团辽宁省委青工部部长
解永孚　共青团辽宁省鞍山市委书记
王文晶　共青团辽宁省抚顺市委书记
李　琳　共青团辽宁省本溪市委书记
常春友　共青团辽宁省葫芦岛市委书记
王国云　辽宁省国家税务局宣教处处长

吉林

于　艇　共青团吉林省委青工部干部
韩华荣　吉林省地方税务局基层工作处处长
孙世林　吉林省建设厅直属机关团委书记
金　平　吉林出入境检验检疫局机关党委专职副书记
李冬梅　共青团吉林省松原市委副书记
王亚丽　吉林省通化市地方税务局团委书记

黑龙江

林　虎　共青团黑龙江省委青工部部长
于沐琳　共青团黑龙江省哈尔滨市委书记
冀　云　黑龙江省通信管理局机关党委副书记
马光巽　黑龙江省交通厅高路局党委书记
郑彤章　哈尔滨铁路局团委副书记
胡学军　黑龙江省公安厅政治部宣传处综合指导组组长

上海

姜　容　共青团上海市静安区委副书记
丁　凌　上海市城市交通管理局团委书记
杜松杨　上海电气(集团)总公司团委书记
姜　坚　上海市公安局团委书记
冯雪飞　上海银行团委书记
李　雯　上海市第一百货商店团委书记

江苏

罗　虹　江苏省南京市交通局党委副书记
华　伟　共青团江苏省无锡市委书记
阮　冰　共青团江苏省连云港市委书记
陈红红　共青团江苏省盐城市委书记
张耀武　共青团江苏省扬州市委书记
严志明　江苏省交通厅团委书记

浙江

胡云欣　浙江省绍兴市地方税务局人教处处长
童岳松　浙江移动绍兴分公司总经理
余智辉　浙江杭金衢高速公路有限公司金华管理处副处长
金炳雄　浙江省旅游局规划处副处长、团工委书记
段苏明　浙江省建设厅机关党委副书记
李长寿　浙江省嘉兴市公安局政治部副主任

安徽

王　芳　共青团安徽省委青工部干部
时卫东　安徽省公安厅政治部宣传处思想文化科科长
谢　兵　共青团安徽省芜湖市委副书记
孟令保　安徽省地方税务局人教处主任科员
王家和　共青团安徽省合肥市委青工部部长

福建

林　赪　共青团福建省委副处级干事
洪　亮　共青团福建省厦门市委经济部部长
陈荣华　福建省莆田市邮政局党委书记
廖　青　中国农业银行南平市分行行长
赵州生　福建省龙岩地方税务局纪检组长
叶守光　福建省福州市国税涉外管理局局长
林　野　福建省电力有限公司副总经理

江西

杨龙兴　共青团江西省委青工部干部
陈水平　共青团江西省南昌市委青工部部长
康　楷　江西省景德镇昌河集团团委书记
李国锋　江西省交通厅团委书记
刘　成　中国工商银行江西省分行团委书记
卢勇军　南昌铁路局团委书记
邓保生　江西省地方税务局副局长

山东

张　涛　共青团山东省委青工部干部
李显青　共青团山东省东营市委工农部部长
徐国旺　共青团山东省烟台市委青工部部长
苗　青　山东省交通厅团委书记
刘春华　共青团山东省菏泽市委书记
李其超　共青团山东省聊城市委副书记
崔秋立　山东省劳动和社会保障厅处长

河南

刘春晓　共青团河南省委青工部副部长
杨自强　共青团河南省开封市委青工部部长
杨建旭　共青团河南省安阳市委青工部部长
高少甫　共青团河南省濮阳市委副书记
陈玉国　中原石油勘探局团委青工部部长
王俊杰　中国长城铝业公司团委书记
原建国　河南移动通信有限公司总经理

湖北

余　晗　共青团湖北省委青工部部长
范景玉　共青团湖北省襄樊市委副书记
秦　捷　东风汽车公司团委书记
苏　敏　湖北省交通厅团委书记
余振东　中铁十一局集团公司团委书记
黄应华　湖北省国家税务局教育处科长

湖南

胡劲松　共青团湖南省湘潭市委副书记
周玉梅　共青团湖南省衡阳市委书记
熊文辉　共青团湖南省常德市委书记
覃君松　湖南省电力局团委书记
姚涤非　湖南省公安厅政治部秘书室主任
戴晓寒　湖南省卫生厅团委书记

广东

周海金　广东青年文明号活动领导小组办公室主任
李庆新　共青团广东省东莞市委书记
林海武　共青团广东省湛江市委书记
易剑波　广州铁路(集团)公司团委书记
梁瑞芳　中国南方航空股份有限公司客舱部团委书记
曾　剑　广东天贸南大百货有限公司团委副书记
徐丽君　广东出入境检验检疫局党组成员、纪检组长

广西

杨健豪　共青团广西壮族自治区委青工部干部
林海波　共青团广西壮族自治区钦州市委副书记
植　林　共青团广西壮族自治区桂林市委青工部部长
覃　昊　广西壮族自治区交通厅直属机关团委书记
郑西举　广西壮族自治区国家税务局人事教育处主任科员
阮　茜　广西壮族自治区邮政局政工处副主任科员

海南

陈运宇　共青团海南省委工农青年部干部
李开文　共青团海南省三亚市委书记
卓桂勇　共青团海南省海口市委城乡部部长
陈　新　海南省海口市人民医院党办主任

重庆

杨忠元　重庆市地方税务局教育处处长
谢　强　重庆市国家税务局教育处副处长
孔德兰　重庆市公共交通控股(集团)有限公司团委副书记
苟冬玲　重庆市移动通信公司团委书记
冯　瑮　重庆市工商行政管理局机关党委专职副书记
辛　华　重庆市委宣传部宣教处处长
徐海荣　重庆市公安局副局长

四川

李文东　共青团四川省委青工部部长
毛一兵　共青团四川省绵阳市委书记
廖　俊　共青团四川省成都市委青工部部长
彭　勇　共青团四川省德阳市委书记
别　江　四川省公安厅队伍建设指导处思想

教育科科长
杨宏寿 共青团四川省阿坝州委书记

贵州

谭 诤 共青团贵州省遵义市委副书记
曾晓芳 共青团贵州省六盘水市委副书记
李 锐 贵州铝厂团委副书记
刘建华 贵州省交通厅直属机关党委办公室副主任
陆 勇 贵阳铁路分局贵阳机务段党委副书记

云南

赵 云 云南省公安消防总队政治部组织处处长
艾上荣 共青团云南省思茅市委办公室主任
张劲锋 云南铜业(集团)有限公司团委书记
杨晓静 云南锡业集团有限公司团委书记
张卫国 云南省移动通信公司党群工作部主任

西藏

赵 虹 共青团西藏自治区委工农部主任科员
索朗多吉 共青团西藏自治区山南地委书记
何元召 中国电信西藏昌都分局局长
赤列江才 西藏自治区人民医院团委书记

陕西

王晓庭 陕西省公安厅组教处副处长
张红书 陕西省交通厅团委书记
侯云章 陕西省工商局机关党委副处长
吴爱平 陕西省地方税务局副处长
张文禄 陕西省直团工委书记

甘肃

侯维宾 白银公司深部铜矿机运队转工段段长
王 丽 甘肃省兰州飞控仪器总厂团委副书记
杨小刚 兰州石化公司团委书记
赵 亮 玉门石油管理局水电厂团委书记
张承平 甘肃省迭部县公安局局长

青海

石 敏 青海省交通厅团委副书记
李小舸 共青团青海省西宁市委书记
程胜利 中国水电四局团委副书记
江 泓 青海省电力公司团委书记
常 林 共青团青海省海北州委书记

宁夏

焦玉柱 共青团宁夏回族自治区吴忠市委书记
马正学 共青团宁夏回族自治区固原市委书记
杨 德 宁夏回族自治区公安厅政治部宣传处副处长
牛全义 宁夏煤业集团公司团委副书记

新疆

田 勇 乌鲁木齐石化公司团委书记
王 曼 南航集团新疆公司团委书记
王江龙 新疆维吾尔自治区直属机关团工委副书记
余 洁 新疆有色集团公司团委书记
张爱晴 新疆维吾尔自治区交通厅组织人事处助理调研员
张惠琴 新疆生产建设兵团农一师电力公司团委书记

中直机关

吴克宇 中央电视台团委书记
孙 毅 共青团中央直属机关团委书记

国家机关

刘福臣 司法部监狱管理局狱政管理处处长
袁 园 商务部外事司翻译处主任科员
陈军兰 中国聋儿康复研究中心团支部书记、语言训练部主任教师

全国杰出青年岗位能手和全国青年岗位能手

2003年以来，各地区、各行业、各企业深入贯彻落实全国人才工作会议和共青团全国青年人才工作会议精神，以开发青年人力资源为主题，以培养造就高素质的劳动者为目标，通过开展新知识新技能培训、组织青工投身创新实践等多种方式，继续深化青年岗位能手活动，取得了明显成效。一大批品德优良、技能精湛、锐意创新、成绩突出的优秀青年人才脱颖而出。

为表彰先进，树立典型，激励更多的青年职工立足本职岗位，学习新知识，掌握新技能，创造新业绩，不断在企业改革和发展的实践中成长成才，共青团中央、劳动和社会保障部决定，授予朱玉雷等10名同志2003年度全国杰出青年岗位能手称号，授予王春生等109名同志2003年度全国青年岗位能手称号。

2003年度全国杰出青年岗位能手名单

朱玉雷　中国石化集团胜利石油管理局物探公司

李　剑　中国人民解放军63920部队

江春茂　武警湖南省衡阳市消防支队石鼓中队

魏文斌　首都医科大学附属北京同仁医院

左炳伟　山东莱芜钢铁集团股份有限公司

赵毓忠　哈尔滨电机厂有限责任公司冷作分厂

徐育敏　上海铁路局上海铁路分局上海机务段

许　佳　漳州市公安局巡警支队直属大队

帕丽旦·吐尔逊(女)　中国银行新疆维吾尔自治区分行营业部

卢长德　中铁二十一局青藏铁路工程指挥部

2003年度全国青年岗位能手名单

北　京

王春生　北京首钢股份有限公司炼铁厂

张　伟　北京京煤集团有限责任公司昊华能源股份有限公司木城涧煤矿

梁伟明　北京城建第四建设工程有限责任公司

天　津

李　刚　天津钢管有限责任公司管加工厂

李铁胜　天津石油化工公司化纤厂

李志勇　天津城建集团五公司

河　北

赵景文　河北西柏坡发电有限责任公司

陈新华　石家庄钢铁有限公司炼钢厂

杨子忠　河北省秦皇岛烟草机械有限责任公司

山　西

杨建新　山西百圆裤业有限责任公司

姚海生　山西焦煤集团西山煤电股份有限公司选煤厂

刘慧秀(女)　太原铁路分局太原站

内蒙古

赵永忠　中国河西化工机械公司

白宏博　中国兵器内蒙古第一机械制造集团第三分公司

辽　宁

朱新泉　沈阳市城建房地产开发有限公司

高重山　鞍钢新轧钢股份有限公司线材厂

赵　勇　渤海船舶重工有限责任公司管加工分厂

高　峻　沈阳市国家税务局沈河分局

吉　林

葛茂昱　吉林江北机械厂模具分厂

张显宜　一汽集团铸造有限公司铸造一厂
王建伟　中国石油股份公司吉林油田分公司勘探开发研究院

黑龙江

曹红柱　黑龙江省大庆市邮政局
舒瑞福　黑龙江省绥芬河市公安局

上　海

李山青　宝山钢铁股份有限公司
陈飞杰　上海市电力公司沪东供电公司
付　军　上海市安装工程有限公司
何玲玲(女)　上海今亚珠宝有限公司

江　苏

查文章　江苏盐城市第一人民医院
邓建军　黑牡丹(集团)股份有限公司
李文明　中国电子科技集团公司第十四研究所

浙　江

章燕丽(女)　中银(宁波)电池有限公司
张勤慧　杭州钢铁集团公司小轧股份有限公司
王益景　庄吉集团有限公司

安　徽

杨　敏　安徽省泗县公安局交警大队
曹佩永　淮北矿业集团有限责任公司海孜煤矿
宋克东　安徽省合肥市供电公司

福　建

郑　飞　福建省电力勘测设计院
朱少雄　福建雪津啤酒有限公司
郭小军　兴业证券股份有限公司

江　西

胡　勇　江西新河技术有限公司
龚仲斌　江西洪都航空工业集团有限责任公司机械加工厂
邓淮豫(女)　江西省电信有限公司
邱永生　江西省上饶市曙光医院

山　东

吴士河　德州天元集团有限责任公司
李洪新　烟台供电公司检修分公司

河　南

田新峰　中国长城铝业公司水泥厂
路　广　河南省郑州煤炭(集团)有限责任公司超化煤矿
韩卫国　中国石化集团洛阳石化工程公司
赵玉臣　中原油田采油一厂范四立河南安彩集团模具厂

湖　北

熊　斌　武汉烟草(集团)有限公司技术中心
高　龙　武汉钢铁集团机械制造有限责任公司
肖明清　铁道第四勘察设计院城建院
金　凡(女)　武汉市武昌区人民法院

湖　南

杨　钊　湖南湘潭江南机器(集团)股份有限公司五分厂
曾飞骏　涟源钢铁集团有限公司炼铁厂

广　东

崔文凯　广东省电信有限公司广州市分公司传输分局
邓万龙　珠海市公安局刑警支队
李志坚　广东移动通信有限责任公司广州市分公司

广　西

李　东　广西玉林市供电局玉林500KV变电所
莫莉莉(女)　广西柳州钢铁(集团)公司技控所

海　南

王录学　海口市公安局龙华分局
林芳云(女)　海南鸿益药业有限公司

重　庆

黎功柱　重庆市巫山县国家税务局
周　军　重庆市电力公司
龙　虎　重庆渝涪高速公路有限公司

四　川

张　彦　中国南车集团资阳机车厂营销中心

兰　礼　东方电机股份有限公司轻金工分厂
徐　进　华西集团四川省工业设备安装公司
贵　州
毕元宗　贵州省电信公司黔西南州分公司
贺耀红　中铁五局集团一公司
云　南
唐春梅(女)　云南锡业集团有限责任公司
侯良冰　云南省火电建设公司
杨　建　云南云天化股份有限公司
西　藏
白　珍(女)　中国农业银行西藏自治区分行康昂东路支行
陕　西
夏复山　西安航空发动机(集团)有限公司工具厂
徐海军　西安饮食服务(集团)股份有限公司西安饭庄
王晓荣(女)　陕西省纺织工业总公司风轮公司
甘　肃
雷建军　酒泉卫星发射中心特燃供应站
赵爱军(女)　兰州公交集团有限公司第六客运公司
青　海
赵雄章　青海省路桥建设股份有限公司
宁　夏
李海霞(女)　宁夏回族自治区人民医院
黄　华　中国石油长庆采油三厂
新　疆
屈　刚　新疆石油管理局钻井公司
王　强　吐哈石油勘探开发指挥部钻采工艺研究院
杨建强　新疆石油工程建设有限责任公司
柯善良　新疆八一钢铁股份有限公司
新疆生产建设兵团
潘东方(女)　中国农业银行石河子兵团分行
张　敏(女)　新疆生产建设兵团勘测规划设计研究院
解放军总政治部
秦大国　解放军装备指挥技术学院试验指挥系
铁　道
文林强　郑州铁路局洛阳铁路分局宝丰机务段
王殿彪　天津铁路分局丰润电务段
李北春　南昌铁路局南昌南车辆段
民　航
冉　云　重庆机场集团有限公司导航管理总站站长
孟　新　中国东方航空云南公司昆明飞机维修基地
中直机关
李欣然　中央纪委监察部案件审理室
国家机关
秦　勇　铁道科学研究院电子计算机技术研究所
金　融
陈明衡　中国人民银行温州市中心支行货币信贷与统计科
毛宇星　中国工商银行数据中心(上海)
苗　诚　中国农业银行天津市分行信息电脑中心
张明合　中国建设银行计划财务部
尹　航　中国财产再保险股份有限公司
中央企业
曹向阳　中国建筑第一工程局第五建筑公司
朱仕海　东风汽车有限公司设备制造厂制造技术部
刘华茂　中国华大集成电路设计有限责任公司
宁远思　中铁十五局集团第二工程有限公司
康　鹏　中国路桥(集团)总公司中国交通物资总公司华北公司
陶佩军　上海电力设计院有限公司
张　强　中国航天科技集团公司第五研究院

全国青年安全生产示范岗

安全生产事关改革发展稳定大局，事关人民群众的切身利益。做好安全生产工作，是全面建设小康社会、统筹经济社会全面发展的重要内容，是实施可持续发展战略的组成部分，是政府履行社会管理和市场监管职能的基本任务，是企业生存发展的基本要求。为了充分发挥青年职工在企业安全生产中的积极作用，动员组织他们为企业安全生产做贡献，共青团中央、国家安全生产监督管理局于2003年联合开展了第二届创建"青年安全生产示范岗"活动。在各级团组织、安全生产监督管理部门的高度重视和精心组织下，在企业党政领导的大力支持和青年职工的踊跃参与下，活动深入基层，扎实开展，在提高青年职工安全生产素质、促进企业安全生产管理等方面取得了积极成效，涌现出一批先进典型。为表彰先进，树立典型，激励更多的青年职工参与到创建"青年安全生产示范岗"活动中来，为企业安全生产工作做出更大贡献，共青团中央、国家安全生产监督管理局决定，命名京煤集团公司化工厂二车间安全卫士小队等102个单位为第二届全国"青年安全生产示范岗"。

第二届全国青年安全生产示范岗名单

北　京

京煤集团公司化工厂二车间安全卫士小队

北京燕化公司化工一厂乙二醇车间氧化五班

北京铁路分局丰台西电力机务段8K－147青年文明号机车组

天　津

天津天铁集团运输部编组站甲班调车组

天津港焦炭码头公司操作管理部装载机2号车组

天津建工集团三建三分公司胡景远项目工程部

河　北

石家庄铁路分局磁山工务段磁山养路一工区

秦皇岛电力公司变电管理所徐庄变电站

河北金牛能源股份有限公司葛泉矿综采预备队采煤三班

张家口供电公司输电管理处检修二班

山　西

山西焦煤集团公司西山煤矿总公司屯兰矿综掘队青监岗

山西省大同煤矿集团有限公司挖金湾矿综采二队

太钢第二炼钢厂精炼工段真空处理岗

内蒙古

呼和浩特科林热电有限责任公司运行部电气运行专业

呼铁局包头西机务段"共青团号"4275机车组

辽　宁

辽宁发电厂燃料管理部采样班第五作业组

辽河石油勘探局钻井二公司海外项目组GW59钻井队

黎明航空发动机集团公司装配试车厂41车间传装班

吉　林

吉林化纤集团股份公司长丝四车间纺丝东区丁班

中国第一汽车集团公司动能分公司汽机车间高温热水岗

通化钢铁股份公司氧气厂制氧一车间万立制氧班

黑龙江

黑龙江建龙钢铁有限公司工程指挥中心调度组

黑龙江省伊春市乌马河林业局伊东经营所

大庆石化公司化工一厂甲丁车间中心控制岗

上 海

中国石化上海石油化工股份有限公司涤纶事业部2号氧化联合装置DCS控制岗

宝钢集团上海五钢有限公司轧钢厂新轧二车间甲班300轧机组

上海港务工程公司洋山深水港一期C标码头工程项目部

江 苏

苏州供电公司输变电运行部500KV石牌变

仪征化纤股份有限公司给排水厂生化一车间107工段

江苏石油勘探局试采二厂采油七队

浙 江

浙江巨化集团公司合成氨厂合成车间高压机青安岗

正泰集团终端电器车间

浙江省送变电工程公司变电分公司高压室

安 徽

安徽省电力公司芜湖供电公司繁昌变电所运行四值

安徽省铜陵有色金属集团公司凤凰山铜矿充填区青年安全生产示范岗

安徽省皖北煤电集团公司任楼煤矿开拓区

福 建

福建电力调度通信中心调度处

厦门工程机械股份有限公司四金工车间车工一组

福建省红炭山矿业有限责任公司708化工公司机修车间

江 西

南昌铁路局鹰潭机务段检修车间高台组

江西昌河铃木汽车有限责任公司冲压车间

山 东

中国重汽集团卡车公司锻造厂十六吨电液锤机组

颐中公司青岛卷烟厂一车间烟丝膨胀生产线

烟台发电厂运行分场

山东省兖矿集团有限公司兴隆庄煤矿综采一队

河 南

中原油田采油四厂油气集输大队文二联合站

安阳铁钢集团有限公司第一轧钢厂260机组

河柴集团公司成套设备公司机组工段

湖 北

葛洲坝电厂运行部二江运行二值

中国第一冶金建设公司工业炉工程公司青安总岗

东风汽车有限公司商用车车身厂装焊一部驾三地板线

湖北省鄂钢集团公司高速线材厂热轧工段主操作室

湖 南

长沙市建设工程集团有限公司梁昕项目部

白沙煤电集团南阳煤业公司南阳庙矿掘二队

广 东

广东省长大公路工程有限公司第五分公司隧道工程处

广州钢铁企业集团股份公司小型轧钢厂

广东省韶关钢铁集团有限公司炼轧厂甲作业班

广 西

中国铝业广西分公司氧化铝厂蒸发车间

广西柳州钢铁(集团)公司焦化厂三焦车间测换岗

海 南

海南航空股份有限公司维修工程部机库维修分部

海南兴业聚酯股份有限公司生产工艺部

重 庆

重庆市长安汽车(集团)有限责任公司特种机器厂226车间联调组

重庆松藻煤电有限责任公司团委青年安全岗
重庆机场(集团)有限责任公司导航管理总站技术部

四　川

中国工程物理研究院化工材料研究所工艺部
四川航空股份公司机务工程部 A320 中队
四川省德阳市科隆土木建筑有限公司项目一部

贵　州

贵航集团贵州华烽电器有限公司
贵铁分局凯里供电段羊坪变电所

云　南

云南驰宏锌锗股份有限公司采选厂跃进坑
云南铜业集团易门矿务局大红山矿三工区 302 队

陕　西

榆林热电公司青安岗
西铁工程集团一公司广州地铁项目部
西安北方惠安化学工业有限公司科研二所 36-2 工段

甘　肃

兰炼中油第二建设公司一分公司型钢生产线青年岗
甘肃玉门油田分公司炼化总厂液态烃站

青　海

中国铝业青海分公司第二电解四车间二班
西宁特钢股份公司炼钢分厂 8#炉造块甲班

宁　夏

宁夏电力公司石嘴山供电局平西变电站
宁夏煤业集团有限责任公司灵新煤矿综采一队

新　疆

塔里木油田分公司销售事业部牙哈装车站
新疆建工集团四建李建军青年安全生产示范岗

铁　道

长沙铁路总公司衡阳车辆段到达场列检所丙班
济南铁路局济南铁路分局济南机务段 0039 机车组
郑州铁路局武汉铁路分局武南车辆段武南一场列检所

国家机关

国务院机关事务管理局西山服务局西区管理处杏林山庄餐饮部

中央金融

南京造币厂造机分厂造型班青年集体
西安印钞厂凹印车间接线凹印 10 号机
昆山钞票纸厂维修车间电控丙班
北京印钞厂印钞二部 245 甲 1 号机李荣春机台
成都印钞公司印钞部胶印车间

中央企业

中国路桥集团第二公路工程局润扬大桥项目经理部
中国建筑工程总公司八局青岛公司环海北区高层公寓项目部
中国港湾建设集团总公司一航局长江口项目部全国青年文明号
东风汽车公司神龙公司冲压分厂第三生产线
中国石化管道储运分公司南京输油处仪征输油站运行班
中国远洋运输集团总公司集装箱运输有限公司民河轮
中铁建设集团有限公司第三十四项目经理部
中铁三局集团公司桥隧分公司渝怀经理部青年安全监督岗
国家电网公司北京超高压公司姜顺运检工区青年安全生产示范岗

新疆生产建设兵团

新疆生产建设兵团农二师湖光纺织针织厂织布车间团总支
新疆石河子天筑集团高层公司第一项目部

中国青年创业奖

“中国青年创业奖”评选活动是由共青团中央、劳动和社会保障部联合开展的，评选对象是通过自主创业实现就业或再就业，并为社会创造了一定就业岗位的青年。

首届“中国青年创业奖”评选活动于2003年11月中旬拉开帷幕。共青团中央、劳动和社会保障部成立了评选活动组委会，负责组织实施评选工作。各地区团组织和劳动保障部门在接到评选活动通知后，高度重视，严格标准，层层选拔，并组织专人进行了实地考察，确保了推荐对象的质量。

2004年5月推报工作截止，除云南省和西藏自治区未推报候选人外，其余29个省级团委和劳动保障部门共同推报了50名候选人。这些候选人所创办的企业都运转良好，有较高的社会认同度，吸纳下岗失业人员100人以上。候选人创业之前分别是下岗失业青年、高校毕业生、进城务工青年、农村青年、公务员、归国留学生等不同身份，创办的企业分布在高新技术、餐饮连锁、生产制造、商贸流通、社会服务、农林牧渔、地产开发、工程建设、文化教育等不同领域，具有广泛的代表性。

2004年6月22日，组委会办公室在对候选人申报材料进行认真审定的基础上，确定了30名正式候选人，并在《中国青年报》等媒体上刊登正式候选人名单及其事迹简介，进行了为期10天的公示。

2004年7月2日，公示结束。根据《“中国青年创业奖”评选办法》，组委会于2004年8月25日在北京召开了首届“中国青年创业奖”评审会。为保证评选活动的公平、公正、公开，组委会从专家评审组成员中随机抽取17名同志担任首届“中国青年创业奖”评委。除4名候选人在国外考察请假外，其余26名候选人均亲自或派代表参加了会议。

在查阅候选人材料、听取候选人陈述的基础上，与会评委进行了无记名投票，最终王填等11名同志获首届“中国青年创业奖”，王磊等19名同志获首届“中国青年创业奖”提名奖。

首届“中国青年创业奖”获得者名单

（按姓氏笔画排序）

王　填　湖南步步高连锁超市有限责任公司董事长

叶永田　安徽濉溪县田叶生物工程有限公司董事长

朱海峰　吉林华信大众集团有限公司董事长

严　琦（女）　重庆陶然居饮食文化集团董事长

李文东　辽宁沈阳昊诚集团董事长

李瑞斌　陕西隆基集团总裁

杨建新　山西百圆裤业有限公司董事长

陈迷丽（女）　浙江雪歌服饰有限公司董事长兼品牌总监

武　力　北京保罗科贸发展集团董事长

范恩军　山东丛川（集团）有限公司执行董事、总经理

翁联辉　上海世好餐饮管理有限公司董事长

首届“中国青年创业奖”提名奖名单

（按姓氏笔画排序）

王　磊　河北唐山市富康建筑工程有限公司董事长

王宝君　新疆凤鸣工贸有限公司董事长

王章龙　黑龙江大庆万峰化工有限公司董事长

田秀林　天津东海投资集团有限公司董事长

冯国萃　徐州市蓝洁云社区服务有限公司董事长

刘　耘　贵州麒龙房地产开发有限公司董事长

杜　涛　四川宜宾锦苑花木有限责任公司董事长

杜诗武　湖北襄樊小白象电器有限公司董事长

李　杰　河南罗山华联超市有限责任公司董事长

李卫东　江西南昌东劲实业有限公司董事长

李银会　青海华实科技公司董事长

张东国　宁夏吴忠市明天实业有限公司董事长、总经理

陈　丹　广东恒兴集团有限公司董事长

陈银清　福建冬雨国际集团有限公司董事长、总裁

林谋悦　广西南宁国悦商贸娱乐有限公司董事长

金　勇　河北秦皇岛港城电力发展公司董事长

高学鹏　甘肃兰州鹏程生物技术公司董事长

黄桂提　海南创新书店有限公司总经理

鲍正超　内蒙古正超装饰有限公司董事长

中国青年创业能力大赛

中国最具创业潜能青年奖

李树锋(湖北团省委推报)

徐　斐(山东团省委推报)

张　炜(河北团省委推报)

丁尚春(上海团市委推报)

李树锋、徐斐、张炜、丁尚春等四人同时获首届中国青年创业能力大赛优胜奖

首届中国青年创业能力大赛优胜奖

沈懿玫(上海团市委推报)

竹文坤(四川团省委推报)

张远骑(江西团省委推报)

吕振星(北京团市委推报)

钱俊冬(陕西团省委推报)

王九星(吉林团省委推报)

杜云峰(河南团省委推报)

罗晓峰(广西团区委推报)

中国青年创业项目评比活动

中国青年创业项目评比活动是由共青团中央、劳动和社会保障部共同表彰的，为创业青年及下岗人员提供优秀的创业投资项目而展开的活动，是中国青年创业行动的重要组成部分之一。首届中国青年创业项目评比活动作为首届中国青年创业项目洽谈会重要内容

于2004年12月23日在武汉举行。全国28个省、自治区、直辖市的180家企业带着197个适合青年创业的项目参加洽谈会并参加项目评比,创业项目内容涉及加盟连锁、特许经营、高新技术、生产制造、商贸流通、社会服务、农林牧渔、文化教育等领域。根据《中国青年创业项目评比标准》,经过首届中国青年创业项目评审团认真评审,天津“芦荟屋”总部推报的加盟连锁项目等10个项目获得金奖,江西南昌市圣丰农业综合开发有限公司推报的兔养殖项目等20个项目获得银奖,山东省济宁鼎凰商务交流有限公司推报的公交车车票广告等30个项目获得铜奖。

首届中国青年创业项目优秀奖名单

一、金奖项目(10个):

1. 数字化移动办公项目(北京数字天堂信息科技有限责任公司推报)
2. “芦荟屋”连锁、“芦荟100”产品代理项目(天津市“芦荟屋”总部推报)
3. 常青藤家政服务项目(辽宁省阜新市青年再就业服务中心推报)
4. 花卉生产、供应和销售项目(吉林省“沐风谷”花卉有限责任公司推报)
5. “吉祥”特色馄饨连锁加盟项目(上海市青少年发展服务中心推报)
6. 粥道馆项目(江苏省南京市青年人才交流创业服务中心推报)
7. 婴幼儿纪念品——胎毛笔、手足印、水晶印、胎毛胎发章等系列项目(湖北省十堰市艺灵斋礼品服务公司推报)
8. 正旺面馆连锁项目(山东大众集团、山东省青岛远见服务公司推报)
9. 无水洗车项目(武汉靓驰洗车公司推报)
10. 水晶工艺礼品店连锁加盟项目(湖南省长沙水晶坊推报)

二、银奖项目(20个):

1. 汽车油门紧急制动项目(北京海达精密系统工程研究所推报)
2. 亚伟中文速录机项目(天津市金手指会议服务有限公司推报)
3. 电力供暖技术合作项目(山西凯博尔电力供暖技术有限公司推报)
4. 亲子教育、婴幼儿教室连锁加盟项目(河北省邯郸市明天艺术幼儿园推报)
5. 高性能太阳能热水器项目(内蒙古自治区包头市同生太阳能有限公司推报)
6. 家具专卖连锁项目(黑龙江省哈尔滨金马家具实业有限公司推报)
7. “立可靓”专业汽车美容装潢项目(上海市青少年发展服务中心推报)
8. 龙一喜铺工艺品服务项目(上海市青少年发展服务中心推报)
9. 半固定车辆智能监测系统(浙江省杭州东辰信息科技有限公司推报)
10. 烘焙制作连锁项目(安徽省智成贸易商行推报)
11. 欧格建筑材料连锁经营(福建省厦门市欧格建筑材料有限公司推报)
12. 兔养殖项目(江西省南昌市圣丰农业综合开发有限公司推报)
13. 女绣项目(江西省南昌市赣女绣庄推报)
14. 开办巨源童乐园项目(山东省济南市巨源玩具公司推报)
15. 包装用黏合剂等科技产品项目(河南中包科技有限公司推报)
16. 无污染直接提取皂甙生产薯蓣皂素技术(湖北省十堰东风汽车公司茅箭医院推报)
17. 餐饮连锁项目(湖北省武汉市甜蜜蜜饮食发展有限公司推报)
18. 品牌家具专卖联营加盟项目(广西柳州海川家居用品市场有限责任公司推报)
19. 校园活动策划、产品代理项目(陕西省西安三人行信息通讯有限公司推报)
20. 连锁经营项目(甘肃省兰州市安宁利民克力服务部推报)

三、铜奖项目(30个):

1. “团务通”网站管理软件推广项目(北京数字天堂信息科技有限责任公司推报)
2. 吉信活性氧磁疗气血循环机项目(天津市吉信科贸发展有限公司推报)
3. 连锁推广项目(河北省金手指手机美容中心推报)
4. “一品天香”图文艺术手工水饺制作(河北省军嫂食品服务部推报)
5. 磁性吸式插座、插头,下折叠式衣架(内蒙古包头市神胜电器有限责任公司推报)
6. 体热调温垫生产项目(辽宁省鞍山市再就业服务中心推报)
7. 本溪市碧蓉工艺品纪念品开发项目(辽宁省本溪市青年就业服务中心推报)
8. 克菲奶啤生产(吉林省克菲尔饮品股份有限公司推报)
9. 柔情屋外销毛巾系列制品专卖(上海市青少年发展服务中心推报)
10. 创建科教图书有限公司项目(江苏省南京市青年人才交流创业服务中心推报)
11. 创建大学生自立服务中心项目(江苏省常州市大学生自立服务中心推报)
12. 摄影等项目(浙江省衢西伯乐人才服务有限公司推报)
13. 农产品开发项目(浙江省常山县兴衢农产品开发场推报)
14. 生产搪胶仿真李白像项目(安徽省马鞍山市修玉服饰设计有限公司推报)
15. 运动器材连锁经营项目(福建省南平市嘉世基业运动器材有限公司推报)
16. 民间瓦缸煨汤项目(江西省民间瓦罐馆推报)
17. “八味堂”老面馆连锁项目(江西朝和餐饮有限公司推报)
18. 禅悦瑜伽推广项目(山东省济南市禅悦瑜伽公司推报)
19. 维客超市连锁项目(山东省青岛维客集团推报)
20. 正章大众洗衣工场连锁项目(山东省大众集团推报)
21. 公交车车票广告项目(山东省济宁鼎凰商务交流有限公司推报)
22. 纳米空气净化负离子涂膜项目(河南安阳天正纳米工程技术有限责任公司推报)
23. “中华识字宝”培训项目(湖北省武汉市心动力教育研究机构推报)
24. 小型书店连锁项目(湖北省武汉市文心书屋推报)
25. 空气源节能热水器项目(湖南省环宇锅炉有限公司推报)
26. 壮乡特色粽子馆连锁加盟项目(广西壮族自治区壮乡特色粽子馆推报)
27. 网络计算机项目(重庆中恩计算机公司推报)
28. 大学生专用饮品系列(四川省西华大学推报)
29. 火棘系列产品生产项目(四川省西南科技大学推报)
30. 黄精、玉竹系列产品生产项目(贵州省贵阳开元生物资源开发有限公司推报)

“中国青年创业行动”优秀组织单位和先进个人

2004年,全国各级团组织和劳动保障部门以“三个代表”重要思想和党的十六大、十六届三中全会精神为指导,认真落实全国再就业工作座谈会的有关要求,按照共青团中央、劳动和社会保障部深入实施中国青年创业行动的总体部署，密切配合，采取有力措施积极引导和帮助青年走自谋职业、自主创业之路，取得了显著成效，为就业和再就业工作做出了新的贡献。

为表彰先进，树立典型，加大中国青年创业行动实施力度，进一步做好促进青年就业和再就业工作，共青团中央、劳动和社会保障部决定，授予共青团北京市委事业部等73个单位2004年度“中国青年创业行动”优秀组织单位称号，授予北京市经济信息中心总经济师陈清华等57名同志2004年度“中国青年创业行动”先进个人称号。

2004年度“中国青年创业行动”优秀组织单位名单

共青团北京市委事业部
北京市青年创业者协会
北京市劳动服务管理中心
共青团天津市委青工部
天津市河北区青年就（创）业服务中心
共青团天津市大港区委
共青团河北省委青工部
共青团河北省石家庄市委
河北省劳动和社会保障厅就业处
共青团山西省委青工部
山西省劳动和社会保障厅就业指导处
山西省青少年职业技能培训中心
内蒙古自治区包头市就业服务局
辽宁省铁法煤业（集团）有限责任公司技工学校
共青团辽宁省鞍山市委
共青团辽宁省本溪市委
共青团吉林省委青工部
共青团吉林省白山市委
共青团吉林省通化市委
吉林省吉林市就业服务局
共青团黑龙江省牡丹江市委
黑龙江省大庆市青年就业服务中心
黑龙江省东北工程技术学校
共青团上海市委青工部
上海市虹口区就业服务中心
共青团上海市闵行区委
共青团江苏省委青工部
共青团江苏省南京市委
共青团江苏省无锡市委
共青团浙江省委青工部
共青团浙江省杭州市委
共青团浙江省丽水市委
共青团安徽省合肥市委
共青团安徽省马鞍山市委
共青团福建省南平市委
共青团福建省宁德市委
共青团江西省南昌市委
江西省南昌（国家）创业示范基地
共青团山东省委青工部
共青团山东省德州市委
共青团山东省济宁市委
共青团山东省潍坊市委
共青团河南省委青工部
共青团河南省濮阳市委
共青团河南省安阳市委
共青团湖北省委青工部
共青团湖北省武汉市委
湖北省仙桃市劳动就业局
共青团湖北省荆门市委
共青团湖南省怀化市委
共青团湖南省邵阳市委
共青团广东省广州市委
广东省潮州市就业训练中心
共青团广东省茂名市委
共青团广西壮族自治区柳州市委
共青团海南省屯昌县委
重庆市沙坪坝区劳动和社会保障局
共青团重庆市大渡口区委
共青团四川省委青工部

共青团四川省成都市委
四川省成都市就业服务管理局
共青团贵州省贵阳市委
共青团云南省保山市委
共青团陕西省委青工部
共青团陕西省延安市委
共青团陕西省汉中市委
共青团甘肃省委青工部
共青团甘肃省天水市委
共青团青海省委青工部
共青团青海省海西州委
共青团宁夏回族自治区吴忠市委
新疆维吾尔自治区宝科达医院

2004年度“中国青年创业行动”先进个人名单

陈清华(女)　北京市经济信息中心总经济师
刘　悦　北京市劳动服务管理中心干部
刘　伟　共青团天津市委青工部部长
张　云　天津市中小企业信用担保基金管理中心副主任
张泽峰　共青团河北省保定市委书记
丁立国　河北省德龙钢铁有限公司董事长
张瑞芳　共青团山西省委青工部长
刘　敬　山西省大同煤矿集团公司团委书记
赵永军　共青团内蒙古自治区委青工农牧部副部长
宫模强　辽宁省劳动和社会保障厅培训处处长
冯　多　共青团辽宁省委青工部部长
艾红锷　共青团辽宁省阜新市委书记
隋明利　共青团吉林省委青工部部长
陈云岫　吉林省就业服务局副局长
智建伟　共青团黑龙江省委青工部副部长
姚建华　黑龙江省劳动和社会保障厅助理调研员
史向阳　黑龙江省哈尔滨市贵恩服饰有限公司董事长
徐未晚(女)　共青团上海市徐汇区委书记
朱　虹(女)　上海市青年文化活动中心副总经理
王　雷　上海市大雷鑫清洁有限公司总经理
邵　兵　共青团江苏省镇江市委副书记
陈春华　江苏省盐城市劳动和社会保障局副局长
张洪国　共青团浙江省温州市委书记
沈国峰　共青团浙江省湖州市委工农学少部副部长
夏丹荷(女)　共青团浙江省温岭市委书记
方　旭　共青团安徽省芜湖市委书记
孙　军　共青团安徽省巢湖市委副书记
张燕鹏　福建省厦门移动通信公司副总经理
王永忠　共青团福建省龙岩市委宣传(青工)部部长
孙　鑫　共青团江西省鹰潭市委副书记
万建农　江西省劳动就业服务管理局局长
何金铭　共青团江西省上饶市委书记
谢　宁　共青团山东省委青工部副部长
王永和　山东省青岛市创业指导中心培训部部长
张挪威(女)　山东瑞森建筑工程有限公司总经理
张俊岭　河南省许昌卷烟总厂技术中心副主任
张延廷(女)　共青团河南省郑州市委副书记
闫英姿(女)　共青团湖北省鄂州市委书记
杨淑贤(女)　湖北省宜昌市青年就业服务中心副主任
明琼波　湖北省孝感市明氏商贸有限公司总经理
匡涛涛(女)　共青团湖南省长沙市委副书记
李群利(女)　共青团湖南省宜章县委书记
侯　勇　广东省肇庆市就业训练中心主任
杨健豪　共青团广西壮族自治区委青工部干部
林文伟　共青团海南省海口市委副书记

任丽娟(女) 共青团重庆市九龙坡区委副书记
罗雪梅(女) 共青团重庆市委青工部干部
陈禄军 共青团四川省泸州市江阳区委书记
赵永韦 共青团四川省内江市委青工部部长
文学强 贵州省强臣房地产开发有限责任公司董事长
保 斌 云南省曲靖市青年就业创业服务中心主任
陈威武 陕西省劳动和社会保障厅就业处处长
王效力 共青团省陕西榆林市委书记
张良芬(女) 甘肃省兰州安宁利民克力服务社经理
韩维良 共青团青海省西宁市委工农青年部副部长
李茂青 宁夏回族自治区劳动和社会保障厅培训就业处处长
胡国龙 新疆维吾尔自治区乌鲁木齐市思迈尔科技服务中心总经理

青年企业家协会建设优秀奖

为总结经验,树立典型,表彰先进,中国青年企业家协会决定授予北京市青年企业家协会等50个青年企业家协会“协会建设优秀奖”。

2004年青年企业家协会“协会建设优秀奖”获奖名单

(50个)

1. 北京市青年企业家协会
2. 天津市青年企业家协会
3. 河北省青年商会
4. 山西省青年企业家协会
5. 吉林省青年企业家协会
6. 山东省青年企业家协会
7. 安徽省青年企业家协会
8. 黑龙江省青年商会
9. 浙江省青年企业家协会
10. 上海市青年企业家协会
11. 湖北省青年企业家协会
12. 广东省青年企业家协会
13. 广西壮族自治区青年企业家协会
14. 重庆市青年企业家协会
15. 陕西省青年企业家协会
16. 新疆维吾尔自治区青年企业家协会
17. 新疆生产建设兵团青年企业家协会
18. 哈尔滨市青年商会
19. 青岛市青年企业家协会
20. 武汉市青年企业家协会
21. 厦门市青年企业家协会
22. 广州市青年企业家协会
23. 深圳市青年企业家联合会
24. 天津市塘沽区青年企业家协会
25. 廊坊市青年企业家协会
26. 太原市青年企业家协会
27. 包头市青年企业家协会
28. 大庆市青年商会
29. 营口市青年企业家协会
30. 德州市青年企业家协会
31. 上海市徐汇区青年企业家协会
32. 温州市青年企业家协会
33. 台州市青年企业家协会
34. 无锡市青年商会

35. 宜昌市青年企业家协会
36. 湘潭市青年企业家协会
37. 珠海市青年企业家协会
38. 汕头市青年企业家协会
39. 东莞市青年企业家协会
40. 柳州市青年企业家协会
41. 贵阳市青年企业家协会
42. 巴林左旗青年企业家协会
43. 温岭市青年企业家协会
44. 永康市青年企业家协会
45. 高邮市青年企业家协会
46. 常熟市青年企业家协会
47. 深圳市龙岗区青年企业家协会
48. 佛山市顺德区青年企业家协会
49. 邵东县青年企业家协会
50. 武穴市青年企业家协会

全国青年创业培训和实践基地

全国青年创业培训基地名单

北京城市学院
北京市青年教育培训中心
天津市河北区青年就(创)业服务中心
河北省石家庄市青少年科技文化活动中心
河北省唐山市审美美容美发化妆造型艺术学校
河北省邢台市建筑装饰职业技术学校
河北省邯郸市贵妃美容美发学校
山西青年管理干部学院培训部
山西省太原青年创业服务中心职业技能培训学校
山西省大同煤矿集团公司青年就业指导服务中心
山西省长治市青年创业服务中心
内蒙古包头市技工学校
内蒙古青城职业技术学校
辽宁省阜新青年创业发展中心
辽宁省抚顺市青年就业服务中心
辽宁省沈阳市大东区职业技术学校
辽宁省鞍山市青年职业技能培训学校
吉林省团校
吉林省吉林市团校
吉林省四平市青年中心
吉林省松原市粮食技工学校
吉林省通化市名流美容美发公司
黑龙江省哈尔滨银影美容美发技能培训学校
黑龙江省齐齐哈尔职业学院
黑龙江省牡丹江市青年就业服务中心
黑龙江省富锦市职业技术学校
黑龙江省大庆市供水公司培训中心
黑龙江省哈尔滨市青年宫
上海市青年再就业免费学校
江苏省南京市青年人才交流创业服务中心
江苏省镇江市青年创业指导中心
江苏省徐州市友谊美容化妆品商贸有限公司
江苏省扬州市青年创业科技信息服务中心
江苏省南京创业者培训服务中心
浙江省团校
浙江省杭州市团校
浙江省宁波市天天青年发展社区
浙江省温州市青年少年活动中心
安徽省淮北矿业集团公司
安徽省皖北煤电集团公司
安徽省安庆市青年职业介绍服务指导中心
安徽省团校

福建省创业素质培训中心
福建省阳光集团有限公司
福建省厦门市正信商务顾问有限公司
福建省帕拉斯管理咨询(厦门)公司
福建省梳剪城美容美发职业技能培训学校
江西青年职业学院
江西省蓝天学院
江西航天科技职业学院
江西省南昌市人才职业技能培训学校
山东省青岛市团校
山东省贸易职工大学
山东省威海英才职业技术学校
山东省滨州职业专修学院
山东省菏泽市高级技工学校
河南省洛阳市荣华职业技术培训学校
河南省郑州振华职业培训学校
河南省信息工程学校
河南省团校
河南省安阳市青年人才培训中心
湖北省宜昌市劳动就业培训中心肖家巷基地
湖北省孝感工业学校
湖北省黄石市起源职业技能培训学校
湖北省武汉华中人力资源咨询服务公司
湖南省湘西民族职业技术学院
湖南省资兴市职业中专
湖南省湘潭团市委青年培训中心
湖南冶金职业技术学院
湖南九疑职业学院
广东白云职业技术学院
广东省惠州市博罗中等专业学校
广东省深圳市职业技能训练中心
广东省高级技工学校
广东省清远华南职业技术学院
广西南宁青年职业技能培训中心
广西柳州市第一职业中等专业学校
海南省海口农工贸(罗牛山)股份有限公司
重庆市龙门浩集团职业高级中学
四川省成都市团校
四川省攀枝花市成金信息技术学校
四川省攀枝花市建筑工程学校
四川省泸州市青少年宫
贵州新星电脑技术培训中心
贵州省遵义重美职业技术培训学校
云南省昆明市人才服务中心
云南省玉溪农业职业技术学院
陕西省三和专修学院
陕西省咸阳市技工学校
陕西省西安华夏职业技能培训学校
陕西省青年管理干部学院
甘肃省白银高等职业教育学院
甘肃省天水市天光电脑培训学校
甘肃省兰州市西固区就业培训中心
青海省团校
青海省西宁市就业培训中心
宁夏汇才职业培训学校
新疆维吾尔自治区保安学校
新疆自治区金德源职业技能培训学校
新疆自治区乌鲁木齐市普大创业培训中心
山东日照职业技术学院
北京市海淀区青年创业指导中心
番禺职业技术学院
河南省安阳工学院
辽宁省团校

全国青年创业实践基地名单

北京市西集开发区
天津市青年创业中心
河北省精彩无限企业集团
河北省唐山市华云实业集团有限公司
河北省进功实业集团有限公司
河北省邯郸迎宾国际饭店
山西百圆裤业有限公司
山西省太原六味斋实业有限公司
山西省太原缘和大饮食文化发展有限公司
山西省大同北方电器有限责任公司
内蒙古包头市技工学校

内蒙古兴安盟农牧学校
辽宁省沈阳昊诚集团
一汽解放商用汽车本溪平安汽车维修学校
吉林省泰格集团
吉林省长春市新华书城有限公司
吉林省吉林市国贸购物中心有限公司
吉林省四平市神农大药房
吉林省松原市职业技能培训学校
黑龙江省哈尔滨金太阳实业发展公司
黑龙江省齐翔嘉信房地产开发有限责任公司
黑龙江省牡丹江市北方美发美容美甲化妆职业技能培训学校
黑龙江省佳木斯白云实业有限公司
黑龙江省大庆石化焊接技能培训中心
上海市世好餐饮管理有限公司
江苏省南通市锴炼环保机械有限公司
江苏省无锡市青年科技人才创业基地
江苏省东来科技有限公司
江苏省张家港职教中心学校
浙江省杭州汽轮动力集团有限公司
浙江省宁波市天天青年发展社区
中国飞跃缝纫机集团公司
中国正泰集团公司
安徽省马钢公司
中铁四局集团公司
安徽省铜陵有色金属集团公司
安徽省淮北矿业集团公司
福建省亚通新材料科技股份公司
福建省恒通塑料制管有限公司
福建省金得利集团有限公司
福建省丰泉环保集团有限公司
福建省福州市高新技术产业创业服务中心
江西省汪氏蜜业集团
江西省新通城餐饮管理有限公司
江西省景德镇市鹏飞建陶有限公司
江西省九江恒明汽车贸易有限公司
山东省中国济南留学生创业园
山东省东营银座购物广场有限公司
山东省烟台兰德网络广告有限责任公司
山东省泰山青春创业开发区
山东省莱芜青春创业基地
山东省青岛维客集团股份有限公司
河南省金鹏实业有限公司
河南省洛阳铜加工集团有限责任公司
河南省赛博迈特电子科技(郑州)有限公司
河南省安阳市普惠佳连锁超市
河南省郑州纺织机械股份有限公司
湖北省荆州市万树集团
湖北省仙桃共青创业园
湖北省襄樊市妙康食品有限公司
湖北省荆门宏图飞机制造厂
湖南省临湘市富食村
湖南王一实业集团有限公司
湖南省永州市青年就业服务中心
湖南省长沙市浏阳生物医药园
湖南省娄底市高级技工学校
广东青年科技创业园
广东恒兴集团有限公司
广东省广州金发科技股份有限公司
广东喜之郎集团有限公司
广东省东莞长安振安工业园
广西南宁国悦商贸娱乐有限公司
广西柳州市好机汇电子科技广场有限责任公司
海南创新书店有限公司
重庆陶然居餐饮职业培训学校
四川省成都市青少年事业发展中心
四川省自贡市青少年科迪城有限公司
四川金太阳畜牧饲料有限公司
四川省宜宾丝丽雅集团公司
贵州省老来福药业有限公司
贵州省六盘水春华青年创业服务有限公司
云南省昆明万能汽车有限公司
云南省曲靖市青年就业创业服务中心
陕西高速集团公司
陕西省金花企业集团公司
西安航空发动机集团公司

西安动力控制工程有限责任公司
甘肃省张掖市新乐超市
甘肃省酒泉移动公司
甘肃省兰州市就业训练中心
青海省石油管理局团委
青海省铝业有限责任公司团委
宁夏自治区吴忠市明天实业有限公司
新疆自治区乌鲁木齐爱之星服务有限公司

中国杰出青年农民

“中国杰出青年农民”评选表彰是由共青团中央、水利部、农业部、财政部、国家林业局和全国青联自1996年开始共同组织开展的一项活动。评选表彰活动每年一届，到2004年是第九届，已有90位青年农民荣获“中国杰出青年农民”荣誉称号，120多名农村青年获得“中国杰出青年农民”提名奖荣誉称号。在全国树立了一批扎根农村、立足农村、学用科技、艰苦创业、开拓进取、奋发有为的青年农民典型。他们的先进事迹在全社会产生了强烈反响，成为广大农村青年学习的榜样，激励着广大农村青年积极投身农业和农村现代化建设的伟大实践。

第九届“中国杰出青年农民”评选表彰工作自2004年4月份开始，各省（区、市）团委、水利、农业、财政、林业、青联等部门联合组织了候选人考察、推荐等工作。经“中国杰出青年农民”评委会严格审核、候选人事迹公示、县级投票、评委投票等评选程序，从各省（区、市）推报的33名人选中产生了10位第九届“中国杰出青年农民”和11位提名奖获得者。他们分布在种植养殖、农业产业化、生态农业建设、农业综合开发、农产品市场营销等行业，具有广泛的代表性。2004年12月14日上午，共青团中央、水利部、农业部、财政部、国家林业局和全国青联在北京人民大会堂隆重举行颁奖典礼。中共中央政治局委员、国务院副总理回良玉出席并为获奖者颁奖。回良玉副总理在颁奖典礼上发表讲话，高度肯定了第九届“中国杰出青年农民”的先进事迹，勉励他们珍惜荣誉，再接再厉，创造新的业绩。

第九届“中国杰出青年农民”获得者名单

万河保　江西省余江县平定乡青年农民
丹志国（回）　河北省大名县大名镇青年农民
石聚彬　河南省新郑市孟庄镇青年农民
李兰江　新疆维吾尔族自治区精河县托里乡青年农民
肖亚农　黑龙江省七台河市北兴农场青年农民
和　云（纳西）　云南省丽江市玉龙县鲁甸乡青年农民
张运生（满）　辽宁省凌海市金城街道办事处青年农民
郭从莲（女）　湖北省荆门市屈家岭管理区青年农民
斯琴花（女，蒙）　内蒙古自治区阿巴嘎旗德力格尔苏木青年农民
曹春亮　山西省娄烦县杜交曲镇青年农民

第九届“中国杰出青年农民”提名奖获得者名单

马志惠（女）　四川省郫县德源镇青年农民
王天伦　重庆市九龙坡区青年农民
刘义旭　安徽省肥西县上派镇青年农民

孙建民　甘肃省静宁县城关镇青年农民
张云凤(女)　天津市西青区杨柳青镇青年农民
杨　洪(布依)　贵州省镇宁布依族苗族自治县募役乡青年农民
俞学文　浙江省武义县柳城镇青年农民
赵效东　山东省郓城县双桥乡青年农民
施榕斌　福建省福州市仓山区建新镇青年农民
蒋卫锁　陕西省杨凌示范区大寨乡青年农民
满跃俊(回)　宁夏回族自治区吴忠市利通区青年农民

全国农村青年创业致富带头人

近年来,各级团组织和农业部门紧紧抓住我国农业和农村发展的重大历史机遇,千方百计增加农民收入,团结带领广大农村青年投身农村全面小康社会建设。广大农村青年艰苦创业、奋发成才,在科技兴农、农业产业化经营、工商创业、农产品市场开发等领域发挥了示范带头作用,涌现出了一大批先进典型。为了表彰先进,激励更多的农村青年自主创业致富,感召各有关方面为农村青年增收成才提供更为有效的服务,共青团中央和农业部自2001年起,共同在全国范围内评选表彰"全国农村青年创业致富带头人"和"服务农村青年增收成才奖"。其中,"全国农村青年创业致富带头人"包括"标兵"、"青年科技兴农带头人"、"青年农业产业化带头人"、"青年工商创业带头人"、"优秀青年经纪人"等五类。"服务农村青年增收成才奖"分为"先进集体"和"先进个人"两类。到2004年,已有近4000个集体和个人获得表彰,极大地激励了广大农村青年自觉肩负历史重任,充分发挥生力军作用,为农业和农村经济社会发展做出积极贡献。

2004年度全国农村青年创业致富带头人标兵名单

(96名)

北　京　张仁武　李　颖(女)　祁艳霞(女)
天　津　张云凤(女)　李俊田
河　北　温如意　李春旺　张全武
山　西　贾永明　胡建华　蔚　明
内蒙古　苏德巴特尔　张金军　张桂华(女)
辽　宁　张　军　阮克文　于世军　高展志
吉　林　王志仁　卢宗强　王志强
黑龙江　何英玉　刘国良　程永波　邹良利
江　苏　胡兴锁　王宗凯　孙晓剑　冒国平
浙　江　钟声亮　蒋孟勇　何　斌　应启敏
安　徽　李多清　余启宝　陶立志　邓立翠(女)
福　建　林哲明　叶美兰(女)　叶跃松　巫政生
江　西　吴成水　邓继猛　黄青山
山　东　马志森　曹永湖　宋向阳
河　南　时喜平　许全堂　王根法　刘国礼
湖　北　张　琴(女)　黄锡元　吕华彪　孙士春
湖　南　张宇村　刘　时　许均朋
广　东　林春华(女)　钟　华　黎　广
广　西　颜建权　于敏发　杨俊利　邹存亮
海　南　莫壮红　赵永亮
重　庆　黄德强　张　平　余家权　杨　勇
四　川　余俊材　何大武　刘益中　瓦西古夫
贵　州　金　明　黄吉凤(女)

云　南　肖友声　郑　凯　汤荣华
陕　西　仝明科　王　成
甘　肃　王全录　叶丕金
青　海　靳有元　冶生彪
宁　夏　刘　进　周立峰　张海明
新　疆　艾斯卡尔·牙力昆
　　　　艾买尔·阿木提　蒋　华
　　　　徐玉良　艾尼瓦尔·艾克来木
　　　　马春发　付金龙

2004年度全国农村青年创业致富带头人名单

（740名）

青年科技兴农带头人(214名)

北　京　王忠政　仇立民　魏长春
　　　　赵桂英(女)　樊俊华(女)
天　津　李河龙　侯宝臣　刘振林　王庆强
　　　　杜义江
河　北　崔朝辉　吴应刚　宋国安　许新路
　　　　李伟杰　李荣辉(女)　王振岭
山　西　李宏刚　杨　勇　张学斌
内蒙古　马占良　李　军　贾文龙　徐云清
　　　　白斯古楞　王国军　邢宝玉
　　　　浩斯巴雅尔　王　飞　张家勤
　　　　赵多仁
辽　宁　赵连新　邵吉勇　徐　强　尚尔丹
　　　　王　鹤　吴学民　马　娜(女)
　　　　刘东旭　张秀琴(女)
吉　林　王　岩　马晓志　金宏伟　李景玉
　　　　李雪丹(女)　申显龙
黑龙江　王雪涛　宗成利　杜洪冬　王乐春
　　　　姜国超　赵映红　顾长军　陈永利
　　　　金日焕
上　海　袁联国
江　苏　陆　怡　李金华　陈士斌　毛洪文
　　　　高　兵　徐桂梁　王春红　杨宏波
浙　江　陈其东　李昌达　朱永杰　徐文华
　　　　麻剑雄　帅平土　林继标　周　斌
　　　　徐伟忠
安　徽　朱政仓　杨前武　王新明(女)
　　　　孙本亚　李兴斌　王守红　任良平
　　　　胡青峰　任意宏　部四洋　李　涛
福　建　张建生　李浩然　吴耀辉　陈胜泉
　　　　李建雄　梁伯安　陈　昕　谢建平
江　西　梁仁俊　李友礼　王志华
　　　　钟冬梅(女)
山　东　杜新茂　史好勤　武　华　左洪涛
　　　　张世江　周新波　薄自高　卢京玉
　　　　路兴科　杨　震
河　南　王　玲(女)　董建芳　王泽营
　　　　房银草(女)　张新兴　赵建学
　　　　曹书志　张　伟　李贤忠　潘联营
湖　北　艾　虎　耿昌文　罗　平(女)
　　　　丁水松　余功亮　余安全　刘时代
湖　南　陈韶亮　梁通尧　郑磊平　谭洪刚
　　　　陈　群　李友华　李小林
　　　　黄学文(女)
广　东　周伟华　陈俊希　余丽明(女)
　　　　王献章　邓贤良　黎炳林
广　西　苏世洋　李智帮　王宝富　李俊红
　　　　曾宪桥　韦成兴　钟运山　韩翠运
　　　　叶　兰(女)　胡汉杰
　　　　黎秋雁(女)　陈润权
海　南　李炳礼　曾　良
重　庆　蒋荣华　廖长水　王天伦　龚万平
　　　　常祖华　杨　东　李兴珍(女)
　　　　冉　彪　程发秀(女)　蓝　伟
　　　　田春秋　杨武中
四　川　郭大成　李冬建　余鸿泉　王　宏
　　　　谭井辉　王建能　陈树林　舒　勇
贵　州　李根斌　马世强　任梦云(女)
　　　　马廷虎　严兴书(女)
云　南　曾友银　段志建　付正庭　亚保禄
　　　　李宋华　岩三寨　飘　伞　张永兴
　　　　蒋增华　邱新勇　邵建民　杨荣怀
　　　　杨天智　罗春祥　印建辉

陕　西　查斯峰　耿建强
甘　肃　郭国强　刘明福　李长虎　胡生永
安　维　杨宏伟　王四成　刘意强
青　海　加　军　王天合
宁　夏　张　伟　闫明星
新　疆　热孜买买提·依提吾斯曼·司马义
高玉华(女)　艾合买提·吾买尔
李　刚　薄乐楠　李超群　张华涛
刘光利

青年农业产业化带头人(257名)

北　京　冯云鹏　张凤英(女)　赵艳苹(女)
杜　刚　王德海
天　津　邢方军　王玉平(女)　佟久如
王桂生　高宝华　徐练海
河　北　赵自海　孙玉莲(女)　李国刚
马德良　翟大鹏　田　光　杨　乐
谷成铜　马国强　胡晓冬
山　西　白　玉　刘恒旺　冀永生　刘恒泰
李　瑞　王晓林　闫建中　赵俊平
内蒙古　张　攀　惠　伟　赵建云　朝　鲁
王　宝　彦巴根那　吕　英
苏玉枝　哈斯巴雅尔　刘世荣
李　鹰　斯钦巴特尔　丁利生
毛淖海　铁木尔　巴特尔
辽　宁　孙洪山　李长明　徐海峰　毛正新
张　旺　陈日新　徐传龙　王春辉
杨振贤　鲍成杰(女)
吉　林　王金龙　李长文　王玉伦
马　月(女)　李德文　郭　伟
于占江　苏学华　穆旭东　李宝全
刘晓明　宋德强
黑龙江　刘洪祥　杨树广　李玉忠　高山峰
张宏飞　宋金贵　林长华　蔡　峰
程金辉　张洪利
上　海　庄建平
江　苏　马　林　朱长满　梁军堵　荣　伟
冯应胜　陈万祥　陈　功　符红兵
浙　江　施妙方　周乐群　沈岳明　朱立科
苏中解　陈建强　沈叙福　陈伟江
谢中富　王慰洲　周建桥　林文胜
孙建伟　严舟波　王跃忠
安　徽　闫兴忠　丁成龙　袁　顺　杨　振
杨积冠　胡大明(女)
黄　蓉(女)　吕达龙　梅务清
宁永国　江兴权
福　建　吴炳胜　黄国联　施性江　杨松伟
汤子文　林云功　周文军　林前武
江　西　周　强　吴永军　汪　清　林远泉
彭永照　陈和平　俞长林　余道金
刘　军
山　东　刘春希　邢玉红(女)　贾志强
封晓岩　王永超　苏建昌　张理刚
乔方臣
河　南　王军生　袁延萍(女)　马建红
岳聚宝　庞海峰　刘　琳(女)
张华桥　胡迎春
湖　北　王惠珍(女)　龙洪兵　孙长彬
汪增光　刘德青　张华盖　夏兴无
幸奠斌
湖　南　彭秀春　李清春　阳　辉　李德桂
谭曙光　秦　勇　毛哲平　邓　勇
周新良
广　东　龙添财　蒙新珍(女)　谢志峰
张幸荣　黄升华　罗妙洪
广　西　韦小勇　罗光明　周佐宽　梁日平
韦英茂
海　南　林志标　许　泉
重　庆　徐玉彬　蒋治国　杨再江　林德高
赵开华　董万权　王正学　张纯明
尹　健　黄　艳　宁高祥　刘联福
四　川　杨忠武　黄贵平　张正华　古仕安
宋语林　杨华莲(女)　张玉光
易盟钧　何万金　邓明勇
杨　访(女)
贵　州　潘　林　冉德胜　杨明林　周洪华

汤　丽(女)　李顺友　钟兴铜

云　南　杜春永　俞林波　丁小平　王　涛　任云波　李跃标　李文书　杨庚海　黄俚鋐　熊家宏　施积雄

陕　西　苏文乾　郝彦飞　杨立文　韦振军　王　贵　蒙关心　张永刚　张　恒

甘　肃　王　宏　刘志刚　齐禄德　杨文俊　赵文江　李旭明

青　海　俞　长　寿　蔡　索南多杰

宁　夏　杨建忠　潘建民　冯天武　袁　辉　马忠斌　马如和　宋建华　邵　军　杨红梅(女)

新　疆　吐尔逊·赛来　艾热提·阿塔吾　拉吾不力卡斯木·米吉提　外力·阿布都克里木　白胜林　吴佩东　马建国　周智强　艾买尔·艾买提　吾买尔·阿不力孜　康建新　常林轼　热合木江·卡马力汗　胡兆虎　赵　源　孙江山　周蜀新

青年工商创业带头人(184名)

北　京　许晓东　刘玉红(女)　晁怀国　冯汉稳　张爱民

天　津　崔凤祥　杜宝新　刘国强　李玲君(女)　段　宝　苗建生　杨洪文　孙文利　田秀峰

河　北　郭占勋　贾　巍　张福连　赵振环　李学云　李　英(女)　张景涛　赵建辉　王孝江　张玉科　李建军　晁学印

山　西　贾永强　王彦青　李文利　郭学东　李永平　孔海军　邢万里　许海明　庞天生　贺富强　张文泉

内蒙古　杨利华　苏　和

辽　宁　郭　英(女)　姜春家　夏　维(女)　杨贵春　陶春伍　潘明冬　王克志　丁美中　刘玉波

吉　林　王顺成　刘晓东　王延东　宋世民　李亚南(女)　郭瑞峰　张仁伟　王建华

黑龙江　王士友　李　响　关永义　吴福春

上　海　陈洪凌

江　苏　张言动　穆如勇　王福善　徐会军　何振钟　沈可华　何丽军　曹　红(女)　陆建新

浙　江　郎国伟　龚明军　李冠军　林红兵

安　徽　宋建华　史万平　吴秀芝(女)　赵国富　朱　盈(女)吕华斌　英世胄　殷根茂　詹焰炉

福　建　黄祯楚　林志荣　徐贵阳　蔡扬波　朱志鹏　叶建明　林旭光

江　西　吴康彪　叶荣裕　黄　炜

山　东　石相胜　任全好　王新军　张洪波　董春艳(女)　陈　峰　尚德勃　张　昭　李秋峰

河　南　靳学超　王绍铮　张运生　杨志平(女)　白宏宇　王双印　王书信　刘志杰　李爱民　魏海武　李希良　刘建军　朱远安

湖　北　严　华　曹建华　陈　君　祝俊升　吕国兴

湖　南　郑燕琼　唐　碚　刘创新　蒋德义　颜奔海　刘　宁　杨梦雄　汤　宇　李长青

广　东　邹庆严　范伟军　郭卓钊

广　西　程宏海　梁福源　李乃志　王宇峰　黄壮灯(女)　沈运香(女)

海　南　邱运强

重　庆　粟　健(女)　李应志　刘金田　周文富

四　川　罗贵明　杨东平　余　成　张绍国　熊　秋

贵　州　谢凡聪　欧阳开庆　饶贤龙　陈继祥

云　南　吴长伟　汤文华　胡建堂

王祖芹(女)　李洪全　彭志华
施尚良
陕　西　朱红军　张建利　周保团
甘　肃　肖克存　宋自宏　白兴录　罗崇辉
马源来　李昕军
青　海　韩　阿　乙　草　丁军德　李明海
宁　夏　张　力　岳鹏秀(女)
孙莉荣(女)　谈登峰　马　宁
魏　平　王振亮
新　疆　马振斌　马奋军
阿不力克木·依不拉音
艾尼·莫依冬　牟宗斌
周　正

优秀青年经纪人(85 名)

北　京　孙振芳　王丽芝(女)　徐艳东
李国涛
河　北　裴东辉　刘　伟　赵永刚
山　西　贾永强　杨吉平　薛今荣　郭　彪
张吉虎　刘平生　郑　冰(女)
姜根旭
内蒙古　徐　衍　张冬林　郭胜利　石　武
王永明
辽　宁　刘伟东　任成宇　陈学志
吉　林　李　辉
江　苏　蔡聪慧(女)　丁建兵　胡忠东
吕万祥　姚冬明　张建明　郁步宏
赵　建
浙　江　陈坤荣　李国荣
安　徽　李克文
福　建　林忠凯　畅家林　何宏璋　徐鸿斌
吴志斌　林福来　陈启贞
山　东　刘　娟(女)　亓仲彬　李兴举
李德国　周举武　李洪明　夏芳蕾
董丕举
河　南　王国申　韩树生　王俭靳
福　叶(女)
广　西　石敬标　潘峻樋　文　逵　蒋志锋
四　川　周禄强　刘　全　魏　胜　张良永
贵　州　罗昌盛　罗贤辉
云　南　李明艳(女)
陕　西　唐广宏　刘战军　蒋卫锁
甘　肃　周唯全　马照明　席尚江
赵生兰(女)　王志奇　张世明
青　海　尤良山　贺廷财
宁　夏　杨正军　杨金萍(女)　马　真
摆世虎　刘永强
新　疆　施生春　阿力木江·依明叶
尔肯江·努尔阿斯力　李继清

2004 年度服务农村青年增收成才奖名单

一、先进集体(116 个)

北　京
共青团北京市顺义区委员会
共青团北京市房山区委员会
共青团北京市委青农工作部
天　津
天津市东丽区农业经济委员会农业科
共青团蓟县委员会
天津市大港区农林畜牧局畜牧养殖科
河　北
共青团邯郸市委
共青团石家庄市委
共青团承德县委
山　西
共青团运城市委
共青团晋中市委
共青团山西省委青农部
共青团晋城市泽州县巴公镇委
共青团太原市小店区委
内蒙古
内蒙古自治区鄂伦春自治旗农牧业局
共青团巴彦淖尔市委员会
共青团内蒙古自治区委青工农牧部
共青团通辽市委员会
共青团赤峰市委员会

辽　宁
共青团大连市委员会
共青团辽宁省委青农部
共青团辽中县委员会
共青团抚顺市委员会
吉　林
吉林省农业委员会科教处
共青团公主岭市委员会
共青团敦化市委员会
黑龙江
共青团哈尔滨市委
共青团绥化市委
黑龙江省农垦总局团委
上　海
松江现代农业园区五库示范区管委会
江　苏
共青团南京市雨花台区委
共青团江苏省委青农部
共青团南通市如东县委
共青团泰州市委
浙　江
共青团淳安县委
共青团嘉善县委
共青团新昌县委
共青团岱山县委
共青团浙江省委青农部
共青团台州市委
安　徽
共青团安徽省淮南市委员会
共青团明光市委员会
共青团六安市委员会
共青团芜湖市委员会
福　建
福建省直团工委
共青团漳浦县委
福建省农业厅科教处
共青团福建省委青农部
江　西
共青团江西省抚州市委
共青团江西省吉安市委
萍乡市农业局科教科“丰收”栏目
江西省新余市河下镇
山　东
共青团烟台市委员会
共青团济南市委员会
共青团山东省委青农部
共青团淄博市委员会
河　南
共青团平顶山市委
共青团尉氏县委
洛阳市农业局
湖　北
共青团湖北省直机关工委
共青团湖北省委青农部
中国石化集团江汉石油管理局团委
湖北省农业广播电视学校
谷城县农村经济管理干部学校
湖　南
永州市蓝山县大洞办事处党委
永兴县塘门口镇党委
共青团攸县委员会
广　东
潮安县庵埠镇党委
共青团英德市委员会
共青团雷州市委员会
广　西
柳州市融安县农业技术推广站
共青团桂林市委
共青团广西壮族自治区委青农部
北海市铁山港区水产技术推广站
共青团玉林市委
钦州市灵山县农业局
海　南
共青团海南省三亚市委
海南省陵水县光坡镇人民政府
共青团海南省琼海市嘉积镇委

海南省儋州市那大镇人民政府
共青团海南省万宁市委
重　庆
共青团重庆市黔江区委
共青团重庆市南岸区委
共青团重庆市委青农部
共青团重庆市荣昌县委
四　川
共青团成都市委
共青团四川省委青农部
共青团绵阳市委
共青团德阳市委
阿坝州金川县农牧局
贵　州
共青团贵阳市花溪区委员会
共青团普安县委员会
黔东南州农业局
云　南
共青团昆明市委
共青团云南省委青农部
曲靖市青年就业创业服务中心
曲靖市农业局农村经济经营管理站
共青团洱源县委
陕　西
共青团宝鸡市委
共青团靖边县委
共青团泾阳县委
彬县农果局
甘　肃
共青团敦煌市委
定西市农业局
甘肃省农业广播电视学校
青　海
共青团海北州委
共青团西宁市委
宁　夏
宁夏永宁县农村信用联社
共青团石嘴山市委
中卫市滨河镇团委
新　疆
共青团喀什地区委员会
库尔勒市农业局
阜康市农业局
共青团新疆自治区委青农部
新疆生产建设兵团农三师团委
新疆生产建设兵团农四师团委

二、先进个人(121名)

北　京　刘国利　张东艳(女)　魏长山　田　军
天　津　付玉波　孙丽华　魏建国
河　北　刘志刚　刘艳海　李春林
山　西　张建元　孙尚平　张　军(女)　赵贵恩　刘　伟
内蒙古　杨福本　佟占军　戴勤何　懿国庆
辽　宁　艾红锷　李　莉(女)　刘　洋　郭术苹(女)
吉　林　马晓峰　孙剑峰　张学军　张天华
黑龙江　魏丽荣(女)　李海威　孙君生　刘　奇
上　海　张　峻　殷伯贤　褚　敏
江　苏　龚晓琴(女)　谈建强　蒋奕虞　越　嵩　冯　玮
浙　江　陈　斌　王晓强　王国锋　黄益友
安　徽　李春明　张　韪　夏　军
福　建　林　坚　蔡华忠　黄春庭
江　西　李志明　杨炳春　曹九龙　张小锋　康　茹(女)
山　东　孙丰华(女)　高存志　卞　文　耿振华　秦志东
河　南　庞震凤(女)　万　英(女)　张少志
湖　北　易仁森　赵如敏　夏　胜　吴善宏　李　杰
湖　南　彭定国　曹跃华　熊超群　柏永智(女)
广　东　冯结琼(女)　许宗旋　卢炎标

黎　鹤

广　西　沈　默　孙桂香　欧　波
杨　红（女）　莫永玉（女）
赖晓梅（女）

海　南　吉　民　钟鸣明　梁昌卫
方建仑（女）　张作壮　王文伟
黎伟珠

重　庆　唐树森　林　伟　徐　嘉

四　川　廖冬云（女）　钟　红（女）
朱　灵　李　霞（女）
徐勤茵（女）

贵　州　谭有跃　伍贵方　路大祥

云　南　夏　飞　赵朝魏　寇晓华　侯　跃

陕　西　陈永荣（女）　方　博（女）
张晓君（女）

甘　肃　祁振东　秦俊山　朱怀林

青　海　潘海春（女）　赵昌虎

宁　夏　王文军　袁　浩　张亚萍（女）

新　疆　库兰·塞富汗（女）
居来提·艾买提　解立杰
姜文耀　张友海　赵　川

全国保护母亲河行动5周年集体成就奖 个人成就奖、优秀活动项目和优质工程

2004年11月26日，共青团中央、全国绿化委员会、全国人大环境与资源保护委员会、全国政协人口资源环境委员会、水利部、农业部、国家环境保护总局、国家林业局决定，授予共青团北京市委等120个集体“全国保护母亲河行动5周年集体成就奖”，授予首都绿化委员会办公室助理巡视员、高级经济师谭天鹰等137名同志“全国保护母亲河行动5周年个人成就奖”，授予首都全民义务植树日活动等61个项目“全国保护母亲河行动5周年优秀活动项目”，授予北京市温榆河绿色通道建设工程等55个工程为“全国保护母亲河行动5周年优质工程”。

全国保护母亲河行动5周年集体成就奖名单
（120个）

北　京

共青团北京市委

北京林业大学团委

北京市青少年发展基金会

北京市颐和园团委

北京市环境保护局水和生态环境管理处

天　津

共青团南开区委

天津市水利局团委

天津市河西区绿化委员会办公室

河　北

共青团河北省委青农部

河北省水土保持工作总站

河北省环保局宣教中心

山　西

共青团山西省委青农部

山西省水土保持生态环境建设中心

内蒙古

内蒙古自治区保护母亲河行动领导小组

共青团包头市委

共青团鄂尔多斯市委

锡林郭勒盟团委

辽　宁
共青团沈阳市委
共青团营口市委
共青团阜新市委
吉　林
共青团吉林省委青农部
共青团通化市委
共青团前郭县委
黑龙江
共青团黑龙江省委
黑龙江省林业厅
共青团哈尔滨市委
上　海
上海市绿化管理局团委
共青团上海市金山区委
上海市环境监察总队监察科
江　苏
共青团江苏省委
江苏省泰州引江河管理处
江苏省交通厅航道局
江苏移动通信有限责任公司
浙　江
共青团浙江省委
共青团杭州市委
共青团宁波市委
共青团温州市委
安　徽
安徽省环境保护局宣传教育中心
蚌埠市第一实验小学保护母亲河生态监护队
共青团合肥市委
福　建
共青团福建省委
共青团龙岩市委
共青团漳州市委
江　西
共青团江西省委
江西省人大环境资源委员会
江西省长江中上游防护林体系建设领导小组办公室
共青团赣州市委
山　东
共青团山东省委
共青团青岛市委
共青团东营市委
共青团昌乐县委
河　南
共青团河南省委
共青团济源市委
共青团孟津县委
共青团灵宝市委
湖　北
湖北省保护母亲河行动领导小组办公室
共青团十堰市委
丹江口市林业局
湖　南
怀化市水利局
共青团长沙县委
广　东
共青团广州市委
广东省人大环境资源委员会
京珠高速公路粤境北段建设管理处
广东省新丰江林业管理局
广　西
广西省保护母亲河行动领导小组
广西省猫儿山国家级自然保护区管理局
广西省医科大学绿色沙龙环保协会
海　南
海口市琼山区环保局
共青团琼海市委
海南省吊罗山林业局
重　庆
共青团重庆市委
共青团万州区委
共青团合川市委
四　川
共青团四川省委

四川省水利厅
共青团成都市委
共青团乐山市委
贵　州
共青团贵阳市委
黔南布依族苗族自治州水利局
云　南
云南省保护母亲河行动领导小组办公室
共青团昆明市委
共青团玉溪市委
西　藏
昌都地区林业局
西藏自治区水利厅农水农电水保处
陕　西
陕西省青少年保护母亲河行动指挥部办公室
共青团渭南市委
甘　肃
共青团甘肃省委青农部
共青团酒泉市委
共青团礼县县委
青　海
共青团青海省委
青海省西宁南北山绿化指挥部办公室
共青团海西蒙古族藏族自治州委
青海省人民政府办公厅绿化办公室
宁　夏
共青团银川市委
共青团固原市原州区委
新　疆
共青团新疆维吾尔自治区委
新疆日报社
共青团乌鲁木齐市委
新疆兵团农五师82团
中央机关、部委、军队
中直机关团工委
中央办公厅团委
中央统战部机关团委
中央国家机关团工委
国家税务总局机关团委
国务院侨务办公室直属机关团委
中国人寿保险(集团)公司团委
中国长江航运集团公司重庆长江轮船公司团委
全国政协人口资源环境委员会办公室环境处
水利部水土保持司生态建设处
农业部畜牧业司草原处
国家环境保护总局宣传教育办公室
青藏铁路总指挥部拉萨指挥部
国家林业局植树造林司
国家林业局发展计划与资金管理司
总政组织部青年局
96531部队
65429部队
66172部队
武警重庆市总队第三支队
青海省军区

全国保护母亲河行动5周年个人成就奖名单

(137名)

北　京
谭天鹰　首都绿化委员会办公室助理巡视员、高级经济师
肖燕平　北京市教育委员会学校后勤处助理调研员
程海军　共青团北京市委青农工作部部长
天　津
郝立群(女)　天津市人大常委会城建环保委员会环保处处长
徐　瑛　天津师范大学党委学工部部长
郭祥耆　天津市绿化委员会办公室综合处处长
河　北
高士伟　共青团河北省委青农部部长
牛尚科　邯郸市水利局局长
谷宏健　共青团承德市委副书记
山　西

陈全龙　山西省造林局副局长、高级工程师
茹克悌　山西省水土保持生态环境建设中心科长、工程师

内蒙古

罗永纲　共青团内蒙古自治区委副书记
张宽治　阿拉善左旗旗委书记
李学涵　共青团赤峰市委青工牧部部长
常　成　共青团通辽市奈曼旗团委书记

辽　宁

艾红锷　共青团阜新市委书记
李淑文(女)　共青团新民市委书记
杨宏国　共青团抚顺县委书记

吉　林

朱晓光　共青团长春市委县区部副部长
周　敏(女)　长春市净月潭旅游经济开发区团委常务副书记
李志刚　共青团吉林省委青农部干部

黑龙江

李　兵　共青团黑龙江省委办公室主任
付文华　黑龙江省绿化委员会办公室副主任
邹新章　共青团齐齐哈尔市委经济工作部部长

上　海

黄翔峰　同济大学环境科学与工程学院党委副书记
魏菊敏(女)　上海市市容环境卫生水上管理处管理科科长
陶康华　上海师范大学城市信息研究中心主任

江　苏

陈晓东　共青团南通市委书记
时向红(女)　江苏省财政厅农业处副处长

浙　江

万　丽(女)　嘉兴市交通局团委书记
徐江峰　绍兴市林业局绿化造林处处长
张晓强　共青团丽水市委书记

安　徽

李映红(女)　共青团铜陵市委书记
史志刚　安徽省水利厅农村水利处副处长

福　建

叶锦文　共青团福建省委青农部部长
张元江　共青团三明市委书记

江　西

李旭亮　江西省环境保护局宣教中心主任、工程师
于成林　共青团九江县委书记
蔡海生　江西农业大学国土资源与环境学院团委书记

山　东

张　惠(女)　中共青岛市委常委、共青团青岛市委书记
朱宪珍　山东省林业局造林绿化处处长
王建珍(女)　共青团威海市委党组成员、纪检组长
蔡国华　山东省滨州市沾化县县长

河　南

常继红(女)　共青团郑州市委书记
丁先府　河南省水利厅水土保持处处长
张甲乙　孟津县黄鹿山乡党委书记

湖　北

陶峥嵘(女)　共青团湖北省委青农部部长
吴遵雄　湖北省水利厅水保处副处长
唐绍华　武汉市环境宣传教育中心主任

湖　南

曹伟东　岳阳市水务局副科长、工程师
蒋检花(女)　长沙市环境保护局监察大队大队长、工程师

广　东

江启宁　共青团肇庆市委书记、政工师
罗探基　广东省象头山国家级自然保护区管理局负责人
周世猛　京珠高速公路粤境北段建设管理处团委书记
张　凯　广东省人大副主任

广　西

吴西卓(女)　百色市田林中学团委书记

梁光维　玉林市直机关团工委书记
海　南
李远胜　海南省琼中县建设与国土环境资源局局长
林来春　海南省文昌市会文镇冠南民间海洋资源保护协会会长
王东明　海南省吊罗山林业局局长
重　庆
谭家玲(女)　共青团重庆市委副书记
阳秋冬　共青团重庆市万州区委书记
牟维清　重庆市水利局农村水利处处长
四　川
王玉琳(女)　四川省林业厅处长
郑耀银　中共宜宾市委常委
严　华　阿坝州九寨沟国家级自然保护区管理局副局长
张绍军　共青团四川省委青农部部长
贵　州
周登涛　贵州省水利厅农村水利处处长
陈文发　黔东南苗族侗族自治州林业局党组书记、森林公安分局政委
云　南
马德芳　共青团云南省委青农部副部长
华　炜　云南省林业厅团工委副书记
段昌群　云南大学生命科学学院教授、省保护母亲河行动首席专家
西　藏
玉　公　米林县扎绕乡副乡长
达　娃　西藏自治区农牧学校党委书记
陕　西
周万龙　陕西省山川秀美办主任、省水保局局长
王效力　共青团榆林市委书记
刘　海　延安市保护母亲河行动指挥部办公室主任
甘　肃
马金山　兰州市南北两山环境绿化工程指挥部副指挥
陈文全　古浪县水务局工程师
程江芬(女)　共青团天水市委书记
青　海
公保尚　青海省海南藏族自治州人民政府州长
赵　荣　青海省生态环境保护研究指导中心干部
河生花(女)　共青团海南藏族自治州委副书记
宁　夏
宋丽萍(女)　共青团银川市西夏区委书记
吕风珍(女)　共青团中卫市镇罗镇委书记
新　疆
徐伟红(女)　共青团巴州尉犁县委副书记
梁杰安　乌鲁木齐成人教育学院团委书记
刘　勇　新疆兵团农一师九团团委副书记
中央机关、部委、军队
李　历(女)　中央办公厅团委书记
沈黎萍(女)　中央党校团委书记
宁堆虎　水利部水土保持司处长
黄采艺　国家林业局直属机关党委宣传部部长、团委书记
朱锦堂　铁道部工程质量安全监督总站青藏铁路监督站站长
张燕妮(女)　全国政协人口资源环境委员会办公室环境处处长
张　定　全国政协人口资源环境委员会办公室环境处干部
张长印　水利部水土保持监护中心技术处处长
刘维佳　农业部办公厅主任
彭晓元　农业部办公厅秘书处处长
李维薇(女)　农业部畜牧局草原处调研员
黄小赠　国家环境保护总局污染控制司副处长
陈和东　国家环境保护总局生态司主任科员
魏殿生　国家林业局植树造林司司长
姚昌恬　国家林业局发展计划与资金管理司

司长
闫继勋　总后政治部组织部干事
王亚军　武警山西省总队临汾市支队司令部作训股参谋
陈存荣　92673部队司令部教练船船长
刘进步　75150部队政治委员
高　洁　77363部队51分队政治指导员
颜　勇　北京军区空军政治部组织处原青年科科长
秦志军　中国铁道建筑总公司十九局集团四公司副总经理兼青藏项目部经理

新闻媒体

李　挺　中央电视台新闻中心主任
刘京山　中央电视台新闻中心
孔　琳(女)　中央电视台海外中心
朱　刚　中央电视台海外中心
胡　果(女)　《人民日报》国内部
朱　玉(女)　新华社国内部
李亚杰　新华社国内部
袁　满　新华社摄影部
于小平　新华社摄影部
王江华(女)　《中国青年报》团的生活部
高　山　《中国青年报》总编室
李海秀(女)　《光明日报》国内部
许跃芝(女)　《经济日报》政科文新闻部
刘　莹(女)　《科技日报》记者部
耿晓梅(女)　中央人民广播电台《中国之声》
徐世坤　《中国水利报》总编室
康勇军　《中国绿色时报》森林与人类编辑部
台桂花(女)　《中国环境报》产经周刊
唐维红(女)　人民网评论部

全国保护母亲河行动专家组

李吉跃　北京林业大学教授、博士生导师
于洪波　甘肃省林业科学研究所副研究员
刘天柱　青海省林业局造林处副处长
高贤栋　国家林业局勘察设计院高级工程师
周立江　四川省林业勘察设计院
胡玉法　长江水利委员会水土保持局高级工程师
李　敏　黄河上中游管理局副总工
王治国　水利部水电规划设计总院环境移民处

全国保护母亲河行动5周年优秀活动项目名单

(61个)

北　京

首都全民义务植树日活动
共青团北京市委青春绿色行动——京郊生态植树游活动
首都大学生绿桥活动

天　津

天津市百万青少年珍惜水、节约水大型宣传教育活动
共青团蓟县县委小手牵大手,共建绿色文明家园植树绿化活动
共青团塘沽区委增强环保意识,改善家乡面貌,创建青少年绿色文明基地及绿地认领活动

河　北

河北省同饮一江水,共护母亲河燕赵绿色行活动

内蒙古

内蒙古自治区青少年生态教育基地建设活动
内蒙古自治区培养青年生态建设带头人活动

辽　宁

瓦房店市炮台镇青年林建设活动
共青团新宾县委共建绿色母亲河行动
共青团阜新市委同饮家乡水·共护母亲河活动

吉　林

吉林省建设生态吉林·青少年活动月活动

黑龙江

黑河市爱辉区爱辉镇团委珍惜龙江水活动
共青团伊春市委生态建设林区青年行动计划

上　海

百亩共青希望林及青少年绿色文明园创建活动

江　苏

共青团江苏省委保护母亲河绿色江苏·青春行动

共青团南京市雨花台区委保护母亲河——绿色雨花行动

浙　江

共青团湖州市委长三角地区青少年环太湖生态环保行活动

浙江省青少年绿色营活动

磐安县保护母亲河海螺山绿色工程林建设活动

安　徽

寿县保护生态环境,绿化美好家园活动

福　建

“爱我晋江”自行车环市护绿创卫宣传活动

福州青少年环境保护趣味知识宫活动

水土保持闽北行活动

山　东

齐河县保护母亲河——“啄木鸟”青少年植绿护林活动

河　南

郑州市青春铸就绿色文明城活动

平顶山市母亲河连着你我他沙河徒步考察活动

灵宝市中日青年植树交流活动

湖　北

共青团丹江口市委共饮丹江水·保护母亲河活动

保护母亲河,清洁新三峡活动

共青团襄城区委小雏鹰生态监护活动

湖　南

共青团郴州市委共青林绿色行动

广　东

越秀区环境保护局军民共护母亲河活动

广　西

共青团桂林市委保护母亲河漓江行动

共青团崇左市委中国——东盟青年生态友谊林建设活动

广西师范大学团委漓江流域社会调研与社会实践活动

桂林市猫儿山全国保护母亲河行动生态教育基地保护漓江源共建大行动

海　南

三亚市共爱母亲河活动

四　川

共青团成都市委健康教育进农家·共建生态新农村活动

共青团简阳市委沱江流域青年绿色长廊活动

贵　州

武警贵州省总队第二支队保护母亲河·美化第二故乡活动

共青团赤水市委百里翠竹长廊青年示范带活动

云　南

云南省保护母亲河行动掌鸠河工程都市时报读者林活动

云南省九湖流域生态监护活动

红河州绿色希望工程邮资劝募明信片筹资建林活动

陕　西

洛南县馒头山青少年绿色工程林建设活动

甘　肃

凉州区清源镇青少年绿色长廊建设工程林建设活动

青　海

青海省厅局长林植树活动

青海省审计厅植树造林活动

新　疆

塔里木河生态环境监测与保护行动

青少年保护丝路生态环保卡承诺活动

新疆兵团农二师36团保护米兰河行动

中央机关、部委、军队

东风公司襄樊管理部团委东风公司襄樊基地青年林工程林建设活动

61606 部队生态林绿化活动
63600 部队黑河流域生态综合治理
国防科学技术大学校务部营房处校园绿化建设活动
73091 部队展劲旅风采·保母亲河平安活动
兰州军区政治部组织部兰州大砂沟荒山绿化活动
武警青海省总队玉树藏族自治州支队爱我三江源·护我母亲河活动
贵阳铁路分局团委

全国保护母亲河行动 5 周年优质工程名单
（55 个）

北　京
北京市温榆河绿色通道建设工程
北京市水土保持工作总站响潭生态清洁型小流域建设工程
共青团密云县委保护母亲河——构筑北京绿色屏障世纪林密云项目区工程
河　北
承德市武烈河综合防治工程
磁县滏泉岭小流域综合治理工程
山　西
保护母亲河流域综合治理工程山西偏关项目
山西省平顺县浊漳河项目工程
内蒙古
锡林郭勒盟青少年生态园工程
乌拉特中旗海流图镇青少年生态园工程
辽　宁
共青团普兰店市委保护母亲河——保护碧流河行动工程
共青团台安县委青年林工程
共青团阜新市委中日青年阜新生态绿化示范林工程
吉　林
共青团长岭县委生态草建设基地工程
共青团大安市委碱化草场治理工程
上　海
苏州河环境综合整治一期工程
江　苏
射阳县保护母亲河·绿色希望工程沿海防护林工程
浙　江
台州市海塘青年绿化工程
安　徽
桐城市中日青年生态绿化示范林工程
铜陵市青年生态园工程
福　建
漳厦青年禹洲世纪林工程
江　西
中日青年星子县生态绿化示范林优质工程
上饶市信江青年林工程
瑞金安利林工程
山　东
保护母亲河大沽河绿色工程
滨州青年小开河生态林工程
莱芜大汶河丰产林工程
河　南
保护母亲河流域综合治理工程河南孟津项目
保护母亲河流域综合治理工程河南济源项目
中日青年郑州荥阳生态绿化示范林工程
湖　北
保护母亲河流域综合治理工程湖北郧县项目
湖　南
共青团怀化市委万亩林场工程
张家界市永定区大坪镇团委七星山千亩漆树基地工程
广　东
江门市潭江流域水环境综合治理工程
博罗县全国保护母亲河万亩林工程
广　西
武警千亩绿化林工程
广西合浦千亩共青红树林生态造林工程
田林县乐里林场工程
重　庆
合川市小安溪保护母亲河流域综合治理工程

保护母亲河绿色工程重庆万州项目
四　川
中日青年友好交流四川宜宾植树项目工程
保护母亲河绿色工程四川乐山项目
贵　州
保护母亲河流域综合治理工程贵州黔西项目
云　南
保护母亲河流域综合治理工程云南江川项目
会泽县天然草原恢复和建设项目工程
珠江源头青年林项目工程
陕　西
保护母亲河绿色工程陕西延安项目
宝鸡市麟游县慈善寺保护母亲河工程
甘　肃
保护母亲河绿色工程兰州大砂沟项目
临泽县开发区生态治沙工程
青　海
青海省贵南县龙羊峡库区保护母亲河工程
宁　夏
区级平罗保护母亲河行动重点工程
新　疆
新疆日报读者林活动项目工程
中央机关
中共中央直属机关十三陵水库造林站工程
中直机关林工程
中央国家机关世纪林工程

全国保护母亲河行动先进集体和先进个人

2004年11月9日，共青团中央、全国绿化委员会、全国人大环境与资源保护委员会、全国政协人口资源环境委员会、水利部、农业部、国家环境保护总局、国家林业局联合发文，决定授予共青团北京市门头沟区委等114个集体为“全国保护母亲河行动先进集体”称号，授予北京昌平区水资源局党委书记、局长奚增森等119名同志为“全国保护母亲河行动先进个人”称号。

2004年全国保护母亲河行动先进集体名单
（114个）

北　京
共青团门头沟区委
共青团延庆县委
怀柔区琉璃庙镇团委
天　津
共青团天津市河西区委
共青团天津市武清区委
安利(中国)日用品有限公司天津分公司
河　北
共青团秦皇岛市委
河北省绿化委员会办公室
共青团鹿泉市委
山　西
山西省忻州市林业工作站
山西省农业厅畜牧兽医局
山西省晋中市环境保护局
内蒙古
内蒙古自治区水利厅
共青团科右中旗委
乌海市乌达区农牧林业局
共青团科左后旗委
辽　宁
共青团沈阳市苏家屯区委
共青团庄河市委

共青团大洼县委
吉　林
吉林莫莫格国家级自然保护区管理局
吉林市水利局
吉林市绿化委员会
共青团集安市委
黑龙江
黑龙江省林业厅
共青团牡丹江市委
共青团佳木斯市委
共青团大兴安岭地委
上　海
上海市裘锦秋实验学校
民革上海市委
江　苏
共青团南京市下关区委
共青团苏州市委
南京信息工程大学团委
共青团溧阳市委
共青团连云港市委
浙　江
共青团台州市委
共青团余姚市委
共青团安吉县委
舟山市海峡汽车轮渡有限责任公司舟渡2号轮
绍兴市环城河管理委员会办公室
安　徽
共青团巢湖市委
共青团黄山市屯溪区委
中国科学技术大学团委
福　建
共青团福州市委
共青团厦门市委
共青团泉州市委
福建省水土保持委员会办公室
福建省南平市水土保持委员会办公室
江　西
江西省赣州市水土保持局
共青团九江市共青城开放开发区委
江西师范大学地理与环境学院团委
山　东
共青团莱西市委
共青团博兴县委
共青团沂水县委
河　南
河南省财政厅农业处
共青团南阳市委
共青团三门峡市委
湖　北
共青团武汉市江夏区委
共青团鹤峰县委
共青团荆门市委
安利(中国)日用品有限公司湖北分公司
湖　南
共青团邵东县委
常宁市林业局
共青团湘潭县委
黄河水利委员会水土保持局预防监督处
广　东
广东省珠江综合整治工作联系会议办公室
深圳市环境保护局
共青团湛江市委
广　西
桂林工学院
共青团玉林市玉州区委
海　南
三亚市环境保护局
共青团海口市龙华区委
重　庆
共青团重庆市北碚区委
共青团云阳县委
共青团石柱县委
共青团彭水县委
四　川
四川省农业厅

共青团广安市委
共青团雅安市委
共青团德阳市委
贵　州
共青团普定县委
共青团江口县委
云　南
共青团澄江县委
共青团禄劝彝族苗族自治县委
共青团迪庆州委
共青团怒江州委
西　藏
共青团林芝县委
共青团那曲地委
陕　西
共青团铜川市委
共清团汉中市委
甘　肃
甘肃省水利厅水土保持局
共青团泾川县委
共青团民乐县委
青　海
共青团玉树州委
海北藏族自治州林业和环保局
宁　夏
中卫市滨河镇新墩村团支部
宁夏林业工程协作项目办公室
新　疆
共青团伊犁哈萨克州委
阿克苏市环境监测站
新疆师范大学团委
共青团哈巴河县委
新疆兵团农九师168团林业站团支部
中央机关、部委、军队
新华社团委
广电总局团委
中国气象局直属机关团委
中国银行机关团委
中国人寿保险(集团)公司团委
中国长江三峡工程开发总公司团委
中国石油天然气管道局团委
沈阳铁路局团委
62191部队
91892部队
66259部队
77133部队
武警内蒙古自治区总队巴彦淖尔市支队政治处

2004年全国保护母亲河行动先进个人名单

（119名）

北　京
奚增森　昌平区水资源局党委书记、局长
程　怀　顺义区仁和镇党委副书记
王雄越　共青团房山区委青农部部长
天　津
史庆伟　天津大学团委书记
陆铁宝　天津市水利局党委副书记
张继红(女)　天津市环境保护局水环境保护处副处长
河　北
赵为红(女)　共青团磁县县委书记
段海波　共青团保定市委青农部副部长
倪国旗　河北省林业局造林处副处长
山　西
杨文宪　山西省农业厅厅长
左中昌　山西省水土保持生态环境建设中心主任
高士媛(女)　山西省环保局宣教处副处长、工程师
内蒙古
丁　荣(女)　内蒙古自治区林业厅治沙造林处副处长
潘彦昭　包头市环保局局长
包革命　内蒙古农业大学团委副书记
郄海明　共青团呼和浩特市委青工农部部长

辽　宁
李　琳(女)　共青团本溪市委书记
牛　莉(女)　共青团丹东市委书记
李海东　共青团台安县委书记
吉　林
王文贵　吉林省桦甸市水利局局长
王德龙　共青团蛟河市委书记
张　彬　共青团辉南县委书记
王　猛　共青团吉林省委青农部干部
黑龙江
于德胜　黑龙江省林业厅造林处处长
王艳茹(女)　共青团大庆市委书记
吴志宏　黑龙江省水利厅水政水资源处副处长
上　海
黄建康　共青团南汇区委书记
汪　洋　长宁区河道管理所副所长
顾嘉亮　虹口区广灵路第二小学学生
江　苏
姜　东　共青团江苏省委青农部部长
乐　江(女)　共青团苏州市吴中区委书记
解　方　东航江苏有限公司团委书记
王吉祥　共青团徐州市泉山区委书记
浙　江
陈永峥　共青团浙江省委青农部部长
余成建　衢州市衢江区湖南镇中心小学校长
盛性毅　共青团玉环县委书记
陶　豫　共青团余杭区委副书记
方明和　温州市绿眼睛环境文化中心负责人
阮俊华　浙江省绿色环保志愿者分会副会长兼秘书长
安　徽
赵　群　共青团界首市委青农部部长
王　勇　宁国市电视台新闻中心副主任
袁国春　共青团安徽省委青农部副部长
福　建
李建和　共青团南平市委书记
谢再春　共青团宁德市委副书记
范元丰　共青团长汀县委书记
江　西
余进祥　江西农业环境保护监测站干部
黄　烜　南昌市林木良种管理站副站长
孙新生　江西省水利厅水土保持处处长
山　东
霍玉平(女)　中共齐河县委副书记、纪检委书记
李春田　共青团济宁市委副书记
葛平修　共青团威海市委副书记
河　南
赵　莉(女)　共青团洛阳市委副书记
李跃勇　共青团新乡市委书记
王慧萍(女)　共青团郑州市委青农部副部长
湖　北
艾继武　共青团孝感市委青农部负责人
张洁玉　共青团黄冈市委青农部部长
尚　忠　共青团广水市委书记
李　杰　中国地质大学(武汉)外语系分团委书记
湖　南
肖　平　共青团邵阳市委副书记
周爱民　共青团衡阳市委社区农村工作部部长、希望办主任
贺丰炎　湘潭县环保局团支部书记、监测站副站长
李学军　望城县环境保护局环境监察大队大队长
广　东
梁金全　广州市环保局污染控务局团委书记
李耀光　广东省天井山林场场长
广　西
欧邦庆　共青团鹿寨县委副书记
黄启良　河池市第一高级中学团委书记
谭耀勋　田东县祥周镇林业站站长
蒋得斌　广西猫儿山国家级自然保护区管理局局长
海　南
王向东　海南省儋州市国土环境资源局副局长

何君明　海南省海口市环境保护局工程师

重　庆

黄祖英(女)　共青团重庆市委青农部部长

徐　瑛(女)　共青团重庆市涪陵区委书记

曾　姝(女)　共青团重庆市渝中区委副书记

张　涛　共青团重庆市南岸区委书记

严　蕾(女)　共青团重庆市巴南区委书记

江　宁　重庆市水利局农村水利处干部

四　川

郭雪莲(女)　共青团成都市委区县部副部长

冯　华(女)　共青团青神县委书记

张　膑　共青团开江县委书记

罗德刚　广安市广安区护安镇团委书记

贵　州

王　敏　六盘水市钟山区营林站站长

胡　燕(女)　贵州省水城钢铁(集团)有限责任公司第二小学党支部书记

云　南

王　进(女)　共青团云南省委青农部部长助理

唐开荣　共青团曲靖市委书记

程汝青　云南省林业厅造林绿化处助理调研员

倪志伟　云南省保护母亲河行动办公室项目负责人

西　藏

孙令健　中铁十九局集团第四工程有限公司董事长

益西卓嘎(女)　西藏自治区水利厅农水农电水保处干部

陕　西

杨爱军　陕西省合阳县水土保持工作站站长

赵　军　共青团商洛市委书记

任能军　共青团榆阳区委副书记

甘　肃

张小平　共青团甘肃省委青农部副部长

石　琳　共青团定西市委书记

刘永芳(女)　共青团永靖县委书记

王得明　兰州市环境保护局局长

青　海

李发旺　青海省贵南县农林环保局局长

张国学　互助县水土保持工作站站长

严志龙　共和县畜牧局局长

白永军　西宁市林业局城市绿化处副处长

宁　夏

张柏森　宁夏盐池县人民政府县长

郭　忠　宁夏平罗县林业局局长

新　疆

杨志新　巴州尉犁县环境保护局团支部书记、技术员

王意茹(女)　新疆工业高等专科学校团委副书记

居来提　共青团新疆区委青农部主任科员

张　新　新疆兵团农十师林业局主任科员

中央机关、部委、军队

徐　微(女)　全国总工会机关党委办公室主任兼机关团委书记

仇　昱(女)　中央统战部机关团委书记

韩国祥　全国绿化委员会办公室综合组副组长

闫　振　国家林业局计资司处长

张脉群　中国工商银行新疆伊犁州分行党委副书记、副行长

汪来庆　中国石油天然气集团公司管道第三工程公司第五工程处机组长

陈　波　呼和浩特铁路局团委书记

向大印　湖南省吉首市人武部参谋

杨国军　96401 部队政治部组织处处长

陶宝明　95900 部队 79 分队政治指导员

叶继生　65631 部队政治部组织处干事

周春发　73056 部队政治部副主任兼组织科科长

张忠林　武警部队政治部组织部青年处处长

全国保护母亲河生态监护站

2004年12月6日，共青团中央和国家环境保护总局联合发文，决定命名密云县保护母亲河生态监护站等86个保护母亲河生态监护站为“全国保护母亲河生态监护站”，以表彰有科学合理、行之有效的工作机制，有固定的队伍长年坚持开展生态监护活动，大力宣传生态文明理念的生态监护站。

2004年全国保护母亲河生态监护站名单

（86个）

北　京

密云县保护母亲河生态监护站

通州区保护母亲河生态监护站

朝阳区保护母亲河生态监护站

天　津

南开大学保护母亲河生态监护站

和平区岳阳道小学保护母亲河生态监护站

北辰区宜兴埠第一小学保护母亲河生态监护站

河　北

沧州市南大港管理区保护母亲河生态监护站

安新县白洋淀保护母亲河生态监护站

磁县滏泉湖小流域保护母亲河生态监护站

山　西

中北大学保护母亲河生态监护站

新绛县保护母亲河生态监护站

陵川县保护母亲河生态监护站

内蒙古

巴彦淖尔市磴口县保护母亲河生态监护站

乌兰察布市四子王旗团委保护母亲河生态监护站

呼伦贝尔市环境监测中心站保护母亲河生态监护站

辽　宁

新民市青少年志愿者保护母亲河生态监护站

法库县青少年志愿者保护母亲河生态监护站

清原满族自治县青少年志愿者保护母亲河生态监护站

吉　林

吉林市船营区第十一小学保护母亲河生态监护站

团珲春市委保护母亲河生态监护站

大安市环境监察大队保护母亲河生态监护站

黑龙江

团逊克县委保护母亲河生态监护站

哈尔滨市江沿小学保护母亲河生态监护站

甘南县保护母亲河生态监护站

江　苏

南京市第二十七中学保护母亲河生态监护站

响水县灌河保护母亲河生态监护站

南通市实验小学保护母亲河生态监护站

浙　江

温州市瓯海区啸秋中学保护母亲河生态监护站

绍兴市高级中学保护母亲河生态监护站

永康市保护母亲河生态监护站

安　徽

蚌埠市第二实验小学保护母亲河生态监护站

马鞍山市环境监测中心站保护母亲河生态监护站

祁门县塔坊保护母亲河生态监护站

福　建

德化县青戴云山保护母亲河生态监护站

仙游县保护母亲河生态监护站

龙岩市第七中学保护母亲河生态监护站

三明市沙溪河保护母亲河生态监护站

江　西
鄱阳湖保护母亲河生态监护站
安远县保护母亲河生态监护站
南昌市环境监测站保护母亲河生态监护站
山　东
济南市市中区环境保护局保护母亲河生态监护站
莱西市保护母亲河生态监护站
平阴县平阴镇中心中学保护母亲河生态监护站
河　南
荥阳市保护母亲河生态监护站
南阳市渠首保护母亲河生态监护站
济源市黄河小浪底保护母亲河生态监护站
湖　北
武汉市东湖中学保护母亲河生态监护站
丹江口市保护母亲河生态监护站
咸宁市保护母亲河生态监护站
湖　南
南华大学保护母亲河生态监护站
望城县第一中学保护母亲河生态监护站
洪江市保护母亲河生态监护站
广　东
深圳市水源保护处保护母亲河生态监护站
云浮市西江保护母亲河生态监护站
广　西
武鸣县灵水风景区保护母亲河生态监护站
鹿寨县鹿寨镇保护母亲河生态监护站
玉林市南流江保护母亲河生态监护站
海　南
团三亚市委保护母亲河生态监护站
团乐东县委保护母亲河生态监护站
团琼中县委保护母亲河生态监护站
重　庆
九龙坡区保护母亲河生态监护站
南岸区保护母亲河生态监护站
重庆市环境保护宣传教育中心保护母亲河生态监护站
四　川
团泸县县委保护母亲河生态监护站
玉溪河灌区管理处进口管理站团支部保护母亲河生态监护站
简阳市保护母亲河生态监护站
贵　州
威宁彝族回族苗族自治县草海小学保护母亲河生态监护站
云　南
大理市上关镇保护母亲河生态监护站
通海县杞麓湖流域保护母亲河生态监护站
华宁县海镜保护母亲河生态监护站
宜良县阳宗海保护母亲河生态监护站
宁蒗彝族自治县永宁落水保护母亲河生态监护站
西　藏
林芝地区世界柏树园林保护母亲河生态监护站
陕　西
西北农林科技大学保护母亲河生态监护站
西安高新第一小学保护母亲河生态监护站
西安市第八中学保护母亲河生态监护站
甘　肃
景泰县寿鹿山自然保护区保护母亲河生态监护站
张掖市直属机关团委保护母亲河生态监护站
两当县金洞小学保护母亲河生态监护站
青　海
共和县保护母亲河生态监护站
平安县保护母亲河生态监护站
西宁市保护母亲河生态监护站
宁　夏
灵武市保护母亲河生态监护站
吴忠市利通区保护母亲河生态监护站
石嘴山市惠农区保护母亲河生态监护站
新　疆
沙湾县保护母亲河生态监护站

乡村青年文化活动先进集体和先进个人

第六届“乡村青年文化节”活动是全团学习贯彻党的十六大、十六届三中全会精神的一项重要措施，在2003年冬季到2004年春季，以“兴起新高潮、创造新业绩”为主题，依托农村青年中心，组织广大农村青年大力开展有趣有为、丰富多彩的文化活动，为进一步繁荣农村文化生活，传播创业致富技能，培养青年文化名人做出了积极的贡献，有力地推动了乡村青年文化建设。乡村文化活动的蓬勃开展，受到了广大农村青年的热烈欢迎，得到了各级党政部门的充分肯定，取得了显著的成效。本届活动结束后，共青团中央命名2003年度“乡村青年文化活动先进县（市、区）”119个，“优秀乡村青年文化活动项目”101个，表彰“乡村青年文化名人”85个。

2003年度“乡村青年文化活动先进县（市、区）”名单

（119个）

北　京　密云县　怀柔区　大兴区

天　津　武清区　塘沽区　静海县　西青区

河　北　清苑县　涿州市　邯郸市　峰峰矿区

山　西　潞城市　晋城市城区　阳泉市郊区　河曲县　介休市

内蒙古　乌拉特中旗　开鲁县　乌兰浩特市

辽　宁　彰武县　桓仁县　辽中县　建平县

吉　林　长春市　二道区　长春市　绿园区　敦化市　前郭尔罗斯县

黑龙江　阿城市　肇州县　宁安县　克东县

上　海　青浦区　嘉定区　奉贤区　南汇区

江　苏　南京市　雨花台区　常熟市　无锡市　惠山区　洪泽县　高邮市　海门市

浙　江　建德市　慈溪市　瑞安市　仙居县

安　徽　肥西县　怀宁县　阜阳市　颍泉区　繁昌县

福　建　泉州市　丰泽区　平潭县　武夷山市

江　西　于都县

山　东　长清县　胶州市　淄博市　张店区　兖州市

河　南　郑州市　邙山区　宝丰县　舞阳县　信阳市　平桥区

湖　北　荆州市　沙市区　沙洋县　孝感市　孝南区　罗田县

湖　南　中方县

广　东　广州市　白云区　仁化县　高要市　连平县

广　西　南丹县　玉林市　玉州区　浦北县　永福县　三江县

海　南　文昌市　屯昌县

重　庆　巴南区　荣昌县　綦江县　秀山县

四　川　成都市　新都区　乐至县　什邡市　峨眉山市　广元市　朝天区

贵　州　平坝县　清镇市　盘　县　铜仁市

云　南　呈贡县　祥云县　永仁县

西　藏　乃东县　桑日县

陕　西　宝鸡市　金台区　安塞县　延安市　宝塔区　丹凤县　汉中市　汉台区

甘　肃　临洮县　庄浪县　和政县

青　海　海西州　民和县　大通县　祁连县

宁　夏　银川市　金凤区　青铜峡市　平罗县　海原县

新　疆　麦盖提县　乌鲁木齐县　鄯善县
库车县　巩留县
新疆生产建设兵团农一师九团
新疆生产建设兵团农二师二十九团
新疆生产建设兵团农六师五家渠市一〇一团
新疆生产建设兵团农九师一六六团

2003 年度“优秀乡村青年文化活动项目”名单

（101 个）

北　京

首都高校之声乡间行活动（共青团北京市委）

“青春奥运，活力延庆”青年韵律操大赛（共青团延庆县委）

申安杯“健康文明之星”评比大赛（共青团大兴区委）

天　津

“文化大篷车”伴你行活动（共青团蓟县县委、蓟县评剧团）

汉沽区民间花会活动（共青团汉沽区委、汉沽区文化局）

青年文化科技大集活动（共青团宁河县委）

东丽区第二届文化节活动（共青团东丽区委、东丽区委宣传部、文化局、农行东丽区支行）

河　北

乡村青年文化超市活动（邯郸市峰峰矿区义井镇团委）

山　西

“做文明青年，树文明新风，建文明城镇”活动（阳泉市郊区荫营镇团委）

“新四义新青年新文化”迎新春活动（泽州县东四义村团支部）

农村青年普及二人台现代戏调演活动（共青团河曲县委、河曲县委宣传部、文体委、电视台）

农村青年文化、技术培训活动（共青团榆社县委）

内蒙古

蒙古族乌力格尔《乌拉特婚礼》演出（共青团乌拉特中旗委、文化局）

科尔沁第六届乡村青年文化节活动（共青团通辽市科尔沁区委）

“荡秋千”大赛（乌兰浩特市乌兰哈达镇团委、文化站）

辽　宁

“振兴老基地，创业献青春”送科技下乡活动（共青团丹东市振安区委）

搭建科技舞台，巡演科技大戏活动（共青团凌海市委）

农村青年产业技能文化周活动（共青团抚顺县委）

“科普之冬”活动（共青团灯塔市委）

吉　林

净月潭乡村青年滑雪对抗大赛（长春净月潭旅游经济开发区团委）

“走出去、促发展、兴石城”活动（共青团磐石市委）

农村青年创业增收成才行动（共青团和龙市委）

“农业专家乡村行”活动（共青团敦化市委）

黑龙江

“金色田野”乡村文化节活动（共青团嫩江县委）

心系“三农”卫生志愿者“三下乡”活动（共青团铁力市委）

“订单式良种工程”活动（共青团大兴安岭地委）

培植扶持乡土传统文化，青年皮影戏皮影画巡展活动（共青团望奎县委）

上　海

“高雅艺术进农家”演出月活动（共青团奉贤区委、奉贤区文广局）

“发挥生力军、重塑小上海形象”主题活动（南汇区周浦镇团委）

“浦江情、浦江行”暨青春在母亲河飞扬环保活

动（松江区车墩镇团委、叶榭镇团委、泖港镇团委、石湖荡镇团委、新浜镇团委、五库示范园区团委）

江　苏

江上人家新春乐活动（共青团南京市建邺区委）

“青春火炬接力，构筑人才高地”庆元宵活动（共青团启东市委）

“送信息、送技能、送岗位”活动（共青团丰县县委）

舞龙醒狮队活动（共青团连云港市海州区委）

浙　江

青春慈溪白树园绿化认养活动（共青团慈溪市委）

农村青年星火带头人先进事迹巡回展（共青团建德市委）

安　徽

青年志愿服务队“三下乡”活动（共青团石台县委）

黄梅戏青年业余演出活动（共青团枞阳县横埠镇团委、文化站）

千名青年带万人“讲政治、育新人、学科技、奔小康”活动（舒城县柏林乡团委）

福　建

“同饮一江水，共护母亲河——九龙江流域乡村青年文化节活动（共青团漳州市委）

城乡互动百千万工程文艺演出活动（共青团霞浦县委）

乡村青年游“计生国策龙”活动（共青团连城县委）

山　东

“文青杯”民间艺术汇演活动（济南市历下区姚家镇团委）

“跨越城乡，青春伴你走四方”活动（共青团高密市委）

农民春季运动会（莱芜市莱城区杨庄镇团委）

德平秧歌活动（德州市临邑县德平镇团委）

河　南

青少年激情文化广场活动（共青团洛阳市汝阳县委）

农村共青农业科技知识大奖赛活动（共青团安阳市内黄县委）

青年民间艺术大赛活动（共青团南阳市镇平县委）

百日百乡百万农村青年科技大集活动（共青团信阳市委）

湖　北

“拥抱青春奔小康”青年志愿者送文艺下乡活动（共青团荆江市沙市区委）

农村青年“创业金桥工程”活动（共青团孝感市孝南区委）

农村青年“产业大王”回访活动（共青团潜江市委）

“欢欢喜喜闹新春”青年农民迎春艺术节活动（汉阳区江堤乡团委）

“科技、文艺、卫生、法律”四进家活动（共青团宜昌市夷陵区委）

湖　南

荆平伍溪文化建设示范村创建活动（共青团中方县委）

广　东

“走进油画村，送上关爱情”活动（深圳市龙岗区布吉镇委）

乡村青年文化艺术节活动（共青团佛山市三水区白坭镇团委）

“争当文明平地人，共建美好平地村”活动（共青团阳东县委）

醒狮活动（共青团遂溪县委）

广　西

禤洲狮队活动（共青团藤县县委）

葡萄节活动（宜州市矮山乡团委）

首届农村外出务工青年文化节活动（共青团崇左市委）

乡村青年趣味竞赛活动（共青团阳朔县委）

花炮节活动（融水县洞头乡团委）

海　南

"共青号"文明生态村希望农校培训活动(共青团屯昌县委)

重　庆

龙狮箫鼓大拜年活动(九龙坡区含谷青年中心)

送科技、文化、卫生"三下乡"活动(共青团荣昌县委)

赶水镇"咪哆咪哆"乡村青年文化节活动(共青团綦江县委)

"大地的呼唤"乡村青年志愿活动(涪陵区青羊镇团委)

四　川

特色农产品蒜薹无破口收割技能比赛活动(共青团彭州市委)

乡村青年文化大传送活动(德阳市旌阳区扬嘉镇团委)

木牛推新娘活动(共青团广元市朝天区委)

贵　州

"贴时代春联,走小康道路"义写义送春联活动(平坝县羊昌乡本寨村团支部)

2003年春节文艺汇演活动(六盘水市六枝特区落别乡团委)

青年大力士擂台赛活动(共青团玉屏县委)

"七月米花场"活动(贵阳市乌当区金华镇团委)

云　南

花城飞歌广场文艺演出活动(共青团宜良县委、宜良县文体局)

乡村青年歌手大赛活动(共青团祥云县委)

青年龙狮队活动(禄丰县中村乡团委)

西　藏

乡村青年文化节活动(工布江达县巴河镇团委)

"虎峰杯"文艺活动(共青团达孜县委)

"科普宣传月"活动(共青团桑日县委)

农民果谐队活动(扎囊县扎唐镇团委)

陕　西

艺园电声管乐队文化下乡活动(共青团丹凤县委)

安塞腰鼓活动(安塞县谭家营乡团委)

信合杯"绿色畅想"主题活动(共青团岚皋县委)

"青春、年轻、永远"陕北秧歌扭起来活动(米脂县银州镇团委)

甘　肃

青年赛马活动(共青团天祝县委、天祝县文化体育局)

"让青春在书画产业开发中闪光"活动(共青团通渭县委)

青　海

"手把手"科技培训活动(共青团西宁市委)

三川首届巴叶儿艺术节活动(共青团民和县委、三川发展促进会)

宁　夏

农村青年星火科技培训活动(共青团永宁县委)

"文艺送农家"巡回演出活动(共青团石嘴山市委)

农村青年科技带头人培训活动(共青团青铜峡市委、青铜峡市财政局)

新　疆

"姆卡木"文化宣传活动(库车县齐满镇团委)

青年科技播火行动(共青团克拉玛依区委、克拉玛依区科技局、农牧局)

青年学用科技活动(共青团巩留县委)

赛羊比赛活动(乌恰县托云乡团委)

"库尔木依文化节"活动(新疆生产建设兵团农二师三十三团团委)

我与"双争"系列活动(新疆生产建设兵团农九师一六四团团委)

2003年度"乡村青年文化名人"名单

(85个)

北　京

宋秀兰　房山区青年杂技演员

乔　石　昌平区青年编导、策划人

田春良　怀柔区青年演员

宋歆鑫　密云县青年演员

天　津

刘洪洋　宝坻区城关镇青年书法、篆刻家

刘　洁　大港区青年歌手

黄淑兰　津南区咸水沽镇青年歌手
张金梅　北辰区青年歌手
河　北
武德宝　邯郸市峰峰矿区义井镇青年编导
山　西
荆自保　阳泉市郊区青年编导、小品演员
任俊文　河曲县青年文艺家
宫林春　繁峙县青年农民画家
南世忠　大同市左云县青年画家
内蒙古
赵永光　乌拉特中旗德岭山镇青年民族歌手
聂俊峰　开鲁县和平镇青年编导、歌手
金铭万　乌兰浩特市乌兰哈达镇业余青年策划人
辽　宁
李志强　北票市青年书画家
王　伟　大石桥市水源镇青年书法家
吉　林
白凤金　前郭县青年歌手
周晓光　榆树市青年乐器演奏演员
康艳秋　延边州延吉市青年歌手
张　淼　珲春市自然保护区管理局青年歌手
黑龙江
赵长生　哈尔滨市依兰县青年文艺创作者
宗成利　林甸县三合乡青年文艺策划人
帅金忠　五大连池市兴隆乡青年文艺策划人
辛风雷　农垦总局宝泉岭分局青年文艺编导
上　海
傅　强　奉贤区青年广播电视主持人
蒋玉铭　嘉定区马陆镇青年竹刻艺人
江　苏
陈　凯　洪泽县青年编导
安　徽
施福明　蚌埠市怀远县魏庄镇青年作家
黄冬松　巢湖市居巢区散兵镇青年诗人
福　建
张再勇　厦门市翔安区大嶝镇青年作家
苏荣灿　石狮市青年灯谜能手
李玉琴　莆田市青年戏曲演员
江　西
谭晓红　于都县青年文艺策划人
山　东
杨仕玲　青岛胶南市胶河经济区青年画家
李　辉　淄博市博山区青年歌手
周　晋　永莱州青年书画家
纪衡尧　临沂市费县青年编导
河　南
高忠亮　郑州市邙山区花园口镇青年戏曲演员
毛鸿雁　郑州市邙山区青年书法家
王　丹　平顶山市太阳城礼仪广告部青年舞蹈演员
湖　北
郭德军　武穴市花桥镇青年作家
湖　南
曾秀云　中方县青年文艺策划人
广　东
潘汾林　佛山市禅城区青年陶艺师
李仙花　梅州市青年剧作家
李远东　茂名市青年画家
陈计会　阳江市青年作家
卢进文　潮州市湘桥区青年木雕艺人
广　西
叶建辉　平乐县阳安乡青年艺人
杨锦超　岑溪市青年艺人
莫家馨　柳江县青年歌手
苏君学　贵港市港北区大圩镇青年艺人
重　庆
桂焕勇　綦江县青年农民版画家
张顺生　重庆中国龙舞艺术团教练、青年舞龙演员
四　川
刘　坚　什邡市群众艺术馆青年演员
贵　州
刘家艳　六盘水市钟山区业余青年主持人
温官奎　沿河县和平镇青年歌手、乐手
刘耀泽　修文县青年编导

李晓青　安顺市西秀区西桥镇青年歌手
云　南
彭海荣　姚安县光禄镇青年书法家、文学创作者
西　藏
次旦卓玛　达孜县青年编导
强巴益西　隆子县青年编导、曲艺作品创作者
陕　西
王　涛　略阳县青年演员
付汉鹏　汉中市汉台区老君镇青年编导
满玲君　丹凤县龙驹寨镇青年歌手
谭宽心　安塞县谭家营乡青年腰鼓手
刘秦周　周至县青年画家
范振福　蓝田县青年民间文艺家
姜国兴　蓝田县青年雕塑家
甘　肃
张　雁　通渭县青年书画家
张德庆　景泰县青年器乐演奏家
何建军　嘉峪关市青年歌手
杨国花　天祝县青年歌舞表演家、创作家
青　海
朱永忠　民和县官亭镇青年歌手
尕　者　祁连县青年民族歌手
宁　夏
刘存良　灵武市郝家桥镇业余青年曲艺演员
吴丽娟　石嘴山市大武口区长胜镇青年编导
杨佳年　固原市隆德县温堡乡青年民间文艺家
新　疆
努尔巴哈尔·那地尔　麦盖提县央塔克乡青年编导
帕丽旦·卡德尔　哈密市花园乡业余青年模特
帕尔哈提·扎克尔　洛浦县恰尔巴格乡青年民族乐手
刘　勇　新疆生产建设兵团农一师九团青年舞蹈演员、单簧管乐手
马　燕　新疆生产建设兵团农二师二十九团青年摄影师
荣巧萍　新疆生产建设兵团农九师一六二团青年美术家

全国乡村青年民间工艺品制作大赛

为深入贯彻落实党的十六大精神，大力开展乡村青年文化活动，促进农村文化繁荣和经济发展，共青团中央、中国民间文艺家协会于2003年6月联合启动了全国乡村青年民间工艺品制作大赛。大赛引导农村青年传承和弘扬中华民族优秀文化，提高自身文化艺术素养和技能，取得了良好的效果，一大批技能精湛、锐意创新的乡村青年艺人脱颖而出。共评出金奖作品9件，银奖作品21件，优秀奖作品238件，同时授予30名金奖、银奖作品作者“全国乡村青年民间工艺大师”称号，授予159名优秀奖作品作者“全国乡村青年民间工艺能手”称号。

“金博士杯”全国乡村青年民间工艺品制作大赛获奖作品及作者名单

金奖作品及作者名单(9件)

作品名称	作品类别	作者姓名	地区
应县木塔	雕　刻	祁晓勇	山西

不老人生	雕　刻	周　扬	浙江
一路春风	雕　刻	郑方杨	浙江
马到成功	雕　刻	梅朝云等	浙江
棋乐融融	石　雕	庄长华	福建
九龙呈瑞	漆线雕	沈锦丽	福建
东方之珠通花瓶	陶　瓷	陈明华	福建
菊花瓶	陶　瓷	郑雄彭	福建
钟馗嫁妹	留青竹刻	吴元星	福建

银奖作品及作者名单(21 件)

作品名称	作品类别	作者姓名	地区
祥瑞礼品系列	手工艺	刘雄伟	山西
鄂伦春人	手工艺	阿　冬	内蒙古
观音	雕　刻	邱荣元	江苏
九龙笔筒	雕　刻	金学文	江苏
桶、盒等	手工艺	潘吴林	浙江
送子观音	石　雕	林志峰	福建
马蹄莲	石　雕	邱丹桦	福建
暖巢壶	石　雕	陈明志	福建
丝瓜	木　雕	王洪斌	福建
麒麟送子	石　雕	王经民	福建
惠安女	影　雕	吴敏达	福建
玉叶观音	石　雕	杨庆聪	福建
福临人间	根　雕	吴文忠	福建
毛竹镂空雕笔筒	雕　刻	蔡长远	江西
榴开百子	木版年画	王树花	山东
天坛砚(盘古胜景)	雕　刻	王　洋	河南
中华魂	雕　刻	欧　红	重庆
九龙火锅	银　雕	寸发标	云南
三羊开泰	泥　塑	胡新明	陕西
盘绣挂饰	刺　绣	李发秀	青海
民族乐器(微型)	手工艺	买买提・艾力	新疆

优秀奖作品及作者名单(238 件)

作品名称	作品类别	作者姓名	地区
提包	刺　绣	张心灵	北京
抗击非典我们胜利了	手工艺	池勃星	北京
猫头鹰	手工艺	李玉芳	北京
村童	雕　刻	张　浩	北京
公鸡	手工艺	杜向新	天津

葫芦	手工艺	杜向新	天津
麒麟送子	刺　绣	丁玉萍	山西
学习“三个代表”	手工艺	杨　斐	山西
忠义千秋	手工艺	裴航飞	山西
龙凤呈祥	手工艺	李　洁	山西
门神秦琼、敬德	手工艺	刘雄伟	山西
小型生肖系列	手工艺	刘雄伟	山西
农谚系列	手工艺	刘雄伟	山西
大鹏展翅	雕　刻	孙　凯	山西
历山之神	雕　刻	孙　凯	山西
归	手工艺	阿　冬	内蒙古
浩瀚	刺　绣	孟立军	内蒙古
嫦娥奔月	雕　刻	赫忠彪等	内蒙古
马头琴	雕　刻	赫忠彪等	内蒙古
八仙过海	雕　刻	赫忠彪等	内蒙古
吻	刺　绣	朱寿珍	江苏
蟠龙瓶	刺　绣	朱寿珍	江苏
抗非典	剪　纸	李　英	江苏
百子蟋蟀盆	手工艺	袁中平	江苏
韦驮	雕　刻	邱荣元	江苏
竹林七贤	雕　刻	金学文	江苏
金玉满堂	雕　刻	冯晓霞等	江苏
锦上添花	雕　刻	冯晓霞等	江苏
人比黄花瘦	雕　刻	冯晓霞等	江苏
春夏秋冬	雕　刻	冯晓霞等	江苏
俏色螃蟹	雕　刻	李先进	江苏
千手观音	雕　刻	李先进	江苏
四君子	雕　刻	张文彪	江苏
东方龙砚	雕　刻	张文彪	江苏
哨口风筝	雕　刻	姚春华等	江苏
五福捧寿	雕　刻	王共志	江苏
蛋雕	雕　刻	杭佰春	江苏
疏风淡月	雕　刻	周　扬	浙江
贵妃出浴	雕　刻	徐培璋	浙江
渔家女	雕　刻	郑兴国	浙江
乐女系列	雕　刻	俞　田	浙江
岁月	雕　刻	俞　田	浙江
书圣	雕　刻	郑金娜	浙江

长发少女	雕　刻	郑亦平	浙江
悄悄话	雕　刻	方江鸿	浙江
清明上河图	雕　刻	吴志清	浙江
千岛湖绿色一角	雕　刻	吴志清	浙江
唐　诗	雕　刻	童建昌	浙江
寿	雕　刻	童建昌	浙江
岳飞满江红	雕　刻	童建昌	浙江
心旷神怡	雕　刻	童建昌	浙江
三国演义词一首	雕　刻	童建昌	浙江
锦绣山河	雕　刻	郑旭光	浙江
钟馗醉酒	雕　刻	邵城鑫	浙江
石破天惊	雕　刻	郑宝成	浙江
海市蜃楼	雕　刻	梅朝云等	浙江
花果篮	雕　刻	夏福仁	浙江
别有天地	雕　刻	夏福仁	浙江
玉满架	雕　刻	留大伟	浙江
大漠生命	雕　刻	叶品勇	浙江
博　浪	雕　刻	叶品勇	浙江
茁壮	雕　刻	徐伟军	浙江
一览春色	雕　刻	徐伟军	浙江
玉树新妆	雕　刻	裘良军	浙江
锦衣玉食	雕　刻	裘良军	浙江
修道	雕　刻	夏江志	浙江
登高远眺	雕　刻	卓乃枢	浙江
纯珍	雕　刻	庄孝通	浙江
岁月留痕	雕　刻	周蒋文	浙江
呼唤	雕　刻	周蒋文	浙江
俏丫	雕　刻	潘成松	浙江
百叶花围炎涎	刺　绣	陈晓琴	浙江
斧形包	刺　绣	陈晓琴	浙江
五心围涎	刺　绣	陈晓琴	浙江
草鞋	刺　绣	郑金生	浙江
汽车花架	刺　绣	斯贤林	浙江
天马行空图	手工艺	裘利民	浙江
化妆盒、果子盒等	手工艺	潘吴林	浙江
首脑漫塑 8 人	手工艺	裘宇峰	浙江
飞来峰十八罗汉	手工艺	梅红玲	浙江
菩萨彩塑	手工艺	叶芳林	浙江

牛气冲天	手工艺	李　骏	浙江
绿牡丹	手工艺	许吉明	浙江
古诗新意	手工艺	许吉明	浙江
浑元壶	手工艺	陈慧琴	浙江
梅花鹿	刺　绣	詹国罗	浙江
《二十四孝》组雕	石　雕	徐　玮	福建
蝎子座传奇	石　雕	林伟国	福建
迎春	石　雕	刘伟斌	福建
想入非非	石　雕	温九新	福建
五灵献瑞	石　雕	洪鹄	福建
土楼春意	石　雕	江秀影	福建
五福拱寿	石　雕	谢　麟	福建
花果山	石　雕	林玉粦	福建
西周青铜文化	石篆刻	叶林心	福建
静	玉　雕	许元潘	福建
暗香	漆　艺	郑　鑫	福建
宝藏	石　雕	尤顺斌	福建
风纹爵杯	陶　瓷	戴志平	福建
叶落归根	根　雕	陈志明	福建
琴韵	根　雕	张木芳	福建
雨露	剪　纸	严　艳	福建
闻笛	竹　刻	张栋华	福建
三层八卦牌	银　雕	林伟星	福建
卧佛	木　雕	李凤荣	福建
丝瓜	木　雕	张仁华	福建
两岸同根	石　雕	朱伯英	福建
苏东坡	竹　雕	王新明	福建
我爱小樱	剪　纸	刘进财	福建
龙凤呈祥	漆线雕	沈锦丽	福建
纤夫	影　雕	李雅华	福建
田野牧歌	剪　纸	高少苹	福建
思天下	石　雕	孔武战	福建
龙凤呈祥	石　雕	杨庆聪	福建
四大美女	影　雕	李幼琴	福建
共读西厢	陶　瓷	陈丽玲	福建
拔萝卜	陶　瓷	连紫华	福建
观潮弥勒	陶　瓷	苏友谊	福建
威镇天宫	影　雕	陈晓东	福建

钟馗	木　偶	陈俊翔	福建
金丝猴	木　偶	陈俊翔	福建
狮戏绣球	花　灯	黄丽凤等	福建
京剧小脸谱	纸　褙	杨宏达	福建
乐飘飘	刻　纸	李婵娟	福建
东西塔瓷盘	锡　雕	杨峰垢	福建
释迦牟尼佛	木　雕	黄艺渊	福建
惠安女	民间彩扎	黄国英	福建
文武财神	掌中木偶	杨如萍	福建
象	树脂工艺	吴志辉	福建
福寿禄	影　雕	刘荣华	福建
浮雕抽象画	金沙画	吴东洋	福建
白雪红梅图	工艺画	吴小锦	福建
“福”字龙凤壁挂金	木　雕	苏上将	福建
闲憩	木　雕	黄伟平	福建
名画系列	影　雕	刘国文	福建
十二金钗	影　雕	张秋霞	福建
金猴献春	根　雕	骆河东	福建
十二生肖玩具蓝溪	花　布	王锦超	福建
永春牛姆林	纸织画	林伟钦、曾雪华	福建
漆	手工艺	郭霓虹	福建
小竹篮(套装)	手工艺	李金花	福建
海魂	陶　瓷	赖礼同	福建
观涛观音	陶　瓷	郑金星	福建
立龙踏浪观音	陶　瓷	连紫华	福建
降龙罗汉	陶　瓷	苏健强	福建
啸山	雕　刻	王建明	江西
降魔王	雕　刻	黄国强	江西
关公	雕　刻	罗春明	江西
茅屋书声响	雕　刻	江亮根	江西
金鱼戏莲	手工艺	邓国平等	江西
蛟龙出海	手工艺	陈　骏	江西
烟水亭	手工艺	陈　骏	江西
龙舟	手工艺	陈　骏	江西
八骏雄风	手工艺	张玉柱	安徽
飞马	手工艺	张玉柱	安徽
马	手工艺	张玉柱	安徽
篮子2	刺　绣	马国军	安徽

筐 1	刺　绣	马国军	安徽
筐 2	刺　绣	马国军	安徽
中国戏剧脸谱（张飞）	刺　绣	孙淑娟	安徽
中国戏剧脸谱（窦尔敦）	刺　绣	孙淑娟	安徽
鲁锦	手工艺	陈莲芝	山东
泥娃娃（蓝虎帽）	手工艺	郝文成	山东
泥娃娃（彩色服装）	手工艺	郝文成	山东
泥娃娃（民族服装）	手工艺	郝文成	山东
牛头塑	手工艺	郝文成	山东
鹅蛋画	雕　刻	郝文成	山东
鸡蛋画	雕　刻	郝文成	山东
葫芦书法	雕　刻	郝文成	山东
葫芦脸谱	雕　刻	郝文成	山东
布老虎（绿色）	手工艺	刘清华	山东
布老虎（蓝色）	手工艺	刘清华	山东
布老虎（连身）	手工艺	刘清华	山东
布老虎（黄色）	手工艺	刘清华	山东
布狮子	手工艺	刘清华	山东
布龙	手工艺	刘清华	山东
佛头	手工艺	闵　伟	山东
葫芦	手工艺	张国庆	山东
皮毛狗	手工艺	徐　峰	山东
皮毛捕虎	手工艺	王冠利	山东
梅花鹿	手工艺	马　鑫	山东
三娘教子	手工艺	吕红霞	山东
学喂鸡	手工艺	陈　英	山东
狗、鸡、猴	手工艺	周　锐	山东
红楼人物（知音难求）	手工艺	周　锐	山东
双龙戏珠、斗鸡等	手工艺	张华荣	山东
石算盘	雕　刻	徐振宝	山东
中国元帅录	雕　刻	师洪源	河南
福	雕　刻	王红建	河南
梅兰竹菊	雕　刻	王红建	河南
豫中明天会更好	手工艺	司俊峰	河南
火红青春	手工艺	司俊峰	河南
凤凰戏牡丹	手工艺	薛明智	河南
八仙过海	手工艺	赫连洁静	河南
故乡情	手工艺	张贵春	河南

秋韵	手工艺	张贵春	河南
金满地	手工艺	张贵春	河南
花鸟四条屏	手工艺	李　珍	河南
四大佳丽	手工艺	李　珍	河南
花篮	手工艺	刘兰根	河南
小花瓶	手工艺	王　莉	河南
水果盘	手工艺	苏凌燕	河南
提箱	手工艺	郑小燕	河南
礼品盒	刺　绣	樊恒有	河南
小丫的题库	雕　刻	欧　红	重庆
奔向大海	雕　刻	欧　红	重庆
土家菜坛	雕　刻	欧　红	重庆
西江石壁	雕　刻	欧　红	重庆
展翅欲飞	雕　刻	欧　红	重庆
寿龟	雕　刻	欧　红	重庆
中华巨龙	雕　刻	程一德	重庆
编	手工艺	桂焕腾	重庆
打电话	手工艺	桂焕腾	重庆
服务农家	手工艺	幸定华	重庆
山村有了小轿车	手工艺	幸定华	重庆
橘子熟了的时候	手工艺	袁春梅	重庆
争食	手工艺	袁春梅	重庆
苗寨欢歌	手工艺	邹永霞	重庆
快乐苗家	手工艺	邹永霞	重庆
四季歌	手工艺	李成芝	重庆
山村梨香	手工艺	李成芝	重庆
凡高遗风	雕　刻	牟子亮	四川
九龙壶和杯	雕　刻	寸发标	云南
九龙桶	雕　刻	寸发标	云南
工艺葫芦	雕　刻	张文进等	云南
开发西部	手工艺	王俊英	陕西
青釉墨彩山水瓶	手工艺	王彩虹	陕西
恭喜童子	手工艺	杨贤龙等	宁夏
布虎枕	手工艺	赫生梅	青海
十二生肖图	刺　绣	贺玉兰	青海
八仙过海	刺　绣	索玉梅	青海
塔希干帽	刺　绣	阿布都外力江·买买吐逊	新疆
摇床	手工艺	艾合买提江	新疆

纺车	手工艺	艾合买提江	新疆
畜力车	手工艺	艾合买提江	新疆
民族乐器(巨型)	手工艺	买买提·艾力	新疆
民族乐器1	手工艺	买买提·艾力	新疆
民族乐器2	手工艺	买买提·艾力	新疆

“三下乡”系列奖项

全国大中专学生志愿者暑期“三下乡”社会实践活动优秀组织工作奖名单

(共20个)

江　苏　重　庆　湖　南　四　川
北　京　浙　江　贵　州　湖　北
上　海　黑龙江　河　南　山　西
天　津　陕　西　山　东　福　建
广　东　广　西　辽　宁　河　北

全国大中专学生志愿者暑期“三下乡”社会实践活动先进单位名单

(共345个)

北京(15个)

北京大学　清华大学
中国人民大学　北京师范大学
北京科技大学　北京航空航天大学
北京理工大学　北京化工大学
中国农业大学　北京林业大学
中国政法大学　中央财经大学
北京中医药大学　中国地质大学(北京)
华北电力大学(北京)

天津(11个)

天津大学　南开大学
天津师范大学　天津医科大学
天津工业大学　天津理工大学
天津财经大学　天津商学院
天津外语学院　天津工程师范学院
天津农学院

河北(13个)

河北科技大学　石家庄经济学院
河北理工大学　华北电力大学
河北师范大学　河北农业大学
河北医科大学　石家庄铁道学院
河北经贸大学　河北工程学院
河北大学　中央司法警官学院
燕山大学

山西(12个)

山西大学　太原理工大学
山西师范大学　山西财经大学
山西医科大学　山西农业大学
中北大学
山西省财政税务专科学校
山西中医院　太原师范学院
太原团市委　太原科技大学

内蒙古(8个)

内蒙古工业大学　内蒙古农业大学
内蒙古大学　内蒙古医学院
内蒙古师范大学　内蒙古科技大学
内蒙古民族大学
内蒙古工业大学电力学院(内蒙古直属院校)

辽宁(12个)

沈阳团市委学校部　大连团市委学校部

锦州团市委学校部
阜新团市委学校部
辽宁大学
渤海大学
大连大学
大连民族学院
大连轻工业学院
沈阳工程学院
中国医科大学
锦州医学院

吉林(12 个)

吉林大学
东北师范大学
长春工业大学
吉林体育学院
吉林艺术学院
吉林工程技术师范学院
长春师范学院
长春中医学院
长春大学
吉林师范大学
白城师范学院
延边大学

黑龙江(11 个)

哈尔滨工业大学
黑龙江大学
哈尔滨工程大学
哈尔滨师范大学
哈尔滨医科大学
东北林业大学
哈尔滨理工大学
东北农业大学
齐齐哈尔大学
哈尔滨金融高等专科学校
大庆石油学院

上海(15 个)

复旦大学
上海交通大学
同济大学
华东师范大学
华东理工大学
上海外国语大学
东华大学
上海财经大学
上海体育学院
华东政法学院
上海水产大学
上海第二医科大学
上海师范大学
第二军医大学
上海金融学院

江苏(21 个)

扬州大学
南京大学
苏州大学
南京师范大学
南京航空航天大学
南京农业大学
江苏大学
南京工业大学
中国药科大学
江南大学苏州科技学院
南京医科大学
南京中医药大学
南京邮电学院
江苏科技大学
盐城工学院南通大学
南京林业大学
中国矿业大学南京理工大学
徐州师范大学

浙江(14 个)

浙江大学
浙江工业大学
浙江师范大学
宁波大学
杭州电子科技大学
浙江工商大学
浙江理工大学
温州大学
浙江林学院
浙江财经学院
浙江科技学院
嘉兴学院
浙江万里学院
绍兴文理学院

安徽(13 个)

阜阳团市委
中国科学技术大学
合肥工业大学
安徽大学
安徽农业大学
安徽师范大学
安徽医科大学
阜阳师范学院
蚌埠医学院
安徽技术师范学院
安徽中医学院
安庆师范学院
淮北煤炭师范学院

福建(10 个)

厦门大学
福建师范大学
福州大学
福建农林大学
福建医科大学
集美大学
福建教育学院
泉州师范学院
屏南团县委
上杭团县委

江西(11 个)

南昌大学
江西师范大学
华东交通大学
南昌航空工业学院
江西医学院
江西中医学院
赣南师范学院
江西财经大学
江西理工大学
南昌工程学院
江西农业大学

山东(16 个)

山东大学
山东师范大学
山东建筑工程学院
济南大学
青岛大学
青岛科技大学
山东农业大学
山东科技大学

烟台大学　莱阳农学院
聊城大学　山东理工大学
枣庄学院　枣庄团市委
东营团市委　中国海洋大学

河南(15个)

安阳团市委　郑州大学
河南大学　河南农业大学
河南工业大学　河南师范大学
河南理工大学　华北水利水电学院
郑州轻工业学院　新乡医学院
河南中医学院　洛阳师范学院
南阳理工学院　南阳师范学院
信阳师范学院

湖北(16个)

华中师范大学　武汉大学
华中农业大学　中国地质大学(武汉)
武汉理工大学　中南财经政法大学
华中科技大学　武汉工程大学
武汉科技大学　湖北大学
武汉科技学院　武汉体育学院
武汉工业学院　湖北师范学院
武汉船舶职业技术学院　襄樊团市委

湖南(13个)

中南大学　湖南大学
湖南师范大学　湖南商学院
中南林学院　湘潭大学
湖南科技大学　南华大学
衡阳师范学院　湖南理工学院
湖南文理学院　吉首大学
湖南网络工程职业技术学院

广东(11个)

中山大学　华南理工大学
暨南大学　华南农业大学
广东外语外贸大学　广东商学院
广东医学院　佛山科学技术学院
肇庆学院　广东金融学院
番禺职业技术学院

广西(9个)

广西大学　广西师范大学
桂林电子工业学院　广西民族学院
广西师范学院　广西艺术学院
广西工学院
梧州师范高等专科学校　广西教育学院

海南(3个)

海南大学　海南师范大学
海南医学院

四川(14个)

四川大学　四川农业大学
西南石油学院　乐山师范学院
成都中医药大学　成都体育学院
四川师范大学　中国民航飞行学院
成都大学
四川电力职业技术学院　西华师范大学
四川工商职业技术学院　成都团市委
绵阳市人才开发工作领导小组

重庆(11个)

重庆大学　西南师范大学
西南农业大学　西南政法大学
重庆师范大学　重庆邮电学院
重庆工学院　四川美术学院
涪陵师范学院　重庆科技学院
重庆教育学院

贵州(8个)

贵州大学　贵州师范大学
贵阳医学院　贵州民族学院
遵义医学院　贵州教育学院
遵义师范学院
黔东南民族师范高等专科学校

云南(9个)

昆明理工大学　云南师范大学
云南民族大学　云南中医学院
云南财贸学院　云南艺术学院
云南警官学院　大理学院
昆明工业职业技术学院

西藏(2个)

西藏大学　西藏咸阳民族学院

陕西(14个)

西安交通大学 西北工业大学
西安电子科技大学 西北农林科技大学
陕西师范大学 长安大学
西北大学 西安建筑科技大学
西安科技大学 西安工程科技学院
西安工业学院 陕西理工学院
宝鸡文理学院 陕西中医学院

甘肃(9个)

兰州大学 西北师范大学
兰州交通大学 西北民族大学
兰州理工大学 甘肃政法学院
陇东学院 天水师范学院
甘肃农业大学

青海(3个)

青海民族学院 青海医学院
青海建筑职业技术学院

宁夏(4个)

宁夏大学 宁夏医学院
固原师专 西北第二民族学院

新疆(10个)

新疆农业大学 新疆医科大学
新疆师范大学 新疆财经学院
石河子大学 新疆艺术学院
伊犁师范学院 喀什师范学院
新疆职业大学
乌鲁木齐市教育局团委

全国大中专学生志愿者暑期“三下乡”社会实践活动优秀团队名单

（共109名）

北京市(6个)

“小平您好”首都大学生纪念邓小平同志诞辰100周年落实科学发展观实践服务团

北京大学国际关系学院博士生振兴东北赴黑龙江实践服务团

清华大学电机系赴内蒙古农村政策宣讲团

中国人民大学研究生赴内蒙古落实科学发展观实践服务团

北京师范大学心理学院赴四川省南充市营山三中未成年人思想道德建设实践服务团

北京理工大学传承延安精神社会实践团

天津市(3个)

天津大学化工学院未成年人思想道德建设实践服务团

南开大学泰达学院未成年人思想道德建设实践服务团

天津师范大学落实科学发展观实践服务团

河北省(3个)

承德医学院落实科学发展观实践服务团

华北电力大学落实科学发展观实践服务团

河北科技师范学院未成年人思想道德建设实践服务团

山西省(4个)

山西省山西大学法学院农村政策宣讲团

太原理工大学材料科学与工程学院赴平顺落实科学发展观实践服务团

中北大学化学工程系博(硕)士生“三下乡”实践服务团

山西财经大学文化旅游产业调研团

内蒙古自治区(3个)

内蒙古农业大学农村政策宣讲团

内蒙古工业大学党员大学生落实科学发展观实践服务团

内蒙古大学与北京大学博士生联合振兴东北地方经济实践服务团

辽宁省(3个)

沈阳广播电视大学农村政策宣讲团

辽宁石油化工大学未成年人思想道德建设实践服务团

鞍山科技大学支农帮教服务团

吉林省(3个)

长春理工大学落实科学发展观集安社会实践团

吉林农业大学园艺学院赴榆树市泗河镇社会实践小分队

吉林建筑工程学院大学生农村政策宣讲团
黑龙江省(4个)
哈尔滨工业大学机电学院赴嫩江县展新村振兴东北实践服务团
黑龙江大学赴五常未成年人思想道德建设实践服务团
哈尔滨师范大学“五下双城”落实科学发展观实践服务团
哈尔滨工程大学机电学院赴肇东市银山村农村政策宣讲团
上海市(5个)
第二军医大学赴云南鲁甸博士生医疗实践服务团
复旦大学赴山东沂蒙落实科学发展观实践服务团
上海第二医科大学赴内蒙古博士生医疗服务团
上海交通大学赴云南文山落实科学发展观实践服务团
东华大学赴辽宁、黑龙江博士生振兴东北实践服务团
江苏省(5个)
东南大学“走进西部”青年志愿者服务团
河海大学博士生赴苏北“两个率先”实践服务团
徐州师范大学落实科学发展观实践服务团
江苏技术师范学院未成年人思想道德建设实践服务总队
中国药科大学赴连云港党员农村政策宣讲团
浙江省(4个)
中国美术学院赴衢州落实科学发展实践服务团
浙江公安高等专科学校赴西藏落实科学发展实践服务团
中国计量学院赴浙江海宁落实科学发展实践服务团
杭州师范学院赴浙江淳安未成年人思想道德建设服务团
安徽省(3个)
安徽财经大学落实科学发展观实践服务团
安徽工程科技学院落实科学发展观实践服务团
安徽教育学院赴肥东县店埠镇未成年人思想道德建设实践服务团
福建省(3个)
厦门大学物理与机电工程学院赴长汀落实科学发展观实践服务团
福建师范大学未成年人思想道德建设实践服务团
福建农业大学落实科学发展观屏南社会实践服务团
江西省(3个)
东华理工学院赴金溪乡大学生落实科学发展实践服务团
江西科技师范学院赴东乡县大学生思想道德建设实践服务团
景德镇陶瓷学院赴广西东兰大学生落实科学发展实践服务团
山东省(5个)
山东财政学院落实科学发展观实践服务团
中国海洋大学落实科学发展观实践服务团
山东经济学院农村政策宣讲团
聊城大学未成年人思想道德建设实践服务团
山东科技大学博士生振兴东北实践服务团
河南省(4个)
河南科技大学青少年防治艾滋病志愿者“面对面”宣传教育服务团
郑州航空工业管理学院农村政策宣讲团
周口师范学院农村政策宣讲团
商丘师范学院未成年人思想道德建设实践服务团
湖北省(5个)
华中师范大学赴宜城服务农民增收博士团
华中农业大学赴洪湖落实科学发展观博士生实践服务团
武汉工程大学赴洪湖“弘扬许志伟精神”加强

未成年人思想道德建设实践服务团
武汉理工大学赴柳州汽车学院社会实践队
湖北中医学院博士生赴英山实践服务团
武汉音乐学院博士生赴兴山县实践服务团
湖南省(4个)
长沙理工大学落实科学发展观实践服务团
湖南理工学院农村政策宣讲团
湖南师范大学未成年人思想道德建设服务团
湖南农业大学博士生振兴地方经济实践服务团
广东省(4个)
华南师范大学光电学院农村政策宣讲团
广东工业大学轻工化工学院赴英德市大镇未成年人思想道德建设实践服务团
汕头大学赴潮南区农村税费改革政策督察队
广东教育学院赴从化鳌头镇未成年人思想道德建设实践服务团
广西壮族自治区(3个)
广西中医学院赴河池市、东兰县实践服务团
右江民族医学院赴百色隆林、乐业、田阳、右江区及贵州省安龙县实践服务团
广西体育高等专科学校赴玉林、贵港、南宁实践服务团
海南省(2个)
华南热带农业大学农村政策宣讲实践服务团
海南大学落实科学发展观实践服务团
四川省(3个)
西南交通大学博士生振兴东北实践服务团
西华大学农村政策宣讲团
川北医学院未成年人思想道德建设实践服务团
重庆市(4个)
重庆大学"诚信重庆"社会实践团
重庆工商大学赴开县实践服务团
重庆交通学院学生A区"金色希望行"实践服务团
重庆三峡学院赴三峡库区实践服务团
贵州省(2个)
贵州工业大学未成年人思想道德建设实践服务团
贵州中医学院落实科学发展观实践服务团
云南省(3个)
云南农业大学落实科学发展观实践服务团
云南大学农村政策宣讲团
曲靖师范学院未成年人思想道德建设实践服务团
西藏自治区(1个)
西藏大学农牧学院落实科学发展实践服务团
陕西省(5个)
西北师范大学赴延安柳林农村政策宣讲实践服务团
陕西师范大学未成年人思想道德建设服务团
西安理工大学赴陕西省江汉流域沿线实践服务团
延安大学赴延川延水关实践服务团
榆林学院落实科学发展实践服务团
甘肃省(4个)
兰州大学落实科学发展观实践服务团
西北师范大学赴临夏落实科学发展观实践服务团
兰州理工大学博士生振兴西部实践服务团
甘肃农业大学赴榆中县落实科学发展观实践服务团
青海省(2个)
青海师范大学落实科学发展观实践服务团
青海警官职业学院农村政策宣讲实践服务团
宁夏回族自治区(3个)
宁夏大学农学院农村政策宣讲团
宁夏医学院中医系落实科学发展观服务团
西北第二民族学院未成年人思想道德建设实践服务团
新疆维吾尔自治区(3个)
新疆大学赴和田地区落实科学发展观实践服务团
新疆农业大学赴哈密地区农村政策宣讲团
新疆高等工业专科学校赴托里县未成年人思想道德建设实践服务团

中国青少年科技创新奖

在邓小平同志诞辰100周年之际，共青团中央、全国青联、全国学联、全国少工委共同设立了中国青少年科技创新奖励基金。这项基金是按照邓小平同志遗愿，经中央批准设立的。邓小平同志生前一直十分关心青少年的健康成长，注重青少年创新精神和创新能力的培养。前不久，邓小平同志亲属按照他的遗愿，把邓小平同志生前的全部稿费100万元捐献出来，用于鼓励青少年的科技创新。基金设中国青少年科技创新奖，主要奖励在校大、中、小学学生。设立这一基金，并在邓小平同志百年诞辰之际颁发首届中国青少年科技创新奖，对于引导广大青少年深切缅怀邓小平同志的丰功伟绩，深入学习邓小平理论和“三个代表”重要思想，坚定走中国特色社会主义道路的信念；对于进一步激发广大青少年的爱国热情，弘扬民族精神，立志报效祖国；对于不断激励广大青少年积极投身科技创新，大力推动科教兴国战略和人才强国战略的实施，为全面建设小康社会、实现中华民族伟大复兴而努力奋斗，都具有重要的意义。

首届中国青少年科技创新奖获奖学生名单（100名）

北　京

洪　菲　北京大学地球与空间科学学院固体地球物理专业2002级博士生

马扬飚　清华大学机械工程系材料科学与工程专业1999级博士生

王　旭　北京科技大学机械工程学院机械工程及自动化专业2004级硕士生

唐彬森　北京航空航天大学计算机学院2001级本科生

杨　歌　北京市景山学校高二年级学生

冯　东　北京市十一学校初二年级学生

汪　阒　北京市海淀区苏州街小学六年级学生

天　津

易　龙　南开大学化学学院化学专业2000级本科生

孙　涛　天津医科大学基础医学院生

刘晓梦　河北省石家庄市第四十一中学初一年级学生

山　西

阴彩霞　山西大学化学化工学院分子科学研究所无机化学专业2002级博士生

内蒙古

贾大明　内蒙古工业大学管理学院信息管理与信息系统专业2002级本科生

辽　宁

王　爽　大连理工大学物理系应用物理专业2000级本科生

丑子美　辽宁省抚顺市第二中学高二年级学生

夏　冰　辽宁省沈阳市沈河区朝阳街第一小学五年级学生

吉　林

陈　佳　吉林大学生命科学学院生物化学与分子生物学专业2003级硕士生

何晓彤　吉林省长春市第四十七中学初二年级学生

黑龙江

张兴文　哈尔滨工业大学市政工程与环境科学学院环境科学与工程专业2002级博士生

刘景新　黑龙江省齐齐哈尔市第十八中学初三年级学生

苏琦惠　黑龙江省齐齐哈尔市长庚小学四年级学生

上　海

高　波　上海交通大学生命学院Bio－X生命科学研究中心2002级博士生

李　辉　复旦大学生命科学学院现代人类学研究中心人类生物学专业2002级博士生

汪　宏　东华大学信息学院自动化专业2000级本科生

周家耀　上海市晋元高级中学高二年级学生

朱元晨　上海外国语大学附属外国语学校高三年级学生

屈铭志　复旦大学附属中学高三年级学生

覃含章　上海市徐汇区康宁科技实验小学五年级学生

江　苏

徐　杨　南京大学化学化工学院物理化学专业2001级博士生

戴　戈　东南大学无线电工程系信号与信息处理专业2003级硕士生

胡铃心　南京航空航天大学航空宇航学院飞行器设计与工程专业2001级本科生

李华京　江苏省苏州市实验中学高一年级学生

孙贤达　江苏省盐城中学初二年级学生

周醒驭　江苏省南京市致远外国语小学六年级学生

浙　江

徐颂华　浙江大学计算机学院2003级硕士生

蒋一波　浙江工业大学软件学院软件工程专业2000级本科生

阮诚龙　浙江省台州中学高一年级学生

尚知雨　浙江省杭州市第二高级中学高一年级学生

徐天宁　浙江省宁波市第三中学高二年级学生

安　徽

钟小强　中国科学技术大学工程科学学院精密机械与精密仪器系2003级硕士生

许嵩罡　合肥工业大学计算机与信息学院计算机科学与技术系2001级本科生

张广辰　安徽省蚌埠市第九中学初中学生

福　建

李　远　华侨大学机电及自动化学院机械制造及其自动化专业2000级博士生

邹宇庭　厦门大学数学科学学院应用数学专业2000级本科生

林廷懋　福建省厦门市第一中学高二年级学生

刘啸峰　福建省福州市第一中学高三年级学生

江　西

周　黎　江西师范大学传播学院广告学专业2001级本科生

山　东

边永忠　山东大学化学与化工学院2002级博士生

邢美孜　山东理工大学生命科学学院生物工程专业2001级本科生

于文渊　山东省实验中学高二年级学生

马　周　山东省潍坊市第二中学初三年级学生

河　南

赵俊伟　河南大学化学化工学院无机化学专业2002级硕士生

王海龙　郑州大学材料工程学院材料学专业2001级硕士生

张　翰　河南农业大学牧医工程学院动物医学专业2001级本科生

湖　北

李　华　武汉大学信息管理学院管理科学与工程专业2001级硕士生
郭万里　武汉理工大学材料科学与工程学院材料专业2001级本科生
何　东　华中科技大学数学系应用数学专业2000级本科生
杨　硕　湖北省中国三江航天一中高三年级学生
田　劲　湖北省武汉市江汉区红领巾小学五年级学生
湖　南
高云鹏　湖南大学电气与信息工程学控制理论与控制工程专业2004级博士生
宋　成　中南大学材料科学与工程学院金属材料工程专业2000级本科生
侯　越　湖南省长沙市第一中学高二年级学生
黎锦葳　湖南省长沙市第九中学初二年级学生
广　东
曾德怀　华南理工大学机械工程设计及理论专业2001级硕士生
谢东平　广州中医药大学第二临床医学院中医学七年制专业1998级硕士生
薛　矛　广东省北江中学高三年级学生
广　西
农　健　桂林电子工业学院机电与交通工程系电气工程及其自动化专业2001级本科生
黄雨翔　广西大学附属中学初三年级学生
廖彩琴　广西壮族自治区南宁市城北区那龙镇居联小学六年级学生
海　南
邢阳平　华南热带农业大学农学院生态学专业2001级本科生
四　川
应斌武　四川大学华西基础医学与法医学院法医遗传学专业2002级博士生
杨　冰　西南交通大学机械工程学院机械设计及理论专业2004级博士生
范　敏　四川省泸州市泸州高中高二年级学生
陈思宇　四川省成都市高新区实验小学五年级学生
重　庆
李　波　重庆大学化工学院分析化学专业2003级硕士生
赵甲训　重庆石油高等专科学校石油工程系石油和天然气开采专业2002级专科生
王一丹　重庆市綦江中学高一年级学生
郑　凯　重庆市南岸区珊瑚实验小学五年级学生
贵　州
陈　思　贵州省贵阳市第一中学高一年级学生
云　南
刘　莹　云南师范大学化学化工学院物理化学专业2003级硕士生
余　洋　云南省昆明市第二十二中学高中二年级学生
西　藏
王国严　西藏农牧学院林学系林学专业2001级本科生
陕　西
蔡忠闽　西安交通大学电子与信息工程学院系统工程研究所2000级博士生
韩同欣　西安电子科技大学软件学院软件工程专业三年级本科生
柳成林　陕西省西安中学高一年级学生
刘宝安　西安交通大学附属中学初二年级学生
甘　肃
陆　梅　兰州大学化学化工学院分析专业2000级博士生
俞　强　西北师范大学第一附属中学高三年级学生

青　海

吕建伟　青海省西宁市第七中学初三年级学生

宁　夏

林　早　宁夏大学物理电气信息学院电气工程与自动化系2000级本科生

杨传智　宁夏回族自治区银川市唐徕回民小学六年级学生

新　疆

李国林　石河子大学机械电气工程学院机械设计制造及其自动化专业2000级本科生

茹山古丽·海力力　新疆大学生命科学与技术学院生物技术专业2001级本科生

顾　宇　新疆维吾尔族自治区乌鲁木齐市高级中学高三年级学生

总政治部

杨　娟　国防科学技术大学航天与材料工程学院材料工程与应用化学系材料学专业2002级博士生

马　兵　第三军医大学研究生管理大队1999级博士生

汤　卉　中国人民解放军信息工程大学信息工程学院通信工程系通信工程专业2000级本科生

中国中学生正泰品学奖

为贯彻落实《中共中央国务院关于进一步加强和改进未成年人思想道德建设的若干意见》,树立广大中学生可敬、可信、可学的榜样,充分发挥先进典型的示范导向作用,引导广大中学生修德正己,全面发展,为国家和社会培养优秀人才,共青团中央、正泰集团公司联合设立"中国中学生正泰品学奖"。"中国中学生正泰品学奖"的设立也得到了教育部的大力支持。

"中国中学生正泰品学奖"面向全体中学生设立,每年奖励200名品学兼优、表现突出的中学生,其中100名向西部地区和贫困家庭的中学生倾斜,鼓励家境贫寒、自强不息、好学上进、成绩优异的中学生。"中国中学生正泰品学奖"每年评选一次,每年评出10名特别奖,190名优秀奖。特别奖每人颁发奖学金5000元,优秀奖每人颁发奖学金2500元。

"中国中学生正泰品学奖"由正泰集团捐资并冠名。正泰集团共捐资1000万元人民币,每年从中支取100万元人民币供当年使用。

首届"中国中学生正泰品学奖"特别奖获得者名单

(10名)

尤宇川　福建省泉州市第五中学高三年级

刘亦然　四川省成都市第七中学高三年级

王远航　吉林省第二实验学校初三年级

金　华(女,朝鲜族)　黑龙江省齐齐哈尔市第一中学高三年级

薛婷婷(女)　上海市第一中学八年级

陈　浩　贵州省贵阳市第六中学高三年级

胡　巧(女)　湖北省武汉市武钢三中高三年级

黄　晓(女)　陕西省安康市职业中专2003级计算机班

李　月（女）　北京市大兴区兴华中学高三年级

李今珏（女，满族）　辽宁省本溪市高级中学高三年级

首届“中国中学生正泰品学奖”优秀奖获得者名单

（共190名）

北　京

张　婧（女）　北京市广渠门中学高三年级

王　帅（女）　北京市第十七中学高三年级

万　洁（女）　北京市十一学校高一年级

刘　威（女）　首都医科大学附属中学高三年级

刘　超　石景山区九中高三年级

闻　峰　顺义区牛栏山第一中学分校初三年级

刘　奕　昌平区第三中学初三年级

天　津

范　爽（女）　天津市实验中学高三年级

陈　晨　天津市南开中学高二年级

王　健（女）　武清区杨村第五中学八年级

郝　宁（女）　天津市第二中学高三年级

王　跃　静海县第一中学高三年级

河　北

范桐宾（满族）　秦皇岛市特殊教育学校聋部初二年级

宋　博（女）　邯郸外国语学校高三年级

张　旭　廊坊市第一中学高二年级

张乃琦（女）　衡水市第四中学初二年级

王　茜（女）　沧州市第二中学高二年级

山　西

秦旭斌　长治市第二中学高一年级

高　琪（女）　太原市第十二中学高一年级

李雪飞（女）　晋中市榆次第一中学高一年级

冯　涛（女）　临汾市第一中学校高二年级

苏明明（女）　朔州市第一中学校高二年级

内蒙古

王　喆（女）　包头市第四中学高三年级

李雪亮（女）　乌兰浩特第一中学高二年级

武　桐（女）　乌兰浩特第八中学初三年级

杨金兰（女，蒙古族）　内蒙古电子信息职业技术学院管2003级

杨剑青（回族）　呼和浩特市第一中学高三年级

蒙银婵（女）　内蒙古机电职业技术学院中专部纺织（一）班

梁　艳（女）　呼和浩特市第二中学高三年级

辽　宁

郝瑛琪（女）　阜新市实验中学高一年级

段钧淞　营口市高级中学高三年级

高　朕（回族）　铁岭市高级中学高三年级

张雍达　鞍山市华育学校初三年级

陈文崇　灯塔市第一高级中学高三年级

吉　林

黄宇星（朝鲜族）　延边第一中学高二年级

郑　拓（女）　白城市第一中学高二年级

李　博（女）　松原市实验高中高一年级

孙文敏（女）　长春职业技术学院旅游翻译分院商务英语2002级

田　丹（女，满族）　吉林市第四十九中学初二年级

黑龙江

陈早强　哈尔滨市第一中学高三年级

丛　雪（女）　加格达奇区第四中学初二年级

刘　博（女）　伊春市翠峦区第一中学九年级

刘琳娜（女）　鹤岗市第一中学高三年级

姚惠元（女）　绥化市第七中学高三年级

上　海

孔庆熹保（女）　洋泾中学高三年级

叶大卫　向明中学高三年级

周海娟（女）　嘉定职业技术学校2003级计算机班

顾天敏（女）　崇明中学高三年级

龚轶蕾（女）　飞虹中学初三年级

温　清（女）　向明初级中学初三年级

徐琛骏　闸北工商职业技术学校高二年级

江　苏

章早立(女)　南京外国语学校高三年级

方　芳(女)　苏州中学高三年级

黄　莉(女)　天一中学高三年级

王　强　南菁高级中学高三年级

宋　超　新海高级中学高三年级

查　佶(女)　南京市金陵中学高三年级

朱肖昱　无锡市第一中学高三年级

袁子峰　常州高级中学高三年级

浙　江

蓝淑琴(女,畲族)　丽水中学高三年级

张遵强　金华第一中学高三年级

张晨辰(女)　衢州第二中学高二年级

吴　鹏　温州中学高三年级

周舒文(女)　杭州高级中学高三年级

谢文磊　宁波市效实中学高二年级

安　徽

李　晶(女,回族)　安庆市第一中学高二年级

许　杨　合肥市第一中学高一年级

裴　筱(女)　巢湖市第一中学高一年级

高慧慧(女)　阜阳市第三中学高一年级

江　怡(女)　六安市第一中学高三年级

福　建

吴梅双(女)　厦门市同安第一中学高三年级

郭澄龙　龙岩第一中学高一年级

吴亦珊(女)　宁德第一中学高三年级

陈　熙　福州第八中学高三年级

江　西

舒　畅　瑞昌市第二中学高三年级

王　榕(女)　南昌市第一中学高一年级

周志兰(女)　江西省青年职业学院2002级中专商务英语班

郑　凰　鹰潭市第二中学初二年级

刘诚霖　赣州市第三中学宏志班高三年级

山　东

许　琳(女)　东营市实验中学初三年级

董　肖(女)　胜利油田第二中学高三年级

刘天然(女)　青岛第二中学高三年级

杨　菁(女)　烟台第一中学高三年级

高　璇(女)　五莲县第一中学高三年级

张　珍(女)　枣庄市第一中学高二年级

刘舒畅(女)　泰山中学高三年级

河　南

吴　楠(女)　河南省实验中学高二年级

徐　奕(女)　郑州市第一中学高三年级

梁　岳　新乡市第一中学高三年级

李　菲(女)　中原油田第十七中学初三年级

韩桂琴(女)　新县职业高级中学高三年级

翟　翔　河南大学附属中学高三年级

湖　北

贾森磊　荆门市龙泉中学高二年级

李自汉　荆州市北门中学高二年级

高　鹏　武汉中学高二年级

丁佳莹(女)　武汉市水果湖第二中学初三年级

赵　奎　襄樊市第五中学高三年级

涂新星　大悟县第一中学高三年级

湖　南

刘　梅(女,白族)　张家界市桑植县十一学校初三年级

石晓琴(女,苗族)　吉首市民族中学高二年级

时　悦　湖南师范大学附属中学高二年级

宋　玲(女,苗族)　沅陵县第一中学高三年级

杨竹箐(女)　长沙市第一中学高二年级

彭碧萍(女)　浏阳一中教育集团艺术学校高三年级

广　东

萧乐超　中山市中山纪念中学高三年级

杨　薇(女)　珠海市第二中学初三年级

吴伟坡　汕头市金山中学高三年级

甘庆弘　梅县东山中学高二年级

江卓文　广东实验中学高二年级

蔡伙金　茂名市第一中学高三年级

广　西

陈东晖　南宁市第二中学高三年级

韦周明（壮族） 河池市第一高级中学高二年级
陆 婷（女，壮族） 百色高级中学高三年级
梁宏俊 梧州高级中学高二年级
陈锡美（女） 陆川县第六中学初三年级
严丽娟（女） 贺州高级中学高三年级
张丽莹（女） 崇左市江州区江南第一中学初二年级

海 南

王舒婷（女） 海南中学高三年级
杨 阳 乐东中学高一年级
陈 韬（蒙古族） 华南热带农业大学附属中学高二年级

四 川

汪 理 乐山第一中学高二年级
卫 理（女） 德阳市德阳中学高三年级
王 颖（女） 内江市第二中学高二年级
陈雅文（女） 攀枝花市大河中学高三年级
张闻博 自贡市第一中学高三年级
唐 杨 绵阳中学高三年级
邵晓梅（女） 眉山第一中学高二年级
郭 森 宜宾市第三中学高三年级
李 欢 广元中学高二年级

重 庆

罗 超 奉节中学高三年级
尹祖奎 巴蜀中学高三年级
陈 缘（女） 江北区北城实验中学初三年级
蒋灵璇（女） 接龙中学高三年级
梁 潇（女，土家族） 黔江中学高一年级
刘极为（女） 武隆县实验中学初三年级
张 淼（土家族） 酉阳县第二中学高一年级
陈 强 暨华中学高二年级

贵 州

欧阳如意 贵阳市第一中学高三年级
李 莹（女） 遵义县第一中学高三年级
葛凯麟 安顺市第二高级中学高三年级
杨 钊 凯里市第一中学高三年级
田小东（土家族） 铜仁地区民族中学高二年级
宋菲菲（女，土家族） 兴义市第一中学高三年级

云 南

扎 史（藏族） 迪庆州藏文中学高一年级
肖开荣 云南师范大学附属中学高二年级
李孝龙（怒族） 怒江州民族中学高三年级
王岚娇（女） 腾冲县第一中学高 250 班
刘 洁（女） 昭通市实验中学初三年级
邓 舒 云南大学附属中学高一年级
张 扬 昆明市第一中学高三年级
沈阿合（彝族） 丽江市第一高级中学高二年级

西 藏

索朗扎西（藏族） 日喀则地区第一高级中学高一年级
泽仁拉措（女，藏族） 昌都地区第一高级中学高三年级
扎桑罗布（藏族） 山南地区中等专业学校藏医班
米玛次仁（藏族） 那曲地区中学高二年级
卓玛群宗（女，藏族） 拉萨市第二中学初二年级

陕 西

刘 刚 凤翔中学高二年级
杨 倩（女） 咸阳市实验中学高三年级
吴 浩 瑞泉中学高三年级
李 琳（女） 延安中学高三年级
付黎芸（女） 汉中中学高三年级
黄 菲（女） 商洛中学高二年级
张 辉 西北工业大学附属中学高三年级
王 告 西安交通大学附属中学高三年级
孙旭波 陕西银行学校 2002 级金融班

甘 肃

赵 忞（女） 甘肃农业大学附属中学初三年级
杨 琪（女） 兰州市第一中学高一年级
钟美潇（女） 兰州市第二中学高三年级

田丹丹(女,藏族)　兰州市第三中学初二年级
姜　龙　白银有色金属公司第一中学高三年级
王军民　泾川县第一中学高一年级
马　杰　武威第一中学高三年级
青　海
庄虔伟　西宁市第五中学高三年级
马　钊(回族)　海北州祁连山中学高二年级
扎西拉藏(女,藏族)　玉树县第二民族中学高三年级
陈　雪(女)　海西州德令哈市第一中学高一年级
赵　磊(藏族)　海南藏族自治州中学高三年级
宁　夏
李　卓(女)　盐池县第四中学初二年级
王镜舟　银川市第九中学高三年级
丁志文(回族)　固原市原州区第二中学高三年级
赵海斌　中卫市第一中学高三年级
孔　爽　银川市第十三中学初一年级
新　疆(含生产建设兵团)
马彧廷　农十师北屯中学初二年级
李　君(女)　吐鲁番地区实验中学高三年级
加纳尔古丽　(女,哈萨克族)　乌鲁木齐县水西沟镇庙尔沟中学高一年级
玉素甫卡迪尔·吐拉甫(维吾尔族)　喀什地区维吾尔高中高三年级
贺　磊　巴州库尔勒市第四中学高三年级
买合木提江买吐肉孜(维吾尔族)　和田地区第一中学高三年级实验班
史金罡　昌吉回族自治州第二中学高二年级
吐尔逊·牙森(维吾尔族)　阿克苏地区第一中学高三年级

"挑战杯"中国大学生创业计划竞赛奖

2004年11月7—10日,由共青团中央、中国科协、教育部、全国学联主办,厦门市人民政府、厦门大学承办的第四届"挑战杯"中国大学生创业计划竞赛在厦门大学圆满结束。共有全国29个省(区、市)的613件作品经过校、省两级预赛后进入全国复赛。经过复赛,产生铜奖作品180件,另有77所高校的100件作品入围决赛。终审决赛阶段,来自内地近百所高校的2000余名师生前来参展观摩,大赛组委会也首次邀请到香港、澳门特别行政区和台湾地区的大学组队观摩展示,参赛规模、作品数量都创历史新高。近40位我国著名经济学专家、学者、企业家和风险投资家组成的评审委员会,全面负责评审工作。经过秘密答辩、评委复议、公开答辩等角逐,北京大学《心安生物诊断试剂商业计划书》等30件作品获金奖,清华大学《瑞福客机》等70件作品获银奖,中国人民大学《"燃油精灵"纳米燃油添加剂》等180件作品获铜奖,厦门大学《丙谷二肽创业项目》创业团队获得"最佳团队表现奖",北京师范大学《Open书系》创业团队获"最佳创意团队奖",台湾大学和交通大学均获"特别交流奖"。

金奖作品名单

北　京
北京大学心安生物诊断试剂商业计划书
清华大学交通向导信息服务
清华大学网络连接磁盘矩阵and海量存储器

中国人民大学北京绿奥生态科技有限公司
北京师范大学 Open 书系
天　津
南开大学“福斯特”光学医疗器械有限公司
内蒙古
内蒙古大学内蒙古中天生态乳源股份有限公司
黑龙江
哈尔滨工程大学海能科技有限责任公司
上　海
上海交通大学光亚科技
复旦大学盛旦科技一次性超薄电池“闪电贴”
同济大学同源人居环境有限公司
江　苏
南京大学科菲纳米新材料有限责任公司
东南大学飞凌显示技术——高亮度荫罩式等离子模组
南京航空航天大学迅杰微波修复科技有限公司
南京师范大学倍特锌镍一次电池
浙　江
浙江大学浩源生态工程有限公司
福　建
厦门大学丙谷二肽创业项目
厦门大学卫士冲床保护器
集美大学鲍鱼疾病防治技术应用及开发
江　西
南昌高等专科学校海岛漫画屋
山　东
山东大学山东威克新材料有限责任公司
中国海洋大学天露创业计划
湖　北
华中科技大学环保型真空厕所系统
湖　南
中南大学九鼎高科技医疗器械有限公司
湖南大学 RSY－1 肉类水分快速测定仪
广　东
华南理工大学海之素调味品股份有限公司
华南理工大学华信二手车第三方鉴定评估
重　庆
重庆大学重庆博普生物仪器有限责任公司
贵　州
贵州大学黔力源矿业工程技术开发有限公司
陕　西
西安交通大学瑞科光学医疗仪器有限公司

银奖作品名单

北　京
清华大学瑞福科技
北京师范大学海森制药股份有限公司
北京交通大学数字化动态医疗信息系统
北京交通大学移动位置信息服务
首都师范大学城市骆驼心理咨询有限责任公司
天　津
天津大学博纳科技有限责任公司
天津科技大学上海平远眼镜有限公司
河　北
石家庄经济学院广济化纤浆粕股份有限公司
山　西
太原理工大学山西省泽华有限责任公司
内蒙古
内蒙古大学绿舟生态旅游开发有限公司
辽　宁
东北大学东大逸天软件有限责任公司
辽宁师范大学美宜眼镜有限责任公司
吉　林
长春大学吉林省金蛋格有限责任公司
吉林大学微流控芯片仪器项目
黑龙江
哈尔滨工业大学源之助有限责任公司
哈尔滨商业大学年产 6000T“大山”植物水项目
上　海
上海交通大学济仁医疗仪器股份有限公司
上海交通大学创越纳米二氧化钛防雾涂层

同济大学上海释康药物载体科技有限公司
东华大学"疝康"医用修补片
上海财经大学玩具主题公园——玩具、文化、生活
江　苏
南京大学江苏昌辉药业有限公司
南京师范大学"微驰"桌面快速成型系统
东南大学光纤通信系统收发机芯片
江苏大学泰通汽车技术有限公司
苏州大学单克隆抗体
苏州大学纳米新型吸音减振复合板
苏州工艺美术职业技术学院桃花坞旅游产品有限责任公司
中国药科大学卫士家化有限责任公司
浙　江
浙江大学诚联佳水溶性丙烯酸树脂
浙江工商大学中国大陆首家报纸 NIE 工程
浙江理工大学浙江梦织锦数码纺织发展有限公司
浙江师范大学昕洋生物科技有限责任公司
安　徽
中国科学技术大学博安科技有限责任公司
安徽大学王院墙大塘名特优成鱼精养
福　建
厦门大学 NANO 甲烷气体传感器
集美大学海水名优品种的繁育和工厂化养殖技术综合开发
福建师范大学管网远程监测报警系统
福州大学绿佳微晶石
华侨大学朴道刀具有限责任公司
江　西
南昌大学硅氢加成法制取乙烯基三氯硅烷
山　东
山东大学山东海益丰生物科技有限公司
山东农业大学禹人生态科技园有限公司
河　南
河南大学九天精细化工有限责任公司
湖　北
武汉大学永安科技有限责任公司
华中师范大学天恒生物科技有限责任公司
武汉科技大学武汉赛普科技有限责任公司
中国地质大学(武汉)指南针测评科技有限公司
中南民族大学湖北省民间工艺品有限责任公司
广　东
华南理工大学广州蓝宇有限公司——绿源光化净化器
暨南大学暨鹰生物有限责任公司
中山大学高强度可降解骨折内固定器件
四　川
四川大学家多发投资计划
西南财经大学36%降黄龙可湿性粉剂项目
西南财经大学"黄色狂飙"足球休闲产业开发有限责任公司
西南科技大学野生植物火棘的开发与产业化
成都信息工程学院康乐废品回收连锁有限责任公司
四川农业大学四川雅安博爱生态食品有限公司
西华大学安心专业孕幼服务有限责任公司
重　庆
西南政法大学重庆国际美丽博览会
重庆大学重庆无极动画科技有限公司
重庆医科大学麦可净微生物技术开发有限责任公司
云　南
昆明理工大学昆明环能科技有限责任公司
陕　西
西安交通大学活性炭脱硫研究 & 开发有限责任公司
西北工业大学益友医疗系统有限责任公司
西北农林科技大学天然脱落酸规模生产创业计划
西安电子科技大学盛嘉设施畜牧业有限责任公司

西安电子科技大学脉络科技有限责任公司
西安科技大学西安天地科技有限责任公司
新　疆
石河子大学金色伴侣旅游有限责任公司

铜奖作品名单

北　京
中国人民大学“燃油精灵”纳米燃油添加剂
北京师范大学彩虹家园家庭教育咨询公司
北京理工大学中国易科特生物材料有限公司
北京科技大学“启明星”夜光有机玻璃
北京林业大学 CMFZ 花卉服务有限公司商业计划
北京林业大学虚拟企业架构——自由职业者在线工作解决方案
中国地质大学(北京)新型可更换式瓷砖及相关扩展产品的商业开发方案
中国地质大学(北京)益农柑橘功能果醋饮料开发
北京中医药大学绿郎中生态苑
北京机械工业学院北京绿德腐殖酸有限责任公司
北京城市学院中小学生心理测评系统
天　津
南开大学梦想特快教育咨询服务有限公司
天津大学安瑞(Anywhere)远程医疗有限责任公司
天津师范大学东方星宇移动网络广告公司
天津科技大学中世油脂有限责任公司
天津理工大学大众视频制作有限公司
天津外国语学院星轨人才支持公司
天津医科大学瑞祥生物医药有限责任公司
河　北
河北大学耐诺光学材料有限责任公司
河北经贸大学“乡村季风”农业旅游开发有限责任公司
石家庄经济学院哈肥思特生态农业有限责任公司
石家庄经济学院凯誉通讯有限责任公司
山　西
山西大学山西“畅游人”野外生存有限责任公司
内蒙古
内蒙古大学磐石——塞帝科实业有限公司
内蒙古工业大学中国多克姆中文科技有限责任公司
内蒙古工业大学内蒙古环兵卫生生物科技有限责任公司
内蒙古工业大学伊玛羊绒设计有限责任公司
辽　宁
东北大学 SMA 路用木质纤维
大连理工大学大连凯大染化股份有限公司
大连海事大学大连御海帆有限责任公司
辽宁工程技术大学阜新假日保健啤酒股份有限公司
中国医科大学家康医疗服务连锁有限责任公司
大连水产学院高级智能声音训鱼仪
大连水产学院益乐生物技术有限公司
大连大学大连精英安全有限公司
吉　林
东北师范大学信息化教育平台
长春工业大学卓越电磁泵开发有限责任公司
北华大学多功能康复床
黑龙江
哈尔滨工程大学维营实业有限责任公司
哈尔滨理工大学迪杰特传感器技术有限责任公司
哈尔滨理工大学锐奇刀具开发与制造有限责任公司
哈尔滨商业大学 TRACE 快速测定研究与推广公司
哈尔滨商业大学阿福水饺快餐连锁有限责任公司
上　海

复旦大学城市智能交通计划
复旦大学威创安防科技有限责任公司
同济大学美之源花艺有限公司
华东师范大学数字身份证和数据分布式安全存储系统
华东理工大学菲喜乐有限责任公司
华东理工大学康达(Comdare)有限责任公司
上海财经大学易洁公司
东华大学“优安迪”新合纤
上海外国语大学舒妍“易喷舒”痛经舒缓喷雾
上海大学红蚁艺术文化策划有限公司
上海大学上海百维生物疫苗有限公司
上海大学“煤有用”创业计划
上海理工大学电子垃圾回收和处理
上海体育学院思博特运动健康管理公司

江　苏

南京大学美思特健康酒业科技有限公司
南京航空航天大学航科超声电机技术有限责任公司
南京航空航天大学纳米抗菌复合材料
南京工业大学白果堂生化制药有限公司
南京工业大学丝丽美生物科技有限公司
东南大学多功能手持数码测量仪
江苏大学智能便携车辆行驶称重仪
扬州大学 My3eye 计算机监控系统
扬州大学扬州禹治环保有限责任公司
扬州大学亿康灭菌设备有限责任公司
河海大学泽宇科技有限责任公司
江南大学传世手工艺品经纪有限公司
江南大学江大江威生物化工有限公司
江苏科技大学 WELL 牌 IGBT 逆变式低飞溅 CO_2 焊机
南京农业大学紫云英生物肥料
南京审计学院 E - Study 电子网络图书浏览器
南京师范大学 TRT 光卡
南京邮电学院“SAFETY”低压电房监控系统
苏州大学“海林保”藻粉保水剂
中国矿业大学(徐州)恒诺橡塑组合密封有限责任公司
中国矿业大学(徐州)徐州浩特矿山设备有限责任公司

浙　江

浙江大学东方科技有限公司
浙江理工大学锐宝机器人商业策划
浙江师范大学 BEO 生物技术有限责任公司
浙江师范大学欧莱教育有限责任公司
浙江海洋学院“海探”海洋竞技旅游开发公司
浙江中医学院中国药膳餐厅服务开发有限公司
浙江林学院浙江省金峰伟业微生物工程有限责任公司
浙江工商大学电除尘器高压窄脉冲供电
杭州电子科技大学新型软磁科技有限责任公司
杭州电子科技大学中环托盘租赁有限责任公司
浙江新世纪人才学院杰能新世纪能源有限公司

安　徽

中国科学技术大学“育璞传播”——汉语言文化推广有限责任公司
中国科学技术大学易拓旅游有限责任公司
安徽大学徽文化主题公园投资策划公司
合肥工业大学安超聚碳酸酯项目
合肥工业大学机电产品绿色回收服务计划
安徽工业大学绿锋烧伤专科医院
安徽医科大学康源健康服务公司
安徽理工大学路面吸尘汽车
安徽工程科技学院土拨鼠特种运动有限责任公司

福　建

福建师范大学上智科技有限责任公司
集美大学独石多层压电陶瓷变压器开发与推广
福建农林大学闽北互动型休闲度假村

江　西

南昌大学艾百博纳米科技有限责任公司

南昌大学昌翔无轨导全位置爬行式弧焊机器人

江西师范大学江西瑞济生物工程有限公司

江西师范大学帕克斯高新材料股份有限公司

江西师范大学翌晟生物科技有限公司

山　东

山东大学山东山大净宇能源环保科技有限公司

中国海洋大学神盾汽车保护系统股份有限公司

中国海洋大学威凯创业计划

济南大学夕阳乐园商业计划

青岛科技大学海达信橡胶有限责任公司

山东理工大学脉动流化干燥机创业计划

山东建筑工程学院鲁航标王——山东天越造型材料有限公司

青岛大学 BPT 自助旅游服务公司

曲阜师范学院先锋科技公司

河　南

郑州大学河南医美乐医疗器械有限责任公司

河南农业大学金叶自控烘烤设备有限责任公司

河南农业大学新视尔生物工程有限责任公司

湖　北

华中科技大学新型安全气囊气体发生器

中国地质大学(武汉)阿森特户外体育事业发展有限公司

华中农业大学安牧有限责任公司

华中农业大学渔友微生物净水剂

华中师范大学华纳纸业有限责任公司

中南财经政法大学精锐信息咨询服务有限公司

武汉理工大学均恒环保科技有限公司

武汉理工大学创伟生物科技有限责任公司

武汉科技大学聚能润滑油有限责任公司

武汉科技大学康宁科技

中南民族大学 Ace 汽车助理

中南民族大学龙人堂药业有限公司

湖北大学荔天电子科技有限责任公司

湖　南

中南大学神护汽车安全产品有限责任公司

中南大学中国“安心”网络医疗超高风险投资项目

湖南师范大学芯联 VOIP 电话、通信、设备推广

湖南商学院“绿康佳配”商业计划

广　东

暨南大学奇点科技有限公司

华南农业大学爱尔思动物疫病胶体金快速检测盒

广东外语外贸大学云山咖啡屋创业计划

广东药学院绿星聚氨酯铺面材料研究与开发有限公司

广东商学院丰源科技有限责任公司

广东商学院天天新型墙体材料有限公司

广东商学院天拓第三方人力资源服务有限公司

广东工贸职业技术学院可编程继电器科技有限责任公司

广　西

桂林电子工业学院天行健生物信息技术有限公司

海　南

华南热带农业大学华南食用菌生产 & 加工技术工程有限公司

四　川

四川大学“优力”纳米钴粉一步液相还原法

四川大学介入埋植式给药装置

西南财经大学中国银色生活策划有限责任公司

电子科技大学大型多人线上角色扮演游戏的研发与运营

电子科技大学斯科普科技有限公司

四川师范大学阳光花朵教育咨询有限责任公司

西南科技大学四川绿舟新概念素食发展有限责任公司
成都中医药大学四川和衡宝鉴有限责任公司
成都中医药大学杏林夕阳苑
重　庆
重庆大学洁力牌垃圾分选车
重庆医科大学赛德药物有限责任公司
重庆邮电学院力科电力网络有限公司
重庆交通学院科锐电子有限责任公司
重庆交通学院帕西诺市政广告公司
重庆工业高专灵威冶金材料有限公司
贵　州
贵州财经学院贵州科展有限责任公司
云　南
云南财贸学院云南民韵茶道馆
陕　西
西安交通大学深蓝远程教育软件有限责任公司
西北工业大学佳易超声波无创血糖仪
西北工业大学西安三航网络传感器有限责任公司
陕西师范大学 Windlike 民族饰品股份有限公司
陕西师范大学绿天健绿色食品股份有限公司
西安邮电学院开拓者财商培训有限责任公司
西安邮电学院依信通信科技有限责任公司
西安工业学院同频、同播技术推广与服务
西安工业学院智能化沐浴监护仪
西安建筑科技大学绿润室内环境保护公司
西安理工大学纳星科技有限责任公司
西安科技大学宏宇建筑加固改造技术有限责任公司
西安工程科技学院凯曼高科技智能服饰有限责任公司
长安大学江宁筑路机械有限责任公司
长安大学迅丰生物农药有限责任公司
甘　肃
西北师范大学红羽灯光设计与开发有限责任公司
宁　夏
宁夏大学“太白盈樽”营养食品商业计划
新　疆
新疆农业大学白中黑签名设计中心

最佳团队表现奖获奖名单

厦门大学丙谷二肽创业项目

最佳创意团队奖获奖名单

北京师范大学 Open 书系

特别交流奖获奖名单

台湾大学
交通大学

省级优秀组织奖获奖名单

福建团省委	北京团市委
江苏团省委	内蒙古团区委
山西团省委	上海团市委
河北团省委	重庆团市委
浙江团省委	陕西团省委
湖北团省委	四川团省委
黑龙江团省委	湖南团省委
江西团省委	广东团省委
辽宁团省委	安徽团省委
天津团市委	山东团省委

校级优秀组织奖获奖名单

北　京

北京大学	清华大学
中国人民大学	北京师范大学
北京科技大学	北京交通大学
北京邮电大学	

天　津

天津大学	天津科技大学
南开大学	

河　北

河北大学
华北电力大学
石家庄经济学院
河北科技大学

山　西

太原理工大学
山西大学
中北大学

内蒙古

内蒙古工业大学
内蒙古大学

辽　宁

东北大学
辽宁师范大学
沈阳工业大学
辽宁工学院
大连水产学院

吉　林

吉林大学
长春大学
长春工业大学
东北师范大学

黑龙江

哈尔滨商业大学
哈尔滨工程大学
哈尔滨理工大学

上　海

上海交通大学
同济大学
复旦大学
东华大学
上海财经大学

江　苏

东南大学
南京大学
南京师范大学
苏州大学
南京航空航天大学
江苏大学
中国药科大学

浙　江

浙江大学
浙江师范大学
浙江理工大学
浙江工商大学

安　徽

中国科学技术大学
合肥工业大学
安徽大学

福　建

厦门大学
集美大学

江　西

南昌大学
江西师范大学
景德镇陶瓷学院

山　东

山东大学
济南大学
中国海洋大学
青岛大学
山东农业大学

河　南

河南大学
河南农业大学
郑州大学

湖　南

湖南大学
中南大学
湖南师范大学
湖南商学院

湖　北

武汉科技大学
武汉大学
华中科技大学
中南民族大学
中国地质大学(武汉)

广　东

中山大学
华南理工大学
暨南大学

广　西

广西师范大学
桂林电子工业学院

四　川

四川大学
西南财经大学
西南科技大学
成都信息工程学院
西华大学
四川农业大学

重　庆

重庆大学
西南政法大学
重庆医科大学

贵　州

贵州大学
贵州财经学院

云　南

昆明理工大学
云南财贸学院

陕　西

西北工业大学
西安电子科技大学
西北农林科技大学
西安科技大学

甘　肃

西北师范大学

宁　夏

宁夏大学

新　疆

新疆大学
石河子大学

中国大学生校园歌手大赛

由共青团中央、教育部、全国学联主办，北京师范大学承办的第二届中国大学生校园歌手大赛自2004年5月启动以来，得到了高校学生的广泛欢迎，各地各高校高度重视，精心实施，大部分省区市组织了校级预赛、省级复赛。参赛选手的作品格调高雅、健康向上，讴歌了伟大的党、伟大的时代，表达了青年学子要在全面建设小康社会的伟大实践中建功立业的决心，充分展示了当代青年学生积极向上、健康成长的精神风貌。12月4日—7日，来自31个省(区、市)的近200名选手参加了全国决赛。

第二届中国大学生校园歌手大赛金奖名单

（10个）

东北大学　崔　鹏
哈尔滨工业大学　高振极
华南理工大学　申文艳　陈　吟　李晓茜　丁伊鸿
北京师范大学　吴纤尘
中国人民大学　张　敏　殷　乐　吴　昊　庞　阔　陈　嘉
北京大学　张　然
湖南大学　刘　曙　刘元元
西南师范大学　李倩茹
湖南师范大学　江　炜　谢静波
黑龙江大学　庞　玥

第二届中国大学生校园歌手大赛银奖名单

（20个）

北　京
中央音乐学院　肇　东　翟　寅
河　北
河北师范大学　杜青泉　师红磊　王晨曦　米　朔　高琳琳
辽　宁
沈阳音乐学院　董　礼
吉　林
吉林艺术学院　满　娜　白肖肖　那林温格　王珊姗　魏玉亭　冯家宁　孙冬冬
黑龙江
黑龙江大学　苍　鹤
上　海
上海外国语大学　万昕懿
江　苏
东南大学　凌姗姗
浙　江
浙江大学　邹　锐
安　徽
中国科学技术大学　张礼楠　魏万春　张　晋
福　建
福建师范大学　次旦扎西　陈迪菲
江　西
江西师范大学　白　晓
山　东
山东经济学院　官　群
河　南
河南大学　温　泉
湖　北
武汉大学　叶自强
武汉音乐学院　黄　峻
湖　南
中南大学　禹丁洁　宁　涛　李　姗

南华大学　邬　瑾　唐　妞　于　玲
四　川
四川泸州医学院　范文婧
四川音乐学院　张艳川
陕　西
西安交通大学　汪　潇　青　松　祝　鸣
　　　　　　　杨　翌　特　荣　张　鹏

第二届中国大学生校园歌手大赛铜奖名单
（81 个）

北　京
中国农业大学　梁诗玉
北京电影学院　贾　鹏
北京理工大学　毕霏琳
天　津
天津音乐学院　吴志峰
天津师范大学　高　鲲　高　鹏
天津医科大学　温　明
山　西
山西大学　周　娜
大同大学　王　磊
山西艺术职业学院　阎继林
河　北
河北大学　田钰莹
东北大学秦皇岛分校　王　弦
北华航天工业学院　刘　硕
内蒙古
内蒙古大学　贾　莉
内蒙古工业大学　南　丁
内蒙古师范大学　满宏军
辽　宁
沈阳大学　刘金锴
大连理工大学　张　冬　沙　楠　韩　涛
　　　　　　　徐　浩
吉　林
东北师范大学　李　凡
长春师范学院　耿子健
黑龙江
哈尔滨工业大学　付　佳
上　海
上海师范大学　陆宇焕
上海水产大学　翟　梦
上海青年管理干部学院　徐嘉霏
上海杉达学院　孙闻雍
上海对外贸易学院　薛　赟
江　苏
东南大学　郭丽娜
南京农业大学　齐　佳
南京农业大学　张　伟
江苏省教育学院　黄明星
江南大学　张　皓
浙　江
杭州师范学院　张玉芳　陈立新　杨德增
　　　　　　　黄成高
浙江理工大学　潘晓肖
浙江艺术职业学院　濮亚铭
安　徽
合肥工业大学　沈银斌
安徽师范大学　吴多斐　栾宇林　张　萍
　　　　　　　刘亚婷
安徽铜陵学院　高　原
福　建
福建师范大学　林徐源
厦门大学　傅靓斐　王　蕊　鲍晓敏
　　　　　汪晓婧
江　西
南昌大学　张　婷
江西师范大学　邹志刚
山　东
山东财政学院　王　慧
山东财政学院　李　坤
山东师范大学　肖萌音
德州学院　马　琳　刘　青　卢伟芹
　　　　　尚佩佩
河　南
郑州大学　高　猛

郑州轻工业学院　崔　雯　徐艾洁　易　璐
赵　攀　吕昕忆
洛阳师范学院　来远芳
湖　北
华中师范大学　吴俊君
武汉音乐学院　姚　鑫　杨　潋　高　莉
马　晶
华中科技大学　秦　天
广　东
中山大学　赵　青
华南理工大学　王慧贤　张家淇　蒋　玮
隆　澄　罗　原　杜明军
广东商学院　陈　凯
广　西
广西艺术学院　钟丽娟
广西柳州职业技术学院　何小霞
海　南
海南大学　吴坤炬
海南师范大学　胡建华
四　川
西南交通大学　高亚伦
西华师范大学　刘彩娜
成都中医药大学　张举婕
重　庆
四川外语学院　肖君婷
重庆大学　陈　楠
贵　州
贵州大学　曹　雯
贵州民族学院　廖一璇
云　南
云南艺术学院　谢双飞　谢双燕
云南师范大学　黄柳艺　吴志仙
西　藏
西藏民族学院　顿　珠
陕　西
西安音乐学院　米　卓
长安大学　姜艳萍
西北大学　习　艳
陕西教育学院　冯晓荣　张小刚　刘　蕾
甘　肃
西北师范大学　王　嫣
西北师范大学　刘小花
合作民族师专　东　智
青　海
青海师范大学　张晓君
青海民族学院　文章才仁
宁　夏
宁夏大学　张　鹤　魏　蓓　陈蓓蓓
台华晓　樊新瑞　王晶晶
张鸿珍　王　盼　李　慧
贺　苑　杨庆灵　周　融
姜　华
宁夏大学　陈　静
新　疆
新疆师范大学　贾钰倩
新疆农业大学　玛依拉
新疆财经学院　艾合买提江·吾甫尔

第二届中国大学生校园歌手大赛最具潜质奖、最佳演唱组合奖、最佳舞台表现奖、最佳原创歌曲奖名单

最具潜质奖

哈尔滨工业大学　高振极

最佳演唱组合奖

中国人民大学　张　敏　殷　乐　吴　昊
庞　阔　陈　嘉

最佳舞台表现奖

湖南大学　刘　曙　刘元元

最佳原创歌曲奖

湖南师范大学　《回忆从前》词曲　谢静波

第二届中国大学生校园歌手大赛省级优秀组织奖名单

（17 个）

湖　北　江　苏　河　北　山　西
山　东　陕　西　安　徽　北　京

黑龙江　江　西　重　庆　上　海
湖　南　云　南　河　南　甘　肃
内蒙古

第二届中国大学生校园歌手大赛
校级优秀组织奖名单

（100所）

北　京

北京大学　中国人民大学
中国农业大学　国际关系学院
中央音乐学院　北京师范大学

天　津

天津师范大学　天津医科大学

山　西

山西大学　长治医学院
山西师范大学　忻州师范大学

河　北

河北师范大学　燕山大学
华北电力大学　北华航天工业学院

内蒙古

内蒙古大学　内蒙古财经学院

辽　宁

沈阳音乐学院　东北大学
沈阳大学　大连理工大学

吉　林

东北师范大学　长春师范学院
吉林艺术学院

黑龙江

哈尔滨师范大学　黑龙江大学
哈尔滨工业大学　东北林业大学

上　海

上海师范大学　上海外国语大学
上海青年管理干部学院　上海杉达学院

江　苏

南京艺术学院　南京农业大学
东南大学　江苏省教育学院
江南大学　南京审计学院

浙　江

浙江大学　浙江艺术职业学院
浙江理工大学　杭州师范学院

安　徽

中国科技大学　合肥工业大学
安徽师范大学　铜陵学院

福　建

厦门大学　福建师范大学

江　西

南昌大学　江西师范大学
江西科技师范学院

山　东

山东财政学院　山东师范大学
山东经济学院　烟台师范学院
德州学院

河　南

郑州大学　河南大学
郑州轻工业学院　洛阳师范学院

湖　北

武汉大学　武汉理工大学
华中师范大学　武汉音乐学院

湖　南

中南大学　湖南大学
湖南师范大学　南华大学

广　东

中山大学　华南理工大学
华南农业大学　广东外语外贸大学
广东工业大学　广东商学院

广　西

广西艺术学院　柳州职业技术学院
梧州师范高等专科学校

海　南

海南师范大学

四　川

西华师范大学　四川音乐学院
泸州医学院　西南交通大学

重　庆

重庆大学　西南师范大学

贵　州

贵州大学	贵州民族学院	甘　肃	
云　南		兰州大学	西北师范大学
云南艺术学院	云南师范大学	青　海	
西　藏		青海大学	
西藏民族学院		宁　夏	
陕　西		宁夏大学	
西北工业大学	西安电子科技大学	新　疆	
西北农业科技大学	西安音乐学院	新疆师范大学	新疆艺术学院

中国大中学生 DV 纪实作品大赛

为鼓励青年学生深入生活、深入实际，引导他们用自己的视角观察社会、思考人生，展示当代大中学生追求理想、积极向上的精神风貌，反映全面建设小康社会伟大进程中社会的新发展、新变化，团中央、全国学联、中国电视艺术家协会于2004 年5 月至12 月共同主办了首届中国大中学生 DV 纪实作品大赛。

大赛由中国人民大学、中国电视艺术家协会纪录片学术委员会、中国教育电视台承办，主题是“用眼睛发现真，用 DV 展示美”，以集体参赛、个人参赛相结合的方式组织。大赛得到各地各高校和广大青年学生的积极参与，部分省级团委和高校团委举办了省级比赛和校级比赛，共有 20 个省（自治区、直辖市）98 所大中学校的 308 件作品参加了全国比赛。其中大学生作品 255 件，中学生作品 53 件。作品内容涉及校园和社会生活的各个方面，包含了新闻、人物、纪录、专题等各个类型。这些作品取材新颖、立意深刻、制作精美，充分展现了当代青年对时代和社会的发掘与思考，抒发了同学们对青春的赞美和对生活的热爱。经过大赛评委会评定，从中评选出上海大学影视学院周玲同学拍摄的《SING》等一等奖作品 2 件、二等奖作品 5 件、三等奖作品 7 件，评选产生了浙江大学林韬同学拍摄的《很近很远》等 3 类单项奖各 1 件。

首届中国大中学生 DV 纪实作品大赛获奖名单

综合奖：

奖　项	作品名称	作　者	省份	学校
一等奖	SING	周　玲	上海	上海大学影视学院
	燃	肇　茜 马英杰	北京	中国人民大学
二等奖	毕业	郑　君	江苏	南京大学
	TV 新秀	陈静怡	湖南	长沙同升湖实验学校
	水上船家	陈志远	福建	福建师范大学

	走出校园的第一步	蔡喜财	北京	中国青年政治学院
	美在都市	刘硕勤	广东	广州市白云区江高镇白云学院
三等奖	国旗下成长	张大为 李伟卫	辽宁	渤海大学
	天亮以后是明天	胡　俊	甘肃	西北民族大学
	启程	王　茜	上海	上海交通大学
	很近很远	林　韬	浙江	浙江大学
	我的选择	杨涌彬	广东	汕头大学
	小荷才露尖尖角	赵亦凡	上海	上海市田家炳中学
	GAME ON	林　熹	重庆	重庆师范大学

单项奖：

最佳创意奖	GAME ON	林　熹	重庆	重庆师范大学
最佳摄影奖	很近很远	林　韬	浙江	浙江大学
最佳制作奖	水上船家	陈志远	福建	福建师范大学

全国十佳少先队员

"全国十佳少先队员"是当代中国少年儿童的崇高荣誉，由共青团中央、教育部、全国少工委和中央电视台联合授予，从2003年开始每年评选一届。评选"全国十佳少先队员"是少先队运用典型引导和激励少年儿童健康成长的重要途径，是少年儿童开展相互学习、自我教育的重要形式。2004年评选的第九届"全国十佳少先队员"是在全面学习贯彻落实《中共中央国务院关于进一步加强和改进未成年人思想道德建设的若干意见》精神的形势下涌现出来的当代少先队员的优秀代表，集中体现了亿万少先队员热爱祖国、勤奋学习、勇于实践、全面发展的精神风貌，充分展示了当代中国少年儿童承载民族希望、全面茁壮成长的时代风采。

第九届"全国十佳少先队员"名单

西藏自治区南木林县完小少先队员小次旦卓嘎(女)

安徽省繁昌县峨山乡初级中学少先队员石锋

海南省海口市第二十五小学少先队员陈伟俊

湖南省衡阳市一中教育集团船山实验小学少先队员周芃

辽宁省鞍山市铁东区烈士山小学少先队员金池(女)

北京市东城区东高房小学少先队员袁日涉(女)

云南省德宏州梁河县一中少先队员曹钰楠(女)

江西省萍乡市师范学校附属小学少先队员曾斯彧(女)

上海市青浦区东门小学少先队员程千里

浙江省慈溪市观海卫镇爱心小学少先队员程晓琴(女)

全国十佳少先队辅导员

“全国十佳少先队辅导员”是少先队辅导员的崇高荣誉，由共青团中央、教育部、全国少工委联合评选表彰，每两年评选一次，1997年评选第一届，从2003年开始改为每年评选一次。评选表彰“全国十佳少先队辅导员”，是加强少先队组织建设和队伍建设的重要举措。通过评选活动，大力宣传少先队辅导员的无私奉献精神，用榜样的力量教育和感召少先队工作者，推动星星火炬事业代代相传。

第五届“全国十佳少先队辅导员”名单

丁立群　天津市实验小学大队辅导员

仝改会　陕西省西安市户县东关小学大队辅导员

孙明湖　辽宁省大连沙河口区玉华小学大队辅导员

李　东　河南省安阳市文明大道小学大队辅导员

李　鹰　北京市海淀区海淀中心学区总辅导员

李群英　广东省广州市越秀区少先队总辅导员

范　斌　江苏省昆山市正仪中心小学辅导员

陈朝彪　贵州省遵义市道真仡佬族苗族自治县忠信小学辅导员

杨瑞青　内蒙古自治区呼和浩特市玉泉区教育局总辅导员

尚耀兵　山西省晋城市泽州县李寨小学大队辅导员

全国十佳少先队志愿辅导员

“全国十佳少先队志愿辅导员”由共青团中央和全国少工委联合评选表彰，每两年评选一次，1999年评选第一届，2003年开始改为每年评选一次。“全国十佳少先队志愿辅导员”评选活动是加强少先队组织建设和队伍建设的重要举措。通过评选活动，大力宣传少先队志愿辅导员的无私奉献精神，进一步优化少年儿童成长的社会环境，激励更多的社会力量关心少年儿童健康成长，支持少先队事业的发展。

第四届“全国十佳少先队志愿辅导员”名单

冯德奎　吉林省长春市绿园区青年街道办事处关工委顾问

吕　翮　江苏省南京地行仙汽车俱乐部有限公司副总经理

吕昌湛　黑龙江省牡丹江市公安局圆明派出所所长

苏　华　江西省洪都航空工业集团有限责任公司职工

李文会　中国人民解放军68216部队政治处副主任

吴权生　中国人民解放军72433部队莱阳第一干休所离休干部

张广林　新疆生产建设兵团农七师师直党工

委副书记
陈锐伟 重庆市千禧年律师事务所主任
黄 喜 广西壮族自治区南宁市公安局巡警支队110警务大队民警
郭逸心 福建省福州市台江第六中心小学校外辅导员

“星星火炬”奖章

“星星火炬”奖章用于表彰各条战线长期关心支持少先队工作并做出突出贡献的人士，每5年评选一次，1994年开始评选，每次表彰200—300名。通过评选活动，宣传在党和政府及社会各界的关心支持下，少先队事业所取得的成绩；激励广大少先队辅导员和少先队工作者为培养中国特色社会主义事业合格建设者和接班人而努力工作；吸引和鼓励更多的社会各界人士支持和关心少先队事业；进一步优化少年儿童健康成长的社会环境，推动星星火炬事业再上台阶。

2004年全国“星星火炬”奖章获得者名单

关国珍(女) 北京市教委德育处处长
张学宜(女) 北京市教工委基层联络处处长
高绍俭 北京市宣武区委教育工委副书记
郭景玉 北京市海淀区委教育工委副书记
赵其瑜 北京市东城区区委教育工委副书记
李金田 北京市房山区区委教育工委副书记
刘云青(女) 天津市大港油田中心区第一小学校长
兰 锋 天津市南开区教育局党委副书记
丁希涵 天津市可口可乐公司市场部经理
李淑敏(女) 天津市东丽区教育局党委书记
赵铁林 天津市津南区教育局副局长
李友臣 天津市武清杨村第七小学校长
刘 臻(女) 天津河西区教育局纪委书记
龚学平 上海市人大主任
樊代兴 重庆西南铝业有限公司党委副书记、纪委书记
王长惠(女) 重庆市大足县委副书记、纪委副书记
鞠 飞 重庆市涪陵区人民政府副区长
黄 燕(女) 重庆市少年宫副主任
高敦宁 重庆大同实验学校德育主任
张忠荣(女) 重庆市巴南区教育工委书记
邹晓彬(女) 江北区华新实验小学中队辅导员
王宝良 黑龙江省牡丹江市委副书记
王顶在 黑龙江省哈尔滨市南岗区教育局党委书记、局长
徐 微(女) 黑龙江哈尔滨市道外区教育局党委副书记
武文芳(女) 黑龙江省大庆市一中校长
薛树林 黑龙江省哈尔滨市香坊区教育局党委书记
董 艳(女) 安利(中国)日用有限公司黑龙江分公司高级业务营运经理
姜林奎 哈药集团三精制药有限公司总经理、哈药集团医药股份有限公司总经理
高健民 中国一汽集团公司医疗体协原秘书长
朱彤顺 吉林省长春市教育局副局长
贾 珍(女) 吉林省延吉市北山小学校长
王永良 吉林省通化市国税局办公室主任
车延玉 吉林预备役反坦克炮兵旅政治部主

任
张智新　吉林省长春市实验小学校长兼书记
邢桂芳(女)　吉林省吉林市第一实验小学校长兼书记
周浩波　辽宁省教育厅副厅长
吕　慧　辽宁省鞍山市教育局基础教育处处长
刘洲洋　辽宁省本溪市平山区实验小学校长
段宝安　辽宁省锦州市关工委秘书长
卢永兴　辽宁省营口市教育局党委书记、局长
杨　健(女)　辽宁省阜新市实验小学校长
史建忠　辽宁省交警支队宣传科副主任科员
刘爱民　河北省教育思想政治体育卫生处处长
韩保来　河北省石家庄市教育局副局长
贾玉军　河北省张家口桥西区教育局副书记
李贵华　河北省唐山市教育局思想政治处处长
彭　峰　河北电视台少儿科教频道
刘玉洁(女)　河南省关工委常务副主任
侯　岩(女)　河南省小学生学习报主编
李日明　中国雷锋精神研究会副会长、济南陆军学院后勤分院政委
黄锋一　河南省安阳市教育局副局长
沙启军　河南省中原油田党委书记
李培模　河南省信阳市教育局副局长
张绍斌　河南省洛阳市铜加工厂小学校长
陈光华　山东省教育厅副厅长
马丽霞(女)　山东省实验小学校长、党支部书记
汤光运　中共山东省荣城市委书记
燕　强　山东省东营市人寿保险公司总经理
周立梦　山东省潍坊市奎文区教育局副书记
闫万钢　山东省淄博市通信公司总经理
张忠有　山西省晋中市榆次区教育局局长
王刘明　山西省临汾市教育局局长
史国彬　山西省国防科工办团委书记
徐俊明　山西省西山煤矿总公司党委副书记
李晋杰　山西省运城市教育局局长
杨慧文　江西省教育厅基础教育处处长
高兴全　江西省电视台青少部主任
熊晓武　江西省南昌市教育局局长
黄　昊(女)　江西省南昌市第二十八中党支部书记
李平义　江西省九江市庐山区文教局党委书记、局长
李国林　江西省鹰潭市公安消防支队队长
颜廷红(女)　江西省南昌市民办教育协会副会长
许慧玲(女)　江苏省南京市人民政府副市长
朱善和　江苏省扬州市教育局党委副书记
袁　迪　江苏省苏州市教育局副局长
许天楚　江苏南京康海药业有限公司董事长
谷以成　江苏省南京市鼓楼区检察院副检察长
吴和平(女)　江苏省南通师范学校第二附属小学校长
俞明德　浙江省温岭市教育局关工委干部
刘爱伏(女)　浙江省电信有限公司副总经理
沈建平　浙江省杭州市教育局副局长
徐福宁　浙江省宁波市委副书记
胡海英(女)　浙江省温州市少年宫副处级调研员
陈伯怀　浙江省绍兴市政协副主席、教育局副局长
夏美丝(女)　浙江省金华市东苑小学校长、书记
王德歧　浙江省舟山市定海一中离休干部
李金华　安徽省芜湖市新芜区委书记
张友麒　中国联通阜阳分公司总经理、党委书记
陆松明　安徽蚌埠市公安局副局长、交警支队支队长
张效富　安徽省马鞍山市教育局党委书记
崔　敏(女)　安徽省合肥市双岗小学校长
石　宏　安徽省泗县泗城第一小学校长

王秀蓉（女） 安徽省黄山市屯溪现代实验学校教导主任
隋国庆 湖南省岳阳市人民政府副市长
王玉清 湖南省教育厅基础教育处处长
金绍荣（女） 湖南省天元区教育局党委委员
向国全 湖南省怀化市迎丰路小学副校长
游　进 湖南省雨花区教育局副局长
王玲玲（女） 湖南省长沙市芙蓉区燕山小学校长
陈道德 湖北省武汉小学校长、党支部书记
周旺生 湖北省鄂州市委副书记、市政协主席
蔡伦祥 湖北省黄岗市委副书记
盛国玉 湖北省荆州市委副书记
张焱华 湖北省大悟县人民政府副县长
金冰梅（女） 武汉麦当劳餐饮食品有限公司首席代表
黄冰南 广州市少年宫主任、市少工委副主任
庄明瑞 广东省汕头市关工委顾问
陈水昌 广东肇庆市龙昌水泥集团有限公司董事长
区成初 广东省江门市范罗冈小学校长
刘艳芳（女） 广东省惠州市第十一小学校长
顾月霞（女） 广东云浮市新兴县新城镇中心小学副校长
刘雄山 广东省东莞市虎门镇沙角小学校长
郭荣辉 福建省关工委副主任、省教育厅关工委主任
翁　卡 福建省南平市委常委、组织部长
施永康 福建省泉州市委书记
黄　梅 福建省教育出版社编辑
欧宗荣 福建省正荣集团董事局主席
蔡长松 中共海南省委副书记、纪委书记
符容英（女） 海南省海口市第二十六小学校长
李安平 海南振誉药业有限公司副总经理
钟梅庆（女） 海南省海口市琼山区司法局局长
董传武 海南省琼海市实验小学校长
白胜贤 海南省三亚市第八小学校长
刘惠玲（女） 海南省乐东黎族自治县第一小学副校长
林　红（女） 四川省成都市锦江区教育局党委副书记、副局长
李　干 四川省德阳市关工委名誉主任
张　森 四川省荣新集团有限公司董事长
钟裕厚 中国工程物理研究院基础教育中心党委书记
刘兴明 四川省遂宁市教育局副局长
廖　刚 四川省资阳市安岳县教育局副局长
邓晓智（女） 四川省内江市资中县少先队校外总辅导员
何　萍（女） 贵州省遵义市人民政府副市长
周丽莉（女） 贵州省安顺市教育局党组书记、局长
杨　静 贵州省台江县委书记
袁昌平 贵州省织金县二小副校长
李修平 贵州利尔房地产开发有限公司董事长兼总经理
方德顺 贵州省六盘水市实验小学党支部书记、校长
杨水平 贵州省铜仁市桐木坪中心完小校长
陈丽莎（女） 云南省昆明市武成小学校长
万　鸣 云南省昭通市教育局长
张　凯 云南省玉溪市红塔区委副书记
周嗣昌 云南省大理师范附小校长、党支部书记
李一飞 原昆明军区离休干部
吕明凯 陕西省教育厅副厅长
郭小平 陕西省财政厅行财处处长
赵向东 中天建设集团陕西分公司总经理
王振海 陕西秦岭水泥股份有限公司总经理
胡素云（女） 陕西省西安市雁塔区吉祥村小学校长
宫蒲荣 西北工业大学附属小学校长
哈　登 甘肃省教育厅基教处处长
朱惠珍（女） 甘肃省万里机电厂子弟小学书

记

张三春　甘肃省兰州城关区教育局党委副书记

潘竟福　甘肃省金昌市环保局局长

周党生　甘肃省甘南州财政局长

韩金涛　甘肃省平凉师范附小副校长

王明树　甘肃省庆阳市教育局副局长

卢承业　青海师范大学教授

邵立存　青海省文明办副主任

魏海平　青海省电力公司副总经理

郑爱军　青海移动通信有限公司党组书记

孙泽荣(女)　青海省西宁市虎台小学校长

曲　艳(女)　青海省西宁市晓泉小学校长

申改辛(女)　青海省西宁市南山路小学校长

黄永腾　广西防城港市防城区少先队总顾问

李　宁(女)　广西桂平市桂平镇中心小学校长

马春香(女)　广西百色市民族师范学校附属小学校长

潘映雪(女)　广西河池市金城江区第三小学校长

李　中　广西南宁市逸夫小学副校长

殷茁雄　广西柳州市教育局党委副书记、纪委书记

林丛虎　内蒙古人事厅专业技术人员管理处长

杨茂盛　内蒙古财政厅预算处处长

苗志强　中国人寿保险呼和浩特市分公司副总经理

付东海　内蒙古呼和浩特市教育局局长

陈国峰　内蒙古赤峰市红山区教育局党委书记、局长

陈青山　内蒙古呼伦贝尔市关工委顾问

特力更　内蒙古锡林郭勒盟黄旗旗长

于　琳　内蒙古人民政府建设厅离休干部

朱奕龙　宁夏银帝集团董事长

王彦龙　宁夏兴庆区教育局党委书记、局长

蒋小安(女)　宁夏兴庆区回民二小党支部书记、校长

王献祖　宁夏石嘴山市人大常委会离休干部

王钟辰　宁夏吴忠市利通区教育局副局长

穆风虎　宁夏海原县第三小学校长

陈水琴(女)　新疆乌鲁木齐市委副书记

迪里塞木・热西提(女)　新疆阿克苏地区行署副专员

苏　娟(女)　新疆博乐市党委常委、宣传部长

纳比江　新疆伊犁州新源县委常委

燕　婷(女)　新疆巴州焉耆县第三小学党支部书记

艾尼瓦　新疆哈密市教育局常委书记、副局长

次仁加措　拉萨市海淀小学校长

德　央　拉萨市城关区夺底小学校长

中国少年儿童海尔科技奖

为贯彻落实《中共中央国务院关于进一步加强和改进未成年人思想道德建设的若干意见》(中发[2004]8号)精神，大力开展少年儿童科普教育活动，培育少年儿童的创新精神、实践能力与综合素质，增强少年儿童科学素养，全国少工委联合海尔集团共同开展了“2004年度中国少年儿童海尔科技奖”活动，来自全国27个省区市的近10万名少年儿童通过不同方式积极参与了2004年活动。

“2004 年度中国少年儿童海尔科技创新奖”名单

钟浩源　广东省广州市华师附中
梁海霖　广东省广州市第四中学
陈　思　贵州省贵阳市第一中学
陈宇婷　北京师范大学附属实验中学
陈梦琪　江苏省秦淮实验小学
姚雨萌　江苏省秦淮实验小学
肖　笑　江苏省秦淮实验小学
王梦飞　山东省青岛市四方区实验小学
杨　探　江西省抚州市黎川县宏村镇中学
孙月沉　广东省深圳市香港人子弟学校小学部
香骏扬　广东省深圳市香港人子弟学校小学部
李浩燐　广东省深圳市香港人子弟学校小学部
陈俊谦　广东省深圳市香港人子弟学校小学部
庄　恺　福建省厦门市第六中学
董坤宇　上海市杨浦区控江二村小学

“2004 年度中国少年儿童海尔科技优秀奖”名单

吴天心　北京市三十五中学
李成蹊　江苏省南京市致远外国语小学
陈　凡　湖南省岳阳市第八中学
邹嘉莹　吉林省吉林市吉化集团公司第二中学
朱佳琳　吉林省吉林市吉化集团公司第二中学
吴艺凡　北京市劲松第四小学
黄　戈　广东省肇庆市第一小学
陈　羽　广东省肇庆市第一小学
刘叶权　广东省肇庆市第一小学
陈　默　北京市西城区青少年科技馆
王吴炜　浙江省德清县实验学校
符慧秋　浙江省德清县实验学校
李伟麟　浙江省德清县实验学校
林　琳　广西富川县第二小学
强　乐　陕西省西北工业大学附属小学
张　器　上海市闸北区育群中学
陈玥青　上海市洛川学校
王毅诚　新疆教育学院实验小学
李南倩　上海市嘉定区南翔镇中心小学
陈聪胤　河北省石家庄曙光小学
朱陶元敏　浙江大学华家池子弟小学
杨元秀　浙江省新昌县青年路小学
杨　凝　山东省青岛南区第二实验小学
荆衍霖　云南省玉溪市第二小学
孙　涛　四川省都江堰市青城镇九年制学校

“2004 年度中国少年儿童海尔科技希望奖”名单

李国众　北京市西城区北海中学
侯君竹　北京市西城区青少年科技馆
李　莹　北京市西城区青少年科技馆
张婉婷　北京市西城区中古友谊小学
盛　蕾　北京市西城区科技馆学员
刘隽乔　北京市西城区黄城根小学
远郝怡　北京市西城区黄城根小学
王　禹　北京市崇文区宝华里小学
周　舟　北京市朝阳区青少年活动中心
韩兆曦　北京市朝阳区青少年活动中心
丁雅超　北京市朝阳区青少年活动中心
车宗绍　北京市朝阳区新源里第四小学
马欣彤　北京市朝阳区新源里第四小学
李永斌　北京市朝阳区新源里第四小学
于　超　北京市朝阳区高家园小学
闵晓薇　北京市海淀区教师进修学校附属实验学校
李亚新　北京市海淀区教师进修学校附属实验学校
李文钊　北京市海淀区教师进修学校附属实验学校
张一晨　北京市海淀区教师进修学校附属实

验学校
刘婕滢　北京市海淀区教师进修学校附属实验学校
陈泳辰　北京市海淀区教师进修学校附属实验学校
王　鹏　北京市海淀区教师进修学校附属实验学校
周熙萌　北京市海淀区教师进修学校附属实验学校
张妍睿　北京市海淀区教师进修学校附属实验学校
张婧雯　北京市月坛小学
王　蕊　北京市景山学校
李　爽　北京市第四中学
郭　伟　北京市第八中学
郑佳萌　北京市第八中学
李司宇　北京市第八中学
翁学天　北京市第八中学
吴乃欣　北京市第三十五中学
李天同　北京市第三十五中学
方　薇　北京农业大学附属中学
李　悦　北京农业大学附属中学
秦　萍　北京农业大学附属中学
范安然　北京农业大学附属中学
刘　捷　北京农业大学附属小学
杨　帆　北京市通州区潞城镇中心小学
王立娜　北京市通州区潞城镇中心小学
郭　薇　北京市通州区潞城镇中心小学
廖　磊　北京市通州区潞城镇中心小学
杨　柳　北京市通州区潞城镇中心小学
卫明源　北京市通州区龙旺庄小学
丁梦娇　北京市通州区龙旺庄小学
高东方　北京市通州区龙旺庄小学
刘质璞　北京市大兴区第五小学
安　晔　北京市大兴区第五小学
田瑜筱　北京市大兴区第五小学
刘嘉义　北京市大兴区第五小学
王小丹　北京市密云县大城子中心小学
果　辉　北京市密云县大城子中心小学
孙冬青　北京市密云县大城子中心小学
许梦晨　北京市密云县大城子中心小学
香凯耀　天津市河西区同望小学
郭长凯　天津市河西区同望小学
沈超洋　天津市河东区春华小学
丁妍月　天津市河东区春华小学
吴　柳　天津市河东区春华小学
姚　尧　天津市河东区春华小学
温　婧　天津市河东区务实小学
李　昂　天津市自立中学
赵德放　河北省石家庄市曙光小学
陈　炜　河北省石家庄市草场街小学
张清熙　河北省石家庄市第27中学
解　放　河北省石家庄市第27中学
马晓媛　河北省石家庄市第27中学
张向晚　河北省石家庄市第27中学
朱思成　河北省石家庄市第27中学
苗　俣　河北省石家庄市第27中学
白　金　河北省石家庄市第27中学
蔡泽昊　河北省石家庄市机场路小学
肖梦慈　河北省石家庄市机场路一小
李鸿洋　山西省阳泉市三矿赛鱼小学
杨　懿　山西省阳泉市阳煤集团西河路学校
路易佳　内蒙古自治区包头市东河区公园路小学
于丹阳　辽宁省大连市西岗区长青小学
沈丹婷　辽宁省大连市旅顺口区光荣小学
潘姿宇　辽宁省大连市旅顺口区光荣小学
郑逸飞　辽宁省大连市旅顺口区光荣小学
迟鸿远　辽宁省大连市旅顺口区光荣小学
刘兆阳　辽宁省大连市旅顺口区光荣小学
张佳琪　辽宁省大连市旅顺口区光荣小学
尹佳伟　辽宁省大连市旅顺口区光荣小学
尹佳晖　辽宁省大连市旅顺口区光荣小学
马希冀　吉林省吉林市吉化集团公司第二中学
肖　羽　吉林省吉林市吉化集团公司第二中

学
张煜晗　吉林省吉林市吉化集团公司第二中学
张漫游　吉林省吉林市吉化集团公司第二中学
侯　旭　吉林省吉林市实验中学
石秉召　吉林省吉林市第二十九中学
邸一峰　吉林省吉林市第二十九中学
王瑞雄　吉林省吉林市第二十九中学
张翔宇　哈尔滨工业大学附属中学
张　鑫　上海市金山区朱行小学
马苗苗　上海市金山区朱行小学
董文佳　上海市虹口区飞虹路小学
顾嘉亮　上海市虹口区广灵路二小
谢枫涛　上海市虹口区第六中心小学
胡辰敏　上海市普陀区青少年活动中心
程　溯　上海市黄浦区新凌小学
孙中元　上海市黄浦区新凌小学
王陈真　上海市黄浦区新凌小学
王思佳　上海市徐汇区汇师小学
虞倩雯　上海市徐汇区西南位育中学
樊子晖　上海市宝山区盛桥中心小学
卫芸凡　上海市金山区朱行小学
鲁国燕　上海市宝山区祁连中心校
施昊豪　上海市宝山区淞南中心小学
黄　松　上海市闵行区实验小学
黄欣悦　上海市杨浦区控江二村小学
朱天遥　上海市杨浦区齐齐哈尔路第一小学
高裕博　上海市嘉定区普通小学
陈如彦　上海市嘉定区普通小学
虞仁弼　上海市卢湾区第二中心小学
卫　佳　上海市奉贤区肖塘中学
陈佳敏　上海市崇明县陈家镇小学
陈　瑜　上海市崇明县崇西中学
陆一鸣　上海市崇明县崇西中学
陈希宇　上海市海南中学
李歆然　上海市民办金童小学
程　晨　上海市格致初级中学
张　琦　上海市格致初级中学
李仕豪　上海市格致初级中学
严震洋　上海市康宁科技实验小学
刘馨如　上海市康宁科技实验小学
王子潇　上海市康宁科技实验小学
张圣翔　上海市康宁科技实验小学
刘碧莹　上海市康宁科技实验小学
田　野　上海市康宁科技实验小学
伍莹妮　上海市江宁学校
陆喆燊　上海市江宁学校
王宇恺　上海市江宁学校
葛　亮　上海市江宁学校
朱娴婷　上海市海南中学
王　丹　上海市海南中学
王博智　上海市华东理工大学附属小学
齐俊元　上海市华东理工大学附属中学
孙佩瑶　上海市华东理工大学附属中学
虞伟东　上海市第五中学
陈诗松　上海市第五中学
赵文佳　上海市七一中学
叶航凯　上海市培新中学
孙罗冰　上海市东方世纪学校
陈志昊　上海市震旦外国语中学
钱博文　上海市向明初级中学
万　柔　上海市世界外国语中学
李逎佳　上海市市西初级中学
蔡令侃　上海市市西初级中学
余泽旻　上海市中山北路小学
姜可人　上海市贝贝英语小学
陆瑞良　上海市龙苑中学
张　阳　上海市徐汇中学
项玲玲　上海市唐行九年制学校
徐　芬　上海市泗塘第二中学
沈佳龙　上海市文来中学
周双雯　上海市延安中学
葛馨怡　上海市延安中学
李欣摩　上海市青少年科技教育中心
贝　娜　江苏省南京市凤游寺小学

宁致远　江苏省南京市凤游寺小学
杨雨婷　江苏省南京市凤游寺小学
郝明臻　江苏省南京市凤游寺小学
周培燊　江苏省南京市北京东路小学
杨雁蓉　江苏省南京市师范学校附属小学
魏丽丽　江苏省南京市云鹤小学
周静潭　江苏省南京市江宁区铜山小学
解白飞　江苏省南京市江宁区铜山小学
蒋冬阳　江苏省南京市江宁区铜山小学
周信红　江苏省南京市江宁区铜山小学
张浩然　江苏省南京市六合区高级中学附属双语学校
史家威　江苏省南京市六合区高级中学附属双语学校
陈起嫣　江苏省南京市双塘小学
武琬冰　江苏省南京市孝陵卫中心小学
韩　硕　江苏省南京市孝陵卫中心小学
徐宜青　江苏省南京市拉萨路小学
李　智　江苏省南京市致远外国语小学
谢凤仪　江苏省南京市致远外国语小学
章佳韵　江苏省南京市致远外国语小学
季小满　江苏省南京市致远外国语小学
张珂君　江苏省南京市致远外国语小学
马　东　江苏省南京市致远外国语小学
张广宏　江苏省南京市致远外国语小学
陈　黎　江苏省南京市致远外国语小学
王将伟　江苏省南京市致远外国语小学
朱家龙　江苏省南京市致远外国语小学
王淑玥　江苏省南京市致远外国语小学
郁哲文　江苏省南京市致远外国语学校
陈　曦　江苏省南京市致远外国语学校
黄闽羚　江苏省南京市凤凰街小学
许　悦　江苏省南京市凤凰街小学
杨白雨　安徽省蚌埠市师范附属小学
周宏杰　浙江省宁波市象山县贤庠镇中心小学
丁李凯　浙江省宁波市象山县贤庠镇中心小学
王璐楠　浙江省宁波市象山县贤庠镇中心小学
蒋莎莎　浙江省宁波市象山县墙头镇中心小学
俞莎莎　浙江省宁波市象山县墙头镇中心小学
翁　艳　浙江省宁波市象山县墙头镇校
俞明科　浙江省宁波市象山县墙头镇校
俞秉彦　浙江省宁波市象山县实验小学
王真宾　浙江省宁波市水产技术学校
邵林博　浙江省杭州市安吉路实验学校
蓝瓯洋　浙江省杭州市外国语学校
李　昂　浙江省杭州市少科院
赵舒远　浙江省杭州市少年科学院(第十四中学)
张　昚　浙江省杭州市余杭高级中学
舒夷白　浙江省杭州市英特外国语学校
金钱菽　浙江省湖州市新世纪外国语学校
赵鸿飞　浙江省湖州市新世纪外国语学校
杨　冲　浙江省湖州市新世纪外国语学校
陈　希　浙江省宁波市象山县实验小学
杨玉婷　浙江省湖州市新世纪外国语学校
姚伊宁　浙江省湖州市新世纪外国语学校
戴渊斌　浙江省湖州市德清县雷甸镇中心小学
顾旭姝　浙江省湖州市德清县雷甸镇中心小学
詹琳刚　浙江省湖州市德清县雷甸镇中心小学
佘丽娜　浙江省湖州市德清县雷甸镇中心小学
沈小路　浙江省湖州市德清县雷甸镇中心小学
沈佳飞　浙江省湖州市德清县雷甸镇中心小学
潘茹慧　浙江省温州市龙湾区永兴二小
张茜茜　浙江省温州市龙湾区永兴二小
陈　飞　浙江省温州市龙湾区永兴二小

潘戈予　浙江省温州市瓯海区瞿溪三小
张才思　浙江省温州市瓯海区瞿溪三小
周方策　浙江省温州市瓯海区瞿溪三小
刘怡静　福建省泉州市实验小学
施莹莹　福建省泉州市实验小学
胡　鑫　福建省泉州市实验小学
黄　恺　福建省泉州市实验小学
庄弘磊　福建省厦门市第一中学
杨艺婷　福建省厦门市同安第一中学
邱建春　福建省厦门市海沧北师大附属学校
许震南　福建省厦门市海沧北师大附属学校
吴文武　福建省厦门市海沧北师大附属学校
林妙羡　福建省厦门市海沧中学
林妙欣　福建省厦门市海沧中学
吴俣丹　福建省厦门市同安第一中学
刘可心　福建省厦门实验小学
郭华聪　福建省厦门市同安一中
陈洪昕　福建省厦门市同安一中
范昕宇　福建省厦门市外国语学校
叶协林　江西省上饶市广丰县永丰中学
杨雨萱　江西省上饶市广丰县永丰中学
郭秀芳　江西省南康市龙华中心小学
刘晓晓　江西省南康市龙华中心小学
何文文　江西省南康市龙华中心小学
涂　谦　江西省景德镇市第五中学
韩　哲　江西省景德镇市第二中学
张樱子　江西省景德镇市第二中学
余　意　江西省景德镇市第二中学
刘　砚　江西省萍乡市第三中学
熊思宇　江西省萍乡市第三中学
黄　浩　江西省萍乡市第三中学
姚　强　江西省萍乡市第三中学
杨　韬　江西省萍乡市第三中学
甘　磊　江西省萍乡市第三中学
王　江　江西省萍乡市安源镇中心学校
徐　荣　江西省抚州市南城县第一中学
胡诗蓉　江西省南昌市向荣小学
刘元昆　山东省青岛市宁夏路第二小学
彭　尘　山东省青岛市宁夏路第二小学
杨　津　山东省青岛市徐水路小学
王吉亮　山东省青岛市徐水路小学
于天赐　山东省青岛市平安路第二小学
李南金　山东省青岛市江苏路小学
袁宏强　山东省青岛市第十中学
程小钰　山东省青岛太平路小学
程志昊　山东省青岛市育宏小学
姜　琳　山东省青岛市南京路小学
刘思遥　山东省青岛市南京路小学
葛黎明　山东省青岛市实验小学
静　逸　山东省青岛市新世纪学校
张俊毅　山东省青岛市郑州路第二小学
董乐君　山东省青岛市贵州路小学
王婷婷　山东省青岛市实验小学
宋青益　山东省青岛市海利丰学校
李子辉　山东省青岛市大学路小学
孙冬媛　山东省文登市苘山中心完全小学
丁　琳　山东省文登市苘山中心完全小学
刘玉浩　山东省文登市苘山镇新白玉完全小学
刘　洁　山东省文登市苘山镇新白玉完全小学
王海潮　山东省文登市张家产中学
王凤玲　山东省文登市七里中学
刘家乐　山东省威海市古寨小学
李曜辰　山东省威海市古寨小学
王嘉东　山东省威海市码头小学
宋雅薇　山东省威海市码头小学
邱　美　山东省威海市码头小学
李　涵　山东省乳山市第一实验小学
宋　悦　山东省乳山市第一实验小学
魏家晖　山东省东营市实验小学
蒋海粟　山东省东营市实验小学
孙金涛　山东省东营市实验小学
张金颖　山东省东营市实验中学
苏　洋　山东省东营市实验中学
崔　凡　山东省东营市实验中学

杨　玺　山东省东营市实验中学
胥文婷　山东省东营市育才学校
梅璐瑶　山东省莱芜市莱城区花园学校
宋林芳　山东省莱芜市石岛实验小学
翟凯丽　山东省莱芜市惠民县第一实验学校
魏天予　山东省德州市实验小学
李学伟　山东省沾化县第一实验小学
吕雪梦　山东省沾化县第一实验小学
栾　森　山东省沾化县第一实验小学
李　明　山东省荣成市实验中学
王珮洁　山东省潍坊市潍坊二中
周　密　湖北省武穴市实验小学
周　飞　湖北省武穴市育才高中
熊　杰　湖北省长沙市天心区一中
许志璋　广东省广州市第十七中学
黄晓嫔　广东省广州市越秀区东风西路小学
刘嘉熙　广东省广州市一德东路小学
王乐天　广东省广州市一德东路小学
冯倩维　广东省广州市一德东路小学
盛家宝　广东省广州市一德东路小学
蒋思华　广东省广州市乐贤坊小学
殷　菲　广东省广州市乐贤坊小学
吴逸飞　广东省广州市乐贤坊小学
伍东瑜　广东省广州市乐贤坊小学
邱殷涛　广东省广州市乐贤坊小学
伍东瑜　广东省广州市乐贤坊小学
吴逸飞　广东省广州市乐贤坊小学
汤俊良　广东省广州市广雅中学
胡璇玑　广东省广州市广雅中学
梁蕴昕　广东省广州市广雅中学
袁晓斐　广东省广州市第一中学
徐嘉宝　广东省广州市第一中学
陈舒婷　广东省广州市第一中学
陈威延　广东省广州市第四中学
林建德　广东省广州市第四中学
欧子安　广东省广州市番禺市桥先锋小学
冼淑苹　广东省佛山市禅城区南庄中心小学
罗颖欣　广东省佛山市禅城区南庄中心小学
邹颖珊　广东省佛山市禅城区南庄中心小学
万启明　广东省佛山市顺德区北滘镇中心小学
潘　虹　广东省佛山市顺德区北滘镇中心小学
江冠雄　广东省佛山市顺德区北滘镇城区初级中学
刘济正　广东省佛山市顺德区北滘镇城区小学
劳建晖　广东省佛山市南海区石门实验小学
李常合　广东省吴川市城建小学
邓泽芳　广东省珠海市前山中学
郑淇方　广东省珠海市前山中学
黄子洋　广东省深圳市广东香港人子弟学校
宁文盛　广东省深圳市广东香港人子弟学校
陈骏贤　广东省深圳市广东香港人子弟学校
陈子良　广东省深圳市广东香港人子弟学校
贾润杰　广东省深圳市广东香港人子弟学校
袁俊耀　广东省深圳市广东香港人子弟学校
陈伟豪　广东省深圳市广东香港人子弟学校
麦凯欣　广东省深圳市广东香港人子弟学校
黄伊婷　广东省深圳市台商子弟学校
卢昱中　广东省深圳市台商子弟学校
张博政　广东省深圳市台商子弟学校
林仁凯　广东省深圳市台商子弟学校
何婷婷　广东省深圳市华茂实验学校
麦梓盈　广东省深圳市华茂实验学校
陈丹怡　广东省深圳市华茂实验学校
陈欣渝　广东省深圳市华茂实验学校
钟　鸣　广东省深圳市南山实验学校
黄玲玲　广东省深圳市南山实验学校
林　园　广东省深圳市南山实验学校
黄加加　广东省湛江市第一中学
赖穗婕　广东省湛江市一中培才学校
杨　瑜　广东省湛江市一中培才学校
陈俞安　广东省湛江市一中培才学校
崔　沁　广东省湛江市一中培才学校
叶琪玮　广东省湛江市一中培才学校

詹康生　广东省湛江市一中培才学校
黄爱婷　广东省湛江市一中培才学校
方国幅　广东省湛江市一中培才学校
陈俊余　广东省湛江市一中培才学校
黄一川　广东省湛江市一中培才学校
邓镇林　广东省湛江市一中培才学校
李遂彦　广东省湛江市一中培才学校
陈仕烁　广东省潮州市湘桥区昌黎路小学
黄成武　广西壮族自治区贺州市富川县油沐乡中心校
陈有佳　广西壮族自治区贺州市富阳中心校
黄　麟　广西壮族自治区桂平市桂平镇中心小学
廖希舜　广西壮族自治区桂平市桂平镇中心小学
李一帆　重庆市沙坪坝凤鸣山中学
刘雨荷　重庆市渝中区第一实验小学
柳宇星　重庆市渝中区第一实验小学
曾　瑨　重庆市渝中区第一实验小学
梅西尔　重庆市巴蜀小学
李月瑶　重庆市巴蜀小学
杨则鸣　重庆市巴蜀小学
刘　臻　重庆市巴蜀小学
沈凯丰　重庆市巴蜀小学
郭　抒　重庆市巴蜀小学
唐路壹　重庆市巴蜀小学
舒乾振　重庆市江津实验中学
刘　颖　重庆市江津实验中学
施　建　重庆市江津实验中学
汪　杰　重庆市江津实验中学
赵明洋　四川省宜宾市兴文县大坝一校
吴　旭　四川省宜宾市兴文县大坝一校
李廷昊　四川省宜宾市兴文县大坝一校
向前行　四川省宜宾市兴文县大坝一校
周静雨　四川省眉山市第一小学
刘　澈　四川省内江市威远中学校
王彬红　四川省内江市第二中学
王玉蕊　四川省内江市第二中学
郭芮伶　四川省内江市第二中学
张晓利　四川省内江市第二中学
蒋文静　四川省内江市第二中学
郑丁升　四川省雅安市雨城区八小
孔　梦　四川省成都市第二十四中学
范　奇　四川省成都市第二十四中学
孔　梦　四川省成都市第二十四中学
黄　馨　四川省成都市第二十四中学
袁　圆　四川省都江堰市奎光路塔中
何　建　四川省都江堰中学
郑竹心　四川省都江堰市新建小学
吴　雷　四川省都江堰市蒲阳小学
杨　阳　贵州省贵阳市实验三中
杨　森　贵州省贵阳市实验三中
余　屹　云南省昆明市官渡区曙光小学
张郭俊　云南省昆明市官渡区曙光小学
韩　盟　云南省昆明市官渡区曙光小学
束昊霖　云南省昆明市官渡区曙光小学
李　璐　西北工业大学附属小学
赵骥君　陕西省西安市大雁塔小学
蒋　琦　陕西省安康市宁陕县宁陕中学
贾　恒　陕西省安康市宁陕县宁陕中学
付　潸　陕西省安康市宁陕县宁陕中学
鲍　伟　陕西省安康市宁陕县宁陕中学
刘　艳　陕西省安康市宁陕县宁陕中学
张　伟　陕西省安康市宁陕县宁陕中学
余江华　陕西省安康市宁陕县宁陕中学
张海峡　陕西省安康市宁陕县宁陕中学
刘　莉　陕西省安康市宁陕县宁陕中学
杨　菲　陕西省安康市宁陕县宁陕中学
周　欣　陕西省安康市宁陕县宁陕中学
王　屹　陕西省安康市宁陕县宁陕中学
胡　珊　陕西省安康市宁陕县宁陕中学
葛红艳　陕西省安康市宁陕县宁陕中学
何　璁　陕西省安康市宁陕县宁陕中学
黄　点　陕西省安康市宁陕县宁陕中学
孙　丹　陕西省安康市宁陕县宁陕中学
何兰英　陕西省安康市宁陕县宁陕中学

高晓丹　陕西省安康市宁陕县宁陕中学
梁继开　陕西省宁陕县城关小学
王麒植　陕西省西安中学
周　侃　陕西省西安中学
李　航　陕西省西安中学
魏文欣　陕西省西安中学
张朕坤　陕西省兰州市兰西铁小
唐金超　陕西省乌苏市第五中学
张红波　甘肃省崇信县城区一小
张铃玲　甘肃省崇信县第二中学
张宏伟　甘肃省静宁县甘沟中学
李易蓉　甘肃省兰州市第28中学
王　彬　新疆维吾尔自治区乌苏市第五中学
邵海鹏　新疆维吾尔自治区乌苏市第五中学
王　佳　新疆维吾尔自治区乌苏市第五中学
牛　乾　新疆维吾尔自治区博乐农五师中学
官　婧　新疆维吾尔自治区生产建设兵团农四师七十九团学校
陈玉娇　新疆维吾尔自治区生产建设兵团农四师七十九团学校
吾买尔江艾孜则　新疆维吾尔自治区喀什市乌夏巴什守尔买里小学

"2004年度中国少年儿童海尔科技奖"活动园丁奖名单

周又红　北京市西城区青少年科技馆
刘克敏　北京市西城区青少年科技馆
庄　重　北京市朝阳区劲松第四小学
钟光翔　上海市嘉定区南翔镇中心小学
彭继芳　上海市育群中学
周中梁　上海市杨浦区控江二村小学
戴　剑　上海市洛川学校
董丽丽　河北省石家庄市曙光小学
马妍雯　吉林省吉林市吉化集团公司第二中学
李乃辰　山东省青岛市四方实验小学
魏映红　山东省青岛市南区少年宫
卢　程　共青团南京市秦淮区委
陈长明　江苏省南京市致远外国语小学
施泽民　浙江省杭州市少年科学院
杨绿生　浙江省新昌县青年路小学
沈建锋　浙江省德清县实验学校
杨振辉　江西省黎川县宏村中学
吴清凉　福建省厦门市第六中学
阳育新　湖南省岳阳市岳阳楼学校
马鸿良　广东省深圳市香港人子弟学校
于国华　广东省深圳市香港人子弟学校
魏　杰　广东省深圳市香港人子弟学校
李伟聪　广东省肇庆市第一小学
陈志豪　广东省广州市荔湾区青少年宫
龚汝球　广东省广州市荔湾区青少年宫
林春杰　广西壮族自治区贺州市富川县第二小学
黎　锋　广西壮族自治区贺州市富川县第二小学
黄　辉　广西壮族自治区贺州市富川县第二小学
曾正伢　四川省都江堰市教育局
荆　洪　云南省玉溪市第二小学
杨民建　贵州省贵阳市第一中学
张显强　贵州省贵阳市第一中学
田　浩　陕西省西安市西北工业大学附属小学
姜锦荣　新疆维吾尔自治区乌市教育学院实验小学
贾国盛　新疆维吾尔自治区乌市教育学院实验小学
彭　新　新疆维吾尔自治区乌市教育学院实验小学

"2004年度中国少年儿童海尔科技奖"活动组织奖名单

上海市少工委　　山东省少工委
江苏省少工委　　浙江省少工委
广东省少工委　　陕西省少工委
青岛市少工委　　新疆生产建设兵团少工委
上海市少年科学院
北京市朝阳区青少年活动中心

中国少年儿童平安行动

2004年9月底，为表彰在"中国少年儿童平安行动"中表现突出的组织和个人，在各级组委会层层推荐和审核的基础上，全国组委会评出2004年度"中国少年儿童平安行动"优秀组织奖123个，"争创平安校园"组织奖293个，"平安行动好队员"856名，优秀"平安使者"106名。

2004年度"中国少年儿童平安行动"优秀组织奖名单

（排名不分先后）

北　京

东城区少工委　宣武区少工委

海淀区少工委　丰台区少工委

天　津

河西区少工委　河东区少工委

河北区少工委

大港油田集团公司少工委

河　北

石家庄市少工委　唐山团市委

廊坊市少工委　保定市少工委

沧州市少工委

山　西

大同市少工委　阳泉市少工委

运城市少工委

内蒙古

大兴安岭林管局少工委　乌兰察布市少工委

乌海市少工委

呼和浩特市赛罕区教育局团委

辽　宁

辽宁省少工委　大连团市委

阜新团市委　沈阳市铁西区团区委

吉　林

吉林市少工委　延吉团市委

松原市少工委

长春市宽城区教育局团委

黑龙江

哈尔滨市少工委　牡丹江市少工委

双鸭山市少工委　伊春市少工委

上　海

宝山区少工委　长宁区少工委

静安区少工委

中国平安人寿保险股份有限公司上海分公司

江　苏

南通市少工委　连云港市少工委

泰兴市少工委　徐州市泉山区少工委

浙　江

温州市少工委　杭州市少工委

余姚团市委　绍兴市少工委

丽水市少工委

安　徽

合肥市团市委　宣城市宣州区团区委

蚌埠市少工委　淮北市少工委

舒城团县委

福　建

厦门市青少年宫　南靖县少工委

三明市三元区少工委　宁德市少工委

江　西

江西省少工委　南昌市少工委

九江市少工委　鹰潭市少工委

山　东

济南市少工委　青岛市少工委

枣庄市少工委　东营市少工委
聊城市少工委　淄博市张店区团委
河　南
安阳市少工委
中原油田教育中心团工委
湖　北
黄石团市委　荆门市少工委
荆州市少工委　宜昌市少工委
广　东
中山市少工委
广　西
柳州市少工委　桂林市少工委
南宁市少工委　北海市少工委
海　南
琼海市少工委　昌江县少工委
澄迈县少工委
重　庆
渝中团区委　南岸团区委
巴南团区委　九龙坡团区委
四　川
四川省少工委　成都市少工委
成都铁路分局团委　绵阳市少工委
贵　州
毕节地区少工委　凯里市团市委
都匀市团市委　石阡县少工委
遵义市红花岗区少工委
云　南
昆明市五华区少工委　昆明市盘龙区少工委
昆明市西山区少工委　红河州个旧市少工委
西　藏
林芝地区少工委　阿里地区少工委
那曲地区少工委　山南地区少工委
陕　西
陕西省少工委
陕西团省委直属机关工作委员会
西安铁路分局团委
甘　肃
天水市少工委
白银市白银公司教培中心团委
定西市少工委
兰州城关区教育局团委
青　海
西宁市城西区少工委　西宁市城中区少工委
海东地区互助县少工委
海西州格尔木市少工委
宁　夏
宁夏回族自治区少工委
石嘴山市平罗县少工委　吴忠市利通区少工委
固原市原州区少工委　中卫市少工委
新　疆
乌鲁木齐市少工委　昌吉州昌吉市少工委
阿克苏地区少工委
新疆建设兵团
农六师五家渠市少工委
农十二师少工委
铁　道
全国铁道团委　郑州铁路局团委
成都铁路局团委

2004年度“争创平安校园”组织奖名单

（排名不分先后）

北京市东城区东交民巷小学
北京市西城区阜外一小
北京市崇文区板厂小学
北京市宣武区康乐里小学
北京市宣武区育才学校
北京市朝阳区光华路二小
北京市朝阳区左家庄二小
北京市海淀区区实验三小
北京市丰台区花乡教委
北京市石景山区区实验小学
天津市大港油田中心区第三小学
天津市大港区第二小学
天津市大港区实验小学
天津市北辰区苍园小学
天津市西青实验小学

天津市东丽区实验小学
天津市塘沽区第二中心小学
天津市汉沽区滨海小学
天津市津南区双桥河第一小学
河北乐亭团县委
河北安次团区委
河北易县团县委
河北石家庄市八十五中学
河北石家庄市曙光小学
河北乐亭县第三实验小学
河北廊房市第一中学
河北保定市县学街小学
河北沧州市铁路第一小学
山西太原市三桥街小学
山西太原市漪汾街小学
山西朔州市实验小学
山西忻州市原平铁路小学
山西临汾市师范附属小学
山西运城市师范附属小学
山西晋中榆次区寿安里小学
山西吕梁市离石区第一小学
山西长治市实验小学
内蒙古乌兰察布市集宁区少工委
内蒙古丰镇市少工委
内蒙古乌海市乌达区七完小
内蒙古乌海市海南区中学
内蒙古包头市包钢二小
内蒙古巴彦淖尔市实验小学
内蒙古大兴安岭林管局得耳布尔林业局少工委
辽宁沈阳市铁西区保工二校
辽宁沈阳市皇姑区岐山一校
辽宁沈阳市塔湾小学
辽宁沈阳市振兴二校
辽宁沈阳市和平二校
辽宁大连市沙河口区新建小学
辽宁鞍山市立山区中华小学
辽宁抚顺市雷锋小学
辽宁阜新市东苑小学
辽宁葫芦岛市连山区钢屯镇中心校
吉林长春市南关区西五小学
吉林吉林市船营第十一小学
吉林吉林市吉化集团公司第二小学
吉林延吉市敦化团市委
吉林延吉市图门团市委
吉林延吉市安图团县委
吉林通化市集安第三小学
吉林辽源市龙山区多寿路小学
吉林松原市吉林油田松江小学
吉林省第二实验小学
吉林梅河口市第二实验小学
黑龙江哈尔滨市花园小学
黑龙江哈尔滨市惠黎小学
黑龙江齐齐哈尔市龙沙区青云小学
黑龙江牡丹江市火炬小学
黑龙江鸡西市鸡冠区东风小学
黑龙江双鸭山市师范附属小学
黑龙江伊春市实验小学
黑龙江七台河市第七小学
黑龙江鹤岗市东方红小学
上海第一师范附属小学
上海静安区静安小学
上海长宁区天山新村第二小学
上海浦东新区金陆小学
上海宝山区宝山实验学校
上海普陀区建德学校
上海金山区第一实验小学
上海虹口区祥德路小学
上海奉贤区西渡小学
上海静安区江宁路街道社区教育办公室
江苏南京市长江路小学
江苏南京市民生实验小学(分部)
江苏南京市河南村外来工子弟学校
江苏徐州市巴山小学
江苏常州市武进区马杭中心小学
江苏苏州市沧浪区实验小学

江苏海安县曲塘镇中心小学
江苏如东县洋口农场小学
江苏连云港市解放路小学
江苏盐城市第二小学
江苏扬州市育才小学
江苏江都市实验小学
江苏泰州市大浦中心小学
浙江温州市瓯海区梧田第一小学
浙江杭州市回族穆兴小学
浙江杭州市省府路小学
浙江杭州市采荷第二小学
浙江湖州市南浔区含山小学
浙江舟山市舟山小学
浙江衢州市巨化第三小学
浙江金华市婺城区蒋宝镇小
浙江绍兴市绍兴县兰亭镇中心小学
浙江嘉兴市南湖中心小学
浙江丽水市莲都区城北小学
浙江宁波市唐弢学校
浙江台州市实验小学
安徽宿州市第一小学
安徽巢湖市东风路小学
安徽池州市贵池区团委
安徽芜湖市教育局团委
安徽铜陵市实验小学
安徽淮南市谢家集区第二小学
安徽滁州市少工委
安徽亳州市拂晓小学
福建厦门市思明区少工委
福建平和县金华小学
福建泉州市实验小学
福建晋江市实验小学
福建莆田市荔城区梅峰小学
福建莆田市实验小学
福建三明学院附属小学
福建龙岩师范附属小学
福建福安市城阳中心小学
福建宁德市蕉城区第四中心小学
江西九江市浔阳区外国语实验小学
江西南昌市豫章路小学
江西萍乡三中
江西鹰潭市第七小学
江西赣州市滨江第二小学
江西南昌市育新学校
江西南昌市珠市小学
江西九江市长虹小学
江西洪都航空工业集团公司洪都小学大队部
山东省实验小学
山东济南市历下区燕山学校
山东青岛市嘉峪关小学
山东淄博市临淄实验小学
山东烟台栖霞市实验小学
山东泰安市师范附属小学
山东东营市实验小学
山东枣庄市立新小学
山东德州市临邑第五中学
山东菏泽市牡丹区第二小学
山东日照市第三实验小学
山东胜利油田第五中学
河南安阳市东南营小学
河南安阳市灯塔路小学
河南安阳市人民大道小学
河南安阳市文明大道小学
河南安阳市安阳桥小学
河南安阳钢铁集团公司第一小学
河南中原油田钻井第二小学
河南中原油田油建第一小学
河南中原油田局机关第二小学
河南中原油田供应小学
河南中原油田第十五中学
湖北黄石市民主街小学
湖北黄石市沈家营小学
湖北荆门市金虾路小学
湖北荆门市东宝区白云路小学
湖北荆门市实验小学
湖北荆门市沙市区北京路第三小学

湖北荆州市实验小学
湖北公安县第二实验小学
湖北宜昌市伍家区隆中路小学
湖北宜昌市西陵区铁路坝小学
湖南长沙市芙蓉区浏正街小学
广东中山市实验小学
广东中山市东区柏苑小学
广东中山市石岐区杨仙逸小学
广西柳州市公园路小学
广西柳州市弯塘路小学
广西柳州市雅儒路小学
广西桂林市汇通小学
广西桂林市凯风小学
广西梧州市西环小学
广西梧州市文化路小学
广西南宁市星湖路小学
广西北海市海城区第八小学
广西桂林市公安局交警支队七星大队
广西防城港市防城区防城镇附城中心校
海南琼海市实验小学
海南琼海市嘉积镇第一小学
海南澄迈县永发中心小学
重庆市涪陵区实验小学
重庆市渝中区马家堡小学
重庆市沙坪坝区南开小学
重庆市铁路小学
重庆市渝北区第二实验小学
重庆市巴南区渔洞四小
重庆市合川市凉亭小学
重庆市彭水县汉葭镇第三小学
四川成都市红专西路小学
四川成都市东城根街小学
四川郫县红兴镇白云小学
四川自贡市江东实验学校
四川自贡市檀木林小学
四川绵阳市安昌路小学
四川泸州市江阳区梓桐路小学
四川泸州市龙马潭区小街子小学
四川南充市蓬安天桥小学
四川广安市广安区希望小学
四川资阳市雁江一小
四川德阳市实验小学
四川省东电外国语小学
四川南江县贵民乡中心小学
贵州贵阳市龙井小学
贵州兴义市云南路小学
贵州遵义市遵义县第一小学
贵州六盘水市实验二小
贵州安顺市双阳小学
云南昆明市高新一小
云南昆明市盘龙小学
云南昆明市工农小学
云南昆明市东华二小
云南昆明市龙翔小学
云南昆明市春城小学
云南昆明市东庄小学
云南昆明市书林二小
云南个旧市和平小学
云南墨江县城小学
西藏拉萨市实验小学
西藏拉萨市第一小学
西藏林芝地区第一小学
西藏那曲地区第一小学
西藏阿里地区孔繁森小学
西藏山南地区第一小学
西藏昌都地区实验小学
西藏日喀则市第二小学
西藏日喀则市第三小学
陕西安康市果园小学
陕西铜川市耀州区塔坡小学
陕西西安市远东一小
陕西宝鸡市临渭区南塘小学
陕西榆林市神木县第一小学
陕西灞桥团区委
陕西宝鸡市西街小学
陕西兴化集团子校

陕西汉中市师范附属小学
陕西咸阳市渭城区果子市小学
甘肃天水市北道区道南小学
甘肃平凉市崆峒区西郊小学
甘肃陇南市武都区安化中心小学
甘肃兰州市城关区东站小学
青海西宁市昆仑路小学
青海西宁市七一路小学
青海西宁市城北区朝阳小学
青海海东地区乐都县城镇学校
青海海西州格尔木市第五中学
青海海北州祁连山小学
青海玉树州称多县完全小学
青海果洛州玛沁县第三民族小学
青海西宁市东关回族女子小学
青海海西州格尔木市铁路小学
青海海南州共和县中学
青海海东地区互助县威远镇逸夫小学
宁夏银川市实验小学
宁夏银川市兴庆区第十六小学
宁夏吴忠市裕民小学
宁夏吴忠市利通区第二小学
宁夏石嘴山市第二小学
宁夏平罗县城关一小
宁夏西吉县第一小学
宁夏隆德县城关二小
宁夏中卫市第四小学
宁夏中卫市第一小学
宁夏银川市二十一小
新疆博州精河县茫丁乡第一小学
新疆喀什地区喀什第十小学
新疆乌鲁木齐市八一中学附小
新疆乌鲁木齐市乌鲁木齐县少工委
新疆阿勒泰地区阿勒泰市实验小学
新疆阿克苏地区阿克苏市第十一小学
新疆伊犁州霍城县芦草沟镇中心小学
新疆哈密地区哈密市第五中学
新疆建设兵团石河子市第一小学
新疆建设兵团石河子市第三中学
新疆建设兵团农六师五家渠一小少先大队
新疆建设兵团农十二师104团中心小学少先大队
银川铁路分局团委
哈尔滨铁路分局团委
蚌埠铁路分局团委
柳州铁路公安局团委
沈阳铁路局团委
昆明铁路局团委
南昌铁路局团委

2004年度“平安行动好队员”名单

（排名不分先后）

北　京

孙凌远	戎　融	李辰宇	张　璨	杨籽萌
王雨童	张少卿	戎天珅	徐佳含	叶冠瑛
王贺森	金　淼	刘济元	何　心	于滨瑞
凌欣怡	孟　祺	董　琪	周　媛	胡宇昆
王宏硕	冯　帅	林浩宇	龚未霞	

天　津

李　津	马之瑶	曹　秦	丁还凯	黄　哲
刘艳君	杨笑琦	高　蕊	王瑞琦	杨　洋
贾盛霖	王翰光	葛　妍	张治浩	石　晶
崔亚君	杨元苑	陈远达	周峤裔	李旻晨
刘　浩	赵怡兰	闫壮壮	王奕文	郝　静
李静文	马若琳	王月浩	纪文杰	郑　鹏

河　北

周　静	张　羽	于　薇	刘千慈	王子圆
王　钊	李　尧	张宇豪	刘玥雅	范　松
关琦凡	霍赛赛	白鑫悦	胡岳华	朱炳哲
杨　宁	陈　浩	王明璇	魏乐耕	李　峥
赵雪洋	白龙灿			

山　西

任思璇	李靖伟	梁娟宇	刘晓宇	史蓓蓓
李悦欣	孟　珂	郑　悦	柴旭达	柴唯伟
陈尧郭	博　文	刘建宇	王作嵘	王　震
朱佳怡	程　琛	吕　慧	侯力瑜	秦　强

魏　禾　张璐佳　李文韬　赵诗雅　王　琛
任锦政　李　希　毋亚楠　孔　希　司　雨

内蒙古

李媛媛　尹　彬　庞俊文　王　妍　王娜娜
呼啸杰　王鹏飞　刘春霞　冷佩芳　王　菽
曹念安

辽　宁

田心贝　李美琪　马昊天　许铭炯　王心慧
肖湘宁　张潇文　梁鑫蕊　刘海琳　石傲雪
宋颖达　董妍男　董文敬　孙嘉颖　郭翔宇
孙德帅　巴跃乔　商巧雨　董思成　张芸鹭
候雨桐　刘芳奇　田子豪　韩佳欢　朱智鸣
康　希　张佳慧　韩雪纯　邱启迪　李　崇
王壮壮　郭　金　郝文慧

吉　林

任　梦　王　梓　黄宇宁　丁佰怡　刘浩明
李思朦　郑　鑫　冷　静　张馨天　谭晓初
刘新竹　徐嘉锐　金正喆　金如和　李明男
张欣宇　孙　漫　祝　铭　吴珊珊　刘晨雨
申冬帅　任品荣　班小萌　吕　赢　潘星竹
刘思源　张雯婷　王佳宁　王　旭　钱玥彤

黑龙江

姜南阳　徐熹萌　藤英男　赖晴宇　张　迅
陈溥阳　李富媛　刘羽佳　关新瑶　孙谱悦
杨　光　樊　蓉　葛文睿　侯云滔　张智铭
徐　帅　陈佳玉　韦博瑶　邓岚坤　邢　月
高　歌　王施琪　董佳星　王　睿　张胜男
王　斑　柴　政　张　聪　张晓宇　张易儒

上　海

徐佳晨　沈彧昊　朱逸清　李思卿　陈晓闻
陆天焜　王晓倩　胡迦安　楼星宇　舒俊哲
陈　纯　徐　云　沈君妍　殷佳乐　李兴平

杨　飙　朱明慧　郑曹丹　倪之豪　张竞励
殷秋蓉　李鹏飞

江　苏

尹　乐　肖小娟　王梦珏　谢　韬　周　佳
程殷梦　涵苏舒　何金燕　陈　实　万晓烨

徐梦蓓　范雨晴　赵秋爽　赵秋爽　徐能学
蔡　皓　李　进　刘　梦　黄诗妍　陈　晨
董益馨　杭　宸　顾　沁　李　倢　汤　涛
叶维健　王嘉楠　刘津名　乔维俊　吴　可
盛　杰　陈刘宝　张天鸥　茅　逸　金　皓
戴艳婷　曹晓濛　李　影　李睿想　吴炜男

浙　江

边　沁　梁晋一　张　越　王　捷　王可婧
孙　波　洪嘉辉　董雯婕　应诗翱　沈舒雁
何　涵　刘铱琳　薛蓓蓓　邓丽娜　黄晶晶
武泠然　吕舒康　卫　琪　陆凯栋　吴含瑶
张倩文　陈逸裕　徐晓锋　娄倩云　郭舒文
朱雯赟　饶俊伉　钟哲宏　吕卿民　金　柯
鲁　忆　留　刚　周依稀　池筱筱　卢　媚
项奕雯　蒋一优　叶南翔

安　徽

吴俊婧　盛志强　宋弘韬　朱一凡　冯婧娟
金　李　张　琦　朱梦雨　陈欣茹　洪　水
秦天莹　尹　娜　毛子荐　庾雪珂　张丽瑾
孙方鼎　张雨晨　李棣森　李炎平　曹玉卿
陈　磊　何　涛　任小柯　黄娜娜　刘　靖
张诚研　程梦缘　王思敏　梅　梅

福　建

刘　稹　杨　琪　蔡思颖　黄　敏　刘　绚
陈秋萍　曾　晔　李伟帆　杨　霖　张诗诗
甘曼茹　胡逸中　黄思棋　林广馨　武　斌
杨玮玮　邓　璐　叶奕宏　郭　磊　李君舒
黄凯姝　陈迪聪　张吕妍　黄　静　陈霄莹
钟楚楚　杨之伊　黄　锟　肖晓敏　李　忱
刘枯杉　潘　越　林剑楚　黄炎瑶

江　西

罗　敏　熊彦东　邹贵祥　邢佳颖　袁　璐
许笑阳　饶罗骁　钟涵冰　徐欣鹏　张勋亮
刘鸿驰　张　星　孙乐萌　游新宇　邹　理
俞支胤　丁予伦　何欢超　郭俞辰　朱震坤
周义雅　黄占戈　夏　婧　龙昌蔚　黄　昊
卢　桓　刘日天　王雨婷　童　婧

山　东

孙　爽　夏榕婧　孙雪萌　黄　凯　栾春昕
史笑冬　杨晓彤　朱雨萌　周伯鸿　李安瑶
刘文超　周　姣　刘彤彤　王　玥　宿柏歌
王彤彤　宫　平　李一凡　王　旭　李景斌
李格格　曹天一　丁　冬　苏光锦　史宇飞
张晨颜　涵万萧　孙少雄　伊　人　黄永欣

河　南

余静涵　石艺青　郭　佳　王甲旭　赵　蓓
刘　旭　杨璐萌　金　超　陆　畅　李　颂
赵紫云　肖丹琪　仝家旗　董亚明　张玉姝
赵丽敏　张梦可　常　翔　侯　嵩　马　茂
范晨雨　王　慧　阮　玉　许晓雨　唐新雅
高璐颖　杨　澜

湖　北

赵慧琳　许　璐　张　翔　陆　平　胡亚姜
叶　桐　徐　菁　王　凯　周　越　李晴路
冯光喆　文　达　喻凯迪　江秋莹　夏　凡
毛晓聪　许凤怡　孙贤映　张志成　李盛铭
曾夏舒　李曼殊　曹琬珑　李　姗　黎艺豪
黄雨婷　覃　思

湖　南

廖梦文　彭家范　徐非池　范贝戋

广　东

顾豪高　屈斯华　陈术治　阮俊淇　梁心茗
唐　芮　邓穗明　丁飞雨　李浩钧　蔡小枫

广　西

杨　洋　吴　敏　田杰元　齐　昕　陶　莹
秦重莲　何慜頔　侯阳阳　何紫君　李　欣
苏业登　黄思明　唐淑娴　李林霞　李春霖
陈素素　吴林珊　张　越　黄妍妍　陈　动
庞诗林　周　敏　王冠静　钟皓蔚　黄　欣
禤依伶　缪　林　廖　岳　匡　卉　黄　幸

海　南

吴　漫　倪文鹤　官　宇　扬　冰　周　姿
宇文祥　许宇娜　苏小燕　吴琼芳　王　怡
周　灵　许　剑　王瑞韬

重　庆

卢宁润　魏诗佳　刘君涵　石雨加　唐　瑶
张哲瀚　冯晓旭　颜莹丽　刘楷立　刘允臻
刘婧婷　唐可儿　陈　韬　李思怡　刘顺宁
张翰林　肖汉川　揭丽沙　宋　翠　曾　雪
冉星辰　冉　婷　王靖为　王　越　任　倩
彭泽锋　何骁阳

四　川

刘奥娜　李嘉琦　冯盼盼　李星洁　尹壹凌
黄雷洁　陈瑞鑫　陈一禾　肖科晨　冯思澈
杨　宽　甘海沣　李静玲　赵春生　陈　注
欧昱岑　斯顺利　景佩锋　何潇洒　王佳杰
梁　罡　裴雪玲　陈虹宁　成欣然　李　琼
胡盛晟　杨钰婷　李　培　董　刚　高雨潇
桑晨煦　张又千　尤怡鑫　刘誉民　周小雅
汪怡秋　洪　苏　潘柳言　李　曼　王　琦
泽仁西

贵　州

罗　晓　杨艳青　王澜琪　黄君洋　王　稽
段克誉　焦　然　方　实　罗　馨　熊雁翔
骆　丹　冉孟圆　曹瑞雪　潘光雅　龙　娟
周子薇　曾韵竹　付雪金　陈远恒　吴宇翔
黄志坚　陈苑照　赵倩雯　杨安琪　刘少轩
郭尚荣　蒋　沁　陆光洵　宁　龙　艾　静

云　南

王允婕　魏域均　段　力　王瑞璇　李倩雯
吴精仪　邢玉洁　李姝怡　林　彬　王　圆
杨紫涵　刘　璐　黄妍琦　孙　彬　杨雨婷
王　倩　赵志超　吕梦佳　王　姣　周昊南
何星瑶　狄诗媛　唐艾菁　吴林峰　石川子
刘柯宏　马若诚　姚　慧

西　藏

边　才　白　曲　李　欢　白　桑　白　洛
嘎玛吉　塔　觉　王春花　卓玛次仁
桑吉卓玛　次仁玉珍　扎西多吉　益西拉姆
土登王秋　明金措姆　达瓦央宗　单增曲珍
次成白姆　扎西罗布　格桑卓玛　巴桑卓嘎
扎西央宗　德青桑姆　吉热康珠　格桑德吉
旦增卓玛　扎西南加　小普布参拉

陕　西

毛　毛　王志宏　邹若凡　方祥曦　李　丹
唐　浩　高雨茜　刘　鹏　李明纯　董辰清
韩　晔　杨昭琪　蔡怀彧　唐　宇　邹雨江
吕　烨　常文佳　郭欣欣　邵一聪　屈沛沣
郭卫铨　任亦楠　李文璐

甘　肃

余　彦　张　甜　丁冰玥　杨财源　王　荣
叶罗倩　唐泽君　汪　洋　王茹玥　马柔佳
郭芳君　黄榕霁　李诚贤　王沛霖　何珂言
任凌云　时　婧　帅海英　封小荣　杨丽蓉
赵鹤立　左芃英　赵　林　马　健　张　鑫
王　帆　马秀梅　毛　伲　牛　嘉　张　艳

青　海

孙江帆　王　璐　潘　悦　牛丽霞　任启东
张维嘉　李琛纯子　李玉荣　孙　蕾
马　燕　樊　融　蒋晓慧　吴忠慧　赵德芸
晋丽娟　何苑春　赵素雯　花　希　蒋化婷
刘舒宁　拉毛卓玛　李　朕　欢公加
常晏安　仁青措　白岩巍　扎西措
郭　莲　南拉加

宁　夏

黄　涛　王　璐　牛　津　王可倩　鲍　瑞
杨　潇　毛瑞琦　俞炳超　谢　飞　马江聆
张　楠　王　莹　张　帅　李惠聪　张泽珺
胡　鑫　蒋　倩　王晓航　鞠阳阳　代禹杰
欧阳博文　张　辉　陆　佳　杨　鑫
温　雪　王　博　马　玮　胡姝雯

新　疆

王　茹　王秀娟　汪　倩　马生鸣　刘欣桐
韩建国　薛梦娇　白　杨　张丹凝　朱啸辰
宋梦琴　蔺子暄　文亚璐　宋佳锘　梁　茵
张津榕　艾博塔　石　磊　付伊男　马文博
韩　鑫　艾力克木江·艾尼瓦尔
吐送娜依·库热西　赛达尔·赛福丁
阿孜古丽·热合曼

新疆建设兵团

郑雪怡　乔　璐　张万年　江浩成　李　怡
徐　海　皓　月

铁　道

王艺韵　王　琦　宋　阳　贾　晁　钟林杰
潘洋帆　吕思航　郑超前　张一弛　袁　洁
孙志祥　袁方唯　王　莹　杨宇辰　周俊慧

2004年度优秀“平安使者”名单

（排名不分先后）

北　京

张　扬　北京市东城区东交民巷小学
刘　艳　北京市西城区阜外一小
王　宏　北京市宣武区康乐里小学
高雪东　北京市海淀区少工委

天　津

刘秀燕　天津市塘沽区实验学校
张　霞　天津市红桥区跃进里小学
胡艳霞　天津市南开区南江里小学

河　北

卢小松　河北乐亭团县委
许澄宇　河北保定市易县电力局
孟云鹏　河北三峰户外运动俱乐部
张建国　河北廊坊市廊坊四中

山　西

李　华　山西太原市三桥街小学
刘峰斌　山西阳泉市北大街小学
吴保红　山西大同市十三校

内蒙古

巴　图　内蒙古大兴安岭林管局莫尔道嘎林业局二小
杨晨霞　内蒙古呼和浩特市回民区海西路小学
张作涛　内蒙古乌海市交警支队
徐培龙　内蒙古乌海市乌达区七完小
柴继军　内蒙古乌海市海南区中学
钟国庆　内蒙古包头市昆区交警一中队

辽　宁

吕淑英　辽宁沈阳市铁西区翟家镇郎家中心小学
马晓红　中国平安保险（集团）股份有限公司

沈阳分公司
杨 威 辽宁沈阳皇姑区宁山路小学
吉 林
赵 华 吉林吉林市船营区第二十五小学
张纯信 吉林松原市关心下一代工作委员会
张海燕 吉林第二实验小学
黑龙江
白 云 黑龙江武警哈尔滨市消防支队承德中队
肖 伟 黑龙江牡丹江市公安交警支队东安大队
冉宜潼 黑龙江大庆市东兴一小学
上 海
王 纯 中国平安人寿保险股份有限公司上海分公司
王春红 中国平安人寿保险股份有限公司上海分公司
俞伯勤 上海市公安局闸北分局交巡警支队
江 苏
王培昭 中国平安人寿保险股份有限公司南京分公司
殷惠兰 江苏溧阳市平陵小学
刘洪斌 江苏连云港市公安局交通巡逻警察支队
丁之波 江苏苏州市沧浪区实验小学
张宏斌 江苏如东县洋口农场小学
陈建光 江苏泰兴市泰兴镇中心小学
丁 欣 江苏丰县实验小学
浙 江
李 琴 浙江杭州市萧山区湘师附小
王智明 浙江金华市开发区社会发展局
杨晓红 浙江宁波市范桂镇小学
吴闪燕 浙江温州市龙湾区永中二小
安 徽
凌红梅 安徽黄山市荷花池小学
李 军 安徽马鞍山市公安局交警支队
王 利 安徽阜阳市清河路第一小学
福 建
郭 珏 福建厦门市湖里区中心小学
林水河 福建龙岩师范附属小学
肖小松 福建宁德市周宁县实验小学
江 西
章建军 江西抚州市南城县实验中学
杨水秀 江西鹰潭市第七小学
汪保祥 江西九江市师范附属小学
山 东
董 萍 山东省少工委
刘 强 山东济南市历下区少工委
董雪梅 山东青岛市李沧区少工委
张 明 山东淄博市公安交警支队周村区大队城区中队
成光进 山东东营市少工委
张琦彦 山东胜利油田教培处
谢 丽 山东淄博市临淄区实验小学
河 南
刘 琳 河南安阳市人民大道小学
张丽荔 河南安阳市安阳桥小学
湖 北
王小峰 湖北黄石市公安局交警支队开发区大队
唐 坤 湖北荆门市交警支队东宝大队白云中队
潘万亮 湖北荆州市实验小学
广 西
童 亮 中国平安保险(集团)股份有限公司柳州分公司
覃 克 广西桂林市公安局交警支队七星大队
谢 艳 广西南宁市星湖小学
海 南
黎辉干 海南琼海市交警大队
重 庆
刘 燕 重庆市江北区华新实验小学
张祖芳 重庆市江津市四牌坊小学
包建慧 重庆市石柱县师范附属小学
四 川

闫红兵　四川公安消防总队
郭嘉冰　四川成都铁路局团委
陈光前　四川成都市高新实验小学
王　强　四川成都市锦江区红专小学
贵　州
周晓群　中铁五局一小
张　纬　中国平安人寿保险股份有限公司贵阳分公司
杨松枝　中国平安人寿保险股份有限公司贵阳分公司
云　南
李　蕊　中国平安人寿保险股份有限公司昆明分公司
王亚萍　中国平安人寿保险股份有限公司昆明分公司
吴　畏　中国平安人寿保险股份有限公司昆明分公司
西　藏
次仁班久　西藏阿里地区孔繁森小学
次　仁　西藏山南地区师范学校
洛桑克珠　西藏昌都地区实验小学
陕　西
魏登峰　陕西团省委少年部
马大鹏　陕西交警总队宣传处
严　琦　陕西西安铁路分局团委
赵莉华　陕西西安团市委学少部
甘　肃
王　昭　甘肃兰炼子弟二小
赵向阳　甘肃华亭县安口镇石堡子小学
拓　龙　甘肃张掖市甘州区劳动街小学
青　海
云保华　青海省政法委
李德林　青海海西州格尔木市实验小学
胡岩涛　中国人民解放军62201部队
张有良　青海西宁市公安分局城东交警队
宁　夏
赵　峻　中国平安保险(集团)股份有限公司银川分公司
徐永珍　中国平安保险(集团)股份有限公司银川分公司
邹沁杏　中国平安保险(集团)股份有限公司银川分公司
新　疆
刘　君　新疆克拉玛依市第十二小学
郑传军　新疆阿克苏地区库车县公安局交警大队
张　兰　新疆乌鲁木齐县六十户八段小学
新疆建设兵团
张　卫　新疆建设兵团农六师五家渠第一小学
铁　道
徐灿敏　内蒙古临河车站派出所
许英华　河北石家庄铁路分局邢台工务段
刘广智　辽宁沈阳铁路公安局通辽公安处八仙筒派出所
吴　建　中铁道部安检司行车安全监察处

全国各族青年团结进步奖

“全国各族青年团结进步奖”由共青团中央、国家民委、全国青联共同主办，每三年举办一届，旨在引导、教育各族青年树立马克思主义民族观，培养各族青年人才，促进民族地区经济社会发展，推动各族青年团结进步活动深入开展。该奖表彰为民族团结进步事业做出较大贡献的先进集体和个人。

第四届“全国各族青年团结进步奖”由各省级团委、民委和青联推荐，经主办单位审定，马云等10人荣获第四届“全国各族青年团结进步杰出奖”，王品军等188人荣获优秀奖，北京市宣武区牛街街道办事处等41个单位荣获先进集体奖，天津市青年联合会等20个单位荣获活动组织奖。这些获奖单位和个人来自全国56个民族，分布各行各业。他们认真贯彻执行党的民族政策，大力宣传马克思主义民族观，为发展和巩固平等、团结、互助的社会主义民族关系，维护社会稳定和祖国统一发挥了积极的作用；开拓创新，艰苦创业，无私奉献，为促进少数民族和民族地区经济社会的发展做出了重要的贡献。他们的先进事迹和奋斗历程集中展现了各族青年团结一心、携手并进的崭新风貌，充分体现了当代青年与时俱进、锐意进取的时代精神。

全国各族青年团结进步表彰活动得到了党和政府的高度重视。1993年6月28日，江泽民、李瑞环、朱镕基等党和国家领导人在中南海亲切接见了第一届全国各族青年团结进步模范集体代表和模范个人。1999年5月6日，胡锦涛、李岚清、曾庆红等党和国家领导人在人民大会堂亲切接见了第二届全国各族青年团结进步模范集体和模范个人代表。2001年7月26日，全国人大常委会副委员长帕巴拉·格列朗杰在拉萨亲切接见了第三届“全国各族青年团结进步奖”获奖者。

第四届“全国各族青年团结进步杰出奖”获得者名单

（按姓氏笔画排序）

马　云（女，回族）　中国人民解放军某部政治处副主任

马光辉（东乡族）　甘肃东乡族自治县北庄清真寺阿訇

伦珠洛松（藏族）　西藏昌都地区实验小学副校长

吐尔逊·托呼提（维吾尔族）　新疆博州精河县大河沿子镇镇长

吕　霞（女，土族）　青海民族学院艺术系主任

闫俊杰　北京达因科技发展公司董事局主席

岩坎哈（傣族）　云南勐海县勐海镇党委副书记

罗昌盛（布依族）　贵州镇宁自治县募役乡桐上村党支部书记

雷永达（壮族）　广西崇左市大新县县长

朝鲁巴特尔（蒙古族）　内蒙古电视台新闻中心主任

第四届“全国各族青年团结进步优秀奖”获得者名单

（188名）

北京市

王品军

天津市

李新琴（女，回族）　王　静（女，回族）

河北省

冯　幸（回族）　刘　猛（回族）

杨志林（满族）　何元武（满族）

山西省

于　逸（女，满族）　王青良（回族）

内蒙古自治区

石　墨（蒙古族）　那晓光（鄂温克族）

何胜宝（鄂伦春族）　吴曲颂（鄂伦春族）

查斯太（蒙古族）　新吉乐图（蒙古族）

张玲玲（女，蒙古族）　赵　雯（女，蒙古族）

辽宁省

王宪军（蒙古族）　郑继宇（满族）

李　团（满族）　肇启宾（满族）

吉林省

高闻序　金仁顺（女，朝鲜族）

朴万松（朝鲜族）

黑龙江省

董建民（赫哲族） 陈丽芬（女，蒙古族）
刘　杰（赫哲族）
孙　赫（女，鄂伦春族）
鄂雪梅（女，达斡尔族）
上海市
邵　琦（女） 高　飞
江苏省
米其智（回族） 杨文喜（回族）
浙江省
雷李会（畲族） 雷　霆（畲族）
蓝伶俐（女，畲族） 兰俏梅（女，畲族）
安徽省
冷志杰 方东玲（女）
福建省
徐春晖 蓝　新（畲族）
照基隆（高山族） 张　秋（女）
江西省
兰晓珍（畲族） 马文海（回族）
兰华红（女，畲族）
山东省
金　飞（回族） 林　一
河南省
释永帝 张长军（回族）
王　爽（女，蒙古族）
湖北省
刘　军（土家族） 李伦华（女，土家族）
张世为（土家族） 向昱萱（女，土家族）
湖南省
黄雪鸿（侗族） 雷关平（瑶族）
李大恒（土家族） 田华玉（女，土家族）
广东省
邓晓辉（瑶族） 李春益（瑶族）
梁积书（壮族） 金秀玲（女，回族）
广西壮族自治区
陈　挺（壮族） 蒋向明（毛南族）
徐钦恒（仫佬族） 李加亮（壮族）
李敏智（女，壮族） 苏海珍（女，京族）
覃水坤（侗族） 周百川（壮族）
周旺文（瑶族） 赖志坚
海南省
王桂厅（黎族） 王平林（黎族）
罗　桦（女，黎族） 王楚蝶（女，黎族）
重庆市
钱文勇（苗族） 冉华章（土家族）
周华榕（土家族） 徐　强
四川省
阿　成（藏族） 甘建荣（彝族）
刘　磊（回族） 侯满泉（羌族）
韩　荣（彝族） 王德彰
贵州省
潘　选（水族） 何兰书（仡佬族）
禄亚权（彝族） 钟邦伟（女，布依族）
韦族琼（女，水族） 张　军（苗族）
杨诗超（布依族） 张朝俊（仡佬族）
汪文学（苗族）
云南省
张聪兰（女，阿昌族） 陆润奎（彝族）
王　洪（白族） 段彦红（白族）
李　川（景颇族） 排建军（景颇族）
张荣青（德昂族） 李继海（女，纳西族）
卢文祥（哈尼族） 马建泽（哈尼族）
李忠德（彝族） 马仲雄（回族）
袁增友（彝族） 杨丽英（女，普米族）
张　伟（纳西族） 李卫平（布朗族）
和加贵（怒族） 肖才志
桂卫国（回族） 李　勇（独龙族）
夏斯付（傈僳族） 杨晓英（女，独龙族）
李国材（白族） 张志平（拉祜族）
普加学（拉祜族） 魏岩斋（佤族）
岩　来（佤族） 唐文祥（瑶族）
周味鸿（壮族） 袁松清（基诺族）
刀有忠（傣族）
西藏自治区
次仁达瓦（藏族）
央金卓玛（女，门巴族） 索朗扎巴（藏族）
魏军格桑（珞巴族） 马布次仁（藏族）

强巴旺堆(藏族)　琼次仁(藏族)

陕西省

姚小玲(女,回族)　朱　瑛(女,土族)

甘肃省

钟福明(裕固族)　安多才老(藏族)

崔玉军(回族)　吕世宏

马海云(保安族)　刘　妍(女)

刘建国

青海省

哈斯巴图(蒙古族)　韩兴龙(撒拉族)

马显云(回族)　周卫军

班　果(藏族)

宁夏回族自治区

丁保江(回族)　海　静(回族)

马　波(回族)　马文锋

马有芳(回族)　马　昭(回族)

雍　丽(女)　陕秀琴(女,回族)

新疆维吾尔自治区

杨　军　卢晓君

李永栋　马金国(回族)

赵新俊(锡伯族)　巴合提汗(哈萨克族)

海丽且木·铁木尔(女,维吾尔族)

海布努尔·玉山(女,柯尔克孜族)

依力哈尔·多来提(维吾尔族)

再屯娜(女,塔塔尔族)

阿不都吾甫尔·艾买提(维吾尔族)

艾比拜·克里木江(女,塔吉克族)

阿孜古丽·库尔班(女,维吾尔族)

阿里木江·阿不拉(维吾尔族)

海拉提·托留汗(哈萨克族)

贾林·托呼达哈孜(哈萨克族)

阿不力孜·阿不来提(维吾尔族)

艾克热木·买买提(乌孜别克族)

阿力甫·塔力甫(维吾尔族)

卢尼奥夫·尼古拉(俄罗斯族)

总　政

艾合买提·尼亚孜(维吾尔族)

普布旺堆(藏族)

铁　道

田　敏　杨　懋

中直机关

赵丽君(女,达斡尔族)　苏红(女,满族)

中央国家机关

李若云

中央企业工委

开赛江(维吾尔族)　张海亮

新疆生产建设兵团

刘超智

乃买提·牙合甫(维吾尔族)

第四届"全国各族青年团结进步先进集体奖"获奖单位

(41个)

北京市宣武区牛街街道办事处

天津市北辰区青年联合会

河北省承德市青年联合会

辽宁省阜新蒙古族自治县卫生局

共青团延边朝鲜族自治州委员会

黑龙江省海林市新安朝鲜族镇人民政府

黑龙江省双鸭山市饶河县四排赫哲族乡人民政府

上海市共康中学

共青团镇江市委员会

江苏省镇江市民族实验学校

共青团浙江省委员会

安徽省肥东县牌坊乡人民政府

福建省福鼎市硖门畲族乡人民政府

福建省漳州市青年联合会

共青团济南市委员会

共青团青岛市委员会

河南省项城市红旗学校

湖北省建始县玉泉中药材产销有限责任公司

广东省佛山市第一中学

广东省深圳锦绣中华发展有限公司团委

广西壮族自治区库区移民开发局

广西壮族自治区柳州市民族事务委员会
重庆市黔江卷烟厂
重庆市秀山土家族苗族自治县民族宗教事务委员会
共青团四川省委员会
四川省甘孜州民族事务委员会
云南省民族中等专业学校
共青团云南民族大学委员会
共青团西藏自治区委员会
中共西北大学委员会统战部
共青团甘南州委员会
甘肃省民族事务委员会政法处
青海路桥建设股份有限公司
共青团宁夏回族自治区委员会
银川铁路分局银川客运段北京车队
新疆喀什市公安局巡警大队
中国农业银行新疆生产建设兵团分行喀什兵团支行
新疆生产建设兵团农四师七十七团
中国人民解放军六九二一六部队
西藏军区总医院
国家民委直属机关团委

第四届“全国各族青年团结进步活动组织奖”获奖单位

（20个）

天津市青年联合会
共青团河北省委员会
共青团辽宁省委员会
共青团黑龙江省委员会
共青团上海市委员会
共青团江苏省委员会
共青团安徽省委员会
共青团厦门团市委员会
山东省民族事务委员会
湖北省民族宗教事务委员会
共青团广东省委员会
共青团广西壮族自治区委员会
重庆市青年联合会
四川省青年联合会
陕西省青年联合会
甘肃省青年联合会
青海省青年联合会
宁夏回族自治区民族事务委员会
新疆生产建设兵团青年联合会
成都军区政治部组织部青年处

中国软件行业杰出青年

“中国软件行业杰出青年”评选活动由共青团中央、信息产业部、全国青联联合主办。旨在全面贯彻“三个代表”重要思想和党的十六大精神，大力推动中国青年科技创新行动深入发展，表彰、宣传在软件行业做出突出业绩和重大贡献的青年典型，激励广大青年刻苦学习，勤奋工作，服务社会，建功成才，并在全社会进一步优化青年成长成才环境，为培养更多适应软件行业新世纪发展的青年人才和更好地推动信息产业发展做出积极贡献。

评选条件为：热爱祖国，拥护党的基本路线，有良好的职业道德；18至40周岁的中华人民共和国公民；积极投身于软件的研究、开发、生产、经营、管理和投资工作，有成功的开发项目或做出突出业绩和重大贡献的青年人才。

评选程序为：各省级团委、信息产业主管部门、青联为评选活动推报单位。评选期间，各推报单位根据评选意见推荐出本地区软件行业的优秀青年参选，并严格按照要求准备推报材料。组委会初审确定40名正式候选人，并通过新闻媒体向社会公布，在10天内，广泛征求社会各界的不同意见。如遇异议，由组委会办公室会同有关部门进行核实，并将核实结果和处理意见提交组委会。对经核实不宜被确定为候选人的，组委会将取消其参评资格。评委会对正式候选人进行无记名投票，得票数列前10名者为“中国软件行业杰出青年”，其余30人获提名奖。

第二届“中国软件行业杰出青年”名单

（按姓氏笔画排序）

王勇峰　沈阳东软软件股份有限公司总裁
石钟韶　杭州新中大软件股份有限公司总裁
汤　帜　北大方正电子有限公司技术总监、北京大学计算机研究所研究员
严中华　山东鲁能积成电子股份有限公司总经理
张振清　亚信科技（中国）有限公司高级副总裁兼软件事业部总经理
李彦宏　百度在线网络技术（北京）有限公司总裁
金　海　华中科技大学计算机学院副院长
赵春江　北京农业信息技术研究中心主任、国家农业信息化工程技术研究中心主任
郭先臣　中软网络技术股份有限公司副董事长、总经理
雷　军　北京金山软件股份有限公司总裁

第二届“中国软件行业杰出青年”提名奖获得者名单

（按姓氏笔画排序）

孔　竟　中航第一集团公司成都飞机设计研究所计算机中心高级工程师
方文贵　安徽四创电子股份有限公司研发中心主任
王　伟　贵州朗玛信息技术有限公司董事长兼总经理
王则江　杭州恒生电子股份有限公司副总裁
王贤达　甘肃万维信息技术有限责任公司副总经理
王维明　宁波四维科技有限公司董事长兼总经理
白国义　内蒙古证联信息技术有限责任公司董事长兼总经理
刘洪涛　铁道部信息技术中心项目主管
刘海青　江苏省金思维信息技术有限公司总经理
安　贵　西安协同数码股份有限公司产品总监
庄力可　江西先锋集团副总裁、南昌先锋软件股份有限公司研究院院长
朱　斌　上海复旦光华信息科技股份有限公司副总经理
张　健　国家计算机病毒应急处理中心副主任
张　激　华东计算技术研究所操作系统部主任
李大东　郑州兴财计算机系统开发有限公司总经理
李大学　重庆天极信息发展有限公司副总裁兼技术总监
杜秀珍　河北省新龙科技股份有限公司董事长兼总裁
肖建新　创智集团副总裁
陈　升　世纪互联数据中心有限公司董事长
陈　超（女）　上海银晨智能识别科技有限公司董事长
周　韬　新疆惠达科技开发公司副总经理兼信息工程部经理
钟绍春　东北师大理想软件股份有限公司副董事长兼总经理
徐宏灿　南天电子信息产业股份有限公司高级副总裁

徐岷波　深圳市金证科技股份有限公司副总经理、总工程师

梁　健　海南国际金融网络有限公司总经理兼中国银联IC卡应用部总经理

黄子河　中国软件评测中心副总工程师、测试与监理部主任

黄亚楼　南开大学软件学院院长

游小明　中国电子科技集团公司第三十研究所副所长、卫士通信息产业股份有限公司总经理

廖建新　杭州东信北邮信息技术有限公司总裁、北京邮电大学智能网研究中心主任

潘阳发　哈尔滨亿阳信通股份有限公司网络技术事业部总经理

社区青年文化节活动

2004年，各省、自治区、直辖市团委以“三个代表”重要思想为指导，深入贯彻党的十六大和十六届三中全会精神，围绕纪念五四运动85周年，认真总结社区青年文化节活动开展的经验，组织广大社区青少年，以“弘扬五四精神，肩负历史使命”为主题，积极创新社区文化活动项目，在社区广泛开展举办社区青年文化节优秀节目展演；推广社区青少年“三人篮球”运动；开展“校园文化进社区”系列活动；推动务工文化与社区文化的融合。形式多样的社区青年文化节活动，弘扬了社会新风，丰富了社区青少年的文化生活，得到了各地党委和政府的肯定和社区广大人民群众、青少年的积极参与和支持。

社区青年文化节活动组织奖名单

北京市西城团区委	江西省上饶团市委
天津市河北团区委	山东团省委权益部
河北团省委权益部	河南省郑州团市委城区部
辽宁省大连团市委	湖北省武昌团区委
吉林省通化团市委	湖南省长沙市芙蓉团区委
上海市宝山团区委	广东团省委社区与权益部
江苏团省委权益部	广西壮族自治区贵港团市委
浙江省杭州团市委	重庆团市委权益部

贵州省贵阳团市委

陕西团省委权益部

青海省黄南藏族自治州团州委

宁夏回族自治区银川市西夏区团委

社区青年文化节活动项目奖名单

北京市宣武区团委——“绚丽青春，华彩宣武”青年文化节

天津市河东区团委——“抒豪情·展才艺·显风采”青年文化节

河北省沧州市新华团区委——“五四”青年联欢会活动

辽宁省本溪团市委——“我爱我家”本溪市“青年文明社区”创建文化巡礼活动

吉林省长春市二道区团委——“青春创业，振兴长春”文化节活动

上海市奉贤团区委——“激情海湾，浪漫相约”上海青年海湾联谊活动

江苏无锡团市委——“太湖青年歌会”活动

浙江省宁波团市委——“青年文艺健康时尚进社区”活动

江西省赣县团委——“青春激情红五月”活动

山东省青岛团市委——“快乐星期六”社区文体活动

山东省淄博团市委——“两走一联”社区文化联谊活动

河南省安阳团市委——“文化节文艺汇演”活动

湖南省长沙市天心团区委——社区青少年“三人篮球”活动

广东省广州市天河区团委——“文化直通车”系列活动

广西壮族自治区东兴团市委——中越青年界河对歌联欢活动

青海团省委——青年锅庄舞

宁夏回族自治区石嘴山市大武口区团委——“社区周末欢乐大舞台”

全国“青年文明社区”示范城(区)创建活动

2002年7月,共青团中央、民政部、建设部、国家工商行政管理总局联合开展全国“青年文明社区”示范城(区)创建活动,全国各省、自治区、直辖市认真落实创建活动文件精神,积极参与创建活动,从城市发展的整体战略高度出发,以城(区)为单位,以大中城市为重点,充分发挥城区在城市社区建设中承上启下的作用,形成城(区)、街道、社区共同推进“青年文明社区”创建工作的整体态势。

2003年,共青团中央、民政部、建设部、国家工商行政管理总局确定了61个“青年文明社区”示范城(区)创建单位。各创建单位积极探索,扎实工作,结合当地情况,认真学习和总结,以竭诚服务青少年为出发点和落脚点,以社区团建为龙头,以社区服务和社区文化为着力点,促进“青年文明社区”创建工作的深入开展,为开创未成年人思想道德建设新局面,全面建设小康社会做贡献,取得了良好的工作成果。根据全国“青年文明社区”创建活动指导委员会办公室的抽查和各地的自查结果,2004年,共青团中央、民政部、建设部、国家工商行政管理总局决定命名表彰北京市朝阳区等60个城(区)为“全国‘青年文明社区’示范城(区)”。

全国“青年文明社区”示范城(区)名单

(60个)

北　京

朝阳区、西城区、石景山区

天　津

塘沽区、河西区

河　北

石家庄市裕华区、新华区

山　西

太原市迎泽区、杏花岭区

内蒙古

呼和浩特市新城区

辽　宁

沈阳市和平区、沈河区,大连市中山区、西岗区

吉　林

四平市

黑龙江

哈尔滨市道里区

上　海

卢湾区、黄浦区

江　苏

南京市鼓楼区、秦淮区,张家港市

浙　江

杭州市上城区、西湖区、江干区,宁波市海曙区

安　徽

合肥市瑶海区、蜀山区
福　建
福州市台江区，三明市梅列区
江　西
南昌市东湖区
山　东
济南市历下区、市中区，青岛市市北区、市南区、四方区
河　南
郑州市二七区，焦作市解放区
湖　北
武汉市硚口区、武昌区，黄石市黄石港区
湖　南
长沙市天心区
广　东
广州市东山区，深圳市龙岗区，珠海市香洲区
广　西
南宁市
海　南
东方市
重　庆
渝中区、九龙坡区
四　川
成都市武侯区、金牛区，泸州市龙马潭区
云　南
昆明市五华区，个旧市
陕　西
西安市新城区
甘　肃
武威市凉州区，金昌市金川区
青　海
西宁市城西区
宁　夏
银川市西夏区
新　疆
乌鲁木齐市新市区、水磨沟区

全国优秀“青少年维权岗”及创建活动突出贡献奖和先进个人

为贯彻落实党的十六大精神，动员社会力量齐抓共管，切实维护青少年合法权益，预防和减少青少年违法犯罪，营造有利于青少年健康成长的良好社会环境，近年来，共青团中央联合中央综治办、最高人民法院、最高人民检察院、公安部、司法部、劳动和社会保障部、国家广播电影电视总局、国家工商行政管理总局、国家质量监督检验检疫总局、新闻出版总署，在全国相关系统中分别开展了创建优秀“青少年维权岗”活动。

创建活动得到了社会各界的大力支持。各系统基层单位立足本职工作，拓展工作领域，做好延伸服务，在维护青少年合法权益方面取得了实效。在许多城市，各行业维权岗联合起来，形成维权服务网络，实现了维权工作的协调联动。各地涌现出一大批认真履行职责，在维护青少年合法权益、预防和减少青少年违法犯罪工作方面做出突出贡献的先进集体和先进个人。

为贯彻《中共中央国务院关于进一步加强和改进未成年人思想道德建设的若干意见》精神，通过树立典型，表彰先进，调动和激励更多的社会力量投身于青少年维权事业，积极推进创建优秀“青少年维权岗”活动在全国的开展，

更好地发挥各职能单位在维护青少年健康成长方面的积极作用，共青团中央、中央综治办、最高人民法院、最高人民检察院、公安部、司法部、劳动和社会保障部、国家广播电影电视总局、国家工商行政管理总局、国家质量监督检验检疫总局、新闻出版总署于2004年8月20日联合下发表彰决定，对2002、2003年度全国优秀“青少年维权岗”及创建活动突出贡献奖和先进个人进行表彰。授予北京市朝阳区人民法院等458个单位全国优秀“青少年维权岗”称号；授予尚秀云等10名同志全国优秀“青少年维权岗”创建活动突出贡献奖称号；授予王光乃等254名同志全国优秀“青少年维权岗”创建活动先进个人称号。

全国优秀“青少年维权岗”获奖名单（集体）

（共458个）

法院系统（59个）

北京市朝阳区人民法院
天津市大港区人民法院刑庭
天津市红桥区人民法院刑事审判庭
河北省唐山市路南区人民法院
河北邢台市中级人民法院刑二庭
山西省长治市城区人民法院
山西省大同市城区人民法院
内蒙古自治区包头市九原区人民法院
内蒙古自治区呼伦贝尔市海拉尔区人民法院少年法庭
辽宁省葫芦岛市中级人民法院刑审二庭
辽宁省沈阳市沈河区人民法院少年案件审判庭
吉林省长春市中级人民法院刑二庭
吉林省白山市人民法院刑事审判庭
黑龙江省佳木斯市中级人民法院少年刑事审判庭
黑龙江省哈尔滨市道外区人民法院少年法庭
上海市黄埔区人民法院立案庭
上海市金山区人民法院立案庭立案组
江苏省南京市中级人民法院刑事审判第一庭
江苏省泰兴市人民法院
江苏省通州市人民法院
江苏省徐州市云龙区人民法院
浙江省金华市婺城区人民法院未成年人刑事案件合议庭
浙江省宁波市镇海区法院少年刑事案件合议庭
福建省厦门市中级人民法院
福建省三明市梅列区人民法院
江西省于都县人民法院
江西省乐平市人民法院未成年人刑事审判庭
山东省济南市历下区人民法院少年刑事审判庭
山东省青岛市中级人民法院少年法庭
山东省东营市中级人民法院少年法庭
河南省濮阳县人民法院少年刑事审判庭
河南省南阳市中级人民法院少年刑事审判庭
湖北省郧县人民法院少年刑事审判庭
湖北省建始县人民法院刑事审判庭
湖南省长沙市岳麓区人民法院刑事审判庭
湖南省怀化市麻阳苗族自治县人民法院锦和人民法庭
广东省佛山市南海区人民法院
广东省梅州市兴宁市人民法院
广西壮族自治区宾阳县人民法院刑事审判庭
广西壮族自治区灵川县人民法院少年法庭
重庆永川市人民法院
四川省江油市人民法院
四川省泸州市江阳区人民法院
贵州省安顺市西秀区人民法院省少年案件审判庭
云南省昆明市五华区人民法院刑事审判第二庭
云南省高级人民法院刑二庭
西藏自治区日喀则地区中级人民法院
陕西省西安市雁塔区人民法院刑事审判庭
陕西省宝鸡市渭滨区人民法院

甘肃省天水市秦城区人民法院
甘肃省武威市凉州区人民法院
青海省海东地区中级人民法院刑事审判庭
青海省西宁市中级人民法院少年庭
宁夏回族自治区石嘴山市石嘴山区人民法院
宁夏回族自治区银川市兴庆区人民法院
新疆维吾尔自治区克拉玛依市克拉玛依区人民法院
新疆维吾尔自治区库尔勒市人民法院
新疆生产建设兵团农八师中级人民法院
新疆生产建设兵团农六师中级人民法院刑事审判庭

检察系统(69 个)

北京市顺义区人民检察院
北京市通州区人民检察院
天津市南开区人民检察院
天津市静海县人民检察院
河北省沧县人民检察院
河北省霸州市人民检察院
河北省清苑县人民检察院
山西省浮山县人民检察院侦查监督科
山西省晋城市城区人民检察院侦查监督科
内蒙古自治区呼伦贝尔市阿荣旗人民检察院
内蒙古自治区巴盟乌拉特前旗人民检察院
内蒙古自治区呼和浩特市玉泉区人民检察院侦查监督科
辽宁省北宁市人民检察院侦查监督科
辽宁省本溪市人民检察院侦查监督处
吉林省通化市二道江区人民检察院
吉林省白山市人民检察院侦查监督处
黑龙江省望奎县人民检察院
黑龙江省哈尔滨市动力区人民检察院
上海市宝山区人民检察院未成年人案件刑事检察科
上海市闸北区人民检察院未成年人案件刑事检察科
上海市南汇区人民检察院未成年人案件刑事检察科
江苏省南京市秦淮区人民检察院
江苏省通州市人民检察院
江苏省常州市天宁区人民检察院
江苏省昆山市人民检察院
江苏省泰兴市人民检察院
浙江省海盐县人民检察院
浙江省乐清市人民检察院未成年人主诉组
安徽省马鞍山市金家庄区人民检察院
安徽省亳州市谯城区人民检察院
福建省南安市人民检察院
福建省大田县人民检察院
福建省福州市仓山区人民检察院
江西省广昌县人民检察院
江西省南昌市青山湖区人民检察院
山东省烟台市芝罘区人民检察院少年犯罪检察科
山东青岛市市北区人民检察院
河南省郑州市管城回族区人民检察院
河南省孟津县人民检察院公诉科
湖北省武汉市洪山区人民检察院
湖北省监利县人民检察院
湖南省岳阳市岳阳楼区人民检察院
湖南省衡阳市祁东县人民检察院侦查监督科
广东省深圳市宝安区人民检察院刑检二科
广东省中山市人民检察院侦查监督科
广西壮族自治区凤山县人民检察院
广西壮族自治区柳州市铁路运输检察院
海南省儋州市人民检察院侦查监督科
海南省文昌市人民检察院
重庆市开县人民检察院
重庆市城口县人民检察院
四川省宜宾县人民检察院
四川省眉山市东坡区人民检察院侦查监督科
贵州省松桃苗族自治县人民检察院公诉科
贵州省黎平县人民检察院侦查监督科
云南省昌宁县人民检察院公诉科
云南省昆明市西山区人民检察院侦查监督科
陕西省城固县人民检察院

陕西省铜川市耀州区人民检察院
甘肃省庆阳市西峰区人民检察院
甘肃省酒泉市肃州区人民检察院
青海省黄南州同仁县人民检察院
青海省西宁市人民检察院侦查监督处
宁夏回族自治区西吉县人民检察院
宁夏回族自治区中宁县人民检察院
新疆维吾尔自治区沙湾县人民检察院
新疆维吾尔自治区昌吉市人民检察院
新疆生产建设兵团塔斯海垦区人民检察院
新疆生产建设兵团阿克苏垦区人民检察院
公安系统(61 个)
北京市公安局西城分局厂桥派出所
北京市公安局石景山分局八角派出所
天津市公安局津南分局津沽路派出所
天津市公安局河北分局墙子派出所
河北省邢台市公安局交通警察支队
河北省沧州市公安局交通警察支队一大队
河北省邯郸市公安局丛台分局四季青派出所
山西省大同市公安局西韩岭派出所
山西省太原市公安局万柏林分局千峰派出所
辽宁省营口市公安局站前分局跃进派出所
辽宁省盘锦市公安局兴隆台分局创新街派出所
吉林省通化市公安局二道江分局
黑龙江省哈尔滨市公安局道里分局康安派出所
黑龙江省七台河市公安局桃北派出所
黑龙江省海林市公安局第四派出所
江苏省扬州市公安局广陵分局五里庙派出所
江苏省无锡市公安局滨湖分局河埒口派出所
浙江省临海市公安局杜桥派出所
浙江省丽水市公安局莲都分局万象派出所
安徽省宿州市公安局南关派出所
安徽省南陵县公安局奚滩派出所
福建省石狮市公安局永宁派出所
福建省漳州市第二看守所
江西省南昌市公安局昌北分局蛟桥派出所
江西省吉安县公安局凤凰派出所
山东省枣庄市公安局中区分局青檀路派出所
山东省青岛市公安局刑警支队侦查四大队
河南省焦作市公安局强制戒毒所
河南省商水县公安局黄寨派出所
河南省三门峡市公安局崤山路派出所
湖北省十堰市公安局张湾分局汉江路派出所
湖北省荆州市公安局荆州分局东城派出所
湖南省娄底市公安局娄星分局杉山派出所
湖南省郴州市公安局指挥中心处警大队
广东省广州市公安局荔湾分局岭南街派出所
广东省佛山市公安局禅城分局永安派出所
广西壮族自治区南宁市公安局巡警支队六大队
广西壮族自治区柳州市公安局胜利派出所
海南省文昌市公安局城南派出所
重庆市公安局沙坪坝分局小龙坎派出所
重庆市公安局交警总队第二支队特勤队
四川省彭州市公安局天彭派出所
四川省成都市公安局成华分局青龙警署
四川省广安市公安局石垭派出所
贵州省贵阳市公安局云岩区公安分局中华中路派出所
贵州省都匀市公安局文峰派出所
云南省昆明市公安局盘龙分局巡警大队
云南省昆明市公安局五华分局华山东路派出所
云南省玉溪市公安局红塔分局玉兴路派出所
陕西省西安市公安局莲湖分局北关派出所
陕西省洛南县公安局城关派出所
陕西省渭南市公安局临渭分局东风街派出所
甘肃省平凉市公安局崆峒分局西大街派出所
甘肃省武威市公安局凉州区分局黄羊派出所
青海省西宁市公安局城西分局兴海路派出所
青海省格尔木市公安局昆仑路派出所
宁夏回族自治区平罗县公安局
宁夏回族自治区吴忠市公安局利通分局法制室

新疆维吾尔自治区库尔勒市公安局交警大队一中队
新疆维吾尔自治区阿勒泰市公安局解放路派出所
新疆生产建设兵团农七师公安处车排子垦区公安局苏兴滩派出所
司法系统(56 个)
北京市法律援助中心
北京市未成年犯管教所二监区四分监区
天津市渔山劳教所一大队
河北省承德监狱团委
河北省秦皇岛市劳动教养所
山西省少年犯管教所
内蒙古自治区未成年犯管教所
内蒙古自治区赤峰市红山区司法局
辽宁省抚顺市法律援助中心
辽宁省先河律师事务所
吉林省白山市八道江区司法局
吉林省衡丰律师事务所
黑龙江省松滨监狱
黑龙江省戒毒劳教所
上海市长宁区法律援助中心
上海市大众律师事务所
江苏省第二少年管教所二监区
江苏省句东劳教所四大队
浙江省女子监狱
浙江省海宁市周王庙镇司法所
安徽省南湖劳动教养工作管理所九大队
安徽省天禾律师事务所
福建省泉州市法律援助中心
福建省漳平市“12348”法律服务中心
江西省赣州监狱
江西省英华律师事务所
山东省女子监狱
山东省青岛市法律援助中心
河南省汝州市司法局宣教科
河南省济源市 148 法律服务所
湖北省武汉市法律援助中心
湖北省邓林劳教所管理科
湖南省常德市法律援助中心
湖南省越城律师事务所(新宁县)
广东省广州市少年教养管理所
广西壮族自治区桂林市法律援助中心
广西壮族自治区第一劳教所少教大队
海南省维特律师事务所
重庆市永川监狱二监区十二分监区
四川省泸州市法律援助中心
四川省成都守民律师事务所
贵州省贵阳市法律援助中心
贵州省桐梓县司法局
云南省华坪县司法局
西藏自治区那曲地区司法处
西藏自治区山南地区司法处法制宣传科
陕西省法律援助中心
甘肃省第二劳教所少教大队
青海省女子戒毒劳教所少年教养管理所
青海省西宁市法律援助中心
宁夏回族自治区言成律师事务所
宁夏回族自治区宁人律师事务所
新疆维吾尔自治区乌鲁木齐市法律援助中心
新疆维吾尔自治区博乐市司法局
新疆兵团农九师 162 团司法所
新疆兵团警校高等专科学校 2001 级公保 1 班(监狱局)
劳动保障系统(54 个)
北京市朝阳区劳动和社会保障局劳动保障监察科
北京市丰台区劳动和社会保障局劳动保障监察科
天津市南开区劳动和社会保障局劳动监察科
河北省邯郸市磁县人事劳动和社会保障局监察执法股
河北省安新县劳动和社会保障局劳动保障监察大队
山西省劳动和社会保障厅劳动监察处
山西省运城市万荣县劳动和社会保障局

内蒙古自治区呼和浩特市劳动和社会保障局劳动保障监察大队
内蒙古自治区包头市劳动和社会保障局劳动保障监察大队
辽宁省盘锦市劳动和社会保障局劳动保障监察支队
辽宁省辽阳市劳动和社会保障局劳动保障监察支队
黑龙江省齐齐哈尔市劳动和社会保障局劳动保障监察处
黑龙江省伊春市劳动和社会保障局劳动保障监察支队
上海市劳动和社会保障局劳动保障监察总队
上海市宝山区劳动和社会保障局劳动保障监察大队
江苏省南京市劳动和社会保障局劳动保障监察支队
江苏省淮安市劳动和社会保障局
浙江省杭州市劳动和社会保障局劳动监察支队
浙江省宁波市劳动和社会保障局劳动保障监察支队
安徽省淮南市劳动和社会保障局劳动保障监察支队
安徽省繁昌县劳动和社会保障局
福建省福州市劳动和社会保障局劳动监察大队
福建省南安市劳动争议仲裁委员会办公室
江西省新余市劳动和社会保障局劳动保障监察支队
江西省宜春市劳动和社会保障局劳动保障监察支队
山东省劳动和社会保障厅监察监督处
山东省威海市劳动和社会保障局劳动保障监察处
河南省新乡市劳动和社会保障局劳动保障监察大队
河南省滑县职业介绍中心
湖北省武汉市劳动和社会保障局劳动保障监察大队
湖北省荆门市劳动和社会保障局劳动保障监察大队
湖南省劳动和社会保障厅劳动保障监察总队
广东省佛山市劳动和社会保障局劳动监察大队
广东省中山市劳动和社会保障局劳动保障监察大队
广西壮族自治区梧州市劳动和社会保障局劳动保障监察科
广西壮族自治区柳州市劳动和社会保障局劳动保障监察支队
海南省三亚市劳动和社会保障局劳动保障监察大队
海南省儋州市劳动和社会保障局劳动保障监察大队
重庆市沙坪坝区劳动和社会保障局劳动监察科
重庆市劳动和社会保障局劳动保障监察大队
四川省成都市劳动和社会保障局劳动保障监察总队
四川省达县劳动和社会保障局劳动保障监察大队
贵州省贵阳市劳动和社会保障局劳动保障监察大队
贵州省劳动和社会保障厅劳动保障监察总队
云南省劳动和社会保障厅劳动保障监察总队
云南省劳动和社会保障厅法制监察处
陕西省西安市劳动争议仲裁委员会办公室
陕西省宝鸡市劳动和社会保障局劳动保障监察大队
甘肃省天水市劳动和社会保障局
甘肃省张掖市劳动和社会保障局
青海省劳动和社会保障厅劳动监察处
青海省格尔木市人事劳动和社会保障局劳动监察大队
新疆维吾尔自治区昌吉回族自治州劳动和社

会保障局劳动保障监察科
新疆维吾尔自治区巴音郭楞蒙古族自治州劳动和社会保障局
劳动保障监察科
广播影视系统(40个)
北京人民广播电台教育台
北京电视台青少年节目中心
天津电视台青少部
天津人民广播电台新闻广播《法制纵横》
山西人民广播电台新闻中心
山西大同市电视台《新观察·法制》栏目组
辽宁电视台《法制时空》栏目组
辽宁人民广播电台经济广播
吉林省长春市电视台
黑龙江电视台儿童少年节目部
黑龙江人民广播电台妇女儿童广播
上海电视台新闻综合频道《案件聚焦》栏目
江苏南京市广播电视集团《法制现场》栏目
江苏常州市电视台《社会写真》栏目组
江苏电视台《南京零距离》栏目组
福建福州市电视台《新闻110》栏目组
福建电视台经济生活频道《法制天下》栏目组
山东青岛市电视台《今日60分》栏目
山东潍坊市电视台新闻评论部《聚焦》栏目
河南鹤壁市电视台社教部
河南商丘市电视台
湖北人民广播电台文艺频道《小星星》栏目
湖北荆门市电视台社教部
湖南郴州市电视台经济生活频道《天天播报》栏目组
广东南方电视台少儿频道
广西人民广播电台经济广播《青春节拍》节目组
广西电视台新闻中心《新闻专递》
重庆电视台专题部
重庆广播电视网络传输有限责任公司团总支
四川电视台妇女儿童频道
四川乐山市电视台
云南人民广播电台新闻综合频道《金色童年》栏目
云南曲靖市电视台新闻中心
陕西省石泉县广播电视台
陕西省延安市广播电视台
甘肃人民广播电台都市调频
青海人民广播电台交通音乐广播
青海人民广播电台经济频道
新疆维吾尔自治区克拉玛依市广播电台专题部
新疆维吾尔自治区喀什地区广播电视局新闻中心
工商行政管理系统(57个)
北京市工商行政管理局崇文分局红桥工商所
北京市工商行政管理局海淀分局消费者权益保护科
北京市工商行政管理局顺义分局杨各庄工商所
天津市工商行政管理局北辰分局天穆工商所
天津市工商行政管理局天津经济技术开发区分局公平交易科
河北省石家庄市工商行政管理局新华分局
山西省朔州市工商行政管理局平鲁分局南城工商所
山西省长治市工商行政管理局城区分局12315投诉中心
辽宁省抚顺市工商行政管理局消费者权益保护处
辽宁省鞍山市工商行政管理局12315消费者申诉举报指挥中心
吉林省吉林市工商行政管理局消费者权益保护处
黑龙江省伊春市工商行政管理局伊春分局商城工商所
黑龙江省七台河市工商行政管理局七彩城管理所
上海市工商行政管理局闸北分局芷江西工商所

上海市工商行政管理局青浦分局青浦工商所
江苏省南京市工商行政管理局消费者权益保护处
江苏省无锡市工商行政管理局12315消费者申诉举报指挥中心
江苏省连云港工商行政管理局12315投诉举报中心
浙江省台州市工商行政管理局路桥分局12315消费者举报投诉中心
浙江省海宁市工商行政管理局12315消费者举报投诉中心
安徽省淮北市工商行政管理局相南工商所
安徽省安庆市工商行政管理局迎江分局建设路工商所
福建省龙海市工商行政管理局角美分局
福建省福鼎市工商行政管理局秦屿分局
江西省九江市工商行政管理局12315申诉举报指挥中心
江西省抚州市临川区工商行政管理局12315消费者申诉举报中心
山东省枣庄市工商行政管理局市中分局
山东省蓬莱市工商行政管理局消费者权益保护科
河南省开封市工商行政管理局相国寺市场管理局外围管理所
河南省临颍县工商行政管理局城关工商所
湖北省武汉市工商行政管理局洪山分局公平交易直属局
湖北省浠水县工商行政管理局
湖南省株洲市工商行政管理局芦淞分局董家段工商所
湖南省湘潭市工商行政管理局雨湖分局消费者权益保护股
广东省广州市工商行政管理局12315消费者申诉举报指挥中心
广西壮族自治区南宁市工商行政管理局兴宁分局
广西壮族自治区桂林市工商行政管理局12315申诉举报指挥中心
海南省海口市工商行政管理局秀英管理分局
重庆市工商行政管理局渝北区分局双龙工商所
重庆市万州区工商行政管理局消费者权益保护科
四川省南充县工商行政管理局东城工商所
四川省绵阳市三台县工商行政管理局潼川工商所
贵州省开阳县工商行政管理局城镇工商所
贵州省六盘水市六枝特区工商行政管理局云盘工商所
云南省德宏州瑞丽市工商行政管理局勐卯分局
云南省工商行政管理局消费者权益保护处
西藏自治区那曲地区工商行政管理局
陕西省榆林市府谷县工商行政管理局城关工商所
陕西省铜川市工商行政管理局王益分局红旗工商所
宁夏回族自治区银川市工商行政管理局金凤分局新城工商所
宁夏回族自治区银川市工商行政管理局消费者权益保护科(12315中心)
甘肃省武威市工商行政管理局凉州分局
甘肃省兰州市工商行政管理局城关分局火车站工商所
青海省西宁市工商行政管理局城西分局同仁路工商所
青海省海北州祁连县工商行政管理局
新疆维吾尔自治区喀什地区麦盖提县工商行政管理局英巴扎工商所
新疆维吾尔自治区伊犁哈萨克自治州伊宁市工商行政管理局萨依布衣工商所
质量监督系统(26个)
北京市西城区质量技术监督局质量科
北京市海淀区产品质量监督检验所
天津市纺织纤维检验所

天津市和平区质量技术监督局
河北省石家庄市质量技术监督局稽查队
河北省承德县质量技术监督局稽查大队
辽宁省沈阳市标准信息研究所
吉林长春市产品质量监督检验所
黑龙江省计量检定测试院
上海市南汇区质量技术监督局行政执法科
江苏泰州市泰兴质量技术监督局
浙江省质量技术监督稽查总队
安徽省马鞍山市质量技术监督局稽查支队
福建省厦门市质量技术稽查队
江西省纤维检验局
江西省质量技术监督稽查总队
河南省三门峡市质量技术监督局监督管理科
湖北省武汉产品质量监督检验所
湖南省质量技术监督稽查总队
湖南省湘潭市产商品质量监督检验所
广西壮族自治区产品质量监督检验所
广西壮族自治区武宣县质量技术监督局
海南省锅炉压力容器与特种设备检验所
陕西省纤维检验局
甘肃省产品质量监督检验所
青海省西宁市质量技术监督局特种设备监察二科

新闻出版系统(36个)

北京王府井新华书店
北京中关村图书大厦
天津教育出版社
河北省蠡县新闻出版局
山西省大同市新闻出版局
山西省太原市新华书店
辽宁省少年儿童出版社
辽宁省新闻出版学校
吉林省长春市新闻出版局
黑龙江省新华书店批销中心
黑龙江省七台河市新闻出版局
江苏省宿迁日报社
江苏省张家港市文化市场管理办公室
安徽省合肥新华书店有限公司
福建省泉州晚报社
江西省新华书店联合有限公司
江西省赣州市新华书店
山东省烟台市文化市场稽查队
山东省泰安市文化市场稽查队
河南省焦作市文化(新闻出版)市场稽查队
河南省许昌市新闻出版局
湖南教育出版社
湖南省“扫黄”“打非”工作小组办公室
广东省少先队员杂志社
广东省新世纪出版社
广东省广州日报社
广西中外少年杂志社
广西壮族自治区百色市新华书店中山门市部
重庆市新闻出版(版权)局版权保护中心
重庆商报报社
贵州省毕节市文体广电局综合执法稽查大队
甘肃省兰州市文化稽查队
甘肃省天水市文化文物出版局新闻出版科
青海省“扫黄”“打非”领导小组办公室
新疆维吾尔自治区乌鲁木齐市新华书店
新疆维吾尔自治区出版技工学校团委

全国优秀“青少年维权岗”创建活动突出贡献奖获奖名单(个人)

(10名)

尚秀云(女) 北京市海淀区人民法院刑二庭副庭长
杨光辉 山东省青岛市检察院侦查监督处处长
张忠武 山西省太原市老军营派出所所长
童天怡(女) 江西省少管所教育科科长
马文涛 辽宁省鞍山市劳动和社会保障局劳动保障监察支队队长
洪　宇 中央电视台青少中心青年部编辑
杜正辉 上海市工商行政管理局虹口分局曲阳工商所所长兼党支部书记

凌　刚　上海市青浦区质量技术监督局副局长

许晓东　吉林省长春市"扫黄""打非"工作领导小组办公室副主任、长春市新闻出版局电子出版物管理处处长

邓小东　共青团上海市委权益部部长

全国优秀"青少年维权岗"创建活动先进个人获奖名单(个人)

(254名)

法院系统(29名)

王光乃　天津市河北区人民法院助理审判员

贺孝绵(女)　河北省秦皇岛市抚宁县人民法院刑庭庭长

谢美珍(女)　山西省原平市人民法院刑事庭副庭长兼少年犯合议庭庭长

续　鹏　内蒙古自治区呼伦贝尔市中级人民法院刑事审判第一庭副庭长

张　雁(女)　辽宁省沈河区人民法院少年案件审判庭副庭长

曹　红(女)　吉林省吉林市昌邑区法院刑事审判庭副庭长

陈国范　黑龙江省高级人民法院少年法庭庭长

张　玮　江苏省苏州市平江区人民法院院长

郑　艳(女)　浙江省金华市婺城区人民法院刑事审判庭副庭长

吴作群　安徽省合肥市中级人民法院刑事审判庭庭长

林常茵(女)　福建省高级法院少年庭负责人

徐祝英(女)　江西省新建县法院少年刑事审判庭庭长

张明磊(女)　山东省东营市中级人民法院少年法庭庭长

李璞荣　河南省高级人民法院刑一庭副庭长

邱建军(女)　湖北省武汉市汉阳区人民法院审判员

唐吉凯　湖南省长沙中级人民法院党组副书记、副院长

赵　俊　广东省广州市中级人民法院少年合议庭审判长

姚健琳(女)　广西壮族自治区玉林市玉州区人民法院副庭长

冯　纲　重庆市万州区人民法院刑庭庭长

席晓英(女)　四川省遂宁市中级人民法院

王安平(女)　贵州省安顺市西秀区人民法院少年审判庭庭长

舒甫春　昭通市中级人民法院团支部书记

拉　加　西藏自治区日喀则地区中级人民法院团支部书记

宗晓嵘(女)　陕西省西安市未央区法院少年庭审判长

刘建军　甘肃省肃州区人民法院副庭长

董建华　青海省高级人民法院机关党委副书记

杨子楠　宁夏回族自治区高级人民法院

鲍淑兰(女)　新疆维吾尔自治区乌鲁木齐市中级人民法院

王　安　新疆生产建设兵团农八师中级人民法院庭长

检察系统(30名)

刘玉霞(女)　北京市门头沟区人民检察院公诉科副科级助检员

赵春瑛(女)　天津市大港区人民检察院副检察长

杨丽芳(女)　河北省人民检察院侦查监督处正科级助检员

郑瑜琴(女)　山西省人民检察院侦查监督处助检员

张丽杰(女)　内蒙古自治区通辽市科尔沁区人民检察院侦查监督科科长

秦晓杰(女)　辽宁省本溪市人民检察院侦查监督处处长

崔炳均　吉林省通化市东昌区检察院监督局局长

陈玉春　黑龙江省嘉荫县人民检察院检察长

吴　燕(女)　上海市闽行区人民检察院未检科科长

柳建华　江苏省镇江市湾山地区人民检察院

检察长
胡葵阳(女) 浙江省杭州市江干区人民检察院公诉科副科长
章生根 安徽省安庆市郊区人民检察院检察长
沈延辉 福建省漳州市芗城区人民检察院检察长
傅作全 江西省新建县人民检察院侦查监督科科长
付慧敏(女) 河南省郑州市管城回族区人民检察院未检科科长
杜裕钢 湖北省武汉市青山区人民检察院侦查监督科科长
罗志卫 湖南省郴州市人民检察院侦查监督科科长
阮　明(女) 广东省广州市人民检察院公诉一处未成年人犯罪审查起诉科科长
韦炳桂 广西壮族自治区桂林市象山区人民检察院侦查监督科副科长
王　松 海南省昌江县人民检察院侦查监督科科长
周　军 重庆市人民检察院侦查监督处副处长
王加睿 四川省成都市金牛区人民检察院侦查监督科科长
文显俊 贵州省余庆县人民检察院侦查监督科科长
韩小红(女) 云南省大理州人民检察院侦查监督处处长
李　萍(女) 陕西省西安市雁塔区人民检察院侦查监督科科长
周永麟 甘肃省兰州市城关区人民检察院副科长
贾湟川 青海省人民检察院侦查监督处处长
梁振华 宁夏回族自治区西吉县人民检察院侦监科科长
谭淑丽(女) 新疆维吾尔自治区人民检察院侦查监督处副处长
张铁超 新疆生产建设兵团阿克苏垦区人民检察院侦查监督科科长

公安系统(30 名)

左继中 北京市公安局大兴分局红星派出所所长
王淑英(女) 北京市公安局西城分局内保处副处长
任　锋 天津市公安局和平分局体育馆派出所所长
林树刚 河北省承德市公安局钢城分局局长
李　辉 辽宁省沈阳市公安局滨河派出所所长
董晓宇(女) 吉林省白城市公安局团委书记
胡学军 黑龙江省公安厅政治部宣传处综合指导科科长
崔　翔 江苏省南京市公安局夫子庙派出所科员
马根良 浙江省平湖市公安局当湖派出所副所长
贾兵锋 安徽省合肥市公安局杏花派出所干部
游泽松 福建省拓荣县公安局交警大队城关中队中队长
吴　江 江西省南昌市公安局西湖分局筷子巷派出所民警
邱乃礼 山东省济宁市公安局政治部副主任
田明军 河南省济源市公安局交警五大队大队长
潘　峻 湖北省武汉市公安局青山分局红卫路街派出所所长
朱连求 湖南省衡阳市公安局强制戒毒所所长
邓庆洪 广东省广州市公安局户政处工程师
仲　军 广西壮族自治区柳州市公安局胜利派出所所长
黄　锋 重庆市公安局九龙坡分局马王村派出所所长
蔡跃冰 四川省成都市公安局锦江分局琉璃厂派出所所长
贺洪勋 四川省德阳市公安局旌东分局珠江

路派出所副指导员
杨　旭　四川省泸州市公安局治安支队民警
杨通林　贵州省都匀市公安局文峰派出所指导员
焦学平　云南省楚雄州公安局西城分局干警
赵之汉　陕西省咸阳市公安局科员
杨学潮　甘肃省甘州区公安局上秦派出所所长
刘　强　青海省西宁市公安局城北分局小桥大街派出所民警
杨　德　宁夏回族自治区公安厅宣传处科长
封　魁　新疆维吾尔自治区克拉玛依市公安局天山路派出所团委书记
苏国庆　新疆生产建设兵团农二师乌鲁克垦区公安局英苏派出所所长

司法系统(29 名)

佟丽华　北京市致诚律师事务所主任
周襄民　河北省衡水市司法局副主任科员
郑国华　山西省少管所教育科科长
武力强　内蒙古自治区未成年犯管教所八管区管区长
赵　刚　辽宁省少年教养院院长
田大原　吉林省衡丰律师事务所主任
于海江　黑龙江省松滨监狱监狱长
高昌萍(女)　江苏省金湖县司法局副局长(法律援助中心主任)
桂漪雯(女)　浙江省司法厅法制宣传处主任科员
周　钧　安徽省少年犯管教所分监区长
陈　敏(女)　福建省南平市法律援助中心职员
戴剑波　山东省少年劳教所办公室主任
宋冬梅(女)　河南省商丘市法律援助中心副主任
吴法红(女)　湖北省未成年犯管教所指导员
康　强　湖南省少年管教所教育科科长
宋会勇　广东省佛山市法律援助中心副主任
梁熙业　广西壮族自治区强制戒毒劳教所中队长
蔡先国　海南省维特律师事务所律师
胡大晖　重庆市巴南区司法局基层科科长、调研员
刘　斌　四川省成都市未成年犯管教所副所长
傅　煜　贵州省毕节市法律援助中心办公室负责人
杨显芳(女)　西藏自治区山南地区司法处科长
贾继超　陕西省司法厅政治(警务)部宣教处副主任科员
刘嘉晨　甘肃省少年管教所未成年犯管区管区长
岳　东　青海省多巴劳教所教导员
常　虹(女)　宁夏回族自治区司法厅政治部主任科员
桑　云　新疆百丰律师事务所主任兼书记
王贵彬　新疆生产建设兵团石河子市司法局西营司法所所长
杨长春　新疆生产建设兵团警校学生科团总支书记

劳动保障系统(26 名)

聂长齐　北京市朝阳区劳动和社会保障局劳动保障监察科科长
张东明　天津市劳动和社会保障局劳动监察处干部
张　湛　河北省劳动和社会保障厅劳动保障监察处副处长
张明珠　山西省运城市劳动和社会保障局劳动监察科科长
马瑞平　内蒙古自治区呼和浩特市劳动和社会保障局劳动保障监察大队大队长
朴文静　吉林省白山市劳动和社会保障局劳动保障监察支队队长
刘洪波　黑龙江省伊春市劳动和社会保障局劳动保障监察科科长
章邵升　上海市劳动和社会保障局劳动保障监察总队监察员
朱志萍(女)　江苏省镇江市劳动和社会保障

局劳动监察处处长
张康道　浙江省温州市劳动和社会保障局劳动保障监察支队支队长
林文霞(女)　福建省劳动和社会保障厅法制处干部
胡海涛　江西省新余市劳动和社会保障局劳动保障监察支队支队长
耿建忠　山东省潍坊市劳动和社会保障局劳动保障监察科科长
冯　钊　河南省安阳市劳动和社会保障局劳动保障监察支队队长
侯　刚　湖北省宜昌市劳动和社会保障局劳动保障监察支队队长
陈荣鑫　湖南省劳动和社会保障厅法制与监察处干部
钟子添　广东省韶关市劳动和社会保障局劳动监察科科长
李建华　广西壮族自治区南宁市劳动和社会保障局劳动保障监察大队大队长
程英歌　海南省海口市龙华区劳动和社会保障局劳动保障监察中队队长
舒　阳　重庆市劳动和社会保障局劳动保障监察处副处长
杨秀国　四川省通江县劳动和社会保障局劳动保障监察大队大队长
卜国宪　贵州省盘县人事劳动和社会保障局干部
张　艾(女)　云南省劳动和社会保障厅副厅长
李书信　陕西省西安市雁塔区劳动和社会保障局劳动保障监察大队队长
魏正学　甘肃省白银市劳动和社会保障局干部
胡海利　青海省劳动和社会保障厅劳动监察处干部

广播影视系统(20 名)

张延红(女)　北京人民广播电台新闻台记者
李文刚　天津电视台节目监制
郑永增　河北省广电局总编室干部
柴洪涛　山西省太原市电视台副总监
张晓宏　辽宁省电视台专栏中心记者
崔东日　吉林省延边州电视台青少部主任
倪　虹(女)　黑龙江省电视台儿童少年节目部主任
赵丹军(女)　江苏省电视台《服务先锋》主持人
李国泉　福建省电视台《与法同行》栏目主编
徐士景　山东省广播电视局总编室副主任
梁　红(女)　河南省电视台科教频道青少部主管
涂卫宁　湖北省电视台制片人
温炳章　广东省广播电影电视局主任科员
张　瑾(女)　广西电视台生活频道编导
尚　宁(女)　海南省电视台新闻中心记者
胡　爽(女)　重庆市广电局团委委员
罗立新(女)　云南省电视台社教中心
张　伟　甘肃省电视台副主任
曹先博　青海省广播电视局团委书记
韩晓瑞(女)　新疆人民广播电台主持人

工商行政管理系统(27 名)

郝国庆　北京市工商行政管理局石景山分局消费者权益保护科科长
李　林　天津市工商行政管理局宝坻分局城南工商所所长
薛群芳　河北省邢台市工商行政管理局桥西分局经济检查科副科长
于剑云　山西省介休市工商行政管理局局长
王小俊　山西省孝义市工商行政管理局副局长
李体龙　辽宁省鞍山市工商行政管理局立山分局立山工商所所长
田文录　吉林省辽源市工商行政管理局龙山分局东吉工商所所长
王志林　黑龙江省伊春市工商行政管理局伊春分局商城工商所所长
朱　铭　江苏省扬州市工商行政管理局消费者权益保护处副处长
刘少清　浙江省杭州市工商行政管理局经检支队副队长
金正元　安徽省巢湖市居巢区工商行政管理

局卧牛工商所所长

薛　文　福建省福州市工商行政管理局人事教育处副处长

刘召水　山东省济宁市工商行政管理局消费者权益保护科科长

杨　葆　河南省郑州市工商行政管理局消费者权益保护处处长

王丽娜(女)　湖北省工商行政管理局助理调研员

马英志　湖南省湘潭市工商行政管理局公平交易分局局长

高兆华　广西壮族自治区梧州市岑溪市工商行政管理局消保股股长

徐晟晖　海南省海口市工商行政管理局干部

夏庆华　重庆市永川工商行政管理局消费者权益保护科科长兼大队长

吴　霞(女)　四川省成都市锦江工商行政管理局消费者权益保护科副科长

蹇　刚　贵州省遵义市工商行政管理局科员

侯江英(女)　云南省昆明市盘龙区工商行政管理局消费者权益保护科副科长

艾　全　陕西省工商行政管理局消费者权益保护处副主任科员

李静珍(女)　宁夏回族自治区银川市工商行政管理局副局长

万晓兰(女)　甘肃省工商行政管理局消费者权益保护处主任科员

王向宇　青海省西宁市工商行政管理局消费者权益保护科科长

徐卫平　新疆维吾尔自治区阿勒泰市工商行政管理局金山工商所所长

质量监督系统(15名)

贾　磊　北京市质量技术监督稽查大队

张学敏　河北省唐山市质量技术监督局丰润区分局局长

耿贺宁　辽宁省技术监督局稽查所稽查四科科长

唐玉明　江苏省盐城市质量技术监督局副主任科员

陈兴斌　浙江省金华市质量技术监督检测中心主任

杜　恒　安徽省淮南市质量技术监督局稽查支队队长

李　捷　江西省质量技术监督稽查总队总队长

李翠萍(女)　河南省郑州市技术检测中心室主任

杨万华　湖北省荆门市质量技术监督局团总支书记

李　旭　湖南省株洲市质量技术监督局稽查队队长

唐小玲(女)　广西壮族自治区桂林市质量技术监督局稽查支队办公室主任兼案审科长

李克红　海南省锅炉压力容器与特种设备检验所副科长

崔亚梅(女)　陕西省铜川市产品质量监督检验所所长

徐轶飞　甘肃省产品质量监督检验所干部

赵　勇　青海省计量测试研究院副所长

新闻出版系统(18名)

杜　玮　北京王府井书店书籍部主任

沈　舰　天津教育出版社副科长(团支部书记)

张　炬　河北省石家庄市新闻出版局局长

马爱民　山西省“扫黄”“打非”领导组办公室主任

崔勇谋　辽宁省少年儿童出版社社长

王乃秋(女)　黑龙江省牡丹江市文化局(新闻出版局)新闻出版科科长

黄　勇　江苏省新闻出版局团委书记

陶　璐(女)　福建省人民出版社《素质教育博览》杂志社编辑

宋伟建　山东省潍坊市新闻出版局印刷发行管理科科长

李运生　河南省新闻出版局发行管理处处长

刘传生　湖北省新闻出版局副处长

辜　毅　湖南省“扫黄”“打非”办公室、省新

闻出版局主任科员

王　湘(女)　广东省广州时报社政文新闻中心记者

邵福荣　广西壮族自治区新闻出版局版权管理处

李炳仁　重庆市新闻出版局主任科员

毛文龙　甘肃省新闻出版局科员

刘志鹤　青海省新闻出版局副主任科员

王红飞(女)　新疆维吾尔自治区出版技工学校团委书记

共青团系统(30名)

梁　怡(女)　共青团北京市委权益部主任科员

阎兴华　共青团天津市委权益部主任科员

薛永纯　共青团河北省廊坊市委书记

刘泽宇　共青团山西省晋城市城区委书记

郭侍鑫　共青团内蒙古自治区巴彦淖尔盟乌拉特前旗委书记

柴志仁　共青团辽宁省委权益部部长

冷　桦(女)　共青团吉林省白山市委权益部部长

关　威　共青团黑龙江省委权益部副部长

黄建德　共青团江苏省常州市教育局副书记

李　开(女)　共青团浙江省杭州市委青少年热线干部

张　权　共青团安徽省合肥市委权益部部长

金　纶　共青团福建省福州市委宣传(权益)部部长

巫　琼(女)　共青团江西省赣州市委权益部部长

张文涛　共青团山东省委社区和权益部部长助理

蒋卫民　共青团河南省委社区权益部部长

袁　军　共青团湖北省武汉市委主任科员

蒋颖群(女)　共青团湖南省常德市委副书记

王卫国　共青团广东省广州市东山区委书记

陈　晓　共青团广西壮族自治区南宁市委社区和维护青少年权益部部长

林　敏　共青团海南省委权益部主任科员

李小猛　共青团重庆市委权益部部长助理

张季俯　共青团四川省泸州市委副书记

刘　杰(女)　共青团贵州省委社区和维权部副部长

杨　丽(女)　共青团云南省昆明市委副书记

尼玛普赤(女)　共青团西藏自治区日喀则地委副书记

曹全虎　共青团陕西省铜川市委书记、党组书记

杨晓蓉(女)　共青团甘肃省委权益部主任科员

巴旭东　共青团青海省委权益部主任科员

马宁华　共青团宁夏回族自治区石嘴山市委组宣部部长

米娜娃·苏莱曼(女)　共青团新疆维吾尔自治区克拉玛依市委副书记

全国青少年防火自护 flash 大赛活动

为贯彻落实“三个代表”重要思想，认真实施《中华人民共和国消防法》、《中华人民共和国未成年人保护法》和《中华人民共和国预防未成年人犯罪法》，增强青少年的自我保护意识和能力，共青团中央社区和维护青少年权益部、中央综治委预防青少年违法犯罪工作领导小组办公室、公安部消防局、中青网于2004年1月在全国青少年中开展了防火自护 flash 大赛活动。大赛得到全国青少年的普遍关注和踊跃参与，共收到来自全国31个省、自治区、直辖市的作品900多幅。参赛选手在学习安全防火自护知识的基础上，在老师的悉心指导

下,运用flash动画技术创作了一批情节生动、声形并茂的作品,展示了当代青少年勤于学习、善于创造的良好风貌,活动取得了圆满成功。经主办单位组织专家认真评选,刘彤等5名同学的作品获得一等奖,马秀文等15名同学的作品获得二等奖,吴丹等30名同学的作品获得三等奖,刘派等49名同学的作品获得优胜奖,北京团市委等10个单位获得优秀组织奖,殷红等45名教师获得优秀指导教师奖。

全国青少年防火自护flash大赛获奖者名单

(根据评奖情况排序)

一等奖

北京石景山区杨庄中学　刘　彤
北京通州区官园小学　王　晨
北京西城区161中学　何　婧
福建厦门市集美大学　团　委
浙江省余姚市第四职业技术学院　集　体

二等奖

北京东城区中央工艺美院附中　马秀文
北京海淀区清华附中　王晓曦　潘　超
北京平谷区第七小学　王依妍
北京延庆县第三中学　王兴兴
北京顺义区后沙峪中学　李　聪
北京西城区电子电器职业高中　曹文涛
湖北荆州市沙市区新沙路小学　朱煜枫
湖北宜昌市三峡大学理学院　韦子安
吉林白山市抚松县第一中学　郭　鑫
宁夏石嘴山市西北外事中专学校　马桂莲
山东淄博市桓台县公安消防大队　张金勇
山东滨州市邹平县实验中学　张　倩
山西介休市公安消防大队　赵辰露
江苏盐城市第一小学　顾悦鑫
浙江余姚市第四职业技术学院　吕　品

三等奖

北京崇文区板厂小学　吴　丹
北京门头沟区职教中心校　高　原
北京平谷区北师大平谷附中　杨　兴
北京顺义区第一中学　刘文治，李宏伟
北京顺义区天竺中心小学　刘奇峰
北京海淀区北达资源中学　高　原
北京房山区良乡二小　马　飒
北京通州区永顺镇发电厂小学　张文江
北京通州区永乐店中学　张文言
北京燕山区前进二小　侯泽成
北京海淀区育英中学　张佩琦
北京海淀区蓝靛厂中学　张　萌
江苏南京市聋人学校　程晓枫　李　鸣
段琪伟　赵　捷
辽宁沈阳市第20中学　傅天博　梁云龙
文　超　彭重天
辽宁沈阳市第20中学　关博予　王文夫
辽宁沈阳市第四十四中学团委　李　健
内蒙古赤峰市元宝山区第一中学　纪玲玲
山东淄博市桓台县公安消防大队　张金勇
山东济南市章丘一职专02微机(4)班　徐　芳
山东淄博市张店区第七中学　吕　臻
山西祁县实验小学　曹丰茗
山西长治市二中　李毅鑫
天津东丽区职业教育中心学校　李龙翠
四川攀枝花第二中学　王　韬
四川遂宁市公安消防支队　陈　明
浙江余姚市第四职业学校　杨小刚
浙江宁波市镇海区中心学校　方　倩
浙江余姚市第四职业学校　高素贞
浙江余姚市第四职业学校　唐姚元
浙江余姚市第四职业学校　张春权
浙江余姚市第四职业学校　汪良波
浙江余姚市第四职业学校　樊庆元
浙江宁波市镇海区中心学校　方　倩
浙江衢州市公安消防支队特勤中心　吴　迅
湖北武汉市公安消防支队　集　体

优胜奖

北京海淀区八一中学初一(3)班　刘　派
北京朝阳区北京市化工大学附中　魏艾文
北京崇文区现代职业学校　白梦梦

北京崇文区第179中学　杨晓旭
北京崇文区文汇中学　云　超
北京门头沟区三家店小学　赵雪婷
北京燕山区星城中学　李一超
北京大兴区黄村二中　田　端
北京东城区中央工艺美院附中　梅　娜
北京房山区北师大良乡附属中学　庞雪洁
北京丰台区六里桥小学　耿路春子
北京丰台区北京市电子工业学校　吴　扬
北京平谷区刘店学区　邢婷婷
北京石景山区古城旅游职业学校　崔　岩
北京宣武区徐悲鸿中学　孟　鹤
北京宣武区育才学校　李　唯
北京延庆县西屯小学　刘　磊
北京延庆县西屯小学　马　乐
北京燕山区职业学校　耿　龙
北京顺义区仁和中心小学　党缙彦
北京密云县池州市专　叶茂盛
安徽休宁海阳中学　管月鸣
安徽马鞍山市第二十二中学　张笑虹
安徽芜湖市大庆路小学五(4)班　李　筱
湖北宜昌市伍家岗小学　刘　越
湖北宜昌市伍家岗小学　罗　成
湖北十堰市第一中学　王　晓
湖北武汉市消防支队　池　轩
湖北武汉市消防支队　集　体
吉林白山市抚松县第一中学　吴高鹏
江苏南京市金陵职教中心团委　董　玉
江苏南京市郑和外国语学校　陈　曦
辽宁沈阳市汽车工程学校　张光鹤
内蒙古赤峰市元宝山区第一中学(两幅)　季　威
宁夏青铜峡市一中　哈　钊
山东淄博市临淄区第三中学　陈　光　郑金亭
山东济南市甸柳新村第一小学　耿　媛
山东滕州市实验小学　齐福建
山东潍坊市潍坊外国语学校　许智宇
山东青岛市共青团山东省委社区和权益部　杨雪英
山东滨州市邹平县实验中学初二(4)班　张雁楠
山西太原市山西省实验中学　万　川
山西介休市公安消防大队　王姝琪
山西太原市二十四中　张富达
四川遂宁市遂宁中学北校区　王　羽
四川泸县第二中学　王　果
四川泸州市公安消防支队　熊　绪
四川泸州职业技术学院　邹声强　代恩平　姚康铭
浙江余姚市实验学校小学　郑问鼎　汪凯琪

优秀组织奖

北京团市委　北京消防总队
山东团省委　四川消防总队
武汉消防总队　山东消防总队
新疆克拉玛依市团市委　青岛团市委
吉林靖宇县公安消防大队
南京金陵职教中心团委

优秀指导教师奖

北京东城区中央工艺美院附中　殷　红
北京平谷区第七小学　赵书玉
北京平谷区北师大平谷附中　张国喜
北京通州区永乐店中学　肖　洋
北京燕山区前进二小　宫　莉
北京崇文区第179中学　庞　磊
北京门头沟区三家店小学　高雁忠
北京大兴区黄村二中　郭　宇
北京东城区中央工艺美院附中　赵　娜
北京平谷区刘店学区　王建红
北京石景山古城旅游职业学校　元荣华
北京延庆县西屯小学　于利霞
北京延庆县西屯小学　王秀敏
宁夏石嘴山市西北外事中专学校　葛　辉
宁夏青铜峡市一中　李培虎
山东滨州市邹平县实验中学　梅红亮
山东省潍坊市潍坊外国语学校　刘晓芳
山东淄博市临淄区第三中学　刘兴利

山东济南市甸柳新村第一小学　刘茹军
山东滨州市邹平县实验中学　梅红亮　洪兴兵
江苏盐城市第一小学　赵志宏
江苏南京市南京聋人学校　徐成瑶
江苏南京市郑和外国语学校　王艳艳
浙江余姚市第四职业技术学院　余劲松
浙江宁波市镇海区中心学校　吕炳群
浙江余姚市第四职业学校　张云钦
浙江余姚市第四职业学校　陈　伟
浙江余姚市实验学校小学　阮松泉
内蒙赤峰市元宝山区第一中学　卜晓辉
内蒙古赤峰市元宝山区第一中学　王俊义
山西长治市二中　郭卫民
山西太原市太原二十四中　刘　霞
天津东丽区职业教育中心学校　杜小林　李　鑫
四川攀枝花市第二中学　张冰玉
四川泸县第二中学　陈生贵
辽宁沈阳市第四十四中学团委　杨东博
安徽休宁海阳中学　汪建武
安徽马鞍山市第二十二中学　储东辉
安徽芜湖市大庆路小学　张　愚
湖北宜昌市伍家岗小学　郭　娟

青少年防治艾滋病志愿者“面对面”宣传教育活动先进集体和优秀个人

为贯彻落实国务院《关于切实加强艾滋病防治工作的通知》精神，深入实施《中国预防控制艾滋病中长期规划》、《中国遏制与防治艾滋病行动计划》和《共青团中央防治艾滋病战略规划》，共青团中央、卫生部2004年在全国开展了“青春红丝带”行动——青少年防治艾滋病志愿者“面对面”宣传教育活动，取得了积极成效。各地团组织充分发挥团员青年志愿者作用，以服务青年、服务广大群众为出发点，以“珍爱生命、远离艾滋、消除歧视、共享生命”为活动主题，从实际出发，面向基层，面向青少年和广大群众，不断创新活动形式，提高教育的针对性和实效性，为当地办实事办好事，成效显著。为表彰先进，树立典型，调动更多的社会力量积极参与、共同推动青少年防治艾滋病宣传教育工作的深入开展，共青团中央预防控制艾滋病性病工作协调小组办公室于2005年1月5日下发表彰决定，授予共青团黑龙江省委等60个单位“青春红丝带”行动——青少年防治艾滋病志愿者“面对面”宣传教育活动先进集体奖和共青团北京市石景山区委书记原在会等129个“青春红丝带”行动——青少年防治艾滋病志愿者“面对面”宣传教育活动优秀个人奖。

2004年度“青春红丝带”行动——青少年防治艾滋病志愿者“面对面”宣传教育活动先进集体名单

北　京
共青团北京市海淀区委
天　津
天津市卫生防病中心青年志愿者服务队
河　北
共青团河北省委
河北医科大学公共卫生学院
共青团河北省武安市委
山　西
山西青年报社

共青团山西省阳城县委
山西医科大学
内蒙古
内蒙古呼和浩特市卫生局团委
内蒙古鄂尔多斯市东胜区铜川镇青年志愿者分队
辽　宁
辽宁中医学院团委
共青团辽宁省长海县委
吉　林
北华大学师范外语学院预防艾滋病志愿者服务队
长春理工大学团委
黑龙江
共青团黑龙江省委
哈尔滨医科大学基础 2003 年级
上　海
共青团上海市徐汇区委
江　苏
共青团江苏省委权益部
浙　江
浙江大学团委
安　徽
共青团安徽省临泉县委
安徽医科大学环境保护协会
安徽大学团委
福　建
福建医科大学团委
江　西
共青团江西省萍乡市湘东区委
山　东
共青团山东省委
共青团山东省潍坊市委
共青团山东省平度市委
共青团山东省邹城市委
河　南
河南大学团委
河南中医学院团委
共青团河南省上蔡县委
共青团河南省睢县县委
湖　北
共青团湖北省随州市委
武汉大学医学院团委
共青团湖北省大冶市委
共青团湖北省谷城县委
湖　南
中南大学团委
共青团湖南省石门县委
共青团湖南省辰溪县委
广　东
共青团广东省阳东县东城镇委
广　西
广西中医学院大学生红十字会“青春红丝带”行动青年志愿者服务队
共青团广西百色市右江区委
海　南
共青团海南省万宁市委
重　庆
共青团重庆市渝中区委
四　川
共青团四川省中江县委
贵　州
共青团贵州省贵阳市南明区委
共青团贵州省遵义市红花岗区委
云　南
共青团云南省玉溪市红塔区委
云南省德宏州盈江县民族中学
陕　西
共青团陕西省西安市委
共青团陕西省商洛市委
甘　肃
兰州医学院红丝带爱心社
共青团甘肃省天水市秦州区委
共青团甘肃省武威市凉州区委
青　海
共青团青海省西宁市城中区委

青海省医学院团委

宁　夏

共青团宁夏回族自治区委权益部

新　疆

共青团新疆乌鲁木齐市天山区委

共青团新疆阿克苏地区库车县委

新疆生产建设兵团

新疆塔里木大学团委

2004年度“青春红丝带”行动——青少年防治艾滋病志愿者“面对面”宣传教育活动优秀个人名单

北　京

原在会　共青团北京市石景山区委书记

李　芸　北京市朝阳区香河园街道团工委书记

天　津

孙　颖　天津电台滨海台记者

刘　莉　天津医科大学团委副书记

河　北

王子博　共青团河北省永清县委副书记

孙春雨　共青团河北省固安县委组宣部部长

辛　悦　共青团河北省霸州市委书记

石振平　共青团河北省沙河市委副书记

李卫峰　共青团河北省武安市委副书记

山　西

任智慧　山西中医学院学生会主席、中医系学生

王　晋　长治医学院学生会主席、临床医学系学生

霍婷照　山西医科大学汾阳学院学生会副主席、护理系学生

石　磊　大同医学专科学校团支部书记、临床医学系学生

冯立忠　山西省艾滋病防治工作委员会办公室常务副主任、山西省卫生厅疾病控制处处长

贾　刚　山西青年报编委、广告部主任

贾冰婷　华北工学院分院社团联合会副主席、外语系学生

内蒙古

郄　炳　共青团内蒙古呼和浩特市委权益部部长

林　哲　内蒙古通辽市疾病控制中心站长助理

乔殿海　内蒙古乌兰浩特市铁西办事处团工委书记

王瑞云　内蒙古河套大学医学院团总支书记

辽　宁

徐　凯　辽宁中医学院团委书记

任　忠　共青团辽宁省沈阳市和平区委书记

徐　敏　共青团辽宁省宽甸县委书记

付　刚　共青团辽宁省委社区和维权部干部

吉　林

袁　林　东北师范大学学生

姚立平　吉林白城医学高等专科学校教师

蔡　霞　吉林图们市健康教育所干部

王绍伟　吉林公主岭市疾病预防控制中心干部

黑龙江

刘广忠　哈尔滨医科大学2002年级临床3班学生

潘　虹　哈尔滨医科大学学生

赵　羽　哈尔滨医科大学基础2003年级团总支书记

上　海

蔡　泳　上海第二医科大学人文和卫生管理学院教师

李　邯　上海中医药大学团委副书记

江　苏

潘耿介　共青团江苏省常州市委权益部干部

陈洪亮　江苏省徐州医学院团总支书记

浙　江

阮　啸　浙江大学团委副书记

安　徽

高　冰　安徽省阜阳市颍州区疾病预防控制

中心科长
邓宏伟　安徽省界首市公安局陶庙派出所所长
杜曙光　共青团安徽省濉溪县委书记
刘　磊　共青团安徽省利辛县委副书记
徐少华　安徽省巢湖职业技术学院团委负责人
宋延举　安徽省滁州市疾病预防控制中心主任
项立安　安徽大学青年志愿者协会会长
方发家　共青团安徽省委权益部干部
福　建
王巧鸿　共青团福建省长乐市委宣传部部长
张春晓　福建省晋江市青阳街道团工委书记
江　西
程　霞　共青团江西省萍乡市委青联办公室主任
陈　红　江西省疾病预防控制中心艾滋病性病防治所副所长
山　东
于淑杰　共青团山东省委社区和权益部副主任科员
李　峰　山东省济南市槐荫区团工委副书记
安倩坤　山东省烟台市芝罘区卫生局团委书记
吕　郁　共青团山东省邹城市委书记
崔媛英　山东省菏泽市牡丹区疾病控制中心艾滋病防治所副所长
和西涛　山东省新泰市卫生防疫站艾滋病防治科科长
河　南
胡翠霞　河南省尉氏县卫生局团委书记
卜　一　共青团河南省信阳市浉河区委副书记
李　炜　共青团河南省西华县委书记
王东霞　共青团河南省柘城县委书记
王　霞　共青团河南省新蔡县委书记
陈岷江　河南大学团委副书记
田志红　河南科技大学团委办公室主任
魏文君　河南新乡医学院团委书记
李志轩　河南中医学院辅导员
湖　北
罗伟昌　武汉大学医学院团委书记
闫来松　湖北省浠水县疾控中心医生
郑昌俊　共青团湖北省南漳县委书记
谭　震　湖北省鹤峰县防疫站医师
李　兵　湖北省秭归县磨坪乡团委书记
张　蓉　共青团湖北省巴东县书记
彭　艳　共青团湖北省竹山县委副书记
琚兆清　湖北省襄樊市卫生局血吸虫地方病防治办公室副主任
徐静东　湖北省疾控中心健康教育所副主任
高世成　武汉大学中南医院副主任医师
湖　南
刘　建　华中南大学团委书记
薛　建　华中南大学湘雅医学院团委副书记
王燕飒　共青团湖南省怀化市洪江区委书记
陈媛媛　共青团湖南省石门县委副书记
唐　铭　共青团湖南省祁阳县委学校部部长
吴春霞　湖南省慈利县疾控中心团支部书记
广　东
许振锋　共青团广东省台山市委组织部部长
董海曼　中山大学基础医学院教师
广　西
陆永令　共青团广西凭祥市委书记
宁　宇　共青团广西南宁市横县委书记
陈展维　共青团广西贺州市八步区委书记
郁　惠　广西中医学院大学生红十字会副秘书长
海　南
李海宁　共青团海南省万宁市委书记
王小燕　共青团海南省澄迈县委副书记
薛向文　共青团海南省文昌市委书记
陈美西　海南省儋州市第一人民医院医师
重　庆
陈光海　共青团重庆市委权益部副部长

印国建　共青团重庆市大足县委书记

四　川

赵燕飞　共青团四川省南江县委书记

巴久伍牛莫　四川省凉山州昭觉县庆恒乡乡长助理

谢　斌　共青团四川省中江县委书记

王勇胜　四川省乐山市市中区疾病预防控制中心艾滋病项目办科长

沈　莲　共青团四川省大足县委书记

贵　州

桂晓玲　贵阳医学院教师

王　果　贵阳中医学院教师

白　亮　遵义医学院学生

黄雪婷　黔南民族医学高等专科学校学生

褚郭宏　共青团贵州省贵阳市委纪检组长

云　南

董丽娅　共青团云南省临沧市临翔区委干部

侯　华　共青团云南省盈江县委副书记

张　丽　共青团云南省玉溪市红塔区委书记

苏正红　云南省澜沧县人民医院护士

李开锋　共青团云南省昭通市昭阳区委办公室主任

苏军良　共青团云南省巍山县委副书记

李开洪　共青团云南省麻栗坡县委书记

陕　西

田　辉　陕西省宝鸡市疾病预防控制中心传染病防治科副科长

刘　杰　共青团陕西省咸阳市委干部

李和平　陕西省榆林市第一医院内科主任

谢尚奇　陕西省安康市教育电视台记者

肖保民　陕西省汉中市卫生局疾控科副科长

甘　肃

翟立群　兰州医学院团委书记

王　勇　兰州医学院病理教研室讲师

白清海　兰州医学院学生会主席

李泽民　兰州医学院红丝带爱心社社长

洪遂新　甘肃省天水市秦州区卫生局团总支书记

赵　斌　共青团甘肃省武威市凉州区委副书记

青　海

马建立　共青团青海省委权益部部长

池永红　青海省平安县第二中学团委书记

乔雪松　青海省格尔木市第一人民医院医师

王生忠　青海省刚察县疾病预防控制中心主任

宁　夏

王　涛　共青团宁夏银川市兴庆区委书记

新　疆

贾桂英　新疆乌鲁木齐市天山区胜利路街道办事处干部

邵　容　新疆喀什市妇幼保健站

阿布力科木·许克尔　新疆库车县乌恰镇团委干部

米尔扎提·吐尔逊　新疆伊宁市琼科瑞克街道办事处干部

新疆生产建设兵团

马若飞　新疆石河子大学师范学院中文系2003级学生

中国青年志愿者行动先进个人和集体

2003年，是中国青年志愿者行动实施10周年。10年来，各级团组织紧紧围绕党政工作大局，着眼人民群众生产生活基本需求和青年成长成才，动员组织了1.5亿多人次的青年在扶贫开发、社区建设、环境保护、大型活动、抢险救灾、海外援助等不同领域向社会提供了55亿小时的志愿服务。大学生志愿服务西部计划、青年志愿者扶贫接力计划、“保护母亲河”青年志愿者绿色行动营计划、青年志愿者海外服务计划等重点项目深入实施,志愿者注册制度普遍推行,志愿服务立法进程逐步加快。青年志愿者行动正在成为社会主义市场经济条件下共青团动员组织青年参与社会发展的有效手段,成为开发青年人力资源、培养青年人才的有效途径,成为加强公民道德建设、提高公民道德素质的有效载体。

随着青年志愿者行动的蓬勃发展,全国各地涌现出一大批参与青年志愿服务的先进典型。为进一步发挥典型的激励示范作用,在全社会大力弘扬“奉献、友爱、互助、进步”的时代新风,推动青年志愿服务事业取得新发展,在促进社会发展中发挥更大作用,经过第五届中国青年志愿者行动评选表彰活动评审委员会认真、公正、公开的评选审议,共青团中央决定授予莫锋、朱朝枝、冯艾(女)、叶榄、李汶凯、秦希燕、马海军、张静(女)、张立国、陈立新等10人“中国十大杰出青年志愿者”称号,授予上海青浦区青年志愿者治安巡逻队、江苏连云港市灌云县青年志愿者服务总队、北京门头沟区青年志愿者服务总队、江西九江市星子县消防大队119联动服务站、广东深圳市义务工作者(志愿者)联合会、辽宁青年志愿者支教扶贫接力计划本山项目服务团、河南濮阳市电业局“送光明”志愿者服务队、四川成都市金牛运业有限责任公司茶店子客运站志愿者服务队、贵州“阳光行动”志愿者服务队、安徽医科大学第一附属医院青年志愿者服务队等10个集体“中国十大杰出青年志愿服务集体”称号,授予魏红(女)等100人“中国百名优秀青年志愿者”称号,授予天津南开区青年志愿者协会等100个集体“中国百个优秀青年志愿服务集体”称号,授予共青团北京市委等12个省级团委及共青团天津市和平区委等25个地市级团委“中国青年志愿者行动组织奖”。

这次受到表彰的青年志愿服务先进典型是当代中国青年的优秀代表。他们以自己的实际行动向全世界展示了当代中国青年的良好素质和崭新风貌。

“中国十大杰出青年志愿者”名单

(以得票数多少为序)

莫　锋　内蒙古巴林右旗卫生防疫站站长助理
朱朝枝　福建农林大学农村发展研究所所长
冯　艾(女)　云南宁蒗县战河中学副校长
叶　榄　河南潢川县绿色志愿者协会会员
李汶凯　上海体育学院成人教育部教师
秦希燕　湖南秦希燕联合律师事务所所长
马海军　四川成都市52中校长
张　静(女)　河北石家庄钢铁股份有限责任公司工人
张立国　吉林长春市宽城区奋进乡蔡家村孙轱辘屯农民
陈立新　江苏南京市爱心车队队长

“中国十大杰出青年志愿服务集体”名单

(以得票数多少为序)

上海青浦区青年志愿者治安巡逻队
江苏连云港市灌云县青年志愿者服务总队
北京门头沟区青年志愿者服务总队
江西九江市星子县消防大队119联动服务站
广东深圳市义务工作者(志愿者)联合会
辽宁青年志愿者支教扶贫接力计划本山项目服务团
河南濮阳市电业局“送光明”志愿者服务队
四川成都市金牛运业有限责任公司茶店子客运站志愿者服务队
贵州“阳光行动”志愿者服务队

安徽医科大学第一附属医院青年志愿者服务队

“中国百名优秀青年志愿者”名单

（100名）

北　京　魏　红（女）　于吉顺　周永梅（女）
天　津　种泽龙　冯　东　石韩冰
河　北　鲍守坤　郭玉红（女）
山　西　王铁梅（女）　尚慧辉（女）
张效明
内蒙古　周永春　牟　野
辽　宁　孙　逊　李亚军（女）
王　芳（女）
吉　林　张　巍　刘继富　坚美菊（女）
黑龙江　李　强　崔玉梅（女）
孙向红（女）
上　海　余洪猛　严锦云（女）
陆绍波
江　苏　刘晓强　魏迎凤（女）
何健忠
浙　江　张爱萍（女）　施益萍（女）
丁　瑶（女）　吴　斌
安　徽　杜长清　查安生　鲁朝晖
刘　玲（女）
福　建　白舒奇（女）　张文辉　林元相
江　西　方勇军　杜筱玲（女）
张小辉
山　东　刘晓东　李翠华（女）
王　磊　史中国
河　南　赵全明　唐秋伟
湖　北　马　青　谢　亚（女）
杜钢清
湖　南　曾志东　李　君
广　东　赵广军　丛　飞　杨　旸
广　西　罗光宁　雷　声（女）
杨宁远
海　南　梁东喜　陈华强（黎族）
重　庆　刘　勇　向　勇　冉　槐
四　川　魏文波　张恩知　王识开
贵　州　钟　明　叶　丹（土家族）
令狐彩桃（女，侗族）
云　南　陈洪涛　孙菊芬（女）
西　藏　李存芳　次旦多吉（藏族）
方长春
陕　西　李炳龙　卢周红（女）
逄格进
甘　肃　胡有贤　马凌霞（女）
青　海　苑丹坚措（藏族）　李　清
宁　夏　孙香萍（女）　李晓辉（女）
钟婷婷（女，满族）
新　疆　周国华　欧清银　杨　彦
全国铁道　贺丽华（女）赵越超　汪元明
中直机关　王胜勇　黄鹤鸣（土家族）
中央国家机关　李宪伦　黄　磊　陈翁翔
中央企业　吴　涛
中央金融　刘　恺
新疆生产建设兵团　唐学文　高钰岱

“中国百个优秀青年志愿服务集体”名单

（100个）

北京宣武区第一职业学校青年志愿者服务队
北京二清集团青年志愿者服务队
北京中医药大学岐黄志愿者服务队
天津南开区青年志愿者协会
天津东丽区卫生局青年志愿者服务队
天津医科大学青年志愿者协会
河北“大学生健康行动计划”承德市隆化县服务队
河北秦皇岛市海港区青年志愿者协会
河北承德避暑山庄青年志愿者服务站
山西太原理工大学“螺丝钉之家”青年志愿者服务队
山西太原市杏花岭区三桥街道志愿者服务总队
山西医科大学第二医院青年志愿者服务队
山西财经大学青年志愿者服务总队
内蒙古呼和浩特市玉泉区青年志愿者指导中心

内蒙古呼和浩特市赛罕区青年志愿者协会
辽宁沈阳市苏家屯区青年经纪人志愿者服务队
辽宁葫芦岛市青年志愿者服务总队
辽宁机电职业技术学院机械工程系01221班青年志愿者服务队
辽宁盘锦市司法局机关团支部法律服务队
吉林长春大学“团风”志愿者协会
吉林大学阳光爱心学校
吉林吉林市雷锋车队
吉林通化市公共汽车公司青年志愿者服务队
黑龙江双鸭山市蓝天电梯救援青年志愿者服务队
黑龙江哈尔滨师范大学美术教育系“爱盟社”
黑龙江霍庆海青年志愿者服务队
上海长宁区华阳街道“七不”啄木鸟志愿者小队
青年志愿者扶贫接力计划研究生支教团上海华东师范大学服务队
上海华东政法学院大学生社会法律援助中心
江苏宜兴市青年志愿者协会
江苏徐州市“蓝帽子”志愿者服务队
江苏扬中市青年志愿者协会
江苏东台市青年志愿者服务总队
浙江省青年志愿者协会绿色环保志愿者分会
浙江杭州市下城区志愿者协会
浙江湖州市吴兴区月河街道吉山一社区青年志愿者服务队
浙江嘉善县青年志愿者管理(注册)中心
安徽阜阳市疾病预防控制中心青年志愿者服务队
中铁四局集团建筑工程有限公司青年志愿者服务队
安徽工业大学大学生志愿者协会
福建福州大学管理学院财金系星光志愿者服务队
福建南纸股份有限公司青年志愿者服务队
福建省电信有限公司厦门市分公司志愿者服务队
江西南昌大学青年志愿者协会
江西湖口县消防大队青年志愿者服务队
江西农业大学绿源青年志愿者服务协会
山东泰安卫生学校青年志愿者服务总队
山东济南市市中区泺源社区爱心辅导站
山东大学能源与动力工程学院青年志愿者服务队
山东兖州市青年志愿者服务中心
河南许昌卷烟总厂青年志愿者协会
河南安阳师范学院青年志愿者服务总队
河南焦作工学院青年志愿者协会
湖北华中农业大学青年志愿者协会
湖北鄂州大学青年志愿者服务队
湖北武汉钢铁(集团)公司青年志愿者协会
湖南中南大学青年志愿者协会
湖南湘潭大学雷锋公司
广东华南师范大学人文学院青年志愿者服务总队
广东省结核病防治研究所“健康直通车”志愿者服务队
南航广州飞机维修工程有限公司青年志愿者服务队
广西南宁市新城区新竹社区志愿者服务站
广西柳州市人民医院“爱心医桥”志愿者协会
广西桂林市公安局交警支队秀峰大队李向群岗亭中队
海南师范学院青年志愿者协会
海南三亚市职业中专青年志愿者服务队
重庆沙坪坝区红岩青年志愿者服务队
重庆爱心之旅心理咨询志愿者服务队
重庆大学绿色青年志愿者服务队
四川泸州市规划建设局青年志愿者服务站
四川省卫生厅直属机关团委青年志愿者服务队
武警四川省总队河坝自治州支队六中队
贵州剑河县青年志愿者协会
贵州赤天化尿素青年志愿者服务队
云南呈贡县青年志愿者分会

云南梁河县青年志愿者服务中心
西藏大学青年志愿者服务总队
西藏那曲地区人民医院青年志愿者服务队
陕西西安火车站“共青团候车室”青年志愿者服务队
陕西西安电子科技大学“信息先锋”青年志愿者服务队
陕西宝鸡市渭滨区青年志愿者协会
兰州铁路局兰州车辆段“爱心志愿者服务队”
甘肃武都监狱青年志愿者服务队
青海大学青年志愿者服务队
青海民和县志愿者协会
宁夏医学院青年志愿者服务总队
宁夏大学青年志愿者服务总队
宁夏石嘴山市石嘴山区青年志愿者中心
新疆阿克苏公路总段库车天山公路段库尔干公路养护管理站青年志愿者服务组
新疆八一钢铁股份公司小型材厂青年志愿者协会
北京铁路分局青年志愿者服务中心
蚌埠铁路分局阜阳地区青年志愿者服务队
怀化铁路总公司水电段青年志愿者服务队
中国农科院研究生院青年志愿者服务队
中国工商银行上海市延安西路支行青年志愿者服务队
中国农业银行浙江省衢州市分行志愿者服务队
第一汽车集团公司教育培训中心爱心青年志愿者协会
新疆生产建设兵团农六师五家渠一中青年志愿者服务队
新疆生产建设兵团农二师八一中学幼三班青年志愿者服务队
新疆生产建设兵团石河子大学红十字青年志愿者服务队

“中国青年志愿者行动组织奖”名单

省级(12个)

共青团北京市委　共青团安徽省委
共青团辽宁省委　共青团广东省委
共青团黑龙江省委　共青团重庆市委
共青团上海市委　共青团四川省委
共青团江苏省委　共青团宁夏回族自治区委
共青团浙江省委　全国铁道团委

地市级(25个)

共青团天津市和平区委
共青团河北省石家庄市委
共青团内蒙古自治区呼和浩特市委
共青团吉林省长春市委
共青团福建省厦门市委
共青团江西省南昌市委
共青团山东省青岛市委
共青团河南省驻马店市委
共青团湖北省恩施州委
共青团湖南省长沙市委
共青团广西壮族自治区柳州市委
共青团贵州省六盘水市委
共青团云南省楚雄州委
共青团西藏自治区拉萨市委
共青团陕西省西安市委
共青团甘肃省张掖市委
共青团青海省西宁市委
共青团新疆维吾尔自治区伊犁州委
中央办公厅团委
中央组织部机关团委
文化部机关团委
科技部机关团委
中国石油天然气管道局团委
中国银行陕西省分行团委
新疆生产建设兵团农九师团委

第六部分

组 织 概 况

共青团组织基本情况

全国现有共青团员7188万。

截至2004年年底，全国共有共青团员7188万人，为历史最高水平；基层团委21.2万个，团总支23.4万个，团支部254万个；专职团干部19.1万人。

学生团员总数为3492万人，约占团员总数的49%。全国各学校中共有基层团委5.9万个，团总支7.1万个，团支部89万个。

采掘业、制造业、电力、煤气及水的生产和供应业、建筑业以及地质勘察、水利管理业共有团员为610万人。这些行业中，基层团委达3.6万个，团总支3.5万个，团支部30万个。

在农、林、牧、渔业中，共有团员2145万人，基层团委5.4万个，团总支7万个，团支部88万个。

第三产业及其他行业中，团员总数为941万人，建立了基层团委6.3万个，团总支5.8万个，团支部47万个。

其他青年组织基本情况

中华全国青年联合会

中华全国青年联合会简称全国青联，成立于1949年5月4日。全国青联是中国共产党领导下的我国基本人民团体之一，是以中国共产主义青年团为核心力量的各青年团体的联合组织，是我国各族各界青年广泛的爱国统一战线组织。全国青联实行团体会员制，现有团体会员50个，委员1899名。

2004年，全国青联坚持以邓小平理论和“三个代表”重要思想为指导，深入学习贯彻全国人才工作会议精神和《中共中央国务院关于进一步加强人才工作的决定》，高举爱国主义、社会主义旗帜，团结凝聚各族各界青年树立和落实科学发展观，积极服务经济社会发展大局，巩固民族团结，维护社会稳定，促进祖国统一，推进同世界各国青年的友好交往，各项工作取得新的成绩和进展，保持了良好发展势头。

大力开展爱国主义和理想信念教育，把学习贯彻“三个代表”重要思想不断引向深入。召开纪念邓小平同志诞辰100周年座谈会，深切缅怀邓小平同志光辉战斗的一生，追思和学习邓小平同志的革命精神、科学思想和崇高风范。举办首都青少年庆祝建国55周年天安门广场大型活动和纪念五四运动85周年“青春”

主题晚会，进一步激发广大青少年的爱国热情，增强当代青年为全面建设小康社会而奋斗的使命感和责任感。举办纪念全国青联成立55周年活动，组织在京200多名青联委员回顾青联历史，共话光荣传统，总结基本经验，研究新情况，进一步用“三个代表”重要思想统揽青联工作，推动青联事业在新世纪新阶段实现新发展。

发挥人才集中和联络广泛优势，为促进经济社会发展做出新贡献。组织青年专家到山东、黑龙江、浙江等地开展科技服务活动，为地方经济建设献计献策，贡献力量。举办“中国泰达生物论坛”、“首届中国软件产业发展青年专家论坛”和“中国（济南）IT青年精英论坛”等活动，努力构建生物技术和信息技术领域青年人才交流平台。组织2004“海外学人回国创业周”，举办“聚焦特大型国有企业”专题活动、海外学人回国创业论坛和新近归国留学人员同城聚会，引导海外青年人才为国服务。组织“中国十大杰出青年”和青年科学家走进校园，教育引导广大青年学生走正确的成长道路。组织全国志愿者艺术团到广东东莞、宁夏银川、重庆和山西灵丘开展慰问和公益演出活动，送去党和政府的关怀，送去亿万青年的问候。一年来，全国青联组织文艺界委员144人次参加了23场慰问和公益演出，现场观众近15万人。

落实人才强国战略，推动青年人才工作实现新进展。评选表彰第15届“中国十大杰出青年”，进一步扩大评委库规模到200人，深化与媒体合作，深度挖掘典型成长历程，扩大与青少年的交流。表彰第二届“中国软件行业杰出青年”，激励软件行业广大青年为增强信息产业创新能力做贡献。选派第5批“博士服务团”奔赴西部地区进行为期一年的锻炼服务，引导高层次青年人才在西部大开发第一线施展才华，经受锻炼，增长才干。启动“青年企业家竞争力培训计划”，传授企业管理的前沿思想和先进方法，交流创业体会，提高企业科学管理和规范运作水平。召开宪法学习座谈会，提高学习宪法知识、落实宪法精神的自觉性。成立全国青联海外留学人员联谊会，吸收794名个人会员和43个团体会员，有效地团结凝聚了一批在海内外取得突出成绩和具有较大影响的高层次青年留学人员。

立足维护民族团结和社会稳定，推动民族地区青年和信教青年工作实现新发展。开展第四届“全国各族青年团结进步奖”评选活动，表彰近年来为民族团结进步事业做出突出业绩的先进个人198名，先进集体41个，组织“全国各族青年团结进步奖”获奖者参加中央民族大学主题团日活动、举办“各族青年团结进步”论坛，引导、教育各族青年树立马克思主义民族观，促进各族青年健康成长，建功成才。继续实施“培养计划”，选拔来自西部和民族地区的49名青年干部赴东部和沿海地区进行为期半年的挂职锻炼。举办2004年全国宗教界青年代表人士考察学习活动，组织28位宗教界青联委员赴重庆、湖北进行了为期一周的考察学习，积极引导宗教与社会主义社会相适应。

服务大局，对港澳台青少年的交流工作取得新成效。组派全国少工委“手拉手”少儿艺术团赴港演出和交流，受到香港少年儿童的热烈欢迎。促成全国学联和香港大学学生会建立联系，并进行互访交流，实现了历史性突破。举办“龙汇中华”首届世界华人青年论坛、海外杰青汇中华、“同心同根万里行”港澳青少年中国近代史之旅、第三届“内地香港少年手拉手体验交流营”、“彩云之南话团圆”第五届海峡两岸青年中秋联欢等活动，邀请3000多名香港青少年参加中国青少年文化周活动，邀请近300名台湾青年参加中国青年欢乐节，以文化为纽带，增进理解，扩大交流，增强民族认同感和凝聚力。先后接待了香港各界青年才俊五四访京团、香港青商总会北京交流团、台湾青年学者大陆交流团、澳门中华总商会青年委员会内地交流团、澳门各界青年社团猴年携手创未来交流团、澳门青商总会访问团，举办了第八届海峡两岸暨港澳地区青年企业家经贸研讨会等活动，进一步丰富了与港澳台有代表性青少年社团交流的形式和内容。全年共举办大型交流活动 12 项，接待 32 个港澳台青少年团组计 9955 人次；派出 19 个赴港澳台地区访问团组计 511 人次，加深了港澳台青少年对祖国和民族的了解，增进了内地和港澳台青少年之间的交流。

创新工作手段，青联组织自身建设迈出新步伐。开通全国青联网，在委员之间架起沟通的桥梁，在委员与组织、社会之间搭建起多元化信息交互平台，成为服务委员的重要载体和展示青联的窗口。举办新增补委员见面会，对新委员进行生动的入会教育，增强其对青联组织文化的认同感。开展了青联组织基本状况普查、全国和省级青联宗教界委员基本情况调查、“三・二〇”选举后台湾青年学生思想发展状况和台湾青年政治动向调研、“海归搜索行动——海外留学与归国人员现状大调查”，提高工作针对性。加强社团管理，积极履行青年社团归口管理职能，配合民政部开展全国性青年社团 2003 年年检和财务审计，组织全国性青年社团和基金会参加有关培训，推荐中国青年志愿者协会和中国青少年发展基金会荣获全国先进民间组织奖。

全国青联九届五次常委会（2004 年 1 月 4 日）改选赵勇为主席，胡伟为常务副主席，增选杨岳、尔肯江・吐拉洪、张庆伟、黄松有、刘志强为副主席。

中华全国学生联合会

中华全国学生联合会（简称全国学联）是中国共产党领导下的中国高等学校学生会、研究生会和中等学校学生会的联合组织。它是中华全国青年联合会的团体会员。其基本任务是：遵循和贯彻党的教育方针，促进同学德、智、体全面发展，团结和引导同学成为热爱祖国、适应中国特色社会主义事业要求的合格人才；发挥作为党和政府联系同学的桥梁和纽带作用，在维护国家和全国人民整体利益的同时，表达和维护同学的具体利益；倡导和组织自我服务、自我管理、自我教育，开展健康有益、丰富多彩的课外活动和社会服务，努力为同学服务；增进各民族同学的团结，加强与台湾和港澳同学的联系，促进中华民族的团结和伟大祖国的统一；发展同世界各国、各地区学生和学生组织的友谊与合作，支持各国、各地区人民和学生的正义事业。

全国学联实行团体会员制。国民教育体系中国家举办和社会力量举办的全日制普通高等学校和中等学校的学生会、高等学校和科研教育机构的研究生会、国外中国留学生团体，承认全国学联章程的，均可成为全国学联的团体会员。目前，全国学联拥有团体会员 10 万多个，团结和联系着全国 12500 多万大中学生。全国学联按照民主集中制的原则，在中国共产党的领导下和中国共产主义青年团的指导下，依照国家的法律、法规和《中华全国学生联合会章程》，独立自主地开展工作。全国学联的最高权力机构是代表大会，每五年召开一次。全国学联秘书处在全国学联主席团领导下负责全国学联日常工作，对外代表全国学联。全国学联会员团体分别在所在省、自治区、直辖市组成该省、自治区、直辖市的学生联合会，为全国学联会员团体的地方联合组织。

2004 年度，全国学联及地方学联、各大中学校学生会、研究生会组织，在全面建设小康社会的历史进程中，结合我国经济社会发展和青年学生的实际，以贯彻落实《中共中央关于进一步加强和改进未成年人思想道德建设的若干意见》和《中共中央国务院关于进一步加强和改进大学生思想政治教育的意见》为核心，积极开展工作，在团结引导广大青年学生高举爱国主义旗帜跟党走，竭诚服务青年学生的成长成才需求，表达和维护广大同学的具体利益等方面发挥了重要作用。一是坚持以思想道德和理想信念教育为核心，进一步加强青年学生的思想政治教育。深入贯彻落实全国大学生学习贯彻“三个代表”重要思想经验交流会的精神，全面推进“抓活动、抓实践、抓骨干、抓社团、抓网络”的各项措施，把大学生学习贯彻“三个代表”重要思想新高潮不断引向深入。以建国55周年为契机，不断深化中学生18岁成人仪式教育活动，在“十一”前后集中举行了全国中学生18岁成人宣誓仪式，探索适应时代要求的思想道德和公民意识教育的新载体。二是大力深化“大中学生素质拓展计划”。推出“‘大学生素质拓展计划’网络管理系统”，并发放《大学生素质拓展证书》，进一步完善评价机制，强化社会认同。实施“中学生素质拓展计划”，以培养公民意识、创新精神和实践技能为重点，通过组织开展思想教育活动、科技创新创造活动、技能培训实践活动、健康审美活动等各种形式的实践教育活动，帮助中学生提高综合素质。三是充分发挥实践育人优势，继续深化大中学生“三下乡”和“四进社区”等社会实践活动，引导青年学生在实践中加深对“三个代表”重要思想以及党和国家大政方针的理解和认同，通过开展“博士老区行”、“博士东北行”、“博士西部行”等重点项目和实施项目招标对接等方式，更好地使青年学生在服务人民群众的过程中“受教育、长才干、做贡献”。四是弘扬文化育人理念，积极建设健康向上的校园文化。进一步发挥“挑战杯”系列科技竞赛的示范引导作用，认真办好第四届“挑战杯”创业计划竞赛，在建章立制、提高质量、成果转化、舆论宣传等方面实现了新的突破，稳步推进第九届“挑战杯”课外学术科技作品竞赛的各项筹备工作，促进高校群众性科技活动的蓬勃开展。建立了中国青少年科技创新奖励基金，并举办了第一届中国青少年科技创新奖的评选表彰活动。举办了第二届“中国大学生校园歌手大赛”和首届大中学生DV纪实作品大赛，引导青年学生在校园文化活动中展示风采、提高素质。五是坚持以人为本、服务育人的宗旨，牢牢把握就业创业服务和心理健康服务两个重点，不断强化服务功能、提高服务能力。完成《关于2003、2004年高校毕业生就业情况的调研报告》，并报送国务院，多项建议措施获采纳。进一步实施“大学生志愿服务西部计划”，做好招募工作，引导就业观念，倡导大学生到基层、到祖国人民最需要的地方建功立业。大力实施“大学生就业见习行动”，建设“大学生就业见习网”，组织开展“大学生就业见习行动”网络宣讲会，开拓社会资源，组织在校学生利用课余和节假日到企事业单位进行就业见习，提高职业素质和就业能力。高度关注大中学生心理健康，继续开办学校团组织心理咨询工作辅导班，开通中国大中学生心理健康在线，举办首次全国大学生“我爱我”心理健康日活动，免费发放10万册大学新生心理健康手册，支持心理健康专业类学生社团的发展，帮助缓解大学生心理问题，促进大学生身心健康发展。六是进一步做好关心和服务经济困难大学生的工作。发放大中华高校基金会助学金，组织开展“高高兴兴过大年”新春团拜、“真情进宿舍”慰问、“温暖除夕夜”联欢、“勤工助学自强行动”等活动，帮助他们自立、自信、自强，解决他们的实际困难。七是大力拓展对外交流。6月首次接待香港大学学生会北京访问团，并于11月组团回访香港大学学生会。8月组织内地学生赴台湾观摩tic100科技创业竞赛活动。9月参与组织龙汇100世界华人青年领袖论坛交流活动。八是适应新形势，进一步加强自身建设。完善全国学联网站建设，充分利用信息网络服务青年学生，完善工作手段。在全国范围内组织开展高校学生社团发展的专项调研，参与制定《关于加强和改进大学生社团建设的意见》，举办首次全国高校“优秀学生社团”的评比表彰，延伸学联工作的手臂。

中国青少年发展基金会

2004年，在团中央书记处领导下，中国青基会围绕希望工程，继续加强社会动员，努力推进各项公益活动，加大管理和监督力度。全年共筹资8300万元，超额完成年度筹资任务。

一、继续加大希望工程的筹资和管理力度，积极推动希望小学校园文化建设

2004年，希望工程继续健康发展。截至11月底，中国青基会已援建希望小学125所，资助特困学生57302人，培训希望小学教师6780人，已提前完成全年工作任务。上述各项指标，均高于希望工程实施15年的平均水平。各地的希望工程实施工作也取得了较好的成绩。

2004年中国青基会围绕希望工程开展了以下重点项目和活动：

1.明德奖学金项目

2004年，明德奖学金项目的实施工作全面展开，目前，已接收捐款2675.3万元，资助学生31500名，资助总额达到2021.75万元，是资助学生力度最大的一个项目，资助对象全部是农村特困家庭学生。

2.希望工程助学进城计划

2004年，中国青基会启动了以农民工子女为资助对象的希望工程助学进城计划，成功实现希望工程的战略布局调整。经过试点，此项目迅速扩展到27个省会城市和计划单列市，形成了城市资助网络，使得希望工程从农村向城市扩展，具有战略性意义。同时，中国青基会采取了积极的资助政策，在申请条件上明确规定，接受资助学生所在的学校必须享有政府免收借读费政策，所以在很大程度上促进了当地政府教育收费政策的改革，使得更多的农民工子女从政策中受益。到目前，希望工程助学进城计划已接收捐款1215.6万元，资助2.4万名家庭经济困难的农民工子女继续学业。

3.希望小学运动会

2004年5月28日至6月2日，中国青基会在北京组织了首届全国希望小学运动会。运动会旨在通过趣味性体育比赛，展现贫困地区希望小学师生健康向上的精神风貌，以及希望工程蕴含的公益文化内涵；让贫困地区的孩子与城市少年儿童手拉手共同参与活动，从而拉近城乡儿童之间的距离，加强交流，增进友谊；通过捐方与受助方的真情互动，反映了公益事业多重的价值取向与人文关怀。37支代表队的900多名希望小学学生参加了本届运动会。

4.助学长征

2004年是举世闻名的中国工农红军二万五千里长征出发70周年，中国青基会与香港著名慈善团体“苗圃行动”共同发起组织了“助学长征——公益助学步行筹款活动”。

助学长征是中国青基会和“苗圃行动”继1997年香港回归之际举办的“行路上北京”活动后，经过近三年的筹备，精心组织的又一大型步行筹款活动。来自香港和内地的21名志愿者于10月15日从江西瑞金出发，沿当年中央红军长征路线，将步行跋涉8038公里，历时306天，最终于2005年8月16日（当年红军长征胜利到达陕北之日）抵达陕西吴旗，完成一项世界公益史上史无前例的大型公益步行筹款活动。

助学长征活动计划筹集捐款2020万元，在长征途经的江西、广东、广西、湖南、贵州、云南、四川、甘肃、宁夏、陕西等10省区的101个县援建101所苗圃希望小学。目前，已收到捐款超过1600多万元。

5.希望工程宣传奖

2004年，中国青基会组织了首届希望工程宣传奖，表彰15年来在希望工程的社会动员、宣传推动和舆论监督方面做出重要贡献的机构和个人。大眼睛女孩的摄影作品、《凤凰琴》

故事片、希望工程百场巡回义演、《托起明天的太阳》报告文学等，一大批有重要影响的优秀作品将在评选过程中回放。本次活动实质上是一次希望工程再宣传、再动员的过程。希望工程宣传奖共设作品奖、贡献奖、组织奖。该奖的设立，开拓了社会动员的渠道，积累了资源配置的经验。

二、不断加强机构的自身建设，提高在中国公益市场中的竞争力

由于犯罪分子的蓄意破坏，希望工程曾遭遇严重的信誉“危机”。两年多来，通过接受政府的审计、纪律检查部门的审核并公布结论，通过更加严格的管理监督，通过有效的推进，希望工程经受住了重大考验，继续赢得国内及国际社会的高度信赖。2004 年，中国青基会始终保持清醒的头脑，坚持以管理求发展、向管理要效益。以标准化建设为突破口，全面提升希望工程的管理水平和青基会系统在中国公益市场中的核心竞争能力。同时，坚持不断创新，积极探索社会动员的新途径、新方法，开创了国际合作的新局面，最大限度地配置社会资源，扩大了希望工程的资助规模。

2004 年，青基会系统通过有效实施公益项目，得到了业内及相关管理部门的一致好评。希望工程获首届中国消除贫困奖项目奖；中国青基会通过国际青年基金会国际伙伴网络的卓越标准认证；中国青基会以及铁路、江西、湖北、广西、西藏青基会被民政部评为“全国先进民间组织”。

三、积极争取国际捐款和拨款项目，加强国际间交流

1. 积极开展同国际青年基金会等国际组织的项目合作，努力探索国际拨款项目运作规律和模式。现已接受国际青年基金会委托，在国内落实朗讯、伟世通等拨款资助项目款达 146 万元人民币；国际捐款 116 万元人民币。国际拨款项目的实施，有助于青基会按照国际通行的项目运行规则办事，有助于实现机构国际化的发展目标。

2. 与香港中文大学合作，成功举办第三期“中国非营利组织高级管理人员培训班”，为中国青基会和国内其他非营利组织培养高级管理人才，加强了非营利组织的建设，得到国内同行的一致好评。

3. 积极组织国际交流。先后接待国际青年基金会、美国通用电器基金会、美国华盛顿大学等海外（包括港澳台）组织来访 20 余批次，并组织了赴美国、南非、埃及、欧洲等多次出访考察活动。

四、加大绿色希望工程的管理力度，严格执行项目检查验收制度

2004 年，中国青基会把项目管理作为保护母亲河行动的工作重点，在项目的检查验收过程中始终坚持实事求是、严格管理的原则，认真贯彻执行保护母亲河行动的有关管理规定，保证各项目建设达到验收标准。

1. 对保护母亲河项目进行全方位的统计分析，建立了以《保护母亲河行动全国重点项目基本情况分析表》、《保护母亲河行动大额捐款使用情况统计表》、《全国保护母亲河工程建设进度表》、《保护母亲河行动各省（区、市）筹资任务及完成情况统计表》、《保护母亲河行动青农部管理项目基本情况分析表》、《全国保护母亲河工程委托省级团委管理项目统计表》等表格为基础的统计分析体系。

2. 认真抓好工程立项和检查验收工作。2004 年新立项目 6 个，造林面积 35440 亩、打井 5 眼，总资助资金 810 万元。内蒙古准格尔旗、河南济源、广东博罗等项目已按期通过全国保护母亲河行动领导小组专家组的竣工验收，工程建设符合规划设计标准，产权清晰，资金使用合法合规，林分结构合理。

3. 经过一年的努力，结对工作有了突破性进展，对已竣工项目进行了捐方和植护者的结对，并打印了结对卡。结对卡发出后，社会反响强烈，来电来函继续支持保护母亲河行动感人事迹层出不穷，捐方满意度近百分之百。

五、继续推进机构信息化建设，利用先进的科学技术，为机构管理和项目实施提供保障

2004 年，中国青基会继续深化信息化的进程，以办公自动化系统为主线，以项目实施为基准，以注重实效为原则，进一步推动机构信息化发展。目前中国青基会办公自动化系统已在日常办公中发挥了重要作用。同时，中国青基会对各类计算机管理系统进行了全面升级，更新了捐款管理系统、希望之星管理系统；新开发了希望小学管理系统、明德奖学金项目管理系统、农民工子女助学管理系统，目前，五套管理系统已经开发完成，并部分投入使用。新版管理系统已在 2004 年大规模学生资助项目的实施中发挥了重要作用。

中国青年科技工作者协会

中国青年科技工作者协会简称中国青年科协，成立于 1993 年，是由海内外有较高威信、影响、知名度的青年科技工作者和地方、行业青年科技团体及部分海外留学人员团体组成的专业性群众组织，是经民政部批准注册的具有独立法人资格的非营利性社会团体，接受团中央的业务指导，是共青团联系青年科技工作者的桥梁和纽带。协会的基本任务是：开展学术交流，表彰、宣传优秀青年科技工作者，维护青年科技工作者的合法权益，组织青年科技工作者参与科技创新实践，促进科技成果转化为现实生产力。

中国青年科技工作者协会实行个人会员和团体会员制，现有个人会员 1487 名，团体会员 29 个。至 2004 年协会共有会长 1 人，副会长 36 人，秘书长 1 人，副秘书长 10 人，常务理事 128 人，理事 323 人。协会下设信息科技、生物科技、新材料科技、农业科技、医药卫生、科普工作、高科技园区、海外学人、哲学社会科学、博士服务团、建筑与公路工程建设 11 个专业(工作)委员会。

2004 年，中国青年科技工作者协会以邓小平理论和“三个代表”重要思想为指导，贯彻落实党的十六大、十六届三中、四中全会和中央经济工作会议精神，团结奋进，开拓创新，以实施“金桥计划”为重点，全面推进青年科技创新行动，大力开发青年科技人才资源，充分发挥人才智力优势，为促进科技进步和经济社会发展做出了积极贡献。

1. 参与举办 2004 青年科技系列活动。为贯彻落实党的十六大和十六届三中、四中全会精神，牢固树立和落实科学发展观，深入实施科教兴国战略和人才强国战略，推动中国青年科技创新行动进一步开展，促进科技成果转化为现实生产力，广泛团结凝聚各领域青年科技工作者为地方经济建设做贡献，协会协助团中央、全国青联于 10 月 30—31 日在山东济南举办了 2004 青年科技系列活动。近 300 名各领域的青年科技人才和团干部参加了活动。活动期间，召开了信息技术成果发布会，共发布项目 100 多个，达成意向性合作协议 7 个，协议金额 1.3 亿元；召开了济南信息产业发展专家论证会，就济南市加快信息产业发展、实施信息化带动战略展开深入探讨和论证；开展“青年科学家走进校园”活动，协会会长白春礼、副会长陈章良、李建保等一批著名青年科学家分别走进山东大学、济南大学、山东省实验中学和实验小学，与学子交流，探索科学奥秘，启迪智慧人生；举办了“中国(济南)IT 行业青年精英论坛”，激发 IT 行业从业青年的创新潜质和奉献精神，追踪信息产业发展的前沿动态，传播信息产业发展的最新理念，推动 IT 行业企业之间的交流与合作。召开了青年专家科技服务座谈会，总结了一年来的青年专家科技服务工作，部署了下一阶段工作。

2. 参与举办“青年专家龙江行”科技服务活动。为贯彻落实中央农村工作会议和《中共中央、国务院关于促进农民增加收入若干政策的意见》精神，进一步发挥青科协组织的人才资源优势，参与实施“振兴东北老工业基地”战略，加速科技成果向现实生产力的转化，促进东北地区农业及农业产业的发展，协会于8月3—6日举办了“青年专家龙江行”科技服务活动。中科院、农科院、中国农大等12家单位的41位知名青年专家和企业家应邀参加活动。活动期间，专家们深入企业、园区和农村考察，现场进行技术指导；做客黑龙江人民广播电台，热情为农民朋友释疑解惑；参加“中国农业产业发展青年专家论坛”，就现代农业技术、农业产业发展、农业宏观政策和区域发展等问题进行了深入探讨；参加黑龙江农业及农业产业发展座谈会，与黑龙江省涉农部门的负责人就黑龙江农业及农业产业发展问题进行了交流、探讨；参加项目发布洽谈会，共发布、推介高新科技成果近100项，签订项目合作协议40个，协议金额2.07亿元。

3. 参与举办“中国泰达生物论坛”。为追踪生物技术最新前沿进展，探讨生物技术为人类服务的新过程，解析生物经济的内在动因，推动中国生物技术及产业的发展，协助团中央、全国青联以及国家发改委、中科院、天津市政府，对已成功举办过两届的“TEDA - WATSON生物技术与医药国际年会”进行了提升和新的发展，10月23—24日在天津举办了“中国泰达生物论坛·2004”。诺贝尔生理及医学奖评委会主席Jan - AkeGustafsson，加拿大蒙特利尔大学常务副校长GuyBertiaume，中国医学科学院教授杨纯正和中国工程院院士王静康分别在论坛上作了主旨演讲。来自海内外生物技术领域的专家及全国各高新区负责人、国内外科技风险投资机构、海外学人代表等近1000人参加了论坛及开幕式。世界生物技术领域的著名专家和产业界人士出席会议并发表讲演，国内外企业举行产品展示、项目发布与洽谈、人才交流等系列活动。“中国泰达生物论坛·2004”是继2002年和2003年成功举办两届“TEDA - WATSON生物技术与医药国际年会”的基础上提升和发展起来的亚洲乃至世界生物技术及医药产业界的常设论坛。论坛旨在探讨生物技术为人类服务的新过程，解析生物经济的内在动因，为学术界、教育界、企业界、金融界及政府领导者提供一个具有前瞻性和高效率的交流平台。论坛具有国际会议交流平台、生物人才奖——泰达生物奖、企业与产业孵化平台、专业风险投资基金、交流互动网站与专业刊物发行、生物工业化组织的建立等六大功能。

4. 参与举办首届“中国软件产业发展青年专家论坛”和第二届“中国软件行业杰出青年”颁奖晚会。为传播软件行业崭新理念、发现软件青年人才、交流软件研究成果和推动软件产业发展，协助团中央、全国青联以及信息产业部于4月24—25日在浙江宁波举办了“首届中国软件产业发展青年专家论坛”。200多名来自国内软件行业的优秀青年学者、企业家、软件研究人员和风险投资界人士参加论坛。国内软件技术顶级专家和产业领军人物作了主旨发言或专题演讲，就软件产业发展及信息产业人才与产业互动问题进行了广泛的交流。论坛期间，召开了软件行业产学研资交流会，推动了软件领域的交流与合作；举办了宁波市信息产业发展座谈会，组织专家为宁波信息产业发展献计献策。4月24日晚，在宁波举办第二届“中国软件行业杰出青年”颁奖晚会，通过对获奖者进行表彰，激励了软件行业广大青年勇于开拓、自主创新、服务社会、建功立业，为促进我国软件产业的发展，增强信息产业创新能力和国际竞争能力，为信息化带动工业化、工业化推动信息化做出积极贡献。

5. 召开三届三次理事会，增补了常务理事、理事和会员。10月30日，在济南召开理事会，总结了三届二次理事会的工作，对三届三次理事会的工作进行了部署。团中央书记处第一书记周强，山东省委书记、省人大常委会主任张高丽出席会议并讲话。山东省委副书记、济南市委书记姜大明等出席会议。团中央书记处书记、全国青联副主席尔肯江·吐拉洪主持了会议。全国省级团委分管书记、统战部长和副省级、省会城市团委分管书记,中青科协理事,中青科协信息科技委员会会员和参加科技服务活动的青年专家近300人参加了会议。中青科协会长、中国科学院副院长白春礼院士在会上作了工作报告。

此外,协会还举办了其他活动。1月初,协会联合中国材料研究学会青年委员会、国家现代材料科技信息网络中心,在浙江台州举办了首届中国高校材料院长论坛暨新材料产学研交流会。清华大学、南京大学、哈尔滨工业大学等单位的311名代表出席论坛,深入研讨了材料科学的教育科研及产业发展问题。4月初,协会在浙江长兴开展了"青年专家长兴行"科技服务活动,北京有色金属研究总院的部分青年专家深入企业进行技术指导,为长兴县蓄电池产业发展把脉会诊,并达成了合作协议,初步形成了院县合作的模式。5月中下旬,协会协助团中央、全国青联联合中宣部、科技部、铁道部和中国科协,组织中国农业大学、中国农科院等单位近40名专家,举办了"振兴东北,服务三农,科技列车龙江行"活动。科技列车途经黑龙江省12个县市,历时7天,开展农业科技讲座和现场咨询活动40余场,向当地农村捐赠科技物资价值近百万元,帮助建立了12个农村科普图书室和3个农村科技信息服务站。6月4日,协会和全国青联、民盟中央在天津经济技术开发区举办"中国生物技术产业发展与人才强国战略研讨会",同时举行了"中国生物经济发展战略研讨会",重点研讨了生物技术领域人才培养和生物技术产业的发展问题。

一年来,协会坚持活动带动建设、服务促进建设、理论推动建设,步入了良性循环的发展阶段。通过开展各级各类青年专家科技服务活动、举办多层次多领域的论坛和对话活动,调动了协会会员的工作积极性,促进了经济发展和社会进步。各专业委员会也自觉加强学科之间的交流与沟通,充分发挥人才的聚集效应,在专业研究和成果产业化方面取得了显著成绩。协会秘书处努力提高服务能力和服务水平,以活动为交流平台,以会刊为联系纽带,通过现代通信手段,增进了会员与组织以及会员之间的交流与合作,增强了协会的凝聚力。协会秘书处组织专人赴湖南、江西等地开展工作调研,通过听取汇报、实地考察和走访一线青年科技工作者,总结了协会工作特别是青年专家科技服务活动开展以来的经验教训,对协会工作进行了理论探讨和规律总结。

中国青年企业家协会

2004年,中国青年企业家协会在团中央书记处的领导下,坚持以邓小平理论和"三个代表"重要思想为指导,认真贯彻党的十六大、十六届四中全会和团十五大、十五届二中全会精神,紧紧围绕全面建设小康社会,主动适应新形势和新任务的要求,创新工作思路、完善工作机制、改进工作作风、加强自身建设,有效服务了党政工作大局和青年企业家成长发展,协会事业迈上了一个新台阶。

1. 为经济和社会发展做出了新贡献

一是深入开展"青年企业家东北行"活动。为配合东北等老工业基地振兴战略的实施,启动了"青年企业家东北行"活动。4月6日至7日,组织160多名青年企业家赴黑龙江省哈尔滨市、大庆市开展了"青年企业家东北行——黑龙江经贸考察活动",共签订合同4项,合同金额2.725亿元,协议金额69亿元。7月6日至7日,组织200多名青年企业家赴辽宁省沈阳市、大连市、阜新市,举行了"青年企业家东北行——辽宁经贸考察活动",共签订合同6项,合同金额2.4956亿元,同时还达成了一批合作意向。为加大对阜新经济转型的扶持力度,全年组织阜新经贸考察活动共签订合同3

项、金额1.4亿元，协议29项、金额5.66亿元。目前，伊利项目已落户阜新，液态奶产品已正式投入生产。温岭新曙光农业开发有限公司在阜新投资建立了160亩“共青团高科技农业示范园”，引进10多个现代农业作物新品种，通过“公司+农户”的经营模式，为当地现代农业的发展开拓了思路，拓宽了市场，起到了良好的示范作用。

二是继续扎实推进“青年企业家西部行”活动。6月8日至9日，组织中青企协第八届副会长、副秘书长共50多人开展了“青年企业家广西经贸考察活动”，达成了多个合作意向。9月9日至10日，组织了150多名青年企业家开展“青年企业家宁夏行——银川经贸考察活动”，共签订合同20项，合同金额20.57亿元。

三是组织开展“青年企业家中部行”活动。12月22日至24日，组织500多名中青企协会员赴湖北武汉、宜昌、黄冈，开展了“青年企业家湖北经贸考察”活动，共签订合同6项，合同金额48亿元。此外还达成协议25项，金额56.44亿元。

四是拉开了青年企业家中国革命老区行的序幕。为帮助革命老区人民尽早脱贫，5月27日至30日、12月9日至10日中青企协分别组织考察小分队，先后对山东临沂市、德州市和广西百色等革命老区进行了经贸考察，签订了一批经贸合作协议，为2005年开展的青年企业家中国革命老区行打下了良好的基础。

五是动员青年企业家为社会公益事业和青年就业做贡献。为支持科教兴国战略，动员社会力量共同关注青少年的健康成长，中青企协广泛动员青年企业家向“中国青少年科技创新奖励基金”捐款500万元。另外，为鼓励更多的大学生自愿投身西部建设，中青企协动员会员企业为大学生志愿服务西部计划一年期志愿者提供了涉及文秘、建筑、房地产等多个行业的100多个就业岗位。

2. 竭诚服务青年企业家工作取得了新成效

一是服务青年企业家提高素质。中青企协始终把培养一支高素质的青年企业家人才队伍作为协会的一项重要工作任务来抓。中青企协同北京大学光华管理学院联合开办了“北京大学企业管理专业研究生中青企协实验班”。2月26日，中青企协在京举行“MBA与青年企业家成长”座谈会，共有40多位MBA专业委员会成员参加座谈，取得了良好效果。为帮助广大会员及时了解财经、政策等方面信息，中青企协与英才杂志社、中国青年报社、中国产经新闻报社合作，向部分会员赠发了报纸和刊物。

二是积极为青年企业家对外交流创造条件。中青企协分别于3月、6月、8月、10月接待了澳门中华总商会青年委员会访问团、澳门青年企业家协会“北京沈阳访问团”、台湾中华青年企业家协会大陆经贸合作考察团、香港青年工业家协会访问团，就进一步加强内地青年企业家与香港、澳门、台湾青年企业家的交流，开展积极的经贸合作等问题进行了深入研讨。先后会同有关部门筹备组织了“中日青年经济人会议”、“龙汇中华”首届世界华人青年论坛、“世界青年华商峰会”等活动。先后组织青年企业家赴俄罗斯、韩国、澳门等国家和地区进行友好访问，进一步加深了相互之间的往来与合作。

三是促进协会内部的广泛交流。为了促进协会会员之间的交流，中青企协秘书处以新会员见面会和专业委员会成立等为契机，举办了多主题的座谈、研讨活动，为会员交流提供了平台，进一步增强了协会的凝聚力。

3. 协会自身建设迈上了新台阶

一是加强协会组织建设。6月初，在广西召开了八届三次会长办公（扩大）会议。12月22日至23日，在湖北武汉胜利召开了中国青年企业家协会第九次会员代表大会，成功选举了新一届的协会领导班子，修改了《中国青年企业家协会章程》。会上，还表彰了50个“青年企业家协会优秀建设奖”。在中青企协九届一次会长办公（扩大）会议上通过了关于设置15个专业委员会的决议，并制订了《中国青年企业家协会专业委员会工作条例》。至今已成立了MBA、文化产业、信息产业等3个专业委员会，通过专业委员会的设置更好地发挥了中青企协领导成员的作用，增进了会员的交流互助和活跃了协会各项工作。

二是加强会员发展管理工作。大力加强会员发展工作，探索创新会员发展方式，一大批优秀青年企业家加入到了协会中来。出台了《中国青年企业家协会会员发展工作暂行条例》，就会员条件、入会程序等做出了明确规定，进一步规范了会员发展工作。继续实施新会员见面制度，加强了会员管理，推动了协会制度创新。另外，制作了中国青年企业家会员数据库，逐步实现了会员管理规范化、科学化、系统化。

三是加大宣传工作力度。为把《中国青年企业家》杂志办得更好，制定了《〈中国青年企业家〉杂志编辑工作暂行规定》，进一步明确了杂志编辑流程、充实了杂志内容。全年印发《中国青年企业家》6期。此外，对中青企协网站进行了全面改版，在更新和充实网站内容的同时，开辟了会员网上入会渠道，强化了网站的时效性和互动性。在充分利用《全团要讯》、《共青团中央办公厅情况通报》、《青工工作通报》等团内宣传渠道的同时，还通过《人民日报》、《经济日报》、《中国青年报》等社会媒体广泛宣传青年企业家“东北行”、“西部行”、“中部行”等活动的成果，有效地扩大了协会的社会知名度。

中国青年乡镇企业家协会

2004年，中国青年乡镇企业家协会以召开协会第六届会员大会为契机，广泛团结、凝聚涉农优秀青年经营管理人才，切实服务会员及其企业的发展，协会工作取得了积极进展。

一、召开协会第六届会员大会暨青年民营企业家分会和农村青年经纪人分会成立大会

8月23日，在新疆乌鲁木齐市召开中国青年乡镇企业家协会第六届会员大会暨青年民营企业家分会和农村青年经纪人分会成立大会，中共中央政治局委员、中共新疆区委书记王乐泉亲切接见了200多名与会代表。

会议全面总结了第五届会员大会以来协会的工作，研究部署了今后一个时期协会的工作任务，修改了《中国青年乡镇企业家协会章程》，增补了598名来自全国各地的优秀青年乡镇企业家代表为新会员，并经民政部批准，成立了青年民营企业家分会和农村青年经纪人分会。

大会选举产生了新一届协会理事会，团中央书记处书记尔肯江·吐拉洪同志当选为协会会长，团中央青农部部长陶宏同志当选为协会常务副会长，185名在当地乃至全国有较大影响的青年乡镇企业家当选为协会理事会成员。

二、举办“青年乡镇企业家‘走进新疆、共谋发展’”活动

在中国青年乡镇企业家协会第六届会员大会期间，举办了“走进新疆、共谋发展——青年乡镇企业家西部行”活动。10家会员企业与新疆企业签订了价值1亿多元的商贸合同，10家会员企业代表本省全体会员企业与有关省级团委签订了农村青年转移就业岗位对接协议，8家会员企业与本地团组织签订了援建青年中心的协议。近200名与会代表还参加了“产品质量安全承诺活动”，联合向全国的企业家发出“让群众用上放心产品”的倡议。

三、以丰富多彩的活动带动协会工作全面活跃

1. 组织会员需求问卷调查。结合2005年的工作打算，设计、策划了中小企业发展高层论坛、企业市场推广活动、企业用工招生见面会、国内外经贸考察等活动，就活动的形式、时间、方案等内容，面向全体会员下发调查表，征求会员的意见和建议。广大会员对活动积极响应。

2. 举办“第二届中国（武夷山）苗木产业战略研讨暨新产品展示交流会”。11 月 29 日至 12 月 3 日，协会配合经济日报农村版、中国林业与环境促进会和福建武夷山市人民政府在福建武夷山举办“第二届中国（武夷山）苗木产业战略研讨暨新产品展示交流会”，10 多名苗木、绿化领域的会员参加了布展、洽谈等活动。

3. 开展上市咨询服务。10 月，联系美国百胜客咨询管理服务有限公司，为 5 家会员企业免费提供了进入纳斯达克及其他证券市场的资产评估服务。

四、建设协会网站，加强对会员的服务

8 月，开通了协会的专门网站——全国青年乡镇企业家创业网。网站下设“协会档案”、“协会动态”、“咨讯传真”、“会员风采”、“活动预告”、“他山之石”等栏目，宣传会员企业、提供商贸信息、引导会员合作，并为会员设立了个人网页，受到了广大会员的欢迎。

中国青年志愿者协会

中国青年志愿者协会成立于 1994 年 12 月 5 日，是由志愿从事社会公益事业与社会保障事业的各界青年组成的全国性社会团体，是共青团中央指导下的，由依法成立的省、自治区、直辖市青年志愿者组织和全国性的专业、行业青年志愿者组织和个人自愿结成的全国性的非营利性社会组织，是全国青联团体会员，联合国国际志愿服务协调委员会联席会员组织。协会通过组织和指导全国青年志愿服务活动，努力弘扬“奉献、友爱、互助、进步”的志愿精神，推动社会主义精神文明建设，促进社会主义市场经济体制的建立和完善，提高青年的整体素质，为经济社会的协调发展和全面进步贡献力量。协会在宪法和法律许可的范围内开展工作。协会基本任务是：改善社会风气和人际关系，为发展社会主义市场经济创造良好的社会环境；适应社会主义市场经济发展的需要，推动青年志愿服务体系和多层次社会保障体系的建立和完善；培养青年的公民意识、奉献精神和服务能力，促进青年健康成长；为城乡发展、社区建设、扶贫开发、抢险救灾以及大型社会活动等公益事业提供志愿服务；为具有特殊困难以及需要帮助的社会成员提供服务；规划、组织青年志愿服务活动，协调、指导全国各地、各类青年志愿者组织开展工作；培训青年志愿者；开展与海内外志愿者组织和团体的交流。

2004 年，协会坚持以邓小平理论和“三个代表”重要思想为指导，坚持树立和落实科学发展观，紧密围绕党政大局和团的中心工作，坚持着眼发展、着力建设的基本思路，全面加强志愿服务的组织、队伍、项目和机制建设，进一步推动形成了政府支持、共青团承办、项目化管理、社会化运作的工作格局，为促进经济社会全面发展，建设社会主义和谐社会做出了新贡献，取得了新成绩。

一、深入实施重点项目，不断增强品牌效益

1. 全面深化大学生志愿服务西部计划。根据国务院常务会议精神，西部计划全国项目新招募了 6212 名大学生志愿者，参加全国项目大学生志愿者达到 10193 人；18 个省（区、市）实施地方项目的大学生志愿者达到 6939 人，使参加西部计划的大学生志愿者总人数达到 17132 人，服务的中西部地区贫困县达到 300 多个。在 2003 年的基础上，联合有关部委实施了支教、支医、支农、青年中心建设和管理、“全国农村党员干部现代远程教育试点工作”志愿服务、“百县千乡宣传文化工程”志愿服务和西部基层检察院志愿服务等七个专项行动，进一步形成了“老百姓得实惠、志愿者长才干、全社会树新风”的良好格局。

2. 扎实推进青年志愿者扶贫接力计划。在团中央实施的山西静乐和广西百色示范项目基础上，中直机关和上海、安徽、四川、贵州、青岛等地分别实施了地方项目，共派遣了1500余名志愿者到中西部欠发达地区从事1—2年的志愿服务。继续组织派遣第6届研究生支教团，从全国64所高校选派了410名研究生志愿者赴中西部54个贫困县开展为期1年的支教服务。

3. 积极探索青年志愿者海外服务计划的新发展。在继续实施老挝、缅甸项目的基础上，不断探索项目发展的新途径、新机制。今年新选派了12名志愿者赴老挝开展志愿服务，使参加海外服务的志愿者累计人数达到近50名。目前，商务部已颁布了《援外青年志愿者选派和管理暂行办法》，将该计划纳入国家对外援助工作范围。

二、围绕大局创新探索，拓展志愿服务领域

1. 开展“爱心助成长”志愿服务计划。重点招募健康低龄老人关爱未成年人的健康成长，重点开展“假日”、“宣讲”、“护苗”、“监查”和“关爱”等内容具体的志愿服务项目，活动在天津、哈尔滨、杭州、成都、银川5个城市进行了先期试点，取得了初步成效，为推动未成年人思想道德建设工作的长期化、制度化、社会化发展做出了有益的探索。目前，这项工作已在全国101个城市全面展开。

2. 开展农村公共卫生体系志愿服务项目试点工作。从北京、呼和浩特、赤峰、石家庄、张家口等地招募选派38名青年医疗卫生专家赴河北的张北县、内蒙古的喀喇沁旗和宁夏的固原市，与正在当地支医的100名西部计划大学生志愿者结成“一带一”对子，积极开展对当地医务人员培训、地方病防治、公共卫生宣传、巡诊义诊等活动，取得了良好的工作成效，为促进农村公共卫生体系建设积累了宝贵经验。

3. 举行“中国青年志愿者医疗扶贫万里长征”活动。活动以“当年红军长征求解放，而今我们长征送健康”为主题，通过整合社会资源，组建流动的服务车队，深入革命老区为群众送医送药。2个多月来，服务车队途经江西、湖南、广西、贵州、云南、四川、重庆、甘肃、宁夏、陕西等10个省(区、市)28个县的51个乡镇，行程超过1.5万公里，累计接诊群众56306人次，向群众直接发放药品价值475309.12元，向基层卫生院捐赠药品和医疗器械价值超过1008389.65元，培训基层医务人员4272人次，进行医学检验检查3275人次，发放卫生健康宣传手册5万多册。

三、打造志愿文化，传播服务理念，彰显主流价值观

组织“奉献者风采——在西部基层工作的优秀大学毕业生事迹报告团”，先后在北京、沈阳、南京、武汉、西安等地的50余所高校开展巡回报告，近万名大学生聆听了报告。开展2004年西部计划万里采风志愿行动，近百名中央和地方新闻单位的记者奔赴西部基层，深入大学生志愿者服务一线，开展了为期1个月的万里采风志愿服务。期间，电视、广播、报纸、杂志、互联网等各种媒介对西部计划的实施情况进行了全方位、多角度的宣传和报道。编辑出版第一部集中反映西部志愿者服务生活的书籍——《燃情岁月——西部志愿者日记》。策划、摄制的第一部集中反映青年志愿者的18集电视连续剧《请让我来帮助你》在中央电视台1套黄金档播出。组织话剧《托起明天的太阳》进京演出活动。举办“志愿服务与社会发展”论坛，来自国家发改委、国务院研究室、中国社科院、北京大学等单位的专家、学者与全国各省(区、市)的青年志愿者组织负责人汇聚一堂，围绕“志愿服务与建设和谐社会”、“志愿服务与人力资源开发”、“志愿服务与社会应急机制”等内容进行了深入研讨，进一步深化了对志愿服务在推动社会发展中独特作用的认识。

四、协会自身建设进一步加强,社会影响不断扩大

2004年6月,在京召开中国青年志愿者协会二届三次理事会,来自党政部门、新闻宣传、企业、文化等社会各界热心人士被吸收进协会理事会、秘书处,进一步增强了协会的影响力和号召力,促进了志愿者工作的社会化。注册志愿者制度深入实施,注册志愿者达到1379万人。社区志愿服务站创建工作继续推进,总数超过89000个。继广东、山东、福建、河南、黑龙江和南京、宁波、杭州通过志愿服务地方立法后,成都也通过了地方立法,进一步推动了全国志愿服务立法进程。

中国青年实业发展促进会

在团中央书记处的亲切关怀下,中国青年实业发展促进会(以下简称"促进会")在2004年取得了一些重大突破,并形成了新的工作机制与格局。主要表现在以下几方面:

一、顺利完成了"促进会"代管单位由团中央实业发展中心向全国青联国际项目合作中心的移交,并在全国青联国际项目合作中心的框架内重新组建了"促进会"秘书处,从而形成了"促进会"新的工作班子。

二、严格遵章守纪,完成了"促进会"滞后的财务审计和年检工作,并据此多方协调民政部和北京市财政局的主管部门,完成了"促进会"的法人更名、社团重新登记及资格认证、财务票据领取及组织代码证遗失补办等不可或缺的基础性工作,为"促进会"的下一步发展奠定了必要的组织基础和法制基础,并扭转了"促进会"的被动与停滞局面。

三、经书记处批准,"促进会"在维持原有的"理论研究、学术交流、专业培训、国际合作、咨询服务"五大业务范围的基础之上,确立了以青年经济人为主要工作对象、以为中外青年经济人开展务实合作提供平台为主要职责的战略定位。根据这一构架,"促进会"今后的工作指向主要是:1. 在顺应社会经济发展的需求中寻找工作的切入点;2. 在经济全球化和我国对外开放加速的大潮中谋划工作的着力点;3. 在呼应全团重点工作的实践中夯实工作的支撑点。

着眼于2005年,"促进会"将注重走差异化发展之路,力求重新焕发活力,链接合作需求,拓宽交往管道,切实贯彻以下工作思路:(1)抓好项目策划,以营造工作亮点;(2)抓好对外服务,以扩大组织网络;(3)抓好活动实施,以提高社会声誉。

在此基础上,"促进会"将重点推进以下四个方面的工作:1. 重建"促进会"的会员网络,强化"促进会"的决策梯队和工作班子,健全"促进会"的运行机制,策划召开"促进会"换届大会,以提升"促进会"的组织凝聚力;2. 完善工作方式。拟设置专门网页,借信息网络来巩固会员之间的纽带,部署与落实有关工作,构建中外青年经济人之间信息化的商务合作平台;3. 实施重点活动。其一,拟以"促进会"的名义策划实施"中韩青年经济人投资合作论坛"、"中日青年经济人创业对话"、"国外知名企业家访华讲学"、"中国青年企业家赴国外专项考察参展"、"中国外资企业中方优秀青年经理人评选活动"、"中外青年企业家创业成果的推介展示"等活动。其二,与中国国际贸促会及内蒙古自治区政府联合举办"2005·中国西部国际汽车科技博览会";与四川省旅游局等单位联合举办"2005·中国世界遗产论坛";与建设部等单位联合举办"中日水技术暨设备博览会",通过这些活动来延伸"促进会"的工作手臂,彰显"促进会"的社会作用;4. 在实施好上述项目的同时,加强调研,积极谋划新项目,为2006年"促进会"的工作布局做有益的资源储备。

中国青少年研究会

中国青少年研究会是经团中央书记处同

意，国家民政部批准注册，在原中国青年研究会和中国青运史学会合并的基础上，增加了少年儿童研究的职能，于1999年3月成立的。中国青少年研究会的中文简称为“中国青研会”，英文译名为China Youth & Children Research Association（缩写为CYCRA），会址设在中国北京（Beijing China），办事机构设在中国青少年研究中心。

该会是由从事青少年研究和青年运动历史研究的科研人员，及社会各界热心青少年问题研究的专家、学者及有关人士，自愿联合组成的专门从事青少年研究的全国性学术团体，是非营利性社会组织。

该会的宗旨是：对中国改革开放和社会主义现代化进程中各族各界青少年发展、青少年问题和青少年工作，以及青年运动历史和少年儿童教育与工作的历史开展研究，交流上述各方面的研究成果，更好地为建设有中国特色社会主义服务，为团结和教育青少年的事业服务，为青少年的健康成长服务。

1. 组织机构

中国青少年研究会2004年增选中国青少年研究中心主任徐文新同志为副会长，改选中国青少年研究中心副主任、中国青少年研究会副会长安国启同志兼任秘书长；在原有的青年工作、少年工作、青运史工作专业委员会的基础上，为了更有针对性地开展工作，通过理事会议成立了共青团基层工作专业委员会，并开展了相应的研究与活动。该专业委员会的主任由团中央组织部副部长关海祥同志和中国青少年研究中心副主任安国启同志担任。

2. 科研工作

中国青少年研究会2004年围绕科研开展的主要工作为：推出青年“蓝皮书”《当代中国青年发展状况指标体系研究》、少儿“蓝皮书”《新生活：中国城市少年儿童生活方式研究报告》、“红皮书”《社区预防未成年人违法犯罪研究报告》；实施了“经济全球化与中国和平崛起新道路——青年和青年知识分子价值观研究”、“我国大学生信息渠道来源调查”，以及“农村青年中心建设研究报告”、“共青团事业发展处在新的历史起点的深刻内涵”、“农村青年增收成才和农村共青团工作的重大政策机遇”、“共青团青年人才资源开发的政策取向”、“大学生志愿服务西部计划调研报告”、“高校BBS言论传播及其内部群体特征研究”、“全面提升体验教育水平的重大政策机遇”、“青年学在中国的发展”、“青少年成长与互联网管理课题报告”、“少年儿童数据解读系列”等多项专题研究。

3. 建立国家级学术网站——“中国青少年研究网”

经过1年的努力，中国青少年研究会与中国青少年研究中心已经初步建立起“中国青少年研究网”（www.cycs.org）——中国青少年研究的国家级学术网站。网站以“研究青少年，发现青少年，服务青少年”为宗旨，研讨当代中国社会发展中青少年发展的相关问题，展现中国青少年研究的成果和水平，积累中国青少年研究的文献和数据，反映中外青少年研究的动态和信息，介绍中外青少年研究的组织、机构、专家、图书、期刊，以达到凝聚中国青少年研究的队伍和力量，为青少年研究者、青少年工作者和一般社会公众，提供权威、全面、实用、即时、互动的网络平台之目的。

4. 努力做好团中央研究课题的申报、立项与管理工作

自2001年中国青少年研究会办公室行使团中央课题评审办公室的职能后，把这项工作与研究会的职能工作有机结合，研究课题年度选题更加科学，立项、结项工作更加严谨，布局更加合理，社会影响不断扩大。目前，已完成“共青团中央2004—2005年度青少年和青少年工作研究课题”的立项工作。该年度共收到申报课题380余项，其中52项被立为重点课题、84项被立为一般课题。

为了使已有科研成果得到充分利用,研究会办公室与团中央宣传部合作,编辑并出版了《共青团中央青少年和青少年工作研究课题成果集萃》,全书共3卷,89万字,由中国青年出版社出版。此外,还编辑印发了“共青团中央青少年和青少年工作研究课题成果摘要”,供有关方面参考。

5. 召开两个研讨会,深入探讨“青年就业问题与对策”

2004年10月,研究会与中国青少年研究中心在北京承办了“国际社会学会第34青年社会学研究委员会第六届亚洲区青年问题研讨会”,就“经济全球化与青年就业”的有关问题展开研讨。来自芬兰、奥地利、瑞典、巴西、新加坡,以及香港、澳门、中国社科院、高等院校、青少年研究机构的70余位专家学者参会,共同探讨在经济全球化的背景下,国际视角中的青年就业问题。会议共收到参会论文60余篇。

2004年11月,研究会同中国青少年研究中心、共青团四川省委在四川成都组织召开“全国青年就业问题与对策研讨会暨中国青少年研究会2004年年会”。会议共有130余人参加,收到参会论文80余篇。“人民网·理论频道”、《中国青年报》、《四川日报》、“四川卫视”等媒体对会议做了专题报道。

中国青少年犯罪研究会

中国青少年犯罪研究会,英文译名为CHINESE SOCIETY FOR JUVENILE DELINQUENCY RESEARCH(缩写:CSJDR),是由从事青少年犯罪研究的专家学者、实务工作者及有关单位自愿组织的非营利的全国性学术团体。中国青少年犯罪研究会的宗旨是:探求中国社会青少年违法犯罪的规律,研究预防青少年违法犯罪的对策,为立法和相关决策服务,为社会治安综合治理和社会主义物质文明、政治文明、精神文明建设服务。

中国青少年犯罪研究会的业务范围包括:制定全国青少年犯罪研究规划,组织、协调、推动全国青少年犯罪研究工作;开展调查研究,进行理论探讨;组织召开学术研讨会、报告会、座谈会;举办培训班、讲习班、开展培训和咨询活动;编辑出版学术书籍及《中国青少年犯罪研究年鉴》、《中国青少年犯罪研究》刊物;参与青少年法制建设和社会治安综合治理活动;开展对外学术交流活动;承担党和政府及社会有关方面委托交办的科研任务;表彰奖励在青少年犯罪研究工作中做出贡献的单位和个人。

中国青少年犯罪研究会于1982年成立,原由中国社会科学院作为业务主管单位,2004年3月转由共青团中央作为业务主管单位。中国青少年犯罪研究会目前拥有12个专业委员会,累计发展了3000多名会员,22个省、自治区、直辖市建立了省一级的青少年犯罪研究会。中国青少年犯罪研究会成立以来,组织召开了多次全国性学术讨论会,承担多项国家重点科研课题,受全国人大、国务院相关部门的委托,组织开展了多次大规模的调研,组织编写、出版了《青少年犯罪研究丛书》、《中国青少年犯罪研究年鉴》等著作;出版会刊《青少年犯罪研究》245期,累计发表约2400多万字的学术成果与资料;开展了多层次的对外学术交流,与国外和港澳地区的一些研究机构和组织建立了长期的交流合作关系;积极参与《中华人民共和国未成年人保护法》、《中华人民共和国预防未成年人犯罪法》等青少年立法、少年司法制度建设和青少年法制宣传教育,组织开展青少年法律援助工作。中国青少年犯罪研究会的工作填补了我国青少年犯罪研究的空白,初步建立了中国特色的青少年犯罪理论体系,为预防青少年违法犯罪工作做出了应有的贡献。

2004年10月,中国青少年犯罪研究会在北京召开第五次全国会员代表大会暨2004年学术年会，来自全国各地的近200名会员代表参加了会议。全国人大常委会副委员长、中央综治委预防青少年违法犯罪工作领导小组组长顾秀莲出席大会开幕式并讲话，团中央书记处第一书记周强在开幕式上致词。原全国人大常委会副委员长曹志，全国人大内务司法委员会副主任委员刘珩，中央政法委副秘书长、中央综治办主任陈冀平，最高人民法院、最高人民检察院、公安部、司法部等九个国家机关和部门的负责同志出席了开幕式。大会审议并通过了中国青少年犯罪研究会第四届理事会的工作报告；修改了中国青少年犯罪研究会章程；选举产生了新一届领导机构及成员。原全国人大常委会副委员长曹志、原全国政协副主席王文元担任研究会顾问，原全国人大常委会委员、全国人大内司委副主任委员万绍芬，中央政法委副秘书长、中央综治办主任陈冀平担任研究会名誉会长。团中央书记处书记杨岳当选为中国青少年犯罪研究会会长。这次大会总结了中国青少年犯罪研究会近年来的工作，提出了今后的任务并对有关工作做了全面规划和部署。

中国少先队工作学会

2004年，中国少先队工作学会认真贯彻落实全国少工委四届五次全委会精神，充分发挥“研究、参谋、交流、服务”的作用。一年来，学会在科研方法普及、课题管理，大中队辅导员的培训，学会自身建设，以及少先队的文化建设等方面均取得了可喜的成绩。

今年是少先队理论研究工作大发展的一年。一年来，学会进一步在课题的管理上推行规范管理程序，认真抓好课题的申报、立项、审批、督导和成果鉴定等几个环节。2004年学会批复少先队学会科研实践基地校的课题25个，学会科研实践基地专家指导团成员，一年来，先后分赴北京、江苏、浙江、山东、陕西、安徽、广东、河北等地的基地校及非基地校近100所学校，进行少先队科研方法普及和具体课题的面对面指导，使少先队科研在全国开始形成令人十分欣喜地发展态势。

学会现有360个中国少年儿童信息研究基地学校。在学会的直接指导下，各基地努力做好信息服务工作，收集并反馈了少年儿童中大量鲜活的信息，对于及时掌握当代少年儿童的思想状况，关注少年儿童的热点问题，维护少年儿童的合法权益，发挥了作用。3月23日至24日在北京召开了中国少年儿童信息研究基地工作会暨当代少年儿童成长中的教育、社会问题研讨会。来自全国各地的省级少年部部长、地市级分管书记、学校校长和少先队辅导员共计108人参加了会议。

为繁荣和发展少先队理论研究，营造和活跃少先队学术氛围，广泛开展群众性、实践性课题研究，在各级少工委、少先队工作学会的推荐下，和单位自行申报，一年来，在全国又发展了12所中国少先队工作学会科研实践基地学校。目前为止，全国90所科研实践基地学校的少先队科研工作，正在蓬蓬勃勃地向前发展着。5月17至18日在北京召开了中国少年先锋队工作学会科研实践基地工作会暨科研兴校、科研兴队研讨会。来自全国各地的省级总辅导员、地市级总辅导员、学校校长和少先队辅导员共计114人参加了会议。

推动少先队辅导员培训工作，是学会工作的重要内容。2004年8月全国少工委办公室、中国少先队工作学会联合举办了暑期全国大、中队辅导员远程教育培训。在这次培训中共有820个基层学校少先队组织的3500余名辅导员参加了学习。培训期间，辅导员的在线学习点击数为886927次，数据流量7555240。

全国少工委、中国少先队工作学会与《人民日报》“未成年人思想道德建设大家谈”专栏组，在10月13日《人民日报》第5版上整版刊发了少先队体验教育文章。这是“大家谈”开办以来《人民日报》之外单位组织的惟一一期

"大家谈"。该期"大家谈"的意义，已经从纯社会教育走向了少先队教育。

一年里，学会还编发了《农村"留守儿童"发展状况》等6期《学会动态》；向360个信息基地校发出了《俯下身子，听听孩子们的声音》的调研通知，目前反馈信息正在回收之中。

中国青年工作院校协会

2004年，中国青年工作院校协会在团中央的领导下，以"三个代表"重要思想为指导，认真学习贯彻党的十六届三中、四中全会精神，深入贯彻落实团的十五届二中、三中全会精神，按照全国团干部教育培训暨团校建设工作会议精神和《共青团中央关于进一步加强和改进团校建设的意见》的要求，充分发挥团校（青年院校）在团干部教育培训和培养青年人才中的重要作用，团结联系全国团校（青年院校）奋发进取，扎实工作，努力开创团干部教育培训工作和团校建设新局面。

——围绕学习贯彻"三个代表"重要思想，扎实做好团干部教育培训工作。认真贯彻中组部《关于印发〈关于深入学习贯彻"三个代表"重要思想，做好大规模培训干部工作的意见〉的通知》精神，把学习贯彻"三个代表"重要思想作为团干部教育培训工作的首要任务，联合团中央组织部，以专职团干部为重点，采取多种形式为做好大规模培训团干部服务。继续落实全国团干部教育培训和团校建设工作会议精神，围绕团干部重点培训班次，推动全团干部教育培训工作。2004年，依托中央团校直接为举办的29期团干部培训班培训团干部2860名。

——进一步拓展团干部学历教育和境外培训工作。以北京大学MPA班为契机，建设团干部学历教育平台，为满足团干部高层次学习需求服务。联合北京大学政府管理学院举办首届团干部MPA班，举办行政管理专业硕士研究生班。指导中央团校与中国人民大学、中央党校合作举办在职研究生班。指导中青高级人才培训中心与中国人民大学合作举办MPA班。2004年，北京大学团干部MPA班招收100人，行政管理专业硕士研究生班招收30人，其他学历项目招收220人。加大团干部境外培训工作力度，联合中国青年国际人才交流中心举办了6期共青团系统干部研修（培训）团，组织60余名团干部赴美国、德国、英国、澳大利亚进行培训和交流。

——努力发挥团属院校在培养青年人才工作中的积极作用。贯彻落实共青团全国青年人才工作会议精神，努力使团属院校成为青年人才培养的重要基地。按照股份制合作办学的方式，引入民办机制，积极筹办青年高等职业技术学院，并以此为龙头，带动全团职业教育事业的发展。依托团属院校，深入实施青年职业资格证书培训工程，开展了职业指导师、项目管理师、电子商务师等职业鉴定项目和通用管理能力、职业英语能力测试项目的培训和认证，帮助青年掌握更多职业技能。举办共青团系统SYB（创办你的企业）师资培训班，在团属院校对青年进行有针对性的创业培训，帮助广大青年成功创业。

——大力推动团属院校的建设和发展，不断加强协会自身建设。联合团中央组织部以团中央名义召开团中央庆祝第20个教师节暨表彰大会，对106名全国团干部教育培训工作先进个人和84名全国团校优秀教师进行了表彰。通过多种方式加强团校（青年院校）之间的交流和合作。正式开通全国团干部教育培训网，利用网站为团干部和团属院校提供切实服务，推进团干部教育培训网络化建设，编发《全国团干部教育通讯》近20期，在传递工作信息、交流各地工作经验等方面发挥了积极作用。先后召开了全国青年院校校园文化建设理论研讨会、后勤工作研究会常务理事会和城市团校校长会，研讨目前团校建设和发展中存在的问题。吸纳团外教育资源，发展新会员，壮大协会力量，开展会员驻会制度，建立机制，加强协会秘书处建设。

中国青少年宫协会

2004年，中国青少年宫协会认真贯彻落实《中共中央国务院关于进一步加强和改进未成年人思想道德建设的若干意见》精神，按照团中央的总体部署，全面推进协会的各项工作，为团属青少年活动阵地的发展做出了积极的贡献。

1. 深入贯彻中央8号文件精神，切实加强和改进未成年人思想道德建设。中央8号文件颁布和全国加强和改进未成年人思想道德建设工作会议后，协会先后在北京、山东、四川等地召开专题座谈会认真学习贯彻文件精神。座谈会研究分析了当前青少年宫存在的一些问题，提出了青少年宫发展中面临的政策性问题和急需研究的工作，同时各地青少年宫也交流了贯彻落实中央8号文件精神的经验和做法。

2. 积极拓展工作项目，全面实施中国青年创业国际计划（简称YBC）。YBC是团中央、全国青联发起的一个旨在帮助中国青年创业的国际合作项目。协会是项目的实施机构，目的是通过借鉴青年创业国际计划的项目模式、先进经验和国际资源，探索符合中国非盈利组织实际的运作机制。2004年，协会紧紧依靠全国各地的青少年宫，积极推进YBC在中国的发展。在YBC的组织机构建设、扶持创业青年、建立创业导师网络、筹资、内部人员的培训和交流等方面取得了显著进展。

3. 进一步深化“千宫百万”行动，努力为青少年学习成长提供服务。(1)2004年，协会进一步加大了“千宫百万”行动实施力度，计算机、剑桥少儿英语等项目的培训和考试工作规模不断扩大。2004年6月，协会在北戴河召开了全国剑桥少儿英语培训考务工作推进会，安排部署工作任务，总结交流工作经验，培训师资队伍。目前全国青少年外语培训站已达到249家，计算机信息高新技术培训站有75家。(2)与国家体育总局棋牌运动管理中心（中国棋院）推动青少年围棋、象棋、国际象棋运动开展。2004年1月和7月，分别在郑州和上海举办了第三届全国青少年棋类比赛和全国青少年围棋比赛，命名了第四批全国青少年棋院。目前，已在全国建立106家青少年棋院。

4. 开展“欢乐快车”等活动，文化体育活动丰富多彩。协会和中央电视台青少中心联合举办了“欢乐快车”系列活动。在“六一”期间，启动了“欢乐快车——六一宣传周”，在山东、浙江、江苏分别举办了以“公德”、“体验”、“关爱”为主题的综艺晚会，丰富了青少年的业余文化生活。2004年8月，在天津举办全国青少年宫武术大赛。共有来自全国17个省、自治区、直辖市的38支代表队近500名选手参加。各地青少年宫还广泛开展了文艺演出、电影展映、书法、绘画、摄影、网页设计大赛、棋牌、球类等丰富多彩的文体活动，产生了良好的社会效益。

5. 举办第二届“中国青少年社会教育论坛”，为未成年人思想道德建设创造良好的舆论环境。由中国青少年宫协会组织、承办的，团中央等七家部委共同主办的“中国青少年社会教育论坛——2004·媒体与未成年人发展”于2004年12月12日—13日在上海举行。全国人大副委员长许嘉璐同志发来贺信，来自于政府机构、研究机构、青少年教育机构和各类媒体的300余人参加了论坛，就现代媒体对未成年人影响、如何运用媒体更好地服务未成年人健康成长、发挥媒体在促进未成年人发展中的优势和作用、主动引导未成年人科学地对待和运用媒体、全面推动社会共同关注未成年人发展等方面达成共识，论坛取得了圆满成功。

6. 切实加强协会自身建设，不断提高协会工作水平。(1)完善协会组织机构。全国青少年宫协会增选了来自于人事部、财政部、教育部、文化部、科技部、建设部、中国社会科学院、全国妇联、新闻出版总署、国家广电总局、国家体育总局、国家工商总局、国家税务总局、企业界及青少年宫管理者等18位同志担任全国青少年宫协会副会长，并正式更名为“中国青少年宫协会”。(2)2005年初，协会事业发展部成立了教育中心、活动中心和网络中心，分别负责青少年宫系统教育、活动和网络的整合等工作，明确了相关职责。(3)召开中国青少年宫协会三届四次理事会议。为总结以往工作，研究今后发展的思路，部署2005年的工作任务，协会于2004年12月11日召开了中国青少年宫协会三届四次理事会议。这次会议进一步统一了思想，凝聚了力量，明确了协会今后发展的方向和任务。

中国青年报刊协会

全国青年报刊“好新闻、好作品、好活动、好论文”是由共青团中央宣传部、新闻出版总署报纸期刊出版管理司、中国青年报刊协会主办的，授予青年报刊优秀新闻作品、活动、论文的常设奖项。至今已评选了10届，对推动全国青年报刊坚持正确舆论导向、弘扬伟大的民族精神和时代精神，创作出更多的好作品、推出更多的好活动，更好地教育引导服务青年、鼓励优秀青年新闻工作者脱颖而出，起到了积极的推动作用。

第10届(2001—2003年)全国青年报刊“好新闻、好作品、好活动、好论文”评选活动于2004年4月至12月在京举行。

此次评选共表彰获奖作品、活动218件(项)。其中，《中国青年报》刊载的通讯《作文里为什么不能说真话》、《北京青年报》刊载的新闻图片《贝利颠起宋代足球》等173件作品分获“好新闻好作品”一、二、三等奖；《青年文摘》杂志刊载的《姐姐，你是我第一个在雨中等候的女生》等9件作品获得文摘选编奖；内蒙古民族青少年杂志社刊载的《无英雄时代的真英雄》等3件作品获得少数民族文字版优秀作品奖；由北京青年报社举办的《我劝膀爷穿件T恤》等13项活动获得“好活动”奖；山西青年报社选送的《用“三个代表”统领全局》等20篇论文获得“好论文”奖。此次评选表彰的作品质量较高、题材多样，全面反映了近年来我国经济社会的发展状况，特别是对抗击非典、神五飞天、大学生心理健康等重大事件和热点问题都有十分深入的报道，具有很强的思想性和艺术性。

“四好”评选受到各青年报刊、青年编辑、新闻记者的好评和重视，得到社会的广泛关注，影响日益扩大。

中国少年儿童报刊工作者协会

2004年，中国少年儿童报刊工作者协会以“三个代表”为指针，贯彻落实中共中央、国务院关于进一步加强和改进未成年人思想道德建设的若干意见精神，开拓创新、务实发展，为未成年人成长营造良好的氛围和环境，为全国少儿报刊的进一步深化改革做出了贡献。

一、召开四届四次会长会议

4月4日在上海召开四届四次会长会议。

1. 学习《中共中央国务院关于进一步加强和改进未成年人思想道德建设的若干意见》和中央书记处书记李长春同志《关于加快文化出版和新闻报刊业改革》的重要讲话精神。

2. 审定通过了关于聘请共青团中央书记处书记张晓兰同志为中国少年儿童报刊工作者协会顾问；关于协会副会长高洪同志变更为刘进喜同志的提议；关于新增中国少年儿童新闻出版总社吴翠兰同志、深圳青少年报社谢蔚君同志为协会副会长的提议。

3. 研究了中国少年儿童报刊工作者协会第18届年会召开的时间、地点、会议内容以及承办单位等事宜，并提出：认真总结第17届年会以来的工作，畅想少儿报刊发展未来。还提出少儿报刊要深化改革机制，做强做大，有益传播、向国际合作方向发展的目标。

4. 肯定了秘书处对常务理事单位调整的调查意见；会议对今年以来，为迎接第18届全国年会的召开，发动会员为协会工作开展的“建言献策”征求意见活动也给予了肯定。

5. 讨论审议了秘书处起草的《中国少年儿童报刊工作者职业道德行为准则》（试行）。

二、召开经营管理研讨会

为了进一步探讨当前少儿报刊市场化运作，拓展少儿报刊的发展空间。3月30日至4月3日，由中国少年儿童报刊工作者协会主办的全国少儿报刊经营管理研讨会在上海举行。来自全国50家少儿报刊社的79名代表出席了会议。

深圳青少年报社谢蔚君、上海教育报刊总社乔身吉、重庆少年先锋报社刘晓佩等在大会上做了发言。与会代表就少儿报刊的广告宣传，发行方式、办法，销售渠道的开发以及经营管理经验、项目开发合作等方面的话题进行广泛的交流和讨论。

会议专门邀请了中国出版科学研究所郝振省先生、湖北新闻出版局期刊中心吴乐平先生，就目前报刊市场发展、转制与市场营销，我国少儿报刊业的基本分析和掌握，作了专题报告。

三、举办第二届“叶圣陶奖”和第三届“全国少儿报刊优秀工作者”评选工作会议

8月16日，第二届“叶圣陶奖”和第三届“全国少儿报刊优秀工作者”评选工作会议，在黑龙江大庆市举行。

第二届“叶圣陶奖”和第三届“全国少年儿童报刊优秀工作者”评选工作是由协会和叶圣陶研究会、中国新闻出版报社联合主办的。经过与会评委两天的认真审读材料，对照评奖条件和标准，通过记名投票。中国少儿报刊界10名贡献突出的人士荣获“叶圣陶奖”；47人获得“全国少年儿童报刊优秀工作者”称号。

四、召开全国少年儿童报刊第十八届年会

10月24日至27日，全国少年儿童报刊第十八届年会在江苏省南京市举行。

会议的主题是：贯彻党中央、国务院关于进一步加强和改进未成年人思想道德建设的若干意见，总结我国少儿报刊近两年来的工作情况，展望少儿报刊发展趋势，并颁发中国少儿报刊界最高荣誉奖——“叶圣陶奖”等一系列奖项。

国家新闻出版总署副署长石峰，共青团中央书记处书记、全国少工委常务副主任张晓兰同志出席会议并发表了重要讲话。共青团中央少年部副部长、全国少工委副主任刘进喜出席大会开幕式。江苏教育出版社社长张胜勇致辞，向与会代表表示热烈欢迎，并向大家介绍了江苏教育出版社改革、改制发展的近期及远景发展规划。

全国各地少儿报（刊）社的社长、总编以及各报（刊）代表共180多人出席了会议。

会上宣布启动第二届全国中小学生“每天课外阅读十分钟”活动。

会议期间，进行了获奖报刊（60家）的集中宣传展示，与会者一致赞扬此次展示新颖，效果良好。

五、举办首届全国少儿报刊文字编辑、品牌专栏研讨会

10月25日上午，在江苏南京举行“全国少儿报刊文字编辑、品牌专栏经验交流会”。会上，河南《中学生时事政治报》荆西海、上海《少年日报》徐建华、山西《小学生拼音报》张梅霞、辽宁大连《少年大世界》杂志贺俏、湖南《小学生导刊》杂志邓集湘、天津《同学少年》杂志李爱京、山西《新作文》杂志赵学文、河北《少年智力开发报》田浩新、吉林《智慧少年》杂志石岩松、中少总社《知心姐姐》杂志卢勤等分别从多个角度作了经验性发言。会议开得十分严谨、认真，与会代表对会议发言产生了强烈反响。

六、开展协会公益性活动，举办赠刊、读刊活动

落实百家期刊社赠刊给三峡库区和南水北调工程区的百所学校的学生。此项活动受到了百所学校的学生和教师的一致好评，分别以学校的名义和学生个人写来感谢信，感谢协会及百家期刊社的爱心，为他们送去了精美的期刊。

协会主办，由湖南小天使报社承办的"你可以成为了不起的人"活动征文。开展以来受到小读者的欢迎，各地小读者积极参与该项活动。截至11月底，收到小读者来信来稿约万余封。

七、新会员不断增加

2004年，有16个报(刊)新加入协会。协会的队伍不断壮大，目前已有会员262家。

中国青少年网络协会

中国青少年网络协会(以下简称"青网协")是由从事互联网工作、青少年工作或其他相关工作的组织和优秀个人自愿联合结成的全国性社团组织，于2002年经国家民政部审核注册成立，在团中央的领导下开展工作。

青网协的基本任务是：在青少年中宣传、推广和普及网络技术和知识，开展各类计算机网络培训和竞赛活动，促进适应我国信息化建设要求的青少年人才的成长；借助社会各方面力量，针对互联网对青少年的影响以及青少年对互联网发展的作用积极开展调查和研究，帮助青少年正确理解和使用互联网，推荐有利于青少年健康成长的网络产品；发挥共青团组织的桥梁和纽带作用，组织开展各成员之间的交流与合作，促进青少年互联网络服务机构的健康发展，努力营造有利于青少年健康成长的网络环境。

青网协现下设三个工作委员会：青少年上网服务场所工作委员会、中小学信息化推广与普及工作委员会、高校网络联盟工作委员会；三个专业委员会：游戏专业委员会、信息安全专业委员会、短信专业委员会。

2004年度，青网协深入贯彻落实团十五大精神，坚持把服务青少年为工作的出发点和落脚点，团结奋进，开拓创新，积极推动青少年信息化建设，积极引导青少年树立积极向上、求知好学的上网风尚。

一、高度重视、齐心协力、充分准备，为提高协会知名度和扩大协会影响力，成功举办了中国青少年网络协会第一次会员代表大会暨首届全国"网络·青少年"论坛

全国政协副主席、协会名誉会长王选、团中央书记处第一书记、协会顾问周强、科技部副部长马颂德、文化部原副部长、网络文明工程组委会副主任徐文伯等出席会议并致辞。团中央书记处常务书记、全国青联主席赵勇当选为协会第一届会长。中央文明办未成年人思想道德建设办公室副主任张英伟、科技部高新技术发展及产业司副司长李武强、文化部文化市场司副司长庹祖海、新闻出版总署音像电子和网络出版管理司副司长寇晓伟、国家广电总局社会管理司副司长罗建辉等38人当选为协会副会长。

会议期间，还发起了《创建绿色网上空间推进网络文明建设》的倡议。北大方正集团、广东电信实业集团、金山软件股份有限公司等知名企业向青网协捐赠了电脑和软件产品。同时，由中国青少年网络协会主办的首届全国"网络·青少年"论坛取得圆满成功。中央电视台、《中国青年报》等众多权威媒体对此次会议进行了报道，搜狐网和中青网对此次会议进行了现场直播，在社会上产生了广泛而深远的影响。

二、发挥协会自身的优势，切实服务青少年，积极开展有利于促进青少年信息化建设的活动

为了贯彻落实《中共中央国务院关于进一步加强和改进未成年人思想道德建设的若干

意见》精神，响应共青团中央加强青少年思想道德建设、促进青少年信息化建设的号召，青网协于2004年9月份在山东威海召开“青少年信息化研讨会”。山东省及武汉市中小学、青少年宫计算机教师以及两地团干部共计110余人到会接受了培训并展开了研讨。会上，青网协向部分中小学捐赠了价值200万元人民币的网络产品。这不仅加强了青网协与各地中小学校信息化工作的交流与合作，为协会以后的工作打下了基础，还有利于加强与各地团组织的交流和合作，有利于推动各地团省委的青少年信息化工作。

三、关注行业和社会热点，针对网络游戏积极开展各项活动，为青少年提供健康有益的绿色上网空间，大力推动网络文明建设做出了积极贡献

1. 举办“首届中青网络游戏辩论大赛”。2004年5月29日，青网协主办的“首届中青网络游戏辩论大赛”正式拉开序幕，活动时间为一个月。本次活动引起了业界乃至全社会对网络游戏更深层次的认识与思考，有利于推动网络游戏相关法律法规的建设，有利于国内网络游戏产业的健康发展。

2. 召开“网络游戏分级制度制定与实施研讨会”。为保护青少年、引导青少年健康娱乐，中国青少年网络协会草拟了网络游戏分级制度的方案(草案)，制定了网络游戏分级制度制定与实施的计划，并组织召开了网络游戏分级制度制定与实施研讨会。大众软件、游戏基地、游戏天地、中游网、《电脑报》、e－play、互动软件等专业媒体及风暴测试组的相关人士参加了会议。会上，对网络游戏分级制度的制定与实施计划、网络游戏分级制度草案进行了认真、深入的探讨。为我国网络游戏分级制度建立进行了有益的尝试。

3. 开展“绿色场所体验绿色游戏”系列活动。青网协在北京10家中小学校中开展了《绿色游戏推荐标准》的大型调查活动，并根据调查结果撰写了中国青少年网络协会绿色游戏推荐标准草案，向广大青少年推荐优秀、健康的娱乐活动。11月28日，青网协在北京召开了《中国青少年网络协会绿色游戏推荐标准》和《中国青少年网络协会绿色上网服务场所评选标准》的新闻发布会。会后，各电视台、电台、平面媒体、网络媒体均在醒目位置刊发此消息，在社会上形成了“绿色游戏”、“健康游戏”的良好舆论氛围。

12月12日，青网协联合中青网、雏鹰网等20余家知名网站共同发起成立中国青少年网络安全联盟，并由协会会长、团中央常务书记赵勇开启了联盟网站。联盟的产生将有力地促进网站自律，还未成年人一片洁净的网络空间。

四、继续加强组织建设、提高队伍的整体素质，努力树立协会新形象

协会组织骨干人员学习党的方针政策，调查研究网络行业的发展规律，探索青少年的网络需求，不断提升自身的业务素质，开拓创新，与时俱进，全力推进学习型协会建设，提升协会秘书处的服务水平，为协会各项工作更上一层楼打下了坚实的知识储备和人才储备。

中国光华科技基金会

在团中央书记处的直接领导下，中国光华科技基金会(以下简称“基金会”)在2004年10月正式纳入团中央直属序列单位，形成了新的工作机制与格局。主要表现在以下几个方面：

一、顺利召开了基金会三届一次理事会议

2004年10月基金会召开了三届一次理事会议，会议对基金会成立以来取得的成绩给予了充分肯定，审议并通过了《三届一次理事会议工作报告》、《三届一次理事会议财务报告》和《基金会章程》，会议认为两个报告对基金会过去的工作和财务情况进行了认真全面的回顾，对今后的工作思路和发展方向的确定符合基金会的实际情况；新《章程》依据国家主管部门的规范文本订立，其宗旨和业务范围等调整及增加的内容符合共青团工作和社会公益事业对基金会的整体要求；会议选举产生了新的理事会和工作机构，还对今后在共青团中央领导下基金会的工作思路、发展方向进行了认真讨论。

二、建章建制，规范管理，加强培训

1. 2004 年 10 月起，基金会从建章建制开始，规范工作和管理程序，改变了以往在财务、人事、行政办公等方面的工作中无章可循、主观随意的状况。根据《中华人民共和国公益事业捐赠法》和国务院《基金会管理条例》等法律法规，按照团中央有关部门的要求，制定了行政办公、人事薪酬、财务会计等 12 项保证基金会健康、持续发展的管理规章制度。

2. 按照目标责任管理的要求，向全体人员公布基金会2005 年 3 月 15 日之前的工作任务和目标，并分别从行政和业务两个渠道下达任务，与此同时公布薪酬档次，由各工作人员自主选择相应的任务、岗位和薪酬。

3. 根据民政部关于基金会换发登记证书的要求，在 2004 年 12 月 1 日前完成了基金会更名、法人更名、社团重新登记上报等一系列基础性工作。

4. 以建立学习型组织为目标，分别于 2004 年 11 月和 12 月组织全体员工进行多次业务培训活动，一方面发挥自身优势采用自教自学的方式培训，教学相长增强每位员工的学习能力；另一方面还聘请业内有影响力的专家专门授课。通过培训既提高了工作人员的理论知识，又明确了工作目标，起到了良好的效果，为基金会建立一支有专业水准的公益人队伍打下了良好的基础。

三、依法遵章，清理整顿历史遗留问题

由于基金会过去缺乏科学规范的管理意识，许多项目从签约开始就存在诸多漏洞，由此产生了许多遗留问题。在老项目的清理过程中，基金会通过主动走访，耐心解释，积极推行正确的公益理念。一方面严格贯彻执行《中华人民共和国公益事业捐赠法》和《基金会管理条例》，一方面按照基金会有关管理制度，使一些项目得以很好的转型。对于一些有名无实或缺乏可持续发展性的项目，基金会采取了果断中止项目的措施；对有潜在风险的老项目，按照法律法规和基金会的制度及时处理，维护了基金会的良好形象。通过对老项目的妥善处理，基金会的工作得到了规范，并为今后的工作积累了经验，为造就一批具有长期性的项目奠定了坚实的基础。

四、运用新的工作机制，积极拓展业务

1. 春节前“扶贫送温暖”活动。2004 年 11 月—12 月，基金会接受了天津泰达股份有限公司捐赠的扶贫物资，先后向四川省乐至县龙溪乡、安岳县忠义乡、安岳县兴隆镇，河北省承德市，山西省翼城县、忻州市、霍州市，安徽省潜山县黄泥镇等贫困边远地区无偿捐赠了总价值达人民币 200 多万元的棉衣、棉被等保暖物资，受到当地政府和群众的热烈欢迎，取得了良好的社会效应。

2.“宝供物流奖”颁奖活动。“宝供物流奖”是基金会所属中国物流发展专项基金颁发的奖项。由于该项目管理不善，一度处于停滞状态。在新的工作机制下，通过多方协调成功实现了老项目的合理转型，既维护了基金的声誉，又保持了公益项目的延续性。

3. “系列扶贫资助活动”。基金会向四川省乐至县龙溪乡重点扶贫村何家坝村无偿资助，帮助开展蚕桑、生猪、渔业、药草等“四园建设”，向四川省安岳县忠义乡八方村、兴隆镇磨岩村无偿资助，用以帮助建设生猪养殖园；并向解放军第四军医大学李圣青同志申报的科技项目等进行资助。同时，在新的工作机制的激励下，通过基金会员工的努力，已在北京、江苏、广东等地洽谈了一些新的公益项目。

第七部分

事 业 发 展

团中央实业发展中心

一、求发展，青印厂综合改造工作全面展开

（一）进一步优化规划方案

按照青印厂开发工作原有的规划方案，厂区不外迁，依照先建职工宿舍、后建生产厂房、再建办公楼的顺序逐次腾空现厂区，前期工作近2年，具有较大的建设难度。在与有关方面充分协商和反复论证的基础上，并在青印厂干部职工的支持下，决定对原有规划方案进行调整。将原方案调整为：生产厂区全部迁出，在外购置新厂房；压缩拟建住宅楼的面积，改为在新厂周围购买新的住宅；计划拆除华鹏大厦，重新规划写字楼。调整后的方案使整个开发工作得到了更大的效益：(1)工厂外迁，无噪音污染，使项目周边环境发生根本变化，资产增值潜力加大；(2)比之原方案中新建的1.2万平方米厂房，而现新购置厂房将达到1.8万平方米，增加了6000平方米；(3)通过外购部分住宅楼和货币拆迁等方式的置换，一线困难住户的住房问题得以提前解决；(4)避免了现有居民的拆迁，降低了在项目建设中可能出现的居民不稳定因素；(5)为企业多创收2000余万元。

（二）前期审批手续全部完成

青印厂的综合改造方案因为属于新建的开发类的项目，需要经过中直以及北京市的多个主管部门进行审批，报批手续非常复杂。在过去的一年时间里，在我们和开发商的共同努力下，先后完成了在中直管理局、北京市规委、北京市发改委、北京市建委多个主管部门的报批手续，目前，整个改造项目已经取得部分施工许可证，即将破土动工。2004年是一个房地产领域的特殊年份，8月31日被喻为“大线”，也是开发土地合法与非法的分界线，在周强同志、胡伟同志的直接关心下，向北京市有关领导认真陈述了我们按照“公开、公平、公正”的原则，以招拍挂的方式出让土地，确定合作伙伴，符合国家在国有土地出让中相关的政策法规的做法，得到了政府部门的认可和支持，使该项目得以顺利过关。

（三）资金缺口初步得到解决

规划方案进行调整后，我们未来的可经营面积增加了1倍多，国有资产获得了更大增值，未来的经营收益也将成倍提高。同时由于购置新厂区和厂区外迁，增加了更多的资金投入，另外还需缴纳土地出让金1.1亿多元，开发工作出现了较大的资金缺口。在实业中心的积极运作下，寻找到中青华运作为新的合作伙伴，吸纳战略投资2000万元。同时又积极拓展融资渠道，至2004年底，已融资1亿多元，将土地出让金全部交清。至此，有效弥补了青印厂开发工作中的资金缺口。

二、保稳定，军企的善后处置工作圆满完成

（一）完成了四海公司的员工的处置工作

根据团中央和上级资产部门的批示，2003年4月11日，中青实业发展中心将中国

四海工程有限公司41.55%股权转让。股权转让后，由于受到大的经济环境和新的股东经营不善等因素的影响，造成四海公司员工中出现了严重的不稳定因素。中心从社会大局考虑，从中心整体工作着眼，本着诚信和为职工负责的精神，在与四海公司员工进行座谈、沟通、普遍了解员工意愿的基础上，决定按照国家的有关政策以解除劳动关系的方式，对四海公司员工问题进行一次性安置。自2004年2月份开始，在中心和四海公司的密切配合下，经过三个月的时间将四海公司的员工处置工作全部完成。一度部分职工激动的情绪得以较好的解决，没有给机关造成任何不良影响。

(二)中青集团的善后处置工作全面结束

在企业转让工作中,最难的是企业人员的处置工作。中青集团的转让,中心在反复论证和积极开展工作的基础上,最终采取了整建制无偿划转的方式转让给国有企业,我们的重要条件是企业人员也全部随企业一并划转,从而规避了在企业转让工作中通常出现的人员问题的不安定因素。目前,中青集团的资产划转过程中的审批手续已全部完成。所有人员档案也已全部转移完毕。

三、求创新,全面推进青少年消防教育基地的建设

为配合"全国青少年消防安全教育系列活动"的开展,实业中心在广泛调研的基础上,在财政部的支持下,决定实施建设"青少年消防安全教育基地",自项目正式启动以来,一直进展顺利。2004年,消防基地的建设取得了突破性进展。

(一)经过我们认真的考察、论证、设计，在有关专业机构和专家的协助下，我们于2004年4月底前完成了"青少年消防安全教育基地"的全部规划设计方案和项目建设方案。这是一项全新的工作，也是一项创造性的工作，这个方案紧扣"为青少年服务"这个主题，以消防教育为主线，兼顾自护、自救、自防教育。

(二)根据《招标法》和《政府采购法》及其他有关规定的要求,实业中心于2004年5、6月间两次组织招投标,分别就设备购置和基础设施改造确定了合作单位。项目于2004年7月16日正式开工。在全体同志的共同努力下,项目建设进展顺利。在11月中旬由专业监理机构进行的阶段性检查和隐蔽工程验收中,一次性通过。截至2004年底,项目主体结构已经形成。硬件设施完成70%,软件设施完成50%。按照项目进度安排,青少年消防安全教育基地预计将于2005年5月开始试运营。7月正式对外开放。该基地建成后,将成为国内首家"以青少年为服务对象,以消防安全教育为主题"的专业教育场馆。

(三)在基地建设的同时，我们也在开展培训和宣传的准备工作。2004年6月底前，与中国消防协会合作策划创编了《青少年消防安全教育科普读本》、《青少年消防安全教育宣传挂图》和《青少年消防安全教育科普光盘》，作为培训的辅助材料。目前，《青少年消防安全教育基地教学大纲》已编写完成，并据此进行师资力量的培养。"青少年消防安全教育网站"正在筹建中，预计在2005年6月开通。上述工作将对青少年消防教育基地的工作产生有力的支持，从而形成以基地互动式培训为核心，以辅助性教材为基础，以网络教育为拓展的多层次、多渠道的宣传教育体系。

中国青年政治学院(中央团校)

一、中国青年政治学院(中央团校)2004年基本情况

党委书记、副院(校)长:陆士桢;

党委副书记、副院(校)长:酒曙光;

党委常委、副院(校)长:张澍、高延斌、李家华;

党委常委:王义军、李宝国。

2004年,中国青年政治学院(中央团校)设有本科教育、研究生教育、高职教育、团干部培训、成人教育等教学部门13个,教学管理和辅助部门4个,行政和后勤部门12个;教职工总数为495人,其中教师230人;在校本科生3129人,高职生785人;建筑面积123606平方米,经费7476.3万元,固定资产总值12970万元。

二、中国青年政治学院(中央团校)2004年主要工作

2004年,学院党委组织安排全院师生认真学习十六届四中全会精神和《中共中央国务院关于加强和改进大学生思想道德建设的若干意见》,各级党组织以加强党的执政能力建设为重点,全面推进党的思想、组织、作风和制度建设,不断增强党组织的创造力、凝聚力和战斗力。2004年底学院召开了第九次党代会,选举了新一届党委领导班子。

2004年,学院继续做好团干部的培训工作,举办各类培训班37个,参训学员3259人次,引进新型培训理念,创造新的培训形式,逐步探索出一条具有共青团特色,满足青年干部成长需要,服务广大青年发展的团干部教育道路。2004年还安排了东南亚青年干部高级研修班、澳门青年志愿者骨干培训班、澳门社团青年领袖培训班等三个涉外培训班,迈出了涉外培训的第一步。学院积极开展与各地方团校合作,在青岛建立了中央团校第三个校外培训基地。学院承办了团中央庆祝第20个教师节暨全国团校优秀教育工作者、优秀教师表彰大会。

2004年,学院首批招收硕士研究生25人,制定了研究生专业培养方案和有关研究生教学管理、学生管理方面的规章制度,夯实基础,稳步推进。

2004年,在教学工作上,学院坚持以本科为主的教育格局,不断提高教学质量和整体办学水平;加强专业学科建设,申报财务管理、英语语言文学、社会学等三个本科专业和心理咨询二学位专业;加强教学管理和课程建设,确立了首批院级精品课程建设立项;对教学管理制度进行修订,规范教学环节;完善了评估方法和手段,逐步建立起适合中青院实际情况的教学评估体系,为提高本科教学质量和教师聘任工作提供了有效的参考。

2004年,学院整合专业资源优势,推动“科研精品”战略,一年来,共争取院外科研项目46项,其中国家级科研项目7项(含子课题6项),省部级科研项目3项,其他各级项目36项,共计项目经费170多万元。整合全院科研力量成立了青年发展研究院,发表了一批具有一定影响力的科研成果。加强科研工作的对外合作交流,邀请知名学者专家来学院进行讲座和合作,举办了第四届“新世纪新闻舆论监督”学术研讨会和首届“青年与艾滋病”研讨会,进一步扩大了学院在相关领域的知名度和影响力。

2004年,学院坚持以学生为本,提出了“发展性学生工作与大学生发展辅导”的重要课

题。在实际工作中热情关心学生生活、关注学生思想动态、解决学生的实际问题。重视贫困大学生的学习和生活，申请办理了570万元的国家助学贷款，建立了学生救助基金，通过各类助学金、学费减免、勤工助学等途径，基本解决了全院贫困学生的就学和生活困难。重视学生的心理健康情况，利用优势资源为学生提供专业的心理健康的辅导和帮助。在学生工作中注意发挥学生会组织、学生社团的作用，积极引导，为学生的自由发展提供广阔的空间。重视毕业生就业工作，积极开辟就业渠道，提高学生的就业能力和就业质量。2004年学院有534名毕业生，一次就业率达到94%，104人考取研究生。

2004年，学院对中层干部的岗位职责进行了考核和重新聘任。新聘任的教学系（部）主任和主管教学、科研的副主任已全部具有博士学位，全院中层正职干部中具有高级职称的比例达到82%。2004年，学院对教师系列岗位和非教师系列岗位的聘任工作进行改革，对教师和行政、教辅人员重新聘任，进一步明确了各工作岗位的工作职责、教学岗位教学、科研工作量要求和岗位薪酬，充分调动了教职工工作积极性。

2004年，学院派出团组和个人赴荷兰、俄罗斯、韩国、澳大利亚以及港澳台地区访问交流14次，共计29人，5人参加国际学术会议和研访；邀请并接待了来自韩国、英国、法国等国家和地区的代表团和个人访问。邀请美国丹佛大学、台湾东海大学等境外高等院校知名专家、学者来学院讲学、授课。继续巩固留学生教育成果，不断扩大招生范围和规模。

学院关心师生员工及离退休职工的生活，重视离退休工作，通过多种形式请老同志参与学院的发展大计，为老同志组织丰富多彩的活动，提供热情周到的服务。关心青年教职工的生活问题，筹集资金资助部分青年教职工购买北京市经济适用房或其他住房。

2004年，学院继续深化后勤制度改革，引进社会资源参与学校后勤工作，建构合理的校内竞争结构，为师生员工提供高质量的服务。2004年，学院继续推进校园建设，增加基础设施建设的投入力度，学子公寓2号楼及其配套用房按期竣工并投入使用，教务办公楼工程进展顺利。2004年，学院成立了资产管理处，规范了固定资产的采购、归档、管理和使用等制度。高度重视安全工作，2004年学院未发生重大案件、事故或群体性事件，确保了校园的治安秩序和安全稳定。学院启动了“科技创安”系统工程，为维护校园安全提供了技术和物质的保证。

中国青少年研究中心

一、基本情况

2004年青研中心以“三个代表”重要思想为指导，以“三个服务”（服务决策、服务工作、服务青少年健康成长）为宗旨，紧密围绕党政大局和团中央重点工作，坚持“成就个人，强大集体”的发展理念，继续发挥科研优势，积极推进品牌化发展战略，在科研和机构建设方面取得了重要成果。

2004年青研中心公开发表科研成果881万字，其中青少年研究类著作34部，857万字；

文章69篇,24万字。2004年青研中心完成重点和一般课题17项(含皮书),撰写并上报“专题研究报告”15辑,23.7万字,“内部参阅研究报告”及“青年内参”5辑,5.7万字,音像制品一套,科研成果质量明显提高。另外,编辑出版《中国青年研究》杂志12期,《少年儿童研究》杂志12期,《中国青运史辑刊》4期,编辑量共289万字。“中国青少年研究网”2004年共编辑发布网上信息451万字;全年召开大型理论研讨会、专题报告会8次,在全国各地举行专家报告会200余场;接待国外相关机构专家来访7次、44人,组织出访6批、26人次,基本上达到了质量年的主要目标。

二、主要工作

(一)坚持以科研为本,全力打造科研品牌

2004年,青研中心继续狠抓拳头产品,全力打造科研品牌。“青年蓝皮书”——《新蓝领——当代中国青年技能人才研究》、“少年儿童蓝皮书”——《孩子健康生活的六个要领——中国城市儿童生活习惯研究报告》、专门研究预防青少年违法犯罪的“红皮书”——《青少年违法犯罪的社区预防》已经或即将出版。

“青年蓝皮书”是国内近年来第一本通过实证调研的方法对青年技能人才进行全面研究的著作。该书以全国范围内大规模问卷调查为基础,从新蓝领的发展概述、新蓝领培养的制度制约因素研究、打造新蓝领的文化阻力、从社会分层理论看新蓝领的产生与流动四个方面详细阐述了中国青年技能人才的发展状况,分析并提出了这一群体存在的问题以及有效的解决方法。“少儿蓝皮书”以少年儿童“健康生活的六个要领”为主题,专题研究了中国城市少年儿童的生活方式,客观分析了少年儿童日常生活习惯,深入探讨了影响少年儿童健康生活习惯的四个原因:社会发展的双重效应、家庭物质生活的改善、父母的教育观念和行为导向、学习负担过重的连锁反应,归纳总结了当代少年儿童在饮食习惯、睡眠习惯、玩耍习惯、运动习惯、媒介接触习惯、卫生习惯等方面的六大特点,同时针对如何创造条件、改善少年儿童的生活环境提出了对策和建议。“红皮书”课题组采用调研与访谈相结合的方法,深入考查了6个城市社区预防青少年违法犯罪的状况,推出了9个典型模式,并针对社区预防提出了问题家庭儿童的早期介入、不良少年的行为矫正、犯罪少年的社会帮教、社区预防的工作机制及配套政策等对策和建议。

2004年,青研中心的“文库系列”成果丰硕,共出版图书21部。其中,“青年研究文库”6部:《大学生素质拓展计划理论与实务》、《远离陷阱——青少年与不良出版物》、《中国近代青年史》、《青年学新论》、《非公经济与青年发展研究报告——中国青少年研究会优秀论文集(2003)》、《共青团中央青少年和青少年工作研究课题成果集萃(3卷/册)》;“少年儿童研究文库”3部:《美丽的教育》、《真正的教育是自我教育》、《反思教育习惯》;“青运史研究文库”2部:《洪流》、《青运春秋(第二辑)》;“青少年法律研究文库”10部:《呵护权利——未成年人权益保护法律实务》、《城市未成年人犯罪与家庭》、《危险的十四岁——未成年犯数据分析报告》、《挪威儿童福利制度》、《日本少年法研究》、《美国未成年人矫正制度》、《学生人身伤害事故研究》、《青少年被害人援助论》、《少年刑法与刑法改革》、《青少年法学新视野(上、下册)》。

(二)紧密围绕团中央工作大局,重点课题获得新成果

2004年青研中心紧密围绕团中央工作大局搞科研,共完成重点和一般课题17项:如“当代中国青年技术工人发展状况”;“中国城市少年儿童习惯研究”;“青少年违法犯罪的社区预防”;“经济全球化与中国和平崛起新道路——青年和青年知识分子价值观研究”;“中

共中央8号文件政策解读(4篇)";"大学生志愿服务西部计划调研报告";"大学生思想政治教育调研报告";"青少年成长与互联网管理调研报告";"青年就业问题与对策研究报告";"高校学生信息来源渠道调查报告";"思想教育工作与大学生全面发展"等。

2004年青研中心的"研究报告系列"继续受到共青团系统及学术界的高度关注。今年青研中心连续推出了15辑"专题研究报告"、1辑"内部参阅研究报告"和4辑"青年内参"。这些报告紧密结合社会热点问题,分析深入,理论性和时效性强,取得了很好的社会效益。

(三)深度开发,积极推进科研成果转化

2004年,青研中心充分发挥科研优势,积极推进科研成果转化,在服务青少年健康成长的实践中取得新的进展。

中国青年研究杂志社继续以雄厚的科研成果为依托,重点加大了成才研究和成才成果的推介工作,深化了"学术研究服务青年成才"的办刊理念,组织策划了多个有关青年成才的选题,办刊风格更加务实,青年发展、青年成才、青年政策和青年文化的研究优势更加明显,发行量稳中有升,社会影响日益扩大。2004年全年编辑出版杂志12期,增刊2期,《大学生素质拓展计划海报》2期,发行量比去年增长10%。2004年6月,中国青年研究杂志社为了回顾历史,夯实基础,积累资料,扩大影响,举办了"纪念《中国青年研究》出刊100期暨当代青年研究发展趋势研讨会",为进一步明确和把握期刊发展方向进行了学术研讨。在坚持出版《大学生素质拓展计划海报》的同时,中国青年研究杂志社在北京40余所高校举办了"成才直通车——北京大学生素质拓展大型巡展"活动。本次活动的举办进一步促进了北京高校大学生素质拓展计划的开展,扩大了《中国青年研究》杂志在高校的影响,开辟了杂志社利用社会资源的新形式。少年儿童研究杂志社继续以"父母的难题就是我们的课题"为办刊思路,开辟了"孙老师话题"、"好习惯、好人生"、"教子有方"等主要栏目,向广大读者提供了大量的家庭教育案例,并从专家的角度进行科学分析,提出具体的对策与建议,使广大读者感到贴近生活,指导性强。每周六开通的"孙老师热线",随时解答父母在教育孩子过程中的各种疑难问题,全年共接听热线电话480个。2004年《少年儿童研究》杂志出版12期,出版《少年儿童研究》精华本1套(3本):《怎样做好父母》、《教子成功从培养习惯开始》、《自我保护119招》。2004年4月6日至8日,少年儿童研究杂志社承办的"少年儿童行为习惯与人格的关系研究"第三届高级研修班在北京举行,本届研修班的主题是"加强未成年人思想道德建设与良好习惯培养",来自21个省、市的500多名代表参加了研讨和培训,会议取得了圆满成功。

"中国青少年研究网"改版后以"研究青少年,发现青少年,服务青少年"为宗旨,研讨当代中国社会发展中青少年发展的相关问题,展现中国青少年研究的成果和水平,积累中国青少年研究的文献和数据,反映中外青少年研究的动态和信息,介绍中外青少年研究的组织、机构、专家、图书、期刊,以达到凝聚中国青少年研究的队伍和力量,为青少年研究者、青少年工作者和一般社会公众,提供权威、全面、实用、即时、互动的网络平台之目的。2004年本网站推出的主要栏目有:前沿话题、专题研究、论文库、数据库、档案馆、动态信息、网上调查、研究机构、图书期刊、专家库等,文章总数达1334篇,451万字,图片302张。

2004年11月6日至7日,"全国青年就业问题与对策研讨会暨中国青少年研究会2004年年会"在四川成都召开。本次会议深入讨论了经济发展、国家政策、社会结构变化等宏观环境对青年就业的作用和影响,以及国家经济发展战略、青年就业趋势、共青团组织如何加强和改进在促进青年就业工作中的作用等问题。中国青少年研究会会长、共青团中央书记处书记杨岳到会并发表了重要讲话。中国青少年研究会常务副会长郗杰英在会上做了主题报告。主题报告从劳动力供求关系出发,分析了我国青年劳动力总量过剩与供求不匹配的问题,并在此基础上就如何增加就业岗位,提高就业容量,充分吸纳、消化现有劳动力等提出了对策和建议。主题报告还预测青年劳动力的总量过剩将是我们需要长期面对的一个难题。与会代表从青年就业的现状、矛盾,青年的就业观念与就业能力,不同群体对就业的不同需求等方面对会议主题进行了深入的研讨。本次会议共收到论文80余篇。

(四)档案馆建设初见成效,青运史资料征集和研究喜获丰收

按照“边工作、边组建、边发展”的工作方针,2004年青运史研究出版两部图书、一部画册、一套挂图:《洪流》、《青运春秋(第二辑)》、《沃土——大学生社会实践活动二十年巡礼》和《邓小平与青少年》;发表青运史研究类文章9篇,其中《青年团要站在青年中间——邓小平共青团工作思想初探》一文获中直工委纪念邓小平诞辰100周年征文二等奖。为了抢救“活资料”,青研中心全年采访了10位青年运动历史上的老同志;征集了建国后团中央大量档案资料、会议文件,收集了哈尔滨地区和安吴青训班·泽东青干校等专题青运史资料;征集了胡克实、任弼时两位老同志的文章、书信、手稿、笔记、展板等大量实物。2004年,青研中心考察了上海、瑞金、延安三处共青团工作旧址,积极筹备修复和布展工作。2004年12月,青研中心举办了“共青团中央青运史档案馆特聘馆员、联络员工作会议”,力争青运史研究和青运史档案馆建设取得更大发展。

(五)国际学术交流不断,外事工作出现新局面

2004年,青研中心继续致力于与亚洲、欧洲、美洲、大洋洲、非洲等国家青少年研究机构发展合作关系,并与14个国家和地区的青少年研究机构进行了广泛深入的交流与合作。2004年全年,青研中心成功地完成了6批26人次赴埃及、南非、印度、法国、德国等国家及香港、澳门地区的出访任务,参加了“亚洲地区儿童参与权课题”专题研讨会,接待了英国、法国、俄罗斯、比利时、奥地利、瑞典、巴西、新加坡8个国家的科研机构44人次的来访。

2004年10月16日至17日,由中国青少年研究中心、中国青少年研究会主办,香港青年协会、澳门特别行政区教育暨青年局协办的国际社会学会第34委员会第六届亚洲区青年问题研讨会在北京举行,会议的主题是“经济全球化与青年就业”。团中央书记处书记、中华全国青年联合会副主席、中国青少年研究会会长杨岳出席了会议,并作了主题演讲。出席研讨会的境外及香港、澳门的特约嘉宾有:国际社会学会第34委员会会长海伦娜教授,前会长海特曼教授,亚洲区副主席魏雁滨教授,亚洲区前任副主席苏颂兴教授,香港青年协会督导主任莫汉辉先生,澳门特别行政区教育暨青年局青年厅厅长曾炽明先生,以及来自港澳地区、奥地利、瑞典、巴西、新加坡等国家的20余名专家学者。来自中国社科院、高等院校、青少年研究机构的专家学者50余人,也参加了研讨会。研讨会共收到参会论文、演讲提纲和文件60余篇,编辑、印制会议文件约50万字。研讨会受到了国际社会学会组织以及与会代表们的一致好评。

中国青年报社

2004年，中国青年报社遵循中央关于新闻宣传工作的一系列方针、原则，在团中央书记处的领导下，坚持正确舆论导向，保持和发扬青年特色，报道工作取得了新的成绩；同时初步进行改版扩版的探索和尝试。报社在内部管理、队伍建设方面基本保持了稳定，有些方面有较大进步。经营部门实行了融资改制，开始了公司化管理和运作。

一、深入学习、领会十六大和十六届四中全会精神，按照“三贴近”的原则，做好全年报道工作

2004年报社几次召开编辑部办公会，提出要把坚持正确的舆论导向、加强和改进时政报道、提高办报质量作为贯穿全年的指导思想；要始终把关注青年的生存发展作为该报报道的主题，始终把促进青年成长、成才、成功作为该报的使命。

按照这一思想，报社组织的重大报道有：两会、奥运报道、典型人物的系列报道、民工荒调查报道等。

2004年，在中宣部的统一组织下，《中国青年报》以前所未有的篇幅，浓墨重彩地刊发了许振超、任长霞、马祖光、周国知、赵家富、李建保、牛玉儒等典型。在这一系列的典型报道中，《中国青年报》在策划报道、组织报道、采访写作、版面安排等方面，既传承了《中国青年报》以往的风格，又在一些方面作了探索与创新。在采写队伍上，派出以范长江奖获得者刘畅、优秀青年记者陈聘舒为代表的精干记者队伍投入采写工作，并要求记者采访要深入、扎实，要挖掘出典型人物身上的闪光点，用脑思考，用心体会，在遵循新闻规律的前提下，力争写出思想，写出感情；在版面处理上，将典型人物的报道安排在一版的重要位置强势处理，有的还配发了评论和照片，注重了图文并茂，达到了比较理想的效果。

此外，该报在特别报道、教育、法治、国际等版面推出了一批优秀稿件，如《公务员录用体检标准修改：民意成第一“推动力”》、《中小学班主任危机》、《乡村教师王守奇现象》、《<未成年保护法>修改重点加强可操作性》、《职称外语考试涉嫌违反行政许可法》、《中国公民在海外不再安全了》及开设“大学生思想道德新观察”等栏目，体现了该报对社会变革与发展的关注和对青年生存、成长、发展方面的关心与引导。

2004年6月1日，《中国青年报》将原来的每日对开8版扩为对开12版，并对版面设置等进行了初步改革和尝试，所增印张主要用于开辟青年喜爱的思想性、知识性较强的版面。目前正在对半年来的改扩版进行总结。

二、进一步深化和完善改革，加强内部管理，促进队伍建设

加强内部管理：2004年报社制定了《〈中国青年报〉采编出版流程》、《〈中国青年报〉稿酬条例》、《〈中国青年报〉编辑部门人员考评办法》、《中国青年报差错控制规定》、《关于局域网考核管理系统使用规定》等一系列与采编业务有关的规章制度，以促进报社在管理方面向现代报业的管理模式靠近。

思想政治和队伍建设：2003年11月，中宣部、国家广电总局、新闻出版总署和中国记协联合发出《关于在新闻战线深入开展“三个代表”重要思想、马克思主义新闻观、职业精神职业道德学习教育活动的通知》后，报社党组高度重视，召开党组会议专题研究报社落实“三项学习教育活动”的工作安排，同时在编辑部办公会上对开展“三项学习教育活动”的必要性和重要意义进行阐述，并结合报社实际，注重实效，在研讨中引导大家得出正确的结论，从而达到活动的目的。采编队伍的建设上，2004年编辑部共进行了11次内部业务研讨和讲座，为树立采编人员正确的新闻观和职业精神、提高采编人员的业务水平发挥了作用。

三、探索经营改革，增加报社积累，提高经济效益

2004年3月17日，由中国青年报社和北大青鸟集团联合发起的中青报业传媒发展有限公司正式成立，报社将广告、发行等经营业务剥离，纳入公司体制管理。2004年的发行工作在报社党组的重视下，报社、公司各部门主动配合，记者站、发行站特别是驻站记者和发行助理辛勤工作、无私奉献，最终实现2004年发行工作取得近20年首次“基本遏制下跌趋势”、“基本持平”的局面，截至2005年1月1日，本报实际发行数达到402106份，包括邮发381955份和自办发行20362份。广告经营，实行公司化运作以来的七个月广告销售额与2003年全年的广告销售额基本持平。

此外，印刷厂和中青记者之家饭店积极开拓市场，在市场竞争日益激烈的情况下实现了利润比上年增长，并成为报社的主要收入来源。

四、子报、网站情况

2004年，《青年参考》、《青年时讯》和《青年体育》均对报纸的内容定位、版面风格等进行重新调整，使之更适合读者需要。同时经团中央书记处批准，继2003年对《青年参考》经营部门融资改制后，2004年对《青年时讯》正式完成了经营部门的融资改制工作，成立了新的公司。作为中国青年报社控股的中青在线网站，于2000年5月15日开通，是集新闻发布和青年服务为一体的综合性青年类网站，是《中国青年报》品牌的延伸和功能的拓展。2004年，中青在线严格遵照有关部门对网站的管理要求，把握正确的舆论导向，至2004年末，频道和重点栏目总数达到了30个，访问量和业务收入持续增长，在社会生活中的影响力日益增强。

中国青年出版总社

2004年，中国青年出版总社在团中央书记处的领导下，是实现强强联合、稳妥推进改革的一年。这一年，经过上下共同努力，各项工作取得了新的成绩，保持了较好的发展势头。

（一）两社实现有机整合，改革举措平稳推进

根据团中央书记处的决定，2003年12月中国青年出版社与中国青年杂志社强强联合，成立中国青年出版总社。为了很好地落实书记处的这一决定，2004年初，总社党组在充分调研的基础上，根据中央精神，结合总社实际，制定了《中国青年出版总社改革试点方案》；2004年9月，改革方案首先在试点单位正式实施；2004年10月，总社的综合业务部门和综合管理部门的机构重组、人员调整相应全部到位。到2004年底，总社的合并与改革如期进入了实质运行阶段。

（二）加强学习，明确思路，服务青年，服务大局

按照团中央关于开展“三项学习教育活

动"的通知精神，中国青年出版总社及时成立"三项学习教育活动"领导小组，并结合总社实际，组织广大职工深入开展了多种形式的"三项学习教育活动"，使广大编辑记者在思想认识上取得了新的收获。当总社领导听取了胡锦涛总书记在中共十六届四中全会上的讲话精神和赵勇同志在团中央新闻出版单位负责人会议上的讲话要求后，总社党组迅速召开党组会、社长（总编辑）办公会，进行学习传达，大家表示要坚持团结稳定鼓励的原则，以正面宣传为主，唱响主旋律，打好主动仗，为改革发展稳定的大局服务。总社还先后为团中央帮困扶贫点——山西灵丘县、北京通州区某中学新疆班、浙江省外来务工青年中心、全国100个农村青年中心捐赠约20多万元书刊，既帮助青年获得精神食粮，又为他们提供致富生财的门径，深受他们的欢迎。

（三）图书出版稳中有进，期刊发展态势良好

2004年总社共出版新书585种，比上年度400种，增加185种，增长率为46.25%；再版书149种/175次，占当年新书36.34%，其比率比上年大幅增加，而且再版书平均印数9100册，与去年相比也有显著增长。2004年有22种图书，获得32个奖项。其中：《藏地牛皮书》获第14届中国图书奖；《人类文明的演进》（上下）获团中央第7届"五个一工程"入选作品奖；《保护母亲河》获团中央第3届"母亲河奖"；《世纪之约——科学人生》等7种图书获"全国青少年喜爱的优秀图书"奖等。2004年图书销售总码洋比2003年增长了7.26%；图书销售总收入比2003年增长了9.30%；回款实洋比2003年增长了22%。

2004年总社根据各刊的不同特点，分别召开了期刊发展战略研讨会，及时调整栏目内容，改变操作方式，充实领导班子，从而保证了各刊的平稳发展。据统计，2004年总社如期编辑出版《中国青年》、《青年文摘》（红、绿版）、《青年文摘·人物版》、《农村青年》、《中国共青团》、《青年文学》、《青年心理》、《虹》、《青年视觉》九刊，共144期。总印数为35782740册，月均印数为2818795册。在2004年度的"第三届国家期刊奖"评奖中，总社的《中国青年》、《青年文摘》杂志获提名奖；《青年文学》被评为年度"中文核心期刊"。为了应对文摘类刊物的挑战，总社决定从2005年起将《青年文摘》改为旬刊，推出彩版；在2004年第四季度，《Vision青年视觉》签约了新的广告代理并与广州维迅公司达成了合作协议，使其发展获得了一个新的平台。总社期刊销售总码洋，2004年比2003年增长了0.9%。2004年总社广告收入有较大幅度的增长，比2003年增长了46.75%。

（四）领导重视，全国青少年读书教育活动再次取得佳绩

2004年总社读书办组织开展了第15届以"祖国明天更美好"为主题的全国青少年读书教育活动。这届活动，在团中央第一书记周强、常务书记赵勇同志的指导下，在总社主要领导的部署下，克服"减负"、盗版以及地方保护主义的不利因素，尤其是克服全国许多地区实行"一费制"，一些地区实行"双免制"（免书费和杂费）等发行工作面临的困难，扎实工作，使活动用书的订数经历多年的波动曲折后再创新高。据统计，本届发行活动用书850万册，发行码洋4000万元，社会效益和经济效益十分显著。

（五）党群工作细化，制度建设起步

总社成立以来，党组非常重视党群工作。首先，党组对原两社党委会进行了整合，使机构更加健全，使工作更加有序。其次，党委会在此基础上积极开展了深入细致的思想工作。在党组、党委的领导下，党群工作部先后召开10多次座谈会，广泛听取职工对改革的意见和建议；党组、党委通过设立意见箱、电子信箱以及总社领导与职工面谈等形式，与广大职工进行交流;党委要求党员领导干部要不断、随时、虚心听取职工对总社发展的建议及其对切身利益的各种诉求,还要求总社的有关部门定期关注电子信箱和意见箱,确保职工的意见及时准确地反映上来。正是由于深入细致的思想工作,总社的干群关系和谐融洽,大家齐心协力,积极工作,为总社的发展、强大做出自己的贡献。

为了使两社的工作更加规范有序、协调一致,总社在2004年启动了制度建设工作。这些规则(规定)是:《中国青年出版总社图书编印发运作规则》;《中国青年出版总社关于职工社外兼职或离岗的规定》;《中国青年出版总社关于社属再版书管理的规定》;《中国青年出版总社关于对内、对外发文的规定》;《中国青年出版总社关于使用图书印制、发行委托书的规定》。至2004年底,还有一些系列制度和规定正在起草中。

中国少年儿童新闻出版总社

2004年,总社进入了平稳推进、稳健前行的重要发展时期。在团中央书记处的正确领导和大力支持下,总社深入贯彻党的十六大会议精神,以"三个代表"重要思想为行动指针,认真学习实践党的十六届四中全会关于不断提高建设社会主义先进文化能力的论断,以进一步完善中心制运作、强化现代企业运营管理为主线,在实现全面整合的基础上,推行"少字头"的品牌延伸和产业发展战略,形成了市场占有份额提升、核心竞争力增强的良好发展势头。在团中央的统一部署下,总社将2004年定为"回款年",通过全面彻底的清产核资工作,理清了账目,摸清了家底,成效显著,为总社拓展更广阔的发展空间和安全平稳运行提供有力保证。

2004年11月25日,新闻出版总署署长石宗源、团中央书记处第一书记周强、团中央书记处书记张晓兰到总社视察工作。石宗源署长对总社成立四年来的工作给予充分肯定,认为中少总社已成为一个具有中国特色、少儿特色、时代特色,新型的、大型的少儿专业新闻出版集团,具备了媒体优势、产品优势、品牌优势、人才优势、资金优势和市场优势,走出了一条成功的改革道路。他希望总社突破固有思维模式,开拓新的增长方式。周强书记也指出,总社的发展要抓住机遇迎接挑战,不断将竞争力提升到一个新的水平,不断满足少年儿童日益增长的精神文化需求,进一步提高国内市场占有率、覆盖率,实现更大发展。这次视察对总社来说是一件大事、一件喜事,为总社的发展提供了方向性的指导和政策支持。

2004年,六大中心的主要工作是:

新闻中心以加强和改进未成年人思想道德建设为主线,深入调整,为"中少报系"开拓发展空间。举"中少报系"之力,开展"爱国百分百"活动,在未成年人中倡导先进文化,构筑强大的中国少年儿童精神园地。深入开展"中少报系"的多层面、全方位的调整,理顺关系,建立健全规章制度,为发展提供坚实支持。根据市场对提高少年儿童写作及阅读能力的需求,将《中国少年报·都市版》改版为《中国少年报读写 No. 1》,以写作、阅读指导和小记者活动指导为主要内容,加强报纸实用性和服务性。创办《中国少年英语报》,抢滩"双语"教学领域。暑期,《中国少年报》和《中国中学生报》18位编辑记者转战第9届“十佳少先队员”候选人所在的27个省、市、自治区,发起“寻访十佳成长道路——《中国少年报》记者采访行动”,展开深入报道,并集结成《十佳告诉你》一书,为少先队建队55周年献礼。扩展市场占有空间,充分调动可用资源,推动“中少报系”品牌拓张。打破单一依靠“主渠道”发行的模式,积极推行多渠道、多元化发行模式,尝试走市场化道路。中心党支部组织全体党员干部到西柏坡学习考察,《中国少年报》、《中国中学生报》联合到井冈山召开发行会议,组织大家在革命圣地“体验力量,学习精神,寻找方法”,收到了很好的效果。打好基础,凝聚人气,齐心协力,全力服务一线工作。

期刊中心创新经营理念,全力构建中少期刊品牌,实现了“中少刊系”的迅猛崛起。面对少儿期刊市场低迷的局面,坚持为未成年人思想道德建设服务的主旨,贴近读者,把握市场,提高办刊水准,创新经营管理,瞄准少儿期刊首席定位冲刺,在经营理念、办刊质量及品牌打造上均有大幅提升,“中少刊系”呈现跨越式发展局面,实现了四个“双增长”。即,发行量和利润总额双增长;邮发和自办双增长;系统发行与零售双增长;扩版收益和定数收益双增长。八刊全年实现毛利润1896万元,同比增长16.75%,成为总社发展最快的一块主营业务。继2003年《婴儿画报》突破月发50万册大关后,《幼儿画报》今年实现平均月发59.7万册,《我们爱科学》平均月发突破60万册,“中少”名刊大刊方阵初具规模。“中少刊系”的崛起,成为全国少儿期刊市场的亮丽风景,备受注目,业内称之为“中少期刊现象”。《儿童文学》杂志联合图书中心推出《儿童文学》十年精华本,《一路风景》、《盛世繁花》、《岁月流香》,在不到一年的时间里,创下了1472.33万码洋的销售记录。《嘟嘟熊》和马来西亚彩虹公司正式签约,实现了在海外的同步发行,成为第一个走出国门的低幼期刊。另外,正式接办了上海老牌的《小主人报》杂志,媒体平台又有了新的力量。

图书中心增强团队凝聚力,强化内部管理,促进编发沟通,拉开“中少书系”发展新篇章。产品结构调整战略初见成效,图书库存猛增势头得到有效遏制,退货率开始下降,完成发行码洋9800万元。在8号文件的强大推动下,推行“双效精品”战略,整合创新推出由9大系列100余种(套)图书组成的未成年人“中少版”思想道德建设书系。有6种套共20种图书入选中宣部等七家中央单位联合推荐的百种爱国主义教育图书。打破编辑、发行间的信息流通断层,建立编辑、发行会议人员互相列席制度,加强有效信息交流,实现资源共享。如《中国科普名家名作》系列(数学部分)充分发挥了“全过程营销”优势,实现销售码洋1000多万。在2004年全国少儿图书订货会上,编辑和发行人员共同合作推出的“中少版新书推介会”夺回了订货会定货量第一的桂冠。中心发挥品牌优势,强化“中少书系”特色,创新对外合作模式,“引进来”、“走出去”战略并举。

活动中心兼顾社会、经济双重效益,做大公益活动,使“中少”活动品牌向社会多元文化扩张。继续推进总社从单一行业文化向社会多元文化的扩张战略,积极开展公益活动,提供公共服务,投入朝气蓬勃的少年儿童文化事业。继续推进国际合作,做强“中国少年儿童平安行动”、“童心红丝带”等品牌活动,提升活动的品质和创意。知心文化品牌得到进一步升华和增值。变栏为刊的《知心姐姐》杂志,以关心孩子心灵成长,促进两代人沟通为办刊宗旨,开创了中国首家以文字为主的亲子共读期刊。知心品牌已经形成有报纸栏目、有刊物、有图书、有热线、有网站频道等13个品种的品牌系列。建造网上中少园地,继《幼儿画报》的“红袋鼠”独立建站后,“中少在线”又相继实现了《中国卡通》、《知心姐姐》、"小作家协会"等的独立建站,真正实现了中少书报刊主业的网络化发展,中少在线的日均访问量已经突破120万人次。

经营中心实现资产重组,强化运营流程的制度化建设,提高市场化运作能力。总社与北京阳光狮人艺术设计有限公司合作,成立中少动漫公司,联合打造"中少卡通阳光品牌"。社属企业金开明公司并入大开明公司,助学类读物发展平稳。中少大厦建设完成投资1.6亿元,基坑施工大部完成。

管理中心强化"精简、高效、科学"管理意识,为总社发展提供制度保障和宏观指导。财务中心正式并入管理中心,管理职能进一步完善。根据团中央的统一部署,进行了全面的清产核资工作,从1月13日至7月7日,总社经历了自我清查、账目清理、资产清查、损益认定和报表编制四个阶段。在清产核资过程中,各职能部门积极配合,填写各种表格近500份,取得了良好的工作成绩。通过一系列制度和措施的出台,大大加强了总社国有资产管理的制度化和科学化。

总社母体年利润总额1812万元,比2003年增幅5.84%。

中国青少年发展基金会

(见组织概况部分)

中华儿女杂志社

一、基本情况

中华儿女杂志社在团中央书记处的领导和指导下,2004年遵照中宣部、新闻出版总署对期刊工作的具体要求,紧紧围绕中心工作,不断加强杂志社的思想建设、组织建设和队伍建设,从而推动各项工作全面发展。

2004年,中华儿女杂志社坚持办刊宗旨,严格送审制度,正确把握舆论导向,不断加固《中华儿女》品牌,发表了一批深受各界读者欢迎的文章,积极配合党团的中心工作,编撰了专刊等受到了社会各界的关注和好评。

二、主要工作

1.加强内部管理,完善班子建设

为了加强杂志社内部管理,在领导班子建设上、在发挥队伍整体协作能力上,杂志社制定了一系列的规章制度和规则。2004年年初,按照民主集中制的原则,杂志社党组召开扩大会议,讨论通过了《中华儿女杂志社党组(领导成员)生活准则》、《中华儿女杂志社党组(领导班子)议事规则》。

为了调动员工积极性,保证杂志社工作的平稳过渡、稳步发展,为提高工作效率和管理质量，2004年对现有内部机构设置及人员配备逐步做相应调整及充实，本着实事求是的原则，对不同性质的工作岗位分别进行考核，制订了相关奖惩措施，在杂志社内部逐步形成了人人具有大局观念，树立相互尊重的风气。

2004年，杂志社召开了以“学习贯彻党的十六届四中全会精神，加强领导班子执政能力”为主题的社领导班子民主生活会。在民主生活会上，班子成员本着对自己负责、对班子负责、对工作负责、对党的事业负责的精神，按照德、能、勤、绩、廉等方面开展了批评与自我批评，大家相互间进行了认真的评议，民主生活会取得了非常好的效果。

2. 认真实施“三项学习教育”活动，努力建立高素质人才队伍

中华儿女杂志社积极开展“三项学习教育”活动，通过理论结合实际的学习方式，开展了一系列活动，取得了实效。在2004年5月召开的派驻机构工作会议上，针对杂志社各派驻机构目前的情况进行了专题培训。杂志社还专门购买了“三项学习教育”培训教材，发给处以上干部，要求以部门为单位，组织好全体员工的学习培训。

3. 正确把握舆论导向，提升品牌形象

2004年，国内版编辑部坚持选题策划和编前会制度，保证了重要选题的科学性和可读性，如《邓小平五度辉煌》系列文章经过精心组织，严密策划，认真撰写，严格审批，从一个较新的视角反映了无产阶级革命家、党的杰出领袖、我国改革开放的总设计师邓小平同志的生平事迹、远见卓识及科学的邓小平理论的形成过程。此系列文章在国内版一经陆续登出，海内外多家报刊予以转载或摘登。又如《吴邦国主政十届人大立法工作周年纪实》、《天山之子赛福鼎》等文章，反映了当代国家领导人的从政历程。《胡耀邦与我们同照“军营合家欢”》、《宋任穷对我们一家的关怀》、《王照华：革命人永远是年轻》等文章从另一个视角揭示了老一辈革命家对身边工作人员、对亲人及对普通百姓的火热情怀。在保持国内版杂志特色的同时，杂志社正在积极研究和调整新的历史阶段杂志的定位，力求注入新闻元素，更加贴近读者。

2004年，为纪念邓小平诞辰100周年，杂志社策划出版了纪念专刊，并举行了系列纪念活动，引起社会广泛关注。在国家宗教局、国家新闻出版总署等部门的大力支持下，杂志社编写的建国以来第一部以宗教建筑为主体的两画册《圣堂风采》、《圣殿新貌》也于2004年正式出版。上述工作充分发挥了《中华儿女》作为主流媒体正确的舆论导向作用。

《中华儿女》海外版、《中国周刊》、《留学生》等刊物按照有关要求，正常出刊，并取得了较好的经济效益及社会效益。2004年，系列刊物依照市场需求，积极探索改刊，调整定位，求创新、求发展，力争做有独立价值、有积极影响力的现代传媒。

4. 围绕中心工作，不断深化改革

2004年，杂志社针对出版发行工作及广告工作现状，加大了投入力度，引进人才，完善机制。在发行思路、发行办法、发行奖励措施上提出具体实施方案，确定了《中华儿女》杂志2005年发行“保一增二奔三”的总体目标，大力倡导在邮发、团口发行同时，创新思维和创新经营，稳步推进自办发行，增强《中华儿女》市场化份额。在报刊发行市场总体下滑的形势下，2005年的杂志订阅量比去年同期增长了19%，比去年年均增长了30%。广告处组建后，建立了相应制度，加强了杂志广告发布管理，制作了广告刊例，积极培育广告市场，为杂志社下一步广告拓展工作打下基础。

根据中华儿女文化传播有限公司现状，杂志社与人济集团进行合作，以保护杂志社利益为原则，利于中华儿女文化传播有限公司的长远发展，力争公司能够做好、做大、做强。现在，中华儿女文化传播有限公司已平稳过渡，

人心稳定，工作顺利开展。

团中央书记处决定将产经新闻报社挂靠到中华儿女杂志社，对《中华儿女》的事业发展而言，能够更好地巩固《中华儿女》的品牌基础，使我们能够有机会超越单一媒体的运作，从而获得更大的发展空间。

5. 加强地方派驻机构管理，积极为各地的发展服务

2004 年度，按照中央有关部门和团中央关于进一步加强对派驻机构管理的要求，杂志社对派驻机构管理规章进行重新修订，制定了《中华儿女杂志社派驻机构管理规定（修订）》，该规定从组织机构、业务工作、财务和人事等 4 个方面统一了对派驻机构的管理，使各派机构的工作在更加完善的管理规章体系下有条不紊地进行。2004 年度，杂志社各派驻机构无论从管理意识还是从精神风貌上都较以往有了长足的进步，并取得了较为突出的成绩。截止到 12 月底，杂志社各派驻机构共组稿 100 余篇，发行各版本杂志近 30 万册，同时配合总社完成了“邓小平百年专刊”、“国庆 55 周年专刊”的组稿和发行任务，取得了良好的社会效益和经济效益。

6. 党团工会工作稳步发展，坚持以党建带动团的建设

为了更好地深入贯彻党的十六届四中全会精神，杂志社党委积极部署，在党员干部中掀起学习热潮。社党委要求各支部组织党员干部采取自学与交流的形式，深入贯彻学习党的十六届四中全会精神。在交流的过程中，党员干部认为，作为新闻出版单位的党员干部，要提高各方面素质，加强道德修养，用发展的眼光看待问题，与时俱进，充分发挥党员先锋模范作用，坚持正确的舆论导向。

在建党 83 周年之际，党委组织杂志社全体党员和员工“七一”前赴西柏坡参观学习，增强了全体员工的责任感和集体荣誉感。按照团中央机关党委的部署，杂志社党委开展了向牛玉儒同志学习的活动。

党委在搞好党建工作的同时，注意以党建带动团的建设工作。组织团员开展读书活动，组织各项小型知识竞赛和体育比赛等活动，受到团员青年的欢迎。党委支持工会组织加强和改进职工思想政治工作，加强职工队伍建设，关心职工生活，为职工办实事，开展文体活动，丰富职工生活，促进职工身心健康。

中国青少年发展服务中心

2004 年，在团中央书记处和主管书记的直接领导下，中国青少年发展服务中心认真学习和贯彻“三个代表”重要思想，坚持以科学的发展观统领青少年发展服务事业，围绕全团的工作重点，团结拼搏，力图振兴，使中心的各项工作有了新的活力。通过已有服务项目的影响力，推进了为青少年服务事业的发展；通过文化传播和人才培训，为青少年健康成长和就业创业创造了更多的条件；通过加大中心管理改革的力度，化解矛盾，减小风险，实现“两个效益”并举和双赢，使中心在稳定中得到发展。总起来说，中心在为青少年发展服务的项目上有新的内容，在中心内部的深化改革，创新管理上有新的进步，在经营拓展上有新服务产业结构的组合和事业化运作的方式上有新发展。

一、主要工作

经过几年的努力，中心已经形成了一批较有影响力的为青少年服务的项目。这些项目在2004年发挥了较好的作用。

（一）青少年科普活动更加贴近少年儿童和学校课程改革的需求，受到学校和青少年的欢迎。中国少年科学院大力开展科普实践活动，鼓励少年儿童学习科学家的精神，热爱科学，动手实践，争当小实验家，引导他们树立科学的态度，逐步形成科学的世界观和方法论。一年来举办的“畅想神州”院士论坛，请神州五号总设计师戚发轫院士和副总设计师杨宏与小院士、“小实验家”们面对面交流，收到独特的交流效果；举办以“数学之美”为主题的“走进美妙的数学花园”中国青少年数学论坛，来自28个省、市的近千名中小学生在京参加竞赛系列活动，培养学生的综合创新能力，受到广大的青少年喜爱和学校的认同；举办全国少年儿童“科技之星”科普知识竞赛，在人民大会堂颁奖，来自全国各地的600多名少年科技之星和科技辅导员老师受到表彰，授予“中国少年科学院科普基地”称号。收到了全国28个省、市、自治区约15万份答卷。还根据《2001—2005年中国青少年科学技术普及活动指导纲要》出版了《中国少年科学》系列丛书；在国家科技活动周期间，召开了中国少年科学院第三届小院士暨争当小实验家活动表彰大会，团中央、教育部、科技部、中科院等部门领导和著名科学家杨乐等向获奖小选手颁奖，中国少年科学院发挥品牌优势开展的系列活动，收到了良好的效果。

（二）“同根同心万里行”活动成为港澳与内地青少年每年必组织的有影响力的活动品牌。已经连续举办了三届的“同根同心万里行”活动，去年应全国青联邀请，香港童军总会、香港青少年领袖团等港澳地区12个青少年制服团体共同组成的“同根同心万里行2004中国近代史之旅”，赴上海、江苏、北京等地，来自港澳地区的329名青少年和来自内地的近200名青少年共同参观、座谈、交流、联欢，认识祖国，增进友谊，在三地青少年中产生了强烈反响。中央电视台等内地媒体和亚洲电视台等对活动作了特别跟踪报道，通过活动，加强了港澳青少年对中华历史文化的了解和认识，增强了国家认同感和民族的自豪感，增进了港澳青少年对祖国改革开放和现代化建设的了解，激发了爱国爱港爱澳的情怀，促进港澳与内地青少年之间的了解和友谊。

（三）“彩虹工程”的影响在继续扩大。“彩虹工程”围绕鼓励支持和引导广大青年自主创业，带动就业，确定了以服务创业教育、创业培训、创业支持和创业环境为主要内容，为青年创业就业提供服务。去年先后在北京、西安等地10所高校，举办了11场“创业就业——21世纪大学生就业的新形势”、“彩虹工程——中国青年创业就业报告会”报告，弘扬了创业精神，宣传了创业文化，受到大学生的欢迎，在社会上引起强烈的反响，中央媒体纷纷作了报道，扩大了“彩虹工程”的影响。今年5月，举办了“首届全国青年彩虹工程创业就业项目洽谈会”，搭建交流平台，有200多家企事业单位和40多家媒体参加了洽谈会。

（四）针对青少年成长需求开展的培训工作成效显著。特别是针对团内需要开展的“共青团系统心理健康辅导员培训课程”远程培训试点工作，在国家劳动和社会保障部职业技能鉴定中心、全国少工委、中国心理卫生协会的支持下，全国首期试点工作会议在北京举行，北京、安徽、福建、四川的15家团的系统的培训机构踊跃参加，由中心主持编写的《青少年心理健康辅导丛书》已通过专家委员会审核，并给予高度评价，一季度有望出版。学历培训与北京体育大学、中国人民大学联合举办的体育经营管理、社会保障研究生课程班，目前已经开设三期；职业培训根据市场需求，分别开设了人力资源、物业管理、心理咨询、职业指导、计算机录入与维修、家政、库管、青年再就业、青年农民工等培训，培训人数达7000人次。国家统考职业全部超过国家平均合格率，农民工培训以优质的服务，高水平的课程受到当地政府部门和学员的一致好评。少年儿童的校外培训已初见成效，经过近一年的摸索，在燕郊地区分别进入学校、幼儿园、社会力量培训机构，已开设音乐、舞蹈、美术等专业的培训，逐步得到家长和少年儿童的认可；第三届全国青少年英语口语大赛已全面启动。

二、几点体会

经过一年艰苦创业，全体中心员工，在辛苦中品尝着工作的乐趣，在汗水中凝聚着劳动的成果。大家在实践中有以下几点体会：

（一）为青少年发展服务，一定要坚持以人为本，用全心全意投入服务的热情，用好品牌资源，开拓服务项目。既要开拓进取，又要量力而行，才能正确处理好稳定与发展的关系，保证中心事业的健康发展。

（二）为青少年发展服务一定要照顾青少年成长的特点。寻求发展规律，坚持正确的导向，大力开展适合青少年成长、受青少年欢迎的活动，提高青少年学习知识，增长才干的兴趣，只有把服务融入青少年的需求之中，才会有事半功倍的效果。

（三）为青少年发展服务，一定要坚持公益性为主，不以盈利为目的，积极争取社会各界的支持，同时采取适当地以活动养活动的方式，解决活动经费的出路问题。服务中心重在服务，重在推进公益性活动的深入，在赢得信誉的基础上得到一定的资助，只有这样才能建立起服务的诚信和声誉。

（四）为青少年发展服务，一定要积极争取领导支持，围绕党和国家关于青少年健康成长的方针政策和团中央的工作重点，充分利用专家、学者的智慧资源和青少年工作前辈们的工作经验，既承上启下，又与时俱进，开拓发展，朝气蓬勃、扎扎实实地推进各项工作，只有争取到各方领导的支持，服务工作才会有正确地发展方向。

中国国际青年交流中心（筹）

2004年，是中国国际青年交流中心（筹）（以下简称“中心”）深入推进中心企事业改革、全面推动中心事业发展的一年，是中日青年交流中心（以下简称“中日中心”）与中国青年国际人才交流中心（以下简称“人才中心”）合并后，实现优势互补、资源共享、效益最大化、继续创造辉煌的一年。在“三个代表”重要思想的指导下，在党的十六大精神鼓舞下，在共青团中央书记处的正确领导下，经过全体中心人的共同努力，奋发拼搏，较好地完成了各项任务，从而为国家经济建设和国有资产的保值增值，为国际青年交流与国际青年人才事业做出了积极的贡献。

1. 认真落实团中央书记处决定，积极做好两中心合并各项工作。

为认真贯彻落实书记处领导的要求，两中心从领导班子成员到员工迅速行动，统一思想，加强认识，加快磨合，合并合心。中心全体人员一致认为，书记处对两中心的横向整合，有利于两中心经营结构和布局的战略性调整，有利于中心规模扩张，有利于优化资源的配置，有利于中心在激烈的市场竞争中提高整体抗风险能力。

中心首先从领导机制上进行了改革，进一步完善了董事会、总经理办公会和月度经营分析会“三会”制度，确立了决策科学、议事民主、廉洁高效、反应灵敏的符合现代企业管理理念的扁平化领导体制，领导班子成员交叉分工、职责明确，从而形成了坚强有力、团结互助的领导核心，铸就了团结带领全体员工开创新局面的坚强后盾。

根据书记处资源整合、优势互补、做强做大的指示精神，针对中国国际青年交流中心的整体经营布局，中心党组确定了以国际教育合作、国际青年文化交流、国际青年人才培养为主导业务的发展方向，确立了以发展为第一要务，按市场经济的规则，加大国际交流与合作的力度，把中心建设成为软硬设施配套、功能齐全的现代化国际青年交流基地的方针，并立足当前，着眼未来，坚持科学发展观，制定了中心长远的发展规划。

充分利用中日中心与人才中心“软”“硬”资源方面的互补性，发挥在国际教育合作与对外交流业务上具有的优势，挖掘两中心多年来在对日本交流集聚的潜力，组建了对日青年交流工作领导小组，以对日本交流为发展的龙头，拓展对日工作的渠道；通过诺丁汉大学研究生院项目、青年高等职业技术学院项目、酒店英语培训项目的共同实施，实现优势互补，资源共享。两中心的合并已使各项合作事业初见成效，使2004年中心经济效益和社会效益出现了持续增长的新亮点，为中国国际青年交流中心的发展奠定了良好的基础。

2. 以经营工作为中心，抓紧有利时机，努力实现效益最大化，把中心的持久、稳定、健康的发展作为第一要务。

面对市场日益激烈的竞争，中心努力探索市场发展规律，合理调整产业布局及资源配置，扬长避短开发市场需求的项目，初步形成了饭店、大学、演出、体育、团干部国际培训、专业技术人才培训、青年公务国际培训等多渠道经营体系。2004年通过投资改造设施设备、提高经营管理水平、加快产业的调整创新速度、加大项目品牌的策划推广力度等手段和措施，使各经营体系的经济增长方式实现了高层次方向的转化，全面提升了社会效益、经济效益和综合竞争力。2004年中日中心经济稳健增长，全年营业收入创开业13年来最好业绩。人才中心全年派遣出国研修生、接待进国友好团体总计1000余人次，实现了营业收入的稳步增长。

3. 巩固并不断开辟对外交流和国际培训渠道，配合“三支队伍”的建设和西部大开发战略，为国家培养更多的国际化外向型人才。

中心紧密配合团干部教育培训工作，根据《2001—2005年全国干部教育培训规划》和《2002—2005全国团干部教育培训规划》，加大实施“百名团干部赴国外研修培训项目”的力度，开展了赴美国公共行政管理研修交流项目，赴澳大利亚、新西兰青年工作开发与管理等长期项目；赴日研修工作克服市场变化的困难，努力巩固老渠道，积极探索新渠道，开辟了向日本输出研修与技能实习生新业务，为缓解国内劳动力市场就业压力、推进国内人才市场建设和培养国际化人才做出了积极的贡献；专业技术培训配合国内市场发展需要，加强了在远程教育、奥运工程、建筑与公路建设专业技术培训。在青年公务员培训方面，与最高人民法院、财政部、民革中央、宁夏回族自治区政府人事厅、中共上海市委组织部、北京市崇文区政府和北京市朝阳区团委的合作，组织了各类中长期研修培训项目，内容涉及政府管理、司法行政管理、知识产权法、政府财政管理体制、青少年事务管理和青年社区建设等方面，为提高执政能力提供务实服务。中心全年派遣赴国外研修、培训、交流考察团组共42批，525人。

4. 以交流工作促发展，社会效益推动经济效益，积极发挥国际青年友好交流窗口的职能作用。

2004年，中心继续巩固开展了日本茶道、花道、修学团、青年团体间互访等交流项目，保持了与日本青年馆、日本日中文化事业社、日本家长与教师协会等长期交流伙伴的合作关系，加强了与日本书道联盟、日本西阵织、日本空手道联盟系东会等团体的沟通联络，力争实现书法绘画等新的交流项目。

交流工作主要呈以下几个特点：1. 突破以往建立在中日友好基础上的无偿援助交流，全面开展建立在经贸合作基础上的互利互惠交流。积极做好老团体、老朋友的工作，邀请友爱日中研修协会、日中建设技术友好协会、北海道机械工业会等接受研修生团体和企业来华参观访问，同时积极寻求与日本专业团体开展互利互惠的合作关系，邀请有在中国发展意向的日本企业来华进行考察，充分利用中心在国内的人力资源优势为日本企业提供各项咨询及中介服务。2. 突破以往与日本为主的青年文化教育交流，全面开展国际性、多层面、多地域、多领域的青年交流。利用近年来中韩两国人员往来日益增多、经贸合作关系日益紧密有利时机，加强了与韩国青少年联盟、韩中青少年交流协会等团体的交流与合作；利用与美国、加拿大、俄罗斯、法国等国家丰富的国际资源和成熟的交流渠道，邀请国外相关艺术团体举行交响乐、舞蹈等多种多样的文艺演出交流活动。3. 突破以往国际青年境外交流，积极开展中国青年主题交流，突出特色交流。2004 年中心全面启动了全国青联研修生联谊会的工作，各项初期工作的开展卓有成效；由中心积极促使并具体实施，中国青年科技工作者协会内增设了“建筑与公路工程建设技术专业委员会”，至今，百名专家会员的选拔、审核、吸纳工作已全部结束；中心作为团系统设施最为齐全的直属机构加强了与团中央国际联络部、统战部等部门的沟通，争取更多的服务机会，为来访的国外及港澳台青年组织进行文化、艺术、体育、会议及旅游接待提供了设施与服务，充分体现了作为共青团中央与青联组织对外交流窗口与阵地的作用。

2005 年对中心而言是非常重要的一年。做好中心 2005 年的各项工作，保持并创造发展的良好势头，对于鼓舞斗志、增强信心，实现中心确定的远景奋斗目标和各项任务，具有十分重要的意义。面对新的形势、新的任务，中心将以市场为导向，以发展为主题，以管理为基础，以品牌创新为动力，与时俱进，开拓创新，艰苦奋斗，同心协力，全面实现国际青年交流事业的新跨越。

中国少先队事业发展中心

2004 年，少先队事业发展中心紧密围绕贯彻落实中央 8 号文件精神，按照团中央、全国少工委的工作部署，充分发挥自身优势，紧抓机遇，深化改革，稳步推进，促进了各项工作的整体发展。

一、充分发挥《辅导员》、《少先队小干部》的重要作用，加强辅导员和少先队小干部队伍建设

《辅导员》、《少先队小干部》作为中国少先队队刊，在加强和改进未成年人思想道德建设工作中发挥了重要的作用。一年来，两刊紧紧围绕全团、全队落实中央 8 号文件的总体部署，发挥各自优势，在全国广大辅导员和少先队小干部中，大力宣传，积极引导，为贯彻落实中央精神，开展了一系列富有成效的工作。

2004 年 4 月，《辅导员》杂志在新疆昌吉自治州光华私立学校召开了学习贯彻落实《若干意见》辅导员座谈会。就少先队辅导员如何响应全国少工委的倡议，争做少年儿童“人生追求的引领者”、“少年儿童实践体验的组织者”、“少年儿童健康成长的服务者”、“少年儿童良好成长氛围的营造者”、“少年儿童权益的维护者”进行专题座谈，推动了边疆少数民族地区少先队辅导员队伍建设；在江苏省镇江市举办了“2004 年全国少先队工作研修班”，13 个省(区、市)的学少干部、辅导员参加了研修。就少先队贯彻《若干意见》、辅导员专业化建设与发展、当代青少年文化特点、如何开展“民族精神代代传”活动以及少先队参与新课程改革的实践与方法等问题进行了专题辅导，交流了各地贯彻落实《若干意见》的经验和方法，共同研究了新时期少先队工作新特点。进一步推动了东部发达地区辅导员队伍建设和少先队工作的深化；2004 年 7 月，辅导员杂志社邀请了部分少先队工作专家、全国及省区优秀辅导员，组成“《辅导员》与辅导员手拉手义务服务小分队”，赴重庆市，贵州省贵阳市、凯里市，宣传学习贯彻《若干意见》精神，并就贯彻《若干意见》、少先队参与新课程改革、少先队活动辅导等进行专题辅导，推动了西部地区辅导员队伍建设迈上新台阶；2004 年暑期，辅导员杂志社配合全国少工委办公室、中国少先队工作学会，开展了辅导员远程培训工作，通过现代科技手段培训万名辅导员，加大辅导员培训工作力度。

《少先队小干部》杂志围绕未成年人思想道德建设，开辟了专栏，引导队员在日常生活中体验道德细节，养成良好行为习惯，培养少年儿童从小树立“勿以善小而不为，勿以恶小而为之”的优良品德，全年连载，形成强力推动未成年人思想道德建设的浓厚舆论氛围，受到全国少工委和基层辅导员的好评，栏目内容具体生动、形象活泼，受到了少先队员的喜爱；围绕少先队文化育人的理念，通过《小舞台》等栏目，独具特色地推出一批反映未成年人思想道德建设，弘扬中华民族精神，贴近少年儿童生活的系列文艺作品。其中刊登的小品、相声、童谣、歌曲、朗诵等作品，成为少先队基层文艺活动宝贵的活动资料；围绕少工委主题活动，服务全队工作大局，承接了全国少工委“民族精神代代传”主题教育征集歌曲和中华新童谣活动办公室的工作，征集、汇总了近 3 万首优秀歌曲，并参与组织了“六一长城展示活动”和建队日优秀歌曲的发布活动及中华新童谣征集评选活动；为落实中央精神，引导少年儿童健康的审美，推动和促进我国动漫产业发展，帮助广大青少年开展民族动漫创作，2004 年 8 月，少先队小干部杂志社与有关单位共同策划举办了“首届中国青少年动漫艺术博览会”。此次展会成为国内动漫业界在京举办的三大展会之一，受到了广大青少年动漫爱好者的欢迎；通过发挥杂志的培训指导作用，持之以恒地做好队干部培训管理，促进了少先队小干部能力的全面提升。杂志社组织编写的《全国少先队小干部培训教材》为各地基层少先队组织举办“队长学校”提供了有形依托。

二、不断深化少年军校教育，扩大少先队品牌活动影响

中国少年军总校成立 8 年来，少年军校教育不断深化，已成为对未成年人进行爱国主义和国防教育的有效途径，成为共青团和少先队的品牌活动之一。

2004 年 4 月总校举办了第四期届全国少年军校教官(辅导员)研修班。全国 15 个省、自治区、直辖市的少年军校示范校校长、教官、辅导员参加了为期 10 天的培训；为加快全国少年军校正规化建设步伐，早日实现管理规范化、训练标准化、活动制度化建设目标，总校从 2004 年暑期开始，启动了全国少年军校小教官培训计划。7 月，来自全国 18 所少年军校的 520 多名教官，在总校房山基地进行了为期 10 天的训练。小教官们还参加了由中央电视台解放军宣传中心、全国少工委、国家国防教育办公室、中国少年军校总校共同举办的“全国少年军事技能对抗赛”，在中央电视台军事节目“红、蓝军”栏目中连续播出；全国少工委、中国少年军校总校共同组织的“首届全国少年军校‘共创美好明天’赴港交流团”于2004年7月15日至7月21日与香港童军进行了广泛交流，中央人民政府驻香港联络办公室科教部领导接见了交流团代表；由共青团中央、公安部、全国少工委主办，中国少年军校总校办公室、公安部消防局、交通管理局共同承办的“首届全国少年警校检阅式”于2004年8月2日在北京隆重举行。来自北京、浙江、广东、山西、贵州、西藏等省（区、市）的少年警校共1000余人参加检阅式；为庆祝中华人民共和国成立55周年，进一步提高全民爱国意识，增强全民国防观念，推动全民国防教育，国家国防教育办公室会同中宣部、教育部、共青团中央、中国科协、全国少工委等部门以及新闻出版单位和省（区、市）国防教育办公室联合主办全国“爱中华、强国防、奔小康”系列国防教育活动，成为第四个全国国防教育日期间，全国开展的“爱中华、强国防、奔小康”签名系列活动中影响最大、涉及面最广的一项活动。2004年11月，总校在重庆召开年度年会，交流示范校建设经验，出席本届年会的领导和代表共130多人。2004年总校基地成功接待北京市学生军训和夏令营的青少年突破1万人。

三、开展丰富多彩的文化活动，促进未成年人全面发展、健康成长

2004年10月，来自全国11个省（区、市）的17支代表队参加了在京举行的“全国辅导员风采大赛”总决赛。辅导员老师通过撰写“教育随笔”、“少先队科研开题报告”，反映和展示他们在少先队教育一线的感受和成果，通过综合知识与技能对抗赛、户外生存技能、校园情景剧、舞蹈、演唱、风采展示等竞赛项目展示了当代少先队辅导员的时代风采和良好精神风貌。

按照全国少工委和中国记协的总体要求，全国小记者指导中心把指导开展全国小记者培训活动与努力培养少年儿童创新精神和实践能力结合起来，开通了“中国小记者”网站，举办了两期全国教师培训班，召开了全国小记者培训指导活动2004年度年会，表彰了一批先进集体和个人，推动了这项活动的深入开展。少先队技能培训中心联合有关部门开展了“全国青少年英语口语大赛”。2004年7月，在广东珠海召开了全国青少年信息技术工作会议，推动了青少年信息技术培训活动的开展。2004年10月，在中华世纪坛举办了“圆明园盛时景观展”。

中心影视部联合潇湘电影制片厂、中国电影集团公司、长春电影制片厂、北京今古影视文化公司等单位摄制的少年儿童题材影片《飘扬的红领巾》、《我的小学》、《安源儿童团》在全国开展了主题影片展映活动，受到少年儿童和教育工作者的好评。少先队事业发展中心作为联合推广单位与中国电影集团公司共同组建的全国中小学电影院线工作，正在积极稳妥地推进。

中心文体处继续开展“亿万少年绘祖国迎奥运活动”，目前除6个省还未完成外，其余省（包括香港和澳门）均已完成分卷绘制工作，将在2005年7月13日举行结画仪式；举办了“首届中国青少年艺术英才选拔大赛”，全国共有3万余名青少年参加了省级分赛区的赛事活动，各省在分赛区预赛的基础上共选拔了1178名优秀选手，参加了国庆期间在北京举办的全国总决赛；由少先队事业发展中心和中华文化交流与合作促进会、中国少年儿童文化艺术基金会共同成立了“红领巾艺术团”。

中心与宇宙鸟国际青少年科学文化传播中心完成了《可爱的兵团》地方课程教材7本的编辑、出版、发行工作，2004年9月已进入新疆生产建设兵团的课堂教学，发货码洋为360万元；策划、投资开发了伊犁未成年人爱国主义教材课本系列丛书7本，目前已完成编写工作，2005年春出版发行，预计发货码洋600万元；推出了全国学生体质健康活动百校试点工作，开展了送健康、送温暖活动，向全国少年儿童捐赠价值1500万元的天狮保健品。

中心青少年科普俱乐部以活动加强会员校交流的指导思想，得到了会员校的认可和欢迎；启动了青少年机器人培训、比赛项目，已与浙江、天津、山西、辽宁、北京达成了竞赛意向；组织了中国青少年机器人代表队，参加了在韩国举行的"第六届国际机器人奥林匹克竞赛"，取了最高技术奖和两枚金牌、两枚银牌的好成绩；举行了科幻作品大赛、科普进校园、科幻绘画比赛等活动。

2004年暑假，少先队夏令营服务管理中心受中央人民政府驻香港联络办公室委托，接待了香港码头涌宫立小学（红堪湾）"认识祖国、全方位学习"北京交流团。在京期间，交流团参加了升国旗仪式，参观了人民大会堂、中国人民抗日战争纪念馆、毛主席纪念馆等，还与北京市宣武区康乐里小学开展了丰富多彩的交流活动。

团中央网络影视中心

2004年是网络影视中心工作实现重点突破、全面发展的一年。在书记处的领导和各部门大力支持下，中心党组带领全体员工，以邓小平理论和"三个代表"重要思想为指导，深入贯彻党的十六大和团的十五大精神，抓住机遇，团结奋斗，协调发展，各项工作都跃上新台阶。

一、把握政治导向，宣传教育工作取得新成绩

中心始终坚持政治方向，严格宣传纪律，完成宣传任务，加强青少年思想道德建设。

1. 中青网充分发挥新型传媒作用，进一步巩固了重点网站地位。中青网取得较大发展：一是精心组织对党和国家重大活动的集中宣传，做到准确、及时、生动，圆满完成了各项宣传任务；二是组织典型人物的重点宣传报道，开通了英雄人物网上纪念馆，被国内众多网站、平面媒体报道引用，引起广泛反响，受到中宣部、中央外宣办、1106小组的肯定；三是建设开通"青少年思想道德网"，建成目前规模最大的青少年思想道德教育网站；四是针对青少年特点组织各类活动；五是深入开展三项教育，用中央精神统一思想，严格纪律，把握编、采、发、监全流程各个环节，加强队伍建设，全年安全运营无事故，无大错漏现象。今年来，中央电视台新闻联播和报刊多次宣传中青网工作，并在全国网站建设工作会上受到肯定，并再次确定国家重点新闻网站地位。

2. 影视制作取得突破。中心拍摄的重大革命历史题材影片《我的法兰西岁月》，引起了强烈反响和广泛好评，中央领导同志观看了该片并予以充分肯定。周强书记指出：《我的法兰西岁月》是第一部艺术地再现青年邓小平光辉形象的青春偶像片，是激励广大青少年成为"四有"新人的榜样激励片，也是各界群众重温伟人精神风范的纪念缅怀片。他要求各级团组织要把电影《我的法兰西岁月》作为全团纪念邓小平同志诞辰100周年的重要内容，广泛组织全国青少年观看这部影片。要把这部影片的公映，作为全面加强未成年人思想道德建

设的重要举措，采取有力措施，切实用优秀的作品塑造青少年。政治局委员张德江、省长黄华华等广东省五大班子领导出席了广东首映式。张德江书记参加座谈会，并要求全省人民、部队官兵都要观看这部影片。

反映青年志愿者事迹的电视剧《请让我来帮助你》在中央电视台一套黄金时间播出后，得到广泛好评。以倡导社会关注希望工程、积极捐资助学为目的并邀请著名歌星周华健演唱的 MTV《爱在天地间》播出后，引起广泛社会影响。

二、围绕全团重点工作组织活动，服务青少年取得新发展

1. 精心组织大型主题系列活动。“我们的文明”系列活动初步形成品牌，为优秀青年代表举办的“中华青年婚礼庆典”、向革命先烈和人民楷模表达缅怀和崇敬之情的网上纪念活动、大力弘扬红色文化和民族精神的“红色文化”活动、针对青少年心理健康咨询和心理素质教育的“阳光心灵 · 健康青春”等系列活动都吸引广大青少年踊跃参加。“首届全国大学生公益文化艺术大赛”以“弘扬公益精神，倡导公益文化，开展公益实践，塑造公益形象”为主题，得到社会各界的支持，目前各项活动都在稳步推进之中。

2. 举办了“将军书画展”和“全国青年国庆书画展”。“将军书画展”是百余位共和国将军用他们精心创作的书法和绘画作品，抒发对小平同志的怀念、追思和崇敬之情。“全国青年国庆书画展”是广大青年书画家们以笔墨寄情，以书画言志，纵情讴歌了建国 55 年来中国人民在中国共产党领导下，社会主义现代化建设取得的丰功伟绩，尤其是改革开放以来，祖国各行各业发生的日新月异的巨大变化。共青团中央书记处常务书记赵勇出席了两个画展的开幕式，充分肯定：文化塑造青年，青年创造文化。共青团要牢牢把握先进文化的前进方向，以弘扬和培育民族精神为主线，以文化育人为主题，开展青年文化活动，创作青年文化精品，培养青年文化人才，为青年一代的成长发展创造良好的文化氛围。

三、重点工作取得新突破

1. 青海卫视频道开始全面运作。

经过努力工作，卫视频道已最终确定合作伙伴。从 2005 年 1 月起推出 18 档新栏目，由中心制作的《青春岁月》栏目，集中反映我国优秀青年人才的成长历程；首播剧场已拍摄了 300 集电视剧。北京、上海、天津、重庆、长沙等地实现落地。同时，制定了广告刊例价格，全面招商。目前已建造后期合成机房，完成光纤传输等工作，全力打造青海卫视“青春、先锋、时尚、健康”的频道风格。卫视频道的启动不仅使中心有稳定收入，共青团也开创了新的传播渠道。

2. 中国青年卡试点工作取得阶段性成果。

各试点地区团委相继成立青年卡工作领导小组，明确了各级团组织与有关部门的工作职责，充分调动团内外资源，认真筹备，狠抓落实，积极稳妥地推行。青年卡数据采集测试工作顺利进行，为今后中国青年卡集中数据采集和地方团组织的数据对接积累了经验。据统计，目前已发卡 50 万张，运行良好。服务功能也取得拓展，与中国农业银行、交通银行、深圳发展银行、国家邮政局邮政储汇局四家金融单位实现了合作。在图书出版、就业与教育培训、旅游服务、保险与医疗服务、体育与休闲娱乐以及电信网络服务方面有实力、重信誉的 60 家合作单位首批签约。其中戴尔英语捐赠给青年卡 5000 万元人民币价值的课程。目前，中国青年卡平台一期工程建设已进入收尾阶段，各项系统开发即将完毕。

3. 新闻宣传取得进展。

中国教育电视台开设了驻团中央记者站，每周在适合青年收看的时间段划出 30 分钟的时间由网络影视中心制作反映青年主流面貌的专题节目，更充分地运用电视媒体宣传团的重点工作，深入报道青年的精神风貌，为新时期团的发展创造良好的舆论环境。《新知时报》进入实际创刊阶段。为中心打造涵盖网络、影视、平面的跨媒体的文化传媒集团奠定了基础。

4. 融资引资取得突破。

中心科学论证项目，合力推进招商，今年昆仑卫视引资5000万元，中青卡引资8000万元，中青国际文化传媒公司5000万元均已到位并开始运行；八款网络游戏引资1亿元正在抓紧制作；此外，还有中青网无线网站、流媒体、中青娱乐网等都正在深入洽谈之中，前景看好。

5. 中国青少年网络协会正式成立。

中国青少年网络协会第一次会员代表大会经三年努力，隆重召开，这是近7000万青少年网民和4.5亿青少年创建绿色网上空间，推进网络文明建设的重要举措。

6. 中青网络家园初见成效。

目前已取得了江西、海南、江苏、黑龙江、河南等13个省的落地，同时完成了五地合作伙伴的寻找和考察工作，已建有68家分店，具备了初步的地区连锁框架。同时，与全国各16个文化主管部门取得了联系，向12省递交了申报材料，为今后发展创造了条件。

四、自身建设迈出新步伐

为适应文化事业和文化产业的发展趋势，按现代企业制度规范运营，着力加强自身建设。

一是成立了中心党组，形成了坚强的领导集体。同时，充分发挥党支部、团委和工会的作用，增强中心的向心力和凝聚力，逐步形成团结向上、开拓创新、奋发进取的企业文化。

二是适应社会主义市场经济规律，调整了经营结构和管理机制。2004年，中心与各部门签订了目标责任书，进行市场化运营，形成了各部门自主经营、自负盈亏，中心主要负责对经营方向进行监控和对财务状况进行监督的经营管理模式。

三是健全完善各项制度。中心制定并执行一套既适合团属事业单位又遵循社会主义市场经济规律的管理机制、用人机制和激励机制，《奖励制度》、《持股激励制度》、《薪酬管理制度》、《财务制度》、《人事管理制度》和《基本行政管理制度》，做到有章可依。同时，把用制度来管人、管事、管财、管物落到实处，做到执行必严，使中心各项工作既蓬勃发展，又有条不紊。

全国青联中华青年交流中心

2004年是全国青联中华青年交流中心（以下简称中心）的开局奠基之年。自元月8日正式成立以来，中心全体同志在吕虹主任的领导下，认真贯彻团中央书记处关于中心工作的指示精神，上下一心、齐心协力、艰苦奋斗、争创一流，组建了工作队伍，理清了工作思路，搭建了工作框架，实施了部分项目，取得了初步成效，中心工作开局良好。

过去的一年，中心按照团中央第一书记周强同志提出的“创新是动力，人才是关键，调研是基础”、“扎实工作，务实创新，培育品牌，长久发展”的工作要求，在相关部门指导帮助下，集中有限力量和资源，着力做了以下几项工作。

一、创建了一个“基金”

根植于新世纪新阶段新形势的需要，中心一诞生就风华正茂，在中心成立的仪式上，“海峡两岸青年交流基金”就承载着扩大海峡两岸青年交流、促进和平统一的海内外中华儿女的共同心愿和一大批海内外有识之士的真诚呼唤，应运而生。在团中央书记处的直接关怀下，海内外一批热爱和平、反对台独的企业家，踊跃认捐，资金陆续到位。基金的建立，对于深入研究台湾青年思想动态，加强两岸青年多渠道、多层次、多领域交流，扩大“和平统一、一国两制”方针对台湾青年的影响，遏制“台独”势力对台湾青少年的毒害，将发挥越来越重要的作用。中心将按照有关政策和法律法规的要求，管好用好这项“基金”，并使其保值增值，可持续发展，形成良性发展和运转机制，通过“输血”、“造血”两个渠道，努力快速把“蛋糕”做大，使它在推动两岸青年交流、促进祖国统一中发挥更大的作用。

二、开展了两次交流

中心成立伊始，就紧扣“交流中心”职能，紧锣密鼓地组织落实了两次大型交流活动。一是圆满完成香港学生首都考察体验团活动。应全国青联中华青年交流中心的邀请，香港学生首都考察体验团2091人于6月13日至7月31日分18批对北京进行了为期5天的访问。参访学生来自香港50所中学和高校，年龄为14岁至22岁。此次交流活动恰逢香港回归祖国7周年，团中央书记处高度重视，周强同志就此活动作了重要批示，胡伟同志多次提出指导性意见和具体要求，并出席了在北京陈经纶中学举办的“京港两地学生共庆香港回归祖国7周年”庆祝活动。在京期间，香港学生通过游览故宫、天坛、颐和园、圆明园、八达岭长城、卢沟桥等名胜古迹和文化遗产，深化了对祖国历史和文化的认识和理解；通过参观北京大学、清华大学、燕京华侨大学、北京二十一世纪学校等高等学府和中国科技馆，切身体验了祖国科学教育事业日新月异的发展势头；通过考察清华大学同方企业集团、北京有色金属研究院、韩村河、景泰蓝制作中心等，并与青年企业家进行交流，亲身感受到中国经济建设的巨大成就和综合国力的迅猛增强。来自北京十多所中学和高校的近200名青年志愿者陪同香港学生参加了活动，进行了零距离的交流，增进了彼此了解，建立了深厚感情，促进了相互学习，活动取得了圆满成功。二是实施“国泰航空——京港青年交流计划”。中心响应党的号召，按照团中央书记处的指示，高度关注弱势群体，与香港青年协会达成推动内地与香港弱势青年互访交流合作意向，在香港国泰航空公司的大力支持下，抓住“神州五号”成功发射在全国青少年中产生广泛影响的难得契机，以航空航天之旅为主题，于今年4月中旬和7月下旬，组织实施了京港弱势青年互访活动。来自北京、香港两地的60名12至16岁的低收入家庭中学生参加了这次互访活动，为来自低收入家庭的青少年提供了开扩眼界的机会，提高他们对中华文明和“一国两制”的感性认识，加深了他们对祖国历史文化的理解，他们成为推动两地青年进一步广泛交流的幸运使者。

三、进行了一次调研

中华青年交流中心的成立，延长了海外青年华人、华侨工作领域的手臂，加大了对海内外中华青年交流的工作力度。为进一步了解和掌握海外青年华侨、华人的新情况、新特点、新变化，按照年初开展“全球青年华侨、华人及侨团组织基本情况专题调研”的工作计划，中心首次组织“全国青联中华青年交流中心考察团”，赴泰国、马来西亚、新加坡等东南亚三国考察调研。考察团主要拜会了泰国中华总商会、潮州会馆、青年企业家联合会、华人青年商会，马来西亚中华工商联合会、中国经济贸易总商会，受到当地主流华人华侨商会和社团组织的热烈欢迎。双方就促进交流、加强合作、互动发展，进行了广泛务实的交流。进一步增进了了解，加深了友谊，扩大了影响，达成了共识，实现了预期目的。撰写的出访报告，受到书记处领导的高度重视，为中心工作的长期定位、加深对海外侨胞现状及新一代青年华商的了解、做好与东南亚青年社团的合作提供了一系列建设性意见和建议。

四、多方协调联络

中心在团中央书记处和全国青联领导下，在团中央统战部和国际联络部的业务指导下，逐步探索明确了中心服务青年国际交流的职能定位，主动联络拜访“五侨”机构相关部门，汇报中心工作，争取指导支持；广泛联络海内外华人社团机构，增进友谊，加强合作，为中心的长远发展创造宽松的外部环境。

五、加强自身建设

打铁先要自身硬。中心任务任重道远，工作千头万绪，但关键在于团队建设。主要抓了三点：一是队伍建设。通过团中央机关调配、面向社会公开招聘等形式选拔聘任了8名干部职工，其中研究生学历3名，本科4名。中心3个部门干部配备基本到位。二是加强学习。针对中心人员来源渠道不一、素质参差不齐现状，按照团中央书记处建立学习型机关的要求，自我加压，在学习上自觉与机关部门看齐，通过定期与不定期、统一组织学习与自学相结合等方式，带领大家认真学习“三个代表”重要思想、党的十六大和团的十五大会议精神；认真学习团的文件汇编和公文写作；结合本职工作，组织讨论中心工作，达成共识，形成合力，树立识大局、善协调、负责任的团队精神，使全体干部职工心往一处想、劲往一处使。三是建章立制。没有规矩不成方圆。为了保证中心各项工作的有序运转，中心参照团中央机关有关规定，建立健全了包括人事管理、行政管理、文档管理、财务管理等中心一系列内部管理制度。并初步制定了中心岗位责任制，按照项目细化、工作量化、结果优化的原则，年底将对中心每位工作人员进行综合评定、量化打分，激励先进，鞭策落后，促进工作，使中心在工作学习上逐步形成比学赶帮超的热潮。

全国青联国际项目合作中心

2004年，全国青联国际项目合作中心在书记处的领导下，坚持“贴近共青团主战线、贴近社会发展的热点领域”的方针，切实贯彻“唱响主业、拓展外延”的初衷，整合资源，克服困难，运用社会化、市场化的手段，在取得一些成绩的同时，正积极着手下一步的工作部署，现将主要情况汇报如下。

一、“小渊基金”项目建设成果绽放

1. 团属各“小渊基金”项目区林木长势喜人，当地小生态圈的恢复更是直观可见。目前，大多数团办“小渊基金”项目区已被评为省级生态绿化示范林，许多市、县一级的党政领导和林业主管部门则将当地的团办“小渊基金”项目区视作向上级领导和新闻媒体在生态建设领域汇报工作的成果林。今年以来，甚至出现了个别市、县的林业局为应对国家林业局的检查，将团属“小渊基金”项目区说成是当地林业部门自行取得的生态建设成果、并为此涂改团属“小渊基金”项目纪念碑的现象。

2. 今年以来，日本小渊基金事务局对“小渊基金”项目的技术要求日趋苛刻，项目的工程化监管特色也日益明显，这导致中心的工作量较往年成倍增加。另一方面，日本外务省和林野厅以确保“细水长流”为由，有意减少“小渊基金”的年度资金投放量，加上日本媒体借口“中国载人航天飞行成功和经济增长显赫”，不断打出“是否有必要继续对华提供环保援助”的煽动性口号，“小渊基金”项目的日本国内环境有所恶化。针对这一情况，中心出手在前，积极运作，在其他单位受援金额纷纷被缩减的情况下，完成了新一轮“小渊基金”项目的申请，确保了项目数量和总体受援金额均不低于去年的水平，从而在新一年度“小渊基金”项目实施中继续占据着有利地位。

3. 在其他单位承办的“小渊基金”项目纷纷出现工程烂尾林和财务丑闻的情况下，中心强化内部管理，健全机制，经受了多重审计，防范了风险，维护了共青团的社会形象。

4. 自行创意、编印了《“小渊基金”项目成果宣传画册》和 DVD 光碟；促成《人民中国》、《日本与中国》等重要刊物登载了介绍“保护母亲河行动”的长篇记述性文章，为扩大“保护母亲河行动”的社会影响提供了简洁、新颖的载体，并编印了《“小渊基金”项目实施指南》，在各“小渊基金”项目区团组织人员流动频繁的情况下，有效地增强了“小渊基金”项目实施的规范性与可靠性。

5. 半年来共接待了包括日本前首相羽田孜在内的 20 多批来华参加团属“小渊基金”项目区植树劳动、环保对话及工程评审团组，尤其是成功地接待了日本静冈县百人绿化访华团，开创了“小渊基金”项目实施四年来单批来华植树团组的人数规模之最。

今年以来，许多地方党政领导来中心申请领办“小渊基金”项目。事实证明，团办“小渊基金”项目已成为共青团组织服务社会经济发展的桥梁和地方党政领导评价共青团工作的重要标尺。同时，“小渊基金”项目以精细的宣传效果和超群的造林效果，营造了社会各界、各省市评价“保护母亲河行动”的重要参照系，并为“保护母亲河行动”的深化提供了可靠的物质与工程支撑。同样，团属“小渊基金”项目的积极成果也为整个中日民间交流提供了可信的范例与长远的启示。“小渊基金”项目融交流与劳动于一体，“植树育人”同步并进，社会兴奋度持久，题材的生命力旺盛，“四两拨千斤”的效果明显，这一项目的深化将对中日环保合作、乃至中日民间交流产生不可估量的影响。

二、以“水问题”为切入点，参与社会发展收效显著

1. 今年 4 月，成功地在京举办了首届“中日民间水论坛”。日本前首相桥本龙太郎，我国水利部、建设部、国家环保总局及日本外务省、国土交通省、环境省的高级官员和两国知名专家学者与会，在中国青年组织设置的平台上，共同研讨“水问题”及应对之策。“论坛”声势壮观、规模显赫、社会动员度高、议题针对性强。通过这项活动，有效地增强了共青团组织在社会发展领域的话语权，提升了全国青联的在日美誉度。日本《读卖新闻》、《朝日新闻》等知名媒体均在头版、头条报道了此次活动。

2. 借“中日民间水论坛”的东风，中心抓住机遇，直接申请日本驻华使馆“草根工程基金”，总共获得 260 万元人民币的援助，(1)在江西革命老区、老一辈革命家曾山的故乡——吉安县兴建了直接造福于农民的“农村自来水村村通”工程；(2)在江西革命老区——瑞昌县兴建了血吸虫防治项目；(3)在河南革命老区——确山县援建了一所农村卫生院，为共青团组织挖掘国际资源、参与落实科学发展观提供了有益的经验与启示。

三、以金融领域为突破口，在服务国内企业与国际资本市场对接方面稳步拓展

今年以来，中心顺应国内潮流，先后在北京、鞍山等地举行了“中国企业赴日上市融资研讨会”，参会企业十分踊跃。经过筛选，中心替北京、辽宁等地的三家企业编制了赴日上市申请方案，并成功地说服日本东京证券交易所和其他相关机构接受了这三家企业的申请。目前，这三家企业已进入了日方规定的评估与上市辅导期。此外，中心还与日本阿赛特投资公司、美菱投资公司就协助日方参与中国的国有企业改制及不良资产的并购方面达成了协议，并为中国长城资产管理公司、东方资产管理公司、信达资产管理公司介绍了多家日本合作伙伴。

四、中国青年实业发展促进会法人变更事宜基本完成

中心接手“促进会”后，正值国内主管部门整顿社团的特殊时期，加之民政部主管部门以“促进会”近10年来“组织代码证丢失、无工作业绩记载、无固定财务人员、账面资金为负数”等为由，再三质疑“促进会”存续及法人变更的必要性，拒绝审理“促进会”的年检报告，甚至声称将吊销“促进会”的社团资格并通报批评。针对这一情况，中心及时注入资金，开展活动，重新建立档案，以新机制、新业绩为起点，重新请求相关部门进行审计并多方做工作，阐明“促进会”对共青团事业的重要性所在，最终赢得了民政部主管部门的理解与支持，进而同意“促进会”重新启动，继续保留合法地位，并给予办理法人更换手续。

五、运用国际规则，增添了许多战略合作伙伴，巩固了工作平台，延伸了工作手臂

今年以来，中心先后与日中经济贸易中心、日本海外投资协力机构、日本关西生产性本部、日中新世纪协会、日本国际协力银行、在华日本商工会等日本大型企业界团体和经贸中介机构以签署双边合作协议书的形式，建立了战略合作伙伴关系，并在农业技术和品种的引进与辐射、工业项目的引进及我国地方城市赴日招商引资方面，开展了许多务实性的合作。

一年来，中心所开展的工作有些已直接显现出了成效，有些则是在通过摸索的基础上为下一步的发展积累了经验。从总体上看，中心工作效率是高的，项目策划是符合现实需求的，工作步骤是扎实有序的。

中国光华科技基金会

（见组织概况部分）

中国青年旅行社总社

2004年，青旅总社在团中央书记处的领导下，贯彻党的十六大及十六届三中、四中全会精神，以“三个代表”重要思想为指导，努力树立和落实科学发展观，从企业实际出发，注重质量和效益，推动所属企业的健康稳步发展，实现国有资产的保值增值，取得了较好的效果，达到了年初的预期目标。

一、抓好在建项目，力争实现效益的最大化

加强现代企业制度建设，抓好在建项目，确保效益的实现，是2004年青旅工作的重中之重。2004年在对改制后的上海企业公司进行管理的过程中，主要做了以下三项工作。

（一）明晰产权，确立总社的主导地位。总社按照现代企业制度建设及法人治理结构的要求，以明晰产权为中心，进一步完善了公司的企业制度，形成了以总社为主导地位的公司组织架构，为公司的健康发展奠定了基础。

（二）狠抓关键环节，推动在建项目稳步快速发展。上海企业公司在淮海路的房地产项目，投资规模大，涉及面广，头绪多，具有相当的操作难度和一定的市场风险。为此，总社在经营管理方面，树立高度的责任意识，确保在建项目稳步发展。一方面找准工作难点和重点，狠抓资金的落实。在4月份出现中央加强宏观调控，紧缩银根的情况下，总社领导直接参与，加大融资力度，及时解决了项目所需的全部资金，防止了资金链的断裂。目前，该项目已出地面10层，2005年6月封顶。另一方面加强规章制度的建设。对上海淮海路项目，总社把规章制度建设作为基础性工作来看待，把建设阳光工程的要求贯彻在项目开发建设的全过程，以健全制度来保证工程质量，控制项目风险。

（三）以效益的实现为根本，努力做好销售工作。上海淮海路在建项目，已与香港的一家公司达成销售协议，并已制订了几套预案，将根据市场的变化和需求，随时启动不同预案，努力实现黄金地段的黄金效益。江苏置业公司的中青山庄项目于2004年11月份已全部交付使用，并实现了完全销售，实现盈利近3000万元。

二、抓住有利时机，确立新的经济增长点

经过几年从旅游经营到投资管理转型的磨合，总社逐步认识到青旅总社定位于投资管理后，既要注重当前，做好在建项目的建设和发展，又要着眼于长远，适应市场变化，抓住有利时机，开发有潜力的房地产项目，壮大青旅的实力。

2004年总社又初步确定了三个项目。一是上海嘉定区徐杭新镇的建设项目，目前已完成了前期的概念设计，并获得了上海嘉定区四套班子的充分肯定，整个方案已报上海市规划局审批。二是与江苏钟山宾馆集团公司签署了共同开发江苏饭店的项目协议书，该项目建筑规模约17万平方米，总投资约8亿元人民币，预计2005年7月左右开工，预期效益可达1亿元人民币。三是上海企业公司在解决历史债务过程中并购的位于武汉市中心的汉口大饭店项目正在清理过程中，该项目截至目前约投入5000万元，已获得9000万元的有效资产。预计2005年上半年完成所有债权债务的处理，并完成土地变性手续和前期规划。

三、抓紧处理遗留问题，实现不良资产的转化

多年的历史遗留问题，经过多方努力，有了很大的进展。首先，上海企业公司在改制前所欠总社债务，有望于2005年1月全部偿还。其次，海南青旅经营状况一直不佳。2004年9月已与海南晓奥集团达成重组海南青旅的初步意向，目前正在进一步运作中。改制重组后，总社将使亏损降低到最低限度。第三，厦门青旅偿还总社担保金一事，经总社与厦门团市委的努力，目前已与厦门水务集团有限公司达成共识，以厦门水务集团有限公司为主体对厦门青旅进行股份制改造，组建新的旅游公司，新公司成立后8年内偿还总社的担保金，相关协议正在协商中。第四，总社投资中青旅西北公司剩余的450万元，通过法律诉讼，解决了股权转让,已与甘肃一家房地产开发公司签订了协议,对方已交付了订金,待有关手续办妥后,西北公司的问题能彻底解决。

四、抓牢对在京企业的指导和监督,确保企业的稳步发展

对于青旅总社来说,平时加强对自己所控企业的指导和监督有着不可推卸的责任。尤其是在京企业的运营及发展更应时刻关注。

青旅总社作为中青旅控股股份有限公司的控股股东,经常给予其政策上的倾斜和扶持。一是积极协调与地方政府的关系,妥善处理了苏州太湖国家旅游度假区项目的转让事宜,使中青旅控股股份有限公司的资金得到了回笼和增值。二是考虑到2003年度中青旅控股股份有限公司遭受非典影响,作出了不分红的决定。总社自己克服资金困难,使得青旅控股在2004年股市低迷的情况下,仍取得较好的业绩,在上市公司中名列前茅。2004年,中青旅控股股份有限公司在东二环的中青旅大厦动工,年底已封顶。青旅总社一方面在资金的使用方面给予支持和指导,同时注意规范青旅控股的资金使用范围并给予监督和协调。保证股民利益不受侵犯,确保企业稳步健康地发展。

东交民巷饭店的经营管理原委托中国青旅实业发展有限责任公司负责。2004年7月起收回委托,由青旅总社直接进行管理。实现了资产所有权与经营权的完整统一。总社主要从政治上把关,树立团办企业的形象,尤其对团中央及其他部委安排的会议,尽心尽力保证质量。面对饭店业的激烈竞争,东交民巷饭店不断推出新招,改变形式,尤其是更加注重对服务员的培训,经济效益也有了一定的提高。

五、抓准物业管理项目,锻炼队伍增加效益

青旅总社的写字楼原由中青旅物业管理有限公司承包经营,但迟迟未能出租。2004年初,总社决定成立物业部,从现有的员工中抽出3人,专门负责青旅写字楼的出租、物业管理。经过一段时间的准备,于3月15日起至年底,写字楼出租率达75%,完成营业收入300多万元。

在近一年时间的物业管理过程中,切实锻炼了员工队伍。物业部的员工对这一全新的工作,不畏艰难,勇于摸索。一是强化经营意识,把握市场变化,建立信息渠道,做好出租的各项工作。二是建立健全管理制度,完善对客户的各项服务。三是适时采取措施,保证房租的按时回收,确保资产的安全。

中国青年实业发展总公司

一、基本情况

2004年是市场全面放开的一年,是中青实业进出口主营业务、医药投资主业、证券投资、汽车贸易所面临的政策、法律、市场环境最复杂的一年,也是企业积极应对、奋力拼搏的一年。在前所未有的困难局面下,中青实业在团中央书记处的领导和支持下,以积极的姿态面对日益激烈的市场竞争,稳妥操作进出口主营业务,继续做强做大投资主业嘉事堂药业项目。在调整中求生存,在竞争中求发展。全年实现进出口额4549万元人民币;嘉事堂药业实现销售收入5亿元,税后利润900万元。

二、主要工作

1. 创造条件,积极开拓进出口业务渠道

进出口贸易是中青实业的主营项目。2004年,贸易部努力克服缺少生产加工基地及我国加入世贸组织后进出口经营权优势逐渐削弱带来的多重压力,本着在服务上下功夫,发挥代理服务品牌优势,积极寻求适合的贸易代理项目。以代理服务为主,稳妥开辟自营项目的原则。全年实现进出口额550万美元。

以良好的信誉、周到的服务巩固重点代理项目。随着我国加入世贸组织,市场的进一步开放,企业拥有进出口经营权的资源优势逐渐减小,同时出口产品遭遇国际贸易技术壁垒在加剧。面对激烈的市场竞争,贸易部在继续提高服务水平的同时,巩固、稳定老客户,并根据市场的变化和客户的需要,对经营方式、进出口品种进行了进一步的调整。多年以来,贸易部已培养了如科宝、欧德雅胜、龙发等一批重点客户,代理了汽车配件、数控机床、家具板材等近20个品种,给公司带来了稳定的收益。北京恒福利家具公司是北京市家具行业的重点企业之一。自2002年起,贸易部为其成功的代理了家具生产线、板材的进口及家具产成品的出口,双方建立了良好的合作关系。随着国家进出口政策的调整,该企业逐步取得了自营进出口权。贸易部及时调整服务方式,简化代理服务手续,提高服务质量,以良好的信誉和优良的服务稳定了客户。

不断拓展新的代理项目。科安科贸公司和欧玛公司均为专业经营、生产进口家具板材和高档实木家具的公司,两公司的产品在国内市场上有一定的影响力,我公司与双方有过较多合作。2004年,贸易部为客户的利益着想,克服了每批次进口数量少,通关手续复杂的困难,成功代理进口了意大利的板材和澳大利亚的桉木原料,开辟了新的业务渠道,稳定了收益。除此以外,与北京塞特雷特公司、中国有色金属设计院等单位建立合作关系,代理范围、品种在原有代理产品的基础上增加了医用心脏导管、自动数据处理器等多个品种。

为扩大出口业务,公司自2001年首次参加广交会后,至2004年已是第四个年头。通过广交会的展示平台,公司与广交会组委会及客户建立了良好联系和合作关系,既宣传了公司形象又为扩大出口业务奠定了基础。

2. 嘉事堂药业以流通为主导,以连锁业务为核心,全面推进管理创新与规范

2004年,在北京医药市场逐步放开的竞争中,零售业务在巩固授权经营制度基础上、网络规模上有新发展;批发业务建立以经营责任制为核心的运营机制逐步纳入规范发展轨道;生物医药调整营销模式呈现良好势头,完成了全年的经营任务。

(1)连锁业务在完善授权经营制度的基础上不断创新发展。2004年,是授权经营开展的第二年。店长、员工的市场意识、积极性普遍得到增强,经营效益保持稳定。今年工作主要是解决在实践中遇到的问题,特别是加强了现场稽查工作,加大规范经营的力度。同时,应对北京药店放开政策,积极开新店,至12月31日,新开门店38家,占北京此阶段新开门店家的10%,继续保持公司连锁门店在北京数量的领先地位。7月份,公司第二批51家连锁门店通过GSP合格认证验收。

(2)建立批发业务新的运营体制。从10月份起实施以经营责任制为核心,建立批发业务运营制度。这是公司连锁、采购管理政策实施后,面对批发进行的重要改革。办法实施后,调动了销售人员的积极性,明确了其经营责任,提高了效率与效益,11、12月份回款比同期增长10%以上。批发部门还组织北京地区投资关联企业对招标采购商品实施联合采购,招投标工作也取得了新的突破。

(3)调整营销模式,降钙素销售呈现良好势头。下半年以来生物分公司改变全国自营销售方式,实行终端代理,初步形成全国网络,

每月销售逐步增加。攻克原料生产难关,有效降低生产成本30%以上,使降钙素产品更具有市场竞争力。经努力产品进入全国医保目录,为今后扩大销售创造重要条件。

(4)关联企业在业务整合的基础上实现资产整合。关联企业坚决贯彻统采统配的经营原则。宏润公司与医疗单位合作顺利发展;裕丰公司全面规范考核,批发业务上升,内部核算更加规范;嘉事堂月零售批发均通过GSP认证,同时充分利用房产资源,追求最大效益;嘉事堂首联调整门店布局,扩大经营品种。这些工作都取得实效。

3. 规避投资风险、完善管理制度,促进企业协调发展

投资部长期坚持风险控制第一原则,研究市场规律,关注市场走向。2004年,证券市场已连续四年下跌,至年底创五年以来新低。投资部谨慎、稳妥操作,年内虽有少量的市值损失,但至7月份资金回笼已过半,规避了投资市场风险。

公司在2003年加强财务管理,完善资金使用程序,建立资金周报的基础上,2004年,进一步完善了企业人力资源管理制度及行政管理规范。重新修订了《总公司员工岗位责任制》、《总公司员工考核办法》。对考核优秀者、不称职者规定了具体的奖惩办法,并根据公司经营业务需要调整了岗位设置和人员编制,使岗位、人员配置更趋科学合理。同时制定了《总公司行政业务管理工作规范》,进一步规范了公司文件的分类、行文、保管,公章、证照的使用及合同签订、审批等行政业务管理工作,加强了企业行政管理的规范性,促进企业的协调、有序发展。

2004年,公司进行了公务车改革。在不影响公司正常业务的前提下,本着费用定额使用,节约归己,使大多数人受益的原则,降低了成本,规范了公务车的使用、管理。与2004年1—9月公务车费用支出同比,改革后,公务车运营费用将下降23.2%。

4. 积极发挥党、工、团组织的作用

公司党委认真贯彻中央会议精神,组织抓好"三个代表"重要思想的学习与贯彻工作。开展以党小组为单位的党员学习活动,发放相关资料三次,计632册。年内公司各党支部进行了十六届四中全会知识答题竞赛活动。

"七一"前夕,发展6名同志为中共预备党员,6名同志按期转为中共正式党员。7月份嘉事堂药业对应机构设置对党支部进行了调整。

工会开展"健康快车——光明吉祥包"为救助贫困地区治疗白内障疾病患者奉献一片爱心和救助困难员工活动。

第八部分

省级团委工作简介

北京团的工作

2004年，共青团北京市委员会高举邓小平理论伟大旗帜，以“三个代表”重要思想为指导，牢固树立科学发展观，深入贯彻党的十六大和十六届三中、四中全会以及团十五大等一系列重要会议精神，紧密围绕市委、市政府中心工作和实现“新北京、新奥运”的战略构想，坚持“建设、服务、创新、发展”的工作理念，汇聚全市团员青年的力量，全面自觉地贯彻市十一次团代会提出的构想和要求，以“青春北京”为主题持续推进青春奥运战略、青年成才战略和服务青少年战略的实施，切实加强团的能力建设，整体工作呈现了高潮迭起、全局活跃、亮点闪烁、成果丰硕的可喜局面，团的各项事业迈上了崭新的台阶。

一、深入开展邓小平理论和“三个代表”重要思想的学习实践活动，牢固树立和落实科学发展观，团的思想理论建设取得丰硕成果

1. 开展多种形式的学习实践活动，努力构建青少年精神支柱。把握纪念建国55周年、纪念邓小平同志诞辰100周年等有利契机，在团员青年中进行传统教育、组织参观学习、开展主题活动，“三个代表”重要思想的学习实践活动不断深化。举行“科学发展观与青年发展”理论研讨会，深入探讨了“实践科学发展观，促进青少年全面发展，推动青年工作和青年运动健康发展”的理论和实践课题，对新时期的北京共青团和青年工作起到了指导性作用。召开“时代青年责任”首都高校大学生座谈会，帮助青年学生进一步明确社会责任，实现全面发展。召开市青联委员学习贯彻“三个代表”重要思想座谈会，编印了《青联委员学习实践“三个代表”重要思想成果集》。认真研究北京共青团和青年工作历史，推出《北京青年运动纪事（1919—2004）》和《青春北京——迈入新世纪的北京共青团》等图书。

2. 主题教育活动的方式继续创新，在社会上产生广泛的影响。“学习塑造未来创业成就人生”主题教育活动贯穿全年、贴近实际，受到了青少年的广泛欢迎。在《北京青年报》开辟了主题教育大讨论和“我的创业故事”主题有奖征文等专版，团员青年积极参与有关活动，主题教育活动的影响力进一步加强。创新活动形式，与有关媒体联合推出“牵手创业，成就人生——青春创业在北京”大型主题宣传、“青春创业在北京”主题采访暨“青春创业在北京”优秀新闻作品评选等工作，以及“点亮创业梦想”、“记录创业体验”、“对话创业英雄”等多个广播节目。积极整合各种资源，搭建起了广播、网络、平面多媒体联动的新型平台，扩大了主题教育活动的效果。

3. 树立新时期首都青年榜样，激励广大青少年奋发成才。通过“北京十大杰出青年”、“北京市优秀青年企业家”和“创业青年首都贡献奖”的评选及颁奖活动，编写反映历届“北京十大杰出青年”成长故事的图书《他们》，推出和宣传了一批青年榜样，受到社会各界的广泛关注，在青少年中产生强烈反响。举办“杰出青年校园行”活动，多次邀请优秀青年代表深入校园，与大中学生就学习、创业、成长等话题进行交流和沟通，做深入的情感交流，进一步发挥了青年榜样对当代青少年的典型示范和激励带动作用。

4. 大力弘扬组织学习之风，北京共青团学习型组织建设初见成效。充分利用多种资源，在各级团组织和青年中大力倡导终身学习的理念，积极推广建设学习型组织的有关知识。以《北京青年工作研究》为阵地，开设“学习型组织建设专栏”，刊发学习型组织建设的探索与经验文章。积极发挥固有阵地以及团内媒体的作用，努力构建服务北京青年学习的综合平台，为青少年学习提供了有力保障。认真总结和提炼北京共青团建设学习型组织的实践成果，推出《适变与进取——北京共青团建设学习型组织的理论与实践》一书，初步构建了北京共青团学习型组织建设的特色理论。开展学习型组织建设先进单位和优秀工作项目的评选活动，召开学习型组织建设推进会，进一步明确了北京共青团建设学习型组织的目标和任务。以团市委机关为龙头，带动全市团组织开展学习型组织建设，取得了明显的成效。

二、充分发挥共青团、少先队组织的作用，进一步加强改进未成年人思想道德建设和首都大学生思想政治工作，首都青少年成长环境进一步优化

1. 坚持开展思想教育和道德实践活动，积极为未成年人的健康成长服务。认真学习《中共中央国务院关于进一步加强和改进未成年人思想道德建设的若干意见》和北京市的实施意见，在原有工作基础上取得了新的成果。举行了纪念少先队成立55周年系列活动，开展“红领巾革命圣地延安行”活动和“首都‘六一’儿童周”系列活动，召开首次“北京市中学生业余党校工作会议”，启动“社区青少年道德实践工程”，对加强未成年人思想道德建设起到了积极的促进作用。“阳光心语行动”示范创建活动成效突出，“阳光心语大课堂”、“阳光体操进校园”等活动在中小学校深入开展，受到了师生和家长的欢迎。开展“送片入校”活动，共放映优秀影片100余场，60余所学校的3万余名学生进行观看。关心和帮助来京务工人员子女，举行了“首都少年手拉手活动”、“来京务工人员子女科普教育活动”以及“我们共成长”等活动。配合新《北京市未成年人保护条例》的出台，成功举办“画说未成年人保护大赛”、“北京市青少年防火自护FLASH大赛”等活动。探索服务和管理社会闲散青少年的有效途径，积极建设“12355青少年法律与心理咨询系统”。与有关单位合作开展了“青少年网络游戏成瘾戒除”课题研究，并邀请专家开展公益讲座，帮助部分青少年戒除网络游戏依赖。加强对未成年人的科学精神教育，开展多种形式的科普活动，积极协助党和政府与“法轮功”等邪教组织作斗争。

2. 高度重视首都大学生思想政治工作，首都大学生思想政治素质和道德修养水平不断提高。以“传承‘五四’报国志，树立科学发展观”为主题，开展了“小平您好”首都大学生纪念邓小平同志诞辰100周年社会实践活动，组建首都大学生“落实科学发展观实践服务团”、“农村政策宣讲团”、“未成年人思想道德建设实践服务团”等实践团队，在全国各地开展环境保护、城镇规划、支教扫盲、心理咨询等方面的实践活动，积极宣传党和国家关于促进农民增收的方针政策。“彩虹工程”、“外语讲师团”、“区校共建”等传统项目得到深入开展，“首都大学生新世纪英才学校”教学成果显著，“首都大学毕业生基层志愿服务团”工作顺利开展。继续协助党和政府做好高校的安全稳定工作，逐步建立和完善了大学生思想状况的观测评价体系和高校共青团工作信息报送机制，努力做好各项安全稳定工作预案，为维护高校稳定作出了贡献。《中共中央国务院关于进一步加强和改进大学生思想政治教育的意见》下发后，立即成立了相关机构，并下发文件进行具体工作部署。先后召开学习贯彻《意见》精神座谈会、举办“文明生活，健康成才”北京青年学生先锋论坛、组建“首都大学生思想政治状况调研小组”，在首都高校大学生中形成了浓厚的思想政治氛围。

三、以“青春北京”为主题，开展丰富多彩的活动，进一步激发了广大团员青年“建设新北京、办好新奥运”的热情和动力

1. 围绕“活力北京”，开展了丰富多彩的青少年文化体育活动。全年开展的文化体育活动内容丰富、形式多样，充分展示了首都青年的青春活力和精神风貌。成立北京球迷协会，承接了中超联赛文明赛场创建工作、亚洲杯北京赛区的赛场文明助威活动，组建了“绿色狂飙文明球迷啦啦队”，在社会上产生了良好的影响。积极整合各种资源，成功举办“走向2008——北京国际长走大会”，吸引了上万名中外人士参加。在京郊开展青年文化活动60余次，7万余名团员青年积极参与。组织大规模的青年韵律操比赛，举行了北京市空竹表演赛。举办“周末青春赛场”活动，“社区大家乐舞台”、“社区青年文化广场”等文化活动蓬勃开展。在大学生中开展交响音乐季、原创歌曲大赛、相声小品大赛、文化广场、DV摄影大赛等活动，活跃了校园文化生活。组织“美化首都环境，倡导环保生活”青少年宣传画大赛，收到宣传画、漫画和动漫参赛作品1160余件。“共享辉煌——北京七日”摄影大赛收到作品1400余件，活动规模和效果都比以往有较大提高。

2. 围绕“志愿北京”，推动了志愿服务工作健康持续发展。积极推进志愿服务工作向规范化发展，制定了《北京志愿者协会志愿者注册办法（草案）》。加强阵地建设，改版志愿北京网站，创办了刊物《志愿北京》。整合社会资源设立了“北京志愿者学校医疗救护培训基地”和“北京市民讲外语”志愿者培训基地，对志愿者进行医疗救护、外语等方面的专业培训。推进基层志愿服务团、到公益机构去、周末公益讲堂等常规服务项目，志愿服务工作的社会影响不断扩大。开展形式多样的迎奥运系列志愿服务工作，组织了“志愿服务，迎接奥运——2004北京迎奥运志愿服务活动”、“2004北京迎奥运志愿服务统一行动日活动”、迎奥运“北京市民讲外语”志愿服务活动，招募了奥组委前期志愿者、雅典奥运会乒乓球亚洲区预选赛志愿者以及亚洲杯足球赛北京赛区志愿者、首届中国网球公开赛志愿者。开展了“志愿北京，让爱飞翔”大型公益活动，深入高校、社区等进行公益演出20余场。积极在广大市民中普及信息化知识，开展“数字志愿服务，促百万家庭上网工程”、网络技能培训、“小手拉大手文明网上游”等系列数字志愿服务活动。目前，北京共青团志愿服务工作的品牌已得到了全社会的认同，各项工作形成了全团联动的大好局面，志愿服务工作初步形成了新的格局。

3. 围绕“学习北京”，努力在全社会营造良好的学习氛围。以冬季书市为依托，推出首届“北京青年学习节”，围绕“青春的北京·学习的都市”的主题开展了多项活动，共吸引了40余万人次直接参与，在社会和青少年中营造了良好的学习氛围，为市民的生活提供了丰富的精神食粮。不断拓宽青年学习实践的渠道，利用社会资源举办了“学习北京——周末公益讲堂”、“北京青联大众讲坛”、“社区学习广场”、“青年公务员学习创新月”等一系列学习活动，内容涉及经济、文化、教育、卫生等多个方面。在大中学校，推出了“百场文化系列讲座”、“挑战杯课外科技学术活动系列报告会”、“快乐科普校园行”以及素质拓展等活动，拓宽了同学们的视野。开辟海外资源，先后选派了多批优秀青年赴美国、俄罗斯、澳大利亚和加拿大等国进行中短期培训。进一步深化青年文明号、青年岗位能手、青年突击队和创新创效等品牌工作，引导青年积极投身科技创新、管理创新、服务创新的实践活动，增强了职业青年的岗位创新意识，提高了创新能力。

4. 围绕“创业北京”，积极推动青年创业实践。成立“北京青年创业者协会”，开展了北京青年创业论坛、青年创业培训等活动，“农村青年现代化素质培训工程”已培训青年4万多人。通过实施“青工技能振兴计划”、开展“创业北京——新近归国留学人员同城聚会”等活动，引导和鼓励各界青年为首都的现代化建设做贡献。与市发改委合作，开通了“创业北京”网站，为青年创业提供一站式网络服务，建立了服务青年创业的有效载体。发挥青年中心的教育和培训阵地作用，联合社会机构在社区内建立公益性青年培训基地，免费或低偿为社区青年提供教育服务和再就业服务。组织了“百千才俊面对面”、“首都大学生知名企业行”等活动，努力搭建优秀青年企业家与大学生相互交流的平台。举办了第三届“挑战杯”首都大学生创业计划竞赛，并推选优秀作品参加了全国“挑战杯”竞赛，金奖作品和获奖总数高居全国各参赛省市之首。

四、树立高度的使命感和责任感，充分发挥团组织的凝聚力、战斗力和影响力，成功组织一系列大型活动

1. 隆重举行纪念北京青年突击队成立50周年系列活动。总结、提炼和宣传了“艰苦创业、崇尚实干，善于学习、锐意创新，拼搏奉献、争创一流”的北京青年突击队精神，进一步明确了今后青年突击队工作的思路，树立了新时期青年建设者典型。以开展纪念活动为契机，相继组织了“北京市建筑青年能工巧匠”、“北京市优秀青年项目经理”、“新世纪北京市优秀青年突击队标杆”评选和“迎接青年突击队成立50周年百日生产竞赛”等活动，隆重召开纪念北京青年突击队成立50周年大会，对优秀青年突击队进行表彰。围绕庆祝活动，进行了北京青年突击队视觉形象设计和推广，形成了《北京市青年突击队标准化工作体系》，策划推出“请到青年突击队里来——‘同一首歌’纪念北京青年突击队成立50周年大型演唱会”，拍摄《风展队旗50年》电视专题片，开展“寻访50年前第一支青年突击队老队员”的活动，社会反响热烈。组建“在队旗下成长——北京市青年突击队报告团”，深入施工现场，到北京及外埠的建设工地作报告11场，听众达6000多人次。

2. 成功举办首届北京青少年科技博览会。以“青春·科技·未来”为主题的青少年科技博览会为广大青少年搭建了展示科学智慧的新型平台，培养了广大青少年的科学素养和科技创新精神。科博会充分考虑青少年的实际需求、整合多种资源，设计和组织了青少年科技展、反伪科学展、科技竞技场、主题游园会、科技论坛、心理剧场、科普短剧汇演、科技之旅等多项活动。科博会受到社会各界的欢迎，共收到青少年科技作品512件，科普短剧73个，50余家单位参加了展览，吸引了国内20余个省市和地区的近10万名观众直接参与。本次活动探索出了一条团组织动员社会各方面力量，为青少年健康成长办实事的新路子。

3. 参与首都青少年庆祝建国55周年天安门广场大型活动的组织工作，在第三届APEC青年科学节举办过程中发挥重要作用。根据团中央、北京市的安排，团市委抽调干部组建了团市委国庆活动筹备工作小组，全力以赴投入国庆筹备工作。全体同志继承和发扬北京共青团善打硬战的光荣传统，在工作中充分展示了良好的精神风貌和严谨的工作作风，出色地完成了各项任务。第三届APEC青年科学节于2004年8月3日至8月9日在北京举办，共有400余名中国青少年与来自APEC组织14个成员经济体和中国澳门的800余名青少年代表参加了活动，团市委参与了此次科学节的组织工作。在组委会的领导下，团市委高质量地完成了多方面的工作，为第三届APEC青年科学节的成功举办做出了突出的贡献。

五、切实加强团的能力建设，青联、学联和少先队组织的作用进一步发挥，团属企事业单位改革取得新的进展

1. 以开展“非公团建月”活动为重点，全面加强团的基层组织建设。重新调整“共青团北京市基层组织建设领导小组”，加强了对全市团建工作的领导，形成了全团抓团建的良好局面。以100家大型非公企业为重点，通过抓大促小、示范带动，促进了全市非公经济组织建团工作。通过编写《北京市非公团建工作指导手册》、开办《北京青年报》“非公团建月专栏”、开通“非公团建月”网站、宣传非公团建中涌现出来的先进典型等工作，扩大了非公团建工作的效果和影响。举办的“青春加油站”奖学计划、非公企业青年风采展示、非公企业青年足球赛等活动，为非公领域青年进一步搭建了学习与交流的舞台，同时也为团组织进一步转化工作思路，以更加贴近青年、贴近社会的方式来团结和凝聚青年总结了有益的经验，进一步活跃了团的基层组织。

2. “达标创优”竞赛活动持续深化，团干部培训工作呈现新的特点。以争创“五四红旗团委”为重点，“达标创优”活动在团建工作中的基础载体作用和示范激励作用充分发挥，竞赛活动覆盖面进一步扩大。将基层“党建带团建”培训纳入全市基层党组织负责人培训之中，进一步提高了团干部培训的层次和针对性。先后举办了区县局级单位团委书记读书班、非公企业团干部培训班、“党建带团建”基层团组织负责人培训班，并与市委组织部合作，联合选派优秀团干部赴加拿大开展为期三个月的公共管理培训，团干部的综合素质得到了进一步提高。

3. 青年中心建设试点工作稳步推进，青年卡项目开始实施。召开青年中心建设专项工作研讨会，成立了北京市青年中心建设领导小组，进一步规范了青年中心建设。组织部分区县的负责同志赴外埠考察青年中心建设工作，召开了北京市农村青年中心建设推进会。开展“我眼中的青年中心”专题调研，举办城市青年中心试点单位负责人培训活动，推出一批各具特色的青年中心建设模式。目前，全市已经建成了各具特色的农村青年中心24家，城市青年中心20家，青年中心的凝聚和服务青年的作用已初步显现。青年卡项目开始实施，各项相关工作顺利进行。

4. 信息化建设在团的整体工作中发挥了积极的作用。对“北京共青团”等团属网站进行了结构性重组，积极拓宽信息来源，团组织的吸引力和影响力不断提高。利用信息化平台为共青团工作提供基础支撑，电子政务建设得到推进。加强了对基层团组织信息化建设的指导和服务力度，为基层提供了“团站通”模板等多方面支持。通过网络进行了共青团组织管理“扁平化”的有效探索，基层和团市委的沟通更加便捷，团组织服务基层的能力得到加强。

5. 青联、学联和少先队组织的作用得到有效发挥，青年外事工作有了新的推进。以委员工作为重点，青联自身建设得到进一步加强，凝聚力和社会影响力继续扩大。积极开展与港澳台侨青年社团的交流，共组派赴港澳台团（组）15个、105人次，接待港澳台来访团（组）14个、520人次。学联在青年学生中继续发挥重要作用，加强了与海外学生组织的联系。青年社团继续健康发展，成立了“北京高等学校学生社团联合会”。以干部岗位业务知识培训以及少先队员意识教育为切入点，少先队组织建设得到巩固。青年外事工作不断拓展交流渠道、提高交流层次，建立了多条新的双边交往关系，与老挝万象团市委签订了友好交流协议。

6. 团属企事业单位改革取得可喜进展。北京青年报社进一步完善现代企业组织结构和管理制度，形成宣传和经营两分开的体制，并对所属单位进行了科学的改造。目前，北青传媒已在香港成功上市，成为内地传媒公司境外上市的第一股，并创下了香港H股的新纪录；北京儿艺改革也取得巨大成功，着力打造的儿童文化产业链已经初步形成。北京市青年宫成立了改革与发展领导小组，确定了改革方案、总体目标和具体措施，并被列入全市文化体制改革工作试点单位。北京青年政治学院努力提高办学效益，积极改善办学条件，教学质量不断提高。北京青年实业集团认真加强管理，努力开拓企业效益新的增长点。北京青少年音像出版社在工作中积极探索，为进一步发展奠定了基础。北京青少年服务中心多次参与组织全市大型文化活动和青少年服务活动，具体承担的北京市禁毒教育基地建设也取得很大进展。希望工程北京捐助中心强化财务监、管分离，使受捐款物管理更加科学规范，进一步提高了社会知名度。北京青少年科技文化交流服务中心积极运作社会资源，组织了多项青少年科技文化活动。北京星光青少年素质教育培训中心积极发挥品牌优势，为青少年的成长成才提供了多方面的服务。

天津团的工作

2004年，是天津市实施“三步走”第二步战略部署的开局之年，也是天津共青团事业在新的起点上实现新跨越的重要一年。一年来，全市各级团组织以邓小平理论和“三个代表”重要思想为指导，牢固树立和全面落实科学发展观，深入贯彻党的十六大、十六届三中、四中全会和市委八届五次、六次、七次全会精神，紧紧围绕“三步走”战略目标，团结带领广大团员青年，艰苦奋斗，开拓进取，加速构建天津团“四一六”工作格局，推动了共青团事业的蓬勃发展。

一、深入学习贯彻“三个代表”重要思想，牢牢把握以人为本的深刻内涵，青少年思想教育工作卓有成效

1.“三个代表”重要思想学习教育活动不断深化。我们在推动“三个代表”重要思想学习教育活动中，注重将理论学习与青年实际相结合、与工作实践相结合、与时代特征相结合，在抓载体、抓骨干、抓实践上下功夫，使广大团员青年做到了真学、真懂、真信、真用。在抓载体方面，通过在高校建立“三个代表”重要思想研究会和“红色网站”，逐步构筑起理论学习活动的新平台；在抓骨干方面，以团干部、大学生和各条战线的优秀青年为重点，广泛开展宣讲报告、座谈访谈、参观走访、知识竞赛等形式多样、喜闻乐见的学习活动，共组织“‘三个代表’重要思想与共青团工作”理论研讨班4次，学习讲座、报告会近百场，累计培训各级团干部和青年8000余人；在抓实践方面，以“三下乡”、“四进社区”为主要载体，紧密联系实施“三步走”战略的伟大实践，动员组织广大团员青年深入开展“三个代表”重要思想宣讲活动，共组织实践服务团125支，参与学生近10万人。认真贯彻中共中央国务院《关于进一步加强和改进大学生思想政治教育的意见》的精神，始终把服务大学生成才需求、教育引导大学生健康成长作为重点工作来抓，中央电视台《新闻联播》和《焦点访谈》节目分别以“天津高校团组织依托校园网加强大学生思想政治教育”、“大学的创新教育”为主题，对天津团组织加强和改进大学生思想道德建设的经验进行了报道。

2. 青少年思想道德建设成果显著。认真学习贯彻《中共中央国务院关于进一步加强和改进未成年人思想道德建设的若干意见》，不断探索加强和改进未成年人思想道德建设的新路子，带领全市各级团组织从实际出发，进一步整合组织优势、资源优势、教育优势、品牌优势，重点实施保护救助、推优激励、示范教育、文化引领和阵地建设五项工程。召开了天津市共青团宣传思想工作会议暨加强未成年人思想道德建设工作推动会，成立了天津市青少年研究中心，广泛开展了“民族精神代代传”、“中国少年雏鹰行动”、“养成道德好习惯”等道德实践活动，编写了《天津社区共青团组织未成年人思想道德建设工作探索》，会同天津电视台、今晚报社举办了“首届全国青少年宫武术大赛”。团中央编发的《全团要讯》陆续刊登了《南开中学团组织抓中学生思想道德建设成效显著》、《天津市和平区充分发挥共青团、少先队作用不断加强未成年人思想道德建设》等专题文章，推广我市加强和改进未成年人思想道德建设的工作经验。《中国共青团》杂志以“天津共青团风采”为题，用27幅彩色照片全面展示了近年来天津市共青团工作，并开设了“共青展台·天津专页”，系统地介绍了天津市共青团工作的经验。先后在《中国青年研究》、《中国共青团》、《天津工作》等刊物上发表了《充分发挥共青团和少先队的职能作用，大力加强未成年人思想道德建设》、《论共青团工作方式的创新》等多篇理论文章，进一步推动青少年思想教育工作的理论创新。

3. 革命传统教育活动力求出新。不断探索革命传统教育和爱国主义教育新方法、新途径，使革命传统教育活动常搞常新。组织了600余名优秀团干部和团员青年赴革命圣地井冈山开展“红色之旅”系列教育活动，对广大团员进行了以“听一堂革命传统教育课、学一首红军歌谣、走一段红军路、吃一顿红军餐、开展一次主题团队活动”为内容的“五个一”革命传统教育，使团员青年进一步增强了对党和国家的热爱之情。召开了“五四”纪念大会，以“弘扬‘五四’精神，肩负历史使命”为主题，开展了“传承‘五四’报国志，落实科学发展观”系列教育活动，引导广大团员青年在实施“三步走”战略的实践中建功成才。

4. 形势教育活动扎实开展。结合我市“三五八十”取得的巨大成就，进一步深化形势教育活动。开展了“知天津·爱家乡——庆祝天津建城600年大型知识竞赛”等一系列活动，使团员青年增加了对天津历史的了解，坚定了实践“三个代表”重要思想，为加快天津发展做出更大贡献的决心和信心。积极组织全市少年儿童参加“亿万少年绘祖国迎奥运”2008米画卷书画活动，深入开展了“我是天津小主人”等主题教育活动，引导广大青少年在为家乡发展做贡献的实践中进一步升华爱国情怀。

二、激发青年创造热情，增强青年创造能力，创新实践活动蓬勃开展

1. 共青团招商引资工作喜结硕果。按照市委、市政府提出的共青团组织要积极参与招商引资工作的要求，成立了招商引资工作领导小组及其工作办公室，确定了发挥团组织的联结优势、整合社会资源、“走出去、请进来”深入开展招商引资的工作思路，集全团之力精心筛选出139个招商项目，编印了《天津共青团招商引资项目册》，为开展好招商引资工作打下了良好的基础。先后两次赴浙江省，重点考察了万象集团等大型企业。经过积极沟通，宁波青年企业家考察团来津参观考察，并与天津市青年企业家进行了广泛接触和投资洽谈。腾达建设集团、北京金融街控股公司等60余个外省市知名企业家来津考察了海河开发改造，地铁二、三号线建设等多个投资项目。千方百计地做好外地来津企业家的投资洽谈、项目签约等方面的服务工作，制定了《天津团市委招商服务责任书》和《天津团市委投资服务责任书》，签订合作意向11个，总金额达210亿元人民币。中国广厦集团的混凝土搅拌项目，目前已经投入生产运行。天津团组织扎实有效的工作和所取得的丰硕成果，先后得到了市委、市政府和团中央领导的高度评价。

2. 积极做好青年创业、就业和再就业工作。深入实施“中国青年创业行动”，创建青年就业（创业）服务中心和青年就业、创业培训基地32个，对7959名青年进行了培训。开展“青年见习岗”活动，为4500名青年提供了见习岗位；积极挖掘用工岗位，实施“工岗快递”行动，达成工岗意向4000余个，安置青年3700多人。创建开通了“天津青年信息在线”网站，实现了青年求职者和企业用工信息的网上互通。加大青年创业扶持力度，为1000多名青年提供了创业指导服务和贷款支持，扶持900余名青年自主创业。建立了“青年创业一条街”，开办10家“青年创业示范店”，创造就业岗位60多个。举办了“天津市首届青年创业项目设计大赛”、“天津市首届青年创业项目暨加盟连锁展示会”和“京津冀创业项目暨加盟连锁展示会”，集中展示、推介了一批优秀青年创业项目，吸引了4200多名青年参与，达成合作意向75个。开辟大学生就业绿色通道，依托大学生职业导航中心，为3000多名大学生提供了施展才华的舞台。

3. 全面推进青年创新创效活动。组织开展以技术创新、管理创新、营销创新、服务创新为主要内容的创新创效活动，吸引近30万企业、商业、银行青年员工广泛参与。扎实推进“青工技能振兴计划”，以“学知识、练技能、增才干、创效益”为主题，开展了天津市第二届青工技能节，举办了685期技能培训班，组织技术比武320余场，12万名青年员工参加了300余个工种的练兵和比武活动，先后建立了37个市级青工技能培训基地，有效地促进了青工技能素质的提高。组织开展了争当“创新创效岗位能手”活动，评选出创新创效岗位能手标兵6名，创新创效岗位能手23名，培养了一大批青年技术骨干。

4. 继续深化城乡互动1+1“百业千对”活动。深入实施《天津市城乡互动1+1“百业千对”活动推进计划》，搭建城乡互动服务平台，促进城乡经济的优势互补，帮助全市城乡结对2000余对。组织来自40个院校、科研院所的100余名专家，成立了城乡互动专家服务队，深入基层，有效服务于农村青年的增收成才。大力开发农村青年人力资源，进一步实施青年农民科技培训工程，培训2.1万余名农村青年，培养选树了1000余名农村青年创业致富带头人。创建300余个各级农村青年科技示范基地，推广了41项农业新技术，使20余万名青年受益，创造经济效益1300多万元。

5. 扎实推进青年文明号创建活动。以创建“青年文明号”10周年活动为契机，不断深化“号手”活动，开展了“百号千队立功竞赛”和“岗位建功，展突击队风采”等主题活动，组织动员先进青年集体及个人拼搏奉献岗位建功，创造经济效益近2亿元。举办了“青年文明号诚信天津”主题活动，大力倡导诚信经营、文明消费的良好风尚，打造青年文明号诚信品牌。开展了“青年文明号助万家”、“规范化管理百日竞赛”活动，实施了“三项服务举措”和“信用公约”，共举办社会性服务活动43次，广泛发放了“青年文明号服务卡”，强化信用责任感，扩大服务受益面。继续深入开展“五进”海河开发改造现场活动，组织青年投身海河两岸综合开发建设，为一线建设者提供健康、安全、文化等方面的服务。

6. 深入实施大学生素质拓展计划。全面推进以提高大学生的科学文化素质、帮助大学生实现科技创新为目的的大学生素质拓展计划，成功举办了天津市首届大学生学术科技节暨第三届“挑战杯”天津市大学生创业计划竞赛决赛，全市16所高校的129件作品参加了展示评比。在全国第四届“挑战杯”决赛中，天津有1件作品获金奖，2件作品获银奖，7件作品获铜奖，团市委及天津大学、南开大学、天津科技大学分别荣获优秀组织奖。

三、弘扬时代新风，满足青年需求，都市青年文化繁荣活跃

1. 青年文化活动蓬勃开展，育人功能不断强化。举办了以“青春与时代同行”为主题的第13届天津市大学生艺术节，通过27场近400个节目的演出，丰富了大学生的业余文化生活。以青年文明社区大家乐舞台为依托，举办了歌咏比赛、文艺展演、书画展览等活动400余场。深入开展青年文明社区创建活动，涌现出全国级青年文明社区示范城(区)2个、全国青年文明社区19个。摄制了电视专题片《青春颂》与《青春飞扬》，在社会上引起了强烈反响。举办了“颂党情、赞津城、‘三步走’、话未来”春联大赛、青少年艺术团维也纳音乐会、“海河情”演出、第六届乡村青年文化节、“新苗杯”第三届中学生节目主持人大赛等一系列文化活动，展现了天津青年健康向上、积极进取的精神风貌。

2. 青年志愿服务领域继续拓展，社会影响力显著增强。组织全市数万名青年志愿者先后参加了“2004天津国际少年儿童艺术节”、“爱心听世界”活动、“青春红丝带”、纠正不规范用字“啄木鸟”行动等志愿服务活动，选派76名高校毕业生参加“2004年大学生志愿服务西部计划”，继续实施“天津青年志愿者扶贫接力计划”，进一步弘扬了志愿奉献精神。完成了“天津志愿者电子注册系统”的升级，使新增注册志愿者人数达到25000人，新建志愿服务站60余个，志愿服务活动影响力不断增强。会同市民政局在全市18个区县开展了“我为优抚对象献爱心”活动，对社区重点优抚对象建立长效帮扶机制。扎实开展保护母亲河行动，6个集体和个人获全国保护母亲河行动5年成就奖，“百万青少年珍惜水、节约水大型宣传教育活动”等被评为“全国保护母亲河行动优秀活动项目”。

四、增强服务意识，打造品牌项目，服务青年工作再上新水平

1. 加大维权力度，不断优化青少年成长环境。积极创建规范化、有形化、阵地化的青少年法制教育活动载体，大力推广“一长一课一庭”法制教育模式，累计创建“青少年法律学校”200余所。深化预防青少年违法犯罪工作，以社区内闲散青少年为重点，开展了“天津市社区青少年生存与发展状况大调研”活动，在全市18个区县建立健全社区青少年电子管理档案，创建4个“未成年人零犯罪”试点社区。加强了对网吧的专项清理整顿和对校园及周边社会环境的整治，加大了清理制售有害书刊、音像制品的工作力度，开展了“社区青少年远离毒品”行动，净化了青少年健康成长的环境。

2. 丰富活动载体，为困难青少年群体办实事。以捐资助学为主题，相继开展了“津门百万民众人捐一元钱”、“爱心助学牵手大行动”等活动，募集资金80余万元，兴建、援建7所希望小学。发放“明德奖学金”49万元，奖励了1000名家境困难、品学兼优的青少年学生。创建了“爱心救助基金”，筹措120万元，资助14名患有先天性心脏病的少年儿童实施了手术。深入开展各种形式的送温暖活动，筹集资金100余万元，为2500余户特困青年家庭的子女求学提供援助。组织1200多个青年文明号、青年突击队等先进青年集体与困难青年家庭结成“一助一”帮扶对子，为他们提供切实的服务。积极推进“进城务工青年发展计划”，培训进城务工青年55万余人次。举办了十大杰出(优秀)进城务工青年评选和进城务工青年五年培训成果展示活动。

3. 选树青年典型，不断浓郁青年成长成才氛围。充分发挥共青团组织育才、聚才、荐才的优势，为广大青年成长进步铺路搭桥、提供舞台。通过开展天津“青年五四奖章”、“十大杰出青年”、杰出(优秀)青年岗位能手、“十杰百优”农村青年、“十佳中学生”、“十佳少先队辅导员”等一系列昭示社会、影响广泛的评选表彰活动，为天津加快发展积蓄优秀青年人才。先后涌现出了百余个“全国青年文明号”、“青年文明号10年成就奖”、“全国青年科技创新奖”、“全国青年岗位能手”、“全国科技兴农产业带头人”、“各族青年团结进步奖”、“全国十佳少先队辅导员”、“全国共青团系统先进工作者”等全国先进集体和个人，充分展示了天津青年崭新的时代风貌。

五、创新团建工作思路，加强团的队伍建设，团组织的凝聚力和战斗力显著增强

1.“党建带团建”工作得到深化，团的建设进一步加强。与市委组织部联合召开了天津市基层“党建带团建”工作现场推动会，下发了《关于在新时期加强和改进基层“党建带团建”工作的意见（试行）》，进一步深化和全面加强了全市基层“党建带团建”工作，对于做好新形势下的青年群众工作，巩固党的青年群众基础发挥了积极的作用。不断加强团的基层组织建设，命名表彰了100个“天津市五四红旗团支部”和50个“天津市五四红旗团委”，10个基层团组织分别荣获“全国五四红旗团委”、“全国五四红旗团支部”和“全国团建先进县（市）”称号。编写了《保持共青团员先进性教育“四字诀”》一书，推动了团员意识教育活动蓬勃开展。积极做好“推优”工作，向党组织推荐了3.6万名优秀团员，有1.1万名优秀团员加入党组织。做好团员发展工作，目前全市团员总数已达到78万名。

2. 稳步推进青年中心建设，实现联系、服务、凝聚青年的有机统一。按照试点先行、逐步推进、逐步规范的原则，积极建设城乡青年中心，分别制定了天津市城市和农村《青年中心建设实施意见》，举办了青年中心负责人培训班。建立了天津城市青年中心网站，着力解决资金、阵地、项目难题，在9个中心城区的77个街道建立了70个城市青年中心。以服务农村青年增收成才为主旨，建立了22个农村青年中心。团中央领导视察我市青年中心，并给予了充分肯定。3个区县成为全国青年中心试点工作先进县（市），3个中心成为全国优秀青年中心。

3. 不断延伸工作手臂，团的社会影响力进一步扩大。市青联承办了“中国泰达生物论坛·2004”活动，实现了把一个会议延伸为一个组织，把一个地区级会议提升为国家级会议，并产生全球性影响的成功操作，对把天津市建成世界级的生物技术研发中心产生了积极的作用。市学联开展了“百名博士后塘沽行活动”，组织百余名博士后为塘沽区的建设发展献计献策。促成有关高校与塘沽区共建博士后工作站，为吸引高水平青年人才搭设全新平台。市少工委成功召开了天津市第五次少代会，表彰了第十七届“津门童星”、“十佳辅导员”、“十佳火炬奖章”，举办了“六月的鲜花”少先队员风采展示活动，出版了《天津少先队》画册，征集了红领巾提案31万件。举办了“2004年天津少先队辅导员新秀评选暨辅导员技能比武”。

六、加强自身建设，整合多方资源，团属产业不断发展壮大

1. 青少年阵地建设进一步加强。青年职业学院招生工作实现历史性突破，应届毕业生一次就业率达到86.25%，走在了全市独立设置高职院校的前列。《天津青年工作》、《红领巾报》、《小学生学习天地》等团属刊物巩固办刊基础，提高办刊质量，进一步赢得发展机遇，《天津中学生》杂志连续六年保持了天津市一级期刊称号。青年友好使者艺术团组织开展了“争做德艺双馨、奉献服务人民”的主题系列公益活动，开通了我市首家专业文化网站——友好文娱网。青年宫成功举办了“天津首届电漫时空艺术节”等活动，积极做好招商引资和项目开发工作。少年宫首创的“儿童参与式”活动理念在全国推广，教育教学科研实践活动成效明显。红领巾凤凰山营地不断提升校外教育阵地的服务能力和服务水平，全年共培训6.6万人次，被推荐为“全国青少年校外教育活动示范基地”。天津市青少年绿色文明基地全年共培训16万人次，呈现前所未有的良好态势。青少年儿童活动中心成功举办了第八届全国少年儿童故事大王选拔赛等重要活动，现代化主题游乐园总体规划设计进入二次洽谈阶段。

2. 团属实体不断壮大。天津青旅积极拓

宽业务范围和服务领域，不断创新经营模式，提高管理水平，经济效益稳步增长，营业额突破1.5亿元，出游人数11万余人次。未来集团加快改制步伐，加大融资力度，坚持创业带动就业原则，安置260多名职工上岗，妥善解决职工三险问题，固定资产达1.2亿元。青年联合实业公司积极进行产业结构调整，全年销售金额达到2210万元，利润金额达到70万元，超额完成年度经济指标。青年创业园筹建工作正在有序推进。

七、拓展交流领域，服务对外开放，不断提高青年国际竞争力

1. 全面加强国际交流，青年国际竞争力日益提高。先后与马来西亚青年运动总会等5个国家青年组织建立了良好的关系，扩大了天津青年的国际交往范围。派遣了12个团组、60余名优秀青年代表赴南非、加拿大、俄罗斯等国家进行友好访问，提高了天津青年的国际交往能力。先后接待了马来西亚青运总会、韩国青年会议所、日本日中交流促进会代表团等14个外国青年组织的70余人来津进行友好访问。

2. 深入开展海外学人活动，掀起了来津创业的热潮。组织了“2004海外学人回国创业周”活动，通过“海外学人创业论坛”、“政策发布会”及“项目洽谈会”等多种形式，吸引200余名海外学人参加，激发了海外学人来津创业的热情。开通了“天津海外学人服务网”，及时发布各项信息，宣传天津的大好形势和良好投资政策，积极为海外学人来津投资做好项目对接、意向洽谈等方面的服务。我市推荐的3名海外学人代表当选为全国海外学人联谊会理事，20名海外学人当选为联谊会会员，对进一步促进海外学人工作发挥了积极的推动作用。举办了“海外学人工作研讨会”，深入探讨了新形势下做好海外学人工作的方式方法，使这项工作日常化、制度化和规范化，更好地服务天津经济社会发展。

过去的一年，天津共青团着眼于思路创新，更加科学地筹划部署全团工作；着眼于活动创新，更加突出共青团的职能和时代特色；着眼于机制创新，进一步加强和改进团的自身组织建设；着眼于方法创新，全面促进团的工作再上新水平。全市各级团组织和广大团干部同心同德，开拓进取，实现了共青团工作的新发展和新突破。

河北团的工作

2004年，在河北省委和团中央的正确领导下，共青团河北省委坚持以“三个代表”重要思想为指导，深入学习贯彻党的十六届三中、四中全会和省委六届六次全会精神，坚持河北省共青团十二届二次全会确定的“把团组织建设成为党政需求、社会需求和青年需求”的工作理念，突出团组织对广大青少年的组织覆盖、工作覆盖和感情覆盖，围绕全省党政工作大局，团结带领全省广大团员青年投身我省全面建设小康社会伟大实践，全省共青团工作和青年事业取得了新发展。

一、以邓小平理论和“三个代表”重要思想为指导，扎实推进青少年思想政治工作

广泛动员团员青年深入学习领会党的十六大和十六届四中全会精神，进一步把青年的思想和行动与中央精神相统一。开展形式多样、内容丰富的理论学习活动，使团员青年深刻认识新形势下加强党的执政能力建设的重要性和紧迫性。围绕加强和改进未成年人思想道德建设工作。组织开展了“民族精神代代传”系列活动。评选命名了首批“河北省青少年爱国主义教育示范基地”15个，实施了未成年人思想道德认知体系建设。

二、努力围绕党政中心工作，团结带领全省广大团员青年积极投身河北经济社会发展

1. 围绕全省文明生态村创建工作，大力开展“三争一促”活动。在全省广大农村青年中开展了以“争做革除陋习先锋、争做公民道德楷模、争做增收成才标兵，促进文明生态村建设”为主要内容的“三争一促”活动，启动实施了农村青年“四个一”健康工程、农村青年文化工程和农村青年致富工程。各级团组织共组织动员团员农村青年修建沼气池11200多个，成立青年志愿者服务队2100多支。

2. 围绕河北省四大主体战略实施，充分发挥团员青年的生力军和突击队作用。引导青年服务“科教兴冀”战略。确定华药集团等11家企业为全国“青工技能振兴计划”试点单位。组织开展了百万青工参与的“青工技能月”活动。引导青年服务“城镇化发展”战略。举办了农村团支部书记培训班，对基层147名团干部进行了培训，积极开展“进城务工青年发展计划”，继续深化“强乡带村”战略。引导青年服务“两环开放带动”战略。与中国—欧盟环境管理合作计划(EMCP)组织合作，创建“青年文明生态家园”。组织“2004海外学人回国邯郸创业周”活动。举办了第二届生物技术及医药科技博览会。引导青年服务“可持续发展”战略。开展了“可持续发展的河北：相约碧水蓝天绿地——2004燕赵青年在行动”活动。联合中央电视台社教中心制作了电视专题片《燕赵环保记》，在中央电视台十频道“走近科学”栏目播出。开展了“同饮一江水，共护母亲河”燕赵绿色行活动。

三、努力发挥青少年开文明风气之先的作用，引导全省青年广泛参与我省精神文明建设

1. 以纪念五四运动85周年为契机，集中开展了丰富多彩的纪念活动。以“传承、奉献、进步”为主题，围绕“五四”运动爱国主义和反封建旗帜，开展了主题鲜明、特色突出、富有时代感和社会广泛性的宣传教育活动。开展了“五四精神代代传”火炬接力活动。纪念五四运动85周年火炬传递活动仪式在省会文化广场隆重举行。由全省各地爱国主义教育基地采集来的火种汇聚成为主会场的火炬在2004名省会各界青年代表手中传递，最后将火炬送往西柏坡，永久保存在西柏坡纪念馆。举办了燕赵杰出青年颁奖典礼。举办了“纪念五四运动85周年燕赵杰出青年颁奖典礼”活动。白克明、季允石等省领导出席了活动，并为2003年河北省十大杰出青年和第八届河北青年五四奖章获得者颁奖。组织了燕赵杰出青年事迹巡回报告团。组织十大杰出青年、青年五四奖章获得者等各类杰出青年典型组成“燕赵杰出青年巡回报告团”，分赴全省部分高校开展了事迹宣传、报告、演讲活动。

2. 青年志愿者行动不断加强。3·5期间组织开展了以“青春献社会，真情暖万家”为主题的全省统一的青年志愿服务活动。并与有关部门联合，组织开展了中国禁毒万里行河北区的行动，招募禁毒志愿者500余名。以“传承五四报国志，落实科学发展观”为主题，组织100支省级团队、1000支校级团队，数十万名大中学生志愿者，深入到革命老区、边远山区、基层乡镇、文明生态村创建示范村开展实践服务活动。截至目前，河北省注册志愿者数已经达到30余万。

3. 青年文明号活动不断深化。在全省开展了“青年文明号管理月活动”，采取了行业自查、集中暗访、媒体全程参与的方式，实行打分考核、末位淘汰、一票否决的办法，在社会各界引起了广泛反响。活动中39个省级青年文明号单位被摘牌。召开了河北省青年文明号活动10周年表彰大会，命名表彰了第四届河北省“十大杰出青年文明号标杆”和“十佳青年文明号号长”等一批杰出集体和个人。联合有关单位命名表彰了2003年度省级青年文明号259个。

4. 青少年文化活动进一步丰富。组织开展了“中国移动‘动感地带’2004河北省大中学生校园科技文化艺术节”，其中校园电影月活动共放映电影600场，观众多达40多万人次。“菁菁校园，动感地带”2004年河北省大学生校园歌手大赛活动，吸引了全省40所高校的积极参加。首届河北省青少年宫系统文艺汇演，活跃和丰富少年儿童的业余文化生活。在农村广泛开展了以“讲科学，讲文明，全面建设小康社会”为主题的河北省第六届乡村青年文化节活动，进一步加强了农村青年文化建设。在社区开展了以“弘扬五四精神，肩负历史使命”为主题的社区青年文化节活动。

四、针对广大青少年具体需求，进一步加大为青少年服务力度

1. 完善工作机制，促进青年就业与再就业工作。河北省青年创业就业指导服务中心先后收集省会各行业2400多家企业单位用工岗位信息39400多个，通过市场中介行为为广大待业青年免费介绍工作5630多人次；中心在省会1000多个居民生活社区内与广大居委会和基层劳动社区服务工作站广泛合作，共建成“社区居民求职免费登记服务工作站点”60多个，搜集各类人才信息13200多个。成功举办了百余场各类人才洽谈会和24场次的创业就业培训，参加人数达136000多人次。

2. 积极做好青少年维权工作，促进青少年健康成长。以“河北省青少年维权中心”为龙头，开展“优秀青少年维权岗行动月”活动。河北省青少年维权中心共协调处理侵权案件10起，接待来信来访近400人次。组织省青少年维权中心的志愿律师深入到学校、社区、工地等开展关于《未成年人保护法》、《预防未成年人犯罪法》等法律法规的宣传教育及咨询等活动，使社区青少年法律学校日益成为青少年接受法制教育基础平台。深入开展“青春红丝带行动”。暑期组织青年志愿者分赴我省5个国家级艾滋病综合防治示范区进行了“青春红丝带”青少年防治艾滋病志愿者宣传教育活动。共发放宣传资料万余份，张贴宣传画200多张，演讲6场次听众达6900人，文艺演出2场次观众达2500人，现场咨询12场次，咨询人数700人左右，同时志愿者对5个示范区的乡镇的643名青年志愿者及团员青年进行了培训，此次的宣传教育活动共教育5万人以上，为更广泛的宣传、预防艾滋病奠定了坚实的基础。启动实施了关注进城务工人员子女爱心牵手行动。此次行动以“心贴心，手牵手，心手相连，健康成长”为主题，组织社区志愿者和他们开展“心手相连”结对活动，全省共结成爱心对子近6000对，活动受到了广大进城务工青年和社会各界的认可和欢迎。在面向进城务工青年的培训工作中，有11个集体和个人获得团中央表彰。

3. 大力组织实施“大学生志愿服务西部计划”全国项目和地方项目。去年河北省赴西部志愿服务活动，涌现出邯郸师专谭珍等一批优秀志愿者典型。今年河北省高校毕业生志愿者报名总数达到3681名，位居全国第一。最终选定来自全省近40所各类高等院校的360名志愿者，分赴四川、重庆、青海、新疆四个省区开展支医、支教等志愿者服务活动。今年团中央、卫生部共同启动实施了“全国农村公共卫生体系志愿服务试点项目”，河北省张家口市张北县被确定为首批试点服务地之一，河北省也成为西部计划惟一的非西部省份服务省。来自省内外的青年志愿者积极开展了结核病、慢性阻塞性肺病等地方病的普查、普治工作。启动实施了“河北省大学生志愿者文明生态村创建行动计划”，从省内高校应届毕业生中招募100名医学、农技专业毕业生到张承地区的基层乡镇从事为期1年的志愿服务工作。

4. 进一步开展希望工程救助工作。2004年,全省共资助贫困失学儿童1300名,中学生420名,大学生1346名,援建希望小学21所,为希望小学配备希望书库70套,希望网校单点站3个,培训希望小学教师9名。

五、切实加强团的自身建设,团的战斗力全面增强

1. 团的基层组织建设进一步加强。指导团建创新试点单位大胆开展团建创新工作,在对沧州市开展的小学教师兼任团支部书记和石家庄城市青年志愿者挂职任团支部书记的做法总结的基础上,又对农村、社区、非公、高校等各个领域有特色的做法进行了整理归纳。

2. 团员队伍不断加大,团干部素质进一步提高。积极探索一些流动团员管理的方式、方法。并结合党建带团建,不断强化"推优入党"工作,一些院校"推优入党"工作已经走上了制度化、规范化的轨道,呈现了良好的发展态势。各级团组织多渠道、多形式对团干部进行培训,并加大了经济、法律、科技、管理等方面的内容。全年全省共培训团干部17226人次。

3. 团的外围组织建设不断加强,团的工作手臂进一步延伸。成功召开了河北省青联第九届委员会第一次全体会议和河北省学生联合会第九次代表大会。召开了第六届河北省杰出(优秀)青年企业家表彰暨河北省青年商会第四届会员代表大会第一次全体会议。省青年新闻工作者协会先后开展了首届河北省"五四新闻奖"评选、"京冀青年记者'携手相牵·心系奥运'绿色行动"。成立了河北省青年志愿者行动指导中心,对我省青年志愿者进行统一培训指导。

4. 青年中心试点建设取得明显成效。举办了河北省城市青年中心建设工作培训班,确定了36个省青年中心建设试点。全省共有53个县市开展了农村青年中心建设试点工作,全省共建成农村青年中心41个,在建87个。

山西团的工作

2004年,在山西省委、省政府和团中央的正确领导下,全省各级团组织坚持以邓小平理论和"三个代表"重要思想为指导,深入贯彻党的十六届三中、四中全会精神和省委八届五次、六次全会精神,全面落实团的十五届二中全会精神,按照全省团十二届二次全会的工作部署,实施四项工程,突出四个重点,加强青年组织建设,各项工作取得了新的突破和进展,开创了全省共青团工作的新局面。

一是青少年思想政治教育取得新成效。2004年,山西共青团把深入学习贯彻"三个代表"重要思想作为首要的政治任务,用"三个代表"重要思想统领青少年思想教育工作。团省委机关首先从自身抓起,建立健全中心组学习、青年理论小组学习、干部脱产培训学习等制度,形成了扎实有效的工作机制。团的各级基层组织通过举办专题学习班、培训班、读书班等,加强团干部的理论学习和培训。同时抓住纪念邓小平同志诞辰100周年、建国55周年、五四运动85周年和建队55周年等有利时机,以理想信念教育为核心,广泛开展了形式多样、丰富多彩的主题教育、形势教育和体验教育活动，引导广大青少年把深入贯彻“三个代表”重要思想落实到学习和工作的实践中去。中央8号和16号文件下发后，全省各级团组织积极行动，全面落实团中央和省委有关会议精神，以中小学生和大中专学生群体为重点，大力加强青少年思想道德教育，开展了“民族精神代代传”——中华农耕文化体验教育，“绿色网络·红色之旅·e时代”夏令营等思想道德教育活动；组织了以“预防校园侵害，创建平安校园”为主题的山西省首届青少年动漫画大赛、“山西省首届少年儿童书信写作大赛”、“首届山西青少年网络短信作品大赛”等具有时代特色的活动；成立了红领巾艺术团，开通了山西少先队“快乐少年网”等，促进了全社会加强和改进未成年人思想道德建设和大学生思想政治教育工作良好氛围的形成。针对预防青少年违法犯罪工作的热点、难点和重点问题，积极创建“未成年人零犯罪社区”，并选择了五个社区试点推行“青少年违法犯罪社区预防计划”；组织10万余名青少年参加禁毒知识竞赛活动；大力推进创建“青少年安全放心网吧”行动，净化青少年成长生活环境，促进青少年身心健康发展。

二是青年文化建设迈出了新步伐。2004年是山西省实施“文化强省”战略的重要一年，团中央又专题召开会议研究部署青年文化建设工作，并出台了具体举措，全社会共同关注文化环境对青少年成长影响的氛围正在形成。山西共青团将青年文明工程建设列为全年的重点工作之一，全省各级团组织在企业文化、乡村文化、社区文化、校园文化建设等方面迈出了新的步伐。集中开展了青年文明号10周年纪念活动、保护母亲河护绿植绿行动、“行动起来，做注册志愿者”系列活动、“青春红丝带”面对面宣传教育活动等，同时还开展了“动感地带杯”大学生校园歌手大赛、上海万方青年交响乐团山西高校巡回演出活动、“三下乡”社会实践活动、“读书奔小康”征文活动、与武警山西总队政治部联合组织的“四联”活动、“青年文明进社区”大家乐活动和山西鲲鹏文学奖评选以及组织观看话剧《立秋》等一系列群众性青年文化活动，营造了积极向上的文化氛围，呈现出全省青年广泛参与群众性青年文化建设的新气象。同时，全省青年文化阵地建设得到了不断加强。山西青少年报刊社一报三刊面向市场，坚持改革，积极整合资源，事业不断发展壮大。黄河影视文化社、山西共青团网站、《青少年研究》、《共青团山西通讯》等团属文化事业健康发展。

全省青少年维权工作得到了深入推进，全省各级各类优秀“青少年维权岗”创建单位已达1200个，创建工作领域已拓展到法院、检察、公安、新闻出版等11个系统。在全省11个市陆续开通了12条16800685青少年维权热线。一年来，热线相继受理各类青少年合法权益侵害案件580余起。值得一提的是，中央电视台少儿频道在山西省落地，其中凝结着维权热线的努力。

三是青年人才工作取得了新发展。围绕山西全面建设小康社会的战略目标，紧扣汇聚、培养、展示、激励四个环节，全省青年人才工作取得了新发展。首先，以协会组织为载体汇聚青年人才。一年来，省青联增补委员70名，青企协、青乡(民)企协分别吸收会员97名和106名。其次，以高品质的活动培养和展示人才。卓有成效地开展了“青工技能振兴计划”推进工作、“兴晋挑战杯”大学生创业计划竞赛、“青年专家三晋行”活动，在第四届“挑战杯”中国大学生创业计划竞赛中取得了历届竞赛的最好成绩。第三，以各级各类评选活动选树、举荐和表彰激励青年人才。围绕青年人才资源的开发，在广大青年中大力开展“青年五四奖章”、“十大杰出青年”评选、表彰活动；围绕青年创业成才、建功立业，集中评选表彰了116名优秀(杰出)青年企业家、46名优秀(杰出)青年民营企业家和31名优秀(杰出)青年乡镇企业家以及72名青年创业明星；围绕企业改革改制、技术创新，选树了117名优秀青年岗位能手和238名优秀（杰出）青年创新能手。在"中国青年五四奖章"、"全国首届青年创业奖"、"中国青少年科技创新奖"、"苏宁"中国青年学习成长奖等各类全国大奖中获得了众多奖项，集中展示了全省广大青年锐意进取、勇于创新、不屈不挠、艰苦创业的时代精神风貌。尤其是2004年推出的"大学生志愿服务晋西北计划"，得到了省委、省政府领导的高度重视、社会各界的广泛关注及广大青年学生的积极参与，服务了晋西北山老区地方经济建设，开辟了山西省大学毕业生成长成才、建功立业的新渠道。

四是青年创业工作取得了新成绩。紧紧围绕全省经济建设和经济结构调整的战略部署，结合工作实际，针对各类青年的不同需求，先后启动了"青年创业技能千人培训活动"和SYB（创办自己的企业）培训工程，创造性地推出了"共青团劳务输出大篷车"活动，组织了全省"青年用工太原现场洽谈会暨用工信息发布会"，举办了近百场"下岗失业青年创业技能培训班"，并组织开办了"择业超市"、"工岗快递"，与电视台联合开通了《百姓咨询网》，在城市社区建立就业工作站，定期发布用工信息。截至年底，全省各级团组织共对29972名青年进行了再就业培训，对44415名外出务工青年进行了技能培训，提供就业岗位53409个，帮助3000余名农村青年解决了就业问题，切实服务了大局、服务了青年。

五是在团的自身建设方面求得了新突破。按照全省团建工作的总体思路，结合各级团组织实际情况，一手抓基层团组织自身建设，一手抓青年中心试点工作，基层的组织建设和内在活力得到了进一步增强。深入开展了"三级联创"活动，建立健全了"党建带团建"目标责任制。专门召开座谈会推进非公有制经济组织团建试点工作，进一步拓展了团建工作新领域。与此同时，首次联合上海团市委在上海举办了"团干部培训班"，并组织、选拔全省14名团干部到上海市宝山区和部分高校进行挂职锻炼，为山西团干部的学习、培养和发展拓展了新的空间，开辟了新的渠道。按照青年中心建设工作的总体规划，全省32个县区进行了试点建设工作。截至年底，全省共建成40个农村青年中心和31个城市社区青年中心。青年中心正在成为基层团组织服务青年的新平台和联系青年的新纽带。部分青年中心的建设模式、运转方式被全团推广。

内蒙古团的工作

一、以"三个代表"重要思想为指导，深入持久地开展青少年思想教育工作

（一）积极开展"三个代表"重要思想学习教育活动。一年来，全区各级团组织以"兴起新高潮、创造新业绩"为主题，广泛开展了"三个代表"重要思想学习实践活动。举办了自治区团委委员读书会和盟市级团委书记培训班。各盟市级团委、旗县级团委也分别举办了针对基层团干部的培训班，使学习实践"三个代表"重要思想成为广大团干部的自觉行动。全面贯彻落实《中共中央国务院关于进一步加强和改进大学生思想政治教育的意见》，召开了共青团全区大中学生思想政治工作会议，专门就此项工作作出了部署。以纪念“12·14”一周年为契机，继续深入弘扬“12·14”英雄群体精神。

(二)扎实推进未成年人思想道德建设。认真贯彻落实《中共中央国务院关于进一步加强和改进未成年人思想道德建设实施意见》，研究制定了自治区共青团少先队组织加强未成年人思想道德建设实施意见和推进计划，举办了“未成年人思想道德教育专家论坛”、中日韩三国青少年“草原探险夏令营”、“快乐体验，健康成长”首府地区少年儿童庆祝“六一”、首届全区少先队课本剧大赛和“手拉手”少年军校、“少年儿童平安回家”等道德实践活动，促进了全区少年儿童综合素质的提高。

二、把握自治区经济发展的大好来势，团结带领广大团员青年在经济建设主战场建功立业

(一)全面推进农村牧区青年增收成才行动。积极组织“共青团千村青年转移就业行动”，引导农村牧区青年向二三产业和城镇转移，大力扶持外出务工青年返乡创业。全年共举办培训班1000余次，共培训30万人次，初步形成了一批专业工种输出基地。各级团组织转移农村牧区青年剩余劳动力约20万人，其中，外出务工10万人；进一步扩大“进城务工青年就业服务大会”的规模，发布就业信息4万余条，接受服务的进城务工青年达40多万人次。大力培养农村牧区青年创业致富带头人，选树了80个自治区级青年创业致富带头人，潘刚、席宝力皋荣获全国五四青年奖章，斯琴花当选为全国第九届十大杰出青年农牧民。

(二)实施青工技能振兴计划。下发了《关于实施青工技能振兴计划的意见》，组织了“百万青工岗位练兵，千名能手技术比武”活动；开展了第二届青工技能比武，赛场遍及全区12个盟市和20多个工矿企业，涉及16个工种，各工种比赛第一名直接认定为高级技师，第二名、第三名破格晋升职业资格等级，极大地调动了广大青工提高技术技能的积极性。

(三)开展青年科技创新行动。创建了首家“内蒙古大学生创业园”；举办了第二届“挑战杯”全区大学生创业计划竞赛，20多所高校参赛，11000多名学生参加，上报作品数量400多件。在第四届“挑战杯”中国大学生创业计划竞赛决赛中，内蒙古选送的创业项目荣获金奖、银奖各一个，团区委在本次竞赛中荣获全国省级优秀组织奖。

(四)深化保护母亲河行动。开展了“请跟我来，天天环保”绿色承诺活动、“青少年生态环保监护站”建设和“保护母亲河号”争创工作；青少年参与生态建设取得新成果，各级各类青少年生态园功能日渐完善，解放军万亩青年林、中央电视台真情无限林等一批保护母亲河工程项目相继落户内蒙古。

三、坚持先进文化的前进方向，引导青少年积极投身民族文化大区建设

(一)深入推进青年志愿者行动。在不断扩大注册志愿者的规模，组织开展志愿服务活动的同时，着重加强对志愿者服务“西部计划”的组织招募、培训派遣、管理服务等工作环节。现有783名志愿者在全区10个盟市、27个旗县开展志愿服务。组织了西部计划报告团，在呼和浩特市各高校进行了巡回宣讲。协调内蒙古电视台进行专访，有力地宣传了西部计划。内蒙古志愿者代表在团中央召开的会议上做了典型发言。

(二)深化青年文明号活动。召开了“全区青年文明号10周年表彰大会”，颁发了60个全区青年文明号10年成就奖、17个突出贡献奖、85个集体和71个个人优秀组织奖。19个集体和个人在全国青年文明号10周年表彰大会上受到了表彰。继续开展“青年文明号信用建设示范行动”，组织了“百城万店青年文明号”活动，为构建社会信用体系做出积极贡献。

(三)创建青年文明社区。深入开展了青

年文明社区“大家乐”活动，呼和浩特新城区被命名为全国首批示范城区。

（四）开展大学生社会实践活动。组建了大学生服务团500多个、近11万大学生深入农村牧区和企业开展社会实践活动。

（五）大力实施青年文化行动。围绕民族文化大区建设，制定出台了《内蒙古自治区团委关于加强青年文化建设实施意见》，组织了“祝福草原”青少年文化行动月活动。通过组织校园大中学生文化月、企业青年文化月、农村牧区青年文化月、社区青年文化月等系列文化活动，打造青年、草原、文化相结合的民族文化品牌。继续开展乡村青年文化节活动，通过内容丰富、形式多样、寓教于乐的文化活动，丰富了农村牧区青年的业余文化生活，受到广大农村牧区青年的欢迎。今年，在团中央召开的全国乡村青年文化建设现场推进会上，自治区团委作了典型发言。

四、以人为本，竭诚为青少年成长发展服务

（一）为青少年学习成才服务。深入实施青少年读书计划，广泛开展了丰富多彩的主题读书活动，在团中央主办的青春中华读书周活动上，内蒙古工业大学荣获全国优秀青年学习组织称号。继续扩大希望工程资助范围，年内共筹集各类捐款500多万元，接受社会各界捐物折款150多万元，资助家庭经济困难且品学兼优的大、中、小学生近1800名，援建希望小学14所，建设希望网校6个，为贫困地区乡村学校配赠了40套“大红鹰”希望图书室，“家校通”教学软件600套，免费培训了希望小学教师91名。

（二）服务青年就业创业。大力培养自主创业型青年人才。对全区培养自主创业型青年人才情况进行了集中调研，对典型人物进行集中采访，并在内蒙古电视台《内蒙古新闻》节目及内蒙古日报上开专栏进行报道，取得了良好的社会效果。开展了首届“全区自主创业杰出（优秀）青年”评选活动。举办了中青奥美青年创业培训班。为青年创业导航。组建两个报告团，深入10所高校举办“企业家创业论坛”，进一步激发了在校大学生自主创业的热情。推行大学生就业见习计划。举办了全区首届大学生就业见习行动启动仪式暨2004届毕业生供需洽谈会，区内外共145家单位，提供了2800多个岗位；组织了“大学生就业见习行动”网络宣讲会；与党委组织共同举办了“博士服务团”、“草原之光”硕士创业行动工作座谈会。

（三）切实维护青少年合法权益。自治区、盟市、旗县区三级“青少年维权服务中心”的建设得到了进一步发展，全区维权热线12355开通工作已进入筹备的最后阶段。今年，争取到中国—欧盟法律和司法合作项目，举办了全国首期中西部未成年人维权干部培训班，200余名基层青少年维权干部得到免费培训。召开了全区预防青少年违法犯罪暨学校及周边治安综合治理工作会议，开展了“青少年维权岗在行动”等活动，进一步优化了青少年成长环境。

（四）广泛开展为特殊困难青年送温暖活动。2005年元旦、春节到来之际，组织了“万名团干部真情助困进万家”活动，开展“万名团干部心系青年、走访万家”、“千支服务队、万名志愿者真情进万家”、“青年先进集体优质服务进万家”、“贫困大学生心手相连济困成才”、“红领巾连万家手拉手共同成长”、“青联委员、青年企业家爱心献万家”等活动，把党和政府的关怀、把团组织和社会各界的关心送到困难青少年身边。据统计，全区各级团组织共筹集捐款捐物总价值170多万元。

五、团组织自身建设得到加强

（一）加强青年中心建设。目前，全区已建设呼和浩特市玉泉区青年中心等城市青年中心40个，挂牌开展工作的26个。已建农村牧区青年中心66个，有25个旗县开展了农村牧区青年中心建设先进旗县创建活动，开鲁县等5个旗县区被列为全国农村青年中心先进县创建单位。

（二）加强团的基层组织建设。下发了《关于进一步加强全区农村牧区、社区和中学基层共青团组织规范化建设的实施意见》；贯彻落实全区党建带团建工作会议精神，督促各地各单位完成《全区党建带团建工作目标责任书》，并为101个旗县区团委各下拨了1000元基层组织规范化建设工作经费。按照“四个好”的标准，命名了第二批“全区五四红旗团委创建单位”，有20个基层团组织被团中央确定为“全国五四红旗团委创建单位”。

（三）加强团干部和团员队伍建设。组织了“内蒙古团委赴基层宣讲团”，开办了各类团干部培训班，全年培训团干部4000多人次。团日活动等制度得到较好落实，团员先进性意识进一步增强。

（四）加强团的外围组织建设。进一步加强青联、学联、青企协、志愿者协会等外围组织的建设，支持它们按照各自章程开展工作，不断增强对青年的吸引力和凝聚力，扩大了党在青年中的群众基础。

（五）团属各项事业稳步发展。青年政治学院新院区建设完成预期规划，教学和管理水平不断提高，招生人数创历史新高。团属报刊坚持弘扬主旋律，青少年思想舆论阵地得到巩固。青联组织广泛团结各族各界青年，积极推动青年交流，扩大对外交往。学联组织主动适应素质教育的要求，为广大学生学习成才提供服务。

一年来，自治区团委在整体推进各项工作的同时，紧紧围绕党政工作大局和青年的需求，创造性地设计、组织了一批社会反响强烈、深受党政好评和青年欢迎的重点活动和工作项目。如，全力推进“抓基层打基础抓落实”工作，做到了学习宣传到位、组织领导到位、调查研究到位和制度建设到位，全区团的基层基础工作得到有效的巩固和加强，团干部的作风为之一新；成功举办了共青团内蒙古草原文化旅游推介会，来自全国20个省（区、市）的共青团组织、青联负责人及旅游界青年企业家200多人参加会议，与外省签署了7项青少年主题教育文化交流合作协议，实现年内引进区外青少年来我区进行文化交流4万多人，达成年度接待区外游客17.4万人的合作协议，极大地开发了内蒙古草原文化旅游的区外市场，进一步凸显了共青团讲大局、谋大事、办实事的工作形象；隆重举办了以“青春草原——五四青年文化周”为核心的青年文化行动，培养了青年文化人才，集中展示了青年文化精品，丰富了民族文化大区建设的内容；文化周期间，全区各级团组织共举办青年文化活动700余场，25万人参加。积极争取“神舟五号成功返回”纪念雕塑落户内蒙古青少年生态园，提升了园区的文化品位，丰富了园区的教育内涵，精心组织了“神舟五号”成功返回一周年纪念活动，对广大青少年进行了一次生动的爱国主义、集体主义、社会主义教育，激发了青少年“热爱内蒙古、建设内蒙古”的热情；大力实施“走出去”战略，赴北京、上海、广东等12个发达省市进行了学习考察，自治区团委班子集体专程赴团中央汇报、协调工作，赢得了支持，扩大了影响，为今后的工作打下了良好的基础；发挥自治区青少年工作协调委员会办公室职能，筹备召开青少年工作协调委员会第二次全体会议，集中研究解决了影响自治区青少年事业发展的若干重大问题，例如将少先队活动经费从每名少先队员每年0.2元提高到1.5元，落实了对全区青工技能比武优胜者给予晋升职业资格等级的奖励政策，解决了“西部计划”的人员、资金和地方配套项目等问题。

辽宁团的工作

2004年是全面振兴辽宁老工业基地的开局之年。一年来,全省各级团组织,坚持以邓小平理论和“三个代表”重要思想为指导,深入贯彻党的十六大、十六届三中、四中全会,团中央十五届二中全会,省委九届六次、七次全会,中央和省委关于进一步加强和改进未成年人思想道德建设会议精神,按照省团的十一届二次全会的工作部署,突出“弘扬老辽宁人创业精神,争做老工业基地新创业者”的主题,坚持“团结带领青年与时俱进跟党走”的工作理念和“以人为本”的科学发展观,贯彻“到实践中去,到青年中去”和“动员起来,组织起来”的工作原则,着眼青年,激活要素,有效整合,合理配置,体现了“高起点总体布局、牵动性重点突破、全方位务实推进”的工作要求,圆满地完成了二次全会确定的各项工作任务,团结带领广大团员青年为振兴辽宁老工业基地做出了新贡献。

——青少年思想教育工作得到了进一步加强

2004年,团省委带领全省各级团组织,把握青少年思想教育工作的时代要求,始终把用“三个代表”重要思想教育青年作为全团的首要政治任务。全省各级团组织认真贯彻落实《中共中央国务院关于进一步加强和改进未成年人思想道德建设的若干意见》和省委《关于进一步加强和改进未成年人思想道德建设的实施意见》精神,坚持实践育人、服务育人、文化育人,进一步创新工作方式,广泛开展了形式多样的道德实践活动,引导青少年树立正确的理想和信念,打好人生成长进步的思想基础。一是把团员青年学习贯彻“三个代表”重要思想新高潮活动不断引向深入,紧密结合振兴辽宁老工业基地实践,连续举办全省各级共青团干部和团员青年“三个代表”重要思想培训班;抓住邓小平同志诞辰100周年、建国55周年、五四运动85周年、少先队建队55周年等重要契机,广泛开展邓小平理论和“三个代表”重要思想宣传教育活动;广泛开展了“振兴老基地,创业献青春”主题实践活动,“接过前辈创业火种”——千百万青年传承老辽宁人精神火炬传递主题教育活动和“小康青春行——大学生志愿者‘三下乡’社会实践活动”。二是扎实推进未成年人思想道德建设工作。过去的一年,未成年人思想道德建设工作取得了明显成效,实现了全团联动、齐抓共管的良好局面。制定下发了全省团队组织《关于学习贯彻〈中共中央国务院关于进一步加强和改进未成年人思想道德建设的若干意见〉的通知》,对未成年人思想道德建设工作进行了全面、系统的部署和落实;全面启动“辽宁小雷锋行动”,广泛开展关爱老前辈行动。全省各级团组织认真贯彻落实省文明委《关于转发〈关于在全省未成年人中开展关爱老前辈行动的实施意见〉的通知》(辽文明委[2004]8号)和团省委《关于下发〈在全省青少年中开展“关爱老前辈”活动实施方案〉的通知》(辽团办发[2004]23号)文件精神,在全社会大力弘扬中华民族爱老敬老的传统美德,进一步加强青少年思想道德建设;以体验教育为基本途径,广泛开展了未成年人思想道德教育活动;组建了百支加强未成年人思想道德建设艺术团;大力加强未成年人校外专门活动场所的建设和管理。三是切实加强青年文化建设。下发了《关于开展辽宁省青少年文化广场活动和命名表彰青年文明社区“大家乐”舞台的通知》;开展了以“振兴老基地，创造新业绩”为主题的第六届乡村青年文化节活动；深入开展了创建“青年文明社区”活动。

——团结带领广大团员青年为辽宁老工业基地振兴做出了新贡献

2004年是贯彻落实团省委十一次团代会作出的总体部署，贯彻落实十一届二次全会通过的《辽宁共青团建小康青春行动实施纲要——振兴辽宁老工业基地篇》，整体推进共青团工作的关键之年。全省各级团组织紧紧围绕辽宁老工业基地振兴大局，发挥优势，引导广大团员青年积极投身经济建设主战场，特别是围绕促进农民增收、青年创业就业、招商引资引智、人才培养、生态建设等方面，最大限度地把青年的智慧和力量引导到推动辽宁老工业基地振兴上来，为服务全省经济建设作出了努力。一是有效开展了共青团招商引资引智活动。成功举办了“中国青年企业家东北行——辽宁经贸考察活动”。省内150余位各行业的企业家代表和来自全国各地的150余位青年企业家进行了经贸投资对接洽谈，签约项目26个，投资总额24.1亿元。举办了“商机、合作、发展”——2004海峡两岸暨港澳地区青年企业家研讨会。在香港举办了“振兴东北老工业基地研讨班”和首期“辽宁省青年企业家赴香港高级培训班”。二是不断深化青年创业行动。出台了《关于促进青年就业和再就业工作的十二项措施》，设立了下岗青年小额担保贷款总额达200万元，全年全省各级共青团组织共扶持青年创业领头人300余人，开展就业创业培训23000多人次，帮助20000多人实现了就业。举办了第二届中德青年就业——结构调整与青年创业就业研讨会，进一步促进了中德双方在青年就业方面的交流。实施“工岗快递活动”，实现团属服务机构向韩国、日本、加拿大等国输出青年劳务341人次，跨省、市输出青年劳务6200多人。以“跨世纪青年培训工程”和“星火科技培训专项行动”为载体，创建省级各类示范园1000多个，中青示范基地20处，各级团组织领办科技推广项目1300余项，实现经济效益近10亿元。举办了“青春与振兴同行”2004年辽沈地区大型青年人才交流会，200余家中外知名企业为全省大中专毕业生、城市下岗失业青年提供用工岗位2000余个。在全省大中专学生中开展了“我的事业在辽宁”主题教育实践活动。进一步完善了青年就业和再就业服务中心建设，全省共65%的县区建立了青年就业和再就业服务中心，10%的街道建立了青年就业和再就业服务站，初步构建了省、市、县(区)、街道四级青年创业服务体系。联合下发了《关于启动实施辽宁省城乡互动农村青年转移就业活动的通知》，经过积极的努力，辽宁团省委现已成为全国省级团组织中惟一一家省级“阳光工程”领导小组成员单位，加大了青年劳动力转移工作的力度，通过组织化发动、市场化运作、规模化转移和一体化服务，实现农村劳动力转移20000多人。三是参与农业产业化和服务生态建设。全省培育了15个青字号农业产业化龙头企业和15个青年创业园，并积极扶持农村青年参与农业产业化生产经营，有效促进了农村青年增收成才。广泛开展了生态文化宣传教育和实践活动。命名了24家单位为“辽宁青少年劳动实践教育基地”，开展了保护母亲河林业生态精品示范工程和“保护母亲河安利林建设”，全省全年共新建青年生态林46个，总面积近30000亩，植树180余万株。四是大力开展青年诚信建设示范行动。广泛开展了“做诚信青年，建设诚信辽宁”主题教育实践活动，并成功组织举办了辽宁省首届“青年诚信出租车集体、青年诚信出租车司机”评选活动，广泛开展了“青年文明号优质服务，促辽宁经济振兴”活动和“辽宁省千家青年文明号信用建设示范行动”。组织开展了青年文明号10周年纪念活动，评选出了辽宁青年文明号10年成就奖45个，10年辽宁省青年文明号活动突出贡献奖19个和优秀组织奖55个，召开了纪念江泽民同志为“青年文明号”题名10周年座谈会。全年共命名了282个青年集体为省级青年文明号，继续认定了836个青年集体为省级青年文明号，培养了34个国家级青年文明号。

——服务青少年成长成才实现了新发展

我们始终坚持把竭诚服务青少年作为全部工作的出发点和落脚点，遵循青少年成长发展规律，紧扣成长发展过程中的主要环节，努力为青年做实事、办好事、解难事，切实为青少年健康成长创造条件、提供舞台。一是扎实推进大学生志愿服务辽西北计划。2004年共招募了志愿服务辽西北大学生志愿者1016人，认真总结了首期大学生志愿服务辽西北计划的成功经验，规范了志愿者的管理。为志愿者争取和落实了政策，极大地调动了广大青年学生参与辽西北建设的积极性和主动性，探索并形成了长效的运行机制。二是启动实施青年技能型人才攀登计划。从企业和职业院校中选择110家单位重点实施此计划。三是深化农村青年科技培训活动。投入资金1100万元，用于共计10项农牧渔林等专项培训工程，全年培训95000余名农村青年。四是大力开展扶贫帮困工作。2004年，希望工程共募集资金900余万元，援建和维修改造希望小学32所，资助经济困难家庭的学生13372名。设立并组织实施了五大奖学助学基金：“中国肯德基曙光基金”、“可口可乐农村特困大学生奖学金”、“明德奖学金”、“金龙鱼农民工子女助学基金”和“希望工程——嘉里粮油优秀大学生奖学金”，顺利启动实施了“希望工程助学进城计划”，开设了资助热线。组建辽宁希望小学虎跃代表队，在全国首届希望小学运动会上荣获团体冠军。团省委对对口扶贫示范村投入了30多万元，各地团组织全年共捐赠了1000余万元的物资用于扶贫帮困工作。各级团组织还大力开展了以“进万家门、暖万人心、攀万家亲”为主题的“真情助困进万家”活动，帮助特困下岗失业青年、农村贫困青年、残疾青年和贫困青年解决了实际困难。五是深入开展预防青少年违法犯罪工作，切实维护广大青少年的合法权益。

——团的自身建设实现了新突破

2004年，以“到实践中去，到青年中去”主题教育实践活动为牵动，着力加强了团建创新工作，为切实加强以服务能力为核心的团的组织体系和能力体系建设奠定了良好基础。一是做实基层团建创新工作。启动了创建团建示范县（市、区）活动，确定了28个试点单位。二是着力推进了青年中心试点工作。全省已成立农村青年中心107个，城市青年中心100个，初步形成了组织架构清晰、职能定位明确、服务项目丰富、工作机制完善的工作运行网络。三是加强了团的运行机制建设。全省各级团组织根据青年的分布和变化的特点，扩大了组织的覆盖面，促进了单位和区域、行业和产业、实体和虚拟的有效结合，推动了区域联动、城乡互动、资源共享和优势互补，促进了平等沟通、快速反应、高效运行的多赢运行机制的形成。四是加强了团干部队伍建设。加强了广大团干部的“三个代表”重要思想、马克思主义青年观和权利观、地位观、利益观教育。开展了“到实践中去，到青年中去”主题实践教育活动，引导团干部坚定理想信念、加强党性修养、忠诚党的事业、转变工作作风、热爱团的岗位。举办了两期全省团队干部未成年人思想道德建设专题培训班，全省14个市218名团队干部参加了培训；选派了69名基层团干部参加了团中央和中央团校举办的各种团干部培训班。在全省县级以上团的领导机关开展了学习型机关创建活动，增强了团干部的学习能力和学习意识，形成了全团重学习、讲学习的浓厚氛围。各级团组织还广泛开展了团员意识教育和团员先进性教育，使团员队伍建设得到了进一步加强。五是加强了青年人才队伍建设。全省各级团组织认真落实全国和省人才工作会议精神，充分发挥了团组织的优势，吸引和凝聚了一批有志于为振兴辽宁老工业基地做贡献的青年人才，围绕加强青年党政人才、青年企业经营管理人才和青年专业技术人才三支队伍的建设，全团切实加强了对青年人才的培训、培养工作。

吉林团的工作

2004年是吉林省实施振兴老工业基地战略的开局之年，也是全省团的各项事业稳步推进的一年。各级团组织按照共青团吉林省十三届三次全会的要求，以邓小平理论和“三个代表”重要思想为指导，深入贯彻省委八届四次、五次全会和共青团十五届二中全会精神，紧紧围绕振兴吉林老工业基地战略的实施，开拓创新，扎实工作，团结带领广大团员青年为加快吉林全面建设小康社会进程贡献力量，保持了全省团的各项事业全面发展的良好态势。

一、切实做好青少年思想教育工作

1. 进一步兴起学习贯彻“三个代表”重要思想新高潮。全省各级团组织始终把用“三个代表”重要思想武装教育青年作为首要任务，以共同理想、创业精神、责任意识为主要内容，以团干部、大学生和各行各业青年骨干为重点对象，通过研讨班、辅导讲座、报告会等形式，广泛开展“兴起新高潮，创造新业绩”主题教育活动。目前，全省85%以上的高校都成立了MMD协会、“三个代表”重要思想研究会等学生社团组织。

2. 以重大节庆日为契机开展主题教育活动。抓住纪念邓小平同志诞辰100周年、建国55周年和五四运动85周年等重大契机，广泛开展“世纪伟人——纪念邓小平同志百年诞辰大型图片展”、“弘扬五四精神、肩负历史使命、推动吉林振兴”、18岁成人仪式等主题教育活动。

3. 加强和改进未成年人思想道德建设和大学生思想政治教育工作。在广泛调研的基础上，7月份召开全省团组织加强和改进未成年人思想道德建设工作会议，下发了目标任务分工和落实措施，推出了“共享成长”主题教育活动等七项重点工作。贯彻落实中央16号文件精神，组织开展吉林省大学生“我与祖国共发展”百场主题教育报告会，省委副书记林炎志为活动作了首场报告。

二、团结带领广大青年投身振兴吉林老工业基地宏伟实践

1. 推进“吉林青年创业行动”。争取劳动和财政部门支持，建立了200万元的“吉林青年创业基金”，为创业青年提供无息借款。11月，举行“吉林青年创业行动启动仪式”，成立了“吉林青年创业行动专家指导团”，全力推进了“青年创业1+1活动”的深入开展。我省有1人荣获“中国青年创业奖”。按照“以创业带动就业”的工作思路，逐步构建与中国青年创业网相衔接的网络阵地，实现了就业信息的交互和资源共享。

2. 推进“青工技能振兴计划”。组织召开“吉林振兴与青年责任——大型企业青年经营管理者建言献策座谈会”，省委副书记林炎志出席并讲话。通过开展“吉林青工技能月”活动，有效地激发了广大青工学技成才的热情，促进了吉林青工技能振兴计划各项目标的实现。吉林省有3名同志荣获国家级青年岗位能手称号,15家单位被确定为全国青工技能振兴计划试点单位。

3. 开展“青年农民增收成才行动”。组织农科专家和农村青年创业致富带头人组成专家服务团,广泛开展“农村青年科技培训春季行动”。全省各级团组织共举办科技讲座90余场次,培训农村青年近18000人次。全年命名省级农村青年科技示范基地64个,扶植培养国家级创业致富带头人30个。广泛开辟就业信息渠道,建立团属农村青年转移就业技能培训基地20个,帮助5万多名农村青年实现转移。

4. 开展“保护母亲河,创建绿色生态家园”活动。组织开展“同饮一江水,同饮母亲河”主题系列活动,此项活动被省人大环司委列为“白山松水世纪行”活动的一项重要内容。深入开展“保护母亲河,创建绿色生态家园”活动,我省有1个活动项目、2个工程、3名基层团干部被评为“全国保护母亲河行动5年成就奖”优秀活动项目、优质工程和先进个人。

三、组织引导青少年积极推动社会进步

1. 深化青年文化建设活动。以培育和弘扬创新创业文化为重点,组织开展《吉林振兴与青年责任——“感动青春”》青年精英电视专访活动。通过参加全国首届青春中华文化大赛,开展“校园文化艺术节”、“青年文化社区——大家乐”、“乡村青年文化节”等活动,引导青年积极参与社会主义先进文化建设。在首届全国青年学习成才奖评选中,吉林省有1名同志和2个集体获奖。

2. 深化青年文明号活动。召开全省创建青年文明号活动10周年暨表彰大会,把加强诚实守信的职业道德建设作为新时期创建青年文明号的核心内容,全面提高我省青年文明号整体创建水平。吉林省有35家单位被评为国家级青年文明号,5个青年文明号集体和10名同志荣获全国10年成就奖和组织奖。工作中把监督管理作为青年文明号创建活动重要环节来抓,通过对历年度青年文明号集体集中复核,撤消名不符实的省级青年文明号310个。

3. 深化青年志愿者活动。以“传承五四报国志落实科学发展观”为主题,全省共组织200余支志愿服务团队深入农村广泛开展志愿服务。继续开展“大学生志愿服务西部计划”活动,派遣吉林省应届大学毕业生106人到内蒙古进行为期1—2年的志愿服务工作。集中在志愿者服务日期间,广泛开展“爱在吉林,与高尚同行”主题志愿服务活动。在2004年第五届中国青年志愿者行动先进个人和集体评选中,吉林省有6名同志和5家单位获奖。

四、竭诚服务青少年的各项需求

1. 全面实施大学生素质拓展计划。把“挑战杯”大学生创业计划竞赛作为培养学生创新创业能力、服务大学生素质拓展计划的重要举措,在第四届“挑战杯”中国大学生创业计划竞赛中,吉林省有2件作品获得银奖、3件作品获得铜奖。

2. 推进青少年普法教育活动。在吉林共青团网站设立“维权工作”专栏,不断加大对两法的普及和教育力度。联合有关部门开展预防青少年违法犯罪公开宣判大会法制观摩教育活动,通过把真实的犯罪案例、真正的法庭移至校园,让中小学生和被告人在面对面的接触中进行互动教育。

3. 维护青少年合法权益。组织优秀“青少年维权岗”创建单位深入社区、学校开展法律宣传教育等服务,围绕群众关心的毒品、不健康口袋书等突出问题,加大了打击力度。全省有11家单位被评为全国优秀“青少年维权岗”。通过开展“青少年违法犯罪社区预防计划”、创建“未成年人零犯罪社区”、“青少年网上健康行”等活动,不断优化青少年的成长环境。

4. 服务特殊青少年群体的个性需求。继续深化“希望工程”活动,全年筹措资金232.8万元,新建希望小学5所,资助青少年学生1031名。至此,吉林省已建成希望学校235

所,资助失学儿童和贫困大中专学生34500余名。

五、进一步加强团的自身建设

1. 大力加强团的基层组织建设。进一步健全党建带团建工作机制,大力实施团的基层建设拓展工程。创建“五四红旗团委”活动不断深化,全年涌现出全国五四红旗团委7个,全国五四红旗团支部10个(其中标兵1个),有2个团建先进县受到团中央表彰。

2. 继续加强团干部队伍和团员队伍建设。继续实施《2002—2005年全省团干部教育培训规划》,切实提高团干部的岗位技能和综合素质。广泛开展团员先进性教育活动,保证团员队伍的健康稳定发展。5名团干部和5名团员被评为全国优秀团干部和优秀团员,1名团干部被评为全国共青团系统先进个人。

3. 着力抓好青年中心建设试点工作。按照“社会化、市场化、项目化、信息化”的原则全面推进全省城市和农村青年中心建设,在总结试点经验的基础上,经过广泛调研论证,系统地指导和规范了全省青年中心建设工作。目前,吉林省已经建立青年中心70余个。

4. 切实加强团的机关建设。9月初,召开团省委机关建设工作会议,提出了努力把团省委机关建设成为学习型组织、健康型团队和活跃型机关的思路,切实提高了团省委机关建设水平。通过对各地区团委的工作情况进行考核评估,进一步加强了系统领导,带动了各地团委的机关建设。

六、全面推进团的各项事业

1. 少先队工作扎实推进。以少先队建队55周年为契机,组织开展了全省少年儿童“民族精神代代传”歌曲演唱会、农村少年儿童道德实践行动观摩展示会、“爱心助成长”等一系列深受全省少年儿童欢迎的活动。在巩固原有“手拉手”结对成果的基础上,进一步探索了城市与农村、富裕地区与贫困地区、身体健康与有残疾的少年儿童的“手拉手”有效途径。

2. 青联工作积极活跃。积极推进青年务实外交,全年热情接待了德国、日本、韩国、香港和澳门等国家和地区的青年代表团9个,成功组织了8个外事出访团组赴日本、韩国、香港和澳门进行友好访问。与香港青年联会和吉林省海外联谊会共同举办“吉林—香港青年才俊经济高峰会”,邀请两地知名人士和青年企业界精英、经济专家学者170余人参加活动,省长洪虎同志出席峰会。活动期间,签订了《吉林省青年联合会与香港青年联会友好交往协议书》。

3. 团属事业健康发展。省青年企业家协会、青年志愿者协会、青年星火带头人协会等组织充分发挥了举荐、凝聚、服务青年的作用,工作取得了新进展。通过调整、考核、改革等一系列实际举措,使团办实业继续在报刊、旅游和青少年课外活动等领域保持极具特点的品牌优势。

黑龙江团的工作

2004年共青团黑龙江省委在省委的正确领导下,深入贯彻党的十六大、十六届三、四中全会精神和团中央十五届二中全会精神,以“全面贯彻‘三个代表’重要思想,团结带领青年在‘努力快发展,全面建小康’的宏伟实践中勇当先锋、创业成才”的工作主题为统揽,敏锐地把握黑龙江经济社会发展的新要求和青年成长成才的根本需求，抢抓机遇，想事干事，团的工作取得了具有全局意义的较大突破，以丰硕的工作成果赢得了省委、省政府的充分肯定，得到了社会各界的广泛赞誉，充分展示了共青团组织求真务实、干事创业的良好社会形象。全省团的工作进入到一个新的发展阶段，焕发出蓬勃的生机和活力。

1. 广泛开展了“五讲五做”、“六德”教育活动，青少年思想政治工作更扎实。把“三个代表”重要思想学习教育与民族精神教育、“热爱龙江、振兴老工业基地”教育有机结合，广大青少年建设龙江、发展龙江、振兴龙江的意识更加强烈。广泛开展“五讲五做”、“六德”等青少年思想道德实践活动和“感动——全省青少年网络短信作品大赛”、“振兴龙江与青年”等系列青少年文化活动，青少年的思想道德素质、文化素质进一步提高。“五讲五做”、“六德”教育活动等具体、实际、鲜活的工作载体，使青少年思想政治工作“虚功实做”，实现了青少年的自主参与，形成了思想政治教育主客体的良性互动。正是由于把思想政治教育融入到了青少年生活的每个层面和细节之中，才使青少年思想政治工作操作性更强了，离青少年更近了，效果也更明显了。

2. 重点开展了招商引资活动，服务经济发展更直接。组织招商考察团赴上海、浙江、江苏开展了有针对性地招商引资活动，成功举办了“青年企业家东北行——黑龙江经贸考察活动”，全年累计签订正式合同12项，落实合同金额6.37亿元。开展了全国农业青年专家龙江行科技服务活动，签订涉及基地建设、项目引进、资金扶持和人才培养等方面的协议40项，涉及金额2.07亿元。参与组织黑龙江（香港）活动周成效显著，进一步密切了与香港青年社团的联系，为吸引香港青年企业家到黑龙江投资创业做出了积极贡献。招商引资工作作为共青团组织服务经济发展大局的崭新题目，极大地提高了团的工作对经济发展的贡献率，是团的工作思维方式的重大转变，是团组织勇当先锋，直接参与经济建设的成功实践，是把经济工作的方法运用到团的工作实际中的全新探索。

3. 全面深化扶持十弱县和贫困地区行动，服务社会和谐发展更深入。协调争取了200万元资金，在全省招募了102名大学本科毕业生赴省内13个贫困县开展为期两年的志愿服务活动。面向弱势青年群体开展了“牵手扶贫帮困工程”等救助活动，结成“一助一”志愿服务对子近7万对，募集希望工程资金280余万元，有效地解决了他们在学习就业、成长成才过程中遇到的实际困难。组织了以博士、硕士和大学生为主体的400支“三下乡”社会实践服务团、青年专家科技服务团开展多种志愿服务活动，受到了基层和人民群众的热烈欢迎。中央电视台《焦点访谈》栏目对黑龙江“三下乡”活动情况作了专题报道，在今年中宣部、教育部、团中央组织召开的全国“三下乡”社会实践活动电视电话会议上，团省委代表全国团组织做了经验介绍。扶持十弱县及贫困地区活动的开展，既为贫困地区的发展注入了活力，又为青年实现人生价值创造了条件，找到了贫困地区加快发展、人民群众实际需求和广大青年服务人民、奉献社会、增长才干的最佳结合点，使团组织服务社会和谐发展更具体、更深入。

4. 启动实施“青工岗位技能振兴提升计划”，大力培养扶持农村青年畜牧大户，服务青年创业成才更有效。着眼于增强企业发展的核心竞争力，启动实施了“青工岗位技能振兴提升计划”，全省共有14700余名青工提升了技术等级。为推动粮牧“主辅换位”战略的实施，联合省信用合作协会投放农村青年畜牧大户项目贷款2.2亿元，培养扶持了青年畜牧大户6000户。围绕发展壮大劳务经济，转移农村青年富余劳动力50000余人。创业实践是青年成长成才的必由之路。工作主题的不断深化,为广大青年在火热的创业实践中施展才华、创业发展搭建了广阔的舞台,加快了青年成长成才步伐,全省上下呈现出优秀青年群体不断扩大,高层次、高素质青年人才竞相涌现的良好局面。

5. 大力加强基础建设,团的建设更完善。加大了基层团干部的教育培训力度,各级团组织累计举办各类培训班400多期,培训专兼职团干部1万多人(次),仅团省委就举办省级培训班8期,培训专兼职团干部1600多名,是历史上规模最大的一年。积极推进基层团干部直选试点,全省2个市、10个县、5个区的试点工作取得了初步成效,优化了基层团干部队伍结构。非公有制经济组织、社区等重点领域的建团率稳步提高。以试点单位为牵动,青年中心建设全面展开、扎实推进。加大系统领导力度,强化对各市(地)团委的考核工作,并向当地党委提出团干部任用的建设性意见,一大批优秀团干部走上了党政部门的领导岗位。全面加强基础建设,为深化工作主题提供了有力保证。

上海团的工作

2004年,共青团上海市委在市委和团中央的领导下,以邓小平理论和“三个代表”重要思想为指导,树立和落实科学发展观,认真贯彻落实党的十六届四中全会、共青团十五届二中全会和市委八届四次、五次全会精神,坚持“青年为本、以德为先、服务为重、发展为主题”的工作理念,深化“服务年”的工作思路,上海团的工作取得了新的发展和成效。

一、努力服务上海经济社会发展大局,不断提高共青团工作的贡献率

团结带领广大青年积极投身经济建设主战场。深化青年职业生涯导航活动,广泛开展青年岗位能手活动、青工技能振兴行动和青年就业创业行动,实施上海青年参与经济发展促进计划,引导全市职业青年爱岗敬业、勇于创造、甘于奉献,为上海现代化建设争做贡献。围绕上海诚信体系建设,在全市各级青年文明号集体中,开展信用建设示范行动。围绕全市重点工程建设等,深入开展青年突击队、青年立功竞赛活动。

大力引导广大青少年积极参与实施科教兴市主战略。组织上海大学生创业计划大赛,参与“挑战杯”全国大学生创业计划竞赛。实施企业青年创新成果大赛,取得一批技术创新成果。深化开展上海青年成才实践月活动,实施惠及职业青年、大学生和团干部等各类青年群体的青年人生发展导航活动。在全市各高校深入组织开展大学生社会实践活动。广泛开展大中学生素质拓展、少先队员雏鹰争章等活动。持续开展“上海十大杰出青年”、“青年经济人物”、“IT新锐”、“文化新人”等评选表彰活动,大力培育、发现、凝聚各类优秀青年人才。

积极动员全市青少年大力弘扬和实践上海城市精神。以“弘扬城市精神,做可爱的上海青少年”为主题,组织广大青少年积极参与F1中国大奖赛、亚太经社会第60届年会、世界工程师大会、2004年世界银行“全球扶贫大会”、世界卫生组织第55届会议、第7届全国大学生运动会等重大会议和活动的志愿服务与青少年社区文明行动。大力开展“保护母亲河”行动、“共青团健康快车”志愿服务行动、上海青年造血干细胞(骨髓)捐献志愿者行动,启动上海青年献血志愿者队伍组建工作。

着力深化与海内外青年和青年组织的交流合作。派遣的第四批赴老挝青年志愿者服务队因其出色工作及所体现的当代青年的良好风貌,受到党和国家领导人的高度评价。举办分别以“沪港经济互动与区域经济发展”和“经济一体化在亚洲”为主题的沪港、沪台青年经济发展论坛。积极承办中国—罗马尼亚青年大联欢、俄罗斯青年百人团来访活动。举办第四届“海外学人回国创业周”和“创业上海”——新近回国留学人员同城聚会活动、“物流与长三角经济一体化”青年论坛和长三角青年大联欢。

有特色地参与上海服务全国工作。市希望工程办公室在全国援建希望小学110多所、结对救助失学儿童2600多名、培训希望小学教师2500多名。派遣上海青年志愿者赴滇扶贫接力队,派遣220名大学生志愿者参加志愿服务西部计划。继续为有关省市提供团干部培训服务,为上海对口帮扶的8地(州)免费培训700多名团干部,不断加大与西部地区团组织开展工作交流与合作的力度。

二、竭诚服务上海广大团员青年,不断提高共青团组织的凝聚力

推进青少年思想政治工作。围绕贯彻落实《中共中央、国务院关于进一步加强和改进未成年人思想道德建设的若干意见》、《中共中央、国务院关于进一步加强和改进大学生思想政治教育的意见》精神和团中央、市委的相关工作部署,以未成年人和大学生为重点,实施上海青少年思想道德建设推进计划。以团干部和大中学生为重点,不断推进科学理论学习活动,进一步帮助团员青年树立走中国特色社会主义道路的坚定信念和信心,构筑团员青年的精神支柱。开展少年儿童“养成道德好习惯”、“民族精神代代传”系列活动,大中学生文体、科技、法律、卫生“四进社区”和“大手拉小手”未成年人思想道德建设社区行活动,不断提高青少年的文明素养和思想道德素质。以“渔阳里”团中央机关旧址整修扩建工程竣工开放为契机,组织中国各个历史时期的青年英模代表与上海各界优秀青年代表座谈会,开展百万青少年爱国主义教育基地寻访活动,在青少年中大力弘扬爱国主义、民族精神和革命优良传统。开展纪念邓小平同志诞辰100周年系列活动。推出了冯艾、刘翔等优秀青年典型。

服务青少年文化需求。举办上海青年原创歌曲大型演唱会、青少年文艺巡演、青少年社区文化月、爱国主义影片露天展映、青少年三人制篮球邀请赛、大学生话剧节等20多项青少年喜闻乐见的文体活动,吸引数十万名青少年参加。在校园、企业、社区中,广泛开展形式多样的青年文化活动。参与承办“中国青少年社会教育论坛——2004·媒体与未成年人发展”。

深化服务青少年工作项目。参与“大学生就业见习计划”,召开大学生志愿服务西部计划志愿者就业推介会,服务大学生的创业、就业工作。实施万名青工培训项目,建立上海青年职业发展基金,为国企转制中青年的创业、再就业提供服务。对43000多名上海社区青少年建立一人一卡档案,为他们提供了关心访谈、技能培训、推荐就业等各项服务。对家庭经济困难青少年、社区青少年、进城务工青年等特殊青少年群体等开展帮困送温暖活动。深入开展优秀青少年维权岗创建和上海青年法律援助行动。

创新服务团员青年的工作手段。扎实推进上海青年卡的发放准备试点工作。围绕青年职业发展的需求,探索建立服务青年职业发展的信息服务、活动交流、咨询规划、培训鉴定、见习实习、职业介绍、事务管理、机制保障等8个公共服务平台。城市青年网初步建成上海共青团电子邮局系统、视频会议系统、手机短信系统、论坛BBS系统和网络电话系统等5个网络平台,上海“数字共青团”构建已具雏形。

三、积极推进团建创新,不断提高共青团组织的战斗力

推动体制政策创新。在市委、市政府的领导下,召开上海市青年工作联席会议全体会议,明确65家联席会议成员单位的工作职责,进一步完善上海青年工作的领导体制和机制。基本完成《上海青少年发展规划(2005年—2010年)》制定工作,为青少年事业发展创造了科学化、整体性、可持续发展的政策环境。成立上海市社区青少年事务办公室,按照“政府主导推动、社团自主运作、社会多方参与”的总体思路,注册成立阳光社区青少年事务中心,招聘、组建、培训了一支510多人的职业化、专业化的社工队伍,依托各区县社工站、街镇社工点,初步实现了对社区青少年工作的有效覆盖。

推进团的组织建设。出台关于加强上海市民办高等学校、新经济新社会组织、社区团的建设工作的意见,推进相关领域团建工作。加大青年中心建设力度,加强青年社团的建设和管理。建立上海市金融青年联合会和上海市信息化青年人才协会,探索创新联系青年的有效组织形式。及时总结团建工作经验,汇编《上海市共青团工作“首创奖”成果集》、《上海共青团主题团日活动优秀创意集》、《上海团市委资助基层优秀工作项目集》。按照“忠诚党的事业、热爱团的岗位、竭诚服务青年”的要求,启动全市团干部发展导航计划,探索建立团干部科学考核评价体系,切实加强团干部队伍建设。召开市第五次少代会,加大全团带队工作力度。

加强各项工作研究。总结和研究上海共青团协助政府管理青年事务的基本经验,积极探索共青团协助政府承担青年事务的工作理念、体制和机制,与中国青少年研究中心合作编撰出版《上海共青团协助政府管理青年事务的探索与实践》。坚持工作研究与工作实践并重,加大对青年群体、青年现象、青年问题和青年工作理论的研究力度,形成《当前上海高校大学生思想道德状况的调查分析》等一批研究成果,出版《2004年上海青年发展报告》、《挑战·创新·活力——上海青年工作课题调研集》。

江苏团的工作

2004年,共青团江苏省委按照“教育青年有新局面,组织青年有新业绩,服务青年有新成效,团的建设有新发展”的工作思路,抢抓机遇,突出重点,打造品牌,创优争先,持续推进团的思想、组织、作风建设,推动团的工作全面活跃,团结带领广大团员青年创业创新创优,为“两个率先”合力奋斗,团的建设和各项工作取得新的成效。

一、深入学习贯彻“三个代表”重要思想,牢固树立和认真落实科学发展观

不断把学习贯彻“三个代表”重要思想引向深入。召开江苏省大学生纪念邓小平同志诞辰100周年座谈会,开展“学习三个代表,弘扬民族精神”主题教育活动和“祖国在我心中”

系列爱国主义教育活动，使邓小平理论和“三个代表”重要思想进学校、进课堂、进头脑。机关、企业、农村基层团组织通过纪念邓小平同志诞辰100周年、国庆55周年等活动，进一步增强坚持邓小平理论和“三个代表”重要思想的自觉性和坚定性。

把科学发展观贯穿于团的各项工作。专门召开全省共青团工作会议，提出了江苏团组织落实科学发展观的十项工作举措。举办“科学发展与江苏企业走势论坛”，实施保护母亲河“绿色江苏·青春行动”。

二、不断加强和改进青少年思想道德建设，培养和造就新一代江苏人

一是深入开展主题教育活动。在全省少年儿童中开展重温江泽民同志复信精神活动。开展“民族精神代代传”主题教育系列活动和“做了不起的新一代江苏人”活动。启动“欢乐快车——江苏行”未成年人思想道德建设系列文化活动，组织策划了以“关爱”为主题的大型少儿综艺演出《七彩童年》并在央视少儿频道播出。二是不断深化未成年人道德实践活动。推出首批四条青少年爱国主义参观实践专线。启动“做爱国主义教育基地的红领巾志愿者”活动，成立红领巾志愿者行动队，开展“五小”体验活动。三是开展未成年人心理生理知识教育专项工作。聘请了首批未成年人心理生理教育专家，成立了未成年人心理咨询志愿服务总队，开通了未成年人心理生理健康辅导网站和咨询热线，组织开展了义诊、咨询、讲座等未成年人精神卫生宣传活动。四是启动“心手相连·关爱未来——四进一助”未成年人主题系列活动，帮助进城务工家庭的未成年人健康成长。五是加强青少年活动阵地建设，帮助江阴市和洪泽县团属青少年活动场所建设获得彩票返还金资助。

三、深化“创业江苏·青春行动”，进一步掀起青年创业的新热潮

一是大张旗鼓地宣传青年创业典型。评选表彰“农村青年外出务工创业”等10种类型100名江苏省青春创业风云人物，开展“创业江苏·青春行动”优秀工作项目等评选活动，开展“创业江苏·青春行动”征文活动，推出大型创业专题片《创业之招》、开辟“江苏青年创业”专版专栏。二是继续全力抓好农村青年外出务工创业。2004年，各级团组织深入开展“为农村青年外出务工增收落实新岗位，为农村青年劳动致富培训新技能，为农村青年创业先富提供新服务”的“三为三新”活动，共培训农村青年27万人，输出12万人，引导8700多名外出青年回乡投资兴业。三是不断深化“青春伴我行”下岗失业青年创业行动，命名48家省级优秀青年创业实践基地。四是深入开展大学生创业计划竞赛。举办“鸿国文化杯”江苏省第三届大学生创业计划竞赛。组织参加第四届“挑战杯”中国大学生创业计划竞赛决赛，获奖总数和获奖比例名列全国第一。五是多种形式服务青年创业。举办“长三角青年创业论坛”，建立第一个跨省性“长三角青年创业基地”，开展“青春与创业·青年专家苏北行”活动，举办“2004海外学人回国创业江苏行（泰州）”活动。

四、大力开发青年人才资源，为“两个率先”提供智力支持

一是实施“青工技能振兴计划”。开展江苏省青工技能月活动和青年岗位能手和青年创新创效活动。评选表彰“江苏省企业青年创新人才奖”、“江苏省企业青年创新项目奖”和“江苏省创新创效活动组织奖”。二是启动“百万农村青年学百技”活动。开展农业专家导师团乡村行，发展了首批65家农村青年技能培训基地。三是推进“大中学生素质拓展计划”。组织6个专项300支重点团队，广泛开展暑期大中学生社会实践活动。继续实施江苏大学生志愿服务西部计划。启动“西部计划——大学生志愿者就业保障工程”。开通“大学生就业见习行动网”。四是大力选树青年典型。开展"江苏省十大杰出青年"、"江苏省青年科学家奖"及"江苏省杰出(优秀)青年律师"等评选活动。

五、广泛开展群众性青少年精神文明创建活动,促进文化大省建设

一是进一步深化青年文明号创建活动。全省法院系统全面加入创建活动行列。开展全省青年文明号统一行动日活动、"五一黄金周,优质服务伴你游"青年文明号特别行动。二是大力推动志愿服务事业。设立团省委志愿者工作部。建立了法律援助、爱心车队两个分会和禁毒志愿者、志愿讲解员、志愿辅导员、心理咨询志愿者4个省级总队。推广注册志愿者制度。全面启动十运会志愿服务,开展"情系十运——文明行动"等活动。三是加强青年文化建设。率先在全国启动文化志愿者行动。开展首届江苏青少年动漫创作大赛,举办"祖国颂——全省大学生庆祝中华人民共和国成立55周年合唱专场演出",开展"南京新东方杯"第二届江苏省大专辩论赛、江苏省大专院校"青春之歌"暑期校园歌手大赛、首届江苏省中学生英语风采大赛及第四届江苏省大学生电脑网络大赛。开展第六届"乡村青年文化节"活动。深化"新世纪青少年读书计划",开展建设学习型组织活动,举办"江苏省第三届青少年读写大赛"。

六、积极维护青少年的合法权益,帮助青少年解决实际困难

一是加强基础建设。成立了全省预防青少年违法犯罪工作研究专家顾问团。在南京等地区推行专职社工试点工作。二是开展青少年法制宣传和自护教育。制定下发了《关于兼职法制副校长工作规范的意见》,推进"社区青少年法律学校"建设,组织实施了"青春自护"活动。三是优化青少年成长环境。开展"青少年网络文明行动"、"社区青少年远离毒品行动"、音像市场法制宣传活动、打击淫秽色情网站专项行动和禁止未成年人进入网吧特别行动等,开展专项执法检查。进一步深化优秀"青少年维权岗"创建活动。启动"2004中国少年儿童平安行动",预防校园侵害,创建平安校园。四是创新工作载体。在全省推广各级青少年维权中心和法律援助中心建设。继续实施青少年违法犯罪社区预防计划,启动"未成年人零犯罪社区"创建工作。

深入实施"希望工程"。一是开展"爱心成就未来"活动。争取明德奖学金等基金总计1315.5万元的五年资助规模,进一步完善了贫困学生资助体系。二是继续推进经济薄弱县希望小学的建设。落实援建希望小学18所。开展希望小学教师培训,为希望小学捐赠"希望书库"。组织"江苏希望小学代表队"赴京参加首届全国希望小学运动会,表演项目在全国37个代表队中名列团体总分第三名。三是扩大希望工程的社会影响。开展"希望工程答谢和资助项目推介"活动。在江苏卫视、江苏教育电视台连续推出16集"关注贫困生"专题节目。

七、大力推进团的自身建设,努力活跃团的基层组织

一是加强调查研究。积极调研与编制《江苏省青少年发展规划(2005—2010)》(草案)。开展第二届全省共青团和青少年工作调研奖评比活动。二是创新团建方式。扎实推进"三级联创"活动。在全省警地团组织中广泛开展"思想工作联抓、公益事业联做、人才培养联手、文体活动联谊"的"四联"活动。启动全省共青团电子政务建设。三是加强作风建设。团省委专门成立了机关作风建设领导小组,出台《关于进一步加强机关作风建设的意见》,集中开展以"明确一个联系点,确定一项研究课题,推广一条基层经验,撰写一篇调研论文,为基层办一件实事"为内容的"五个一"系列活动。团省委书记室全体成员就廉洁自律向全省各级团组织和广大团员青年作出公开承诺。四是扎实推进城乡社区青年中心建设。开展了农村青年中心建设试点工作，已建立农村青年中心40个，全省已建或在建的城市青年中心达60家。五是加强青年社团工作。积极发展青年社团和团属社会中介组织。召开高校学生社团建设现场推进会，筹备召开江苏省青年科技工作者协会换届大会。积极引导企业团组织建立各种服务型社团。成立了“百家企业创业联盟”。

扩大与海内外青年和青年组织的交流。苏、沪、浙、赣四省市共青团、青联组织联合签署了我国第一部区域性青少年事务合作框架——《长三角青少年事务合作(南京)宣言》。江苏江阴、昆山、张家港、常熟和广东南海、顺德、东莞、中山等8地青年商会和青年企业家联合发起成立“粤苏4+4青商合作联盟”。举办港澳青少年制服团体“2004同心同根万里行”活动，接待俄罗斯、日本、英国、美国、香港、韩国等8个青年代表团。同时，组建江苏青年代表团访问日本、台湾等国家和地区。

积极支持全省少先队组织创造性地开展教育活动，隆重举办少先队建队55周年暨省少工委成立20周年纪念活动，颁发“江苏少先队工作突出贡献奖”，评选第二批“江苏少先队资深辅导员”，表彰江苏省十佳少先队员、十佳少先队辅导员、十佳志愿辅导员，命名江苏少先队“英雄中队”。重视加强进城务工就业农民子女学校少先队建设，指导各地团队组织做好初级中学“团队衔接”工作。

浙江团的工作

2004年底，浙江全省14—35周岁青年约1368万，其中14—28周岁团龄青年约967万。全省团员291.3万，团青比例30.12%。全省基层团组织136717个，专职团干部4153名。一年来，各级团组织高举邓小平理论和“三个代表”重要思想伟大旗帜，牢固树立和认真落实科学发展观，紧紧围绕省委和团中央的工作要求，以加强服务能力建设为主基调，各项工作取得了新的发展。

以中发〔2004〕8号、16号文件颁布实施为契机，进一步加强和改进青少年思想教育工作。一是以团干部和青年学生为重点，在全省组织开展了“兴起新高潮，创造新业绩”主题教育活动。目前，全省共有大学生理论学习社团和理论学习小组近3000个，会员达7万余人。二是以体验教育和社会实践为基本途径，切实加强青少年思想道德教育。“民族精神代代传”、“五爱、四有”等道德实践活动在各地广泛开展。“五四”期间，举办了以“弘扬民族精神、发展青年文化”为主题的全省五四运动85周年纪念大会暨大型广场文艺晚会。“六一”期间，举办了以“新世纪、我能行”为主题的全省庆祝“六一”国际儿童节电视文艺晚会，并在中央电视台播出。三是以落实责任制为手段，进一步加强了青少年校外活动场所建设。目前，省彩票公益金已扶持建设青少年宫、青少年活动中心等项目36个，累计补助资金2616万元，各地配套投入建设资金5.53亿元；18个未建或尚未重建青少年宫的市、县(市)已有6个项目开工建设。中央电视台《焦点访谈》栏目对我省青少年宫工作作了专题报道。四是以共青团县县上网工程、“天天”社区青少年电子阅览室建设为重点，进一步推进了青少年思想教育工作的网络化。在宁波、宁波大学开展的青少年舆情分析系统研究与开发进一步推进。依托青年时报开展了关注“未成年人思想道德建设”系列时评，充分发挥了媒体在青少年思想教育中的积极作用。

以“浙江青年山海协作行动”为龙头，团结带领团员青年在服务实施“八八战略”中取得了扎实成效。一是启动开展“浙江青年山海协作行动”。围绕省委“八八战略”的决策，制定了具体实施意见，确定了欠发达地区农村青年人才培训工程等8个重点工作项目。3月，举行了“浙江青年山海协作行动”启动仪式暨“浙江省农村青年发展基金”捐赠仪式，五位青年企业家各捐资1000万元成立了总额为5000万元的“浙江省农村青年发展基金”，基金增值部分每年250万用于资助浙江省25个欠发达县和5个海岛县开展农村青年素质培训、表彰奖励等工作。通过举办现场推进会、成果展示会等，推动活动深入开展。目前，已发放农村青年培训资金200多万元，各地配套资金86.65万元，培训农村青年5.37万多人次，转移就业1.1万多人。团省委被省委、省政府授予“欠发达乡镇奔小康工程”结对帮扶先进单位。省委书记习近平、省长吕祖善、省委副书记乔传秀等领导在多个场合对这项工作给予充分肯定。二是以抓好青年星火带头人、青年农业产业化带头人、青年农民经纪人和闯市场带头人三支队伍建设为着力点，继续推进青年效益农业开发行动。召开了省青年星火带头人协会第三次会员大会，评比表彰了第三届省十大杰出农村青年，涌现出省级青年星火带头人94名。举办了青年优质农副产品推广商洽会，全省177家青年农业龙头企业和来自全国各地及省内的30余家采购商参加了产品展销、项目洽谈，现场销售额近100万元，签订合作意向63个、意向金额2000多万元。三是以抓好青年企业经营者、青年管理人才和青年技术工人三支队伍建设为重点，全面深化青工创新创效行动。启动实施了青工技能振兴计划，举办了数控技能大赛。不断深化“号、手”活动，召开了浙江省青年文明号活动10周年纪念暨表彰大会，举行了系列纪念活动，全省涌现出全国级青年文明号170多个，省级1007个，基层各级各类创建集体10万多个。四是以落实《2003—2007年生态省建设省市长目标责任书》为契机，不断深化生态监护站和保护母亲河号创建活动。全年涌现出省级保护母亲河号61个、生态监护站50个；扎实推进高速公路青年绿色通道建设工程建设；启动了长三角地区青少年环太湖生态环保行动，建立了长三角保护太湖流域青少年生态环保行动联席会议制度。

以“创建助”行动为抓手，团结带领团员青年积极参与“平安浙江”建设。围绕省委“平安浙江”的决策部署，在全省部署开展了“创建助”行动（即“创青年文明社区、建青少年维权服务网络、助困难弱势青少年群体”行动）。一是深入开展优秀“青少年维权岗”创建活动。全省已在13个系统开展了优秀“青少年维权岗”创建活动，涌现出全国级优秀“青少年维权岗”45家、省级243家、基层争创单位3000多个。深入实施青少年违法犯罪社区预防计划、社区青少年远离毒品行动，安置归正青少年1200余名；建立与吸毒青少年“一助一”结对帮教1000多对；联合省委宣传部、省禁毒委办公室举办了“6·26”禁毒文艺晚会。二是扎实推进希望工程和大学生助学计划。启动实施了希望工程助学进城计划，由浙江卧龙集团捐资1000万元成立了农民工子女助学专项基金，基金每年的增值部分用于资助在浙江省城市务工的家境贫困的农民工子女就学。全年希望工程接受社会各界捐款675万元，结对资助中小学生4981名，其中资助农民工子女2600名；筹集大学生助学款318万元，结对资助贫困大学生1544名。三是大力推进青年志愿者行动。全省已有青年志愿者服务队近3万支、注册志愿者逾60万名，各类青年志愿者服务基地(中心、站)7800余个。尤其是在去年第七届中国艺术节的筹备和举办期间,团省委组织实施了“七艺节”青年志愿者行动,直接服务各展演活动项目及各工作部门的志愿者达2万多人次。省青年志愿者协会还被评为首批全国先进民间组织。

以青少年的具体需求为切入点,切实做好服务青少年的各项工作。一是积极探索青少年素质教育的有效途径。在全省所有本科院校及部分大专院校、高职院校逐步实施了“大学生素质拓展计划”,在全省42所中学开展了试点工作。暑期全省共有3000多支实践小分队、18万余名大中学生投身以“传承‘五四’报国志,落实科学发展观”为主题的文化科技卫生“三下乡”社会实践活动。“雏鹰奖章”活动纳入综合实践活动课省级地方教材,为在新课程改革形势下进一步加强少先队工作探索了有益经验,这在全国尚属首例。二是继续深化大学生志愿服务西部计划,同时联合有关部门推出了大学生志愿服务欠发达地区计划。全年向四川省选派大学生志愿者108名,向浙江省欠发达县和海岛县选派大学生志愿者194人。三是切实加强了青少年文化建设。开展了“我的青春、我的歌”纪念五四运动85周年青春之歌、“七艺节”志愿者主题歌及标志的征集活动,举办了首届中国杭州大学生电影节等活动,丰富和活跃了青少年群众性文化生活。在团中央和全国青联的领导下,“青春中华”——首届中国青年服装时尚周在宁波成功举办。新世纪青少年读书计划进一步深化,全省已建新世纪读书俱乐部和书屋619家,会员10万余名。

以改革创新的精神,扎实推进团的自身建设。一是以创建“学习型、创新型、实干型、服务型”机关为目标,在全省团的各级领导机关部署开展机关效能建设。按照省委、省政府的要求,结合共青团机关和团干部的特点,部署开展了争创青年文明号部室、千名团干部联系万名青年等活动,同时建立完善了一系列制度。尤其是从6月初开始,以《青年时报》为平台,推出了“新时期团干部形象”大讨论活动,共青思维网站也开辟专题论坛,在十几天内参与网上讨论达2200多人次,省委副书记乔传秀专门对此作出批示,给予充分肯定。二是以农村为重点,切实加强了团的基层组织建设。抓住农村基层党组织开展“先锋工程”建设的有利时机,部署开展了“三级联创”活动。高校、社区、非公有制企业等领域团的基层组织建设也扎实推进。三是以总结探索直选工作的规范化程序和团内基层民主建设的配套制度及措施为重点,不断深化基层团组织直接选举试点工作。全省已有38个乡镇(街道)开展了团委班子直选试点。湖州长兴县、金华武义县开展了以“公推直选”的方式选举产生团县委书记的探索。四是以组织创新为核心,积极稳妥地推进青年中心建设试点工作。全省已建成各类青年中心236个,在探索青年中心建设与运行模式方面积累了有益的经验。以团中央在杭州开展青年卡试点为契机,扎实推进青年卡的探索。五是进一步加大了全团带队工作力度。下发了《关于加强全团带队的意见》。联合省教育厅下发了《浙江省进一步加强少先队工作的意见》。

抓住全省工会共青团妇联工作会议召开的历史性机遇,不断优化团的工作环境。4月,省委专题召开了全省工会共青团妇联工作会议,省委书记习近平、团中央书记处第一书记周强作了重要讲话,省委副书记乔传秀作了总结讲话,出台了《关于加强和改善党对新世纪新阶段工会、共青团、妇联工作领导的意见》。会前,省委常委会专题听取了团省委等单位的工作汇报,省委书记习近平、省委副书记乔传秀等省领导专程到团省委机关调研,对做好新形势下共青团工作作出重要指示。团省委牢牢抓住这一历史性机遇,切实贯彻落实省委的要求和部署。各级团组织积极争取党委政府的重视和支持，通过召开工青妇工作会议或座谈会，出台相关政策文件，认真抓好会议精神落实，全省共青团工作的外部环境进一步优化。

安徽团的工作

2004年，安徽省各级团组织在省委的坚强领导下，按照团中央的总体部署，结合安徽实际，紧紧围绕大局，竭诚服务青年，突出青年人才计划、青年创业行动、青年文化工程三大重点，加快构建团的工作保障体系。总的来看，这一年是团的各项工作适应宏观形势变化、努力贴近青少年实际、加快创新和转轨的一年，是团的各条战线整体活跃、各项工作均有较大起色的一年，是狠抓团干部队伍建设、切实转变作风、着力提高素质取得较好成效的一年。

一、以青年人才计划为重点，切实加强和改进思想教育，提高青年素质有新进展

坚持以培育"四有"新人为首要目标，以实践育人为基本途径，按照中共中央、国务院《关于进一步加强和改进未成年人思想道德建设的若干意见》和《关于进一步加强和改进大学生思想政治教育的意见》的要求，创新方式方法，切实增强思想道德建设、思想政治教育的针对性和实效性。抓住五四运动85周年、邓小平同志诞辰100周年、建国55周年的契机，通过座谈会、报告会、培训班、读书交流、参观走访、岗位奉献等形式，引导团员青年学习实践"三个代表"重要思想，学习十六届四中全会精神。抓住全党全社会高度重视未成年人思想道德建设的有利机遇，动员各级团队组织和团队工作者共同做好未成年人思想道德教育工作，广泛开展"民族精神代代传"、"百万少年看安徽"等各种形式的道德实践活动。在大学生中广泛组建理论学习研究社团，扎实开展理论学习研讨，推荐优秀大学生作为党组织发展对象，引导大学生按照党指引的方向健康成长。成功召开省第三次少代会。

加强青年科技和技能培训，开发青年人力资源。实施大中学生素质拓展计划，通过科技创新、社会实践等途径，提高大学生创新能力和实践能力。实施青年农民科技培训工程，开展科技冬训，承担阳光工程培训任务，提高农村青年科技兴农、转移就业能力。推进"青工技能振兴计划"，开展青工钳工技能大赛，促进岗位成才。通过评选表彰第六届"江淮十大杰出青年"、安徽五四青年奖章获得者，发现并推出一批优秀人才。发挥青联等组织的作用，广泛凝聚省内外青年人才，积极引导和鼓励各类青年人才投入"861"计划，服务发展、奉献社会。

认真实施"两法一例"，不断优化青少年成长环境，两度开展网吧、文化娱乐场所和经营市场明查暗访集中整治行动。高度关注困难青少年群体，努力帮助困难青年群体解决成长中面临的实际问题，仅团省委本级通过希望工程和爱心助学，就募集资金1042.7万元，救助4900多名学生，捐建29所希望学校。积极推动《安徽省未成年人犯罪条例》立法，认真做好调研、起草等前期工作。

二、以青年创业行动为重点，帮助青年创业就业，团结青年参与经济建设有新贡献

把帮助青年就业作为服务青少年的重中之重，举办大型人才招聘会，现场求职3万多人,3700多人实现就业再就业;以服务专科生就业为重点,在安徽大学举办高校专场招聘会,4000多应届大学生求职,1560多人落实了工作。各级团组织通过形式多样的工岗快递、大型招聘会等活动,帮助2.16万名城镇青年实现就业再就业。发挥团组织联系广泛的优势,推动农村青年外出务工经商,直接帮助3万多名农村青年转移就业。全省各级团组织通过引导服务,努力在青年中掀起创业热潮。举办"青年企业家进校园"创业辅导报告会、高校学生就业创业先进事迹报告会,激发在校大学生的创业欲望。精心组织"挑战杯"全省大学生创业计划大赛,18所高校1000多人500多件作品参赛,锻炼了大学生的创业能力。大力培训农村青年创业致富带头人,涌现了一批农村青年星火带头人、农业产业化带头人、农村青年经纪人和工商创业带头人。吸引留学回归人员和高科技工作者、高校毕业生投身高科技领域创业,涌现了一批高科技青年创业典型。加强工作指导,提供资金扶持,全省15个市建成青年就业(创业)服务中心,加强了青年就业创业服务阵地建设。

三、以青年文化工程为重点,弘扬先进文化,带领青年投身精神文明建设有新作为

发挥文化育人优势,切实加强青少年文化建设。重视青少年主体作用,创作了一批反映青少年生活的优秀文化作品。通过竞赛、活动参与,发现并推出一批优秀青少年文化人才。举办省首届大学生社团文化节,开展了8项大型集中活动,10万多名学生直接参与,30万人次到场观看,有力带动了高校校园文化的全面活跃;举办"欢乐年华"系列文化活动、省首届少先队文化艺术节和第六届乡村青年文化节,促进了少年儿童和农村青年文化建设的蓬勃开展。组织300多支服务团队、10万多名大中学生赴农村开展文化、科技、卫生"三下乡",坚持开展安徽青年"三下乡"志愿团服务活动,促进了农村文化建设和社会事业发展。

积极引导青年从事群众性精神文明建设活动。改水改厕从宣传发动入手,加强技术培训,组织省、市、县三级对口帮扶196个乡镇,全年改造户厕26万座,新增2.21%。以开展青年文明号10周年纪念活动为契机,完善考核标准,促进规范发展。省财政厅国库支付中心等一批青年文明号典型受到表彰。

贯彻落实科学发展观,大力弘扬先进文化,开展生态实践。以"生态安徽青少年活动周"为载体,组织10万多名青少年广泛开展植绿护绿、环保论坛、公益广告比赛、手工制作大赛等10多项活动,国家环保总局副局长祝光耀亲自出席活动颁奖仪式。在落实大学生志愿服务西部计划,选派141名大学生赴云南、贵州等省服务基础上,实施了大学生志愿服务安徽基层计划,招募176名大学生赴全省20个贫困县开展支医、支教、扶贫工作。青年卫生志愿者扶贫接力计划服务周期由半年调整为一年,第九期68人赴22个乡镇开展服务。

四、以保障体系建设为重点,创新团的自身建设,推进团的工作社会化有新探索

高度重视基层团组织建设,大力推进"百乡千村"计划,推进团建创新。两批试点单位60个乡镇566个村在探索团的基层组织新的设置方式、团组织与团员新型联系方式、团的活动方式、建立城乡互动机制等方面取得明显成效。抓紧抓实理论学习和业务培训,团省委举办7期培训班培训570人次。按照联系青年的新纽带、服务青年的新平台、教育青年的新阵地的要求,因地制宜推进青年中心建设,建成农村青年中心106个、城市青年中心19个,联系会员数万人,扩大了对青年的覆盖。

适应市场经济新形势,依托社会力量,整合社会资源,推进团的工作和青少年工作社会化。争取政府部门和社会各界支持,加强青少年校外活动阵地建设。依托青联、学联、少先队、青年企业家协会等组织,大力整合社会人力、物力、财力资源。推行市场化运作方式,强化与有关单位和组织的项目合作，为团的工作提供有力支撑。成功举办皖沪青年企业家合作论坛，皖沪有关方面负责人和两地51位知名青年企业家聚集合肥，考察安徽投资环境，洽谈合作事宜，推动一批合作项目的落实。以我省知名青年企业家为主体，组团参加长三角(3+2)青年论坛。接待越南、日本共70多名青年来皖访问。通过新闻媒体在合肥市招募了30个家庭，接待日本青年在家“民宿”；公开招募10名青年赴韩国访问。

坚持市场方向的改革取向，团属事业进一步发展。安徽青年报社牵头成立了省青年新闻工作者协会，发挥了积极作用；《少年博览》分刊成功，效益增长；中青旅顺利改制，营业收入和利润大幅增长；野营基地和青旅、幼儿智力开发中心和科技发展中心进行了有效的整合；团校培训楼已经封顶；成功举办希望工程在皖实施15周年系列纪念活动。

福建团的工作

2004年，福建各级共青团组织在省委和团中央的正确领导下，紧紧围绕建设海峡西岸经济区这一战略目标，在更高平台服务党政工作中心，更深层面体现青年为本理念，更宽领域审视福建省共青团事业的新发展，始终坚持引领青年学习，推动青年创业，扩大青年交流，促进青年发展，团结带领广大青年为建设海峡西岸经济区建功立业，扎实有效地推进了全省共青团工作和青少年事业向前发展。

一、认真学习实践科学发展观，不断兴起学习贯彻“三个代表”重要思想新高潮

一是立足基层，面向团员青年，扎实开展学习活动。以大学生群体为重点，兴起学习贯彻“三个代表”重要思想新高潮。召开全省大学生学习实践“三个代表”重要思想经验交流会。重点抓好大学生群体的学习和教育。大学生学理论社团和“三个代表”重要思想学习社团不断涌现，“三个代表”学习网站成为新的学习阵地。把兴起学习贯彻“三个代表”重要思想新高潮与学习郑忠华、任长霞先进事迹结合起来，先后召开了全省各界青年学习郑忠华英雄事迹座谈会和“学习任长霞，争当好青年”座谈会。各级团组织广泛开展了向郑忠华同志学习的活动。

二是认真学习实践科学发展观。通过主题团队日活动、演讲会、报告会等形式，学习贯彻科学发展观。以青年的全面发展为本，按照“五个统筹发展”的要求，设计开展团队工作。按照统筹协调的思路拓展工作的视野，统筹城乡团的工作。

三是开展纪念五四运动85周年系列活动。举行隆重的福建省纪念五四运动85周年大会。开展“小康路上团旗红”、“我在团旗下成长”等主题团日活动。“五四”期间，表彰了“第六届福建省十大杰出青年”、“第六届福建省十大杰出青年农民”、“第六届福建省十佳大学生”等一批先进青年。各地都开展了丰富多彩的纪念活动。

二、开展“为建设海峡西岸经济区建功立业”活动

一是成功举办第二届“海峡青年论坛”。紧贴2004中国·福建项目成果交易会，联合台湾中华青年交流协会、港台青年交流促进会、澳门福建青年联会共同举办第二届“海峡青年论坛”。闽港澳台四地及北京、上海、广东、浙江、江苏等地600多名优秀青年企业家参加本次论坛及中国·福建项目成果交易会。

二是动员广大青年参与海峡西岸经济区建设。在《中国青年报》刊发《海峡西岸经济区·青年参与》专版,组织闽、港、澳七位闽籍青年企业家畅谈建设海峡西岸经济区。联合省委政策研究室、省政府发展研究中心、福建社科院等单位举办“引领青年为建设海峡西岸经济区建功立业”青年创业座谈会。将“挑战杯”全国大学生创业计划竞赛与建设海峡西岸经济区对接,在《福建日报》专版推介入围“挑战杯”决赛的全国大学生100个项目成果,举办了“创业海峡西岸·全国大学生项目成果对接会”,厦门大学“丙谷二肽创业”等27个项目与厦门中坤化学有限公司等22家企业签订了项目合作书,其中有19个项目与签约企业共达成意向金额9589万元,把大学生的创业热情和创业成果引导到海峡西岸经济区建设中来。

三是继续推进“共青团城乡互动百千万工程”活动。以创建“五四红旗团委(团支部)”为目标,以城乡组织、人才、市场、信息、产业和文化互动为基本途径,继续推进“共青团城乡互动百千万工程”活动,并取得明显成效,得到团中央的高度肯定。通过建立工作月报制度,开展活动月和首期活动总结考评等工作,进一步促进了城乡团组织的整体活跃。全省共培养农村青年创业致富带头人6824人,培训农村青年营销员7553人,培训农村青年网络信息员6654人。

四是为建设海峡西岸经济区培育青年人才。全省各级团组织根据卢展工书记在上海光明中学高一(4)班全体同学来信上所作的重要批示精神,以“爱我福建·创业海峡西岸”为主题,开展了系列活动。各级团学组织开展了“创业海峡西岸·优秀创业青年百校行”活动,组织优秀创业青年到各大中专学校现身说法,倡导创业精神,激发创业热情,培养创业能力,推动创业实践。省学联向全省青年学生发出了“爱我福建,从我做起”的倡议。

三、进一步加强未成年人思想道德建设和大学生思想政治教育

一是加强未成年人思想道德建设。团省委、省少工委召开了学习贯彻《中共中央、国务院关于进一步加强和改进未成年人思想道德建设的若干意见》座谈会。在全省开展“民族精神代代传”活动。在全省少先队组织中开展“新守则、新体验、新风采”活动、省市庆“六一”表彰大会暨少先队鼓乐检阅活动。在建队55周年之际,开展少先队“诚信”主题教育和“红领巾伴我成长”活动。组织了福建省奥运健儿陈忠和、吴美锦、石智勇、林桑与少先队员面对面,就培养“团结协作、勇敢拼搏”精神进行交流,用奥运精神鼓舞、激励少先队员。

二是不断丰富大学生思想政治教育工作新载体。学习贯彻《中共中央、国务院关于进一步加强和改进大学生思想政治教育的意见》精神,坚持育人为本,开展“我与祖国共发展”主题教育活动暨报告会、“四进社区”社会实践、全省大学生“校园文化节”、纪念“一二·九”运动69周年等活动。

四、积极组织团员青年参与精神文明创建活动

一是继续深化青年志愿者行动。省青年志愿服务指导中心正式成立。举办了“福建省青年志愿者论坛”。开展了大中专学生志愿者文化科技卫生“三下乡”活动。实施“大学生志愿服务西部计划”,去年有49名志愿者分赴宁夏5个地、市、县、乡从事服务。启动了“福建省大学生志愿服务欠发达地区计划”,已有53名大学生志愿者在宁德、龙岩、三明、南平四个地方开展支教、支医、支农服务。

二是全面深化青年文明号活动。着力抓好青年文明号10周年纪念活动。召开全省青年文明号10周年表彰会。开展了以“文化兴号”为主题青年文明号文化建设。大力实施青年文明号"为民工程"、"形象工程"、"素质工程"。开展了青年文明号"真情助困助万家"、"三助一送"、"号户结对"活动。2004 年创建行业新增法院、海关、广电 3 个系统,创建行业达 38 个。

三是再掀保护母亲河行动新高潮。开展保护母亲河统一行动日活动、保护母亲河天天环保行动、纪念开展全民义务植树运动 23 周年群众性歌咏活动。10 月 30 日,中央国家机关青年干部"海峡西岸行"社会实践考察团在武夷山种植保护母亲河青年友谊林。长汀青年生态林·世纪林工程建设成效显著。

四是深化创建"青年文明社区"活动。开展青年文明社区示范城(区)活动,充分发挥典型的示范带动作用,形成城(区)、街道、社区共同推进青年文明社区创建工作的整体态势。继续举办社区青年文化节,开展青年文明社区"大家乐"活动,丰富社区青少年的文化生活。

五是努力推动青年文化建设。"五四"期间,开展了全省青少年合唱节活动,举行"青春放歌"主题歌会。"百部优秀影片、百部优秀图书、百首优秀歌曲进校园"活动开展得有声有色。举办 2004 福建高校"动漫嘉年华"联展活动,展出了福建省 10 多所高校 26 家学生动漫社团的 230 幅作品,进一步丰富了校园文化生活。举办了福建省青年民间工艺品制作大赛。开展以"兴起新高潮、创造新业绩"为主题的第六届"乡村青年文化节"活动。5 月,团中央在泉州召开了全国乡村青年文化建设现场经验交流会,总结和推广了福建省乡村青年文化建设的做法。

五、积极为青少年成长服务

一是服务青少年成长发展。开展了"挑战杯"第三届福建省大学生创业计划竞赛。深入实施"大中学生素质拓展计划",进一步提高了大中学生的综合素质。在中学开展"迈好青春门、走好成人路"主题活动,为全面实施中学生素质拓展计划打下基础。启动了"雏鹰争章"标准化建设、"心手相牵"亲子营、"爱心助成长"志愿辅导计划等 10 个帮助未成年人健康成长的示范项目。2004 年初,团省委首次向社会推介了 28 个青少年公益项目,成功签约 18 项,协议金额达 663 万元。

二是青少年权益保护进一步加强。根据"平安福建"的部署,推出"平安成长"系列活动,实施青少年阳光上网计划、"青春红丝带"防治艾滋病宣传教育、青少年维权岗、外来务工青年培训、预防青少年违法犯罪社区计划、"社区青少年远离毒品"行动等项目,引导青少年健康成长。举办省青联志愿者艺术团与进城务工青年"同创文明,共享欢乐"联欢活动。

三是帮助青年就业创业。开展"青年企业家扶持小老板"活动,对青年进行创业能力培训,大力培养、宣传青年创业典型。进一步加大与河南的合作力度,并拓展到宁夏等地,落实好省际间"工岗快递"。动员青年企业家协会会员企业和青年文明号单位安排就业岗位,帮助安置失业青年。在农村中学继续开展创业意识教育和创业技能训练。促进农村青年转移就业,为城乡青年的有序流动牵线搭桥。2004 年,全省共帮助农村青年劳动力转移就业 8200 人。

四是深化青年创新创效活动。联合省劳动保障厅、省国资委、省科协等单位实施"福建省青工技能振兴计划"。福建省厦工、三钢等 10 家单位被团中央命名为"全国青工技能计划试点企业"。扎实推进"青年安全生产示范岗"创建活动。继续深化"青年岗位能手活动"。

五是积极参与扶贫帮困工作。团省委挂钩省级扶贫工作重点村——福安市康厝乡福源村公路拓宽改造工程顺利竣工。继续做好希望工程工作。2004 年共收到社会捐款 10877786.19 元,援建、修缮希望小学 30 所,资助大、中、小学生 2108 名,还为一批乡村小学配套赠送书籍、电脑等教学用品。全省机关团组织共为结对乡镇团委捐赠各种书籍 7.69 万册,电脑 363 台,其他各类文体用品 1062 件,资助贫困学生学费124.56万元。

六是加大共青团信息化建设的力度。召开全省共青团信息调研工作会议。开通"5461U"共青团网络通讯平台。举办"首届福建省青少年网络论坛"。在全省开展"团的现代化和青少年发展"调研,并出版调研论文集。

六、进一步加强闽港澳台青少年交流

组织省青联代表团第六次赴台交流,与台湾各界青年进行广泛的交流。参与组织接待"相聚海峡西岸·港台学子福建交流访问团"、"香港福建青年访闽团"等。9月16日—23日,团省委联合有关部门举办了"聚焦海峡西岸·第二届海峡摄影艺术节",邀请美国、日本、新加坡、马来西亚、泰国、菲律宾以及闽港澳台和兄弟省市近1000名摄影艺术家和青年朋友参加文化交流与合作活动。举办"迎中秋·盼团圆"闽台学子中秋联欢会。开展了第四届"闽南风·海峡情"闽台青少年文化交流和同心同根夏令营活动。

七、不断加强共青团自身建设

一是坚持党建带团建,推进团的基层组织建设。广泛开展团的基层组织建设"三级联创"活动。积极探索在非公有制经济组织和新的社会组织中建立团组织的工作新途径、新办法。全省基层团组织有3篇材料入选《全国共青团基层组织建设范例选编》。加强和改进团省委机关党建工作,努力提高基层党支部的凝聚力和战斗力,积极做好保持共产党员先进性教育准备工作,继续促进党风廉政建设。

二是加强团干部队伍和团员队伍建设。落实《2003年—2007年福建省团干部教育培训工作实施意见》要求,切实加大了团干部教育培训的工作力度。在全省共青团的组织系统继续开展"树组工干部形象"集中学习教育活动。"五四"期间,在全省基层团组织中广泛开展以增强团员先进性意识为主要内容的"小康路上团旗红"主题团日活动。

三是推动了城市、农村青年中心建设试点工作顺利开展。在全省确定了14个城市青年中心建设试点单位,整合各类资源,采取多种模式,创建多功能的青年中心,建立青年中心可持续运转的机制,加大城市青年中心建设工作力度。开展争创"全国青年中心建设先进县(市)"活动,加强了对创建单位的指导。

江西团的工作

2004年,在中共江西省委和团中央的正确领导下,团省委全面落实年初确定的"一二三十"的工作思路,即:贯穿一条主线,以"三个代表"重要思想统揽共青团工作,在服务崛起中"建功",在"建功"中"育人";突出两个重点,做好青年人才工作和服务开放型经济发展;实施三大活动,即"树立科学发展观,建设美好新江西——青年勇当先锋"主题教育活动、全省百村万户青年文明行动和江西青工技能振兴计划;抓好10件实事,着力办好10件"党政重视,社会关注,青年欢迎,团组织所能"的实事,推动全省团的工作再上新台阶。

一年来,全省各级团组织围绕江西崛起大局,在继承中创新,在创新中发展,各项工作稳定推进。重点抓好了四个方面的工作。

第一,以学习贯彻中央8号和16号文件为新契机,进一步加强青少年思想道德建设。按照实践育人、文化育人、服务育人、组织育人的要求,进一步发挥共青团在加强青少年思想道德建设中的重要作用。有三项亮点工作体现了江西的特色、共青团的特色,得到了相关方面的充分肯定。一是基础调研工作。组织开展了全省“未成年人思想道德建设状况”和“大学生思想政治状况”专题调研,形成的专题调研报告得到了有关专家的高度评价,前者获全团调研评比一等奖。二是网络教育工作。以“网络妈妈”刘焕荣为原型,广泛开展了“青少年网络教育爱心大使”活动,已招募“爱心大使”700余名,成为加强青少年网络教育的新平台。活动得到了中央领导的充分肯定。三是红色教育工作。充分挖掘江西深厚的红色文化优势,与各省级团组织联手举办“我们的文明——红色之旅·江西行”大型主题教育活动,切实加强青少年理想信念教育。活动得到了团中央及各省级团组织的充分认同,共有各地近5000名青少年参加了此项活动。

第二,树立和落实科学发展观,推动江西在中部地区崛起。按照“五个统筹”的要求谋划共青团工作格局,使团的工作更好地贴近中心、围绕中心、服务中心。一是开展了“树立科学发展观,建设美好新江西——青年勇当先锋”主题教育活动。先后举办了青年志愿者赣江环保行、青年旅游形象大使评选、青年县市长科学发展观论坛等活动,团省委被省委评为全省主题教育活动先进单位。二是服务江西开放型经济发展。积极构建开放的青年组织架构和工作格局,举办了“长三角(3+2)青年论坛”,来自苏浙沪皖赣共150余名青年企业家参加了活动,省委和团中央领导参加了活动并给予了高度评价。先后在北京、上海、广州等地举办了“青年心、家乡情”座谈会,引导在外江西籍有为青年了解家乡、报效家乡。举办了“2004海外学人回国创业周——江西行”活动,向海外学人推介江西,共有12个项目达成合作意向。三是推进“百村万户青年文明行动”,促进城乡经济社会协调发展。通过推行“X+1”(即一个或多个组织、个人共同资助一个自然村)的工作机制,全省共建成54个示范村,投入资金约200万元,受惠群众4000多户。活动得到了省委、省政府的充分肯定,省政府分管农业的副省长担任活动领导小组的名誉组长。四是推进保护母亲河行动,促进江西发展环境的优化。争取到1.2亿日元建设“共青项目”,20万元建设“安利林瑞金项目”。高质量地承办了中日林业小渊基金项目管理工作现场会,更加有力地推动了小渊基金项目在江西的实施。联合有关部门深入推进“赣江环保行”活动,组织青少年通过植树造林、清扫垃圾、争当小小环保监督员等方式,传播绿色文明,保护生态环境。

第三,坚持正确的人才观,切实服务青少年成长成才。充分发挥共青团在人才工作中的导向、桥梁、服务和举荐作用,切实服务青年人才脱颖而出。一是积极选树青少年典型。推出了中国十大杰出青年、中国十大杰出青年农民、全国十佳少先队员等一大批青少年典型。二是扎实推进青年就业创业工程。大力实施“万名农村青年技术培训和转移就业”工程,落实社会筹资1000万元,免费培训和转移就业农村青年1.5万人,积极探索出了一条“组织化发动、市场化运作、规模化转移、一体化服务”的工作新路子。三是全面实施青工技能振兴计划。围绕“岗位学习、岗位成才、岗位奉献”的主题,联合15个部门组织开展专项青工技能大赛,共开展青工培训活动4000多次,创造“五小”成果460多项。四是稳步推进大学生素质拓展计划。组织开展了“青年科学家校园行”活动,分别在南昌大学等高校举行专题报告。大学生“三下乡”社会实践活动取得新突破,共有1.5万大学生参加了活动。大学校园文化活动丰富多彩,成为培养大学生综合素质的新载体。五是优化青少年成长环境。希望工程取得新突破,全年筹集资金1010万元,救助贫困学生1880名,兴建希望小学18

所，筹集希望书库30万元。预防青少年违法犯罪工作纳入综治考评体系，工作经费已在各级财政专项列支。深入开展了“与青春对话，为青春喝彩”青年心理健康教育活动，帮助大中学生处理好心理困惑。加强了青少年的自护教育，筹集资金100余万元，向全省青少年免费发放自护手册20万册。

第四，坚持强基固本，不断推进共青团自身建设。坚持以改革的精神、发展的思路、创新的实践切实加强团的自身建设，不断增强团的生机与活力。一是加强团的组织建设。全面启动团干部素质提升计划，联合省委组织部先后在香港、上海举办了两期团干部培训班。按照“树立形象、提高素质、增强实力、搞好服务”的要求，团的机关建设稳步推进。创新青年组织设置，首次在广东、上海、北京三地设立江西省青联联络处，专设了省青联港澳台侨界别委员会，成立了赴赣博士服务团特邀界别，全面构建开放的青年组织体系。二是加快青年中心建设。按照不求所有、但求所用的原则，整合城乡资源，在全省建立了116个青年中心，在服务青年全面发展中发挥了良好的作用。一批青年中心和先进个人受到团中央表彰。三是加快团属事业发展。在全团率先成立了“团属事业发展管理委员会”，对团属事业实行规模化经营、制度化管理，已引进合同资金7000万元。在省团校的基础上设立了江西青年职业技术学院，着力把学院建设成为培训青年干部与培养青年人才并重的现代化高等职业技术学院。四是推进团的信息化建设。共青团县县上网工程取得实效，已向县级团委免费发放新电脑40台。团省委机关OA系统已建成，初步达到“无纸化办公”的要求。信息调研工作取得突破，省委采纳信息居党群部门之首。组织开展了全省共青团调研奖评选，调研工作获全团调研优秀组织奖。新闻宣传得到加强，在省内外主要新闻媒体报道数量大幅度增加，较好地扩大了共青团工作的影响。

山东团的工作

2004年，在山东省委和团中央的正确领导下，团省委坚持以邓小平理论和“三个代表”重要思想为指导，认真学习贯彻党的十六大和十六届三中、四中全会精神，紧扣省委、省政府中心工作，竭诚服务青年、服务社会，扎实开展了一系列富有特色的工作，圆满完成了各项工作任务，取得了切实成效。

一、履行团结教育团员青年的根本职能，扎实做好青少年思想工作

（一）构筑青年强大精神支柱。坚持以科学的理论武装青年作为首要任务，着眼于教育引导青年做先进生产力的推动者、先进文化的传播者和人民群众根本利益的奉献者，不断掀起学习贯彻“三个代表”重要思想的新高潮，开展了一系列主题突出、特色鲜明的学教活动。“三个代表”重要思想已融入青年血液，化为指导实践的自觉行动。坚持理论联系实际，把学习“三个代表”重要思想，与树立和落实科学发展观紧密结合起来，引导广大团员青年在落实“五个统筹”的实践中找准位置、发挥作用、有所作为。

（二）积极开展青少年思想道德教育。以深入贯彻《中共中央国务院关于进一步加强和改进未成年人思想道德建设的若干意见》为契机，通过开展座谈会、研讨会等形式研究制定详细的工作方案和贯彻意见，开展了为未成年人做好“十件实事”活动。深入贯彻《公民道德建设实施纲要》，建设了50条青少年道德建设示范街和300个社区青少年科普知识长廊，对青少年进行基本道德规范养成教育；开展了“未成年人文明新歌谣和青少年文明短信息征集大赛”活动，共收到作品4800篇，编辑了《花海雨露》一书；开展了“五心”教育活动，培养和提高中小学生的社会责任感。充分发挥“五老”作用，对未成年人进行理想信念、革命传统和道德法制教育。召开了全省中学共青团工作会议，对加强中学生德育工作进行了重点部署。开展了首届“山东省十佳中学生”评选活动。认真贯彻落实《中共中央国务院关于进一步加强和改进大学生思想政治教育的意见》精神，稳步推进大学生思想政治教育，积极构建学生心理健康的服务体系、学生思想动态的监测体系、校园突发事件的处理体系“三个体系”。

（三）扎实推进青年文化建设。充分发挥文化育人作用，继续深入实施齐鲁青少年经典古诗词诵读工程，积极开展文化周、文化节、读书节等活动，并成功承办了“青春中华”中国首届青少年读书周活动。在第四届全国乡村青年歌手大赛上，山东省有5名选手入围决赛，数量位居全国第一，团省委获“全国优秀组织奖”。举办了首届“山东省大学生校园歌手大赛”和驻济高校大学生原创作品征集与评展活动。在“全国‘青年文明社区’示范城（区）”评比活动中，山东省有5个城区荣膺这一光荣称号。举办了山东青年纪念五四运动85周年“飞扬的青春”大型文艺晚会。

（四）深入开展青年志愿服务活动。开展了“维护社会治安志愿者筑城行动”、争做“青年消防志愿者”活动，服务“平安山东”建设。组织开展了各种形式的社区志愿服务活动，为困难群众提供生活照料、医疗保健、法律援助等一系列服务。开展了“防治禽流感，青年做先锋”志愿服务活动。开展了2004年中国亚洲杯足球赛山东省（济南）赛区志愿者服务工作，组织400人参加了核心层志愿服务。

二、充分发挥团的品牌优势，推动经济社会全面协调可持续发展

（一）深化实施青春创业行动。通过“工岗快递”、劳务输出等形式，为岗位找青年，为青年找岗位，实现青年和岗位的有效对接。开展了“青春创业”歌曲学唱和“创业青年每周一星”选树宣传活动。完善青年创业培训模式，开展和推广了SYB（Start Your Business）培训项目。积极整合社会资源，募集青年创业基金。加强青春创业行动指导中心建设，全省建立县级及县以下指导中心153个。青春创业网站建设取得新进展，全省40%的县建立了青春创业网站（网页）。成立了“中国青年创业国际计划山东办公室”，标志着青春创业行动在与国际接轨方面迈出了坚实的一步。今年以来，全省各级团组织新推出项目770多个，使100814名青年实现就业，帮助2994名青年走上创业之路，103289人次接受了技能、创业等各类培训。积极响应省委、省政府提出的“突破菏泽”战略，开展了“鲁浙青年企业家菏泽行”经贸考察活动，共达成18个合作协议，投资金额达13.72亿元。开展了第十二届“山东省十大杰出青年企业家”评选活动。

（二）促进农村青年转移就业。推出“山东省农村青年转移就业促进计划”，深化实施《进城务工青年发展计划》。开播了服务农村青年转移就业电视栏目《打工在线》，为农村青年提供就业指导和就业岗位信息。推行县县合作项目，突出做好了山东省30个经济强县与30个经济欠发达县之间农村青年转移就业工作的对接合作。加强经济欠发达县的团组织同经济发达地区龙头企业的联系，通过“西输东接”、“南上北下”等形式推动农村青年实现转移就业。年内全省各级团组织已培训农村青年20万余人,举行各种类型的人才交流洽谈会80多场,帮助7万多名农村青年实现了转移就业。开展了第四届"山东十大杰出青年农民"评选表彰活动。

(三)深入开展青年科技创新行动。组织开展了第四届"挑战杯"山东省大学生创业计划竞赛活动。在首届"中国青少年科技创新奖"评选工作中,山东省推荐的2名大学生和2名中学生全部入选。承办了2004中国(济南)青年科技系列活动,来自全国各地的近300名青年科技工作者参加了活动,共签订合作项目7个,达成合作意向资金1.3亿元,促进了科技成果的转化。

(四)扎实开展青工技能振兴计划和青年创新创效活动。开展了山东省青工技能振兴计划,培养青年技工6100名。开展了2004年度全省"青工技能月"活动,举办青年职业技能专场鉴定活动20多场。开展了2004年度全省杰出(优秀)青年岗位能手评选表彰工作,新启动了社会保险、法院等系统青年岗位能手的创建工作。

(五)深化青年文明号创建工作。创建领域进一步拓宽,启动行业已达到39个。表彰命名2003年度山东省青年文明号2312个,有47个青年集体被新命名为全国青年文明号。在7月份召开的全国青年文明号10周年表彰大会上,山东省有5个青年集体被授予全国青年文明号10年成就奖,14个单位、13名同志被授予10年全国青年文明号活动优秀组织奖。评选了一批10年山东省青年文明号优秀组织奖、贡献奖和第二届山东省杰出青年文明号;重新修订了《山东省青年文明号管理办法》,实施了青年文明号预申报制度。

(六)构建保护母亲河行动发展新格局。开展了建设"山东省保护母亲河工程安利林"活动,并在山东省青少年绿化基地举行了启动仪式,建成的"安利林"面积达80余亩,植树3.5万棵。在山东黄河入海口处建成一处"保护母亲河——真情无限林"。进一步加强青少年绿化基地建设,对建设情况良好的15个青少年绿化基地进行补助奖励,划拨资金110万,命名了10个省级青少年绿化基地。

三、坚持以青年为本,竭诚服务青年成长成才

(一)继续深化"学士后流动站"建设。编辑出版《学士后流动站宣传画册》和宣传海报,精选一批建站单位和进站大学生典型,进行广泛宣传。对"学士后流动站"进行了商标注册,纳入知识产权保护法律体系。截至10月底,全省共建立"学士后流动站"229家,吸纳13129名学生进站工作,其中,7661名学生正式签订了用工协议。"学士后流动站"工作在省内外产生了极大影响。

(二)实施大学生志愿服务西部计划。全省有46所高校2261名大学毕业生报名参加志愿服务西部计划,报名人数位居全国前列,最终选拔出395名大学生志愿者到服务地进行为期1—2年的志愿服务。同时,新选拔省内计划50名志愿者,派往服务地进行为期1年的志愿服务。印发了《关于表彰2003年度大学生志愿服务山东计划优秀青年志愿者的决定》,对王景毅等38名"山东省优秀青年志愿者"进行了表彰。

(三)深入开展"三下乡"暑期社会实践活动。暑假期间,全省50余所大中专院校的4000多支服务队共举办文化知识培训班1000余期,辅导中小学生17万多人;文艺演出300余场,观看演出的观众达到20万人次;举办农村发展、农业技术推广等内容讲座近600场,为基层培训实用技术人员5万余人;培训医务人员近5000名,接受医疗卫生服务的农民群众达5万人次;送图书下乡近20万册,为农村培训文化骨干近3万人;开发推广实用科技项目2000多个,扶助乡镇企业近800个,新增"三下乡"社会实践基地200余处。团省委被中宣部等部门授予"三下乡"活动省级组织奖,省内16个单位被授予校级组织奖。

（四）扎实开展青少年权益保护工作。率先在全国成立了第一个省级青少年维权中心，并在全省17市开通了号码统一的"1600100"青少年维权热线电话，接受咨询6000余人次，受理青少年维权案件300余宗。制作了山东省青少年维权网站。积极整合社会资源，挂牌成立首家省级青少年自护教育基地。联合有关部门开展了第五届"山东杰出青年卫士"评选活动。

（五）预防青少年违法犯罪工作取得新进展。建立省市两级预防青少年违法犯罪领导机构和工作机构，召开了全省预防青少年违法犯罪工作会议。制定出台《省综治委关于深化预防青少年违法犯罪工作的意见》，省委办公厅、省政府办公厅予以转发，将预防青少年违法犯罪工作纳入"平安山东"建设和全省综治考核体系，启动"未成年人零犯罪社区"创建活动，深入开展"问题青少年"帮教和"两走一联"警示教育。2004年全省青少年违法犯罪率控制在青少年总数的万分之六以下，改造成功率达到98%。

（六）希望工程取得扎实成效。全年共筹集资金1600余万元，资助贫困学生10261名，援建希望小学50所。拓展希望工程助学领域，启动希望工程助学进城计划，设立了"希望工程——鲁能农民工子女助学基金"，先期资助了300名农民工子女上学。实施"明德奖学金"项目，年内资助中小学生920名，资助高考新生80名。联合省总工会、大众日报等单位举行了"心系寒门学子，奉献真挚爱心"高考新生大型助学活动，筹集资金150万元，资助特困生500名。联合山东移动通信有限责任公司、齐鲁晚报继续对优秀贫困大学生进行资助，年内共资助优秀贫困大学生276名。

四、全面加强团的自身建设，不断提高共青团的凝聚力和战斗力

（一）共青团"凝聚力工程"扎实推进。围绕民办高校、农村、非公有制经济组织和社区"四个领域"，分别召开了现场推进会。下发了《关于进一步加强我省民办高校团的建设工作的意见》，成立了全省民办高校团的工作协调联谊会，并召开了全省民办高校共青团"凝聚力工程"推进会。大力加强农村共青团组织建设，推动团支部书记进"两委"班子，进一步优化了农村团的工作环境。制定下发了《关于加强非公有制经济组织团建工作的意见》，组织力量对全省社会中介组织团建情况进行了专题调研，在全国率先制定出台了《关于加强社会中介组织团建工作的意见》。下发了《关于加强城市社区团组织建设工作的意见》，总结推广了近几年来山东省社区团组织建设，特别是济南市历下区"社区民警兼任社区团支部书记"的经验做法。截至2004年12月31日，全省共有共青团员5580146人，团青比例为30.80%，其中女团员2480641人，少数民族团员62383人；团的专职干部13839人；基层团委9589个，团总支14482个，团支部203372个。

（二）全力推进城乡青年中心建设工作。研究制定了《全省农村青年中心建设试点方案和计划安排》，召开了全省农村青年中心建设现场推进会，成立了237个各具特色的农村青年中心。在农村青年中心开展了"青春大舞台"活动，这一做法得到了团中央的认可并在全国予以推广。共有13个县被团中央确定为全国农村青年中心建设先进县创建单位；5处青年中心被团中央选入全国农村青年中心100例，其中，齐河县表白寺农村青年中心被列为全国10个重点案例之一。制定下发了《山东省城市青年中心建设试点工作方案》和《山东省城市青年中心工作推进计划》，筛选确定了30个街道作为省级试点单位，已建成城市青年中心73个，吸纳青年会员31000人，有4个地级城市、6个街道被列为全国城市青年中心首批试点。

（三）加强团干部和团员队伍建设。深入

实施“山东省共青团系统选调生计划”，共选拔出近50名优秀大学毕业生充实到基层团的工作岗位。加强对选调生的跟踪培养，组织开展了2003年度共青团系统选调生征文比赛活动。主动配合党委组织部门做好市级团委班子的换届工作，严把团干部入口关，保证了团干部队伍整体素质的普遍提高。在全省部署开展了团员先进性教育活动试点工作，共确立市级试点单位10个，县级试点单位17个。积极做好“推优”工作，源源不断地向党组织输送新鲜血液。

（四）青联、学联和少先队的作用得到充分发挥。为全面活跃省青联工作，将驻济省青联委员划分为14个界别委员会，并指导界别委员会开展各具特色、丰富多彩的活动。开展了山东青年美展——“平安山东”主题招贴大展活动，近万人参观了展览。评选了第十五届“山东十大杰出青年”。加强了对学联工作的指导，使学联组织的凝聚力、战斗力不断增强，作用进一步发挥，有力地促进了青年学生的成长成才。坚持“全团带队”，开展了“平安山东”红领巾行动、“同在一片蓝天下，手拉手共同成长”城市少年儿童与进城务工农民子女“手拉手”、“雏鹰争章”等系列活动。评选表彰了第八届“山东省十佳少先队员”和首届“山东省十佳少先队辅导员”、“齐鲁小名士”、“山东省优秀少先队工作者”。

（五）青年统战和外事工作取得新的进展。接收了5名来自新疆的挂职团干部。组织了全省青年宗教现状调研活动。通过举办2004鲁台青年创业交流周活动和邀请有关专家分析台海局势和国际形势，加强了对台交流和涉台青年教育。全年共接待来自日本、韩国、古巴、英国、加拿大等国家的青年友人90余人次，派出青年代表赴日本、朝鲜、韩国、越南、俄罗斯、英国等国家进行了友好访问，与俄罗斯斯韦尔德洛夫州青年联盟达成了青年交流互访的友好协议。赴加拿大参加了在魁北克省举办的5国友好省州领导人峰会和青年论坛，与加拿大不列颠哥伦比亚省奇利瓦克市就青年交流与培训达成友好协议，并形成了2005年在山东省举办5国友好省州青年交流活动的共识。

河南团的工作

2004年，在河南省委和团中央的正确领导下，河南各级团组织按照省十二次团代会的总体部署和要求，以“小康建设献青春，中原崛起建功业”为主题，突出“青年创业、青年文化、青年人才、青年中心”四项重点工作，进一步加强和改进未成年人思想道德建设，着力提高服务大局、服务青年和团的自身建设的工作水平，推动了共青团事业的持续发展，呈现出重点突出、全局活跃、有序推进、成果丰硕的工作局面，为河南的改革、发展、稳定做出了积极的贡献。

1. 坚持用科学理论武装全团，青少年思想政治教育工作取得新成效

全省各级团组织以“兴起新高潮，创造新业绩”为主题，按照“抓实践、抓活动、抓骨干、抓社团、抓网络”的工作思路，以团干部、大学生和各条战线青年骨干为重点，坚持理论联系实际，开展了理论学习、工作研讨、成果交流等符合青年特点、主题鲜明的学习教育活动，不断把学习贯彻“三个代表”重要思想引向深入。联合省委组织部、省委宣传部在全省中青年干

部中开展了“学习实践‘三个代表’，奋力实现中原崛起”读书征文活动，推出了一批学习贯彻“三个代表”重要思想的理论成果；发挥高校3200多个学生社团的作用，吸引18万名青年学生积极学习实践“三个代表”，推动了科学理论“进教材、进课堂、进学生头脑”；以“弘扬五四精神，肩负历史使命”为主题的纪念“五四”运动85周年系列活动的蓬勃开展，进一步坚定了广大团员青年高举团旗紧跟党走的决心，激发了投身全面建设小康社会、奋力实现中原崛起的积极性；以创新思想教育工作的方式方法为重点，发挥现代传媒的作用，认真做好新形势下的青少年思想教育工作，延伸了工作手臂，拓展了工作领域，增强了针对性与实效性，提高了吸引力和感染力。

2. 坚持服务大局，围绕党政中心工作推出新举措

按照省委、省政府加快工业化、城镇化，推进农业现代化进程的战略部署，结合河南共青团的实际，在全省团组织中启动实施了“工岗快递转移就业促进计划”，各级团组织对目标任务进行科学规划，层层分解，明确时限，严格标准，健全组织，初步构建了省、市、县、乡四级上下联动，覆盖全省的网络体系；抓住组织动员、技能培训、岗位对接、创业扶持、权益维护等关键环节，积极探索组织化发动、市场化运作、规模化转移、一体化服务的工作机制；全团上下握指成拳，强势推进，逐步形成了与市场经济体制相适应、与政府职能部门相衔接、符合青年需求、具有共青团特点的服务青年就业创业的工作格局。一年来，共筹措用工岗位35.75万个，举办“青春互动”为主题的各级各类用工洽谈会550多场(次)，建立青年职业中介组织1216家、创业实践基地301个、培训基地772个，培训青年17.27万人次，直接促进和服务青年转移就业24.7万人，取得了良好的经济效益和社会效益，提高了团组织服务大局、服务青年的能力，展示了团干部奋发有为的青春风采，引起了社会各界的高度关注，得到了省委、团中央的充分肯定，受到了省政府的表彰。

3. 坚持突出重点，促进了团的事业新跨越

按照团河南省十二届三次全会的工作部署，全团上下立足实际，锐意进取，常项工作扎实推进，重点工作实现突破。在强力实施“工岗快递转移就业促进计划”的同时，着力营造青年创业的社会氛围，服务青年创业发展。进一步规范了“河南青年创业基金”、“扶持河南青年创业信贷资金”的管理，召开了河南省首次农村青年工作会议，成立了河南省留学青年回国创业促进会，举办了河南青年创业论坛、2004海外学人回国创业郑州行、跨世纪青年农民培训工程、进城创业青年发展计划、青工技能振兴计划等系列活动，帮助各行各业的有志青年立足岗位成长成才，推动了河南青年创业行动的深入开展。坚持用邓小平理论和“三个代表”重要思想统领青年文化建设，以“厚重河南，青春中原”为主题，组织开展了第九届大学生科技文化艺术节、第六届乡村青年文化节、三百科技大集、社区青年文化节、青少年书法美术摄影大赛等丰富多彩的青年文化活动，推出了一批具有共青团特色的青年文化项目。青年人才工作以促进经济社会发展为根本出发点，紧紧抓住培养、凝聚、举荐、配置四个关键环节，出台了工作意见，建立了河南青年人才库，在《河南日报》开设了河南省优秀青年人才巡礼专栏，河南省青年在中国十大杰出青年、中国十大杰出青年农民、中国青年学习成才奖、全国农村青年创业致富带头人标兵等全国评选表彰中均榜上有名，营造了青年人才成长的宽松环境，树立了一批优秀青年人才典型，壮大了青年拔尖人才、青年管理人才、青年乡土人才、青年技能人才等青年人才队伍。积极探索城乡基层新型青年组织模式，大力加强城乡青年中心建设，抓住建设、运转、管理等关键环节，在建设模式、组织设置、项目开发、机

制建设等方面大胆探索，积极创新，取得了显著成效。省委书记徐光春、副书记王全书和团中央书记处书记尔肯江·吐拉洪分别对河南省青年中心建设工作做出重要批示，给予了充分肯定，提出了明确要求。

4. 坚持发挥优势，团结带领广大青少年倡树新风尚

围绕进一步加强和改进未成年人思想道德建设，着力提高青少年的思想道德素质，大力弘扬时代新风，制定了实施意见，明确了责任分工，广泛开展了18岁成人仪式、少先队“雏鹰争章”、“手拉手”、“新世纪我能行”、“大眼睛看河南、民族精神代代传”、“保护母亲河”等一系列有时代感、符合青少年特点的思想道德实践活动，成立了“河南省少年军警校总校”，举办了“加强和改进未成年人思想道德建设高层论坛”，使广大未成年人在实践中提升思想道德素养，提高了青少年思想道德建设工作的整体水平。青年志愿者行动不断深化，启动实施了“河南省大学生服务贫困县计划”，继续做好“大学生志愿服务西部计划”工作，深入开展了“一助一”结对、“三夏”助收帮扶、大学生“三下乡”、“青春辉映夕阳红”助老、敬老、爱老等志愿服务活动，全省共成立129个县级青年志愿者协会，有93万多名青年志愿者依法注册。以纪念“青年文明号”活动10周年为契机，拓宽了创建领域，提高了创建质量，遍布全省21个行业的318个国家级青年文明号集体和1401个省级青年文明号集体，大力弘扬诚实守信的职业道德，在社会主义精神文明建设中发挥了带头表率作用。以“保护母亲河，共建绿色中原”为主题，弘扬生态文化，发展生态经济，启动了河南省青少年“共饮丹江水，保护母亲河”活动，实施地方项目59个，完成治理面积8万亩，增强了青少年绿色环保意识、保护母亲河意识和可持续发展意识。

5. 坚持以人为本，服务青少年成长发展有新作为

认真贯彻落实《未成年人保护法》和《预防未成年人犯罪法》，广泛开展了青少年自护教育、社区青少年远离毒品、青少年网络文明教育、青少年普法教育知识竞赛、“为了明天——预防青少年违法犯罪宣传周”等主题活动，召开了预防青少年违法犯罪工作会和理论研讨会，实施了青少年违法犯罪社区预防计划，建立了河南省青少年维权中心，命名表彰了100个“河南省优秀青少年维权岗”，逐步构建了社会化的青少年维权服务网络。积极开展为困难青少年群体做实事、办好事、解难事活动，希望工程募集资金572万元，资助农村家庭经济贫困的学生6200名，启动实施希望工程助学进城计划，资助农民工子女1800人；深入开展“真情助困进万家”活动，帮助特困下岗失业青年、农村贫困青年、进城务工青年和贫困大学生解决实际困难和问题；按照省委统一部署，认真做好艾滋病疫情高发村驻村帮扶工作，开展了团干部向涉艾家庭献爱心、暑期大学生志愿者“青春红丝带”面对面宣传教育、“青春共建阳光家园一助一行动”、援建红丝带爱心岛等活动，有效地服务了青少年的健康成长。

6. 坚持党建带团建，团的自身建设实现新发展

以团建“三级联创”活动为抓手，加强团的基层组织建设，细化团建“三级联创”的创建标准，制定了“团建工作先进县(市、区)”创建活动实施方案，明确了“五四红旗团委”、“明星团支部”的创优考核办法，进一步健全完善了促进基层团组织持久活跃的长效工作机制。大力加强团的队伍建设，全年共发展新团员67.9万名，推优入党38366名，占团员入党总数的73.5%，为党组织输送了一批新鲜血液。以提高团干部素质为重点，加大团干部的培训力度，加强了对“五四红旗团委”创建单位团委书记、新任专职团干部、农村团支部书记的培训工作，全省县级以上团委共组织团干部培训班313期，培训团干部35000余人次。加强团的

作风建设，大力弘扬求真务实之风，按照真抓实干、狠抓落实的总体要求，开展了“学英模、找差距、比贡献、争一流”主题教育活动，使广大团干部受到深刻教育，促进了思想作风、工作作风的进一步转变。

青联、学联、少先队建设得到不断加强。青年外事工作日趋活跃，成功地举办了“中非青年联欢节”、河南青年赴日公开招募、日韩青年代表团访豫等活动，与日本、韩国及香港、澳门、台湾等地的青年组织建立了友好关系，共接待青年外事团组15批次，来访342人，先后选派优秀青年60余名赴国外考察。团校、团报、团刊和青少年理论研究工作取得了新的成绩。青旅、图书发行社、青少年服务中心等团办实业深化改革、加强管理，效益进一步提高，服务大局的能力不断增强。

湖北团的工作

2004年，湖北各级团组织和广大团干部牢固树立和全面落实科学发展观，坚持服务全省工作大局，服务青年成长发展，抢抓机遇，狠抓落实，着力深化，积极创新，团的工作机制更加完善，工作特色更加突出，各项工作保持了良好的发展势头。

一、青少年思想政治教育取得新成效

深入贯彻中央8号文件、16号文件精神，突出抓好团干部、大学生和各条战线青年骨干的理论武装工作，以纪念邓小平同志诞辰100周年、建国55周年和五四运动85周年为契机，以“弘扬五四精神，肩负历史使命”、“祖国在我心中”等为主题，加强学习辅导，深化主题教育，引导广大青年立足岗位践行“三个代表”重要思想。全面部署加强和改进未成年人思想道德建设的各项任务，巩固和开辟了青少年宫、中学业余党团校、红领巾广播站等校内外活动阵地，组织起以青年志愿者、“五老”人士、“青少年维权岗”、少先队辅导员等为骨干的工作队伍，开展了“民族精神代代传”、“爱心助成长”、“城乡少年手拉手，百万图书进山村”等富有吸引力、感染力的教育和实践活动。探索加强和改进大学生思想政治教育的新途径、新方法，启动“我与祖国共发展”主题教育活动暨百场报告会，激发了青年学生坚定不移跟党走、报效祖国、建设家乡的热情。

二、服务农民增收做出新贡献

认真落实中央和省委两个一号文件精神，扎实推进农村青年素质训练和转移就业，千方百计服务农民增收。各级团组织坚持以培训为基础，开辟阵地，拓展内容，面向农村青年开展各类培训18万人次；坚持以市场为导向，内引外联，城乡互动，实现转移就业2.2万人，促进了农村青年在外出务工和返乡创业的双向流动中创业发展、增收成才。精心组织大中专学生“三下乡”服务农民增收社会实践活动，共组建1000余支实践服务队，10支博士团，10万余名大中专学生开展支农服务，各高校、各服务团把项目和需求紧密结合，服务活动深入扎实、成效显著，农民得到了收益，学生经受了锻炼。

三、招商引资活动取得新成果

抓住中青企协第九次会员代表大会在湖北省召开的契机，前期邀请6批次120余名青年企业家来湖北进行经贸考察，组团分赴广东、浙江等发达地区进行项目洽谈。大会期间

500余名青年企业家齐聚湖北，通过一系列经贸洽谈活动，共签订合同项目6项，合同金额48亿元，其中一期投资22亿元。组织部分青年企业家赴宜昌进行经贸考察和洽谈，共有3个项目签约，协议金额2.4亿元。2004海外学人回国创业荆楚行暨青年企业家投资考察活动共达成合作意向11项，正式签约3项，总金额10.98亿元。对2003海外学人回国创业周和中青企协黄冈经贸洽谈会等招商活动的项目进行跟踪服务，促进了项目落实和资金到位。

四、青年文化活动展示新风采

整合青年文化品牌，举办了首届全省青年文化艺术节、第20届“江城之春”科技文化节，组织了才艺、街舞、诗歌系列大赛，举行2008奥运火炬接力手选拔活动、“奥运精神”大型图片展、“感动”短信大赛，开辟湖北省青年新书推荐榜，得到各条战线青年的热烈响应。第七届“乡村青年文化节”共开展文艺演出120余场次，赠送价值10余万元的农业生产资料，农业科技书籍数万册，开展义诊80余场次。各地广泛开展了青年广场文化活动、社区文化活动、企业文化活动、校园文化活动，活跃了青年的文化生活，展示了青年的精神风貌。

五、青年志愿者行动实现新突破

着力推进志愿服务事业的机制、项目、队伍建设。以社会化招标的方式推进社区服务计划，广泛开展了“爱心献社会，真情送万家”、“四进社区”等活动。重点实施西部计划，全力启动西部计划省级项目，共有2828名应届毕业生报名参加，最终有426人入选全国项目，100人入选省级项目。湖北招募、派遣人数均居全国前列。全力参与国际人口与发展论坛志愿服务工作，团省委被省政府授予论坛筹备与服务工作先进单位，中央、省领导及联合国官员盛赞“志愿者是论坛最亮丽的风景线”。稳步推行注册志愿者制度，本年度全省新增注册志愿者10万余人。

六、资助贫困生就学掀起新高潮

2004年，湖北“希望工程”共募集资金1218.1万元，援建希望小学20所，资助贫困大、中、小学生22939人次。其中，团省委、省青基会推出的“希望工程——让孩子都上学”主题公益助学活动和希望工程进城助学计划，共筹集资金841万元，援建希望小学20所，建设希望图书室41个，资助贫困生6924人次，其中资助农民工子女1000人次。秋季新生入学后，团省委联合有关方面开展了“为贫困大学生捐岗助学”活动，动员组织400多家企业和社会各界爱心人士举行了两场大型供需见面会，4995名贫困大学生找到了合适的工作，缓解了就学压力，增强了大学生奋发向上、自强不息的精神。

七、维护青少年权益推出新举措

预防青少年违法犯罪工作取得明显成效。湖北所有的市州县成立了预防工作机构，将预防工作纳入当地综治考评体系。省预防办组织开展未成年人违法犯罪现状调研，有针对性地提出了对策和建议。维护青少年权益工作深入开展。推动维权岗走进社区，形成区域维权联动。“未成年人零犯罪社区”试点创建、“为了明天——预防青少年违法犯罪工程”稳步实施。发动万名志愿者，面对艾滋病人和病毒感染者开展宣传、培训和关怀活动。积极建设维权实体，在全国率先建成“进城务工青年法律援助中心”，接待咨询数千人次，成功办理多件劳动仲裁案件，帮助追讨工资上百万元。成立“未成年人维权服务中心”并有效开展工作。

八、团的自身建设实现新发展

坚持党建带团建工作原则，推动基层团的组织建设稳步发展。各市州团委联合党委组织部，对2001—2003年度全省党建带团建工作进行了全面总结，进一步明确了新的工作发展思路。基层团组织“三级争创”活动成效显著，一批全国五四红旗团委、五四红旗团支部和全国团建先进县(市、区)受到团中央表彰。以乡镇团的班子建设为重点,按照扩大职数、公开选拔、任期考核的思路进行试点,探索基层团内民主新的实现方式和团的组织建设新途径。举办市、州团委书记赴上海、浙江考察学习培训班,开阔视野,创新思路。全省各级团组织大力加强团干部培训,全年各类培训达5300余人次。

因地制宜突出特色,积极稳妥地推进青年中心建设。全省已有13个市州开展了农村青年中心试点工作,新建农村青年中心77个;7个城市青年中心试点城区已建青年中心30家,在建37家。各青年中心在建设模式、项目设置、工作内容等方面大胆探索,积极整合社会资源和工作项目,在城乡互动、项目合作、青少年教育管理、科技信息、文体活动等方面服务基层团组织建设,运行态势良好。

青联组织充分发挥人才智力优势,围绕经贸考察、招商引资、扶贫济困等中心工作开展了一系列富有成效的活动。青年外事工作更加活跃,与港澳台青年组织的交流交往更加频繁紧密。共接待了来自澳大利亚、非洲、欧洲、日本、港澳台等国家和地区8个青年团组260余人次来访;组织了9批次的青联委员、青年代表参加中国青年代表团赴美国、俄罗斯、日本、韩国、朝鲜、马来西亚、香港、澳门进行交流访问。学联组织在协助党团组织维护校园稳定,推进素质教育,丰富校园文化,指导高校学生会开展工作等方面发挥了积极作用。少先队组织以少先队工作示范学校为依托,以品牌活动带动全省少先队工作整体发展。

2004年,湖北共青团的各项工作深入发展,成果丰硕。保护母亲河行动在环保宣传和工程建设方面取得新的进展。“青工技能振兴计划”以技能培训和技能大赛为牵动,激发了青工学技成才的热情。以青年文明号活动10周年为新的起点,青年文明号创建管理和评选表彰机制不断完善,掀起了新的创建热潮。“创岗助业”、“工岗快递”、职业指导进高校、“挑战杯”大学生创业计划大赛等活动增强了青年的创业意识,提高了青年的创业能力。以“十大杰出青年”、“杰出青年农民”、“杰出(优秀)青年企业家”、优秀少先队辅导员等为代表的评选表彰活动,促进了一大批优秀青年典型脱颖而出。共青团信息工作水平进一步提高,各地、各系统共青团网站和青年网站有效发挥了信息平台作用。省团校进一步加强学科建设和教师队伍建设,拓宽办学渠道,改善办学条件,在校学生规模达到1400人,综合办学能力和办学水平上了一个新台阶。

湖南团的工作

2004年,在湖南省委和团中央的正确领导下,全省各级团组织和广大团干部以邓小平理论和“三个代表”重要思想为指导,以召开省委青年工作会议和纪念建团85周年为契机,紧紧围绕全省工作大局,扎实推进各项重点活动,切实加强团的自身建设,全省团的工作取得了新的发展。

一、以召开省委青年工作会议为契机,青年工作的外部环境得到新改善

2003年10月22日,省委召开常委会议,专题听取了团省委工作汇报,杨正午书记就如何贯彻团的十五大精神和切实做好全省团的工作

作了重要讲话，提出了明确要求，确定2004年上半年召开省委青年工作会议。2004年6月26日，省委青年工作会议在长沙召开，省委书记、省人大常委会主任杨正午，团中央书记处第一书记周强，省委副书记戚和平，省委常委、秘书长于来山等领导出席了会议。团中央书记处第一书记周强、省委副书记戚和平发表了重要讲话。团省委抓住机遇，广泛动员，认真筹备，扎实工作，进一步改善和优化了青年工作的外部环境，推动了全省共青团事业的新发展。一是积极争取省委的重视，出台了《中共湖南省委关于进一步加强和改进青年工作的若干意见》，为进一步做好新形势下全省青年工作提供了政策保障；二是深入贯彻省委青年工作会议精神，进一步加强党对青年工作的领导，进一步优化青年工作的外部环境。省委青年工作会议后，先后有郴州、益阳、邵阳、张家界、怀化等五个市召开了青年工作会议；三是积极争取各部门和社会各界对青年工作的关心与支持。省委办公厅、组织部、宣传部、省发改委、财政厅等单位为团的阵地建设和团干部队伍建设做了大量工作，湖南日报、湖南卫视等新闻媒体多次报道、宣传共青团工作和青年典型，团省委、湖南日报开办的《大学生就业启示录》专栏共发文章11篇，产生了良好的社会反响。

二、以贯彻中央8号文件和16号文件为主线，青少年思想政治教育取得新成效

2004年以来，党中央先后出台了《关于加强和改进未成年人思想道德建设的若干意见》和《关于进一步加强大学生思想政治教育的若干意见》。全省各级团组织高度重视，积极行动，采取措施，有效地推动了我省青少年思想政治教育工作。一是不断强化理想信念教育。紧紧抓住纪念邓小平同志诞辰100周年、建国55周年和五四运动85周年等重大契机，通过举办演讲比赛、征文比赛、参观教育基地、召开纪念大会等形式，开展一系列主题鲜明、内容丰富的教育活动，积极引导广大青年坚定信念、树立理想。二是突出抓好思想道德教育。我们深入贯彻党中央8号和16号文件精神，通过深入推进“青年志愿者”、“青年文明号”、“手拉手”等活动，在广大青少年中大力倡导良好的社会公德、职业道德和家庭美德。切实加强青年学生思想政治教育，通过讲座、谈心等方式，引导青年学生树立正确的人生观和价值观，培养健康的心理素质。三是大力加强社会实践教育。大力开展“雷锋家乡学雷锋、志愿服务树新风”、禁毒志愿者帮扶吸毒人员、志愿者为老服务金晖行动、“传承五四报国志、落实科学发展观”大学生“三下乡”和大学生志愿服务西部计划等活动。全省注册志愿者达到53万人，截至目前，有553名志愿服务西部的大学生工作在全省4个市州的500多个乡镇。

三、以推进青年培训工程为重点，服务青年取得新突破

2004年是省委确定的“青年培训年”。全省各级团组织以“青年培训”为抓手，通过大力培养青年人才，服务“三化”进程，引导团员青年大力发展外向型经济，发展劳务经济，维护社会稳定。联合省委组织部、省委宣传部等18家单位制定了《关于全面实施全省培训工作的意见》，并切实抓好《意见》的贯彻落实。一是突出抓好农村青年非农转移培训。各级团组织围绕农村青年增收成才的需要，从基地建设入手，以岗位信息服务、职业技能培训、青年星火带头人培训为重点，组织了15000余名农村青年参加技能培训，直接联系就业岗位42000多个，输送农村青年实现非农转移18000多名。二是大力推进青工技能振兴计划。与劳动部门联合开展青年职业资格证书培训，开展青工技能比武、岗位练兵活动，全省青工的素质和技能得到进一步提高。10月举办的全省青年车工岗位技能大赛就吸引了近400名车工参加。三是大力实施湖南青年科技创新行动。举办了湖南省首届“挑战杯”大学生课外学术科技作品竞赛活动，组织评选了第二届湖南杰出青年创业奖、第三届湖南青年科技创新奖。四是积极推进青年就业和创业工作。通过建立青年就业指导服务中心，开展“工岗快递”活动、“金桥行动”、举办青年人才交流会等形式，积极为青年就业创业搭建平台。全年为青年就业创业举办各类招聘会56场次，开展职业中介服务1万余人次，扶持青年兴业领头人创办小型企业1000余家，促进广大青年在不同岗位创业成才。五是抓好贫困失学学生的救助工作。一年来，省青少年发展基金会筹资1046万元，新建希望小学27所，奖励、资助希望之星5300名，配赠希望书库598套，拨付湘西专项资助款100万元，援助西藏山南地区青少年活动中心20万元。

四、以增强活力为目标，团的自身建设迈出新步伐

一是努力夯实团的基层组织建设。制订了《2004—2006年湖南省基层团组织建设规划》，按照党建带团建的要求，以创建“五四红旗团委”为手段，加大社区、非公有制经济组织团建工作力度。全省民办学校团建面达90%，社区团建全面铺开。二是切实加强青年中心建设。按照“先建设、后规范”的工作思路，在18个县市和26个乡镇开展了试点。全省已创建农村青年中心38个，城市青年中心21个。三是充分发挥青联组织的作用。2004年6月，圆满完成了湖南省青年联合会的换届工作。发挥青联的优势，输送40名青年人才赴日本、欧美研修，该项工作走在全国前列。四是强化全团带队工作。切实加强辅导员队伍建设，广泛开展争创“红领巾示范学校”活动，通过手拉手、雏鹰争章、民族精神代代传等活动，进一步丰富了学校少先队活动。

广东团的工作

2004年，是广东共青团工作抓落实、促发展的一年。在省委的正确领导和团中央的大力指导下，全省各级团组织和广大团干部紧紧围绕省委工作大局，坚持“青年为本、统筹协调、求真务实”的原则，扎实有效地推进各项工作，形成了心齐、实干、奋进的良好局面。

一、突出抓好主题学习教育活动，不断提高青少年思想道德素质。以“‘三个代表’重要思想与广东青年”为主题，组织开展形式多样的学习教育活动，坚持把学习贯彻“三个代表”重要思想与树立和落实科学发展观紧密结合，注重在学习中解决实际问题，在实践中提高学习效果。在全省青少年中启动“爱国、守法、诚信、知礼”现代公民教育活动，引导他们自觉提升现代公民素质。专题研究部署未成年人思想道德建设和大学生思想政治教育工作，在全省各地开展“热爱祖国，传承美德”未成年人宣誓活动，实施“爱心助成长”志愿服务计划，掀起了青少年思想道德教育的热潮。同时，以邓小平同志诞辰100周年、建国55周年和五四运动85周年等重大纪念活动为契机，广泛开展主题鲜明、内容丰富的活动，推动青少年思想道德教育求深、求新、求实。

二、全力推进青年创业行动，服务经济持续健康发展。全省各级团组织围绕建设经济强省的目标，以实施广东青年创业行动为载体，引导青年建功立业。实施促进农村青年转移就业计划和农村青年增收成才计划，加大青年农民科技培训和农村青年星火带头人培养力度，积极领办农业科技推广项目，带领农村青年走科技致富之路。继续深化青年创新创效活动和青年岗位能手活动，实施青工技能振兴计划，创办一批下岗失业青年技能培训基地和青年创业实践基地，帮助广大青年进一步转变就业观念，实现自主创业。先后举办了“泛珠三角发展战略与青年创业机遇”论坛、“CEPA的实施与泛珠三角经济圈的共建”主题论坛等活动，引导青年为推进泛珠三角区域合作献计献策。依托各级青年企业家协会和省留学青年回国创业促进会，定期举办联谊、项目对接等活动，为青年企业家和留学回国青年的创业发展提供服务；启动“广东青年企业家百县行”活动，以对话交流、经贸洽谈、考察投资等形式，引导青年企业家把推动县域经济发展与自身创业紧密结合起来；组织青年企业家代表团赴广西、黑龙江、宁夏、辽宁、新疆等地考察投资，为西部大开发和振兴东北老工业基地做贡献。

三、成功举办“青春中华”青年文化周，促进青年文化蓬勃发展。以“弘扬民族精神，致力振兴中华”为主题，在深圳举办的“青春中华”——首届中国青年文化周圆满成功，推出中华青年欢乐大汇聚、开幕式主题晚会、“我心目中的中华青春偶像”评选等七大项目，吸引了1300多万海内外华人青少年参与，唱响了“爱我中华、强我中华”的主旋律。隆重举办广东省纪念青年文明号10周年系列活动，大力弘扬“诚信、文明、和谐”的时代新风。深入开展大学生“三下乡”、“四进社区”、“走进剧场”等活动，校园文化亮点频现、异彩纷呈。青年志愿者、青年文明社区、乡村青年文化节、“手拉手”等活动有声有色、生动活泼，成为南粤大地精神文明建设的亮丽风景线。

四、积极落实“十项民心工程”，竭诚帮助青少年成长成才。按照省委实施“十项民心工程”的部署，结合团工作实际，努力为青年做实事、办好事、解难事。在张德江同志的亲切关怀下，成立“希望工程民营企业助学基金”，认捐总额达到1.2亿元，并举办希望工程“羊城会亲”、“鹏城会亲”等助学活动，建立希望小学60所，资助3600多名困难学生继续学业。实施“青春暖流”行动，为50多万名外来青年员工提供平安返家、维权咨询、法律援助、医疗卫生等各种形式的服务，把党的温暖送到外来青年员工心头。联合广东卫视创办“阳光快车”栏目，深化健康直通车行动，广泛动员社会热心人士帮助困难青年。实施“青少年违法犯罪社区预防计划”，开通“12355”青少年维权和心理咨询热线，开展社区青少年远离毒品、拒绝“六合彩”和“青春红丝带”等活动，群策群力共建平安社区。组织开展大学生志愿者农村税费改革政策督查、“健心工程”、志愿服务山区计划等活动，为大学生在实践中增长才干搭建舞台。开展第五届“广东省十大杰出青年”、第六届“广东青年五四奖章”等评选表彰活动，为广大青年树立了时代的青春标杆。

五、着重深化粤港澳青年交流，推动对外合作与发展。全省各级团组织认真贯彻张德江同志关于加强粤港澳青年交流工作的重要指示精神，在创新方式、扩大领域、建立机制上狠下功夫。确定每年8月为粤港青年交流月，开展“香港青少年广东万日行”。举办“健康直通车——粤澳青年志愿者爱心行”、“第一届粤港青年交流高峰论坛”和“两岸四地青年大汇聚——广东湖南行”等活动。各地充分发挥青年社团的桥梁作用，与在港同乡会、联谊会、商会等社团组织积极拓展交流合作。一年来粤港澳青年社团互访40多批、5200多人次，三地青年在交往中加深感情、增进认同。签署粤港青年交流合作协议和粤澳青年志愿者服务合作框架协议，建立“粤港澳青少年交流中心”和“粤港青少年交流基金”。承办首届“中非青年联欢节”闭幕式。接待澳大利亚、韩国、日本等国家的青年代表团，进一步加强了与国际青年组织的交流合作。

六、大力实施共青团固本强基工程，团的自身建设稳步推进。坚持党建带团建，进一步整顿和巩固相对薄弱的农村基层团组织，创新非公经济组织、社区和民办学校的团建方式，不断拓展团组织的覆盖面。深化“五四红旗团委”创建活动，涌现全国五四红旗团委5个，全国五四红旗团支部12个。稳步推进青年中心试点工作，建立农村和社区青年中心200多个。加大协管力度，加强交流锻炼，举办1600多期各类培训班，有效提高了团干部队伍的整体素质。团员意识教育、推优入党、推行电子团员证等工作不断适应新形势，推出新举措。切实加强团省委机关建设，促进机关与基层干部的交流互动，建立健全一系列管理制度，进一步优化工作环境。省青联不断拓宽工作领域，推动外事统战工作新发展。省学联、少先队组织在教育服务学生方面探索新路子，取得新成效。省青少年研究中心推出一批理论研究新成果。广东青年干部学院的办学、管理、培训等工作跃上新台阶。黄金时代、少先队员杂志社在机构调整和资源整合后迈出新步伐。省青年旅行社、希望工程服务中心、少先队服务公司、青年志愿者指导中心、少年军校在改革中实现新突破。

广西团的工作

2004年，在自治区党委和团中央的领导和亲切关怀下，团广西区委坚持以“三个代表”重要思想为指导，紧紧围绕自治区党政工作大局，找准工作切入点，深化团的品牌工作，团结带领全区各族团员青年大力开展“广西青年劳务输出月活动”、“百企入桂”、“大学生志愿服务西部计划”和“青春奉献南博会”等大型活动，积极投身广西全面建设小康社会和富民兴桂新跨越的伟大实践，取得了良好的工作成效，为实现广西跨越式发展做出了应有的贡献。

一、青少年思想政治教育工作取得新成效

一是组织团员青年深入学习贯彻“三个代表”重要思想。团区委领导带头学习贯彻党的十六届四中全会精神，并利用团属舆论阵地，开展大讨论活动，引导青少年学习实践“三个代表”重要思想。抓住邓小平同志诞辰100周年、“五四”运动85周年等重大契机，广泛开展“弘扬五四精神，肩负历史使命”主题教育活动，组织800多万青少年参加了各类座谈会、报告会、演讲比赛；组织了15万大中专学生开展“三下乡”、“四进社区”、街道挂职等社会实践活动。

二是切实加强未成年人思想道德建设。采取有力措施贯彻落实中央8号和16号文件精神，切实加强未成年人思想道德建设。利用清明节等节日组织了140多万名青少年开展缅怀先烈英灵教育实践活动；组织20多万青少年参加诗歌朗诵、歌曲传唱、集体宣誓、签名等形式的成人仪式教育活动；组织全区600多万少先队员参加“民族精神代代传”统一行动日活动，广泛开展“城市少年儿童与进城务工就业农民子女手拉手”活动；向全区广大中小学生推荐雏鹰网、“民族魂”等20多家优秀网站网址和优秀少年典型，引导和鼓励中小学生通过网络进行学习和交流，学习青少年模范形象；广泛开展“中国少年儿童平安行动”和“争当小实验家”全国少年儿童科学体验活动。

二、团结带领团员青年在经济社会发展中实现新作为

一是大力开展青年劳务输出和扶持青年创业行动。充分利用全区222个青年就业(创业)服务中心和153个青年就业(创业)培训基地,培训青年12.99万人次,扶持青年创业16850人。集中全区团组织的力量开展广西青年劳务输出月活动”,实施广西“农村青年中心培训就业连锁超市”项目,走组织化发动、市场化运作、规模化转移、培训和就业一体化服务、事业化推进的路子,大力实施“广西青年劳务输出计划”,全年帮助25万多青年转移就业。

二是大力开展“百企入桂”招商引资工作。成功引进北京帝恒集团创立了南宁“青年企业家高新民营工业园”,项目总投资额为100亿元人民币,创立了“广西中国—东盟青年产业园”,搭建招商引资的广阔平台。组织了多个专项推介和经贸考察活动,邀请了130名国内外青年企业家到广西考察,并做好跟踪服务工作,全年引进项目合同资金额达120亿元。

三是深化实施大学生志愿服务西部计划。多渠道开展动员工作,全区共有2342名应届毕业生报名参加西部计划,报名人数居全国第九位,招募志愿者470人。整合资源,形成了党政领导亲自抓、团组织具体抓、成员单位协调抓、用人单位主动抓的西部计划良好工作机制,充分发挥志愿者的聪明才智。

四是不断探索服务农村青年增收成才有效途径。深入实施“农村青年诚信创业工程”,全区通过“工程”发放贷款10多亿元,帮助10多万青年解决创业资金难的问题,青年、企业、信用社、团组织共赢的运作模式进一步完善。组织了15万大中专生组成600多支服务团开展“三下乡”活动,促进农村经济、政治、文化、卫生、教育的发展。

三、青少年参与精神文明建设活动取得新成绩

一是大力开展“青春奉献南博会”主题活动。开展了“迎南博会,请跟我来,天天环保”承诺活动、青年文明号优质服务奉献“南博会”等系列活动,在广大青少年中营造关心、参与、服务博览会的良好氛围。招募、培训、指挥了1.2万名普通志愿者、1500名专业志愿者在中心办公区、指挥中心、联络组、新闻组、翻译组、礼宾组、机场组、客商接待组等100多个岗位提供服务,出色完成中国—东盟博览会志愿服务工作任务。

二是切实推进青年文明号活动。策划组织了青年文明号10周年系列纪念活动,加大宣传力度,扩大青年文明号的活动覆盖面和社会影响;修订完善《广西创建青年文明号活动管理办法》,加强管理和监督。共有12个集体、单位和10名个人荣获10年全国青年文明号活动优秀组织奖。

三是深入开展“青年文明社区”示范城(区)创建工作。围绕“青年文明社区”示范城(区)创建工作,大力推进城市青年中心建设。南宁率先成为全国第一个“青年文明社区”示范城市,并在全国青年中心建设工作会议上作经验介绍。

四是全面实施青年文化行动。继续推进“青少年新世纪读书计划”,积极发展充满活力、健康有益的青年文化。

四、服务青少年成长成才工作取得新进展

一是服务青少年成长发展。深化“大学生素质拓展计划”,广西成为全国率先实现本科生普遍实施“大学生素质拓展计划”的省份;开展首届“挑战杯”广西大学生创业计划竞赛、“青春学习行动”、广西首届高校营销实战联赛决赛等丰富多彩的校园科技文化体育活动,全区共有10万人(次)参加。

二是维护青少年的合法权益。广泛开展各类法律咨询、法律援助活动,配合有关部门进行综合治理,组织100多万学生参加“抵制毒品,参与禁毒”主题活动,组织了2000多名大学生志愿者,广泛开展防治艾滋病“青春红丝带”面对面宣传教育活动。

三是深化希望工程工作。开展了“赵传梦回故乡·希望工程大型演唱会”和“助学长征——公益助学国际步行筹款活动”等声势浩大的宣传筹资活动，全年筹资1215万元，新建希望中小学22所，资助小学生1000人、中学生1035人、大学生180人。

五、青年统战和外事工作迈出新步伐

一是青年统战工作突出人才优势。各市均建立科技创新示范基地并发挥积极作用，成立了“桂港青年交流促进会”，搭建了桂港青年交流与合作新平台。

二是积极拓展国际青年友好交流的渠道与形式。共组织88人次赴国（境）外考察学习，先后接待来自英国、日本及东盟十国的青年代表团。成功承办了第五届“中越青年友好会见”活动，接待以越南胡志明共青团中央常务书记陶玉蓉为团长的100名越南青年代表，在中越边境建立40多个“青年友谊站”，创办了“中越青年友好教育基地”，促进边境地区青年友好交流。

三是中国广西国际青年交流学院不断扩大影响。第二期国际青年干部高级研修班39名学员顺利学成回国，第三期研修班学员在原来5国的基础上，增加了印尼，学员达到46名。中国—东盟博览会期间，缅甸总理梭温和印度尼西亚参赞分别接见了该国学员，并对国际青年干部高级研修班给予了肯定。

四是主动参与中国—东盟青年事务。成功举办了中国—东盟青年事务部长会议高官磋商会及中国—东盟企业界青年领导人峰会，成立了广西中国—东盟青年商会联合会，建立了中国—东盟青年生态友谊园，组织全国惟一地方代表团参加了首届中国—东盟青年事务部长会议，广西中国—东盟青年产业园和中国广西国际青年交流学院的建设发展工作写入了《首届中国—东盟青年事务部长会议后续行动计划》。

六、共青团的自身建设迈上新台阶

一是以创建“五四红旗团委”活动为载体，切实加强团的基层组织建设。有4个基层团委被评为“全国五四红旗团委”，8个团支部被评为“全国五四红旗团支部”，2个县被评为“全国团建先进县”。

二是认真做好发展团员和“推优育苗”工作。年内全区发展团员近52万名，团青比例达29.3%；全年“推优育苗”68953人，“推优育苗”入党率达45.4%。

三是加强团干部的学习培训和挂职锻炼。实施“南博会千名团干部培训工程”，区、市、县三级团组织共培训团干18443人次；选派4批48名基层团干部到中央团校学习培训；承办了“团中央西部地区基层团干部培训（广西）班，培训团干548人。

海南团的工作

——青少年思想教育工作成效显著

学习“三个代表”重要思想再掀新高潮。各级团组织通过抓好团干部、大学生和先进青年等重点群体的学习培训工作，带动团员青年深入开展“三个代表”重要思想学习教育活动。未成年人思想道德建设扎实推进。各级团组织认真贯彻中央8号文件精神和全国加强和改进未成年人思想道德建设工作会议精神，通过成立领导机构，出台实施意见，加强阵地建设，开展系列主题教育活动，将加强和改进未成年人思想道德建设落实到实际工作中。大力加强全省高中学生团员"推优入党"工作，加入党组织的学生团员人数达到227人，比前一年增长80%；海口市在实践中探索形成的"党政牵头，部门联动，社会参与，少先队体验教育搭台，未成年人思想道德教育唱戏"的未成年人思想道德建设领导机制和工作模式受到中央文明办和团中央的充分肯定，海口市二十五小学陈伟俊同学光荣成为我省首位"全国十佳少先队员"。全省青少年思想政治教育工作明显加强和改进。启动了"海南红色之旅"体验教育活动、"学习E知识，健康上网，助我成长"学习体验月活动、"爱心手拉手——百万青少年科学健康知识大行动"，筹办了"知心姐姐"中小学生心理健康专家巡回报告会，举办了"学习志功先进事迹，弘扬志功精神"主题教育活动，成功举办了2004海南青少年社会教育论坛。

——首届中国青年欢乐节圆满成功

作为中国青年文化行动的重点活动之一，首届中国青年欢乐节在海南举办，本身就说明了团中央对海南共青团的充分信任。在省委省政府的高度重视和大力支持下，团省委全力以赴，充分发挥机关全体干部职工的聪明才智，充分调动各级团组织的积极性和创造性，不畏艰难，开拓创新，敢想巧干，一方面，积极整合社会资源，调动各方力量，共筹集资金180.1万元，实物价值约121万元，为活动提供了有力保障；另一方面，精心策划活动方案，周密做好筹备工作，严谨实施活动项目，圆满完成了欢乐节的各项任务。从11月5日至11月17日，在海口、三亚先后举办了青年自行车环城欢乐巡游、开幕式暨"青春相约"主题文艺演出、"激情狂欢西海岸"活动、海峡两岸暨港澳地区青年联谊活动、中国青年文化发展论坛、青春拥抱海角天涯——欢乐大巡游和激情狂欢夜、首届中国青年欢乐节闭幕式暨第二届全国青年时代风采电视大赛颁奖典礼等七项重点活动。同时，琼海、澄迈等10个市县也举办了深受广大青年欢迎的主题欢乐日活动。据不完全统计，整个欢乐节共吸引了60余万群众参加。

——服务海南经济发展有所作为

以服务青年创业增收和成长成才为抓手，大力推进了海南省"青年创业行动"，深入开展了"农村青年增收成才"活动，启动了"青工技能振兴计划"，广泛开展技能大赛、技术比武等活动。增强对农村青年培训工作的针对性，五指山、万宁、白沙、临高等市县团委积极配合有关部门依托农校、基地，举办了农村青年订单式培训，实现培训和就业的有机对接。积极推进农村青年劳动力转移，据不完全统计，全省团组织成功向省外输出青年劳力1000多人。青少年参与生态省建设的热情高涨，广泛开展了"绿色青春、绿色海南"生态实践活动，成立了20多个生态监护队、50多个生态监护小分队，开展天天环保活动。组织"青年企业家环岛行"——东方、昌江经贸协作考察活动，动员和组织青年企业家积极投身海南中部地区经济建设。继续抓好陵水大里联手扶贫工作，基本完成扶贫点沼气池改造工程。

——青少年群众性精神文明创建活动有声有色

围绕"弘扬志愿精神，服务千家万户，建设美丽家园"主题，各地志愿者组织积极扶助社会弱势群体，深入开展了扶贫帮困志愿服务活动，着力构建和谐社会。大学生社会实践活动得到深化，全年参加暑期社会实践的学生达4万多人，占全省高校学生总数的90%，活动遍布全省18个市县和全国25个省、市、区。青年文明号行动创建领域不断扩宽，宣传力度不断加大，监督检查力度不断加强，品牌形象日益深入人心。启动"共青号文明生态村"建设，发动团员青年投工、投劳、投料，全省20个"共青号文明生态村"都有不同程度的推进。借助东方市荣获全国"青年文明社区"示范城的契机，广泛开展科教、文体、法律、卫生“四进社区”活动，有力地推动和活跃了全省“青年文明社区”创建工作。以第六届“乡村青年文化节”为载体，为农村带去丰富的精神食粮。各地青年文化广场活动开展得红红火火，校园文化活动丰富多彩。

——青年人才建设工作亮点凸显

一是青年人才发展规划工作成效显著。制订了《海南青年人才发展规划（2004—2007年）》，举办了全省团干部青年人才建设专题培训班，承担了省人才办部署的全省“十一五”人才规划青年人才队伍建设专题调研工作。《海南省“十一五”青年人才发展战略研究》获省社科联2005年度立项。二是“大学生志愿服务西部计划”取得突破性进展。我省首次成为服务省，来自江西和海南两省高校的100名大学生志愿者分赴陵水、保亭和五指山提供1—2年的志愿服务，大学生志愿者扎根基层、甘于奉献的精神深受服务地党政和群众的赞扬。三是拓宽了青年人才培训渠道。启动了“青年干部境外培训计划”，组织优秀团干部36人在香港、澳门举办第一期海南省青年管理人才研修交流班。选拔10余名优秀团干部参加由团中央组织的国外考察学习。四是继续深化“农村青年创业致富带头人培养计划”和“青年岗位能手培养计划”，全省共举办各类培训班100多期，培训青年近3万人次，涌现出县级以上农村青年星火带头人552人，其中全国青年星火带头人7人，全省青年星火带头人50人。

——服务青少年工作扎实有效

加大了维权工作力度，联合省有关单位成功援救6名被拐湖南少女；发动青少年捐资5万元，紧急救助白血病患者张小云；指导首家“免费农民工维权工作室”成立并开展维权工作。广泛开展“两法一办法”、防毒禁毒等形式多样的青少年法制宣传活动、“青春红丝带”——青少年防治艾滋病志愿者“面对面”宣传教育活动。加大志愿者结对帮教工作、少年法庭工作，海口、海师团组织定期到省少年劳教所开展帮教联欢活动。主动配合有关部门清理整顿青少年文化市场，积极创建优秀“青少年维权岗”行动。继续推进希望工程，2004年接受社会捐款及专项活动赞助款共134万多元人民币，援建希望小学4所，资助大学生150名，援助中小学生920名。深入开展“真情助困送温暖”活动，元旦、春节、“六一”期间为困难青少年家庭赠送30多万元钱物。

——团的组织建设进一步加强

进一步加大了农村基层党建带团建“三级联创”工作力度，重点解决当前农村团组织瘫痪半瘫痪问题。推广了屯昌县坡心镇高坡村团支部换届选举试点工作经验，推动全省村级团支部换届选举工作的规范化。实行《基层团委（团支部）工作手册》填报制度，加强“五四红旗团委”创建工作的规范化建设，涌现出一批全国和省级“五四红旗团委（支部）”和“团建先进县（市）”。团建创新工作富有成效，三亚旅游行业团建创新工作、临高海上流动团建创新工作、屯昌农村团员先进性教育创新工作、威龙电脑互联网团代会创新工作被团中央肯定。进一步加强团干部和团员队伍建设，团干部学习理论的氛围日益浓郁，调查研究风气逐渐形成。开展“树组工干部形象”、“团员先进性意识”教育活动，做好基层团干部到团省委挂职锻炼工作。

——团的各项事业全面发展

青年外事联谊工作有了新拓展。组织海南青年代表团访问欧洲8国，组织我省优秀青年赴美国、日本、韩国等国家参加研修和考察交流活动，成功接待韩国济州道青年会所代表团来琼访问和香港青少年赴琼军训考察交流团，加强了与港澳台青年社团的联系。学联工作有了新成效，加强了对学生社团的管理，开通了海南学联网。少先队组织进一步加强了自身建设，做好辅导员培训工作，抓好“少先队活动社会化”全国试点工作。

重庆团的工作

2004年是重庆共青团事业实现跨越式发展的一年。全市各级团组织在市委和团中央的正确领导下，坚持贴近中心、贴近青年，按照共青团重庆市二届二次全委会的工作部署，切实加强青少年思想道德建设，大力推进“富民兴渝青春行动”，着力深化富民兴渝青年人才计划、青年建功计划、青年文明计划，全面推进后备军建设工程，全团六大重点工作有声有色、成效显著。“践行‘三个代表’、弘扬红岩精神”主题活动高潮不断，共青团参与党风廉政建设和反腐败斗争工作深入人心，“服务新型工业化，促进青年就业创业”工作影响广泛，共青团服务城镇化建设工作深入开展，青少年素质拓展计划扎实推进，青年创业园成功起步，各项工作取得了新的成绩，为我市物质文明、政治文明、精神文明建设做出了积极的贡献。市委、团中央充分肯定重庆共青团工作，2004年，团中央书记处全体书记和各部门领导都先后来渝检查指导工作，市委、市人大、市政府、市政协领导多次出席共青团的会议和活动，市委、团中央领导对重庆共青团工作做出了15次重要批示。据不完全统计，新华社、中央电视台、人民日报、中国青年报、重庆日报、重庆电视台等中央和市级重要媒体累计报道重庆共青团工作1653次，《全团要讯》6次刊载重庆共青团工作。团市委获得市委、市政府、团中央表彰奖励的先进集体和先进个人达83项，多项工作实现新的突破，主要表现在9个方面。

一是青少年思想教育取得了新成效。进一步兴起学习贯彻“三个代表”重要思想新高潮，抓住纪念邓小平同志诞辰100周年、建国55周年、五四运动85周年等重大契机，广泛开展“践行‘三个代表’，传承红岩精神”主题教育活动，引导团员青年认真学习实践“三个代表”重要思想。认真贯彻落实中央8号文件精神，专门召开全市未成年人保护工作会议，深入开展“红岩精神代代传”等系列主题活动，在全国率先出台《未成年人行为守则》和学习读本，对全市1200名少先队辅导员进行集中培训，充分利用各种阵地，广泛开展丰富多彩的活动，为未成年人健康成长办实事、办好事，切实加强和改进未成年人思想道德建设。认真贯彻落实中央16号文件精神，大力推进青少年素质拓展计划，全面实施大学生就业见习行动和人生发展导航行动，深入开展“校园之春”、“三下乡”、“挑战杯”等活动，切实加强大学生思想政治工作。进一步加强青少年思想教育的阵地建设，累计争取资金6055万元，新建区县级青少年校外活动场所25个，成为西部地区争取力度最大，获得国家支持最多的省市之一，为加强青少年教育工作奠定了良好基础。

二是服务新型工业化迈出了新步伐。大力推进“青工技能振兴计划”，深入开展青年创新创效、青年文明号、青年岗位能手活动，积极引导青年服务新型工业化进程。大力开展技能培训，共培训青工12000多人(次)；广泛开展技能大赛，组织全市30000多名青工举行技能大赛512场；实施技能鉴定，举办了“青年职业技能专场鉴定周”示范活动，培养市级及以上青年岗位能手100名、青年高级工1000名；大力推进就业创业，深入开展“青春不下岗，我们助你行”活动，帮助10000名下岗青工实现了再就业，1000余人实现了创业。青年就业创业工作得到团中央充分肯定，培养推荐的青年创业典型严琦荣获激励青年创业的最高荣誉首届“中国青年创业奖”。

三是服务城镇化取得了新成果。广泛开展农村青年增收成才行动，创建了20个青年现代农业示范基地，引导农村青年积极促进农业产业化发展；大力开展农村青年转移就业，广泛开展“青春与你同行”向百万务工青年大拜年活动，建立了28个农村青年务工指导站，帮助农村青年带头转移；深入实施跨世纪青年农民科技培训工程，共培养各类农村青年人才10000名；深入开展创建青年文明城镇活动，落实了45个重点镇的创建措施，组建了1000多支青年突击队开展立功竞赛，为推进城镇化建设贡献力量。充分发挥青年中心在推进城镇化建设中的积极作用，大力加强青年中心建设，共创建农村青年中心103个、城市青年中心20个，建立了全国首家进城务工青年中心，创建的含谷青年中心模式受到团中央充分肯定并在全团推广。

四是服务生态环境建设创造了新业绩。成功举办全国“美化新三峡、保护母亲河”暨“建设山水园林城市，喜迎亚太城市市长峰会”志愿植树示范活动，全市10万名青少年参加了植绿护绿活动。成功举办重庆长寿日本经团连环保造林项目揭碑暨种植纪念树活动、亚欧青年水文明之旅暨保护母亲河国际论坛活动，进一步加强了保护母亲河工作的国际合作。争取1500万元资金启动了第二批全市保护母亲河小流域治理工程，拓展了服务生态环境建设的新项目。团市委荣获全国保护母亲河行动集体五年成就奖。

五是服务人才强市战略取得了新成绩。大力加强青年人才资源开发力度，评选表彰了第八届重庆青年五四奖章、第三届重庆市十大杰出青年、第三届重庆市十大杰出青年群体、第四届重庆市十大杰出青年农民，评选表彰了2004年度重庆市十大杰出青年岗位能手、杰出青年文明号、红岩青年示范群体等，发现和培养了一大批各行各业的青年人才，共选树表彰全国和市级先进青年典型100余人、先进青年群体500多个。积极搭建青年创业发展平台，引进4家企业正式入驻重庆青年创业园，注册资金达到2.455亿元；成功举办2004海外学人回国创业重庆行活动，组织来自11个国家和地区的78名海外学人来渝考察，签署意向协议14份，合同协议金额达到1000万美元；加强青年人才的相互交流，成功承办全国宗教界青年代表人士培训学习班，组织全国5大教派的青年宗教领袖人士来渝培训交流，组织我市70多名青年代表出国出境学习考察，与来渝的5个国家、地区的青年代表团进行交流合作。大力实施希望工程，通过借助团中央、全国青联的平台整合资源，举办“为了山里的孩子”捐赠仪式暨大型电视文艺晚会等活动，全年筹集资金和物资共计1600多万元，计援建希望小学17所，救助贫困学生13.3万名，为40所希望小学配备了希望图书室，年度希望工程筹资和救助贫困学生总量均达到我市希望工程实施15年来的最高水平。

六是青年志愿者工作实现了新突破。组织12000多名青年志愿者在亚足杯、中国企业500强发布会暨高层论坛等重大活动中开展志愿服务，组织开展中国青年志愿者医疗扶贫万里长征重庆行活动，得到各级领导和社会各界的高度评价。大力实施大学生志愿服务西部计划，新招募721名志愿者在32个区县的乡镇从事志愿服务工作，为经济社会发展提供人才支持。高度关注志愿者的成长发展，创造条件推荐志愿者报考公务员，共有42名志愿者通过公招被录用为国家公务员，探索了促进志愿者成长就业的新模式。新华社《国内动态清样》、《人民日报》等中央媒体多次宣传报道重庆志愿者工作，党中央领导王兆国同志、贺国强同志专门接见了重庆大学生志愿者，国务委员陈至立同志、团中央书记处第一书记周强同志对重庆大学生志愿者工作做出重要批示，充分肯定了重庆的经验和做法。

七是青年文化建设取得了新进展。全市各级团组织认真贯彻《公民道德建设实施纲要》，广泛开展青年文明号10周年纪念活动，团市委荣获全国青年文明号10年成就奖；深入开展五四运动85周年纪念活动，举办电视主题纪念晚会“青春”在社会和广大青年中产生广泛影响；广泛开展第23届“校园之春”活动，40万大学生在500余项活动中受到熏陶；大力推进青年文明社区创建活动，组织15万人参加了第二届社区青年文化节活动；大力开展青年文明乡镇创建活动，组织10万农村青年开展了第七届乡村青年文化节活动；充分发挥重庆独有的文化资源优势，组织30万青少年积极参加首届“青春红岩”青年文化周活动，促进青年文化的繁荣与活跃，在全社会倡树了文明新风。

八是参与党风廉政建设探索了新途径。全市各级团组织按照“典型带动、整体推进、教育青年、影响社会”的工作思路，充分发挥舆论阵地优势抓宣传，在全社会倡树廉政之风；充分发挥活动阵地优势抓教育，增强团员青年的廉洁意识；充分发挥组织优势抓队伍，发挥团干部的表率作用；充分发挥品牌优势抓结合，把共青团参与党风廉政建设和反腐败斗争工作融入工作的全过程，共青团参与党风廉政建设和反腐败斗争工作取得了初步的成效。市纪委《纪检监察信息》专题反映重庆共青团参与党风廉政建设和反腐败斗争工作情况并上报中纪委，市委副书记、市纪委书记滕久明同志两次对共青团参与党风廉政建设和反腐败斗争工作做出重要批示。

九是共青团组织建设实现了新发展。坚持和依靠党建带团建，大力加强共青团自身建设，组织召开了全市后备军建设工程推进会，团建环境不断优化；深化了创建“五四红旗团委”、“五四红旗团支部”和“团建先进区县”活动，推出了一批全国和全市团建工作典型；大力推进团建创新，强势推进“非公有制经济组织团建年”活动，扩大了团组织对团员青年的组织覆盖和工作覆盖，优化了全市团的组织体系，推动了基层团组织的整体活跃。大力加强团员队伍建设，加大团员发展力度，积极开展保持共青团员先进性教育试点活动，进一步加强团员的教育管理，坚持不懈地做好“推优”入党工作，团员队伍不断发展壮大。大力加强团干部队伍建设，对团干部公开选拔、竞争上岗、民主直选等方式进行了积极的探索；以团的领导机关、领导干部、领导班子为重点，以制度建设为抓手，以“三个代表”重要思想和科学发展观为主要内容，深入实施团干部大规模培训工作，联合市委组织部在市委党校举办了第一期共青团系统处级领导干部培训班，实现了将团干部培训工作纳入市委干部教育培训工作的总体格局的新突破。坚持上挂、下派、培训等方式，全年共培训团干部27000余人次，促进了全市团干部队伍素质整体提高。

2004年，是重庆共青团工作取得丰硕成果的一年。一是成功承办全团7项重大示范活动，扩大了在全国的影响，是近年来重庆共青团承办全团重点活动数量最多、规格最高、影响最大、效益最好的一年。二是大力推进六项重点工作，整体推进全市共青团工作更加活跃，共青团服务大局、服务青年作用更加突出、成效更加明显，是重点带动战略在全团实施初见成效的一年。三是大力加强机制建设，创新工作推进机制，健全管理制度，是机制建设得以全面深化的一年。四是大力加强共青团宣传理论建设，荣获全团调研组织奖，扩大了社会影响，是共青团理论成果数量最多、媒体报道数量最多、影响扩大的一年。五是大力加强机关自身建设，机关整体呈现团结向上、蓬勃发展的可喜局面，机关办公条件实现历史性的重大改善。六是大力加强团属事业发展，投资1.22亿元的重庆少年宫改造工程进展顺利，青年干部管理学院升格为副厅级单位，团属事业保持了强劲发展的良好势头！

四川团的工作

2004年以来,四川全省各级团组织高举邓小平理论和“三个代表”重要思想伟大旗帜,深入学习贯彻党的十六大、十六届三中、四中全会和省委八届三次、四次全会精神,按照“一六三三”的工作思路,以“兴起新高潮,投身新跨越,创造新业绩”为主题,全面实施六项重点工作,服务大局,服务社会,服务青年,团结带领全省广大团员青年,树立和落实科学发展观,积极推进“三个转变”,为“三个文明”建设和四川发展新跨越做出了积极贡献。

一、青少年思想道德建设切实加强

1. 认真学习贯彻中共中央、国务院及我省有关青少年思想道德建设的重要精神。深入学习贯彻党的十六大、十六届三中、四中全会精神和省委八届三次、四次全会精神,以团干部、青年学生为重点,通过读书班、报告会、知识竞赛、大讨论、征文比赛等多种形式,对团员青年进行马列主义、毛泽东思想、邓小平理论和“三个代表”重要思想宣传教育。认真学习贯彻《中共中央国务院关于进一步加强和改进未成年人思想道德建设的若干意见》,召开了全省共青团加强和改进未成年人思想道德建设工作会议,制订分解了加强和改进未成年人思想道德建设工作目标及落实措施。深入学习贯彻《中共中央国务院关于进一步加强和改进大学生思想政治教育的意见》,切实做好青少年思想政治工作。

2. 广泛开展了青少年思想道德实践活动。举办了“缅怀革命先烈、弘扬民族精神”主题团日活动,通过组织团员、学生祭扫烈士墓,瞻仰烈士陵园、纪念馆,参观革命纪念地,寻访古代圣贤和民族英雄的历史遗址、遗迹,访问“血铸中华”、“民族魂”等网上爱国主义教育基地,对团员青年进行革命传统教育。以“致富思源,共建美好四川”为主题举办了纪念邓小平同志诞辰100周年演讲比赛。召开了“共筑诚信,从我做起”座谈会。以“民族精神代代传”活动为重点,大力推进“实现宏伟蓝图、做好全面准备”主题活动,全省共开展“民族精神代代传”大型集中展示活动49次。深化青少年文明行为习惯养成教育,组织开展了“欢乐六一,真情传递”系列手牵手活动。加强青年民族团结教育,召开了四川省第六次青年民族工作会议,表彰了一批青年民族团结进步先进集体和个人。各级团组织大力加强对青少年活动阵地的安全检查,为青少年创造良好的学习实践活动环境。

3. 积极实施了青少年思想文化建设工程。开展了纪念五四运动85周年系列活动。组织实施了第二届四川青年文化节,举办了“感谢青春”、“感谢时代”大型文艺晚会和“感谢祖国”——四川省暨成都市大中小学生庆祝建国55周年歌咏会。各市(州)团委共举办各种文化活动60场,参与青年达20多万人。以“弘扬五四精神、展示青春风采”为主题,组织团员青年开展知识竞赛、演讲比赛和团日活动、成人仪式教育活动。开展了我喜欢系列评选公益短信创作大赛、校园歌手大赛和全省少年儿童电脑绘画大赛等活动。积极实施四川青少年新世纪读书计划,开展了“阅读伴我健康成长——四川青少年读书征文活动”,推荐纪念邓小平同志诞辰100周年、青少年修养、青少年心理健康、人文历史、科普知识、成长故事等系列的100本图书和音像制品。编辑出版了

《四川青少年年鉴》,制作了宣传团的工作扑克牌,制作发行了四川青年形象宣传片《青春——四川青年的光荣与梦想》。

二、服务四川发展新跨越扎实有效

1. 深入推进"双争双创"活动。召开了四川省青年职工"争当青年岗位能手,争创青年文明号,创新创效"活动表彰大会,表彰青年技术创新带头人40名,青年岗位能手67名。评选了"十佳青年文明号",新命名省级青年文明号95家。实施青工技能振兴计划,开展"中国电信杯——技能进阶天府行"活动。选择10家企业、10家学校和青少年宫设立授权培训点开展培训,将各级各类青年职业技能竞赛与职业技能鉴定有机结合,使青年在技能进阶的同时获取相应的职业资格证书。活动开展以来,已先后在建筑、石油、电力、交通等行业开展了青工技能大赛。通过技能大赛,破格晋升青年高级技师8名、青年技师32名,364名青年职工晋升技术等级。召开了青年文明号10周年总结表彰大会,举办了"魅力四川·青春同行"现场会,推进青年文明号促旅游经济活动深入开展。

2. 扎实推进农村青年增收成才行动。依托跨世纪青年农民科技培训工程、农村青年星火培训基地、青年中心等相关载体,大力开展青年农民培训工作,举办了全省优质水稻玉米种植技术培训班,召开了全省共青团农村工作会,开展了"走进农村、关注农业、服务农民"活动。全省共培训农村青年96835人次,4名同志荣获"全国农村青年创业致富带头人标兵"称号,29名同志荣获"全国农村青年创业致富带头人"称号。评选表彰了第五届四川省杰出(优秀)青年农民。加强农村青年"外输"和"回引"工作,组织农村青年有序外出务工,全省共建省市县三级农村青年转移培训基地156个,完成农村青年转移就业28724人次。推出了"跨越城乡,青春伴你走四方"活动,为农村外出务工青年的有序流动提供志愿服务。

3. 继续抓好保护母亲河行动。以"同饮一江水,同护母亲河"为主题,开展了"青年绿色劳动营"、"绿色文明新时尚"系列宣传教育活动。制作了10万张绿色文明新时尚书签,组织骑游宣传队、环保小卫士宣传队、青年志愿者宣传队,开展了环保登山宣传活动。以"保护母亲河水、治理家乡生态环境、防治禽流感疫情"为主题开展防治禽流感活动。推进保护母亲河工程建设,进一步加强工程管护。启动了"保护母亲河工程四川广安项目——解放军青年林"工程,做好中日青年友好交流雅安芦山项目的建设。2004年11月5日,中央电视台《焦点访谈》以"为了奔腾不息的母亲河"对我省保护母亲河行动进行了深入宣传报道。

4. 积极开展青年科技创新行动。举办了"四川青年创新论坛",邀请中外专家、教授主讲科技创新培训活动,开展了5场专题报告会。组织了我省科技界别青年代表参与第四届国家高技术航空航天领域青年学术研讨会,举办了"走进科学"大型文艺晚会。以高科技园区、经济开发区为依托,创建四川留学回国青年人员创业园,加强青年科技创新教育和示范基地建设。成功举办"2004年海外学人回国创业天府行暨成都创业论坛",在海外学人与四川有关部门及企业间达成意向性合作项目23项,近500名海归学子和国内研究生在高级专业人才洽谈会上达成意向性协议135份。

三、青年人才培养工作不断推进

1. 全面实施青年人才培养工程。认真贯彻中央、省委人才工作会议精神,加强青年人才培养和使用渠道建设。通过开展理论研讨、学习培训、上挂下派、专题经济论坛、外出考察学习、技术交流合作、青年致富带头人培养、青工技能月、"青年学术和技术带头人培养计划"、"青年科技基金计划"等活动,加大对青年干部人才、农村青年实用人才、青年技能型人才、青年企业经营管理人才、青年专业技术人才等五类青年人才的培养。各市(州)共培养青年专业技术人才466人，建立35岁以下科级以上优秀青年党政人才库、青年经营管理人才库、青年专业技术人才库、企业青年熟练技术工人才库、农村实用型青年技术人才库各一个，建立省、市青年人才库22个，县区青年人才库160个，入库9726名青年人才。授牌成立“四川青年高级人才培养基地”。成功承办了共青团全国青年人才工作会议。

2. 积极做好青年人才引进工作。组织实施了四川省2004年大学生志愿服务西部计划，同时启动了西部计划四川项目。在川参加西部计划志愿服务的实际人数达1293名，其中全国项目1112人，位居全国第一。2004年，来自全国六省（市）116所高校的784名大学生志愿者已在我省28个县开展志愿服务工作。组织了大学生志愿服务西部计划优秀志愿者事迹报告团巡回报告10场，听众近万人次。成功承办全国“志愿服务与社会发展论坛”活动。选派了260名青年志愿者开展为期半年的支教、支医扶贫工作，组织研究生支教团到凉山州昭觉县和阿坝州茂县从事支教工作。配合省委组织部做好在川博士服务团工作，开展了“缅怀伟人·开创伟业·小平故里行”活动和赴凉山彝乡行活动。

3. 广泛开展大中学生素质拓展工作。在高校全面实施了“大学生素质拓展计划”，在中学试点实施“中学生素质拓展计划”。继续实施“大学生综合素质A级证书”评选工作。开展了第四届“挑战杯”大学生创业计划大赛和第十届“亿利达”青少年发明奖评选活动。组织开展了大中专学生志愿者暑期文化、卫生、科技“三下乡”社会实践活动和文体、科技、卫生、法制“四进社区”活动，开展了中学生暑期“四个一”社会实践活动，引导广大学生在实践中锻炼成长。

四、服务广大青少年效果明显

1. 扎实推进服务青年就业创业行动。积极建立与政府就业和再就业工作体系相衔接、服务青年需求、具有共青团特色的青年创业和就业、再就业工作机制。在15所高校中大力开展了“青春创业大讲堂”和大学生创业高峰论坛活动。依托各级团校、青少年宫等团内阵地，借助职业学校、技工学校、就业训练中心等机构建立青年就业培训基地。全省共建省、市、县三级培训基地101个。成功举办了青春创业大讲堂暨西部计划大型专场招聘会，共提供了近8000个岗位，使近5000名青年实现再就业。各市（州）团组织共举办帮助青年就业招聘会48次，为青年提供就业培训和指导36518人次，帮助青年实现就业或再就业13656人，帮扶青年自主创办企业350个。成功承办全国青年就业问题与对策研讨会暨中国青少年研究会2004年年会，积极参与中国青年创业周活动。

2. 大力开展青少年权益保护行动。深入开展“两法一例”宣传教育，联合省人大内司委、省委政法委等单位对市州“两法一例”贯彻实施情况进行了深入调研和执法检查。成立了四川省青少年法律援助中心，开通了四川青少年维权网站，全省21个市州、181个区县按要求建立了未保委和预防青少年违法犯罪机构。开展了“心手相连——青年志愿者与社区青少年结对”活动。继续开展创建优秀“青少年维权岗”活动，加大青少年权益保护工作的力度。开展了四川省第二届杰出（优秀）青年卫士评选表彰活动，表彰省级优秀“青少年维权岗”104个，召开了全省预防青少年犯罪工作会议。以“为了一切孩子，一切为了孩子”为主题，广泛开展了“四川省未成年人维权行动月”活动，唤起社会各界对未成年人合法权益保护的广泛关注，在全省引起了较大的反响。

3. 广泛开展向青少年送温暖、献爱心活动。全省各级团组织通过“乡村青年文化节”、“关爱学子、情暖校园”、“助学成才”、“手拉手、送温暖、话小康”、“三下乡”新春慰问以及“真情助困进万家、温暖祥和迎新春”、“关爱进城务工青年”、“向外来务工子女献爱心”等活动，广泛开展“记党恩、传团情、送温暖”活动。组织实施了“娇子百万”助学计划，资助130名新进高校大学生完成学业。我省达州等部分地区遭受特大洪涝灾害后，全省各级团组织立即行动，开展了“青春情激扬，爱心献灾区”交纳特别团费主题活动。募集资金67.592万余元(特殊团费28.992万余元)，物资价值91.7万元，积极参与抗灾救灾工作，帮助灾区团员青年和群众恢复生产，重建家园。今年希望工程共募集资金790万元，援建希望小学21所，资助农村家庭经济贫困学生2587名。

五、团的基础建设得到巩固

1. 基层团组织建设有新的进展。继续加大全省非公有制经济组织建团力度，促成了怡和集团等一批规模较大的民营企业成立团组织。深化“让团旗在社区飘起来”主题活动，表彰了51个省级“青年文明社区”，确定20个四川城市青年中心试点街道，5个全国城市青年中心信息采集点，建立农村青年中心68个，城市青年中心57个，全省共有47个县开展基层团干直选试点工作。我省8个单位获团中央“全国五四红旗团委”称号，3个单位获全国团建先进县，14个单位获全国“五四红旗团支部”称号。团省委调训团干部1209人，全省共举办团干部理论培训班207期，培训全省各级团干部共11069人。承办了团中央西部地区基层团干部培训班。选派25名年轻优秀团干部到沿海发达地区企业挂职锻炼，选调6名基层团干部到团省委机关上挂锻炼。下发了《关于加强团员发展及推优入党工作的通知》，召开了全省民营企业“推优入党”工作座谈会。目前，全省团员总数为443万，团青比为22.48%。

2. 团的信息调研工作取得新的突破。今年以来，我省团的信息工作继续保持良好的发展势头。全省各级团组织更加重视做好信息工作，不断加大信息工作力度，团的信息工作在往年基础上取得新的突破。今年，团中央《全团要讯》、《中国青年动态》、《中国共青团》刊发我省共青团工作信息和文章40余篇，《中国共青团网站》登载我省信息3000多条，名列各省区前列。省委《四川信息》、《四川信息专报》、《昨日要闻》刊发我省团的工作信息20多条，名列省级群团部门前列。团省委编发《青年专报》40期、《重点工作简报》30期，编辑出刊《四川团情》12期。在抓好纸质信息报送的同时，各地还加强网络信息传送，积极推进团的信息化建设，团省委新增网络信息直报点30个。2004年四川各市(州)团委向“四川共青团”报送信息3553条，信息直报点报送456条。调研工作方面，一是扩大了调研的领域；二是更加注重调研的针对性。加大理论调研的力度，开展了全省共青团调研奖评选表彰工作，完成专题调研报告两篇，部分文章获全团调研奖。

3. 团省委机关建设进一步加强。进一步加强机关作风建设，倡导树立“六个C”的工作理念，开展“六个一”活动，做到“六个根本”要求，努力建设文明、向上、进步的共青团机关。组织机关和直属单位干部职工、市州团干部开展了素质拓展训练和各种文体活动。加强团省委领导干部党风廉政建设，实施领导活动情况登记，编发《团省委领导活动月报》。印发了包括机关文化建设、学习制度、长效机制等在内的《团省委机关工作及管理制度》和《团省委关于进一步转变工作作风，创新工作方式，提高执行力的九条要求》。抓住团省委机关被确定为省直机关创建学习型机关试点单位的契机，积极开展创建活动，形成了讲学习、比贡献，争做“党放心、青年满意”团干部的良好氛围，实事求是、朝气蓬勃、崇尚事业、追求卓越的机关价值观念已初步形成。

4. 团的各项事业有了新的发展。四川自修大学、省团校联合办学取得新进展，省青旅连续两年荣获“全省旅游工作先进集体”称号，青年报社调整了领导班子，切实加强管理，峨眉青少年活动中心改制工作抓紧进行，青少年发展基金会、青少年事务发展中心、出入境中心、影视中心各项工作进展顺利。进一步加强了青联、学联、少先队和青年企业家协会、青年民营企业家协会组织建设，把一大批优秀的青年企业家、民营企业家及各族各界青年聚集在团的外围组织。青年外事工作卓有成效，全年共选派66人出访交流，接待8个境外青年代表团来访。

一年来，我省团的工作得到了省委、省政府和团中央的高度评价。省委书记张学忠，原省委常务副书记刘鹏，省委副书记陶武先、甘道明，省委常委李登菊，省政府副省长柯尊平等领导多次对我省团的工作做出重要批示，给予充分肯定。张学忠书记曾三次对团省委工作做重要批示，其中4月19日在团省委的工作汇报上批示“很好，望继续努力，进一步做好共青团工作”。团中央书记处第一书记周强、常务书记赵勇、书记处书记胡伟、杨岳、尔肯江·吐拉洪等先后来川视察指导工作，对我省团的工作亦给予了充分肯定。去年，团省委领导班子被评为“四好”班子，团省委目标考核工作被省委、省政府通报表扬，团省委荣获了全国青年文明号优秀组织奖、全国保护母亲河行动5周年集体成就奖、全国各族青年团结进步奖先进集体等奖项。

贵州团的工作

2004年，贵州全省各级团组织坚持以邓小平理论和“三个代表”重要思想为指导，在省委和团中央的领导下，紧扣团省十一届三次全会确定的任务，认真贯彻落实党的十六大和十六届三中、四中全会精神，树立和落实科学发展观，按照进一步加强青少年思想教育、积极引导青年参与、竭诚服务青年成长发展、大力加强组织建设的总体思路，注重创新，着力深化，完善机制，狠抓落实，使各项工作保持了良好的发展态势，为推进全面建设小康社会和富民兴黔事业做出了新的贡献。

一、加强青少年思想政治教育，为中华民族全面复兴夯筑基础

加强对青少年的思想政治教育是共青团的一项重要任务，贵州全省各级团组织以重大活动、重大事件、重大节日为契机，围绕培养“四有”新人目标，广泛开展各具特色的主题教育活动。用邓小平理论和“三个代表”重要思想武装青年、教育青年。

1. 用民族精神激励青年凸显新亮点。全省各级团组织以纪念“五四”运动85周年、建国55周年、邓小平同志诞辰100周年、“遵义会议”70周年等重要节庆为契机，广泛开展“传承革命精神、投身富民兴黔”主题活动。组织开展了“民族精神代代传——原创歌词（曲）征集”、“与进城务工农民子女手拉手”、“我与祖国共发展”等教育实践活动。组织开展“西部计划”杯“纪念遵义会议70周年网上知识竞赛”活动。以红军长征、遵义会议、中国近现代史、党的十六大等方面的知识为主要内容，通过活动的开展，在广大学生中掀起继承革命传统，弘扬长征精神，争做青年志愿者的热潮。

2. 发挥新闻舆论作用呈现新局面。《贵州共青团》成功改版，《青年时代》与《当代贵州》合刊，《少年时代报》发行量翻一番，团属舆论阵地得到了加强，成为全省共青团学习理论

的阵地、宣传工作的窗口、交流经验的园地、研究问题的论坛、推介先进的平台。2004年在《贵州共青团》上先后开辟了“在‘三个代表’重要思想指引下”、“未成年人思想道德建设”等专栏,集中报道反映全省各级团组织宣传实践“三个代表”重要思想情况。据不完全统计,全年各大新闻媒体直接报道我省共青团工作150余次,比去年增加了10%以上。

3. 未成年人思想道德建设取得新进展。认真贯彻落实中发[2004]8号文件精神,切实加强未成年人思想道德建设。开展了青少年活动阵地建设、青少年宣传舆论阵地建设、少先队工作、希望工程工作等多项专题调研。其间,团遵义市委在全市开展了题为“青少年思想道德教育现状”的调研,以发放调查问卷和直接交流的形式对部队、学校、农村、机关的800多名青少年进行了调查。团黔西南州委等市(州、地)团委也与相关部门联合开展了调研工作。团铜仁地委举办“关爱成长·关注未成年人”思想道德建设双语演讲赛及“唱响青春主旋律、走好成人金光道”18岁成人宣誓仪式。团省委少工委为未成年人办了10件实事。针对未成年人网络环境存在的问题,组织开展了“青少年网络文明行动”,通过街头宣传、配合网吧清理整顿,营造青少年文明上网的良好氛围,促进青少年健康成长。

4. 大学生思想政治教育取得新成效。认真贯彻落实中发[2004]16号文件精神,组织开展了多项扎实有效的思想政治教育活动。一是全面实施大学生素质拓展计划,积极筹集经费21万元,为省属高校部分一年级新生订购了《大学生素质拓展手册》,设计印制了《大学生素质拓展计划》宣传小册子和活动招贴画,邀请省内外知名学者、专家、成功企业家组建了“贵州省大学生职业生涯设计导航团”。在高校开展大学生创业计划竞赛,引导大学生树立正确的就业创业观。贵州省代表队在“挑战杯”全国大学生创业计划竞赛活动中获得1名金奖、1名铜奖的好成绩,实现了奖牌和金牌零的突破。二是组织开展大学生心理健康状况调研,通过问卷调查和个别、集中座谈调研等形式,对贵州省高校大学生的心理健康状况进行了全面调研。三是举办“我与祖国共发展”主题教育活动,20余所高校的数万名学生通过座谈会、演讲会、报告会、主题班团会等多种形式,参与了活动,受到了教育。四是组织开展“三下乡”、“四进社区”活动,各高校纷纷与附近社区挂钩,通过送温暖、办实事,使学生们在实践中了解了社会,增长了才干,增强了公民意识,提高了社会实践能力。

二、围绕全面建设小康社会宏伟目标,带领团员青年再创佳绩

2004年是贵州省实现“十五”计划和推进新阶段扶贫开发的关键一年。全省团组织围绕全面建设小康社会的宏伟目标,带领团员青年继续投身富民兴黔大业。

1. 举办中小企业改制上市培训班。团省委联合省国资委、省经贸委共同举办了“贵州省中小企业改制上市培训班”。全省160多家单位600余人参加了为期三天的培训。这次培训班对于提高贵州省各级政府和企业对资本市场的认识和利用能力,营造有利于贵州省资本市场发展的社会氛围,培养熟悉资本运用规则和操作手段的专门人才,推动贵州省资本市场加快发展,充分利用资本市场促进贵州省企业改制和结构调整具有重要意义,是共青团组织服务经济大局的一次有益尝试。

2. 继续推进保护母亲河行动。在总结以往经验的基础上,对2003年保护母亲河行动花溪纪念林进行补植,目前2003花溪纪念林已初具规模。省青基会发起了“共建一个绿色家园——贵州绿色希望行动”的绿色希望工程活动,向社会筹资15万元,植树161亩,14800余株。在团省委的带动下,各地以“保护母亲河日”、植树节为契机,广泛开展保护母亲河行动,团黔东南州委围绕生态旅游大州建设,开展“保护母亲河青年志愿者行动”。目前,一个保护生态、保护环境,树立可持续发展意识的良好社会风气正在逐渐形成。

3. 深入开展青年文明号创建活动。在纪念“青年文明号”实施10周年之际,不断拓展活动领域,扩大活动规模,使活动向非公有制经济、教育战线、行政事业等15个系统延伸。全省已有团中央单独命名的国家级“青年文明号”集体25个,团中央与系统(行业)联合命名的国家级“青年文明号”集体近60个;团省委单独命名的省级“青年文明号”集体200个,与系统(行业)联合命名的近220个。“青年文明号”创建评选活动,在全社会进一步倡树了职业文明、职业道德,为推动贵州省三个文明建设做出了积极贡献。

4. 深化青年创新创效活动。各级团组织积极开展了青年创新创效活动。继续创建“青年安全示范岗”,如团六盘水市委开展了“以人为本、安全第一,安全生产、青年当先”为主题的“青年与安全”演讲比赛、知识竞赛,加强对青年职工的安全生产教育,强化安全生产监督管理。贵航集团贵州华烽电器有限公司、贵铁分局凯里供电段羊坪变电所,被团中央命名为第二届全国青年安全示范岗。团安顺市委成立青年IT应用与发展协会,举办信息技术研讨交流活动。据不完全统计,全省累计创新创效成果近1800项,实现了向现实生产力的转化,为企业节能降耗、增产增收、提高经济效益做出了积极贡献。全年报送的128个青年创新创效项目中,经专业部门估算,可为企业创造直接或间接经济效益1.841亿元。各条战线上涌现了一大批勇于开拓,不断创新,立足本职,敬业奉献的青年岗位能手,进一步深化了青年创新创效活动的开展。

5. 积极参与农村经济社会建设,青农工作有新突破。贯彻中发[2004]1号文件精神,围绕“三农”中心工作,策划开展了“春晖行动”,引导广大离乡在外的游子参与家乡扶贫开发。举办了“春晖行动”启动仪式,召开了现场推进会,建成了“春晖行动”网站。活动得到了团中央和省委的高度重视。举办了第三期贵州省“农村青年脱贫致富带头人”培训班,对全省100个扶贫开发一类重点乡(镇)的100名农村青年进行了8天的培训。利用青年中心等活动阵地广泛开展了“促进非农就业青年中心在行动”主题活动。通过培训,带动农村青年更加有效地参与农业和农村经济发展,推动传统农业向现代农业转变。

6. 大学生志愿服务西部计划成效显著。组织了“青春之歌”贵州省优秀志愿者巡回报告会,在大学生中广泛宣传“西部计划”,并制作了《贵州省大学生西部计划掠影》图册,在高校开展了广泛深入的招募动员宣传工作。截至2004年底,约有2000名大学生西部计划志愿者在基层开展志愿服务活动。全省在全国首创的四级联动、四级投入多方受益机制(即中央、省、市、县分别投入,同时、同条件、同待遇招募志愿者),在全国引起了极大的反响,人民日报作了专题报道,国务委员陈至立作了专门批示,给予了高度的肯定。

7. 青年文明社区创建活动健康发展。充分发挥共青团自身优势,广泛整合社区各方面资源,进一步规范了“青年文明社区”创建活动,制定《贵州省“青年文明社区”创建、评比、表彰办法(试行)》,强化了组织保障和制度建设。评选命名了11个省级“青年文明社区”。深化“青少年维权岗”创建活动,评选表彰了贵州省优秀“青少年维权岗”先进集体及个人。成立了“贵州省青少年维权中心”,有效推动各市(州、地)青少年维权中心建设,逐步形成青少年维权长效机制,有效地维护了青少年的合法权益。

三、延伸工作手臂,扩大服务功能

贵州全省各级团组织充分发挥青少年各协学会的作用,广泛开展丰富多彩的系列活动,扩大团的工作领域,不断扩大团的影响。

1. 发挥青年志愿者协会作用,稳步推进青年志愿服务活动。贵州省青年志愿者行动以“阳光行动”为统揽，开展了系列活动，受到了社会的好评。一是启动远程教育志愿者行动，充分利用农村现代化远程教育成果和设施开展志愿服务，以实际行动贯彻落实中发[2004]1号文件精神。二是计生志愿者行动进一步深化，在总结经验的基础上，召开了现场推进会，进一步推动计生志愿者工作，为贵州省计生工作作出了新的努力。三是开展青年志愿者医疗扶贫万里长征贵州活动，活动以“当年红军求解放，而今我们长征送健康”为活动主题，积极开展医疗扶贫工作，活动取得圆满成功。扶贫接力计划志愿者徐本禹荣获“感动中国”十大人物称号。

2. 充分发挥省青联的作用，扩大对外交流工作。一是召开了贵州省青联七届三次常委（扩大）会议，对人员进行了调整充实。二是接待了来访的日本、泰国、美国青年代表团。首次公开招募18名优秀青年团员对日本进行了为期23天的访问。三是协同贵州省委组织部做好赴黔博士服务团挂职工作，组织博士服务团开展了二次考察活动。四是开展了“贵州十大杰出青年”评选活动，举办了盛大的十杰青年颁奖典礼。

3. 充分发挥少先队的作用，教育保护少年儿童。一是开展了“民族精神代代传”全队统一行动日活动。活动以“中国了不起，中国人了不起，做一个了不起的中国人”为主要内容，教育引导我省广大少年儿童从小树立民族自尊心和自豪感，从我做起，从现在做起，为实现富民兴黔做好全面准备。二是启动了贵州省城市少年儿童与进城务工就业农民子女“手拉手”活动，让城市儿童和进城务工农民子女都能同在一片蓝天下，手拉手共同成长。

4. 充分发挥未保委的作用，保护未成年人健康成长。一是开展了贵州省未成年人保护工作调研活动，评选表彰了一批优秀调研文章，为全省未成年人保护工作的蓬勃发展打下了理论基础。二是开展帮教活动，省未保委到省少管所看望并慰问了长年工作、生活在第一线的管教干警。活动通过与失足青少年面对面的帮教，使他们感受到社会主义大家庭的温暖、鼓励，坚定改过自新重新做人的决心。三是举办了全省未保和维权干部培训班，对全省9个市（州、地）的未保、社区和维权干部共80余人进行了培训，使参训学员进一步提高了认识，开拓了思路，明确了当前和今后一段时期工作的目标、任务。

5. 充分发挥青年企业家协会和青年民营企业家协会的作用，服务经济建设。动员青年企业家到贵阳市、遵义市对特困下岗青工进行慰问，把党和政府的关怀及团组织的温暖送到了特困下岗青工家中。动员青年企业家为党分忧，吸纳待业人员，与省工商联联合开展贵州省民营企业家创业论坛报告团高校行，深入贵阳地区部分高校向大学毕业生们作了创业实践报告。青年企业家协会和青年民营企业家协会积极参与贵州省“西部计划”志愿者网上人才交流活动，把岗位提供给西部计划志愿者，以实际行动服务志愿者，服务经济建设。团贵阳市委搭建招商引资信息交流平台，成功引进资金350万元。

6. 充分发挥省青基会的作用，实现希望工程撑杆跳。重点启动了助学长征活动，对活动进行了周密的部署。通过招募，组建了“希望工程——贵州助学长征百日行活动”记者团、助走团。活动将历时100天，途经31个县，援建31所希望小学。全年落实希望小学援建项目48个，建校协议资金967万元，资助贫困学生3554名，向10万余名中小学生捐赠折合人民币374.59万元的教科书。共计接受捐款1575.19万元，比2003年增长了一倍，创下了历史新高，为贵州省的基础教育事业做出了积极的贡献。

四、加强自身建设，夯实工作基础

为保证团省十一届三次全会确定的各项任务落到实处，团贵州省委着重加强基层团组织和团干部队伍建设，着力夯实工作基础。

1. 加强团干部队伍建设。采取多种形式，依托各级团干部教育培训阵地，加强团干部培训工作。举办专职团干"三个代表"重要思想培训班，对全省87个县级专职团干部进行了培训。全年共培训团干12022人次，选派团干210人次参加各类学习。

2. 加强基层团组织建设。坚持党建带团建，团组织"三级联创"活动成效显著。全省获"全国五四红旗团委"3个、"全国五四红旗团支部"8个、"全国团建先进县"2个、"全国共青团系统先进工作者"1人。赤天化团委获得"全国五四红旗团委标兵"称号，成为全国获此殊荣的10个基层团组织之一。确定和表彰"全省五四红旗团委标兵"9个、"全省五四红旗团委"34个、"全省五四红旗团支部标兵"6个、"全省五四红旗团支部"36个、"全省团建先进县"16个。

3. 探索新领域团建工作。先后召开贵州省城市青年中心建设推进会、农村青年中心试点建设工作现场推进会。目前全省已建立7个城市青年中心和28个农村青年中心，在整合社会资源和工作项目、服务和凝聚青年群众方面发挥了积极作用。青年中心成为联系青年的有效载体。团毕节地委积极探索联合建团、依托建团、社区建团、公寓建团等多种组织设置形式，在全区县城已建立社区中均建立了团组织。团黔南州委大力加强基层共青团和少先队组织的整建力度，新建社区团组织8个，非公有制企业团组织23个。

云南团的工作

2004年在云南省委、省政府和团中央的正确领导下，共青团云南省委以邓小平理论和"三个代表"重要思想为指导，认真贯彻落实党的十六届三中、四中全会精神和省委工青妇工作会议精神，按照团中央的工作部署，紧紧围绕党政中心工作，坚持科学发展观，以"青春献小康"为统揽，以加强和改进未成年人思想道德建设为重点，深入实施"云岭青年先锋"工程，求真务实、开拓创新，各项工作稳步推进。

一、思想道德建设不断加强

坚持用科学理论构筑青少年的精神支柱。始终按照武装头脑、指导实践、推动工作的要求，把学习贯彻"三个代表"重要思想和深入实施"云岭青年先锋"工程相结合，掀起学习贯彻"三个代表"重要思想的新高潮。贯彻落实中央、省委关于加强和改进未成年人思想道德建设、大学生思想政治教育工作的有关精神，团省委及时对全省40所大中专学校和全省未成年人开展大规模的思想状况专项调查，组织有关专家学者以及从事青少年教育工作的同志进行研讨，撰写调研报告，制定了实施意见，从11个方面加以贯彻落实。2004年度全省调研奖评选工作得到各地团组织的大力支持，共收到调研文章74篇，并首次聘请专家参与评选，共评选出一等奖1名，二等奖3名，三等奖9名，其中调研工作的3项成果获"全团调研奖"。制定实施了《共青团云南省委加强和改进未成年人思想道德建设的总体规划》，为进一步推进全省共青团系统未成年人思想道德建设指出了方向和目标。五四期间，团省委以"弘扬五四精神，争做时代先锋"为主题，举办了纪念青年文明号活动10周年、"红塔杯"首届大学生创业计划大赛、“越走路越宽”杨学进独唱音乐会等纪念五四运动85周年系列活动。大力开展“公民道德宣传日”、“党在我心中”和“永远跟党走”等主题教育活动,同时联合有关部门和单位开展“迈好青春门,走向成人路”18岁成人宣誓仪式、“十里梅香系亲情,傲骨争春奋斗心”家庭植树、“优秀儿童影片教育活动月”、“手拉手保护大自然,肩并肩我们一起成长”夏令营等丰富多彩的未成年人思想道德实践活动。命名了一批“未成年人思想道德实践示范基地”,培育了一批优秀青少年典型。法制宣传教育生动活泼。积极配合有关部门,整治不良网吧,净化青少年的成长环境。探索青少年思想政治工作的新途径、新载体,积极抢占青少年思想道德建设网络高地。

二、三项行动计划不断深化

农村青年绿色科技行动计划进一步深化。示范推广种植业新技术新品种2万多亩,发展青年养殖业户3000多户,巩固和建设农村青年股份合作体、科技示范园300个,培训农村青年3万人。和云同志荣获第九届“全国十大杰出青年农民”称号。农村青年经纪人队伍不断壮大。农村青年劳动力转移工作取得重大进展,直接和间接转移农村青年劳动力4万余人,12月下旬,在曲靖市召开了农村青年劳动力转移工作经验交流会,为明年劳动力转移工作的深入开展做好了铺垫。全省保护母亲河行动不断深化,宣传教育、典型示范、项目实施和九大高原湖泊生态监护活动深入开展,得到团中央领导的高度评价。

城市青年学习创新行动计划进一步深化。以青年文明号活动10周年为契机,开展了“弘扬时代精神,争做文明先锋”系列纪念活动。制定执行《云南省青年文明号特邀监督员管理办法》,聘请了145名特邀监督员,完善了青年文明号的监督管理制度。企业青年创新创效活动不断深化。联合有关部门评选表彰了77名首届“云南省青年创新创效奖”和20名首届“云南省青年创业领头人”。深入开展青年安全生产示范岗活动。启动“青工技能振兴计划”,加强了高技术人才的培养。

学生素质拓展工作进一步深化。参加全国大学生创业大赛取得重大突破,昆明理工大学的参赛作品《昆明环能科技有限责任公司》获得银奖,云南财贸学院的参赛作品《云南民韵茶道馆》获得铜奖。首届“红塔杯”云南省大学生创业计划大赛圆满成功,大赛共接到复赛作品159件,分别来自我省17所高校,涉及复赛项目作者1263人,评出15件金奖作品、16件银奖作品,30件铜奖作品,58件优秀奖作品,“大学生创业之星”10名。“三下乡”社会实践等活动深入开展,“大学生素质拓展证书”积极推进,校园文化活动丰富多彩。中专中学继续开展18岁成人仪式教育、“学习生涯导航”等活动。“新世纪我能行”、“雏鹰争章”、“手拉手”活动不断深化。

三、自身建设有了新的进展

2004年3月25至26日,共青团云南省十一届四次全委(扩大)会议在昆明胜利召开,大会讨论通过了《共青团云南省委关于实施“云岭青年先锋”工程的决定》。“云岭青年先锋”工程深入实施以来,团的自身建设不断加强。“五四红旗团委”、“红旗团支部”创建活动成效明显,团干部、团员队伍建设和推优工作不断加强,138家基层团组织、135名优秀团干部、130名优秀团员受到团中央和团省委表彰。先后组织160名团干部到中央团校,上海、重庆、成都、南宁等地及省委党校和团省委进行培训,不断提高团干部综合素质。先后选派20余名团干部到上海和团省委挂职,多形式、多途径的团干部交流挂职锻炼继续推进。积极探索流动团员的管理。青年中心试点工作初见成效。新经济组织、新社会组织、社区团建工作取得新进展。省委工青妇工作会议精神得到进一步贯彻落实,团的工作条件和环境进一步改善。

四、团的各项事业全面推进

青年志愿者行动稳步发展。大学生志愿服务西部计划、扶贫接力计划等活动深入实施。冯艾、马骅等一批先进典型脱颖而出。德宏、保山、怒江、昭通等地发生洪涝、山体滑坡等重大自然灾害，在当地党委、政府的领导下，各级团组织积极行动起来，按照团省委“团徽戴出来，团旗打出来，形象树起来”的要求，投身到抢险救灾的第一线，积极配合有关部门，做了大量切实有效的工作，发挥了突击队作用，团省委及时为灾区捐赠了价值10多万元的救灾物资，募集100多万元的资金，用于灾区学校重建和贫困学生的救助。“青少年维权岗”创建活动不断深化。预防青少年违法犯罪工作稳步推进，组织举办全省未成年人权益保护工作骨干培训班。在边境地区开展了“关爱生命，拥抱明天——云南省青年志愿者防治毒品和艾滋病边境行”活动，并在全国艾滋病综合防治示范区的7个县区开展了“青春红丝带”志愿者面对面活动。希望工程深入实施。“爱心成就未来”特别助学行动、“香港苗圃行动”、摩托罗拉助学行动和上海帮扶云南希望工程项目推介会成果丰硕。实现了全年募集捐款达11106841.06元，援建希望小学36所，新资助贫困学生5656名，远程培训教师2256名，并在明德奖学金项目、助学进城计划等新增项目上取得了较大突破。截至2004年底，云南希望工程累计筹款1.8亿，救助大中小学生81065名，已建和在建希望小学798所、援建希望工程一村一校527所，为全省两个文明建设起到了积极的促进作用。青年统战和外事工作取得新成绩。岩坎哈同志获“全国各族青年团结进步杰出奖”，印春荣同志获第15届中国“十大杰出青年”称号。中越边境青年友好交流活动、中韩青年文化交流、海峡两岸青年中秋联欢活动圆满成功。全团带队工作进一步加强。云南省学联第七次代表大会胜利召开。信息化建设深入推进，围绕团的重点工作开展各种网上服务，以团的重点工作推动共青团的信息化建设，以共青团信息化建设带动共青团工作的整体发展，切实服务青少年的成长成才。团属事业改革发展步伐不断加快，综合效益进一步提高。

西藏团的工作

2004年，西藏全区各级团组织在区党委和团中央的正确领导下，团结带领各族团员青年以邓小平理论和“三个代表”重要思想为指导，坚持树立和落实科学发展观，紧紧围绕各级党政工作大局，按照团区委七届二次全委会的部署，以加强青少年思想政治工作为重点，以服务经济社会协调发展为中心，以服务青年成长成才为主线，以巩固和加强团的自身建设为基础，着力深化，注重创新，突出特色，全区团的各项工作稳步推进。

一、以未成年人思想道德建设为重点，推进青少年思想政治工作

各级团组织紧密结合学习贯彻党的十六届三中、四中全会，区党委六届五次、六次全委（扩大）会议和全区经济工作会议精神，结合全区共青团和青年工作的实践，以青年干部、青年农牧民、青年学生、青年杰出人物为重点，采取各种形式，引导广大团员青年进一步深刻领会“三个代表”重要思想的精神实质和根本要求，牢固树立实现中华民族伟大复兴的共同理想，坚定永远跟党走中国特色社会主义道路的信念。坚持贴近实际、贴近生活、贴近青少年，认真开展科学发展观和马克思主义“四观”、“两论”的学习宣传教育活动，切实用正确的世界观、人生观、价值观武装教育青少年。

按照《全区青少年爱国主义教育五年规划》和《关于进一步加强民族地区青少年爱国主义教育工作的意见》的要求，不断加强青少年爱国主义教育。充分发掘自然景观和人文资源中蕴涵的教育素材，组织青少年升国旗唱国歌、观看影片、学习历史、参观展览、参加实践，持续深入地开展维护祖国统一，加强民族团结，反对分裂教育。为纪念西藏江孜抗英斗争100周年，团区委以“勿忘惨痛历史，矢志报效祖国”为主题，联合有关部门开展了知识竞赛、演讲比赛、专题报告会、文艺汇演、青少年夏令营等活动。各地(市)团委按照团区委的总体安排，纷纷开展了读书读报、征文竞赛、组织青少年观看影视作品等活动，全区数万名在校学生、党政机关、企事业单位干部职工、部队官兵、退休老干部、寺庙僧侣等社会各族各界人士参加活动；拉萨团市委在全市青少年爱国主义集中教育活动中，组织全市中小学生开展了“爱我中华、爱我西藏”英语演讲比赛、“队风队纪”行为规范竞赛等特色活动，近5万名中小学生，80%以上的少先队员和学生团员参加活动。

贯彻中共中央、国务院《关于进一步加强和改进未成年人思想道德建设的若干意见》和《关于进一步加强和改进大学生思想政治教育的意见》精神，团区委重点实施了“祖国在我心中”爱国主义教育工程、“雏鹰行动”、“爱心助成长”志愿服务活动、“雪域阳光自护”工程，“法律伴我成长”工程、青少年网络文明行动、青少年新世纪读书计划，大力加强团队组织建设和青少年活动阵地建设管理9项重点工作，努力为青少年办实事、办好事。各级团组织利用建党55周年、五四运动85周年、少先队建队55周年、纪念江孜抗英斗争100周年等重大节庆日、纪念日的有利时机，普遍开展了知识竞赛、演讲比赛、文艺汇演、主题报告会、夏令营、评比表彰等青少年喜闻乐见的主题教育和实践活动。注重发挥广播、电视、报纸、网络以及团内交流刊物、校园广播站、黑板报、宣传栏等宣传舆论阵地的作用，多层次、多角度、全方位地宣传报道典型活动和先进人物，不断推动全区青少年思想政治工作的深入开展。

二、围绕促进全区经济社会协调发展，努力提高服务大局工作实效

各级团组织紧紧围绕全区农牧业和农牧区工作中心任务，认真落实第五次农牧区青年工作会议精神，按照《2004年度农牧区共青团和青年工作目标管理责任书》的有关要求，深入实施农牧区青年增收成才行动，重点抓好了人才培训、示范基地建设、领办项目、劳务输出四件大事。团区委直接组织200名青年农牧民参与青藏铁路建设，历时3个多月，实现人均收入3000多元；山南地区团组织联合农牧、教育、发改委等有关部门，发挥当地技术人员作用，利用对口援藏优势，积极联系区内外有关单位培训青年星火带头人、致富能手、实用技术人员7000余人，建立农牧区青年增收成才示范点4个，组织劳务输出3500余人次，人均月增收1000余元；日喀则地区团组织承办、协办扫除文盲、法盲、科盲和青年农牧民科技培训班55期，培训5000人次，18县(市)建立增收示范点，建立县乡青年文化图书站(点)7处，组织青年农牧民劳务输出10000余人，协助有关部门开展了青年劳力状况调研、劳力输出招募、签订协议、建立流动团支部、维权等工作；阿里团地委协同有关部门，争取26万元乡村道路改建项目，组织青年农牧民230人次参与项目施工，实现人均创收1816.77元。据不完全统计，2004年全区各级团组织共举办各类农牧科技适用技术培训班300余期，培训培养青年农牧民、青年星火带头人41000余人，建设增收成才行动示范点30多个，组织青年农牧民劳务输出15000多人，人均创收2000余元。我区农牧区青年增收成才行动初步形成了培训先导、基地依托、项目带动、管理有序的良好格局。

积极组织企业团组织开展企业青年岗位能手比武和青年科技创新评比等活动，引导广大青工熟练掌握职业技能，积极投身技术、管理、营销、服务等创新实践。团区委正式启动实施全区青工技能振兴计划，创建了首批全区青工技能培训基地，争取西藏高争建材股份有限公司等三家单位命名为“全国青工技能振兴计划”试点单位。

以青年文明号活动开展10周年为契机，广泛开展了各种形式的检查、总结、评比和庆祝活动。团区委邀请部分区政协委员视察青年文明号工作，组织考评小组赴地市检查和指导文明号创建工作，在西藏日报辟专栏连续报道文明号工作成绩；日喀则团地委加大各级青年文明号监管力度，改革评审、年检工作机制，探索建立表彰激励机制，命名了一批地区级青年文明号；昌都团地委组织青年文明号单位开展义诊、捐款济困、宣传一条街活动；区直、山南等地团组织联合青年文明号单位举办演讲比赛、文艺晚会等。截至目前，全区已涌现出国家级青年文明号18家，自治区级73家，地市级115家，创建行业扩展到19个。各级青年文明号创建管理机制、评选表彰机制进一步规范健全，青年文明号辐射带动力、社会影响力进一步增强。

以培养青少年人与自然和谐发展意识为重点，突出“同饮一江水、同护母亲河”主题，继续深入实施“保护母亲河——高原绿色希望工程”。各级团队组织联合教育、林业、环保等部门，带领近万名共青团员、少先队员实现植树造林92000余株，广泛开展建立“环境小卫士”服务队、建立青年经济林和生态林基地、建设青年绿化带、开设“绿色课堂”、美化社区校园等环保宣传教育实践活动，进一步调动了青少年参与环保建设的热情，在全社会营造了保护环境、保护生态的良好氛围。

团区委联合相关部门制定了西部计划志愿者管理办法，出台了西部计划志愿者就业工作指导性意见，稳步推进大学生志愿服务西部计划。顺利完成第二批81名西部计划志愿者进藏服务各项工作，协调落实18名首批西部计划志愿者留藏工作。西藏青年志愿者协会成立大会成功召开。各级团组织通过开展志愿服务活动，加强志愿者管理和服务、理顺志愿者工作关系等工作，不断深化青年志愿者行动。目前，全区建立志愿者服务中心3个，服务总站1个，服务站27个，服务基地10个，“一助一”长期服务对子2469对，临时志愿服务队4680支，6支服务队入选全国百家优秀青年志愿者服务队。

按照社会化、市场化要求，努力打造西藏“希望工程”优良品牌。全年累计接受并投入240万元人民币，捐建了9所希望小学；联合区内主要媒体，邀请国内顶尖藏族青年歌手，成功举办“爱在人间，希望之星”公益慈善演唱会，募集善款70余万元，设立“西藏希望之星奖学基金”；发放明德奖学金和白玛央金贫困大学生奖学金72万余元，资助贫困大中小学生1120名，调整明德奖学金发放范围，设立“林中阳西藏贫困大学生奖学基金”；与旅日华人郑剑豪先生达成捐资30万元设立“郑剑豪西藏青年创业基金”初步意向；开通“西藏青少年发展基金会”网站；组建全区希望小学代表队参加首届全国希望小学运动会；不断完善财务管理，规范基金运作，自觉接受财务审计。2004年，西藏青少年发展基金会获“全国民间组织先进集体”称号。

三、努力提高服务青年的能力和水平，不断优化青少年成长环境

团区委联合有关部门组织召开了全区预防

青少年违法犯罪工作会议，促进全区预防工作深入开展；采用参观、听讲、体验相结合，对中小学生进行消防知识安全教育宣传；在城镇社区开展了“青春红丝带”行动——青少年防治艾滋病志愿者“面对面”宣传教育活动。各级团组织联合有关部门，以《未成年人保护法》和《预防未成年人犯罪法》为重点，通过举办法制讲座、聘请法制副校长、发放宣传资料、发布倡议书、专题文艺演出、图片展览、集体签名、召开主题班会、专题讨论等形式，对青少年开展普法宣传教育工作。以实施青少年网络文明行动为重点，广泛宣传《互联网上网服务营业场所管理条例》和《全国青少年网络文明公约》，协助相关部门开展了整治违规网吧、清理校园周边环境等工作。深化创建优秀“青少年维权岗”活动，努力为青少年健康成长营造良好环境。

积极开展青年文化活动，丰富青年精神文化生活。“五四”期间，团区委联合有关部门举行了以“弘扬五四精神，肩负历史使命”为主题的“纪念五四运动暨第四届五四青年奖章命名表彰大会”，“纪念五四运动85周年警地大联欢”等活动；组团参加首届“青春中华”首届中国青年文化周——中华青年民族歌舞邀请赛，团区委获优秀组织奖，参演节目——弦子舞“铃与鼓”获优秀表演奖；联合西藏大学，动员青年学生踊跃参与第二届全国青年时代风采大赛，团区委获优秀组织奖；依托农牧区青年中心，正式启动了全区城乡青年互助行动。各级团组织和各高校团组织抓住青年学习成才、就业创业、精神文化和权益保护等环节，开展科技文化卫生“三下乡”、校园文化艺术节、乡村社区青年文化节、举办文艺汇演、文体大赛、知识竞赛、“手拉手”城乡互助等各类活动80余场次，200余名团干部、青年志愿者，数十万名农牧区群众参加活动。

逐步加强青少年活动阵地建设。目前全区共有县级以上团属青少年活动阵地4个（含在建1个）。在各级团组织领导下，阵地认真贯彻团组织工作部署，始终坚持公益性文化组织的职能定位，努力践行面向青少年、服务青少年的宗旨，进一步规范运营管理，集中开展各项活动，为开创我区青少年工作新局面做出了积极贡献。巴松措青少年活动营地坚持一手抓青少年教育活动，一手抓硬件环境建设。以青少年夏（冬）令营为主要形式，成功开发了道德实践、自理自护、生活体验、意志磨练等教育项目。争取区内外有关单位和部门支持，筹集价值89.47万元资金物资，完成展览馆、员工宿舍等改（扩）建项目、水泥路面的铺设工作，健全了微机、图书、健身器材等活动设施。以创建“全国青少年校外活动示范基地”、“全国青少年体育活动阵地”为契机，联合有关部门，落实营区规划、项目设计、项目选址等工作。2004年营地获“全国先进青少年宫”荣誉称号。

通过“全区第四届西藏青年五四奖章”、“全区第四届十佳少先队员、十佳少先队辅导员”、“星星火炬奖”的评选表彰以及“首届全区优秀少年军（警）校”命名活动，推出、宣传了一批青年工作典型和青少年榜样，在青少年中产生强烈反响，受到社会各界的广泛关注。在西藏电视台“邦锦美朵”栏目中连续报道“全区十佳少先队员”的事迹，为全区少年儿童树立了可亲、可感、可学的榜样。

各级团组织坚持不懈地开展“扶贫济困助残、献爱心、送温暖”活动，全年共为贫困户和贫困学生捐赠衣物、食品、药品、图书、文具及现金共计折合人民币30余万元，广泛开展了送种禽、种畜，帮助建房、打井、便民服务等工作。团区委举办了3期社区特困家庭失业青年职业技能培训班，培训98人，41人取得合格证书和资格鉴定证书，30人实现就业，8人自主创业。

四、坚持党建带团建，团的自身建设进一步加强

“党建带团建”工作稳步推进。各级团组织抽调专门力量深入县乡村开展“党建带团建”工作调研和总结，认真查找存在的突出问题，形成改进工作的初步意见，促进了基层团组织建设的深入开展；积极争取党组织支持，指导基层团组织按期集中换届，充实基层团组织力量，健全相关工作制度；与时俱进，不断拓展基层团建新领域。团区委指导西藏藏医学院、拉萨北京中学成立团校，为全区大中学校团校、业余党校建设工作积累了经验；林芝团地委适应机关事业单位团员青年结构、布局发生较大变化的趋势，在地区财政局和地区妇保院建立青年工作委员会，进一步明确权责。结合青年文明号创建工作，在西藏杰恒有限公司、新世纪大酒店等非公有制组织建立团组织；日喀则团地委结合本地实际，制订实施了《日喀则地区各县（市）团委换届工作实施细则（暂行）》，指导全地区50%的县市完成换届工作。在地区私营企业神湖饭店和私立华兴学校开展了基层团建创新试点工作。

“三级联创”活动逐步深化。团区委对全区五四红旗团委、团支部（总支）、团建先进县（市、区）单位进行书面调研。充分征求各地（市）团委意见建议，制订出我区创建“团建先进县”工作实施细则，进一步充实完善了“三级联创”工作内容。严格条件、标准和程序，认真做好全国先进单位的评选申报工作，西藏警官高等专科学校团委、阿里地区公安处团支部、日喀则团市委等7家单位获2004年度全国五四红旗团委、五四红旗团支部、全国团建先进县荣誉称号。

团的机关和队伍建设得到加强。全区团的各级领导机关以解决作风建设中存在的突出问题为切入点，努力做好机关干部的理论学习、思想教育、实践锻炼、竞争上岗、推荐任职等工作，进一步加强了机关建设。拉萨团市委拿出16个职位在系统内推行竞争上岗，增强了机关工作活力。各级团组织进一步加大对团干部的培训力度，鼓励团干部参加自考和各类进修。全年区、地（市）、县三级团组织采取各种形式共培训团干部653人，其中新任职培训316人，少数民族培训313人，学历教育23人，境外培训1人。新发展团员15940人，推荐优秀团员入党1500人。

推进青年中心建设工作，探索服务青年新途径。各地在青年中心建设过程中，统一形象和品牌，突出会员制、理事会制和秘书长负责制，积极探索联合建设、依托建设等多种模式，努力开发各具特色的服务项目，坚持用社会化、市场化管理运作方式推进青年中心建设。农牧区青年中心坚持将青少年爱国主义教育、服务农牧区青年增收成才和开展农牧区青年文化活动作为主要服务内容，广泛开展了反分裂斗争形势教育、政策法规宣传、农牧实用技术培训、农牧业生产信息发布、组织青年农牧民劳务输出以及各类文体活动；贡德林城市青年中心建设前期筹备工作顺利进行，初步确定了面向社区青少年，开展教育培训、读书成才、结对帮教、职业介绍，为青年就业、娱乐、技能培训等提供服务的机构职能。目前，全区已建和在建农牧区青年中心11个，筹建城市青年中心2个。

五、团的各项事业实现新发展

团的宣传思想工作成效明显。各级团组织立足统一思想，凝聚力量，始终保持正确导向，深入宣传各族团员青年中在加快实现全区跨越式发展进程中奋发进取的精神风貌，深入宣传各级团组织团结带领团员青年积极投身我区改革开放和社会主义现代化建设的各项工作，营造了各族团员青年谋跨越、促发展、奔小康的良好社会氛围。青联工作强势推进。恢复了与尼泊尔青年论坛的联系、交往，接待尼泊尔、日本、罗马尼亚等青年代表团，组织西藏青年代表团首次访问日本，2团次6人随团出访罗马尼亚和韩国；选派全区宗教界青年统战人士前往湖北等地学习考察，接待了天津、海南、四川等省市青联委员赴藏考察团；青年书法家协会恢复开展工作，在拉萨举办了笔会和全区第二届青少年书画大赛；完成了西藏青年理论学社更名为西藏青年科技工作者协会的工作。学联工作进一步加强。自治区学联积极拓宽工作领域，积极引导广大青年学生适应改革开放和现代化建设的需要，在协助党团组织维护校园稳定，丰富校园文化，指导各高校开展工作和规范各类学生社团发展等方面发挥了积极作用，实现了西藏香港两地青少年代表团首次互访。少先队全面推进素质教育。中小学团组织，继续深化中国少年雏鹰行动，整体推进“手拉手”互助活动、“百花园”文艺活动和“启明星”科技活动。团区委启动实施全区大中专学生素质拓展计划，开展了第二届“成才杯”评选表彰活动。日喀则地区组织辅导员和少先队员结对771对，建立“手拉手”书屋32个，深化了“手拉手”团结互助活动。拉萨团市委举办了一期以少先队辅导员为主体的青年干部培训班，提高了少先队干部的综合素质。西藏雪莲少儿艺术团发挥自身优势，于“六一”期间联合上海少儿文艺团体共同为香港残障儿童开展慰问演出。《西藏青年报》坚持正确的舆论导向，有效发挥了团的宣传阵地作用。西藏中国青年旅行社主动适应市场变化，逐步建立起一套具有自身特色的经营管理机制，在改革中稳步发展。

陕西团的工作

思想队伍建设　“做党放心，青年满意的团干部”活动自年初开始，从团陕西省委到各市、县级团委层层推进，历经一年时间，在基层团干部和党政领导中产生了良好反响，达到了提高理论知识、增强理想信念，转变思想作风，丰富工作思路，培养教育干部，强力推动工作的目的，并为全国创造了经验，活动的做法和成果被团中央以《全团要讯》形式印发，《人民日报》(2004年11月2日)、《陕西日报》、《当代陕西》、《陕西机关党的工作》等先后从不同侧面进行了报道。

组织建设　陕西省已有65%的村团支部和80%的乡(镇)团委达到“五好”标准，符合建团的非公有制经济组织建团率达50%以上。全省85所民办高校建立了团委，5所建立了团总支、团支部，建团率达到87%，支部总数达到2252个；专职团干部34人，兼职团干部106人，学生团干部8300多人。截至目前，陕西省新发展团员23.6万人，有3.8万名优秀团员被团组织“推优”入党。

“西部计划”　2004年西部计划项目启动以来，首次实施了网上招募和岗位对接。随着服务面的不断扩大，为了使西部计划逐步向陕南陕北延伸，在原14个县的基础上，又申请增加了2个县。共有802名大学生志愿者在陕西省的9市16县(区)，为当地社会和经济发展服务。同时，帮扶贫困学生300余名，捐献图书2万余册，为灾区捐款15000多元，联系社会赞助30余万元。

海外学人来陕创业活动　为海外学人参与西部大开发、参与陕西经济建设牵线搭桥，以西安高新区、西安经济技术开发区和渭南经济开发区为载体，通过人才、项目合作，创办高新技术企业等形式，组织海外学人为陕西省社会经济发展提供人才、项目、信息、技术等方面的服务，共有10家企业(单位)与11位学人达成了12个项目的合作协议，合作内容涉及信息通讯、环保、农业、人才培训等领域。

创新创效 开展青工创新创效成果大赛、成果展和成果推介转让活动,促进了创新成果向现实生产力转化,培养岗位能手1.5万人,取得经济效益1.6万元。

就业与再就业 服务青年就业创业,新建培训基地20个,帮助1.5万名青年实现就业。组织青年参加全国青年创业周活动,推荐创业项目100个,对3000多名青年进行了有针对性的创业培训。

农村青年增收成才 2月,《共青团陕西省委增收成才计划》制定出台。围绕计划的制定及实施,全省各级团组织开展了"农村青年产业化创业行动"、"农村青年实用技术培训"、"青年星火带头人培养"、"农村青年转移就业"等系列活动。其中"农村青年产业化创业行动"已成为一项品牌工作。2004年共创建各级农村青年科技培训基地370多个,开展实用技术培训508场次,培训农村青年21万人(次),帮助2.5万农村青年实现了转移就业。

保护母亲河行动 加强青少年生态环境意识培养,开展了"母亲河,我与你同行"绿色传递活动、"清洁江河水,保护母亲河"行动、"从小事做起来,承诺天天做"等活动,一年来,共有50多万人次的青少年和社会公众参与了保护母亲河行动,提高了青少年和全民生态环保意识、绿色文明意识和可持续发展意识。创建了一批"青少年绿色文明园"。其中50个被确定为示范文明园。利用植树节,组织广大青少年和志愿者开展植树月活动,营造了一批在陕西省和全国有名的"青字号"品牌工程。同时,中日青年生态绿化工程潼关项目、户县项目、"安利林"蒲城项目等重点工程已全面启动。

挑战杯 第二届西安高新"挑战杯"陕西省大学生创业计划竞赛以创新创业为主题。16所高校选拔出136件优秀作品参加省级大赛,经过决赛,全省共选拔出15件作品参加在厦门举办的第四届"挑战杯"全国大学生创业计划竞赛,获得了1金、6银、8铜的历史最好成绩,同时,陕西省获得优秀组织奖。

校园文化 "校园之春"陕西省大学生文化艺术节,以大学生英语口语风采大赛、校园歌手大赛、校园DV大赛、大学生街舞大赛等系列活动引导校园文化热点。来自全省50余所高校的90余名选手参加了"动感地带杯"第二届校园歌手大赛省级比赛,20名选手分别获得一二三等奖。西安交通大学梧桐树组合、西安音乐学院米卓、长安大学姜艳萍等6名优秀选手代表陕西参加第二届全国校园歌手大赛,梧桐树组合等获得银奖,陕西省获优秀组织奖。

三下乡 2004年大中专学生志愿者暑期文化科技卫生"三下乡"社会实践活动,动员了20万在校大中专学生组成1000余支志愿服务队,奔赴陕北高原、渭河两岸、秦巴山区、关中平原等地,深入村镇、企业、中小学校进行志愿服务。其中西北农林科技大学大学生绿色营开展的"重走渭河"徒步考察活动中,对渭河治理的建议和意见反映给了中央、国务院和全国政协。西北工业大学志愿者帮助延安宝塔区柳林铺村建立了村务管理信息平台。西安电子科技大学志愿者为渭南市临渭区关道乡建立了农业信息网,把偏僻的乡村与国内外市场联系起来。志愿者们为农村孩子开办多个乡土夏令营,在农村和社区开办了100余期家长学校,举办了50多期中小学师资培训班。

红领巾革命圣地延安行 "红领巾革命圣地延安行"系列宣传教育活动以"继承革命传统、弘扬民族精神、建设先进文化、培育'四有'新人"为主题,在暑假期间对未成年人进行革命传统和爱国主义教育。团中央书记处书记、全国少工委常务副主任张晓兰,陕西省委副书记杨永茂,北京市委副书记强卫,省委常委、延安市委书记王侠,京、沪、湘、甘、青团省(区)委领导分别参加了7月10日在中国人民革命军事纪念馆举行的"红领巾革命圣地延安行"启动仪式和7月16日在延安举行的"红领巾革命圣地延安行"夏令营开营仪式。据统计,全国有近50万少先队员参加了延安游览、“我心中的延安”征文比赛、“红领巾与延安精神”知识竞赛、青少年营造红领巾革命圣地纪念林、“红领巾与延安精神”网上论坛、助学长征国际助学“抵步礼”等红领巾革命圣地延安行系列宣传教育活动，活动中共募集纪念林捐款近10万元。中央电视台，陕西电视台等20多家媒体对活动进行了全程报道，新华网等网络媒体播发了活动的200多条消息。

城乡少年手拉手 针对农村留守儿童的教育问题和贫困地区未成年人的教育问题重点，团陕西省委、陕西省教育厅、省少工委、省电视台和三秦都市报在户县猴王小学和长安县杨庄乡石佛小学共同举办“同在一片蓝天下，共享繁荣进步”现场捐赠活动。共收到来自社会各届捐赠的学习用品6086件、衣物688件、玩具257件和一批电脑，折合价值近10万元。联合维维乳业集团、天狮集团，分别给榆林、延安、安康、商洛、宝鸡等地捐赠价值10万元的学习用品和30万元的营养品。

维护青少年权益 主要工作有：一、依托优秀“青少年维权岗”、“青少年法律学校”，通过举办法制讲座、模拟法庭等形式开展普法宣传。命名了首批陕西省青少年法制教育基地10个。二、筹备成立陕西省青年法律工作者专业社团。举办了陕西省首届青年法制论坛。参与起草、制定、修改《陕西省实施〈中华人民共和国预防未成年人犯罪法〉办法》。三、进行立法调研，完善有关青少年法律法规。陕西省实施《预防未成年人犯罪法》办法被省人大列入2004年陕西省立法规划。四、启动玛丽斯特普国际预防艾滋病项目，开展预防艾滋病宣传教育活动。活动于4月份正式启动，在有关社区、学校、农村和城乡结合部举办各种宣传义演活动300多场。并在11个市区的20多个县开展了“预防艾滋病——面对面宣传教育活动”。争取到了“全球基金会艾滋病项目”。五、净化青少年健康成长社会环境。3月26日，陕西省“绿色上网”工程启动，一年来，共实施专项惩治活动15次，净化了青少年成长社会环境。

引资引智 陕西省青年引资引智项目库把304个科技含量高、市场前景好、比较优势强的项目，按照产业特色和发展重点筛选成11类项目广为推介，以促成合作。其中晶众家乐超市有限公司在乾县投资600万元开设分店。项目库中的混凝土搅拌站项目引资7800万元。常隆（西安）正华植物科学有限公司在临潼筹建。宝鸡的聚丰时代商城等5个项目签订联建合同，吸引资金1.85亿元。安康市宏远公司合同引进外资3000万元。团省委先后赴香港、长江三角洲开展招商引资活动，全年累计完成招商引资项目66个，引资14.6亿元。

劳务输出 拓宽劳务输出渠道，形成了咸阳的“展翅工程”、延安的“康桥工程”、安康的“富康工程”等一批青年劳务输出品牌。全年陕西省向外输出青年劳动力近10万人次，并与广东团省委和东莞团市委达成了劳务输出的合作意向。

助学长征 中青基会与香港著名慈善团体“苗圃行动”在长征途径的10个省份，联合发起组织的“助学长征——公益助学步行筹款活动”开始实施，10月15日，来自香港和内地的21名志愿者从江西出发，步行8038公里，历时306天，将于2005年8月16日抵达陕西吴旗县。此项活动计划筹款2020万元，在10个省区的101个县创建101所希望小学。

希望工程 2004年，希望工程进行了新的调整和设计，一、“明德奖学金”项目在陕西省4市（汉中市、宝鸡市、咸阳市、延安市）10县（镇巴、略阳、西乡、洋县、宁强、合阳、白水、陇县、太白、延长）资助大中小学生1000名。二、推出“芙蓉学子——与希望同行”助学活动。奖励2004年应届高考优秀学生和资助农村家庭贫困的应届全日制大学本科新生。三、陕西省农村信用联社捐资10万元，用于资助全省贫困地区考取大学的本届大学本科新生。四、香港金邦企业公司资助陕西青年干部学院贫困大学生。五、中国青基会设立的“金叶西部希望之星大学生奖励基金”用于资助陕西师范大学和汉中师范大学来自西部地区贫困家庭、品学兼优的大学生。六、嘉里粮油设立一、二、三等奖，资助陕西科技大学困难大学生。七、新申请“希望工程助学进城计划——金龙鱼项目”，以进城务工农民工子女为资助对象提供助学金。八、使用“李惠明希望工程教育基金”对三原县东周村收养的正在服刑人员子女给予救助。九、西安可口可乐集团公司为希望工程捐款10万元，用于帮助解决回民子女入学问题。

希望小学建设 北京263网络公司李小龙先生捐资132万元，在陕西省旬邑、合阳、商州、石泉、镇坪等县援建希望小学6所，救助失学儿童500名；AMD公司捐资50万元，为户县和临潼创建希望小学2所；广东宝洁公司援建希望小学2所。一年来，希望工程共筹资500万元。创建希望小学18所，资助失学儿童2500名，新增希望网校单点站10个，培训希望小学教师50名。

甘肃团的工作

2004年，甘肃全省各级团组织以邓小平理论和“三个代表”重要思想为指导，认真贯彻党的十六届四中全会精神，牢固树立科学发展观，紧紧围绕全省经济快速发展和社会全面进步的大局，深化推进青年人力资源开发的主题，在加强和改进青少年思想教育，服务经济建设大局，服务青年成长成才，促进青年全面发展，加强团的自身建设等方面进行了有益的探索，取得了显著成绩。

一、认真贯彻落实中央和省委的战略部署，进一步加强了未成年人思想道德建设和大学生思想政治教育

2004年，中共中央国务院相继发布了《关于进一步加强和改进未成年人思想道德建设的若干意见》和《关于进一步加强大学生思想政治教育工作的若干意见》两个具有全局性、战略性的文件，甘肃省委省政府制定了《关于组织实施“甘肃省未成年人健康成长行动计划”的意见》，对共青团工作提出了全新的要求。团省委成立领导小组，召开专门会议，制定下发了《共青团组织实施“甘肃省未成年人健康成长行动计划”20条》，对加强和改进未成年人思想道德建设工作做了动员和部署。各地团组织也建立了相应的工作机构，制定工作方案，因地制宜开展工作。通过组建思想道德法制宣讲团，建立青少年心理咨询服务站、举办“知心家庭学校”，拓宽了未成年人思想道德教育的渠道。以“五四”运动85周年、建国55周年、邓小平同志诞辰100周年为契机，以爱国主义、集体主义、社会主义和民族精神教育为核心内容，抓住青少年入学、入队、入团、入党、18岁成人仪式等时机，开展丰富多彩的主题团队活动。组织开展了航天夏令营、冬令营、革命圣地游等活动，在青少年中广泛开展了爱国主义教育活动，增强了广大青少年的民族自豪感。举办了第六届中小学生书信大赛，参赛人数达到68万人，创造了历届最高水平。以“新世纪我能行、养成道德好习惯”，“我做合格小公民”为主题，广泛开展了少先队体验教育活动，培养未成年人良好行为习惯，提高综合素质,促进全面发展。

以实施大学生素质拓展计划为统揽,针对大学生群体的特点,开展了主题鲜明、内容丰富、形式多样的“三个代表”重要思想宣传教育活动。组织10万余名大学生以“传承五四报国志,落实科学发展观”为主题,开展了大规模的社会实践三下乡活动。成功举办了全省挑战杯大学生科技学术作品竞赛,建立了大学生思想状况调研,信息反馈和突发重大事件的预警机制,举办了全省大学生校园歌手大赛,高校届次化的校园文化活动体系基本形成,大学生思想政治教育工作得到加强。

二、服务全省改革与发展大局,为加快甘肃全面建设小康社会做出了新的贡献

进一步深化甘肃青年创业行动。组织开展了青年创业明星事迹报告会、“全省青年就业和再就业事迹”巡回演讲报告会,甘肃省进城务工青年创业风采展示等活动,通过培养、树立、宣传各类青年创业和就业再就业典型,在广大青年中树立自强不息、积极进取的创业精神;举办了首届甘肃青工技能大赛,来自全省的45个基层代表队的20000余名青工参加了3个通用工种和18个行业工种的比赛,有利地促进了青工学技术、比贡献风气的形成;深入开展了“青年文明号”信用建设示范行动,加强了对“青年文明号”集体的动态管理,恢复启动了交通、旅游等行业的“青年文明号”创建工作,使“青年文明号”创建工作不断完善和发展。

实施农村青年创业成才行动。“跨世纪青年农民科技培训工程”广泛开展,协调落实培训经费500余万元。以《农村青年外出务工100问》为培训内容,在基础知识培训、基本技能培训和职业培训等方面开展了卓有成效的工作,同时举办了甘肃农村青年外出务工“百题万卷”读书竞赛活动。表彰了一批包括青年科技兴农带头人、青年经纪人、青年产业化带头人、青年工商创业带头人和青年返乡创业带头人在内的各类农村青年创业致富带头人,激励带动更多的农村青年和农民群众创业成才。

积极推进“金桥计划”的实施,组建了由高等院校、科研院所的青年科技工作者组成的青年专家科技服务团,与部分县、乡、村和中小企业建立了对口服务合作关系。加强了市县一级的基地建设工作,建成科技创新行动教育示范基地80多个。

“保护母亲河”兰州大砂沟项目顺利通过了竣工验收,在由我省承办的全国“保护母亲河”绿色工程竣工仪式上正式移交兰州市政府管理。永靖读者林和解放军林也通过了复查验收。加强了“保护母亲河”生态监护力度,积极创建和完善生态监护站(队),开展了“同饮一河水,保护母亲河”为主题的“保护母亲河日”宣传活动。在广大青少年中积极传播绿色生态理念,树立科学发展观。

三、以促进青年全面发展为目标,服务青年取得了新的进展

在全社会广泛宣传《未成年人保护法》和《预防未成年人犯罪法》,增强了未成年人学法、懂法、守法和依法维护自身权益的意识,表彰奖励了首届全省优秀法制副校长,形成了共同关注未成年人健康成长的良好社会氛围。深入开展了优秀“青少年维权岗”创建活动。动员各级维权岗,严厉打击以制贩毒品、黑网吧、不健康口袋本等为主的违法犯罪行为,净化青少年生活环境。全面实施“青少年违法犯罪社区预防计划”,开展了“社区青少年远离毒品”和“青春红丝带”防治艾滋病面对面宣传教育活动,为未成年人健康成长创造了良好的生活、学习环境。

积极动员社会各界,广泛关注闲散未成年人、流浪儿童、进城务工人员子女、农村贫困失学儿童等弱势群体的生存、教育和发展状况;开展了青联委员扶贫助困活动,筹集资金10多万元,对民族地区小学和贫困家庭给予了帮助;各级未成年人保护机构积极协调相关单位，为合法权益受侵害的青少年提供司法保护，为患病青少年募集社会捐助；希望工程全年累计接受各类捐款1178.5万，援建希望小学45所，建设希望网校10所，资助失辍学儿童3749名，培训希望小学教师148名。同时加大了体外运转希望小学的规范化管理。

四、以城乡青年中心建设为抓手，团的自身建设进一步活跃

以“五四红旗”团委、团支部创建为主体，全面加强团的自身建设。社区团建创新行动在全省14个市州的27个中心县区全面推进，社区和非公经济组织建团率有了明显提高；制订下发了《关于进一步加强中学共青团工作的意见》和《关于进一步加强全省少先队工作的意见》，明确了中学共青团和少先队的组织设置、干部配备、主要职能；团的领导班子得到充实，团干部的年龄结构、知识结构进一步优化。举办了全省14个市州、86个县市区及部分高校团委书记参加的培训班，进行了较为系统的培训学习；各市（州）、县（区）也纷纷举办了各种形式的团干部培训班，使团干部的理论修养、业务水平得到提高。

城乡青年中心建设试点工作取得突破性进展，参与试点的酒泉、张掖、武威、定西等地大胆创新、因地制宜、分类指导、试点先行、稳步推进，探索出一条依托专业经济合作组织、协会和企业，整合社会资源进行创建的有效模式；全省已建成农村乡镇青年中心102个，城市青年中心11个；召开了全省农村青年中心建设现场推进会，全面启动了农村青年中心建设。

完成了甘肃共青团网站的扩容改版工作，增大了信息量，全省共青团和青年工作网站达到35家；“县县上网”工程进一步推进，互联互通、资源共享的网络教育平台已经初步形成；加强了调研工作的组织领导，参与调研的团干部人数大幅度增加，调研报告质量明显提高。

成功召开了省青联八届一次全委会议和省学联第八次代表大会，系统总结，全面部署了青学联的工作，顺利实现了青学联组织的新老交替；各市州青联组织基本建立，部分行业、系统和县市的青联组织正在筹建之中，青联的组织体系日臻完善，活力不断增强。

青海团的工作

2004年，在省委和团中央的领导下，全省各级团组织坚持以邓小平理论和“三个代表”重要思想为指导，深入贯彻党的十六届三中、四中全会以及省委十届四次、五次全委会和团十五届二中全会精神，紧紧围绕全省工作大局，按照团青海省十一届二次全委会确定的目标任务，全面落实科学发展观的要求，坚持解放思想、实事求是、与时俱进、开拓创新、扎实工作，以开发青年人力资源为主线，以夯实团的基层组织建设为基础，切实加强团的思想作风建设，竭诚为团员青年的成长成才服务，团结带领广大团员青年为完成“消除贫困、富民强省”和“深化改革、创新机制”两大历史任务，保持全省国民经济持续快速协调健康发展和社会全面进步做出了积极贡献。

理论教育　全省各级团组织坚持用“三个代表”重要思想、十六大、省十次党代会及团十五大、省十一次团代会精神统揽团的各项工作，团结和带领广大团员青年深入学习十六届三中、四中全会以及省委十届四次、五次全委会和团十五届二中全会精神。结合五四运动85周年，紧密联系青海改革开放和现代化建设的实践，充分运用宣讲报告、座谈访谈、参观走访、理论社团、互联网等形式和载体，广泛开展形式多样、青年喜闻乐见的学习教育活动。把团员青年的思想和行动统一到十六大、十六届四中全会精神上来，切实用邓小平理论和“三个代表”重要思想构筑起当代青年的精神支柱，引导团员青年沿着正确的方向前进。

青少年爱国主义教育 全省各级团队组织充分发挥社会职能，利用建国55周年、五四运动85周年等契机，弘扬民族精神，大力加强爱国主义、集体主义和社会主义教育，激发广大青少年的爱国之情和报国之志。为进一步贯彻落实中共中央国务院《关于进一步加强和改进未成年人思想道德建设的若干意见》和《关于进一步加强和改进大学生思想政治教育的意见》，团省委组织全省各级团队组织以思想道德建设为主线，广泛开展了为未成年人办实事和大学生素质拓展工作，通过建立青少年校外教育基地、为未成年人提供切实有形的帮助、优化未成年人成长环境、调研大学生思想状况等方式，动员全社会力量关注关心未成年人和青少年的全面发展。全省大中专院校开展了异彩纷呈的校园社团文化节、青年学生演唱会、大学生辩论赛、青年经济论坛等活动，为校园文化赋予了新的时代特征。各地少先队组织广泛开展了“红领巾心向党”、“手拉手谈变化”主题教育活动和“新世纪我能行”体验教育、全省小甲A足球比赛等各类竞赛活动，取得了良好的教育效果。为创新活动方式，增强教育效果，各级团组织继续开展了“网上祭英烈，共铸中华魂”活动，使广大青少年广泛接受了爱国主义和民族精神教育。

民族团结进步创建活动 围绕全省开展的民族团结进步创建活动，团省委进一步深化青年民族团结进步创建活动，通过在各族青年中认真宣传贯彻党的民族宗教政策，进行民族团结教育，树立各民族“谁也离不开谁”的思想，形成互相学习、互相尊重、互相信任、团结奋斗的社会氛围。六州一地一市在继续深化“三爱”教育活动中，按照团省委统一部署，开展了广泛的青年民族团结进步创建活动，进一步加强了党的民族宗教政策的宣传，团结引导宗教界青年爱国人士守法爱教发展经济，拥护统一。在青年民族团结进步创建活动中省路桥公司获“全国各族青年团结进步奖”，吕霞同志荣获“全国青年民族团结进步杰出奖”，团省委统战部荣获“全国各族青年团结进步活动组织奖”。一批基层团干部在全省开展的民族团结进步创建活动中因表现突出，受到党政的表彰和奖励。年内，追授为勇救落水儿童献出年轻生命的优秀藏族青年团员索南东主“全省民族团结先进个人”荣誉称号。一大批民族团结进步先进典型的推出，极大地激发了更多青年投身建设青海、维护民族团结、促进民族地区经济发展和社会稳定的热情。

维护青少年合法权 全省各级团组织把加强预防青少年违法犯罪，切实维护青少年合法权益作为一项重要工作任务来抓。为贯彻落实中央及省委关于进一步加强和改进未成年人思想道德建设的意见，整合社会力量共同关注和支持青少年法制教育活动阵地建设，促进青少年法制教育社会化，命名西宁市中级人民法院、省少年教养管理所等10家单位为全省首批青少年法制宣传教育基地；举办了中国欧盟法律和司法合作项目青海团干部青少年维权干部培训班；“阳光依旧灿烂”、青少年法律体验实践营等青少年法制宣传教育主题系列活动，取得了良好的社会反响，为青少年法律教育实践注入了新的内涵；与青海省司法厅联合制定了《青海省未成年人法律援助工作办法》，建立健全了青海省法律援助工作体系；全省各级团组织利用“3·15”、“6·26”、“12·4”等宣传日，组织青年志愿者、法律工作者、大学生社会实践团及热心青少年权益工作的社会各界人士，大力学习宣传《未成年人保护法》和《预防未成年人犯罪法》，积极营造全社会共同关心维护青少年合法权益、保障青少年健康成长的良好氛围。

农村青年增收成才行动 按照全省农牧区共青团工作会议精神和省考核办的考核目标，及早制定工作计划，对全省推进农村青年增收成才行动提出了工作要求。为促进增收成才行动的广泛开展，多方筹集资金13万元用于各地开展青年农牧民科技培训工作，在全省范围内广泛开展了大学生科技支农服务活动，共举办各类培训班200多期，培养农牧区青年创业致富带头人1792人，培训农牧区青年达68685人次。

为加大全省劳务输出工作力度，切实帮助农牧区青年脱贫致富、增收成才，3月初，积极与北京团市委联系劳务输出事宜，向北京市达富路制衣厂组织输送了来自湟中、乐都等地的32名农村青年就业学技。根据团省委与省路桥公司签订的协议，团省委完成全年向路桥公司输送2000名农民工转移就业任务；积极加强与外省市团委联系，全省各级团组织积极行动，开拓创新，或单独组织、或联合输送，全年共向省内外及重点工程等组织劳务输出63752人次，超额完成了年度劳务输出工作任务。

“双争”活动 年初，完成了对国家级、省级青年文明号的年检考核和重新申报认定工作。与省经贸委、省劳动和社会保障厅联合下发了《关于推荐评选全省青年文明号和青年岗位能手的通知》，在全省青工战线广大团员青年中广泛开展了争创青年文明号、争当青年岗位能手活动，联合省劳动和社会保障厅等单位对161名省级技术能手进行了表彰，并对本年度92个省级青年文明号和421名青年岗位能手进行了表彰。在全国青年文明号活动10周年表彰大会上，一批先进集体和优秀个人获得团中央表彰。

“青工技能振兴计划” 为深入贯彻全国、全省、全团人才工作会议精神，团省委联合省劳动和社会保障厅等单位在全省企业青工中启动实施了“青工技能振兴计划”。下发了《关于实施“青海省青工技能振兴计划”的意见》，提出从2004年至2009年，利用5年时间，通过实施“青海省青工技能振兴计划”，使80%以上参加计划的青年技术工人的技能水平在现有的基础上提升一个等级，建立培训示范基地，开展青工技术大比武活动。在9月份，分两类52个工种在全省范围内进行了青年职工岗位技能大赛。参加比赛的青工达5万人次。其中365名选手分别晋升到高级技师、技师和高级工，161名选手被授予“省级技术能手”和“全省优秀青年岗位能手”称号，321名选手被授予“全省青年岗位能手”称号。这次青工岗位技能大赛，有效地整合了团内外资源，为青年职工施展才华、岗位成才、脱颖而出创造了机会，搭建了平台，受到了广泛好评。

全省企业青年“创新创效”活动 2004年，进一步加强了对新形势下做好青工工作的研究和探讨，出版发行了《全省企业共青团工作政策文件暨优秀论文汇编》。各级团组织动员和组织广大青年职工立足本职工作，大力开展创造性劳动，积极投身技术创新活动，在推进企业的改革和发展中发挥了生力军作用。2004年全省共申报232项成果，通过活动的开展，各地和各单位相继产生出了一批优秀成果。在第二届“黄河水电杯”全省企业青年创新创效活动成果总结表彰大会上对163项创新创效成果进行了表彰。

“工岗快递直通车”活动 按照团中央部署，理清思路，重点突破，加强了青年就业再就业服务的组织、机制建设，进一步丰富了工作内容，创新了工作方式，取得了一定成效。一是开展“真情助困进万家”活动。春节期间，下发了《并于开展真情助困进万家活动的通知》，要求全省各级团组织、青年文明号集体在节日期间开展帮扶下岗失业青年困难家庭活动。

二是开展工岗快递活动。全年共培训下岗青工4140余名，通过培训，招聘安置青工就业、再就业2930余名，向北京输出女工32名。

保护母亲河行动 省保护母亲河行动工作领导小组进一步加大工作力度，制定下发了《2004年度全省保护母亲河行动工作要点》，对2004年保护母亲河行动工作提出明确要求；3月9日全国“保护母亲河日”期间，全省各级保护母亲河行动领导小组和团组织，在广大青少年中广泛开展了“天天环保——绿色承诺”活动，进一步推动“小事做起来，保护母亲河”、“请跟我来、天天环保”等主题活动的开展。4月，团省委联合省交通厅在西宁南绕城快速路举行西宁地区万名团员青年春季义务植树暨共青团绿色长廊建设启动仪式，栽种树木8000多株，挖育林坑2万多个，捡拾垃圾20余车。进一步抓好工程在建项目的建设和管理，龙羊峡项目通过专家复查验收，玉树州黑土滩项目实施良好；启动实施新建项目。2004年是“中日青年同德县生态绿化示范林”项目实施的第一年，省保护母亲河行动领导小组、团省委加强对项目实施工作的领导和指导，使项目实施工作进展顺利，一期工程顺利建成，同时抓紧做好二期项目的申报工作，计划2005年年初组织实施。

2004年12月，共青团青海省委被团中央、全国保护母亲河行动领导小组评为“保护母亲河行动5周年先进集体”。

“大学生素质拓展计划” 进一步加强高校校园文化建设，提高大学生的综合素质，团省委、省学联、省教育厅联合，成功举办青海省首届大学生辩论赛。为推进素质拓展，青海民族学院团委联合因特教育培训学校青海分校举办了“因特教育”形象设计大赛。全省以大学生“挑战杯”为龙头的大学生课外学术科技创作活动蓬勃开展，成为大学生学术交流、学术创作、科技创新的重要平台。团省委联合省教育厅、省科协在全省各高校开展了首届青海省大学生“挑战杯”课外学术科技作品创作活动，大学生的创作、创新意识逐渐增强。

青年志愿者行动 根据着眼发展、着力建设的工作思路，结合全省实际，在志愿者工作中，“一手抓重点活动、一手抓机制建设”，坚持把学雷锋活动与青年志愿者行动有机结合起来。全省各级团组织分别在3月5日、五四、十一和12月5日国际志愿者日期间集中开展了各类志愿服务和纪念活动，唱响“与雷锋精神同行”的主旋律，扩大了志愿者行动的社会影响力，推动了学雷锋活动和青年志愿者行动的深入发展和《公民道德建设实施纲要》的贯彻落实。此外，在青洽会、环湖自行车赛、西宁“郁金香节”、各州州庆等活动中，广大青年志愿者充分发扬“奉献、友爱、互助、进步”的志愿者精神，用辛勤的劳动和汗水赢得了各级党政和社会的一致好评，充分展示了青海青年志愿者的青春风采。2004年全省志愿者注册工作突飞猛进，全年完成志愿者注册2.3万余人，超出年初制定的5000名注册目标，目前，全省注册志愿者人数已达到5.3万名。

大学生志愿服务西部计划和扶贫接力计划 2004年，全国项目办共派遣来自辽宁、河北和青海本省大学生志愿者211名及32名研究生支教团成员到青海省开展志愿服务。截至目前，共有422名(其中：大学生志愿服务西部计划人数386人，扶贫接力计划志愿服务人数32人，百县千乡志愿服务人数4人)志愿者分别在全省16个服务县、市、区开展志愿服务工作。为加强对志愿服务的管理工作，2004年省项目办开通了“青海共青团网站志愿服务频道”(xcb. qhgqt. org. cn)，实现了西部计划文件、信息传输电子化；出台了《青海大学生志愿服务志愿者管理办法》、《大学生志愿服务西部计划各级项目办和服务单位职责(试行)》等规章制度，保证了西部计划工作的健康持续发展。

扶贫接力计划深入开展，来自北京大学、

清华大学、大连理工大学、大连海事大学等5所院校的32名研究生支教团成员分别在大通、湟源、同仁、化隆等县开展第六届研究生支教团扶贫接力支教工作。支教活动得到了受援地广大师生的充分肯定，受到了普遍欢迎。在开展支教活动的同时，研究生支教团的成员们还千方百计捐赠教学器材价值达35万余元，有力地支持了全省基础教育事业。

青年文明社区创建活动 团省委立足社区，努力培育青年群体的社会责任感，大力开发青年人力资源，引导青年在实现自身价值和服务社会的统一中不断提高自身素质。联合省武警总队在全省范围内开展了警地"思想工作联抓、人才培养联手、公益事业联做、文体活动联谊"的"四联共建"活动。同时，各级团组织在全省广泛开展"心手相连"——社区志愿者与未成年人结对活动，积极营造有利于未成年人健康成长的良好舆论氛围和社会环境。

希望工程 一年来，累计筹集资金402万元，新建希望小学13所，待建希望小学1所，新增救助大学生179名，中学生494名，小学生1203名；为希望小学和贫困地区乡村小学捐赠希望书库26套，捐建希望网校5所；组队参加了全国首届希望小学运动会，全体队员受到胡锦涛总书记的亲切接见。选派希望小学和贫困地区乡村小学校长及骨干教师106人赴上海、北京等地开展培训。加强宣传，扩大希望工程社会影响，在媒体刊登、播发新闻稿件50余篇，同时隆重表彰了在希望工程事业中做出突出贡献的3个先进集体和20名优秀个人，极大地提升了希望工程的品牌形象。社会力量助学方兴未艾，2004年7月，在团省委、省学联的积极协调下，省穆斯林救助会出资12万元、省移动通信公司出资21万元，先后对170名贫困大学生开展了救助。

"新世纪我能行"体验教育活动 围绕未成年人思想道德建设，贯彻《关于加强少年儿童思想教育，深入开展体验教育的实施意见》，加强对全省各级少先队工作的指导。以体验民族精神，从小立志为实现中华民族伟大复兴做好全面准备为内涵，以中队、小队为基本形式开展"民族精神代代传"活动。7月，积极协调省移动通信公司出资32万元，在西宁地区组织300名中小学生，组成"祖国发展"、"祖国在我心中"、"爱我长城"三支夏令营团队，分赴祖国各地，开展了国情教育和民族精神教育活动，使青少年充分感受祖国改革开放的成果、不同地区的风土人情和民族文化，增强了自信心和自豪感。在10·13建队日期间，全省各地开展了丰富多彩的少先队建队55周年纪念活动，西宁地区6000余名中小学生和辅导员老师，与省爱乐合唱团的老同志一道，通过革命歌曲传唱活动，隆重纪念建队55周年。雏鹰争章活动在各校少先队中蓬勃开展，雏鹰争章普及率达98%以上，达标率达94%。大力开展"雏鹰假日小队"活动，深入家庭和福利机构，服务孤寡老人和孤残儿童，教育少年儿童从小树立"关心社会、关心他人"的良好品质。

青年文化建设 坚持先进文化的前进方向，发展健康有益、充满活力的青年文化。全省各级团组织广泛组织开展校园文化艺术节、青年文化广场、大家乐等群众性文化活动，形成富有鲜明时代气息和地方民族特色的文化活动品牌。借助社会力量成功举办的"全省青年锅庄舞大赛"在社会上产生了强烈反响，省内外重要媒体均对其作了报道。为推动中国青少年新世纪读书计划深入开展，树立青年学习成才和青年学习组织的先进典型，激发青年学习读书的积极性，启动了"苏宁"青海省青年学习成才奖和青海优秀青年学习组织评选活动。成功举办的第二届全省青年歌手大赛，为优秀青年人才脱颖而出搭建了平台，推进了"跨世纪青年人才工程"的深入开展；为加大乡村青年文化建设力度，利用第六届"乡村青年文化节"，开展了科技卫生咨询、文艺团体演出、义诊健康服务、物资交流等服务活动。

示范群体建设 以推进基层团组织建设为主线，广泛开展调研活动，了解基层组织建设现状，探索新形势下基层党建带团建工作运行机制和加强基层团建的长效机制。制定下发了《共青团青海省委关于进一步加强基层团组织建设和深入开展农牧区团建“三级联创”活动的意见》，明确创建要求，建立健全表彰考核机制，发挥创建活动实际效果。海南州贵南县被团中央授予“全国基层团组织建设先进县”，三个基层团委被评为“全国五四红旗团委”，三个基层团支部被评为“全国五四红旗团支部”，5个县被确定为“全国基层团组织建设先进县（市）创建单位”，20个基层团委被确定为“全国五四红旗团委创建单位”。同时，继续在县（市、区）团组织中开展了基层团组织建设先进县（市、区）创建活动，确定了42个“全省五四红旗团委创建单位”、103个“全省五四红旗团支部（总支）创建单位”。五四期间，团省委表彰了10个“全省五四红旗团委”和5个“基层团组织建设先进县（市、区）”。团省委制定出台了《共青团青海省委关于进一步推进非公有制经济组织团的建设的意见》，并在全省范围内筛选确定了4个示范点，加强非公领域团建工作。加大团员发展力度，全省共发展团员3万余名，实现了稳中有增的发展目标。

队伍建设 牢记“两个务必”，加强团干部队伍建设。在全团开展“建学习型组织，做党放心、青年满意好团干”学习教育活动，增强了各级团组织和团干部的服务意识，团干部的作风得到明显改善，整体素质得以提高。全省各级团组织共组织培训专兼职团干部4654人（次），其中省级培训达1151人（次）。8月份，积极争取团中央组织部、中央团校在青海举办“西部地区团干部培训班”，共有西北五省区和内蒙古自治区以及全省200余名团干部参加了培训。表彰了第七届6名青海青年“五四”奖章获得者，追授舍己救人的青年刘汉洪和索南东主青海青年“五四”奖章荣誉称号，表彰了20名全省优秀团干部和20名优秀共青团员，发挥了典型示范作用。召开了团省委机关理论务虚研讨会，举办了全省团委书记创新工作理论研讨班，使理论建设得到强化。

青少年阵地建设 2004年，对2003年建设的8所青少年活动阵地建设、运转情况进行了督促和检查，形成《青海省团属青少年活动阵地建设和管理情况调研报告》。2004年，青海省青少年活动中心、海南州青少年宫被团中央、文化部授予“全国先进青少年宫”称号；城市青年中心建设试点工作成效初显，西宁市城西区虎台青年中心和格尔木市“铁鹰”青年中心已开始吸纳会员，投入运行；农牧区青年中心试点建设工作全面展开。汇编出版了《青海省农牧区青年中心建设试点工作指导手册》，确定了首批全省15家农牧区青年中心为省级农村青年中心试点单位。

省青联、学联、青企协、青科协、少工委等组织充分发挥自身组织优势，延长团的工作手臂。省青联协商吸收了一批新委员，扩大了青联队伍。全年共选派22名青年赴日本、韩国、朝鲜、西欧等国参观访问。出色完成了日本青年协议团友好访问接待任务。加大对港澳地区的友好交流，首次组织青海青年代表团赴香港、澳门学习、考察和交流。组织青联宗教界委员参加了全国宗教界青年代表人士考察团赴发达地区进行考察学习。组织和选派5名少数民族优秀青年赴东部发达地区挂职锻炼；省学联积极适应新形势的要求，努力发挥联络服务职能，完善组织体系，提高了学生会的工作能力；省青企协积极组团参加青洽会，为青年企业家牵线搭桥，负责接待了30多名前来青海参加第五届青洽会的省外青年企业家。组织会员参加中国青年企业家协会第九次会员代表大会，新推荐9名青年企业家加入中国青年企业家协会，促进了协会工作的新发展；省青科协充分发挥人才智力优势，指导青年科技人员抓住青海大发展的有利时机，刻苦钻研，多出成绩，贡献社会；省少工委加强自身建设，组织30余名优秀辅导员赴上海、北京、深圳参加辅导员培训班。省青联、学联、青企协、青科协、少工委等组织统一思想，合理安排，发挥各自优势，与各级团组织一道，团结互助、和衷共济，极大的促进了我省青年事业和共青团工作的发展。

事业单位管理 委属各事业单位在团省委的正确领导下充分发挥职能优势取得长足发展。省团校认真履行培养团干部和各类人才的职能，充分发挥培训教育的阵地优势，狠抓教学工作，强化思想政治教育，扩大办学规模，各项工作取得新进展。省青少年活动中心加大活动阵地建设投资力度，积极探索校内、校外教育的新途径，提高教学培训水平，拓展青少年素质教育，教学成果和社会知名度进一步扩大。青海青年报社坚持正确的办报方针，精心改版充实内容，发挥积极向上弘扬社会新风的舆论导向作用，发行量、覆盖面进一步扩大，在广大青年中反响良好。

宁夏团的工作

2004年，在宁夏自治区党委和团中央的正确领导下，自治区团委坚持以邓小平理论和“三个代表”重要思想为指导，深入学习贯彻党的十六大、十六届三中全会、四中全会、自治区党委九届八次全会和团十五大、团十五届二中全会精神，认真落实自治区党委常委会听取共青团工作汇报时的指示精神和全区青年工作会议精神，以青少年的思想道德教育为主线，以加强实施宁夏青年参与生产力发展工程、宁夏青年人才开发工程、宁夏青年文化工程、宁夏青年就业创业工程和宁夏团建创新工程等五项工程为重点，服务党政中心工作，服务青年成长成才，团结带领全区各级团组织和广大团员青年，在全区“三个文明”建设中发挥了生力军和突击队作用，为建设“经济繁荣、环境优美、民族团结、人民富裕”的新宁夏做出了新的贡献。

一、不断加强思想政治工作，青少年思想教育工作取得新成效

始终将学习“三个代表”重要思想作为全区共青团的首要政治任务。年初，自治区团委召开专题会议，对团员青年学习贯彻“三个代表”重要思想和党的十六大、十六届三中全会精神做了安排部署。6月份，全区青年工作会议召开后，结合学习贯彻会议精神，召开了自治区团委常委扩大会议，提出了学习贯彻的明确要求和具体措施，专题学习“三个代表”重要思想。8月，以纪念邓小平同志诞辰100周年为契机，组织机关、企业、学校和社区团组织开展学习活动，将学习“三个代表”重要思想和学习邓小平理论有机的结合起来。9月份，党的十六届四中全会召开后，及时举办了全区团干部学习党的十六届四中全会精神和“三个代表”重要思想读书班，全区300余名农村、社区团干部参加，持续兴起了学习“三个代表”重要思想的新高潮。11月份，召开了全区高校共青团学习贯彻“三个代表”重要思想经验交流座谈会，进一步推动了“三个代表”重要思想进课堂、进教材、进学生头脑，并组织编写了《青春与祖国同行——全区大学生践行“三个代表”重要思想论文集》。将“三个代表”重要思想的学习同学习任长霞、牛玉儒等党的优秀领导干部的先进事迹紧密结合，切实增强了广大团员青年践行“三个代表”的自觉性和主动性。

采取切实有效的措施加强青少年思想道德建设。认真贯彻落实2004年中央8号和16号文件精神，切实加强和改进青少年思想道德建设。组织召开了加强和改进未成年人思想道德建设学习座谈会和现场推进会。会同自治区教育工委出台了《关于进一步加强全区少先队工作的意见》，并以自治区党委办公厅文件转发。编印了《在体验中健康成长——宁夏少先队加强和改进未成年人思想道德建设论文集》。以大中学生素质拓展计划和少先队体验教育为载体，深化“手拉手”互助互学活动、18岁成人仪式系列教育活动，切实加强了青少年的思想道德教育。组织开展了“民族精神代代传”和以“实现宏伟蓝图、奉献青春智慧”、“实现宏伟蓝图、做好全面准备”、“三个了不起”等主题活动，引导青少年学生树立伟大的民族精神和正确的“三观”。

二、大力实施宁夏青年参与生产力发展工程，团结带领全区团员青年为促进经济发展做出新贡献

成功举办“中国青年企业家宁夏行——银川经贸考察活动”。充分发挥共青团的组织优势，自觉服务党政工作大局，组织青年积极参与全区经济建设，积极探索共青团参与招商引资工作的新模式，贯彻落实全区招商引资工作会议精神，9月份成功举办了“中国青年企业家宁夏行——银川经贸考察活动”，全国各有关省市的150多名青年企业家与宁夏企业进行了经贸洽谈，签订合同项目20项，合同金额20.57亿元，签订合作协议项目18项。

着力推进农村青年增收成才行动。加大对青年农民的培训和农村经纪人、农村致富带头人的培养和扶持。一年来，共培训青年农民3300人以上，培养自治区级青年农民致富典型30人，选树农村青年致富带头人200余人，发展各级各类农村经纪人300名，为农村经济的发展起到了示范带动作用和辐射作用。在山区县建立了劳务输出基地，加大劳务输出工作力度，以固原市为主体，全年共有组织输出劳动力2000人次。积极探索农村产业化生产的模式，在部分县区成立了“企业+基地+青年农户”的合作组织，促进了农村产业化的发展。建立青年科技示范园区30个，引导农村青年按照国际通行规则组织农业生产，提高了农产品的市场竞争力。召开了全区农村共青团工作会议和宁夏农村青年经纪人协会第二次会员大会。

积极开展青年创新创效活动。大力开展以青工技能振兴计划为突破口的创新创效活动，通过导师带徒、岗位练兵、技术比武、“五小”发明等内容丰富、形式多样的活动，积极探索出青年创新创效的新机制，推动了全区青年创新创效活动的进一步深化。召开了全区青工技能振兴计划现场推进会议，出台了《关于实施宁夏青工技能振兴计划的意见》，营造了青工学技术、大比武的良好氛围，表彰了60名全区青年岗位能手，20个青年安全生产示范岗青年集体。

深入开展保护母亲河行动。加大宣传力度，配合发行了“宁夏保护母亲河专题邮册”，扩大了保护母亲河行动——“绿色希望工程”公益品牌声誉，营造了良好的项目实施舆论氛围，营造有利于保护母亲河行动实施的社会环境。以春季植树节、保护母亲河行动日、世界地球日为契机，深入开展了主题宣传教育活动，积极推进生态经济发展，在保护母亲河项目区造林5189.2亩，成活率达到了93.7%。开拓筹资渠道，为保护母亲河行动区级项目筹资45万元。积极争取全国保护母亲河项目3个，由团中央青农部投资15万元建立了石嘴山市惠农区“真情无限林”，由日本国民间团体分别投资44万、74万在红寺堡开发区、平罗县建立小渊基金绿化项目2个。新建全国级保护母亲河生态环境监测站3个。

三、大力推进宁夏青年文化工程，组织青少年参与精神文明创建活动实现新发展

深入开展青年文化行动。以弘扬和培育民族精神为主线，以文化育人为主题，积极发展充满活力、健康有益的青年文化。首次举办了“浪漫情缘，真爱一生”集体婚礼，全区32对新人参加了集体婚礼，引导广大青年树立正确的人生观、婚姻观、消费观，推进了我区公民道德建设。举行了宁夏青联志愿者艺术团赴金凤区慰问演出活动和全区首届少年儿童文化艺术节，开展了创建以“大家乐”活动为主题的青年文明社区活动，提升了社区大家乐舞台活动的水平，丰富了社区青年的文化生活。

进一步深化青年志愿者行动。逐步健全和完善青年志愿者管理机构和工作机制。结合中国青年志愿者服务日，在全区广泛开展了“行动起来，做一名注册志愿者”主题志愿服务活动。进一步深化了大学生志愿者科技、文化、卫生“三下乡”社会实践活动，开展了“中国青年志愿者医疗扶贫万里长征活动”和以“实践志愿精神、展示青春风采”为主题的全区大中专学生志愿者“四进社区”活动。认真做好扶贫接力计划研究生支教团及医疗卫生志愿者的管理工作，将研究生支教团扩大到44人。启动并实施了中国青年志愿者医疗卫生扶贫接力计划固原项目，第一批来自北京协和医院、中日友好医院等5名志愿者已抵达固原医院开始为期3个月的志愿服务。认真做好大学生志愿服务西部计划和“百县千乡”宣传文化工程志愿者的日常管理、服务工作，全区共有596名大学生志愿者在我区14个县区开展志愿服务。积极申报第五届中国青年志愿者行动先进个人和集体，自治区团委荣获“中国青年志愿者行动组织奖”，3个集体荣获“中国百个优秀青年志愿服务集体”，3名青年志愿者荣获“中国百名青年志愿者”荣誉。

深化青年文明号活动。深入开展了“青年文明号百城万店无假货活动”、“青年文明号优质服务促假日经济活动”等青年文明号信用建设示范活动。对2003年度全国青年文明号进行了考核和评选，表彰了2003年度全区青年文明号集体。不断扩大活动领域，将青年文明号活动的领域扩展到全区的法院系统、党政机关科室、工商、旅游等行业和部门，切实加大了青年文明号的覆盖面。开展宁夏青年文明号10年成就奖、10年宁夏青年文明号活动突出贡献奖和优秀组织奖的评选表彰活动。

扎实推进青少年新世纪读书计划。全年推出51期新书推荐榜，并推出了《生命的节奏》、《今我宁夏》等新书专榜和各类图书共600余种。重视和加强读书网络的建设工作，指导基层单位建立了一批新世纪读书书屋。以深化优秀“青少年维权岗”创建工作为重点，构建维权网络，探索建立动态管理制度和表彰激励机制，切实为青少年提供维权服务。联合开展了网吧专项整治工作和创建“青少年安全放心网吧”活动，深化“中国少年儿童平安行动”。

四、大力推进青年人才开发工程，培养举荐配置青年人才有了新举措

培养造就规模宏大的青年人才大军。贯彻落实全区人才工作会议和全区青年工作会议精神，竭诚为青年人才的交流合作服务。组织市县(区)逐步建立青年人才库，对青年人才实行动态管理。成立了宁夏青年沙龙会所，举办“宁夏青年沙龙”活动3次。推动企业经营管理、专业技术方面的青年人才到东部发达地区学习锻炼，会同自治区党委组织部、人事厅组织了宁夏高层次青年人才30人前往广东省考察学习。积极树立典型，向各级举荐人才，推报的驻宁某部政治处副主任李文会同志荣获第四届“全国十佳志愿辅导员”称号，评选出第三届“宁夏青年五四奖章”10名，第三届宁夏杰出青年农民10名、第三届宁夏优秀青年农民20名，第七届宁夏杰出青年企业家13名、优秀青年企业家30名。

加强青年民族人才队伍建设。坚持开展马

克思主义民族观、国家观、历史文化观、宗教观和党的民族宗教政策教育。通过宗教理论培训、法律法规讲座和出外参观考察等形式，加强对宗教界青年代表人士的教育培训。在第四届全国各族青年团结进步奖表彰活动中，自治区团委和银川铁路分局银川客运段北京车队获先进集体，解放军某部政治处副主任马云名列10杰之首，丁保江等9名同志获优秀奖。

拓展青年人才学习交流新渠道。积极开展与港澳台和国外青年组织的交流与合作。全区共有9批13人次出访了日本、韩国、巴基斯坦、朝鲜和越南等国。接待了美国青年政治领袖理事会代表团、泰国青年企业家代表团和日本“小渊基金”项目代表团共3批61人次来宁友好访问。组织了宁夏青年代表团分别赴台湾和德国等欧洲5国访问和交流，实现了我区同台湾地区青年交流的历史性突破和青联同欧洲各国青年组织的首次联系、交流与合作。

五、大力拓展青年就业创业工程，服务青年工作迈出新步伐

积极主动地协助党和政府开展青年就业创业工作。全区各级团组织新建青年就业和再就业培训基地8个，举办培训班11期，培训1500余人次。启动实施了“国有企业下岗失业青年创业典型示范工程”，全区有260多名下岗失业青年进行了创业咨询，29名创业青年被确定为帮扶对象。切实用好自治区政府划拨的100万元青年创业扶持贷款资金，指导下岗失业青年创办经济实体，解决了275名下岗失业人员再就业。加大青年就业和再就业工作宣传，扩大共青团青年就业和再就业工作的社会影响力。对确定的国有企业下岗失业青年创业典型示范户进行了深入广泛的宣传报道，扩大了共青团在促进青年就业和再就业工作方面的社会影响力。

扎实推进希望工程系列项目深化发展。广泛开展爱心助学活动，募集资助贫困大中小学生资金135.83万元，共资助贫困大中小学生2313名。筹资460万元，援建希望小学24所，希望网校3所。落实“大红鹰希望图书室”71个，项目资金106.5万元，动员区内外企业及单位捐建希望图书室13个，投入项目资金10.86万元。

六、全面推进团建创新工程，团的自身建设得到新加强

以改革的精神加强和改进团的建设。深化党建带团建，促进基层党建带团建工作水平。与自治区党委组织部联合下发了《关于进一步加强基层“党建带团建”工作的意见》，进一步明确了基层“党建带团建”工作的指导思想、基本原则和目标任务，提出了具体要求和切实措施。不断推进基层团组织建设，积极探索基层团组织的设置，不断扩展建设领域。努力加大基层团委建设的工作力度，深入开展“五四红旗团委”、“团建先进县（市）”、“五四红旗团支部”创建活动和“三级联创”活动，2004年有3个基层团委获“全国五四红旗团委”称号，3个基层团支部获“全国五四红旗团支部”称号，1个县区获“全国团建先进县（市）”称号；40个基层团委获“全区五四红旗团委”，60个基层团支部获“全区五四红旗团支部”。积极开展了基层团组织建设范例选编材料的推荐申报工作。以团员意识教育为重点，增强团员意识和先进性教育，进一步加强团员队伍建设。发展团员工作和“推优”工作取得了丰硕的成果。强化流动团员的管理，建立“以流入地管理为主，以流出地管理为辅”的流动团员管理模式。

大力推进城乡青年中心建设。加强了青年中心组织培育、项目开发、队伍和运作机制的建设，召开了全区城市（农村）青年中心建设动员会和西南西北城市青年中心建设座谈会，动员各地团组织积极投身城市（农村）青年中心建设，青年中心的试点工作受到了团中央的肯定。加强城乡青年中心建设的试点工作，新建青年中心试点15个。

加强青联、学联、少先队组织和青年社团建设。青联委员的界别视野进一步扩大，青联组织的凝聚力和社会影响力不断增强。开展了大中学生素质拓展计划，学联组织的自我服务、自我管理、自我教育的能力进一步提高。举办了中国共产主义少年先锋队建队55周年庆祝活动。青年社团组织发展活跃。

不断壮大青年工作者队伍。增强学习能力和服务能力建设，加大团干部培训工作力度，多渠道组织实施团干部培训，着力打造“团干部培训年”。举办了宁夏基层团干部福建培训班和上海培训班，对33名企业团干部和100名乡镇、社区、学校团干部进行培训。选派2名团干部参加赴国外研修培训项目，选派10余名团干部参加了团中央组织部、中央团校举办的培训班。举办全区农村基层团干部和社区团干部培训班，207人参加了培训。加大对下级团干部的协管工作力度，在下级团委领导班子配备、考核、建设及团干部管理、任职、挂职交流等方面加强沟通。做好团干部转行安置的有关工作。督促指导基层团委换届选举工作，使换届选举工作得到进一步规范。

新疆团的工作

2004年，自治区团委在自治区党委和团中央的正确领导下，高举邓小平理论和“三个代表”重要思想伟大旗帜，围绕党政中心工作，紧密联系新疆共青团实际，按照“一个基础，三项工程”的工作思路，大力推进各项工作，团结带领各族团员青年在全面建设小康社会、推进新疆改革开放和社会主义现代化建设的伟大实践中取得了新的成绩。

一、联系新疆实际，加强理论学习，统一全团思想

在全区各族团员青年中继续深入开展“三个代表”重要思想学习教育活动，认真学习贯彻党的十六大精神，坚持用“三个代表”重要思想武装全团，教育青年。组织各族团员青年深入学习党的十六届四中全会、中央关于新疆发展和稳定的工作部署、中共中央国务院《关于进一步加强和改进未成年人思想道德建设的若干意见》、中共中央国务院《关于进一步加强和改进大学生思想政治教育的意见》、自治区党委六届八次全委（扩大）会议和团中央十五届二中全会精神，要求各级团组织结合各自实际，确定工作重点，把思想认识切实统一到中央和自治区的有关文件精神上来。结合团中央《关于深入学习贯彻党的十六届四中全会精神进一步做好新形势下青年群众工作的决议》，组织座谈会、讨论会等进行深入学习，按照加强党的执政能力建设，强化“五种能力”的要求，对进一步做好新形势下新疆青年工作进行了新的部署和安排。

二、围绕党政中心，谋划工作重点，竭诚服务青年

1. 深化城镇青年就业成才工程。继续加强各族青年转变就业观念教育，开展自治区首届“百名青年创业之星”评选活动，选树一批自主择业、自主创业的典型。联合有关部门组成“大学生就业创业报告团”在全区各高校开展就业形势报告会，编印《新疆大学生就业创业指导手册》和《人才订单——2004优秀大中专毕业生就业推荐名录》，主办“新疆大学生就业创业电视论坛”。联合自治区人事厅选派首批45名高校毕业生到乡镇团委工作。新疆青年就业服务中心成立后，按照市场化、社会化运作方式，全面开展就业培训、创业指导、政策咨询等多项业务，建立网上人力资源会员库，为青年提供就业岗位800余个。9月，自治区团委学校部荣获“全国再就业工作先进单位”称号。

2. 大力推进农村青年增收成才工程。8月，在喀什召开了自治区农村青年学用科技现场推进会，对近年来我区农村青年学用科技活动和“共青团城乡互动科技播火”行动进行了总结表彰，对进一步做好此项工作进行了新部署。完成了“共青团科技播火农业实用技术光盘”拍摄制作工作。结合农村青年转移增收，11月在自治区团校举办了农村青年富余劳动力技能培训班，首批来自全疆各地的53名农村青年参加了餐饮服务、摩托车维修等技能培训。适应市场化农业发展要求，成立了新疆青年绿色农产品协会，增加了新的工作载体，延伸了工作手臂。成功承办团中央在新疆举办的中国青年乡镇企业家协会第六届会员大会暨青年民营企业家分会和青年经纪人分会成立大会，其间举办了青年民营企业家西部行活动，宣传了新疆团的工作，优化了外部工作环境，促进了外地企业家对新疆的了解。

3. 全面启动青少年民族团结教育工程。深入开展“民族精神代代传”活动，举办了“民族团结了不起”少儿故事大王演讲比赛，表彰了31名“民族团结雏鹰奖章”获得者。结合第22个民族团结教育月，举办“四个认同”暨红五月民族团结教育大学生网上论坛。

4. 以实践活动为载体，全面推进未成年人思想道德建设。根据自治区党委的要求，承办了自治区加强和改进未成年人思想道德建设座谈会。及时印发《关于学习贯彻〈中共中央国务院关于进一步加强和改进未成年人思想道德建设若干意见〉的通知》，编辑出版《大河百川——新疆民族团结故事》一书，与自治区党委宣传部、自治区教育工委联合举办“读好书、去好地方”主题读书评比活动，向全区各族青少年推荐了一批思想性、可读性较强的图书，在全区团组织中掀起加强未成年人思想道德建设的高潮。

2月，召开了自治区少工委三届二次全委(扩大)会议，表彰了自治区“十佳少先队员”、“优秀辅导员”、“优秀志愿辅导员”、“星星火炬”奖章等先进个人和自治区“红旗大队”、“优秀中队”、“特色中队”等先进集体。开展了“百万少先队员暑期‘六个一’道德实践活动”，在《光明日报》头版做了报道，得到了中宣部新闻局的好评。以“同在一片蓝天下，手拉手共同成长”为主题开展“六个一”活动，举办了都市学生——喀什学生同庆“六一”活动和“雏鹰行动——2004新疆少年夏令营”活动。拍摄制作了“少先队辅导员工作”光盘，强化了少先队工作的培训力度。抓住公民道德建设月契机，开展了弘扬雷锋精神、争做合格“小公民”活动。举办“欢乐儿童才艺大赛”、“波力海苔杯——我的绿色创想”少儿绘画大赛和“致2008年北京奥运会的一封信”书信写作比赛，充分展示了新时期少年儿童的精神风貌。

深化创建优秀“青少年维权岗”活动，命名了乌鲁木齐市法律援助中心等81家优秀“青少年维权岗”单位。开展“抵制毒品，参与禁毒”活动和“心手相连”——社区志愿者与未成年人结对活动，举办预防未成年人违法犯罪法制系列讲座，切实维护青少年合法权益。

5. 以校园文化建设为突破，积极推进大学生素质教育工作。依托新青网，举办了以“学联工作”、“就业扶助”、“大学生心理素质培养”等为主题的高校共青团论坛。继续深入开展大中学生志愿者“三下乡”社会实践活动，组建服务团队500余支，近万名大中学生参加社会实践。围绕建立诚信社会，开展“严打‘假证’市场，亮出真实自我”活动。进一步加强校园文化建设，举办自治区大学生辩论赛、服饰文化节、校园歌手大赛，开展“5·25”全国大中学生心理健康教育日等活动。印发《自治区关于实施中学生素质拓展计划的意见》,制定《〈新疆大学生素质拓展计划〉实施细则》,进一步深化大中学生素质拓展计划。

6. 扎实做好大学生志愿服务西部计划工作。在总结去年工作基础上,对项目实施县进行了合理优化,招募了720名大学生来疆开展大学生志愿服务西部计划,对2004年来疆的大学生志愿者进行了为期三天的培训。启动新疆大学生志愿服务西部计划地方项目,招募100名大学生志愿者到基层开展汉语支教工作。加大志愿者工作宣传力度,组织2003年志愿者策划、编辑杂文集《大学生西部计划志愿者看西部》。切实做好2003届志愿者就业服务工作,在“新疆美日人才网”发布大学生志愿者电子档案资料,向自治区近200家厅局、企业单位推荐志愿者201名,录取50余名。

7. 以点带面,因地制宜,积极推进青年中心建设。3月,在米泉召开自治区农村青年中心建设试点现场推进会,全面启动自治区农村青年中心建设。推荐7个县(市)作为全国农村青年中心建设创建先进县(市),5个农村青年中心收录入《全国农村青年中心建设工作100例》。目前,全区已建设农村青年中心61个,城市青年中心39个。

8. 大力实施“新疆青工技能振兴计划”,为青工成长成才搭建平台。编制印发了“新疆青工技能振兴计划”实施方案,选树了9家“全国青工技能振兴计划”试点单位,成功举办了“赛博特杯”自治区第二届青工技能大赛。全年共组织技能竞赛6场,涉及工种15个,7名青年破格获得国家职业高级技师资格,29名获得国家职业技师资格,107名获得国家职业高级工资格。

9. 大力培养选树优秀青年典型。成功举办第六届“新疆十大杰出青年”、自治区首届“百名青年创业之星”、农村青年致富状元和致富能手、自治区首届“十佳军嫂”等评选表彰活动,选树了一批新时期优秀青年典型。

组织了4场第十四届“中国十大杰出青年”获得者朱准平事迹报告会,组成第六届“新疆十大杰出青年”事迹报告团到部分高校、企业进行了6场巡回演讲,在广大团员青年中掀起了崇尚先进、追求卓越的热潮。2004年,李兰江当选第九届“中国十大杰出青年农民”,居来提·吾不力等5人获第四届“中国优秀青年卫士”称号,黄元才荣获“中国青年志愿者行动10周年特别贡献奖”。

三、整合社会资源,深化精品活动

1. 不断深化青年志愿者行动。在“3·5”学雷锋日期间,组织全区43万各族青年志愿者统一开展了内容丰富、形式多样的志愿服务活动。开展“青春红丝带”行动——青少年防治艾滋病志愿者“面对面”宣传教育活动。组织安排中组部、团中央组织的“博士服务团”成员来疆服务。5月,新疆青年志愿者协会获第五届“中国青年志愿者行动组织奖”。

2. 积极推进青年文明号创建活动。统一组织开展纪念“青年文明号”题词10周年系列活动,近万名群众接受了青年文明号集体的志愿服务。与新疆人民广播电台联合开办“青年文明号在行动”专题节目,进一步扩大了青年文明号的社会影响力。大力开展青年安全生产示范岗创建活动,联合有关部门开展了自治区安全生产知识竞赛。全年共有8个创建集体被授予国家级青年文明号集体称号,109个创建集体被授予自治区级青年文明号集体称号。红旗拉甫养路站等2家单位荣获“全国青年文明号10年成就奖”,自治区团委青工部等6家单位荣获“10年全国青年文明号活动优秀组织奖”。

3. 大力实施保护母亲河行动。在“6·5”世界环境日期间,举行了以“保护丝路生态、共建美好家园”为主题的溢达环保卡发行仪式暨新疆大学生环保论坛,发放环保承诺卡6万余张,邀请环保专家进行了专题讲座,并向全区各族青少年发出了环保倡议。积极争取全国保护母亲河领导小组办公室支持，在库尔勒市实施了“保护母亲河工程安利林”项目，植树3.5万棵，认养绿地80亩。

4. 拓宽捐资助学渠道，希望工程取得新进展。邀请中央电视台“东方时空明星足球队”来疆义赛，筹集善款为南疆贫困地区援建希望小学1所；举行“百名失学儿童重返课堂‘世纪阳光爱心传播’公益活动”；举行“爱心托起希望”特困大学生捐助活动，捐助特困大学生19名。希望工程全年筹资342.6万元，各类物资价值54万元，资助230名失学儿童重返校园，援建17所希望小学，配置40套大红鹰书库，2318名特困学生获得希望工程各类奖学金，587名失学儿童继续享受希望工程救助。

5. 继续实施“阳光行动”，为困难青年提供帮助。坚持做好以“爱心、帮助、希望”为主题的“阳光行动”电视栏目，开展“阳光行动，创业2004”创业方案大赛，引导和帮助困难青工、特困学生、残障人士自强不息、自主创业。与自治区残联联合举办大学生与残疾人联谊座谈会，动员全社会力量关心和帮助残疾人。

四、坚持党建带团建，推进团的组织建设

1. 坚持党建带团建，形成基层团建“三级联创”整体推进机制。根据自治区党委基层党组织“三级联创”的总体要求和《2003—2007年自治区农村基层团组织建设“三级联创”活动实施意见》，各地州、县市分别确定了村级“五四红旗团支部”、乡镇“五四红旗团委”、团建先进县市创建重点单位，按照“五好”目标要求，狠抓团的基层组织建设，全面活跃团的基层工作，增强了团组织的凝聚力和战斗力。

2. 切实加大团队干部培训力度，多渠道培养锻炼干部。按照“培训年”的总体部署，以自治区团校为重点举办15期不同层次、不同内容的团队干部培训班，培训团队干部712人次；选派了170名基层团队干部赴中央团校等地参加培训。自治区团委全年选派19名优秀团干部到县市党政部门、山东、自治区团委、团中央挂职锻炼。

3. 注重理论创新，开展团情调研，大兴调查研究之风。在书记班子成员带动下，全年开展基层调研30余次，涉及全疆67个县(市)、169个乡(镇)、14所高校、39所中小学、47家企业。举办了首届新疆共青团调研奖评选活动，16家单位参赛，上报调研报告48篇，提高了全区青少年工作理论研究的水平和层次。自治区团委荣获2003年度“全团调研奖”组织奖，3篇论文在2003年度“全团调研奖”中获二、三等奖。

4. 启动“文体设施进乡村”活动，加强农村青少年文化活动阵地建设。积极整合社会资源，筹集资金50多万元，为于田县、和田县、麦盖提县、泽普县捐赠了首批100套篮球架、乒乓球台及部分体育用品，丰富了农村青少年精神文化生活。

五、团的各项事业稳步发展，外部环境不断优化

1. 成功召开青学联换届大会，开创了青学联工作的新局面。6月，自治区青联七届一次全委会、自治区学联第五次代表大会在乌鲁木齐成功召开，选举产生了青联、学联新一届领导集体，确定了未来五年青联、学联的发展目标和工作任务。进一步加强全区青年对外交流工作，先后组织53人次赴境外学习交流、考察研修。根据全国青联统一安排，成功开展了巴基斯坦青年学生代表团和日本青年代表团共130人次的来疆交流活动。加强青年统战工作，组织24名青年宗教界人士到自治区重点企业参观，开阔了眼界，提高了认识，深化了新时期青年统战工作。贯彻落实中央和自治区加强和改进未成年人思想道德建设意见精神，向全疆青联委员发出倡议，订阅500多份《新疆少年报》赠送给农牧区中小学生。

2. 自治区青企协积极发挥协会作用，推进自治区高素质青年企业家队伍建设。发挥青企协服务职能，通过召开理事会，进一步完善协会的各项规章制度。邀请有关专家学者举办4场专题讲座,800多名企业家参加培训,切实提高了会员的经营管理水平。

3. 团属企事业单位健康发展。新疆青少年出版社进一步加大改革力度,围绕加强和改进未成年人思想道德建设,编辑出版了一批少年儿童欢迎、市场认可的青少年读物。新疆青年杂志社适应新形势,狠抓杂志质量建设,进一步扩大了杂志的影响力。新疆少年报社结合少年儿童和辅导员的需求,积极应对书报刊市场竞争,经济效益和报刊影响力有所提高。自治区团校不断加强自身建设,拓宽办学领域,在团队干部培训、职业技能培训等方面迈出可喜步伐。中青旅新疆分公司在市场竞争的巨大压力下,公司业绩显著上升。

4. 进一步加强机关精神文明建设。积极筹措资金,对机关办公楼进行了维修,更新了部分办公用品和设施。进一步规范了机关文明部室评比细则,全方位加强机关精神文明建设,顺利通过自治区文明单位复验。筹措争取资金、物资50多万元,支援对口扶贫单位,用于特色养殖、阵地建设等,帮助当地脱贫致富。

新疆生产建设兵团团的工作

2004年,兵团各级共青团组织以邓小平理论和"三个代表"重要思想为指导,深入贯彻党的十六届三中、四中全会精神,兵团党委五届五次全委(扩大)会议精神,坚持"服务大局、服务社会、服务青年"的工作方针,以"发展壮大兵团,致富职工群众"为目标,深入实施"助力行动"、"助学行动"、西部计划等主题活动,大力加强青少年思想教育和团的基层组织建设,团结带领广大团员青年积极投身兵团的"三大经济"建设,充分发挥广大青年在兵团经济社会发展中的生力军和突击队作用。

一、坚持不懈地加强青少年思想道德文化建设

以深入贯彻落实中共中央、国务院《关于进一步加强和改进未成年人思想道德建设的若干意见》为契机,深入开展了一系列具有兵团特色的"兵团了不起,兵团人了不起,做了不起的兵团人"、"走访身边的老军垦"、"民族精神代代传—爱国百分百,寻宝大行动"等主题实践教育活动。以《预防未成年人犯罪法》颁布五周年为契机,采取青少年喜闻乐见的形式,引导青少年学法、懂法、守法、用法,努力营造有利于青少年健康成长的良好社会环境。为提高广大青少年的法律意识,农四师66团和76团举办了预防未成年人违法犯罪知识竞赛;农八师石河子市团委开展了"青春是最美的花季"主题教育活动。5月—7月,联合有关部门在兵团一、二、三中、兵团技校举办了"社会治安综合治理工作成果"、"青少年远离毒品行动"等宣传教育图片展览活动。为大力弘扬兵团精神,推进兵团先进文化建设,与有关部门联合命名了10个"兵团屯垦戍边爱国主义教育基地",这批基地生动地反映了兵团职工群众热爱祖国、无私奉献、艰苦创业、开拓进取的光辉历程,深刻地教育了广大团员青年。

开展了"公民道德宣传月"活动。以兵团第二个"公民道德宣传月"为载体,以思想道德建设为主线,以塑造文明形象为目的,以爱国主义和遵纪守法教育为基础,广泛开展了"国家观、民族观、宗教观、历史观、文化观"教育;组织大学生志愿者升国旗、唱国歌、向国旗献词、参观爱国主义教育基地等活动,使志愿者切实领悟了兵团精神的内涵,更进一步激发了他们热爱兵团、勤奋工作的积极性。

开展创建学习型机关活动。为认真贯彻落实党的十六届三中全会和兵团党委五届五次、六次全委(扩大)会议精神,全面提高团干部素质,加强共青团能力建设,兵团团委机关率先开展创建学习型机关,打造学习型团队活动。确立了指导思想、创建目标、学习内容、措施要求和领导小组,在做好创建活动基础性工作的同时,重点进行创建活动的阵地建设、制度建设,积极探索机制建设,增强自身的学习力、创新力和竞争力，着力提升共青团的五种能力，即提升团学习能力、育人能力、服务能力、自身建设能力、服务合作能力，努力打造一支“干一流工作，抓一流落实，建一流环境，守一流诚信，树一流形象，创一流业绩”的学习型团队组织，使团组织成为“创学习型机关，建学习型团队，做学习型团干部”的大学校和先锋队。

“三下乡”活动取得新进展。以“传承五四报国志，落实科学发展观”为主题，在大中学校继续深入开展了“三下乡”社会实践活动。石河子大学、塔里木大学的三支服务队纳入全国百支重点团队。第二个社会实践基地在147团挂牌，开办了“爱心学校”、“艺术学校”，招收学员500多人，开设了英语园地、数学王国、缤纷画苑、音舞之家等课程栏目，让学生们既能巩固基础课程，又受到了艺术的熏陶；大学生利用自己的知识，在南北疆9个团场连队，举办了图文并茂的培训讲解、座谈访谈、社会调查、街头咨询、有奖竞答；塔里木大学“文娱演出队”深入周边团场和监狱以文艺演出的形式进行“公民道德建设”和“三个代表”重要思想的宣传，帮助劳教人员树立正确的世界观、人生观、价值观。邀请清华大学三支博士团赴兵团开展社会实践，一支为151团紫泥泉羊场免费建数据库；一支协助五家渠作城市规划；一支兵团精神宣传组。目前数据库已建设完毕，正处在调试期间；兵团精神宣传组拍摄的宣传片，已在清华大学播放引起强烈反响。

维权活动深入开展。不断完善优秀“青少年维权岗”创建活动运行机制，在政法系统和城镇社区全面深化创建优秀“青少年维权岗”活动，并逐步向广播电视、新闻出版、质量技术监督、劳动和社会保障、建设、教育、民政等系统拓展，扩大维权工作的覆盖面。会同有关部门开展了第三届兵团优秀“青少年维权岗”评选活动。在第四届全国优秀“青少年维权岗”表彰活动中，有7个集体和5名同志荣获先进称号，创建活动呈现出整体推进的良好发展态势。

着力解决危害青少年健康成长的突出问题，优化青少年成长的社会环境。联合兵团有关部门在兵团二中举行了3500名青少年参加的“青少年网络文明行动”签名仪式，向各基层单位配发了1.6万份宣传资料；联合兵团公安局开展了“社区青少年远离毒品”行动，举办了禁毒教育图片展览；联合兵团卫生局开展了“青春红丝带”——青少年防治艾滋病志愿者“面对面”宣传教育活动，组织石河子大学、塔里木大学大学生志愿者分赴农八师石河子市、农一师阿拉尔市的团场、连队开展了宣传教育活动，发放3万余份宣传教育资料；开展了“青春自护行动”，提高青少年的自我保护意识和能力。申报了1所全国青少年自护教育基地。

围绕庆祝兵团成立50周年开展主题系列教育活动。以“知兵团，爱兵团，弘扬兵团精神”为主题，以服务青年成长成才为出发点和落脚点，以培养兵团屯垦戍边事业合格建设者和接班人为目标，以兵团成立50周年为契机，有重点、分层次、多角度、全方位地对广大团员青年进行“兵团了不起，兵团人了不起，做个了不起的兵团人”系列宣传教育，不断提高广大青少年投身兵团屯垦戍边伟业的使命感和责任感；为强化少年儿童屯垦戍边意识教育，与团中央、兵团教育局联合编写《可爱的兵团》小学版、中学版和青年版教材，纳入学校教学内容，并开展读书征文活动，使兵团历史进课堂、进书本、进头脑；反映兵团青年运动50年奋斗历程的《兵团共青团志》即将出版，它不仅是兵团共青团工作的工具书，更是一部对广大青少年进行爱国主义和兵团精神教育的生动教材。

“青春杯”青年歌手大赛唱响文化主旋律。为弘扬兵团文化，展示青年风采，举办了第三届“青春杯”青年歌手大赛。基层单位层层选拔推荐了30名歌手，经过预赛、复赛、决赛三个阶段的激烈角逐，评出一等奖3名，二等奖6名，三等奖7名，在和平都会举行了颁奖晚会。来自兵团各条战线的青年歌手用歌声唱出了军垦儿女对兵团的热爱，表达了对兵团50华诞的祝福，赢得了观众的好评及良好的社会效应。各师团委举办了丰富多彩的青年文化活动，青年文化艺术节异彩纷呈，团场青年文化名人大量涌现。农二师团委举办了“孔雀河之春”第12届青年文化艺术节；农七师团委通过举办文艺演出、青年科技大擂台等形式，开展青年喜闻乐见的文化活动。

宣传工作重点突出。为进一步宣传兵团共青团工作，整合社会资源，利用兵团日报开辟的“青春旋律”专栏、电视台（中央一套“焦点访谈”、河南电视台“中原焦点”、北京电视台“北京特快”、兵团电视台“走进共青城”、各师电视台等）、网络（“政务内网”、“兵青在线”、“大学生志愿者之家”等）和《新疆青年工作》杂志中开辟“兵团共青团专版”，形成集文字、图片和影像为一体的主题宣传、导向宣传和工作指导相衔接的立体式宣传网络，有计划、有重点、有主题、分层次地宣传不同阶段的兵团共青团工作和先进青年典型，塑造了共青团工作品牌，扩大了共青团在外界和广大团员青年中的影响。

信息化建设有了新突破。随着网络的迅猛发展和青少年群体参与的与日俱增，充分发挥网络阵地的优势，及时开通了兵团团委政务内网，信息量始终高居兵团第六。“兵青在线”网站开通一年来，坚持用先进的文化导航青年，不断更新填实栏目内容，进一步拓展青少年教育空间，为各级团组织提供快捷、有效、实用的工作信息，为广大青少年提供可鉴、新颖的社会经济动态，并成功与全国共青团系统网站实现对接。近期又对“兵青在线”网站从栏目上、内容上、设计上进行全面改版，以便使网站更贴近青年，更能影响青年。“大学生志愿者之家”网站在“西部计划”这一品牌工作的宣传和交流中也起到了极大的作用，受到了社会各界的广泛称赞。为了加快共青团信息化建设，主动争取国家信息产业部的支持，给兵团各师、团场的信息化建设捐赠了15台电脑和15台打印机，使兵团共青团信息化建设有了新的发展。

二、不断深化团的各项主题活动，服务青少年成长成才

“助力行动”硕果累累。围绕贯彻落实兵团党委“1+3”文件精神，以服务青年创业发展、增收成才为出发点，带领青年积极投身兵团“三元”农业产业结构战略调整，以“助力行动”为突破，全面深化“服务青年奔小康行动”。2004年兵团团委牵头，兵团残联协调农行提供了康复扶贫专项贴息贷款100万元注入“助力行动”，先期在农一、四、五、六、十二师5个师启动，专项用于团场残疾青年资金扶贫。各级共青团组织多方筹措资金，为广大青年增收成才提供切实有效的服务。今年全兵团共落实“助力行动”资金4152.7万元，扶持青年领办科技推广项目3581个。自2001年至今，“助力行动”资金累计已达6619.65万元，扶持青年领办科技推广项目4893个。在资金落实的推动下，各级团组织围绕生产期、收获期、农闲期开展了专家技术咨询，项目引进，营销信息，农业实用技术培训等环节的服务工作。为基层配发第五批“新世纪共青书库”——绿色书屋105套，价值达8.8万元。目前，总计为基层连队配发科技图书275套，总价值166370元。举办两期兵团青年农业实用技术暨农业经纪人培训班，培训基层青年骨干217名。自1997年以来已连续举办了15期，累计培训人数达2403人。2名青年获全国农村青年创业致富带头人标兵称号，5人获全国农村青年创业致富带头人，2个服务农村青年增收成才奖先进集体、先进个人2人。推荐6人加入了“新疆绿色农产品协会”。

按照兵团扶贫工作的要求，认真做好兵团团委挂钩单位69团的扶贫工作。

保护母亲河行动再创佳绩。围绕兵团城镇绿化、农田防护林、生态环保、荒漠治理等工作,健全项目申报制,重点建设了一批兵团青少年绿色家园、兵团青少年绿色希望工程。获全国保护母亲河行动5年成就奖集体和个人各1个、优秀活动项目奖1个;获2004年度全国保护母亲河行动先进集体1个、先进个人1人。完成了兵团青基会拨发的300份保护母亲河行动——安吉尔平安卡转赠工作。

建立健全青年科技协会外围组织。各级团组织结合实际建立了各行各业青年科技协会,广泛开展科技示范、丰产攻关、现场观摩、科技发明推广等活动,共建立"青科协"1000多个,会员40000余人。

大力实施"青工技能振兴计划"。紧紧围绕贯彻落实兵团党委"1+8"文件,广泛开展"青工技能振兴计划",在农八师石河子市天富电力(集团)有限责任公司西热电厂举行启动仪式,团中央青工部副部长张劲代表团中央书记处参加了启动仪式,并检查指导了兵团的青工工作。各级团组织围绕提升岗位技能,提高岗位效益,以岗位技能培训为中心环节,进行岗位训练、技术比武、拜师学艺、"五小"活动。2004年8月,有5家企业被团中央定为全国"青工技能振兴计划"试点单位,并率先完成青年技能人才的培训。培养造就了以青年岗位能手为骨干的企业合格劳动大军,为兵团企业实现扭亏增盈做出了积极的贡献。

继续深入实施"争当青年岗位能手、争创青年文明号"活动。开展了"青年文明号"创建单位的申报工作,共申报23个全国青年文明号创建单位、94个兵团青年文明号创建单位,其中全国青年文明号创建单位的申报是上年的5.7倍,兵团级青年文明号创建单位的申报比上年增长了40%。获全国青年文明号集体两个,全国青年文明号10年成就奖集体1个,全国青年文明号活动优秀组织奖1人,全国青年安全生产示范岗集体两个,全国青年岗位能手两人,获自治区青年文明号4个,青年安全生产示范岗两个,青年创新能手两人,青年岗位能手5人。

西部计划扎实推进。自2003年6月开始实施大学生志愿服务西部计划以来,团中央为兵团派遣了470名志愿者,其中2003年期志愿者为192人(一年期为56人,二年期为136人),2004年期志愿者为259人(一年期为94人,二年期为165人)。人才效益日渐显现,涌现出了一大批先进典型。2003年的192名志愿者中一年服务期改为两年服务期的有13名,有6人留在兵团工作;2004年兵团招考公务员中,首次面向大学生志愿者,并制定了总分加5分的政策,已有23名大学生志愿者考取公务员,在全国尚属首例。北京电视台"北京特快"栏目组、团中央西部计划万里采风活动的16家全国知名媒体对在兵团服务的优秀大学生志愿者进行了宣传报道,全年在各大媒体网站上宣传稿件达134篇。西部计划实施一年来,大学生志愿者为兵团带来了新思想和新信息,为人才强兵团战略注入了生机和活力,为兵团的经济和社会发展做出了贡献,实现了老百姓得实惠,志愿者长才干,全社会树新风的目的。

助学行动再创佳绩。兵团青基会、希望办加强"金牛奖学基金"、"凤鸣希望之星助学基金"等专项基金的管理工作,争取"明德奖学金"170万元,资助小学到大学的学生500名。与兵团台办共同建立"兵团台胞台属希望之星助学基金",确定了100名小学到大学学生作为台胞台属希望之星资助对象。全年共筹集资金114万元,结对资助"希望之星"758人;募集资金40万元,捐建希望小学2所;劝募物品价值达600余万元。2004年6月,组队参加了全国希望小学运动会,共夺得4枚金牌、2枚银牌、3枚铜牌,获优秀组织奖、优秀表演奖、团体总分第二名的好成绩。

学校工作稳步推进。在大学,按团中央部署开展了"挑战杯"大学生课外学术科技作品竞赛,石河子大学参赛作品获银奖,并再次夺得优秀组织奖。在中学，进一步加大中学素质拓展计划，普遍开展16岁居民身份证颁发仪式和18岁成人宣誓仪式活动，在80%以上的学校开展成人预备期志愿服务，并将16岁居民身份证颁发仪式和18岁成人宣誓仪式作为中学团的工作重要考核内容。

四、坚持党建带团建，切实加强团的基层组织建设

团的自身建设有力加强。继续把加强团组织自身建设作为组织工作的重中之重，抓好团组织集中换届工作，2004年农八师石河子市、农三师图木舒克市召开了团代会。在28个师级团委、173个农牧团场团委中，有15个师级团委、100多个团场团委到期换届，团组织的自身建设得到了有效加强。

积极创新团的组织体系和基层组织制度，在巩固团场、企业、学校团建工作的基础上，加大民办高校建团力度，在新疆现代人力资源研究学院筹建团组织。石河子大学为及时把握学生的思想动态，根据大学生实际状况，实行宿舍建团，增强了基层团组织的凝聚力和亲和力。

团员队伍不断发展壮大。注重团员发展工作，加大了在生产一线青年、中学生中的团员发展力度。全年发展新团员20807名，团员总数达130771名，团青比例达到41.86%。“推优”工作有了新突破，推荐优秀团员作党的发展对象5906名，经“推优”入党2955名，比上年新增600名。

创建“五四红旗团委”、“五四红旗团支部”活动深入开展。深化开展“双五四”创建工作，进一步规范“双五四”的申报工作。石河子大学对“五四红旗团委”创建工作实行公开答辩制，为基层团组织提供了展示、交流、借鉴、学习的平台。审核确定了第三批“兵团五四红旗团委创建单位”和“兵团五四红旗团支部创建单位”，命名表彰了13个“兵团五四红旗团委”，23个“兵团五四红旗团支部”，目前，已有61个基层团委被命名为“兵团五四红旗团委”，115个基层团支部被命名为“兵团五四红旗团支部”。获“全国五四红旗团委”2个和“全国五四红旗团支部”2个，有15个基层团委被确定为第五批“全国五四红旗团委创建单位”，有3个师市团委被确定为第二批“全国团建先进县（市）创建单位”。

团干部培训力度进一步加大。以师团两级团组织到期集中换届为契机，以加大新任职团干部培训力度为重点，进一步理顺工作关系，形成了将兵团团委按照省级团委对待直接安排下达培训计划的良好局面。全年免费去北京、上海等地培训的团干部60名，同时选送3名团干部到内地挂职锻炼。

青年中心建设试点工作启动实施。按照“联系青年、服务青年、凝聚青年”的工作原则，以团场、社区青年中心建设为新型组织保障，结合兵团小城镇建设，积极启动实施青年中心建设试点工作。2004年8月，团中央书记处书记尔肯江·吐拉洪同志、团中央青农部部长陶宏同志、兵团党委副秘书长陈生初同志、自治区团委党组书记张文全同志、兵团团委书记赵建东同志出席农十二师三坪农场青年中心揭牌仪式，并检查了兵团青农工作。积极争取团中央的支持，申请了20名“西部计划”青年中心建设专项行动志愿者，申报农八师石河子市向阳街道青年中心作为全国农村青年中心重点联系点，向阳街道青年中心和三坪农场青年中心分别被评为全国优秀青年中心，2人被评为青年中心建设先进个人。初步探索出了一条具有兵团特色的青年中心建设的有形方式。

五、发挥青联、青企协等青年组织的作用

积极举荐选树优秀青年人才。充分发挥青联的组织优势，积极开展各项活动，服务青年的成长成才。推荐兵团优秀青年参加第六届“自治区十大杰出青年”评选活动，农一师三团党委副书记、团长王光强同志光荣当选；与兵团台湾事务办公室共同组织青联委员赴台湾考察，经兵团领导拟批准，以通知相关人员进行赴台准备工作，同时选派1人赴日本研修考察，2人赴韩国研修考察，1人赴台湾研讨交流。通过交流讨论、培训学习和参观考察等方式，帮助优秀青年人才拓宽视野，开阔思路。

深入开展科技创新行动。在中国青年科技创新行动交流研讨暨表彰大会，第一次将兵团青年科技创新行动工作在全团交流，进一步使青年科技创新行动规范发展。同时，有2人获第六届“中国青年科技创新优秀奖”，3个集体获“青年科技创新先进集体”，1个集体被命名为“第三批青年科技创新示范基地”。进一步加强了与科研院所、大专院校与团场、企业的青年科技工作者的联系，与中国农业科学院团委、吉林省种子总站达成了交流合作的初步意向，积极在青年科技人才与项目对接、青年联结中发挥桥梁和纽带作用。

青企协工作进一步加强。做好兵青企协会员审批工作，发展新会员12人，组织14名青年企业家参加了2004兵团新建城市推介会，许多企业家与兵团三个新建城市达成合作意向，同时促进了企业间的交流合作；利用中青乡企协第六届大会在乌市召开的有利时机，组织兵团青年企业主动与省外企业家进行项目合作，邀请山东、上海、江西、重庆、厦门、香港、澳门等地企业家代表团41人次到石河子市、五家渠市等单位进行经贸洽谈，推介项目，吸引资金，促进兵团发展；积极为企业家分忧解难，为解决新疆康信肠衣制造有限公司的用工需求，与师团委联系下发招工信息。兵团青年企业家协会秘书处被团中央、中国青年企业家协会秘书处授予首届“青年企业家协会优秀建设奖”。

军队青年工作

2004年，军队坚持以“三个代表”重要思想为指导，深入贯彻江主席为全军青年题词精神和胡主席勤于学习、善于创造、甘于奉献的要求，着眼建设信息化军队、打赢信息化战争，以培养高素质青年军人、发挥团员青年生力军作用为目标，积极主动地开展工作，推动了军队青年工作创新发展。

一是围绕不断深入、务求实效，坚持用“三个代表”重要思想武装青年。

1. 指导部队深入开展学习实践“三个代表”重要思想，保持团员先进性教育活动。召开全军青年处长座谈会进行部署。各大单位普遍编发学习教材，摸索总结基层经验，推动教育活动深入开展。2. 依托中央团校举办部队专题培训班。7月中旬，组织全军部分师以上单位的136名青工干部参加团中央在北京举办的培训班，提高了理论修养和指导工作能力。3. 着眼探索用科学理论武装青年的有效途径，组织了当代青年特点和创新青年工作调研。

二是以落实法规为牵引，指导部队加强共青团建设。

针对一些单位编制调整的实际，督促指导部队严格按照新修订的《政工条例》规定，建立健全团的组织；结合部队团的建设中遇到的新情况新问题，进行系统研究，摸索总结《军队共青团建设和工作要则》（试行）经验，为起草颁布《军队共青团工作条例》做准备；指导部队广泛开展丰富多彩的青年活动,在发挥作用中强化团组织功能,推动团的建设。

三是以创新方法、多出人才为目标,推动学习成才活动深入发展。

1. 筹备召开全军青年学习成才座谈会并实施了第五届全军学习成才活动表彰。4月30日召开全军青年学习成才座谈会,总政领导,驻京大单位政治部主任和组织部长、青年处长,第五届学习成才标兵个人和单位代表,以及前四届标兵和先进单位部分代表共60多人出席,集中研究了新形势下深入开展学习成才活动问题。会上,军委徐才厚副主席发表了重要讲话,总政领导向第五届学习成才十大标兵和先进单位颁了奖。2. 起草下发了《关于在全军部队深入开展学习成才活动的意见》(总政[2004]5号)。3. 加强舆论导向。通过新闻媒体,加大学习成才活动宣传力度,重点推广了5个单位和个人的经验事迹。

四是围绕做好军事斗争准备,组织和引导团员青年充分发挥生力军作用。

坚持把促进军事斗争准备工作落实,作为团的工作着力点。全军青年工作主动把力量向军事斗争准备凝聚,紧密结合部队任务,开展丰富多彩的主题活动,强化团员青年的战斗精神,提高打赢能力,积极为推进军事斗争准备做贡献。

五是适应时代要求,指导部队与时俱进开展学雷锋活动。

1. 学雷锋坚定理想信念。"3·5"前后,各大单位采取召开座谈会、下发文件、举行事迹报告会、开展主题大团日活动和专题教育等形式,号召官兵抓住实质学雷锋,引导大家走雷锋成长道路,永远听党话、跟党走。2. 学雷锋锤炼打赢本领。全军部队把学雷锋活动贯穿于推进中国特色军事变革的各项实践之中,引导青年官兵强素质、练打赢。各单位坚持以战斗力标准选树学雷锋典型,组织开展形式多样的评比竞赛活动,今年表彰的学雷锋标兵95%以上的是训练尖子。3. 学雷锋践行我军宗旨。全军部队普遍开展有声势、有规模、有实效的爱民奉献活动。驻京单位组织7000多名官兵,参加"建设新北京、办好新奥运"主题活动。驻贫困地区部队向群众宣传党的富民政策,为特困户捐款捐物。驻禽流感疫区单位积极开展送温暖活动,帮助受灾群众渡过难关。

六是注重统筹规划,下大力抓好青年典型的总结宣扬工作。

1. 评选出第五届全军十大学习成才标兵和十个先进单位。着眼扩大典型的影响力,在总政通报表彰的基础上,积极协调新闻媒体进行深入宣传。在各大报刊发消息10多条;军报用两个专版刊发标兵单位和个人的事迹,有3个标兵的通讯发了头版头条;电台、电视台集中时段作连续报道,分别为十大标兵发了人物专题;组织标兵与杨利伟等航天员座谈,充分发挥了典型的示范作用。2. 推出了一大批受全国表彰、产生广泛社会影响的军队青年典型。向全社会展示青年官兵的良好形象是军队青年工作的重要责任,也是引导青年官兵爱军习武的有效途径。推荐空军的李鸿高票当选为第十五届"中国十大杰出青年",推荐二炮的左莉、成都军区的吴道江荣获第八届"中国青年五四奖章",推荐南京军区的许峰荣获首届"中国青年学习成才奖",推荐国防科大等单位的3名学员荣获首届"中国青少年科技创新奖"。推荐全国表彰的其他各行各业军队优秀青年和青年群体中,有22个团委、支部被表彰为"全国五四红旗团委、支部",两个团委被表彰为全国优秀青年学习组织,20人被表彰为全国优秀团员、团干部,3人被表彰为"全国团干部教育先进个人",18个单位和个人被表彰为全国保护母亲河行动先进集体和个人,6个单位和个人获得第四届"全国各族青年团结进步奖"个人杰出奖、集体奖和组织奖,2人被表彰为"全国青年杰出岗位能手",1人被表彰为第二届“全国杰出青年外事工作者”。此外，有6件新闻作品获得“全国五四新闻奖”，青年局获得组织奖；有9件文艺作品获得第七届共青团精神文明建设“五个一工程”奖，获奖数名列全国各系统第一。

七是成功地组织和参加了第二届全军青年学习成才电视大赛和第二届全国青年时代风采电视大赛。

1. 成功举办第二届全军青年学习成才电视大赛。以“军队青年与中国特色军事变革”为主题，组织全军15个大单位选拔出90位选手参加电视大赛。总政领导亲临决赛现场指导比赛，并为获奖单位和个人颁了奖。大赛实况录像分11集在中央电视台七频道播出，在军内外引起强烈反响。2. 积极参与第二届全国青年时代风采电视大赛。根据大赛要求，精心组织队员参赛，经过顽强拼搏，军队选手共夺得1个金奖、2个银奖、2个铜奖，17个单项奖，青年局获得最佳组织奖，军队总成绩以绝对优势名列全国第一。参赛过程中，军队选手顾全大局，主动把参加决赛的机会让给地方，受到团中央、央视领导和参赛选手的一致好评。11月23日，总政领导亲切接见选手和工作人员，对参赛的成绩和经验给予了充分肯定。

八是完成了团中央赋予的其他工作。根据全国保护母亲河行动领导小组的协调安排，筹备兴建了两个“解放军青年林”；协调军队青联委员40多人次，参加全国青联组织的慰问演出等活动；组织8名军队理事，参加了全国青科协的交流活动；承办了22名军队各界青年参加团中央系统出访活动的报批事宜；组织军队部分演员和青年官兵，参加了全国五四晚会和保护母亲河行动主题晚会；先后4次协调安排杨利伟，参加了团中央组织的大型青年活动。

武警部队青年工作

2004年，武警部队青年工作坚持以邓小平理论和“三个代表”重要思想为指导，紧紧围绕中心任务和时代主题，按照“抓组织强基础，搞活动促活跃，抓创新求发展”的工作思路，积极发挥作用，团结和凝聚广大青年官兵，忠于职守，勤奋工作，甘于奉献，为加强部队全面建设，圆满完成以执勤、处突和反恐为中心的各项任务做出了积极贡献。

一、深入扎实地进行了“三个代表”重要思想的学习教育。年初，总部政治部专门作出部署，在全部队团组织和全体团员青年中认真开展了《“三个代表”重要思想学习纲要》的学习教育活动；各级有计划地抓了《团章》、《政治工作条例》和《军队共青团建设和工作规范》的学习；组织3批45名团干部，参加了团中央、总政举办的培训班，从而使各级团干部和广大团员青年对“三个代表”重要思想的科学内涵、精神实质有了更加深刻的理解，对做好青年工作的重要性有了更加明确的认识，有效地保证了政治上的清醒与坚定，始终做到了在思想上、行动上与党中央的高度一致。

二、认真组织开展了纪念江主席“永远做党和人民的忠诚卫士”题词发表五周年系列活动。2004年是江主席为武警部队题词“永远做党和人民的忠诚卫士”五周年，为进一步学习贯彻题词精神，把争做党和人民忠诚卫士活动引向深入，以“中国武警十大忠诚卫士”评选为牵引，组织开展了系列活动。一是组织开展了第七届“中国武警十大忠诚卫士”评选。按照“四结合、四为主”原则，精心组织了评选、表彰和宣传工作。从2月初开始贯穿全年。人民日报、新华社、中央电视台、中央人民广播电台、解放军报等各大新闻媒体进行宣传报道。7月份在北京隆重召开了表彰大会，党和国家领导人周永康和总参总政领导出席会议，周永康作了重要讲话，各大单位军政主官、总部机关干部和驻京单位部分官兵参加了会议。邀请了10名在京的著名书画家向十大卫士赠送了书画作品，举办了《橄榄绿的风采》颁奖文艺晚会。进一步扩大了“中国武警十大忠诚卫士”的社会影响力。二是组织了“中国武警十大忠诚卫士”先进事迹巡回报告。第七届“中国武警十大忠诚卫士”颁奖大会结束后，及时组织了由往届和本届十大忠诚卫士7名同志组成的先进事迹报告团，历时15天，先后到北京、山西、河北、天津总队和8630、8640、8650部队等7个单位，作事迹报告12场，13000余名官兵聆听了报告。其间，采取参观见学、走访革命圣地、重温入党誓词、与基层官兵联欢等形式，丰富了报告团活动内容，并深入21个基层中队(连)，与850多名官兵进行了座谈交流。报告团所到之处受到部队广大官兵的热烈欢迎，他们的先进事迹使官兵深受教育和鼓舞。同时，报告团受到社会各界和新闻单位的广泛关注，中央电视台、中央人民广播电台等新闻媒体相继报道报告团活动情况，《人民日报》人民网专门邀请报告团成员与全国网民就人生追求、理想信念、部队建设等问题进行了交流，在全国产生了强烈凡响。三是制作下发了第七届“中国武警十大忠诚卫士”宣传挂图。忠诚卫士评选揭晓后，及时组织专业摄影技术人员，深入忠诚卫士驻地进行采访，拍摄了大量反映忠诚卫士工作、生活的摄影作品，经过认真筛选、精心设计，协同人民武警出版社制作完成了第七届“中国武警十大忠诚卫士”宣传挂图下发部队，张贴到中队(连)和单独执勤点。《人民日报》、《中国青年报》分别以整版篇幅刊登十大忠诚卫士事迹，《光明日报》、《中华英才》等报刊也相继作了报道，《人民武警报》连续出版3期整张报纸，作了系统全面报道。四是编写了《忠诚卫士誓词》、《忠诚卫士守则》和《忠诚卫士守则宣讲提纲》。为深入贯彻落实江主席“永远做党和人民的忠诚卫士”的题词精神，激励广大官兵听党话、跟党走的政治热情，激励官兵斗志，规范官兵行为，确保部队高度稳定和集中统一。遵照首长指示，在广泛征求部队意见的基础上，认真研究讨论编写了《忠诚卫士誓词》、《忠诚卫士守则》和《忠诚卫士守则宣讲提纲》，制作了《誓词》、《守则》宣传挂图和卡片下发部队，充分利用集中教育、宣传辅导、主题讨论、知识竞赛等形式，在部队掀起了学习贯彻《誓词》、《守则》的热潮，把争做党和人民忠诚卫士活动不断引向深入。

三、广泛开展了富有青年特色的主题活动。一是进一步深化了“四联”活动。在进一步充实完善上海总队一支队团委与黄浦区委开展的“四联”活动经验的同时，指导上海总队和黄浦区团委共同搞好包括故事、图片、音像等配套材料。2月份，会同团中央权益部，研究确定了在全团广泛开展“四联”活动方案，以团中央办公厅和总部政治部的名义向全国各级团委下发了《关于在全国大中城市警地团组织中开展“四联”活动的通知》，对各单位组织建设，内容规划，运作方式、机制保障等方面进行了跟踪指导。在参加驻京部队部分单位与当地团组织签订“四联”活动启动仪式的同时，向中宣部推报了武警部队开展“四联”活动经验，会同《中国青年报》、《中国青年》杂志对全国各级团组织开展活动情况进行了跟踪报道，指导各单位采取电视转播、文艺演出、社区活动、大团日等形式，在全国警地各级团组织营造了“四联”活动健康发展的浓厚氛围，在服务青年成长、密切警政警民关系、优化社会道德风尚、增强团组织的影响力和凝聚力得到了积极发挥，“四联”活动在全社会蓬勃展开。二是大力推进学习成才活动的开展。在总结和推广学习成才活动试点经验的基础上，按照总政统一部署，加大了对部队抓好学习成才活动的指导力度。围绕加强对学习成才活动组织领导、适应青年官兵特点开展活动等问题，组织人员调查研究，运用调研成果加强对活动的指导，使活动开展得有声有色。对8630部队等单位在信息化建设和人才队伍建设情况进行考察和指导。三是举办了“我为小康奉献”征文活动。年初与《中国青年》杂志社联合举办“我为小康奉献”征文活动，以政治部名义下发了通知，并在《中国青年》、《人民武警报》刊登了征文启事。有重点地对特色区域总队(师)的重点作者进行指导。经过近半年的作品征集，共收到来自全国各地1300余件征文，通过认真初评、复评、终评，评选出了134件获奖作品，10个活动组织奖单位。向获奖作者和单位颁发了奖金、奖牌和证书。由中国青年出版社编辑出版了获奖作品集《阳光下的青橄榄》下发部队。四是组织参加了第二届全军青年学习成才大赛暨第二届全国青春风采电视大赛。组织力量在部队推荐上报参选人员的基础上，通过面试和才艺测试，选拔了6名同志。聘请专业教师对参赛人员集中进行了知识问答、体能训练、才艺表演、语言表达等培训。3名同志经过角逐进入了第二届全国青春风采电视大赛，1名同志获得铜奖，2名同志分别获得单项奖，组织部获得优秀组织奖，是所有参赛队获奖最多的单位。

四、继续抓了“保护母亲河行动”工程建设。按照活动经常、注重实效的原则，组织部队广大官兵积极投身保护母亲河行动。指导驻西部地区部队广泛开展了植树造林、退耕还林、改造环境污染等活动。年初，对宁夏、陕西“武警西部万亩林”工程进行了考察验收，经与中国青基会协商，将在原来造林面积5000亩的基础上扩建到10000亩，实现了西部万亩林的要求。4月份，确定南水北调东线源头——湖北丹江口建造“武警奥运万亩林”方案，对丹江口市造林基地进行了考察论证。推报了3个单位、2名个人受全国保护母亲河行动领导小组表彰。

五、积极培养和推报了各类青年典型。为扩大武警部队的社会影响，以典型的示范作用影响和推动部队青年工作。元月份，组织了第四届“中国杰出(优秀)青年卫士”中武警部队13名官兵参加了颁奖大会，受到中央和总部领导的亲切接见。5月份，在指导各单位表彰先进团组织、优秀团干部、优秀团员的基础上，总部遴选表彰了10个红旗团委、10个先进团委、20名优秀团干部、10名学习成才标兵。推报了江西总队九江市支队团委、甘肃总队二支队六中队团支部分别评为全国“五四红旗团委”、“五四红旗团支部”。推报的8740部队警卫连班长王世克被评为全国优秀共青团员，山西总队政治部组织处干事于守平评为全国优秀共青团干部。推报的水电指挥部二总队八支队总工程师欧阳运华获全军十大学习成才标兵、江苏总队南通市支队获全军十个开展学习成才活动先进单位。推报第五届“中国武警十大忠诚卫士”VCD事迹光盘参加全国音像制品优秀作品评选，获三等奖。编辑出版了近30万字的第五届、第六届十大忠诚卫士报告文学集《忠诚卫士风采录》。

铁道系统团的工作

2004年，全国铁道团委认真贯彻落实党的十六大、党的十六届四中全会、共青团十五大精神，紧密围绕铁路跨越式发展战略的实施，继续深化铁路青年三大行动(学习成才、创新创效和文明先锋)，树立学习、创新、服务理念，进一步提高了铁路产品生产中和促进青年成长进步中共青团组织的贡献率。

一、加强理论学习，搞好宣传教育，把团员青年的思想和行动统一到铁路跨越式发展战略上

2004年，全国铁道团委以团干部和青年理论骨干为重点，结合铁路跨越式发展实践，采取座谈讨论、办班培训、参观走访、知识竞赛等形式,广泛开展了“三个代表”学习教育活动,举办了两期培训班,组织团干部深入学习了“三个代表”重要思想、科学发展观、十六届四中全会精神。

铁道团委在组织各级团组织学习掌握科学理论的基础上,组织开展了“铁路青年与跨越式发展”主题教育活动,在《铁道团讯》和《铁道青年》网站上开辟专栏,开展铁路青年与铁路跨越式发展大讨论。全路各级团组织紧紧围绕铁路跨越式发展的总体要求,结合本单位和青年思想实际,开展了丰富多彩的宣传教育活动,深受青工们的喜爱。

二、围绕重点任务,搞好突击奉献,在铁路运输安全生产中做贡献

铁道团委继续组织开展了“铁路青年与春运同行”立功竞赛活动。3 万余名团干部和青年志愿者投身志愿服务活动之中,担当临客任务 600 余趟,安全运送旅客 120 余万人次,做好事 5000 多件,协助清理票贩 600 多名。

在全国铁路第五次大面积提速调图战役中,全国铁道团委在全路团员青年中组织开展了以“保安全、保畅通,为提速调图做贡献”为主题的安全教育活动。各级团组织以发放漫画宣传册、开展网页大赛、在团刊上举办“安全大家谈”、路地青少年安全文明线共建等形式,带领广大团员青年紧盯提速中的关键时间、关键环节、关键设备,自查自纠,岗位练兵,突击奉献。通过“我为提速献良策”主题活动,征集金点子,开展知识竞赛、演讲比赛、摄影展、书画展、DV创作等活动,深入铁路沿线大中城市居民区、闹市区开展营销宣传。黄金周、冬暑运期间,全路各级团组织带领广大团员青年,深入生产一线成立了突击小分队,值乘临时客车、维护站车秩序、开展便民服务,发挥了很好的作用。

三、抓住有利时机,采取多种形式,组织开展纪念“五四”运动 85 周年系列活动

2004 年是“五四”运动 85 周年,全国铁道团委于 4 月 29 日在北京召开了全路纪念“五四”运动 85 周年电视电话会议。铁道部党组书记、部长刘志军同志接见了全路“五四”青年奖章获得者并到会作了重要讲话,对全路广大团员青年提出了明确要求。4 月 30 日,全国铁道团委又在北京举行了“青年与铁路跨越式发展”座谈会。全路各级团组织纷纷以表彰青年典型,举办青年论坛、主题演讲,开展文艺汇演、新老团干部座谈会等形式,开展了纪念活动,有效地加强了青年思想教育。

四、立足铁路实际,发挥组织优势,进一步加强和改进未成年人思想道德建设

6 月,在全国铁道团委的积极协调沟通下,铁道部、团中央、全国少工委共同下发文件,在全国铁路沿线少年儿童中开展中国少年儿童铁路平安行动。为更好地实施这项行动,全国铁道团委、铁道部安全监察司、铁道部公安局,针对铁路沿线少年儿童的特点,联合开展了“知路 · 爱路 · 护路”宣传教育活动。铁路各级团组织会同相关部门,深入铁路沿线乡村、学校,以图板讲解、漫画展示、发放宣传品、报告讲座、征文、知识竞赛、指导开好主题团(队)会、选派优秀青年志愿者和公安干警担当铁路沿线中小学校的校外辅导员等形式,开展了“知路 · 爱路 · 护路”宣传活动,有效地提高了铁路沿线中小学生的安全意识。据铁道部安全监察司统计,活动开展前四个月,路外伤亡事故件数同比平均每月减少 102 件,下降 9.0%,死亡人数同比平均每月减少 71 人,下降 9.7%,其中少年儿童伤亡人数同比平均每月减少 8 人,下降 13.1%。

9 月 22 日,全国铁道团委、铁道部安监司、铁道部公安局联合召开中共少年儿童铁路平安行动电视电话会议,总结了前期活动情况,部署后一阶段的任务。团中央少年部部长高洪同志、铁道部政治部副主任佟立军同志出席了会议并对活动提出了要求。

面对铁路中小学校逐步移交地方管理的实

际情况，全国铁路总工会、全国铁道团委、铁路关工委以服务劳模子女为切入点，在全路示范性地组织开展了“2004 铁路劳模子女看北京”夏令营活动。全路各级团组织以此为牵动组织了读书活动夏令营、暑期兴趣特长培训班、社区托管班等针对铁路子女的课余教育，有效地激励了基层职工的工作热情，丰富了铁路职工教育子女的内容和方式，产生了很好的影响。

2004 年，全国铁路青少年发展捐助中心捐助铁路困难职工子女 743 名，发放助学款 371800 元。

五、坚持创新发展，严格管理考核，不断深化青年文明号创建活动和青年志愿者活动

全国铁道团委联合《中国青年报》开展了“文明之旅”送报上车活动，对北京站、北京西站始发的 30 对全国青年文明号列车以及直达、特快列车每天免费赠送《中国青年报》5200 份。同时全路各级团组织对名不符实的青年文明号进行整改甚至摘牌处理，实现了动态管理。在团中央召开的“全国青年文明号 10 周年表彰大会”上，北京铁路局北京西站“036”候车室等 6 个青年文明号班组获得“全国青年文明号 10 周年成就奖”，哈尔滨铁路局团委等 8 个集体荣获“全国青年文明号优秀组织奖”，郑彤章等 11 名个人荣获“全国青年文明号活动优秀组织个人”称号。

广大铁路青年志愿者发扬“奉献、友爱、互助、进步”的青年志愿者精神，扶危助困，积极奉献，推动了青年志愿者活动在铁路系统不断深化。青年志愿者积极参与了铁路春运突击活动。他们利用工休时间，为坚守在岗位一线的青年职工，解决具体困难，提供力所能及的帮助，解除后顾之忧。2004 年，是毛泽东“向雷锋同志学习”题词 41 周年，全路各级团组织周密部署，重点安排，结合铁路青年志愿者活动有声有色地开展了“弘扬雷锋精神、参与志愿服务、建设精神文明”、“寻雷锋足迹、扬志愿精神”等主题活动。3 月 18 日，共青团中央下发《共青团中央关于表彰第五届中国青年志愿者行动先进个人和集体的决定》。全国铁道团委获“中国青年志愿者行动组织奖”，陕西西安火车站“共青团候车室”青年志愿者服务队等 5 个集体获“中国优秀青年志愿服务集体”称号。

六、延伸读书活动，注重素质培养，引导青年在铁路跨越式发展中成长成才

全路各级团组织着眼铁路跨越式发展需要，把提高青年素质、培养青年人才、为铁路跨越式发展提供人才和智力支持摆在重要位置，按照“紧扣需求，构建读书市场；开展活动，营造读书氛围；立足基层，把握读书导向”的工作思路，在广度和深度上推进铁路青年新世纪读书计划的发展。各级团组织在网站上开设电子书城，建立网上数字图书馆，以会员制的方式建设“新世纪铁路青年读书俱乐部”，利用网站引导团员青年开展交流讨论，开展“读一本好书、度阳光假日”活动，使读书活动取得了新的成效。3 月 30 日至 31 日，共青团全国青年人才工作会议在成都召开，铁道团委的经验材料《用好读书载体培育世纪新人》在会上进行了交流。

全路各级团组织以“创建学习型组织，争做知识型职工”为中心，着眼实际，注重实效，在大力开展读书活动的基础上，通过举办青工技术大赛、技术培训，有效地激发了广大团员青年学技术的热情，为团员青年展示技术水平、交流技艺、提供了舞台。2004 年，上海铁路局上海机务段徐育敏荣获“2003 年度全国杰出青年岗位能手”称号，北京铁路局太原站刘慧秀等 4 名同志荣获“2003 年度全国青年岗位能手”称号。北京铁路分局丰台西电力机务段 8K－147 青年文明号机车组等 8 个集体荣获第二届“全国青年安全生产示范岗”称号。

七、推进团建创新，加强作风建设，不断巩固团的组织建设

一年来，全路各级团组织积极推进团建创新，深化“五四”红旗团委创建和“达标创优”竞赛活动，有力地推动了团的基层组织建设。

3月12日至13日，全路团的组织工作现场推进会在哈尔滨召开。会议交流了各级团组织在“达标创优”、团建创新等方面的经验，对创建“学习型、创新型、服务型”团组织、建立青年工作协会、站区联合团支部、站区青年中心等工作进行了研讨。

以作风建设为突破，全国铁道团委加强了团干部的培养、管理和考核。制定了团干部三年培养计划，加强团干部的理论和能力培养，以树立团队精神为主线，对团训班的内容和形式进行了大胆改革和探索，受到了广大团干部的欢迎，并对基层团干部培训起到了示范指导作用。

全路各级团组织结合铁路改革发展形式，深入基层开展调查研究，形成了一批有深度的调研成果，为进一步加强团组织建设，服务青年、服务企业，推动铁路共青团工作提供了理论和实践依据。2004年，由铁道团委和铁路青少年发展捐助中心共同完成的《全国铁路青年科技素质状况》调查专题报告被共青团中央授予全团调研奖。哈尔滨铁路局团委书记王进喜等5人荣获“全国优秀共青团干部”称号，北京铁路局天津铁路分局团委干事孔令霞等7名同志荣获“全国优秀共青团员”称号。

为了适应铁路改革发展新形势对青年工作的要求，经部党组同意，由全国铁道团委牵头，成立了中华全国铁道青年联合会筹备工作小组，召开了第一次筹备工作会议，安排部署了相关工作。目前，成立中华全国铁道青年联合会的筹备工作仍在紧张进行。

中直机关团的工作

一、进一步深化青年理论学习和思想政治工作

增强机关青年政治理论水平和解决实际问题的能力。以“兴起新高潮，创造新业绩”为主题，把学习理论与学习贯彻党的十六届四中全会精神、弘扬民族精神、加强青年思想道德建设、机关的中心工作和本职业务联系起来。党的十六届四中全会后，中直团工委和中直青联及时下发学习通知，为团员青年购买、发放学习材料和相关辅导材料，采取研讨交流、辅导报告等方式帮助青年加深理解，以写读书笔记的方式交流学习。

学习党的历史和优良传统作风。以河北平山“西柏坡”为教育基地，引导青年深入基层、联系群众、了解国情民情，加强党的优良传统教育和“两个务必”教育，激励和引导广大团员青年努力为促进社会主义物质文明、政治文明和精神文明协调发展做贡献。

加强团员青年的思想道德建设。中直团工委下发了《关于开展五四运动85周年纪念活动的通知》，以“弘扬五四精神，肩负历史使命”为主题，开展了一系列积极向上、贴近青年、讲求实效、丰富多彩的纪念活动，在青年中弘扬和培育以爱国主义为核心的伟大民族精神，激励引导团员青年在全面建设小康社会的伟大实践中成长成才、建功立业。

组织中直机关各新闻单位团组织积极开展“三项学习教育”活动，举办了中直机关三项学习教育青年座谈会。

加强社会实践，在实践中教育青年。各级团组织通过开展主题各异、内容丰富的调研考察、社会实践活动，促使青年干部了解国情、认识社会、学习经验、提高认识，并增强解决实际问题的能力。加强调研工作，注重思想政治工作的针对性。中央办公厅、新华社、外文局、中国日报、广电总局等团委分别以座谈会、情况反映、问卷调查的形式开展青年思想状况调查活动，了解青年的思想动态，有针对性地开展思想政治工作。

充分发挥互联网等现代传媒在青年思想政治教育工作中的作用。中直团工委与中直工委宣传部、中直文明办联合下发了《关于组织机关青年参加“感动”——首届全国青少年网络短信作品大赛的通知》，引导青年自我教育、自我提高。组建青年网络论坛，探索青年思想政治工作的新方式，开辟竭诚服务青年的新领域。

二、努力为机关中心工作和青年成长成才服务

继续深化“培养青年岗位能手活动”，引导带领青年自觉奉献。中直团工委、中直青联评选表彰了第五届“中直机关青年岗位能手”共67人。通过培养青年岗位能手活动，引导青年立足本职，勤奋学习，勇于实践，善于创造，自觉奉献，带动更多的青年成长成才，努力成为本职工作的行家里手和业务尖兵。

继续开展青年文明号活动，引领青年立足本职岗位，创建青年先进集体。中直各机关团组织通过开展“青年文明号”创建10周年纪念活动，在团员青年中大力倡导爱岗敬业、诚实守信、公道正派的职业道德。中直团工委认定命名中央纪委监察部信息中心硬件部等57个青年集体为中直机关青年文明号。中国科技馆展教部被团中央授予“全国青年文明号”称号，中直机关累计有全国青年文明号16个。中央警卫局新华门哨位获“全国青年文明号10年成就”奖；中央办公厅团委、广电总局团委、新华社团委获10年全国青年文明号活动优秀组织奖；2位同志获个人优秀组织奖。

进一步加强中直机关青年人才工作。中直团工委代拟、下发了《中直工委关于进一步加强中直机关青年人才工作的意见》，并协助召开了中直机关青年人才工作座谈会。以制定青年人才工程实施意见、加强青年理论学习、开展先进性教育、组织青年课题小组、建立青年人才信息库、开展评先推优等方式，切实发挥团组织培养青年、凝聚青年、举荐青年的重要作用。

树立典型，表彰先进，努力做好青年人才的培养举荐工作。经中直团工委推荐，中央电视台王志荣获“中国青年五四奖章”；中国广播艺术团彭家鹏当选“第十五届中国十大杰出青年”；中央纪委监察部李欣然被评为全国青年岗位能手；5位同志被评为全国优秀团干部；5位同志被评为全国优秀共青团员；2位同志荣获第四届“全国各族青年团结进步优秀奖”；2位同志被评为中国百名优秀青年志愿者；中央办公厅团委、中组部团委获得中国青年志愿者行动组织奖；新华社团委、广电总局团委被评为2004年度全国保护母亲河行动先进集体；2位同志被评为2004年度全国保护母亲河行动先进个人。

继续深化坚持八年的“天天一小时”读书计划，引导带领青年勤奋学习。中直团工委号召各单位团组织积极开展建设学习型团组织活动，并召开中直机关共青团建设学习型组织交流研讨会。中直机关各级团组织结合实际情况，进一步完善学习制度，开展了各具特色的学习活动，如举办青年论坛、读书征文比赛、“移动课堂”、专家学者讲座等，把创建学习型团组织活动不断引向深入。中央党校团委、中央电视台团委、中组部干部四局青年读书小组被评为“全国优秀青年学习组织”；中央人民广播电台郎峰蔚获得“苏宁”中国青年学习成才奖。

继续深化青年志愿者活动，加强支教扶贫工作。中直团工委对第六批支教青年志愿者的工作进行考察，对今后志愿者工作进行调研，征求意见并向中直工委呈送了《关于第七批青年志愿者选派工作的意见》，随后下发了《关于组织中直机关第七批青年志愿者开展支教、挂职工作的通知》，并选派11名志愿者到西柏坡参加支教、挂职工作。推荐中国青年志愿者协会理事8人。积极组织团员青年为机关主体业务工作和精神文明建设提供形式多样的志愿服务。

丰富机关青年文化生活，加强机关精神文明建设。组织了植树、青年假日行动、举办青年文艺演出、组织青年歌手大奖赛、登山、足球、拔河等比赛、开展户外拓展训练、组织单身青年联谊会等活动，促进机关文化建设，促进人的全面发展。

三、加强团的自身建设

加强团工委自身建设。调整充实了团工委班子，进一步完善团工委中心组理论学习制度，召开两次团工委工作务虚会，总结近年来中直机关共青团工作经验，分析存在的问题，在工作目标、工作原则、工作重点、机制建设以及工作方法等问题上，梳理思路，统一思想。较好地完成团情统计和团费收缴工作。

按期进行基层团组织的换届工作。按照团章有关规定，7个单位进行了换届改选。为保证各级团组织工作的健康发展提供了有力的组织保障。以团建创新为重点，加强团的基层组织建设。督促各单位建立健全“党建带团建”工作责任制度、联系会议制度等，推动“党建带团建”工作机制的建立完善。深化创建“五四红旗团委”活动，中央人民广播电台团委、中国劳动关系学院团委被评为“全国五四红旗团委”，中国互联网新闻中心中国网团总支、中青旅控股股份有限公司北京销售分公司团总支被评为“全国五四红旗团支部”。根据中直机关主体业务部门团员人数少、青年党员干部和专业技术人员多的实际情况，通过加强对青联组织、青年社团及其他类型青年组织的建设和指导，积极探索广泛联系青年的新途径，延伸共青团工作的手臂，扩大青年工作的覆盖面。

四、青联工作健康发展

年初召开了中直青联二届五次主席会议和二届四次常委会议，增补了15位同志为中直青联委员，13位同志为中直青联常委。着手筹备了中直机关青联换届工作。组织了2次常委活动和1次届别组活动。

组织中直机关的全国青联常委参加全国青联九届五次会议。中直机关的5位同志当选为全国青联常委，18位同志被推荐为全国青联委员。

中央国家机关团的工作

2004年，中央国家机关共青团工作坚持以邓小平理论和“三个代表”重要思想为指导，认真贯彻落实党的十六大和十六届三中、四中全会精神，按照工委和团中央的总体部署，紧密结合中央国家机关工作实际和团员青年特点，进一步加强青年思想教育、努力促进青年发展、推动青年文化建设、大力加强组织建设，在服务中心工作和服务青年成长方面做了大量工作，团的各项事业取得了新的进展。

一、青年理论武装工作常抓不懈，青年思想教育取得新成效

中央国家机关各级团组织始终把用“三个代表”重要思想武装青年作为首要政治任务，坚持用“三个代表”重要思想统领共青团工作和青年工作。认真贯彻《中央国家机关青年工作领导小组关于贯彻胡锦涛总书记对当代青年提出的三点希望的意见》，引导青年勤于学习、善于创造、甘于奉献。抓住纪念邓小平同志诞辰100周年、建国55周年、新中国宪法颁布50周年和五四运动85周年等有利时机，以理想信念教育为核心，广泛开展了形式多样、丰富多彩的主题教育、形势教育和责任教育。

党的十六届四中全会闭幕后，中央国家机关各部门团组织紧密联系部门实际，以多种形式认真学习《中共中央关于加强党的执政能力建设的决定》。团工委先后多次召开学习贯彻党的十六届四中全会精神团工委委员扩大会。在赴福建开展团干部社会实践考察期间，还与福建团省委、福建省直团工委一起召开了“学习十六届四中全会精神，大力加强共青团能力建设”座谈会。

团工委联合工委宣传部召开了“加强和改进青年理论武装工作”交流研讨会，针对当前青年理论武装工作中存在的突出问题，交流研讨了关于创新青年理论武装工作的思路、方式、载体、机制的思考与做法以及如何使“读书·实践·成才”活动切实取得成效的经验与体会。同时，团工委还注重抓好面上理论学习的推进工作，积极推动部门团组织开展青年理论武装工作“四个一”活动，以此增强青年理论学习的规范性、针对性和实效性。

二、认真开展“读书·实践·成才”主题活动，在团结带领青年围绕中心、服务大局方面取得新成绩

中央国家机关各级团组织围绕树立和落实科学发展观，结合部门中心工作，大力推进“读书·实践·成才”主题活动，切实促进学习型团组织创建，在广大青年中形成了“多读书、好读书、读好书”的勤奋学习之风，各部门团组织在抓特色鲜明、针对性强的主题活动方面也有了新的探索。全国人大常委会机关青年读书会、外交部青年读书研究会被评为“全国优秀青年学习组织”。

结合《行政许可法》的颁布与实施，团工委与共青团中央宣传部、《中国青年报》联合主办的全国青年公务员《行政许可法》知识竞赛得到全国广大青年公务员的积极响应，回收答卷43000多份，覆盖全国31个省、自治区、直辖市。团工委还举办中央国家机关青年英语演讲比赛。

团工委、青联举办了中央国家机关团干部管理和法律知识系列讲座（各十二讲），其间我们还邀请到全国人大副委员长成思危作了主题为《管理科学若干问题》的报告。

三、继续推进“树典型·学榜样·赶先进”主题活动，服务青年工作取得新发展

我们始终坚持“以人为本”和“以青年为本”的工作理念，认真落实全国人才工作会议精神，紧扣培养、发现、示范、激励等环节，大力推进“树典型·学榜样·赶先进”主题活动的深化，开展了富有成效的工作。各部门团组织从实际出发，精心谋划、突出优势，开展了形式多样的创优争先活动。

团工委、青联联合工委组织部开展了2002—2003年度“中央国家机关优秀（杰出）青年”评选活动，这次评选还增设了中央国家机关青年“学习奖”、“创新奖”、“奉献奖”三个专项奖。经过三次评审会的评审和规定程序，评选出10名2002—2003年度“中央国家机关杰出青年”，110名2002—2003年度“中央国家机关优秀青年”，有50人、51人、62人分获中央国家机关青年“学习奖”、“创新奖”、“奉献奖”。

团工委重新启动了评选和考核“中央国家机关青年文明号”活动，对原有的60个“中央国家机关青年文明号”进行了考核和确认，同时评选并命名新的“中央国家机关青年文明号”52个。目前，中央国家机关共有“全国青年文明号”15个，其中，2004年被评选为“全国青年文明号”的集体有四个。

一年来，团工委、青联推荐的中央国家机关59个先进集体和34位先进个人受到团中央、全国青联等上级组织的表彰。

四、推出“青年文化季”，青年文化建设迈出新步伐

2004年是中央国家机关青年文化建设得到大力加强的一年，是青年文化建设资源继续整合的一年。团工委下发了《关于广泛开展青年文化活动及举办“中央国家机关青年文化季”的通知》，并从4月中旬至7月中旬举办“中央国家机关青年文化季”系列活动。

团工委举办了“开启新视觉”中央国家机关青年文化场馆参观活动，广大团员青年通过参观国家博物馆、中国美术馆、故宫博物院等文化场馆，达到了在青年中进一步普及先进文化，增加文化底蕴，引导青年关注祖国文化和艺术事业的目的。举办了中央国家机关青年文化季闭幕式暨文艺晚会，工委副书记臧献甫、纪工委书记马志鹏与外交部部长李肇星、团中央书记处常务书记赵勇、最高人民法院副院长黄松有等领导同志出席了闭幕式，中央电视台进行了录播。

五、坚持党建带团建和团建创新，团的自身建设迈上新台阶

各部门团组织积极争取党组织的领导，把团建纳入党建的整体格局之中，积极推进机关团建创新。团工委作为中央国家机关青年领导小组办公室，积极推动相关工作。领导小组召开两次会议，专题研究青年工作。许多部门党组和机关党委先后下发了关于加强共青团工作和青年工作的意见。中国地震局、文化部、人事部、司法部、国资委分别成立了由部门党组（党委）领导兼任领导的青年工作领导机构。

团工委进一步探索和丰富适合中央国家机关共青团工作的组织形式，建立健全了中央国家机关团组织6个联络片组织机构，并指导各片区独立自主地开展特色活动。组织召开中央国家机关金融部门机关团委书记座谈会，研讨金融部门机关团的工作面临的问题并探讨有效的解决办法。指导国务院扶贫办等部门机关团支部改建机关团委，指导中国银行业监督管理委员会、国务院南水北调办公室、国务院港澳事务办公室、国家质量监督检验检疫总局、中央国家机关工委等5个部门成立机关团委，指导9个部门机关团组织的换届工作和13个部门团组织负责人的调整或配备。

在工委领导和组织部的支持下，团工委选调了一名团工委办公室副主任，充实了团工委干部队伍。团工委选派干部参加了2004年工委“关于机关党建如何围绕中心服务大局”调研工作。

六、对内加强合作，对外扩大交流，团的活动领域实现新拓展

团工委积极加强与工委各部门之间的工作交流。先后与工委组织部联合评选了2002—2003年度中央国家机关优秀（杰出）青年，与工委宣传部联合召开了青年理论武装工作交流研讨会，与中央国家机关工会联合会、妇女工作委员会联合开展了“健康快车”公益捐助活动。

中央国家机关各级团组织积极扩大合作领域。团工委组织团干部赴福建开展了社会实践考察，与福建团省委签署了互学共建友好合作协议，得到了工委领导和福建省委领导的肯定。各部门团组织的合作与交流也大大加强，充分体现了优势互补、资源整合的合作意识，扩大了中央国家机关共青团的影响。在福建团省委、上海团市委的支持下，叶锦文、邵雨同志先后来团工委挂职锻炼。

青年对外交流取得新进展。团工委书记朱

学庆带领“中国青年工作者赴德、法专业交流团”前往欧洲考察学习，团工委还组织团干部参加团中央“中国青年代表团”赴澳大利亚和新西兰访问，增强了团干部的国际意识和世界眼光。科技部直属机关团委组织科技青年志愿者赴越南开展了境外科技志愿服务，团中央书记处第一书记周强作了重要批示；公安部直属机关团委组织中国青年警察代表团参加了吉尔吉斯第二届青年警察代表大会；商务部直属机关团委组织商务青年代表团访问了越南。

团工委还指导中央国家机关青联召开了二届四次全委会，选举增补了9名副主席、34名常委、121名委员，进一步充实了中央国家机关青联的工作力量。青联还开展了迎国庆、贺中秋“红色经典——芭蕾视听交响音乐晚会”，举办了青联委员“经济论坛”和“健康论坛”，组织青联委员赴重庆开展“西部行”社会实践考察等活动。团工委还指导国青生产力促进中心开展工作，拓展业务范围，取得了一定的社会效益和经济效益，完成了工委下达的任务。

中央金融系统团的工作

2004年，在团中央的领导下，中央金融团工委坚持“服务大局、服务青年、服务基层”的工作方针，以提高青年的思想政治素质和业务素质为重点，以丰富多彩的活动载体为依托，求真务实，开拓创新，努力工作，进一步推动了金融系统的共青团、青年工作的持续发展。

一、加强青年思想政治教育

团工委始终坚持从巩固和扩大党长期执政的青年群众基础的高度出发，认真研究新形势下青年的特点和思想政治工作的规律，大力加强青年的思想教育。

一是组织青年认真学习邓小平理论和“三个代表”重要思想，学习党的十六大，十六届三中全会、四中全会和共青团十五大、十五届三中全会精神，树立和落实科学的发展观。金融系统各级团组织和广大青年积极行动，采取专家辅导与领导讲课相结合、自学与集中学习相结合，并广泛采用讨论与交流的方式，认真学习，学以致用，进一步提高思想政治素质、政策理论水平和解决实际问题的能力。

二是结合青年的特点和成长规律，利用重大节庆日、重大事件和重要革命活动纪念场馆对青年进行爱国主义、革命传统教育活动。比如，利用五四运动85周年的契机，金融系统团组织开展了丰富多彩的学习纪念活动，有的召开座谈会，举行演讲比赛；有的拜访老红军，“重走长征路”；有的参观革命纪念馆，奔赴革命圣地等等，使青年通过亲身感受、亲身经历接受教育，引导青年树立正确的世界观、人生观、价值观，明确行动的方向，坚定跟党走社会主义道路的理想和信念。有些金融机构团委还通过互联网交流“五四”期间的活动开展情况，扩大宣传教育效果。

三是开展东西助学活动，培养青年高尚的社会主义道德情操。为响应党中央开发大西部、振兴东北等老工业基地的号召，为救助失学儿童、提高人口素质贡献力量，团工委号召青年组织开展一对一“结对子”东西助学活动，各金融机构青年对此反响强烈，踊跃参加，慷慨解囊，把资金和爱心一起奉献给了需要帮助的孩子和家庭，使他们充分感受到了党的关怀，感受到了社会主义大家庭的温暖。同时，青年的思想也在接触贫困中得到教育，青年的价值在回报社会中也得到升华。

二、加强培训工作，全面提高团干部素质

团工委组团参加了团中央组织的共青团理论学习骨干培训班、调研信息工作培训班、青运史档案馆工作培训会等一系列培训活动。同时，金融系统团组织也结合自身实际，积极组织团干部培训，为金融系统共青团、青年工作的进一步开展打下了更坚实的基础。

三、积极推进创建青年文明号活动的开展

青年文明号是优秀青年集体的崇高荣誉，创建青年文明号活动是金融系统精神文明建设的一个重要载体。10年来，在团中央的指导下，金融系统创建青年文明号工作取得了很大的成绩，已成为各金融机构青年工作的品牌工程，也成为金融系统行业管理的重要内容，具有强大的生命力。但自中央金融工委撤销以后，金融系统全国级青年文明号的评选表彰工作因技术操作障碍被暂时停止。这对金融系统的创建工作影响很大。在这种情况下，团工委认真向团中央有关部门和领导汇报，充分反映金融机构团组织的意见，积极协商，大胆创新，在团中央领导的关心支持下，金融系统全国级青年文明号的评选表彰工作得到了恢复。

另外，团工委按照团中央的统一要求，积极组织金融系统各级团组织参加了青年文明号活动10周年纪念系列活动。

四、引导青年加强业务学习，提高青年的素质和工作水平

围绕实施人才强国战略，引导青年在学习中成才是团工委2004年的一项重要工作。团工委积极倡导金融青年加强学习，各金融机构团委也采取各种各样的方式举办了许许多多的活动，如成立读书俱乐部、青年读书会、青年课题组、青年业务小组、青年科技小组、青年攻关小组等各种学习组织，举办英语、计算机、新业务、新规定培训，组织身边的优秀青年(青年专家)上讲坛等等，充分调动广大青年学习、钻研的积极性，使广大青年在参与的过程中学到了知识，提高了素质，同时又交流了感情，增强了团队意识，使单位的工作氛围更加和谐。

五、开发青年人力资源，服务青年成长成才

为激发青年的积极性和创造性，引导和动员金融系统广大青年围绕金融改革与发展，进行深层次的理论探讨并开展广泛的献计献策活动，同时围绕改革发展中的热点、难点问题进行专题研讨，团工委举办了2004中国金融青年论坛。这次主题为“治理结构与风险防范”的论坛活动，得到了广大青年的拥护和欢迎，也得到了专家的大力支持，取得了丰硕的成果。论坛共收到论文近5000篇，内容涵盖面很广，许多论文在理论研究和实践探索方面都达到了相当高的水平，有着重要的借鉴意义。团工委对整个活动积极协调，精心组织，并严格评审，确保了获奖论文的质量，论坛结束后，团工委还正式出版了获奖论文集，送有关领导和青年参阅。这次论坛活动成效积极，受到了领导、有关方面和广大青年的肯定和好评。

六、树立典型表彰先进，努力营造奋发进取的良好氛围

2004年，团工委继续推进金融系统的青年典型选树工作，发挥典型的示范带动作用，努力营造奋发进取的良好氛围。各金融机构团组织组织了各种形式表彰先进活动，比如有的金融机构组织开展的“十杰百优青年”评选活动，在弘扬正气、树立新风方面成效显著。同时在评选方法上有了进一步的创新，即在评选过程中更广泛地邀请青年参与，更多地尊重广大青年的意见，一方面更好地保证了先进青年的代表性，另一方面则使广大青年在参与评选的过程中受到更多的启示和启迪，达到更好的教育效果。

七、深入开展调查研究

团工委一直重视调查研究工作。2004年，金融系统团组织开展了大量的调研工作。其中，中国人民银行团委、中国银行业监督管理委员会团委、中国农业发展银行团委、中国工商银行团委、中国银行团委等金融机构都在本系统进行了大规模的调研，并形成了一批很有价值的调研报告，受到了领导和有关方面的高度评价。

八、其他工作

除以上工作项目外，团工委还组织完成了团中央、全国青联部署的“青工技能推进计划”，青年志愿者，海外学人联谊会，中韩、中日青年交流活动等工作任务，承担了金融系统的团员管理及日常团务工作。

中央企业系统团的工作

2004年，是中央企业改革和发展取得积极进展，企业党建工作不断加强的一年。一年来，中央企业各级共青团组织以邓小平理论和“三个代表”重要思想为指导，认真贯彻落实党的十六大、十六届三中、四中全会和全国人才工作会议精神，按照国务院国资委党委和共青团中央的工作要求，紧密结合中央企业改革发展实际，继续坚持“一条主线，两个重要载体”的工作思路，进行了新探索，取得了新成绩，展示了新作为。

一、坚持以邓小平理论和“三个代表”重要思想为指导，青年思想政治工作取得新成效

中央企业团工委以邓小平理论和“三个代表”重要思想学习实践为重点，贯彻落实党的十六届三中、四中全会精神，坚持从调研出发，从中央企业团员青年的特点出发，明确重点，不断创新工作方式，开展特色活动，青年思想教育的针对性和实效性不断增强。

1. 深入基层开展青年调研工作，为进一步加强和改进青年思想政治工作奠定了基础、指明了方向。一年来，中央企业共青团大力加强调研工作。团工委组织开展了中央企业青年思想状况调研，组成7个调研组，分地域走访了36个企业，访谈了700多名青年，撰写了7篇调研组报告和中央企业青年思想状况分析报告。在采集近10万份基础数据的基础上，开展了团员青年结构状况调研，撰写了中央企业团员青年结构情况分析报告。与中国青年报合作开展了中央企业青年人力资源战略调查，在随机抽样基础上确定了50家中央企业，进行了问卷调查和座谈走访，撰写了中央企业青年人力资源战略调查分析报告和6篇“走近央企”特别报道。各中央企业团委按照团工委的要求，在组织团员青年网上填答问卷的同时，通过座谈和走访等形式积极开展本企业的青年思想状况调研，一些企业团委还在团工委调研问卷基础上，结合本企业实际制定调查问卷，进一步增强调研的针对性。在对调研数据进行认真分析的基础上，98家企业提交了调研报告。通过大调研，团工委初步掌握了中央企业青年的思想状况，人力资源情况和结构情况，并从理论上进行了分析，进一步认清了中央企业青年思想政治工作的成功经验和存在的不足，为增强青年思想政治工作的针对性提供了第一手资料和理论探索。

2. 把握重点，青年思想理论学习进一步得到深化和发展。“三个代表”重要思想学习掀起新高潮。中央企业各级团组织始终把用“三个代表”重要思想武装青年、教育青年作为首要任务，抓住纪念邓小平同志诞辰100周年，建国55周年和“五四运动”85周年等契机，采取座谈、报告、演讲、主题晚会和青年歌手大赛等形式，宣传改革开放26年来所取得的光辉成就，教育团员青年坚定理想信念，肩负历史责任，投身企业改革，建设小康伟业。有的企业举办了以青年骨干和团干部为主要对象，以“三个代表重要思想与企业改革发展”为主题的学习研讨班。有的企业团组织利用节假日组织团员青年前往西柏坡、延安、渣滓洞集中营等革命传统教育基地学习参观，帮助团员青年深化“三个代表”重要思想是马克思主义的继承与创新的认识，有的企业团组织带领团员青年前住沿海发达城市考察实践，帮助团员青年理解“三个代表”重要思想是中国特色社会主义伟大实践的产物。有的企业把思想教育纳入团组织目标责任考核体系，从而使对“三个代表”重要思想的学习更加规范化和制度化。党的十六届四中全会通过《关于加强党的执政能力建设的决定》以后，各中央企业团委按照党委和团工委的要求，组织团委班子认真学习贯彻党的十六届四中全会精神，按照团中央《关于深入学习贯彻党的十六届四中全会精神 进一步做好新形势下青年群众工作的决议》的要求，结合实际，围绕进一步增强团组织吸引力、凝聚力、战斗力进行了研讨，团员青年的思想进一步得到凝聚和统一。

贴近企业和社会实际，青年形势任务教育成效显著。中央企业各级团组织立足服务企业改革发展大局，发挥服务青年的桥梁和纽带作用，在充分发挥团刊、团报、网站等阵地作用的基础上，进一步邀请党政领导作报告，举办培训班、座谈会、演讲比赛，开展主题团日活动、征文比赛、参观学习等主题教育活动，帮助青年充分认识企业改革的必要性和重要性，把个人利益和集体利益，局部利益和整体利益，眼前利益与长远利益统一起来，理解改革、支持改革、投身改革，自觉维护企业改革、发展和稳定大局。同时，结合企业改革发展的实际，大力宣传以人为本，全面、协调和可持续的科学发展观，帮助团员青年明确了树立科学发展观，走可持续发展道路的重要意义。

3. 青年志愿者活动进一步深化。基层团组织以组织青年参加志愿献血、参与厂区环境美化、为一线劳模和退休老专家分担家务等方式，广泛开展青年志愿者活动。一些企业团组织以开展环保宣传、植树造林等多种方式，积极参与实施保护母亲河行动；一些企业团组织积极主动资助贫苦地区失学儿童，帮助数百名失学儿童重返校园；一些企业参加了青年志愿者医疗扶贫万里长征活动；多数企业团组织针对特困下岗青年、进城务工青年和困难家庭，广泛开展了“真情助困进万家活动”。

4. 健康向上、适应青年特点的读书和文化活动蓬勃开展。新世纪主题读书活动在中央企业得到了普遍推广，青年读书活动有效地纳入到创建“五四红旗团委”活动考核指标中。一些企业团组织坚持请企业党政领导向团员青年推荐好书；大多数企业团组织成立了青年读书协会，设立“流动书箱”和“青年书屋”；定期举办青年读书论坛，引导青年读好书、勤读书，帮助广大团员青年把握人生方向，培养良好情操。“读书好、读好书、好读书”的“三好”风气在青年中渐趋浓厚。

积极引导和传播文明健康的网络文化，充分发挥网络文化在团结教育青年中的重要作用。中央企业团工委按照中宣部、中央文明办、团中央、国务院新闻办的通知要求，号召中央企业团组织广泛开展“感动”——青年网络短信作品大赛，动员青年以自己喜爱的方式表达和传递感人的人和事，营造健康向上充满活力的网络短信文化。许多企业团组织开辟网上青年学习、休闲和聊天园地，加强正面舆论引导。

定期举办内容丰富的青年文化系列活动。一些企业团委组织青年共同编写了企业青年文化手册，确定了团组织文化育人的纲领。一些团组织坚持开展青年文化艺术节活动，用青年喜闻乐见的形式对青年加强思想道德教育。组织了“共铸诚信”巡回演讲团，“小红花”艺术团等赴生产一线演出。组织团员青年与奥运冠军进行了座谈讨论。丰富多彩的青年文化活动在引导青年自我教育、自我提高，发挥了文化育人作用方面显示了重要的作用。

5. 发挥典型引路的作用，青年典型的示范和带动效应进一步得到体现。2004 年，中央企业青联以第二届“中央企业十大杰出青年”评选为重点，树立了当代中央企业杰出青年的良好形象，对推动各中央企业进一步健全青年人才培养机制，优化青年人才成长环境，引导和激励了广大团员青年立足岗位、刻苦学习、勤奋工作、建功成才发挥了积极作用。青联委员、中国铁路工程总公司中铁大桥局集团有限公司总经理周孟波等十名同志获此殊荣。国资委副主任王瑞祥、团中央书记处常务书记赵勇同志出席了“中央企业十大杰出青年”的颁奖仪式并做了重要讲话。在随后举行的第 15 届“中国十大杰出青年”评选活动中，来自中央企业的中国石油天然气集团公司大庆油田有限责任公司井下作业分公司经理王新纯、中国船舶重工集团公司第七一三研究所所长刘郑国、中国航空工业第二集团公司中国直升机设计研究所总设计师吴希明等三名同志荣获年度“中国十大杰出青年”称号。同时评出的 20 名提名奖获得者中，来自中央企业的青年代表也占到了 6 名。经中央企业团工委、中央企业青联推荐，周孟波同志获得中国共青团最高奖励——“中国青年五四奖章”。经中央企业青联推荐，青联委员、中国电子信息产业集团公司中软网络技术股份有限公司总经理郭先臣当选第二届“中国软件行业十大杰出青年”。与此同时，各中央企业团委也广泛开展了“十杰”、“十佳”、“岗位明星”、“质量能手”、“安全标兵”等评选活动，树立青年学习的榜样，大力宣传优秀青年的先进事迹，充分发挥青年明星在引导团员青年学习成才、岗位建功中的示范作用。

二、服务企业、培养人才，青年创新创效活动进一步深入开展

中央企业团工委紧密围绕国资委职工素质工程要求，巩固和深化青年创新创效活动。进一步推广项目化运作，努力提升青年员工的业务素质，深入开展了“青年文明号”、“青年岗位能手”、“青年安全监督示范岗”、“我为国家重点工程做贡献”等活动。各企业团组织大胆创新，积极实践，在服务企业创新发展的过程中，不断引导青年建功成才。

1. 2004 年 10 月，中央企业团工委和中铁工程总公司联合举办了“中铁工程总公司青年创新创效成果推介会暨中央企业青年创新创效活动现场观摩会”。国资委副主任王瑞祥、共青团中央书记处书记尔肯江·吐拉洪以及中国铁路工程总公司党委领导同志出席会议并作了重要讲话。会议交流了中铁工程总公司开展创新创效活动的成功经验，介绍了项目化运作、组织联动、成果推广转化等有效的活动方式。现场还举行了创新创效成果论坛、成果现场推介等活动。

2. 深入实施“青工技能振兴计划”，开展“我为国家重点工程做贡献”活动。中央企业团工委紧密围绕国资委职工素质工程的开展，对实施青工技能振兴计划提出工作要求，并根据各企业青年技术等级结构情况，按比例确定了各中央企业 2004 年度青工技能等级提升目标基数，各中央企业团委按照不低于目标基数的原则确定了本企业的年度目标，从上报情况看，已超出团工委确定的目标基数。各级团组织积极参与中央企业职工技能大赛活动的组织工作，认真开展了 2004 年“中国青工技能月”、青工技能培训、职业技能鉴定等活动，为培养造就一支规模宏大、结构合理、素质较高的青年技能人才队伍做出积极贡献。在中央企业职工技能大赛中有93名青年获得"全国技术能手"和"全国青年岗位能手"称号，晋升技师职业资格；有109名青年获得"中央企业技术能手"和"中央企业青年岗位能手"称号，晋升一级职业资格。承担国家重点工程建设任务的企业团组织，按照国资委和团中央的要求，在参加国家重点工程建设的广大团员青年中，围绕创建优质工程、安全工程、文明工程和绿色环保工程，广泛开展了"我为国家重点工程做贡献"活动。在西气东输工程建设中做出突出贡献的34名青年和14个青年集体获团中央、国资委联合颁发的"国家重点工程建设青年贡献奖"。

3. 青年文明号、青年岗位能手、青年安全生产监督示范岗等活动取得新的成绩。在团中央开展的全国青年文明号10周年表彰活动中，中央企业系统的有3个集体和个人获得10年全国文明号活动突出贡献奖，19个集体获得全国青年文明号10年成就奖，49个集体获得活动优秀组织奖，53人获得活动优秀个人奖。经团工委推荐，1人获"全国杰出青年岗位能手"称号、7人获"全国青年岗位能手"称号。经企业团组织推荐，10人获"中央企业杰出青年岗位能手"称号、76人获"中央企业青年岗位能手"称号。

四、适应"走出去"战略要求，吸引优秀人才、提供实践机遇，扩大青年人才的对外交往

1. 在全国人才工作会议召开一周年之际，中央企业团工委和中央企业青联围绕进一步贯彻落实全国人才工作会议精神，推动中央企业实施人才强企战略，承办了由团中央、国务院国资委、全国青联、欧美同学会共同主办的2004海外学人回国创业周——聚焦特大型国有企业活动。活动于12月21日下午在钓鱼台国宾馆隆重举行。48家国有特大型企业的近200名代表和500多名青年海外学人参加了开幕式。国资委党委书记李毅中、副主任王瑞祥及共青团中央书记处书记、全国青联常务副主席胡伟出席开幕式并作了重要讲话。据初步统计，活动当天共签订意向协议67项，其中人才招聘35项，人才合作13项，项目合作17项，资金合作2项。活动在海内外引起强烈反响，香港《文汇报》、《经济日报》分别就此项活动，设专版对国资委副主任王瑞祥同志进行了专访，数十家报纸和500多家国内外知名网站刊载了此次活动的消息。活动加深了海外留学人员对国有特大型企业的认识，坚定了他们回国创业、报效祖国的信心，展示了国有特大型企业海纳百川、广聚人才的信心和气魄，取得了圆满成功。

2. 组织青年专家赴辽宁调兵山市和吉林桦甸市进行经济考察。中央企业青联积极响应党中央、国务院关于实施东北等老工业基地振兴战略的号召，按照团中央、全国青联的有关要求，发挥中央企业青联人才密集、专业技术和管理水平相对较高等优势，紧密结合东北地区的资源禀赋与企业家的专业领域，组织部分青联委员赴辽宁调兵山市和吉林桦甸市进行经济考察活动。通过与政府领导座谈，参观考察企业和合作项目，青联委员为两个地区的全面、协调、可持续发展提供了有价值的意见和建议，成功促成了中旅集团开发桦甸市国家森林公园项目，得到了委领导和团中央领导的书面肯定。

3. 加强青年人才对外交流。2004年3月，中央企业青联单独组团，组织部分青联委员前往欧洲，就西方现代企业人力资源开发状况进行了考察，借鉴了市场经济和发达国家在人才资源开发方面的经验，增长了见识、开阔了视野。2004年5月，中央企业青联组织部分委员与以日本经济同友会日中交流委员会委员长小岛顺彦（三菱商事社长）为团长的日本经济同友会第六次访华团进行了座谈交流。中央企业青联副主席、中国长城计算机集团公司董事长陈肇雄作了"中国企业的发展与展望中日经济合作以及存在的问题”的主旨发言。双方就中国经济形势、中国国有企业的改革与发展、青年经营管理者的培养选拔以及日本企业界如何进一步密切与中国国有企业的合作等问题进行了交流与探讨。双方一致认为，通过座谈大家增进了了解，为今后的合作打下了很好的基础。

五、团的自身建设不断加强

中央企业各级团组织深入开展“五四红旗团委”创建活动，坚持党建带团建，切实加强团的自身建设，为团的各项活动的开展提供坚强的组织保障。各企业团组织积极争取党政领导支持，加强团的制度建设和作风建设，加强团干部和团员队伍建设，进一步优化了团的外部环境，团的自身建设扎实推进。

1. 依托党建带团建，“五四红旗团委”创建活动范围不断扩大。各级团组织积极争取党政领导的支持，通过层层创建，形成了相互促进、整体提高的工作格局。创建单位在基层团组织的覆盖面不断扩大。一些基层团组织结合实际，制定了创建规划，建立了激励机制，基层团建整体水平得到了有效提高。团工委确定了101个基层团委为第四批“中央企业五四红旗团委创建单位”(2004－2006年度)，评比表彰了30个2003年度“中央企业五四红旗团委”，推荐产生了3家“全国五四红旗团委”、4家“全国五四红旗团支部”、20家第五批“全国五四红旗团委创建单位”。“五四红旗团委”创建活动在加强基层团组织自身建设中发挥着越来越显著的作用。

2. 团干部培训工作进一步加强。团工委联合国务院发展研究中心和国家行政学院考试测评中心，举办了首期青年管理人员经济管理高级研修班，来自84家单位的85名团干部参加了为期一周的学习。来自中央党校、国务院发展研究中心、中国人民大学、中国社会科学院的部分专家学者为青年业务骨干讲授了树立科学发展观、完善社会主义市场经济体制、深化国有资产监督管理体制改革、增强企业核心竞争力、实现企业管理信息化、开展企业文化建设等多个方面的课程，开阔了青年视野，提高了青年政策和业务水平，得到了青年业务骨干的普遍欢迎。各级团组织通过多种形式加强团干部培训工作，一些企业将团干部培训纳入企业管理干部培训工作的整体计划中，形成了良好的工作机制；有的企业还组织团干部赴港澳地区或国外进行了学习、培训。2004年，中央企业各级团组织共培训团干部40多万人次。

3. 团的基础工作进一步完善。中央企业团工委严格了团费收缴管理制度，今年，全部中央企业团委上缴了团费，并带动了基层团组织团费收缴工作制度的进一步完善。为了更好地让团干部了解中央企业共青团和青联工作的情况，增进相互交流、推动工作开展，团工委将原来的《中企团讯》和《中央企业青联通讯》两刊合并为《中央企业青年通讯》，增强了青年刊物的指导作用。

附　　录

2004 年工作大事记

2004 年工作大事记

1 月 1 日　周强、赵勇出席全国政协举行的新年茶话会。

1 月 2 日　周强、赵勇、杨岳、尔肯江·吐拉洪出席共青团全国青年中心建设工作领导小组第一次全体会议。

1 月 3 日　全国青联九届八次主席会议在云南昆明市召开。会议审议通过了全国青联九届五次常委会有关议程。赵勇主持会议，全国青联副主席陈章良、陈肇雄、吉狄马加、邱晓华、秦文贵、夏敬源、李杨、冯巩、张继禹、杨慧珠、黄英豪、霍震宇、黄树森、申跃出席。

1 月 3 日—4 日　中国青年科技工作者协会与中国材料研究学会等在浙江台州市共同举办“首届中国高校材料院长论坛暨新材料产业化交流会”。来自国内外高等院校、科研院所、材料企业、科技部门的 300 余名代表参加了会议。

1 月 4 日　全国青联九届五次常委会(扩大)会议在云南昆明市召开。中共中央政治局委员王兆国出席会议并发表重要讲话。周强，中共云南省委书记白恩培、副书记丹增出席会议。孙金龙出席会议并卸任全国青联主席职务。会议改选赵勇为全国青联主席，胡伟为全国青联常务副主席，杨岳、尔肯江·吐拉洪为全国青联副主席，增选张庆伟、黄松有、刘志强为全国青联副主席，增补了 23 名常委和 191 名委员。赵勇在会上作工作报告。会议总结了全国青联 2003 年工作，研究部署了 2004 年工作。

1 月 4 日　中共中央政治局委员王兆国在昆明市与第 14 届“中国十大杰出青年”座谈并发表重要讲话。第 14 届“中国十大杰出青年”获得者杨利伟、水均益、陈薇、张积慧、王伟斌、朱准平、和志刚、荣毅超、高翔在座谈会上分别发言。周强主持，中共云南省委书记白恩培、副书记丹增，赵勇、胡伟、杨岳、尔肯江·吐拉洪，中共云南省委常委、秘书长杨应楠等出席。当晚，第 14 届“中国十大杰出青年”颁奖晚会在昆明市举行。王兆国为荣获第 14 届“中国十大杰出青年”称号的杨利伟等颁奖。周强、白恩培、赵勇、胡伟、杨岳、尔肯江·吐拉洪及有关负责同志出席。

1 月 5 日　周强陪同中共中央政治局委员王兆国在云南昆明市贡县斗南镇考察工作。

1 月 5 日　第 14 届“中国十大杰出青年”事迹报告会在云南昆明市举行。中共云南省委副书记丹增，胡伟，中共云南省委常委、昆明市委书记杨崇勇等出席。杨利伟、水均益、和志刚、张积慧四位杰出青年为昆明的各界青年代表 1200 多人作报告。

1 月 6 日　胡伟会见应中国国际交流协会邀请来访的以总书记、政府合作社部部长泰乌少将为团长的缅甸联邦巩固与发展协会代表团。

1 月 7 日　周强出席中央国家机关共青团工作会议并讲话。

1 月 7 日—18 日　赵勇率领中国青年代表团出访埃及、肯尼亚和总部位于肯尼亚首都内罗毕的联合国环境规划署。期间,埃及总理阿蒂夫·奥贝德、肯尼亚副总统穆迪·阿沃里、联合国副秘书长兼环境规划署执行主任克劳斯·托普菲尔分别会见代表团。

1月8日　全国青联中华青年交流中心成立暨建立海峡两岸青年交流基金仪式在北京举行。周强出席并致辞,胡伟出席。

1月9日　中共中央政治局常委、中央政法委书记罗干,中共中央政治局委员、中央书记处书记周永康,全国人大常委会副委员长顾秀莲,最高人民法院院长肖扬,最高人民检察院检察长贾春旺,周强、杨岳和有关部委负责同志在北京人民大会堂接见了第四届"中国杰出(优秀)青年卫士"代表。

1月9日　周强出席中央综治委2004年第一次全体会议。

1月9日　团中央统战部、中组部知工办联合举办"博士服务团座谈联谊活动"。胡伟出席并讲话。在京的博士服务团部分成员、派出单位干部(人事)司局负责人100余人参加。

1月10日　第四届"十大杰出(优秀)青年卫士"表彰大会在北京人民大会堂举行。全国人大常委会副委员长顾秀莲出席并讲话。周强主持,杨岳和有关部委负责同志出席。

1月10日　共青团全国社区和权益工作会议在北京召开。杨岳出席并讲话。

1月12日　周强参加中纪委第三次全体会议。

1月12日　由"我们的文明"主题系列活动组委会联合110家网站发起举办的"纪念毛泽东诞辰110周年"系列主题活动落下帷幕。此次活动的专题网站访问量突破500万人次,收到留言5万多条,4万多人参加了"学习伟人毛泽东"知识竞答,社会各界反响强烈,取得了良好的社会效果。

1月13日　希望工程——金龙鱼农民工子女助学基金暨希望工程助学进城计划启动仪式在北京举行,嘉里粮油(中国)有限公司向中国青少年发展基金会捐赠5000万元人民币专门资助农民工子女读书。周强出席仪式并讲话。

1月14日　周强主持召开团中央书记处会议,传达学习中央政治局常委会2004年工作要点、中央纪委第三次全体会议精神、全国宗教工作会议精神、全国贯彻实施行政许可法工作会议精神,结合共青团和青年工作实际,研究贯彻落实措施。会议认为,胡锦涛总书记在中央纪委第三次全体会议上的重要讲话以邓小平理论和"三个代表"重要思想为指导,从实现全面建设小康社会宏伟目标的战略高度,紧密联系加强和改进党和国家的各项工作,深刻阐述了新形势下大力弘扬求真务实精神、大兴求真务实之风的极端重要性。对建立健全教育、制度、监督并重的惩治和预防腐败体系,深入推进反腐倡廉工作提出了明确要求。胡锦涛总书记的重要讲话,高屋建瓴,内容丰富,是加强党的作风建设和深入开展反腐倡廉工作的纲领性文件。讲话不仅对进一步改进党员干部作风,全党深入开展廉政建设和反腐败斗争,全面推进党的建设新的伟大工程具有重大的现实意义和深远的历史意义,而且对共青团组织加强作风建设和队伍建设,增强团干部的责任感和使命感,努力做党放心、青年满意的团干部也具有重要意义。会议要求,各级团组织要认真学习贯彻胡锦涛总书记的重要讲话精神,在全团大力弘扬求真务实精神,大兴求真务实之风。要讲实话、出实招、办实事、务实效,一步一个脚印地把工作做实、做深、做细。要更加自觉地把竭诚服务青年作为一切工作的出发点和落脚点,把青年欢迎不欢迎、高兴不高兴、满意不满意,作为检验我们工作成效的重要标准,努力为青年诚心诚意办实事,尽心竭力解难事,坚持不懈做好事。要进一步加强和完善团的机制建设,为全团始终做到求真务实提供保障。广大团干部要努力锤炼求真务实的良好作风,始终保持清正廉洁,树立正确的权利观、地位观、利益观，永葆蓬勃朝气、昂扬锐气和浩然正气。

1 月 14 日　共青团中央、全国学联、团北京市委共同举办 2004 年首都高校留京学生新春联欢会。杨岳出席并讲话。

1 月 15 日　团中央机关召开 2003 年度总结表彰大会。周强在会议上强调，各级团组织要认真学习贯彻胡锦涛总书记在中央纪委第三次全体会议上的重要讲话精神，大力弘扬求真务实精神，大兴求真务实之风。他指出，共青团组织要求真务实，从服务大局来讲，就是要“求”社会主义建设规律、人类社会发展规律和共产党执政规律之“真”，“务”服务党政工作大局和党的中心任务之“实”，团结带领广大团员青年为中国特色社会主义事业而奋斗。从服务青年的角度来讲，就是要“求”青年工作规律之“真”，“务”服务青年、教育青年之“实”，把握青年工作规律，更好地服务青年，更好地教育青年。从自身建设的角度来讲，就是要“求”团的建设规律之“真”，“务”团干部队伍建设之“实”，狠抓团的干部队伍建设，狠抓自身建设。周强还对团干部如何贯彻落实胡锦涛总书记重要讲话精神提出了具体要求。他指出，要勤奋学习，不断进步，始终保持学习的状态，跟上时代前进的步伐。要踏实做事，把共青团岗位作为一个学习的岗位、锻炼的岗位、奉献的岗位，做好每一件事情，推动共青团事业不断向前发展。要坚守原则，做老实人，说老实话，办老实事，把奉献作为人生的一种追求，在奉献中提升自己的思想境界。要打好基本功，在共青团岗位上不断提高办事办文的能力，养成好的机关工作作风，打下一个很好的基本功，为今后的成长奠定坚实的基础。

1 月 16 日　团中央直属机关党委下发《关于组织党员职工认真学习贯彻胡锦涛总书记在中央纪律检查委员会第三次全体会议上的重要讲话的通知》。通知要求直属机关各级党组织高度重视，提高认识，联系直属机关实际，围绕大力弘扬求真务实精神、大兴求真务实之风，通过集中学习、座谈会、辅导报告等行之有效的形式，迅速组织广大党员职工认真学习领会胡锦涛总书记的重要讲话精神。

1 月 19 日　周强出席首都各界在北京人民大会堂举行的江泽民同志《为促进祖国统一大业的完成而继续奋斗》重要讲话发表九周年座谈会并发言。

1 月 30 日　《中国青年报》发表题为《在全团大力弘扬求真务实精神，大兴求真务实之风》的评论员文章。文章号召各级团组织和广大团干部认真学习贯彻胡锦涛总书记的重要讲话精神，充分认识求真务实的极端重要性，在全团大力弘扬求真务实精神，大兴求真务实之风，扎实推进新形势下的共青团工作。文章指出，在全团大力弘扬求真务实精神，大兴求真务实之风，最重要的是付诸实践，见诸行动，取得实效；要始终做到密切联系青年、竭诚服务青年；要适应完善社会主义市场经济体制的要求，进一步加强团的机制建设，为始终做到求真务实提供制度保障；广大团干部要铭记“两个务必”，自觉践行“三个代表”重要思想，切实加强作风建设，带头做大力弘扬求真务实精神、大兴求真务实之风的表率。

2 月 1 日　中国青少年研究中心举行大型彩色画册《中国少年儿童美术书法摄影作品》（第六卷）首发式。全国人大常委会副委员长何鲁丽出席，杨岳出席并讲话。

2 月 2 日　第二届全国青少年英语口语大赛总决赛颁奖大会在北京人民大会堂举行。全国政协副主席周铁农、杨岳出席。

2 月 3 日　首届中国少年儿童艺术节颁奖暨闭幕式晚会在北京人民大会堂举行。全国政协副主席李蒙、杨岳出席。

2 月 4 日　为纪念邓颖超同志诞辰 100 周年，由共青团中央、中央文献研究室主办的网上“邓颖超纪念馆”正式开通。

2 月 5 日　周强会见并宴请英国诺丁汉大

学副校长高岩教授一行，就合作办学事宜交换意见。

2月6日 共青团中央下发《关于动员组织广大团员青年参与做好高致病性禽流感防治工作的通知》，要求各级团组织进一步采取措施，贯彻党中央、国务院的部署，在各级党政的统一领导下，积极配合有关部门，认真做好高致病性禽流感防治工作。

2月9日 2004年全国保护母亲河行动春季工作协调会在北京举行。尔肯江·吐拉洪出席并讲话。12个省（区、市）团委的青农部长参加会议。

2月9日—11日 共青团中央召开工作会议，深入学习贯彻党的十六大、十六届三中全会精神，深入学习贯彻胡锦涛总书记在同团中央新一届领导班子成员和团十五大部分代表座谈时的重要讲话和在中纪委第三次全体会议上的重要讲话精神，以"三个代表"重要思想为指导，按照团十五大的要求，研究采取切实措施，求真务实，狠抓落实，开拓创新，不断开创团的工作新局面。会议强调，大力弘扬求真务实精神、大兴求真务实之风，是推进党和国家各项工作的一个十分重要而又具有基础性、根本性意义的重大问题，也是共青团完成党交给的光荣任务、团结带领广大团员青年为实现全面建设小康社会而奋斗的根本保证。党中央为新世纪新阶段的共青团工作指明了方向，团十五大对今后5年团的工作作出了全面部署，现在关键是狠抓落实，把各项工作任务落到实处。能否狠抓落实是衡量我们做好工作的重要标准。要以"三个代表"重要思想为统揽，以求真务实的精神，扎扎实实的工作态度，出实招、办实事、务实效，做好2004年工作，推动团的事业不断向前发展。会议提出，各级团组织和广大团干部要认清形势，进一步增强服务大局的意识，更加自觉地服务大局；要抓住机遇，深刻把握新形势对共青团工作的新要求，乘势而上推进团的工作；要加强协调，形成合力，壮大团的事业；要加强管理，夯实基础，为团的事业发展提供坚强保障；要求真务实，狠抓落实，切实做好各项工作。周强在会上讲话，要求在全团大力弘扬求真务实精神，大兴求真务实之风，埋头苦干，脚踏实地，开拓进取，推动团的事业不断实现新发展。会议对有关工作进行了专题研究和部署。赵勇、胡伟、杨岳、尔肯江·吐拉洪、王晓、张晓兰出席会议，团中央机关各部门负责同志、各直属单位主要负责同志参加会议。

2月12日 周强会见韩国前驻华大使权丙铉一行。

2月13日 中央综治委预防青少年违法犯罪工作领导小组召开2004年第一次全体会议。全国人大常委会副委员长、领导小组组长顾秀莲出席并讲话。周强主持，杨岳作工作汇报。领导小组成员单位有关负责同志出席会议。

2月13日 由教育部、共青团中央举办的第七届全国"三好学生"、优秀学生干部、先进班集体评选揭晓。共有184名学生被评为全国"三好学生"，112名学生被评为全国优秀学生干部，196个班集体被评为全国先进班集体。

2月16日—22日 周强参加中共中央举办的省部级主要领导干部"树立和落实科学发展观"专题研究班。

2月17日 周强、杨岳分别陪同中共中央政治局委员王兆国、国务委员唐家璇会见应全国青联邀请来访的以日本前首相、日本日中青年研修协会会长羽田孜为团长的日本日中青年研修协会代表团。当晚，周强、杨岳陪同王兆国同志宴请该团。

2月18日 共青团中央下发《关于开展团属青少年活动场所安全检查和专项治理工作的通知》，决定集中3个月时间对团属青少年活动场所进行安全检查和专项治理。

2月18日 全国工商联、共青团中央联合发出通知，决定在全国高等院校开展"中国民营企业家创业论坛”活动。活动的主题是“创业精神与实践”，旨在通过民营企业家到高等院校，以对话等形式，交流对就业、创业、职业的看法，增加大学生们对社会、经济生活、职业生涯和创业的理性认识。

2 月 20 日 中国青少年研究中心和中国教育报刊社在北京人民大会堂联合举办全国首部安全教育电影《关爱明天》首映式暨拷贝赠送仪式。张晓兰出席。

2 月 23 日 周强参加中央政治局集体学习讲座。

2 月 23 日 文化部、国家工商行政管理总局、中央文明办、共青团中央等部委联合发出通知，决定于 2 月至 8 月，在全国开展网吧等互联网上网服务营业场所专项整治工作。团中央社区和维护青少年权益部近期启动“青少年网络文明行动”，广泛开展青少年网络文明教育，深化“安全放心网吧”创建活动，加强社会监督，教育引导未成年人自觉远离网吧，为青少年健康成长营造良好的网络环境。

2 月 23 日 共青团中央印发《推行中国青年卡试点工作方案》，决定用一年左右时间在北京、上海、江苏、浙江、湖北、青岛和深圳等地进行中国青年卡推行试点工作。

2 月 24 日—25 日 全国青年外事工作培训班在北京举办。来自各省（区、市）的共 60 名青年外事干部参加培训。培训班学习了团十五届二中全会精神，通报了 2004 年团中央重点外事活动以及需要地方团组织协助完成的国际合作项目，听取了各地对青年外事工作的意见及建议，并进行了专题业务培训。期间，胡伟、尔肯江·吐拉洪出席有关活动。

2 月 25 日 胡伟会见并宴请以古巴共产主义青年联盟全国局成员玛达伊·伊格蕾西亚斯·佩雷斯为团长的古巴共产主义青年联盟代表团一行。

2 月 26 日 中国青年企业家协会 MBA 委员会成立会议暨“MBA 与青年企业家成长”座谈会在北京举行。王晓出席并讲话。

2 月 26 日—27 日 全国高校共青团服务大学生就业创业工作会议在湖北武汉市召开。会议交流、研讨了高校共青团在服务大学生就业、创业方面的工作经验、工作内容和重点项目，并安排部署 2004 年度共青团学校战线的工作。杨岳出席并讲话。来自全国 31 个省（区、市）的团委分管书记、学校部部长，部分重点高校的团委书记参加。

2 月 27 日 第五届中国青年志愿者行动评选表彰活动评审会议在北京召开。会议投票选出了第五届“中国十大杰出青年志愿者”和“中国十大杰出青年志愿服务集体”，对“中国百个优秀青年志愿者”、“中国百个优秀青年志愿服务集体”等奖项进行了审定。赵勇主持会议。全国人大常委会委员、全国人大内司委副主任委员刘珩，全国政协教科文卫体委员会副主任委员傅庚辰出席。

2 月 29 日 周强在江苏南京市六合区葛塘镇就农村青年中心工作调研，在丹阳市、镇江市就农村青年转移就业工作调研。

2 月 29 日—3 月 1 日 全国促进农村青年转移就业工作会议在江苏南京市召开。周强、尔肯江·吐拉洪，中共江苏省委副书记冯敏刚出席会议并分别讲话，江苏省副省长黄莉新等出席会议。

3 月 1 日 赵勇会见来访的美国国际商用机器公司（IBM）副总裁兼基金会主席 Stanley Litow 先生一行。

3 月 1 日 中宣部、中央文明办、共青团中央、教育部、全国少工委在全国各地开展“民族精神代代传”全队统一行动日活动。活动以弘扬和培育民族精神为主题，以体验教育活动为载体，教育引导少年儿童以少先队中队、小队的组织形式开展以“中国了不起、中国人了不起、做个了不起的中国人”为主要内容的“三个了不起”系列活动。

3 月 2 日 周强在江苏扬州市就团的工作

调研。

3月2日—6日　应共青团中央邀请,以第一书记金景浩为团长的朝鲜金日成社会主义青年同盟代表团访华。中共中央政治局委员王兆国会见代表团,周强、胡伟参加。

3月3日　为纪念毛泽东等老一辈革命家号召"向雷锋同志学习"的题词发表41周年,由"我们的文明"主题系列活动组委会主办的第二届"学习雷锋"有奖知识竞答活动正式开始。

3月3日—12日　赵勇、胡伟参加全国政协十届二次会议。

3月4日　中国法学会青少年法律研究会举行常务理事会。周强、中国法学会副会长刘飏出席并分别讲话,杨岳主持会议。

3月7日　周强、中组部副部长沈跃跃听取全国政协十届二次会议共青团、青联界别关于《政府工作报告(草案)》的小组讨论。

3月7日　周强主持召开团中央书记处扩大会议,传达学习中央领导同志指示精神,研究部署维护高校学生稳定工作。

3月8日　周强会见以日本冲绳振兴开发金融公库理事玉城一夫为团长的日本青年代表团。

3月8日　胡伟以日本前防卫厅长官、自民党前众议院议员爱知和男为团长、自民党前众议院议员户冢进也为秘书长的日本"日中友好老议员访华团"。

3月9日　共青团中央召开全国青年就业和再就业工作领导小组2004年第一次全体会议。会议传达学习了近期中央领导同志关于就业和再就业工作的批示精神和国务院再就业工作部际联席会议第六次全体会议精神,总结2003年工作并对2004年工作进行部署。周强出席并讲话,赵勇、杨岳、王晓、张晓兰出席。领导小组成员单位负责同志和联络员参加。

3月9日　全国保护母亲河行动领导小组在北京举行"请跟我来、天天环保"活动启动仪式。杨岳出席并讲话。

3月9日　共青团中央、国务院三峡建设委员会办公室、国家环保总局在重庆联合举行"美化新三峡,保护母亲河"活动启动仪式。来自湖北、重庆、四川、云南、西藏、青海6地的青少年代表签署了《保护母亲河(长江)公约》,并自带土样、水样、树苗种植了纪念林。尔肯江·吐拉洪出席并讲话,国务院三峡建设委员会办公室副主任卢纯、中共重庆市委副书记滕久明出席。

3月12日　胡伟会见以韩国文化观光部青少年支援课事务官杨柄福为团长的韩国青年工作者代表团。

3月12日　团中央青农部在江西瑞金市举行2004年保护母亲河工程安利林建设全国启动仪式。尔肯江·吐拉洪出席并讲话。

3月13日　周强召集机关有关部门负责同志传达学习中央领导有关批示精神,研究部署高校学生稳定工作。

3月13日　团中央社区和维护青少年权益部、团北京市委在司法部燕城监狱开展帮教活动,赠送图书2000册。中央民族大学大学生艺术团举行了"真情互动、爱心无限"文艺演出。

3月14日　胡伟宴请以理事长古谷真一郎为团长的日本东京青年会议所绿化合作代表团。

3月14日—19日　应全国青联的邀请,以全国青联副主席黄树森为团长的澳门中华总商会青年委员会访问团一行20人访问了浙江和北京。胡伟宴请访问团。

3月15日　胡伟陪同全国政协副主席徐匡迪会见以日本东京青年会议所理事长古谷真一朗为团长、以东京JC日中友好之会会长田中常雅为名誉团长的日本东京青年会议所代表团。

3月15日　共青团中央、文化部印发《关于表彰"全国先进青少年宫"、"全国青少年宫优秀教师”和“全国青少年宫优秀工作者”的决定》，授予北京市青年宫等100个单位“全国先进青少年宫”称号，授予潘青禾等200名同志“全国青少年宫优秀教师”称号，授予张其军等100名同志“全国青少年宫优秀工作者”称号。

3月18日 周强先后两次主持召开团中央书记处扩大会议，传达学习中共中央政治局委员王兆国17日、18日三次指示精神，就贯彻落实指示精神，进一步做好高校学生思想政治工作进行部署。会议要求各级团组织要高度重视，自觉增强大局意识和政治意识；要把广大青年和青年学生的思想统一到中央对台工作的一系列方针和政策上来；要正确引导广大青年和青年学生反对“台独”、维护祖国统一的爱国热情；要始终牢牢把握正确的舆论导向；要加强值班和信息反馈，保证信息畅通；要做好应对突发事件的预案，全力维护高校和社会稳定。

3月19日 共青团中央加强未成年人思想道德建设领导小组（扩大）会议在北京召开。会议学习了《中共中央国务院关于进一步加强和改进未成年人思想道德建设的若干意见》，就共青团和少先队如何学习好、宣传好、贯彻好《意见》进行了研究部署。赵勇主持会议，杨岳、张晓兰出席。

3月19日 团中央直属机关党委召开机关各部门、各直属单位党支部负责人会议。会议传达学习了中办通知精神和中共中央政治局委员王兆国指示精神。杨岳主持会议。

3月20日 团中央书记处全体同志、机关各部门负责同志在机关值班。

3月20日 共青团中央、中央综治委预防青少年违法犯罪工作领导小组办公室、全国学联、全国少工委在全国启动实施“青少年网络文明行动”。该活动旨在教育引导青少年养成健康文明的网络生活方式，动员组织社会力量加强对网吧的监督，教育网吧经营业主、未成年人及其监护人自觉遵守《互联网上网服务营业场所管理条例》中关于禁止未成年人进入网吧等有关规定，积极为青少年健康成长营造良好的网络环境。文化部党组成员、中纪委驻文化部纪检组组长常克仁，杨岳在北京海淀区双榆树街道出席了“安全文明上网、自觉远离网吧”主题宣传教育活动。

3月22日 周强主持召开团中央书记处会议，总结近期贯彻中央指示精神维护高校稳定工作，研究部署下一阶段工作任务。

3月22日 中宣部宣教局、中国文化扶贫委员会、文化部社图司、新闻出版总署发行司、团中央青农部、中央人民广播电台、农民日报社、中国文化报社等单位在北京举行“‘亚农杯’弘扬民族精神、建设小康社会”全国农民读书征文活动颁奖仪式。全国人大常委会副委员长许嘉璐、全国政协副主席周铁农、王晓出席。

3月23日 共青团中央、全国少工委召开学习贯彻《中共中央国务院关于进一步加强和改进未成年人思想道德建设的若干意见》座谈会。周强出席并讲话。他指出，《意见》体现了“三个代表”重要思想和我们党对未成年人思想道德建设工作的一贯要求，反映了全国人民的共同愿望。《意见》在总结多年来未成年人思想道德建设成功经验的基础上，把握规律性，体现时代性，富有创造性，对进一步推动未成年人思想道德建设、培养和造就中国特色社会主义事业的合格建设者和接班人、全面建设小康社会和实现中华民族的伟大复兴，都将产生重大而深远的影响。周强要求各级共青团少先队组织要坚持以人为本的指导思想，贴近实际、贴近生活、贴近未成年人，发挥团队组织优势，坚持实践育人，创新工作方式。要在未成年人思想道德教育中汲取中华民族优良传统的丰富营养。要继续深化“手拉手”、“中国少年雏鹰行动”等富有成效的道德实践活动。要为未成年人提供丰富的精神食粮，团属新闻出版单位要创作编辑未成年人喜爱的读物和作品。要加强未成年人教育阵地建设，团属青少年宫等单位要把社会效益放在首位。要深入开展创建“优秀青少年维权岗”活动，切实维护未成年人合法权益。赵勇主持会议，杨岳、张晓兰及有关部门负责同志出席。共青团员、少先队员、共青团和少先队工作者、青少年工作专家和新闻出版、科研机构、校外教育机构等单位的代表交流了学习贯彻《意见》的体会。

3月24日 共青团中央、水利部、国家环保总局、国家林业局在湖北十堰市举行“共饮丹江水，保护母亲河”活动启动仪式。尔肯江·吐拉洪、水利部长江水利委员会主任蔡其华、湖北省副省长蒋大国以及全国保护母亲河行动领导小组、国家林业局等有关部门负责人参加活动。

3月24日 团中央青工部、中国就业培训技术指导中心在北京举办首届“全国共青团系统SYB师资培训班”。来自全国部分省（市）青年创业培训基地的26名教师参加培训。

3月24日 《中国青年报》发表社论《一切为了未成年人健康成长》。社论指出，《中共中央国务院关于进一步加强和改进未成年人思想道德建设的若干意见》以“三个代表”重要思想为指导，贯彻党的十六大精神，就新形势下进一步加强和改进未成年人思想道德建设作出了重大部署，是新世纪新阶段全面提高未成年人思想道德素质的纲领性文件。《意见》的颁布实施，对于进一步明确加强和改进未成年人思想道德建设的指导思想、基本原则和主要任务，增强紧迫感和使命感，努力开创未成年人思想道德建设工作的新局面具有重大的指导意义。社论指出，加强和改进未成年人思想道德建设，就要按照《意见》的要求，坚持以人为本，遵循未成年人的成长规律和教育规律，一切为了未成年人的健康成长。共青团少先队组织要弘扬求真务实精神，发挥自身优势，积极探索新时期新阶段未成年人思想道德建设的规律，重点解决影响未成年人思想道德建设的突出问题。要深入实际，深入未成年人中调查研究，在党委、政府的领导下，联合社会各个方面的力量，从全社会关心的热点难点问题入手，采取更加有力的措施，一个一个加以认真解决，把进一步加强和改进未成年人思想道德建设落到实处。

3月25日 共青团中央召开大学生志愿服务西部计划领导小组办公会议，总结2003年工作，部署2004年工作。周强、胡伟、王晓、张晓兰出席并分别讲话，赵勇主持。

3月25日 共青团中央在北京召开深入实施“中国青少年新世纪读书计划”座谈会。任继愈、邵华泽等专家学者和有关方面负责同志就如何引导青少年勤奋学习、提高综合素质进行了研讨。周强出席并讲话，赵勇主持。

3月25日 周强会见并宴请日本宝塚狮子会俱乐部绿化代表团一行。胡伟参加。

3月26日 周强主持召开团中央书记处扩大会议，传达学习中办国办通知和中共中央政治局委员王兆国重要批示精神，对当前维护稳定工作作出进一步部署。

3月26日 全国青联国际项目合作中心在北京延庆县举行“保护母亲河——中日青年生态绿化示范林”项目启动仪式。胡伟出席并参加义务植树。

3月27日 周强、尔肯江·吐拉洪参加由全国绿化委员会、中共中央直属机关绿化委员会、中央国家机关绿化委员会、首都绿化委员会联合举办的“建绿色家园——共和国部长义务植树”活动。

3月28日 中国青少年发展基金会举行嘉里粮油与农民工子女受助学生北京会亲暨嘉里粮油与合作伙伴携手推进“希望工程——金龙鱼农民工子女助学行动”仪式。尔肯江·吐拉洪出席并讲话。

3月29日 共青团中央、全国少工委、教育部、公安部、中国残联、北京市人民政府在北京市育才学校举办2004年全国中小学生“安全教育日”主题活动暨“中国少年儿童平安行动”启动仪式，号召广大少年儿童学习自护本领，提高自护能力，并呼吁全社会共同努力，为少年儿童营造良好的学习生活环境。教育部部长周济、张晓兰出席并讲话，北京市副市长范伯元出席。

3 月 29 日　中央综治委预防青少年违法犯罪工作领导小组办公室召开青少年违法犯罪形势分析及对策研讨会。杨岳出席。

3 月 29 日　胡伟在上海出席中国青年创业国际计划临时理事会第一次会议、英国帕台农基金会和青年创业国际计划向中国青年创业国际计划捐款暨中国青年创业国际计划上海办公室成立仪式。

3 月 29 日　中国青少年发展基金会在北京举行“首届全国希望小学运动会”启动暨红蜻蜓集团捐款冠名仪式。尔肯江·吐拉洪出席。

3 月 29 日—4 月 1 日　周强在四川成都市、广安市就团的工作调研。

3 月 30 日　由团中央宣传部、中国青年杂志社主办的“2003 光明·中国青年年度人物”评选活动在北京揭晓。

3 月 30 日　共青团中央、全国少工委发出《关于学习贯彻〈中共中央国务院关于进一步加强和改进未成年人思想道德建设的若干意见〉的通知》，要求共青团和少先队组织要以“三个代表”重要思想为指导，按照党对未成年人思想道德建设工作的要求，坚持以人为本，针对未成年人的特点，积极探索新世纪新阶段未成年人思想道德建设的规律。要坚持实践育人的优良传统和基本经验，以体验教育为基本途径，广泛深入开展道德实践活动，把服务未成年人的具体工作落实到基层，努力开创未成年人思想道德建设的新局面。

3 月 30 日—31 日　共青团中央在四川成都市召开共青团全国青年人才工作会议，深入学习贯彻全国人才工作会议精神，研究部署当前和今后一个时期共青团青年人才工作。周强、中共四川省委书记张学忠出席并分别讲话，胡伟作总结讲话。周强在讲话中强调，做好新形势下的青年人才工作，必须始终坚持以科学理论为指导，把握青年人才工作的正确方向；围绕大局，服务经济社会发展；以人为本，促进青年全面发展；发挥实践育人优势，引导青年在实践中成长成才；以创新为动力，以机制为保障。我们必须充分认识青年人才工作面临的新形势，深入研究人才国际化的发展趋势带来的机遇和挑战，不断满足经济社会发展对青年人才工作提出的更高要求，站在全局和战略的高度，统筹好发展这个“第一要务”与人才这个“第一资源”，努力培养造就能够顺应时代发展、具有开拓创新能力的宏大的青年人才队伍，开创共青团青年人才工作的新局面。他要求，新时期共青团青年人才工作，要以邓小平理论和“三个代表”重要思想为指导，深入贯彻党的十六大精神和全国人才工作会议精神，按照人才强国的战略和党管人才的原则，以服务经济社会发展和青年全面发展为根本出发点，以青年人才资源能力建设为核心，大力实施青年人才开发计划，紧紧抓住培养、凝聚、举荐、配置 4 个环节，培养造就青年人才大军，优化青年人才配置，促进青年人才脱颖而出，努力把各类青年人才集聚到党和国家的各项事业中来，为全面建设小康社会提供有力的人才保障和智力支持。中共四川省委常委、秘书长郭永祥，四川省副省长柯尊平出席。团中央机关有关部门和部分直属单位负责同志，各省级团委主要负责同志、组织部长和统战部长参加。

3 月 31 日　全国少工委向全国少先队大队、中队辅导员发出倡议，号召全国大队、中队少先队辅导员做少年儿童人生追求的引领者，做少年儿童实践体验的组织者，做少年儿童健康成长的服务者，做少年儿童良好成长氛围的营造者，做少年儿童合法权益的维护者。

4月1日　赵勇出席中共中央政治局委员、中宣部部长刘云山主持召开的学习贯彻落实《中共中央国务院关于加强和改进未成年人思想道德建设的若干意见》座谈会并发言。

4月1日　全国少工委在北京市安民小学举办全国城市少年儿童与进城务工就业农民子女“手拉手”活动启动仪式，号召各级少先队组织以“同在一片蓝天下，手拉手共同成长”为主题，组织城市少先队员与进城务工就业农民子女互助互学，团结友爱，共同进步，配合教育行政部门做好进城务工就业农民子女义务教育工作。全国文化扶贫委员会主任徐惟诚出席，张晓兰出席并讲话。

4月1日　“我们的文明”主题系列活动组委会倡议并联合国内外千家中文网站启动“网上祭英烈，共铸中华魂”清明公祭活动和“我心中的中华英雄”网上征文活动。清明节期间，超过800万次的互联网用户参加了网上公祭活动，以网上献花的方式，向为国牺牲的革命先烈和人民楷模表达缅怀和崇敬之情。

4月2日　全国大学生志愿服务西部计划领导小组2004年第一次会议在北京召开。会议总结了去年工作，研究部署了今年工作。周强主持会议并讲话，教育部部长周济、副部长袁贵仁，赵勇出席并讲话，教育部、财政部、人事部有关部门负责同志参加。

4月2日　团中央学校部、卫生部疾控司、教育部社政司、中国青年报社启动“心理阳光工程”，呼吁公众关注青少年的心理健康和精神卫生问题。活动主要包括“认知行动”、“专家行动”、“走进校园行动”、“救助行动”等分阶段主题工作。

4月3日　团中央社区和维护青少年权益部、团北京市委在北京东城区和平里街道青年中心举行全国“心手相连——社区志愿者与未成年人结对活动”启动仪式。杨岳出席。

4月4日　共青团中央在全国中学生中开展“缅怀革命先烈弘扬民族精神”主题团日活动。杨岳出席在北京的活动。

4月4日—6日　共青团中央、全国青联在浙江长兴县举办“青年专家长兴行”科技服务活动。

4月5日　团中央宣传部、全国青少年宫协会在北京召开团属青少年宫主任座谈会，学习贯彻《中共中央国务院关于进一步加强和改进未成年人思想道德建设的若干意见》，总结青少年宫系统在未成人思想道德建设方面取得的成绩和经验，研究部署今后一段时期青少年宫在加强和改进未成年人思想道德建设方面的工作。赵勇出席并讲话。

4月5日—8日　周强在黑龙江牡丹江市、哈尔滨市、大庆市就团的工作调研。

4月6日—7日　“青年企业家东北行——黑龙江经贸考察活动”在黑龙江哈尔滨市、大庆市举行。周强、中共黑龙江省委书记宋法棠出席开幕式并分别讲话，中共黑龙江省委副书记周同战，省委常委、秘书长张秋阳，副省长王利民等出席开幕式，王晓主持。中国青年企业家协会会员160余人参加活动。在为期2天的活动中，签订了2.725亿元的合同，并达成了一批合作意向。

4月8日　全国大学生志愿服务西部计划项目办在北京举办“2004年大学生志愿服务西部计划网络管理员培训班”。全国31个省（区、市）及新疆生产建设兵团项目办同志参加培训。

4月8日—9日　全国“青工技能振兴计划”推进会议在黑龙江大庆市召开。周强、中共黑龙江省委副书记周同战、王晓出席并分别讲话。各省级团委分管负责同志、青工部长和100家“青工技能振兴计划”试点企业团委书记参加。会议提出，今后5年内培养青年高级工40万名，青年技师7万名，青年高级技师3万名，使参加计划的青年技术工人的技能水平在现有基础上提高一个技术等级。会议期间，与会代表学习观摩了黑龙江实施“青工技能振兴计划”的典型做法和经验。

4月9日 共青团中央召开大学生志愿服务西部计划服务省团委书记座谈会，总结2003年工作，对2004年工作进行研究部署。周强出席并讲话，赵勇主持。会上，各省团委负责同志就本省西部计划全国项目、地方项目的组织实施情况和今年的工作安排进行了交流。

4月9日 周强会见并宴请以新加坡人民行动党中央执委、政府环境发展部部长林瑞生为团长的新加坡人民行动党代表团，双方就中新青年交流事宜交换意见。胡伟参加会见。

4月9日 胡伟会见并宴请以英国威尔士联系青年机构主席叶翁妮·博格斯为团长的英国联系青年机构代表团。

4月10日 共青团中央在浙江湖州市举办“长三角地区青少年环太湖生态环保行动”启动仪式。尔肯江·吐拉洪出席。3000余名来自浙江、上海、江苏的青少年环保志愿者参加。

4月10日 中国青年国际人才交流中心在重庆举办日本经团联重庆长寿环保造林项目揭牌仪式。张晓兰出席。

4月12日 共青团中央、教育部在清华大学大礼堂举办话剧《托起明天的太阳》专场汇报演出。国务委员陈至立出席观看并接见大学生志愿者代表。周强，教育部部长周济，国务院副秘书长陈进玉，赵勇、杨岳，人事部副部长侯建良，国务院西部办副主任段应碧，清华大学校长顾秉林、党委书记陈希，复旦大学党委书记秦绍德出席。

4月12日 周强、杨岳出席全国综治干部培训班学员座谈会。会前，周强陪同中共中央政治局常委罗干、中共中央政治局委员周永康等接见培训班学员。

4月12日 共青团中央、教育部、财政部、人事部在北京召开2004年大学生志愿服务西部计划电视电话会议。赵勇、教育部副部长袁贵仁、人事部副部长侯建良、财政部部长助理冯淑萍出席并讲话。

4月13日 周强、赵勇与中直工委副书记陈希明就学习贯彻“三个代表”重要思想工作交换意见。

4月13日 共青团中央、教育部在北京举行2004年大学生志愿服务西部计划新闻发布会，全面启动2004年大学生志愿服务西部计划。赵勇出席并回答记者提问。教育部有关负责同志介绍今年高校毕业生的就业情况。首都62所高校团委负责同志、部分高校应届毕业生代表参加。

4月13日 尔肯江·吐拉洪会见以泰国华人青年商会会长李桂雄率领的“泰国华人青年企业家考察团”一行。

4月14日 周强出席观看中央电视台《保护母亲河——真情无限》节目并代表全国保护母亲河行动领导小组授予中央电视台《真情无限》节目组“保护母亲河行动特别贡献奖”。尔肯江·吐拉洪出席并向参加节目的书画家赠送“保护母亲河行动捐赠纪念牌”。

4月14日 周强会见日本前首相、民主党最高顾问羽田孜一行。

4月14日 团中央组织部举办团中央直属机关离退休干部学习“两会”精神报告会。胡伟出席并讲话。团中央机关离退休同志、直属单位离退休局级干部和党支部书记、委员90多人参加。

4月14日 由中宣部、中央文明办、共青团中央、教育部、全国少工委联合组成的“民族精神代代传”活动组委会在北京市中关村二小举行征集歌词（曲）专家评审会，对收到的近万首由少年儿童和社会各界原创的少儿歌曲进行评审。

4月15日 杨岳出席国务院防治艾滋病工作委员会办公室与美国国际战略研究中心代表团圆桌会议并发言。

4月15日 杨岳会见并宴请以澳大利亚新南威尔士州议员安东尼·罗伯特为团长的

澳大利亚政治交流理事会代表团。

4月15日—16日 全国省级团委办公室(研究室)主任会议在重庆召开。赵勇出席会议并讲话。

4月15日—16日 胡伟在辽宁沈阳市会见并宴请以德国联邦议员卡尔琳·洛特为团长的德中社会福利会代表团,并出席第二届中德青年就业研讨会。

4月16日 周强陪同全国人大常委会副委员长韩启德在北京人民大会堂会见以俄罗斯青年联盟中央委员会第一书记奥列格·雷日洛夫为团长的俄罗斯青年联盟代表团。随后,周强在团中央机关会见该团。

4月16日 周强就贯彻落实《中共中央国务院关于进一步加强和改进未成年人思想道德建设的若干意见》情况接受新华社、中央电视台、中央人民广播电台采访。

4月16日 周强出席北京市安民小学少先队大队成立仪式并为少先队大队授旗,张晓兰出席并带领少先队员宣誓。

4月16日 中国青少年网络协会启动全国网吧生存状况调查活动。本次活动将采取多种调查方式了解现阶段各地区网吧经营状况,研究网吧经营状况恶化的原因,探索网吧行业健康发展之路。

4月18日 周强,赵勇,胡伟,国家旅游局局长何光暐,中共北京市委常委赵家骐出席中青旅大厦开工奠基典礼。

4月18日 周强会见并宴请英国诺丁汉大学校长甘柯林爵士夫妇,并就全国青联、中国青年政治学院与诺丁汉大学合作达成意向。

4月18日 全国学联第二十三届委员会通过互联网召开扩大会议,号召广大同学和学生会组织积极参与大学生志愿服务西部计划。全国1266所各类高校的学生会、研究生会主席参加网络会议。会议向全国2004届高校毕业生发出“到祖国和人民最需要的地方建功立业”的倡议。

4月19日 周强主持召开团中央书记处会议,学习讨论《宪法修正案》,研究宣传贯彻具体措施。

4月19日 全国青联政法界委员在北京召开宪法学习座谈会。周强、赵勇、胡伟出席,全国青联副主席、政法界别工作委员会主任、最高人民法院副院长黄松有主持座谈会。

4月19日 周强出席日本前首相、日本国际贸易促进会会长桥本龙太郎举行的招待会。

4月19日 第二届“中国软件行业杰出青年”评审会在北京召开。会议以无记名投票方式评出10位“软件杰出青年”和30位“提名奖”获得者。胡伟出席并讲话。

4月19日—29日 以张晓兰为团长的中国青年代表团应越南胡志明共青团中央和巴基斯坦少数民族、文化、体育、旅游暨青年事务部的邀请访问越南和巴基斯坦。在越期间,越南胡志明共青团中央书记处第一书记黄平均和越共中央对外事务部副部长谢明洲分别会见代表团,胡志明共青团中央书记处书记段文泰与代表团进行工作会谈并宴请代表团,代表团还拜会了河内团市委、胡志明团市委等。在巴期间,巴少数民族、文化、体育、旅游暨青年事务部国务部长瑞斯·穆尼尔·阿穆德、该部秘书(常务副部长)贾利尔·阿巴斯会见并宴请代表团,青年事务联秘扎穆拉德·沙欣与代表团进行工作会谈。代表团还拜会了信德省青年事务部、旁遮普省青年事务部和全巴青年联合会。

4月20日 北京市召开纪念北京青年突击队成立50周年大会。中共中央政治局委员王兆国,中共中央政治局委员、北京市委书记刘淇会见老青年突击队长和获奖人员代表。刘淇发表讲话。周强,全国总工会副主席、书记处书记周玉清出席并讲话。中央国家机关及北京市有关负责同志出席。

4月20日 杨岳会见并宴请以毛里塔尼亚民主社会共和党总书记布拉赫·盖莫亚为

团长的毛里塔尼亚民主社会共和党考察团。

4 月 20 日—22 日 共青团中央、全国青联在北京举办“中日民间水论坛”。周强会见参加此次论坛的日本前首相、日本国际贸易促进会会长桥本龙太郎一行。赵勇、胡伟,水利部副部长鄂竟平,国家环保总局副局长潘岳,中国城镇供水协会会长李振东,日本驻华大使阿南惟茂出席论坛开幕式并讲话,尔肯江·吐拉洪主持开幕式并在闭幕式上讲话。

4 月 21 日 周强在浙江杭州市出席浙江省工会共青团妇联工作会议并讲话。

4 月 21 日 周强出席国务院召开的 2004 年全国高校毕业生就业工作电视电话会议并发言。

4 月 21 日 全国少工委、国土资源部、国家环保总局在北京人民大会堂举行“节约保护国土资源,李四光中队在行动”主题队会。来自北京市中小学校 100 个“李四光中队”的 700 多名少先队员参加队会,学习温家宝总理给“李四光中队”少先队员的复信精神,大力宣传爱科学、学科学、以科学的态度认识地球、珍惜资源、保护环境的观念。全国人大常委会副委员长顾秀莲、国土资源部部长孙文盛、赵勇出席并讲话。全国政协副主席郝建秀以及国土资源部、国家环保总局有关负责同志出席。

4 月 21 日 胡伟会见并宴请德国阿登纳基金会常驻中国总代表容敏德。

4 月 21 日 尔肯江·吐拉洪出席“让世界倾听我们的心声”——“安利杯”首届全国少年儿童绘画及征文大赛颁奖暨优秀绘画作品展览揭幕仪式并讲话。

4 月 21 日 全国人大常委会副委员长成思危会见以中央会长朴相湧为团长的韩国青年会议所代表团,王晓参加。

4 月 22 日 中宣部、中组部、共青团中央、教育部在北京举办“奉献者风采——在西部基层工作的优秀大学毕业生事迹报告会”。周强出席并讲话,中组部秘书长李智勇、赵勇、教育部副部长袁贵仁、中宣部宣教局负责同志出席,首都高校 2000 名大学生参加。6 位在西部基层工作或开展志愿服务的优秀大学毕业生作了事迹报告。23 日,报告团在中国农业大学举行专场报告会,杨岳出席。

4 月 22 日 共青团中央召开“学习许振超,学技成才做贡献”座谈会。王晓出席并讲话。全国大型企业团干部、全国青年岗位能手、青年技术工人代表等参加。

4 月 22 日 全国少工委举行“2004 年度中国少年儿童海尔科技奖”活动启动仪式。有关专家和 200 多名爱好科技活动的少年儿童参加。

4 月 23 日 周强出席“自觉践行党员先进性的好战士”黄勇烈士先进事迹情景报告会。会前,周强,空军司令员乔清晨上将、政治委员邓昌友中将等会见黄勇烈士的父母并赠送慰问金。

4 月 23 日 周强会见并宴请应中联部邀请来访的俄共中央主席、国家杜马俄共议员团主席久加诺夫一行。

4 月 23 日 共青团中央下发《关于深入开展向许振超同志学习活动的通知》,号召全国广大团员青年向许振超同志学习。

4 月 23 日 共青团中央、全国保护母亲河行动领导小组在内蒙古呼和浩特市举行“保护母亲河工程内蒙古大青山项目解放军青年万亩林”启动仪式。中共内蒙古自治区委副书记陈光林,区人大常委会副主任陈瑞清,区人民政府副主席雪额尔德尼出席并共同为“解放军青年万亩林”揭碑。

4 月 24 日 第二届“中国软件行业杰出青年”颁奖晚会在浙江宁波市举行。胡伟,信息产业部党组成员、纪检组长李雪莹出席并讲话,中共浙江省委常委、宁波市委书记巴音朝鲁出席。

4 月 24 日 共青团中央在广西北海市举行农村青年中心北辰基业网络计算机示范项

目启动仪式。辰星集团向团中央青农部捐赠价值500万元网络计算机1000台，用于支持部分西部地区农村青年中心依托阵地建设网络教室。尔肯江·吐拉洪，中共广西壮族自治区委副书记潘琦，区委常委、北海市委书记温卡华，区人民政府副主席吴恒出席。

4月24日—25日 首届中国软件产业发展青年专家论坛在浙江宁波市举行。胡伟，信息产业部党组成员、纪检组长李雪莹，中共宁波市委负责同志出席论坛开幕式并讲话。来自软件行业的200多名优秀青年就中国软件产业的发展和我国信息产业人才与产业互动进行了交流。

4月26日 周强、杨岳在上海陪同全国人大常委会副委员长、中央综治委副主任顾秀莲就预防青少年违法犯罪工作调研。

4月26日 周强、中共上海市委副书记王安顺在上海出席团中央机关旧址纪念馆开馆仪式。

4月26日 周强会见以突尼斯宪政民主联盟总书记阿里·沙乌什为团长的突尼斯宪政民主联盟代表团，双方就中突青年交流事宜交换意见。

4月27日—28日 全国预防青少年违法犯罪暨学校及周边治安综合治理工作会议在上海召开。中共中央政治局常委、中央综治委主任罗干作出重要批示，强调预防青少年违法犯罪工作对于维护社会稳定，培养和造就社会主义事业合格建设者和接班人具有重要作用。中共中央政治局委员、中央综治委副主任周永康也作出批示。全国人大常委会副委员长、中央综治委副主任顾秀莲出席并讲话。会议深入学习贯彻党的十六大和十六届三中全会精神，贯彻落实《中共中央国务院关于进一步加强和改进未成年人思想道德建设的若干意见》，总结工作，交流经验，研究部署了当前和今后一个时期预防青少年违法犯罪和学校及周边治安综合治理工作。周强、中央政法委秘书长王胜俊、中共上海市委副书记刘云耕出席开幕式并讲话，杨岳、中央有关部委负责同志及各省（区、市）政法委、综治办负责同志出席。

4月28日 周强参观团中央机关旧址纪念馆并就有关工作与上海市政协主席蒋以任交换意见。

4月28日 2004年大学生志愿服务西部计划招募报名工作圆满结束。在13天的报名时间里，全国共有49615名高校应届毕业生报名。

4月29日 周强出席中宣部、教育部、共青团中央、中共北京市委主办的“青春万岁——纪念五四运动85周年晚会”。

4月30日 周强、赵勇参加中共中央召开的任弼时同志诞辰100周年纪念座谈会，周强发言。

4月30日 为纪念任弼时同志诞辰100周年，由共青团中央、中央文献研究室联合主办的网上“任弼时纪念馆”正式开通。

4月30日 共青团中央、中央电视台举办纪念五四运动85周年“青春”主题晚会。中共中央政治局委员王兆国，全国人大常委会副委员长顾秀莲，全国政协副主席李蒙观看了晚会。周强、赵勇、胡伟、杨岳、尔肯江·吐拉洪、王晓、张晓兰以及中央党政军群有关部门和北京市负责同志观看了晚会。晚会坚持求真务实，突出思想内涵，大力弘扬民族精神，展现当代青年在党的领导下朝气蓬勃、奋发进取的精神风貌，同人民紧密结合、为祖国奉献青春的理想追求，表达广大青年高举邓小平理论和“三个代表”重要思想伟大旗帜，弘扬五四精神，肩负历史使命，坚定不移跟党走中国特色社会主义道路，勤于学习，善于创造，甘于奉献，为全面建设小康社会、实现中华民族伟大复兴而奋斗的坚定信念。晚会由学习、创造、奉献3个主要版块组成，力求“三贴近”。青年榜样、文艺明星、演出团体与2000多名青少年组成的7个方阵全场互动，使晚会成为展现青年时代风采的青春盛会。

5 月 1 日 共青团中央与中宣部、中央文明办、教育部、文化部、国家广电总局、新闻出版总署联合下发通知,决定实施青年文化行动,大力加强青年文化建设。

5 月 2 日 周强就中国青少年科技创新奖励基金有关事宜征求邓小平同志亲属意见。

5 月 2 日 “我们的文明”主题系列活动组委会启动“阳光心灵·健康青春”宣传活动。活动内容包括邀请全国青少年心理教育领域的专家和社会人士举办“中国青少年心理教育专家座谈会”;在“中青网”等网站上设立“阳光心灵·健康青春”宣传活动论坛;开通青少年心理健康咨询热线电话;拍摄制作大型电视系列片《青春心路》等。

5 月 3 日—5 日 应全国青联邀请,以香港青年联合会主席容永祺为团长的香港各界青年才俊五四访问团一行 53 人访问北京。全国政协副主席罗豪才、周强、赵勇、国务院港澳办常务副主任陈佐洱、中央统战部副部长楼志豪、胡伟分别会见访问团全体成员。期间,访问团全体成员还分别与全国青联及北京市青联各界委员举行庆祝五四联欢活动。

5 月 4 日 共青团中央、全国青联、全国学联、全国少工委共同设立中国青少年科技创新奖励基金。基金是按邓小平同志遗愿设立的,邓小平同志亲属把邓小平同志生前的全部稿费 100 万元捐献出来,用于鼓励青少年的科技创新。基金主要奖励在校大、中、小学生,每年奖励 100 人左右。同时,基金将资助青少年开展丰富多彩的科技创新活动。19 日,共青团中央、全国青联、全国学联、全国少工委发布启事,在全国范围内征集“中国青少年科技创新奖励基金”标识、捐赠证书,“中国青少年科技创新奖”奖杯、奖励证书设计方案。

5 月 4 日 共青团中央、全国学联在全国适龄中学生中广泛开展“继承五四传统 弘扬民族精神”全国中学生 18 岁成人宣誓仪式。北京市中学生 18 岁成人宣誓仪式在中华世纪坛举行。周强出席并讲话,中共北京市委副书记强卫,教育部部长助理、党组成员陈小娅出席活动,杨岳主持仪式。

5 月 6 日 全国保护母亲河行动领导小组向联合国环境规划署专题报送 2004 年保护母亲河行动新进展。

5 月 6 日—7 日 “我们的文明”主题系列活动组委会在北京举办“中华优秀青年婚礼大典”活动。张晓兰出席并讲话。

5 月 7 日 “中国青年五四奖章”获得者联谊会正式成立。联谊会成员为全体“中国青年五四奖章”获得者,分为科技教育界、军队政法界、工商财贸界、农林牧渔界、文化社会界等 5 个分会。成立仪式上,“中国青年五四奖章”获得者剑南春发展基金宣布正式设立。周强、胡伟出席并讲话。

5 月 8 日 第八届“中国青年五四奖章”颁奖座谈会在北京人民大会堂举行。中共中央政治局委员王兆国出席为获奖者颁奖并发表重要讲话。王兆国同志要求广大青年以五四奖章获得者为榜样,牢固树立坚定正确的理想信念,大力弘扬艰苦创业的优良作风,自觉确立发愤成才的奋斗目标,在全面建设小康社会、实现中华民族伟大复兴的进程中创造出更加辉煌的业绩。周强主持座谈会,赵勇、胡伟、杨岳、尔肯江·吐拉洪、王晓、张晓兰出席。第八届和往届“中国青年五四奖章”获得者代表在座谈会上发言。随后,团中央书记处与第八届“中国青年五四奖章”获得者座谈,学习王兆国同志重要讲话。周强讲话。

5 月 8 日 周强会见应对外友协邀请来访的日本自民党参议员、日中友好议员联盟事务局长林芳正。

5 月 8 日—14 日 应全国青联邀请,以罗马尼亚入欧盟特派部长、社会民主党副主席兼该党青年组织主席维克托·蓬塔为团长的罗马尼亚青年代表团一行 55 人访华并参加“中罗青年联欢节”活动。11日，周强在人民大会堂为罗马尼亚青年代表团举行欢迎招待会，胡伟参加。12日，周强、胡伟与代表团主要成员在团中央机关进行工作会谈。

5月10日 中共中央政治局委员、上海市委书记陈良宇在上海会见罗马尼亚青年代表团，胡伟参加会见。

5月10日—11日 周强出席中共中央召开的全国加强和改进未成年人思想道德建设工作会议并发言。

5月11日 最高人民检察院、共青团中央决定启动实施西部基层检察院志愿服务行动。该专项行动按照公开招募、自愿报名、组织选拔、集中培训、统一派遣的方式，招募一批品学兼优、法律专业为主、大学本科及本科以上学历的应届高校毕业生到西部地区基层检察院从事志愿服务1年。今年将招募选拔500名志愿者赴西部计划的200个服务县开展志愿服务。

5月12日 中共中央总书记、国家主席胡锦涛在北京人民大会堂会见来华参加“中罗青年联欢节”，以罗马尼亚入欧盟特派部长、社会民主党副主席维克托·蓬塔为团长的罗马尼亚青年代表团主要成员。胡锦涛同志祝贺“中罗青年联欢节”的成功举办。他说，中罗两国有着良好的关系。在两国即将迎来建交55周年之际，两国青年欢聚一堂，共叙友情，共同纪念这一喜庆的日子，对中罗友好事业的长期稳定发展将起到积极的推动作用。胡锦涛同志指出，发展中罗传统友谊，加强互利合作，符合两国人民的共同心愿和根本利益。中罗两国青年都肩负着建设祖国，继承和发展中罗友好合作关系的崇高历史使命。他希望两国青年加强交流，相互学习，相互帮助，携手前进，为国家发展、民族振兴、社会进步，为构筑新世纪中罗全面友好合作关系做出积极贡献。周强、胡伟等参加。会见前，胡锦涛同志和参加“中罗青年联欢节”活动的中罗两国青年代表合影留念。

5月12日 国务委员唐家璇在中国国际青年交流中心会见罗马尼亚青年代表团主要成员，周强、胡伟参加。随后，唐家璇同志出席在世纪剧院举行的中罗青年联欢音乐会，周强、赵勇、胡伟、杨岳、王晓、张晓兰出席。

5月12日 赵勇会见并宴请中国驻肯尼亚大使郭崇立，双方就中肯青年交流及建立中肯青年农场等相关事宜交换意见。

5月12日 共青团中央发出通知，要求深入实施中国青少年新世纪读书计划，把引导青少年读书学习的工作提高到一个新的水平。

5月13日 共青团全国青年就业和再就业工作领导小组办公室在山东青岛市召开“全国青年创业行动座谈会暨青年创业培训工作现场观摩会”。部分省级团委青工部和全国25个大中城市团委负责同志参加。

5月13日 《中韩两国政府青少年交流协议》签字仪式暨新闻发布会在北京举行。周强出席签字仪式，胡伟代表中国政府在协议书上签字。

5月13日 共青团中央、中国民间文艺家协会在福建泉州市举办“金博士杯”全国乡村青年民间工艺品制作大赛决赛暨作品展示活动。尔肯江·吐拉洪、中共福建省委副书记梁绮萍出席并为获奖者颁奖。

5月13日—14日 全国乡村青年文化建设现场经验交流会在福建泉州市召开。会议以“大力推进农村青年中心建设，深入开展乡村青年文化活动”为主题，总结交流近年来各地共青团组织开展乡村青年文化建设的成功做法和经验，部署今后一个时期乡村青年文化建设工作的思路、任务和重点。周强为会议致贺信，尔肯江·吐拉洪、中共福建省委副书记梁绮萍出席并讲话。来自全国31个省（区、市）的近300名团干部参加会议。

5月14日 周强主持召开团中央书记处扩大会议，传达学习全国加强和改进未成年人思想道德建设工作会议精神，研究部署共青团系统贯彻落实的具体措施。会议提出，各级共青团和少先队组织要坚持求真务实的工作作风，扎扎实实地求未成年人思想道德建设规律之真，务为未成年人办实事、解难事之实。要坚持“三贴近”的原则，使未成年人思想道德建设工作贴近未成年人、贴近未成年人的生活、贴近时代；要坚持实践育人；要积极推进青少年文化建设，为未成年人生产和提供丰富多样的精神食粮；要切实维护和代表未成年人的合法权益；要加强未成年人思想道德建设的调研工作；要建设一支专兼职相结合的高素质人才队伍。会议在前一阶段办好15件实事基础上进一步提出“八个一”的要求：一是成立一个领导小组，即成立共青团未成年人思想道德建设工作领导小组，加强对这项工作的统筹和领导；二是召开一次会议，即全团加强和改进未成年人思想道德建设和青年文化建设会议；三是下发一个文件，结合共青团、少先队工作实际，制定贯彻落实全国加强和改进未成年人思想道德建设工作会议精神和《若干意见》的实施意见；四是组织发表一组评论员文章，深入学习和宣传会议精神；五是建设一个网站，即未成年人思想道德建设网站；六是建立一个论坛，形成未成年人思想道德建设资源整合机制，以论坛为载体开展以青少年为主体的思想教育活动；七是启动一个工程，即青少年网络文明工程，净化青少年上网环境；八是推出一批研究成果，会议要求各级共青团和少先队组织要以全国加强和改进未成年人思想道德建设工作会议的召开为契机，抢抓机遇，乘势而上，努力工作，开拓创新，把认识提升到一个新高度，把工作提高到一个新水平，为不断开创未成年人思想道德建设工作新局面贡献力量。

5月14日　中宣部、科技部、铁道部、共青团中央、中国科协在北京举办“振兴东北，服务三农，科技列车龙江行”活动发车仪式。中宣部副部长胡振民主持仪式。张晓兰、科技部副部长吴忠泽、中国科协党组成员苑郑民出席并分别讲话。

5月14日—15日　纪念全国青联成立55周年在京委员活动日在香山饭店举行。周强、赵勇出席并讲话，中科院副院长白春礼在纪念会上致辞，新老委员代表在会上发言。胡伟主持会议，杨岳、尔肯江·吐拉洪出席。200多位在京新老委员参加纪念活动。纪念活动会场，全国青联举行了全国青联网（www.qinglian.org）开通仪式，周强、赵勇，第五、六届全国青联副主席、著名数学家杨乐点击开通。

5月15日　团中央学校部、卫生部疾控司、全国学联办公室、联合国儿童基金会在北京举行“用红丝带装点校园”主题活动颁奖仪式。活动共收到学生原创作品2000多件，表达了青年学生对艾滋病的关注和对艾滋病病毒感染者和病人的关心。来自全国13个省（区、市）的14所高校的获奖学生代表参加颁奖仪式。

5月16日　中国少年科学院第三届小院士暨“争当小实验家”活动表彰大会在北京举行。全国政协副主席阿不来提·阿不都热西提、杨岳出席并讲话。

5月16日　全国青联留学人员联谊会联合北京、上海、广州、济南、深圳共青团、青联组织，在上述五地举行以“激扬青春风采，创业报效祖国”为主题的新近归国留学人员同城聚会。共有500多名新近归国留学人员参加了五地的活动。杨岳出席在北京的活动并讲话。

5月17日　中共中央政治局委员王兆国在北京人民大会堂会见美国可口可乐公司董事长道格拉斯·杜达富先生一行。周强、尔肯江·吐拉洪参加。

5月18日　胡伟会见并宴请联合国青年事务协调人约普·突尼森先生。

5月18日—22日　应朝鲜金日成社会主义青年同盟邀请，以尔肯江·吐拉洪为团长的中国共青团代表团对朝鲜进行友好访问。

5 月 19 日　共青团中央、全国青联、全国学联、全国少工委发布启事，在全国范围内征集“中国青少年科技创新奖励基金”标识、捐赠证书，“中国青少年科技创新奖”奖杯、奖励证书设计方案。

5 月 20 日　周强出席中国人民对外友好协会成立 50 周年庆祝大会。

5 月 21 日　共青团中央印发《贯彻落实<中共中央国务院关于进一步加强和改进未成年人思想道德建设的若干意见>的目标任务分工》，对照中央文明委目标任务分工的要求，把涉及团中央的 37 个大的方面逐条细化，制定了具体的落实措施，并明确责任部门、责任处室和责任人，确保落实，取得成效。

5 月 22 日—28 日　由中宣部、中组部、共青团中央、教育部共同组织的“奉献者风采——在西部基层工作的优秀大学毕业生事迹报告团”先后在沈阳、南京、上海、西安等地举行 4 场报告会，来自辽宁大学、南京大学、复旦大学、西安交通大学等 50 余所高校的近万名大学生现场聆听了报告。

5 月 23 日　全国青联在北京为荣获第十四届“中国十大杰出青年”称号的姚明举行颁奖仪式。周强颁奖并讲话，赵勇、胡伟出席。

5 月 24 日　周强在《人民日报》发表署名文章《充分发挥共青团和少先队在未成年人思想道德建设中的重要作用》。文章指出，按照党的要求把青少年培养成为“四有”新人，是共青团、少先队组织的神圣职责。今后，共青团、少先队组织要立足自身特点，充分发挥实践育人、文化育人、服务育人的作用，深入开展理想信念教育，广泛开展道德实践活动，积极推进青少年文化建设，切实维护青少年合法权益，大力加强青少年活动阵地建设和管理，进一步加强中学团组织和少先队组织建设，切实把加强和改进未成年人思想道德建设的各项工作落到实处。

5 月 24 日　全国少工委在北京小学举行电影《我们手拉手》首映式。张晓兰出席并讲话，国家广电总局副局长赵实出席。

5 月 24 日—28 日　中国——东盟青年事务部长会议高官磋商会在广西南宁市召开。25 日，胡伟会见与会各国代表团团长，出席广西中国——东盟青年商会联合会成立仪式，并与东盟秘书处及越南、泰国、新加坡等国青年事务高官代表进行双边会谈。26 日，出席中国——东盟青年生态友谊园落成典礼，为广西国际青年志愿者南博会服务队授旗，出席中国——东盟企业界青年领导人峰会并讲话。

5 月 25 日　团中央学校部、全国学联办公室在北京师范大学举办“全国大中学生首届心理健康节”开幕式。杨岳出席并讲话。

5 月 25 日　共青团中央、教育部、全国学联共同主办的“中国大学生心理健康教育在线网站”（www. psyhealth. cn）正式开通。周强为网站开通寄语。他要求把网站建设成广大青年学生展示自我的舞台、沟通心灵的桥梁和提高素质的途径，不仅能成为值得青年学生信赖的良师益友和精神家园，也能成为加强和改进青年学生思想政治工作的重要平台和有效载体。

5 月 25 日　共青团中央发出通知，决定开展“苏宁”中国青年学习成才奖和全国优秀青年学习组织评选活动，深入推进中国青少年新世纪读书计划，积极引导青年学习成才。

5 月 25 日　共青团全国青年就业和再就业工作领导小组办公室在北京人民大会堂举行“玫琳凯下岗失业青年技能发展项目”阶段性总结会暨 2004 年专项资金捐赠仪式。王晓出席并讲话。仪式上，玫琳凯公司向共青团全国青年就业和再就业工作领导小组办公室捐赠 2004 年专项资金 50 万元。

5 月 25 日—29 日　杨岳随同中央统战部代表团访问香港。在港期间，杨岳陪同全国政协副主席、中央统战部部长刘延东出席“香港佛教暨各界迎请佛指舍利瞻礼祈福大会”，会见香港各界知名人士、中央政府驻港联络办负责人。

5 月 26 日 张晓兰陪同全国人大常委会副委员长顾秀莲慰问北京市石景山玉泉路小学，并代表共青团中央、全国少工委向这所农民工子女学校捐赠价值 5 万元的图书和少先队鼓号用品。

5 月 26 日 中国青少年发展基金会在北京人民大会堂举行长春长庆药业向中国青少年发展基金会捐款暨设立“舒目爱眼基金”仪式。尔肯江·吐拉洪出席并讲话。

5 月 26 日 团中央办公厅下发《关于开展团属青少年宫集中检查和专项治理工作的通知》，要求各省（区、市）团委于近期在全国团属青少年宫中迅速开展一次收费项目、经营活动和安全工作的集中检查和专项治理。

5 月 27 日 中国青年政治学院召开“中国城市青少年弱势群体现状及社会保护政策研究”课题成果发布会暨中国青年政治学院青年发展研究院成立大会。赵勇出席并讲话。

5 月 27 日 尔肯江·吐拉洪在北京大学出席“与大师对话——诺贝尔奖获得者中国校园行”活动新闻发布会暨首场报告会。

5 月 27 日 中央文明办、教育部、共青团中央、全国少工委、中国文化扶贫委员会在北京举行《中国儿童百科全书》赠送仪式，向河北、河南、广西、四川、贵州等五省（区）捐赠 1 万套《中国儿童百科全书》。中国文化扶贫委员会主任徐惟诚、张晓兰出席。

5 月 27 日 张晓兰会见国际儿童读物联盟主席彼特·施耐克一行。

5 月 28 日 中国青年政治学院在北京举行第十届全国青年工作理论研讨会暨第一届中国青年发展论坛。赵勇出席并讲话。

5 月 29 日 国务院机关事务管理局幼儿园和山东、天津、新疆等省（区、市）幼儿园庆祝“六一”国际儿童节文艺演出在北京举行。中共中央政治局常委、国务院总理温家宝观看演出，并代表党中央、国务院向全国少年儿童表示节日的祝贺，向广大幼教和青少年教育工作者致以亲切的问候。全国人大常委会副委员长顾秀莲、国务委员兼国务院秘书长华建敏、国务委员陈至立一起观看了演出。周强、国务院机关事务管理局局长焦焕成和中央国家机关、北京市有关负责人也一起观看演出。

5 月 29 日 中共中央政治局委员王兆国出席共青团中央、全国少工委在北京青年宫举行的全国少先队“手拉手”汇报交流活动并作重要讲话。活动集中展示了全国城市少年儿童与进城务工就业农民子女“手拉手”活动开展情况。周强、赵勇、张晓兰参加。

5 月 30 日 中国青少年发展基金会在北京举办首届红蜻蜓全国希望小学运动会开幕式。周强出席、讲话并宣布运动会开幕，中国奥委会名誉主席何振梁、赵勇、杨岳、尔肯江·吐拉洪、王晓出席开幕式。

5 月 31 日 中共中央总书记、国家主席胡锦涛到中国科技馆、北京市少年宫考察少年儿童工作，与孩子们一起庆祝节日。他代表党中央，向全国广大少年儿童致以节日的祝贺和亲切的问候，祝全国小朋友们身体健康、学习进步、生活幸福。胡锦涛总书记还同少先队员和少年儿童工作者代表就加强和改进未成年人思想道德建设进行座谈。他强调，全党全社会都要按照中央的要求，高度重视和热情关心未成年人的健康成长，特别要大力加强和改进未成年人思想道德建设。要充分发挥学校、家庭、社区的作用和共青团、少先队、妇联、工会等组织的优势，增强工作合力，提高整体效果，形成全党全社会共同关心未成年人思想道德建设的良好局面。要努力营造有利的舆论环境、文化环境和法制环境，形成尊重未成年人、爱护未成年人、关心未成年人、帮助未成年人的良好社会氛围。要大力弘扬求真务实、与时俱进精神，加强调查研究，认真总结经验，努力探索和把握做好新形势下未成年人思想道德建设工作的规律，把加强和改进未成年人思想道德建设的各项要求真正落到实处。中共中央政治局委员、北京市委书记刘淇，中共中央政治局候补委员、中央书记处书记王刚，北京市市长王岐山，周强、赵勇、张晓兰等参加活动。

5月31日 中国青少年发展基金会在北京交通大学举办首届红蜻蜓全国希望小学运动会闭幕式。在为期2天的运动会中，来自全国各地的37支希望小学代表队904名运动员参加了24个竞赛和表演项目的角逐，来自北京市30余所小学的学生与各个希望小学代表队结成“城乡互助队”，为希望小学的小伙伴担当“啦啦队”。尔肯江·吐拉洪出席运动会闭幕式并讲话。

5月31日 张晓兰出席北京师范大学实验小学“做保护地球的小主人”六一庆祝大会，并代表共青团中央、全国少工委向学校的“李四光中队”捐赠50套《中国儿童百科全书》。

5月31日 共青团中央、全国少工委、联合国儿童基金会、中国文化扶贫委员会在北京举办“手拉手，我们从小是朋友”主题交流活动，来自全国各地的50对城市少年儿童与进城务工就业农民子女“手拉手”小伙伴讲述了自己参加“手拉手”活动的故事，并一起登上天安门城楼联欢。中国文化扶贫委员会主任徐惟诚、张晓兰出席。

5月31日—6月6日 以胡伟为团长的全国少工委“手拉手”少儿艺术团赴香港开展演出和交流活动。此项活动由全国少工委与香港特别行政区民政事务局共同主办。香港特别行政区行政长官董建华，中央政府驻港联络办主任高祀仁、副主任李刚观看演出。共有数千名香港青少年参与交流并观看演出。

6月1日 国务院妇女儿童工作委员会、全国妇联、共青团中央、全国少工委、中央电视台在北京举行“六一”国际儿童节联欢晚会。中共中央政治局常委李长春观看演出，并祝全国小朋友节日快乐。中共中央政治局委员、中央宣传部部长刘云山，全国人大常委会副委员长何鲁丽、顾秀莲，国务委员陈至立，全国政协副主席刘延东、郝建秀，周强、赵勇、张晓兰等观看演出。

6月1日 周强陪同全国人大常委会副委员长李铁映会见日本静冈县绿化合作访华团一行。

6月1日 赵勇会见并宴请以联合国公共信息部拓展司伙伴关系股股长切卡索夫为团长的联合国新闻部代表团。

6月1日 中宣部、中央文明办、共青团中央、教育部、全国少工委在北京举行“民族精神代代传”展示活动。活动以大型少儿演唱会的方式，对从全国征集来的1万多首少儿歌曲中精选的10首原创作品进行演唱，用歌声传承民族精神。赵勇出席，张晓兰出席并讲话。

6月1日 全国少工委、中国足球协会、中央电视台在北京奥体中心举行“小甲A六一足球赛”。来自全国各地的小甲A代表队与中央电视台明星队进行了表演赛。张晓兰、中国足球协会负责同志观看比赛并颁奖。

6月2日 周强主持召开团中央书记处扩大会议，传达学习中共中央总书记、国家主席胡锦涛5月31日在北京考察少年儿童工作时的重要讲话，研究部署共青团、少先队组织贯彻落实讲话精神，在加强和改进未成年人思想道德建设中进一步发挥作用的具体措施。会议认为，胡锦涛同志的重要讲话，思想深刻、内涵丰富、饱含深情、针对性强，对共青团、少先队组织在加强未成年人思想道德建设中发挥的作用给予了充分肯定，为共青团、少先队组织进一步做好未成年人思想道德建设工作提出了明确的要求，指明了前进的方向。这对共青团、少先队组织是极大的鼓舞和鞭策。会议要求，各级共青团和少先队组织要认真学习领会、切实贯彻落实胡锦涛同志的重要讲话精神，在近期提出的一系列具体措施的基础上，切实做好以下工作：充分反映未成年人的愿望，推动未成年人工作规划的制定；加强未成年人的理想信念教育，把它放在未成年人思想道德建设工作的首位抓紧抓好；开展生动活泼、特色鲜明的实践教育活动；把握未成年人成长和未成年人工作规律，竭诚服务未成年人，切实维护未成年人合法权益；为未成年人提供丰富多样的精神食粮；进一步加强未成年人活动阵地建设；创新工作载体，使共青团、少先队组织在学校、社区、家庭教育中发挥更大作用；集中力量办几件有影响的大事；开展优秀青少年的评选活动，发挥典型引导作用；加强对未成年人和未成年人工作的研究；进一步加强未成年人思想道德建设工作队伍建设。

6月2日 为纪念人民公安的楷模任长霞，由共青团中央、中央党史研究室、国家档案局主办，团中央信息办、国家档案局办公室和中青网共同承办的网上"任长霞纪念馆"正式开通。

6月2日 全国保护母亲河行动领导小组发出通知，要求各省级保护母亲河行动领导小组，以开展生态道德宣讲、生态道德实践等活动为重点，大力推进青少年生态道德教育，推动保护母亲河行动不断发展。

6月3日 共青团中央、中国青年志愿者协会在山东青岛市举办"志愿者：时尚先锋"大型文艺晚会。有关方面负责同志和社会各界志愿者代表共1万多人观看了晚会。

6月4日 共青团中央、全国青联和民盟中央等单位在天津经济技术开发区举办"中国生物技术产业发展与人才强国战略研讨会"。全国人大常委会副委员长丁石孙、天津市市长戴相龙、杨岳出席并讲话。100多位有关部门负责同志、重点大学校长、知名专家学者、生物技术企业高层管理者参加。

6月7日 周强在山西晋中市出席山西省青年突击队授旗仪式并讲话，尔肯江·吐拉洪参加。期间，周强先后在晋中市、太原市就团的工作调研。

6月7日 共青团中央、全国学联会同中宣部、中央文明办、教育部召开2004年大中专学生志愿者暑期"三下乡"社会实践活动电视电话会议，安排部署有关工作。中宣部副部长、中央文明办主任胡振民，教育部副部长袁贵仁，杨岳出席并讲话。

6月8日 中共中央政治局常委李长春，中共中央政治局委员、中央书记处书记、中宣部部长刘云山听取共青团中央、全国妇联、中国关心下一代工作委员会关于加强和改进未成年人思想道德建设工作的汇报。周强代表团中央作汇报，赵勇参加。

6月8日 赵勇主持召开机关有关部门负责同志会议，传达学习中央领导同志关于加强和改进未成年人思想道德建设的重要指示，研究全团加强和改进未成年人思想道德建设暨推进青年文化行动工作会议的筹备工作。

6月8日—9日 "中青企协八届三次会长办公（扩大）会议暨青年企业家广西经贸考察活动"在广西桂林市举行。会议听取中青企协第八次会员代表大会以来的工作总结，部署召开中青企协第九次会员代表大会有关工作。王晓出席并讲话。

6月9日 周强出席中央文明委委员会议。

6月9日 周强出席全国青联和亚欧基金共同举办的首届亚欧青年水文明之旅暨保护母亲河国际论坛开幕式并讲话。

6月9日 共青团中央、中央综治委预防青少年违法犯罪工作领导小组办公室、国家禁毒办在广西南宁市举办社区青少年远离毒品西部行动暨广西禁毒八桂行宣传活动启动仪式。杨岳出席并讲话。

6月9日 共青团中央发出通知，要求广大团干部和各级团组织认真学习贯彻中央领导同志的重要指示精神，迅速开展向任长霞同志学习的活动。

6月9日 共青团中央、民政部、建设部、国家工商行政管理总局联合下发文件，命名北京朝阳区、广西南宁市等60个城（区）为“全国‘青年文明社区’示范城（区）”。

6月9日—10日 胡伟在云南河口市出席“中越边境（云南）青年交流活动”并讲话。

6月14日 周强会见以日本青年会议所（简称“日本JC”）日中友好之会会长冈田伸浩为名誉团长、日本JC2004年度会头米谷启和为团长的日本JC代表团主要团员。随后，全国人大常委会副委员长许嘉璐会见代表团主要团员，并出席由全国青联主办的欢迎宴会。赵勇参加并致辞。

6月15日—18日 周强就全团加强和改进未成年人思想道德建设工作分别接受《人民日报》、新华社、中央电视台采访。

6月16日 胡伟出席中俄青年旅游前景论坛开幕式。

6月17日 赵勇出席国内第一部集中反映青年志愿者工作的电视连续剧《请让我来帮助你》开播座谈会并讲话。

6月17日 共青团中央在全国广泛开展“养成生态道德，做环保小卫士”主题宣讲活动。当天，中青网也开展了以“植绿护绿、珍爱生灵、节约资源、抵制污染”十六字青少年生态环境道德要求为主要内容的生态道德网络宣讲活动。

6月20日—21日 全国青联在吉林长春市举办“青年企业家竞争力培训计划”启动仪式和首期培训班。胡伟出席启动仪式并讲话。中共吉林省委副书记林炎志为培训班作专题报告。来自全国各地的120多名全国青联企业界委员和吉林省青年企业家参加活动。

6月21日 胡伟会见以美国密西西比大学商学院院长布赖恩·瑞切尔为团长的美国密西西比大学代表团。

6月21日—26日 应全国学联邀请，香港大学学生会访问团一行12人到北京参观交流。访问团拜访了全国人大常委会、全国政协、国务院港澳办、国家发展和改革委员会、商务部、国务院发展研究中心，参观了故宫、圆明园、中华世纪坛、航天城、北京CBD等。在京期间，访问团成员还参观了北京大学、清华大学，与北京部分高校的大学生和专家学者进行了交流座谈。

6月21日—7月2日 以王晓为团长的中国青年代表团对澳大利亚和泰国进行访问。访澳期间，澳联邦众议院议长内尔·安德鲁，联邦众议员、外交部部长亚历山大·唐纳等分别会见代表团。访泰期间，泰国社会发展与人类保障部部长素拉亚·景巴吞会见并宴请代表团。

6月22日 周强会见以芬兰教育部文化、体育和青年政策局青年政策处处长奥利·萨瑞拉为团长的芬兰教育部代表团。

6月22日—23日 全团加强和改进未成年人思想道德建设暨推进青年文化行动工作会议在北京召开。会议深入学习贯彻《中共中央国务院关于进一步加强和改进未成年人思想道德建设的若干意见》和全国加强和改进未成年人思想道德建设工作会议精神，深入学习贯彻全国宣传思想工作会议精神，总结前一阶段工作，部署安排今后一个时期的工作。周强出席并讲话。他指出，尊重未成年人的主体地位，把握未成年人成长的规律，调动未成年人的主观能动性和积极性，是共青团、少先队在新形势下加强和改进未成年人思想道德建设的一条主线。他强调，各级共青团、少先队组织要认清形势，乘势而上，大力弘扬求真务实的精神，充分发挥团队组织的政治、组织、动员和人才优势，出实招，办实事，做好事，解难事，求实效。加强团队组织建设，建设高素质工作队伍，开展特色活动，建立长效机制，努力把中央加强和改进未成年人思想道德建设的各项任务落到实处。会议要求，今后一个时期，全团要协调行动，集中精力办好11件实事：实施

“校园净化工程”，实施“爱心助成长”志愿服务计划，组织“共享成长”主题交流活动，开展“民族精神代代传”歌曲传唱活动，开展“同在一片蓝天下，手拉手共同成长”活动，开展中学生暑期“四个一”实践教育活动，举办“快乐成长”系列活动，实施青少年文化精品计划，开展“社区关爱行动”，培训一批未成年人思想道德建设工作骨干，形成一批有分量的研究成果。赵勇、杨岳、张晓兰出席并分别就未成年人思想道德建设和青年文化行动有关工作作了部署。胡伟、尔肯江·吐拉洪出席。全国各省级团委及宣传部、学校部、少年部负责同志和团中央机关有关部门，有关直属单位负责同志近200人参加会议。

6月23日 周强会见以社会党青年国际联盟主席菲克利·穆巴鲁拉为团长的社会党青年国际联盟代表团。

6月24日 周强会见并宴请以日本道路绿化保全协会会长铃木忠义为团长的日本道路建设技术友好访华团。25日，胡伟陪同全国政协副主席白立忱会见该团。

6月24日 中国青年志愿者协会二届三次理事会在北京召开。周强出席并讲话，赵勇当选协会理事长并作工作报告。会议通过了协会人事调整方案，并向12个省级团委和25个地(市)级团委颁发第五届中国青年志愿者行动组织奖。

6月24日 中国青年政治学院举行2004年毕业典礼。周强出席讲话并为毕业生颁发学位证书，赵勇出席。

6月25日 中国青年志愿者协会、北京拔萃双语学校在北京举行“中国青年志愿者北京拔萃双语学校培训基地”挂牌仪式。周强、赵勇，中国红十字会副会长王立忠等出席。该基地是第一个全国性志愿者培训基地，主要开展“大学生志愿服务西部计划”、“扶贫接力计划”等长期项目及社区服务项目志愿者培训工作。

6月25日 由共青团中央、国家禁毒委办公室依托“青少年远离毒品”网站建立的网上“青少年禁毒教育展览馆”正式开通。杨岳出席开通仪式。

6月25日—27日 周强在湖南长沙市、衡阳市就共青团工作调研。

6月28日 周强、中共宁夏回族自治区区委书记陈建国出席宁夏回族自治区青年工作会议并讲话。自治区人民政府主席马启智等出席。

6月28日—29日 周强在宁夏银川市、吴忠市就团的工作调研，看望参加大学生暑期“三下乡”活动的博士服务团成员，与参加志愿服务西部计划的大学生志愿者座谈并讲话。

6月29日 周强参加中央政治局集体学习讲座。

7月1日 “我们的文明”主题系列活动组委会联合100家网站启动“网上纪念邓小平诞辰100周年”大型活动。活动开通了“纪念邓小平诞辰100周年”专题网站，举办了网上“学习伟人邓小平”知识竞答和“百位将军纪念邓小平诞辰百周年书画展”活动，编辑出版了《永远的小平——网上邓小平纪念馆网友留言选萃》图书。

7月2日—4日 由共青团中央、中国科协、教育部、全国学联共同主办，厦门大学和厦门市人民政府承办的第四届“挑战杯”中国大学生创业计划竞赛复赛在厦门大学举行。共有全国29个省(区、市)276所高校的603件作品参赛。

7月3日—7日 周强在辽宁大连市、沈阳市、阜新市就团的工作调研。

7月6日 中宣部、中央文明办、教育部、共青团中央、全国学联在中国农业大学举行2004年全国大学生“三下乡”社会实践活动出征仪式。中宣部副部长、中央文明办主任胡振民，杨岳出席并讲话，教育部党组成员、部长助理郑树山，中国农业大学党委书记瞿振元、校长陈章良出席。

7月6日—7日 “青年企业家东北行——辽宁经贸考察活动”在辽宁沈阳市、大连市、阜新市举行。周强、辽宁省省长张文岳出席开幕式并讲话。王晓主持。中青企协会员和北京、天津、山西等15个省(市)青企协会员共200多人参加活动,签订合同6项,合同金额达2.4956亿元。

7月10日 共青团中央、全国青联、中国侨联、中共重庆市委、重庆市人民政府在重庆举行“为了山里的孩子”大型文艺晚会。周强、中国侨联主席林兆枢、中共重庆市委书记黄镇东、市长王鸿举、胡伟出席观看并为捐赠单位颁发荣誉证书。金源集团等13家单位共捐款1340万元用于支持重庆市贫困山区的教育事业。

7月10日 国务院防治艾滋病工作委员会、中宣部、共青团中央、教育部、卫生部等12部委联合举办“青春红丝带”行动——青少年防治艾滋病志愿者“面对面”宣传教育活动启动仪式。中宣部副部长胡振民、杨岳、卫生部副部长王陇德、全国妇联副主席莫文秀、全国工商联副主席张龙之出席并讲话。会后,全国近1300名医学院校的大学生志愿者将结合“三下乡”社会实践活动,组成127支青年志愿者小分队,深入到艾滋病综合防治示范区,宣传防治艾滋病知识。

7月10日—13日 周强在重庆就团的工作调研。期间,出席第八届重庆五四青年奖章颁奖仪式暨“青年与发展”论坛并讲话。

7月13日 共青团中央、全国青联在广东广州市举行追授黄勇同志“中国青年五四奖章”暨黄勇同志先进事迹报告会。尔肯江·吐拉洪在会上宣读追授决定,并向黄勇同志生前所在部队代表颁发奖章。广州军区副司令员高守维、副政委朱永清及有关方面负责同志出席。

7月13日 国家体育总局、教育部、共青团中央在山东青岛市举行2004年全国亿万青少年儿童体育健身活动展示大会暨第二届“北京2008”奥林匹克文化节(青岛)颁奖仪式。国家体育总局副局长张发强、杨岳出席并讲话。

7月15日 共青团中央、国家民委、全国青联启动第四届“全国各民族青年团结进步奖”评选活动。本次评选设立个人奖项和集体奖项,另设“全国各族青年团结进步活动组织奖”。

7月16日 共青团中央、中宣部、中央文明办、国务院新闻办在北京联合召开新闻发布会,正式启动“感动”——首届全国青少年网络短信作品大赛。中央文明办副主任翟卫华,赵勇出席并讲话。

7月19日—20日 共青团中央、劳动和社会保障部、北京市人民政府联合在北京举办首届“中国青年创业论坛”。周强出席开幕式并致辞。赵勇主持。王晓、北京市副市长孙安民分别代表主办单位在论坛上作主旨报告。期间,与会人员围绕青年创业与促进就业问题,从经济发展与青年创业、社会进步与青年创业、人力资源开发与青年创业、公共领域与青年创业以及青年创业的国际问题等方面进行研讨。

7月19日 中共中央政治局委员、国务院副总理吴仪会见以泰国“战略六一三”专业顾问公司总裁、泰华农民银行行长顾问常念周为团长的泰国青年企业家代表团。周强、胡伟参加。

7月20日 周强出席第七次全国归侨侨眷代表大会并代表各人民团体致贺辞。

7月20日 中共中央政治局常委、全国政协主席贾庆林在北京人民大会堂接见第五届海外杰青汇中华交流团全体成员。周强、胡伟参加。当晚,中华海外联谊会和海外杰青汇中华香港筹委会在人民大会堂共同举行第五届海外杰青汇中华交流团欢迎晚宴。胡伟出席。

7 月 22 日—23 日 中国青少年网络协会第一次会员代表大会暨首届全国“网络·青少年”论坛在北京召开。全国政协副主席王选、周强、科技部副部长马颂德等出席开幕式并讲话。赵勇主持。大会通过了《中国青少年网络协会章程》和《中国青少年网络协会会员管理办法》，选举产生了协会的领导机构。赵勇当选协会第一届理事会会长。

7 月 23 日 中国青少年科技创新奖励基金管理委员会第一次全体会议在团中央机关举行。周强出席并讲话，科技部副部长邓楠等基金管理委员会成员或其代表出席。会议听取了关于基金前期筹备工作情况和下一阶段工作安排的报告，审议通过基金评委会、监委会组成人员名单，审议通过《基金章程（草案）》、《管委会工作条例（草案）》、《评委会工作条例（草案）》、《监委会工作条例（草案）》，审议通过基金标识。

7 月 24 日 周强会见并宴请以英国诺丁汉大学董事会副主席、候任副校长大卫·格林纳为团长的英国诺丁汉大学代表团。

7 月 26 日—29 日 中国青少年发展服务中心在北京举办第二届“走进美妙的数学花园”中国青少年数学论坛总决赛和颁奖仪式。来自全国 28 个省（区、市）的近千名学生参加了在北京举行的竞赛、论坛等系列活动。张晓兰出席颁奖仪式并讲话。

7 月 28 日 共青团中央与国家发展和改革委员会等 24 个部委在北京人民大会堂联合举行全国青年文明号活动 10 周年表彰大会。大会回顾了青年文明号活动走过的 10 年历程，对获得全国青年文明号 10 年成就奖的 107 个青年集体、10 年全国青年文明号活动突出贡献奖的 15 个单位和个人以及 10 年全国青年文明号活动优秀组织奖的 301 个单位和 318 名同志进行表彰。中共中央政治局委员王兆国出席开幕式并讲话。王兆国高度评价了青年文明号活动 10 年来取得的显著成绩，强调要深入进行邓小平理论、“三个代表”重要思想的学习教育活动，切实加强青年的思想道德建设，引导广大青年树立共同理想，扎根基层，服务群众，奉献社会；同时，要适应当代青年的内在要求，搭建促进青年健康成长的平台，引导青年在岗位上学习，在实践中成才。周强代表主办单位作工作报告。赵勇出席，王晓主持。当天，共青团中央在北京举行“青年文明号活动与全面建设小康社会”论坛、“全国青年文明号在线”网站开通仪式。王晓出席并点击开通了“全国青年文明号在线”网站，24 个青年文明号组委会成员单位的负责同志出席。当晚，全国青年文明号活动组委会在中央电视台举办《欢聚一堂》特别节目——“全国青年文明号活动 10 周年文艺晚会”。周强、赵勇、尔肯江·吐拉洪、王晓以及全国青年文明号活动组委会成员单位负责同志出席观看。

7 月 28 日—8 月 4 日 应全国青联邀请，由香港 11 个青少年制服团体和澳门各界青年社团“猴年携手创未来筹委会”共同组成的“同心同根万里行 2004——中国近代史之旅”交流团 450 名团员访问上海、江苏和北京。8 月 3 日，全国人大常委会副委员长许嘉璐会见该团全体团员，尔肯江·吐拉洪参加会见。随后，赵勇会见该团主要团员。

7 月 30 日 “中国青少年科技创新奖励基金”捐赠仪式在北京人民大会堂举行，浙江卡森实业股份有限公司向基金捐款 1000 万元。周强出席并讲话。

7 月 31 日 共青团中央、全国少工委、中国关心下一代工作委员会在北京人民大会堂举行第 15 届全国青少年“祖国明天更美好”读书教育活动总结表彰大会，1862 名优秀学生受到表彰。全国人大常委会副委员长何鲁丽、顾秀莲，周强出席并向获奖学生代表颁奖，赵勇出席并讲话。

7 月 31 日 共青团中央、国家旅游局等单位在湖南韶山市启动百万青少年“中国红色之旅”大型主题活动。杨岳出席启动仪式并讲话。活动将通过实施“建设十大红色旅游基地、20座红色旅游名城、100个红色旅游景区”的“121”工程,在全国范围内形成以发扬“两个务必”精神、践行“三个代表”重要思想为主要内容的革命传统教育和德育、爱国主义教育网络与骨干体系。

8月2日　共青团中央召开全国青年创业项目发布会暨百城市青年创业行动研讨会。王晓出席并点击开通全国青年创业项目库和创业人才库。

8月3日　科技部、教育部、中国科协、共青团中央、北京市人民政府在北京举行第三届APEC青年科学节开幕式。

8月3日—6日　共青团中央、全国青联、中国青年科技工作者协会在黑龙江举办“青年专家龙江行”科技服务活动。本次活动以“发挥青年专家智能优势,促进东北地区农业及农业产业发展”为主题,邀请中国农业科学院、农业部、中国农业大学等单位的41位知名青年专家,通过举办科技论坛、科技成果发布洽谈会、咨询论证会等形式为当地的农业发展提供多方面服务。活动发布科技成果近100项,达成意向性项目协议40项,协议金额2.07亿元。胡伟、中共黑龙江省委副书记周同战出席活动开幕式并讲话。

8月4日　共青团中央在北京召开未成年人心理生理知识教育专项工作小组会议,就进一步加强未成年人心理生理知识教育工作进行研讨。周强出席并讲话,赵勇主持,杨岳、中国科协书记处书记程东红、中国社会科学院秘书长朱锦昌出席。

8月6日—7日　周强在广东深圳市考察团的工作。

8月7日—11日　共青团中央,全国青联联合文化部,中共广东省委、省人民政府,中共深圳市委、市人民政府在广东深圳市举办“青春中华”——首届中国青年文化周活动。活动旨在深入贯彻“三个代表”重要思想和党的十六大精神,落实中央关于进一步加强和改进未成年人思想道德建设的要求,加强青年文化建设,充分发挥文化育人的作用。活动以“弘扬民族精神,致力振兴中华”为主题,开展了一系列体现民族特色、时代风貌、青年特点的活动。7日,“青春中华”——首届中国青年文化周活动开幕式暨主题晚会举行。全国政协副主席周铁农,周强、赵勇和有关方面负责同志出席并会见参加活动的内地和港澳青年代表。之前,包括3000多名港澳青少年在内的近万名青年参加了“中华青年欢乐大汇聚”活动。该活动先期举办的“我心目中的中华青春偶像”——青少年最喜爱的青年时代人物投票活动,推选出杨利伟、姚明、丁磊、吴小莉、邓亚萍等5位青少年最喜爱的青年时代人物。此外,文化周期间还举办了中华青年民族特色精品展示会、“万紫千红颂中华”——首届中华青年民族歌舞邀请赛、“青春中华”系列论坛和中华青年民族文化之旅等活动,赵勇,中共广东省委副书记刘玉浦,省委常委、宣传部长朱小丹等参加有关活动。

8月9日　周强会见以日本日中协会理事长白西绅一郎为团长的日本中小企业访华团。

8月12日　周强会见老挝驻华大使通赛·普提山。

8月14日　团中央办公厅、全国少工委办公室、中国青年政治学院举办首期“加强和改进未成年人思想道德建设工作骨干专题培训班”。

8月16日　全国保护母亲河行动领导小组会议暨中国保护母亲河行动顾问团成立仪式在北京举行。周强出席并讲话。会上成立了中国保护母亲河行动顾问团,中央有关部委负责同志、有关专家和知名人士等被聘请为顾问团成员。

8月18日　中共中央政治局委员王兆国到北京西站为大学生志愿服务西部计划第二

批志愿者送行并发表重要讲话。王兆国指出，去年以来，近2万名青年学生积极响应党和国家的号召，投身西部的火热实践，奏响了新时期嘹亮的青春之歌。实践证明，大学生志愿服务西部计划是促进西部发展的重要措施，是当代大学生在社会实践中锻炼成长成才的有效途径。他希望大学生志愿者要虚心学习、甘于奉献、成长成才，并勉励志愿者用聪明才智、热情和力量，在艰苦中创业，在奉献中成长，以实际行动为祖国的西部大开发书写自己壮丽的青春。志愿者出发前，王兆国，周强、赵勇和教育部、财政部、人事部等有关部委负责同志与参加2003年西部计划并扎根基层和参加2004年西部计划的优秀大学生志愿者代表座谈。

8月18日 周强出席中央社会治安综合治理委员会2004年第二次全体会议并发言。

8月20日 共青团中央、国家广电总局、中共广东省委在北京举行反映邓小平同志在法国勤工俭学生活的电影《我的法兰西岁月》首映式暨首映座谈会。周强、有关单位负责同志以及邓小平同志亲属等出席。

8月21日—22日 首届中国青少年科技创新奖颁奖活动在北京举行。21日，首届中国青少年科技创新奖颁奖典礼举行。中共中央政治局委员王兆国、国务委员陈至立接见获奖的100名大、中、小学学生并颁发奖杯，王兆国发表了重要讲话。中国科学院副院长白春礼，中国科协书记处书记冯长根和邓小平同志的儿子邓朴方、女儿邓楠陪同颁奖。邓朴方代表邓小平同志亲属发表简短讲话。周强向邓小平同志亲属赠送纪念牌，赵勇、胡伟、杨岳、尔肯江·吐拉洪、王晓、张晓兰出席。中央文献研究室常务副主任冷溶及教育部、科技部、中国科学院、中国工程院有关负责同志，邓小平同志亲属、基金管理委员会、监督委员会、评审委员会、捐资企业的代表和北京市大、中、小学校学生1300多人参加了颁奖典礼。活动期间，获奖学生先后参观了“世纪伟人邓小平——纪念邓小平同志诞辰100周年展览”，参加了邓小平同志诞辰100周年纪念大会，观看了反映邓小平同志在法国勤工俭学生活的电影《我的法兰西岁月》，参观了中国科技馆。

8月22日 全国青联在北京召开纪念邓小平同志诞辰100周年座谈会。赵勇出席并讲话，胡伟主持，杨岳出席。各界青联委员50余人参加。座谈会前，与会委员到国家博物馆参观了《世纪伟人邓小平——纪念邓小平同志诞辰100周年展览》。

8月23日 首届“中非青年联欢节”在北京人民大会堂开幕。国家主席胡锦涛致贺信。中共中央政治局委员、全国人大常委会副委员长王兆国出席开幕式并讲话。周强宣读了胡锦涛主席的贺信，外交部部长李肇星，赵勇出席并讲话，胡伟主持开幕式。开幕式前，王兆国会见了各国副部级以上代表，周强、赵勇、胡伟参加。这是在我国首次举办的中非大规模青年友好交流活动，也是“中非合作论坛”框架内惟一的青年项目。来自论坛44个成员国的132名非洲青年代表与我国各界青年代表共同参加了此次活动。当晚，周强出席首届“中非青年联欢节”欢迎宴会并致辞，胡伟参加。24日，周强出席首届“中非青年合作论坛”并作主旨发言，就加强中非青年务实合作提出五点建议，并分别会见副部级以上代表。胡伟出席论坛。之后，胡伟出席《中非青年合作论坛北京宣言》通过仪式。当晚，周强、胡伟出席中非青年联欢晚会。

8月23日—24日 中国青年乡镇企业家协会第六届会员大会暨青年民营企业家分会和农村青年经纪人分会成立大会在新疆乌鲁木齐市召开。中共中央政治局委员、新疆自治区委书记王乐泉接见200多名与会代表，新疆自治区人民政府主席司马义·铁力瓦尔地、尔肯江·吐拉洪、自治区党委副书记胡家燕、自治区人民政府副主席努尔兰·阿不都满金出席。大会选举产生了新一届协会理事会，尔肯江·吐拉洪当选为协会会长。期间，还举办了“走进新疆、共谋发展——青年乡镇企业家西部行”活动，签订合同金额1亿多元。

8月25日 周强列席第十次驻外使节会议第一、二次全体会议。

8月25日 共青团中央、劳动和社会保障部在北京召开首届“中国青年创业奖”评审会。11名优秀青年荣获首届“中国青年创业奖”。

8月26日 共青团中央发出通知，号召各级团组织和广大团员青年认真学习贯彻胡锦涛总书记在邓小平同志诞辰100周年纪念大会上的重要讲话精神。

8月27日 国务委员唐家璇会见日本众议院议员、原经济企划厅长官船田元夫妇，周强参加。当天，周强、赵勇分别会见船田元夫妇。

8月27日—9月2日 共青团中央、全国青联举办的第四次全国宗教界青年代表考察学习团在重庆、湖北考察学习。期间，举办了以“贯彻全国宗教工作座谈会精神，团结和引导广大信教青年积极投身全面建设小康社会的伟大实践”为主题的座谈会，胡伟出席并讲话。

9月2日 中共中央总书记、国家主席胡锦涛等党和国家领导人在北京人民大会堂会见参加第28届奥运会的中国体育代表团全体成员。周强参加。会见结束后，国家体育总局与全国总工会、共青团中央、全国妇联在人民大会堂举行第28届奥运会中国体育代表团总结表彰大会。共青团中央、全国青联在表彰会上授予中国女子排球队“中国青年五四红旗集体”称号；授予杜丽等50名运动员“中国青年五四杰出贡献奖章”。周强出席并为获奖集体和运动员颁奖。当晚，赵勇出席欢迎中国体育代表团招待会。

9月2日 中共中央政治局委员、全国人大常委会副委员长王兆国在北京人民大会堂会见由日本日中友好协会派遣，以已故日本首相小渊惠三之女、日本众议院议员小渊优子为团长，以众议院议员谷本龙哉、参议院议员山本香苗为副团长，由日本各界青年100名组成的日本青年代表团主要成员。胡伟参加。当晚，周强会见该团主要成员并宴请该团。

9月4日 共青团中央、中宣部、国家发改委、国家质检总局、全国总工会在北京联合举行“2004年全国质量月质量宣传咨询服务日活动”启动仪式。张晓兰出席。

9月5日 为纪念《为人民服务》发表和张思德烈士牺牲60周年，由共青团中央、中央党史研究室、国家档案局主办，团中央信息办、国家档案局办公室和中青网共同承办的网上“张思德纪念馆”正式开通。

9月5日—19日 应俄罗斯青年联盟和英国文化委员会联系青年机构的邀请，以尔肯江·吐拉洪为团长的中国青年代表团访问上述两国。

9月6日 共青团中央加强和改进未成年人思想道德建设工作领导小组举行会议，听取全团加强和改进未成年人思想道德建设工作，特别是未成年人心理生理知识教育专项工作和全团为未成年人所办11件实事的进展情况，并对进一步贯彻落实中央文明办的要求，不断推进未成年人思想道德建设向前发展作出部署。会议肯定了前一阶段的工作和取得的成绩，对进一步推进各项重点工作提出4点要求：一要高度重视。做好未成年人思想道德建设工作是共青团、少先队的基本职责，要进一步提高认识，把这项工作摆在更加突出的位置，坚持不懈地做下去，决不能搞一阵风；二要突出重点。未成年人心理生理知识教育专项工作和其他11件实事是共青团加强和改进未成年人思想道德建设的重点工作，要逐项做好，取得实效；三要加大力度。要抓住新学期开学、教师节、公民道德宣传日、建国55周年、建队55周年等契机，深入开展未成年人思想道德教育实践活动。要发挥重点工作的示范作用,加强对基层的指导,同时要着力建设长效工作机制,确保这项工作深入实施;四要营造氛围。团属新闻单位要加大对未成年人思想道德建设工作的宣传力度,为加强和改进未成年人思想道德建设营造良好的舆论氛围。

9月6日 周强会见以日本参议院议员、日中友好议员联盟事务局长林芳正为团长的日中友好议员联盟代表团。胡伟参加。

9月9日 为纪念"当代高级知识分子的楷模"——马祖光院士,由共青团中央、中央党史研究室、国家档案局主办,团中央信息办、国家档案局办公室和中青网共同承办的网上"马祖光纪念馆"正式开通。

9月9日—10日 "青年企业家宁夏行——银川经贸考察活动"在宁夏银川市举行。周强、中共宁夏回族自治区委书记陈建国出席开幕式并讲话。中国青年企业家协会会员和北京、上海、浙江等14个省(市)的青年企业家协会会员150多人参加活动。活动共签订合同20项,合同金额20.57亿元。期间,周强在宁夏大学就团的工作调研。

9月10日 共青团中央召开庆祝第20个教师节暨表彰大会,对106名全国团干部教育培训工作先进个人、84名全国团校系统优秀教师及中国青年政治学院2004年优秀教师、优秀教育工作者和优秀教学成果奖获得者进行表彰。周强出席并讲话,赵勇主持,胡伟宣读表彰决定。

9月13日 全国人大常委会副委员长傅铁山会见以日本北方领土问题对策协会理事长井上达夫为团长的日本青年代团,胡伟参加。之前,赵勇会见该团。

9月14日 全国人大常委会副委员长李铁映会见以巴基斯坦少数民族、文化、体育、旅游暨青年事务部秘书贾利尔·阿巴斯为团长的巴基斯坦青年学生代表团主要成员,周强参加。当天,周强会见该团主要成员,双方就中巴青年交流事宜交换意见,胡伟参加。当晚,张晓兰宴请该团。

9月15日 周强主持召开团中央书记处会议,传达学习《中共中央国务院关于进一步加强和改进大学生思想政治教育的意见》,对充分发挥共青团组织作用,切实做好大学生思想政治教育工作作出部署。

9月15日 周强出席首都各界纪念全国人民代表大会成立50周年大会。

9月16日—19日 周强出席党的十六届四中全会。

9月16日 共青团中央、中国关工委、全国老龄办、全国少工委联合发出《关于实施"爱心助成长"志愿服务计划的通知》,要求各地充分发挥中老年人特别是健康低龄老人在教育引导未成年人方面的积极作用,组织社会公众以志愿服务方式参与未成年人思想道德建设,为促进未成年人健康成长营造氛围、做出贡献。

9月20日 周强主持召开团中央书记处扩大会议,传达学习党的十六届四中全会精神,研究部署全团学习贯彻全会精神的有关工作。会议传达学习了胡锦涛总书记在十六届四中全会上所作的工作报告和重要讲话、党的十六届四中全会公报、《中共中央关于加强党的执政能力建设的决定》、江泽民同志请求辞去中共中央军事委员会主席职务的信和全会通过的其他各项决定精神。会议衷心拥护党的十六届四中全会作出的各项决定,一致认为,党的十六届四中全会是在我国改革发展关键时期召开的一次极其重要的会议,全会通过的《决定》是我们党加强执政能力建设的纲领性文件。贯彻落实好这次全会精神;对于推进中国特色社会主义伟大事业和党的建设新的伟大工程,具有十分重大的意义。会议要求,要把认真学习贯彻党的十六届四中全会精神作为全团当前和今后一个时期的一项重要政治任务,坚持以邓小平理论和"三个代表"重要思想为指导,贯彻全会精神,扎实推进团的各项工作，统一思想，凝聚力量，在以胡锦涛同志为总书记的党中央坚强领导下，团结带领广大团员青年为实现全面建设小康社会的宏伟目标而努力奋斗。会议提出，各级团组织、广大团干部和团员青年要认真学习、深刻领会全会精神，把思想和行动统一到全会精神上来。会议要求，要以增强团组织的吸引力和凝聚力为目标，大力推进团的组织建设；要进一步增强大局意识、责任意识，深刻认识加强党的执政能力建设对共青团提出的新要求，深刻认识新形势下共青团组织肩负的历史责任，更加自觉地把团的工作放在党政工作的大局中去思考、把握和推进，努力开创工作新局面。会议决定，近期召开共青团中央常委会和团十五届三中全会，进一步对学习贯彻党的十六届四中全会精神作出部署。

9月18日—26日　应俄罗斯联邦教育和科学部邀请，以周强为名誉团长、胡伟为团长的中国青年代表团访问俄罗斯。24日，正在俄罗斯访问的中共中央政治局常委、国务院总理温家宝和俄罗斯总理弗拉德科夫在莫斯科共同会见中国青年代表团和俄罗斯部分青年代表，温家宝总理发表重要讲话。访俄期间，代表团与俄罗斯各界青年代表、俄罗斯杜马年轻议员和青年政治领导人进行了广泛交流，举行了中俄友好、和平与发展委员会青年工作分委会工作会谈。周强于24日至26日访俄并出席主要活动。

9月25日　以招募老年人加入“金晖志愿者”关爱未成年人健康成长为主要内容的“爱心助成长”志愿服务计划，在天津、哈尔滨、杭州、成都和银川5市开始试点工作。该计划将于10月在全国100个城市全面推开。

9月20日　共青团中央向重庆、四川两地团组织各划拨团费20万元，中国青少年发展基金会向两地团组织各资助20万元，用于当地抗洪救灾和灾后重建。

9月20日—23日　应全国青联邀请，日本第十二次“长城计划”友好交流代表团一行122人对我国进行友好访问。期间，中共中央政治局常委、全国人大常委会委员长吴邦国，国务委员唐家璇会见该团主要成员。周强出席有关活动并会见该团主要成员。

9月22日　周强出席庆祝中国人民政治协商会议成立55周年座谈会并发言。

9月22日　共青团中央、国家林业局在甘肃兰州市大砂沟项目区举行全国保护母亲河绿色工程竣工仪式。至此，全国保护母亲河绿色工程已全面完成建设任务，进入林木管护期。尔肯江·吐拉洪、国家林业局副局长祝列克、中共甘肃省委副书记陈学亭、甘肃省人民政府副省长罗笑虎出席并为甘肃省青少年植绿护绿队、认养林木代表颁发队旗和认养证书。

9月23日—24日　中组部、共青团中央在北京召开会议，对第四批“博士服务团”工作进行总结，对第五批“博士服务团”成员进行培训动员。周强出席并讲话。

9月24日　赵勇会见联合国环境规划署宣教司司长埃里克·法尔特一行，介绍保护母亲河行动取得的进展和下一步工作安排。双方就进一步加强青少年环保交流与合作交换意见。尔肯江·吐拉洪参加。

9月26日—10月1日　应全国青联邀请，首届中国—东盟青年事务部长会议在北京举行。来自中国和东盟10国负责青年事务的部长或部长级代表参加会议。27日，中共中央政治局常委、国务院总理温家宝会见与会代表，周强、胡伟参加。当晚，周强、赵勇出席首届中国—东盟青年事务部长会议中秋赏月晚餐。29日，中共中央政治局委员、全国人大常委会副委员长王兆国会见东盟各国青年事务部长，周强、胡伟参加。随后，周强出席首届中国—东盟青年事务部长会议，担任大会主席并代表中国发言。东盟各国青年事务部长围绕“中国—东盟青年发展合作，创造更加美好繁荣的未来”的主题分别发言。会议通过了《中国—东盟青年合作北京宣言》和《首届中国—东盟青年事务部长会议后续行动计划》。当晚，周强、胡伟出席首届中国—东盟青年事务部长会议欢迎招待会。30 日，周强分别会见文莱、柬埔寨、印度尼西亚、老挝、马来西亚、缅甸、菲律宾、泰国和越南等九国负责青年事务的部长或部长级代表以及东盟秘书处官员，胡伟参加。

9 月 27 日 共青团中央书记处以“学习党的十六届四中全会精神,进一步加强班子思想作风建设”为主题,召开 2004 年度民主生活会。中组部、中直机关工委有关同志列席会议。

9 月 27 日 全国青年岗位能手活动十周年座谈会在北京召开。会议总结了青年岗位能手活动开展十年来取得的经验和成果,研究了深化青年岗位能手活动、实施青工技能振兴计划、加快培养青年技术工人的思路和措施。与会代表向全国青年职工发出了“技能振兴，青年当先”的倡议。

9 月 27 日—10 月 1 日 全国青联与香港青年协会在北京共同举办“龙汇中华”首届世界华人青年论坛活动。28 日,中共中央政治局委员、全国人大常委会副委员长王兆国,国务委员唐家璇出席论坛开幕式,唐家璇讲话。周强、香港特别行政区政府财政司司长唐英年和香港青年协会总干事王募鸣分别致辞,赵勇主持。国务院港澳办常务副主任陈佐洱、国务院台办副主任王富卿、胡伟、香港特别行政区政府民政局局长何志平、特区政府驻京办主任梁宝荣等出席。开幕式前,王兆国、唐家璇会见出席论坛的部分代表。内地及港澳台和海外华裔大学生、各界嘉宾共 1500 人参加开幕式。29 日,全国政协副主席、国务院港澳办主任廖晖会见参加活动的香港青年协会理事会一行，赵勇参加。中共中央政治局常委、国家副主席曾庆红会见香港青年协会理事会部分理事和香港青年学生代表。周强、赵勇、胡伟、国务院港澳办副主任张晓明等参加。30 日,全国政协副主席、中央统战部部长刘延东会见并宴请参加活动的香港青年协会总干事王募鸣一行,胡伟参加。港澳台及海外华裔大学生和嘉宾还参加了《京港同行》——当代中国优秀青年企业家与青年对话会、登八达岭长城活动和首都青少年庆祝建国 55 周年天安门广场大型活动,与北京大学、清华大学等知名高校学生开展了校园交流活动。

9 月 29 日 中央综治委预防青少年违法犯罪工作领导小组召开 2004 年第二次全体会议。会议学习了中央综治委 2004 年第二次全体会议和罗干同志讲话精神以及《关于深化预防青少年违法犯罪工作的意见》,总结回顾了今年一次会议以来预防青少年违法犯罪工作的开展情况,研究部署了今后一个时期的工作。全国人大常委会副委员长顾秀莲出席并讲话。周强出席。中央政法委副秘书长、中央综治办主任陈冀平主持,杨岳作工作汇报。

9 月 30 日 中国残联与国家体育总局、全国总工会、共青团中央、全国妇联在北京人民大会堂举行第十二届残奥会中国体育代表团总结表彰大会。共青团中央、全国青联授予国家女子坐式排球队“中国青年五四红旗集体”称号,授予李剑飞等 67 名运动员“中国青年五四杰出贡献奖章”。周强出席并为获奖集体和运动员颁奖。

9 月 30 日 周强出席国务院举行的庆祝中华人民共和国成立 55 周年国庆招待会。

10 月 1 日 首都青少年庆祝建国 55 周年天安门广场大型活动隆重举行。受党中央、国务院的委托,中共中央政治局委员王兆国出席庆祝仪式活动,向全国各族青年、少先队员表示亲切的问候,并发表重要讲话。活动由观看升旗、广场联欢和庆祝仪式三部分组成。来自首都高校的万余名大学生在天安门广场北侧共同观看升旗仪式。仪式结束后,大学生们开展歌曲合唱、舞龙表演、乐队演奏、舞蹈等多种形式的联欢活动。5000多名青少年在人民英雄纪念碑南侧举行庆祝仪式。青少年代表向人民英雄纪念碑敬献花篮;少先队员在人民英雄纪念碑站“少年先锋岗”;1500多名少先队员面对国旗呼号;2000多名刚满18岁的中学生进行庄严的成人宣誓;北京师范大学附中耿叶松代表中学生发言;1000多名大学生向全国青年学生发出倡议:同人民紧密结合,为祖国奉献青春;香港大学黄韵姿代表港澳台和海外青年发言。周强主持庆祝仪式,全国妇联党组书记、副主席、书记处第一书记黄晴宜,中央宣传部副部长、中央文明办主任胡振民,中共北京市委副书记强卫,赵勇、杨岳、张晓兰,香港青年协会总干事王葛鸣等出席。数百名港澳台和海外青年代表,部分雅典奥运会冠军、全国青联委员等同首都青少年一起参加活动。

10月8日 全国妇联、共青团中央、中央综治委在北京举行“十大杰出母亲思想道德教育传播行动”启动仪式。全国人大常委会副委员长、全国妇联主席顾秀莲出席并为本次活动揭牌,张晓兰出席。

10月9日 共青团中央、全国学联、正泰集团公司在北京联合举行“中国中学生正泰品学奖”捐资仪式。中共中央政治局委员、全国人大常委会副委员长王兆国致贺信。周强出席,杨岳出席并讲话。

10月9日—13日 共青团中央、教育部、新闻出版总署、中共济南市委、济南市人民政府在山东济南市联合举办“青春中华”首届中国青少年读书周活动。该活动是中国青少年新世纪读书计划的重点活动和青年文化行动的重要项目,以“传承中华文化,立志学习成才”为主题,开展了青少年图书博览会、青少年美文诵读、青年齐鲁文化行、中小学师生藏书票展等一系列富有时代特色和青少年特点的活动,同时启动全国青少年百场读书讲座活动。赵勇,新闻出版总署副署长柳斌杰,中共山东省委副书记、济南市委书记姜大明出席有关活动。

10月11日 中国光华科技基金会在北京召开三届一次理事会。会议推举中国科协主席周光召、国防科工委科技委原副主任聂力为名誉理事长,选举产生了新一届理事会,胡伟当选为理事长。周强出席并讲话。作为全国性公募基金会,该基金会在变更由共青团中央主管后,将成为服务青少年科技事业和青少年成长成才的重要载体。

10月11日 中宣部、中央文明办、共青团中央、教育部、全国少工委在北京人民大会堂共同举行“民族精神代代传”首批征集歌曲发布活动。张晓兰出席并讲话。

10月12日 共青团中央、教育部、全国少工委和中央电视台在北京联合举行第九届“全国十佳少先队员”表彰会,表彰第九届全国十佳少先队员、全国十佳少先队辅导员、全国十佳少先队志愿辅导员和部分星星火炬奖章获得者。中共中央政治局委员王兆国出席并讲话。周强、教育部部长周济、中央电视台台长赵化勇、赵勇、张晓兰出席。

10月12日 共青团中央、劳动和社会保障部、国资委联合下发《关于开展2004年中国青工技能月活动的通知》,决定将11月作为2004年中国青工技能月。技能月期间,主办单位将举办首届全国青年职业技能大赛新闻发布会、青年职业技能专场鉴定周、东北地区重点城市青年职业技能邀请赛等活动。

10月13日 “助学长征——公益助学国际步行筹款活动”启动仪式在北京人民大会堂举行。周强向全程步行者代表授旗。尔肯江·吐拉洪出席并讲话。

10月13日—19日 应全国青联邀请,以俄国家杜马议员、俄“统一青年”社会运动主席布拉塔耶娃为团长,俄国家杜马议员、杜马体育事务委员会副主席特列基雅科为名誉团长的俄罗斯青年代表团一行96人来华访问并参加在华举办的中俄青年友好会见活动。14 日，中共中央总书记、国家主席胡锦涛，俄罗斯总统普京在北京人民大会堂会见参加中俄青年友好会见活动的中俄青年代表，并分别发表重要讲话。国务委员唐家璇、周强、赵勇、胡伟参加会见。之前，中共中央政治局委员、全国人大常委会副委员长王兆国会见代表团主要成员，周强、胡伟参加。14 日，周强、赵勇、胡伟观看中俄建交 55 周年纪念演出。15 日，周强与布拉塔耶娃举行会谈并共同签署中国共青团与俄罗斯“统一青年”社会运动合作意向书，胡伟参加。中俄青年友好会见活动是“中俄青年友谊年”框架内的标志性活动，也是共青团中央、全国青联为纪念中俄建交 55 周年而举办的大型青年交流项目。

10 月 17 日—18 日 周强在浙江宁波市北仑港、奉化万邦青年中心和波导公司就贯彻党的十六届四中全会精神，巩固党执政的青年群众基础进行专题调研。

10 月 17 日—20 日 由共青团中央、全国青联、中共宁波市委、宁波市人民政府主办的“青春中华”——首届中国青年服装时尚周在浙江宁波市举行。17 日，活动举行开幕式。周强，中共浙江省委副书记乔传秀，中共浙江省委常委、宁波市委书记巴音朝鲁出席，赵勇主持。18 日，赵勇出席中国青年服装时尚论坛并讲话。期间，还举办了首届中国青年服装设计大赛、百家社区服饰展示、“时尚轨迹”中国青年历代服装服饰文化展示会、2004 中国青年最喜爱的服装品牌发布会等活动。

10 月 18 日 中国少年儿童新闻出版总社在北京举行《中国少年英语报》创刊暨中国少年英语俱乐部成立大会。周强致贺信。

10 月 19 日 共青团中央、全国学联在北京召开学习贯彻落实《中共中央国务院关于进一步加强和改进大学生思想政治教育的意见》座谈会。周强出席并讲话，杨岳主持。

10 月 19 日—24 日 团中央直属机关团委举行“寻伟人足迹，走成才之路”纪念邓小平同志诞辰一百周年社会实践活动。19 日，活动举行出征仪式，周强为出征队员授旗并讲话。期间，团中央直属机关 20 名团员青年赴四川、重庆等地，开展了参观邓小平同志故居和红岩革命纪念馆、考察企业农村、向广安区希望小学捐赠希望书库等活动。

10 月 20 日 共青团中央召开常委会议，认真学习贯彻党的十六届四中全会精神，就围绕加强党的执政能力建设的要求，进一步做好新形势下青年群众工作作出部署。会议讨论通过了《关于深入学习贯彻党的十六届四中全会精神进一步做好新形势下青年群众工作的决议》，并决定在今年 12 月召开团的十五届三中全会，进一步学习贯彻党的十六届四中全会精神。周强主持，赵勇、胡伟、杨岳、尔肯江·吐拉洪、王晓、张晓兰出席。

10 月 21 日 中共中央政治局委员、全国人大常委会副委员长王兆国会见以田中常雅为团长、奥山忠为名誉顾问的日本东京青年会议所及日中友好之会对华交流 30 周年纪念访华代表团主要团员。周强、赵勇、胡伟参加。当晚，赵勇会见该团主要成员并宴请全体成员。22 日，周强会见该团主要成员并出席纪念宴会。

10 月 21 日 共青团中央、中央综治办、最高人民法院、最高人民检察院、公安部、司法部、劳动和社会保障部、国家广电总局、国家工商总局、国家质检总局、新闻出版总署在北京人民大会堂举行第四届全国优秀“青少年维权岗”表彰大会。北京市朝阳区人民法院等 458 个单位被授予全国优秀“青少年维权岗”称号，尚秀云等 10 名同志荣获全国优秀“青少年维权岗”创建活动突出贡献奖，王乃光等 254 名同志荣获全国优秀“青少年维权岗”先进个人称号。全国人大常委会副委员长顾秀莲出席表彰大会并讲话。周强以及 11 个主办单位的负责同志出席并为获奖单位和个人代表颁奖。

杨岳主持。

10月21日 周强列席中央政治局集体学习讲座。

10月21日 为纪念爱国华侨领袖陈嘉庚先生诞辰130周年，由共青团中央、中央党史研究室、国家档案局主办，团中央信息办、国家档案局办公室和中青网共同承办的网上“陈嘉庚纪念馆”正式开通。

10月21日—22日 共青团中央召开工作会议，深入学习贯彻党的十六届四中全会精神，结合共青团和青年工作实际，研究部署下一阶段的工作。会议认真传达学习了党的十六届四中全会精神，就贯彻全会精神进行了深入讨论，与会者一致认为：加强党的执政能力建设，对新形势下共青团的工作和建设提出了新的更高的要求，要紧紧围绕加强党的执政能力建设的要求，紧密结合共青团工作和青少年成长发展的实际，努力做好新形势下的青年群众工作，把党的十六届四中全会精神落到实处。周强出席并讲话。他强调，要坚持以邓小平理论和“三个代表”重要思想为指导，深入学习贯彻党的十六届四中全会精神，埋头苦干，艰苦奋斗，开拓创新，进一步做好新形势下的青年群众工作，不断巩固党执政的青年群众基础。要认清形势、统一思想，牢固树立大局意识、责任意识；要统筹发展、突出重点，自觉在党和国家的工作大局中找准共青团工作的切入点；要加强管理、夯实基础，做好耐心细致的思想政治工作；要求真务实、开拓创新，始终保持谦虚谨慎、不骄不躁的作风，努力开创共青团事业的新局面。赵勇、胡伟、杨岳、尔肯江·吐拉洪、王晓、张晓兰及团中央机关各部门、直属单位负责同志出席。

10月21日—22日 中国青少年犯罪研究会第五次全国会员代表大会在北京召开。全国人大常委会副委员长顾秀莲出席大会开幕式并讲话，周强出席并致辞。大会审议通过了工作报告；修改了中国青少年犯罪研究会章程；选举产生了新一届领导机构。杨岳当选为中国青少年犯罪研究会会长。期间，还举办了“预防青少年违法犯罪——保护明天”论坛。杨岳出席并致辞。

10月23日—24日 共青团中央、全国青联、国家发改委、科技部、中国科学院、国家食品药品监督局、中国侨联、天津市人民政府共同主办的“中国泰达生物论坛·2004”在天津经济技术开发区举行。全国人大常委会副委员长、中国科学院院长路甬祥受邀担任论坛名誉主席并致贺信。周强，中共天津市委副书记、市长戴相龙，国家发改委副主任张晓强，科技部副部长李学勇，中国科学院副院长白春礼，中国侨联副主席林淑娘出席开幕式并致辞，胡伟出席。

10月23日—11月6日 应美国青年政治领袖理事会邀请，以胡伟为团长的中国青年代表团一行9人赴美国华盛顿特区、阿拉巴马州和内华达州进行友好访问。期间，美国联邦众议院议员罗伯特·艾德霍尔特、联邦参议院议员哈里·雷德分别会见代表团。

10月25日—11月2日 应罗马尼亚国家青年署邀请，以杨岳为团长的中国青年代表团一行55人访问罗马尼亚并参加在罗举办的中罗青年联欢节活动。期间，罗马尼亚总统扬·伊利埃斯库、总理阿德里安·讷斯塔塞和众议院议长多尔内亚努分别会见代表团。

10月26日 由共青团中央、卫生部联合组织的农村公共卫生体系志愿服务项目试点工作在北京启动。来自首都各医疗单位的首批青年卫生志愿者奔赴河北张北县、内蒙古喀喇沁旗和宁夏固原市，开展为期3个月的公共卫生服务。

10月30日 中国青年科技工作者协会三届三次理事会在济南市举行。周强，中共山东省委书记张高丽出席并讲话，中共山东省委副书记、济南市委书记姜大明出席。尔肯江·吐拉洪主持会议，中青科协会长、中国科学院副院长白春礼院士作工作报告。31日,“2004中国(济南)IT行业青年精英论坛”开幕。姜大明宣布论坛开幕,尔肯江·吐拉洪、山东省人民政府副省长王仁元出席并致辞。期间,还举办了济南信息产业发展青年专家论证会,IT项目发布洽谈会,青年科学家走进校园活动和青年专家科技服务工作座谈会等活动。

11月1日—6日 应韩国政府邀请,以周强为团长的中国青年代表团一行200人访问韩国。在韩期间,韩国总理李海瓒、韩国国会副议长金德奎、韩国文化观光部长官郑东采分别会见宴请了代表团,周强与水原市市长金容西、浦项市市长郑章植、西归浦市市长姜相国、济州市市长金革训进行会谈。

11月5日 由共青团中央、全国学联主办,上海四达公司和新浪网承办的“大学生就业见习行动”在北京举行新闻发布会暨大学生就业见习网开通仪式。杨岳出席并讲话,全国知名企业代表、学生代表和近百家媒体出席。据统计,该行动自今年4月启动以来,已有500多家知名企业加盟,近万名大学生通过活动找到就业见习岗位。

11月5日—17日 由共青团中央、国家旅游局、中共海南省委、海南省人民政府共同主办的“青春中华”——首届中国青年欢乐节在海南举行。5日,欢乐节开幕式在海口市五月花广场举行。全国政协副主席张怀西,中共海南省委书记汪啸风,中共海南省委副书记、省人民政府省长卫留成,国家旅游局局长何光暐及港、澳、台嘉宾黄英豪、霍震宇、关锦添、陈植群、刘灿树、李玉文等出席,赵勇出席并致辞。17日,欢乐节闭幕式暨第二届全国青年时代风采电视大赛决赛颁奖典礼在三亚市举行。周强出席并讲话,汪啸风致辞,赵勇主持。活动期间,海峡两岸及港澳地区的青年和海南数十万各界群众共同参加了自行车环城欢乐巡游、“青春相约”主题演出、青年文化发展论坛、海峡两岸及港澳地区青年共植同根树、“青春中华之共同心愿”青年联欢、青春天涯大联欢等活动。赵勇参加其中部分活动。

11月6日—12日 应日本外务省邀请,以周强为团长的中国青年代表团一行8人对日本东京、福岛、大阪和神户进行友好访问。在日期间,日本首相小泉纯一郎,公明党党首神崎武法,民主党党首冈田克也,民主党前党首鸠山由纪夫,前自由党党首、民主党议员小泽一郎,外务省政务官福岛,外务省副大臣逢泽一郎,日中绿化议员联盟会长龟井静香,自民党青年局局长金子恭之,原官房长官野中广务,大阪府副知事尾本,神户市市长矢田分别会见了代表团。日本外相町村信孝,原自民党政调会长额贺福志郎,日中友好议员联盟会长高村正彦,日中协会会长野田毅,前议员户冢进也,前日本驻华大使谷野作太郎分别宴请了代表团。在东京,周强主持召开“中日青年交流暨绿化合作恳谈会”,日本青年会议所、东京青年会议所等16个友好团体80余人参加。周强就中日青年绿化环保合作项目的有关情况接受了日本知名媒体富士电视台的采访。创价学会所属的创价大学授予周强“最高荣誉奖”。

11月6日—7日 全国青年就业问题与对策研讨会暨中国青少年研究会2004年年会在四川成都市召开。有关专家、学者130余人就青年就业的问题与对策进行交流。杨岳出席并讲话。

11月7日—10日 由共青团中央、中国科协、教育部、全国学联主办,厦门市人民政府、厦门大学承办的第四届“挑战杯”中国大学生创业计划竞赛决赛在厦门大学举行。杨岳出席开幕式并讲话,福建省人民政府副省长汪毅夫等出席。来自全国77所高校的100支参赛团队参加决赛,2500余名高校师生观摩,港、澳、台地区首次组团观摩并参展。共有30个项目获得金奖,27项学生科技成果项目在“创业海峡西岸·大学生成果项目洽谈会”上签约转让。

11月11日 共青团中央、教育部、中国记协在北京举行“2004年西部计划万里采风志愿服务团出征仪式”。近百名中央和地方各大新闻单位的记者奔赴西部，深入大学生志愿者服务一线，开展为期1个月的万里采风志愿服务。赵勇、教育部副部长袁贵仁、中国记协书记处书记李存厚出席并讲话。

11月12日 共青团中央、全国绿化委员会、全国人大环境与资源保护委员会、全国政协人口资源环境委员会、水利部、农业部、国家环保总局、国家林业局等部委联合举办“同一条河”大型文艺晚会。全国政协副主席李蒙，周强、国务院三峡工程建设委员会办公室主任蒲海清、赵勇、胡伟、尔肯江·吐拉洪、王晓及有关部委负责人出席观看了晚会。晚会上，中央电视台副总编辑张华山代表中央电视台向保护母亲河行动捐款1,618,790元，用于中央电视台真情无限纪念林的建设。该款项全部来自《真情无限》栏目的公益拍卖。

11月15日 共青团中央、全国青联举办的“共享成长——中国十大杰出青年走进中学生”活动在北京启动。中央电视台新闻评论部主持人白岩松、北京朝阳医院院长王辰、南开大学数学所所长张伟平、神州数码(中国)有限公司总裁郭为等历届“中国十大杰出青年”代表到中国人民大学附中和北京四中，与中学生进行交流。胡伟出席并讲话。

11月16日 周强会见以书记处书记李明元为团长的朝鲜金日成社会主义青年同盟代表团。胡伟参加。

11月18日 由共青团中央控股的海南金棕榈投资有限公司暨中国青年企业家活动基地揭牌仪式在海南三亚市举行。周强、赵勇、海南省人大常委会副主任王厚宏出席。在揭牌仪式前，周强、赵勇考察了金棕榈度假酒店，并与公司和酒店管理层进行了座谈。

11月21日 由全国青联、中国青少年发展基金会等单位联合主办的第十五届“中国十大杰出青年”评选活动评审会在北京召开。主办单位领导和从评委库中随机抽取产生的评委共50人以无记名方式投票选出本届“中国十大杰出青年”：刘翔、李鸿(女)、潘建伟、印春荣、王新纯、彭家鹏、张育彪、王振滔、刘郑国、吴希明。

11月22日 共青团中央、劳动和社会保障部在北京人民大会堂联合召开首届“中国青年创业奖”颁奖座谈会。全国人大常委会副委员长热地出席并讲话。周强主持，胡伟、尔肯江·吐拉洪、王晓、张晓兰以及劳动和社会保障部有关负责同志出席。王填等11名青年典型荣获首届“中国青年创业奖”称号。

11月22日—27日 应香港青年联会和澳门中华总商会青年委员会邀请，以赵勇为团长的全国青联港澳访问团一行15人赴香港和澳门交流。期间，访问团先后拜会香港青年联会、香港青年协会、香港童军总会等31家港澳青少年社团，同社团负责人及港澳大中学生等各届青年进行交流，出席庆祝澳门回归祖国5周年系列活动。访问团还同港澳青少年社团就加强青少年交流达成诸多共识，并就开展内地和港澳青少年的经济、文化、科技等交流合作项目达成意向。

11月22日—28日 以青年部长杉山保为总团长的日本创价学会青年代表团一行28人来华访问。22日，周强会见代表团，并代表全国青联向创价学会名誉会长池田大作颁发“青年交流特别贡献奖”，杉山保总团长代表池田大作接受了证章和证书，胡伟参加。23日，全国人大常委会副委员长何鲁丽会见代表团，胡伟参加。

11月23日 团中央组织部、直属机关党委联合举办团中央直属机关离退休干部学习党的十六届四中全会精神读书班暨团中央直属机关老干部“双先”表彰会。周强出席、讲话并为20名离退休人员先进个人和3个先进离退休干部党支部颁奖。

11 月 25 日 为纪念"党员领导干部的楷模"——牛玉儒同志，由共青团中央、中央党史研究室、国家档案局主办，团中央信息办、国家档案局办公室和中青网共同承办的网上"牛玉儒纪念馆"正式开通。

11 月 26 日 国家海洋局、教育部、共青团中央在中国科技会堂联合举办"纪念郑和下西洋 600 周年海洋文化专题讲座"。尔肯江·吐拉洪出席并致辞。

11 月 27 日—12 月 5 日 应共青团中央邀请，以越南胡志明共青团中央常务书记陶玉蓉为团长的越南青年代表团来华参加第五届"中越青年友好会见"活动。12 月 3 日，赵勇、胡伟与代表团主要成员举行工作会谈。当晚，周强举行欢迎宴会，赵勇、胡伟参加。4 日，中共中央政治局委员、全国人大常委会副委员长王兆国会见该团主要成员，周强、胡伟参加。

11 月 29 日 由中央综治委预防青少年违法犯罪工作领导小组和中央社会治安综合治理委员会办公室联合发起，中央综治办、共青团中央、中宣部等 20 个部委共同实施 的"为了明天——预防青少年违法犯罪工程"正式启动。全国人大常委会副委员长、中央综治委副主任顾秀莲出席并讲话。周强出席。中央政法委副秘书长、中央综治办主任陈冀平主持。杨岳就"为了明天——预防青少年违法犯罪工程"方案作介绍。

11 月 30 日 中共中央政治局常委、国务院总理温家宝在老挝参加第八次东盟与中日韩领导人会议时亲切接见了团中央派遣的青年志愿者赴老挝服务队全体队员，与队员合影并即席发表重要讲话。

12 月 1 日 国务院防治艾滋病工作委员会办公室、中宣部、教育部、商务部、卫生部、国家广电总局、共青团中央、全国妇联、北京市人民政府联合举办"关注妇女，抗击艾滋——各界妇女心系红丝带倡议行动"大型主题宣传活动。张晓兰出席。

12 月 2 日 团中央直属机关党委下发《关于在直属机关开展向牛玉儒同志学习活动的意见》，号召直属机关全体党员干部向新时期党员领导干部楷模牛玉儒同志学习。

12 月 2 日 由团中央社区和维护青少年权益部举办的全国"青少年网络文明"行动——绿色上网校园行活动在北京启动。主办方向青少年赠送了绿色上网软件和青少年自我保护书籍及音像制品。

12 月 3 日—5 日 周强出席中央经济工作会议。

12 月 6 日 周强主持召开团中央书记处会议，传达学习中央经济工作会议精神，结合共青团和青年工作实际研究贯彻落实措施。

12 月 7 日 中共中央政治局常委、中央书记处书记、国家副主席曾庆红主持党中央书记处办公会议，听取团中央书记处的工作汇报，并就有关工作作重要指示。8 日和 9 日，周强分别主持召开团中央书记处会议和团中央书记处扩大会议，传达学习曾庆红等中央领导同志的重要指示精神，结合实际研究贯彻落实措施。

12 月 12 日—13 日 由共青团中央、全国妇联、教育部、国家广电总局、新闻出版总署、中国社科院、全国少工委等联合主办，团上海市委等承办的中国青少年社会教育论坛——"2004 媒体与未成年人发展论坛"在上海举行。期间，与会人员分别就媒体对青少年的影响、青少年对媒体的使用权、媒体反映儿童心声服务儿童成长等进行了专题研讨；发表了《媒体与未成年人——上海宣言》和《论坛十项实事项目倡议》。赵勇出席开幕式和该论坛的分论坛——新媒体论坛并讲话。

12 月 13 日 最高人民检察院检察长贾春旺与周强就深入实施大学生志愿服务西部基层检察站行动举行座谈。最高人民检察院党组副书记、常务副检察长张耕，赵勇，最高人民检察院政治部主任张常韧等参加。

12月13日 为贯彻落实《中共中央国务院关于进一步加强和改进大学生思想政治教育的意见》精神，教育部、共青团中央下发《关于加强和改进高等学校校园文化建设的意见》。

12月13日—14日 由全国青联主办的2004年海峡两岸暨港澳地区青年企业家研讨会在辽宁沈阳市举行。来自大陆和港澳台地区的近200名青年企业家参加。

12月14日 由共青团中央、水利部、农业部、财政部、国家林业局和全国青联联合举办的第九届"中国杰出青年农民"颁奖典礼在北京举行。中共中央政治局委员、国务院副总理回良玉出席并讲话。周强主持，尔肯江·吐拉洪、国务院副秘书长张勇、财政部副部长廖晓军、水利部副部长翟浩辉、农业部副部长牛盾、国家林业局副局长祝列克等出席。

12月14日 周强主持召开共青团中央常委会，传达学习党中央书记处重要指示，就共青团十五届三中全会有关事宜进行安排部署。

12月14日 周强会见以日本外务副大臣、众议院议员逢泽一郎为名誉团长，众议院外务委员会委员、民主党影子内阁外交副大臣、民主党众议院议员武正公一为团长的日本"未来政治研究会"代表团。

12月15日 共青团中央对全国五四红旗团委、全国五四红旗团支部、全国团建先进县（市）进行表彰，人事部、共青团中央联合表彰了共青团系统先进工作者。周强，人事部副部长尹蔚民，赵勇、胡伟、杨岳、尔肯江·吐拉洪、王晓、张晓兰出席并为获奖单位代表和先进个人颁奖，周强讲话。

12月15日—17日 共青团十五届三中全会在北京举行。会议的主要任务是，以邓小平理论和"三个代表"重要思想为指导，深入贯彻落实党的十六大、十六届三中、四中全会和中央经济工作会议精神，大力加强共青团能力建设，进一步做好新形势下的青年群众工作，不断巩固和扩大党执政的青年群众基础。中共中央政治局委员王兆国出席并发表重要讲话，并在会前会见了卸职的团中央委员、候补委员和共青团系统先进集体、先进个人代表。全会传达学习了曾庆红等中共中央书记处领导同志在听取团中央书记处工作汇报后的重要指示精神，认真学习了王兆国在全会上的重要讲话精神，审议通过了《关于进一步加强团的基层组织建设的决定》和《关于加强青年中心建设的决定》，总结了今年的工作，并就明年和今后一个时期的工作作出了安排。会议期间，周强作了题为《大力加强共青团能力建设，进一步做好新形势下的青年群众工作》的报告。全会确认张志红等25名同志递补为团十五届中央委员会委员。赵勇作会议总结。胡伟、杨岳、尔肯江·吐拉洪、王晓、张晓兰等出席会议并就有关工作讲话。

12月17日 共青团中央、信息产业部联合举办的中国青少年数字文化节启动仪式暨新闻发布会在北京举行。

12月19日 共青团中央、全国青联志愿者艺术团赴灵丘慰问团到山西灵丘县开展"三下乡、送温暖"活动，捐赠了15万元的药品，为300余名患者进行义诊，举行了专场慰问演出。尔肯江·吐拉洪参加并讲话。

12月20日 由共青团中央和信息产业部联合主办，国务院信息办支持，上海市信息化委员会、团中央网络影视中心承办的首届"盛大杯"全国青少年软件程序设计大赛在上海闭幕。信息产业部副部长娄勤俭、张晓兰、上海市人民政府副市长杨雄等出席闭幕式。

12月20日—21日 全国青联留学人员联谊会成立大会暨一届一次理事会议在北京召开。联谊会名誉顾问钱学森向大会表示祝贺。周强、赵勇、胡伟出席并分别讲话，来自海内外的240余位联谊会理事参加。会议通过了联谊会章程，选举中国科学院自动化研究所所长谭铁牛为联谊会会长。期间，国务院研究室副主任江小涓、国家统计局副局长邱晓华为会议作专题讲座。联谊会由全国人大常委会副委员长罗豪才、全国政协副主席韩启德担任顾问，周强担任指导委员会主任。

12 月 20 日—26 日 由共青团中央、国务院国资委、全国青联、欧美同学会共同主办的 2004 海外学人回国创业周活动在北京等地举行。21 日，中共中央政治局委员、全国人大常委会副委员长王兆国在北京人民大会堂与全国青联留学人员联谊会会长、副会长座谈并发表重要讲话。随后，接见出席全国青联留学人员联谊会成立大会暨一届一次理事会议的全体理事和参加 2004 海外学人回国创业周的留学人员代表并发表即席讲话。周强主持，赵勇、胡伟和教育部、科技部、人事部、国务院国资委、中国科学院、中国科协、欧美同学会有关负责同志出席。之前，“2004 海外学人回国创业周——聚焦特大型国有企业”专题活动在北京举行。国务院国资委党委书记李毅中、胡伟出席开幕式并分别讲话，国务院国资委副主任王瑞祥主持。48 家特大型国有企业与 500 余名青年留学人员进行了人才、项目交流洽谈。当天，“2004 海外学人回国创业论坛”在人民大会堂开幕。全国政协副主席罗豪才出席并讲话，周强出席，胡伟主持，人事部副部长王晓初等作主旨发言。全国青联留学人员联谊会全体理事、参加 2004 海外学人回国创业周的留学人员代表参加。创业周期间，来自 22 个国家和地区的 800 余名青年留学人员参加了在北京等 14 个省（区、市）举行的人才交流和项目洽谈活动。

12 月 21 日 为纪念白求恩同志和《纪念白求恩》发表 65 周年，由共青团中央、中央党史研究室、国家档案局主办，团中央信息办、国家档案局办公室和中青网共同承办的网上“白求恩纪念馆”正式开通。

12 月 21 日—25 日 团中央学校部、全国学联秘书处在南昌大学举办第四期全国大中学校团组织心理咨询工作培训班。来自全国 26 个省（区、市）的 100 多名团干部参加培训。

12 月 22 日—23 日 中国青年企业家协会第九次会员代表大会在湖北武汉市召开。中共中央政治局委员、中共湖北省委书记俞正声出席。全国人大常委会副委员长成思危致贺信。周强、湖北省人民政府省长罗清泉出席并讲话，王晓主持。中共湖北省委副书记、武汉市委书记陈训秋，省委常委、秘书长孙志刚，湖北省人民政府副省长任世茂，武汉市人民政府市长李宪生出席。来自内地及港澳地区的 500 多名青年企业家代表参加。会议选举产生了中国青年企业家协会第九届理事会，通过了《中国青年企业家协会章程》修正案。全国人大常委会副委员长成思危、全国政协副主席周铁农担任中国青年企业家协会名誉会长。王晓当选为中国青年企业家协会会长。

12 月 22 日—24 日 共青团中央、湖北省人民政府、中国青年企业家协会联合开展“青年企业家湖北经贸考察活动”。中共中央政治局委员、中共湖北省委书记俞正声，周强，湖北省人民政府省长罗清泉，中共湖北省委副书记、武汉市委书记陈训秋，王晓，中共湖北省委常委、秘书长孙志刚，湖北省人民政府副省长任世茂，武汉市人民政府市长李宪生出席在武汉的签约仪式。活动签订合同项目 6 项，合同金额 48 亿元；签订合作协议项目 15 项，协议金额 40.54 亿元。随后，“青年企业家宜昌经贸考察活动”和“青年企业家黄冈经贸考察活动”分别在湖北宜昌市、黄冈市举行。周强、王晓出席有关活动。活动共达成意向性协议 10 项，总金额 14.9 亿元。

12 月 22 日—25 日 周强在湖北武汉市、宜昌市、黄冈市就团的工作调研。

12 月 22 日—28 日 由共青团中央，劳动和社会保障部，中共湖北省委、省人民政府，中共武汉市委、市人民政府联合主办的首届中国青年创业周在武汉市举行。22日,在开幕式上,共青团中央、劳动和社会保障部授予73个集体和57名个人2004年度中国青年创业行动优秀组织单位和先进个人称号,发表了《中国青年创业宣言》。周强出席并讲话,中共湖北省委副书记、武汉市委书记陈训秋,湖北省副省长蒋大国、劳动和社会保障部有关负责同志等出席,王晓主持。开幕式后,周强、陈训秋、王晓、蒋大国等考察了首届中国青年创业洽谈会现场。期间,还举办了第二届中国青年创业论坛、首届中国青年创业能力大赛等活动。

12月24日 由共青团中央、中国青年志愿者协会、全国人大环境与资源保护委员会、全国政协人口资源环境委员会、水利部、国家林业局、新华社、中央人民广播电台共同设立的首届"鄂尔多斯环保志愿服务与生态建设奖"颁奖典礼在人民大会堂举行。赵勇出席并讲话。赵勇、全国政协人口资源环境委员会副主任温克刚等为获奖项目颁奖。

12月26日 中国青年政治学院、中央团校召开第九次党代会。周强出席开幕式并讲话,赵勇、杨岳出席。赵勇出席闭幕式并讲话。

12月27日 由共青团中央、国家民委、全国青联共同主办的第四届"全国各族青年团结进步奖"表彰大会在北京举行。全国人大常委会副委员长司马义·艾买提出席并讲话,周强、国家民委副主任牟本理出席并讲话,胡伟主持。马云等10人荣获第四届"全国各族青年团结进步杰出奖",王品军等188人荣获优秀奖,北京市宣武区牛街街道办事处等41个单位荣获先进集体奖,天津市青年联合会等20个单位荣获活动组织奖。当晚,获奖代表与首都大学生在中央民族大学进行联欢。尔肯江·吐拉洪出席。

12月27日 周强会见以会长远藤乙彦为团长的日本跨党派国会议员组织——"日中新世纪会"第四次访华团,双方就加强中日两国青年交流交换了意见。

12月27日 全国少工委在北京召开四届六次全委会,研究部署2005年少先队工作。会议审议通过了《关于召开中国少年先锋队第五次全国代表大会的决议》和《少先队辅导员工作纲要(试行)》。赵勇、教育部副部长陈小娅、张晓兰出席并讲话。

12月30日 共青团中央下发《关于深入开展"真情助困进万家"活动的通知》,要求各级团组织在元旦、春节期间集中开展"真情助困进万家"活动,为人民群众和广大青年,特别是为下岗失业青年、贫困学生、农村贫困青年、残疾青年等有特殊困难的青年群体办实事、做好事、解难事,把党和政府的关怀和温暖,把团组织的关心与帮助送到他们的心坎上。

12月31日 团中央机关举办2005年新年联欢会。周强代表书记处致新年贺词。书记处全体同志和机关全体干部职工一起联欢。